略号	書名	出版者	刊行年月
新能	新版 能・狂言事典	平凡社	2011.1
数学	日本数学者人名事典	現代数学社	2009.6
全戦	全国版 戦国時代人物事典	学研パブリッシング	2009.11
全幕	全国版 幕末維新人物事典	学研パブリッシング	2010.3
戦武	戦国武将事典：乱世を生きた830人	新紀元社	2008.6
対外	対外関係史辞典	吉川弘文館	2009.2
武田	武田氏家臣団人名辞典	東京堂出版	2015.5
地理	日本地理学人物事典 近世編・近代編1	原書房	2011.5〜12
天皇	天皇皇族歴史伝説大事典	勉誠出版	2008.12
徳将	徳川歴代将軍事典	吉川弘文館	2013.9
徳人	徳川幕臣人名辞典	東京堂出版	2010.8
徳代	徳川幕府全代官人名辞典	東京堂出版	2015.3
徳松	徳川・松平一族の事典	東京堂出版	2009.8
中世	日本中世史事典	朝倉書店	2008.11
内乱	日本中世内乱史人名事典 上・下	新人物往来社	2007.5
日文	日本文化文学人物事典	鼎書房	2009.2
俳文	俳文学大辞典 普及版	角川学芸出版	2008.1
幕末	幕末維新大人名事典 上・下	新人物往来社	2010.5
美画	美術家人名事典 古今・日本の物故画家3500人	日外アソシエーツ	2009.2
美建	美術家人名事典 建築・彫刻篇	日外アソシエーツ	2011.9
美工	美術家人名事典 工芸篇	日外アソシエーツ	2010.7
平家	平家物語大事典	東京書籍	2010.11
密教	日本密教人物事典 上・中	国書刊行会	2010.5〜2014.5
室町	室町時代人物事典	新紀元社	2014.4
山小	山川 日本史小辞典	山川出版社	2016.8

新訂増補

人物
レファレンス
事典

古代・中世・近世編
Ⅲ（2007-2016）

せ～わ

日外アソシエーツ

BIOGRAPHY INDEX

55,695 Japanese Historical Figures Before 1868,
Appearing in 52 Volumes of
48 Biographical Dictionary and Encyclopedias
Published in 2007-2016

Compiled by

Nichigai Associates, Inc.

© 2018 by Nichigai Associates, Inc.

Printed in Japan

本書はディジタルデータでご利用いただくことが
できます。詳細はお問い合わせください。

●編集スタッフ●
児山 政彦／石田 翔子／松本 裕加／新西 陽菜／岡田 真弓

凡　例

1．本書の内容

　　本書は、2007年から2016年までに国内で刊行された人物事典、歴史事典に掲載されている明治維新以前に活躍した人物の総索引である。見出しとしての人名表記・読みのほか、異表記・異読み、生没年、その人物の活動時期、身分・肩書・職業、業績など人物の特定に最低限必要なプロフィールを補記し、その人物がどの事典にどのような表記・読みで掲載されているかを明らかにしたものである。

　　２分冊構成で、本書には人名読みの先頭が「せ〜わ」のものを収録した。

2．収録範囲と人数

　　別表に示した48種52冊の事典類に掲載されている、明治維新以前の日本史上で活躍し、各種の史料にその名が見える人物55,695人を収録した。収録対象には鑑真など日本に帰化した外国人、三浦按針など日本名を持った外国人も含めた。また実在の人物に限らず、日本武尊や妓王・妓女など神話や物語の登場人物も原則採用した。さらに商家や職工などの世襲名（事典類の見出しが特定の個人名ではなく代々の集合になっているもの。例：飛騨屋久兵衛など）も採用した。

3．本項目の記載事項

本書の各項目は次の要素から成る。

　　（1）人名見出し

　　（2）人物説明

　　（3）掲載事典

　　前版に掲載されている人物については、人名表記の右肩に「＊」をつけ、原則前版の記述のままとした。ただし前版になかった人名の異表記・異読みがあった場合は新たに加えてある。

　　今回新規に収録された人物については以下の通りとした。

(3)

(1) 人名見出し

1) 原則として同一人物は各事典での表記・読みに関わらず1項目にまとめた。その中で最も多くの事典で採用されているものを代表表記、代表読みとして太字で見出しとした。

2) 代表読みと比べ、読み癖による部分的な清濁音・拗促音の差しかない読みが事典に採用されている場合は、それを代表読みの後に「，」で区切って太字で表示した。

3) 代表表記と同読み異表記の関係になるものが事典類に採用されている場合は、それを（ ）で囲んで代表表記の後に表示した。

4) 事典によっては読みの「ぢ」「づ」を「じ」「ず」に一律置き換えて掲載・排列しているものと、「ぢ」「づ」と「じ」「ず」とを明確に区別しているものとがある。本書では代表読みに限り、区別することに統一した。従って代表読みは置き換えをしている事典の読みとは異なっていることがあり、その際その事典における読みは代表読みの後に「，」で区切って表示した。

(2) 人物説明明

1) 生没年表示

①以下の条件に当てはまるものに限り、人物説明の冒頭に生没年を表示した。

・その人物が複数の事典に掲載されていること

・その過半数が少なくとも年単位では一致している（生年、没年ごとに比べた）場合は、その年を「生年～没年」の形で表示する

・年単位で一致している中でさらに過半数のものが月日まで一致している場合は、年に続けてその月日も表示する

・「生没年不詳」という記載が過半数を占める場合は、「生没年不詳」と表示する

②年表示は和暦と西暦の併記とした。ただし和暦年と西暦年の対応は、月日まで考慮に入れた厳密な対応ではなく、多くの事典類に採用されている年単位の大まかな対応を踏襲した。従って誤差の出るものもあるが、およその目安としてご利用いただきたい。

③和暦年のうち南北朝時代については「北朝／南朝」の順に記載した。

④生年不詳のものが過半数で、没年が一つの説を採用できるときは、生年を「？」で表した。逆に没年が不詳の場合も同様である。

⑤諸説ある生年のどれもが過半数に至らず、没年は一つの説を採用できるときは、生年を「＊」で表した。逆に没年が諸説ある場合も同様である。

⑥例外として、商家や職工などの世襲名は、生没年表示の代わりに「世襲名」と表示した。

2）別表記、別読み

　　人名見出しに示したものと異なる表記・読みで、各事典中に掲載されている場合、それらをまとめて掲載した。

3）プロフィール

　　人物を同定するための最低限の情報として、その人物の活動時期と身分・肩書・職業、係累、業績を補記した。

　　人物を同定するための最低限の情報として、その人物の活動時期と身分・肩書・職業、係累、業績を補記した。

①本書の活動時期は以下の基準で区分した。（　）はトピック。

・上代　6世紀半ば（仏教伝来、宣化・欽明朝の頃）まで

・飛鳥時代　8世紀初頭（奈良遷都、文武・元明朝の頃）まで

・奈良時代　8世紀末（長岡・平安遷都、桓武朝の開始）まで

・平安時代前期　9世紀末～10世紀初頭（菅原道真左遷、醍醐朝の開始）まで

・平安時代中期　11世紀後半（後三条天皇即位、白河院政開始）まで

・平安時代後期　12世紀末（平氏滅亡、鎌倉幕府成立）まで

・鎌倉時代前期　13世紀後半（元寇、北条氏得宗家専制支配の確立）まで

・鎌倉時代後期　14世紀前半（鎌倉幕府滅亡）まで

・南北朝時代　14世紀末（両朝合一）まで

・室町時代　15世紀後半（応仁・文明の乱）まで

・戦国時代　16世紀半ば（織田信長上洛、室町幕府滅亡）まで

・安土桃山時代　17世紀初頭（関ヶ原の戦い、江戸幕府成立）まで

・江戸時代前期　17世紀末（綱吉将軍就任、元禄時代開始）まで

・江戸時代中期　18世紀末（田沼意次失脚、家斉将軍就任）まで

・江戸時代後期　19世紀半ば（黒船来航、開国）まで

・江戸時代末期　1867、68年（明治改元、大政奉還、王政復古、江戸開城、戊辰戦争）まで

②身分・肩書は極力簡潔に記載した。特に重要と思われる人物については簡単に業績も記した。

(3) 掲載事典

1) その人物が掲載されている事典類を¶の後に略号で示した。（略号は別表を参照）

2) 各事典における記載が、本書の代表表記、代表読み、生没年表示と異なるときは略号の後に（　）で囲んでその内容を示した。その際、生年は○、没年は○で表した。

3) （　）内の生没年の記載については、年月日を補記するなどある程度の統一をはかったが、その事典が西暦しか記載していない場合は西暦のみを示し、西暦・和暦の両方を記載していれば和暦も示した。南北朝時代の元号の記載順は各事典の記述にそのまま従った。またその事典が中国や琉球の元号を記載している場合はそれも示した。

4) 同一人物がひとつの事典に複数回出現する場合は、その回数だけ同じ略号を表示して（1）（2）‥‥と序数を付し、それぞれに相異点を明示した。

(4) 共通事項

1) 旧漢字は原則として新字に統一した。

2) 全体を通じ、和暦における「元年」は「1年」と表示した。

3) 全体を通じ、代数表示は名の後に〔　〕で囲んで表示した。また「初代」は「1代」と表示した。

4) 事典類によっては、代数表示を「○世」という形にしているものもある。

本書では見出しの表記と別表記はすべて「○代」に統一した。但し各事典における記述の相異点を示す際には、もとの表示を使用した。

5) 典拠に人名読みが記載されていなかったものについては編集部で読みを補記し、末尾に「★」を付した。

4．参照項目

(1) 別表記・別読みから本書で採用した代表表記・代表読みが検索できるように参照項目を立てた。

(2) 「ぢ」「づ」と「じ」「ず」については、代表読みの場合と同様に区別して記載した。

5．排　列

(1) 人名見出しの読みの五十音順に排列した。

(2) 「ぢ」「づ」と「じ」「ず」は排列上も区別した。

(3) 同読みの場合は、同じ表記のものをまとめた。

(4) 読み・表記とも同一の人物は(1)(2)‥‥と序数を付して、おおむね活動時期の古い順に並べた。

6．収録事典一覧

(1) 本書で索引対象にした事典類の一覧を次ページ（及び見返し）に掲げた。

(2) 略号は、本書において掲載事典名の表示に使用したものである。

(3) 掲載は、略号の五十音順とした。

収録事典一覧

略号	書　名	出版者	刊行年月
浮絵	浮世絵大事典	東京堂出版	2008.6
江人	江戸時代人名控1000	小学館	2007.10
江表	江戸期おんな表現者事典	現代書館	2015.2
大坂	大坂の陣豊臣方人物事典	宮帯出版社	2016.12
織田	織田信長家臣人名辞典 第2版	吉川弘文館	2010.11
科学	事典 日本の科学者—科学技術を築いた5000人	日外アソシエーツ	2014.6
歌大	最新 歌舞伎大事典	柏書房	2012.7
眼医	眼科医家人名辞書	思文閣	2006.11
公卿	公卿人名大事典 普及版	日外アソシエーツ	2015.10
公家	公家事典	吉川弘文館	2010.3
古人	日本古代人名辞典	東京堂出版	2009.12
古代	日本古代氏族人名辞典 普及版	吉川弘文館	2010.11
古物	日本古代史人物事典	KADOKAWA	2014.2
後北	後北条氏家臣団人名辞典	東京堂出版	2006.9
コン	コンサイス日本人名事典 第5版	三省堂	2009.1
詩作	詩歌作者事典	鼎書房	2011.11
思想	日本思想史辞典	山川出版社	2009.4
出版	出版文化人物事典—江戸から近現代・出版人1600人	日外アソシエーツ	2013.6
植物	植物文化人物事典—江戸から近現代・植物に魅せられた人々	日外アソシエーツ	2007.4
女史	日本女性史大辞典	吉川弘文館	2008.1
女文	日本女性文学大事典	日本図書センター	2006.1
新歌	新版 歌舞伎事典	平凡社	2011.3
新隊	新選組隊士録	新紀元社	2011.12

略号	書　名	出版者	刊行年月
新 能	新版 能・狂言事典	平凡社	2011.1
数 学	日本数学者人名事典	現代数学社	2009.6
全 戦	全国版 戦国時代人物事典	学研パブリッシング	2009.11
全 幕	全国版 幕末維新人物事典	学研パブリッシング	2010.3
戦 武	戦国武将事典：乱世を生きた830人	新紀元社	2008.6
対 外	対外関係史辞典	吉川弘文館	2009.2
武 田	武田氏家臣団人名辞典	東京堂出版	2015.5
地 理	日本地理学人物事典 近世編・近代編1	原書房	2011.5〜12
天 皇	天皇皇族歴史伝説大事典	勉誠出版	2008.12
徳 将	徳川歴代将軍事典	吉川弘文館	2013.9
徳 人	徳川幕臣人名辞典	東京堂出版	2010.8
徳 代	徳川幕府全代官人名辞典	東京堂出版	2015.3
徳 松	徳川・松平一族の事典	東京堂出版	2009.8
中 世	日本中世史事典	朝倉書店	2008.11
内 乱	日本中世内乱史人名事典 上・下	新人物往来社	2007.5
日 文	日本文化文学人物事典	鼎書房	2009.2
俳 文	俳文学大辞典 普及版	角川学芸出版	2008.1
幕 末	幕末維新大人名事典 上・下	新人物往来社	2010.5
美 画	美術家人名事典 古今・日本の物故画家3500人	日外アソシエーツ	2009.2
美 建	美術家人名事典 建築・彫刻篇	日外アソシエーツ	2011.9
美 工	美術家人名事典 工芸篇	日外アソシエーツ	2010.7
平 家	平家物語大事典	東京書籍	2010.11
密 教	日本密教人物事典 上・中	国書刊行会	2010.5〜2014.5
室 町	室町時代人物事典	新紀元社	2014.4
山 小	山川 日本史小辞典	山川出版社	2016.8

【せ】

世阿弥* ぜあみ，せあみ

正平18/貞治2(1363)年～嘉吉3(1443)年 [別]観世三郎元清(かんぜさぶろうもときよ)，観世元清(かんぜもときよ)，世阿弥元清(ぜあみもときよ)
南北朝時代～室町時代の能役者。能芸の基礎を確立。著作に「風姿花伝(花伝書)」がある。

¶コン，思想([生]貞治2/正平18(1363)年？ [没]？)，新能([生]貞治2(1363)年？ [没]嘉吉3(1443)年？)，中世(世阿弥元清 ぜあみもときよ [生]1363年？ [没]1443年？)，内乱(世阿弥元清 ぜあみもときよ [生]貞治2(1363)年)，日文([生]貞治2(1363)年？ [没]嘉吉3(1443)年？)，室町(生没年不詳)，山小([生]1363年？ [没]1443年8月8日？)

世阿弥元清 ぜあみもときよ

⇒世阿弥(ぜあみ)

世阿弥元重 ぜあみもとしげ

⇒音阿弥(おんあみ)

せい(1)

江戸時代中期の女性。俳諧。甲斐の人。安永10年刊、壺中軒調唯編、壺嘗軒調唯50回忌追善集『続やどり木』に載る。

¶江表(せい(山梨県))

せい(2)

江戸時代中期の女性。俳諧。加賀の人。明和8年刊、高桑闌更編『落葉考』に載る。

¶江表(せい(石川県))

せい(3)

江戸時代中期の女性。俳諧。加賀鶴来の人。天明3年刊、河合風逸編『白達摩』に載る。

¶江表(せい(石川県))

せい(4)

江戸時代後期の女性。教育。松原智量の妻。

¶江表(せい(東京都) [生]天保3(1832)年頃)

せい(5)

江戸時代後期の女性。教育。家塾開業願などは佐々木勢以名で提出。

¶江表(せい(東京都) [生]天保3(1832)年頃)

せい(6)

江戸時代後期の女性。俳諧。一丁田中の人。文政1年成立、斎藤仙斧編、青羊追善集『陸廼葩』に載る。

¶江表(せい(山梨県))

せい(7)

江戸時代後期の女性。俳諧。文化6年序、五十嵐梅夫編『草神楽』に載る。

¶江表(せい(滋賀県))

せい(8)

江戸時代後期の女性。俳諧。土佐城東の白蓮社の杉本庄次郎の妻。弘化4年成立、無尽庵貫三序、松二編、東海林道人松二還暦賀集『十返りの花』に載る。

¶江表(せい(高知県))

せい(9)

江戸時代末期の女性。俳諧。武蔵金沢の俳人。安政4年、北因の歳旦帖に載る。

¶江表(せい(神奈川県))

せい・誠

江戸時代後期の女性。俳諧。府中連第7代鶩亭浅井甫翠の妻。天保9年刊、玉潤居松軒編『鳥のかたみ』に載る。

¶江表(せい・誠(福井県))

せゐ

江戸時代末期の女性。狂歌。新吉原仲の町の芸妓か。安政2年刊『狂歌茶器財集』に載る。

¶江表(せゐ(東京都))

セイ

江戸時代後期～明治時代の女性。教育。小川村の素封家薄井友次郎の娘。

¶江表(セイ(栃木県) [生]文化14(1817)年 [没]明治13(1880)年)

済 せい

⇒倭王済(わおうせい)

勢井 せい

江戸時代末期の女性。俳諧。慶応4年刊、『千代の遊び』に載る。

¶江表(勢井(佐賀県))

清(1) せい

江戸時代の女性。漢詩。水野氏。明治9年～同13年刊、佐田白茅編『明治詩文』55集に載る。

¶江表(清(千葉県))

清(2) せい★

江戸時代後期の女性。狂歌。大坂の人。文化5年序、片岡雪亭編『狂歌智音百人一首』に載る。

¶江表(清(大阪府))

精 せい★

江戸時代後期～明治時代の女性。教育。川越の商家伏見屋4代目吉田平兵衛の娘。

¶江表(精(埼玉県) [生]文政7(1824)年 [没]明治32(1899)年)

誠 せい★

江戸時代中期の女性。和歌。新田郡細谷村の郷士高山彦九郎正之の娘。

¶江表(誠(群馬県) [生]安永7(1778)年)

西阿 せいあ

⇒玉井西阿(たまいせいあ)

盛阿弥(——〔1代〕) せいあみ

⇒盛阿弥(じょうあみ)

成安 せいあん

⇒成安(じょうあん)

清安 せいあん

⇒聖安女王(しょうあんじょおう)

誠安尼 せいあんに★

江戸時代後期の女性。和歌。伊予松山藩主松平定静の娘。寛政11年刊、石野広通編『霞関集』一に載る。

¶江表(誠安尼(京都府))

清胤 せいいん

⇒清胤(しょういん)

西胤俊承* せいいんしゅんしょう，せいいんしゅんじょう

正平13/延文3(1358)年～応永29(1422)年 [別]西胤俊承(さいいんしゅんしょう) 室町時代の臨済宗の僧。

¶コン

星宇　せいう★
江戸時代後期の女性。俳諧。享和1年跋、宮本虎杖編『つきよほとけ』に載る。
¶江表(星宇(長野県))

清雲　せいうん★
江戸時代中期の女性。和歌。山本凌雲の妻。宝永6年奉納、平間長雅編「住吉社奉納千首和歌」に載る。
¶江表(清雲(山口県))

清雲院＊　せいうんいん
天正9(1581)年～万治3(1660)年　[別]お奈津の方(おなつのかた)　江戸時代前期の女性。徳川家康の側室。
¶徳将

青雲院　せいうんいん★
江戸時代後期の女性。和歌。筑前福岡藩の奥女中。文化11年刊、中山忠雄・河田正致編『柿本社奉納和歌集』に載る。
¶江表(青雲院(福岡県))

静栄　せいえい★
江戸時代後期の女性。俳諧。八戸藩主南部信房の側室か。
¶江表(静栄(青森県))

正栄院　せいえいいん
⇒お牟須の方(おむすのかた)

清右衛門の妻　せいえもんのつま★
江戸時代後期の女性。俳諧。紀伊郡伏見の人。天保3年刊、守村鶯卿編『女百人一句』に載る。
¶江表(清右衛門の妻(京都府))

清円＊　せいえん
長暦1(1037)年～康和5(1103)年　平安時代中期～後期の石清水別当。
¶古人([没]1107年)

清可　せいか★
江戸時代後期～明治時代の女性。画。徳川家の侍医で歌人井上文雄の娘。
¶江表(清可(東京都)　[生]天保3(1832)年　[没]明治41(1908)年)

清花　せいか
江戸時代後期の女性。俳諧。越前福井の人。嘉永2年序、淡水亭伸也撰『元の水』に載る。
¶江表(清花(福井県))

生花　せいか★
江戸時代後期の女性。俳諧。周防石原の人。同郷の俳人旭左園樹石が文政1年、村中の神社を巡拝するにあたり、門出に詠んでいる。
¶江表(生花(山口県))

青峨〔1代〕　せいが
⇒鴛田青峨(おしだせいが)

青峨〔2代〕＊　せいが
元禄11(1698)年～宝暦9(1759)年　[別]前田青峨(まえだせいが)　江戸時代中期の俳人。
¶俳文(――〔2世〕　[没]宝暦9(1759)年4月16日)

清海＊　せいかい
?～寛仁1(1017)年　平安時代中期の法相宗の僧。
¶古人

青海勘七＊(清海勘七)　せいかいかんしち，せいがいかんしち
生没年不詳　[別]青海勘七(あおみかんしち)　江戸時代中期の塗師。青海波塗の創始者。
¶コン，美工

清海源兵衛＊　せいかいげんべえ
[別]池田源兵衛(いけだげんべえ)　江戸時代中期の津軽の漆工。
¶美工(池田源兵衛　いけだげんべえ　[生]延宝3(1675)年　[没]?)

清華院　せいがいん
江戸時代前期の女性。徳川家宣の長女。
¶徳将([生]1681年　[没]1682年)

清和院君　せいかいんのきみ
⇒清和院君(せかいのきみ)

清峨園真砂子　せいがえんまさこ★
江戸時代後期の女性。狂歌。小島氏の妻。文政5年刊、塵外楼ほか撰『狂歌水滸伝』に載る。
¶江表(清峨園真砂子(東京都))

清覚＊　せいかく
永保3(1083)年～元永2(1119)年　平安時代後期の天台宗延暦寺僧。
¶古人

聖覚＊　せいかく
仁安2(1167)年～文暦2(1235)年3月5日　[別]聖覚(しょうかく，しょうがく)　平安時代後期～鎌倉時代前期の天台宗の僧。藤原通憲の孫。
¶古人(しょうかく)，コン(しょうがく　[没]嘉禎1(1235)年)，思想(しょうかく　[没]嘉禎1(1235)年)，内乱(せいかく(しょうかく))

井花女(1)　せいかじょ★
江戸時代末期の女性。俳諧。湯沢の人。文久3年刊、内藤風柯編『花がたみ集』に載る。
¶江表(井花女(秋田県))

井花女(2)　せいかじょ★
江戸時代末期の女性。俳諧。安政三年序、相応軒編『四時行』に載る。
¶江表(井花女(愛媛県))

清歌女　せいかじょ★
江戸時代後期の女性。俳諧。天保1年跋、事仙庵丁知撰「利根太郎」に載る。
¶江表(清歌女(東京都))

盛可女　せいかじょ★
江戸時代後期の女性。俳諧。谷素外門。文政6年刊、素外の娘素塵序・跋『梅翁発句集』に載る。
¶江表(盛可女(東京都))

青峨堂　せいがどう
⇒尾上新七〔1代〕(おのえしんしち)

盛化門院＊　せいかもんいん
＊～天明3(1783)年　[別]近衛維子(このえこれこ)，藤原維子(ふじわらのこれこ)　江戸時代中期の女性。後桃園天皇の妃。
¶江表(盛化門院(京都府)　[生]宝暦9(1759)年)，天皇(近衛維子　このえこれこ　[生]宝暦9(1759)年12月9日　[没]天明3(1783)年12月5日)

西華門院＊　せいかもんいん
文永6(1269)年～正平10/文和4(1355)年　[別]堀河基子(ほりかわきし)，源基子(みなもときし，みなもとのきし，みなもとのもとこ)　鎌倉時代後期～

南北朝時代の女性。後宇多天皇の宮人。
¶コン,天皇(堀河基子　ほりかわきし　[生]文永5(1268)年　[没]正平10/文和4(1355)年8月)

清鑒*　せいかん
?～天慶8(945)年　平安時代中期の石清水別当。
¶古人

誠観　せいかん
⇒聞証(もんしょう)

清眼　せいがん
⇒馬島清眼(まじませいがん)

静寛院　せいかんいん
⇒和宮(かずのみや)

静寛院宮　せいかんいんのみや
⇒和宮(かずのみや)

清閑寺昶定　せいかんじあきさだ
⇒清閑寺昶定(せいかんじながさだ)

清閑寺家俊*　せいかんじいえとし
天授4/永和4(1378)年～永享5(1433)年　室町時代の公卿(権大納言)。権中納言清閑寺家房の子。
¶公卿([生]永和4/天授4(1378)年),公家(家俊〔清閑寺家〕　いえとし)

清閑寺家房*　せいかんじいえふさ
正平10/文和4(1355)年～応永30(1423)年7月21日　南北朝時代～室町時代の公卿(権中納言)。参議清閑寺資定の子。
¶公卿([生]文和4/正平10(1355)年),公家(家房〔清閑寺家〕　いえふさ)

清閑寺共子　せいかんじきょうし
⇒清閑寺共子(せいかんじともこ)

清閑寺共子*　せいかんじともこ
?～元禄8(1695)年　[別]清閑寺共子(せいかんじきょうし)　江戸時代前期～中期の女性。後西天皇の宮人。
¶天皇(せいかんじきょうし・ともこ)

清閑寺共綱*　せいかんじともつな
慶長17(1612)年10月21日～延宝3(1675)年8月26日　江戸時代前期の公家(権大納言)。内大臣清閑寺共房の子。
¶公卿,公家(共綱〔清閑寺家〕　ともつな)

清閑寺共福*　せいかんじともふく
寛政5(1793)年11月22日～天保10(1839)年11月3日　江戸時代後期の公家(参議)。権大納言清閑寺昶定の子。
¶公卿,公家(共福〔清閑寺家〕　ともよし)

清閑寺共房*　せいかんじともふさ
天正17(1589)年5月27日～寛文1(1661)年7月28日　江戸時代前期の公家(内大臣)。権大納言中御門資胤の長男。
¶公卿,公家(共房〔清閑寺家〕　ともふさ)

清閑寺豊房*　せいかんじとよふさ
文政5(1822)年～明治5(1872)年　江戸時代末期～明治時代の公家、権中納言。横浜鎖港督促の三十八卿上書に参加。
¶公卿([生]文政5(1822)年9月20日　[没]明治5(1872)年3月),公家(豊房〔清閑寺家〕　とよふさ　[生]文政5(1822)年9月20日　[没]明治5(1872)年3月24日),幕末([生]文政5(1822)年9月20日　[没]明治5(1872)年3月24日)

西磵子曇*(西澗子曇)　せいかんしどん
南宋・淳祐9(1249)年～徳治1(1306)年　[別]西澗子曇(さいかんしどん),西磵子曇(さいかんしどん,せいかんすどん,せいけんしどん),子曇(しどん)　鎌倉時代後期の臨済宗松源派の渡来禅僧。
¶コン(西澗子曇　[生]建長1(1249)年),対外

清閑寺昶定*　せいかんじながさだ
宝暦12(1762)年～文化14(1817)年11月28日　[別]清閑寺昶定(せいかんじあきさだ)　江戸時代中期～後期の公家(権大納言)。権大納言清閑寺益房の子。
¶公卿([生]宝暦12(1762)年閏4月25日),公家(昶定〔清閑寺家〕　あきさだ　[生]宝暦12(1762)年閏4月25日)

西岸寺任口　せいがんじにんこう
⇒任口(にんこう)

清閑寺治房*　せいかんじはるふさ
元禄3(1690)年8月4日～享保18(1733)年9月29日　江戸時代中期の公家(権大納言)。権大納言清閑寺熈定の子。
¶公卿,公家(治房〔清閑寺家〕　はるふさ)

清閑寺秀定*　せいかんじひでさだ
宝永6(1709)年6月7日～宝暦9(1759)年10月23日　江戸時代中期の公家(権大納言)。権大納言清閑寺治房の子。
¶公卿,公家(秀定〔清閑寺家〕　ひでさだ)

清閑寺熈定*(清閑寺煕定)　せいかんじひろさだ
寛文2(1662)年7月13日～宝永4(1707)年1月10日　江戸時代前期～中期の公家(権大納言)。権大納言清閑寺熈房の子。
¶公卿,公家(熈定〔清閑寺家〕　ひろさだ)

清閑寺熈房*(清閑寺煕房)　せいかんじひろふさ
寛永10(1633)年3月29日～貞享3(1686)年10月10日　江戸時代前期の公家(権大納言)。権大納言清閑寺共綱の子。
¶公卿,公家(熈房〔清閑寺家〕　ひろふさ)

清閑寺益房*　せいかんじますふさ
元文1(1736)年9月27日～享和3(1803)年7月15日　[別]清閑寺益房(せいかんじみちふさ)　江戸時代中期～後期の公家(権大納言)。権大納言清閑寺秀定の子。
¶公卿,公家(益房〔清閑寺家〕　ますふさ)

清閑寺益房　せいかんじみちふさ
⇒清閑寺益房(せいかんじますふさ)

清閑寺資定*　せいかんじもとさだ
?～正平20/貞治4(1365)年7月18日　南北朝時代の公卿(参議)。参議清閑寺資房の子。
¶公卿([没]貞治4/正平20(1365)年7月18日),公家(資定〔清閑寺家〕　すけさだ　[没]貞治4(1365)年7月18日)

清閑寺資房*　せいかんじもとふさ
嘉元2(1304)年～興国5/康永3(1344)年11月4日　鎌倉時代後期～南北朝時代の公卿(参議)。清閑寺家の祖。中納言吉田為経の孫。
¶公卿([没]康永3/興国5(1344)年11月4日),公家(資房〔清閑寺家〕　すけふさ　[没]康永3(1344)年11月4日)

清巌宗渭　せいがんしゅうい
⇒清巌宗渭(せいがんそうい)

清閑寺幸房*　せいかんじゆきふさ
?～寛正2(1461)年6月　室町時代の公卿(権中納言)。権大納言清閑寺家俊の子。

¶公卿, 公家〔幸房〔清閑寺家〕　ゆきふさ〕

清巌正徹 せいがんしょうてつ
⇒正徹（しょうてつ）

西碬子曇 せいかんすどん
⇒西碬子曇（せいかんしどん）

清巌宗渭* 〔清巌宗謂〕　せいがんそうい
天正16（1588）年～寛文1（1661）年　戒名清巌宗渭（せいがんしゅうい）　江戸時代前期の臨済宗の僧。大徳寺170世。
¶江人（清巌宗謂）

清眼僧都 せいがんそうづ
⇒馬島清眼（まじませいがん）

勢観房 せいかんぼう
⇒源智（げんち）

清基 せいき
⇒清基（しょうき）

青岐 せいき, せいぎ
⇒蘂庵青岐（あかざあんせいぎ）

青妓* せいぎ*
江戸時代後期の女性。俳諧。文化7年に青梅常保寺の小養庵冬瓜坊支瓦が序を記した猿ヶ島村の丈水三回忌追善集に載る。
¶江表（青妓（東京都））

青綺門院* せいきもんいん
享保1（1716）年～寛政2（1790）年　別名二条舎子（にじょういえこ），藤原舎子（ふじわらのいえこ）　江戸時代中期～後期の女性。桜町天皇の女御。
¶江表（青綺門院（京都府）），コン，天皇（二条舎子　にじょういえこ）　誕享保1（1716）年8月24日　没寛政2（1790）年1月29日

青牛 せいぎゅう
江戸時代中期～後期の俳諧作者。
¶俳文　誕宝暦14（1764）年　没天保7（1836）年2月7日

静久斎 せいきゅうさい
安土桃山時代の佐久郡小諸の国衆。
¶武田（生没年不詳）

青魚 せいぎょ
⇒勝部青魚（かつべせいぎょ）

政経* せいきょう
万寿2（1025）年～嘉保1（1094）年　平安時代中期～後期の天台宗園城寺僧。
¶古人

青玉 せいぎょく*
江戸時代末期の女性。画・和歌・俳諧。鈴木氏。
¶江表（青玉（香川県））　没安政4（1857）年

清啓 せいけい
⇒天与清啓（てんよせいけい）

清家堅庭* せいけかたにわ
文化11（1814）年～明治10（1877）年　江戸時代末期～明治時代の伊予の神職。
¶幕末

清家三郎秋延 せいけさぶろうあきのぶ
⇒法華津前延（ほけづさきのぶ）

井月 せいげつ
⇒井上井月（いのうえせいげつ）

清月尼 せいげつに*
江戸時代の女性。和歌。大津橋本町に住む歌人浅野夏道の姉。明治13年刊、服部春樹編『筱並集』上に載る。
¶江表（清月尼（滋賀県））

成賢* せいけん, せいげん
応保2（1162）年～寛喜3（1231）年9月19日　別名成賢（じょうけん, じょうげん）　平安時代後期～鎌倉時代前期の真言宗の僧。成賢流の祖。
¶古人（じょうけん），コン（じょうげん），密教（せいげん）　没1231年9月19日

清見(1) せいけん*
江戸時代中期～後期の女性。医学・和歌。城南体光寺村の吉田氏。
¶江表（清見（滋賀県））　誕安永8（1779）年　没天保11（1840）年

清見(2) せいけん*
江戸時代中期～後期の女性。漢詩・和歌。詩仙堂を建てた京都の文人石川丈山の玄孫。平島八代足利義宜の側室。
¶江表（清見（徳島県））　誕正徳4（1714）年　没寛政6（1794）年

成元 せいげん
⇒宇喜多秀家（うきたひでいえ）

清元 せいげん
江戸時代中期の女性。俳諧。武蔵の人。元禄13年頃刊、東潮庵一甫編『えの木』に載る。
¶江表（清元（埼玉県））

清玄 せいげん
⇒清玄・桜姫（せいげん・さくらひめ）

清源院* せいげんいん
享保10（1725）年～寛政6（1794）年　別名軌子（のりこ），細川軌子（ほそかわのりこ）　江戸時代中期の女性。歌人。肥後熊本藩主細川宣紀の娘。
¶江表（清源院（熊本県））

靖巌院 せいげんいん
江戸時代前期～中期の女性。徳川家光の養女。
¶徳将　誕1636年　没1717年

清玄・桜姫* せいげん・さくらひめ
別名清玄（せいげん）　浄瑠璃「清玄桜姫物」の登場人物。
¶コン

西碬子曇 せいけんしどん
⇒西碬子曇（せいかんしどん）

駢子 せいこ*
江戸時代中期の女性。和歌・俳諧・古川柳。筑前福岡藩無足組安見鼎臣弼の娘。
¶江表（駢子（福岡県））　誕寛保3（1743）年　没宝暦12（1762）年

せい子 せいこ*
江戸時代中期の女性。和歌。北島藤四郎玄川の妻。明和2年春、徳川宗武邸での文会の記録「うめあわせ」に載る。
¶江表（せい子（東京都））

世伊子 せいこ*
江戸時代後期の女性。和歌・書。越後粟生津村の割元13代和田茂喜の娘。
¶江表（世伊子（新潟県））　没享和3（1803）年

勢以子　せいこ⋆
江戸時代末期の女性。和歌。土佐藩藩士日根野弘亨の母。文久3年、吉田孝継編「採玉集」初に載る。
¶江表(勢以子(高知県))

勢井子　せいこ⋆
江戸時代後期の女性。和歌。尾張藩主徳川斉朝の奥女中。文化5年頃、真田幸弘編「御ことほきの記」に載る。
¶江表(勢井子(愛知県))

清以子　せいこ⋆
江戸時代末期の女性。和歌。筑後本柳小路の柳川藩士安武又左衛門鎮憲の妻。養嗣子鎮元は和漢学に精通し、文久2年刊『柳河百家集』など、多くの著作がある。
¶江表(清以子(福岡県))

清子(1)　せいこ⋆
江戸時代前期の女性。俳諧。葛城氏。寛文12年序、宇和島藩家老桑折宗臣編『大海集』に多くの句が載る。
¶江表(清子(愛媛県))

清子(2)　せいこ⋆
江戸時代後期の女性。狂歌。天保年間刊『秋葉山奉灯狂歌合』に載る。
¶江表(清子(東京都))

清子(3)　せいこ
江戸時代後期の女性。和歌。石見津和野藩主亀井矩賢の娘。
¶江表(清子(熊本県)　[没]天保10(1839)年)

清子(4)　せいこ⋆
江戸時代末期の女性。和歌。幕臣長谷川清足の妹。安政4年刊、仲田顕忠編『類題武蔵野集』二に載る。
¶江表(清子(東京都))

済高　せいこう
⇒済高(さいこう)

清晃　せいこう
⇒足利義澄(あしかがよしずみ)

清江　せいこう⋆
江戸時代後期の女性。画。田中氏。天保13年刊『江戸現在広益諸家人名録』二に載る。
¶江表(清江(東京都))

清香　せいこう⋆
江戸時代後期の女性。画。神田雉子町の名主斎藤県麿とひさの娘、茂。天保8年刊、三昧道人編『百名家書画帖』一に載る。
¶江表(清香(東京都))

静好　せいこう⋆
江戸時代末期～明治時代の女性。和歌。古高松の木内茂邦の娘。
¶江表(静好(香川県)　[没]明治15(1882)年)

晴光院　せいこういん
⇒喜代姫(きよひめ)

清光院*(1)　せいこういん
?～天正9(1581)年　[別]藤原房子(ふじわらのふさこ),万里小路房子(までのこうじふさこ)　戦国時代～安土桃山時代の女官、正親町天皇の后。
¶天皇(藤原房子　ふじわらのふさこ　[没]天正8(1580)年12月29日)

清光院(2)　せいこういん⋆
江戸時代後期の女性。書簡。佐野藩主堀田正敦の側室。
¶江表(清光院(栃木県))

清光院(3)　せいこういん⋆
江戸時代末期～明治時代の女性。日記。熊本藩細川家の分家松井家の娘。細川刑部興昌の母。
¶江表(清光院(熊本県))

精光院　せいこういん⋆
江戸時代中期～後期の女性。覚書。土佐藩藩士深尾瀬左衛門茂英の娘。
¶江表(精光院(高知県)　[生]安永1(1772)年　[没]文政5(1822)年)

西光亭芝国*　せいこうていしばくに
[別]西光亭芝国(さいこうていしばくに)　江戸時代末期の浮世絵師。
¶浮絵(さいこうていしばくに　生没年不詳)

清香尼　せいこうに⋆
江戸時代末期の女性。和歌。筑後柳川藩藩士井出種徳の妻。文久2年刊、『柳河百家集』に載る。
¶江表(清香尼(福岡県))

清左衛門(1)　せいざえもん
安土桃山時代の駿河国富士郡三園郷の山造衆。
¶武田(生没年不詳)

清左衛門(2)　せいざえもん
安土桃山時代の信濃国筑摩郡大久保の土豪。塔原海野氏の被官とみられる。
¶武田(生没年不詳)

清左衛門(3)　せいざえもん
安土桃山時代の信濃国筑摩郡野口の土豪。麻績氏の被官とみられる。
¶武田(生没年不詳)

清左衛門(4)　せいざえもん
⇒大和屋甚兵衛〔2代〕(やまとやじんべえ)

盛算　せいさん
⇒盛算(じょうさん)

清子　せいし
⇒沢村源之助〔3代〕(さわむらげんのすけ)

清之　せいし
江戸時代後期の女性。俳諧。越前福井の人。文政11年刊、春暁閣只静編、記念集『松の花』に載る。
¶江表(清之(福井県))

青芝　せいし⋆
江戸時代後期の女性。画。岩氏。13歳の時、文化9年の竹石七回忌法要に出品した。
¶江表(青芝(香川県))

静糸　せいし⋆
江戸時代末期の女性。俳諧。常陸龍ヶ崎住。文久2年刊、草中庵希水編『俳諧画像集』に載る。
¶江表(静糸(茨城県))

清枝女　せいしじょ⋆
江戸時代の女性。俳諧。本名、黒沢せい子。明治27年刊、土屋麓編『下毛友かき』に載る。
¶江表(清枝女(栃木県))

済子女王　せいしじょおう
⇒済子女王(さいしじょおう)

成子内親王*　せいしないしんのう
？～天元1(978)年　[別]成子内親王(しげこないしんのう)　平安時代中期の女性。宇多天皇の皇女。
¶古人(しげこないしんのう)

正子内親王(1)　せいしないしんのう
⇒正子内親王(まさこないしんのう)

正子内親王(2)　せいしないしんのう
⇒正子内親王(まさこないしんのう)

清子内親王*　せいしないしんのう
文禄2(1593)年～延宝2(1674)年　[別]清子内親王(きよこないしんのう)　江戸時代前期の女性。後陽成天皇の第3皇女。
¶天皇(きよこないしんのう　[生]文禄2(1593)年10月23日　[没]延宝2(1674)年12月9日)

盛子内親王*　せいしないしんのう
？～長徳4(998)年　[別]盛子内親王(もりこないしんのう)　平安時代中期の女性。村上天皇の皇女。
¶古人(もりこないしんのう),天皇(せいしないしんのう・もりこないしんのう　[没]長徳4(998)年7月20日)

誠子内親王　せいしないしんのう
⇒誠子内親王(ともこないしんのう)

斉子内親王*(1)　せいしないしんのう
？～仁寿3(853)年　[別]斉子内親王(ただこないしんのう，ひとしいこないしんのう)　平安時代前期の女性。嵯峨天皇の皇女。
¶古人(ただこないしんのう)

斉子内親王*(2)　せいしないしんのう
延喜21(921)年～承平6(936)年　[別]斉子内親王(ただこないしんのう，ときこないしんのう)　平安時代中期の女性。醍醐天皇の皇女。
¶古人(ただこないしんのう)

靖子内親王*　せいしないしんのう
延喜15(915)年～天暦4(950)年　[別]靖子内親王(やすこないしんのう)　平安時代中期の女性。醍醐天皇の皇女。
¶古人(やすこないしんのう),天皇(せいしないしんのう・やすこないしんのう　[没]天暦4(950)年10月)

清寿(1)　せいじゅ★
江戸時代中期の女性。和歌。和泉堺の人。天明2年宮内清秀序『伴菊延齢詩歌集』に載る。
¶江表(清寿(大阪府))

清寿(2)　せいじゅ
⇒清寿(しょうじゅ)

静寿　せいじゅ★
江戸時代後期の女性。和歌。常陸水戸の林氏。文政10年の歌会記録「和歌御会始の記」に載る。
¶江表(静寿(茨城県))

正寿院　せいじゅいん★
江戸時代前期の女性。俳諧。京都の浪人でのちに庄内藩藩士となった吉田主計の娘。貞享2年刊、鈴木清風撰『稲筵』に載る。
¶江表(正寿院(山形県))

清寿院　せいじゅいん★
江戸時代中期の女性。教育。下総佐倉藩藩士小林由兵衛の娘。
¶江表(清寿院(千葉県)　[生]正徳3(1713)年　[没]宝暦12(1762)年)

誓寿院　せいじゅいん★
江戸時代後期の女性。和歌。松山藩の西崎杏庵の母。天保9年刊、海野遊翁編『類題現存歌選』二に載る。
¶江表(誓寿院(愛媛県))

清寿院尼　せいじゅいんに★
江戸時代中期の女性。和歌。徳島藩士西尾安親の娘。元禄9年刊、平間長雅編『奉納千首和歌』に載る。
¶江表(清寿院尼(徳島県))

清秀*　せいしゅう
長元6(1033)年～延久4(1072)年　平安時代中期～後期の石清水別当。
¶古人

清秋　せいしゅう
⇒本多忠永(ほんだただなが)

勢州村正　せいしゅうむらまさ
⇒村正(むらまさ)

清十郎(1)　せいじゅうろう
⇒お夏・清十郎(おなつ・せいじゅうろう)

清十郎(2)　せいじゅうろう
⇒水木辰之助〔1代〕(みずきたつのすけ)

清寿尼(1)　せいじゅに★
江戸時代中期の女性。俳諧。天明5年成立の芭蕉追悼句集『しぐれ会』に句が載る。
¶江表(清寿尼(滋賀県))

清寿尼(2)　せいじゅに★
江戸時代末期の女性。和歌。仙台藩士茂貫桂之助の母。慶応2年序、日野資始編『宮城百人一首遺稿』に載る。
¶江表(清寿尼(宮城県))

盛寿尼　せいじゅに★
江戸時代末期の女性。和歌。外国奉行新見内匠頭(豊前守)正興の祖母。安政7年跋、蜂屋光世編『大江戸倭歌集』に載る。
¶江表(盛寿尼(東京都))

星春　せいしゅん★
江戸時代後期の女性。画。会津の星野三良の娘。弘化4年生まれの画家野出蕉雨の門に学ぶ。
¶江表(星春(福島県))

性遵　せいじゅん
⇒性遵(しょうじゅん)

誓恂　せいじゅん
江戸時代後期の女性。和歌。儘田重明の妻。
¶江表(誓恂(東京都))

精純院　せいじゅんいん
江戸時代後期の女性。徳川家斉の十五女。
¶徳将([生]1807年　[没]1811年)

誠順院　せいじゅんいん
⇒永姫(ながひめ)

清順尼　せいじゅんに
⇒慶光院清順(けいこういんせいじゅん)

静処　せいしょ
江戸時代後期～明治時代の俳諧作者。大木氏。
¶俳文([生]文政11(1828)年　[没]明治25(1892)年9月16日)

せい女(1)　せいじょ★
江戸時代後期の女性。狂歌。狂歌師鹿都部真顔の妻。
¶江表(せい女(東京都))

せい女(2)　せいじょ★
江戸時代後期の女性。和歌。吉田氏。文化11年刊、中山忠雄・河田正致編『柿本社奉納和歌集』に載る。
¶江表(せい女(東京都))

せい女(3)　せいじょ★
江戸時代後期の女性。狂俳。尾張名古屋の人。寛政11年秋頃成立、柳江庵鸞亭撰『俳諧梅催集』に載る。
¶江表(せい女(愛知県))

せい女(4)　せいじょ★
江戸時代末期の女性。俳諧。十日町の中村屋の飯盛女。文久1年、最上三十三観音第十番札所の湯上観音堂内に奉納された俳額「奉納四季混題発句集」に載る。
¶江表(せい女(山形県))

勢い女　せいじょ★
江戸時代後期の女性。和歌。本所住の牧村右太夫の妻。文化11年刊、中山忠雄・河田正致編『柿本社奉納和歌集』に載る。
¶江表(勢い女(東京都))

勢以女　せいじょ★
江戸時代末期の女性。俳諧。越後浦田口の田辺氏の妻。安政5年刊、松岡茶山編『北越俳諧人銘録』に載る。
¶江表(勢以女(新潟県))

清女　せいじょ★
江戸時代後期の女性。和歌。秋田藩士茂木頼母知教の後妻。文化15年序、秋田藩士山方泰通編「月花集」に載る。
¶江表(清女(秋田県))

青女(1)　せいじょ★
江戸時代中期の女性。俳諧。蕉門十哲の服部嵐雪が目黒吟行の折に伴った婦人として知られる。元禄3年成立、嵐雪編『其袋』に載る。
¶江表(青女(東京都))

青女(2)　せいじょ★
江戸時代後期の女性。俳諧。堀金の人。嘉永6年刊、浜田汝松序『かさかけ』に載る。
¶江表(青女(山形県))

清昭*　せいしょう
？～長元6(1033)年　平安時代中期の延暦寺の僧、歌人。
¶古人

青松　せいしょう★
江戸時代中期の女性。俳諧。三河の人。元禄15年刊、太田白雪編『三河小町』下に載る。
¶江表(青松(愛知県))

清成　せいじょう
⇒清成(しょうじょう)

清昇院　せいしょういん
⇒お屋知の方(おやちのかた)

清照院　せいしょういん★
江戸時代後期の女性。和歌。仁正寺藩主市橋長富の祖母。文政7年頃成立、池田冠山編「玉露童女追悼集」に載る。
¶江表(清照院(滋賀県))

青松院　せいしょういん★
江戸時代後期～明治時代の女性。和歌。閑院宮家司木村政辰の娘。松平慶永の生母。
¶江表(青松院(福井県)　[生]寛政8(1796)年　[没]明治4(1871)年)

西昌院殿*　せいしょういんでん
？～天正3(1575)年1月9日　[別]武田信虎側室(たけだのぶとらそくしつ)　戦国時代～安土桃山時代の女性。武田信虎の側室。
¶武田(武田信虎側室　たけだのぶとらそくしつ)

青松院殿　せいしょういんでん
戦国時代の女性。伊勢宗瑞(北条早雲)の娘。宗哲の妹。
¶後北(青松院殿〔北条〕)

清昌院烈子　せいしょういんれっし★
*～明治8(1875)年　江戸時代後期～明治時代の女性。和歌。陸奥白河藩主松平定信の娘。
¶江表(清昌院烈子(長野県)　[生]寛政10(1798)年),江表(れつ子(長野県)　[生]寛政8(1796)年)

西笑承兌*　せいしょうじょうたい,せいしょうしょうたい
天文17(1548)年～慶長12(1607)年12月27日　[別]西笑(さいしょう),西笑承兌(さいしょうしょうたい,さいしょうしょうだ,さいしょうじょうたい),承兌(しょうたい,しょうだ,じょうたい),兌長老(たいちょうろう),南陽(なんよう),豊光寺承兌(ほうこうじしょうたい)　安土桃山時代～江戸時代前期の臨済宗夢窓派の僧。
¶コン(せいしょうしょうたい),思想,全戦(せいしょうしょうたい),対外

清少納言*　せいしょうなごん
康保3(966)年頃～？　平安時代中期の女性。歌人、随筆家。「枕草子」の著者で、一条天皇の皇后定子に仕えた。
¶古人([生]966年？),コン(生没年不詳),詩作(生没年不詳),思想(生没年不詳),女史(生没年不詳),女文(生没年不詳),日文(生没年不詳),山小(生没年不詳)

生松の母　せいしょうのはは★
江戸時代中期の女性。俳諧。遠江水窪の人。元禄14年刊、太田白雪編『きれぎれ』に載る。
¶江表(生松の母(静岡県))

性承法親王　せいしょうほうしんのう
⇒性承(しょうじょう)

聖助法親王(1)　せいじょほうしんのう
⇒聖助法親王(しょうじょほうしんのう)

聖助法親王(2)　せいじょほうしんのう
⇒聖助法親王(しょうじょほっしんのう)

勢深*　せいしん
生没年不詳　平安時代後期の仏師。
¶古人,美建

済信　せいじん
⇒済信(さいしん)

青人　せいじん
⇒青人(あおんど)

棲真院　せいしんいん
江戸時代後期の女性。徳川家斉の五女。
¶徳将([生]1796年　[没]1797年)

せいしん

清信院 せいしんいん*
江戸時代中期～後期の女性。和歌・書簡。幕府の寄合医師吉田意安の娘。徳川重倫の生母。
¶江表(清信院(和歌山県)) Ⓟ享保3(1718)年 ㉜寛政12(1800)年(

清心院(1) せいしんいん*
江戸時代中期の女性。和歌。仙台藩の支城白石城主片倉景長の娘。安永3年成立『田村村隆母公六十賀祝賀集』に載る。
¶江表(清心院(宮城県))

清心院(2) せいしんいん
⇒新典侍(しんすけ)

清慎公 せいしんこう
⇒藤原実頼(ふじわらのさねより)

井真成 せいしんせい
奈良時代の遣唐留学生。
¶対外(Ⓟ699年) ㉜734年)

清心尼* せいしんに
天正14(1586)年～正保1(1644)年 江戸時代前期の女性。戦国武将南部直栄の娘。
¶江表(清心尼(岩手県)), 女史

静仁法親王 せいじんほうしんのう
⇒静仁法親王(じょうにんほっしんのう)

生水の母 せいすいのはは*
江戸時代前期の女性。俳諧。『津の玉川』の編者で俳人村田生水の母。貞享3年刊、落月庵西吟編『庵桜』に載る。
¶江表(生水の母(大阪府))

征西将軍宮 せいせいしょうぐんのみや
⇒懐良親王(かねよししんのう)

清拙正澄* せいせつしょうちょう
南宋・咸淳10(1274)年～延元4/暦応2(1339)年 ⓅⓈ正澄(しょうちょう) 鎌倉時代後期～南北朝時代の臨済宗破庵派の渡来禅僧。日本禅宗大鑑派の祖。
¶コン(Ⓟ文永11(1274)年), 思想(Ⓟ元・咸淳10(1274)年 ㉜暦応2・延元4(1339)年), 対外

青千* せいせん
正徳1(1711)年～安永8(1779)年9月22日 江戸時代中期の俳人。
¶俳文

斉詮* せいせん
？～元慶1(877)年？ ⓇⓈ斉詮(さいせん) 平安時代前期の僧。
¶古人(さいせん 生没年不詳), 古代

清操 せいそう*
江戸時代後期の女性。和歌。幕臣、書院番中条平助の母。文化11年刊、中山忠雄・河田正致編『柿本社奉納和歌集』に載る。
¶江表(清操(東京都))

勢増* せいぞう
生没年不詳 平安時代後期の仏師。
¶古人, 美建

清三 せいぞう
安土桃山時代の信濃国筑摩郡安坂の土豪。
¶武田(生没年不詳)

青操院 せいそういん*
江戸時代中期～後期の女性。和歌。美濃郡上藩主青山幸完の家臣金井与兵衛の娘。前田重教の側室。
¶江表(青操院(石川県)) Ⓟ宝暦10(1760)年 ㉜天保3(1832)年)

静操院 せいそういん*
江戸時代後期の女性。和歌。石見津和野藩家老布施三郎右衛門久道の母。文化11年刊、中山忠雄・河田正致編『柿本社奉納和歌集』に載る。
¶江表(静操院(島根県))

静窓尼 せいそうに*
江戸時代後期の女性。和歌。幕臣、12代将軍家慶の御側取次役で蔵書家新見伊賀守正路の祖母。文化11年刊、中山忠雄・河田正致編『柿本社奉納和歌集』に載る。
¶江表(静窓尼(東京都))

清素尼 せいそに*
江戸時代後期の女性。俳諧。文政2年刊、田喜庵護物編『俳諧捜玉集』に載る。
¶江表(清素尼(東京都))

成尊* せいそん, せいぞん
長和1(1012)年～承保1(1074)年 ⓈⓁ成尊(じょうそん) 平安時代中期の真言宗の僧。覚鑁以前の真言教相の学者。
¶古人(じょうそん), 密教(せいぞん Ⓟ1012年/1016年 ㉜1074年1月7日)

聖尊法親王 せいそんほうしんのう
⇒聖尊(しょうそん)

静尊法親王* せいそんほうしんのう
生没年不詳 鎌倉時代後期～南北朝時代の後醍醐天皇の皇子。
¶天皇

清田 せいた
生没年不詳 戦国時代の相模国須賀郷の住人。
¶後北(某〔清田〕 なにがし)

清泰院 せいたいいん
⇒大姫(おおひめ)

勢多伽 せいたか
鎌倉時代前期の僧。
¶内乱(Ⓟ？ ㉜承久3(1221)年)

正卓の妻 せいたくのつま*
江戸時代中期の女性。尾張の岩田源左衛門正卓の妻。宝永6年奉納、平間長雅編「住吉社奉納千首和歌」に載る。
¶江表(正卓の妻(愛知県))

清田儋叟 せいだたんそう, せいたたんそう
享保4(1719)年～天明5(1785)年 江戸時代中期の漢詩人、越前福井藩儒。
¶思想(せいたたんそう)

清湛院 せいたんいん
⇒徳川淑姫(とくがわひでひめ)

清知(精知) せいち
⇒広田精知(ひろたせいち)

清地院 せいちいん
⇒築山殿(つきやまどの)

清池院 せいちいん*
江戸時代後期の女性。和歌。常陸下館藩5代藩主石

川総般の母。寛政10年跋、信濃松代藩主真田幸弘の六〇賀集「千とせの寿詞」に載る。
¶江表(清池院(茨城県))

井竹 せいちく*
生没年不詳　江戸時代後期の俳人。
¶江表(井竹(大阪府))

青竹園千代女 せいちくえんちよじょ*
江戸時代後期の女性。狂歌。淡路沼島の人。天保9年刊、緑樹園元有編『桜間狂歌集』に載る。
¶江表(青竹園千代女(兵庫県))

性知尼 せいちに*
江戸時代中期の女性。和歌。柳陰堂了寿の母。元禄16年刊、戸田茂睡門の了寿編『新歌さ、石』に載る。
¶江表(性知尼(東京都))

成智尼 せいちに*
江戸時代後期の女性。和歌・漢詩。幕臣、数寄屋組頭野村休成の祖母。天保9年刊、海野遊翁編『類題現存歌選』二に載る。
¶江表(成智尼(東京都))

性知尼の娘 せいちにのむすめ*
江戸時代中期の女性。和歌。柳陰堂了寿の姉妹。元禄16年刊、戸田茂睡門の了寿編『新歌さ、石』に載る。
¶江表(性知尼の娘(東京都))

西忠 せいちゅう
⇒松平親忠(まつだいらちかただ)

成朝 せいちょう*
生没年不詳　㋺成朝(じょうちょう)　平安時代後期の仏師。康助の孫で康朝の子。
¶古人(じょうちょう)，コン，美建

静澄院夫人 せいちょういんふじん*
生没年不詳　江戸時代中期の女性。肥後熊本藩主細川宗孝の妻。紀州藩主徳川宗直の娘。
¶江表(友姫(熊本県))　㊥享保5(1720)年　㊦安永9(1780)年

星朝女 せいちょうじょ*
江戸時代末期の女性。俳諧。千住の人。安政5年刊、度会都編『今世俳諧百人集』に載る。
¶江表(星朝女(東京都))

正直 せいちょく*
江戸時代前期の俳諧作者。本名、中井次兵衛。
¶俳文(生没年不詳)

聖珍 せいちん
⇒聖珍法親王(しょうちんほっしんのう)

成貞尼 せいていに*
江戸時代後期の女性。和歌。相模本久寺の尼僧。
¶江表(成貞尼(神奈川県))　㊦天保5(1834)年

成典 せいてん
*～寛徳1(1044)年　㋺成典(じょうてん)　平安時代中期の真言宗の僧。
¶古人(じょうてん)　㊥959年)

成等院 せいとういん*
江戸時代後期の女性。和歌・漢詩。西条藩主松平頼学の娘。
¶江表(成等院(愛媛県))　㊥文政8(1825)年　㊦弘化3(1846)年

盛徳院(1)　せいとくいん*
江戸時代中期の女性。和歌。加賀藩主前田吉徳の娘。
¶江表(盛徳院(秋田県))　㊥元文2(1737)年　㊦宝暦12(1762)年

盛徳院(2)　せいとくいん
⇒加納御前(かのうごぜん)

栖徳寺殿 せいとくじでん*
?～天文23(1554)年4月5日　戦国時代の女性。北条幻庵の妻。
¶後北(栖徳寺殿〔北条〕　すとくじでん)

世南 せいなん
寛政1(1789)年～天保2(1831)年3月11日　江戸時代後期の俳人。
¶俳文

清仁 せいにん*
?～延久5(1073)年　平安時代中期～後期の清水寺の僧。
¶古人

済仁親王 せいにんしんのう
⇒済仁(さいにん)

静仁法親王 せいにんほうしんのう
⇒静仁法親王(じょうにんほっしんのう)

静仁法親王 せいにんほうしんのう
⇒静仁法親王(じょうにんほっしんのう)

清寧天皇 せいねいてんのう*
㋺白髪武広国押稚日本根子尊(しらかのたけひろくにおしわかやまとねこのみこと)　清寧天皇(せいねんてんのう)　上代の第22代の天皇。雄略天皇の子。
¶古人(生没年不詳)，古代，古物(㊥允恭天皇33(444)年　㊦清寧天皇5(484)年1月16日)，コン，天皇(㊥允恭天皇33(444)年　㊦清寧天皇5(484)年)

清寧天皇 せいねんてんのう
⇒清寧天皇(せいねいてんのう)

清野信興 せいののぶおき
⇒清野信興(きよのしんこう)

清播 せいは
⇒心田清播(しんでんせいは)

清範 せいはん*
応和2(962)年～長保1(999)年　平安時代中期の法相宗の僧。清水寺別当。
¶古人，コン(㊥?)

清範法親王 せいはんほうしんのう
⇒晃親王(あきらしんのう)

井眉 せいび
⇒岡井眉(おかせいび)

成美 せいび
⇒夏目成美(なつめせいび)

成布 せいふ*
江戸時代後期の女性。俳諧。紫の豪農久保田光豊の妻のゝめ。
¶江表(成布(長野県))　㊦嘉永1(1848)年

星布 せいふ
⇒星布尼(せいふに)

せ

星府 せいふ
⇒山川星府（やまかわせいふ）

盛府(1) せいふ
⇒市川荒五郎〔1代〕（いちかわあらごろう）

盛府(2) せいふ
⇒佐野川市松〔1代〕（さのがわいちまつ）

盛府(3)（青布） せいふ
⇒佐野川市松〔2代〕（さのがわいちまつ）

清風 せいふう
⇒鈴木清風（すずきせいふう）

青楓 せいふう＊
江戸時代中期～後期の女性。和歌・漢詩。加賀藩家老で歌人奥村忠順の娘。
¶江表（青楓（石川県）） ㋐享保6（1721）年 ㋑寛政2（1790）年）

清風与平〔1代〕＊ せいふうよへい 江戸時代末期の京焼の陶工。加賀藩士保田弥平の子。
¶コン（㋑？），美工

清風与平〔2代〕＊ せいふうよへい
弘化1（1844）年～明治11（1878）年 江戸時代末期～明治時代の陶工。白磁浮文の作を出した。禁裏御所や桂宮の御用窯を蒙った。
¶コン，美工

清風与平〔3代〕 せいふうよへい
江戸時代後期～大正時代の陶工。
¶美工（㋐嘉永4（1851）年 ㋑大正3（1914）年7月15日）

星布尼＊ せいふに
享保17（1732）年～文化11（1814）年 ㋒榎本星布（えのもとせいふ），榎本星布尼（えのもとせいふに），星布（せいふ） 江戸時代中期～後期の女性。俳人。
¶江表（星布（東京都）），コン，女史（榎本星布 えのもとせいふ），女文（星布（せいふ）㋐享保17（1731）年 ㋑文化11（1814）年12月28日），日文（榎本星布 えのもとせいふ），俳文（星布 せいふ）㋑文化11（1814）年12月28日）

清兵衛＊ せいべえ
生没年不詳 江戸時代中期の蒔絵師。
¶美工

成宝 せいほう
⇒成宝（じょうほう）

星母女＊ せいぼじょ＊
江戸時代後期の女性。俳諧。北原の人。文化14年刊、宮本八朗編、加舎白雄27回忌追善集『なりかや』に載る。
¶江表（星母女（長野県））

清又七郎 せいまたしちろう
戦国時代～安土桃山時代の桂林院殿の付家臣。
¶武田（生没年不詳）

清宮秀堅＊ せいみやひでかた
文化6（1809）年～明治12（1879）年10月20日 江戸時代末期～明治時代の国学者。経世財務、地理に詳しい。新治県地誌編集掛雇。著書に「古学小伝」。
¶コン，幕末（㋐文化6（1809）年10月1日）

整珉 せいみん
⇒村田整珉（むらたせいみん）

清民＊（青民） せいみん
？～慶応3（1867）年 江戸時代末期の俳人。
¶俳文（㋐寛政5（1793）年 ㋑慶応3（1867）年12月9日）

成務天皇 せいむてんのう
㋒稚足彦尊（わかたらしひこのみこと） 上代の第13代の天皇。景行天皇の第1子。
¶古人（生没年不詳），古代，古物（㋐景行天皇14（84）年 ㋑成務天皇60（190）6月11日），コン，天皇（㋐景行14（84）年 ㋑成務60（190）年）

静也 せいや＊
江戸時代後期の女性。俳諧。越前栃川の人。寛政11年刊、松山令羽編『三つの手向』に載る。
¶江表（静也（福井県））

勢祐＊ せいゆう
寛平5（893）年～応和1（961）年 平安時代前期～中期の園城寺僧。
¶古人

正友 せいゆう
⇒正友（まさとも）

清誉＊ せいよ
生没年不詳 戦国時代～安土桃山時代の僧、連歌師。
¶俳文

青羊 せいよう
江戸時代中期～後期の俳諧師。斎藤氏。
¶俳文（㋐元文4（1739）年 ㋑文化9（1812）年12月17日）

青陽斎春子 せいようさいしゅんし
江戸時代後期の画家。
¶浮絵（生没年不詳）

西誉空遠 せいよくうおん
戦国時代の浄土宗の僧。
¶武田（生没年不詳）

誠誉尼 せいよに＊
江戸時代末期の女性。和歌。中島忠右衛門貞恒の娘。安政4年序、「樟葉百歌撰」に載る。
¶江表（誠誉尼（佐賀県））

青蘿 せいら
⇒松岡青蘿（まつおかせいら）

清嵐 せいらん
江戸時代中期の女性。俳諧。加賀の人。安永6年刊、堀麦水編『新虚栗』に載る。
¶江表（清嵐（石川県））

勢力富五郎 せいりきとみごろう
文化10（1813）年～嘉永2（1849）年 江戸時代後期の侠客。下総国香取郡万歳村の生まれ。
¶コン

清流亭西江 せいりゅうていさいこう
⇒緑西江（みどりさいこう）

是柳の妻 せいりゅうのつま＊
江戸時代中期の女性。俳諧。美濃神戸の美濃派松尾是柳の妻。宝永7年序、孤耕庵魯九編『鴫法華』に載る。
¶江表（是柳の妻（岐阜県））

清亮院 せいりょういん＊
江戸時代後期～末期の女性。和歌・書。松山藩主松平定道の娘。
¶江表（清亮院（愛媛県）） ㋐天保3（1832）年 ㋑嘉永7

清涼院(1)　せいりょういん*
江戸時代中期の女性。和歌。熊本新田藩主細川利重の娘。有孝の和歌集『続葵花集』には享保20年に「清涼院尼尊如」として序を書いている。
¶江表(清涼院(熊本県))

清涼院(2)　せいりょういん
⇒お定の方(おさだのかた)

清領院　せいりょういん*
江戸時代前期の女性。寺院創建・書簡。庄内藩藩士武山勘左衛門の娘。
¶江表(清領院(山形県))　㋑元和6(1620)年　㋕天和3(1683)年

清涼院お定　せいりょういんおさだ
⇒お定の方(おさだのかた)

世良親王　せいりょうしんのう
⇒世良親王(よよししんのう)

精林院　せいりんいん*
江戸時代後期の女性。和歌。永石氏。
¶江表(精林院(愛媛県))　㋕文政13(1830)年

星露(1)　せいろ*
江戸時代中期の女性。俳諧。明和2年刊、建部綾足編『かすみをとこ』に載る。
¶江表(星露(東京都))

星露(2)　せいろ*
江戸時代後期の女性。俳諧。前橋の本陣八田屋松井儀兵衛の妻。寛政2年跋、可楽庵桃路編、芭蕉100回忌追遠記念集『華鳥風月集』に載る。
¶江表(星露(群馬県))

清露　せいろ*
江戸時代中期の女性。俳諧。甲府の人。安永4年、如雪尺五編『月影家の集』に載る。
¶江表(清露(山梨県))

清六左衛門　せいろくざえもん
戦国時代〜安土桃山時代の桂林院殿の付家臣。
¶武田(生没年不詳)

清和天皇* 　せいわてんのう
嘉祥3(850)年〜元慶4(880)年12月4日　㋓水尾天皇(みずのおのてんのう)、三尾帝(みずのおのみかど)　平安時代前期の第56代の天皇(在位858〜876)。文徳帝の子。清和源氏の祖。
¶古人、古代、コン、天皇(㋑嘉祥3(850)年3月25日)、平家(㋑嘉祥3(850)年)、山小(850年3月25日　㋕880年12月4日)

是円　ぜえん
⇒二階堂是円(にかいどうぜえん)

瀬尾勘右衛門　せおかんえもん
江戸時代前期の後藤又兵衛旧交の奉公人。
¶大坂

勢尾子　せおこ*
江戸時代後期の女性。和歌。土佐藩の奥女中。文政4年、高岡郡新居村の庄屋細木庵常の四〇賀に短冊を寄せる。
¶江表(勢尾子(高知県))

瀬尾昌琢　せおしょうたく
正保2(1645)年〜享保3(1718)年　江戸時代前期〜中期の紅毛流の外科医。

¶科学(㋕享保3(1718)年6月29日)

瀬尾清太郎* 　せおせいたろう
生没年不詳　戦国時代の番匠。伊豆で活動。
¶後北(清太郎〔瀬尾〕　せいたろう)

瀬尾余一　せおよいち
⇒御園紹元(みそのつぐもと)

清和院君* 　せかゐのきみ　せかいのきみ
生没年不詳　㋓清和院君(せいかいんのきみ)　平安時代前期の歌人。
¶古人(せいかいんのきみ)

瀬上主膳　せがみしゅぜん
⇒瀬上主膳(せのうえしゅぜん)

瀬川* (1)　せがわ
生没年不詳　江戸時代中期の女性。江戸吉原松葉屋の遊女。
¶江表(瀬川(東京都))

瀬川(2)　せがわ*
江戸時代中期の女性。俳諧。大津の遊女。元禄10年刊、立花北枝編、芭蕉三回忌追善集『喪の名残』に載る。
¶江表(瀬川(滋賀県))

瀬川(3)　せがわ*
江戸時代後期の女性。狂歌。新吉原江戸町の甲子楼の遊女。天保年間刊、『秋葉山奉灯狂歌合』に載る。
¶江表(瀬川(東京都))

瀬川(4)　せがわ*
江戸時代後期の女性。和歌。薩摩藩主島津斉興の室賢章院付の待女。文政11年、川畑平太左衛門篤実による『松操和歌集』に載る。
¶江表(瀬川(鹿児島県))

瀬川乙女　せがわおとめ
⇒瀬川如皋〔1代〕(せがわじょこう)

瀬川菊之丞　せがわきくのじょう
世襲名　江戸時代の歌舞伎役者。江戸時代に活躍したのは、初世から5世まで。
¶江人

瀬川菊之丞〔1代〕* 　せがわきくのじょう
元禄6(1693)年〜寛延2(1749)年　㋓瀬川吉次〔1代〕(せがわきちじ、せがわきつじ)、瀬川路考〔1代〕(せがわろこう)、浜村屋吉次(はまむらやきちじ)、路考(ろこう)　江戸時代中期の歌舞伎役者。宝永6年〜寛永1年頃に活躍。
¶浮絵、歌大(㋕寛延2(1749)年9月2日)、コン、新歌(――〔1世〕　㋑1693年？)

瀬川菊之丞〔2代〕* 　せがわきくのじょう
寛保1(1741)年〜安永2(1773)年　㋓王子路考(おうじろこう)、瀬川吉次〔2代〕(せがわきちじ、せがわきつじ)、瀬川権次郎(せがわごんじろう)、瀬川徳次、瀬川徳治(せがわとくじ)、瀬川路考〔2代〕(せがわろこう)、路考(ろこう)　江戸時代中期の歌舞伎役者。寛延3年〜安永1年頃に活躍。
¶浮絵、歌大(㋕安永2(1773)年閏3月13日)、新歌(――〔2世〕)

瀬川菊之丞〔3代〕* 　せがわきくのじょう
宝暦1(1751)年〜文化7(1810)年　㋓市山七之助(いちやましちのすけ)、市山富三郎(いちやまとみさぶろう)、玉川(ぎょくせん)、瀬川仙女、瀬川仙女〔1代〕(せがわせんじょ)、瀬川富三郎〔1代〕(せがわとみさぶろう)、瀬川路考〔3代〕(せがわろこ

う)，仙女(せんじょ)，仙女路考(せんじょろこう)，東籬園(とうりえん)，路考(ろこう)　江戸時代中期〜後期の歌舞伎役者。明和2年〜文化7年頃に活躍。

¶浮絵, 歌大([没]文化7(1810)年12月4日), コン, 新歌(――〔3世〕)

瀬川菊之丞〔4代〕* せがわきくのじょう

天明2(1782)年〜文化9(1812)年　[別]猿屋路考(さるやろこう)，瀬川菊之助(せがわきくのすけ)，瀬川路之助(せがわみちのすけ)，瀬川路考〔4代〕(せがわろこう)，中村千之助(なかむらせんのすけ)，坂東千之助(ばんどうせんのすけ)，路暁(ろぎょう)，路考(ろこう)　江戸時代後期の歌舞伎役者。寛政4年〜文化9年頃に活躍。

¶浮絵, 歌大([没]文化9(1812)年11月29日), 新歌(――〔4世〕)

瀬川菊之丞〔5代〕* せがわきくのじょう

享和2(1802)年〜天保3(1832)年　[別]瀬川多門〔1代〕(せがわたもん)，瀬川路考〔5代〕(せがわろこう)，多門路考(たもんろこう)，芬路(ふんろ)，路考(ろこう)，路仙(ろせん)　江戸時代後期の歌舞伎役者。文化3年〜天保2年頃に活躍。

¶浮絵, 歌大([没]天保3(1832)年1月7日), 新歌(――〔5世〕)

瀬川菊之助 せがわきくのすけ

⇒瀬川菊之丞〔4代〕(せがわきくのじょう)

瀬川吉次〔1代〕 せがわきちじ

⇒瀬川菊之丞〔1代〕(せがわきくのじょう)

瀬川吉次〔2代〕 せがわきちじ

⇒瀬川菊之丞〔2代〕(せがわきくのじょう)

瀬川吉次〔1代〕 せがわきつじ

⇒瀬川菊之丞〔1代〕(せがわきくのじょう)

瀬川吉次〔2代〕 せがわきつじ

⇒瀬川菊之丞〔2代〕(せがわきくのじょう)

瀬川金吾 せがわきんご

⇒松本幸四郎〔4代〕(まつもとこうしろう)

瀬川錦次 せがわきんじ

⇒松本幸四郎〔4代〕(まつもとこうしろう)

瀬川権次郎 せがわごんじろう

⇒瀬川菊之丞〔2代〕(せがわきくのじょう)

瀬川礫* せがわさざれ

天保6(1835)年〜明治42(1909)年　江戸時代末期〜明治時代の歌人、神学者、霧島神宮禰宜。霧島神宮協会を設立、神道活動を進める。

¶幕末([没]明治42(1909)年10月23日)

瀬川七蔵 せがわしちぞう

⇒瀬川如皐〔1代〕(せがわじょこう)

瀬川如皐 せがわじょこう

世襲名　江戸時代後期〜昭和時代の歌舞伎作者。江戸後期〜昭和期に5世を数えるが3世まで(江戸時代活躍)が著名。

¶江人, 山小

瀬川如皐〔1代〕* せがわじょこう

元文4(1739)年〜寛政6(1794)年　[別]市山七蔵(いちやましちぞう)，如考，如皐(じょこう)，瀬川乙女(せがわおとめ)，瀬川七蔵(せがわしちぞう)，東園(とうえん)　江戸時代中期の歌舞伎役者、歌舞伎作者。宝暦8年〜寛政5年頃に活躍。

¶歌大([没]寛政6(1794)年1月23日), コン, 新歌(――〔1世〕)

瀬川如皐〔2代〕* せがわじょこう

宝暦7(1757)年〜天保4(1833)年11月4日　[別]河竹文治，川竹文治(かわたけぶんじ)，狂言堂(きょうげんどう)，津栗実生(つぐりみのお)，文車(ぶんしゃ)，御園文治(みそのぶんじ)　江戸時代中期〜後期の歌舞伎作者。天明1年〜天保3年頃に活躍。

¶歌大, コン, 新歌(――〔2世〕), 日文(――〔2世〕)

瀬川如皐〔3代〕* せがわじょこう

文化3(1806)年〜明治14(1881)年　江戸時代末期〜明治時代の歌舞伎作者。

¶歌大([没]明治14(1881)年6月28日), コン, 新歌(――〔3世〕), 日文(――〔3世〕)

瀬川如皐〔4代〕 せがわじょこう

安政4(1857)年〜昭和13(1938)年　江戸時代末期〜昭和時代の狂言作者。

¶歌大([生]安政4(1857)年5月8日　[没]昭和13(1938)年1月17日), 新歌(――〔4世〕)

瀬川仙女(――〔1代〕)　せがわせんじょ

⇒瀬川菊之丞〔3代〕(せがわきくのじょう)

瀬川多門〔1代〕 せがわたもん

⇒瀬川菊之丞〔5代〕(せがわきくのじょう)

瀬川多門〔2代〕 せがわたもん

⇒中村大吉〔3代〕(なかむらだいきち)

瀬川徳次(瀬川徳治)　せがわとくじ

⇒瀬川菊之丞〔2代〕(せがわきくのじょう)

瀬川富三郎〔1代〕 せがわとみさぶろう

⇒瀬川菊之丞〔3代〕(せがわきくのじょう)

瀬川雅亮 せがわまさすけ

江戸時代末期〜昭和時代の社司。

¶詩作([生]安政2(1855)年5月6日　[没]昭和4(1929)年5月27日)

瀬川昌耆 せがわまさとし

江戸時代末期〜大正時代の医師。

¶科学([生]安政3(1856)年4月17日　[没]大正9(1920)年12月21日)

瀬川路之助 せがわみちのすけ

⇒瀬川菊之丞〔4代〕(せがわきくのじょう)

瀬川路之助〔3代〕 せがわみちのすけ

⇒山下金作〔5代〕(やましたきんさく)

瀬川雄次郎〔1代〕 せがわゆうじろう

⇒助高屋高助〔2代〕(すけたかやたかすけ)

瀬川路考〔1代〕 せがわろこう

⇒瀬川菊之丞〔1代〕(せがわきくのじょう)

瀬川路考〔2代〕 せがわろこう

⇒瀬川菊之丞〔2代〕(せがわきくのじょう)

瀬川路考〔3代〕 せがわろこう

⇒瀬川菊之丞〔3代〕(せがわきくのじょう)

瀬川路考〔4代〕 せがわろこう

⇒瀬川菊之丞〔4代〕(せがわきくのじょう)

瀬川路考〔5代〕 せがわろこう

⇒瀬川菊之丞〔5代〕(せがわきくのじょう)

瀬川露城 せがわろじょう

江戸時代後期〜昭和時代の俳人・連句作者。

¶俳文（㊥嘉永3（1850）年　㊧昭和3（1928）年5月8日）

瀬川和市　せがわわいち
⇒尾上多見蔵〔2代〕（おのえたみぞう）

是閑吉満*　ぜかんよしみつ
？〜元和2（1616）年　㊥大野出目（おおのでめ）、出目是閑（でめぜかん）、出目吉満（でめよしみつ）　戦国時代〜安土桃山時代の能面作者。大野出目家の祖。大幸坊幸賢の弟子。
¶コン（出目是閑　でめぜかん　㊥大永7（1527）年）、美工（㊥大永7（1527）年）

せき⑴
江戸時代中期の女性。俳諧。仁科の人。宝永3年序、尾張の巨霊庵板倉東鷲編『中国集』に載る。
¶江表（せき（長野県））

せき⑵
江戸時代中期の女性。俳諧。加賀山中の人。元禄6年序、宮村紹由編『猿丸宮集』に載る。
¶江表（せき（石川県））

せき⑶
江戸時代後期の女性。和歌。石見津和野藩の奥女中。寛政3年成立、嘉藤吉達序「女房和歌序」に載る。
¶江表（せき（島根県））

せき⑷
江戸時代後期の女性。俳諧。下川口の人。文政3年頃成立、徐風庵跋、竺貫三編『はせを塚集』に載る。
¶江表（せき（高知県））

せき⑸
江戸時代後期〜末期の女性。教育。松代藩藩士田中佐左衛門の妻。文化期〜慶応期頃まで読み方と習字を教えた。
¶江表（せき（長野県））

せき⑹
江戸時代末期の女性。俳諧。相模鶴巻の西光寺の関野家の分家・関野元次郎家の墓地に句碑、歌碑が建つ。
¶江表（せき（神奈川県）　㊧慶応1（1865）年）

尺水　せき*
江戸時代中期の女性。俳諧。元禄10年刊、十一竹編『千々之丞』に載る。
¶江表（尺水（東京都））

関伊賀守　せきいがのかみ
安土桃山時代の武蔵国滝山城主北条氏照の家臣。
¶後北（伊賀守〔関（2代）〕　いがのかみ）

関為山*　せいざん
文化1（1804）年〜明治11（1878）年　㊥為山（いざん）　江戸時代末期の俳人。
¶俳文（為山　いざん　㊧明治11（1878）年1月19日）

関歌助　せきうたすけ
⇒関三十郎〔2代〕（せきさんじゅうろう）

関内熊五郎　せきうちくまごろう
天保4（1833）年〜慶応1（1865）年　江戸時代末期の水戸藩士。
¶幕末（㊧元治2（1865）年2月16日）

関内幸左衛門　せきうちこうざえもん
寛政7（1795）年〜明治6（1873）年　江戸時代末期〜明治時代の刀工。城下で作刀し、徳川斉昭らに献じた。

¶幕末（㊧明治6（1873）年5月5日）

石雲斎　せきうんさい
安土桃山時代の武田氏の家臣。
¶武田（生没年不詳）

石燕　せきえん
⇒鳥山石燕（とりやませきえん）

夕翁　せきおう
江戸時代前期の俳諧作者。
¶俳文（生没年不詳）

関岡光助　せきおかみつすけ
戦国時代の信濃国筑摩郡青柳の土豪。
¶武田（生没年不詳）

石屋真梁*　せきおくしんりょう
興国6/貞和1（1345）年〜応永30（1423）年　㊥真梁（しんりょう）　南北朝時代〜室町時代の曹洞宗の僧。通幻寂霊の高弟。
¶コン

惜花　せきか*
江戸時代後期の女性。俳諧。福岡の人。天保5年刊、福岡の士墨編、追善句集『をりばな』集が残る。
¶江表（惜花（福岡県））

石牙　せきが
⇒安田石牙（やすだせきが）

関勘解由　せきかげゆ
安土桃山時代〜江戸時代前期の武士。天正中、各地の合戦で武名を顕した。長宗我部盛親に付属。
¶大坂

関勝尚　せきかつなお
江戸時代中期の幕臣。
¶徳人（㊥1756年　㊧？）

関勝栄　せきかつよし
江戸時代中期の代官。
¶徳代（㊥元禄4（1691）年　㊧延享1（1744）年2月22日）

関兼衡　せきかねひら
？〜元暦1（1184）年　㊥平兼衡（たいらかねひら）　平安時代後期の武士。桓武平氏。
¶古人

関加平次　せきかへいじ
生没年不詳　安土桃山時代の織田信長の家臣。
¶織田

関川代二郎*（関川代次郎）　せきかわだいじろう
天保9（1838）年〜明治42（1909）年　江戸時代後期〜明治時代の新撰組隊士。
¶新隊（関川代次郎）

関川美羽　せきかわながのぶ
江戸時代中期〜後期の代官。
¶徳代（㊥享保5（1720）年　㊧寛政7（1795）年12月15日）

関川平四郎*　せきかわへいしろう
文政3（1820）年〜明治15（1882）年　江戸時代末期〜明治時代の豪商、松前藩士。館城城築に当たり、土席勘定奉行兼作事方をつとめる。
¶幕末（㊧明治15（1882）年6月1日）

関寛斎*　せきかんさい
天保1（1830）年〜大正1（1912）年　江戸時代後期〜明治時代の蘭方医。徳島藩医、山梨県病院院長を歴任。後、北海道開拓農業経営。

¶コン（[没]明治45（1912）年），幕末（[没]大正1（1912）年10月15日）

関輝蕚*（関輝蕚）　せききがく，せききかく
安永1（1772）年～文化9（1812）年　江戸時代後期の算家。
¶数学（関輝蕚　せききかく　[没]文化9（1812）年2月10日）

関喜内*　せききない
宝暦9（1759）年～天保8（1837）年　江戸時代中期～後期の出羽国雄勝郡川連村の肝煎。養蚕業の普及に尽力。
¶コン

関喜兵衛　せききへえ
⇒関三十郎〔4代〕（せきさんじゅうろう）

関行篤　せきぎょうとく
生没年不詳　江戸時代後期の幕臣。
¶徳人，徳代

関清次*　せききよつぐ
生没年不詳　戦国時代の北条氏の家臣。御蔵奉行の一員。
¶後北（清次〔関（1）〕　きよつぐ　[没]天文15年6月30日）

関口氏広*　せきぐちうじひろ
？～永禄5（1562）年　戦国時代の武将。今川氏家臣。
¶戦武

関口氏心　せきぐちうじむね
⇒関口柔心（せきぐちじゅうしん）

関口金水　せきぐちきんすい
⇒関口東作（せきぐちとうさく）

関口外記助　せきぐちげきのすけ
安土桃山時代の子安郷の名主。古河公方足利義氏、のち武蔵国滝山城主北条氏照に属した。
¶後北（外記助〔関口（1）〕　げきのすけ）

関口作蔵*　せきぐちさくぞう
[別]関口房次郎（せきぐちふさじろう）　江戸時代末期の新撰組隊士。
¶新隊（生没年不詳），新隊（関口房次郎　せきぐちふさじろう　生没年不詳）

関口柔心*　せきぐちじゅうしん
慶長3（1598）年～寛文10（1670）年　[別]関口氏心（せきぐちうじむね）　江戸時代前期の柔術家。関口流の開祖。
¶コン

関口秀南*　せきぐちしゅうなん
享和2（1802）年～明治5（1872）年　江戸時代末期～明治時代の医師、侍医。藩校弘道館で医学館総教となった。
¶幕末（[没]明治5（1872）年10月19日）

関口正満　せきぐちせいまん
江戸時代前期の代官。
¶徳代（[生]？　[没]延宝5（1677）年7月26日）

関口泰次郎*　せきぐちたいじろう
嘉永1（1848）年～慶応1（1865）年　江戸時代末期の水戸藩士。
¶幕末（[没]慶応1（1865）年10月4日）

関口長左衛門*　せきぐちちょうざえもん
文化5（1808）年～明治5（1872）年　江戸時代末期～明治時代の大島梨栽培の元祖。近隣に教え家産を興す。
¶植物（[没]明治5（1872）年1月），幕末（[没]明治5（1872）年1月）

関口東作*　せきぐちとうさく
享和2（1802）年～文久2（1862）年　[別]関口金水（せきぐちきんすい）　江戸時代末期の生麦村名主。
¶幕末

関口開*　せきぐちひらき
天保13（1842）年～明治17（1884）年4月12日　江戸時代末期～明治時代の数学者、数学教育者。小、中、師範学校教師。チェンバーの書を訳し「数学問題集」「新撰数学」出版。
¶科学（[生]天保13（1842）年6月29日），数学（[生]天保13（1842）年6月30日），幕末

関口房次郎　せきぐちふさじろう
⇒関口作蔵（せきぐちさくぞう）

関口文治郎　せきぐちぶんじろう
江戸時代中期～後期の彫刻師。
¶美建（[生]享保16（1731）年　[没]文化4（1807）年）

関口本貞　せきぐちほんてい
⇒関口本貞（せきぐちもとさだ）

関口又三郎　せきぐちまたさぶろう
安土桃山時代の武蔵国鉢形城主北条氏邦家臣長谷部兵庫助の同心。
¶後北（又三郎〔関口（2）〕　またさぶろう）

関口満継　せきぐちまんけい
江戸時代前期の代官。
¶徳代（[生]？　[没]承応1（1652）年8月25日）

関口本貞*　せきぐちもとさだ
安永7（1778）年～安政4（1857）年　[別]関口本貞（せきぐちほんてい）　江戸時代後期の医師。
¶幕末（[没]安政3（1856）年12月19日）

関口有之助　せきぐちゆうのすけ
江戸時代後期～明治時代の岡崎藩士。
¶幕末（[生]嘉永2（1849）年　[没]明治2（1869）年4月21日）

関宮内左衛門尉　せきくないざえもんのじょう
安土桃山時代～江戸時代前期の甲斐国巨摩郡河内下部村の土豪。
¶武田（生没年不詳）

関内蔵助*　せきくらのすけ
享和2（1802）年～明治5（1872）年　江戸時代末期～明治時代の常陸土浦藩士。
¶幕末（[没]明治5（1872）年10月27日）

瀬木君耕　せきくんこう
江戸時代末期～明治時代の本草学者。
¶科学（[生]安政1（1854）年　[没]明治17（1884）年3月6日）

積桂　せきけい
⇒自徳（じとく）

積桂自徳　せきけいじとく
⇒自徳（じとく）

石敬碩敬*　せきけいせきけい
文化6（1809）年～明治11（1878）年　江戸時代末期～明治時代の僧侶。鎌倉建長寺住持、建長寺派初代管長を兼任。
¶幕末（石敬（碩敬）　せきけい（せきけい））

せき子⑴　せきこ★
江戸時代後期の女性。和歌。常陸龍ケ崎の松田庄三郎の妻。文政8年刊、奈良薬師寺の行遍編『仏足結縁歌文集』に載る。
¶江表(せき子(茨城県))

せき子⑵　せきこ★
江戸時代末期の女性。和歌。安部氏。本居宣長門の歌人で八幡浜の二宮正禎門。
¶江表(せき子(愛媛県))

尺五　せきご
江戸時代中期～後期の俳諧師。
¶俳文(㋜享保8(1723)年　㋭寛政10(1798)年10月5日)

関小十郎右衛門　せきこじゅうろうえもん
⇒関共成(せきともなり)

石斎★　せきさい
生没年不詳　江戸時代前期の俳人。
¶俳文

関沢房清★　せきざわふさきよ
文化5(1808)年～明治11(1878)年　江戸時代末期～明治時代の小田原藩士。北越戦争で奮戦。のち徴士、越後府民政局権判事を歴任。
¶コン(㋜文化2(1805)年)、幕末(㋭明治11(1878)年7月8日)

関三右衛門　せきさんえもん
⇒関三十郎〔1代〕(せきさんじゅうろう)

関三十郎〔1代〕★　せきさんじゅうろう
延享4(1747)年～文化5(1808)年　㋰嵐三十郎〔4代〕,嵐山十郎(あらしさんじゅうろう),嵐七三郎〔1代〕(あらししちさぶろう),荻野吉三郎(おぎのきちさぶろう),三蝶(さんちょう),小太(しょうた),関三右衛門(せきさんえもん)　江戸時代中期～後期の歌舞伎役者。明和3年～文化5年頃に活躍。
¶歌大(㋭文化5(1808)年6月10日)、新歌(——〔1世〕)

関三十郎〔2代〕★　せきさんじゅうろう
天明6(1786)年～天保10(1839)年　㋰嵐宗太郎(あらしそうたろう),歌山(かざん),関歌助(せきうたすけ),中村歌助(なかむらうたすけ)　江戸時代後期の歌舞伎役者。享和2年～天保10年頃に活躍。
¶歌大(㋭天保10(1839)年9月28日)、新歌(——〔2世〕)

関三十郎〔3代〕★　せきさんじゅうろう
文化2(1805)年～明治3(1870)年　㋰市川伊達十郎(いちかわだてじゅうろう),市川団吉(いちかわだんきち),市川中車(いちかわちゅうしゃ),市川八百蔵〔5代〕(いちかわやおぞう),黄雀(おうじゃく),歌山(かざん),中車(ちゅうしゃ),藤間勘五郎(ふじまかんごろう)　江戸時代末期～明治時代の歌舞伎役者。文化末～明治3年頃に活躍。
¶歌大(㋭明治3(1870)年12月18日)、新歌(——〔3世〕)

関三十郎〔4代〕★　せきさんじゅうろう
*～明治22(1889)年7月10日　㋰市川八百蔵〔6代〕(いちかわやおぞう),黄雀(おうじゃく),歌山(かざん),関喜兵衛(せきよへえ),関花助〔1代〕(せきはなすけ),中車(ちゅうしゃ)　江戸時代末期～明治時代の歌舞伎役者。嘉永4年～明治19年頃に活躍。
¶歌大(㋜天保9(1838)年)、新歌(——〔4世〕)　㋓1838年

赤山明神★　せきさんみょうじん
平安時代前期の天台宗の護法三十番神の一つ。
¶思想, 対外, 平家

石芝　せきし
江戸時代後期～大正時代の俳諧師。
¶俳文(㋜弘化4(1847)年2月12日　㋭大正7(1918)年1月2日)

関繁国　せきしげくに
安土桃山時代の北信濃の土豪。
¶武田(生没年不詳)

関重秀　せきしげひで
江戸時代後期の和算家、加賀藩士。
¶数学

関重麿★　せきしげまろ
天保7(1836)年～明治37(1904)年　江戸時代末期～明治時代の小田原藩士、官吏。新政府軍への抗戦を進言、遊撃隊の旧幕府軍に呼応。鹿児島県、茨城県などの官吏を歴任。
¶幕末(㋜天保7(1836)年9月17日　㋭明治37(1904)年7月13日)

石室善玖★　せきしつぜんきゅう
永仁2(1294)年～元中6/康応1(1389)年　鎌倉時代後期～南北朝時代の臨済宗の五山禅僧。
¶コン

関島金一郎★　せきじまきんいちろう
天保10(1839)年～明治2(1869)年12月29日　江戸時代末期～明治時代の尊攘派志士。神代直人らの勧誘を受け大村益次郎を襲撃、梟首に処せられる。
¶コン, 幕末(㋜天保10(1839)年5月10日　㋭明治2(1870)年12月29日)

関十郎右衛門★　せきじゅうろうえもん
生没年不詳　安土桃山時代の織田信長の家臣。
¶織田

せき女⑴　せきじょ
江戸時代後期の女性。俳諧。加茂連の人。文化1年の陽秋亭文二編の『春興大泉』に載る。
¶江表(せき女(山形県))

せき女⑵　せきじょ★
江戸時代後期の女性。狂歌。大西氏。文化14年刊、辰女の夫徳入幅、六樹園編、徳若1周忌追悼集『花の雲』に載る。
¶江表(せき女(茨城県))

せき女⑶　せきじょ★
江戸時代末期の女性。俳諧。須賀川の俳人道山壮山の妻。万延1年序、壮山編『柱石集』に載る。
¶江表(せき女(福島県))

関女　せきじょ★
江戸時代末期の女性。和算。美濃大垣の磯貝伊之助の娘。慶応1年明星輪寺の算額に載る。
¶江表(関女(岐阜県))

世喜女　せきじょ★
江戸時代後期の女性。狂歌。鳴門の人。天保9年刊、緑樹園元有撰『桜間狂歌集』に載る。
¶江表(世喜女(徳島県))

石女⑴　せきじょ★
江戸時代後期の女性。俳諧。与良の小山魯恭の妻せき。文政8年序・跋、魯恭編『糠塚集』に入集。
¶江表(石女(長野県))

せきしよ

石女(2) **せきじょ**★
江戸時代後期の女性。俳諧。松代藩の奥女中を務めた時に俳諧を学ぶ。
¶江表(石女(長野県)) ㋭天保7(1836)年)

石松 **せきしょう**★
江戸時代中期の女性。俳諧。京都の人。天明2年刊、与謝蕪村編『花鳥篇』に載る。
¶江表(石松(京都府))

関湘雲 **せきしょううん**
⇒関義臣(せきよしおみ)

関四郎 **せきしろう**
?〜天正2(1574)年? 戦国時代〜安土桃山時代の織田信長の家臣。
¶織田(㋭天正2(1574)年8月7日?)

関甚五兵衛 **せきじんごひょうえ**
⇒関甚五兵衛(せきじんごべえ)

関甚五兵衛★ **せきじんごべえ**
?〜天正12(1584)年 ㋒関甚五兵衛(せきじんごひょうえ) 安土桃山時代の武将。武田氏家臣。
¶武田(せきじんごひょうえ 生没年不詳)

関新次郎★ **せきしんじろう**
生没年不詳 戦国時代の武士。後北条氏家臣。
¶後北(新次郎〔関(1)〕 しんじろう)

石心宗玖 **せきしんそうく**
戦国時代〜安土桃山時代の曹洞宗雲岫派の僧。
¶武田(生没年不詳)

尺振八★ **せきしんぱち**
天保10(1839)年〜明治19(1886)年 江戸時代末期〜明治時代の英語学者、教育者。共立学舎を開く。訳書にスペンサーの教育論「斯氏教育論」など。
¶コン、全幕、幕末(㋭明治19(1886)年11月28日)

積翠 **せきすい**
⇒石河積翠(いしこせきすい)

関助大夫 **せきすけだゆう**
江戸時代前期の武士。大坂の陣で籠城。後、京極高広に仕えた。
¶大坂

夕静★ **せきせい**
生没年不詳 江戸時代中期の俳人。
¶俳文

関精輔★(関清介) **せきせいすけ**
?〜明治2(1869)年4月20日 江戸時代後期〜明治時代の新撰組隊士。
¶新隊(関清介)

関雪江★ **せきせっこう**
文政10(1827)年〜明治10(1877)年 ㋒関鉄蔵(せきてつぞう) 江戸時代末期〜明治時代の商人、詩人。
¶幕末(関鉄蔵 せきてつぞう ㋐明治10(1877)年11月24日)

関善左衛門★ **せきぜんざえもん**
戦国時代の武士。後北条氏家臣。
¶後北(善左衛門〔関(1)〕 ぜんざえもん)

関孝和★ **せきたかかず**
*〜宝永5(1708)年 江戸時代前期〜中期の和算家、暦学家。

¶江人(㋐1640年頃), 科学(㋓? ㋐宝永5(1708)年10月24日), コン(㋐?), 思想(㋓?), 数学(㋒宝永17(1640)年 ㋐宝永5(1708)年10月24日), 徳将(㋐1640年?), 徳人(㋐1640年?), 山小(㋐1640年?) ㋐1708年10月24日)

関田信貞 **せきたのぶさだ**
江戸時代後期の和算家。足利の人。文政6年算額を奉納。
¶数学

関為清★ **せきためきよ**
生没年不詳 安土桃山時代の武士。後北条氏家臣。
¶後北(為清〔関(2)〕 ためきよ)

石仲女★ **せきちゅうじょ**★
江戸時代後期の女性。画。浮世絵師鳥山石燕門。寛延6年成立、大田南畝編「月露草」に載る。
¶江表(石仲女(東京都))

夕兆 **せきちょう**
江戸時代前期〜中期の俳諧作者。元禄ごろ。姓名未詳。
¶俳文(生没年不詳)

関常興★ **せきつねおき**
生没年不詳 江戸時代後期の和算家。
¶数学

関常純★ **せきつねずみ**
享和1(1801)年〜明治5(1872)年 江戸時代末期〜明治時代の和算家。
¶数学

関鉄蔵 **せきてつぞう**
⇒関雪江(せきせっこう)

関鉄之介★(関鉄之助) **せきてつのすけ**
文政7(1824)年〜文久2(1862)年 ㋒三好貫一郎(みよしかんいちろう) 江戸時代末期の尊攘派水戸藩士。桜田門外の変で現場の指揮を取った。
¶江人、コン、全幕(関鉄之助), 幕末(㋐文政7(1824)年10月17日 ㋐文久2(1862)年5月11日)

夕道 **せきどう**
⇒長谷川夕道(はせがわせきどう)

関藤藤陰★ **せきとうとういん**
文化4(1807)年〜明治9(1876)年12月29日 江戸時代末期〜明治時代の儒者、備後福山藩家老。「観国録」蝦夷地経営方針案を作成し、その後の蝦夷地政策に影響を与える。
¶幕末

関戸覚蔵★ **せきどかくぞう**
弘化1(1844)年〜大正5(1916)年 江戸時代末期〜明治時代の自由民権家、衆議院議員。国会開設を建白。のち文部省維新資料編纂会嘱託。
¶幕末(㋐大正5(1916)年5月9日)

関時長★ **せきときなが**
生没年不詳 戦国時代の北条氏の家臣。
¶後北(時長〔関(1)〕 ときなが)

関俊平★ **せきとしひら**
生没年不詳 ㋒関政平(せきまさひら) 平安時代後期〜鎌倉時代前期の武士。
¶古人

関共成★ **せきともなり**
天正21(1552)年〜天正12(1584)年 ㋒関小十郎右衛門(せきこじゅうろうえもん), 関成政(せきな

りまさ) 安土桃山時代の武将。
¶織田(関小十郎右衛門 せきこじゅうろうえもん [没]天正12(1584)年4月9日),全戦(関小十郎右衛門 せきこじゅうろうえもん)

せきとり宗左衛門 せきとりそうざえもん
安土桃山時代の信濃国筑摩郡青柳の土豪。麻績氏の被官とみられる。
¶武田(生没年不詳)

関某 せきなにがし
戦国時代〜安土桃山時代の北条氏康・氏政・氏直の家臣。
¶後北(某〔関(1)〕 なにがし)

関成政 せきなりまさ
⇒関共成(せきともなり)

関根彰信 せきねあきのぶ
江戸時代末期の和算家、新田藩士。
¶数学

関根雲停* せきねうんてい
文化1(1804)年〜明治10(1877)年4月7日 江戸時代末期〜明治時代の画家。花鳥画を得意とした。花卉羽毛は本草家に尊ばれる。
¶植物,幕末,美画

関根柯影* せきねかえい
生没年不詳 江戸時代中期の彫工。
¶浮絵

関根宜明 せきねぎめい
⇒斎藤宜明(さいとうぎめい)

関根郷左衛門尉 せきねごうざえもんのじょう
安土桃山時代の武蔵国鉢形城主北条氏邦家臣長谷部兵庫助の同心。
¶後北(郷左衛門尉〔関根(1)〕 ごうざえもんのじょう)

関根只誠* せきねしせい
文政8(1825)年〜明治26(1893)年 江戸時代末期〜明治時代の演劇通。著書に「名人忌辰録」「演劇叢話」「劇場年表」など。
¶歌大([没]明治26(1893)年4月18日),コン,新歌,幕末([没]明治26(1893)年4月18日)

関根新太郎 せきねしんたろう
江戸時代中期の彫師。
¶浮絵

関根専吉* せきねせんきち
文政11(1828)年〜大正6(1917)年 江戸時代末期〜明治時代の俳人。私塾易簡軒を開き、近隣の子弟を教育する。
¶幕末([没]大正6(1917)年3月25日)

関根宜明 せきねのぶあき
⇒斎藤宜明(さいとうぎめい)

関根白芹* せきねはっきん
宝暦6(1756)年〜文化14(1817)年 [別]白芹(はっきん) 江戸時代中期〜後期の俳人。
¶俳文(白芹 はっきん)

関根宗重 せきねむねしげ
安土桃山時代の武蔵国岩付城代北条氏繁の家臣。図書助。
¶後北(宗重〔関根(2)〕 むねしげ)

関根矢作* せきねやさく
享和3(1803)年〜明治29(1896)年7月30日 江戸時代末期〜明治時代の篤農家。今市から大室(下野河内郡)まで用水路を開く。維新後戸長、村長を務める。
¶コン,幕末([生]享和3(1803)年4月17日)

関根弥二郎* せきねやじろう
慶安3(1650)年〜享保7(1722)年 江戸時代中期の剣術家。
¶コン

関野 せきの★
江戸時代後期の女性。和歌。丹波亀山の人。寛政11年刊、石野広通編『霞関集』一に載る。
¶江表(関野(京都府))

関兵内* せきのへいない
享保10(1725)年〜明和3(1766)年 江戸時代中期の武蔵児玉郡関村の名主、伝馬騒動の指導者。
¶江人

関の孫六(関孫六) せきのまごろく
⇒兼元(かねもと)

関橋守の母 せきはしもりのはは★
江戸時代後期の女性。和歌。下室田の人。嘉永2年序、関橋守著『草枕花下臥』に載る。
¶江表(関橋守の母(群馬県))

関花助〔1代〕 せきはなすけ
⇒関三十郎〔4代〕(せきさんじゅうろう)

関場春武* せきばはるたけ
文化4(1807)年〜明治1(1868)年 江戸時代末期の陸奥会津藩士。
¶幕末([没]慶応4(1868)年9月6日)

関媛* せきひめ
[別]茨田関媛(まんたのせきひめ,まんだのせきひめ) 上代の女性。継体天皇の妃。
¶天皇(生没年不詳)

関兵右衛門* せきひょううえもん
文政11(1828)年〜明治22(1889)年 [別]関兵右衛門(せきひょうえもん) 江戸時代末期〜明治時代の土浦藩士、関流砲術家元。藩校郁文館で西洋流・関流砲術師範方をつとめる。
¶幕末(せきひょうえもん [没]明治22(1889)年6月15日)

関兵右衛門 せきひょうえもん
⇒関兵右衛門(せきひょううえもん)

瀬木博尚 せきひろなお
江戸時代後期〜昭和時代の実業家、博報堂創業者。
¶出版([生]嘉永5(1852)年10月6日 [没]昭和14(1939)年1月22日)

碩布 せきふ
⇒川村碩布(かわむらせきふ)

関船 せきふね★
江戸時代中期の女性。俳諧。長崎辺りの遊女か。元禄7年刊、蕉門の和田泥足編『其便』に載る。
¶江表(関船(長崎県))

関平右衛門* せきへいえもん
弘化2(1845)年〜大正10(1921)年 江戸時代末期〜大正時代の名主。鎌倉宮宮司となる。日本実業銀行創設。
¶幕末

関平左衛門 せきへいざえもん
戦国時代の駿河国石田の土豪。

¶武田（生没年不詳）

関政直　せきまさなお
戦国時代の仁科氏の家臣。信濃国安曇郡の人物。
¶武田（生没年不詳）

せ

関政平　せきまさひら
⇒関俊平（せきとしひら）

世木政棟　せぎまさむね
⇒世木弥左衛門（せぎやざえもん）

関廸教　せきみちのり
[別]関広右衛門（せきこうえもん）　江戸時代末期～明治時代の幕臣、陸軍軍人。
¶全幕（関広右衛門　せきこうえもん　生没年不詳），幕末（[生]？　[没]明治28（1895）年10月31日）

関光吉　せきみつよし
戦国時代の信濃国筑摩郡青柳の土豪。
¶武田（生没年不詳）

関宗祐*　せきむねすけ
？～興国4/康永2（1343）年　鎌倉時代後期～南北朝時代の武将。政祐の子。
¶コン，室町

関宗備　せきむねとも
江戸時代後期の和算家。南総の人。天保10年算額を奉納。
¶数学

関村兵内*　せきむらへいない
*～明和3（1766）年　[別]遠藤兵内（えんどうひょうない）　江戸時代中期の伝馬騒動の指導者、義民。
¶コン（遠藤兵内　えんどうひょうない　[生]享保6（1721）年），コン（[生]？）

関明霞*　せきめいか
延享4（1747）年～文政2（1819）年　江戸時代後期の医師、書家。
¶眼医（[生]延享3（1746）年）

関本有常　せきもとありつね
江戸時代後期の和算家。『関流算法当用歌車』を刊行。常陽水戸の人。
¶数学

関元吉*　せきもときち
天保7（1836）年～慶応1（1865）年　江戸時代末期の近江膳所藩士。
¶幕末（[生]天保7（1836）年10月15日　[没]慶応1（1865）年10月21日）

関本直有*　せきもとただなお
安永6（1777）年～安政2（1855）年　江戸時代後期の俳人。
¶幕末（[没]安政2（1855）年11月7日）

関守一*　せきもりかず
*～明治15（1882）年　江戸時代末期～明治時代の神官。神仏分離、神道理念の普及に尽力。
¶幕末（[生]天保1（1831）年12月13日　[没]明治15（1882）年3月4日）

関盛長*　せきもりなが
生没年不詳　江戸時代末期の薩摩藩士、国学者、歌人。
¶幕末

関盛信*　せきもりのぶ
？～文禄2（1593）年　安土桃山時代の武将。
¶織田（[没]文禄2（1593）年6月28日），全戦

関谷出雲　せきやいずも
江戸時代後期の宮大工。
¶美建（[生]？　[没]天保12（1841）年）

世木弥左衛門*　せぎやざえもん
生没年不詳　[別]世木政棟（せぎまさむね）　安土桃山時代の織田信長の家臣。
¶織田（世木政棟　せぎまさむね）

関弥三郎*　せきやさぶろう
生没年不詳　戦国時代の北条氏の家臣。
¶後北（弥三郎〔関（2）〕　やさぶろう）

関屋新左衛門尉　せきやしんざえもんのじょう
安土桃山時代の信濃国埴科郡関屋郷の土豪関屋氏の一族？
¶武田（生没年不詳）

関谷為則*　せきやためのり
生没年不詳　江戸時代後期の和算家。
¶数学

関屋備後守　せきやびんごのかみ
戦国時代の信濃国埴科郡関屋郷の土豪。諏方氏の一族とされる。
¶武田（生没年不詳）

関山重顕　せきやましげあき
戦国時代の北条氏綱の家臣。弥五郎。
¶後北（重顕〔関山（1）〕　しげあき）

関山糺*　せきやまただす
生没年不詳　江戸時代末期の薩摩藩士。
¶幕末

関山藤二郎*　せきやまとうじろう
生没年不詳　戦国時代の道者坊経営者。
¶後北（藤次郎〔関山（2）〕　とうじろう）

関山某　せきやまなにがし
戦国時代の伊勢宗瑞（北条早雲）の家臣。
¶後北（某〔関山（1）〕　なにがし）

関山通定*　せきやまみちさだ
生没年不詳　戦国時代の相模国当麻郷の問屋。
¶後北（通定〔関山（1）〕　みちさだ）

関山通高*　せきやまみちたか
生没年不詳　戦国時代の相模国当麻郷の問屋。
¶後北（通高〔関山（1）〕　みちたか）

関山弥七郎*　せきやまやしちろう
生没年不詳　戦国時代の相模国当麻郷の問屋。
¶後北（弥七郎〔関山（1）〕　やしちろう）

関勇助*　せきゆうすけ
生没年不詳　江戸時代末期の薩摩藩士。
¶コン，幕末

関雄之助　せきゆうのすけ
⇒沢村惣之丞（さわむらそうのじょう）

関与一*　せきよいち
生没年不詳　戦国時代の北条氏の家臣。
¶後北（与一〔関（1）〕　よいち）

施暁*　せぎょう
？～延暦23（804）年　平安時代前期の僧。
¶古人

是業(1)　ぜぎょう
⇒坂東三津五郎〔1代〕(ばんどうみつごろう)

是業(2)　ぜぎょう
⇒坂東三津五郎〔2代〕(ばんどうみつごろう)

関美章*　せきよしあき
文化6(1809)年〜明治15(1882)年　江戸時代末期〜明治時代の小田原藩士。神社奉行、町奉行、軍奉行を歴任。佐幕派。
¶幕末

関義臣*　せきよしおみ
*〜大正7(1918)年3月31日　[別]関湘雲(せきしょううん)　江戸時代末期〜明治時代の男爵、官僚、政治家、宮城控訴院検事長。勅撰貴族院議員。
¶詩作(関湘雲　せきしょううん　[生]天保10(1839)年4月10日　[没]大正7(1918)年3月30日),全幕([生]天保10(1839)年),幕末([生]天保10(1839)年　[没]大正7(1918)年3月30日)

石蘭*　せきらん
?〜文化2(1805)年5月20日　江戸時代中期〜後期の俳人。
¶俳文

碩隆　せきりゅう
南北朝時代の石大工。
¶美建(生没年不詳)

石柳女　せきりゅうじょ★
江戸時代中期の女性。画。浮世絵師鳥山石燕門。天明2年成立「燕志歳旦帖」に載る。
¶江表(石柳女(東京都))

瀬口三兵衛*　せぐちさんべえ
天保8(1837)年〜慶応1(1865)年　[別]瀬口三兵衛(せのくちさんべえ)　江戸時代末期の筑前福岡藩士。
¶幕末([没]慶応1(1865)年10月23日)

世毫*(世豪)　せごう
承保3(1076)年〜仁平3(1153)年5月4日　平安時代後期の真言宗の僧。
¶古人(世豪)

是好(1)　ぜこう
⇒中島勘左衛門〔2代〕(なかじまかんざえもん)

是好(2)　ぜこう
⇒坂東三津五郎〔4代〕(ばんどうみつごろう)

是向女　ぜこうじょ★
江戸時代後期の女性。俳諧。備後玉浦の人。文政9年刊『さくらあさ』に載る。
¶江表(是向女(広島県))

世古格太郎*(世古恪太郎)　せこかくたろう
文政7(1824)年〜明治9(1876)年9月22日　江戸時代末期〜明治時代の志士。安政の大獄で蟄居。後に古社寺保存の任につく。著書に「維新資料叢書」など。
¶コン,幕末([生]文政7(1824)年1月)

是哉の妻　ぜさいのつま★
江戸時代後期の女性。俳諧。伊勢の人。天保3年刊、守村鶯卿女編『女百人一句』に載る。
¶江表(是哉の妻(三重県))

瀬崎　せざき★
江戸時代後期の女性。和歌。加賀藩の江戸住の奥女中。寛政11年刊、石野広通編『霞関集』に載る。
¶江表(瀬崎(石川県))

是算*　ぜさん
?〜寛仁2(1018)年　平安時代中期の天台宗の僧。
¶古人

瀬下采女　せしもうねめ
安土桃山時代の武田氏の家臣、上野国惣社領の領主。
¶武田(生没年不詳)

瀬下敬忠　せじものぶただ
⇒瀬下敬忠(せしもよしただ)

瀬下隼人　せしもはやと
安土桃山時代の武田氏の家臣、上野国惣社領の領主。
¶武田(生没年不詳)

瀬下豊後守　せしもぶんごのかみ
戦国時代の武田氏の家臣、上野国惣社領の領主。
¶後北(豊後守〔瀬下〕　ぶんごのかみ),武田(生没年不詳)

瀬下敬忠*　せしもよしただ
宝永6(1709)年〜寛政1(1789)年　[別]玉芝(ぎょくし),瀬下敬忠(せじものぶただ)　江戸時代中期の国学者。
¶俳文(玉芝　ぎょくし　[生]宝永6(1709)年7月14日　[没]寛政1(1789)年閏6月4日)

施秀*　せしゅう
生没年不詳　平安時代前期の東大寺僧。
¶古人

是少(1)　ぜしょう
⇒中島勘左衛門〔1代〕(なかじまかんざえもん)

是少(2)　ぜしょう
⇒中島勘左衛門〔2代〕(なかじまかんざえもん)

是心　ぜしん
⇒嵐小六〔1代〕(あらしころく)

是誰　ぜすい
⇒池田是誰(いけだぜすい)

是正　ぜせい★
江戸時代後期の女性。書簡。11代将軍徳川家斉時代の大奥女中。
¶江表(是正(東京都)　[没]弘化3(1846)年頃)

世尊寺伊忠　せそんじこれただ
⇒世尊寺行康(せそんじゆきやす)

世尊寺伊経*　せそんじこれつね
?〜嘉禄3(1227)年1月3日　[別]藤原伊経(ふじわらのこれつな,ふじわらのこれつね)　平安時代後期〜鎌倉時代前期の公家・書家・歌人。
¶古人(藤原伊経　ふじわらのこれつな)

世尊寺経尹*　せそんじつねただ
宝治1(1247)年〜*　[別]世尊寺経尹(せそんじつねまさ)　鎌倉時代後期の公卿(非参議)。非参議世尊寺経朝の子。
¶公卿([没]?),公家(経尹〔世尊寺家(絶家)〕　つねただ　[没]?)

世尊寺経伊女　せそんじつねただのむすめ
⇒勾当内侍(こうとうのないし)

世尊寺経朝*　せそんじつねとも
建保3(1215)年〜建治2(1276)年2月2日　鎌倉時代前期の公卿(非参議)。権中納言藤原頼資の子。

¶公卿, 公家（経朝〔世尊寺家（絶家）〕　つねとも）

世尊寺経朝女* せそんじつねとものむすめ
生没年不詳　鎌倉時代の歌人。
¶天皇

せ

世尊寺経尹 せそんじつねまさ
⇒世尊寺経尹（せそんじつねただ）

世尊寺行季* せそんじゆきすえ
文明8（1476）年～天文1（1532）年　戦国時代の書家、公卿（参議）。権大納言清水谷実久の子。
¶公卿, 公家（行季〔世尊寺家（絶家）〕　ゆきすえ　[没]？）

世尊寺行高 せそんじゆきたか
⇒世尊寺行康（せそんじゆきやす）

世尊寺行忠* せそんじゆきただ
*～弘和1/永徳1（1381）年　南北朝時代の公卿（参議）。従三位・非参議世尊寺行尹の孫。
¶公卿（[生]元亨2（1322）年　[没]永徳1/弘和1（1381）年），公家（行忠〔世尊寺家（絶家）〕　ゆきただ　[生]？　[没]永徳1（1381）年）

世尊寺行尹* せそんじゆきただ
？～正平5/観応1（1350）年1月14日　南北朝時代の公卿（非参議）。非参議世尊寺経尹の三男。
¶公卿（[没]観応1/正平5（1350）年1月14日），公家（行尹〔世尊寺家（絶家）〕　ゆきただ　[没]貞和6（1350）年1月14日）

世尊寺行俊* せそんじゆきとし
？～応永14（1407）年　南北朝時代～室町時代の公卿（参議）。参議世尊寺行忠の子。
¶公卿（[没]応永14（1407）年4月10日），公家（行俊〔世尊寺家（絶家）〕　ゆきとし）

世尊寺行豊* せそんじゆきとよ
？～享徳3（1454）年　室町時代の公卿（参議）。参議世尊寺行俊の子。
¶公卿, 公家（行豊〔世尊寺家（絶家）〕　ゆきとよ）

世尊寺行康* せそんじゆきやす
応永19（1412）年～文明10（1478）年　[別]世尊寺伊忠（せそんじこれただ），世尊寺行高（せそんじゆきたか）　室町時代の書家、公卿（参議）。前名は行高。参議世尊寺行豊の子。
¶公卿（[没]文明10（1478）年1月10日），公家（行康〔世尊寺家（絶家）〕　ゆきやす　[没]文明10（1478）年1月10日）

世尊寺行能* せそんじゆきよし
治承3（1179）年～？　鎌倉時代前期の公卿（非参議）。世尊寺家の祖。嘉禎2年従三位に叙される。
¶公卿（生没年不詳），公家（行能〔世尊寺家（絶家）〕　ゆきよし）

世代軒 せだいけん
⇒西沢一鳳（にしざわいっぽう）

瀬田掃部* せたかもん
？～文禄4（1595）年　安土桃山時代の武将。利休七哲の一人。
¶全戦

瀬田勝延の妻 せたしょうえんのつま★
江戸時代中期の女性。和歌。出雲松江の人。元禄15年刊、竹内時安斎編『出雲大社奉納清地草』に載る。
¶江表（瀬田勝延の妻（島根県））

せつ(1)
江戸時代後期の女性。教育。湯浅新左衛門の妻。家塾で手習い師匠をした。
¶江表（せつ（千葉県））

せつ(2)
江戸時代後期の女性。狂歌。摂津兵庫の人。享和3年刊、石中堂班象編『はなかたみ』に載る。
¶江表（せつ（兵庫県））

せつ(3)
江戸時代末期の女性。和歌。三河暮川の円忠寺の娘。慶応2年序、村上忠順編『元治元年千首』に載る。
¶江表（せつ（愛知県））

せつ(4)
江戸時代末期～明治時代の女性。教育。菱田氏。
¶江表（せつ（千葉県）　[没]明治32（1899）年）

節(1) せつ★
江戸時代中期の女性。和歌。丸亀藩士三田宗寿と井上通の娘。
¶江表（節（香川県）　[生]元禄16（1703）年　[没]正徳4（1714）年）

節(2) せつ★
江戸時代後期～明治時代の女性。和歌。筑後久留米藩藩士有馬蔵人の妻。
¶江表（節（福岡県）　[生]天保12（1841）年　[没]明治45（1912）年）

節(3) せつ★
江戸時代末期～明治時代の女性。和歌。仙台藩士根来利昌の妻。
¶江表（節（宮城県）　[没]明治27（1894）年）

雪英 せつえい★
江戸時代後期～末期の女性。和歌・画。石見津和野藩主亀井矩賢の娘。
¶江表（雪英（長崎県）　[生]寛政4（1792）年　[没]安政6（1859）年）

石海 せっかい
江戸時代後期の俳諧作者。本名、杉坂政右衛門。
¶俳文（生没年不詳）

絶海 ぜっかい
⇒絶海中津（ぜっかいちゅうしん）

絶海中津* ぜっかいちゅうしん
建武3/延元1（1336）年～応永12（1405）年4月5日　[別]蕉堅道人（しょうけんどうにん），浄印翊聖国師（じょういんいきしょうこくし），絶海（ぜっかい），中津（ちゅうしん），仏智広照国師（ぶっちこうしょうこくし），要関中津（ようかんちゅうしん）　南北朝時代～室町時代の臨済宗の僧、五山文学僧。義堂周信とならぶ五山文学の双璧。
¶コン（[生]延元1/建武3（1336）年），詩作（[生]建武3（1336）年11月13日），思想, 対外, 中世, 内乱（[生]建武2（1335）年），室町（[生]建武1（1334）年），山小（[生]1336年11月13日　[没]1405年4月5日）

雪荷女 せつかじょ★
江戸時代後期の女性。俳諧。遠江浜松の人。嘉永2年小高神社に扁額を奉納。
¶江表（雪荷女（静岡県））

赤脚子* せっきゃくし
生没年不詳　室町時代の画僧。明兆の弟子。
¶美画

雪径 せっけい★
江戸時代後期の女性。俳諧。文政7年刊、十方庵画山編『笠の露』に載る。

¶江表(雪径(佐賀県))

積桂自徳　せっけいじとく
⇒自徳(じとく)

せつ子　せつこ★
江戸時代後期の女性。和歌・国学。徳島藩士神田内匠の妻。天保10年刊、紀伊和歌山の小田郁子編『藤垣内翁略年譜』に付した門人録に名が載る。
¶江表(せつ子(徳島県))

瀬つ子　せつこ★
江戸時代末期の女性。和歌。宇和島藩の奥女中。元治1年頃に詠まれた「宇和島御奥女中大小吟」に載る。
¶江表(瀬つ子(愛媛県))

勢津子　せつこ★
江戸時代末期の女性。和歌。越後新津の人。安政2年序、僧大英撰「北越三雅集」に載る。
¶江表(勢津子(新潟県))

摂津子　せつこ★
江戸時代後期の女性。和歌。伊勢河曲郡中箕田の前田氏。文政13年刊、富樫広蔭編『樫の若葉』下に載る。
¶江表(摂津子(三重県))

節子(1)　せつこ★
江戸時代の女性。和歌。村島氏の娘。明治37年刊、高柳秀雄編『和魂百人一首』に載る。
¶江表(節子(滋賀県))

節子(2)　せつこ★
江戸時代中期の女性。和歌。出雲松江の佐太神社神官勝部方秀の妻。正徳1年跋、勝部芳房編『佐陀大社奉納神始言吹草』に載る。
¶江表(節子(島根県))

節子(3)　せつこ★
江戸時代後期の女性。和歌。播磨西野山の医家深沢高直の妻。文政6年に『賤が歌袋』を刊行した。
¶江表(節子(兵庫県))

節子(4)　せつこ★
江戸時代末期の女性。和歌。文久1年序、佐々木弘綱編『類題千船集』二・下に載る。
¶江表(節子(三重県))

節子(5)　せつこ★
江戸時代末期の女性。和歌。大洲藩領の巣内休兵衛信善の妻。安政1年序、半井梧庵編『鄙のてぶり』初に載る。
¶江表(節子(愛媛県))

節子(6)　せつこ★
江戸時代末期～明治時代の女性。和歌。伊予宇和島藩主伊達宗紀の娘。
¶江表(節子(千葉県)　[没]明治38(1905)年)

雪江　せっこう
⇒雪江宗深(せっこうそうしん)

雪紅　せつこう★
江戸時代後期の女性。俳諧。相模十日市場の人。天保5年刊、閑美編『遺芳集』に載る。
¶江表(雪紅(神奈川県))

雪江宗深　せっこうしゅうじん
⇒雪江宗深(せっこうそうしん)

雪江宗深＊　せっこうそうしん，せっこうそうじん
応永15(1408)年～文明18(1486)年　[別]宗深(しゅうじん，そうしん，そうじん)，雪江(せっこう)，雪江宗深(せっこうしゅうじん)　室町時代～戦国時代の僧。臨済宗京都妙心寺の中興。
¶コン

雪貢亭豊女　せつこうていとよじょ★
江戸時代後期の女性。狂歌。尾張の人。文化14年刊、橘庵芦辺田鶴丸撰『狂歌弄花集』に載る。
¶江表(雪貢亭豊女(愛知県))

雪斎　せっさい
⇒太原崇孚(たいげんすうふ)

雪柴＊　せっさい，せつさい
生没年不詳　江戸時代前期の俳人。
¶俳文

説三恵燦　せっさんえさん
戦国時代の府中円光院住職。
¶武田(生没年不詳)

折枝　せつし★
江戸時代中期の女性。俳諧。越前気比庄の人。天明3年刊、丹尾芦周編『千鳥塚』に載る。
¶江表(折枝(福井県))

雪芝＊　せつし，せっし
？～正徳1(1711)年　江戸時代中期の俳人(蕉門)。
¶俳文(せっし　[生]寛文10(1670)年　[没]正徳1(1711)年9月28日)

雪寿　せつじゅ
江戸時代後期～明治時代の女性。箏曲。水川氏。
¶江表(雪寿(岡山県)　[生]文政11(1828)年　[没]明治28(1895)年)

雪舟　せっしゅう
⇒雪舟等楊(せっしゅうとうよう)

雪舟等楊＊　せっしゅうとうよう
応永27(1420)年～永正3(1506)年　[別]雪舟(せっしゅう)，拙宗等揚(せっそうとうよう)，等楊(とうよう)　室町時代～戦国時代の僧、画家。明に渡り山水画を学び、日本の水墨画を完成させた。
¶コン，思想([没]永正3(1506)年？)，対外([没]？)，中世(雪舟　せっしゅう　[没]？)，美画([没]？)，室町(雪舟　せっしゅう　[没]？)，山小(雪舟　せっしゅう　[没]1502年/1506年)

節女　せつじょ★
江戸時代中期の女性。俳諧。徳島の人。安永3年序、愉閑斎杜仙撰、中川麦浪七回忌追善句集『居待月』に載る。
¶江表(節女(徳島県))

雪樵　せっしょう
⇒蘭坡景茝(らんぱけいし)

雪川　せっせん，せつせん
⇒松平雪川(まつだいらせっせん)

雪窓　せっそう★
江戸時代後期の女性。俳諧。雲遊の妻。嘉永4年跋、黒川惟草著『芸園俳諧人名録』三に載る。
¶江表(雪窓(長野県))

雪窓宗崔＊　せっそうそうさい
天正17(1589)年～慶安2(1649)年　江戸時代前期の僧。豊後直入郡生まれ。
¶コン，思想

せつそう

拙宗等揚　せっそうとうよう
⇒雪舟等楊（せっしゅうとうよう）

雪村　せっそん
⇒雪村周継（せっそんしゅうけい）

雪村周継*　せっそんしゅうけい
生没年不詳　別雪村（せっそん）　戦国時代～安土桃山時代の禅僧、画家。
¶コン, 思想, 美画, 山小（雪村　せっそん）

雪村友梅*　せっそんゆうばい
正応3（1290）年～正平1/貞和2（1346）年　別宝覚真空禅師（ほうかくしんくうぜんじ）、友梅（ゆうばい）　鎌倉時代後期～南北朝時代の臨済宗の僧。一山一寧の法嗣。
¶コン, 詩作（没正平1（1347）年12月2日）, 対外, 室町（没興国7/貞和2（1346）年）

雪袋*　せったい
文政1（1818）年～明治19（1886）年4月10日　江戸時代後期～明治時代の俳諧師。
¶俳文

雪町　せつちょう*
江戸時代後期の女性。俳諧。青山村の人。
¶江表（雪町（埼玉県）　没文化3（1806）年）

摂津　せっつ
⇒二条太皇太后宮摂津（にじょうたいこうたいごうぐうのせっつ）

雪田宗岳　せつでんそうがく
安土桃山時代の曹洞宗の僧。
¶武田（④？　没永禄11（1568）年）

雪篷*　せっぽう
生没年不詳　江戸時代中期の画家。
¶江表（雪篷（京都府））

世濤　せと
江戸時代後期の女性。和歌。仙台藩医高屋快庵の母。文化11年刊、中山忠雄・河田正致編『柿本社奉納和歌集』に載る。
¶江表（世濤（宮城県））

瀬戸右馬丞　せとうまのじょう
戦国時代の武田氏の家臣。
¶武田（生没年不詳）

瀬戸是慶　せとこれよし
戦国時代～安土桃山時代の武田氏の家臣、野沢伴野信是の被官とみられる。
¶武田（生没年不詳）

瀬戸三郎次郎　せとさぶろうじろう
戦国時代～安土桃山時代の相模国千津島郷の小代官。北条氏に属した。
¶後北（三郎次郎〔瀬戸〕　さぶろうじろう）

瀬戸十助*　せとじゅうすけ
天保7（1836）年～明治30（1897）年　江戸時代末期～明治時代の紋羽織商。和歌山職工所を創立、量産に入る。
¶幕末（④天保7（1836）年6月23日　没明治30（1897）年9月18日）

瀬戸助*　せとすけ
生没年不詳　江戸時代の陶工。
¶コン, 美工

瀬名貞雄*　せなさだお
享保1（1716）年～寛政8（1796）年　江戸時代中期の幕臣、故実家。
¶コン, 徳人

瀬名貞綱*　せなさだつな
永正17（1520）年～？　戦国時代の武将。今川氏家臣。
¶全戦

瀬名貞如　せなさだゆき
江戸時代中期の幕臣。
¶徳人（④1744年　没？）

背奈大山　せなのおおやま
奈良時代の官人、渤海大使。
¶古人（生没年不詳）

背奈公行文*　せなのきみゆきふみ
別背奈行文（せなのこうぶん）　奈良時代の学者。
¶古人（背奈行文　せなのこうぶん　生没年不詳）, 古代

背奈広山　せなのこうざん
奈良時代の官人。遣唐副使。
¶古人（生没年不詳）

背奈行文　せなのこうぶん
⇒背奈公行文（せなのきみゆきふみ）

背奈福信　せなのふくしん
⇒高麗福信（こまのふくしん）

瀬名信輝　せなのぶてる
戦国時代の今川一門瀬名家当主。駿河先方衆。今川貞世を祖とする。
¶武田（④天文13（1544）年　没？）

瀬名姫　せなひめ
⇒築山殿（つきやまどの）

銭屋五兵衛　ぜにやごへい
⇒銭屋五兵衛（ぜにやごへえ）

銭屋五兵衛　ぜにやごへえ
安永2（1773）年～嘉永5（1852）年　別亀巣（きす, きそう）、銭屋五兵衛（ぜにやごへい）　江戸時代後期の豪商、海運業者。加賀国宮腰浦生まれ。
¶江人, コン, 俳文（亀巣　きそう　④安永1（1772）年11月25日　没嘉永5（1852）年11月21日）, 幕末（④安永2（1773）年11月25日　没嘉永5（1853）年11月21日）, 山小（④1773年11月25日　没1852年11月21日）

銭屋宗安　ぜにやそうあん
⇒松江宗安（まつえそうあん）

銭屋惣四郎〔2代〕*　ぜにやそうしろう
明和1（1764）年9月10日～文政2（1819）年8月21日　江戸時代中期～後期の京都の書肆の2代。
¶コン（代数なし）

銭屋宗訥　ぜにやそうとつ
？～天正18（1590）年　別銭屋宗訥（せんやそうとつ）、松江宗訥（まつえそうとつ）　安土桃山時代の堺の中之町中浜の豪商。
¶全戦（ぜにや（せんや）そうとつ）

世能　せのう*
江戸時代中期の女性。和歌。岡部藩家老倉光義方の子義如の妻。延享3年成立、「六十賀和歌一軸写」に載る。
¶江表（世能（東京都））

瀬上主膳* せのうえしゅぜん
天保3(1832)年～明治44(1911)年 [別]瀬上主膳(せがみしゅぜん) 江戸時代末期～明治時代の仙台藩御一族。戊辰戦争の世良事件で逮捕、2日で釈放される。
¶全幕(せがみしゅぜん),幕末([生]天保4(1833)年 [没]明治44(1911)年2月18日)

妹尾兼康*(瀬尾兼康) せのおかねやす
?～寿永2(1183)年 平安時代後期の武士。平清盛の家人。
¶内乱,平家

妹尾三郎平 せのおさぶろうべい
⇒妹尾三郎平(せのおさぶろべい)

妹尾三郎平* せのおさぶろべい
天保8(1837)年～明治5(1872)年 [別]妹尾三郎平(せのおさぶろうべい) 江戸時代末期～明治時代の志士。戊辰戦争に従軍。天皇還幸、政体一変を企て発覚、獄中で病死。
¶コン,幕末(せのおさぶろうべい [生]天保6(1835)年 [没]明治5(1872)年3月8日)

瀬尾宗康 せのおむねやす
平安時代後期の武士。父は兼康。
¶古人(生没年不詳)

瀬口三兵衛 せのくちさんべえ
⇒瀬口三兵衛(せぐちさんべえ)

勢能子 せのこ★
江戸時代後期の女性。和歌。信濃松代藩主真田幸弘の七〇賀集、文化5年頃、真田幸弘編「御ことほきの記」に載る。
¶江表(勢能子(東京都))

瀬能正路* せのまさみち
文化4(1807)年～明治3(1870)年 江戸時代末期～明治時代の長州(萩)藩士。
¶幕末([没]明治3(1870)年5月27日)

蟬丸 せびまろ
⇒蟬丸(せみまる)

施平* せひょう
?～天長9(832)年 [別]施平(せへい) 平安時代前期の法相宗の僧。
¶古人(せへい [没]833年)

施平 せへい
⇒施平(せひょう)

世舞子 せまこ★
江戸時代後期～大正時代の女性。和歌・漢詩・書。常陸成沢に日新塾を開いた教育者加倉井砂山と宇良子の二女。
¶江表(世舞子(茨城県) [生]天保3(1832)年 [没]大正8(1919)年)

蟬川 せみかわ★
江戸時代中期の女性。俳諧。四軒屋町の人。宝暦8年刊、大坂の俳人五流斎婆東編『阿波土産』に載る。
¶江表(蟬川(徳島県))

蟬丸* せみまる
生没年不詳 [別]蟬丸(せびまろ, せみまろ) 平安時代の歌人、琵琶・和琴の名手。
¶古人,コン,詩作(せみまる,せみまろ,せびまろ),日文(せみまろ・せびまろ),平家

蟬丸 せみまろ
⇒蟬丸(せみまる)

瀬見善水* せみよしお
*～明治25(1892)年 [別]瀬見善水(せみよしみ) 江戸時代末期～明治時代の大庄屋、歌人、神奈川県権大属。藩少参事、県戸長係などつとめる。
¶幕末([生]文政10(1827)年 [没]明治25(1892)年1月13日)

瀬見善水 せみよしみ
⇒瀬見善水(せみよしお)

ぜむ
江戸時代後期の女性。俳諧。芦江の母。天保6年の青渓舎巡水序、土佐森郷・本山郷連中編、芦江一周忌追善集『幽玄窟追善』に載る。
¶江表(ぜむ(高知県))

せむ子 せむこ★
江戸時代後期の女性。和歌。常陸志筑藩藩士本堂親房の娘。寛政10年跋、信濃松代藩主真田幸弘の六〇賀集「千とせの寿詞」に載る。
¶江表(せむ子(東京都))

世武子 せむこ★
江戸時代後期の女性。和歌。松前藩藩士北川時房の孫。寛政4年序、菅江真澄の「ちしまのいそ」に載る。
¶江表(世武子(北海道))

せむ女 せむじょ★
江戸時代末期の女性。和歌。岩下氏。安政4年序、鬼島広蔭編『千百人一首』に載る。
¶江表(せむ女(東京都))

せ屋 せや★
江戸時代中期の女性。和歌。但馬豊岡藩京極家の奥女中。安永3年の「田村村隆母公六十賀祝賀歌集」に載る。
¶江表(せ屋(兵庫県))

施薬院全宗 せやくいんぜんそう
⇒施薬院全宗(やくいんぜんそう)

施薬院宗雅 せやくいんそうが
安土桃山時代～江戸時代前期の幕臣。
¶徳人([生]1600年 [没]1655年)

施薬院宗伯* せやくいんそうはく
天正4(1576)年～寛文3(1663)年 [別]丹波宗伯(たんばそうはく) 安土桃山時代～江戸時代前期の医師。
¶徳人

瀬山 せやま★
江戸時代の女性。和歌。長門長州藩の奥女中。明治11年刊、近藤芳樹編『薫風集』に載る。
¶江表(瀬山(山口県))

施山多喜人* せやまたきと
?～慶応1(1865)年 [別]施山多喜人(せやまたきんど) 江戸時代末期の新撰組隊士。
¶新隊(せやまたきんど [没]慶応1(1865)年6月21日),幕末([没]慶応1(1865)年6月21日)

施山多喜人 せやまたきんど
⇒施山多喜人(せやまたきと)

勢代 せよ★
江戸時代後期の女性。和歌。遠江浜松藩主井上正

甫家の奥女中。寛政10年跋、真田幸弘の六〇賀集
「千とせの寿詞」に載る。
¶江表（勢代（静岡県））

是葉 ぜよう
⇒坂東三津五郎〔2代〕（ばんどうみつごろう）

せよ子 せよこ＊
江戸時代中期の女性。和歌。幕臣三浦勘右衛門の
母。明和5年刊、石野広通編『霞関集』に載る。
¶江表（せよ子（東京都））

世良修蔵＊（瀬良修蔵）　せらしゅうぞう
天保6（1835）年〜明治1（1868）年　江戸時代末期
の長州（萩）藩士。庄屋中司八郎右衛門の子。
¶江人、コン、全幕、幕末（㋑天保6（1835）年7月14日　㋜
慶応4（1868）年閏4月20日）

世良太一 せらたいち
江戸時代後期〜大正時代の統計学者。
¶科学（㋑天保9（1838）年8月16日　㋜大正8（1919）年2
月8日）

世良田政義＊　せらだまさよし
？〜永享5（1433）年　㋲徳川政義（とくがわまさよ
し）　室町時代の武将。
¶室町（生没年不詳）

世良田義政＊　せらだよしまさ
？〜正平19/貞治3（1364）年　南北朝時代の武将。
¶室町

世良利貞＊　せらとしさだ
文化13（1816）年〜明治11（1878）年3月17日　江戸
時代末期〜明治時代の国学者、故実家。供膳の故実
に詳しい。大教院における教典編集に携わる。
¶幕末

世良敏郎 せらとしろう
江戸時代後期の武士、京都見廻組並。
¶全幕（㋑弘化1（1844）年　㋜？）

世里 せり＊
江戸時代中期の女性。俳諧。越後沼垂の俳人楊柳
舎一慶房の妻。
¶江表（世里（新潟県）　㋜天明1（1781）年）

芹沢鴨＊　せりざわかも
？〜文久3（1863）年　㋲木村継次（きむらけいじ、
きむらつぐじ）　江戸時代末期の新撰組局長。
¶江人、コン、新隊（㋑天保3（1832）年？　㋜文久3
（1863）年9月16日）、全幕（㋑文政9（1826）年？）、幕末
（㋑文政9年　㋜文久3（1863）年9月16日）

芹沢玄蕃允＊　せりざわげんばのじょう
生没年不詳　戦国時代の駿東の国人領主葛山氏の
被官。
¶後北（玄蕃允〔芹沢（2）〕　げんばのじょう）

芹沢定幹＊　せりざわさだもと
？〜永禄10（1567）年6月28日　戦国時代〜安土桃
山時代の古河公方の家臣。
¶後北（定幹〔芹沢（1）〕　さだもと）

芹沢助次郎＊　せりざわすけじろう
弘化3（1846）年〜慶応1（1865）年　江戸時代末期
の志士。
¶幕末（㋜元治2（1865）年2月16日）

芹沢対馬守 せりざわつしまのかみ
戦国時代〜安土桃山時代の駿河国駿東郡茱萸沢の
土豪。
¶武田（生没年不詳）

芹沢若狭守 せりざわわかさのかみ
安土桃山時代の駿河国駿東郡茱萸沢の土豪。
¶武田（生没年不詳）

世話内子 せわないし＊
江戸時代中期の女性。狂歌。智恵内子、ひまの内子
と共に三内子とされている。天明7年、四方山人序
『狂歌千里同風』に載る。
¶江表（世話内子（東京都））

せん⑴
江戸時代中期の女性。俳諧。藤田の岡部与左衛門
の娘。
¶江表（せん（福島県））

せん⑵
江戸時代中期の女性。俳諧。青梅の人。宝暦13年
刊、建部綾足編『古今俳諧明題集』に載る。
¶江表（せん（東京都））

せん⑶
江戸時代中期の女性。俳諧。惣社の人。明和9年
刊、松井素輪編、素輪社中の春興帖『俳諧みどりの
友』に載る。
¶江表（せん（群馬県））

せん⑷
江戸時代中期の女性。和歌。下総高岡藩主井上政
清の娘。宝永6年奉納された和歌集、平間長雅編
「住吉社奉納千首和歌」に載る。
¶江表（せん（千葉県））

せん⑸
江戸時代後期の女性。俳諧。寛政5年刊、梅園平野
平角撰『無功徳』に載る。
¶江表（せん（岩手県））

せん⑹
江戸時代後期の女性。教育。広瀬氏。
¶江表（せん（東京都）　㋑文政2（1819）年頃）

せん⑺
江戸時代後期の女性。俳諧。高遠の人。文政6年刊、
高遠藩大目付青山七蔵編『四方のむつみ』に載る。
¶江表（せん（長野県））

せん⑻
江戸時代後期の女性。俳諧。駿河城腰の人。文化
12年刊、岩崎梧泉編『三節』に載る。
¶江表（せん（静岡県））

せん⑼
江戸時代末期〜明治時代の女性。俳諧。山下氏。
¶江表（せん（山梨県）　㋜明治30（1897）年）

仙 せん＊
江戸時代末期の女性。俳諧。摂津伊丹の人。安政3
年序、山口米ほか編『なこり月』に載る。
¶江表（仙（兵庫県））

千⑴
江戸時代前期の女性。和歌。越後の戦国大名上杉
家臣の流れを汲む鮎川弥五兵衛の娘として、会津
若松城下で誕生。
¶江表（千（福島県）　㋑寛永3（1626）年　㋜承応3
（1654）年）

千(2)　せん*
江戸時代前期の女性。庄屋。備中真鍋島の真鍋二郎右衛門の妻。
¶江表（千（岡山県）　[没]寛文2（1662）年）

千(3)　せん*
江戸時代中期の女性。和歌。肥前佐賀藩主鍋島光茂の娘。
¶江表（千（茨城県））

千(4)　せん*
江戸時代中期の女性。俳諧。谷川氏。明和6年刊、朶輝編『箕笠集』に載る。
¶江表（千（大阪府））

千(5)　せん*
江戸時代末期の女性。和歌。播磨赤穂上郡の西脇雅太郎の母。安政6年刊、秋元安民編『類題青藍集』に載る。
¶江表（千（兵庫県））

専(1)　せん*
江戸時代の女性。和歌。摂津伊丹の大塚与右衛門の妻。
¶江表（専（兵庫県））

専(2)　せん*
江戸時代中期の女性。俳諧。大坂の人。元禄13年刊、百花坊除風撰『青莚』に載る。
¶江表（専（大阪府））

扇　せん*
江戸時代中期の女性。俳諧・音楽。浜田氏。元禄4年刊、向井去来・野沢凡兆編『猿蓑』に載る。
¶江表（扇（滋賀県））

染　せん*
江戸時代末期の女性。俳諧。湊の遊女か。安政3年、浮木寺に奉納の「華蔵乙因居士円満忌追善献額」に載る。
¶江表（染（青森県））

簪　ぜん
江戸時代中期の女性。俳諧。越前福井の人。安永3年刊、与謝蕪村編『俳諧玉藻集』に載る。
¶江表（簪（福井県））

善阿*　ぜんあ
生没年不詳　[別]善阿（ぜんな）　鎌倉時代後期の連歌師。
¶俳文（ぜんな）

然阿　ぜんあ
⇒良忠（りょうちゅう）

善阿弥*　ぜんあみ
元中3/至徳3（1386）年～文明14（1482）年　室町時代の造庭家。造庭の名手。室町殿を築庭。
¶コン，中世（[生]？　[没]1482年？），山小（生没年不詳）

専阿弥陀仏*　せんあみだぶつ
生没年不詳　鎌倉時代前期の絵師。藤原信実の子。
¶美画

慚安　ぜんあん
奈良時代の東大寺大学頭。
¶古人（生没年不詳）

仙衣　せんい*
江戸時代中期の女性。俳諧。村山の人。安永9年刊、加舎白雄編『春秋稿』に載る。
¶江表（仙衣（東京都））

善意*　ぜんい
？～大治4（1129）年2月15日　平安時代後期の天台宗の僧。
¶古人

蟬衣尼　せんいに*
江戸時代後期の女性。俳諧。寛政5年の宮本虎杖編「艸稿 三」に載る。
¶江表（蟬衣尼（長野県））

染羽　せんう
江戸時代中期の女性。俳諧。木牧氏。宝暦12年刊、安見弼編、弼の娘騂子の遺詠集「あたし野の露」に追悼の句を寄せている。
¶江表（染羽（福岡県））

禅雲*　ぜんうん
生没年不詳　奈良時代～平安時代前期の華厳宗の僧。東大寺9世。
¶古人

洗枝　せんえ
江戸時代後期の女性。俳諧。幕臣、天守番頭川澄新五郎の妻。文政7年頃成立の「玉露童女追悼集」に句を寄せる。
¶江表（洗枝（東京都））

禅恵*　ぜんえ
生没年不詳　平安時代後期の真言宗の僧。
¶密教（[生]1100年以前　[没]1131年以後）

仙英*　せんえい
*～元治1（1864）年　[別]仏洲仙英（ぶっしゅうせんえい）　江戸時代後期の吉祥院住職。
¶幕末（[生]寛政6（1794）年）

千影*　せんえい
宝暦6（1756）年～文政8（1825）年2月14日　江戸時代中期～後期の俳人。
¶俳文

善栄*　ぜんえい
奈良時代の僧。
¶古代

禅永*　ぜんえい
弘治1（1555）年～文禄4（1595）年　戦国時代～安土桃山時代の社僧・連歌作者。
¶俳文

禅睿*　ぜんえい
生没年不詳　平安時代後期の僧。
¶古人

善慧大師　ぜんえだいし
⇒成尋（じょうじん）

善慧房　ぜんえぼう
⇒証空（しょうくう）

宣円*　せんえん
安元2（1176）年～？　平安時代後期～鎌倉時代前期の仏師。
¶古人，美建

泉円*　せんえん
生没年不詳　戦国時代の仏師。
¶美建

暹宴*　せんえん
？～永久2（1114）年　平安時代後期の筑前観世音寺別当。
¶古人

善円*　ぜんえん
建久8（1197）年～正嘉2（1258）年　[別]善慶（ぜんけい）　鎌倉時代前期の仏師。善慶と同一人物。
¶古人（[没]？），美建（[没]正嘉2（1258）年7月）

善往*　ぜんおう
？～和銅4（711）年　飛鳥時代の僧。
¶古代

仙化*　せんか
生没年不詳　江戸時代前期の俳人。
¶俳文

仙家　せんか
⇒山中平九郎〔1代〕（やまなかへいくろう）

仙花(1)　**せんか★**
江戸時代後期の女性。俳諧。相模小余綾の人。文政4年刊、遠藤雉啄編『葛三居士大禅忌追善集』に載る。
¶江表（仙花（神奈川県））

仙花(2)　**せんか**
⇒荻野伊三郎〔3代〕（おぎのいさぶろう）

仙菓　せんか★
江戸時代中期の女性。俳諧。甲府の人。天明3年刊、平橋庵敲氷編『折鶴』に載る。
¶江表（仙菓（山梨県））

千花(1)　**せんか★**
江戸時代中期の女性。俳諧。酒井主膳の妻。享保18年の奉納句集『臥龍梅』に載る。
¶江表（千花（東京都））

千花(2)　**せんか★**
江戸時代中期の女性。俳諧。加賀の人。明和8年刊、高桑闌更編『落葉考』に載る。
¶江表（千花（石川県））

暹賀*　せんが
延喜14（914）年～長徳4（998）年　平安時代中期の天台宗の僧。
¶古人，コン

仙厓　せんがい
⇒仙厓義梵（せんがいぎぼん）

千崖　せんがい
江戸時代後期の俳諧師。簗瀬氏。
¶俳文（[生]？　[没]天保9（1838）年5月11日）

全海　ぜんかい
⇒不動院全海（ふどういんぜんかい）

禅海*　ぜんかい
生没年不詳　江戸時代中期の僧。
¶コン

善愷*　ぜんがい
生没年不詳　平安時代前期の法隆寺僧。
¶古人，古代

禅海院　ぜんかいいん★
江戸時代前期の女性。和歌。織田信長や徳川家康に仕えた戦国武将中川重政の娘。
¶江表（禅海院（山口県）　[没]延宝9（1681）年）

栴崖奕堂（旃崖奕堂）　**せんがいえきどう**
⇒諸嶽奕堂（もろたけえきどう）

仙厓義梵*（仙崖義梵）　**せんがいぎぼん**
寛延3（1750）年～天保8（1837）年　[別]義梵（ぎぼん），仙厓（せんがい）　江戸時代中期～後期の臨済宗妙心寺の僧。
¶江人（仙厓　せんがい），コン

仙鶴　せんかく
⇒堀内仙鶴（ほりのうちせんかく）

千覚*　せんかく
康和3（1101）年～？　平安時代後期の法相宗興福寺僧。
¶古人

暹覚*(1)　**せんかく**
永承1（1046）年～保延6（1140）年　平安時代後期の大和崇敬寺僧。
¶コン

暹覚*(2)　**せんかく**
生没年不詳　平安時代後期の天台宗延暦寺僧。
¶古人

仙覚*　せんがく，せんかく
建仁3（1203）年～？　鎌倉時代前期の天台宗の僧、万葉学者、歌人。
¶コン（せんかく），思想，中世，山小

扇霞女　せんかじょ★
江戸時代後期の女性。俳諧。芝住。天保7年跋、黒川惟草編『俳諧人名録』初に載る。
¶江表（扇霞女（東京都））

宣化天皇*　せんかてんのう
雄略11（467）年～宣化4（539）年　[別]武小広国押盾尊（たけおひろくにおしたてのみこと）　上代の第28代の天皇。継体天皇の子、安閑天皇の同母弟。
¶古人，古代，古物（[生]雄略天皇11（467）年　[没]宣化天皇4（539）年2月10日），コン，天皇（[生]雄略天皇11（467）年），山小

千賀信立　せんがのぶたつ
⇒千賀信立（ちがのぶたつ）

千賀信立　せんがのぶたて
⇒千賀信立（ちがのぶたつ）

千賀牧太*　せんがまきた
天保2（1831）年～明治6（1873）年　江戸時代末期～明治時代の古河藩士、東軍流剣術指南。
¶幕末（[没]明治6（1873）年4月24日）

千亀(1)　**せんかめ**
江戸時代前期の女性。書簡。薩摩藩主島津家久の娘。
¶江表（千亀（鹿児島県）　[生]元和6（1620）年　[没]正保2（1645）年）

千亀(2)　**せんかめ★**
江戸時代末期～明治時代の女性。宗教。薩摩谷山の船問屋で貿易商是枝源左衛門の妻。
¶江表（千亀（鹿児島県）　[没]明治11（1878）年）

仙華門院*　せんかもんいん
元仁1（1224）年～弘長2（1262）年　[別]曦子内親王（ぎしないしんのう）　鎌倉時代前期の女性。土御門天皇の皇女。

¶天皇（㋕貞応3（1224）年　㋰弘長2（1262）年閏7月21日）

千観* せんかん
延喜18（918）年〜永観1（983）年12月13日　平安時代中期の天台宗の僧。橘敏貞の子。
¶古人, コン

仙巌 せんがん
⇒有馬晴純（ありまはるずみ）

禅鑑* ぜんかん
生没年不詳　鎌倉時代の僧。沖縄に最初に仏教を伝えた。
¶コン

禅喜* ぜんき
貞観16（874）年〜天暦9（955）年　平安時代中期の天台宗の僧。
¶古人, コン

禅徽* ぜんき
？〜正暦5（994）年　平安時代中期の三論宗東大寺僧。
¶古人

善議* ぜんぎ
天平1（729）年〜弘仁3（812）年　奈良時代〜平安時代前期の僧。三論宗の学匠。
¶古人, 古代, コン, 対外

千菊 せんきく*
江戸時代中期の女性。俳諧。元禄5年成立、近江蕉門の古老江左尚白撰「忘梅」に載る。
¶江表（千菊（滋賀県））

蟾居 せんきょ
⇒岩城蟾居（いわきせんきょ）

宣教* せんきょう
奈良時代の僧。
¶古代

禅興* ぜんきょう
？〜慶長6（1601）年1月30日　㋰禅興（ぜんこう）
安土桃山時代の社僧・連歌作者。
¶俳文（ぜんこう）　㋕永正3（1506）年　㋰文禄3（1594）年）

線教院 せんきょういん
⇒織子女王（たかこじょおう）

璿玉院 せんぎょくいん
江戸時代後期の徳川家慶の二男。
¶徳将（㋕1819年　㋰1820年）

蟬吟 せんぎん
⇒藤堂蟬吟（とうどうせんぎん）

千吟* せんぎん
生没年不詳　㋰千吟（せんのぎん）　安土桃山時代の女性。千利休の娘。
¶コン

せんくう
安土桃山時代の信濃国筑摩郡刈谷原の土豪。会田岩下氏の被官とみられる。
¶武田（生没年不詳）

瞻空* せんくう
生没年不詳　鎌倉時代前期の僧侶・歌人。世尊寺伊行の男。

せんこ

¶密教（㋕1193年以前　㋰1212年以後）

然空 ぜんくう
⇒礼阿（らいあ）

仙慶* せんけい
生没年不詳　平安時代中期の僧・歌人。
¶古人

千兮* せんけい
寛政10（1798）年〜明治16（1883）年　江戸時代後期〜明治時代の俳諧師。
¶俳文

専芸* せんげい
長享2（1488）年〜永正6（1509）年9月6日　戦国時代の連歌作者。
¶俳文

善慶 ぜんけい
⇒善円（ぜんえん）

禅芸* ぜんげい
延喜2（902）年〜天元2（979）年　平安時代中期の園城寺僧。
¶古人

全慶尼* ぜんけいに*
江戸時代末期の女性。和歌。今治藩領の黒部与惣兵衛の母。安政5年序、半井梧庵編『鄙のてぶり』二に載る。
¶江表（全慶尼（愛媛県））

千家尊澄* せんげたかずみ，せんげたかすみ
＊〜明治11（1878）年　江戸時代末期〜明治時代の国学者。
¶コン（㋕文化8（1811）年）

千家俊信* せんげとしざね
明和1（1764）年〜天保2（1831）年　江戸時代後期の国学者。
¶コン, 思想

宣堅* せんけん
平安時代前期の新羅人。
¶古代

宣源* せんげん
生没年不詳　平安時代後期の僧侶・歌人。
¶古人

全賢* ぜんけん
寿永3（1184）年〜貞永2（1233）年1月28日　鎌倉時代前期の真言宗の僧。
¶密教（㋕1175年？　㋰1224年1月28日）

全玄* ぜんげん
永久1（1113）年〜建久3（1192）年12月13日　平安時代後期〜鎌倉時代前期の僧。
¶古人

浅間坊* せんげんぼう
戦国時代の富士北口浅間神社所属の上吉田宿の御師。
¶武田（生没年不詳）

仙子(1) せんこ*
江戸時代の女性。和歌。長坂氏。明治8年刊、橘東世子編『明治歌集』に載る。
¶江表（仙子（東京都））

仙子(2)　**せんこ★**
江戸時代の女性。和歌。深川仲町住の岡本氏。明治8年刊、橘東世子編『明治歌集』に載る。
¶江表(仙子(東京都))

仙子(3)　**せんこ★**
江戸時代中期の女性。狂歌。美濃関の常色舎仙樹の妻か。延享3年刊、永日庵其律編『狂歌秋の花』に載る。
¶江表(仙子(岐阜県))

仙子(4)　**せんこ★**
江戸時代中期の女性。和歌。出雲松江の石丸正良の娘。正徳1年跋、勝部芳房編『佐陀大社奉納神始言吹草』に載る。
¶江表(仙子(島根県))

仙子(5)　**せんこ★**
江戸時代後期の女性。和歌。菅沼氏。文化11年刊、中山忠雄・河田正致編『柿本社奉納和歌集』に載る。
¶江表(仙子(東京都))

千子　**せんこ★**
江戸時代中期の女性。和歌。陸奥二本松藩初代藩主丹波光重の娘。
¶江表(千子(岡山県)　[没]元禄13(1700)年)

泉子　**せんこ★**
江戸時代後期の女性。和歌。常陸笠間藩主牧野貞通の娘。
¶江表(泉子(兵庫県)　[没]寛政1(1789)年)

阡子　**せんこ★**
江戸時代後期の女性。和歌。幕臣、勘定奉行中坊広風の娘。
¶江表(阡子(東京都))

仙杲　**せんこう**
江戸時代後期の女性。俳諧。播磨の人。寛政12年刊、子日庵一草編『あき風』に載る。
¶江表(仙杲(兵庫県))

洗口　**せんこう**
⇒奈河七五三助〔1代〕(ながわしめすけ)

禅興　**ぜんこう**
⇒禅興(ぜんきょう)

専行院　**せんこういん**
⇒お美代の方(おみよのかた)

専行院お美代　**せんこういんおみよ**
⇒お美代の方(おみよのかた)

禅光院入道　**ぜんこういんにゅうどう**
⇒徳大寺実淳(とくだいじさねあつ)

千光国師　**せんこうこくし**
⇒栄西(えいさい)

千江岑　**せんこうしん**
⇒千宗左〔4代〕(せんのそうさ)

千光祖師　**せんこうそし**
⇒栄西(えいさい)

先光大夫　**せんこうだゆう**
戦国時代の駿河府中浅間社の社人。
¶武田(生没年不詳)

千光法師　**せんこうほうし**
⇒栄西(えいさい)

宣光門院*　**せんこうもんいん**
永仁5(1297)年～正平15/延文5(1360)年　[別]正親町実子(おおぎまちじつこ)，藤原実子(ふじわらじっし，ふじわらのさねこ)　鎌倉時代後期～南北朝時代の女性。花園天皇の宮人。
¶天皇(正親町実子　おおぎまちじつこ　[没]延文5/南朝正平15(1360)年9月5日)

仙石亀太郎　**せんごくかめたろう**
⇒中村助五郎〔1代〕(なかむらすけごろう)

仙石喜四郎盛章　**せんごくきしろうもりあき**
江戸時代前期の後藤又兵衛の一門。
¶大坂

千石九大夫　**せんごくきゅうだゆう**
江戸時代前期の伊東長次の家来。
¶大坂([没]慶長20年5月7日)

千石権平　**せんごくごんべい**
安土桃山時代～江戸時代前期の伊東長次の家臣。
¶大坂([生]文禄3年　[没]慶長20年5月7日)

仙石権兵衛　**せんごくごんべえ**
⇒仙石秀久(せんごくひでひさ)

仙石左京*　**せんごくさきょう**
天明7(1787)年～天保6(1835)年　江戸時代後期の但馬出石藩家老。
¶コン

仙国佐十郎(仙石佐十郎)　**せんごくさじゅうろう**
⇒坂田半五郎〔2代〕(さかたはんごろう)

仙石佐多雄*　**せんごくさたお，せんごくさだお**
天保13(1842)年～文久3(1863)年　[別]仙石隆明(せんごくたかあき)　江戸時代末期の幕臣。
¶コン，幕末([生]天保13(1843)年12月28日　[没]文久3(1863)年2月27日)

仙石定盛*　**せんごくさだもり**
？～寛永19(1642)年　[別]千石平左衛門定盛(せんごくへいざえもんさだもり)　江戸時代前期の備中岡田藩家老。
¶大坂(千石平左衛門定盛　せんごくへいざえもんさだもり　[生]永禄2年/永禄5年/永禄6年　[没]寛永19年11月12日)

仙国佐六　**せんごくさろく**
⇒坂田半五郎〔2代〕(さかたはんごろう)

仙国助五郎(仙石助五郎)　**せんごくすけごろう**
⇒中村助五郎〔1代〕(なかむらすけごろう)

仙石助次　**せんごくすけじ**
⇒中村助五郎〔2代〕(なかむらすけごろう)

仙石清左衛門　**せんごくせいざえもん**
安土桃山時代～江戸時代前期の豊臣秀次・秀吉・秀頼・浅野長晟の家臣。
¶大坂([没]元和4年11月14日)

仙石宗夕　**せんごくそうせき**
安土桃山時代～江戸時代前期の豊臣秀吉・秀頼の家臣。
¶大坂

仙石宗也　**せんごくそうや**
⇒仙石秀範(せんごくひでのり)

仙石隆明　**せんごくたかあき**
⇒仙石佐多雄(せんごくさたお)

仙石忠左衛門　せんごくちゅうざえもん
江戸時代前期の豊臣秀頼・池田光政の家臣。
¶大坂（[没]寛文11年9月29日）

仙石久貞　せんごくひささだ
江戸時代中期の幕臣。
¶徳人（[生]1767年　[没]？）

仙石久隆　せんごくひさたか
安土桃山時代～江戸時代前期の幕臣。
¶徳人（[生]1594年　[没]1645年）

仙石久尚　せんごくひさなお
江戸時代前期～中期の幕臣。
¶徳人（[生]1652年　[没]1735年）

仙石久徴*　せんごくひさよし
江戸時代末期の幕臣。
¶幕末（生没年不詳）

仙石秀範*　せんごくひでのり
[別]仙石宗也（せんごくそうや）　安土桃山時代～江戸時代前期の武士。
¶大坂（仙石宗也　せんごくそうや　[生]？ 年6月14日）

仙石秀久*　せんごくひでひさ
天文20（1551）年～慶長19（1614）年　[別]仙石権兵衛（せんごくごんべえ）　安土桃山時代～江戸時代前期の武将、大名。
¶織田（[没]慶長19（1614）年5月6日），コン，全戦（[生]天文21（1552）年）

千石兵七　せんごくひょうしち
江戸時代前期の武士。大坂の陣で籠城。
¶大坂

千石平左衛門定盛　せんごくへいざえもんさだもり
⇒仙石定盛（せんごくさだもり）

千石平内　せんごくへいない
安土桃山時代～江戸時代前期の伊東長次の家臣。
¶大坂（[生]文禄4年　[没]慶長20年5月7日）

仙石正勝　せんごくまさかつ
江戸時代前期～中期の幕臣。
¶徳人（[生]1620年　[没]1700年）

仙石政辰*　せんごくまさとき
享保8（1723）年8月21日～安永8（1779）年8月24日　江戸時代中期の大名。但馬出石藩主。
¶コン（[生]享保7（1722）年）

仙石政寅*　せんごくまさとら
？～寛政11（1799）年　江戸時代中期の奉行。
¶コン

仙石廬元坊*　せんごくろげんぼう
*～延享4（1747）年　[別]廬元坊，盧元坊（ろげんぼう）　江戸時代中期の俳人。
¶俳文（廬元坊　ろげんぼう　[生]元禄1（1688）年　[没]延享4（1747）年5月10日）

千子村正　せんごむらまさ
⇒村正（むらまさ）

瞻西*（瞻西）　せんさい
？～大治2（1127）年　[別]瞻西（せんせい）　平安時代後期の雲居寺の僧。
¶古人（瞻西），コン（せんせい　生没年不詳）

善左衛門尉　ぜんざえもんのじょう
戦国時代の西湖大田和の土豪。
¶武田（生没年不詳）

専崎弥五平*　せんざきやごへい
天保1（1830）年～明治34（1901）年　江戸時代末期～明治時代の勤王家。七卿の西下で乗船や船中用達に尽力。
¶幕末（[生]文政13（1830）年1月11日　[没]明治34（1901）年8月12日）

全朔　ぜんさく
⇒加藤延隆（かとうのぶたか）

善三郎　ぜんざぶろう
安土桃山時代の山梨郡畦村の番匠職人。
¶武田（生没年不詳）

仙算*　せんさん
享徳3（1454）年～？　戦国時代の仏師。
¶美建

仙山(1)　せんざん
⇒榊山小四郎〔1代〕（さかきやまこしろう）

仙山(2)　せんざん
⇒榊山小四郎〔4代〕（さかきやまこしろう）

千山(1)　せんざん★
江戸時代末期の女性。画・琴。画家抱山の娘。安政6年刊、畑銀鶏編『書画薈粋』二に載る。
¶江表（千山（東京都））

千山(2)　せんざん
⇒井上千山（いのうえせんざん）

千山(3)（千山（五十嵐））　せんざん
⇒紀伊国屋文左衛門（きのくにやぶんざえもん）

嬋山　せんざん
江戸時代中期の女性。俳諧。鈴木千次郎の妻。宝暦9年序、白井鳥酔編『壬生山家集』に載る。
¶江表（嬋山（神奈川県））

沾山（──〔1代〕）　せんざん
⇒内田沾山（うちだせんざん）

善算*　ぜんさん
和銅1（708）年～神護景雲3（769）年　奈良時代の僧。
¶古代

沾山〔2代〕*　せんざん
生没年不詳　江戸時代中期の俳人。
¶俳文（──〔2世〕）

沾山〔3代〕　せんざん
江戸時代の俳諧師。別号は丘華坊。
¶俳文（──〔3世〕　生没年不詳）

沾山〔4代〕*　せんざん
生没年不詳　江戸時代中期～後期の俳人。
¶俳文（──〔4世〕）

沾山〔5代〕*　せんざん
享保12（1727）年～文化11（1814）年8月16日　江戸時代中期～後期の俳人。
¶俳文（──〔5世〕）

沾山〔6代〕　せんざん
江戸時代の俳諧師。別号は玉花坊。
¶俳文（──〔6世〕　生没年不詳）

せ

沾山〔7代〕* せんざん
？～嘉永4（1851）年10月11日　江戸時代後期の俳人。
¶俳文（――〔7世〕）

仙芝 せんし
⇒榊山小四郎〔3代〕（さかきやまこしろう）

千子 せんし
⇒千子（ちね）

千之（1） **せんし**
江戸時代前期の俳諧作者。延宝～天和ごろ。望月氏（延宝2年以降は大原氏）。
¶俳文（生没年不詳）

千之（2） **せんし**
⇒杉山平八（すぎやまへいはち）

扇思 せんし★
江戸時代末期の女性。俳諧。安芸広島の六呂堂土方・京都の宗匠泙水園芹舎編、保井田の佐伯寧氏所蔵の木版1枚摺の句集が数枚ある。
¶江表（扇思（広島県））

撰子 せんし
⇒小佐川常世〔3代〕（おさがわつねよ）

沾紫（1） **せんし★**
江戸時代中期～後期の女性。画。亀台尼の句集『独発句』の春夏の部の「花さくときけはうきたつ心かな」の句に、女沾紫の署名で絵を添える。
¶江表（沾紫（東京都））

沾紫（2） **せんし**
江戸時代後期の女性。俳諧。文化4年跋、谷素外編『誹諧手引種』に載る。
¶江表（沾紫（東京都））

賤糸 せんし★
江戸時代中期の女性。俳諧。延岡の人。明和8年刊、大坂の商人で俳人の佐々木泉明撰『一人一首短冊篇』乾に載る。
¶江表（賤糸（宮崎県））

宣旨*（1） **せんじ**
生没年不詳　平安時代前期～中期の女性歌人。
¶古人

宣旨*（2） **せんじ**
生没年不詳　平安時代中期の女房、歌人。
¶古人

宣旨（3） **せんじ**
⇒六条斎院宣旨（ろくじょうさいいんのせんじ）

宣旨（4） **せんじ**
⇒六条院宣旨（ろくじょういんのせんじ）

沾耳*（洗耳） **せんじ**
生没年不詳　江戸時代中期の俳人。
¶俳文（洗耳）

漸之 ぜんし★
江戸時代後期の女性。和歌。葛飾小淵の不動院頼円の母。天保9年序、橘守部編『下蔭集』に載る。
¶江表（漸之（東京都））

千直翁 せんじきおう
⇒千宗守〔4代〕（せんのそうしゅ）

千糸女 せんしじょ★
江戸時代後期の女性。俳諧。谷素外門。文政6年刊、素外の娘素塵序・跋『梅翁発句集』に載る。
¶江表（千糸女（東京都））

媓子女王* せんしじょおう
寛弘2（1005）年～？　[別]媓子女王（せんしにょおう，よしこじょおう）　平安時代中期～後期の女性。村上天皇皇子具平親王の第3王女。
¶古人（よしこじょおう）

宣子内親王 せんしないしんのう
⇒宣子内親王（のぶこないしんのう）

選子内親王* せんしないしんのう
応和4（964）年4月24日～長元8（1035）年6月22日　[別]大斎院（おおさいいん，だいさいいん），大舎人部禰麿（おおとねりべのねまろ），選子内親王（せんしないしんのう，のぶこないしんのう）　平安時代中期の女性。村上天皇の第10皇女。
¶古人（のぶこないしんのう），コン（[生]康保1（964）年），女史，女文，天皇（せんしないしんのう・のぶこないしんのう），日文（[生]康保1（964）年）

僐子内親王（繕子内親王） **ぜんしないしんのう**
⇒僐子内親王（よしこないしんのう）

善子内親王 ぜんしないしんのう
⇒善子内親王（よしこないしんのう）

媓子女王 せんしにょおう
⇒媓子女王（せんしじょおう）

善次の母 ぜんじのはは★
江戸時代中期の女性。俳諧。遠江相月の人。元禄15年刊、太田白雪編『三河小町』下に載る。
¶江表（善次の母（静岡県））

扇舎 せんしゃ
⇒尾上菊五郎〔3代〕（おのえきくごろう）

銑車 せんしゃ★
江戸時代中期の女性。俳諧。宝暦6年、宮崎如銑編発句集『俳諧たま尽し』に載る。
¶江表（銑車（東京都））

善謝* ぜんしゃ
神亀1（724）年～延暦23（804）年　奈良時代～平安時代前期の僧。
¶古人，古代

千雀 せんじゃく★
江戸時代後期の女性。俳諧。越中の人。嘉永4年刊、西山亭可九撰『越の枝折』に載る。
¶江表（千雀（富山県））

千手 せんじゅ
⇒千手前（せんじゅのまえ）

千寿（1） **せんじゅ★**
江戸時代中期の女性。俳諧。新吉原の長崎屋抱えの遊女。元禄10年刊、一十竹編『千々之丞』に載る。
¶江表（千寿（東京都））

千寿（2） **せんじゅ★**
江戸時代中期の女性。俳諧。相模鎌倉の人。安永8年、杲道玄明序「桜覧記（仮題）」に載る。
¶江表（千寿（神奈川県））

善珠* ぜんじゅ，せんしゅ，ぜんしゅ
養老7（723）年～延暦16（797）年4月21日　奈良時代～平安時代前期の興福寺法相宗の僧。玄昉の弟子。

¶古人(ぜんしゅ), 古代, コン([没]延暦17(798)年), 思想

禅寿* ぜんじゅ
生没年不詳　平安時代後期の真言宗の僧。
¶古人

仙寿院* (1) せんじゅいん
宝暦6(1756)年10月18日～文政3(1820)年1月8日　江戸時代中期～後期の女性。鶴岡藩主酒井忠徳の妻。松平定信の姉。
¶江表(仙寿院(山形県))

仙寿院 (2) せんじゅいん★
江戸時代後期の女性。和歌。近江大溝藩主分部光賓の娘。嘉永4年刊、『波布里集』に載る。
¶江表(仙寿院(千葉県))

宣寿院 せんじゅいん★
江戸時代末期の女性。書簡・和歌。一関藩5代藩主田村村資の娘。
¶江表(宣寿院(岩手県)　[没]安政2(1855)年)

専寿院 せんじゅいん★
江戸時代後期の女性。和歌。播磨姫路新田藩主酒井忠質の室。文政7年頃、池田冠山の巻物「玉露童女追悼集」に入集。
¶江表(専寿院(兵庫県))

沾洲* せんしゅう
*～元文4(1739)年　[別]貴志沾洲(きしせんしゅう)　江戸時代中期の俳人。
¶俳文([生]寛文11(1671)年　[没]寛保1(1741)年12月16日)

全宗 ぜんしゅう
⇒施薬院全宗(やくいんぜんそう)

専修院尼 せんしゅういんに★
江戸時代中期の女性。和歌。徳川宗武の室宝蓮院付の老女。「県居門人録」の明和2年に名がみえる。
¶江表(専修院尼(東京都))

善修寺殿 ぜんしゅうじでん
安土桃山時代の女性。伊勢宗瑞(北条早雲)の側室。北条幻庵の母。
¶後北(善修寺殿〔北条〕　[没]天正2年7月)

千秋順之介(千秋順之助) せんしゅうじゅんのすけ
⇒千秋藤篤(せんしゅうふじあつ)

千秋季忠* せんしゅうすえただ
天文3(1534)年～永禄3(1560)年5月19日　戦国時代～安土桃山時代の織田信長の家臣。
¶織田, 全戦

千秋季信* せんしゅうすえのぶ
永禄3(1560)年?～慶長17(1612)年11月　安土桃山時代～江戸時代前期の織田信長の家臣。
¶織田([生]永禄3(1560)年), 全戦([生]永禄3(1560)年)

千住西亭* せんじゅうせいてい
*～明治11(1878)年　江戸時代末期～明治時代の肥前佐賀藩士。
¶幕末([生]文化13(1816)年)

千秋高季* せんしゅうたかすえ
生没年不詳　戦国時代の室町幕府奉公衆。
¶後北(高季〔千秋〕　たかすえ)

千秋親昌* せんしゅうちかまさ
生没年不詳　南北朝時代の神官。
¶コン, 室町

千秋尼* せんしゅうに
生没年不詳　平安時代後期の女房。熱田大宮司藤原季範女。
¶古人

千秋藤篤* せんしゅうふじあつ
文化12(1815)年～元治1(1864)年　[別]千秋順之介, 千秋順之助(せんしゅうじゅんのすけ), 千秋藤範(せんしゅうふじのり)　江戸時代末期の尊皇論者、儒学者。
¶コン, 思想, 幕末(千秋順之助　せんしゅうじゅんのすけ　[生]文化12(1815)年8月30日　[没]元治1(1864)年10月18日)

千秋藤範 せんしゅうふじのり
⇒千秋藤篤(せんしゅうふじあつ)

善住坊* ぜんじゅうぼう
?～天正1(1573)年　[別]杉谷善住坊(すぎたにぜんじゅうぼう)　戦国時代の鉄砲の名手。
¶コン

全祝 ぜんしゅく
⇒北高全祝(ほっこうぜんしゅく)

仙寿尼 せんじゅに★
江戸時代後期の女性。和歌。仙寿方とも称する。寛政10年、年姫邸で開催された前栽合に載る。
¶江表(仙寿尼(岩手県))

千手前* せんじゅのまえ
永万1(1165)年～文治4(1188)年　[別]千手(せんじゅ)　平安時代後期の女性。白拍子。北条政子に仕えた。
¶女史, 内乱(千手　せんじゅ), 平家(生没年不詳)

専順* せんじゅん
応永18(1411)年～文明8(1476)年3月20日　[別]池坊専順(いけのぼうせんじゅん)　室町時代の連歌師。頂法寺の僧で法眼位。
¶思想, 俳文

善春* ぜんしゅん
生没年不詳　鎌倉時代後期の仏師。善円の子。
¶美建

せん女 せんじょ★
江戸時代末期の女性。俳諧。奥州随一の女性俳人市原多代の曽孫で須賀川生まれ。慶応2年の「晴霞仏追悼摺」に載る。
¶江表(せん女(福島県))

仙女 (1) せんじょ★
江戸時代中期の女性。俳諧。美濃大垣の人。元禄13年刊、各務支考編『東華集』に載る。
¶江表(仙女(岐阜県))

仙女 (2) せんじょ
⇒瀬川菊之丞〔3代〕(せがわきくのじょう)

千女 せんじょ★
江戸時代後期の女性。狂俳。弘化2年刊、千里亭芝石撰『続太箸集』二に載る。
¶江表(千女(愛知県))

専女 せんじょ★
江戸時代後期～明治時代の女性。和歌。三河新堀の木綿問屋深見佐兵衛直温の妻。
¶江表(専女(愛知県)　[生]文化13(1816)年　[没]明治23(1890)年)

せ

扇女(1) **せんじょ**
⇒荻野扇女(おぎのせんじょ)

扇女(2) **せんじょ**
⇒扇女(おうぎじょ)

千升 **せんしょう**
⇒市川団蔵〔5代〕(いちかわだんぞう)

千昇 **せんしょう**
⇒中村宗十郎〔1代〕(なかむらそうじゅうろう)

扇升 **せんしょう**
⇒市川鰕十郎〔3代〕(いちかわえびじゅうろう)

泉升 **せんしょう**
⇒中山富三郎〔2代〕(なかやまとみさぶろう)

泉奘* **せんしょう**
永正15(1518)年～天正16(1588)年5月18日 [別]象耳泉奘(しょうにせんしょう) 戦国時代の律宗の僧。
¶全戦(象耳泉奘 しょうにせんしょう)

仙杖* **せんじょう**
*～享保19(1734)年8月27日 江戸時代中期の商人・俳人。
¶俳文([生]?)

禅性* **ぜんしょう**
生没年不詳 鎌倉時代前期の真言宗の僧・歌人。
¶古人

全成 **ぜんじょう**
⇒阿野全成(あのぜんじょう)

千少庵 **せんしょうあん**
⇒千少庵(せんのしょうあん)

仙松院 **せんしょういん★**
江戸時代中期～後期の女性。和歌・書。下総佐倉藩主堀田正順の娘。
¶江表(仙松院(秋田県) [生]安永1(1772)年 [没]文化13(1816)年)

専正軒* **せんしょうけん**
生没年不詳 戦国時代の北条氏照の奉行人。
¶後北

善相公 **ぜんしょうこう**
⇒三善清行(みよしきよゆき)

仙上永基 **せんじょうながもと**
平安時代後期の官人。
¶古人(生没年不詳)

善祥坊 **ぜんしょうぼう**
⇒宮部継潤(みやべけいじゅん)

千如心斎 **せんじょしんさい**
⇒千宗左〔7代〕(せんのそうさ)

仙女路考 **せんじょろこう**
⇒瀬川菊之丞〔3代〕(せがわきくのじょう)

善信 **ぜんしん**
⇒親鸞(しんらん)

全真* **ぜんしん**
仁平1(1151)年～? 平安時代後期の天台宗の僧・歌人。
¶古人(生没年不詳),平家

善信尼* **ぜんしんに**
[別]善信尼(ぜんしんのあま) 飛鳥時代の女性。日本最初の尼僧。鞍部村主司馬達等の娘。
¶古人(ぜんしんのあま 生没年不詳),古代(ぜんしんのあま),古物(ぜんしんのあま),コン([生]欽明27(566)年? [没]?),女史(生没年不詳),対外

善信尼 **ぜんしんのあま**
⇒善信尼(ぜんしんに)

仙声(先声) **せんせい**
⇒榊山小四郎〔2代〕(さかきやまこしろう)

浅生 **せんせい**
江戸時代後期の女性。俳諧。尼。享和2年刊、建部巣兆編『せきやてう』に載る。
¶江表(浅生(大阪府))

瞻西 **せんせい**
⇒瞻西(せんさい)

全成 **ぜんせい**
⇒阿野全成(あのぜんじょう)

善性院 **ぜんせいいん★**
江戸時代後期の女性。和歌。五摂家の鷹司政熙の娘。
¶江表(善性院(徳島県) [生]寛政11(1799)年 [没]天保8(1837)年)

宣政門院* **せんせいもんいん**
正和4(1315)年～正平17/貞治1(1362)年 [別]懽子内親王(かんしないしんのう,よしこないしんのう) 鎌倉時代後期～南北朝時代の女性。光厳天皇の宮人。
¶天皇(懽子内親王 かんしないしんのう・よしこないしんのう [没]正平17/貞治1(1362)年),天皇(懽子内親王 かんしないしんのう・よしこないしんのう [生]正和4(1315)年10月16日 [没]貞治1/正平17(1362)年5月7日)

泉石 **せんせき**
江戸時代前期～中期の儒者・俳諧作者。
¶俳文([生]寛文5(1665)年1月19日 [没]享保15(1730)年7月16日)

洗雪 **せんせつ**
江戸時代中期の俳諧師。本名、根岸喜右衛門。
¶俳文([生]? [没]明和4(1767)年)

全宗 **ぜんそう**
⇒施薬院全宗(やくいんぜんそう)

浅草庵仙果 **せんそうあんせんか**
⇒笠亭仙果(りゅうていせんか)

浅草庵春村 **せんそうあんはるむら**
⇒黒川春村(くろかわはるむら)

千宗易 **せんそうえき**
⇒千利休(せんのりきゅう)

千宗左(――〔1代〕,――〔4代〕) **せんそうさ**
⇒千宗左〔4代〕(せんのそうさ)

千宗左〔4代〕(――〔7代〕) **せんそうさ**
⇒千宗左〔7代〕(せんのそうさ)

千宗室(――〔1代〕,――〔4代〕) **せんそうしつ**
⇒千宗室〔4代〕(せんのそうしつ)

千宗室〔11代〕* **せんそうしつ**
文化7(1810)年～明治10(1877)年 [別]千宗室〔11

代〕(せんのそうしつ)　江戸時代末期～明治時代の茶道家、裏千家今日庵11代家元。文明開化にあったり椅子式の立礼式を考案。
¶コン(——〔11世〕　せんのそうしつ)

千宗守(——〔1代〕)　**せんそうしゅ**
⇒千宗守〔1代〕(せんのそうしゅ)

千宗守〔4代〕　**せんそうしゅ**
⇒千宗守〔4代〕(せんのそうしゅ)

千宗淳　**せんそうじゅん**
⇒千少庵(せんのしょうあん)

千宗旦　**せんそうたん**
⇒千宗旦(せんのそうたん)

浅草堂　**せんそうどう**
⇒並木五瓶〔1代〕(なみきごへい)

禅蔵尼*　**ぜんぞうに**
生没年不詳　[別]禅蔵尼(ぜんぞうのあま)　飛鳥時代の女性。尼僧。
¶古代(ぜんぞうのあま)

禅蔵尼　**ぜんぞうのあま**
⇒禅蔵尼(ぜんぞうに)

仙台国包(——〔1代〕)　**せんだいくにかね**
⇒国包〔1代〕(くにかね)

仙田市郎*　**せんだいちろう**
文政4(1821)年～元治1(1864)年　[別]仙田正敏(せんだまさとし)，結城正敏(ゆうきまさとし)　江戸時代末期の筑前福岡藩士。
¶幕末([没]元治1(1864)年8月)

仙田亀鶴*　**せんだかめつる**
生没年不詳　江戸時代前期の女性。歌人。
¶江表(亀鶴(新潟県))

仙田淡三郎*　**せんだたんざぶろう，せんだたんさぶろう**
天保9(1838)年～元治1(1864)年　江戸時代末期の筑前福岡藩士。
¶幕末(せんだたんさぶろう　[没]元治1(1864)年4月28日)

千田伝一郎*　**せんだでんいちろう**
天保7(1836)年～明治41(1908)年　江戸時代末期～明治時代の薩摩藩士、貴族院議員。戊辰戦争で活躍。新潟、和歌山等の県知事を歴任。東京府典事、東京大書記官になる。
¶幕末([没]明治41(1908)年4月23日)

千谷　**せんたに★**
江戸時代中期の女性。俳諧。谷村の人。安永9年刊、平林庵敲氷編『甲斐根百韻付録』に載る。
¶江表(千谷(山梨県))

千田兵衛*　**せんだひょうえ**
弘化3(1846)年～慶応4(1868)年8月21日　江戸時代後期～末期の新撰組隊士。
¶新隊([没]明治1(1868)年8月21日)

仙田正敏　**せんだまさとし**
⇒仙田市郎(せんだいちろう)

千田主水　**せんだもんど**
江戸時代前期の武士。大坂の陣で籠城。木村重成組の組頭。
¶大坂

善智*(禅智)　**ぜんち**
生没年不詳　平安時代前期の僧。
¶古人，古代

禅智　**ぜんち**
平安時代後期の園城寺の僧。嘉応1年法印大和尚位。
¶古人(生没年不詳)

千竹　**せんちく★**
江戸時代後期の女性。俳諧。弘化3年跋、黒川惟草編『俳諧人名録』二に載る。
¶江表(千竹(東京都))

千竹女　**せんちくじょ★**
江戸時代後期の女性。俳諧。須賀川の人か。天保15年の春秋鳥移主催「参宮記念摺」に載る。
¶江表(千竹女(福島県))

仙忠*　**せんちゅう**
承和5(838)年～延喜5(905)年　平安時代前期～中期の法相宗興福寺僧。
¶古人

善仲*　**ぜんちゅう**
和銅1(708)年～神護景雲2(768)年　奈良時代の僧。
¶古代

前中書王　**ぜんちゅうしょおう**
⇒兼明親王(かねあきらしんのう)

仙鳥　**せんちょう**
⇒仙鳥女(せんちょうじょ)

千蝶　**せんちょう**
⇒森田勘弥〔7代〕(もりたかんや)

扇朝(1)　**せんちょう**
江戸時代後期の川柳作者。
¶俳文(生没年不詳)

扇朝(2)　**せんちょう**
⇒岩井半四郎〔7代〕(いわいはんしろう)

扇朝(3)　**せんちょう**
⇒尾上菊次郎〔1代〕(おのえきくじろう)

扇蝶　**せんちょう**
⇒市川八百蔵〔4代〕(いちかわやおぞう)

羨鳥*　**せんちょう**
承応2(1653)年～享保15(1730)年7月5日　江戸時代前期～中期の俳人・庄屋。
¶俳文

銭鳥　**せんちょう★**
江戸時代中期の女性。俳諧。加茂の人。安永8年刊、平林庵敲氷編『甲斐根百韻付録』に載る。
¶江表(銭鳥(山梨県))

善長寺寛令　**ぜんちょうじかんれい**
⇒寛令(かんれい)

仙鳥女*　**せんちょうじょ**
？～享和2(1802)年4月6日　[別]仙鳥(せんちょう)，仙鳥尼(せんちょうに)　江戸時代中期～後期の女性。俳人。
¶江表(仙鳥(神奈川県)　せんちょう)，俳文

千頂女　**せんちょうじょ★**
江戸時代後期の女性。俳諧。浅草蔵前の仲祇徳の妻。文政6年刊、素外の娘素塵序・跋『梅翁発句集』

に載る。
¶江表(千頂女(東京都))

仙鳥尼 せんちょうに
⇒仙鳥女(せんちょうじょ)

せ

千鶴 せんづる
平安時代後期の源頼朝の子。
¶平家([生]承安2(1172)年 [没]安元1(1175)年)

銑樀 せんてい
江戸時代中期の女性。俳諧。宝暦6年、宮崎如銑編『俳諧たま尽し』に載る。
¶江表(銑樀(東京都))

千道安 せんどうあん
⇒千道安(せんのどうあん)

仙桃院*(1) せんとういん
?~慶長14(1609)年 [別]長尾政景室(ながおまさかげしつ) 戦国時代~江戸時代前期の女性。長尾政景の妻。上杉謙信の姉。
¶全戦([生]享禄1(1528)年)

仙桃院*(2) せんとういん
天文19(1550)年~寛永5(1628)年 [別]阿保良姫(おうらひめ) 戦国時代~江戸時代前期の女性。陸奥弘前藩主津軽為信の妻。
¶女史(阿保良姫 おうらひめ)

善統親王* ぜんとうしんのう
天福1(1233)年~文保1(1317)年 [別]善統親王(よしむねしんのう) 鎌倉時代の順徳天皇の第6皇子。
¶天皇(よしむねしんのう [没]文保1(1317)年3月29日)

仙徳 せんとく★
江戸時代中期~明治時代の女性。政治。王族浦添殿内国頭親方朝慎の娘。尚温王の妃。
¶江表(仙徳(沖縄県) [生]天明5(1785)年 [没]明治2(1869)年)

沾徳* せんとく
寛文2(1662)年~享保11(1726)年 [別]水間沾徳(みずませんとく) 江戸時代中期の俳人。江戸俳壇の大宗匠。
¶江人,コン(水間沾徳 みずませんとく),俳文([没]享保11(1726)年5月30日)

善徳* ぜんとく
生没年不詳 [別]善徳尼(ぜんとくに) 飛鳥時代の女性。尼僧。
¶コン

善徳尼 ぜんとくに
⇒善徳(ぜんとく)

千徳政氏* せんとくまさうじ
生没年不詳 戦国時代~安土桃山時代の武将。
¶全戦

千那 せんな
⇒三上千那(みかみせんな)

善阿 ぜんな
⇒善阿(ぜんあ)

千生久子 せんなりひさこ★
江戸時代後期の女性。狂歌。石見津和野藩藩士上島氏の娘。文政6年成立、中村安由編「柿葉集」に載る。
¶江表(千生久子(島根県))

仙仁定泰 せんにさだやす
戦国時代の信濃高井郡の国衆。
¶武田(生没年不詳)

千日大夫 せんにちだゆう
戦国時代の信濃・飯縄権現神社神主。仁科甚十郎と称す。
¶武田(生没年不詳)

善日女 ぜんにちにょ
南北朝時代の若狭国太良荘真利名半名名主。
¶女史(生没年不詳)

仙仁昌泰 せんにまさやす
安土桃山時代の信濃高井郡の国衆。
¶武田(生没年不詳)

仙女 せんにょ★
江戸時代中期の女性。俳諧。俳人卮朝の妻。享保15年、筑紫行脚のために美濃を出発した仙石廬元坊が赤間関で巻いた歌仙に、夫卮朝と共に加わった。
¶江表(仙女(山口県))

仙仁吉泰 せんによしやす
戦国時代の信濃高井郡の国衆。
¶武田(生没年不詳)

禅仁* ぜんにん
康平5(1062)年~保延5(1139)年 平安時代後期の天台宗の僧。
¶古人

禅忍* ぜんにん
保延4(1138)年~? 平安時代後期の仏師。
¶古人,美建

宣仁門院* せんにんもんいん
安貞1(1227)年~弘長2(1262)年 [別]九条彦子(くじょうげんし),藤原彦子(ふじわらのひここ) 鎌倉時代前期の女性。四条天皇の妃。
¶天皇(九条彦子 くじょうげんし [生]嘉禄2(1227)年)

仙年 せんねん★
江戸時代後期の女性。画。画家伊藤君山の妻。文化7年刊、大原東野編『名数画譜』に画が載る。
¶江表(仙年(大阪府))

千野乾弘* せんのかたひろ
元文5(1740)年~安永5(1776)年1月28日 江戸時代中期の医者・和算家。
¶数学

千吟 せんのぎん
⇒千吟(せんぎん)

千少庵* せんのしょうあん
天文15(1546)年~慶長19(1614)年 [別]千少庵(せんしょうあん),千宗淳(せんそうじゅん,せんのそうじゅん) 安土桃山時代~江戸時代前期の茶湯者。宮王三郎と宗恩の子。
¶コン(千宗淳 せんのそうじゅん)

千宗易 せんのそうえき
⇒千利休(せんのりきゅう)

千宗左〔4代〕* せんのそうさ
慶長18(1613)年~寛文12(1672)年 [別]千江岑(せんこうしん),千宗左,千宗左〔1代〕,千宗左〔4代〕(せんそうさ) 江戸時代前期の茶人。千宗旦の3男。
¶江人(代数なし [生]1619年),コン(——〔4世〕)

千宗左〔7代〕*　せんのそうさ
宝永2(1705)年～宝暦1(1751)年　[別]千如心斎(せんじょしんさい)，千宗左〔4代〕，千宗左〔7代〕(せんそうさ)　江戸時代中期の茶人。不審庵表千家7代家元。
¶コン(──〔7世〕)

千宗室〔4代〕*　せんのそうしつ
元和8(1622)年～元禄10(1697)年　[別]千宗室，千宗室〔1代〕，千宗室〔4代〕(せんそうしつ)　江戸時代前期の茶人。宗旦の4男。
¶江人(代数なし)，コン(──〔4世〕)

千宗守〔1代〕*　せんのそうしゅ
文禄2(1593)年～延宝3(1675)年12月19日　[別]千宗守，千宗守〔1代〕(せんそうしゅ)　江戸時代前期の茶人。官休庵武者小路千家の初代。
¶江人(代数なし)，コン(──〔1世〕)

千宗守〔4代〕*　せんのそうしゅ
享保10(1725)年～天明2(1782)年　[別]千直翁(せんじきおう)，千宗守〔4代〕(せんそうしゅ)　江戸時代中期の茶人。官休庵武者小路千家の4代家元。
¶コン(──〔4世〕)

千宗淳　せんのそうじゅん
⇒千少庵(せんのしょうあん)

千宗旦*　せんのそうたん
天正6(1578)年～万治1(1658)年12月19日　[別]千宗旦(せんそうたん)　安土桃山時代～江戸時代前期の茶人。父は千利休の娘婿少庵。
¶江人，コン

千道安*　せんのどうあん
天文15(1546)年～慶長12(1607)年　[別]千道安(せんどうあん)　安土桃山時代～江戸時代前期の茶湯者。千利休の嫡子。
¶コン

千利休*　せんのりきゅう
大永2(1522)年～天正19(1591)年　[別]千宗易(せんそうえき，せんのそうえき)，千利休(せんりきゅう)，利休(りきゅう)　戦国時代～安土桃山時代の茶人。号は宗易。堺の商人の出で、侘び茶を完成。織田信長・豊臣秀吉に仕えたが、秀吉により自刃させられた。
¶コン，思想，全戦，中世，山小([没]1591年2月28日)

仙婆　せんば★
江戸時代後期の女性。俳諧。八代の人。享和1年序、金丸潮平編、平橋庵敲氷追善集『暦の寸衛』に載る。
¶江表(仙婆(山梨県))

千梅　せんばい
⇒田中千梅(たなかせんばい)

善八　ぜんはち
江戸時代末期の新撰組隊士。
¶新隊

仙波藤四郎*　せんばとうしろう
生没年不詳　戦国時代の武士。後北条氏家臣。
¶後北(次種〔仙波〕　つぐたね)

仙波肥前入道*　せんばひぜんにゅうどう
生没年不詳　戦国時代の北条氏の家臣。
¶後北(久種〔仙波〕　ひさたね)

千攀*　せんはん
延喜10(910)年～天元3(980)年1月4日　平安時代中期の真言宗の僧。
¶古人

仙範*　せんぱん，せんばん
生没年不詳　平安時代後期の天台宗の僧。
¶古人(せんばん)

善範*　ぜんぱん
生没年不詳　平安時代後期の修行僧。
¶古人

千姫*　せんひめ
慶長2(1597)年～寛文6(1666)年　[別]天樹院(てんじゅいん)，豊臣秀頼室(とよとみひでよりしつ)　江戸時代前期の女性。豊臣秀頼の妻。徳川秀忠の長女。
¶江人，江表(千姫(兵庫県))，コン，女史，全戦，徳将(天樹院　てんじゅいん)，山小([生]1597年4月11日 [没]1666年2月6日)

セン兵衛*　せんびょうえ
生没年不詳　安土桃山時代の織田信長の家臣。
¶織田

善兵衛(1)　ぜんひょうえ
安土桃山時代の信濃国筑摩郡生野の土豪。塔原海野氏の被官とみられる。
¶武田(生没年不詳)

善兵衛(2)　ぜんひょうえ
安土桃山時代の信濃国筑摩郡青柳の土豪。麻績氏の被官とみられる。
¶武田(生没年不詳)

仙婦　せんふ★
江戸時代後期の女性。俳諧。伊達郡富野村舟生の人。寛政6年序、一無庵丈左編『狭名辺墳集』に載る。
¶江表(仙婦(福島県))

洗風　せんふう★
江戸時代中期の女性。俳諧。武蔵神奈川宿の人。安永8年刊、万葉庵潮花楼社中撰、歳旦歳暮帖『金川文藻』に載る。
¶江表(洗風(神奈川県))

仙風*　せんぷう
安永4(1775)年～？　江戸時代末期の俳人。
¶俳文

善福*　ぜんぷく
生没年不詳　平安時代前期の悪僧。
¶古人

千福式部少輔*　せんぷくしきぶのしょう
生没年不詳　安土桃山時代の織田信長の家臣。
¶織田

千福遠江守*　せんぷくとおとうみのかみ
生没年不詳　安土桃山時代の織田信長の家臣。
¶織田

千福又三郎*　せんぷくまたさぶろう
生没年不詳　安土桃山時代の織田信長の家臣。
¶織田

千畝　せんぼ
江戸時代後期～大正時代の俳諧師。
¶俳文([生]天保10(1839)年　[没]大正9(1920)年1月8日)

せ

善報　ぜんぽう
奈良時代の僧、東大寺三綱上座大法師。
¶古人（生没年不詳）

善法寺成清*　ぜんぽうじじょうせい
保安3（1122）年～正治1（1199）年　鎌倉時代前期の僧。
¶古人

善法寺祐清*　ぜんぽうじゆうせい
？～承久3（1221）年　鎌倉時代前期の僧。
¶古人

千本義定*　せんぼんよしさだ
永禄8（1565）年～元和9（1623）年　安土桃山時代～江戸時代前期の地方豪族・土豪。
¶徳人

千幡　せんまん
⇒源実朝（みなもとのさねとも）

千満*　せんまん
？～天元4（981）年　平安時代中期の多武峯検校。
¶古人

仙命*　せんみょう
長和3（1014）年～永長1（1096）年　平安時代中期～後期の天台宗の僧。
¶古人

暹明*　せんみょう
生没年不詳　平安時代後期の仏師。
¶古人, 美建

善明尼　ぜんみょうに★
江戸時代末期の女性。和歌。江戸前期の歌人木下長嘯子の孫といわれる。文久2年刊、西田惟恒編『近世三十六人撰』などに入集。
¶江表（善明尼（神奈川県））

千本福隆　せんもとよしたか
嘉永7（1854）年5月24日～大正7（1918）年10月30日　[別]千本福隆（せんぼんよしたか）　江戸時代末期～大正時代の科学教育家。
¶科学, 数学（せんぼんよしたか）

善哉　ぜんや
⇒公暁（くぎょう）

銭屋宗訥　せんやそうとつ
⇒銭屋宗訥（ぜにやそうとつ）

禅愉*　ぜんゆ
生没年不詳　平安時代中期の天台宗延暦寺僧。
¶古人

扇遊　せんゆう★
江戸時代後期の女性。俳諧。文政7年刊、十方庵画山編『笠の露』に載る。
¶江表（扇遊（佐賀県））

善祐*　ぜんゆう
生没年不詳　平安時代前期の僧。
¶古人

禅祐　ぜんゆう
戦国時代の武田氏の家臣。
¶武田（生没年不詳）

善祐母*　ぜんゆうのはは
生没年不詳　平安時代前期の歌人。
¶古人

仙遊楼若女・若女　せんゆうろうじゃくじょ★
江戸時代後期の女性。狂歌。文政4年刊、六樹園編、景山亭零余子追善集『草のはら』に載る。
¶江表（仙遊楼若女・若女（東京都））

専誉*　せんよ
享禄3（1530）年～慶長9（1604）年　戦国時代～安土桃山時代の新義真言宗の学僧。真言宗豊山派の開祖。
¶思想

銑輿　せんよ
江戸時代中期の女性。俳諧。宝暦6年、宮崎如銑編『俳諧たま尽し』に少女として載る。
¶江表（銑輿（東京都））

禅予*　ぜんよ
宝徳2（1450）年～明応3（1494）年1月14日　室町時代～戦国時代の社僧・連歌作者。
¶俳文（[生]？）

禅誉*　ぜんよ
康平1（1058）年～大治1（1126）年3月17日　平安時代後期の真言宗の僧。
¶古人

宣庸院　せんよういん
江戸時代後期の女性。和歌。森川右衛門章尹の娘。
¶江表（宣庸院（山形県）　[没]寛政6（1794）年）

宣陽門院*　せんようもんいん
養和1（1181）年10月5日～建長4（1252）年6月8日　[別]覲子内親王（あきこないしんのう，きんしないしんのう）　平安時代後期～鎌倉時代前期の女性。後白河法皇の皇女。
¶古人（覲子内親王　あきこないしんのう）, コン, 女史, 天皇

善鸞*　ぜんらん
[別]慈信房（じしんぼう）　鎌倉時代後期の真宗の僧。親鸞の実子。
¶コン（[生]承元4（1210）年　[没]正応5（1292）年）, 思想（生没年不詳）, 中世（[生]1212年　[没]？）

仙俚　せんり★
江戸時代中期の女性。俳諧。美濃長良の各務支考門の嘯鳥舎林有琴の妻。元文1年刊、有琴編『父の道』に載る。
¶江表（仙俚（岐阜県））

千里　せんり★
江戸時代後期の女性。俳諧。寛政6年刊、蓬莢軒園女撰『俳諧百千鳥』に「雨晴て苗代水のぬるみかな」など3句が載る。
¶江表（千里（群馬県））

千里（油屋）　せんり
⇒苗村千里（なえむらちり）

扇離　せんり★
江戸時代中期の女性。俳諧。駿河の人。宝暦13年序、雪瓜園耳得編『芙蓉文集』に載る。
¶江表（扇離（静岡県））

千利休　せんりきゅう
⇒千利休（せんのりきゅう）

泉里女　せんりじょ★
江戸時代後期の女性。俳諧。福島の人。嘉永5年編、桑光の「南角追悼摺」に載る。

¶江表(泉里女(福島県))

川里尼 せんりに★
江戸時代後期の女性。俳諧。伊豆の尼。寛政3年刊、牡丹庵阿人・鳥過庵千布編『雪幸集』に載る。
¶江表(川里尼(静岡県))

川柳〔1代〕 せんりゅう
⇒柄井川柳(からいせんりゅう)

川柳〔2代〕* せんりゅう
宝暦9(1759)年～文政1(1818)年 江戸時代中期～後期の川柳作家。
¶俳文(——〔2世〕 [没]文政1(1818)年10月17日)

川柳〔3代〕* せんりゅう
安永5(1776)年～文政10(1827)年 江戸時代中期～後期の川柳作家。
¶俳文(——〔3世〕 [生]安永5(1772)年 [没]文政10(1827)年6月2日)

川柳〔4代〕* せんりゅう
安永7(1778)年～天保15(1844)年 [別]人見周助(ひとみしゅうすけ),眠亭賤丸(みんていせんがん) 江戸時代後期の川柳点者。
¶徳人(人見周助 ひとみしゅうすけ),俳文(——〔4世〕 [没]弘化1(1844)年2月5日)

川柳〔5代〕* せんりゅう
天明7(1787)年～安政5(1858)年 江戸時代後期の川柳点者。
¶俳文(——〔5世〕 [没]安政5(1858)年8月16日)

川柳〔6代〕* せんりゅう
文化11(1814)年～明治15(1882)年 江戸時代後期～明治時代の川柳点者。
¶俳文(——〔6世〕 [没]明治15(1882)年6月15日)

川柳〔7代〕* せんりゅう
文政8(1825)年～明治24(1891)年 江戸時代後期～明治時代の川柳点者。
¶俳文(——〔7世〕 [没]明治24(1891)年9月5日)

川柳〔8代〕* せんりゅう
文政3(1820)年～明治25(1892)年 江戸時代後期～明治時代の川柳点者。
¶俳文(——〔8世〕 [生]文政2(1819)年 [没]明治25(1892)年10月1日)

川柳〔9代〕 せんりゅう
江戸時代後期～明治時代の雑俳川柳点者。
¶俳文(——〔9世〕 [生]天保6(1835)年 [没]明治37(1904)年4月11日)

川柳〔10代〕 せんりゅう
江戸時代後期～昭和時代の雑俳川柳点者。
¶俳文(——〔10世〕 [生]嘉永2(1849)年 [没]昭和3(1928)年8月11日)

扇涼 せんりょう★
江戸時代中期の女性。俳諧。石見日貫の人。安永2年刊、大山烏仙編『筆柿集』に載る。
¶江表(扇涼(島根県))

沾涼(沾凉) せんりょう
⇒菊岡沾涼(きくおかせんりょう)

詮量院 せんりょういん
江戸時代後期の徳川家慶の八男。
¶徳将([生]1829年 [没]1830年)

千林 せんりん★
江戸時代中期の女性。俳諧。越中の人。享保4年刊、中川文露編『花林燭』に載る。
¶江表(千林(富山県))

禅林寺僧正 ぜんりんじそうじょう
⇒宗叡(しゅうえい)

禅林寺僧正 ぜんりんじのそうじょう
⇒宗叡(しゅうえい)

禅林寺僧都 ぜんりんじのそうず
⇒真紹(しんじょう)

千林尼* せんりんに
*～明治2(1869)年 江戸時代末期の女性。尼僧。
¶江表(千林尼(山口県)),幕末([生]文化3(1806)年 [没]明治2(1869)年5月12日)

全蓮 ぜんれん
平安時代後期の僧。平家方の悪僧。
¶平家(生没年不詳)

千廉女 せんれんじょ★
江戸時代後期の女性。和歌。阿原氏。嘉永5年刊、本居内遠編『五十鈴川』に載る。
¶江表(千廉女(滋賀県))

千鹿* せんろく
天和2(1682)年～? 江戸時代前期～中期の俳人。
¶俳文

善六 ぜんろく
戦国時代の甲斐国巨摩郡中下条の番匠大工職人。
¶武田(生没年不詳)

【そ】

祖阿*(1) そあ
生没年不詳 室町時代の遣明船の正使。足利義満の側近。
¶コン,対外,中世,内乱,山小

祖阿(2) そあ
室町時代の連歌師。室町幕府同朋衆か。
¶俳文(生没年不詳)

素阿* そあ
南北朝時代の連歌師。
¶俳文(生没年不詳)

素意* そい
?～寛治8(1094)年 平安時代後期の歌人。
¶古人

蘇因高 そいんこう
⇒小野妹子(おののいもこ)

左右 そう
江戸時代後期の女性。俳諧。相模小田原の人。文政1年刊、六花苑嵐窓編『蛍雪集』に載る。
¶江表(左右(神奈川県))

相阿* そうあ
生没年不詳 南北朝時代～室町時代の連歌師。
¶俳文

相阿弥*　そうあみ
？～大永5(1525)年　[別]真相(しんそう)　戦国時代の足利将軍家の同朋。
¶後北(真相〔相阿弥〕　さねすけ),コン,中世,美画([没]大永5(1525)年10月27日),山小

増阿弥*(1)　ぞうあみ
生没年不詳　[別]増阿弥久次(ぞうあみひさつぐ)　南北朝時代～室町時代の能面師。
¶美工(増阿弥久次　ぞうあみひさつぐ)

増阿弥*(2)　ぞうあみ
生没年不詳　[別]増阿弥久次(ぞうあみひさつぐ)　戦国時代の田楽の役者。田楽新座の喜阿弥の後継者。
¶コン,新能

増阿弥(3)　ぞうあみ
戦国時代～安土桃山時代の北条氏康の家臣。氏康隠居後の奉者。
¶後北

増阿弥久次(1)　ぞうあみひさつぐ
⇒増阿弥(ぞうあみ)

増阿弥久次(2)　ぞうあみひさつぐ
⇒増阿弥(ぞうあみ)

宗安*　そうあん
生没年不詳　戦国時代の連歌作者。
¶俳文

草庵恵中　そうあんえちゅう
⇒恵中(えちゅう)

宗伊*　そうい
応永25(1418)年～文明17(1485)年　[別]杉原宗伊(すぎはらそうい)　室町時代の武士、歌人、連歌師。
¶俳文([没]文明17(1485)年11月28日)

宗意*　そうい
承保1(1074)年～久安4(1148)年　[別]宗意(しゅうい)　平安時代後期の僧。真言宗安祥寺流の祖。
¶コン

総一検校*　そういちけんぎょう
？～寛正3(1462)年　[別]竹永検校(たけながけんぎょう)　室町時代の一方流の琵琶法師。
¶コン(生没年不詳)

宗因　そういん
⇒西山宗因(にしやまそういん)

双烏*　そうう
安永3(1774)年～嘉永2(1849)年閏4月6日　江戸時代中期～後期の俳人。
¶俳文

草雨　そうう★
江戸時代後期の女性。俳諧。母袋氏か。享和1年跋、虎杖編『つきよほとけ』に載る。
¶江表(草雨(長野県))

宗雲*　そううん
生没年不詳　平安時代後期の僧。
¶古人

早雲庵宗瑞　そううんあんそうずい
⇒北条早雲(ほうじょうそううん)

掃雲院　そううんいん★
江戸時代前期～中期の女性。寺院建立。近江彦根藩2代藩主井伊直孝の娘。
¶江表(掃雲院(東京都)　[生]元和1(1615)年　[没]元禄6(1693)年)

宗恵*　そうえ
[別]宗恵(そうけい)　江戸時代前期の歌人。
¶俳文(そうけい　生没年不詳)

宗栄　そうえい
⇒宗栄女王(そうえいじょおう)

宗栄女王*　そうえいじょおう
万治1(1658)年～享保6(1721)年　[別]宗栄(そうえい),宗栄女王(そうえいにょおう)　江戸時代前期～中期の女性。後西天皇の第3皇女。
¶江表(宗栄(京都府)),天皇(宗栄　そうえい　[生]万治1(1658)年10月17日　[没]享保6(1721)年3月8日)

宗栄女王　そうえいにょおう
⇒宗栄女王(そうえいじょおう)

宗益　そうえき
⇒宗哲(そうてつ)

宗悦*(1)　そうえつ
安土桃山時代の武将。後北条氏家臣。
¶後北

宗悦(2)　そうえつ
⇒怡渓宗悦(いけいそうえつ)

宗右衛門　そうえもん
安土桃山時代の信濃国安曇郡の土豪。仁科氏の被官とみられる。
¶武田(生没年不詳)

惣右衛門尉　そうえもんのじょう
安土桃山時代の人。信濃国木曽郡須原郷の定勝寺の大工職人か。
¶武田(生没年不詳)

宗円*(1)　そうえん
生没年不詳　平安時代後期の僧。藤原兼房の子。
¶古人

宗円*(2)　そうえん
永暦1(1160)年～？　平安時代後期～鎌倉時代前期の僧侶・歌人。
¶古人

宗円*(3)　そうえん
生没年不詳　江戸時代前期の俳人。
¶俳文

宗園　そうえん
⇒春屋宗園(しゅんおくそうえん)

宗延*　そうえん
生没年不詳　平安時代後期の延暦寺僧。
¶古人

宗淵　そうえん
⇒如水宗淵(じょすいそうえん)

総円志玉　そうえんしぎょく
⇒志玉(しぎょく)

相応*　そうおう
天長8(831)年～延喜18(918)年11月3日　平安時代前期～中期の天台宗の僧。天台修験の開祖。

¶古人, 古代, コン

相応院 そうおういん
⇒お亀の方（おかめのかた）

相応内所* そうおうないしょ
生没年不詳　㊙相応内所（そうおうのないしょ）
江戸時代中期〜後期の女性。狂歌師。
¶江表（相応内所・相応内所（東京都））

相応内所 そうおうのないしょ
⇒相応内所（そうおうないしょ）

宋屋 そうおく
⇒望月宋屋（もちづきそうおく）

宗園 そうおん
⇒春屋宗園（しゅんおくそうえん）

繪花 そうか*
江戸時代の女性。漢詩。小島氏。明治13年刊、水
上珍亮編『日本閨媛吟藻』下に載る。
¶江表（繪花（京都府））

増賀* ぞうが, そうが
延喜17（917）年〜長保5（1003）年6月9日　平安時
代中期の天台宗の僧。橘恒平の子。
¶古人（ぞ（そ）うが）, コン, 思想

宗覚* ⑴　そうかく
嘉保1（1094）年〜元暦1（1184）年　平安時代後期
の法相宗の僧。
¶古人

宗覚* ⑵　そうかく
寛永16（1639）年〜享保5（1720）年3月8日　江戸時
代前期〜中期の真言宗の僧。
¶地理

増覚 ⑴　ぞうかく
平安時代中期の興福寺律師。日野有信の子。
¶古人（生没年不詳）

増覚* ⑵　ぞうかく
康平2（1059）年〜保安2（1121）年5月28日　平安時
代後期の天台宗の僧・歌人。
¶古人（㊕1060年？　㊙1122年）

宗覚禅師 そうかくぜんじ
⇒兀庵普寧（ごったんふねい）

寒川大海* そうがわたいかい
文化11（1828）年〜明治26（1893）年　江戸時代末
期〜明治時代の神官。製糸法改善、養蚕奨励に尽
力。神社復興に尽くす。
¶幕末（㊕文政11（1829）年12月21日　㊙明治26（1893）
年10月11日）

曽小川久郷 そうかわひささと
江戸時代後期〜明治時代の佐土原藩士。佐土原藩
主島津忠寛の重臣。
¶全幕（㊕文政11（1828）年　㊙明治8（1875）年）

宗鑑 そうかん
⇒山崎宗鑑（やまざきそうかん）

宗玩 そうがん
⇒江月宗玩（こうげつそうがん）

宗祇* そうぎ
応永28（1421）年〜文亀2（1502）年　㊙飯尾宗祇
（いいおそうぎ, いのおそうぎ）　室町時代〜戦国
時代の連歌師。正風連歌を大成。諸国を遍歴し歌

を詠む。歌集に「新撰菟玖波集」がある。
¶コン（飯尾宗祇　いいおそうぎ）, 詩作（㊙文亀2（1502）
年7月30日）, 思想, 全戦（飯尾宗祇　いいおそうぎ）, 中
世（㊕1422年）, 内乱（飯尾宗祇　いのおそうぎ）, 日文,
俳文（㊙文亀2（1502）年7月30日）, 室町, 山小（㊙1502
年7月30日）

増基* ぞうき
生没年不詳　㊙増基法師（ぞうきほうし）　平安時
代中期の僧、歌人。中古歌仙三十六人の一人。
¶古人, 詩作（増基法師　ぞうきほうし）, 日文

宗吉兵衛* そうきちべえ
？〜天保5（1834）年　江戸時代後期の筑後柳河藩大
工頭。
¶美建（㊙天保5（1834）年7月8日）

増基法師 ぞうきほうし
⇒増基（ぞうき）

宗久* ⑴　そうきゅう
慶長17（1612）年9月16日〜元禄7（1694）年閏5月16
日　江戸時代前期〜中期の連歌作者・俳人。
¶俳文

宗久 ⑵　そうきゅう
⇒今井宗久（いまいそうきゅう）

宗休 そうきゅう
⇒大休宗休（だいきゅうそうきゅう）

蒼虬 そうきゅう
⇒成田蒼虬（なりたそうきゅう）

宗及 そうぎゅう
⇒津田宗及（つだそうきゅう）

蔵丘 ぞうきゅう
⇒岳翁蔵丘（がくおうぞうきゅう）

宗居* そうきょ
生没年不詳　江戸時代中期の俳人。
¶俳文

宗恭 そうきょう
⇒宗恭女王（そうきょうじょおう）

宗恭女王* そうきょうじょおう
明和6（1769）年〜文政4（1821）年　㊙宗恭（そう
きょう）, 宗恭女王（そうきょうにょおう）　江戸
時代後期の女性。閑院宮典仁親王の第2王女。
¶江表（宗恭（京都府））, 天皇（宗恭　そうきょう　㊕明
和6（1769）年12月18日　㊙文政4（1821）年11月19日）

宗恭女王 そうきょうにょおう
⇒宗恭女王（そうきょうじょおう）

痩玉* そうぎょく
弘化3（1846）年5月〜明治11（1878）年10月28日
江戸時代末期〜明治時代の漢詩人。蘭の墨絵をよ
くし歌の才にもすぐれる。
¶江表（痩玉（福島県））

葱玉 そうぎょく
江戸時代末期〜明治時代の俳諧作者。
¶俳文（㊕？　㊙明治2（1869）年4月12日）

宗金* （宋金）　そうきん
？〜享徳3（1454）年8月　室町時代の博多商人。朝
鮮との通交貿易に活躍。
¶コン（生没年不詳）, 対外, 室町

承均　**そうく**
⇒承均（しょうきん）

宗勲　**そうくん**
⇒武田国信（たけだくにのぶ）

宗薫　**そうくん**
⇒今井宗薫（いまいそうくん）

宗恵　**そうけい**
⇒宗恵（そうえ）

宗慶＊(1)　**そうけい**
生没年不詳　鎌倉時代前期の慶派仏師。
¶美建

宗慶＊(2)　**そうけい**
天文5（1536）年～？　[別]田中宗慶（たなかそうけい）　戦国時代の陶工。
¶美工（田中宗慶　たなかそうけい　生没年不詳）

宗慶(3)　**そうけい**
⇒飴也（あめや）

宗慶(4)　**そうけい**
⇒沢村長十郎〔1代〕（さわむらちょうじゅうろう）

宗継　**そうけい**
⇒小栗宗継（おぐりそうけい）

増慶＊　**ぞうけい**
？～延長3（925）年　平安時代前期～中期の僧。
¶古人

相月　**そうげつ**★
江戸時代後期の女性。和歌。彦根藩藩士藤田隼人の母。嘉永4年刊、長沢伴雄編『類題鴨川三郎集』に載る。
¶江表（相月（滋賀県））

宗賢＊(1)　**そうけん**
？～寿永3/元暦1（1184）年　[別]宗賢（しゅうけん）　平安時代後期の真言宗の僧。
¶コン

宗賢＊(2)　**そうけん**
生没年不詳　江戸時代前期の俳人。
¶俳文

宗沅　**そうげん**
⇒南江宗沅（なんこうそうげん）

宗源　**そうげん**
⇒双峰宗源（そうほうそうげん）

相源＊　**そうげん**
生没年不詳　平安時代後期の天台僧。
¶古人

増賢＊　**ぞうけん**
延久2（1070）年～元永1（1118）年　平安時代後期の天台宗寺門派の僧。
¶古人

崇源院　**そうげんいん**
⇒崇源院（すうげんいん）

曹源院　**そうげんいん**★
江戸時代前期の女性。書簡。薩摩藩藩士伊勢貞豊の娘。
¶江表（曹源院（鹿児島県）　[生]元和2（1616）年　[没]万治1（1658）年）

総見院殿　**そうけんいんどの**
⇒織田信長（おだのぶなが）

宗賢の母　**そうけんのはは**★
江戸時代後期の女性。俳諧。和泉堺の人。天保3年刊、守村鶯卿編『女百人一句』に載る。
¶江表（宗賢の母（大阪府））

桑古　**そうこ**
⇒天野桑古（あまのそうこ）

宗胡　**そうこ**
⇒月舟宗胡（げっしゅうそうこ）

宗子　**そうこ**★
江戸時代の女性。和歌。高木氏。明治29年刊、今泉蟹守編「西肥女房百歌撰」に載る。
¶江表（宗子（佐賀県））

操子(1)　**そうこ**★
江戸時代末期の女性。和歌。豊前小倉藩藩士西田直養の娘。万延1年序、物集高世編『類題春草集』に載る。
¶江表（操子（福岡県））

操子(2)　**そうこ**★
江戸時代末期～明治時代の女性。和歌。蓮池藩主鍋島直紀の妻。明治29年刊、今泉蟹守編「西肥女房百歌撰」に載る。
¶江表（操子（佐賀県））

蒼狐　**そうこ**
⇒小菅蒼狐（こすげそうこ）

宗巧　**そうこう**
⇒寺井賢仲（てらいかたなか）

増恒＊　**ぞうこう**
昌泰1（898）年～天延3（975）年　平安時代前期～中期の天台宗延暦寺僧。
¶古人

宗厳＊　**そうごん**
天喜4（1056）年～元永2（1119）年　平安時代後期の天台宗の僧。
¶古人

宗左衛門(1)　**そうざえもん**
安土桃山時代の信濃国筑摩郡会田の土豪。会田岩下氏の被官とみられる。
¶武田（生没年不詳）

宗左衛門(2)　**そうざえもん**
安土桃山時代の信濃国筑摩郡刈谷原の土豪。会田岩下氏の被官とみられる。
¶武田（生没年不詳）

惣左衛門＊(1)　**そうざえもん**
生没年不詳　戦国時代の番匠。
¶後北

惣左衛門(2)　**そうざえもん**
戦国時代～安土桃山時代の矢作細工職人頭。若神子郷に居住。
¶武田（生没年不詳）

宗作＊　**そうさく**
生没年不詳　戦国時代の連歌作者・歌人。
¶俳文

匝嵯蔵人佑＊　**そうさくらんどのすけ**
戦国時代の武士。後北条氏家臣。

¶後北（蔵人佑〔匠嵯〕 くろうどのすけ）

宗貞国* そうさだくに
応永29（1422）年～明応3（1494）年　室町時代～戦国時代の武将、対馬守護。
¶コン、全戦、対外（生没年不詳）、室町

宗貞茂 そうさだしげ
？～応永25（1418）年4月　室町時代の武将、対馬守護。
¶コン（生没年不詳）、対外、中世、内乱、山小（㊥1418年4月）

宗貞盛* そうさだもり
*～享徳1（1452）年　室町時代の武将、対馬守護。
¶コン（㊀元中2/至徳2（1385）年）、対外（㊐？）、中世（㊀1385年？）、内乱（㊐？）、室町（㊐？）、山小（㊐？）（㊥1452年6月22日）

匝瑳信利* そうさのぶとし
生没年不詳　戦国時代の北条氏の家臣。
¶後北（信利〔匠嵯〕　のぶとし）

蒼山 そうざん
⇒遠藤蒼山（えんどうそうざん）

宗三衛門 (1)　そうさんえもん
安土桃山時代の信濃国筑摩郡会田の土豪。会田岩下氏の被官とみられる。
¶武田（生没年不詳）

宗三衛門 (2)　そうさんえもん
安土桃山時代の信濃国筑摩郡刈谷原の土豪。会田岩下氏の被官とみられる。
¶武田（生没年不詳）

蔵山順空* ぞうざんじゅんくう．そうさんじゅんくう
貞永2（1233）年1月1日～徳治3（1308）年5月9日　㊗順空（じゅんくう）　鎌倉時代後期の臨済宗の僧。聖一派下の永明門派の祖。
¶コン（ぞうさんじゅんくう　㊀天福1（1233）年　㊥慶1（1308）年）、対外

宗讃の妻 そうさんのつま*
江戸時代中期の女性。和歌。元禄7年刊、戸田茂睡編『不求橋梨本隠家勧進百首』に載る。
¶江表（宗讃の妻（東京都））

宋紫岩* そうしがん
？～宝暦10（1760）年　江戸時代中期の来日した清の画家。
¶美画（㊥宝暦10（1760）年7月3日）

宗重正* そうしげまさ
弘化4（1847）年～明治35（1902）年5月25日　㊗宗義達（そうよしあき、そうよしあきら）　江戸時代末期～明治時代の官僚、伯爵、外務大丞。新政府より朝鮮との外交を委任されて、厳原藩知事を歴任。
¶コン、コン（宗義達　そうよしあきら）、全幕（宗義達　そうよしあきら（よしあき））、幕末（宗義達　そうよしあきら　㊀弘化4（1847）年11月6日）

操子女王* そうしじょおう
嘉祥3（850）年～？　㊗操子女王（あやこじょおう）　平安時代前期の女性。忠良親王の王女。
¶古人（あやこじょおう）

荘子女王* そうしじょおう
延長8（930）年～寛弘5（1008）年　㊗荘子女王（しょうしじょおう、そうしにょおう、たかこじょおう）　平安時代中期の女性。村上天皇の妃。

¶古人（たかこじょおう）、コン（そうしにょおう）、天皇（しょうしじょおう・たかこじょおう　㊀承平1（931）年　㊥寛弘5（1008）年7月16日）

宋紫石* そうしせき
正徳5（1715）年～天明6（1786）年　㊗楠本雪渓（くすもとせっけい）　江戸時代中期の南蘋派の画家。
¶江人、コン（㊀正徳2（1712）年　㊥天明6（1786年/1774年/1780）年）、美画（㊥天明6（1786）年3月11日）

宗実 そうじつ
平安時代後期～鎌倉時代前期の僧。勧修寺あるいは醍醐寺の画技に優れた僧。
¶密教（㊀1186年以前　㊥1213年以後）

相実* そうじつ
寛治2（1088）年～永万1（1165）年7月7日　㊗相実（しょうじつ）　平安時代後期の天台宗の僧。
¶古人（しょうじつ）

増実* ぞうじつ
？～大治1（1126）年　平安時代後期の延暦寺僧。
¶古人

惇子内親王* そうしないしんのう
康和1（1099）年～応保2（1162）年　㊗惇子内親王（やすこないしんのう）　平安時代後期の女性。堀河天皇の皇女。
¶古人（やすこないしんのう　㊀1109年）、天皇（㊀承徳2（1098）年　㊥応保2（1162）年11月3日）

宗子内親王* (1)　そうしないしんのう
？～仁寿4（854）年　㊗宗子内親王（むねこないしんのう）　平安時代前期の女性。嵯峨天皇の皇女。
¶古人（むねこないしんのう）

宗子内親王* (2)　そうしないしんのう
康保1（964）年～寛和2（986）年　㊗宗子内親王（むねこないしんのう）　平安時代中期の女性。冷泉天皇の皇女。
¶古人（むねこないしんのう）、天皇（そうしないしんのう・むねこないしんのう）、天皇（そうしないしんのう・むねこないしんのう　㊀康保1（964）年10月19日　㊥寛和2（986）年7月21日）

綜子内親王 そうしないしんのう
⇒月華門院（げっかもんいん）

聡子内親王* そうしないしんのう
永承5（1050）年～天承1（1131）年　㊗聡子内親王（としこないしんのう）　平安時代中期～後期の女性。後三条天皇の第1皇女。
¶古人（としこないしんのう）、天皇（㊥天承1（1131）年9月4日）

荘子女王 そうしにょおう
⇒荘子女王（そうしじょおう）

増守* ぞうしゅ
生没年不詳　平安時代中期の天台僧。
¶古人

宗周* そうしゅう
生没年不詳　戦国時代の連歌師。
¶俳文

曽秋 そうしゅう
江戸時代中期～後期の俳諧作者。
¶俳文（㊀宝暦8（1758）年　㊥文化12（1815）年10月27日）

相州　そうしゅう*
江戸時代中期の女性。俳諧。新吉原の遊女。享保9年刊、菊田有隣編『芭蕉盥』に載る。
¶江表（相州（東京都））

蔵秀　ぞうしゅう
平安時代後期〜鎌倉時代前期の僧。法琳寺別当（大元阿闍梨）。
¶密教（[生]1171年　[没]1221年以後）

相州貞宗　そうしゅうさだむね
⇒貞宗（さだむね）

相州正宗　そうしゅうまさむね
⇒正宗（まさむね）

総州屋与兵衛　そうしゅうやよへえ
江戸時代後期の版元。
¶浮絵

桑樹尼　そうじゅに*
江戸時代末期〜明治時代の女性。和歌。歌人中西為子の叔母。明治3年歌会の記録「首夏風」に名が見える。
¶江表（桑樹尼（兵庫県））

宗樹尼　そうじゅに*
江戸時代中期の女性。和歌。正法寺の山田氏の娘。明治29年刊、今泉蟹守編「西肥女房百歌撰」に載る。
¶江表（宗樹尼（佐賀県））

宗春（1）　**そうしゅん**
戦国時代の武田氏の家臣。
¶武田（生没年不詳）

宗春（2）　**そうしゅん**
⇒西山宗春（にしやまそうしゅん）

宗舜　そうしゅん
⇒日峰宗舜（にっぽうそうしゅん）

僧濬　そうしゅん
⇒鳳潭（ほうたん）

宗純　そうじゅん
⇒一休宗純（いっきゅうそうじゅん）

増俊*　ぞうしゅん
応徳1（1084）年〜永万1（1165）年　平安時代後期の僧。真言宗随心院流の祖。
¶古人，密教（[生]1084年/1086年　[没]1165年2月11日/9日）

蔵俊*　ぞうしゅん
長治1（1104）年〜治承4（1180）年9月27日　平安時代後期の興福寺法相宗の学僧。
¶古人（[生]1103年），コン（生没年不詳）

宗諄女王*　そうじゅんじょおう
*〜明治23（1890）年　江戸時代末期〜明治時代の尼僧、霊鑑寺権大教正。紫衣を勅許。
¶天皇（[生]文化13（1816）年11月27日　[没]明治23（1890）年6月13日）

曽女　そうじょ*
江戸時代中期の女性。俳諧。筑前下浦の人。享保14年序、藪家散人兎城撰『門鳴子』に載る。
¶江表（曽女（福岡県））

宗昭　そうしょう
⇒覚如（かくにょ）

宗性*　そうしょう
建仁2（1202）年〜弘安1（1278）年6月8日　[別]宗性（しゅうしょう）　鎌倉時代後期の学僧。東大寺華厳宗の代表者、藤原隆兼の子。
¶コン，思想，中世（しゅうしょう　[没]1292年）

宗清　そうしょう
⇒田中宗清（たなかそうせい）

宗条　そうじょう
⇒玉堂宗条（ぎょくどうそうじょう）

宗静　そうじょう
⇒土橋宗静（つちはしそうじょう）

層城　そうじょう
⇒富士谷成章（ふじたになりあきら）

双松軒　そうしょうけん
⇒中山富三郎〔2代〕（なかやまとみさぶろう）

僧正遍昭（僧正遍照）　**そうじょうへんじょう**
⇒遍昭（へんじょう）

宗四郎*　そうしろう
生没年不詳　安土桃山時代の土風炉師。
¶美工

宗二郎（1）　**そうじろう**
安土桃山時代の信濃国安曇郡の土豪。仁科氏の被官とみられる。
¶武田（生没年不詳）

宗二郎（2）　**そうじろう**
安土桃山時代の信濃国筑摩郡小立野の土豪。日岐氏の被官とみられる。
¶武田（生没年不詳）

惣二郎　そうじろう
戦国時代の信濃小県郡の国衆小泉氏の被官。
¶武田（生没年不詳）

宗信*　そうしん
生没年不詳　江戸時代前期の俳人。
¶俳文

宗深　そうしん，そうじん
⇒雪江宗深（せっこうそうしん）

宗真　そうしん
⇒太源宗真（たいげんそうしん）

宗訊*　そうじん
文明15（1483）年〜？　江戸時代中期の連歌師。
¶俳文

宗真女王*　そうしんじょおう
正徳5（1715）年〜宝暦13（1763）年　[別]宗真女王（そうしんにょおう）　江戸時代中期の女性。伏見宮邦水親王の第5王女。
¶江表（宗真（京都府））

宗真女王　そうしんにょおう
⇒宗真女王（そうしんじょおう）

宗瑞（1）　**そうずい**
⇒北条早雲（ほうじょうそううん）

宗瑞（2）（――〔1代〕）　**そうずい**
⇒中川宗瑞（なかがわそうずい）

宗瑞〔2代〕*　そうずい
享保6（1721）年〜明和9（1772）年8月9日　[別]広岡

宗瑞(ひろおかそうずい) 江戸時代中期の俳人。
¶俳文(——〔2世〕 [生]? [没]安永1(1772)年8月9日)

宗助(1) **そうすけ**
安土桃山時代の信濃国筑摩郡生野の土豪。塔原海野氏の被官とみられる。
¶武田(生没年不詳)

宗助*(2) **そうすけ**
?～文久3(1863)年 江戸時代末期の庄屋。
¶幕末([没]文久3(1863)年2月5日)

惣助 そうすけ
戦国時代の武田氏の家臣、諏方春芳軒の代官。
¶武田(生没年不詳)

宗助国*(宗資国) **そうすけくに**
?～文永11(1274)年 鎌倉時代前期の対馬国の武士。
¶コン,対外,中世(宗資国),内乱(宗資国 [生]承元1(1207)年?)

僧都証遍女 そうずしょうへんのむすめ
⇒左京大夫局(さきょうのだいぶのつぼね)

宋世 そうせい
⇒飛鳥井雅康(あすかいまさやす)

宗砌 そうぜい
⇒高山宗砌(たかやまそうぜい)

宗性春* そうせいしゅん
生没年不詳 室町時代の博多商人。
¶対外

宗碩* そうせき
文明6(1474)年～天文2(1533)年 戦国時代の連歌師。号は月村斎。連歌を飯尾宗祇に学ぶ。
¶コン,俳文([没]天文2(1533)年4月24日)

宗設* そうせつ
生没年不詳 [別]謙道宗設(けんどうそうせつ) 戦国時代の外交僧。
¶コン,対外(謙道宗設 けんどうそうせつ)

宗雪* そうせつ
生没年不詳 [別]俵屋宗雪(たわらやそうせつ) 江戸時代中期の画家。俵屋宗達の後継者。
¶美画(俵屋宗雪 たわらやそうせつ)

相説 そうせつ
⇒喜多川相説(きたがわそうせつ)

宗全 そうぜん
戦国時代の連歌師。永正ごろ。
¶俳文(生没年不詳)

増善* ぞうぜん
生没年不詳 平安時代後期の仏師。
¶古人,美建

増全* ぞうぜん
承和4(837)年～延喜6(906)年1月6日 平安時代前期～中期の天台宗の僧。
¶古人

曽占春* そうせんしゅん
宝暦8(1758)年～天保5(1834)年 [別]曽槃(そうはん),曽占春(そせんしゅん) 江戸時代中期～後期の本草学者。
¶科学([没]天保5(1834)年2月20日),コン(そせんしゅん),植物([没]天保5(1834)年2月20日)

宋素卿* そうそけい
?～大永5(1525)年 戦国時代の日明貿易家。
¶コン,思想

蔵尊 ぞうそん
鎌倉時代前期の上醍醐円光院の供僧。
¶密教([生]1208年以前 [没]1232年以後)

宗田運平* そうだうんぺい,そうたうんぺい
天明7(1787)年～? [別]宗田義晏(そうだよしやす) 江戸時代後期の和算家。
¶数学(宗田義晏 そうだよしやす [没]明治3(1870)年),幕末(そうたうんぺい [没]明治10(1877)年)

宗琢* そうたく
戦国時代～安土桃山時代の鎌倉の仏師。
¶後北(宗琢〔後藤(1)〕 [没]元亀2年),美建([生]文明17(1485)年 [没]元亀2(1571)年)

早田左衛門大郎*(早田左衛門太郎) **そうださえもんたろう**
生没年不詳 室町時代の倭寇の首領。
¶コン(早田左衛門太郎),対外

宗達 そうたつ
⇒俵屋宗達(たわらやそうたつ)

宗田義晏 そうだよしやす
⇒宗田運平(そうだうんぺい)

宗旦* そうたん
*～元禄6(1693)年9月17日 江戸時代前期の俳人(伊丹派)。
¶俳文([生]寛永13(1636)年)

宗湛 そうたん
⇒小栗宗湛(おぐりそうたん)

曽丹 そうたん
⇒曽禰好忠(そねのよしただ)

荘丹 そうたん
⇒高柳荘丹(たかやなぎそうたん)

増智* ぞうち
承暦2(1078)年～保延1(1135)年 平安時代後期の天台宗の僧。
¶古人

双竹 そうちく★
江戸時代後期の女性。俳諧。篠ノ井塩崎越の名主宮崎古慊の娘たけ。
¶江表(双竹(長野県))

宗仲* そうちゅう
生没年不詳 戦国時代の連歌作者。
¶俳文

宗長* そうちょう
文安5(1448)年～天文1(1532)年 [別]柴屋軒(さいおくけん),柴屋軒宗長(さいおくけんそうちょう),島田宗長(しまだそうちょう) 室町時代～戦国時代の連歌師。飯尾宗祇の弟子。
¶後北([没]享禄5年3月6日),コン(柴屋軒宗長 さいおくけんそうちょう),思想,全戦,中世,日文([没]享禄5(1532)年),俳文([没]享禄5(1532)年3月6日),山小([没]1532年3月6日)

双蝶 そうちょう★
江戸時代の女性。漢詩。鈴木氏。明治13年刊、水上珍亮編『日本閨媛吟藻』下に載る。
¶江表(双蝶(石川県))

そ

巣兆*　そうちょう
*～文化11(1814)年　㊊建部巣兆(たけべそうちょう，たてべそうちょう)　江戸時代後期の俳人。
¶詩作(建部巣兆　たけべそうちょう，たてべそうちょう　㊝宝暦11(1761)年)，俳文(㊝宝暦11(1761)年　㊛文化11(1814)年11月17日)

草鳥　そうちょう★
江戸時代後期の女性。俳諧。向村の人。文政1年成立、斎藤仙斧編、青羊追善集『陸硒葩』に載る。
¶江表(草鳥(山梨県))

双蝶女　そうちょうじょ★
江戸時代後期の女性。俳諧。備後本郷の人。文政9年刊『さくらあさ』に載る。
¶江表(双蝶女(広島県))

宗澄女王　そうちょうじょおう
⇒月江宗澄(げっこうそうちょう)

宗澄女王　そうちょうにょおう
⇒月江宗澄(げっこうそうちょう)

宗陳　そうちん
⇒古渓宗陳(こけいそうちん)

宗椿*　そうちん
生没年不詳　戦国時代の連歌師。
¶コン，俳文

増珍*　ぞうちん
長元9(1036)年～天仁2(1109)年　平安時代中期～後期の天台宗園城寺の僧。
¶古人

宗経茂*　そうつねしげ
生没年不詳　南北朝時代の武将。少弐氏の対馬守護代。
¶コン，対外，室町

宗貞*(1)　そうてい
生没年不詳　安土桃山時代の仏師。
¶美建

宗貞(2)　そうてい
江戸時代前期の俳諧師。延宝ごろ。
¶俳文(生没年不詳)

宗哲*　そうてつ
？～大永3(1523)年　㊊宗益(そうえき)　戦国時代の連歌師。
¶俳文(㊛大永3(1523)年10月25日)

宗伝*　そうでん
？～元和4(1618)年　㊊深海新太郎(ふかうみしんたろう)，深海宗伝(ふかみそうでん)　安土桃山時代～江戸時代前期の陶工、肥前深海氏の祖。
¶美工(深海宗伝　ふかみそうでん)

宗套　そうとう
⇒大林宗套(だいりんそうとう)

宗独の娘　そうどくのむすめ★
江戸時代前期の女性。俳諧。今井の今西正蔵宗独の娘。寛文11年刊、藤井周可撰『吉野山独案内』に載る。
¶江表(宗独の娘(奈良県))

宗知宗*　そうともむね
元暦1(1184)年～？　鎌倉時代前期の平知盛の三男。
¶コン

宗鈍　そうどん
⇒鉄山宗鈍(てっさんそうどん)

霜楠　そうなん★
江戸時代前期～中期の女性。俳諧。須賀川の廻米問屋藤井総右衛門の娘。
¶江表(霜楠(福島県)　㊝貞享3(1686)年　㊛享保1(1716)年)

宗忍*　そうにん
生没年不詳　戦国時代の連歌作者。
¶俳文

増仁*　ぞうにん，そうにん
鎌倉時代前期の土御門天皇の皇子。
¶天皇(そうにん　生没年不詳)

宗忍尼　そうにんに★
江戸時代中期の女性。和歌。本所浅沼住。元禄7年刊、戸田茂睡編『不求橋梨本隠家勧進百首』に載る。
¶江表(宗忍尼(東京都))

宗然　そうねん
⇒可翁宗然(かおうそうねん)

宗波*　そうは
生没年不詳　江戸時代中期の俳人。
¶俳文

宗坡*　そうは
生没年不詳　戦国時代の連歌作者。
¶俳文

草波　そうは★
江戸時代後期の女性。俳諧。石見十王堂の人。寛政4年刊、桃源庵化白編、化白耳順還暦祝吟集『わか姿集』に載る。
¶江表(草波(島根県))

宗伯*　そうはく
生没年不詳　安土桃山時代～江戸時代前期の陶工。
¶美工

宗白　そうはく
戦国時代の武田家の右筆。
¶武田(生没年不詳)

宗珀*　そうはく
生没年不詳　戦国時代の連歌作者。
¶俳文

そうは斎　そうはさい
安土桃山時代の仁科地域における伊勢御師の奏者。信濃国安曇郡の人。
¶武田(生没年不詳)

宗畔　そうはん
⇒馬淵宗畔(まぶちそうはん)

宗般*　そうはん
生没年不詳　室町時代の連歌師。
¶俳文

曽槃　そうはん
⇒曽占春(そうせんしゅん)

宗弼　そうひつ
⇒授翁宗弼(じゅおうそうひつ)

操姫　そうひめ★
江戸時代後期の女性。和歌。薩摩藩主島津斉宣

の娘。
¶江表(操姫(滋賀県)　[生]寛政7(1795)年　[没]天保5(1834)年)

宗兵衛(1)　**そうひょうえ**
安土桃山時代の信濃国筑摩郡会田の土豪。会田岩下氏の被官とみられる。
¶武田(生没年不詳)

宗兵衛(2)　**そうひょうえ**
安土桃山時代の信濃国筑摩郡刈谷原の土豪。会田岩下氏の被官とみられる。
¶武田(生没年不詳)

僧旻　**そうびん**
⇒旻(みん)

崇孚　**そうふ**
⇒太原崇孚(たいげんすうふ)

双布　**そうふ**★
江戸時代後期の女性。俳諧。御厨戸部の人。文化14年刊、宮本八朗編、加舎白雄27回忌追善集『なりかや』に載る。
¶江表(双布(長野県))

霜布　**そうふ**★
江戸時代後期の女性。俳諧。東・北信の人。文化4年刊、宮本虎杖編、加舎白雄17回忌追善集『いぬ榧集』に載る。
¶江表(霜布(長野県))

宗文　**そうぶん**
⇒明智政宣(あけちまさのぶ)

藻壁門院＊(藻璧門院)　**そうへきもんいん**
承元3(1209)年～天福1(1233)年　[別]藤原竴子(ふじわらしゅんし,ふじわらのしゅんし,ふじわらのそんし)　鎌倉時代前期の女性。後堀河天皇の皇后。
¶コン,女史(藻璧門院),天皇(藤原竴子　ふじわらのそんし)

藻壁門院少将＊(藻璧門院少将)　**そうへきもんいんのしょうしょう**
生没年不詳　鎌倉時代前期の女性。歌人。
¶コン

宗徧　**そうへん**
⇒山田宗徧(やまだそうへん)

宗遍　**そうへん**
⇒宗遍(しゅうへん)

宗彭　**そうほう**
⇒沢庵宗彭(たくあんそうほう)

双峰宗源　**そうほうしゅうげん**
⇒双峰宗源(そうほうそうげん)

双峰宗源＊(双峯宗源)　**そうほうそうげん**
弘長3(1263)年～建武2(1335)年　[別]宗源(しゅうげん,そうげん),双峰宗源(そうほうしゅうげん)　鎌倉時代後期の臨済宗の僧。桂昌門派の祖。
¶思想

宗峰妙超　**そうほうみょうちょう**
⇒宗峰妙超(しゅうほうみょうちょう)

宗牧　**そうぼく**
⇒谷宗牧(たにそうぼく)

相馬顕胤＊　**そうまあきたね**
永正5(1508)年～天文18(1549)年　戦国時代の武将。
¶全戦,室町

相馬主計＊　**そうまかずえ**
天保14(1843)年～？　[別]相馬肇(そうまはじめ)　江戸時代末期の新撰組隊士。
¶新隊,全幕([没]明治5(1872)年？),幕末

相馬作右衛門＊　**そうまさくえもん**
文政10(1827)年～明治15(1882)年　江戸時代末期～明治時代の新発田藩儒者。勤王を唱え、維新の際藩の去就問題に貢献。
¶幕末([没]明治15(1882)年11月)

相馬重胤＊　**そうましげたね**
鎌倉時代後期～南北朝時代の武将。師胤の子。
¶コン([生]？　[没]延元2/建武4(1337)年),室町([生]？　[没]建武3/延元1(1336)年)

相馬大作＊　**そうまだいさく**
寛政1(1789)年～文政5(1822)年　[別]下斗米秀之進(しもとまいひでのしん,しもどまいひでのしん)　江戸時代後期の武士。総兵衛の子。
¶江人,コン(下斗米秀之進　しもどまいひでのしん　[生]寛政10(1798)年)

相馬親胤＊　**そうまちかたね**
生没年不詳　南北朝時代の武将。重胤の子。
¶コン,室町

相馬富太郎　**そうまとみたろう**
江戸時代後期～明治時代の大工。
¶美建([生]嘉永6(1853)年4月7日　[没]明治38(1905)年4月9日)

相馬誠胤＊　**そうまともたね**
嘉永5(1852)年～明治25(1892)年　江戸時代末期～明治時代の相馬藩主、子爵。
¶全幕,幕末([生]嘉永5(1852)年8月5日　[没]明治25(1892)年2月22日)

相馬直登＊　**そうまなおと**
文化14(1817)年～明治44(1911)年4月18日　江戸時代末期～明治時代の陸奥会津藩士。
¶幕末

相馬肇　**そうまはじめ**
⇒相馬主計(そうまかずえ)

相馬光胤＊　**そうまみつたね**
？～建武3/延元1(1336)年　鎌倉時代後期～南北朝時代の武将。
¶室町

相馬充胤＊　**そうまみつたね**
文政2(1819)年～明治20(1887)年　江戸時代後期～明治時代の大名、華族。
¶幕末([生]文政2(1819)年3月19日　[没]明治20(1887)年2月19日)

相馬盛胤＊　**そうまもりたね**
享禄2(1529)年～慶長6(1601)年　戦国時代～安土桃山時代の武将。相馬氏家臣。
¶全戦,戦武

相馬師常＊　**そうまもろつね**
保延5(1139)年～元久2(1205)年　[別]平師常(たいらのもろつね),千葉師常(ちばのもろつね,ちばもろつね)　平安時代後期～鎌倉時代前期の東国武士。千葉常胤の次男。
¶古人(平師常　たいらのもろつね),古人(千葉師常　ち

ばのもろつね), コン

相馬義胤*　そうまよしたね
天文17(1548)年〜寛永12(1635)年　安土桃山時代〜江戸時代前期の大名。陸奥中村藩主。
¶コン, 全戦, 戦武, 内乱

宗命　そうみょう
⇒宗命(しゅうみょう)

相命*　そうみょう
応徳1(1084)年〜保元3(1158)年　平安時代後期の天台僧。
¶古人

増命*　ぞうみょう
承和10(843)年〜延長5(927)年　[別]静観僧正(じょうかんそうじょう)　平安時代前期〜中期の天台宗の僧。左大史桑内安峰の子。
¶古人, 古代, コン

宗珉　そうみん
⇒横谷宗珉(よこやそうみん)

僧旻　そうみん
⇒旻(みん)

崇明門院*　そうめいもんいん
生没年不詳　[別]崇明門院(すうめいもんいん), 禖子内親王(ばいしないしんのう, ぼうしないしんのう)　鎌倉時代後期〜南北朝時代の女性。後宇多天皇の皇女。
¶天皇(すうめいもんいん)

宗也*　そうや
生没年不詳　江戸時代前期の連歌作者。
¶俳文

宗友　そうゆう
戦国時代の連歌作者。本名、石井与四郎。
¶俳文(生没年不詳)

総祐*　そうゆう
?〜承平4(934)年　平安時代前期〜中期の石清水別当。
¶古人

増祐*(1)　ぞうゆう
?〜貞元1(976)年　平安時代中期の天台宗の僧。
¶古人

増祐*(2)　ぞうゆう
生没年不詳　平安時代中期の僧。薬師寺の別当。
¶古人

蔵有*　ぞうゆう
?〜承久3(1221)年11月9日　鎌倉時代前期の真言宗の僧。
¶密教([生]1142年　[没]1221年11月9日)

増誉*　ぞうよ
長元5(1032)年〜永久4(1116)年　平安時代中期〜後期の天台宗の僧。一乗寺僧正。
¶古人, コン

宗養　そうよう
⇒谷宗養(たにそうよう)

桑楊庵光*　そうようあんひかる
宝暦4(1754)年〜寛政8(1796)年　[別]一筆斎文笑(いっぴつさいぶんしょう), 頭光(つぶりひかる, つむりのひかる, つむりひかる), 頭の光(つむりのひかり)　江戸時代中期の狂歌師、浮世絵師。
¶江人(頭の光　つむりのひかり), コン([生]宝暦3(1753年/1754)年), 美画([没]寛政8(1796)年4月12日)

宗義達　そうよしあき
⇒宗重正(そうしげまさ)

宗義達　そうよしあきら
⇒宗重正(そうしげまさ)

宗義真*　そうよしざね
寛永16(1639)年〜元禄15(1702)年8月7日　江戸時代前期〜中期の大名。対馬府中藩主。
¶コン, 対外

宗義調*　そうよししげ
天文1(1532)年〜天正16(1588)年12月12日　戦国時代〜安土桃山時代の大名。対馬守護。
¶コン, 全戦([没]天正16(1589)年), 対外, 内乱

宗義智*(宗義智)　そうよしとし
永禄11(1568)年〜慶長20(1615)年1月3日　[別]宗義智(そうよしとも), 対馬侍従(つしまじじゅう)　安土桃山時代〜江戸時代前期の大名。対馬府中藩主。
¶江人, コン(そうよしとも　[没]元和1(1615)年), 全戦([没]元和1(1615)年), 戦武(宗義智　[没]元和1(1615)年), 対外, 内乱([没]元和1(1615)年), 山小([没]1615年1月3日)

宗義智　そうよしとも
⇒宗義智(そうよしとし)

宗義成*　そうよしなり
慶長9(1604)年〜明暦3(1657)年10月26日　江戸時代前期の大名。対馬府中藩主。
¶コン([生]慶長8(1603)年　[没]明暦2(1656)年), 対外

宗義盛*　そうよしもり
文明8(1476)年〜永正17(1520)年12月6日　戦国時代の武将、対馬守護、初名盛順。
¶コン, 対外

宗義和*(宗義和)　そうよしより
文政1(1818)年〜明治23(1890)年　江戸時代後期〜明治時代の大名、華族。
¶コン(宗義和), 全幕, 幕末([生]文政1(1818)年8月4日　[没]明治23(1890)年8月13日)

宗頼茂*　そうよりしげ
生没年不詳　南北朝時代〜室町時代の武将、対馬守護。
¶コン([生]?　[没]応永11(1404)年?), 対外, 室町

増利*　ぞうり
承和3(836)年〜延長6(928)年　平安時代前期〜中期の興福寺の学僧。
¶古人([生]835年/836年?), 古代([生]835年/836年)

宗柳*　そうりゅう
生没年不詳　戦国時代の連歌師。
¶俳文

宗隆尼*　そうりゅうに
慶長10(1605)年〜元禄1(1688)年11月22日　江戸時代前期の女性。俳人。
¶江表(宗隆尼(滋賀県))

曽涼　そうりょう★
江戸時代中期の女性。俳諧。伊勢桑名郡矢田の人。
¶江表(曽涼(三重県))

宗臨　そうりん
⇒谷宗臨（たにそうりん）

宗麟*　そうりん
生没年不詳　戦国時代の連歌作者。
¶俳文

巣林子　そうりんし
⇒近松門左衛門（ちかまつもんざえもん）

惣六　そうろく
江戸時代末期～明治時代の新撰組隊士。
¶新隊（[没]明治2年5月1日）

楚雲　そうん★
江戸時代後期の女性。俳諧。延岡の人。天保9年序、五木編『はしり穂集』に載る。
¶江表（楚雲（宮崎県））

素雲の母　そうんのはは★
江戸時代後期の女性。俳諧。中村の人。寛政6年序、一無庵丈左編『狭名辺墳集』に載る。
¶江表（素雲の母（福島県））

そゑ
江戸時代後期の女性。和歌。石見津和野藩の奥女中。寛政3年成立、嘉藤吉達序「女房和歌序」に載る。
¶江表（そゑ（島根県））

添　そえ★
江戸時代後期の女性。俳諧。滝沢馬琴の兄東岡舎羅文の妻。寛政9年成立、東岡舎羅文輯、馬琴補正「夢見艸」に載る。
¶江表（添（東京都））

祖永　そえい★
江戸時代中期の女性。和歌。歌人上村庄右衛門の娘。正徳2年奉納、蘆錐軒高倫序「蟻通奉納百首和歌」に載る。
¶江表（祖永（大阪府））

祖栄尼　そえいに★
江戸時代後期～明治時代の女性。和歌。生駒郡長安寺村の沖津久兵衛の娘。
¶江表（祖栄尼（奈良県）　[生]文政1（1818）年　[没]明治21（1888）年）

添川完平　そえかわかんぺい
⇒添川廉斎（そえかわれんさい）

添川廉斎*　そえかわれんさい
享和3（1803）年～安政5（1858）年　[別]添川完平（そえかわかんぺい）　江戸時代末期の漢学者。
¶幕末（添川完平　そえかわかんぺい　[没]安政5（1858）年6月26日）

曽重子　そえこ★
江戸時代中期の女性。和歌。棚倉藩小笠原家の奥女中。宝暦12年序、村上影面編『続采藻編』に載る。
¶江表（曽重子（福島県））

副島種臣*　そえじまたねおみ
文政11（1828）年9月9日～明治38（1905）年1月31日　江戸時代末期～明治時代の佐賀藩士、政治家、松方内閣内相、伯爵。外務卿、特命全権大使、宮中顧問官、枢密顧問官などを歴任。
¶コン, 詩作, 全幕, 幕末, 山小（[生]1828年9月9日　[没]1905年1月31日）

副田喜左衛門*（――〔1代〕）　そえだきざえもん
？～承応3（1654）年　江戸時代前期の肥前大川内窯の管理者。
¶美工（――〔1代〕）

副田小十郎*　そえだこじゅうろう
生没年不詳　安土桃山時代の織田信長の家臣。
¶織田

添田彭章　そえだほうしょう
江戸時代後期の代官。
¶徳代（[生]？　[没]弘化4（1847）年）

副田杢兵衛　そえだもくべえ
江戸時代前期～中期の陶工。
¶美工（[生]貞享4（1687）年　[没]明和5（1768）年）

添田弥一郎　そえたやいちろう
江戸時代後期～大正時代の宮大工。
¶美建（[生]天保10（1839）年　[没]大正11（1922）年）

祖円　そえん
⇒規庵祖円（きあんそえん）

素艶女　そえんじょ★
江戸時代の女性。俳諧。明治3年刊、行庵酒雄編、三浦浪兮女追善句集『枯藻集』に載る。
¶江表（素艶女（東京都））

素屋　そおく
⇒岸田素屋（きしだそおく）

贈唹多理志佐　そおのたりしさ
奈良時代の隼人。藤原広嗣の乱に広嗣に与力。
¶古人（生没年不詳）

素外　そがい
⇒谷素外（たにそがい）

蘇我入鹿　そがいるか
⇒蘇我入鹿（そがのいるか）

蘇我馬子　そがうまこ
⇒蘇我馬子（そがのうまこ）

蘇我蝦夷　そがえみし
⇒蘇我蝦夷（そがのえみし）

曽我包助*　そがかねすけ
？～延宝4（1676）年　江戸時代前期の上野館林藩士。
¶徳人（[生]1611年）

曽我簡堂*　そがかんどう
天保1（1830）年～明治17（1884）年　江戸時代末期～明治時代の農人。
¶幕末（[没]明治17（1884）年6月）

曽我兄弟(1)　そがきょうだい
⇒曽我祐成（そがすけなり）

曽我兄弟(2)　そがきょうだい
⇒曽我時致（そがときむね）

曽我兄弟の母*　そがきょうだいのはは
？～正治1（1199）年　[別]曽我祐信の妻（そがすけのぶのつま）　平安時代後期～鎌倉時代前期の伊豆国住人狩野茂光の孫。
¶女史（曽我祐信の妻　そがすけのぶのつま　生没年不詳）

素覚*(1)　そかく
生没年不詳　平安時代後期の歌人。

¶古人

素覚(2) **そかく**
⇒惟喬親王(これたかしんのう)

宗賀倉王 **そがくらおう**
上代の欽明天皇の子。
¶古人(生没年不詳)

曽我五郎 **そがごろう**
⇒曽我時致(そがときむね)

曽我五郎時致 **そがごろうときむね**
⇒曽我時致(そがときむね)

曽我蛇足* **そがじゃそく**
生没年不詳 [別]蛇足(じゃそく),曽我蛇足(そがだそく,そがのだそく) 室町時代~戦国時代の曽我派の画家。
¶コン(そがだそく),美画

曽我十郎 **そがじゅうろう**
⇒曽我祐成(そがすけなり)

曽我十郎・五郎(1) **そがじゅうろう・ごろう**
⇒曽我祐成(そがすけなり)

曽我十郎・五郎(2) **そがじゅうろう・ごろう**
⇒曽我時致(そがときむね)

曽我十郎祐成 **そがじゅうろうすけなり**
⇒曽我祐成(そがすけなり)

曽我紹仙* **そがしょうせん**
生没年不詳 [別]紹仙(しょうせん) 戦国時代の画家。
¶美画

曽我蕭白* **そがしょうはく**
享保15(1730)年~天明1(1781)年 [別]蕭白(しょうはく),曽我蕭白(そがのしょうはく) 江戸時代中期の画家。
¶浮絵,江人,コン,美画([没]天明1(1781)年1月7日)

曽我士郎* **そがしろう**
天保11(1840)年~明治23(1890)年 江戸時代末期~明治時代の豪農、勤王家。桜田門外の変後、私費で講武所を設け、剣術、砲術の指導に当たる。
¶幕末([没]明治23(1890)年7月21日)

曽我助興 **そがすけおき**
江戸時代前期~中期の幕臣。
¶徳人([生]1638年 [没]1727年)

曽我祐臣* **そがすけおみ**
安永9(1780)年~明治11(1878)年 江戸時代末期~明治時代の都城島津家家士。草卉誠忠派として幽閉された後、別当役、皇学掛に任じられる。
¶幕末([生]文化7(1780)年 [没]明治11(1878)年10月21日)

曽我祐成* **そがすけなり**
承安2(1172)年~建久4(1193)年 [別]曽我兄弟(そがきょうだい),曽我十郎(そがじゅうろう),曽我十郎・五郎(そがじゅうろう・ごろう),曽我十郎祐成(そがじゅうろうすけなり),藤原祐成(ふじわらのすけなり) 平安時代後期~鎌倉時代前期の武士。仇討で有名な曽我兄弟の兄。十郎と号す。河津祐泰の長男。
¶古人(藤原祐成 ふじわらのすけなり),コン,中世(曽我兄弟 そがきょうだい),内乱(曽我十郎祐成 そがじゅうろうすけなり),山小(曽我十郎・五郎 そがじゅうろう・ごろう)

曽我祐信* **そがすけのぶ**
生没年不詳 [別]藤原祐信(ふじわらのすけのぶ) 平安時代後期~鎌倉時代前期の武士。
¶古人(藤原祐信 ふじわらのすけのぶ)

曽我祐申* **そがすけのぶ**
文政8(1825)年~明治14(1881)年5月19日 江戸時代末期~明治時代の苗木藩士。
¶幕末([生]文政8(1825)年12月)

曽我祐信の妻 **そがすけのぶのつま**
⇒曽我兄弟の母(そがきょうだいのはは)

曽我助弼* **そがすけまさ**
明和3(1766)年~? 江戸時代中期~後期の幕臣。
¶徳人

曽我耐軒* **そがたいけん**
文化13(1816)年~明治3(1870)年 江戸時代末期~明治時代の儒者。
¶幕末

曽我蛇足 **そがだそく**
⇒曽我蛇足(そがじゃそく)

曽我近祐* **そがちかすけ**
慶長10(1605)年~寛文1(1661)年 江戸時代前期の幕臣。大坂町奉行。
¶徳人

曽我竹山* **そがちくざん**
生没年不詳 江戸時代後期の陶工。
¶美工

曽我直庵* **そがちょくあん**
生没年不詳 安土桃山時代の絵師。曽我蛇足の末孫曽我紹祥の子。
¶コン,美画

曽我時致* **そがときむね**
承安4(1174)年~建久4(1193)年 [別]曽我兄弟(そがきょうだい),曽我五郎(そがごろう),曽我五郎時致(そがごろうときむね),曽我十郎・五郎(そがじゅうろう・ごろう),藤原時致(ふじわらのときむね) 鎌倉時代前期の武士。仇討で有名な曽我兄弟の弟。
¶古人(藤原時致 ふじわらのときむね),コン,中世(曽我兄弟 そがきょうだい),内乱(曽我五郎時致 そがごろうときむね),山小(曽我十郎・五郎 そがじゅうろう・ごろう)

曽我徳丸 **そがとくまる**
江戸時代後期の陶画工。
¶美工([生]弘化4(1847)年 [没]?)

曽我尚祐*(曽我尚佑) **そがなおすけ**
永禄1(1558)年~寛永3(1626)年 安土桃山時代~江戸時代前期の武士。徳川秀忠の右筆。
¶徳人([生]1557年 [没]1625年)

曽我二直庵* **そがにちょくあん**
生没年不詳 江戸時代前期の寛永~明暦年間の画家。
¶コン,美画

蘇我赤兄* **そがのあかえ**
生没年不詳 [別]蘇我臣赤兄(そがのおみあかえ) 飛鳥時代の廷臣(左大臣)。大臣蘇我馬子の孫。
¶公卿([生]推古天皇31(623)年 [没]?),古人([生]623年 [没]?),古代(蘇我臣赤兄 そがのおみあかえ),古物,コ

ン（[生]推古31（623）年　[没]天武1/弘文1（672）年），山小

蘇我石川　そがのいしかわ
⇒石川宿禰（いしかわのすくね）

宗我石川宿禰　そがのいしかわのすくね
⇒石川宿禰（いしかわのすくね）

蘇我石川麻呂　そがのいしかわのまろ
⇒蘇我倉山田石川麻呂（そがのくらやまだいしかわまろ）

蘇我石川麻呂　そがのいしかわまろ
⇒蘇我倉山田石川麻呂（そがのくらやまだいしかわまろ）

蘇我石寸名　そがのいしきな
⇒石寸名（いしきな）

蘇我稲目*　そがのいなめ
？～欽明31（570）年　[別]蘇我稲目宿禰（そがのいなめのすくね）　飛鳥時代の官人（大臣）。孝元天皇の後裔。欽明朝の大臣。崇仏論争では物部尾輿と対立し、仏教を保護した。
¶公卿（[没]欽明天皇31（570）年3月），古人，古代（蘇我稲目宿禰　そがのいなめのすくね），古物，コン，思想，対外，山小（[没]570年3月1日）

蘇我稲目宿禰　そがのいなめのすくね
⇒蘇我稲目（そがのいなめ）

蘇我入鹿*　そがのいるか
？～大化1（645）年　[別]蘇我入鹿（そがいるか），蘇我臣入鹿（そがのおみいるか）　飛鳥時代の大臣。山背大兄王を殺害し、自らを天皇に擬するなどの専横が続き、中大兄皇子・中臣鎌足らに暗殺された。
¶古人，古代（蘇我臣入鹿　そがのおみいるか），古物，コン，山小（[没]645年6月12日）

蘇我馬子*　そがのうまこ
？～推古天皇34（626）年　[別]蘇我馬子（そがうまこ），蘇我馬子宿禰（そがのうまこのすくね）　飛鳥時代の官人（大臣）。蘇我稲目の子。排仏派の物部守屋を討ち、また崇峻天皇を暗殺して権力を掌握。聖徳太子と協力して推古朝の政治を行った。
¶公卿（[生]欽明天皇12（551）年　[没]推古天皇34（626）年5月），古人，古代（蘇我馬子宿禰　そがのうまこのすくね），古物，コン（[没]推古34（626）年），思想（[没]推古34（626）年），山小（[没]626年5月20日）

蘇我馬子宿禰　そがのうまこのすくね
⇒蘇我馬子（そがのうまこ）

蘇我蝦夷*　そがのえみし
？～大化1（645）年　[別]蘇我蝦夷（そがえみし），蘇我臣蝦夷（そがのおみえみし）　飛鳥時代の官人（大臣）。蘇我馬子の子。父に続き権勢をふるう。のち子の入鹿が殺されて自殺。
¶公卿（[没]皇極天皇4（645）年6月19日），古人，古代（蘇我臣蝦夷　そがのおみえみし），古物，コン，山小（[没]645年6月13日）

蘇我小姉君*　そがのおあねぎみ，そがのおあねきみ
生没年不詳　[別]小姉君（おあねぎみ，おあねのきみ），小姉の君（おあねのきみ），蘇我小姉君（そがのおあねのきみ）　上代の女性。欽明天皇の妃。
¶古人（小姉君　おあねぎみ），古代（小姉君　おあねのきみ），古物（そがのおあねのきみ），コン，天皇（そがのおあねのきみ）

蘇我小姉君　そがのおあねのきみ
⇒蘇我小姉君（そがのおあねぎみ）

蘇我大蕤娘　そがのおおぬのいらつめ
⇒石川大蕤娘（いしかわのおおぬのいらつめ）

蘇我遠智娘　そがのおちいらつめ
⇒蘇我遠智娘（そがのおちのいらつめ）

蘇我遠智娘*　そがのおちのいらつめ，そがのをちのいらつめ
？～大化5（649）年3月　[別]遠智娘（おちのいらつめ），遠智媛（おちのひめ），蘇我遠智娘（そがのおちいらつめ），蘇我造媛（そがのみやつこひめ）　飛鳥時代の女性。天智天皇の妃。
¶古人（遠智媛　おちのひめ），古代（遠智娘　おちのいらつめ），古物，コン，女史（生没年不詳），天皇（そがのをちのいらつめ　[没]大化5（649）年3月？）

蘇我臣赤兄　そがのおみあかえ
⇒蘇我赤兄（そがのあかえ）

蘇我臣入鹿　そがのおみいるか
⇒蘇我入鹿（そがのいるか）

蘇我臣蝦夷　そがのおみえみし
⇒蘇我蝦夷（そがのえみし）

蘇我臣果安　そがのおみはたやす
⇒蘇我果安（そがのはたやす）

蘇我臣日向　そがのおみひむか
⇒蘇我日向（そがのひむか）

蘇我臣連子　そがのおみむらじこ
⇒蘇我連子（そがのむらじこ）

蘇我臣安麻呂　そがのおみやすまろ
⇒蘇我安麻呂（そがのやすまろ）

蘇我堅塩媛　そがのかたしひめ
⇒堅塩媛（きたしひめ）

蘇我韓子*　そがのからこ
[別]蘇我韓子宿禰（そがのからこのすくね）　上代の武将。
¶古代（蘇我韓子宿禰　そがのからこのすくね），対外

蘇我韓子宿禰　そがのからこのすくね
⇒蘇我韓子（そがのからこ）

蘇我河上娘*（蘇我河上郎）　そがのかわかみのいらつめ
生没年不詳　[別]河上娘（かわかみのいらつめ）　飛鳥時代の女性。崇峻天皇の妃。
¶古代（河上娘　かわかみのいらつめ），古物，コン，天皇（蘇我河上郎）

蘇我堅塩媛　そがのきたしひめ
⇒堅塩媛（きたしひめ）

蘇我倉山田石川麻呂　そがのくらのやまだのいしかわのまろ
⇒蘇我倉山田石川麻呂（そがのくらやまだいしかわまろ）

蘇我倉山田石川麻呂　そがのくらのやまだのいしかわまろ
⇒蘇我倉山田石川麻呂（そがのくらやまだいしかわまろ）

蘇我倉麻呂　そがのくらまろ
飛鳥時代の蘇我馬子の子。
¶古人（生没年不詳）

蘇我倉山田石川麻呂*　そがのくらやまだいしかわまろ
？～大化5（649）年　[別]倉山田石川麻呂（くらやまだのいしかわまろ），蘇我石川麻呂（そがのいしか

わのまろ，そがのいしかわまろ），蘇我倉山田石川麻呂（そがのくらのやまだのいしかわのまろ，そがのくらのやまだのいしかわまろ，そがのくらやまだのいしかわのまろ，そがのくらやまだのいしかわまろ），蘇我倉山田石川麻呂臣（そがのくらやまだのいしかわまろのおみ），蘇我山田石河麻呂（そがのやまだのいしかわまろ）　飛鳥時代の官人（右大臣）。大臣蘇我馬子の孫。大化改新に参画。のち讒言により中大兄皇子に攻撃され自殺。

¶公卿（蘇我山田石河麻呂　そがのやまだのいしかわまろ　[没]大化5（649）年3月），古人（そがのくらやまだのいしかわまろ），古代（蘇我倉山田石川麻呂臣　そがのくらやまだのいしかわまろのおみ），古物（そがのくらやまだのいしかわまろ），コン（そがのくらやまだのいしかわのまろ），山小（蘇我石川麻呂　そがのいしかわまろ　[没]649年3月25日）

蘇我倉山田石川麻呂　そがのくらやまだのいしかわのまろ

⇒蘇我倉山田石川麻呂（そがのくらやまだいしかわまろ）

蘇我倉山田石川麻呂　そがのくらやまだのいしかわまろ

⇒蘇我倉山田石川麻呂（そがのくらやまだいしかわまろ）

蘇我倉山田石川麻呂臣　そがのくらやまだのいしかわまろのおみ

⇒蘇我倉山田石川麻呂（そがのくらやまだいしかわまろ）

蘇我興志　そがのこごし

[別]蘇我興志（そがのおこし）　飛鳥時代の人。父は蘇我倉山田石川麻呂。

¶古人（そがのおこし　生没年不詳），古物（[生]？　[没]649年）

蘇我境部摩理勢　そがのさかいべのまりせ

⇒境部摩理勢（さかいべのまりせ）

曽我蕭白　そがのしょうはく

⇒曽我蕭白（そがしょうはく）

蘇我田口臣川堀　そがのたぐちのおみかわほり

⇒蘇我田口川堀（そがのたぐちのかわほり）

蘇我田口川堀*　そがのたぐちのかわほり

生没年不詳　[別]蘇我田口臣川堀（そがのたぐちのおみかわほり）　飛鳥時代の豪族。

¶古代（蘇我田口臣川堀　そがのたぐちのおみかわほり），古物

曽我蛇足　そがのだそく

⇒曽我蛇足（そがじゃそく）

蘇我乳娘　そがのちのいらつめ

⇒乳娘（ちのいらつめ）

蘇我手杯娘　そがのてつきのいらつめ

⇒手杯娘（てつきのいらつめ）

蘇我刀自古郎女　そがのとじこのいらつめ

⇒負古郎女（おいこのいらつめ）

蘇我果安*（蘇我杲安）　そがのはたやす

？～弘文天皇1・天武天皇1（672）年7月　[別]蘇我臣果安（そがのおみはたやす）　飛鳥時代の廷臣（大納言）。蘇我氏の一族。壬申の乱で大友皇子側にたつ。

¶公卿（蘇我杲安　生没年不詳），古人，古代（蘇我臣果安　そがのおみはたやす），古物，コン（[没]弘文1/天武1（672）年）

蘇我常陸娘　そがのひたちのいらつめ

⇒常陸娘（ひたちのいらつめ）

蘇我日向*　そがのひむか

生没年不詳　[別]蘇我臣日向（そがのおみひむか），蘇我日向臣身刺（そがのひむかのおみむさし），蘇我身刺（そがのむさし）　飛鳥時代の豪族。蘇我倉麻呂の子。

¶古人，古代（蘇我臣日向　そがのおみひむか），古物，コン

蘇我日向臣身刺　そがのひむかのおみむさし

⇒蘇我日向（そがのひむか）

蘇我法提郎娘　そがのほうてのいらつめ

⇒蘇我法提郎媛（そがのほほてのいらつめ）

蘇我法提郎媛*（蘇我法提郎女）　そがのほほてのいらつめ

生没年不詳　[別]蘇我法提郎娘（そがのほうてのいらつめ），法提郎媛（ほうていのいらつめ，ほうてのいらつめ，ほていのいらつめ，ほてのいらつめ，ほほてのいらつめ，ほほでのいらつめ），法提郎女（ほてのいらつめ）　飛鳥時代の女性。舒明天皇の妃。

¶古人（法提郎女　ほてのいらつめ），古代（法提郎媛　ほうてのいらつめ），古物（蘇我法提郎女），コン，女史（法提郎媛　ほていのいらつめ），天皇（蘇我法提郎娘　そがのほうてのいらつめ）

蘇我満智*（蘇我満知）　そがのまち

[別]蘇我満智宿禰（そがのまちのすくね）　上代の伝説上の人物（執政）。蘇我石川宿禰の子。

¶公卿（生没年不詳），古代（蘇我満智宿禰　そがのまちのすくね），古物

蘇我満智宿禰　そがのまちのすくね

⇒蘇我満智（そがのまち）

蘇我造媛　そがのみやつこひめ

⇒蘇我遠智娘（そがのおちのいらつめ）

蘇我身刺　そがのむさし

⇒蘇我日向（そがのひむか）

蘇我連子*　そがのむらじこ

？～天智3（664）年　[別]蘇我臣連子（そがのおみむらじこ）　飛鳥時代の豪族（大臣）。蘇我倉山田石川麻呂の弟。

¶公卿（[没]天智天皇3（664）年5月5日），古代（蘇我臣連子　そがのおみむらじこ），コン（[生]推古19（611）年）

蘇我姪娘*　そがのめいのいらつめ

生没年不詳　[別]石川夫人（いしかわのおおとじ，いしかわのぶにん，いしかわふじん），蘇我姪娘（そがのめひのいらつめ），姪娘（めいのいらつめ）　飛鳥時代の女性。天智天皇の妃。

¶古代（姪娘　めいのいらつめ），コン，天皇（そがのめひのいらつめ）

蘇我姪娘　そがのめひのいらつめ

⇒蘇我姪娘（そがのめいのいらつめ）

蘇我安麻呂*　そがのやすまろ

生没年不詳　[別]蘇我臣安麻呂（そがのおみやすまろ）　飛鳥時代の豪族。蘇我連子の子。

¶古代（蘇我臣安麻呂　そがのおみやすまろ），コン

蘇我山田石河麻呂　そがのやまだのいしかわまろ

⇒蘇我倉山田石川麻呂（そがのくらやまだいしかわまろ）

曽我古祐*　そがひさすけ

天正14（1586）年～万治1（1658）年　江戸時代前期

の幕臣。
¶コン, 徳将, 徳人（[生]1596年）

曽我部助持　そがべすけもち
平安時代後期の官人。
¶古人（生没年不詳）

曽我部徳蔵在次　そかべとくぞうありつぐ
江戸時代前期の黒田長政・徳川頼宣の家臣。
¶大坂

曽我部正任　そがべまさとう
平安時代中期の官人。
¶古人（生没年不詳）

そかわ
江戸時代中期の女性。和歌。歌人高崎長左衛門の妻。宝永6年奉納、平間長雅編「住吉社奉納千首和歌」に載る。
¶江表（そかわ（大阪府））

素川　そがわ★
江戸時代中期の女性。俳諧。津軽深浦の遊女か。天明3年の深浦町関八幡宮にある俳諧奉納額に載る。
¶江表（素川（青森県））

素丸　そがん
⇒溝口素丸（みぞぐちそがん）

素儀　そぎ
江戸時代中期～後期の女性。画・和歌・漢詩。長崎の画家で漢学者村尾三右衛門半村の妻。
¶江表（素儀（長崎県）　[生]正徳3（1713）年　[没]文化3（1806）年）

素菊(1)　**そきく★**
江戸時代中期の女性。俳諧。下仁田の人。天明3年刊、曲川館宜長編、田中反哺3回忌追善集『追善すて碇』に載る。
¶江表（素菊（群馬県））

素菊(2)　**そきく★**
江戸時代中期の女性。俳諧。石和の人。安永10年刊、壺中軒調唯編、壺嘗軒調唯50回忌追善集『続やどり木』に載る。
¶江表（素菊（山梨県））

岨菊女　そきくじょ★
江戸時代後期の女性。俳諧。遠藤郷助の母。松窓乙二門の近藤方耕門。
¶江表（岨菊女（岩手県））

素菊女　そきくじょ★
江戸時代後期の女性。俳諧。飯坂の人。文政6年序、いはほ編『しのふくさ』に載る。
¶江表（素菊女（福島県））

祖郷*　**そきょう**
？～安政5（1858）年8月7日　江戸時代後期～末期の俳人。
¶俳文

素橋　そきょう
江戸時代中期の女性。俳諧。長崎から屋町の俳人林田有栄の一族か、美濃の俳人高木百茶坊の門人である長崎の俳人諷茶の妻か。
¶江表（素橋（長崎県））

素郷　そきょう
⇒小野素郷（おのそごう）

素鏡(1)　**そきょう★**
江戸時代後期の女性。俳諧。花鳥里の人。享和1年序、金丸潮平編、平橋庵敲氷追善集『暦の寸衛』に載る。
¶江表（素鏡（山梨県））

素鏡(2)　**そきょう**
⇒住田素鏡（すみたそきょう）

素暁　そぎょう★
江戸時代後期の女性。俳諧。井戸の人。寛政3年刊、素丸編、起早庵稲後1周忌追善集『こぞのなつ』に載る。
¶江表（素暁（山梨県））

素琴(1)　**そきん★**
江戸時代中期の女性。漢詩。越後水原の名家安孫子素月の娘。弟翠塢の生まれが天明3年とある。
¶江表（素琴（新潟県））

素琴(2)　**そきん★**
江戸時代後期の女性。画。香川氏。
¶江表（素琴（大阪府）　[没]文化7（1810）年）

素琴(3)　**そきん★**
江戸時代末期の女性。俳諧。入善の人。文久4年刊、太田木甫編『荒磯集』に載る。
¶江表（素琴（富山県））

素琴(4)　**そきん★**
江戸時代末期～明治時代の女性。俳諧。若松下二之町の俳諧宗匠格根本精器の妻。
¶江表（素琴（福島県）　[没]明治17（1884）年）

素吟　そぎん★
江戸時代後期の女性。俳諧。東・北信の人。文化4年刊、宮本虎杖編、加舎白雄17回忌追善集『いぬ榧集』に載る。
¶江表（素吟（長野県））

素琴子　そきんこ★
江戸時代後期の女性。和歌。三河田原藩主三宅康友の室。寛政10年跋、真田幸弘の六〇賀集「千とせの寿詞」に載る。
¶江表（素琴子（愛知県））

続守言*　**ぞくしゅげん**
生没年不詳　[別]続守言（しょくしゅげん）　飛鳥時代の中国からの渡来人、音博士。
¶古人（しょくしゅげん）, 古代, 対外（しょくしゅげん）

息女　そくじょ★
江戸時代前期の女性。俳諧。越前福居の人。延宝5年刊、松風軒卜琴撰『玉江草』一に載る。
¶江表（息女（福井県））

速成院　そくせいいん
⇒お蝶の方（おちょうのかた）

速成院お蝶　そくせいいんおちょう
⇒お蝶の方（おちょうのかた）

即是院　そくぜいん★
江戸時代前期の女性。家祖。安芸三次藩藩士松村孫大夫の娘。
¶江表（即是院（徳島県））

即伝*　**そくでん**
生没年不詳　戦国時代の行者。
¶思想

そ

速伝宗貶　そくでんそうへん
戦国時代～安土桃山時代の信濃伊那郡の名刹開善寺の住持。武田勝頼の数学の師。
¶武田

即非如一*　そくひにょいち
明・万暦44(1616)年～寛文11(1671)年　[別]如一(じょいち，にょいち，にょいつ)，即非如一(そくひにょいつ)　江戸時代前期の渡来僧。隠元の門下僧。
¶コン([生]元和2(1616)年)，対外

即非如一　そくひにょいつ
⇒即非如一(そくひにょいち)

則祐　そくゆう
⇒赤松則祐(あかまつのりすけ)

祖継　そけい
⇒大智(だいち)

惣慶忠義*　そけいちゅうぎ
尚貞18(1686)年～尚敬37(1749)年　江戸時代中期の歌人。
¶コン([生]貞享3(1686)年　[没]寛延2(1749)年)

租慶法尼　そけいほうに★
江戸時代中期の女性。和歌。出雲杵築の人。元禄15年刊、竹内時安斎編『出雲大社奉納清地草』に載る。
¶江表(租慶法尼(島根県))

祖月*　そげつ
生没年不詳　江戸時代中期の俳人。
¶俳文

素月*(1)　そげつ
宝暦9(1759)年～文政2(1819)年9月2日　[別]今泉素月(いまいずみそげつ)　江戸時代中期～後期の女性。俳人。
¶江表(素月尼(千葉県))

素月*(2)　そげつ
生没年不詳　江戸時代後期の俳人。尾張安井村の加藤九右衛門の妻。
¶江表(素月(愛知県))

素月(3)　そげつ★
江戸時代後期の女性。俳諧。大石和の人。寛政5年序、平橋庵敲氷編『とをかはず』に載る。
¶江表(素月(山梨県))

祖元　そげん
⇒無学祖元(むがくそげん)

素弦　そげん★
江戸時代後期の女性。俳諧。田中の人。文化13年成立、苔室草丸編『ひばりぶえ』。
¶江表(素弦(山梨県))

素見女　そけんじょ★
江戸時代後期の女性。俳諧。三井の人。享和3年刊『蕉門歳旦三ツ物』に載る。
¶江表(素見女(香川県))

曽紅　そこう★
江戸時代中期の女性。俳諧。一宮連が宝暦13年、師の渡辺雲裡坊の三回忌に句碑を建てた時の追善集、富永朔宇編『ゆき塚』に載る。
¶江表(曽紅(群馬県))

素好　そこう★
江戸時代後期の女性。俳諧。井戸の人。寛政3年刊、素丸編、起早庵稲後1周忌追善集『こぞのなつ』に載る。
¶江表(素好(山梨県))

素孝　そこう★
江戸時代後期の女性。俳諧。寛政2年に奉納された常陸上岡八竜神社の俳額に「池田女」として載る。
¶江表(素孝(茨城県))

素行*　そこう
*～享保17(1732)年10月9日　江戸時代中期の俳人。長崎の為替取次役人。
¶俳文([生]?)

素貢　そこう★
江戸時代後期の女性。俳諧。越前府中の人。文政10年雪窓下素由編「歳祝」に載る。
¶江表(素貢(福井県))

素香　そこう★
江戸時代後期の女性。俳諧。文化3年、宮本虎杖編「虎杖葬艸稿」に載る。
¶江表(素香(長野県))

素蒿　そこう★
江戸時代中期の女性。俳諧。尾張名古屋の人。享保7年跋、巻耳・燕説編『北国曲』一に載る。
¶江表(素蒿(愛知県))

素郷　そごう
⇒小野素郷(おのそごう)

十河一存　そごうかずなが
⇒十河一存(そごうかずまさ)

十河一存*　そごうかずまさ
？～永禄4(1561)年　[別]十河一存(そごうかずなが)　戦国時代の武将。三好元長の4男で長慶の弟。
¶全戦，戦武([生]天文1(1532)年)，室町

楚江女　そこうじょ★
江戸時代後期の女性。俳諧。麻布谷町住。天保期頃成立、星喜庵北因編『俳諧百人一首集』に載る。
¶江表(楚江女(東京都))

素孝女　そこうじょ★
江戸時代後期の女性。俳諧。談林派系統の谷素外門。文政6年刊、素外の娘素塵序・跋『梅翁発句集』に載る。
¶江表(素孝女(東京都))

十河存英*　そごうながひで
？～元和1(1615)年　[別]十河存英(そごうまさひで)　安土桃山時代～江戸時代前期の武士。
¶全戦(そごうまさひで)

十河存保*　そごうながやす
天文23(1554)年～天正14(1586)年　[別]十河存保(そごうまさやす)，三好存保(みよしながやす)，三好政康(みよしまさやす)　安土桃山時代の武士。
¶織田(そごうまさやす　[没]天正14(1586)年12月12日)，全戦(そごうまさやす)，戦武(そごうまさやす(ながやす))

十河存英　そごうまさひで
⇒十河存英(そごうながひで)

十河存保　そごうまさやす
⇒十河存保(そごうながやす)

十河祐元* そごうゆうげん
？～安政3（1856）年 江戸時代末期の水戸藩士。
¶幕末

左座謙三郎 そざけんざぶろう
⇒左座謙三郎（さざけんざぶろう）

蘇山子女 そざんしじょ★
江戸時代後期の女性。俳諧。新吉原の人か。弘化3年序、五井槐堂撰「つるおと集」に載る。
¶江表（蘇山子女（東京都））

素糸 そし★
江戸時代中期の女性。俳諧。熊本連の俳人。明和2年刊、佐方乙語編『肥後不知火移文』に載る。
¶江表（素糸（熊本県））

素秋 そしゅう★
江戸時代中期の女性。俳諧。宝暦7年序、盥雨庵竹因編『俳諧雪塚集』に載る。
¶江表（素秋（栃木県））

楚俊 そしゅん
⇒明極楚俊（みんきそしゅん）

素俊* そしゅん
生没年不詳 鎌倉時代の歌人、連歌師。
¶俳文

素性 そしょう
⇒素性（そせい）

楚常 そじょう
⇒金子楚常（かねこそじょう）

楚常の妹 そじょうのいもうと★
江戸時代前期の女性。俳諧。金子七郎右衛門の娘。貞享5年兄楚常が26歳で死去。
¶江表（楚常の妹（石川県））

祖心 そしん
⇒祖心尼（そしんに）

素信 そしん★
江戸時代後期の女性。画・俳諧。長門長州藩の御用絵師大楽探文の妹。文化8年の菊舎の萩滞在の俳諧記録「鶯の舎」に菊舎や裏遊と歌仙を巻いた記録がある。
¶江表（素信（山口県））

素塵* そじん
？～天保2（1831）年5月12日 江戸時代後期の俳人。
¶江表（素塵（東京都））

祖心禅尼 そしんぜんに
⇒祖心尼（そしんに）

祖心尼* そしんに
天正16（1588）年～延宝3（1675）年 [別]祖心（そしん），祖心禅尼（そしんぜんに） 江戸時代前期の女性。尼僧。
¶江表（祖心尼（東京都）），徳将

素心尼 そしんに★
江戸時代中期の女性。俳諧。俳人野角の妻。享保11年歌仙を巻いた『姫の式』に載る。
¶江表（素心尼（石川県））

楚水 そすい★
江戸時代中期の女性。俳諧。尼。安永3年序、愉閑斎杜仙撰、中川麦浪七回忌追善句集『居待月』に載る。
¶江表（楚水（香川県））

素水 そすい
⇒小野素水（おのそすい）

素性* そせい
生没年不詳 [別]素性（そしょう），素性法師（そせいほうし） 平安時代前期～中期の僧、歌人。三十六歌仙の一人。
¶古人（[生]844年？ [没]？），古代，コン，詩作（素性法師 そせいほうし）

素性法師 そせいほうし
⇒素性（そせい）

疎石 そせき
⇒夢窓疎石（むそうそせき）

素雪 そせつ★
江戸時代中期の女性。俳諧。甲斐の人。天明3年刊、平橋庵敲氷編『折鶴』に載る。
¶江表（素雪（山梨県））

狙仙 そせん
⇒森狙仙（もりそせん）

素暹* そせん
生没年不詳 鎌倉時代前期の僧侶・歌人・連歌作者。
¶俳文

曽占春 そせんしゅん
⇒曽占春（そうせんしゅん）

そた子 そたこ★
江戸時代末期の女性。和歌。阿島の領主で旗本知久綱一郎頼謙の妹。伊豆木の領主で旗本小笠原長裕の室。
¶江表（そた子（長野県））

曽丹 そたん
⇒曽禰好忠（そねのよしただ）

素丹* そたん
生没年不詳 安土桃山時代の武家・連歌作者。
¶俳文

鼠弾 そだん
江戸時代中期の俳諧作者。越後国生まれ。
¶俳文（生没年不詳）

帥*（1） そち
生没年不詳 平安時代後期の官女。
¶古人

帥（2） そち
⇒帥局（そちのつぼね）

帥典侍 そちのすけ
⇒藤原領子（ふじわらのりょうし）

帥局* そちのつぼね
？～治承3（1179）年1月 [別]帥（そち），藤原公重女（ふじわらのきみしげのむすめ） 平安時代後期の女性。高倉天皇の宮人。
¶古人（帥 そち），天皇（藤原公重女 ふじわらのきみしげのむすめ）

帥典侍* そちのてんじ
生没年不詳 [別]平時仲女（たいらのときなかのむすめ） 鎌倉時代前期の女性。亀山天皇の宮人。
¶天皇（平時仲女 たいらのときなかのむすめ）

楚蝶 そちょう*
　江戸時代後期の女性。俳諧。紀三井寺の人。寛政5年橋本燕志著『笠の塵』に載る。
　¶江表(楚蝶(和歌山県))

素朝 そちょう
　⇒中村仲蔵〔大坂系1代〕(なかむらなかぞう)

素蝶(1) そちょう*
　江戸時代後期の女性。俳諧。朵々斎原口也好の娘。父の追善集『暁月集』に載る。
　¶江表(素蝶(東京都))

素蝶(2) そちょう*
　江戸時代後期の女性。俳諧。寛政2年跋、可楽庵桃路編『華鳥風月集』に載る。
　¶江表(素蝶(栃木県))

素蝶(3) そちょう*
　江戸時代後期の女性。俳諧。熊谷の人。文化15年刊、甲二・米砂・呂律編『草原庵百人句集』に載る。
　¶江表(素蝶(埼玉県))

素鳥 そちょう*
　江戸時代中期の女性。俳諧。甲府の人。明和3年成立、涼雲斎眠瑟編「丙戌歳旦」に載る。
　¶江表(素鳥(山梨県))

そで
　江戸時代後期の女性。俳諧。京都の歌妓か。寛政4年刊、木村龍道編『新華摘』に載る。
　¶江表(そで(京都府))

袖(1) そで*
　江戸時代中期の女性。俳諧。大坂の人。安永5年刊、高井几董編『続明烏』に載る。
　¶江表(袖(大阪府))

袖(2) そで*
　江戸時代後期の女性。俳諧。相模小野村の人と思われる。嘉永6年春に出された柳亭布丈の還暦祝いの俳諧摺物に載る。
　¶江表(袖(神奈川県))

袖子(1) そでこ*
　江戸時代後期～明治時代の女性。和歌。佐賀藩士神代茂啓の娘。
　¶江表(袖子(佐賀県)) ㋑文政7(1824)年 ㋺明治26(1893)年

袖子(2) そでこ*
　江戸時代末期の女性。和歌。平岡氏。文久2年刊、近藤芳樹門の長州藩士楢崎景海撰『萩城六々歌集』に載る。
　¶江表(袖子(山口県))

袖子(3) そでこ*
　江戸時代末期の女性。和歌。筑後柳川藩の奥女中。「鴬歌集」に載る。
　¶江表(袖子(福岡県))

袖崎歌流* (袖崎かりう, 袖崎香流, 袖崎香竜) そでざきかりゅう, そでざきかりゅう
　生没年不詳 ㋑歌流佐和右衛門(かりゅうさわえもん), 香流治右衛門(かりゅうじえもん) 江戸時代中期の歌舞伎役者。元禄4年～享保11年頃に活躍。
　¶歌大(そでざきかりゅう ㋑? ㋺享保15(1730)年)

そで女 そでじょ*
　江戸時代後期の女性。俳諧。佐渡相川の鍛冶職早水文吉の娘。

　¶江表(そで女(新潟県) ㋺文政11(1828)年)

袖女(1) そでじょ*
　江戸時代後期の女性。俳諧。興田の人。天保期頃の人。
　¶江表(袖女(岩手県))

袖女(2) そでじょ*
　江戸時代後期の女性。和歌。菅沼大蔵家の奥女中。文化11年刊、中山忠雄・河田正致編『柿本社奉納和歌集』に載る。
　¶江表(袖女(東京都))

袖女(3) そでじょ*
　江戸時代後期の女性。川柳。文政1年刊『誹風柳多留』七〇編の佃島住吉社額面会(願主銚扇)に載る。
　¶江表(袖女(東京都))

袖女(4) そでじょ*
　江戸時代後期の女性。狂歌。越後新潟の人。鹿都部真顔撰、『俳諧歌次郎万首かへりあるじ』に載る。
　¶江表(袖女(新潟県))

素哲 そてつ
　⇒明峰素哲(めいほうそてつ)

麁手登女 そでとめ*
　江戸時代後期の女性。狂歌。寛政4年刊、桑楊庵光編『狂歌四本柱』に載る。
　¶江表(麁手登女(東京都))

袖の そでの*
　江戸時代中期の女性。俳諧。摂津の人。元禄13年刊、岩田涼菟撰『一幅半』に載る。
　¶江表(袖の(大阪府))

袖萩* そではぎ
　浄瑠璃や歌舞伎の登場人物。
　¶コン

袖飛車子 そでびしゃし*
　江戸時代後期の女性。狂歌。山路の妻。文政2年刊、千柳亭唐丸編『狂歌陸奥百歌撰』に載る。
　¶江表(袖飛車子(宮城県))

素桐 そとう
　⇒片岡仁左衛門〔6代〕(かたおかにざえもん)

素堂* (──〔1代〕) そどう
　寛永19(1642)年～享保1(1716)年 ㋺山口勘兵衛、山口官兵衛(やまぐちかんべえ)、山口素堂(やまぐちそどう) 江戸時代前期～中期の俳人。
　¶江人、コン(山口素堂 やまぐちそどう)、詩作(山口素堂 やまぐちそどう ㋤寛永19(1642)年5月5日 ㋺享保1(1716)年8月15日)、日文(山口素堂 やまぐちそどう)、俳文(㋤寛永19(1642)年5月5日 ㋺享保1(1716)年8月15日)

衣通郎女(衣通郎姫) そとおしのいらつめ
　⇒衣通姫(そとおりひめ)

衣通郎姫(1) そとおりのいらつめ
　⇒軽大娘皇女(かるのおおいらつめのひめみこ)

衣通郎姫(2) そとおりのいらつめ
　⇒衣通姫(そとおりひめ)

衣通姫* (1) そとおりひめ
　㋤衣通郎女(そとおしのいらつめ)、衣通郎姫(そとおりのいらつめ) 上代の女性。允恭天皇の妃。伝説上の美女。
　¶コン(衣通郎女 そとおしのいらつめ)

衣通姫(2) そとおりひめ
⇒軽大娘皇女(かるのおおいらつめのひめみこ)

外峯四郎左衛門 そとみねしろうざえもん
⇒織田左馬允(おださまのじょう)

外山 そとやま⋆
江戸時代中期の女性。和歌。仙台藩一門伊達式部家の奥女中。安永3年成立「田村村隆母公六十賀祝賀歌集」に載る。
¶江表(外山(宮城県))

蘇那曷叱知＊ そなかしち
任那から朝貢のために渡来したとされる。
¶古代

そね
江戸時代中期の女性。和歌。摂津兵庫の豪商北風貞藤の妻。
¶江表(そね(兵庫県) [没]享保2(1717)年)

曽根 そね⋆
江戸時代中期の女性。俳諧。石見三松城の人。安永2年刊、大山烏仙編『筆柿集』に載る。
¶江表(曽根(島根県))

曽根家次 そねいえつぐ
安土桃山時代～江戸時代前期の代官。
¶徳代([生]天正4(1576)年 [没]元和8(1622)年8月16日)

曽祢右近助＊ そねうこんのすけ
生没年不詳 戦国時代の武田氏の家臣。
¶武田(曽禰右近助 そねうこんのんすけ)

曽根栄道＊ そねえいどう
生没年不詳 江戸時代末期の和算家。
¶数学

曽根勝長＊(曽禰勝長) そねかつなが
生没年不詳 戦国時代の甲斐武田晴信の家臣。
¶武田(曽禰勝長)

曽禰掃部助 そねかもんのすけ
安土桃山時代の武田氏の家臣。
¶武田([生]? [没]天正10(1582)年3月)

曽根河内守＊(曽禰河内守) そねかわちのかみ
?～天正10(1582)年3月 戦国時代～安土桃山時代の甲斐武田勝頼の家臣。
¶武田(曽禰河内守)

曽根勘六 そねかんろく
江戸時代前期の幕臣、御蔵奉行。
¶徳人(生没年不詳)

曽禰外記＊(曽祢外記) そねげき
生没年不詳 戦国時代の武士。後北条氏家臣。
¶後北(外記〔曽根〕 げき)

そね子 そねこ⋆
江戸時代後期の女性。和歌。因幡鳥取藩士沢治右衛門の母。嘉永4年刊、堀尾光久編『近世名所歌集』初に載る。
¶江表(そね子(鳥取県))

曽禰侍従 そねじじゅう
⇒稲葉貞通(いなばさだみち)

曽根七郎兵衛尉＊(曽禰七郎兵衛尉) そねしちろうひょうえのじょう
生没年不詳 戦国時代の甲斐武田晴信の家臣。
¶武田(曽禰七郎兵衛尉)

曽根祐啓 そねすけひろ
江戸時代後期～明治時代の和算家、上田藩士。
¶数学([生]享和3(1803)年3月21日 [没]明治13(1880)年10月10日)

曽禰大学助 そねだいがくのすけ
戦国時代の武士。
¶武田([生]? [没]永正17(1520)年6月10日)

曽根次孝 そねつぐたか
江戸時代中期～後期の幕臣。
¶徳人([生]1776年 [没]1835年)

曽禰縄直 そねつななお
戦国時代の武田氏の家臣。縄長と同一人物の可能性が高い。
¶武田([生]? [没]享禄4(1531)年3月16日)

曽根縄長＊(曽禰縄長) そねつなnext
?～享禄4(1531)年3月16日 戦国時代の甲斐武田信虎の家臣。
¶武田(曽禰縄長 [没]享禄4(1531)年3月16日?)

曽根俊虎 そねとしとら
江戸時代後期～明治時代の米沢藩士。
¶幕末([生]弘化4(1847)年10月6日 [没]明治43(1910)年5月31日)

曽根友広 そねともひろ
江戸時代前期の関東代官。
¶徳代([生]承応3(1654)年 [没]延宝8(1680)年10月21日)

曽根虎長＊(曽禰虎長) そねとらなが
生没年不詳 戦国時代の甲斐武田晴信の家臣。
¶武田(曽禰虎長)

曽禰虎盛 そねとらもり
戦国時代の武田氏の家臣。
¶武田(生没年不詳)

曽根長次 そねながつぐ
戦国時代～江戸時代前期の代官。
¶徳代([生]天文18(1549)年 [没]慶長18(1613)年10月14日)

曽根長渉 そねながつぐ
江戸時代前期～中期の代官。
¶徳代([生]延宝2(1674)年 [没]宝暦7(1757)年2月25日)

曽禰五十日虫 そねのいかむし
奈良時代の女官。
¶古人([生]? [没]774年)

曽禰乙万呂 そねのおとまろ
奈良時代の桑原荘の田使。
¶古人(生没年不詳)

曽禰好忠＊ そねのよしただ
生没年不詳 [別]曽丹(そうたん, そたん), 曽根好忠, 曽禰好忠(そねよしただ) 平安時代中期の歌人。
¶古人,コン,詩作,日文([生]延長初(923)年? [没]長保5(1003)年?)

曽根原六蔵＊ そねはらろくぞう
寛保3(1743)年～文化7(1810)年 江戸時代中期～後期の出羽国酒田町の豪商、砂防植林の功労者。
¶コン(生没年不詳)

宗禰倍延方　**そねべのぶかた**
平安時代後期の官人。
¶古人（生没年不詳）

曽根昌世（曽禰昌世）　**そねまさただ**
⇒曽根昌世（そねまさよ）

曽根昌長＊（曽禰昌長）　**そねまさなが**
生没年不詳　戦国時代の武士。武田氏家臣。
¶武田（曽禰昌長　[生]？　[没]大永3（1523）年）

曽根昌世＊　**そねまさよ**
生没年不詳　[別]曽根昌世，曽禰昌世（そねまさただ）　戦国時代～安土桃山時代の武将。武田氏家臣。
¶武田（曽禰昌世　そねまさただ　[生]？　[没]？年7月9日）

曽根吉重　**そねよししげ**
安土桃山時代～江戸時代前期の代官。
¶徳代（[生]慶長6（1601）年　[没]慶安2（1649）年7月5日）

曽根好忠（曽禰好忠）　**そねよしただ**
⇒曽禰好忠（そねのよしただ）

曽根吉次　**そねよしつぐ**
天正19（1591）年～寛文4（1664）年　安土桃山時代～江戸時代前期の幕臣。
¶徳人，徳代（[没]寛文4（1664）年12月15日）

曽根吉広　**そねよしひろ**
江戸時代前期の代官。
¶徳代（[生]寛永3（1626）年　[没]延宝3（1675）年3月4日）

曽根吉正　**そねよしまさ**
江戸時代前期～中期の佐渡奉行。
¶徳代（[生]元和9（1623）年　[没]元禄10（1697）年4月3日）

素然　**そねん**
⇒源明（みなもとのあきら）

その（1）
江戸時代前期～中期の女性。書簡。信濃飯田藩藩士脇坂弥次兵衛の娘。
¶江表（その（兵庫県）　[生]明暦1（1655）年　[没]延享2（1745）年）

その（2）
江戸時代中期の女性。俳諧。須賀川の人。宝永2年成立、相楽等躬編『一の木戸』に載る。
¶江表（その（福島県））

その（3）
江戸時代中期の女性。俳諧。越中の人。享保4年刊、中川文露編『花林燭』に載る。
¶江表（その（富山県））

その（4）
江戸時代中期の女性。俳諧。能登の人。元禄13年跋、勝木勤文編『珠洲の海』に載る。
¶江表（その（石川県））

その（5）
江戸時代中期の女性。俳諧。俳人藜蘭の妻。享保12年跋、露桂庵一字編『芋かしら』に載る。
¶江表（その（石川県））

その（6）
江戸時代中期の女性。俳諧。大坂の人。安永3年刊、五竹庵蝶夢編『類題発句集』に載る。
¶江表（その（大阪府））

その（7）
江戸時代中期の女性。俳諧。豊後玖珠の人。正徳5年刊、筌涀編「小太郎」に載る。
¶江表（その（大分県））

その（8）
江戸時代後期の女性。俳諧。弘前藩主津軽家一門の津軽百助朝喬の妾。文政6年写、角田其友編『古今俳諧合裏明玉集』に載る。
¶江表（その（青森県））

その（9）
江戸時代後期の女性。和歌。秋田藩御用達津村淙庵の妻つやの妹か。
¶江表（その（東京都））

その（10）
江戸時代後期の女性。教育。金井氏。
¶江表（その（東京都）　[生]天保9（1838）年頃）

その（11）
江戸時代後期の女性。和歌。伊豆古奈の和田斉兵衛善衡の母。天保12年刊、竹村茂雄編『門田の抜穂』に載る。
¶江表（その（静岡県））

その（12）
江戸時代末期の女性。書簡。江戸で著名の書肆和泉屋善兵衛の娘。
¶江表（その（群馬県））

ソノ
江戸時代末期の女性。俳諧。相模鵠沼の万福寺23世住職荒木良空の妻。
¶江表（ソノ（神奈川県））

園（1）　**その**★
江戸時代中期～後期の女性。福祉。古川の佐々木真市尚徳の娘。
¶江表（園（宮城県）　[生]宝暦1（1751）年　[没]文政13（1830）年）

園＊（2）　**その**
生没年不詳　江戸時代後期の女性。俳人。
¶江表（園女（群馬県））

園（3）　**その**★
江戸時代後期の女性。俳諧。摂津灘の人。天明8年序、宮紫暁編『松のそなた』に載る。
¶江表（園（兵庫県））

園池公屋＊　**そのいけきみおく**
正保2（1645）年7月23日～元禄14（1701）年8月6日　江戸時代前期～中期の公家（非参議）。権大納言園池宗朝の孫。
¶公卿，公家（公屋〔園池家〕　きんや）

園池公翰＊　**そのいけきみふみ**
明和2（1765）年2月13日～天保7（1836）年9月28日　江戸時代中期～後期の公家（権大納言）。参議園池成徳（のち水無瀬忠成）の子。
¶公卿，公家（公翰〔園池家〕　きんふみ）

園池公静＊　**そのいけきんしず**
天保6（1835）年～大正8（1919）年　江戸時代末期～大正時代の公家、奈良県知事、侍従。朝政刷新の二十二卿列参に参加。
¶幕末（[生]天保6（1835）年6月25日　[没]大正8（1919）年10月8日）

園池実達　そのいけさねかつ
⇒園池実達(そのいけさねたつ)

園池実達*　そのいけさねたつ
寛政4(1792)年7月26日～嘉永3(1850)年1月23日　[別]園池実達(そのいけさねかつ)　江戸時代末期の公家(非参議)。権大納言園池公翰の子。
¶公卿,公家(実達〔園池家〕　さねたつ)

園池実徳　そのいけさねのり
⇒園池成徳(そのいけなりのり)

園池実守*　そのいけさねもり
貞享1(1684)年6月23日～享保12(1727)年4月22日　江戸時代中期の公家(非参議)。非参議園池公屋の子。
¶公卿,公家(実守〔園池家〕　さねもり)

園池成徳*　そのいけなりのり
元文1(1736)年10月1日～寛政4(1792)年5月15日　[別]園池実徳(そのいけさねのり),水無瀬忠成(みなせただなり)　江戸時代中期の公家(参議)。権中納言水無瀬氏孝の末子。
¶公卿,公家(忠成〔水無瀬家〕　ただなり　[生]享保21(1736)年10月1日)

園池房季*　そのいけふさすえ
正徳3(1713)年3月14日～寛政7(1795)年9月7日　江戸時代中期の公家(権大納言)。非参議園池実守の長男。
¶公卿,公家(房季〔園池家〕　ふさすえ)

園池宗朝*　そのいけむねとも
慶長16(1611)年～寛文2(1662)年　江戸時代前期の公家(権大納言)。園池家の祖。左中将櫛笥隆致朝臣の次男。
¶公卿([生]慶長16(1611)年6月29日　[没]寛文1(1661)年12月6日),公家(宗朝〔園池家〕　むねとも　[生]慶長16(1611)年6月29日　[没]寛文1(1661)年12月6日)

園生　そのう
江戸時代末期の女性。和歌。歌人花房藤兵衛の妻。安政1年刊、堀尾光久編『近世名所歌集』二に載る。
¶江表(園生(大阪府))

祖能　そのう
⇒大拙祖能(だいせつそのう)

そのえ
江戸時代後期の女性。和歌。庄内藩主酒井左衛門尉忠徳家の奥女中。寛政10年跋、信濃松代藩主真田幸弘の六〇賀集「千とせの寿詞」に載る。
¶江表(そのえ(山形県))

園尾　そのお★
江戸時代中期の女性。和歌。但馬豊岡京極家の老女。安永3年の「田村村隆母公六十賀祝賀歌集」に載る。
¶江表(園尾(兵庫県))

薗生　そのお
江戸時代後期の女性。俳諧。播磨姫路の井上氏の娘。文化10年刊、柿耶丸長斎編『万家人名録』に載る。
¶江表(薗生(大阪府)　えんしょう),江表(薗生(兵庫県))

薗鑑　そのかん
*～明治17(1884)年　江戸時代後期～明治時代の幕臣。
¶徳人([生]1839年),幕末([生]?　[没]明治17(1884)年12月10日)

園国子　そのくにこ
⇒新広義門院(しんこうぎもんいん)

その子　そのこ★
江戸時代後期の女性。和歌。葛飾住。文化5年頃、真田幸弘編「御ことほきの記」に載る。
¶江表(その子(東京都))

園子(1)　そのこ★
江戸時代中期の女性。和歌。原利澄の娘。明和3年成立、難波玄生・清水貞固ほか撰「稲葉和歌集」に載る。
¶江表(園子(鳥取県))

園子(2)　そのこ★
江戸時代後期の女性。和歌。盛岡藩士八木橋定見の妻。文政11年、「和歌門弟帳」に載る。
¶江表(園子(岩手県))

園子(3)　そのこ★
江戸時代後期の女性。医師。吉沢の漢方医吉原昌碩の妻。天保頃に開業した。
¶江表(園子(栃木県))

園子(4)　そのこ★
江戸時代後期の女性。和歌。七日市藩藩士保坂正方の妻。天保5年に正義を産む。
¶江表(園子(群馬県))

園子(5)　そのこ★
江戸時代後期の女性。和歌。石見津和野の中村安由の母。文政6年、柿本人麻呂1100年忌に高津柿本神社の別当寺の真福寺に奉納された「柿葉集」に載る。
¶江表(園子(島根県))

園子(6)　そのこ★
江戸時代後期の女性。和歌。美作津山藩藩士佐野宗右衛門の妻。文政4年、「詩仙堂募集和歌」に載る。
¶江表(園子(岡山県))

園子(7)　そのこ★
江戸時代末期の女性。和歌。常陸水戸藩主徳川斉昭の奥女中か。文久1年成立「烈公一回御忌和歌」に載る。
¶江表(園子(茨城県))

園子(8)　そのこ★
江戸時代末期～明治時代の女性。和歌。越後五泉に生まれる。
¶江表(園子(新潟県)　[没]明治7(1874)年)

その女(1)　そのじょ★
江戸時代中期の女性。散文・和歌。尼妙臨の弟伊藤権兵衛の娘。「片玉集」前集巻六三に載る。
¶江表(その女(東京都))

その女*(2)(園女)　そのじょ
安永9(1780)年頃～慶応4(1868)年　[別]斎藤その(さいとうその)　江戸時代後期の女性。俳人。
¶江表(園女(千葉県)　[生]天明2(1782)年),俳文(園女　[生]天明1(1781)年　[没]慶応4(1868)年1月28日)

その女(3)　そのじょ★
江戸時代末期～明治時代の女性。俳諧・画。小荒井の稲荷神社脇に住み、桶屋を生業としていた小荒井輪亭の娘。
¶江表(その女(福島県)　[没]明治31(1898)年)

園女(1)　**そのじょ★**
江戸時代中期の女性。俳諧。鶴見氏。安永3年刊、父松寿庵編『江戸近在所名集』に載る。
¶江表(園女(東京都))

園女(2)　**そのじょ★**
江戸時代後期の女性。俳諧。能代の人。寛政9年成立、吉川五明序「早苗うた」に載る。
¶江表(園女(秋田県))

園女(3)　**そのじょ★**
江戸時代後期の女性。俳諧。佐渡相川の薬種商播磨屋山川伯林の娘。
¶江表(園女(新潟県)　[没]文化7(1810)年)

園女(4)　**そのじょ**
⇒園女(そのめ)

曽野女　**そのじょ★**
江戸時代後期の女性。俳諧。寒河江の人。天保15年、寒河江八幡宮に奉納された俳額に載る。
¶江表(曽野女(山形県))

園田　**そのだ★**
江戸時代中期の女性。和歌。仙台藩一門伊達村倫の奥女中。安永3年成立「田村村隆母公六十賀祝賀歌集」に載る。
¶江表(園田(宮城県))

襲武媛*　**そのたけひめ**
上代の女性。景行天皇の妃。
¶天皇

薗田成家　**そのだしげいえ**
⇒智明坊(ちみょうぼう)

園田七郎　**そのだしちろう**
⇒亀田徳三郎(かめたとくさぶろう)

園田荻風*　**そのだてきふう**
生没年不詳　[別]荻風(てきふう)　江戸時代中期〜後期の俳人。
¶俳文(荻風　てきふう)

園田道閑*　**そのだどうかん**
寛永3(1626)年〜寛文7(1667)年　江戸時代前期の義民。加賀藩長家領鹿島半郡の十村頭。
¶コン

薗田某　**そのだなにがし**
安土桃山時代の武蔵国鉢形城主北条氏邦の家臣。
¶後北(某〔薗田〕　なにがし)

薗田成重*　**そのだなりしげ**
生没年不詳　鎌倉時代前期の武士。
¶古人

園田武一*　**そのだぶいち**
天保14(1843)年〜明治10(1877)年　江戸時代末期〜明治時代の鹿児島県士族。西南戦争で活躍、城山で西郷と討ち死に。
¶幕末([没]明治10(1877)年9月24日)

薗田守晨　**そのだもりあさ**
⇒荒木田守晨(あらきだもりとき)

薗田守相　**そのだもりすけ**
⇒荒木田守相(あらきだもりあい)

薗田守浮　**そのだもりちか**
⇒荒木田守浮(あらきだもりうき)

薗田守晨　**そのだもりとき**
⇒荒木田守晨(あらきだもりとき)

薗田守宣*　**そのだもりのぶ**
文政6(1823)年〜明治20(1887)年　[別]荒木田守宣(あらきだもりのぶ)　江戸時代後期〜明治時代の神職。
¶公卿(荒木田守宣　あらきだもりのぶ　[生]文政6(1823)年11月12日　[没]明治20(1887)年2月),公家(守宣〔伊勢内宮禰宜　荒木田氏〕　もりのぶ　[没]明治20(1887)年3月10日)

薗田守秀　**そのだもりひで**
⇒荒木田守秀(あらきだもりひで)

薗田守洪　**そのだもりひろ**
⇒荒木田守洪(あらきだもりこう)

薗田守宗　**そのだもりむね**
⇒荒木田守宗(あらきだもりむね)

薗田守敬　**そのだもりよし**
⇒荒木田守敬(あらきだもりたか)

薗田守良*　**そのだもりよし**
天明5(1785)年〜天保11(1840)年　[別]荒木田守良(あらきだもりよし)　江戸時代後期の神道学者。荒木田守諸の子。
¶コン,思想

薗田由貴　**そのだゆき**
⇒薗田悠機子(そのだゆきこ)

薗田悠機子*　**そのだゆきこ**
寛政4(1792)年〜天保12(1841)年　[別]薗田由貴(そのだゆき)　江戸時代後期の女性。歌人。
¶江表(悠機(三重県)　[生]寛政5(1793)年)

園田鷹巣*　**そのだようそう**
文政2(1819)年〜明治24(1891)年　江戸時代末期〜明治時代の儒学者、京都師範学校教授、公議所議員幹事。大参事として藩政改革にあたる。
¶幕末([没]明治24(1891)年4月5日)

薗竹子　**そのちくし★**
江戸時代末期の女性。狂歌。江戸崎の狂歌師緑樹園元有と楓樹園照子の娘。
¶江表(薗竹子(東京都)　[没]安政6(1859)年)

園常子*　**そのつねこ**
?〜宝暦13(1763)年　江戸時代中期の女性。中御門天皇の宮人。
¶天皇([没]宝暦13(1763)年8月19日)

園姫*　**そのひめ**
万治3(1660)年3月5日〜享保10(1725)年2月15日　江戸時代前期〜中期の女性。三次藩主浅野長照の妻。徳川家康の曽孫。
¶江表(園姫(愛知県))

園文英*　**そのぶんえい**
慶長14(1609)年〜延宝8(1680)年　[別]円光院(えんこういん)　江戸時代前期の女性。円通寺の尼僧。
¶コン,女史(円光院　えんこういん)

薗部源次郎　**そのべげんじろう**
江戸時代前期の代官、金奉行。
¶徳代([生]延宝5(1677)年　[没]?)

薗部忠康　**そのべただやす**
平安時代後期の武士。紀伊国の住人。
¶平家(生没年不詳)

園光子 そのみつこ

⇒壬生院(みぶいん)

園村尚実* そのむらひさざね

文政11(1828)年～明治22(1889)年　江戸時代末期～明治時代の土佐国上士。勤王派。藩体制の改革を進めて新組織を作る。

¶幕末([没]明治22(1889)年6月7日)

園女* そのめ

寛文4(1664)年～享保11(1726)年　[別]斯波園女(しばそのじょ，しばそのめ)，園女(そのじょ)，度会園女(わたらいそのめ)　江戸時代中期の女性。俳人。

¶江表(園女(東京都))，眼医，コン(斯波園女　しばそのじょ)，詩作(斯波園女　しばそのめ　[没]享保11(1726)年4月20日)，女史(斯波園女　しばそのめ)，女文(斯波園女　しばそのめ　[没]享保11(1726)年4月20日)，俳文([没]享保11(1726)年4月20日)

園基顕* そのもとあき

暦仁1(1238)年～文保2(1318)年12月26日　鎌倉時代後期の公卿(参議)。参議園基氏の次男。

¶公卿，公家(基顕〔園家〕　もとあき)

園基有* そのもとあり

応永30(1423)年～長享1(1487)年7月10日　室町時代～戦国時代の公卿(権中納言)。権中納言園基秀の子。

¶公卿，公家(基有〔園家〕　もとあり　[没]文明19(1487)年7月10日)

園基氏* そのもとうじ

建暦1(1211)年～弘安5(1282)年　鎌倉時代後期の公卿(参議)。園家の祖。権中納言持明院基家の三男。

¶公卿([没]弘安5(1282)年11月18日)，公家(基氏〔園家〕　もとうじ　[没]弘安5(1282)年11月18日)

園基香 そのもとか

⇒園基香(そのもとよし)

園基賢* そのもとかた

？～天授1/永和1(1375)年　南北朝時代の公卿(非参議)。参議園基春の子。

¶公卿([没]永和1/天授1(1375)年)，公家(基賢〔園家(絶家)2〕　もとかた　[没]永和1(1375)年)

園基勝* そのもとかつ

寛文3(1663)年10月14日～元文3(1738)年9月22日　江戸時代中期の公家(権大納言)。准大臣園基福の子。

¶公卿，公家(基勝〔園家〕　もとかつ)

園基定* そのもとさだ

生没年不詳　南北朝時代～室町時代の公卿(非参議)。応永2年従三位に叙される。

¶公卿，公家(基定〔園家(絶家)1〕　もとさだ)

園基祥* そのもとさち

天保4(1833)年～明治38(1905)年　江戸時代末期～明治時代の公家、明治天皇家司。条約幕府委任反対の列参に参加。

¶幕末([生]天保4(1833)年11月11日　[没]明治38(1905)年10月30日)

園基重* そのもとしげ

弘安1(1278)年～？　鎌倉時代後期の公卿(非参議)。参議園基顕の次男。

¶公卿，公家(基重〔園家(絶家)1〕　もとしげ)

園基茂* そのもとしげ

寛政5(1793)年5月13日～天保11(1840)年6月14日　江戸時代後期の公家(権中納言)。権大納言園基理の子。

¶公卿，公家(基茂〔園家〕　もとしげ)

園基隆* そのもとたか

正和3(1314)年～文中3/応安7(1374)年5月7日　[別]園基宣(そのもとのぶ)　南北朝時代の公卿(権中納言)。権中納言園基成の子。

¶公卿([没]応安7/文中3(1374)年5月7日)，公家(基隆〔園家〕　もとたか　[没]応安7(1374)年5月7日)

園基任 そのもとただ

⇒園基任(そのもととう)

園基任* そのもととう

天正1(1573)年1月11日～慶長18(1613)年1月13日　[別]園基任(そのもとただ)　安土桃山時代～江戸時代前期の公家(参議)。正四位上・左中将園基継の子。

¶公卿(そのもとただ)，公家(基任〔園家〕　もととう　[生]元亀4(1573)年1月11日　[没]慶長18(1613)年1月14日)

園基富* そのもととみ

長禄1(1457)年～天文2(1533)年2月28日　戦国時代の公卿(権中納言)。権中納言園基有の子。

¶公卿，公家(基富〔園家〕　もととみ)

園基音* そのもとなり

慶長9(1604)年8月23日～明暦1(1655)年2月17日　江戸時代前期の公家(権大納言)。参議園基任の子。

¶公卿，公家(基音〔園家〕　もとね　[没]承応4(1655)年2月17日)

園基成* そのもとなり

永仁5(1297)年～興国2/暦応4(1341)年12月23日　鎌倉時代後期～南北朝時代の公卿(権中納言)。権中納言園基藤の長男。

¶公卿([没]暦応4/興国2(1341)年12月23日)，公家(基成〔園家〕　もとなり　[没]暦応4(1341)年12月23日)

園基福 そのもとね

⇒園基福(そのもとふく)

園基宣 そのもとのぶ

⇒園基隆(そのもとたか)

園基春* そのもとはる

嘉元2(1304)年～？　鎌倉時代後期～南北朝時代の公卿(参議)。権中納言園基藤の次男。

¶公卿，公家(基春〔園家(絶家)2〕　もとはる)

園基秀* そのもとひで

正平24/応安2(1369)年～文安2(1445)年　南北朝時代～室町時代の公卿(権中納言)。華道青山流中興の祖。権中納言園基光の子。

¶公卿([生]応安2/正平24(1369)年　[没]？)，公家(基秀〔園家〕　もとひで　[没]文安2(1445)年4月18日)

園基衡* そのもとひら

享保6(1721)年～寛政6(1794)年5月10日　江戸時代中期の公家(権大納言)。権大納言園基香の長男。

¶公卿([生]享保6(1721)年閏7月8日)，公家(基衡〔園家〕　もとひら　[生]享保6(1721)年閏7月8日)

園基福* そのもとふく

元和8(1622)年～元禄12(1699)年　[別]園基福(そのもとね，そのもとよし)　江戸時代前期の歌人・公家(准大臣)。権大納言園基音の子。

¶公卿（㋴元和8(1622)年2月16日 ㋒元禄12(1699)年11月10日），公家（基福〔園家〕 もととみ ㋴元和8(1622)年2月16日 ㋒元禄12(1699)年11月10日）

園基藤* そのもとふじ
建治2(1276)年～正和5(1316)年7月4日 鎌倉時代後期の公卿（権中納言）。参議園基顕の長男。
¶公卿，公家（基藤〔園家〕 もとふじ）

園基冬* そのもとふゆ
正応3(1290)年～興国5/康永3(1344)年8月15日 鎌倉時代後期～南北朝時代の公卿（非参議）。非参議園基重の子。
¶公卿（㋴康永3/興国5(1344)年8月15日），公家（基冬〔園家（絶家）1〕 もとふゆ ㋒康永3(1344)年8月15日）

園基理 そのもとまち
⇒園基理（そのもとよし）

園基光* そのもとみつ
？～応永9(1402)年5月6日 南北朝時代～室町時代の公卿（権中納言）。権中納言園基隆の子。
¶公卿，公家（基光〔園家〕 もとみつ）

園基香* そのもとよし
元禄4(1691)年7月19日～延享2(1745)年5月17日 ㋲園基香（そのもとか） 江戸時代中期の公家（権大納言）。権大納言園基勝の子。
¶公卿，公家（基香〔園家〕 もとか）

園基福 そのもとよし
⇒園基福（そのもとふく）

園基理* そのもとよし
宝暦8(1758)年1月26日～文化12(1815)年10月7日 ㋲園基理（そのもとまち） 江戸時代中期～後期の公家（権大納言）。権大納言園基衡の次男。
¶公卿，公家（基理〔園家〕 もとあや）

岨 そば*
江戸時代後期の女性。俳諧。文化4年刊、中山眉山（翠台）編、千代女33回忌追善集『長月集』に載る。
¶江表（岨（石川県））

祖白* そはく
元和1(1615)年～延宝7(1679)年12月12日 江戸時代前期の連歌作者。
¶俳文（㋒延宝7(1679)年11月12日）

素檗 そばく
⇒藤森素檗（ふじもりそばく）

素颦女 そひんじょ
江戸時代前期～中期の俳諧作者。元禄ごろ。
¶江表（素颦（滋賀県）），俳文（生没年不詳）

素風 そふう*
江戸時代末期～明治時代の女性。俳諧。長州藩藩士で書家井上巌城の娘。
¶江表（素風（山口県）㋒明治41(1908)年）

素楓の妻 そふうのつま*
江戸時代中期の女性。俳諧。大坂の人。元禄16年刊、『元禄癸未歳旦帖』に載る。
¶江表（素楓の妻（大阪府））

祖父江金法師* そぶえきんぽうし
生没年不詳 安土桃山時代の織田信長の家臣。
¶織田

祖父江秀重* そふえひでしげ，そぶえひでしげ
*～天正13(1585)年10月 戦国時代～安土桃山時代の代官。織田氏家臣。
¶織田（そぶえひでしげ ㋴大永4(1524)年），全戦（そぶえひでしげ ㋴大永2(1522)年）

祖父江秀盛* そふえひでもり
？～永禄12(1569)年8月？ 戦国時代～安土桃山時代の織田信長の家臣。
¶織田

祖父江孫* そぶえまご
？～天正10(1582)年6月2日 ㋲祖父江孫丸（そぶえまごまる） 戦国時代～安土桃山時代の織田信長の家臣。
¶織田（祖父江孫丸 そぶえまごまる）

祖父江孫丸 そぶえまごまる
⇒祖父江孫（そぶえまご）

祖父江正秀 そふえまさひで
江戸時代中期の武士、勘定。
¶徳代（㋴元禄5(1692)年 ㋒宝暦11(1761)年2月11日）

素文 そぶん*
江戸時代後期の女性。俳諧。中込の市川礼子。文化14年序、江戸の小蓑庵碓嶺の信州旅日記『さらしな紀行』に載る。
¶江表（素文（長野県））

素峰 そほう*
江戸時代末期の女性。俳諧。入善の人。文久4年刊、太田木甫編『荒磯集』に載る。
¶江表（素峰（富山県））

曽北* そほく
？～寛保3(1743)年 江戸時代中期の俳人。
¶俳文（㋴延宝8(1680)年 ㋒寛保3(1743)年2月5日）

そま*
江戸時代中期の女性。和歌。石見の人。宝永6年奉納、平間長雅編「住吉社奉納千首和歌」に載る。
¶江表（そま（島根県））

杣田光正* そまたみつまさ，そまだみつまさ
寛政7(1795)年～安政3(1856)年 江戸時代末期の螺鈿工。越中国富山の出身。
¶コン，美工

楚満人 そまひと
⇒南仙笑楚満人（なんせんしょうそまひと）

素丸（――〔2代〕） そまる
⇒溝口素丸（みぞぐちそがん）

そみ女 そみじょ*
江戸時代後期の女性。和歌。尾張徳川家の奥女中。弘化4年刊、清堂観尊編『たち花の香』に載る。
¶江表（そみ女（愛知県））

蘇民将来* そみんしょうらい
疫病除けの守護神。
¶思想

そめ(1)
江戸時代中期の女性。和歌。京都の歌人で歌学者有賀長伯の娘。宝永6年奉納、平間長雅編「住吉社奉納千首和歌」に載る。
¶江表（そめ（京都府））

そめ(2)
江戸時代中期の女性。俳諧。大坂の人。元禄15年同16年刊、広瀬惟然編『二葉集』に載る。
¶江表(そめ(大阪府))

そめ(3)
江戸時代後期の女性。教育。鈴木金之助の娘。
¶江表(そめ(東京都)　[生]弘化3(1846)年頃)

そめ(4)
江戸時代後期の女性。和歌。三河吉田藩主松平信明家の奥女中。寛政10年跋、真田幸弘の六〇賀集「千とせの寿詞」に載る。
¶江表(そめ(愛知県))

そめ(5)
江戸時代後期の女性。和歌。大村藩の奥女中。文化11年刊、中山忠雄・河田正致編『柿本社奉納和歌集』に載る。
¶江表(そめ(長崎県))

そめ(6)
江戸時代末期の女性。狂歌。新吉原仲の町の芸妓か。文久2年刊、雪乃門春見ほか撰『狂歌三都集』に載る。
¶江表(そめ(東京都))

染井　そめい★
江戸時代末期の女性。家祖・書簡。三木郡井戸村の多田岡右衛門の娘。
¶江表(染井(香川県)　[没]慶応2(1866)年)

楚明　そめい★
江戸時代中期～後期の女性。俳諧。下戸倉の宮本麦雨の姉たか。
¶江表(楚明(長野県)　[生]延享2(1745)年　[没]寛政3(1791)年)

染川　そめがわ★
江戸時代中期の女性。俳諧。安芸宮島の遊女。享保頃没。
¶江表(染川(広島県))

染きぬ　そめきぬ★
江戸時代後期の女性。俳諧。越前滝谷の遊女。寛政8年刊、荒木為卜仙編『卯花筐』下に載る。
¶江表(染きぬ(福井県))

染子(1)　**そめこ**★
江戸時代の女性。和歌。浅草本願寺内西光寺住。明治8年刊、橘東世子編『明治歌集』に載る。
¶江表(染子(東京都))

染子＊(2)　**そめこ**
寛文7(1667)年～宝永2(1705)年5月10日　[別]飯塚染子(いいづかそめこ)　江戸時代前期～中期の女性。柳沢吉保の側室。飯塚正次の子。
¶江表(染子(山梨県))

染崎延房＊　**そめざきのぶふさ**
文政1(1818)年～明治19(1886)年　[別]為永春水〔2代〕(ためながしゅんすい)　江戸時代末期～明治時代の戯作者。作品に「報告倭魂」「義烈回天百首」など。
¶コン,幕末(為永春水〔2世〕　ためながしゅんすい　[生]文政1(1818)年10月　[没]明治19(1886)年9月27日)

そめ女(1)　**そめじょ**★
江戸時代中期の女性。俳諧。蕉門十哲の一人榎本其角の母妙務尼の四回忌にあたる元禄3年に編んだ『花摘』に載る。
¶江表(そめ女(滋賀県))

そめ女(2)　**そめじょ**★
江戸時代後期の女性。和歌。秋田藩主佐竹義和の奥女中か。
¶江表(そめ女(秋田県))

染女　そめじょ★
江戸時代中期の女性。俳諧。加賀の人。元禄6年序、宮村紹由編「猿丸宮集」に載る。
¶江表(染女(石川県))

染殿后　そめどののきさき
⇒藤原明子(ふじわらのあきらけいこ)

染殿内侍＊　**そめどののないし**
生没年不詳　「大和物語」の登場人物。
¶古人

染松常世　そめまつつねよ
⇒小佐川常世〔1代〕(おさがわつねよ)

染谷二郎右衛門尉　そめやじろうえもんのじょう
安土桃山時代の下総国小金城主高城胤則の家臣。北条氏に属した。
¶後北(二郎右衛門尉〔染谷〕　じろうえもんのじょう)

染谷徳五郎　そめやとくごろう
江戸時代末期～明治時代の植物学研究者。
¶植物(生没年不詳)

染谷知信＊　**そめやとものぶ**
生没年不詳　江戸時代後期の金工家。金工家染谷昌信の子。
¶コン,美工

染山喜十郎　そめやまきじゅうろう
⇒沢村宗十郎〔1代〕(さわむらそうじゅうろう)

素毛　そもう
⇒加藤素毛(かとうそもう)

蘇守＊　**そもり**
生没年不詳　江戸時代中期の俳人。
¶俳文

楚由＊　**そゆう**
元禄16(1703)年～享保16(1731)年6月22日　江戸時代中期の俳人。
¶俳文

素遊　そゆう★
江戸時代後期の女性。俳諧。文化3年、宮本虎杖編「虎杖葬艸稿」に載る。
¶江表(素遊(長野県))

素友尼　そゆうに★
江戸時代後期の女性。俳諧。弘化3年跋、黒川惟草編『俳諧人名録』二に神田仙松斎の娘かん、抱月庵とある。天保年中没か。
¶江表(素友尼(東京都))

そよ(1)
江戸時代中期の女性。俳諧。越後の人。享保14年刊、廻船業北村七里の三回忌追善集『其鑑』に載る。
¶江表(そよ(新潟県))

そよ(2)
江戸時代中期の女性。俳諧。越前金津の人。享保15年序、仙石廬元坊編『三物拾遺』に載る。
¶江表(そよ(福井県))

そよ(3)
江戸時代中期の女性。和歌。但馬豊岡藩京極家の奥女中。安永3年の「田村村隆母公六十賀祝賀歌集」に載る。
¶江表(そよ(兵庫県))

そよ(4)
江戸時代後期の女性。俳諧。松任の人。文政7年序、雪貢ほか編、千代女五〇回忌追善集『後長月集』に載る。
¶江表(そよ(石川県))

そよ(5)
江戸時代後期の女性。俳諧。越前滝谷の人。寛政9年刊、加藤甫文編『薬月のつゆ』に載る。
¶江表(そよ(福井県))

曽世　そよ★
江戸時代中期の女性。俳諧。享保19年刊、中山宗瑞、大場寥和が文台開きを記念して編んだ『柿むしろ』に載る。
¶江表(曽世(東京都))

楚与　そよ★
江戸時代中期の女性。生花。加藤氏。安永3年刊、是心庵一露ほか序『甲陽生花百瓶図』にのる。
¶江表(楚与(山梨県))

そよの
江戸時代後期の女性。俳諧。美濃の人か。文化4年刊、周和編『落葉集』に載る。
¶江表(そよの(岐阜県))

そよめ
江戸時代末期の女性。俳諧・和歌。富樫氏。慶応2年序、遠藤義八郎編「あきうり集」に載る。
¶江表(そよめ(秋田県))

曽良　そら
⇒河合曽良(かわいそら)

曽洛*　そらく
？～天保8(1837)年6月8日　江戸時代後期の俳人。
¶俳文

素嵐　そらん★
江戸時代中期の女性。常陸額田の逍遥庵を率いる三日坊五峰の妻。明和4年刊、本間東川の子繍葉が編んだ『すねぶり』に載る。
¶江表(素嵐(茨城県))

素蘭(1)　そらん★
江戸時代の女性。画。斎藤氏。弘前藩藩士高松訓貞の妻。
¶江表(素蘭(青森県))

素蘭(2)　そらん★
江戸時代中期の女性。俳諧。京都の人。明和3年刊、湖白庵諸九尼著『諸九尼歳旦帖』に載る。
¶江表(素蘭(京都府))

素覧　そらん
⇒三輪素覧(みわそらん)

楚蘭女　そらんじょ★
江戸時代中期の女性。俳諧。松山の人。延享4年刊、波止浜の俳人村山一志編『素羅宴』に載る。
¶江表(楚蘭女(愛媛県))

反町大膳　そりまちだいぜん
安土桃山時代の武田勝頼・北条氏直の家臣。
¶後北(業定〔反町(2)〕　なりさだ),武田(生没年不詳)

反町直定　そりまちなおさだ
安土桃山時代の上野国新保郷の百姓。豊前守。北条氏直の家臣。
¶後北(直定〔反町(1)〕　なおさだ)

曽柳　そりゅう★
江戸時代中期の女性。俳諧。天明4年、田上菊舎が江戸から帰郷する際に餞別句を贈る。
¶江表(曽柳(東京都))

楚流　そりゅう★
江戸時代中期の女性。俳諧。観音寺の人。安永4年刊、同郷の小西帯河ほか編『俳諧ふたつ笠』に観音寺連の一人として載る。
¶江表(楚流(香川県))

素柳(1)　そりゅう★
江戸時代中期の女性。俳諧。戸倉の人。天明3年刊、加舎白雄編『春秋稿』三に載る。
¶江表(素柳(長野県))

素柳(2)　そりゅう★
江戸時代中期の女性。俳諧。尾張名古屋の人。享保7年跋、巻耳・燕説編『北国曲』一に載る。
¶江表(素柳(愛知県))

素柳(3)　そりゅう★
江戸時代中期の女性。俳諧。安永5年刊、朧庵朴斎編『磯つたひ』に載る。
¶江表(素柳(高知県))

蘇流　そりゅう★
江戸時代後期の女性。俳諧・画。越名の河岸住の須藤問之丞の妻。文政8年刊、一徳斎峻沢編「上野下野武蔵下総当時諸家人名録」に載る。
¶江表(蘇流(栃木県))

素綾　そりょう★
江戸時代後期の女性。俳諧。下総の人。文化9年刊、今日庵一峨編『何袋』に載る。
¶江表(素綾(千葉県))

素龍　そりょう
⇒柏木素竜(かしわぎそりゅう)

素輪*　そりん
享保17(1732)年1月24日～寛政4(1792)年5月8日　江戸時代中期～後期の俳人。
¶俳文

祚蓮*　それん
飛鳥時代の薬師寺の開祖。
¶古代

兎六の妻　そろくのつま★
江戸時代中期の女性。俳諧。筑前の人。宝永1年刊、蕉門の岱水編『木曽の谷』に載る。
¶江表(兎六の妻(福岡県))

曽呂利新左衛門*　そろりしんざえもん
生没年不詳　安土桃山時代の御伽衆といわれる人物。
¶コン

曽和　そわ★
江戸時代後期の女性。俳諧。俳人織本花嬌の娘。
¶江表(曽和(千葉県))　⑫文政3(1820)年)

楚和 そわ★
江戸時代中期〜後期の女性。俳諧。但馬の池田氏の娘。
¶江表（楚和（兵庫県）[生]宝暦3（1753）年 [没]天保8（1837）年）

そわ女 そわじょ★
江戸時代末期〜明治時代の女性。俳諧。利根郡奈良村の俳人左部三岳の娘。
¶江表（そわ女（群馬県）[没]明治24（1891）年）

村庵 そんあん
⇒希世霊彦（きせいれいげん）

村庵霊彦 そんあんれいげん
⇒希世霊彦（きせいれいげん）

尊意* そんい
貞観8（866）年〜天慶3（940）年2月24日 [別]尊意（そんえ） 平安時代前期〜中期の天台宗の僧。
¶古人,古代

尊胤 そんいん
⇒尊胤法親王（そんいんほっしんのう）

尊胤親王（1） そんいんしんのう
⇒尊胤法親王（そんいんほうしんのう）

尊胤親王（2） そんいんしんのう
⇒尊胤法親王（そんいんほっしんのう）

尊胤入道親王 そんいんにゅうどうしんのう
⇒尊胤法親王（そんいんほうしんのう）

尊胤法親王*（1） そんいんほうしんのう
正徳5（1715）年〜元文4（1739）年 [別]尊胤親王（そんいんしんのう），尊胤入道親王（そんいんにゅうどうしんのう） 江戸時代中期の霊元天皇の第18皇子。
¶天皇（[生]正徳5（1715）年3月2日 [没]元文4（1739）年12月21日/26日）

尊胤法親王（2） そんいんほうしんのう
⇒尊胤法親王（そんいんほっしんのう）

尊胤法親王* そんいんほっしんのう
徳治1（1306）年〜正平14/延文4（1359）年 [別]尊胤（そんいん），尊胤親王（そんいんしんのう），尊胤法親王（そんいんほうしんのう） 鎌倉時代後期〜南北朝時代の後伏見天皇の皇子。
¶天皇（そんいんほうしんのう [生]？ [没]延文4（1359）年5月），俳文（尊胤 そんいん [生]嘉元4（1306）年 [没]延文4（1359）年5月2日）

尊雲 そんうん
⇒護良親王（もりよししんのう）

尊雲親王 そんうんしんのう
⇒護良親王（もりよししんのう）

尊雲法親王 そんうんほうしんのう
⇒護良親王（もりよししんのう）

尊雲法親王 そんうんほっしんのう
⇒護良親王（もりよししんのう）

尊意 そんえ
⇒尊意（そんい）

尊恵（1） そんえ
生没年不詳 平安時代の僧。もと比叡山の僧。『冥途蘇生記』や『平家物語』に尊恵蘇生譚がある。
¶古人,平家

尊恵（2） そんえ
⇒尊恵法親王（そんえほっしんのう）

尊永* そんえい
生没年不詳 平安時代後期の厳島神社の別当。
¶古人

尊睿 そんえい
平安時代中期の僧、多武峯第8代座主。
¶古人（生没年不詳）

尊映親王 そんえいしんのう
⇒尊映法親王（そんえいほうしんのう）

尊英親王 そんえいしんのう
⇒尊英法親王（そんえいほうしんのう）

尊映入道親王 そんえいにゅうどうしんのう
⇒尊映法親王（そんえいほうしんのう）

尊英入道親王 そんえいにゅうどうしんのう
⇒尊英法親王（そんえいほうしんのう）

尊映法親王* そんえいほうしんのう
寛延1（1748）年〜寛政5（1793）年 [別]尊映親王（そんえいしんのう），尊映入道親王（そんえいにゅうどうしんのう） 江戸時代中期の桂宮家仁親王の第3王子。
¶天皇

尊英法親王* そんえいほうしんのう
元文2（1737）年〜宝暦2（1752）年 [別]尊英親王（そんえいしんのう），尊英入道親王（そんえいにゅうどうしんのう） 江戸時代中期の伏見宮貞建親王の第3王子。
¶天皇（[生]元文2（1737）年12月27日 [没]宝暦2（1752）年7月20日）

尊恵法親王 そんえほうしんのう
⇒尊恵法親王（そんえほっしんのう）

尊恵法親王* そんえほっしんのう
長寛2（1164）年〜建久3（1192）年 [別]尊恵（そんえ），尊恵法親王（そんえほうしんのう） 平安時代後期の二条天皇の皇子。
¶古人（尊恵 そんえ），古人,天皇（尊恵 そんえ [生]長寛2（1164）年7月22日 [没]建久3（1192）年4月11日）

尊円*（1） そんえん
生没年不詳 平安時代後期の天台宗の僧・歌人。
¶古人

尊円（2） そんえん
⇒尊円入道親王（そんえんにゅうどうしんのう）

尊円城間* そんえんぐすくま
尚清16（1542）年〜尚寧24（1612）年 安土桃山時代〜江戸時代前期の琉球・第二尚氏時代の書家、政治家。
¶コン（[生]天文11（1542）年 [没]？）

尊円親王 そんえんしんのう
⇒尊円入道親王（そんえんにゅうどうしんのう）

尊円入道親王* そんえんにゅうどうしんのう
永仁6（1298）年〜正平11/延文1（1356）年 [別]尊円（そんえん），尊円親王（そんえんしんのう），尊円法親王（そんえんほうしんのう，そんえんほっしんのう），尊彦親王（たかひこしんのう），守彦親王（もりひこしんのう） 鎌倉時代後期〜南北朝時代の僧。伏見天皇の第6皇子。能書家。
¶コン（尊円法親王 そんえんほうしんのう），天皇（尊円

法親王　そんえんほうしんのう　㊤永仁6（1298）年8月1日　㊦延文1（1356）年9月23日），山小（㊤1298年8月1日　㊦1356年9月23日）

尊円法親王*（1）　そんえんほうしんのう
承元1（1207）年〜寛喜3（1231）年　鎌倉時代前期の後鳥羽天皇の第10皇子。
¶天皇（㊦寛喜3（1231）年10月25日）

尊円法親王（2）　そんえんほうしんのう
⇒尊円入道親王（そんえんにゅうどうしんのう）

尊円法親王　そんえんほっしんのう
⇒尊円入道親王（そんえんにゅうどうしんのう）

尊応*　そんおう
奈良時代の僧。
¶古代

存応　ぞんおう
⇒慈昌（じしょう）

尊快　そんかい
⇒尊快入道親王（そんかいにゅうどうしんのう）

尊快親王　そんかいしんのう
⇒尊快入道親王（そんかいにゅうどうしんのう）

尊快入道親王*　そんかいにゅうどうしんのう
元久1（1204）年〜寛元4（1246）年　㊛尊快（そんかい），尊快親王（そんかいしんのう），尊快法親王（そんかいほうしんのう）　鎌倉時代前期の後高倉天皇の第7皇子。天台座主。
¶天皇（尊快法親王　そんかいほうしんのう　㊤元久1（1204）年4月2日　㊦寛元4（1246）年4月2日）

尊快法親王　そんかいほうしんのう
⇒尊快入道親王（そんかいにゅうどうしんのう）

尊覚*（1）　そんかく
寛弘6（1009）年〜康平7（1064）年　平安時代中期〜後期の天台宗園城寺僧。
¶古人

尊覚*（2）　そんかく
？〜安元2（1176）年　平安時代後期の天台宗園城寺僧。
¶古人

尊覚（3）　そんかく
平安時代後期の東寺の僧。長承3年法勝寺金堂供養に讃衆として奉仕。
¶古人（生没年不詳）

尊覚（4）　そんかく
⇒尊覚法親王（そんかくほっしんのう）

存覚*　ぞんかく，そんがく
正応3（1290）年6月4日〜文中2/応安6（1373）年2月28日　㊛光玄（こうげん），存覚光玄（ぞんかくこうげん）　鎌倉時代後期〜南北朝時代の真宗の僧。本願寺第3世覚如の娘との子。
¶思想（㊦応安6/文中2（1373）年）

存覚光玄　ぞんかくこうげん
⇒存覚（ぞんかく）

尊覚親王　そんかくしんのう
⇒尊覚法親王（そんかくほっしんのう）

尊覚法親王　そんかくほうしんのう
⇒尊覚法親王（そんかくほっしんのう）

尊覚法親王*　そんかくほっしんのう
建保3（1215）年〜文永1（1264）年　㊛尊覚（そんかく），尊覚親王（そんかくしんのう），尊覚法親王（そんかくほうしんのう）　鎌倉時代前期の順徳天皇の第1皇子。
¶天皇（そんかくほうしんのう　㊤建保3（1215）年7月　㊦文永1（1264）年10月27日）

尊観*　そんかん
正平4/貞和5（1349）年〜応永7（1400）年　南北朝時代〜室町時代の時宗の僧。時宗遊行12代。
¶コン

尊願　そんがん
⇒津戸為守（つのとためもり）

存義（——〔1代〕）　ぞんぎ
⇒馬場存義（ばばそんぎ）

尊熙法親王*（尊凞法親王）　そんきほうしんのう
鎌倉時代後期の伏見天皇の皇子。
¶天皇（尊熙法親王　生没年不詳）

尊慶　そんけい
⇒尊杲女王（そんこうじょおう）

尊敬法親王　そんけいほうしんのう
⇒守澄入道親王（しゅちょうにゅうどうしんのう）

尊悟　そんご
⇒尊悟入道親王（そんごにゅうどうしんのう）

尊光　そんこう
⇒大内輝弘（おおうちてるひろ）

尊杲女王*　そんこうじょおう
延宝3（1675）年〜享保4（1719）年　㊛尊慶（そんけい），尊杲女王（そんこうじょおう），尊杲尼（そんごうに）　江戸時代中期の女性。後西天皇の第14皇女。
¶江表（尊杲（京都府）　そんこう），天皇（尊慶　そんけい　㊤延宝3（1675）年6月23日　㊦享保4（1720）年10月28日）

尊光親王*　そんこうしんのう
正保2（1645）年〜延宝8（1680）年　㊛尊光入道親王（そんこうにゅうどうしんのう）　江戸時代前期の後水尾天皇の皇子。
¶徳将（尊光入道親王　そんこうにゅうどうしんのう）

尊杲尼　そんごうに
⇒尊杲女王（そんこうじょおう）

尊光入道親王　そんこうにゅうどうしんのう
⇒尊光親王（そんこうしんのう）

尊杲女王　そんこうにょおう
⇒尊杲女王（そんこうじょおう）

尊悟入道親王*　そんごにゅうどうしんのう
乾元1（1302）年〜正平14/延文4（1359）年　㊛尊悟（そんご），尊悟法親王（そんごほうしんのう）　鎌倉時代後期〜南北朝時代の伏見天皇の皇子。
¶天皇（尊悟法親王　そんごほうしんのう　㊤？　㊦延文4（1359）年2月19日）

尊悟法親王　そんごほうしんのう
⇒尊悟入道親王（そんごにゅうどうしんのう）

尊済法親王　そんさいほうしんのう
⇒尊済法親王（そんざいほっしんのう）

尊済法親王*　そんざいほっしんのう
嘉元2(1304)年～元徳1(1329)年　[別]尊済法親王(そんさいほうしんのう)　鎌倉時代後期の後二条天皇の皇子。
¶天皇(永尊法親王(尊斉法親王)　えいそんほうしんのう(そんせいほうしんのう)　生没年不詳)

尊実*　そんじつ
嘉承1(1106)年～?　平安時代後期の真言宗仁和寺僧。
¶古人

尊子内親王*　そんしないしんのう
康保3(966)年～寛和1(985)年　[別]尊子内親王(たかこないしんのう)　平安時代中期の女性。円融天皇の妃。
¶古人(たかこないしんのう),コン(たかこないしんのう),女文(たかこないしんのう),天皇(そんしないしんのう・たかこないしんのう　[没]寛和1(985)年5月2日),天皇(そんしないしんのう・たかこないしんのう　[没]寛和1(985)年5月2日)

尊守　そんしゅ
⇒尊守法親王(そんしゅほっしんのう)

尊秀　そんしゅう
⇒高栄女王(こうえいじょおう)

尊守親王　そんしゅしんのう
⇒尊守法親王(そんしゅほっしんのう)

尊守法親王　そんしゅほうしんのう
⇒尊守法親王(そんしゅほっしんのう)

尊守法親王*　そんしゅほっしんのう
*～文応1(1260)年　[別]尊守(そんしゅ),尊守親王(そんしゅしんのう),尊守法親王(そんしゅほうしんのう)　鎌倉時代前期の土御門天皇の皇子。
¶天皇(そんしゅほうしんのう　[生]承元4(1210)年)

尊純　そんじゅん
⇒尊純法親王(そんじゅんほっしんのう)

尊純親王　そんじゅんしんのう
⇒尊純法親王(そんじゅんほっしんのう)

尊純法親王　そんじゅんほうしんのう
⇒尊純法親王(そんじゅんほっしんのう)

尊純法親王*　そんじゅんほっしんのう
天正19(1591)年～承応2(1653)年　[別]尊純(そんじゅん),尊純親王(そんじゅんしんのう),尊純法親王(そんじゅんほうしんのう)　江戸時代前期の天台宗の僧。青蓮院門跡。
¶コン(そんじゅんほうしんのう)

孫女　そんじょ★
江戸時代後期の女性。俳諧。川崎村薄衣の人。天保期頃の人。
¶江表(孫女(岩手県))

尊助　そんじょ
⇒尊助法親王(そんじょほっしんのう)

損女　そんじょ★
江戸時代後期の女性。俳諧。天保8年序、冬至庵庚年編『落穂集』に載る。
¶江表(損女(東京都))

尊勝　そんしょう
⇒尊勝女王(そんしょうじょおう)

尊賞*　そんしょう
元禄12(1699)年11月22日～延享3(1746)年　[別]尊賞親王(そんしょうしんのう),尊賞入道親王(そんしょうにゅうどうしんのう),尊賞法親王(そんしょうほうしんのう)　江戸時代中期の法相宗の僧。興福寺217世。
¶天皇(尊賞法親王　そんしょうほうしんのう　[没]延享3(1746)年9月24日/10月9日)

尊儆*　そんじょう
生没年不詳　戦国時代の鶴岡八幡宮若宮別当(雪下殿)。
¶内乱

尊乗　そんじょう
⇒尊乗女王(そんじょうじょおう)

尊勝女王*　そんしょうじょおう
延宝4(1676)年～元禄16(1703)年　[別]尊勝(そんしょう),尊勝女王(そんしょうにょおう)　江戸時代中期の女性。後西天皇の第15皇女。
¶天皇(尊勝　そんしょう　[生]延宝4(1676)年8月27日　[没]元禄16(1703)年3月24日)

尊乗女王*　そんじょうじょおう
享保15(1730)年～天明8(1788)年　[別]尊乗(そんじょう),尊乗女王(そんじょうにょおう)　江戸時代中期～後期の女性。中御門天皇の第6皇女。
¶天皇(尊乗　そんじょう　[生]享保15(1730)年2月17日　[没]寛政1(1789)年3月7日)

尊賞親王　そんしょうしんのう
⇒尊賞(そんしょう)

尊常親王　そんじょうしんのう
⇒尊常法親王(そんじょうほうしんのう)

尊賞入道親王　そんしょうにゅうどうしんのう
⇒尊賞(そんしょう)

尊常入道親王　そんじょうにゅうどうしんのう
⇒尊常法親王(そんじょうほうしんのう)

尊勝女王　そんしょうにょおう
⇒尊勝女王(そんしょうじょおう)

尊乗女王　そんじょうにょおう
⇒尊乗女王(そんじょうじょおう)

尊賞法親王　そんしょうほうしんのう
⇒尊賞(そんしょう)

尊常法親王*　そんじょうほうしんのう
文政1(1818)年～天保7(1836)年　[別]尊常親王(そんじょうしんのう),尊常入道親王(そんじょうにゅうどうしんのう)　江戸時代後期の伏見宮貞敬親王の第8王子。
¶天皇([生]文化13(1816)年6月14日　[没]天保7(1836)年5月9日)

尊助親王　そんじょしんのう
⇒尊助法親王(そんじょほっしんのう)

尊助法親王　そんじょほうしんのう
⇒尊助法親王(そんじょほっしんのう)

尊助法親王*　そんじょほっしんのう
建保5(1217)年～正応3(1290)年12月1日　[別]尊助(そんじょ),尊助親王(そんじょしんのう),尊助法親王(そんじょほうしんのう)　鎌倉時代後期の天台宗の僧。土御門上皇の子。
¶天皇(そんじょほうしんのう　[生]建保4(1216)年)

そんしん

尊信* そんしん，そんじん
嘉禄2 (1226) 年～弘安6 (1283) 年　㊟大乗院尊信 (だいじょういんそんしん)　鎌倉時代前期の僧。興福寺別当。
¶コン (大乗院尊信　だいじょういんそんしん)

尊真* (1)　そんしん
㊟尊真親王 (そんしんしんのう)　南北朝時代の後醍醐天皇の皇子。
¶天皇 (尊真親王　そんしんしんのう)

尊真* (2)　そんしん
寛保4 (1744) 年～文政7 (1824) 年　㊟尊真親王 (そんしんしんのう)，尊真入道親王 (そんしんにゅうどうしんのう)，尊真法親王 (そんしんほうしんのう)　江戸時代中期～後期の天台宗の僧。天台座主212・214・217・219世。
¶天皇 (尊真法親王　そんしんほうしんのう　㊐寛保4 (1744) 年1月19日　㊨文政7 (1824) 年3月17日)

尊真親王 (1)　そんしんしんのう
⇒尊真 (そんしん)

尊真親王 (2)　そんしんしんのう
⇒尊真 (そんしん)

尊真入道親王　そんしんにゅうどうしんのう
⇒尊真 (そんしん)

尊真法親王　そんしんほうしんのう
⇒尊真 (そんしん)

尊誓* そんせい
鎌倉時代後期の亀山天皇の皇子。
¶天皇 (生没年不詳)

尊誠入道親王　そんせいにゅうどうしんのう
⇒尊誠法親王 (そんせいほうしんのう)

尊誠法親王* そんせいほうしんのう
文化3 (1806) 年～文政5 (1822) 年　㊟尊誠入道親王 (そんせいにゅうどうしんのう)　江戸時代後期の伏見宮貞敬親王の第4王子。
¶天皇 (㊐文化3 (1806) 年8月12日　㊨文政5 (1822) 年6月28日)

尊体寺界誉　そんたいじかいよ
戦国時代の尊体寺の2世住持。武田信虎の弟という。
¶武田 (生没年不詳)

尊智* そんち
生没年不詳　鎌倉時代前期の絵仏師。
¶古人

尊忠* そんちゅう
久安6 (1150) 年～建保1 (1213) 年　平安時代後期～鎌倉時代前期の藤原忠通男。
¶古人

尊澄* (1)　そんちょう
生没年不詳　平安時代後期の延暦寺僧。
¶古人

尊澄 (2)　そんちょう
⇒宗良親王 (むねながしんのう)

尊長* そんちょう
？～嘉禄3 (1227) 年　鎌倉時代前期の僧，公卿，承久の乱の中枢。
¶コン (㊐仁安1 (1166) 年)，中世，内乱 (㊨安貞1 (1227) 年)

尊超親王　そんちょうしんのう
⇒尊超入道親王 (そんちょうにゅうどうしんのう)

尊超入道親王* そんちょうにゅうどうしんのう
享和2 (1802) 年～嘉永5 (1852) 年　㊟尊超親王 (そんちょうしんのう)，尊超法親王 (そんちょうほうしんのう)　江戸時代後期の有栖川宮織仁親王の王子，知恩院門室。
¶天皇 (尊超法親王　そんちょうほうしんのう　㊐享和2 (1802) 年7月10日　㊨嘉永5 (1852) 年7月7日)

尊澄法親王　そんちょうほうしんのう
⇒宗良親王 (むねながしんのう)

尊超法親王　そんちょうほうしんのう
⇒尊超入道親王 (そんちょうにゅうどうしんのう)

尊澄法親王　そんちょうほっしんのう
⇒宗良親王 (むねながしんのう)

尊鎮　そんちん
⇒尊鎮法親王 (そんちんほうしんのう)

尊珍親王　そんちんしんのう
⇒尊珍法親王 (そんちんほっしんのう)

尊鎮親王　そんちんしんのう
⇒尊鎮法親王 (そんちんほうしんのう)

尊鎮入道親王　そんちんにゅうどうしんのう
⇒尊鎮法親王 (そんちんほうしんのう)

尊珍法親王　そんちんほっしんのう
⇒尊珍法親王 (そんちんほっしんのう)

尊鎮法親王* そんちんほうしんのう
永正1 (1504) 年～天文19 (1550) 年　㊟尊鎮 (そんちん)，尊鎮親王 (そんちんしんのう)，尊鎮入道親王 (そんちんにゅうどうしんのう)，尊鎮法親王 (そんちんほっしんのう)　戦国時代の後柏原天皇の第5皇子。
¶天皇 (㊐？　㊨天文19 (1550) 年？)

尊珍法親王* そんちんほっしんのう
㊟尊珍親王 (そんちんしんのう)，尊珍法親王 (そんちんほうしんのう)　鎌倉時代後期～南北朝時代の亀山天皇の皇子。
¶天皇 (そんちんほうしんのう　生没年不詳)

尊鎮法親王　そんちんほっしんのう
⇒尊鎮法親王 (そんちんほうしんのう)

存貞* ぞんてい
大永2 (1522) 年3月～天正2 (1574) 年5月18日　㊟感誉存貞 (かんよぞんてい)　戦国時代～安土桃山時代の僧。
¶後北 (存貞 [大道寺])

尊伝親王　そんでんしんのう
⇒尊伝法親王 (そんでんほうしんのう)

尊伝入道親王　そんでんにゅうどうしんのう
⇒尊伝法親王 (そんでんほうしんのう)

尊伝法親王* そんでんほうしんのう
文明4 (1472) 年～文亀4 (1504) 年　㊟尊伝親王 (そんでんしんのう)，尊伝入道親王 (そんでんにゅうどうしんのう)　戦国時代の後土御門天皇の第2皇子。
¶天皇 (㊨文亀4 (1504) 年1月26日)

尊道親王　そんどうしんのう
⇒尊道入道親王 (そんどうにゅうどうしんのう)

尊道入道親王*　そんどうにゅうどうしんのう
元弘2/正慶1(1332)年〜応永10(1403)年　[別]尊道親王(そんどうしんのう), 尊道法親王(そんどうほうしんのう), 尊省親王(たかのぶしんのう)　南北朝時代〜室町時代の後伏見天皇の第11皇子。
¶天皇(尊道法親王　そんどうほうしんのう　生没年不詳)

尊道法親王　そんどうほうしんのう
⇒尊道入道親王(そんどうにゅうどうしんのう)

尊敦　そんとん
⇒舜天(しゅんてん)

村庵　そんなん
⇒希世霊彦(きせいれいげん)

存応　ぞんのう
⇒慈昌(じしょう)

尊応法親王　そんのうほうしんのう
⇒朝彦親王(あさひこしんのう)

孫賓*　そんびん, そんぴん
生没年不詳　平安時代前期の筝の名手。
¶古人(そんぴん)

尊峰親王　そんほうしんのう
⇒尊峰法親王(そんぽうほうしんのう)

尊宝入道親王　そんぽうにゅうどうしんのう
⇒尊宝法親王(そんぽうほうしんのう)

尊峰入道親王　そんぽうにゅうどうしんのう
⇒尊峰法親王(そんぽうほうしんのう)

尊宝法親王*　そんぽうほうしんのう
文化1(1804)年〜天保3(1832)年　[別]尊宝入道親王(そんぽうにゅうどうしんのう)　江戸時代後期の伏見宮貞敬親王の第2王子。
¶天皇([生]文化1(1804)年6月17日　[没]天保3(1832)年9月14日)

尊峰法親王*(尊峯法親王)　そんぽうほうしんのう
元文6(1741)年〜天明8(1788)年　[別]尊峰親王(そんほうしんのう), 尊峰入道親王(そんぽうにゅうどうしんのう)　江戸時代中期の桂宮家仁親王の第2王子。
¶天皇(尊峯法親王　[生]元文6(1741)年1月8日　[没]天明8(1788)年7月21日)

尊祐*　そんゆう
*〜延享4(1747)年　[別]尊祐親王(そんゆうしんのう), 尊祐入道親王(そんゆうにゅうどうしんのう), 尊祐法親王(そんゆうほうしんのう)　江戸時代中期の天台宗の僧。天台座主197・200・203・206世。
¶天皇(尊祐法親王　そんゆうほうしんのう　[生]元禄11(1698)年9月25日　[没]延享4(1747)年10月7日)

尊融　そんゆう
⇒朝彦親王(あさひこしんのう)

尊祐親王　そんゆうしんのう
⇒尊祐(そんゆう)

尊祐入道親王　そんゆうにゅうどうしんのう
⇒尊祐(そんゆう)

尊祐法親王　そんゆうほうしんのう
⇒尊祐(そんゆう)

尊誉　そんよ
平安時代後期の僧。藤原宗能の子。大僧都に至る。
¶古人(生没年不詳)

尊梁女王*　そんりょうじょおう
正徳1(1711)年〜享保16(1731)年　[別]尊梁女王(そんりょうにょおう)　江戸時代中期の女性。京極宮文仁親王第2王女。
¶江表(尊梁(京都府))

尊梁女王　そんりょうにょおう
⇒尊梁女王(そんりょうじょおう)

【た】

他阿　たあ
⇒真教(しんきょう)

他阿真教　たあしんきょう
⇒真教(しんきょう)

他阿弥陀仏　たあみだぶつ
⇒真教(しんきょう)

他阿弥陀仏託何　たあみだぶつたくが
⇒託何(たくが)

たい(1)
江戸時代の女性。医術・俳諧。大坂道頓堀の生まれ。明治14年刊、岡田良策編『近世名婦百人撰』に載る。
¶江表(たい(大阪府))

たい(2)
江戸時代中期の女性。俳諧。丸亀の人。安永3年跋、蕉門の勝見二柳編『氷餅集』に丸亀連の一人として載る。
¶江表(たい(香川県))

たい(3)
江戸時代後期の女性。俳諧。大坂の人。文政7年成立、風化坊其成著『枇杷の実』に載る。
¶江表(たい(大阪府))

ダイ
江戸時代末期の女性。教育。大渡周策の妻。神宮寺の地内に万延1年〜明治5年大渡女塾を経営。
¶江表(ダイ(大分県))

大　だい
江戸時代中期の女性。俳諧。越前敦賀の人。宝暦11年刊、白崎琴路撰『白烏集』に載る。
¶江表(大(福井県))

大寅*　だいいん
天明5(1785)年〜安政6(1859)年　江戸時代後期の僧。
¶幕末([生]天明5(1785)年10月　[没]安政5(1858)年12月24日)

帯雨　たいう★
江戸時代後期の女性。俳諧。文政9年刊、新吉原の中万字屋節度編の遊女玉菊一〇〇回忌追善集『百羽かき』に載る。天保期頃没。
¶江表(帯雨(東京都))

大瀛*　だいえい
宝暦9(1759)年1月2日〜文化1(1804)年5月4日

江戸時代後期の浄土真宗本願寺派の学匠。三業惑乱に活躍。
¶思想

泰栄院(1) たいえいいん
江戸時代後期～明治時代の女性。徳川家斉の二十五女。
¶徳将([生]1817年 [没]1872年)

泰栄院(2) たいえいいん
⇒お仙の方(おせんのかた)

泰演* たいえん
生没年不詳 奈良時代～平安時代前期の僧。
¶古人,古代

大円 だいえん
⇒良胤(りょういん)

大円広慧国師 だいえんこうえこくし
⇒高泉性潡(こうせんしょうとん)

大円国師(1) だいえんこくし
⇒無住(むじゅう)

大円国師(2) だいえんこくし
⇒夢窓疎石(むそうそせき)

大円禅師(1) だいえんぜんじ
戦国時代～安土桃山時代の甲府・長興院(今亡)住職。
¶武田(生没年不詳)

大円禅師(2) だいえんぜんじ
⇒鏡堂覚円(きょうどうかくえん)

大円宝鑑禅師 だいえんほうかんぜんじ
⇒愚堂東寔(ぐどうとうしょく)

大円良胤 だいえんりょういん
⇒良胤(りょういん)

苔翁〔1代〕* たいおう
生没年不詳 江戸時代中期の俳人、雑俳点者。
¶俳文(代数なし)

大応国師 だいおうこくし
⇒南浦紹明(なんぽしょうみょう)

帯河* たいが
享保12(1727)年～天明2(1782)年 江戸時代中期の俳人。
¶俳文

大雅 たいが
⇒池大雅(いけのたいが)

大我* だいが
宝永6(1709)年～天明2(1782)年 [別]孤立(こりつ) 江戸時代中期の浄土宗学僧。
¶思想

泰覚* たいかく
生没年不詳 鎌倉時代前期の天台宗の僧・歌人。
¶古人

大覚* だいがく,だいかく
永仁5(1297)年～正平19/貞治3(1364)年4月3日 [別]大覚妙実(だいかくみょうじつ,だいがくみょうじつ),妙実(みょうじつ) 鎌倉時代後期～南北朝時代の日蓮宗の僧。「備前法華」の基を築いた。
¶コン

大覚寺義昭 だいかくじぎしょう
⇒足利義昭(あしかがぎしょう)

大覚寺宮 だいがくじのみや
⇒寛尊法親王(かんそんほっしんのう)

大岳周崇*(太岳周崇) だいがくしゅうすう,たいがくしゅうすう
興国6/貞和1(1345)年～応永30(1423)年9月14日 [別]周崇(しゅうすう,しゅうそう),大岳周崇(たいがくしゅうそう,だいがくしゅうそう) 南北朝時代～室町時代の臨済宗の僧。
¶コン(太岳周崇 たいがくしゅうすう)

大岳周崇 たいがくしゅうそう,だいがくしゅうそう
⇒大岳周崇(だいがくしゅうすう)

大覚禅師 だいかくぜんじ,だいがくぜんじ
⇒蘭渓道隆(らんけいどうりゅう)

大覚妙実 だいかくみょうじつ,だいがくみょうじつ
⇒大覚(だいがく)

大雅堂 たいがどう
⇒青木夙夜(あおきしゅくや)

大含 たいがん,だいがん
⇒雲華(うんげ)

太祇 たいぎ
⇒炭太祇(たんたいぎ)

大蟻* たいぎ,だいぎ
?～寛政12(1800)年 [別]松岡大蟻(まつおかたいぎ) 江戸時代中期～後期の俳人。
¶俳文([没]寛政12(1800)年1月27日)

大儀院* だいぎいん
永禄1(1558)年～慶長9(1604)年 [別]上杉景勝室(うえすぎかげかつしつ),甲斐御前(かいごぜん),菊姫(きくひめ),武田菊(たけだきく) 安土桃山時代～江戸時代前期の女性。上杉景勝の正室。
¶武田(武田菊 たけだきく [生]永禄6(1563)年 [没]慶長9(1604)年2月16日)

大吉 だいきち
⇒中村宗十郎〔旧代〕(なかむらそうじゅうろう)

大吉女 だいきちじょ★
江戸時代の女性。俳諧。伊勢桑名の芸妓。明治12年刊、東旭斎撰『古今俳諧明治五百題』に載る。
¶江表(大吉女(三重県))

大吉宗十郎 だいきちそうじゅうろう
⇒中村宗十郎〔旧代〕(なかむらそうじゅうろう)

大儀文成 たいきぶんじょう
天明7(1787)年～弘化3(1846)年 江戸時代中期～後期の女性。有栖川織仁親王の姫宮。
¶江表(文乗(奈良県)),天皇([生]天明7(1787)年1月16日 [没]弘化3(1846)年6月21日)

大休宗休 たいきゅうしゅうきゅう
⇒大休宗休(だいきゅうそうきゅう)

大休正念* だいきゅうしょうねん
南宋・嘉定8(1215)年～正応2(1289)年 [別]正念(しょうねん),仏源禅師(ぶつげんぜんじ) 鎌倉時代後期の臨済宗松源派の渡来禅僧。日本禅宗の仏源派の租。
¶コン([生]建保3(1215)年),対外

大休宗休* だいきゅうそうきゅう,たいきゅうそう

きゅう
応仁2（1468）年～天文18（1549）年8月24日　劉円満本光国師（えんまんほんこうこくし），宗休（そうきゅう），大休宗休（たいきゅうしゅうきゅう）　戦国時代の臨済宗妙心寺派の僧。
¶コン（たいきゅうそうきゅう）

大久坊　だいきゅうぼう
江戸時代前期の山伏。
¶大坂

大喬　たいきょう
江戸時代後期～明治時代の俳諧作者。関山氏。
¶俳文（㋖文化11（1814）年　㋣明治16（1883）年2月17日）

太極＊（大極）　たいきょく，たいぎょく，だいきょく
応永28（1421）年～？　劉雲泉太極（うんぜんたいきょく）　室町時代～戦国時代の臨済宗の僧。
¶コン（㋣文明18（1486）年？）

大愚　たいぐ
⇒良寛（りょうかん）

大愚宗築　たいぐしゅうちく
⇒宗築（しゅうちく）

大愚宗築　たいぐそうちく，だいぐそうちく
⇒宗築（しゅうちく）

大愚良寛　だいぐりょうかん
⇒良寛（りょうかん）

泰景＊　たいけい
天平宝字8（764）年～仁寿1（851）年　奈良時代～平安時代前期の僧。
¶古人，古代

大圭　たいけい
⇒児島大圭（こじまたいけい）

碓月　たいげつ＊
江戸時代後期の女性。俳諧。上田の人。天保4年成立、碓嶺編『男華笠集』に載る。
¶江表（碓月〔長野県〕）

太原　たいげん
⇒太原崇孚（たいげんすうふ）

太原崇孚＊　たいげんすうふ
明応5（1496）年～弘治1（1555）年　劉崇孚（すうふ，そうふ），雪斎（せっさい），太原（たいげん），太原雪斎（たいげんせっさい），太原崇孚（たいげんそうふ）　戦国時代の臨済宗妙心寺派の僧。今川義元の軍師。
¶コン（㋖？），全戦（たいげんそうふ），戦武

太原雪斎　たいげんせっさい
⇒太原崇孚（たいげんすうふ）

太源宗真＊（大源宗真）　たいげんそうしん
？～建徳1/応安3（1370）年　劉宗真（そうしん）　南北朝時代の曹洞宗の僧。普蔵院、加賀仏陀寺を開創。
¶コン（大源宗真）

太原崇孚　たいげんそうふ
⇒太原崇孚（たいげんすうふ）

待賢門院＊　たいけんもんいん
康和3（1101）年～久安1（1145）年　劉藤原璋子（ふじわらしょうし，ふじわらのあきこ，ふじわらの

しょうし，ふじわらのたまこ）　平安時代後期の女性。鳥羽天皇の皇后、崇徳・後白河両天皇の母。
¶古人（藤原璋子　ふじわらのたまこ），コン，女史，天皇（㋣久安1（1145）年8月22日），内乱，平家

待賢門院安芸　たいけんもんいんあき
⇒待賢門院安芸（たいけんもんいんのあき）

待賢門院加賀　たいけんもんいんかが
⇒待賢門院加賀（たいけんもんいんのかが）

待賢門院安芸＊　たいけんもんいんのあき
生没年不詳　劉安芸（あき），待賢門院安芸（たいけんもんいんあき）　平安時代後期の女性。歌人。
¶古人（安芸　あき）

待賢門院加賀＊　たいけんもんいんのかが
生没年不詳　劉加賀（かが），待賢門院加賀（たいけんもんいんかが），伏柴加賀（ふししばのかが）　平安時代後期の女性。歌人。
¶古人（加賀　かが），女史

待賢門院中納言＊　たいけんもんいんのちゅうなごん
生没年不詳　平安時代後期の女房・歌人。
¶女史

待賢門院土佐　たいけんもんいんのとさ
平安時代後期の女性。女房、絵師。
¶女史（生没年不詳）

待賢門院堀河＊　たいけんもんいんのほりかわ
生没年不詳　劉待賢門院堀河（たいけんもんいんほりかわ）　平安時代後期の女性。歌人。
¶古人，女文

待賢門院堀河　たいけんもんいんほりかわ
⇒待賢門院堀河（たいけんもんいんのほりかわ）

娃子　たいこ
江戸時代の女性。和歌。伊勢坂部の館氏。明治13年刊、佐々木弘綱編『明治開化和歌集』上に載る。
¶江表（娃子〔三重県〕）

泰子　たいこ＊
江戸時代の女性。和歌。伊勢松坂の高瀬氏。明治13年刊、佐々木弘綱編『明治開化和歌集』上に載る。
¶江表（泰子〔三重県〕）

帯後　たいご＊
江戸時代中期の女性。俳諧。俳人で和漢の学に通じた三宅嘯山の妻。安永8年刊、嘯山著『有馬紀行たゝひ越』に載る。
¶江表（帯後〔京都府〕）

大胡聿蔵＊　だいごいつぞう
文政5（1822）年～慶応1（1865）年　劉菊地清兵衛（きくちせいべえ）　江戸時代末期の水戸藩士。
¶幕末（㋣元治2（1865）年4月5日）

退耕行勇＊　たいこうぎょうゆう
長寛1（1163）年～仁治2（1241）年　劉行勇（ぎょうゆう）　平安時代後期～鎌倉時代前期の僧。真言密教と禅を融合。
¶古人，コン

大好寺＊　だいこうじ
生没年不詳　戦国時代の武士。北条氏邦の家臣。
¶後北（某〔大好寺〕　なにがし）

大高重成　だいこうしげなり
⇒大高重成（おおたかしげなり）

大興正法国師　だいこうしょうぼうこくし
⇒俊芿（しゅんじょう）

大巧如拙　たいこうじょせつ
⇒如拙（じょせつ）

大光普照国師　だいこうふしょうこくし
⇒隠元（いんげん）

醍醐兼潔　だいごかねきよ
⇒醍醐経胤（だいごつねたね）

醍醐兼純*　だいごかねすみ
延享4（1747）年10月16日～宝暦8（1758）年4月21日　江戸時代中期の公家（権中納言）。関白太政大臣一条兼香の末子。
¶公卿，公家（兼純〔醍醐家〕　かねすみ）

大黒幸太夫　だいこくこうだゆう
⇒大黒屋光太夫（だいこくやこうだゆう）

大黒常是*　だいこくじょうぜ
世襲名　[別]湯浅常是（ゆあさじょうぜ）　江戸時代の銀座の銀吹極および銀改役。
¶江人

大黒常是〔1代〕*　だいこくじょうぜ
？～寛永10（1633）年　[別]湯浅作兵衛（ゆあささくべえ），湯浅常是（ゆあさじょうぜ）　江戸時代前期の銀吹人。大黒屋作兵衛常是と称す。
¶コン（[没]寛永13（1636）年）

大黒梅陰*　だいこくばいいん
寛政9（1797）年～嘉永4（1851）年　江戸時代後期の儒学者。
¶コン

大黒屋金之助、金次郎（大金）　だいこくやきんのすけ、きんじろう（だいきん）
江戸時代末期～明治時代の版元。
¶浮絵

大黒屋光太夫*（大黒屋幸太夫）　だいこくやこうだゆう
宝暦1（1751）年～文政11（1828）年　[別]光太夫，光大夫，幸太夫（こうだゆう），大黒幸太夫（だいこくこうだゆう）　江戸時代中期～後期の商人。1783年神昌丸が漂流しロシアに渡る。
¶江人，コン，全幕，対外，徳将，山小（[没]1828年4月15日）

大黒屋助左衛門*　だいこくやすけざえもん
生没年不詳　江戸時代前期の堺の貿易商人。
¶対外

大黒屋平吉　だいこくやへいきち
世襲名　江戸時代末期～明治時代の版元。明和1年初代が絵草子問屋を開く。
¶浮絵

醍醐忠順*　だいごただおさ
天保1（1830）年～明治33（1900）年　江戸時代末期～明治時代の政治家、内国事務掛、大阪府知事。条約勅許問題で畿内以外開港するべきと言上。
¶公卿（[生]天保1（1830）年3月17日　[没]明治33（1900）年7月4日），公家（忠順〔醍醐家〕　ただおさ　[生]文政13（1830）年　[没]明治33（1900）年7月4日），幕末（[生]文政13（1830）年3月17日　[没]明治33（1900）年7月4日）

醍醐経胤*　だいごつねたね
享保2（1717）年7月15日～天明1（1781）年1月21日　[別]醍醐兼潔（だいごかねきよ）　江戸時代中期の公家（右大臣）。左大臣醍醐冬熙の子。
¶公卿，公家（経胤〔醍醐家〕　つねたね　[没]安永10（1781）年1月21日）

醍醐輝久*　だいごてるひさ
宝暦10（1760）年6月13日～享和1（1801）年7月25日　江戸時代中期～後期の公家（権大納言）。右大臣醍醐経胤の子。
¶公卿，公家（輝久〔醍醐家〕　てるひさ）

醍醐輝弘*　だいごてるひろ
寛政3（1791）年～安政6（1859）年　江戸時代末期の公家（内大臣）。関白・内大臣一条輝良の子。
¶公卿（[生]寛政3（1791）年4月27日　[没]安政6（1859）年9月9日），公家（輝弘〔醍醐家〕　てるひろ　[生]寛政3（1791）年4月27日　[没]安政6（1859）年9月9日）

醍醐天皇*　だいごてんのう
元慶9（885）年～延長8（930）年9月29日　平安時代中期の第60代の天皇（在位897～930）。宇多天皇の子。その治世は「延喜の治」といわれ、律令政治の再興に尽力。
¶古人，古代，コン（[生]仁和1（885）年），思想（[生]仁和1（885）年），天皇（[生]仁和1（885）年），山小（[生]885年1月18日　[没]930年9月29日）

太鼓堂〔1代〕　たいこどう
⇒津打治兵衛〔2代〕（つうちじへえ）

太鼓堂〔2代〕　たいこどう
⇒津打治兵衛〔3代〕（つうちじへえ）

醍醐冬熙*　だいごふゆひろ
延宝7（1679）年5月4日～宝暦6（1756）年10月9日　江戸時代中期の公家（左大臣）。権大納言醍醐冬基の長男。
¶公卿，公家（冬熙〔醍醐家〕　ふゆひろ）

醍醐冬基*　だいごふゆもと
慶安1（1648）年～元禄10（1697）年　江戸時代前期の公家（権大納言）。醍醐家の祖。後陽成天皇の第9皇子一条昭良の次男。
¶公卿（[生]慶安1（1648）年6月14日　[没]元禄10（1697）年7月14日），公家（冬基〔醍醐家〕　ふゆもと　[生]正保5（1648）年　[没]元禄10（1697）年7月14日）

醍醐冬香*　だいごふゆよし
宝暦1（1751）年11月21日～安永1（1772）年2月13日　江戸時代中期の公家（権中納言）。右大臣醍醐経胤の子。
¶公卿，公家（冬香〔醍醐家〕　ふゆか　[生]寛延4（1751）年11月21日）

大斎院　だいさいいん
⇒選子内親王（せんしないしんのう）

大西十兵衛尉*　だいさいじゅうべいのじょう
[別]大西十兵衛（だいさいじゅうべえ）　戦国時代の武将。尼子氏家臣。
¶全戦（大西十兵衛　だいさいじゅうべえ　[生]？　[没]天正16（1588）年）

大西十兵衛　だいさいじゅうべえ
⇒大西十兵衛尉（だいさいじゅうべいのじょう）

代作屋大作　だいさくやだいさく
⇒花笠文京〔1代〕（はながさぶんきょう）

対山　たいざん
⇒大島対山（おおしまたいざん）

来山　だいざん
⇒小西来山（こにしらいざん）

帯山与兵衛〔1代〕* たいざんよへえ
生没年不詳 江戸時代前期〜中期の陶工。
¶美工

太地角右衛門 たいじかくえもん
⇒太地角右衛門(たいちかくえもん)

泰実* たいじつ
生没年不詳 平安時代後期の僧。最勝金剛院執行。
¶古人

体子内親王 たいしないしんのう
⇒神仙門院(しんせんもんいん)

大慈普応禅師 だいじふおうぜんじ
⇒鉄牛道機(てつぎゅうどうき)

代島亮長* だいじますけなが,たいじますけなが
安永8(1779)年〜文久3(1863)年7月24日 江戸時代中期〜末期の和算家。
¶数学(たいじますけなが)

泰寿院 たいじゅいん★
江戸時代後期の女性。和歌。相模小田原藩主大久保忠真の妹。
¶江表(泰寿院(愛媛県))

大住院以信* だいじゅういんいしん
*〜元禄9(1696)年 江戸時代前期の僧、名人立花師と称された、京都本能寺の塔頭高俊院4世。
¶コン([生]慶長12(1607)年)

大十町 だいじゅうちょう
⇒大谷広次〔1代〕(おおたにひろじ)

大叔(大淑) だいしゅく
⇒季弘大叔(きこうだいしゅく)

泰寿尼 たいじゅに★
江戸時代中期の女性。俳諧。天明4年、田上菊舎が、3年の江戸滞在を終え帰郷する際に餞別句を贈る。
¶江表(泰寿尼(東京都))

泰舜* たいしゅん
元慶1(877)年〜天暦3(949)年 平安時代中期の真言宗の僧。東寺長者14世、高野山座主8世。
¶古人

たい女(1) たいじょ★
江戸時代後期の女性。狂俳。嘉永4年刊、一光堂五雲撰『狂俳指使篇』に載る。
¶江表(たい女(愛知県))

たい女(2) たいじょ★
江戸時代末期の女性。和歌。美濃曽井の正尊寺義空と佐渡女の娘。慶応2年序、村上忠順編『元治元年千首』に載る。
¶江表(たい女(愛知県))

たゐ女 たいじょ★
江戸時代後期の女性。和歌。西条連の人。享和3年序、佐伯貞中八〇賀集「周桑歌人集」に載る。
¶江表(たゐ女(愛媛県))

太女 たいじょ★
江戸時代前期の女性。狂歌。京都の人。延宝7年刊、生白堂行風撰『銀葉夷哥集』に載る。
¶江表(太女(京都府))

大乗院経覚 だいじょういんきょうがく
⇒経覚(きょうかく)

大乗院実尊 だいじょういんじっそん
⇒実尊(じっそん)

大乗院尋尊 だいじょういんじんそう
⇒尋尊(じんそん)

大乗院尋尊 だいじょういんじんそん
⇒尋尊(じんそん)

大乗院尊信 だいじょういんそんしん
⇒尊信(そんしん)

大掾清幹* だいじょうきよもと,たいじょうきよもと
天正1(1573)年〜天正18(1590)年12月 安土桃山時代の武将。
¶全戦

大小仲子 だいしょうちゅうし★
江戸時代後期の女性。狂歌。赤尾氏。文化8年刊、六樹園撰『狂歌画像作者部類』に載る。
¶江表(大小仲子(東京都))

大将御息所 だいしょうのみやすんどころ
⇒藤原慶子(ふじわらのけいし)

大掾満幹* だいじょうみつもと
室町時代の武将、常陸大掾、高幹の孫、詮国の子。
¶内乱([生]? [没]永享1(1429)年),室町([生]? [没]永享1(1430)年)

泰信* たいしん
生没年不詳 奈良時代〜平安時代前期の唐僧。
¶古人

大進*(1) だいしん
生没年不詳 平安時代後期の歌人。菅原在良の妻か。
¶古人

大進*(2) だいしん
生没年不詳 平安時代後期の歌人。俊子内親王に仕えた女房。
¶古人

大進*(3) だいしん
生没年不詳 平安時代後期の女流歌人。後白河中宮藤原忻子に仕えた女房。
¶古人

大進*(4) だいしん
生没年不詳 平安時代後期〜鎌倉時代前期の女房。源頼朝の伯母。
¶古人

大進*(5) だいしん
生没年不詳 平安時代後期〜鎌倉時代前期の女房。源頼朝の妾。
¶古人

大震慧旦* だいしんえたん
寛政4(1792)年〜明治3(1870)年 [別]大震慧旦(だいしんけいたん) 江戸時代末期〜明治時代の臨済宗僧侶。
¶幕末(だいしんけいたん [没]明治3(1870)年7月21日)

大震慧旦 だいしんけいたん
⇒大震慧旦(だいしんえたん)

大進房* だいしんぼう
生没年不詳 鎌倉時代後期の彫刻師。
¶美建,美工

た

岱水* たいすい
江戸時代中期の俳人。
¶俳文（生没年不詳）

大睡* たいすい
貞享1（1684）年～安永4（1775）年　江戸時代前期～中期の俳人。
¶俳文

大典侍 だいすけ
⇒大典侍（おおてんじ）

泰清* たいせい
生没年不詳　平安時代後期の石清水僧。
¶古人

大拙祖能* だいせつそのう
正和2（1313）年～天授3/永和3（1377）年　[別]祖能（そのう）　南北朝時代の臨済宗幻住派の僧。
¶コン，対外

泰仙* たいせん
平安時代前期の僧。
¶古人（生没年不詳），古代

泰善* たいぜん
生没年不詳　平安時代中期の天台宗の僧。
¶古人

大善院 だいぜんいん
江戸時代前期の大坂城士。
¶大坂

苔蘇 たいそ
⇒岡本苔蘇（おかもとたいそ）

大巣* たいそう
？～天保8（1837）年4月29日　江戸時代後期の俳人。
¶俳文

大蘇芳年 たいそよしとし
⇒月岡芳年（つきおかよしとし）

大太法師* だいだらぼっち
東日本一帯に分布する伝説上の巨人。
¶コン

大智* だいち
正応3（1290）年～正平21/貞治5（1366）年　[別]祖継（そけい）　鎌倉時代後期～南北朝時代の曹洞宗の僧。肥後宇土郡長崎の人。
¶コン

大智院殿 だいちいんどの
⇒足利義視（あしかがよしみ）

太地角右衛門* たいちかくえもん
*～元禄12（1699）年　[別]太地角右衛門（たいじかくえもん）　江戸時代前期の捕鯨業発祥の地紀州太地浦鯨方の宰領。
¶コン（[生]元和9（1623）年？）

大知女王 だいちじょおう
⇒文智女王（ぶんちじょおう）

袋中* たいちゅう
天文21（1552）年～寛永16（1639）年1月21日　[別]袋中良定（たいちゅうりょうじょう），良定（りょうじょう）　安土桃山時代～江戸時代前期の浄土宗の僧。「琉球神道記」の著者。
¶コン，思想

大虫 だいちゅう
⇒池永大虫（いけながだいちゅう）

胎中天皇 たいちゅうてんのう
⇒応神天皇（おうじんてんのう）

袋中良定 たいちゅうりょうじょう
⇒袋中（たいちゅう）

泰澄* たいちょう
天武天皇11（682）年～神護景雲1（767）年　[別]神融（じんゆう）　飛鳥時代～奈良時代の山岳修行者。白山の開山者と伝えられる行者。
¶古人（神融　じんゆう　生没年不詳），古人，古代，コン（[生]天武11（682）年）

大潮 たいちょう，だいちょう
⇒大潮元皓（だいちょうげんこう）

大頂院* たいちょういん
？～永禄1（1558）年9月10日　戦国時代の女性。北条氏綱の子で、北条綱成の室。
¶後北（大頂院殿〔北条〕　だいちょういんでん）

大潮元皓* だいちょうげんこう
延宝4（1676）年～明和5（1768）年　[別]月枝元皓（げっしげんこう），元皓（げんこう），大潮（たいちょう，だいちょう）　江戸時代中期の黄檗僧。肥前国松浦の人。
¶コン，思想（[生]延宝6（1678）年）

兌長老 たいちょうろう
⇒西笑承兌（せいしょうじょうたい）

大通禅師 だいつうぜんじ
⇒愚中周及（ぐちゅうしゅうきゅう）

大通智勝国師 だいつうちしょうこくし
⇒快川紹喜（かいせんじょうき）

大典 だいてん
⇒梅荘顕常（ばいそうけんじょう）

大典顕常 だいてんけんじょう，だいてんげんじょう
⇒梅荘顕常（ばいそうけんじょう）

大顛梵千*（大巓梵千）　だいてんぼんせん
寛永6（1629）年～貞享2（1685）年　[別]幻吁（げんく）　江戸時代前期の臨済宗の僧。円覚寺164世。
¶俳文（幻吁　げんく　[没]貞享2（1685）年1月3日）

大唐* たいとう
生没年不詳　安土桃山時代の織田信長の家臣。
¶織田

大東某* だいとう
生没年不詳　安土桃山時代の織田信長の家臣。
¶織田

大灯 だいとう
⇒宗峰妙超（しゅうほうみょうちょう）

大藤栄永* だいとうえいえい
？～天文21（1552）年？　戦国時代の北条氏の家臣。
¶全戦（[没]天文20（1551）年）

大藤景長* だいとうかげなが
生没年不詳　戦国時代の北条氏の家臣。
¶後北（景長〔大藤〕　かげなが）

大灯国師 だいとうこくし
⇒宗峰妙超（しゅうほうみょうちょう）

大道寺周勝*　だいどうじかねかつ
？～永禄5(1562)年？　戦国時代～安土桃山時代の北条氏の家臣。
¶後北(周勝〔大道寺〕　かねかつ)

大道寺九郎右衛門尉　だいどうじくろうえもんのじょう
安土桃山時代の北条氏直の家臣。
¶後北(九郎右衛門尉〔大道寺〕　くろうえもんのじょう)

大道寺重祐　だいどうじしげすけ
⇒大道寺友山(だいどうじゆうざん)

大道寺繁禎*　だいどうじしげよし
弘化1(1844)年～大正8(1919)年2月26日　江戸時代末期～大正時代の津軽弘前藩家老、国立銀行頭取。藩主名代として版籍奉還を奏上。
¶コン，幕末([生]天保15(1844)年6月10日)

大道寺資親*　だいどうじすけちか
？～元亀1(1570)年　戦国時代の武将。後北条氏家臣。
¶後北(資親〔大道寺〕　すけちか　[没]元亀1年3月21日)

大道寺帯刀助*　だいどうじたちはきのすけ
生没年不詳　戦国時代の北条氏の家臣。
¶後北(帯刀助〔大道寺〕　たてわきのすけ)

大道寺直繁*　だいどうじなおしげ
生没年不詳　安土桃山時代～江戸時代前期の武士。北条氏の家臣。通称孫九郎。
¶後北(直繁〔大道寺〕　なおしげ)

大道寺直次*　だいどうじなおつぐ
元亀2(1571)年～慶安4(1651)年　[別]遠山長右衛門(とおやまちょうえもん)，遠山長左衛門(とおやまちょうざえもん)　安土桃山時代～江戸時代前期の武将。のち江戸幕府の御家人。
¶後北(直次〔大道寺〕　なおつぐ)，コン，徳人

大道寺直英　だいどうじなおひで
⇒大道寺隼人(だいどうじはやと)

大道寺直昌*　だいどうじなおまさ
生没年不詳　戦国時代の武士。北条氏の家臣。
¶後北(直昌〔大道寺〕　なおまさ)

大道寺隼人*　だいどうじはやと
天文21(1552)年～寛永19(1642)年　[別]大道寺直英(だいどうじなおひで)　安土桃山時代～江戸時代前期の陸奥弘前藩家老。
¶後北(直英〔大道寺〕　なおひで)，全戦(大道寺直英　だいどうじなおひで)

大道寺彦五郎　だいどうじひこごろう
安土桃山時代の北条氏直の家臣？
¶後北(彦五郎〔大道寺〕　ひこごろう)

大道寺発専　だいどうじほっせん
戦国時代の伊勢宗瑞(北条早雲)の家臣。盛昌の父か。宗瑞の従兄弟という。
¶後北(発専〔大道寺〕　ほっせん)

大道寺政繁*　だいどうじまさしげ
天文2(1533)年～天正18(1590)年　戦国時代～安土桃山時代の武将、駿河守。
¶後北(政繁〔大道寺〕　まさしげ　[生]天文2年　[没]天正18年7月19日)，コン，全戦，戦武

大道寺盛昌*　だいどうじもりまさ
生没年不詳　戦国時代の武士。後北条氏家臣。初代鎌倉代官。
¶後北(盛昌〔大道寺〕　もりまさ　[没]？ 年7月12日)，戦武([生]明応4(1495)年　[没]弘治2(1556)年)

大道寺友山*　だいどうじゆうざん
寛永16(1639)年～享保15(1730)年　[別]大道寺重祐(だいどうじしげすけ)　江戸時代前期～中期の兵法家。
¶コン，思想

大藤新兵衛　だいとうしんべえ
⇒大藤新兵衛(おおふじしんべえ)

大藤直昌　だいとうなおまさ
安土桃山時代の北条氏直の家臣。長門守。
¶後北(直昌〔大藤〕　なおまさ)

大藤信基　だいとうのぶもと
戦国時代の紀伊国高野山根来寺の僧。栄永。金谷斎。北条氏綱・氏康の家臣。
¶後北(信基〔大藤〕　のぶもと　[没]天文20年3月21日)

大塔宮　だいとうのみや
⇒護良親王(もりよししんのう)

大藤政□　だいとうまさ□□
安土桃山時代の北条氏の家臣。小太郎。小田原開城後に徳川家康に仕え、結城秀康の家臣。
¶後北(政□〔大藤〕　まさ□□)

大藤政信*　だいとうまさのぶ
？～元亀3(1572)年11月　戦国時代～安土桃山時代の北条氏の家臣。
¶後北(政信〔大藤〕　まさのぶ)

大藤与七　だいとうよしち
安土桃山時代の武士。2代目政信の嫡男。北条氏直の家臣。
¶後北(与七〔大藤〕　よしち)

大塔若宮　だいとうわかみや
⇒興良親王(おきながしんのう)

台徳院　たいとくいん，だいとくいん
⇒徳川秀忠(とくがわひでただ)

台徳院殿　だいとくいんどの
⇒徳川秀忠(とくがわひでただ)

大徳親王*　だいとこしんのう
延暦17(798)年～延暦22(803)年　[別]大野親王(おおのしんのう，おおののしんのう)　平安時代前期の桓武天皇の第11皇子。
¶古人(大野親王　おおのしんのう)，天皇(大野親王　おおののしんのう　[没]延暦22(803)年10月25日)

田井中伊平*　たいなかいへい
享和2(1802)年～明治16(1883)年　江戸時代末期～明治時代の心学者。故郷で心学を説き、伊賀、伊勢、越前まで教化に出る。
¶幕末([没]明治16(1883)年9月26日)

大納言*(1)　だいなごん
生没年不詳　平安時代中期の女房。藤原道頼の女。
¶古人

大納言*(2)　だいなごん
生没年不詳　[別]七条院大納言(しちじょういんだいなごん)　平安時代後期の女房。藤原実綱の娘。
¶古人

大納言*(3)　だいなごん
生没年不詳　平安時代後期の盗賊の女首領。

¶古人

大納言佐　だいなごんのすけ
⇒藤原輔子（ふじわらのほし）

大納言局＊(1)　だいなごんのつぼね
生没年不詳　[別]坊門信清女（ぼうもんのぶきよじょ，ぼうもんのぶきよのむすめ）　鎌倉時代前期の女性。順徳天皇の宮人。
¶天皇（坊門信清女　ぼうもんのぶきよのむすめ），天皇（坊門信清女　ぼうもんのぶきよじょ）

大納言局＊(2)　だいなごんのつぼね
生没年不詳　[別]中院通方女（なかのいんみちかたのむすめ）　鎌倉時代前期の女性。後嵯峨天皇の宮人。
¶天皇（中院通方女　なかのいんみちかたのむすめ）

大納言局＊(3)　だいなごんのつぼね
生没年不詳　[別]洞院公敏女（とういんきんとしのむすめ）　鎌倉時代後期〜南北朝時代の女性。後醍醐天皇の宮人。
¶天皇（洞院公敏女　とういんきんとしのむすめ）

大日能忍＊　だいにちのうにん
生没年不詳　[別]大日房（だいにちぼう），能忍（のうにん）　平安時代後期の僧。達磨宗開祖。
¶古人（能忍　のうにん　[生]？　[没]1196年？），コン（[生]？　[没]文治5（1189）年），対外（能忍　のうにん）

大日房　だいにちぼう
⇒大日能忍（だいにちのうにん）

大弐三位＊　だいにのさんみ
長保1（999）年〜＊　平安時代中期〜後期の女性。歌人。
¶詩作（生没年不詳），女史（[没]？），女文（生没年不詳）

大弐局＊　だいにのつぼね
生没年不詳　鎌倉時代前期の武家女性。御家人加々美遠光の娘。
¶女史

諦忍＊(1)　たいにん
宝永2（1705）年〜天明6（1786）年6月10日　[別]妙竜（みょうりゅう）　江戸時代中期の真言律僧。尾張八事山興正寺第5世。
¶コン，思想

諦忍(2)　たいにん
⇒道隠（どうおん）

太年　たいねん
江戸時代後期〜明治時代の俳諧作者。
¶俳文（[生]文政6（1823）年1月7日　[没]明治20（1887）年3月15日）

岱年＊　たいねん
寛政10（1798）年〜嘉永5（1852）年1月12日　江戸時代後期の俳人。
¶俳文

対御方＊　たいのおんかた
？〜文中1/応安5（1372）年　[別]正親町実明女（おおぎまちさねあきらじょ）　鎌倉時代後期〜南北朝時代の女性。後伏見天皇の宮人。
¶天皇（正親町実明女（対御方）　おおぎまちさねあきらじょ（たいのおんかた）　[生]永仁5（1297）年　[没]延文5（1360）年9月5日）

田結庄是義＊　たいのしょうこれよし
？〜天正3（1575）年　戦国時代〜安土桃山時代の僧。
¶全戦，戦武

帯梅＊（帯海）　たいばい
？〜文政9（1826）年　江戸時代後期の俳人。
¶俳文

大梅　たいばい
⇒児島大梅（こじまだいばい）

大場久八＊（大場の久八）　だいばのきゅうはち
文化11（1814）年〜明治25（1892）年　江戸時代末期〜明治時代の侠客。安政の大地震の時義援金で窮民を救う。晩年仁侠を離れる。
¶幕末（大場の久八）

泰範＊　たいはん
宝亀9（778）年〜？　平安時代前期の真言宗の僧。空海十大弟子あるいは四哲の一人。
¶古人，古代（[没]858年？），コン

大眉＊　たいび
文政10（1827）年〜明治17（1884）年　江戸時代末期〜明治時代の陶工。長門の陶工。萩焼風の陶器を製作。
¶美工（[没]明治17（1884）年8月22日）

大悲円満国師　だいひえんまんこくし
⇒雲居希膺（うんごきよう）

大悲菩薩　だいひぼさつ
⇒覚盛（かくじょう）

大阜＊　たいふ
延享2（1745）年〜文政3（1820）年9月7日　江戸時代中期〜後期の俳人。
¶俳文

大輔＊(1)　たいふ
生没年不詳　平安時代前期の女房・歌人。醍醐天皇の中宮穏子に仕えた女房。
¶古人

大輔＊(2)　たいふ
生没年不詳　平安時代前期の女房・歌人。源弼の女。
¶古人（[生]870年？　[没]？）

大輔＊(3)　たいふ
生没年不詳　平安時代中期の女房。大弐藤原国章女。藤原兼家の継室。
¶古人

大輔(4)　たいふ
⇒殷富門院大輔（いんぷもんいんのたいふ）

大夫典侍＊(1)　たいふのすけ
？〜大治1（1126）年　平安時代後期の女官。
¶古人

大夫典侍＊(2)　たいふのすけ
生没年不詳　平安時代後期の女房・歌人。
¶古人

大輔命婦＊　たいふのみょうぶ
生没年不詳　[別]大輔命婦（おおすけのみょうぶ）　平安時代中期の女房・歌人。
¶古人（おおすけのみょうぶ），古人

大輔乳母＊　たいふのめのと
生没年不詳　[別]大輔乳母（おおすけのめのと）　平安時代中期の女性。中宮藤原定子の女房。
¶古人（おおすけのめのと），古人

大宝円鑑国師 たいほうえんかんこくし
⇒春屋宗園(しゅんおくそうえん)

大法正眼国師 たいほうしょうげんこくし
⇒盤珪永琢(ばんけいようたく)

大宝寺義氏* だいほうじよしうじ
天文20(1551)年～天正11(1583)年 [別]武藤義氏(むとうよしうじ) 安土桃山時代の武将。
¶全戦,戦武

大宝寺義興* だいほうじよしおき
?～天正15(1587)年 [別]武藤義興(むとうよしおき) 安土桃山時代の出羽国庄内地方の武将。
¶戦武([生]天文23(1554)年)

大宝寺義勝* だいほうじよしかつ
天正1(1573)年～元和9(1623)年 [別]武藤義勝(むとうよしかつ) 安土桃山時代の武将。上杉氏家臣。
¶戦武

大宝寺義増* だいほうじよします
生没年不詳 戦国時代の出羽国衆。
¶全戦([生]大永2(1522)年 [没]永禄12(1569)年)

当麻国行* たいまくにゆき
生没年不詳 [別]国行(くにゆき) 鎌倉時代後期の大和の刀工。当麻派の祖。
¶美工(国行 くにゆき)

当麻三人衆* たいまさんにんしゅう
戦国時代の武士。北条氏の家臣。
¶後北

大桝屋徳右衛門 だいますやとくうえもん
⇒近松徳三(ちかまつとくぞう)

大松系斎*(大松糸斎) だいまつけいさい
江戸時代末期の新撰組隊士。
¶新隊(大松糸斎 生没年不詳)

当麻浦虫* たいまのうらむし
宝亀11(780)年～貞観1(859)年 [別]当麻浦虫(たぎまのうらむし) 平安時代前期の女官、従三位尚侍、右京の人。
¶古人(たぎまのうらむし)

当麻皇子 たいまのおうじ
⇒当麻皇子(たいまのみこ)

当麻鴨継* たいまのかもつぐ
?～貞観15(873)年 [別]当麻真人鴨継(たいまのまひとかもつぐ),当麻鴨継(たぎまのかもつぐ) 平安時代前期の官医。
¶古人(たぎまのかもつぐ),古代(当麻真人鴨継 たいまのまひとかもつぐ)

当麻公豊浜* たいまのきみとよはま
?～681年 [別]当麻豊浜(たいまのとよはま) 飛鳥時代の官人。
¶古代

当麻公広嶋* たいまのきみひろしま
?～672年 飛鳥時代の吉備国守。
¶古代

当摩蹶速 たいまのくえはや
⇒当麻蹶速(たいまのけはや)

当麻国見 たいまのくにみ
⇒当麻真人国見(たいまのまひとくにみ)

当麻蹶速*(当麻蹴速, 当摩蹶速) たいまのけはや
[別]当摩蹶速(たいまのくえはや, たぎまのくえはや) 「日本書紀」の力自慢の人物。
¶古人(当摩蹶速 たぎまのくえはや 生没年不詳),古代,コン(当摩蹶速)

当麻智徳 たいまのちとこ
⇒当麻真人智徳(たいまのまひとちとこ)

当麻豊浜 たいまのとよはま
⇒当麻公豊浜(たいまのきみとよはま)

当麻永嗣 たいまのながつぐ
⇒当麻真人永嗣(たいまのまひとながつぐ)

当麻真人鴨継 たいまのまひとかもつぐ
⇒当麻鴨継(たいまのかもつぐ)

当麻真人国見* たいまのまひとくにみ
[別]当麻国見(たいまのくにみ, たぎまのくにみ) 飛鳥時代の官人。
¶古人(当麻国見 たぎまのくにみ 生没年不詳),古代

当麻真人智徳* たいまのまひとちとこ
?～和銅4(711)年 [別]当麻智徳(たいまのちとこ, たぎまのちとく) 飛鳥時代の官人。
¶古人(当麻智徳 たぎまのちとく),古代

当麻真人永嗣* たいまのまひとながつぐ
生没年不詳 [別]当麻永嗣(たいまのながつぐ, たぎまのながつぐ) 奈良時代の官人。
¶古人(当麻永嗣 たぎまのながつぐ),古代

当麻皇子* たいまのみこ
生没年不詳 [別]当麻皇子(たいまのおうじ, たぎまのおうじ, たぎまのみこ), 当麻王(たぎまおう), 麻呂子皇子(まろこのみこ) 飛鳥時代の用明天皇の皇子、征新羅将軍。
¶古人(当麻王 たぎまおう),古人(たぎまのおうじ),古代,古物(たぎまのみこ),コン,天皇(麻呂子皇子 まろこのみこ)

当麻山背* たいまのやましろ
生没年不詳 [別]当麻山背(たぎまのやましろ) 奈良時代の女性。舎人親王の大夫人、淳仁天皇の母。
¶古人(たぎまのやましろ),コン,女史,天皇(たぎまのやましろ)

戴曼公* たいまんこう
明・万暦24(1596)年～寛文12(1672)年 [別]性易(しょうえき), 独立性易(どくりつしょうえき, どくりゅうしょうえき), 独立(どくりゅう) 江戸時代前期の明からの渡来医。抗州仁和県生まれ。
¶コン([生]慶長1(1596)年),対外(独立性易 どくりゅうしょうえき)

大明京 だいみんきょう
⇒大明京〔1代〕(だいみんきん)

大明京〔1代〕* だいみんきん
生没年不詳 [別]大明京(だいみんきょう) 江戸時代前期の刀工。
¶美工(代数なし だいみんきょう)

大明国師 だいみんこくし
⇒無関普門(むかんふもん)

太無 たいむ
⇒古川太無(ふるかわたいむ)

大夢 たいむ
⇒直山大夢(なおやまたいむ)

泰明院　たいめいいん
⇒泰姫(やすひめ)

体門院　たいもんいん
⇒清水敦之助(しみずあつのすけ)

大文字屋治右衛門　だいもんじやじえもん
⇒重頼(しげより)

大弥　だいや
⇒中山よしを〔1代〕(なかやまよしお)

鯛屋貞柳　たいやていりゅう
⇒油煙斎貞柳(ゆえんさいていりゅう)

泰幽*　たいゆう
元慶7(883)年～天暦1(947)年　平安時代前期～中期の真言宗の僧。
¶古人

大猷院殿　だいゆういんどの
⇒徳川家光(とくがわいえみつ)

大陽義冲*(大陽義沖)　たいようぎちゅう，だいようぎちゅう
弘安5(1282)年～正平7/文和1(1352)年　㊉義冲(ぎちゅう)　鎌倉時代後期～南北朝時代の臨済宗の僧。
¶コン

大用宗存　だいようそうぞん
安土桃山時代の竜華院の4世住持。
¶武田(㊀?　㊁元亀1(1570)年12月10日)

平敦盛　たいらあつもり
⇒平敦盛(たいらのあつもり)

平篤行　たいらあつゆき
⇒平篤行(たいらのあつゆき)

平有親*　たいらありちか
建久5(1194)年～弘長1(1261)年　㊉平有親(たいらのありちか)　鎌倉時代前期の公卿(参議)。非参議平親国の子。
¶公卿(たいらのありちか　㊀建久4(1193)年　㊁文応2(1261)年1月4日)，公家(有親〔平家(絶家)3〕　ありちか　㊀1193年　㊁文応2(1261)年1月4日)

平有盛　たいらありもり
⇒平有盛(たいらのありもり)

平家貞　たいらいえさだ
⇒平家貞(たいらのいえさだ)

平家資　たいらいえすけ
⇒平家資(たいらのいえすけ)

平家継　たいらいえつぐ
⇒平田家継(ひらたいえつぐ)

平家長　たいらいえなが
⇒伊賀家長(いがいえなが)

平家盛　たいらいえもり
⇒平家盛(たいらのいえもり)

平景清　たいらかげきよ
⇒平景清(たいらのかげきよ)

平兼隆　たいらかねたか
⇒山木兼隆(やまきかねたか)

平兼親*　たいらかねちか
生没年不詳　㊉平兼親(たいらのかねちか)　鎌倉時代前期の公卿(非参議)。非参議平時兼の子。
¶公卿(たいらのかねちか)，公家(兼親〔平家(絶家)4〕　かねちか)

平兼衡　たいらかねひら
⇒関兼衡(せきかねひら)

平兼盛　たいらかねもり
⇒平兼盛(たいらのかねもり)

平完子　たいらかんし
⇒平完子(たいらのさだこ)

平帰一*　たいらきいち
?～明治6(1873)年12月22日　江戸時代後期～明治時代の洋学者・医者。
¶科学(㊀文政7(1824)年)

平清邦　たいらきよくに
⇒平清邦(たいらのきよくに)

平清定　たいらきよさだ
⇒平清定(たいらのきよさだ)

平清綱*　たいらきよつな
生没年不詳　㊉平清綱(たいらのきよつな)　鎌倉時代前期の武士。
¶古人(たいらのきよつな)

平清経　たいらきよつね
⇒平清経(たいらのきよつね)

平清房　たいらきよふさ
⇒平清房(たいらのきよふさ)

平清宗　たいらきよむね
⇒平清宗(たいらのきよむね)

平清盛　たいらきよもり
⇒平清盛(たいらのきよもり)

平公誠*　たいらきんざね
生没年不詳　㊉平公誠(たいらのきんざね)　平安時代中期の官人、歌人。
¶古人(たいらのきんざね)

平子牛法師丸*　たいらくうしほうしまる
生没年不詳　戦国時代の武士。上杉氏の家臣。
¶後北(房長〔平子〕　ふさなが)

大楽源太郎*　だいらくげんたろう
*～明治4(1871)年　江戸時代末期～明治時代の武士。
¶コン(㊀天保3(1832)年)，全幕(㊀天保3(1832)年)，幕末(㊀天保3(1832)年　㊁明治4(1871)年3月16日)

平国香　たいらくにか
⇒平国香(たいらのくにか)

平惟継*　たいらこれつぐ
文永3(1266)年～興国4/康永2(1343)年4月18日　㊉平惟継(たいらのこれつぐ)　鎌倉時代後期～南北朝時代の公卿(権中納言)。非参議平高兼の子。
¶公卿(たいらのこれつぐ　㊁康永2/興国4(1343)年4月18日)，公家(惟継〔平家(絶家)4〕　これつぐ　㊁康永2(1343)年4月18日)

平維時　たいらこれとき
平安時代後期の武士。
¶平家(㊀?　㊁寿永2(1183)年?)

平伊望女*　たいらこれもちのむすめ
生没年不詳　㊉平伊望女(たいらのこれもちのむす

め）　平安時代前期の歌人。
¶古人（たいらのこれもちのむすめ）

平維盛　たいらこれもり
⇒平維盛（たいらのこれもり）

平維盛の北の方　たいらこれもりのきたのかた
⇒新大納言局（しんだいなごんのつぼね）

平維盛の娘　たいらこれもりのむすめ
平安時代後期の女性。母は藤原成親の娘、新大納言局。
¶平家（生没年不詳）

平定家*　たいらさだいえ
生没年不詳　[別]平定家（たいらのさだいえ）　平安時代中期の公家。
¶古人（たいらのさだいえ）

平定親*　たいらさだちか
長徳1（995）年～康平6（1063）年3月3日　[別]平定親（たいらのさだちか）　平安時代中期～後期の漢学者。
¶古人（たいらのさだちか）

平貞文　たいらさだふみ
⇒平貞文（たいらのさだぶみ）

平貞文　たいらさだふん
⇒平貞文（たいらのさだぶみ）

平貞盛　たいらさだもり
⇒平貞盛（たいらのさだもり）

平貞能　たいらさだよし
⇒平貞能（たいらのさだよし）

平貞頼　たいらさだより
⇒平貞頼（たいらのさだより）

平実重*　たいらさねしげ
生没年不詳　[別]平実重（たいらのさねしげ）　平安時代後期の公家・歌人。
¶古人（たいらのさねしげ）

平実親　たいらさねちか
⇒平実親（たいらのさねちか）

平三郎左衛門尉　たいらさぶろうざえもんのじょう
安土桃山時代の織田信長の家臣。もと畠山氏の大和宇智郡代官。
¶織田

平重国　たいらしげくに
平安時代後期の武士。
¶平家（生没年不詳）

平滋子　たいらしげこ
⇒建春門院（けんしゅんもんいん）

平重衡　たいらしげひら
⇒平重衡（たいらのしげひら）

平重盛　たいらしげもり
⇒平重盛（たいらのしげもり）

平重盛の北の方　たいらしげもりのきたのかた
⇒藤原経子（ふじわらのつねこ）

平祐挙*　たいらすけたか
生没年不詳　[別]平祐挙（たいらのすけたか）　平安時代中期の官人、歌人。
¶古人（たいらのすけたか）

平資永　たいらすけなが
⇒城資永（じょうすけなが）

平資幹　たいらすけもと
⇒平資幹（たいらのすけもと）

平助職　たいらすけもと
⇒城長茂（じょうながもち）

平資盛　たいらすけもり
⇒平資盛（たいらのすけもり）

平資行　たいらすけゆき
⇒平資行（たいらのすけゆき）

平盛子　たいらせいし
⇒平盛子（たいらのもりこ）

平忠度　たいらただのり
⇒平忠度（たいらのただのり）

平忠房　たいらただふさ
⇒平忠房（たいらのただふさ）

平忠正　たいらただまさ
⇒平忠正（たいらのただまさ）

平忠盛　たいらただもり
⇒平忠盛（たいらのただもり）

平忠依*　たいらただより
生没年不詳　[別]平忠依（たいらのただより）　平安時代中期の官人、歌人。
¶古人（たいらのただより）

平為員　たいらためかず
平安時代後期の武士。平教経の郎等。
¶平家（生没年不詳）

平為成*　たいらためしげ
生没年不詳　[別]平為成（たいらのためしげ）　平安時代後期の歌人。
¶古人（たいらのためしげ）

平為盛　たいらためもり
⇒平為盛（たいらのためもり）

平親顕*　たいらちかあき
文保1（1317）年～天授4/永和4（1378）年　[別]平親顕（たいらのちかあき）　南北朝時代の公卿（権中納言）。権大納言平親時の子。
¶公卿（たいらのちかあき　[没]永和4/天授4（1378）年4月4日），公家（親顕〔平家（絶家）3〕　ちかあき　[没]永和4（1378）年4月4日）

平親国　たいらちかくに
⇒平親国（たいらのちかくに）

平親輔*　たいらちかすけ
生没年不詳　[別]平親輔（たいらのちかすけ）　平安時代後期～鎌倉時代前期の公卿（非参議）。刑部権大輔信季の子。
¶公卿（たいらのちかすけ），公家（親輔〔西洞院家〕　ちかすけ），古人（たいらのちかすけ）

平親継*　たいらちかつぐ
？～文永2（1265）年　[別]平親継（たいらのちかつぐ）　鎌倉時代前期の公卿（非参議）。参議平惟忠の子。
¶公卿（たいらのちかつぐ），公家（親継〔平家（絶家）3〕　ちかつぐ　[没]文永2（1265）年？）

平親長　たいらちかなが
⇒平親長（たいらのちかなが）

た

平親信　たいらちかのぶ
⇒平親信（たいらのちかのぶ）

平親範　たいらちかのり
⇒平親範（たいらのちかのり）

平親宗　たいらちかむね
⇒平親宗（たいらのちかむね）

平経章*　たいらつねあき
？～承保4（1077）年8月　[別]平経章（たいらのつねあき，たいらのつねあきら）　平安時代中期～後期の官人、歌人。
¶古人（たいらのつねあき）

平経高　たいらつねたか
⇒平経高（たいらのつねたか）

平経親*　たいらつねちか
文応1（1260）年～？　[別]平経親（たいらのつねちか）　鎌倉時代後期の公卿（権大納言）。権大納言平時継の次男。
¶公卿（たいらのつねちか），公家（経親〔平家（絶家）3〕つねちか）

平経俊　たいらつねとし
⇒平経俊（たいらのつねとし）

平経正　たいらつねまさ
⇒平経正（たいらのつねまさ）

平経盛　たいらつねもり
⇒平経盛（たいらのつねもり）

平登子　たいらとうし
⇒赤橋登子（あかはしとうし）

平時家　たいらときいえ
⇒平時家（たいらのときいえ）

平時兼*　たいらときかね
仁安3（1168）年～建長1（1249）年　[別]平時兼（たいらのときかね）　平安時代後期～鎌倉時代前期の公卿（非参議）。権大納言平時忠の養子少納言平信国（平信範の子）の子。
¶公卿（たいらのときかね　[没]建長1（1249）年5月17日），公家（時兼〔平家（絶家）4〕　ときかね　[没]建長1（1249）年5月17日），古人（たいらのときかね），平家（[生]長寛1（1163）年）

平時子　たいらときこ
⇒平時子（たいらのときこ）

平時実　たいらときざね
⇒平時実（たいらのときざね）

平時高*　たいらときたか
建久7（1196）年～建長6（1254）年　[別]平時高（たいらのときたか）　鎌倉時代前期の公卿（非参議）。非参議平親輔の次男。
¶公卿（たいらのときたか　[没]建長6（1254）年3月26日），公家（時高〔西洞院家〕　ときたか　[没]建長6（1254）年3月26日）

平時忠　たいらときただ
⇒平時忠（たいらのときただ）

平時継　たいらときつぐ
⇒平時継（たいらのときつぐ）

平時信　たいらときのぶ
⇒平時信（たいらのときのぶ）

平時範　たいらときのり
⇒平時範（たいらのときのり）

平時宗　たいらときむね
平安時代後期の平時忠の子。
¶平家（生没年不詳）

平時望　たいらときもち
⇒平時望（たいらのときもち）

平徳子　たいらとくこ
⇒建礼門院（けんれいもんいん）

平知章　たいらともあき
⇒平知章（たいらのともあきら）

平知章　たいらともあきら
⇒平知章（たいらのともあきら）

平知忠　たいらともただ
⇒平知忠（たいらのともただ）

平知信　たいらとものぶ
⇒平知信（たいらのとものぶ）

平知度　たいらとものり
⇒平知度（たいらのとものり）

平知盛　たいらとももり
⇒平知盛（たいらのとももり）

平知康　たいらともやす
⇒平知康（たいらのともやす）

平中興　たいらなかき
⇒平中興（たいらのなかき）

平中興女　たいらなかきのむすめ
⇒平中興女（たいらのなかきのむすめ）

平仲盛　たいらなかもり
平安時代後期の平頼盛の息子。
¶平家（生没年不詳）

平業兼　たいらなりかね
⇒平業兼（たいらのなりかね）

平成輔　たいらなりすけ
⇒平成輔（たいらのなりすけ）

平業忠*　たいらなりただ
永暦1（1160）年～建暦2（1212）年　[別]平業忠（たいらのなりただ）　平安時代後期～鎌倉時代前期の官人。
¶古人（たいらのなりただ　[生]1159年），内乱（たいらのなりただ），平家

平業房　たいらなりふさ
⇒平業房（たいらのなりふさ）

平業盛　たいらなりもり
⇒平業盛（たいらのなりもり）

平章綱　たいらのあきつな
⇒平章綱（たいらのまさつな）

平明範　たいらのあきのり
平安時代中期の官人。
¶古人（生没年不詳）

平明理　たいらのあきまさ
平安時代中期の官人。
¶古人（生没年不詳）

平朝臣惟範　たいらのあそんこれのり
⇒平惟範（たいらのこれのり）

平朝臣貞文　たいらのあそんさだふん
⇒平貞文（たいらのさだぶみ）

平朝臣季長　たいらのあそんすえなが
⇒平季長（たいらのすえなが）

平朝臣高棟　たいらのあそんたかむね
⇒平高棟（たいらのたかむね）

平朝臣等子　たいらのあそんともこ
⇒平等子（たいらのとうし）

平朝臣寛子　たいらのあそんひろこ
⇒平寛子（たいらのひろこ）

平敦盛*　たいらのあつもり
嘉応1（1169）年～元暦1（1184）年　[別]平敦盛（たいらあつもり）　平安時代後期の武士。平経盛の末子。一ノ谷の戦いで熊谷直実に討たれる。
¶古人, コン, 中世, 内乱（[生]嘉応1（1169）年？　[没]寿永3（1184）年）, 平家（たいらあつもり　[生]嘉応1（1169）年？　[没]寿永3（1184）年）, 山小（[没]1184年2月7日）

平篤行*　たいらのあつゆき
？～延喜10（910）年　[別]平篤行（たいらあつゆき）　平安時代前期～中期の光孝天皇の玄孫。
¶古人

平有重*　たいらのありしげ
生没年不詳　平安時代後期の武士。
¶古人

平有親　たいらのありちか
⇒平有親（たいらありちか）

平有盛*　たいらのありもり
？～文治1（1185）年　[別]平有盛（たいらありもり）　平安時代後期の武将。平重盛の子。壇ノ浦の戦いで入水。
¶古人, 平家（たいらありもり　[没]元暦2（1185）年）

平家貞*　たいらのいえさだ
生没年不詳　[別]平家貞（たいらいえさだ）　平安時代後期の武士。平氏の興隆期に仕えた家人。
¶古人, コン, 内乱, 平家（たいらいえさだ　[生]？　[没]仁安2（1167）年）

平家資*　たいらのいえすけ
生没年不詳　[別]平家資（たいらいえすけ）　平安時代後期の武士。平家の家人。
¶古人, 平家（たいらいえすけ）

平家忠　たいらのいえただ
⇒金子家忠（かねこいえただ）

平家継(1)　たいらのいえつぐ
平安時代後期の相撲人。父は仲宗。寛治6年院武者所。
¶古人（生没年不詳）

平家継(2)　たいらのいえつぐ
⇒平田家継（ひらたいえつぐ）

平家長　たいらのいえなが
⇒伊賀家長（いがいえなが）

平家盛*　たいらのいえもり
？～久安5（1149）年　[別]平家盛（たいらいえもり）　平安時代後期の軍事貴族。
¶古人, 平家（たいらいえもり）

平枝永　たいらのえだなが
平安時代後期の検非違使。
¶古人（生没年不詳）

平景清*　たいらのかげきよ
？～建久7（1196）年　[別]悪七兵衛景清（あくしちびょうえかげきよ），悪七兵衛（あくしちべえ），景清（かげきよ），平景清（たいらかげきよ），藤原景清（ふじわらかげきよ，ふじわらのかげきよ）　平安時代後期～鎌倉時代前期の武将。平家の侍大将。
¶古人（生没年不詳）, 古人（藤原景清　ふじわらのかげきよ　[没]1195年？）, コン, 内乱（藤原景清　ふじわらのかげきよ　[没]建久6（1195）年？）, 平家（藤原景清　ふじわらかげきよ　生没年不詳）

平景季　たいらのかげすえ
⇒梶原景季（かじわらかげすえ）

平景親　たいらのかげちか
⇒大庭景親（おおばかげちか）

平景継　たいらのかげつぐ
⇒梶原景継（かじわらかげつぐ）

平景時　たいらのかげとき
⇒梶原景時（かじわらかげとき）

平景久　たいらのかげひさ
⇒俣野景久（またのかげひさ）

平景正　たいらのかげまさ
⇒鎌倉景政（かまくらかげまさ）

平景益*　たいらのかげます
生没年不詳　平安時代後期～鎌倉時代前期の武士。
¶古人

平景宗*　たいらのかげむね
生没年不詳　平安時代後期の武士。
¶古人

平景茂　たいらのかげもち
⇒梶原景茂（かじわらかげもち）

平景義　たいらのかげよし
⇒大庭景義（おおばかげよし）

平兼有*　たいらのかねあり
生没年不詳　鎌倉時代後期の公卿（非参議）。少納言輔兼の子。
¶公卿, 公家（兼有〔平家（絶家）5〕　かねあり）

平兼重　たいらのかねしげ
平安時代後期の官人。
¶古人（生没年不詳）

平兼季　たいらのかねすえ
平安時代後期の官人。父は貞季。
¶古人（生没年不詳）

平兼隆　たいらのかねたか
⇒山木兼隆（やまきかねたか）

平兼忠*　たいらのかねただ
？～長和1（1012）年？　平安時代中期の軍事貴族。
¶古人

平兼親　たいらのかねちか
⇒平兼親（たいらかねちか）

平兼倫　たいらのかねとも
平安時代後期の官人。

¶古人（生没年不詳）

平兼政　たいらのかねまさ
平安時代後期の武士。
¶古人（生没年不詳）

平兼基*　たいらのかねもと
生没年不詳　平安時代後期の地方官人。
¶古人

平兼職　たいらのかねもと
平安時代後期の官人。
¶古人（生没年不詳）

平兼盛*　たいらのかねもり
？～正暦1（990）年　[別]平兼盛（たいらかねもり）　平安時代中期の官人、歌人。三十六歌仙の一人。
¶古人，コン，詩作（[没]正暦1（991）年12月28日），日文

平兼康*　たいらのかねやす
生没年不詳　平安時代後期の武士。平家の家臣。
¶古人

平寛子　たいらのかんし
⇒平寛子（たいらのひろこ）

平公親　たいらのきみちか
生没年不詳　平安時代中期の官人。
¶古人，古人

平公雅*　たいらのきみまさ
生没年不詳　[別]平公雅（たいらのきんまさ）　平安時代中期の武士。興世王を討った功により従五位上武蔵守となる。
¶古人（たいらのきんまさ），コン

平清家*　たいらのきよいえ
生没年不詳　平安時代後期の武士。
¶古人

平清邦*　たいらのきよくに
生没年不詳　[別]平清邦（たいらきよくに）　平安時代後期の官人。平清盛の養子。
¶古人，平家（たいらきよくに　[生]安元1（1175）年？　[没]？）

平清子*　たいらのきよこ
久安2（1146）年～治承2（1178）年　[別]平宗盛の北の方（たいらむねもりのきたのかた）　平安時代後期の女性。中納言三位、中納言典侍。
¶古人，平家（平宗盛の北の方　たいらむねもりのきたのかた　[生]保元1（1156）年/保元2（1157）年）

平清定*　たいらのきよさだ
？～元暦1（1184）年　[別]平清定（たいらきよさだ）　平安時代後期の官人。平清盛の養子。
¶古人，平家（たいらきよさだ　生没年不詳）

平清重*　たいらのきよしげ
生没年不詳　平安時代後期～鎌倉時代前期の武士。
¶古人

平清澄　たいらのきよすみ
平安時代後期の仁和寺領肥前国藤津荘の荘官。
¶古人（生没年不詳）

平清忠　たいらのきよただ
平安時代中期の官人。
¶古人（生没年不詳）

平清綱　たいらのきよつな
⇒平清綱（たいらきよつな）

平清経*　たいらのきよつね
？～寿永2（1183）年　[別]平清経（たいらきよつね）　平安時代後期の武将。平重盛の子。都落ちの後ほどなく入水自殺。
¶古人，コン，内乱，平家（たいらきよつね　[生]長寛1（1163）年？）

平清房*(1)　たいらのきよふさ
？～元暦1（1184）年　[別]平清房（たいらきよふさ）　平安時代後期の武将。平清盛の子。淡路守。
¶古人（生没年不詳），平家（たいらきよふさ　[没]寿永3（1184）年）

平清房(2)　たいらのきよふさ
平安時代後期の検非違使。
¶古人（生没年不詳）

平清光*　たいらのきよみつ
生没年不詳　平安時代後期の武士。
¶古人

平清宗*　たいらのきよむね
嘉応2（1170）年～文治1（1185）年　[別]平清宗（たいらきよむね）　平安時代後期の公卿、武将。平宗盛の長男。壇ノ浦の戦いで生け捕られ、のち処刑された。
¶公卿（[生]仁安3（1168）年　[没]元暦1（1184）年頃），公家（清宗〔平家（絶家）1〕　きよむね　[生]1171年　[没]1185年？），古人（[生]1171年），平家（たいらきよむね　[没]元暦2（1185）年）

平清盛*　たいらのきよもり
元永1（1118）年～養和1（1181）年　[別]平清盛（たいらきよもり）　平安時代後期の武将、太政大臣。忠盛の子。保元・平治の乱により実権を握り、娘を高倉天皇に嫁がせ、その子安徳天皇の外祖父となり権勢をふるった。
¶公卿（[没]養和1（1181）年閏2月4日），公家（清盛〔平家（絶家）1〕　きよもり　[没]養和1（1181）年閏2月4日），古人，コン，対外，中世，内乱（[没]治承5（1181）年），平家（たいらきよもり　[生]永久6（1118）年　[没]治承5（1181）年），山小（[没]1181年閏2月4日）

平清盛女　たいらのきよもりのむすめ
⇒御子姫君（みこひめぎみ）

平公誠　たいらのきんざね
⇒平公誠（たいらきんざね）

平公雅　たいらのきんまさ
⇒平公雅（たいらのきみまさ）

平国香*　たいらのくにか
？～承平5（935）年　[別]平国香（たいらくにか）　平安時代中期の東国の武将。桓武天皇の曽孫高望の子。甥の将門に殺された。
¶古人，コン，平家（たいらくにか），山小（[没]935年2月）

平国友*　たいらのくにとも
生没年不詳　鎌倉時代前期の鋳物師。
¶古人

平国依*　たいらのくにより
生没年不詳　鎌倉時代前期の鋳物師。
¶古人

平惟有*　たいらのこれあり
？～応永26（1419）年2月23日　室町時代の公卿（非参議）。応永26年従三位に叙される。
¶公卿，公家（惟有〔平家（絶家）5〕　これあり）

平維方 たいらのこれかた
平安時代中期の官人。父は直方。蔵人所雑色。
¶古人(生没年不詳)

平惟清* たいらのこれきよ
文保2(1318)年～正平24/応安2(1369)年6月11日 南北朝時代の公卿(非参議)。非参議兼有の曽孫。
¶公卿([没]応安2/正平24(1369)年6月11日),公家(惟清〔平家(絶家)5〕 これきよ [没]応安2(1369)年6月11日)

平惟扶* たいらのこれすけ
生没年不詳 平安時代中期の官人。
¶古人

平惟輔* たいらのこれすけ
文永9(1272)年～元徳2(1330)年2月7日 鎌倉時代後期の公卿(権中納言)。参議平信輔の子。
¶公卿,公家(惟輔〔烏丸家(絶家)〕 これすけ)

平維輔 たいらのこれすけ
平安時代中期の検非違使。
¶古人(生没年不詳)

平惟忠(1) たいらのこれただ
平安時代中期の官人。
¶古人(生没年不詳)

平惟忠*(2) たいらのこれただ
文治2(1187)年～弘長3(1263)年1月21日 鎌倉時代前期の公卿(参議)。非参議平親国の子。
¶公卿,公家(惟忠〔平家(絶家)3〕 これただ)

平惟継 たいらのこれつぐ
⇒平惟継(たいらこれつぐ)

平維時* たいらのこれとき
生没年不詳 平安時代中期の官人。
¶古人([生]? [没]1036年)

平惟俊* たいらのこれとし
生没年不詳 鎌倉時代後期の公卿(非参議)。権中納言平成俊の子。
¶公卿,公家(惟俊〔平家(絶家)2〕 これとし)

平維敏* たいらのこれとし
?～正暦5(994)年 平安時代中期の軍事貴族。
¶古人

平惟仲* たいらのこれなか
天慶7(944)年～寛弘2(1005)年 平安時代中期の公卿(中納言)。贈従三位美作介珍材の長男。
¶公卿([没]寛弘2(1005)年5月24日),古人,コン

平維叙* たいらのこれのぶ
生没年不詳 平安時代中期の軍事貴族。
¶古人

平惟範* たいらのこれのり
斉衡2(855)年～延喜9(909)年 [別]平朝臣惟範(たいらのあそんこれのり) 平安時代前期～中期の公卿(中納言)。大納言平高棟の三男。
¶公卿([没]延喜9(909)年4月22日),古人,古代(平朝臣惟範 たいらのあそんこれのり)

平維衡*(平惟衡) たいらのこれひら
生没年不詳 平安時代中期の武将。父は将門の乱を平定した貞盛。
¶古人,コン

平維将*(平惟将) たいらのこれまさ
?～天元4(981)年 [別]平維将(たいらのこれゆき) 平安時代中期の官人。
¶古人(たいらのこれまさ(これゆき) 生没年不詳),コン

平維将女* たいらのこれまさのむすめ
生没年不詳 平安時代中期の女性。紫式部の従姉妹。
¶古人(たいらのこれまさ(これゆき)のむすめ)

平維光 たいらのこれみつ
平安時代中期の検非違使。
¶古人(生没年不詳)

平伊望 たいらのこれもち
⇒平伊望(たいらのよしもち)

平維茂* たいらのこれもち
生没年不詳 平安時代中期の武将。鎮守府将軍。
¶古人,コン

平伊望女 たいらのこれもちのむすめ
⇒平伊望女(たいらこれもちのむすめ)

平維幹* たいらのこれもと
生没年不詳 平安時代中期の地方軍事貴族。
¶古人([生]? [没]1017年)

平維盛* たいらのこれもり
*～寿永3(1184)年? [別]小松中将(こまつちゅうじょう),平維盛(たいらこれもり) 平安時代後期の武将。平重盛の長男。平家の嫡流で源頼朝追討の総大将だったが、富士川で戦わずに敗走した。一ノ谷の戦いの後一門とわかれ、出家して熊野で入水自殺。
¶公卿([生]保元3(1158)年頃 [没]元暦1(1184)年以降),公家(維盛〔平家(絶家)1〕 これもり),古人([生]1158年?),コン([生]保元2(1157)年 [没]元暦1(1184)年),中世(生没年不詳),内乱([生]平治1(1159)年 [没]寿永3(1184)年),平家(たいらこれもり [生]平治1(1159)年 [没]寿永3(1184)年),山小([生]1158年? [没]1184年3月28日?)

平維盛室 たいらのこれもりしつ
⇒平維盛室(たいらのこれもりのしつ)

平維盛室* たいらのこれもりのしつ
生没年不詳 [別]平維盛室(たいらのこれもりしつ) 平安時代後期の女性。藤原成親の女、藤原光忠の女、平親宗の女の3人が挙げられている。
¶古人(たいらのこれもりしつ)

平維将 たいらのこれゆき
⇒平維将(たいらのこれまさ)

平維良* たいらのこれよし
?～治安2(1022)年 平安時代中期の武将。鎮守府将軍。
¶古人,コン

平定家 たいらのさだいえ
⇒平定家(たいらさだいえ)

平定景* たいらのさだかげ
生没年不詳 平安時代後期の武士。
¶古人

平完子* たいらのさだこ
生没年不詳 [別]平完子(たいらかんし) 平安時代後期の女性。清盛女、関白藤原基通室。
¶古人,平家(たいらかんし)

た

平貞資　たいらのさだすけ
平安時代後期の検非違使。
¶古人(生没年不詳)

平定親　たいらのさだちか
⇒平定親(たいらさだちか)

平貞時*　たいらのさだとき
生没年不詳　平安時代中期の軍事貴族。
¶古人

平貞俊*　たいらのさだとし
生没年不詳　平安時代後期の武士。
¶古人

平貞叙　たいらのさだのぶ
平安時代中期の官人。
¶古人(生没年不詳)

平貞度　たいらのさだのり
平安時代後期の官人。父は維盛。康平6年文章生で越中大掾。
¶古人(生没年不詳)

平貞弘　たいらのさだひろ
平安時代後期の官人。父は正済。
¶古人(生没年不詳)

平貞文*(平定文)　たいらのさだぶみ, たいらのさだふみ
?〜延長1(923)年9月27日　[別]平貞文(たいらさだふみ, たいらさだふん, たいらのさだふん, たいらのさだぶん), 平朝臣貞文(たいらのあそんさだふん)　平安時代前期〜中期の官人、歌人。好風の子。
¶古人(たいらのさだふみ　[生]871年?), 古代(平朝臣貞文　たいらのあそんさだふん), コン(たいらのさだふみ), 詩作(たいらのさだふみ, たいらのさだふん), 日文(たいらのさだふみ)

平貞文　たいらのさだふん, たいらのさだぶん
⇒平貞文(たいらのさだぶみ)

平貞道*　たいらのさだみち
平安時代中期の武士。源頼光の四天王の一人。
¶古人(生没年不詳)

平定光　たいらのさだみつ
平安時代後期の帯刀。
¶古人(生没年不詳)

平貞宗　たいらのさだむね
平安時代後期の官人。
¶古人(生没年不詳)

平貞盛*　たいらのさだもり
生没年不詳　[別]平貞盛(たいらさだもり)　平安時代後期の東国の武将。父は高望王の子国香。平将門の乱を平定。
¶古人([生]?　[没]989年?), コン, 平家(たいらさだもり　[生]?　[没]永祚1(989)年?), 山小

平貞康*　たいらのさだやす
?〜寿永2(1183)年　平安時代後期の武士。
¶古人

平貞能*　たいらのさだよし
生没年不詳　[別]平貞能(たいらさだよし)　平安時代後期の武将、平氏の家人。家貞の子。
¶古人, コン, 内乱, 平家(たいらさだよし)

平貞頼*　たいらのさだより
生没年不詳　[別]平貞頼(たいらさだより)　平安時代後期の官人。
¶古人, 平家(たいらさだより)

平実雄*　たいらのさねお
生没年不詳　[別]平朝臣実雄(たいらのあそんさねお)　平安時代前期の官吏。
¶古人, 古代(平朝臣実雄　たいらのあそんさねお)

平実重　たいらのさねしげ
⇒平実重(たいらさねしげ)

平真季　たいらのさねすえ
平安時代後期の検非違使。
¶古人(生没年不詳)

平実親*　たいらのさねちか
寛治1(1087)年〜久安4(1148)年11月24日　[別]平実親(たいらさねちか)　平安時代後期の公卿(参議)。参議平親信の孫。
¶公卿([生]寛治2(1088)年　[没]久安4(1149)年11月24日), 古人

平実平　たいらのさねひら
⇒土肥実平(どひさねひら)

平実政　たいらのさねまさ
⇒宇佐美実政(うさみさねまさ)

平重国*(1)　たいらのしげくに
生没年不詳　平安時代後期の武士。相模国渋谷荘の荘司。
¶古人

平重国*(2)　たいらのしげくに
?〜治承4(1180)年　平安時代後期の武将。明恵上人の父。
¶古人

平滋子　たいらのしげこ
⇒建春門院(けんしゅんもんいん)

平繁貞　たいらのしげさだ
平安時代中期の官人。父は維茂。検非違使・左衛門尉で従五位下。
¶古人(生没年不詳)

平重助*　たいらのしげすけ
生没年不詳　平安時代後期の武士。
¶古人

平重忠　たいらのしげただ
⇒畠山重忠(はたけやましげただ)

平重朝*　たいらのしげとも
?〜元久2(1205)年　平安時代後期〜鎌倉時代前期の武士。
¶古人

平重永　たいらのしげなが
平安時代後期の官人。
¶古人(生没年不詳)

平重長*　たいらのしげなが
生没年不詳　平安時代後期〜鎌倉時代前期の武士。
¶古人

平重成　たいらのしげなり
⇒稲毛重成(いなげしげなり)

平繁成*　たいらのしげなり
生没年不詳　平安時代中期の武将。
¶古人

平重衡* たいらのしげひら
保元2(1157)年～元暦2(1185)年6月23日 [別]平重衡(たいらしげひら) 平安時代後期の武将。平清盛の5男。南都焼き討ちの断行で有名。一ノ谷の戦いで捕虜となり、奈良で斬られた。
¶公卿([没]文治1(1185)年6月23日),公家(重衡〔平家(絶家)1〕 しげひら [没]文治1(1185)年6月23日),古人([生]1157年?),コン([生]保元1(1156)年 [没]文治1(1185)年),中世,内乱([没]文治1(1185)年),平家(たいらしげひら),山小([没]1185年6月23日)

平重房* たいらのしげふさ
嘉応1(1169)年～文治1(1185)年 平安時代後期の武士。
¶古人

平重政* たいらのしげまさ
生没年不詳 平安時代後期～鎌倉時代前期の武士。
¶古人

平重通 たいらのしげみち
平安時代後期の官人。
¶古人(生没年不詳)

平重幹 たいらのしげもと
平安時代後期の官人。父は為幹。常陸大掾・上総介・従五位。
¶古人([生]? [没]1061年)

平繁職 たいらのしげもと
平安時代後期の官人。父は維茂。
¶古人(生没年不詳)

平重盛* たいらのしげもり
保延4(1138)年～治承3(1179)年7月29日 [別]小松内大臣(こまつのないだいじん),平重盛(たいらしげもり) 平安時代後期の武将、平清盛の長男。平治の乱で活躍。のち仏教に帰依し父清盛を諫めることも多かった。
¶公卿([没]治承3(1179)年8月1日),公家(重盛〔平家(絶家)1〕 しげもり [没]治承3(1179)年8月1日),古人,コン([生]保延3(1137)年),中世,内乱,平家(たいらしげもり),山小([没]1179年7月29日)

平繁盛* たいらのしげもり
生没年不詳 平安時代中期の常陸国の豪族。
¶古人,コン

平重康* たいらのしげやす
生没年不詳 平安時代後期の官人。
¶古人

平重義 たいらのしげよし
平安時代中期の官人。父は親信。
¶古人(生没年不詳)

平重能* たいらのしげよし
生没年不詳 平安時代後期の武士。
¶古人

平重頼 たいらのしげより
⇒河越重頼(かわごえしげより)

平滋子 たいらのじし
⇒建春門院(けんしゅんもんいん)

平季武* たいらのすえたけ
生没年不詳 平安時代中期の武士。源頼光の四天王の一人。
¶古人

平季忠 たいらのすえただ
平安時代後期の武人。
¶古人(生没年不詳)

平季遠 たいらのすえとお
平安時代後期の官人。
¶古人(生没年不詳)

平季長* たいらのすえなが
?～寛平9(897)年 [別]平朝臣季長(たいらのあそんすえなが) 平安時代前期の官人。
¶古人,古代(平朝臣季長 たいらのあそんすえなが)

平季信 たいらのすえのぶ
平安時代中期の官人。
¶古人(生没年不詳)

平季衡 たいらのすえひら
平安時代中期～後期の官人。父は正度。
¶古人([生]1022年 [没]1081年)

平季広* たいらのすえひろ
生没年不詳 平安時代後期の土豪。
¶古人

平季光 たいらのすえみつ
平安時代後期の官人。
¶古人(生没年不詳)

平季満 たいらのすえみつ
平安時代中期の官人。
¶古人(生没年不詳)

平季基 たいらのすえもと
平安時代中期の官人。
¶古人(生没年不詳)

平季盛* たいらのすえもり
生没年不詳 平安時代後期の官人。
¶古人

平季康* たいらのすえやす
生没年不詳 平安時代後期の廷臣。
¶古人

平季良 たいらのすえよし
平安時代後期の官人。
¶古人(生没年不詳)

平資国* たいらのすけくに
生没年不詳 平安時代後期の武士。
¶古人

平輔国 たいらのすけくに
平安時代中期の官人。
¶古人(生没年不詳)

平資季 たいらのすけすえ
平安時代後期の官人。
¶古人(生没年不詳)

平祐挙 たいらのすけたか
⇒平祐挙(たいらすけたか)

平祐忠* たいらのすけただ
生没年不詳 平安時代中期の官人。
¶古人

平祐忠女 たいらのすけただのむすめ
⇒平平子(たいらのへいし)

平祐俊　たいらのすけとし
平安時代後期の官人。
¶古人（生没年不詳）

平資永　たいらのすけなが
⇒城資永（じょうすけなが）

平助永　たいらのすけなが
鎌倉時代の蒔絵師。
¶美工（生没年不詳）

平扶永　たいらのすけなが
平安時代中期の官人。
¶古人（生没年不詳）

平扶範　たいらのすけのり
平安時代後期の官人。
¶古人（生没年不詳）

平資幹*　たいらのすけもと
生没年不詳　[別]平資幹（たいらすけもと）　鎌倉時代前期の武将。
¶古人

平資盛*　たいらのすけもり
*～文治1（1185）年　[別]平資盛（たいらすけもり）　平安時代後期の武将。平重盛の次男。車争いで有名。壇ノ浦の戦いで入水。
¶公卿（[生]？），公家（資盛〔平家（絶家）1〕　すけもり　[没]元暦2（1185）年3月24日），古人（[生]1158年），コン（[生]保元3（1158）年　[没]元暦1（1184）年），内乱（[生]？），平家（たいらすけもり　[生]応保1（1161）年　[没]元暦2（1185）年）

平資行*　たいらのすけゆき
生没年不詳　[別]平資行（たいらすけゆき）　平安時代後期の官人。後白河上皇の近習。検非違使尉。
¶古人，平家（たいらすけゆき）

平祐之女　たいらのすけゆきのむすめ
⇒中務（なかつかさ）

平盛子　たいらのせいし
⇒平盛子（たいらのもりこ）

平千任*　たいらのせんとう
？～寛治1（1087）年　平安時代中期～後期の武将。
¶古人

平孝明　たいらのたかあきら
平安時代中期の官人。
¶古人（生没年不詳）

平高兼*　たいらのたかかね
承久1（1219）年～弘安4（1281）年7月5日　鎌倉時代後期の公卿（非参議）。非参議平兼親の子。
¶公卿，公家（高兼〔平家（絶家）4〕　たかかね）

平高重*　たいらのたかしげ
？～建保1（1213）年　平安時代後期～鎌倉時代前期の武士。
¶古人

平高遠室*　たいらのたかとおのしつ
生没年不詳　平安時代中期の歌人。
¶古人

平孝友　たいらのたかとも
平安時代中期の官人。
¶古人（生没年不詳）

平孝信　たいらのたかのぶ
平安時代中期の官人。
¶古人（[生]？　[没]1005年）

平高平　たいらのたかひろ
平安時代中期の官人。
¶古人（生没年不詳）

平高棟*　たいらのたかむね
延暦23（804）年～貞観9（867）年　[別]平朝臣高棟（たいらのあそんたかむね）　平安時代前期の公卿（大納言）。平家の祖。桓武天皇の皇子の一品式部卿葛原親王の長男。
¶公卿（[没]貞観9（867）年5月19日），古人，古代（平朝臣高棟　たいらのあそんたかむね），コン

平高望*　たいらのたかもち
生没年不詳　[別]高望王（たかもちおう）　奈良時代の高見王の子。桓武平氏の祖。
¶古人，古代（高望王　たかもちおう），コン，山小

平孝義*　たいらのたかよし
生没年不詳　平安時代中期の貴族。
¶古人

平忠季　たいらのただすえ
平安時代後期の官人。
¶古人（生没年不詳）

平忠常*　たいらのただつね
平安時代中期の東国の武士。陸奥介忠頼の子。叛乱を起こしたが源氏の追討軍に降服。
¶古人（[生]940年　[没]1031年），コン（[生]？　[没]長元4（1031）年）

平忠度*　たいらのただのり
天養1（1144）年～寿永3（1184）年2月7日　[別]薩摩守忠度（さつまのかみただのり），平忠度（たいらただのり），忠度（ただのり）　平安時代後期の武将、歌人。忠盛の子、清盛の末弟。一ノ谷の戦いで討ち死に。
¶古人，コン（[没]元暦1（1184）年），詩作，中世，内乱，平家（たいらただのり　[生]天養1（1144）年？）

平忠房*　たいらのただふさ
？～文治1（1185）年　[別]平忠房（たいらただふさ）　平安時代後期の武将。平重盛、藤原経子の子。
¶古人，内乱，平家（たいらただふさ）

平忠正*　たいらのただまさ
？～保元1（1156）年　[別]平忠正（たいらただまさ）　平安時代後期の武士。正盛の子。忠盛の弟。清盛の叔父にあたり保元の乱で敗れ清盛に斬られた。
¶古人（[没]1156年？），コン，内乱，平家（たいらただまさ），山小（[没]1156年7月28日）

平忠致*　たいらのただむね
？～建久1（1190）年？　平安時代後期の武士。
¶古人（生没年不詳）

平忠盛*　たいらのただもり
永長1（1096）年～仁平3（1153）年1月15日　[別]平忠盛（たいらただもり）　平安時代後期の武士。父正盛は白川院の近習。鳥羽上皇に登用され、昇殿を許された。
¶古人，コン（[生]嘉保2（1095）年），詩作，平家（たいらただもり），山小（[没]1153年1月15日）

平忠依　たいらのただより
⇒平忠依（たいらただより）

平忠頼* たいらのただより
生没年不詳 平安時代中期の武蔵国の地方軍事貴族。
¶古人, コン

平胤信 たいらのたねのぶ
⇒大須賀胤信（おおすがたねのぶ）

平胤正 たいらのたねまさ
⇒千葉胤正（ちばたねまさ）

平胤通* たいらのたねみち
生没年不詳 平安時代後期～鎌倉時代前期の武士。
¶古人

平胤宗 たいらのたねむね
平安時代中期の武蔵七党の野与党の祖。父は忠常。
¶古人（生没年不詳）

平胤盛 たいらのたねもり
⇒武石胤盛（たけいしたねもり）

平胤頼 たいらのたねより
⇒東胤頼（とうたねより）

平為賢 たいらのためかた
平安時代中期の武人。
¶古人（生没年不詳）

平為成 たいらのためしげ
⇒平為成（たいらためしげ）

平為忠 たいらのためただ
平安時代中期の官人。
¶古人

平為継* たいらのためつぐ
生没年不詳 平安時代後期の武士。
¶古人

平為時 たいらのためとき
平安時代後期の官人。
¶古人（生没年不詳）

平為俊* たいらのためとし
生没年不詳 平安時代後期の官人。
¶古人

平為通* たいらのためみち
？～永保3（1083）年 平安時代中期～後期の武士。
¶古人

平為宗* たいらのためむね
生没年不詳 平安時代後期の武士。
¶古人

平為幹* たいらのためもと
生没年不詳 平安時代中期の地方豪族。
¶古人

平為盛* たいらのためもり
？～寿永2（1183）年 [別]平為盛（たいらためもり） 平安時代後期の武将。
¶古人, 平家（たいらためもり 生没年不詳）

平為行 たいらのためゆき
平安時代中期の近江守源済政の郎等。
¶古人（生没年不詳）

平親顕 たいらのちかあき
⇒平親顕（たいらちかあき）

平親明* たいらのちかあき
永仁2（1294）年～正平9/文和3（1354）年6月8日 鎌倉時代後期～南北朝時代の公卿（非参議）。正五位下・兵部少輔親世の次男。
¶公卿（[没]文和3/正平9（1354）年6月8日）, 公家（親明〔平家（絶家）3〕 ちかあき [没]文和3（1354）年6月8日）

平親臣* たいらのちかおみ
享保14（1729）年～文化4（1807）年2月16日 江戸時代中期～後期の公家（非参議）。文化3年従三位に叙される。
¶公卿, 公家（親臣〔今出川家諸大夫 山本家（平氏）〕 ちかおみ）

平親国* たいらのちかくに
永万1（1165）年～承元2（1208）年 [別]平親国（たいらちかくに） 平安時代後期～鎌倉時代前期の公卿（非参議）。権中納言平親宗の子。
¶公卿（[生]？ [没]承元2（1208）年1月7日）, 公家（親国〔平家（絶家）3〕 ちかくに [生]？ [没]承元2（1208）年1月7日）, 古人

平親輔 たいらのちかすけ
⇒平親輔（たいらちかすけ）

平幾忠 たいらのちかただ
平安時代中期の官人。父は元平。
¶古人（生没年不詳）

平親継 たいらのちかつぐ
⇒平親継（たいらちかつぐ）

平親時* たいらのちかとき
弘安7（1284）年～延元4/暦応2（1339）年11月15日 鎌倉時代後期～南北朝時代の公卿（権大納言）。権大納言平経親の長男。
¶公卿（[没]暦応2/延元4（1339）年11月15日）, 公家（親時〔平家（絶家）3〕 ちかとき [没]暦応2（1339）年11月15日）

平親長* たいらのちかなが
生没年不詳 [別]平親長（たいらちかなが） 鎌倉時代前期の公卿（非参議）。権中納言平親宗の次男。
¶公卿, 公家（親長〔平家（絶家）3〕 ちかなが）, 古人

平親信* たいらのちかのぶ
天慶9（946）年～寛仁1（1017）年 [別]平親信（たいらちかのぶ） 平安時代中期の公卿（参議）。中納言平時望の孫。
¶公卿（[生]天慶8（945）年 [没]寛仁1（1017）年6月12日）, 古人（[生]948年）

平親範* (1) たいらのちかのり
保延3（1137）年～承久2（1220）年 [別]金子親範（かねこちかのり）, 平親範（たいらちかのり） 平安時代後期～鎌倉時代前期の公卿（参議）。非参議平範家の長男。
¶公卿（[没]承久2（1220）年9月28日）, 公家（親範〔平家（絶家）2〕 ちかのり [没]承久2（1220）年9月28日）, 古人, 平家（金子親範 かねこちかのり 生没年不詳）, 平家（たいらちかのり）

平親範* (2) たいらのちかのり
？～承久2（1220）年 平安時代後期～鎌倉時代前期の武士。
¶古人

平親範女* たいらのちかのりのむすめ
生没年不詳 平安時代後期～鎌倉時代前期の女房。平重衡の妻。
¶古人

た

平親房* たいらのちかふさ
生没年不詳 平安時代後期の官人。
¶古人

平親宗* たいらのちかむね
天養1(1144)年～正治1(1199)年 [別]平親宗(たいらちかむね) 平安時代後期～鎌倉時代前期の公卿(中納言)。正五位下・兵部権大輔平時信の次男。
¶公卿([没]正治1(1199)年7月17日),公家(親宗〔平家(絶家)3〕 ちかむね [没]正治1(1199)年7月17日),古人([生]1142年),内乱,平家(たいらちかむね)

平経章 たいらのつねあき
⇒平経章(たいらつねあき)

平経章 たいらのつねあきら
⇒平経章(たいらつねあき)

平経方 たいらのつねかた
平安時代後期の官人。父は範国。
¶古人(生没年不詳)

平経兼 たいらのつねかね
平安時代後期の官人。
¶古人(生没年不詳)

平常清* たいらのつねきよ
生没年不詳 平安時代後期の武士。
¶古人

平経繁* たいらのつねしげ
永保3(1083)年～治承4(1180)年 平安時代後期の武士。
¶古人

平常重 たいらのつねしげ
⇒千葉常重(ちばつねしげ)

平常澄* たいらのつねずみ
生没年不詳 [別]平常澄(たいらのつねづみ) 平安時代後期の武士。
¶古人(たいらのつねづみ)

平経高* たいらのつねたか
治承4(1180)年～建長7(1255)年6月 [別]平経高(たいらつねたか) 鎌倉時代前期の公卿(参議)。従三位・非参議平範家の孫。
¶公卿,公家(経高〔平家(絶家)2〕 つねたか),古人,コン,中世

平常忠* たいらのつねただ
生没年不詳 平安時代後期の武士。
¶古人

平常胤 たいらのつねたね
⇒千葉常胤(ちばつねたね)

平経親 たいらのつねちか
⇒平経親(たいらつねちか)

平常澄 たいらのつねづみ
⇒平常澄(たいらのつねずみ)

平恒任 たいらのつねとう
平安時代中期の官人。
¶古人(生没年不詳)

平経俊* たいらのつねとし
?～元暦1(1184)年 [別]平経俊(たいらつねとし) 平安時代後期の武将。平経盛の子。経正の弟、敦盛の兄。一ノ谷の戦いで討ち死。
¶古人,平家(たいらつねとし [没]寿永3(1184)年)

平常仲* たいらのつねなか
?～治承4(1180)年 平安時代後期の武士。
¶古人

平経成 たいらのつねなり
平安時代後期の官人。
¶古人(生没年不詳)

平常春* たいらのつねはる
生没年不詳 平安時代後期～鎌倉時代前期の武士。
¶古人

平経正* たいらのつねまさ
?～元暦1(1184)年 [別]平経正(たいらつねまさ) 平安時代後期の武将。平経盛の長男。経俊、敦盛の兄。一ノ谷の戦いで討ち死。
¶古人,コン,内乱([没]寿永3(1184)年),平家(たいらつねまさ [没]寿永3(1184)年)

平恒昌 たいらのつねまさ
平安時代中期の官人。
¶古人(生没年不詳)

平常将 たいらのつねまさ
平安時代中期の武士。源義家の烏帽子子。
¶古人([生]? [没]1031年)

平経盛* たいらのつねもり
天治1(1124)年～文治1(1185)年 [別]平経盛(たいらつねもり) 平安時代後期の武将。平清盛の異母弟。壇ノ浦で入水。
¶公卿([生]大治3(1128)年),公家(経盛〔平家(絶家)1〕 つねもり [没]文治1(1185)年3月24日),古人,コン([生]天治2(1125)年),中世,内乱([没]元暦2(1185)年),平家(たいらつねもり [没]元暦2(1185)年)

平常義* たいらのつねよし
?～治承4(1180)年 平安時代後期の武士。
¶古人

平棟子 たいらのとうし
⇒平棟子(たいらのむねこ)

平等子* たいらのとうし
[別]平朝臣等子(たいらのあそんともこ),平等子(たいらのともこ) 平安時代前期の女性。光孝天皇の女御。
¶古人(たいらのともこ 生没年不詳),古代(平朝臣等子 たいらのあそんともこ),天皇(たいらのとうし・たいらのともこ 生没年不詳)

平遠平 たいらのとおひら
⇒土肥遠平(どひとおひら)

平時家* たいらのときいえ
?～建久4(1193)年 [別]平時家(たいらときいえ) 平安時代後期の貴族。源頼朝の側近。平時忠の次男。
¶古人,内乱

平時兼 たいらのときかね
⇒平時兼(たいらときかね)

平時国* たいらのときくに
?～承久3(1221)年 平安時代後期～鎌倉時代前期の武士。
¶古人

平時子*(1) たいらのときこ
*～元暦2(1185)年3月24日 [別]平時子(たいらときこ),二位の尼,二位尼(にいのあま) 平安時代後期の女性。平清盛の妻。

¶古人(㋐?)，コン(㋑? ㋒文治1(1185)年，女史
(㋑1126年)，内乱(㋓大治1(1126)年 ㋒文治1
(1185)年)，平家(たいらときこ ㋒大治1(1126)年)，
山小(㋑1126年 ㋒1185年3月24日)

平時子＊(2)　たいらのときこ
？〜建久7(1196)年　平安時代後期〜鎌倉時代前期
の女性。北条(平)時政の娘。尼将軍政子の妹。
¶古人

平時定　たいらのときさだ
⇒北条時定(ほうじょうときさだ)

平時実＊　たいらのときざね
仁平1(1151)年〜建保1(1213)年　㋺平時実(たい
らときざね)　平安時代後期〜鎌倉時代前期の公卿
(従三位・非参議)。権大納言平時忠の子。
¶公卿(㋐応保1(1161)年 ㋒建保1(1213)年1月28日)，
公家(時実〔平家(絶家)3〕 ときざね ㋒建暦3
(1213)年1月28日)，古人，内乱(㋓建暦3(1213)年)，
平家(たいらときざね ㋒建暦3(1213)年)

平時高　たいらのときたか
⇒平時高(たいらときたか)

平時忠＊　たいらのときただ
＊〜文治5(1189)年　㋺平時忠(たいらときただ)
平安時代後期の公卿(権大納言)。正五位下・兵部
権大輔平時信の長男。平清盛の義弟として平氏政
権下で権力をふるった。平氏滅亡後，源義経を婿
としたが能登に配流された。
¶公卿(㋐大治5(1130)年 ㋒文治5(1189)年2月24日)，
公家(時忠〔平家(絶家)3〕 ときただ ㋐1130年 ㋒
文治5(1189)年2月24日)，古人(㋐1127年)，コン(㋐大
治2(1127)年)，中世(㋑?)，内乱(㋓大治5(1130)
年)，平家(たいらときただ ㋐大治5(1130)年)，山小
(㋑1127年 ㋒1189年2月24日)

平時継＊　たいらのときつぐ
貞応1(1222)年〜永仁2(1294)年　㋺平時継(たい
らときつぐ)　鎌倉時代後期の公卿(権大納言)。
参議平有親の子。
¶公卿(㋒永仁2(1294)年7月10日)，公家(時継〔平家
(絶家)3〕 ときつぐ ㋒永仁2(1294)年7月10日)

平時仲女　たいらのときなかのむすめ
⇒帥典侍(そちのてんじ)

平時信＊　たいらのときのぶ
？〜久安5(1149)年　㋺平時信(たいらときのぶ)
平安時代後期の貴族。出羽守平知信の子。鳥羽院
判官代。
¶古人(生没年不詳)

平時範＊　たいらのときのり
天喜2(1054)年〜天仁2(1109)年　㋺平時範(たい
らときのり)　平安時代後期の画家。
¶古人(㋒?)

平時房　たいらのときふさ
⇒北条時房(ほうじょうときふさ)

平時政　たいらのときまさ
⇒北条時政(ほうじょうときまさ)

平時通　たいらのときみち
平安時代中期の官人。
¶古人(生没年不詳)

平時望　たいらのときもち
元慶1(877)年〜天慶1(938)年　㋺平時望(たいら
ときもち)　平安時代前期〜中期の公卿(中納言)。
中納言平惟範の長男。

¶公卿(㋒天慶1(938)年3月25日)，古人

平時望室＊　たいらのときもちのしつ
生没年不詳　平安時代前期の勅撰歌人。
¶古人

平徳子　たいらのとくこ
⇒建礼門院(けんれいもんいん)

平徳子　たいらのとくし
⇒建礼門院(けんれいもんいん)

平利世＊　たいらのとしよ
生没年不詳　平安時代前期の貴族。
¶古人

平知章　たいらのともあき
⇒平知章(たいらのともあきら)

平知章＊　たいらのともあきら
嘉応1(1169)年〜元暦1(1184)年　㋺平知章(たい
らともあき，たいらともあきら，たいらのともあ
き)　平安時代後期の武将。一ノ谷の戦いで父知盛
の身代わりに討ち死。
¶古人(たいらのともあき)，平家(たいらともあきら
?) ㋒寿永3(1184)年)

平朝景　たいらのともかげ
⇒梶原友景(かじわらともかげ)

平等子　たいらのともこ
⇒平等子(たいらのとうし)

平知忠＊　たいらのともただ
治承1(1177)年〜建久7(1196)年　㋺平知忠(たい
らともただ)　平安時代後期〜鎌倉時代前期の武
士。平知盛の子。
¶古人，平家(たいらともただ ㋑?)

平朝綱　たいらのともつな
平安時代後期の武士。高橋判官と称する。盛俊
の子。
¶古人(㋐? ㋒1183年)

平知信＊　たいらのとものぶ
？〜天養1(1144)年　㋺平知信(たいらとものぶ)
平安時代後期の貴族。春宮亮平経方と主殿頭藤原
雅信の娘の子。
¶古人

平知度＊　たいらのとものり
？〜寿永2(1183)年　㋺平知度(たいらとものり)
平安時代後期の武士。清盛の子。尾張・三河守。
¶古人，中世，平家(たいらとものり)

平倫範　たいらのとものり
平安時代中期の随身。藤原道長の随身。
¶古人(生没年不詳)

平知盛＊　たいらのとももり
仁平2(1152)年〜文治1(1185)年　㋺平知盛(たい
らとももり)　平安時代後期の武将。平清盛の4男。
壇ノ浦の戦いの総指揮をとり，敗れて入水した。
¶公卿，公家(知盛〔平家(絶家)1〕 とももり ㋒文治1
(1185)年3月24日)，古人，コン(㋐仁平1(1151)年)，
中世，内乱(㋓元暦2(1185)年)，平家(たいらとももり
㋒元暦2(1185)年)

平知康＊　たいらのともやす
生没年不詳　㋺平知康(たいらともやす)，鼓判官
(つづみほうがん)　平安時代後期〜鎌倉時代前期
の官人，知親の子，検非違使左衛門尉。

¶古人, コン, 中世, 内乱, 平家（たいらともやす）

平直家 たいらのなおいえ
⇒熊谷直家（くまがいなおいえ）

平直方* たいらのなおかた
生没年不詳 平安時代中期の武将。父は上総介の維時。
¶古人, コン

平直実 たいらのなおざね
⇒熊谷直実（くまがいなおざね）

平直澄* たいらのなおずみ
？～元永2（1119）年 平安時代後期の武士。
¶古人

平中興 たいらのなかおき
⇒平中興（たいらのなかき）

平中興女 たいらのなかおきのむすめ
⇒平中興女（たいらのなかきのむすめ）

平仲方 たいらのなかかた
平安時代中期の官人。
¶古人（㊹？ ㉜1021年）

平仲兼* たいらのなかかね
宝治2（1248）年～* 鎌倉時代後期の公卿（権中納言）。非参議平時高の孫。
¶公卿（㉜？）, 公家（仲兼〔西洞院家〕 なかかね ㉜応長2（1312）年）

平中興* たいらのなかき
？～延長8（930）年 ㉗平中興（たいらなかき, たいらのなかおき） 平安時代前期～中期の官人, 歌人。
¶古人（たいらのなかおき）

平中興女* たいらのなかきのむすめ
生没年不詳 ㉗平中興女（たいらなかきのむすめ, たいらのなかおきのむすめ） 平安時代中期の歌人。
¶古人（たいらのなかおきのむすめ）

平仲子* たいらのなかこ
生没年不詳 平安時代後期の女官, 歌人。
¶古人

平長繁 たいらのながしげ
平安時代後期の官人。
¶古人（生没年不詳）

平仲親* たいらのなかちか
生没年不詳 鎌倉時代後期の公卿（参議）。非参議平時高の孫。
¶公卿, 公家（仲親〔西洞院家〕 なかちか）

平長綱* たいらのながつな
？～寿永2（1183）年 平安時代後期の武士。
¶古人

平永衡* たいらのながひら
？～天喜4（1056）年 平安時代中期～後期の武将。
¶古人

平永昌 たいらのながまさ
平安時代中期の官人。
¶古人（生没年不詳）

平長茂 たいらのながもち
⇒城長茂（じょうながもち）

平永盛(1) たいらのながもり
平安時代中期の鎮守府将軍。維叙の子。
¶古人（生没年不詳）

平永盛*(2) たいらのながもり
慶安3（1650）年～享保11（1726）年4月26日 江戸時代前期～中期の公家（非参議）。享保11年従三位に叙される。
¶公卿, 公家（永盛〔桂宮家諸大夫 生嶋家（平氏）〕 ながもり ㉜享保11（1726）年2月26日）

平業兼* たいらのなりかね
生没年不詳 ㉗平業兼（たいらなりかね） 平安時代後期～鎌倉時代前期の公卿（非参議）。相模守業房の子。
¶公卿, 公家（業兼〔平家（絶家）1〕 なりかね）, 古人

平業貞 たいらのなりさだ
平安時代中期の官人。
¶古人（生没年不詳）

平成輔* たいらのなりすけ
正応4（1291）年～元弘2/正慶1（1332）年 ㉗平成輔（たいらなりすけ） 鎌倉時代後期の公卿（参議）。権中納言平惟輔の子。
¶公卿（㉜正慶2/元弘2（1332）年5月22日）, 公家（成輔〔烏丸家（絶家）〕 なりすけ ㉜正慶1（1332）年5月22日）, コン（㉜正慶1/元弘2（1332）年）

平業忠 たいらのなりただ
⇒平業忠（たいらなりただ）

平成胤 たいらのなりたね
⇒千葉成胤（ちばなりたね）

平業任 たいらのなりとう
平安時代中期の官人。
¶古人（生没年不詳）

平成俊* たいらのなりとし
建保5（1217）年～正応5（1292）年6月28日 鎌倉時代後期の公卿（権中納言）。正五位下・蔵人・木工頭棟基の子。
¶公卿, 公家（成俊〔平家（絶家）2〕 なりとし ㉜正応5（1292）年閏6月28日）

平業房* たいらのなりふさ
？～治承3（1179）年 ㉗平業房（たいらなりふさ） 平安時代後期の後白河院の北面の武士。斎院次官平盛房の子。
¶古人

平生昌* たいらのなりまさ
生没年不詳 平安時代中期の官人。美作介珍材の子。
¶古人

平業盛* たいらのなりもり
仁安3（1168）年？～元暦1（1184）年 ㉗平業盛（たいらなりもり） 平安時代後期の武将, 歌人。中納言平教盛の3男, 従五位下。
¶古人, 平家（たいらなりもり ㊹？ ㉜寿永3（1184）年）

平信兼*(1) たいらののぶかね
生没年不詳 ㉗平信兼（たいらのぶかね） 平安時代後期の武将。盛兼の子。
¶古人, 内乱（㊹？ ㉜元暦1（1184）年？）

平信兼*(2) たいらののぶかね
生没年不詳 南北朝時代の公卿（参議）。非参議平範高の子。

¶公卿([生]? [没]永徳1/弘和1(1381)年),公家(信兼〔平家(絶家)6〕 のぶかね [生]? [没]永徳1(1381)年)

平信季 たいらののぶすえ
平安時代後期の官人。
¶古人(生没年不詳)

平信輔* たいらののぶすけ
?～永仁4(1296)年6月25日 [別]平信輔(たいらのぶすけ) 鎌倉時代後期の公卿(参議)。権中納言平範輔の孫。
¶公卿,公家(信輔〔烏丸家(絶家)〕 のぶすけ)

平信輔女 たいらののぶすけじょ
鎌倉時代後期の女性。後二条天皇の後宮。
¶天皇(生没年不詳)

平叙忠 たいらののぶただ
平安時代後期の武人。
¶古人(生没年不詳)

平信嗣 たいらののぶつぐ
平安時代後期の官人。
¶古人(生没年不詳)

平信業* たいらののぶなり
保延4(1138)年～寿永1(1182)年 [別]平信業(たいらのぶなり) 平安時代後期の武士。兵衛尉信重の子。
¶古人,平家(たいらのぶなり)

平信業女 たいらののぶなりのむすめ
⇒坊門局(ぼうもんのつぼね)

平信範* たいらののぶのり
天永3(1112)年～文治3(1187)年 [別]平信範(たいらのぶのり) 平安時代後期の公卿(非参議)。従四位上・出羽守平知信の次男。
¶公卿([没]?),公家(信範〔西洞院家〕 のぶのり [没]文治3(1187)年2月12日),古人,コン,内乱

平信基* たいらののぶもと
生没年不詳 [別]平信基(たいらのぶもと) 平安時代後期の廷臣。
¶古人,平家(たいらのぶもと)

平宣由* たいらののぶよし
宝暦11(1761)年～天保12(1841)年7月29日 江戸時代中期～後期の公家(非参議)。文政12年従三位に叙される。
¶公卿,公家(宣由〔桂宮家諸大夫 生嶋家(平氏)〕 のぶよし [生]1760年)

平範家* たいらののりいえ
*～応保1(1161)年9月7日 平安時代後期の公卿(非参議)。参議平実親の子。
¶公卿([生]永久2(1114)年),公家(範家〔平家(絶家)2〕 のりいえ [生]1114年),古人([生]1113年)

平範賢* たいらののりかた
?～弘安5(1282)年9月15日 鎌倉時代後期の公卿(非参議)。権中納言平範輔の孫。
¶公卿,公家(範賢〔烏丸家(絶家)〕 のりかた)

平範兼 たいらののりかね
平安時代後期の官人。
¶古人(生没年不詳)

平範国*(1) たいらののりくに
生没年不詳 [別]平範国(たいらのりくに) 平安時代中期の貴族。
¶古人

平範国(2) たいらののりくに
平安時代後期の官人。
¶古人(生没年不詳)

平教子* たいらののりこ
生没年不詳 平安時代後期の女性。平教盛の娘。
¶古人

平徳子 たいらののりこ
⇒建礼門院(けんれいもんいん)

平範貞 たいらののりさだ
平安時代後期の官人。
¶古人(生没年不詳)

平範真 たいらののりざね
平安時代後期の官人。
¶古人(生没年不詳)

平教成 たいらののりしげ
⇒平教成(たいらのりしげ)

平範輔* たいらののりすけ
建久3(1192)年～嘉禎1(1235)年7月25日 [別]平範輔(たいらのりすけ) 鎌倉時代前期の公卿(権中納言)。非参議平親輔の子。
¶公卿,公家(範輔〔烏丸家(絶家)〕 のりすけ [没]文暦2(1235)年7月25日),古人

平範高* たいらののりたか
生没年不詳 鎌倉時代後期～南北朝時代の公卿(非参議)。権中納言平仲兼の次男。
¶公卿,公家(範高〔平家(絶家)6〕 のりたか)

平教経* たいらののりつね
永暦1(1160)年～文治1(1185)年 [別]平教経(たいらのりつね) 平安時代後期の武将。平清盛の弟教盛の次男。平家の勇将。壇ノ浦で義経を追い詰めたが、逃げられて自殺。
¶古人([没]1185年?),コン,内乱([生]? [没]元暦2(1185)年),平家(たいらのりつね [生]? [没]元暦2(1185)年)

平教盛* たいらののりもり
大治3(1128)年～文治1(1185)年 [別]平教盛(たいらのりもり) 平安時代後期の武将。平清盛の異母弟。門脇中納言と称される。壇ノ浦で入水。
¶公卿,公家(教盛〔平家(絶家)1〕 のりもり [没]文治1(1185)年3月24日),古人,コン,中世,内乱([没]元暦2(1185)年),平家(たいらのりもり [没]元暦2(1185)年),山小([没]1185年3月24日)

平教盛母 たいらののりもりのはは
⇒平教盛母(たいらのりもりのはは)

平則義 たいらののりよし
平安時代中期の官人。
¶古人(生没年不詳)

平範女 たいらのはんし
⇒少将内侍(しょうしょうのないし)

平秀清* たいらのひできよ
宝永6(1709)年～天明2(1782)年12月12日 江戸時代中期の公家(非参議)。安永6年従三位に叙される。
¶公卿,公家(秀清〔桂宮家諸大夫 生嶋家(平氏)〕 ひできよ)

平平子 たいらのひらこ
⇒平平子(たいらのへいし)

た

平寛子*　たいらのひろこ
生没年不詳　[別]平朝臣寛子（たいらのあそんひろこ），平寛子（たいらのかんし）　平安時代前期の女性。清和天皇の女御。
¶古人，古代（平朝臣寛子　たいらのあそんひろこ），天皇（たいらのかんし）

平広常*　たいらのひろつね
？～寿永2（1183）年　[別]上総介広常（かずさのすけひろつね），上総広常（かずさひろつね），平広常（たいらひろつね），千葉広常（ちばひろつね）　平安時代後期の武士、大豪族。保元の乱に参加。のち源頼朝の挙兵に参加。
¶古人，コン（千葉広常　ちばひろつね），中世（上総介広常　かずさのすけひろつね），内乱，平家（上総広常　かずさひろつね），山小（[没]1183年12月）

平広幹*　たいらのひろもと
？～建久4（1193）年　平安時代後期～鎌倉時代前期の武士。
¶古人

平信兼　たいらのぶかね
⇒平信兼（たいらののぶかね）

平房世*　たいらのふさよ
？～元慶7（883）年　[別]房世王（ふさよおう）　平安時代前期の桓武天皇の皇孫。
¶古人（房世王　ふさよおう），古代（房世王　ふさよおう）

平藤丸　たいらのふじまる
戦国時代の小山田氏の家臣。
¶武田（生没年不詳）

平信輔　たいらのぶすけ
⇒平信輔（たいらののぶすけ）

平信業　たいらのぶなり
⇒平信業（たいらののぶなり）

平信範　たいらのぶのり
⇒平信範（たいらののぶのり）

平文佐　たいらのふみすけ
平安時代中期の春日祭使。
¶古人（生没年不詳）

平信基　たいらのぶもと
⇒平信基（たいらののぶもと）

平平子*　たいらのへいし
生没年不詳　[別]平祐忠女（たいらのすけただのむすめ），平平子（たいらのひらこ）　平安時代中期の女性。花山上皇の宮人。
¶天皇（平祐忠女　たいらのすけただのむすめ）

平正家　たいらのまさいえ
⇒平正家（たいらまさいえ）

平将門*　たいらのまさかど
？～天慶3（940）年　[別]平将門（たいらまさかど），将門（まさかど）　平安時代中期の武将。桓武平氏高望王の孫で、父は鎮守府将軍良将。叔父国香を殺し、叛乱を起こして自らを新皇と称するが、平貞盛・藤原秀郷に討たれた。
¶古人，コン，平家（たいらまさかど），山小（[没]940年2月）

平政子*（1）　たいらのまさこ
生没年不詳　平安時代後期の女房。建春門院乳母。
¶古人

平政子（2）　たいらのまさこ
⇒北条政子（ほうじょうまさこ）

平正重*　たいらのまさしげ
生没年不詳　平安時代後期～鎌倉時代前期の武士。
¶古人

平正輔*　たいらのまさすけ
生没年不詳　平安時代中期の軍事貴族。
¶古人

平正忠　たいらのまさただ
平安時代中期の官人。
¶古人（生没年不詳）

平昌綱　たいらのまさつな
平安時代後期の官人。
¶古人（生没年不詳）

平章綱*　たいらのまさつな
生没年不詳　[別]平章綱（たいらのあきつな）　平安時代後期の官人。後白河院の近臣。
¶古人（たいらのあきつな），古人

平将常　たいらのまさつね
平安時代中期の官人。父は仲頼。武蔵権守・従五位下。
¶古人（生没年不詳）

平政連*　たいらのまさつら
生没年不詳　鎌倉時代後期の幕府官僚。
¶コン

平正済　たいらのまさなり
平安時代中期の官人。
¶古人（生没年不詳）

平正度*　たいらのまさのり
生没年不詳　平安時代中期の軍事貴族。
¶古人

平正範*　たいらのまさのり
生没年不詳　[別]平朝臣正範（たいらのあそんまさのり）　平安時代前期の官吏。
¶古人，古代

平雅久　たいらのまさひさ
平安時代後期の官人。
¶古人（生没年不詳）

平将平*　たいらのまさひら
生没年不詳　平安時代中期の武士。
¶コン

平正衡　たいらのまさひら
平安時代後期の検非違使。
¶古人（生没年不詳）

平正弘*　たいらのまさひろ
生没年不詳　平安時代後期の軍事貴族。
¶古人

平政幹*　たいらのまさもと
生没年不詳　平安時代後期～鎌倉時代前期の武士。
¶古人

平正盛*　たいらのまさもり
生没年不詳　[別]平正盛（たいらまさもり）　平安時代後期の武将、院近臣、正衡の子。伊勢に勢力を広げ、源義親の乱を平定した。
¶古人，コン，平家（たいらまさもり），山小

平雅康 たいらのまさやす
⇒平雅康(たいらまさやす)

平理義* たいらのまさよし
生没年不詳 平安時代中期の官人。
¶古人

平希世* たいらのまれよ
?～延長8(930)年 [別]平希世(たいらまれよ) 平安時代中期の仁明天皇の玄孫。
¶古人

平瑞子* たいらのみずこ
生没年不詳 平安時代後期の官女。
¶古人

平通盛* たいらのみちもり
?～元暦1(1184)年 [別]平通盛(たいらみちもり) 平安時代後期の武将。中納言平教盛の次男。越前三位と称される。一ノ谷の戦いで討ち死。
¶公卿([没]寿永3(1184)年),公家(通盛〔平家(絶家)1〕 みちもり [没]寿永3(1184)年2月7日),古人,コン,中世,内乱([生]久寿1(1154)年頃 [没]寿永3(1184)年),平家(たいらみちもり [没]寿永3(1184)年)

平光遠 たいらのみつとお
上代の多武峯妙楽寺領大西為司。
¶古人([生]? [没]102年)

平光盛* たいらのみつもり
承安2(1172)年～寛喜1(1229)年 [別]平光盛(たいらみつもり) 鎌倉時代前期の公卿(非参議)。権大納言平頼盛の長男。
¶公卿([没]寛喜1(1229)年7月20日),公家(光盛〔平家(絶家)1〕 みつもり [没]寛喜1(1229)年7月20日),古人,内乱,平家(たいらみつもり)

平棟有* たいらのむねあり
?～元中6/康応1(1389)年 南北朝時代の公卿(非参議)。永和2年従三位に叙される。
¶公卿([没]康応1/元中6(1389)年),公家(棟有〔烏丸家(絶家)〕 むねあり [没]康応1(1389)年)

平致方* たいらのむねかた
生没年不詳 平安時代中期の官人。
¶古人

平宗清*(1) たいらのむねきよ
生没年不詳 [別]平宗清(たいらむねきよ) 平安時代後期の武士。伊勢平氏の一流左衛門尉平季宗の子。
¶古人,コン,平家(たいらむねきよ)

平宗清(2) たいらのむねきよ
平安時代後期の官人。
¶古人(生没年不詳)

平棟子*(1) たいらのむねこ
?～承久3(1221)年 [別]平棟子(たいらむねこ) 鎌倉時代前期の女性。中納言日野資実の妾。
¶古人(生没年不詳)

平棟子*(2) たいらのむねこ
生没年不詳 [別]平棟子(たいらのとうし,たいらむねこ) 鎌倉時代前期の女性。後嵯峨天皇の宮人。宗尊親王の母。
¶天皇(たいらのとうし)

平宗実*(1) たいらのむねざね
生没年不詳 平安時代後期の官人。
¶古人

平宗実*(2) たいらのむねざね
生没年不詳 [別]平宗実(たいらむねざね) 平安時代後期～鎌倉時代前期の武士。重盛の子、藤原経宗の養子。
¶古人,平家(たいらむねざね)

平宗実*(3) たいらのむねざね
生没年不詳 [別]和田宗実(わだむねざね) 平安時代後期～鎌倉時代前期の武士。和田義盛の弟。
¶古人,平家(和田宗実 わだむねざね)

平棟忠 たいらのむねただ
平安時代後期の官人。
¶古人(生没年不詳)

平宗親* たいらのむねちか
生没年不詳 [別]平宗親(たいらむねちか) 鎌倉時代前期の聖。平宗盛の養子。
¶平家(たいらむねちか)

平宗経* たいらのむねつね
永仁2(1294)年～正平4/貞和5(1349)年2月13日 [別]平宗経(たいらむねつね) 鎌倉時代後期～南北朝時代の公卿(権中納言)。権大納言平経親の次男。
¶公卿([生]永仁1(1293)年 [没]貞和5(1348)年2月13日),公家(宗経〔平家(絶家)3〕 むねつね [没]貞和5(1349)年2月13日)

平致経* たいらのむねつね
生没年不詳 [別]平致経(たいらむねつね) 平安時代中期の伊勢国の武士。
¶古人,コン

平宗遠* たいらのむねとお
生没年不詳 平安時代後期の武士。
¶古人([生]? [没]1213年)

平宗時 たいらのむねとき
⇒北条宗時(ほうじょうむねとき)

平棟俊女 たいらのむねとしじょ
⇒勾当内侍(こうとうのないし)

平棟仲* たいらのむねなか
生没年不詳 [別]平棟仲(たいらむねなか) 鎌倉時代の歌人。
¶古人

平宗宣* たいらのむねのぶ
治承1(1177)年～貞永1(1232)年5月17日 [別]平宗宣(たいらむねのぶ) 鎌倉時代前期の公卿(非参議)。権中納言平親宗の三男。
¶公卿([生]治承2(1178)年),公家(宗宣〔平家(絶家)3〕 むねのぶ [没]寛喜3(1231)年5月17日),古人

平棟範* たいらのむねのり
久安6(1150)年～建久5(1194)年 [別]平棟範(たいらむねのり) 平安時代後期の官人。父は右大弁範家。
¶古人

平宗平* たいらのむねひら
生没年不詳 平安時代後期の武士。
¶古人

平致幹* たいらのむねもと
生没年不詳 平安時代後期の武士。常陸国大掾平国香六代の孫。
¶古人

平宗盛*(1)　たいらのむねもり
久安3(1147)年～文治1(1185)年　[別]平宗盛(たいらむねもり)　平安時代後期の武将。平清盛の3男。清盛の死後、平氏の統領に。壇ノ浦で捕らえられ鎌倉に送られた後、京都に送り返される途中処刑された。
¶公卿, 公家(宗盛〔平家(絶家)1〕　むねもり　[没]文治1(1185)年6月21日), 古人, コン, 中世, 内乱([没]元暦2(1185)年), 平家(たいらむねもり　[没]元暦2(1185)年), 山小([没]1185年6月21日)

平宗盛(2)　たいらのむねもり
平安時代後期の官人。父は維盛。
¶古人([生]?　[没]1114年)

平致頼*　たいらのむねより
?～寛弘8(1011)年　平安時代中期の武将。父は良兼の子で武蔵守の公雅。
¶古人, コン

平以康　たいらのもちやす
平安時代中期の官人。生昌の子。
¶古人(生没年不詳)

平基親　たいらのもとちか
⇒平基親(たいらもとちか)

平基綱　たいらのもとつな
⇒平基綱(たいらもとつな)

平元規　たいらのもとのり
⇒平元規(たいらもとのり)

平基盛*　たいらのもともり
保延5(1139)年～応保2(1162)年　[別]平基盛(たいらもともり)　平安時代後期の武士。清盛の次男。保元の乱に参加したが、のち早世。
¶古人, コン([没]?), 内乱, 平家(たいらもともり)

平盛兼*　たいらのもりかね
生没年不詳　平安時代後期の武将。桓武平氏兼季の子。
¶古人

平盛国*(1)　たいらのもりくに
永久1(1113)年～文治2(1186)年　[別]平盛国(たいらもりくに)　平安時代後期の武士。季衡の子。平氏の家来。
¶古人, コン, 内乱, 平家(たいらもりくに　[生]永久1(1113)年?)

平盛国(2)　たいらのもりくに
平安時代後期の官人。父は季衡。左衛門尉・検非違使。
¶古人([生]1056年　[没]1127年)

平盛子*　たいらのもりこ
保元1(1156)年～治承3(1179)年　[別]平盛子(たいらせいし, たいらのせいし)　平安時代後期の女性。平清盛の娘で近衛基実の妻。
¶古人, 女史, 内乱(たいらのせいし), 平家(たいらせいし)

平盛澄*　たいらのもりずみ
生没年不詳　[別]平盛澄(たいらもりずみ)　平安時代後期の武将。
¶古人, 平家(たいらもりずみ)

平盛嗣　たいらのもりつぎ
⇒平盛嗣(たいらのもりつぐ)

平盛嗣*　たいらのもりつぐ
[別]平盛嗣(たいらのもりつぎ, たいらもりつぎ, たいらもりつぐ)　平安時代後期の武将。
¶古人([生]?　[没]1194年?), コン([生]?　[没]建久3(1192)年), 内乱(生没年不詳), 平家(たいらもりつぎ　生没年不詳)

平盛綱*　たいらのもりつな
生没年不詳　[別]平盛綱(たいらもりつな)　鎌倉時代前期の武士。北条氏御内人。長崎氏の祖。
¶コン

平盛時*　たいらのもりとき
生没年不詳　[別]平盛時(たいらもりとき)　鎌倉時代前期の幕府吏僚。
¶古人, コン

平盛俊*　たいらのもりとし
?～元暦1(1184)年　[別]平盛俊(たいらもりとし)　平安時代後期の武士。盛国の子。清盛の側近。越中守。
¶古人, コン, 内乱([没]寿永3(1184)年), 平家(たいらもりとし　[没]寿永3(1184)年)

平守延　たいらのもりのぶ
平安時代後期の人。応徳1年絹1200疋で真源から大和国檜牧荘を買得した。
¶古人(生没年不詳)

平盛信*　たいらのもりのぶ
生没年不詳　平安時代後期の武門官人、左衛門尉盛国男。
¶古人

平盛久*　たいらのもりひさ
生没年不詳　[別]平盛久(たいらもりひさ)　平安時代後期の武将。
¶古人, 平家(たいらもりひさ)

平盛房　たいらのもりふさ
平安時代後期の官人。
¶古人(生没年不詳)

平盛基*　たいらのもりもと
生没年不詳　平安時代後期の官人。
¶古人

平師季　たいらのもろすえ
⇒平師季(たいらもろすえ)

平師常　たいらのもろつね
⇒相馬師常(そうまもろつね)

平師盛*　たいらのもろもり
承安1(1171)年～元暦1(1184)年　[別]平師盛(たいらもろもり)　平安時代後期の武士。重盛の子、母は藤原家成の娘。一ノ谷の戦いで討ち死。
¶古人, コン([生]嘉応2(1170)年), 平家(たいらもろもり　[生]?　[没]寿永3(1184)年)

平康貞女　たいらのやすさだのむすめ
⇒平康貞女(たいらやすさだのむすめ)

平康輔　たいらのやすすけ
平安時代後期の官人。
¶古人(生没年不詳)

平安忠　たいらのやすただ
平安時代中期の官人。父は繁盛。陸奥権守・従五位下。
¶古人(生没年不詳)

平保忠 たいらのやすただ
平安時代中期の官人。
¶古人（生没年不詳）

平保業* たいらのやすなり
生没年不詳 [別]平保業（たいらやすなり） 鎌倉時代前期の武士。頼盛の子。
¶古人, コン

平康盛* たいらのやすもり
？～建久2（1191）年 [別]平康盛（たいらやすもり） 平安時代後期～鎌倉時代前期の武士。
¶古人

平保盛 たいらのやすもり
⇒平保盛（たいらやすもり）

平安義 たいらのやすよし
平安時代中期の官人。
¶古人（生没年不詳）

平康頼* たいらのやすより
生没年不詳 [別]平康頼（たいらやすより） 平安時代後期～鎌倉時代前期の歌人、後白河院近習。仏教説話集「宝物集」の編者か。
¶古人, コン, 内乱, 平家（たいらやすより）

平八生 たいらのやつなり
平安時代中期の官人。
¶古人（生没年不詳）

平行高* たいらのゆきたか
生没年不詳 鎌倉時代後期～南北朝時代の公卿（非参議）。権中納言平仲兼の孫。
¶公卿, 公家（行高〔西洞院家〕 ゆきたか）

平行親 たいらのゆきちか
⇒平行親（たいらゆきちか）

平行時 たいらのゆきとき
⇒平行時（たいらゆきとき）

平行盛* たいらのゆきもり
？～文治1（1185）年 [別]平行盛（たいらゆきもり） 平安時代後期の武将。平基盛の子。壇ノ浦の戦いで討ち死。
¶古人, コン, 平家（たいらゆきもり [没]元暦2（1185）年）

平行義* たいらのゆきよし
生没年不詳 平安時代中期の官人。
¶古人

平義景* たいらのよしかげ
生没年不詳 平安時代後期の武士。
¶古人

平良兼* たいらのよしかね
？～天慶2（939）年 平安時代中期の東国の武将。父は平高望。平将門の乱平定に尽力。
¶古人, コン

平義清 たいらのよしきよ
⇒土屋義清（つちやよしきよ）

平義実 たいらのよしざね
⇒岡崎義実（おかざきよしざね）

平儀重* たいらのよししげ
延享1（1744）年～文化13（1816）年8月13日 江戸時代中期～後期の公家（非参議）。文化10年従三位に叙される。
¶公卿, 公家（儀重〔桂宮家諸大夫 生嶋家（平氏）〕 よししげ [没]文化13（1816）年閏8月13日）

平義澄 たいらのよしずみ
⇒三浦義澄（みうらよしずみ）

平義忠 たいらのよしただ
⇒佐奈田義忠（さなだよしただ）

平義連* たいらのよしつら
生没年不詳 平安時代後期の武士。
¶古人

平義時 たいらのよしとき
⇒北条義時（ほうじょうよしとき）

平義成* たいらのよしなり
生没年不詳 平安時代後期の武士。
¶古人

平義久*(1) たいらのよしひさ
生没年不詳 平安時代後期の武士。三浦義明の子。
¶古人

平義久*(2) たいらのよしひさ
？～文治5（1189）年 [別]鷲尾義久（わしおよしひさ） 平安時代後期の人。幼名熊王。
¶古人, 平家（鷲尾義久 わしおよしひさ [没]文治5（1189）年？）

平良文* たいらのよしぶみ，たいらのよしふみ
生没年不詳 平安時代中期の東国の武将。父は平高望。
¶古人, コン（たいらのよしふみ）

平義宗* たいらのよしむね
大治1（1126）年～長寛2（1164）年 [別]三浦義宗（みうらよしむね） 平安時代後期の武士。
¶古人, 古人（三浦義宗 みうらよしむね）

平善棟* たいらのよしむね
？～天長6（829）年 平安時代前期の桓武天皇の皇孫。
¶古人

平義村 たいらのよしむら
⇒三浦義村（みうらよしむら）

平伊望* たいらのよしもち
元慶5（881）年～天慶2（939）年11月16日 [別]平伊望（たいらのこれもち） 平安時代中期の公卿（大納言）。中納言平惟範の次男。
¶公卿, 古人（たいらのこれもち）

平義茂* たいらのよしもち
生没年不詳 平安時代後期の武士。
¶古人

平良持* たいらのよしもち
生没年不詳 平安時代中期の地方軍事貴族。
¶古人

平義盛 たいらのよしもり
⇒和田義盛（わだよしもり）

平義行* たいらのよしゆき
生没年不詳 平安時代後期の武士。
¶古人

平頼清* たいらのよりきよ
？～文永3（1266）年 鎌倉時代前期の公卿（非参議）。池大納言平頼盛の孫。

¶公卿，公家（頼清〔平家（絶家）1〕　よりきよ　[没]文永3（1266）年？）

平頼次*　たいらのよりつぐ
生没年不詳　平安時代後期の武士。
¶古人

平頼綱*　たいらのよりつな
？～永仁1（1293）年　[別]平頼綱（たいらよりつな）　鎌倉時代後期の武将。平禅門ともいわれた。得宗家の内管領。自分の子を将軍にしようと謀り、執権北条貞時に討たれた。
¶コン，中世，内乱，山小（[没]1293年4月22日）

平随時*　たいらのよりとき
寛平2（890）年～天暦7（953）年　平安時代中期の公卿（参議）。仁明天皇の曽孫。
¶公卿（[没]天暦7（953）年12月18日），古人

平頼盛*　たいらのよりもり
長承1（1132）年～文治2（1186）年　[別]池大納言（いけだいなごん，いけのだいなごん），平頼盛（たいらよりもり）　平安時代後期の武将。平清盛の異母弟。池大納言と称される。一門都落ちの中一人都に留まり、源頼朝のもとに下向した。
¶公卿（[生]長承2（1133）年　[没]文治2（1186）年6月2日），公家（頼盛〔平家（絶家）1〕　よりもり　[没]文治2（1186）年6月2日），古人（[生]1131年），コン（[生]天承1（1131）年），中世（[生]1131年），内乱（[生]長承1（1132）年？），平家（たいらよりもり　[生]長承1（1132）年？）

平範国　たいらのりくに
⇒平範国（たいらののりくに）

平教成*　たいらのりしげ
正暦5（994）年頃？～承暦4（1080）年7月29日　[別]平教成（たいらののりしげ）　平安時代中期～後期の官人、歌人。
¶古人（たいらののりしげ　生没年不詳）

平範輔　たいらのりすけ
⇒平範輔（たいらののりすけ）

平教経　たいらのりつね
⇒平教経（たいらののりつね）

平教盛　たいらのりもり
⇒平教盛（たいらののりもり）

平教盛母*　たいらのりもりのはは
生没年不詳　[別]平教盛母（たいらののりもりのはは）　平安時代後期の女房・歌人。
¶古人（たいらののりもりのはは）

平六代*　たいらのろくだい
承安3（1173）年～建久9（1198）年　[別]平六代（たいらろくだい），六代（ろくだい），六代御前（ろくだいごぜん）　平安時代後期～鎌倉時代前期の僧。平重盛の嫡男維盛と藤原成親の娘の嫡男。平家の嫡流だが文覚に庇護された。のち文覚が流罪になると召し出されて斬られた。
¶古人，古人（六代　ろくだい　[没]？），コン（[生]承安4（1174）年？　[没]正治1（1199年/1203）年），内乱（六代　ろくだい　生没年不詳），平家（六代　ろくだい　[生]承安4（1174）年？　[没]建久9（1198）年？）

平広常　たいらひろつね
⇒平広常（たいらのひろつね）

平広盛　たいらひろもり
平安時代後期の官人。
¶平家（生没年不詳）

平正家*　たいらまさいえ
生没年不詳　[別]平正家（たいらのまさいえ）　平安時代中期～後期の官人、歌人。
¶古人（たいらのまさいえ　[生]？　[没]1073年？）

平将門　たいらまさかど
⇒平将門（たいらのまさかど）

平政子　たいらまさこ
⇒北条政子（ほうじょうまさこ）

平政隆*　たいらまさたか
生没年不詳　江戸時代前期の大工。技術書「愚子見記」の著者。
¶美建

平正盛　たいらまさもり
⇒平正盛（たいらのまさもり）

平雅康*　たいらまさやす
生没年不詳　[別]平雅康（たいらのまさやす）　平安時代中期の官人、歌人。
¶古人（たいらのまさやす）

平希世　たいらまれよ
⇒平希世（たいらのまれよ）

平通盛　たいらみちもり
⇒平通盛（たいらのみちもり）

平光盛　たいらみつもり
⇒平光盛（たいらのみつもり）

平宗清　たいらむねきよ
⇒平宗清（たいらのむねきよ）

平棟子(1)　たいらむねこ
⇒平棟子（たいらのむねこ）

平棟子(2)　たいらむねこ
⇒平棟子（たいらのむねこ）

平宗実　たいらむねざね
⇒平宗実（たいらのむねざね）

平宗親　たいらむねちか
⇒平宗親（たいらのむねちか）

平宗経　たいらむねつね
⇒平宗経（たいらのむねつね）

平致経　たいらむねつね
⇒平致経（たいらのむねつね）

平棟仲　たいらむねなか
⇒平棟仲（たいらのむねなか）

平宗宣　たいらむねのぶ
⇒平宗宣（たいらのむねのぶ）

平棟範　たいらむねのり
⇒平棟範（たいらのむねのり）

平宗盛　たいらむねもり
⇒平宗盛（たいらのむねもり）

平宗盛の北の方　たいらむねもりのきたのかた
⇒平清子（たいらのきよこ）

平基親*　たいらもとちか
生没年不詳　[別]平基親（たいらのもとちか）　平安時代後期～鎌倉時代前期の公卿（非参議）。参議平親範の子。
¶公卿（たいらのもとちか），公家（基親〔平家（絶家）2〕

もとちか), 古人(たいらのもとちか), 平家([生]仁平1(1151)年　[没]?)

平基綱*　たいらもとつな
生没年不詳　[別]平基綱(たいらのもとつな)　平安時代後期の官人、歌人。
¶古人(たいらのもとつな)

平元規*　たいらもとのり
[別]平元規(たいらのもとのり)　平安時代前期～中期の官人、歌人。
¶古人(たいらのもとのり　[生]?　[没]908年)

平基盛　たいらもともり
⇒平基盛(たいらのもともり)

平基康　たいらもとやす
鎌倉時代前期の官人。
¶平家(生没年不詳)

平盛国　たいらもりくに
⇒平盛国(たいらのもりくに)

平盛澄　たいらもりずみ
⇒平盛澄(たいらのもりずみ)

平盛嗣　たいらもりつぎ
⇒平盛嗣(たいらのもりつぐ)

平盛嗣　たいらもりつぐ
⇒平盛嗣(たいらのもりつぐ)

平盛綱　たいらもりつな
⇒平盛綱(たいらのもりつな)

平盛時　たいらもりとき
⇒平盛時(たいらのもりとき)

平盛俊　たいらもりとし
⇒平盛俊(たいらのもりとし)

平盛久　たいらもりひさ
⇒平盛久(たいらのもりひさ)

平師季*　たいらもろすえ
生没年不詳　[別]平師季(たいらのもろすえ)　平安時代後期の官人、歌人。
¶古人(たいらのもろすえ)

平師盛　たいらもろもり
⇒平師盛(たいらのもろもり)

平康貞女*　たいらやすさだのむすめ
生没年不詳　[別]平康貞女(たいらのやすさだのむすめ)　平安時代後期の歌人。
¶古人(たいらのやすさだのむすめ)

平保業　たいらやすなり
⇒平保業(たいらのやすなり)

平康盛　たいらやすもり
⇒平康盛(たいらのやすもり)

平保盛*　たいらやすもり
生没年不詳　[別]平保盛(たいらのやすもり)　平安時代後期～鎌倉時代前期の公卿(非参議)。権大納言頼盛の子。
¶公卿(たいらのやすもり), 公家(保盛〔平家(絶家)1〕やすもり), 古人(たいらのやすもり), 平家([生]保元2(1157)年　[没]天福1(1233)年)

平康頼　たいらやすより
⇒平康頼(たいらのやすより)

平行親*　たいらゆきちか
生没年不詳　[別]平行親(たいらのゆきちか)　平安時代中期の貴族。
¶古人(たいらのゆきちか)

平行時*(1)　たいらゆきとき
生没年不詳　[別]平行時(たいらのゆきとき)　平安時代中期の官人、歌人。
¶古人(たいらのゆきとき)

平行時(2)　たいらゆきとき
⇒西洞院行時(にしのとういんゆきとき)

平行盛　たいらゆきもり
⇒平行盛(たいらのゆきもり)

平与市　たいらよいち
江戸時代後期～明治時代の飫肥藩士。
¶全幕([生]天保10(1839)年　[没]明治3(1870)年)

平能宗　たいらよしむね
平安時代後期の官人。
¶平家([生]治承4(1180)年　[没]元暦2(1185)年)

平頼綱　たいらよりつな
⇒平頼綱(たいらのよりつな)

平頼盛　たいらよりもり
⇒平頼盛(たいらのよりもり)

平六代　たいらろくだい
⇒平六代(たいらのろくだい)

泰里　たいり
⇒橋本泰里(はしもとたいり)

大璃寛　だいりかん
⇒嵐吉三郎〔2代〕(あらしきちさぶろう)

内裏女房　だいりにょうぼう
平安時代後期の女性。平重衡のかつての恋人。
¶平家(生没年不詳)

大立　たいりゅう
⇒竜田大立(たつたたいりゅう)

大竜寺麟岳　だいりゅうじりんがく
安土桃山時代の大竜寺の住持。武田信廉の子。
¶武田([生]?　[没]天正10(1582)年3月1日)

大涼院　だいりょういん
⇒栄姫(えいひめ)

大林　たいりん
⇒大林宗套(だいりんそうとう)

大倫院　だいりんいん
⇒小松姫(こまつひめ)

大林宗套　だいりんしゅうとう
⇒大林宗套(だいりんそうとう)

大林宗套*　だいりんそうとう
文明12(1480)年～永禄11(1568)年　[別]正覚普通国師(しょうかくふつうこくし), 宗套(そうとう), 大林(たいりん), 大林宗套(だいりんしゅうとう)　戦国時代の臨済宗の僧。
¶コン

碓嶺　たいれい
⇒仁井田碓嶺(にいだたいれい)

た

台嶺　たいれい
⇒石川台嶺（いしかわたいれい）

諦蓮尼　たいれんに
江戸時代後期の女性。和歌。京都の人。嘉永4年刊、長沢伴雄編『類題鴨川三郎集』に載る。
¶江表（諦蓮尼（京都府））

苔路*　たいろ
生没年不詳　江戸時代中期の俳人。
¶俳文

大魯*　たいろ
？～安永7（1778）年　[別]吉分大魯（よしわけたいろ，よしわけだいろ）　江戸時代中期の俳人。阿波徳島藩士。与謝蕪村の門人。
¶コン（吉分大魯　よしわけだいろ），詩作（吉分大魯　よしわけたいろ　[生]享保15（1730）年？　[没]宝永7（1778）年11月13日），俳文（[生]享保15（1730）年？　[没]安永7（1778）年11月13日）

第六世風羅堂　だいろくせふうらどう
⇒墻東庵雪塢（しょうとうあんせつう）

たう子　たうこ★
江戸時代末期の女性。和歌。相模御浦郡浦賀の中島三郎助永胤の娘。
¶江表（たう子（神奈川県）　[生]安政2（1855）年）

田内某*　たうち
生没年不詳　安土桃山時代の武士。織田信長家臣。
¶織田

田内衛吉　たうちえいきち
⇒田内衛吉（たのうちえきち）

田内知　たうちさとる
⇒田内知（たうちとも）

田内知*　たうちとも
天保10（1839）年～慶応3（1867）年1月10日　[別]田内知（たうちさとる）　江戸時代後期～末期の新撰組隊士。
¶新隊（たうちさとる），全幕

田浦氏の妻　たうらしのつま★
江戸時代中期の女性。和歌。検校城賛の妻。
¶江表（田浦氏の妻（鹿児島県））

たへ
江戸時代前期～中期の女性。俳諧。尾花沢の紅花商鈴木八右衛門道西の妻。天和2年刊、大淀三千風撰『松島眺望集』に載る。
¶江表（たへ（山形県）　[没]宝永3（1706）年）

妙*(1)　たえ
生没年不詳　平安時代後期の女性。摂津国江口の遊女。
¶古人

妙(2)　たえ★
江戸時代末期～明治時代の女性。和歌。飛騨高山陣屋役人富田道彦と栄の娘。
¶江表（妙（岐阜県）　[生]安政4（1857）年　[没]明治10（1877）年）

栲　たえ
江戸時代後期の女性。和歌・書簡。仙台藩江戸詰の医師工藤平助の娘。
¶江表（栲（東京都）　[没]天保6（1835）年）

細布子　たえこ★
江戸時代後期～末期の女性。和歌。会津藩家老西郷頼母近悳と飯沼千重子の長女。
¶江表（細布子（福島県）　[生]嘉永6（1853）年　[没]慶応4（1868）年）

妙子(1)　たえこ★
江戸時代中期～後期の女性。和歌・書簡。摂津西宮の酒造家葛馬仁右衛門の妻。
¶江表（妙子（兵庫県）　[生]明和7（1770）年　[没]嘉永2（1849）年）

妙子(2)　たえこ★
江戸時代後期の女性。和歌。対馬藩藩士別所完治の妻。西田惟恒編『安政二年百首』に載る。
¶江表（妙子（長崎県））

妙女　たえじょ★
江戸時代末期の女性。俳諧。安芸戸河内の今善七の妻か。明治1年師走の発句集に載る。
¶江表（妙女（広島県））

たを
江戸時代後期の女性。和歌。林氏。文化11年刊、中山忠雄・河田正致編『柿本社奉納和歌集』に載る。
¶江表（たを（高知県））

田岡俊三郎*　たおかしゅんざぶろう
文政12（1829）年～元治1（1864）年　[別]田岡俊三郎（たおかとしさぶろう）　江戸時代末期の槍術師範。
¶幕末（[生]文政12（1829）年5月7日　[没]元治1（1864）年7月19日）

田岡俊三郎　たおかとしさぶろう
⇒田岡俊三郎（たおかしゅんざぶろう）

田岡正躬*　たおかまさみ
天保9（1838）年～明治39（1906）年　江戸時代末期～明治時代の土佐国志士。勤王を説き上役ににらまれる。維新後戸長など。
¶幕末（[生]天保6（1835）年5月16日　[没]明治39（1906）年7月28日）

田岡凌雲*　たおかりょううん
天保4（1833）年～明治18（1885）年　江戸時代末期～明治時代の志士、尊王攘夷派。明倫館教授。郡書記となり後進の育成に尽力。
¶コン，全幕（[生]天保3（1832）年）

たか(1)
江戸時代中期の女性。俳諧。豊後南大隅村の人。享保2年序、長野馬貞編『柴石集』に載る。
¶江表（たか（大分県））

たか(2)
江戸時代後期の女性。仇討。常陸河内郡上根本村の百姓組頭幸七の妹。嘉永6年叔父と共に名主を殺して兄の仇討ちを果たす。
¶江表（たか（東京都））

たか(3)
江戸時代後期の女性。俳諧。相模大磯宿の遊女。文政3年、玉蕉庵芝山編による『第五四海句双紙』に載る。
¶江表（たか（神奈川県））

たか(4)
江戸時代後期～明治時代の女性。教育・和歌。大福寺の山伏神子高の妻。
¶江表（たか（富山県）　[生]文化14（1817）年　[没]明治19（1886）年）

たか(5)
江戸時代後期の女性。俳諧。文化6年序、五十嵐梅夫編『草神楽』に載る。
¶江表(たか(滋賀県))

たか(6)
江戸時代後期の女性。俳諧。石見大森の柳吉信安の妻。文化11年序、江永堂可方の子思明堂里方編、可方七回忌追善句集『月の寝さめ』乾に載る。
¶江表(たか(島根県))

たか(7)
江戸時代後期の女性。狂歌。備中板倉の前田氏。文政9年、編者不明の「ざれ歌」に肖像画と載る。
¶江表(たか(岡山県))

たか(8)
江戸時代後期の女性。俳諧。備後庄原の人。文化4年3月の『探題』に数句が載る。
¶江表(たか(広島県))

たか(9)
江戸時代後期の女性。和歌。松山藩の奥女中。天保9年刊、海野遊翁編『類題現存歌選』二に載る。
¶江表(たか(愛媛県))

たか(10)
江戸時代末期の女性。和歌。20人扶持の徳島藩士村田庸安基信の娘。文久2年序、西田惟恒編『文久二年八百首』に載る。
¶江表(たか(徳島県))

たか(11)
江戸時代末期～明治時代の女性。書。三河田原藩藩士和田伝の娘。
¶江表(たか(愛知県) [没]明治4(1871)年)

貴 たか*
江戸時代中期の女性。漢詩。儒者で漢詩人龍草廬の娘。安永8年刊、岡崎廬門編『麗沢詩集』に載る。
¶江表(貴(京都府))

孝(1) たか*
江戸時代後期の女性。和歌。陸奥棚倉藩主小笠原長堯の娘。
¶江表(孝(大阪府) [生]天明8(1788)年 [没]天保3(1832)年)

孝(2) たか
江戸時代後期～末期の女性。和歌・書簡。因幡鳥取藩儒者堀省斎の娘。
¶江表(孝(鳥取県) [生]享和3(1803)年 [没]文久2(1862)年)

高 たか*
江戸時代中期の女性。俳諧。上海瀬の素了の妻。天明7年刊、新海自的編『真左古』に載る。
¶江表(高(長野県))

多可 たか*
江戸時代後期の女性。教育。中川氏。
¶江表(多可(東京都) [生]天保10(1839)年頃)

多賀 たが*
江戸時代末期の女性。俳諧。備後三原の人。安政7年刊、多賀庵五世菊年編『やまかつら』に載る。
¶江表(多賀(広島県))

多賀庵風律* たがあんふうりつ
元禄11(1698)年～天明1(1781)年 [別]風律(ふうりつ) 江戸時代中期の俳人。
¶俳文(風律 ふうりつ [没]天明1(1781)年4月29日)

高井 たかい*
江戸時代中期の女性。和歌。棚倉藩小笠原家の奥女中。宝暦12年序、村上影面編『続采藻編』に載る。
¶江表(高井(福島県))

高井大炊助* たかいおおいのすけ
生没年不詳 戦国時代の武士。後北条氏家臣。
¶後北(大炊助〔高井(1)〕 おおいのすけ)

高井几圭* たかいきけい
貞享4(1687)年～宝暦12(1762)年 [別]几圭(きけい) 江戸時代中期の俳人。
¶俳文(几圭 きけい [生]元禄2(1689)年 [没]宝暦12(1762)年12月23日)

高井几董 たかいきとう
⇒几董(きとう)

高井堯慶* たかいぎょうけい
生没年不詳 戦国時代の歌人。
¶後北(堯慶〔高井(2)〕 ぎょうけい)

高井清寅 たかいきよとら
江戸時代中期～後期の幕臣。
¶徳人([生]1750年 [没]1817年)

高井鴻山* たかいこうざん
文化3(1806)年～明治16(1883)年 江戸時代末期～明治時代の豪農、文人。儒学・書画・国学・蘭学を学び帰省、窮民救済。塾を開設。
¶浮絵,コン,幕末([没]明治16(1883)年2月16日)

高子内親王 たかいこないしんのう
⇒高子内親王(たかこないしんのう)

高井実徳* たかいさねのり
宝暦13(1763)年～天保5(1834)年 江戸時代後期の幕臣。大坂町奉行。
¶徳人([生]1761年)

高井真政 たかいさねまさ
江戸時代前期～中期の幕臣。
¶徳人([生]1677年 [没]1763年)

高石左馬助*(高石左馬之助) たかいしさまのすけ
?～慶長8(1603)年 安土桃山時代の一揆の指導者。
¶コン

高井次郎右衛門尉 たかいじろうえもんのじょう
戦国時代の武士。駿河衆。
¶武田(生没年不詳)

高市皇子 たかいちのみこ
⇒高市皇子(たけちのみこ)

高出昌海 たかいでまさうみ
戦国時代の武士。下諏訪衆で、武田信豊同心衆のひとり。
¶武田(生没年不詳)

高井信房 たかいのぶふさ
江戸時代中期の幕臣。
¶徳人([生]1708年 [没]1756年)

高井立詠の母 たかいりつえいのはは*
江戸時代前期の女性。俳諧。夫は紀州藩の畳職を司る高井伊兵衛。延宝4年序、神田蝶々子編『誹諧当世男』に載る。
¶江表(高井立詠の母(東京都))

た

高井立志〔1代〕*　たかいりつし
？～天和1(1681)年　[別]高井立志〔1代〕(たかいりゅうし)，立志〔1代〕(りっし，りゅうし)　江戸時代前期の俳人(貞徳系)。
¶俳文(立志〔1世〕　りゅうし　[没]天和1(1681)年10月21日)

高井立志〔2代〕*　たかいりつし
万治1(1658)年～宝永2(1705)年　[別]高井立志〔2代〕(たかいりゅうし)，立志〔2代〕(りっし，りゅうし)　江戸時代中期の俳人(貞徳系)。
¶俳文(立志〔2世〕　りゅうし　[没]宝永2(1705)年2月3日)

高井立志〔3代〕*　たかいりつし
天和3(1683)年～享保9(1724)年　[別]高井立志〔3代〕(たかいりゅうし)，立志〔3代〕(りっし，りゅうし)　江戸時代中期の俳人(貞徳系)。
¶俳文(立志〔3世〕　りゅうし　[生]？　[没]享保9(1724)年11月21日)

高井立志〔1代〕　たかいりゅうし
⇒高井立志〔1代〕(たかいりつし)

高井立志〔2代〕　たかいりゅうし
⇒高井立志〔2代〕(たかいりつし)

高井立志〔3代〕　たかいりゅうし
⇒高井立志〔3代〕(たかいりつし)

尊氏　たかうじ
⇒足利尊氏(あしかがたかうじ)

高枝王　たかえおう
⇒高枝王(たかえのおう)

高枝王*　たかえのおう
延暦21(802)年～天安2(858)年　[別]高枝王(たかえおう)　平安時代前期の公卿(非参議)。桓武天皇の孫。
¶公卿([生]延暦7(788)年　[没]天安2(858)年5月)，古人(たかえおう)，古代

高尾*(1)　たかお
世襲名　[別]高尾太夫(たかおたゆう，たかおだゆう)　江戸時代前期～中期の女性。江戸新吉原京町の代表的遊女(三浦屋抱えの代々の大夫の名、高雄とも書く)。
¶江表(高尾(東京都)　[没]万治2(1659)年)，コン

高尾(2)　たかお★
江戸時代前期～中期の女性。俳諧・書・和歌。下野塩原の農民長作の娘。
¶江表(高尾(東京都)　[生]寛永17(1640)年　[没]享保1(1716)年)

高尾伊賀守　たかおいがのかみ
安土桃山時代の武田氏の家臣。
¶武田([生]？　[没]天正10(1582)年3月11日？)

高岡　たかおか★
[別]高岳(たかおか)　江戸時代後期の女性。書簡。10代将軍徳川家治付の筆頭上﨟御年寄。
¶江表(高岡(東京都)　[没]寛政6(1794)年)，徳将(高岳　たかおか　生没年不詳)

高丘王　たかおかおう
奈良時代の官人。
¶古人([生]？　[没]759年)

高丘弟越　たかおかおとこし
⇒高丘宿禰弟越(たかおかのすくねおとこし)

高岡蔵太郎*　たかおかくらたろう
弘化3(1846)年～？　江戸時代後期～末期の新撰組隊士。
¶新隊

高岡斜嶺*　たかおかしゃれい
承応2(1653)年～元禄15(1702)年　[別]斜嶺(しゃれい)　江戸時代前期～中期の美濃大垣藩士、俳人。
¶俳文(斜嶺　しゃれい)

高岳親王(高丘親王)　たかおかしんのう
⇒真如(しんにょ)

高丘季起*　たかおかすえおき
寛文4(1664)年～正徳5(1715)年　江戸時代中期の公家(非参議)。高丘家の祖。参議中園季定の次男。
¶公卿([没]正徳5(1715)年1月6日)，公家(季起〔高丘家〕　すえおき　[生]寛文4(1664)年7月27日　[没]正徳5(1715)年1月6日)

高岳相如　たかおかすけゆき
⇒高岳相如(たかおかのすけゆき)

高丘敬季*　たかおかたかすえ
享保6(1721)年7月10日～寛政1(1789)年11月19日　江戸時代中期の公家(参議)。権中納言梅園実邦の次男。
¶公卿，公家(敬季〔高丘家〕　たかすえ)

高丘紹季*　たかおかつぐすえ
延享1(1744)年1月29日～文化11(1814)年1月10日　江戸時代中期～後期の公家(権中納言)。参議高丘敬季の子。
¶公卿，公家(紹季〔高丘家〕　つぐすえ　[生]寛保4(1744)年1月29日)

高丘永季*　たかおかながすえ
安永4(1775)年10月20日～天保3(1832)年12月27日　江戸時代後期の公家(参議)。権中納言高丘紹季の子。
¶公卿，公家(永季〔高丘家〕　とおすえ)

高丘弟越　たかおかのおとこし
⇒高丘宿禰弟越(たかおかのすくねおとこし)

高丘河内　たかおかのかわち
⇒楽浪河内(さざなみのかわち)

高丘河内　たかおかのこうち
⇒楽浪河内(さざなみのかわち)

高丘宿禰弟越*　たかおかのすくねおとこし
生没年不詳　[別]高丘弟越(たかおかおとこし，たかおかのおとこし)　平安時代前期の下級官人。
¶古人(高丘弟越　たかおかのおとこし)，古代

高岳相如*(高丘相如)　たかおかのすけゆき
生没年不詳　[別]高岳相如(たかおかすけゆき)　平安時代中期の官吏・漢詩人。
¶古人(高丘相如)

高丘比良麻呂*　たかおかのひらまろ
？～神護景雲2(768)年　[別]高丘比良麻呂(たかおかのひろまろ)，高丘連比良麻呂(たかおかのむらじひらまろ)　奈良時代の官僚。
¶古人，古代(高丘連比良麻呂　たかおかのむらじひらまろ)

高丘比良麻呂　たかおかのひろまろ
⇒高丘比良麻呂(たかおかのひらまろ)

高丘連河内　たかおかのむらじかわち
⇒楽浪河内（さざなみのかわち）

高丘連河内　たかおかのむらじこうち
⇒楽浪河内（さざなみのかわち）

高丘連比良麻呂　たかおかのむらじひらまろ
⇒高丘比良麻呂（たかおかのひらまろ）

高丘百興*　たかおかのももき
生没年不詳　平安時代前期の遣唐使。
¶古人

高丘頼言　たかおかのよりのぶ
⇒高岳頼言（たかおかよりのぶ）

高岡夢堂*　たかおかむどう
文化14（1817）年～明治2（1869）年　江戸時代末期の美濃大垣藩士。
¶幕末（[没]明治2（1869）年10月3日）

高岳頼言*　たかおかよりのぶ
[別]高丘頼言（たかおかのよりのぶ）　平安時代中期の官人、歌人。
¶古人（高丘頼言　たかおかのよりのぶ　生没年不詳）

高尾玄蕃　たかおげんば
安土桃山時代の武蔵国滝山城主北条氏照の家臣。
¶後北（玄蕃〔高尾〕　げんば）

高尾蕉鹿*　たかおしょうろく
安永8（1779）年～弘化2（1845）年　[別]酔夢亭蕉鹿（すいむていしょうろく）　江戸時代末期の浮世絵師。
¶浮絵（酔夢亭蕉鹿　すいむていしょうろく）

高雄僧正　たかおそうじょう
⇒真済（しんぜい）

高尾太夫　たかおたゆう，たかおだゆう
⇒高尾（たかお）

多賀男也*　たがおなり
嘉永6（1853）年～？　江戸時代後期～末期の新撰組隊士。
¶新隊

高尾信憙　たかおのぶき
江戸時代中期～後期の佐渡奉行。
¶徳代（[生]享保12（1727）年　[没]寛政9（1797）年8月28日）

高尾信福*　たかおのぶとみ
元文2（1737）年～？　江戸時代中期の武士。
¶徳人（[没]1803年）

高尾信仍　たかおのぶより
江戸時代前期～中期の幕臣。
¶徳人（[生]1641年　[没]1713年）

高尾飛騨*　たかおひだ
明和7（1770）年～嘉永2（1849）年　江戸時代後期の女性。歌人、本居宣長の長女。
¶江表（飛騨（三重県））

高柿長兵衛　たかがきちょうびょうえ
江戸時代前期の織田信包の家臣。落城により浅野家に保護された。
¶人坂

高賀茂諸魚　たかかものもろうお
奈良時代の官人。
¶古人（生没年不詳）

高木有制*　たかぎありのり
文政5（1822）年～明治7（1874）年　江戸時代末期～明治時代の加賀藩士。藩論を尊攘へ転換。後勤王党弾圧に連座。
¶幕末（[没]明治7（1874）年5月16日）

高木伊藤左衛門尉　たかぎいとうざえもんのじょう
戦国時代の信濃国諏訪郡高木の土豪。諏訪大社下社の社家衆。
¶武田（生没年不詳）

高木右近大夫*　たかぎうこんのたいふ，たかぎうこんのだいぶ
生没年不詳　安土桃山時代の武士。織田信長家臣。
¶織田（たかぎうこんのだいぶ）

高木応心斎*　たかぎおうしんさい
天明1（1781）年～安政2（1855）年　江戸時代後期の紀伊和歌山藩士。
¶幕末（[没]安政2（1855）年7月22日）

高木兼寛　たかきかねひろ
嘉永2（1849）年9月15日～大正9（1920）年4月13日　江戸時代後期～大正時代の海軍軍医総監、医学者。
¶科学，幕末

高木喜兵衛尉　たかぎきひょうえのじょう
戦国時代の信濃国諏訪郡高木の土豪。高木氏の惣領とみられる。
¶武田（生没年不詳）

高木刑部左衛門尉　たかぎぎょうぶざえもんのじょう
安土桃山時代の信濃国諏訪郡高木の土豪。
¶武田（生没年不詳）

高木清秀*　たかぎきよひで
大永6（1526）年～慶長15（1610）年　戦国時代～安土桃山時代の武士。織田氏家臣、徳川氏家臣。
¶織田（[没]慶長15（1610）年7月13日），全戦

高木清吉　たかぎきよよし
江戸時代前期の幕臣。
¶徳人（[生]？　[没]1654年）

高木蔵人　たかぎくろうど
戦国時代の信濃国諏訪郡高木の土豪。
¶武田（生没年不詳）

高木源六郎　たかぎげんろくろう
江戸時代末期の代官。
¶徳代（[生]？　[没]文久1（1861）年12月）

高木剛次郎*　たかぎごうじろう
嘉永1（1848）年11月23日～昭和8（1933）年1月14日　江戸時代後期～明治時代の新撰組隊士。
¶新隊，全幕，幕末（[生]弘化4（1847）年11月23日）

高木小左衛門*　たかぎこざえもん
生没年不詳　安土桃山時代の武士。織田信長家臣。
¶織田

高木左吉*　たかぎさきち
生没年不詳　安土桃山時代の織田信長の家臣。
¶織田

高木作右衛門*（1）　たかぎさくえもん，たかきさくえもん
世襲名　安土桃山時代～江戸時代の長崎の町年寄・御用物役・地方代官。
¶コン（たかきさくえもん），対外

た

高木作右衛門(2)　たかぎさくえもん
江戸時代前期の大工。
¶美建([生]?　[没]慶安3(1650)年9月8日)

高木作右衛門〔10代〕*　たかぎさくえもん
明和3(1766)年～天保2(1831)年　[別]高木忠任(たかぎただたね, たかぎただより)　江戸時代中期～後期の町役人。
¶徳代(高木忠任　たかぎただより　[没]天保2(1831)年4月10日)

高木左近家則　たかぎさこんいえのり
江戸時代前期の毛利吉政の使番。母衣を預かった。寛永年中牢人。
¶大坂

高木貞家*　たかぎさだいえ
天文14(1545)年～永禄11(1568)年5月22日　戦国時代～安土桃山時代の武士。織田信長家臣。
¶織田

高木貞勝　たかぎさだかつ
安土桃山時代～江戸時代前期の幕臣。
¶徳人([生]1598年　[没]1671年)

高木貞重　たかぎさだしげ
江戸時代前期の幕臣。
¶徳人([生]1619年　[没]1673年)

高木貞武*　たかぎさだたけ
生没年不詳　江戸時代中期の浮世絵師。
¶浮絵

高木貞次　たかぎさだつぐ
江戸時代前期～中期の幕臣。
¶徳人([生]1631年　[没]1698年)

高木貞俊*　たかぎさだとし
*～正保2(1645)年　安土桃山時代～江戸時代前期の武将。織田信長の臣。
¶織田([生]永禄6(1563)年　[没]正保2(1645)年5月16日)

高木貞利*　たかぎさだとし
天文20(1551)年～慶長8(1603)年8月24日　安土桃山時代の武士。織田氏家臣、徳川氏家臣。
¶織田

高木貞友*　たかぎさだとも
永禄7(1564)年～万治2(1659)年　安土桃山時代～江戸時代前期の武将。信長・信雄、加藤光泰の臣。
¶織田([没]万治2(1659)年4月17日)

高木貞久*　たかぎさだひさ
?～天正11(1583)年　安土桃山時代の武士。
¶織田([没]文禄1(1592)年3月3日?), 全戦(生没年不詳)

高木貞秀*　たかぎさだひで
生没年不詳　安土桃山時代の武士。織田信長家臣。
¶織田

高木三郎*　たかぎさぶろう
天保12(1841)年～明治42(1909)年3月28日　江戸時代末期～明治時代の外交官、実業家、ニューヨーク総領事。生糸輸出に尽力したほか、補聴器を日本に初めて導入。
¶幕末

高岸対馬守　たかぎしつしまのかみ
安土桃山時代の武蔵国鉢形城主北条氏邦家臣用土重連の同心。
¶後北(対馬守〔高岸〕　つしまのかみ)

高木春山*　たかぎしゅんざん
?～嘉永5(1852)年2月　江戸時代末期の博物家。
¶植物([没]嘉永5(1852)年12月)

高木次郎右衛門尉　たかぎじろうえもんのじょう
安土桃山時代の信濃国諏訪郡高木の土豪。
¶武田(生没年不詳)

高木真蔵*　たかぎしんぞう
文化13(1816)年～明治15(1882)年　江戸時代末期～明治時代の阿波徳島藩士。
¶幕末([没]明治15(1882)年11月13日)

高木佐左衛門尉　たかぎすけざえもんのじょう
安土桃山時代の信濃国諏訪郡高木の土豪。
¶武田(生没年不詳)

高木清左衛門*　たかぎせいざえもん
生没年不詳　江戸時代後期の幕臣。
¶徳代

高木清七郎　たかぎせいしちろう
戦国時代の信濃国諏訪郡高木の土豪。
¶武田(生没年不詳)

高木正兵衛　たかぎせいひょうえ
戦国時代の信濃国諏訪郡高木の土豪。
¶武田(生没年不詳)

高木善助*　たかぎぜんすけ
?～安政1(1854)年　江戸時代末期の両替商。十人両替平野屋五兵衛の分家。
¶コン

高木高季　たかぎたかすえ
平安時代後期の官人。
¶古人(生没年不詳)

高木忠興　たかぎただおき
江戸時代中期の代官。
¶徳代([生]元文3(1738)年　[没]天明1(1781)年10月29日)

高木忠任　たかぎただたね
⇒高木作右衛門〔10代〕(たかぎさくえもん)

高木忠与　たかぎただよ
江戸時代中期の代官。
¶徳代([生]?　[没]宝暦10(1760)年8月13日)

高木忠任　たかぎただより
⇒高木作右衛門〔10代〕(たかぎさくえもん)

高城胤辰*(高木胤辰)　たかぎたねとき
?～天正10(1582)年　安土桃山時代の武将。
¶後北(胤辰〔高城〕　たねとき　[没]天正10年12月16日)

高城胤則*(高木胤則)　たかぎたねのり
元亀2(1571)年～慶長8(1603)年　安土桃山時代の下総小金城主。
¶後北(胤則〔高城〕　たねのり　[没]慶長8年7月17日)

高城胤吉*(高木胤吉)　たかぎたねよし
?～永禄8(1565)年　戦国時代の下総小金城主。
¶後北(胤吉〔高城〕　たねよし　[没]永禄8年2月12日)

高木忠顕　たかぎちゅうけん
江戸時代後期の長崎代官。
¶徳代([生]文化12(1815)年　[没]嘉永2(1849)年)

高木忠知　たかぎちゅうち
*～明治6(1873)年　[別]高木忠知(たかぎただとも)　江戸時代後期～明治時代の長崎代官。

¶徳代（㋴文政6（1823）年　㋺明治6（1873）年8月），幕末
（たかぎただとも　㋴文政6（1823）年頃　㋺明治6
（1873）年8月24日）

高木忠篤　たかぎちゅうとく
江戸時代後期の代官。
¶徳代（㋴寛政8（1796）年　㋺嘉永1（1848）年9月10日）

高木伝次　たかぎでんじ
安土桃山時代の信濃国諏訪郡高木の土豪。
¶武田（生没年不詳）

高木藤介　たかぎとうすけ
安土桃山時代の信濃国諏訪郡高木の土豪。
¶武田（生没年不詳）

高木友之進＊　たかぎとものしん
天保12（1841）年～明治1（1868）年　江戸時代末期
の陸奥会津藩士。
¶幕末

高木二兵衛　たかぎにひょうえ
安土桃山時代の信濃国諏訪郡高木の土豪。
¶武田（生没年不詳）

高木神　たかぎのかみ
⇒高皇産霊神（たかみむすびのかみ）

高木彦五郎　たかぎひこごろう
戦国時代の信濃国諏訪郡高木の土豪。
¶武田（生没年不詳）

高木彦七郎　たかぎひこしちろう
戦国時代の信濃国諏訪郡高木の土豪。
¶武田（生没年不詳）

高木広当＊　たかぎひろまさ
生没年不詳　江戸時代後期の和算家。
¶数学

高木平右衛門尉　たかぎへいえもんのじょう
安土桃山時代の信濃国諏訪郡高木の土豪。
¶武田（生没年不詳）

高木允胤　たかぎまさつぐ
⇒高木允胤（たかぎみつたね）

高木正次＊　たかぎまさつぐ
天正3（1575）年～慶安4（1651）年　安土桃山時代
～江戸時代前期の武士。
¶徳代

高木正綱　たかぎまさつな
安土桃山時代～江戸時代前期の代官。
¶徳代（㋴永禄10（1567）年　㋺寛永9（1632）年11月10
日）

高木允胤＊　たかぎみつたね
生没年不詳　㋩高木允胤（たかぎまさつぐ）　江戸
時代後期の和算家。
¶数学（たかぎまさつぐ）

高木光秀　たかぎみつひで
永禄2（1559）年？～天正2（1574）年？　戦国時代
～安土桃山時代の武士。織田信長家臣。
¶織田（㋺天正2（1574）年10月1日）

高木宗家＊　たかぎむねいえ
生没年不詳　鎌倉時代前期の武将。
¶古人

高木宗喜　たかぎむねよし
天保2（1831）年～明治25（1892）年　江戸時代末期
～明治時代の旧家。新田親王党に参加。教導職試
補。群馬県会議員。
¶幕末（㋴天保2（1831）年4月13日　㋺明治25（1892）年4
月15日）

高木守勝　たかぎもりかつ
寛永17（1640）年～元禄12（1699）年　江戸時代前
期～中期の武士。
¶徳人

高木守久　たかぎもりひさ
慶長4（1599）年～延宝7（1679）年　安土桃山時代
～江戸時代前期の武士。
¶徳人

高木安行＊　たかぎやすゆき
弘化1（1844）年～明治22（1889）年　江戸時代末期
～明治時代の鹿児島県士族、海軍少佐。西南戦争で
軍艦清輝副長をつとめる。
¶幕末（㋺明治22（1889）年1月13日）

高久靄厓＊（高久靄崖）　たかくあいがい
寛政8（1796）年～天保14（1843）年　㋽高久靄厓，
高久靄崖（たかひさあいがい）　江戸時代後期の南
画家。
¶コン，幕末（㋺天保14（1843）年4月8日），美画（㋺天保
14（1843）年4月8日）

高久隈古　たかくていこ
⇒高隆古（こうりゅうこ）

高久正忠の娘　たかくまさただのむすめ＊
江戸時代中期の女性。和歌。高久三郎左衛門正忠
の娘。元禄16年刊、柳陰堂了寿編『新歌さゝれ石』
に載る。
¶江表（高久正忠の娘（東京都））

高久守静＊　たかくもりしず
文政4（1821）年～明治16（1883）年　江戸時代末期
～明治時代の数学者。家塾を開く。洋算を排し和
算を守る。著書に「極数大成術」。
¶科学，コン，数学（㋺明治16（1883）年6月10日）

高倉＊　たかくら
生没年不詳　鎌倉時代前期の女性歌人。
¶古人

高倉茂通女　たかくらしげみちのむすめ
⇒春日局（かすがのつぼね）

高倉上皇　たかくらじょうこう
⇒高倉天皇（たかくらてんのう）

高倉継子　たかくらつぎこ
戦国時代の女性。後柏原天皇の妃。
¶天皇（生没年不詳）

高倉嗣良＊　たかくらつぐよし
天正19（1591）年1月16日～承応2（1653）年4月17日
安土桃山時代～江戸時代前期の公家。
¶公家（嗣良〔藪家〕　つぐよし　㋴文禄2（1593）年1月
16日）

高倉経守＊　たかくらつねもり
？～文保1（1317）年2月22日　鎌倉時代後期の公卿
（権中納言）。権大納言中御門経任の三男。
¶公卿，公家（経守〔中御門家（絶家）〕　つねもり）

た

高倉経康* たかくらつねやす
建長2(1250)年～延元4/暦応2(1339)年2月4日 鎌倉時代後期～南北朝時代の公卿(非参議)。中納言藤原文範の10代孫。
¶公卿([没]暦応2/延元4(1339)年2月4日),公家(経康〔高倉(正嫡)家(絶家)〕 つねやす [没]暦応2(1339)年2月4日)

高倉天皇* たかくらてんのう
永暦2(1161)年9月3日～養和1(1181)年 [別]高倉上皇(たかくらじょうこう) 平安時代後期の第80代の天皇(在位1168～1180)。後白河天皇と建春門院滋子の皇子。妻徳子(後の建礼門院)は平清盛の娘。
¶古人,コン([生]応保1(1161)年),天皇([生]応保1(1161)年9月3日 [没]養和1(1181)年1月14日),中世(高倉上皇 たかくらじょうこう),内乱([没]治承5(1181)年),平家([生]応保1(1161)年 [没]治承5(1181)年),山小([生]1161年9月3日 [没]1181年1月14日)

高倉永敦* たかくらながあつ
元和1(1615)年4月9日～天和1(1681)年11月15日 江戸時代前期の公家(権大納言)。権大納言高倉永慶の子。
¶公卿,公家(永敦〔高倉家〕 ながあつ [生]慶長20(1615)年4月9日)

高倉永家* たかくらながいえ
明応5(1496)年～天正6(1578)年 戦国時代～安土桃山時代の公卿(権大納言)。参議高倉永康の子。
¶公卿([生]明応5(1496)年1月1日 [没]天正6(1578)年11月23日),公家(永家〔高倉家〕 ながいえ [生]明応5(1496)年1月1日 [没]天正6(1578)年11月23日)

高倉永定* たかくらながさだ
建長4(1252)年～徳治1(1306)年1月21日 鎌倉時代後期の公卿(非参議)。非参議高倉永康の子。
¶公卿,公家(永定〔高倉(正嫡)家(絶家)〕 ながさだ [没]嘉元4(1306)年1月21日)

高倉永祜* たかくらながさち
*～明治1(1868)年 江戸時代末期の公家(非参議)。非参議高倉永胤の子。
¶公卿([生]天保9(1838)年11月16日 [没]明治1(1868)年7月29日),公家(永祜〔高倉家〕 ながさち [生]天保9(1838)年11月16日 [没]慶応4(1868)年7月29日),幕末([生]天保9(1838)年11月16日 [没]慶応4(1868)年7月29日)

高倉永季* たかくらながすえ
延元3/暦応1(1338)年～元中9/明徳3(1392)年 南北朝時代の公卿(参議)。高倉家の祖。非参議藤原永経の4代孫。
¶公卿([生]延元3(1338)年 [没]明徳3/元中9(1392)年2月18日),公家(永季〔高倉家〕 ながすえ [生]? [没]明徳3(1392)年2月18日)

高倉永相* たかくらながすけ
享禄4(1531)年～天正13(1585)年12月23日 戦国時代～安土桃山時代の公卿(権中納言)。権大納言高倉永家の次男。
¶公卿([生]享禄3(1530)年),公家(永相〔高倉家〕 ながすけ)

高倉永孝* たかくらながたか
永禄3(1560)年～慶長12(1607)年閏4月11日 安土桃山時代～江戸時代前期の公家(権中納言)。権中納言高倉永相の子。
¶公卿,公家(永孝〔高倉家〕 ながたか)

高倉永胤* たかくらながたね
文化8(1811)年10月24日～弘化2(1845)年2月15日 江戸時代後期の公家(非参議)。権大納言高倉永雅の子。
¶公卿,公家(永胤〔高倉家〕 ながたね)

高倉永継* たかくらながつぐ
応永34(1427)年～永正7(1510)年10月12日 室町時代～戦国時代の公卿(権中納言)。権中納言高倉永豊の子。
¶公卿,公家(永継〔高倉家〕 ながつぐ)

高倉永俊* たかくらながとし
生没年不詳 室町時代の公卿(参議)。参議高倉永季の次男。
¶公卿,公家(永俊〔高倉家〕 ながとし)

高倉永豊* たかくらながとよ
応永14(1407)年～文明10(1478)年6月19日 室町時代の公卿(権中納言)。参議高倉永藤の子。
¶公卿,公家(永豊〔高倉家〕 ながとみ)

高倉永範* たかくらながのり
宝暦3(1753)年2月9日～文化2(1805)年8月4日 江戸時代中期～後期の公家(参議)。非参議高倉永秀の次男。
¶公卿,公家(永範〔高倉家〕 ながのり)

高倉永秀* たかくらながひで
享保13(1728)年～寛政11(1799)年 江戸時代中期の公家(非参議)。権大納言高倉永房の子。
¶公卿([生]享保13(1728)年5月1日 [没]寛政11(1799)年6月11日),公家(永秀〔高倉家〕 ながひで [生]享保13(1728)年5月1日 [没]寛政11(1799)年6月11日)

高倉永福* たかくらながふく
明暦3(1657)年6月20日～享保10(1725)年4月4日 [別]高倉永福(たかくらながよし) 江戸時代前期～中期の公家(権大納言)。権大納言高倉永敦の三男。
¶公卿,公家(永福〔高倉家〕 ながよし)

高倉永房* たかくらながふさ
元禄1(1688)年4月24日～宝暦5(1755)年5月11日 江戸時代中期の公家(権大納言)。兵部大輔高倉永重の子。
¶公卿,公家(永房〔高倉家〕 ながふさ [生]貞享5(1688)年4月24日)

高倉永藤* たかくらながふじ
元中2/至徳2(1385)年～永享8(1436)年 室町時代の公卿(参議)。参議高倉永行の子。
¶公卿([生]至徳2/元中2(1385)年 [没]?),公家(永藤〔高倉家〕 ながふじ [没]?),室町

高倉永雅* たかくらながまさ
天明4(1784)年10月28日～安政2(1855)年 江戸時代後期の公家(権大納言)。参議高倉永範の子。
¶公卿([没]安政2(1855)年2月16日),公家(永雅〔高倉家〕 ながまさ [没]安政2(1855)年2月16日)

高倉永康*(1) たかくらながやす
?～正安4(1302)年 鎌倉時代後期の公卿(非参議)。中納言藤原文範の10代孫。
¶公卿(生没年不詳),公家(永康〔高倉(正嫡)家(絶家)〕 ながやす)

高倉永康*(2) たかくらながやす
寛正5(1464)年～永正9(1512)年4月16日 戦国時代の公卿(参議)。権中納言高倉永継の子。
¶公卿,公家(永康〔高倉家〕 ながやす)

高倉永行* たかくらながゆき
?～応永23(1416)年 室町時代の公卿(参議)。参

議高倉永季の長男。
¶公卿（生没年不詳），公家（永行〔高倉家〕　ながゆき　[没]応永23（1416）年8月3日）

高倉永慶*　たかくらながよし
天正19（1591）年～寛文4（1664）年9月5日　江戸時代前期の公家（権大納言）。権中納言高倉永孝の子。
¶公卿（[生]天正19（1591）年12月2日），公家（永慶〔高倉家〕　ながよし　[生]天正19（1591）年12月2日）

高倉永福　たかくらながよし
⇒高倉永福（たかくらながふく）

高倉福信　たかくらのふくしん
⇒高麗福信（こまのふくしん）

高倉宮　たかくらのみや
⇒以仁王（もちひとおう）

高倉範季　たかくらのりすえ
⇒藤原範季（ふじわらののりすえ）

高倉範春*　たかくらのりはる
文永3（1266）年～？　鎌倉時代後期の公卿（非参議）。非参議藤原範藤の子。
¶公卿，公家（範春〔藪家〕　のりはる）

高倉範久*　たかくらのりひさ
明応2（1493）年～天文15（1546）年5月5日　戦国時代の公卿（参議）。権大納言藤原季経の四男。
¶公卿，公家（範久〔藪家〕　のりひさ）

高倉範藤*　たかくらのりふじ
生没年不詳　鎌倉時代の公卿、歌人。
¶公家（範藤〔藪家〕　のりふじ）

高倉範子　たかくらはんし
⇒藤原範子（ふじわらののりこ）

高倉広通*　たかくらひろみち
？～正平13/延文3（1358）年8月8日　南北朝時代の公卿（参議）。参議藤原有通の子。
¶公卿（[没]延文3/正平13（1358）年8月8日），公家（広通〔坊門家（絶家）〕　ひろみち　[没]延文3（1358）年8月8日）

高倉福信　たかくらふくしん
⇒高麗福信（こまのふくしん）

高倉量子　たかくらりょうこ
戦国時代の女性。後奈良天皇の後宮。
¶天皇（生没年不詳）

高久隆古　たかくりゅうこ
⇒高隆古（こうりゅうこ）

高桑元吉　たかくわもときち
⇒高桑元吉（たかくわもとよし）

高桑元吉*　たかくわもとよし
生没年不詳　[別]高桑元吉（たかくわもときち）　江戸時代末期の越中富山藩御用商人。
¶コン

高桑闌更　たかくわらんこう
⇒闌更（らんこう）

たか子(1)　たかこ★
江戸時代後期の女性。和歌。旗本南部信起の娘。
¶江表（たか子（東京都）　[没]文化13（1816）年）

たか子(2)　たかこ★
江戸時代後期の女性。和歌。越前鯖江藩主間部詮勝の母。文化11年刊、中山忠雄・河田正致編『柿本社奉納和歌集』に載る。
¶江表（たか子（東京都））

たか子(3)　たかこ★
江戸時代後期の女性。和歌。下総結城藩主水野勝進の伯母。嘉永4年刊、木曽義昌250回忌追善和歌集『波布里集』に載る。
¶江表（たか子（茨城県））

たか子(4)　たかこ★
江戸時代後期の女性。和歌。小泉藩主片桐石見守の室。文化11年刊、中山忠雄・河田正致編『柿本社奉納和歌集』に載る。
¶江表（たか子（奈良県））

たか子(5)　たかこ★
江戸時代後期の女性。和歌。弘化4年刊、清堂観尊編『たち花の香』に載る。
¶江表（たか子（奈良県））

たか子(6)　たかこ★
江戸時代末期の女性。和歌・琴。駿河島田宿の有力者服部新五郎の一人娘。嘉永7年刊、加納諸平編『類題鰒玉集』七に載る。
¶江表（たか子（静岡県））

たか子(7)　たかこ★
江戸時代末期の女性。和歌。森氏。安政4年刊、上田光美編『延齢松詩歌後集』に載る。
¶江表（たか子（大阪府））

たか子(8)　たかこ★
江戸時代末期～明治時代の女性。和歌・教育。足利の桜井氏。
¶江表（たか子（栃木県）　[没]明治14（1881）年）

貴子　たかこ★
江戸時代末期～明治時代の女性。和歌。上総一宮藩主加納久儔の娘。相模荻野山中藩主大久保教義の室。
¶江表（貴子（神奈川県））

孝子(1)　たかこ★
江戸時代後期の女性。俳諧・和歌。因幡鳥取川端の宿屋亀屋の娘。嘉永4年刊、雪交斎梅助編『諸国俳人通名録』に載る。
¶江表（孝子（鳥取県））

孝子(2)　たかこ★
江戸時代後期～昭和時代の女性。俳諧。坂田氏。
¶江表（孝子（鳥取県）　[生]嘉永4（1851）年　[没]昭和6（1931）年）

孝子(3)　たかこ
江戸時代末期～大正時代の女性。和歌。常陸新治郡高浜町の篠目八郎兵衛の娘。
¶江表（孝子（千葉県）　[生]安政5（1858）年　[没]大正7（1918）年）

孝子(4)　たかこ★
江戸時代末期の女性。和歌。権大納言葉室顕孝の娘。
¶江表（孝子（京都府）　[没]安政1（1854）年）

孝子(5)　たかこ★
江戸時代末期の女性。画・和歌。篆隷家弘廬峰の妻。安政4年刊、上田光美編『延齢松詩後歌集』に載る。
¶江表（孝子（京都府））

孝子(6)　たかこ
⇒本理院(ほんりいん)

高子(1)　たかこ★
江戸時代の女性。和歌。丹波の村岡氏。明治42年刊、杉下太郎右衛門編『千代のみどり』に載る。
¶江表(高子(兵庫県))

高子(2)　たかこ★
江戸時代後期の女性。和歌。高木氏。文政3年刊、天野政徳編『草縁集』に載る。
¶江表(高子(山梨県))

高子(3)　たかこ★
江戸時代後期の女性。和歌。彦根藩御典医上田成伴の妻。国学者長野義言の門人。
¶江表(高子(滋賀県))

高子(4)　たかこ★
江戸時代後期の女性。和歌。備中浅口郡船穂の浅野譲の母か。文化1年に在京の幸文に「なげきの歌あまた」を送る。
¶江表(高子(岡山県))

高子(5)　たかこ★
江戸時代後期の女性。和歌。安芸広島藩の奥女中。嘉永4年刊、長沢伴雄編『類題鴨川三郎集』に載る。
¶江表(高子(広島県))

高子(6)　たかこ★
江戸時代後期の女性。和歌。豊後杵築の有田氏の娘。
¶江表(高子(大分県)　[没]嘉永1(1848)年)

高子(7)　たかこ★
江戸時代末期の女性。和歌。大洲の末光氏。安政1年序、半井梧庵編『鄙のてぶり』初に載る。
¶江表(高子(愛媛県))

高子(8)　たかこ★
江戸時代末期の女性。和歌。豊後杵築の矢野氏。万延1年序、物集高世編『類題春草集』二に載る。
¶江表(高子(大分県))

多賀子(1)　たかこ★
江戸時代の女性。和歌。豊前宇佐郡の重松氏の娘。多賀子の歌集「常磐居歌集」がある。
¶江表(多賀子(大分県))

多賀子(2)　たかこ★
江戸時代後期の女性。狂歌。上総富津の人。文政年間刊、森羅亭万象編『俳諧歌有臤百首』に載る。
¶江表(多賀子(千葉県))

多香子　たかこ★
江戸時代中期～末期の女性。和歌。宇佐美氏。
¶江表(多香子(和歌山県)　[生]天明5(1785)年　[没]安政6(1859)年)

鷹子(1)　たかこ★
江戸時代中期～後期の女性。和歌。今日の賀茂別雷神社の祠官賀茂季鷹の娘。
¶江表(鷹子(東京都)　[生]安永9(1780)年　[没]享和2(1802)年)

鷹子(2)　たかこ★
江戸時代後期の女性。俳諧。高子の巌廼氏。弘化4年奉献、文知摺観音堂にある「大悲閣法楽俳諧歌」額に載る。
¶江表(鷹子(福島県))

鷹子(3)　たかこ★
江戸時代末期の女性。和歌。尾川氏。慶応2年、白石資風序、『さくら山の歌集』に載る。
¶江表(鷹子(山口県))

隆子(1)　たかこ★
江戸時代の女性。和歌。越後雲浦の人。明治10年成立「伊夜日子神社献灯和歌集」に載る。
¶江表(隆子(新潟県))

隆子*(2)　たかこ
生没年不詳　江戸時代中期の歌人。石見浜田藩主松平康定の側室。
¶江表(隆子(島根県))

隆子(3)　たかこ★
江戸時代中期の女性。和歌。仙台藩主伊達宗村の室温子の侍女か。元文4年成立、畔充英写「宗村朝臣亭後宴和歌」に載る。
¶江表(隆子(宮城県))

隆子(4)　たかこ★
江戸時代後期～明治時代の女性。和歌。紀州藩藩士小出平九郎文尉の妻。
¶江表(隆子(和歌山県)　[生]天明8(1788)年　[没]明治4(1871)年)

嬌子　たかこ
江戸時代後期の女性。和歌。長崎会所住まいの歌人近藤光輔の姉。嘉永4年刊、長沢伴雄編『類題鴨川三郎集』に載る。
¶江表(嬌子(長崎県))

喬子女王*　たかこじょおう
寛政7(1795)年～天保11(1840)年　[別]浄観院(じょうかんいん)　江戸時代後期の女性。12代将軍徳川家慶の正室。有栖川宮織仁親王第8王女。
¶江表(浄観院(東京都)),徳将(浄観院　じょうかんいん)

恭子女王　たかこじょおう
⇒恭子女王(きょうしじょおう)

敬子女王　たかこじょおう
⇒敬子女王(けいしじょおう)

荘子女王　たかこじょおう
⇒荘子女王(そうしじょおう)

隆子女王*(1)　たかこじょおう
生没年不詳　[別]隆子女王(りゅうしにょおう)　平安時代前期の女性。清和天皇の女御。
¶天皇(りゅうしにょおう)

隆子女王*(2)　たかこじょおう
?～天延2(974)年　[別]隆子女王(たかこにょおう)　平安時代中期の女性。醍醐天皇の皇子二品弾正尹章明親王の長女、斎宮。
¶古人,コン(たかこにょおう)

隆子女王(3)　たかこじょおう
⇒隆姫子女王(たかひめこにょおう)

幟子女王*　たかこじょおう
天保6(1835)年～安政3(1856)年　[別]線教院(せんきょういん)　江戸時代後期～末期の女性。水戸藩主徳川慶篤の妻。有栖川宮第8代幟仁親王の第1王女。
¶江表(幟子(茨城県)　たかこ),徳将(線教院　せんきょういん)

恭子内親王 たかこないしんのう
⇒恭子内親王(きょうしないしんのう)

高子内親王* たかこないしんのう
?〜貞観8(866)年 [別]高子内親王(たかいこないしんのう) 平安時代前期の女性。仁明天皇の皇女、賀茂斎院。
¶古人(たかいこないしんのう)

崇子内親王* たかこないしんのう
?〜承和15(848)年 平安時代前期の女性。淳和天皇の皇女。
¶古人

尊子内親王 たかこないしんのう
⇒尊子内親王(そんしないしんのう)

隆子女王 たかこにょおう
⇒隆子女王(たかこじょおう)

多賀権太郎* たがごんたろう
嘉永7(1854)年頃〜? 江戸時代末期の新撰組隊士。
¶新隊(生没年不詳)

高坂王* たかさかおう
?〜天武天皇12(683)年 [別]高坂王(たかさかのおおきみ) 飛鳥時代の皇親。近江朝廷方の「倭京」留守司。
¶古人,古代,古物(たかさかのおおきみ),コン(たかさかのおおきみ [没]天武12(683)年)

高坂王 たかさかのおおきみ
⇒高坂王(たかさかおう)

高崎 たかさき★
江戸時代中期の女性。俳諧。新吉原の遊女か。宝永4年の「歳旦帖」に載る。
¶江表(高崎(東京都))

高崎五郎右衛門 たかさきごろううえもん
⇒高崎五郎右衛門(たかさきごろうえもん)

高崎五郎右衛門* たかさきごろうえもん
享和1(1801)年〜嘉永2(1849)年 [別]高崎五郎右衛門(たかさきごろううえもん) 江戸時代後期の薩摩藩士。
¶幕末([没]嘉永2(1850)年12月3日)

高崎五六* たかさきごろく
天保7(1836)年〜明治29(1896)年 江戸時代末期〜明治時代の官僚、男爵、東京府知事。薩摩藩尊攘派の誠(精)忠組に参加。参事院議官、元老院議官を歴任。
¶幕末([没]明治29(1896)年5月6日)

高崎親広* たかさきちかひろ
文政2(1819)年〜明治10(1877)年 江戸時代後期〜明治時代の武士、神職。
¶幕末([生]文政2(1819)年8月 [没]明治10(1877)年6月26日)

高崎鶴五郎 たかさきつるごろう
⇒田上宇平太(たがみうへいた)

多賀貞能 たがさだよし
⇒多賀常則(たがつねのり)

高三自庵 たかさぶじあん
⇒隆達(りゅうたつ)

高三隆達 たかさぶりゅうたつ
⇒隆達(りゅうたつ)

高沢忠順* たかざわただより,たかさわただより
享保17(1732)年〜寛政11(1799)年 江戸時代中期の加賀藩の改作奉行、農政研究家。
¶コン

高沢省巳*(高沢省己) たかざわまさみ
?〜文久3(1863)年 江戸時代末期の因幡鳥取藩士。
¶全幕(高沢省己)

高志芝巌* たかししがん
寛文3(1663)年〜享保17(1732)年 [別]高志利貞(たかしとしさだ) 江戸時代中期の堺の総年寄。
¶コン

高志利貞 たかしとしさだ
⇒高志芝巌(たかししがん)

高階安芸守* たかしなあきのかみ
享和3(1803)年〜? 江戸時代後期の医師。
¶幕末([生]享和3(1803)年10月18日)

高階章行女* たかしなあきゆきのむすめ
生没年不詳 [別]高階章行女(たかしなのあきゆきのむすめ) 平安時代中期の歌人。
¶古人(たかしなのあきゆきのむすめ)

高階明頼* たかしなあきより
生没年不詳 [別]高階明頼(たかしなのあきより) 平安時代後期の公家・歌人。
¶古人(たかしなのあきより)

高階家仲* たかしないえなか
生没年不詳 [別]高階家仲(たかしなのいえなか) 平安時代後期〜鎌倉時代前期の公家・歌人。
¶古人(たかしなのいえなか)

高階栄子* たかしなえいし
?〜建保4(1216)年 [別]高階栄子(たかしなのえいし,たかしなのよしこ),丹後局(たんごのつぼね,たんごのつぼめ) 平安時代後期〜鎌倉時代前期の女性。平業房の室。後白河上皇の女官、院政の影の実力者といわれた。
¶古人(たかしなのよしこ),コン,女史(丹後局 たんごのつぼめ),天皇(たかしなのえいし・よしこ),中世(たかしなのえいし),内乱(丹後局 たんごのつぼね),平家(丹後局 たんごのつぼね)

高階貴子 たかしなきし
⇒高階貴子(たかしなのきし)

高階邦子* たかしなくにこ
生没年不詳 [別]高階邦子(たかしなのくにこ) 鎌倉時代後期の女性。後嵯峨天皇の宮人。
¶天皇

高階重経 たかしなしげつね
⇒高階重経(たかしなのしげつね)

高階資泰 たかしなすけやす
⇒高階資泰(たかしなのすけやす)

高階隆兼* たかしなたかかね
生没年不詳 [別]高階隆兼(たかしなのたかかね) 鎌倉時代後期の宮廷絵所絵師、右近大夫将監。
¶コン,思想(たかしなのたかかね),美画,山小

高階為清 たかしなためきよ
平安時代後期の官人。

たかしな

¶平家（㊹? ㉜寿永2 (1183) 年？）

高階次泰* たかしなつぐやす
生没年不詳　戦国時代の大工。
¶後北（次泰〔高階〕　つぐやす）

高階経重* たかしなつねしげ
生没年不詳　㊹高階経重 (たかしなのつねしげ)
平安時代後期の官人、歌人。
¶古人 (たかしなのつねしげ)

高階経成* たかしなつねしげ
*～天永2 (1111) 年4月　㊹高階経成 (たかしなのつ
ねなり)　平安時代中期～後期の官人、歌人。
¶古人 (たかしなのつねなり　㊤1019年)

高階経時 たかしなつねとき
⇒高階経雅 (たかしなのつねまさ)

高階経仲 たかしなつねなか
⇒高階経仲 (たかしなのつねなか)

高階経雅 たかしなつねまさ
⇒高階経雅 (たかしなのつねまさ)

高階経和 たかしなつねまさ
江戸時代前期～中期の幕臣。
¶徳人 (㊤1672年　㉜1736年)

高階経道 たかしなつねみち
江戸時代中期の代官。
¶徳代 (㊤宝永3 (1706) 年　㉜天明1 (1781) 年6月7日)

高階仲章* たかしななかあき
寛治1 (1087) 年～嘉承2 (1107) 年9月10日　㊹高階
仲章 (たかしなのなかあきら)　平安時代後期の
官人。
¶古人 (たかしなのなかあきら)

高階仲国 たかしななかくに
生没年不詳　平安時代後期の官人。
¶内乱、平家

高階仲基* たかしななかもと
生没年不詳　㊹高階仲基 (たかしなのなかもと)
平安時代後期～鎌倉時代前期の廷臣。
¶古人 (たかしなのなかもと)

高階成忠 たかしななりただ
⇒高階成忠 (たかしなのなりただ)

高階成章 たかしななりのり
⇒高階成章 (たかしなのなりあき)

高階章親 たかしなのあきちか
平安時代後期の官人。
¶古人 (生没年不詳)

高階顕遠 たかしなのあきとう
平安時代後期の官人。
¶古人 (生没年不詳)

高階明順* たかしなのあきのぶ
?～寛弘6 (1009) 年　平安時代中期の官人。
¶古人

高階章方 たかしなのあきまさ
平安時代後期の官人。
¶古人 (生没年不詳)

高階明政 たかしなのあきまさ
平安時代後期の官人。

¶古人 (生没年不詳)

高階章行* たかしなのあきゆき
生没年不詳　平安時代中期の官人。
¶古人

高階章行女 たかしなのあきゆきのむすめ
⇒高階章行女 (たかしなあきゆきのむすめ)

高階明頼 たかしなのあきより
⇒高階明頼 (たかしなあきより)

高階敦遠 たかしなのあつとう
⇒高階敦遠 (たかしなのあつとお)

高階敦遠* たかしなのあつとお
生没年不詳　㊹高階敦遠 (たかしなのあつとう)
平安時代後期の官人。
¶古人 (たかしなのあつとう)

高階敦政* たかしなのあつまさ
?～仁平3 (1153) 年　平安時代後期の官人。
¶古人

高階在平 たかしなのありひら
平安時代中期の官人。
¶古人 (生没年不詳)

高階家仲 たかしなのいえなか
⇒高階家仲 (たかしないえなか)

高階石河* たかしなのいしかわ
延暦3 (784) 年～承和9 (842) 年　奈良時代～平安時
代前期の官人。
¶古人

高階栄子 たかしなのえいし
⇒高階栄子 (たかしなえいし)

高階兼職 たかしなのかねもと
平安時代後期の官人。
¶古人 (生没年不詳)

高階貴子* たかしなのきし
?～長徳2 (996) 年10月　㊹儀同三司の母，儀同三
司母 (ぎどうさんしのはは)，高内侍 (こうのない
し，こうのないじ)，高階貴子 (たかしなきし，た
かしなのたかこ)　平安時代中期の女性。歌人、円
融天皇の内侍。
¶古人 (たかしなのたかこ　生没年不詳)，コン (たかしな
のたかこ　生没年不詳)，女史

高階公俊* たかしなのきんとし
長元7 (1034) 年～承徳1 (1097) 年　平安時代中期
～後期の官人。
¶古人

高階邦子 たかしなのくにこ
⇒高階邦子 (たかしなくにこ)

高階邦経* たかしなのくにつね
寛喜3 (1231) 年～?　鎌倉時代後期の公卿 (非参
議)。従二位・非参議高階経雅の三男。
¶公卿、公家 (邦経〔高階家 (絶家)〕　くにつね)

高階邦仲* たかしなのくになか
?～正応2 (1289) 年5月21日　鎌倉時代後期の公卿
(非参議)。非参議高階経雅の次男。
¶公卿、公家 (邦仲〔高階家 (絶家)〕　くになか)

高階実仲 たかしなのさねなか
平安時代後期の官人。

¶古人（生没年不詳）

高階信順　たかしなのさねのぶ
⇒高階信順（たかしなののぶのり）

高階茂生*　たかしなのしげお
生没年不詳　平安時代前期の官人。
¶古人

高階重経*　たかしなのしげつね
正嘉1（1257）年～応長1（1311）年9月14日　[別]高階重経（たかしなしげつね）　鎌倉時代後期の公卿（非参議）。非参議高階邦経の長男。
¶公卿，公家（重経〔高階家（絶家）〕　しげつね）

高階重仲*　たかしなのしげなか
延久1（1069）年～保安1（1120）年　平安時代後期の貴族、伊予守高階泰仲の長男、出雲守。
¶古人

高階成棟*　たかしなのしげむね
？～長久2（1041）年　平安時代中期の官人。
¶古人

高階助順　たかしなのすけのぶ
平安時代中期の官人。
¶古人（生没年不詳）

高階資泰*　たかしなのすけやす
生没年不詳　[別]高階資泰（たかしなすけやす）　平安時代後期～鎌倉時代前期の官人。
¶古人

高階隆兼　たかしなのたかかね
⇒高階隆兼（たかしなたかかね）

高階貴子　たかしなのたかこ
⇒高階貴子（たかしなのきし）

高階忠峯*　たかしなのただみね
生没年不詳　平安時代前期の官人。
¶古人

高階為章*　たかしなのためあき
康平2（1059）年～康和5（1103）年　[別]高階為章（たかしなのためあきら）　平安時代後期の貴族。近江守高階為家の子。
¶古人（[生]1057年），コン（たかしなのためあきら）

高階為章　たかしなのためあきら
⇒高階為章（たかしなのためあき）

高階為家*　たかしなのためいえ
長暦2（1038）年～嘉承1（1106）年　平安時代中期～後期の受領。
¶古人（生没年不詳）

高階為賢　たかしなのためかた
平安時代後期の官人。
¶古人（[生]？　[没]1103年）

高階為忠　たかしなのためただ
平安時代後期の官人。
¶古人（生没年不詳）

高階為遠*　たかしなのためとお
生没年不詳　平安時代後期の官人。
¶古人（[生]1038年　[没]1106年）

高階為行*　たかしなのためゆき
康平2（1059）年～嘉承2（1107）年　平安時代後期の備中守為家の二男。
¶古人

高階為善　たかしなのためよし
平安時代中期の藤原実資家の家司。
¶古人（生没年不詳）

高階経重　たかしなのつねしげ
⇒高階経重（たかしなつねしげ）

高階経茂*　たかしなのつねしげ
生没年不詳　鎌倉時代後期の公卿（非参議）。正五位下・筑後守経邦の子。
¶公卿，公家（経茂〔高階家（絶家）〕　つねしげ）

高階経時　たかしなのつねとき
⇒高階経雅（たかしなのつねまさ）

高階経敏*　たかしなのつねとし
生没年不詳　平安時代後期の貴族、筑前守高階経成の子、長門守。
¶古人

高階経仲*　たかしなのつねなか
保元2（1157）年～嘉禄2（1226）年2月　[別]高階経仲（たかしなつねなか）　平安時代後期～鎌倉時代前期の公卿（非参議）。非参議高階泰経の長男。
¶公卿（[没]？），公家（経仲〔高階家（絶家）〕　つねなか　[没]？），古人

高階経成　たかしなのつねなり
⇒高階経成（たかしなつねしげ）

高階経雅*　たかしなのつねまさ
寿永1（1182）年～？　[別]高階経時（たかしなつねとき，たかしなのつねとき），高階経雅（たかしなつねまさ）　鎌倉時代前期の公卿（非参議）。非参議高階経仲の子。
¶公卿（生没年不詳），公家（経雅〔高階家（絶家）〕　つねまさ），古人（高階経時　たかしなのつねとき　生没年不詳）

高階遠実　たかしなのとおざね
平安時代後期の官人。父は能遠。
¶古人（生没年不詳）

高階遠仲　たかしなのとおなか
平安時代後期の官人。
¶古人（生没年不詳）

高階遠成*　たかしなのとおなり
天平勝宝8（756）年～弘仁9（818）年　[別]高階真人遠成（たかしなのまひととおなり）　奈良時代～平安時代前期の官人。
¶古人（[生]757年），古代（高階真人遠成　たかしなのまひととおなり）

高階時頼　たかしなのときより
平安時代後期の官人。
¶古人（生没年不詳）

高階仲章　たかしなのなかあきら
⇒高階仲章（たかしななかあき）

高階仲兼*　たかしなのなかかね
生没年不詳　平安時代後期の官人。
¶古人

高階仲資女　たかしなのなかすけのむすめ
⇒美作掌侍（みまさかのしょうじ）

高階永業　たかしなのながなり
平安時代中期の官人。父は成順。遠江守・従五

たかしな　　　　　　　　　　　　　　　　　1294

位下。
¶古人 (生没年不詳)

高階仲基　たかしなのなかもと
⇒高階仲基 (たかしなななかもと)

高階成章* 　たかしなのなりあき
正暦1 (990) 年～康平1 (1058) 年　㊟高階成章 (た
かしななりのり，たかしなのなりあきら，たかなし
のなりあき)　平安時代中期の公卿 (非参議)。天
武天皇の裔。
¶公卿 (たかなしのなりあき)，古人 (たかしなのなりあき)

高階成章　たかしなのなりあきら
⇒高階成章 (たかしなのなりあき)

高階成忠* 　たかしなのなりただ
延長1 (923) 年～長徳4 (998) 年7月　㊟高階成忠
(たかしななりただ)　平安時代中期の公卿 (非参
議)。天武天皇の皇子高市親王の裔，高階良臣の子。
¶公卿 (㊐延長4 (926) 年)，古人 (㊐925年)，コン (㊐延長
3 (925) 年)

高階成経　たかしなのなりつね
平安時代中期の官人。父は業遠。判官代・従五
位下。
¶古人 (生没年不詳)

高階業遠* 　たかしなのなりとお
康保2 (965) 年～寛弘7 (1010) 年　平安時代中期の
廷臣。藤原道長に近侍。
¶古人

高階業敏　たかしなのなりとし
平安時代中期の官人。
¶古人 (生没年不詳)

高階成順* 　たかしなのなりのぶ
？～長久1 (1040) 年　平安時代中期の官人。
¶古人

高階業房　たかしなのなりふさ
平安時代後期の官人。
¶古人 (㊐？　㊁1108年)

高階成房* 　たかしなのなりふさ
生没年不詳　鎌倉時代後期の公卿 (非参議)。非参
議高階邦経の三男。
¶公卿，公家 (成房〔高階家 (絶家)〕　なりふさ)

高階成行　たかしなのなりゆき
平安時代中期の官人。
¶古人 (㊐？　㊁1031年)

高階信章* 　たかしなののぶあき
生没年不詳　㊟高階信章 (たかしなのぶあき)　平
安時代後期の官人。
¶古人

高階順業　たかしなののぶなり
生没年不詳　㊟高階順業 (たかしなのよりなり)
平安時代中期の帯刀先生。
¶古人，古人 (たかしなのよりなり)

高階信順* 　たかしなののぶのり
？～長保3 (1001) 年　㊟高階信順 (たかしなのさね
のぶ)　平安時代中期の官人。従二位成忠の子。
¶古人 (たかしなのさねのぶ)

高階寛経* 　たかしなのひろつね
永仁2 (1294) 年～正平10/文和4 (1355) 年12月28日

鎌倉時代後期～南北朝時代の公卿 (非参議)。非参
議高階重経の子。
¶公卿 (㊁文和4/正平10 (1355) 年12月28日)，公家 (寛経
〔高階家 (絶家)〕　ひろつね　㊁文和4 (1355) 年12月
28日)

高階信章　たかしなのぶあき
⇒高階信章 (たかしなののぶあき)

高階雅仲* 　たかしなのまさなか
建治2 (1276) 年～？　㊟高階雅仲 (たかしなまさ
なか)　鎌倉時代後期の公卿 (非参議)。非参議高
階邦仲の子。
¶公卿，公家 (雅仲〔高階家 (絶家)〕　まさなか)

高階真人遠成　たかしなのまひととおなり
⇒高階遠成 (たかしなのとおなり)

高階道順* 　たかしなのみちのぶ
生没年不詳　平安時代中期の官人。
¶古人

高階光子* 　たかしなのみつこ
生没年不詳　平安時代中期の女官。敦成親王呪詛
事件の指導者。
¶古人

高階峯緒* 　たかしなのみねお
生没年不詳　平安時代前期の官人。
¶古人

高階宗章* 　たかしなのむねあきら
生没年不詳　平安時代後期の官人。高階為章の子。
¶古人

高階基章* 　たかしなのもとあきら
生没年不詳　平安時代中期～後期の官人。
¶古人

高階基実* 　たかしなのもとざね
生没年不詳　平安時代後期の官人。
¶古人

高階盛章* 　たかしなのもりあきら
？～保元1 (1156) 年　平安時代後期の院司受領。
¶古人

高階盛業　たかしなのもりなり
平安時代後期の舞人，検非違使。
¶古人 (生没年不詳)

高階積善* 　たかしなのもりよし
生没年不詳　㊟高階積善 (たかしなもりよし)　平
安時代中期の漢詩人。成忠の8男。
¶古人

高階師尚* 　たかしなのもろひさ
貞観8 (866) 年～？　平安時代前期～中期の官吏。
¶古人

高階泰継* 　たかしなのやすつぐ
生没年不詳　鎌倉時代後期の公卿 (非参議)。非参
議高階邦経の次男。
¶公卿，公家 (泰継〔高階家 (絶家)〕　やすつぐ)

高階泰経* 　たかしなのやすつね
大治5 (1130) 年～建仁1 (1201) 年11月23日　㊟高
階泰経 (たかしなやすつね)　平安時代後期～鎌倉
時代前期の公卿 (非参議)。若狭守権勢重の子。
¶公卿 (㊐？)，公家 (泰経〔高階家 (絶家)〕　やすつね
㊐？)，古人，コン，内乱 (たかしなやすつね)，平家 (た
かしなやすつね)

高階泰仲*　たかしなのやすなか
生没年不詳　平安時代中期の官人。
¶古人

高階良臣*　たかしなのよしおみ
？～天元3(980)年　平安時代中期の官人、右少将師尚男。
¶古人

高階栄子　たかしなのよしこ
⇒高階栄子(たかしなえいし)

高階能遠*　たかしなのよしとお
生没年不詳　平安時代後期の官人。
¶古人

高階順兼　たかしなのよりかね
平安時代後期の官人。
¶古人(生没年不詳)

高階雅仲　たかしなまさなか
⇒高階雅仲(たかしなのまさなか)

高階積善　たかしなもりよし
⇒高階積善(たかしなのもりよし)

高階泰経　たかしなやすつね
⇒高階泰経(たかしなのやすつね)

高階隆景　たかしなりゅうけい
鎌倉時代の絵師。
¶植物(生没年不詳)

高嶋　たかしま★
江戸時代中期の女性。和歌。仙台藩主伊達吉村の室貞子の侍女か。元文4年成立、畔充英写「宗村朝臣亭後宴和歌」に載る。
¶江表(高嶋(宮城県))

高島嘉右衛門*(高嶋嘉右衛門)　たかしまかえもん
天保3(1832)年～大正3(1914)年　[別]呑象(どんしょう)　江戸時代末期～明治時代の実業家、北海道炭鉱鉄道社長。横浜にガス会社、鉄道事業を興し、北海道開拓に尽力。「高島易」開祖。
¶コン,思想,全幕,幕末(高嶋嘉右衛門　[生]天保3(1832)年11月1日　[没]大正3(1914)年10月16日)

高島玄札　たかしまげんさつ
⇒玄札(げんさつ)

高島研山*　たかしまけんざん
文政2(1819)年～明治12(1879)年　江戸時代末期～明治時代の医師、医師調役。開業し、貧しい患者から治療代を取らなかった。
¶幕末([没]明治12(1879)年5月17日)

高島茂紀　たかしましげのり
江戸時代中期～後期の砲術家。
¶科学([生]安永2(1773)年　[没]天保7(1836)年7月25日)

高島茂徳　たかしましげのり
弘化3(1846)年～明治9(1876)年　江戸時代後期～明治時代の幕臣。
¶徳人,幕末([生]弘化3(1846)年4月10日　[没]明治9(1876)年10月24日)

高島秋帆*　たかしましゅうはん
寛政10(1798)年～慶応2(1866)年　江戸時代末期の砲術家、洋式兵学者。高島流砲術の創始者。
¶江人,科学([生]寛政10(1798)年8月15日　[没]慶応2(1866)年1月14日),コン,思想,全幕,対外,徳人,幕末([生]寛政10(1798)年8月15日　[没]慶応2(1866)年1月14日),山小([没]1866年1月14日)

高島尉之介*　たかしまじょうのすけ
文化2(1805)年～明治15(1882)年　江戸時代末期～明治時代の医師。
¶幕末

高島祐啓　たかしますけひろ
⇒高島祐啓(たかしまゆうけい)

高島千春*　たかしまちはる
安永6(1777)年～安政6(1859)年　江戸時代後期の大和絵画家。
¶美画([没]安政6(1859)年11月12日)

高島轍士*　たかしまてつし
？～宝永4(1707)年　[別]轍士(てきし，てつし)　江戸時代前期～中期の俳人(談林派)。
¶俳文(轍士　てつし)

高島文鳳*　たかしまぶんぽう
寛政3(1791)年～安政4(1857)年3月　江戸時代後期～末期の女性。漢詩人。
¶江表(文鳳(東京都)　[生]寛政4(1792)年)

高島北海　たかしまほっかい
嘉永3(1850)年9月26日～昭和6(1931)年1月10日　江戸時代後期～昭和時代の日本画家、地質学者。
¶科学,美画

高島屋栄太　たかしまやえいた
⇒市川小団次〔4代〕(いちかわこだんじ)

高島祐啓*　たかしまゆうけい
天保3(1832)年～明治14(1881)年　[別]高島祐啓(たかしますけひろ)　江戸時代末期の幕府医師。
¶徳人

多賀春帆　たがしゅんぱん
江戸時代後期～明治時代の幕臣。
¶幕末([生]天保3(1832)年11月30日　[没]明治21(1888)年5月7日)

たか女(1)　たかじょ★
江戸時代の女性。俳諧。上都賀郡清洲の人。明治27年刊、土屋麓編『下毛友かき』に載る。
¶江表(たか女(栃木県))

たか女(2)　たかじょ★
江戸時代中期の女性。和文。天明5年11月成立、『源氏物語』の注釈「紫文紅筆」が国立国会図書館に残る。
¶江表(たか女(東京都))

たか女(3)　たかじょ★
江戸時代中期の女性。俳諧。三河中垣内の人。明和5年刊、加藤暁台社中編『姑射文庫』に載る。
¶江表(たか女(愛知県))

たか女(4)　たかじょ★
江戸時代後期の女性。俳諧。麓庵呉江の娘。嘉永6年刊、呉江編『画像篤風集』前に載る。
¶江表(たか女(長野県))

たか女(5)　たかじょ★
江戸時代後期の女性。俳諧。高岡の人。天保5年刊、高岡の真葛坊編『己之中集』に載る。
¶江表(たか女(富山県))

たか女(6)　たかじょ★
江戸時代後期の女性。和歌。新町の人。享和3年序、佐伯貞中八〇賀集「周桑歌人集」に載る。

た

¶江表(たか女(愛媛県))

たか女(7)　たかじょ★
江戸時代後期の女性。俳諧。延岡の人。天保9年序、島津五木編『はしり穂集』に載る。
¶江表(たか女(宮崎県))

たか女(8)　たかじょ★
江戸時代末期の女性。和歌。尾張名古屋の吉田太兵衛の妻。安政4年刊、富樫広蔭編『千百人一首』上に載る。
¶江表(たか女(愛知県))

高女(1)　たかじょ★
江戸時代後期の女性。俳諧。風間の人。文政7年刊、宮本八朗・宮沢武曰判、月並句合高点集『雁の使』に載る。
¶江表(高女(長野県))

高女(2)　たかじょ★
江戸時代後期の女性。和歌。広江の安倍兵助の母。文化2年成立「宥天上人中陰手向和歌三拾首」に載る。
¶江表(高女(愛媛県))

高女(3)　たかじょ★
江戸時代後期の女性。俳諧。城ケ崎の人。文政1年の二松亭五明の古希祝に五明の長男路牛と二男明之が編んだ『松賀左根』に載る。
¶江表(高女(宮崎県))

鷹女(1)　たかじょ★
江戸時代末期の女性。和歌。出雲松江藩士吉城十右衛門の娘。文久2年序、西田惟恒編『文久二年八百首』に載る。
¶江表(鷹女(島根県))

鷹女(2)　たかじょ★
江戸時代末期の女性。俳諧。安芸戸河内の人。明治2年春、殿川連の発句集に載る。
¶江表(鷹女(広島県))

高志狼浩*(高志養浩)　たかしようこう
生没年不詳　江戸時代中期の儒者、郷土史家。
¶コン(高志養浩)

高杉小忠太*　たかすぎこちゅうた
文化11(1814)年～明治24(1891)年　江戸時代後期～明治時代の武士。
¶全幕,幕末([生]文化11(1814)年10月13日　[没]明治24(1891)年1月27日)

高杉左膳*　たかすぎさぜん
天保6(1835)年～明治2(1869)年　江戸時代末期の陸奥弘前藩士。
¶幕末([生]天保6(1835)年7月5日　[没]明治2(1869)年5月11日)

高杉晋作*　たかすぎしんさく
天保10(1839)年～慶応3(1867)年　[別]谷潜蔵(たにせんぞう)　江戸時代末期の長州(萩)藩士。吉田松陰に学び尊王攘夷運動に投じ、英国公使館焼打ち事件を起こす。のち奇兵隊を組織。俗論に傾いた第一次長州征伐後の藩論を実力で倒幕に向けさせた。第二次長州征伐では奇兵隊を率い小倉城を攻略した。
¶江人,コン,詩作([生]天保10(1839)年8月20日　[没]慶応3(1867)年4月14日),思想,全幕,幕末([生]天保10(1839)年8月20日　[没]慶応3(1867)年4月14日),山小([生]1839年8月20日　[没]1867年4月14日)

高杉雅子*　たかすぎまさこ
弘化2(1845)年～大正11(1922)年11月9日　江戸時代末期～明治時代の女性。高杉晋作の妻。
¶江表(雅子(山口県)),全幕,幕末([生]弘化2(1845)年8月4日)

高杉道*　たかすぎみち
文政3(1820)年～明治30(1897)年　江戸時代末期～明治時代の高杉小忠太妻。村上春祺を末娘の婿にして家を継がせる。
¶幕末([生]文政3(1820)年8月19日　[没]明治30(1897)年1月13日)

高須熊雄*　たかすくまお
天保14(1843)年～大正4(1915)年3月14日　江戸時代後期～明治時代の新撰組隊士。
¶新隊([生]天保14(1842)年)

隆祐　たかすけ
⇒藤原隆祐(ふじわらのたかすけ)

高須松亭*　たかすしょうてい
文化11(1814)年～明治22(1889)年　江戸時代後期～明治時代の蘭方医。
¶科学([生]文化11(1814)年10月10日　[没]明治35(1902)年8月12日)

高須書山*　たかすしょざん
文化14(1817)年～慶応3(1867)年　[別]高須隼人(たかすはやと)　江戸時代末期の播磨姫路藩家老。
¶幕末(高須隼人　たかすはやと　[没]慶応3(1867)年9月25日)

高須滝之允*　たかすたきのじょう
?～慶応2(1866)年　江戸時代末期の長州(萩)藩士。
¶幕末([没]慶応2(1866)年8月12日)

高須隼人　たかすはやと
⇒高須書山(たかすしょざん)

高須久子*　たかすひさこ
文政1(1818)年～?　江戸時代後期の女性。長州(萩)藩士高須五郎左衛門の娘。
¶江表(久子(山口県)),女史

高洲元忠*　たかすもとただ
文化2(1805)年～慶応1(1865)年　江戸時代末期の長州(萩)藩寄組。
¶幕末([没]元治2(1865)年2月29日)

高瀬　たかせ★
江戸時代前期の女性。書簡。丸亀藩主京極高和の室養性院に仕える奥女中。延宝4年の盤珪和尚宛の書簡が残る。
¶江表(高瀬(香川県))

高瀬紀伊守*　たかせきいのかみ
安土桃山時代の武将。後北条氏家臣。
¶後北(豊友〔高瀬〕　とよとも)

高瀬権平*　たかせごんぺい
天保8(1837)年～?　江戸時代末期～明治時代の秋田藩士。脱藩後復帰して開拓方、京都詰公用人となる。
¶幕末

高瀬左近将監*　たかせさこんのしょうげん
生没年不詳　安土桃山時代の織田信長の家臣。
¶織田

高瀬重次* たかせしげつぐ
　生没年不詳　江戸時代前期の和算家。
　　¶数学

高瀬祐太郎　たかせすけたろう
　江戸時代後期〜明治時代の宮大工。
　　¶美建（㊞文政5（1822）年　㊞明治22（1889）年）

高瀬仙右衛門*　たかせせんえもん
　江戸時代後期の回漕問屋。
　　¶幕末（㊞寛政1（1789）年　㊞万延1（1861）年12月25日）

高瀬信之　たかせのぶゆき
　江戸時代後期の和算家。播州小野の人。寛政12年
　算額を奉納。
　　¶数学

高瀬梅盛　たかせばいせい
　⇒梅盛（ばいせい）

高瀬能業　たかせよしなり
　戦国時代の上野国衆国峰小幡氏の家臣。
　　¶武田（生没年不詳）

たが袖　たがそで★
　江戸時代中期の女性。狂歌。新吉原の大文字屋の
　遊女。天明3年刊、四方赤良ほか編『万載狂歌集』
　に載る。
　　¶江表（たが袖（東京都））

高田安千代丸　たかだあんちよまる
　安土桃山時代の北条氏政家臣富永政家の同心。小
　三郎か。
　　¶後北（安千代丸〔高田（2）〕　あんちよまる）

高田逸角の母　たかだいつかくのはは★
　江戸時代末期の女性。和歌。京都の人。安政6年
　刊、秋元安民編『類題青藍集』に載る。
　　¶江表（高田逸角の母（京都府））

高田雅楽助*　たかだうたのすけ
　生没年不詳　安土桃山時代の織田信長の家臣。
　　¶織田

高田運応　たかだうんおう
　江戸時代中期〜後期の仏師。
　　¶美建（㊞享保1（1716）年　㊞文化1（1804）年3月12日）

高田王　たかだおう
　奈良時代の官人。
　　¶古人（㊞？　㊞735年）

高田快清*　たかだかいせい
　*〜明治8（1875）年　江戸時代末期〜明治時代の尾
　張犬山藩士。犬山藩大参事として藩意を勤皇に
　統一。
　　¶幕末（㊞文化5（1808）年12月2日　㊞明治8（1875）年3
　　月12日）

高田一正　たかだかずまさ
　江戸時代後期の和算家、二本松藩士。
　　¶数学

多賀高忠　たがたかただ
　応永32（1425）年〜文明18（1486）年8月17日　室町
　時代〜戦国時代の武将、武家故実家。近江京極氏の
　重臣。
　　¶コン

高滝以仙　たかたきいせん
　⇒以仙（いせん）

高田久介*　たかだきゅうすけ
　生没年不詳　安土桃山時代の織田信長の家臣。
　　¶織田

高田敬輔*（高田敬甫）　たかだけいほ
　延宝2（1674）年〜*　㊞敬甫（けいほ）　江戸時代中
　期の画家。
　　¶美画（㊞宝暦5（1755）年12月4日）

高田幸佐*　たかだこうさ
　生没年不詳　㊞幸佐（こうさ）　江戸時代前期〜中
　期の俳人。
　　¶俳文（幸佐　こうさ）

高田左衛門*　たかださえもん
　生没年不詳　㊞高田左衛門尉（たかたさえもんの
　じょう）　戦国時代の武士。後北条氏家臣。
　　¶後北（氏秀〔高田（1）〕　うじひで）

高田左衛門尉　たかたさえもんのじょう
　⇒高田左衛門（たかださえもん）

高田繁頼*　たかだしげより
　？〜天正1（1573）年4月5日　戦国時代〜安土桃山
　時代の上野国衆。
　　¶武田（㊞大永6（1526）年）

高田錠之助*　たかだじょうのすけ
　嘉永5（1852）年〜？　江戸時代後期〜末期の新撰
　組隊士。
　　¶新隊

高田善右衛門*　たかだぜんえもん，たかたぜんえもん
　寛政5（1793）年〜明治1（1868）年　江戸時代末期
　の商人。
　　¶コン，幕末（㊞寛政5（1793）年3月　㊞慶応4（1868）年5
　　月10日）

高田桃庵　たかだとうあん
　江戸時代後期の眼科医。
　　¶眼医（生没年不詳）

高田殿　たかだどの
　⇒勝姫君（かつひめぎみ）

高田与清　たかだともきよ
　⇒小山田与清（おやまだともきよ）

田形内親王　たかたないしんのう
　⇒田形内親王（たがたのないしんのう）

高田直政　たかだなおまさ
　安土桃山時代〜江戸時代前期の代官。
　　¶徳代（㊞天正6（1578）年　㊞万治3（1660）年3月13日）

高谷篤三郎　たかたにとくさぶろう
　⇒高谷篤三郎（たかやとくさぶろう）

高田女王　たかたのおおきみ，たかだのおおきみ
　⇒高田女王（たかだのじょおう）

高田首新家　たかたのおびとにいのみ
　⇒高田新家（たかだのにいのみ）

高田首根麻呂*　たかたのおびとねまろ
　？〜白雉4（653）年　㊞高田根麻呂（たかたのねま
　ろ，たかだのねまろ）　飛鳥時代の廷臣。
　　¶古人（高田根麻呂　たかだのねまろ　生没年不詳），古代

田形皇女*　たがたのこうじょ
　674年〜神亀5（728）年　㊞田形皇女（たがたのひめ
　みこ）　飛鳥時代〜奈良時代の女性。天武天皇の

皇女。
¶天皇（たがたのひめみこ [生]？）

高田女王* たかだのじょおう
生没年不詳 [別]高田女王（たかたのおおきみ，たかだのおおきみ） 奈良時代の女性。万葉歌人。高安王の娘。
¶古人

た

高田足人 たかだのたりひと
⇒高田足人（たかだのたるひと）

高田足人* たかだのたるひと
生没年不詳 [別]高田足人（たかだのたりひと） 奈良時代の官吏。
¶古人（たかだのたりひと）

高田能登守 たかだのとのかみ
戦国時代の武士。駿河衆。
¶武田（生没年不詳）

田形内親王* たがたのないしんのう
＊～神亀5（728）年 [別]田形内親王（たかたないしんのう） 飛鳥時代～奈良時代の女性。天武天皇の皇女。
¶古人（たかたないしんのう [生]？）

高田新家 たかたのにいいえ
⇒高田新家（たかだのにいのみ）

高田新家* たかだのにいのみ，たかたのにいのみ
？～大宝3（703）年 [別]高田新家（たかたのにいいえ），高田首新家（たかだのおびとにいのみ） 飛鳥時代の地方豪族。高田首名の父、足人の祖父。
¶古人（たかたのにいのみ 生没年不詳），古代（高田首新家 たかだのおびとにいのみ [没]703年？），古物（たかたのにいのみ），コン

高田根麻呂 たかたのねまろ，たかだのねまろ
⇒高田首根麻呂（たかだのおびとねまろ）

高田毗登足人* たかだのひとたりひと
奈良時代の官人。
¶古代

田形皇女 たがたのひめみこ
⇒田形皇女（たがたのこうじょ）

高田信頼 たかだのぶより
戦国時代～安土桃山時代の上野国衆。甘楽郡高田城主。
¶武田（[生]天文19（1550）年 [没]天正16（1588）年3月15日）

高田憲顕 たかだのりあき
戦国時代の武将。
¶室町（生没年不詳）

高田憲頼* たかだのりより
？～天文16（1547）年 戦国時代の武将。上杉氏家臣。
¶全戦

高田媛* たかたひめ
上代の女性。景行天皇の妃。
¶天皇

高田文二郎* たかだぶんじろう
天保9（1838）年～慶応4（1868）年9月5日？ 江戸時代後期～末期の新撰組隊士。
¶新隊（[没]明治1（1868）年9月5日？）

高田孫右衛門* たかだまごえもん
生没年不詳 安土桃山時代の織田信長の家臣。
¶織田

高田孫左衛門* たかだまござえもん
文政3（1820）年～？ 江戸時代末期の越前福井藩士。
¶幕末

高田又四郎 たかだまたしろう
江戸時代後期～大正時代の仏師。
¶美建（[生]弘化4（1847）年 [没]大正4（1915）年）

高田又兵衛* たかだまたべえ，たかたまたべえ
天正18（1590）年～寛文11（1671）年 江戸時代前期の槍術家。宝蔵院流高田派の祖。
¶江人（[生]1589年），コン（[生]天正17（1589）年）

高田茂三郎 たかたもさぶろう
江戸時代後期～明治時代の蒔絵師。
¶美工（[生]天保7（1836）年 [没]明治35（1902）年11月）

高田屋嘉兵衛 たかだやかへい
⇒高田屋嘉兵衛（たかだやかへえ）

高田屋嘉兵衛* たかだやかへえ，たかたやかへえ
明和6（1769）年～文政10（1827）年 [別]高田屋嘉兵衛（たかだやかへい） 江戸時代中期～後期の海運業者。1812年カムチャッカで抑留される。
¶江人，コン，全幕（たかたやかへえ），対外，山小（[生]1769年1月1日 [没]1827年4月5日）

高田宜和* たかたよしかず，たかだよしかず
文政4（1821）年～明治19（1886）年 江戸時代末期～明治時代の勧業家。
¶幕末（たかだよしかず [生]文政4（1821）年7月 [没]明治19（1886）年9月16日）

高田義甫* たかだよしすけ
弘化3（1846）年～明治26（1893）年7月14日 [別]高田義甫（たかだよしとし） 江戸時代末期～明治時代の教育者。
¶幕末

高田義甫 たかだよしとし
⇒高田義甫（たかだよしすけ）

高地重栄 たかちしげよし
江戸時代後期の和算家。下総中原村の人。文化11年算額を奉納。
¶数学

高千穂教有* たかちほきょうゆう
＊～明治5（1872）年 [別]高千穂教有（たかちほのりあり） 江戸時代後期～明治時代の修験者、神職。
¶幕末（[生]文政7（1824）年 [没]明治5（1872）年8月11日）

高千穂教有 たかちほのりあり
⇒高千穂教有（たかちほきょうゆう）

高仲重次郎* たかちゅうしげじろう
天保12（1841）年1月19日～大正11（1922）年7月7日 江戸時代後期～明治時代の新撰組隊士。
¶新隊（[生]天保12（1842）年1月19日）

鷹司院* たかつかさいん
建保6（1218）年～文永12（1275）年 [別]藤原長子（ふじわらちょうし，ふじわらのちょうし） 鎌倉時代前期の女性。後堀河天皇の皇后。
¶天皇（藤原長子 ふじわらのちょうし）

鷹司兼輔* たかつかさかねすけ

文明12(1480)年～天文21(1552)年　戦国時代の公卿(関白・左大臣・准三宮)。関白・太政大臣鷹司政平の子。

¶公卿([没]天文21(1552)年9月9日),公家(兼輔〔鷹司家〕　かねすけ　[没]天文21(1552)年9月9日)

鷹司兼忠*(1) たかつかさかねただ

元久2(1205)年～文永6(1269)年　[別]藤原兼忠(ふじわらかねただ, ふじわらのかねただ)　鎌倉時代前期の公卿(非参議)。大納言藤原兼基の孫。

¶公卿,公家(兼忠〔北小路・室町家(絶家)〕　かねただ)

鷹司兼忠*(2) たかつかさかねただ

弘長2(1262)年～正安3(1301)年8月25日　鎌倉時代後期の公卿(摂政・関白・左大臣)。摂政・関白・太政大臣鷹司兼平の次男。

¶公卿,公家(兼忠〔鷹司家〕　かねただ)

鷹司兼平* たかつかさかねひら

安貞2(1228)年～永仁2(1294)年8月8日　[別]称念院入道殿(しょうねんいんにゅうどうどの)　鎌倉時代後期の公卿(摂政・関白・太政大臣)。関白・太政大臣近衛家実の四男。

¶公卿,公家(兼平〔鷹司家〕　かねひら),コン,中世([生]1227年)

鷹司兼熙*(鷹司兼煕) たかつかさかねひろ

万治2(1659)年12月5日～享保10(1725)年　江戸時代前期～中期の公家(関白・左大臣)。摂政・関白・左大臣鷹司房輔の子。

¶公卿([没]享保10(1725)年11月20日),公家(兼熙〔鷹司家〕　かねひろ　[没]享保10(1725)年11月20日)

鷹司兼冬* たかつかさかねふゆ

正応2(1289)年～延慶1(1308)年閏8月2日　鎌倉時代後期の公卿(非参議)。摂政・関白・左大臣鷹司兼忠の次男。

¶公卿,公家(兼冬〔鷹司家〕　かねふゆ　[没]徳治3(1308)年閏8月2日)

鷹司兼基* たかつかさかねもと

文治1(1185)年～？　鎌倉時代前期の公卿(大納言)。鷹司家の祖。摂政近衛基通の四男。

¶公卿,公家(兼基〔北小路・室町家(絶家)〕　かねもと)

鷹司清雅* たかつかさきよまさ

弘安7(1284)年～？　鎌倉時代後期の公卿(権中納言)。参議花山院定長の子。

¶公卿,公家(清雅〔鷹司家(絶家)1〕　きよまさ)

鷹司伊平* たかつかさこれひら

正治1(1199)年～＊　鎌倉時代前期の公卿(権大納言)。中納言鷹司頼平の長男。

¶公卿([没]？),公家(伊平〔鷹司家(絶家)2〕　これひら　[没]？)

鷹司伊頼* たかつかさこれより

貞応1(1222)年～弘安6(1283)年6月4日　鎌倉時代後期の公卿(権大納言)。権大納言鷹司伊平の子。

¶公卿,公家(伊頼〔鷹司家(絶家)2〕　これより)

鷹司輔平* たかつかさすけひら

＊～文化10(1813)年　江戸時代中期～後期の公家(関白・左大臣)。閑院宮家の弾正尹直仁親王の末子。

¶公卿([生]元文4(1739)年2月8日　[没]文化10(1813)年1月8日),公家(輔平〔鷹司家〕　すけひら　[生]元文4(1739)年2月8日　[没]文化10(1813)年1月8日),コン([生]元文4(1739)年)

鷹司輔熙*(鷹司輔煕) たかつかさすけひろ

文化4(1807)年～明治11(1878)年7月9日　江戸時代末期～明治時代の神祇官知事。

¶公卿(鷹司輔煕　[生]文化4(1807)年11月7日),公家(輔熙〔鷹司家〕　すけひろ　[生]文化4(1807)年11月7日),コン,幕末(鷹司輔煕　[生]文化4(1807)年11月7日)

鷹司輔政* たかつかさすけまさ

嘉永2(1849)年～慶応3(1867)年　江戸時代末期の公家(権大納言)。関白・右大臣鷹司輔熙の子。

¶公卿([生]嘉永2(1849)年7月1日　[没]慶応3(1867)年8月14日),公家(輔政〔鷹司家〕　すけまさ　[生]嘉永2(1849)年7月1日　[没]慶応3(1867)年8月14日),幕末([生]嘉永2(1849)年7月1日　[没]慶応3(1867)年8月14日)

鷹司忠冬* たかつかさただふゆ

永正6(1509)年～天文15(1546)年　[別]鷹司忠冬(たかつかさただゆふ)　戦国時代の公卿(関白・左大臣)。関白・左大臣鷹司兼輔の子。

¶公卿([没]天文15(1546)年4月12日),公家(忠冬〔鷹司家〕　ただふゆ　[没]天文15(1546)年4月12日)

鷹司忠冬 たかつかさただゆふ

⇒鷹司忠冬(たかつかさただふゆ)

鷹司繁子 たかつかさつなこ

⇒新皇嘉門院(しんこうかもんいん)

鷹司信尚 たかつかさのぶなお

⇒鷹司信尚(たかつかさのぶひさ)

鷹司信尚* たかつかさのぶひさ

天正18(1590)年～元和7(1621)年　[別]鷹司信尚(たかつかさのぶなお)　江戸時代前期の公家(関白・左大臣)。関白・左大臣鷹司信房の子。

¶公卿(たかつかさのぶなお　[生]天正18(1590)年4月14日　[没]元和7(1621)年11月19日),公家(信尚〔鷹司家〕　のぶひさ　[生]天正18(1590)年4月14日　[没]元和7(1621)年11月19日)

鷹司信平* たかつかさのぶひら

寛永13(1636)年～元禄2(1689)年7月28日　[別]松平信平(まつだいらのぶひら)　江戸時代前期の旗本。

¶徳松(松平信平　まつだいらのぶひら　[没]1691年)

鷹司信房* たかつかさのぶふさ

永禄8(1565)年～明暦3(1657)年　安土桃山時代～江戸時代前期の公家(関白・左大臣)。関白・左大臣二条晴良の子。

¶公卿([没]明暦3(1657)年12月15日),公家(信房〔鷹司家〕　のぶふさ　[生]永禄8(1565)年10月25日　[没]明暦3(1657)年12月15日)

鷹司教平* たかつかさのりひら

慶長14(1609)年～寛文8(1668)年　江戸時代前期の公家(左大臣)。関白・左大臣鷹司信尚の子。

¶公卿([生]慶長14(1609)年2月5日　[没]寛文8(1668)年10月3日),公家(教平〔鷹司家〕　のりひら　[生]慶長14(1609)年2月5日　[没]寛文8(1668)年10月3日)

鷹司房輔* たかつかさふさすけ

寛永14(1637)年～元禄13(1700)年　江戸時代前期～中期の公家(摂政・関白・左大臣)。左大臣鷹司教平の子。

¶公卿([生]寛永14(1637)年4月30日　[没]元禄13(1700)年1月11日),公家(房輔〔鷹司家〕　ふさすけ　[生]寛永14(1637)年4月30日　[没]元禄13(1700)年1月11日)

鷹司房平* たかつかさふさひら

応永18(1411)年～文明4(1472)年　室町時代の公

卿(関白・左大臣)。右大臣鷹司冬家の子。
¶公卿(生応永15(1408)年 没文明4(1472)年11月16日),公家(房平〔鷹司家〕 ふさひら 没文明4(1472)年11月16日)

鷹司房煕*(鷹司房熙) たかつかさふさひろ
宝永7(1710)年～享保15(1730)年 江戸時代中期の公家(内大臣)。摂政・太政大臣近衛家熙の次男。
¶公卿(生宝永7(1710)年8月13日 没享保15(1730)年4月24日),公家(房煕〔鷹司家〕 ふさひろ 生宝永7(1710)年8月13日 没享保15(1730)年4月24日)

た

鷹司冬家* たかつかさふゆいえ
正平22/貞治6(1367)年～正長1(1428)年 南北朝時代～室町時代の公卿(右大臣)。関白・左大臣鷹司冬通の子。
¶公卿(生貞治6/正平22(1367)年 没正長1(1428)年5月26日),公家(冬家〔鷹司家〕 ふゆいえ 没正長1(1428)年5月26日)

鷹司冬経* たかつかさふゆつね
弘安6(1283)年～元応1(1319)年6月18日 鎌倉時代後期の公卿(権大納言)。摂政・関白・左大臣鷹司兼忠の子。
¶公卿,公家(冬経〔鷹司家〕 ふゆつね)

鷹司冬教* たかつかさふゆのり
嘉元3(1305)年～延元2/建武4(1337)年 [別]後円光院殿(ごえんこういんどの, のちのえんこういんどの), 鷹司冬教(たかつかさゆふのり) 鎌倉時代後期～南北朝時代の公卿(関白・左大臣)。関白・太政大臣鷹司基忠の三男。
¶公卿(没建武4/延元2(1337)年1月26日),公家(冬教〔鷹司家〕 ふゆのり 没建武4(1337)年1月26日)

鷹司冬平* たかつかさふゆひら
建治1(1275)年～嘉暦2(1327)年 鎌倉時代後期の公卿(摂政・関白・太政大臣)。関白・太政大臣鷹司基忠の長男。
¶公卿(没嘉暦2(1327)年1月19日),公家(冬平〔鷹司家〕 ふゆひら 没嘉暦2(1327)年1月19日),中世

鷹司冬通* たかつかさふゆみち
元徳2(1330)年～元中3/至徳3(1386)年6月19日 南北朝時代の公卿(関白・左大臣)。関白・太政大臣鷹司師平の子。
¶公卿(生元弘1(1331)年 没至徳3/元中3(1386)年6月19日),公家(冬通〔鷹司家〕 ふゆみち 生元弘1(1331)年 没至徳3(1386)年6月19日)

鷹司冬基* たかつかさふゆもと
*～延慶2(1309)年6月29日 鎌倉時代後期の公卿(権大納言)。関白・太政大臣鷹司基忠の次男。
¶公卿(生弘安10(1287)年),公家(冬基〔鷹司家〕 ふゆもと 生1285年)

鷹司房子 たかつかさほうし
⇒新上西門院(しんじょうさいもんいん)

鷹司政平* たかつかさまさひら
文安2(1445)年～永正14(1517)年 室町時代～戦国時代の公卿(関白・太政大臣)。関白・左大臣鷹司房平の子。
¶公卿(没永正14(1517)年10月18日),公家(政平〔鷹司家〕 まさひら 没永正14(1517)年閏10月18日)

鷹司政煕*(鷹司政熙) たかつかさまさひろ
宝暦11(1761)年～天保12(1841)年 江戸時代中期～後期の公家(関白・左大臣・准三宮)。関白・左大臣鷹司輔平の子。
¶公卿(生宝暦11(1761)年4月10日 没天保11(1840)年2月7日),公家(政煕〔鷹司家〕 まさひろ 生宝暦11(1761)年4月10日)

鷹司政通* たかつかさまさみち
寛政1(1789)年～明治1(1868)年 [別]鷹司政通(たかつかまさみち) 江戸時代後期の公家(関白・太政大臣・准三宮)。関白・左大臣准三宮鷹司政煕の子。
¶公卿(生寛政1(1789)年7月2日 没明治1(1868)年10月16日),公家(政通〔鷹司家〕 まさみち 生寛政1(1789)年7月2日 没明治1(1868)年10月16日),コン,全幕(たかつかまさみち),幕末(生寛政1(1789)年7月2日 没明治1(1868)年10月16日)

鷹司宗嗣* たかつかさむねつぐ
正嘉1(1257)年～嘉暦1(1326)年5月4日 鎌倉時代後期の公卿(権中納言)。権大納言鷹司伊頼の長男。
¶公卿,公家(宗嗣〔鷹司家(絶家)2〕 むねつぐ 生?)

鷹司宗平* たかつかさむねひら
弘安10(1287)年～正平1/貞和2(1346)年3月24日 鎌倉時代後期～南北朝時代の公卿(非参議)。参議鷹司宗嗣の子。
¶公卿(没貞和2/正平1(1346)年3月24日),公家(宗平〔鷹司家(絶家)2〕 むねひら 没貞和2(1346)年3月24日)

鷹司宗雅* たかつかさむねまさ
元応1(1319)年～元中6/康応1(1389)年 南北朝時代の公卿(権中納言)。非参議花山院冬雅の子。
¶公卿(没康応1/元中6(1389)年),公家(宗雅〔鷹司家(絶家)1〕 むねまさ 没康応1(1389)年)

鷹司基忠* たかつかさもとただ
宝治1(1247)年～正和2(1313)年 鎌倉時代後期の公卿(関白・太政大臣)。摂政・関白・太政大臣鷹司兼平の長男。
¶公卿(没正和2(1313)年7月7日),公家(基忠〔鷹司家〕 もとただ 没正和2(1313)年7月7日)

鷹司基輝* たかつかさもとてる
享保12(1727)年2月28日～寛保3(1743)年5月15日 江戸時代中期の公家(内大臣)。関白・太政大臣一条兼香の次男。
¶公卿,公家(基輝〔鷹司家〕 もとてる)

鷹司基教* たかつかさもとのり
正安1(1299)年～? [別]藤原基教(ふじわらもとのり) 鎌倉時代後期の公卿(参議)。摂政・関白・左大臣鷹司兼忠の三男。
¶公卿,公家(基教〔鷹司家〕 もとのり)

鷹司師平* たかつかさもろひら
延慶3(1310)年～正平8/文和2(1353)年 鎌倉時代後期～南北朝時代の公卿(関白・太政大臣)。摂政・関白・太政大臣鷹司冬平の次男。
¶公卿(生応長1(1311)年 没文和2(1353)年8月6日),公家(師平〔鷹司家〕 もろひら 生応長1(1311)年 没文和2(1353)年8月6日)

鷹司祺子 たかつかさやすこ
⇒新朔平門院(しんさくへいもんいん)

鷹司冬教 たかつかさゆふのり
⇒鷹司冬教(たかつかさふゆのり)

鷹司頼継 たかつかさよりつぐ
室町時代の公家。鷹司忠頼の子。
¶公家(頼継〔鷹司家(絶家)2〕 よりつぐ)

鷹司頼平* たかつかさよりひら
治承4(1180)年～寛喜2(1230)年8月15日 鎌倉時

代前期の公卿(中納言)。鷹司家始祖。太政大臣藤原頼実の次男。
¶公卿,公家(頼平〔鷹司家(絶家)2〕　よりひら)

鷹司頼基*　たかつかさよりもと
生没年不詳　鎌倉時代前期の公卿(非参議)。中納言鷹司頼平の子。
¶公卿,公家(頼基〔鷹司家(絶家)2〕　よりもと　[生]?　[没]文永7(1270)年?)

鷹司政通　たかつかまさみち
⇒鷹司政通(たかつかさまさみち)

高槻肇*　たかつきはじめ
?～明治14(1881)年　江戸時代末期～明治時代の菰野藩士。
¶幕末([没]明治14(1881)年1月5日)

高辻章長*　たかつじあきなが
文明1(1469)年～大永5(1525)年1月4日　[別]高辻章長(たかつじのりなが)　戦国時代の公卿(権中納言)。権大納言高辻長直の子。
¶公卿,公家(章長〔高辻家〕　あきなが)

高辻家長*(1)　たかつじいえなが
生没年不詳　室町時代の公卿(非参議)。参議五条長敏の子。
¶公卿,公家(家長〔坊城家(絶家)〕　いえなが)

高辻家長*(2)　たかつじいえなが
正徳5(1715)年11月2日～安永5(1776)年7月15日　江戸時代中期の公家(権大納言)。権中納言高辻総長の子。
¶公卿,公家(家長〔高辻家〕　いえなが)

高辻修長*　たかつじおさなが
天保11(1840)年～大正10(1921)年6月20日　江戸時代末期～大正時代の宮内庁官僚、東宮侍従長、子爵。明宮御用掛となり明宮の教育を担当。皇太后宮亮、宮中顧問官を歴任。
¶公卿([生]天保11(1840)年11月29日),公家(修長〔高辻家〕　おさなが　[生]天保11(1840)年11月29日),幕末([生]天保11(1840)年11月29日)

高辻遂長　たかつじかつなが
⇒高辻遂長(たかつじついなが)

高辻清長*　たかつじきよなが
嘉禎3(1237)年～嘉元1(1303)年7月26日　鎌倉時代後期の公卿(非参議)。参議高辻長成の子。
¶公卿,公家(清長〔高辻家〕　きよなが　[没]乾元2(1303)年7月26日)

高辻国長*　たかつじくになが
*～建徳1/応安3(1370)年3月16日　鎌倉時代後期～南北朝時代の公卿(非参議)。非参議高辻長宣の長男。
¶公卿([生]弘安7(1284)年　[没]応安3/建徳1(1370)年3月16日),公家(国長〔高辻家〕　くになが　[生]1284年　[没]応安3(1370)年3月16日)

高辻是綱*　たかつじこれつな
長元3(1030)年～嘉承2(1107)年　[別]菅原是綱(すがわらこれつな,すがわらのこれつな)　平安時代後期の公卿、高辻氏の祖。
¶古人(菅原是綱　すがわらのこれつな)

高辻高長*　たかつじたかなが
承元4(1210)年～弘安7(1284)年11月27日　鎌倉時代後期の公卿(非参議)。参議高辻為長の三男。
¶公卿

高辻胤長*　たかつじたねなが
元文5(1740)年11月27日～享和3(1803)年3月28日　江戸時代中期～後期の公家(権大納言)。権大納言高辻家長の子。
¶公卿,公家(胤長〔高辻家〕　たねなが)

高辻為長　たかつじためなが
⇒菅原為長(すがわらのためなが)

高辻為成*　たかつじためなり
?～正平19/貞治3(1364)年　南北朝時代の公卿(非参議)。非参議高辻長宣の次男。
¶公卿([没]貞治3/正平19(1364)年),公家(為成〔高辻家〕　ためなり　[没]貞治3(1364)年)

高辻遂長*　たかつじついなが
慶長5(1600)年4月25日～寛永20(1643)年　[別]高辻遂長(たかつじかつなが)　江戸時代前期の公家(参議)。権中納言五条為経の子。
¶公卿([没]寛永19(1642)年12月29日),公家(遂長〔高辻家〕　すいなが　[没]寛永19(1642)年12月29日)

高辻継長*　たかつじつぎなが
応永21(1414)年～文明7(1475)年7月3日　[別]高辻継長(たかつじつぐなが)　室町時代の公卿(権大納言)。参議高辻長郷の子。
¶公卿,公家(継長〔高辻家〕　つぎなが)

高辻継長　たかつじつぐなが
⇒高辻継長(たかつじつぎなが)

高辻俊長*　たかつじとしなが
安永8(1779)年12月14日～文化8(1811)年1月5日　江戸時代後期の公家(非参議)。権中納言高辻福長の子。
¶公卿,公家(俊長〔高辻家〕　としなが)

高辻福長　たかつじとみなが
⇒高辻福長(たかつじふくなが)

高辻豊長*　たかつじとよなが
寛永2(1625)年8月4日～元禄15(1702)年6月22日　江戸時代前期～中期の公家(権大納言)。権大納言東坊城長維の次男。
¶公卿,公家(豊長〔高辻家〕　とよなが)

高辻豊長女　たかつじとよながのむすめ
⇒按察使局(あぜちのつぼね)

高辻長量女　たかつじながかずのむすめ
⇒菅内侍(かんのないし)

高辻長郷*　たかつじながさと
?～享徳4(1455)年　室町時代の公卿(参議)。従三位・非参議高辻久長の子。
¶公卿,公家(長郷〔高辻家〕　ながさと)

高辻長直*　たかつじながなお
嘉吉1(1441)年～大永2(1522)年9月6日　室町時代～戦国時代の公卿(権大納言)。権大納言高辻継長の子。
¶公卿,公家(長直〔高辻家〕　ながなお)

高辻長成*　たかつじながなり
元久2(1205)年～弘安4(1281)年12月15日　[別]菅原長成(すがわらながなり,すがわらのながなり)　鎌倉時代後期の公卿(参議)。参議高辻為長の長男。
¶公卿,公家(長成〔高辻家〕　ながなり),内乱(菅原長成　すがわらのながなり)

高辻長宣* たかつじながのぶ

？～正中2(1325)年7月17日　鎌倉時代後期の公卿(非参議)。従二位・非参議高辻清長の子。

¶公卿

高辻長衡* たかつじながひら

元亨1(1321)年～元中6/康応1(1389)年8月16日　南北朝時代の公卿(非参議)。非参議高辻国長の子。

¶公卿([没]康応1/元中6(1389)年8月16日),公家(長衡〔高辻家〕　ながひろ　[没]康応1(1389)年8月16日)

高辻長雅* たかつじながまさ

永正12(1515)年8月25日～天正8(1580)年9月10日　戦国時代～安土桃山時代の公卿(権大納言)。権中納言高辻章長の子。

¶公卿,公家(長雅〔高辻家〕　ながまさ)

高辻章長 たかつじのりなが

⇒高辻章長(たかつじあきなが)

高辻久長* たかつじひさなが

？～応永21(1414)年　室町時代の公卿(非参議)。非参議高辻長衡の子。

¶公卿([没]応永21(1414)年7月7日),公家(久長〔高辻家〕　ながひさ　[没]応永21(1414)年7月7日)

高辻福長* たかつじふくなが

宝暦11(1761)年10月13日～文政2(1819)年5月7日　[別]高辻福長(たかつじとみなが)　江戸時代中期～後期の公家(権中納言)。権大納言高辻胤長の子。

¶公卿,公家(福長〔高辻家〕　とみなが)

高辻総長* たかつじふさなが

元禄1(1688)年7月21日～寛保1(1741)年5月3日　江戸時代中期の公家(権中納言)。正四位下・式部権大輔高辻長量の子。

¶公卿,公家(総長〔高辻家〕　ふさなが　[生]貞享5(1688)年7月21日)

高辻以長* たかつじもちなが

寛政11(1799)年3月19日～安政6(1859)年8月20日　江戸時代末期の公家(非参議)。非参議高辻俊長の子。

¶公卿,公家(以長〔高辻家〕　もちなが)

高津仲三郎* たかつちゅうざぶろう，たかつちゅうさぶろう

文政10(1827)年～明治10(1877)年　江戸時代末期～明治時代の武士。

¶幕末(たかつちゅうさぶろう　[没]明治10(1877)年2月7日)

高綱* たかつな

生没年不詳　南北朝時代の刀工。

¶美工

高津内親王* たかつないしんのう

？～承和8(841)年　[別]高津内親王(こうずないしんのう)　平安時代前期の女性。嵯峨天皇の妃。桓武天皇の皇女。

¶古人,古代,女史

多賀常長* たがつねなが

天正18(1590)年～明暦3(1657)年　江戸時代前期の茶人。

¶徳人([生]1592年)

多賀常則* たがつねのり

[別]多賀貞能(たがさだよし)　戦国時代～安土桃山時代の織田信長の家臣。

¶織田(多賀貞能　たがさだよし　[生]？　[没]天正15(1587)年4月20日)

高津平蔵* たかつへいぞう

天明5(1785)年～慶応1(1865)年　江戸時代後期の陸奥会津藩士。

¶幕末([没]慶応1(1865)年10月2日)

高津康遠 たかつやすとお

江戸時代中期～後期の公家。高津時芳の子。

¶公家(康遠〔醍醐家諸大夫 高津家(藤原氏)〕　やすとお　[生]1714年　[没]寛政8(1796)年3月24日)

高鶴郎姫 たかつるのいらつめ

上代の女性。履中天皇の嬪。

¶天皇(生没年不詳)

高遠頼継 たかとおよりつぐ

⇒諏訪頼継(すわよりつぐ)

鷹取種佐* たかとりたねすけ

？～元弘3/正慶2(1333)年　鎌倉時代後期の武士。

¶コン

高取八蔵* たかとりはちぞう

？～承応3(1654)年　江戸時代前期の高取焼開祖の渡来陶工。

¶美工

鷹取養巴* たかとりようは

文政10(1827)年～慶応1(1865)年　江戸時代末期の医師。

¶幕末([没]慶応1(1865)年10月23日)

尊良親王* たかながしんのう

応長1(1311)年～延元2/建武4(1337)年3月6日　[別]尊良親王(たかよししんのう)　鎌倉時代後期～南北朝時代の後醍醐天皇の皇子。

¶コン,天皇(たかよししんのう　[生]？),内乱(たかよししんのう　[生]？　[没]建武4/延元2(1337)年),室町(たかよししんのう　[生]？)

高梨一具 たかなしいちぐ

⇒一具(いちぐ)

高梨采女 たかなしうねめ

江戸時代前期の真田大助の家老。高梨内記の嫡男。

¶大坂([没]慶長20年5月6日)

高梨主膳 たかなししゅぜん

江戸時代前期の真田信繁の家臣。

¶大坂([没]慶長20年5月7日)

高梨哲四郎 たかなしてつしろう

江戸時代末期～大正時代の政治家。

¶幕末([生]安政2(1855)年2月2日　[没]大正12(1923)年2月22日？)

高梨内記 たかなしないき

*～元和1(1615)年　江戸時代前期の真田昌幸の家臣。

¶大坂([没]慶長20年5月7日),全戦([生]？)

高階成章 たかなしのなりあき

⇒高階成章(たかしなのなりあき)

高梨兵左衛門〔23代〕* たかなしひょうざえもん

寛延2(1749)年～享和3(1803)年4月19日　江戸時代中期～後期の醤油醸造家。

¶コン(代数なし)

高梨政盛* たかなしまさもり

*～永正10(1513)年4月27日　戦国時代の地方豪

族・土豪。
¶室町（[生]？）

高梨政頼* たかなしまさより
？～天正4（1576）年？　戦国時代の地方豪族・土豪。
¶戦武（[生]永正5（1508）年　[没]？）

高梨利右衛門* たかなしりえもん
？～元禄1（1688）年　江戸時代前期の出羽国屋代郷二井宿村の義民。
¶江人，コン

高根長正 たかねのながまさ
平安時代中期の官人。
¶古人（生没年不詳）

高根正也* たかねまさや
*～明治27（1894）年　江戸時代末期～明治時代の彦山修験。
¶幕末（[生]文政8（1825）年　[没]明治27（1894）年11月29日）

喬之 たかの*
江戸時代中期の女性。和歌。旗本加藤久次郎則武の妻。享保17年跋、坂静山編『和歌山下水』に載る。
¶江表（喬之（東京都））

高野 たかの*
江戸時代中期の女性。俳諧。長崎の遊女か。正徳5年刊、摩詰庵雲鈴編『笈の若葉』に載る。
¶江表（高野（長崎県））

多賀之右近 たがのうこん
江戸時代前期の武士。大坂の陣で籠城。
¶大坂

高野栄助* たかのえいすけ
天保5（1834）年～元治1（1864）年　江戸時代末期の農民。
¶幕末（[没]元治1（1864）年10月10日）

高野正子* たかのおさこ
安永3（1774）年～弘化3（1846）年　江戸時代後期の女性。光格天皇の宮人。
¶天皇（[没]弘化3（1846）年10月17日）

高野源之助* たかのげんのすけ
弘化4（1847）年～明治40（1907）年　江戸時代末期～明治時代の実業家、政治家、小樽商工会議所会頭、衆議院議員。小樽で回漕店を経営。
¶幕末（[没]明治40（1907）年6月15日）

高野昌碩* たかのしょうせき
宝暦10（1760）年～享和2（1802）年　[別]高野陸沈亭（たかのりくちんてい）　江戸時代中期～後期の水戸藩士。
¶コン

竹野女王 たかのじょおう
⇒竹野女王（たけののじょおう）

高野瀬秀隆* たかのせひでたか
戦国時代の武将。浅井氏家臣。
¶織田（[生]？　[没]天正2（1574）年4月11日）

高野隆礼* たかのたかのり
天保5（1834）年～明治20（1887）年10月　江戸時代後期～明治時代の和算家。
¶数学

高野長英* たかのちょうえい
文化1（1804）年～嘉永3（1850）年　江戸時代末期の蘭学者。シーボルトに学び、「戊戌夢物語」などで幕政を批判。蛮社の獄で捕らえられたが火災に乗じて脱獄。のち追われて自殺した。
¶江人，科学（[生]文化1（1804）年5月5日　[没]嘉永3（1850）年10月30日），眼医，コン，思想，植物（[生]文化1（1804）年5月5日　[没]嘉永3（1850）年10月30日），全幕，対外，徳将，幕末（[生]文化1（1804）年5月5日　[没]嘉永3（1850）年10月30日），山小（[生]1804年5月5日　[没]1850年10月30日）

高野長五郎* たかのちょうごろう
天保3（1832）年～慶応1（1865）年　江戸時代末期の水戸藩吏。
¶幕末（[没]元治2（1865）年2月23日）

高野新笠 たかのにいかさ，たかのにいがさ
⇒高野新笠（たかののにいがさ）

高野朝臣新笠 たかののあそんにいかさ
⇒高野新笠（たかののにいがさ）

高野天皇 たかののてんのう
⇒孝謙天皇（こうけんてんのう）

高野新笠* たかののにいがさ，たかののにいかさ
？～延暦8（789）年　[別]高野新笠（たかのにいかさ，たかのにいがさ），高野朝臣新笠（たかののあそんにいかさ），和新笠（やまとのにいがさ）　奈良時代の女性。光仁天皇の妃。
¶古人（たかののしんりゅう（にいがさ）），古人（和新笠　やまとのにいがさ），古代（高野朝臣新笠　たかののあそんにいかさ），コン，女史，対外（たかののにいかさ），天皇（たかのにいかさ　[没]延暦8（789）年12月28日）

鷹野徳繁 たかののりしげ
⇒鷹野徳繁（たかのよししげ）

鷹羽真一* たかのはしんいち
生没年不詳　[別]鷹羽真一（たかはしんいち）　江戸時代後期の和算家。
¶数学（たかはしんいち）

高野百里* たかのひゃくり
寛文6（1666）年～享保12（1727）年　[別]百里（ひゃくり）　江戸時代中期の魚問屋、俳人。
¶俳文（百里　ひゃくり　[没]享保12（1727）年5月12日）

高野房子* たかのふさこ
文政6（1823）年～明治26（1893）年4月10日　江戸時代末期～明治時代の女官、和宮降嫁の御縁組御用掛。父は正三位高野保右、母は松前章広の娘。
¶江表（房子（京都府）），幕末（[生]文政6（1823）年1月7日）

尊省親王 たかのぶしんのう
⇒尊道入道親王（そんどうにゅうどうしんのう）

鷹野昌郷 たかのまささと
安土桃山時代の武田氏の家臣、駿河国の代官。
¶武田（生没年不詳）

竹森次貞 たかのもりつぐさだ
⇒竹森石見（たけもりいわみ）

高野保香* たかのやすか
延享4（1747）年10月20日～寛政2（1790）年9月17日　江戸時代中期の公家（非参議）。権大納言園基衡の次男。
¶公卿，公家（保香〔高野家〕　やすか）

高野保右* たかのやすすけ
寛政7（1795）年10月24日～安政6（1859）年8月22日

江戸時代末期の公家（非参議）。非参議高野保香の孫。
¶公卿，公家（保右〔高野家〕　やすすけ）

高野安恒*　たかのやすつね
天保6（1835）年～明治31（1898）年　江戸時代末期～明治時代の医師、島津家家臣。戊辰の役で医師として奥羽で転戦。
¶幕末（[生]天保6（1835）年3月　[没]明治31（1898）年8月15日），幕末（[生]天保6（1835）年3月　[没]明治31（1898）年8月15日）

高野保春*　たかのやすはる
慶安3（1650）年～正徳2（1712）年　江戸時代前期～中期の公家（権大納言）。高野家の祖。権大納言持明院基定の次男。
¶公卿（[生]慶安3（1650）年3月3日　[没]正徳2（1712）年5月26日），公家（保春〔高野家〕　やすはる　[生]慶安3（1650）年3月3日　[没]正徳2（1712）年5月26日）

高野保光*　たかのやすみつ
延宝2（1674）年10月15日～元文5（1740）年閏7月21日　江戸時代中期の公家（権大納言）。権大納言高野保春の子。
¶公卿，公家（保光〔高野家〕　やすみつ）

高野保美*　たかのやすよし
文化14（1817）年11月16日～明治2（1869）年3月　江戸時代末期の公家（非参議）。非参議高野保右の子。
¶公卿，公家（保美〔高野家〕　やすよし　[没]明治2（1869）年3月13日）

高野幽山*　たかのゆうざん
？～元禄15（1702）年9月14日　[別]幽山（ゆうざん）　江戸時代前期～中期の俳人。
¶俳文（幽山　ゆうざん）

鷹野徳繁*　たかのよししげ
天文3（1534）年～慶長18（1613）年7月12日　[別]鷹野徳繁（たかののりしげ）　戦国時代～江戸時代前期の武田氏の家臣。
¶武田（たかののりしげ　[生]天文2（1533）年）

高野義政*　たかのよしまさ
寛政12（1800）年～明治2（1869）年　江戸時代末期の庄屋。
¶幕末（[没]明治2（1869）年8月29日）

高野蘭亭*　たかのらんてい
宝永1（1704）年～宝暦7（1757）年　江戸時代中期の漢詩人。
¶コン，詩作（[没]宝暦7（1757）年7月6日）

高野陸沈亭　たかのりくちんてい
⇒高野昌碩（たかのしょうせき）

幸教親王　たかのりしんのう
⇒守澄入道親王（しゅちょうにゅうどうしんのう）

高野良右衛門*　たかのりょうえもん
江戸時代末期の新撰組隊士。
¶新隊（生没年不詳）

高場乱*　たかばおさむ
天保3（1832）年～明治24（1891）年3月31日　江戸時代末期～明治時代の医師、教育家、眼科。帯刀男装し乗馬で患家をまわった。興志塾、漸強義塾で教える。
¶江表（乱（福岡県）　おさむ　[生]天保2（1831）年　[没]明治24（1891）年），眼医（[生]？），幕末（[生]天保2（1831）年）

高はし　たかはし★
江戸時代中期の女性。俳諧。大津辺りの遊女とされる。元禄15年刊、太田白雪編『三河小町』下に載る。
¶江表（高はし（滋賀県））

高橋鑑種*　たかはしあきたね
？～天正7（1579）年　[別]高橋鑑種（たかはしかねたね）　戦国時代～安土桃山時代の武将、左衛門尉、三河守。
¶全戦，戦武

高橋顕　たかはしあきら
⇒高橋梅庭（たかはしばいてい）

高橋旭　たかはしあさひ
江戸時代末期の和算家。上州高崎の人。斎藤宜義に算学を学び、関流八伝を称す。
¶数学

高橋積胤　たかはしあつたね
江戸時代後期の和算家。
¶数学

高橋市兵衛　たかはしいちびょうえ
江戸時代前期の武士。大坂の陣で籠城。
¶大坂（[没]元和3年）

高橋市兵衛*　たかはしいちべえ
嘉永2（1849）年～慶応1（1865）年　江戸時代末期の水戸藩士。
¶幕末（[没]元治2（1865）年2月15日）

高橋因幡*　たかはしいなば
生没年不詳　江戸時代中期の釜師。
¶美工

高橋右馬助　たかはしうまのすけ
安土桃山時代の武田氏の家臣、小山田昌成の被官。佐久郡の領主。
¶武田（[生]？　[没]天正3（1575）年5月21日）

高橋羽笠〔2代〕　たかはしうりつ
⇒羽笠（うりつ）

高橋栄司　たかはしえいじ
江戸時代末期～明治時代の海軍軍人。
¶幕末（[生]？　[没]明治18（1885）年5月27日）

高橋応真　たかはしおうしん
江戸時代末期～明治時代の日本画家。
¶美画（[生]安政2（1855）年10月11日　[没]明治34（1901）年7月12日）

高橋興光　たかはしおきみつ
戦国時代の武将。安芸・石見国人高橋氏の当主。
¶全戦（[生]文亀3（1503）年　[没]享禄2（1529）年）

高橋確堂　たかはしかくどう
⇒高橋甲太郎（たかはしきねたろう）

高橋景業　たかはしかげおき
⇒高橋景業（たかはしかげなり）

高橋景業*　たかはしかげなり
？～天正1（1573）年　[別]高橋景業（たかはしかげおき）　戦国時代の武士。
¶全戦

高橋景保*　たかはしかげやす
天明5（1785）年～文政12（1829）年　[別]高橋作左衛

門（たかはしさくざえもん）　江戸時代後期の天文・地理学者。
¶江人、科学（㊦文政12（1829）年2月16日），コン，対外，地理，徳人，山小（㊦1829年2月16日）

高橋景保の妻　たかはしかげやすのつま＊
江戸時代後期の女性。書簡。幕臣、普請役荒井平兵衛の娘。幕臣天文方高橋景保の妻。
¶江表（高橋景保の妻（東京都））

高橋勘解由左衛門　たかはしかげゆざえもん
安土桃山時代の富士山河口浅間神社所属の御師か。
¶武田（生没年不詳）

高橋笠間＊　たかはしかさま
㊔高橋笠間（たかはしのかさま）　飛鳥時代の遣唐大使。
¶古人（たかはしのかさま　㊡？　㊤710年）

高橋兼吉　たかはしかねきち
江戸時代後期〜明治時代の建築家、宮大工。
¶美建（㊥弘化2（1845）年12月22日　㊤明治27（1894）年7月5日）

高橋鑑種　たかはしかねたね
⇒高橋鑑種（たかはしあきたね）

高橋甲太郎＊　たかはしきねたろう
文政7（1824）年〜慶応3（1867）年　㊔高橋確堂（たかはしかくどう），高橋甲太郎（たかはしこうたろう）　江戸時代末期の出石藩士。
¶幕末（㊤慶応3（1867）年3月3日）

高橋鳩雨＊　たかはしきゅうう
文化10（1813）年〜明治32（1899）年　江戸時代末期〜明治時代の教育者。小学校教師、夜は家塾を開き村民を教える。
¶幕末

高橋杏村＊　たかはしきょうそん
文化1（1804）年〜明治1（1868）年　江戸時代末期の豪農、画家。
¶幕末（㊥慶応4（1868）年5月4日），美画（㊤明治1（1868）年6月23日）

高橋清臣＊　たかはしきよおみ
文化6（1809）年〜慶応2（1866）年　江戸時代末期の志士。
¶幕末（㊤慶応2（1866）年3月13日）

高橋玉淵　たかはしぎょくえん
江戸時代末期〜昭和時代の日本画家。
¶美画（㊥安政5（1858）年8月15日　㊤昭和13（1938）年）

高橋玉蕉＊　たかはしぎょくしょう
享和2（1802）年〜明治1（1868）年　㊔玉蕉（ぎょくしょう）　江戸時代末期の女性。漢詩人。
¶江表（玉蕉（宮城県））

高橋敬一＊　たかはしけいいち
天保7（1836）年〜＊　江戸時代末期〜明治時代の庄屋。
¶幕末（㊥天保7（1836）年7月13日　㊤明治3（1871）年11月20日）

高橋源吉　たかはしげんきち
江戸時代末期〜大正時代の洋画家。
¶美画（㊥安政5（1858）年　㊤大正2（1913）年11月）

高橋源助＊　たかはしげんすけ
？〜天和1（1681）年　江戸時代前期の用水開削者。

越後長岡藩領曽根組大庄屋。
¶コン

高橋建之丞　たかはしけんのじょう
江戸時代末期の中川宮家士。
¶全幕（㊡？　㊤元治1（1864）年）

高橋郷左衛門尉＊　たかはしごうざえもんのじょう
生没年不詳　戦国時代の北条氏の家臣。
¶後北（郷左衛門尉〔後編（2）〕　ごうざえもんのじょう）

高橋江春　たかはしこうしゅん
江戸時代末期〜昭和時代の眼科医。
¶眼医（㊥安政1（1854）年　㊤昭和13（1938）年）

高橋甲太郎　たかはしこうたろう
⇒高橋甲太郎（たかはしきねたろう）

高橋甲之允　たかはしこうのじょう
⇒高橋甲之允（たかはしやこうのじょう）

高橋古渓　たかはしこけい
⇒高橋誠三郎（たかはしせいざぶろう）

高橋是清＊　たかはしこれきよ
安政1（1854）年〜昭和11（1936）年2月26日　江戸時代末期〜明治時代の政治家、財政家。
¶コン，思想，幕末（㊥嘉永7（1854）年7月27日），山小（㊥1854年7月27日　㊤1936年2月26日）

高橋作左衛門(1)　たかはしさくざえもん
⇒高橋景保（たかはしかげやす）

高橋作左衛門(2)　たかはしさくざえもん
⇒高橋至時（たかはしよしとき）

高橋作也＊　たかはしさくや
文政8（1825）年〜慶応1（1865）年　㊔高橋坦堂（たかはしたんどう）　江戸時代末期の近江膳所藩士。尊攘派の志士。
¶幕末（㊥文政8（1825）年6月10日　㊤慶応1（1865）年10月21日）

高橋三五郎　たかはしさんごろう
江戸時代末期の新撰組隊士。
¶新隊（生没年不詳）

高橋三十郎　たかはしさんじゅうろう
江戸時代前期の豊臣秀頼の小姓。
¶大坂（㊤慶長19年11月26日）

高橋残夢＊　たかはしざんむ
安永4（1775）年〜嘉永4（1851）年　江戸時代後期の歌人、国語学者。
¶コン

高橋重賢＊(1)　たかはししげかた
＊〜天保4（1833）年　江戸時代中期〜後期の官吏。蝦夷地・長崎奉公歴任。
¶徳人（㊥1758年），徳代（㊥宝暦8（1758）年）

高橋重賢(2)　たかはししげかた
江戸時代後期の和算家、佐倉藩士。
¶数学

高橋鎮種　たかはししげたね
⇒高橋紹運（たかはしじょううん）

高橋重行　たかはししげゆき
安土桃山時代の上野国甘楽郡南牧谷岩戸村の土豪。上野国衆国峰小幡氏の家臣。
¶武田（㊡？　㊤文禄1（1592）年4月3日？）

高橋忍南　たかはししなん
⇒高橋祐雄（たかはしすけお）

高橋秀*　たかはししゅう
生没年不詳　[別]高橋秀（たかはしすぐる）　江戸時代後期の和算家。
¶数学（たかはしすぐる）

高橋十左衛門尉　たかはしじゅうざえもんのじょう
安土桃山時代の上野国衆国峰小幡氏の家臣。
¶武田（生没年不詳）

高橋十三郎　たかはしじゅうざぶろう
江戸時代前期の豊臣秀頼の小姓。
¶大坂（[没]慶長20年5月8日）

高橋重太夫*　たかはしじゅうだゆう
天保13（1842）年～慶応1（1865）年　江戸時代末期の水戸藩士。
¶幕末（[没]慶応1（1865）年10月25日）

高橋俊三郎*　たかはししゅんさぶろう
天保5（1834）年～明治10（1877）年　江戸時代末期～明治時代の郷士。戊辰戦争に従軍、新留守居組になる。
¶幕末（[没]明治10（1877）年5月15日）

高橋春城*　たかはししゅんじょう
文政5（1822）年～明治28（1895）年　江戸時代末期～明治時代の医師。
¶幕末

高橋春圃*　たかはししゅんぽ，たかはししゅんぼ
文化2（1805）年～明治1（1868）年　江戸時代末期の蘭方医、肥後熊本藩医。
¶コン

高橋紹運*　たかはしじょううん，たかはししょううん
？～天正14（1586）年　[別]高橋鎮種（たかはししげたね），吉弘鎮種（よしひろしげたね）　安土桃山時代の武将、三河守。
¶コン（[生]天文17（1548）年），全戦（高橋鎮種　たかはししげたね），戦武（吉弘鎮種　よしひろしげたね　[生]天文17（1548）年？）

高橋将監*　たかはししょうげん
生没年不詳　戦国時代の武士。後北条氏家臣。
¶後北（頼元〔高橋（1）〕　よりもと　[没]大永1年7月16日）

高橋省五郎　たかはししょうごろう
⇒高橋知周（たかはしともちか）

高橋庄左衛門*　たかはししょうざえもん
天保13（1842）年～万延1（1860）年　江戸時代末期の水戸藩士。
¶幕末（[没]万延1（1860）年3月23日）

高橋正作*　たかはししょうさく
享和3（1803）年～明治27（1894）年6月23日　江戸時代末期～明治時代の篤農家。著書に「除稲虫之法」「飢歳問答」など。農業技術の指導にあたる。
¶コン，幕末（[生]享和3（1803）年10月28日）

高橋正三郎　たかはししょうざぶろう
江戸時代前期の豊臣秀頼の小姓。
¶大坂

高橋新一郎　たかはししんいちろう
江戸時代後期～昭和時代の東京堂創業者。
¶出版（[生]嘉永2（1849）年11月20日　[没]昭和2（1927）年5月14日）

高橋新五郎〔2代〕*　たかはししんごろう
寛政3（1791）年～安政4（1857）年　江戸時代末期の機業家。武蔵国足立郡塚越村生まれ。
¶江人（代数なし），コン（代数なし），幕末（代数なし　[生]寛政3（1791）年1月5日　[没]安政4（1857）年6月25日）

高橋新七*　たかはししんしち
文政7（1824）年～明治13（1880）年　江戸時代末期～明治時代の相模国真土村の農家。組頭。松木長右衛門宅の焼討に加わり、獄中死。
¶幕末

高橋秀　たかはしすぐる
⇒高橋秀（たかはししゅう）

高橋祐雄*　たかはしすけお
文政5（1822）年～大正7（1918）年　[別]高橋忍南（たかはししなん）　江戸時代末期～明治時代の儒学者。
¶幕末（高橋忍南　たかはししなん）

高橋誠三郎*　たかはしせいざぶろう
天保2（1831）年～文久1（1861）年　[別]高橋古渓（たかはしこけい）　江戸時代末期の陸奥会津藩士。
¶幕末（[没]文久1（1861）年6月11日）

高橋清助*　たかはしせいすけ
？～明治6（1873）年　江戸時代末期～明治時代の実業家。寺院、諸邸に綿衣・草履を行商。廉売で有名。
¶幕末（[没]明治6（1873）年10月）

高橋石雲*　たかはしせきうん
生没年不詳　戦国時代の北条氏の家臣。
¶後北（綱利〔高橋（1）〕　つなとし）

高橋石霞*　たかはしせっか
文化5（1808）年～明治16（1883）年　江戸時代末期～明治時代の町人学者、商人、町年寄、広島藩綿座頭取。酒造業、古着商を営み、独学で経史を学び、易経に詳しく、医学にも造詣が深かった。
¶コン

高橋草坪*　たかはしそうへい
江戸時代後期の南画家。
¶コン（[生]享和2（1802年/1803）年　[没]天保4（1833年/1834）年），幕末（[生]文化1（1804）年4月5日　[没]天保6（1835）年2月3日），美画（[生]享和2（1802）年　[没]天保6（1835）年2月3日）

高橋多一郎*　たかはしたいちろう
文化11（1814）年～万延1（1860）年　[別]磯部三郎兵衛（いそべさぶろうべえ）　江戸時代末期の水戸藩士。桜田門外の変の指導者。
¶江人，コン，全幕，幕末（[没]万延1（1860）年3月23日）

高橋竹之助*（高橋竹之介）　たかはしたけのすけ
天保13（1842）年～明治42（1909）年　江戸時代末期～明治時代の勤王の志士。戊辰戦争の際、政府の嚮導官となる。誠意塾を開き子弟を教育。
¶コン，幕末（高橋竹之介　[没]明治42（1909）年11月7日）

高橋辰治　たかはしたつじ
江戸時代末期の二本松少年隊士。
¶全幕（[生]安政3（1856）年　[没]慶応4（1868）年）

高橋太郎左衛門*　たかはしたろうざえもん
生没年不詳　江戸時代前期の出羽庄内藩士。
¶コン

高橋坦堂　たかはしたんどう
⇒高橋作也（たかはしさくや）

高橋丹波守* たかはしたんばのかみ
生没年不詳 戦国時代の北条氏の家臣。
¶後北(政信〔高橋(1)〕 まさのぶ [没]天正18年6月23日)

高橋仲善* たかはしちゅうぜん
寛政11(1799)年～嘉永7(1854)年 [別]高橋仲善(たかはしなかよし) 江戸時代末期の和算家。
¶数学(たかはしなかよし [没]嘉永7(1854)年7月10日)

高橋恒佐 たかはしつねすけ
江戸時代前期～中期の幕臣。
¶徳人([生]1677年 [没]1758年)

高橋恒成 たかはしつねよし
江戸時代中期の幕臣。
¶徳人([生]1746年 [没]?)

高橋泥舟* たかはしでいしゅう
天保6(1835)年～明治36(1903)年2月13日 江戸時代末期～明治時代の幕臣、槍術家。講武所の槍術教授。徳川慶喜の身辺警護にあたる。
¶江人,コン,詩作([生]天保6(1835)年2月17日),全幕,徳将,徳人,幕末([生]天保6(1835)年2月17日)

高橋伝 たかはしでん
江戸時代後期～明治時代の女性。明治時代の毒婦として小説や演劇のモデルとなった。
¶女史([生]1851年 [没]1879年)

高橋痘庵* たかはしとうあん
文政11(1828)年～明治21(1888)年 江戸時代末期～明治時代の医師。角館地方で種痘を実施。終生種痘医として過ごし「イモ神様」と尊敬された。
¶幕末([没]明治21(1888)年4月24日)

高橋東淵* たかはしとうえん
文政9(1826)年～明治41(1908)年 江戸時代末期～明治時代の蘭医、暦数家。長崎で蘭医師に医術を学び眼科を開業。
¶科学([生]文政9(1826)年1月 [没]明治41(1908)年10月3日)

高橋東皐 たかはしとうこう
⇒高橋東皐(たかはしとうゆう)

高橋東皐の妻 たかはしとうこうのつま★
江戸時代後期の女性。俳諧。太田氏。
¶江表(高橋東皐の妻(岩手県) [没]文政6(1823)年)

高橋藤太郎* たかはしとうたろう
嘉永2(1849)年～明治1(1868)年 江戸時代末期の相模小田原藩士。
¶幕末([没]慶応4(1868)年5月26日)

高橋道八* たかはしどうはち
世襲名 [別]道八(どうはち) 江戸時代の京都の陶工。
¶江人(道八 どうはち)

高橋道八〔1代〕* たかはしどうはち
*～文化1(1804)年 [別]空中(くうちゅう),道八〔1代〕(どうはち) 江戸時代中期～後期の京焼の陶工。
¶美工([生]寛延2(1749)年 [没]文化1(1804)年4月)

高橋道八〔2代〕* たかはしどうはち
天明3(1783)年～安政2(1855)年 [別]道八〔2代〕(どうはち),仁阿弥道八(にんあみどうはち,にんなみどうはち) 江戸時代後期の京都の陶工。
¶コン(仁阿弥道八 にんあみどうはち),美工([没]安政2(1855)年5月26日)

高橋道八〔3代〕* たかはしどうはち
文化8(1811)年～明治12(1879)年 江戸時代末期～明治時代の陶芸家。青磁等をよくし、籠形器を創成。近代陶芸のパイオニア。
¶美工([没]明治12(1879)年8月2日)

高橋道八〔4代〕* たかはしどうはち
弘化2(1845)年～明治30(1897)年 江戸時代末期～明治時代の陶工。白磁や染付磁を得意とし、釉薬の改良に尽力。
¶美工([生]弘化2(1845)年5月 [没]明治30(1897)年7月26日)

高橋東平* たかはしとうへい
文化9(1812)年～明治7(1874)年 江戸時代末期～明治時代の旗本渡辺能登守の代官。私塾を開き弟子を多く養成した。
¶幕末

高橋東皐* たかはしとうゆう
*～文政2(1819)年 [別]高橋東皐(たかはしとうこう),東皐(とうこう) 江戸時代後期の俳人(蕪村門)。
¶俳文(東皐 とうこう [生]宝暦2(1752)年 [没]文政2(1819)年1月11日)

高橋俊信 たかはしとしのぶ
江戸時代前期～中期の公家。高橋俊知の子。
¶公家(俊信〔鷹司家諸大夫 高橋家(藤原氏)〕 としのぶ [生]1671年 [没]宝暦12(1762)年9月3日)

高橋俊璹* たかはしとしひさ
文化5(1808)年～慶応2(1866)年 江戸時代末期の鷹司家諸大夫。
¶幕末([生]文化5(1808)年11月23日 [没]慶応2(1866)年1月3日)

高橋俊寿* たかはしとしひさ
宝暦3(1753)年11月19日～文化14(1817)年6月19日 江戸時代中期～後期の公家。
¶公家(俊寿〔鷹司家諸大夫 高橋家(藤原氏)〕 としひさ)

高橋利美 たかはしとしみ
江戸時代後期～明治時代の和算家。栃木芳賀郡飯貝村の人。
¶数学([生]天保14(1843)年 [没]明治35(1902)年4月21日)

高橋富兄* たかはしとみえ
文政8(1825)年～大正3(1914)年 江戸時代末期～大正時代の国学者、第四高等中学校教授。著書に「類題石川歌集」「日本文法問答」など。
¶幕末([生]文政8(1825)年5月 [没]大正3(1914)年9月)

高橋知足* たかはしともたり
生没年不詳 江戸時代後期の藩士・和算家。
¶数学

高橋知周* たかはしともちか
寛政6(1794)年～嘉永5(1852)年 [別]高橋省五郎(たかはししょうごろう) 江戸時代末期の伊勢津藩士。
¶コン

高橋虎松* たかはしとらまつ
?～天正10(1582)年6月2日 戦国時代～安土桃山時代の織田信長の家臣。
¶織田

たかはし　　　　　　　　　1308

高橋直次　たかはしなおつぐ
⇒立花直次（たちばななおつぐ）

高橋長綱　たかはしながつな
平安時代後期の侍大将。
¶平家（㋐？　㋒寿永2（1183）年）

高橋長信*　たかはしながのぶ
文化14（1817）年～明治12（1879）年　江戸時代末
期～明治時代の松江藩士、刀匠。修業後松江で作刀
に励む。廃刀令で失職。
¶幕末（㋐文化13（1816）年　㋒明治11（1878）年5月20
日）

高橋仲善　たかはしなかよし
⇒高橋仲善（たかはしちゅうぜん）

高橋秋武　たかはしのあきたけ
平安時代後期の官人。
¶古人（生没年不詳）

高橋朝臣国足　たかはしのあそみくにたり
⇒高橋国足（たかはしのくにたり）

高橋朝臣安麻呂　たかはしのあそみやすまろ
⇒高橋安麻呂（たかはしのやすまろ）

高橋朝臣安麻呂　たかはしのあそんやすまろ
⇒高橋安麻呂（たかはしのやすまろ）

高橋祖麻呂　たかはしのおやまろ
奈良時代の官人。
¶古人（生没年不詳）

高橋老麻呂　たかはしのおゆまろ
奈良時代の遣渤海使。
¶古人（生没年不詳）

高橋笠間　たかはしのかさま
⇒高橋笠間（たかはしかさま）

高橋国足*　たかはしのくにたり
㋒高橋朝臣国足（たかはしのあそみくにたり）　奈
良時代の歌人。
¶古人（生没年不詳）

高橋国宗　たかはしのくにむね
平安時代後期の官人。
¶古人（生没年不詳）

高橋子老　たかはしのこおゆ
奈良時代の官人。
¶古人（生没年不詳）

高橋嶋麻呂　たかはしのしままろ
飛鳥時代の官人。
¶古人（生没年不詳）

高橋高恒　たかはしのたかつね
平安時代中期の官人。
¶古人（生没年不詳）

高橋鷹主　たかはしのたかぬし
奈良時代の官人。
¶古人（生没年不詳）

高橋武末　たかはしのたけすえ
平安時代後期の官人。
¶古人（生没年不詳）

高橋時経　たかはしのときつね
平安時代後期の官人。

¶古人（生没年不詳）

高橋俊経　たかはしのとしつね
平安時代中期の官人。
¶古人（生没年不詳）

高橋成任　たかはしのなりとう
平安時代後期の東寺領伊勢国大国荘の荘官。
¶古人（生没年不詳）

高橋人足　たかはしのひとたり
奈良時代の官人。
¶古人（生没年不詳）

高橋広島　たかはしのひろしま
奈良時代の官人。
¶古人（生没年不詳）

高橋広人　たかはしのひろひと
奈良時代の官人。
¶古人（生没年不詳）

高橋文室麻呂*　たかはしのふんやまろ
弘仁7（816）年～貞観6（864）年　平安時代前期の
琴師。
¶古人

高橋三綱　たかはしのみつつな
奈良時代の官人。
¶古人（生没年不詳）

高橋光任　たかはしのみつとう
平安時代後期の官人。
¶古人（生没年不詳）

高橋虫麻呂*　たかはしのむしまろ
生没年不詳　㋒高橋連虫麻呂（たかはしのむらじむ
しまろ），高橋虫麻呂（たかはしむしまろ）　奈良
時代の歌人。
¶古人，古代（高橋連虫麻呂　たかはしのむらじむしま
ろ），コン，詩作，日文（たかはしむしまろ）

高橋連虫麻呂　たかはしのむらじむしまろ
⇒高橋虫麻呂（たかはしのむしまろ）

高橋安麻呂*　たかはしのやすまろ
㋒高橋朝臣安麻呂（たかはしのあそみやすまろ，た
かはしのあそんやすまろ）　奈良時代の官人。
¶古人（生没年不詳），古代（高橋朝臣安麻呂　たかはしの
あそんやすまろ）

高橋行国　たかはしのゆきくに
平安時代後期の官人。
¶古人（生没年不詳）

高橋良孝　たかはしのよしたか
平安時代後期の官人。
¶古人（生没年不詳）

高橋良成　たかはしのよしなり
⇒高橋良成（たかはしよしなり）

高橋善道　たかはしのよしみち
平安時代中期の官人。
¶古人（生没年不詳）

高橋頼兼　たかはしのよりかね
平安時代後期の官人、算師。

高橋矩常*　たかはしのりつね
天保13（1842）年～明治37（1904）年　江戸時代末

期～明治時代の実業家。下館町政に参画。下館銀行創設に参加し初代頭取に選出される。
¶幕末（[没]明治37（1904）年1月26日）

高橋規行　たかはしのりゆき
江戸時代後期～末期の和算家。
¶数学

高橋梅庭*　たかはしばいてい
文政1（1818）年～文久3（1863）年　[別]高橋顕（たかはしあきら）　江戸時代末期の三河西尾藩士、歌人。
¶幕末

高橋白山*　たかはしはくざん
天保7（1836）年～明治37（1904）年　江戸時代末期～明治時代の漢学者、教育者。
¶幕末（[生]天保7（1837）年12月　[没]明治37（1904）年3月10日）

高橋波藍*　たかはしはらん
生没年不詳　江戸時代末期の蝦夷松前藩士。
¶幕末

高橋半三郎　たかはしはんざぶろう
江戸時代前期の豊臣秀頼の小姓。
¶大坂（[没]慶長20年5月8日）

高橋彦四郎　たかはしひこしろう
戦国時代の北条氏綱の家臣。もと三河国国衆の堀越六郎家臣。
¶後北（彦四郎〔高橋（2）〕　ひこしろう）

高橋英昌*　たかはしひでまさ
生没年不詳　江戸時代後期の和算家。
¶数学

高橋秀松　たかはしひでまつ
江戸時代末期～大正時代の薬学者、海軍薬剤中監。
¶科学（[生]嘉永7（1854）年8月21日　[没]大正3（1914）年2月9日）

高橋秀幸*　たかはしひでゆき
生没年不詳　江戸時代後期の和算家。
¶数学

高橋兵部　たかはしひょうぶ
江戸時代前期の仏師。
¶美建（[生]慶長14（1609）年　[没]？）

高橋不可得*　たかはしふかとく
文化5（1808）年～明治18（1885）年　江戸時代末期～明治時代の住職。修験と顕密教を修める。大重院、高野山西室院の住職。
¶幕末（[没]明治18（1885）年4月6日）

高橋藤*　たかはしふじ
？～天正10（1582）年6月2日　[別]高橋藤丸（たかはしふじまる）　戦国時代～安土桃山時代の織田信長の家臣。
¶織田（高橋藤丸　たかはしふじまる）

高橋藤丸　たかはしふじまる
⇒高橋藤（たかはしふじ）

高橋文右衛門*　たかはしぶんえもん
安永4（1775）年～安政2（1855）年　江戸時代後期の醤油醸造業者。讃岐国小豆島の豪農の生まれ。
¶コン，幕末（[没]安政2（1855）年5月27日）

高橋兵四郎　たかはしへいしろう
江戸時代後期の幕臣。
¶徳人（生没年不詳）

高橋鳳雲*　たかはしほううん
文化7（1810）年～安政5（1858）年　江戸時代末期の仏師。
¶美建

高橋宝山*　たかはしほうざん
江戸時代末期の仏師。
¶美建（生没年不詳）

高橋孫八　たかはしまごはち
江戸時代後期～明治時代の大工。
¶美建（[生]享和1（1801）年　[没]明治17（1884）年）

高橋正純*　たかはしまさずみ
天保6（1835）年～明治24（1891）年　江戸時代末期～明治時代の医師、熊本藩藩医、大阪医学校校長。長崎病院の塾頭を経て、大阪医学病院院長などをつとめた。
¶科学（[生]天保6（1835）年6月28日　[没]明治24（1891）年1月28日）

高橋正次　たかはしまさつぐ
江戸時代前期の幕臣。
¶徳人（生没年不詳）

高橋正直　たかはしまさなお
江戸時代後期～大正時代の医師。
¶科学（[生]天保14（1843）年　[没]大正10（1921）年2月14日）

高橋正法　たかはしまさのり
江戸時代後期～大正時代の幕臣。
¶徳人（[生]1840年　[没]1916年）

高橋瑞子　たかはしみずこ
江戸時代後期～昭和時代の医師。
¶女史（[生]1852年　[没]1927年）

高橋道貞　たかはしみちさだ
江戸時代末期の和算家。陸中東和賀郡藤根村の人。千葉胤規に和算を学ぶ。
¶数学

高橋満貞　たかはしみつさだ
江戸時代後期～明治時代の和算家。
¶数学（[生]文化4（1807）年　[没]明治18（1885）年）

高橋虫麻呂　たかはしむしまろ
⇒高橋虫麻呂（たかはしのむしまろ）

高橋元種*　たかはしもとたね
元亀2（1571）年～慶長19（1614）年　安土桃山時代～江戸時代前期の大名。日向延岡藩主。
¶戦武

高橋屋甲之允*　たかはしやこうのじょう
天保8（1837）年～元治1（1864）年　[別]高橋甲之允（たかはしこうのじょう）　江戸時代末期の市勇隊伍長。
¶幕末（[没]元治1（1864）年7月19日）

高橋安次郎　たかはしやすじろう
江戸時代後期～末期の武士、京都見廻組御雇。
¶全幕（[生]天保13（1842）年　[没]慶応4（1868）年）

高橋保永*　たかはしやすなが
生没年不詳　江戸時代後期の和算家。
¶数学

高橋保道　たかはしやすみち
江戸時代中期の幕臣。
¶徳人(生没年不詳)

高橋由一*　たかはしゆいち
文政11(1828)年〜明治27(1894)年7月6日　江戸時代末期〜明治時代の洋画家。パリ、ウィーン万博などに出品。作品に「花魁」「読本と草紙」「鮭」など。
¶コン,幕末([生]文政11(1828)年2月5日),美画([生]文政11(1828)年2月5日),山小([生]1828年2月5日　[没]1894年7月6日)

高橋祐次郎　たかはしゆうじろう
⇒美玉三平(みたまさんぺい)

高橋雄太郎*　たかはしゆうたろう
天保4(1833)年〜慶応1(1865)年　江戸時代末期の近江膳所藩士。
¶幕末([没]慶応1(1865)年10月21日)

高橋至時*　たかはしよしとき
明和1(1764)年〜享和4(1804)年1月5日　[別]高橋作左衛門(たかはしさくざえもん)　江戸時代中期〜後期の暦算家。
¶江人,科学([生]明和1(1764)年11月30日　[没]文化1(1804)年1月5日),コン([没]文化1(1804)年),数学([生]明和1(1764)年11月30日),対外,徳人,山小([生]1764年11月30日　[没]1804年1月5日)

高橋良成*　たかはしよしなり
生没年不詳　[別]高橋良成(たかはしのよしなり)　平安時代中期の官人、歌人。
¶古人(たかはしのよしなり)

高橋良之助*　たかはしよしのすけ
江戸時代末期の新撰組隊士。
¶新隊

高橋善道*　たかはしよしみち
生没年不詳　江戸時代後期の和算家・幕臣。
¶数学

高橋義泰*　たかはしよしやす
天保4(1833)年〜明治35(1902)年　江戸時代後期〜明治時代の数学暦術家。維新後天文台に奉職。
¶科学([没]明治35(1902)年1月26日),数学([没]明治35(1902)年1月26日)

高橋与三*　たかはしよぞう
天保12(1841)年〜元治1(1864)年　江戸時代末期の長州(萩)藩士。
¶幕末([没]元治1(1864)年7月19日)

高橋梨一*　たかはしりいち
正徳4(1714)年〜天明3(1783)年　[別]梨一(りいち)　江戸時代中期の俳人。
¶俳文(梨一　りいち　[没]天明3(1783)年4月18日)

高橋利兵衛*　たかはしりへえ
天保11(1840)年〜元治1(1864)年　江戸時代末期の百姓。
¶幕末([没]元治1(1864)年3月10日)

高橋蘆川　たかはしろせん
江戸時代中期の彫師。
¶浮絵

高橋和貫　たかはしわかん
江戸時代後期〜末期の幕臣。
¶徳人(生没年不詳)

高橋済*　たかはしわたる
天保5(1834)年〜明治34(1901)年　江戸時代末期〜明治時代の教育者。館林東校校長をつとめる。著書「蘭舟翁遺稿」がある。
¶幕末([生]天保5(1834)年5月1日　[没]明治34(1901)年7月7日)

高橋渡*　たかはしわたる
?〜慶応4(1868)年9月5日?　江戸時代後期〜末期の新撰組隊士。
¶新隊([没]明治1(1868)年9月5日)

高橋亘*　たかはしわたる
天保4(1833)年〜*　江戸時代末期の志士。
¶幕末([生]天保4(1833)年5月4日　[没]慶応3(1868)年12月18日)

鷹羽真一　たかはしんいち
⇒鷹羽真一(たかのはしんいち)

高畠右衛門太郎入道持法*　たかはたうえもんたろうにゅうどうじほう
生没年不詳　南北朝時代の北伊賀の悪党。
¶コン

高畠耕斎*　たかばたけこうさい
文化10(1813)年〜安政6(1859)年　江戸時代末期の医師(阿波徳島藩医)。
¶コン

高畠五郎*　たかばたけごろう,たかはたけごろう
文政8(1825)年〜明治17(1884)年9月4日　江戸時代末期〜明治時代の翻訳官、蕃書調所教授。兵部省・海軍省で翻訳課副長・海軍権大書記官を歴任。
¶徳人(たかはたけごろう),幕末([生]文政8(1825)年5月5日)

高畠三右衛門*　たかばたけさんえもん
生没年不詳　安土桃山時代の織田信長の家臣。
¶織田

高畠式部*　たかばたけしきぶ
天明5(1785)年〜明治14(1881)年5月28日　江戸時代末期〜明治時代の歌人。名は刀美。桂園の歌風。歌集に「麦の舎集」など。
¶江表(式部(京都府)),詩作,女史,女文

高畠持法　たかはたじほう
⇒服部持法(はっとりじほう)

高畑挺三　たかはたちょうぞう
江戸時代末期〜明治時代の医師。
¶科学([生]安政5(1858)年12月　[没]明治43(1910)年8月31日)

高畑房次郎*　たかはたふさじろう
文政11(1828)年〜文久2(1862)年　[別]相田千之允(あいたせんのじょう)　江戸時代末期の農民。
¶幕末([没]文久2(1862)年1月15日)

高幡竜暢*(高幢竜暢)　たかはたりゅうちょう
文政10(1827)年〜大正1(1912)年　江戸時代末期〜明治時代の僧。
¶幕末([没]大正1(1912)年9月2日)

高林明慶　たかばやしとしのり
江戸時代中期の幕臣。
¶徳人([生]1710年　[没]1765年)

高林直重　たかばやしなおしげ
江戸時代前期の大坂船手奉行、代官。

¶徳代（[生]？　[没]延宝5（1677）年）

高林方朗*　たかばやしみちあきら
明和6（1769）年～弘化3（1846）年　江戸時代後期の国学者。
¶コン

高林吉利　たかばやしよしとし
戦国時代～安土桃山時代の代官。
¶徳代（[生]大永5（1525）年　[没]慶長1（1596）年1月29日）

高原吉種*　たかはらきっしゅ
[別]高原吉種（たかはらよしたね）　江戸時代前期の和算家。
¶数学（たかはらよしたね）

高原弘造　たかはらこうぞう
江戸時代後期～大正時代の建築家。
¶美建（[生]弘化2（1845）年5月　[没]大正7（1918）年12月4日）

高原五郎七*　たかはらごろしち
生没年不詳　[別]五郎七（ごろしち）　江戸時代前期の肥前の陶工、本邦磁器の功労者。
¶美工

高原省七*　たかはらしょうしち
天保2（1831）年～慶応3（1867）年　江戸時代末期の庄屋。
¶幕末（[没]慶応3（1867）年9月6日）

高原村京右衛門*　たかはらむらきょうえもん
？～宝暦7（1757）年　江戸時代中期の義民。阿波国名西郡高原村の百姓一揆指導者。
¶コン

高原村常右衛門*　たかはらむらじょうえもん
？～宝暦7（1757）年　江戸時代中期の阿波国名西郡高原村の義民。
¶コン

高原村長兵衛*　たかはらむらちょうべえ
？～宝暦7（1757）年　江戸時代中期の阿波国名西郡高原村の義民。
¶コン

高原吉種　たかはらよしたね
⇒高原吉種（たかはらきっしゅ）

孝晴*　たかはる
生没年不詳　江戸時代前期の俳人。
¶俳文

尊治親王　たかはるしんのう
⇒後醍醐天皇（ごだいごてんのう）

尊彦親王　たかひこしんのう
⇒尊円入道親王（そんえんにゅうどうしんのう）

高久靄厓（高久靄崖）　**たかひさあいがい**
⇒高久靄厓（たかくあいがい）

高久隆古　たかひさりゅうこ
⇒高隆古（こうりゅうこ）

幟仁親王*　たかひとしんのう
文化9（1812）年～明治19（1886）年1月24日　[別]有栖川宮幟仁（ありすがわのみやたかひと），有栖川宮幟仁親王（ありすがわのみやたかひとしんのう）　江戸時代末期～明治時代の親王。有栖川宮韶仁親王の子。
¶コン（有栖川宮幟仁親王　ありすがわのみやたかひとしんのう），全幕，天皇（[生]文化9（1812）年1月5日），幕末（[生]文化9（1812）年1月5日）

隆姫　たかひめ★
江戸時代後期の女性。俳諧・画。遠江横須賀藩主西尾忠移の娘。
¶江表（隆姫（兵庫県）　[生]寛政1（1789）年　[没]文政12（1829）年）

隆姫子女王*　たかひめこにょおう
長徳1（995）年～寛治1（1087）年　[別]隆子女王（たかこじょおう），隆姫女王（たかひめじょおう），源隆姫（みなもとのたかひめ）　平安時代中期～後期の女性。関白藤原頼通の室。村上天皇の皇子具平親王の第1皇女。
¶古人（隆姫女王　たかひめじょおう），コン，女史（源隆姫　みなもとのたかひめ）

隆姫女王　たかひめじょおう
⇒隆姫子女王（たかひめこにょおう）

高樋主水　たかひもんど
江戸時代前期の大和の住人。増田長盛に属した。
¶大坂

高平*　たかひら
平安時代の備前の刀工。
¶美工（生没年不詳）

貴平親王　たかひらしんのう
⇒永悟法親王（えいごほうしんのう）

高政*　たかまさ
生没年不詳　[別]菅野谷高政（すがのやたかまさ，すげのやたかまさ）　江戸時代中期の俳人。京都談林俳諧の中心人物。
¶俳文

多賀政常　たがまさつね
江戸時代中期の幕臣。
¶徳人（[生]？　[没]1721年）

高間省三*　たかましょうぞう
嘉永1（1848）年～明治1（1868）年　江戸時代末期の安芸広島藩士。
¶幕末（[没]慶応4（1868）年8月1日）

高松院*　たかまついん
永治1（1141）年～安元2（1176）年6月13日　[別]姝子内親王（いもこないしんのう），乙姫宮（おとひめのみや），姝子内親王（しゅしないしんのう，よしこないしんのう）　平安時代後期の女性。二条天皇中宮。鳥羽天皇第6皇女。
¶古人（姝子内親王　よしこないしんのう），コン，女史，天皇（[生]永治1（1141）年11月8日），天皇（姝子内親王　しゅしないしんのう），平家

高松蟻兄*　たかまつぎけい
寛政3（1791）年～明治5（1872）年　江戸時代末期～明治時代の俳人。俳句で世に知られた。
¶幕末（[没]明治5（1872）年1月8日）

高松公祐　たかまつきんさち
⇒高松公祐（たかまつきんすけ）

高松公祐*　たかまつきんすけ
安永3（1774）年10月9日～嘉永4（1851）年7月18日　[別]高松公祐（たかまつきんさち）　江戸時代後期の公家（権中納言）。非参議高松季昵の子。
¶公卿，公家（公祐〔高松家〕　きんさち）

た

高松実村* たかまつさねむら
天保13(1842)年～明治40(1907)年 江戸時代末期～明治時代の公家。若松県出仕、内務権少録などつとめる。
¶幕末([生]天保13(1842)年5月27日 [没]明治40(1907)年10月12日)

高松重季* たかまつしげすえ
*～延享2(1745)年 江戸時代中期の歌学者、公家(参議)。高松家の祖。権大納言武者小路実陰の子。
¶公卿([生]元禄11(1698)年12月24日 [没]延享2(1745)年10月8日),公家(重季〔高松家〕 しげすえ [生]元禄11(1698)年12月24日 [没]延享2(1745)年10月8日)

高松重房 たかまつしげふさ
江戸時代の仏師。
¶美建(生没年不詳)

高松七郎 たかまつしちろう
江戸時代後期～明治時代の製陶業。
¶美工([生]天保10(1839)年 [没]明治44(1911)年)

高松順蔵* たかまつじゅんぞう
文化4(1807)年～明治9(1876)年 江戸時代末期～明治時代の郷士の長男。
¶全幕,幕末([没]明治9(1876)年8月2日)

高松季実* たかまつすえざね
文化3(1806)年5月18日～安政3(1856)年7月29日 江戸時代末期の公家(非参議)。権中納言高松公祐の子。
¶公卿,公家(季実〔高松家〕 すえざね)

高松季昵* たかまつすえじつ
宝暦5(1755)年9月26日～寛政7(1795)年9月8日 江戸時代中期の公家(非参議)。参議高松重季の孫。
¶公卿,公家(季昵〔高松家〕 すえじつ)

高松内匠長次 たかまつたくみながつぐ
安土桃山時代～江戸時代前期の生駒一正の家臣。後に牢人。
¶大坂([生]天正16年 [没]慶安2年1月8日)

高松太郎 たかまつたろう
⇒坂本直(さかもとなお)

高松千鶴* たかまつちづる
文化14(1817)年～文久1(1861)年 [別]坂本千鶴(さかもとちず) 江戸時代末期の坂本龍馬の姉。
¶全幕(坂本千鶴 さかもとちず),幕末([没]文久1(1862)年12月25日)

高松濤亭* たかまつとうてい
文化7(1810)年～明治1(1868)年 江戸時代末期の医師。
¶幕末([没]慶応4(1868)年1月20日)

高松笠麻呂 たかまつのかさまろ
奈良時代の官人。
¶古人(生没年不詳)

高松宮 たかまつのみや
平安時代後期の女性。鳥羽上皇の皇女と考えられるが、詳細不明。
¶天皇

高松彦三郎* たかまつひこさぶろう
生没年不詳 江戸時代末期の幕臣・小人目付。1862年遣欧使節に随行しフランスに渡る。
¶幕末([生]文政1(1818)年 [没]文久3(1863)年4月24日)

高松広種 たかまつひろたね
安土桃山時代の北条氏政・氏直の家臣。六右衛門尉。
¶後北(広種〔高松〕 ひろたね)

高松平十郎* たかまつへいじゅうろう
天保7(1836)年～文久3(1863)年 江戸時代末期の尊王攘夷運動家。
¶幕末([生]天保7(1836)年5月3日 [没]文久3(1863)年2月27日)

高松舫洲* たかまつぼうしゅう
文化3(1806)年～明治20(1887)年 江戸時代末期～明治時代の漢学者。俳句に長じ、書法も達者。
¶幕末([没]明治20(1887)年3月31日)

高松又八郎 たかまつまたはちろう
江戸時代中期の彫物師。
¶美建([生]? [没]明和6(1769)年)

高松保実* たかまつやすさね, たかまつやすざね
文化14(1817)年～明治11(1878)年 江戸時代末期～明治時代の公家、大膳権大夫。攘夷期限に関する六十数卿の上書に参加。
¶公卿(たかまつやすざね [生]文化14(1817)年12月1日 [没]明治11(1878)年9月),公家(保実〔高松家〕 やすざね [生]文化14(1817)年12月1日 [没]明治11(1878)年9月24日),幕末([生]文化14(1818)年12月1日 [没]明治11(1878)年9月24日)

高松頼重* たかまつよりしげ
生没年不詳 鎌倉時代後期～南北朝時代の武士。
¶室町

高松凌雲* たかまつりょううん
天保7(1836)年～大正5(1916)年10月12日 江戸時代末期～明治時代の医師。パリで医学を学ぶ。同愛社を創立し貧民救療事業に当たる。
¶科学([生]天保7(1836)年12月25日),コン,全幕,徳人,幕末([生]天保7(1837)年12月)

高間伝兵衛(1) たかまでんべえ
世襲名 江戸時代の江戸日本橋本船町の米問屋。
¶徳将

高間伝兵衛*(2) たかまでんべえ
生没年不詳 江戸時代中期の江戸の豪商。
¶コン

高円朝臣広世 たかまどのあそんひろよ
⇒高円広世(たかまどのひろよ)

高円広世* たかまどのひろよ
生没年不詳 [別]高円朝臣広世(たかまどのあそんひろよ),高円広世(たかまどひろよ) 奈良時代の官人。
¶古人,古代(高円朝臣広世 たかまどのあそんひろよ)

高円広世 たかまどひろよ
⇒高円広世(たかまどのひろよ)

高天原広野姫尊 たかまのはらひろのひめのみこと
⇒持統天皇(じとうてんのう)

高間行秀* たかまゆきひで
生没年不詳 南北朝時代の武士。
¶コン,室町

高見 たかみ★
江戸時代後期の女性。和歌。常陸笠間藩主牧野貞喜の侍女。寛政10年跋、信濃松代藩主真田幸弘の六〇賀集「千とせの寿詞」に載る。

¶江表(高見(茨城県))

田雀見　たかみ
江戸時代後期の女性。俳諧。相模小田原の人。文政1年刊、六花苑嵐窓編『蛍雪集』に載る。
¶江表(田雀見(神奈川県))

田上宇平太*　たがみうへいた
文化14(1817)年～明治2(1869)年　[別]高崎鶴五郎(たかさきつるごろう)　江戸時代末期の長州(萩)藩士。
¶幕末([没]明治2(1869)年9月12日)

高見王*　たかみおう
天長1(824)年～嘉祥1(848)年　平安時代前期の桓武天皇の皇孫、桓武平氏高望流の祖。
¶古人,古代

田上王　たがみおう
奈良時代の官人。
¶古人(生没年不詳)

田上菊舎　たがみきくしゃ
⇒田上菊舎尼(たがみきくしゃに)

田上菊舎尼*　たがみきくしゃに
宝暦3(1753)年～文政9(1826)年　[別]菊舎(きくしゃ),菊舎尼(きくしゃに),田上菊舎(たがみきくしゃ)　江戸時代中期～後期の女性。俳人。
¶江表(菊舎(山口県)),女史(田上菊舎　たがみきくしゃ),女文(菊舎尼　きくしゃに　[没]文政9(1826)年8月22日),日文(菊舎尼　きくしゃに),俳文(菊舎尼　きくしゃに　[没]文政9(1826)年8月22日)

田上恭護　たがみきょうご
江戸時代末期～明治時代の代官。
¶徳代(生没年不詳)

高実子縫之介*(高実子縫之助)　たかみこぬいのすけ
弘化4(1847)年～慶応3(1867)年　江戸時代末期の人。出流山義挙に参加。
¶幕末([没]慶応3(1867)年12月)

高見沢庄左衛門尉　たかみざわしょうざえもんのじょう
安土桃山時代の佐久郡高野の土豪。
¶武田(生没年不詳)

高見沢美濃守　たかみざわみののかみ
戦国時代の佐久郡海ノ口の土豪。
¶武田([生]?　[没]天文21(1552)年7月21日?)

鷹見周吉*　たかみしゅうきち
江戸時代中期の木彫師。
¶美建(生没年不詳)

高美甚左衛門　たかみじんざえもん
江戸時代中期～末期の高美屋慶林堂創業者。
¶出版([生]天明4(1784)年10月28日　[没]元治1(1864)年4月27日)

鷹見泉石*　たかみせんせき
天明5(1785)年～安政5(1858)年　江戸時代後期の行政家、蘭学者。
¶江人,コン,思想,対外,幕末([生]天明5(1785)年6月29日　[没]安政5(1858)年7月16日)

高見善八　たかみぜんぱち
江戸時代後期の宮大工。
¶美建([生]?　[没]寛政2(1790)年)

田上尼　たがみに★
江戸時代前期～中期の女性。俳諧。蓑田氏の娘。
¶江表(田上尼(長崎県)　[生]正保2(1645)年　[没]享保4(1719)年)

田上尼*　たがみのあま
*～享保4(1719)年　江戸時代前期～中期の女性。俳人、芭蕉一門。
¶俳文([生]正保1(1644)年　[没]享保4(1719)年1月19日)

高皇産霊神*(高御産巣日神,高皇産霊尊)　たかみむすびのかみ,たかみむすひのかみ
[別]高木神(たかぎのかみ),高皇産霊尊(たかみむすひのみこと,たかみむすびのみこと)　日本神話の神。「古事記」では高御産巣日神。
¶コン(高皇産霊尊　たかみむすびのみこと),女史(高御魂神　たかみむすひのかみ)

高皇産霊尊　たかみむすひのみこと,たかみむすびのみこと
⇒高皇産霊神(たかみむすびのかみ)

高宮右京亮*　たかみやうきょうのすけ
?～元亀2(1571)年9月21日　戦国時代～安土桃山時代の織田信長の家臣。
¶織田

鷹見保具の妻　たかみやすとものつま★
江戸時代中期の女性。和歌。摂津兵庫津で筑前福岡藩ほか数藩の浜本陣を務めた鷹見保具の妻。
¶江表(鷹見保具の妻(兵庫県))

鷹見保具の母　たかみやすとものはは★
江戸時代中期の女性。和歌。摂津兵庫津で筑前福岡藩ほか数藩の浜本陣を務めた鷹見成親の妻。
¶江表(鷹見保具の母(兵庫県))

田上恭譲*　たがみやすのり
生没年不詳　江戸時代末期の幕臣・和算家。
¶数学

高椋新太郎*　たかむくしんたろう
文化14(1817)年～明治14(1881)年　江戸時代末期～明治時代の実業家、三潴県庁為替方。醤油の醸造業を営み、また第九十六国立銀行設立、初代頭取となる。
¶幕末([没]明治14(1881)年9月12日)

高向王　たかむくのおおきみ
飛鳥時代の用明天皇孫。皇極・斉明天皇の最初の夫。
¶古物,天皇(生没年不詳)

高向国押*　たかむくのくにおし
生没年不詳　[別]高向臣国押(たかむこのおみくにおし),高向国押(たかむこのくにおし)　飛鳥時代の官人。麻呂の父。
¶古人(たかむこのくにおし),古代(高向臣国押　たかむこのおみくにおし),古物

高向玄理　たかむくのくろまさ
⇒高向玄理(たかむこのくろまろ)

高向玄理　たかむくのくろまろ
⇒高向玄理(たかむこのくろまろ)

高向玄理　たかむくのけんり,たかむくのげんり
⇒高向玄理(たかむこのくろまろ)

高向麻呂*　たかむくのまろ
?～和銅1(708)年　[別]高向臣摩呂(たかむこのおみまろ),高向摩呂,高向麻呂(たかむこのまろ)　飛鳥時代の廷臣(中納言)。刑部卿・大花上高向国押(国忍)の子。
¶公卿(たかむこのまろ　[没]和銅1(708)年8月5日),古人

た

(高向摩呂　たかむこのまろ), 古代(高向臣摩呂　たかむこのおみまろ), コン

高向草春*　たかむこくさはる
生没年不詳　[別]高向草春(たかむこのくさはる)　平安時代中期の官人、歌人。
¶古人(たかむこのくさはる)

高向利春*　たかむことしはる
生没年不詳　[別]高向利春(たかむこのとしはる)　平安時代中期の官人、歌人。
¶古人(たかむこのとしはる)

高向朝臣公輔*　たかむこのあそんきみすけ
弘仁8(817)年～元慶4(880)年　[別]高向公輔(たかむこのきみすけ, たかむこのきんすけ)　平安時代前期の僧。
¶古人(高向公輔　たかむこのきみすけ), 古代

高向朝臣家主*　たかむこのあそんやかぬし
[別]高向家主(たかむこのやかぬし)　奈良時代の官人。
¶古人(高向家主　たかむこのやかぬし　生没年不詳), 古代

高向漢人玄理　たかむこのあやひとげんり
⇒高向玄理(たかむこのくろまろ)

高向大足　たかむこのおおたり
飛鳥時代の官人。
¶古人(生没年不詳)

高向臣(欠名)*　たかむこのおみ
飛鳥時代の坂東の総領。
¶古代

高向臣国押　たかむこのおみくにおし
⇒高向国押(たかむくのくにおし)

高向臣摩呂　たかむこのおみまろ
⇒高向麻呂(たかむくのまろ)

高向公輔　たかむこのきみすけ
⇒高向朝臣公輔(たかむこのあそんきみすけ)

高向公方　たかむこのきんかた
平安時代中期の官人。
¶古人(生没年不詳)

高向公輔　たかむこのきんすけ
⇒高向朝臣公輔(たかむこのあそんきみすけ)

高向草春　たかむこのくさはる
⇒高向草春(たかむこくさはる)

高向国押　たかむこのくにおし
⇒高向国押(たかむくのくにおし)

高向玄理*　たかむこのくろまろ
?～白雉5(654)年　[別]高向玄理(たかむくのくろまさ, たかむくのくろまろ, たかむくのけんり, たかむくのげんり, たかむこのげんり), 高向漢人玄理(たかむこのあやひとげんり)　飛鳥時代の学者、国博士。もと遣隋留学生。大化改新の後遣唐使として再び中国に渡り長安で死去。
¶古人, 古代(高向漢人玄理　たかむこのあやひとげんり), 古物(たかむくのくろまろ), コン(たかむくのくろまろ), 対外(たかむこのげんり), 山小(たかむこのげんり)

高向玄理　たかむこのげんり
⇒高向玄理(たかむこのくろまろ)

高向色夫智　たかむこのしこぶち
飛鳥時代の官人。
¶古人(生没年不詳)

高向利春　たかむこのとしはる
⇒高向利春(たかむことしはる)

高向人足　たかむこのひとたり
奈良時代の官人。
¶古人(生没年不詳)

高向摩呂(高向麻呂)　たかむこのまろ
⇒高向麻呂(たかむくのまろ)

高向理在　たかむこのまろあり
平安時代後期の官人。
¶古人(生没年不詳)

高向諸足　たかむこのもろたり
奈良時代の官人。
¶古人(生没年不詳)

高向家主　たかむこのやかぬし
⇒高向朝臣家主(たかむこのあそんやかぬし)

高宗女王*　たかむねじょおう
生没年不詳　[別]高宗女王(こうそうじょおう, たかむねにょおう)　平安時代前期の女性。仁明天皇の後宮。
¶天皇(こうそう・たかむねじょおう)

高宗女王　たかむねにょおう
⇒高宗女王(たかむねじょおう)

高村久兵衛*　たかむらきゅうへえ, たかむらきゅうべえ
?～寛永15(1638)年　江戸時代前期の駿河駿東郡北郷村古沢の義民。
¶コン

高村権太郎*　たかむらごんたろう
文政8(1825)年～明治2(1869)年　江戸時代末期の砲術家。
¶幕末([没]明治2(1869)年1月17日)

高村田使*　たかむらたづかい
天平15(743)年～弘仁9(818)年11月17日　[別]高村田使(たかむらのたづかい)　奈良時代～平安時代前期の漢学者。
¶古人(たかむらのたづかい)

高村東雲*　たかむらとううん
文政9(1826)年～明治12(1879)年　江戸時代末期～明治時代の仏師。伝統的木彫を制作。高村光雲の師匠。
¶幕末([没]明治12(1879)年9月23日), 美建([没]明治12(1879)年9月23日)

高村田使　たかむらのたづかい
⇒高村田使(たかむらたづかい)

高村広吉　たかむらひろきち
⇒高村広吉(こうむらひろきち)

高村造酒之丞*　たかむらみきのじょう
享和2(1802)年～万延1(1860)年　江戸時代末期の砲術家。
¶幕末([没]安政7(1860)年1月5日)

高室昌貞　たかむろまささだ
江戸時代中期の代官。
¶徳代([生]?　[没]元禄2(1689)年4月25日)

高室昌重　たかむろまさしげ
？～正保2(1645)年　江戸時代前期の幕臣。
¶徳人,徳代([没]正保2(1645)年6月5日)

高室政職　たかむろまさつね
江戸時代前期の代官。
¶徳代([生]慶長14(1609)年　[没]延宝6(1678)年4月2日)

高室昌成　たかむろまさなり
江戸時代前期の代官。
¶徳代([生]？　[没]慶安3(1650)年)

高室昌久　たかむろまさひさ
江戸時代前期の代官。
¶徳代([生]？　[没]寛文7(1667)年)

高室政興　たかむろまさよし
江戸時代前期～中期の代官。
¶徳代([生]慶安3(1650)年　[没]元禄5(1692)年8月18日)

高望王　たかもちおう
⇒平高望(たいらのたかもち)

高森観好＊　たかもりかんこう
寛延3(1750)年～文政13(1830)年12月1日　江戸時代中期～後期の蘭学者。号は香山。
¶科学([没]天保1(1831)年12月1日)

高森砕巌　たかもりさいがん
弘化4(1847)年～大正6(1917)年　江戸時代末期～大正時代の日本画家。
¶浮絵,美画([生]弘化4(1847)年10月1日　[没]大正6(1917)年10月25日)

高森雪斎　たかもりせっさい
⇒留守政景(るすまさかげ)

鷹森藤太夫＊　たかもりふじたゆう
正保3(1646)年～享保2(1717)年　江戸時代中期の民政家。
¶コン

多賀谷家知＊　たがやいえさと
天保12(1841)年～明治10(1877)年　江戸時代末期～明治時代の出羽秋田藩檜山城代。
¶幕末([生]天保12(1841)年7月6日　[没]明治10(1877)年6月29日)

多賀谷勇＊　たがやいさむ
文政12(1829)年～元治1(1864)年　江戸時代末期の毛利筑前臣。
¶幕末([没]元治1(1864)年5月13日)

多賀谷氏家＊　たがやうじいえ
応永15(1408)年～寛正6(1465)年　室町時代の武将。
¶室町

多賀谷巌翁＊　たがやがんおう
？～享保7(1722)年　[別]巌翁，岩翁(がんおう)　江戸時代中期の俳人(蕉門)。
¶俳文(岩翁　がんおう　[没]享保7(1722)年6月8日)

多賀谷重経＊　たがやしげつね
永禄1(1558)年～元和4(1618)年　安土桃山時代～江戸時代前期の大名。常陸下妻藩主。
¶コン([生]？　[没]慶長6(1601)年),全戦,戦武

高屋順平＊　たかやじゅんぺい
享和1(1801)年～明治1(1868)年　江戸時代末期の土佐藩馬廻組、民政家。
¶幕末([没]慶応4(1868)年5月23日)

高安王　たかやすおう
⇒高安王(たかやすのおおきみ)

高安道純　たかやすどうじゅん
⇒高安道純(たかやすみちずみ)

高安伊可麻呂　たかやすのいかまろ
奈良時代の官人。
¶古人(生没年不詳)

高安王＊　たかやすのおおきみ
？～天平14(742)年　[別]大原高安(おおはらのたかやす)，大原真人高安(おおはらのまひとたかやす)，高安王(たかやすおう)　奈良時代の万葉歌人。
¶古人(たかやすおう　生没年不詳),古代(たかやすおう)

高安道純＊　たかやすみちずみ
天保8(1837)年～明治39(1906)年　[別]高安道純(たかやすどうじゅん)　江戸時代末期～明治時代の医師、高安病院院長、大阪市議会議員。大阪医学校の当直医を経て、高安病院を設立。
¶幕末([生]天保8(1837)年10月25日　[没]明治39(1906)年11月11日)

高屋種彦　たかやたねひこ
⇒柳亭種彦〔1代〕(りゅうていたねひこ)

多賀谷経貞＊　たがやつねさだ
生没年不詳　江戸時代前期の和算家。
¶数学

高谷篤三郎＊　たかやとくさぶろう
弘化2(1845)年～慶応1(1865)年　[別]高谷篤三郎(たかたにとくさぶろう)　江戸時代末期の農民。
¶幕末([生]弘化2(1845)年10月29日　[没]元治2(1865)年2月15日)

高柳快堂＊　たかやなぎかいどう
文政7(1824)年～明治42(1909)年　江戸時代後期～明治時代の陶画工。肥前有田の陶画工。南画家で山水を得意とした。
¶美工([没]明治42(1909)年5月22日)

高柳楠之助＊　たかやなぎくすのすけ
天保5(1834)年～明治28(1895)年　江戸時代末期～明治時代の紀州家老安藤家家臣、藩船明光丸船長。航行中土佐の伊呂波丸と衝突。維新後は陸軍教導団教官。
¶幕末([没]明治28(1895)年3月25日)

高柳源左衛門　たかやなぎげんざえもん
安土桃山時代の武蔵国鉢形城主北条氏邦の家臣。
¶後北(源左衛門〔高柳〕　げんざえもん)

高柳元暱　たかやなぎげんとく
？～慶応1(1865)年　江戸時代末期の幕臣。
¶徳人,徳代([没]慶応1(1865)年10月19日)

高柳荘丹＊　たかやなぎそうたん
享保17(1732)年～文化12(1815)年　[別]荘丹(そうたん)　江戸時代中期～後期の俳人。
¶俳文(荘丹　そうたん　[没]文化12(1815)年2月14日)

高柳信之＊　たかやなぎのぶゆき
安永1(1772)年～文政12(1829)年4月20日　[別]菜英(さいえい)　江戸時代中期～後期の俳人・神道家。
¶俳文(菜英　さいえい)

た

高柳又四郎* たかやなぎまたしろう
文化5(1808)年～？ 江戸時代末期の名剣士。
¶江人

高屋並木 たかやのなみき
奈良時代の官人。幽閉中の淳仁天皇が垣を越えて逃れたのを兵を率いて阻止。
¶古人(生没年不詳)

高山右近* たかやまうこん
天文21(1552)年～慶長20(1615)年 [別]高山重友(たかやましげとも)，高山長房(たかやまながふさ)，南坊(なんぼう) 安土桃山時代～江戸時代前期のキリシタン、大名。高山飛騨守図書の嫡男。高槻・明石の城主だったが、信仰を理由に秀吉に領地を没収された。のち江戸幕府の禁教令によりマニラに追放された。
¶江人([生]1552年？)，織田(高山重友 たかやましげとも [生]天文21(1552)年？ [没]元和1(1615)年2月5日)，コン(高山長房 たかやまながふさ [生]？ [没]元和1(1615)年)，思想，全戦(高山重友 たかやましげとも [生]天文22(1553)年 [没]元和1(1615)年)，戦武(高山重友 たかやましげとも)，対外，徳将，中世，山小([没]1615年2月5日)

高山右馬助 たかやまうまのすけ
安土桃山時代～江戸時代前期の武田氏の家臣。
¶武田([生]永禄3(1560)年 [没]元和5(1619)年11月15日)

高山幸助* たかやまこうすけ
文政12(1829)年～明治18(1885)年 江戸時代末期～明治時代の車製造業。人力車の発明者の一人。
¶幕末([没]明治18(1885)年6月23日)

高山小次郎 たかやまこじろう
戦国時代～安土桃山時代の武田氏の家臣。
¶武田(生没年不詳)

高山定重* たかやまさだしげ
？～天正18(1590)年 安土桃山時代の武将。
¶後北(定重〔高山〕 さだしげ)，武田([生]大永1(1521)年 [没]天正18(1590)年3月8日)

多賀谷政広* たがやまさひろ
生没年不詳 戦国時代～安土桃山時代の武士。結城氏家臣。
¶全戦

高山重邦* たかやましげくに
延宝8(1680)年～宝暦4(1754)年 江戸時代前期～中期の和算家。
¶数学([没]宝暦4(1754)年4月1日)

高山重友 たかやましげとも
⇒高山右近(たかやまうこん)

高山繁文* たかやましげぶみ
慶安2(1649)年～享保3(1718)年2月7日 [別]幻世(げんせい)，高山麋塒(たかやまびじ)，麋塒(ひじ，びじ) 江戸時代前期～中期の武蔵川越藩家老、俳人。
¶俳文(麋塒 びじ [生]慶安2(1649)年6月20日)

高山次郎* たかやまじろう
天保10(1839)年11月20日～大正3(1914)年2月27日 江戸時代後期～明治時代の新撰組隊士。
¶新隊

高山図書* たかやまずしょ
？～慶長1(1596)年 [別]沢フランシスコ(さわふらんしすこ)，高山飛騨守(たかやまひだのかみ) 安土桃山時代のキリシタン、武将。高山右近の父。
¶織田(高山飛騨守 たかやまひだのかみ [没]文禄4(1595)年)，コン，対外

高山宗砌* たかやまそうぜい
？～享徳4(1455)年1月16日 [別]宗砌(そうぜい) 室町時代の連歌師。但馬国守護山名氏の家臣。
¶コン([没]康正1(1455)年)，日文(宗砌 そうぜい)，俳文(宗砌 そうぜい)

高山忠直* たかやまただなお
宝暦12(1762)年～天保6(1835)年 江戸時代中期～後期の幕臣・和算家。
¶数学

高山たつ*(高山辰) たかやまたつ
文化10(1813)年～明治9(1876)年7月16日 江戸時代末期～明治時代の女性。不二道の信者。女人禁制の富士山の初めての登頂者。
¶江表(たつ(東京都))，コン，女史([生]1818年)

高山長五郎* たかやまちょうごろう
天保1(1830)年～明治19(1886)年12月10日 江戸時代末期～明治時代の養蚕功労者。飼育法を案出、蚕具の改良も行う。民間の養蚕振興に貢献。
¶幕末

高山貞利 たかやまていり
江戸時代後期の代官。
¶徳代(生没年不詳)

高山長房 たかやまながふさ
⇒高山右近(たかやまうこん)

高山彦九郎* たかやまひこくろう
延享4(1747)年～寛政5(1793)年 江戸時代中期の勤王家。郷士高山良左衛門正教の次男。
¶江人，コン，思想，山小([没]1793年6月27日)

高山彦四郎 たかやまひこしろう
安土桃山時代の上野国国衆。北条氏直に属した。
¶後北(彦四郎〔高山〕 ひこしろう)

高山麋塒 たかやまびじ
⇒高山繁文(たかやましげぶみ)

高山飛騨守(1) たかやまひだのかみ
安土桃山時代の武田氏領内の惣大工頭といわれる。
¶武田(生没年不詳)

高山飛騨守(2) たかやまひだのかみ
⇒高山図書(たかやまずしょ)

高山盈 たかやまみつ
⇒高山盈子(たかやまみつこ)

高山盈子* たかやまみつこ
*～明治36(1903)年 [別]高山盈(たかやまみつ) 江戸時代末期～明治時代の女性。日本赤十字社看護婦取締。
¶女史(高山盈 たかやまみつ [生]1843年)

高山光重 たかやまみつしげ
江戸時代後期の和算家、幕臣。
¶数学

高山主水佑 たかやまもんどのじょう
戦国時代の武田氏の家臣。
¶武田(生没年不詳)

高山泰重 たかやまやすしげ
戦国時代の武田氏の家臣。

¶武田（生没年不詳）

高山大和守　たかやまやまとのかみ
戦国時代の武田氏の家臣。
¶武田（生没年不詳）

高山行重*　たかやまゆきしげ
生没年不詳　戦国時代の上野国衆。
¶武田（㊐文亀3（1503）年　㊑元亀2（1571）年6月24日）

高山与次　たかやまよじ
戦国時代の武田氏の家臣。
¶武田（生没年不詳）

高山頼友　たかやまよりとも
平安時代後期の東寺領本田荘下司。
¶古人（生没年不詳）

多賀谷元陳　たがやもとのぶ
江戸時代中期の和算家。名古屋の人で京都に住む。著書に『初心算法早伝授』『唐土秘事の海』など。
¶数学

尊良親王　たかよししんのう
⇒尊良親王（たかながしんのう）

宝井其角　たからいきかく
⇒其角（きかく）

宝井馬琴　たからいばきん
世襲名　江戸時代の講釈師。江戸時代に活躍したのは、初代から3代まで。
¶江人

宝井馬琴〔1代〕*　たからいばきん
享和1（1801）年～安政4（1857）年　㊇東流斎馬琴〔1代〕（とうりゅうさいばきん），馬琴（ばきん）
江戸時代末期の講釈師。2代森川馬谷の弟子。
¶コン（生没年不詳）

宝山左衛門〔1代〕*　たからさんざえもん
？～弘化1（1844）年　㊇宝山左衛門〔1代〕（たらかさんざえもん）　江戸時代後期の歌舞伎囃子方。
¶コン

宝山左衛門〔2代〕*　たからさんざえもん
天保6（1835）年～明治43（1910）年12月20日　江戸時代末期～明治時代の歌舞伎囃子方。
¶コン

宝田寿助*　たからだじゅすけ
寛政9（1797）年～天保9（1838）年2月19日　㊇栄雅（えいが），琴堂（きんどう），欣堂閑人（きんどうかんじん），向栄楼（こうえいろう），寿仙（じゅせん），本蝶山人（ほんちょうさんじん），松川宝作（まつかわほうさく）　江戸時代後期の歌舞伎作者。文政5年～天保9年頃に活躍。
¶歌大

宝田寿来*（宝田寿萊）　たからだじゅらい
元文5（1740）年～寛政8（1796）年　㊇閑雅（かんが），劇神仙〔1代〕（げきしんせん），鈴木金之助（すずききんのすけ）　江戸時代中期の歌舞伎作者。天明2～6年頃に活躍。
¶歌大（㊑寛政8（1796）年8月17日）

宝皇女　たからのおうじょ
⇒皇極天皇（こうぎょくてんのう）

財首三気女*　たからのおびとみけめ
生没年不詳　奈良時代の女性。願経「灌頂梵天神策経」を書写した。
¶女史

宝皇女　たからのこうじょ
⇒皇極天皇（こうぎょくてんのう）

たから野女　たからのじょ★
江戸時代後期の女性。俳諧。会津の人。文政期頃刊、月院社何丸編『俳諧男草紙』に載る。
¶江表（たから野女（福島県））

財皇女　たからのひめみこ
上代の女性。反正天皇の皇女。
¶天皇（生没年不詳）

宝皇女　たからのみこ
⇒皇極天皇（こうぎょくてんのう）

財部実秋*　たからべさねあき
文政9（1826）年～大正2（1913）年　江戸時代末期～明治時代の薩摩藩士。
¶幕末（㊐文政9（1827）年12月21日　㊑大正2（1913）年1月17日）

財部弘延*　たからべのひろのぶ
生没年不詳　平安時代中期の武官。
¶古人

宝升子　たからますこ
江戸時代後期の女性。狂歌。享和2年、浅草庵市人編、桑楊庵頭光七回忌追善集『狂歌萩古枝』に載る。
¶江表（宝升子（群馬県））

宝増女　たからますじょ★
江戸時代後期の女性。狂歌。深谷の人。文政3年刊、便々館湖鯉鮒編『狂歌類題後杓子栗』に載る。
¶江表（宝増女（埼玉県））

宝屋基助　たからやもとすけ
⇒桜田治助〔4代〕（さくらだじすけ）

高良斎　たかりょうさい
⇒高良斎（こうりょうさい）

田河　たがわ★
江戸時代中期の女性。和歌。伊勢菰野藩主土方雄年の老女。安永3年恵心院の「田村村隆母公六十賀祝賀歌集」に載る。
¶江表（田河（三重県））

田川　たがわ★
江戸時代後期の女性。和歌。庄内藩主酒井左衛門尉忠徳家の奥女中。寛政10年跋、信濃松代藩主真田幸弘の六〇賀集「千とせの寿詞」に載る。
¶江表（田川（山形県））

田河移竹（田川移竹）　たがわいちく
⇒移竹（いちく）

田川運六*　たがわうんろく
天保11（1840）年～明治4（1871）年　江戸時代末期～明治時代の播磨赤穂藩士。
¶幕末（㊑明治4（1871）年2月29日）

田川治助　たがわじすけ
⇒桜田治助〔1代〕（さくらだじすけ）

田川章作　たがわしょうさく
⇒桜田治助〔2代〕（さくらだじすけ）

田河武整　たがわたけのぶ
⇒田河藤馬之丞（たがわとうまのじょう）

た

田河藤馬之丞* たがわとうまのじょう
文政1(1818)年〜慶応1(1865)年 [別]田河武整(たがわたけのぶ) 江戸時代末期の近江膳所藩士。
¶幕末([生]文化15(1818)年2月 [没]慶応1(1865)年10月21日)

田川鳳朗 たがわほうろう
⇒鳳朗(ほうろう)

た

田河行文* たがわゆきふみ, たがわゆきぶみ
?〜文治5(1189)年 平安時代後期の豪族。奥州藤原氏の郎従。
¶古人(たがわゆきぶみ)

たき(1)
江戸時代後期の女性。教育。加藤太七の妻。弘化3年、堀江町に花形流筆道を教える寺子屋詞堂を開業。
¶江表(たき(東京都) [生]文政7(1824)年頃)

たき(2)
江戸時代後期の女性。和歌。日本橋呉服町徳右衛門店住の町医土井東民の妻。天保9年刊、海野遊翁編『類題現存歌選』二に載る。
¶江表(たき(東京都))

たき(3)
江戸時代後期の女性。俳諧。市川大門で薬種商を営んだ石原有斐小祥の妻。文政2年に『波羅密口占』を編む。
¶江表(たき(山梨県))

たき(4)
江戸時代後期の女性。和歌。飛驒高山の内山忠右衛門宗智の娘。
¶江表(たき(岐阜県) [没]天保11(1840)年)

たき(5)
江戸時代後期の女性。俳諧。播磨の人。寛政11年刊、子日庵一草編『須磨明石』に載る。
¶江表(たき(兵庫県))

タキ(1)
江戸時代後期の女性。教育。松前藩藩士の娘。
¶江表(タキ(北海道) [生]弘化3(1846)年)

タキ(2)
江戸時代後期の女性。教育。相模小田原藩藩士牟礼氏の娘。嘉永2年〜慶応4年まで寺子屋の師匠をする。
¶江表(タキ(神奈川県))

多喜(1) たき*
江戸時代中期の女性。俳諧。石見の人。安永9年刊、岸本江橋編、江橋耳順賀俳諧撰集『年華集』に載る。
¶江表(多喜(島根県))

多喜(2) たき*
江戸時代後期の女性。教育。布施嘉七の妻。
¶江表(多喜(東京都) [生]文政4(1821)年頃)

多喜(3) たき*
江戸時代後期の女性。紀行文・和歌。忍藩9代藩主阿部正由の室。
¶江表(多喜(埼玉県) [没]天保14(1843)年)

多喜(4) たき*
江戸時代後期の女性。俳諧。上総武射郡小堤村の神保信敬と燕紫女と号した冨美の娘。
¶江表(多喜(千葉県) [没]天保15(1844)年)

多喜(5) たき*
江戸時代後期の女性。画。藤木氏。文人画家浦上春琴の妻。
¶江表(多喜(京都府))

多喜(6) たき*
江戸時代後期の女性。工芸。熊本藩の支城八代城代家老八代当主松井徴之の娘。
¶江表(多喜(熊本県) [生]寛政8(1796)年)

多起 たき*
江戸時代後期の女性。俳諧。美作久世の人。寛政12年序、夏音舎柊里編『三度笠』附に載る。
¶江表(多起(岡山県))

多城 たき*
江戸時代中期の女性。俳諧。安芸竹原の人。寛延4年、山口羅人編『太郎百句』に載る。
¶江表(多城(広島県))

滝(1) たき*
江戸時代中期の女性。俳諧。安芸廿日市の人。安永3年刊、多賀庵風律編『歳旦広島』に載る。
¶江表(滝(広島県))

滝(2) たき*
江戸時代後期の女性。俳諧。備後上下の人。文化6年刊『時雨会』に載る。
¶江表(滝(広島県))

滝(3) たき*
江戸時代末期の女性。和歌。伊勢小松の中山寺の内妻。元治2年序、佐々木弘綱編『類題千船集』三・上に載る。
¶江表(滝(三重県))

太伎 たぎ*
江戸時代後期の女性。和歌・国学。柏原宿の松浦弥三郎の妻。天保15年に国学者長野義言に入門。
¶江表(太伎(滋賀県))

滝井浪江 たきいなみえ
⇒浪江小勘〔1代〕(なみえこかん)

多喜鳥 たきう*
江戸時代後期の女性。俳諧。八戸藩主南部信房の側室か。
¶江表(多喜鳥(青森県))

滝江 たきえ*
江戸時代後期の女性。和歌。白河藩主松平定信家の奥女中。
¶江表(滝江(福島県))

滝尾(1) たきお*
江戸時代中期の女性。和歌。但馬豊岡藩京極家の老女。安永3年の「田村村隆母公六十賀祝賀歌集」に載る。
¶江表(滝尾(兵庫県))

滝尾(2) たきお*
江戸時代後期の女性。俳諧。横沢甚三郎の母。嘉永6年序、花屋庵鼎左・五梅庵舎用編『俳諧海内人名録』に載る。
¶江表(滝尾(山形県))

滝尾(3) たきお*
江戸時代後期〜明治時代の女性。書簡・忘備録。多摩郡宮下村の名主荻島家の分家荻島専助の娘。
¶江表(滝尾(東京都) [生]文政2(1819)年 [没]明治6(1873)年)

滝尾(4)　**たきお**⋆
江戸時代後期の女性。和歌。下総小見川藩藩士浅野常右衛門の娘。文政9年三千子の手記に載る。
¶江表(滝尾(長野県))

滝尾(5)　**たきお**⋆
江戸時代後期の女性。家祖。徳島藩士武谷栄政の娘喜多。
¶江表(滝尾(徳島県)　[没]天保7(1836)年)

滝鶴台*　**たきかくだい**
宝永6(1709)年～安永2(1773)年1月24日　江戸時代中期の儒学者、長州(萩)藩の御手大工引頭市右衛門重慶の長男。
¶コン,思想

滝和亭*　**たきかてい**
天保3(1832)年～明治34(1901)年　[別]滝和亭(たきわてい)　江戸時代末期～明治時代の南画家。内国勧業博で毎回受賞。帝室技芸員となる。
¶浮絵,コン,幕末(たきわてい　[生]天保3(1832)年1月3日　[没]明治34(1901)年9月28日),美画([生]文政13(1830)年1月3日　[没]明治34(1901)年9月28日)

滝川　**たきがわ**⋆
江戸時代後期の女性。和歌・狂歌。新吉原江戸町の五明楼扇屋の遊女。寛政7年刊、鹿都部真顔編『四方の巴流』に載る。
¶江表(滝川(東京都))

滝川有乂(滝川有久)　**たきがわありはる**
⇒滝川有人(たきがわありんど)

滝川有人*　**たきがわありんど**
天明7(1787)年～天保15(1844)年　[別]滝川有乂(たきかわゆうかい,たきがわありはる),滝川有久(たきがわありはる),滝川新平(たきがわしんぺい)　江戸時代後期の加賀藩士、算学者。
¶数学(滝川有久　たきがわありはる　[没]天保15(1844)年9月13日)

滝川一益*　**たきがわかずます,たきかわかずます**
大永5(1525)年～天正14(1586)年　[別]滝川左近将監(たきがわさこんしょうげん)　戦国時代～安土桃山時代の武将。近江の滝川一勝の子。
¶織田([没]天正14(1586)年9月9日),コン,全戦,戦武(たきがわかずます(いちます))

滝川質直*　**たきがわかたなお**
文政5(1822)年～明治13(1880)年11月11日　江戸時代後期～明治時代の和算家。
¶数学

滝川雄利*　**たきがわかつとし,たきかわかつとし**
天文12(1543)年～慶長15(1610)年　[別]刑部卿法印(ぎょうぶきょうほういん),滝川友足(たきかわともたり),羽柴下総守(はしばしもうさのかみ)　安土桃山時代～江戸時代前期の大名。常陸片野藩主、伊勢神戸藩主。
¶織田(滝川友足　たきかわともたり　[没]慶長15(1610)年2月26日)

滝川儀大夫詮益　**たきがわぎだゆうあきます**
江戸時代前期の武士。大坂の陣で籠城。
¶大坂

滝川元以　**たきがわげんい**
生没年不詳　江戸時代後期～末期の幕臣。
¶徳人,徳代

滝川惟一*　**たきがわこれかず**
寛保2(1742)年～？　江戸時代中期の幕臣。
¶徳人([没]1814年),徳代([生]寛保1(1741)年　[没]文化11(1814)年6月17日)

滝川左近将監　**たきがわさこんしょうげん**
⇒滝川一益(たきがわかずます)

滝川貞寧　**たきがわさだやす**
江戸時代中期の代官。
¶徳代([生]元禄6(1693)年　[没]宝暦5(1755)年10月2日)

滝川重の井　**たきかわしげのい**
⇒森田勘弥〔6代〕(もりたかんや)

滝川春山　**たきがわしゅんざん**
江戸時代後期の画家。
¶浮絵(生没年不詳)

滝川新平　**たきがわしんぺい**
⇒滝川有人(たきがわありんど)

滝川忠征　**たきがわただまさ**
⇒滝川忠征(たきがわただゆき)

滝川忠征*　**たきがわただゆき**
永禄2(1559)年～寛永12(1635)年　[別]木全彦二郎(こまたひこじろう),滝川忠征(たきがわただまさ)　安土桃山時代～江戸時代前期の武士。豊臣氏家臣、徳川氏家臣。
¶徳人([生]1558年)

滝川具章　**たきがわともあきら**
江戸時代前期～中期の幕臣。
¶徳人([生]1644年　[没]1712年)

滝川具挙*　**たきがわともたか**
生没年不詳　江戸時代末期の幕臣。
¶全幕,徳人,幕末([生]？　[没]明治14(1881)年5月11日)

滝川友足　**たきかわともたり**
⇒滝川雄利(たきがわかつとし)

滝川友直*　**たきがわともなお**
文化13(1816)年～文久2(1862)年　江戸時代後期～末期の藩士・和算家。
¶数学

滝川彦右衛門*　**たきかわひこえもん**
生没年不詳　安土桃山時代の織田信長の家臣。
¶織田

滝川平太郎　**たきがわへいたろう**
⇒滝平主殿(たきだいらとのも)

滝川弁三*　**たきがわべんぞう**
嘉永4(1851)年～大正14(1925)年1月12日　江戸時代末期～大正時代の政治家、実業家、貴族院議員。
¶幕末([生]嘉永4(1851)年11月21日)

滝川孫平　**たきがわまごへい**
安土桃山時代の織田信長の家臣。信長あるいは信忠の馬廻か。
¶織田([生]？　[没]天正10(1582)年6月2日)

滝川益重*　**たきがわますしげ,たきかわますしげ**
生没年不詳　安土桃山時代の武士。豊臣氏家臣。
¶織田(たきかわますしげ)

滝川充太郎　**たきがわみつたろう**
*～明治10(1877)年　江戸時代末期の幕臣。旗本滝川陶哉の長男。海軍少将滝川具和の兄。

¶全幕([生]?), 幕末([生]弘化3(1846)年　[没]明治10(1877)年5月31日)

滝川元長　たきがわもとなが
江戸時代前期～中期の幕臣。
¶徳人([生]1662年　[没]1747年)

滝川有乂　たきかわゆうかい
⇒滝川有人(たきがわありんど)

滝川六郎*　たきがわろくろう
*～明治1(1868)年　江戸時代末期の長門長府藩士。
¶幕末([生]嘉永1(1848)年8月3日　[没]慶応4(1868)年6月12日)

滝口向陽*　たきぐちこうよう
文化14(1817)年～明治9(1876)年　江戸時代末期～明治時代の教育家。廃藩後、私塾養英亭をひらき子弟の教育にあたる。
¶幕末([没]明治9(1876)年6月17日)

滝口入道　たきぐちにゅうどう
⇒斎藤時頼(さいとうときより)

滝口入道時頼　たきぐちにゅうどうときより
⇒斎藤時頼(さいとうときより)

滝口・横笛(1)　たきぐち・よこぶえ
⇒斎藤時頼(さいとうときより)

滝口・横笛(2)　たきぐち・よこぶえ
⇒横笛(よこぶえ)

滝口六三郎*　たきぐちろくさぶろう
弘化1(1844)年～慶応1(1865)年　江戸時代末期の水戸藩士。
¶幕末([没]元治2(1865)年2月15日)

多紀桂山　たきけいざん
⇒多紀元簡(たきげんかん)

多紀元簡*　たきげんかん
宝暦5(1755)年～文化7(1810)年　[別]多紀桂山(たきけいざん), 多紀元簡(たきもとひろ, たきもとやす)　江戸時代中期～後期の幕府医師。
¶江人, 徳人(たきもとやす　[生]1751年)

多紀元堅*　たきげんけん
寛政7(1795)年～安政4(1857)年　[別]多紀元堅(たきもとかた)　江戸時代末期の幕府医師。
¶徳人(たきもとかた)

多紀元孝*　たきげんこう
元禄8(1695)年～明和3(1766)年　[別]多紀元孝(たきもとたか)　江戸時代中期の幕府医師。医家多紀氏の始祖。
¶コン, 徳人(たきもとたか)

多紀元悳*　たきげんとく
享保17(1732)年～享和1(1801)年　[別]多紀元徳, 多紀元悳(たきもとのり), 多紀藍渓(たきらんけい)　江戸時代中期～後期の幕府医師。
¶江人, 徳将(たきもとのり), 徳人(多紀藍渓　たきらんけい)

たき子(1)　たきこ*
江戸時代後期の女性。和歌。白河藩主松平定信の娘。文化5年頃、真田幸弘編「御ことほきの記」に載る。
¶江表(たき子(福島県))

たき子(2)　たきこ*
江戸時代末期～明治時代の女性。教育。川端氏。
¶江表(たき子(千葉県)　[没]明治19(1886)年)

多記子　たきこ*
江戸時代後期～末期の女性。和歌・国学。伊勢飯高郡宮前村の大庄屋で鈴屋国学の滝野知雄の妹。
¶江表(多記子(滋賀県)　[生]文化7(1810)年　[没]安政6(1859)年)

滝子(1)　たきこ*
江戸時代の女性。和歌。会津藩藩士山田氏の妻。明治32年刊、中川伝十郎編、照桂院13回忌追悼歌集『かつらのしつく』に載る。
¶江表(滝子(福島県))

滝子(2)　たきこ*
江戸時代の女性。和歌。伊勢亀山の加藤氏。明治13年刊、佐々木弘綱編『明治開化和歌集』上に載る。
¶江表(滝子(三重県))

滝子(3)　たきこ*
江戸時代の女性。和歌。山内氏。明治13年刊、藤岡恵美編『猴冠集』二に載る。
¶江表(滝子(高知県))

滝子(4)　たきこ*
江戸時代後期の女性。狂歌。高野里の人。文政期頃、鹿都部真顔撰『俳諧歌次郎万首かへりあるじ』に載る。
¶江表(滝子(福島県))

滝子(5)　たきこ*
江戸時代後期の女性。和歌。秦氏。弘化4年刊、清堂観尊編『たち花の香』に載る。
¶江表(滝子(東京都))

滝子(6)　たきこ*
江戸時代後期の女性。和歌。京都の松岡宗誓の娘。
¶江表(滝子(兵庫県)　[没]文化11(1814)年)

滝子(7)　たきこ*
江戸時代後期～明治時代の女性。和歌。伊賀玉滝の郷士川崎藤五郎の娘。
¶江表(滝子(兵庫県)　[生]文化7(1810)年　[没]明治11(1878)年)

滝子(8)　たきこ*
江戸時代末期の女性。和歌。相模小田原藩藩士牟礼氏の娘。慶応3年刊、猿渡容盛編『類題新竹集』に載る。
¶江表(滝子(神奈川県))

滝子(9)　たきこ*
江戸時代末期の女性。和歌。井上氏。幕末期の長府の歌人平田秋足社中の一枚摺歌書に載る。
¶江表(滝子(山口県))

瀑布子　たきこ*
江戸時代末期の女性。和歌。会津藩家老西郷頼母近悳と飯沼千重子の二女。
¶江表(瀑布子(福島県)　[生]安政3(1856)年　[没]慶応4(1868)年)

滝沢馬琴*　たきざわばきん
明和4(1767)年～嘉永1(1848)年　[別]曲亭馬琴(きょくていばきん), 馬琴(ばきん)　江戸時代中期～後期の読本・合巻作者。主な作品に「南総里見八犬伝」「椿説弓張月」など。
¶江人(曲亭馬琴　きょくていばきん), コン, 思想(曲亭馬琴　きょくていばきん), 女史([生]1764年), 日文(曲

亭馬琴　きょくていばきん），山小（曲亭馬琴　きょくていばきん）　㊌1767年6月9日　㊥1848年11月6日）

滝沢政蔵　たきざわまさぞう
安政1（1854）年〜昭和2（1927）年　江戸時代末期〜昭和時代の左官。
¶美建，美工

滝沢路*（滝沢みち）　たきざわみち
文化3（1806）年〜安政5（1858）年　㉛滝沢路女（たきざわみちじょ）　江戸時代後期〜末期の女性。医師滝沢宗伯の妻（宗伯は滝沢馬琴の長男）。
¶女史，女文（滝沢路女　たきざわみちじょ　㊎文化3（1806）年6月6日　㊥安政5（1858）年8月17日），幕末（滝沢みち　㊎?　㊥安政5（1858）年8月17日）

滝沢路女　たきざわみちじょ
⇒滝沢路（たきざわみち）

高城七之丞*　たきしちのじょう
弘化4（1847）年〜明治10（1877）年　㉛高城七之丞（たきしちのすけ）　江戸時代末期〜明治時代の士族，加世田副区長。西郷隆盛に従って官を辞し，西南戦争で討死。
¶幕末（たきしちのすけ　㊥明治10（1877）年9月24日）

高城七之丞　たきしちのすけ
⇒高城七之丞（たきしちのじょう）

滝嶋　たきしま*
江戸時代末期〜明治時代の女性。日記。山本氏。
¶江表（滝嶋（東京都）　㊥明治34（1901）年）

手研耳命*　たぎしみみのみこと
上代の神武天皇の皇子。弟の綏靖天皇に殺された。
¶古代，天皇

たき女⑴　たきじょ*
江戸時代後期の女性。俳諧。松永乙人編『葛芽集』に載る。
¶江表（たき女（群馬県）　㊥嘉永6（1853）年）

たき女⑵　たきじょ*
江戸時代後期の女性。俳諧。井ノ上の人。天保13年成立，早乙女通志撰，黒駒の郷土俳人句集『秋のくさぐさ』に載る。
¶江表（たき女（山梨県））

たき女⑶　たきじょ*
江戸時代後期の女性。和歌。二神氏の母。文化4年，風早郡八反村内の大庄屋門田与左衛門の「兎文還暦賀章」に88歳として載る。
¶江表（たき女（愛媛県））

たき女⑷　たきじょ*
江戸時代末期の女性。俳諧。猪苗代の人。安政5年刊，遠藤香村編『会津猪苗湖一覧』に載る。
¶江表（たき女（福島県））

多喜女⑴　たきじょ*
江戸時代後期の女性。和歌。遠江豊田郡川袋村の水神宮神主長谷川虎次郎の妻。
¶江表（多喜女（静岡県）　㊍天保4（1833）年）

多喜女⑵　たきじょ*
江戸時代後期の女性。和歌。久保田源蔵の妻。安政7年跋，蜂屋光世編『大江戸倭歌集』に載る。
¶江表（多喜女（東京都））

滝女　たきじょ*
江戸時代後期の女性。俳諧。桑折の人。嘉永5年刊，祖郷編『漉海苔集』に載る。

¶江表（滝女（福島県））

滝白玉　たきしらたま*
江戸時代後期の女性。狂歌。文化14年刊，橘庵田鶴丸編『狂歌弄花集』に載る。
¶江表（滝白玉（東京都））

滝瀬⑴　たきせ*
江戸時代後期の女性。和歌。弘前藩の奥女中。坂巻氏。下沢保躬編『津軽古今大成歌集稿』に載る。
¶江表（滝瀬（青森県））

滝瀬⑵　たきせ*
江戸時代後期の女性。俳諧。福島の人。文化8年刊，薮庵太呂編『醒斎稿』に載る。
¶江表（滝瀬（福島県））

滝瀬⑶　たきせ*
江戸時代後期の女性。和歌。徳川家の奥女中。文化11年刊，中山忠能・河田正致編『柿本社奉納和歌集』に載る。
¶江表（滝瀬（東京都））

多善政吉　たきせいきち
安土桃山時代の駿府の商人頭。
¶武田（生没年不詳）

滝誠斎*　たきせいさい
*〜明治12（1879）年　江戸時代末期〜明治時代の漢学者，儒医。維新後は中学校教官，道徳小学校巡講師となる。
¶幕末（㊍天保10（1839）年　㊥明治12（1879）年9月5日）

滝善三郎*　たきぜんざぶろう
天保8（1837）年〜慶応4（1868）年　江戸時代末期の神戸事件の犠牲者。備前岡山藩士滝六郎の次男。
¶コン（㊎慶応1（1868）年），全幕，幕末（㊥慶応4（1868）年2月9日）

田北鑑生*　たきたあきなり
?〜永禄4（1561）年　戦国時代の武士。
¶全戦

滝平主殿*　たきだいらとのも
天保8（1837）年〜慶応1（1865）年　㉛滝川平太郎（たきがわへいたろう），滝平主殿（たきひらとのも）　江戸時代末期の神官。
¶幕末（㊥元治2（1865）年2月4日）

滝田きく*　たきたきく
?〜文化12（1815）年3月12日　江戸時代後期の女性。歌人。
¶江表（きく（長野県））

田北鎮周*　たきたしげかね
?〜天正6（1578）年　戦国時代〜安土桃山時代の武士。
¶全戦（㊍天文12（1543）年）

滝田紫城*　たきたしじょう
文政5（1822）年〜明治30（1897）年　江戸時代末期〜明治時代の蘭学者。西洋馬術を学ぶ。「五畜療養書」を翻訳し藩主に献上。著書に『農家日用全書』。
¶幕末（㊥明治30（1897）年9月13日）

滝田しゅうこ*　たきたしゅうこ
?〜慶応4（1868）年2月27日　江戸時代後期〜末期の女性。歌人。
¶江表（しゅう子（長野県））

田北紹鉄* たきたしょうてつ
？～天正8(1580)年　[別]田北鑑重(たきたあきしげ)　安土桃山時代の武士。
¶全戦(田北鑑重　たきたあきしげ)

田北太中* たぎたたちゅう
文化9(1812)年～明治13(1880)年　江戸時代末期～明治時代の萩藩士。右筆役、密用掛、赤間関都合役など歴任。
¶幕末([生]文化9(1812)年6月23日　[没]明治13(1880)年8月22日)

田北親員* たきたちかかず
？～天文9(1540)年　戦国時代の武士。
¶室町

滝田椿渓 たきたちんけい
江戸時代後期～昭和時代の陶芸家。
¶美工([生]嘉永6(1853)年10月18日　[没]昭和7(1932)年1月)

湍津姫命*(多岐津毘売命)　たぎつひめのみこと
[別]宗像神(むなかたのかみ)　福岡県沖ノ島宗像大社中津宮の祭神。
¶コン(多岐津毘売命)

滝亭鯉丈 たきていりじょう
⇒滝亭鯉丈(りゅうていりじょう)

滝銕次郎 たきてつじろう
⇒滝安良(たきやすよし)

多紀内親王 たきないしんのう
⇒託基皇女(たきのこうじょ)

滝中哥川 たきなかかせん
⇒沢村宗十郎〔2代〕(さわむらそうじゅうろう)

滝中花蝶 たきなかかちょう
⇒市川小団次〔1代〕(いちかわこだんじ)

滝中鶴蔵 たきなかつるぞう
⇒市川門之助〔2代〕(いちかわもんのすけ)

滝中秀松〔2代〕 たきなかひでまつ
⇒市川門之助〔2代〕(いちかわもんのすけ)

滝並弥八郎 たきなみやはちろう
安土桃山時代～江戸時代前期の堀秀治・木村重成の家臣。
¶大坂([生]慶長3年　[没]正保3年11月)

滝の たきの⋆
江戸時代後期の女性。和歌。相模小田原藩の奥女中。文化11年刊、中山忠雄・河田正致編『柿本社奉納和歌集』に載る。
¶江表(滝の(神奈川県))

多芸国足 たぎのくにたり
奈良時代の官人。姓物部多芸宿禰を賜う。
¶古人(生没年不詳)

滝野検校* たきのけんぎょう
生没年不詳　安土桃山時代の平家琵琶演奏者。三味線音曲の功労者。
¶コン

たきの子 たきのこ⋆
江戸時代後期の女性。和歌。富山藩主前田利与の側室自仙院付の侍女。文化7年成立、弘中重義著「大淵寺の道の記」に載る。
¶江表(たきの子(富山県))

託基皇女* たきのこうじょ
？～天平勝宝3(751)年　[別]多紀内親王(たきないしんのう)，託基皇女(たきのひめみこ)，多紀皇女(たきのひめみこ，たきのみこ)　奈良時代の女性。天武天皇の皇女。
¶古人,古代(たきのひめみこ),女史(たきのひめみこ),天皇(多紀皇女　たきのひめみこ・たきのみこ)

滝野忠央 たきのただなか
江戸時代前期～中期の代官。
¶徳代([生]正保3(1646)年　[没]正徳2(1712)年12月2日)

多紀皇女(託基皇女)　たきのひめみこ
⇒託基皇女(たきのこうじょ)

多紀皇女 たきのみこ
⇒託基皇女(たきのこうじょ)

滝野遊軒* たきのゆうけん
元禄8(1695)年～宝暦12(1762)年　江戸時代中期の柔術家。
¶江人

滝瓢水* たきひょうすい
貞享1(1684)年～宝暦12(1762)年5月17日　[別]瓢水(ひょうすい)　江戸時代中期の俳人。
¶コン,俳文(瓢水　ひょうすい　[没]宝暦12(1782)年5月17日)

滝平主殿 たきひらとのも
⇒滝平主殿(たきだいらとのも)

滝方山* たきほうざん
慶安4(1651)年～享保15(1730)年　[別]方山(ほうざん)　江戸時代前期～中期の俳人(貞徳系)。
¶俳文(方山　ほうざん　[没]享保15(1730)年5月22日)

当麻王(1)　たぎまおう
奈良時代の官人。仲麻呂追討の功により従五位下に叙された。
¶古人(生没年不詳)

当麻王(2)　たぎまおう
⇒当麻皇子(たいまのみこ)

当麻東人 たぎまのあづまひと
奈良時代の官人。
¶古人(生没年不詳)

当麻浦虫 たぎまのうらむし
⇒当麻浦虫(たいまのうらむし)

当麻皇子 たぎまのおうじ
⇒当麻皇子(たいまのみこ)

当麻大名 たぎまのおおな
奈良時代の官人。
¶古人(生没年不詳)

当麻弟麻呂 たぎまのおとまろ
奈良時代の官人。
¶古人(生没年不詳)

当麻老 たぎまのおゆ
奈良時代の官人。淳仁天皇の外祖父。
¶古人(生没年不詳)

当麻鏡麻呂 たぎまのかがみまろ
奈良時代の官人。
¶古人(生没年不詳)

当麻鴨継　たぎまのかもつぐ
⇒当麻鴨継（たいまのかもつぐ）

当麻浄成　たぎまのきよなり
奈良時代の官人。
¶古人（生没年不詳）

当摩蹶速　たぎまのくえはや
⇒当麻蹶速（たいまのけはや）

当麻国見　たぎまのくにみ
⇒当麻真人国見（たいまのまひとくにみ）

当麻子老　たぎまのこおゆ
奈良時代の官人。
¶古人（生没年不詳）

当麻佐賀武　たぎまのさがむ
奈良時代の官人。
¶古人（生没年不詳）

当麻桜井　たぎまのさくらい
奈良時代の貴族。
¶古人（㊀？　㊣715年）

当麻輔正　たぎまのすけまさ
平安時代中期の官人。
¶古人（生没年不詳）

当麻高庭　たぎまのたかにわ
奈良時代の官人。
¶古人（生没年不詳）

当麻橘　たぎまのたちばな
飛鳥時代の官人。
¶古人（生没年不詳）

当麻楯　たぎまのたて
飛鳥時代の遣新羅使。
¶古人（生没年不詳）

当麻為頼　たぎまのためより
平安時代中期の官人。
¶古人（㊀？　㊣1017年？）

当麻智徳　たぎまのちとく
⇒当麻真人智徳（たいまのまひとちとこ）

当麻得足　たぎまのとくたり
奈良時代の官人。
¶古人（生没年不詳）

当麻永嗣　たぎまのながつぐ
⇒当麻真人永嗣（たいまのまひとながつぐ）

当麻秀忠　たぎまのひでただ
平安時代中期の官人。
¶古人（生没年不詳）

当麻枚人　たぎまのひらひと
奈良時代の官人。
¶古人（生没年不詳）

当摩広島（当麻広島）　たぎまのひろしま
？～天武1（672）年　飛鳥時代の吉備国の総領。
¶古人，古物（当麻広島）

当麻広名　たぎまのひろな
奈良時代の官人。
¶古人（生没年不詳）

当麻広人　たぎまのひろひと
奈良時代の官人。
¶古人（生没年不詳）

当麻皇子　たぎまのみこ
⇒当麻皇子（たいまのみこ）

当麻山背　たぎまのやましろ
⇒当麻山背（たいまのやましろ）

当麻吉嶋　たぎまのよししま
奈良時代の官人。
¶古人（生没年不詳）

滝村小太郎　たきむらこたろう
江戸時代後期～明治時代の幕臣。
¶幕末（㊀天保10（1839）年12月20日　㊣明治45（1912）年4月7日）

滝村鶴雄*　たきむらつるお
天保10（1839）年～？　江戸時代後期～末期の幕臣・歌人。
¶徳人（㊣1912年）

滝本　たきもと*
江戸時代の女性。和歌・書。北里の遊女。明治14年刊、蒲生重章著『近世佳人伝』二上で述べられる。
¶江表（滝本（東京都））

多紀元堅　たきもとかた
⇒多紀元堅（たきげんけん）

滝本重行*　たきもとしげゆき
生没年不詳　戦国時代～安土桃山時代の武士。南部氏家臣。
¶全戦

多紀元孝　たきもとたか
⇒多紀元孝（たきげんこう）

多紀元胤　たきもとたね
⇒多紀元胤（たきもとつぐ）

多紀元胤*　たきもとつぐ
寛政1（1789）年～文政10（1827）年　㊁多紀元胤（たきもとたね）　江戸時代後期の寄合医師。
¶徳人（たきもとたね）

多紀元徳（多紀元悳）　たきもとのり
⇒多紀元悳（たきげんとく）

多紀元簡　たきもとひろ
⇒多紀元簡（たきげんかん）

多紀元簡　たきもとやす
⇒多紀元簡（たきげんかん）

滝夜叉　たきやしゃ
⇒如蔵尼（にょぞうに）

滝夜叉姫　たきやしゃひめ
⇒如蔵尼（にょぞうに）

滝安良*　たきやすよし
嘉永6（1853）年～明治4（1871）年　㊁滝銕次郎（たきてつじろう）　江戸時代末期～明治時代の桑名藩士。
¶幕末（㊀嘉永6（1853）年11月23日　㊣明治4（1871）年5月10日）

滝弥太郎*　たきやたろう
天保13（1842）年～明治39（1906）年12月10日　江戸時代末期～明治時代の長州藩士。攘夷血盟に加

わり騎兵隊総督。後、岡山地方裁判所所長などを歴任。
¶全幕, 幕末([生]天保13(1842)年4月15日)

滝山*　たきやま
文化3(1806)年～明治9(1876)年　江戸時代後期～明治時代の女性。江戸幕府13代将軍徳川家定・14代家茂時代に御年寄を務めた。
¶江表(滝山(東京都)), 徳将

滝山伝三郎*　たきやまでんざぶろう
？～永禄1(1558)年3月7日　戦国時代の織田信長の家臣。
¶織田

滝与大夫　たきよだゆう
江戸時代前期の武士。大坂の陣で籠城。
¶大坂

多紀藍渓　たきらんけい
⇒多紀元悳(たきげんとく)

田霧姫命*(多紀理毘売命)　たきりびめのみこと, たぎりひめのみこと, たぎりびめのみこと
[別]宗像神(むなかたのかみ)　福岡県沖ノ島宗像大社沖津宮の祭神。
¶コン(多紀理毘売命　たぎりびめのみこと)

滝凌雲　たきりょううん
江戸時代後期～大正時代の日本画家。
¶美画([生]弘化3(1846)年10月10日　[没]大正5(1916)年9月1日)

滝和亭　たきわてい
⇒滝和亭(たきかてい)

たく
江戸時代中期の女性。俳諧。筑前林田の人。享保14年序、藪家散人兎城撰『門鳴子』に載る。
¶江表(たく(福岡県))

多久　たく*
江戸時代中期の女性。和歌。徳島藩中老生駒永言のもう一人の妻。享保9年成立、道工正央著「有賀以敬斎長伯阿波日記」に載る。
¶江表(多久(徳島県))

託阿(詫阿)　たくあ
⇒託何(たくが)

沢庵　たくあん
⇒沢庵宗彭(たくあんそうほう)

沢庵宗彭*　たくあんそうほう
天正1(1573)年～正保2(1645)年　[別]宗彭(しゅうほう, そうほう), 沢庵(たくあん), 普光国師(ふこうこくし)　安土桃山時代～江戸時代前期の臨済宗の僧。但馬国出石生まれ。
¶江人(沢庵　たくあん), 科学([生]天正1(1573)年12月1日　[没]正保2(1645)年12月11日), コン, 思想([没]天保2(1645)年), 全戦, 徳将, 山小([生]1573年12月1日　[没]1645年12月11日)

託何*　たくが
弘安8(1285)年～正平9/文和3(1354)年8月20日　[別]他阿弥陀仏託何(たあみだぶつたくが), 託阿, 詫阿(たくあ)　鎌倉時代後期～南北朝時代の僧。時宗七祖、時宗教学の大成者。
¶俳文(託阿　たくあ　[生]建治3(1277)年　[没]文和3(1354)年8月20日)

沢彦宗恩*　たくげんそうおん
？～天正15(1587)年10月2日　戦国時代～安土桃山時代の臨済宗の僧。
¶思想

琢斎栄玉　たくさいえいぎょく
江戸時代後期の画家。
¶浮絵(生没年不詳)

田草川新左衛門尉　たくさがわしんざえもんのじょう
戦国時代～安土桃山時代の金山衆。甲斐黒川金山で金の採掘に携わる。
¶武田

田鎖高守*　たくさりたかもり
文政9(1826)年～明治37(1904)年　江戸時代末期～明治時代の盛岡藩士。鉱山開掘、戊辰戦争後の軍資献納調達掛等に力をつくす。
¶幕末([没]明治37(1904)年9月14日)

多久茂族*　たくしげつぐ
*～明治17(1884)年　江戸時代末期～明治時代の肥前佐賀藩士。
¶幕末([生]天保4(1833)年9月20日　[没]明治17(1884)年12月)

宅女　たくじょ*
江戸時代中期の女性。俳諧。元禄2年刊、挙白編『四季千句』に載る。
¶江表(宅女(東京都))

卓袋　たくたい
⇒貝増卓袋(かいますたくたい)

卓池*　たくち
明和5(1768)年～弘化3(1846)年　[別]鶴田卓池(つるたたくち, つるだたくち)　江戸時代後期の俳人。
¶俳文([生]明和5(1768)年8月15日　[没]弘化3(1846)年8月11日)

沢雉*　たくち
*～元禄6(1693)年12月27日　江戸時代前期～中期の俳人。
¶俳文([生]？)

田口逸所　たぐちいっしょ
江戸時代後期～明治時代の篆刻家。
¶美工([生]弘化3(1846)年　[没]明治43(1910)年3月)

田口和美*　たぐちかずよし
天保10(1839)年10月15日～明治37(1904)年2月3日　江戸時代末期～明治時代の医学者、東京大学教授、日本解剖学会初代会頭。解剖学の研究と教育に尽力。解剖学で先駆的役割を果たす。著書に「人体解剖攬要」。
¶科学, コン

田口喜行　たぐちきこう
江戸時代中期の幕臣、代官。
¶徳人(生没年不詳), 徳代([生]天明1(1781)年　[没]？)

田口外記　たぐちげき
安土桃山時代の武蔵国岩付城主太田氏家臣某行憲の同心。
¶後北(外記〔田口〕　げき)

田口重如*　たぐちしげゆき
生没年不詳　[別]田口重如(たぐちのしげゆき)　平安時代中期の官人、歌人。
¶古人(たぐちのしげゆき)

田口成能*（田口重能，田口成良）　**たぐちしげよし**
生没年不詳　[別]田口成良（たぐちのしげよし）　平安時代後期の阿波国の有力在地武士。
¶古人（田口成良　たぐちのしげよし），内乱（田口成良），平家（田口重能）

田口俊平*　**たぐちしゅんぺい**
文化15（1818）年4月6日～慶応3（1867）年11月18日　江戸時代末期の幕府留学生。1862年オランダに渡る。
¶幕末

田口次郎右衛門尉　**たぐちじろうえもんのじょう**
安土桃山時代の駿河国有度郡中田郷の番匠。
¶武田（生没年不詳）

田口慎左衛門　**たぐちしんざえもん**
江戸時代後期の幕臣。
¶徳人（[生]1807年　[没]1840年）

田口新左衛門　**たぐちしんざえもん**
安土桃山時代の岩付城主北条氏房家臣宮城泰業の同心。
¶後北（新左衛門〔田口〕　しんざえもん）

田口朝臣大戸　**たぐちのあそみおおと**
⇒田口大戸（たぐちのおおと）

田口円覚*　**たぐちのえんかく**
平安時代前期の入唐僧。
¶古代

田口大戸*　**たぐちのおおと**
[別]田口朝臣大戸（たぐちのあそみおおと）　奈良時代の官吏。
¶古人（生没年不詳）

田口祖人　**たぐちのおやひと**
奈良時代の官人。
¶古人（生没年不詳）

田口重如　**たぐちのしげゆき**
⇒田口重如（たぐちしげゆき）

田口成良　**たぐちのしげよし**
⇒田口成能（たぐちしげよし）

田口年足　**たぐちのとしたり**
奈良時代の官人。
¶古人（生没年不詳）

田口教能*　**たぐちののりよし**
？～建久8（1197）年　[別]田口教能（たぐちのりよし）　平安時代後期～鎌倉時代前期の阿波国の武将。
¶古人，平家（たぐちのりよし　生没年不詳）

田口信武　**たぐちのぶたけ**
江戸時代後期～明治時代の和算家。
¶数学（[生]文政9（1826）年　[没]明治26（1893）年）

田口益人*　**たぐちのますひと**
奈良時代の「万葉集」の歌人。
¶古人（生没年不詳）

田口御直　**たぐちのみなお**
奈良時代の官人。
¶古人（生没年不詳）

田口安麻呂　**たぐちのやすまろ**
奈良時代の官人。
¶古人（生没年不詳）

田口養年富　**たぐちのやねほ**
奈良時代の官人。
¶古人（生没年不詳）

田口良遠*　**たぐちのよしとお**
生没年不詳　[別]桜間能遠（さくらばよしとお）　平安時代後期の阿波国の武将。
¶古人，平家（桜間能遠　さくらばよしとお）

田口教能　**たぐちのりよし**
⇒田口教能（たぐちののりよし）

田口秀実*　**たぐちひでさね，たぐちひでざね**
文政11（1828）年～明治25（1892）年　江戸時代末期～明治時代の神官、大洗神社神官。私塾を開いて村内子弟の教育にあたる。
¶幕末（たぐちひでざね　[没]明治25（1892）年4月27日）

田口文良*　**たぐちぶんりょう**
弘化2（1845）年～明治17（1884）年　江戸時代末期～明治時代の医師、医学司調役長。西洋式医術を修業。戊辰戦争に軍医として参加。
¶幕末（[没]明治17（1884）年2月10日）

田口喜古　**たぐちよしふる**
寛延3（1750）年～文化8（1811）年　江戸時代中期～後期の幕臣。
¶徳人，徳代（[没]文化8（1811）年2月13日）

田口留兵衛*　**たぐちるへえ**
享和1（1801）年～元治1（1864）年　江戸時代末期の蚕種製造家。
¶コン，幕末（[生]享和1（1802）年　[没]元治1（1864）年6月28日）

宅徳兵衛*　**たくとくべえ**
文化14（1817）年～明治2（1869）年　江戸時代末期の酒造業者。
¶幕末（[没]明治2（1869）年2月4日）

宅磨栄賀*（詫磨栄賀，詫磨栄賀）　**たくまえいが**
生没年不詳　[別]栄賀（えいが），宅磨栄賀（たくまのえいが）　南北朝時代の画家（託磨派）。託磨長賀の子。
¶コン，美画

宅磨俊賀（詫磨俊賀，詫磨俊賀）　**たくましゅんが**
⇒俊賀（しゅんが）

宅磨勝賀*（詫磨勝賀，詫磨勝賀，拓磨勝賀）　**たくましょうが**
生没年不詳　[別]勝賀（しょうが），宅磨勝賀（たくまのしょうが），宅磨為基（たくまのためもと）　鎌倉時代前期の託磨派の画家。
¶古人（勝賀　しょうが），コン，美画

宅間笑験の妻　**たくましょうけんのつま***
江戸時代前期の女性。俳諧。寛文8年刊、春陽軒加友編『伊勢踊』に3句が載る。
¶江表（宅間笑験の妻（東京都））

託磨為遠*（宅磨為遠，詫磨為遠）　**たくまためとお**
生没年不詳　[別]詫間為遠（たくまのためとう），宅磨為遠（たくまのためとお）　平安時代後期の画家。詫磨派の祖。
¶古人（宅磨為遠），美画（詫間為遠　たくまのためとう）

宅磨為成*（詫磨為成，宅間為成，託間為成）　**たくまためなり**
生没年不詳　[別]宅磨為成（たくまのためなり）　平安時代の画家。

¶古人, コン, 美画

宅磨為久*（託磨為久） たくまためひさ
生没年不詳 [別]宅磨為久（たくまのためひさ） 鎌倉時代前期の画家。
¶古人, コン, 美画

宅磨為行*（託磨為行） たくまためゆき
生没年不詳 [別]宅磨為行（たくまのためゆき） 鎌倉時代前期の宅磨派の画家。
¶コン, 美画

詫磨長賀*（託磨長賀, 宅磨長賀） たくまちょうが
生没年不詳 [別]詫間長賀（たくまのちょうが）, 長賀（ちょうが） 鎌倉時代前期の詫磨派の画家。
¶美画（詫間長賀 たくまのちょうが）

宅磨栄賀 たくまのえいが
⇒宅磨栄賀（たくまえいが）

宅磨勝賀 たくまのしょうが
⇒宅磨勝賀（たくましょうが）

詫間為遠 たくまのためとう
⇒託磨為遠（たくまためとお）

宅磨為遠 たくまのためとお
⇒詫磨為遠（たくまためとお）

宅磨為成 たくまのためなり
⇒宅磨為成（たくまためなり）

宅磨為久 たくまのためひさ
⇒宅磨為久（たくまためひさ）

宅磨為基 たくまのためもと
⇒宅磨勝賀（たくましょうが）

宅磨為行 たくまのためゆき
⇒宅磨為行（たくまためゆき）

詫間長賀 たくまのちょうが
⇒詫磨長賀（たくまちょうが）

宅間規富* たくまのりとみ
？～元和7（1621）年1月16日 安土桃山時代～江戸時代前期の北条氏の家臣。
¶後北（規富〔宅間〕 のりとみ [没]元和7年1月）

詫間樊六*（託間樊六） たくまはんろく
天保5（1834）年～慶応2（1866）年 江戸時代末期の志士。因幡鳥取藩士。
¶コン（託間樊六 [生]天保4（1833）年 [没]元治1（1864）年）, 全幕

宅間房成 たくまふさしげ
戦国時代～安土桃山時代の北条氏康・氏政の家臣。兵庫助。もと相模国玉縄城主北条為昌の家臣か。
¶後北（房成〔宅間〕 ふさしげ [没]永禄7年1月）

宅間能清* たくまよしきよ
生没年不詳 江戸時代後期の数学者。
¶科学, コン, 数学

内匠* たくみ
生没年不詳 平安時代前期の女房・歌人。
¶古人

内匠助 たくみのすけ
戦国時代の甲斐国八代郡米倉郷の番匠大工職人。
¶武田（生没年不詳）

卓郎* たくろう
寛政10（1798）年～慶応2（1866）年 [別]小森卓朗（こもりたくろう） 江戸時代末期の俳人。
¶俳文（[没]慶応2（1866）年4月16日）

たけ（1）
江戸時代中期の女性。和歌。徳島藩士岩田重之の娘。元禄9年刊、平間長雅編『奉納千首和歌』に載る。
¶江表（たけ（徳島県））

たけ（2）
江戸時代後期の女性。書・和歌。仙台藩士栗村伊兵衛の娘。
¶江表（たけ（宮城県） [没]弘化3（1846）年）

たけ（3）
江戸時代後期の女性。和歌。水口藩藩士岡田九郎右衛門の妹。嘉永4年刊、堀尾光久編『近世名所歌集』初に載る。
¶江表（たけ（滋賀県））

たけ（4）
江戸時代末期の女性。和歌。山本善八の妻。文久1年序、西田惟恒編『文久元年七百首』に載る。
¶江表（たけ（山口県））

丈 たけ★
江戸時代末期～昭和時代の女性。懐旧談。会津藩藩士佐瀬丈之助の娘。昭和5年、慶応4年の会津戊辰戦争の体験を語り「懐旧談」としてまとめられた。
¶江表（丈（福島県））

竹（1） たけ★
江戸時代後期～大正時代の女性。書。因幡鳥取西館新田藩藩士西村左司馬の娘。
¶江表（竹（鳥取県） [生]天保2（1831）年 [没]大正9（1920）年）

竹（2） たけ★
江戸時代後期の女性。俳諧。備前香登の人。天保9年刊、唐樹園亀嶺編『春興亀の尾山』後に載る。
¶江表（竹（岡山県））

竹（3） たけ★
江戸時代末期の女性。和歌。大坂北新地の妓女。安政6年刊、秋元安民編『類題青藍集』に載る。
¶江表（竹（大阪府））

竹（4） たけ★
江戸時代末期の女性。書簡。長門長州藩藩士村田清風の本家大津郡三隅村の村田伝左衛門信嘉の娘。
¶江表（竹（山口県））

武*（1） たけ
？～天明2（1782）年5月18日 [別]白拍子武女（しらびょうしたけじょ）, 鈴木武女（すずきたけじょ）, 武女（たけじょ） 江戸時代中期の女性。文人。尾張藩7代藩主徳川宗春の側室。
¶江表（武女（愛知県））, コン

武（2） たけ★
江戸時代後期の女性。狂歌。摂津兵庫の人。享和3年刊、石中堂班象編『はなかたみ』に載る。
¶江表（武（兵庫県））

武井柯亭* たけいかてい
文政6（1823）年～明治28（1895）年 江戸時代末期～明治時代の会津藩士。戊辰戦争では官軍と戦う。会津藩復興に尽力、斗南藩として復興。

¶コン，幕末（㊏明治28（1895）年5月23日）

武井儀大夫正職　たけいぎだゆうまさもと
江戸時代前期の細川忠興・小笠原忠真の家臣。
¶大坂

武石権三郎*　たけいしごんざぶろう
文政3（1820）年〜慶応2（1866）年　江戸時代末期
の水戸藩士。
¶幕末（㊏慶応2（1866）年6月28日）

武石胤盛*　たけいしたねもり
久安2（1146）年〜建保3（1215）年　㊞平胤盛（たい
らのたねもり）　平安時代後期〜鎌倉時代前期の
武将。
¶古人（平胤盛　たいらのたねもり）

武井順子*　たけいじゅんこ
文化2（1805）年〜明治15（1882）年　江戸時代末期
〜明治時代の歌人。江戸雛の製作が巧みで評判。
遺稿「類題和歌集」出版。
¶江表（順子（富山県））

武井夕庵*　たけいせきあん
生没年不詳　戦国時代〜安土桃山時代の武将。
¶織田，全戦

武井淡山*　たけいたんざん
天保7（1836）年〜明治19（1886）年　江戸時代末期
〜明治時代の広島藩重臣、大監察、沼田郡長。町奉
行、郡奉行を歴任。広島の新聞事業の先駆。
¶幕末（㊏明治19（1886）年4月2日）

武市立為　たけいちりゅうい
世襲名　江戸時代〜昭和期の眼科医。
¶眼医（生没年不詳）

武井常信　たけいつねのぶ
寛文1（1661）年〜？　江戸時代前期の幕臣。
¶徳人，徳代

竹居安五郎　たけいのやすごろう
江戸時代後期〜末期の侠客。
¶幕末（㊎文政4（1821）年4月15日　㊏文久2（1862）年2
月17日）

武井守正*　たけいもりまさ
天保13（1842）年〜大正15（1926）年12月4日　江戸
時代末期〜明治時代の官僚、実業家、鳥取県知事、
貴族院議員。官界を歩む。帝国保険社長、枢密院顧
問などを歴任。
¶幕末

竹内祖〔1代〕　たけうち
江戸時代前期の眼科医。
¶眼医（㊎？　㊏慶長13（1608）年）

竹内卯吉郎　たけうちうきちろう
⇒竹内貞基（たけうちさだもと）

竹内有兵衛　たけうちうへえ
江戸時代中期の大工。
¶美建（㊎？　㊏元禄4（1691）年）

竹内塊翁*　たけうちかいおう
明和1（1764）年〜文政12（1829）年　㊞塊翁（かい
おう）　江戸時代後期の俳人。
¶俳文（塊翁　かいおう　㊏文政12（1829）年10月17日）

竹内清承*　たけうちきよつぐ
？〜天保5（1834）年7月4日　江戸時代後期の藩士・

暦学家。
¶数学

竹内吟秋　たけうちぎんしゅう
江戸時代後期〜大正時代の陶芸家。
¶美工（㊎天保2（1831）年2月5日　㊏大正2（1913）年11
月2日）

竹内玄意〔8代〕　たけうちげんい
江戸時代後期の眼科医。
¶眼医（㊎？　㊏寛政3（1791）年）

竹内玄撮　たけうちげんさつ
江戸時代後期の眼科医。
¶眼医（㊎天保5（1834）年　㊏？）

竹内玄撮〔2代〕　たけうちげんさつ
江戸時代前期の眼科医。
¶眼医（㊎？　㊏寛永10（1633）年）

竹内玄撮〔5代〕　たけうちげんさつ
江戸時代中期の眼科医。
¶眼医（㊎？　㊏寛保2（1742）年）

竹内玄同*　たけうちげんどう
*〜明治13（1880）年　㊞竹内玄同（たけのうちげん
どう）　江戸時代末期〜明治時代の医師。藩医。そ
の後幕府奥医師、西洋医学所教授・取締となる。
¶江人（1805年）、科学（たけのうちげんどう　㊎文化2
（1805）年　㊏明治13（1880）年1月12日）、コン（㊎文化
2（1805）年）、対外（たけのうちげんどう　㊎1805年）、
徳人（たけのうちげんどう　㊎1795年）、幕末（㊎文化2
（1805）年　㊏明治13（1880）年1月13日）

竹内玄洞　たけうちげんどう
眼科医。
¶眼医（生没年不詳）

竹内玄洞〔9代〕　たけうちげんどう
江戸時代後期の眼科医。
¶眼医（㊎？　㊏文化5（1808）年）

竹内玄洞〔10代〕　たけうちげんどう
江戸時代末期の眼科医。
¶眼医（㊎？　㊏文久3（1863）年）

竹内玄洞〔11代〕　たけうちげんどう
江戸時代末期〜明治時代の眼科医。
¶眼医（㊎？　㊏明治23（1890）年）

竹内五右衛門　たけうちごえもん
江戸時代前期の豊臣秀頼の剣術師範。
¶大坂（㊏慶長20年5月7日）

竹内是清　たけうちこれきよ
江戸時代前期の眼科医。
¶眼医（㊏延宝1（1673）年）

竹内式部　たけうちしきぶ
⇒竹内式部（たけのうちしきぶ）

竹内重意*　たけうちしげおき
寛政6（1794）年〜明治1（1868）年10月26日　江戸
時代末期の人。諸家の系図書きに従事。
¶幕末（㊎寛政6（1794）年6月19日　㊏慶応4（1868）年9
月11日）

竹内重信*　たけうちしげのぶ
文政13（1830）年〜明治23（1890）年　江戸時代末
期〜明治時代の和算家。藩数学寮の教頭を務め数
学の研究に努めた。
¶数学（㊎文政13（1830）年6月21日　㊏明治23（1890）年

10月11日）

竹内修敬* たけうちしゅうけい
文化12（1815）年～明治7（1874）年　[別]竹内修敬（たけうちのぶよし）　江戸時代末期～明治時代の和算学者、藩校明倫堂算学教授。小学校算術教師。著書に「算法円理括発」など。
¶数学（たけうちのぶよし　[没]明治7（1874）年6月10日），幕末（[没]明治7（1874）年6月10日）

武内周祐 たけうちしゅうすけ
江戸時代後期の眼科医。
¶眼医（[生]？　[没]文政3（1820）年）

竹内俊次持賢〔4代〕 たけうちしゅんじ（もちかた）
江戸時代後期の眼科医。
¶眼医（竹内俊次持賢〔4代〕電光院　[生]？　[没]文化7（1800）年）

竹内正兵衛* たけうちしょうべえ
文政2（1819）年～元治1（1864）年　[別]竹内正兵衛（たけのうちしょうべえ），八谷清喜（はちやきよのぶ）　江戸時代末期の長州（萩）藩士。尊攘運動を支援。
¶幕末（[没]元治1（1864）年11月12日）

武内小鸞 たけうちしょうらん
⇒竹内小鑾（たけのうちしょうらん）

竹内新八持賢〔2代〕 たけうちしんぱちもちかた
江戸時代中期の眼科医。
¶眼医（竹内新八持賢〔2代〕不遠院　[生]？　[没]天明7（1787）年）

竹内新八持長〔5代〕 たけうちしんぱちもちなが
江戸時代後期の眼科医。
¶眼医（竹内新八持長〔5代〕萬瑞院　[生]？　[没]文政11（1828）年）

竹内新八持規〔3代〕 たけうちしんぱちもちのり
江戸時代後期の眼科医。
¶眼医（竹内新八持規〔3代〕高厳院　[生]？　[没]文化8（1811）年）

竹内新八持光〔6代〕 たけうちしんぱちもちみつ
江戸時代後期の眼科医。
¶眼医（竹内新八持光〔6代〕竹林院　[生]？　[没]嘉永4（1851）年）

竹内新八要憲〔7代〕 たけうちしんぱちようけん
江戸時代末期～明治時代の眼科医。
¶眼医（竹内新八要憲〔7代〕真静院　[生]？　[没]明治16（1883）年）

竹内新八郎〔1代〕 たけうちしんぱちろう
江戸時代中期の眼科医。
¶眼医（竹内新八郎〔1代〕全提院　[生]？　[没]延享2（1745）年）

竹内新六* たけうちしんろく
文化10（1813）年～慶応2（1866）年　江戸時代末期の水戸藩郷士。
¶幕末（[没]慶応2（1866）年6月2日）

竹内季治* たけうちすえはる
永正15（1518）年～元亀2（1571）年　[別]竹内季治（たけのうちすえはる）　戦国時代の公卿（非参議）。清和天皇の末裔。
¶公卿（たけのうちすえはる　[没]元亀2（1571）年9月18日），公家（季治〔竹内家〕　すえはる　[没]元亀2（1571）年9月18日）

竹内清九郎 たけうちせいくろう
江戸時代末期～明治時代の七宝工。
¶美工（生没年不詳）

竹内是斎〔3代〕 たけうちぜさい
江戸時代前期の眼科医。
¶眼医（[生]？　[没]延宝1（1673）年）

竹内節* たけうちせつ
生没年不詳　江戸時代末期～明治時代の多古藩士。
¶幕末

竹内そへ子* たけうちそえこ
宝暦13（1763）年～天保9（1838）年6月　江戸時代後期の女性。歌人。
¶江表（そへ子（静岡県））

竹内武信 たけうちたけのぶ
⇒竹内武信（たけのうちぶしん）

竹内度経 たけうちただつね
江戸時代後期～明治時代の和算家。
¶数学（[生]天保3（1832）年　[没]明治14（1881）年）

竹内度道（武内度道）　たけうちただみち
⇒竹内度道（たけのうちただみち）

竹内忠兵衛 たけうちちゅうべえ
江戸時代後期～大正時代の工芸家。
¶美工（[生]嘉永5（1852）年　[没]大正11（1922）年）

竹内綱 たけうちつな
⇒竹内綱（たけのうちつな）

竹内哲* たけうちてつ
天保12（1841）年～元治1（1864）年　[別]竹内哲次郎（たけうちてつじろう，たけのうちてつじろう）　江戸時代末期の志士。
¶幕末（竹内哲次郎　たけうちてつじろう　[没]元治1（1864）年9月7日）

竹内哲次郎 たけうちてつじろう
⇒竹内哲（たけうちてつ）

竹内東仙* たけうちとうせん
天保9（1838）年頃～大正13（1924）年　江戸時代末期～大正時代の二本松藩士、漢学者、藩校敬学館教授。明倫塾を開く。著に「東仙詩文抄」など多数。
¶幕末（[生]天保9（1838）年頃　[没]大正13（1924）年4月1日）

竹内東白* たけうちとうはく
文政2（1819）年～元治1（1864）年8月11日　江戸時代末期の医師、兵学家。
¶科学

竹内篤平*（武内篤平）　たけうちとくへい
江戸時代末期の新撰組隊士。
¶新隊（武内篤平　生没年不詳）

竹内豊矩* たけうちとよのり
生没年不詳　江戸時代後期の和算家。
¶数学

竹内長治* たけうちながはる
天文5（1536）年～天正14（1586）年7月7日　[別]竹内長治（たけのうちながはる）　安土桃山時代の公卿（正三位・非参議）。正三位・非参議竹内季治の子。
¶公卿（たけのうちながはる），公家（長治〔竹内家〕　ながはる）

武内宿禰 たけうちのすくね
⇒武内宿禰（たけしうちのすくね）

竹内修敬 たけうちのぶよし
⇒竹内修敬（たけうちしゅうけい）

竹内久盛 たけうちひさもり
⇒竹内久盛（たけのうちひさもり）

竹内秀勝* たけうちひでかつ
？～元亀2（1571）年　戦国時代の武士。
¶全戦

竹内百太郎* たけうちひゃくたろう
天保2（1831）年～慶応1（1865）年　㊛浅井才助（あさいさいすけ），竹中万次郎（たけなかまんじろう），竹内百太郎（たけのうちひゃくたろう）　江戸時代末期の水戸藩郷士。
¶幕末（㊗元治2（1865）年2月4日）

竹内啓 たけうちひらく
⇒竹内啓（たけのうちひらく）

竹内亀石〔7代〕 たけうちぼうせき
江戸時代中期の眼科医。
¶眼医（㊙？　㊗宝暦6（1756）年）

竹内元太郎 たけうちもとたろう
江戸時代末期の新撰組隊士。
¶新隊（生没年不詳）

竹内保徳 たけうちやすのり
⇒竹内保徳（たけのうちやすのり）

竹内八十吉 たけうちやそきち
江戸時代後期～明治時代の彫刻家、宮大工。
¶美建（㊙文化10（1813）年　㊗明治31（1898）年）

竹内友慶〔6代〕 たけうちゆうけい
江戸時代中期の眼科医。
¶眼医（㊙？　㊗寛文5（1740）年）

竹内要助* たけうちようすけ
天保3（1832）年～明治36（1903）年　江戸時代末期～明治時代の商人、廻船問屋。倒幕を画策、長州藩、広島藩に資金援助をする。
¶幕末（㊙天保3（1833）年12月　㊗明治36（1903）年9月14日）

竹内良心〔4代〕 たけうちりょうしん
江戸時代中期の眼科医。
¶眼医（㊙？　㊗享保11（1726）年）

竹雄 たけお
江戸時代後期～明治時代の女性。産婆。八百屋町で開業する医師の家に生まれ、賀川玄庵に入門して医学を学び、城下で名産婆として名を馳せる。
¶江表（竹雄（徳島県）　㊙天保4（1833）年　㊗明治40（1907）年）

竹尾源七* たけおげんしち
生没年不詳　安土桃山時代の織田信長の家臣。
¶織田

竹尾忠明 たけおただあき
？～弘化4（1847）年　㊛竹尾忠明（たけおちょうめい）　江戸時代後期の幕臣。
¶徳人、徳代（たけおちょうめい）　㊗弘化4（1847）年8月3日）

竹尾俊勝 たけおとしかつ
安土桃山時代～江戸時代前期の幕臣。

徳人（㊙1573年　㊗1639年）

武小広国押盾尊 たけおひろくにおしたてのみこと
⇒宣化天皇（せんかてんのう）

竹垣直清* たけがきただきよ
安永4（1775）年～天保3（1832）年　㊛竹垣直清（たけがきなおきよ）　江戸時代後期の幕府代官。
¶徳人（たけがきなおきよ）、徳代（たけがきなおきよ　㊗天保3（1832）年6月3日）

竹垣直道 たけがきちょくどう
⇒竹垣直道（たけがきなおみち）

竹垣直温* たけがきなおあつ
寛保1（1741）年12月26日～文化11（1814）年11月8日　㊛竹垣直温（たけがきなおひろ）　江戸時代中期～後期の代官。
¶コン、徳人（たけがきなおひろ）、徳代（たけがきなおひろ）

竹垣直清 たけがきなおきよ
⇒竹垣直清（たけがきただきよ）

竹垣直照 たけがきなおてる
江戸時代中期の代官。
¶徳代（㊙正徳2（1712）年　㊗天明6（1786）年11月5日）

竹垣直温 たけがきなおひろ
⇒竹垣直温（たけがきなおあつ）

竹垣直道* たけがきなおみち
文化4（1807）年～明治2（1869）年　㊛竹垣直道（たけがきちょくどう）　江戸時代後期～明治時代の幕臣。
¶徳人（㊙1806年）、徳代（たけがきちょくどう　㊙文化3（1806）年）

竹垣喜道 たけがきよしみち
江戸時代中期の代官。
¶徳代（㊙元禄2（1689）年　㊗宝暦5（1755）年11月20日）

武鼓王 たけかひこのみこ
上代の日本武尊の子。
¶天皇

竹川市蔵 たけかわいちぞう
⇒片岡市蔵〔1代〕（かたおかいちぞう）

竹川菅子* たけがわすがこ
天明4（1784）年～天保15（1844）年9月21日　江戸時代中期～後期の歌人。
¶江表（菅子（三重県））

竹川竹斎* たけがわちくさい、たけかわちくさい
文化6（1809）年～明治15（1882）年　江戸時代末期～明治時代の商人。灌漑用池築造、万古焼創製などに尽力。横浜で海外貿易を行う。
¶コン（たけかわちくさい）、幕末（㊙文化6（1809）年5月25日　㊗明治15（1882）年11月1日）

竹川信経 たけかわのぶつね
安土桃山時代～江戸時代前期の代官。
¶徳代（生没年不詳）

竹河陸後守 たけかわひこのかみ
安土桃山時代の富士金山衆頭。
¶武田（生没年不詳）

武国凝別皇子 たけくにこりわけのみこ
上代の景行天皇の皇子。
¶天皇

たけ子(1)　**たけこ**★
江戸時代末期の女性。和歌。足利の丸山源兵衛の妻。文久3年刊、関橋守編『耳順賀集』に載る。
¶江表(たけ子(栃木県))

たけ子(2)　**たけこ**★
江戸時代末期の女性。和歌。豊後杵築藩主松平家の奥女中。文久3年刊、関橋守編『耳順賀集』に載る。
¶江表(たけ子(大分県))

竹子(1)　**たけこ**★
江戸時代中期～後期の女性。和歌。近江犬上郡の氏江氏。
¶江表(竹子(京都府)　[生]宝暦1(1751)年　[没]文化8(1811)年)

竹子(2)　**たけこ**★
江戸時代後期の女性。菅沼左京亮大蔵定敬の妻。天保7年刊、加納諸平編『類題鰒玉集』三に載る。
¶江表(竹子(東京都))

竹子(3)　**たけこ**★
江戸時代後期の女性。和歌。忍藩藩士鈴木平三郎の母。嘉永6年刊、黒沢翁満編『類題採風集』初に載る。
¶江表(竹子(埼玉県))

竹子(4)　**たけこ**★
江戸時代後期の女性。和歌。和泉善平の妻。
¶江表(竹子(愛媛県)　[没]天保3(1832)年)

竹子(5)　**たけこ**★
江戸時代後期の女性。和歌。筑前山鹿村の商家常盤屋の高崎吉右衛門の娘。
¶江表(竹子(福岡県))

竹子(6)　**たけこ**★
江戸時代末期の女性。和歌。相模高座郡の川上九郎兵衛の妻。慶応3年刊、『類題新竹集』に載る。
¶江表(竹子(神奈川県))

竹子(7)　**たけこ**★
江戸時代末期の女性。和歌。筑後柳川藩の奥女中。「鶯歌集」に載る。
¶江表(竹子(福岡県))

武子(1)　**たけこ**★
江戸時代中期の女性。和歌。増田長博の娘。明和3年成立、難波玄生・清水貞固ほか撰「稲葉和歌集」に載る。
¶江表(武子(鳥取県))

武子(2)　**たけこ**★
江戸時代後期の女性。和歌。尾張徳川家の奥女中。寛政11年刊、石野広通編『霞関集』に載る。
¶江表(武子(愛知県))

武子(3)　**たけこ**★
江戸時代末期の女性。和歌。大宮司氏。幕末期の長府の歌人平田秋足社中の一枚摺歌書に載る。
¶江表(武子(山口県))

武郷兵衛＊　**たけごうべえ**
弘化3(1846)年～明治10(1877)年　江戸時代末期～明治時代の鹿児島県士族。戊辰戦争に参加。西南戦争には下田で戦死。
¶幕末([没]明治10(1877)年6月26日)

武腰善平　**たけごしぜんぺい**
江戸時代後期～明治時代の陶工。
¶美工([生]天保14(1843)年　[没]明治40(1907)年)

竹腰徳蔵〔1代〕　**たけこしとくぞう**
江戸時代後期～大正時代の殖産家。
¶植物([生]嘉永4(1851)年　[没]大正10(1921)年3月)

竹越豊延　**たけこしとよのぶ**
江戸時代後期の和算家。
¶数学([没]文政10(1827)年10月6日)

竹腰尚光　**たけこしなおみつ**
⇒竹腰尚光(たけごしひさみつ)

竹腰尚光＊　**たけごしひさみつ**
[別]竹腰尚光(たけこしなおみつ)　戦国時代の武士。
¶全戦(たけこしなおみつ　生没年不詳)

厳子女王　**たけこじょおう**
⇒厳子女王(げんしじょおう)

健御前　**たけごぜん**
⇒建春門院中納言(けんしゅんもんいんのちゅうなごん)

儼子内親王＊　**たけこないしんのう**
？～延長8(930)年　平安時代前期～中期の女性。陽成天皇の第二皇女。
¶古人

竹崎茶堂＊　**たけざきさどう, たけさきさどう**
文化9(1812)年～明治10(1877)年　[別]竹崎律次郎(たけざきりつじろう)　江戸時代末期～明治時代の官学者、教育者、細川藩民部大属。藩政改革を行った。
¶コン(たけさきさどう), 全幕(竹崎律次郎　たけざきりつじろう), 幕末([没]明治10(1877)年5月26日)

竹崎順子＊　**たけざきじゅんこ, たけさきじゅんこ**
文政8(1825)年10月25日～明治38(1905)年3月7日　江戸時代末期～明治時代の教育家。
¶江表(順子(熊本県)), コン(たけさきじゅんこ), 女史(たけさきじゅんこ), 幕末

竹崎季長＊　**たけざきすえなが, たけさきすえなが**
寛元4(1246)年～？　鎌倉時代後期の武士。元寇での武功を子孫に伝えるため「蒙古襲来絵詞」の作成を依頼。
¶コン, 対外, 中世(生没年不詳), 内乱, 山小

竹崎律次郎　**たけざきりつじろう**
⇒竹崎茶堂(たけざきさどう)

武里　**たけさと**
平安時代後期の官人。
¶平家(生没年不詳)

竹沢寛三郎＊　**たけざわかんざぶろう**
文政12(1829)年12月5日～明治35(1902)年11月25日　[別]新田邦光(にったくにてる)　江戸時代末期～明治時代の阿波稲田家家臣。国学、漢学、兵学に通じ諸国遊歴、尊王の大儀を説く。
¶幕末(新田邦光　にったくにてる)

竹沢権右衛門〔1代〕＊　**たけざわごんえもん**
生没年不詳　江戸時代中期の上方の義太夫節三味線弾き。井上播磨掾の門弟。
¶コン

竹沢権右衛門〔2代〕　**たけざわごんえもん**
⇒豊沢広助〔1代〕(とよざわひろすけ)

竹沢弥七〔3代〕 たけざわやしち
⇒豊沢広助〔1代〕（とよざわひろすけ）

武志伊八郎〔1代〕 たけしいはちろう
江戸時代中期～後期の彫刻師。
¶美建（[生]宝暦1（1751）年 [没]文政7（1824）年）

武内宿禰* たけしうちのすくね
[別]武内宿禰（たけうちのすくね，たけのうちすくね，たけのうちのすくね） 上代の武将（大臣）。孝元天皇の玄孫。
¶公卿（たけのうちのすくね [生]景行天皇9（79）年 [没]仁徳天皇50（362）年），古人（生没年不詳），古代，古物，コン

武石左馬助 たけしさまのすけ
戦国時代の信濃小県郡の国衆武石大井氏。
¶武田（生没年不詳）

武石正棟 たけししょうとう
安土桃山時代の信濃小県郡武石の国衆。武石大井氏。
¶武田（生没年不詳）

竹下卯三郎* たけしたうさぶろう
？～明治5（1872）年 江戸時代末期～明治時代の加賀藩士。
¶幕末（[没]明治5（1872）年11月4日）

竹下譲平* たけしたじょうへい
*～明治23（1890）年 江戸時代末期～明治時代の長州（萩）藩士。
¶幕末（[生]弘化3（1846）年 [没]明治23（1890）年4月19日）

竹下清右衛門* たけしたせいえもん
文政4（1821）年～明治31（1898）年12月7日 [別]竹下矩方（たけしたのりかた） 江戸時代末期～明治時代の薩摩藩士。
¶幕末

竹下鷹之允 たけしたたかのじょう
⇒下野隼次郎（しものはやじろう）

竹下東順* たけしたとうじゅん
*～元禄6（1693）年 [別]榎本東順（えのもととうじゅん），東順（とうじゅん） 江戸時代前期の医師、俳人（蕉門）。
¶俳文（東順 とうじゅん [生]元和6（1620）年 [没]元禄6（1693）年8月28日）

竹下矩方 たけしたのりかた
⇒竹下清右衛門（たけしたせいえもん）

竹柴其水 たけしばきすい
弘化4（1847）年～大正12（1923）年 江戸時代後期～大正時代の歌舞伎作者。
¶歌大（[生]弘化4（1847）年4月10日 [没]大正12（1923）年2月7日），新歌

竹柴瓢蔵〔1代〕 たけしばひょうぞう
⇒文亭梅彦（ぶんていうめひこ）

竹島幸左衛門〔1代〕* たけしまこうざえもん
？～正徳2（1712）年 [別]日本左衛門（にほんざえもん） 江戸時代中期の歌舞伎役者、歌舞伎座本。寛文末～正徳2年頃に活躍。
¶歌大（竹嶋幸左衛門 [没]正徳2（1712）年11月24日），コン

竹島幸左衛門〔4代〕* たけしまこうざえもん
生没年不詳 [別]竹島平太郎（たけしまへいたろう），中村住平（なかむらじゅうへい），中村宗十郎〔2代〕（なかむらそうじゅうろう） 江戸時代中期の歌舞伎役者。宝暦11～12年以降に活躍。
¶歌大（中村宗十郎〔2代〕 なかむらそうじゅうろう）

武島修茂 たけしましげもち
江戸時代中期～後期の代官。
¶徳代（[生]享保17（1732）年 [没]寛政6（1794）年2月15日）

竹島天竺左衛門 たけしまてんじくざえもん
⇒日本伝助（にほんでんすけ）

竹島平太郎 たけしまへいたろう
⇒竹島幸左衛門〔4代〕（たけしまこうざえもん）

たけ女 たけじょ★
江戸時代後期の女性。俳諧。嘉永4年刊、長谷部菊圃の夫映門三回忌集『別れ霜』に載る。
¶江表（たけ女（愛媛県））

建女 たけじょ★
江戸時代後期の女性。和歌。紀州藩藩士河合丈平の娘。天保7年刊、加納諸平編『類題鰒玉集』三に載る。
¶江表（建女（和歌山県））

竹女 たけじょ★
江戸時代前期の女性。俳諧。貞享1年刊『古今俳諧女歌仙』と正徳5年刊、井原西鶴編『なぞ歌せん』に絵入りで載る。
¶江表（竹女（三重県））

武女 たけじょ
⇒武（たけ）

武城久良太*（武城蔵太） たけしろくらた
江戸時代末期の新撰組隊士。
¶新隊（武城蔵太 生没年不詳）

竹添井井 たけぞえせいせい
江戸時代後期～大正時代の官人、教育者。
¶詩作（[生]天保13（1842）年3月27日 [没]大正6（1917）年3月31日）

竹園梅彦 たけぞのうめひこ
⇒文亭梅彦（ぶんていうめひこ）

武田斐三郎 たけだあやさぶろう
⇒武田成章（たけだなりあき）

武田有義* たけだありよし
[別]源有義（みなもとのありよし） 平安時代後期～鎌倉時代前期の武将。甲斐源氏信義の子。
¶古人（源有義 みなもとのありよし [生]？ [没]1200年）

武田幾 たけだいく
⇒藤田幾（ふじたいく）

竹田出雲(1) たけだいずも
世襲名 江戸時代の大坂竹本座の座本・浄瑠璃作者。江戸中・後期に3世を数える。
¶江人，山小

竹田出雲*(2)（——〔1代〕） たけだいずも
？～延享4（1747）年 江戸時代中期の浄瑠璃作者。大坂竹本座の座元。
¶歌大（——〔元祖〕 [没]延享4（1747）年6月4日），コン（——〔1代〕），新歌（——〔1世〕），徳将（——〔1代〕），日文（——〔1世〕）

竹田出雲〔2代〕* たけだいずも
元禄4（1691）年～宝暦6（1756）年 [別]竹田小出雲〔1代〕（たけだこいずも） 江戸時代中期の人形浄瑠

璃興行主、作者。初代出雲の子。
¶歌大([没]宝暦6(1756)年11月4日),歌大(竹田小出雲〔1代〕　たけだこいずも),コン,新歌(――〔2世〕),徳将,日文(――〔2世〕)

竹田出雲〔3代〕* たけだいずも
生没年不詳　[別]竹田小出雲〔3代〕(たけだこいずも)　江戸時代末期〜明治時代の大坂の人形芝居竹本座の座本。
¶歌大,歌大(竹田小出雲〔3代〕　たけだこいずも),徳将

武田犬千代*(武田戌千代)　たけだいぬちよ
大永3(1523)年〜享禄2(1529)年2月19日　戦国時代の武田信虎の次子。
¶武田(武田戌千代)

竹田羽紅　たけだうこう
⇒羽紅(うこう)

武田氏信*　たけだうじのぶ
[別]武田信成(たけだのぶしげ,たけだのぶなり)　南北朝時代の武将。
¶室町([生]?　[没]応永1(1394)年)

竹田栄翁*(竹田永翁)　たけだえいおう
?〜元和1(1615)年　安土桃山時代〜江戸時代前期の武士。豊臣氏家臣。
¶大坂(竹田永翁　[没]慶長20年5月7日/8日)

竹田王*　たけだおう
?〜霊亀1(715)年　[別]竹田王(たけだのおおきみ)　飛鳥時代〜奈良時代の官人。
¶古人,古代,古物(たけだのおおきみ)

竹田皇子　たけだおうじ
⇒竹田皇子(たけだのみこ)

竹田近江　たけだおうみ
世襲名　江戸時代の機捩戯場の竹田座座本。江戸時代に活躍したのは、初世から4世まで。
¶江人

竹田大阿弥　たけだおおあみ
江戸時代前期の豊臣秀頼の同朋。
¶大坂([没]慶長19年11月26日)

武田魁介*　たけだかいすけ
文政11(1828)年〜慶応1(1865)年　江戸時代末期の水戸藩士。
¶幕末([没]元治2(1865)年2月4日)

武田覚三*　たけだかくぞう
文政12(1829)年10月20日〜明治28(1895)年8月24日　江戸時代末期〜明治時代の阿波美馬郡稲田家家臣、三好郡長。植林事業、四国新道開通に尽力。
¶幕末

武田勝親　たけだかつちか
安土桃山時代〜江戸時代前期の武田氏の家臣。武田勝頼の三男。
¶武田([生]天正9(1581)年　[没]天和3(1683)年6月19日)

武田勝千代　たけだかつちよ
⇒穴山勝千代(あなやまかつちよ)

武田勝頼*　たけだかつより
天文15(1546)年〜天正10(1582)年　安土桃山時代の武将。信玄の4男。家督を相続したが長篠の合戦で敗れ、のち織田軍に攻められ自殺。
¶コン,全戦,戦武,武田([没]天正10(1582)年3月11日),中世,山小([没]1582年3月11日)

武田勝頼男(1)　たけだかつよりおとこ
安土桃山時代の武田勝頼の子。次男にあたるか。
¶武田([生]天正9(1581)年　[没]天正11年3月7日)

武田勝頼男(2)　たけだかつよりおとこ
安土桃山時代〜江戸時代前期の武田勝頼の子。生母は甲斐高畑の女性という。
¶武田([生]天正10(1582)年4月8日　[没]明暦1(1655)年12月25日)

武田勝頼外祖母　たけだかつよりがいそぼ
安土桃山時代の女性。諏方頼重の妻麻績氏。武田勝頼の母・乾福院殿の生母。
¶武田([生]?　[没]天正10(1582)年3月11日?)

武田勝頼室(1)　たけだかつよりしつ
⇒武田勝頼の妻(たけだかつよりのつま)

武田勝頼室(2)　たけだかつよりしつ
⇒竜勝院殿(りゅうしょういんでん)

武田勝頼側室　たけだかつよりそくしつ
戦国時代の女性。長篠出陣中に、勝頼が甲府の「こう」という女性に宛てた病気見舞いの仮名書状が残る。側室のひとりか。
¶武田(生没年不詳)

武田勝頼の妻*(武田勝頼妻)　たけだかつよりのつま
永禄7(1564)年〜天正10(1582)年　[別]桂林院(けいりんいん),桂林院殿(けいりんいんでん),武田勝頼室(たけだかつよりしつ)　安土桃山時代の女性。小田原城主北条氏康の娘。
¶全戦(桂林院　けいりんいん),武田(武田勝頼室　たけだかつよりしつ　[没]天正10(1582)年3月11日)

武田勝頼母　たけだかつよりはは
⇒諏訪御寮人(すわごりょうにん)

武田勝頼娘(1)　たけだかつよりむすめ
戦国時代〜安土桃山時代の女性。天正9年甲斐逸見筋中条村上野に恩昌寺を建立したと伝わる。
¶武田(生没年不詳)

武田勝頼娘(2)　たけだかつよりむすめ
戦国時代〜安土桃山時代の女性。
¶武田(生没年不詳)

武田勝頼娘(3)　たけだかつよりむすめ
安土桃山時代〜江戸時代前期の女性。武田氏滅亡に際し、伯母松姫とともに甲斐を離れ、横山、ついで信松院で養われた。高家宮原義久に嫁ぐ。
¶武田([生]天正7(1579)年?　[没]万治2(1659)年6月3日)

武田亀　たけだかめ
⇒亀姫(かめひめ)

武田簡吾*　たけだかんご
生没年不詳　江戸時代末期の蘭方医、地図訳者。
¶コン

武田観柳斎*　たけだかんりゅうさい
*〜慶応3(1867)年　江戸時代末期の新撰組隊士。
¶新隊([生]?　[没]慶応3(1867)年6月22日),全幕([生]?),幕末([生]文政13(1830)年頃　[没]慶応3(1867)年6月22日)

武田菊　たけだきく
⇒大儀院(だいぎいん)

武田喜太郎*　たけだきたろう
?〜天正10(1582)年6月2日　[別]武田貞吉(たけださだよし)　戦国時代〜安土桃山時代の織田信長の

家臣。
¶織田（武田貞吉　たけださだよし）

竹田吉三郎　たけだきちさぶろう
⇒嵐吉三郎〔1代〕（あらしきちさぶろう）

武田義貞　たけだぎてい
戦国時代の武田氏の家臣。若狭武田信豊の子。
¶武田（生没年不詳）

武田喜平*　たけだきへい
享和1（1801）年～明治6（1873）年　江戸時代末期～明治時代の但馬出石焼の陶工。
¶美工

竹田休宅　たけだきゅうたく
江戸時代前期の人。大坂の陣で籠城。
¶大坂（[没]慶長19年11月26日）

武田金次郎*　たけだきんじろう
嘉永1（1848）年～明治28（1895）年　江戸時代末期～明治時代の水戸藩士。西上途中加賀藩に捕らえられる。維新後兵部省出仕。
¶全幕，幕末（[生]嘉永1（1848）年8月10日　[没]明治28（1895）年3月28日）

武田国信*　たけだくにのぶ
嘉吉2（1442）年～延徳2（1490）年　[別]宗勲（そうくん），武田宗勲（たけだそうくん）　室町時代～戦国時代の武将。信繁の3男。
¶コン（[生]永享10（1438）年　[没]延徳3（1491）年），俳文（宗勲　そうくん　[没]延徳2（1490）年6月21日），室町（[生]永享10（1438）年）

武田熊七*　たけだくましち
天保5（1834）年～明治9（1876）年　江戸時代末期～明治時代の呉服商。蚕種改良、製糸・織物工場設立に尽力。寄付慈善で表彰。
¶幕末

武田源左衛門　たけだげんざえもん
⇒武田定清（たけださだきよ）

竹田源助長勝　たけだげんすけながかつ
江戸時代前期の豊臣秀吉・秀頼の家臣。
¶大坂（[没]慶長20年5月）

竹田小出雲〔1代〕　たけだこいずも
⇒竹田出雲〔2代〕（たけだいずも）

竹田小出雲〔2代〕　たけだこいずも
江戸時代中期の大阪・竹本座の浄瑠璃作者。
¶歌大

竹田小出雲〔3代〕　たけだこいずも
⇒竹田出雲〔3代〕（たけだいずも）

武田耕雲斎*　たけだこううんさい
享和3（1803）年～慶応1（1865）年　江戸時代末期の水戸藩尊攘派の首領。
¶江人，コン，全幕（[没]元治2（1865）年），幕末（[生]文化1（1804）年　[没]元治2（1865）年2月4日），山小（[生]1804年　[没]1865年2月4日）

武田交来*　たけだこうらい
*～明治15（1882）年　[別]山閑人交来（さんかんじんこうらい）　江戸時代末期～明治時代の勘亭流中興の祖。後に備書家になる。「浪輝黄金鯱初編」など。
¶幕末（[生]文政10（1827）年）

武田五兵衛*　たけだごひょうえ
永禄12（1569）年～慶長8（1603）年　[別]武田五兵衛（たけだごへえ）　安土桃山時代の武士。加藤氏家臣。
¶コン

武田五兵衛　たけだごへえ
⇒武田五兵衛（たけだごひょうえ）

竹田斯綏*　たけだこれやす
生没年不詳　[別]竹田斯綏（たけだしえい）　江戸時代末期の幕臣。
¶徳人（たけだしえい），幕末

武田左衛士*　たけださえじ
天保5（1834）年～明治9（1876）年　江戸時代末期～明治時代の土佐藩小目付。天下の状勢に即応して藩論をまとめるよう藩へ進言。
¶幕末（[没]明治9（1876）年5月14日）

武田左吉*　たけださきち
生没年不詳　安土桃山時代の織田信長の家臣。
¶織田，全戦

武田左吉三信　たけださきちみつのぶ
江戸時代前期の豊臣秀吉・秀頼の家臣。
¶大坂（[没]慶長20年5月8日）

武田定清*　たけださだきよ
承応2（1653）年～正徳2（1712）年　[別]武田源左衛門（たけだげんざえもん）　江戸時代前期～中期の陸奥弘前藩士。櫛引建貞の子。
¶コン（[生]？）

武田定周*　たけださだちか
生没年不詳　江戸時代後期の和算家。
¶数学

武田定恒　たけださだつね
江戸時代後期～明治時代の和算家。山形の鉄砲町に住む。茂木安英に最上流の算学を学ぶ。
¶数学（[生]嘉永1（1848）年　[没]明治4（1871）年）

武田定則　たけださだのり
江戸時代末期～明治時代の和算家。弘前の人。数理研究舎を開き子弟を教授。
¶数学（[没]明治39（1906）年）

武田貞吉　たけださだよし
⇒武田喜太郎（たけだきたろう）

武田三郎(1)　たけださぶろう
戦国時代の武田氏の家臣、信濃の拠点城廓の城代。
¶武田（生没年不詳）

武田三郎(2)　たけださぶろう
⇒上杉景虎（うえすぎかげとら）

竹田斯綏　たけだしえい
⇒竹田斯綏（たけだこれやす）

竹田治蔵*　たけだじぞう
生没年不詳　[別]佐貫治兵衛〔1代〕（さぬきじへえ），讃岐屋治蔵（さぬきやはるぞう），竹田治平（たけだじへい），竹田治蔵（たけだはるぞう）　江戸時代中期の歌舞伎作者。寛延2年～宝暦12年頃に活躍。
¶歌大，新歌

武田司馬*　たけだしば
寛政9（1707）年～嘉永6（1853）年　[別]武田保勝（たけだやすかつ）　江戸時代末期の天文家。
¶数学（武田保勝　たけだやすかつ　[没]嘉永6（1853）年9月4日）

竹田治平　たけだじへい
⇒竹田治蔵(たけだじぞう)

武田秀平*　たけだしゅうへい
安永1(1772)年〜弘化1(1844)年　江戸時代後期の九谷焼の陶工。
¶コン, 美工

竹田昌慶*　たけだしょうけい
延元3/暦応1(1338)年〜天授6/康暦2(1380)年　南北朝時代の医師。太政大臣藤原公経の子。
¶コン(生没年不詳), 対外

竹田錠三郎*　たけだじょうざぶろう, たけだじょうさぶろう
江戸時代末期の新撰組隊士。
¶新隊(たけだじょうさぶろう　生没年不詳)

竹田定白　たけだじょうはく
安土桃山時代〜江戸時代前期の豊臣秀吉・秀頼の家臣。
¶大坂([生]元亀2年　[没]慶長20年)

武田逍遙軒　たけだしょうようけん
⇒武田信廉(たけだのぶかど)

武田次郎(1)　たけだじろう
戦国時代の武田氏家臣。武田一門と思われる。
¶武田(生没年不詳)

武田次郎*(2)　たけだじろう
？〜天正10(1582)年4月13日　戦国時代〜安土桃山時代の武士。
¶武田([没]天正10(1582)年3月16日？)

武田信玄*　たけだしんげん
大永1(1521)年〜天正1(1573)年　[別]武田晴信(たけだはるのぶ)　戦国時代の武将。もともと甲斐の守護だったが信濃に進出して、数度越後の上杉謙信と川中島で対陣。のち上洛を目指したが道半ばで死去。
¶コン, 詩作([生]大永1(1521)年11月3日　[没]天正1(1573)年4月12日), 全戦(武田晴信　たけだはるのぶ), 戦武([没]元亀4(1573)年), 武田(武田晴信　たけだはるのぶ　[没]天正1(1573)年4月12日), 中世, 室町(武田晴信　たけだはるのぶ　[没]元亀4(1573)年), 山小([没]1573年4月12日)

武田真元*　たけだしんげん
江戸時代後期の和算家。
¶科学([生]？　[没]弘化3(1846)年12月26日), 数学([生]安永9(1789)年　[没]弘化3(1846)年12月26日)

武田真興*　たけだしんこう
生没年不詳　[別]武田真興(たけだまさおき)　江戸時代後期の和算家。
¶数学(たけだまさおき)

竹田仁三郎　たけだじんざぶろう
⇒浅尾工左衛門〔1代〕(あさおくざえもん)

武田信典　たけだしんてん
江戸時代中期〜末期の幕臣。
¶徳人([生]1776年　[没]1860年)

武田信廉　たけだしんれん
⇒武田信廉(たけだのぶかど)

武田済美*　たけだせいび
生没年不詳　江戸時代中期の和算家。
¶数学

武田石翁　たけだせきおう
江戸時代中期〜末期の彫刻家。
¶美建([生]安永8(1779)年　[没]安政5(1858)年8月4日)

武田宗勲　たけだそうくん
⇒武田国信(たけだくにのぶ)

武田宗三郎*　たけだそうさぶろう
嘉永3(1850)年〜明治2(1869)年　江戸時代末期の陸奥会津藩士。
¶幕末([没]明治2(1869)年2月)

武田宗勝　たけだそうしょう
⇒武田元光(たけだもとみつ)

武田宗智　たけだそうち
戦国時代の僧。甲斐国守護武田信虎の子。
¶武田(生没年不詳)

武田竹松*　たけだたけまつ
永正14(1517)年〜大永3(1523)年11月1日　戦国時代の武士。武田信虎の長子。
¶武田([生]永正13(1516)年　[没]大永3(1523)年11月11日)

武田忠頼　たけだただより
⇒一条忠頼(いちじょうただより)

竹田千継*　たけだちつぎ
天平宝字4(760)年〜貞観2(860)年　[別]竹田千継(たけだのちつぐ)　平安時代前期の医師。
¶古人(たけだのちつぐ　[生]760年？　[没]860年？), コン

武田長兵衛　たけだちょうべえ
⇒近江屋長兵衛〔1代〕(おうみやちょうべえ)

武田典厩　たけだてんきゅう
⇒武田信繁(たけだのぶしげ)

竹田伝兵衛　たけだでんひょうえ
江戸時代前期の人。大坂の陣で籠城。
¶大坂

武田道快　たけだどうかい
⇒顕了道快(けんりょうどうかい)

武田道鑑　たけだどうかん
戦国時代の武士。武田信武四男・公信を祖先とする奉公衆家。政信の子。実名は尚信。
¶武田([生]？　[没]？　年9月15日)

竹田晨正*　たけだときまさ
天保5(1834)年〜大正5(1916)年　江戸時代末期〜大正時代の国学者、官僚、歌人。区長として地方政治に尽くす。著に「百人一首講義」など。
¶幕末([没]大正5(1916)年2月4日)

武田篤初　たけだとくしょ
⇒竹田篤初(たけだとくはつ)

竹田篤初*　たけだとくはつ
*〜明治38(1905)年　[別]武田篤初(たけだとくしょ)　江戸時代末期〜明治時代の僧。
¶幕末([生]嘉永5(1852)年　[没]明治38(1905)年2月12日)

竹田友三郎　たけだともさぶろう
⇒大谷友右衛門〔1代〕(おおたにともえもん)

武田豊城*　たけだとよき
天保2(1831)年〜明治19(1886)年　江戸時代末期〜明治時代の大洲藩士。大洲不平士族の中心。武装蜂起計画で懲役になる。

¶幕末（[没]明治19（1886）年4月）

武田成章* たけだなりあき

文政10（1827）年9月15日～明治13（1880）年1月28日 [別]武田斐三郎（たけだあやさぶろう） 江戸時代末期～明治時代の兵学者、士官学校教授。弁天岬砲台、五稜郭の建設に着手。洋式兵術を教授。

¶江人（武田斐三郎 たけだあやさぶろう），コン（武田斐三郎 たけだあやさぶろう），コン，全幕（武田斐三郎 たけだあやさぶろう），徳人，幕末（武田斐三郎 たけだあやさぶろう）

竹田縫殿之助* たけだぬいのすけ

？～明治3（1870）年10月15日 江戸時代末期のからくり細工師。

¶美工

竹田皇子 たけだのおうじ

⇒竹田皇子（たけだのみこ）

竹田王 たけだのおおきみ

⇒竹田王（たけだおう）

竹田種理 たけだのたねまさ

平安時代中期の官人。

¶古人（生没年不詳）

竹田千継 たけだのちつぐ

⇒竹田千継（たけだちつぎ）

竹田利成 たけだのとしなり

平安時代中期の官人。

¶古人（生没年不詳）

竹田宣理 たけだののぶまさ

平安時代中期の官人。

¶古人（生没年不詳）

武田信発* たけだのぶあき

文政6（1823）年～明治22（1889）年 江戸時代後期～明治時代の諸大夫。

¶幕末（[没]明治22（1889）年1月31日）

武田信賢* たけだのぶかた

応永27（1420）年～文明3（1471）年 [別]若狭屋形（わかさやかた） 室町時代の武将。信繁の次男。

¶コン，内乱，室町

武田信勝* たけだのぶかつ

永禄10（1567）年～天正10（1582）年 安土桃山時代の武将。勝頼の長男。

¶コン（[生]永禄10（1567）年？），戦武，武田（[没]天正10（1582）年3月11日）

武田信廉* たけだのぶかど

？～天正10（1582）年 [別]武田逍遙軒（たけだしょうようけん），武田信廉（たけだしんれん），武田信綱（たけだのぶつな） 安土桃山時代の武将。信虎の3男。春信の同母弟。

¶コン，全戦，戦武（[生]天文1（1532）年），武田（[生]天文1（1532）年 [没]天正10（1582）年3月7日）

武田信清* たけだのぶきよ

永禄6（1563）年～寛永19（1642）年3月21日 [別]安田信清（やすだのぶきよ） 安土桃山時代～江戸時代前期の出羽米沢藩高家。武田信玄の6男。

¶武田（安田信清 やすだのぶきよ）

武田信貞 たけだのぶさだ

安土桃山時代の武将。

¶戦武（生没年不詳）

武田信実*(1) たけだのぶざね

？～天正3（1575）年 戦国時代～安土桃山時代の武士。

¶コン，全戦，武田（[没]天正3（1575）年5月21日）

武田信実(2) たけだのぶざね

⇒武田光広（たけだみつひろ）

武田信栄 たけだのぶしげ

⇒武田信栄（たけだのぶひで）

武田信重*(1) たけだのぶしげ

？～宝徳2（1450）年 室町時代の武将、守護職。

¶室町

武田信重(2) たけだのぶしげ

戦国時代の武将。

¶全戦（[生]？ [没]天文10（1541）年）

武田信成 たけだのぶしげ

⇒武田氏信（たけだうじのぶ）

武田信繁(1) たけだのぶしげ

南北朝時代～室町時代の武将。信満の嫡男。

¶室町（[生]明徳1/元中7（1390）年 [没]寛正6（1465）年）

武田信繁*(2) たけだのぶしげ

大永5（1525）年～永禄4（1561）年 [別]武田典厩（たけだてんきゅう） 戦国時代の武将。甲斐国守護信虎の次男。信玄の同母弟。

¶コン，全戦，戦武，武田（[没]永禄4（1561）年9月10日）

武田信澄* たけだのぶずみ

永禄3（1560）年～天正4（1577）年12月27日 安土桃山時代の武士。

¶武田（[没]天正4（1576）年12月17日）

武田信喬 たけだのぶたか

戦国時代の武将。武田道鑑の子。

¶武田（生没年不詳）

武田信堯* たけだのぶたか

天文23（1554）年～天正10（1582）年3月24日 戦国時代～安土桃山時代の武士。

¶全戦（[生]？），武田（[没]天正10（1582）年3月15日）

武田信武* たけだのぶたけ

？～正平14/延文4（1359）年 南北朝時代の武将。

¶室町

武田信君 たけだのぶただ

⇒穴山信君（あなやまのぶきみ）

武田（穴山）信君娘 たけだのぶただむすめ

安土桃山時代の女性。甲斐国河内谷下山館主、甲斐武田一族穴山信君の息女。

¶武田（[生]？ [没]天正3（1575）年12月1日）

武田信綱 たけだのぶつな

⇒武田信廉（たけだのぶかど）

武田信縄* たけだのぶつな

？～永正4（1507）年2月14日 戦国時代の武将。

¶武田，室町

武田信縄室 たけだのぶつなしつ

⇒崇昌院殿（すうしょういんでん）

武田信縄側室 たけだのぶつなそくしつ

室町時代～戦国時代の女性。岩下越前守の妹、武田信虎の実母とも。没後に桂岩妙英大姉と諡られる。

¶武田（生没年不詳）

武田信縄娘　たけだのぶつなむすめ
室町時代～戦国時代の女性。竹岩山浄林寺の中興開基。
¶武田（生没年不詳）

武田信時*　たけだのぶとき
？～正応2（1289）年　鎌倉時代後期の武将。甲斐源氏信政の子。
¶コン

武田信友*(1)　たけだのぶとも
？～天正10（1582）年3月　戦国時代～安土桃山時代の武士。
¶武田（[没]天正10（1582）年3月7日）

武田信友(2)　たけだのぶとも
⇒穴山信友（あなやまのぶとも）

武田信友(3)　たけだのぶとも
⇒勝沼信友（かつぬまのぶとも）

武田信友室　たけだのぶともしつ
⇒南松院（なんしょういん）

武田信豊*(1)　たけだのぶとよ
永正11（1514）年10月5日～？　戦国時代の武将。
¶室町

武田信豊*(2)　たけだのぶとよ
*～天正10（1582）年　戦国時代～安土桃山時代の武将。
¶全戦（[生]天文18（1549）年），戦武（[生]天文18（1549）年），武田（[生]天文18（1549）年　[没]天正10（1582）年3月16日？）

武田信虎*　たけだのぶとら
明応3（1494）年～天正2（1574）年　戦国時代～安土桃山時代の武将。甲斐国守護信縄の長男。
¶コン，全戦，戦武，武田（[没]天正2（1574）年3月5日），室町，山小（[没]1574年3月5日）

武田信虎室　たけだのぶとらしつ
⇒瑞雲院殿（ずいうんいんでん）

武田信虎側室　たけだのぶとらそくしつ
⇒西昌院殿（せいしょういんでん）

武田信虎娘(1)　たけだのぶとらむすめ
戦国時代の女性。
¶武田（[生]天文14（1545）年　[没]？）

武田信虎娘(2)　たけだのぶとらむすめ
安土桃山時代の女性。生母は信虎側室工藤氏。
¶武田（[生]？　[没]永禄11（1568）年3月17日？）

武田信虎娘(3)　たけだのぶとらむすめ
安土桃山時代の女性。武田氏滅亡時、勝頼に従って郡内を目指した「信虎京上臈の娘」。
¶武田（[生]？　[没]天正10（1582）年3月11日？）

武田信虎娘(4)　たけだのぶとらむすめ
安土桃山時代の女性。晴信の姉または妹。
¶武田（[生]？　[没]天正18（1590）年3月18日）

武田信虎娘(5)　たけだのぶとらむすめ
⇒定恵院殿（じょうけいいんでん）

武田信長*　たけだのぶなが
生没年不詳　室町時代の武将。甲斐国守護武田信満の次男。
¶コン，内乱，室町

武田信成　たけだのぶなり
⇒武田氏信（たけだうじのぶ）

武田信栄*　たけだのぶひで
応永20（1413）年～永享12（1440）年　[別]武田信栄（たけだのぶしげ）　室町時代の武将。安芸3郡の分郡守護信繁の嫡子。
¶内乱，室町

武田信広*　たけだのぶひろ
永享3（1431）年～明応3（1494）年　[別]蠣崎信広（かきざきのぶひろ）　室町時代～戦国時代の武将。蝦夷松前藩主松前氏の始祖。
¶コン，中世，内乱

武田信昌*　たけだのぶまさ
文安4（1447）年～永正2（1505）年　室町時代～戦国時代の武将。
¶武田（[没]永正2（1505）年9月16日），室町

武田信昌室　たけだのぶまさしつ
室町時代～戦国時代の女性。穴山信懸の妹かとの説もあるが、確認できない。
¶武田（生没年不詳）

武田信昌側室　たけだのぶまさそくしつ
室町時代～戦国時代の女性。小山田信長の姉妹で、武田信昌に嫁いだという。
¶武田（生没年不詳）

武田信光*　たけだのぶみつ
応保2（1162）年～宝治2（1248）年　平安時代後期～鎌倉時代前期の武将。甲斐源氏信義の子。
¶コン，中世，内乱，平家

武田信満*　たけだのぶみつ
？～応永24（1417）年　室町時代の武将。甲斐国守護。信春の嫡子。
¶コン，内乱，室町

武田信元*　たけだのぶもと
生没年不詳　室町時代の武将。甲斐国守護。信春の子。
¶コン

武田信之　たけだのぶゆき
戦国時代の武田信玄の三男。
¶武田（生没年不詳）

武田信義*　たけだのぶよし
大治3（1128）年～文治2（1186）年　[別]源信義（みなもとののぶよし）　平安時代後期～鎌倉時代前期の武将。甲斐国の住人。甲斐源氏源清光の子。
¶古人（源信義　みなもとののぶよし），コン，中世，内乱（[生]康治1（1142）年　[没]正治2（1200）年），平家，山小（[生]1128年8月15日　[没]1186年3月9日）

武田信吉*　たけだのぶよし
天正11（1583）年～慶長8（1603）年　[別]松平信吉（まつだいらのぶよし）　安土桃山時代の大名。水戸藩主、下総佐倉藩主。
¶コン（松平信吉　まつだいらのぶよし），全戦，徳将

武田信恵*　たけだのぶよし
？～永正5（1508）年10月4日　[別]油川信恵（あぶらかわのぶよし）　戦国時代の武士。甲斐守護武田信昌の次子。
¶全戦，武田（油川信恵　あぶらかわのぶよし）

武田信由　たけだのぶよし
安土桃山時代の武将。若狭武田信豊の子で、義統の弟。
¶武田（[生]？　[没]天正10（1582）年3月7日）

竹田皇子*　たけだのみこ
生没年不詳　[別]竹田皇子（たけだおうじ，たけだのおうじ）　飛鳥時代の敏達天皇の皇子。
¶古人（たけだのおうじ），古代，古物，コン

竹田治蔵　たけだはるぞう
⇒竹田治蔵（たけだじぞう）

竹田春信　たけだはるのぶ
江戸時代中期～後期の浮世絵師。梅翁軒永春と同一人物か。
¶浮絵（生没年不詳）

武田晴信　たけだはるのぶ
⇒武田信玄（たけだしんげん）

武田晴信室(1)　たけだはるのぶしつ
戦国時代の女性。杉朝興の娘。
¶武田（[生]？　[没]天文3（1534）年）

武田晴信室(2)　たけだはるのぶしつ
⇒円光院殿（えんこういんでん）

武田晴信側室(1)　たけだはるのぶそくしつ
戦国時代の女性。禰津元直の娘。信玄七男信清の生母。
¶武田（生没年不詳）

武田晴信側室(2)　たけだはるのぶそくしつ
戦国時代～安土桃山時代の女性。武田一族庶流の油川氏の娘というが不明。
¶武田（[生]享禄1（1528）年　[没]元亀2（1571）年）

武田晴信側室(3)　たけだはるのぶそくしつ
⇒諏訪御寮人（すわごりょうにん）

武田晴信娘(1)　たけだはるのぶむすめ
戦国時代の女性。武田晴信の四女。
¶武田（[生]？　[没]永禄1（1558）年3月）

武田晴信娘(2)　たけだはるのぶむすめ
戦国時代の女性。「武田源氏一流系図」にのみ晴信の末娘として記載あり。赤松室。
¶武田（生没年不詳）

武田晴信娘(3)　たけだはるのぶむすめ
戦国時代～安土桃山時代の女性。春日氏に嫁いだというが、系図類には記載なし。
¶武田（生没年不詳）

武田晴信娘(4)　たけだはるのぶむすめ
安土桃山時代の女性。
¶武田（[生]？　[没]天正10（1582）年3月11日？）

武田晴信娘(5)　たけだはるのぶむすめ
江戸時代前期の女性。母は三条氏。「新館」と呼ばれた。
¶武田（[生]？　[没]正保4（1647）年6月14日）

武田晴信娘(6)　たけだはるのぶむすめ
⇒黄梅院（こうばいいん）

武田彦衛門*　たけだひこえもん
文政5（1822）年～慶応1（1865）年　江戸時代末期の水戸藩士。
¶幕末（[没]元治2（1865）年2月4日）

武田彦五郎〔1代〕　たけだひこごろう
戦国時代の信喬の子。
¶武田（[生]？　[没]天文8（1549）年）

武田彦五郎〔2代〕　たけだひこごろう
安土桃山時代の武田氏の家臣。信喬の次男または孫か。
¶武田（生没年不詳）

竹田兵庫　たけだひょうご
江戸時代前期の武士。大坂の陣で籠城。
¶大坂（[没]慶長19年11月26日）

武田兵庫　たけだひょうご
江戸時代前期の武士。大坂の陣で籠城。藤堂高次に出仕。
¶大坂（[没]寛永15年/寛永16年4月）

竹田兵庫亮　たけだひょうごのすけ
江戸時代前期の豊臣秀吉・秀頼の家臣。
¶大坂（[没]慶長20年）

竹田兵助　たけだひょうすけ
江戸時代前期の豊臣秀頼の同朋竹田大阿弥の父。
¶大坂（[没]慶長19年11月26日）

武田仏磨　たけだぶつま
⇒仏磨（ぶつまろ）

武田真興　たけだまさおき
⇒武田真興（たけだしんこう）

竹田政為　たけだまさため
江戸時代前期～中期の幕臣、代官。
¶徳代（[生]万治1（1658）年　[没]享保17（1732）年6月2日）

武田政信　たけだまさのぶ
室町時代の武士。
¶内乱（生没年不詳）

武田真則　たけだまさのり
江戸時代後期の和算家。武田真元の子。著書に『真元算法』など。
¶数学

武田松　たけだまつ
⇒信松院（しんしょういん）

武田万太夫*　たけだまんだゆう
文政8（1825）年～明治21（1888）年　江戸時代末期～明治時代の淡路国三原郡庄屋。尊攘派が高まり、猟師隊を編成、投獄される。
¶幕末（[生]文政8（1825）年1月15日　[没]明治21（1888）年4月12日）

武田光和*　たけだみつかず
文亀2（1502）年～天文3（1534）年　戦国時代の武将。
¶全戦

武田光広*　たけだみつひろ
？～天文10（1541）年？　[別]武田信実（たけだのぶざね）　戦国時代の武将。
¶全戦（武田信実　たけだのぶざね　[没]天文10（1541）年）

竹田巳之助　たけだみのすけ
⇒坂東三津五郎〔1代〕（ばんどうみつごろう）

武田杢介*　たけだもくすけ
*～明治14（1881）年　江戸時代末期～明治時代の陸奥仙台藩士。

た

¶幕末([生]文化8(1811)年　[没]明治14(1881)年8月9日)

武田物外　たけだもつがい
⇒物外不遷(もつがいふせん)

武田元明*　たけだもとあき
天文21(1552)年～天正10(1582)年　[別]武田元次(たけだもとつぐ)　安土桃山時代の大名。義統の子。
¶織田([生]?　[没]天正10(1582)年7月19日),全戦([生]?)

武田元繁*　たけだもとしげ
?～永正14(1517)年　戦国時代の武将。
¶室町([生]応仁1(1467)年)

武田元次　たけだもとつぐ
⇒武田元明(たけだもとあき)

武田元綱*　たけだもとつな
生没年不詳　室町時代の武将。
¶内乱([生]嘉吉1(1441)年　[没]永正2(1505)年),室町([生]嘉吉1(1441)年　[没]永正2(1505)年)

武田元信*　たけだもとのぶ
?～大永1(1521)年　戦国時代の武将、国信の次男、伊豆守、大膳大夫。
¶室町([生]寛正2(1461)年)

武田元光*　たけだもとみつ
明応3(1494)年～天文20(1551)年　[別]武田宗勝(たけだそうしょう)　戦国時代の武将。
¶室町

武田保勝　たけだやすかつ
⇒武田司馬(たけだしば)

武田保輔*　たけだやすすけ
天保9(1838)年～明治34(1901)年　江戸時代末期～明治時代の高知勤王の志士。脱藩後海援隊に参加。外務省使掌、一等巡査等勤務。
¶幕末([没]明治34(1901)年11月4日)

武田安之助*　たけだやすのすけ
天保6(1835)年～明治1(1868)年　江戸時代末期の人。戊辰戦争に従軍。
¶幕末([没]慶応4(1868)年6月9日)

竹田祐伯*　たけだゆうはく
文政8(1825)年～明治14(1881)年　江戸時代末期～明治時代の蘭学医。七卿西下の時診察。山口好生堂院長。
¶幕末([没]明治14(1881)年11月11日)

武田敬孝*　たけだゆきたか
文政3(1820)年～明治19(1886)年　江戸時代末期～明治時代の宮内省官吏。有栖川宮相談役、華頂宮家令など就任。遺稿に「駅窓雑録」「静余小録」など。
¶幕末([生]文政3(1820)年2月4日　[没]明治19(1886)年2月7日)

竹田庸伯*　たけだようはく
文化6(1809)年～明治28(1895)年　江戸時代末期～明治時代の蘭方医。
¶幕末([没]明治28(1895)年8月25日)

武田義信*　たけだよしのぶ
天文7(1538)年～永禄10(1567)年　戦国時代の武将。
¶全戦,戦武,武田([没]永禄10(1567)年10月19日)

武田義信室　たけだよしのぶしつ
⇒嶺松院殿(れいしょういんでん)

武田義信娘　たけだよしのぶむすめ
戦国時代の女性。母は今川氏真妹嶺松院殿。
¶武田(生没年不詳)

武田竜芳*　たけだりゅうほう
天文10(1541)年～天正10(1582)年　戦国時代～安土桃山時代の武士。甲斐国主武田晴信の次男。
¶武田

武田竜芳男　たけだりゅうほうおとこ
戦国時代～安土桃山時代の人。武田氏滅亡後、信玄の娘信松尼を頼ってきた人物のひとり。
¶武田(生没年不詳)

武市喜久馬*　たけちきくま
弘化4(1847)年～明治7(1874)年　江戸時代末期～明治時代の官吏、近衛少尉。右大臣岩倉具視を赤坂で襲撃、処刑される。
¶幕末([没]明治7(1874)年7月9日)

武智清教　たけちきよのり
平安時代後期の伊予国の武士。
¶平家(生没年不詳)

武筑　たけちく
戦国時代～安土桃山時代の武田氏の奉行人。姓は不明。
¶武田(生没年不詳)

武市熊吉*　たけちくまきち
天保11(1840)年～明治7(1874)年7月9日　江戸時代末期～明治時代の志士、官吏。赤坂喰違坂で岩倉具視を襲撃するが失敗、処刑された。
¶幕末

高市黒人　たけちくろひと
⇒高市黒人(たけちのくろひと)

高市志友*　たけちしゆう
寛延4(1751)年～文政6(1823)年3月7日　江戸時代中期～後期の書肆・俳人。
¶出版([生]宝暦1(1751)年7月)

武市瑞山*　たけちずいざん,たけちずいさん
文政12(1829)年～慶応1(1865)年　[別]武市半平太(たけちはんぺいた)　江戸時代末期の土佐藩の剣術家、尊王家。
¶江人,コン,思想,全幕,幕末([没]慶応1(1865)年閏5月11日),山小(たけちずいさん　[生]1829年9月27日　[没]1865年閏5月11日)

武市高朋　たけちたかとも
江戸時代中期の彫刻家。
¶美建([生]享保7(1722)年　[没]安永5(1776)年2月16日)

武知忠助　たけちただすけ
⇒岡甫助(おかほすけ)

武市富子*　たけちとみこ
天保1(1830)年～大正6(1917)年4月23日　江戸時代末期～明治時代の武市瑞山の妻。夫が獄舎につながれると畳の上で寝なかった。
¶江表(富子(高知県)),幕末([生]文政13(1830)年5月18日)

高市皇子　たけちのおうじ
⇒高市皇子(たけちのみこ)

高市大国*　たけちのおおくに
[別]高市連大国(たけちのむらじおおくに)　奈良時代の官人。東大寺大仏鋳造作業の中心人物。
¶古人(生没年不詳),古代(高市連大国　たけちのむらじおおくに)

高市黒人*　たけちのくろひと
生没年不詳　[別]高市黒人(たけちくろひと),高市連黒人(たけちのむらじくろひと)　奈良時代の歌人。
¶古人,古代(高市連黒人　たけちのむらじくろひと),コン,詩作,日文

高市許梅　たけちのこめ
飛鳥時代の人。壬申の乱において、神がかりした。
¶古物(生没年不詳)

高市種麻呂　たけちのたねまろ
奈良時代の官人。
¶古人(生没年不詳)

高市豊足　たけちのとよたり
奈良時代の官人。
¶古人(生没年不詳)

高市真国*　たけちのまくに
奈良時代の仏師、東大寺大仏の鋳造者。
¶美建(生没年不詳)

高市皇子*　たけちのみこ
白雉4(653)年～696年　[別]高市皇子(たかいちのみこ,たけちのおうじ),高市皇子命(たけちのみこのみこと)　飛鳥時代の公卿(太政大臣)。天武天皇の長男。
¶公卿(たかいちのみこ　[生]白雉5(654)年　[没]持統天皇10(696)年7月13日),古人(たけちのおうじ　[生]654年?　[没]697年),古代([生]654年?),古物([生]654年　[没]698年),コン([生]白雉5(654)年　[没]持統10(696)年),天皇(高市皇子命　たけちのみこのみこと　[生]白雉5(654)年　[没]持統10(696)年),日文([生]?　[没]持統天皇10(696)年)

高市皇子命　たけちのみこのみこと
⇒高市皇子(たけちのみこ)

高市連大国　たけちのむらじおおくに
⇒高市大国(たけちのおおくに)

高市連黒人　たけちのむらじくろひと
⇒高市黒人(たけちのくろひと)

高市屋守　たけちのやもり
奈良時代の大和国高市郡擬大領。
¶古人(生没年不詳)

武市半平太　たけちはんぺいた
⇒武市瑞山(たけちずいざん)

武富圯南*　たけどみいなん,たけとみいなん
文化5(1808)年～明治8(1875)年　江戸時代末期～明治時代の藩校弘道館教授。
¶幕末

竹富清嘯　たけとみせいしゅう
⇒竹富清嘯(たけとみせいしょう)

竹富清嘯*　たけとみせいしょう
天保4(1833)年～明治32(1899)年12月7日　[別]竹富清嘯(たけとみせいしゅう)　江戸時代末期～明治時代の南画家。清国で技を磨く。帰国後名山勝地を遊歴。
¶幕末(たけとみせいしゅう),美画

竹中哥川　たけなかかせん
⇒沢村宗十郎〔2代〕(さわむらそうじゅうろう)

武中貫一*　たけなかかんいち
天保8(1837)年～明治10(1877)年　江戸時代末期～明治時代の清末藩士。攘夷実行に当たり銅器を献じ大砲鋳造に供した。
¶幕末([没]明治10(1877)年10月14日)

竹中邦彦*　たけなかくにひこ
文化11(1814)年～安政2(1855)年　江戸時代末期の刀匠。
¶幕末([没]安政2(1855)年6月10日)

竹永検校　たけながけんぎょう
⇒総一検校(そういちけんぎょう)

竹中定富*　たけなかさだとみ
生没年不詳　江戸時代後期の和算家。
¶数学

竹中重固*　たけなかしげかた
生没年不詳　[別]吉野春山(よしのしゅんざん)　江戸時代末期の幕府官僚、重明の子、陸軍奉行。
¶全幕([生]文政11(1828)年　[没]?),徳人([生]1828年　[没]?),幕末([生]文政11(1828)年8月8日　[没]明治24(1891)年1月24日)

竹中重門*　たけなかしげかど
天正1(1573)年～寛永8(1631)年　安土桃山時代～江戸時代前期の武将。
¶コン,戦武([没]寛永8(1631)年),徳人

竹中重次　たけなかしげつぐ
⇒竹中重義(たけなかしげよし)

竹中重常　たけなかしげつね
安土桃山時代～江戸時代前期の武士。
¶徳代([生]慶長3(1598)年　[没]寛文4(1664)年7月4日)

竹中しげのゐ　たけなかしげのい
⇒森田勘弥〔6代〕(もりたかんや)

竹中重矩*　たけなかしげのり
天文15(1546)年～天正10(1582)年　安土桃山時代の武士。織田氏家臣、豊臣氏家臣。
¶織田([没]天正10(1582)年6月6日)

竹中重治　たけなかしげはる
⇒竹中半兵衛(たけなかはんべえ)

竹中重之　たけなかしげゆき
江戸時代前期～中期の幕臣。
¶徳人([生]1635年　[没]1703年)

竹中重義*　たけなかしげよし
?～寛永11(1634)年2月22日　[別]竹中重次(たけなかしげつぐ)　江戸時代前期の大名。豊後府内藩主。
¶コン(竹中重次　たけなかしげつぐ),対外,徳人

竹中甚五郎　たけなかじんごろう
⇒竹中甚之助(たけなかじんのすけ)

竹中甚之助*　たけなかじんのすけ
嘉永1(1848)年～慶応2(1866)年　[別]竹中甚五郎(たけなかじんごろう)　江戸時代末期の長州(萩)藩士。
¶幕末([没]慶応2(1866)年6月16日)

竹中信平　たけなかしんぺい
江戸時代後期～明治時代の和算家。湧谷と号す。著書に『西算雑題百種』など。

た

¶数学

竹中藤兵衛〔1代〕　たけなかとうべえ
安土桃山時代以降の大工。
¶美建（生没年不詳）

竹中直温　たけなかなおはる
江戸時代後期の和算家。尾張の人。天保5年算額を奉納。
¶数学

竹中半兵衛*　たけなかはんべえ
天文13（1544）年～天正7（1579）年6月13日　[別]竹中重治（たけなかしげはる）　安土桃山時代の武将、美濃菩提山城主竹中重元の子。
¶織田（竹中重治　たけなかしげはる），コン，全戦（竹中重治　たけなかしげはる），戦武（竹中重治　たけなかしげはる），山小（竹中重治　たけなかしげはる　[没]1579年6月13日）

竹中彦八郎*　たけなかひこはちろう
永禄8（1565）年？～天正10（1582）年6月2日　安土桃山時代の織田信長の家臣。
¶織田

竹中万次郎　たけなかまんじろう
⇒竹内百太郎（たけうちひゃくたろう）

竹貫三郎*　たけぬきさぶろう
弘化2（1845）年～明治1（1868）年　江戸時代末期の志士。浪士組・赤報隊の結成に参加。
¶幕末（[生]弘化2（1845）年9月25日　[没]慶応4（1868）年3月3日）

武渟川別　たけぬなかわわけ
⇒武渟川別命（たけぬなかわわけのみこと）

武渟川別命*　たけぬなかわわけのみこと
[別]武渟川別（たけぬなかわわけ）　上代の四道将軍。
¶古代（武渟川別　たけぬなかわわけ）

武野安斎*　たけのあんさい
慶長2（1597）年～？　江戸時代前期の茶人。
¶コン

竹内卯吉郎　たけのうちうきちろう
⇒竹内貞基（たけのうちさだもと）

竹内玄々一*　たけのうちげんげんいち
寛保2（1742）年～文化1（1804）年　[別]玄玄一（げんげんいち），竹窓（ちくそう）　江戸時代中期～後期の俳人。
¶俳文（玄玄一　げんげんいち　[没]文化1（1804）年8月25日）

竹内玄同　たけのうちげんどう
⇒竹内玄同（たけうちげんどう）

竹内惟和*　たけのうちこれかず
文政5（1822）年1月15日～安政4（1857）年2月1日　江戸時代末期の公家（非参議）。権中納言藤谷為脩の次男。
¶公卿，公家（惟和〔竹内家〕　これかず）

竹内惟重*　たけのうちこれしげ
宝永6（1709）年1月21日～延享2（1745）年8月10日　江戸時代中期の公家（非参議）。非参議竹内惟永の子。
¶公卿，公家（惟重〔竹内家〕　これしげ）

竹内惟庸*　たけのうちこれつね
寛永17（1640）年9月2日～宝永1（1704）年7月19日　江戸時代前期～中期の公家（非参議）。非参議竹内孝治の子。
¶公卿，公家（惟庸〔竹内家〕　これつね）

竹内惟徳*　たけのうちこれとく
天明7（1787）年8月2日～文政4（1821）年11月25日　江戸時代後期の公家（非参議）。非参議竹内惟栄の子。
¶公卿，公家（惟徳〔竹内家〕　これのり）

竹内惟永*　たけのうちこれなが
延宝6（1678）年1月9日～宝暦4（1754）年6月26日　江戸時代中期の公家（非参議）。権大納言藤谷為茂の次男。
¶公卿，公家（惟永〔竹内家〕　これなが）

竹内惟栄*　たけのうちこれはる
宝暦11（1761）年8月8日～寛政11（1799）年3月21日　江戸時代中期の公家（非参議）。非参議竹内惟久の子。
¶公卿，公家（惟栄〔竹内家〕　これひで）

竹内惟久*　たけのうちこれひさ
元文1（1736）年3月29日～明和7（1770）年7月20日　江戸時代中期の公家（非参議）。非参議竹内惟永の三男。
¶公卿，公家（惟久〔竹内家〕　これひさ　[生]享保21（1736）年3月29日）

竹内貞基*　たけのうちさだもと
文化10（1813）年～文久3（1863）年　[別]竹内卯吉郎（たけうちうきちろう，たけのうちうきちろう）　江戸時代末期の航海技術者。
¶科学，コン（竹内卯吉郎　たけのうちうきちろう），徳人

竹内式部*　たけのうちしきぶ
正徳2（1712）年～明和4（1767）年12月5日　[別]竹内式部（たけうちしきぶ）　江戸時代中期の尊王思想家、垂加神道家。宝暦事件、明和事件に連座して流罪となった。
¶江人，コン，思想，徳将，山小（[没]1767年12月5日）

竹内寿貞*　たけのうちじゅてい
弘化1（1844）年～大正12（1923）年　江戸時代末期～大正時代の官吏、茨城県警察部長。内務省警保局に勤務の傍ら同舟社を創設、青少年に漢学、剣道を指導。
¶幕末（[没]大正12（1923）年2月18日）

竹内正兵衛　たけのうちしょうべえ
⇒竹内正兵衛（たけうちしょうべえ）

竹内小鑾*　たけのうちしょうらん
生没年不詳　[別]武内小鸞（たけうちしょうらん）　江戸時代中期～後期の女性。画家。
¶江表（小鸞（京都府）），美画（武内小鸞　たけうちしょうらん）

竹内季治　たけのうちすえはる
⇒竹内季治（たけうちすえはる）

武内宿禰　たけのうちすくね
⇒武内宿禰（たけしうちのすくね）

竹内節斎　たけのうちせっさい
⇒竹内啓（たけのうちひらく）

竹内千之*　たけのうちせんし
文政7（1824）年～明治15（1882）年　江戸時代末期～明治時代の儒学者。世子茂村の侍講。維新後は私塾を開く。

¶コン, 幕末（[没]明治15（1882）年12月23日）

竹内孝治* たけのうちたかはる
天正14（1586）年3月18日～万治3（1660）年10月12日 江戸時代前期の公家（非参議）。非参議竹内長治の子。
¶公卿, 公家（孝治〔竹内家〕 たかはる）

竹内武雄* たけのうちたけお
嘉永1（1848）年～明治2（1869）年4月6日 江戸時代後期～明治時代の新撰組隊士。
¶新隊

竹内度道* たけのうちただみち
安永9（1780）年～天保11（1840）年 [別]竹内度道, 武内度道（たけうちただみち） 江戸時代後期の和算家。
¶数学（たけうちただみち [没]天保11（1840）年1月25日）

竹内世絅* たけのうちつぐあき
寛政2（1790）年～文久2（1862）年 [別]竹内世絅（たけのうちつぐあさ） 江戸時代末期の漢学者。
¶幕末（たけのうちつぐあさ [没]文久2（1862）年5月28日）

竹内世絅 たけのうちつぐあさ
⇒竹内世絅（たけのうちつぐあき）

竹内綱* たけのうちつな
天保10（1839）年12月26日～大正11（1922）年1月9日 [別]竹内綱（たけうちつな） 江戸時代末期～大正時代の高知藩士、政治家、実業家、衆議院議員。大蔵省出仕。高島炭坑経営。京釜鉄道などの経営。
¶コン（[生]天保9（1838）年）, 幕末（[生]天保10（1840）年12月26日）

竹内哲次郎 たけのうちてつじろう
⇒竹内哲（たけうちてつ）

竹内徳雄* たけのうちとくお
江戸時代末期の新撰組隊士。
¶新隊（生没年不詳）

竹内長治 たけのうちながはる
⇒竹内長治（たけうちながはる）

武内宿禰 たけのうちのすくね
⇒武内宿禰（たけしうちのすくね）

竹内信氓 たけのうちのぶたみ
？～文政7（1824）年 江戸時代後期の幕臣。
¶徳人, 徳代

竹内信就 たけのうちのぶなり
寛永7（1630）年～元禄7（1694）年 江戸時代前期～中期の幕臣。
¶徳人, 徳代（[没]元禄7（1694）年5月10日）

竹内信将 たけのうちのぶまさ
宝暦7（1757）年～文化10（1813）年 江戸時代中期～後期の幕臣。
¶徳人, 徳代（[没]文化10（1813）年3月8日）

竹内久一 たけのうちひさかず
江戸時代末期～大正時代の彫刻家。
¶美建（[生]安政4（1857）年7月9日 [没]大正5（1916）年9月24日）

竹内久盛* たけのうちひさもり
文亀3（1503）年～文禄4（1595）年6月30日 [別]竹内久盛（たけうちひさもり） 戦国時代～安土桃山時代の武術家。竹内流腰廻りの開祖。

¶全戦

竹内眉山* たけのうちびざん
天明1（1781）年～嘉永7（1854）年 [別]竹内孫八（たけのうちまごはち） 江戸時代末期の地本問屋、浮世絵師。
¶浮絵（竹内孫八 たけのうちまごはち [没]嘉永7（安政1）（1854）年7月21日）

竹内百太郎 たけのうちひゃくたろう
⇒竹内百太郎（たけうちひゃくたろう）

竹内啓* たけのうちひらく
文政11（1828）年～慶応3（1867）年 [別]竹内啓（たけうちひらく）, 竹内節斎（たけのうちせっさい） 江戸時代末期の医師。
¶幕末（たけうちひらく [生]文政11（1828）年2月 [没]慶応3（1868）年12月24日）

竹内武信* たけのうちぶしん
天明4（1784）年～嘉永6（1853）年 [別]竹内武信（たけうちたけのぶ） 江戸時代後期の和算家、上田藩士。
¶数学（たけうちたけのぶ [生]天明4（1784）年6月14日 [没]嘉永6（1853）年9月25日）

竹内孫八 たけのうちまごはち
⇒竹内眉山（たけのうちびざん）

竹内保徳* たけのうちやすのり
文化4（1807）年～慶応3（1867）年2月 [別]竹内保徳（たけうちやすのり） 江戸時代末期の幕臣。1862年遣欧使節正使としてフランスに渡る。
¶江人（[生]1810年）, コン, 全幕（たけうちやすのり [没]？）, 徳人（たけうちやすのり）, 幕末（[没]慶応3（1867）年2月1日）

武野公実 たけのきみざね
平安時代中期の官人。
¶古人（生没年不詳）

武の子 たけのこ⋆
江戸時代末期の女性。和歌。筑後柳川藩の奥女中。「鶯歌集」に載る。
¶江表（武の子（福岡県））

竹腰正旧* たけのこしまさもと
嘉永4（1851）年～明治43（1910）年 江戸時代末期～明治時代の大名、華族。
¶幕末（[生]嘉永3（1850）年 [没]明治43（1910）年8月23日）

竹腰正美* たけのこしまさよし
文政2（1819）年～＊ 江戸時代末期～明治時代の尾張藩家老。
¶幕末（[没]明治15（1882）年7月24日）

竹御所* たけのごしょ
建仁3（1203）年～天福2（1234）年7月27日 鎌倉時代前期の女性。2代将軍源頼家の娘。
¶女史, 中世

武野貞実 たけのさだざね
⇒武野算助（たけのさんすけ）

武野貞孝* たけのさだたか
享保8（1723）年～安永8（1779）年3月17日 江戸時代中期の豊後日出藩士。
¶数学

武野算助* たけのさんすけ
宝暦11（1761）年～天保12（1841）年6月22日 [別]武野貞実（たけのさだざね） 江戸時代中期～後期の

豊後日出藩士。
¶数学（武野貞実　たけのさだざね）

竹下草丸*　たけのしたくさまる
安永9（1780）年〜天保7（1836）年　[別]草丸（くさまる）　江戸時代中期〜後期の俳人。
¶俳文（草丸　くさまる　[生]安永8（1779）年　[没]天保7（1836）年2月20日）

武野紹鷗*　たけのじょうおう，たけのしょうおう
文亀2（1502）年〜弘治1（1555）年閏10月29日　[別]紹鷗（じょうおう）　戦国時代の茶湯者、堺の豪商。父は信久。侘び茶における千利休の師。
¶コン，思想，全戦，中世（[生]1500年），俳文（紹鷗　じょうおう），室町，山小（[没]1555年閏10月29日）

武野宗瓦*　たけのそうが
天文19（1550）年〜慶長19（1614）年　安土桃山時代〜江戸時代前期の茶湯者。紹鷗の嫡子。
¶コン

竹野王*　たけののおう
天智天皇10（671）年〜天平宝字2（758）年　飛鳥時代〜奈良時代の官人（非参議）。天平勝宝元年正三位に叙される。
¶公卿

竹野女王*　たけののじょおう
生没年不詳　[別]竹野女王（たかのじょおう）　奈良時代の女官。
¶古人，古代，女史（たかのじょおう）

武信佐五右衛門*　たけのぶさごえもん
江戸時代末期の大庄屋、郷士。
¶幕末（生没年不詳）

武信潤太郎*　たけのぶじゅんたろう
文化6（1809）年〜明治11（1878）年　江戸時代末期〜明治時代の砲術家。鳥取藩の反射炉築造・大砲鋳造に功績があった。
¶幕末（[没]明治11（1878）年6月11日）

竹俣当綱　たけのまたまさつな
⇒竹俣当綱（たけまたまさつな）

竹俣慶綱*　たけのまたよしつな
大永4（1524）年〜天正10（1582）年　[別]竹俣慶綱（たけまたよしつな）　戦国時代〜安土桃山時代の国人。
¶全戦（たけまたよしつな　[生]？）

竹ノ谷源七郎　たけのやげんしちろう
安土桃山時代の武蔵国府川郷代官。北条氏政、のち武蔵国岩付城主北条氏房の家臣。
¶後北（源七郎〔竹ノ谷〕　げんしちろう）

竹廼家寿々女　たけのやすずじょ
江戸時代後期の女性。狂歌。淡路生穂村の人。天保5年刊、神歌堂忠賢・檜園梅明編『狂歌阿淡人名録』に載る。
¶江表（竹廼家寿々女（兵庫県））

竹廼屋直女　たけのやなおめ
江戸時代後期の女性。狂歌。象山下の人。文政9年刊、備前和気郡伊里村の六樹園飯盛の門人唐樹園南陀羅編『雪月花百首狂歌集』に載る。
¶江表（竹廼屋直女（香川県））

武埴安彦命*　たけはにやすひこのみこと，たけはにやすびこのみこと
上代の孝元天皇と殖安媛の子。
¶古代，天皇（生没年不詳）

武林次庵　たけばやしじあん
江戸時代前期の眼科医。
¶眼医（[生]？　[没]明暦3（1657）年）

武林隆重　たけばやしたかしげ
⇒竹林唯七（たけばやしただしち）

竹林忠重*　たけばやしただしげ
生没年不詳　江戸時代後期の和算家。
¶数学

竹林唯七*（武林唯七）　たけばやしただしち
寛文12（1672）年〜元禄16（1703）年　[別]武林隆重（たけばやしたかしげ）　江戸時代中期の播磨赤穂藩士。赤穂義士の一人。
¶コン，詩作（武林唯七）

竹林忠喜*　たけばやしただよし
生没年不詳　江戸時代後期の和算家。
¶数学

竹林虎太郎　たけばやしとらたろう
⇒太宰清衛門（だざいせいえもん）

武林八郎*　たけばやしはちろう
天保10（1839）年〜元治1（1864）年　[別]八木八兵衛（やぎはちべえ）　江戸時代末期の志士。
¶幕末（[没]元治1（1864）年7月19日）

竹原雲峰　たけはらうんぽう
江戸時代中期の絵師。
¶浮絵

竹原春泉斎*　たけはらしゅんせんさい
生没年不詳　江戸時代後期の浮世絵師。
¶浮絵

竹原春潮斎*（竹原春朝斎）　たけはらしゅんちょうさい
？〜寛政12（1800）年　江戸時代中期〜後期の浮世絵師。
¶浮絵（竹原春朝斎）

武久権十郎*　たけひさごんじゅうろう
文政3（1820）年〜明治8（1875）年　江戸時代末期〜明治時代の小浜藩士。
¶幕末

盛仁親王*　たけひとしんのう
文化7（1810）年〜文化8（1811）年　江戸時代後期の光格天皇の第5皇子。
¶天皇（[生]文化7（1810）年6月27日　[没]文化8（1811）年5月17日）

竹姫*　たけひめ
？〜安永1（1772）年12月5日　[別]浄岸院（じょうがんいん）　江戸時代中期の女性。5代将軍徳川綱吉の養女、薩摩藩主島津継豊の妻。
¶江表（浄岸院（鹿児島県）　[生]宝永2（1705）年），徳将（浄岸院　じょうがんいん）

武生鳥守　たけふのとりもり
奈良時代の送渤海客使。
¶古人（生没年不詳）

武振熊*　たけふるくま
上代の武将。
¶古代

建部綾足*　たけべあやたり
享保4（1719）年〜安永3（1774）年　[別]片歌道守（か

たうたのみちもり），喜多村寒葉斎（きたむらかんようさい），建部涼袋（たけべりょうたい），建部凌岱（たけべりょうたい，たてべりょうたい），涼袋，凉袋（りょうたい） 江戸時代中期の俳人、国学者、画家。

¶江人，コン，思想，日文，俳文（涼袋 りょうたい [没]安永3（1774）年3月18日），美画（[没]安永3（1774）年3月18日）

建部賢明 たけべかたあき

⇒建部賢明（たけべかたあきら）

建部賢明* たけべかたあきら

万治4（1661）年1月26日～正徳6（1716）年 [別]建部賢明（たけべかたあき） 江戸時代中期の天文・暦算家。

¶科学（[没]正徳6（1716）年2月21日），数学（たけべかたあき [没]正徳6（1716）年閏2月21日）

建部賢豊 たけべかたとよ

江戸時代前期～中期の幕臣。

¶徳人（[生]1618年 [没]1690年）

建部賢弘* たけべかたひろ

寛文4（1664）年～元文4（1739）年 江戸時代中期の和算家、暦算家。徳川家光の祐筆直恒の3男。

¶江人，科学（[没]元文4（1739）年7月20日），コン，思想，数学（[生]寛文4（1664）年6月 [没]元文4（1739）年7月20日），徳人，山小（[生]1664年6月 [没]1739年7月20日）

建部賢文* たけべかたぶみ

大永2（1522）年～天正18（1590）年 [別]建部賢文（たけべかたぶん，たてべかたぶみ），建部伝内（たけべでんない） 戦国時代～安土桃山時代の武将。右筆。

¶コン（たけべかたぶん）

建部賢文 たけべかたぶん

⇒建部賢文（たけべかたぶみ）

建部賢之* たけべかたゆき

承応3（1654）年～享保8（1723）年 江戸時代中期の和算家。

¶数学（[没]享保8（1723）年8月17日）

建部橘女* たけべきつじょ

生没年不詳 江戸時代中期の女性。文人建部綾足の妻。

¶江表（伎都（東京都） きつ）

建部周光* たけべしゅうこう

生没年不詳 安土桃山時代の織田信長の家臣。

¶織田

建部寿徳* たけべじゅとく

天文5（1536）年～慶長12（1607）年 [別]建部高光（たけべたかみつ），建部寿徳（たてべじゅとく） 安土桃山時代～江戸時代前期の郡代。

¶織田（[生]天文6（1537）年 [没]慶長12（1607）年9月20日），徳代（建部高光 たけべたかみつ [生]天文6（1537）年 [没]慶長12（1607）年9月20日）

建部清庵*（建部清菴） たけべせいあん

正徳2（1712）年～天明2（1782）年 [別]建部清庵（たてべせいあん） 江戸時代中期の医師。代々清庵を称した。

¶科学（[没]天明2（1782）年3月8日），コン，思想，徳将

建部巣兆 たけべそうちょう

⇒巣兆（そうちょう）

建部宗由 たけべそうゆ

⇒建部宗由（たけべそうゆう）

建部宗由* たけべそうゆう

生没年不詳 [別]建部宗由（たけべそうゆ） 江戸時代前期の表具師。

¶美工（たけべそうゆ）

建部高光 たけべたかみつ

⇒建部寿徳（たけべじゅとく）

建部武彦 たけべたけひこ

⇒建部武彦（たてべたけひこ）

建部伝内 たけべでんない

⇒建部賢文（たけべかたぶみ）

武部敏行* たけべとしゆき

文化8（1811）年～明治20（1887）年 江戸時代末期～明治時代の加賀藩十村役。経済・農政に研鑽を積む。著書に「井田疑問」「海防私議」など。

¶幕末（[生]文化8（1811）年閏2月14日 [没]明治20（1887）年5月31日）

丈部直松子 たけべなおのしょうし

平安時代前期の更衣。光孝天皇の宮人。

¶天皇（生没年不詳）

建部千継 たけべのちつぐ

上代の女官。

¶女史（生没年不詳）

建部秀明* たけべひであきら

？～天正4（1576）年 戦国時代～安土桃山時代の織田信長の家臣。

¶織田

建部広次 たけべひろつぐ

江戸時代前期～中期の幕臣。

¶徳人（[生]1671年 [没]1739年）

建部政長* たけべまさなが

慶長8（1603）年～寛文12（1672）年 江戸時代前期の大名。摂津尼ケ崎藩主、播磨林田藩主。

¶徳代（[没]寛文12（1672）年4月18日）

建部政世* たけべまさよ

安政1（1854）年～明治10（1877）年 [別]建部政世（たてべまさよ） 江戸時代末期～明治時代の大名。播磨林田藩主。

¶幕末（[生]安政1（1855）年12月 [没]明治10（1877）年6月16日）

建部光重* たけべみつしげ

天正6（1578）年～慶長15（1610）年 [別]建部光重（たてべみつしげ） 安土桃山時代～江戸時代前期の武士。豊臣氏家臣。

¶徳代（[没]慶長15（1610）年5月27日）

武部游*（武部遊） たけべゆう

天明2（1782）年～天保13（1842）年 江戸時代中期～後期の医者・蘭学者。

¶科学（武部遊 生没年不詳）

建部与十郎 たけべよじゅうろう

江戸時代前期の代官。

¶徳代（生没年不詳）

建部凌岱（建部涼袋） たけべりょうたい

⇒建部綾足（たけべあやたり）

竹前権兵衛* たけまえごんべえ
延宝7(1679)年～寛延2(1749)年 江戸時代中期の越後国の紫雲寺潟新田の開発者。
¶コン([没]延享2(1745)年？)

竹間加賀入道 たけまかがにゅうどう
安土桃山時代の武蔵国滝山城主北条氏照の家臣。
¶後北(加賀入道〔竹間〕 かがにゅうどう [没]天正18年2月8日)

武政佐喜馬* たけまささきま
天保6(1835)年～明治32(1899)年 江戸時代末期～明治時代の土佐勤王党の志士。父親の養良塾を守り多くの人材を育成。
¶幕末([生]天保6(1836)年12月16日 [没]明治32(1899)年2月8日)

竹俣当綱* たけまたまさつな
享保14(1729)年～寛政5(1793)年 [別]竹俣当綱(たけのまたまさつな) 江戸時代中期の武士。出羽米沢藩上杉氏の重臣。
¶コン

竹俣慶綱 たけまたよしつな
⇒竹俣慶綱(たけのまたよしつな)

建御雷神 たけみかずちのかみ
⇒建御雷神(たけみかづちのかみ)

建御雷神*(武甕槌神) たけみかづちのかみ, たけみかずちのかみ
[別]建御雷神(たけみかずちのかみ) 記紀神話の武神。刀剣の神格化。別名は建御雷之男神、または建布都神ともいう。
¶コン(たけみかずちのかみ)

竹光式部 たけみつしきぶ
江戸時代前期の美濃国不破郡長松城主。
¶大坂

建御名方神* たけみなかたのかみ
「古事記」の神話に登場する神。
¶コン

竹村猪之助* たけむらいのすけ
天保1(1830)年～明治16(1883)年 江戸時代末期～明治時代の土佐勤王党の志士。戊辰戦争参加。道場を作り子弟に剣術指南。
¶幕末([生]文政12(1829)年5月5日 [没]明治16(1883)年4月11日)

竹村万嘉 たけむらかずよし
安土桃山時代～江戸時代前期の石見銀山奉行。
¶徳代([生]慶長2(1597)年 [没]寛永13(1636)年2月13日)

竹村勝行* たけむらかつゆき
天保5(1834)年～明治9(1876)年 [別]竹村直記(たけむらなおき) 江戸時代末期～明治時代の新庄藩士。
¶幕末(竹村直記 たけむらなおき [生]天保5(1834)年3月26日 [没]明治9(1876)年3月6日)

武村耕靄 たけむらこうあい
江戸時代後期～大正時代の日本画家、教育者。
¶美画([生]嘉永5(1852)年1月 [没]大正4(1915)年6月6日)

竹村左兵衛 たけむらさひょうえ
江戸時代前期の武士。大坂の陣で籠城。後、藤堂高次に仕えた。
¶大坂

竹村茂雄* たけむらしげお
明和6(1769)年～弘化1(1844)年 江戸時代中期～後期の国学者。
¶コン, 思想

竹村東野* たけむらとうや
文化1(1804)年～慶応2(1866)年 江戸時代末期の藩校教授。
¶幕末([生]文化2(1805)年9月23日 [没]慶応2(1866)年7月1日)

竹村俊秀* たけむらとしひで
弘化2(1845)年～明治10(1877)年 江戸時代末期～明治時代の会津藩士。思案橋事件の犠牲者。
¶幕末([没]明治10(1877)年2月7日)

竹村直記 たけむらなおき
⇒竹村勝行(たけむらかつゆき)

竹村尚規の妹 たけむらなおのりのいもうと★
江戸時代後期の女性。和歌。遠江入野村の酒造業も営む豪農竹村又右衛門尚政と三輪女の娘。文政2年刊、竹村三輪女編『竹の五百枝』に載る。
¶江表(竹村尚規の妹(静岡県))

竹村広蔭* たけむらひろかげ
寛政5(1793)年～慶応2(1866)年 江戸時代末期の庄屋。
¶幕末

竹村道清* たけむらみちきよ
永禄4(1561)年～寛永12(1635)年 安土桃山時代～江戸時代前期の幕吏。
¶徳代([没]寛永12(1635)年6月)

竹村嘉有 たけむらよしあり
江戸時代前期の関東代官。
¶徳代([生]？ [没]天和3(1683)年7月27日)

竹村嘉勝 たけむらよしかつ
安土桃山時代～江戸時代前期の佐渡奉行、伊豆銀山奉行。
¶徳代([生]慶長5(1600)年 [没]寛永18(1641)年10月27日)

竹村嘉茂 たけむらよししげ
江戸時代前期～中期の代官。
¶徳代([生]慶安4(1651)年 [没]享保6(1721)年3月28日)

竹村嘉広 たけむらよしひろ
江戸時代前期～中期の代官。
¶徳代([生]寛永14(1637)年 [没]元禄8(1695)年8月2日)

竹村好博* たけむらよしひろ
生没年不詳 江戸時代末期の藩士・和算家。
¶数学([没]明治19(1886)年)

竹村嘉理* たけむらよしまさ
永禄9(1566)年～寛永8(1631)年 安土桃山時代～江戸時代前期の武士。
¶徳代([生]元亀3(1572)年 [没]寛永8(1631)年9月15日)

竹村嘉躬 たけむらよしみ
江戸時代前期～中期の代官。
¶徳代([生]明暦1(1655)年 [没]享保17(1732)年1月29日)

竹村嘉通 たけむらよしみち
江戸時代中期の幕臣。
¶徳人([生]？ [没]1733年)

竹本采女 たけもとうねめ
⇒豊竹越前少掾(とよたけえちぜんのしょうじょう)

竹本大隅太夫〔1代〕* たけもとおおすみだゆう
寛政9(1797)年～元治1(1864)年 江戸時代後期の義太夫節の太夫。
¶コン

竹本梶太夫〔4代〕 たけもとかじだゆう
⇒竹本染太夫〔6代〕(たけもとそめたゆう)

竹本上総少掾 たけもとかずさのしょうじょう
⇒竹本播磨少掾(たけもとはりまのしょうじょう)

竹本義太夫〔1代〕* たけもとぎだゆう
慶安4(1651)年～正徳4(1714)年 [別]義太夫(ぎだゆう),竹本筑後少掾(たけもとちくごのしょうじょう),竹本筑後掾(たけもとちくごのじょう) 江戸時代前期～中期の浄瑠璃一流の始祖。竹本座を創立し「曽根崎心中」「出世景清」など近松門左衛門の作品を上演、名声を得る。
¶江人(代数なし),歌大(代数なし [没]正徳4(1714)年9月10日),コン,新歌(代数なし),日文(代数なし),山小(代数なし [没]1714年9月10日)

竹本義太夫〔2代〕 たけもとぎだゆう
⇒竹本播磨少掾(たけもとはりまのしょうじょう)

竹本源三* たけもとげんぞう
生没年不詳 戦国時代の北条氏の家臣。
¶後北(源三〔竹本〕 げんぞう)

竹本越路太夫〔2代〕 たけもとこしじだゆう
⇒竹本摂津大掾(たけもとせっつのだいじょう)

竹本此太夫 たけもとこのたゆう
⇒豊竹越前少掾(とよたけえちぜんのしょうじょう)

竹本此太夫 たけもとこのだゆう
⇒豊竹此太夫〔2代〕(とよたけこのたゆう)

竹本鹿次郎* たけもとしかじろう
江戸時代末期の新撰組隊士。
¶新隊(生没年不詳)

竹本住太夫 たけもとすみたゆう
世襲名 江戸時代の義太夫節の大夫。江戸時代に活躍したのは、初世から4世まで。
¶江人

竹本住太夫〔1代〕* たけもとすみたゆう,たけもとすみだゆう
?～文化7(1810)年 江戸時代中期～後期の義太夫節の太夫。
¶コン(たけもとすみだゆう)

竹本住太夫〔4代〕* たけもとすみたゆう,たけもとすみだゆう
文政12(1829)年～明治22(1889)年1月22日 江戸時代末期～明治時代の義太夫の太夫。紋下となって彦六座全盛期を支えた。
¶コン(——〔4世〕 たけもとすみだゆう)

竹本石亭 たけもとせきてい
⇒竹本正興(たけもとまさおき)

竹本摂津大掾〔2代〕 たけもとせっつたいじょう
⇒竹本摂津大掾(たけもとせっつのだいじょう)

竹本摂津大掾* たけもとせっつのだいじょう
天保7(1836)年～大正6(1917)年10月9日 [別]竹本越路太夫〔2代〕(たけもとこしじだゆう),竹本摂津大掾〔2代〕(たけもとせっつたいじょう) 江戸時代末期～明治時代の義太夫節太夫。文楽座紋下、6代春太夫を襲名。
¶コン,幕末(竹本越路太夫〔2代〕 たけもとこしじだゆう),幕末(——〔2代〕 たけもとせっつたいじょう)

竹本染太夫* たけもとそめだゆう
天保8(1837)年～大正4(1915)年2月20日 江戸時代末期～大正時代の義太夫の名人。初代義太夫に師事、二代目を継ぐ。
¶幕末

竹本染太夫〔6代〕* たけもとそめたゆう,たけもとそめだゆう
寛政9(1797)年～明治2(1869)年 [別]竹本梶太夫〔4代〕(たけもとかじだゆう) 江戸時代末期の義太夫節の太夫。
¶幕末(たけもとそめだゆう [没]明治2(1869)年4月30日)

竹本染太夫〔7代〕* たけもとそめたゆう,たけもとそめだゆう
文化9(1812)年～明治16(1883)年 江戸時代末期～明治時代の人形浄瑠璃太夫。
¶幕末(たけもとそめだゆう [没]明治16(1883)年6月11日)

竹本内匠太夫〔1代〕 たけもとたくみだゆう
⇒竹本大和掾(たけもとやまとのじょう)

竹本多門* たけもとたもん
*～明治1(1868)年 江戸時代末期の志士。
¶幕末([生]天保15(1844)年 [没]慶応4(1868)年8月14日)

竹本筑後掾 たけもとちくごのじょう
⇒竹本義太夫〔1代〕(たけもとぎだゆう)

竹本筑後少掾 たけもとちくごのしょうじょう
⇒竹本義太夫〔1代〕(たけもとぎだゆう)

竹本長十郎* たけもとちょうじゅうろう
?～明治5(1872)年 江戸時代末期～明治時代の一揆首謀者。徴兵反対の膏取り一揆の首領。
¶幕末([生]天保11(1840)年 [没]明治5(1872)年1月6日)

竹本津太夫 たけもとつだゆう
世襲名 江戸時代の義太夫節の大夫。江戸時代に活躍したのは、初世から2世まで。
¶江人

竹本津太夫〔2代〕* たけもとつだゆう
天保10(1839)年～明治45(1912)年 江戸時代末期～明治時代の義太夫節太夫。京都道場の芝居で2代となる。
¶コン

竹本綱太夫 たけもとつなたゆう
世襲名 江戸時代の義太夫節の大夫。江戸時代に活躍したのは、初世から4世まで。
¶江人

竹本綱太夫〔6代〕* たけもとつなたゆう,たけもとつなだゆう
天保11(1840)年～明治16(1883)年 江戸時代末期～明治時代の義太夫節太夫。6代襲名。美声で知られる。
¶コン(たけもとつなだゆう)

武元登登庵 たけもととうとあん
⇒武元登登庵(たけもとととうあん)

武元登々庵(武元登登庵) たけもととうとうあん
⇒武元登登庵(たけもとととうあん)

武元登登庵* たけもととうあん

明和4(1767)年～文化15(1818)年 別武元登登庵(たけもととうあん, たけもととうとうあん), 武元登々庵(たけもととうとうあん) 江戸時代後期の書家, 漢詩人。
¶詩作(たけもととうとうあん) 旦明和4(1767)年2月15日 没文政1(1818)年2月23日

竹本長門太夫〔3代〕 たけもとながとだゆう

寛政12(1800)年～元治1(1864)年 別佐久間松長軒(さくましょうちょうけん), 佐久間伝次郎(さくまでんじろう) 江戸時代末期の浄瑠璃作者, 歌舞伎作者。嘉永5年頃に活躍。
¶コン, 幕末(旦寛政12(1800)年9月22日 没元治1(1864)年10月19日)

竹本長門太夫〔4代〕* たけもとながとだゆう

文化11(1814)年～明治23(1890)年 江戸時代末期～明治時代の義太夫節の太夫。浄瑠璃の故実考証にすぐれ「増補浄瑠璃大系図」を著す。
¶コン

竹本隼太 たけもとはやた

江戸時代後期～明治時代の陶芸家。
¶美工(旦嘉永1(1848)年 没明治25(1892)年11月30

竹本播磨少掾*(——〔1代〕) たけもとはりまのしょうじょう

元禄4(1691)年～延享1(1744)年 義太夫(ぎだゆう), 竹本上総少掾(たけもとかずさのしょうじょう), 竹本義太夫〔2代〕(たけもとぎだゆう), 竹本政太夫〔1代〕(たけもとまさたゆう, たけもとまさだゆう), 若竹政太夫(わかたけまさだゆう) 江戸時代中期の義太夫節の太夫。
¶コン

竹本春太夫〔5代〕* たけもとはるたゆう, たけもとはるだゆう

文化5(1808)年～明治10(1877)年 江戸時代末期～明治時代の義太夫節の太夫。天性の美声で硬軟強弱を自由自在に語り, 古流浄瑠璃最後の名人。
¶幕末(たけもとはるだゆう) 旦? 没明治10(1877)年7月25日)

竹本正興* たけもとまさおき

文政5(1822)年～明治21(1888)年 別竹本石亭(たけもとせきてい) 江戸時代末期～明治時代の画家。
¶美画(竹本石亭 たけもとせきてい 旦文政5(1822)年1月9日 没明治21(1888)年1月1日)

竹本政太夫 たけもとまさたゆう

世襲名 江戸時代の義太夫節の大夫。江戸時代に活躍したのは, 初世から5世。
¶江人

竹本政太夫〔1代〕 たけもとまさたゆう, たけもとまさだゆう

⇒竹本播磨少掾(たけもとはりまのしょうじょう)

竹本正雅* たけもとまさつね

文政9(1826)年～明治1(1868)年10月7日 江戸時代末期の幕府官僚。父は旗本荒川練賢。
¶幕末

竹本正時 たけもとまさとき

江戸時代前期の幕臣。
¶徳人(旦? 没1658年)

竹本正仲 たけもとまさなか

江戸時代前期～中期の幕臣。
¶徳人(旦1682年 没1742年)

竹本光明* たけもとみつあき

1739年～1815年 江戸時代中期～後期の大名。黒羽藩主。
¶地理

竹本光政 たけもとみつまさ

安土桃山時代の代官。
¶徳代(旦天正2(1574)年 没?)

竹本弥太夫〔5代〕* たけもとやだゆう

天保8(1837)年～明治39(1906)年10月30日 江戸時代末期～明治時代の義太夫節の太夫。大阪の彦六座の座頭。「大晏寺」「橋本」などを得意とした。
¶コン

竹本大和掾* たけもとやまとのじょう

元禄15(1702)年～明和3(1766)年 別竹本内匠太夫〔1代〕(たけもとたくみだゆう), 豊竹上野少掾〔2代〕(とよたけこうずけのしょうじょう) 江戸時代中期の義太夫節の太夫。竹本筑後掾の高弟内匠理太夫の子。

竹本要斎 たけもとようさい

天保2(1831)年～明治32(1899)年 別竹本正明(たけもとしょうめい) 江戸時代後期～明治時代の幕臣, 園芸家, 外国奉行。
¶植物, 徳人(竹本正明 たけもとしょうめい 生没年不詳), 幕末(没明治32(1899)年11月4日)

竹森石見* たけもりいわみ

天文19(1550)年～元和7(1621)年 別竹森次貞(たかのもりつぐさだ) 安土桃山時代～江戸時代前期の筑前福岡藩士。
¶全戦(竹森次貞 たかのもりつぐさだ)

竹屋源七* たけやげんしち

生没年不詳 安土桃山時代の織田信長の家臣。
¶織田

竹屋冬俊* たけやふゆとし

?～寛正5(1464)年10月30日 室町時代の公卿(非参議)。権大納言広橋仲光の孫。
¶公卿, 公家(冬俊〔竹屋家〕 ふゆとし 没寛正5(1464)年10月晦日)

竹山梅七郎* たけやまうめしちろう

文政1(1818)年～明治22(1889)年 江戸時代末期～明治時代の遠江国長上郡下堀村庄屋, 市野銀行・笠井銀行重役。吾愛社を創立, 福沢諭吉の著を教科書に啓蒙思想を教育。
¶幕末

竹山屯* たけやまたむろ

天保11(1840)年～大正7(1918)年 江戸時代末期～明治時代の医師, 新潟病院院長, 新潟医学専門学校校長。新潟医科大学創立功労者。
¶幕末(旦天保11(1840)年6月10日 没大正7(1918)年8月31日)

竹山祐卜義敏〔3代〕 たけやまゆうぼく(よしとし)

江戸時代後期の眼科医。
¶眼医(没文政11(1828)年2月19日)

竹山祐卜義直〔4代〕 たけやまゆうぼく(よしなお)

江戸時代後期の眼科医。

¶眼医

竹山祐卜義治〔2代〕　たけやまゆうぼく（よしはる）
江戸時代後期の眼科医。
¶眼医（㉑文化5（1808）年2月7日）

竹山祐卜義尚　たけやまゆうぼく（よしひさ）
江戸時代前期〜中期の眼科医。
¶眼医（㋒貞享4（1687）年　㉑安永8（1779）年）

竹屋光有＊　たけみつあり
文化8（1811）年〜明治16（1883）年　江戸時代末期〜明治時代の公家、参議。攘夷期限についての六十八卿建議に参加。
¶公卿（㋒文化8（1811）年10月1日　㉑明治16（1883）年6月）、公家（光有〔竹屋家〕　みつあり　㋓文化8（1811）年10月1日　㉑明治16（1883）年6月26日）、幕末（㋔文化8（1811）年10月1日　㉑明治16（1883）年6月26日）

竹屋光兼＊　たけやみつかね
天和2（1682）年11月25日〜延享4（1747）年7月27日　江戸時代中期の公家（非参議）。権中納言竹屋光忠の子。
¶公卿、公家（光兼〔竹屋家〕　みつかね）

竹屋光忠＊　たけやみつただ
寛文2（1662）年10月12日〜享保10（1725）年9月4日　江戸時代中期の公家（権中納言）。准大臣広橋兼賢の末子。
¶公卿、公家（光忠〔竹屋家〕　みつただ）

竹屋光継＊　たけやみつつぐ
文明9（1477）年〜天文9（1540）年7月10日　戦国時代の公卿（非参議）。非参議竹屋冬俊の孫。
¶公卿、公家（光継〔竹屋家〕　みつつぐ）

竹屋光棟＊　たけやみつとみ
天明1（1781）年2月2日〜天保8（1837）年2月18日　江戸時代後期の公家（非参議）。准大臣広橋伊光の次男。
¶公卿、公家（光棟〔竹屋家〕　みつとみ　㋔安永10（1781）年2月2日）

竹屋光長＊　たけやみつなが
慶長1（1596）年11月9日〜万治2（1659）年2月21日　江戸時代前期の公家（権中納言）。権大納言広橋総光の次男。
¶公卿、公家（光長〔竹屋家〕　みつなが）

竹屋光久＊　たけやみつひさ
寛永2（1625）年9月14日〜貞享3（1686）年9月19日　江戸時代前期の公家（参議）。権中納言竹屋光長の子。
¶公卿、公家（光久〔竹屋家〕　みつひさ　㉑貞享3（1686）年8月26日）

竹屋光予＊　たけやみつまさ
元文1（1736）年3月21日〜安永8（1779）年4月9日　江戸時代中期の公家（非参議）。非参議竹屋光兼の子。
¶公卿、公家（光予〔竹屋家〕　みつよ　㋔享保21（1736）年3月21日）

武谷祐之＊　たけやゆうし
文政3（1820）年〜明治27（1894）年　江戸時代末期〜明治時代の蘭方医。福岡藩の牛痘接種普及に努め、蘭学顧問として後進の育成、藩医学校賛生館の創設に尽力。
¶幕末（㉑明治27（1894）年2月）

竹吉意正の母　たけよしいせいのはは＊
江戸時代中期の女性。和歌。石見熱田村の人。越中宮尾の大庄屋内山逸峰に宛てて詠んだ懐紙が「逸峰によせたる諸国歌人の和歌」に残る。
¶江表（竹吉意正の母（島根県））

多気義幹＊　たけよしもと
生没年不詳　鎌倉時代前期の常陸の武将。直幹の子。
¶コン

竹世女　たけよじょ＊
江戸時代末期の女性。俳諧。石見矢上の人。嘉永7年刊、金子頼甫編『石海集』初に載る。
¶江表（竹世女（島根県））

建皇子　たけるのおうじ
⇒建皇子（たけるのみこ）

建皇子＊（建王）　たけるのみこ
白雉2（651）年〜斉明天皇4（658）年　㋑建皇子（たけるのおうじ）　飛鳥時代の中大兄皇子の子。斉明天皇の孫。
¶古代（建王）, 古物, コン（㉑斉明4（658）年）

建部朝臣人上＊　たけるべのあそんひとがみ
㋑建部人上（たけるべのひとかみ, たけるべのひとがみ）　平安時代前期の官人。
¶古人（建部人上　たけるべのひとがみ　生没年不詳）, 古代

建部公貞道＊　たけるべのきみさだみち
㋑建部貞道（たけるべのさだみち）　平安時代前期の筑後国司。
¶古人（建部貞道　たけるべのさだみち　生没年不詳）, 古代

建部国経　たけるべのくにつね
平安時代後期の官人。
¶古人（生没年不詳）

建部貞道　たけるべのさだみち
⇒建部公貞道（たけるべのきみさだみち）

建部忠信　たけるべのただのぶ
平安時代中期の官人。
¶古人（生没年不詳）

建部豊足　たけるべのとよたり
奈良時代の官人。
¶古人（生没年不詳）

建部久武　たけるべのひさたけ
平安時代後期の官人。
¶古人（生没年不詳）

建部人上　たけるべのひとかみ, たけるべのひとがみ
⇒建部朝臣人上（たけるべのあそんひとがみ）

多胡家包　たこいえかぬ
平安時代後期の上野国多胡庄の武士。系譜未詳。
¶平家（生没年不詳）

凧糸女　たこいとじょ＊
江戸時代中期の女性。狂歌。天明7年刊、四方赤良編『狂歌才蔵集』に載る。
¶江表（凧糸女（東京都））

多胡左近兵衛　たごさこんのひょうえ
⇒多胡左近兵衛（たごさこんひょうえ）

た

多胡左近兵衛* たごさこんひょうえ
生没年不詳 [別]多胡左近兵衛(たごさこんのひょうえ) 安土桃山時代の織田信長の家臣。
¶織田(たごさこんのひょうえ)

多胡真益* たごさねます
?~寛文5(1665)年 江戸時代前期の石見津和野藩家老。
¶コン

多胡宗右衛門* たごそうえもん
生没年不詳 安土桃山時代の織田信長の家臣。
¶織田

多胡辰敬* たことききたか, たごときたか
戦国時代の武士。
¶全戦([生]明応6(1497)年 [没]永禄5(1562)年), 戦武([生]明応6(1497)年 [没]永禄5(1562)年)

太宰春台* だざいしゅんだい
延宝8(1680)年~延享4(1747)年 江戸時代中期の儒学者。「経済録」「産語」を著述。
¶江人, コン, 詩作([生]延宝8(1680)年9月14日 [没]延享4(1747)年5月30日), 思想, 地理, 徳将, 山小([生]1680年9月14日 [没]1747年5月30日)

太宰清衛門*(太宰清右衛門) だざいせいえもん
文政12(1829)年~元治1(1864)年 [別]竹林虎太郎(たけばやしとらたろう) 江戸時代末期の水戸藩郷士。
¶幕末([没]元治1(1864)年10月20日)

田崎東* たざきあずま, たざきあづま
天保14(1843)年~明治2(1869)年 [別]田崎東(たざきあづま) 江戸時代末期の蝦夷松前藩士。
¶幕末(たざきあづま [生]天保14(1844)年12月 [没]明治2(1869)年6月7日)

田崎東 たざきあづま
⇒田崎東(たざきあずま)

田崎草雲* たざきそううん
文化12(1815)年~明治31(1898)年9月1日 江戸時代末期~明治時代の日本画家。藩御用絵師。帝室技芸員。作品に「蓬莱仙宮」など。
¶コン, 全幕, 幕末([生]文化12(1815)年10月15日), 美画([生]文化12(1815)年10月15日)

たさ子 たさこ★
江戸時代後期の女性。和歌。越後地蔵堂の大庄屋富取武左衛門正誠の妻。天保11年から同12年に成立した「雲居の杖」に載る。
¶江表(たさ子(新潟県))

田沢氏孝の妻 たざわうじたかのつま★
江戸時代中期の女性。和歌。田沢吉左衛門氏孝の妻。「片玉集」前集巻三五の宝暦13年成立「御点取並御当座和歌之写」に載る。
¶江表(田沢氏孝の妻(東京都))

田沢神助 たざわしんすけ
安土桃山時代の信濃国筑摩郡明科の土豪。
¶武田(生没年不詳)

田沢政路 たざわせいじ
江戸時代後期~末期の幕臣。
¶徳人(生没年不詳)

田沢正斯 たざわまさこれ
江戸時代中期の幕臣。
¶徳人([生]1721年 [没]?)

田沢昌永 たざわまさなが
江戸時代後期~明治時代の和算家。静岡中学校に奉職。著書に『代数学初歩』。
¶数学([生]天保9(1838)年)

田沢正春の妻 たざわまさはるのつま★
江戸時代中期の女性。和歌。旗本石川成之の娘。元禄16年刊、植山検校江民軒梅之・梅柳軒水之編『歌林尾花末』に載る。
¶江表(田沢正春の妻(東京都))

田沢道正 たざわみちふさ
江戸時代中期~後期の佐渡奉行。
¶徳代([生]明和2(1765)年 [没]天保3(1832)年10月21日)

田沢義章の妻 たざわよしあきのつま★
江戸時代中期の女性。和歌。夫は武蔵上菅生の郷士で、8代将軍徳川吉宗の鷹場人足掛を務めた。
¶江表(田沢義章の妻(神奈川県))

田沢若狭 たざわわかさ
安土桃山時代の信濃国筑摩郡明科の土豪。
¶武田(生没年不詳)

田道 たじ
⇒上毛野田道(かみつけののたみち)

田近陽一郎 たじかよういちろう
⇒田近陽一郎(たぢかよういちろう)

太織 たしき
江戸時代中期の女性。俳諧。筑前博多の人。宝暦2年刊、市中庵梅従編『十三題』に幼い少女として載る。
¶江表(太織(福岡県))

田道間守 たじのまもり
⇒田道間守(たじまもり)

多治氏* たじひうじ
[別]源毎有の母多治氏(みなもとのつねありのははたじひし) 平安時代前期の女性。文徳天皇後宮。
¶天皇(源毎有の母多治氏 みなもとのつねありのははたじひし)

多治比清貞 たじひきよさだ
⇒多治比真人清貞(たじひのまひときよさだ)

丹治重治* たじひしげはる
天保8(1837)年~明治43(1910)年9月 江戸時代後期~明治時代の和算家。
¶数学([生]天保7(1836)年8月1日 [没]明治42(1909)年10月19日)

多治比県守*(丹比県守) たじひのあがたもり
天智天皇7(668)年~天平9(737)年 [別]多治比真人県守(たじひのまひとあがたもり) 飛鳥時代~奈良時代の官人(中納言)。左大臣多治比島の子。
¶公卿([没]天平9(737)年6月25日), 古人([生]669年 [没]738年), 古代(多治比真人県守 たじひのまひとあがたもり), コン([生]天智7(668)年?), 対外

多治比文子* たじひのあやこ
生没年不詳 平安時代の巫女。北野天満宮の創祀者。
¶古人, 女史

丹治有直* たじひのありなお
生没年不詳 平安時代後期の武士。
¶古人

多治比家主　たじひのいえぬし
⇒多治比屋主（たじひのやぬし）

丹墀池子*　たじひのいけこ
生没年不詳　平安時代前期の女性。淳和天皇の宮人。
¶天皇

多治比池守*（田治比池守）　たじひのいけもり
？～天平2（730）年　[別]丹比真人池守（たじひのまひといけもり）　奈良時代の官人（大納言）。左大臣多治比島の長男。
¶公卿（[没]天平2（730）年9月8日），古人（丹比池守），古代（丹比真人池守　たじひのまひといけもり），コン

多治比犬養　たじひのいぬかい
奈良時代の官人。
¶古人（生没年不詳）

丹比稲長　たじひのいねなが
奈良時代の官人。
¶古人（生没年不詳）

多治比今麻呂*　たじひのいままろ
天平勝宝5（753）年～天長2（825）年　[別]多治比真人今麻呂（たじひのまひといままろ）　奈良時代～平安時代前期の公卿（参議）。左大臣多治比島の曽孫。
¶公卿（[没]天長2（825）年8月29日），古人，古代（多治比真人今麻呂　たじひのまひといままろ）

多治弥福　たじひのいやとみ
平安時代中期の官人。
¶古人（生没年不詳）

多治比牛養　たじひのうしかい
奈良時代の官人。
¶古人（生没年不詳）

多治比宇美　たじひのうみ
奈良時代の官人。
¶古人（生没年不詳）

多治比占部　たじひのうらべ
奈良時代の官人。
¶古人（生没年不詳）

多治比伯　たじひのおおじ
奈良時代の官人。
¶古人（生没年不詳）

多治比邑刀自*　たじひのおおとじ
生没年不詳　[別]多治比真人邑刀自（たじひのまひとおおとじ）　奈良時代～平安時代前期の女官。
¶古代（多治比真人邑刀自　たじひのまひとおおとじ）

多治比乙兄　たじひのおとえ
奈良時代の官人。
¶古人（生没年不詳）

丹比乙麻呂*（多治比乙麻呂）　たじひのおとまろ
[別]丹比真人乙麻呂（たじひのまひとおとまろ）　奈良時代の「万葉集」の歌人。
¶古人（多治比乙麻呂　生没年不詳）

多治比乙安　たじひのおとやす
奈良時代の官人。
¶古人（生没年不詳）

多治比小耳　たじひのおみみ
奈良時代の人。藤原仲麻呂追討の功があった。
¶古人（生没年不詳）

多治比賀智　たじひのかち，たじひのがち
⇒多治比真人賀智（たじひのまひとかち）

多治比門成（丹墀門成）　たじひのかどなり
⇒多治比真人門成（たじひのまひとかどなり）

多治比吉備　たじひのきび
飛鳥時代の官人。
¶古人（生没年不詳）

多治比木人　たじひのきひと
奈良時代の官人。
¶古人（生没年不詳）

多治比公子　たじひのきみこ
奈良時代の官人。
¶古人（生没年不詳）

丹比公麻呂　たじひのきみまろ
飛鳥時代の官人。
¶古人（生没年不詳）

多治比清貞　たじひのきよさだ
⇒多治比真人清貞（たじひのまひときよさだ）

丹比国人*（多治比国人）　たじひのくにひと
[別]多治比真人国人，丹比真人国人（たじひのまひとくにひと）　奈良時代の「万葉集」の歌人。
¶古人（多治比国人　生没年不詳），古代（多治比真人国人　たじひのまひとくにひと）

多治比黒麻呂　たじひのくろまろ
奈良時代の官人。
¶古人（生没年不詳）

多治比高子　たじひのこうし
⇒多治比高子（たじひのたかこ）

多治比犢養　たじひのこうしかい
奈良時代の官人。
¶古人（[生]？　[没]757年）

多治比古奈禰　たじひのこなね
奈良時代の大中臣清麿の室。
¶古人（[生]？　[没]792年）

多治貞峯（多治比貞峯）　たじひのさだみね
⇒多治真人貞峯（たじひのまひとさだみね）

多治成助　たじひのしげすけ
平安時代後期の官人。
¶古人（生没年不詳）

多治比嶋*（多治比島）　たじひのしま
推古32（624）年～大宝1（701）年　[別]多治比真人嶋（たじひのまひとしま）　飛鳥時代の廷臣（左大臣）。宣化天皇の曽（玄か）孫。
¶公卿（多治比島　[生]推古天皇32（624）年　[没]大宝1（701）年7月21日），古人，古代（多治比真人嶋　たじひのまひとしま），コン

多治比高子*　たじひのたかこ
[別]多治比高子（たじひのこうし）　平安時代前期の女性。嵯峨天皇の妃。
¶古人（[生]788年　[没]826年），天皇（たじひのこうし・たかこ　[生]延暦7（788）年　[没]天長3（826）年3月2日）

多治比高主*　たじひのたかぬし
生没年不詳　平安時代前期の官人。
¶古人

た

たしひの　　　　　　　　　　1350

多治比鷹主* たじひのたかぬし
　㊟多治比真人鷹主（たじひのまひとたかぬし）　奈良時代の万葉歌人。
　¶古人（生没年不詳）

多治忠節 たじひのただとき
　平安時代中期の官人。
　¶古人（生没年不詳）

多治比多夫勢 たじひのたぶせ
　奈良時代の官人。
　¶古人（生没年不詳）

多治比継兄* たじひのつぐえ
　？〜大同4（809）年　奈良時代〜平安時代前期の神祇伯。
　¶古人

丹治時経* たじひのときつね
　生没年不詳　平安時代後期〜鎌倉時代前期の武士。
　¶古人

多治時政 たじひのときまさ
　平安時代中期の官人。
　¶古人（生没年不詳）

多治比歳主 たじひのとしぬし
　奈良時代の官人。
　¶古人（生没年不詳）

多治比年持 たじひのとしもち
　奈良時代の官人。
　¶古人（生没年不詳）

多治友方 たじひのともまさ
　平安時代後期の官人。
　¶古人（生没年不詳）

多治比豊継* たじひのとよつぐ
　生没年不詳　奈良時代〜平安時代前期の女性。桓武天皇の後宮。
　¶天皇

多治比豊浜 たじひのとよはま
　奈良時代の官人。
　¶古人（生没年不詳）

多治比名負 たじひのなおい
　奈良時代の官人。
　¶古人（生没年不詳）

多治比長野* たじひのながの
　慶雲3（706）年〜延暦8（789）年12月22日　㊟多治比真人長野（たじひのまひとながの）　奈良時代の官人（参議）。左大臣多治比島の曽孫。
　¶公卿，古人，古代（多治比真人長野　たじひのまひとながの）

丹比新家稲長 たじひのにいのみのいねなが
　奈良時代の官人。
　¶古人（生没年不詳）

多治比土作* たじひのはにし
　？〜宝亀2（771）年　㊟多治比土作（たじひのはにつくり），多治比真人土作（たじひのまひとはにし，たじひのまひとはにつくり）　奈良時代の歌人・官人（参議）。左大臣多治比島の孫。
　¶公卿（たじひのはにつくり）㊕宝亀2（771）年6月20日，古人（たじひのはにつくり），古代（多治比真人土作　たじひのまひとはにつくり），コン

多治比土作 たじひのはにつくり
　⇒多治比土作（たじひのはにし）

多治比浜成 たじひのはまなり
　奈良時代の官人。
　¶古人（生没年不詳）

多治比人足 たじひのひとたり
　奈良時代の官人。
　¶古人（生没年不詳）

丹墀広成 たじひのひらなり
　⇒多治比広成（たじひのひろなり）

多治比広足* たじひのひろたり
　天武天皇10（681）年〜天平宝字4（760）年　㊟多治比真人広足（たじひのまひとひろたり）　飛鳥時代〜奈良時代の官人（中納言）。左大臣多治比島の子。
　¶公卿（㊕天平宝字4（760）年1月2日），古人（㊨684年），古代（多治比真人広足　たじひのまひとひろたり）

多治比広成* たじひのひろなり
　？〜天平11（739）年4月7日　㊟丹墀広成（たじひのひらなり），多治比真人広成（たじひのまひとひろなり）　奈良時代の文人，官人（中納言）。左大臣多治比島の三男。
　¶公卿，古人（生没年不詳），古代（多治比真人広成　たじひのまひとひろなり），コン，対外

多治広光 たじひのひろみつ
　平安時代中期の但馬国博士。
　¶古人（生没年不詳）

丹福成* たじひのふくなり
　㊟丹福成（たんふくせい）　平安時代前期の最澄が入唐した際の従者。
　¶古人（生没年不詳），古代

多治藤善（多治比藤善）　たじひのふじよし
　⇒多治比真人藤善（たじひのまひとふじよし）

丹比真浄 たじひのまきよ
　奈良時代の官人。多治比真清とも。
　¶古人（生没年不詳）

多治雅清 たじひのまさきよ
　平安時代中期の官人。
　¶古人（生没年不詳）

多治雅輔 たじひのまさすけ
　平安時代中期の官人。
　¶古人（生没年不詳）

丹比真嗣 たじひのまつぐ
　奈良時代の官人。
　¶古人（生没年不詳）

多治比真人県守 たじひのまひとあがたもり
　⇒多治比県守（たじひのあがたもり）

丹比真人池守 たじひのまひといけもり
　⇒多治比池守（たじひのいけもり）

多治比真人今麻呂 たじひのまひといままろ
　⇒多治比今麻呂（たじひのいままろ）

多治比真人邑刀自 たじひのまひとおおとじ
　⇒多治比邑刀自（たじひのおおとじ）

丹比真人乙麻呂 たじひのまひとおとまろ
　⇒丹比乙麻呂（たじひのおとまろ）

た

多治比真人賀智＊　たじひのまひとかち
生没年不詳　⑩多治比賀智（たじひのかち，たじひのがち）　奈良時代の官人。
¶古人（多治比賀智　たじひのがち），古代

多治比真人門成＊　たじひのまひとかどなり
？〜仁寿3（853）年　⑩多治比門成（たじひのかどなり）　平安時代前期の官人。
¶古人（多治比門成　たじひのかどなり），古代

多治比真人清貞＊　たじひのまひときよさだ
？〜承和6（839）年　⑩多治比清貞（たじひきよさだ，たじひのきよさだ）　平安時代前期の官人。
¶古人（多治比清貞　たじひのきよさだ），古代

多治比真人国人（丹比真人国人）　たじひのまひとくにひと
⇒丹比国人（たじひのくにひと）

多治真人貞峯＊　たじひのまひとさだみね
延暦18（799）年〜貞観16（874）年　⑩多治貞峯，多治比貞峯（たじひのさだみね）　平安時代前期の官人。
¶古人（多治貞峯　たじひのさだみね），古代

多治比真人嶋　たじひのまひとしま
⇒多治比嶋（たじひのしま）

多治比真人鷹主　たじひのまひとたかぬし
⇒多治比鷹主（たじひのたかぬし）

多治比真人長野　たじひのまひとながの
⇒多治比長野（たじひのながの）

多治比真人土作　たじひのまひとはにし
⇒多治比土作（たじひのはにし）

多治比真人土作　たじひのまひとはにつくり
⇒多治比土作（たじひのはにし）

多治比真人広足　たじひのまひとひろたり
⇒多治比広足（たじひのひろたり）

多治比真人広成　たじひのまひとひろなり
⇒多治比広成（たじひのひろなり）

多治真人藤善　たじひのまひとふじよし
⑩多治藤善，多治比藤善（たじひのふじよし）　平安時代前期の官人。
¶古人（多治比藤善　たじひのふじよし　生没年不詳），古代

丹墀真人真総＊　たじひのまひとまふさ
⑩丹墀真総（たじひのまふさ）　平安時代前期の刑部省官人。
¶古人（丹墀真総　たじひのまふさ　生没年不詳），古代

多治比真人水守　たじひのまひとみなもり
⇒多治比水守（たじひのみなもり）

多治比真人三宅麻呂　たじひのまひとみやけまろ
⇒多治比三宅麻呂（たじひのみやけまろ）

多治比真人家主　たじひのまひとやかぬし
⇒多治比屋主（たじひのやぬし）

多治比真人八千足＊　たじひのまひとやちたり
⑩多治比八千足（たじひのやちたり）　奈良時代〜平安時代前期の官人。
¶古人（多治比八千足　たじひのやちたり　生没年不詳），古代

丹墀真総　たじひのまふさ
⇒丹墀真人真総（たじひのまひとまふさ）

多治比真宗＊　たじひのまむね
神護景雲3（769）年〜弘仁14（823）年　奈良時代〜平安時代前期の女性。桓武天皇の妃。
¶古人，コン，天皇（㉒弘仁14（823）年6月11日）

多治比三上　たじひのみかみ
飛鳥時代の官人。
¶古人（生没年不詳）

多治比水守　たじひのみずもり
⇒多治比水守（たじひのみなもり）

多遅比瑞歯別尊　たじひのみつはわけのみこと
⇒反正天皇（はんぜいてんのう）

多治比水守＊　たじひのみなもり
？〜和銅4（711）年　⑩多治比真人水守（たじひのまひとみずもり），多治比水守（たじひのみずもり，たじひのみなもり），多治比水守（たじひのみなもり）　飛鳥時代の官人。嶋の子。土作の父。
¶古人（たじひのみなもり），古代（多治比真人水守　たじひのまひとみずもり），古代

多治比水守　たじひのみもり
⇒多治比水守（たじひのみなもり）

多治比三宅麻呂＊　たじひのみやけまろ
生没年不詳　⑩多治比真人三宅麻呂（たじひのまひとみやけまろ）　飛鳥時代〜奈良時代の官人（参議）。養老6年，謀反のかどで配流となる。
¶公卿，古人，古代（多治比真人三宅麻呂　たじひのまひとみやけまろ），コン

多治比家主　たじひのやかぬし
⇒多治比屋主（たじひのやぬし）

多治比八千足　たじひのやちたり
⇒多治比真人八千足（たじひのまひとやちたり）

多治比屋主＊（丹比屋主，丹比家主）　たじひのやぬし
？〜天平宝字4（760）年　⑩多治比家主（たじひのいえぬし，たじひのやかぬし），多治比真人家主（たじひのまひとやかぬし）　奈良時代の官人。
¶古人（多治比家主　たじひのいえぬし　㉘764年），古人（生没年不詳），古代（多治比真人家主　たじひのまひとやかぬし），コン（生没年不詳）

多治良利　たじひのよしとし
平安時代中期の官人。
¶古人（生没年不詳）

丹比部国人＊　たじひべのくにひと
奈良時代の防人。
¶古人

蝮部成茂　たじひべのしげもち
平安時代中期の官人。
¶古人（生没年不詳）

但馬＊⑴　たじま
生没年不詳　平安時代後期の人。
¶古人

但馬＊⑵　たじま
生没年不詳　平安時代後期の女官。
¶古人

田島　たじま＊
江戸時代中期の女性。俳諧。宝暦6年、宮崎如鉄編

たしまし　　　　　　　　　　1352

『俳諧たま尽し』に載る。
¶江表（田島（東京都））

田島治兵衛* たじまじへえ
天明3（1783）年〜天保14（1843）年　江戸時代後期
の近江甲賀郡市原の義民。
¶コン

田島直之* たじまなおゆき
文政3（1820）年〜明治21（1888）年　江戸時代末期
〜明治時代の林業家。玖珂郡田尻山建山総締とな
り植林に尽くす。著書に「山林助農説」。
¶コン，植物（②明治21（1888）年11月）

但馬皇女 たじまのおうじょ
⇒但馬皇女（たじまのひめみこ）

但馬国造阿胡尼命* たじまのくにのみやつこあこねの
みこと
上代の豪族。
¶古代

但馬皇女 たじまのこうじょ
⇒但馬皇女（たじまのひめみこ）

但馬皇女* たじまのひめみこ
？〜和銅1（708）年　⑩但馬皇女（たじまのおう
じょ，たじまのこうじょ，たじまひめみこ）　飛鳥
時代の女性。万葉歌人。天武天皇の皇女。
¶古人（たじまのこうじょ），古代，コン，詩作（②和銅1
（708）年6月25日），女史，女文（②和銅1（708）年6月），
天皇（⑤天武4（675）年？）

但馬宮 たじまのみや
⇒雅成親王（まさなりしんのう）

但馬皇女 たじまひめみこ
⇒但馬皇女（たじまのひめみこ）

田島応親 たじままさちか
江戸時代後期〜明治時代の幕臣。
¶全幕（⑤嘉永4（1851）年　⑤昭和9（1934）年）

田島基* たじまもとい
生没年不詳　江戸時代末期の和算家。
¶数学

田道間守* たじまもり
⑩田道間守（たじのまもり）　古代伝承の人物。日
本に帰化した新羅の王子、天日槍の玄孫。
¶古代，コン，対外

田島弥平* たじまやへい
文政5（1822）年〜明治31（1898）年　江戸時代末期
〜明治時代の養蚕家。養蚕技術の改良に貢献。全
国から名著と評された養蚕飼育研究書「養蚕新論」
を刊行。
¶幕末（②明治31（1898）年2月10日）

田島与次右衛門* たじまよじうえもん
文政2（1819）年〜明治20（1887）年　⑩田島与次右
衛門（たじまよじえもん）　江戸時代末期〜明治時
代の岩国藩士、官林一等監守。植林、河川改修、鉱
山開発等産業開発に尽くす。
¶幕末（たじまよじえもん　②明治20（1887）年11月）

田島与次右衛門 たじまよじえもん
⇒田島与次右衛門（たじまよじうえもん）

多治見国長* たじみくになが
正応2（1289）年〜正中1（1324）年　鎌倉時代後期
の武士。父は国澄。

¶コン，中世，内乱（⑤正応2（1289）年？），室町（⑤？）

多少庵秋瓜* たしょうあんしゅうか
？〜寛政2（1790）年　⑨秋瓜，秋瓜〔2代〕（しゅう
か）　江戸時代中期〜後期の俳人。
¶俳文（秋瓜〔2世〕　しゅうか　②寛政11（1799）年9月
6日）

手白香皇女（手白髪皇女）　たしらかのおうじょ
⇒手白香皇女（たしらかのひめみこ）

手白香皇女 たしらかのこうじょ，たしらがのこうじょ
⇒手白香皇女（たしらかのひめみこ）

手白香皇女* たしらかのひめみこ
⑩手白香皇女（たしらかのおうじょ，たしらかのこ
うじょ，たしらがのこうじょ），手白髪皇女（たし
らかのおうじょ，たしらかわのみこ）　上代の女
性。継体天皇の皇后、欽明天皇の母。
¶古人（たしらかのこうじょ　生没年不詳），古代，古物，
コン，女史，天皇（手白髪皇女　たしらかわのみこ　生
没年不詳）

手白髪皇女 たしらかわのみこ
⇒手白香皇女（たしらかのひめみこ）

田尻鑑種* たじりあきたね
？〜文禄2（1593）年　安土桃山時代の武士。
¶全戦（⑤天文8（1539）年？），内乱（生没年不詳）

田尻次兵衛* たじりじへい
寛政6（1794）年〜安政2（1855）年　⑩田尻次兵衛
（たじりじへえ）　江戸時代末期の薩摩藩士、絵師。
¶幕末（たじりじへえ）

田尻次兵衛 たじりじへえ
⇒田尻次兵衛（たじりじへい）

田尻新介* たじりしんすけ
文政2（1819）年〜慶応1（1865）年　江戸時代末期
の水戸藩郷士。
¶幕末（⑤元治2（1865）年4月4日）

田尻清五郎*（——〔3代〕）　たじりせいごろう
文政4（1821）年〜大正3（1914）年　江戸時代末期
〜明治時代の公益家。製塩事業に貢献、豊州鉄道大
貞駅建設、石畳道の敷設などの事業もおこなう。
¶植物（——〔3代〕　②文政4（1821）年8月11日　②大
正3（1914）年8月9日）

田尻務* たじりつとむ
生没年不詳　江戸時代末期の薩摩藩士。
¶幕末

田代栄助* たしろえいすけ
天保5（1834）年8月14日〜明治18（1885）年5月17日
江戸時代末期〜明治時代の自由民権家。秩父困民
党の最高指導者、蜂起時、総理になる。死刑。
¶コン

田代毅軒* たしろきけん
天明2（1782）年〜天保12（1841）年　⑩田代政典
（たしろまさのり）　江戸時代後期の肥後人吉藩
家老。
¶コン

田代清秋* たしろきよあき
*〜明治10（1877）年　江戸時代末期〜明治時代の
歌人。桂園派の歌人。
¶幕末（⑤？　②明治10（1877）年6月26日）

田代清丈* たしろきよたけ
？～明治10(1877)年 江戸時代末期～明治時代の鹿児島県士族。
¶幕末(㊦明治10(1877)年3月26日)

田代三喜* たしろさんき
寛正6(1465)年～天文6(1537)年 ㊞三喜斎(さんきさい), 田代三喜斎(たしろさんきさい), 田代三喜斎昌純(たしろさんきさいしょうじゅん) 戦国時代の医師。武蔵国越生生まれ。
¶眼医, コン, 全戦(㊤? ㊦天文6(1537)年?), 対外(㊤1473年 ㊦1544年)

田代三喜斎 たしろさんきさい
⇒田代三喜(たしろさんき)

田代三喜斎昌純 たしろさんきさいしょうじゅん
⇒田代三喜(たしろさんき)

田代重栄* たしろじゅうえい
元和2(1616)年～貞享4(1687)年 ㊞田代弥三左衛門(たしろやそざえもん, たしろやぞうざえもん) 江戸時代前期の田代組村々の大庄屋。
¶コン

田代松意 たしろしょうい
⇒松意(しょうい)

田代松意の妻 たしろしょういのつま★
江戸時代後期の女性。俳諧。松意は談林の西山宗因門で、江戸談林派の闘将として知られ、自宅は神田鍛治町。天保3年刊、守村鶯卿編『女百人一句』前篇に載る。
¶江表(田代松意の妻(東京都))

田代清治右衛門* たしろせいじえもん
生没年不詳 江戸時代前期の相馬駒焼の創始者。
¶コン, 美工(㊤? ㊦万治1(1658)年)

田代忠国* たしろただくに
宝暦7(1757)年～天保1(1830)年 江戸時代中期～後期の洋画家。
¶美画(㊤宝暦7(1757)年10月29日 ㊦文政13(1830)年10月9日)

田代辰雄* たしろたつお
弘化3(1846)年～明治41(1908)年 江戸時代末期～明治時代の剣術家。半生を蚕業発展に尽くす。
¶幕末

田代信綱* たしろのぶつな
生没年不詳 平安時代後期の武士。後三条天皇の後胤。
¶古人, 中世, 内乱(㊤? ㊦安貞2(1228)年?), 平家(㊤? ㊦安貞2(1228)年?)

田代政典 たしろまさのり
⇒田代毅軒(たしろきけん)

田代基徳* たしろもとのり
天保10(1839)年～明治31(1898)年3月21日 江戸時代末期～明治時代の蘭方医、陸軍軍医学校校長。「文園雑誌」「医事新聞」など創刊。著訳書に「切断要法」「外科手術」など。
¶科学, 眼医, 幕末

田代紋左衛門* たしろもんざえもん
文化14(1817)年～明治33(1900)年 江戸時代末期～明治時代の陶器商。有田焼の輸出に尽力。外国人好みの洋食器を開発。
¶幕末

田代弥三左衛門 たしろやぞうざえもん
⇒田代重栄(たしろじゅうえい)

田代弥三左衛門 たしろやそざえもん
⇒田代重栄(たしろじゅうえい)

田代蘭香* たしろらんこう
天保4(1833)年～明治12(1879)年11月25日 江戸時代末期～明治時代の書家。「越後人物史」の丹羽思亭の序文でも筆力の非凡さがうかがえる。
¶江表(蘭香(新潟県))

佗心子梅盛 たしんしばいせい
⇒梅盛(ばいせい)

多津 たず★
江戸時代後期の女性。和歌。庄内藩主酒井左衛門尉忠徳家の奥女中。寛政10年跋、信濃松代藩主真田幸弘の六〇賀集「千とせの寿詞」に載る。
¶江表(多津(山形県))

田鶴(1) たず
江戸時代後期の女性。書簡。遠江下山梨の市川善輔の娘。遠江倉真の豪農岡田佐平治清光の妻。
¶江表(田鶴(静岡県))

田鶴(2) たず★
江戸時代後期の女性。俳諧。文政11年刊、多賀庵四世筳史編『やまかつら』に載る。
¶江表(田鶴(広島県))

多衰丸* たすいまろ
生没年不詳 平安時代の盗人。
¶古人

多寿子 たずこ★
江戸時代後期の女性。和歌。彦根藩主井伊直幸の娘。寛永10年跋、信濃松代藩主真田幸弘の六〇賀集「千とせの寿詞」に載る。
¶江表(多寿子(長崎県))

多豆子(1) たずこ★
江戸時代の女性。和歌・書。近江坂田郡神照村国友の辻村氏。明治10年刊、三国幽眠編『聖廟鑽仰集』二に載る。
¶江表(多豆子(京都府))

多豆子(2) たずこ★
江戸時代後期の女性。和歌。尾張津島の津島社家氷室健男の妻。文化12年本居春庭に入門。
¶江表(多豆子(愛知県))

多豆子(3) たずこ★
江戸時代後期～大正時代の女性。和歌。三河寺津の坂部政幹の娘。
¶江表(多豆子(愛知県) ㊤天保9(1838)年 ㊦大正6(1917)年)

田鶴子(1) たずこ★
江戸時代後期の女性。和歌。尾張藩主徳川斉朝の奥女中。文化5年頃、真田幸弘編「御ことほきの記」に載る。
¶江表(田鶴子(愛知県))

田鶴子(2) たずこ★
江戸時代後期の女性。和歌。尾張藩藩士窪田助太郎清音の妻。天保7年刊、加納諸平編『類題鰒玉集』三に載る。
¶江表(田鶴子(愛知県))

田鶴子(3)　たづこ★
江戸時代後期〜末期の女性。和歌。大洲田之口村の庄屋高橋虎之助重威の妻。
¶江表（田鶴子（愛媛県））　㊝寛政3（1791）年　㊥慶応2（1866）年

田鶴子・田鶴　たづこ・たづ★
江戸時代後期の女性。教育・和歌。大成氏。天保2年、豊田郡御手洗に巣鶴庵という私塾を開き、教育にあたった。
¶江表（田鶴子・田鶴（広島県））

たせ
江戸時代後期の女性。散文・和歌。幕臣西兼豊の娘。
¶江表（たせ（東京都））　㊥文化1（1804）年

多勢　たせ★
江戸時代中期の女性。和歌。大村藩の奥女中。安永3年の「田村村隆母公六十賀祝賀歌集」に載る。
¶江表（多勢（長崎県））

多勢子　たせこ★
江戸時代後期の女性。和歌。江戸後期の国学者で歌人江沢講修の娘。
¶江表（多勢子（東京都））　㊥嘉永4（1851）年

田畝子　たせこ★
江戸時代中期の女性。和歌。三河刈谷藩主土井利信の室久米子の侍女。宝暦12年刊、村上影面編『続采藻編』に載る。
¶江表（田畝子（愛知県））

たそ
江戸時代後期の女性。和歌。三河吉田藩主松平信明家の奥女中。寛政10年跋、真田幸弘の六〇賀集「千とせの寿詞」に載る。
¶江表（たそ（愛知県））

た＞
江戸時代後期の女性。画・江越六兵衛繍浦の娘。繍浦の養嗣子壮右衛門喜胤の妻。
¶江表（た、（長崎県）㊝天明8（1788）年　㊥文政8（1825）年

タタ
江戸時代末期の女性。教育。熊本藩士黒田氏の家族。高瀬村で安政頃寺子屋を開業する。
¶江表（タタ（熊本県））

多田某＊　ただ
生没年不詳　安土桃山時代の織田信長の家臣。
¶織田

貞　ただ
江戸時代中期〜後期の女性。和歌。閑院宮美仁親王の娘。
¶江表（貞（東京都））　㊝天明2（1782）年　㊥文政8（1825）年

唯　ただ★
江戸時代後期の女性。和歌。沢井慶順の妻。文化11年刊、中山忠雄・河田正致編『柿本社奉納和歌集』に載る。
¶江表（唯（京都府））

忠内次郎三＊　ただうちじろぞう
天保10（1839）年〜明治2（1869）年　江戸時代後期〜明治時代の剣術家。流名不詳。
¶全幕

忠尾　ただお★
江戸時代後期の女性。和歌。豊前中津藩主奥平家の奥女中。文化5年頃、真田幸弘編「御ことほきの記」に載る。
¶江表（忠尾（大分県））

忠岡三千子＊　ただおかみちこ
生没年不詳　江戸時代中期の女性。画家。
¶美画

多田海庵　ただかいあん
⇒多田弥太郎（ただやたろう）

多田嘉助＊（多田加助）　ただかすけ
＊〜貞享3（1686）年　江戸時代前期の義民。信濃安曇郡中萱村生まれ。
¶コン（多田加助）　㊞？）

多田季婉＊　ただきえん
生没年不詳　江戸時代中期〜後期の女性。漢詩人。
¶江表（季婉（新潟県））　㊥安永5（1776）年

多田吉左衛門＊　ただきちざえもん
？〜宝永6（1709）年　江戸時代前期〜中期の土佐藩津呂捕鯨中興の祖。五郎衛門の子。
¶コン（生没年不詳）

但木土佐＊　ただきとさ
文化14（1817）年〜明治2（1869）年　江戸時代末期の陸奥仙台藩士、家老。
¶コン（㊝文政1（1818）年）、全幕、幕末（㊥明治2（1869）年5月19日）

多田久三　ただきゅうぞう
安土桃山時代の武田勝頼の家臣。
¶武田（㊞？）　㊥天正10（1582）年3月11日）

多田元吉　ただげんきち
⇒多田元吉（ただもときち）

多田玄蕃＊　ただげんば
？〜慶長5（1600）年　安土桃山時代の武士。
¶全戦

た＞子(1)　たたこ★
江戸時代後期の女性。和歌。幕臣、小普請杉浦金蔵の母。文化5年頃、真田幸弘編「御ことほきの記」に載る。
¶江表（た、子（東京都））

た＞子(2)　たたこ★
江戸時代末期の女性。和歌。牧野氏。安政7年跋、蜂屋光世編『大江戸倭歌集』に載る。
¶江表（た、子（東京都））

忠子(1)　ただこ★
江戸時代後期の女性。和歌。備中東酒津の医師和田義卿の妻。
¶江表（忠子（岡山県））　㊥天保8（1837）年

忠子(2)　ただこ★
江戸時代末期の女性。和歌。常陸水戸藩家老山野辺義質の娘。水戸藩第9代藩主徳川斉昭の側室。
¶江表（忠子（茨城県））

直子　ただこ★
江戸時代後期〜明治時代の女性。和歌。京都の公家萩原氏の娘。
¶江表（直子（香川県））　㊝寛政10（1798）年　㊥明治9（1876）年

唯子 ただこ★
江戸時代末期の女性。和歌。田岡氏。慶応2年序、村上忠順編『元治元年千首』に載る。
¶江表(唯子(香川県))

斉子女王 ただこじょおう
⇒斉子女王(さいしじょおう)

忠子女王* ただこじょおう
?～延喜4(904)年 [別]忠子女王(ただこにょおう，ちゅうしにょおう) 平安時代前期～中期の女性。清和天皇の女御。
¶天皇(ちゅうしにょおう [没]延喜4(904)年5月7日)

斉子内親王(1) ただこないしんのう
⇒斉子内親王(せいしないしんのう)

斉子内親王(2) ただこないしんのう
⇒斉子内親王(せいしないしんのう)

忠子内親王* ただこないしんのう
斉衡1(854)年～延喜4(904)年 平安時代前期～中期の女性。光孝天皇の皇女。
¶古人

忠子女王 ただこにょおう
⇒忠子女王(ただこじょおう)

多田五郎右衛門* ただごろうえもん
生没年不詳 江戸時代前期の捕鯨家。
¶コン

忠貞王* たださだおう
弘仁11(820)年～元慶8(884)年 平安時代前期の公卿(参議)。桓武天皇の孫。
¶公卿([没]元慶8(884)年8月27日)，古人

多田貞綱 たださだつな
鎌倉時代後期～南北朝時代の武将。
¶中世(生没年不詳)

多田三八郎 たださんぱちろう
安土桃山時代の美濃出身の牢人衆。
¶武田([生]? [没]永禄6(1563)年12月)

た〻女 ただじょ★
江戸時代末期の女性。和歌。出雲飯石郡頓原の片岡熊太郎の妻。文久2年序、西田惟恒編『文久二年八百首』に載る。
¶江表(た丶女(島根県))

忠女* ただじょ
生没年不詳 江戸時代後期の女性。俳人。美作国の人。
¶江表(ただ女(岡山県))

多田新蔵 ただしんぞう
安土桃山時代の武田氏の家臣。
¶武田([生]? [没]天正3(1575)年5月21日)

多田成之 ただせいし
江戸時代後期～明治時代の代官、官吏。
¶徳代([生]文政11(1828)年 [没]明治10(1877)年8月7日)

多田宗太郎* ただそうたろう
文政7(1824)年～明治25(1892)年 江戸時代末期～明治時代の篤農家。所有地に大砲を据え藩主に献上。用水路開削、勤倹篤実を進める。
¶幕末([生]文政7(1825)年11月28日 [没]明治25(1892)年2月)

多田外衛* ただそとえ
文化12(1815)年～* 江戸時代末期の対馬藩家老。
¶幕末([没]元治1(1865)年12月21日)

多田帯刀* ただたてわき
天保2(1831)年～文久2(1862)年 江戸時代末期の金閣寺家臣。
¶全幕，幕末([生]天保2(1831)年5月26日 [没]文久2(1863)年11月16日)

多田千枝子* ただちえこ
?～天保5(1834)年12月10日 江戸時代後期の女性。歌人。
¶江表(千枝子(東京都) [生]宝暦1(1751)年)

忠時 ただとき
戦国時代の連歌作者。第12代種子島城主。
¶俳文([生]応仁2(1468)年 [没]天文5(1536)年10月2日)

忠説 ただとき
⇒日下部忠説(くさかべただとき)

忠知 ただとも
⇒神野忠知(かんのただとも)

忠成王* ただなりおう
貞応1(1222)年～弘安3(1280)年 鎌倉時代前期の順徳上皇の皇子。
¶天皇([生]承久3(1221)年 [没]弘安2(1279)年12月11日/13日)

多田南嶺* ただなんれい
元禄11(1698)年～寛延3(1750)年 [別]多田義俊(ただよしとし)，南嶺子(なんれいし) 江戸時代中期の神道家、国学者、故実家、浮世草紙作者。
¶江人，コン，思想

唯野鬼風* ただのきふう
寛政4(1792)年～慶応1(1865)年 江戸時代末期の俳人。
¶幕末

只野真葛* ただのまくず
宝暦13(1763)年～文政8(1825)年6月26日 [別]工藤綾子(くどうあやこ)，工藤真葛(くどうまくず)，只野真葛子(ただのまくずこ) 江戸時代中期～後期の女性。国学者。
¶江表(真葛(宮城県) まくず)，コン(工藤綾子 くどうあやこ [没]文政7(1824)年)，コン，思想，女史，女文

只野真葛子 ただのまくずこ
⇒只野真葛(ただのまくず)

多田満仲 ただのまんじゅう
⇒源満仲(みなもとのみつなか)

多田満仲 ただのみつなか
⇒源満仲(みなもとのみつなか)

多田行綱 ただのゆきつな
⇒多田行綱(ただゆきつな)

忠度 ただのり
⇒平忠度(たいらのただのり)

多田弘武* ただひろたけ
生没年不詳 江戸時代中期の和算家。
¶数学

多田藤弥 ただふじや
江戸時代前期の武士。大坂の陣で籠城。
¶大坂

陀々坊　だだぼう
江戸時代中期の俳諧師・雑俳点者。江戸の人。
¶俳文(生没年不詳)

多田昌綱*　ただまさつな
永禄10(1567)年～慶長10(1605)年　安土桃山時代の武将。武田家に仕えた昌俊の子。
¶コン

多田満頼*　ただみつより
?～永禄6(1563)年　戦国時代～安土桃山時代の武将。
¶全戦, 戦武([生]文亀1(1501)年)

忠元　ただもと
⇒新納忠元(にいろただもと)

多田元吉*　ただもときち
文政12(1829)年～明治29(1896)年　[別]多田元吉(ただげんきち)　江戸時代後期～明治時代の留学生。インドで紅茶製法を学ぶ。
¶植物([生]文政12(1829)年6月11日　[没]明治29(1896)年4月2日), 幕末([生]文政12(1829)年3月11日　[没]明治29(1896)年4月2日)

多田弥太郎*　ただやたろう
文政9(1826)年～元治1(1864)年2月28日　[別]多田海庵(ただかいあん)　江戸時代末期の出石藩士。
¶全幕, 幕末([生]文政9(1826)年3月27日)

多田行綱*　ただゆきつな
生没年不詳　[別]多田行綱(ただのゆきつな), 源行綱(みなもとのゆきつな, みなもとゆきつな)　平安時代後期の武将。多田源氏。
¶古人(ただのゆきつな), 古人(源行綱　みなもとのゆきつな), コン(源行綱　みなもとのゆきつな), 中世(源行綱　みなもとのゆきつな), 内乱([生]康治1(1142)年?　[没]貞応1(1222)年?), 平家

忠吉〔1代〕　ただよし
⇒肥前忠吉〔1代〕(ひぜんただよし)

忠良親王　ただよししんのう
⇒忠良親王(ちゅうりょうしんのう)

多田義俊　ただよしとし
⇒多田南嶺(ただなんれい)

多々良明宗*　たたらあきむね
生没年不詳　鎌倉時代前期の武士。
¶古人

多々良孝平*　たたらこうへい, ただらこうへい
?～明治2(1869)年　江戸時代末期の船宿主。
¶コン

たち
江戸時代末期の女性。和歌。和田民造義和の母。安政4年刊、広蔭編『千百人一首』に載る。
¶江表(たち(静岡県))

立岩敬徳　たちいわたかのり
江戸時代後期の和算家。宇都宮の人。関流長谷川の門下。
¶数学

田近陽一郎*　たぢかよういちろう
天保7(1836)年～明治34(1901)年　[別]田近陽一郎(たじかよういちろう)　江戸時代末期～明治時代の国学者。尊皇攘夷運動に参加。藩立国学校司業、豊後西寒田神社宮司などを務める。
¶幕末([生]天保7(1836)年11月3日　[没]明治34(1901)年4月7日)

立川乙吉　たちかわおときち
江戸時代後期の仏師。
¶美建(生没年不詳)

館川衡平　たちかわこうへい
⇒小島直次郎(こじまなおじろう)

立川式部丞*　たちかわしきぶのじょう
生没年不詳　戦国時代の岩付太田氏の家臣。
¶後北(式部丞〔立川〕　しきぶのじょう)

立川重義　たちかわしげよし
安土桃山時代の太田源五郎・北条氏房の家臣。山城守。
¶後北(重義〔立川〕　しげよし)

立川主税*　たちかわちから
天保6(1835)年～明治36(1903)年1月22日　江戸時代末期～明治時代の新撰組隊士。
¶新隊, 全幕, 幕末

立川藤左衛門尉*　たちかわとうざえもんのじょう
生没年不詳　戦国時代の岩付太田氏の家臣。
¶後北(伊賀守〔立川〕　いがのかみ)

立木定保　たちぎさだやす
⇒立木定保(たつぎさだやす)

館玄龍*(館玄竜)　たちげんりゅう
寛政7(1795)年～安政6(1859)年　江戸時代末期の医師。
¶眼医([生]?), 幕末([没]安政6(1859)年11月10日)

健子　たちこ
江戸時代末期の女性。和歌。陸奥七戸藩主南部信鄰の娘。
¶江表(健子(群馬県)　[没]慶応4(1868)年)

立花　たちばな★
江戸時代後期の女性。俳諧。常陸潮来の遊女。文化8年、青野太筇編、葛斎恒丸追悼句集『しきなみ』に載る。
¶江表(立花(茨城県))

立花鑑連　たちばなあきつら
⇒戸次鑑連(べっきあきつら)

立花鑑寛*　たちばなあきとも
文政12(1829)年～明治42(1909)年　江戸時代末期～明治時代の柳河藩主、柳河藩知事。
¶全幕, 幕末([生]文政12(1829)年6月23日　[没]明治42(1909)年2月23日)

橘曙覧*　たちばなあけみ
文化9(1812)年～明治1(1868)年　[別]井手曙覧, 井出曙覧(いであけみ), 橘曙覧(たちばなのあけみ)　江戸時代末期の歌人。
¶江人, コン, 詩作(たちばなのあけみ　[没]慶応4(1868)年8月28日), 思想, 日文(たちばなのあけみ　[没]慶応4(1868)年), 幕末([生]文化9(1812)年5月　[没]慶応4(1868)年8月28日), 山小([生]1812年5月　[没]1868年8月28日)

橘在列　たちばなありつら
⇒橘在列(たちばなのありつら)

立花壱岐　たちばないき
⇒立花親雄(たちばなちかお)

橘入居　たちばないりい
⇒橘朝臣入居（たちばなのあそんいりい）

橘氏*　たちばなうじ
？～延長2（924）年　[別]橘氏（たちばなし），橘休蔭女（たちばなのやすかげのむすめ，たちばなのよしかげのむすめ）　平安時代中期の清和天皇の更衣。
¶天皇（橘休蔭女　たちばなのやすかげのむすめ　生没年不詳）

橘枝直　たちばなえなお
⇒加藤枝直（かとうえなお）

橘嘉智子　たちばなかちこ
⇒橘嘉智子（たちばなのかちこ）

橘公業　たちばなきみなり
⇒小鹿島公業（おがしまきみなり）

橘清樹*　たちばなきよき
？～昌泰2（899）年3月　[別]橘清樹（たちばなのきよき）　平安時代前期の官人、歌人。
¶古人（たちばなのきよき）

立花玉蘭*　たちばなぎょくらん
？～寛政6（1794）年　江戸時代中期～後期の女性。漢詩人。
¶江表（玉蘭（福岡県）　[生]享保18（1733）年）

橘清友　たちばなきよとも
⇒橘清友（たちばなのきよとも）

立花誾千代*　たちばなぎんちよ
永禄12（1569）年～慶長7（1602）年　[別]誾千代姫（ぎんちよひめ），立花宗茂室（たちばなむねしげしつ）　安土桃山時代の女性。筑前国立花城主立花鑑連の娘。
¶全戦

橘公長　たちばなきんなが
⇒橘公長（たちばなのきんなが）

橘公平女*　たちばなきんひらのむすめ
生没年不詳　[別]橘公平女（たちばなのきんひらのむすめ）　平安時代前期の歌人。
¶古人（たちばなのきんひらのむすめ）

橘公頼　たちばなきんより
⇒橘公頼（たちばなのきみより）

橘耕斎*　たちばなこうさい
文政3（1820）年～明治18（1885）年5月31日　江戸時代末期～明治時代の洋学者。ロシアに渡り、アジア局訳管を務める。日露辞書「和魯通言比考」を著す。
¶幕末

橘定栄*　たちばなさだよし
文化10（1813）年～？　江戸時代後期の神官（梅宮神主）。
¶公卿，公家（定栄〔梅宮社神主　橘氏橋本家〕　さだひで　[生]1810年）

橘実利*　たちばなさねとし
生没年不詳　[別]橘実利（たちばなのさねとし）　平安時代中期の官人、歌人。
¶古人（たちばなのさねとし）

橘氏　たちばなし
⇒橘氏（たちばなうじ）

橘式部*　たちばなしきぶ
嘉永3（1850）年～慶応2（1866）年　江戸時代末期の奇兵隊士。
¶幕末（[没]慶応2（1866）年7月27日）

橘季通*　たちばなすえみち
？～治暦4（1068）年？　[別]橘季通（たちばなのすえみち）　平安時代中期～後期の官人、歌人。
¶古人（たちばなのすえみち）

橘季康　たちばなすえやす
平安時代後期の武士。系譜未詳。
¶平家（生没年不詳）

橘資成*　たちばなすけしげ
生没年不詳　[別]橘資成（たちばなのすけしげ）　平安時代中期～後期の官人、歌人。
¶古人（たちばなのすけしげ）

橘澄清　たちばなすみきよ
⇒橘澄清（たちばなのすみきよ）

橘忠兼*　たちばなただかね
生没年不詳　[別]橘忠兼（たちばなのただかね）　平安時代後期の官人。
¶古人（たちばなのただかね）

立花忠茂*　たちばなただしげ
慶長17（1612）年～延宝3（1675）年9月19日　江戸時代前期の大名。筑後柳河藩主。
¶コン

橘忠幹*　たちばなただもと
？～天暦9（955）年　[別]橘忠幹（たちばなのただもと）　平安時代中期の官人、歌人。
¶古人（たちばなのただもと）

立花辰之介*　たちばなたつのすけ
弘化1（1844）年～元治1（1864）年　江戸時代末期の水戸藩士。
¶幕末（[没]元治1（1864）年10月4日）

立花種恭*　たちばなたねゆき
天保7（1836）年～明治38（1905）年　江戸時代末期～明治時代の幕府官僚、三池藩知事、貴族院議員。華族学校初代校長、宮内省用掛を歴任。
¶全幕，幕末（[生]天保7（1836）年2月28日　[没]明治38（1905）年1月30日）

橘為仲　たちばなためなか
⇒橘為仲（たちばなのためなか）

橘為義*　たちばなためよし
？～寛仁1（1017）年10月26日　[別]橘為義（たちばなのためよし）　平安時代中期の歌人。
¶古人（たちばなのためよし）

立花親雄*　たちばなちかお
天保2（1831）年～明治14（1881）年　[別]立花壱岐（たちばないき）　江戸時代末期～明治時代の筑後柳河藩家老。
¶全幕（立花壱岐　たちばないき），幕末（立花壱岐　たちばないき　[生]天保2（1831）年5月15日　[没]明治14（1881）年7月24日）

橘千蔭　たちばなちかげ
⇒加藤千蔭（かとうちかげ）

橘千春*　たちばなちはる
文政7（1824）年～文久2（1862）年5月5日　江戸時代後期～末期の女性。歌人。

た

¶江表(千春(大阪府))

立花恒時 たちばなつねとき
平安時代後期の官人。
¶古人(生没年不詳)

橘常主 たちばなつねぬし
⇒橘常主(たちばなのつねぬし)

立花道雪 たちばなどうせつ
⇒戸次鑑連(べっきあきつら)

橘遠茂 たちばなとおもち
⇒橘遠茂(たちばなのとおもち)

橘俊綱 たちばなとしつな
⇒橘俊綱(たちばなのとしつな)

橘敏仲* たちばなとしなか
生没年不詳 [別]橘敏仲(たちばなのとしなか) 平安時代中期の官人、歌人。
¶古人(たちばなのとしなか)

橘俊成* たちばなとしなり
生没年不詳 [別]橘俊成(たちばなのとしなり) 平安時代後期の官人、歌人。
¶古人(たちばなのとしなり)

橘智正 たちばなとしまさ
⇒橘智正(たちばなともまさ)

橘俊宗* たちばなとしむね
?～永保3(1083)年8月22日 [別]橘俊宗(たちばなのとしむね) 平安時代中期～後期の官人、歌人。
¶古人(たちばなのとしむね)

橘俊宗女* たちばなとしむねのむすめ
生没年不詳 [別]橘俊宗女(たちばなのとしむねのむすめ) 平安時代後期の歌人。
¶古人(たちばなのとしむねのむすめ)

橘智正* たちばなともまさ
生没年不詳 [別]橘智正(たちばなとしまさ) 江戸時代前期の武士。対馬島主宗義智の家臣。
¶対外

橘内子 たちばなないし★
江戸時代後期の女性。狂歌。美濃岐阜の名字帯刀を許された西川泰次郎の妻。文化・文政期頃、狂歌に親しむ。
¶江表(橘内子(岐阜県))

立花直次* たちばななおつぐ
元亀3(1572)年～元和3(1617)年 [別]高橋直次(たかはしなおつぐ) 安土桃山時代～江戸時代前期の筑後国の大名。三池立花家の開祖。
¶戦武

橘直幹 たちばななおもと
⇒橘直幹(たちばなのなおもと)

橘仲遠* たちばななかとお
生没年不詳 [別]橘仲遠(たちばなのなかとお) 平安時代中期の官人、歌人。
¶古人(たちばなのなかとお)

橘長可* たちばなながべし
元禄7(1694)年～宝暦11(1761)年9月22日 江戸時代中期の公家(非参議)。宝暦11年従三位に叙される。
¶公卿,公家(長可〔九条家諸大夫 信濃小路家(橘氏)〕ながよし)

橘長盛* たちばなながもり
生没年不詳 [別]橘長盛(たちばなのながもり) 平安時代前期の官人、歌人。
¶古人(たちばなのながもり)

橘成季 たちばななりすえ
⇒橘成季(たちばなのなりすえ)

橘成元* たちばななりもと
生没年不詳 [別]橘成元(たちばなのしげもと) 平安時代後期の官人、歌人。
¶古人(たちばなのしげもと)

橘南谿*(橘南渓) たちばななんけい
宝暦3(1753)年4月21日～文化2(1805)年4月10日 [別]宮川南谿(みやがわなんけい),宮川春暉(みやがわはるあきら) 江戸時代中期～後期の儒医。
¶科学,コン,思想,地理

橘安吉雄 たちばなのあきお
⇒橘朝臣安吉雄(たちばなのあそんあきお)

橘章定 たちばなのあきさだ
平安時代後期の楽人。永保4年兵部丞。
¶古人(生没年不詳)

橘曙覧 たちばなのあけみ
⇒橘曙覧(たちばなあけみ)

橘朝臣安吉雄* たちばなのあそんあきお
生没年不詳 [別]橘安吉雄(たちばなのあきお) 平安時代前期の官人。
¶古人(橘安吉雄 たちばなのあきお),古代

橘朝臣海雄* たちばなのあそんあまお
生没年不詳 [別]橘海雄(たちばなのあまお) 平安時代前期の官人。
¶古人(橘海雄 たちばなのあまお),古代

橘朝臣入居* たちばなのあそんいりい
?～延暦19(800)年 [別]橘入居(たちばないりい,たちばなのいりい) 平安時代前期の官人。
¶古人(橘入居 たちばなのいりい),古代

橘朝臣氏公 たちばなのあそんうじきみ
⇒橘氏公(たちばなのうじきみ)

橘朝臣氏人* たちばなのあそんうじひと
?～承和12(845)年 [別]橘氏人(たちばなのうじと,たちばなのうじひと) 平安時代前期の官人。
¶古人(橘氏人 たちばなのうじひと),古代

橘朝臣嘉智子 たちばなのあそんかちこ
⇒橘嘉智子(たちばなのかちこ)

橘朝臣清友 たちばなのあそんきよとも
⇒橘清友(たちばなのきよとも)

橘朝臣古那可智 たちばなのあそんこなかち
⇒橘古那可智(たちばなのこなかち)

橘朝臣貞雄* たちばなのあそんさだお
[別]橘貞雄(たちばなのさだお) 平安時代前期の官人。
¶古人(橘貞雄 たちばなのさだお 生没年不詳),古代

橘朝臣常蔭* たちばなのあそんつねかげ
[別]橘常蔭(たちばなのつねかげ) 平安時代前期の官人。
¶古人(橘常蔭 たちばなのつねかげ 生没年不詳),古代

橘朝臣常主 たちばなのあそんつねぬし
⇒橘常主（たちばなのつねぬし）

橘朝臣永名 たちばなのあそんながな
⇒橘永名（たちばなのながな）

橘朝臣奈良麻呂 たちばなのあそんならまろ
⇒橘奈良麻呂（たちばなのならまろ）

橘朝臣逸勢 たちばなのあそんはやなり
⇒橘逸勢（たちばなのはやなり）

橘朝臣広相 たちばなのあそんひろみ
⇒橘広相（たちばなのひろみ）

橘朝臣真都我* たちばなのあそんまつが
生没年不詳 [別]橘真都我，橘真都賀（たちばなのまつが） 奈良時代の後宮の女官。
¶古人（橘真都我 たちばなのまつが），古代

橘朝臣岑継 たちばなのあそんみねつぐ
⇒橘峯継（たちばなのみねつぐ）

橘朝臣安麻呂* たちばなのあそんやすまろ
天平11（739）年～弘仁12（821）年 [別]橘安麻呂（たちばなのやすまろ） 奈良時代～平安時代前期の官人。
¶古代

橘朝臣良基 たちばなのあそんよしもと
⇒橘良基（たちばなのよしもと）

橘敦隆 たちばなのあつたか
⇒藤原敦隆（ふじわらのあつたか）

橘海雄 たちばなのあまお
⇒橘朝臣海雄（たちばなのあそんあまお）

橘在列* たちばなのありつら
生没年不詳 [別]橘在列（たちばなありつら） 平安時代中期の漢詩人。
¶古人

橘家光 たちばなのいえみつ
平安時代後期の官人。
¶古人（生没年不詳）

橘娘* たちばなのいらつめ
？～天武9（681）年 [別]阿倍橘娘（あべのたちばなのいらつめ，あべたちばなのいらつめ，あべのたちばなのいらつめ），阿倍夫人（あべのぶにん） 飛鳥時代の女性。天智天皇の嬪。
¶古人（阿倍夫人 あべのぶにん），天皇（阿倍橘娘 あべのたちばなのいらつめ [没]天武天皇10（681）年2月）

橘入居 たちばなのいりい
⇒橘朝臣入居（たちばなのあそんいりい）

橘氏公* たちばなのうじきみ
延暦2（783）年～承和14（847）年 [別]橘朝臣氏公（たちばなのあそんうじきみ） 平安時代前期の公卿（右大臣）。参議橘奈良麻呂の孫。
¶公卿（[没]承和14（847）年12月19日），古人，古代（橘朝臣氏公 たちばなのあそんうじきみ）

橘氏人 たちばなのうじと
⇒橘朝臣氏人（たちばなのあそんうじひと）

橘氏人 たちばなのうじひと
⇒橘朝臣氏人（たちばなのあそんうじひと）

橘内成 たちばなのうちなり
平安時代中期の官人。父は雅文。
¶古人（生没年不詳）

橘皇女 たちばなのおうじょ
⇒橘皇女（たちばなのこうじょ）

橘大郎女* たちばなのおおいらつめ
生没年不詳 飛鳥時代の女性。聖徳太子の三妃の一人。
¶女史，山小

橘嘉智子* たちばなのかちこ
延暦5（786）年～嘉祥3（850）年 [別]嵯峨天皇后（さがてんのうのきさき），橘嘉智子（たちばなかちこ），橘朝臣嘉智子（たちばなのあそんかちこ），檀林皇后（だんりんこうごう） 平安時代前期の女性。嵯峨天皇の皇后。
¶古人，古代（橘朝臣嘉智子 たちばなのあそんかちこ），コン，女史，天皇（[没]嘉祥3（850）年5月4日），山小（[没]850年5月4日）

橘兼清 たちばなのかねきよ
平安時代後期の検非違使。
¶古人（生没年不詳）

橘兼懐 たちばなのかねちか
平安時代中期の官人。
¶古人（生没年不詳）

橘兼遠 たちばなのかねとお
平安時代後期の藤原師実家の家司。寛治6年皇太后宮大進・藤原師実家の家司、院随身と見える。
¶古人（[生]？ [没]1099年）

橘公頼* たちばなのきみより
元慶1（877）年～天慶4（941）年2月20日 [別]橘公頼（たちばなきんより，たちばなのきんより） 平安時代前期～中期の公卿（中納言）。参議橘広相の六男。
¶公卿，古人（たちばなのきんより）

橘清子 たちばなのきよいこ
⇒橘清子（たちばなのせいし）

橘清樹 たちばなのきよき
⇒橘清樹（たちばなきよき）

立花清武 たちばなのきよたけ
平安時代中期の官人。
¶古人（生没年不詳）

橘清友* たちばなのきよとも
天平宝字2（758）年～延暦8（789）年 [別]橘清友（たちばなきよとも），橘朝臣清友（たちばなのあそんきよとも） 奈良時代の貴族。
¶古人，古代（橘朝臣清友 たちばなのあそんきよとも），コン

橘清仲 たちばなのきよなか
平安時代後期の官人。父は章定。
¶古人（生没年不詳）

橘清野* たちばなのきよの
天平勝宝2（750）年～天長7（830）年 奈良時代～平安時代前期の官吏。
¶古人（[没]829年）

橘公材* たちばなのきんえだ
生没年不詳 平安時代前期の官人。
¶古人

橘公長* たちばなのきんなが
生没年不詳 [別]橘公長（たちばなきんなが） 平安時代後期～鎌倉時代前期の武士。

¶古人, 平家（たちばなきんなが）

橘公業　たちばなのきんなり
⇒小鹿島公業（おがしまきみなり）

橘公平女　たちばなのきんひらのむすめ
⇒橘公平女（たちばなきんひらのむすめ）

橘公統*　たちばなのきんむね
？～延長7（929）年　平安時代前期～中期の文章博士。
¶古人

橘公廉*　たちばなのきんやす
生没年不詳　平安時代前期の官人。
¶古人

橘公頼　たちばなのきんより
⇒橘公頼（たちばなのきみより）

立花国武　たちばなのくにたけ
平安時代後期の官人。
¶古人（生没年不詳）

橘皇女*　たちばなのこうじょ
生没年不詳　[別]橘皇女（たちばなのおうじょ，たちばなのひめみこ），橘之仲皇女（たちばなのなかのこうじょ）　上代の女性。宣化天皇の皇后。
¶古人, 古代（たちばなのひめみこ）, 天皇（橘之仲皇女　たちばなのなかのこうじょ）

橘古那可智*　たちばなのこなかち
？～天平宝字3（759）年　[別]橘朝臣古那可智（たちばなのあそんこなかち），広岡古那可智（ひろおかのこなかち）　奈良時代の女性。聖武天皇の妃。
¶古人, 古代（橘朝臣古那可智　たちばなのあそんこなかち）, コン（広岡古那可智　ひろおかのこなかち）, 女史, 天皇（[没]天平宝字3（759）年7月5日）

橘惟憲　たちばなのこれのり
平安時代中期の官人。
¶古人（生没年不詳）

橘惟行　たちばなのこれゆき
平安時代後期の官人。康平5年上野介で下野守源頼資と合戦、館を焼かれ人民を殺害された。
¶古人（生没年不詳）

橘佐為　たちばなのさい
⇒佐為王（さいおう）

橘貞雄　たちばなのさだお
⇒橘朝臣貞雄（たちばなのあそんさだお）

橘貞隆　たちばなのさだたか
平安時代後期の官人。
¶古人（生没年不詳）

橘定通　たちばなのさだみち
平安時代中期の官人。父は元愷。
¶古人（生没年不詳）

橘実利　たちばなのさねとし
⇒橘実利（たちばなさねとし）

橘成元　たちばなのしげもと
⇒橘成元（たちばななりもと）

橘季綱　たちばなのすえつな
平安時代後期の官人。父は季道。
¶古人（生没年不詳）

橘季任　たちばなのすえとう
平安時代中期の官人。
¶古人（生没年不詳）

橘季利　たちばなのすえとし
平安時代後期の官人。
¶古人（生没年不詳）

橘末春*　たちばなのすえはる
平安時代後期の源義経を藤原秀衡に紹介したと伝えられる人。
¶古人（生没年不詳）

橘季房　たちばなのすえふさ
平安時代後期の官人。
¶古人（生没年不詳）

橘季通　たちばなのすえみち
⇒橘季通（たちばなすえみち）

橘宿禰佐為　たちばなのすくねさい
⇒佐為王（さいおう）

橘宿禰奈良麻呂　たちばなのすくねならまろ
⇒橘奈良麻呂（たちばなのならまろ）

橘宿禰諸兄　たちばなのすくねもろえ
⇒橘諸兄（たちばなのもろえ）

橘輔実　たちばなのすけざね
平安時代後期の官人。
¶古人（生没年不詳）

橘資成　たちばなのすけしげ
⇒橘資成（たちばなすけしげ）

橘輔季　たちばなのすけすえ
平安時代後期の官人。
¶古人（生没年不詳）

橘輔政*　たちばなのすけまさ
生没年不詳　平安時代中期の官人。
¶古人

橘資康　たちばなのすけやす
平安時代後期の官人。
¶古人（生没年不詳）

橘祐之　たちばなのすけゆき
平安時代後期の官人。
¶古人（生没年不詳）

橘澄清*　たちばなのすみきよ
貞観3（861）年～延長3（925）年5月6日　[別]橘澄清（たちばなすみきよ）　平安時代前期～中期の公卿（中納言）。参議橘常主の曽孫。
¶公卿, 古人（[生]859年）

橘清子*　たちばなのせいし
生没年不詳　[別]橘清子（たちばなのきよいこ）　平安時代中期の女官、正三位典侍。
¶古人（たちばなのきよいこ）

橘贈納言　たちばなのぞうなごん
⇒橘広相（たちばなのひろみ）

橘平子*　たちばなのたいらけいこ
生没年不詳　平安時代中期の女房。
¶古人

橘隆子*　たちばなのたかこ
生没年不詳　平安時代中期の内裏女房。

¶古人

橘孝親* たちばなのたかちか
生没年不詳 平安時代中期の官人。文章博士。
¶古人

橘厳子* たちばなのたけこ
生没年不詳 平安時代中期の女性。
¶古人

橘忠兼 たちばなのただかね
⇒橘忠兼（たちばなただかね）

橘忠望 たちばなのただもち
平安時代中期の官人。父は純行。
¶古人（生没年不詳）

橘忠幹 たちばなのただもと
⇒橘忠幹（たちばなただもと）

橘田村子* たちばなのたむらこ
生没年不詳 平安時代前期の女性。桓武天皇の宮人。
¶天皇

橘為重 たちばなのためしげ
平安時代後期の官人。
¶古人（生没年不詳）

橘為仲* たちばなのためなか
？～応徳2（1085）年10月21日 [別]橘為仲（たちばなためなか） 平安時代中期～後期の歌人。筑前守橘義通の子。
¶古人，コン

橘為範* たちばなのためのり
？～建久7（1196）年 平安時代後期～鎌倉時代前期の人。平知盛の乳母の夫。
¶古人

橘為政 たちばなのためまさ
平安時代中期の冷泉天皇の侍読。父は好古。
¶古人（生没年不詳）

橘為義 たちばなのためよし
⇒橘為義（たちばなためよし）

橘千蔭 たちばなのちかげ
⇒加藤千蔭（かとうちかげ）

橘常蔭 たちばなのつねかげ
⇒橘朝臣常蔭（たちばなのあそんつねかげ）

橘常清 たちばなのつねきよ
平安時代後期の官人。
¶古人（生没年不詳）

橘経国* たちばなのつねくに
生没年不詳 平安時代中期の官人。
¶古人

橘常子* たちばなのつねこ
延暦7（788）年～弘仁8（817）年 平安時代前期の女性。桓武天皇の宮人。
¶天皇

橘経俊 たちばなのつねとし
平安時代後期の官人。
¶古人（生没年不詳）

橘常主* たちばなのつねぬし
延暦6（787）年～天長3（826）年6月2日 [別]橘常主（たちばなつねぬし），橘朝臣常主（たちばなのあそんつねぬし） 平安時代前期の公卿（参議）。参議橘奈良麻呂の孫。
¶公卿，古人，古代（橘朝臣常主 たちばなのあそんつねぬし）

橘恒平* たちばなのつねひら
延喜22（922）年～永観1（983）年11月15日 平安時代中期の公卿（参議）。参議橘常主の五世孫。
¶公卿，古人

橘遠茂* たちばなのとおもち
？～治承4（1180）年 [別]橘遠茂（たちばなとおもち） 平安時代後期の武士。
¶古人（生没年不詳）

橘遠保* たちばなのとおやす
？～天慶7（944）年 平安時代中期の官吏。
¶古人

橘説家 たちばなのときいえ
平安時代後期の官人。
¶古人（生没年不詳）

橘説兼 たちばなのときかね
平安時代後期の官人。
¶古人（生没年不詳）

橘徳子* たちばなのとくし
？～寛弘8（1011）年頃 [別]橘徳子（たちばなののりこ） 平安時代中期の女性。一条天皇の乳母、典侍。
¶古人（たちばなののりこ 生没年不詳）

橘俊清 たちばなのとしきよ
平安時代後期の官人。父は成経。
¶古人（生没年不詳）

橘俊孝 たちばなのとしたか
平安時代中期の官人。
¶古人（生没年不詳）

橘俊綱* たちばなのとしつな
長元1（1028）年～寛治8（1094）年7月14日 [別]橘俊綱（たちばなとしつな） 平安時代中期～後期の歌人。関白藤原頼道の子。
¶古人，コン（[没]嘉保1（1094）年）

橘俊綱女 たちばなのとしつなのむすめ
⇒藤壺女御（ふじつぼのにょうご）

橘俊経 たちばなのとしつね
平安時代中期の官人。父は俊遠。
¶古人（生没年不詳）

橘俊遠 たちばなのとしとお
平安時代中期の藤原隆家の家司。父は俊済。長徳1年民部允で藤原隆家の家司と見える。
¶古人（生没年不詳）

橘敏仲 たちばなのとしなか
⇒橘敏仲（たちばなとしなか）

橘俊成 たちばなのとしなり
⇒橘俊成（たちばなとしなり）

橘敏延* たちばなのとしのぶ
生没年不詳 平安時代中期の中級官人。
¶古人

橘俊通* たちばなのとしみち
長保4（1002）年～康平1（1058）年 平安時代中期～後期の官人。
¶古人

た

た

橘俊宗　たちばなのとしむね
⇒橘俊宗(たちばなとしむね)

橘俊宗女　たちばなのとしむねのむすめ
⇒橘俊宗女(たちばなとしむねのむすめ)

橘奉清　たちばなのともきよ
平安時代後期の漏刻博士。
¶古人(生没年不詳)

橘知繁女　たちばなのともしげのむすめ
⇒少納言内侍(しょうなごんのないし)

橘知任*　たちばなのともただ
永仁6(1298)年～正平16/康安1(1361)年3月27日　鎌倉時代後期～南北朝時代の公卿(非参議)。従四位上橘知顕の子。
¶公卿([没]康安1/正平16(1361)年3月27日),公家(知任〔橘・薄家(絶家)〕　ともとう　[没]延文6(1361)年3月27日)

橘知尚*　たちばなのともなお
?～応長2(1312)年1月　鎌倉時代後期の公卿(非参議)。左京大夫橘知嗣の次男。
¶公卿,公家(知尚〔橘・薄家(絶家)〕　ともなお)

橘豊日尊　たちばなのとよひのみこと
⇒用明天皇(ようめいてんのう)

橘直幹*　たちばなのなおもと
生没年不詳　[別]橘直幹(たちばななおもと)　平安時代中期の中級貴族、文人。
¶古人,コン,詩作

橘永継*　たちばなのながつぐ
神護景雲3(769)年～弘仁12(821)年　奈良時代～平安時代前期の官人。
¶古人

橘仲遠　たちばなのなかとお
⇒橘仲遠(たちばななかとお)

橘長時　たちばなのながとき
平安時代中期の官人。
¶古人(生没年不詳)

橘仲俊　たちばなのなかとし
平安時代後期の官人。父は俊通。母は菅原孝標女。
¶古人(生没年不詳)

橘永名*　たちばなのながな
宝亀11(780)年～貞観8(866)年　[別]橘朝臣永名(たちばなのあそんながな)　平安時代前期の公卿(非参議)。参議橘奈良麻呂の孫。
¶公卿([没]貞観8(866)年5月11日),古人,古代(橘朝臣永名　たちばなのあそんながな)

橘之仲皇女　たちばなのなかのこうじょ
⇒橘皇女(たちばなのこうじょ)

橘長基　たちばなのながもと
平安時代後期の官人。
¶古人(生没年不詳)

橘長盛　たちばなのながもり
⇒橘長盛(たちばなながもり)

橘奈良麻呂*　たちばなのならまろ
養老5(721)年～天平宝字1(757)年　[別]橘朝臣奈良麻呂(たちばなのあそんならまろ),橘宿禰奈良麻呂(たちばなのすくねならまろ)　奈良時代の官人(参議)。左大臣橘諸兄の子。藤原仲麻呂の勢力拡大に危機感を抱き、旧豪族と結びクーデターを計画したが事前に露見。捕らえられ刑死した。
¶公卿(生没年不詳),古人,古代(橘朝臣奈良麻呂　たちばなのあそんならまろ),コン,日文([生]養老5(721)年?　[没]天平宝字1(757)年?)

橘成季*　たちばなのなりすえ
生没年不詳　[別]橘成季(たちばななりすえ)　鎌倉時代前期の説話集「古今著聞集」の作者。
¶古人,コン,中世,日文,山小

橘信重　たちばなののぶしげ
平安時代中期の官人。
¶古人(生没年不詳)

橘徳子　たちばなののりこ
⇒橘徳子(たちばなのとくし)

橘以繁*　たちばなののりしげ
正中1(1324)年～天授5/康暦1(1379)年10月9日　南北朝時代の公卿(非参議)。非参議橘知任の子。
¶公卿([没]康暦1/天授5(1379)年10月9日),公家(以繁〔橘・薄家(絶家)〕　もちしげ　[生]1329年　[没]康暦1(1379)年10月9日)

橘則隆*　たちばなののりたか
生没年不詳　平安時代中期の官人。
¶古人

橘儀懐　たちばなののりちか
平安時代中期の官人。父は広平。
¶古人(生没年不詳)

橘則長　たちばなののりなが
⇒橘則長(たちばなのりなが)

橘則光　たちばなののりみつ
⇒橘則光(たちばなのりみつ)

橘以基*　たちばなののりもと
?～応永21(1414)年7月　室町時代の公卿(非参議)。大納言橘好古の裔。
¶公卿,公家(以基〔橘・薄家(絶家)〕　もちもと)

橘長谷麻呂*　たちばなのはせまろ
宝亀10(779)年～天長1(824)年　奈良時代～平安時代前期の官人。
¶古人

橘逸勢*　たちばなのはやなり
?～承和9(842)年　[別]橘朝臣逸勢(たちばなのあそんはやなり),橘逸勢(たちばなはやなり)　平安時代前期の官人。入居の子。奈良麻呂の孫。能書家で三筆と称されたが、承和の変により配流となった。
¶古人,古代(橘朝臣逸勢　たちばなのあそんはやなり),コン,思想,対外,山小([没]842年8月13日)

橘皇女　たちばなのひめみこ
⇒橘皇女(たちばなのこうじょ)

橘広房　たちばなのひろふさ
⇒橘広房(たちばなひろふさ)

橘広相*　たちばなのひろみ
承和4(837)年～寛平2(890)年5月16日　[別]橘朝臣広相(たちばなのあそんひろみ),橘贈納言(たちばなのぞうなごん),橘広相(たちばなひろみ)　平安時代前期の公卿(参議)。参議橘奈良麻呂の五代孫。
¶公卿,古人,古代(橘朝臣広相　たちばなのあそんひろみ),コン,思想,山小([没]890年5月16日)

橘正通* たちばなのまさみち
生没年不詳 [別]橘正通（たちばなまさみち） 平安時代の学者。
¶古人

橘真都我（橘真都賀） たちばなのまつが
⇒橘朝臣真都我（たちばなのあそんまつが）

橘御井子* たちばなのみいこ
生没年不詳 平安時代前期の女性。桓武天皇の女御。
¶古人，天皇

橘御笠* たちばなのみかさ
生没年不詳 [別]橘安麻呂（たちばなのやすまろ） 奈良時代の女官。
¶古人（橘安麻呂 たちばなのやすまろ [生]739年 [没]821年）

橘道貞* たちばなのみちさだ
？～長和5（1016）年 平安時代中期の官人。広相の孫で下総守仲任の子。
¶古人

橘通資* たちばなのみちすけ
生没年不詳 平安時代後期の官人。民部丞。
¶古人

橘通輔 たちばなのみちすけ
平安時代後期の官人。
¶古人（生没年不詳）

橘三千代 たちばなのみちよ
⇒県犬養橘三千代（あがたいぬかいのたちばなのみちよ）

橘峯継*（橘岑継） たちばなのみねつぐ
延暦23（804）年～貞観2（860）年 [別]橘朝臣岑継（たちばなのあそんみねつぐ） 平安時代前期の公卿（中納言）。右大臣橘氏公の子。
¶公卿（[生]大同2（807）年 [没]貞観2（860）年10月29日），古人（橘岑継），古代（橘朝臣岑継 たちばなのあそんみねつぐ）

橘統家 たちばなのむねいえ
平安時代後期の官人。
¶古人（生没年不詳）

橘宗賢 たちばなのむねかね
平安時代後期の官人。
¶古人（生没年不詳）

橘宗季 たちばなのむねすえ
平安時代後期の官人。
¶古人（生没年不詳）

橘致季 たちばなのむねすえ
平安時代後期の官人。
¶古人（生没年不詳）

橘以綱* たちばなのもちつな
？～永久3（1115）年 平安時代後期の官人。
¶古人

橘以長* たちばなのもちなが
？～嘉応1（1169）年 平安時代後期の官人、武士。
¶古人（たちばなのもちなが（これなが））

橘以政* たちばなのもちまさ
生没年不詳 [別]橘以政（たちばなもちまさ） 平安時代後期～鎌倉時代前期の官人。筑後守橘以長の子。正四位。
¶古人，コン

橘基国 たちばなのもとくに
平安時代後期の官人。
¶古人（生没年不詳）

橘元輔 たちばなのもとすけ
平安時代後期の官人。
¶古人（生没年不詳）

橘元任 たちばなのもととう
⇒橘元任（たちばなもととう）

橘基仲 たちばなのもとなか
平安時代後期の官人。
¶古人（生没年不詳）

橘元愷 たちばなのもとやす
平安時代中期の官人。
¶古人（生没年不詳）

橘諸兄* たちばなのもろえ
天武13（684）年～天平勝宝9（757）年1月6日 [別]葛城王（かずらきおう，かつらぎおう，かつらぎのおう，かつらぎのおおきみ），橘宿禰諸兄（たちばなのすくねもろえ），橘諸兄（たちばなもろえ） 飛鳥時代～奈良時代の公卿（左大臣）。母は県犬養橘三千代。藤原家の4兄弟が病死し一躍政権の座につく。吉備真備ら知識人を登用し奈良時代中期の政治を主導。恭仁京や東大寺大仏の造営を指導した。のち藤原仲麻呂が台頭し失脚。
¶公卿（[生]天武天皇1（672）年 [没]天平宝字1（757）年1月6日），古人，古代（橘宿禰諸兄 たちばなのすくねもろえ），コン（[没]天平宝字1（757）年），思想（[没]天平宝字1（757）年），日文（[生]？ [没]天平宝字1（757）年），山小（[没]757年1月6日）

橘休蔭女 たちばなのやすかげのむすめ
⇒橘氏（たちばなうじ）

橘保季 たちばなのやすすえ
平安時代後期の官人。
¶古人（生没年不詳）

橘安麻呂（1） たちばなのやすまろ
⇒橘朝臣安麻呂（たちばなのあそんやすまろ）

橘安麻呂（2） たちばなのやすまろ
⇒橘御笠（たちばなのみかさ）

橘行平* たちばなのゆきひら
生没年不詳 平安時代中期の受領。
¶古人

橘行房 たちばなのゆきふさ
平安時代後期の官人。
¶古人（生没年不詳）

橘行義 たちばなのゆきよし
平安時代後期の官人。
¶古人（生没年不詳）

橘行頼 たちばなのゆきより
⇒橘行頼（たちばなゆきより）

橘休蔭女 たちばなのよしかげのむすめ
⇒橘氏（たちばなうじ）

橘義清* たちばなのよしきよ
生没年不詳 平安時代中期の歌人・官人。
¶古人

橘義子 たちばなのよしこ
⇒橘義子（たちばなよしこ）

橘良殖 たちばなのよしたね
⇒橘良殖（たちばなのよします）

橘義済 たちばなのよしなり
平安時代後期の官人。父は済通。
¶古人（生没年不詳）

橘好古 たちばなのよしふる
⇒橘好古（たちばなよしふる）

橘良殖* たちばなのよします
貞観6（864）年～延喜20（920）年2月28日　㊟橘良殖（たちばなのよしたね）　平安時代前期～中期の公卿（参議）。参議橘常主の孫。
¶公卿, 古人（たちばなのよしたね）

橘義通 たちばなのよしみち
⇒橘義通（たちばなよしみち）

橘能元 たちばなのよしもと
⇒橘能元（たちばなよしもと）

橘良基* たちばなのよしもと
天長2（825）年～仁和3（887）年　㊟橘朝臣良基（たちばなのあそんよしもと）　平安時代前期の官人。父は摂津守安吉雄。
¶古人, 古代（橘朝臣良基　たちばなのあそんよしもと）

橘頼兼 たちばなのよりかね
平安時代後期の官人。
¶古人（生没年不詳）

橘頼平 たちばなのよりひら
平安時代中期の官人。
¶古人（生没年不詳）

橘倚平 たちばなのよりひら
⇒橘倚平（たちばなよりひら）

橘則長* たちばなのりなが
天延5（982）年～長元7（1034）年4月　㊟橘則長（たちばなののりなが）　平安時代中期の官人、歌人。
¶古人（たちばなののりなが）

橘則光* たちばなのりみつ
生没年不詳　㊟橘則光（たちばなののりみつ）　平安時代中期の官人、歌人。
¶古人（たちばなののりみつ）

橘綿裳 たちばなのわたも
奈良時代～平安時代前期の貴族。
¶古人（㊍？　㊣809年）

橘浜子* たちばなはまこ
文化14（1817）年～弘化2（1845）年　江戸時代後期の女性。歌人。
¶江表（浜子（東京都））

橘逸勢 たちばなはやなり
⇒橘逸勢（たちばなのはやなり）

橘広房* たちばなひろふさ
生没年不詳　㊟橘広房（たちばなのひろふさ）　平安時代後期の官人、歌人。
¶古人（たちばなのひろふさ）

橘広相 たちばなひろみ
⇒橘広相（たちばなのひろみ）

橘戸高志麻呂 たちばなべのこしまろ
奈良時代の官人。
¶古人（生没年不詳）

立花北枝* たちばなほくし
？～享保3（1718）年　㊟北枝（ほくし）　江戸時代中期の俳人。
¶江人（北枝　ほくし）, コン, 詩作（㊤享保3（1718）年5月12日）, 俳文（北枝　ほくし　㊣享保3（1718）年5月12日）

立花牧童* たちばなぼくどう
生没年不詳　㊟牧童（ぼくどう）　江戸時代中期の俳人（蕉門）、研刀師。
¶俳文（牧童　ぼくどう　㊍？　㊣？　年1月19日）

橘順福* たちばなまさとみ
明和7（1770）年～嘉永1（1848）年1月5日　江戸時代後期の神官（梅宮神主）。
¶公卿, 公家（順福〔梅宮社神主　橘氏橋本家〕　まさとみ　㊣弘化5（1848）年1月5日）

橘正通 たちばなまさみち
⇒橘正通（たちばなのまさみち）

橘三喜*（橘三善） たちばなみつよし
寛永12（1635）年～元禄16（1703）年　江戸時代前期～中期の神道家。橘神道を創唱。
¶コン（㊤宝永1（1704）年）, 思想

橘岷江* たちばなみんこう
生没年不詳　江戸時代中期の浮世絵師。
¶浮絵

立花宗茂* たちばなむねしげ
永禄12（1569）年～寛永19（1642）年11月25日　㊟立花統虎（たちばなむねとら）、羽柴左近将監（はしばさこんしょうげん）、柳川侍従（やながわじじゅう）　安土桃山時代～江戸時代前期の武将、大名。
¶江人, コン, 全戦（㊍？）, 戦武（㊣永禄10（1567）年？）, 対外（㊣？）

立花宗茂室 たちばなむねしげしつ
⇒立花誾千代（たちばなぎんちよ）

橘致綱 たちばなむねつな
平安時代後期の官人。
¶古人（生没年不詳）

立花統虎 たちばなむねとら
⇒立花宗茂（たちばなむねしげ）

橘以緒 たちばなもちお
⇒薄以緒（すすきもちお）

橘以量 たちばなもちかず
⇒薄以量（うすいのりかず）

橘以政 たちばなもちまさ
⇒橘以政（たちばなのもちまさ）

橘元周* たちばなもとちか
享保13（1728）年～？　江戸時代中期の医者・幕臣。
¶徳人

橘元任* たちばなもととう
生没年不詳　㊟橘元任（たちばなのもととう）　平安時代中期の官人、歌人。
¶古人（たちばなのもととう）

橘守国* たちばなもりくに
延宝7（1679）年～寛延1（1748）年　江戸時代中期

の画家。大坂の鶴沢深山の門人。
¶浮絵, コン, 美画（[没]寛延1（1748）年10月17日）

橘守部*　たちばなもりべ
天明1（1781）年～嘉永2（1849）年　江戸時代後期の国学者。庄屋飯田長十郎元親の長男。
¶江人, コン, 思想

橘諸兄　たちばなもろえ
⇒橘諸兄（たちばなのもろえ）

橘家小円太〔1代〕　たちばなやこえんた
⇒三遊亭円朝〔1代〕（さんゆうていえんちょう）

橘屋権七　たちばなやごんしち
⇒芳沢あやめ〔1代〕（よしざわあやめ）

橘保国*　たちばなやすくに
正徳5（1715）年～寛政4（1792）年　江戸時代中期の浮世絵師。
¶植物（[没]寛政4（1792）年閏2月22日）

橘屋又三郎*　たちばなやまたさぶろう
生没年不詳　[別]鉄砲又，鉄炮又（てっぽうまた）戦国時代の堺の貿易商人。堺を一大鉄砲生産地とした功労者。
¶コン, 対外

橘行頼*　たちばなゆきより
生没年不詳　[別]橘行頼（たちばなのゆきより）　平安時代中期の官人、歌人。
¶古人（たちばなのゆきより）

橘義子*　たちばなよしこ
生没年不詳　[別]橘義子（たちばなのよしこ）　平安時代前期の女性。宇多天皇の女御。
¶古人（たちばなのよしこ）

橘好古*　たちばなよしふる
寛平5（893）年～天禄3（972）年1月13日　[別]橘好古（たちばなのよしふる）　平安時代中期の公卿（大納言）。参議橘広相の孫。
¶公卿, 古人（たちばなのよしふる）

橘義通*　たちばなよしみち
？～治暦3（1067）年2月17日　[別]橘義通（たちばなのよしみち）　平安時代中期～後期の官人、歌人。
¶古人（たちばなのよしみち）

橘能元*　たちばなよしもと
生没年不詳　[別]橘能元（たちばなのよしもと）　平安時代後期の官人、歌人。
¶古人（たちばなのよしもと）

橘倚平*　たちばなよりひら
生没年不詳　[別]橘倚平（たちばなのよりひら）　平安時代中期の官人、漢詩人、歌人。
¶古人（たちばなのよりひら）

立羽不角　たちばふかく
⇒不角（ふかく）

立原杏所*　たちはらきょうしょ
天明5（1785）年～天保11（1840）年　[別]杏所（きょうしょ）　江戸時代後期の南画家。
¶コン, 美画（[生]天明5（1785）年12月16日　[没]天保11（1840）年5月20日）

立原春沙*　たちはらしゅんさ
文政1（1818）年～安政5（1858）年　[別]春沙（しゅんさ），立原春沙（たちはらしゅんしゃ）　江戸時代後期～末期の女性。画家、華山門十哲の一人。
¶江表（春沙（茨城県）　[生]文化11（1814）年　[没]安政2（1855）年）, 女史, 美画（たちはらしゅんしゃ　[没]安政5（1858）年11月3日）

立原春沙　たちはらしゅんしゃ
⇒立原春沙（たちはらしゅんさ）

立原翠軒*　たちはらすいけん
延享1（1744）年～文政6（1823）年　江戸時代中期～後期の儒学者、水戸藩士。
¶コン, 思想

立原久綱*　たちはらひさつな，たちばらひさつな
*～慶長18（1613）年　[別]立原久綱（たてはらひさつな）　安土桃山時代～江戸時代前期の武士。
¶全戦（たてはらひさつな　[生]享禄4（1531）年）, 戦武（[生]享禄4（1531）年）

立原朴次郎*　たちはらぼくじろう
天保3（1832）年～元治1（1864）年　江戸時代末期の水戸藩士。
¶幕末（[没]元治1（1864）年8月23日）

立嘉度*　たちよしのり
弘化2（1845）年6月17日～明治12（1879）年12月18日　江戸時代末期～明治時代の通詞、官吏。遣欧使節に随行。横須賀製鉄所などで通訳として活躍。
¶幕末

館柳湾　たちりゅうあん
⇒館柳湾（たちりゅうわん）

館柳湾*　たちりゅうわん
宝暦12（1762）年～弘化1（1844）年　[別]館柳湾（たちりゅうあん）　江戸時代中期～後期の漢詩人。
¶詩作（[生]宝暦12（1762）年3月11日　[没]弘化1（1844）年4月13日）

たつ(1)
江戸時代中期の女性。俳諧。享保16年刊、仙石里紅編『藤の首途』に少女の作として載る。
¶江表（たつ（長崎県））

たつ(2)
江戸時代後期～明治時代の女性。俳諧。宮田村生まれ。
¶江表（たつ（長野県）　[生]文化14（1817）年　[没]明治31（1898）年）

たつ*(3)
天保14（1843）年～明治2（1869）年　江戸時代末期の料亭の酌婦。
¶幕末（[没]明治2（1869）年5月）

たつ(4)
江戸時代末期の女性。狂歌。新吉原仲の町の芸妓か。文久2年刊、雪乃門春見ほか撰『狂歌三都集』に載る。
¶江表（たつ（東京都））

たつ(5)
江戸時代末期の女性。俳諧。前久保村の亀屋の人。文久1年序、井上亀友編『つゝみの花』に載る。
¶江表（たつ（埼玉県））

たつ(6)
江戸時代末期の女性。和歌。飯田の町年寄桜井盈叙の母。
¶江表（たつ（長野県））

た

たつ(7)
江戸時代末期の女性。教育。熊本藩士鳥井氏の家族。健軍村で安政2年、寺子屋を開業する。
¶江表(たつ(熊本県))

辰　たつ★
江戸時代前期の女性。俳諧。篠川氏。寛文11年刊、藤井周可撰『吉野山独案内』に載る。
¶江表(辰(奈良県))

龍　たつ★
江戸時代末期の女性。俳諧。摂津伊丹の人。安政6年に岡田糠人が発刊した『かさりたる』に載る。
¶江表(龍(兵庫県))

田鶴　たづ
江戸時代末期の女性。和歌。阿蘇の豪農野田一郎右衛門春岳の妹。万延1年序、物集高世編『類題春草集』二に載る。
¶江表(田鶴(熊本県))

辰馬きよ＊　たつうまきよ
文化6(1809)年7月6日～明治34(1901)年　江戸時代末期～明治時代の酒造業者。女手一つで辰馬家を支える。辰馬汽船の元。
¶江表(清子(兵庫県))

竜岡東五郎＊　たつおかとうごろう
文政1(1818)年～明治14(1881)年　江戸時代末期～明治時代の島津家家士、鷹尾地頭。加役勘定奉行、与頭など歴任。薩英戦争従軍。
¶幕末([没]明治14(1881)年10月22日)

辰岡久菊＊(立岡久菊)　たつおかひさぎく，たつおかひさきく
生没年不詳　[別]天野久七(あまのきゅうしち)，紫紅(しこう)，天満屋久七(てんまやきゅうしち)，未覚(みかく)　江戸時代中期の歌舞伎作者。享保3年～明和6年頃に活躍。
¶コン

辰岡万作＊　たつおかまんさく
寛保2(1742)年～文化6(1809)年9月3日　[別]紫楽(しらく)　江戸時代中期～後期の歌舞伎作者。明和6年～文化4年頃に活躍。
¶歌大，コン，新歌

田使経遠＊　たつかいのつねとお
生没年不詳　平安時代後期の武士。平清盛の郎等。
¶古人

田使安光　たつかいのやすみつ
平安時代後期の官人。
¶古人(生没年不詳)

手束弓子　たつかゆみこ★
江戸時代の女性。狂歌。飛騨高山歌匠連に属した。
¶江表(手束弓子(岐阜県))

立川従＊　たつかわまさる
文化14(1817)年～明治11(1878)年　[別]立川政従(たちかわまさより)　江戸時代末期～明治時代の教育者。経世の学を講義。荒地開墾、新制学校開設に尽力。
¶幕末([生]文化14(1817)年11月11日　[没]明治11(1878)年8月6日)

田鶴樹　たづき
⇒浅見田鶴樹(あさみたづき)

立木定保＊　たつぎさだやす
文政9(1826)年～明治5(1872)年　[別]立木定保(たちぎさだやす)　江戸時代末期～明治時代の国学者。
¶幕末(たちぎさだやす　[没]明治5(1872)年8月18日)

立木種清　たつぎたねきよ
江戸時代後期～明治時代の宮大工、彫刻師。
¶美建([生]天保3(1832)年　[没]明治41(1908)年)

妲妃のお百＊(妲己のお百，妲妃のお百，妲妃お百)　だっきのおひゃく
江戸時代後期の毒婦として虚構化された人物。
¶コン(妲妃お百)

田付栄助＊　たつけえいすけ
生没年不詳　江戸時代後期の蒔絵師。
¶美工

田付景厖　たつけかげあつ
天和3(1683)年～宝暦5(1755)年　[別]田付景厖(たつけかげみつ)　江戸時代前期～中期の長崎奉行。
¶徳人(たつけかげみつ)，徳代([没]宝暦5(1755)年3月14日)

田付景澄＊　たづけかげずみ，たつけかげずみ
弘治2(1556)年～元和5(1619)年　安土桃山時代～江戸時代前期の砲術家。田付流砲術の創始者。
¶徳人(たつけかげずみ)

田付長兵衛＊　たつけちょうべえ
生没年不詳　[別]谷井直方(たにいなおかた)　江戸時代前期の蒔絵師。
¶美工，美工(谷井直方　たにいなおかた)

田付直愛　たつけちょくあい
江戸時代後期～明治時代の幕臣。
¶徳人([生]1810年　[没]1879年)

田付東渓　たつけとうけい
⇒田付寿秀(たつけひさひで)

田付寿秀＊　たつけひさひで
宝暦7(1757)年～天保4(1833)年　[別]田付東渓(たつけとうけい)　江戸時代後期の印籠蒔絵師。
¶コン，美工

たつ子(1)　たつこ★
江戸時代の女性。和歌。加賀藩家老横山政和の妻。明治10年刊、高橋富兄編『類題石川歌集』に載る。
¶江表(たつ子(石川県))

たつ子(2)　たつこ★
江戸時代中期の女性。俳諧。新町の人。宝暦14年刊、建部綾足編『片歌あさふすま』に載る。
¶江表(たつ子(群馬県))

多津子　たつこ★
江戸時代の女性。和歌。長谷氏。明治10年成立「伊夜日子神社献灯和歌集」に載る。
¶江表(多津子(新潟県))

達子(1)　たつこ★
江戸時代の女性。和歌。阿蘇氏。明治4年刊、『不知火歌集』に載る。
¶江表(達子(熊本県))

達子(2)　たつこ★
江戸時代中期～後期の女性。和歌。紀州藩八代藩主徳川重倫の娘。
¶江表(達子(茨城県)　[生]安永3(1774)年　[没]寛政6(1794)年)

達子(3) たつこ★
江戸時代後期の女性。和歌。石見浜田藩主松平康任の娘。
¶江表(達子(島根県) [生]文政3(1820)年)

達子(4) たつこ★
江戸時代後期の女性。俳諧・和歌。備前岡山の小谷伯駒の娘。文化10年刊、柿耶丸長斎編『万家人名録』に載る。
¶江表(達子(岡山県))

辰子(1) たつこ★
江戸時代中期の女性。和歌。会津藩藩士林重宇の娘。
¶江表(辰子(福島県) [生]寛延1(1748)年 [没]安永1(1772)年)

辰子(2) たつこ★
江戸時代後期の女性。俳諧。下総の人。文政4年序、今泉桂丸ほか編『蚤のあと』に載る。
¶江表(辰子(千葉県))

辰子(3) たつこ★
江戸時代後期の女性。和歌。筑前高須村庄屋野見山甚五郎の娘。「岡県集」に載る。
¶江表(辰子(福岡県))

辰子(4) たつこ★
江戸時代末期の女性。和歌。伊勢山田の国学者で伊勢神宮外宮の祠官黒瀬主馬田弘の妻。文久1年刊、宮川正光編『松杉和歌集』に載る。
¶江表(辰子(三重県))

辰子(5) たつこ★
江戸時代末期の女性。和歌。桂氏。幕末期の長府の歌人平田秋足社中の一枚摺歌書に載る。
¶江表(辰子(山口県))

立子(1) たつこ★
江戸時代中期の女性。和歌。但馬豊岡藩京極家の奥女中。宝暦から天明期頃の人。
¶江表(立子(兵庫県))

立子(2) たつこ★
江戸時代中期の女性。和歌。但馬豊岡藩主京極高品の室。安永3年の「田村村隆母公六十賀祝賀歌集」に載る。
¶江表(立子(兵庫県))

龍子 たつこ★
江戸時代後期の女性。和歌。弘化4年刊、清堂観尊編『たち花の香』に載る。
¶江表(龍子(奈良県))

多津子 たづこ★
江戸時代後期の女性。和歌。松代藩藩士矢沢将監の妻。文化6年木島菅麿編「松廼百枝」に載る。
¶江表(多津子(長野県))

田鶴子(1) たづこ★
江戸時代後期の女性。和歌。広岡登の妻。寛政7年序「杉のしつ枝」に載る。
¶江表(田鶴子(東京都))

田鶴子(2) たづこ★
江戸時代後期の女性。和歌。松本藩家老林忠左衛門良本の妻。文化11年刊、中山忠雄・河田正致編『柿本社奉納和歌集』に載る。
¶江表(田鶴子(長野県))

田鶴子(3) たづこ★
江戸時代末期の女性。和歌。松平氏。安政5年序、中山琴主著の『八雲琴譜』に載る。
¶江表(田鶴子(東京都))

田鶴子(4) たづこ★
江戸時代末期～明治時代の女性。和歌。伊勢射和の豪商竹川政柱と金子の娘。
¶江表(田鶴子(三重県))

たつ女(1) たつじょ★
江戸時代中期の女性。俳諧。越後糸魚川の人。宝永3年序、巨霊堂東鷲編『中国集』に載る。
¶江表(たつ女(新潟県))

たつ女(2) たつじょ★
江戸時代中期の女性。俳諧。三河伊奈の人。元禄14年刊、太田白雪編『きれぎれ』に載る。
¶江表(たつ女(愛知県))

たつ女(3) たつじょ★
江戸時代後期の女性。狂歌。間々田の人。天保6年刊、檜園梅明撰『狂歌檜垣三玉集』に載る。
¶江表(たつ女(栃木県))

たつ女(4) たつじょ★
江戸時代後期の女性。俳諧。下生原の人。天保3年成立「藍若」に載る。
¶江表(たつ女(群馬県))

多都女 たつじょ★
江戸時代末期の女性。俳諧。高岡の人。安政4年刊、井波の黒髪庵盟社編『麻頭巾集』地に載る。
¶江表(多都女(富山県))

辰女(1) たつじょ★
江戸時代前期の女性。俳諧。森氏。延宝6年頃刊、松風軒卜琴撰『越路草』一に載る。
¶江表(辰女(福井県))

辰女(2) たつじょ
江戸時代後期の浮世絵師。葛飾北斎の娘。
¶浮絵(生没年不詳),江表(辰(東京都))

辰女(3) たつじょ★
江戸時代後期の女性。狂歌。下総水海道の狂歌師千代徳若とせき女の長女。文化14年刊、徳人輯、六樹園遍、徳若1周忌追悼集『花の雲』に載る。
¶江表(辰女(茨城県))

田津女 たつじょ★
江戸時代末期の女性。和算。美濃の奥氏。慶応1年解答が算額となって明星輪寺に奉納される。
¶江表(田津女(岐阜県))

田鶴女(1) たづじょ★
江戸時代末期の女性。和歌。伊豆木の領主で旗本小笠原家の家臣上田正名善平の娘。領主小笠原長裕に和歌を学ぶ。
¶江表(田鶴女(長野県))

田鶴女(2) たづじょ★
江戸時代末期の女性。俳諧。入善の人。安政4年刊、井波の黒髪庵盟社編『麻頭巾集』地に載る。
¶江表(田鶴女(富山県))

田鶴女(3) たづじょ★
江戸時代末期の女性。和歌。伊勢小岐須の遍照寺雄音の娘。慶応2年序、村上忠順編『元治元年千首』に載る。

¶江表(田鶴女(三重県))

田鶴女 (4)　**たづじょ**★
江戸時代末期～明治時代の女性。俳諧。明治2年出発の後藤田水著『白とり紀行』に載る。
　　¶江表(田鶴女(香川県))

達性院　**たっせいいん**★
江戸時代前期～中期の女性。書簡。土佐藩藩士吉田伊左衛門正幸の娘。
　　¶江表(達性院(高知県))　㊗万治1(1658)年　㊣元文2(1737)年

辰蔵　**たつぞう**
⇒下河内村辰蔵(しもごうちむらたつぞう)

龍草廬　**たっそうりょ**
⇒龍草廬(りゅうそうろ)

竜田大立★　**たつたたいりゅう**
延宝4(1676)年～延享1(1744)年　㊞大立(たいりゅう)　江戸時代前期～中期の俳人。
　　¶俳文(大立　たいりゅう)　㊣延享1(1744)年4月26日)

立田正明★　**たつたまさあき**
？～安政6(1859)年　㊞立田正明(たつたまさあきら)　江戸時代末期の幕臣。
　　¶徳人(たつたまさあきら),幕末　㊣安政6(1859)年4月17日)

立田正明　**たつたまさあきら**
⇒立田正明(たつたまさあき)

立田正直　**たつたまさなお**
江戸時代末期の幕臣。
　　¶徳人(㊗？　㊣1864年)

達智門院★　**たっちもんいん, だっちもんいん**
弘安9(1286)年～正平3/貞和4(1348)年　㊞奬子内親王(しょうしないしんのう)　鎌倉時代後期～南北朝時代の女性。後宇多天皇の第1皇女、尊称皇后奬子内親王。
　　¶天皇(たっちもんいん)　㊗弘安9(1286)年9月　㊣貞和4(1348)年11月)

談天門院　**だってんもんいん**
⇒談天門院(だんてんもんいん)

達等　**たつとう**
⇒司馬達等(しばたっと)

辰野　**たつの**★
江戸時代末期の女性。書簡。池上町の旅籠谷屋の遊女。
　　¶江表(辰野(栃木県))

辰野織部　**たつのおりべ**
安土桃山時代の武田氏の家臣。信濃国伊那郡辰野の人物か。
　　¶武田(生没年不詳)

辰野源右衛門　**たつのげんえもん**
戦国時代の信濃国伊那郡小野郷の人。
　　¶武田(生没年不詳)

竜野侍従　**たつのじじゅう**
⇒木下長嘯子(きのしたちょうしょうし)

辰野甚衛門尉　**たつのじんえもんのじょう**
安土桃山時代の諏訪大社社家衆。信濃国伊那郡辰野の人物か。
　　¶武田(生没年不詳)

辰野新三　**たつのしんぞう**
戦国時代の諏訪大社社家衆。信濃国伊那郡辰野の人物か。
　　¶武田(生没年不詳)

辰野周防守　**たつのすおうのかみ**
戦国時代の諏訪大社社家衆。信濃国伊那郡辰野の人物か。
　　¶武田(生没年不詳)

辰野清四郎　**たつのせいしろう**
戦国時代の諏訪大社社家衆。信濃国伊那郡辰野の人物か。
　　¶武田(生没年不詳)

辰野善九郎　**たつのぜんくろう**
安土桃山時代の諏訪大社社家衆。信濃国伊那郡辰野の人物か。
　　¶武田(生没年不詳)

辰野善次　**たつのぜんじ**
安土桃山時代の諏訪大社社家衆。信濃国伊那郡辰野の人物。
　　¶武田(生没年不詳)

辰野善四郎　**たつのぜんしろう**
戦国時代の諏訪大社社家衆。信濃国伊那郡辰野の人物か。
　　¶武田(生没年不詳)

辰野善兵衛　**たつのぜんひょうえ**
戦国時代の諏訪大社社家衆。信濃国伊那郡辰野の人物か。
　　¶武田(生没年不詳)

龍草廬　**たつのそうろ**
⇒龍草廬(りゅうそうろ)

辰野伝兵衛　**たつのでんひょうえ**
安土桃山時代の諏訪大社社家衆。信濃国伊那郡辰野の人物か。
　　¶武田(生没年不詳)

立野兼理★　**たつののかねまさ**
生没年不詳　平安時代中期の絵所絵師。
　　¶古人

立野正峯★　**たつののまさみね**
？～天安1(857)年　平安時代前期の下級官人。
　　¶古人

辰野半兵衛　**たつのはんひょうえ**
安土桃山時代の諏訪大社社家衆。信濃国伊那郡辰野の人物か。三方原合戦で戦死。
　　¶武田(㊗？　㊣元亀3(1572)年12月22日)

竜野熙近★(竜野熙近, 竜野煕近)　**たつのひろちか**
元和2(1616)年～元禄6(1693)年　㊞竜熙近, 竜熙近(りゅうひろちか)　江戸時代前期の外宮祇官、伊勢神道家。
　　¶コン(竜野熙近),思想(竜熙近　りゅうひろちか)

立野龍貞★(立野竜貞)　**たつのりゅうてい**
生没年不詳　江戸時代中期の産科医。
　　¶科学,コン

孝仁親王★　**たかひとしんのう**
寛政4(1792)年～文政7(1824)年　江戸時代後期の閑院宮美仁親王の第1王子。
　　¶天皇(㊗寛政4(1792)年4月28日　㊣文政7(1824)年2月10日)

辰松八郎兵衛〔1代〕*　たつまつはちろべえ
？～享保19（1734）年　江戸時代中期の人形浄瑠璃の人形遣いの名手。
¶江人（代数なし），コン（代数なし），山小（代数なし [没]1734年5月9日）

辰松文七　たつまつぶんしち
⇒大谷広次〔2代〕（おおたにひろじ）

立見鑑三郎　たつみかんざぶろう
⇒立見尚文（たつみなおぶみ）

立見尚文*　たつみなおぶみ，たつみなおふみ
弘化2（1845）年～明治40（1907）年　[別]立見鑑三郎（たつみかんざぶろう）　江戸時代末期～明治時代の陸軍軍人、大将、第8師団長。日露戦争では黒溝台の会戦で活躍。東洋一の用兵家。
¶コン，全幕（立見鑑三郎　たつみかんざぶろう），幕末（たつみなおふみ　[生]弘化2（1845）年7月19日　[没]明治40（1907）年3月6日）

達世　たつよ★
江戸時代後期の女性。和歌・俳諧・琴。吉田氏。
¶江表（達世（香川県）　[没]嘉永6（1853）年）

伊達惇子*（伊達淳子）　だてあつこ
元文4（1739）年9月2日～宝暦11（1761）年10月5日　江戸時代中期の女性。陸奥仙台藩6代藩主伊達宗村の長女。
¶江表（惇子（佐賀県）　あつこ）

立石斧次郎*　たていしおのじろう
天保14（1843）年～大正6（1917）年　[別]米田桂次郎（こめだけいじろう），長野桂次郎（ながのけいじろう）　江戸時代末期～大正時代の通詞。遣米使節に同行し、トミーの名で親しまれる。金沢藩藩校致遠館の英語教師などを歴任。
¶全幕，幕末（米田桂次郎　こめだけいじろう　[生]天保14（1843）年9月16日　[没]大正6（1917）年1月13日）

立石正介*　たていししょうすけ
文政7（1824）年～明治9（1876）年　江戸時代末期～明治時代の勤王家。新政府で刑法官。外山愛宕事件で終身刑、獄死する。
¶幕末（[没]明治9（1876）年10月17日）

立石甚右衛門　たていしじんえもん
安土桃山時代の与野郷の百姓。岩付北条氏に属した。
¶後北（甚右衛門〔立石（1）〕　じんえもん）

立石清重*　たていしせいじゅう
文政12（1829）年～明治27（1894）年　江戸時代末期～明治時代の大工。代表作「開智学校」は和洋折衷の擬洋風建築の白眉。
¶美建（[生]文政12（1829）年6月15日　[没]明治27（1894）年8月23日）

立石得十郎*　たていしとくじゅうろう
文政12（1829）年～？　江戸時代末期の長崎和蘭陀通詞。1860年遣米使節通訳としてアメリカに渡る。
¶幕末

立石某　たていしなにがし
戦国時代～安土桃山時代の品川郷北品川の名主。北条氏に属した。
¶後北（某〔立石（2）〕　なにがし）

立石孫一郎*　たていしまごいちろう
天保3（1832）年～慶応2（1866）年　江戸時代末期の尊攘派志士。
¶幕末（[生]天保3（1832）年1月1日　[没]慶応2（1866）年4月26日）

立石正胤*　たていしまさたね
天明6（1786）年～万延1（1860）年8月20日　江戸時代後期の豪商。
¶幕末

立石正賀*　たていしまさよし
永禄8（1565）年～＊　安土桃山時代の武士。
¶全戦（生没年不詳）

伊達五郎八　だていろは
⇒五郎八姫（いろはひめ）

立岩一郎*　たていわいちろう
天保10（1839）年～明治34（1901）年　江戸時代末期～明治時代の旧米沢藩士、安積開拓の功労者、桑野村長。東北開墾社を創立、洋牛牧畜業を開始する。
¶幕末（[生]天保10（1839）年4月　[没]明治34（1901）年2月13日）

立岩（立原）勘解由左衛門尉　たていわかげゆざえもんのじょう
戦国時代の武田氏の家臣。葛山衆。
¶武田（生没年不詳）

立岩彦四郎　たていわひこしろう
戦国時代の武士。葛山衆のひとり。
¶武田（生没年不詳）

楯岡光直　たておかあきなお
⇒楯岡光直（たておかみつなお）

楯岡満茂*　たておかみつしげ
安土桃山時代～江戸時代前期の武将。最上氏家臣。
¶戦武（[生]天文16（1547）年　[没]？）

楯岡光直*　たておかみつなお
[別]楯岡光直（たておかあきなお）　江戸時代前期の武将。最上氏家臣。
¶全戦（たておかあきなお　[生]？　[没]寛永6（1629）年）

伊達景宗*　だてかげむね
生没年不詳　南北朝時代の豪族。
¶室町

達ケ関森右衛門　だてがせきもりえもん
⇒谷風梶之助〔2代〕（たにかぜかじのすけ）

竪川伊志女・伊志女　たてかわいしじょ★
江戸時代後期の女性。狂歌。天保7年刊、緑樹園元有序『十符の菅薦』に載る。
¶江表（竪川伊志女・伊志女（東京都））

立川焉馬（――〔1代〕）　たてかわえんば
⇒烏亭焉馬〔1代〕（うていえんば）

立川焉馬〔2代〕　たてかわえんば
⇒烏亭焉馬〔2代〕（うていえんば）

立川琢斎　たてかわたくさい
江戸時代後期～明治時代の彫刻師、宮大工。
¶美建（[生]文化14（1817）年　[没]明治21（1888）年）

立川富重　たてかわとみしげ
江戸時代後期～明治時代の宮大工、彫刻師。
¶美建（[生]文化12（1815）年　[没]明治6（1873）年）

立川富昌*　たてかわとみまさ
天明2（1782）年～安政3（1856）年　江戸時代後期の彫刻師、宮大工。
¶美建

た

立川富棟* たてかわとみむね
延享1(1744)年～文化4(1807)年 江戸時代中期～後期の彫刻師、宮大工。
¶美建

立川知方* たてかわともかた
文政8(1825)年～明治27(1894)年 江戸時代末期～明治時代の建築家。
¶美建([生]文政8(1825)年3月2日 [没]明治27(1894)年3月6日)

伊達謹子* だてきんこ
天明7(1787)年7月26日～文政4(1821)年7月24日 江戸時代後期の女性。陸奥仙台藩6代藩主伊達重村の末娘。
¶江表(瀧子(宮城県) ひろこ)

伊達邦成* だてくにしげ
天保12(1841)年～明治37(1904)年11月29日 江戸時代末期～明治時代の武士、亘理藩主。北海道開拓功労者。北海道有珠郡伊達村の創設者。
¶幕末

伊達邦直* だてくになお
天保5(1834)年～明治24(1891)年1月12日 江戸時代末期～明治時代の仙台藩主。維新後家中救済策として北海道開拓移民を計画。
¶幕末([生]?)

伊達琨子* だてこんこ
享保8(1723)年2月23日～延享4(1747)年5月27日 江戸時代中期の女性。陸奥仙台藩5代藩主伊達吉村の娘。
¶江表(琨子(京都府) たまこ)

伊達実元* だてさねもと
*～天正15(1587)年 戦国時代～安土桃山時代の武将。伊達氏家臣。
¶全戦([生]大永7(1527)年),戦武([生]大永7(1527)年)

伊達成実* だてしげざね
永禄11(1568)年～正保3(1646)年 [別]伊達成実(だてなりざね) 安土桃山時代～江戸時代前期の武士。伊達氏家臣。
¶全戦,戦武

伊達成宗 だてしげむね
⇒伊達成宗(だてなりむね)

伊達将監* だてしょうげん
文政8(1825)年～慶応1(1865)年 江戸時代末期の陸奥仙台藩士。
¶幕末([没]元治2(1865)年1月8日)

伊達誠子* だてせいこ
安永4(1775)年4月16日～寛政8(1796)年4月16日 江戸時代中期～後期の女性。陸奥仙台藩8代藩主伊達斉村の正室。
¶江表(誠子(宮城県))

伊達孝子* だてたかこ
天保12(1841)年2月15日～明治2(1869)年11月17日 江戸時代後期～明治時代の女性。仙台藩主伊達慶邦の継室。水戸藩主徳川斉昭の娘。
¶江表(孝子(宮城県))

伊達忠宗* だてただむね
*～明暦4(1658)年 江戸時代前期の大名。陸奥仙台藩主。
¶全戦([生]慶長4(1599)年 [没]万治1(1658)年)

伊達忠宗室 だてただむねしつ
⇒振姫(ふりひめ)

伊達稙宗* だてたねむね
長享2(1488)年～永禄8(1565)年6月19日 戦国時代の武将。尚宗の子。
¶コン([生]?),全戦,戦武,中世,室町,山小([没]1565年6月19日)

楯親忠* たてちかただ
?～元暦1(1184)年 [別]滋野親忠(しげののちかただ) 平安時代後期の武将、木曽義仲四天王。
¶古人(滋野親忠 しげののちただ),平家([没]寿永3(1184)年)

伊達千広* だてちひろ
享和2(1802)年～明治10(1877)年5月18日 江戸時代末期～明治時代の歌人。和歌山藩重職歴任。脱藩、京で尊攘派志士と交わる。
¶コン([生]享和3(1803)年),思想,幕末,山小([生]1802年5月25日 [没]1877年5月18日)

伊達綱宗* だてつなむね
寛永17(1640)年～正徳1(1711)年 江戸時代前期～中期の大名。陸奥仙台藩主。
¶コン

伊達綱村* だてつなむら
万治2(1659)年～享保4(1719)年6月20日 [別]綱村(つなむら) 江戸時代前期～中期の大名。陸奥仙台藩主。
¶コン,俳文(綱村 つなむら [生]万治2(1659)年3月8日)

伊達轍之助* だててつのすけ
天保14(1843)年～明治3(1870)年 [別]戸田恭太郎(とだきょうたろう) 江戸時代末期～明治時代の紀州藩士。倒幕運動に加わる。雲井龍雄に共鳴、反政府運動で投獄、獄死する。
¶幕末([没]明治3(1870)年9月25日)

伊達輝宗* だててるむね
天文13(1544)年～天正13(1585)年 安土桃山時代の武将。晴宗の子。
¶コン,全戦,戦武

伊達輝宗室 だててるむねしつ
⇒保春院(ほしゅんいん)

伊達輝宗の妻 だててるむねのつま
⇒保春院(ほしゅんいん)

伊達呈子* だてときこ
安永2(1773)年12月21日～天保7(1836)年1月10日 [別]土屋呈子(つちやときこ) 江戸時代後期の女性。陸奥仙台藩7代藩主伊達重村の娘。
¶江表(呈子(茨城県) ときこ)

伊達徳子* だてとくこ
宝永7(1710)年8月26日～延享4(1747)年6月20日 江戸時代中期の女性。陸奥仙台藩5代藩主伊達吉村の娘。
¶江表(玉台院(愛媛県))

伊達蓁子* だてともこ
文化13(1816)年6月6日～安政5(1858)年4月22日 江戸時代後期～末期の女性。陸奥仙台藩10代藩主伊達斉宗の娘。
¶江表(蓁子(宮城県) もとこ)

伊達暾子*　だてとんこ
　明和9（1772）年2月28日〜寛政4（1792）年6月12日
　江戸時代中期〜後期の歌人。
　¶江表（生姫（鳥取県）　㊦安永1（1772）年）

伊達成実　だてなりざね
　⇒伊達成実（だてしげざね）

伊達成宗　だてなりむね
　永享7（1435）年〜長享1（1487）年？　㊟伊達成宗
　（だてしげむね）　室町時代〜戦国時代の武将。
　¶室町（㊟？）

館野彦衛門*　たてのひこえもん
　天保4（1833）年〜明治38（1905）年　江戸時代末期
　〜明治時代の水戸藩士。藩校弘道館で北辰一刀流
　剣術副師をつとめる。
　¶幕末（㊟明治38（1905）年11月17日）

立野寛*　たてのひろし
　天保1（1830）年〜明治18（1885）年　江戸時代末期
　〜明治時代の藩校句読師。
　¶幕末（㊦文政13（1830）年4月22日　㊟明治18（1885）年
　3月15日）

伊達信子*　だてのぶこ
　寛政7（1795）年〜文政10（1827）年8月　江戸時代
　後期の女性。陸奥仙台藩10代藩主伊達斉宗の妻。
　¶江表（鍣姫（宮城県））

伊達年子*　だてのぶこ
　延享2（1745）年頃〜文化2（1805）年9月16日　江戸
　時代中期〜後期の女性。陸奥仙台藩7代藩主伊達重
　村の妻。大納言広幡長忠の娘。
　¶江表（年子（宮城県）　㊦延享2（1745）年）

立野元定*　たてのもとさだ
　文政10（1827）年〜明治19（1886）年　江戸時代末
　期〜明治時代の教育者、身教館教授。中国等の兵書
　も学び、漢詩和歌に優れる。私塾静古堂で教育。
　¶幕末

伊達徽子*　だてのりこ
　文政6（1823）年〜文久1（1861）年5月16日　江戸時
　代後期〜末期の女性。陸奥仙台藩12代藩主伊達斉
　邦の妻。同11代藩主伊達斉義の娘。
　¶江表（徽子（宮城県）　のりこ）

立羽不角　たてばふかく
　⇒不角（ふかく）

立林何㟁*　たてばやしかけい. たてばやしかいけい
　生没年不詳　江戸時代中期の琳派の画家。
　¶コン, 美画

立原久綱　たてはらひさつな
　⇒立原久綱（たちはらひさつな）

伊達晴宗*　だてはるむね
　永正16（1519）年〜天正5（1577）年　戦国時代〜安
　土桃山時代の武将。稙宗の子。
　¶コン, 全戦, 戦武, 室町（㊟天正5（1578）年）

伊達秀宗*　だてひでむね
　天正19（1591）年9月25日〜万治1（1658）年6月8日
　江戸時代前期の大名。伊予宇和島藩主。
　¶コン, 全戦

伊達兵部　だてひょうぶ
　⇒伊達宗勝（だてむねかつ）

伊達房実*　だてふささね
　？〜寛永3（1626）年5月19日　江戸時代前期の武
　士。後北条氏家臣。
　¶後北（房実〔伊達〕　ふささね）

伊達藤子*　だてふじこ
　享保18（1733）年2月6日〜延享4（1747）年6月11日
　江戸時代中期の女性。陸奥仙台藩5代藩主伊達吉村
　の娘。
　¶江表（藤子（宮城県））

建部賢文　たてべかたぶみ
　⇒建部賢文（たけべかたぶみ）

建部寿徳　たてべじゅとく
　⇒建部寿徳（たけべじゅとく）

建部清庵　たてべせいあん
　⇒建部清庵（たけべせいあん）

建部巣兆　たてべそうちょう
　⇒巣兆（そうちょう）

建部武彦*　たてべたけひこ
　文政3（1820）年〜慶応1（1865）年　㊟建部武彦（た
　けべたけひこ）　江戸時代末期の筑前福岡藩士。
　¶幕末（㊟慶応1（1865）年10月25日）

竪部石前　たてべのいわさき
　奈良時代の官人。
　¶古人（生没年不詳）

竪部人主　たてべのひとぬし
　奈良時代の官人。
　¶古人（生没年不詳）

建部政世　たてべまさよ
　⇒建部政世（たけべまさよ）

建部光重　たてべみつしげ
　⇒建部光重（たけべみつしげ）

建部凌岱　たてべりょうたい
　⇒建部綾足（たけべあやたり）

伊達甫雪　だてほせつ
　江戸時代の眼科医。
　¶眼医（生没年不詳）

伊達本覚　だてほんかく
　江戸時代後期の眼科医。
　¶眼医（㊦？　㊟寛政1（1789）年）

伊達本学　だてほんがく
　江戸時代前期〜中期の眼科医。
　¶眼医（生没年不詳）

伊達本玄　だてほんげん
　江戸時代中期〜後期の眼科医。
　¶眼医（生没年不詳）

伊達本瑞　だてほんずい
　江戸時代の眼科医。
　¶眼医（生没年不詳）

伊達政景　だてまさかげ
　⇒留守政景（るすまさかげ）

伊達政宗*⑴　だてまさむね
　正平8/文和2（1353）年〜応永12（1405）年　南北朝
　時代〜室町時代の武将。宗遠の子。
　¶コン, 室町（㊦文和2/正平8（1353）年　㊟応永12

たてまさ

(1405) 年?)

伊達政宗* (2)　だてまさむね
永禄10 (1567) 年～寛永13 (1636) 年　劔大崎左衛門督 (おおさきさえもんのかみ)，大崎少将 (おおさきしょうしょう)，長井侍従 (ながいじじゅう)，羽柴越前守 (はしばえちぜんのかみ)，政宗 (まさね)　安土桃山時代～江戸時代前期の大名。陸奥仙台藩主。家督を相続し奥州をほぼ平定したが，豊臣秀吉の天下統一の時期と重なったため自ら小田原に参陣して降伏・恭順の意を示した。関ヶ原の戦いでは東軍につき仙台藩の本領安堵を得，近世大名へ移行。幼くして右目を失明したことから「独眼竜」といわれた。
¶江人，公卿 (⊘寛永13 (1636) 年5月24日)，公家 (政宗〔伊達家〕⊘寛永13 (1636) 年5月24日)，コン，詩作 (⊕永禄10 (1567) 年8月3日 ⊘寛永13 (1636) 年5月24日)，全戦，戦武，対外，徳将，中世，内乱，俳文 (政宗　まさむね ⊕永禄10 (1567) 年8月3日 ⊘1636年5月24日)，山小 (⊕1567年8月3日 ⊘1636年5月24日)

伊達政宗室　だてまさむねしつ
⇒愛姫 (めごひめ)

伊達政宗の妻　だてまさむねのつま
⇒愛姫 (めごひめ)

立松東蒙　たてまつとうもう
⇒平秩東作〔1代〕(へづつとうさく)

立松山城*　たてまつやましろ
江戸時代末期の釜師。
¶美工 (⊕天保4 (1833) 年 ⊘大正4 (1915) 年)

立松義寅*　たてまつよしとら
文化7 (1810) 年～＊　江戸時代末期～明治時代の画家。
¶幕末 (⊘明治15 (1882) 年12月16日)，美画 (⊘明治16 (1883) 年12月16日)

伊達宗敦*　だてむねあつ
嘉永5 (1852) 年～＊　江戸時代末期～明治時代の大名，政治家。陸奥仙台藩主。
¶幕末 (⊕嘉永3 (1850) 年 ⊘明治40 (1907) 年1月6日)

伊達宗徳*　だてむねえ
天保1 (1830) 年～明治38 (1905) 年11月29日　江戸時代末期～明治時代の大名，徳島藩知事，公爵。内外で雄藩連合樹立を目指す宗城を補佐。
¶全幕 (⊘文政13 (1830) 年) (⊘明治39 (1906) 年)，幕末 (⊕文政13 (1830) 年閏3月27日)

伊達宗興*　だてむねおき
文政7 (1824) 年～明治31 (1898) 年　江戸時代後期～明治時代の武士，官吏。
¶幕末 (⊘明治31 (1898) 年2月9日)

伊達宗勝*　だてむねかつ
元和7 (1621) 年～延宝7 (1679) 年　劔伊達兵部 (だてひょうぶ)　江戸時代前期の大名。陸奥一関藩主，陸奥仙台藩主。
¶コン

伊達宗実　だてむねざね
⇒白石宗実 (しろいしむねざね)

伊達宗紀*　だてむねただ
寛政2 (1790) 年～明治22 (1889) 年　江戸時代後期～明治時代の大名，華族。
¶全幕 (⊘寛政4 (1792) 年)，幕末 (⊕寛政4 (1792) 年9月16日 ⊘明治22 (1889) 年11月25日)

伊達宗綱　だてむねつな
戦国時代～安土桃山時代の武士。遠江国衆。遠江高天神小笠原氏の同心衆。
¶武田 (生没年不詳)

伊達宗城*　だてむねなり
文政1 (1818) 年8月1日～明治25 (1892) 年12月20日　江戸時代末期～明治時代の宇和島藩主，外国事務総督。殖産興業，富国強兵の策を進める。参与になり，朝幕間の調停に腐心。
¶江人，コン，全幕，徳将，幕末，山小 (⊕1818年8月1日 ⊘1892年12月20日)

伊達宗孝*　だてむねみち
文政4 (1821) 年～明治32 (1899) 年　江戸時代後期～明治時代の大名。
¶幕末 (⊘明治32 (1899) 年5月20日)

伊達宗恭*　だてむねやす
生没年不詳　江戸時代後期の和算家。
¶数学

伊達宗敬*　だてむねよし
嘉永4 (1851) 年～明治9 (1876) 年　江戸時代末期～明治時代の吉田藩主，吉田藩知事。
¶幕末 (⊘明治9 (1876) 年8月29日)

伊達村候* (伊達村候)　だてむらとき
享保10 (1725) 年～寛政6 (1794) 年9月14日　江戸時代中期の大名。伊予宇和島藩主。
¶コン

伊達持宗*　だてもちむね
明徳4 (1393) 年～文明1 (1469) 年　室町時代の武将。氏宗の子。
¶コン，内乱，室町 (⊘応仁3 (1469) 年)

伊達盛重*　だてもりしげ
天文22 (1553) 年～元和1 (1615) 年　劔国分盛重 (こくぶもりしげ，こくぶんもりしげ)　安土桃山時代～江戸時代前期の陸奥仙台藩門閥。
¶戦武 (国分盛重　こくぶもりしげ)

伊達弥助　だてやすけ
江戸時代後期～明治時代の機業家。
¶美工 (⊕天保10 (1839) 年 ⊘明治25 (1892) 年3月20日)

楯山久三郎　たてやまきゅうざぶろう
⇒若島久三郎 (わかしまきゅうざぶろう)

館山善左衛門*　たてやまぜんざえもん
天保7 (1836) 年～明治8 (1875) 年　劔館山有孚 (たてやまゆうふ)　江戸時代末期～明治時代の弘前藩の志士。庄内征討軍中隊長として進軍。後，帰農して戸長を務める。
¶幕末 (館山有孚　たてやまゆうふ ⊕天保7 (1836) 年1月18日 ⊘明治8 (1875) 年10月27日)

竪山武兵衛*　たてやまぶへえ
江戸時代末期の薩摩藩士。
¶幕末 (生没年不詳)

館山有孚　たてやまゆうふ
⇒館山善左衛門 (たてやまぜんざえもん)

伊達行朝*　だてゆきとも
正応4 (1291) 年～正平3/貞和4 (1348) 年5月9日　劔伊達行宗 (だてゆきむね)　鎌倉時代後期～南北朝時代の武将。基宗の子。
¶コン，室町 (⊘貞和4/正平3 (1348) 年)

伊達行宗 だてゆきむね
⇒伊達行朝(だてゆきとも)

伊達慶邦* だてよしくに
文政8(1825)年〜明治7(1874)年7月12日 江戸時代末期〜明治時代の大名、華族。
¶コン,全幕,幕末(生文政8(1825)年9月6日)

伊達吉村* だてよしむら
延宝8(1680)年〜宝暦1(1751)年12月24日 江戸時代中期の大名。陸奥仙台藩主。
¶コン

立入宗継 たてりそうけい
⇒立入宗継(たてりむねつぐ)

立入宗継* たてりむねつぐ
享禄1(1528)年〜元和8(1622)年 [別]立入宗継(たてりそうけい) 戦国時代〜安土桃山時代の商人。天皇家の家産を司る。
¶コン

伊達林右衛門〔1代〕* だてりんえもん
?〜天保8(1837)年 江戸時代後期の松前物問屋商人、廻船業者、漁業家。
¶コン(代数なし)

伊達林右衛門〔3代〕* だてりんえもん
江戸時代末期の漁業家、実業家。
¶幕末(代数なし [生]? [没]慶応2(1866)年1月)

伊達林慶 だてりんけい
江戸時代後期の眼科医。
¶眼医(生没年不詳)

田所重道* たどころしげみち
天保12(1841)年〜元治1(1864)年 [別]田所騰次郎(たどころとうじろう) 江戸時代末期の志士。
¶コン,幕末([没]文久4(1864)年2月16日)

田所左右次 たどころそうじ
⇒田所寧親(たどころやすちか)

田所壮輔* たどころそうすけ
天保11(1840)年〜元治1(1864)年 江戸時代末期の志士。
¶コン,全幕,幕末([生]天保11(1840)年9月 [没]元治1(1864)年9月29日)

田所荘之助* たどころそうのすけ
天保6(1835)年〜明治42(1909)年 江戸時代末期〜明治時代の土佐藩士。山内豊積の家令を務めた。
¶幕末([没]明治42(1909)年11月19日)

田所千秋* たどころちあき
天保7(1836)年〜明治44(1911)年 江戸時代末期〜明治時代の歌人。海神社、生田神社宮司を歴任。
¶幕末([没]明治44(1911)年5月28日)

田所騰次郎 たどころとうじろう
⇒田所重道(たどころしげみち)

田所弘人* たどころひろと
江戸時代末期の新撰組隊士。
¶新隊(生没年不詳)

田所寧親* たどころやすちか
文化9(1812)年〜明治6(1873)年 [別]田所左右次(たどころそうじ) 江戸時代後期〜明治時代の砲術家。
¶コン,幕末(田所左右次 たどころそうじ [没]明治6(1873)年8月11日)

たと女 たとじょ★
江戸時代後期の女性。和歌。国安の越智繁九郎道清の妻。文化2年、実報寺の宥天の中陰手向歌会の「宥天上人中陰手向和歌三拾首」に載る。
¶江表(たと女(愛媛県))

タナイヌ*
?〜享禄2(1529)年 [別]タナサカシ 戦国時代の蝦夷地西部の首長。
¶コン

田中 たなか
安土桃山時代の信濃国筑摩郡光郷の土豪。塔原海野氏もしくは光海野氏の被官か。
¶武田(生没年不詳)

田中愛* たなかあい
天明1(1781)年〜天保5(1834)年6月11日 江戸時代中期〜後期の和文作家。
¶江表(愛(山形県))

田中在政 たなかありまさ
江戸時代後期〜明治時代の和算家。信濃阿智村の人。
¶数学([生]文政2(1819)年 [没]明治8(1875)年)

田中梅次郎* たなかうめじろう
天保12(1841)年〜? 江戸時代後期〜末期の新撰組隊士。
¶新隊

田中円蔵 たなかえんぞう
江戸時代中期〜後期の宮大工。
¶美建([生]安永3(1774)年 [没]嘉永4(1851)年)

田中王 たなかおう
奈良時代の官人。
¶古人(生没年不詳)

田中大秀* たなかおおひで
安永6(1777)年〜弘化4(1847)年 江戸時代後期の国学者。
¶コン([生]安永5(1776)年),幕末([生]安永6(1777)年8月15日 [没]弘化4(1847)年9月16日)

田中かく たなかかく
江戸時代末期〜昭和時代の田中一誠堂女主人。
¶出版([生]安政6(1859)年2月28日 [没]昭和28(1953)年2月7日)

田中華城* たなかかじょう
文政9(1826)年〜明治13(1880)年4月13日 江戸時代末期〜明治時代の漢学者。
¶幕末

田中勝介(田中勝助) たなかかつすけ
⇒田中勝介(たなかしょうすけ)

田中可然 たなかかねん
⇒田中可然(たなかよしのり)

田中河内介* たなかかわちのすけ
文化12(1815)年〜文久2(1862)年 [別]田中河内介(たなかこうちのすけ) 江戸時代末期の尊攘派志士。
¶コン,幕末([生]文化12(1815)年1月 [没]文久2(1862)年5月1日)

田中冠帯 たなかかんたい
⇒田中丘隅(たなかきゅうぐ)

た

た

田中儀右衛門　たなかぎえもん
⇒田中久重〔1代〕(たなかひさしげ)

田中丘隅*　たなかきゅうぐ
寛文2(1662)年〜享保14(1729)年　[別]田中冠帯(たなかかんたい)，田中丘隅，田中邱隅(たなかきゅうぐう)，田中休愚右衛門(たなかきゅうぐえもん)，田中兵庫(たなかひょうご)，田中喜古(たなかよしひさ)　江戸時代中期の農政家。
¶江人,コン,徳将,徳人(田中喜古　たなかよしひさ),徳代(田中喜古　たなかよしひさ　[没]享保14(1729)年12月22日),山小([生]？　[没]1729年12月22日)

田中丘隅(田中邱隅)　たなかきゅうぐう
⇒田中丘隅(たなかきゅうぐ)

田中休愚右衛門　たなかきゅうぐえもん
⇒田中丘隅(たなかきゅうぐ)

田中魚江*　たなかぎょこう
？〜寛延3(1750)年　[別]魚江(ぎょこう)　江戸時代中期の俳人。
¶俳文(魚江　ぎょこう)

田中清相*　たなかきよすけ
生没年不詳　[別]田中清相(たなかせいすけ)　江戸時代中期の和算家。
¶数学(たなかせいすけ)

田中清寿*　たなかきよとし
文化1(1804)年〜明治9(1876)年　江戸時代末期〜明治時代の装剣金工。意匠と図案に巧み、鉄地の銹付けに独特な色合いの作品。貿易用作品も作る。
¶コン,美工

田中楠之助*　たなかくすのすけ
天保14(1843)年〜元治1(1864)年　江戸時代末期の庄屋。
¶全幕,幕末([没]元治1(1864)年7月19日)

田中軍太郎*　たなかぐんたろう
天保13(1842)年〜慶応2(1866)年　江戸時代末期の安芸広島藩士。
¶幕末([没]慶応2(1866)年1月17日)

田中慶清*　たなかけいせい
大治5(1130)年〜文治3(1187)年12月28日　[別]慶清(きょうせい)，田中慶清(たなかのけいせい)　平安時代後期の石清水八幡宮寺別当。
¶古人(慶清　きょうせい),古人(たなかのけいせい),平家(慶清　きょうせい)

田中瓊田*　たなかけいでん
文化10(1813)年〜明治17(1884)年　江戸時代末期〜明治時代の書家。浄土宗瑞宝事本堂に大木額「殊明閣」を揮毫。
¶幕末([没]明治17(1884)年11月12日)

田中玄宰　たなかげんさい
⇒田中玄宰(たなかはるなか)

田中謙助*　たなかけんすけ
文政11(1828)年〜文久2(1862)年　江戸時代末期の薩摩藩士。尊攘派の志士。
¶幕末([没]文久2(1862)年4月24日)

田中愿蔵*　たなかげんぞう
弘化1(1844)年〜元治1(1864)年　江戸時代末期の水戸藩士。
¶幕末([生]天保15(1844)年　[没]元治1(1864)年10月16日)

田中玄蕃*　たなかげんば
戦国時代の流通商人。
¶後北(玄蕃助〔田中(2)〕　げんばのすけ)

田中玄蕃〔9代〕*　たなかげんば
元文5(1740)年〜文化8(1811)年6月15日　[別]田中玄蕃〔9代〕(たなかげんばん)　江戸時代中期〜後期の醤油醸造家。
¶コン(たなかげんばん)

田中玄蕃〔10代〕*　たなかげんば
安永7(1778)年〜嘉永2(1849)年　[別]田中玄蕃〔10代〕(たなかげんばん)　江戸時代後期の醤油醸造家。
¶コン(たなかげんばん)

田中玄蕃〔9代〕　たなかげんばん
⇒田中玄蕃〔9代〕(たなかげんば)

田中玄蕃〔10代〕　たなかげんばん
⇒田中玄蕃〔10代〕(たなかげんば)

田中河内介　たなかこうちのすけ
⇒田中河内介(たなかかわちのすけ)

田中小右衛門*　たなかこえもん
文政3(1820)年〜？　江戸時代末期の笠間藩家老。
¶幕末

田中五竹坊　たなかごちくぼう
⇒五竹坊(ごちくぼう)

田中五之助*　たなかごのすけ
弘化4(1847)年〜明治3(1870)年　江戸時代末期〜明治時代の百姓。
¶幕末([没]明治3(1870)年3月18日)

田中定賢の妻　たなかさだよしのつま★
江戸時代中期の女性。和歌。紀州徳川家の家老水野土佐守吉安の娘。元禄16年刊、柳陰堂了寿編『新歌さゝ石』に載る。
¶江表(田中定賢の妻(東京都))

田中算翁*　たなかさんおう
享和2(1802)年〜明治6(1873)年　[別]田中昌言(たなかまさとき)　江戸時代末期〜明治時代の和算家。
¶数学(田中昌言　たなかまさとき　[没]明治6(1873)年6月7日)

田中三治　たなかさんじ
江戸時代後期〜末期の二本松少年隊士。
¶全幕([生]嘉永6(1853)年？　[没]慶応4(1868)年)

田中周英　たなかしゅうえい
江戸時代後期〜末期の眼科医。
¶眼医(生没年不詳)

田中収吉*　たなかしゅうきち
天保14(1843)年〜元治1(1864)年　江戸時代末期の志士。
¶コン([生]天保5(1834)年),幕末([生]天保14(1843)年9月9日　[没]元治1(1864)年9月5日)

田中重吉　たなかじゅうきち
⇒吉田重蔵(よしだじゅうぞう)

田中繡蝶*　たなかしゅうちょう
文化14(1817)年〜明治13(1880)年　江戸時代後期〜明治時代の画家。
¶江表(瑟子(京都府)　しつこ)

田中主馬蔵* たなかしゅめぞう
天保3(1832)年～慶応2(1866)年 [別]田中主馬造(たなかすめぞう) 江戸時代末期の十津川郷士。
¶幕末([没]慶応2(1867)年12月9日)

田中順助* たなかじゅんすけ
天保11(1840)年～文久2(1862)年 江戸時代末期の志士。
¶幕末([没]文久2(1862)年9月2日)

田中庄次郎 たなかしょうじろう
江戸時代末期の代官。
¶徳代([生]? [没]安政6(1859)年7月13日)

田中勝介*(田中勝助) たなかしょうすけ
生没年不詳 [別]田中勝介, 田中勝助(たなかかつすけ), フランシスコ・デ・ベラスコ 江戸時代前期の京都の商人。初めて太平洋を横断した日本人。
¶江人, コン(田中勝助), 全戦, 対外, 山小

田中二郎* たなかじろう
嘉永4(1851)年～? 江戸時代末期の幕府留学生。1865年ロシアに渡る。
¶幕末

田中真吉* たなかしんきち
生没年不詳 安土桃山時代の織田信長の家臣。
¶織田

田中信吾* たなかしんご
天保8(1837)年～明治33(1900)年 江戸時代末期～明治時代の医師。緒方洪庵に学ぶ。医学教師・壮猶館翻訳方兼任。
¶幕末([没]明治33(1900)年1月)

田中新兵衛* たなかしんべえ
*～文久3(1863)年 江戸時代末期の薩摩藩士、尊攘派志士。
¶コン([生]天保12(1841)年), 全幕([生]?), 幕末([生]天保3(1832)年 [没]文久3(1863)年5月26日)

田中晋兵衛 たなかしんべえ
江戸時代末期の新撰組隊士。
¶新隊(生没年不詳)

田中瓚 たなかすすむ
⇒田中大観(たなかたいかん)

田中主馬造 たなかすめぞう
⇒田中主馬蔵(たなかしゅめぞう)

田中清右衛門* たなかせいえもん
天保5(1834)年～明治1(1868)年 江戸時代末期の薩摩藩士。
¶幕末([没]慶応4(1868)年5月1日)

田中省吾 たなかせいご
⇒田中桐江(たなかとうこう)

田中静洲* たなかせいしゅう
天保13(1842)年～* [別]朝倉省吾(あさくらしょうご), 朝倉盛明(あさくらもりあき) 江戸時代末期～明治時代の医師、鉱山技師。生野鉱山の近代的開発の礎。
¶幕末(朝倉省吾 あさくらしょうご [生]天保14(1843)年 [没]大正13(1924)年1月24日)

田中清相 たなかせいすけ
⇒田中清相(たなかきよすけ)

田中精助 たなかせいすけ
江戸時代後期～明治時代の機械技術者。
¶科学([生]天保7(1836)年4月 [没]明治43(1910)年12月5日)

田中誠輔* たなかせいすけ
天保1(1830)年～元治1(1864)年 江戸時代末期の長州(萩)藩士。
¶幕末([生]文政13(1830)年 [没]元治1(1864)年7月19日)

田中正長 たなかせいちょう
⇒田中清六(たなかせいろく)

田中清兵衛 たなかせいびょうえ
江戸時代前期の武士。大坂の陣で籠城。
¶大坂

田中清六* たなかせいろく
[別]田中正長(たなかせいちょう) 安土桃山時代～江戸時代前期の敦賀の豪商、佐渡代官。徳川氏家臣。
¶徳人(田中正長 たなかせいちょう 生没年不詳), 徳代(田中正長 たなかせいちょう 生没年不詳)

田中善吉* たなかぜんきち
元禄7(1694)年～明和4(1767)年 江戸時代中期の紀伊和歌山藩地士、商人。
¶コン

田中善五郎 たなかぜんごろう
安土桃山時代の武士。武田遺臣。中郡藤巻郷の人。
¶武田(生没年不詳)

田中善左衛門* たなかぜんざえもん
天保5(1834)年～明治43(1910)年 江戸時代末期～明治時代の紀伊国有田郡箕島村の庄屋。養蚕所、絹布織工所を開設。櫨の品種改良。
¶幕末

田中善蔵* たなかぜんぞう
文政8(1825)年～慶応3(1867)年11月12日 江戸時代末期の紀伊和歌山藩士。
¶幕末

田中千梅* たなかせんばい
貞享3(1686)年～明和6(1769)年 [別]千梅(せんばい) 江戸時代中期の俳人。
¶俳文(千梅 せんばい [没]明和6(1769)年4月15日)

田中千柳 たなかせんりゅう
⇒並木宗輔(なみきそうすけ)

田中宗慶 たなかそうけい
⇒宗慶(そうけい)

田中宗清*(田中宗晴) たなかそうせい
建久1(1190)年～嘉禎3(1237)年 [別]宗清(そうしょう), 田中宗晴(たなかのそうせい) 鎌倉時代前期の石清水八幡宮寺別当。
¶古人(田中宗晴 たなかのそうせい)

田中宗八 たなかそうはち
安土桃山時代～江戸時代前期の豊臣秀吉の弓衆。
¶大坂

田中大観* たなかたいかん
宝永7(1710)年～享保20(1735)年 [別]田中瓚(たなかすすむ) 江戸時代中期の京都の儒者、暦算家。
¶数学(田中瓚 たなかすすむ [生]宝永7(1710)年2月20日 [没]享保20(1735)年11月9日)

田中太右衛門 たなかたえもん
世襲名 江戸時代の秋田屋宋栄堂(秋太)主人。
¶出版

たなかた
1376

田中高長 ＊　たなかたかなが
生没年不詳　江戸時代後期の和算家。
¶数学

田中多太麻呂　たなかただまろ
⇒田中多太麻呂（たなかのただまろ）

田中民之丞 ＊　たなかたみのじょう
文化3（1806）年〜明治18（1885）年　江戸時代末期
〜明治時代の徳山藩士。弾薬製造頭取、会計主任。
官命で筑前小倉地方を測量。
¶幕末（㊦明治18（1885）年1月25日）

田中為政 ＊　たなかためまさ
生没年不詳　江戸時代後期の和算家。
¶数学

田中大夫　たなかだゆう
戦国時代〜安土桃山時代の駿河府中浅間社の社人。
¶武田（生没年不詳）

田中足麻呂　たなかたるまろ
⇒田中足麻呂（たなかのたるまろ）

田中長次郎　たなかちょうじろう
⇒長次郎（ちょうじろう）

田中長祐　たなかちょうすけ
⇒長次郎（ちょうじろう）

田中長兵衛〔1代〕 ＊　たなかちょうべえ
天保5（1834）年〜明治34（1901）年　江戸時代末期
〜明治時代の実業家、釜石鉱山田中製鉄所創業者。
製鉄技術の自立に努め、近代製鉄業を確立。
¶幕末（代数なし）

田中常矩 ＊　たなかつねのり
＊〜天和2（1682）年　㊦常矩（つねのり）　江戸時代
前期の俳人（談林派）。
¶俳文（常矩　つねのり　㊦寛永20（1643）年　㊦天和2
（1682）年3月19日）

田中伝左衛門 ＊　たなかでんざえもん
世襲名　江戸時代中期以来の長唄囃子方の家元。
¶江人

田中伝左衛門〔3代〕 ＊　たなかでんざえもん
？〜享和1（1801）年　江戸時代中期〜後期の歌舞伎
囃子田中流の宗家。
¶歌大（㊦享和1（1801）年10月16日）、コン、新歌（――
〔3世〕）

田中伝左衛門〔4代〕 ＊　たなかでんざえもん
？〜天保1（1830）年　江戸時代後期の歌舞伎囃子
方。3代伝左衛門の長男。
¶歌大（㊦天保1（1830）年12月22日）、新歌（――〔4世〕）

田中伝左衛門〔5代〕 ＊　たなかでんざえもん
？〜天保11（1840）年　江戸時代後期の歌舞伎囃子
田中流の宗家。
¶歌大（㊦天保11（1840）年10月27日）、新歌（――〔5
世〕）

田中伝左衛門〔6代〕 ＊　たなかでんざえもん
？〜嘉永6（1853）年　江戸時代末期の歌舞伎囃子
方。5代伝左衛門の門弟。
¶歌大（㊦嘉永6（1853）年8月10日）、コン、新歌（――〔6
世〕）

田中伝左衛門〔7代〕 ＊　たなかでんざえもん
？〜万延1（1860）年　江戸時代末期の歌舞伎囃子田
中流の宗家。

¶歌大（㊦万延1（1860）年7月20日）、新歌（――〔7世〕）

田中伝左衛門〔8代〕 ＊　たなかでんざえもん
生没年不詳　江戸時代末期の歌舞伎囃子田中流の
宗家。
¶歌大（㊦？）、新歌（――〔8世〕）

田中桐江 ＊　たなかとうこう
寛文8（1668）年〜寛保2（1742）年6月26日　㊦田中
省吾（たなかせいご）　江戸時代中期の漢詩人。
¶コン

田中道清 ＊　たなかどうせい
嘉応1（1169）年〜建永1（1206）年　㊦田中道清（た
なかのどうせい）、道清（どうしょう、どうせい）
鎌倉時代前期の石清水八幡宮寺別当。
¶古人（たなかのどうせい）、古人（道清　どうせい）

田中藤六 ＊　たなかとうろく
？〜安永6（1777）年　江戸時代中期の瀬戸内塩業の
操業短縮提唱者。
¶コン

田中遠江守　たなかとおとうみのかみ
安土桃山時代の織田信長の家臣。和泉の国人。佐
久間信盛指揮下。
¶織田（㊦？　㊦天正4（1576）年7月13日）

田中土佐 ＊　たなかとさ
文政3（1820）年〜明治1（1868）年　江戸時代末期
の陸奥会津藩家老。
¶全幕（㊦慶応4（1868）年）、幕末（㊦慶応4（1868）年8月
23日）

田中訥言 ＊　たなかとつげん
明和4（1767）年〜文政6（1823）年　江戸時代中期
〜後期の復古大和絵派の画家。尾張の人。
¶コン、美画（㊦文政6（1823）年3月21日）

田中友三郎 ＊　たなかともさぶろう
文政12（1829）年〜大正2（1913）年　江戸時代末期
〜明治時代の笠間焼の実業家。
¶幕末（㊦天保10（1839）年）、美工（㊦文政12（1829）年
11月8日　㊦大正2（1913）年1月24日）

田中豊益　たなかとよます
⇒田中豊益（たなかのとよます）

田中寅亮 ＊　たなかとらすけ
文化9（1812）年〜万延1（1860）年　江戸時代末期
の尾張藩士。
¶幕末

田中寅蔵 ＊（田中寅三）　たなかとらぞう
天保12（1841）年〜慶応3（1867）年　江戸時代末期
の新撰組隊士。
¶新隊（田中寅三　㊦慶応3（1867）年4月15日）、幕末（田
中寅三　㊦慶応3（1867）年4月15日）

田中矢徳　たなかやのり
江戸時代後期〜明治時代の数学者。
¶数学（㊦嘉永6（1853）年3月）

田中長嶺　たなかながね
江戸時代後期〜大正時代の殖産家。
¶植物（㊦嘉永2（1849）年4月24日　㊦大正11（1922）年6
月30日）

田中某　たなかになにがし
戦国時代の相模国須賀郷の百姓。北条氏康に属
した。

¶後北(某〔田中(1)〕　なにがし)

田中朝臣浄人* たなかのあそんきよひと
[別]田中浄人(たなかのきよひと)　平安時代前期の官人。
¶古人(田中浄人　たなかのきよひと　生没年不詳),古代

田中朝臣多太麻呂 たなかのあそんただまろ
⇒田中多太麻呂(たなかのただまろ)

田中朝臣法麻呂* たなかのあそんのりまろ
[別]田中法麻呂(たなかののりまろ)　飛鳥時代の官人。
¶古人(田中法麻呂　たなかののりまろ　生没年不詳),古代

田中飯麻呂 たなかのいいまろ
奈良時代の官人。
¶古人(生没年不詳)

田中浄足 たなかのきよたり
奈良時代の官人。
¶古人(生没年不詳)

田中浄人 たなかのきよひと
⇒田中朝臣浄人(たなかのあそんきよひと)

田中慶清 たなかのけいせい
⇒田中慶清(たなかけいせい)

田中宗晴 たなかのそうせい
⇒田中宗清(たなかそうせい)

田中多太麻呂*(田中多太麿)　たなかのただまろ
?～宝亀9(778)年　[別]田中多太麻呂(たなかただまろ),田中朝臣多太麻呂(たなかのあそんただまろ)　奈良時代の官人。
¶古人,古代(田中朝臣多太麻呂　たなかのあそんただまろ),コン(たなかただまろ)

田中足麻呂 たなかのたりまろ
⇒田中足麻呂(たなかのたるまろ)

田中足麻呂* たなかのたるまろ
?～文武天皇2(698)年　[別]田中足麻呂(たなかたるまろ,たなかのたりまろ)　飛鳥時代の官人。壬申の乱で活躍。
¶古人(たなかのたりまろ),コン(たなかたるまろ　[没]文武2(698)年)

田中道清 たなかのどうせい
⇒田中道清(たなかどうせい)

田中豊益* たなかのとよます
[別]田中豊益(たなかとよます)　平安時代後期の大名田堵、伝承上の人物。
¶コン

田中法麻呂 たなかののりまろ
⇒田中朝臣法麻呂(たなかのあそんのりまろ)

田中誠美 たなかのぶよし
江戸時代後期の和算家。
¶数学

田中三上* たなかのみかみ
奈良時代の人。
¶古人(生没年不詳)

田中一* たなかはじめ
江戸時代末期の新撰組隊士。
¶新隊

田中玄純* たなかはるずみ
文化4(1807)年～文久1(1861)年　江戸時代末期の陸奥会津藩士。
¶幕末([没]文久1(1861)年7月30日)

田中玄宰* たなかはるなか
寛延1(1748)年～文化5(1808)年　[別]田中玄宰(たなかげんさい)　江戸時代中期～後期の陸奥会津藩家老。
¶コン

田中半兵衛 たなかはんべえ
安土桃山時代の平井郷の百姓。
¶後北(半兵衛〔田中(3)〕　はんべえ)

田中久重〔1代〕* たなかひさしげ
寛政11(1799)年～明治14(1881)年11月7日　[別]からくり儀右衛門(からくりぎえもん),田中儀右衛門(たなかぎえもん)　江戸時代末期～明治時代の技術者。細工や発明の才に優れ、巧妙な「からくり」人形を製作。田中製作所を開業。
¶江人(代数なし),科学([生]寛政11(1799)年9月18日),コン,全幕(代数なし),幕末(代数なし　[生]寛政11(1799)年9月18日)

田中兵庫 たなかひょうご
⇒田中丘隅(たなかきゅうぐ)

田中弘義 たなかひろよし
江戸時代後期～明治時代のフランス語教師。
¶幕末([生]弘化4(1847)年　[没]明治21(1888)年12月5日)

田中不二麿*(田中不二麻呂)　たなかふじまろ
弘化2(1845)年～明治42(1909)年　江戸時代末期～明治時代の政治家、子爵、枢密院顧問官、法相。尊王論者。文部大輔、司法卿、駐仏公使など務める。
¶コン,思想(田中不二麻呂),幕末([生]弘化2(1845)年6月12日　[没]明治42(1909)年2月1日)

田中文弥 たなかぶんや
江戸時代後期～大正時代の彫刻家。
¶美建([生]弘化1(1844)年　[没]大正14(1925)年)

田中平八* たなかへいはち
天保5(1834)年～明治17(1884)年6月8日　江戸時代末期～明治時代の実業家。洋銀売買・生糸売込・両替商を営む。田中組設立。
¶コン([没]明治16(1883)年),幕末([生]天保5(1834)年7月17日)

田中平八郎 たなかへいはちろう
安土桃山時代の武士。下河東の人。九一色衆か。
¶武田(生没年不詳)

田中北嶺* たなかほくれい
天保9(1838)年～大正7(1918)年　江戸時代末期～大正時代の日本画家。
¶幕末([生]天保9(1838)年9月30日　[没]大正7(1918)年2月18日),美画([生]天保9(1838)年9月30日　[没]大正7(1918)年2月8日)

田中政重 たなかまさしげ
江戸時代前期の甲斐国代官。
¶徳代([生]?　[没]寛永19(1642)年1月7日)

田中正純 たなかまさずみ
江戸時代中期の幕臣。
¶徳人([生]1754年　[没]?)

田中昌言 たなかまさとき
⇒田中算翁(たなかさんおう)

た

田中政均　たなかまさとし
江戸時代中期～後期の和算家。和泉堺の人。医師田中仙養の養子。
¶数学（[生]享保13（1728）年6月　[没]寛政9（1797）年2月13日）

田中政長　たなかまさなが
江戸時代前期の代官。
¶徳代（[生]？　[没]寛永5（1628）年）

田中政信　たなかまさのぶ
江戸時代後期～明治時代の和算家。姫路延末の人。中西再新流を称す。
¶数学（[生]文化6（1809）年　[没]明治13（1880）年2月6日）

田中理以　たなかまさゆき
正徳2（1712）年～明和3（1766）年　江戸時代中期の幕臣。
¶徳人，徳代（[没]明和3（1766）年1月15日）

田中正義*　たなかまさよし
文化13（1816）年～明治28（1895）年　江戸時代末期～明治時代の加賀藩士。漢学、算術をよくし、洋学を四十歳で志す。著に「英和辞書」。
¶幕末（[没]明治28（1895）年2月）

田中益信*　たなかますのぶ
生没年不詳　江戸時代中期の浮世絵師。
¶浮絵

田中道麿*（田中道麻呂）　たなかみちまろ
享保9（1724）年～天明4（1784）年　江戸時代中期の国学者。
¶コン

田中光顕　たなかみつあき
天保14（1843）年～昭和14（1939）年　江戸時代後期～昭和時代の高知藩士、政治家、子爵。
¶コン，全幕，幕末（[生]天保14（1843）年閏9月25日　[没]昭和14（1939）年3月28日）

田中光儀　たなかみつよし
江戸時代後期の幕臣。
¶幕末（[生]文政11（1828）年5月26日　[没]？）

田中躬之*　たなかみゆき
寛政8（1796）年～安政4（1857）年　江戸時代末期の儒学者。
¶幕末（[没]安政4（1857）年7月19日）

田中岷江*　たなかみんこう
享保20（1735）年～文化13（1816）年　江戸時代中期～後期の彫刻家。
¶コン，美建（[没]文化13（1816）年8月29日）

田中茂手木*　たなかもてぎ
天保14（1843）年～明治1（1868）年　江戸時代末期の陸奥会津藩士。
¶幕末（[没]慶応4（1868）年7月28日）

田中主水　たなかもんど
江戸時代末期～大正時代の仏師。
¶美建（[生]安政4（1857）年　[没]大正6（1917）年3月）

田中屋喜兵衛*　たなかやきへえ
江戸時代後期の篤農家。聖護院大根を栽培。
¶植物（生没年不詳）

田中有美　たなかゆうび
江戸時代後期～昭和時代の宮廷画家。
¶美画（[生]天保10（1840）年11月30日　[没]昭和8（1933）年2月20日）

田中芳男*　たなかよしお
天保9（1838）年8月9日～大正5（1916）年6月22日　江戸時代末期～明治時代の植物学者。博物知識の普及、殖産興業に尽力。著書に「有用植物図説」。
¶科学，コン，植物，徳人，幕末（[没]大正5（1916）年6月21日）

田中義廉*　たなかよしかど
天保12（1841）年2月11日～明治12（1879）年10月3日　江戸時代末期～明治時代の洋学者、教科書編纂者。文部省出仕、「小学読本」を編纂。「万国史略」等教科書執筆。教育社設立。
¶科学，出版

田中由真*　たなかよしざね
慶安4（1651）年～享保4（1719）年　江戸時代前期～中期の和算家。橋本吉隆の門弟。
¶数学（[没]享保4（1719）年10月21日）

田中義資　たなかよしすけ
⇒安田義資（やすだよしすけ）

田中吉官　たなかよしすけ
安土桃山時代～江戸時代前期の幕臣。
¶徳人（[生]1600年　[没]1658年）

田中喜三　たなかよしぞう
世襲名　江戸時代前期～末期の眼科医。
¶眼医（生没年不詳）

田中義喬　たなかよしたか
江戸時代後期の和算家。
¶数学

田中可然*　たなかよしのり
*～大正13（1924）年12月13日　[別]田中可然（たなかかねん）　江戸時代末期～大正時代の和算家、広島藩校の数学教授。航海測量士。藩校閉鎖後、兵部省出仕。
¶数学（[生]天保3（1832）年），幕末（たなかかねん　[生]天保4（1833）年）

田中喜乗　たなかよしのり
元禄4（1691）年～元文5（1740）年　江戸時代中期の幕臣。
¶徳人，徳代（[没]元文5（1740）年2月23日）

田中喜古　たなかよしひさ
⇒田中丘隅（たなかきゅうぐ）

田中佳政*　たなかよしまさ
？～享保8（1723）年　江戸時代中期の和算家。
¶数学

田中吉政*　たなかよしまさ
天文17（1548）年～慶長14（1609）年　安土桃山時代～江戸時代前期の大名。三河岡崎藩主、筑後柳河藩主。
¶コン，全戦

田中善正　たなかよしまさ
江戸時代中期～後期の和算家。出羽庄内大山の人。
¶数学（[生]明和9（1772）年8月17日　[没]文政5（1822）年7月18日）

田中喜道　たなかよしみち
江戸時代中期～後期の代官。
¶徳代（[生]享保6（1721）年　[没]寛政10（1798）年3月3日）

田中蘭陵* たなからんりょう
元禄12(1699)年～享保19(1734)年　江戸時代中期の儒学者。
¶コン

田中律造* たなかりつぞう
江戸時代末期の新撰組隊士。
¶新隊(生没年不詳)

田中良助* たなかりょうすけ
文政3(1820)年～明治10(1877)年7月25日　江戸時代末期～明治時代の土佐国柴巻の坂本家の山の山番。龍馬と一緒に遊ぶ。家は当時のまま保存されている。
¶幕末

タナサカシ
⇒タナイヌ

田名宗経 だなそうけい
江戸時代後期～末期の彫刻家。
¶美建((生)寛政10(1798)年5月1日　(没)元治2(1865)年4月5日)

田名宗相 だなそうそう
江戸時代後期～明治時代の彫刻家。
¶美建((生)天保3(1832)年10月20日　(没)明治10(1877)年9月4日)

棚橋絢子 たなはしあやこ
天保10(1839)年～昭和14(1939)年　江戸時代末期～昭和時代の教育者。
¶コン, 女史

棚橋天籟* たなはしてんらい
天保5(1834)年～明治43(1910)年　江戸時代末期～明治時代の勤王の志士、揖斐岡田家に仕える。戊辰戦争では流山・宇都宮で功を立てる。
¶コン, 幕末((生)天保5(1834)年4月17日　(没)明治43(1910)年10月2日)

棚橋御樹* たなはしみき
弘化1(1844)年～明治18(1885)年　江戸時代末期～明治時代の志士。土佐勤王党に参加、勤王党弾圧の中、内牢で監視される。
¶幕末((没)明治18(1885)年1月9日)

田辺家勝* たなべいえかつ
天保7(1836)年～明治32(1899)年　江戸時代末期～明治時代の土佐国郷士。戊辰戦争に参加、留守居組に昇格。地方行政で活躍。
¶幕末((生)天保7(1837)年12月　(没)明治32(1899)年11月23日)

田辺家豪* たなべいえたけ
*～大正2(1913)年　江戸時代末期～明治時代の土佐国志士。土佐勤王党に参加。藩主江戸行きに随行。
¶幕末((生)天保11(1840)年2月2日　(没)大正2(1913)年12月8日)

田辺市左衛門* たなべいちざえもん
弘化1(1844)年～明治29(1896)年　江戸時代末期～明治時代の陸奥二本松藩士、福島新聞社主。
¶幕末((没)明治29(1896)年2月2日)

田辺勘兵衛 たなべかんひょうえ
江戸時代前期の武士。大坂の陣で籠城。
¶大坂((没)慶長19年11月26日)

田辺機一 たなべきいち
江戸時代末期～昭和時代の俳人。
¶俳文((生)安政3(1856)年8月　(没)昭和8(1933)年5月29日)

田辺清之 たなべきよゆき
江戸時代後期の和算家。相州小田原の人。天明5年算額を奉納。
¶数学((没)寛政7(1795)年3月1日)

田辺九郎次郎* たなべくろうじろう
生没年不詳　安土桃山時代の織田信長の家臣。
¶織田

田辺軍次* たなべぐんじ
嘉永3(1850)年～明治3(1870)年　江戸時代末期～明治時代の岩国国佐野村の生まれ。
¶幕末((没)明治3(1870)年8月11日)

田辺重真 たなべじゅうしん
江戸時代前期の甲斐国代官、金山奉行。
¶武田(田辺新兵衛尉　たなべしんべえのじょう　(生)?　(没)慶長16(1611)年2月4日), 徳代((生)?　(没)慶長16(1611)年2月4日)

田辺庄右衛門 たなべしょうえもん
安土桃山時代～江戸時代前期の代官。武田家旧臣。
¶徳代(生没年不詳)

田辺蕉鹿* たなべしょうろく
天保9(1838)年～明治25(1892)年　江戸時代末期～明治時代の官吏。督事官となり藩政改革的起草をする。図書助となる。
¶幕末((没)明治25(1892)年10月20日)

田辺四郎兵衛尉 たなべしろうびょうえのじょう
戦国時代の甲斐国山梨郡於曽郷の土豪。金山衆の有力者。
¶武田(生没年不詳)

田辺清衛門尉 たなべせいえもんのじょう
戦国時代の甲斐国山梨郡小田原の在郷商人。
¶武田(生没年不詳)

田辺宗政 たなべそうせい
安土桃山時代～江戸時代前期の代官。
¶徳代(生没年不詳)

田辺衣手子* たなべそでこ
寛政8(1796)年～慶応1(1865)年9月　江戸時代後期～末期の女性。歌人。
¶江表(衣手子(新潟県)　(生)寛政9(1797)年)

田辺太一* たなべたいち
天保2(1831)年～大正4(1915)年9月16日　江戸時代末期～明治時代の外交官、貴族院議員。岩倉遣外使節の書記官、駐清臨時代理公使などを歴任。
¶コン, 全幕, 徳人, 幕末((生)天保2(1831)年9月16日)

田辺忠村 たなべちゅうそん
安土桃山時代～江戸時代前期の代官。
¶徳代(生没年不詳)

田部長右衛門〔21代〕 たなべちょうえもん
江戸時代後期～昭和時代の山林地主、貴院議員。
¶植物((生)嘉永3(1850)年　(没)昭和17(1942)年2月14日)

田辺貞吉 たなべていきち
江戸時代後期～大正時代の沼津藩士、官吏、実業家。
¶幕末((生)弘化4(1847)年11月14日　(没)大正15(1926)年1月3日)

た

田辺輝実* たなべてるざね
天保12(1841)年～大正13(1924)年 [別]田辺輝美(たなべてるみ) 江戸時代末期～明治時代の政治家、貴族院議員。高知県知事、農商務省山林局長など至る所で治績をあげた。
¶幕末(田辺輝美 たなべてるみ [生]天保12(1841)年11月 [没]大正13(1924)年10月17日)

田辺輝美 たなべてるみ
⇒田辺輝実(たなべてるざね)

田辺長常 たなべながつね
⇒田辺八左衛門(たなべはちざえもん)

田辺県麻呂 たなべのあがたまろ
奈良時代の官人。
¶古人(生没年不詳)

田辺小隅* たなべのおすみ
生没年不詳 飛鳥時代の将軍。壬申の乱で近江朝廷方の副将軍。
¶コン

田辺首名* たなべのおびとな
生没年不詳 [別]田辺史首名(たなべのふひとおびとな) 飛鳥時代の官人、学者。渡来系氏族。
¶古人, 古代(田辺史首名 たなべのふひとおびとな)

田辺浄足 たなべのきよたり
奈良時代の官人。
¶古人(生没年不詳)

田辺福麻呂*(田辺福麿) たなべのさきまろ
生没年不詳 [別]田辺史福麻呂(たなべのふひとさきまろ) 奈良時代の歌人、下級の官人。
¶古人, 古代(田辺史福麻呂 たなべのふひとさきまろ), 日文

田辺高額 たなべのたかぬか
奈良時代の官人。
¶古人(生没年不詳)

田辺足万呂 たなべのたりまろ
奈良時代の官人。
¶古人(生没年不詳)

田辺難波 たなべのなにわ
奈良時代の官人。陸奥・出羽の道を拓く。
¶古人(生没年不詳)

田辺伯孫* たなべのはくそん
[別]田辺史伯孫(たなべのふひとはくそん) 上代の「日本書紀」にみえる河内国飛鳥戸郡の人。帰化系氏族田辺史の祖。
¶古代(田辺史伯孫 たなべのふひとはくそん), コン, 対外

田辺広浜* たなべのひろはま
生没年不詳 [別]田辺史広浜(たなべのふひとひろはま) 奈良時代の官吏。
¶古人, 古代(田辺史広浜 たなべのふひとひろはま)

田辺史首名 たなべのふひとおびとな
⇒田辺首名(たなべのおびとな)

田辺史福麻呂 たなべのふひとさきまろ
⇒田辺福麻呂(たなべのさきまろ)

田辺史伯孫 たなべのふひとはくそん
⇒田辺伯孫(たなべのはくそん)

田辺史広浜 たなべのふひとひろはま
⇒田辺広浜(たなべのひろはま)

田辺史百枝 たなべのふひとももえ
⇒田辺百枝(たなべのももえ)

田辺百枝* たなべのももえ
生没年不詳 [別]田辺史百枝(たなべのふひとももえ), 田辺百枝(たなべのももえだ) 飛鳥時代の「大宝律令」撰定者。
¶古人(たなべのももえだ), 古代(田辺史百枝 たなべのふひとももえ), コン

田辺百枝 たなべのももえだ
⇒田辺百枝(たなべのももえ)

田辺八左衛門* たなべはちざえもん
天正7(1579)年～寛文4(1664)年 [別]田辺長常(たなべながつね), 田辺八左衛門長常(たなべはちざえもんながつね) 安土桃山時代～江戸時代前期の槍術家、田辺流槍術の祖。
¶大坂(田辺八左衛門長常 たなべはちざえもんながつね [没]寛文4年7月13日)

田辺八左衛門長常 たなべはちざえもんながつね
⇒田辺八左衛門(たなべはちざえもん)

田辺治之助* たなべはるのすけ
天保3(1832)年～明治1(1868)年 江戸時代末期の淀藩士。
¶幕末([没]慶応4(1868)年1月5日)

田辺広之助* たなべひろのすけ
江戸時代末期の新撰組隊士。
¶新隊(生没年不詳)

田辺茂啓* たなべもけい
元禄1(1688)年～明和5(1768)年 江戸時代中期の長崎地役人。
¶コン

田辺安蔵 たなべやすぞう
江戸時代後期の武士、松前奉行支払調役。
¶徳代(生没年不詳)

田辺安直 たなべやすなお
安土桃山時代～江戸時代前期の代官。
¶徳代([生]天正15(1587)年 [没]万治1(1658)年4月26日)

田辺保平* たなべやすひら
天保1(1830)年～明治30(1897)年 江戸時代末期～明治時代の金工家。肥後象嵌の妙手。
¶美工([没]明治30(1897)年10月)

田辺与左衛門* たなべよざえもん
生没年不詳 安土桃山時代の武士。織田氏家臣、秀吉馬廻。
¶織田

谷合弥七* たにあいやしち
*～明治20(1887)年 江戸時代末期～明治時代の郷士、農兵隊士。師範学校設置、第三十六銀行創立、蚕糸改良協会開設等に尽力。
¶幕末([生]天保8(1837)年 [没]明治20(1887)年10月12日)

谷以燕* たにいえん
生没年不詳 [別]谷以燕(たにもちやす) 江戸時代後期の暦算家。
¶数学(たにもちやす [生]安永3(1774)年 [没]文政7(1824)年)

谷市兵衛　たにいちびょうえ
江戸時代前期の伊東長次の中小姓。
¶大坂（[没]慶長20年5月7日）

谷一斎*　たにいっさい
寛永2（1625）年～元禄8（1695）年　[別]谷三山（たにさんざん）　江戸時代前期の儒学者。谷時中の子。
¶コン

谷井直方　たにいなおかた
⇒田付長兵衛（たつけちょうべえ）

谷栄　たにえ★
江戸時代後期の女性。教育。花津氏。弘化4年～明治6年寺子屋を経営。
¶江表（谷栄（秋田県））

谷風梶之助〔2代〕*　たにかぜかじのすけ
寛延3（1750）年～寛政7（1795）年　[別]達ケ関森右衛門（だてがせきもりえもん）　江戸時代中期の力士。陸奥国の農夫出身。
¶江人（代数なし），コン（代数なし）

谷亀野*　たにかめの
？～文化10（1813）年4月3日　江戸時代中期～後期の女性。高知藩奥女中。
¶江表（亀野（高知県）　[生]享保14（1729）年）

谷川士清*　たにかわことすが，たにがわことすが
宝永6（1709）年～安永5（1776）年　江戸時代中期の国学者、神道家。
¶江人，コン，思想

谷川護物*　たにかわごぶつ
安永1（1772）年～天保15（1844）年　[別]護物（ごぶつ）　江戸時代後期の俳人。
¶俳文（護物　ごぶつ　[没]弘化1（1844）年7月25日）

谷川善右衛門*　たにがわぜんえもん，たにかわぜんえもん
生没年不詳　江戸時代中期の和算家。
¶数学（たにかわぜんえもん）

谷川辰蔵*　たにがわたつぞう
天保7（1836）年頃～明治27（1894）年1月2日　江戸時代後期～明治時代の新撰組隊士。
¶新隊（[生]天保7（1836）年？）

谷幹々*　たにかんかん
＊～寛政11（1799）年　[別]幹々（かんかん），谷幹々女（たにかんかんじょ）　江戸時代中期～後期の女性。画家。谷文晁の妻。
¶江表（幹々（東京都）　[生]明和7（1770）年），美画（[生]明和7（1770）年　[没]寛政11（1799）年7月23日）

谷幹々女　たにかんかんじょ
⇒谷幹々（たにかんかん）

谷干城　たにかんじょう
⇒谷干城（たにたてき）

谷口靄山*　たにぐちあいざん
文化13（1816）年12月～明治32（1899）年12月30日　江戸時代末期～明治時代の南画家。内国絵画共進会、内国勧業博覧会で受賞。京阪の南画壇において活躍。
¶美画

谷口安宅*　たにぐちあたか
生没年不詳　[別]谷口安宅（たにぐちやすいえ）　江戸時代後期の藩士・和算家。
¶数学（たにぐちやすいえ）

谷口一閑　たにぐちいっかん
江戸時代末期の眼科医。
¶眼医（生没年不詳）

谷口雞口*（谷口鶏口）　たにぐちけいこう
享保3（1718）年～享和2（1802）年　[別]雞口，鶏口（けいこう）　江戸時代中期～後期の俳人。
¶俳文（鶏口　けいこう　[生]享保6（1721）年　[没]享和2（1802）年7月11日）

谷口瓊圃　たにぐちけいほ
江戸時代末期～明治時代の眼科医。
¶眼医（[生]？　[没]明治12（1879）年）

谷口左近　たにぐちさこん
江戸時代中期の仏師。
¶美建（生没年不詳）

谷口式部大丞*　たにぐちしきぶだいじょう
文政2（1819）年～？　江戸時代後期の武士。勧修寺氏家臣。
¶幕末

谷口四郎兵衛　たにぐちしろうべえ
⇒谷口四郎兵衛（たにぐちしろべえ）

谷口四郎兵衛*　たにぐちしろべえ
天保11（1840）年12月26日～明治43（1910）年12月31日　[別]谷口四郎兵衛（たにぐちしろうべえ）　江戸時代後期～明治時代の新撰組隊士。
¶新隊（たにぐちしろうべえ）

谷口泰庵*　たにぐちたいあん
天保6（1835）年～明治24（1891）年　江戸時代末期～明治時代の医師。廃藩後、私立病院を興し、後進の指導と診療に当たる。
¶幕末（[没]明治24（1891）年10月20日）

谷口田女　たにぐちでんじょ
⇒田女（でんじょ）

谷口登太*　たにぐちとうた
弘化1（1844）年～？　江戸時代末期の鹿児島県士族。
¶幕末

谷口蕪村　たにぐちぶそん
⇒与謝蕪村（よさぶそん）

谷口安宅　たにぐちやすいえ
⇒谷口安宅（たにぐちあたか）

谷口藍田*　たにぐちらんでん
文政5（1822）年～明治35（1902）年　江戸時代末期～明治時代の儒学者。鹿児島藩弘文館などで教鞭を執る。
¶コン，詩作（[生]文政5（1822）年8月15日　[没]明治35（1902）年11月14日），幕末（[没]明治35（1902）年11月14日）

谷口楼川*　たにぐちろうせん
元禄12（1699）年～天明2（1782）年　[別]楼川，楼川〔1代〕（ろうせん）　江戸時代中期の俳人。
¶俳文（楼川〔1世〕　ろうせん　[没]天明2（1782）年11月29日）

谷玖満子*　たにくまこ
＊～明治42（1909）年　江戸時代末期～明治時代の女性。軍人谷干城の妻。
¶江表（玖満子（高知県）　[生]弘化1（1844）年）

谷崎貞之の妻 たにざきさだゆきのつま*
江戸時代後期の女性。俳諧。俳人谷崎貞之の妻。天保3年刊、守村鶯卿編『女百人一句』に載る。
¶江表(谷崎貞之の妻(京都府))

谷三山*(1) たにさんざん
享和2(1802)年～慶応3(1867)年 江戸時代末期の儒学者。
¶コン,幕末([没]慶応3(1868)年12月11日)

た

谷三山(2) たにさんざん
⇒谷一斎(たにいっさい)

谷三十郎* たにさんじゅうろう
*～慶応2(1866)年 江戸時代末期の新撰組隊士。
¶新隊([生]天保3(1832)年頃 [没]慶応2(1866)年4月1日),全幕([生]?),幕末([生]? [没]慶応2(1866)年4月1日)

谷重喜* たにしげき
天保14(1843)年～* 江戸時代末期～明治時代の人。会津若松城攻略で功績。
¶幕末([生]天保14(1843)年4月24日 [没]明治19(1886)年8月20日)

谷重遠 たにしげとお
⇒谷秦山(たにしんざん)

谷時中* たにじちゅう
慶長3(1598)年～慶安2(1649)年 江戸時代前期の儒学者。
¶江人,コン,山小([生]1598年/1599年 [没]1649年12月30日)

谷秋香* たにしゅうこう
安永1(1772)年～天保3(1832)年 江戸時代後期の女性。画家。谷文晁の妹。
¶江表(舜英(東京都))

谷周平* たにしゅうへい
嘉永1(1848)年～明治34(1901)年12月2日 [別]近藤周平(こんどうしゅうへい) 江戸時代末期～明治時代の新撰組隊士。
¶新隊(近藤周平 こんどうしゅうへい [生]嘉永1(1848)年5月20日),全幕(近藤周平 こんどうしゅうへい),幕末([生]嘉永1(1848)年5月20日)

谷松茂* たにしょうも
寛政12(1800)年～天保12(1841)年 [別]谷松茂(たにまつしげ) 江戸時代後期の和算家。
¶数学(たにまつしげ [没]天保12(1841)年10月3日)

谷信庵* たにしんあん
天保1(1830)年～明治12(1879)年 江戸時代末期～明治時代の医師、家老深尾家の医員。諸名家の医療術を身に付け、貧富を問わず治療。
¶幕末([生]天保3(1832)年 [没]明治12(1879)年9月3日)

谷秦山* たにしんざん,たにじんざん
寛文3(1663)年3月11日～享保3(1718)年6月30日 [別]谷重遠(たにしげとお) 江戸時代中期の儒学者、神道家。
¶江人,コン,思想(たにじんざん),山小(たにじんざん [生]1663年3月11日 [没]1718年6月30日)

谷真潮 たにしんちょう
⇒谷真潮(たにましお)

谷清好 たにせいこう
江戸時代後期の彫師。
¶浮絵(生没年不詳)

谷世範* たにぜはん
天保11(1840)年～大正7(1918)年11月25日 江戸時代末期～明治時代の医師。
¶幕末

谷善右衛門* たにぜんえもん
延宝3(1675)年～寛保1(1741)年 江戸時代中期の知識人、趣味人。
¶コン

谷潜蔵 たにせんぞう
⇒高杉晋作(たかすぎしんさく)

谷宗牧* たにそうぼく
?～天文14(1545)年 [別]宗牧(そうぼく) 戦国時代の連歌師。宗養の父。
¶後北(宗牧 そうぼく [没]天文14年9月),コン,俳文(宗牧 そうぼく [没]天文14(1545)年9月17日)

谷宗養* たにそうよう
大永6(1526)年～永禄6(1563)年11月18日 [別]宗養(そうよう) 戦国時代の連歌師。宗牧の子。
¶コン([没]永禄5(1562)年),俳文(宗養 そうよう)

谷宗臨* たにそうりん
天文1(1532)年～慶長6(1601)年 [別]宗臨(そうりん) 戦国時代～安土桃山時代の商人、茶人。
¶コン,俳文(宗臨 そうりん [没]慶長6(1601)年11月26日)

谷素外* たにそがい
*～文政6(1823)年 [別]一陽井素外(いちようせいそがい),素外(そがい) 江戸時代中期～後期の俳人。
¶コン([生]享保18(1733)年),俳文(素外 そがい [生]? [没]文政6(1823)年2月8日)

谷忠澄* たにただずみ,たにただすみ
天文3(1534)年～慶長5(1600)年 安土桃山時代の武士。
¶全戦,戦武(たにただすみ)

谷田忠兵衛* たにだちゅうべえ
生没年不詳 [別]谷田忠兵衛(たんだちゅうべえ) 江戸時代中期の江戸の漆芸家。
¶コン(たんだちゅうべえ),美工(たんだちゅうべえ)

谷干城* たにたてき
天保8(1837)年～明治44(1911)年5月13日 [別]谷干城(たにかんじょう) 江戸時代末期～明治時代の陸軍軍人、政治家、子爵、貴族院議員。東部監軍部長、陸士校長、農商務相等歴任。
¶コン(たにかんじょう),詩作(たにかんじょう [生]天保8(1837)年3月18日),全幕,幕末([生]天保8(1837)年2月11日),山小([生]1837年2月12日 [没]1911年5月13日)

谷田正則 たにだまさのり
江戸時代中期～後期の幕臣。
¶徳人([生]1719年 [没]1790年)

谷次勝 たにつぐかつ
江戸時代前期～中期の代官。
¶徳代([生]寛永7(1630)年 [没]享保1(1716)年3月20日)

谷次利 たにつぐとし
?～寛文11(1671)年 江戸時代前期の幕臣。
¶徳人,徳代([没]寛文11(1671)年2月21日)

谷鉄臣* たにてつおみ
文政5(1822)年～明治38(1905)年 [別]谷鉄臣(たにてっしん) 江戸時代末期～明治時代の儒学者、

医者。大蔵大丞から左院一等議官。朱子学から陽明学に転じる。
¶幕末(たにてっしん [生]文政5(1822)年3月15日 [没]明治38(1905)年12月26日)

谷鉄臣 たにてっしん
⇒谷鉄臣(たにてつおみ)

谷鉄蔵* たにてつぞう
弘化1(1844)年～慶応1(1865)年 江戸時代末期の水戸藩士。
¶幕末([没]元治2(1865)年4月5日)

谷衛好 たにのもりよし
⇒谷衛好(たにもりよし)

谷梅処* たにばいしょ
天保14(1843)年～明治42(1909)年 [別]うの 江戸時代末期～明治時代の芸者、東行庵庵主。高杉晋作の妾。得度して庵主となり晋作の墓を守る。
¶江表(梅処(山口県)),幕末([没]明治42(1909)年8月7日)

谷博菜* たにはくさい
文政11(1828)年～明治29(1896)年 江戸時代末期～明治時代の医師。華岡青洲に師事。貧富、遠近を問わず治療。
¶幕末([没]明治29(1896)年2月7日)

丹波道主命 たにはのみちぬしのみこと
⇒丹波道主命(たんばみちぬしのみこと)

丹波道主命 たにはみちぬしのみこと
⇒丹波道主命(たんばみちぬしのみこと)

谷文晁* たにぶんちょう
宝暦13(1763)年～天保11(1840)年12月14日 [別]文晁(ぶんちょう) 江戸時代中期～後期の南画家。父は詩人の谷麓谷。狩野派・円山派・中国画・洋画など幅広く学び独自の画風を確立した。当時の江戸画壇の中心的存在。
¶浮絵,江人,コン,美画([生]宝暦13(1763)年9月9日),山小([生]1763年9月9日 [没]1840年12月14日)

谷木因* たにぼくいん
正保3(1646)年～享保10(1725)年 [別]木因(ぼくいん,もくいん) 江戸時代前期～中期の俳人。船問屋を業とする豪商。
¶俳文(木因 ぼくいん [没]享保10(1725)年9月30日)

谷北渓 たにほっけい
⇒谷真潮(たにましお)

谷正方* たにまさかた
天保3(1832)年～明治26(1893)年 江戸時代末期～明治時代の志士。土佐勤王党に参加。戊辰戦争の功績で留守居組に昇格。
¶幕末([没]明治26(1893)年1月19日)

谷真潮* たにましお
享保14(1729)年～寛政9(1797)年 [別]谷真潮(たにしんちょう),谷北渓(たにほっけい) 江戸時代中期の国学者。谷垣守の長男。
¶コン

谷松茂 たにまつしげ
⇒谷松茂(たにしょうも)

谷萬之 たにまんし
江戸時代後期の眼科医。
¶眼医([生]? [没]天保6(1835)年)

谷万太郎* たにまんたろう
天保6(1835)年～明治19(1886)年6月30日 江戸時代末期～明治時代の新撰組隊士。
¶新隊,全幕,幕末

谷村伊右衛門* たにむらいえもん
文政7(1824)年～明治32(1899)年 江戸時代末期～明治時代の大坂商人、両替商兼質商。大年寄助勤、築港用掛、一等副区長をつとめる。
¶幕末([没]明治32(1899)年1月21日)

谷村直* たにむらちょく
文政11(1828)年～慶応1(1865)年 [別]谷村直(たにむらなおし) 江戸時代末期の医師。
¶幕末([生]文政11(1828)年3月 [没]慶応1(1865)年閏5月21日)

谷村直 たにむらなおし
⇒谷村直(たにむらちょく)

谷村昌武* たにむらまさたけ
天保13(1842)年～明治2(1869)年 江戸時代末期の薩摩藩士。
¶幕末([生]天保12(1841)年 [没]明治2(1869)年6月7日)

谷村正養 たにむらまさやす
江戸時代後期～明治時代の与力。
¶徳人([生]1829年 [没]1904年)

谷以燕 たにもちやす
⇒谷以燕(たにいえん)

谷本忠一郎* たにもとちゅういちろう
文政9(1826)年～明治1(1868)年 江戸時代末期の海岸警備の足軽。
¶幕末([没]慶応4(1868)年5月6日)

谷本月麿 たにもとつきまろ
江戸時代後期の画家。
¶浮絵(生没年不詳)

谷本祐次郎* たにもとゆうじろう
文政3(1820)年～明治11(1878)年 江戸時代末期～明治時代の土佐大浜浦庄屋、柏島浦長。清水浦塩浜再興に尽力。村政発展に努力。
¶幕末

谷元良介* たにもとりょうすけ
弘化4(1847)年～明治10(1877)年 江戸時代末期～明治時代の鹿児島県士族。西南戦争で熊本城総攻撃に参加、植木で戦死。
¶幕末([没]明治10(1877)年3月25日)

谷衛久* たにもりひさ
江戸時代末期の幕臣。
¶幕末(生没年不詳)

谷衛冬 たにもりふゆ
江戸時代前期の幕臣。
¶徳人([生]1616年 [没]1640年?)

谷衛好* たにもりよし
享禄3(1530)年～天正7(1579)年 [別]谷衛好(たにのもりよし) 戦国時代～安土桃山時代の武士。
¶織田(たにのもりよし [没]天正7(1579)年9月10日)

谷森善臣* たにもりよしおみ
文化14(1817)年～明治44(1911)年11月16日 江戸時代末期～明治時代の国学者、修史館修撰。皇陵のほか南朝史や日本語音韻論を巡る多くの著書を残す。正四位。

たにやし　　　　　　　　1384

¶コン, 幕末（㋫文化14（1818）年12月28日）

谷弥次郎 ＊　たにやじろう
文化1（1804）年〜慶応1（1865）年　江戸時代末期
の水戸藩士。
¶幕末（㋬元治2（1865）年4月5日）

谷山探성 ＊　たにやまたんせい
文化4（1807）年〜明治12（1879）年　江戸時代末期
〜明治時代の薩摩藩絵師。狩野守道に学ぶ。後に
子の龍瑞とともに馬場伊達に学ぶ。
¶幕末（㋬明治12（1879）年1月14日），美画（㋬明治12
（1879）年1月14日）

谷山龍瑞 ＊　たにやまりゅうずい
天保3（1832）年〜明治24（1891）年　江戸時代末期
〜明治時代の薩摩藩御用絵師。幼少より父探성に
絵を学ぶ。
¶幕末（㋬明治24（1891）年10月17日），美画（㋬明治24
（1891）年10月17日）

谷暘卿 ＊　たにようけい
＊〜明治18（1885）年　江戸時代末期〜明治時代の
漢蘭折衷産科、眼科医。九条家御典医。府に癩病院
の新設申請。
¶科学（㋬文化12（1815）年10月5日　㋬明治18（1885）年
7月15日），幕末（㋬文化2（1815）年　㋬？）

谷脇清馬 ＊　たにわきせいま
天保2（1831）年〜明治43（1910）年　江戸時代末期
〜明治時代の土佐勤王党の志士。入牢中の同志の救
出運動、家族の援護にあたる。維新後村政で活躍。
¶幕末（㋬明治43（1910）年9月16日）

丹波竹野媛　たにわのたかのひめ
⇒丹波竹野媛（たんばのたかのひめ）

丹波道主命　たにわのみちぬしのみこと
⇒丹波道主命（たんばみちぬしのみこと）

田沼意尊 ＊　たぬまおきたか
＊〜明治2（1869）年　江戸時代末期の大名、若年
寄。上総小久保藩主、遠江相良藩主。
¶コン（㋬？），全幕（㋬文政2（1819）年　㋬明治2（1870）
年），幕末（㋬？　㋬明治2（1869）年12月）

田沼意次 ＊　たぬまおきつぐ
享保4（1719）年〜天明8（1788）年　江戸時代中期
の大名、老中。遠江相良藩主。9代将軍家重の小姓
から出世し、10代家治のときに側用人、老中に昇進
して幕政を主導。主に産業振興を商業資本により
実現し、蝦夷地開発や干拓事業を推進した。しかし
賄賂政治が批判を浴び、子の意知の刺殺事件、将軍
家治の死により失脚した。
¶江人, コン, 徳将, 徳人, 山小（㋬1788年7月24日）

田沼意知 ＊　たぬまおきとも
寛延2（1749）年〜天明4（1784）年　江戸時代中期
の若年寄。父は意次。若年寄となったが、江戸城内
で佐野政言により刺殺された。
¶江人, コン, 徳将, 徳人, 山小（㋬1784年4月3日）

田沼意誠　たぬまおきのぶ
江戸時代中期の一橋家家老。
¶徳将（㋬1721年　㋬1773年）

田沼意致 ＊　たぬまおきむね
寛保1（1741）年〜寛政8（1796）年6月25日　江戸時
代中期〜後期の幕臣、一橋家老。
¶コン, 徳将, 徳人

田沼太右衛門　たぬまたえもん
江戸時代後期〜昭和時代の実業家、田沼書店創業者。
¶出版（㋬嘉永6（1853）年6月28日　㋬昭和7（1932）年3
月30日）

田沼意行　たぬまもとゆき
元禄1（1688）年〜享保19（1734）年12月18日　江戸
時代前期〜中期の幕臣。
¶徳人

たね(1)
江戸時代中期の女性。俳諧・和歌。石見益田の藤
井兎角の妻。安永2年刊、蛸阿坊梨般編、兎角追善
集『梅捻香』に載る。
¶江表（たね（島根県））

たね(2)
江戸時代中期の女性。俳諧。筑前福岡の人。宝永5
年序、万李編『田植諷』に載る。
¶江表（たね（福岡県））

たね(3)
江戸時代後期の女性。和歌。駿河岡田村の農業理
右衛門の娘。弘化4年刊、『烈女百人一首』に父七
カ日の追善歌が載る。
¶江表（たね（静岡県））

たね(4)
江戸時代後期の女性。俳諧。長門の人。寛政2年
刊、大隅国分の俳人林雅松が山陽道、東海道、陸奥
を旅した記念集『其みちのく』に載る。
¶江表（たね（山口県））

種　たね＊
江戸時代末期の女性。和歌。西野山村平山の医師
三代目華岡随賢青洲の娘か。安政3年序、『安政三
年二百首』に載る。
¶江表（種（和歌山県））

稙家　たねいえ
⇒近衛稙家（このえたねいえ）

種子島敬輔 ＊　たねがしまけいすけ
生没年不詳　江戸時代末期の薩摩藩士。
¶幕末

種子島時堯 ＊（種子島時尭）　たねがしまときたか
享禄1（1528）年〜天正7（1579）年　戦国時代〜安
土桃山時代の武将、種子島の領主。
¶コン, 全戦, 戦国, 対外, 中世（種子島時尭）, 山小（種子島
時尭　㋬1528年2月10日　㋬1579年10月2日）

種子島久時 ＊　たねがしまひさとき
永禄11（1568）年〜慶長16（1611）年　安土桃山時
代〜江戸時代前期の武士。
¶戦武

種子島久基 ＊　たねがしまひさもと
寛文4（1664）年〜寛保1（1741）年　江戸時代前期
〜中期の種子島藩主。甘藷を日本本土に導入。
¶植物（㋬寛文4（1664）年9月5日　㋬寛保1（1741）年7月
16日）

たね子　たねこ＊
江戸時代後期の女性。和歌。野村貞則の妻。
¶江表（たね子（福岡県））

胤子　たねこ
江戸時代末期の女性。和歌・書。摂津西宮の辻氏。
『老の思ひ出』には、明治1年60余歳とある。
¶江表（胤子（兵庫県））

種子(1)　たねこ★
江戸時代中期の女性。和歌。公卿今城定種の娘。為村が宝暦2年一族を集めて歌を詠んで一巻に記したものに載る。
¶江表(種子(京都府))

種子(2)　たねこ★
江戸時代末期の女性。和歌。大嶋氏。安政3年からほぼ毎年刊行された9冊の「言玉集」に載る。
¶江表(種子(岩手県))

種子(3)　たねこ★
江戸時代末期の女性。和歌。尾張名古屋の中野清風の妻。安政6年序、村上忠順編『類題和歌玉藻集』初に載る。
¶江表(種子(愛知県))

種子(4)　たねこ★
江戸時代末期の女性。和歌。備中笠岡の正長泰興の娘。
¶江表(種子(岡山県)　[没]慶応1(1865)年)

種子(5)　たねこ★
江戸時代末期の女性。和歌。備中玉島の岡本対馬の娘。孝明天皇の女御の入内前に九条家に仕えた。
¶江表(種子(岡山県))

種子(6)　たねこ★
江戸時代末期～明治時代の女性。和歌。駿河府中の医師戸塚柳斎の娘。
¶江表(種子(静岡県)　[没]明治19(1886)年)

種子(7)　たねこ★
江戸時代末期～明治時代の女性。和歌。山田氏。明治2年、離縁となる。
¶江表(種子(山口県))

多祢子　たねこ★
江戸時代末期の女性。和歌。石見津和野藩藩士村田猪左衛門の妻。嘉永7年刊、堀尾光久編『近世名所歌集』二に載る。
¶江表(多祢子(島根県))

種田豊水＊　たねだほうすい
文政9(1826)年～明治32(1899)年　江戸時代末期～明治時代の画家、蒔絵師。
¶美画([没]明治32(1899)年10月1日)

種田政明＊(種子田政明)　たねだまさあき
天保8(1837)年～明治9(1876)年　江戸時代末期～明治時代の武士、軍人。
¶コン,幕末(種子田政明　[生]天保8(1837)年8月　[没]明治9(1876)年10月24日)

種野友直＊　たねのともなお
文化14(1817)年～明治11(1878)年8月2日　江戸時代末期～明治時代の徂徠派古学者。修道館儒員。廃藩後、公立小学校設立に尽力。
¶幕末

種彦　たねひこ
⇒柳亭種彦〔1代〕(りゅうていたねひこ)

種姫＊　たねひめ
明和2(1765)年7月5日～寛政6(1794)年1月8日　[別]貞恭院(ていきょういん)　江戸時代中期～後期の女性。田安宗武の娘。
¶江表(貞恭院(和歌山県)),徳将(貞恭院　ていきょういん)

種寛　たねひろ
⇒朝江種寛(あさえたねひろ)

種村彦次郎＊　たねむらひこじろう
？～天正10(1582)年6月2日　戦国時代～安土桃山時代の織田信長の家臣。
¶織田

胤吉　たねよし
⇒堀井胤吉(ほりいたねよし)

たの
江戸時代後期の女性。俳諧・和歌・書簡。積翠亭可十と梅子の娘。天保7年序、可橘編『友千鳥』に載る。
¶江表(たの(高知県))

田上田鶴子＊　たのうえたずこ
享和2(1802)年～慶応3(1867)年　江戸時代後期～末期の女性。心学者。
¶江表(田鶴子(広島県))

田内衛吉＊　たのうちえきち
天保6(1835)年～元治1(1864)年　[別]田内衛吉(たうちえいきち)　江戸時代末期の志士。土佐藩士。
¶コン,全幕,幕末([生]天保6(1835)年11月　[没]元治1(1864)年11月28日)

田内菜園＊　たのうちさいえん
寛政6(1794)年～安政5(1858)年　江戸時代末期の土佐藩士。
¶幕末([没]安政4(1858)年12月23日)

多納光儀　たのうみつよし
江戸時代後期～明治時代の眼科医。
¶眼医([生]享和3(1803)年　[没]明治16(1883)年)

たの子　たのこ★
江戸時代末期の女性。和歌。荒井氏。安政7年跋、蜂屋光世編『大江戸倭歌集』に載る。
¶江表(たの子(東京都))

太濃女　たのじょ★
江戸時代後期の女性。和歌。秋田藩の奥女中。文化8年、「貞明院一周忌歌会綴」に載る。
¶江表(太濃女(秋田県))

憑女　たのじょ★
江戸時代後期の女性。画。美濃苗木藩主遠山友寿の娘。
¶江表(憑女(岐阜県))

田野辺泰眼　たのべたいがん
江戸時代末期～明治時代の眼科医。
¶眼医([生]？　[没]明治13(1880)年)

田能村小斎　たのむらしょうさい
江戸時代後期～明治時代の日本画家。
¶美画([生]弘化2(1845)年10月10日　[没]明治42(1909)年12月31日)

田能村竹田＊　たのむらちくでん
安永6(1777)年～天保6(1835)年　[別]竹田(ちくでん)　江戸時代後期の南画家。
¶浮絵,江人,コン,詩作([生]安永6(1777)年6月10日　[没]天保6(1835)年6月29日),思想,美画([生]安永6(1777)年6月10日　[没]天保6(1835)年6月29日),山小([生]1777年6月10日　[没]1835年8月29日)

田能村直入＊　たのむらちょくにゅう
文化11(1814)年～明治40(1907)年1月21日　江戸

たはたつ　　　　　　　　　　1386

時代末期～明治時代の南画家。京都府画学校開設、
校長。南宗画学校設立。
¶コン、幕末、美画（㋒文化11（1814）年2月15日）

田畑常秋*　　たばたつねあき
文政11（1828）年～明治10（1877）年　江戸時代末
期～明治時代の薩摩藩士。大書記官になる。西郷
軍へ食糧等供給、責任をとって自刃。
¶幕末（㋐文政11（1828）年閏8月）　㋒明治10（1877）年4
月14日）

田畑弥太郎　　たばたやたろう
安土桃山時代の武蔵国鉢形城主北条氏邦家臣長谷
部兵庫助の同心。小前田衆の一人。
¶後北（弥太郎〔田畑〕　やたろう）

田場武太*　　たばむた
天保7（1836）年～？　江戸時代末期の琉球王府評
定所公事príor拝。
¶コン

田原一安　　たはらいちやす
江戸時代中期～末期の眼科医。
¶眼医（㋐宝暦6（1756）年　㋒安政6（1859）年）

田原氏能　　たはらうじよし
⇒田原氏能（たばるうじよし）

田原玄周*　　たはらげんしゅう
文化12（1815）年～明治2（1869）年　江戸時代末期
～明治時代の医師、萩藩藩医。三田尻海軍学校用
掛、兵学寮教授方助教などを歴任。
¶眼医（㋐？）, 幕末（㋒明治2（1869）年10月8日）

田原紹忍　　たはらじょうにん
⇒田原親賢（たわらちかかた）

田原清兵衛定勝　　たはらせいびょうえさだかつ
江戸時代前期の武士。大坂の陣で籠城。後、松井興
長に仕えた。
¶大坂

田原大円　　たはらだいえん
江戸時代末期～明治時代の眼科医。
¶眼医（㋐？　㋒明治12（1879）年）

田原忠継　　たはらただつぐ
江戸時代中期～末期の和算家。信州三才村の人。
¶数学（㋐安永5（1776）年　㋒安政2（1855）年）

田原親賢　　たはらちかかた
⇒田原親賢（たわらちかかた）

田原伝吉　　たはらでんきち
⇒田原伝吉（たわらでんきち）

田原直貞　　たはらなおさだ
⇒田原直貞（たばるなおさだ）

田原直助*　　たはらなおすけ
文化10（1813）年～明治29（1896）年12月1日　江戸
時代末期～明治時代の造艦技師。軍艦・兵器製造に
貢献。
¶科学（㋐文化10（1813）年10月11日）, 幕末（㋐文化10
（1813）年10月11日）

田原縫殿輔　　たはらぬいどのすけ
江戸時代後期の眼科医。
¶眼医（生没年不詳）

田原彦三郎*　　たはらひこさぶろう
文政4（1821）年～元治1（1864）年　江戸時代末期

の水戸藩士。
¶幕末（㋒元治1（1864）年8月26日）

田原法水*　　たばらほうすい、たばらほうすい
天保14（1843）年～昭和2（1927）年2月15日　江戸
時代末期～明治時代の宗教家、僧侶、長崎県少林寺
住職。一向宗を琉球で開教した。
¶コン、幕末

田原養全（貞致）〔10代〕　　たはらようせん（さだおき）
江戸時代後期～明治時代の眼科医。
¶眼医（㋐文化8（1825）年　㋒明治2（1869）年）

田原養全（貞粛）〔12代〕　　たはらようせん（さだかね）
江戸時代後期～明治時代の眼科医。
¶眼医（㋐嘉永3（1850）年　㋒明治23（1890）年）

田原養柏（貞一）〔9代〕　　たはらようはく（さだかず）
江戸時代後期の眼科医。
¶眼医（㋐文化2（1805）年　㋒嘉永2（1849）年）

田原養朴（貞利）〔11代〕　　たはらようぼく（さだとし）
江戸時代後期～明治時代の眼科医。
¶眼医（㋐天保9（1838）年　㋒明治44（1911）年）

田原養朴（岳海）〔13代〕　　たはらようぼく（たかうみ）
江戸時代末期～明治時代の眼科医。
¶眼医（㋐安政3（1856）年　㋒明治29（1896）年）

田原養明（貞直）〔分家2代〕　　たはらようめい（さだなお）
江戸時代後期～明治時代の眼科医。
¶眼医（㋐天保4（1833）年　㋒明治24（1891）年）

田原養明（方重）〔分家1代〕　　たはらようめい（まさしげ）
江戸時代後期～末期の眼科医。
¶眼医（㋐文化7（1810）年　㋒慶応2（1866）年）

田原嘉明　　たはらよしあき
⇒田原嘉明（たわらよしあき）

田原氏能*　　たばるうじよし
生没年不詳　㋑田原氏能（たはらうじよし）　南北
朝時代の国人領主。
¶室町（たはらうじよし　㋐？　㋒明徳4（1393）年）

田原直貞*　　たばるなおさだ
生没年不詳　㋑田原直貞（たはらなおさだ、たわら
なおさだ）　南北朝時代の国人領主。
¶室町（たわらなおさだ）

旅子女王　　たびこじょおう
⇒悦子女王（えっしじょおう）

旅子女王　　たびこにょおう
⇒悦子女王（えっしじょおう）

多比良将監　　たひらしょうげん
安土桃山時代の武蔵国鉢形城主北条氏邦の家臣。
¶後北（将監〔多比良〕　しょうげん）

多福　　たふく*
江戸時代末期の女性。俳諧。武蔵金井の俳人。沢
月堂兎米門。
¶江表（多福（神奈川県））

田淵耘煙斎　　たぶちうんえんさい
江戸時代後期～明治時代の宮大工。
¶美建（㋐天保8（1837）年8月5日　㋒明治39（1906）年3
月20日）

田淵敬二* たぶちけいじ
天保11(1840)年5月5日～明治33(1900)年7月21日
江戸時代末期～明治時代の勤王家。愛宕事件に連座、投獄される。後、久米南郡長。
¶幕末

田部井安勝 たべいやすかつ
江戸時代後期の和算家。栃木足利郡名草村の人。享和1年、4年算額を奉納。
¶数学([没]文政12(1829)年1月1日)

田部息麻呂 たべのおきまろ
奈良時代の官人。
¶古人(生没年不詳)

田部男足 たべのおたり
奈良時代の官人。
¶古人(生没年不詳)

田部足嶋 たべのたるしま
奈良時代の官人。
¶古人(生没年不詳)

田萌 たほう★
江戸時代後期の女性。俳諧。下総古河の人か。文化11年刊、雪中庵完来編『日暮集』に載る。
¶江表(田萌(茨城県))

答本忠節 たほのちゅうせつ
⇒答本忠節(とうほんちゅうせつ)

塔本陽春 たほのやす
⇒麻田陽春(あさだのやす)

たま(1)
江戸時代中期の女性。俳諧。大坂の遊女。安永3年刊、与謝蕪村編『たまも集』に載る。
¶江表(たま(大阪府))

たま(2)
江戸時代後期の女性。教育。石井真兵衛の妻。
¶江表(たま(東京都) [生]天保8(1837)年頃)

たま(3)
江戸時代末期の女性。俳諧。鮫浦の人。安政3年、浮木寺に奉納の「華蔵乙因居士円満忌追善献額」に載る。
¶江表(たま(青森県))

たま(4)
江戸時代末期～明治時代の女性。教育。本町の塾主佐羽清兵衛の妻。幕末から明治4年まで、佐羽たま塾を開いていた。
¶江表(たま(群馬県))

玉(1) たま
江戸時代前期の湯川孫左衛門の姉。
¶大坂([没]慶長20年5月8日)

玉(2) たま★
江戸時代後期～末期の女性。書簡。旗本伊東要人の娘。
¶江表(玉(東京都) [生]天保2(1831)年 [没]安政5(1858)年)

珠 たま
江戸時代末期の女性。和歌。大坂新町の倉橋屋内の妓女か。安政4年刊、黒沢翁満編『類題採風集』二一下に載る。
¶江表(珠(大阪府))

多麻 たま★
江戸時代中期～後期の女性。俳諧。高田の人。天明期頃の人。
¶江表(多麻(岩手県))

玉井 たまい★
江戸時代後期の女性。俳諧。越前三国湊の人。寛政1年刊、平話房旭周撰『星の宵塚』に載る。
¶江表(玉井(福井県))

玉井西阿* たまいせいあ
生没年不詳 [別]西阿(せいあ),三輪西阿(みわせいあ) 南北朝時代の大和国の南朝方の武将。
¶室町([生]? [没]正平3/貞和4(1348)年)

玉井帯刀左衛門* たまいたてわきざえもん
生没年不詳 [別]玉井帯刀左衛門尉(たまいたてわきさえもんのじょう) 戦国時代の武士。後北条氏家臣。
¶後北(帯刀左衛門尉〔玉井〕 たてわきざえもんのじょう)

玉井帯刀左衛門尉 たまいたてわきさえもんのじょう
⇒玉井帯刀左衛門(たまいたてわきざえもん)

玉へ たまえ★
江戸時代末期の女性。俳諧。篠ノ井有旅の人。文久1年刊、宮本八朗門の竹亭・一中編、俳人画像集『別世界』上に載る。
¶江表(玉へ(長野県))

玉江 たまえ★
江戸時代中期の女性。俳諧。宝暦7年刊、寺崎秀谷編『俳諧拾遺清水記』に6句が載る。
¶江表(玉江(東京都))

玉枝(1) たまえ★
江戸時代後期の女性。俳諧。加賀の人。寛政9年刊、暮柳舎車大編、希因五〇回忌追善『ゆめのあと』に載る。
¶江表(玉枝(石川県))

玉枝(2) たまえ★
江戸時代後期の女性。俳諧。越前東郷の人。寛政8年刊、荒木為卜仙編『卯花筐』下に載る。
¶江表(玉枝(福井県))

玉枝子 たまえこ★
江戸時代後期の女性。和歌。南部の地主山内保助繁憲の娘。天保11年序、西田惟恒・高階光久編『信恒翁霊祭歌集』に載る。
¶江表(玉枝子(和歌山県))

玉枝女 たまえじょ★
江戸時代末期の女性。俳諧。尾張の人。安政5年刊、鶯谿舎吾声編『鶯谿百人集』に載る。
¶江表(玉枝女(愛知県))

玉岡政広* たまおかまさひろ
生没年不詳 戦国時代の武将。結城氏家臣。
¶全戦

玉置伊之助* たまおきいのすけ
江戸時代末期の新撰組隊士。
¶新隊

玉置之長* たまおきゆきなが
?～元禄6(1693)年 [別]玉置之長(たまきゆきなが) 江戸時代前期の伊勢津藩士。
¶コン(生没年不詳)

玉置良蔵* たまおきりょうぞう
安政2(1855)年～明治2(1869)年3月　江戸時代末期～明治時代の新撰組隊士。
¶新隊

玉祖宗賢 たまおやのむねかた
平安時代後期の官人。
¶古人(生没年不詳)

た

たまがき
生没年不詳　室町時代の女性。東寺領備中国新見庄(岡山県新見市)の人。
¶女史,内乱

玉垣額之助 たまがきがくのすけ
江戸時代末期の相撲年寄。
¶全幕(生没年不詳)

玉楮象谷* たまかじぞうこく
*～明治2(1869)年　江戸時代末期の漆芸家。
¶江人([生]1807年),コン([生]文化4(1807)年),幕末([生]文化3(1806)年　[没]明治2(1869)年2月1日),美工([生]文化4(1807)年10月4日　[没]明治2(1869)年2月1日)

玉鬘* たまかずら
[別]玉鬘(たまかつら)　「源氏物語」の登場人物。
¶コン(たまかつら)

玉鬘 たまかつら
⇒玉鬘(たまかずら)

玉川(1) たまがわ★
江戸時代中期の女性。俳諧。宝暦9年成立、松木竿秋門編『江戸にしき』に載る。
¶江表(玉川(東京都))

玉川(2) たまがわ★
江戸時代中期の女性。俳諧。常陸笠間の人。寛延3年刊、求驢斎清得舎富夫編『民歌行』に載る。
¶江表(玉川(茨城県))

玉川(3) たまがわ★
江戸時代末期の女性。俳諧。福島の名倉屋の娘。
¶江表(玉川(福島県)　[没]安政2(1855)年)

玉川伊予守正行 たまがわいよのかみまさゆき
江戸時代前期の近江国高島郡新庄城主。
¶大坂([没]承応1年9月21日?)

玉川居祐* たまがわきょゆう
天保9(1838)年～明治37(1904)年　[別]玉川居祐翁(ぎょくせんきょゆうおう)　江戸時代末期～明治時代の狂歌師。3代絵馬屋に狂言を学び4代を継ぐ。俳諧もする。
¶幕末(玉川居祐翁　ぎょくせんきょゆうおう　[没]明治37(1904)年8月),幕末([没]明治37(1904)年8月5日)

玉川舟調* たまがわしゅうちょう
江戸時代末期の浮世絵師。
¶浮絵(生没年不詳)

玉川春水* たまがわしゅんすい
生没年不詳　江戸時代中期の浮世絵師。
¶浮絵

玉川庄右衛門* たまがわしょうえもん
?～元禄8(1695)年　江戸時代前期の玉川上水開削請負人、江戸町人。
¶コン([生]元和8(1622)年)

玉川将之助 たまがわしょうのすけ
⇒玉川転之助(たまがわてんのすけ)

玉川千之丞〔1代〕*(——〔2代〕) たまがわせんのじょう
?～寛文11(1671)年　江戸時代前期の歌舞伎役者。寛永16年～寛文6年以降に活躍。
¶浮絵([生]寛永12・13(1635・36)年頃　[没]寛文11(1671)年5月14日),歌大(代数なし　[没]寛文11(1671)年5月14日),コン

玉川転之助* たまがわてんのすけ
[別]玉川将之助(たまがわしょうのすけ)　江戸時代末期の新撰組隊士。
¶新隊(玉川将之助　たまがわしょうのすけ　[生]?　[没]明治1(1868)年1月?)

玉川藤之助 たまがわふじのすけ
⇒三保木儀左衛門〔1代〕(みほきぎざえもん)

玉川文蝶* たまがわぶんちょう
文政3(1820)年～明治34(1901)年　江戸時代末期～明治時代の写し絵師。写し絵の名人。弟子の文楽は昭和初期まで上演。
¶幕末,美画

たまき
江戸時代の女性。俳諧。厩橋木兎庵連の人。
¶江表(たまき(群馬県))

たまき・環
江戸時代中期の女性。俳諧。能代の人。明和8年刊、願勝寺住職如是閣来翁編『辛卯歳旦帖』に載る。
¶江表(たまき・環(秋田県))

玉木 たまき★
江戸時代中期の女性。俳諧。妓女。正徳5年序、筌涀撰『小太郎』に載る。
¶江表(玉木(京都府))

珠城 たまき★
江戸時代末期の女性。和歌。三河西尾藩槍奉行萩野五右衛門元堯の娘。
¶江表(珠城(愛知県)　[没]文久1(1861)年)

釧雲泉 たまきうんせん
⇒釧雲泉(くしろうんせん)

玉城織衛 たまきおりえ
江戸時代後期の新徴組隊士。
¶全幕([生]文政1(1818)年　[没]?)

玉菊*(1) たまぎく
元禄15(1702)年～享保11(1726)年　江戸時代中期の女性。江戸新吉原角町中万字屋勘兵衛抱えの太夫。
¶江表(玉菊(東京都))

玉菊(2) たまぎく★
江戸時代後期の女性。俳諧。越前三国の遊女。弘化4年柳下庵路舟編「春興」に載る。
¶江表(玉菊(福井県))

玉木西涯* たまきせいがい
*～明治15(1882)年　江戸時代末期～明治時代の漢学者。明徳寺に私塾を開く。京都本願寺育英学校の教師。
¶幕末([生]天保5(1834)年　[没]明治15(1882)年9月11日)

玉置喬直* たまきたかなお
生没年不詳　江戸時代中期の書家・歌人・右筆。

¶徳人(㊀1656年 ㊁1723年)

玉置高良* たまきたかなが
天保8(1837)年～明治22(1889)年 ㊊玉置高良(たまきたかよし) 江戸時代末期～明治時代の郷士。郷校文武館創設に尽力。宇智吉野郡長。
¶幕末(たまきたかよし ㊁明治22(1889)年8月19日)

玉置高良 たまきたかよし
⇒玉置高良(たまきたかなが)

玉置直之 たまきなおゆき
江戸時代前期～中期の幕臣。
¶徳人(㊀1679年 ㊁1746年)

玉木彦助*(玉木彦介) たまきひこすけ
天保12(1841)年～慶応1(1865)年 江戸時代末期の長州(萩)藩士。
¶幕末(㊀天保12(1841)年5月17日 ㊁元治2(1865)年1月20日)

玉木文之進* たまきぶんのしん
文化7(1810)年～明治9(1876)年11月6日 江戸時代後期～明治時代の武士。
¶江人,コン,全幕,幕末(㊀文化7(1810)年9月24日)

玉木正英* たまきまさひで
寛文10(1670)年12月7日～元文1(1736)年7月8日 江戸時代中期の神道家。橘家神道の祖。
¶思想

玉木正誼* たまきまさよし
嘉永6(1853)年～明治9(1876)年 江戸時代末期～明治時代の志士。萩の乱で鎮圧軍と戦闘中戦死。
¶幕末(㊁明治9(1876)年10月31日)

玉置弥五左衛門 たまきやござえもん
江戸時代後期の岡崎藩士。
¶幕末(㊀弘化1(1844)年10月8日 ㊁?)

玉置之長 たまきゆきなが
⇒玉置之長(たまおきゆきなが)

玉櫛笥 たまくしげ*
江戸時代後期の女性。狂歌。新吉原の玉楼の遊女。寛政7年刊、鹿都部真顔編『四方の巴流』に載る。
¶江表(玉櫛笥(東京都))

玉城朝薫* たまぐすくちょうくん
清・康熙23(1684)年8月2日～清・雍正12(1734)年1月26日 ㊊玉城朝薫(たまぐすちょうくん) 江戸時代中期の琉球王国の宮廷演劇「組踊」の大成者。
¶コン(㊀貞享1(1684)年 ㊁享保19(1734)年),対外

玉城朝薫 たまぐすちょうくん
⇒玉城朝薫(たまぐすくちょうくん)

玉子 たまこ
⇒細川ガラシャ(ほそかわがらしゃ)

珠子(1) たまこ*
江戸時代後期～明治時代の女性。和歌。近江彦根藩藩士山本運平頼徳の娘。
¶江表(珠子(徳島県) ㊀文政8(1825)年 ㊁明治19(1886)年)

珠子(2) たまこ*
江戸時代後期の女性。和歌。今治藩藩医で国学者、歌人半井梧庵の前妻。
¶江表(珠子(愛媛県) ㊁嘉永3(1850)年)

珠子(3) たまこ*
江戸時代末期の女性。和歌。豊後今市の旧家溝部孝二の妻。
¶江表(珠子(大分県) ㊁文久1(1861)年)

多摩子 たまこ*
江戸時代末期の女性。和歌。宇和島藩の奥女中。元治1年頃に詠まれた「宇和島御奥女中大小吟」に載る。
¶江表(多摩子(愛媛県))

玲瓏子 たまこ
江戸時代中期～後期の女性。書。安芸広島藩士で儒学者加藤静古の娘。
¶江表(玲瓏子(広島県) ㊀安永2(1773)年 ㊁文政1(1818)年)

瓊子(1) たまこ*
江戸時代後期の女性。書・和漢筆法・和歌。太田氏。弘化4年刊『皇都書画人名録』に載る。
¶江表(瓊子(京都府))

瓊子(2) たまこ*
江戸時代後期の女性。和歌。紀州藩藩士稲葉弥左衛門の妻。弘化2年刊、加納諸平編『類題鰒玉集』五に載る。
¶江表(瓊子(和歌山県))

玉琴清音 たまごとせいおん*
江戸時代後期の女性。狂歌。通町の郡屋の人。天保5年刊、江戸の神歌堂八島定賢・檜園高殿梅明撰『阿淡狂歌人名録』に肖像画入りで載る。
¶江表(玉琴清音(徳島県))

璹子内親王 たまこないしんのう
⇒朔平門院(さくへいもんいん)

瓊子内親王* たまこないしんのう
正和5(1316)年～延元4/暦応2(1339)年8月1日 ㊊瓊子内親王(けいしないしんのう) 鎌倉時代後期～南北朝時代の女性。後醍醐天皇の第8皇女。
¶天皇(けいしないしんのう・たまこないしんのう ㊀? ㊁延元4(慶応2)(1339)年)

玉沢喜之助* たまざわきのすけ
天保7(1836)年～明治28(1895)年 江戸時代末期～明治時代の菓子商玉沢主人。額兵隊出動の資金を地金銅金を削り磨いて製造。
¶幕末(㊁明治28(1895)年12月26日)

玉島* たましま
文政3(1820)年～明治38(1905)年7月19日 江戸時代末期～明治時代の女官。和宮に仕える。著書に「和宮上臈玉島日記」。
¶幕末(㊀文政3(1820)年11月)

たま女 たまじょ*
江戸時代末期の女性。和歌。杉浦氏。安政7年跋、蜂屋光世編『大江戸倭歌集』に載る。
¶江表(たま女(東京都))

玉女 たまじょ*
江戸時代後期～明治時代の女性。俳諧。東磐井郡藤沢の俳人で書家高橋東皐の孫。
¶江表(玉女(岩手県) ㊀文化11(1814)年 ㊁明治43(1910)年)

多真女 たまじょ*
江戸時代後期の女性。狂歌。草加の人。寛政6年序、桑楊庵頭光編『春の色』に載る。
¶江表(多真女(埼玉県))

田安宗武　たますむねたけ
⇒田安宗武（たやすむねたけ）

玉田永教　たまだえいきょう
⇒玉田永教（たまだながのり）

玉田永教*　たまだながのり
生没年不詳　[別]玉田永教（たまだえいきょう）　江戸時代後期の神道家。
¶思想

玉造清之允*　たまつくりせいのじょう
弘化3（1846）年～慶応1（1865）年　江戸時代末期の水戸藩士。
¶幕末（[没]元治2（1865）年2月15日）

玉造金弓　たまつくりのかなゆみ
奈良時代の官人。
¶古人（生没年不詳）

玉作正月麿*（玉造正月麿）　たまつくりのむつきまろ
平安時代前期の俘囚。
¶古人（玉造正月麿　生没年不詳），古代

玉章寿女　たまづさひさじょ★
江戸時代後期の女性。狂歌。三河の人。享和3年刊、宇都宮芙蓉連編『雁のふみ』に載る。
¶江表（玉章寿女（愛知県））

玉章封女(1)　たまづさふうじょ
江戸時代後期の女性。狂歌。甲府の人。寛政8年刊、窪俊満序『百さへずり』に載る。
¶江表（玉章封女（山梨県））

玉章封女(2)　たまづさふうじょ★
江戸時代後期の女性。狂歌。三河の人。文化1年刊、千種庵撰『夷曲風雅集』に載る。
¶江表（玉章封女（愛知県））

玉つる　たまつる★
江戸時代中期の女性。狂歌。新吉原の玉楼の遊女。天明5年刊、四方山人編『徳和歌後万載集』に載る。
¶江表（玉つる（東京都））

玉鶴　たまつる★
江戸時代後期の女性。俳諧・漢詩。松山の石原掬月有澄と玉鴛の娘。阿波の俳人上田美寿著「桜戸日記」の嘉永5年の項に句と漢詩が載る。
¶江表（玉鶴（愛媛県））

玉手御前*　たまてごぜん
浄瑠璃「摂州合邦辻」の主人公。
¶コン

玉手輔頼　たまてのすけより
平安時代後期の官人。
¶古人（生没年不詳）

玉手信近*　たまてののぶちか
生没年不詳　平安時代中期の楽人。
¶古人

玉手道足　たまてのみちたり
奈良時代の官人。
¶古人（生没年不詳）

珠名娘子*　たまなのおとめ
生没年不詳　伝説の女性。「万葉集」に登場。
¶女史

玉方　たまのかた
⇒桂昌院（けいしょういん）

玉乃九華*　たまのきゅうか
寛政9（1797）年1月1日～嘉永4（1851）年12月6日　江戸時代末期の周防岩国藩士。
¶詩作

玉乃世履*　たまのせいり
文政8（1825）年～明治19（1886）年　江戸時代末期～明治時代の司法官。大審院長、元老院議官を務める。
¶コン，全幕，幕末（[生]文政8（1825）年7月21日　[没]明治19（1886）年8月8日）

玉廼光女　たまのひかりじょ★
江戸時代後期の女性。狂歌。大西氏。天保5年刊、江戸の神歌堂八島定賢・檜園高殿梅明撰『阿淡狂歌人名録』に肖像画入りで載る。
¶江表（玉廼光女（徳島県））

玉寿女　たまひさじょ★
江戸時代後期の女性。狂歌。寛政12年刊、白縁斎梅好編『狂歌雪月花』に載る。
¶江表（玉寿女（東京都））

珠姫　たまひめ
⇒子々姫（ねねひめ）

玉巻丘次（玉巻久次〔1代〕，玉巻久治）　たままききゅうじ
⇒福森久助〔1代〕（ふくもりきゅうすけ）

玉松操*　たままつみさお
文化7（1810）年～明治5（1872）年2月15日　江戸時代末期～明治時代の公卿、国学者。岩倉具視の腹心として王政復古の詔勅案作成に参加。
¶コン，思想，全幕，幕末（[生]文化7（1810）年3月17日）

玉水弥兵衛〔1代〕*　たまみずやへえ
寛文2（1662）年～享保7（1722）年　[別]一元（いちげん）　江戸時代中期の京都の陶工。玉水焼の創始者。
¶美工（一元　いちげん），美工（代数なし　[生]?）

玉虫定茂　たまむしさだもち
戦国時代の武田氏の家臣。城景茂の次男。
¶武田（生没年不詳）

玉虫左太夫*　たまむしさだゆう
文政6（1823）年～明治2（1869）年　江戸時代末期～明治時代の仙台藩士、養賢堂学頭副役。観察力と克明な記録は抜群で「航米日録」「官武通記」を著述。
¶コン，全幕（[生]文政7（1824）年），幕末（[没]明治2（1869）年4月14日）

玉虫重茂　たまむししげもち
安土桃山時代～江戸時代前期の幕臣。
¶徳人（[生]1579年　[没]1656年）

玉虫繁茂　たまむししげもち
戦国時代～江戸時代前期の上杉氏・武田氏の家臣。
¶武田（[生]天文15（1546）年　[没]寛永1（1624）年）

玉虫時茂　たまむしときもち
[別]城時茂（じょうときもち），玉虫時茂（たまむしときもち）　江戸時代前期の幕臣。
¶徳人（玉虫（城）時茂　たまむし（じょう）ときもち　生没年不詳）

玉虫前　たまむしのまえ
平安時代後期の女性。屋島合戦で平家方から舟に扇を立てた女房。

¶平家（生没年不詳）

玉虫茂嘉（玉虫茂喜）　たまむしもちよし
延宝6（1678）年～延享4（1747）年　江戸時代前期～中期の幕臣、京都代官。
¶徳人（玉虫茂喜），徳代（[没]延享4（1747）年4月18日）

玉元　たまもと★
江戸時代後期の女性。俳諧。遊女。天明8年頃の夜食房夜来編「奥の紀行」に載る。
¶江表（玉元（岩手県））

玉藻前＊　たまものまえ
伝説の女性。鳥羽上皇の寵愛をうけたとされる。正体は金毛九尾の狐。
¶コン

玉屋　たまや
戦国時代の上吉田の産土神諏訪明神の神主。富士山御師も兼ねた。佐藤氏。
¶武田（生没年不詳）

玉依姫＊(1)　たまよりひめ
[別]玉依姫命（たまよりひめのみこと）　女神。記紀神話に登場。
¶コン，天皇（生没年不詳）

玉依姫＊(2)（玉依日売）　たまよりひめ
女神。「山城風土記」に登場。
¶コン

玉依姫命　たまよりひめのみこと
⇒玉依姫（たまよりひめ）

玉林　たまりん
⇒琳阿弥（りんあみ）

田丸稲之衛門＊　たまるいなのえもん
文化2（1805）年～慶応1（1865）年　江戸時代末期の尊攘派水戸藩士。
¶江人，コン，全幕（[没]元治2（1865）年），幕末（[没]元治2（1865）年2月4日）

田丸道隠　たまるどういん
⇒道隠（どうおん）

田丸直息＊　たまるなおおき
生没年不詳　安土桃山時代の織田信長の家臣。
¶織田（[生]天文12（1543）年　[没]慶長14（1609）年3月7日）

たみ(1)
江戸時代の女性。教育。倉知氏。手習いを営む。
¶江表（たみ（山形県））

たみ(2)
江戸時代中期の女性。旅日記・和歌。常陸水戸藩士浜岡瀬太夫通栄の妻。「片玉集」前集巻六七に「松嶋旅日記」が載る。
¶江表（たみ（茨城県））

たみ(3)
江戸時代中期の女性。俳諧。能登富来の人。安永8年刊、森岡扶卜序、寄皐追善集「風も秋」に載る。
¶江表（たみ（石川県））

たみ(4)
江戸時代後期の女性。俳諧。寛政5年刊、梅園平野平角撰『無功徳』に載る。
¶江表（たみ（岩手県））

たみ(5)
江戸時代後期～明治時代の女性。紀行文。森下の柳屋小林文右衛門の娘。
¶江表（たみ（東京都）　[生]寛政6（1794）年　[没]明治7（1874）年）

たみ(6)
江戸時代後期の女性。和歌。美濃大垣の河井七之進正竹の妻。弘化4年刊、清堂観尊編『たち花の香』に載る。
¶江表（たみ（岐阜県））

多見　たみ★
江戸時代中期の女性。和歌。遠江浜松の呉服商で国学者、歌人柳瀬方塾と理津の娘。元文1年荷田春満一〇〇日祭追悼歌会「春満先生霊祠」に献納。
¶江表（多見（静岡県））

多美(1)　たみ★
江戸時代中期の女性。俳諧。松本の人。宝暦13年序、国学者で俳人建部綾足著『片歌草のはり道』に載る。
¶江表（多美（長野県））

多美(2)　たみ★
江戸時代中期の女性。俳諧。俳人向井去来と可南の娘。
¶江表（多美（京都府）　[生]元禄10（1697）年）

多美(3)　たみ★
江戸時代後期の女性。和歌。会津藩の奥女中。嘉永4年序、鈴木直磨編『八十番歌合』に載る。
¶江表（多美（福島県））

多美(4)　たみ★
江戸時代後期の女性。俳諧。猪尻の人。天保7年の春興帖『阿波』に載る。
¶江表（多美（徳島県））

民(1)　たみ★
江戸時代中期の女性。狂歌。松濤氏。狂歌師一本亭芙蓉花の妻。
¶江表（民（大阪府））

民(2)　たみ★
江戸時代後期の女性。和歌。尾張の服部茂左衛門光祇の娘。
¶江表（民（愛知県）　[没]文化4（1807）年）

民(3)　たみ★
江戸時代後期の女性。和歌。今西氏。弘化4年刊、清堂観尊編『たち花の香』に載る。
¶江表（民（奈良県））

ダミアン＊
？～天正14（1586）年　戦国時代～安土桃山時代のキリシタン。
¶対外

民吉　たみきち
⇒加藤民吉（かとうたみきち）

たみ子(1)　たみこ★
江戸時代後期の女性。和歌。忍藩藩士佐藤三郎右衛門春時の妻。嘉永6年刊、黒沢翁満編『類題採風集』初に載る。
¶江表（たみ子（埼玉県））

たみ子(2)　たみこ★
江戸時代末期の女性。和歌。江戸城本丸の大奥の中年寄。文久3年刊、関橋守編『耳順賀集』に載る。
¶江表（たみ子（東京都））

たみ子(3) **たみこ★**
江戸時代末期の女性。和歌。徳島藩士永見鉄二郎吉孝の妹。安政6年序、村上忠順編『類題和歌玉藻集』初に載る。
¶江表(たみ子(徳島県))

多美子 **たみこ★**
江戸時代末期の女性。和歌。筑後袋小路の歌人西原晃樹の娘。文久2年刊、安武厳丸編『柳河百家集』に載る。
¶江表(多美子(福岡県))

田美古 **たみこ★**
江戸時代末期の女性。俳諧。俳人井上得蕪の妻、留木女の母。安政6年に留木女が編んだ得蕪の一周忌追善集『あさゆふへ』に載る。
¶江表(田美古(東京都))

民子(1) **たみこ★**
江戸時代中期の女性。和歌。山内俊人の娘。明和3年成立、難波玄生・清水貞固ほか撰「稲葉和歌集」に載る。
¶江表(民子(鳥取県))

民子(2) **たみこ★**
江戸時代後期の女性。和歌。瀬川氏。享和2年成立、加藤枝直著・加藤千蔭編『東歌』に載る。
¶江表(民子(東京都))

民子(3) **たみこ★**
江戸時代後期の女性。俳諧。越前三国湊の人。寛政1年刊、平話房旭周撰『星の宵塚』に載る。
¶江表(民子(福井県))

民子(4) **たみこ★**
江戸時代後期の女性。和歌。国学者・歌人の小泉保敬の娘。嘉永3年刊、長沢伴雄編『類題鴨川次郎集』に載る。
¶江表(民子(京都府))

民子(5) **たみこ★**
江戸時代後期の女性。和歌。室谷氏。
¶江表(民子(京都府) [没]嘉永5(1852)年)

民子(6) **たみこ★**
江戸時代後期の女性。画。安芸広島藩士岡善大夫の妹。天保12年刊、小野基圀編『海内偉帖人名録』に名が載る。
¶江表(民子(広島県))

民子(7) **たみこ★**
江戸時代末期～大正時代の女性。漢詩。丹波笹山の出身で、下総小文間の大地主斎藤宗四郎家に身を寄せた森民部の娘。
¶江表(民子(茨城県) [没]大正5(1916)年)

民子(8) **たみこ★**
江戸時代末期の女性。和歌。因幡邑美郡古市村の太田垣八十右衛門の妻。安政3年刊、中島宜門編『類題稲葉集』に載る。
¶江表(民子(鳥取県))

民子(9) **たみこ★**
江戸時代末期の女性。和歌。出雲国造北島家の上官北島亘人孝郷の妻。慶応2年序、村上忠順編『元治元年千首』に載る。
¶江表(民子(島根県))

たみ女(1) **たみじょ★**
江戸時代中期の女性。和歌。北条の黒河右平太通久の妻。明和7年の柿本明神奉納詠と考えられる「詠百首和歌」に載る。
¶江表(たみ女(愛媛県))

たみ女(2) **たみじょ★**
江戸時代後期の女性。俳諧。作道の人。天保5年刊、高岡の真葛坊編『己之中集』に載る。
¶江表(たみ女(富山県))

たみ女(3) **たみじょ★**
江戸時代後期の女性。俳諧。滑川の人。天保5年刊、高岡の真葛坊編『己之中集』に載る。
¶江表(たみ女(富山県))

たみ女(4) **たみじょ★**
江戸時代後期の女性。歌人。瞽女。文政頃の人。
¶江表(たみ女(鳥取県))

蒼生女 **たみじょ★**
江戸時代末期の女性。和歌。米川左京の姉。安政4年刊、仲田顕忠編『類題武蔵野集』二に載る。
¶江表(蒼生女(東京都))

民女(1) **たみじょ★**
江戸時代中期の女性。和歌。跡部良顕の嫡子良敬の妻か娘。享保4年序、井上通「秋のともし火」に載る。
¶江表(民女(東京都))

民女(2) **たみじょ★**
江戸時代後期の女性。俳諧。文政9年刊、佐原鞠塢編『墨多川集』に載る。
¶江表(民女(東京都))

民女(3) **たみじょ★**
江戸時代後期の女性。俳諧。上総粟生の名主で一時、上総代官を務めたこともある飯高惣兵衛の長女。
¶江表(民女(千葉県) [没]寛政4(1792)年)

民女(4) **たみじょ★**
江戸時代後期の女性。和歌。新屋敷の人。享和3年序、佐伯貞中八〇賀集「周桑歌人集」に載る。
¶江表(民女(愛媛県))

田道 **たみち**
⇒上毛野田道(かみつけののたみち)

たみの
江戸時代後期の女性。俳諧。相模大磯宿の遊女。文政3年、玉蕉庵芝山編『第五四海句双紙』に載る。
¶江表(たみの(神奈川県))

民野 **たみの★**
江戸時代後期の女性。俳諧。美濃の俳人白暁斎の妻。文化4年刊、周和編『落葉集』に載る。
¶江表(民野(岐阜県))

民大梶 **たみのおおかじ**
奈良時代の官人。
¶古人(生没年不詳)

民大火* **たみのおおび, たみのおおひ**
?～大宝3(703)年 飛鳥時代の壬申の乱の功臣。
¶古物(たみのおおひ)

民小鮪* **たみのおしび**
生没年不詳 奈良時代の官人。
¶コン

民鎰万呂 **たみのかぎまろ**
奈良時代のいかだ師。

¶古人（生没年不詳）

民古麻呂　たみのこまろ
奈良時代の官人。
¶古人（生没年不詳）

民利明　たみのとしあき
平安時代中期の官人。
¶古人（生没年不詳）

民利延　たみのとしのぶ
平安時代中期の藤原道長の随人。
¶古人（生没年不詳）

民友武　たみのともたけ
平安時代後期の官人。
¶古人（生没年不詳）

民総麻呂　たみのふさまろ
奈良時代の官人。
¶古人（生没年不詳）

民能津* 　たみのよしつ
生没年不詳　平安時代前期の下級官人。
¶古人

田宮儀右衛門* 　たみやぎえもん
生没年不詳　江戸時代末期の紀伊和歌山藩士。
¶幕末

田宮如雲* 　たみやじょううん
文化5（1808）年～明治4（1871）年　江戸時代末期
～明治時代の名古屋藩士。安政の大獄で幽閉後、復
職。維新政府の下で参与。
¶全幕、幕末（㊎文化5（1808）年10月23日　㊣明治4
（1871）年4月19日）

田宮禎　たみやただし
江戸時代中期の雑俳書編者。
¶俳文（生没年不詳）

田宮知英の母　たみやともひでのはは*
江戸時代後期の女性。和歌。紀州藩藩士田宮儀右
衛門知英の母。嘉永4年刊、堀尾光久編『近世名所
歌集』初に載る。
¶江表（田宮知英の母（和歌山県））

田向重治* 　たむかいしげはる
享徳1（1452）年～天文4（1535）年7月21日　㊟田向
重治（たむけしげはる）　戦国時代の公卿（権中納
言）。参議田向経家の子。
¶公卿（たむけしげはる）、公家（重治〔田向家（絶家）〕
しげはる）

田向重治　たむけしげはる
⇒田向重治（たむかいしげはる）

田向資蔭* 　たむけすけかげ
？～元中9/明徳3（1392）年10月14日　南北朝時代
の公卿（非参議）。従三位に叙され、永徳3年より公
卿に列される。
¶公卿（㊣明徳3/元中9（1392）年10月14日）、公家（資蔭
〔田向家（絶家）〕　すけかげ　㊣明徳3（1392）年閏10
月14日）

田向経家* 　たむけつねいえ
？～寛正2（1461）年6月　室町時代の公卿（参議）。
権中納言田向資の子。
¶公卿、公家（経家〔田向家（絶家）〕　つねいえ）

田向経兼　たむけつねかね
生没年不詳　室町時代の公卿（参議）。非参議田向

資蔭の子。
¶公卿、公家（経兼〔田向家（絶家）〕　つねかね）

田向長資* 　たむけながすけ
生没年不詳　室町時代の公卿（権中納言）。参議田
向経兼の子。
¶公卿、公家（長資〔田向家（絶家）〕　ながすけ）

田村　たむら*
江戸時代中期の女性。和歌。徳川家の奥女中。明
和5年刊、石野広通編『霞関集』に載る。
¶江表（田村（東京都））

田村育蔵* 　たむらいくぞう
天保7（1836）年～元治1（1864）年　江戸時代末期
の志士。
¶幕末（㊎天保7（1836）年3月30日　㊣元治1（1864）年7
月19日）

田村一郎* 　たむらいちろう
天保14（1843）年～？　江戸時代後期～末期の新
撰組隊士。
¶新隊

田村大炊助　たむらおおいのすけ
安土桃山時代の相模国中郡荻野の鋳物師。北条氏
直に属した。
¶後北（大炊助〔田村（1）〕　おおいのすけ）

田村梶子* 　たむらかじこ
天明5（1785）年～文久2（1862）年　江戸時代後期
～末期の女性。歌人。
¶江表（梶子（群馬県））、女史

田村清顕* 　たむらきよあき
？～天正14（1586）年　安土桃山時代の武将、隆顕
の子。
¶コン、全戦、戦武

田村金作　たむらきんさく
⇒山下金作〔6代〕（やましたきんさく）

田村金七郎* 　たむらきんしちろう
弘化2（1845）年～？　江戸時代後期～末期の新撰
組隊士。
¶新隊

田村銀之助* 　たむらぎんのすけ
安政3（1856）年～大正13（1924）年8月20日　江戸
時代末期～明治時代の新撰組隊士。
¶新隊（㊎安政3（1856）年8月1日）、幕末（㊎安政3
（1856）年8月1日）

田村邦栄* 　たむらくによし
嘉永5（1852）年～明治20（1887）年　江戸時代末期
～明治時代の一関藩（田村藩）主、子爵。
¶全幕

田村顕影　たむらけんしょう
江戸時代後期～末期の幕臣。
¶徳人（生没年不詳）

田村元長　たむらげんちょう
⇒田村西湖（たむらせいこ）

田村権左右衛門　たむらごんざうえもん
⇒田村権左右衛門（たむらごんざえもん）

田村権左右衛門* （田村権左衛門）　たむらごんざえもん
？～天和3（1683）年　㊟田村権左右衛門（たむらご
んざえもん）　江戸時代前期の陶工。後藤才次郎

らと九谷焼を創始。
¶コン(生没年不詳),美工

田村貞彦＊　たむらさだひこ
享和2(1802)年～明治8(1875)年　江戸時代後期～明治時代の武士。
¶幕末([生]享和2(1802)年9月26日　[没]明治8(1875)年2月18日)

田村三省＊　たむらさんせい
享保19(1734)年～文化3(1806)年　[別]田村三省(さむらさんせい)　江戸時代中期～後期の陸奥会津藩士。
¶江人,コン

田村水鷗＊　たむらすいおう
生没年不詳　[別]田村水鷗(たむらすいほう)　江戸時代中期の浮世絵師。
¶浮絵(たむらすいほう),美画

田村水鷗　たむらすいほう
⇒田村水鷗(たむらすいおう)

田村西湖＊　たむらせいこ
延享2(1745)年～寛政5(1793)年　[別]田村元長(たむらげんちょう)　江戸時代中期の博物学者。
¶科学([没]寛政5(1793)年1月19日)

田村西峰＊　たむらせいほう
安永9(1780)年～安政1(1854)年　江戸時代後期の儒学者。
¶幕末([没]嘉永7(1854)年5月15日)

田村宗立　たむらそうりゅう
江戸時代後期～大正時代の洋画家。
¶美画([生]弘化3(1846)年8月20日　[没]大正7(1918)年7月10日)

田村大三郎＊　たむらだいざぶろう，たむらだいさぶろう
？～慶応4(1868)年1月5日　江戸時代後期～末期の新撰組隊士。
¶新隊(たむらだいさぶろう　[没]明治1(1868)年1月5日)

田村崇顕＊　たむらたかあき
＊～大正11(1922)年　江戸時代末期～明治時代の一関藩(田村藩)主、一関藩知事。
¶幕末([生]安政5(1859)年11月20日　[没]大正11(1922)年12月11日)

田村隆顕＊　たむらたかあき
？～天正2(1574)年　戦国時代～安土桃山時代の武将。
¶全戦

田村建顕＊　たむらたけあき
明暦2(1656)年5月8日～宝永5(1708)年1月27日　[別]田村建顕(たむらたつあき)，田村宗永(たむらむねなが)　江戸時代前期～中期の大名。陸奥一関藩主、陸奥岩沼藩主。
¶コン

田村建顕　たむらたつあき
⇒田村建顕(たむらたけあき)

田村長栄＊　たむらちょうえい
生没年不詳　戦国時代の医師。
¶後北(長栄〔田村(3)〕　ちょうえい)

田村長伝＊　たむらちょうでん
？～天正19(1591)年10月10日　戦国時代～安土桃山時代の医師。
¶後北(長伝〔田村(3)〕　ちょうでん)

田村直翁＊　たむらちょくおう
生没年不詳　江戸時代前期の画家。
¶美画

田村恒豊　たむらつねとよ
江戸時代中期～後期の幕臣。
¶徳人([生]1769年　[没]1845年)

田邑天皇　たむらてんのう
⇒文徳天皇(もんとくてんのう)

田村豊矩＊　たむらとよのり
生没年不詳　江戸時代中期の和算家。
¶数学

田村成義　たむらなりよし
嘉永4(1851)年～大正9(1920)年　江戸時代後期～大正時代の代言人(弁護士)、興行師。
¶歌大([生]嘉永4(1851)年2月1日　[没]大正9(1920)年11月8日),新歌

田村皇子　たむらのおうじ
⇒舒明天皇(じょめいてんのう)

田村大嬢　たむらのおおいらつめ
⇒大伴田村大嬢(おおとものたむらのおおいらつめ)

田邑帝　たむらのみかど
⇒文徳天皇(もんとくてんのう)

田村八兵衛　たむらはちべえ
江戸時代中期の宮大工。
¶美建(生没年不詳)

田村初太郎＊　たむらはつたろう
嘉永5(1852)年9月28日～大正4(1915)年5月21日　江戸時代末期～明治時代の留学生。アメリカに留学する。
¶幕末([生]嘉永5(1852)年8月15日)

田村文右衛門＊　たむらぶんえもん
文化5(1808)年～明治2(1869)年　江戸時代末期の肥前平戸藩士。
¶幕末([没]明治2(1869)年11月)

田村平一郎＊　たむらへいいちろう
文政6(1823)年～明治4(1871)年　江戸時代後期～明治時代の尊攘運動家。
¶幕末([没]明治4(1871)年11月2日)

田村孫七　たむらまごしち
戦国時代の甲府城下の紺屋職人頭。
¶武田(生没年不詳)

田村正知　たむらまさとも
江戸時代後期～明治時代の和算家。信州牟礼の人。
¶数学([生]文化12(1815)年　[没]明治19(1886)年)

田村又右衛門尉　たむらまたえもんのじょう
戦国時代の甲斐府中新紺屋町の紺屋。
¶武田(生没年不詳)

田村又吉　たむらまたきち
江戸時代後期～大正時代の篤農家、稲取村(静岡県)村長。
¶植物([生]天保13(1842)年1月5日　[没]大正10(1921)年10月)

田村通顕　たむらみちあき
⇒田村通顕(たむらゆきあき)

田村宗永　たむらむねなが
⇒田村建顕（たむらたけあき）

田村弥平*　たむらやひら
文政9（1826）年～明治19（1886）年　江戸時代末期～明治時代の薬商、弥彦神社権宮司。維新の際進んで新政府軍に入り加越地方に転戦。
¶幕末（[没]明治19（1886）年3月24日）

田村通顕*　たむらゆきあき
嘉永3（1850）年～慶応3（1867）年　[別]田村通顕（たむらみちあき）　江戸時代末期の大名。陸奥一関藩主。
¶幕末（たむらみちあき　[生]嘉永3（1850）年6月8日　[没]慶応3（1867）年6月16日）

田村吉信*　たむらよしのぶ
生没年不詳　江戸時代中期の絵師。
¶浮絵

田村与三左衛門尉*　たむらよぞうさえもんのじょう
生没年不詳　戦国時代の北条氏の家臣。
¶後北（与三左衛門尉〔田村（2）〕　よぞうさえもんのじょう）

田村与八郎守貞　たむらよはちろうもりさだ
江戸時代後期～明治時代の彫刻師。
¶美建（[生]天保3（1832）年12月25日　[没]明治19（1886）年3月15日）

田村藍水*（田村籃水）　たむららんすい
享保3（1718）年～安永5（1776）年　江戸時代中期の本草学者。
¶江人, 科学（[没]安永5（1776）年3月23日）, コン, 植物（[没]安永5（1776）年3月23日）, 徳人

田村林蔵院　たむらりんぞういん
江戸時代前期の高野山の僧坊衆。戦後、本多忠刻、松平忠明に仕え、大和郡山で死去。
¶大坂

田村録五郎*　たむらろくごろう
弘化3（1846）年～？　江戸時代後期～末期の新撰組隊士。
¶新隊

ため（1）
江戸時代中期の女性。俳諧。京都の人。安永2年刊、高井几董編『明がらす』に載る。
¶江表（ため（京都府））

ため（2）
江戸時代後期の女性。和文。野村氏。天保12年序、『雪間乃小草』を刊行。
¶江表（ため（東京都））

為（1）　ため*
江戸時代中期の女性。政治・書簡。人吉藩六代藩主相良長在の娘。
¶江表（為（熊本県）　[生]享保10（1725）年　[没]宝暦10（1760）年）

為（2）　ため*
江戸時代末期の女性。和歌。京都の人。慶応2年刊、村上忠順編『元治元年千首』に載る。
¶江表（為（京都府））

為有　ためあり
江戸時代中期の俳諧作者。洛西嵯峨住の農民。蕉門。
¶俳文（生没年不詳）

為家　ためいえ
⇒藤原為家（ふじわらのためいえ）

為氏　ためうじ
⇒二条為氏（にじょうためうじ）

為兼　ためかね
⇒京極為兼（きょうごくためかね）

為邦　ためくに
江戸時代中期の俳諧師。江戸浅草蔵前の札差。
¶俳文（生没年不詳）

ため子（1）　ためこ*
江戸時代後期の女性。和歌。鉄砲洲住。文化5年頃、真田幸弘編「御ことほきの記」に載る。
¶江表（ため子（東京都））

ため子（2）　ためこ*
江戸時代後期の女性。和歌。三河梅ヶ坪の杉浦氏の妻。弘化4年刊、清堂観尊編『たち花の香』に載る。
¶江表（ため子（愛知県））

ため子（3）　ためこ*
江戸時代後期の女性。和歌。和泉岸和田の人。天保7年刊、加納諸平編『類題鰒玉集』三に載る。
¶江表（ため子（大阪府））

ため子（4）　ためこ*
江戸時代末期の女性。和歌。江戸崎領主で旗本蜂屋七兵衛の妻。安政7年跋、蜂屋光世編『大江戸倭歌集』に載る。
¶江表（ため子（東京都））

ため子（5）　ためこ*
江戸時代末期～明治時代の女性。和歌。駿河島田宿の名主で本陣を構える置塩蘆庵の娘。
¶江表（ため子（静岡県）　[没]明治9（1876）年）

為子（1）　ためこ*
江戸時代の女性。和歌。本石町住の芳村氏。明治8年刊、橘東世子編『明治歌集』に載る。
¶江表（為子（東京都））

為子（2）　ためこ*
江戸時代中期の女性。和歌。備前児島郡下津井の岩津宣雄の妻。
¶江表（為子（岡山県）　[生]安永7（1778）年）

為子（3）　ためこ*
江戸時代中期の女性。和歌。安芸可部の町年寄で歌人木原六右衛門の娘。宝暦5年、吉井当聡42歳の「年賀詩歌誹集」に載る。
¶江表（為子（広島県））

為子（4）　ためこ*
江戸時代後期の女性。和歌。下朝倉村の八幡宮神職で歌人田窪峰忠の娘。
¶江表（為子（愛媛県）　[没]天保15（1844）年）

為子（5）　ためこ*
江戸時代末期の女性。和歌。三河梅坪の太田亦蔵の妻。安政6年序、村上忠順編『類題和歌玉藻集』初に載る。
¶江表（為子（愛知県））

為子内親王　ためこないしんのう
⇒為子内親王（いしないしんのう）

為実女　ためざねのむすめ
南北朝時代の女性。後醍醐天皇の皇女。

¶天皇

多米女　ためじょ★

江戸時代後期の女性。和歌。三河吉田藩家老西村為徳の妻。嘉永5年刊、本居内遠編『五十鈴川』に載る。

¶江表(多米女(愛知県))

為相　ためすけ

⇒冷泉為相(れいぜいためすけ)

為尊親王*　ためたかしんのう

貞元2(977)年～長保4(1002)年　平安時代中期の冷泉天皇の第3皇子。

¶古人,天皇([没]長保4(1002)年6月13日)

溜谷要斎　ためたにようさい

江戸時代後期～明治時代の和算家。

¶数学

為次*　ためつぐ

生没年不詳　平安時代後期～鎌倉時代前期の刀工。

¶美工

為続　ためつぐ

⇒相良為続(さがらためつぐ)

多米時信　ためときのぶ

戦国時代～安土桃山時代の武士。新左衛門尉。北条氏康・氏政の家臣。足軽大将を務める。

¶後北(時信〔多米〕　ときのぶ)

為永春江*　ためながしゅんこう

文化10(1813)年～明治22(1889)年　江戸時代末期～明治時代の戯作者。新聞小説発表。著書に「六玉川」「花美止里」。

¶幕末([没]明治22(1889)年12月26日)

為永春水〔1代〕*　ためながしゅんすい

寛政2(1790)年～天保14(1843)年　[別]春水(しゅんすい),振鷺亭〔2代〕(しんろてい)　江戸時代後期の人情本・読本・合巻作者。

¶江人(代数なし),コン(――〔1世〕),思想(代数なし),徳将(代数なし),日文(代数なし　[没]天保14(1844)年),山小(代数なし　[没]1843年12月22日)

為永春水〔2代〕　ためながしゅんすい

⇒染崎延房(そめざきのぶふさ)

多米長宗　ためながむね

戦国時代の北条氏康の家臣。大膳。元興の嫡男。

¶後北(長宗〔多米〕　ながむね)

多米国定　ためのくにさだ

平安時代中期の官人。

¶古人(生没年不詳)

多米国平*　ためのくにひら

生没年不詳　平安時代中期の官人。

¶古人

田眼皇女*　ためのこうじょ

生没年不詳　[別]田眼皇女(ためのひめみこ)　飛鳥時代の女性。敏達天皇の第6皇女。

¶古人,天皇(ためのひめみこ)

田眼皇女　ためのひめみこ

⇒田眼皇女(ためのこうじょ)

為信　ためのぶ

⇒江島為信(えしまためのぶ)

田目皇子　ためのみこ

生没年不詳　[別]田目皇子(ためのおうじ)　飛鳥時代の用明天皇の皇子。

¶古人(ためのおうじ),古物,天皇

多米彦八郎*　ためひこはちろう

生没年不詳　戦国時代の北条氏の家臣。

¶後北(彦八郎〔多米〕　ひこはちろう)

為秀　ためひで

南北朝時代の和歌作者。冷泉家。

¶俳文([生]?　[没]応安5(1372)年6月11日)

為平親王*　ためひらしんのう

天暦6(952)年～寛弘7(1010)年　平安時代中期の村上天皇の第4皇子。

¶古人,コン,天皇([没]寛弘7(1010)年11月7日)

為広　ためひろ

⇒冷泉為広(れいぜいためひろ)

多米正輔　ためまさすけ

平安時代後期の官人。

¶古人(生没年不詳)

為道女女　ためみちのむすめのむすめ

南北朝時代の女性。後醍醐天皇の皇女。

¶天皇

為光の娘忯子　ためみつのむすめていし

⇒藤原忯子(ふじわらのしし)

為世　ためよ

⇒二条為世(にじょうためよ)

田本研造　たもとけんぞう

江戸時代後期～明治時代の写真家。

¶全幕([生]天保3(1832)年　[没]大正1(1912)年)

田本野菊女　たもとのきくじょ，たもとのぎくじょ

⇒野菊女(のぎくじょ)

田裳見宿禰*　たもみのすくね

上代の津守連の祖。

¶古代

多門庄左衛門〔1代〕*　たもんしょうざえもん

生没年不詳　江戸時代前期の歌舞伎役者。寛永18年～延宝6年以降に活躍。

¶コン(代数なし)

多門坊　たもんぼう

安土桃山時代の信濃・諏訪大社所属の坊官。

¶武田(生没年不詳)

多門路考　たもんろこう

⇒瀬川菊之丞〔5代〕(せがわきくのじょう)

田屋右馬助　たやうまのすけ

江戸時代前期の武士。大坂の陣で籠城。後、徳川頼宣に仕えた。

¶大坂

多屋子　たやこ★

江戸時代末期の女性。和歌。宇和島藩の奥女中。元治1年頃に詠まれた「宇和島御奥女中大小吟」に載る。

¶江表(多屋子(愛媛県))

田安寿千代*　たやすとしちよ

万延1(1860)年～慶応1(1865)年　江戸時代末期の人。三卿田安家の6代。

¶徳松

田安斉荘　たやすなりたか
⇒徳川斉荘（とくがわなりたか）

田安斉匡*　たやすなりまさ
安永8（1779）年～嘉永1（1848）年　江戸時代中期～後期の人。三卿田安家の3代。
¶徳松

田安治察*　たやすはるあき
宝暦3（1753）年～安永3（1774）年　[別]田安治察（たやすはるあきら）　江戸時代中期の人。三卿田安家の2代。
¶徳松

田安治察　たやすはるあきら
⇒田安治察（たやすはるあき）

田安宗武*　たやすむねたけ
正徳5（1715）年～明和8（1771）年6月4日　[別]田安宗武（たますむねたけ），徳川宗武（とくがわむねたけ）　江戸時代中期の田安家の初代当主（権中納言）。田安家の祖。8代将軍徳川吉宗の次男。御三卿の一つ田安家を創設。文武に秀で、賀茂真淵の影響を受け国学・和歌に通じていた。
¶江人，公卿（徳川宗武　とくがわむねたけ），コン，詩作（[生]正徳5（1716）年12月27日），思想，徳将，徳松，日文（[生]正徳5（1715）年12月），山小（[生]1715年11月27日　[没]1771年6月4日）

田安慶頼*　たやすよしより
文政11（1828）年～明治9（1876）年　江戸時代後期～明治時代の大名、華族。三卿田安家の5代。
¶徳松

田屋茂左衛門政高　たやもざえもんまさたか
安土桃山時代～江戸時代前期の豊臣秀吉・秀頼の家臣。
¶大坂（[生]永禄3年/永禄4年　[没]慶長20年5月8日）

田結荘千里*　たゆいのしょうちさと
文化11（1814）年～明治29（1896）年3月28日　江戸時代末期～明治時代の砲術家。西洋砲術を学び、教授する。著書に「桑土芻言」。
¶科学（[生]文化11（1814）年4月4日）

たよ（1）
江戸時代中期の女性。和歌。鳥取藩伯耆米子組士で歌人村瀬鎮栄の妻。安永7年に米子組筆頭役で歌人の鷲見慶明家で開かれた歌会「女中会」で詠む。
¶江表（たよ（鳥取県））

たよ（2）
江戸時代後期の女性。俳諧。山形の俳諧宗匠松花園臥猪の妻。文化6年写、風五著の俳諧物語『五月物語』に載る。
¶江表（たよ（山形県））

たよ（3）
江戸時代後期の女性。教育。広田義信の妻。
¶江表（たよ（東京都）　[生]文政12（1829）年頃）

多代（1）　たよ★
江戸時代中期の女性。俳諧。石見須川の下森卜友の妻。安永2年刊、大石蝀鼓編『松の花集』に載る。
¶江表（多代（島根県））

多代（2）　たよ★
江戸時代中期の女性。俳諧。筑前福岡の人で、志太野坡門。宝暦4年刊、太田宇麦編『波掛集』に載る。
¶江表（多代（福岡県））

多代（3）　たよ
⇒多代女（たよじょ）

たよ子　たよこ★
江戸時代後期の女性。和歌。河内大井の安住氏の娘。弘化4年刊、緑亭川柳編『烈女百人一首』に載る。
¶江表（たよ子（大阪府））

多代子　たよこ★
江戸時代の女性。狂歌。「女流狂歌集」に載る。
¶江表（多代子（東京都））

多与子　たよこ★
江戸時代末期の女性。和歌。慶応4年、会津戊辰戦争で会津若松城に籠城した井深登世子の知人。弔歌が井深家に伝わる。
¶江表（多与子（福島県））

たよ女（1）　たよじょ★
江戸時代中期の女性。俳諧。尾張名古屋の人。宝永3年序、太田巴静編『刷毛序』に載る。
¶江表（たよ女（愛知県））

たよ女（2）　たよじょ★
江戸時代後期の女性。俳諧。延岡の人。文化2年に没した内藤暁山の追悼式と松尾芭蕉の句碑除幕式に参列し詠んでいる。
¶江表（たよ女（宮崎県））

たよ女（3）　たよじょ★
江戸時代末期の女性。俳諧。岩瀬の人。安政6年刊、潤時園慶里・好古庵二選共編『八重すさ飛』に載る。
¶江表（たよ女（富山県））

多世女　たよじょ★
江戸時代後期の女性。和歌。西条連の人。享和3年序、佐伯貞中八〇賀集「周桑歌人集」に載る。
¶江表（多世女（愛媛県））

多代女*　たよじょ
安永5（1776）年～慶応1（1865）年　[別]市原多代（いちはらたよ），市原たよ女，市原多代女（いちはらたよじょ，いちはらたよめ），多代（たよ），多代女（たよめ）　江戸時代後期の女性。俳人。
¶江表（多代（福島県）），詩作（市原たよ女　いちはらたよめ　[没]慶応1（1865）年8月4日），女史（市原多代　いちはらたよ），女文（多代　たよ　[没]慶応1（1865）年8月4日），俳文（たよめ　[没]慶応1（1865）年8月4日），幕末（市原多代女　いちはらたよめ　[没]慶応1（1865）年8月4日）

多代女　たよめ
⇒多代女（たよじょ）

多羅尾氏純*　たらおうじずみ
安永7（1778）年6月14日～天保6（1835）年11月2日　[別]多羅尾氏純（たらおしじゅん）　江戸時代中期～後期の幕臣。一説に天保12年没。
¶徳代（たらおしじゅん　[生]？　[没]天保12（1841）年6月2日）

多羅尾玄蕃*　たらおげんば
生没年不詳　安土桃山時代の織田信長の家臣。
¶織田

多羅尾光弼　たらおこうひつ
江戸時代後期の代官。
¶徳代（[生]弘化3（1846）年　[没]？）

た

多羅尾氏純　たらおしじゅん
⇒多羅尾氏純（たらおうじずみ）

多羅尾純門　たらおじゅんもん
江戸時代後期の代官。
¶徳代（[生]享和3（1803）年　[没]？）

多羅尾綱知　たらおつなとも
⇒多羅尾常陸介（たらおひたちのすけ）

多羅尾常陸介*　たらおひたちのすけ
生没年不詳　[別]多羅尾綱知（たらおつなとも）　安土桃山時代の三好氏の家臣。若江三人衆の一人。常陸介。
¶織田（多羅尾綱知　たらおつなとも），全戦（多羅尾綱知　たらおつなとも）

多羅尾光頭　たらおみつあき
江戸時代前期～中期の代官。
¶徳代（[生]延宝2（1674）年　[没]享保17（1732）年12月9日）

多羅尾光雄　たらおみつお
江戸時代中期～後期の代官。
¶徳代（[生]元文3（1738）年　[没]寛政11（1799）年7月11日）

多羅尾光崇　たらおみつたか
江戸時代中期の代官。
¶徳代（[生]明和2（1765）年　[没]？）

多羅尾光忠　たらおみつただ
江戸時代前期～中期の代官。
¶徳代（[生]正保1（1644）年　[没]享保10（1725）年4月3日）

多羅尾光俊*　たらおみつとし
*～慶長14（1609）年　安土桃山時代～江戸時代前期の武将。豊臣秀吉の臣。
¶織田（[生]永正11（1514）年　[没]慶長14（1609）年2月4日）

多羅尾光豊　たらおみつとよ
正徳1（1711）年～明和8（1771）年　江戸時代中期の幕臣。
¶徳人，徳代（[没]明和8（1771）年6月10日）

多羅尾光太*　たらおみつもと
*～正保4（1647）年　安土桃山時代～江戸時代前期の武将。豊臣秀吉、徳川家康の臣。
¶織田（[生]天文21（1552）年　[没]正保4（1647）年1月21日），徳代（[生]天文21（1552）年　[没]正保4（1647）年1月21日）

多羅尾光好　たらおみつよし
江戸時代前期の代官。
¶徳代（[生]慶長10（1605）年　[没]延宝2（1674）年10月8日）

宝山左衛門〔1代〕　たらかさんざえもん
⇒宝山左衛門〔1代〕（たからさんざえもん）

足仲彦尊　たらしなかつひこのみこと
⇒仲哀天皇（ちゅうあいてんのう）

太良未太*　たらみた，だらみだ
生没年不詳　飛鳥時代の百済の工匠。
¶古物（だらみだ）

タリコナ*
？～天文5（1536）年　戦国時代の蝦夷地西部の首長。タナカサカシの娘婿。
¶コン

大利鼎吉　たりていきち
⇒大利鼎吉（おおりていきち）

乃龍の妻　だりゅうのつま*
江戸時代中期の女性。俳諧。乃龍は談林派。元禄5年刊、水間沾徳編『誹林一字幽蘭集』に載る。
¶江表（乃龍の妻（東京都））

垂井光清　たるいこうせい
⇒光清（こうしょう）

多留玄蕃允*　たるげんばのじょう
生没年不詳　戦国時代の神職。三嶋大明神の社人。
¶後北（玄蕃允〔多留〕　げんばのじょう）

樽藤左衛門　たるとうざえもん
⇒樽屋藤左衛門（たるやとうざえもん）

熾仁親王*　たるひとしんのう
天保6（1835）年～明治28（1895）年　[別]有栖川宮熾仁（ありすがわのみやたるひと），有栖川宮熾仁親王（ありすがわのみやたるひとしんのう）　江戸時代末期～明治時代の有栖川宮幟仁親王の第1子。
¶江人（有栖川宮熾仁　ありすがわのみやたるひと），コン（有栖川宮熾仁親王　ありすがわのみやたるひとしんのう），全幕，天皇（[生]天保6（1835）年2月25日　[没]？），幕末（[生]天保6（1835）年2月19日　[没]明治28（1895）年1月15日），山小（有栖川宮熾仁親王　ありすがわのみやたるひとしんのう　[生]1835年2月19日　[没]1895年1月15日）

他魯毎*　たるみ
？～尚巴志8（1429）年　[別]他魯毎（たるみー，たるみい），他魯毎王（たるみーおう）　室町時代の古琉球三山時代の山南の王。
¶コン（[没]永享1（1429）年）

捶水某*　たるみ
生没年不詳　安土桃山時代の織田信長の家臣。
¶織田

他魯毎　たるみー
⇒他魯毎（たるみ）

他魯毎　たるみい
⇒他魯毎（たるみ）

他魯毎王　たるみーおう
⇒他魯毎（たるみ）

垂水左衛門尉繁昌　たるみさえもんのじょうはんしょう
⇒垂水繁昌（たるみしげまさ）

垂水繁昌*　たるみしげまさ
生没年不詳　[別]垂水左衛門尉繁昌（たるみさえもんのじょうはんしょう），垂水繁昌（たるみはんじょう）　鎌倉時代後期の在地領主、左衛門尉。
¶コン（垂水左衛門尉繁昌　たるみさえもんのじょうはんしょう）

垂水繁昌　たるみはんじょう
⇒垂水繁昌（たるみしげまさ）

樽屋おせん*　たるやおせん
江戸時代の姦通事件の人物。
¶コン

樽屋藤左衛門*（樽屋藤佐衛門）　たるやとうざえもん
世襲名　[別]樽藤左衛門（たるとうざえもん）　江戸時代の江戸町年寄。
¶コン（樽藤左衛門　たるとうざえもん），山小（樽屋藤佐衛門）

田原紹忍　たわらしょうにん，たわらじょうにん
⇒田原親賢（たわらちかかた）

田原親家　たわらちかいえ
⇒大友親家(おおともちかいえ)

田原親賢*　たわらちかかた
？〜慶長5(1600)年　[別]田原紹忍(たはらじょうにん，たわらしょうにん，たわらじょうにん)，田原親賢(たはらちかかた)　安土桃山時代の武士。
¶全戦(たはらちかかた)，戦武(たはらちかかた)

田原親貫*　たわらちかつら
？〜天正8(1580)年　安土桃山時代の武士。
¶全戦

田原親盛　たわらちかもり
⇒大友親盛(おおともちかもり)

田原伝吉*　たわらでんきち
文政11(1828)年〜明治9(1876)年　[別]田原伝吉(たはらでんきち)　江戸時代末期〜明治時代の商人。
¶幕末(たはらでんきち　[没]明治9(1876)年1月3日)

俵藤太　たわらとうた，たわらとうだ
⇒藤原秀郷(ふじわらのひでさと)

田原藤太秀郷　たわらとうだひでさと
⇒藤原秀郷(ふじわらのひでさと)

田原友助*　たわらともすけ
生没年不詳　江戸時代前期の薩摩の陶工。
¶コン，美工

田原直貞　たわらなおさだ
⇒田原直貞(たばるなおさだ)

田原天皇　たわらのてんのう
⇒志貴皇子(しきのみこ)

俵藤太　たわらのとうた
⇒藤原秀郷(ふじわらのひでさと)

俵屋宗雪　たわらやそうせつ
⇒宗雪(そうせつ)

俵屋宗達*　たわらやそうたつ
生没年不詳　[別]宗達(そうたつ)　江戸時代前期の画家。京都の町衆の出身で、主な作品に「風神雷神図屏風」など。
¶江人，コン，植物([生]？　[没]寛永20(1643)年)，美画([没]寛永20(1643)年)，山小

俵屋宗理*(——〔1代〕)　たわらやそうり
？〜天明2(1782)年？　江戸時代中期の江戸の画家。
¶美画(生没年不詳)

田原嘉明*　たわらよしあき
天正2(1574)年〜？　[別]田原嘉明(たはらよしあき)　江戸時代前期の和算家。
¶数学(たはらよしあき)

丹　たん★
江戸時代前期〜中期の女性。和歌・書簡。播磨赤穂藩藩士灰方藤兵衛の妹。
¶江表(丹(兵庫県)　[生]明暦1(1655)年　[没]元禄16(1703)年)

弾阿　だんあ
江戸時代前期〜中期の仏師。
¶美建([生]寛永13(1636)年　[没]元禄7(1694)年)

単庵智伝*　たんあんちでん
生没年不詳　室町時代の画家。相阿弥の弟子。
¶美画

湛睿　たんえ
⇒湛睿(たんえい)

湛睿*(堪睿)　たんえい
文永8(1271)年〜正平1/貞和2(1346)年11月30日　[別]湛睿(たんえ)　鎌倉時代後期〜南北朝時代の学僧。律僧で華厳学の大家。
¶コン([没]貞和2(1346)年)，中世

壇益昌*　だんえきしょう
生没年不詳　江戸時代後期の和算家。
¶数学

丹衛門　たんえもん
安土桃山時代の信濃国筑摩郡会田の土豪。会田岩下氏の被官とみられる。
¶武田(生没年不詳)

堪円　たんえん
⇒堪円(かんえん)

炭翁*　たんおう
生没年不詳　江戸時代中期の俳人。
¶俳文

丹歌　たんか★
江戸時代中期の女性。俳諧。安永8年序、獅子眠鶏口編、養母谷口田女追善集『はつかのゆめ』に載る。
¶江表(丹歌(東京都))

旦魁　たんかい★
江戸時代中期の女性。俳諧。遊女。天明期頃の人。
¶江表(旦魁(岩手県))

旦海*　たんかい
生没年不詳　江戸時代中期の俳人。
¶俳文

湛快*　たんかい
康和1(1099)年〜承安4(1174)年　平安時代後期の熊野山別当。
¶古人，コン

湛海*(1)　たんかい
生没年不詳　鎌倉時代前期の律宗の僧。
¶対外

湛海*(2)　たんかい
寛永6(1629)年〜正徳6(1716)年1月16日　[別]宝山(ほうざん)　江戸時代前期〜中期の修験僧。奈良生駒山に宝山寺を開いた。
¶コン([没]享保1(1716)年)

淡海公　たんかいこう
⇒藤原不比等(ふじわらのふひと)

湛覚*　たんかく
生没年不詳　平安時代後期の社僧。熊野別当湛快の子。
¶古人

団景貞　だんかげさだ
江戸時代前期〜中期の幕臣。
¶徳人([生]1650年　[没]1713年)

探丸　たんがん
⇒藤堂探丸(とうどうたんがん)

た

湛久*　たんきゅう
生没年不詳　[別]湛久（たんく）　平安時代前期の華厳宗の僧。
¶古人（たんく）

湛教*　たんきょう
生没年不詳　平安時代後期の念仏聖。
¶古人

湛久　たんく
⇒湛久（たんきゅう）

湛空*　たんくう
安元2（1176）年～建長5（1253）年　[別]正信（しょうしん）　鎌倉時代前期の浄土宗の僧。法然の門弟。
¶古人

湛慶*　たんけい
承安3（1173）年～康元1（1256）年　鎌倉時代前期の仏師。運慶の長男。東寺の造像・修理に参加。
¶古人,コン,中世,美建（[没]康元1（1256）年5月19日），山小

丹下光亮*　たんげみつすけ
文政4（1821）年～明治11（1878）年　江戸時代末期～明治時代の今治藩士。
¶幕末

丹後（1）　たんご
安土桃山時代の信濃国安曇郡の土豪。仁科氏の被官で中使を担当か。
¶武田（生没年不詳）

丹後（2）　たんご
⇒宜秋門院丹後（ぎしゅうもんいんのたんご）

旦藁　たんこう
⇒杉田旦藁（すぎたたんこう）

湛幸*　たんこう
生没年不詳　鎌倉時代後期の仏師。
¶美建

湛斅　たんごう
平安時代後期の念仏聖。
¶平家（生没年不詳）

丹後侍従　たんごじじゅう
⇒細川忠興（ほそかわただおき）

丹後少将　たんごしょうしょう
⇒細川忠興（ほそかわただおき）

丹後局　たんごのつぼね
⇒高階栄子（たかしなえいし）

丹後局　たんごのつぼめ
⇒高階栄子（たかしなえいし）

丹後内侍*　たんごのないし
生没年不詳　平安時代後期～鎌倉時代前期の女官・歌人。
¶古人

弾左衛門*　だんざえもん
世襲名　江戸時代の穢多頭。穢多頭代々の称。
¶江人

丹左衛門尉基康　たんざえもんのじょうもとやす
「平家物語」に登場する武士。
¶平家（生没年不詳）

短冊布女　たんざくぬのじょ★
江戸時代後期の女性。狂歌。文化9年刊、六樹園飯盛編『万代狂歌集』に載る。
¶江表（短冊布女（東京都））

丹沢久左衛門　たんざわきゅうざえもん
江戸時代前期の武士、勘定。
¶徳代（[生]寛文3（1663）年　[没]？）

丹沢久助　たんざわきゅうすけ
安土桃山時代の甲斐の人。天正5年頃駿河富士大宮に神馬を奉納。
¶武田（生没年不詳）

丹沢善利〔1代〕　たんざわよしとし
江戸時代末期～明治時代の実業家、生盛薬館創業者。
¶植物（[生]安政2（1855）年　[没]明治41（1908）年）

丹山青海*　たんざんせいかい
文化10（1813）年～*　江戸時代末期～明治時代の京都の陶工。
¶美工（[没]明治19（1886）年）

丹山陸郎　たんざんろくろう
江戸時代後期～明治時代の陶工。
¶美工（[生]嘉永5（1852）年12月11日　[没]明治30（1897）年1月17日）

探志*　たんし
生没年不詳　江戸時代前期の俳人。
¶俳文

丹治梅吉*　たんじうめきち
天保3（1832）年～明治13（1880）年　江戸時代末期～明治時代の養蚕家。蚕種改良に努め、赤塾種の国産日一号は有名。
¶幕末（[没]明治13（1880）年5月）

丹茂致　たんしげむね
江戸時代後期の和算家、米沢藩士。
¶数学

旦子女　たんしじょ★
江戸時代中期の女性。俳諧。小荒井の人。安永7年刊『佳勇追善集』に載る。
¶江表（旦子女（福島県））

団七九郎兵衛*　だんしちくろべえ
人形浄瑠璃「夏祭浪花鑑」の登場人物。
¶コン

丹治経雄*　たんじつねお
天保12（1841）年～明治41（1908）年　江戸時代末期～明治時代の岩代国稲荷神社宮司。福島県民営新聞の先駆として「信夫新聞」をつくる。
¶幕末（[没]明治41（1908）年2月27日）

丹治明斎*　たんじめいさい
天保7（1836）年～明治42（1909）年　江戸時代末期～明治時代の算学者。和算の研鑽に励み、算学を教授。
¶幕末（[没]明治42（1909）年10月19日）

湛秀*　たんしゅう
治暦3（1067）年～保安3（1122）年1月15日　平安時代後期の法相宗の僧。
¶古人

談州楼　だんしゅうろう
⇒烏亭焉馬〔1代〕（うていえんば）

たんのわ

嘆女　たんじょ*
江戸時代中期の女性。和歌。長坂氏。元禄15年刊、戸田茂睡編『鳥之迹』に載る。
¶江表（嘆女（東京都））

但唱*　たんしょう
*〜寛永18（1641）年　江戸時代前期の天台宗の僧、仏師。
¶美建（㋐？）

湛昭*（湛照）　たんしょう
延喜9（909）年〜永延1（987）年　平安時代中期の法相宗の僧。
¶古人（湛照）

丹次郎*　たんじろう
為永春水作の人情本の主人公。
¶コン

団紳二郎*　だんしんじろう
嘉永1（1848）年〜明治3（1870）年　江戸時代末期〜明治時代の長州（萩）藩士。
¶幕末（㋑明治2（1870）年12月29日）

丹水*　たんすい
江戸時代中期の雑俳点者。
¶俳文（生没年不詳）

団水　だんすい
⇒北条団水（ほうじょうだんすい）

湛水賢忠　たんすいけんちゅう
⇒幸地賢忠（こうちけんちゅう）

弾誓*　たんぜい，だんせい
*〜慶長18（1613）年　安土桃山時代〜江戸時代前期の浄土宗の僧。
¶思想（たんせい）（㋐天文21（1552）年）

端正院　たんせいいん
江戸時代後期の徳川家斉三男。女子とする説もある。
¶徳将（㋐1794年　㋑1794年）

淡節　たんせつ
文化7（1810）年〜明治7（1874）年6月16日　江戸時代後期〜明治時代の俳諧師。
¶俳文

丹前勝山　たんぜんかつやま
⇒勝山（かつやま）

湛増*　たんぞう，たんそう
大治5（1130）年〜建久9（1198）年5月8日　平安時代後期〜鎌倉時代前期の僧。熊野第21代別当。第18代別当湛快の子。
¶古人，コン（㋑？），中世，内乱，平家（㋐大治4（1129）年）

炭太祇*　たんたいぎ
宝永6（1709）年〜明和8（1771）年　㋑炭太祇（すみのたいぎ），太祇（たいぎ）　江戸時代中期の俳人。
¶江人（太祇　たいぎ），コン，詩作（㋑明和8（1771）年8月9日），日文（たんたいぎ・すみたいぎ），俳文（太祇　たいぎ　㋑明和8（1771）年8月9日）

団忠正*　だんただまさ
？〜天正10（1582）年6月2日　戦国時代〜安土桃山時代の織田信長の家臣。
¶織田

谷田忠兵衛　たんだちゅうべえ
⇒谷田忠兵衛（たにだちゅうべえ）

淡々　たんたん
⇒松木淡々（まつきたんたん）

談天門院*　だんてんもんいん
文永5（1268）年〜元応1（1319）年　㋙談天門院（だってんもんいん），藤原忠子（ふじわらちゅうし，ふじわらのちゅうし）　鎌倉時代後期の女性。後宇多天皇の後宮。
¶女史（だってんもんいん），天皇（藤原忠子　ふじわらのちゅうし）（㋐文永4（1267）年　㋑元応1（1319）年11月）

弾直樹*　だんなおき
文政6（1823）年〜明治22（1889）年7月9日　江戸時代末期〜明治時代の関八州長吏頭。関八州とその近隣諸国を統括する穢多非人頭となる。
¶コン（㋐文政5（1822）年）

檀那僧正　だんなそうじょう
⇒覚運（かくうん）

檀那僧都　だんなそうず
⇒覚運（かくうん）

淡輪四郎兵衛*　たんなわしろべえ
？〜元禄8（1695）年　江戸時代前期の藩政家。
¶コン

淡輪助重*　たんなわすけしげ
生没年不詳　㋙淡輪助重（たんのわすけしげ）　南北朝時代の武将。
¶室町（たんのわすけしげ）

丹野清晴　たんのきよはる
江戸時代後期〜末期の和算家。仙台の人。
¶数学（㋐寛政4（1792）年　㋑慶応4（1868）年8月5日）

丹野源六　たんのげんろく
江戸時代後期〜大正時代の大工。
¶美建（㋐天保6（1835）年　㋑大正8（1919）年）

丹野の母　たんののはは*
江戸時代中期の女性。俳諧。大津四の宮に住む能役者本間主馬の母。元禄15年刊、太田白雪編『三河小町』下に載る。
¶江表（丹野の母（滋賀県））

丹野光仲　たんのみつなか
江戸時代後期〜明治時代の和算家。
¶数学

淡輪吉左衛門　たんのわきちざえもん
江戸時代前期の武士。大坂の陣で籠城。
¶大坂（㋑慶長20年4月29日）

淡輪助重　たんのわすけしげ
⇒淡輪助重（たんなわすけしげ）

淡輪徹斎*　たんのわてっさい
生没年不詳　安土桃山時代の織田信長の家臣。
¶織田

淡輪大和守*　たんのわやまとのかみ
生没年不詳　安土桃山時代の織田信長の家臣。
¶織田

淡輪六郎兵衛重政　たんのわろくろ（う）びょうえしげまさ
江戸時代前期の小西行長の家臣。諸国を廻歴。

¶大坂（[没]慶長20年4月29日）

丹波 たんば
⇒丹波局（たんばのつぼね）

丹波篤直* たんばあつなお
嘉元3（1305）年～弘和2/永徳2（1382）年10月17日 鎌倉時代後期～南北朝時代の公卿（非参議）。正四位下・典薬頭丹波篤基の次男。
¶公卿（[没]永徳2/弘和2（1382）年10月17日），公家（篤直〔錦小路家〕 あつなお [没]永徳2（1382）年10月17日）

た

丹波重長* たんばしげなが
？～延徳2（1490）年5月8日 室町時代～戦国時代の公卿（非参議）。非参議丹波盛長の子。
¶公卿，公家（重長〔丹波家（絶家）2〕 しげなが）

丹波重世* たんばしげよ
？～永享10（1438）年 室町時代の公卿（非参議）。非参議丹波長世の子。
¶公卿，公家（重世〔丹波家（絶家）1〕 しげよ）

丹波少将（1） たんばしょうしょう
⇒羽柴秀勝（はしばひでかつ）

丹波少将（2） たんばしょうしょう
⇒羽柴秀勝（はしばひでかつ）

丹波全宗 たんばぜんそう
⇒施薬院全宗（やくいんぜんそう）

丹波宗伯 たんばそうはく
⇒施薬院宗伯（せやくいんそうはく）

丹波親康 たんばちかやす
⇒丹波親康（たんばのちかやす）

丹波中納言（1） たんばちゅうなごん
⇒羽柴秀勝（はしばひでかつ）

丹波中納言（2） たんばちゅうなごん
⇒羽柴秀勝（はしばひでかつ）

丹波経基* たんばつねもと
生没年不詳 [別]丹波経基（たんばのつねもと） 室町時代の医師。
¶古人（たんばのつねもと）

丹波知康* たんばともやす
生没年不詳 [別]丹波知康（たんばのともやす） 平安時代後期の医者。
¶古人（たんばのともやす）

丹波直房* たんばなおふさ
生没年不詳 室町時代の公卿（非参議）。非参議丹波長直の子。
¶公卿，公家（直房〔錦小路家〕 なおふさ）

丹波長直* たんばながなお
建治3（1277）年～興国3/康永1（1342）年7月20日 鎌倉時代後期～南北朝時代の公卿（非参議）。正四位下・典薬頭丹波篤基の長男。
¶公卿（[没]康永1/興国3（1342）年7月20日），公家（長直〔錦小路家〕 ながなお [没]康永1（1342）年7月20日）

丹波長世* たんばながよ
生没年不詳 南北朝時代～室町時代の公卿（非参議）。丹波長氏の子。
¶公卿，公家（長世〔丹波家（絶家）1〕 ながよ）

丹波公親 たんばのきみちか
平安時代中期の官人。
¶古人（生没年不詳）

丹波国光 たんばのくにみつ
平安時代後期の官人。
¶古人（生没年不詳）

丹波成末 たんばのしげすえ
平安時代後期の官人。
¶古人（生没年不詳）

丹波重忠* たんばのしげただ
？～天養1（1144）年 平安時代後期の医師。
¶古人

丹波重長* たんばのしげなが
保延2（1136）年～承安3（1173）年 平安時代後期の医師。
¶古人

丹波重成* たんばのしげなり
？～治承2（1178）年 平安時代後期の医師。
¶古人（[没]1176年）

丹波重雅* たんばのしげまさ
天慶9（946）年～寛弘8（1011）年 平安時代中期の医師。
¶古人

丹波重康* たんばのしげやす
治暦2（1066）年～元永2（1119）年 平安時代後期の医師。
¶古人

丹波重能* たんばのしげよし
生没年不詳 平安時代後期の医師。
¶古人

丹波竹野媛* たんばのたかのひめ
[別]丹波竹野媛（たにわのたかのひめ） 上代の開化天皇の妃。
¶天皇（たにわのたかのひめ 生没年不詳）

丹波忠明* たんばのただあき
正暦1（990）年～？ 平安時代中期の医師。
¶古人

丹波忠康* たんばのただやす
天喜1（1053）年～嘉承1（1106）年 平安時代後期の医師。
¶古人

丹波為清 たんばのためきよ
平安時代後期の官人。父は為茂。
¶古人（生没年不詳）

丹波為真 たんばのためざね
平安時代後期の医師。
¶古人（生没年不詳）

丹波親康* たんばのちかやす
生没年不詳 [別]丹波親康（たんばちかやす），錦小路親康（にしきのこうじちかやす） 室町時代の医師。
¶公卿（錦小路親康 にしきのこうじちかやす），公家（親康〔丹波家（絶家）3〕 ちかやす）

丹波経基 たんばのつねもと
⇒丹波経基（たんばつねもと）

丹波局*（1） たんばのつぼね
生没年不詳 [別]丹波（たんば） 平安時代後期の女性。後白河天皇の宮人。
¶古人（丹波 たんば），コン，天皇，平家

丹波局*(2)　たんばのつぼね
生没年不詳　[別]源信康女(みなもとののぶやすのむすめ)　平安時代後期の女性。後鳥羽天皇の宮人。兵衛督局、加賀内侍などとも称した。
¶天皇(源信康女　みなもとののぶやすのむすめ)

丹波局(3)　たんばのつぼね
⇒右衛門督(うえもんのかみ)

丹波奉親*　たんばのともちか
生没年不詳　平安時代中期の官人。
¶古人

丹波知康　たんばのともやす
⇒丹波知康(たんばともやす)

丹波永任　たんばのながとう
平安時代中期の官人。
¶古人(生没年不詳)

丹波憲基*　たんばののりもと
保安3(1122)年～?　[別]丹波憲基(たんばのりもと)　平安時代後期の医者。
¶古人

丹波雅忠*　たんばのまさただ
治安1(1021)年～寛治2(1088)年　[別]丹波雅忠(たんばまさただ)　平安時代中期～後期の医師。典薬頭丹波忠明の子。
¶古人, コン

丹波雅康*　たんばのまさやす
永保1(1081)年～大治5(1130)年　平安時代の医師。
¶古人

丹波松久　たんばのまつひさ
平安時代後期の官人。
¶古人(生没年不詳)

丹波道主命　たんばのみちぬしのみこと
⇒丹波道主命(たんばみちぬしのみこと)

丹波致成　たんばのむねしげ
平安時代後期の官人。
¶古人(生没年不詳)

丹波基康*　たんばのもとやす
?～永暦1(1160)年　平安時代後期の医師。
¶古人

丹波康頼*　たんばのやすより
延喜12(912)年～長徳1(995)年　[別]丹波康頼(たんばやすより)　平安時代中期の医師。「医心方」全30巻を編述。
¶古人, コン

丹波行衡　たんばのゆきひら
平安時代中期の官人。
¶古人(生没年不詳)

丹波頼実　たんばのよりざね
平安時代後期の官人。
¶古人(生没年不詳)

丹波頼基*　たんばのよりもと
*～建仁1(1201)年7月18日　[別]丹波頼基(たんばよりもと)　平安時代後期～鎌倉時代前期の医者。
¶古人([生]1136年)

丹波憲基　たんばのりもと
⇒丹波憲基(たんばののりもと)

丹波治康*　たんばはるやす
?～寛正4(1463)年5月　室町時代の公卿(非参議)。丹波有康の子。
¶公卿, 公家(治康〔丹波家(絶家)3〕　はるやす)

丹波雅忠　たんばまさただ
⇒丹波雅忠(たんばのまさただ)

丹波道主命*　たんばみちぬしのみこと
[別]丹波道主命(たにはのみちぬしのみこと, たにはみちぬしのみこと, たにわのみちぬしのみこと, たんばのみちぬしのみこと)　上代の開化天皇皇子彦坐王の子。
¶古代(たんばのみちぬしのみこと), コン

丹波盛直*　たんばもりなお
明応2(1493)年～天文17(1548)年1月　[別]錦小路盛直(にしきのこうじもりなお)　戦国時代の公卿(非参議)。正四位下・侍医・典薬頭・左馬頭・大膳大夫錦小路秀直の子。
¶公卿(錦小路盛直　にしきのこうじもりなお), 公家(盛直〔錦小路家〕　もりなお), 後北(盛直〔丹波〕　もりなお)

丹波盛長*　たんばもりなが
?～長禄1(1457)年4月11日　室町時代の公卿(非参議)。典薬頭丹波定長の子。
¶公卿, 公家(盛長〔丹波家(絶家)2〕　もりなが　[没]康正3(1457)年4月11日)

丹波屋英介　たんばやえいすけ
⇒山崎猟蔵(やまざきりょうぞう)

丹波康頼　たんばやすより
⇒丹波康頼(たんばのやすより)

丹波与作*　たんばよさく
江戸時代前期、俗謡に歌われた人物。
¶コン

丹波頼量*　たんばよりかず
文明2(1470)年～享禄2(1529)年　戦国時代の公卿、医師。
¶公家(頼量〔丹波・小森家〕　よりかず　[生]1473年　[没]享禄4(1531)年4月2日)

丹波頼直*　たんばよりなお
文亀1(1501)年～天文13(1544)年10月　[別]錦小路頼直(にしきのこうじよりなお)　戦国時代の公卿(非参議)。非参議錦小路頼量の子。
¶公卿(錦小路頼直　にしきのこうじよりなお), 公家(頼直〔丹波・小森家〕　よりなお)

丹波頼基　たんばよりもと
⇒丹波頼基(たんばのよりもと)

丹福成　たんふくせい
⇒丹福成(たじひのふくなり)

潭北　たんほく, たんぼく, たんぽく
⇒常盤潭北(ときわたんぼく)

丹美園*　たんみえ
文政8(1825)年～明治8(1875)年　江戸時代末期～明治時代の教育者。屋敷に婦女子のみ教える寺子屋を開く。
¶江表(美園(愛媛県)　みえ), 幕末([没]明治8(1875)年12月)

探幽 たんゆう
⇒狩野探幽(かのうたんゆう)

檀林皇后 だんりんこうごう
⇒橘嘉智子(たちばなのかちこ)

【ち】

千安幾 ちあき
江戸時代後期の女性。俳諧。考証学者紀了阿の妻。
¶江表(千安幾(東京都))

千章 ちあき★
江戸時代後期の女性。端唄。金子氏。嘉永6年刊『江戸寿那古細撰記』に載る。
¶江表(千章(東京都))

小子部鉏鉤 ちいさこべのさいち
⇒小子部鉏鉤(ちいさこべのさひち)

小子部鉏鉤*(少子部鉏鉤) ちいさこべのさひち,ちいさこべのさびち
?～弘文天皇1・天武天皇1(672)年 [別]小子部鉏鉤(ちいさこべのさいち),少子部連鉏鉤(ちいさこべのむらじさいち) 飛鳥時代の官人。尾張国司守。
¶古人,古代(少子部連鉏鉤 ちいさこべのむらじさいち),古物(小子部鉏鉤),コン([没]天武1/弘文1(672)年)

小子部栖軽*(小子部蜾蠃,小子部螺贏,少子部螺贏,少子部栖軽) ちいさこべのすがる
[別]少子部連蜾蠃(ちいさこべのむらじすがる) 伝説上の人物。雄略天皇に仕えたとされる。
¶古代(少子部連蜾蠃 ちいさこべのむらじすがる),古物,コン

少子部連鉏鉤 ちいさこべのむらじさいち
⇒小子部鉏鉤(ちいさこべのさひち)

少子部連蜾蠃 ちいさこべのむらじすがる
⇒小子部栖軽(ちいさこべのすがる)

ちう
江戸時代末期の女性。俳諧。越前府中の人。万延1年刊、山本里萁編『歳のすさび』に載る。
¶江表(ちう(福井県))

智蘊* ちうん
?～文安5(1448)年5月12日 [別]蜷川智蘊(にながわちうん),蜷川親当(にながわちかまさ) 室町時代の連歌師。俗名蜷川新左衛門親当。
¶俳文,山小(蜷川親当 にながわちかまさ [没]1448年5月12日)

ちえ
江戸時代末期の女性。俳諧。越後下新の人。安政3年刊、松岡茶山編『常磐集』一五に載る。
¶江表(ちえ(新潟県))

ちゑ(1)
江戸時代後期の女性。教育。下野壬生藩の元藩士玉江半十郎の妻。文化13年夫が開業した寺子屋起雲堂を天保10年から引き継ぐ。
¶江表(ちゑ(東京都))

ちゑ(2)
江戸時代後期の女性。俳諧。相模鎌倉坂ノ下村の俳人安斎仙鳥の弟雪濤の妻。享和2年の仙鳥の追悼句集『卯の花くもり』に載る。
¶江表(ちゑ(神奈川県))

ちゑ(3)
江戸時代後期の女性。俳諧。備後庄原の人。文化4年3月の『探題』に数句が載る。
¶江表(ちゑ(広島県))

ちゑ(4)
江戸時代末期～明治時代の女性。和歌・漢学。下総佐倉藩藩士松井益庵の娘。
¶江表(ちゑ(千葉県) [没]明治9(1876)年)

千恵(1) ちえ★
江戸時代中期～後期の女性。和歌。伊勢桑名藩主松平忠啓の娘。
¶江表(千恵(島根県) [生]明和6(1769)年 [没]享和3(1803)年)

千恵(2) ちえ★
江戸時代後期の女性。和歌。幕臣、火消役金沢安左衛門顕元の妻。文化11年刊、中山忠雄・河田正致編『柿本社奉納和歌集』に載る。
¶江表(千恵(東京都))

千枝(1) ちえ★
江戸時代中期の女性。俳諧。甲斐の人。安永9年成立、平橋庵敲氷編『甲斐根百韻付録』に載る。
¶江表(千枝(山梨県))

千枝(2) ちえ★
江戸時代後期の女性。書・教育・俳諧。神田元岩井町住の書家で俳人、黒川惟草の娘。弘化3年跋、惟草編『俳諧人名録』に載る。
¶江表(千枝(東京都))

千枝(3) ちえ★
江戸時代後期の女性。狂歌。下総八日市場の人。天保4年刊、檜園梅明編『狂歌草野集』に載る。
¶江表(千枝(千葉県))

千枝(4) ちえ★
江戸時代後期の女性。和歌。美濃関の浅井藤兵衛の母。弘化4年刊、清堂観尊編『たち花の香』に載る。
¶江表(千枝(岐阜県))

千枝(5) ちえ★
江戸時代後期の女性。俳諧。山城の人。文政2年刊、田喜庵護物編『俳諧捜玉集』上に載る。
¶江表(千枝(京都府))

千枝(6) ちえ★
江戸時代後期の女性。和歌。栖原の加藤氏。文化11年刊、中山忠雄・河田正致編『柿本社奉納和歌集』に載る。
¶江表(千枝(和歌山県))

千枝(7) ちえ★
江戸時代末期の女性。和歌。淡路の藤村氏。文久2年刊、武田信起編『類題真清水和歌集』に載る。
¶江表(千枝(兵庫県))

千枝(8) ちえ★
江戸時代末期～明治時代の女性。書簡。因幡鳥取藩絵師沖一峨の娘で、沖探三の妹。兄探三宛の書状は、明治3年から同8年までの3通が残されている。
¶江表(千枝(鳥取県))

千重 ちえ★
江戸時代末期の女性。和歌。播磨山崎町門前の八幡神社の社司大住雅綱の妻。
¶江表(千重(兵庫県))

知恵 ちえ★
江戸時代後期の女性。和歌。松田春台知足の妻。天保11年成立「鷺見家短冊帖」に載る。
¶江表(知恵(鳥取県))

智恵 ちえ★
江戸時代後期の女性。俳諧。越後の人。文化11年序、以興庵鳳味編、以一庵石川豊井七回忌追善集『華ばたけ』に載る。
¶江表(智恵(新潟県))

ちゑ子・千恵子 ちえこ★
江戸時代後期の女性。和歌。弘化4年、堀内家へ養嗣子として入った堀内七郎左衛門悠久の妻。
¶江表(ちゑ子・千恵子(神奈川県))

千枝子(1) ちえこ★
江戸時代後期～明治時代の女性。和歌・俳諧。若松の画家で歌人星暁邨の妻。
¶江表(千枝子(福島県) [生]文化11(1814)年 [没]明治29(1896)年)

千枝子(2) ちえこ★
江戸時代後期の女性。和歌。幕臣、高家で冷泉門歌人横瀬駿河守貞臣の娘。寛政10年跋、信濃松代藩主真田幸弘の六〇賀集「千とせの寿詞」に載る。
¶江表(千枝子(東京都))

千枝子(3) ちえこ★
江戸時代後期～明治時代の女性。書・和歌・書簡。国学者平田篤胤の娘。
¶江表(千枝子(東京都) [生]文化2(1805)年 [没]明治21(1888)年)

千枝子(4) ちえこ★
江戸時代後期の女性。狂歌。亀亭の娘。天保9年成立、十叟舎笹丸編『春詠狂歌 大和名所題』に載る。
¶江表(千枝子(東京都))

千枝子(5) ちえこ★
江戸時代後期～明治時代の女性。和歌。常陸鹿島神宮の御師村上長太夫と北条氏の娘。
¶江表(千枝子(茨城県) [生]天保11(1840)年 [没]明治35(1902)年)

千枝子(6) ちえこ★
江戸時代後期の女性。和歌。奥田利助の妻。嘉永1年刊、長沢伴雄編『類題和歌鴨川集』に載る。
¶江表(千枝子(京都府))

千枝子(7) ちえこ★
江戸時代後期の女性。和歌。坪井喜六の祖母。嘉永4年刊、堀尾光久編『近世名所歌集』初に載る。
¶江表(千枝子(京都府))

千枝子(8) ちえこ★
江戸時代後期の女性。和歌。鈴木氏。嘉永4年刊、宮市の鈴木高鞆撰『類題玉石集』上に載る。
¶江表(千枝子(山口県))

千枝子(9) ちえこ★
江戸時代末期の女性。和歌。奥田朶月の妻。安政1年刊、堀尾光久編『近世名所歌集』二に載る。
¶江表(千枝子(京都府))

ちゑ女(1) ちえじょ★
江戸時代後期の女性。俳諧。西野の人。文政1年成立、鷹園蟹守編、雪亭五味葛里追善集『花の跡』に載る。
¶江表(ちゑ女(山梨県))

ちゑ女(2) ちえじょ★
江戸時代後期の女性。俳諧。野辺地馬城の娘。文政2年成立、鷹園蟹守序、野辺地馬城追善集『かれあやめ』に載る。
¶江表(ちゑ女(山梨県))

ちゑ女(3) ちえじょ★
江戸時代末期の女性。俳諧。泊の人。安政4年刊、井波の黒髪庵盟社編『麻頭巾集』地に載る。
¶江表(ちゑ女(富山県))

ちゑ女(4) ちえじょ★
江戸時代末期の女性。俳諧。石見后ヂの人。嘉永7年刊、金子頼甫編『石海集』初に載る。
¶江表(ちゑ女(島根県))

千枝女(1) ちえじょ★
江戸時代中期の女性。俳諧・書。書もよくした。元禄16年刊、備中の轟々坊梅員編『岨の古畑』に載る。
¶江表(千枝女(東京都))

千枝女(2) ちえじょ★
江戸時代後期の女性。和歌。幕臣、大番与力村田九八郎政教の娘。文化11年刊、中山忠雄・河田正致編『柿本社奉納和歌集』に載る。
¶江表(千枝女(東京都))

千枝女(3) ちえじょ★
江戸時代末期の女性。俳諧。石見千金の人。嘉永7年刊、金子頼甫編『石海集』初に載る。
¶江表(千枝女(島根県))

智恵内子*(知恵内子) ちえのないし
延享2(1745)年～文化4(1807)年 江戸時代中期～後期の女性。狂歌師。
¶江表(智(知)恵内子(東京都)),女文([没]文化4(1807)年5月18日)

智慧洒屋内室 ちえのやないしつ★
江戸時代後期の女性。狂歌。天保3年刊、六樹園飯盛・六々園春足撰『阿淡狂歌三十六歌撰』に載る。
¶江表(智慧洒屋内室(徳島県))

千枝松子 ちえまつこ★
江戸時代後期の女性。狂歌。飯田の人。文化11年刊、四方滝水楼米人撰『狂歌水鶯集』に載る。
¶江表(千枝松子(長野県))

智円 ちえん★
江戸時代中期の女性。俳諧。津田の寺井屋竹内了順の娘。
¶江表(智円(香川県) [没]天明2(1782)年)

智演 ちえん
⇒澄円(ちょうえん)

智淵* ちえん
元慶6(882)年～応和3(963)年 平安時代前期～中期の天台僧。
¶古人

智縁尼 ちえんに★
江戸時代後期の女性。俳諧。甲府の人。天明9年、起早庵稲後編『己酉元除楽』に載る。
¶江表(智縁尼(山梨県))

千尾 ちお★
江戸時代中期～後期の女性。書簡。高岡村の浪人森野右衛門氏定とおさだの娘。
¶江表(千尾(高知県) [生]延享4(1747)年 [没]享和1(1801)年)

ち

乳緒　ちお★
江戸時代後期～明治時代の女性。和歌。伊勢津の歌人芝原春道の妻。
¶江表（乳緒（三重県）　[生]文化13（1816）年　[没]明治22（1889）年）

遅桜　ちおう★
江戸時代中期の女性。俳諧。魚津の人。元禄12年序、俳人慶翁方山が集録した『北の筥』に載る。
¶江表（遅桜（富山県））

ちか（1）
江戸時代中期の女性。和歌。仙台藩一門伊達村倫家の奥女中。安永3年成立「田村村隆母公六十賀祝賀歌集」に載る。
¶江表（ちか（宮城県））

ちか（2）
江戸時代中期の女性。俳諧。摂津福原の人。安永2年刊、三宅嘯山編『俳諧新選』に載る。
¶江表（ちか（兵庫県））

ちか（3）
江戸時代中期の女性。俳諧。元禄13年序、木村寸木編『金毘羅会』に「童」の句として載る。
¶江表（ちか（香川県））

ちか（4）
江戸時代後期の女性。和歌。加藤千蔭の孫。
¶江表（ちか（東京都）　[生]寛政7（1795）年　[没]文化5（1808）年）

ちか（5）
江戸時代後期の女性。俳諧。文政9年刊、多賀庵四世筳史編『やまかつら』に載る。
¶江表（ちか（広島県））

ちか（6）
江戸時代後期の女性。俳諧。長門長府の人。文政6年、田上菊舎71歳の長府での俳諧記録「星の硯 中」に載る。
¶江表（ちか（山口県））

ちか（7）
江戸時代後期の女性。和歌・工芸。画家村田東圃の妻。
¶江表（ちか（福岡県））

ちか（8）
江戸時代後期の女性。俳諧。本庄の人。文化11年刊、日高習之編の父圃友三回忌追善集『雁のわかれ』に載る。
¶江表（ちか（宮崎県））

ちか（9）
江戸時代末期の女性。和歌。井上庄八郎の母。文久2年刊、西田惟恒編『文久二年八百首』に載る。
¶江表（ちか（京都府））

ちか（10）
江戸時代末期の女性。和歌。山田彦一の妻。文久1年序、西田惟恒編『文久元年七百首』に載る。
¶江表（ちか（福岡県））

ち加　ちか★
江戸時代後期の女性。教育。大熊晴山の妻。
¶江表（ち加（東京都）　[生]文政8（1825）年頃）

近　ちか★
江戸時代後期の女性。和歌。徳川斉匡の娘。
¶江表（近（東京都）　[生]寛政12（1800）年　[没]文政13（1830）年）

見女　ちか
江戸時代末期の女性。和歌。三河新城の田村藤左衛門の妻。慶応2年序、村上忠順編『元治元年千首』に載る。
¶江表（見女（愛知県））

千嘉　ちか★
江戸時代の女性。書簡。一関藩田村家の奥女中か。出自不詳。
¶江表（千嘉（岩手県））

千賀　ちか★
江戸時代後期の女性。俳諧。加茂の人。文化1年刊、苔室草丸編『南無秋の夜』に載る。
¶江表（千賀（山梨県））

千香・ちか
江戸時代末期の女性。和歌。弘前藩藩士で学者猪股久吉繁永の妻。幕末期の人。
¶江表（千香・ちか（青森県））

知加　ちか★
江戸時代末期の女性。武芸。下総佐倉藩の佐分利流槍術指南番土屋作左衛門源武功の娘。
¶江表（知加（千葉県）　[没]慶応3（1867）年）

千可斐　ちかい
江戸時代後期～末期の女性。和歌。豊前小倉藩藩士西田直養の妻。
¶江表（千可斐（福岡県））

智海　ちかい★
江戸時代後期の女性。和歌。長谷の尼。弘化4年刊、清堂観尊編『たち花の香』に載る。
¶江表（智海（奈良県））

智鎧*（智愷）　ちがい
承和9（842）年～延長7（929）年　平安時代前期～中期の華厳宗の僧。東大寺38世。
¶古人（智愷　[生]842年？）

千賀浦女　ちがうらじょ★
江戸時代後期の女性。狂歌。尾張名古屋の方十園篠埜玉涌の娘。文化14年刊、橘庵芦辺田鶴丸撰『狂歌弄花集』に載る。
¶江表（千賀浦女（愛知県））

ちかき女　ちかきじょ★
江戸時代後期の女性。俳諧。天保7年跋、黒川惟草編『俳諧人名録』初に浅草三谷新鳥越の海老屋藤八の妻、桃径舎とある。
¶江表（ちかき女（東京都））

智角*　ちかく
？～明和7（1770）年6月12日　江戸時代中期の俳人・絵師。
¶俳文

千賀九左衛門　ちがくざえもん
⇒片山九市（かたやまくいち）

智学尼　ちがくに★
江戸時代末期の女性。和歌。幕臣小倉重兵衛の母。文久3年刊、関橋守編『耳順賀集』に載る。
¶江表（智学尼（東京都））

智覚普明国師　ちかくふみょうこくし
⇒春屋妙葩（しゅんおくみょうは）

ちか子(1)　ちかこ＊

江戸時代後期の女性。和歌。竹矢氏。天保13年刊、千家尊孫編『類題八雲集』に載る。

¶江表(ちか子(島根県))

ちか子(2)　ちかこ＊

江戸時代末期の女性。和歌。盛岡藩士で歌人の江刺恒久門。万延1年成立、江刺恒久編「言玉集」五に載る。

¶江表(ちか子(岩手県))

近子(1)　ちかこ＊

江戸時代後期の女性。和歌。朝倉氏。弘化4年刊、清堂観尊編『たち花の香』に載る。

¶江表(近子(東京都))

近子(2)　ちかこ＊

江戸時代後期の女性。俳諧。相模津久井の人。文政4年刊、遠藤雉啄編『葛三居士大禅忌追善集』に載る。

¶江表(近子(神奈川県))

近子(3)　ちかこ＊

江戸時代後期の女性。和歌。湯浅氏。天保5年刊の景樹判の歌結『薄こほり』に載る。

¶江表(近子(京都府))

近子(4)　ちかこ＊

江戸時代後期〜明治時代の女性。和歌。五反田の郷士平井熊太郎の娘。

¶江表(近子(愛媛県))　㊗天保11(1840)年　㊡明治17(1884)年

近子(5)　ちかこ＊

江戸時代末期の女性。和歌。伊豆熊坂村の豪農菊池家に養子に入った医師朝日武恭の娘。母の遺作を文久1年『菊園集』として編集、刊行。

¶江表(近子(静岡県))

近子(6)　ちかこ＊

江戸時代末期〜明治時代の女性。和歌。筑後久留米藩の儒学者で漢詩人井上鴨脚の妻。

¶江表(近子(福岡県))　㊡明治12(1879)年

恒子　ちかこ

江戸時代後期〜明治時代の女性。和歌。山本七平敬静の娘。

¶江表(恒子(宮城県))　㊗文化3(1806)年　㊡明治7(1874)年

重子　ちかこ

江戸時代後期〜明治時代の女性。和歌。上田伊平衛の娘。

¶江表(重子(京都府))　㊗文政1(1818)年　㊡明治27(1894)年

親子　ちかこ

江戸時代後期の女性。和歌。奥田方清の娘。嘉永1年刊、長沢伴雄編『類題和歌鴨川集』に載る。

¶江表(親子(京都府))

千歌子　ちかこ＊

江戸時代後期の女性。和歌。因幡鳥取藩士福田丹波の母。天保12年刊、加納諸平編『類題鰒玉集』四に載る。

¶江表(千歌子(鳥取県))

千賀子(1)　ちかこ＊

江戸時代中期の女性。和歌。荒井右膳の妻。安永8年、三島景雄主催「墨田川扇合」に載る。

千賀子(2)　ちかこ＊

江戸時代中期の女性。和歌。松代藩士矢嶋普軒の娘。

¶江表(千賀子(長野県))　㊡安永2(1773)年

千賀子(3)　ちかこ＊

江戸時代後期の女性。俳諧。仙台の人。文化10年刊、柿邨丸長斎編『万家人名録』に載る。

¶江表(千賀子(宮城県))

千賀子(4)　ちかこ＊

江戸時代後期の女性。和歌。佐渡の中山子業の妻。

¶江表(千賀子(新潟県))　㊡文化6(1809)年

千賀子(5)　ちかこ＊

江戸時代後期の女性。狂歌。尾張高畑の人。文化12年刊、四方真顔撰『俳諧歌兄弟百首』に載る。

¶江表(千賀子(愛知県))

千賀子(6)　ちかこ＊

江戸時代後期の女性。和歌。越智郡法界寺村の大野神社神職安部吉成の妹。安政5年序、半井梧庵編『鄙のてぶり』二に載る。

¶江表(千賀子(愛媛県))

睦子(1)　ちかこ＊

江戸時代の女性。和歌。青木氏。成立年不詳、城隣哉撰「和歌野外霞」に載る。

¶江表(睦子(岩手県))

睦子(2)　ちかこ＊

江戸時代後期〜末期の女性。和歌。上野七日市藩主前田利和の娘。

¶江表(睦子(岩手県))　㊗天保9(1838)年　㊡文久1(1861)年

親子内親王＊(1)　ちかこないしんのう

？〜仁寿1(851)年　平安時代前期の女性。仁明天皇の皇女。

¶古人

親子内親王(2)　ちかこないしんのう

⇒和宮(かずのみや)

親繁王＊　ちかしげおう

生没年不詳　平安時代中期の醍醐天皇第二皇子式明親王の二男。

¶古人

ちか女(1)　ちかじょ＊

江戸時代後期の女性。俳諧。九戸郡軽米の人。文化頃の人。

¶江表(ちか女(岩手県))

ちか女(2)　ちかじょ＊

江戸時代後期の女性。和歌。幕臣菅沼左京亮大蔵定敬の奥女中。文化11年刊、中山忠雄・河田正致編『柿本社奉納和歌集』に載る。

¶江表(ちか女(東京都))

ちか女(3)　ちかじょ＊

江戸時代後期の女性。俳諧。画家谷文晁の子文二の後妻。嘉永4年跋、黒川惟草編『俳諧人名録』に載る。

¶江表(ちか女(東京都))

ちか女(4)　ちかじょ＊

江戸時代後期の女性。和歌。駿河江尻の若江氏の娘。天保12年刊、加納諸平編『類題鰒玉集』四に

載る。
¶江表（ちか女（静岡県））

ちか女(5)　**ちかじょ**★
江戸時代後期の女性。俳諧。尾張名古屋の人。寛政2年跋、根津桃路編『華鳥風月集』に載る。
¶江表（ちか女（愛知県））

ちか女(6)　**ちかじょ**★
江戸時代後期の女性。俳諧。城ケ崎の人。文化14年頃刊、太田足馬編、太田可苗三回忌追善集『花の下蔭』に載る。
¶江表（ちか女（宮崎県））

近女　**ちかじょ**★
江戸時代中期の女性。俳諧。越前福井の人。享保20年刊、青了閣六枳ほか編『卯花笠集』に載る。
¶江表（近女（福井県））

千賀女(1)　**ちかじょ**★
江戸時代後期の女性。俳諧。仙台の人。嘉永6年序、花屋庵鼎左・五梅庵舎用編『俳諧海内人名録』に載る。
¶江表（千賀女（宮城県））

千賀女(2)　**ちかじょ**★
江戸時代後期の女性。俳諧。文政11年刊、常陸行方郡帆津倉の洞海舎涼谷編『俳諧発句吾郡麻布里集』に載る。
¶江表（千賀女（東京都））

千賀女(3)　**ちかじょ**★
江戸時代後期の女性。俳諧。丸亀の人。天保2年序、丸亀の藤井茂椎編『笠着集』に載る。
¶江表（千賀女（香川県））

千賀女(4)　**ちかじょ**★
江戸時代末期～明治時代の女性。俳諧。大木氏。
¶江表（千賀女（山梨県）　[没]明治36（1903）年）

千香女　**ちかじょ**★
江戸時代末期の女性。和歌。麻布材木町住の幕臣、書家で国学者江里川忠能の妻。慶応2年序、村上忠順編『元治元年千首』に載る。
¶江表（千香女（東京都））

親助*　**ちかすけ**
生没年不詳　平安時代中期の画工。
¶古人

千勝忠興の妻　**ちかつただおきのつま**★
江戸時代中期の女性。和歌。山王神社の社家千勝主水忠興の妻。元禄16年刊、植山検校江民軒梅之・梅柳軒水之編『歌林尾花末』に載る。
¶江表（千勝忠興の妻（東京都））

親俊　**ちかとし**
⇒蜷川親俊（にながわちかとし）

親信　**ちかのぶ**
江戸時代前期の俳諧作者。新山氏。
¶俳文（生没年不詳）

千賀信立*　**ちがのぶたつ**
文政5（1822）年～明治5（1872）年　[別]千賀信立（せんがのぶたつ，せんがのぶたて，ちがのぶはる）　江戸時代末期～明治時代の尾張藩家老。
¶幕末（[没]明治5（1872）年6月23日）

千賀信立　**ちがのぶはる**
⇒千賀信立（ちがのぶたつ）

親徳　**ちかのり**
江戸時代後期～末期の薩摩国鹿児島諏方大明神神主。
¶公家（親徳〔薩摩国鹿児島諏方大明神神主 藤原家〕　[生]1800年　[没]慶応1（1865）年2月29日）

周典親王　**ちかのりしんのう**
⇒守恕法親王（しゅじょほうしんのう）

千賀孫右衛門の妻　**ちがまごえもんのつま**★
江戸時代末期の女性。和歌。岡田良策編『近世名婦百人撰』に、慶応4年二本松城に官軍が押し寄せた際自害したとある。
¶江表（千賀孫右衛門の妻（福島県））

千蒲善五郎*　**ちがまぜんごろう**
文化14（1817）年～明治22（1889）年　江戸時代末期～明治時代の秋田藩用達。製油所を建て石油採掘、精製事業を進めるが不成功。
¶幕末（[没]明治22（1889）年2月8日）

近松市郎兵衛　**ちかまついちろべえ**
⇒奈河七五三助〔3代〕（ながわしめすけ）

近松徳叟　**ちかまつとくそう**
⇒近松徳三（ちかまつとくぞう）

近松徳三*（近松徳蔵）　**ちかまつとくぞう，ちかまつとくそう**
宝暦1（1751）年～文化7（1810）年8月23日　[別]雅亮（がりょう），大桝屋徳右衛門（だいますやとくうえもん），近松徳叟（ちかまつとくそう）　江戸時代中期～後期の歌舞伎作者。安永9年～文化7年頃に活躍。
¶歌大（[生]宝暦1（1751）年？），コン，新歌（近松徳三（叟）　ちかまつとくそう）

近松半二*　**ちかまつはんじ**
享保10（1725）年～天明3（1783）年2月4日　江戸時代中期の浄瑠璃作者。宝暦1年～天明3年頃に活躍。
¶江人，歌大，コン，新歌，日文（[没]天明3（1783）年頃），山小（[没]1783年2月4日）

近松豊前*　**ちかまつぶぜん**
？～永禄12（1569）年9月8日　戦国時代～安土桃山時代の織田信長の家臣。
¶織田

近松門左衛門*　**ちかまつもんざえもん**
承応2（1653）年～享保9（1724）年11月22日　[別]巣林子（そうりんし），信盛（のぶもり），不移山人（ふいさんじん），不移子（ふいし），平安堂（へいあんどう），平馬（へいま）　江戸時代中期の浄瑠璃作者。天和3年～享保9年頃に活躍、竹本座に多くの作品を提供。時代物では「国性爺合戦」「出世景清」など、世話物では「曽根崎心中」「心中天網島」などがある。
¶江人，歌大，コン，思想，女史，新歌，徳将，日文，俳文（信盛　のぶもり），山小（[没]1724年11月22日）

近松門左衛門〔2代〕　**ちかまつもんざえもん**
⇒烏亭焉馬〔2代〕（うていえんば）

近松八十翁*　**ちかまつやそおう**
生没年不詳　[別]奈河七五三助〔4代〕（なかわしめすけ，ながわしめすけ），嶺琴八十助（みねごとやそすけ）　江戸時代末期～明治時代の歌舞伎作者。嘉永2年～明治7年頃に活躍。
¶歌大（奈河七五三助〔4代〕　ながわしめすけ）

茅上娘子 (茅上娘女)　ちがみのおとめ
⇒狭野茅上娘子 (さののちがみのおとめ)

周翰親王　ちかもとしんのう
⇒真仁法親王 (しんにんほうしんのう)

ちかや女　ちかやじょ*
江戸時代後期の女性。俳諧。天保7年跋、黒川惟草編『俳諧人名録』初に載る。
¶江表 (ちかや女 (東京都))

近山四郎三郎　ちかやましろうさぶろう
安土桃山時代の武士。川中島合戦で討死したという。
¶武田 (㊞? 　㊥永禄4 (1561) 年9月10日?)

近山永嘉　ちかやまながよし
江戸時代前期の代官。
¶徳代 (㊞? 　㊥天和3 (1683) 年6月19日)

近山久次　ちかやまひさつぐ
江戸時代前期の代官。
¶徳代 (㊞? 　㊥寛永20 (1643) 年7月13日)

近山正友　ちかやままさとも
江戸時代前期～中期の代官。
¶徳代 (㊞寛永16 (1639) 年 　㊥元禄9 (1696) 年)

近山安高　ちかやまやすたか
江戸時代前期の代官。
¶徳代 (㊞? 　㊥寛文11 (1671) 年2月23日)

近山安俊　ちかやまやすとし
江戸時代前期の代官。
¶徳代 (㊞? 　㊥明暦2 (1656) 年5月23日)

近山安成　ちかやまやすなり
江戸時代前期の代官。
¶徳代 (㊞? 　㊥延宝3 (1675) 年7月23日)

近山安致　ちかやまやすむね
江戸時代中期の代官。
¶徳代 (㊞? 　㊥元禄9 (1696) 年10月23日)

近山安敬　ちかやまやすよし
江戸時代前期～中期の代官。
¶徳代 (㊞延宝6 (1678) 年 　㊥享保20 (1735) 年4月8日)

千代代子　ちかよこ*
江戸時代中期の女性。和歌。近江膳所藩主本多康桓の娘。牧野忠利に嫁いだが、忠利は宝暦5年死去。
¶江表 (千歌代子 (大阪府))

周慶親王　ちかよししんのう
⇒堯延 (ぎょうえん)

力石武福　ちからいしぶふく
江戸時代中期～後期の代官。
¶徳代 (㊞元文3 (1738) 年 　㊥天明8 (1788) 年6月21日)

力石村甚左衛門 *　ちからいしむらじんざえもん
弘化3 (1846) 年～明治4 (1871) 年　江戸時代末期～明治時代の百姓一揆指導者。松代藩の大一揆で620人の逮捕者中ただ一人死刑。
¶幕末 (㊥明治4 (1871) 年5月26日)

智観　ちかん*
江戸時代末期の尼僧。教育。安政年間長崎村令刪院で私塾を開く。
¶江表 (智観 (東京都))

智願院　ちがんいん*
江戸時代後期の女性。和歌。15人扶持の奥医師古田瑞安の伯母。弘化4年刊、清堂観尊編『たち花の香』に載る。
¶江表 (智願院 (東京都))

智観上人　ちかんしょうにん
寛保3 (1743) 年～寛政2 (1790) 年　江戸時代中期の尼上人。永井九郎次郎の娘。
¶江表 (智観上人 (長野県))、女史

知貫尼　ちかんに
江戸時代後期の女性。和歌。天保12年刊、加納諸平編『類題鯨玉集』四に載る。
¶江表 (知貫尼 (鳥取県))

智鑑尼　ちかんに*
江戸時代中期の女性。俳諧。美濃関の広瀬惟然の娘。
¶江表 (智鑑尼 (岐阜県) 　㊥宝暦2 (1761) 年)

千亀子　ちきこ*
江戸時代の女性。和歌。妹尾氏。明治4年刊、『不知火歌集』に載る。
¶江表 (千亀子 (熊本県))

知鳩　ちきゅう
江戸時代後期の女性。俳諧。勢多郡粕川村の人。文政12年刊、六斎一輔編『玉藻のはな』に載る。
¶江表 (知鳩 (群馬県))

智鏡 *　ちきょう
生没年不詳　㊨月翁 (げつおう)、月翁智鏡 (げつおうちきょう)、明観 (みょうかん)　鎌倉時代前期の僧。
¶対外

智鏡院 (1)　ちきょういん*
江戸時代中期の女性。和歌・散文。旗本山岡景輔の娘。
¶江表 (智鏡院 (東京都) 　㊞元禄9 (1696) 年 　㊥宝暦4 (1754) 年)

智鏡院 * (2)　ちきょういん
?～明治23 (1890) 年　江戸時代末期～明治時代の女性。高知藩主山内豊熙の妻。
¶江表 (智鏡院 (高知県) 　㊞文政3 (1820) 年 　㊥明治13 (1880) 年)

智境尼　ちきょうに*
江戸時代後期の女性。和歌。芝飯倉の万屋金三郎の伯母。天保11年序、忍藩藩士加藤古風編の歌集「京極黄門定家卿六百回忌追福」に載る。
¶江表 (智境尼 (東京都))

智鏡尼　ちきょうに*
江戸時代後期の女性。教育・家訓。越前大野郡中野村の花倉家の25代当主の妻。寛政4年「智鏡尼上座遺訓」を子供達に書き残した。
¶江表 (智鏡尼 (福井県))

地錦　ちきん*
江戸時代中期の女性。俳諧。宝暦13年刊、建部綾足編『古今俳諧明題集』に載る。
¶江表 (地錦 (東京都))

千久　ちく
江戸時代後期の女性。俳諧。但馬豊岡の俳人福井東皐と須磨の娘。享和3年に髭風が編んだ「懐花庵享和三年癸亥歳句帖」に載る。

¶江表（千久（兵庫県））

地具　ちぐ★
江戸時代中期の女性。俳諧。正徳3年刊、榎並舎羅編『鏞鏡』に幼女時代の句として載る。
¶江表（地具（東京都））

竹阿＊　ちくあ
＊～寛政2（1790）年　[別]二六庵竹阿（にろくあんちくあ）　江戸時代中期の俳人。
¶俳文（[生]宝永7（1710）年　[没]寛政2（1790）年3月13日）

竹院　ちくいん
⇒竹院昌筠（ちくいんしょういん）

竹院昌筠＊　ちくいんしょういん
寛政8（1796）年～慶応3（1867）年　[別]竹院（ちくいん）　江戸時代末期の僧。
¶幕末（竹院　ちくいん　[没]慶応3（1867）年3月27日）

竹宇＊　ちくう
生没年不詳　江戸時代中期の俳人。
¶俳文

竹翁＊(1)　ちくおう
生没年不詳　江戸時代前期の俳人。西村氏。
¶俳文

竹翁＊(2)　ちくおう
正保4（1647）年～宝永5（1708）年3月5日　江戸時代前期～中期の雑俳点者。京都の人。
¶俳文

竹翁＊(3)　ちくおう
生没年不詳　江戸時代中期の俳人。大阪の人。淡々門。
¶俳文

竹翁(4)　ちくおう
⇒河竹新七〔1代〕（かわたけしんしち）

竹外　ちくがい
江戸時代後期の俳諧作者。
¶俳文（[生]？　[没]文政2（1819）年5月18日）

竹戸＊　ちくこ
江戸時代前期の刀鍛冶・俳人。
¶俳文（生没年不詳）

竹江　ちくこう★
江戸時代後期の女性。狂歌。市原氏の娘。天保9年成立、十㞢舎笹丸編『春詠狂歌 大和名所題』に載る。
¶江表（竹江（東京都））

千種有条＊　ちくさありえだ
宝暦13（1763）年4月18日～文化10（1813）年4月25日　江戸時代中期～後期の公家（非参議）。権大納言千種有政の子。
¶公卿，公家（有条〔千種家〕　ありえだ）

千種有功＊　ちぐさありこと，ちくさありこと
寛政9（1797）年～安政1（1854）年　江戸時代末期の歌人・公家（非参議）。非参議千種有条の子。
¶公卿（ちくさありこと　[生]寛政9（1797）年11月9日　[没]安政1（1854）年8月28日），公家（有功〔千種家〕　ありこと　[生]寛政9（1797）年11月9日？　[没]嘉永7（1854）年8月28日）

千種有維＊　ちくさありこれ
寛永15（1638）年9月22日～元禄5（1692）年11月29日　[別]千種有維（ちくさありふさ）　江戸時代前期の公家（権大納言）。権大納言千種有能の子。
¶公卿，公家（有維〔千種家〕　ありこれ）

千種有補＊　ちくさありすけ
享保2（1717）年8月19日～宝暦12（1762）年9月25日　江戸時代中期の公家（参議）。非参議藤波景忠の末子。
¶公卿，公家（有補〔千種家〕　ありすけ）

千種有任＊　ちぐさありとう
天保7（1836）年～明治25（1892）年　江戸時代末期～明治時代の公家、宮内省御用掛。侍従、伊那県知事、宮内権大丞などつとめる。
¶幕末（[生]天保7（1836）年11月14日　[没]明治25（1892）年9月2日）

千種有敬＊　ちくさありのり
貞享4（1687）年9月10日～元文3（1738）年3月30日　江戸時代中期の公家（権大納言）。権中納言岩倉具偈（のち乗具）の子。
¶公卿，公家（有敬〔千種家〕　ありたか）

千種有維　ちくさありふさ
⇒千種有維（ちくさありこれ）

千種有房　ちくさありふさ，ちぐさありふさ
⇒六条有房（ろくじょうありふさ）

千種有文＊　ちぐさありふみ，ちぐさありぶみ
文化12（1815）年～明治2（1869）年　江戸時代後期～明治時代の公卿。
¶コン（ちぐさありぶみ），全幕，幕末（[生]文化12（1815）年7月16日　[没]明治2（1869）年11月3日）

千種有政＊　ちくさありまさ
寛保3（1743）年4月8日～文化9（1812）年11月5日　江戸時代中期～後期の公家（権大納言）。参議千種有補の子。
¶公卿，公家（有政〔千種家〕　ありまさ）

千種有能＊　ちくさありよし，ちぐさありよし
元和1（1615）年～貞享4（1687）年　江戸時代前期の公家（権大納言）。千種家の祖。木工頭久我晴通の次男岩倉具堯の四男。
¶公卿（[没]貞享4（1687）年3月1日），公家（有能〔千種家〕　ありよし　[没]貞享4（1687）年3月1日）

千種庵（勝田）（千種庵〔2代〕）　**ちぐさあん**
⇒宇治紫文〔1代〕（うじしぶん）

千種庵諸持　ちぐさあんもろもち
⇒宇治紫文〔1代〕（うじしぶん）

竹哉女　ちくさいじょ★
江戸時代末期の女性。俳諧。宮古の人。慶応3年序、辻嵐外23回忌追善の於曽此一編「花のちり」に載る。
¶江表（竹哉女（岩手県））

千種栄助　ちぐさえいすけ
⇒並木永輔〔1代〕（なみきえいすけ）

千草子(1)　ちぐさこ★
江戸時代末期の女性。和歌。小手指村の北野神社大宮司で歌人栗原右衛門太郎茂景の娘。慶応3年刊、猿渡容盛編『類題新竹集』に載る。
¶江表（千草子（埼玉県））

千草子(2)　ちぐさこ★
江戸時代末期の女性。和歌。筑後柳川藩の奥女中。「鶯歌集」に載る。
¶江表（千草子（福岡県））

千種惟忠　ちぐさこれただ
江戸時代中期の美濃郡代。
¶徳代（[生]享保7（1722）年　[没]天明6（1786）年5月25日）

千種三郎左衛門*　ちぐささぶろうざえもん
？～天正12（1584）年5月7日　戦国時代～安土桃山時代の織田信長の家臣。
¶織田

千種忠顕*　ちくさただあき，ちぐさただあき
？～建武3/延元1（1336）年　鎌倉時代後期～南北朝時代の公卿（参議）。千種家の始祖。太政大臣久我通光の子六条通有の曽孫。後醍醐天皇に従い転戦。足利直義軍と戦い戦死。
¶公卿（生没年不詳），公家（忠顕〔千種家（絶家）〕　ただあき　[没]建武3（1336）年6月7日），コン（ちぐさただあき　[没]延元1/建武3（1336）年），中世（ちぐさただあき），内乱（ちぐさただあき），室町（ちぐさただあき　[没]延元1/建武3（1336）年），山小（ちぐさただあき　[没]1336年6月7日）

千種鉄十郎　ちぐさてつじゅうろう
江戸時代中期の代官。
¶徳代（[生]宝暦8（1758）年　[没]？）

千種具定*　ちくさともさだ
応永2（1395）年～文正1（1466）年7月　室町時代の公卿（権大納言）。権中納言千種雅光の子。
¶公卿，公家（具定〔千種家（絶家）〕　ともさだ）

千種直豊　ちくさなおとよ，ちぐさなおとよ
元禄2（1689）年～明和4（1767）年　江戸時代中期の幕臣。
¶徳人，徳代（ちぐさなおとよ　[没]明和4（1767）年10月3日）

千草如元　ちぐさにょげん
安土桃山時代の人。皇太神宮祭主大中臣慶忠に三重郡黒田領家米成半分を寄進。
¶織田（生没年不詳）

千種兵太夫*　ちぐさへいだいゆう
？～安政5（1858）年　[別]千種兵太夫（ちぐさへいだゆう）　江戸時代末期の下総結城藩士。
¶幕末（ちぐさへいだゆう　[没]安政5（1858）年4月24日）

千種兵太夫　ちぐさへいだゆう
⇒千種兵太夫（ちぐさへいだいゆう）

千種雅光*　ちくさまさみつ
？～応永27（1420）年1月29日　室町時代の公卿（権中納言）。応永27年権中納言に任ぜられる。
¶公卿，公家（雅光〔千種家（絶家）〕　まさみつ）

千種又三郎顕理　ちぐさまたさぶろうあきまさ
江戸時代前期の織田信雄・豊臣秀吉・秀頼の家臣。
¶大坂（[没]慶長20年5月6日）

竹姿　ちくし★
江戸時代中期の女性。俳諧。佐渡相川の人。宝暦4年序、松浦南窓編の父梨洞三回忌追善集『蝶の夢』に載る。
¶江表（竹姿（新潟県））

竹路　ちくじ★
江戸時代中期の女性。俳諧。下総長須加久連の人。天明3年成立、河の梅人編『卯春帖』に載る。
¶江表（竹路（千葉県））

筑紫喜叶斎　ちくしきうんさい
安土桃山時代の最上義光の家臣。
¶全戦（[生]？　[没]慶長5（1600）年）

竹二坊*　ちくじぼう
宝暦10（1760）年～天保6（1835）年11月26日　江戸時代中期～後期の俳人・医者。
¶俳文（[生]宝暦9（1759）年）

竹丈*　ちくじょう
生没年不詳　江戸時代中期の雑俳点者。
¶俳文

竹人　ちくじん
⇒川口竹人（かわぐちちくじん）

竹晴　ちくせい★
江戸時代中期の女性。俳諧。越前田中の人。明和9年刊、美濃派三代以乙斎可推坊撰『雪の筐』下に載る。
¶江表（竹晴（福井県））

竹勢尼　ちくせいに★
江戸時代後期の女性。俳諧。摂津の人。寛政8年刊、並井むら編『大練諱』に載る。
¶江表（竹勢尼（兵庫県））

竹雪（1）　ちくせつ★
江戸時代後期の女性。書。詩人赤城の娘、房子。天保7年刊『江戸現在広益諸家人名録』一に載る。
¶江表（竹雪（東京都））

竹雪（2）　ちくせつ★
江戸時代末期の女性。画。伊沢氏。文久3年刊『文久文雄人名録』に載る。
¶江表（竹雪（東京都））

筑前*　ちくぜん
生没年不詳　平安時代後期の歌人。関白藤原師通に仕えた女房。
¶古人

筑前中納言　ちくぜんちゅうなごん
⇒小早川秀秋（こばやかわひであき）

筑前守　ちくぜんのかみ
安土桃山時代の信濃国筑摩郡青柳の土豪。麻績氏の被官とみられる。
¶武田（生没年不詳）

筑前乳母*　ちくぜんのめのと
生没年不詳　平安時代中期の女房・歌人。
¶古人

竹窓　ちくそう
⇒竹内玄々一（たけのうちげんげんいち）

竹亭*　ちくてい
？～元禄5（1692）年6月29日　江戸時代前期～中期の俳人。
¶俳文

竹田　ちくでん
⇒田能村竹田（たのむらちくでん）

知久遠包　ちくとおかね
戦国時代の信濃国伊那郡神之峯城主知久氏の一族。
¶武田（生没年不詳）

知久遠重　ちくとおしげ
戦国時代の信濃国伊那郡神之峯城主知久氏の一族。
¶武田（生没年不詳）

知久直政　ちくなおまさ
安土桃山時代～江戸時代前期の代官。
¶徳代（[生]慶長8（1603）年　[没]寛文11（1671）年1月20日）

千国源三　ちくにげんぞう
安土桃山時代の信濃国安曇郡千国の国衆。
¶武田（生没年不詳）

千国新介　ちくにしんすけ
安土桃山時代の信濃国安曇郡千国の国衆。
¶武田（生没年不詳）

知久則直　ちくのりなお
天正6（1578）年～正保1（1644）年　安土桃山時代～江戸時代前期の幕臣。
¶徳人，徳代（[没]正保1（1644）年1月2日）

竹平　ちくへい
⇒神崎与五郎（かんざきよごろう）

知久昌直　ちくまさなお
江戸時代前期～中期の武士、伊那郡の関所預支配。
¶徳代（[生]慶安4（1651）年　[没]元禄10（1697）年1月20日）

千熊長彦*　ちくまながひこ
上代の朝鮮外交に従事したとされる人物。
¶古代

竹葉　ちくよう★
江戸時代末期の女性。俳諧。越前松岡の人。安政4年刊、皎月舎其睡編『花野塚』に載る。
¶江表（竹葉（福井県））

竹葉軒　ちくようけん
⇒奈河竹葉〔1代〕（ながわちくよう）

知久頼氏*　ちくよりうじ
天文10（1541）年～天正13（1585）年11月　戦国時代～安土桃山時代の武士。
¶武田

知久頼純　ちくよりずみ
安土桃山時代の信濃国伊那郡神之峯城主知久氏の一族。
¶武田（生没年不詳）

知久頼直　ちくよりなお
江戸時代中期の武士、伊那郡の関所預支配。
¶徳代（[生]元禄11（1698）年　[没]安永4（1775）年12月14日）

知久頼久　ちくよりひさ
江戸時代前期～中期の武士、伊那郡の関所預支配。
¶徳代（[生]延宝5（1677）年　[没]延享1（1744）年11月14日）

竹里*　ちくり
？～文政9（1826）年1月16日　江戸時代中期～後期の俳人。
¶俳文

竹林坊光映*　ちくりんぼうこうえい
文政2（1819）年～明治28（1895）年　[別]赤松光映（あかまつこうえい），光映（こうえい）　江戸時代末期～明治時代の僧。
¶幕末（[生]文政2（1820）年12月19日　[没]明治28（1895）年8月15日）

竹露　ちくろ★
江戸時代後期の女性。書・画・茶道。美濃岩村の儒学者、のち、昌平坂学問所教官佐藤一斎の九女。天保9年岩村藩代々の家老家六代丹羽瀬生枢と結婚するが、同年に離婚。
¶江表（竹露（岐阜県））

智慶　ちけい★
江戸時代後期の女性。和歌。八幡浜の醸造業野井九兵衛の妻。
¶江表（智慶（愛媛県）　[没]寛政3（1791）年）

智桂　ちけい★
江戸時代後期の女性。俳諧。備中笠岡の商家伏見屋伊八の妻。文化9年刊、五升庵瓦全編『さくら会俳諧集』に載る。
¶江表（智桂（岡山県））

智憬*　ちけい
生没年不詳　奈良時代の東大寺の僧。良弁直系の弟子。
¶古人，古代

知外女　ちげじょ★
江戸時代末期の女性。俳諧。安政3年序、相応軒編『四時行』に載る。
¶江表（知外女（愛媛県））

智月*　ちげつ
*～享保3（1718）年　[別]河合智月，川井智月（かわいちげつ），智月尼（ちげつに）　江戸時代前期～中期の女性。俳人、芭蕉一門。近江国大津の人。川井佐左衛門の妻。
¶江表（智月尼（滋賀県）　[生]寛永10（1633）年頃），コン（川井智月　かわいちげつ　生没年不詳），女史（河合智月　かわいちげつ　[生]1634年　[没]？），女文（[生]？　[没]享保3（1718）年3月），俳文（生没年不詳）

智月尼　ちげつに
⇒智月（ちげつ）

知見　ちけん
江戸時代後期の女性。和歌・武芸。竹原氏。
¶江表（知見（熊本県）　[没]天保6（1835）年）

智見院　ちけんいん★
江戸時代後期の女性。和歌。幕臣、広敷番頭山田日向守卯太郎の祖母。天保9年刊、海野遊翁編『類題現存歌選』二に載る。
¶江表（智見院（東京都））

智幻院　ちげんいん
江戸時代中期の徳川家宣の三男。
¶徳将（[生]1707年　[没]1707年）

知見寺弥左衛門　ちけんじやざえもん
戦国時代の武士。上田原合戦で討死したという。
¶武田（[生]？　[没]天文17（1548）年2月14日）

知元尼　ちげんに★
江戸時代後期の女性。和歌。摂津伊丹の大塚氏。『桂園遺稿』の文化6年の項に載る。
¶江表（知元尼（兵庫県））

智元尼　ちげんに★
江戸時代後期の女性。和歌。島原藩藩士松平主殿頭忠刻の母。文政8年刊、賀茂真淵編『うめあはせ』に載る。
¶江表（智元尼（長崎県））

智光*　ちこう
生没年不詳　奈良時代の僧。
¶古人（[生]？　[没]744年），古代（[生]709年　[没]？），コン，思想

智光女　ちこうじょ*
江戸時代末期の女性。俳諧。嘉永7年序、江戸の医者で俳人東杵庵顧言著『俳諧茶話』に載る。
¶江表（智光女（東京都））

知興尼　ちこうに
江戸時代中期の女性。俳諧。筑前博多の人で、志太野坡門。宝暦2年序、芦屋の俳人吉永芦洲編の父素蝶の追善集『松の響集』に載る。
¶江表（知興尼（福岡県））

ちさ(1)
江戸時代中期の女性。和歌。仙台藩一門伊達式部家の奥女中。安永3年成立「田村村隆母公六十賀祝賀歌集」に載る。
¶江表（ちさ（宮城県））

ちさ(2)
江戸時代後期の女性。和歌。仙台藩士茂庭松次郎の母。文化11年刊、中山忠雄・河田正致編『柿本社奉納和歌集』に載る。
¶江表（ちさ（宮城県））

ちさ(3)
江戸時代後期の女性。寄進。江戸城西の丸の奥女中。文化10年縁切寺満徳寺に銅灯籠一対を寄進。
¶江表（ちさ（東京都））

ちさ(4)
江戸時代後期の女性。和歌。沢佐次右衛門の妻。天保11年成立「鷲見家短冊帖」に載る。
¶江表（ちさ（鳥取県））

千佐(1)　ちさ*
江戸時代の女性。漢詩。武村氏。明治13年刊、水上珍亮編『日本閨媛吟藻』下に載る。
¶江表（千佐（神奈川県））

千佐(2)　ちさ*
江戸時代中期の女性。和歌。下総八日市場出身の江戸の医者林宗眠の娘。
¶江表（千佐（神奈川県））　㉘安永8（1779）年）

千坂景親*　ちさかかげちか
？〜慶長11（1606）年4月24日　安土桃山時代の国人。
¶全戦

千坂太郎左衛門　ちさかたろうざえもん
江戸時代後期〜明治時代の米沢藩家老。
¶全幕（㊐天保12（1841）年　㉘大正1（1912）年）

ちさき　ちさき*
江戸時代後期の女性。俳諧。相模川入村の人。弘化3年の『つるおと集』に載る。
¶江表（ちさき（神奈川県））

ちさ子　ちさこ*
江戸時代後期の女性。和歌。松代藩藩士鎌原兵庫の妻。文化6年木島菅磨編「松廼百枝」に載る。
¶江表（ちさ子（長野県））

千さ女　ちさじょ*
江戸時代後期の女性。俳諧。嘉永4年刊、長谷部菊圃編、夫映門三回忌集『別れ霜』に載る。
¶江表（千さ女（愛媛県））

千佐女　ちさじょ*
江戸時代後期の女性。俳諧。文政2年刊、田喜庵護物編『俳諧捜玉集』に載る。

¶江表（千佐女（東京都））

ちさと
江戸時代後期の女性。俳諧。相模小田原の人。文政1年刊、六花苑嵐窓編『蛍雪集』に載る。
¶江表（ちさと（神奈川県））

千里　ちさと*
江戸時代中期の女性。俳諧。加賀の遊女。元禄16年刊、立花牧童共編『草刈苗』下に載る。
¶江表（千里（石川県））

千里屋駒子　ちさとやこまこ*
江戸時代後期の女性。狂歌。石井村の藍商遠藤宇治右衛門の娘。天保3年刊、六樹園飯盛撰、六根園春根編『阿淡狂歌百人一首』に載る。
¶江表（千里屋駒子（徳島県））

茅周　ちしゅう
江戸時代後期の女性。俳諧。寛政10年、願主眠虎による俳諧発句扁額に句が載る。
¶江表（茅周（熊本県））

智宗*　ちしゅう
生没年不詳　㉚智宗（ちそう）　飛鳥時代の大唐学問僧。
¶古代（ちそう）

智秀　ちしゅう*
江戸時代後期の女性。和歌・俳諧。江草氏の娘。
¶江表（智秀（岡山県））　㉒天明8（1788）年）

智舟尼　ちしゅうに*
江戸時代後期の女性。和歌。幕府賄方神谷仙左衛門の母。文化11年刊、中山忠雄・河田正致編『柿本社奉納和歌集』に載る。
¶江表（智舟尼（東京都））

遅春　ちしゅん
⇒井上遅春（いのうえちしゅん）

智順*　ちじゅん
生没年不詳　平安時代後期の絵仏師。
¶古人

遅女　ちじょ*
江戸時代末期の女性。和歌。伊勢久居藩藩士で歌人山下永忠の妻。安政4年刊、富樫広蔭編『千百人一首』上に載る。
¶江表（遅女（三重県））

千葉　ちしょう*
江戸時代中期の女性。俳諧。白石の人。明和8年刊、佐々木泉明撰『一人一首短冊篇』坤に載る。
¶江表（千葉（宮城県））

知祥　ちしょう*
江戸時代後期の女性。書。吉井氏。文化7年刊、大原東野編『名数画譜』に載る。
¶江表（知祥（大阪府））

智浄　ちじょう*
江戸時代後期の女性。和歌。古河氏。嘉永5年刊、仲田顕忠編『類題武蔵野集』に載る。
¶江表（智浄（埼玉県））

智照院　ちしょういん
⇒お八百の方（おやおのかた）

智証大師　ちしょうだいし
⇒円珍（えんちん）

ちしよう *1414*

知乗尼(智乗尼) ちじょうに
⇒森知乗尼（もりちじょうに）

智浄尼 ちじょうに*
江戸時代後期の女性。和歌。本所道役清水八郎兵衛躬行の母。天保9年刊、海野遊翁編『類題現存歌選』二に載る。
¶江表（智浄尼（東京都））

智真*(1) ちしん
？～正治2（1200）年 平安時代後期～鎌倉時代前期の高野山僧。
¶古人

智真(2) ちしん
⇒一遍（いっぺん）

知翠 ちすい*
江戸時代後期の女性。俳諧。常陸水戸藩士高橋氏の妻。嘉永4年跋、黒川惟草編『俳諧人名録』に載る。
¶江表（知翠（茨城県））

知水女 ちすいじょ*
江戸時代末期の女性。俳諧。石見浜田の人。嘉永7年刊、金子頼甫編『石海集』初に載る。
¶江表（知水女（島根県））

遅塚久則 ちずかひさのり
⇒遅塚久則（ちづかひさのり）

千鶴女 ちづじょ*
江戸時代末期の女性。和歌。伊勢小伎須の遍照寺雄音の娘。慶応2年序、村上忠順編『元治元年千首』に載る。
¶江表（千鶴女（三重県））

千鶴(1) ちづる*
江戸時代中期の女性。俳諧。元禄15年跋・宝永1年刊、蓑田卯七編・向井去来撰『渡鳥集』に載る。
¶江表（千鶴（長崎県））

千鶴(2) ちづる*
江戸時代後期の女性。俳諧。越後の人。文化11年序、以興庵鳳味編、以一庵石川豊井七回忌追善集『華ばたけ』に載る。
¶江表（千鶴（新潟県））

ちせ
江戸時代中期～後期の女性。俳諧。武蔵出身で佐賀へ嫁ぐ。天明頃、江戸住の際、長門長府の女性俳人田上菊舎と交流を持った。
¶江表（ちせ（佐賀県））

千勢 ちせ*
江戸時代後期の女性。俳諧。熊谷に草原庵を構えた俳人仁井田碓嶺門。文化15年刊、甲二・米砂・呂律編『草原庵百人句集』に載る。
¶江表（千勢（埼玉県））

智清 ちせい
江戸時代中期の女性。俳諧。豊前の人。享保13年序、朝月舎程十編『門司硯』に載る。
¶江表（智清（福岡県））

智性院 ちせいいん*
江戸時代前期～中期の女性。書籍。薩摩藩主島津光久の娘。
¶江表（智性院（鹿児島県）） ㋑寛文6（1666）年 ㋺正徳1（1711）年

智清院 ちせいいん*
江戸時代中期の女性。和歌・書・書簡・政治。布施氏の娘。
¶江表（智清院（秋田県）） ㋺寛延2（1749）年）

知制女 ちせいじょ*
江戸時代後期の女性。和歌。松山の西森源助の妻。天保6年刊、飯尾葛蕗編『水石寿言』に載る。
¶江表（知制女（愛媛県））

知晴尼 ちせいに*
江戸時代後期の女性。和歌。摂津伊丹の大塚氏。『桂園遺稿』の文化2年の項に載る。
¶江表（知晴尼（兵庫県））

智清尼 ちせいに*
江戸時代中期の女性。俳諧。美濃兼山の人。宝永1年刊、『国の花』、豪農兼松嘯風編「藪の花」に載る。
¶江表（智清尼（岐阜県））

知石 ちせき*
天和1（1681）年～元文5（1740）年12月13日 江戸時代前期～中期の俳人・雑俳点者。
¶俳文

知夕 ちせき
江戸時代後期の女性。俳諧。岩下朴厚の妻。寛政9年刊『さゝれ石』にも入集。
¶江表（知夕（長野県））

智関禅尼 ちせきぜんに*
江戸時代末期の女性。教育・和歌。高井郡岩井の池田茂平の娘。
¶江表（智関禅尼（長野県）） ㋺慶応4（1868）年）

ち勢子 ちせこ*
江戸時代後期の女性。和歌。証願寺の唯乗の妻。天保9年序、橘守部編『下蔭集』一に載る。
¶江表（ち勢子（東京都））

千世子(1) ちせこ*
江戸時代末期の女性。和歌。仙台藩国学教授で侍講の三分一所平介景明の妻。慶応2年序、日野資始編『宮城百人一首遺稿』に載る。
¶江表（千世子（宮城県））

千世子(2) ちせこ*
江戸時代末期の女性。和歌。山田氏。慶応3年刊、猿渡容盛編『類題新竹葉』に載る。
¶江表（千世子（神奈川県））

千勢子(1) ちせこ*
江戸時代末期の女性。和歌。栗原氏。慶応2年序、村上忠順編『元治元年千首』に載る。
¶江表（千勢子（東京都））

千勢子(2) ちせこ
江戸時代末期の女性。和歌。淡路洲本の矢尾田連太郎の母。文久2年刊、武田信起編『類題真清水和歌集』に載る。
¶江表（千勢子（兵庫県））

千勢子(3) ちせこ*
江戸時代末期の女性。和歌。因幡鳥取藩士佐治平八の妻。安政3年刊、中島宜門編『類題稲葉集』に載る。
¶江表（千勢子（鳥取県））

千勢子・千世子 ちせこ*
江戸時代末期～明治時代の女性。和歌。麻布材木町住の幕臣、書家で国学者江里川忠能の孫。明治8

年刊、橘東世子編『明治歌集』に載る。
¶江表(千勢子・千世子(東京都))

千仙子　ちせこ★
江戸時代末期の女性。和歌。西条藩領金子村の真鍋求右兵衛門の母。安政5年序、半井梧庵編『鄙のてぶり』二に載る。
¶江表(千仙子(愛媛県))

知泉　ちせん★
江戸時代後期の女性。俳諧。田中の人。文化13年成立、若室草丸編『ひばりぶえ』に載る。
¶江表(知泉(山梨県))

智泉*　ちせん
延暦8(789)年～天長2(825)年　平安時代前期の真言宗の僧。空海十大弟子の一人。
¶古人,古代,コン

智詮*(1)　ちせん
生没年不詳　平安時代後期～鎌倉時代前期の僧。
¶古人

智詮(2)　ちせん★
江戸時代中期の女性。和歌。愛宕郡大原の尼。元文4年刊、恕信ほか編『厳島八景』に載る。
¶江表(智詮(京都府))

知善　ちぜん★
江戸時代末期の女性。宗教。出自不明。禊教門中三浦隼人の妻。
¶江表(知善(東京都)　[没]安政3(1856)年)

智仙院　ちせんいん★
江戸時代中期～後期の女性。和歌。榊原新左衛門篤郷の娘。
¶江表(智仙院(茨城県)　[生]享保17(1732)年　[没]寛政12(1800)年)

知聡*(1)　ちそう
上代の渡来人。欽明朝に中国医書をもたらす。
¶古代

知聡*(2)　ちそう
飛鳥時代の大唐学問僧。
¶古代

智宗　ちそう
⇒智宗(ちしゅう)

智蔵*(1)　ちぞう
生没年不詳　飛鳥時代の三論宗の学僧。わが国三論の第2伝。
¶古代

智蔵*(2)　ちぞう
生没年不詳　飛鳥時代の三論宗の僧。
¶古人,思想,対外

智荘厳院応政　ちそうげんいんおうせい
江戸時代前期の高野山僧徒。真田信繁の招聘により大坂城に籠り、木村重成の手に属した。
¶大坂([没]慶長20年)

知足(1)　ちそく★
江戸時代後期の女性。俳諧。寒河江の人。天保15年、寒河江八幡宮に奉納された俳額に載る。
¶江表(知足(山形県))

知足(2)　ちそく
⇒下里知足(しもさとちそく)

千束女　ちそくじょ★
江戸時代後期の女性。和歌。田結稲雄の妻。文政13年刊、富樫広蔭編『樫の若葉』に載る。
¶江表(千束女(岐阜県))

智尊*　ちそん
万寿4(1027)年～永久2(1114)年　平安時代中期～後期の興福寺僧。
¶古人

雉啄　ちたく
⇒遠藤雉啄(えんどうちたく)

智達*　ちたつ
生没年不詳　飛鳥時代の法相宗の学僧。わが国法相宗の第2伝。
¶古代,コン,対外

千々岩清左衛門　ちぢいわせいざえもん
⇒千々石ミゲル(ちぢわみげる)

知竹女　ちちくじょ★
江戸時代中期の女性。俳諧。伊勢の人。享保8年序、各務支考門の江山隣編『獅子物狂』に載る。
¶江表(知竹女(三重県))

秩父左衛門尉　ちちぶさえもんのじょう
安土桃山時代の藤田泰邦・北条氏邦の家臣。
¶後北(左衛門尉〔秩父(2)〕　さえもんのじょう)

秩父次郎左衛門尉　ちちぶじろうざえもんのじょう
戦国時代の北条為昌・北条氏康の家臣。
¶後北(次郎左衛門尉〔秩父(1)〕　じろうざえもんのじょう)

秩父孫四郎*　ちちぶまごしろう
生没年不詳　戦国時代の武士。後北条氏家臣。
¶後北(孫四郎〔秩父(1)〕　まごしろう)

秩父孫二郎*(秩父孫次郎)　ちちぶまごじろう
生没年不詳　安土桃山時代の武士。後北条氏家臣。
¶後北(重国〔秩父(3)〕　しげくに　[没]寛永7年11月)

千町女　ちちょうじょ★
江戸時代後期の女性。俳諧。遠江掛川の人。文政3年刊、雪中庵評編『雪中庵評月並句合』で「天」に選ばれる。
¶江表(千町女(静岡県))

千々石清左衛門　ちぢわせいざえもん
⇒千々石ミゲル(ちぢわみげる)

千々石直員　ちぢわなおかず
安土桃山時代の有馬晴純の三男。子は千々石ミゲル。
¶全戦([生]?　[没]元亀1(1570)年)

千々石ミゲル*(千々石弥解留)　ちぢわみげる,ちじわみげる
[別]千々岩清左衛門(ちぢいわせいざえもん),千々石清左衛門(ちぢわせいざえもん),ドン・ミゲル,ミゲル　安土桃山時代～江戸時代前期の天正遣欧少年使節の一人。
¶コン(千々石清左衛門　ちぢわせいざえもん　生没年不詳),全戦([生]元亀1(1570)年　[没]?),対外([生]1570年　[没]?),中世([生]1570年　[没]?),山小([生]1569年/1570年　[没]?)

智通*　ちつう
生没年不詳　飛鳥時代の法相宗の僧。わが国法相宗の第1伝あるいは第2伝。

¶古人, 古代, コン, 対外

遅塚久則* ちづかひさのり
享保10（1725）年～寛政7（1795）年 [別]遅塚久則（ちずかひさのり） 江戸時代中期の刀装金工家。大森英秀の門弟。
¶コン, 美工（ちずかひさのり）

ち

千束子 ちづこ★
江戸時代末期の女性。和歌。筑後柳川藩の奥女中。「鶯歌集」に載る。
¶江表（千東子（福岡県））

智貞(1) ちてい★
江戸時代中期の女性。俳諧。津田の寺井屋竹内了順の娘。
¶江表（智貞（香川県） [没]安永8（1779）年）

智貞(2) ちてい★
江戸時代後期の女性。和歌。安島七郎左衛門信可の娘。天保12年成立、徳川斉昭撰「弘道館梅花詩歌」に載る。
¶江表（智貞（茨城県））

知貞尼 ちていに★
江戸時代後期～明治時代の女性。和歌。伊勢津の国学者雲井正扶の娘。
¶江表（知貞尼（三重県） [生]寛政3（1791）年 [没]明治4（1871）年）

智貞尼 ちていに★
江戸時代中期の女性。俳諧。観音寺の人。享保3年序、百花坊除風編『雪の光』では、木村寸木、除風らと共に歌仙を巻き、ほかに7句が入集。
¶江表（智貞尼（香川県））

知と ちと★
江戸時代末期の女性。俳諧。熊本の人。慶応2年刊、芭蕉堂公成編『花供養』に載る。
¶江表（知と（熊本県））

智洞* ちどう，ちとう
元文1（1736）年～文化2（1805）年10月22日 江戸時代中期～後期の浄土真宗本願寺派の学僧。西本願寺第7代能化。
¶コン（生没年不詳）, 思想

智徳* ちとく
生没年不詳 平安時代中期の陰陽師。
¶古人

千登女 ちとじょ★
江戸時代後期の女性。俳諧。嘉永4年刊、長谷部菊圃編、夫映門三回忌集『別れ霜』に載る。
¶江表（千登女（愛媛県））

ちとせ
江戸時代後期の女性。俳諧。筑前福岡の俳人久野花朗尼に仕えた。文化2年刊、花朗尼の追善句集『ふくるま』の序に載る。
¶江表（ちとせ（福岡県））

千鳥 ちどり★
江戸時代後期の女性。俳諧。越前鯖江の人。寛政11年刊、松山令羽編『三つの手向』に載る。
¶江表（千鳥（福井県））

千鳥女 ちどりじょ★
江戸時代後期の女性。俳諧。酒田の人。文政4年刊、加茂浦連中撰『こゝも明石』に載る。
¶江表（千鳥女（山形県））

千鳥祐春 ちどりすけはる
⇒中臣祐春（なかとみすけはる）

ちぬ女 ちぬじょ★
江戸時代後期の女性。俳諧。城ケ崎の人。文化14年頃刊、太田足馬編、太田可苗三回忌追善集『花の下蔭』に載る。
¶江表（ちぬ女（宮崎県））

茅渟王 ちぬのおおきみ
生没年不詳 [別]茅渟王（ちぬおう） 飛鳥時代の押坂彦人大兄皇子（敏達天皇皇子）の子。
¶古人（ちぬおう）, 古物, 天皇

千子* ちね
？～貞享5（1688）年 [別]清水千子（しみずちね），千子（せんし），向井千子（むかいちね） 江戸時代前期～中期の女性。俳人、芭蕉一門。向井去来の妹。
¶江表（千子（京都府） [生]寛文12（1672）年 [没]元禄1（1688）年）, 俳文（[没]貞享4（1687）年5月15日）

千野 ちの★
江戸時代中期の女性。俳諧。松本の人。宝暦13年序、国学者で俳人建部綾足編『片歌草のはり道』に載る。
¶江表（千野（長野県））

千野伊豆守 ちのいずのかみ
室町時代～戦国時代の信濃国諏訪郡の国衆。諏訪氏旧臣。
¶武田（生没年不詳）

千野出雲守 ちのいずものかみ
戦国時代の信濃国諏訪郡の国衆。
¶武田（生没年不詳）

乳娘* ちのいらつめ
生没年不詳 [別]蘇我乳娘（そがのちのいらつめ） 飛鳥時代の女性。孝徳天皇の妃。
¶天皇（蘇我乳娘 そがのちのいらつめ）

千野右馬允 ちのうまのじょう
戦国時代の信濃国諏訪郡の国衆。
¶武田（生没年不詳）

千野右馬助 ちのうまのすけ
戦国時代の信濃国諏訪郡の国衆。
¶武田（生没年不詳）

千野大炊允 ちのおおいのじょう
戦国時代～安土桃山時代の信濃国諏訪郡の国衆。
¶武田（生没年不詳）

千野加賀守 ちのかがのかみ
安土桃山時代の信濃国諏訪郡の国衆。
¶武田（生没年不詳）

千野喜平次 ちのきへいじ
戦国時代～安土桃山時代の信濃国諏訪郡の国衆。
¶武田（生没年不詳）

千野源五郎 ちのげんごろう
戦国時代の信濃国諏訪郡の国衆。
¶武田（生没年不詳）

千野源之丞 ちのげんのじょう
戦国時代～安土桃山時代の信濃国諏訪郡の国衆。
¶武田（生没年不詳）

千野左衛門尉 ちのさえもんのじょう
安土桃山時代の信濃国諏訪郡の国衆。

¶武田（生没年不詳）

千野佐渡守　ちのさどのかみ
戦国時代～安土桃山時代の信濃国諏訪郡の国衆。
¶武田（生没年不詳）

千野左馬允　ちのさまのじょう
戦国時代の信濃国諏訪郡の国衆。
¶武田（生没年不詳）

千野重清*　ちのしげきよ
生没年不詳　戦国時代の信濃国諏訪氏の家臣。
¶武田

千野次郎左衛門尉　ちのじろうざえもんのじょう
戦国時代～安土桃山時代の信濃国諏訪郡の国衆。
¶武田（生没年不詳）

千野神六郎　ちのしんろくろう
戦国時代～安土桃山時代の信濃国諏訪郡の国衆。
¶武田（生没年不詳）

千野宗光*　ちのそうこう
生没年不詳　戦国時代の信濃国諏訪氏の家臣。
¶武田

千野忠清　ちのただきよ
戦国時代の信濃国諏訪郡の国衆。
¶武田（生没年不詳）

千野忠隆　ちのただたか
安土桃山時代の信濃国諏訪郡の国衆。
¶武田（[生]？　[没]元亀4（1573）年？）

千野丹波守　ちのたんばのかみ
戦国時代の信濃国諏訪郡の国衆。
¶武田（生没年不詳）

茅根伊予之介*　ちのねいよのすけ
文政7（1824）年～安政6（1859）年　[別]茅根寒緑（ちのねかんりょく）　江戸時代末期の尊攘派水戸藩士。安政の大獄で刑死。
¶幕末（[没]安政6（1859）年8月27日）

茅根寒緑　ちのねかんりょく
⇒茅根伊予之介（ちのねいよのすけ）

千野信氏　ちののぶうじ
戦国時代の信濃国諏訪郡の国衆。
¶武田（生没年不詳）

千野半左衛門尉　ちのはんざえもんのじょう
戦国時代の信濃国諏訪郡の国衆。
¶武田（生没年不詳）

千野平左衛門　ちのへいざえもん
安土桃山時代の信濃国諏訪郡の国衆。
¶武田

千野孫九郎　ちのまごくろう
戦国時代の信濃国諏訪郡の国衆。
¶武田（生没年不詳）

千野昌房*　ちのまさふさ
生没年不詳　戦国時代の信濃国諏訪氏の家臣。
¶武田

千野光広　ちのみつひろ
平安時代後期の信濃国の武士。
¶平家（[生]？　[没]寿永3（1184）年）

千野弥右衛門尉　ちのやえもんのじょう
戦国時代～安土桃山時代の信濃国諏訪郡の国衆。
¶武田（生没年不詳）

千野弥五右衛門　ちのやごえもん
戦国時代～安土桃山時代の信濃国諏訪郡の国衆。
¶武田（生没年不詳）

千野也卜斎　ちのやぼくさい
戦国時代～安土桃山時代の信濃国諏訪郡の国衆。
¶武田（生没年不詳）

千野頼房　ちのよりふさ
戦国時代の信濃国諏訪郡の国衆。
¶武田（生没年不詳）

千葉章子*　ちばあきこ
生没年不詳　江戸時代中期の和算家。
¶江表（章子（東京都）　あきこ）

千葉郁太郎*　ちばいくたろう
弘化2（1845）年～文久2（1862）年　江戸時代末期の志士。
¶幕末（[生]弘化2（1845）年7月　[没]文久2（1862）年5月7日）

千葉氏胤*　ちばうじたね
延元2/建武4（1337）年～正平20/貞治4（1365）年　南北朝時代の武将。
¶室町（[生]？）

千葉重　ちばえ
江戸時代末期の女性。和歌。豊前小倉藩藩士丸田権右衛門の妻。万延1年序、物集高世編『類題春草集』に載る。
¶江表（千葉重（福岡県））

千葉栄次郎*　ちばえいじろう
天保4（1833）年～文久2（1862）年　江戸時代末期の剣術家。
¶幕末（[没]文久2（1862）年1月12日）

千葉興常*　ちばおきつね
生没年不詳　室町時代の武将。
¶室町

千葉一胤*　ちばかずたね
文政7（1824）年～明治18（1885）年　[別]千葉重太郎（ちばじゅうたろう）　江戸時代末期～明治時代の剣術家。
¶全幕（千葉重太郎　ちばじゅうたろう），幕末（千葉重太郎　ちばじゅうたろう　[生]文政7（1824）年3月1日　[没]明治18（1885）年5月7日）

千葉兼胤*　ちばかねたね
元中9/明徳3（1392）年～永享2（1430）年　室町時代の武将、千葉介、下総守護、清胤の子。
¶コン（[生]明徳3/元中9（1392）年），内乱（[生]明徳3（1392）年），室町

千葉嘉六　ちばかろく
⇒都太夫一中〔5代〕（みやこだゆういっちゅう）

千葉清宗*　ちばきよむね
*～明治35（1902）年　江戸時代末期～明治時代の十津川郷士。天誅組の変で和歌山藩に捕らえられる。
¶幕末（[生]文政3（1820）年　[没]明治35（1902）年6月28日）

千葉邦胤*　ちばくにたね
弘治3（1557）年～天正13（1585）年　安土桃山時代の武将。

¶後北（邦胤〔千葉（1）〕　くにたね　[没]天正13年5月）

千葉粂作*　ちばくめさく
江戸時代末期の新撰組隊士？
¶新隊（生没年不詳）

千葉栄*　ちばさかえ
弘化3（1846）年～？　江戸時代後期～末期の新撰組隊士。
¶新隊

千葉定吉*　ちばさだきち
？～明治12（1879）年　江戸時代末期～明治時代の剣士。
¶全幕, 幕末（[没]明治12（1879）年12月5日）

千葉貞胤*　ちばさだたね
正応4（1291）年～正平6/観応2（1351）年　鎌倉時代後期～南北朝時代の武将、千葉介、下総守護、胤宗の子。
¶室町

千葉佐那*　ちばさな
*～明治29（1896）年　[別]千葉佐那子（ちばさなこ）　江戸時代末期～明治時代の女流剣士。坂本竜馬と手合わせをする。
¶女史（[生]1837年？）, 全幕（千葉佐那子　ちばさなこ　[生]天保9（1838）年）, 幕末（[生]天保9（1838）年　[没]明治29（1896）年10月15日）

千葉佐那子　ちばさなこ
⇒千葉佐那（ちばさな）

千葉三安　ちばさんあん
⇒石川桜所（いしかわおうしょ）

千葉重胤*（1）　ちばしげたね
天正10（1582）年～寛永10（1633）年　安土桃山時代～江戸時代前期の下総国佐倉城主。
¶全戦

千葉重胤（2）　ちばしげたね
⇒東重胤（とうしげたね）

千葉成信　ちばしげのぶ
⇒藤井織之助（ふじいおりのすけ）

千葉周作*　ちばしゅうさく
寛政6（1794）年～安政2（1855）年　江戸時代末期の剣術家。北辰一刀流始祖。
¶江人, コン, 全幕, 幕末（[生]明和8（1794）年　[没]安政2（1856）年）, 山小（[没]1855年12月13日）

千葉重太郎　ちばじゅうたろう
⇒千葉一胤（ちばかずたね）

千葉昌平*　ちばしょうへい
天保3（1832）年～文久1（1861）年　[別]千葉昌平（ちばまさひら）　江戸時代末期の甲冑師。
¶幕末（[没]文久1（1861）年11月25日）

千葉輔胤*　ちばすけたね
応永23（1416）年～明応1（1492）年　室町時代～戦国時代の武将。
¶室町（[生]応永28（1421）年）

千葉艸々庵*　ちばそうそうあん
天保3（1832）年～明治33（1900）年　江戸時代末期～明治時代の弘前藩士、俳人。弓術、剣術の名手。津軽明治前期俳壇の一人者。
¶幕末

千葉武悦　ちばたけえつ
⇒千葉武悦（ちばぶえつ）

千葉胤賢　ちばたねかた
室町時代の武将。兼胤の2男。
¶室町（[生]？　[没]康正1（1455）年）

千葉胤定　ちばたねさだ
江戸時代後期の和算家。
¶数学

千葉胤連　ちばたねただ
⇒千葉胤連（ちばたねつら）

千葉胤綱*　ちばたねつな
承元2（1208）年～安貞2（1228）年　鎌倉時代前期の御家人。成胤の子。
¶内乱

千葉胤連*　ちばたねつら
[別]千葉胤連（ちばたねただ）　戦国時代の武士。
¶全戦（ちばたねただ　[生]？　[没]文禄2（1593）年）

千葉胤富*　ちばたねとみ
大永7（1527）年～天正7（1579）年　安土桃山時代の武将、下総千葉城主。
¶後北（胤富〔千葉（1）〕　たねとみ　[没]天正7年5月4日）

千葉胤朝*　ちばたねとも
？～文明18（1486）年　室町時代～戦国時代の武将。
¶室町

千葉胤直*（1）　ちばたねなお
応永20（1413）年～康正1（1455）年　室町時代の武将。
¶内乱（[生]応永26（1419）年　[没]享徳4（1455）年）, 室町（[生]応永26（1419）年）

千葉胤直（2）　ちばたねなお
江戸時代後期の和算家。
¶数学

千葉胤規　ちばたねのり
⇒千葉六郎（ちばろくろう）

千葉胤秀*　ちばたねひで
安永4（1775）年～嘉永2（1849）年　江戸時代後期の和算家。
¶コン, 数学（[没]嘉永2（1849）年2月4日）

千葉胤英*　ちばたねふさ
文政2（1819）年～明治16（1883）年　江戸時代末期～明治時代の和算家。
¶数学（[没]明治16（1883）年3月19日）

千葉胤正*　ちばたねまさ
永治1（1141）年～建仁3（1203）年　[別]平胤正（たいらのたねまさ）, 千葉太郎胤正（ちばたろうたねまさ）　平安時代後期～鎌倉時代前期の御家人。千葉常胤の嫡子。
¶古人（平胤正　たいらのたねまさ）

千葉胤道*　ちばたねみち
生没年不詳　江戸時代末期の和算家。
¶数学（[生]文化12（1815）年　[没]明治1（1868）年）

千葉胤雪　ちばたねゆき
江戸時代後期～明治時代の和算家。
¶数学（[生]文化5（1808）年　[没]明治25（1892）年）

千葉胤良　ちばたねよし
　江戸時代後期〜昭和時代の和算家。
　¶数学（㊌嘉永2（1849）年　㊄昭和11（1936）年）

千葉胤頼　ちばたねより
　⇒東胤頼（とうたねより）

千葉太郎胤正　ちばたろうたねまさ
　⇒千葉胤正（ちばたねまさ）

千葉常一＊　ちばつねかず
　弘化1（1844）年〜明治1（1868）年　江戸時代末期
　の和算家。
　¶数学（㊌天保15（1844）年　㊄明治1（1868）年9月15日）

千葉常重＊　ちばつねしげ
　永保3（1083）年〜治承4（1180）年　㊋平常重（たい
　らのつねしげ）　平安時代後期の武士。常兼の子。
　常胤の父。
　¶コン

千葉常胤＊　ちばつねたね
　元永1（1118）年〜建仁1（1201）年　㊋平常胤（たい
　らのつねたね）　平安時代後期〜鎌倉時代前期の御
　家人。常重の嫡子。
　¶古人（平常胤　たいらのつねたね），コン，中世，内乱，平
　家，山小（㊌1118年5月24日　㊄1201年3月24日）

千葉常秀＊　ちばつねひで
　生没年不詳　㊋上総常秀（かずさつねひで），境常
　秀（さかいつねひで），千葉常秀（ちばのつねひで）
　鎌倉時代前期の武士、御家人。胤正の子。
　¶古人（ちばのつねひで），内乱

千葉常安＊　ちばつねやす
　生没年不詳　㊋臼井常安（うすいつねやす），千葉
　常安（ちばのつねやす）　鎌倉時代前期の武将。
　¶古人（ちばのつねやす）

千葉桃三＊　ちばとうぞう
　生没年不詳　江戸時代中期の和算家。
　¶数学（㊄寛政6（1794）年）

千葉東野　ちばとうや
　江戸時代後期〜明治時代の眼科医。
　¶眼医（生没年不詳）

千葉歳胤＊　ちばとしたね
　正徳3（1713）年〜寛政1（1789）年　江戸時代中期
　の暦算家。
　¶数学（㊄寛政1（1789）年3月6日）

千葉利胤＊　ちばとしたね
　＊〜天文16（1547）年　戦国時代の武将、下総千葉
　城主。
　¶後北（利胤〔千葉（2）〕　としたね　㊄天文16年7月12
　日）

千葉直重＊　ちばなおしげ
　？〜寛永4（1627）年8月7日　安土桃山時代〜江戸
　時代前期の武士。下総千葉氏当主、本佐倉城主。
　¶後北（直重〔北条〕　なおしげ　㊄寛永4年3月1日）

千葉直胤　ちばなおたね
　安土桃山時代の武蔵国石浜城主。孫村。次郎。北
　条氏繁三男。武蔵国江戸城下遠山直景に属した。
　¶後北（直胤〔千葉（3）〕　なおたね）後北（直胤〔北
　条〕　なおたね）

千葉成胤＊　ちばなりたね
　＊〜建保6（1218）年　㊋平成胤（たいらのなりたね）

鎌倉時代前期の武将。
　¶古人（平成胤　たいらのなりたね　㊌？）

千葉常秀　ちばのつねひで
　⇒千葉常秀（ちばつねひで）

千葉常安　ちばのつねやす
　⇒千葉常安（ちばつねやす）

千葉師常　ちばのもろつね
　⇒相馬師常（そうまもろつね）

千葉憲胤　ちばのりたね
　生年不詳　戦国時代の北条氏の家臣。
　¶後北（憲胤〔千葉（3）〕　のりたね）

千葉秀胤　ちばひでたね
　⇒上総秀胤（かずさひでたね）

千葉広常　ちばひろつね
　⇒平広常（たいらのひろつね）

千葉武悦＊　ちばぶえつ
　生没年不詳　㊋千葉武悦（ちばたけえつ）　江戸時
　代後期の和算家。
　¶数学（ちばたけえつ）

千葉昌胤＊　ちばまさたね
　明応5（1496）年〜天文15（1546）年1月7日　戦国時
　代の武士。下総千葉氏当主、本佐倉城主。
　¶室町（㊌明応4（1495）年）

千葉正中　ちばまさなか
　⇒千葉良平（ちばりょうへい）

千葉昌平　ちばまさひら
　⇒千葉昌平（ちばしょうへい）

千葉満胤＊　ちばみつたね
　正平14/延文4（1359）年〜応永33（1426）年　南北
　朝時代〜室町時代の武将。
　¶室町

千葉黙池　ちばもくち
　⇒中島黙池（なかじまもくち）

千葉師常　ちばもろつね
　⇒相馬師常（そうまもろつね）

千葉弥一郎＊　ちばやいちろう
　嘉永1（1848）年〜昭和10（1935）年　江戸時代末期
　〜明治時代の新徴組士。生存者として重んぜられ
　た。著書に「新徴組と新撰組」など。
　¶コン，幕末（㊄昭和10（1935）年4月28日）

千葉康胤＊　ちばやすたね
　応永5（1398）年〜康正2（1456）年　室町時代の武
　将、下総の豪族。
　¶室町（㊌？）

千早八乙女・八乙女　ちはややおとめ＊
　江戸時代後期の女性。狂歌。文化13年頃刊、石川
　雅望編『吉原十二時』に載る。
　¶江表（千早八乙女・八乙女（東京都））

千原勝則＊　ちはらかつのり
　？〜慶長5（1600）年9月　安土桃山時代の武士。
　¶全戦

千葉竜卜＊　ちはりゅうぼく
　生没年不詳　㊋千葉竜卜（ちばりょうぼく）　江戸
　時代中期の画家、活花宗匠。源氏流を創流。
　¶コン，美画（ちばりょうぼく）

千葉良平* ちばりょうへい
文政9(1826)年～明治30(1897)年 [別]千葉正中(ちばまさなか) 江戸時代後期～明治時代の尊攘運動家。
¶幕末(千葉正中 ちばまさなか [没]明治30(1897)年9月25日)

千葉竜卜 ちばりょうぼく
⇒千葉竜卜(ちばりゅうぼく)

千春* ちはる
生没年不詳 江戸時代前期～中期の俳人。
¶俳文

千葉六郎* ちばろくろう
天保9(1838)年～大正2(1913)年 [別]千葉胤規(ちばたねのり) 江戸時代末期～明治時代の和算家。門人千余人に及ぶ和算の大家。
¶科学,数学(千葉胤規 ちばたねのり)

智範* ちはん
生没年不詳 平安時代後期の小仏師。
¶古人,美建

千尋(1) ちひろ⋆
江戸時代後期の女性。俳諧。常陸水戸藩北郡奉行加藤寛斎の妻。天保14年、幻窓湖中著『芭蕉翁略伝附録』に載る。
¶江表(千尋(茨城県))

千尋(2) ちひろ⋆
江戸時代後期～明治時代の女性。和歌。渋谷図書の妻。
¶江表(千尋(新潟県) [生]享和2(1802)年 [没]明治14(1881)年)

千尋女 ちひろじょ⋆
江戸時代後期の女性。俳諧。木曽福島代官所詰の沢田洲香の妻。文政7年序、大坂堂島の米穀商田辺百堂編『みはしら』に載る。
¶江表(千尋女(長野県))

千尋綱女 ちひろつなじょ⋆
江戸時代後期の女性。狂歌。福島の人。文化11年刊、四方滝水楼米人編『狂歌水薦集』に載る。
¶江表(千尋綱女(福島県))

智聞 ちぶん
江戸時代中期の女性。和歌。愛宕郡大原の尼。元文4年刊、恕信ほか編『厳島八景』に載る。
¶江表(智聞(京都府))

知弁* ちべん
飛鳥時代の入唐僧。
¶古代

智弁 ちべん
⇒余慶(よけい)

千甫 ちほ
江戸時代後期の女性。俳諧。越前天王の人。文化15年不断斎令羽編「祝晨」に載る。
¶江表(千甫(福井県))

智法 ちほう
江戸時代中期の女性。和歌。愛宕郡大原の寂光院主。元文4年刊、恕信ほか編『厳島八景』に載る。
¶江表(智法(京都府))

智鳳* ちほう
生没年不詳 奈良時代の法相宗の僧。わが国法相宗の第3伝。
¶古人,古代,対外

遅望* ちぼう
生没年不詳 江戸時代前期の俳人。
¶俳文

知法院 ちほういん
江戸時代中期の女性。徳川綱吉の養女。
¶徳将([生]1697年 [没]1698年)

智芳尼 ちほうに⋆
江戸時代前期の女性。和歌。加藤枝直の養子中村知陳の母。
¶江表(智芳尼(東京都) [生]元禄1(1688)年？)

千穂子(1) ちほこ⋆
江戸時代末期の女性。和歌。筑後奥州小路の橋爪新五兵衛の妻。文久2年刊、安武厳丸編『柳河百家集』に載る。
¶江表(千穂子(福岡県))

千穂子(2) ちほこ⋆
江戸時代末期の女性。和歌。児玉氏。安政6年刊、八田知紀編『小門の汐干』に載る。
¶江表(千穂子(鹿児島県))

千万 ちま⋆
江戸時代中期の女性。教育。伊勢桑名藩藩士畑勝時の娘。宝暦2年、深川常磐町に寺子屋澄江堂を開業。
¶江表(千万(東京都))

ちま女 ちまじょ⋆
江戸時代後期の女性。和歌。秋田藩主佐竹義和の奥女中か。
¶江表(ちま女(秋田県))

智明 ちみょう
奈良時代の僧、香山薬師寺小寺主。
¶古人(生没年不詳)

知妙尼 ちみょうに⋆
江戸時代後期の女性。和歌。摂津伊丹の大塚氏。
¶江表(知妙尼(兵庫県) [没]文化11(1814)年)

智妙尼 ちみょうに⋆
江戸時代後期の女性。和歌。紀州藩の奥女中。天保15年跋、『慕香和歌集』に載る。
¶江表(智妙尼(和歌山県))

智明尼 ちみょうに⋆
江戸時代後期の女性。和歌。摂津伊丹の大塚氏。『桂園遺稿』の享和3年の項に載る。
¶江表(智明尼(兵庫県))

智明坊* ちみょうぼう
承安4(1174)年～宝治2(1248)年 [別]薗田成家(そのだしげいえ) 鎌倉時代前期の浄土僧。
¶中世(薗田成家 そのだしげいえ)

千村淡路守 ちむらあわじのかみ
戦国時代～安土桃山時代の木曽氏の家臣。
¶武田(生没年不詳)

千村景頼 ちむらかげより
戦国時代の木曽氏の家臣。
¶武田(生没年不詳)

千村鷲湖 ちむらかこ，ちむらがこ
⇒千村白寿(ちむらはくじゅ)

千村左京進　ちむらさきょうのしん
安土桃山時代の木曽氏の家臣。
¶武田（生没年不詳）

千村重堅　ちむらしげかた
江戸時代前期～中期の幕臣。
¶徳人（㊐1630年　㊑1689年）

千村重長　ちむらしげなが
安土桃山時代～江戸時代前期の幕府代官。
¶徳代（㊐慶長5（1600）年　㊑寛文1（1661）年10月12日）

千村重政　ちむらしげまさ
戦国時代～安土桃山時代の木曽氏の重臣。
¶武田（生没年不詳）

千村政成　ちむらせいせい
江戸時代中期の幕府代官。
¶徳代（㊐元禄4（1691）年　㊑明和2（1765）年2月23日）

千村政武　ちむらせいぶ
江戸時代中期の幕府代官。
¶徳代（㊐享保15（1730）年　㊑明和7（1770）年6月14日）

千村仲興　ちむらちゅうこう
江戸時代前期の幕府代官。
¶徳代（㊐慶安1（1648）年　㊑元禄1（1688）年8月20日）

千村仲成　ちむらちゅうせい
江戸時代前期～中期の幕府代官。
¶徳代（㊐寛文9（1669）年　㊑宝永3（1706）年8月2日）

千村仲泰　ちむらちゅうたい
江戸時代後期～明治時代の幕府代官。
¶徳代（㊐文化4（1807）年　㊑明治24（1891）年3月18日）

千村仲展　ちむらちゅうてん
江戸時代後期～明治時代の幕府代官。
¶徳代（㊐文化8（1811）年　㊑明治16（1883）年6月1日）

千村仲雄　ちむらちゅうゆう
⇒千村仲雄（ちむらなかお）

千村俊次　ちむらとしつぐ
戦国時代～安土桃山時代の木曽氏の家臣。
¶武田（生没年不詳）

千村仲雄*　ちむらなかお
天明5（1785）年～弘化3（1846）年　㊓千村仲雄（ちむらちゅうゆう）　江戸時代後期の歌人。
¶徳代（ちむらちゅうゆう　㊑弘化3（1846）年11月26日）

千村長次　ちむらながつぐ
戦国時代の木曽氏の家臣。
¶武田（生没年不詳）

千村白寿*　ちむらはくじゅ
*～寛政2（1790）年　㊓千村鵞湖（ちむらかこ，ちむらがこ）　江戸時代中期の尾張藩士、儒学者、陶工。
¶美工（千村鵞湖　ちむらがこ　㊐享保12（1727）年）

千村政知　ちむらまさとも
戦国時代の木曽氏の家臣。
¶武田（生没年不詳）

千村元就　ちむらもとなり
戦国時代の木曽氏の家臣。
¶武田（生没年不詳）

千村基寛　ちむらもとひろ
江戸時代前期の幕府代官。
¶徳代（㊐寛永5（1628）年　㊑貞享3（1686）年9月30日）

千村康政　ちむらやすまさ
戦国時代の木曽氏の家臣。
¶武田（生没年不詳）

千村康当　ちむらやすまさ
戦国時代の木曽氏の家臣。
¶武田（生没年不詳）

千村良重*　ちむらよししげ
永禄9（1566）年～寛永7（1630）年　安土桃山時代～江戸時代前期の代官。
¶徳人，徳代（㊑寛永7（1630）年9月22日）

千村頼久　ちむららいきゅう
江戸時代中期～後期の幕府代官。
¶徳代（㊐元文2（1737）年　㊑文化7（1810）年1月20日）

智明　ちめい
平安時代後期の僧。
¶平家（生没年不詳）

千もと女　ちもとじょ★
江戸時代末期の女性。俳諧。安政期～文久期の露心主催「露心新居賀摺」に載る。
¶江表（千もと女（福島県））

千もとひと女　ちもとひとじょ★
江戸時代中期の女性。狂歌。天明6年刊、四方赤良編『新玉狂歌集』に載る。
¶江表（千もとひと女（東京都））

道守床足*　ちもりのとこたり
奈良時代の戸主。
¶古人（生没年不詳），古代

智門尼*　ちもんに
宝暦11（1761）年～文化13（1816）年6月5日　江戸時代中期～後期の歌人。
¶江表（智門尼（滋賀県））

茶阿局*　ちゃあのつぼね
？～元和7（1621）年6月12日　㊓朝覚院（ちょうかくいん）　安土桃山時代～江戸時代前期の女性。徳川家康の側室。
¶江表（茶阿の方（東京都）），徳将（朝覚院　ちょうかくいん）

千屋菊次郎*　ちやきくじろう
天保8（1837）年～元治1（1864）年　㊓千屋孝健（ちやたかたけ）　江戸時代末期の志士。土佐勤王党に参加。
¶コン，全幕，幕末（㊐天保8（1837）年8月6日　㊑元治1（1864）年7月21日）

千屋金策*　ちやきんさく
天保14（1843）年～慶応1（1865）年　㊓千屋孝成（ちやたかしげ）　江戸時代末期の志士。土佐勤王党に参加。
¶コン，全幕（㊑元治2（1865）年），幕末（㊐天保14（1843）年6月15日　㊑慶応1（1865）年2月22日）

千屋熊太郎*　ちやくまたろう
弘化1（1844）年～元治1（1864）年　江戸時代末期の医師。
¶全幕，幕末（㊐天保15（1844）年11月　㊑元治1（1864）年9月5日）

茶山（1）　ちゃざん★
江戸時代後期の女性。俳諧。5代目市川団十郎の

ち

長女。
¶江表（茶山（東京都））

茶山*(2)　ちゃざん
寛政6(1794)年～文久1(1861)年8月4日　江戸時代後期～末期の俳人。
¶俳文

ち

茶塵　ちゃじん★
江戸時代中期の女性。俳諧。宝暦4年刊、東武獅子門編『梅勧進』に載る。
¶江表（茶塵（東京都））

千屋孝成　ちやたかしげ
⇒千屋金策（ちやきんさく）

千屋孝健　ちやたかたけ
⇒千屋菊次郎（ちやきくじろう）

北谷王子夫人　ちゃたんおうじふじん★
江戸時代中期の女性。琉歌。北谷王子は第二尚氏王朝12代国王尚益の二男尚徹。
¶江表（北谷王子夫人（沖縄県））

茶々(1)（茶茶）　ちゃちゃ
⇒淀殿（よどどの）

茶々(2)　ちゃちゃ
⇒高源院（こうげんいん）

茶々姫　ちゃちゃひめ★
江戸時代前期～中期の女性。書簡。紀州藩主徳川頼宣の娘。
¶江表（茶々姫（鳥取県）　㊊寛永8(1631)年　㊥宝永5(1708)年）

千屋富之助*　ちやとみのすけ
天保4(1833)年～文久3(1863)年　江戸時代末期の庄屋。
¶幕末（㊥文久3(1863)年3月8日）

千屋寅之助　ちやとらのすけ
⇒菅野覚兵衛（すがのかくべえ）

千屋半平*　ちやはんぺい
？～明治2(1869)年　江戸時代末期の庄屋。
¶幕末（㊥明治2(1869)年8月5日）

茶屋清延　ちゃやきよのぶ
⇒茶屋四郎次郎〔1代〕（ちゃやしろうじろう）

茶屋小四郎〔1代〕*　ちゃやこしろう
文禄2(1593)年～寛永10(1633)年　江戸時代前期の豪商。
¶コン（代数なし）

茶屋四郎次郎*　ちゃやしろうじろう
世襲名　江戸時代の京都の豪商。
¶江人

茶屋四郎次郎〔1代〕*　ちゃやしろうじろう
天文11(1542)年～慶長1(1596)年　㊐茶屋清延（ちゃやきよのぶ，ちゃやせいえん），茶屋四郎次郎〔1代〕（ちゃやしろじろう），中島清延（なかじまきよのぶ）　安土桃山時代の京都の豪商。初代四郎次郎清延。
¶コン（㊊天文14(1545)年），全戦（代数なし），徳将（代数なし），徳代（茶屋清延　ちゃやせいえん　㊥慶長1(1596)年閏7月），山小（代数なし　㊥1596年閏7月27日）

茶屋四郎次郎〔2代〕*　ちゃやしろうじろう
？～慶長8(1603)年　㊐茶屋四郎次郎〔2代〕（ちゃやしろじろう）　安土桃山時代の京都町方頭役。初代四郎次郎清延の長男。
¶コン

茶屋四郎次郎〔3代〕*　ちゃやしろうじろう
*～元和8(1622)年　㊐茶屋四郎次郎〔3代〕（ちゃやしろじろう），茶屋又四郎（ちゃやまたしろう）　江戸時代前期の豪商、朱印船貿易家、公儀呉服師。
¶コン（㊊天正12(1584)年），対外（茶屋又四郎　ちゃやまたしろう　㊊1583年）

茶屋四郎次郎〔1代〕　ちゃやしろじろう
⇒茶屋四郎次郎〔1代〕（ちゃやしろうじろう）

茶屋四郎次郎〔2代〕　ちゃやしろじろう
⇒茶屋四郎次郎〔2代〕（ちゃやしろうじろう）

茶屋四郎次郎〔3代〕　ちゃやしろじろう
⇒茶屋四郎次郎〔3代〕（ちゃやしろうじろう）

茶屋新四郎〔1代〕*　ちゃやしんしろう
？～寛文3(1663)年　安土桃山時代～江戸時代前期の朱印船貿易家、公儀呉服師。
¶コン（代数なし）

茶屋清延　ちゃやせいえん
⇒茶屋四郎次郎〔1代〕（ちゃやしろうじろう）

茶屋又四郎　ちゃやまたしろう
⇒茶屋四郎次郎〔3代〕（ちゃやしろうじろう）

茶雷　ちゃらい
⇒山県茶雷（やまがたさらい）

茶裡*　ちゃり
享保20(1735)年～文化4(1807)年8月2日　㊐茶裡（さり）　江戸時代中期～後期の俳人。
¶俳文（さり）

儔　ちゅう
江戸時代後期の女性。俳諧。但馬美含郡の人。弘化1年刊、石燕編『紫藤養老集』に載る。
¶江表（儔（兵庫県））

智雄*　ちゆう
生没年不詳　奈良時代の法相宗の僧。わが国法相宗の第3伝。
¶古人，古代，対外

仲哀天皇*　ちゅうあいてんのう
㊐足仲彦尊（たらしなかつひこのみこと）　上代の第14代の天皇。日本武尊と垂仁天皇の娘両道入姫命の子。
¶古人（生没年不詳），古代，古物（㊊？　㊥仲哀天皇9(200)年2月6日），コン，天皇（㊊？　㊥仲哀天皇9(200)年2月4日）

仲胤*　ちゅういん
生没年不詳　平安時代後期の延暦寺の僧。権中納言藤原季仲と賀茂神主成助の娘の子。
¶古人，平家

中院親光　ちゅういんちかみつ
⇒中院親光（なかのいんちかみつ）

忠雲*　ちゅううん
？～文治1(1185)年　平安時代後期の延暦寺僧。
¶古人

忠恵* ちゅうえ
生没年不詳 奈良時代の僧。
¶古人,古代

忠衛門 ちゅうえもん
安土桃山時代の信濃国筑摩郡小芹・大久保・花見の土豪。塔原海野氏の被官とみられる。
¶武田(生没年不詳)

忠円* ちゅうえん
生没年不詳 平安時代後期の仏師。
¶古人,美建

忠延* ちゅうえん
生没年不詳 平安時代前期の真言宗の僧。空海十大弟子の一人。
¶古人,古代

忠縁* ちゅうえん
長暦2(1038)年～永久3(1115)年3月26日 平安時代中期～後期の真言の声明家。
¶古人

忠円〔1代〕* ちゅうえん
生没年不詳 江戸時代前期～中期の仏師。
¶美建

忠円〔2代〕* ちゅうえん
生没年不詳 江戸時代中期の仏師。
¶美建

冲縁院 ちゅうえんいん
江戸時代後期の女性。徳川家斉の六女。
¶徳将(㊐1798年 ㊋1799年)

仲応* ちゅうおう
?～天暦4(950)年 平安時代中期の真言僧。
¶古人

忠快*(仲快) ちゅうかい
平治1(1159)年～嘉禄3(1227)年3月16日 ㊞小川法印(おがわのほういん) 平安時代後期～鎌倉時代前期の天台宗の僧。平教盛の子。
¶古人(仲快),内乱(㊐平治1(1159)年/永暦1(1160)年 ㊋安貞1(1227)年),平家(㊐平治1(1159)年?)

中和門院* ちゅうかもんいん
天正3(1575)年～寛永7(1630)年 ㊞近衛前子(このえさきこ),中和門院(ちゅうわもんいん),藤原前子(ふじわらのさきこ) 安土桃山時代～江戸時代前期の女性。後陽成天皇の女御。後水尾天皇の母。
¶江表(中和門院(京都府)),天皇(近衛前子 このえさきこ ㊋寛永7(1630)年7月3日)

中瓘* ちゅうかん
生没年不詳 平安時代前期～中期の僧。
¶古人,古代

中巌円月* ちゅうがんえんげつ
正安2(1300)年～天授1/永和1(1375)年 ㊞円月(えんがつ,えんげつ) 鎌倉時代後期～南北朝時代の臨済宗の僧。五山文学僧。
¶コン,詩作(㊐正安2(1300)年1月6日 ㊋応安8(1375)年1月8日),思想(㊋永和1/天授1(1375)年),対外,中世,山小(㊐1300年1月6日 ㊋1375年1月8日)

忠義公 ちゅうぎこう
⇒藤原兼通(ふじわらのかねみち)

仲恭天皇* ちゅうきょうてんのう
建保6(1218)年～文暦1(1234)年 ㊞九条廃帝(くじょうはいてい) 鎌倉時代前期の第85代の天皇(在位1221～1221)。順徳天皇と九条立子の子。
¶コン,天皇(㊐建保6(1218)年10月10日 ㊋文暦1(1234)年5月20日),中世,内乱,山小(㊐1218年10月10日 ㊋1234年5月20日)

仲継*(中継) ちゅうけい
?～承和10(843)年 平安時代前期の法相宗の僧。
¶古代(中継),コン(生没年不詳)

忠玄* ちゅうげん
保延3(1137)年～文治1(1185)年 平安時代後期の天台宗延暦寺僧。
¶古人

忠算* ちゅうさん
生没年不詳 平安時代後期の絵仏師。
¶古人

仲算*(中算) ちゅうざん,ちゅうさん
承平5(935)年～貞元1(976)年 平安時代中期の法相宗の僧。興福寺空晴の弟子。
¶古人(中算 ちゅうさん),古人(ちゅうさん 生没年不詳),コン(生没年不詳)

中山王察度 ちゅうざんおうさっと
⇒察度(さっと)

忠子女王 ちゅうしにょおう
⇒忠子女王(ただこじょおう)

中車(1) ちゅうしゃ
⇒市川八百蔵〔2代〕(いちかわやおぞう)

中車(2) ちゅうしゃ
⇒市川八百蔵〔4代〕(いちかわやおぞう)

中車(3) ちゅうしゃ
⇒助高屋高助〔2代〕(すけたかやたかすけ)

中車(4) ちゅうしゃ
⇒関三十郎〔3代〕(せきさんじゅうろう)

中車(5) ちゅうしゃ
⇒関三十郎〔4代〕(せきさんじゅうろう)

忠春* ちゅうしゅん
承徳2(1098)年～久安5(1149)年 平安時代後期の僧。
¶古人

忠助* ちゅうじょ
?～正応3(1290)年 ㊞忠助法親王(ちゅうじょほうしんのう) 鎌倉時代の天台宗の僧。
¶天皇(忠助法親王 ちゅうじょほうしんのう)

中将*(1) ちゅうじょう
生没年不詳 平安時代中期の女流歌人。
¶古人

中将*(2) ちゅうじょう
生没年不詳 平安時代中期の歌人。
¶古人

中将*(3) ちゅうじょう
生没年不詳 平安時代後期の女官。
¶古人

中将*(4) ちゅうじょう
生没年不詳 戦国時代の北条氏の家臣。

ち

¶後北

中条家忠*　ちゅうじょういえただ
生没年不詳　安土桃山時代の織田信長の家臣。
¶織田

中条家長　ちゅうじょういえなが
⇒中条家長（なかじょういえなが）

中条家平　ちゅうじょういえひら
⇒中条家平（なかじょういえひら）

中条右京*　ちゅうじょううきょう
天保14（1843）年～文久3（1863）年　江戸時代末期の志士。
¶幕末（[生]天保14（1843）年7月1日　[没]文久3（1863）年10月14日）

中条金之助*　ちゅうじょうきんのすけ
文政10（1827）年～明治29（1896）年　[別]中条景昭（なかじょうかげあき）　江戸時代末期の幕臣。
¶全幕（[没]？），徳人（中条景昭　なかじょうかげあき），幕末（[没]明治29（1896）年1月19日）

中条澄清　ちゅうじょうすみきよ
江戸時代後期～明治時代の和算家。讃岐の人。
¶数学（[生]嘉永2（1849）年　[没]明治30（1897）年）

中条常八郎*　ちゅうじょうつねはちろう
[別]中条常八郎（なかじょうつねはちろう）　江戸時代末期の新撰組隊士。
¶新隊（なかじょうつねはちろう　生没年不詳）

中条出羽守*（1）　ちゅうじょうでわのかみ
生没年不詳　[別]中条出羽守（なかじょうでわのかみ）　戦国時代の武士。後北条氏家臣。北条氏秀を江戸城に帰還させた。
¶後北（出羽守〔中条〕　でわのかみ）

中条出羽守（2）　ちゅうじょうでわのかみ
安土桃山時代の武蔵国江戸城代遠山綱景の家臣。永禄7年正月7日討死、天正1年10月28日死去、新田合戦で討死という説がある。
¶後北（出羽守〔中条〕　でわのかみ）

中条直景　ちゅうじょうなおかげ
江戸時代前期～中期の幕臣。
¶徳人（[生]1650年　[没]1731年）

中将尼*　ちゅうじょうのあま
生没年不詳　平安時代中期の歌人。源清時の女。
¶古人

中将局*　ちゅうじょうのつぼね
元禄4（1691）年～宝暦3（1753）年　[別]安倍氏（倉橋泰貞女）（あべし）　江戸時代中期の女性。霊元天皇の後宮。倉橋泰貞の娘。
¶天皇（安倍氏（倉橋泰貞女）　あべし　[没]宝暦3（1753）年7月10日）

中将内侍*　ちゅうじょうのないし
生没年不詳　平安時代前期の女房・歌人。小野好古の妻。
¶古人

中条信実　ちゅうじょうのぶざね
江戸時代前期～中期の幕臣。
¶徳人（[生]1676年　[没]1739年）

中将乳母*　ちゅうじょうのめのと
生没年不詳　平安時代中期の女官。斎宮当子内親王（三条天皇皇女）の乳母。
¶古人

中将姫*　ちゅうじょうひめ
？～宝亀6（775）年？　奈良時代の伝説の女性。奈良県葛城郡当麻寺の当麻曼陀羅（国宝）を織ったと伝えられる。
¶コン

中条又兵衛*　ちゅうじょうまたべえ
生没年不詳　安土桃山時代の織田信長の家臣。
¶織田

中書王（1）　ちゅうしょおう
⇒兼明親王（かねあきらしんのう）

中書王（2）　ちゅうしょおう
⇒具平親王（ともひらしんのう）

忠助法親王　ちゅうじょほうしんのう
⇒忠助（ちゅうじょ）

中津　ちゅうしん
⇒絶海中津（ぜっかいちゅうしん）

忠尋*（中尋）　ちゅうじん
治暦1（1065）年～保延4（1138）年10月14日　平安時代後期の天台宗の僧。土佐守源忠季の子。
¶古人，コン

忠仁公　ちゅうじんこう
⇒藤原良房（ふじわらのよしふさ）

忠介　ちゅうすけ
戦国時代の人。信濃小県郡の国衆小泉氏の被官。百姓層と思われる。
¶武田（生没年不詳）

中道　ちゅうどう
⇒聖守（しょうしゅ）

中納言*（1）　ちゅうなごん
生没年不詳　平安時代前期の歌人。
¶古人

中納言*（2）　ちゅうなごん
生没年不詳　平安時代後期の歌人。
¶古人

中納言女王　ちゅうなごんじょおう
⇒中納言女王（ちゅうなごんのにょおう）

中納言局*　ちゅうなごんのつぼね
[別]葉室頼子（はむろよりこ）　鎌倉時代後期の花園天皇の後宮。
¶天皇（葉室頼子　はむろよりこ　生没年不詳）

中納言女王*　ちゅうなごんのにょおう
生没年不詳　[別]中納言女王（ちゅうなごんじょおう）　平安時代中期の歌人。
¶古人（ちゅうなごんじょおう）

忠兵衛　ちゅうひょうえ
安土桃山時代の信濃国筑摩郡刈谷原の土豪。会田岩下氏の被官とみられる。
¶武田（生没年不詳）

忠芬*　ちゅうふん
生没年不詳　平安時代前期の僧。
¶古人

中馬重方　ちゅうまんしげかた
安土桃山時代～江戸時代前期の武士。島津氏家臣。
¶全戦（[生]永禄6（1563）年　[没]寛永12（1635）年）

忠命*　ちゅうみょう

寛和2(986)年～天喜2(1054)年3月1日　平安時代中期～後期の天台宗の僧・歌人。

¶古人

忠誉*　ちゅうよ

享保7(1722)年～天明8(1788)年　[別]忠誉入道親王(ちゅうよにゅうどうしんのう)，中誉法親王，忠誉法親王(ちゅうよほうしんのう)　江戸時代中期～後期の天台宗の僧。

¶天皇(忠誉法親王　ちゅうよほうしんのう　[生]享保7(1722)年11月5日　[没]天明8(1788)年4月11日)

中葉　ちゅうよう

⇒富沢半三郎〔2代〕(とみざわはんざぶろう)

忠誉入道親王　ちゅうよにゅうどうしんのう

⇒忠誉(ちゅうよ)

中誉法親王(忠誉法親王)　**ちゅうよほうしんのう**

⇒忠誉(ちゅうよ)

忠良親王*　ちゅうりょうしんのう

弘仁10(819)年～貞観18(876)年　[別]忠良親王(ただよししんのう)　平安時代前期の嵯峨天皇の皇子。

¶古人(ただよししんのう)，古代(ただよししんのう)，天皇(ただよししんのう　[没]貞観18(876)年2月20日/21日)

中和門院　ちゅうわもんいん

⇒中和門院(ちゅうかもんいん)

ちよ(1)

江戸時代中期の女性。俳諧。増田の人。享保19年成立、松風堂如吟編『小野の里』に載る。

¶江表(ちよ(秋田県))

ちよ(2)

江戸時代中期～後期の女性。宗教・和歌。古森厚信の妻。

¶江表(ちよ(三重県)　[生]宝暦13(1763)年　[没]天保13(1842)年)

ちよ(3)

江戸時代後期～明治時代の女性。手記。彦根の加久門伝左衛門の娘。

¶江表(ちよ(滋賀県)　[生]文化10(1813)年　[没]明治20(1887)年)

ちよ(4)

江戸時代後期の女性。俳諧。京都の人。文化1年序、得終尼編の闌更七回忌追善句集『もゝのやとり』に載る。

¶江表(ちよ(京都府))

ち代　ちよ★

江戸時代後期の女性。教育。佐々氏。

¶江表(ち代(東京都)　[生]弘化1(1844)年頃)

チヨ

江戸時代後期の女性。教育。安井氏。天保8年～明治6年まで塾を開いた。

¶江表(チヨ(滋賀県))

千世(1)　**ちよ★**

江戸時代中期の女性。俳諧。元文2年刊、美濃派三世仙石里紅編の各務支考七回忌追善集『涓江話』に載る。

¶江表(千世(熊本県))

千世(2)　**ちよ★**

江戸時代後期の女性。俳諧。周防三丘の人。文政3年序、山本友左坊撰『おゐのたひ』に載る。

¶江表(千世(山口県))

千世(3)　**ちよ★**

江戸時代末期の女性。和歌。播磨山崎の小野権左衛門の妻。安政6年刊、秋元安民編『類題青藍集』に載る。

¶江表(千世(兵庫県))

千代*(1)　**ちよ**

享保11(1726)年～延享3(1746)年1月19日　江戸時代中期の女性。俳人。

¶江表(千代(奈良県))

千代(2)　**ちよ★**

江戸時代中期の女性。俳諧。大坂の人。享保5年刊、哺竹庵倶占編『目団扇』に載る。

¶江表(千代(大阪府))

千代(3)　**ちよ★**

江戸時代中期～後期の女性。俳諧。盛町の人。天明期頃の人。

¶江表(千代(岩手県))

千代(4)　**ちよ★**

江戸時代中期～後期の女性。記録。丹波桑田郡江嶋里村の庄屋広瀬庄蔵の娘。

¶江表(千代(京都府)　[生]安永5(1776)年　[没]文化8(1811)年)

千代(5)　**ちよ★**

江戸時代中期～後期の女性。和歌・日記。備中玉島新町の太田子齢の妻。

¶江表(千代(岡山県)　[生]明和1(1764)年　[没]天保9(1838)年)

千代(6)　**ちよ★**

江戸時代中期～後期の女性。和歌・宗教。薩摩藩藩士青木清助の娘。

¶江表(千代(鹿児島県)　[生]安永4(1775)年　[没]寛政8(1796)年)

千代(7)　**ちよ★**

江戸時代後期の女性。和歌。瀬戸登之助の妻。文化11年刊、中山忠雄・河田正致編『柿本社奉納和歌集』に載る。

¶江表(千代(宮城県))

千代(8)　**ちよ★**

江戸時代後期の女性。教育。杉浦吉兵衛の妻。

¶江表(千代(東京都)　[生]天保2(1831)年頃)

千代(9)　**ちよ★**

江戸時代後期の女性。教育。農民間宮保太郎の妻。

¶江表(千代(東京都)　[生]弘化3(1846)年頃)

千代(10)　**ちよ★**

江戸時代後期の女性。俳諧。越後小国町の奥村梅渓の妻。文政3年宝光寺観音堂掲額に載る。

¶江表(千代(新潟県))

千代(11)　**ちよ★**

江戸時代後期の女性。俳諧。越前川島の人。寛政1年刊、平話房旭周撰『星の宵塚』に載る。

¶江表(千代(福井県))

千代(12)　**ちよ★**

江戸時代後期の女性。和歌。萩野伯斎の妻。天保12年刊、竹村茂雄編『門田の抜穂』に載る。

¶江表(千代(静岡県))

千代(13)　ちよ★
江戸時代後期～明治時代の女性。和歌。三河吉田の鈴木吉兵衛の娘。
¶江表(千代(愛知県)　㊤文化5(1808)年　㊦明治27(1894)年)

千代(14)　ちよ★
江戸時代後期の女性。俳諧。但馬新市の人。文化3年刊、森田因山編『三日の月影』に載る。
¶江表(千代(兵庫県))

千代(15)　ちよ★
江戸時代後期～昭和時代の女性。和歌・画・細工。近江彦根藩主井伊直弼の娘。
¶江表(千代(香川県)　㊤弘化2(1845)年　㊦昭和3(1928)年)

千代(16)　ちよ★
江戸時代後期の女性。和歌。豊後日田の歌人森里都子の孫。
¶江表(千代(大分県))

千代(17)　ちよ★
江戸時代後期～末期の女性。俳諧。遠江横須賀の人。
¶江表(千代(静岡県))

千代(18)　ちよ★
江戸時代後期～末期の女性。和歌。備中吉備津の吉備津神社神官堀家常定の妻。
¶江表(千代(岡山県)　㊤寛政8(1796)年　㊦文久3(1863)年)

千代(19)　ちよ★
江戸時代末期の女性。和歌。朝山菊太郎の姉。安政6年刊、秋元安民編『類題青藍集』に載る。
¶江表(千代(兵庫県))

千代(20)　ちよ★
江戸時代末期の女性。和歌。伯耆日野郡生山村の段塚五郎左衛門の母。文久2年序、西田惟恒編『文久二年八百首』に載る。
¶江表(千代(鳥取県))

千代(21)　ちよ★
江戸時代末期～明治時代の女性。機織り。仙台藩士伊藤為治の娘。
¶江表(千代(宮城県)　㊦明治20(1887)年)

千代(22)　ちよ
⇒加賀千代(かがのちよ)

千代(23)　ちよ
⇒見性院(けんしょういん)

知世　ちよ★
江戸時代中期の女性。和歌。摂津二ッ茶屋の豪商中村定賢の妻。享保8年刊、北風村盈編『かのこまたら』に載る。
¶江表(知世(兵庫県))

てふ
江戸時代後期の女性。俳諧。熊谷に草原庵を構えた俳人仁井田碓嶺門。文化15年刊、甲二・米砂・呂律編『草原庵百人句集』に載る。
¶江表(てふ(埼玉県))

蝶・ちよう
江戸時代後期の女性。和歌。庄内藩藩士で国学者の池田玄斎の娘。
¶江表(蝶・ちよう(山形県))

長(1)　ちょう★
江戸時代前期の女性。俳諧。備中の馬越元定の妻。寛文3年刊『埋草』に載る。
¶江表(長(岡山県))

長(2)　ちょう★
江戸時代中期の女性。俳諧。伊賀の人。元禄10年序、石岡玄梅編『鳥の道』に載る。
¶江表(長(三重県))

長(3)　ちょう★
江戸時代中期の女性。俳諧。林氏。元禄4年刊、繁田常牧編『この花』に載る。
¶江表(長(大阪府))

長(4)　ちょう★
江戸時代後期の女性。和歌。忍藩藩士竹内金兵衛の娘。文化11年刊、中山忠雄・河田正致編『柿本社奉納和歌集』に載る。
¶江表(長(埼玉県))

長網滝吉*　ちょうあみたききち
天保6(1835)年～明治1(1868)年　江戸時代末期の報国隊士。
¶幕末(㊦慶応4(1868)年6月19日)

長晏　ちょうあん
⇒幸阿弥〔7代〕(こうあみ)

重怡　ちょうい
⇒重怡(じゅうい)

長意*　ちょうい
承和3(836)年～延喜6(906)年　平安時代前期の僧。天台座主。
¶古人,古代

澄胤　ちょういん
⇒古市澄胤(ふるいちちょういん)

聴雨　ちょうう
⇒心田清播(しんでんせいは)

澄雲*　ちょううん
天仁1(1108)年～?　平安時代後期の延暦寺僧。
¶古人

兆雲　ちょううん
江戸時代中期～後期の俳諧作者。
¶俳文(㊤寛延1(1748)年　㊦文化13(1816)年12月2日)

長雲軒妙相*　ちょううんけんみょうそう
生没年不詳　安土桃山時代の織田信長の家臣。
¶織田

朝恵*　ちょうえ
生没年不詳　平安時代後期の法相宗の僧・歌人。
¶古人

超会*　ちょうえ
生没年不詳　平安時代中期の僧。
¶古人

長恵*　ちょうえ
?～天長3(826)年　平安時代前期の僧。
¶古人,古代

朝栄　ちょうえい
室町時代の仏師。
¶美建(生没年不詳)

長栄* ちょうえい
生没年不詳 平安時代後期の僧。
¶古人

澄円* ちょうえん
正応3(1290)年〜建徳2/応安4(1371)年 [別]智演(ちえん) 鎌倉時代後期〜南北朝時代の浄土宗の僧。堺に旭蓮社大阿弥陀経寺を創立。
¶コン([生]弘安6(1283)年 [没]文中1/応安5(1372)年),対外

長円* ちょうえん
?〜久安6(1150)年 平安時代後期の円派系の仏師。円勢の長男。
¶古人,コン,美建

長宴* ちょうえん
長和5(1016)年〜永保1(1081)年4月2日 平安時代中期〜後期の天台宗の僧。
¶古人

長焉* ちょうえん
平安時代前期の新羅人。
¶古人(生没年不詳),古代

鳥園斎栄深* ちょうえんさいえいしん
江戸時代中期の浮世絵師。
¶浮絵(生没年不詳)

潮音* ちょうおん
天明3(1783)年〜天保7(1836)年1月1日 江戸時代後期の浄土真宗の僧。
¶思想

潮音道海* ちょうおんどうかい
寛永5(1628)年11月10日〜元禄8(1695)年8月24日 [別]道海(どうかい) 江戸時代前期〜中期の黄檗僧。
¶江人,思想

潮花 ちょうか★
江戸時代中期の女性。俳諧。宝暦8年刊、遊林舎文鳥編の梅翁追善集『雪折集』に載る。
¶江表(潮花(東京都))

調花 ちょうか★
江戸時代中期の女性。俳諧。弥勒の人。宝暦13年刊、建部綾足編『古今俳諧明題集』に載る。
¶江表(調花(埼玉県))

調柯* ちょうか
生没年不詳 江戸時代中期の俳人。
¶俳文

長賀 ちょうが
⇒詫磨長賀(たくまちょうが)

長快*(1) ちょうかい
長暦1(1037)年〜保安3(1122)年 平安時代後期の僧、熊野新宮別当。
¶古人

長快*(2) ちょうかい
生没年不詳 鎌倉時代の仏師。
¶美建

長覚*(1) ちょうかく
?〜応徳1(1084)年 平安時代中期〜後期の天台山門派の僧。
¶古人

長覚*(2) ちょうかく
永承3(1048)年〜嘉承1(1106)年 平安時代中期〜後期の天台宗園城寺の僧。
¶古人

長覚*(3) ちょうかく
生没年不詳 平安時代後期の真言宗の僧・歌人。
¶古人

朝覚院 ちょうかくいん
⇒茶阿局(ちゃあのつぼね)

朝鑑* ちょうかん
?〜長徳4(998)年 平安時代中期の神職。石清水八幡宮別当。
¶古人

釣閑斎宗渭 ちょうかんさいそうい
⇒三好政康(みよしまさやす)

趙元宝 ちょうがんぽう
⇒趙元宝(ちょうげんぽう)

長義* ちょうぎ
生没年不詳 南北朝時代の備前長船の刀工。
¶美工

長菊松 ちょうきくまつ
安土桃山時代の僧、加賀心蓮社開基。長綱連の末子。
¶全戦([生]天正1(1573)年 [没]?)

鳥喜斎栄綾 ちょうきさいえいりょう
江戸時代後期の浮世絵師。鳥文斎栄之の門人。
¶浮絵(生没年不詳)

鳥橋斎栄里* ちょうきょうさいえいり
生没年不詳 江戸時代後期の浮世絵師。鳥文斎栄之の門人。
¶浮絵,コン,美画

長訓 ちょうきん
⇒長訓(ちょうくん)

長訓* ちょうくん
宝亀5(774)年〜斉衡2(855)年 [別]長訓(ちょうきん) 平安時代前期の僧。
¶古人(ちょうくん(きん)),古代(ちょうきん)

朝蛍 ちょうけい★
江戸時代前期の女性。俳諧。尼。延宝5年刊、松風軒卜琴撰『玉江草』三に載る。
¶江表(朝蛍(福井県))

長慶*(1) ちょうけい
?〜延久5(1073)年 平安時代中期〜後期の僧。
¶古人

長慶(2) ちょうけい
⇒三好長慶(みよしながよし)

長慶天皇* ちょうけいてんのう
興国4/康永2(1343)年〜応永1(1394)年8月1日 [別]寛成親王(ひろなりしんのう, ゆたなりしんのう) 南北朝時代の第98代(南朝第3代)の天皇(在位1368〜1383)。後村上天皇の第1皇子。
¶コン,詩作,天皇,中世,室町,山小([没]1394年8月1日)

澄月* ちょうげつ
正徳4(1714)年〜寛政10(1798)年5月2日 江戸時代中期の僧、歌人。平安和歌四天王の一人。
¶詩作

ち

張月樵* ちょうげっしょう
*～天保3(1832)年 [別]月椎(げすい), 月樵(げっしょう) 江戸時代後期の画家。
¶美画([生]安永1(1772)年 [没]天保3(1832)年6月22日)

張月戴* ちょうげったい
文化10(1813)年～明治8(1875)年 江戸時代末期～明治時代の画家。画法を父に学ぶ。画作に慎重で写生に心がける。
¶幕末([没]明治8(1875)年11月27日)

澄憲* ちょうけん
大治1(1126)年～建仁3(1203)年8月6日 [別]安居院法印(あぐいのほういん), 藤原澄憲(ふじわらのちょうけん) 平安時代後期～鎌倉時代前期の天台宗の僧。唱導の大家。
¶古人, コン, 思想, 内乱, 平家

長兼* ちょうけん
?～久安1(1145)年 平安時代後期の熊野別当。
¶古人

重源* ちょうげん
保安2(1121)年～建永1(1206)年 [別]俊乗房(しゅんじょうぼう), 俊乗坊重源, 俊乗房重源(しゅんじょうぼうちょうげん) 平安時代後期～鎌倉時代前期の僧。東大寺再建の勧進上人。
¶古人, コン, 思想, 対外, 中世, 内乱, 平家, 密教([没]1206年6月4日/5日), 山小([没]1206年6月5日?)

超元 ちょうげん
⇒道者超元(どうしゃちょうげん)

長厳* ちょうげん
?～安貞2(1228)年 平安時代後期～鎌倉時代前期の天台宗園城寺の僧。尊真の弟子。刑部僧正と称した。
¶古人, 内乱(生没年不詳)

長源* ちょうげん
生没年不詳 平安時代前期の僧。
¶古人, 古代

趙元宝* ちょうげんぽう
[別]趙元宝(ちょうがんぽう) 飛鳥時代の遣唐使。
¶古代

兆子 ちょうこ*
江戸時代後期の女性。和歌。竹口氏。弘化4年刊、清堂観尊編『たち花の香』に載る。
¶江表(兆子(東京都))

寵子 ちょうこ*
江戸時代後期の女性。和歌。佐賀藩主鍋島斉直の娘。
¶江表(寵子(佐賀県) [生]文化8(1811)年 [没]文政12(1829)年)

徴子 ちょうこ*
江戸時代の女性。和歌。鍋島土佐守の妻。明治29年刊、今泉蟹守編「西肥女房百歌撰」に載る。
¶江表(徴子(佐賀県))

蝶子(1) ちょうこ*
江戸時代の女性。和歌。八丁堀住の冠永保の妻。明治8年刊、橘東世子編『明治歌集』に載る。
¶江表(蝶子(東京都))

蝶子(2) ちょうこ*
江戸時代後期の女性。和歌。越後井鼻の名主橘屋山本泰世の妻。天保11年から同12年に成立、富取正誠編「雲居の杖」に載る。
¶江表(蝶子(新潟県))

蝶子(3) ちょうこ*
江戸時代末期の女性。和歌。佐伯町の酒造家竹村長之進の母。安政5年序、半井梧庵編『鄙のてぶり』二に載る。
¶江表(蝶子(愛媛県))

蝶子(4) ちょうこ*
江戸時代末期の女性。和歌・俳諧・旅日記。豊前中津藩藩医辛島一貫長賢の娘。
¶江表(蝶子(大分県) [没]文久1(1861)年)

長子(1) ちょうこ*
江戸時代中期の女性。和歌。遠江豊田郡の匂坂氏の娘。元禄年間中頃成立、羽山蘭子編「細江草」に載る。
¶江表(長子(静岡県))

長子(2) ちょうこ*
江戸時代中期の女性。和歌。河内狭山藩主北条氏朝の奥女中。正徳2年奉納、蘆錐軒高倫序「蟻通奉納百首和歌」に載る。
¶江表(長子(大阪府))

長子(3) ちょうこ*
江戸時代中期の女性。和歌。富井吉延の妻。元禄15年刊、竹内時安斎編『出雲大社奉納清地草』に載る。
¶江表(長子(兵庫県))

長子(4) ちょうこ*
江戸時代後期～明治時代の女性。和歌。大坂天満の牛谷氏の娘。
¶江表(長子(兵庫県) [生]文化1(1804)年 [没]明治16(1883)年)

釣壺* ちょうこ
?～享保15(1730)年12月2日 江戸時代中期の俳人。
¶俳文

長幸* ちょうこう
康和4(1102)年～承安3(1173)年8月13日 平安時代後期の真言宗の僧。
¶古人

長虹* ちょうこう
生没年不詳 江戸時代前期の俳人。
¶俳文

澄豪* ちょうごう
永承4(1049)年～長承2(1133)年 平安時代後期の天台宗の僧。
¶古人

鳥高斎栄昌* ちょうこうさいえいしょう
生没年不詳 江戸時代中期の浮世絵師。鳥文斎栄之の高弟。
¶浮絵, コン, 美画

長郷泰輔 ちょうごうたいすけ
江戸時代後期～明治時代の建築家。
¶美建([生]嘉永2(1849)年 [没]明治44(1911)年7月15日)

澄江尼 ちょうこうに*
江戸時代後期の女性。和歌。越後中川の人。天保11年から同12年に成立、富取正誠編「雲居の杖」に載る。
¶江表(澄江尼(新潟県))

長勤* ちょうごん
？～元亀2(1571)年？　戦国時代～安土桃山時代の仏師。
¶美建(生没年不詳)

長歳* ちょうさい
生没年不詳　平安時代前期の華厳宗の僧。
¶古人

長済* ちょうさい
万寿1(1024)年～永保2(1082)年4月　[別]長済(ちょうせい)　平安時代中期～後期の三論宗の僧・歌人。
¶古人(ちょうせい)

長斎(長斉)　ちょうさい
⇒七五三長斎(しめちょうさい)

長西* ちょうさい
元暦1(1184)年～＊　[別]覚明房(かくみょうぼう)　鎌倉時代前期の浄土宗の僧。九品寺義の祖。
¶古人([没]1228年),コン([没]文永3(1266)年),中世(長西(覚明)　ちょうさい(かくみょう)　[没]1266年)

長珊　ちょうさん
⇒猪苗代長珊(いなわしろちょうさん)

長算* ちょうさん
正暦3(992)年～天喜5(1057)年　平安時代中期の天台宗の僧。
¶古人

長三洲* ちょうさんしゅう
天保4(1833)年～明治28(1895)年　江戸時代末期～明治時代の勤王の志士、文人、書家。長州の騎兵隊入隊。東宮侍書。詩集に「三洲居士集」。
¶コン,詩作([生]天保4(1833)年9月22日　[没]明治28(1895)年3月13日),幕末([生]天保4(1833)年9月22日　[没]明治28(1895)年3月13日)

朝山日乗　ちょうざんにちじょう
⇒朝山日乗(あさやまにちじょう)

蝶氏　ちょうし★
江戸時代後期の女性。俳諧。糸鹿の人。天明8年刊、古田此葉著『市女笠』に載る。
¶江表(蝶氏(和歌山県))

長糸　ちょうし★
江戸時代後期の女性。俳諧。上田の人。享和1年跋、宮本虎杖編『つきよほとけ』に載る。
¶江表(長糸(長野県))

蔦二　ちょうじ
江戸時代後期の女性。俳諧。東郷連の人。天保4年向陽舎東和編『袖の氷集』に載る。
¶江表(蔦二(福井県))

長重連　ちょうしげつら
⇒長綱連(ちょうつなつら)

調実　ちょうじつ
⇒一瀬調実(いちのせちょうじつ)

長寺村源左衛門の娘　ちょうじむらげんざえもんのむすめ★
江戸時代後期の女性。算術・和歌。天保7年跋、野津基明編「彦根歌人伝」亀に載る。
¶江表(長寺村源左衛門の娘(滋賀県))

長守* ちょうしゅ
正暦3(992)年～治暦4(1068)年　平安時代中期～後期の園城寺僧。
¶古人

寵寿* ちょうじゅ
？～仁和2(886)年1月28日　平安時代前期の真言宗の僧。
¶古人(生没年不詳)

朝寿* ちょうじゅ
？～寛仁1(1017)年　平安時代中期の僧。
¶古人

長寿　ちょうじゅ
⇒加藤長寿(かとうちょうじゅ)

長寿院(1)　ちょうじゅいん★
江戸時代前期～中期の女性。和歌。若狭小浜藩主酒井忠隆の娘。
¶江表(長寿院(山口県)　[生]延宝4(1676)年　[没]宝暦8(1756)年)

長寿院(2)　ちょうじゅいん★
江戸時代中期の女性。書簡。一関藩2代藩主田村誠顕の娘。
¶江表(長寿院(岩手県)　[没]宝暦4(1754)年)

長寿院(3)　ちょうじゅいん★
江戸時代後期の女性。和歌。高取藩主上村家包の娘。大村藩主大村新八郎純鎮の母。
¶江表(長寿院(長崎県))

長寿院盛淳* ちょうじゅいんもりあつ
？～慶長5(1600)年　安土桃山時代の武士。
¶全戦([生]天文17(1548)年),戦武(ちょうじゅいんせいじゅん(もりあつ))

長俊* ちょうしゅん
？～長承3(1134)年　平安時代後期の仏師。
¶古人,美建([没]長承3(1134)年1月23日)

長順* ちょうじゅん
生没年不詳　平安時代後期の仏師。
¶古人,美建

朝春院　ちょうしゅんいん★
江戸時代後期～明治時代の女性。和歌。佐賀藩家老格の横岳鍋島茂延の娘。
¶江表(朝春院(佐賀県)　[生]文化8(1811)年　[没]明治30(1897)年)

長春堂* ちょうしゅんどう
天保7(1836)年～＊　江戸時代末期の医師。
¶幕末([生]天保7(1836)年11月12日　[没]慶応2(1866)年10月11日)

蝶女(1)　ちょうじょ★
江戸時代前期の女性。俳諧。越前福井の人。延宝5年刊、北村季吟序、松風軒卜琴撰『玉江草』三に載る。
¶江表(蝶女(福井県))

蝶女(2)　ちょうじょ★
江戸時代後期の女性。和歌。久保田町の川連新太郎の妻。文化15年序、秋田藩士山方泰通編「月花集」に載る。
¶江表(蝶女(秋田県))

蝶女(3)　ちょうじょ★
江戸時代後期の女性。俳諧。東・北信の人。文化4年刊、宮本虎杖編、加舎白雄一七回忌追善集『いぬ榧集』に載る。

ち

¶江表(蝶女(長野県))

長助*(1)　ちょうじょ
生没年不詳　平安時代後期の仏師。
¶古人, 美建

長助(2)　ちょうじょ
⇒長助法親王(ちょうじょほっしんのう)

聴松　ちょうしょう
⇒松田聴松(まつだちょうしょう)

長昭　ちょうしょう
⇒長昭(ちょしょう)

長松(1)　ちょうしょう
江戸時代中期～後期の連歌作者。滋岡氏。
¶俳文([生]宝暦7(1757)年　[没]文政13(1830)年2月20日)

長松(2)　ちょうしょう★
江戸時代中期～後期の女性。和歌。一色兵庫の娘。
¶江表(長松(長野県)　[生]宝暦8(1758)年　[没]天保12(1841)年)

長嘯　ちょうしょう
⇒木下長嘯子(きのしたちょうしょうし)

聴松庵幽草*　ちょうしょうあんゆうそう
？～明治15(1882)年　江戸時代末期～明治時代の百姓、俳諧師。
¶幕末([没]明治15(1882)年4月26日)

長勝院　ちょうしょういん
⇒お万の方(おまんのかた)

長昌院　ちょうしょういん
⇒お保良の方(おほらのかた)

長松院　ちょうしょういん★
江戸時代前期の女性。和歌・寺院建立。安土・桃山時代の武将前田玄以の娘。
¶江表(長松院(島根県)　[没]寛永4(1627)年)

長松院殿　ちょうしょういんでん
戦国時代の女性。伊勢宗瑞(北条早雲)の娘。宗哲の姉。
¶後北(長松院殿〔北条〕)

澄相公　ちょうしょうこう
⇒春澄善縄(はるずみのよしただ)

聴松尼　ちょうしょうに★
江戸時代後期の女性。和歌。井上文雄の母。
¶江表(聴松尼(東京都)　[没]天保11(1840)年)

長助法親王　ちょうじょほうしんのう
⇒長助法親王(ちょうじょほっしんのう)

長助法親王*　ちょうじょほっしんのう
*～正平16/康安1(1361)年　[別]長助(ちょうじょ), 長助法親王(ちょうじょほうしんのう)　南北朝時代の後伏見天皇の皇子。
¶天皇(ちょうじょほうしんのう　生没年不詳)

長次郎*　ちょうじろう
[別]田中長次郎(たなかちょうじろう), 田中長祐(たなかちょうすけ), 長祐(ちょうゆう), 楽長次郎(らくちょうじろう)　戦国時代～安土桃山時代の楽焼の陶工。楽焼の初代。
¶コン(楽長次郎　らくちょうじろう　[生]永正13(1516)年　[没]天正17(1589)年), 美工(楽長次郎　らくちょうじろう　[生]永正13(1516)年　[没]天正17(1589)年)

澄心*　ちょうしん
天慶2(939)年～長和3(1014)年　平安時代中期の三論宗の僧。
¶古人, コン

澄真*　ちょうしん
延久1(1069)年～永長1(1096)年　平安時代後期の天台僧。
¶古人

長信*　ちょうしん
長和3(1014)年～延久4(1072)年9月30日　平安時代中期の真言宗の僧。東寺長者29世。
¶古人

長審*　ちょうしん
平安時代前期の僧。
¶古人(生没年不詳), 古代

長真*　ちょうしん
天養1(1144)年～？　平安時代後期の天台宗の僧・歌人。
¶古人

澄心院　ちょうしんいん
⇒澄心院秀子(ちょうしんいんひでこ)

澄心院秀子*　ちょうしんいんひでこ
？～嘉永3(1850)年　[別]澄心院(ちょうしんいん)　江戸時代末期の徳川家定の後室。
¶徳将(澄心院　ちょうしんいん　[生]1825年), 幕末([没]嘉永3(1850)年6月4日)

澄心尼　ちょうしんに★
江戸時代後期の女性。和歌。旗本丸毛長十郎の母。弘化4年刊、清堂観尊編『たち花の香』に載る。
¶江表(澄心尼(東京都))

潮水*　ちょうすい
文化11(1814)年～明治19(1886)年　江戸時代後期～明治時代の俳人。
¶俳文([没]明治19(1886)年8月12日)

蝶酔*　ちょうすい
元文1(1736)年～文化8(1811)年閏2月2日　江戸時代中期～後期の俳人・商家。
¶俳文

長翠　ちょうすい
⇒常世田長翠(つねよだちょうすい)

鳥酔*　ちょうすい
元禄14(1701)年～明和6(1769)年　[別]白井鳥酔(しらいちょうすい)　江戸時代中期の俳人。
¶俳文([没]明和6(1769)年4月4日)

長宗我部宮内少輔盛親　ちょうすがめくないのしょうもりちか
⇒長宗我部盛親(ちょうそがべもりちか)

長宗我部民部　ちょうすがめみんぶ
江戸時代前期の長宗我部盛親の弟。創作された人物と思われる。
¶大坂

長宗我部主水近吉　ちょうすがめもんどちかよし
江戸時代前期の武士。大坂の陣で籠城。後、藤堂高虎に仕えた。
¶大坂

澄成* ちょうせい
生没年不詳 平安時代後期の真言宗の僧・歌人。
¶古人,密教([生]1040年/1043年 [没]1117年以後)

朝晴* ちょうせい
？～治安1(1021)年 平安時代中期の三論宗の僧。
¶古人([生]958年),コン

長済 ちょうせい
⇒長済(ちょうさい)

長勢* ちょうせい
寛弘7(1010)年～寛治5(1091)年 平安時代中期～後期の仏師。定朝の弟子、円勢の父または師。
¶古人,コン,美建([没]寛治5(1091)年11月9日)

長盛 ちょうせい
室町時代後期の仏師。
¶美建(生没年不詳)

長盛院 ちょうせいいん★
江戸時代中期の女性。覚書・家祖。丹後宮津藩京極家家臣美濃部茂郷の娘。
¶江表(長盛院(徳島県) [没]元禄6(1693)年)

釣雪* ちょうせつ
江戸時代中期の俳人。
¶俳文(生没年不詳)

調千の母 ちょうせんのはは★
江戸時代中期の女性。俳諧。尾張名古屋の人。享保4年刊、沢露川編『尾陽己亥華の春』に載る。
¶江表(調千の母(愛知県))

長宗(1) ちょうそう
平安時代後期の勧修寺・石山寺の僧。
¶密教([生]1162年以前 [没]1186年以後)

長宗*(2) ちょうそう
生没年不詳 平安時代後期～鎌倉時代前期の園城寺僧。
¶古人

超操院 ちょうそういん
⇒お利尾の方(おりおのかた)

長宗我部雄親* ちょうそかべかつちか,ちょうそがべかつちか
？～文明10(1478)年？ 室町時代の武将。
¶室町([没]文明10(1478)年)

長宗我部兼序* ちょうそかべかねつぐ,ちょうそがべかねつぐ
？～永正5(1508)年 戦国時代の武将。
¶全戦,戦武,室町([没]永正5(1508)年？)

長宗我部国親* ちょうそかべくにちか,ちょうそがべくにちか
永正1(1504)年～永禄3(1560)年 戦国時代の土佐国の武将。兼序の子、元親の父。土佐支配の基礎を築いた。
¶コン,全戦([生]？),戦武,室町

長曽我部太七郎 ちょうそかべたしちろう
⇒長曽我部太七郎(ちょうそかべたひちろう)

長曽我部太七郎* ちょうそかべたひちろう
弘化3(1846)年～文久3(1863)年 [別]長曽我部太七郎(ちょうそかべたしちろう) 江戸時代末期の阿波浪士。
¶幕末(ちょうそかべたしちろう [没]文久3(1863)年10月14日)

長宗我部信親* ちょうそかべのぶちか
永禄8(1565)年～天正14(1586)年 安土桃山時代の武将。
¶全戦,戦武

長宗我部文兼* ちょうそかべふみかね,ちょうそがべふみかね
生没年不詳 戦国時代の武将。
¶室町

長宗我部元親* ちょうそかべもとちか,ちょうそがべもとちか
*～慶長4(1599)年 [別]土佐侍従(とさじじゅう) 安土桃山時代の大名。土佐国長岡郡岡豊城主国親の長子。家督相続後、土佐一条家を倒して土佐一国を統一。のち阿波・伊予・讃岐にも進出して四国全土をほぼ制圧したが、豊臣秀吉に攻められ降伏。土佐一国を安堵された。
¶コン([生]天文8(1539)年),全戦([生]天文8(1539)年),戦武([生]天文8(1539)年),対外(ちょうそがべもとちか [生]1538年),中世(ちょうそがべもとちか [生]1539年),山小([生]1538年 [没]1599年5月19日)

長宗我部盛親* ちょうそがべもりちか,ちょうそかべもりちか
天正3(1575)年～慶長20(1615)年5月15日 [別]長宗我部宮内少輔盛親(ちょうすがめくないのしょうもりちか),土佐侍従(とさじじゅう) 安土桃山時代～江戸時代前期の土佐の大名。関ヶ原の戦いで西軍につき領地を没収される。のち大坂の陣で豊臣方につき、大坂落城後捕らえられ処刑された。
¶大坂(長宗我部宮内少輔盛親 ちょうすがめくないのしょうもりちか),コン(ちょうそかべもりちか [没]元和1(1615)年),全戦(ちょうそかべもりちか [没]元和1(1615)年),戦武(ちょうそかべもりちか),対外

長尊*(1) ちょうそん
生没年不詳 平安時代後期の仏師。
¶古人,美建

長尊*(2) ちょうそん
生没年不詳 平安時代後期の仏師。
¶古人,美建

蝶々子*(1) ちょうちょうし
生没年不詳 江戸時代前期～中期の俳人。岸本調和の一門。
¶俳文

蝶々子(2) ちょうちょうし
⇒神田貞宣(かんだていせん)

長続連 ちょうつぎつら
⇒長続連(ちょうつぐつら)

長続連* ちょうつぐつら
？～天正5(1577)年 [別]長続連(ちょうつぎつら) 戦国時代～安土桃山時代の武士。
¶全戦,戦武

長綱連* ちょうつなつら
？～天正5(1577)年 [別]長重連(ちょうしげつら) 戦国時代～安土桃山時代の武士。
¶全戦([生]天文9(1540)年)

長連竜*(長連龍) ちょうつらたつ
天文15(1546)年～元和5(1619)年 安土桃山時代～江戸時代前期の加賀藩士。
¶織田([没]元和5(1619)年2月3日),全戦(長連龍),戦武(長連龍)

長連弘*　ちょうつらひろ
文化12(1815)年～安政4(1857)年　江戸時代末期の加賀藩士。
¶幕末([生]文化12(1815)年8月13日　[没]安政4(1857)年4月22日)

長連理*　ちょうつらまさ
戦国時代の武将。畠山氏家臣。
¶全戦([生]?　[没]天正5(1577)年)

長連恭*　ちょうつらやす
天保13(1842)年～慶応4(1868)年　江戸時代末期の加賀藩士。
¶幕末([生]天保13(1842)年2月1日　[没]慶応4(1868)年4月9日)

長哲匠山　ちょうてつしょうざん
戦国時代の曹洞宗雲岫派の僧。
¶武田(生没年不詳)

兆殿司　ちょうでんす
⇒明兆(みんちょう)

潮堂　ちょうどう
⇒中山潮堂(なかやまちょうどう)

趙陶斎*　ちょうとうさい
正徳3(1713)年～天明6(1786)年　[別]高良陶斎(こうらとうさい)　江戸時代中期の書家。
¶コン

長得院殿　ちょうとくいんどの
⇒足利義量(あしかがよしかず)

長入*　ちょうにゅう
正徳4(1714)年～明和7(1770)年　[別]楽長入, 楽長入〔楽家7代〕(らくちょうにゅう)　江戸時代中期の陶工、京都楽焼の7代。
¶美工(楽長入　らくちょうにゅう)

澄仁*　ちょうにん
治暦2(1066)年～元永1(1118)年　平安時代後期の僧。
¶古人

長仁*(1)　ちょうにん
?～延喜20(920)年　平安時代前期～中期の熊野別当。
¶古人

長仁*(2)　ちょうにん
生没年不詳　平安時代後期の散楽法師。
¶古人

長忍有厳　ちょうにんうごん
⇒有厳(うごん)

奝然*　ちょうねん
承平8(938)年1月24日～長和5(1016)年3月16日　平安時代中期の東大寺の僧。
¶古人, コン([生]天慶1(938)年), 思想([生]天慶1(938)年), 対外, 山小([生]938年1月24日　[没]1016年3月16日)

超然*(1)　ちょうねん
明・隆慶1(1567)年～寛永21(1644)年9月8日　安土桃山時代～江戸時代前期の黄檗宗の渡来僧。
¶思想([没]正保1(1644)年)

超然*(2)　ちょうねん
寛政4(1792)年～慶応4(1868)年2月29日　[別]深慨隠士(しんがいおんし)　江戸時代後期の浄土真宗本願寺派の学匠。
¶コン([没]明治1(1868)年), 思想([没]明治1(1868)年)

長年寺受連　ちょうねんじじゅれん
戦国時代の上野国室田郷の長年寺住職。
¶武田(生没年不詳)

奝然の母*　ちょうねんのはは
生没年不詳　平安時代中期の女性。賢母として知られる。
¶女史([生]922年　[没]?)

長信成*　ちょうのぶしげ
天保8(1837)年～*　[別]長信成(ちょうのぶなり)　江戸時代末期～明治時代の庄屋。
¶幕末([没]明治3(1871)年11月18日)

長信成　ちょうのぶなり
⇒長信成(ちょうのぶしげ)

長則直　ちょうのりなお
安土桃山時代の能登畠山氏の家臣。
¶全戦([生]?　[没]天正5(1577)年)

超波　ちょうは
⇒清水超波(しみずちょうは)

長梅外*　ちょうばいがい
文化7(1810)年～明治18(1885)年　江戸時代末期～明治時代の医者、儒学者。長州藩学教授。東京で斯文会を興し講師となる。
¶コン, 幕末([生]文化7(1810)年4月6日　[没]明治18(1885)年10月28日)

朝範*　ちょうはん
?～承暦2(1078)年1月7日　平安時代中期～後期の天台宗の僧・歌人。
¶古人

長範*　ちょうはん
?～永治1(1141)年　平安時代後期の僧。
¶古人

調布　ちょうふ
⇒桜田治助〔2代〕(さくらだじすけ)

蝶風子　ちょうふうし
江戸時代中期の雑俳点者。享保ごろ。
¶俳文(生没年不詳)

蝶風女　ちょうふうじょ★
江戸時代中期の女性。俳諧。撫養の人。享保11年刊、小西来山門の大坂の俳人鳥路叟文十編『鳴門記』に載る。
¶江表(蝶風女(徳島県))

調伏丸*　ちょうぶくまろ
生没年不詳　平安時代の盗人。
¶古人

鳥文斎栄之　ちょうぶんさいえいし
⇒細田栄之(ほそだえいし)

蝶暮　ちょうぼ★
江戸時代前期の女性。俳諧。大坂の人。貞享1年刊、井原西鶴編『古今俳諧女歌仙』に載る。
¶江表(蝶暮(大阪府))

長明*　ちょうみょう
生没年不詳　[別]長明(ちょうめい)　平安時代中期の天台宗の僧。
¶古人

蝶眠　ちょうみん*
江戸時代末期の女性。書。原田氏。安政6年刊、畑銀鶏編『書画萃粋』二に載る。
¶江表（蝶眠（東京都））

蝶夢*　ちょうむ
享保17（1732）年～寛政7（1795）年　㋒五升庵蝶夢（ごしょうあんちょうむ）　江戸時代中期の俳人。
¶コン, 詩作（㋜寛政7（1795）年12月24日）, 俳文（㋜寛政7（1795）年12月24日）

庁務法眼　ちょうむほうげん
安土桃山時代の京都・曼殊院座主。
¶武田（生没年不詳）

長明　ちょうめい
⇒長明（ちょうみょう）

張元至　ちょうもとよし？
安土桃山時代の毛利輝元の家臣。
¶全戦（㋒）？　㋜慶長6（1601）年

庁守小太郎　ちょうもりこたろう
戦国時代～安土桃山時代の駿河府中浅間社の社人。
¶武田（生没年不詳）

重愉　ちょうゆ
⇒重愉（じゅうゆ）

朝猷*　ちょうゆう
生没年不詳　平安時代後期の宇治平等院の供僧。
¶古人

朝祐*　ちょうゆう
？～応永33（1426）年　南北朝時代～室町時代の仏師。
¶美建

蝶遊　ちょうゆう*
江戸時代後期の女性。書。花形春女を名乗る。天保13年刊『江戸現在広益諸家人名録』二に載る。
¶江表（蝶遊（東京都））

長勇*　ちょうゆう
延喜5（905）年～天元5（982）年　平安時代中期の天台座主。
¶古人

長祐　ちょうゆう
⇒長次郎（ちょうじろう）

鳥友　ちょうゆう*
江戸時代後期の女性。川柳。文化5年刊『誹風柳多留』四六篇には3句、同年刊の五〇篇には2句入集。
¶江表（鳥友（東京都））

晁有輝*　ちょうゆうき
？～文化8（1811）年　江戸時代中期～後期の画家。
¶美画（㋜文化8（1811）年7月4日）

重誉*　ちょうよ
生没年不詳　平安時代後期の三論宗の僧。
¶古人

長陽堂安知*　ちょうようどうあんち
生没年不詳　江戸時代中期の浮世絵師。
¶浮絵

長楽寺清兵衛*　ちょうらくじせいべえ
文政10（1827）年～大正10（1921）年　江戸時代末期～大正時代の侠客、大親分。争いを嫌い晩年、凶悪犯逮捕、消防組のことで県庁から感謝状を受ける。

¶幕末

長楽門院*　ちょうらくもんいん
弘安6（1283）年～正平7/文和1（1352）年　㋾徳大寺忻子（とくだいじきんし）、藤原忻子（ふじわらきんし, ふじわらのきんし）　鎌倉時代後期～南北朝時代の女性。後二条天皇の皇后。
¶天皇（徳大寺忻子　とくだいじきんし　㋐弘安4（1281）年　㋜観応3（1352）年2月1日）

長利*　ちょうり
飛鳥時代の僧。
¶古代

重笠　ちょうりつ
⇒中島三甫右衛門〔1代〕（なかじまみほえもん）

長流　ちょうりゅう
⇒下河辺長流（しもこうべちょうりゅう）

長林院*　ちょうりんいん
生没年不詳　戦国時代の女性。北条氏康の五女。
¶後北（氏資室〔太田（1）〕　うじすけしつ）

鳥路　ちょうろ
江戸時代後期の女性。俳諧。東・北信の人。文化4年刊、宮本虎杖編、加舎白雄一七回忌追善集『いぬ榧集』に載る。
¶江表（鳥路（長野県））

長朗　ちょうろう
延暦22（803）年～元慶3（879）年　平安時代前期の僧。
¶古人, 古代

調和*　ちょうわ
寛永15（1638）年～正徳5（1715）年10月17日　㋾岸本昌花（きしもとちょうわ）　江戸時代前期～中期の俳人。
¶俳文（㋜正徳5（1715）年1月17日）

千代菊　ちよぎく*
江戸時代後期の女性。画。本大工町の貞七の娘。文化14年跋、大田南畝の『千紅万紫』に画が載る。
¶江表（千代菊（長崎県））

千代菊刀自　ちよぎくとじ*
江戸時代後期の女性。狂歌。下総佐原の人。文化13年刊、式亭三馬編『俳諧歌艫』に載る。
¶江表（千代菊刀自（千葉県））

直子女王*　ちょくしじょおう
？～寛平4（892）年12月1日　㋾直子女王（なおこじょおう, なおこにょおう）　平安時代前期の女性。文徳天皇の孫、斎院。
¶古人（なおこじょおう）

千代袈裟　ちよけさ
江戸時代前期～中期の女性。和歌。一所持格の当主町田久東の娘。
¶江表（千代袈裟（鹿児島県）　㋐延宝6（1678）年　㋜宝永6（1709）年）

ちよ子　ちよこ*
江戸時代後期の女性。和歌。越前鯖江藩藩士野村源六の妻。文化5年頃、真田幸弘編『御ことほきの記』に載る。
¶江表（ちよ子（福井県））

千世子(1)　ちよこ
江戸時代後期の女性。和歌。千代とも。文政8年刊、賀茂真淵編『うめあはせ』の序文を記す。

ちよこ　　　　　　　　　　　　　　　　　　1434

¶江表（千世子（東京都））

千世子⑵　ちよこ★
江戸時代末期の女性。和歌。信濃須坂藩主堀内蔵頭直虎の姉。安政7年跋、蜂屋光世編『大江戸倭歌集』に載る。
　¶江表（千世子（東京都））

千代子⑴　ちよこ★
江戸時代前期～中期の女性。和歌。小橋七左衛門尹任の娘。
　¶江表（千代子（神奈川県））　⊕貞享1（1684）年　⊗宝暦5（1755）年）

千代子⑵　ちよこ★
江戸時代中期の女性。俳諧。美濃川辺の俳人大島誘水の妹。宝永1年刊、『国の花』、豪農兼松嘯風編『藪の花』に載る。
　¶江表（千代子（岐阜県））

千代子⑶　ちよこ★
江戸時代後期～明治時代の女性。和歌。大須賀氏の娘。
　¶江表（千代子（神奈川県））　⊕文化10（1813）年　⊗明治9（1876）年）

千代子⑷　ちよこ★
江戸時代後期の女性。和歌。坂田郡山室村の宝安寺住職釈照山の妻。嘉永2年国学者長野義言の門に夫と共に入った。
　¶江表（千代子（滋賀県））

千代子⑸　ちよこ★
江戸時代後期の女性。和歌。出雲松江藩士太野氏の妻。天保13年刊、千家尊孫編『類題八雲集』に載る。
　¶江表（千代子（島根県））

千代子⑹　ちよこ★
江戸時代後期の女性。和歌。信太氏。天保13年刊、千家尊孫編『類題八雲集』に載る。
　¶江表（千代子（島根県））

千代子⑺　ちよこ★
江戸時代末期の女性。和歌・書簡。遠江掛川の眼科医3代目竹内玄撮の妻。
　¶江表（千代子（静岡県））　⊗安政3（1856）年）

千代子⑻　ちよこ★
江戸時代末期の女性。和歌。田辺の宮本氏。安政4年刊、西田惟恒編『安政四年三百首』に載る。
　¶江表（千代子（和歌山県））

千代子⑼　ちよこ★
江戸時代末期の女性。和歌。野村氏。安政5年序、中山琴主著『八雲琴譜』に載る。
　¶江表（千代子（広島県））

千代子⑽　ちよこ★
江戸時代末期の女性。和歌。長門長府藩家老西運年の妻。幕末期の長府の歌人平田秋足社中の一枚摺歌書に載る。
　¶江表（千代子（山口県））

千代子⑾　ちよこ★
江戸時代末期の女性。和歌。矢田氏。慶応2年、白石資風序、『さくら山の歌集』に載る。
　¶江表（千代子（山口県））

知世子　ちよこ★
江戸時代中期の女性。和歌。三河刈谷藩主土井利信の室久米子の侍女。宝暦12年刊、村上影面編「続采藻編」に載る。
　¶江表（知世子（愛知県））

知与子　ちよこ★
江戸時代後期の女性。俳諧。佐渡の里正遠藤友文の妻。
　¶江表（知与子（新潟県））　⊗天保6（1835）年）

千代笹子　ちよささこ★
江戸時代後期の女性。狂歌。寛政6年、元杢網序『新古今狂歌集』に、前々から手紙の交流のみでまだ会えない智恵内子に贈った歌がある。
　¶江表（千代笹子（東京都））

千代沢　ちよさわ★
江戸時代末期～明治時代の女性。和歌。長門長州藩の奥女中。
　¶江表（千代沢（山口県））　⊗明治5（1872）年）

樗山　ちょざん
⇒佚斎樗山（いっさいちょざん）

ちよ女⑴　ちよじょ★
江戸時代後期の女性。俳諧。松前の人。子日庵一草が編んだ、寛政5年刊『潮来集』に載る。
　¶江表（ちよ女（北海道））

ちよ女⑵　ちよじょ★
江戸時代後期の女性。俳諧。箕輪新丁の人。寛政10年刊、松浦斎流亀編、不老軒汀亀追善集『珠玉集』に載る。
　¶江表（ちよ女（山梨県））

ちよ女⑶　ちよじょ★
江戸時代後期の女性。和歌。豊後森藩主久留島家の奥女中。文化11年刊、中山忠雄・河田正致編『柿本社奉納和歌集』に載る。
　¶江表（ちよ女（大分県））

千世女⑴　ちよじょ★
江戸時代中期の女性。俳諧。越中の人。享保9年刊、窪田松琶撰の俳諧選集『水濃友』下に載る。
　¶江表（千世女（富山県））

千世女⑵　ちよじょ★
江戸時代後期の女性。和歌。弘化2年刊、加納諸平編『類題蝦玉集』五に載る。
　¶江表（千世女（鳥取県））

千代女⑴　ちよじょ★
江戸時代中期の女性。俳諧。享保19年頃、江戸滞在の美濃恵那郡の推巴撰「合点游」に載る。
　¶江表（千代女（東京都））

千代女⑵　ちよじょ★
江戸時代中期の女性。俳諧。明和5年刊、祇伊ほか編『二夜歌仙』に9歳で載る。
　¶江表（千代女（東京都））

千代女⑶　ちよじょ★
江戸時代後期の女性。和歌。上通町の大野喜左衛門の妻。文化15年序、秋田藩士山方泰通編「月花集」に載る。
　¶江表（千代女（秋田県））

千代女⑷　ちよじょ★
江戸時代後期の女性。俳諧。寒河江の人。天保15年、寒河江八幡宮に奉納された俳額に載る。
　¶江表（千代女（山形県））

ち

千代女(5)　ちよじょ★
江戸時代後期の女性。俳諧。杉田の人。文政期刊、名高三岳・東海編の玉蕉庵月次句合集『白梅帖』に載る。
¶江表(千代女(福島県))

千代女(6)　ちよじょ★
江戸時代後期の女性。画。西村氏。文化9年の竹石七回忌法要に出品した。
¶江表(千代女(香川県))

千代女(7)　ちよじょ★
江戸時代末期の女性。俳諧。日形の人。幕末期頃の人。
¶江表(千代女(岩手県))

千代女(8)　ちよじょ★
江戸時代末期の女性。俳諧。坂下の人。慶応1年刊、春松編『花供養』に載る。
¶江表(千代女(福島県))

千代女(9)　ちよじょ★
江戸時代末期の女性。和歌。丹羽氏。安政7年跋、蜂屋光世編『大江戸倭歌集』に載る。
¶江表(千代女(東京都))

千代女(10)　ちよじょ★
江戸時代末期の女性。俳諧。慶応1年序、一葉舎主人編、波月亭花雪追善句画集『花吹雪』に載る。
¶江表(千代女(東京都))

千代女(11)　ちよじょ★
江戸時代末期の女性。俳諧。常陸蒲ヶ山の人。安政4年跋、内田担々堂野帆3回忌追善集『草くさ集』に載る。
¶江表(千代女(茨城県))

千代女(12)　ちよじょ★
江戸時代末期の女性。和歌。上田氏。安政3年刊、中島宜門編『類題稲葉集』に載る。
¶江表(千代女(鳥取県))

千代女(13)　ちよじょ
⇒加賀千代(かがのちよ)

長昭*　ちょしょう
寛仁2(1018)年～延久5(1073)年　[別]長昭(ちょうしょう)　平安時代中期～後期の僧。
¶古人(ちょうしょう)

千世瀬　ちよせ★
江戸時代後期の女性。和歌。庄内藩酒井家の老女。嘉永4年序、鈴木直麿編『八十番歌合』に載る。
¶江表(千世瀬(山形県))

千代鶴　ちよつる★
江戸時代中期の女性。和歌。薩摩藩藩士で島津家の庶流桂忠厚の娘。
¶江表(千代鶴(鹿児島県)　[没]宝永6(1709)年)

苧稲　ちょとう
江戸時代中期の女性。俳諧。別田の人。天明5年、起早庵稲後編の歳旦集『乙巳歳旦』に載る。
¶江表(苧稲(山梨県))

樗堂*　ちょどう
寛延2(1749)年～文化11(1814)年　[別]栗田樗堂(くりたちょどう)　江戸時代後期の俳人。
¶俳文([没]文化11(1814)年8月21日)

千代尼　ちよに
⇒加賀千代(かがのちよ)

千世野　ちよの★
江戸時代中期の女性。旅日記・和歌。元禄6年～11年頃に成立した旅日記「五十鈴河記」を著したとされる。
¶江表(千世野(和歌山県))

千代の子　ちよのこ★
江戸時代末期の女性。和歌。筑後柳川藩の奥女中。上野の国学者関橋守が還暦祝いに編集した文久3年刊『耳順賀集』に載る。
¶江表(千代の子(福岡県))

千代野女　ちよのじょ★
江戸時代中期の女性。俳諧。庄内藩藩士で白井新田開拓者の白井矢大夫の孫。明和3年刊、久松淇水編『袖の浦』に載る。
¶江表(千代野女(山形県))

千代はじめ*(千代はじ女)　ちよのはじめ
?～文政7(1824)年　江戸時代後期の女性。狂歌師。
¶江表(千代はし女(東京都))

千代葉之女　ちよはのじょ★
江戸時代後期の女性。狂歌。甲府の人。寛政8年刊、窪俊満序『百さへずり』に載る。
¶江表(千代葉之女(山梨県))

千代姫*　ちよひめ
寛永14(1637)年～元禄12(1699)年　[別]霊仙院(りょうぜんいん)　江戸時代前期の女性。3代将軍徳川家光の長女。
¶江表(千代姫(愛知県)　[没]元禄11(1698)年),徳将(霊仙院　りょうぜんいん　[没]1698年)

樗平　ちょへい
江戸時代中期～後期の俳諧作者。
¶俳文([生]享保12(1727)年　[没]寛政3(1791)年)

千代松　ちよまつ★
江戸時代前期の女性。芸能興行。都城領主北郷久直の一人娘。寛文13年、父久直の三三回忌に際し、当時禁止されていた踊りや浄瑠璃などの芸能を、本藩に申請し許可をもらって興行させた。
¶江表(千代松(宮崎県))

千代松女　ちよまつじょ★
江戸時代後期の女性。狂歌。秋田の人。天保4年成立、昌平庵秋人ほか編『墨田川余波』に載る。
¶江表(千代松女(秋田県))

苧囿　ちょゆう
江戸時代中期の女性。俳諧。加賀の人。明和8年刊、高桑闌更編『落葉考』に載る。
¶江表(苧囿(石川県))

樗良*　ちょら
享保14(1729)年～安永9(1780)年　[別]三浦樗良(みうらちょら)　江戸時代中期の俳人。蕉風中興期の一人。
¶江人,コン(三浦樗良　みうらちょら),詩作(三浦樗良　みうらちょら　[没]安永9(1780)年11月16日),日文(三浦樗良　みうらちょら),俳文([没]安永9(1780)年11月16日)

樗路　ちょろ
江戸時代中期の俳諧作者。宝永～延享ごろか。
¶俳文(生没年不詳)

ちら

ちら
江戸時代中期の女性。俳諧。越中の遊女。元禄13年刊、柳陰庵句空編『俳諧草庵集』に載る。
¶江表（ちら（富山県））

智鸞*　ちらん
生没年不詳　奈良時代の法相宗の僧。わが国法相宗の第3伝。
¶古人, 古代, 対外

千里　ちり
⇒苗村千里（なえむらちり）

知龍　ちりゅう*
江戸時代後期の女性。和歌。出雲松江の村上氏の母。文化3年刊、吉田芳章ほか編『雲州三成八幡宮奉納波の玉藻』に載る。
¶江表（知龍（島根県））

恥柳　ちりゅう*
江戸時代中期の女性。俳諧。宝暦4年刊、東武獅子門編『梅勧進』に東武連の一人として載る。
¶江表（恥柳（東京都））

智隆*　ちりゅう
文化13（1816）年〜慶応1（1865）年　㋝堀内勇次（ほりうちゆうじ）　江戸時代末期の勤王僧。堕胎・嬰児殺し撲滅に挺身。
¶コン（㋱文化12（1815）年）, 幕末（㋒慶応1（1865）年9月25日）

池柳 (1)　ちりゅう*
江戸時代の女性。和歌。加賀藩藩士多賀富隣の妻。明治10年刊、高橋富兄編『類題石川歌集』に載る。
¶江表（池柳（石川県））

池柳 (2)　ちりゅう*
江戸時代後期の女性。俳諧・書簡。下総匝瑳郡の春秋庵二世常世田長翠の酒田での妻という。文化8年跋、常世田長翠編『ふりつむはゆ』に載る。
¶江表（池柳（山形県））

遅流　ちりゅう
江戸時代中期〜末期の俳諧師。
¶俳文（㋑安永8（1779）年　㋒安政2（1855）年9月14日）

知柳女　ちりゅうじょ*
江戸時代後期の女性。俳諧。稲荷山の人。文化4年刊、宮本虎杖編、加舎白雄一七回忌追善集『いぬ榧集』に載る。
¶江表（知柳女（長野県））

遅柳女　ちりゅうじょ*
江戸時代後期の女性。俳諧。文化9年刊、黄華庵升六編『俳諧新深川』に載る。
¶江表（遅柳女（東京都））

知了尼　ちりょうに*
江戸時代後期の女性。和歌。京都の人。寛政5年澄月八〇歳の賀歌にある。
¶江表（知了尼（京都府））

千和尼　ちわに*
江戸時代末期の女性。和歌。奥宮守馬の妻。慶応3年、吉田孝継編「採玉集」後に名が載る。
¶江表（千和尼（高知県））

チワンケ
安土桃山時代の織田信忠の家臣。信忠の傅役で執政という。
¶織田

珍　ちん
⇒倭王珍（わおうちん）

珎　ちん
上代の倭王讃の弟。
¶古人（生没年不詳）

ぢん
江戸時代中期の女性。俳諧。深浦の人。天明3年の深浦町関八幡宮にある俳諧奉納額に載る。
¶江表（ぢん（青森県））

珍阿弥*　ちんあみ
戦国時代の武将。北条氏光の家臣。
¶後北（珍阿ミ）

沈惟岳　ちんいがく
⇒沈惟岳（しんいがく）

陳外郎　ちんういろう
⇒外郎（ういろう）

陳外郎源左衛門尉　ちんういろうげんざえもんのじょう
安土桃山時代の上野国松井田居住の薬商人。
¶武田（生没年不詳）

陳外郎源七郎　ちんういろうげんしちろう
安土桃山時代の上野国松井田居住の薬商人。
¶武田（生没年不詳）

陳外郎七兵衛尉　ちんういろうしちひょうえのじょう
戦国時代の上野に居住する京都陳外郎氏の一族で薬商人。
¶武田（生没年不詳）

椿園　ちんえん
⇒伊丹椿園（いたみちんえん）

珍賀*　ちんが
生没年不詳　平安時代後期の宿曜師。
¶古人

珍海*　ちんかい
寛治5（1091）年〜仁平2（1152）年11月23日　平安時代後期の三論宗の僧。宮廷画家藤原基光の子。
¶古人, 思想, 美画, 密教（㋱1091・2年　㋒1152年11月22・23日）

珍海母*　ちんかいのはは
生没年不詳　平安時代後期の歌人。
¶古人

珍慶*　ちんけい
生没年不詳　平安時代後期の天台宗の僧。
¶古人

珍慶〔2代〕*　ちんけい
？〜慶応1（1865）年　江戸時代末期の工芸家。
¶幕末, 美工

椿月女　ちんげつじょ*
江戸時代中期の女性。俳諧。加賀の人。元禄5年刊、柳陰庵句空編『咋原集』に載る。
¶江表（椿月女（石川県））

珍兼*　ちんけん
生没年不詳　平安時代後期の天台宗の僧。
¶古人

鎮源*　ちんげん
生没年不詳　平安時代中期の天台宗の僧。「大日本国法華験記」の選者。

¶古人, 日文

陳元贇* ちんげんぴん, ちんげんびん

天正15(1587)年〜寛文11(1671)年 [別]芝山(しざん) 江戸時代前期の尾張藩士、文人。明から帰化。

¶江人, コン([生]文禄4(1595)年), 対外, 美工([没]寛文11(1671)年6月9日)

枕山 ちんざん

⇒勝月枕山(かつきちんざん)

珍枝 ちんし⋆

江戸時代後期の女性。俳諧。筑前太宰府の人。文政4年の歳旦帖『北筑』に載る。

¶江表(珍枝(福岡県))

珍子内親王* ちんしないしんのう

?〜元慶1(877)年 [別]珍子内親王(よしこないしんのう) 平安時代前期の女性。文徳天皇の皇女。

¶古人(よしこないしんのう)

沈寿官〔12代〕* ちんじゅかん

天保6(1835)年〜明治39(1906)年 江戸時代末期〜明治時代の陶芸家。苗代川焼12代目。オーストリア万博に錦手大花瓶を出品。

¶幕末([生]文政7(1824)年 [没]明治39(1906)年7月9日), 美工([没]明治39(1906)年7月10日)

ちん女 ちんじょ⋆

江戸時代後期の女性。俳諧。本楯の人。弘化4年、本楯毘沙門堂に奉納の俳額に載る。

¶江表(ちん女(山形県))

鎮西上人 ちんぜいしょうにん

⇒弁長(べんちょう)

鎮西宮 ちんぜいのみや

⇒懐良親王(かねよししんのう)

鎮西八郎為朝 ちんぜいはちろうためとも

⇒源為朝(みなもとのためとも)

珍碩 ちんせき

⇒浜田洒堂(はまだしゃどう)

椿窓 ちんそう⋆

江戸時代末期〜明治時代の女性。俳諧。盛岡藩士で俳人の野辺地馬遊の娘。

¶江表(椿窓(岩手県) [没]明治6(1873)年)

陳宗敬 ちんそうけい

⇒外郎(ういろう)

鎮朝* ちんちょう

*〜康保1(964)年10月5日 平安時代中期の天台宗の僧。

¶古人([生]884年)

椿庭 ちんてい

⇒椿庭海寿(ちんていかいじゅ)

椿庭海寿* ちんていかいじゅ

文保2(1318)年〜応永8(1401)年 [別]海寿(かいじゅ), 海寿椿庭(かいじゅちんてい), 椿庭(ちんてい) 南北朝時代の臨済宗古林派の僧、南禅寺第46世住持。

¶対外

椿堂* ちんどう

宝暦8(1758)年〜文政8(1825)年11月17日 [別]徳田椿堂(とくだちんどう) 江戸時代中期〜後期の俳人。

¶俳文([生]宝暦8(1758)年1月3日 [没]文政8(1825)年11月15日)

陳和卿* ちんなけい

生没年不詳 [別]陳和卿(ちんわけい) 鎌倉時代前期の来日した南宋の工人。

¶古人(ちんな(わ)けい), コン(ちんわけい), 対外, 中世, 山小

陣甫の娘 ぢんほのむすめ⋆

江戸時代後期の女性。俳諧。京都の人。天保3年刊、守村鶯卿編『女百人一句』に載る。

¶江表(陣甫の娘(京都府))

陳明徳 ちんめいとく

⇒穎川入徳(えがわにゅうとく)

陳和卿 ちんわけい

⇒陳和卿(ちんなけい)

【つ】

遂子 ついこ⋆

江戸時代後期の女性。旅日記・和歌。左大臣二条治孝の娘。

¶江表(遂子(佐賀県) [生]文化1(1804)年 [没]文政9(1826)年)

堆朱伝次郎* ついしゅでんじろう

嘉永1(1848)年〜昭和4(1929)年2月 江戸時代後期〜明治時代の塗師。父とともに日光東照宮の造営に従事。

¶美工

堆朱養清* ついしゅようせい

生没年不詳 江戸時代中期の彫漆工。

¶美工

堆朱楊成〔1代〕* ついしゅようぜい, ついしゅようせい

生没年不詳 室町時代の漆工。

¶美工

堆朱楊成〔18代〕* ついしゅようぜい

?〜明治23(1890)年 江戸時代末期〜明治時代の彫漆工。

¶美工([没]明治23(1890)年3月8日)

つう

江戸時代後期の女性。俳諧。越前福井の人。嘉永2年刊、淡水亭伸也撰『元の水』に載る。

¶江表(つう(福井県))

津宇(1) つう⋆

江戸時代前期の女性。俳諧。貞享1年刊、井原西鶴編『古今俳諧女歌仙』に載る。

¶江表(津宇(京都府))

津宇(2) つう⋆

江戸時代末期〜明治時代の女性。書。美濃郡上八幡の呉服商和田屋村山善右衛門の娘。

¶江表(津宇(岐阜県) [没]明治8(1875)年)

通 つう⋆

戦国時代〜江戸時代前期の女性。宗教・書簡。土佐藩初代藩主山内一豊の姉。

¶江表(通(高知県) [生]天文2(1533)年 [没]慶長11(1606)年)

つ

通幻寂霊*　つうげんじゃくれい
元亨2(1322)年～元中8/明徳2(1391)年5月5日 [別]寂霊(じゃくれい)　南北朝時代の曹洞宗の僧。曹洞宗教団の一大門派を形成。
¶コン

通玄尼　つうげんに★
江戸時代中期の女性。和歌。京都の人。明和8年刊、佐々木泉明編『一人一首短冊篇』乾に載る。
¶江表(通玄尼(京都府))

通故　つうこ
⇒山田通故(やまだつうこ)

通孝　つうこう
⇒山田通孝(やまだつうこう)

つう女　つうじょ★
江戸時代前期の女性。俳諧。尾張名古屋の林氏。延宝5年刊、樋口兼頼編『熱田宮雀』に載る。
¶江表(つう女(愛知県))

通女　つうじょ★
江戸時代末期の女性。和歌。尾張名古屋の吉田又七郎の妻。文久1年序、村上忠順編『類題和歌玉藻集』二に載る。
¶江表(通女(愛知県))

通恕　つうじょ
⇒惟忠通恕(いちゅうつうじょ)

通宵院　つうしょういん★
江戸時代中期の女性。和歌。加藤千蔭の母茂瀬方の祖母。
¶江表(通宵院(東京都)　[没]宝暦6(1756)年)

津打英子〔1代〕　つうちえいし
⇒津打治兵衛〔2代〕(つうちじへえ)

津打隈蔵　つうちくまぞう
⇒津打治兵衛〔4代〕(つうちじへえ)

津打治三郎　つうちじさぶろう
⇒津打治兵衛〔2代〕(つうちじへえ)

津打治助　つうちじすけ
⇒桜田治助〔1代〕(さくらだじすけ)

津打治兵衛　つうちじへえ
世襲名　江戸時代の歌舞伎作者。江戸時代に活躍したのは、初世から4世まで。
¶江人

津打治兵衛〔1代〕*　つうちじへえ
生没年不詳　[別]津打治兵衛〔1代〕(つうつじへえ),津山次兵衛(つやまじへえ)　江戸時代中期の歌舞伎役者、歌舞伎作者。貞享年間～元禄12年頃に活躍。
¶歌大(津打治(次)兵衛〔1代〕),新歌(津打治(次)兵衛〔1世〕)

津打治兵衛〔2代〕*　つうちじへえ
*～宝暦10(1760)年1月20日　[別]英子(えいし),太鼓堂〔1代〕(たいこどう),津打英子〔1代〕(つうちえいし),津打治三郎(つうちじさぶろう),津打三千良(つうちみちろう),津打治兵衛〔2代〕(つうつじへえ),泥築(でいちく),鈍通(どんつう)　江戸時代中期の歌舞伎役者、歌舞伎作者。元禄16年～宝暦9年頃に活躍。
¶歌大(津打治(次)兵衛〔2代〕　[生]天和3(1683)年),コン([生]天和3(1683)年),新歌(津打治(次)兵衛〔2世〕　[生]1683年)

津打治兵衛〔3代〕*　つうちじへえ
?～明和8(1771)年4月19日　[別]一河斎(いっかさい),一何斎鈍通(いっかさいどんつう),英子(えいし),其三(きぞう),太鼓堂〔2代〕(たいこどう),津打伝十郎〔1代〕(つうちでんじゅうろう),津打治兵衛〔3代〕(つうつじへえ),鈍通与三兵衛〔1代〕(どんつうよさべえ),鈍通与三兵衛,鈍通与惣兵衛(どんつうよそべえ)　江戸時代中期の歌舞伎作者。宝暦3年～明和6年頃に活躍。
¶歌大(津打治(次)兵衛〔3代〕　[没]寛政1(1789)年秋/明和8(1771)年4月19日),新歌(鈍通与三兵衛　どんつうよそべえ　[没]1789年)

津打治兵衛〔4代〕*　つうちじへえ
生没年不詳　[別]津打隈蔵(つうちくまぞう),津打治兵衛〔4代〕(つうつじへえ),鈍通与三兵衛〔2代〕(どんつうよさべい,どんつうよさべえ)　江戸時代後期の歌舞伎作者。文政11年～天保11年頃に活躍。
¶新歌(津打治(次)兵衛〔4世〕)

津打伝十郎〔1代〕　つうちでんじゅうろう
⇒津打治兵衛〔3代〕(つうちじへえ)

津打三千良　つうちみちろう
⇒津打治兵衛〔2代〕(つうちじへえ)

津打門三郎〔1代〕*　つうちもんざぶろう
*～宝暦3(1753)年　[別]大谷六蔵(おおたにろくぞう),松香(しょうこう),瑞馬(ずいば),津打門三郎(つうつもんざぶろう),津山友蔵〔1代〕(つやまゆうぞう)　江戸時代中期の歌舞伎役者。享保8年～宝暦2年頃に活躍。
¶コン([生]正徳2(1712)年)

津打治兵衛〔1代〕　つうつじへえ
⇒津打治兵衛〔1代〕(つうちじへえ)

津打治兵衛〔2代〕　つうつじへえ
⇒津打治兵衛〔2代〕(つうちじへえ)

津打治兵衛〔3代〕　つうつじへえ
⇒津打治兵衛〔3代〕(つうちじへえ)

津打治兵衛〔4代〕　つうつじへえ
⇒津打治兵衛〔4代〕(つうちじへえ)

津打門三郎　つうつもんざぶろう
⇒津打門三郎〔1代〕(つうちもんざぶろう)

通天存達　つうてんそんたつ
安土桃山時代の曹洞宗の僧。越後・塩沢郷の雲洞院13世住職。
¶武田([生]?　[没]天正20(1590)年4月9日)

通陽門院*　つうようもんいん
正平6/観応2(1351)年～応永13(1406)年12月27日 [別]三条厳子(さんじょういつこ,さんじょういつし,さんじょうげんし,さんじょうたかこ),藤原厳子(ふじわらのげんし)　南北朝時代～室町時代の女性。後小松天皇の母。
¶コン,天皇(三条厳子　さんじょういつこ・いつし　[生]観応2(1351)年)

津花　つか★
江戸時代中期の女性。俳諧。戸倉の人。天明6年俳人榎本星布の企画した「雛・田植・たなばた・おしの句合」を手伝う。
¶江表(津花(長野県))

塚越金重　つかこしかねしげ
江戸時代後期の和算家。

¶数学

塚越重定　つかこししげさだ
戦国時代の武田氏の家臣。
¶武田（生没年不詳）

塚越善知院*　つかごしぜんちいん
元文3（1738）年～文化10（1813）年12月11日　江戸時代中期～後期の女性。歌人。
¶江表（善智院（山形県））

塚越元邦*　つかごしもとくに
？～文久1（1861）年　江戸時代末期の幕臣。
¶徳人

つかさ
江戸時代中期の女性。俳諧。島原の遊女。明和7年刊、炭太祇編『不夜庵春帖』に載る。
¶江表（つかさ（京都府））

都家女　つかじょ★
江戸時代の女性。俳諧。明治11年刊、佐藤採花女編『無絃琴』に載る。
¶江表（都家女（東京都））

塚田喜助　つかだきすけ
安土桃山時代～江戸時代前期の甲斐武田氏・真田氏の家臣。
¶大坂

塚田五郎右衛門*　つかだごろうえもん
明和5（1768）年～文政10（1827）年　江戸時代中期～後期の越後国高田城下の惣年寄。用水開削者。
¶コン

塚田秀鏡　つかだしゅうきょう
江戸時代後期～大正時代の彫金家。
¶美工（[生]嘉永1（1848）年9月14日　[没]大正7（1918）年12月26日）

塚田季慶*　つかだすえよし
寛政11（1799）年～？　江戸時代後期の桂宮家家士。
¶幕末

冢田大峯*（塚田大峯，冢田大峰）　つかだたいほう
延享2（1745）年～天保3（1832）年　[別]塚田多門（つかだたもん）　江戸時代中期～後期の儒学者。折衷学派。
¶コン，思想（冢田大峰）

塚田多門　つかだたもん
⇒冢田大峯（つかだたいほう）

塚谷竹軒　つかたにちっけん
江戸時代後期～明治時代の陶工、陶磁商。
¶美工（[生]文政9（1826）年　[没]明治26（1893）年）

塚田義智　つかだよしとも
江戸時代末期の和算家。栃木寒川村名主。
¶数学（[没]安政6（1859）年）

都賀庭鐘*　つがていしょう
享保3（1718）年～*　[別]大江庭鐘（おおえていしょう），近路行者（きんろぎょうじゃ）　江戸時代中期の読本作者。
¶江人（[没]1794年頃），コン（近路行者　きんろぎょうじゃ　生没年不詳），コン（[没]？），思想（[没]寛政4（1792）年頃），日文（近路行者　きんろぎょうじゃ　[没]？）

津金意久　つがねおきひさ
戦国時代～安土桃山時代の甲斐国巨摩郡津金郷の土豪。
¶武田（[生]大永1（1521）年　[没]天正3（1575）年5月21日）

津金胤臣　つがねたねおみ
⇒津金文左衛門（つがねぶんざえもん）

津金胤久　つがねたねひさ
戦国時代～江戸時代前期の武田氏・徳川氏の家臣。
¶武田（[生]天文15（1546）年　[没]元和8（1622）年8月18日）

津金文左衛門*　つがねぶんざえもん
享保12（1727）年～享和1（1801）年12月19日　[別]津金胤臣（つがねたねおみ）　江戸時代中期～後期の尾張藩士。胤忠の長男。
¶コン

都加使主*　つかのおみ
[別]東漢掬（やまとのあやのつか）　上代の中国系帰化人。倭漢氏の祖。
¶古代，コン，対外

塚原靖　つかはらしずむ
嘉永1（1848）年～大正6（1917）年　[別]塚原渋柿園（つかはらじゅうしえん）　江戸時代後期～大正時代の幕臣、小説家。
¶コン（塚原渋柿園　つかはらじゅうしえん），徳人

塚原周造　つかはらしゅうぞう
江戸時代後期～昭和時代の官僚。
¶幕末（[生]弘化4（1847）年4月　[没]昭和2（1927）年9月14日）

塚原十郎右衛門*　つかはらじゅうろうえもん
生没年不詳　江戸時代中期の和算家。
¶数学

塚原高幹　つかはらたかもと
⇒塚原卜伝（つかはらぼくでん）

塚原卜伝*　つかはらぼくでん
延徳1（1489）年～元亀2（1571）年　[別]塚原高幹（つかはらたかもと）　戦国時代の剣術家。
¶コン，全戦（[生]延徳1（1489）年？　[没]元亀2（1571）年？），室町（[生]延徳2（1490）年）

塚原昌義*　つかはらまさよし
生没年不詳　江戸時代末期の幕臣。1860年遣米使節団随員としてアメリカに渡る。
¶徳人

束原竜渓*　つかはらりゅうけい
文化5（1808）年～明治13（1880）年　江戸時代末期～明治時代の書家。門人多数。名筆家を地方に招き地方文化発展に寄与。
¶幕末（[没]明治13（1880）年2月22日）

塚本明毅　つかもとあきたか
⇒塚本明毅（つかもとあきたけ）

塚本明毅*　つかもとあきたけ
天保4（1833）年10月14日～明治18（1885）年2月5日　[別]塚本明毅（つかもとあきたか）　江戸時代末期～明治時代の幕臣、海軍軍人、地理・地誌学者、陸軍兵学大教授。改暦事務を担当、太陽暦導入。著書に「日本地誌提要」。
¶科学，数学，全幕，徳人，幕末（つかもとあきたか）

塚本貝助*　つかもとかいすけ
文政11（1828）年～明治30（1897）年　江戸時代末期～明治時代の七宝工。七宝釉薬の改良を行い技術の近代化に務める。

¶幕末（[没]明治20（1887）年12月6日），美工（[生]文政11（1828）年11月8日　[没]明治30（1897）年12月6日）

塚本喜右兵衛尉　つかもときうひょうえのじょう
安土桃山時代の三枝氏の家臣。
¶武田（生没年不詳）

塚本儀三郎　つかもとぎさぶろう
江戸時代後期～大正時代の七宝工。
¶美工（[生]天保11（1840）年　[没]大正10（1921）年）

塚本小大膳*　つかもとこたいぜん，つかもとこだいぜん
生没年不詳　戦国時代～安土桃山時代の武士。織田氏家臣。
¶織田（つかもとこだいぜん）

塚本千吉　つかもとせんきち
江戸時代末期の新撰組隊士。
¶新隊（生没年不詳）

塚本善之助*　つかもとぜんのすけ
江戸時代末期の新撰組隊士。
¶新隊（生没年不詳）

塚本舎人助　つかもととねりのすけ
安土桃山時代の藤田信吉・北条氏邦の家臣。仁兵衛。
¶後北（舎人助〔塚本〕　とねりのすけ）

塚本正時*　つかもとまさとき
享和3（1803）年～元治1（1864）年　江戸時代末期の庄屋。
¶幕末

津軽章子*　つがるあきこ
享保19（1734）年～文化6（1809）年　江戸時代中期～後期の女性。陸奥弘前藩主津軽信寧の妻。
¶江表（章子（青森県）　あやこ）

津軽校尉　つがるこうい
⇒北村校尉（きたむらこうじょう）

津軽泉子*　つがるせんこ
文化8（1811）年～嘉永1（1848）年　江戸時代後期の女性。陸奥弘前藩11代藩主津軽順承の妻。
¶江表（泉子（青森県）　せんこ）

津軽尹子*　つがるただこ
嘉永1（1848）年～明治33（1900）年　江戸時代末期～明治時代の女性。弘前藩主津軽承昭の妻。
¶江表（信子（青森県））

津軽為信*　つがるためのぶ
天文19（1550）年～慶長12（1607）年　安土桃山時代～江戸時代前期の大名。陸奥弘前藩主。
¶コン，全戦，戦武，内乱

津軽承昭*　つがるつぐあきら
天保11（1840）年～大正5（1916）年　江戸時代末期～明治時代の大名、弘前藩知事、伯爵。西蝦夷地の警備と経営、軍制改革など。
¶全幕，幕末（[生]天保11（1840）年8月12日　[没]大正5（1916）年7月18日）

津軽承叙*　つがるつぐみち
天保11（1840）年～明治36（1903）年　江戸時代末期～明治時代の黒石藩主、黒石藩知事、貴族院議員、子爵。
¶全幕，幕末（[生]天保11（1840）年8月29日　[没]明治36（1903）年12月7日）

津軽常子*　つがるつねこ
天保10（1839）年～文久1（1861）年　江戸時代末期の女性。陸奥弘前藩11代藩主津軽順承の4女。
¶江表（常子（青森県））

津軽信明*　つがるのぶあきら
宝暦12（1762）年～寛政3（1791）年　[別]津軽信明（つがるのぶはる）　江戸時代中期の大名。陸奥弘前藩主。
¶コン（つがるのぶはる）

津軽信枚　つがるのぶかず
⇒津軽信枚（つがるのぶひら）

津軽信堅　つがるのぶかた
安土桃山時代の徳川家康の小姓、徳川秀忠近習。
¶全戦（[生]？　[没]慶長2（1597）年）

津軽信建*　つがるのぶたけ
天正2（1574）年～慶長12（1607）年　[別]津軽信建（つがるのぶたて）　安土桃山時代の武将。陸奥弘前藩初代藩主為信の長男で2代藩主とする説もある。
¶全戦

津軽信建　つがるのぶたて
⇒津軽信建（つがるのぶたけ）

津軽信明　つがるのぶはる
⇒津軽信明（つがるのぶあきら）

津軽信寿*　つがるのぶひさ
寛文9（1669）年～延享3（1746）年　[別]信寿（しんじゅ，のぶひさ）　江戸時代中期の大名。陸奥弘前藩主。
¶コン

津軽信枚*（津軽信牧）　つがるのぶひら
天正14（1586）年～寛永8（1631）年　[別]津軽信枚（つがるのぶかず，つがるのぶひろ）　江戸時代前期の大名。陸奥弘前藩主。
¶コン，全戦

津軽信枚　つがるのぶひろ
⇒津軽信枚（つがるのぶひら）

津軽信英　つがるのぶふさ
江戸時代前期の幕臣。黒石の初代領主。
¶徳人（[没]寛文2（1662）年9月22日）

津軽信政*　つがるのぶまさ
正保3（1646）年～宝永7（1710）年　江戸時代前期～中期の大名。陸奥弘前藩主。
¶コン

津軽寧親*　つがるやすちか
明和2（1765）年～天保4（1833）年　江戸時代中期～後期の大名。陸奥弘前藩主。
¶コン（[生]宝暦11（1761）年）

津軽順承*　つがるゆきつぐ
寛政12（1800）年～慶応1（1865）年　[別]津軽順徳（つがるゆきのり）　江戸時代末期の大名。陸奥弘前藩主、陸奥黒岩藩主。
¶全幕，幕末（[生]寛政12（1800）年1月13日　[没]元治2（1865）年2月5日）

津軽順徳　つがるゆきのり
⇒津軽順承（つがるゆきつぐ）

都川　つかわ*
江戸時代中期の女性。俳諧。越前福井の人。天明2年刊、時雨庵祐阿編、安田以哉坊三周忌追善集『つゐみとせ』に載る。
¶江表（都川（福井県））

津川　つがわ★
江戸時代後期の女性。和歌。出雲松江藩主松平斉恒の奥女中。文化5年頃、真田幸弘編「御ことほきの記」に載る。
¶江表(津川(島根県))

津川喜代美*　つがわきよみ
嘉永6(1853)年～明治1(1868)年　江戸時代末期の白虎隊士。
¶全幕([没]慶応4(1868)年),幕末([没]慶応4(1868)年8月23日)

津川左近将監近治　つがわさこんのしょうげんちかはる
江戸時代前期の豊臣秀頼の小姓頭。
¶大坂([没]慶長20年5月8日)

津川義近*　つがわよしちか
*～慶長5(1600)年　[別]三松(さんしょう),斯波義近(しばよしちか)　安土桃山時代の武士。織田氏家臣、豊臣氏家臣。
¶織田([生]天文9(1540)年)

津川義冬*　つがわよしふゆ
？～天正12(1584)年　安土桃山時代の武将。織田氏家臣。
¶織田([没]天正12(1584)年3月3日)

つき(1)
江戸時代中期の女性。俳諧。加賀の人。明和8年刊、高桑闌更編『落葉考』に載る。
¶江表(つき(石川県))

つき(2)
江戸時代後期の女性。俳諧。鹿島の人。文化8年刊、霞庵太呂編『醒斎稿』に載る。
¶江表(つき(福島県))

つき(3)
江戸時代末期の女性。俳諧。高岡の人。元治2年刊、半雪居野鶴編『浪化上人発句集』に載る。
¶江表(つき(富山県))

津喜　つき★
江戸時代後期の女性。和歌。兜山下の人。元禄14年刊、大淀三千風編『倭漢田鳥集』に載る。
¶江表(津喜(山梨県))

継　つぎ
江戸時代中期の女性。俳諧。俳人柏井松陰の娘。正徳3年刊、小野田芦帆斎編『泉陽俳諧作者部類』に載る。
¶江表(継(大阪府))

津義　つぎ
江戸時代後期の女性。旅日記。下総外河原村の中村与市の娘。
¶江表(津義(千葉県)　[生]寛政10(1798)年　[没]嘉永2(1849)年)

月岡雪斎*　つきおかせっさい
？～天保10(1839)年　江戸時代中期～後期の画家。
¶浮絵

月岡雪鼎*　つきおかせってい
宝永7(1710)年～天明6(1786)年　江戸時代中期の画家。
¶浮絵([生]享保11(1726)年？),コン,美画([没]天明6(1786)年12月4日)

月岡幡羽　つきおかばんう
江戸時代後期～末期の画家。
¶浮絵

月岡芳年*　つきおかよしとし
天保10(1839)年～明治25(1892)年　[別]大蘇芳年(たいそよしとし)　江戸時代末期～明治時代の浮世絵師。稗史画。美人画、役者絵を描く。代表作は「風俗三十二相」など。
¶浮絵(大蘇芳年　たいそよしとし),コン(大蘇芳年　たいそよしとし),全幕,幕末([生]天保10(1839)年3月17日　[没]明治25(1892)年6月9日),美画([生]天保10(1839)年3月17日　[没]明治25(1892)年6月9日)

月形鷗嵐　つきがたいらん
⇒月形深蔵(つきがたしんぞう)

月形漪嵐　つきがたきらん
⇒月形深蔵(つきがたしんぞう)

月形深蔵*　つきがたしんぞう
寛政10(1798)年～文久2(1862)年　[別]月形鷗嵐(つきがたいらん),月形漪嵐(つきがたきらん)　江戸時代末期の儒学者。
¶幕末([没]文久2(1862)年4月5日)

月形洗蔵*　つきがたせんぞう
文政11(1828)年～慶応1(1865)年　江戸時代末期の筑前福岡藩士。
¶コン,全幕,幕末([生]文政11(1828)年5月5日　[没]慶応1(1865)年10月23日)

月桂女　つきかつらじょ★
江戸時代後期の女性。狂歌。寛政11年序、便々館湖鯉鮒編『狂歌杓子栗』に載る。
¶江表(月桂女(東京都))

つき子　つきこ★
江戸時代末期の女性。和歌。井口氏。安政4年刊、上田光美編『延齢松詩歌後集』に載る。
¶江表(つき子(京都府))

継子　つぎこ★
江戸時代末期の女性。和歌。豊後日出藩藩士で歌人河野東庵の母。慶応2年序、鈴木雅之編『類題清風集』に載る。
¶江表(継子(大分県))

嗣子　つぎこ★
江戸時代後期の女性。和歌。筑前吉木村の豪農門司伝右衛門在近の娘。「岡県集」に載る。
¶江表(嗣子(福岡県))

次子(1)　つぎこ★
江戸時代末期の女性。和歌。森井助次の母。安政6年刊、秋元安民編『類題青藍集』に載る。
¶江表(次子(兵庫県))

次子(2)　つぎこ★
江戸時代末期の女性。和歌。佐賀藩の奥女中。安政4年刊、井上文雄編『摘英集』に載る。
¶江表(次子(佐賀県))

連子　つぎこ★
江戸時代後期の女性。和歌。幕臣、与力倉鹿野佐兵衛義文の娘。文化11年刊、中山忠雄・河田正致編『柿本社奉納和歌集』に載る。
¶江表(連子(東京都))

承子内親王　つぎこないしんのう
⇒承子内親王(しょうしないしんのう)

緝子内親王　つぎこないしんのう
⇒緝子内親王(しゅうしないしんのう)

春米女王　つきしねのじょおう
飛鳥時代の女性。聖徳太子の女。
¶古人(生没年不詳), 女史([生]?　[没]643年)

月舘八百八*　つきだてやおはち
享和1(1801)年～明治20(1887)年　江戸時代末期～明治時代の鏨工。後藤家16代方乗につき研究。名工の誉れ高い。
¶幕末([没]明治20(1887)年9月26日)

月田蒙斎*　つきだもうさい
文化4(1807)年～慶応2(1866)年　江戸時代末期の漢学者。
¶詩作([生]文化4(1807)年3月9日　[没]慶応2(1866)年7月29日)

月出常房*　つきでつねふさ
生没年不詳　江戸時代末期の和算家。
¶数学

月都子　つきとし★
江戸時代後期の女性。狂歌。嘉永4年刊、江境庵北雄編『連名披露狂歌合』に載る。
¶江表(月都子(東京都))

世良親王　つぎながしんのう
⇒世良親王(よよししんのう)

月成　つきなり
⇒朋誠堂喜三二(ほうせいどうきさんじ)

調伊企儺*　つきのいきな
?～欽明天皇23(562)年　[別]調吉士伊企儺(つきのきしいきな)　飛鳥時代の武士。
¶古人(生没年不詳), 古代(調吉士伊企儺　つきのきしいきな), コン([没]欽明23(562)年), 対外

調忌寸老人　つきのいみきおきな
⇒調老人(つきのおとな)

調忌寸古麻呂*　つきのいみきこまろ
[別]調古麻呂(つきのこまろ)　奈良時代の学者。
¶古人(調古麻呂　つきのこまろ　生没年不詳), 古代

調馬養　つきのうまかい
奈良時代の官人。
¶古人(生没年不詳)

ツキノエ*(月野柄)
生没年不詳　江戸時代後期の蝦夷地国後のアイヌの首長。
¶コン

調淡海*　つきのおうみ
生没年不詳　[別]調首淡海(つきのおびとおうみ)　奈良時代の官人。壬申の乱の際、大海人皇子に付き従った舎人。
¶古人, コン

調老人　つきのおきな
⇒調老人(つきのおとな)

調老人*　つきのおとな
?～大宝1(701)年?　[別]調忌寸老人(つきのいみきおきな), 調老人(つきのおきな)　飛鳥時代の官人。大宝律令の編纂に参加。
¶古人(つきのおきな　生没年不詳), 古代(調忌寸老人　つきのいみきおきな), コン

調首淡海　つきのおびとおうみ
⇒調淡海(つきのおうみ)

調首新麻呂*　つきのおびとにいまろ
[別]調新麻呂(つきのにいまろ)　奈良時代～平安時代前期の戸主。
¶古人(調新麻呂　つきのにいまろ　生没年不詳), 古代

月神　つきのかみ
⇒月読命(つきよみのみこと)

調吉士伊企儺　つきのきしいきな
⇒調伊企儺(つきのいきな)

調古麻呂　つきのこまろ
⇒調忌寸古麻呂(つきのいみきこまろ)

調使王　つきのつかいおう
奈良時代の官人。
¶古人(生没年不詳)

調新麻呂　つきのにいまろ
⇒調首新麻呂(つきのおびとにいまろ)

月輪家輔*　つきのわいえすけ
?～康正1(1455)年4月1日　室町時代の公卿(権中納言)。非参議藤原家尹の子。
¶公卿, 公家(家輔〔月輪家(絶家)〕　いえすけ　[没]享徳4(1455)年4月1日)

月輪家尹*　つきのわいえまさ
?～元中4/嘉慶1(1387)年　[別]藤原家尹(ふじわらのいえただ)　南北朝時代の公家・歌人・連歌作者。
¶公卿(藤原家尹　ふじわらのいえただ　[没]嘉慶1/元中4(1387)年), 公家(家尹〔月輪家(絶家)〕　いえただ　[没]嘉慶1(1387)年)

月輪関白　つきのわかんぱく
⇒九条兼実(くじょうかねざね)

月輪季尹*　つきのわすえただ
生没年不詳　[別]月輪季尹(つきのわすえまさ)　南北朝時代～室町時代の公卿(参議)。従二位・非参議藤原家尹の子。
¶公卿, 公家(季尹〔月輪家(絶家)〕　すえただ)

月輪季尹　つきのわすえまさ
⇒月輪季尹(つきのわすえただ)

月輪基賢*　つきのわもとかた
生没年不詳　室町時代の公卿(参議)。永享元年参議に任ぜられる。
¶公卿, 公家(基賢〔月輪家(絶家)〕　もとかた)

月花永女*　つきはなのながめ
?～嘉永3(1850)年8月2日　[別]月花永女(げっかえいじょ)　江戸時代後期の女性。狂歌師。
¶江表(月花永女・月花長女(東京都))

次原新三郎*　つぎはらしんざぶろう
生没年不詳　戦国時代の商人。北条氏家臣。
¶後北(新三郎〔次原〕　しんざぶろう)

次原新兵衛*　つぎはらしんべえ
生没年不詳　戦国時代の商人。北条氏家臣。
¶後北(新兵衛〔次原〕　しんべえ)

槻本老*　つきもとのおゆ
生没年不詳　[別]槻本公老(つきもとのきみおゆ)　奈良時代の官人。槻本石村の子。槻本奈弖麻呂の父。
¶古人, 古代(槻本公老　つきもとのきみおゆ), コン

槻本公老　つきもとのきみおゆ
⇒槻本老(つきもとのおゆ)

土屋昌続 つきやまさつぐ
⇒土屋昌次（つちやまさつぐ）

築山清左衛門入道* つきやませいざえもんにゅうどう
？～天正1（1573）年 [別]築山清左衛門尉（つきやませいざえもんのじょう） 戦国時代の武将。朝倉氏家臣。
¶全戦（築山清左衛門尉 つきやませいざえもんのじょう）

築山清左衛門尉 つきやませいざえもんのじょう
⇒築山清左衛門入道（つきやませいざえもんにゅうどう）

築山俊方* つきやまとしかた
生没年不詳 安土桃山時代の織田信長の家臣。
¶織田

築山殿* つきやまどの
天文11（1542）年～天正7（1579）年 [別]西光院（さいこういん），駿河御前（するがごぜん），清地院（せいちいん），瀬名姫（せなひめ），徳川家康室（とくがわいえやすしつ） 戦国時代～安土桃山時代の女性。徳川家康の正室。今川一族関口刑部少輔親永の女。
¶コン（[生]？），女史（[生]？），全戦（[生]？），徳将（西光院 さいこういん [生]？）

築山茂左衛門 つきやまもざえもん
江戸時代後期の代官。
¶徳代（[生]？ [没]嘉永2（1849）年6月17日）

世良親王 つぎよししんのう
⇒世良親王（よよししんのう）

月読命*（月読尊） つきよみのみこと
[別]月神（つきのかみ），ツクヨミノミコト，月読尊（つくよみのみこと） 日本神話に登場する月の神。伊奘諾尊の子。
¶コン，思想（ツクヨミノミコト）

津く つく★
江戸時代中期の女性。俳諧。甲斐の人。宝暦9年成立、如雪庵巻阿撰『俳諧麓の遊び』に載る。
¶江表（津く（山梨県））

津久 つく★
江戸時代後期の女性。和歌。三河吉田藩主松平信明家の奥女中。寛政10年跋、真田幸弘の六〇賀集「千とせの寿詞」に載る。
¶江表（津久（愛知県））

津久井磯 つくいいそ
⇒津久井磯子（つくいいそこ）

津久井磯子* つくいいそこ
文政12（1829）年～明治43（1910）年1月1日 [別]津久井磯（つくいいそ） 江戸時代末期～明治時代の助産婦。産科医に劣らぬ技術をもつ。群馬県産婆会会長。
¶江表（磯子（群馬県）），幕末（[生]文政11（1828）年）

続家 つぐいえ
戦国時代の人。郡内の人物か。
¶武田（生没年不詳）

津久井義年* つくいよしとし
生没年不詳 江戸時代中期の藩士・和算家。
¶数学（[生]享保10（1725）年 [没]天明7（1787）年5月22日）

筑紫いそ* つくしいそ
天保2（1831）年～明治38（1905）年2月 江戸時代末期～明治時代の歌人。大隈言道に和歌を学ぶ。
¶江表（いそ（福岡県））

筑紫川崎* つくしかわさき
生没年不詳 [別]川崎金右衛門（かわさききんえもん） 安土桃山時代の織田信長の家臣。
¶織田（川崎金右衛門 かわさききんえもん）

筑紫磐井* つくしのいわい
？～継体22（528）年 [別]磐井（いわい），筑紫国造磐井（つくしのくにのみやつこいわい） 上代の北九州地域の首長。叛乱を起こし鎮圧されたと伝えられる。
¶古人（磐井 いわい），古代（磐井 いわい），古物，コン，対外，山小（[没]528年11月）

筑紫娘子 つくしのおとめ
奈良時代の遊行女婦。
¶女史（生没年不詳）

筑紫君葛子* つくしのきみくずこ
[別]筑紫葛子（つくしのくずこ） 上代の地方豪族。
¶古代

筑紫葛子 つくしのくずこ
⇒筑紫君葛子（つくしのきみくずこ）

筑紫国造磐井 つくしのくにのみやつこいわい
⇒筑紫磐井（つくしのいわい）

筑紫薩野馬 つくしのさつやま
飛鳥時代の人。百済救援軍に従って渡海。
¶古人（生没年不詳）

筑紫広門* つくしひろかど
弘治2（1556）年～元和9（1623）年 安土桃山時代～江戸時代前期の大名。筑後山下藩主。
¶全戦，戦武（つくし（ちくし）ひろかど）

筑紫衛* つくしまもる
天保7（1836）年～慶応1（1865）年 [別]筑紫義門（つくしよしかど） 江戸時代末期の筑前福岡藩士。
¶幕末（[没]慶応1（1865）年9月9日）

筑紫義門 つくしよしかど
⇒筑紫衛（つくしまもる）

佃十成* つくだかずなり
天文22（1553）年～寛永11（1634）年 安土桃山時代～江戸時代前期の武将。加藤嘉明の重臣。
¶コン

佃又右衛門*（佃又衛門，佃田又右衛門） つくだまたえもん
生没年不詳 安土桃山時代の武士。
¶コン

筑波庵〔2代〕 つくばあん
⇒八重の家菊枝（やえのやきくえ）

筑波庵繁樹 つくばあんしげき
⇒八重の家菊枝（やえのやきくえ）

筑波玄仲 つくばげんちゅう
江戸時代後期～明治時代の眼科医。
¶眼医（[生]文政2（1819）年 [没]明治24（1891）年）

筑波子 つくばこ★
江戸時代後期の女性。和歌。進藤正静の養女。文化9年序、清水浜臣による遺稿集『筑波子家集』に

載る。
¶江表（筑波子（東京都））

筑波女　つくばじょ*
江戸時代後期の女性。俳諧。文化9年刊、祥禾・天外共編『以左奈宇太』に載る。
¶江表（筑波女（佐賀県））

嗣岑王*　つぐみねおう
生没年不詳　平安時代前期の国司。
¶古人

つくよ
江戸時代後期の女性。俳諧。うね世の孫。嘉永6年刊、浜田汝松序『かさかけ』に載る。
¶江表（つくよ（山形県））

継吉　つぐよし
戦国時代の武田氏家臣。小山田氏の重臣と思われる。
¶武田（生没年不詳）

ツクヨミノミコト（月読尊）
⇒月読命（つきよみのみこと）

津栗実生　つぐりみのお
⇒瀬川如皐〔2代〕（せがわじょこう）

津計　つけ*
江戸時代中期の女性。俳諧。石見の人。安永9年刊、岸本江橋編、江橋耳順賀俳諧撰集『年華集』に載る。
¶江表（津計（島根県））

ツゲ
江戸時代前期の女性。俳諧。一琴の妻。天和1年刊、久津見一平撰『加賀染』下に載る。
¶江表（ツゲ（石川県））

柘植葛城*　つげかつらぎ
文化1（1804）年～明治7（1874）年　江戸時代末期～明治時代の社会活動家。詩社「白鷗吟社」結成。「立教館」を設立。
¶コン

柘植玄蕃頭*　つげげんばのかみ
生没年不詳　安土桃山時代の織田信長の家臣。
¶織田

柘植実治*　つげさねはる
生没年不詳　安土桃山時代の織田信長の家臣。
¶織田

柘植三郎左衛門　つげさぶろうざえもん
⇒柘植三郎左衛門尉（つげさぶろうざえもんのじょう）

柘植三郎左衛門尉*　つげさぶろうざえもんのじょう
？～天正7（1579）年　[別]柘植三郎左衛門（つげさぶろうざえもん）　戦国時代～安土桃山時代の武士。織田氏家臣。
¶織田（柘植三郎左衛門　つげさぶろうざえもん　[没]天正7（1579）年9月）

柘植十大夫　つげじゅうだゆう
江戸時代前期の武士。大坂の陣で籠城。
¶大坂

津下四郎左衛門*　つげしろうざえもん
嘉永1（1848）年～明治3（1870）年10月10日　江戸時代末期～明治時代の尊攘派浪士。上田立夫らと共に参与横井小楠を暗殺。捕縛され翌年斬首刑に処せられた。
¶幕末

柘植善吾*　つげぜんご
天保13（1842）年～明治36（1903）年8月1日　江戸時代末期～明治時代の教育家。三潴県立宮本洋学校校長となり、本格的な英語教育に尽力。
¶幕末

柘植竹苞　つげたけしげ
寛延3（1750）年～*　江戸時代中期～後期の幕臣、代官。
¶徳人（[没]？），徳代（[没]享和3（1803）年）

柘植与一　つげともかず
⇒柘植与一（つげよいち）

柘植正寔　つげまさたね
享保20（1735）年～？　江戸時代中期の長崎奉行。
¶徳人，徳代

柘植正時　つげまさとき
安土桃山時代～江戸時代前期の長崎奉行。
¶徳人（[生]1584年　[没]1643年）

柘植正邑　つげまさむら
江戸時代前期～中期の代官。
¶徳代（[生]寛文7（1667）年　[没]享保12（1727）年1月27日）

柘植宗次　つげむねつぐ
江戸時代前期の幕臣。
¶徳人（[生]？　[没]1655年）

柘植宗正　つげむねまさ
江戸時代中期の代官。
¶徳代（[生]？　[没]元禄7（1694）年9月19日）

柘植与一*　つげよいち
天文10（1541）年～慶長14（1609）年　[別]柘植与一（つげともかず）　安土桃山時代～江戸時代前期の武将。織田氏家臣。
¶織田（つげともかず　[没]慶長14（1609）年7月20日）

都甲斧太郎　つこうおのたろう
江戸時代後期～末期の幕臣。
¶徳人（生没年不詳）

津坂孝綽　つさかこうしゃく，つざかこうしゃく
⇒津阪東陽（つさかとうよう）

津阪東陽*（津坂東陽）　つさかとうよう
宝暦7（1757）年～文政8（1825）年　[別]津坂孝綽（つさかこうしゃく，つざかこうしゃく）　江戸時代中期～後期の漢学者。
¶コン（津坂孝綽　つざかこうしゃく），思想

津坂木長*（津阪木長）　つざかぼくちょう，つさかぼくちょう
文化6（1809）年～慶応2（1866）年　江戸時代末期の讃岐丸亀藩士。
¶幕末（つさかぼくちょう　[没]慶応2（1866）年2月25日）

津崎矩子*　つざきのりこ
天明6（1786）年～明治6（1873）年8月23日　[別]村岡局（むらおかのつぼね）　江戸時代後期～明治時代の近衛家老女。
¶江表（矩子（京都府）　のりこ），コン，女史，全幕（村岡局　むらおかのつぼね），幕末

辻　つじ*
江戸時代前期の女性。俳諧。播磨姫路の村山氏。明暦2年刊、安原貞室編『玉海集』に載る。

つしまし

¶江表(辻(兵庫県))

辻維岳* つじいがく
文政6(1823)年～明治27(1894)年1月4日 別辻将曹(つじしょうそう) 江戸時代末期～明治時代の広島藩士。征長戦で幕長和解に奔走。大津県知事、元老院議官を歴任。
¶江人(辻将曹 つじしょうそう)、コン、全幕(辻将曹 つじしょうそう)、幕(⊕文政6(1823)年7月)

辻幾之祐* (辻郁之助，幾之助) つじいくのすけ
天保9(1838)年～元治1(1864)年 江戸時代末期の木綿商。
¶幕末(⊕天保6(1835)年)、幕末(辻郁之助 ⊗元治1(1864)年7月10日)

辻演年* つじえんねん
文政2(1819)年～明治29(1896)年 江戸時代末期～明治時代の開拓者。川副郷など干拓による農地造成に成功。
¶幕末

辻岡屋文助 つじおかやぶんすけ
江戸時代後期～明治時代の版元。
¶浮絵

辻斧之助* つじおののすけ
文化9(1812)年～明治15(1882)年 江戸時代末期～明治時代の土佐国庄屋。安居堀を完成、田野村の田地を水害から救う。
¶幕末(⊗明治15(1882)年9月5日)

辻勝蔵 つじかつぞう
江戸時代後期～昭和時代の陶工。
¶美工(⊕弘化4(1847)年 ⊗昭和4(1929)年)

辻君 つじきみ*
江戸時代後期の女性。和歌。浅草吉田町の遊女。『甲子夜話』巻四四に浅草寺本堂に辻君が掛けた絵馬に関する記述がある。
¶江表(辻君(東京都))

辻啓太郎* つじけいたろう
天保8(1837)年～大正4(1915)年 江戸時代末期～明治時代の志士。京都府議会議長。
¶幕末(⊕天保8(1837)年1月15日 ⊗大正4(1915)年5月16日)

都治月丹* (都治月旦，辻月丹) つじげったん
*～享保12(1727)年 江戸時代前期～中期の剣術家。
¶コン(都治月旦 ⊕正保3(1646)年)

辻元順* つじげんじゅん
享和3(1803)年～明治13(1880)年 江戸時代末期～明治時代の医師。
¶幕末(⊗明治13(1880)年11月27日)

辻子秀浚 つじこしゅうしゅん
江戸時代前期の代官。
¶徳代(生没年不詳)

都市牛利* つしごり
上代の卑弥呼の遣魏次使。
¶古代

辻重固* つじしげかた
文政11(1828)年～大正1(1912)年 江戸時代末期～明治時代の土佐国郷士。江戸詰め。後、益習学舎を設け子弟教育に専念。
¶幕末(⊕文政11(1829)年11月26日 ⊗大正1(1912)年11月26日)

辻守静* つじしゅせい
?～明治6(1873)年9月2日 別辻守静(つじもりきよ) 江戸時代末期～明治時代の幕臣、歌人。
¶幕末

辻女 つじじょ*
江戸時代中期の女性。和歌。久保田善左衛門宗次の娘。元禄16年刊、植山検校江民軒梅之・梅柳軒水之編『歌林尾花末』に載る。
¶江表(辻女(東京都))

辻鉦二郎 つじしょうじろう
江戸時代後期～大正時代の陶芸家。
¶美工(⊕嘉永1(1848)年 ⊗大正9(1920)年8月10日)

辻将曹 つじしょうそう
⇒辻維岳(つじいがく)

辻次郎兵衛尉 つじじろうびょうえのじょう
戦国時代の甲斐国山梨郡国府郷の土豪。甘利氏の同心衆。
¶武田(生没年不詳)

辻新次* つじしんじ
天保13(1842)年～大正4(1915)年 江戸時代末期～明治時代の教育行政家、大日本教育会長、男爵。文部省書記官として近代教育制度の確立に貢献。
¶コン、幕末(⊕天保13(1842)年1月9日 ⊗大正4(1915)年12月3日)

辻翠蘭* つじすいらん
天保13(1842)年1月10日～大正1(1912)年12月10日 江戸時代末期～明治時代の日本画家。花鳥を得意とする。大阪博覧会で「梅に鶯」が二等賞受賞。
¶江表(翠蘭(秋田県))

辻正賢* つじせいけん
?～文政6(1823)年 別辻正賢(つじまさかた) 江戸時代後期の和算家。
¶数学(つじまさかた ⊗文政6(1823)年2月)

辻山盈 つじたかみつ
江戸時代中期の幕臣。
¶徳人(⊕? ⊗1739年)

辻辰之助* つじたつのすけ
文政2(1819)年～明治8(1875)年 江戸時代後期～明治時代の尊攘運動家。
¶幕末(⊕文政2(1819)年10月1日 ⊗明治8(1875)年1月2日)

辻荻子* つじてきし
?～享保14(1729)年 別荻子(てきし) 江戸時代中期の伊賀上野藩士、俳人(蕉門)。
¶俳文(荻子 てきし ⊕延宝1(1673)年 ⊗享保14(1729)年10月10日)

辻富次郎 つじとみじろう
江戸時代後期の代官、甲府勝手小普請。
¶徳代(生没年不詳)

辻正賢 つじまさかた
⇒辻正賢(つじせいけん)

辻昌長* つじまさなが
生没年不詳 江戸時代前期の和算家。
¶数学

対馬侍従 つしまじじゅう
⇒宗義智(そうよしとし)

津島恒之進* つしまつねのしん
元禄14(1701)年～宝暦4(1754)年　江戸時代中期の本草家。
¶科学(津山恒之進　つやまつねのしん　[没]宝暦4(1755)年12月13日)

津嶋堅石 つしまのかたいわ
飛鳥時代の遣新羅副使。
¶古人(生没年不詳)

津嶋真鎌 つしまのまかま
奈良時代の官人。
¶古人(生没年不詳)

辻本伊織政師 つじもといおりまさのり
江戸時代前期の大和国宇智郡阪合部郷中村の人。大坂の陣で籠城。
¶大坂([没]慶長19年11月16日)

辻守雄 つじもりお
江戸時代前期～中期の美濃郡代。
¶徳代([生]貞享4(1687)年　[没]享保20(1735)年5月17日)

辻盛陰 つじもりかげ
江戸時代中期の代官、勘定吟味役。
¶徳代([生]元禄16(1703)年　[没]天明4(1784)年8月3日)

辻守静 つじもりきよ
⇒辻守静(つじしゅせい)

辻守貞 つじもりさだ
江戸時代中期～後期の美濃郡代。
¶徳代([生]宝暦1(1751)年　[没]文化2(1805)年7月21日)

辻守輝* つじもりてる
延宝4(1676)年～享保13(1728)年　江戸時代中期の幕府御蔵奉行。
¶徳人

辻守誠 つじもりのぶ
江戸時代前期～中期の代官。
¶徳代([生]明暦3(1657)年　[没]享保2(1717)年6月9日)

辻守参 つじもりみつ
⇒辻六郎左衛門(つじろくろうざえもん)

辻守眉 つじもりよし
江戸時代中期～後期の代官。
¶徳代([生]明和2(1765)年　[没]文政11(1828)年7月29日)

辻弥次兵衛 つじやじびょうえ
江戸時代前期の人。大坂の陣で籠城。
¶大坂([没]慶長20年)

辻行高 つじゆきたか
⇒狛行高(こまのゆきたか)

辻富守 つじよしもり
江戸時代中期～後期の代官。
¶徳代([生]宝永6(1709)年　[没]寛政8(1796)年7月26日)

辻与次郎* つじよじろう
生没年不詳　[別]与次郎(よじろう)　安土桃山時代の釜師。
¶コン, 美工

辻嵐外 つじらんがい
⇒嵐外(らんがい)

辻蘭室* つじらんしつ
宝暦6(1756)年11月26日～天保6(1835)年12月13日　江戸時代中期～後期の蘭学者。公家・久我家の臣。
¶科学, コン, 思想, 対外([生]1759年)

辻利右衛門 つじりえもん
江戸時代後期～昭和時代の宇治茶製造業者。
¶植物([生]天保15(1844)年5月24日　[没]昭和3(1928)年1月8日)

辻六郎左衛門* つじろくろうざえもん
承応2(1653)年～元文3(1738)年　[別]辻守参(つじもりみつ)　江戸時代中期の地方巧者の幕臣。
¶江人, 徳将(辻守参　つじもりみつ), 徳人(辻守参　つじもりみつ), 徳代(辻守参　つじもりみつ　[没]元文3(1738)年3月5日)

綴針女 つずりはりじょ★
江戸時代後期の女性。狂歌。三芳野里の人。寛政6年、もとのもくあみ序『新古今狂歌集』に載る。
¶江表(綴針女(埼玉県))

つせ(1)
江戸時代後期の女性。和歌。石見津和野藩の奥女中。寛政3年成立、嘉藤吉達序「女房和歌序」に載る。
¶江表(つせ(島根県))

つせ(2)
江戸時代後期～明治時代の女性。箏曲。安芸光円寺の住職飯田宥善の孫。
¶江表(つせ(広島県)　[生]天保3(1832)年　[没]明治39(1906)年)

つせ(3)
江戸時代後期～明治時代の女性。和歌・書簡。上益城郡木山村の惣庄屋矢島忠左衛門と鶴子の娘。
¶江表(つせ(熊本県)　[生]天保3(1832)年　[没]明治27(1894)年)

津勢 つせ★
江戸時代中期の女性。旅日記・和歌。加賀大聖寺藩主前田利章の娘で、加賀藩主前田吉徳の養女となった繁姫付の奥女中。元文2年江戸から金沢に向かう繁姫の供をして旅日記を綴る。
¶江表(津勢(石川県))

つた(1)
江戸時代前期～中期の女性。池築造。大島の上野庄左衛門の娘。
¶江表(つた(愛媛県)　[生]延宝3(1675)年　[没]宝暦4(1754)年)

つた(2)
江戸時代中期の女性。俳諧。京都の人。元禄4年刊、繁田常牧編『この花』に載る。
¶江表(つた(京都府))

つた(3)
江戸時代後期の女性。俳諧。鹿島の人。文化8年刊、霰庵太呂編『醒斎稿』に載る。
¶江表(つた(福島県))

つた(4)
江戸時代後期の女性。俳諧。俳諧堂を主宰した俳人俳諧堂来梠の妻か。文化6年序、五十嵐梅夫編『草神楽』に載る。
¶江表(つた(大阪府))

つた(5)
江戸時代末期の女性。俳諧。松風社一世松前町の豪商鶴庵旭の弟子として、幕末期の松前俳壇系統図に名が載る。

¶江表(つた(北海道))

蔦 つた★
江戸時代後期の女性。狂歌。大矢氏。寛政2年刊、玉雲斎貞右著『狂歌玉雲集』に載る。
¶江表(蔦(大阪府))

津田愛増* つだあいぞう
生没年不詳 安土桃山時代の織田信長の家臣。
¶織田

津田愛之助* つだあいのすけ
弘化4(1847)年～元治1(1864)年 江戸時代末期の志士。
¶幕末([没]元治1(1864)年7月19日)

津田出* つだいずる
天保3(1832)年～明治38(1905)年6月2日 [別]津田出(つだいづる) 江戸時代末期～明治時代の和歌山藩士、貴族院議員。維新後和歌山藩大参事となり藩政改革。元老院議官。
¶コン,幕末([生]天保3(1832)年3月)

津田出 つだいづる
⇒津田出(つだいずる)

津田丑五郎* つだうしごろう
弘化2(1845)年～明治2(1869)年5月11日 江戸時代後期～明治時代の新撰組隊士。
¶新隊

津田景康* つだかげやす
永禄7(1564)年～寛永15(1638)年 安土桃山時代～江戸時代前期の陸奥仙台藩士。
¶全戦

津田一安* つだかずやす
?～天正4(1576)年12月15日 戦国時代～安土桃山時代の織田信長の家臣。
¶織田,全戦

津田要* つだかなめ
弘化4(1847)年～明治37(1904)年 江戸時代後期～明治時代の柏原藩執政。
¶幕末([没]明治37(1904)年4月12日)

津田勘七郎 つだかんしちろう
江戸時代前期の武士。大坂の陣で籠城。津田主水昌澄の長男。
¶大坂

津田宜義 つだぎぎ
⇒秋田十七郎(あきたじゅうしちろう)

津田清幽* つだきよふか
生没年不詳 安土桃山時代の織田信長の家臣。
¶織田

津田金平* つだきんぺい
?～明治8(1875)年 江戸時代末期～明治時代の儒者。
¶幕末([没]明治8(1875)年10月21日)

津田国千代*(津田国千世) つだくにちよ
生没年不詳 安土桃山時代の織田信長の家臣。
¶織田(津田国千世)

津田内蔵助の母 つだくらのすけのはは★
江戸時代の女性。和歌。丹波柏原の人。明治21年刊『柏原叢志』に載る。
¶江表(津田内蔵助の母(兵庫県))

津田源三郎 つだげんざぶろう
⇒織田勝長(おだかつなが)

津田玄仙* つだげんせん
元文2(1737)年～文化6(1809)年12月21日 江戸時代中期～後期の医師。
¶科学,コン

津田監物* つだけんもつ
?～永禄10(1567)年 戦国時代の武将。津田流砲術の始祖。
¶室町([没]永禄11(1568)年)

津田監物忠直 つだけんもつただなお
安土桃山時代～江戸時代前期の豊臣秀頼・池田忠雄の家臣。
¶大坂([生]慶長1年 [没]万治1年6月8日)

蔦子 つたこ★
江戸時代後期～明治時代の女性。教育。高遠藩藩士坂井順右衛門の娘。
¶江表(蔦子(長野県) [生]天保1(1830)年 [没]明治30(1897)年)

絡石子 つたこ
江戸時代末期の女性。和歌。村上源五郎高利の娘。文久1年成立「烈公一回御忌和歌」に載る。
¶江表(絡石子(茨城県))

津田維寧* つだこれやす
天保1(1830)年～明治27(1894)年 江戸時代末期～明治時代の小倉藩大庄屋、企救郡長。小倉活版社創設、門司新報を発行。
¶幕末([没]明治27(1894)年12月18日)

津田左京亮 つださきょうのすけ
江戸時代前期の武士。大坂の陣で籠城。
¶大坂([没]慶長20年5月7日)

津田二右衛門勝昌 つだじえもんかつまさ
江戸時代前期の大坂城士。落城後、蜂須賀至鎮に出仕。
¶大坂([没]承応3年5月28日)

津田重久 つだしげひさ
⇒津田与三郎(つだよさぶろう)

津田淳三* つだじゅんぞう
文政7(1824)年～明治12(1879)年 江戸時代末期～明治時代の医師、卯辰山養生所頭取。緒方洪庵の適塾で塾頭。加賀藩種痘所設立に貢献。著書に「薬名字韻引」。
¶幕末([没]明治12(1879)年10月)

都多女 つたじょ★
江戸時代後期の女性。俳諧。天保8年序、冬至庵庚年編『落穂集』に載る。
¶江表(都多女(東京都))

津田新右衛門* つだしんえもん
安土桃山時代の武士。織田氏家臣、豊臣氏家臣。
¶大坂

津田甚三郎* つだじんざぶろう
生没年不詳 安土桃山時代の織田信長の家臣。
¶織田

津田助広(――〔2代〕) つだすけひろ
⇒助広〔2代〕(すけひろ)

津田捨蔵*　つだすてぞう
嘉永5(1852)年～明治1(1868)年　江戸時代末期の白虎隊士。
¶全幕([没]慶応4(1868)年),幕末([没]慶応4(1868)年8月23日)

津田盛月　つだせいげつ
⇒織田左馬允(おださまのじょう)

津田正路　つだせいじ
⇒津田正路(つだまさみち)

津田仙*　つだせん
天保8(1837)年7月6日～明治41(1908)年4月24日　江戸時代末期～明治時代の洋学者。日本初のホテル築地ホテル理事。農学者、キリスト者としても知られる。
¶科学,思想,出版,植物,幕末

津田宗及*　つだそうきゅう,つだそうぎゅう
？～天正19(1591)年　[別]宗及(そうぎゅう)　安土桃山時代の堺の豪商、茶人。津田宗達の子。
¶コン,全戦(つだそうぎゅう),中世(つだそうぎゅう),俳文(宗及　そうぎゅう　[没]天正19(1591)年4月20日),山小(つだそうぎゅう　[没]1591年4月20日)

津田宗達*　つだそうたつ
永正1(1504)年～永禄9(1566)年　[別]天王寺屋宗達(てんのうじやそうたつ)　戦国時代の堺の豪商、茶人、天王寺屋、宗伯の子、宗及の父。
¶コン

津田長右衛門　つだちょうえもん
江戸時代前期の武士。大坂の陣で籠城。
¶大坂

津田伝兵衛　つだでんべい
⇒津田伝兵衛(つだでんべえ)

津田伝兵衛*　つだでんべえ
寛政10(1798)年～明治8(1875)年12月30日　[別]津田伝兵衛(つだでんべい)　江戸時代末期～明治時代の因幡鳥取藩士。
¶幕末([生]寛政10(1798)年7月24日)

津田東巌*(津田東厳)　つだとうがん
天保1(1830)年～明治25(1892)年　江戸時代末期～明治時代の水戸藩士、学者。「大日本史」の完成に尽力。著書に「水戸藩死事録」など。
¶幕末(津田東厳)

津田藤三郎　つだとうざぶろう
江戸時代前期の武士。大坂の陣で籠城。
¶大坂

津田豊太郎*　つだとよたろう
文政7(1824)年～慶応1(1865)年　江戸時代末期の水戸藩士。
¶幕末([没]慶応1(1865)年10月25日)

津田永忠*　つだながただ
寛永17(1640)年～宝永4(1707)年2月5日　江戸時代前期～中期の備前岡山藩士。
¶コン

津田長利　つだながとし
⇒織田長利(おだながとし)

蔦の輔・蔦之助　つたのすけ★
江戸時代末期の女性。狂歌。新吉原の甲子楼の遊女。安政2年刊『狂歌茶器財集』に載る。
¶江表(蔦の輔・蔦之助(東京都))

津田信澄*　つだのぶずみ
？～天正10(1582)年　[別]織田信澄(おだのぶずみ)　安土桃山時代の武将。
¶織田(織田信澄　おだのぶずみ　[生]永禄1(1558)年？　[没]天正10(1582)年6月5日),全戦(織田信澄　おだのぶずみ　[生]永禄1(1558)年？)

津田信次　つだのぶつぐ
⇒織田信次(おだのぶつぐ)

津田信久　つだのぶひさ
江戸時代中期～後期の幕臣。
¶徳人([生]1762年　[没]1807年)

津田信広*　つだのぶひろ
？～天正2(1574)年　[別]織田信広(おだのぶひろ)　戦国時代～安土桃山時代の武将。
¶織田(織田信広　おだのぶひろ　[没]天正2(1574)年9月29日),戦武(織田信広　おだのぶひろ)

津田信弘*　つだのぶひろ
文政7(1824)年～明治16(1883)年　江戸時代末期～明治時代の熊本藩士、熊本藩権大惨事、第百五十一銀行頭取。戊辰戦争で功あり。内務省、宮内省出仕。
¶全幕([生]文政6(1823)年),幕末([生]文政7(1824)年2月1日　[没]明治16(1883)年1月13日)

津田信光　つだのぶみつ
⇒織田信光(おだのぶみつ)

津田信之　つだのぶゆき
江戸時代中期の幕臣。
¶徳人([生]1741年　[没]？)

津田隼人正　つだはやとのしょう
⇒織田左馬允(おださまのじょう)

津田半三郎　つだはんざぶろう
江戸時代前期の武士。大坂の陣で籠城。後、酒井重澄に出仕。
¶大坂

津田秀成　つだひでなり
⇒織田秀成(おだひでなり)

津田秀政*　つだひでまさ
天文15(1546)年～寛永12(1635)年　安土桃山時代～江戸時代前期の武士。豊臣氏家臣、徳川氏家臣。
¶織田([没]寛永12(1635)年1月29日),徳人

津田兵部*　つだひょうぶ
慶長13(1608)年～元禄8(1695)年　江戸時代前期の用水開削功労者。
¶コン

津田弘道*　つだひろみち
天保5(1834)年～明治20(1887)年4月10日　江戸時代末期～明治時代の官吏、実業家。最初の世界周遊視察団の一員。第二十二国立銀行の取締役となり地域の経済発展、近代化に貢献。
¶幕末([生]天保5(1834)年5月4日　[没]明治20(1887)年4月14日)

津たふ女　つたふじょ★
江戸時代後期の女性。俳諧。戸倉の人。文政7年跋、八朗編『花野集』に載る。
¶江表(津たふ女(長野県))

津田平三郎信貫　つだへいざぶろうのぶつら
江戸時代前期の武士。大坂の陣で籠城。
¶大坂

津田孫十郎信政　つだまごじゅうろうのぶまさ
江戸時代前期の織田孫十郎信次の子。豊臣秀吉の家臣。
¶大坂（[没]慶長20年5月7日）

津田正臣*　つだまさおみ
天保12（1841）年～明治29（1896）年　江戸時代末期～明治時代の紀州藩士、和歌山県初代権令。天誅組討伐にあたり農兵を組織、のち農兵総裁。
¶幕末（[没]明治29（1896）年11月）

津田正邦*　つだまさくに
天保14（1843）年～明治40（1907）年　[別]斯波蕃（しばしげり，しばしげる，しばばん）　江戸時代末期～明治時代の加賀藩家老。
¶幕末（[没]明治40（1907）年3月9日）

津田正重　つだまさしげ
安土桃山時代～江戸時代前期の幕臣。
¶徳人（[生]1603年　[没]1661年）

津田政隣*　つだまさちか
宝暦6（1756）年～文化11（1814）年　江戸時代中期～後期の藩士。
¶コン

津田正輝*　つだまさてる
生没年不詳　戦国時代の紺屋の棟梁。
¶後北（正輝〔津田〕　まさてる）

津田正文の母　つだまさふみのはは★
江戸時代中期の女性。書簡・和歌。旗本津田正房の娘。
¶江表（津田正文の母（東京都）　[没]寛延2（1749）年）

津田正路*　つだまさみち
？～文久3（1863）年　[別]津田正路（つだせいじ）　江戸時代末期の幕臣（大目付）。
¶全幕，徳人（つだせいじ），幕末（[没]文久3（1863）年8月9日）

津田正満*　つだまさみつ
？～永禄8（1566）年12月10日　戦国時代～安土桃山時代の紺屋の棟梁。
¶後北（正満〔津田〕　まさみつ　[没]永禄8年12月10日）

津田又左衛門*　つだまたざえもん
？～寛文7（1667）年　江戸時代前期の長崎の商人。
¶対外（生没年不詳）

津田真道*　つだまみち
文政12（1829）年6月25日～明治36（1903）年9月3日　[別]津田明導（つだみょうどう）　江戸時代末期～明治時代の官僚、啓蒙思想家、貴族院議員。法制関係の官職歴任。明六社同人として啓蒙的論説多数。
¶コン，思想，女史，徳人，幕末，山小（[生]1829年6月25日　[没]1903年9月3日）

津田明導　つだみょうどう
⇒津田真道（つだまみち）

津田茂右衛門　つだもえもん
江戸時代前期の後藤又兵衛の家来。
¶大坂

津田元嘉*　つだもとよし
？～天正10（1582）年6月2日　戦国時代～安土桃山時代の織田信長の家臣。
¶織田

津田盛月　つだもりつき
⇒織田左馬允（おださまのじょう）

津田主水昌澄　つだもんどまさずみ
安土桃山時代～江戸時代前期の藤堂高虎・豊臣秀頼・徳川秀忠の家臣。
¶大坂（[生]天正7年　[没]寛永18年3月26日）

蔦屋吉蔵　つたやきちぞう
江戸時代後期～明治時代の地本問屋。文政年間頃より明治中頃まで。
¶浮絵

蔦屋重三郎*　つたやじゅうざぶろう
寛延3（1750）年～寛政9（1797）年5月6日　[別]唐丸（からまる）　江戸時代中期の書物・地本問屋。
¶浮絵（[生]寛延3（1750）年1月7日），江人，コン，出版（[生]寛延3（1750）年1月7日），山小（[生]1750年1月7日　[没]1797年5月6日）

津太夫*　つだゆう
[別]津太夫（しんだゆう）　江戸時代中期の漂流民。1793年漂流した後世界一周する。
¶コン（生没年不詳），全幕（[生]延享1（1771）年　[没]文化11（1814）年）

津田与三郎*　つだよさぶろう
生没年不詳　[別]津田重久（つだしげひさ）　安土桃山時代の織田信長の家臣。
¶織田（津田重久　つだしげひさ　[生]天文18（1549）年　[没]寛永11（1634）年12月26日）

津田利右衛門*　つだりえもん
生没年不詳　安土桃山時代の織田信長の家臣。
¶織田

槌井瓢七（槌井兵七〔1代〕）　つちいひょうしち
⇒増山金八〔2代〕（ますやまきんぱち）

槌井豊作　つちいほうさく
⇒増山金八〔3代〕（ますやまきんぱち）

土浦　つちうら★
江戸時代末期の女性。書簡。長門長府藩の老女。下関海峡の攘夷戦の様子や避難先の寺での生活ぶりを書簡で報告。
¶江表（土浦（山口県））

土川平兵衛*　つちかわへいべえ
享和1（1801）年～天保14（1843）年　江戸時代後期の近江国三上村庄屋。検地反対一揆の指導者の一人。
¶コン

つち子・鶴千子　つちこ★
江戸時代末期の女性。和歌。肥前島原串山の人。安政4年序、物集高世編『類題春草集』初に載る。
¶江表（つち子・鶴千子（長崎県））

槌子　つちこ★
江戸時代末期の女性。和歌。筑前福岡藩藩士長野休山の妻。嘉永7年刊、長沢伴雄編『類題鴨川五郎集』に載る。
¶江表（槌子（福岡県））

土子　つちこ★
江戸時代末期の女性。和歌。古谷氏。
¶江表（土子（大阪府）　[没]慶応1（1865）年）

土沢沙山* つちざわしゃざん
文化4(1807)年～明治18(1885)年12月27日 江戸時代末期～明治時代の俳諧師。
¶幕末

鎚女 つちじょ★
江戸時代末期の女性。俳諧。松舎むら女の母。
¶江表(鎚女(島根県))

土田衡平* つちだこうへい
天保7(1836)年～元治1(1864)年 江戸時代末期の武士。矢島生駒家臣。
¶幕末([生]天保7(1836)年7月22日 [没]元治1(1864)年11月5日)

土田新之丞* つちだしんのじょう
嘉永3(1850)年～明治27(1894)年7月23日 江戸時代後期～明治時代の新撰組隊士。
¶新隊

土田宗悦* つちだそうえつ
生没年不詳 江戸時代中期の蒔絵師。
¶コン,美工

土田友湖〔1代〕* つちだゆうこ
元禄4(1691)年～明和2(1765)年 江戸時代中期の袋物師、千家十職の一家。
¶美工([生]元禄2(1689)年)

土田友湖〔2代〕* つちだゆうこ
享保17(1732)年～宝暦7(1757)年 江戸時代中期の袋物師、千家十職の一家。
¶美工

土田友湖〔3代〕 つちだゆうこ
⇒土田友甫(つちだゆうほ)

土田友湖〔4代〕* つちだゆうこ
享保5(1720)年～享和1(1801)年 江戸時代中期～後期の袋物師、千家十職の一家。
¶美工

土田友湖〔5代〕* つちだゆうこ
安永8(1779)年～文政8(1825)年 江戸時代後期の袋物師、千家十職の一家。
¶美工

土田友湖〔6代〕* つちだゆうこ
文化1(1804)年～明治16(1883)年 江戸時代末期～明治時代の袋物師、千家十職の一家。
¶美工

土田友湖〔7代〕 つちだゆうこ
江戸時代後期～明治時代の袋物師。
¶美工([生]天保7(1836)年 [没]明治44(1911)年)

土田友甫* つちだゆうほ
延享4(1747)年～天明4(1784)年 [別]土田友湖〔3代〕(つちだゆうこ) 江戸時代中期の千家十職の一家、土田家の3代当主。
¶美工(土田友湖〔3代〕 つちだゆうこ)

戊子 つちのえね★
江戸時代中期の女性。和歌。旗本平岡重政の娘。今治藩主松平定時の室。
¶江表(戊子(愛媛県) [没]元禄13(1700)年)

土橋五郎兵衛 つちばしごろうひょうえ
安土桃山時代の高天神籠城衆。
¶武田([生]? [没]天正9(1581)年3月22日)

土橋さを* つちはしさお
元禄15(1702)年～宝暦13(1763)年10月15日 江戸時代中期の女性。蝦夷松前藩主松前邦広の妻。
¶江表(さを(北海道))

土橋重治* つちばししげはる
生没年不詳 [別]土橋春継(つちばしはるつぐ) 安土桃山時代の地方豪族・土豪。
¶織田(土橋春継 つちばしはるつぐ)

土橋下野守景明 つちはししもつけのかみかげあき
江戸時代前期の武士。大坂の陣で籠城。
¶大坂

土橋宗静* つちはしそうじょう
寛永13(1636)年～元禄11(1698)年 [別]宗静(そうじょう) 江戸時代前期～中期の連歌師、俳人。
¶俳文(宗静 そうじょう [没]元禄11(1698)年5月22日)

土橋惣太郎* つちはしそうたろう
天保3(1832)年～明治21(1888)年 江戸時代末期～明治時代の山城国郷士。郷士50人と御親兵隊に参入。
¶幕末([生]天保3(1832)年9月14日 [没]明治21(1888)年10月20日)

土橋胤継 つちばしたねつぐ
⇒土橋守重(つちばしもりしげ)

土橋友直* つちはしともなお
貞享2(1685)年～享保15(1730)年 江戸時代中期の民衆教育実践家。
¶コン

土橋春継 つちばしはるつぐ
⇒土橋重治(つちばししげはる)

土橋栄益 つちはしみつます
戦国時代の村中龍造寺家の胤栄の臣。
¶全戦([生]? [没]天文22(1553)年)

土橋守重* つちばしもりしげ
?～天正10(1582)年 [別]土橋胤継(つちばしたねつぐ) 安土桃山時代の地侍。
¶織田(土橋胤継 つちばしたねつぐ [没]天正10(1582)年1月23日),戦武

土御門顕方* つちみかどあきかた
生没年不詳 鎌倉時代前期の公卿(権大納言)。大納言中院通方の四男。
¶公卿,公家(顕方〔土御門家(絶家)3〕 あきかた)

土御門顕定* つちみかどあきさだ
建保3(1215)年～弘安6(1283)年 鎌倉時代後期の公卿(権大納言)。内大臣土御門定通の長男。
¶公卿([没]弘安6(1283)年8月12日),公家(顕定〔土御門家(絶家)1〕 あきさだ [没]弘安6(1283)年8月12日)

土御門顕実*(1) つちみかどあきざね
?～弘安2(1279)年9月15日 鎌倉時代前期の公卿(非参議)。権大納言土御門顕方の子。
¶公卿,公家(顕実〔土御門家(絶家)3〕 あきざね)

土御門顕実*(2) つちみかどあきざね
正安3(1301)年～元徳1(1329)年3月19日 鎌倉時代後期の公卿(権大納言)。権大納言土御門雅長の子。
¶公卿,公家(顕実〔土御門家(絶家)1〕 あきざね [没]嘉暦4(1329)年3月19日)

土御門顕親*　つちみかどあきちか
承久2(1220)年～?　鎌倉時代前期の公卿(権中納言)。内大臣土御門定通の次男。
¶公卿, 公家(顕親〔土御門家(絶家)1〕　あきちか)

土御門顕俊*　つちみかどあきとし
文永3(1266)年～元弘2/正慶1(1332)年3月　鎌倉時代後期の公卿(非参議)。左中将雅方の子。
¶公卿(②正慶1/元弘2(1332)年3月), 公家(顕俊〔土御門家(絶家)3〕　あきとし　②元弘2(1332)年3月)

土御門顕良*　つちみかどあきよし
嘉禄2(1226)年～?　鎌倉時代前期の公卿(権大納言)。内大臣土御門定通の三男。
¶公卿, 公家(顕良〔土御門家(絶家)1〕　あきよし)

土御門有季*　つちみかどありすえ
?～寛正6(1465)年12月15日　室町時代の公卿(非参議)。非参議土御門有盛の子。
¶公卿, 公家(有季〔土御門家〕　ありすえ)

土御門有仲*　つちみかどありなか
生没年不詳　室町時代の公卿(非参議)。非参議土御門有世の次男。
¶公卿, 公家(有仲〔土御門家〕　ありなか)

土御門有修(土御門有脩)　つちみかどありなが
⇒土御門有脩(つちみかどありやす)

土御門有宣*　つちみかどありのぶ
永享5(1433)年～永正11(1514)年2月13日　室町時代～戦国時代の公卿(非参議)。非参議土御門有季の子。
¶公卿, 公家(有宣〔土御門家〕　ありのぶ)

土御門有春*　つちみかどありはる
文亀1(1501)年～永禄12(1569)年6月19日　戦国時代の公卿(非参議)。非参議土御門有宣の子。
¶公卿, 公家(有春〔土御門家〕　ありはる)

土御門有盛*　つちみかどありもり
?～永享5(1433)年11月1日　室町時代の公卿(非参議)。非参議土御門有世の長男。
¶公卿, 公家(有盛〔土御門家〕　ありもり)

土御門有脩*　つちみかどありやす
大永7(1527)年～天正5(1577)年　別安倍有脩(あべのありなが)　土御門有修, 土御門有脩(つちみかどありなが)　戦国時代～安土桃山時代の暦学者, 公卿(非参議)。非参議土御門有春の子。
¶公卿(つちみかどありなが　②天正5(1577)年1月2日), 公家(有脩〔土御門家〕　ありなが　②天正5(1577)年1月2日)

土御門有世*　つちみかどありよ
嘉暦2(1327)年～応永12(1405)年1月29日　南北朝時代～室町時代の暦学者, 公卿(非参議)。従四位上・大炊権助・天文博士土御門泰吉の子。
¶公卿, 公家(有世〔土御門家〕　ありよ)

土御門定実*　つちみかどさだざね, つちみかどさださね
仁治2(1241)年～嘉元4(1306)年3月30日　鎌倉時代後期の公卿(太政大臣)。権大納言土御門顕定の子。
¶公卿(つちみかどさだざね), 公家(定実〔土御門家(絶家)1〕　さだざね), 中世

土御門定具*　つちみかどさだとも
興国1/暦応3(1340)年～応永5(1398)年2月20日　南北朝時代～室町時代の公卿(権大納言)。参議土御門通房の子。
¶公卿(④暦応3/興国1(1340)年), 公家(定具〔土御門家(絶家)1〕　さだとも)

土御門定長*　つちみかどさだなが
応永17(1410)年～?　室町時代の公卿(参議)。嘉吉元年従三位に叙される。
¶公卿, 公家(定長〔土御門家(絶家)1〕　さだなか)

土御門定通*　つちみかどさだみち
文治4(1188)年～宝治1(1247)年9月28日　別久我定通(こがさだみち)　鎌倉時代前期の公卿(内大臣)。源家系の土御門家の祖。村上天皇の皇子具平親王の末裔。
¶公卿, 公家(定通〔土御門家(絶家)1〕　さだみち), 古人(久我定通　こがさだみち), コン, 内乱

土御門上皇*　つちみかどじょうこう
⇒土御門天皇(つちみかどてんのう)

土御門資家*　つちみかどすけいえ
建徳2/応安4(1371)年～永享10(1438)年　南北朝時代～室町時代の公卿(権大納言)。権大納言土御門保光の子。
¶公卿(④応安4/建徳2(1371)年　②?), 公家(資家〔土御門家(絶家)〕　すけいえ　②永享10(1438)年3月3日)

土御門親定*　つちみかどちかさだ
文永4(1267)年～正和4(1315)年7月1日　鎌倉時代後期の公卿(権大納言)。太政大臣土御門定実の次男。
¶公卿, 公家(親定〔土御門家(絶家)1〕　ちかさだ)

土御門親賢*　つちみかどちかよし
永仁5(1297)年～正平5/観応1(1350)年2月13日　鎌倉時代～南北朝時代の公卿(権中納言)。権大納言土御門親定の子。
¶公卿(②観応1/正平5(1350)年2月13日), 公家(親賢〔土御門家(絶家)1〕　ちかかた　観応1(1350)年2月13日)

土御門天皇*　つちみかどてんのう
建久6(1195)年～寛喜3(1231)年　別阿波院(あわのいん), 土佐院(とさのいん)　鎌倉時代前期の第83代の天皇(在位1198～1210)。後鳥羽天皇の第1皇子。
¶コン, 天皇(④建久6(1195)年12月2日　②寛喜3(1231)年11月11日), 中世(土御門上皇　つちみかどじょうこう), 内乱, 山小(④1195年11月1日/12月2日　②1231年10月11日)

土御門晴雄　つちみかどはるお
⇒土御門晴雄(つちみかどはれお)

土御門晴雄*　つちみかどはれお
文政10(1827)年～明治2(1869)年　別土御門晴雄(つちみかどはるお)　江戸時代末期～明治時代の陰陽家。幕府天文方に奪われていた測量・暦計算の権限の認可を新政府より獲得。
¶公卿(④文政10(1827)年6月5日　②明治2(1869)年10月), 公家(晴雄〔土御門家〕　はれたけ　④文政10(1827)年6月5日　②明治2(1869)年10月6日), コン, 幕末(④文政10(1827)年6月5日　②明治2(1869)年10月6日)

土御門晴親*　つちみかどはれちか
天明7(1787)年12月8日～天保13(1842)年　江戸時代後期の公家(非参議)。非参議土御門泰栄の次男。
¶公卿(②天保13(1842)年6月8日), 公家(晴親〔土御門

家〕　はれちか　[没]天保13(1842)年6月28日)

土御門久脩*　つちみかどひさなか，つちみかどひさなが
永禄3(1560)年～寛永2(1625)年　[別]安倍久脩(あべのひさなが)　安土桃山時代～江戸時代前期の公家(非参議)。非参議土御門有脩の子。
¶公卿(つちみかどひさなが　[没]寛永2(1625)年1月18日)，公家(久脩〔土御門家〕　ひさなが　[没]寛永2(1625)年1月18日)

土御門藤子*　つちみかどふじこ
？～明治8(1875)年　[別]桃の井(もものい)　江戸時代末期～明治時代の女性。14代将軍徳川家茂の正室和宮の侍女。
¶江表(藤子(京都府))，全幕([生]天保13(1842)年？)，幕末([没]明治8(1875)年6月14日)

土御門雅長*　つちみかどまさなが
弘安10(1287)年～正和5(1316)年6月29日　鎌倉時代後期の公卿(権大納言)。大納言土御門雅房の子。
¶公卿，公家(雅長〔土御門家(絶家)1〕　まさなが)

土御門雅房*　つちみかどまさふさ
弘長3(1263)年～乾元1(1302)年9月28日　鎌倉時代後期の公卿(大納言)。太政大臣土御門定実の長男。
¶公卿，公家(雅房〔土御門家(絶家)1〕　まさふさ　[没]正安4(1302)年9月28日)

土御門通方　つちみかどみちかた
⇒中院通方(なかのいんみちかた)

土御門通親*　つちみかどみちちか
久安5(1149)年～建仁2(1202)年　[別]久我通親(こがみちちか)，源通親(みなもとのみちちか，みなもとみちちか)　平安時代後期～鎌倉時代前期の歌人・公卿(内大臣)。内大臣源雅通の長男。九条兼実を失脚させ、朝廷内での権力を掌握。後鳥羽天皇の義父、土御門天皇の外祖父として権勢をふるった。
¶公卿(源通親　みなもとのみちちか　[没]建仁2(1202)年10月21日)，公家(通親〔久我家〕　みちちか　[没]建仁2(1202)年10月21日)，古人，古人(源通親　みなもとのみちちか)，コン，中世(源通親　みなもとのみちちか)，内乱，平家(源通親　みなもとみちちか)

土御門通具*　つちみかどみちとも
承安1(1171)年～安貞1(1227)年9月2日　[別]久我通具(こがみちとも)，堀川通具(ほりかわみちとも)，源通具(みなもとのみちとも，みなもとみちとも)　鎌倉時代前期の歌人・公卿(大納言)。堀川家の祖。村上源氏の裔。
¶公卿(堀川通具　ほりかわみちとも　[生]嘉応2(1170)年)，公家(通具〔堀川家(絶家)2〕　みちとも　[生]1170年　[没]嘉禄3(1227)年9月2日)，古人，古人(源通具　みなもとのみちとも　[生]1170年)，詩作(源通具　みなもとのみちとも　[没]嘉禄3(1227)年)，日文(源通具　みなもとのみちとも　[没]嘉禄3(1227)年)

土御門通房*　つちみかどみちふさ
文保2(1318)年～興国6/貞和1(1345)年1月29日　鎌倉時代後期～南北朝時代の公卿(参議)。権大納言土御門顕実の子。
¶公卿([没]貞和1/興国6(1345)年1月29日)，公家(通房〔土御門家(絶家)1〕　みちふさ　[没]康永4(1345)年1月29日)

土御門通持*　つちみかどみちもつ
貞永1(1232)年～建治2(1276)年閏3月15日　鎌倉時代前期の公卿(参議)。権大納言土御門通行の長男。
¶公卿，公家(通持〔土御門家(絶家)2〕　みちもち)

土御門通行*　つちみかどみちゆき
建仁2(1202)年～文永7(1270)年6月30日　鎌倉時代前期の公卿(権大納言)。村上天皇の皇子具平親王の末裔。
¶公卿，公家(通行〔土御門家(絶家)2〕　みちゆき)

土御門泰家*　つちみかどやすいえ
？～応永24(1417)年7月16日　室町時代の公卿(非参議)。土御門有茂の子。
¶公卿，公家(泰家〔安倍家(絶家)2〕　やすいえ)

土御門泰清*　つちみかどやすきよ
*～永正8(1511)年12月14日　室町時代～戦国時代の公卿(非参議)。非参議西洞院有郷の子。
¶公卿([生]永享5(1433)年)，公家(泰清〔安倍家(絶家)2〕　やすきよ　[生]？)

土御門泰邦*　つちみかどやすくに
正徳1(1711)年～天明4(1784)年　[別]安倍泰邦(あべのやすくに，あべやすくに)　江戸時代中期の暦学者、公家(非参議)。非参議土御門泰福の三男。
¶公卿([生]正徳1(1711)年8月8日　[没]天明4(1784)年5月9日)，公家(泰邦〔土御門家〕　やすくに　[生]正徳1(1711)年8月8日　[没]天明4(1784)年5月9日)，コン(安倍泰邦　あべやすくに　生没年不詳)，コン

土御門泰重*　つちみかどやすしげ
天正14(1586)年～寛文1(1661)年　江戸時代前期の公家(非参議)。非参議土御門久脩の子。
¶公卿([生]天正14(1586)年1月8日　[没]寛文1(1661)年8月19日)，公家(泰重〔土御門家〕　やすしげ　[生]天正14(1586)年1月8日　[没]寛文1(1661)年8月19日)，コン

土御門泰連*　つちみかどやすつら
貞享2(1685)年6月27日～宝暦2(1752)年7月27日　江戸時代中期の公家(非参議)。非参議土御門泰福の次男。
¶公卿，公家(泰連〔土御門家〕　やすつら)

土御門泰栄*　つちみかどやすてる
宝暦8(1758)年10月4日～文化3(1806)年12月25日　[別]土御門泰栄(つちみかどやすなが)　江戸時代中期～後期の公家(非参議)。非参議倉橋有儀の子。
¶公卿，公家(泰栄〔土御門家〕　やすなが)

土御門泰福　つちみかどやすとし
⇒土御門泰福(つちみかどやすとみ)

土御門泰福*　つちみかどやすとみ
明暦1(1655)年6月20日～享保2(1717)年6月17日　[別]安倍泰福(あべのやすとみ，あべやすとみ)，土御門泰福(つちみかどやすとし)　江戸時代前期～中期の陰陽家、公家(非参議)。故隆俊の子。
¶江人，公卿(つちみかどやすとし)，公家(泰福〔土御門家〕　やすとみ)，コン，思想

土御門泰栄　つちみかどやすなが
⇒土御門泰栄(つちみかどやすてる)

土御門泰宣*　つちみかどやすのぶ
？～応永8(1401)年　南北朝時代～室町時代の公卿(非参議)。陰陽頭・大膳大夫・天文博士土御門泰世の子。
¶公卿，公家(泰宣〔安倍家(絶家)2〕　やすのぶ)

土御門保光*　つちみかどやすみつ
建武1(1334)年～*　南北朝時代の公卿(権大納言)。権大納言日野俊光の孫。
¶公卿([没]？)，公家(保光〔土御門家(絶家)〕　やすみつ　[没]応永9(1402)年8月13日)

槌村　つちむら
江戸時代後期の俳諧師。
¶俳文（[生]？　[没]文政12（1829）年11月25日）

つちめ
江戸時代末期の女性。和歌。筑前福岡の人。安政4年刊、周南大道の上田光美編『延齢松詩歌後集』に「筑前つちめ」として載る。
¶江表（つちめ（福岡県））

土持左平太＊　つちもちさへいた
生没年不詳　江戸時代末期の薩摩藩士。
¶幕末

土持親佐＊　つちもちちかすけ
生没年不詳　戦国時代の武将。
¶室町

土持政照＊　つちもちまさてる
天保5（1834）年～明治35（1902）年　江戸時代末期～明治時代の薩摩藩士。流された西郷を世話した。社倉を設立、島の政治経済の発展に寄与。
¶幕末

土本守為＊　つちもともりため
天保11（1840）年～慶応3（1867）年　江戸時代末期の剣術家。
¶幕末（[生]天保11（1840）年1月31日　[没]慶応3（1867）年9月14日）

土屋愛親　つちやあいしん
⇒土屋修蔵（つちやしゅぞう）

土屋斐子　つちやあやこ
⇒三枝斐子（さいぐさあやこ）

土屋安親〔1代〕　つちやあんしん
⇒土屋安親〔1代〕（つちややすちか）

土屋出雲守　つちやいずものかみ
戦国時代～安土桃山時代の甲斐・熊野村の熊野神社の神主。
¶武田（生没年不詳）

土谷一光〔1代〕＊　つちやいっこう
＊～明治15（1882）年　[別]横萩一光〔1代〕（よこはぎいっこう）　江戸時代後期～明治時代の陶工。
¶美工（横萩一光〔1代〕　よこはぎいっこう　[生]文化5（1808）年）

土谷一光〔2代〕　つちやいっこう
嘉永3（1850）年～大正13（1924）年　[別]横萩一光〔2代〕（よこはぎいっこう）　江戸時代後期～大正時代の陶工。
¶美工，美工（横萩一光〔2代〕　よこはぎいっこう）

土屋温斎＊　つちやおんさい
文政6（1823）年～明治23（1890）年　江戸時代末期～明治時代の和算家、学校経営。東京日本橋浜町に和算専門豊国学校経営。
¶コン，数学（[没]明治23（1890）年5月7日）

土屋数直＊　つちやかずなお
慶長13（1608）年～延宝7（1679）年　江戸時代前期の大名。常陸土浦藩主。
¶徳将

土屋勝長　つちやかつなが
安土桃山時代の北条氏直の家臣。外記助。外記助。
¶後北（勝長〔土屋（2）〕　かつなが）

土屋勝正　つちやかつまさ
？～正保1（1644）年　江戸時代前期の幕臣。
¶徳人，徳代（[没]正保1（1644）年8月16日）

土屋公章＊　つちやこうしょう
文化11（1814）年～慶応3（1867）年　江戸時代末期の鯖江藩士。
¶幕末（[没]慶応3（1867）年1月16日）

土屋左衛門太郎　つちやさえもんたろう
戦国時代～安土桃山時代の北条氏康・氏政の家臣。
¶後北（左衛門太郎〔土屋（1）〕　さえもんたろう）

土屋貞綱＊　つちやさだつな
？～天正3（1575）年　安土桃山時代の武士。武田氏家臣。
¶武田（[没]天正3（1575）年5月21日）

土屋三余＊　つちやさんよ
文化12（1815）年～慶応2（1866）年　江戸時代末期の漢学者。
¶幕末

土屋挙直＊　つちやしげなお
嘉永5（1852）年～明治25（1892）年　江戸時代末期～明治時代の土浦藩主、土浦藩知事。
¶幕末（[生]嘉永5（1852）年9月22日　[没]明治25（1892）年10月25日）

土屋重成　つちやしげなり
安土桃山時代～江戸時代前期の幕臣。
¶徳人（[生]1564年　[没]1611年）

土屋次左衛門尉　つちやじざえもんのじょう
戦国時代～安土桃山時代の武士。長篠合戦で討死。
¶武田（[生]天文5（1536）年　[没]天正3（1575）年5月21日）

土屋修蔵　つちやしゅうぞう
⇒土屋修蔵（つちやしゅぞう）

土屋修蔵＊　つちやしゅぞう
寛政9（1797）年～明治13（1880）年　[別]土屋愛親（つちやあいしん，つちやよしちか），土屋修蔵（つちやしゅうぞう）　江戸時代末期～明治時代の和算家。
¶数学（土屋愛親　つちやよしちか　[生]寛政10（1798）年　[没]明治15（1882）年1月30日），幕末（つちやしゅうぞう）

土屋蕭海＊　つちやしょうかい
文政12（1829）年～元治1（1864）年　[別]土屋矢之介，土屋矢之助（つちややのすけ）　江戸時代末期の長州（萩）藩寄組。
¶コン（土屋矢之助　つちややのすけ），全幕，幕末（[生]文政12（1830）年12月25日　[没]元治1（1864）年9月11日）

土屋新之丞　つちやしんのじょう
安土桃山時代の小姓衆。能楽師大蔵大夫の子、新蔵。
¶武田（[生]？　[没]天正3（1575）年5月21日）

土屋助丞　つちやすけのじょう
安土桃山時代の禰津月直の被官。
¶武田（[生]？　[没]天正3（1575）年5月21日）

土屋正直　つちやせいちょく
江戸時代後期～末期の幕臣。
¶徳人（生没年不詳）

土屋善右衛門＊　つちやぜんえもん
文政9（1826）年～明治31（1898）年　江戸時代末期～明治時代の肥前大村藩士。
¶幕末（[生]文政9（1826）年1月11日　[没]明治31（1898）年3

月15日)

土屋善四郎〔1代〕* つちやぜんしろう
?～天明6(1786)年　江戸時代中期の出雲国布志名焼の陶工。
¶コン,美工([没]天明6(1786)年1月)

土屋善四郎〔2代〕* つちやぜんしろう
?～文政4(1821)年　江戸時代後期の出雲楽山・布志名の陶工。
¶コン,美工

土屋喬直　つちやたかなお
江戸時代前期～中期の幕臣。
¶徳人([生]1666年　[没]1725年)

土屋廉直* つちやただなお
宝暦9(1759)年～?　江戸時代中期～後期の幕臣。
¶徳人

土屋藤左衛門尉　つちやとうざえもんのじょう
安土桃山時代の武田氏の家臣、菊姫の付家臣。
¶武田(生没年不詳)

土屋呈子　つちやときこ
⇒伊達呈子(だてときこ)

土屋利陽　つちやとしあきら
江戸時代中期の代官。
¶徳代([生]?　[没]元禄4(1691)年10月29日)

土屋等綱　つちやともつな
戦国時代の上野国衆国峰小幡氏の家臣。甘楽郡南部山中の地縁集団山中衆のひとり。
¶武田(生没年不詳)

土屋寅直* つちやともなお
文政3(1820)年～明治28(1895)年11月29日　江戸時代後期～明治時代の大名、華族。
¶全幕,幕末([生]文政3(1820)年2月24日　[没]明治28(1895)年11月30日)

土屋信篤* つちやのぶあつ
生没年不詳　江戸時代後期の和算家。
¶数学

土屋信義* つちやのぶよし
生没年不詳　江戸時代後期の和算家。
¶数学

土屋秀直　つちやひでなお
江戸時代前期～中期の幕臣。
¶徳人([生]1687年　[没]1754年)

土屋兵部　つちやひょうぶ
安土桃山時代の武士。
¶武田([生]?　[没]天正10年2月5日)

土屋附明　つちやふめい
江戸時代後期～明治時代の和算家、須坂藩士。
¶数学([生]天保2(1831)年　[没]明治25(1892)年)

土屋平右衛門正勝の妻　つちやへいえもんまさかつのつま*
江戸時代前期の女性。和歌。旗本長谷川淡路守正信の娘。貞享5年跋、浅井忠能編「難波捨草」に載る。
¶江表(土屋平右衛門正勝の妻(東京都))

土屋平四郎* つちやへいしろう
天保11(1840)年～明治41(1908)年　江戸時代末期～明治時代の萩藩士。勝海舟に機関学を学ぶ。兵部省出仕、海軍機関大監となる。
¶幕末([没]明治41(1908)年3月28日)

土屋鳳洲* つちやほうしゅう
天保12(1841)年～昭和1(1926)年　江戸時代末期～明治時代の岸和田藩士、漢学者。
¶詩作([生]天保12(1841)年12月13日　[没]大正15(1926)年),幕末([生]天保12(1841)年12月13日　[没]大正15(1926)年3月15日)

土屋正方　つちやまさかた
江戸時代中期の幕臣。
¶徳人([生]1709年　[没]1768年)

土屋正甫　つちやまさすけ
江戸時代中期～後期の幕臣。
¶徳人([生]1745年　[没]1799年)

土屋昌次*(土屋昌続)　つちやまさつぐ
天文14(1545)年～天正3(1575)年　[別]土屋昌続(つきやまさつぐ)　安土桃山時代の武将。武田氏家臣。
¶全戦(土屋昌続　つきやまさつぐ),武田(土屋昌続　[生]天文14(1545)年?　[没]天正3(1575)年5月21日)

土屋昌恒* つちやまさつね
弘治2(1556)年～天正10(1582)年　安土桃山時代の武士。武田氏家臣。
¶全戦,武田([生]弘治2(1556)年?　[没]天正10(1582)年3月11日)

土屋政直* つちやまさなお
寛永18(1641)年～享保7(1722)年　江戸時代前期～中期の大名。常陸土浦藩主、駿河田中藩主。
¶コン,徳将

土屋正直　つちやまさなお
江戸時代後期～末期の旗本。
¶幕末([生]天保4(1833)年頃　[没]?)

土屋正延　つちやまさのぶ
江戸時代中期の幕臣。
¶徳人([生]1736年　[没]1785年)

土屋正備　つちやまさよし
江戸時代中期～後期の佐渡奉行、日光奉行、鑓奉行。
¶徳代([生]宝暦8(1758)年　[没]文政10(1827)年11月26日)

土山孝之* つちやまたかゆき
元文5(1740)年～天明7(1788)年　江戸時代中期の旗本、勘定組頭。父は孝祖。
¶徳人([生]?　[没]1787年)

土屋又三郎* つちやまたさぶろう
*～享保4(1719)年　[別]土屋義休(つちやよしやす)　江戸時代前期～中期の勧農家。和算・測量術の巧者。
¶コン([生]寛永19(1642)年)

土屋又七郎　つちやまたしちろう
戦国時代の武士。元は武河衆教来石氏。
¶武田(生没年不詳)

土屋光春　つちやみつはる
江戸時代後期～大正時代の岡崎藩士。
¶全幕([生]嘉永1(1848)年　[没]大正9(1920)年)

土屋宗遠* つちやむねとお
?～建保1(1213)年　平安時代後期～鎌倉時代前期の武将。
¶内乱([没]建暦3(1213)年),平家([没]建保1(1213)年?)

土屋宗光* つちやむねみつ
寿永3(1184)年～嘉禎1(1235)年　鎌倉時代前期の武将。
¶古人

土屋木工左衛門尉 つちやもくさえもんのじょう
戦国時代～安土桃山時代の海賊衆。
¶武田(生没年不詳)

土屋茂助* つちやもすけ
？～明治2(1869)年　江戸時代末期の加賀藩士。
¶幕末([没]明治2(1869)年8月9日)

土屋守直* つちやもりなお
享保19(1734)年～天明4(1784)年　江戸時代中期の武士。
¶徳人

土屋安親〔1代〕* つちややすちか
寛文10(1670)年～延享1(1744)年　[別]土屋安親〔1代〕(つちやあんしん)，安親(やすちか)　江戸時代中期の装剣金工家。庄内藩土屋忠左衛門の子。
¶江人(代数なし　[没]1740年)，コン(代数なし)，美工([没]延享1(1744)年9月27日)

土屋矢之介(土屋矢之助)　つちややのすけ
⇒土屋蕭海(つちやしょうかい)

土屋義清* つちやよしきよ
？～建保1(1213)年　[別]平義清(たいらのよしきよ)　鎌倉時代前期の武将。
¶古人(平義清　たいらのよしきよ)，コン

土屋愛親 つちやよしちか
⇒土屋修蔵(つちやしゅぞう)

土屋義休 つちやよしやす
⇒土屋又三郎(つちやまたさぶろう)

土屋与次郎 つちやよじろう
戦国時代の北条氏康の家臣長田但馬守の同心？
¶後北(与次郎〔土屋(3)〕　よじろう)

土屋林紅* つちやりんこう
？～宝暦2(1752)年　[別]林紅(りんこう)　江戸時代中期の俳人(蕉門)。
¶俳文(林紅　りんこう　[生]延宝8(1680)年　[没]宝暦2(1752)年7月26日)

筒井伊賀守定次 つついいがのかみさだつぐ
⇒筒井定次(つついさだつぐ)

筒井栄舜房順昭 つついえいしゅんぼうじゅんしょう
⇒筒井順昭(つついじゅんしょう)

筒井清興* つついきよおき
天保5(1834)年～明治32(1899)年　江戸時代末期～明治時代の土佐勤王党の志士。維新後は農業に従事、郷土発展に尽力。
¶幕末([没]明治32(1899)年1月7日)

筒井定次* つついさだつぐ
永禄5(1562)年～元和1(1615)年　[別]伊賀侍従(いがじじゅう)，小泉四郎(こいずみしろう)，筒井伊賀守定次(つついいがのかみさだつぐ)　安土桃山時代～江戸時代前期のキリシタン、大名。伊賀上野藩主。
¶コン，全戦，対外

筒井秋水* つついしゅうすい
文化12(1815)年～明治27(1894)年　江戸時代末期～明治時代の漢学者。子弟の教育にあたり、多くの逸材を育てる。
¶幕末

筒井銑蔵 つついじゅうぞう
江戸時代後期の武士、支配勘定。
¶徳代(生没年不詳)

筒井順永* つついじゅんえい
応永26(1419)年～文明8(1476)年　室町時代の武将。大和筒井荘の国人。順覚の子。
¶コン，内乱，室町

筒井順覚* つついじゅんかく
生没年不詳　室町時代の興福寺の衆徒。
¶コン，中世([生]？　[没]1434年)，室町([生]？　[没]永享6(1434)年)

筒井順興 つついじゅんきょう
⇒筒井順興(つついじゅんこう)

筒井順慶* つついじゅんけい
天文18(1549)年～天正12(1584)年　[別]筒井藤政(つついふじまさ)，筒井陽舜房順慶法印(つついようしゅんぼうじゅんけいほういん)，陽舜房(ようしゅんぼう)　安土桃山時代の武将。幼名は藤勝。順昭の子。
¶織田([没]天正12(1584)年8月11日)，コン，全戦，戦武，室町，山小([没]1584年8月11日)

筒井順興* つついじゅんこう
文明16(1484)年～天文4(1535)年　[別]筒井順興(つついじゅんきょう)，筒井順興法印(つついじゅんこうほういん)　戦国時代の国衆。
¶コン([生]？)，全戦(つついじゅんきょう)，室町

筒井順興法印 つついじゅんこうほういん
⇒筒井順興(つついじゅんこう)

筒井順国 つついじゅんこく
戦国時代～安土桃山時代の武将。
¶戦武([生]享禄4(1531)年　[没]天正8(1580)年)

筒井順昭* つついじゅんしょう
大永3(1523)年～天文19(1550)年　[別]筒井栄舜房順昭(つついえいしゅんぼうじゅんしょう)　戦国時代の武将、大和国人、興福寺官符衆徒、一乗院家坊人。
¶コン([没]天文20(1551)年)，全戦，戦武，中世([生]1524年)

筒井順明 つついとしあきら
江戸時代前期～中期の幕臣。
¶徳人([生]1683年　[没]1743年)

筒井藤政 つついふじまさ
⇒筒井順慶(つついじゅんけい)

筒井政憲* つついまさのり
安永7(1778)年～安政6(1859)年　江戸時代後期の幕臣。旗本久世広景の子。
¶コン，全幕，徳将，徳人，幕末([生]安永7(1778)年5月21日　[没]安政6(1859)年6月8日)

筒井村作兵衛* つついむらさくべえ
元禄1(1688)年～享保17(1732)年　[別]義農作兵衛(ぎのうさくべえ)　江戸時代中期の伊予国の篤農家。
¶コン

筒井陽舜房順慶法印 つついようしゅんぼうじゅんけいほういん
⇒筒井順慶(つついじゅんけい)

筒井義信　つついよしのぶ
江戸時代後期～明治時代の陸軍軍人。幕臣の子。函館戦争で工兵隊頭改役。戦後静岡藩に復籍。
¶幕末（[生]弘化3（1846）年　[没]明治33（1900）年11月19日）

都築温*　つづきあつし
弘化2（1845）年～明治18（1885）年　江戸時代末期～明治時代の武士、官吏。
¶全幕，幕末（[生]弘化2（1845）年6月27日　[没]明治18（1885）年9月27日）

津々木蔵人*　つづきくらんど
生没年不詳　安土桃山時代の織田信長の家臣。
¶織田

都筑九郎右衛門*　つづきくろうえもん
天保10（1839）年～明治3（1870）年　[別]都築泰観（つづきやすちか）　江戸時代末期～明治時代の尾張藩士。
¶幕末（[生]天保10（1839）年3月27日　[没]明治3（1870）年3月21日）

都筑成幸　つづきしげゆき
江戸時代後期～明治時代の幕臣。
¶徳人（[生]1844年　[没]1912年）

都築丈右衛門直照　つづきじょうえもんなおてる
江戸時代前期の豊臣秀頼の使番。
¶大坂（[没]慶長20年5月7日）

都筑為政*（都築為政）　つづきためまさ
弘治1（1555）年～元和9（1623）年　戦国時代～江戸時代前期の武将。
¶徳人（都築為政　[没]1622年）

都築太郎左衛門尉*　つづきたろうざもんのじょう
生没年不詳　戦国時代の北条氏の家臣。
¶後北（太郎左衛門尉〔都筑〕　たろうざえもんのじょう）

都築利長　つづきとしなが
江戸時代末期～明治時代の和算家。関流九伝を称す。
¶数学

都築利治　つづきとしはる
江戸時代後期～大正時代の和算家。
¶数学（[生]嘉永4（1851）年　[没]大正14（1925）年5月）

都築法景　つづきのりかげ
江戸時代前期～中期の代官。
¶徳代（[生]寛文7（1667）年　[没]享保19（1734）年5月24日）

都筑徳高　つづきのりたか
江戸時代後期～末期の幕臣。
¶徳人（生没年不詳）

都築則次　つづきのりつぐ
江戸時代前期～中期の代官。
¶徳代（[生]寛永1（1624）年　[没]元禄7（1694）年5月6日）

都筑豊後守　つづきぶんごのかみ
安土桃山時代の武蔵国松山城主上田長則の家臣。
¶後北（豊後守〔都筑〕　ぶんごのかみ）

都築峯暉　つづきほうき
⇒都筑峰暉（つづきみねあき）

都築峯重　つづきほうじゅう
⇒都筑峯重（つづきみねしげ）

都築昌孝　つづきまさたか
江戸時代中期の幕臣。
¶徳人（[生]？　[没]1698年）

都築正倚　つづきまさより
江戸時代前期～中期の代官。
¶徳代（[生]寛文5（1665）年　[没]享保14（1729）年10月13日）

都筑光郷　つづきみつさと
江戸時代中期の幕臣。
¶徳人（[生]1759年　[没]？）

都筑峰暉*　つづきみねあき
[別]都築峯暉（つづきほうき）　江戸時代末期の幕臣。
¶徳人（都築峯暉　つづきほうき　生没年不詳），幕末（[生]？　[没]明治32（1899）年2月2日）

都筑峯重*（都筑峰重）　つづきみねしげ
享和3（1803）年～安政5（1858）年　[別]都築峯重（つづきほうじゅう）　江戸時代末期の幕臣。
¶コン（都筑峰重），全幕（都築峰重），徳人（都筑峰重），徳代（都築峯重　つづきほうじゅう　[没]安政5（1858）年4月6日），幕末（都筑峰重　[没]安政5（1858）年3月18日）

都築泰観　つづきやすちか
⇒都筑九郎右衛門（つづきくろうえもん）

堤哲長*　つつみあきなが
文政10（1827）年～明治2（1869）年　江戸時代末期の公家（非参議）。権中納言堤広長の孫。
¶公卿（[生]文政10（1827）年12月22日　[没]明治2（1869）年3月4日），公家（哲長〔堤家〕　あきなが　[生]文政10（1827）年12月22日　[没]明治2（1869）年4月4日），幕末（[生]文政10（1828）年12月22日　[没]明治2（1869）年3月4日）

堤朝風*　つつみあさかぜ
明和2（1765）年～天保5（1834）年　江戸時代後期の国学者。
¶思想

鼓包武*　つづみかねたけ
弘化3（1846）年～大正3（1914）年　江戸時代末期～大正時代の長州藩士。大村益次郎遭難に際し看護を尽くす。
¶幕末（[没]大正3（1914）年9月20日）

堤源介*　つつみげんすけ
生没年不詳　安土桃山時代の織田信長の家臣。
¶織田

堤維長*　つつみこれなが
*～安政6（1859）年　[別]堤維長（つつみつななが）　江戸時代末期の公家（非参議）。権中納言堤広長の子。
¶公卿（[生]寛政12（1800）年1月11日　[没]安政6（1859）年8月9日），公家（維長〔堤家〕　つななが　[生]寛政12（1800）年1月11日　[没]安政6（1859）年8月10日）

堤佐仲*　つつみさちゅう
文政1（1818）年～明治1（1868）年　江戸時代末期の医師、詩人。
¶幕末

堤栄長*　つつみしげなが
享保20（1735）年10月4日～寛政7（1795）年8月8日　江戸時代中期の公家（参議）。権中納言堤代長の子。
¶公卿，公家（栄長〔堤家〕　よしなが）

堤代長*　つつみしろなが
享保1(1716)年2月20日～天明3(1783)年11月28日
江戸時代中期の公家(権中納言)。権大納言坊城俊清の次男。
¶公卿,公家(代長〔堤家〕　としなが)

津々見忠季　つつみただすえ
⇒若狭忠季(わかさただすえ)

堤中納言　つつみちゅうなごん
⇒藤原兼輔(ふじわらのかねすけ)

堤維長　つつみつななが
⇒堤維長(つつみこれなが)

鼓時子　つつみときこ★
江戸時代後期の女性。狂歌。文化11年序、四方滝水楼米人編『狂歌水鷹集』に載る。
¶江表(鼓時子(東京都))

堤信遠*　つつみのぶとお
?～治承4(1180)年　平安時代後期の武士、堤権守。
¶古人

堤敬長*　つつみのりなが
宝暦5(1755)年6月14日～寛政12(1800)年8月23日
江戸時代中期～後期の公家(参議)。参議堤栄長の子。
¶公卿,公家(敬長〔堤家〕　ゆきなが)

堤梅通*　つつみばいつう
寛政9(1797)年～元治1(1864)年　[別]梅通(ばいつう)　江戸時代末期の俳人。
¶俳文(梅通　ばいつう　[没]元治1(1864)年3月12日)

堤彦三郎　つつみひこさぶろう
安土桃山時代の相模国玉縄城主北条氏繁の家臣。
¶後北(彦三郎〔堤〕　ひこさぶろう)

堤広長*　つつみひろなが
安永2(1773)年2月9日～嘉永1(1848)年1月5日
江戸時代後期の公家(権中納言)。参議堤敬長の子。
¶公卿,公家(広長〔堤家〕　ひろなが)

鼓判官　つづみほうがん
⇒平知康(たいらのともやす)

堤正誼*(堤正誼)　つつみまさよし
天保5(1834)年～大正10(1921)年　江戸時代末期～大正時代の宮内官、男爵。貴族院議員、宮中顧問官を歴任。
¶幕末([生]天保5(1834)年11月6日　[没]大正10(1921)年7月19日)

堤盛員　つつみもりかず
⇒荒木田盛員(あらきだもりかず)

堤盛徴　つつみもりずみ
⇒荒木田盛徴(あらきだもりずみ)

堤量水*　つつみりょうすい
生没年不詳　江戸時代後期の和算家。
¶数学

つな(1)
江戸時代中期の女性。俳諧。加賀の人。明和8年刊、高桑闌更編『落葉考』に載る。
¶江表(つな(石川県))

つな(2)
江戸時代中期の女性。俳諧。筑後柳川の人。享保12年刊、咸木而ほか編『藪の井』に載る。
¶江表(つな(福岡県))

つな(3)
江戸時代中期の女性。俳諧。享保2年刊、塩足市山ほか編『百曲』に少女の句として載る。
¶江表(つな(長崎県))

つな(4)
江戸時代後期の女性。俳諧。歌舞伎役者大谷友右衛門の妻。夫は天保2年に嵐舎丸から襲名。
¶江表(つな(大阪府))

つな(5)
江戸時代後期の女性。俳諧。播磨明石の人。文政4年刊、柿耶丸長斎編『万家人名録拾遺』に載る。
¶江表(つな(兵庫県))

つな(6)
江戸時代後期～明治時代の女性。和歌・書簡。肥前蓮池藩主鍋島直与の娘。
¶江表(つな(長崎県)　[生]嘉永1(1848)年　[没]明治23(1890)年)

綱(1)　つな★
江戸時代中期の女性。和歌。備中向市場の庄屋岡道矩の娘。
¶江表(綱(岡山県)　[没]安永4(1775)年)

綱(2)　つな★
江戸時代中期の女性。和歌。豊前小倉藩藩士犬甘半左衛門治政の妻。元文2年刊、竺巌編『泉山景境詩歌集』に載る。
¶江表(綱(福岡県))

綱(3)　つな★
江戸時代後期の女性。和歌。阿波徳島藩主蜂須賀治昭の娘。
¶江表(綱(三重県)　[生]寛政4(1792)年　[没]天保10(1839)年)

津奈(1)　つな★
江戸時代の女性。俳諧。美作の人。
¶江表(津奈(岡山県))

津奈(2)　つな★
江戸時代中期の女性。和歌。中嶋知義の妻。享保8年の「柿本大明神社奉納和歌」に載る。
¶江表(津奈(島根県))

綱家*　つないえ
生没年不詳　戦国時代の刀鍛冶。
¶後北

綱江　つなえ★
江戸時代後期～大正時代の女性。和歌・奥女中。佐賀藩士兵動作兵衛の娘。
¶江表(綱江(佐賀県)　[生]天保4(1833)年　[没]大正9(1920)年)

常川重信　つなかわしげのぶ
江戸時代中期の画家。
¶浮絵(生没年不詳)

維君*　つなぎみ
天明5(1785)年2月15日～弘化4(1847)年7月26日
江戸時代後期の女性。左大臣近衛基前の妻。
¶江表(維学心院(愛知県)),江表(維子(京都府)　つなこ)

つな子　つなこ★
江戸時代中期の女性。和歌。幕臣、小十人組岡本五郎左衛門正輔の妻。明和5年刊、石野広通編『霞関

集』に載る。
¶江表(つな子(東京都))

綱子(1) つなこ⋆
江戸時代後期の女性。和歌。蒲生郡浅小井村の今村喜多造の妻。嘉永3年刊、長沢伴雄編『類題鴨川次郎集』に載る。
¶江表(綱子(滋賀県))

綱子(2) つなこ⋆
江戸時代後期の女性。日記・和歌。参議正親町三条実同の娘。嘉永5年祐宮誕生に際し、剃髪の身で世話をした。
¶江表(綱子(京都府))

綱子(3) つなこ⋆
江戸時代末期〜大正時代の女性。和歌。徳島藩の奥女中。
¶江表(綱子(徳島県) [没]大正10(1921)年)

綱子(4) つなこ⋆
江戸時代末期〜明治時代の女性。教育。宇和島藩藩士荒木謙一郎の伯母。
¶江表(綱子(愛媛県) [没]明治16(1883)年)

纜子 つなこ⋆
江戸時代後期の女性。和歌。江戸後期の儒学者林大学頭述斎の娘。文政6年の一条忠良著「雅楽頭豊原統秋三百年遠忌和歌扣」に載る。
¶江表(纜子(東京都))

綱子(1) つなご⋆
江戸時代中期の女性。和歌。関白近衛家の養女。
¶江表(綱子(青森県) [没]享保14(1729)年)

綱子(2) つなご⋆
江戸時代末期の女性。和歌。出雲松江藩士小田才一兵衛の妻。慶応2年序、村上忠順編『類題嵯峨野歌集』に載る。
¶江表(綱子(島根県))

綱島亀吉 つなしまかめきち
江戸時代末期〜明治時代の版元。文久年間から明治30年代半ば頃。
¶浮絵

綱島豊後守 つなしまぶんごのかみ
江戸時代前期の信濃国更級郡綱島郷の土豪。
¶武田([生]? [没]元和1(1615)年10月24日)

綱嶋栗 つなしまりつ
江戸時代後期の眼科医。
¶眼医(生没年不詳)

綱女 つなじょ⋆
江戸時代後期の女性。和歌。土崎湊町の舟木新蔵の母。文化15年序、秋田藩士山方泰通編「月花集」に載る。
¶江表(綱女(秋田県))

都菜女 つなじょ⋆
江戸時代末期の女性。俳諧。石見大田の人。嘉永7年刊、金子頼甫編『石海集』初に載る。
¶江表(都菜女(島根県))

綱俊〔2代〕* つなとし
天保7(1836)年〜明治28(1895)年 江戸時代末期〜明治時代の刀工。日向伊東家の鍛冶となる。
¶美工([没]明治28(1895)年11月2日)

韶仁親王* つなひとしんのう
*〜弘化2(1845)年2月28日 江戸時代中期〜後期の織仁親王の王子。
¶天皇([生]天明4(1784)年12月19日)

綱村 つなむら
⇒伊達綱村(だてつなむら)

都怒我阿羅斯等* つぬがあらしと
伝説上の人物。垂仁天皇に仕えたとされる。
¶古代

角鹿時通 つぬがときみち
平安時代中期の官人。
¶古人(生没年不詳)

角家主 つぬのいえぬし
奈良時代の遣新羅使。
¶古人(生没年不詳)

角兄麻呂 つぬのえまろ
⇒角兄麻呂(ろくのえまろ)

角広弁 つぬのこうべん
⇒角広弁(つぬのひろべ)

角忠基 つぬのただもと
平安時代後期の官人。
¶古人(生没年不詳)

角広弁* つぬのひろべ
[別]角広弁(つぬのこうべん),角朝臣広弁(つののあそみひろべ) 奈良時代の歌人。
¶古人(つぬのこうべん 生没年不詳)

都努匡頼 つぬのまさより
平安時代中期の官人。
¶古人(生没年不詳)

津野媛 つぬひめ
⇒津野媛(つのひめ)

つね(1)
江戸時代中期の女性。俳諧。石川の人。元禄12年序、相楽等躬編『伊達衣』に載る。
¶江表(つね(福島県))

つね(2)
江戸時代中期の女性。俳諧。戸倉の名主で酒造業を営む豪農の俳人坂井可明の妻。天明7年の宮本虎杖編「十七言艸稿」三に載る。
¶江表(つね(長野県))

つね(3)
江戸時代中期の女性。俳諧。伊豆古奈の人。明和8年刊、六花庵乙児編『伊豆十二歌仙附録』に載る。
¶江表(つね(静岡県))

つね(4)
江戸時代中期の女性。俳諧。俳人井上挙桃の妻。享保7年刊、一如軒旦海編『鹿子の渡』に載る。
¶江表(つね(兵庫県))

つね(5)
江戸時代中期の女性。俳諧・和歌。仁尾の吉田慶恭の妻。木村寸木編『金毘羅会』、『花の市』ほか、元禄〜享保初め頃の讃岐俳人の手になる多くの俳書に入集。
¶江表(つね(香川県))

つね(6)
江戸時代後期の女性。和歌。仙台藩士松川宇仲の

娘。文化11年刊、中山忠雄・河田正致編『柿本社奉納和歌集』に載る。
¶江表（つね（宮城県））

つね(7)
江戸時代後期の女性。和歌・書。北八代村の医師飯田格山の妻。公卿歌人富小路貞直に和歌を学ぶ。
¶江表（つね（山梨県））

つね(8)
江戸時代後期の女性。俳諧。但馬豊岡の人。文化2年序、其朝編、『ふくるま』に載る。
¶江表（つね（兵庫県））

つね(9)
江戸時代末期の女性。俳諧。仙台の人。安政年間刊、広舌庵太年編『牛のあゆみ』に載る。
¶江表（つね（宮城県））

つね(10)
江戸時代末期～明治時代の女性。宗教・和歌。商人畠正助の娘。
¶江表（つね（宮城県） [没]明治17（1884）年）

つね(11)
江戸時代末期～明治時代の女性。和歌。歌人で俳人馬瀬信敬の妻。
¶江表（つね（三重県））

ツネ
江戸時代末期～明治時代の女性。教育・和歌。武蔵久本の農業兼よろづ屋関口武兵衛の妻。
¶江表（ツネ（神奈川県） [没]明治9（1876）年）

恒 つね⋆
江戸時代後期の女性。俳諧。但馬豊岡の俳人福井髭風の後妻。享和3年成立、髭風編「懐花庵享和三年癸亥歳句帖」に載る。
¶江表（恒（兵庫県））

常(1) つね⋆
江戸時代中期の女性。和歌。幕臣成島和鼎の後妻。
¶江表（常（東京都） [没]天明6（1786）年）

常(2) つね⋆
江戸時代中期の女性。俳諧。伊勢山田の人。元禄14年刊、太田白雪編『きれぎれ』に載る。
¶江表（常（三重県））

常(3) つね⋆
江戸時代中期～後期の女性。俳諧。本庄宿の内田伊左衛門吉置の娘。
¶江表（常（埼玉県） [生]宝暦4（1754）年 [没]文政10（1827）年）

常(4) つね⋆
江戸時代後期の女性。和歌。仙台の多川丹弥実包の妻。
¶江表（常（宮城県） [没]文化8（1811）年）

常(5) つね⋆
江戸時代後期の女性。和歌。仙台の芦名庄大夫の母。文化11年刊、中山忠雄・河田正致編『柿本社奉納和歌集』に載る。
¶江表（常（宮城県））

常(6) つね⋆
江戸時代後期の女性。教育。村上氏。
¶江表（常（東京都） [生]文政7（1824）年頃）

常(7) つね⋆
江戸時代後期の女性。和歌。石見三隅の清井茂右衛門の妻。
¶江表（常（島根県））

津禰 つね⋆
江戸時代後期の女性。教育。黒田氏。
¶江表（津禰（東京都） [生]文政3（1820）年頃）

典 つね
江戸時代中期～末期の女性。和歌。阿波徳島藩主蜂須賀治昭の娘。
¶江表（典（神奈川県） [生]天明1（1781）年 [没]安政2（1855）年）

恒明親王* つねあきしんのう
嘉元1（1303）年～正平6/観応2（1351）年 [別]恒明親王（つねあきらしんのう），常磐井宮（ときわいのみや） 鎌倉時代後期～南北朝時代の亀山天皇の皇子。
¶コン（[没]観応2/正平6（1351）年），天皇（つねあきらしんのう [没]正平6（1351）年9月）

常明親王 つねあきしんのう
⇒常明親王（つねあきらしんのう）

恒明親王 つねあきらしんのう
⇒恒明親王（つねあきしんのう）

常明親王* つねあきらしんのう
延喜6（906）年～天慶7（944）年 [別]常明親王（つねあきしんのう） 平安時代中期の醍醐天皇の第5皇子。
¶古人，天皇（[没]天慶7（944）年11月9日）

恒石熊次 つねいしくまじ
江戸時代後期～昭和時代のミツマタ栽培功労者。
¶植物（[生]嘉永6（1853）年8月3日 [没]昭和9（1934）年7月25日）

恒岡安首座 つねおかあんすそ
安土桃山時代の武蔵国平林寺の僧。泰翁宗安。太田氏資、のち北条氏政の家臣。
¶後北（安首座〔恒岡〕 あんすそ）

恒岡資宗* つねおかすけむね
生没年不詳 戦国時代の岩付城主太田氏の家臣。
¶後北（資宗〔恒岡〕 すけむね）

恒岡信宗 つねおかのぶむね
安土桃山時代の太田康資・北条氏秀・太田氏資の家臣。弾正忠・越後守。
¶後北（信宗〔恒岡〕 のぶむね [没]永禄10年8月23日）

恒河久蔵* つねかわきゅうぞう
生没年不詳 [別]恒河長政（つねかわながまさ） 安土桃山時代の織田信長の家臣。
¶織田（恒河長政 つねかわながまさ）

恒川宕谷* つねかわとうこく
文政12（1829）年～明治40（1907）年 江戸時代末期～明治時代の書家。白川学校創設、習字担当教師となる。
¶幕末（[没]明治40（1907）年10月12日）

恒河長政 つねかわながまさ
⇒恒河久蔵（つねかわきゅうぞう）

恒川弥太郎* つねかわやたろう
天保7（1836）年～明治23（1890）年 江戸時代末期～明治時代の雅楽家、6世。藩の雅楽家。東照宮、宮内省等の雅楽部に出仕。

¶幕末（[没]明治23（1890）年6月11日）

つね子（1）　**つねこ**★
江戸時代の女性。和歌。足立千代子の娘。明治11年刊、平塚梅花撰『王盛集』に載る。
¶江表（つね子（神奈川県））

つね子（2）　**つねこ**★
江戸時代後期の女性。和歌。常陸河原代の橘篶の妻。文政8年刊、行遍編『仏足結縁歌文集』に載る。
¶江表（つね子（茨城県））

経子＊（1）　**つねこ**
生没年不詳　江戸時代後期の女性。歌日記の作者。
¶江表（経子（愛知県））

経子（2）　**つねこ**★
江戸時代後期の女性。和歌。江戸後期の儒学者林大学頭述斎の娘。文政6年の一条忠良著「雅楽頭豊原統秋三百年遠忌和歌扣」に載る。
¶江表（経子（東京都））

経子（3）　**つねこ**★
江戸時代後期～明治時代の女性。和歌。大納言広幡基豊の娘。
¶江表（経子（茨城県）　[生]天保8（1837）年　[没]明治9（1876）年）

恒子（1）　**つねこ**★
江戸時代の女性。和歌。片野為治の祖母。明治8年刊、橘東世子編『明治歌集』一に載る。
¶江表（恒子（秋田県））

恒子（2）　**つねこ**★
江戸時代中期～後期の女性。漢詩。越前福井藩主松平重富の室光安院の侍女。
¶江表（恒子（福井県））

恒子（3）　**つねこ**★
江戸時代後期の女性。和歌・散文。尾張藩主徳川斉朝の室淑姫付の奥女中。文化12年三月、下屋敷に遊んだ時の散文が載る。
¶江表（恒子（愛知県））

恒子（4）　**つねこ**★
江戸時代末期の女性。和歌。伊勢山田の広辻勘解由光春の娘。文久1年刊、宮川正光編『松杉和歌集』に載る。
¶江表（恒子（三重県））

恒子（5）　**つねこ**★
江戸時代末期の女性。和歌。筑後柳川藩の奥女中。安政4年刊、井上文雄編『摘英集』に載る。
¶江表（恒子（福岡県））

常子（1）　**つねこ**★
江戸時代の女性。和歌。吉弘氏。明治4年刊、『不知火歌集』に載る。
¶江表（常子（熊本県））

常子（2）　**つねこ**★
江戸時代前期の女性。宗教。丹波亀山藩主松平康信の娘。『英信寺縁起』によると、弟英信が明暦2年、23歳の若さで亡くなった際、その悲しみから菩提を弔うため、弟の木像を紫雲院に納めた。
¶江表（常子（大分県））

常子（3）　**つねこ**★
江戸時代中期の女性。和歌。遠江の関戸茂左衛門の娘。元禄16年刊、植山検校江民軒梅之ほか編『歌林尾花末』に載る。
¶江表（常子（静岡県））

常子（4）　**つねこ**★
江戸時代中期～後期の女性。旅日記・和歌。下総佐倉藩主堀田正順の娘。
¶江表（常子（千葉県）　[生]安永3（1774）年　[没]享和1（1801）年）

常子（5）　**つねこ**★
江戸時代後期の女性。和歌。稲村知右衛門の娘。天保11年成立「鷲見家短冊帖」に載る。
¶江表（常子（鳥取県））

常子（6）　**つねこ**★
江戸時代後期の女性。狂歌。天保年間の秋葉山奉灯狂歌合『錦葉集』花の部に載る。
¶江表（常子（香川県））

常子（7）　**つねこ**★
江戸時代末期の女性。和歌。因幡鳥取藩の奥女中。安政3年序、井上文雄編『摘英集』に載る。
¶江表（常子（鳥取県））

常子（8）　**つねこ**★
江戸時代末期の女性。和歌。西条藩藩士丹悦之丞正琢の母。安政1年序、半井梧庵編『鄙のてぶり』初に数首が載る。
¶江表（常子（愛媛県））

常子（9）　**つねこ**★
江戸時代末期の女性。和歌。筑後外小路の柳川藩藩士矢野伝兵衛の妻。文久2年刊、安武厳丸編『柳河百家集』に載る。
¶江表（常子（福岡県））

常子（10）　**つねこ**★
江戸時代末期の女性。和歌。筑前芦屋の刀根利七の母。安政6年、芦屋の歌人黒山須摩子の旅日記「厳島日記」の中には同行した常子の歌も収録されている。
¶江表（常子（福岡県））

鶴年子　**つねこ**★
江戸時代中期～後期の女性。書簡。吉田藩主松平信礼の娘。
¶江表（鶴年子（長崎県）　[生]宝暦13（1763）年　[没]寛政1（1789）年）

常子女王＊　**つねこじょおう**
宝永7（1710）年～安永8（1779）年　江戸時代中期の女性。京極宮文仁親王の第1王女。
¶江表（常子女王（京都府））

直子女王＊　**つねこじょおう**
文政13（1830）年～＊　江戸時代末期～明治時代の皇族。伏見宮貞敬親王の16女。
¶江表（直子（東京都）　つねこ　[没]明治26（1893）年）

常子内親王＊　**つねこないしんのう**
寛永19（1642）年～元禄15（1702）年　江戸時代前期～中期の女性。関白近衛基熙の室。後水尾天皇の第16皇女。
¶江表（常子内親王（京都府））

恒貞親王＊　**つねさだしんのう**
天長2（825）年～元慶8（884）年　[別]恒寂（こうじゃく，ごうじゃく）　平安時代前期の淳和天皇の皇子。
¶古人，古代，コン，コン（恒寂　ごうじゃく　[没]仁和1（885）年），山小（[没]884年9月20日）

つねじょ

つね女(1)　つねじょ★
江戸時代中期の女性。俳諧。尾張鳴海の下里知足の娘。
¶江表(つね女(愛知県)　[没]宝永2(1705)年)

つね女(2)　つねじょ★
江戸時代後期の女性。俳諧。山ノ目の人。文政期の人。
¶江表(つね女(岩手県))

恒女　つねじょ★
江戸時代末期の女性。和歌。栗原氏。慶応2年序、村上忠順編『元治元年千首』に載る。
¶江表(恒女(東京都))

常女(1)　つねじょ★
江戸時代中期の女性。和歌。三河刈谷藩主土井利信の室久米子の中老。明和2年の賀茂真淵「県居門人録」に載る。
¶江表(常女(愛知県))

常女(2)　つねじょ★
江戸時代後期の女性。俳諧。若松の人。嘉永3年跋、唯野鬼風編『有哉無耶集』に載る。
¶江表(常女(福島県))

常女(3)　つねじょ★
江戸時代後期の女性。俳諧。谷素外門。文政6年刊、素外の娘素塵序・跋『梅翁発句集』に載る。
¶江表(常女(東京都))

常女(4)　つねじょ★
江戸時代後期の女性。俳諧。尾張西枇杷島の登羅屋某の娘。嘉永6年刊、吉原黄山編『画像百人集』に載る。
¶江表(常女(愛知県))

常女(5)　つねじょ★
江戸時代後期の女性。俳諧。備後かやの人。文政9年刊『さくらあさ』に載る。
¶江表(常女(広島県))

常女(6)　つねじょ★
江戸時代末期の女性。和歌。尾張藩藩士で冬青吟社を主宰する浅野武経の姉妹。安政4年刊、仲田顕忠編『類題武蔵野集』二に載る。
¶江表(常女(東京都))

津祢女(1)　つねじょ★
江戸時代末期の女性。俳諧。文久1年序、随巣羽人編『憑蘐集』に載る。
¶江表(津祢女(東京都))

津祢女(2)　つねじょ★
江戸時代末期の女性。和歌。尾張名古屋の吉田太兵衛とたか女の娘。安政4年刊、富樫広蔭編『千百人一首』上に載る。
¶江表(津祢女(愛知県))

常澄成淵　つねずみのしげふち
平安時代中期の官人。
¶古人(生没年不詳)

常澄春藤　つねずみのはるふじ
平安時代中期の官人。
¶古人(生没年不詳)

常澄晴光　つねずみのはるみつ
平安時代中期の官人。
¶古人(生没年不詳)

常澄守貞　つねずみもりさだ
平安時代後期の官人。
¶古人(生没年不詳)

常田角左衛門*　つねたかくざえもん，つねだかくざえもん
元禄6(1693)年～正徳1(1711)年　江戸時代中期の義民。
¶江人，コン

恒尊親王　つねたかしんのう
鎌倉時代の皇族。後嵯峨天皇の第2皇子か。
¶天皇(生没年不詳)

恒次*　つねつぐ
生没年不詳　鎌倉時代前期の備中青江派の刀工。
¶美工

恒遠頼母　つねとうたのも
⇒恒遠頼母(つねとおたのも)

恒遠醒窓　つねとおせいそう
⇒恒遠頼母(つねとおたのも)

恒遠頼母*　つねとおたのも
享和3(1803)年～文久3(1863)年　[別]恒遠頼母(つねとうたのも)，恒遠醒窓(つねとおせいそう)　江戸時代末期の儒学者。
¶幕末(つねとうたのも　[生]享和3(1803)年10月8日　[没]文久3(1863)年5月3日)

常辰*　つねとき
？～貞享2(1685)年　[別]常辰(じょうしん)，隼士常辰(はやとじょうしん)　江戸時代前期の俳人。
¶俳文(じょうしん　[没]貞享2(1685)年2月9日)

恒直親王女　つねなおしんのうのむすめ
戦国時代の女性。後奈良天皇の後宮。
¶天皇(生没年不詳)

恒良親王　つねながしんのう
⇒恒良親王(つねよししんのう)

恒性皇子*　つねなりおうじ
嘉元3(1305)年～元弘3/正慶2(1333)年　[別]恒性皇子(こうしょうおうじ)　鎌倉時代後期の後醍醐天皇の皇子。
¶天皇(こうしょうおうじ　[生]？　[没]元弘3(1333)年)

常野　つねの★
江戸時代後期の女性。書簡。越後中頸木郡石神村林泉寺の娘。
¶江表(常野(新潟県)　[没]嘉永6(1853)年)

常信　つねのぶ
安土桃山時代の連歌作者。度会氏。
¶俳文([生]？　[没]永禄3(1560)年)

経信卿母*　つねのぶきょうのはは
[別]経信母(つねのぶのはは)　平安時代の歌人。
¶女史(経信母　つねのぶのはは　生没年不詳)

経信母　つねのぶのはは
⇒経信卿母(つねのぶきょうのはは)

常矩　つねのり
⇒田中常矩(たなかつねのり)

常仁法親王　つねひとほうしんのう
⇒常仁入道親王(じょうにんにゅうどうしんのう)

常姫(1) つねひめ★
江戸時代中期の女性。和歌。会津藩主松平正容の娘。
¶江表〔常姫（石川県）　⊕享保10（1725）年　⊗延享2（1745）年〕

常姫(2) つねひめ★
江戸時代中期～後期の女性。和歌・写本。讃岐高松藩主松平頼恭の娘。
¶江表〔常姫（福島県）　⊕宝暦8（1758）年　⊗寛政9（1797）年〕

庸姫 つねひめ
江戸時代後期の女性。旅日記・和歌。因幡鳥取藩六代藩主池田治道の娘。
¶江表〔庸姫（茨城県）　⊕寛政3（1791）年　⊗天保6（1835）年〕

恒丸＊ つねまる
＊～文化7（1810）年　働今泉恒丸（いまいずみつねまる）　江戸時代後期の俳人。
¶俳文〔⊕宝暦1（1751）年　⊗文化7（1810）年9月14日〕

常道茂安 つねみちのしげやす
平安時代中期の大工番匠。治安2年の法成寺金堂造営の指揮をとる。
¶古人（生没年不詳）

常見中次郎＊ つねみなかじろう
天保11（1840）年～明治5（1872）年　江戸時代末期～明治時代の見廻組。天狗党討伐、榎本艦隊の美加保丸に搭乗するなど活躍。
¶幕末（⊗明治5（1872）年8月18日）

恒統親王＊ つねむねしんのう
天長6（829）年～承和9（842）年　平安時代前期の淳和天皇の皇子。
¶古人（⊗830年）

恒基王＊ つねもとおう
？～元慶7（883）年　平安時代前期の官人。
¶古人

常康親王＊ つねやすしんのう
？～貞観11（869）年　平安時代前期の仁明天皇の第7皇子。
¶古人，古代，コン

恒吉休右衛門＊ つねよしきゅうえもん
天保7（1836）年？～明治2（1869）年　江戸時代末期の薩摩藩士。
¶幕末

恒良親王＊ つねよししんのう
＊～延元3/暦応1（1338）年　働恒良親王（つねながしんのう）　南北朝時代の後醍醐天皇の皇子。
¶コン（つねながしんのう　⊕正中1（1324）年），天皇（⊕正中2（1325）年　⊗延元3/建武5（1338）年），内乱（⊕正中2（1325）年？　⊗暦応1/延元3（1338）年），室町（⊕正中1（1324）年　⊗延元2/建武4（1337）年）

常嘉親王 つねよししんのう
⇒堯然入道親王（ぎょうねんにゅうどうしんのう）

恒世親王＊ つねよししんのう
延暦24（805）年～天長3（826）年　平安時代前期の淳和天皇の第1皇子。
¶古人（⊕806年），コン，天皇（⊗天長3（826）年5月1日）

常世田長翠＊ つねよだちょうすい
？～文化10（1813）年　働長翠（ちょうすい），常世田長翠（とこよだちょうすい）　江戸時代後期の俳人。
¶俳文（長翠　ちょうすい　⊕寛延3（1750）年　⊗文化10（1813）年8月12日）

津秋主＊ つのあきぬし
？～宝亀6（774）年　働津史秋主（つのふひとあきぬし）　奈良時代の官吏。
¶古人（生没年不詳），古代（津史秋主　つのふひとあきぬし　⊗773年）

津家道 つのいえみち
生没年不詳　働津嶋家道（つしまのいえみち）　奈良時代の官人。
¶古人（津嶋家道　つしまのいえみち），古人

角又右衛門 つのいまたえもん
江戸時代前期の大工。
¶美建（生没年不詳）

角岡仁左衛門 つのおかにざえもん
安土桃山時代～江戸時代前期の代官。
¶徳代（生没年不詳）

角隈石宗＊ （角隈石宗）　つのくませきそう
戦国時代～安土桃山時代の武士。
¶戦武（角隈石宗　⊕？　⊗天正6（1578）年）

津野之高 つのこれたか
⇒津野之高（つのゆきたか）

津野定信 つのさだのぶ
天保13（1842）年～明治42（1909）年　江戸時代末期～明治時代の眼科医。千鳥浜に漁場を開いたり、風土にあった果樹栽培をはじめ、産業振興にも寄与。
¶眼医

津真麻呂 つのさねまろ
生没年不詳　働津真麻呂（つのままろ）　奈良時代の官人。
¶古人，古人（つのままろ）

角大師 つのだいし
⇒良源（りょうげん）

角田石見守＊ つのだいわみのかみ
生没年不詳　安土桃山時代の織田信長の家臣。
¶織田

角田勝頼＊ つのだかつより
生没年不詳　安土桃山時代の織田信長の家臣。
¶織田

角田小市郎＊ つのだこいちろう
生没年不詳　安土桃山時代の織田信長の家臣。
¶織田

角田新五＊ つのだしんご
？～弘治2（1556）年8月24日　戦国時代の織田信長の家臣。
¶織田

角田忠行＊ つのだただゆき
天保5（1834）年～大正7（1918）年　江戸時代末期～明治時代の志士。賀茂・熱田神宮宮司。歌集に「伊吹舎歌集」など。
¶コン，思想，幕末（⊕天保5（1834）年11月6日　⊗大正7（1918）年12月15日）

都野興＊ つのたつみ
文政11（1828）年～明治27（1894）年　働有福新輔（ありふくしんすけ），有福槌三郎（ありふくつちさ

つほいし

ぶろう）　江戸時代末期～明治時代の周防岩国藩士。
¶幕末（㋳文政11（1828）年6月　㋲明治27（1894）年3月18日）

津野親忠*　つのちかただ
*～慶長5（1600）年　安土桃山時代の武士。
¶全戦（㋳？），戦武（㋳元亀3（1572）年）

津戸為守*　つのとためもり
長寛1（1163）年～寛元1（1243）年　㋞尊願（そんがん），津戸為守（つのとのためもり）　平安時代後期～鎌倉時代前期の武蔵国の御家人。法然の根本の弟子とされる。
¶古人（つのとのためもり　㋳1162年），中世

津戸為守　つのとのためもり
⇒津戸為守（つのとのためもり）

角朝臣広弁　つののあそみひろべ
⇒角広弁（つぬのひろべ）

津野媛*（津野姫）　つのひめ
㋞津野媛（つぬひめ）　上代の女性。反正天皇の妃。大宅臣祖木事の娘。
¶天皇（津野姫　生没年不詳）

津史秋主　つのふひとあきぬし
⇒津秋主（つのあきぬし）

津真道　つのまみち
⇒菅野真道（すがののまみち）

角谷藤六　つのやとうろく
安土桃山時代の相模国玉縄城主北条綱成の家臣。因幡守。
¶後北（藤六〔角谷〕　とうろく）

津野之高*　つのゆきたか
応永25（1418）年～文明11（1479）年　㋞津野之高（つのこれたか）　室町時代～戦国時代の武将。
¶室町（つのこれたか）

椿井定房*　つばいさだふさ
享禄2（1529）年～元和1（1615）年3月23日　戦国時代～江戸時代前期の織田信長の家臣。
¶織田

椿井政長*　つばいまさなが
天正17（1548）年？～寛永8（1631）年1月20日　戦国時代～江戸時代前期の織田信長の家臣。
¶織田

椿枝　つばえ
江戸時代後期の女性。和歌。筑前福岡藩藩士井出勘七伊明の妻。夫は文政5年に加藤景範に入門した歌人で国学者でもある。
¶江表（椿枝（福岡県））

椿蔭女　つばきかげじょ*
江戸時代後期の女性。俳諧。下総布佐の人。嘉永4年刊、近水舎仲芳編『常総俳人百家集』に載る。
¶江表（椿蔭女（千葉県））

椿子　つばきこ*
江戸時代中期の女性。和歌。駿河田中藩主某の室の侍女。宝暦12年刊、村上影面編『続采藻編』に載る。
¶江表（椿子（静岡県））

椿女　つばきじょ*
江戸時代後期の女性。狂歌。文化9年刊、便々館湖鯉鮒『狂歌浜荻集』に載る。
¶江表（椿女（東京都））

椿椿山*　つばきちんざん
享和1（1801）年～安政1（1854）年　江戸時代末期の南画家。
¶コン，植物（㋳享和1（1801）年6月4日　㋲安政1（1854）年9月10日），幕末，美画（㋳享和1（1801）年6月4日　㋲安政1（1854）年9月10日）

津波政正*　つはこせいせい
尚灝13（1816）年～尚泰31（1877）年　江戸時代末期～明治時代の政治家、尚泰王の国師。理知的でバランス感覚を持つ政治家として知られる。
¶コン（生没年不詳），対外，幕末（㋳文化13（1816）年7月28日　㋲明治10（1877）年）

津幡直次郎*　つばたなおじろう
？～明治20（1887）年頃　江戸時代末期～明治時代の木影師。金沢城隣接の金谷殿中の欄間などを作った。
¶美建（生没年不詳）

津布久久次郎*（津布久休次郎）　つぶくきゅうじろう
弘化3（1846）年～*　江戸時代末期の志士。
¶幕末（津布久休次郎　㋲慶応3（1867）年12月18日）

円目王*　つぶらめおう
上代の垂仁天皇の庶子。
¶古代

頭光　つぶりひかる
⇒桑楊庵光（そうようあんひかる）

坪井為春*　つぼいいしゅん
文政7（1824）年～明治19（1886）年3月30日　江戸時代後期～明治時代の蘭方医、西洋医学所教授、埼玉県立医学校長。訳書に『医療新書』『丹氏医療大成』。
¶科学

坪井伊助*　つぼいいすけ
天保14（1843）年～大正14（1925）年　江戸時代末期～明治時代の篤農家、竹研究者。竹類の標本園を作る。著書に『竹林造成法』『竹林図譜』。
¶コン，幕末（㋳天保14（1843）年7月25日　㋲大正14（1925）年1月）

坪井喜右衛門　つぼいきえもん
江戸時代前期の武士。大坂の陣で籠城。
¶大坂（㋲慶長19年12月16日）

坪井九右衛門　つぼいくえもん
⇒坪井九右衛門（つぼいくえもん）

坪井九右衛門*　つぼいくえもん
寛政12（1800）年～文久3（1863）年　㋞坪井九右衛門（つぼいくえもん）　江戸時代末期の長州（萩）藩士。
¶江人，コン，全幕，幕末（㋲文久3（1863）年10月28日）

壺井好柳　つぼいこうりゅう
生没年不詳　㋞好柳（こうりゅう）　江戸時代前期の俳人。
¶俳（好柳　こうりゅう）

坪井信道*　つぼいしんどう
寛政7（1795）年～嘉永1（1848）年　江戸時代後期の蘭方医。坪井信之の4男。
¶江人，科学（㋳寛政7（1795）年1月2日　㋲嘉永1（1848）年11月8日），コン，思想，対外，幕末（㋐寛政7（1795）年1月2日　㋲嘉永1（1848）年11月8日）

つ

壺井甚之丞　つぼいじんのじょう
江戸時代前期の代官。
¶徳代(㊓?　㊙延宝6(1678)年)

坪井信友*　つぼいしんゆう
天保3(1832)年～慶応3(1867)年　江戸時代末期の医師。
¶科学(㊓天保3(1832)年10月15日　㊙慶応3(1867)年5月25日),幕末(㊓天保3(1832)年10月15日　㊙慶応3(1867)年5月25日)

坪井信良*　つぼいしんりょう
文政6(1823)年8月28日～明治37(1904)年11月9日　江戸時代末期～明治時代の蘭方医。佐渡養順の次男。
¶科学,コン(㊓文政8(1825)年),徳人,幕末(㊓文政8(1825)年8月28日)

坪井清嘯軒　つぼいせいしょうけん
江戸時代後期～明治時代の建築家。
¶美建(㊓文政1(1818)年　㊙明治6(1873)年11月29日)

壺井惣左衛門尉　つぼいそうざえもんのじょう
安土桃山時代の武田領内の駿河国における惣大工職。
¶武田(生没年不詳)

坪井杜国*　つぼいとこく
?～元禄3(1690)年　㊍杜国(とこく)　江戸時代前期の俳人、米穀商。
¶コン,詩作(㊙元禄3(1690)年3月20日),俳文(杜国とこく　㊙元禄3(1690)年3月20日)

壺井長勝　つぼいながかつ
戦国時代～江戸時代前期の代官。
¶徳代(㊓天文18(1549)年　㊙寛永10(1633)年12月18日)

壺井良勝　つぼいよしかつ
江戸時代前期の代官。
¶徳代(㊓?　㊙寛永14(1637)年)

壺井良重　つぼいよししげ
江戸時代前期の代官。
¶徳代(㊓?　㊙延宝4(1676)年)

壺井義知*　つぼいよしちか
明暦3(1657)年～享保20(1735)年10月24日　㊍壺井義知(とぼいよしとも)　江戸時代前期～中期の故実家。号は鶴翁。
¶コン

壺井良次　つぼいよしつぐ
江戸時代前期の代官。
¶徳代(生没年不詳)

坪内家定*　つぼうちいえさだ
永禄7(1564)年～慶安1(1648)年10月24日　安土桃山時代～江戸時代前期の織田信長の家臣。
¶織田

坪内勝定*　つぼうちかつさだ
永正13(1516)年～慶長14(1609)年1月10日　戦国時代～江戸時代前期の織田信長の家臣。
¶織田

坪内源衛門*　つぼうちげんえもん
生没年不詳　安土桃山時代の織田信長の家臣。
¶織田

坪内定鑑　つぼうちさだかね
江戸時代前期～中期の幕臣。
¶徳人(㊓1649年　㊙1723年)

坪内定次　つぼうちさだつぐ
安土桃山時代～江戸時代前期の幕臣。
¶徳人(㊓1596年　㊙1673年)

坪内定央　つぼうちさだふさ
江戸時代中期の幕臣。
¶徳人(㊓1711年　㊙1761年)

坪内定仍　つぼうちさだより
安土桃山時代～江戸時代前期の幕臣。
¶徳人(㊓1587年　㊙1664年)

坪内主膳*　つぼうちしゅぜん
寛政7(1795)年～明治3(1870)年　江戸時代末期～明治時代の幕臣。
¶幕末(㊙明治3(1870)年9月14日)

坪内主馬*　つぼうちしゅめ
天保1(1830)年～明治14(1881)年　江戸時代末期～明治時代の旧幕臣、心形刀流の剣客。剣術師範。金吾堂の「江戸切絵図」に名が載っている。
¶幕末(㊓文政13(1830)年　㊙明治14(1881)年7月31日)

坪内惣兵衛*　つぼうちそうべえ
生没年不詳　安土桃山時代の織田信長の家臣。
¶織田

坪内利定*　つぼうちとしさだ
*～慶長14(1609)年　戦国時代～安土桃山時代の武士。
¶織田(㊓天文8(1539)年　㊙慶長15(1610)年2月13日)

坪内縫殿助　つぼうちぬいのすけ
江戸時代前期の武士。大坂の陣で籠城。
¶大坂

坪内保之　つぼうちやすゆき
江戸時代後期の幕臣。
¶徳人(㊓1823年　㊙?)

坪川常通*　つぼかわつねみち
文政6(1823)年～?　江戸時代末期の加賀大聖寺藩士。
¶数学(㊙明治22(1889)年)

壺坂僧正　つぼさかのそうじょう
⇒覚憲(かくけん)

坪田忠蔵*(坪田忠三)　つぼたちゅうぞう
天保14(1843)年～?　江戸時代後期～末期の新撰組隊士。
¶新隊(坪田忠三)

答本陽春　つぼようしゅん
⇒麻田陽春(あさだのやす)

都満　つま*
江戸時代中期の女性。俳諧。近江八幡の竹宇の母。元禄13年頃刊、東湖庵一甫編『えの木』に載る。
¶江表(都満(滋賀県))

妻木貞徳*　つまきさだのり,つまぎさだのり
天文13(1544)年～元和4(1618)年　安土桃山時代～江戸時代前期の武士。織田氏家臣。
¶織田(㊙元和4(1618)年2月13日)

つもりく

妻木重直* つまぎしげなお，つまきしげなお
慶長9(1604)年～天和3(1683)年　江戸時代前期の武士。
¶徳人(つまきしげなお)

妻木重吉 つまきしげよし
安土桃山時代～江戸時代前期の幕臣。
¶徳人(㊐1571年　㊥1638年)

妻木藤右衛門 つまきとうえもん
⇒妻木広忠(つまきひろただ)

爪木晩山* つまきばんざん
*～享保15(1730)年　㊕晩山(ばんざん)　江戸時代中期の俳人(貞徳系)。
¶俳文(晩山　ばんざん)　㊣寛文2(1662)年　㊥享保15(1730)年8月15日

妻木寿之進* つまぎひさのしん
弘化2(1845)年～明治23(1890)年　江戸時代末期～明治時代の萩藩士。吉田松陰に学ぶ。干城隊入隊。岡山県書記官をつとめる。
¶幕末(㊥明治23(1890)年9月26日)

妻木広忠* つまきひろただ
永正11(1514)年～天正10(1582)年　㊕妻木藤右衛門(つまきとうえもん)　戦国時代～安土桃山時代の地方豪族・土豪。明智氏家臣。
¶織田(㊥天正10(1582)年6月18日)

妻木弥次郎* つまきやじろう，つまぎやじろう
文政8(1825)年～文久3(1863)年　江戸時代末期の長州(萩)藩士。
¶幕末(つまぎやじろう)　㊥文久3(1863)年7月14日)

妻木頼利* つまぎよりとし，つまきよりとし
天正13(1585)年～承応2(1653)年　安土桃山時代～江戸時代前期の武士。
¶徳人(つまきよりとし)

妻木頼矩 つまきよりのり
*～明治24(1891)年　江戸時代後期～明治時代の幕臣。
¶徳人(㊐1816年)，幕末(㊣文政8(1825)年11月　㊥明治24(1891)年1月12日)

津万子 つまこ*
江戸時代末期の女性。和歌。宇和島藩の奥女中。元治1年頃に詠まれた「宇和島御奥女中大小吟」に載る。
¶江表(津万子(愛媛県))

都万子 つまこ*
江戸時代末期の女性。和歌。種崎の森下氏。明治1年序，堀内清孝編「千松集」に載る。
¶江表(都万子(高知県))

妻琴 つまごと*
江戸時代後期の女性。狂歌。新吉原の姿楼の遊女。天保年間刊，『秋葉山奉灯狂歌合』に載る。
¶江表(妻琴(東京都))

つま女 つまじょ*
江戸時代中期の女性。和歌。今治の人。宝暦6年以前の成立の「新玉津嶋奉納和歌二十首」に載る。
¶江表(つま女(愛媛県))

津末女 つましょ*
江戸時代の女性。俳諧。本宮の菊地つま。明治6年成立，一儀撰「東郊七回忌刷」に載る。
¶江表(津末女(福島県))

妻戸 つまど*
江戸時代中期の女性。俳諧。夕欄の妻。元禄11年刊、横田艶士編『水ひらめ』下に載る。
¶江表(妻戸(東京都))

妻野重供 つまのしげとも
江戸時代中期の和算家。大阪の人。天明3年算額を奉納。
¶数学

積殖王 つみうえおう
奈良時代の官人。
¶古人(生没年不詳)

津向文吉* つむぎのぶんきち
文化7(1810)年～明治16(1883)年　江戸時代末期～明治時代の博徒の長老。宿屋帰国屋を開く。喧嘩の仲裁をする。
¶幕末(㊥明治16(1883)年10月5日)

津村又喜 つむらまたき
江戸時代後期～明治時代の大鼓方葛野流。
¶新能(㊣文政12(1829)年　㊥明治33(1900)年9月26日)

頭の光 つむりのひかり
⇒桑楊庵光(そうようあんひかる)

頭光 つむりのひかる
⇒桑楊庵光(そうようあんひかる)

頭光 つむりひかる
⇒桑楊庵光(そうようあんひかる)

津守有基* つもりありもと
?～保延1(1135)年　㊕津守有基(つもりのありもと)　平安時代後期の神職・歌人。
¶古人(つもりのありもと)

津守景基* つもりかげもと
生没年不詳　㊕津守景基(つもりのかげもと)　平安時代後期の神職・歌人。
¶古人(つもりのかげもと)

津守国礼 つもりくにあや
⇒津守国礼(つもりくによし)

津守国条* つもりくにえだ
享保2(1717)年～宝暦13(1763)年8月14日　㊕津守国条(つもりくになが)　江戸時代中期の神官(住吉神社神主)。非参議・住吉神社神主津守国輝の子。
¶公卿,公家(国条〔住吉神社神主 津守家〕　くにえだ)

津守国量* つもりくにかず
*～応永9(1402)年　南北朝時代～室町時代の神官(住吉神社神主)。
¶公卿(㊔?),公家(国量〔住吉神社神主 津守家〕　くにかず)

津守国輝* つもりくにてる
元禄8(1695)年～宝暦7(1757)年7月2日　江戸時代中期の神官(住吉神社神主)。
¶公卿,公家(国輝〔住吉神社神主 津守家〕　くにてる)

津守国条 つもりくになが
⇒津守国条(つもりくにえだ)

津守国教* つもりくにのり
江戸時代中期の神官(住吉神社神主)。
¶公卿(㊔寛文8(1668)年　㊦元文1(1736)年11月3日)，公家(国教〔住吉神社神主 津守家〕　くにのり)
㊐1662年　㊥享保15(1730)年11月3日)

つ

津守国福*　つもりくにふく
[別]津守国福(つもりくによし)　江戸時代後期の神官(住吉神社神主)。
¶公卿([生]享和1(1801)年　[没]?),公家(国福〔住吉神社神主 津守家〕　くにふく　[生]1800年　[没]明治1(1868)年10月14日)

津守国光*　つもりくにみつ
生没年不詳　[別]津守国光(つもりのくにみつ)　平安時代後期の神職・歌人。
¶古人(つもりのくにみつ)

津守国基　つもりくにもと
⇒津守国基(つもりのくにもと)

津守国美*　つもりくによし
天保1(1830)年～明治34(1901)年　江戸時代末期の神官(住吉神社神主)。
¶公卿([没]?),公家(国美〔住吉神社神主 津守家〕　くによし　[没]明治34(1901)年5月8日)

津守国福　つもりくによし
⇒津守国福(つもりくにふく)

津守国礼*　つもりくによし
安永2(1773)年～弘化3(1846)年8月14日　[別]津守国礼(つもりくにあや)　江戸時代後期の神官(住吉神社神主)。
¶公卿,公家(国礼〔住吉神社神主 津守家〕　くにあや)

津守忠重*　つもりただしげ
生没年不詳　室町時代の公卿(非参議)。
¶公卿,公家(忠重〔住吉神社神主 津守家〕　ただしげ)

津守経国*　つもりつねくに
文治1(1185)年～安貞2(1228)年　[別]津守経国(つもりのつねくに)　鎌倉時代前期の神官、歌人。
¶古人(つもりのつねくに)

津守長盛　つもりながもり
⇒津守長盛(つもりのながもり)

津守有基　つもりのありもと
⇒津守有基(つもりありもと)

津守有基女*　つもりのありもとのむすめ
生没年不詳　平安時代後期の音楽家。
¶古人

津守景基　つもりのかげもと
⇒津守景基(つもりかげもと)

津守吉祥*　つもりのきさ
生没年不詳　[別]津守吉祥(つもりのきちじょう),津守連吉祥(つもりのむらじきさ)　飛鳥時代の官人。第4次遣唐使副使。
¶古人,古代(津守連吉祥　つもりのむらじきさ),コン

津守吉祥　つもりのきちじょう
⇒津守吉祥(つもりのきさ)

津守国光　つもりのくにみつ
⇒津守国光(つもりくにみつ)

津守国基*　つもりのくにもと
治安3(1023)年～康和4(1102)年7月7日　[別]津守国基(つもりくにもと)　平安時代中期～後期の歌人、住吉社第39代神主。勅撰集に20首入集。
¶古人([生]1026年),コン([生]?　[没]長保5(1103)年),詩作([没]康和4(1102)年7月17日)

津守己麻奴跪　つもりのこまなこ
⇒津守連己麻奴跪(つもりのむらじこまぬこ)

津守島子*　つもりのしまこ
生没年不詳　平安時代後期の女官。
¶古人

津守経国　つもりのつねくに
⇒津守経国(つもりつねくに)

津守通*　つもりのとおる
生没年不詳　[別]津守連通(つもりのむらじとおる)　奈良時代の陰陽家。名は道とも。
¶古人,コン

津守得重　つもりのとくしげ
平安時代後期の神祇官人。
¶古人(生没年不詳)

津守長盛*　つもりのながもり
保延5(1139)年～承久2(1220)年　[別]津守長盛(つもりながもり)　平安時代後期～鎌倉時代前期の神官。
¶古人,平家(つもりながもり)

津守宣基　つもりののぶもと
平安時代後期の官人。父は国基。
¶古人(生没年不詳)

津守致孝　つもりのむねたか
平安時代中期の官人。
¶古人(生没年不詳)

津守連吉祥　つもりのむらじきさ
⇒津守吉祥(つもりのきさ)

津守連己麻奴跪*　つもりのむらじこまぬこ
[別]津守己麻奴跪(つもりのこまなこ)　飛鳥時代の外交官。
¶古代

津守連通　つもりのむらじとおる
⇒津守通(つもりのとおる)

津守安友　つもりのやすとも
平安時代中期の官人。
¶古人(生没年不詳)

津守与兵衛　つもりよひょうえ
江戸時代前期の紀伊国在田郡広村の大百姓。浅野長晟に仕え慶長19年大坂に出役、退去して大坂城に籠る。
¶大坂

つや(1)
江戸時代中期の女性。俳諧。遠江相月の人。元禄15年刊、太田白雪編『三河小町』下に載る。
¶江表(つや(静岡県))

つや(2)
江戸時代中期の女性。俳諧。大津の人。元禄15年刊、永田芙雀編『駒掫』に載る。
¶江表(つや(滋賀県))

つや(3)
江戸時代中期の女性。俳諧。播磨龍野の遊女。元禄15年同16年刊、広瀬惟然編『二葉集』に載る。
¶江表(つや(兵庫県))

つや(4)
江戸時代後期の女性。随筆・和歌。秋田藩御用達

津村涼庵の妻。
¶江表(つや(東京都))

つや(5)
江戸時代後期の女性。教育。御家人黒田藤一郎の妻。文化9年に柘植藤十郎が八丁堀日比谷町に開業した寺子屋瑩泉堂の2代目。
¶江表(つや(東京都))

つや(6)
江戸時代末期の女性。福祉。尾島富右衛門の妻。
¶江表(つや(宮城県) [没]文久3(1863)年)

つや(7)
江戸時代末期の女性。和歌。遊女。高崎藩藩士佐々木弥太郎の妻。安政3年秋、8歳の時に両親を亡くす。
¶江表(つや(群馬県))

艶 つや*
江戸時代後期～末期の女性。和歌。会津藩家老田中玄良の妻。
¶江表(艶(福島県))

つや子(1) つやこ*
江戸時代末期の女性。和歌。本所林町住の旗本仙石播磨守の妻。安政7年跋、蜂屋光世編『大江戸倭歌集』に載る。
¶江表(つや子(東京都))

つや子(2) つやこ*
江戸時代末期の女性。和歌。江戸城本丸の大奥の中臈。文久3年刊、関橋守編『耳順賀集』に載る。
¶江表(つや子(東京都))

艶子(1) つやこ*
江戸時代中期の女性。和歌。伯耆根雨の亀田時安斎家次の妻。元禄15年刊、竹内自安編『出雲大社奉納清地草』に載る。
¶江表(艶子(鳥取県))

艶子(2) つやこ*
江戸時代後期の女性。和歌。丹後田辺藩主牧野宣成の娘。天保11年序、忍藩藩士加藤古風編の歌集「京極黄門定家卿六百回忌追福」に載る。
¶江表(艶子(東京都))

都也子 つやこ*
江戸時代後期の女性。和歌。岡野長兵衛の叔母。嘉永1年刊、長沢伴雄編『類題和歌鴨川集』に載る。
¶江表(都也子(京都府))

婉子女王 つやこじょおう
⇒婉子女王(えんしじょおう)

婉子内親王 つやこないしんのう
⇒婉子内親王(えんしないしんのう)

つや女 つやじょ*
江戸時代後期の女性。俳諧。二本松の人。弘化2年跋、鈴木流芝編の松島紀行『植継集』に載る。
¶江表(つや女(福島県))

津山検校 つやまけんぎょう
世襲名 江戸時代の生田流箏曲および地歌の演奏家、作曲家。江戸時代に活躍したのは、初世から3世まで。
¶江人

津山検校〔1代〕* つやまけんぎょう
？～天保7(1836)年 [別]中川検校〔1代〕(なかがわけんぎょう) 江戸時代後期の地歌三弦家。名は慶之一。
¶コン

津山次兵衛 つやまじへえ
⇒津打治兵衛〔1代〕(つうちじへえ)

津山友蔵〔1代〕 つやまゆうぞう
⇒津打門三郎〔1代〕(つうちもんざぶろう)

つゆ
江戸時代後期の女性。書簡・孝女。大野郡川登村の農家河野初右衛門の娘。
¶江表(つゆ(大分県) [没]天保8(1837)年)

露 つゆ*
江戸時代後期の女性。和歌。尾張名古屋の富商岡谷惣助真純と久米の娘。
¶江表(露(愛知県) [生]文政7(1824)年)

露川竜之助 つゆかわたつのすけ
⇒水木辰之助〔1代〕(みずきたつのすけ)

露木卯三郎* つゆきうさぶろう
？～明治17(1884)年 江戸時代末期～明治時代の相模国の金貸し商。「相模屋」の名で財産を築く。借財者により殺される。
¶幕末

露木恒之進* つゆきつねのしん
天保4(1833)年～慶応3(1867)年 江戸時代末期の志士。
¶幕末([没]慶応3(1867)年7月27日)

露子 つゆこ*
江戸時代後期の女性。和歌。備中庭瀬藩板倉家の郷士で小田郡横谷村の庄屋福武元雄の母。玉島の歌人福武真九十の『福武真九十歌集』に載る。
¶江表(露子(岡山県))

露五郎兵衛 つゆごろべえ
⇒露の五郎兵衛(つゆのごろべえ)

露の五郎兵衛*(露五郎兵衛) つゆのごろべえ
寛永20(1643)年～元禄16(1703)年 [別]露五郎兵衛(つゆごろべえ) 江戸時代前期～中期の京都辻噺の祖。
¶江人(――〔1代〕),コン(露五郎兵衛)

露姫 つゆひめ
⇒池田露(いけだつゆ)

露丸 つゆまる
⇒露丸(つゆまろ)

露丸* つゆまろ
[別]露丸(つゆまる) 江戸時代中期の雑俳作者。
¶俳文(生没年不詳)

つよ
江戸時代後期の女性。訴訟。原之郷村原西の伝兵衛家の妻。
¶江表(つよ(群馬県))

津よ つよ*
江戸時代中期の女性。俳諧。越前気比庄の人。天明3年刊、丹尾芦周編『千鳥塚』に載る。
¶江表(津よ(福井県))

津与 つよ*
江戸時代中期の女性。狂歌。広瀬氏。天明4年刊、蔦唐丸編『いたみ諸白』に載る。

¶江表（津与（東京都））

つらね〔2代〕 つらね
⇒市川門之助〔3代〕（いちかわもんのすけ）

貫之 つらゆき
⇒紀貫之（きのつらゆき）

釣川たつの助 つりかわたつのすけ
⇒大和屋甚兵衛〔2代〕（やまとやじんべえ）

つる(1)
江戸時代中期の女性。画。稲垣氏。浮世絵師月岡雪鼎の弟子と伝えられる。
¶江表（つる（大阪府））

つる(2)
江戸時代後期の女性。散文・和歌。河辺惟一の妻。「片玉集」前集巻六六に4編載る。
¶江表（つる（東京都））

つる(3)
江戸時代後期の女性。俳諧。備後福山の人。文政4年以前と思われる福山の摺物発句に載る。
¶江表（つる（広島県））

つる(4)
江戸時代後期の女性。俳諧。長門赤間関の人。文政3年序、山本友左坊撰『おゐのたひ』に載る。
¶江表（つる（山口県））

つる(5)
江戸時代後期の女性。俳諧。文化5年序、薩摩鹿児島の琴州編、相良窓巴追悼集『みのむし』に載る。
¶江表（つる（鹿児島県））

つる(6)
江戸時代末期～明治時代の女性。和歌。北方村の庄屋清水曽右衛門の娘。
¶江表（つる（長野県） [没]明治8（1875）年）

鶴(1) つる★
江戸時代中期の女性。和歌。旗本須田盛尚の娘。元禄16年刊、植山検校江民軒梅之・梅柳軒水之編『歌林尾花末』に載る。
¶江表（鶴（東京都））

鶴(2) つる★
江戸時代中期の女性。俳諧。熊本の人。元禄12年刊、各務支考編『西華集』に載る。
¶江表（鶴（熊本県））

鶴(3) つる★
江戸時代後期の女性。訴訟状。横町の藤田利三郎の妹。文政1年兄を相手取り訴訟を起こす。
¶江表（鶴（秋田県））

鶴(4) つる★
江戸時代後期の女性。和歌。柏倉氏。天保9年千代梅の旅に同行した「胡蝶日記」に出てくる刀自。
¶江表（鶴（山形県））

鶴(5) つる★
江戸時代後期の女性。和歌。伊勢安濃津の草深玄弘の母。天保7年刊、大平編『八十浦之玉』下に載る。
¶江表（鶴（三重県））

鶴(6) つる★
江戸時代後期の女性。俳諧。長崎の人。長門長府の俳人田上菊舎が、寛政8年、長崎へ再遊した時、菊路や亀久らと連吟。
¶江表（鶴（長崎県））

鶴江 つるえ★
江戸時代後期の女性。狂歌。佐藤氏。寛政6年刊、玉雲斎貞右詠『狂歌えてかて』に載る。
¶江表（鶴江（大阪府））

靍岡 つるおか★
江戸時代後期の女性。和歌。下総生実藩主森川兵部少輔俊知の老女。文化5年頃、真田幸弘編「御ことほきの記」に載る。
¶江表（靍岡（東京都））

鶴岡健四郎* つるおかけんしろう
江戸時代末期の新撰組隊士。
¶新隊（生没年不詳）

鶴岡八蔵 つるおかはちぞう
⇒市川升蔵〔2代〕（いちかわますぞう）

鶴岡蘆水* つるおかろすい
生没年不詳 江戸時代後期の浮世絵師。通称は金次、号を翠松斎。
¶浮絵，美画

敦賀侍従 つるがじじゅう
⇒蜂屋頼隆（はちやよりたか）

鶴賀鶴吉（――〔1代〕） つるがつるきち
⇒鶴賀若狭掾〔1代〕（つるがわかさのじょう）

鶴賀本家〔1代〕 つるがほんけ
⇒鶴賀若狭掾〔1代〕（つるがわかさのじょう）

鶴賀若狭掾〔1代〕* つるがわかさのじょう
享保2（1717）年～天明6（1786）年 [別]朝日若狭掾（あさひわかさのじょう），鶴賀鶴吉，鶴賀鶴吉〔1代〕（つるがつるきち），鶴賀本家〔1代〕（つるがほんけ） 江戸時代中期の豊後節の太夫。敦賀太夫と称する。
¶コン（鶴賀鶴吉 つるがつるきち [生]?）

鶴川辰之助〔1代〕 つるかわたつのすけ
⇒大和屋甚兵衛〔2代〕（やまとやじんべえ）

鶴川辰之助〔2代〕 つるかわたつのすけ
⇒水木辰之助〔1代〕（みずきたつのすけ）

鶴子(1) つるこ★
江戸時代の女性。和歌・書。天童藩藩士野田閑哉の娘。明治14年刊、岡田良策編『近世名婦百人撰』に載る。
¶江表（鶴子（山形県））

鶴子(2) つるこ★
江戸時代の女性。和歌。阿蘇氏。明治4年刊、『不知火歌集』に載る。
¶江表（鶴子（熊本県））

鶴子(3) つるこ★
江戸時代中期の女性。俳諧。享保20年刊、深川の名主平野鶴歩編『鶴のあゆみ』に載る。
¶江表（鶴子（東京都））

鶴子(4) つるこ★
江戸時代後期の女性。和歌。那須資虎の娘。弘化4年刊、清堂観尊編『たち花の香』に載る。
¶江表（鶴子（東京都））

鶴子(5) つるこ★
江戸時代後期の女性。和歌。高野九郎右衛門の妻。嘉永3年刊、長沢伴雄編『類題鴨川次郎集』に載る。
¶江表（鶴子（京都府））

鶴子(6)　つるこ★
江戸時代後期の女性。和歌。麻生吉兵衛の母。天保6年の桂園入門名簿に名が載る。
¶江表(鶴子(広島県))

鶴子(7)　つるこ★
江戸時代後期～明治時代の女性。和歌。筑前小姓町の医師八木宗山の妻。
¶江表(鶴子(福岡県)　[生]文化10(1813)年　[没]明治2(1869)年)

鶴子(8)　つるこ★
江戸時代後期の女性。和歌。筑前芦屋の下河辺文十昌業の妻。嘉永6年の桑原久子の歌集「重浪集」に載る。
¶江表(鶴子(福岡県))

鶴子(9)　つるこ★
江戸時代後期の女性。和歌。公家日野資矩の娘。
¶江表(鶴子(佐賀県)　[生]享和2(1802)年　[没]文政5(1822)年)

鶴子(10)　つるこ★
江戸時代末期の女性。和歌。江戸城本丸大奥の御三の間の女中。文久3年刊、関橋守編『耳順賀集』に載る。
¶江表(鶴子(東京都))

都る子　つるこ★
江戸時代後期の女性。和歌。重松武衛門の妻。嘉永4年刊、長沢伴雄編『類題鴨川三郎集』に載る。
¶江表(都る子(大阪府))

鶴沢寛治　つるざわかんじ
世襲名　江戸時代の義太夫節の三味線方。江戸時代に活躍したのは、初世から4世まで。
¶江人

鶴沢寛治〔1代〕*　つるざわかんじ
生没年不詳　江戸時代中期の義太夫節の三味線方。
¶コン

鶴沢寛治〔4代〕*　つるざわかんじ
生没年不詳　江戸時代末期～明治時代の人形浄瑠璃三味線方。
¶コン

鶴沢三二〔1代〕　つるざわさんじ
⇒鶴沢友次郎〔1代〕(つるざわともじろう)

鶴沢清七　つるざわせいしち
世襲名　江戸時代の義太夫節の三味線方。江戸時代に活躍したのは、初世から4世まで。
¶江人

鶴沢清七〔1代〕*　つるざわせいしち
寛延1(1748)年～文政9(1826)年7月22日　[別]鶴沢友次郎〔3代〕(つるざわともじろう)　江戸時代中期～後期の義太夫節三味線弾き。初代文蔵の門弟。
¶コン

鶴沢清七〔3代〕*　つるざわせいしち
?～安政3(1856)年　江戸時代末期の義太夫節の三味線方。
¶コン

鶴沢探鯨*　つるざわたんげい，つるさわたんげい
?～明和6(1769)年　江戸時代中期の画家。
¶美画(つるさわたんげい　[没]明和6(1769)年8月21日)

鶴沢探索*　つるざわたんさく，つるさわたんさく
?～寛政9(1797)年　江戸時代中期の狩野派の画家。
¶美画(つるさわたんさく　[没]寛政9(1797)年7月13日)

鶴沢探山*　つるざわたんざん，つるさわたんざん
明暦1(1655)年～享保14(1729)年　江戸時代前期～中期の画家。京都の人。狩野探幽に入門。
¶コン(つるさわたんざん　[没]享保14(1729年/1725年)，美画(つるさわたんざん　[没]享保14(1729)年7月13日)

鶴沢探真　つるさわたんしん
江戸時代後期～明治時代の日本画家。
¶美画([生]天保5(1834)年1月28日　[没]明治26(1893)年6月30日)

鶴沢探泉*　つるざわたんせん，つるさわたんせん
?～文化13(1816)年　江戸時代後期の狩野派の画家。
¶美画(つるさわたんせん　[没]文化13(1816)年10月9日)

鶴沢友次郎　つるざわともじろう
世襲名　江戸時代の義太夫節の三味線方。江戸時代に活躍したのは、初世から5世まで。
¶江人

鶴沢友次郎〔1代〕*　つるざわともじろう
?～文政9(1826)年　[別]鶴沢三二〔1代〕(つるざわさんじ)　江戸時代中期の義太夫節三味線弾き。初代竹沢権右衛門の門弟。
¶コン([没]寛延2(1749)年)

鶴沢友次郎〔2代〕*　つるざわともじろう
?～文化4(1807)年　[別]鶴沢文蔵〔1代〕(つるざわぶんぞう)　江戸時代中期～後期の義太夫節三味線弾き。初代友次郎の門弟。
¶コン(鶴沢文蔵〔1代〕　つるざわぶんぞう)

鶴沢友次郎〔3代〕　つるざわともじろう
⇒鶴沢清七〔1代〕(つるざわせいしち)

鶴沢文蔵〔1代〕　つるざわぶんぞう
⇒鶴沢友次郎〔2代〕(つるざわともじろう)

つる女(1)　つるじょ★
江戸時代中期の女性。俳諧。諏訪の人か。安永7年刊、藤森文輔編『はるの吟』に載る。
¶江表(つる女(長野県))

つる女(2)　つるじょ★
江戸時代後期の女性。俳諧。溜池住。天保期頃成立、星喜庵北因編『俳諧百人一首集』に載る。
¶江表(つる女(東京都))

つる女(3)　つるじょ★
江戸時代末期の女性。俳諧。横山裏町の人。安政5年刊、度会鄗編『今世俳諧百人集』に載る。
¶江表(つる女(東京都))

ツル女　つるじょ★
江戸時代末期の女性。教育。長沢氏。万延1年～明治6年まで開かれた寺子屋で教授。
¶江表(ツル女(長野県))

鶴女(1)　つるじょ★
江戸時代中期の女性。俳諧。藤島の人。宝永7年刊、荒沢野柄東水撰の地誌『二山雅集』に載る。
¶江表(鶴女(山形県))

鶴女(2)　つるじょ★
江戸時代後期の女性。和歌。土崎湊町の医者松井正庵の妻。文化15年序、秋田藩士山方泰通編「月花集」に載る。
¶江表(鶴女(秋田県))

鶴女(3)　つるじょ★
江戸時代後期の女性。俳諧。岩城の人。嘉永2年自序、万正寺住職遜阿編『東桜集』に載る。
¶江表(鶴女(福島県))

鶴女(4)　つるじょ★
江戸時代後期の女性。俳諧。寛政1年刊、宮紫暁編『松のそなた』に載る。
¶江表(鶴女(東京都))

鶴女(5)　つるじょ★
江戸時代後期の女性。狂俳。文化10年成立、大写本、一泉堂閑月撰『狂俳冠句壱軸』に載る。
¶江表(鶴女(愛知県))

鶴田　つるた★
安土桃山時代～江戸時代前期の女性。書簡。戦国大名島津歳久の娘。
¶江表(鶴田(鹿児島県)　[生]天正7(1579)年　[没]元和1(1615)年)

鶴田皓　つるたあきら
江戸時代末期～明治時代の官僚、法学者。
¶コン([生]天保5(1834)年　[没]明治21(1888)年)

鶴田卓池　つるたたくち, つるだたくち
⇒卓池(たくち)

鶴田陶司*　つるたとうじ
天保11(1840)年～元治1(1864)年　江戸時代末期の筑後久留米藩士。
¶幕末([没]文久4(1864)年2月16日)

鶴田正恭　つるたまさやす
戦国時代～安土桃山時代の甲斐山梨郡八幡北村の窪八幡神社の大宮司。
¶武田(生没年不詳)

鶴田和三郎　つるたわさぶろう
江戸時代後期～大正時代の漆芸家。
¶美工([生]天保14(1843)年　[没]大正10(1921)年10月)

鶴千代女　つるちよじょ★
江戸時代後期の女性。狂歌。仙台の人。文化11年刊、浅草庵市人ほか編『狂歌美製集』に載る。
¶江表(鶴千代女(宮城県))

蔓亭　つるてい
⇒感和亭鬼武(かんわていおにたけ)

鶴殿　つるどの
⇒九条基家(くじょうもといえ)

鶴尼　つるに★
江戸時代中期の女性。和歌。国学者で賀茂真淵門の歌人林諸鳥の妻。安永8年、三島景雄主催「墨田川扇合」に載る。
¶江表(鶴尼(東京都))

鶴脛高女*　つるのはぎたかめ
生没年不詳　江戸時代の女性。狂歌師。
¶江表(鶴脛高女(大阪府)　つるのあしたかめ)

鶴雛子　つるひなこ★
江戸時代後期の女性。狂歌。文化7年刊、千首楼堅丸編『千もとの華』に載る。
¶江表(鶴雛子(東京都))

鶴姫*(1)　つるひめ
文禄3(1594)年～寛文12(1672)年10月26日　[別]池田鶴子(いけだつるこ), 池田利隆室(いけだとしたかしつ), 福照院(ふくしょういん)　江戸時代前期の女性。播磨姫路藩主池田輝政の子利隆の正室。
¶江表(福照院(兵庫県))

鶴姫*(2)　つるひめ
延宝5(1677)年4月8日～宝永1(1704)年4月12日　[別]明信院(めいしんいん)　江戸時代中期の女性。5代将軍徳川綱吉の娘。
¶江表(明信院(和歌山県)), 徳将(明信院　めいしんいん)

鶴姫(3)　つるひめ★
江戸時代末期～明治時代の女性。書・画・和歌。丹波柏原藩主織田信古の娘。
¶江表(鶴姫(兵庫県)　[没]明治29(1896)年)

鶴姫(4)　つるひめ
⇒大姫(おおひめ)

鶴平*　つるへい
生没年不詳　江戸時代前期の俳人。下山氏。通称喜左衛門。
¶俳文

鶴見嘉七郎　つるみかしちろう
江戸時代中期の彫師。
¶浮絵

鶴見小十郎*　つるみこじゅうろう
文政3(1820)年～明治29(1896)年　江戸時代末期～明治時代の加賀藩儒者。明倫堂易学主付、権大属を務める。
¶幕末([没]明治29(1896)年6月)

鶴見七左衛門　つるみしちざえもん
江戸時代後期の幕臣。
¶徳人(生没年不詳)

霍峯丑左衛門　つるみねうしざえもん
⇒鶴屋南北〔5代〕(つるやなんぼく)

鶴峯戊申*(鶴峰戊申)　つるみねしげのぶ
天明8(1788)年～安政6(1859)年　[別]鶴峰戊申, 鶴峯戊申(つるみねぼしん)　江戸時代後期の国学者、究理学者。
¶江人(鶴峯戊甲), コン([生]天明6(1786)年), 思想(鶴峰戊申), 数学([生]天明8(1788)年7月22日　[没]安政6(1859)年8月24日), 幕末(鶴峰戊申　[没]安政6(1859)年8月24日)

霍峯千助　つるみねせんすけ
⇒鶴屋南北〔5代〕(つるやなんぼく)

鶴峰戊申(鶴峯戊申)　つるみねぼしん
⇒鶴峯戊申(つるみねしげのぶ)

鶴見正直　つるみまさなお
江戸時代後期の和算家。
¶数学

鶴舎有節*　つるやうせつ
文化5(1808)年～明治4(1871)年　江戸時代末期～明治時代の弘前の俳人、国学者、商人。藩主にも教える。著に「磯の白玉」など。
¶幕末

鶴屋勘三郎 つるやかんざぶろう
⇒中村勘三郎〔2代〕(なかむらかんざぶろう)

鶴屋喜右衛門* つるやきえもん
世襲名 江戸時代の本屋。
¶浮絵, 出版

鶴屋金助 つるやきんすけ
江戸時代後期の江戸の版元。寛政年間の末期頃から。
¶浮絵

鶴屋源蔵 つるやげんぞう
⇒鶴屋南北〔2代〕(つるやなんぼく)

鶴屋南北 つるやなんぼく
世襲名 江戸時代の歌舞伎俳優・作者。江戸時代に5世を数えるが、3世までは俳優、4・5世は作者。
¶江人, 山小

鶴屋南北〔1代〕* つるやなんぼく
?～元文1(1736)年9月9日 [別]南北孫太郎, 南北孫太郎〔1代〕(なんぼくまごたろう), 村山源次郎(むらやまげんじろう) 江戸時代中期の歌舞伎役者。元禄10年～享保20年頃に活躍。
¶浮絵, 歌大, 新歌(──〔1世〕)

鶴屋南北〔2代〕* つるやなんぼく
元禄14(1701)年～宝暦12(1762)年12月23日 [別]鶴屋源蔵(つるやげんぞう), 南北孫太郎〔2代〕(なんぼくまごたろう), 魯風(ろふう) 江戸時代中期の歌舞伎役者。正徳5年～宝暦8年頃に活躍。
¶歌大(生没年不詳), 新歌(──〔2世〕 [生]?)

鶴屋南北〔3代〕* つるやなんぼく
[別]南北孫太郎〔3代〕(なんぼくまごたろう) 江戸時代中期の歌舞伎頭取。元文1年～天明年間に活躍。
¶浮絵([生]? [没]宝暦12(1762)年), 歌大([生]? [没]宝暦12(1762)年12月23日), 新歌(──〔3世〕 生没年不詳)

鶴屋南北〔4代〕* つるやなんぼく
宝暦5(1755)年～文政12(1829)年 [別]姥尉輔〔1代〕(うばじょうすけ), 勝俵蔵〔1代〕(かつひょうぞう), 桜田兵蔵(さくらだひょうぞう), 沢兵蔵(さわひょうぞう), 南北(なんぼく), 眉毛(びもう) 江戸時代中期～後期の歌舞伎作者。安永4年～文政12年頃に活躍。「東海道四谷怪談」で有名。
¶浮絵, 歌大([没]文政12(1829)年11月27日), コン, 思想(代数なし), 新歌(──〔4世〕), 日文(代数なし)

鶴屋南北〔5代〕* つるやなんぼく
寛政8(1796)年～嘉永5(1852)年 [別]姥尉輔〔2代〕(うばしょうすけ), 可祐(かゆう), 鶴峯丑左衛門(つるみねうしざえもん), 鶴峯千助(つるみねせんすけ), 鶴屋孫太郎〔4代〕(つるやまごたろう), 南北丑左衛門(なんぼくうしざえもん), 松本源三郎(まつもとげんさぶろう) 江戸時代末期の歌舞伎役者、歌舞伎作者。享和5年～嘉永4年頃に活躍。
¶浮絵, 歌大([没]嘉永5(1852)年2月21日), 新歌(──〔5世〕), 幕末([没]嘉永5(1852)年2月21日)

鶴屋孫太郎〔4代〕 つるやまごたろう
⇒鶴屋南北〔5代〕(つるやなんぼく)

鶴代(1) つるよ★
江戸時代後期～明治時代の女性。和歌。筑後久留米藩の儒学者で漢詩人井上鴨脚の娘。
¶江表(鶴代(福岡県) [生]天保3(1832)年 [没]明治35(1902)年)

鶴代(2) つるよ★
江戸時代後期～大正時代の女性。和歌。筑後山門郡瀬高村の柳川藩藩士広田彦麿の妻。
¶江表(鶴代(福岡県) [生]天保6(1835)年 [没]大正4(1915)年)

つれ
江戸時代中期の女性。散文。旗本石河貞貴の娘。旗本本郷大和守泰行の後妻。明和4年嗣子泰久を生む。「片玉集」前集六八に載る。
¶江表(つれ(東京都))

津礼 つれ★
江戸時代中期の女性。和歌。仙台藩主伊達吉村の奥女中。元文4年成立、畔充英写「宗村朝臣亭後宴和歌」に載る。
¶江表(津礼(宮城県))

つれ子 つれこ★
江戸時代後期の女性。和歌。松代藩藩士三沢源助の祖母。文化6年木島菅麿編「松廼百枝」に載る。
¶江表(つれ子(長野県))

【て】

てい(1)
江戸時代後期の女性。教育。芝金杉浜町の地主里見氏の長女。
¶江表(てい(東京都) [生]弘化3(1846)年頃)

てい(2)
江戸時代後期の女性。教育。船橋氏。
¶江表(てい(東京都) [生]嘉永5(1852)年頃)

てい(3)
江戸時代後期の女性。日記。相模羽鳥村の名主三觜佐次郎の妻。
¶江表(てい(神奈川県) [生]嘉永1(1848)年)

てい(4)
江戸時代後期の女性。画。尾張の橋本済号の娘。
¶江表(てい(愛知県) [没]文政1(1818)年)

てい(5)
江戸時代末期の女性。俳諧。員弁郡梅戸村の日置藤吉の娘。
¶江表(てい(三重県) [没]安政6(1859)年)

てい(6)
江戸時代末期の女性。和歌。安政4年刊、周南大道の上田光美編『延齢松詩歌後集』に載る。
¶江表(てい(福岡県))

てい(7)
江戸時代末期の女性。和歌。光源寺の住職諦順の娘。
¶江表(てい(長崎県) [没]文久1(1861)年)

てい・鍗
江戸時代末期～明治時代の女性。教育。旗本曽我若狭守の家臣阿部喜三郎の娘。
¶江表(てい・鍗(群馬県) [没]明治20(1887)年)

テイ(1)
江戸時代後期の女性。教育。木下氏。肥前諫早で文政2年に寺子屋を開業する。
¶江表(テイ(長崎県))

テイ(2)
江戸時代後期の女性。教育。町人の松藤氏。弘化年間～明治2年まで女子170人余を教育。
¶江表(テイ(大分県))

貞(1)　**てい**★
江戸時代後期の女性。和歌。赤沢氏。文政8年、園田定和や青木行敬らによって記された『聖廟奉納哥百二十首』に載る。
¶江表(貞(東京都))

貞(2)　**てい**
江戸時代後期の女性。和歌。大浦氏。文政8年刊、青木行敬ほか編『聖廟奉納歌百二十首』に載る。
¶江表(貞(京都府))

貞(3)　**てい**
江戸時代後期の女性。書簡・和歌。因幡鳥取藩儒者堀静軒の娘。
¶江表(貞(鳥取県)　[没]天保13(1842)年)

庭　**てい**★
江戸時代後期～末期の女性。和歌。筑後久留米藩主有馬頼貴の娘。
¶江表(庭(栃木県)　[生]寛政4(1792)年　[没]安政4(1857)年)

禎　**てい**
江戸時代後期～明治時代の女性。教育。上総一宮の田中右近の長女。
¶江表(禎(千葉県)　[生]文化8(1811)年　[没]明治22(1889)年)

貞阿尼　**ていあに**★
江戸時代後期の女性。和歌。天保8年成立、大石千引門の天野政徳社中の歌集『真蹟歌集』に社中として載る。
¶江表(貞阿尼(東京都))

貞安＊(1)　**ていあん**
天文8(1539)年～元和1(1615)年　安土桃山時代～江戸時代前期の浄土宗の僧。
¶思想

貞安(2)　**ていあん**★
江戸時代後期～末期の女性。和歌。備中玉島の大庄屋大森矩忠の娘。
¶江表(貞安(岡山県)　[生]天明8(1788)年　[没]万延1(1860)年)

程已　**ていい**
江戸時代中期の俳諧作者。
¶俳文(生没年不詳)

貞因＊　**ていいん**
寛永4(1627)年～元禄13(1700)年　[別]榎並貞因(えなみていいん)　江戸時代前期～中期の俳人。
¶俳文([没]元禄13(1700)年3月23日)

貞印尼　**ていいんに**★
江戸時代後期の女性。俳諧。上総富津の大乗寺の尼か。
¶江表(貞印尼(千葉県)　[没]文化14(1817)年)

貞右　**ていう**
⇒混沌軒国丸(こんとんけんくにまる)

貞卯尼　**ていうに**★
江戸時代中期の女性。俳諧。播磨の人。元禄16年序、桃源川編『花皿』に載る。
¶江表(貞卯尼(兵庫県))

貞運尼　**ていうんに**★
江戸時代中期の女性。和歌。宝暦6年、美濃加納藩主安藤信成が平藩へ転封となり、妹の味岡里伝子夫婦達と共に随った。
¶江表(貞運尼(福島県))

鄭永寧＊　**ていえいねい**
文政12(1829)年～明治30(1897)年　[別]鄭永寧(ていながやす)　江戸時代末期～明治時代の長崎唐通事、外交官。外務少記、1等書記官を歴任し、司法省に転じ、「大清会典」の訓点に尽くす。
¶幕末(ていながやす　[生]文政12(1829)年8月11日　[没]明治30(1897)年7月29日)

貞園尼　**ていえんに**★
江戸時代後期の女性。和歌。相模鎌倉の真性院の尼。嘉永4年刊、堀尾光久編『近世名所歌集』初に載る。
¶江表(貞園尼(神奈川県))

貞音　**ていおん**★
江戸時代中期の女性。俳諧。榎本其角門か。宝永6年序、夏涼亭百合編『伝舞可久』に載る。
¶江表(貞音(東京都))

貞花　**ていか**★
江戸時代後期の女性。俳諧。佐賀藩家老神代鍋島茂体の妻。寛政5年刊、来鳳館左雄編の『富士の詠』に載る。
¶江表(貞花(佐賀県))

定家　**ていか**
⇒藤原定家(ふじわらのさだいえ)

貞峨　**ていが**
江戸時代前期～中期の俳諧師・雑俳点者・浄瑠璃作者。
¶俳文([生]寛文3(1663)年　[没]寛保2(1742)年10月4日)

定雅　**ていが**
⇒西村定雅(にしむらていが)

鄭嘉訓＊　**ていかくん**
尚穆16(1767)年～尚灝29(1832)年　江戸時代中期～後期の琉球・第二尚氏時代の書家、古波蔵親方。
¶コン([生]明和4(1767)年　[没]天保3(1832)年)

定環　**ていかん**
⇒三浦為春(みうらためはる)

貞鑑院　**ていかんいん**
⇒元姫(もとひめ)

貞岸尼(1)　**ていがんに**★
江戸時代の女性。散文・和歌。秋田藩御用達津村淙庵編「片玉集」前集巻六八に載る。
¶江表(貞岸尼(東京都))

貞岸尼(2)　**ていがんに**★
江戸時代後期の女性。和歌。桐生の佐羽柳盛の妻。天保頃の短冊がある。
¶江表(貞岸尼(群馬県))

禎喜＊　**ていき**
康和1(1099)年～寿永2(1183)年10月1日　平安時代後期の僧。
¶古人

貞暁　**ていぎょう**
⇒貞暁(じょうぎょう)

貞恭院 ていきょういん
⇒種姫(たねひめ)

貞教院 ていきょういん★
江戸時代末期～明治時代の女性。政治・和歌。岩ケ崎の中村日向義景の娘。
¶江表(貞教院(岩手県) [没]明治18(1885)年)

貞教尼 ていきょうに★
江戸時代後期の女性。和歌。伊勢松坂の小浜氏。天保7年刊、加納諸平編『類題鰒玉集』三に載る。
¶江表(貞教尼(三重県))

貞吟 ていぎん★
江戸時代中期の女性。俳諧。幕府御用の両替屋中川宗瑞の妻。
¶江表(貞吟(東京都))

蹄月 ていげつ★
江戸時代中期の女性。俳諧。甲斐の人。安永9年成立、平橋庵敲氷編『甲斐根百韻付録』に載る。
¶江表(蹄月(山梨県))

貞月尼 ていげつに★
江戸時代後期の女性。和歌。宇田川町の名主治兵衛の母。文化5年頃、真田幸弘編「御ことほきの記」に載る。
¶江表(貞月尼(東京都))

貞兼 ていけん
⇒藤谷貞兼(ふじたにていけん)

てい子(1) ていこ★
江戸時代後期の女性。和歌。幕臣、小十人組で駒込住の村田鐘之助宗勝の妻。文化11年刊、中山忠雄・河田正致編『柿本社奉納和歌集』に載る。
¶江表(てい子(東京都))

てい子(2) ていこ★
江戸時代後期の女性。和歌。幕臣、目付桜井庄兵衛の妻。嘉永4年刊『波布里集』に載る。
¶江表(てい子(東京都))

てい子(3) ていこ★
江戸時代後期の女性。和歌。梶尾氏。嘉永4年刊、出雲大社神官で国学者富永芳久編『出雲国名所歌集』初に載る。
¶江表(てい子(島根県))

貞子(1) ていこ★
江戸時代の女性。和歌。野沢氏。明治8年刊、橘東世子編『明治歌集』に載る。
¶江表(貞子(東京都))

貞子(2) ていこ★
江戸時代中期の女性。俳諧。加賀高松の人。文政7年序、雪貢ほか編、千代女五〇回忌追善集『後長月集』に載る。
¶江表(貞子(石川県))

貞子(3) ていこ★
江戸時代中期～後期の女性。和歌。市谷船河原町住。
¶江表(貞子(東京都) [生]安永7(1778)年 [没]弘化3(1846)年)

貞子(4) ていこ★
江戸時代後期の女性。和歌。公卿綾小路俊資の娘。文政6年、一条忠良著「雅楽頭豊原統秋三百年遠忌和歌扣」に載る。
¶江表(貞子(東京都))

貞子(5) ていこ★
江戸時代後期の女性。和歌。幕臣、小姓組池田三之丞の妻。文政7年頃成立「玉露童女追悼集」に載る。
¶江表(貞子(東京都))

貞子(6) ていこ★
江戸時代後期～明治時代の女性。教育。高安定義の娘。
¶江表(貞子(富山県) [生]文化11(1814)年 [没]明治7(1874)年)

貞子(7) ていこ★
江戸時代後期の女性。和歌。備中児島郡林村の大法院細川宜海の娘。
¶江表(貞子(岡山県) [没]天保3(1832)年)

貞子(8) ていこ★
江戸時代末期の女性。和歌。江里川助太郎千照の妻。慶応2年序、村上忠順編『元治元年千首』に載る。
¶江表(貞子(東京都))

貞子(9) ていこ★
江戸時代末期の女性。和歌。秦茂方の妻。
¶江表(貞子(福岡県) [没]安政4(1857)年)

貞子(10) ていこ★
江戸時代末期～明治時代の女性。和歌。越後蒲原郡島潟村の小川政詮の娘。
¶江表(貞子(新潟県) [没]明治16(1883)年)

汀子(1) ていこ★
江戸時代の女性。和歌。橘東世子の妹。明治8年刊、橘東世子編「明治歌集」に載る。
¶江表(汀子(東京都))

汀子(2) ていこ★
江戸時代後期の女性。和歌・書。筑後柳川藩主立花鑑賢の娘。天保9年、延岡藩主内藤政義の室となる。
¶江表(汀子(福岡県))

定光 ていこう★
江戸時代末期の女性。和歌。中宮寺の侍尼。安政6年刊、伴林光平編『垣内摘草』に載る。
¶江表(定光(奈良県))

貞厚院 ていこういん★
江戸時代後期の女性。和歌。山田奉行を務めた旗本花房志摩守の母。文政7年頃成立「玉露童女追悼集」に載る。
¶江表(貞厚院(東京都))

定光院 ていこういん
⇒お里佐(おりさ)

貞孝尼 ていこうに★
江戸時代末期の女性。和歌。田中氏の娘。慶応3年刊、猿渡容盛編『類題新竹集』に載る。
¶江表(貞孝尼(神奈川県))

貞佐 ていさ
⇒桑岡貞佐(くわおかていさ)

鼎左 ていさ
⇒藤井鼎左(ふじいていさ)

貞斎泉晁* ていさいせんちょう
文化9(1812)年～? 江戸時代後期の浮世絵師。
¶浮絵

蹄斎北馬*　ていさいほくば
明和8(1771)年～弘化1(1844)年　㊀有坂北馬(ありさかほくば)，葛飾北馬(かつしかほくば)　江戸時代後期の浮世絵師。葛飾北斎の弟子。
¶浮絵(㊀明和7(1770)年　㊁弘化1(1844)年？)，美画(㊁弘化1(1844)年8月16日)

貞山*　ていざん
寛文12(1672)年～寛延2(1749)年9月18日　㊀桐淵貞山(きりぶちていざん)　江戸時代前期～中期の俳人。
¶俳文

定之*　ていし
慶安4(1651)年～元禄13(1700)年9月6日　江戸時代前期～中期の俳人。
¶俳文

定時　ていじ
⇒定時(さだとき)

亭子院帝　ていじいんのみかど
⇒宇多天皇(うだてんのう)

媞子女王　ていしじょおう
平安時代前期の女性。光孝天皇の宮人。
¶天皇(生没年不詳)

貞室　ていしつ
⇒安原貞室(やすはらていしつ)

貞室尼　ていしつに★
江戸時代後期の女性。和歌。越後与板の大坂屋三輪飛兵衛長泰とぶんの娘。天保4年成立「良寛禅師御墓建立奉納和歌」に載る。
¶江表(貞室尼(新潟県))

媞子内親王　ていしないしんのう
⇒郁芳門院(いくほうもんいん)

禔子内親王　ていしないしんのう
⇒禔子内親王(ししないしんのう)

貞子内親王　ていしないしんのう
南北朝時代の女性。後醍醐天皇の皇女。
¶天皇

禎子内親王*(1)　ていしないしんのう
永保1(1081)年～保元1(1156)年　㊀禎子内親王(よしこないしんのう)　平安時代後期の女性。白河天皇の皇女。
¶古人(よしこないしんのう)，天皇(㊁保元1(1156)年1月5日)

禎子内親王(2)　ていしないしんのう
⇒陽明門院(ようめいもんいん)

諦子内親王　ていしないしんのう
⇒明義門院(めいぎもんいん)

貞寿　ていじゅ★
江戸時代後期の女性。和歌。木村棊明の母。天保11年成立「鷲見家短冊帖」に載る。
¶江表(貞寿(鳥取県))

貞寿院(1)　ていじゅいん★
江戸時代中期～後期の女性。漢詩・書・華道。下総飯岡の八田秀躓の娘。
¶江表(貞寿院(千葉県)　㊀享保20(1735)年　㊁文政11(1828)年)

貞寿院(2)　ていじゅいん★
江戸時代後期～末期の女性。和歌。御三卿徳川斉匡の娘。
¶江表(貞寿院(愛媛県)　㊀文化2(1805)年　㊁万延1(1860)年)

鼎州*　ていしゅう
？～明治7(1874)年　江戸時代末期～明治時代の僧。
¶幕末(㊁明治7(1874)年11月30日)

梃秀院　ていしゅういん
江戸時代後期～明治時代の女性。和歌。加賀藩藩士久徳政信の娘。
¶江表(梃秀院(石川県)　㊀天保1(1830)年　㊁明治38(1905)年)

貞粛院　ていしゅくいん
⇒徳川美賀子(とくがわみかこ)

貞樹女　ていじゅじょ★
江戸時代後期の女性。教育。守山義制の母。
¶江表(貞樹女(東京都)　㊀文化5(1808)年頃)

貞寿尼(1)　ていじゅに★
江戸時代中期の女性。俳諧。元禄10年刊、石岡玄梅編『鳥の道』に載る。
¶江表(貞寿尼(奈良県))

貞寿尼(2)　ていじゅに★
江戸時代後期の女性。俳諧。高木竹妓の母。文政12年跋、閑月庵を継承した門弟山暁編の竹妓追善集「紫苑の露」に載る。
¶江表(貞寿尼(東京都))

程順則*　ていじゅんそく
尚質16(1663)年～清・雍正12(1734)年12月8日　㊀名護寵文(なごちょうぶん)　江戸時代中期の琉球の政治家、儒者。
¶コン(㊀寛文3(1663)年　㊁享保19(1734)年)，対外

貞女(1)　ていじょ★
江戸時代後期の女性。俳諧。桑折の遊女。弘化4年奉献、文知摺観音堂にある「大悲閣法楽俳諧歌」額に載る。
¶江表(貞女(福島県))

貞女(2)　ていじょ★
江戸時代後期の女性。狂歌。文化9年刊、便々館湖鯉鮒編『狂歌浜荻集』に載る。
¶江表(貞女(群馬県))

貞女(3)　ていじょ★
江戸時代末期の女性。和歌。石黒氏。安政4年刊、上田光美編「延齢松詩歌後集」に載る。
¶江表(貞女(東京都))

貞女(4)　ていじょ★
江戸時代末期の女性。俳諧。安政6年刊、井上留木女編の父得蕪追悼集『あさゆふへ』に少年貞女として載る。
¶江表(貞女(東京都))

貞恕　ていじょ
⇒犬井貞恕(いぬいていじょ)

禎女　ていじょ★
江戸時代後期の女性。俳諧。蔵前の守村桃磯の妻。天保7年跋、黒川惟草編『俳諧人名録』初に載る。
¶江表(禎女(東京都))

貞松 ていしょう*
江戸時代後期の女性。和歌。安芸広島の芥川九十郎の母。頼山陽の母梅颸が記した「梅颸日記」に寛政年間～文化初頭頃に度々登場。
¶江表(貞松(広島県))

貞照(1) ていしょう*
江戸時代前期の女性。和歌・書・書簡。仙台藩主伊達忠宗の娘。
¶江表(貞照(福岡県))　②延宝8(1680)年

貞照(2) ていしょう*
江戸時代の女性。書簡。一関藩田村家の縁者。「田村家文書」の中に書簡が1通残る。
¶江表(貞照(岩手県))

庭松 ていしょう*
江戸時代中期の女性。俳諧。享保4年刊、檪夫梨里編『寒菊随筆』に載る。
¶江表(庭松(東京都))

諦定 ていしょう
江戸時代後期の女性。教育。中島氏。
¶江表(諦定(東京都))　④文政12(1829)年頃

貞松院 ていしょういん*
江戸時代後期～明治時代の女性。和歌・書。長門長州藩主毛利斉熙の娘。
¶江表(貞松院(山口県))　④文政3(1820)年　②明治33(1900)年)

禎祥院 ていしょういん*
江戸時代中期～後期の女性。和歌。陸奥白河藩主阿部正允の娘。豊前中津藩主奥平大膳大夫昌鹿の室。
¶江表(禎祥院(大分県))

貞松院定子 ていしょういんさだこ*
江戸時代後期～明治時代の女性。和歌。大和郡山藩主柳沢保泰の娘。
¶江表(貞松院定子(長野県))　④文政5(1822)年　②明治21(1888)年)

貞松女 ていしょうじょ*
江戸時代中期の女性。和歌。尾張名古屋の塚本栄松尼の娘。安永10年に編んだ母の追悼集『金糸蓮』に記す。
¶江表(貞松女(愛知県))

貞祥尼 ていしょうに*
江戸時代後期の女性。和歌。松平権兵衛の母。天保11年序、忍藩藩士加藤古風編の歌集「京極黄門定家卿六百回忌追福」に載る。
¶江表(貞祥尼(東京都))

貞正尼 ていしょうに*
江戸時代中期の女性。和歌。片岡正之の祖母。天明2年宮内清秀序『伴菊延齢詩歌集』に載る。
¶江表(貞正尼(大阪府))

貞信 ていしん*
江戸時代中期の女性。記録。播磨揖保川町新在家の大庄屋永富頼貞の妹。
¶江表(貞信(兵庫県))　②寛保1(1741)年

貞心 ていしん
⇒貞心尼(ていしんに)

貞心院 ていしんいん*
戦国時代～江戸時代前期の女性。寺院建立。越後与板領主であった直江景綱の娘。
¶江表(貞心院(山形県))　④弘治3(1557)年　②寛永14
(1637)年)

貞信公 ていしんこう
⇒藤原忠平(ふじわらのただひら)

貞信尼(1) ていしんに*
江戸時代後期の女性。狂歌。天保9年成立、十叟舎笹丸編『春詠狂歌 大和名所題』に載る。
¶江表(貞信尼(東京都))

貞信尼(2) ていしんに*
江戸時代後期～明治時代の女性。和歌。越後下新の本間徳兵衛とひいの娘。
¶江表(貞信尼(新潟県))　④文政12(1829)年　②明治44(1911)年)

貞心尼(1) ていしんに*
江戸時代後期の女性。教育。武蔵加瀬村の人。
¶江表(貞心尼(神奈川県))　②天保12(1841)年)

貞心尼*(2) ていしんに
寛政10(1798)年～明治5(1872)年　別貞心(ていしん)　江戸時代末期～明治時代の尼僧、歌人、柏崎釈迦堂庵主。夫の死後、剃髪し、閻魔堂に住む。良寛の門人となる。著書に「はちすの露」。
¶江表(貞心尼(新潟県)),コン(貞心　ていしん),女史,女文②明治5(1872)年2月)

貞津尼 ていしんに*
江戸時代中期の女性。俳諧。堅田の人。享保9年刊、菊田有隣編『芭蕉盟』に載る。
¶江表(貞津尼(滋賀県))

貞崇 ていすう
⇒鳥栖寺貞崇(とりすでらていそう)

鄭成功* ていせいこう
寛永1(1624)年～清・康熙1(1662)年　別国姓爺(こくせんや)、和唐内(わとうない)　江戸時代前期の明の遺臣。日本名和唐内。「国姓爺合戦」のモデル。
¶コン(②寛文2(1662)年),対外,徳将,山小(④1624年7月14日？　②1662年5月8日)

貞宣 ていせん
⇒神田貞宣(かんだていせん)

貞操院 ていそういん*
江戸時代中期～後期の女性。和歌・詩文・書・画。有栖川宮織仁親王の娘。
¶江表(貞操院(山口県))　④天明2(1782)年　②嘉永5(1852)年)

貞相院 ていそういん*
江戸時代後期の女性。和歌。但馬出石藩主仙石政房の娘。寛政10年跋、真田幸弘の六〇賀集『千とせの寿詞』に載る。
¶江表(貞相院(兵庫県))

貞操尼 ていそうに*
江戸時代後期の女性。和歌。児玉園衛門の母。天保12年成立、徳川斉昭撰「弘道館梅花詩歌」に載る。
¶江表(貞操尼(茨城県))

泥足* でいそく
明暦1(1655)年？～？　江戸時代前期～中期の俳人。
¶俳文

丁知* ていち
？～安政2(1855)年2月9日　江戸時代後期～末期の俳人。

¶俳文

貞竹　ていちく
江戸時代前期の俳諧師。庄田氏。
¶俳文(生没年不詳)

泥築　でいちく
⇒津打治兵衛〔2代〕(つうちじへえ)

定重　ていちょう
江戸時代前期の俳諧師。端氏。
¶俳文(生没年不詳)

亭々　ていてい*＊
江戸時代末期の女性。画。尾張藩藩士で南画家柴山東㙻の娘。安政5年刊、長島畏三述『現故漢画名家集鑑』に名を連ねる。
¶江表(亭々〈愛知県〉)

鄭洞*（鄭泂，鄭迥）　ていどう
＊～慶長16(1611)年8月13日　㋑謝名(しゃな,じゃな)，謝名利山(しゃなりざん，じゃなりさん，じゃなりざん)，謝名鄭迥(じゃなていどう)　安土桃山時代～江戸時代前期の薩摩侵入時の琉球の三司官、謝名親方。
¶コン(謝名利山　じゃなりざん　㋑天文14(1545)年)，対外(謝名　じゃな　㋑?)

貞徳　ていとく
⇒松永貞徳(まつながていとく)

貞惇院　ていとんいん
⇒和姫(かずひめ)

鄭永寧　ていながやす
⇒鄭永寧(ていえいねい)

貞伯院　ていはくいん*＊
江戸時代後期の女性。和歌。本多玄甫の娘。文政4年の「詩仙堂募集和歌」に載る。
¶江表(貞伯院〈東京都〉)

禎範*＊　ていはん
寛弘8(1011)年～寛治5(1091)年　平安時代中期～後期の天台宗園城寺の僧。
¶古人

丁婦　ていふ*＊
江戸時代中期の女性。俳諧。常陸水戸の人。元禄12年刊、坂倉東鷲編『小弓誹諧集』に載る。
¶江表(丁婦〈茨城県〉)

貞富　ていふ
⇒榎並貞富(えなみていふ)

貞富　ていふう
⇒榎並貞富(えなみていふ)

鄭秉哲*＊　ていへいてつ
尚貞27(1695)年～尚穆9(1760)年　江戸時代中期の琉球国の上級役人。
¶コン(㋑元禄8(1695)年　㋺宝暦10(1760)年)

貞芳院　ていほういん
⇒徳川吉子(とくがわよしこ)

貞本尼　ていほんに*＊
江戸時代後期の女性。和歌。伊勢楠の南元寺の人。嘉永3年本居内遠に入門。
¶江表(貞本尼〈三重県〉)

貞明院⑴　ていめいいん*＊
江戸時代中期～後期の女性。書簡。土佐藩主山内

豊敷の娘。佐竹義敦(曙山)の室。名は賀。
¶江表(貞明院〈秋田県〉)　㋑延享2(1745)年　㋺文化7(1810)年)

貞明院⑵　ていめいいん
江戸時代後期の女性。徳川家慶の六女。
¶徳将(㋑1826年　㋺1840年)

諦明院　ていめいいん
江戸時代後期の女性。徳川家慶の五女。
¶徳将(㋑1826年　㋺1826年)

貞祐尼　ていゆうに*＊
江戸時代後期の女性。和歌。下立売室町西入に住んだ。文化11年刊、中山忠雄・河田正致編『柿本社奉納和歌集』に載る。
¶江表(貞祐尼〈京都府〉)

貞璵*＊　ていよ
生没年不詳　江戸時代後期の俳人。
¶俳文

貞葉尼　ていように*＊
江戸時代後期の女性。和歌。江戸坂本町の名主二葉伝次郎の母。文政7年頃の「玉露童女追悼集」に載る。
¶江表(貞葉尼〈東京都〉)

貞柳（――〔2代〕）　ていりゅう
⇒油煙斎貞柳(ゆえんさいていりゅう)

貞林　ていりん*＊
江戸時代中期の女性。俳諧。大坂平野町に住む薬種商小西来山の後妻。
¶江表(貞林〈大阪府〉　㋑享保19(1734)年)

貞林尼　ていりんに*＊
江戸時代中期の女性。俳諧。元禄5年自序、柳陰庵句空編『北の山』に載る。
¶江表(貞林尼〈滋賀県〉)

てう⑴
江戸時代後期の女性。教育。伊沢長七郎の妻。
¶江表(てう〈東京都〉　㋑天保11(1840)年頃)

てう⑵
江戸時代後期の女性。俳諧。江戸の俳人祇徳の妻。天明9年、起早庵稲後編『己酉元除楽』に載る。
¶江表(てう〈山梨県〉)

手掻包永　てがいかねなが
⇒包永(かねなが)

手賀常幹　てがつねもと
⇒国字垣歌志久(かながきかしく)

手柄岡持　てがらのおかもち
⇒朋誠堂喜三二(ほうせいどうきさんじ)

手柄山正繁*＊　てがらやままさしげ
江戸時代中期～後期の陸奥白河藩士、刀工。
¶美工(㋑宝暦7(1757)年　㋺文政10(1827)年4月24日)

荻子　てきし
⇒辻荻子(つじてきし)

轍士　てきし
⇒高島轍士(たかしまてつじ)

滴志の母　てきしのはは
江戸時代中期の女性。俳諧。尾張名古屋の人。享保7年刊、巻耳・燕説編『北国曲』二に載る。

¶江表（滴志の母（愛知県））

出来島喜代三郎 できじまきよさぶろう
⇒市山助五郎〔1代〕（いちやますけごろう）

出来島長門守* できしまながとのかみ, できじまながとのかみ
生没年不詳　江戸時代前期の女歌舞伎の芸人。
¶コン（できじまながとのかみ）

荻人 てきじん
江戸時代中期の俳諧作者。元禄頃。姓名未詳。
¶俳文（生没年不詳）

荻風 てきふう
⇒園田荻風（そのだてきふう）

笛風(1) てきふう★
江戸時代後期の女性。俳諧。湯浅の人。天明8年刊、古田此葉著『市女笠』に載る。
¶江表（笛風（和歌山県））

笛風(2) てきふう
⇒並木丈輔（なみきじょうすけ）

手管 てくだ★
江戸時代中期の女性。狂歌。遊女。天明4年刊、普栗釣方ほか編『狂歌すまひ草』に載る。
¶江表（手管（東京都））

出口なお*（出口なを） でぐちなお
天保7（1836）年12月16日～大正7（1918）年11月6日　江戸時代後期～大正時代の大本教教祖。出口王仁三郎とともに大本教の教祖とされる。
¶コン（出口なを）, 思想, 女史, 山小（[生]1836年12月16日 [没]1918年11月6日）

出口延佳 でぐちのぶよし
⇒度会延佳（わたらいのぶよし）

出久廼坊画安* でくのぼうかきやす
？～明治4（1871）年　江戸時代末期～明治時代の狂歌師、画家。押絵細工、絵馬額など制作。
¶幕末（[没]明治4（1871）年2月29日）, 美画（[没]明治4（1871）年4月18日）

勅使河原有直 てしがわらありなお
平安時代後期の武蔵国丹党の武士。
¶平家（生没年不詳）

勅使河原直重* てしがわらなおしげ
？～建武3/延元1（1336）年　南北朝時代の武士。
¶コン（[没]延元1/建武3（1336）年）

勅使河原三和子* てしがわらみわこ
？～文化15（1818）年4月4日　江戸時代後期の女性。歌人。
¶江表（三和子（長野県）　[没]文政1（1818）年）

手島清春 てじまきよはる
江戸時代の和算家。
¶数学

手島季隆* てしますえたか
文化11（1814）年～明治30（1897）年　江戸時代後期～明治時代の武士、神職。
¶幕末（[生]文化11（1814）年10月16日 [没]明治30（1897）年0月1日）

手島高吉* てしまたかよし
生没年不詳　戦国時代の武蔵国衆忍成田氏の家老。
¶後北（高吉〔手島〕　たかよし）

出島竹斎* でじまちくさい
文化13（1816）年～明治20（1887）年　江戸時代末期～明治時代の駿河国の勤王の志士。民政に協力。宮司。皇学舎を設けて子弟の教育にあたった。
¶幕末

手島堵庵* てじまとあん, てしまとあん
享保3（1718）年～天明6（1786）年　江戸時代中期の石門心学者。通称は近江屋嘉左衛門。
¶江人, コン, 思想（てしまとあん）, 女史（てしまとあん）, 徳将, 山小（てしまとあん　[生]1718年5月13日 [没]1786年2月9日）

豊島洞斎 てしまとうさい
⇒豊島安三郎（てしまやすさぶろう）

手島長朝 てじまながとも
戦国時代の忍城主成田長泰の家臣。左馬助・美作守。
¶後北（長朝〔手島〕　ながとも）

豊島安三郎* てしまやすさぶろう
文政7（1824）年～明治39（1906）年　[別]豊島洞斎（てしまとうさい, としまとうさい, としまどうさい, とよしまとうさい）　江戸時代末期～明治時代の明倫堂講師。
¶幕末（[没]明治39（1906）年7月2日）

弟子丸竜助* でしまるりゅうすけ
天保9（1838）年～文久2（1862）年　江戸時代末期の薩摩藩士。
¶幕末（[没]文久2（1862）年4月23日）

手代木勝任* てしろぎかつとう
文政9（1826）年～明治37（1904）年　[別]手代木直右衛門（てしろぎすぐえもん）　江戸時代末期～明治時代の会津藩若年寄。藩主の側近として仕える。後、新政府に仕え岡山区長。
¶コン（手代木直右衛門　てしろぎすぐえもん）, 全幕（手代木直右衛門　てしろぎすぐえもん　[没]明治36（1903）年）, 幕末（[生]文政9（1826）年3月9日 [没]明治37（1904）年6月3日）

手代木喜与* てしろぎきよ
天保5（1834）年～大正8（1919）年　江戸時代末期～大正時代の手代木勝任の妻。手記「松の落ち葉」は妻、母としての心情を綴る。
¶江表（喜与（福島県））, 幕末（[没]大正8（1919）年5月10日）

手代木幸右衛門* てしろぎこうえもん
寛政7（1795）年～安政2（1855）年　江戸時代末期の陶工。
¶幕末（[没]安政2（1855）年1月14日）, 美工（[没]嘉永7（1855）年）

手代木直右衛門 てしろぎすぐえもん
⇒手代木勝任（てしろぎかつとう）

手塚律蔵 てずかりつぞう
⇒手塚律蔵（てづかりつぞう）

手塚良仙〔3代〕 てずかりょうせん
⇒手塚良仙（てづかりょうせん）

てつ(1)
江戸時代後期の女性。教育。池田実光の叔母。
¶江表（てつ（東京都）　[生]文化7（1810）年頃）

てつ(2)
江戸時代後期の女性。和歌。松代藩藩士恩田靱負民祇の妻。寛政10年跋、藩主真田幸弘の六〇賀集「千とせの寿詞」に載る。

¶江表（てつ（長野県））

てつ（3）

江戸時代末期～明治時代の女性。狂歌。神崎清右衛門の妻。

¶江表（てつ（神奈川県）　[没]明治7（1874）年）

徹翁義亨　てつおうぎこう

⇒徹翁義亨（てっとうぎこう）

て

手塚紀興*　てづかのりおき，てつかのりおき

？～延享3（1746）年4月　江戸時代中期の藩士・和算家。

¶数学（てつかのりおき）

手塚増子*　てづかますこ，てずかますこ

文化11（1814）年～文久2（1862）年　江戸時代後期～末期の女性。尊攘志士小島強介の義母。

¶江表（増子（栃木県））

手塚操子*　てづかみさおこ，てずかみさおこ

弘化3（1846）年～慶応1（1865）年6月5日　江戸時代末期の女性。尊攘志士小島強介の妻。

¶江表（操子（栃木県）　[生]天保9（1838）年）

手塚光盛*　てづかみつもり

？～元暦1（1184）年　[別]金刺光盛（かなさしのみつもり），源光盛（みなもとのみつもり）　平安時代後期の武将。

¶古人（金刺光盛　かなさしのみつもり　生没年不詳），古人（源光盛　みなもとのみつもり），平家（生没年不詳）

手塚律蔵*　てづかりつぞう

文政5（1822）年6月8日～明治11（1878）年11月29日　[別]手塚律蔵（てずかりつぞう）　江戸時代末期～明治時代の洋学者。外務省に転じウラジオストック駐在、帰途病死。訳書に「西洋鉄熕鋳造篇」。

¶科学（てずかりつぞう），コン（[生]文政6（1823）年），幕末

手塚良仙*　てづかりょうせん

享和1（1801）年～明治10（1877）年　[別]手塚良仙〔3代〕（てずかりょうせん）　江戸時代末期～明治時代の陸軍軍医。わが国近代軍医制度の発祥といわれる歩兵屯所の医師をつとめた。

¶科学（――〔3代〕　てずかりょうせん　[没]明治10（1877）年10月10日）

手杯娘*　てつきのいらつめ

[別]蘇我手杯娘（そがのてつきのいらつめ）　飛鳥時代の女性。蘇我蝦夷の娘。舒明天皇の妃。

¶天皇（蘇我手杯娘　そがのてつきのいらつめ　生没年不詳）

鉄牛（1）　てつぎゅう

⇒鉄牛道機（てつぎゅうどうき）

鉄牛（2）　てつぎゅう

⇒塙直之（ばんなおゆき）

鉄牛道機*　てつぎゅうどうき

寛永5（1628）年～元禄13（1700）年　[別]大慈普応禅師（だいじふおうぜんじ），鉄牛（てつぎゅう），道機（どうき）　江戸時代前期～中期の黄檗僧。干拓・開墾事業に従事。

¶コン

鉄眼　てつげん

⇒鉄眼道光（てつげんどうこう）

鉄眼道光*　てつげんどうこう

寛永7（1630）年～天和2（1682）年　[別]鉄眼（てつげん），道光（どうこう）　江戸時代前期の黄檗宗の僧。

¶江人，コン，思想，山小（[生]1630年1月1日　[没]1682年3月20日）

鉄元堂正楽*　てつげんどうしょうらく

？～安永9（1780）年　江戸時代中期の装剣金工。

¶コン，美工

鉄斎*　てっさい

安永4（1775）年～天保2（1831）年6月27日　江戸時代中期～後期の俳人。

¶俳文

鉄山宗鈍　てつざんしゅうどん

⇒鉄山宗鈍（てっさんそうどん）

鉄山宗鈍*　てっさんそうどん，てつざんそうどん，てつさんそうどん

天文1（1532）年～元和3（1617）年10月8日　[別]宗鈍（そうどん），鉄山宗鈍（てつざんしゅうどん）　安土桃山時代～江戸時代前期の臨済宗妙心寺派の僧。

¶武田（てつざんそうどん　[生]？）

轍士　てつし

⇒高島轍士（たかしまてつし）

鉄師禅尼　てつしぜんに★

江戸時代中期の女性。和歌。明和5年刊石野広通編『霞関集』に載る。

¶江表（鉄師禅尼（東京都））

鉄舟徳済*　てっしゅうとくさい，てっしゅうとくざい

？～正平21/貞治5（1366）年　[別]円通大師（えんつうだいし），徳済（とくさい）　南北朝時代の僧、画家。円通大師。

¶対外，美画（[没]正平21/貞治5（1366）年9月15日）

てつ女　てつじょ★

江戸時代後期の女性。和歌。寛政8年、土佐藩藩士谷真潮70歳の祝いの「浩海歌」に載る。

¶江表（てつ女（高知県））

鉄女　てつじょ★

江戸時代後期の女性。俳諧。旗本高木政次郎の娘。弘化3年刊、黒川惟草編『俳諧人名録』二に載る。

¶江表（鉄女（千葉県））

鉄心　てっしん

⇒鉄心道胖（てっしんどうはん）

鉄心道印*　てっしんどういん

文禄2（1593）年～延宝8（1680）年　[別]道印（どういん）　江戸時代前期の曹洞宗の僧。伯耆の人。

¶コン

鉄心道胖*　てっしんどうはん

*～正徳2（1712）年　[別]鉄心（てっしん）　江戸時代前期～中期の黄檗僧。長崎の人。

¶コン（[生]寛永8（1631）年）

鉄扇・銕扇　てっせん★

江戸時代後期の女性。川柳。『誹風柳多留』70篇～145篇（文政1年～天保8年）に載る。

¶江表（鉄扇・銕扇（東京都））

鉄蔵　てつぞう

⇒岡田以蔵（おかだいぞう）

徹宗尼　てつそうに

江戸時代中期の女性。宗教・書。相模鎌倉の東慶寺の尼。

¶江表（徹宗尼（神奈川県）　[没]元文1（1736）年）

徹通義介* てっつうぎかい
承久1(1219)年～延慶2(1309)年 [別]義介, 義价(ぎかい) 鎌倉時代後期の曹洞宗の僧。永平寺の第3世。
¶コン, 対外

徹翁義亨* てっとうぎこう, てつとうぎこう
永仁3(1295)年～正平24/応安2(1369)年 [別]義亨(ぎこう), 徹翁義亨(てつおうぎこう) 鎌倉時代後期～南北朝時代の臨済宗の僧。大徳寺1世。
¶コン

鉄翁祖門* てっとうそもん
寛政3(1791)年～* [別]日高鉄翁(ひだかてつおう) 江戸時代末期～明治時代の画僧、春徳寺住職。長崎三大文人画家の一人。蘭図を得意とした。
¶コン([没]明治4(1871)年), 幕末(日高鉄翁 ひだかてつおう [没]明治4(1872)年12月15日), 美画([生]寛政3(1791)年2月10日 [没]明治4(1871)年12月15日)

鉄砲又(鉄炮又) てっぽうまた
⇒橘屋又三郎(たちばなやまたさぶろう)

鉄卵* てつらん
*～元禄2(1689)年10月10日 江戸時代前期～中期の俳人。
¶俳文([生]寛文2(1662)年)

鉄竜海* てつりゅうかい
*～明治14(1881)年 江戸時代末期～明治時代の僧、即身仏。
¶幕末([生]文政3(1820)年5月 [没]明治14(1881)年10月28日)

手習筆女・筆女 てならいふでじょ★
江戸時代中期の女性。狂歌。天明7年刊、宿屋飯盛編『古今狂歌袋』に載る。
¶江表(手習筆女・筆女(東京都))

てふ
江戸時代後期の女性。俳諧。石見の大田連に属す。寛政12年刊、夏音舎柊里編『三度笠』人に載る。
¶江表(てふ(島根県))

てふ子(1) てふこ★
江戸時代後期の女性。和歌。佐賀藩主鍋島重茂の後室円諦院付侍女。文化5年頃、真田幸弘編「御ことほきの記」に載る。
¶江表(てふ子(佐賀県))

てふ子(2) てふこ★
江戸時代末期の女性。和歌。豊後杵築藩主松平家の奥女中。文久3年刊、関橋守編『耳順賀集』に載る。
¶江表(てふ子(大分県))

出目是閑 でめぜかん
⇒是閑吉満(ぜかんよしみつ)

出目吉満 でめよしみつ
⇒是閑吉満(ぜかんよしみつ)

てや
江戸時代後期の女性。和歌。相模小田原藩の奥女中。文化11年刊、中山忠雄・河田正致編『柿本社奉納和歌集』に載る。
¶江表(てや(神奈川県))

寺廾賢仲* てらいかたなか
?～永正12(1515)年 [別]宗巧(そうこう) 戦国時代の武将。武田氏家臣。
¶俳文(宗巧 そうこう)

寺井源左衛門* てらいげんざえもん
生没年不詳 戦国時代～安土桃山時代の武士。武田氏家臣。
¶織田

寺井玄東 てらいげんとう
⇒井上挹翠(いのうえゆうすい)

寺井重房* てらいしげふさ
生没年不詳 江戸時代中期の浮世絵師。
¶浮絵

寺井主税* てらいちから
江戸時代末期の新撰組隊士。
¶新隊(生没年不詳)

寺内新左衛門 てらうちしんざえもん
⇒新宮馬之助(しんぐううまのすけ)

寺内暢三* てらうちちょうぞう
天保6(1835)年～明治4(1871)年 江戸時代末期～明治時代の長州(萩)藩士。
¶幕末([没]明治4(1872)年12月6日)

寺内藤次郎* てらうちとうじろう
?～明治2(1869)年 江戸時代末期の紀伊和歌山藩士。
¶幕末([没]明治2(1869)年4月9日)

寺内良弼 てらうちりょうひつ
⇒松永良弼(まつながよしすけ)

寺尾市四郎* てらおいちしろう
文化4(1807)年～明治11(1878)年 江戸時代末期～明治時代の尾張瀬戸の陶工。
¶美工

寺尾刑部少輔 てらおぎょうぶのしょう
戦国時代の信濃国埴科郡寺尾郷の土豪。
¶武田(生没年不詳)

寺尾小八郎* てらおこはちろう
天保5(1834)年～明治27(1894)年 江戸時代末期～明治時代の築港家。維新後、士族授産、宇品港築港に尽力。
¶全幕, 幕末([没]明治27(1894)年8月8日)

寺尾権平* てらおごんぺい
天保12(1841)年～元治1(1864)年 江戸時代末期の志士。
¶幕末([生]天保12(1841)年10月 [没]元治1(1864)年9月5日)

寺尾勝右衛門 てらおしょうえもん
江戸時代前期の豊臣秀頼の家臣。
¶大坂([没]慶長20年5月8日)

寺尾知若* てらおちじゃく
生没年不詳 江戸時代後期の和算家。
¶数学

寺尾彦左衛門 てらおひこざえもん
戦国時代～安土桃山時代の駿河国庵原郡江尻宿の宿問屋商人。
¶武田(生没年不詳)

寺門静軒* てらかどせいけん
寛政8(1796)年～明治1(1868)年 江戸時代末期の儒者、詩人。
¶江人, コン, 詩作, 思想, 日文, 幕末([没]慶応4(1868)年3月24日)

て

寺門鉄蔵* てらかどてつぞう
文政2(1819)年～明治22(1889)年　江戸時代末期～明治時代の土浦藩士。藩校郁文官で関口流柔術世話、師範方をつとめる。
¶幕末([没]明治22(1889)年12月17日)

寺坂吉右衛門 てらさかきちうえもん
⇒寺坂吉右衛門(てらさかきちえもん)

寺坂吉右衛門* てらさかきちえもん
寛文5(1665)年～延享4(1747)年　[別]進歩(しんぽ)，寺坂吉右衛門(てらさかきちうえもん)　江戸時代中期の播磨赤穂藩士。四十七士。
¶コン

寺崎喜六郎* てらさききろくろう
永禄8(1565)年～天正9(1581)年5月頃？　安土桃山時代の織田信長の家臣。
¶織田([没]天正9(1581)年7月17日)

寺崎紫白 てらさきしはく
⇒紫白女(しはくじょ)

寺崎紫白女 てらさきしはくじょ
⇒紫白女(しはくじょ)

寺崎盛永* てらさきもりなが
？～天正9(1581)年5月頃？　戦国時代～安土桃山時代の織田信長の家臣。
¶織田([没]天正9(1581)年7月17日？)

寺沢堅高* てらざわかたたか，てらさわかたたか
慶長14(1609)年～正保4(1647)年　江戸時代前期の大名。肥前唐津藩主。
¶コン

寺沢僴太郎 てらさわしんたろう
江戸時代末期の幕臣、彰義隊隊士。
¶幕末(生没年不詳)

寺沢広高* てらざわひろたか，てらさわひろたか
永禄6(1563)年～寛永10(1633)年　安土桃山時代～江戸時代前期の大名。肥前唐津藩主。
¶コン([生]永禄7(1564)年)，対外

寺沢広政* てらざわひろまさ，てらさわひろまさ
大永5(1525)年～慶長1(1596)年　戦国時代～安土桃山時代の武士。
¶織田(てらさわひろまさ　[没]慶長1(1596)年1月14日)

寺沢弥九郎* てらさわやくろう
？～永禄12(1569)年9月8日　戦国時代～安土桃山時代の織田信長の家臣。
¶織田

寺師次右衛門* てらしじえもん
生没年不詳　江戸時代後期の薩摩藩士。
¶幕末

寺島清 てらしまきよし
⇒尾上菊五郎〔5代〕(おのえきくごろう)

寺島繁三 てらしましげぞう
⇒寺島繁三(てらじまはんぞう)

寺島宗伴* てらじまそうはん
寛政6(1794)年～明治17(1884)年　[別]寺島宗伴(てらしまむねとも)　江戸時代末期～明治時代の算者。
¶数学(てらしまむねとも　[没]明治17(1884)年2月2日)

寺島素悦 てらしまそえつ
江戸時代後期の眼科医。
¶眼医(生没年不詳)

寺島丹後介* てらじまたんごのすけ
安永5(1776)年～嘉永3(1850)年　江戸時代後期の九条家家士。
¶幕末([没]嘉永3(1850)年10月8日)

寺島忠三郎* てらじまちゅうざぶろう，てらしまちゅうさぶろう，てらじまちゅうさぶろう
天保14(1843)年～元治1(1864)年　[別]作間忠三郎(さくまちゅうざぶろう)，寺島昌昭(てらじままさあき)，中島三郎(なかじまさぶろう)　江戸時代末期の長州(萩)藩士。号は刀山。
¶コン，全幕，幕末([没]元治1(1864)年7月19日)

寺島陳玄 てらしまちんげん
江戸時代中期～後期の和算家。信州鬼無里村の人。
¶数学([生]延享3(1746)年　[没]文政1(1818)年9月3日)

寺島藤右衛門* てらしまとうえもん，てらじまとうえもん
？～元禄7(1694)年　江戸時代の大坂三町人の一家。
¶コン

寺島繁三* てらじまはんぞう
文政9(1826)年～？　[別]寺島繁三(てらしましげぞう)　江戸時代後期～末期の新撰組隊士。
¶新隊(てらしましげぞう)

寺島甫庵 てらしまほあん
戦国時代の武田信玄御伽衆。近習の薬師と思われる。
¶武田(生没年不詳)

寺島業言* てらしまぼくげん
正保3(1646)年～元文1(1736)年　[別]業言，僕言(ぼくげん)　江戸時代前期～中期の俳人(蕉門)。
¶俳文(業言　ぼくげん　[没]元文1(1736)年9月6日)

寺島昌昭 てらじままさあき
⇒寺島忠三郎(てらじまちゅうざぶろう)

寺島宗伴 てらしまむねとも
⇒寺島宗伴(てらじまそうはん)

寺島宗則* てらしまむねのり，てらじまむねのり
天保3(1832)年5月23日～明治26(1893)年　[別]松木弘庵(まつきこうあん)　江戸時代末期～明治時代の政治家、鹿児島藩士、枢密顧問官、伯爵。樺太・千島交換条約締結。
¶コン，全幕，徳人(松木弘庵　まつきこうあん)，幕末([没]明治26(1893)年6月7日)，山小([生]1832年5月23日　[没]1893年6月7日)

寺島職定 てらしまもとさだ
安土桃山時代の武将。
¶戦武(生没年不詳)

寺島安信* てらしまやすのぶ
？～享保7(1722)年　[別]安信(あんしん，やすのぶ)，家信(やすのぶ)　江戸時代中期の俳人(蕉門)。
¶俳文(安信　あんしん　[没]享保7(1722)年11月21日)

寺島良安* てらじまりょうあん，てらしまりょうあん
生没年不詳　江戸時代中期の医師、考証家。号は杏林堂。
¶江人，科学([生]承応3(1654)年　[没]？)，コン(てらしま

りょうあん), 植物([生]承応3(1654)年 [没]?), 徳将([生]1654年 [没]?)

寺田五右衛門 てらだごえもん
⇒寺田宗有(てらだむねあり)

寺田五郎右衛門宗有 てらだごろうえもんむねあり
⇒寺田宗有(てらだむねあり)

寺田左門治 てらださもんじ
江戸時代後期～大正時代のシテ方金剛流。
¶新能([生]弘化1(1844)年6月 [没]大正11(1922)年9月23日)

寺田重徳* てらだじゅうとく
*～元禄7(1694)年頃 [別]重徳(しげのり, じゅうとく) 江戸時代中期の俳人(貞徳系)。
¶俳文(重徳 じゅうとく 生没年不詳)

寺田善右衛門* てらだぜんえもん
?～天正10(1582)年6月2日 戦国時代～安土桃山時代の織田信長の家臣。
¶織田

寺田泰吉 てらだたいきつ
⇒寺田泰吉(てらだやすよし)

寺田剛正* てらだたけまさ
文化5(1808)年～明治10(1877)年 江戸時代末期～明治時代の土佐国藩士。仕置役。佐幕派の指導者。
¶幕末([生]文化5(1808)年9月6日 [没]明治10(1877)年4月6日)

寺田疇平* てらだちゅうへい
文化8(1811)年～明治6(1873)年 江戸時代末期～明治時代の久留里藩士。「藩翰譜」を編集。権大参事、少参事をつとめる。
¶幕末([生]文化8(1811)年4月21日 [没]明治6(1873)年11月1日)

寺田生家 てらだなりいえ
⇒寺田又右衛門(てらだまたえもん)

寺田徳裕* てらだのりひろ
文政11(1828)年～明治26(1893)年 江戸時代末期～明治時代の会津藩士。戊辰戦争後、私塾有隣間を設置。沼垂小学校長をつとめる。
¶幕末([没]明治26(1893)年10月21日)

寺田法念* てらだほうねん
生没年不詳 鎌倉時代後期の御家人。悪党としても知られる。
¶コン, 内乱

寺田又右衛門* てらだまたえもん
?～天正13(1585)年 [別]寺田生家(てらだなりいえ) 安土桃山時代の武士。
¶織田(寺田生家 てらだなりいえ [没]天正13(1585)年7月)

寺田宗有* てらだむねあり
延享2(1745)年～文政8(1825)年 [別]寺田五右衛門(てらだごえもん), 寺田五郎右衛門宗有(てらだごろうえもんむねあり) 江戸時代中期～後期の剣術家、上野高崎藩剣術指南役。
¶江人

寺田泰吉* てらだやすよし
生没年不詳 [別]寺田泰吉(てらだたいきつ) 戦国時代の徳川家奉行人。
¶徳代(てらだたいきつ)

寺田屋登勢* (寺田屋登世) てらだやとせ
?～明治10(1877)年9月7日 江戸時代後期～明治時代の女性。京都伏見の船宿寺田屋の女将。
¶コン([生]天保1(1830)年), 女史([生]1830年), 全幕, 幕末

寺田蠣山* (寺田礪山) てらだれいざん
文化1(1804)年～文久2(1862)年 [別]蠣山, 礪山, 蠣山(れいざん) 江戸時代末期の俳人。
¶俳文(礪山 れいざん)

寺地強平* てらちきょうへい, てらじきょうへい
文化6(1809)年～明治8(1875)年12月7日 [別]寺地舟里(てらちしゅうり) 江戸時代末期～明治時代の蘭方医。備後福山藩士寺地幸助の次男。
¶科学(寺地舟里 てらちしゅうり), 幕末

寺地舟里 てらちしゅうり
⇒寺地強平(てらちきょうへい)

寺西元栄 てらにしげんえい
⇒寺西元栄(てらにしもとなが)

寺西封元* てらにしたかもと
寛延2(1749)年～文政10(1827)年 江戸時代中期～後期の代官。浅野家臣寺西弘篤の子。
¶コン, 徳将, 徳人, 徳代([没]文政10(1827)年2月18日)

寺西元貞 てらにしもとさだ
生没年不詳 [別]寺西元貞(てらにしげんてい) 江戸時代後期の幕臣。
¶徳人, 徳代(てらにしげんてい)

寺西元栄* (寺西元永) てらにしもとなが
天明2(1782)年～天保11(1840)年11月2日 [別]寺西元栄(てらにしげんえい) 江戸時代後期の幕臣。
¶コン, 徳人([没]1841年), 徳代(てらにしげんえい [没]天保12(1841)年6月2日)

寺野守水老 てらのしゅすいろう
江戸時代後期～明治時代の俳人。
¶俳文([生]天保7(1836)年6月10日 [没]明治40(1907)年4月10日)

寺町新助* てらまちしんすけ
[別]寺町新助忠久(てらまちしんすけただひさ) 安土桃山時代の武士。豊臣氏家臣。
¶大坂(寺町新助忠久 てらまちしんすけただひさ)

寺町新助忠久 てらまちしんすけただひさ
⇒寺町新助(てらまちしんすけ)

寺町宗左衛門* てらまちそうざえもん
[別]寺町宗左衛門忠弘(てらまちそうざえもんただひろ) 安土桃山時代の武士。豊臣氏家臣。
¶大坂(寺町宗左衛門忠弘 てらまちそうざえもんただひろ [没]明暦3年)

寺町宗左衛門忠弘 てらまちそうざえもんただひろ
⇒寺町宗左衛門(てらまちそうざえもん)

寺町百庵* てらまちひゃくあん
元禄8(1695)年～天明6(1786)年 [別]百庵(ひゃくあん) 江戸時代中期の俳人。
¶徳人([没]1781年), 俳文(百庵 ひゃくあん [没]天明1(1781)年11月23日)

寺村左膳* てらむらさぜん
天保5(1834)年～明治29(1896)年7月27日 江戸時代末期～明治時代の土佐藩士、側用役。資性温厚、国学に素養あり、公武合体論を持した。
¶全幕, 幕末

寺村百池* てらむらひゃくち
寛延1(1748)年〜天保6(1835)年12月17日 [別]百池(ひゃくち) 江戸時代中期〜後期の俳人。通称は堺屋助右衛門。
¶俳文(百池 ひゃくち [生]寛延2(1749)年)

寺本橘大夫* てらもときつだゆう
生没年不詳 安土桃山時代の織田信長の家臣。
¶織田

寺本八左衛門* てらもとはちざえもん
天正17(1589)年〜寛永18(1641)年 [別]寺本八左衛門直次(てらもとはちざえもんなおつぐ) 江戸時代前期の肥後熊本藩士。
¶大坂(寺本八左衛門直次 てらもとはちざえもんなおつぐ [没]寛永18年4月29日)

寺本八左衛門直次 てらもとはちざえもんなおつぐ
⇒寺本八左衛門(てらもとはちざえもん)

寺本立軒* てらもとりっけん
慶安3(1650)年〜享保15(1730)年 江戸時代中期の地誌学者。
¶コン

照葉鹿子 てりはかのこ★
江戸時代後期の女性。狂歌。文化7年刊、千首楼堅丸編『狂歌千もとの華』に載る。
¶江表(照葉鹿子(三重県))

てる(1)
江戸時代中期の女性。俳諧。宮原の人。天明5年、起早庵稲後編の歳旦集『乙巳歳旦』に載る。
¶江表(てる(山梨県))

てる(2)
江戸時代後期の女性。俳諧。美濃の人か。文化4年刊、周和編『落葉集』に載る。
¶江表(てる(岐阜県))

てる(3)
江戸時代後期の女性。和歌・散文。石原氏。
¶江表(てる(京都府) [没]享和3(1803)年)

てる(4)
江戸時代後期の女性。和歌。竹村郡蔵の妻。天保9年刊、海野遊翁編『現存歌選』二に載る。
¶江表(てる(京都府))

てる(5)
江戸時代後期の女性。俳諧。中村氏。文化10年刊、柿耶丸長斎編『万家人名録』に載る。
¶江表(てる(大阪府))

てる(6)
江戸時代後期の女性。俳諧。但馬千原の人。文化3年刊、森田因山編『三日の月影』に載る。
¶江表(てる(兵庫県))

てる(7)
江戸時代後期の女性。俳諧。寛政2年刊、大隅国分の俳人雅松が山陽道、東海道、陸奥を旅した記念集『其みちのく』に載る。
¶江表(てる(山口県))

てる(8)
江戸時代末期の女性。教育。星野康斎の娘。
¶江表(てる(東京都) [生]安政4(1857)年頃)

テル
江戸時代末期の女性。宗教。紐差村の林常乃丞の娘。
¶江表(テル(長崎県) [生]安政2(1855)年)

輝 てる★
江戸時代後期の女性。漢詩。儒者で漢詩人龍草廬の娘。
¶江表(輝(京都府) [没]寛政4(1792)年)

照(1) てる★
江戸時代後期〜明治時代の女性。長唄。幕臣大野平右衛門の娘。
¶江表(照(東京都) [生]弘化1(1844)年 [没]明治42(1909)年)

照(2) てる★
江戸時代後期の女性。教育。尾張藩藩士土御門泰邦の娘。
¶江表(照(愛知県) [没]文政10(1827)年)

照(3) てる★
江戸時代末期の女性。和歌。梶屋氏。安政6年刊、秋元安民編『類題青藍集』に載る。
¶江表(照(兵庫県))

てる子(1) てるこ★
江戸時代の女性。俳諧。上総望陀郡久留里の農夫武右衛門の娘。明治14年刊、岡田良策編『近世名婦百人撰』に載る。
¶江表(てる子(千葉県))

てる子(2) てるこ★
江戸時代の女性。和歌。紀州藩の元奥女中。明治6年刊、磯部最信編『佐渡名所歌集』に載る。
¶江表(てる子(和歌山県))

てる子(3) てるこ★
江戸時代中期の女性。和歌。明和5年刊、石野広通編『霞関集』に載る。
¶江表(てる子(東京都))

てる子(4) てるこ★
江戸時代後期〜大正時代の女性。和歌。日向飫肥藩主伊東祐相の娘。
¶江表(てる子(長野県) [生]嘉永1(1848)年 [没]大正4(1915)年)

輝子(1) てるこ★
江戸時代の女性。和歌。上条迂太郎の妻。明治17年刊、高畠藍泉編『明治名婦百首』に載る。
¶江表(輝子(長野県))

輝子(2) てるこ★
江戸時代中期の女性。散文・和歌。遠江浜松藩主井上正経の娘。藩主松平信明の室。
¶江表(輝子(愛知県))

輝子(3) てるこ★
江戸時代中期の女性。和歌。鱸相如の妻。明和3年成立、難波玄生・清水貞固ほか撰「稲葉和歌集」に載る。
¶江表(輝子(鳥取県))

輝子(4) てるこ★
江戸時代後期〜明治時代の女性。和歌・漢詩。因幡気多郡勝宿上郷寺内村の加知弥神社神主飯田秀雄と汐子の娘。
¶江表(輝子(鳥取県) [生]天保7(1836)年 [没]明治29(1896)年)

輝子(5) てるこ★
江戸時代後期の女性。和歌。徳島藩士賀島長市

の妻。
¶江表（輝子（徳島県）　[没]弘化4（1847）年）

輝子(6)　てるこ★
江戸時代末期の女性。和歌。因幡鳥取藩の奥女中。安政3年序、井上文雄編『摘英集』に載る。
¶江表（輝子（鳥取県））

照子(1)　てるこ★
江戸時代中期〜末期の女性。和歌。備中玉島阿賀崎村の小野正徳の娘。
¶江表（照子（岡山県）　[生]天明4（1784）年　[没]安政4（1857）年）

照子(2)　てるこ★
江戸時代後期の女性。狂歌。常陸江戸崎の狂歌師緑樹園元有の妻。
¶江表（照子（茨城県）　[没]天保9（1838）年）

照子(3)　てるこ★
江戸時代後期の女性。国学。常陸小栗庄奥田村の国学者奥田幸次郎の妻。天保7年に香川景樹門に入門した。
¶江表（照子（茨城県））

照子(4)　てるこ★
江戸時代後期〜明治時代の女性。和歌・教育。西久方町の医師田村勝蔵の娘。
¶江表（照子（群馬県）　[生]文政7（1824）年　[没]明治4（1871）年）

照子(5)　てるこ★
江戸時代後期の女性。和歌。弘化4年刊、清堂観尊編『たち花の香』に載る。
¶江表（照子（奈良県））

照子(6)　てるこ★
江戸時代後期の女性。和歌。石見松韻山円勝寺の僧教応の娘。天保2年刊、石田権左衛門春胤編『石見人名録』に載る。
¶江表（照子（島根県））

照子(7)　てるこ★
江戸時代後期の女性。和歌。安芸加計の豪農佐々木正躬の妻。夫の一代記ともいうべき「三上集」に嘉永5年の和歌が載る。
¶江表（照子（広島県））

照子(8)　てるこ★
江戸時代末期の女性。和歌。山田無涯の娘。嘉永7年刊、長沢伴雄編『類題鴨川五郎集』に載る。
¶江表（照子（京都府））

照子(9)　てるこ★
江戸時代末期の女性。和歌。西条藩藩士吉田織之進の母。安政5年序、半井梧庵編『鄙のてぶり』二に載る。
¶江表（照子（愛媛県））

天留子　てるこ★
江戸時代末期〜明治時代の女性。和歌。土佐藩藩士吉田孝継の妻。
¶江表（天留子（高知県））

暉子　てるこ★
江戸時代後期の女性。和歌。画人藤井明忠の妻。嘉永3年刊、長沢伴雄編『類題鴨川次郎集』に載る。
¶江表（暉子（京都府））

照子女王*　てるこじょおう
寛永2（1625）年〜宝永4（1707）年　江戸時代前期〜中期の女性。伏見宮貞清親王の第3王女。和歌山藩主徳川光貞の室。
¶江表（天真院（和歌山県））

照子内親王　てるこないしんのう
⇒昭子内親王（あきこないしんのう）

輝女　てるじょ★
江戸時代末期の女性。和歌。三河宝飯郡西郡の安藤伊八の母。文久2年刊、公阿編『続後法の江』に載る。
¶江表（輝女（愛知県））

照女　てるじょ★
江戸時代後期の女性。俳諧。石川竜崎の人。文政11年刊、『松風帖』に載る。
¶江表（照女（福島県））

輝資　てるすけ
⇒日野輝資（ひのてるすけ）

照手姫*　てるてひめ
説教節「小栗判官」の登場人物。
¶コン

暐姫*　てるひめ
嘉永4（1851）年〜明治2（1869）年　江戸時代末期の女性。島津斉彬の三女。
¶幕末（[没]明治2（1869）年3月24日）

輝元　てるもと
⇒毛利輝元（もうりてるもと）

照元　てるもと★
江戸時代前期〜中期の女性。書。京の書家佐々木志津摩の娘。
¶江表（照元（大阪府））

照山貞信　てるやまさだのぶ
⇒照山貞信（てるやまていしん）

照山貞信*　てるやまていしん
安永7（1778）年〜嘉永2（1849）年　[別]照山貞信（てるやまさだのぶ）　江戸時代後期の和算家。
¶数学（てるやまさだのぶ　[生]安永6（1777）年　[没]嘉永2（1849）年11月24日）

出羽　でわ
安土桃山時代の信濃国安曇郡しほ河原の人。一本木の土豪か。仁科氏の被官とみられる。
¶武田（生没年不詳）

出羽侍従　でわじじゅう
⇒最上義光（もがみよしあき）

出羽弁　でわのべん
⇒出羽弁（いでわのべん）

でん
江戸時代中期の女性。俳諧。元文2年刊、仙石里紅編『渭江話』に「諸国文通」に長崎の人として載る。
¶江表（でん（長崎県））

伝　でん★
江戸時代中期の女性。俳諧。播磨の人。元禄7年跋、広瀬惟然編『藤の実』に載る。
¶江表（伝（兵庫県））

天一坊*　てんいちぼう
*〜享保14（1729）年　江戸時代中期の修験者。源氏坊天一と名乗る。
¶コン

天隠龍沢* てんいんりゅうたく
応永29(1422)年〜明応9(1500)年9月23日　㊞天隠龍沢(てんいんりょうたく)、龍沢(りゅうたく)　室町時代〜戦国時代の臨済宗の僧、五山文学僧。
¶コン

天隠龍沢 てんいんりょうたく
⇒天隠龍沢(てんいんりゅうたく)

天英院* てんえいいん
寛文2(1662)年？〜寛保1(1741)年　㊞近衛熙子(このえひろこ)　江戸時代中期の女性。6代将軍徳川家宣の正室。
¶江人(㊌1662年),江表(天英院(東京都)　㊐寛文6(1666)年　㊁元文6(1741)年),徳将(㊌1662年)

天淵院 てんえんいん
江戸時代後期の徳川家斉の八男。
¶徳将(㊌1803年)　㊁1805年)

典海* てんかい
元文4(1739)年〜*　江戸時代中期〜後期の浄土宗の僧。
¶コン(㊁文政1(1818)年)

天海* てんかい
天文5(1536)年〜寛永20(1643)　㊞慈眼大師(じげんだいし)、随風(ずいふう)、南光坊(なんこうぼう)、南光坊天海(なんこうぼうてんかい)　安土桃山時代〜江戸時代前期の天台宗の僧。東叡山の創始者。
¶江人,コン(㊌天文5(1536)年？),思想,全戦(南光坊天海 なんこうぼうてんかい),徳将,山小(㊌1536年？　㊁1643年10月2日)

天下一喜兵衛* てんかいちきへえ
生没年不詳　戦国時代の竹籠師。
¶美工

天岳 てんがく
⇒北条早雲(ほうじょうそううん)

天岸慧広* てんがんえこう
文永10(1273)年〜建武2(1335)年3月8日　㊞慧広(えこう)　鎌倉時代後期〜南北朝時代の臨済宗の僧。
¶対外

伝吉 でんきち
江戸時代末期の英国公使館通訳。
¶幕末(㊌？　㊁安政7(1860)年1月7日)

伝教大師 でんきょうだいし,でんぎょうだいし
⇒最澄(さいちょう)

天狗久 てんぐひさ
江戸時代末期〜昭和時代の人形師。
¶美工(㊌安政5(1858)年　㊁昭和18(1943)年)

天荊* てんけい
生没年不詳　安土桃山時代の僧。京都花園妙心寺の僧。
¶対外

天桂玄長 てんけいげんちょう
戦国時代の恵林寺31世住職。
¶武田(生没年不詳)

天桂禅長* てんけいぜんちょう
寛正3(1462)年〜大永4(1524)年　戦国時代の曹洞宗の僧。
¶武田(㊌嘉吉1(1441)年)

天桂伝尊* てんけいでんそん
慶安1(1648)年〜享保20(1735)年12月10日　㊞伝尊(でんそん)　江戸時代前期〜中期の曹洞宗の僧。
¶コン,思想

天華院 てんげいん*
江戸時代後期の女性。和歌。伊予今治藩主松平定温の娘。寛政10年跋、真田幸弘の六〇賀集「千とせの寿詞」に載る。
¶江表(天華院(福井県))

天幸(1) てんこう
⇒中島三甫右衛門〔2代〕(なかじまみほえもん)

天幸(2) てんこう
⇒中島三甫右衛門〔5代〕(なかじまみほえもん)

田路(1) でんじ
江戸時代中期の女性。俳諧。安永8年序、獅子眠鶏口編の谷口田女追善句集『はつかのゆめ』に載る。
¶江表(田路(東京都))

田路(2) でんじ*
江戸時代後期の女性。俳諧。常陸の人。寛政5年刊、子日庵一草編『潮来集』に載る。
¶江表(田路(茨城県))

天子が森お市 てんしがもりおいち
⇒長谷市(ながたにいち)

天竺徳兵衛* てんじくとくべえ
慶長17(1612)年〜？　江戸時代前期〜中期の播磨国の海外貿易家。
¶江人(㊌1612年？　㊁1707年？),コン(生没年不詳),対外

天智天皇 てんじてんのう
⇒天智天皇(てんぢてんのう)

恬子内親王* てんしないしんのう
？〜延喜13(913)年　㊞恬子内親王(かっしないしんのう,やすこないしんのう)　平安時代前期〜中期の女性。文徳天皇の皇女、斎宮。
¶古人(やすこないしんのう)

田社*(1) でんしゃ
？〜明和2(1765)年10月17日　江戸時代中期の俳人。
¶俳文

田社(2) でんしゃ
⇒笠縫専助〔1代〕(かさぬいせんすけ)

天寿院 てんじゅいん*
江戸時代後期の女性。和歌。松本藩家老林忠左衛門良棟の妻。文化11年刊、中山忠雄・河田正致編『柿本社奉納和歌集』に載る。
¶江表(天寿院(長野県))

天樹院 てんじゅいん
⇒千姫(せんひめ)

天秀尼* てんしゅうに
慶長14(1609)年〜正保2(1645)年　㊞天秀法泰(てんしゅうほうたい)、天秀法泰尼(てんしゅうほうたいに)　江戸時代前期の女性。尼僧。豊臣秀頼の娘。
¶江表(天秀尼(神奈川県))　㊌慶長12(1607)年),コン

天秀法泰 てんしゅうほうたい
⇒天秀尼（てんしゅうに）

天秀法泰尼 てんしゅうほうたいに
⇒天秀尼（てんしゅうに）

天十郎 *(1) てんじゅうろう
生没年不詳 戦国時代の舞々。
¶後北

天十郎 (2) てんじゅうろう
安土桃山時代の神事舞大夫・舞々大夫。天助十郎の
嫡男か。北条氏に属した。
¶後北

伝女 でんじょ*
江戸時代前期の女性。俳諧。尾張熱田の人。貞享1
年序、井原西鶴編『俳諧女歌仙』に載る。
¶江表（伝女（愛知県））

田女 *(1) ——〔1代〕 でんじょ
？～安永8（1779）年 ㉝谷口田女（たにぐちでん
じょ） 江戸時代中期の女性。俳人。谷口楼川の妻。
¶江表（田女（東京都））、俳文（——〔1世〕 ㊤正徳3
（1713）年 ㉜安永8（1779）年7月20日）

田女 *(2) ——〔2代〕 でんじょ
？～文政7（1824）年9月24日 江戸時代後期の女
性。俳人。二代晩得の妻。
¶江表（田女（東京都））、俳文（——〔2世〕）

天章 * てんしょう
文化12（1815）年～明治4（1871）年 ㉝天章慈英
（てんしょうじえい） 江戸時代末期～明治時代の
禅僧、建仁寺住職。洛西鳴滝の妙光寺で暗殺される。
¶幕末（㉜明治4（1871）年7月9日）

転乗 * てんじょう
？～嘉祥2（849）年 平安時代前期の法華持経者。
¶古人、コン

天璋院 * てんしょういん
天保7（1836）年～明治16（1883）年11月12日 ㉝篤
姫（あつひめ）、天璋院篤姫（てんしょういんあつひ
め）、徳川家定夫人（とくがわいえさだふじん）
江戸時代末期～明治時代の女性、徳川家定の正室。
¶江人、江表（天璋院（東京都））、コン、女史、全幕（篤姫
あつひめ　天保6（1835）年）、徳将、幕末（徳川家定夫
人　とくがわいえさだふじん　㊤天保7（1837）年12月
19日）

天璋院篤姫 てんしょういんあつひめ
⇒天璋院（てんしょういん）

天章慈英 てんしょうじえい
⇒天章（てんしょう）

天章周文 てんしょうしゅうぶん
⇒周文（しゅうぶん）

天照大神 てんしょうだいじん
⇒天照大神（あまてらすおおみかみ）

天淵 てんしん
⇒小林天淵（こばやしてんえん）

天親院 てんしんいん
⇒後簾中任子（ごれんちゅうにんこ）

天真親王 てんしんしんのう
⇒天真法親王（てんしんほうしんのう）

天心宗球 てんしんそうきゅう
戦国時代～安土桃山時代の木曽家の菩提寺定勝寺
住持。千村重政の弟。
¶武田（生没年不詳）

天真法親王 * てんしんほうしんのう
寛文4（1664）年～元禄3（1690）年 ㉝天真親王（て
んしんしんのう） 江戸時代前期～中期の後西天皇
の第5皇子。
¶天皇（㊤寛文4（1664）年7月28日 ㉜元禄3（1690）年3
月1日）

天垂 * てんすい
生没年不詳 江戸時代中期の俳人。
¶俳文

天瑞院 * てんずいいん
永正10（1513）年～文禄1（1592）年 ㉝大政所（お
おまんどころ）、天瑞院殿（てんずいいんどの）、豊
臣秀吉母（とよとみひでよしはは）、なか、仲（な
か） 戦国時代～安土桃山時代の女性。豊臣秀吉の
生母。
¶コン、全戦（なか）

天瑞院殿 てんずいいんどの
⇒天瑞院（てんずいいん）

天崇院 てんすういん
⇒勝姫君（かつひめぎみ）

伝通院 でんずいいん
⇒伝通院（でんづういん）

伝助 でんすけ
⇒日本伝助（にほんでんすけ）

田捨 でんすて
⇒田捨女（でんすてじょ）

田捨女 * でんすてじょ
*～元禄11（1698）年 ㉝捨女（すてじょ）、田捨
（でんすて）、田捨女（でんすてめ） 江戸時代前期
～中期の女性。貞徳系の俳人。
¶江表（捨（兵庫県））、㊤寛永10（1633）年）、コン（㊤寛永
11（1634）年）、詩作（でんすてじょ、でんすてめ　㊤寛
永11（1634）年 ㉜元禄11（1698）年8月10日）、女史
（㊤1633年）、女文（寛永10（1633）年 ㉜元禄11
（1698）年8月1日）、俳文（捨女　すてじょ ㊤寛永10
（1633）年 ㉜元禄11（1698）年8月1日）

田捨女 でんすてめ
⇒田捨女（でんすてじょ）

天性院 てんせいいん*
江戸時代前期の女性。書簡。佐賀藩初代藩主鍋島
勝茂の娘。
¶江表（天性院（佐賀県））㊤慶長13（1608）年 ㉜寛文7
（1667）年）

伝尊 でんそん
⇒天桂伝尊（てんけいでんそん）

田達音 でんたつおん
⇒島田忠臣（しまだのただおみ）

天智天皇 * てんぢてんのう、てんちてんのう、てんじて
んのう
推古天皇34（626）年～天智天皇10（671）年 ㉝天
命開別尊（あめみことひらかすわけのみこと）、天
智天皇（てんじてんのう）、中大兄皇子（なかのおお
えのおうじ、なかのおひねのおうじ） 飛鳥時代の
第38代の天皇（在位661～671）。舒明天皇の皇子。

もと中大兄皇子。中臣鎌足らと蘇我氏打倒を果たし大化改新を断行。のちには白村江の戦いで唐・新羅連合軍に敗れ、国内政治の引き締めを図り、近江令の編纂や庚午年籍の作成を行った。
¶古人(てんじてんのう),古代(てんじてんのう),古物(てんちてんのう　[没]天智天皇10(671)年12月3日),コン([生]推古22(614年/626)年　[没]天智10(671)年),詩作(てんじてんのう　[没]天智天皇10(672)年12月3日),思想(てんじてんのう　[生]推古34(626)年　[没]天智10(671)年),対外(てんじてんのう),天皇(てんちてんのう・てんぢてんのう　[生]舒明2(629)年1月　[没]天智天皇10(671)年12月),日文(てんじてんのう　[生]推古34(626)年　[没]天智10(671)年),山小(てんちてんのう　[没]671年12月3日)

田長女　でんちょうじょ⋆
江戸時代後期の女性。和歌。漆戸儀右衛門の姉妹。寛政11年成立「奉納詠百首和歌」に載る。
¶江表(田長女(岩手県))

伝長老　でんちょうろう
⇒以心崇伝(いしんすうでん)

伝通院＊　でんづういん，でんつういん，でんずういん
享禄1(1528)年〜慶長7(1602)年　[別]お大の方，於大の方(おだいのかた)，伝通院(でんずういん)，徳川家康生母(とくがわいえやすせいぼ)，徳川家康母(とくがわいえやすはは)　戦国時代〜安土桃山時代の女性。徳川家康の生母。
¶コン,女史(於大の方　おだいのかた),全戦(お大の方　おだいのかた),徳将,山小(於大の方　おだいのかた　[没]1602年8月28日)

天童法師＊　てんどうほうし
対馬に伝承される太陽信仰の聖人。
¶コン

天童頼貞＊　てんどうよりさだ
生没年不詳　戦国時代〜安土桃山時代の武将。最上氏家臣。
¶全戦

天童頼基　てんどうよりもと
室町時代の天童家当主。
¶室町(生没年不詳)

天徳院　てんとくいん
⇒子々姫(ねねひめ)

天徳寺了伯　てんとくじりょうはく
⇒佐野房綱(さのふさつな)

天徳寺礼能　てんとくじれいのう
⇒柴田礼能(しばたれいのう)

天徳祖瑞　てんとくそずい
戦国時代の女性、竜岩山海島寺2世。
¶武田(生没年不詳)

天王左衛門大夫　てんのうさえもんのだいぶ
安土桃山時代の上野国群馬郡柴崎天王社の神主。
¶武田(生没年不詳)

天王寺屋五兵衛＊　てんのうじやごへえ
？〜元禄8(1695)年　江戸時代の両替商。大坂の十人両替の筆頭。
¶コン

天王寺屋宗達　てんのうじやそうたつ
⇒津田宗達(つだそうたつ)

伝方　でんのかた
⇒お伝の方(おでんのかた)

伝野矢継＊　でんのやつぎ
寛政4(1792)年〜？　江戸時代後期の家塾主宰。
¶幕末

田福　でんぷく，でんぷく
⇒川田田福(かわだでんぷく)

伝兵衛の妻　でんべえのつま⋆
江戸時代中期の女性。訴訟。小百村の年寄伝兵衛の後家。
¶江表(伝兵衛の妻(栃木県))

天満屋お初　てんまやおはつ
⇒お初・徳兵衛(おはつ・とくべえ)

天満屋喜兵衛　てんまやきへえ
江戸時代後期の版元。
¶浮絵

天満屋久七　てんまやきゅうしち
⇒辰岡久菊(たつおかひさぎく)

天満屋治兵衛＊　てんまやじへえ
元和2(1616)年〜天和2(1682)年　江戸時代前期の商人。備後御調郡富浜塩田開発者。
¶コン

天武天皇＊　てんむてんのう
？〜朱鳥1(686)年　[別]天渟中原瀛真人尊(あめのぬなはらおきのまひとのみこと)，大海人皇子(おおあまのおうじ，おおあまのみこ，おおしあまのおうじ)　飛鳥時代の第40代の天皇(在位673〜686)。父は舒明天皇、母は宝皇女。兄天智の死後、皇位継承を巡って大友皇子(弘文天皇)と争い壬申の乱と呼ばれる内乱を起こす。即位後は律令政治の整備をはかり、八色の姓、飛鳥浄御原令を制定し、また国史の編纂事業を指導した。
¶古人([生]631年？),古代,古物([没]朱鳥1(686)年9月9日),コン,詩作([没]天武15(686)年9月9日),思想,天皇,日文([没]天武15(686)年),山小([生]631年？　[没]686年9月9日)

田祐之　でんゆうし
江戸時代中期の画家。
¶浮絵

天用院＊　てんよういん
生没年不詳　戦国時代の僧。北条氏康の使僧。
¶後北(天用院〔石巻〕)

天用院殿　てんよういんでん
戦国時代の北条氏康長男。新九郎。氏政の兄。
¶後北(天用院殿〔北条〕　[没]天文21年3月21日)

天与清啓＊(天誉清啓)　てんよせいけい
生没年不詳　[別]清啓(せいけい)　室町時代の臨済宗の僧。
¶コン,対外

天来＊　てんらい
天明6(1786)年〜文久1(1861)年　[別]牧岡天来(まきおかてんらい)　江戸時代中期〜末期の俳人。
¶俳文([生]天明8(1788)年　[没]文久3(1863)年11月)

天竜道人＊(天龍道人)　てんりゅうどうじん
享保3(1718)年〜＊　江戸時代中期〜後期の画家。
¶コン([没]文化7(1810)年),美画(天龍道人　[没]文化7(1810)年)

天隣院　てんりんいん
⇒五郎八姫(いろはひめ)

天老*　てんろう
？～文化6（1809）年　[別]小見山天老（こみやまてんろう）　江戸時代中期～後期の俳人。
¶俳文（[没]文化6（1809）年3月4日）

【と】

土居市太郎*　どいいちたろう
天保3（1832）年～明治6（1873）年　江戸時代末期～明治時代の水夫。海援隊の伊呂波丸に乗船。海運業に従事。
¶幕末（[生]天保4（1832）年　[没]明治6（1873）年7月9日）

土井大炊頭　どいおおいのかみ
⇒土井利勝（どいとしかつ）

土肥霞洲　どいかしゅう
⇒土肥霞洲（どひかしゅう）

土居清良　どいきよなが
⇒土居清良（どいきよよし）

土居清良*　どいきよよし
天文15（1546）年～寛永6（1629）年　[別]土居清良（どいきよなが）　安土桃山時代～江戸時代前期の伊予国の小領主。清貞の子。
¶コン，全戦，戦武（どいせいりょう（きよよし））

土井久米子*　どいくめこ
生没年不詳　江戸時代中期の女性。歌人。
¶江表（歌光院（愛知県）　[生]享保11（1726）年　[没]享和3（1803）年）

とゐ子　といこ★
江戸時代後期の女性。和歌。幕臣、持弓頭武藤庄兵衛安徴の妻か。寛政10年跋、信濃松代藩主真田幸弘の六〇賀集「千とせの寿詞」に載る。
¶江表（とゐ子（東京都））

土居光華　どいこうか
江戸時代後期～大正時代の自由民権運動家、日本出版会社創業者。
¶出版（[生]弘化4（1847）年6月24日　[没]大正7（1918）年12月11日）

土井聱牙*　どいごうが
文化14（1817）年～明治13（1880）年　江戸時代末期～明治時代の儒学者。藩版「資治通鑑」校訂に参画。細心ながら行動は放胆で、奇行に事欠かなかった。
¶コン，全幕，幕末（[生]文化14（1817）年12月28日　[没]明治13（1880）年6月11日）

土肥実平　といさねひら，どいさねひら
⇒土肥実平（どひさねひら）

土居佐之助*　どいさのすけ
天保12（1841）年～元治1（1864）年　江戸時代末期の土佐藩士。
¶コン，幕末（[生]天保12（1841）年12月　[没]元治1（1864）年2月16日）

戸石定保*　といしさだやす
文政8（1825）年～明治1（1868）年　江戸時代末期の人。駒ヶ峰の戦争で奮戦。
¶幕末（[没]慶応4（1868）年8月11日）

土居上吉*　どいじょうきち
天保4（1833）年～明治18（1885）年　江戸時代末期～明治時代の土佐国郷士。農事の傍ら画を好む。絵金の弟子になる。
¶幕末（[生]文政11（1828）年　[没]明治18（1885）年7月25日）

土肥次郎*　といじろう，どいじろう
戦国時代の武将。足利氏家臣。
¶後北（次郎〔土肥〕　じろう）

土井善右衛門*　どいぜんえもん
文政11（1828）年～明治16（1883）年　江戸時代末期～明治時代の教育者、遷喬舎。私財を投じ私塾を設立。ジェームス＝ジャイを招き特異な教育を行った。
¶コン

土井宗算*（土居宗珊）　どいそうさん
生没年不詳　戦国時代の武将。
¶全戦（土居宗珊　[生]？　[没]天正1（1573）年？），戦武（土居宗珊　[生]永正9（1512）年？　[没]元亀2（1571）年？）

問田隆盛*　といだたかもり
？～弘治1（1555）年　戦国時代の武士。
¶全戦，戦武（[生]永正13（1516）年）

戸板保佑　といたほうゆう
⇒戸板保佑（といたやすすけ）

戸板保佑*　といたやすすけ
宝永5（1708）年～天明4（1784）年　[別]戸板保佑（といたほうゆう）　江戸時代中期の陸奥仙台藩の天文家、和算家。
¶科学（[没]天明4（1784）年9月7日），コン（といたほうゆう　[没]天明7（1787）年），数学（[生]宝永5（1708）年1月27日　[没]天明4（1784）年9月7日）

十市女　といちじょ★
江戸時代後期の女性。和歌。今治藩藩士永井範左衛門の母。文政2年、高鴨神社改築落成の「高鴨神社落成社頭祝」に載る。
¶江表（十市女（愛媛県））

十市石谷　といちせきこく
⇒十市石谷（とおちせきこく）

十市遠清　といちとおきよ
戦国時代の武将。
¶室町（[生]？　[没]明応4（1495）年）

十市常陸介*　といちひたちのすけ
[別]十市遠長（とおちとおなが），十市常陸介（とおちひたちのすけ）　安土桃山時代の武将。秀長・秀保・秀吉の臣。
¶織田（十市遠長　とおちとおなが　生没年不詳）

土肥遠平　といとおひら
⇒土肥遠平（どひとおひら）

土井利勝*　どいとしかつ
天正1（1573）年～正保1（1644）年　[別]土井大炊頭（どいおおいのかみ）　安土桃山時代～江戸時代前期の大名、大老。下総小見川藩主、下総古川藩主、下総佐倉藩主。
¶江人，コン，戦武（[生]元亀4（1573）年　[没]寛永21（1644）年），徳将，山小（[没]1644年7月10日）

土井利隆*　どいとしたか
元和5（1619）年～貞享2（1685）年　江戸時代前期の大名。下総古河藩主。

と

¶徳将

土井利忠*　どいとしただ

文化8(1811)年～明治1(1868)年　江戸時代末期の大名。越前大野藩主。

¶コン, 全幕, 対外, 幕末([生]文化8(1811)年4月3日　[没]明治1(1869)年12月3日)

土井利恒*　どいとしつね

嘉永1(1848)年7月19日～明治26(1893)年3月29日　江戸時代末期～明治時代の外交官、大野藩主、大野藩知事。アメリカに渡航。

¶全幕, 幕末

土井利位*　どいとしつら

寛政1(1789)年～嘉永1(1848)年7月2日　江戸時代後期の大名。下総古河藩主。

¶江人, コン, 山小([没]1848年7月2日)

土井利与*　どいとしとも

嘉永4(1851)年～昭和4(1929)年1月2日　江戸時代末期～明治時代の古河藩主、古河藩知事、子爵。

¶幕末([生]嘉永4(1851)年6月28日)

土井利豊　どいとしとよ

江戸時代中期の関東代官。

¶徳代([生]元禄10(1697)年　[没]宝暦7(1757)年11月10日)

土井利教*　どいとしのり

江戸時代末期～明治時代の大名。三河刈谷藩主。

¶全幕([生]弘化4(1847)年　[没]明治5(1872)年), 幕末([生]弘化4(1847)年7月19日　[没]明治6(1873)年11月14日)

土井利則*　どいとしのり

天保2(1831)年～明治24(1891)年　江戸時代後期～明治時代の大名。

¶幕末([生]天保2(1831)年9月17日　[没]明治24(1891)年8月26日)

土井利房*　どいとしふさ

寛永8(1631)年～天和3(1683)年　江戸時代前期の大名。越前大野藩主。

¶コン, 徳将

土肥中務大輔*　どいなかつかさのたいふ

？～永禄7(1564)年1月8日　戦国時代～安土桃山時代の武士。古河公方の家臣。

¶後北(中務大輔〔土肥〕　なかつかさのたいふ)

土居平左衛門　どいへいざえもん

⇒山田平左衛門(やまだへいざえもん)

土肥政繁　どいまさしげ

⇒土肥政繁(どひまさしげ)

土居通夫*　どいみちお

天保8(1837)年～大正6(1917)年9月9日　江戸時代末期～明治時代の実業家、大阪電灯及び京阪電鉄社長など。大阪商業会議所会頭など。

¶コン, 幕末([生]天保8(1837)年4月21日)

土居通増*(土居通益)　どいみちます

？～建武3/延元1(1336)年　鎌倉時代後期～南北朝時代の武将。土居氏は伊予国の豪族河野氏の支流。

¶コン([没]建武3(1336)年), 中世(土居通益), 室町([没]延元1/建武3(1336)年)

土肥黙翁　どいもくおう

⇒土肥黙翁(どひもくおう)

土肥元成　どいもとなり

⇒土肥霞洲(どひかしゅう)

土居盛義*　どいもりよし

文政3(1820)年～明治43(1910)年　江戸時代末期～明治時代の土佐国の郷士。十一烈士を慰霊するために忠烈碑建設に尽力。

¶幕末([没]明治43(1910)年11月2日)

土井有恪　どいゆうかく

江戸時代後期～明治時代の文人。

¶詩作([生]文化14(1818)年　[没]明治13(1880)年)

土井利用　どいりよう

江戸時代後期～末期の幕臣。

¶徳人(生没年不詳)

杜音　といん

江戸時代中期～後期の俳諧作者。

¶俳文([生]宝暦7(1757)年　[没]文化3(1806)年1月17日)

とう

江戸時代末期の女性。書簡。越後長岡藩藩の儒者小林義右衛門の妻。慶応4年江戸の兄弟に宛てた長文の書簡がある。

¶江表(とう(新潟県))

道阿弥*(1)　どうあみ

？～応永20(1413)年　[別]犬王(いぬおう)　室町時代の能役者(近江猿楽比叡座)。通称犬王。

¶コン, 新能(犬王　いぬおう　[没]応永20(1413)年5月9日)

道阿弥(2)　どうあみ

⇒山岡景友(やまおかかげとも)

道庵*　どうあん

生没年不詳　江戸時代の医師。

¶眼医

藤一宗　とういっそう

江戸時代中期～後期の彫師。作例は天明から享和年間頃。

¶浮絵

島隠　とういん

⇒桂庵玄樹(けいあんげんじゅ)

道印　どういん

⇒鉄心道印(てっしんどういん)

道因*(1)　どういん

寛治4(1090)年～？　[別]藤原敦頼(ふじわらあつより, ふじわらのあつより)　平安時代後期の歌人。

¶古人(藤原敦頼　ふじわらのあつより　生没年不詳)

道因(2)　どういん

⇒藤原敦家(ふじわらのあついえ)

洞院愔子　とういんいんし

⇒玄輝門院(げんきもんいん)

洞院英子　とういんえいし

⇒藤原英子(ふじわらのえいし)

洞院季子　とういんきし

⇒顕親門院(けんしんもんいん)

洞院佶子　とういんきつし

⇒京極院(きょうごくいん)

洞院公数*　とういんきんかず

嘉吉1(1441)年～？　室町時代～戦国時代の公卿

（権大納言）。左大臣洞院実熈の子。
¶公卿, 公家（公数〔洞院家（絶家）〕　きんかず）

洞院公賢*　とういんきんかた
正応4（1291）年～正平15/延文5（1360）年　[別]藤原公賢（ふじわらのきんかた）　鎌倉時代後期～南北朝時代の公卿（太政大臣）。左大臣洞院実泰の長男。
¶公卿（[没]延文5（1360）年4月15日）, 公家（公賢〔洞院家（絶家）〕　きんかた　[没]延文5（1360）年4月6日）, コン, 中世, 内乱（[没]延文5（1360）年）, 室町

洞院公定*　とういんきんさだ
興国1/暦応3（1340）年～応永6（1399）年　南北朝時代～室町時代の公卿（左大臣）。内大臣洞院実夏の子。
¶公卿（[生]暦応2/延元4（1339）年1月26日　[没]応永6（1399）年6月15日）, 公家（公定〔洞院家（絶家）〕　きんさだ　[没]応永6（1399）年6月15日）, コン

洞院公尹*　とういんきんただ
？～正安1（1299）年12月10日　鎌倉時代後期の公卿（権中納言）。太政大臣西園寺公経の孫。
¶公卿, 公家（公尹〔洞院家（絶家）〕　きんただ）

洞院公連*　とういんきんつら
生没年不詳　室町時代の公卿（非参議）。内大臣西園寺実遠の子で、洞院家を相続・再興。
¶公卿, 公家（公連〔洞院家（絶家）〕　きんつら）

洞院公敏*　とういんきんとし
正応5（1292）年10月26日～*　鎌倉時代後期の公卿（権大納言）。左大臣洞院実泰の次男。
¶公卿（[没]？）, 公家（公敏〔洞院家（絶家）〕　きんとし　[没]文和1（1352）年2月4日）

洞院公敏女　とういんきんとしのむすめ
⇒大納言局（だいなごんのつぼね）

洞院公宗*　とういんきんむね
仁治2（1241）年～弘長3（1263）年3月21日　鎌倉時代前期の公卿（権中納言）。洞院家の祖。太政大臣西園寺公経の孫。
¶公卿, 公家（公宗〔洞院家（絶家）〕　きんむね）

洞院公守*　とういんきんもり
建長1（1249）年～文保1（1317）年　[別]藤原公守（ふじわらきんもり, ふじわらのきんもり）　鎌倉時代後期の公卿（太政大臣）。太政大臣西園寺公経の孫。
¶公卿（[没]文保1（1317）年7月10日）, 公家（公守〔洞院家（絶家）〕　きんもり　[没]文保1（1317）年7月10日）

洞院公泰*　とういんきんやす
嘉元3（1305）年～？　鎌倉時代後期～南北朝時代の公卿（権大納言）。左大臣洞院実泰の三男。
¶公卿, 公家（公泰〔洞院家（絶家）〕　きんやす）

洞院公泰女　とういんきんやすのむすめ
⇒権中納言局（ごんちゅうなごんのつぼね）

洞院公頼*　とういんきんより
正平5/観応1（1350）年～正平22/貞治6（1367）年5月10日　南北朝時代の公卿（権中納言）。内大臣洞院実夏の三男。
¶公卿（[生]観応1/正平5（1350）年　[没]貞治6/正平22（1367）年5月10日）, 公家（公頼〔洞院家（絶家）〕　きんより　[没]貞治6（1367）年5月10日）

洞院実明女　とういんさねあきのむすめ
南北朝時代の女性。後醍醐天皇の宮人。
¶天皇

洞院実雄*　とういんさねお
建保5（1217）年～文永10（1273）年8月16日　[別]西園寺実雄（さいおんじさねお）, 洞院実雄（とういんさねかつ）, 藤原実雄（ふじわらさねお, ふじわらのさねお, ふじわらのさねかつ）, 山階実雄（やましなさねお）　鎌倉時代前期の公卿（左大臣）。太政大臣西園寺公経の三男。
¶公卿（山階実雄　やましなさねお）, 公家（実雄〔洞院家（絶家）〕　さねかつ）, コン

洞院実雄　とういんさねかつ
⇒洞院実雄（とういんさねお）

洞院実夏*　とういんさねなつ
正和4（1315）年～正平22/貞治6（1367）年6月1日　南北朝時代の公卿（内大臣）。太政大臣洞院公賢の次男。
¶公卿（[没]貞治6/正平22（1367）年6月1日）, 公家（実夏〔洞院家（絶家）〕　さねなつ　[没]貞治6（1367）年6月1日）

洞院実信*　とういんさねのぶ
室町時代の公卿（権大納言）。左大臣洞院公定の養子。
¶公卿（[生]？　[没]応永19（1413）年11月26日）, 公家（実信〔洞院家（絶家）〕　さねのぶ　[没]応永19（1412）年11月26日）

洞院実熈*（洞院実凞, 洞院実煕）　とういんさねひろ
応永16（1409）年～？　室町時代の公卿（左大臣）。内大臣洞院満季の子。
¶公卿（洞院実煕）, 公家（実熈〔洞院家（絶家）〕　さねひろ）

洞院実守*　とういんさねもり
正和3（1314）年～文中1/応安5（1372）年4月11日　南北朝時代の公卿（大納言）。左大臣洞院実泰の四男、母は非参議高倉永康の娘従三位康子。
¶公卿（[没]応安5/文中1（1372）年4月11日）, 公家（実守〔洞院家（絶家）〕　さねもり　[没]応安5（1372）年4月11日）

洞院実泰*　とういんさねやす
*～嘉暦2（1327）年　[別]藤原実泰（ふじわらさねやす, ふじわらのさねやす）　鎌倉時代後期の公卿（左大臣）。太政大臣洞院公守の子。
¶公卿（[生]文永6（1269）年　[没]嘉暦2（1327）年8月15日）, 公家（実泰〔洞院家（絶家）〕　さねやす　[生]1270年　[没]嘉暦2（1327）年8月15日）

洞院実世*　とういんさねよ
延慶1（1308）年～正平13/延文3（1358）年8月19日　鎌倉時代後期～南北朝時代の公卿（権中納言・左大臣）。太政大臣洞院公賢の長男。
¶公卿（[没]延文3/正平13（1358）年8月19日）, 公家（実世〔洞院家（絶家）〕　さねよ　[没]延文3（1358）年8月19日）, コン（[没]正平14/延文4（1359）年）, 室町

洞院実子　とういんじつし
南北朝時代の女性。醍醐天皇の宮人。
¶天皇

洞院守子　とういんしゅし
⇒藤原守子（ふじわらのもりこ）

桃隠正寿　とういんせいじゅ
戦国時代の僧。甲斐国下山の南松院の開山。
¶武田（生没年不詳）

洞院摂政　とういんせっしょう
⇒九条教実（くじょうのりざね）

洞院祺子　とういんのばいし
⇒藤原祺子（ふじわらのばいし）

洞院満季*　とういんみつすえ
元中7/明徳1（1390）年～？　室町時代の公卿（内大臣）。権大納言洞院実信の子。
¶公卿（[生]明徳1/元中7（1390）年），公家（満季〔洞院家（絶家）〕　みつすえ）

桐雨*　とうう
？～天明2（1782）年　江戸時代中期の俳人。
¶俳文（[没]天明2（1782）年6月3日）

塘雨　とうう
⇒百井塘雨（ももいとうう）

桃雨（1）　とうう★
江戸時代中期の女性。俳諧。子持村上白井の人。明和6年刊、加舎白雄編『おもかけ集』に載る。
¶江表（桃雨（群馬県））

桃雨（2）　とうう★
江戸時代中期の女性。俳諧。松代藩御用達で俳人八田窓湖の娘か。加舎白雄が明和6年に建てた芭蕉句碑面影塚の記念集『おもかげ集』に入集。
¶江表（桃雨（長野県））

等運*　とううん
生没年不詳　戦国時代の連歌作者。
¶俳文

洞雲院　どううんいん★
江戸時代中期の女性。和歌。長門長州藩藩士山内縫殿と幾千代の母。宝永6年奉納、平間長雅編「住吉社奉納千首和歌」に載る。
¶江表（洞雲院（山口県））

等恵*　とうえ
生没年不詳　[別]等恵（とうけい）　戦国時代の連歌師。
¶俳文（とうけい）

道恵　どうえ
⇒道恵法親王（どうえほっしんのう）

冬映（——〔1代〕）　とうえい
⇒牧冬映〔1代〕（まきとうえい）

等悦　とうえつ
⇒雲峰等悦（うんぽうとうえつ）

道恵法親王（道慧法親王）　どうえほうしんのう
⇒道恵法親王（どうえほっしんのう）

道恵法親王*　どうえほっしんのう
長承1（1132）年～仁安3（1168）年　[別]道恵（どうえ），道恵法親王，道慧法親王（どうえほうしんのう）　平安時代後期の天台宗寺門派の僧。鳥羽上皇の第6皇子。
¶古人，天皇（道慧法親王　どうえほうしんのう）

藤右衛門　とうえもん
安土桃山時代の信濃国安曇郡の土豪。仁科氏の被官とみられる。
¶武田（生没年不詳）

藤右衛門尉　とうえもんのじょう
戦国時代の信濃小県郡の国衆小泉氏の被官。地侍層か。
¶武田（生没年不詳）

東園（1）　とうえん★
江戸時代後期の女性。俳諧。大坂の人。文化6年序、五十嵐梅夫編『草神楽』に載る。
¶江表（東園（大阪府））

東園（2）　とうえん
⇒瀬川如皐〔1代〕（せがわじょこう）

桃苑　とうえん★
江戸時代後期～末期の女性。画。播磨明石藩主松平直周の娘。
¶江表（桃苑（岡山県）　[生]文化1（1804）年　[没]安政5（1858）年）

道円*（1）　どうえん
？～嘉応2（1170）年　平安時代後期の天台宗寺門派の僧。
¶古人

道円（2）　どうえん
⇒道円法親王（どうえんほっしんのう）

道縁*　どうえん
鎌倉時代前期の後鳥羽天皇の皇子。
¶天皇（生没年不詳）

道円入道親王*　どうえんにゅうどうしんのう
正平19/貞治3（1364）年～元中2/至徳2（1385）年　[別]道円法親王（どうえんほうしんのう）　南北朝時代の後光厳天皇の第9皇子。
¶天皇（道円法親王　どうえんほうしんのう　[生]貞治2（1363）年　[没]至徳2（1385）年1月14日）

透延の母　とうえんのはは★
江戸時代中期の女性。俳諧。大坂の人。安永3年刊、与謝蕪村編『たまも集』に載る。
¶江表（透延の母（大阪府））

道円法親王（1）　どうえんほうしんのう
⇒道円入道親王（どうえんにゅうどうしんのう）

道円法親王（2）　どうえんほうしんのう
⇒道円法親王（どうえんほっしんのう）

道円法親王*　どうえんほっしんのう
元仁1（1224）年～弘安4（1281）年　[別]道円（どうえん），道円法親王（どうえんほうしんのう）　鎌倉時代前期の土御門天皇の皇子。
¶天皇（どうえんほうしんのう　生没年不詳）

道雄　どうおう
⇒道雄（どうゆう）

冬央の孫娘　とうおうのまごむすめ★
江戸時代中期の女性。俳諧。尾張古渡の貞門掉尾の逸材とされる東陽堂冬央の孫。享保18年序、冬央撰『古渡集』上に載る。
¶江表（冬央の孫娘（愛知県））

道隠*　どうおん
寛保1（1741）年～文化10（1813）年6月4日　[別]諦忍（たいにん），田丸道隠（たまるどういん）　江戸時代中期～後期の浄土真宗本願寺派の学僧。空華三師の一人、堺空華の祖。
¶コン

桐花　とうか★
江戸時代後期の女性。俳諧。播磨龍野の谷本伴二の娘。寛政5年刊、二子坊以貫編『俳諧木の葉の秋』に載る。
¶江表（桐花（兵庫県））

とうきゆ

冬花　とうか*
　江戸時代中期の女性。俳諧。宝暦13年刊、建部綾
　足編『古今俳諧明題集』に載る。
　¶江表（冬花（東京都））

東花　とうか
　⇒佐野川市松〔2代〕（さのがわいちまつ）

棠花　とうか
　江戸時代後期の女性。俳諧。寛政5年成立、小野素
　郷編「詠帰章」に載る。
　¶江表（棠花（岩手県））

東瓦(1)　とうが
　江戸時代後期の俳諧作者。山本氏。
　¶俳文（㋑？　　㋒文化3（1806）年4月18日）

東瓦(2)　とうが
　⇒松村うめ女（まつむらうめじょ）

桃賀　とうが*
　江戸時代末期の女性。挿花・盆画。田村氏。文久1
　年刊『江戸現在広益諸家人名録』三に載る。
　¶江表（桃賀（東京都））

道雅　どうが*
　文化9（1812）年〜*　江戸時代末期の僧。
　¶幕末（㋒慶応1（1866）年12月2日）

灯外　とうがい*
　江戸時代前期の俳人。
　¶俳文（生没年不詳）

道快　どうかい
　⇒慈円（じえん）

道海　どうかい
　⇒潮音道海（ちょうおんどうかい）

道契　どうかい
　⇒道契（どうけい）

東海鯤女　とうかいこんじょ
　⇒稲葉鯤（いなばこん）

東格　とうかく*
　生没年不詳　江戸時代前期の雑俳点者。
　¶俳文

道覚(1)　どうかく*
　生没年不詳　平安時代後期の園城寺僧。
　¶古人

道覚(2)　どうかく
　⇒道覚入道親王（どうかくにゅうどうしんのう）

道覚(3)　どうかく
　⇒了翁道覚（りょうおうどうかく）

道覚親王　どうかくしんのう
　⇒道覚入道親王（どうかくにゅうどうしんのう）

道覚入道親王　どうかくにゅうどうしんのう
　元久1（1204）年〜建長2（1250）年　㋕朝仁親王（あ
　さひとしんのう），道覚（どうかく），道覚親王（ど
　うかくしんのう），道覚法親王（どうかくほうしん
　のう）　鎌倉時代前期の僧。後鳥羽天皇の皇子。
　¶天皇（道覚法親王　どうかくほうしんのう　元久1
　（1204）年7月　㋒建長2（1250）年1月11日）

道覚法親王　どうかくほうしんのう
　⇒道覚入道親王（どうかくにゅうどうしんのう）

桃花女　とうかじょ*
　江戸時代後期の女性。俳諧。二本松の人。天保期
　刊『月並集』四に載る。
　¶江表（桃花女（福島県））

桃賀女　とうかじょ*
　江戸時代後期の女性。俳諧。土沢の人。文政年間
　成立、野辺地馬遊編『柴の戸』に載る。
　¶江表（桃賀女（岩手県））

等観　とうかん
　⇒秋月等観（しゅうげつとうかん）

道感　どうかん
　⇒北条綱成（ほうじょうつなしげ）

道甘　どうかん*
　慶長15（1610）年〜元禄4（1691）年　江戸時代前期
　〜中期の俳人。
　¶俳文（㋒元禄4（1691）年2月15日）

道灌　どうかん
　⇒太田道灌（おおたどうかん）

東巌慧安　とうがんえあん
　嘉禄1（1225）年〜建治3（1277）年11月3日　㋕慧安
　（えあん），宏覚禅師（こうかくぜんじ）　鎌倉時代
　前期の播磨国の臨済宗の僧。
　¶コン，山小（㋒1277年11月3日）

道観長者　どうかんちょうじゃ*
　伝説の長者。
　¶コン

等貴　とうき
　奈良時代の東大寺の僧。
　¶古人（生没年不詳）

道喜(1)　どうき*
　文亀3（1503）年〜享禄3（1530）年　戦国時代の後
　柏原天皇の第4皇子。
　¶天皇（生没年不詳）

道喜(2)　どうき
　⇒小瀬甫庵（おぜほあん）

道機　どうき
　⇒鉄牛道機（てつぎゅうどうき）

道義　どうぎ*
　*〜延喜5（905）年　平安時代中期の華厳宗の僧。
　東大寺35世。
　¶古人（㋐833年）

道熙親王　どうきしんのう
　⇒道熙法親王（どうきほうしんのう）

道熙法親王　*（道熈法親王）　どうきほうしんのう
　延慶1（1308）年〜？　㋕道熙親王（どうきしんの
　う）　鎌倉時代後期の伏見天皇の第7皇子。
　¶天皇（道熈法親王　生没年不詳）

等躬　とうきゅう*
　寛永15（1638）年〜正徳5（1715）年　㋕相楽等躬
　（さがらとうきゅう）　江戸時代前期の俳人。
　¶俳文（㋒正徳5（1715）年11月19日）

董九如　とうきゅうじょ*
　延享1（1744）年〜享和2（1802）年　江戸時代中期
　〜後期の画家。
　¶コン（㋐延享7（1744）年），徳人（㋐1745年），美画

と

桃喬　とうきょう
江戸時代後期の女性。俳諧。相模南金目村の宮川三右衛門の妻。
¶江表(桃喬(神奈川県)　[没]天保2(1831)年)

桃鏡*　とうきょう
江戸時代中期の俳人。
¶俳文(生没年不詳)

道教*　どうきょう
正治2(1200)年～嘉禎2(1236)年5月26日　鎌倉時代前期の真言僧。三宝院流道教方の祖。
¶密教([没]1236年5月26日)

道鏡*　どうきょう
？～宝亀3(772)年　[別]道鏡禅師(どうきょうぜんじ), 弓削道鏡(ゆげどうきょう, ゆげのどうきょう)　奈良時代の政治家、僧、法王。孝謙上皇の寵臣となり、その権勢は藤原仲麻呂をもしのぐ。太政大臣禅師、法王となったのち、宇佐八幡神託を理由に皇位簒奪を企てたが失敗。称徳天皇(孝謙重祚)の死とともに失脚した。
¶公卿(弓削道鏡　ゆげのどうきょう　[没]宝亀3(772)年4月28日), 古人, 古代, コン, 思想, 女史, 山小([没]772年4月7日)

道暁　どうぎょう
⇒無住(むじゅう)

道行*　どうぎょう
生没年不詳　奈良時代の僧。新羅僧とも。
¶コン

道鏡慧端*　どうきょうえたん
寛永19(1642)年～享保6(1721)年　[別]慧端(えたん)　江戸時代前期～中期の臨済宗の僧。
¶思想

道鏡禅師　どうきょうぜんじ
⇒道鏡(どうきょう)

東玉　とうぎょく★
江戸時代末期の女性。画。安政7年、大内余庵著『東蝦夷夜話』に蝦夷地の小鳥ヲユユケチリ(カムイチリ)の小さな絵がある。
¶江表(東玉(東京都))

道具屋吉左衛門*　どうぐやきちざえもん
生没年不詳　江戸時代前期～中期の上方古浄瑠璃の太夫。井上播磨掾の門弟。
¶コン

藤九郎*　とうくろう
？～天正10(1582)年6月2日　戦国時代～安土桃山時代の織田信長の家臣。
¶織田

桃渓(1)　とうけい
⇒丹羽桃渓(にわとうけい)

桃渓(2)　とうけい
⇒了庵桂悟(りょうあんけいご)

等恵　とうけい
⇒等恵(とうえ)

道契*　どうけい
文化13(1816)年～明治9(1876)年7月23日　[別]竺道契(じくどうけい), 道契(どうかい)　江戸時代末期～明治時代の真言宗僧侶。廃仏毀釈に際して仏教復興に尽力。著書に「続日本高僧伝」。
¶幕末(竺道契　じくどうけい), 幕末

桃渓山人　とうけいさんじん
⇒丹羽桃渓(にわとうけい)

道家吉十郎*　どうけきちじゅうろう
？～天正10(1582)年6月2日　戦国時代～安土桃山時代の織田信長の家臣。
¶織田

道家助十郎*　どうけすけじゅうろう
？～元亀1(1570)年9月19日　戦国時代～安土桃山時代の織田信長の家臣。
¶織田

道化清十郎*(道家清十郎)　どうけせいじゅうろう
？～元亀1(1570)年　戦国時代の武士。織田氏家臣。
¶織田(道家清十郎　[没]元亀1(1570)年9月19日)

道家大門*　どうけだいもん
天保1(1830)年～明治23(1890)年12月14日　江戸時代末期～明治時代の国学者、勤王家。作楽神社創建を建白、初代祠官となる。
¶幕末

道化六郎左衛門*(道家六郎左衛門)　どうけろくろうざえもん
？～弘治2(1556)年　戦国時代の武士。斎藤氏家臣。
¶室町

桃源*　とうげん
享保1(1716)年～寛政6(1794)年8月5日　江戸時代中期～後期の俳人。
¶俳文([生]正徳6(1716)年)

道賢　どうけん
⇒日蔵(にちぞう)

道顕*(1)　どうけん
生没年不詳　飛鳥時代の高句麗僧。
¶古代

道顕*(2)　どうけん
保延1(1135)年～文治5(1189)年　平安時代後期の僧。
¶古人

道元*　どうげん, とうげん
正治2(1200)年～建長5(1253)年　[別]永平道元(えいへいどうげん), 希玄(きげん), 希玄道元, 希玄道元(きげんどうげん), 承陽大師(しょうようだいし, じょうようだいし), 仏性伝東国師(ぶっしょうでんとうこくし)　鎌倉時代前期の僧。日本曹洞宗の宗祖。号は希玄。天台の教義に疑問をもち、宋に渡り曹洞禅を学ぶ。帰国後は京都を離れ、越前の永平寺に禅を中心とした修行の道場をつくる。著作に「正法眼蔵」がある。
¶コン(永平道元　えいへいどうげん), 詩作, 思想, 女史, 対外, 中世, 山小([生]1200年1月2日　[没]1253年8月28日)

唐犬権兵衛*　とうけんごんべえ
生没年不詳　江戸時代前期の侠客。唐犬組の頭。幡随院長兵衛の弟分。
¶コン([生]？　[没]貞享3(1686)年)

桃源瑞仙*　とうげんずいせん
永享2(1430)年～延徳1(1489)年10月28日　[別]蕉雨(しょうう), 瑞仙(ずいせん)　室町時代～戦国時代の臨済宗夢窓派の僧。「史記抄」の著者。

¶思想

藤元良*　とうげんりょう
生没年不詳　[別]藤元良（とうもとよし）　江戸時代後期の医師。
¶科学, コン

登子　とうこ★
江戸時代末期の女性。和歌。福島藩校講学所師範高橋秀雄の妻。文久1年序、村上忠順編『類題和歌玉藻集』下に載る。
¶江表（登子（福島県））

当子　とうこ★
江戸時代後期の女性。和歌。備中倉敷村の林高雅の妻。嘉永6年刊、黒沢翁満編『類題採風集』初に載る。
¶江表（当子（岡山県））

任子　とうこ
江戸時代の女性。和歌。日本橋お玉が池住の医師佐藤元萇の妻。明治8年刊、橘東世子編『明治歌集』に載る。
¶江表（任子（東京都））

濤子　とうこ★
江戸時代後期の女性。狂歌。天保6年刊『紅叢紫籙』に載る。
¶江表（濤子（東京都））

洞子　どうこ★
江戸時代中期の女性。和歌。出雲松江の瀬田勝延の娘。元禄15年刊、竹内時安斎編『出雲大社奉納清地草』に載る。
¶江表（洞子（島根県））

東紅　とうこう★
江戸時代後期の女性。俳諧。東筑摩郡麻績村の医師白井忠兵衛の娘。
¶江表（東紅（長野県）　[没]文政8（1825）年）

東皐(1)　とうこう
⇒心越興儔（しんえつこうちゅう）

東皐(2)　とうこう
⇒高橋東皐（たかはしとうゆう）

桃紅　とうこう★
江戸時代末期の女性。俳諧。越前福井の人。安政4年刊、皎月舎其睡編『花野塚』に載る。
¶江表（桃紅（福井県））

道興*(1)　どうこう
奈良時代の唐僧。
¶古代

道興*(2)　どうこう
？～文亀1（1501）年　室町時代～戦国時代の天台宗の僧。園城寺長吏。
¶思想（[生]永享2（1430）年）, 俳文（[没]文亀1（1501）年9月23日）

道光*(1)　どうこう
生没年不詳　飛鳥時代の僧。わが国戒律研究の先駆者。
¶古人, 古代, 対外

道光(2)　どうこう
⇒鉄眼道光（てつげんどうこう）

道光(3)　どうこう
⇒普寂（ふじゃく）

道公*　どうこう
平安時代前期の僧。
¶古代

道晃　どうこう
⇒道晃法親王（どうこうほうしんのう）

道皎　どうこう
⇒月林道皎（げつりんどうこう）

東郷愛之進*　とうごうあいのしん
天保13（1842）年～明治1（1868）年　[別]岩屋虎之助（いわやとらのすけ）　江戸時代末期の薩摩藩留学生。1865年イギリスに渡る。
¶幕末（[生]？　[没]慶応4（1868）年7月8日）

冬晃院　とうこういん
江戸時代前期の女性。徳川家綱の養女。
¶徳将（[生]1658年　[没]1661年）

桃光院　とうこういん★
江戸時代末期の女性。大奥女中。美濃岩村の浄光寺の僧、のち、京都で医師となる祐智の娘。安政5年家定が亡くなると剃髪し、増上寺冠栄上人に弟子入りする。
¶江表（桃光院（岐阜県））

東光院殿　とうこういんどの
⇒九条植通（くじょうたねみち）

東郷重位　とうごうしげただ
⇒東郷重位（とうごうちゅうい）

東郷重持*　とうごうしげもち
生没年不詳　江戸時代末期の薩摩藩士。
¶幕末

東郷侍従　とうごうじじゅう
⇒長谷川秀一（はせがわひでかず）

東郷重位　とうごうじゅうい
⇒東郷重位（とうごうちゅうい）

東郷寿勝　とうごうじゅかつ
江戸時代末期～昭和時代の陶芸家。
¶美工（[生]安政2（1855）年2月20日　[没]昭和11（1936）年3月23日）

東皐心越　とうこうしんえつ
⇒心越興儔（しんえつこうちゅう）

道晃親王　どうこうしんのう
⇒道晃法親王（どうこうほうしんのう）

道興大師　どうこうだいし
⇒実慧（じつえ）

東郷重位*　とうごうちゅうい
永禄4（1561）年～寛永20（1643）年　[別]東郷重位（とうごうしげただ, とうごうじゅうい, とうごうちょうい）, 東郷肥前守（とうごうひぜんのかみ）　安土桃山時代～江戸時代前期の武士。
¶江人（とうごうじゅうい）, 全戦（とうごうしげかた（ちゅうい））, 戦武（とうごうしげたか（ちゅうい）　[没]寛永20（1643）年）

東郷重位　とうごうちょうい
⇒東郷重位（とうごうちゅうい）

道晃入道親王　どうこうにゅうどうしんのう
⇒道晃法親王（どうこうほうしんのう）

と

東郷肥前守　とうごうひぜんのかみ
⇒東郷重位(とうごうちゅうい)

道晃法親王*(道光法親王)　どうこうほうしんのう
慶長17(1612)年～*　[別]道晃(どうこう)，道晃親王(どうこうしんのう)，道晃入道親王(どうこうにゅうどうしんのう)，道晃法親王(どうこうほっしんのう)　江戸時代前期の僧。後陽成天皇の第13皇子。
¶コン(道光法親王　[没]延宝6(1678)年)

道晃法親王　どうこうほっしんのう
⇒道晃法親王(どうこうほうしんのう)

東郷益子*　とうごうますこ
文化9(1812)年～明治34(1901)年　江戸時代末期～明治時代の女性。元帥東郷平八郎の母。
¶幕末

東谷宗杲*　とうこくそうこう，とうこくそうごう
？～文禄3(1594)年1月15日　戦国時代～安土桃山時代の臨済宗の僧。
¶武田(とうこくそうごう　生没年不詳)

藤五郎　とうごろう
⇒遠藤藤五郎(えんどうとうごろう)

等栽　とうさい
⇒鳥越等栽(とりごえとうさい)

洞哉　とうさい
江戸時代中期の俳諧作者。
¶俳文(生没年不詳)

東作　とうさく
⇒平秩東作〔1代〕(へずつとうさく)

藤定房*　とうさだふさ
元禄7(1694)年～享保17(1732)年　江戸時代中期の対馬藩士。
¶コン

藤貞幹　とうさだもと
⇒藤貞幹(とうていかん)

嗒山　とうさん
江戸時代中期の俳諧作者。天和～元禄ごろ。
¶俳文(生没年不詳)

道讃*　どうさん
正暦4(993)年～永承7(1052)年　平安時代中期～後期の興福寺僧。
¶古人

東三条院　とうさんじょういん
⇒東三条院(ひがしさんじょういん)

藤三位　とうさんみ
⇒藤原親子(ふじわらのしんし)

登子　とうし
⇒坂東寿太郎〔1代〕(ばんどうじゅたろう)

東枝　とうし
⇒中村東蔵〔3代〕(なかむらとうぞう)

桃之　とうし
江戸時代中期～後期の俳諧作者。
¶俳文([生]正徳4(1714)年　[没]寛政5(1793)年8月16日)

道慈*　どうじ
？～天平16(744)年10月2日　奈良時代の僧。俗姓は額田氏。
¶古人，古代，コン，思想，対外，山小([没]744年10月2日)

等持院　とうじいん
⇒足利尊氏(あしかがたかうじ)

等持院殿　とうじいんどの
⇒足利尊氏(あしかがたかうじ)

東重胤*　とうしげたね
生没年不詳　[別]千葉重胤(ちばしげたね)，東重胤(とうのしげたね)　鎌倉時代前期の武将、歌人。
¶古人(とうのしげたね)

桃子女　とうしじょ⋆
江戸時代後期の女性。俳諧。詫間の人。丸亀の弘化4年に没した藤井茂椎門。
¶江表(桃子女(香川県))

東子女王*　とうしじょおう
？～貞観7(865)年　[別]東子女王(あずまこのじょうおう，とうしにょおう)　平安時代前期の女性。文徳天皇の女御。
¶天皇(とうしじょうおう・あずまこのじょうおう　[没]貞観7(865)年6月10日)

檮室久子　とうしつひさこ⋆
江戸時代末期の女性。狂歌。安政2年刊『狂歌茶器財集』に載る。
¶江表(檮室久子(東京都))

当子内親王*　とうしないしんのう
長保3(1001)年～治安3(1023)年　[別]当子内親王(まさこないしんのう)　平安時代中期の女性。三条天皇第1皇女、斎宮。
¶古人(まさこないしんのう)，天皇(とうしないしんのう・まさこないしんのう　[没]治安3(1023)年9月12日)

統子内親王　とうしないしんのう
⇒上西門院(じょうさいもんいん)

同子内親王*　どうしないしんのう
？～貞観2(860)年　[別]同子内親王(あつこないしんのう，ともこないしんのう)　平安時代前期の女性。淳和天皇の皇女。
¶古人(あつこないしんのう)，天皇([没]貞観2(860)年閏10月20日)

東子女王　とうしにょおう
⇒東子女王(とうしじょおう)

桃車　とうしゃ⋆
江戸時代後期の女性。俳諧。越前福井の人。寛政8年刊、荒木為卜仙編『卯花筐』上に載る。
¶江表(桃車(福井県))

道寂*　どうじゃく
？～久安3(1147)年　平安時代後期の僧。
¶古人([生]1068年)

稲若水　とうじゃくすい
⇒稲生若水(いのうじゃくすい)

道者超元*　どうしゃちょうげん，どうじゃちょうげん
[別]超元(ちょうげん)，南山(なんざん)　江戸時代前期の渡来僧。雪峰の亘信行弥の法を嗣ぐ。
¶対外([生]？　[没]1660年)

藤寿　とうじゅ
南北朝時代～室町時代の連歌作者。足利義満に賞翫された。
¶俳文(生没年不詳)

とうしよ

道守* どうしゅ
鎌倉時代前期の後鳥羽天皇の皇子。
¶天皇 (生没年不詳)

東州 とうしゅう
⇒大谷広次〔2代〕(おおたにひろじ)

東鷲 とうしゅう
⇒坂倉東鷲 (さかくらとうしゅう)

桃秋* とうしゅう
寛延4 (1751) 年4月14日〜天保5 (1834) 年10月5日
江戸時代中期〜後期の俳人。
¶俳文 (㊦宝暦1 (1751) 年)

東洲斎写楽* とうしゅうさいしゃらく
生没年不詳 ㊙写楽 (しゃらく) 江戸時代後期の
浮世絵師。
¶浮絵, 江人, 歌大, コン, 新歌, 美画, 山小

藤十郎(1) とうじゅうろう
⇒荻野沢之丞 (おぎのさわのじょう)

藤十郎(2) とうじゅうろう
⇒坂田藤十郎〔1代〕(さかたとうじゅうろう)

桃春 とうしゅん*
江戸時代中期の女性。和歌。歌人中川道俊の娘。
明和8年刊、佐々木泉明編『一人一首短冊篇』坤に
載る。
¶江表 (桃春 (京都府))

等春* とうしゅん
室町時代の画家。雪舟の弟子。
¶美画 (生没年不詳)

東順 とうじゅん
⇒竹下東順 (たけしたとうじゅん)

稲処 とうしょ
⇒岸田稲処 (きしだとうしょ)

東女(1) とうじょ*
江戸時代中期の女性。俳諧。筑前弥永の人。享保
14年序、藪家散人兎城撰『門鳴子』に載る。
¶江表 (東女 (福岡県))

東女(2) とうじょ*
江戸時代後期の女性。俳諧。駿河府中の人。寛政3
年刊、牡丹庵阿人・鳥過庵千布編『雪幸集』に載る。
¶江表 (東女 (静岡県))

棹女 とうじょ*
江戸時代末期の女性。和歌。越後燕の人。安政2年
序、僧大英撰『北越三雅集』に載る。
¶江表 (棹女 (新潟県))

道助(1) どうじょ
⇒道助入道親王 (どうじょにゅうどうしんのう)

道助(2) どうじょ
⇒平井道助 (ひらいどうじょ)

登照* とうしょう
生没年不詳 平安時代中期の易僧。
¶古人

通乗 とうじょう
平安時代後期の相人。
¶平家 (生没年不詳)

等定* とうじょう
*〜延暦19 (800) 年 奈良時代〜平安時代前期の東
大寺の僧。
¶古人 (㊦721年), 古代 (㊦721年)

道昌* どうしょう
延暦17 (798) 年〜貞観17 (875) 年 平安時代前期
の真言宗の僧。
¶古人, 古代, コン, 思想

道昭(1) どうしょう
舒明1 (629) 年〜文武天皇4 (700) 年 飛鳥時代の
僧。道照とも。
¶古人, 古代, 古物 (㊦629年?), コン (㊦文武4 (700) 年),
思想 (㊦文武4 (700) 年), 対外, 山小 (㊦700年3月10日)

道昭(2) どうしょう
⇒二階堂是円 (にかいどうぜえん)

道証* (1) どうしょう
天平勝宝8 (756) 年〜弘仁7 (816) 年 奈良時代〜平
安時代前期の学僧。
¶古代

道証* (2) どうしょう
永久2 (1114) 年〜文治1 (1185) 年 平安時代後期
の天台寺門派の僧。
¶古人

道性(1) どうしょう
嘉応2 (1170) 年〜文治3 (1187) 年 平安時代後期
の以仁王の第3王子。
¶古人

道性(2) どうしょう
弘安1 (1278) 年〜? 鎌倉時代後期〜南北朝時代
の真言宗の僧。亀山天皇皇子。
¶天皇 (生没年不詳)

道正 どうしょう
⇒道正隆英 (どうしょうりゅうえい)

道清 どうしょう
⇒田中道清 (たなかどうせい)

道生* どうしょう
生没年不詳 鎌倉時代の連歌師。
¶俳文

道場 どうじょう
⇒道場法師 (どうじょうほうし)

道正庵隆英 どうしょうあんたかひで
⇒道正隆英 (どうしょうりゅうえい)

道正庵隆英 どうしょうあんりゅうえい
⇒道正隆英 (どうしょうりゅうえい)

東条一堂* とうじょういちどう
安永7 (1778) 年〜安政4 (1857) 年 ㊙東条一堂 (と
うじょういつどう) 江戸時代後期の儒学者。
¶コン, 思想, 全幕, 幕末 (㊦安永7 (1778) 年11月7日 ㊦
安政4 (1857) 年7月13日)

東条一堂 とうじょういつどう
⇒東条一堂 (とうじょういちどう)

洞松院尼 とうしょういんに
戦国時代の地方政治家。
¶女史 (㊦1461年? ㊦?)

と

東条英庵*　とうじょうえいあん
文政4(1821)年〜明治8(1875)年7月17日　江戸時代後期〜明治時代の蘭学者。
¶幕末

東常縁　とうじょうえん
⇒東常縁(とうつねより)

東条義門　とうじょうぎもん
⇒義門(ぎもん)

東条琴台*　とうじょうきんだい
寛政7(1795)年6月7日〜明治11(1878)年　江戸時代末期〜明治時代の儒学者、考証学者。著書に「伊豆七島図考」「先哲叢談後篇」「同続篇」など。
¶コン,幕末([没]明治11(1878)年9月27日)

東条組子*　とうじょうくみこ
文化2(1805)年頃〜明治2(1869)年10月3日　江戸時代後期〜明治時代の歌人。
¶江表(組子(千葉県)　[生]文化2(1805)年)

当証軒(当正軒)　**とうしょうけん**
⇒並木正三〔1代〕(なみきしょうぞう)

東条錠之助*　とうじょうじょうのすけ
天保3(1832)年〜明治44(1911)年　江戸時代末期〜明治時代の能楽師。藩主の寵遇を受け、奥話、側詰となる。
¶幕末

東照大権現　とうしょうだいごんげん
⇒徳川家康(とくがわいえやす)

東条岳之助*　とうじょうたけのすけ
江戸時代末期の新撰組隊士。
¶新隊(生没年不詳)

道場法師*　どうじょうほうし
[別]道場(どうじょう)　飛鳥時代の僧。
¶古代,コン

道承法親王*　どうしょうほうしんのう
*〜正徳4(1714)年　江戸時代中期の伏見宮邦永親王の第1王子。
¶天皇([生]元禄8(1695)年1月13日　[没]正徳4(1714)年7月9日)

道正隆英*　どうしょうりゅうえい
承安1(1171)年〜宝治2(1248)年7月24日　[別]県山道正(けんざんどうしょう),道正(どうしょう),道正庵隆英(どうしょうあんたかひで,どうしょうあんりゅうえい),隆英(りゅうえい)　鎌倉時代前期の曹洞宗の僧。父は京極顕盛、母は源仲家の娘。
¶コン(道正庵隆英　どうしょうあんりゅうえい),対外(道正庵隆英　どうしょうあんりゅうえい)

東条魯介　とうじょうろすけ
⇒花笠文京〔1代〕(はながさぶんきょう)

冬色　とうしょく★
江戸時代後期の女性。俳諧。大坂の人。文政7年刊、青野太筇編『寂砂子集』に載る。
¶江表(冬色(大阪府))

東寔　とうしょく
⇒愚堂東寔(ぐどうとうしょく)

東寔愚堂　とうしょくぐどう
⇒愚堂東寔(ぐどうとうしょく)

道助親王　どうじょしんのう
⇒道助入道親王(どうじょにゅうどうしんのう)

道助入道親王*　どうじょにゅうどうしんのう
建久7(1196)年10月16日〜宝治3(1249)年　[別]道助(どうじょ),道助親王(どうじょしんのう),道助法親王(どうじょほうしんのう,どうじょほっしんのう),長仁親王(ながひとしんのう)　鎌倉時代前期の僧(仁和寺8世)。後鳥羽天皇の第2皇子。
¶コン,天皇(道助法親王　どうじょほうしんのう　[没]建長1(1249)年1月16日),内乱(道助法親王　どうじょほっしんのう　[没]建長1(1249)年)

道助法親王　どうじょほうしんのう
⇒道助入道親王(どうじょにゅうどうしんのう)

道助法親王　どうじょほっしんのう
⇒道助入道親王(どうじょにゅうどうしんのう)

藤四郎　とうしろう
⇒加藤景正(かとうかげまさ)

藤四郎景正　とうしろうかげまさ
⇒加藤景正(かとうかげまさ)

道深*　どうしん,どうじん
上代の百済の渡来僧。
¶コン

道真　どうしん
⇒太田資清(おおたすけきよ)

唐人お吉*　とうじんおきち
天保12(1841)年〜明治23(1890)年　[別]お吉(おきち),斉藤吉(さいとうきち)　江戸時代末期〜明治時代の芸者。アメリカ領事ハリスの侍女。酒乱、貧窮の後投身自殺。
¶江人([生]?),コン([生]天保12(1841)年?),女史,全幕(斉藤吉　さいとうきち　[没]明治24(1891)年),幕末([生]天保12(1841)年11月10日　[没]明治23(1890)年3月23日),幕末(お吉　おきち　[生]天保12(1841)年11月10日　[没]明治23(1890)年3月23日)

道仁法親王　どうじんほうしんのう
⇒道仁法親王(どうにんほっしんのう)

東水*　とうすい
生没年不詳　江戸時代前期の修験僧・俳人。
¶俳文

桃水　とうすい★
江戸時代後期の女性。俳諧。寛政6年刊、蓬莢軒園女撰『俳諧百千鳥』に3句が載る。
¶江表(桃水(群馬県))

桃助　とうすけ
⇒霧波千寿〔1代〕(きりなみせんじゅ)

道寸*　どうすん
寛永2(1625)年〜延宝4(1676)年6月22日　江戸時代前期の連歌作者・俳人。
¶俳文

桐栖*　とうせい
明和8(1771)年〜?　[別]桐栖(きりすみ)　江戸時代中期〜後期の俳人。
¶俳文(きりすみ　生没年不詳)

桃青　とうせい
⇒松尾芭蕉(まつおばしょう)

道清　どうせい
⇒田中道清(たなかどうせい)

東生亀次郎　とうせいかめじろう
江戸時代末期～明治時代の袋屋万巻楼創業者。
¶出版（生没年不詳）

登勢子　とうせこ⋆
江戸時代後期の女性。和歌。高松の人。文政1年、来讃中の幸文が帰国する送別の宴で読まれた和歌2首が残る。
¶江表（登勢子（香川県））

道節　どうせつ
⇒末吉道節（すえよしどうせつ）

等膳　とうぜん
⇒鳳山等膳（ほうざんとうぜん）

道璿＊　どうせん
唐・嗣聖19（702）年～天平宝字4（760）年　奈良時代の唐の渡来僧。
¶古人（[生]699年　[没]757年），古代（[生]699年　[没]757年），コン（[生]文武3（699）年　[没]天平宝字1（757）年），対外

道詮＊　どうせん
？～貞観18（876）年　平安時代前期の三論宗の僧。
¶古人，古代，コン（[没]貞観15（873）年？）

道禅＊(1)　どうぜん
嘉応1（1169）年～建長8（1256）年8月8日　平安時代後期～鎌倉時代前期の天台宗の僧。
¶古人

道禅＊(2)　どうぜん
建久1（1190）年～嘉禎1（1235）年　鎌倉時代前期の真言僧。
¶密教（[没]1235年11月15日/16日）

東漸大師　とうぜんだいし
⇒法然（ほうねん）

東川堂里風　とうせんどうりふう
江戸時代中期の画家。
¶浮絵（生没年不詳）

東泉の妻　とうせんのつま⋆
江戸時代中期の女性。俳諧。加賀の人。元禄10年刊、立花北枝編、芭蕉三回忌追善集『喪の名残』に載る。
¶江表（東泉の妻（石川県））

藤三　とうぞう
戦国時代の信濃小県郡の国衆小泉氏の被官。地侍層か。
¶武田（生没年不詳）

道蔵＊　どうぞう
生没年不詳　飛鳥時代の百済僧。
¶古代，対外

道尊＊　どうそん
安元1（1175）年～安貞2（1228）年　鎌倉時代前期の真言僧。仁和寺御流の一派安井御流の祖。
¶古人，平家

道尊入道親王　どうそんにゅうどうしんのう
⇒道尊法親王（どうそんほうしんのう）

道尊法親王＊　どうそんほうしんのう
＊～宝永2（1705）年　[別]道尊入道親王（どうそんにゅうどうしんのう），昌隆親王（まさたかしんのう）　江戸時代中期の後西天皇の第9皇子。
¶天皇（[生]延宝3（1675）年12月12日　[没]宝永2（1705）年9月28日）

東胤頼＊　とうたねより
生没年不詳　[別]平胤頼（たいらのたねより），千葉胤頼（ちばたねより）　鎌倉時代前期の御家人。千葉常胤の6男。
¶古人（平胤頼　たいらのたねより）

道忠＊(1)　どうちゅう
生没年不詳　奈良時代～平安時代前期の律僧。鑑真より持戒第一を称された。
¶古人，古代（[生]735年？　[没]800年？），コン

道忠(2)　どうちゅう
⇒無著道忠（むじゃくどうちゅう）

桐蝶　とうちょう⋆
江戸時代中期の女性。俳諧。明和2年刊、建部綾足編『かすみをとこ』に載る。
¶江表（桐蝶（東京都））

東潮　とうちょう
⇒和田東潮（わだとうちょう）

桃長　とうちょう⋆
江戸時代後期の女性。俳諧。寛政10年跋、五柏園丈水編『千代みくさ』に載る。
¶江表（桃長（三重県））

道澄＊　どうちょう
天文13（1544）年～慶長13（1608）年　安土桃山時代～江戸時代前期の真言宗の僧。園城寺140世。
¶俳文

道朝親王　どうちょうしんのう
⇒道朝法親王（どうちょうほっしんのう）

道澄法親王　どうちょうほうしんのう
⇒道澄法親王（どうちょうほっしんのう）

道朝法親王　どうちょうほうしんのう
⇒道朝法親王（どうちょうほっしんのう）

道澄法親王＊　どうちょうほっしんのう
生没年不詳　[別]道澄法親王（どうちょうほうしんのう）　鎌倉時代の亀山天皇の皇子。
¶天皇（どうちょうほうしんのう）

道朝法親王＊　どうちょうほっしんのう
天授4/永和4（1378）年～文安3（1446）年　[別]道朝親王（どうちょうしんのう），道朝法親王（どうちょうほうしんのう）　室町時代の後円融天皇の皇子。
¶天皇（どうちょうほうしんのう　[生]永和4/天授4（1378）年　[没]文安3（1446）年2月22日）

東常縁＊　とうつねより
応永8（1401）年～＊　[別]東常縁（とうじょうえん，とうのつねより）　室町時代～戦国時代の武将、歌人。下野守益之の子。
¶コン（とうのつねより　[没]明応3（1494）年），詩作（とうのつねより　生没年不詳），思想（生没年不詳），中世（とうのつねより　生没年不詳），内乱（[没]？），日文（生没年不詳），室町（[生]？　[没]文明16（1484）年），山小（[生]1405年/1407年　[没]1484年）

冬貞　とうてい
⇒坂田藤十郎〔1代〕（さかたとうじゅうろう）

藤貞幹＊　とうていかん
享保17（1732）年～寛政9（1797）年8月19日　[別]藤貞幹（とうさだもと），藤井貞幹（ふじいさだもと，ふじいていかん），藤井卓幹（ふじいていかん），藤

原貞幹（ふじわらさだもと，ふじわらていかん，ふじわらのさだもと） 江戸時代中期の国学者。考古学の方面に活躍。
¶コン,思想,山小（[生]1732年6月23日 [没]1797年8月19日）

道鉄 どうてつ
江戸時代前期の伊東長次の家来。
¶大坂（[没]慶長20年5月7日）

冬田 とうでん⋆
江戸時代中期の女性。和歌。旗本本多玄蕃忠弘家の奥女中。寛延1年刊、松風也軒編『渚の松』に載る。
¶江表（冬田（東京都））

道登 どうと
⇒道登（どうとう）

東藤＊ とうとう
江戸時代の俳人（蕉門）。
¶俳文（生没年不詳）

桃洞 とうどう⋆
江戸時代後期の女性。俳諧。文政9年刊、新吉原の中万字屋節度編の遊女玉菊一〇〇回忌追善集『百羽かき』に載る。
¶江表（桃洞（東京都））

道登＊ どうとう
生没年不詳 [別]道登（どうと） 飛鳥時代の僧。高句麗留学僧か。
¶古人,古代,コン,対外

藤堂和泉守 とうどういずみのかみ
⇒藤堂高虎（とうどうたかとら）

藤堂采女＊ とうどううねめ
天保7（1836）年～明治11（1878）年 江戸時代末期～明治時代の津藩伊賀城代家老。鳥羽・伏見の戦いで尊王を主張。
¶全幕（[没]明治10（1877）年），幕末（[生]天保7（1836）年10月23日 [没]明治10（1877）年6月26日）

藤堂元甫＊ とうどうげんぽ
延宝5（1677）年～宝暦12（1762）年 [別]藤堂白舌翁（とうどうはくぜつおう），藤堂元甫（とうどうもととし） 江戸時代中期の伊勢津藩士。「三国地志」を編纂。
¶コン

藤堂監物＊ とうどうけんもつ
天保13（1842）年～＊ [別]長谷部一（はせべはじめ） 江戸時代末期～明治時代の伊勢津藩士。
¶全幕（[没]明治3（1870）年），幕末（[没]明治3（1871）年11月26日）

藤堂蟬吟＊（藤堂禅吟） とうどうせんぎん，とうどうぜんぎん
寛永19（1642）年～寛文6（1666）年 [別]蟬吟（せんぎん），藤堂良忠（とうどうよしただ） 江戸時代前期の俳人。藤堂藩の侍大将で、藤堂新七郎良精の3男。
¶コン（藤堂良忠 とうどうよしただ），俳文（蟬吟 せんぎん [没]寛文6（1666）年4月25日）

藤堂高克＊ とうどうたかかつ
文化13（1816）年～明治20（1887）年 [別]藤堂高克（とうどうたかよし） 江戸時代末期～明治時代の伊勢津藩家老。
¶全幕,幕末（[生]文化13（1816）年10月8日 [没]明治20（1887）年5月7日）

藤堂高潔＊ とうどうたかきよ
天保8（1837）年～明治22（1889）年 江戸時代末期～明治時代の武士、津藩知事、伯爵。京都守衛に努め、明治天皇の大阪行幸に従い、東征軍に加わった。
¶幕末（[生]天保8（1837）年9月20日 [没]明治22（1889）年11月18日）

藤堂高邦＊ とうどうたかくに
弘化3（1846）年～明治35（1902）年 江戸時代末期～明治時代の久居藩主、久居藩知事、子爵。
¶幕末（[生]弘化3（1846）年8月8日 [没]明治35（1902）年4月6日）

藤堂高兌＊ とうどうたかさわ
天明1（1781）年4月2日～文政7（1824）年12月18日 江戸時代後期の大名。伊勢津藩主、伊勢久居藩主。
¶コン（[生]安永6（1777年/1781）年）

藤堂高次＊ とうどうたかつぐ
慶長6（1601）年～延宝4（1676）年 江戸時代前期の大名。伊勢津藩主。
¶コン

藤堂高虎＊ とうどうたかとら
弘治2（1556）年～寛永7（1630）年 [別]藤堂和泉守（とうどういずみのかみ） 安土桃山時代～江戸時代前期の武将、大名。
¶江人,コン,全戦,戦武,対外,徳将,美建（[生]弘治2（1556）年1月6日 [没]寛永7（1630）年10月5日），山小（[没]1630年10月5日）

藤堂高久＊ とうどうたかひさ
寛永15（1638）年1月26日～元禄16（1703）年4月29日 江戸時代前期～中期の大名。伊勢津藩主。
¶コン

藤堂高文＊ とうどうたかふみ，とうどうたかぶみ
享保5（1720）年～天明4（1784）年 江戸時代中期の伊勢津藩士、漢学者。「宗国史」の編著者。
¶コン

藤堂高通＊ とうどうたかみち
正保1（1644）年～元禄10（1697）年 [別]任口（にんこう） 江戸時代前期の大名。伊勢久居藩主。
¶コン,俳文（任口 にんこう [没]元禄10（1697）年8月9日）

藤堂高泰＊ とうどうたかやす
文政11（1828）年～明治20（1887）年 江戸時代末期～明治時代の実業家。第百五国立銀行を創設、頭取をつとめた。
¶幕末（[生]文政11（1828）年4月27日 [没]明治20（1887）年8月28日）

藤堂高猷＊ とうどうたかゆき
文化10（1813）年2月9日～明治28（1895）年 江戸時代後期～明治時代の大名、華族。
¶コン,全幕,幕末（[没]明治28（1895）年2月9日）

藤堂高吉＊ とうどうたかよし
天正7（1579）年～寛文10（1670）年 [別]宮内高吉（くないたかよし） 安土桃山時代～江戸時代前期の武将、伊勢津藩士。丹羽長秀の3男。
¶コン

藤堂高克 とうどうたかよし
⇒藤堂高克（とうどうたかかつ）

藤堂高聴＊ とうどうたかより
文化7（1810）年～文久3（1863）年 江戸時代後期の大名。伊勢久居藩主。

¶コン，幕末（[生]文化7（1810）年11月23日　[没]文久3（1863）年8月9日）

藤堂探丸*　とうどうたんがん

寛文6（1666）年～宝永7（1710）年　[別]探丸（たんがん）　江戸時代中期の俳人（蕉門）。

¶俳文（探丸　たんがん）

藤堂白舌翁　とうどうはくぜつおう

⇒藤堂元甫（とうどうげんぽ）

藤堂平助*　とうどうへいすけ

弘化1（1844）年～慶応3（1867）年　江戸時代末期の新撰組八番隊隊長。のちに御陵衛士。

¶新隊（[没]慶応3（1867）年11月18日），全幕，幕末（[没]慶応3（1867）年11月18日）

藤堂正高*　とうどうまさたか

天正16（1588）年～寛永6（1629）年　江戸時代前期の武将。

¶コン

藤堂元甫　とうどうもととし

⇒藤堂元甫（とうどうげんぽ）

東東洋　とうとうよう

⇒東東洋（あずまとうよう）

藤堂良忠　とうどうよしただ

⇒藤堂蟬吟（とうどうせんぎん）

藤堂良直*　とうどうよしなお

寛永9（1632）年～宝永3（1706）年　江戸時代前期～中期の武士。

¶徳人

藤堂嘉房*　とうどうよしふさ

天文12（1543）年～慶長8（1603）年　安土桃山時代の武士。織田氏家臣、丹羽氏家臣、豊臣氏家臣、羽柴氏家臣。

¶織田（[没]慶長8（1603）年2月6日）

藤堂嵐子*　とうどうらんこ

？～寛保3（1743）年　江戸時代中期の女性。伊勢津藩伊賀上野城主藤堂良族の妻。

¶江表（嵐子（三重県））

藤堂凌雲*　とうどうりょううん

文化6（1809）年～明治19（1886）年　江戸時代末期～明治時代の日本画家。南画を学び花鳥を得意とする。

¶美画（[没]明治19（1886）年11月30日）

道徳*　どうとく

奈良時代の僧。

¶古人（生没年不詳），古代

藤内三　とうないぞう

安土桃山時代の信濃国筑摩郡井堀・高の土豪。麻績氏の被官とみられる。

¶武田（生没年不詳）

藤斉延　とうなりのぶ

⇒藤斉延（とうまさのぶ）

道入*　どうにゅう

慶長4（1599）年～明暦2（1656）年　[別]のんこう，ノンコウ，楽道入，楽道入〔楽家3代〕（らくどうにゅう），楽のんかう，楽のんこう（らくのんこう）　江戸時代前期の京都・楽焼の陶工。楽家3代。

¶江人，コン（楽のんかう　らくのんこう），美工（楽道入　らくどうにゅう　[没]明暦2（1656）年2月23日）

道仁*(1)　どうにん

元禄2（1689）年～享保18（1733）年　[別]道仁入道親王（どうにんにゅうどうしんのう），道仁法親王（どうにんほうしんのう，みちひとほうしんのう）　江戸時代中期の天台宗の僧。天台座主196・199・202世。

¶天皇（道仁法親王　みちひとほうしんのう　[生]元禄2（1689）年7月29日　[没]享保18（1733）年5月15日）

道仁(2)　どうにん

⇒道仁法親王（どうにんほっしんのう）

道仁入道親王　どうにんにゅうどうしんのう

⇒道仁（どうにん）

道仁法親王(1)　どうにんほうしんのう

⇒道仁（どうにん）

道仁法親王(2)　どうにんほうしんのう

⇒道仁法親王（どうにんほっしんのう）

道仁法親王*　どうにんほっしんのう

*～弘長3（1263）年　[別]道仁法親王（どうじんほうしんのう，どうにんほうしんのう），道仁（どうにん）　鎌倉時代前期の土御門天皇の皇子。

¶天皇（どうじんほうしんのう　[生]？　[没]弘長3（1263）年1月14日）

道寧*　どうねい

飛鳥時代の百済僧。

¶古代

道念仁兵衛*　どうねんにへえ

生没年不詳　江戸時代中期の都踊口説の名手、道念節の流祖。

¶コン

東重胤　とうのしげたね

⇒東重胤（とうしげたね）

東修理亮*　とうのしゅりのすけ

生没年不詳　戦国時代の上総周東郡の国衆秋元氏の家臣。

¶後北（修理亮〔東〕　しゅりのすけ）

頭中将*　とうのちゅうじょう

「源氏物語」の登場人物。

¶コン

東常縁　とうのつねより

⇒東常縁（とうつねより）

塔原宗定　とうのはらむねさだ

戦国時代の武士。塔原衆。

¶武田（生没年不詳）

塔原宗守　とうのはらむねもり

安土桃山時代の信濃国筑摩郡塔原城主。

¶武田（[生]？　[没]天正11（1583）年2月13日？）

塔原幸知　とうのはらゆきとも

戦国時代の武士。会田海野下野守の被官。会田岩下衆。

¶武田（生没年不詳）

稲波　とうは★

江戸時代中期の女性。俳諧。雪中庵3世大島蓼太の妹。寛延1年頃成立『朝起集』に載る。

¶江表（稲波（東京都））

桐巴（藤巴）　**とうは**

⇒荻野八重桐〔2代〕（おぎのやえぎり）

東巴　とうは⋆
江戸時代後期の女性。俳諧。中村氏。文化10年刊、柿耶丸長斎編『万家人名録』に載る。
¶江表（東巴（大阪府））

等伯　とうはく
⇒長谷川等伯（はせがわとうはく）

道白　どうはく
⇒卍山道白（まんざんどうはく）

藤八*　とうはち
？～天正10（1582）年6月2日　戦国時代～安土桃山時代の織田信長の家臣。
¶織田

道八　どうはち
⇒高橋道八（たかはしどうはち）

道八〔1代〕　どうはち
⇒高橋道八〔1代〕（たかはしどうはち）

道八〔2代〕　どうはち
⇒高橋道八〔2代〕（たかはしどうはち）

道範*　どうはん
治承2（1178）年～建長4（1252）年　鎌倉時代前期の真言宗の僧、中世高野山の密教研究者。
¶古人（生1184年），密教（生1178年頃　没1252年5月22日）

藤広則*　とうひろのり
寛延1（1748）年～＊　江戸時代中期～後期の暦算家。
¶数学（没文化4（1807）年12月25日）

東福寺昌保　とうふくじまさやす
江戸時代後期～明治時代の和算家、松代藩士。
¶数学（生文政4（1821）年　没明治34（1901）年12月31日）

東福門院*　とうふくもんいん
慶長12（1607）年10月4日～延宝6（1678）年6月15日　別徳川和子（とくがわかずこ，とくがわまさこ），源和子（みなもとのかずこ）　江戸時代前期の女性。徳川秀忠の娘で、後水尾天皇の皇后。
¶江人（徳川和子　とくがわかずこ），江表（東福門院（京都府）），コン，女史，天皇（徳川和子　とくがわまさこ），徳将，山小（生1607年10月4日　没1678年6月15日）

童平　どうへい
⇒井上童平（いのうえどうへい）

藤兵衛　とうべえ
戦国時代の甲斐国八代郡成田郷の飛脚問屋。
¶武田（生没年不詳）

東甫　とうほ
⇒内藤東甫（ないとうとうほ）

道法　どうほう
⇒道法法親王（どうほうほっしんのう）

唐坊荘之助　とうぼうしょうのすけ
⇒唐坊長秋（とうぼうながあき）

道法親王　どうほうしんのう
⇒道法法親王（どうほうほっしんのう）

唐坊長秋*（唐房長秋）　とうぼうながあき
文政4（1821）年～元治1（1864）年　別唐坊荘之助（とうぼうしょうのすけ）　江戸時代末期の対馬藩士、史学者。
¶コン（唐坊荘之助　とうぼうしょうのすけ）

道法法親王　どうほうほうしんのう，どうぼうほうしんのう
⇒道法法親王（どうほうほっしんのう）

道法法親王*　どうほうほっしんのう
仁安1（1166）年～建保2（1214）年　別道法（どうほう），道法親王（どうほうしんのう），道法法親王（どうほうほうしんのう，どうぼうほうしんのう）　平安時代後期～鎌倉時代前期の真言宗の僧。後白河上皇の第8皇子。
¶古人，天皇（どうほうほうしんのう）

洞木　どうぼく
江戸時代中期の俳諧作者。佐治氏。
¶俳文（生？　没享保19（1734）年12月3日）

答炑春初*　とうほんしゅんしょ
生没年不詳　別答炑春初（とうほんしゅんそ）　飛鳥時代の百済人。白村江の戦で日本に亡命した。
¶古代（答炑春初），古物（答炑春初　とうほんしゅんそ），コン（答炑春初）

答本忠節*　とうほんちゅうせつ
生没年不詳　別答本忠節（たほのちゅうせつ）　奈良時代の百済系官人。
¶古人（たほのちゅうせつ　生？　没757年？），古代

唐本屋清兵衛*　とうほんやせいべえ
世襲名　江戸時代中期の書籍商。
¶コン

答本陽春　とうほんようしゅん
⇒麻田陽春（あさだのやす）

当麻　とうま⋆
江戸時代後期の女性。俳諧。仙台の人。文化15年序、大屋士由編『美佐古鮓』に載る。
¶江表（当麻（宮城県））

藤間源左衛門*　とうまげんざえもん
天保13（1842）年～明治43（1910）年　江戸時代末期～明治時代の浜田・松江藩御用商人、初代大社町長。酒造、回船業を営む。大社に初めて学校を創る。
¶幕末

藤斉延*（藤斎延）　とうまさのぶ
万治4（1661）年～元文3（1738）年　別藤斉延（とうなりのぶ），藤原斉延（ふじわらただのぶ）　江戸時代中期の対馬藩士。
¶コン（生寛文1（1661）年）

藤間十兵衛　とうまじゅうべえ
安土桃山時代の武蔵国江戸城遠山左馬允の同心。豊後守か。北条氏直の家臣。
¶後北（十兵衛〔藤間〕　じゅうべえ）

当麻辰次郎　とうまたつじろう
江戸時代後期～明治時代の果樹農業。
¶植物（生文政9（1826）年11月1日　没明治38（1905）年4月11日）

友松次右衛門盛保　とうまつじえもんもりやす
江戸時代前期の中村一氏・豊臣秀吉・秀頼の家臣。
¶大坂（没元和7年7月13日）

友松新右衛門氏盛　とうまつしんえもんうじもり
安土桃山時代～江戸時代前期の豊臣秀頼の小姓。
¶大坂（生慶長3年　没寛文8年6月2日）

藤間柳庵*　とうまりゅうあん
享和1（1801）年～明治16（1883）年　江戸時代末期

〜明治時代の名主。詩文、日記を残し、黒船来航なども記録。
¶幕末

桃三千尼 とうみちに★
江戸時代後期の女性。狂歌。桐生の人。文政3年または同4年序、万歳逢義編、浅草庵市人追悼集『あさくさぐさ』に載る。
¶江表（桃三千尼（群馬県））

銅脈 どうみゃく
⇒銅脈先生（どうみゃくせんせい）

銅脈先生* どうみゃくせんせい
宝暦2（1752）年〜享和1（1801）年6月2日 [別]銅脈（どうみゃく），畠中観斎（はたけなかかんさい，はたなかかんさい），畠中寛斉（はたなかかんさい），畠中銅脈（はたなかどうみゃく） 江戸時代中期〜後期の狂詩作者。畠中氏。
¶江人，コン（[生]？），思想（畠中観斎 はたなかかんさい）

道命* どうみょう
天延2（974）年〜寛仁4（1020）年 [別]道命阿闍梨（どうみょうあじゃり） 平安時代中期の僧、歌人、父は藤原道綱、総持寺阿闍梨、天王寺別当。
¶古人，詩作（道命阿闍梨 どうみょうあじゃり [没]寛仁4（1020）年7月4日）

道明* どうみょう
生没年不詳 奈良時代の僧。
¶古人，古代

道命阿闍梨 どうみょうあじゃり
⇒道命（どうみょう）

東明慧日* とうみょうえにち
南宋・咸淳8（1272）年〜興国1/暦応3（1340）年 [別]慧日（えにち），東明慧日（とうみんえにち，とうめいえにち） 鎌倉時代後期〜南北朝時代の曹洞宗宏智派の渡来禅僧。
¶コン（[生]文永9（1272）年），対外

東明慧日 とうみんえにち
⇒東明慧日（とうみょうえにち）

東明慧日 とうめいえにち
⇒東明慧日（とうみょうえにち）

藤元良 とうもとよし
⇒藤元良（とうげんりょう）

東大和守 とうやまとのかみ
戦国時代の北条氏康の家臣。
¶後北（大和守〔東〕 やまとのかみ）

遠山規方 とうやまのりかた
⇒遠山規方（とおやまのりかた）

道祐 どうゆう
南北朝時代〜室町時代の和泉堺の豪商。
¶中世（生没年不詳）

道雄* どうゆう
？〜仁寿1（851）年 [別]道雄（どうおう） 平安時代前期の真言宗の僧。空海十大弟子の一人。
¶古人（どうおう），古代

道融* どうゆう
生没年不詳 奈良時代の学僧。
¶古代，コン

道祐入道親王* どうゆうにゅうどうしんのう
寛文10（1670）年〜* [別]道祐法親王（どうゆうほうしんのう） 江戸時代中期の僧（聖護院門主）。後西天皇の皇子。
¶天皇（道祐法親王 どうゆうほうしんのう [生]寛文10（1670）年9月27日 [没]元禄3（1690）年12月18日）

道祐法親王 どうゆうほうしんのう
⇒道祐入道親王（どうゆうにゅうどうしんのう）

導誉（道誉） どうよ
⇒佐々木高氏（ささきたかうじ）

桐葉 とうよう
⇒林桐葉（はやしとうよう）

桃妖 とうよう
⇒泉屋桃妖（いずみやとうよう）

桃夭 とうよう★
江戸時代中期の女性。俳諧。白石の人。明和8年刊、佐々木泉明撰『一人一首短冊篇』坤に載る。
¶江表（桃夭（宮城県））

等楊 とうよう
⇒雪舟等楊（せっしゅうとうよう）

洞楊谷 どうようこく
⇒片山楊谷（かたやまようこく）

十世王 とうよおう
⇒十世王（とおよおう）

唐来参和*（唐来三和） とうらいさんな
延享1（1744）年〜文化7（1810）年1月25日 [別]三和（さんわ） 江戸時代中期〜後期の黄表紙・洒落本作者。通称は和泉屋源蔵。
¶江人（[生]？），コン（唐来三和 [生]寛延2（1749）年 [没]文化12（1815）年）

道楽* どうらく
生没年不詳 江戸時代中期の陶工、楽家脇窯。
¶美工

桐里 とうり★
江戸時代後期の女性。俳諧。佐野の人。寛政9年、足利牛頭天王への奉納発句合に載る。
¶江表（桐里（栃木県））

東里（1） とうり
江戸時代中期〜後期の川柳作者。天明期に活躍。
¶俳文（生没年不詳）

東里*（2） とうり
江戸時代後期の俳人。
¶俳文（生没年不詳）

桃里（1） とうり★
江戸時代中期の女性。俳諧。越前府中の人。
¶江表（桃里（福井県））

桃里（2） とうり★
江戸時代後期の女性。俳諧。豊前中津の人。天保10年刊、澄月庵湖舟編『豊前中津』に載る。
¶江表（桃里（大分県））

東籬園 とうりえん
⇒瀬川菊之丞〔3代〕（せがわきくのじょう）

東里山人 とうりさんじん
⇒鼻山人（はなさんじん）

と

桃栗山人 とうりさんじん
⇒烏亭焉馬〔1代〕(うていえんば)

東里山人 とうりさんにん
⇒鼻山人(はなさんじん)

道立 どうりゅう
⇒樋口道立(ひぐちどうりゅう)

道隆 どうりゅう
⇒蘭渓道隆(らんけいどうりゅう)

東流斎馬琴〔1代〕 とうりゅうさいばきん
⇒宝井馬琴〔1代〕(たからいばきん)

藤柳之* とうりゅうし
生没年不詳 江戸時代後期の画家。
¶江表(翠塢(東京都))

東流大夫 とうりゅうだゆう
戦国時代～安土桃山時代の駿河府中浅間社の社人。
¶武田(生没年不詳)

東柳亭千枝女 とうりゅうていちえじょ⋆
江戸時代後期の女性。狂歌。川俣の人。文政2年刊、千柳亭唐丸編『狂歌陸奥百歌撰』に載る。
¶江表(東柳亭千枝女(福島県))

東陵永璵* とうりょうえいよ
*～正平20/貞治4(1365)年 [別]永璵(えいよ),東陵永璵(とうりんえいよ) 鎌倉時代後期～南北朝時代の中国の渡来禅僧。
¶対外(とうりんえいよ [生]1285年)

桃林 とうりん⋆
江戸時代後期の女性。俳諧。桐生の人。文政12年刊、六斎一輔編『玉藻のはな』に載る。
¶江表(桃林(群馬県))

桃琳 とうりん
江戸時代中期の女性。俳諧。学二の妻。延享1年、芭蕉50回忌の追善集『千鳥の恩』に載る。
¶江表(桃琳(神奈川県))

桃隣*(——〔1代〕) とうりん
*～享保4(1719)年12月9日 [別]天野桃隣(あまのとうりん) 江戸時代前期～中期の俳人。松尾芭蕉の徒弟。
¶俳文([生]?)

東陵永璵 とうりんえいよ
⇒東陵永璵(とうりょうえいよ)

桃林の妻 とうりんのつま⋆
江戸時代中期の女性。俳諧。美濃の名倉桃林の妻。享保18年自序、稚阳堂冬央編『古渡集』に載る。
¶江表(桃林の妻(岐阜県))

桃令院 とうれいいん⋆
江戸時代後期～明治時代の女性。和歌。薩摩藩主島津重豪の娘。
¶江表(桃令院(山形県) [生]文化14(1817)年 [没]明治24(1891)年)

登蓮* とうれん
生没年不詳 平安時代後期の僧歌人。
¶古人,平家

等連 とうれん
⇒竺雲等連(じくうんとうれん)

吐雲 とうん
江戸時代中期～後期の俳諧作者。
¶俳文([生]元文5(1740)年 [没]文化10(1813)年8月22日)

とへ
江戸時代後期の女性。俳諧。下総八日市場の人。文化14年序、蓮坡堂成之編『俳諧百人一句集』に載る。
¶江表(とへ(千葉県))

とゑ
江戸時代後期の女性。和歌。渡辺氏。天保11年刊、上田堂山編『延齢松詩歌前集』に載る。
¶江表(とゑ(山口県))

十重 とえ
江戸時代後期の女性。俳諧。越前大虫の人。寛政11年刊、松山令羽編『三つの手向』に載る。
¶江表(十重(福井県))

杜栄 とえい⋆
江戸時代中期の女性。俳諧。川田の人。天明3年刊、平橋庵敲氷編『折鶴』に載る。
¶江表(杜栄(山梨県))

とえ子 とえこ⋆
江戸時代後期の女性。和歌。寛政10年跋、信濃松代藩主真田幸弘の六〇賀集「千とせの寿詞」に「水戸殿上臈六条家」の肩書で載る。
¶江表(とえ子(茨城県))

十重子 とえこ⋆
江戸時代末期の女性。和歌。仙石伊兵衛の妻。
¶江表(十重子(岐阜県))

登恵子 とえこ⋆
江戸時代末期の女性。和歌。豊後日出藩藩士で歌人河野東庵の妻。安政4年序、物集高世編『類題春草集』初に載る。
¶江表(登恵子(大分県))

とえ女 とえじょ⋆
江戸時代後期の女性。和歌。新吉原の山口巴屋の遊女か。天保11年序、忍藩藩士加藤古風編の歌集「京極黄門定家卿六百回忌追福」に載る。
¶江表(とえ女(東京都))

十重女 とえじょ⋆
江戸時代中期の女性。俳諧。小国連の俳人。明和2年刊、佐方乙語編『肥後不知火移文』に載る。
¶江表(十重女(熊本県))

兎園 とえん⋆
江戸時代後期の女性。俳諧。荒木氏。寛政5年刊、橋本燕志著『笠の塵』に載る。
¶江表(兎園(大阪府))

遠胆沢秋雄* とおいざわのあきお
生没年不詳 平安時代前期の近江国の俘囚。
¶古人

遠女 とおじょ⋆
江戸時代後期の女性。狂歌。文化12年刊、四方真顔撰『俳諧歌兄弟百首』に載る。
¶江表(遠女(東京都))

遠田澄庵* とおだちょうあん
?～明治22(1889)年 江戸時代末期～明治時代の医家。脚気の治療に長じた。
¶科学([生]文政1(1818)年 [没]明治22(1889)年7月29日)

十市皇女　とおちおうじょ
⇒十市皇女（とおちのひめみこ）

遠近桓斎　とおちかかんさい
⇒遠近恒斎（とおちかこうさい）

遠近恒斎*　とおちかこうさい
文政7（1824）年～文久3（1863）年8月14日　[別]遠近桓斎（とおちかかんさい）　江戸時代末期の志士。
¶幕末

十池少太郎　とおちしょうたろう
江戸時代前期の長宗我部盛親の家臣。
¶大坂

十市新右衛門　とおちしんえもん
江戸時代前期の長宗我部元親・徳川頼宣の家臣。
¶大坂

十市石谷*　とおちせきこく
寛政5（1793）年～嘉永6（1853）年　[別]十市石谷（といちせきこく）　江戸時代末期の画家。
¶美画（といちせきこく）

十市太郎右衛門　とおちたろ（う）えもん
江戸時代前期の長宗我部盛親の家臣。
¶大坂（[没]慶長20年5月6日）

十市遠勝*　とおちとおかつ
？～永禄12（1569）年　戦国時代の武将。
¶織田（[没]永禄12（1569）年10月24日）

十市遠忠*　とおちとおただ
明応6（1497）年～天文14（1545）年　戦国時代の武将、歌人。十市新左衛門の子。兵部少輔を自称。
¶詩作

十市遠長　とおちとおなが
⇒十市常陸介（といちひたちのすけ）

十市縫殿助　とおちぬいのすけ
江戸時代前期の長宗我部盛親旧臣。後、徳川頼宣に仕えた。
¶大坂

十千根*　とおちね
上代の物部連氏の遠祖。
¶古代

十市明理　とおちのあきまさ
平安時代中期の官人。
¶古人（生没年不詳）

十市皇女　とおちのおうじょ
⇒十市皇女（とおちのひめみこ）

十市皇女　とおちのこうじょ
⇒十市皇女（とおちのひめみこ）

十市皇女*　とおちのひめみこ
？～天武7（678）年　[別]十市皇女（とおちおうじょ，とおちのおうじょ，とおちのこうじょ）　飛鳥時代の女性。天武天皇の第1皇女。
¶古人（とおちのこうじょ　生没年不詳），古代，古物，コン，女史，天皇（とおちおうじょ　[生]白雉1（650）年前後），天皇（[生]白雉1（650）年前後）

十市常陸介　とおちひたちのすけ
⇒十市常陸介（といちひたちのすけ）

遠津年魚眼眼妙媛　とおつあゆめまくわしひめ，とおつあゆめまぐわしひめ
⇒遠津年魚眼眼妙媛命（とおつあゆめまぐわしひめのみこと）

遠津年魚眼眼妙媛命*　とおつあゆめまぐわしひめのみこと
[別]遠津年魚眼眼妙媛（とおつあゆめまくわしひめ，とおつあゆめまぐわしひめ），遠津年魚眼眼妙媛命（とおつあゆめめくはしひめのみこと）　上代の女性。崇神天皇の妃。
¶天皇（遠津年魚眼眼妙媛　とおつあゆめまぐわしひめ　生没年不詳）

遠津年魚眼眼妙媛命　とおつあゆめめくはしひめのみこと
⇒遠津年魚眼眼妙媛命（とおつあゆめまぐわしひめのみこと）

遠山伊右衛門*　とおやまいえもん
文化7（1810）年～明治1（1868）年　江戸時代末期の陸奥会津藩士。
¶幕末（[没]慶応4（1868）年6月12日）

遠山因幡入道*　とおやまいなばにゅうどう
生没年不詳　戦国時代の北条氏の家臣。
¶後北（宗為〔遠山〕　そうい）

遠山犬千世*　とおやまいぬちよ
生没年不詳　戦国時代の北条氏の家臣。
¶後北（犬千世〔遠山〕　いぬちよ）

遠山右京亮　とおやまうきょうのすけ
戦国時代の武田氏の家臣。
¶武田（生没年不詳）

遠山景晋*　とおやまかげくに
*～天保8（1837）年　[別]遠山景晋（とおやまかげみち），遠山金四郎（とおやまきんしろう）　江戸時代中期～後期の幕臣。永井筑前守直令の4男で遠山景好の養子。
¶コン（とおやまかげみち　[生]宝暦2（1752）年），対外（とおやまかげみち　[生]1752年），徳人（とおやまかげみち　[生]1752年）

遠山景前*　とおやまかげさき
生没年不詳　戦国時代の武士。松平氏家臣。
¶武田（[生]？　[没]弘治2（1556）年7月13日）

遠山景任*　とおやまかげとう
戦国時代の武将。
¶織田（[生]？　[没]元亀3（1572）年8月？），武田（[生]？　[没]元亀3（1572）年8月14日）

遠山景任の妻*　とおやまかげとうのつま
？～天正3（1575）年11月21日　[別]織田信長の叔母（おだのぶながのおば）　戦国時代～安土桃山時代の女性。織田信長の叔母。
¶女史（織田信長の叔母　おだのぶながのおば）

遠山景政　とおやまかげまさ
安土桃山時代～江戸時代前期の近江国の代官。
¶徳代（[生]元亀1（1570）年　[没]元和4（1616）年）

遠山景晋　とおやまかげみち
⇒遠山景晋（とおやまかげくに）

遠山景元*　とおやまかげもと
寛政5（1793）年～安政2（1855）年　[別]遠山金四郎（とおやまきんしろう）　江戸時代末期の幕臣。遠山景晋の子。通称金四郎。
¶江人，コン（[生]？），徳将，徳人，幕末（[生]寛政5（1793）年8月23日　[没]安政2（1855）年2月29日）

と

遠山景行* とおやまかげゆき
戦国時代の武将。
¶織田([生]永正6(1509)年　[没]元亀3(1572)年12月28日?)

遠山河内守 とおやまかわちのかみ
安土桃山時代の織田信長の家臣。信長の馬廻か。
¶織田(生没年不詳)

遠山金四郎(1) とおやまきんしろう
⇒遠山景晋(とおやまかげくに)

遠山金四郎(2) とおやまきんしろう
⇒遠山景元(とおやまかげもと)

遠山弘湖* とおやまこうこ
文政1(1818)年〜明治14(1881)年　[別]弘湖(こうこ)　江戸時代後期〜明治時代の俳人。
¶俳文(弘湖　こうこ　[没]?)

遠山佐渡守 とおやまさどのかみ
安土桃山時代の織田信長の家臣。
¶織田(生没年不詳)

遠山重祐 とおやましげすけ
江戸時代前期〜中期の代官。
¶徳代([生]寛文7(1667)年　[没]宝暦1(1751)年閏6月23日)

遠山新九郎* とおやましんくろう
生没年不詳　安土桃山時代の織田信長の家臣。
¶織田

遠山甚太郎* とおやまじんたろう
生没年不詳　安土桃山時代の織田信長の家臣。
¶織田

遠山資尹 とおやますけただ
江戸時代後期〜末期の幕臣。
¶徳人(生没年不詳)

遠山丹波守 とおやまたんばのかみ
戦国時代〜安土桃山時代の武士。
¶武田(生没年不詳)

遠山長右衛門 とおやまちょうえもん
⇒大道寺直次(だいどうじなおつぐ)

遠山長左衛門 とおやまちょうざえもん
⇒大道寺直次(だいどうじなおつぐ)

遠山綱景* とおやまつなかげ
?〜永禄7(1564)年　戦国時代の武士。後北条氏家臣。
¶後北(綱景〔遠山〕　つなかげ　[没]永禄7年1月),全戦,戦武([生]永正10(1513)年?)

遠山藤六* とおやまとうろく
生没年不詳　戦国時代の武士。後北条氏家臣。
¶後北(藤六〔遠山〕　とうろく)

遠山友勝* とおやまともかつ
生没年不詳　安土桃山時代の織田信長の家臣。
¶織田

遠山友重* とおやまともしげ
生没年不詳　安土桃山時代の織田信長の家臣。
¶織田

遠山友忠* とおやまともただ
生没年不詳　戦国時代の武将。
¶織田,全戦

遠山友信* とおやまとものぶ
生没年不詳　安土桃山時代の織田信長の家臣。
¶織田([生]?　[没]天正10(1582)年3月)

遠山友政* とおやまともまさ
弘治2(1556)年〜元和5(1619)年12月19日　安土桃山時代〜江戸時代前期の大名。美濃苗木藩主。
¶織田,コン

遠山友禄* とおやまともよし
文政2(1819)年〜明治27(1894)年　江戸時代後期〜明治時代の大名、華族。
¶幕末([生]文政2(1819)年9月2日　[没]明治27(1894)年4月4日)

遠山直景*(1) とおやまなおかげ
?〜天文2(1533)年3月13日　戦国時代の武士。後北条氏家臣。
¶後北(直景〔遠山〕　なおかげ)

遠山直景*(2) とおやまなおかげ
?〜天正15(1587)年5月29日　戦国時代〜安土桃山時代の北条氏の家臣。
¶後北(直景〔遠山〕　なおかげ)

遠山直廉* とおやまなおかど
戦国時代の武将。
¶織田([生]?　[没]元亀3(1572)年5月?),武田([生]?　[没]元亀3(1572)年5月18日)

遠山直定 とおやまなおさだ
江戸時代前期の代官。
¶徳代([生]?　[没]正保4(1647)年3月30日)

遠山直吉* とおやまなおよし
永禄6(1563)年?〜慶長16(1611)年10月27日?　安土桃山時代〜江戸時代前期の北条氏の家臣。
¶後北(直吉〔遠山〕　なおよし　[没]慶長16年10月27日)

遠山信政* とおやまのぶまさ
慶長6(1601)年〜*　江戸時代前期の武士、キリシタン。
¶コン([没]寛永1(1624)年)

遠山規方* とおやまのりかた
嘉永1(1848)年〜大正5(1916)年　[別]遠山規方(とうやまのりかた)　江戸時代末期〜大正時代の軍人、陸軍少将。
¶幕末([生]嘉永1(1848)年1月　[没]大正5(1916)年11月2日)

遠山隼人佐*(遠山隼人佑) とおやまはやとのすけ
?〜永禄7(1564)年1月8日　戦国時代の武士。後北条氏家臣。
¶後北(隼人佑〔遠山〕　はやとのすけ)

遠山半左衛門 とおやまはんざえもん
安土桃山時代の織田信長の家臣。
¶織田([生]?　[没]天正12(1584)年10月)

遠山孫次郎 とおやままごじろう
戦国時代の信濃国伊那郡和田城主。
¶武田(生没年不詳)

遠山政景* とおやままさかげ
?〜天正8(1580)年　安土桃山時代の武士。後北条氏家臣。
¶後北(政景〔遠山〕　まさかげ　[没]天正8年閏3月23日)

遠山政秀* とおやままさひで
生没年不詳　戦国時代の北条氏の家臣。

¶後北（政秀〔遠山〕 まさひで）

遠山まつくす とおやままつくす

戦国時代の女性。直景の後室。綱景・弥六郎（のち隼人佐）の母。

¶後北（まつくす〔遠山〕）

遠山民部入道 とおやまみんぶにゅうどう

戦国時代の武田氏の家臣。

¶武田（生没年不詳）

遠山弥二部* とおやまやじべ

文政6（1823）年～明治40（1907）年 江戸時代末期～明治時代の熊本藩惣庄屋。山鹿郡で灌漑工事を完成、村民に神社に祀られる。

¶幕末（[没]明治40（1907）年1月11日）

遠山康英* とおやまやすひで

生没年不詳 戦国時代の北条氏の家臣。

¶後北（康英〔遠山〕 やすひで）

遠山康光* とおやまやすみつ

戦国時代～安土桃山時代の武士。後北条氏家臣。

¶後北（康光〔遠山〕 やすみつ [没]天正7年3月24日）

遠山弥八郎* とおやまやはちろう

戦国時代の武将。足利氏家臣。

¶後北（弥八郎〔遠山〕 やはちろう）

十世王* とおよおう

天長10（833）年～延喜16（916）年 [別]十世王（とうよおう） 平安時代前期～中期の公卿（参議）。桓武天皇の孫。

¶公卿（とうよおう [没]延喜16（916）年7月2日），古人，古代

戸河 とか⋆

江戸時代後期の女性。和歌。秋田藩主佐竹義和の奥女中か。

¶江表（戸河（秋田県））

戸賀崎熊太郎〔1代〕* とがさきくまたろう

延享1（1744）年～文化6（1809）年 江戸時代後期の神道無念流草創期の功労者。

¶江人（代数なし）

戸賀崎熊太郎〔3代〕*（戸ケ崎熊太郎） とがさきくまたろう

文化4（1807）年～慶応1（1865）年 江戸時代末期の剣術師。

¶コン（戸ケ崎熊太郎），幕末（代数なし [生]文化4（1807）年2月15日 [没]慶応1（1865）年閏5月29日）

戸梶直四郎* とかじなおしろう

文政3（1820）年～明治38（1905）年 江戸時代末期～明治時代の土佐勤王党の志士。郷士中村左右馬らを勤王党に加盟させる。

¶幕末（[没]明治38（1905）年3月10日）

富樫広蔭 とがしひろかげ

⇒鬼島広蔭（きじまひろかげ）

富樫昌家* とがしまさいえ

？～元中4/嘉慶1（1387）年4月 南北朝時代の武将・歌人。

¶内乱（[没]嘉慶1（1387）年），室町（[没]嘉慶1/元中4（1387）年）

富樫政親* とがしまさちか

＊～長享2（1488）年 室町時代～戦国時代の武将。成春の子、教家の孫。

¶コン（[生]康正1（1455）年？），中世（[生]1455年），室町（[生]康正1（1455）年？），山小（[生]1455年 [没]1488年6月9日）

富樫満成* とがしみつなり

？～応永26（1419）年 室町時代の武将。満家の子。兄弟に満春がいる。

¶室町

富樫泰高* とがしやすたか

生没年不詳 室町時代の武将。満家の3男。

¶コン，内乱，室町

栂尾上人 とがのおのしょうにん

⇒明恵（みょうえ）

栂野長松院* とがのちょうしょういん

安永4（1775）年～天保4（1833）年1月4日 江戸時代後期の女性。歌人。

¶江表（長松院（山形県））

杜川 とがわ⋆

江戸時代後期の女性。俳諧。越前福井の人。寛政4年刊、時雨庵祐阿編、芭蕉一〇〇回忌追善集『道の恩』に載る。

¶江表（杜川（福井県））

戸川達安 とがわたつやす

⇒戸川逵安（とがわみちやす）

戸川秀安* とがわひでやす

天文2（1533）年～文禄1（1592）年 [別]戸川友林（とがわゆうりん） 戦国時代～安土桃山時代の武士。

¶全戦（[生]天文7（1538）年 [没]慶長2（1597）年），戦武

戸川逵富 とがわみちとみ

江戸時代前期～中期の幕臣。

¶徳人（[生]1672年 [没]1729年）

戸川逵和* とがわみちとも

享保5（1720）年～寛政10（1798）年 江戸時代中期～後期の武士。

¶徳人（[没]1797年）

戸川逵安*（戸川達安） とがわみちやす

永禄10（1567）年～寛永4（1627）年 [別]戸川達安（とがわたつやす） 安土桃山時代～江戸時代前期の武将、大名。備中庭瀬藩主。

¶全戦（戸川達安 とがわたつやす），戦武（戸川達安）

戸川安清 とがわやすきよ

⇒戸川安清（とがわやすずみ）

戸川安清* とがわやすずみ，とがわやすすみ

天明7（1787）年～慶応4（1868）年 [別]戸川安清（とがわやすきよ） 江戸時代後期の徳川幕府の有司。

¶徳人（とがわやすきよ）

戸川安論 とがわやすとき

⇒戸川安論（とがわやすのぶ）

戸川安愛* とがわやすなる

天保5（1834）年～＊ 江戸時代末期～明治時代の幕臣。

¶徳人（[没]1885年），幕末（[生]天保5（1834）年6月18日 [没]明治18（1885）年11月9日）

戸川安宣* とがわやすのぶ

慶安1（1648）年～延宝2（1674）年12月27日 江戸時代前期の大名。備中庭瀬藩主。

¶コン

戸川安論*　とがわやすのぶ
宝暦12(1762)年～文政4(1821)年　[別]戸川安論(とがわやすとき)　江戸時代中期～後期の蝦夷奉行筑前守。旗本曲直瀬家の子、戸川安精の養子。
¶徳人(とがわやすとき　[生]1761年)

戸川安広*　とがわやすひろ
承応3(1654)年～宝永6(1709)年　江戸時代前期～中期の武士。
¶徳人

戸川友林　とがわゆうりん
⇒戸川秀安(とがわひでやす)

とき(1)
江戸時代の女性。散文。林氏。「片玉集」前集六八に載る。
¶江表(とき(東京都))

とき(2)
江戸時代後期の女性。和歌。常陸水戸藩の農政に尽力した南郡奉行吉成又衛門の妻。天保12年成立、徳川斉昭撰「弘道館梅花詩歌」に載る。
¶江表(とき(茨城県))

とき(3)
江戸時代後期～末期の女性。和歌。人見氏の娘。
¶江表(とき(茨城県)　[生]文政1(1818)年　[没]元治2(1865)年)

時(1)　とき★
江戸時代中期～後期の女性。和歌。徳島藩士梁田喬近の娘。
¶江表(時(徳島県)　[生]延享4(1747)年　[没]文政3(1820)年)

時*(2)　とき
寛政5(1793)年～文化14(1817)年6月18日　江戸時代後期の女性。豊後国大野郡泊村の人。孝養で知られる。
¶江表(とき(大分県))

時(3)　とき★
江戸時代後期の女性。俳諧。俳人小林一葉の妻。寛政7年刊、一葉序『たひしうゐ』に載る。
¶江表(時(大阪府))

辰　とき
江戸時代後期の女性。和歌。美濃高富藩主本庄道貫の娘。天保9年刊、海野遊翁編『現存歌選』二に載る。
¶江表(辰(岐阜県))

登き　とき★
江戸時代後期の女性。教育。岩田七郎の母。
¶江表(登き(東京都)　[生]天保1(1830)年頃)

登幾　とき★
江戸時代後期の女性。狂歌。矢野氏。享和3年刊、如棗亭栗洞撰『狂歌続うなゐ草紙』に載る。
¶江表(登幾(大阪府))

土岐詮直*　ときあきなお
?～応永6(1399)年　[別]土岐詮直(ときのりなお),肥田瀬詮直(ひだせのりなお)　南北朝時代～室町時代の武将。
¶コン(生没年不詳),内乱,室町

時明親王*　ときあきらしんのう
*～延長5(927)年　平安時代中期の醍醐天皇の皇子。
¶古人([生]911年?　[没]927年?),天皇([生]延喜10(910)年?　[没]延長5(927)年9月20日)

富木伊助*　とぎいすけ
天保6(1835)年～明治27(1894)年　[別]富木伊助(とみきいすけ)　江戸時代末期～明治時代の鍛工。練鉄細工に長じ、花鳥虫魚の置物を得意とした。
¶美工(とみきいすけ　[没]明治27(1894)年7月)

斉邦親王*　ときくにしんのう
生没年不詳　平安時代前期の宇多天皇の皇子。
¶古人

土岐源吾*　ときげんご
天保7(1836)年～明治33(1900)年　[別]蓑虫山人(みのむしさんじん)　江戸時代末期～明治時代の画家。
¶美画([生]天保7(1836)年1月23日　[没]明治33(1900)年2月20日)

とき子(1)　ときこ★
江戸時代後期の女性。和歌。松代藩藩士矢野半左衛門の妻。文化5年跋、藩主真田幸弘の七〇賀集「千とせの寿辞」下に載る。
¶江表(とき子(長野県))

とき子(2)　ときこ★
江戸時代末期の女性。和歌。越後戸頭村中之口組大庄屋長井三郎衛門の娘、新津の大庄屋6代桂誉正の妻。
¶江表(とき子(新潟県)　[没]嘉永7(1854)年)

時子(1)　ときこ★
江戸時代の女性。和歌。荒川氏。明治8年刊、橘東世子編『明治歌集』に載る。
¶江表(時子(東京都))

時子(2)　ときこ★
江戸時代後期の女性。和歌。中村東馬の妻。文政11年、「和歌門弟帳」に載る。
¶江表(時子(岩手県))

時子(3)　ときこ★
江戸時代後期の女性。和歌。神崎郡町屋村の田中氏。
¶江表(時子(滋賀県)　[生]享和1(1801)年)

時子(4)　ときこ★
江戸時代後期の女性。和歌。歌人山本春樹の妻。嘉永3年刊、顕井広出著『庵のうめ集』に載る。
¶江表(時子(大阪府))

時子(5)　ときこ★
江戸時代後期の女性。和歌。筑前芦屋町の神官黒山讃岐守吉政の娘。「岡県集」に載る。
¶江表(時子(福岡県))

時子(6)　ときこ★
江戸時代末期～明治時代の女性。宗教。薩摩藩藩士で島津御一門の日置島津家の当主久風の娘。
¶江表(時子(鹿児島県)　[没]明治37(1904)年)

辰子　ときこ★
江戸時代末期の女性。和歌。出雲杵築の出雲国造千家尊澄の娘。慶応2年序、村上忠順編『元治元年千首』に載る。
¶江表(辰子(島根県))

登喜子　ときこ★
江戸時代の女性。俳諧。明治14年刊、岡田良策編『近世名婦百人撰』に載る。

¶江表（登喜子（福島県））

時子内親王* ときこないしんのう
？～承和14（847）年　平安時代前期の女性。仁明天皇の第1皇女、賀茂斎院。
¶古人，古代

斉子内親王 ときこないしんのう
⇒斉子内親王（せいしないしんのう）

土岐定政* ときさだまさ
天文20（1551）年～慶長2（1597）年　[別]菅沼藤蔵（すがぬまとうぞう）　安土桃山時代の大名。下総守谷藩主。
¶コン（[生]弘治2（1556）年？）

土岐成頼 ときしげより
⇒土岐成頼（ときなりより）

とき女（1） ときじょ★
江戸時代後期の女性。俳諧。月舘の菅野万五郎の妻。寛政12年刊、耽楽亭路玉編『橋柱集』に載る。
¶江表（とき女（福島県））

とき女（2） ときじょ★
江戸時代後期の女性。俳諧。越中の人。嘉永4年刊、西山亭可九撰『越の枝折』に載る。
¶江表（とき女（富山県））

と起女 ときじょ★
江戸時代後期の女性。俳諧。石和の人。天保6年刊、苔室草丸編『藤瘤集』に載る。
¶江表（と起女（山梨県））

時女 ときじょ★
江戸時代末期の女性。和歌。出雲松江藩士森為泰の後妻。文久2年序、西田惟恒編『文久二年八百首』に載る。
¶江表（時女（島根県））

富木常忍 ときじょうにん
⇒日常（にちじょう）

時田少輔* ときたしょうすけ
天保7（1836）年～大正5（1916）年　[別]時田光介（ときたみつすけ）　江戸時代末期～明治時代の長門長府藩士。
¶幕末（[生]天保7（1836）年6月15日　[没]大正5（1916）年5月12日）

常田新六郎 ときたしんろくろう
戦国時代の信濃小県郡の国衆。海野氏の被官とみられる。
¶武田（生没年不詳）

常田隆永 ときだたかなが，ときたたかなが
？～元亀3（1572）年　安土桃山時代の武将。真田頼昌の子で、幸綱の弟。
¶全戦，武田（ときたたかなが　[没]元亀3（1572）年7月8日），室町（生没年不詳）

常田綱富 ときたつなとみ
戦国時代の信濃小県郡の国衆。海野氏の被官。
¶武田（生没年不詳）

常田道堯 ときたどうぎょう
安土桃山時代の武田氏の家臣。
¶武田（生没年不詳）

常田永則 ときたながのり
安土桃山時代の武田氏の家臣。
¶武田（[生]？　[没]天正3（1575）年5月21日）

富木胤継 ときたねつぐ
⇒日常（にちじょう）

時田光介 ときたみつすけ
⇒時田少輔（ときたしょうすけ）

土岐為頼* ときためより，どきためより
？～天正11（1583）年　[別]万喜少弼（まんきしょうひつ）　安土桃山時代の武将。
¶戦武（どきためより　[没]天正11（1583）年？）

言継 ときつぐ
⇒山科言継（やましなときつぐ）

土岐筑波子* ときつくばこ
生没年不詳　[別]進藤茂子（しんどうしげこ）　江戸時代中期の女性。歌人。
¶詩作，女文

言経 ときつね
⇒山科言経（やましなときつね）

土岐洞文 ときとうぶん，ときどうぶん，どきどうぶん
⇒土岐頼芸（ときよりなり）

土岐朝澄 ときともずみ
江戸時代中期の幕臣。
¶徳人（[生]1691年　[没]1752年）

土岐朝利 ときともとし
江戸時代中期～後期の幕臣。
¶徳人（[生]1765年　[没]1829年）

土岐朝昌 ときともまさ
江戸時代後期～末期の幕臣。
¶徳人（生没年不詳）

土岐朝旨* ときともむね
安永2（1773）年～天保9（1838）年　江戸時代中期～後期の武士。
¶徳人（[生]1770年）

土岐朝義 ときともよし
江戸時代末期の幕臣。
¶徳人（[生]？　[没]1859年）

土岐直氏* ときなおうじ
？～天授6/康暦2（1380）年　南北朝時代の武将、頼宗の子、宮内少輔、伊予守。
¶コン

世良親王 ときながしんのう
⇒世良親王（よよししんのう）

土岐成頼* ときなりより
嘉吉2（1442）年～明応6（1497）年　[別]土岐成頼（ときしげより）　室町時代～戦国時代の武将。
¶内乱（ときしげより），室町（ときしげより）

富木日常 ときにちじょう
⇒日常（にちじょう）

刀岐直清兵* ときのあたいきよはま
[別]刀岐清浜（ときのきよはま）　平安時代前期の陰陽寮暦博士。
¶古人（刀岐清浜　ときのきよはま　[生]？　[没]833年），古代（[生]？　[没]833年）

刀岐清浜 ときのきよはま
⇒刀岐直清兵（ときのあたいきよはま）

土岐詮直 ときのりなお
⇒土岐詮直（ときあきなお）

ときは
江戸時代中期の女性。俳諧。伊勢の遊女。元禄16年刊、梅員撰『岨の古畑』に載る。
¶江表（ときは（三重県））

土岐原胤倫 ときはらたねとも
安土桃山時代の常陸国竜ヶ崎城主。源八郎・左兵衛尉。北条氏に属した他国衆。
¶後北（胤倫〔土岐原〕 たねとも [没]慶長4年3月）

時原宿禰春風 ときはらのすくねはるかぜ
⇒時原春風（ときはらのはるかぜ）

時原長列* ときはらのながつら
生没年不詳 平安時代中期の明経道の学者・暦博士。
¶古人

時原春風* ときはらのはるかぜ
生没年不詳 [別]時原宿禰春風（ときはらのすくねはるかぜ） 平安時代前期の官吏。
¶古人, 古代（時原宿禰春風 ときはらのすくねはるかぜ）

土岐原治綱 ときはらはるつな
安土桃山時代の江戸崎城主。源次郎・美作守。治英の嫡男。北条氏に属した他国衆。
¶後北（治綱〔土岐原〕 はるつな）

土岐原治英 ときはらはるふさ
安土桃山時代の常陸国江戸崎城の城主。源次郎・大膳大夫。北条氏に属した他国衆。
¶後北（治英〔土岐原〕 はるふさ [没]天正12年4月25日）

土岐原義成 ときはらよしなり
安土桃山時代の上総国万喜城主。北条氏に属した他国衆。
¶後北（義成〔土岐原〕 よしなり）

時姫* ときひめ
？～天元3（980）年 [別]藤原時姫（ふじわらのときひめ） 平安時代中期の女性。藤原中正の娘。
¶古人（藤原時姫 ふじわらのときひめ）, 女史（藤原時姫 ふじわらのときひめ）

土岐真金* ときまかね
弘化1（1844）年～大正11（1922）年 [別]島村要（しまむらかなめ）, 島本虎豹（しまもとこひょう） 江戸時代末期～大正時代の勤王の志士。坂本龍馬らと活躍。維新後陶業振興に尽力。
¶幕末（[生]天保11（1840）年 [没]大正11（1922）年10月21日）

十木枡蔵 ときますぞう
⇒荒木与次兵衛〔1代〕（あらきよじべえ）

土岐満貞* ときみつさだ
生没年不詳 南北朝時代の武将、尾張国守護、土岐揖斐頼雄の子。
¶コン, 内乱, 室町

土岐光信* ときみつのぶ
？～久安1（1145）年 平安時代後期の土岐氏の祖。
¶コン（[生]延久3（1071）年）

土岐持益* ときもちます
応永13（1406）年～文明6（1474）年 室町時代の武将。
¶室町（[生]？）

土岐持頼* ときもちより
？～永享12（1440）年 [別]世保持頼（よやすもちより） 室町時代の武将、伊勢国守護、康政の子、刑部少輔、大膳大夫。
¶中世, 内乱, 室町

土岐康行* ときやすゆき
？～応永11（1404）年 南北朝時代～室町時代の武将、美濃国・伊勢国守護、左馬助、大膳大夫。
¶内乱, 室町, 山小（[没]1404年10月6日）

時山直八* ときやまなおはち
天保9（1838）年～明治1（1868）年 江戸時代末期の長州（萩）藩士。奇兵隊参謀。
¶コン, 全幕, 幕末（[生]天保9（1838）年1月1日 [没]慶応4（1868）年5月13日）

杜鳩 ときゅう★
江戸時代後期の女性。俳諧。甲府の人。享和1年序、金丸潮平編、平橋庵敲氷追善集『暦の寸衛』に載る。
¶江表（杜鳩（山梨県））

時慶 ときよし
⇒西洞院時慶（にしのとういんときよし）

世良親王 ときよししんのう
⇒世良親王（よよししんのう）

斉世親王*（斎世親王） ときよしんのう
仁和2（886）年～延長5（927）年9月10日 [別]真寂（しんじゃく）, 真寂法親王（しんじゃくほうしんのう, しんじゃくほっしんのう） 平安時代中期の宇多天皇の第3皇子。
¶古人, コン（真寂法親王 しんじゃくほうしんのう）

土岐頼芸 ときよりあき
⇒土岐頼芸（ときよりなり）

土岐頼員 ときよりかず
鎌倉時代後期の武士。
¶内乱（生没年不詳）

土岐頼兼* ときよりかね
？～正中1（1324）年 鎌倉時代後期の武士。父は頼貞。美濃国土岐郡の住人。
¶中世

土岐頼清* ときよりきよ
生没年不詳 南北朝時代の武将。
¶コン, 室町（[生]？ [没]建武3（1336）年）

土岐頼貞* ときよりさだ
文永8（1271）年～延元4/暦応2（1339）年 鎌倉時代後期～南北朝時代の武将、美濃国守護、伯耆守、父は光定。
¶コン, 室町（[没]建武3（1336）年）

土岐頼武 ときよりたけ
戦国時代の武将、美濃国主。
¶全戦（[生]明応8（1499）年？ [没]天文16（1547）年？）

土岐頼為 ときよりため
⇒土岐頼益（ときよります）

土岐頼遠* ときよりとお
？～興国3/康永1（1342）年12月1日 鎌倉時代後期～南北朝時代の武将、美濃国守護、頼貞の子、弾正少弼。
¶コン（[没]康永1/興国3（1342）年）, 中世, 内乱（[没]康永1（1342）年）, 室町, 山小（[没]1342年12月1日）

土岐頼芸* ときよりなり
*～天正10(1582)年 [別]土岐洞文(ときとうぶん, ときどうぶん, どきどうぶん), 土岐頼芸(ときよりあき, ときよりのり, ときよりよし) 戦国時代～安土桃山時代の武将、美濃国守護、政房の子、左京大夫。
¶コン([生]文亀2(1502)年), 全戦(ときよりのり(よりあき) [生]文亀1(1501)年), 室町(ときよりのり [生]文亀2(1502)年)

土岐頼芸 ときよりのり
⇒土岐頼芸(ときよりなり)

土岐頼徳(1) ときよりのり
江戸時代後期～明治時代の陸軍軍医。
¶幕末([生]天保14(1843)年 [没]明治44(1911)年5月12日)

土岐頼徳(2) ときよりのり
江戸時代末期の幕臣。
¶幕末(生没年不詳)

土岐頼益* ときよります
正平6/観応2(1351)年～応永21(1414)年 [別]土岐頼為(ときよりため) 南北朝時代～室町時代の武将、美濃国守護、美濃守、左京大夫。
¶コン, 内乱([生]観応2(1351)年), 室町

土岐頼旨* ときよりむね
?～明治17(1884)年 江戸時代末期～明治時代の幕臣。
¶コン, 全幕, 幕末([没]明治17(1884)年4月2日)

土岐頼元 ときよりもと
江戸時代前期～中期の幕臣。
¶徳人([生]1640年 [没]1722年)

土岐頼康* ときよりやす
文保2(1318)年～元中4/嘉慶1(1387)年12月25日 南北朝時代の武将、美濃・尾張・伊勢3カ国守護。
¶コン, 内乱([没]嘉慶1(1387)年), 室町

土岐頼行* ときよりゆき
慶長13(1608)年～貞享1(1684)年 江戸時代前期の大名。出羽上山藩主、摂津高槻藩主。
¶コン

土岐頼世 ときよりよ
室町時代の武士。
¶内乱([生]元亨3(1323)年 [没]応永4(1397)年)

土岐頼芸 ときよりよし
⇒土岐頼芸(ときよりなり)

常盤(1) ときわ★
江戸時代中期の女性。和歌。新吉原京町の山本屋芳潤抱えの遊女。享保5年序、庄司勝富著『洞房語園』に載る。
¶江表(常盤(東京都))

常盤(2)(常葉) ときわ
⇒常盤御前(ときわごぜん)

常磐 ときわ★
江戸時代後期の女性。狂歌。新吉原の字遊楼の遊女。天保年間刊、『秋葉山奉灯狂歌合』に載る。
¶江表(常磐(東京都))

常葉安芸守 ときわあきのかみ
安土桃山時代の信濃国伊那郡の武士。
¶武田([生]? [没]天正3(1575)年11月28日?)

常磐井厳戈*(常盤井厳戈) ときわいいかしほこ
文政2(1819)年～文久3(1863)年 江戸時代末期の国学者。
¶幕末([生]文政2(1819)年7月14日 [没]文久3(1863)年3月13日)

常葉壱岐守 ときわいきのかみ
戦国時代の武田氏の家臣。
¶武田(生没年不詳)

常盤井宮* ときわいのみや
嘉元1(1303)年～正平6/観応2(1351)年 鎌倉時代後期～南北朝時代の亀山天皇の皇子。
¶コン

常磐井宮 ときわいのみや
⇒恒明親王(つねあきしんのう)

常盤克敬* ときわかつたか
文化8(1811)年～明治4(1871)年 江戸時代末期～明治時代の白河町町年寄。米問屋。天保の凶作には難民救済に尽力。
¶幕末([没]明治4(1871)年5月6日)

常盤子(1) ときわこ★
江戸時代末期の女性。和歌。筑後外小路の柳川藩士立花寛愷の妻。文久2年刊、『柳河百家集』に載る。
¶江表(常盤子(福岡県))

常盤子(2) ときわこ★
江戸時代末期の女性。和歌。佐賀藩の奥女中。文久3年刊、上野の国学者関橋守が還暦祝いに編集した『耳順賀集』に載る。
¶江表(常盤子(佐賀県))

常磐子 ときわこ★
江戸時代末期の女性。和歌。松平能登守の室。安政7年跋、蜂屋光世編『大江戸倭歌集』に載る。
¶江表(常磐子(東京都))

常盤御前*(常磐御前) ときわごぜん
生没年不詳 [別]常盤, 常葉(ときわ) 平安時代後期の女性。源義朝・平清盛・藤原長成の妻。
¶古人(常盤 ときわ [生]1138年 [没]?), コン, 女史, 内乱(常磐御前), 平家(常葉 ときわ), 山小

常盤維貞 ときわこれさだ
⇒大仏維貞(おさらぎこれさだ)

常葉定満 ときわさだみつ
戦国時代の信濃国伊那郡の武士。松尾城主小笠原信貴の家臣。
¶武田(生没年不詳)

常磐津兼太夫〔1代〕 ときわずかねだゆう
⇒常磐津文字太夫〔2代〕(ときわづもじたゆう)

常磐津兼太夫〔2代〕 ときわずかねたゆう
⇒常磐津兼太夫〔2代〕(ときわづかねたゆう)

常磐津兼太夫〔3代〕 ときわずかねたゆう
⇒常磐津兼太夫〔3代〕(ときわづかねたゆう)

常磐津小文字太夫 ときわずこもじだゆう
⇒常磐津文字太夫〔4代〕(ときわづもじたゆう)

常磐津小文字太夫〔1代〕 ときわずこもじだゆう
⇒富本豊前太夫〔1代〕(とみもとぶぜんだゆう)

常磐津豊後大掾 ときわずぶんごだいじょう
⇒常磐津文字太夫〔4代〕(ときわづもじたゆう)

常磐津松尾太夫〔1代〕　ときわずまつおだゆう
⇒常磐津松尾太夫〔1代〕(ときわづまつおだゆう)

常磐津文字太夫　ときわずもじたゆう
世襲名　江戸時代の常磐津節の家元名。江戸時代に活躍したのは、初世から5世まで。
¶江人

常磐津文字太夫〔1代〕*　ときわずもじたゆう
宝永6(1709)年～天明1(1781)年　[別]常磐津文字太夫〔1代〕(ときわづもじたゆう，ときわづもじだゆう)　江戸時代中期の常磐津節の家元。京都寺町の生れ。
¶歌大(――〔1代〕　ときわづもじたゆう　[没]天明1(1781)年2月1日)，コン(――〔1代〕　ときわづもじだゆう　[生]?)，新歌

常磐津文字太夫〔2代〕　ときわずもじたゆう
⇒常磐津文字太夫〔2代〕(ときわづもじたゆう)

常磐津文字太夫〔3代〕　ときわずもじたゆう
⇒常磐津文字太夫〔3代〕(ときわづもじたゆう)

常磐津文字太夫〔4代〕　ときわずもじたゆう
⇒常磐津文字太夫〔4代〕(ときわづもじたゆう)

常磐津文字兵衛〔1代〕　ときわずもじべえ
⇒常磐津文字兵衛〔1代〕(ときわづもじべえ)

常盤潭北*　ときわたんぼく，ときわたんほく，ときわたんぽく
延宝5(1677)年～延享1(1744)年　[別]潭北(たんほく，たんぼく，たんぽく)　江戸時代中期の俳人、教育者。
¶俳文(潭北　たんぽく　[没]延享1(1744)年7月3日)

常磐津兼太夫〔1代〕　ときわづかねたゆう，ときわづかねだゆう
⇒常磐津文字太夫〔2代〕(ときわづもじたゆう)

常磐津兼太夫〔2代〕*　ときわづかねたゆう，ときわづかねだゆう，ときわずかねだゆう
宝暦5(1755)年～享和2(1802)年　[別]常磐津兼太夫〔2代〕(ときわずかねたゆう)　江戸時代中期～後期の常磐津節の太夫、号は恵橋。
¶コン(ときわづかねだゆう)

常磐津兼太夫〔3代〕*　ときわづかねたゆう，ときわづかねだゆう
宝暦11(1761)年～文化11(1814)年　[別]常磐津兼太夫〔3代〕(ときわずかねたゆう)　江戸時代中期～後期の常磐津節の太夫、本業は魚商。
¶コン(ときわづかねだゆう)

常磐津小文字太夫〔1代〕　ときわづこもじたゆう，ときわづこもじだゆう
⇒富本豊前太夫〔1代〕(とみもとぶぜんだゆう)

常磐津小文字太夫〔2代〕　ときわづこもじたゆう，ときわづこもじだゆう
⇒常磐津文字太夫〔3代〕(ときわづもじたゆう)

常磐津小文字太夫〔3代〕　ときわづこもじたゆう，ときわづこもじだゆう
⇒常磐津文字太夫〔4代〕(ときわづもじたゆう)

常磐津豊後大掾　ときわづぶんごだいじょう
⇒常磐津文字太夫〔4代〕(ときわづもじたゆう)

常磐津豊後大掾　ときわづぶんごのだいじょう
⇒常磐津文字太夫〔4代〕(ときわづもじたゆう)

常磐津松尾太夫〔1代〕*　ときわづまつおだゆう，ときわづまつおたゆう
生没年不詳　[別]常磐津松尾太夫〔1代〕(ときわずまつおだゆう)　江戸時代中期～後期の常磐津節の演奏者。
¶歌大(ときわづまつおたゆう)

常磐津松尾太夫〔2代〕　ときわづまつおだゆう
⇒常磐津林中(ときわづりんちゅう)

常磐津文字太夫〔1代〕　ときわづもじたゆう，ときわづもじだゆう
⇒常磐津文字太夫〔1代〕(ときわずもじたゆう)

常磐津文字太夫〔2代〕*　ときわづもじたゆう，ときわづもじだゆう，ときわずもじたゆう
享保16(1731)年～寛政11(1799)年　[別]常磐津兼太夫〔1代〕(ときわずかねだゆう，ときわづかねたゆう，ときわづかねだゆう)，常磐津文字太夫〔2代〕(ときわずもじたゆう)　江戸時代中期の常磐津節の太夫。
¶歌大([没]寛政11(1799)年7月8日)，コン(ときわづもじだゆう　[生]宝暦6(1756)年)，新歌(――〔2世〕　ときわずもじたゆう)

常磐津文字太夫〔3代〕*　ときわづもじたゆう，ときわづもじだゆう，ときわずもじたゆう
寛政4(1792)年～文政2(1819)年　[別]常磐津文字太夫〔3代〕(ときわずもじたゆう)，常磐津小文字太夫〔2代〕(ときわづこもじたゆう，ときわづこもじだゆう)　江戸時代後期の常磐津節の太夫、2代文字太夫の子。
¶歌大([没]文政2(1819)年12月1日)，コン(ときわづもじだゆう　[生]寛政3(1791)年)，新歌(――〔3世〕　ときわずもじたゆう)

常磐津文字太夫〔4代〕*　ときわづもじたゆう，ときわづもじだゆう，ときわずもじだゆう，ときわずもじたゆう
文化1(1804)年～文久2(1862)年　[別]市川男熊(いちかわおぐま)，市川伝蔵(いちかわでんぞう)，市川門之助〔4代〕(いちかわもんのすけ)，常磐津小文字太夫(ときわずこもじだゆう)，常磐津豊後大掾(ときわずぶんごだいじょう，ときわづぶんごだいじょう，ときわづぶんごのだいじょう)，常磐津文字太夫〔4代〕(ときわずもじたゆう)，常磐津小文字太夫〔3代〕(ときわづこもじたゆう，ときわづこもじだゆう)，中村伝七〔8代〕(なかむらでんしち)　江戸時代末期の歌舞伎役者、音曲家。文政2～7年以降に活躍。
¶歌大，新歌(市川門之助〔4世〕　いちかわもんのすけ　[生]1794年)，新歌(――〔4世〕　ときわずもじたゆう)

常磐津文字太夫〔5代〕*　ときわづもじたゆう
文政5(1822)年～明治2(1869)年　江戸時代末期～明治時代の常磐津節太夫、家元。五世を襲名したが、離縁、別家して六世兼太夫となる。
¶歌大，新歌(――〔5世〕　ときわずもじたゆう)

常磐津文字太夫〔6代〕　ときわづもじたゆう
嘉永4(1851)年～昭和5(1930)年　江戸時代後期～昭和時代の常磐津節家元。
¶歌大，新歌(――〔6世〕　ときわずもじたゆう)

常磐津文字兵衛〔1代〕*　ときわづもじべえ
天保10(1839)年～明治38(1905)年　[別]常磐津文字兵衛〔1代〕(ときわずもじべえ)　江戸時代末期～明治時代の常磐津三味線方。立三味線となる。
¶歌大([没]明治38(1905)年1月16日)，コン

常磐津林中*(――〔1代〕)　ときわづりんちゅう，ときわずりんちゅう
天保13(1842)年12月～明治39(1906)年5月6日

[別]常磐津松尾太夫〔2代〕(ときわづまつおだゆう) 江戸時代後期～明治時代の邦楽家。
¶歌大(――〔1代〕),コン(――〔1代〕)

常盤光長 ときわのみつなが
⇒常盤光長(ときわみつなが)

常葉常陸守 ときわひたちのかみ
戦国時代の信濃国伊那郡の武士。松尾城主小笠原信貴・信嶺の家臣。
¶武田(生没年不詳)

常葉飛騨守 ときわひだのかみ
安土桃山時代の信濃国伊那郡の武士。
¶武田([生]? [没]天正3(1575)年5月21日)

常盤光長*(常磐光長) ときわみつなが
生没年不詳 [別]常盤光長(ときわのみつなが),土佐光長(とさみつなが),藤原光長(ふじわらのみつなが) 平安時代後期の宮廷絵師。
¶古人,コン,美画

とく(1)
江戸時代中期の女性。俳諧。三河新城の人。元禄15年刊、太田白雪編『三河小町』下に載る。
¶江表(とく(愛知県))

とく(2)
江戸時代中期の女性。俳諧。京都の人。明和9年序、高井几董の父几圭一三回忌追善集『其雪影』に載る。
¶江表(とく(京都府))

とく(3)
江戸時代後期の女性。教育。松前藩藩士近藤氏の家族。嘉永5年～明治8年まで23年間、諸礼、読み書きを教えた。
¶江表(とく(北海道))

登久 とく★
江戸時代中期の女性。俳諧。天明7年刊の『其翠春帖』に載る。
¶江表(登久(佐賀県))

得 とく★
江戸時代後期～明治時代の女性。和歌。備前灘浦の正宗雅広の妻。
¶江表(得(岡山県) [生]文政12(1829)年 [没]明治39(1906)年)

徳(1) とく★
江戸時代中期～後期の女性。和歌・書。浄満寺の井浦氏の娘。
¶江表(徳(福岡県) [生]享保9(1724)年 [没]寛政2(1790)年)

徳(2) とく★
江戸時代後期の女性。和歌。医師三村氏の娘。弘化4年刊、緑亭川柳編『烈女百人一首』に載る。
¶江表(徳(京都府))

徳(3) とく★
江戸時代後期の女性。俳諧。播磨明石樽屋町の日吉氏。弘化2年刊、蛸壺烏岬編『ちなみぐさ』に載る。
¶江表(徳(兵庫県))

徳(4) とく★
江戸時代後期の女性。和歌。公卿二条治孝の娘。
¶江表(徳(福岡県) [生]寛政5(1793)年 [没]天保10(1839)年)

独庵玄光* どくあんげんこう
寛永7(1630)年～元禄11(1698)年2月11日 [別]玄光(げんこう) 江戸時代前期の曹洞宗の僧。
¶思想

徳一 とくいち
⇒徳一(とくいつ)

徳一* とくいつ
生没年不詳 [別]徳一(とくいち) 平安時代前期の僧、藤原仲麻呂の子とも。
¶古人,古代,コン(とくいち),思想,山小([生]760年? [没]835年?)

得居通年* とくいみちとし
?～慶長2(1597)年 安土桃山時代の武将。豊臣氏家臣。
¶戦武([生]弘治3(1557)年)

徳雲軒全宗 とくうんけんぜんそう
⇒施薬院全宗(やくいんぜんそう)

徳右衛門* とくえもん
?～寛文7(1667)年 江戸時代中期の伊万里焼の陶工。
¶コン,美工

徳円* とくえん
延暦4(785)年～? 平安時代前期の天台宗の僧。
¶古人,古代([生]787年)

徳川昭武* とくがわあきたけ
嘉永1(1848)年～明治43(1910)年 [別]清水昭武(しみずあきたけ) 江戸時代末期～明治時代の大名。水戸藩主。1867年パリ万国博覧会の将軍名代。
¶コン([生]嘉永6(1853)年),全幕([生]嘉永6(1853)年),徳松([生]1853年),徳松(清水昭武 しみずあきたけ [生]1853年),幕末([生]嘉永6(1853)年9月24日 [没]明治43(1910)年7月3日)

徳川家定* とくがわいえさだ
文政7(1824)年～安政5(1858)年 [別]温恭院殿(おんきょういんどの) 江戸時代末期の江戸幕府第13代の将軍(在職1853～1858)。12代家慶の子。生まれつき病弱で子のできる可能性がなかったため、将軍継嗣問題が起きることになった。
¶江人,公卿([没]安政5(1858)年7月6日),コン,全幕,徳将,徳松,幕末([生]文政7(1824)年4月8日 [没]安政5(1858)年7月6日),山小([生]1824年4月8日 [没]1858年7月6日)

徳川家定夫人 とくがわいえさだふじん
⇒天璋院(てんしょういん)

徳川家重* とくがわいえしげ
正徳1(1711)年12月21日～宝暦11(1761)年6月12日 [別]惇信院殿(じゅんしんいんどの) 江戸時代中期の江戸幕府第9代の将軍(在職1745～1760)。8代吉宗の長男。生まれつき言語が不明瞭なため、側用人大岡忠光しか意を受けることができなかったといわれる。
¶江人,公卿,コン,徳将,徳松,山小([生]1711年12月21日 [没]1761年6月12日)

徳川家継* とくがわいえつぐ
宝永6(1709)年7月3日～正徳6(1716)年4月30日 [別]有章院殿(ゆうしょういんどの) 江戸時代中期の江戸幕府第7代の将軍(在職1713～1716)。6代家宣の子。幼将軍で、実権は前代に続き間部詮房にあった。
¶江人,公卿,コン([没]享保1(1716)年),徳将,徳松,山小

と

（[生]1709年7月3日　[没]1716年4月30日）

徳川家綱* とくがわいえつな

寛永18（1641）年8月3日～延宝8（1680）年5月8日　[別]厳有院殿（げんゆういんどの）　江戸時代前期の江戸幕府第4代の将軍（在職1651～1680）。武断政治から文治政治への転換を図り、諸制度の整備に努めた。

¶江人, 公卿, コン, 徳将, 徳松, 山小（[生]1641年8月3日　[没]1680年5月8日）

徳川家斉* とくがわいえなり

安永2（1773）年～天保12（1841）年　[別]一橋家斉（ひとつばしいえなり），文恭院殿（ぶんきょういんどの）　江戸時代後期の江戸幕府第11代の将軍（在職1787～1837）。一橋家から将軍になる。在職の初期には、松平定信主導による寛政の改革が行われ緊縮財政策をとったが、定信辞職後は自ら政務を見た。のち側近が政治に介入するなど綱紀が乱れ、また家斉自身も豪奢な生活を送るなど、化政期に文化が爛熟する素因を作った。12代家慶に将軍職を譲っても、大御所として実権を離さなかった。

¶江人, 公卿（[生]安永2（1773）年10月　[没]天保12（1841）年1月）, コン, 徳将, 徳松, 山小（[生]1773年10月5日　[没]1841年閏1月7日）

徳川家宣* とくがわいえのぶ

寛文2（1662）年～正徳2（1712）年10月14日　[別]徳川綱豊（とくがわつなとよ），文昭院殿（ぶんしょういんどの）　江戸時代中期の江戸幕府第6代の将軍（在職1709～1712）。徳川綱重の子。元禄時代を現出した5代綱吉の後を受け、柳沢吉保を退け、代わりに新井白石、間部詮房らを登用した。生類憐れみの令廃止・良貨発行・儀礼整備など、その治世は「正徳の治」と称された。

¶江人, 公卿（[生]寛文2（1662）年4月25日）, コン, 徳将, 徳松, 山小（[生]1662年4月25日　[没]1712年10月14日）

徳川家治* とくがわいえはる

元文2（1737）年～天明6（1786）年　[別]浚明院殿（しゅんめいいんどの）　江戸時代中期の江戸幕府第10代の将軍（在職1760～1786）。9代家重の長男。田沼意次を登用し、自らは政務を顧みることが少なく趣味の世界に没頭した。世嗣家基に急逝され晩年は不幸だったといわれる。

¶江人, 公卿（[生]元文2（1737）年2月22日　[没]天明6（1786）年9月8日）, コン, 徳将, 徳松, 山小（[生]1737年5月22日　[没]1786年8月25日）

徳川家光* とくがわいえみつ

慶長9（1604）年～慶安4（1651）年　[別]大猷院殿（だいゆういんどの）　江戸時代前期の江戸幕府第3代の将軍（在職1623～1651）。2代秀忠の子。弟忠長をおさえ将軍職に。武家諸法度の改訂・参勤交代の整備など江戸幕府の基本的な制度を完成させた。幕府の管理権限を強化したうえで鎖国を実施、またキリシタンの禁圧を進めて島原の乱も武力で弾圧するなど専制的な面もみせ、諸大名に幕府への忠誠をもとめた。

¶江人, 公卿（[生]慶長9（1604）年7月17日　[没]慶安4（1651）年4月20日）, コン, 対外, 徳将, 徳松, 山小（[生]1604年7月17日　[没]1651年4月20日）

徳川家茂* とくがわいえもち

弘化3（1846）年～慶応2（1866）年　[別]昭徳院（しょうとくいん），昭徳院殿（しょうとくいんどの），徳川慶福（とくがわよしとみ）　江戸時代末期の江戸幕府第14代の将軍（在職1858～1866）。紀伊和歌山藩主から一橋慶喜を抑えて将軍になる。公武合体のため皇妹和宮と結婚。英邁な君主と期待されたが第2次長州征伐の最中に大坂城で死去。

¶江人, 公卿（[没]慶応2（1866）年2月28日）, コン, 全幕, 徳将, 徳松, 徳松（徳川慶福（家茂）　とくがわよしとみ）, 幕末（[生]弘化3（1846）年閏5月24日　[没]慶応2（1866）年7月20日）, 山小（[生]1846年閏5月24日　[没]1866年7月20日）

徳川家基* とくがわいえもと

宝暦12（1762）年～安永8（1779）年2月24日　江戸時代中期の第10代将軍徳川家治の継嗣。江戸城外で急病になりそのまま死去。

¶公卿（[生]宝暦12（1762）年10月）, 徳将

徳川家康* とくがわいえやす

天文11（1542）年～元和2（1616）年　[別]駿河大納言（するがだいなごん），東照大権現（とうしょうだいごんげん），松平家康（まつだいらいえやす），松平元康（まつだいらもとやす），三河大納言（みかわだいなごん）　安土桃山時代～江戸時代前期の江戸幕府初代の将軍（在職1603～1605）。幼少時は織田・今川で人質生活を送る。今川義元が討たれると三河の大名として独立、織田信長と同盟を結ぶ。信長の没後は豊臣秀吉に臣従、関東の経営を任され江戸を本拠とした。秀吉の死後、関ヶ原に石田三成らを破り、江戸幕府を創設。晩年大坂城に豊臣氏を滅ぼし幕府の土台を盤石にした。

¶江人, 公卿（[没]元和2（1616）年4月17日）, 公家（家康〔徳川家〕　いえやす　[没]元和2（1616）年4月17日）, コン, 思想（東照大権現　とうしょうだいごんげん）, 植物（[生]天文11（1543）年12月26日　[没]元和2（1616）年4月17日）, 全戦, 戦武, 対外, 徳将, 徳松, 中世, 内乱, 山小（[生]1542年12月26日　[没]1616年4月17日）

徳川家康室（1）　とくがわいえやすしつ

⇒朝日方（あさひのかた）

徳川家康室（2）　とくがわいえやすしつ

⇒築山殿（つきやまどの）

徳川家康生母　とくがわいえやすせいぼ

⇒伝通院（でんづういん）

徳川家康母　とくがわいえやすはは

⇒伝通院（でんづういん）

徳川家慶* とくがわいえよし

寛政5（1793）年～嘉永6（1853）年　[別]慎徳院殿（しんとくいんどの）　江戸時代末期の江戸幕府第12代の将軍（在職1837～1853）。11代家斉の次男。大御所家斉の死後、水野忠邦に天保の改革を実施させた。ペリー来航後に死去。

¶江人, 公卿（[没]嘉永6（1853）年5月24日）, コン, 全幕, 徳将, 徳松, 幕末（[生]寛政5（1793）年5月14日　[没]嘉永6（1853）年6月22日）, 山小（[生]1793年5月14日　[没]1853年6月22日）

徳川和子　とくがわかずこ

⇒東福門院（とうふくもんいん）

徳川勝子　とくがわかつこ

⇒勝姫君（かつひめぎみ）

徳川清康　とくがわきよやす

⇒松平清康（まつだいらきよやす）

徳川五郎太* とくがわごろうた

正徳1（1711）年～正徳3（1713）年　[別]徳川五郎太（とくがわごろた）　江戸時代中期の大名。尾張藩主。

¶徳松

徳川五郎太　とくがわごろた

⇒徳川五郎太（とくがわごろうた）

徳川重倫 とくがわしげのり
⇒徳川重倫（とくがわしげみち）

徳川重倫* とくがわしげみち
延享3（1746）年～文政12（1829）年 [別]徳川重倫（とくがわしげのり） 江戸時代中期～後期の大名。紀伊和歌山藩第8代藩主。
¶公卿（[没]？），徳松（とくがわしげのり）

徳川重好* とくがわしげよし
延享2（1745）年～寛政7（1795）年7月8日 [別]清水重好（しみずしげよし） 江戸時代中期の御三卿の一つ清水家の初代当主。
¶公卿（[生]延享2（1745）年2月），コン，徳将（清水重好 しみずしげよし），徳松（清水重好 しみずしげよし）

徳川仙千代 とくがわせんちよ
[別]高岳院（こうがくいん） 安土桃山時代の徳川家康の八男。
¶全戦（[生]文禄3（1594）年 [没]慶長4（1599）年），徳将（高岳院 こうがくいん [生]1595年 [没]1600年）

徳川忠輝 とくがわただてる
⇒松平忠輝（まつだいらただてる）

徳川忠長* とくがわただなが
慶長11（1606）年～寛永10（1633）年 [別]駿河大納言（するがだいなごん） 江戸時代前期の大名。2代秀忠の3男。才は兄家光を越えているといわれたが、家康の意向で将軍職は家光のものとなる。のち甲府から駿河に移り駿河大納言とよばれたが、家光に謀反の疑いをもたれ自害。
¶江人，公卿（[生]慶長11（1606）年5月7日 [没]寛永10（1633）年12月6日），コン，徳将

徳川継友* とくがわつぐとも
元禄5（1692）年～享保15（1730）年11月27日 江戸時代中期の大名。尾張藩第6代藩主。
¶公卿，徳松

徳川綱条* とくがわつなえだ
明暦2（1656）年8月26日～享保3（1718）年9月11日 江戸時代前期～中期の大名。水戸藩第3代藩主。
¶公卿（[生]明暦1（1655）年），徳松

徳川綱重* とくがわつなしげ
正保1（1644）年～延宝6（1678）年9月14日 江戸時代前期の大名。3代家光の子。甲府宰相とよばれる。
¶江人，公卿（[生]正保1（1644）年5月），コン，徳将

徳川綱豊 とくがわつなとよ
⇒徳川家宣（とくがわいえのぶ）

徳川綱誠 とくがわつななり
⇒徳川綱誠（とくがわつなまさ）

徳川綱誠 とくがわつなのぶ
⇒徳川綱誠（とくがわつなまさ）

徳川綱教* とくがわつなのり
寛文5（1665）年～宝永2（1705）年 江戸時代前期～中期の大名。紀伊和歌山藩第3代藩主。
¶公卿（[没]宝永2（1705）年5月14日），徳将，徳松

徳川綱誠* とくがわつなまさ
承応1（1652）年～元禄12（1699）年 [別]徳川綱誠（とくがわつななり，とくがわつなのぶ） 江戸時代前期～中期の大名。尾張藩第3代藩主。
¶公卿（[生]承応2（1653）年 [没]元禄13（1700）年6月5日），徳松（とくがわつなのぶ（なり））

徳川綱吉* とくがわつなよし
正保3（1646）年1月8日～宝永6（1709）年1月10日 [別]犬公方（いぬくぼう），常憲院殿（じょうけんいんどの） 江戸時代前期～中期の江戸幕府第5代の将軍（在職1680～1709）。3代家光の末子。4代家綱の死後将軍となる。初期は信賞必罰を旨とする「天和の治」と呼ばれる政治を行ったが、後期は柳沢吉保を登用した側用人政治となり、生類憐れみの令や貨幣の改鋳など悪政も多かった。
¶江人，公卿，コン，徳将，徳松，山小（[生]1646年1月8日 [没]1709年1月10日）

徳川徳松* とくがわとくまつ
延宝7（1679）年～天和3（1683）年 [別]浄徳院（じょうとくいん） 江戸時代前期～中期の大名。上野館林藩主。
¶徳将（浄徳院 じょうとくいん）

徳川斉昭* とくがわなりあき
寛政12（1800）年～万延1（1860）年 [別]水戸烈公（みとれっこう） 江戸時代末期の大名。水戸藩第9代藩主。藩政改革を実行、ペリー来航に際しては尊王攘夷を主張した。井伊直弼と対立し、安政の大獄では蟄居を命じられた。
¶江人，公卿（[生]寛政12（1800）年3月12日 [没]万延1（1860）年8月15日），コン，詩作（[生]寛政12（1800）年3月11日 [没]万延1（1860）年8月15日），思想，全幕，徳将，徳松，幕末（[生]寛政12（1800）年3月11日 [没]万延1（1860）年8月15日），山小（[生]1800年3月11日 [没]1860年8月15日）

徳川斉昭側室* とくがわなりあきのそくしつ
天保5（1834）年6月～大正10（1921）年2月 江戸時代後期～明治時代の歌人。万里小路睦子。
¶江表（睦子（茨城県） ちかこ）

徳川斉彊*（徳川斉疆） とくがわなりかつ
文政3（1820）年～嘉永2（1849）年 [別]清水斉彊（しみずなりかつ） 江戸時代後期の大名。紀伊和歌山藩主。
¶徳将，徳松，徳松（清水斉彊 しみずなりかつ）

徳川斉荘* とくがわなりたか
文化7（1810）年～弘化2（1845）年 [別]田安斉荘（たやすなりたか） 江戸時代後期の大名。尾張藩主。
¶徳将，徳松，徳松（田安斉荘 たやすなりたか）

徳川斉荘室* とくがわなりたかのしつ
文化4（1807）年12月21日～明治5（1872）年2月22日 江戸時代後期～明治時代の女性作家。
¶江表（猶姫（愛知県））

徳川斉明 とくがわなりとし
江戸時代後期の徳川家斉の十男。
¶徳将（[生]1809年 [没]1827年）

徳川斉朝* とくがわなりとも
寛政5（1793）年～嘉永3（1850）年 江戸時代末期の大名。尾張藩主。
¶徳松

徳川斉修 とくがわなりなが
⇒徳川斉修（とくがわなりのぶ）

徳川斉修*（徳川斉脩） とくがわなりのぶ
寛政9（1797）年～文政12（1829）年 [別]徳川斉修（とくがわなりなが） 江戸時代後期の大名。水戸藩第8代藩主。
¶公卿（とくがわなりなが [没]文政12（1829）年10月），徳松（徳川斉脩）

徳川斉順　とくがわなりのぶ
⇒徳川斉順（とくがわなりゆき）

徳川斉温*　とくがわなりはる
文政2（1819）年～天保10（1839）年　江戸時代後期の大名。尾張藩主。
¶徳将, 徳松

徳川斉順*　とくがわなりゆき
享和1（1801）年～弘化3（1846）年　[別]清水斉順（しみずなりゆき），徳川斉順（とくがわなりのぶ）　江戸時代後期の大名。紀伊和歌山藩主。
¶徳将（とくがわなりのぶ）, 徳松, 徳松（清水斉順　しみずなりゆき）

徳川信康　とくがわのぶやす
⇒松平信康（まつだいらのぶやす）

徳川治済*　とくがわはるさだ
宝暦1（1751）年～文政10（1827）年2月20日　[別]一橋治済（ひとつばしはるさだ，ひとつばしはるなり）　江戸時代中期～後期の一橋家の第2代当主。
¶公卿（[生]宝暦1（1751）年11月）, コン, 徳将, 徳松（一橋治済　ひとつばしはるさだ）

徳川治貞*　とくがわはるさだ
享保13（1728）年2月16日～寛政1（1789）年　[別]松平頼淳（まつだいらよりあつ）　江戸時代中期の大名。紀伊和歌山藩第9代藩主。
¶公卿（[生]享保12（1727）年）, コン, 徳松, 徳松（松平頼淳　まつだいらよりあつ）

徳川治紀*　とくがわはるとし
安永2（1773）年～文化13（1816）年　江戸時代後期の大名。水戸藩第7代藩主。
¶公卿（[没]文化13（1816）年閏8月23日）, 徳松

徳川治宝*　とくがわはるとみ
明和8（1771）年～嘉永5（1852）年　江戸時代後期の大名。紀伊和歌山藩主。
¶コン, 徳松

徳川春姫　とくがわはるひめ
⇒春姫（はるひめ）

徳川治保*　とくがわはるもり
宝暦1（1751）年～文化2（1805）年　江戸時代中期～後期の大名。水戸藩第6代藩主。
¶公卿（[没]文化2（1805）年11月）, 徳松

徳川治行　とくがわはるゆき
⇒徳川治行（とくがわはれゆき）

徳川治行*　とくがわはれゆき
宝暦10（1760）年～寛政5（1793）年　[別]徳川治行（とくがわはるゆき），松平義柄（まつだいらよしえ）　江戸時代中期～後期の大名。尾張名古屋城主。
¶公卿（生没年不詳）, 徳松（松平義柄　まつだいらよしえ）

徳川秀忠*　とくがわひでただ
天正7（1579）年～寛永9（1632）年　[別]台徳院（たいとくいん，だいとくいん），台徳院殿（だいとくいんどの），羽柴武蔵守（はしばむさしのかみ）　安土桃山時代～江戸時代前期の江戸幕府第2代の将軍（在職1605～1623）。家康の3男。将軍職を譲られたが、しばらくは実権は大御所家康にあった。家康の死後、武家諸法度や禁中並公家諸法度など法制を整備し幕藩制度の充実に力を注いだ。
¶江人（[生]1578年）, 公卿（[生]天正6（1578）年4月7日　[没]寛永9（1632）年1月24日）, 公家（秀忠〔徳川家〕　ひでただ　[没]寛永9（1632）年1月24日）, コン, 植物（[生]天正7（1579）年4月7日　[没]寛永9（1632）年1月24日）, 全戦, 戦武, 対外, 徳将, 徳松, 山小（[生]1579年4月7日　[没]1632年1月24日）

徳川秀忠室　とくがわひでただしつ
⇒崇源院（すうげんいん）

徳川淑姫*　とくがわひでひめ
寛政1（1789）年～文化14（1817）年5月29日　[別]清湛院（せいたんいん）　江戸時代後期の女性。11代将軍徳川家斉の娘。
¶江表（淑姫（愛知県））, 徳将（清湛院　せいたんいん）

徳川秀康　とくがわひでやす
⇒結城秀康（ゆうきひでやす）

徳川広忠　とくがわひろただ
⇒松平広忠（まつだいらひろただ）

徳川振姫　とくがわふりひめ
⇒振姫（ふりひめ）

徳川和子　とくがわまさこ
⇒東福門院（とうふくもんいん）

徳川政義　とくがわまさよし
⇒世良田政義（せらだまさよし）

徳川松千代　とくがわまつちよ
安土桃山時代の徳川家康の八男。
¶全戦（[生]文禄4（1595）年？　[没]慶長5（1600）年）

徳川美賀子*　とくがわみかこ
天保6（1835）年7月～明治27（1894）年7月9日　[別]貞粛院（ていしゅくいん）　江戸時代末期～明治時代の女性。徳川慶喜の正室。
¶江表（貞粛院（東京都））, 全幕, 徳将（貞粛院　ていしゅくいん）

徳川光圀*　とくがわみつくに
寛永5（1628）年6月10日～元禄13（1700）年12月6日　[別]義公（ぎこう），水戸義公（みとぎこう），水戸黄門（みとこうもん），水戸光圀（みとみつくに）　江戸時代前期～中期の大名。水戸藩第2代藩主。学問を奨励、自ら「大日本史」の編纂にあたり、水戸学を興した。「水戸黄門漫遊記」は後世の創作。
¶江人, 公卿, コン, 思想, 徳将, 徳松, 山小（[生]1628年6月10日　[没]1700年12月6日）

徳川光圀室　とくがわみつくにのしつ
⇒徳川泰姫（とくがわやすひめ）

徳川光貞*　とくがわみつさだ
*～宝永2（1705）年8月8日　江戸時代前期～中期の大名。紀伊和歌山藩第2代藩主。
¶公卿（[生]寛永2（1625）年）, 徳将（[生]1626年）, 徳松（[生]1626年）

徳川光友*　とくがわみつとも
寛永2（1625）年～元禄13（1700）年　江戸時代前期～中期の大名。尾張藩第2代藩主。
¶公卿（[没]元禄13（1700）年10月）, 徳松

徳川宗勝*　とくがわむねかつ
宝永2（1705）年～宝暦11（1761）年　[別]松平義淳（まつだいらよしあつ）　江戸時代中期の大名。尾張藩第8代藩主。
¶公卿（[没]宝暦11（1761）年6月24日）, 徳松, 徳松（松平義淳　まつだいらよしあつ　[生]1707年）

徳川宗将　とくがわむねかど
⇒徳川宗将（とくがわむねのぶ）

徳川宗堯* (徳川宗尭) とくがわむねたか
宝永2(1705)年～享保15(1730)年4月7日 江戸時代中期の大名。水戸藩第4代藩主。
¶公卿(徳川宗尭),徳松

徳川宗武 とくがわむねたけ
⇒田安宗武(たやすむねたけ)

徳川宗尹* とくがわむねただ
享保6(1721)年～明和1(1764)年12月22日 [別]一橋宗尹(ひとつばしむねただ) 江戸時代中期の一橋家の初代当主。
¶公卿([生]享保6(1721)年閏7月),コン,徳将(一橋宗尹 ひとつばしむねただ),徳松(一橋宗尹 ひとつばしむねただ)

徳川宗睦* とくがわむねちか
享保18(1733)年～寛政11(1799)年12月20日 江戸時代中期の大名。尾張藩主。
¶コン,徳松,山小([生]1733年9月20日 [没]1799年12月20日)

徳川宗睦室* とくがわむねちかのしつ
享保15(1730)年4月23日～安永7(1778)年8月26日 江戸時代中期の歌人。
¶江表(好(愛知県) たか)

徳川宗直* とくがわむねなお
天和2(1682)年～宝暦7(1757)年 [別]松平頼致(まつだいらよりよし) 江戸時代中期の大名。紀伊和歌山藩第6代藩主。
¶公卿([没]宝暦7(1757)年7月2日),徳松,徳松(松平頼致 まつだいらよりよし)

徳川宗将* とくがわむねのぶ
享保5(1720)年～明和2(1765)年 [別]徳川宗将(とくがわむねかど,とくがわむねまさ) 江戸時代中期の大名。紀伊和歌山藩第7代藩主。
¶公卿(とくがわむねまさ [没]明和2(1765)年2月26日),徳松

徳川宗春* とくがわむねはる
元禄9(1696)年～明和1(1764)年 [別]松平通春(まつだいらみちはる) 江戸時代中期の大名。尾張藩第7代藩主。8代吉宗の緊縮政策に反抗し商業の振興を図ったが、吉宗により隠居・謹慎させられた。
¶公卿([没]明和1(1764)年10月8日),コン,徳将,徳松,徳松(松平通春 まつだいらみちはる)

徳川宗将 とくがわむねまさ
⇒徳川宗将(とくがわむねのぶ)

徳川宗翰* とくがわむねもと
享保13(1728)年～明和3(1766)年 江戸時代中期の大名。水戸藩主。
¶徳松

徳川茂承* とくがわもちつぐ
弘化1(1844)年～明治39(1906)年8月20日 江戸時代末期～明治時代の大名、華族、紀州和歌山藩知事、貴族院議員。会津攻撃に参加。
¶公卿,コン,全幕([生]天保15(1844)年),徳松

徳川茂徳* とくがわもちなが
天保2(1831)年～明治17(1884)年3月6日 [別]徳川茂徳(とくがわもちのり),一橋茂栄(ひとつばしもちはる),松平義比(まつだいらよしちか) 江戸時代後期～明治時代の大名。
¶公卿(とくがわもちのり [生]? [没]慶応3(1867)年1月),コン,全幕,徳将,徳松,徳松(松平義比 まつだいらよしちか),徳松(一橋茂栄 ひとつばしもちはる),幕末([生]天保2(1831)年5月2日)

徳川茂徳 とくがわもちのり
⇒徳川茂徳(とくがわもちなが)

徳川泰姫* とくがわやすひめ
寛永15(1638)年10月～万治1(1658)年閏12月23日 [別]徳川光圀室(とくがわみつくにのしつ) 江戸時代前期の女性。水戸藩主徳川光圀の妻。
¶江表(尋子(茨城県) ちかこ)

徳川慶篤* とくがわよしあつ
天保3(1832)年～明治1(1868)年 江戸時代末期の大名。水戸藩主。
¶コン,全幕([没]慶応4(1868)年),徳松,幕末([生]天保3(1832)年6月3日 [没]慶応4(1868)年4月5日)

徳川慶勝* とくがわよしかつ
文政7(1824)年～明治16(1883)年 江戸時代末期～明治時代の名古屋藩主、名古屋藩知事。安政の大獄で隠居。維新後議定などを務める。
¶江人,コン,全幕,徳将,徳松,幕末([生]文政7(1824)年3月15日 [没]明治16(1883)年8月1日),山小([生]1824年3月15日 [没]1883年8月1日)

徳川吉子* とくがわよしこ
文化1(1804)年～明治26(1893)年 [別]貞芳院(ていほういん),登美宮(とみのみや) 江戸時代末期～明治時代の女性、徳川斉昭夫人。歌集に「好文詠藻」。
¶江表(吉子(茨城県)),コン,徳将(貞芳院 ていほういん),幕末(登美宮 とみのみや [生]文化1(1804)年11月5日 [没]明治26(1893)年1月27日)

徳川慶臧* とくがわよしつぐ
天保7(1836)年～嘉永2(1849)年 江戸時代後期の大名。尾張藩主。
¶徳松

徳川慶福 とくがわよしとみ
⇒徳川家茂(とくがわいえもち)

徳川義直* とくがわよしなお
慶長5(1600)年～慶安3(1650)年 [別]敬公(けいこう) 江戸時代前期の大名。徳川家康の9男。尾張藩初代藩主。
¶江人,公卿([生]慶長5(1600)年11月 [没]慶安3(1650)年5月),公家(義直〔徳川家〕 よしなお [没]慶安3(1650)年5月7日),コン,全戦,徳将,徳松,山小([生]1600年11月28日 [没]1650年5月7日)

徳川慶喜* とくがわよしのぶ
天保8(1837)年9月29日～大正2(1913)年11月22日 [別]一橋慶喜(ひとつばしよしのぶ) 江戸時代末期～明治時代の江戸幕府15代将軍、公爵。大政奉還後、水戸に移り、ついで静岡で長く謹慎生活。
¶江人,公卿,コン,全幕,徳将,徳松,徳松(一橋慶喜 ひとつばしよしのぶ),幕末,山小([生]1837年9月29日 [没]1913年11月22日)

徳川義宜* とくがわよしのり
安政5(1858)年～明治8(1875)年 江戸時代末期～明治時代の尾張藩主、名古屋藩知事。
¶全幕,徳松,幕末([生]安政5(1858)年5月24日 [没]明治8(1875)年11月26日)

徳川慶昌 とくがわよしまさ
⇒一橋慶昌(ひとつばしよしまさ)

徳川吉通* とくがわよしみち
元禄2(1689)年～正徳3(1713)年 江戸時代中期の大名。尾張藩第4代藩主。

と

¶公卿（㊀正徳3（1713）年7月26日），徳松

徳川吉宗*　とくがわよしむね

貞享1（1684）年～寛延4（1751）年6月20日　㊀米将軍（こめしょうぐん），徳川頼方（とくがわよりかた），松平頼方（まつだいらよりかた），有徳院殿（ゆうとくいんどの）　江戸時代中期の江戸幕府第8代の将軍（在職1716～1745）。徳川宗家の血筋が絶えたため、紀伊和歌山藩主から将軍になった。破綻した幕府財政を立て直すため「享保の改革」を断行。倹約・新田開発・殖産興業につとめ、とりわけ米価の安定に腐心したため「米将軍」と呼ばれた。

¶江人，公卿（㊀貞享1（1684）年10月21日　㊀宝暦1（1751）年6月20日），コン（㊀宝暦1（1751）年），植物（㊀貞享1（1684）年10月21日　㊀宝暦1（1751）年6月20日），徳将，徳松，徳松（徳川頼方（吉宗）　とくがわよりかた），山小（㊀1684年10月21日　㊀1751年6月20日）

徳川慶頼*　とくがわよしより

文政5（1822）年～明治3（1870）年9月21日　江戸時代末期～明治時代の田安家第5代、第8代当主。

¶公卿，コン（㊀文政11（1828）年　㊀明治9（1876）年），徳将（㊀1828年　㊀1876年），幕末（㊀文政11（1828）年10月13日　㊀明治9（1876）年9月21日）

徳川頼方　とくがわよりかた

⇒徳川吉宗（とくがわよしむね）

徳川頼宣*　とくがわよりのぶ

慶長7（1602）年～寛文11（1671）年　㊀南竜院（なんりゅういん）　江戸時代前期の大名。徳川家康の10男。紀伊和歌山藩初代藩主。

¶江人，公卿（㊀慶長7（1602）年3月7日　㊀寛文11（1671）年1月10日），公家（頼宣〔徳川家〕　よりのぶ　㊀寛文11（1671）年1月10日），コン，植物（㊀慶長7（1602）年3月7日　㊀寛文11（1671）年1月10日），全戦，徳将，徳松，山小（㊀1602年3月7日　㊀1671年1月10日）

徳川頼房*　とくがわよりふさ

慶長8（1603）年～寛文1（1661）年　㊀威公（いこう）　江戸時代前期の大名。徳川家康の11男。水戸藩初代藩主。

¶江人，公卿（㊀慶長8（1603）年8月10日　㊀寛文1（1661）年7月29日），コン，全戦，徳将，徳松，山小（㊀1603年8月10日　㊀1661年7月29日）

徳川頼職　とくがわよりもと

⇒松平頼職（まつだいらよりもと）

徳川鐐子*　とくがわりょうこ

文化5（1808）年閏6月6日～明治23（1890）年12月31日　江戸時代末期～明治時代の女性。鶴岡藩主酒井忠発の妻。

¶江表（鐐子（山形県））

徳倹　とくけん

⇒約翁徳倹（やくおうとくけん）

徳見　とくけん

⇒竜山徳見（りゅうざんとくけん）

徳元　とくげん

⇒斎藤徳元（さいとうとくげん）

得子　とくこ★

江戸時代後期～明治時代の女性。教育・俳諧・旅日記・画。元仙台藩士新関信親の娘。

¶江表（得子（宮城県）　㊀文政10（1827）年　㊀明治37（1904）年）

徳子(1)　とくこ★

江戸時代中期～後期の女性。和歌。筑前藤田村の神官波多野主税屋宜の娘。

¶江表（徳子（福岡県）　㊀宝暦1（1751）年　㊀文政11（1828）年）

徳子(2)　とくこ★

江戸時代後期～明治時代の女性。和歌。内大臣広幡基豊の娘。

¶江表（徳子（宮城県）　㊀嘉永3（1850）年　㊀明治4（1871）年）

徳子(3)　とくこ★

江戸時代末期の女性。和歌。公家高丘永季の娘。文久1年成立「烈公一回御忌和歌」に載る。

¶江表（徳子（茨城県））

徳子(4)　とくこ★

江戸時代末期の女性。和歌。清水氏。幕末期の長府の歌人平田秋足社中の一枚摺歌書に載る。

¶江表（徳子（山口県））

徳光屋覚左衛門*　とくこうやかくざえもん

？～寛永11（1634）年　㊀徳光屋覚左衛門（とっこうやかくざえもん）　江戸時代前期の越後村上茶栽培の元祖。

¶コン（生没年不詳）

徳済　とくさい

⇒鉄舟徳済（てっしゅうとくさい）

徳斎（徳斉）　とくさい

⇒鞍作多須奈（くらつくりのたすな）

得芝*　とくし

安永9（1780）年～天保6（1835）年　江戸時代中期～後期の俳人。

¶俳文

篤子内親王　とくしないしんのう

⇒篤子内親王（あつこないしんのう）

徳積*　とくしゃく

生没年不詳　㊀鞍作徳積，鞍部徳積（くらつくりのとくしゃく）　飛鳥時代の僧。日本で初めて僧都となった。

¶古代（鞍部徳積　くらつくりのとくしゃく）

得終尼　とくしゅうに★

江戸時代後期の女性。俳諧。加賀の高桑闌更の妻。文化1年刊、得終尼編の闌更七回忌追善集『もゝのやとり』に載る。

¶江表（得終尼（石川県））

とく女(1)　とくじょ★

江戸時代の女性。俳諧。越後の人。明治11年刊、佐藤採花女編、池永大虫七回忌追善集『無弦琴』に載る。

¶江表（とく女（新潟県））

とく女(2)　とくじょ★

江戸時代後期の女性。俳諧。須賀川の俳人村越雲重の後妻とされる。

¶江表（とく女（福島県）　㊀天保9（1838）年）

とく女(3)　とくじょ★

江戸時代後期の女性。俳諧。城ケ崎の俳人二松亭五明とふさの娘か。文政1年の二松亭五明の古希祝に五明の長男路牛と二男明之が編んだ『松賀左根』に載る。

¶江表（とく女（宮崎県））

得勝　とくしょう

⇒抜隊得勝（ばっすいとくしょう）

得清* とくせい
奈良時代の西大寺の僧。
¶古代

徳斉 とくせい
⇒鞍作多須奈(くらつくりのたすな)

篤誠院 とくせいいん*
江戸時代後期の女性。武術・工芸。小城藩主鍋島直愈の娘。鹿島藩主鍋島直彜の室。
¶江表(篤誠院(佐賀県))

徳雪斎周長* とくせつさいしゅうちょう
?～天正7(1579)年　戦国時代～安土桃山時代の武士。鹿沼城の城主。
¶全戦

徳善院 とくぜんいん
⇒前田玄以(まえだげんい)

徳叟 とくそう
⇒今村信敬(いまむらしんけい)

徳大寺公胤 とくだいじきみたね
⇒徳大寺公胤(とくだいじきんたね)

徳大寺公有* とくだいじきんあり
応永29(1422)年～文明18(1486)年　室町時代～戦国時代の公卿(右大臣)。権大納言徳大寺実盛の子。
¶公卿(㊀応永29(1422)年2月5日　㊁文明18(1486)年1月26日),公家(公有〔徳大寺家〕　きんあり㊀応永29(1422)年2月5日　㊁文明18(1486)年1月26日)

徳大寺公純* とくだいじきんいと
文政4(1821)年11月28日～明治16(1883)年11月5日　江戸時代後期～明治時代の公卿。
¶公卿,公家(公純〔徳大寺家〕　きんいと),コン,幕末

徳大寺公清* とくだいじきんきよ
正和1(1312)年～正平15/延文5(1360)年6月8日　㊀徳大寺公清(とくだいじきんせい)　南北朝時代の公卿(内大臣)。権中納言徳大寺実孝の子。
¶公卿(とくだいじきんせい　㊁延平5/正平15(1360)年6月8日),公家(公清〔徳大寺家〕　きんきよ㊁延文5(1360)年6月8日)

徳大寺公維 とくだいじきんこれ
⇒徳大寺公維(とくだいじきんふさ)

徳大寺忻子 とくだいじきんし
⇒長楽門院(ちょうらくもんいん)

徳大寺公清 とくだいじきんせい
⇒徳大寺公清(とくだいじきんきよ)

徳大寺公孝* とくだいじきんたか
建長5(1253)年～嘉元3(1305)年　鎌倉時代後期の公卿(太政大臣)。太政大臣徳大寺実基の長男。
¶公卿(㊁嘉元3(1305)年7月12日),公家(公孝〔徳大寺家〕　きんたか㊁嘉元3(1305)年7月12日)

徳大寺公胤* とくだいじきんたね
長享1(1487)年～大永6(1526)年　㊀徳大寺公胤(とくだいじきみたね)　戦国時代の公卿(左大臣)。太政大臣徳大寺実淳の子。
¶公卿(㊀長享1(1487)年1月27日　㊁大永6(1526)年10月12日),公家(公胤〔徳大寺家〕　きんたね㊃文明19(1487)年1月27日　㊁大永6(1526)年10月12日)

徳大寺公継* とくだいじきんつぐ
安元1(1175)年～安貞1(1227)年1月30日　㊀野宮左大臣(ののみやのさだいじん),藤原公継(ふじわ

らのきんつぐ)　鎌倉時代前期の公卿(左大臣)。左大臣徳大寺実定の三男。
¶公卿,公家(公継〔徳大寺家〕　きんつぐ㊁嘉禄3(1227)年1月30日),古人,古人(藤原公継　ふじわらのきんつぐ)

徳大寺公維 とくだいじきんつな
⇒徳大寺公維(とくだいじきんふさ)

徳大寺公俊* とくだいじきんとし
建徳2/応安4(1371)年1月7日～正長1(1428)年6月19日　南北朝時代～室町時代の公卿(太政大臣)。太政大臣徳大寺実時の子。
¶公卿(㊀応安4(1371)年1月7日),公家(公俊〔徳大寺家〕　きんとし㊀応安4/建徳2(1371)年1月7日)

徳大寺公全* とくだいじきんとも
延宝6(1678)年7月10日～享保4(1719)年12月2日　江戸時代中期の公家(内大臣)。権大納言醍醐冬基の子。
¶公卿,公家(公全〔徳大寺家〕　きんとも)

徳大寺公城 とくだいじきんなり
⇒徳大寺公城(とくだいじきんむら)

徳大寺公迪 とくだいじきんなり
⇒徳大寺公迪(とくだいじきんみち)

徳大寺公信* とくだいじきんのぶ
慶長11(1606)年～貞享1(1684)年　江戸時代前期の公家(左大臣)。権中納言徳大寺実久の子。
¶公卿(㊀慶長11(1606)年7月15日　㊁貞享1(1684)年7月21日),公家(公信〔徳大寺家〕　きんのぶ㊃慶長11(1606)年7月15日　㊁貞享1(1684)年7月21日)

徳大寺公維* とくだいじきんふさ
天文6(1537)年～天正16(1588)年　㊀公維(きんつな),徳大寺公維(とくだいじきんこれ,とくだいじきんつな)　安土桃山時代の公卿(内大臣)。右大臣久我通言の次男。
¶公卿(㊁天正16(1588)年5月19日),公家(公維〔徳大寺家〕　きんこれ㊁天正16(1588)年5月19日),全戦(とくだいじきんこれ),俳文(公維　きんつな㊁天正16(1588)年5月19日)

徳大寺公迪* とくだいじきんみち
明和8(1771)年～文化8(1811)年　㊀徳大寺公迪(とくだいじきんなり)　江戸時代後期の公家(権大納言)。右大臣徳大寺実相の子。
¶公卿(㊀明和8(1771)年6月19日　㊁文化8(1811)年7月25日),公家(公迪〔徳大寺家〕　きんなり㊁文化8(1811)年7月25日)

徳大寺公城* とくだいじきんむら
享保14(1729)年10月17日～天明2(1782)年7月11日　㊀徳大寺公城(とくだいじきんなり)　江戸時代中期の公家(権大納言)。権大納言徳大寺実憲の子。
¶公卿,公家(公城〔徳大寺家〕　きんむら),コン(とくだいじきんなり)

徳大寺公能 とくだいじきんよし
⇒藤原公能(ふじわらのきんよし)

徳大寺実淳* とくだいじさねあつ
文安2(1445)年～天文2(1533)年　㊀実淳(さねあつ),禅光院入道(ぜんこういんにゅうどう)　室町時代～戦国時代の公卿(太政大臣)。右大臣徳大寺公有の十。
¶公卿(㊀文安2(1445)年5月17日　㊁天文2(1533)年8月24日),公家(実淳〔徳大寺家〕　さねあつ㊀文安2(1445)年5月17日　㊁天文2(1533)年8月24日),俳文

（実淳　さねあつ　[没]天文2（1533）年8月24日）

徳大寺実祖*　とくだいじさねさき

宝暦3（1753）年1月6日～文政2（1819）年1月28日　江戸時代中期～後期の公家（右大臣）。内大臣西園寺公晃の次男（三男か）。

¶公卿, 公家（実祖〔徳大寺家〕　さねみ）

徳大寺実定*　とくだいじさねさだ

保延5（1139）年～建久2（1191）年　[別]後徳大寺実定（ごとくだいじさねさだ, ごとくだいじのじってい）, 徳大寺実定（とくだいじさねただ）, 藤原実定（ふじわらさねさだ, ふじわらのさねさだ, ふじわらのさねただ）　平安時代後期の歌人・公卿（左大臣）。右大臣徳大寺公能の長男。

¶公卿（[没]建久2（1191）年12月16日）, 公家（実定〔徳大寺家〕　さねさだ　[没]建久2（1191）年閏12月2日）, 古人, 古人（藤原実定　ふじわらのさねただ）, コン（[生]保延4（1138）年）, 詩作（藤原実定　ふじわらのさねさだ　[没]建久2（1192）年閏12月16日）, 中世, 内乱, 平家（藤原実定　ふじわらさねさだ）

徳大寺実孝*　とくだいじさねたか

永仁1（1293）年～元亨2（1322）年1月17日　鎌倉時代後期の公卿（権中納言）。太政大臣徳大寺公孝の子。

¶公卿, 公家（実孝〔徳大寺家〕　さねたか）

徳大寺実定　とくだいじさねただ

⇒徳大寺実定（とくだいじさねさだ）

徳大寺実則*　とくだいじさねつね

天保10（1839）年12月6日～大正8（1919）年6月4日　[別]徳大寺実則（とくだいじさねのり）　江戸時代末期～明治時代の公卿、明治天皇侍従長、公爵。華族局長や爵位局長を歴任。

¶公卿（[生]天保10（1839）年2月6日）, 公家（実則〔徳大寺家〕　さねのり）, コン, 幕末（[生]天保10（1840）年12月6日）

徳大寺実時*　とくだいじさねとき

延元3/暦応1（1338）年～応永11（1404）年　南北朝時代～室町時代の公卿（太政大臣）。内大臣徳大寺公清の子。

¶公卿（[生]暦応1/延元3（1338）年　[没]応永11（1404）年2月27日）, 公家（実時〔徳大寺家〕　さねとき　[没]応永11（1404）年2月27日）

徳大寺実規　とくだいじさねのり

⇒徳大寺実通（とくだいじさねみち）

徳大寺実憲*　とくだいじさねのり

正徳4（1714）年1月18日～元文5（1740）年7月16日　江戸時代中期の公家（権大納言）。内大臣徳大寺公全の子。

¶公卿, 公家（実憲〔徳大寺家〕　さねのり）

徳大寺実則　とくだいじさねのり

⇒徳大寺実則（とくだいじさねつね）

徳大寺実久*　とくだいじさねひさ

天正11（1583）年～*　安土桃山時代～江戸時代前期の公家（権中納言）。内大臣徳大寺公維の孫。

¶公卿（[生]天正11（1583）年8月16日　[没]元和2（1616）年11月26日）, 公家（実久〔徳大寺家〕　さねひさ　[生]天正11（1583）年8月16日　[没]元和2（1616）年11月26日）

徳大寺実維*　とくだいじさねふさ

寛永13（1636）年3月1日～天和2（1682）年9月11日　江戸時代前期の公家（内大臣）。左大臣徳大寺公信の子。

¶公卿, 公家（実維〔徳大寺家〕　さねこれ　[没]天和2（1682）年9月12日）

徳大寺実堅*　とくだいじさねみ

寛政2（1790）年～安政5（1858）年　江戸時代末期の公家（内大臣）。権大納言徳大寺公迪の子。

¶公卿（[生]寛政2（1790）年5月23日　[没]安政5（1858）年11月11日）, 公家（実堅〔徳大寺家〕　さねみ　[生]寛政2（1790）年5月23日　[没]安政5（1858）年11月11日）, 幕末（[生]寛政2（1790）年5月23日　[没]安政5（1858）年11月11日）

徳大寺実通*　とくだいじさねみち

永正10（1513）年～天文14（1545）年　[別]徳大寺実規（とくだいじさねのり）　戦国時代の公卿（権大納言）。太政大臣徳大寺公胤の子。

¶公卿（[没]天文14（1545）年4月9日）, 公家（実通〔徳大寺家〕　さねみち　[没]天文14（1545）年4月9日）

徳大寺実基*　とくだいじさねもと

建仁1（1201）年～文永10（1273）年2月14日　鎌倉時代前期の公卿（太政大臣）。左大臣徳大寺公継の次男。

¶公卿, 公家（実基〔徳大寺家〕　さねもと）, コン

徳大寺実盛*　とくだいじさねもり

応永7（1400）年8月5日～正長1（1428）年4月23日　室町時代の公卿（権大納言）。太政大臣徳大寺公俊の子。

¶公卿, 公家（実盛〔徳大寺家〕　さねもり　[没]応永35（1428）年4月23日）

徳大寺実能*　とくだいじさねよし

永長1（1096）年～保元2（1157）年　[別]藤原実能（ふじわらさねよし, ふじわらのさねよし）　平安時代後期の公卿（左大臣）。徳大寺家の祖。権大納言藤原公実の子。

¶公卿（[没]保元2（1157）年9月2日）, 公家（実能〔徳大寺家〕　さねよし　[没]保元2（1157）年9月2日）, 古人（藤原実能　ふじわらのさねよし）, コン（[生]嘉保2（1095）年）

徳大寺維子　とくだいじふさこ

戦国時代の女性。公家徳大寺実淳の娘。

¶女史（[生]1481年　[没]1566年）

徳田啓蔵*　とくだけいぞう

天保8（1837）年～慶応2（1866）年　江戸時代末期の長州（萩）藩寄組。

¶幕末（[没]慶応2（1866）年7月27日）

徳田椿堂　とくだちんどう

⇒椿堂（ちんどう）

徳田鉄吉　とくだてつきち

江戸時代末期の二本松少年隊士。

¶全幕（[生]安政3（1856）年　[没]慶応4（1868）年）

徳田徳三郎*　とくだとくさぶろう

嘉永2（1849）年～慶応2（1866）年　江戸時代末期の長州（萩）藩寄組。

¶幕末（[没]慶応2（1866）年7月27日）

徳田彦二*　とくだひこじ

弘化1（1844）年～明治9（1876）年　江戸時代末期～明治時代の鹿児島県士族、海軍少佐。佐賀の乱に従軍。測量艦「雲揚」副長在任中嵐に会い溺死。

¶幕末（[没]明治9（1876）年11月1日）

徳田寛豊　とくだひろあつ

⇒徳田寛豊（とくだひろとよ）

徳田寛豊＊　とくだひろとよ
天保1(1830)年～明治25(1892)年　[別]徳田寛豊(とくだひろあつ)　江戸時代末期～明治時代の志士、宗教家。天照教教祖となる。
¶コン(とくだひろあつ)

独湛性瑩　どくたんしょうえい
⇒独湛性瑩(どくたんしょうけい)

独湛性瑩＊　どくたんしょうけい
寛永5(1628)年～宝永3(1706)年　[別]性瑩(しょうけい),独湛性瑩(どくたんしょうえい)　江戸時代前期～中期の黄檗僧。黄檗山万福寺4代住持。
¶思想([生]明・崇禎1(1628)年),対外

徳富一敬＊　とくとみかずたか
文政5(1822)年～大正3(1914)年5月26日　江戸時代末期～明治時代の漢学者。徳富蘇峰の大江義塾で儒学を講義。
¶コン,全幕,幕末([生]文政5(1822)年9月24日)

徳富久　とくとみひさ
⇒徳富久子(とくとみひさこ)

徳富久子＊　とくとみひさこ
文政12(1829)年4月11日～大正8(1919)年2月18日　[別]徳富久(とくとみひさ)　江戸時代末期～明治時代の徳富一敬の妻。蘇峰、蘆花の母。
¶江表(久子(熊本県))

徳永寿昌　とくながじゅしょう
⇒徳永寿昌(とくながよしまさ)

徳永昌新　とくながしょうしん
[別]徳永昌新(とくながまさよし)　江戸時代後期の長崎奉行。
¶徳人(とくながまさよし　生没年不詳),幕末([生]天保5(1834)年　[没]?)

徳永千規＊　とくながちのり
文化1(1804)年～明治3(1870)年　江戸時代後期～明治時代の国学者。
¶幕末([没]明治5(1872)年5月9日)

徳永寿昌　とくながながまさ
⇒徳永寿昌(とくながよしまさ)

徳永昌清　とくながまさきよ
江戸時代前期～中期の幕臣。
¶徳人([生]1638年　[没]1714年)

徳永寿昌＊　とくながよしまさ
天文18(1549)年～慶長16(1611)年　[別]徳永寿昌(とくながじゅしょう,とくながながまさ)　安土桃山時代～江戸時代前期の武将、大名。美濃松ノ木城主、美濃高須藩主。
¶戦武(とくながながまさ　[没]慶長17(1612)年)

得入＊　とくにゅう
延享2(1745)年～安永3(1774)年　[別]楽得入,楽得入〔楽家8代〕(らくとくにゅう)　江戸時代中期の陶工、楽焼本家の8代。
¶美工(楽得入　らくとくにゅう)

得能亜斯登＊　とくのうあすと
天保8(1837)年～明治29(1896)年　[別]得能通顕(とくのうみちあき),林玖十郎(はやしくじゅうろう)　江戸時代末期～明治時代の地方議員。町村会議員、県会議員を歴任。賚善社社長なども務める。
¶全幕(林玖十郎　はやしくじゅうろう),幕末([没]明治29(1896)年10月10日)

得能関四郎＊　とくのうせきしろう
天保13(1842)年～明治41(1908)年7月1日　江戸時代末期～明治時代の剣術家。
¶幕末

得能通顕　とくのうみちあき
⇒得能亜斯登(とくのうあすと)

得能通綱＊　とくのうみちつな
?～延元2/建武4(1337)年　鎌倉時代後期～南北朝時代の武将。通村の子。
¶コン([没]建武4/延元2(1337)年),中世,室町([没]建武4/延元2(1337)年)

得能良介＊　とくのうりょうすけ
文政8(1825)年～明治16(1883)年12月27日　江戸時代末期～明治時代の官僚、紙幣局長。大蔵省初代印刷局長を務め、紙幣製造及び贋造防止に尽力。
¶コン,出版([生]文政8(1825)年11月9日),幕末

徳山重政　とくのやましげまさ
江戸時代前期～中期の幕臣。
¶徳人([生]1615年　[没]1689年)

徳山秀起　とくのやましゅうき
江戸時代後期の幕臣。
¶徳人(生没年不詳)

徳山直政　とくのやまなおまさ
安土桃山時代～江戸時代前期の幕臣。
¶徳人([生]1589年　[没]1634年)

徳山秀栄　とくのやまひでいえ
江戸時代中期の幕臣。
¶徳人([生]1690年　[没]1757年)

徳山秀堅　とくのやまひでかた
江戸時代末期～明治時代の幕臣。
¶徳人([生]?　[没]1870年)

徳原三十郎　とくはらさんじゅうろう
江戸時代後期の武士。秀吉譜代の家臣。秀頼の小姓。大坂籠城。
¶大坂

徳原八蔵＊　とくはらはちぞう
安土桃山時代の人。秀頼に伺候した。
¶大坂

徳久恒範＊　とくひさつねのり
＊～明治43(1910)年　江戸時代末期～明治時代の肥前佐賀藩士。
¶幕末([生]弘化2(1846)年12月25日　[没]明治43(1910)年12月30日)

徳久知弘＊　とくひさともひろ
生没年不詳　江戸時代末期の宇和島藩士・和算家。
¶数学

徳姫＊(1)　とくひめ
永禄2(1559)年～寛永13(1636)年　[別]岡崎殿(おかざきどの),見星院(けんせいいん),松平信康室(まつだいらのぶやすしつ)　戦国時代～江戸時代前期の女性。松平信康の正室。
¶女史,全戦

徳姫(2)　とくひめ★
江戸時代後期～末期の女性。和歌。土佐藩主山内豊策の娘。
¶江表(徳姫(三重県)　[生]文化7(1810)年　[没]安政3(1856)年)

督姫*　とくひめ
*〜元和1(1615)年　㊊池田輝政室(いけだてるまさしつ)，播磨御前(はりまごぜん)，普宇姫(ふうひめ)，良正院(りょうしょういん，りょうせいいん)　安土桃山時代〜江戸時代前期の女性。徳川家康の2女。池田輝政の室。
¶江表(督姫(兵庫県)　㊓永禄8(1565)年),後北(督姫〔北条〕　㊓永禄8年　㊞元和1年2月15日),徳将(良正院　りょうしょういん　㊓1565年)

と

徳弘石門*　とくひろせきもん
安永6(1777)年〜文政8(1825)年　江戸時代後期の画家。
¶美画(㊞文政8(1825)年5月6日)

徳弘董斎*　とくひろとうさい
文化4(1807)年〜明治14(1881)年　江戸時代末期〜明治時代の南宋画家。土佐南画の二名家と称される。
¶全幕,幕末(㊓文化4(1807)年8月15日　㊞明治14(1881)年5月25日),美画(㊓文化4(1807)年8月15日　㊞明治14(1881)年5月25日)

徳弘脩清*(徳弘修清)　とくひろながきよ
寛政4(1792)年〜安政2(1855)年　江戸時代末期の土佐藩士。
¶幕末(徳弘修清　㊓寛政4(1792)年9月　㊞安政2(1855)年9月22日)

徳弁　とくべん
⇒市川団十郎〔3代〕(いちかわだんじゅうろう)

徳本*(1)　とくほん
宝暦8(1758)年〜文政1(1818)年10月6日　江戸時代後期の浄土宗の僧。小石川一行院中興開山。
¶コン(㊓寛政1(1789)年　㊞文政2(1819)年),思想

徳本(2)　とくほん
⇒永田徳本(ながたとくほん)

独本性源*(独本正源)　どくほんしょうげん
元和4(1618)年3月24日〜元禄2(1689)年8月11日　㊊性源(しょうげん)　江戸時代前期の黄檗僧。曹洞禅、臨済禅を学んだ。
¶コン

徳見知敬　とくみともたか
江戸時代後期〜大正時代の陶画師。
¶美工(㊓嘉永6(1853)年　㊞大正11(1922)年2月25日)

徳山玉瀾　とくやまぎょくらん
⇒池玉瀾(いけのぎょくらん)

徳山五兵衛則秀　とくやまごへえのりひで
⇒徳山則秀(とくやまのりひで)

徳山貞兼　とくやまさだかね
安土桃山時代の織田信長の家臣。
¶織田(㊓?　㊞天正5(1577)年7月10日)

徳山貞政　とくやまさだまさ
江戸時代前期の武士。貞兼の子。佐々の家臣か与力。
¶織田(㊓?　㊞慶長10(1605)年2月7日)

徳山則秀*　とくやまのりひで
?〜慶長11(1606)年　㊊徳山五兵衛則秀(とくやまごへえのりひで)　安土桃山時代〜江戸時代前期の織田信長の家臣。
¶織田(㊓天正13(1544)年　㊞慶長11(1606)年11月22日)

悳祐　とくゆう
⇒畠山義続(はたけやまよしつぐ)

独有　どくゆう
江戸時代中期の俳諧作者。中村氏。
¶俳文(㊓?　㊞宝永2(1705)年6月10日)

独揺柳福子　どくようりゅうふくこ
江戸時代後期の女性。狂歌。仙台の人。文政2年刊、唐丸編『狂歌陸奥百歌撰』に載る。
¶江表(独揺柳福子(宮城県))

土倉庄三郎　どぐらしょうざぶろう
江戸時代後期〜大正時代の林業家。
¶植物(㊓天保11(1840)年4月10日　㊞大正6(1917)年7月19日)

土蔵四郎兵衛*　とくらしろべえ
生没年不詳　安土桃山時代の織田信長の家臣。
¶織田(㊓?　㊞慶長9(1604)年)

十倉綱紀*　とくらつなのり
嘉永3(1850)年〜昭和7(1932)年　江戸時代末期〜大正時代の会津藩士。戊辰戦争では歴戦の勇士。後、函館七飯村で尽力。
¶幕末(㊞昭和7(1932)年1月29日)

土倉正彦　とくらまさひこ
江戸時代後期〜明治時代の岡山藩家老。
¶幕末(㊓嘉永2(1849)年　㊞明治7(1874)年4月10日)

徳力善雪*　とくりきぜんせつ
慶長4(1599)年〜延宝8(1680)年　江戸時代前期の京都の画家。
¶コン,美画(㊞延宝8(1680)年7月29日)

独立性易　どくりつしょうえき
⇒戴曼公(たいまんこう)

徳竜*　とくりゅう
安永1(1772)年〜安政5(1858)年　江戸時代後期の真宗大谷派の学僧。
¶思想(㊓明和9(1772)年)

独立　どくりゅう
⇒戴曼公(たいまんこう)

独立性易　どくりゅうしょうえき
⇒戴曼公(たいまんこう)

篤老　とくろう
⇒飯田篤老(いいだとくろう)

髑髏尼　どくろに
⇒髑髏尼(どくろのあま)

髑髏尼*　どくろのあま
㊊髑髏尼(どくろに)「平家物語」の一悲話の主人公。
¶古人(どくろに　生没年不詳),平家(㊓?　㊞元暦2(1185)年?)

徳若*　とくわか
生没年不詳　安土桃山時代の織田信長の家臣。
¶織田

吐月　とげつ
⇒飯島吐月(いいじまとげつ)

床井荘三*　とこいしょうぞう
天保9(1838)年〜慶応1(1865)年　㊊床井親徳(とこいちかのり)，床井晩緑(とこいばんりょく)

江戸時代末期の水戸藩士。
¶幕末(㉔元治2(1865)年4月3日)

床井親徳 とこいちかのり
⇒床井荘三(とこいしょうぞう)

床井晩緑 とこいばんりょく
⇒床井荘三(とこいしょうぞう)

杜光 とこう
⇒森田勘弥〔5代〕(もりたかんや)

杜口 とこう
⇒神沢杜口(かんざわとこう)

都紅 とこう★
江戸時代中期の女性。俳諧。明和3年刊、羽鳥一紅編『くさまくら』の巻末の「おひてかくいふ」に載る。
¶江表(都紅(群馬県))

杜国 とこく
⇒坪井杜国(つぼいとこく)

床次正精 とこなみまさよし
江戸時代後期～明治時代の洋画家。
¶美画(㊤天保13(1842)年 ㉔明治30(1897)年10月21日)

とこよ
江戸時代の女性。和歌。備前岡山藩士大沢猪之助の伯母。
¶江表(とこよ(岡山県))

常世田長翠 とこよだちょうすい
⇒常世田長翠(つねよだちょうすい)

所郁太郎* ところいくたろう
天保9(1838)年～慶応1(1865)年 江戸時代末期の医師。
¶コン,幕末(㊤天保8(1837)年2月16日 ㉔元治2(1865)年2月12日)

所佐一郎* ところさいちろう
?～慶応1(1865)年 江戸時代末期の水戸藩属吏。
¶幕末(㉔元治2(1865)年3月5日)

野老山吾吉郎*(野老山五吉郎) ところやまごきちろう
弘化3(1846)年～元治1(1864)年 江戸時代末期の志士。
¶幕末(野老山五吉郎 ㊤弘化3(1846)年10月10日 ㉔元治1(1864)年6月27日)

とさ(1)
江戸時代後期の女性。俳諧。伊勢山田の人。文化6年序、五十嵐梅夫編『草神楽』に載る。
¶江表(とさ(三重県))

とさ(2)
江戸時代末期の女性。俳諧。俳人青木双鶴の妻。元治1年双鶴の文台開きに際して句を詠んでいる。
¶江表(とさ(福井県))

土佐*(1) とさ
生没年不詳 平安時代中期の女房、歌人。
¶古人

土佐*(2) とさ
生没年不詳 平安時代後期の女性。左大臣藤原頼長の乳母。
¶古人

土佐(3) とさ★
江戸時代後期の女性。和歌。横江氏の娘。
¶江表(土佐(愛知県) ㉔嘉永1(1848)年)

土左*(土佐) とさ
生没年不詳 平安時代前期の女房・歌人。
¶古人(土佐)

杜哉* とさい
寛保2(1742)年～文化6(1809)年1月2日 江戸時代中期～後期の俳人。
¶俳文

土斉 どさい
⇒天野屋利兵衛(あまのやりへえ)

土佐一得* とさいっとく
生没年不詳 江戸時代前期の土佐派の画家。慶長年間に活躍。
¶美画

戸崎久右衛門* とさききゅうえもん
?～明治2(1869)年 江戸時代末期の豪農、大庄屋。
¶幕末(㉔明治2(1869)年7月8日)

戸崎清蔵* とざきせいぞう
文政9(1826)年～明治34(1901)年 江戸時代末期～明治時代の秋田藩士。蝦夷地警備隊に作事方として従軍。
¶幕末(㊤文政9(1826)年5月 ㉔明治34(1901)年6月19日),美建(㊤文政9(1826)年5月 ㉔明治34(1901)年6月19日)

土佐久翌 とさきゅうよく
⇒土佐光吉(とさみつよし)

土佐子 とさこ★
江戸時代後期の女性。和歌。尾張藩藩士桜山三郎右衛門典直の妻。文化14年刊、磯村道彦編『春風集』に載る。
¶江表(土佐子(愛知県))

土佐侍従(1) とさじじゅう
⇒長宗我部元親(ちょうそかべもとちか)

土佐侍従(2) とさじじゅう
⇒長宗我部盛親(ちょうそがべもりちか)

土佐女(1) とさじょ★
江戸時代末期の女性。和歌。伊勢桑名の牧泰然の娘。安政4年刊、富樫広蔭編『千百人一首』下に載る。
¶江表(土佐女(三重県))

土佐女(2) とさじょ★
江戸時代末期の女性。和歌。伊勢甚目八王子社神主吉川佐渡守秋彦の妻。文久2年序、西田惟恒編『文久二年八百首』に載る。
¶江表(土佐女(三重県))

土佐経隆* とさつねたか
鎌倉時代前期の画家、土佐家の始祖。
¶美画(生没年不詳)

土佐院 とさのいん
⇒土御門天皇(つちみかどてんのう)

土佐少掾 とさのしょうじょう
⇒土佐少掾橘正勝〔1代〕(とさのしょうじょうたちばなのまさかつ)

土佐少掾橘正勝〔1代〕* とさのしょうじょうたちば

なのまさかつ
生没年不詳　[別]土佐少掾（とさのしょうじょう）　江戸時代前期の浄瑠璃太夫。
¶コン（代数なし）

土佐局*　とさのつぼね
？～延宝8（1680）年　[別]大中臣時広女（おおなかとみときひろのむすめ）　江戸時代前期の女性。後陽成天皇の後宮。
¶天皇（大中臣時広女　おおなかとみときひろのむすめ　[没]延宝8（1680）年8月17日）

土佐坊昌俊（土佐房昌俊）　**とさのぼうしょうしゅん**
⇒土佐房昌俊（とさぼうしょうしゅん）

土佐姫　とさひめ
⇒喜佐姫（きさひめ）

土佐広周　とさひろかね
⇒土佐広周（とさひろちか）

土佐広周*　とさひろちか
生没年不詳　[別]土佐広周（とさひろかね）　室町時代の土佐派の絵師。
¶美画

土佐房昌俊*（土佐坊昌俊）　**とさぼうしょうしゅん**
？～文治1（1185）年10月26日　[別]金王丸（こんおうまる），渋谷金王丸（しぶやこんのうまる），昌俊（しょうしゅん），土佐坊昌俊，土佐房昌俊（とさのぼうしょうしゅん）　平安時代後期の僧。源頼朝に従った。
¶古人（昌俊　しょうしゅん），コン（土佐坊昌俊），内乱（金王丸　こんおうまる　[生]永治1（1141）年？　[没]？），内乱（昌俊　しょうしゅん），平家（昌俊　しょうしゅん）

土佐光章*　とさみつあき
嘉永1（1848）年～明治8（1875）年　江戸時代末期～明治時代の土佐派画家。
¶美画（[生]嘉永1（1848）年9月19日　[没]明治8（1875）年7月4日）

土佐光起*　とさみつおき
元和3（1617）年～元禄4（1691）年　江戸時代前期の土佐派の画家。土佐派中興の祖。光則の子。
¶浮絵，江人，コン，植物（[生]元和3（1617）年10月23日　[没]元禄4（1691）年9月25日），美画（[生]元和3（1617）年10月23日　[没]元禄4（1691）年9月25日），山小（[生]1617年10月23日　[没]1691年9月25日）

土佐光国*　とさみつくに
室町時代の土佐派の画家。
¶美画（生没年不詳）

土佐光貞*　とさみつさだ
元文3（1738）年～文化3（1806）年　江戸時代中期～後期の画家。
¶浮絵，コン，美画

土佐光孚*　とさみつざね
安永9（1780）年～嘉永5（1852）年　[別]土佐光孚（とさみつただ）　江戸時代後期の土佐派の画家。
¶美画（[生]安永9（1780）年4月24日　[没]嘉永5（1852）年4月5日）

土佐光重*　とさみつしげ
南北朝時代の土佐派の画家。
¶美画（生没年不詳）

土佐光茂　とさみつしげ
⇒土佐光茂（とさみつもち）

土佐光祐*　とさみつすけ
延宝3（1675）年～宝永7（1710）年　[別]土佐光高（とさみつたか）　江戸時代中期の土佐派の画家。
¶浮絵（土佐光高　とさみつたか），美画（[生]延宝3（1675）年2月20日　[没]宝永7（1710）年7月9日）

土佐光高　とさみつたか
⇒土佐光祐（とさみつすけ）

土佐光孚　とさみつただ
⇒土佐光孚（とさみつざね）

土佐光親*　とさみつちか
？～享保10（1725）年？　江戸時代中期の土佐派の画家。
¶美画（生没年不詳）

土佐光長　とさみつなが
⇒常盤光長（ときわみつなが）

土佐光成*　とさみつなり
正保3（1646）年～宝永7（1710）年　江戸時代前期～中期の土佐派の画家。光起の子。
¶浮絵，美画（[生]正保3（1646）年12月20日　[没]宝永7（1710）年3月21日）

土佐光信*　とさみつのぶ
生没年不詳　室町時代～戦国時代の土佐派の絵師。
¶浮絵，コン，中世，美画（[没]大永2（1522）年），室町，山小

土佐光則*　とさみつのり
天正11（1583）年～寛永15（1638）年　江戸時代前期の土佐派の画家。土佐光吉の子または弟子。
¶浮絵，コン，美画（[没]寛永15（1638）年1月16日）

土佐光弘*　とさみつひろ
室町時代の土佐派の画家。
¶美画（生没年不詳）

土佐光文*　とさみつぶみ，とさみつふみ
文化9（1812）年～明治12（1879）年　江戸時代末期～明治時代の日本画家。内裏造営で画工頭。土佐派末期の代表画家。
¶美画（とさみつふみ　[生]文化9（1812）年3月25日　[没]明治12（1879）年11月9日）

土佐光正*　とさみつまさ
生没年不詳　鎌倉時代後期の土佐派の画家。
¶美画

土佐光茂*　とさみつもち
生没年不詳　[別]土佐光茂（とさみつしげ）　室町時代の絵師、宮廷絵所預。
¶浮絵，コン，美画

土佐光元*　とさみつもと
享禄3（1530）年～永禄12（1569）年　戦国時代の画家。
¶美画（[没]永禄12（1569）年8月）

土佐光吉*　とさみつよし
天文8（1539）年～慶長18（1613）年　[別]土佐久翌（とさきゅうよく）　安土桃山時代～江戸時代前期の画家。土佐光茂の門人。
¶浮絵，美画（[没]慶長18（1613）年5月5日）

土佐光芳*　とさみつよし
元禄13（1700）年～明和9（1772）年　江戸時代中期の土佐派の画家。
¶美画（[生]元禄13（1700）年6月5日　[没]明和9（1772）年8月29日）

土佐行長*　とさゆきなが
生没年不詳　鎌倉時代後期の画家。
¶美画

土佐行秀　とさゆきひで
⇒藤原行秀（ふじわらのゆきひで）

土佐行広*　とさゆきひろ
生没年不詳　[別]藤原行広（ふじわらのゆきひろ）　室町時代の土佐派の絵師。土佐広周の父。将監に任官。
¶美画

土佐行光*　とさゆきみつ
生没年不詳　[別]藤原行光（ふじわらのゆきみつ）　南北朝時代の画家。
¶美画

土佐吉光*　とさよしみつ
生没年不詳　鎌倉時代後期の画家。
¶美画

戸沢竹次郎*　とざわたけじろう
天保11（1840）年～明治1（1868）年　江戸時代末期の長州（萩）藩士。
¶幕末（[没]慶応4（1868）年1月5日）

戸沢弁司*　とざわべんじ
文政11（1828）年～明治32（1899）年　江戸時代末期～明治時代の陶工。東京向島で薩摩焼を開窯、のち浅草で彫塑品を製作。
¶美工

戸沢正実*　とざわまささね
天保3（1832）年～明治29（1896）年　江戸時代末期～明治時代の大名。出羽新庄藩主。
¶全幕，幕末（[生]天保3（1833）年閏11月17日　[没]明治29（1896）年8月16日）

戸沢正親の継室　とざわまさちかのけいしつ★
江戸時代後期の女性。和歌。越後与板藩主井伊直朗の娘。天保3年薩摩藩士で記録奉行伊地知季案編「旧記雑録」154に載る。
¶江表（戸沢正親の継室（山形県））

戸沢正令　とざわまさのり
⇒戸沢正令（とざわまさよし）

戸沢正令*　とざわまさよし
文化10（1813）年～天保14（1843）年　[別]戸沢正令（とざわまさのり）　江戸時代後期の大名。出羽新庄藩主。
¶思想

戸沢光盛*　とざわみつもり
天正4（1576）年～文禄1（1592）年　安土桃山時代の武将。
¶戦武

戸沢盛重*　とざわもりしげ
天文20（1551）年～文禄1（1592）年　安土桃山時代の武将。
¶戦武

戸沢盛安*　とざわもりやす
永禄9（1566）年～天正18（1590）年　安土桃山時代の武将。
¶全戦，戦武

富山　とざん
⇒嵐雛助〔3代〕（あらしひなすけ）

歳　とし★
江戸時代中期の女性。俳諧。播磨の人。元禄15年同16年刊、広瀬惟然編『二葉集』に載る。
¶江表（歳（兵庫県））

寿　とし★
江戸時代後期～末期の女性。書簡。高浜氏。
¶江表（寿（鳥取県））

俊顕　としあき
南北朝時代の和歌・連歌作者。中御門家。
¶俳文（[生]？　[没]明徳2（1391）年6月20日）

載明親王*　としあきらしんのう
生没年不詳　平安時代前期の宇多天皇皇子。
¶古人

寿尾　としお★
江戸時代中期の女性。和歌。石田氏の母。安永4年刊、滝口蔵山編『蔵山集』に載る。
¶江表（寿尾（京都府））

年風*　としかぜ
寛政3（1791）年～弘化3（1846）年9月18日　[別]年風（ねんぷう）　江戸時代後期の俳人・絵師。
¶俳文（ねんぷう）

利清*　としきよ
生没年不詳　[別]利清（のりきよ）　江戸時代前期の俳人。
¶俳文（のりきよ）

とし子(1)　としこ★
江戸時代後期の女性。和歌。棚倉藩の奥女中。天保11年序、因幡若桜藩主松平定保の室栄子著「松平家源女竟宴和歌」に載る。
¶江表（とし子（福島県））

とし子(2)　としこ★
江戸時代後期の女性。和歌。幕臣朽木兵庫助綱泰の母か。寛政10年跋、信濃松代藩主真田幸弘の六〇賀集「千とせの寿詞」に載る。
¶江表（とし子（東京都））

とし子(3)　としこ★
江戸時代後期の女性。和歌。壬生藩鳥居家の奥女中。天保10年序、斎藤彦磨撰「春の明ほの」に載る。
¶江表（とし子（栃木県））

とし子(4)　としこ★
江戸時代後期の女性。和歌。阿島領主で旗本知久家の医師原正斎の妻。
¶江表（とし子（長野県））

とし子(5)　としこ★
江戸時代後期の女性。和歌。東山に住んだ。文政8年刊、青木行敬ほか編『聖廟奉納歌百二十首』に載る。
¶江表（とし子（京都府））

鋭子　としこ
江戸時代末期～明治時代の女性。和歌。志摩鳥羽藩主稲垣長剛の娘。
¶江表（鋭子（千葉県）　[没]明治11（1878）年）

紀子　としこ
江戸時代末期の女性。書簡。下野佐野藩主堀田摂津守正衡の娘。
¶江表（紀子（岩手県））

寿子(1) **としこ★**
江戸時代後期の女性。和歌。服部氏の娘。天保12年成立、徳川斉昭撰「弘道館梅花詩歌」に載る。
¶江表(寿子(茨城県))

寿子(2) **としこ★**
江戸時代末期の女性。和歌。美作英田郡の医師久山宗硯の妻。安政4年刊、大沢深臣編『美作国英多郡巨勢郷総社千首』に載る。
¶江表(寿子(岡山県))

俊子(1) **としこ★**
江戸時代中期〜後期の女性。和歌。松前藩藩士氏家治利の娘。
¶江表(俊子(北海道) [生]明和2(1765)年 [没]天保6(1835)年)

俊子(2) **としこ★**
江戸時代後期の女性。和歌。徳川家の目付役畠山常操の娘。天保12年刊、加納諸平編『類題鰒玉集』四に載る。
¶江表(俊子(東京都))

俊子(3) **としこ★**
江戸時代後期の女性。和歌。摂津兵庫南浜の名主南条与斎の妻。南条与斎の妻。
¶江表(俊子(兵庫県))

俊子(4) **としこ★**
江戸時代後期の女性。和歌。筑前芦屋町の人。「岡県集」に載る。
¶江表(俊子(福岡県))

俊子(5) **としこ★**
江戸時代末期の女性。和歌。彦根藩井伊家の奥女中。安政7年跋、蜂屋光世編『大江戸倭歌集』に載る。
¶江表(俊子(滋賀県))

俊子(6) **としこ**
⇒承香殿俊子(しょうきょうでんのとしこ)

登士子 **としこ★**
江戸時代末期〜明治時代の女性。和歌。山城紀伊郡竹田の郷士長谷川景則の妻。
¶江表(登士子(兵庫県) [没]明治15(1882)年)

年子 **としこ★**
江戸時代後期の女性。狂歌。上総富津の人。四方歌垣撰『俳諧歌次郎万首かへりあるじ』に載る。
¶江表(年子(千葉県))

敏子(1) **としこ★**
江戸時代中期〜後期の女性。和歌。因幡八東郡才代の大庄屋中村甚右衛門の娘。
¶江表(敏子(鳥取県) [生]安永9(1780)年 [没]弘化2(1845)年)

敏子(2) **としこ★**
江戸時代後期の女性。和歌。尾張藩藩士上田頼母の娘。天保4年刊、加納諸平編『類題鰒玉集』二に載る。
¶江表(敏子(愛知県))

敏子(3) **としこ★**
江戸時代後期の女性。和歌。播磨赤穂藩藩士竹内太一郎の母。嘉永5年刊、長沢伴雄編『類題鴨川四郎集』に載る。
¶江表(敏子(兵庫県))

敏子(4) **としこ★**
江戸時代末期の女性。和歌・書・教育。大津の八木立礼静脩の妻。夫が安政3年に病没する。
¶江表(敏子(滋賀県))

利子(1) **としこ★**
江戸時代後期の女性。和歌。旗本丸毛長十郎の母の妹。弘化4年刊、清堂観尊編『たち花の香』に載る。
¶江表(利子(東京都))

利子(2) **としこ★**
江戸時代末期の女性。和歌。忍藩藩士益田平兵衛の母。安政6年刊、黒沢翁満編『類題採風集』二に載る。
¶江表(利子(埼玉県))

齢子 **としこ**
江戸時代中期〜後期の女性。和歌・散文・書簡。木綿問屋近江屋吉田新十郎の娘。
¶江表(齢子(京都府) [生]明和5(1768)年 [没]天保12(1841)年)

儇子内親王 **としこないしんのう**
⇒儇子内親王(かんしないしんのう)

叡子内親王 **としこないしんのう**
⇒叡子内親王(えいしないしんのう)

俊子内親王*(1) **としこないしんのう**
？〜天長3(826)年 奈良時代〜平安時代前期の女性。嵯峨天皇皇女。
¶古人

俊子内親王(2) **としこないしんのう**
⇒俊子内親王(しゅんしないしんのう)

聡子内親王 **としこないしんのう**
⇒聡子内親王(そうしないしんのう)

敏子内親王* **としこないしんのう**
延喜6(906)年〜？ 平安時代中期の女性。醍醐天皇の皇女。
¶古人

とし女 **としじょ★**
江戸時代末期の女性。和歌。市川氏。安政7年跋、蜂屋光世編『大江戸倭歌集』に載る。
¶江表(とし女(東京都))

寿女 **としじょ★**
江戸時代後期の女性。俳諧。麴町の人。天保期頃成立、星喜庵北因編『俳諧百人一首集』に載る。
¶江表(寿女(東京都))

俊女(1) **としじょ★**
江戸時代後期の女性。和歌。紀州藩藩士山高左近信寿の母。嘉永4年に本居内遠に入門。
¶江表(俊女(和歌山県))

俊女(2) **としじょ★**
江戸時代末期の女性。俳諧。越後千手の橋畔亭竜昇の妻。安政6年刊、水落李東編『寰中百人集』に載る。
¶江表(俊女(新潟県))

俊女(3) **としじょ★**
江戸時代末期の女性。和歌。伊勢桑名の法盛寺の内方。安政4年刊、富樫広蔭編『千百人一首』下に載る。
¶江表(俊女(三重県))

俊瀬子　としせこ★
江戸時代中期の女性。和歌。三河刈谷藩主土井利信の室久米子の侍女。宝暦12年刊、村上影面編『続采藻編』に載る。
¶江表(俊瀬子(愛知県))

智忠親王*　としただしんのう
元和5(1619)年～寛文2(1662)年7月7日　[別]智忠親王(ともただしんのう), 八条宮智忠(はちじょうのみやとしただ), 八条宮智忠親王(はちじょうのみやとしただしんのう)　江戸時代前期の八条宮智仁親王の第1王子。
¶コン

都子内親王*　としないしんのう
延喜5(905)年～天元4(981)年　[別]都子内親王(くにこないしんのう)　平安時代中期の女性。醍醐天皇の皇女。
¶古人(くにこないしんのう)

俊長*　としなが
生没年不詳　[別]甘呂俊長(かんろとしなが)　鎌倉時代後期～南北朝時代の刀工。
¶美工

利寿　としなが
⇒奈良利寿(ならとしなが)

としのぶ母*(としのぶの母)　としのぶのはは
生没年不詳　平安時代中期以前の歌人。
¶古人(としのぶの母)

悦仁親王*　としひとしんのう
文化13(1816)年～文政4(1821)年　[別]高貴宮(あてのみや)　江戸時代後期の光格天皇の第7皇子。
¶天皇([生]文化13(1816)年1月28日　[没]文政4(1821)年2月11日)

智仁親王*　としひとしんのう
天正7(1579)年～寛永6(1629)年4月7日　[別]八条宮智仁(はちじょうのみやとしひと), 八条宮智仁親王(はちじょうのみやとしひとしんのう)　安土桃山時代～江戸時代前期の皇族。桂宮の初代。誠仁親王の第6皇子。
¶コン, 全戦, 俳文([生]天正7(1579)年1月8日), 山小(八条宮智仁親王　はちじょうのみやとしひとしんのう　[生]1579年1月8日　[没]1629年4月7日)

年姫　としひめ★
江戸時代中期～後期の女性。和歌・日記。盛岡藩10代藩主南部利正の娘。
¶江表(年姫(岩手県)　[生]天明4(1784)年　[没]文政8(1825)年)

利房　としふさ
江戸時代前期の連歌作者。元禄ごろ。西脇氏。
¶俳文(生没年不詳)

利部信正　としべののぶまさ
平安時代中期の官人。
¶古人(生没年不詳)

豊島景村　としまかげむら
南北朝時代の武将。
¶室町(生没年不詳)

豊島勝三郎　としまかつさぶろう
⇒姉川新四郎〔1代〕(あねかわしんしろう)

豊島勝直　としまかつなお
江戸時代前期の代官。
¶徳代([生]?　[没]寛文2(1662)年)

豊島勝之助　としまかつのすけ
⇒姉川新四郎〔1代〕(あねかわしんしろう)

豊島勝正　としまかつまさ
江戸時代前期の代官。
¶徳代(生没年不詳)

豊嶋喜平次　としまきへいじ
江戸時代前期の稲葉正則の家臣。
¶大坂

外島機兵衛*　としまきへえ, とじまきへえ
文政9(1826)年～慶応4(1868)年　江戸時代末期の陸奥会津藩士。
¶全幕(とじまきへえ), 幕末([生]文政9(1826)年6月1日　[没]慶応4(1868)年3月7日)

豊島清光*　としまきよみつ
生没年不詳　平安時代後期～鎌倉時代前期の武士。
¶古人

豊嶋貞継*　としまさだつぐ
生没年不詳　戦国時代の北条氏の他国衆。
¶後北(貞継〔豊島〕)

豊島新蔵　としましんぞう
⇒花笠文京〔1代〕(はながさぶんきょう)

豊嶋武経　としまたけつね
江戸時代中期の幕臣。
¶徳人([生]1738年　[没]?)

豊島忠次　としまただつぐ
安土桃山時代～江戸時代前期の代官。
¶徳代([生]永禄7(1564)年　[没]寛永20(1643)年3月13日)

豊島忠松　としまただまつ
江戸時代前期の代官。
¶徳代([生]?　[没]正保2(1645)年9月20日)

豊島洞斎　としまとうさい, としまどうさい
⇒豊島安三郎(てしまやすさぶろう)

豊島信満*　としまのぶみつ
?～寛永5(1628)年　安土桃山時代～江戸時代前期の武士。
¶徳人([生]1579年)

豊嶋則方　としまのりかた
平安時代後期の官人。
¶古人(生没年不詳)

豊島豊洲*　としまほうしゅう
元文2(1737)年～文化11(1814)年　[別]豊島豊洲(とよしまほうしゅう)　江戸時代中期～後期の儒学者。
¶思想

豊島泰経　としまやすつね
室町時代の武士。
¶内乱([生]?　[没]文明10(1478)年?)

豊嶋屋文次右衛門　としまやぶんじえもん
江戸時代中期の長崎版画の版元。宝暦、明和、安永、天明期。
¶浮絵

豊島由誓　としまゆうせい
⇒豊島由誓(とよしまゆせい)

豊島露月 としまろげつ
⇒豊島露月（とよしまろげつ）

利光仙庵* としみつせんあん
生没年不詳　江戸時代後期の医者。
¶科学

利基王* としもとおう
弘仁13（822）年～貞観8（866）年　平安時代前期の
桓武天皇の皇孫。
¶古人, 古代

杜若*(1) とじゃく
江戸時代中期の俳人（蕉門）。
¶俳文（㋑？　㋐享保14（1729）年8月6日）

杜若(2) とじゃく
⇒岩井半四郎〔4代〕（いわいはんしろう）

杜若(3) とじゃく
⇒岩井半四郎〔5代〕（いわいはんしろう）

杜若半四郎大大夫 とじゃくはんしろうだゆう
⇒岩井半四郎〔5代〕（いわいはんしろう）

杜習の母 としゅうのはは*
江戸時代中期の女性。俳諧。備中新庄の人。享保3
年跋、肥後熊本の鯰橋亭里仲編『鯰橋』に載る。
¶江表（杜習の母（岡山県））

叶升 としょう
⇒嵐雛助〔3代〕（あらしひなすけ）

兎城* とじょう
寛文2（1662）年～享保15（1730）年1月1日　江戸時
代前期～中期の俳人。
¶俳文

俊頼 としより
⇒源俊頼（みなもとのとしより）

斗酔* とすい
？～享和3（1803）年6月4日　江戸時代中期～後期
の俳人。
¶俳文

杜水 とすい*
江戸時代後期の女性。俳諧。河田の人。寛政3年
刊、平橋庵歃氷編『亭主ぶり』に載る。
¶江表（杜水（山梨県））

怒誰* どすい
江戸時代前期の俳人。
¶俳文（生没年不詳）

鳥栖寺貞崇 とすでらていすう
⇒鳥栖寺貞崇（とりすでらていそう）

とせ(1)
江戸時代中期の女性。和歌。仙台藩一門伊達村倫
家の奥女中。安永3年成立「田村村隆母公六十賀祝
賀歌集」に載る。
¶江表（とせ（宮城県））

とせ(2)
江戸時代中期の女性。俳諧。栗橋宿の人。宝暦13
年刊、梅田徳雨編『松島游記』に載る。
¶江表（とせ（埼玉県））

とせ(3)
江戸時代後期の女性。和歌。木村氏。寛政12年澄
月三回忌の追福和歌にある。

¶江表（とせ（京都府））

とせ(4)
江戸時代後期の女性。和歌。石見津和野藩藩士牧氏
の娘。文政6年成立、中村安由編「柿葉集」に載る。
¶江表（とせ（島根県））

とせ(5)
江戸時代後期の女性。俳諧。天保12年刊、万頃園
麦太編『仰魂集』に載る。
¶江表（とせ（佐賀県））

とせ(6)
江戸時代末期の女性。俳諧。摂津伊丹の人。安政6
年に岡田糠人が発刊した『かさりたる』に載る。
¶江表（とせ（兵庫県））

登勢 とせ*
江戸時代後期の女性。教育。玉江氏。弘化4年、寺
子屋を開業。
¶江表（登勢（東京都））

登勢子 とせこ*
江戸時代後期の女性。和歌。筑後柳川藩主立花左
近将監鑑寿の娘。
¶江表（登勢子（福岡県））　㋐寛政5（1793）年　㋐文化14
（1817）年）

東世子 とせこ
江戸時代後期～明治時代の女性。和歌・教育。河
井氏の娘。
¶江表（東世子（東京都））　㋐文化3（1806）年　㋐明治15
（1882）年）

とせ女(1) とせじょ*
江戸時代中期の女性。狂歌。天明2年刊、丹青洞恭
円編『興歌めさし岬』に載る。
¶江表（とせ女（東京都））

とせ女(2) とせじょ*
江戸時代後期の女性。和歌。豊後森藩主久留島家
の奥女中。文化11年作、中山忠雄・河田正致編『柿
本社奉納和歌集』に載る。
¶江表（とせ女（大分県））

兎仙女 とせんにょ*
江戸時代後期の女性。俳諧。森脇氏。享和2年、椎
尾八幡宮で行われた菅公900年の法楽句会に詠進
した。
¶江表（兎仙女（山口県））

戸田氏著* とだうじあき
江戸時代末期の幕臣。大目付。
¶德人（生没年不詳）

戸田氏彬* とだうじあきら
天保2（1831）年～慶応1（1865）年　江戸時代末期
の大名。美濃大垣藩主。
¶幕末（㋐天保2（1831）年5月11日　㋐慶応1（1865）年8
月8日）

戸田氏鉄* とだうじかね
天正4（1576）年～明暦1（1655）年　安土桃山時代
～江戸時代前期の大名。美濃大垣藩主、近江膳所
藩主。
¶コン（㋐天正5（1577）年）

戸田氏共* とだうじたか
嘉永7（1854）年6月29日～昭和11（1936）年2月17日
江戸時代末期～明治時代の宮内省官吏、伯爵、オー
ストリア駐在特命全権公使。華族、伯爵。式部次官

兼狩猟局長、式部長官などを歴任。
¶コン([生]安政1(1854)年),全幕([生]嘉永7(1854)年?),幕末

戸田氏孟　とだうじたけ
元文3(1738)年～天明5(1785)年　江戸時代中期の幕臣。
¶徳人,徳代([没]天明5(1785)年10月4日)

戸田氏正*　とだうじただ
*～明治9(1876)年　[別]戸田氏正(とだうじまさ)　江戸時代末期～明治時代の大名。美濃大垣藩主。
¶幕末([生]文化10(1813)年11月18日　[没]明治9(1876)年6月28日)

戸田氏教*　とだうじのり
宝暦4(1754)年～文化3(1806)年4月25日　江戸時代中期～後期の大名。美濃大垣藩主。
¶コン,徳将

戸田氏正　とだうじまさ
⇒戸田氏正(とだうじただ)

戸田氏寧　とだうじやす
江戸時代中期～後期の幕臣。
¶徳人([生]1776年　[没]1839年)

戸田氏栄*　とだうじよし
寛政11(1799)年～安政5(1858)年　江戸時代末期の浦賀奉行。
¶徳人,幕末([没]安政5(1858)年8月21日)

戸田氏倚　とだうじより
江戸時代中期～後期の幕臣。
¶徳人([生]1773年　[没]1837年)

富田越後守　とだえちごのかみ
⇒富田重政(とだしげまさ)

戸田勝成*　とだかつしげ
?～慶長5(1600)年　[別]戸田勝成(とだかつなり)　安土桃山時代の武将、大名。越前安居領主。
¶織田([没]慶長5(1600)年9月15日),戦武(とだかつしげ(かつなり))

戸田勝成　とだかつなり
⇒戸田勝成(とだかつしげ)

戸田勝房　とだかつふさ
江戸時代前期～中期の幕臣。
¶徳人([生]1665年　[没]1722年)

戸田恭太郎　とだきょうたろう
⇒伊達轍之助(だててつのすけ)

戸田旭山*　とだきょくざん
元禄9(1696)年～明和6(1769)年2月28日　江戸時代中期の医師、本草家。
¶科学,コン

戸田銀次郎*(1)　とだぎんじろう
文化1(1804)年～安政2(1855)年　[別]戸田忠敞(とだただあきら,とだただたか),戸田忠太夫(とだちゅうだゆう),戸田蓬軒(とだほうけん)　江戸時代末期の改革派水戸藩士。
¶コン(戸田忠太夫　とだちゅうだゆう),全幕(戸田蓬軒　とだほうけん),幕末(戸田銀次郎(忠敞)　[生]文化1(1804)年6月　[没]安政2(1855)年10月2日)

戸田銀次郎*(2)　とだぎんじろう
文政12(1829)年～慶応1(1865)年　[別]戸田孝甫(とだこうほ)　江戸時代末期の水戸藩士。
¶幕末(戸田銀次郎(忠則)　[生]文政12(1829)年9月　[没]慶応1(1865)年7月5日)

戸田乾吉*　とだけんきち
文政13(1830)年～明治37(1904)年5月29日　江戸時代末期～明治時代の久留米藩士。開成方に出仕、藩の蒸気船購入・回航などに尽力。
¶幕末([生]天保1(1830)年)

戸田黄山*　とだこうざん
江戸時代末期の画家。
¶美画(生没年不詳)

戸田広胖　とだこうはん
⇒坂部広胖(さかべこうはん)

戸田孝甫　とだこうほ
⇒戸田銀次郎(とだぎんじろう)

土田御前　どたごぜん
⇒織田信長の母(おだのぶながのはは)

戸田貞吉　とださだよし
江戸時代前期の幕臣。
¶徳人([生]?　[没]1652年)

戸田三左衛門*　とださんざえもん
文政11(1828)年～明治27(1894)年　江戸時代末期～明治時代の宇都宮藩士。大橋訥庵が謀った坂下門外の変で志士の擁護にまわった。
¶幕末([没]明治27(1894)年8月19日)

戸田三弥*　とださんや
文政5(1822)年～明治24(1891)年　江戸時代後期～明治時代の武士。
¶幕末([生]文政5(1822)年1月16日　[没]明治24(1891)年10月28日)

戸田重種*　とだしげたね
元和1(1615)年～元禄1(1688)年　江戸時代前期の武士。
¶徳人

富田重政*　とだしげまさ
永禄7(1564)年～寛永2(1625)年　[別]富田越後守(とだえちごのかみ),富田重政(とみたしげまさ)　安土桃山時代～江戸時代前期の武将、剣術家。
¶全戦([生]天文23(1554)年)

戸田次郎　とだじろう
⇒戸田光形(とだみつかた)

戸田信一　とだしんいち
⇒戸田信一(とだのぶかず)

戸田新右衛門*　とだしんえもん
生没年不詳　戦国時代の武士。後北条氏家臣。
¶後北(新右衛門〔戸田〕　しんえもん)

戸田助進　とだすけのしん
江戸時代前期の大坂牢人。池田光政に仕官を願った。
¶大坂

戸田祐之*　とだすけゆき
享保9(1724)年～安永8(1779)年　江戸時代中期の博物家。
¶徳人

戸田正意　とだせいい
生没年不詳　江戸時代後期の幕臣、火付盗賊改役。
¶徳人,徳代

富田勢源*　とだせいげん
生没年不詳　戦国時代の剣術家。
¶戦武（[生]大永3（1523）年　[没]？）

戸田宗二郎*　とだそうじろう
生没年不詳　安土桃山時代の織田信長の家臣。
¶織田

戸田忠敞　とだただあきら
⇒戸田銀次郎（とだぎんじろう）

戸田忠敞　とだただたか
⇒戸田銀次郎（とだぎんじろう）

戸田忠綱*　とだただつな
天保11（1840）年～大正11（1922）年　江戸時代末期～明治時代の高徳藩主、高徳藩知事、曽我野藩知事。
¶幕末（[生]天保11（1840）年12月　[没]大正11（1922）年11月）

戸田忠時*　とだただとき
寛永14（1637）年～正徳2（1712）年　[別]戸田忠利（とだただとし）　江戸時代前期～中期の大名。下野足利藩主。
¶徳人（戸田忠利　とだただとし）

戸田忠利　とだただとし
⇒戸田忠時（とだただとき）

戸田忠友*　とだただとも
弘化4（1847）年～大正13（1924）年　江戸時代末期～明治時代の宇都宮藩主、宇都宮藩知事。
¶全幕，幕末（[生]弘化4（1847）年8月22日　[没]大正13（1924）年2月2日）

戸田忠温　とだただはる
⇒戸田忠温（とだただよし）

戸田忠治　とだただはる
⇒戸田忠昌（とだただまさ）

戸田忠恕　とだただひろ
⇒戸田忠恕（とだただゆき）

戸田忠昌*　とだただまさ
寛永9（1632）年～元禄12（1699）年9月10日　[別]戸田忠治（とだただはる）　江戸時代前期の大名、老中。三河田原藩主、武蔵岩槻藩主、下総佐倉藩主、肥後富岡藩主。
¶コン，徳将

戸田忠行*　とだただゆき
弘化4（1847）年～大正7（1918）年　江戸時代末期～明治時代の足利藩主、足利藩知事。
¶全幕

戸田忠至*　とだただゆき
文化6（1809）年8月11日～明治16（1883）年3月30日　江戸時代末期～明治時代の下野高徳藩主。宇都宮藩家老。幕府に山稜奉行に任ぜらる。維新後参与などを歴任。
¶コン，全幕，幕末

戸田忠恕*　とだただゆき
弘化4（1847）年～明治1（1868）年　[別]戸田忠恕（とだただひろ）　江戸時代末期の大名。下野宇都宮藩主。
¶コン（とだただひろ），全幕（[没]慶応4（1868）年），幕末（[生]弘化4（1847）年5月23日　[没]慶応4（1868）年5月28日）

戸田忠温*　とだただよし
文化1（1804）年～嘉永4（1851）年　[別]戸田忠温（とだただはる）　江戸時代後期の大名。下野宇都宮藩主。
¶幕末（[生]天明5（1785）年　[没]嘉永4（1851）年7月26日）

戸田親子*　とだちかこ
文化11（1814）年～明治18（1885）年5月16日　江戸時代末期～明治時代の女性。美濃の国大垣藩主戸田氏正の妻。薩摩藩主島津重豪の娘。和歌、箏に優れる。
¶江表（親子（岐阜県））

戸田忠太夫　とだちゅうだゆう
⇒戸田銀次郎（とだぎんじろう）

戸田輝道　とだてるみち
江戸時代前期～中期の幕臣。
¶徳人（[生]1628年　[没]1697年）

戸田藤左衛門尉　とだとうざえもんのじょう
安土桃山時代～江戸時代前期の武士。甲斐西郡宮地の出身。父は長篠合戦で討死。後、紀伊徳川家に仕えた。
¶武田（生没年不詳）

戸田直武*　とだなおたけ
？～元禄2（1689）年　江戸時代前期～中期の武士。
¶徳人（生没年不詳）

富田長繁　とだながしげ
⇒富田長繁（とみたながしげ）

戸田信一*　とだのぶかず
文化2（1805）年～明治15（1882）年　[別]戸田信一（とだしんいち）　江戸時代末期～明治時代の歌人。著書に「米府年表」「藤蔭歌話」など。
¶幕末（とだしんいち　[没]明治15（1882）年12月21日）

戸田兵庫　とだひょうご
江戸時代前期の人。秀吉の家臣戸田孫太郎義春の子。
¶大坂（[没]慶長20年）

富田兵部　とだひょうぶ
⇒富田兵部（とみたひょうぶ）

戸田蓬軒　とだほうけん
⇒戸田銀次郎（とだぎんじろう）

戸田孫太郎　とだまごたろう
戦国時代の駿河国入山瀬の土豪。武田信玄による駿河侵攻に際し武田氏へ属した駿河衆。
¶武田（生没年不詳）

戸田正方　とだまさかた
江戸時代中期の代官。
¶徳代（[生]元禄12（1699）年　[没]宝暦1（1751）年9月29日）

戸田光雄　とだみつお
⇒松平光雄（まつだいらみつお）

戸田光形*　とだみつかた
天保7（1836）年～元治1（1864）年　[別]戸田次郎（とだじろう）　江戸時代末期の志士。
¶幕末（[生]天保7（1836）年9月　[没]元治1（1864）年9月16日）

戸田光重　とだみつしげ
⇒松平光重（まつだいらみつしげ）

戸田光慈　とだみつちか
⇒松平光慈（まつだいらみつちか）

戸田光庸　とだみつつね
⇒松平光庸（まつだいらみつつね）

戸田光永　とだみつなが
⇒松平光永（まつだいらみつなが）

戸田光則*　とだみつひさ
文政11（1828）年～明治25（1892）年　[別]松平光則（まつだいらみつひさ）　江戸時代後期～明治時代の大名、華族。
¶全幕（松平光則　まつだいらみつひさ），徳松（松平光則　まつだいらみつひさ），幕末（[生]文政11（1832）年7月27日　[没]明治25（1892）年12月30日）

戸田光和　とだみつまさ
⇒松平光和（まつだいらみつまさ）

戸田光徳　とだみつやす
⇒松平光徳（まつだいらみつやす）

戸田光行　とだみつゆき
⇒松平光行（まつだいらみつゆき）

戸田光悌　とだみつよし
⇒松平光悌（まつだいらみつよし）

戸田民部少輔　とだみんぶのしょう
江戸時代前期の武将。大坂の陣で籠城。
¶大坂

戸田茂睡*　とだもすい
寛永6（1629）年～宝永3（1706）年4月14日　江戸時代前期～中期の歌人。
¶江人，コン，思想，日文，山小（[生]1629年5月19日　[没]1706年4月14日）

戸田主水*　とだもんど
？～明治1（1868）年　江戸時代末期の九条家の家士。
¶幕末（[没]慶応4（1868）年8月18日）

戸田康直　とだやすなお
⇒松平康直（まつだいらやすなお）

戸田康長*　とだやすなが
永禄5（1562）年～寛永9（1632）年12月12日　[別]松平康長（まつだいらやすなが）　安土桃山時代～江戸時代前期の大名。武蔵東方藩主、上野白井藩主、上野高崎藩主、常陸笠間藩主、下総古河藩主、信濃松本藩主。
¶コン，徳松（松平康長　まつだいらやすなが）

戸田康光*　とだやすみつ
？～天文16（1547）年　戦国時代の武将。三河田原城主戸田政光の子。
¶コン

富田吉清*　とだよしきよ
？～元亀1（1570）年　戦国時代の武将。朝倉氏家臣。
¶全戦

戸田与次郎*　とだよじろう
生没年不詳　安土桃山時代の織田信長の家臣。
¶織田

戸田隆重　とだりゅうじゅう
江戸時代前期の代官。
¶徳代（[生]？　[没]寛永17（1640）年10月）

戸田柳造*　とだりゅうぞう
文化5（1808）年～慶応1（1865）年　江戸時代末期の陶工。
¶幕末，美工

戸田りん女*　とだりんじょ
生没年不詳　江戸時代中期の女性。歌人。
¶江表（りん（東京都））

とぢ
江戸時代後期の女性。和歌。島田村の大庄屋森本甚三郎信就と海寿の娘。
¶江表（とぢ（長野県）　[没]文政9（1826）年）

栃木大学*　とちぎだいがく
天保8（1837）年～明治4（1871）年　江戸時代末期～明治時代の会津藩士。彰義隊に入る。新政府に捕らえられ処刑。
¶幕末（[没]明治4（1871）年9月8日）

栃木南厓*　とちぎなんがい
文化14（1817）年～明治9（1876）年　江戸時代末期～明治時代の会津藩士、教育者。長沼流兵学に通じ、戊辰戦争の時藩主に極論戦略を上書。
¶幕末（[生]文化4（1807）年　[没]明治9（1876）年10月25日）

杼窪新兵衛広高の母　とちくぼしんべえひろたかのはは★
江戸時代中期の女性。和歌。仙台の人。
¶江表（杼窪新兵衛広高の母（宮城県）　[没]元文2（1737）年）

登千子　とちこ★
江戸時代末期の女性。和歌。黒瀬氏。明治1年息子黒瀬美之は仇敵に殺害される。
¶江表（登千子（熊本県））

登知子　とちこ★
江戸時代の女性。和歌。緒方氏。明治4年刊、『不知火歌集』に載る。
¶江表（登知子（熊本県））

とち女(1)　とちじょ★
江戸時代後期の女性。和歌。宇和島藩藩士滝波遊静の妻。嘉永5年刊、内遠編『五十鈴川』に載る。
¶江表（とち女（愛媛県））

とち女(2)　とちじょ★
江戸時代末期の女性。俳諧。常陸下玉里村の福田良助の母。文久2年刊、草中庵希水編『俳諧画像集』に載る。
¶江表（とち女（茨城県））

杤内与兵衛　とちないよしえ
⇒杤内与兵衛（とちないよへい）

杤内吉忠*　とちないよしただ
文政8（1825）年～明治26（1893）年　江戸時代末期～明治時代の八戸藩儒、勤王家。藩の儒学小教授。勤王を唱えて山下組を創る。
¶幕末

杤内与兵衛*　とちないよへい
享和1（1801）年～明治9（1876）年4月18日　[別]杤内与兵衛（とちないよしえ），杤内与兵衛（とちないよへえ）　江戸時代末期～明治時代の武術家。
¶幕末（杤内与兵衛　とちないよしえ）

杤内与兵衛　とちないよへえ
⇒杤内与兵衛（とちないよへい）

栃屋縫右衛門*　とちやぬいえもん
生没年不詳　安土桃山時代の織田信長の家臣。
¶織田

登蝶　とちょう★
江戸時代後期の女性。川柳。文化5年刊『誹風柳多留』に載る。
¶江表(登蝶(東京都))

戸塚建治(成之)　とづかけんじ(なりゆき)
江戸時代中期の眼科医。
¶眼医(生没年不詳)

戸塚重吉　とつかしげよし
安土桃山時代の武士。上野の武士と思われる。
¶武田(生没年不詳)

戸塚静海*　とつかせいかい
寛政11(1799)年～明治9(1876)年　江戸時代後期～明治時代の蘭方医。
¶江人,科学([没]明治9(1876)年1月29日),コン,対外,幕末([没]明治9(1876)年1月29日)

富塚善四郎　とづかぜんしろう
⇒富塚善四郎(とみづかぜんしろう)

戸塚忠栄　とつかただよし
江戸時代中期の幕臣。
¶徳人([生]1778年　[没]?)

戸塚伯直　とつかのりなお
安土桃山時代～江戸時代前期の代官。
¶徳代([生]文禄3(1594)年　[没]慶安3(1650)年4月8日)

戸塚伯英　とつかのりふさ
戦国時代～江戸時代前期の代官。
¶徳代([生]弘治1(1555)年　[没]寛永6(1629)年2月2日)

戸塚彦介*　とつかひこすけ,とづかひこすけ
文化9(1812)年～明治19(1886)年　[別]戸塚英俊(とつかひでとし)　江戸時代末期～明治時代の駿河沼津藩士、柔術師範。
¶江人(とづかひこすけ　[生]1813年),幕末(戸塚英俊　とつかひでとし　[生]文化10(1813)年1月19日　[没]明治19(1886)年4月15日)

戸塚英俊　とつかひでとし
⇒戸塚彦介(とつかひこすけ)

戸塚文海*　とつかぶんかい,とづかぶんかい
天保6(1835)年9月3日～明治34(1901)年9月9日　江戸時代末期～明治時代の蘭方医、初代海軍医務局長、軍医総監。適塾を経て長崎でボードウインに学ぶ。
¶科学,コン,幕末(とづかぶんかい)

登鶴子　とづこ★
江戸時代の女性。和歌。摂津伊丹の小西氏。明治16年刊、中村良顕編『猪名野の摘草』に載る。
¶江表(登鶴子(兵庫県))

徳光屋覚左衛門　とっこうやかくざえもん
⇒徳光屋覚左衛門(とくこうやかくざえもん)

訥子(1)　とっし
⇒沢村源之助〔3代〕(さわむらげんのすけ)

訥子(2)　とっし
⇒沢村宗十郎〔1代〕(さわむらそうじゅうろう)

訥子(3)　とっし
⇒沢村宗十郎〔2代〕(さわむらそうじゅうろう)

訥子(4)　とっし
⇒沢村宗十郎〔3代〕(さわむらそうじゅうろう)

訥子(5)　とっし
⇒沢村宗十郎〔4代〕(さわむらそうじゅうろう)

訥子(6)　とっし
⇒沢村宗十郎〔5代〕(さわむらそうじゅうろう)

訥升　とっしょう
⇒沢村宗十郎〔5代〕(さわむらそうじゅうろう)

土手のお六*(土手お六)　どてのおろく
江戸時代の女性。鶴屋南北「於染久松色読販」に登場する人物。
¶コン(土手お六)

都々逸坊扇歌〔1代〕*(都々一坊扇歌)　どどいつぼうせんか
文化1(1804)年～嘉永5(1852)年　江戸時代末期の音曲家。医師岡本玄作の次男。
¶コン(代数なし　[生]寛政8(1796)年),山小(代数なし　[没]1852年10月29日)

都々逸坊扇歌〔2代〕*　どどいつぼうせんか
?～慶応3(1867)年　江戸時代末期の落語家。
¶コン

十時雪斎　とときせっさい
⇒十時摂津(とときせっつ)

十時摂津*　とときせっつ
文政8(1825)年～明治26(1893)年　[別]十時雪斎(とときせっさい)　江戸時代末期～明治時代の筑後柳河藩家老。
¶全幕,幕末([没]明治26(1893)年4月5日)

十時梅厓*(十時梅崖)　とときばいがい,とどきばいがい
寛延2(1749)年～享和4(1804)年　江戸時代中期～後期の儒学者。
¶コン(十時梅崖　とどきばいがい　[生]元文2(1737年/1736年/1734)年　[没]文化1(1804)年)

十時甫快　とときほかい
⇒上野喜蔵(あがのきぞう)

百々玉翁　どどぎょくおう
⇒百々玉善(どどぎょくぜん)

百々玉泉*　どどぎょくせん
?～安永4(1775)年　江戸時代中期の蒔絵師。
¶美工([没]安永4(1775)年3月19日)

百々玉善*　どどぎょくぜん
?～天保11(1840)年　[別]百々玉翁(どどぎょくおう)　江戸時代後期の蒔絵師。
¶美工(百々玉翁　どどぎょくおう)

登度女　とどじょ★
江戸時代後期の女性。狂歌。上総岩和田の人。文政2年刊、四方歌垣編『俳諧歌相撲鶯蛙集』に載る。
¶江表(登度女(千葉県))

百々綱家*　どどつないえ
天文17(1548)年～慶長14(1609)年　[別]百々安信(どどやすのぶ)　安土桃山時代～江戸時代前期の武士。織田氏家臣、豊臣氏家臣。
¶織田(百々安信　どどやすのぶ　[生]天文17(1548)年?　[没]慶長14(1609)年?)

百々安信　どどやすのぶ
⇒百々綱家(どどつないえ)

魚屋北渓　ととやほくけい
⇒魚屋北渓（ととやほっけい）

魚屋北渓*　ととやほっけい
安永9（1780）年～嘉永3（1850）年　[別]魚屋北渓（ととやほくけい），北渓（ほっけい）　江戸時代後期の浮世絵師。岩窪氏。
¶浮絵，コン，美画（[没]嘉永3（1850）年4月9日）

捕鳥部万*　ととりべのよろず
？～587年　飛鳥時代の物部守屋の資人。
¶古代

等々力定厚　とどろきさだあつ
戦国時代の信濃国安曇郡等々力郷の国衆。
¶武田（生没年不詳）

等々力次右衛門尉　とどろきじうえもんのじょう
安土桃山時代の信濃国安曇郡等々力郷の国衆。
¶武田（生没年不詳）

轟武兵衛*　とどろきぶへえ，とどろきぶべえ
文政1（1818）年～明治6（1873）年　江戸時代後期～明治時代の武士。
¶コン（とどろきぶべえ），全幕（[生]文化15（1818）年），幕末（[生]文化15（1818）年1月25日　[没]明治6（1873）年5月4日）

とな（1）
江戸時代中期の女性。俳諧。越中の人。安永5年刊、石原五晴編『俳諧津守船』に載る。
¶江表（とな（富山県））

とな（2）
江戸時代中期の女性。俳諧。但馬養父の人。安永2年刊、去来庵半化編『誹諧十百韵』に載る。
¶江表（とな（兵庫県））

礪波臣志留志　となみのおみしるし
⇒礪波志留志（となみのしるし）

礪波志留志*　となみのしるし
生没年不詳　[別]礪波臣志留志（となみのおみしるし）　奈良時代の越中国礪波郡の地方豪族。
¶古人，古代（礪波臣志留志　となみのおみしるし），コン

隣内子　となりないし★
江戸時代後期の女性。狂歌。文政5年刊、石川雅望ほか撰『狂歌三十六歌仙』に載る。
¶江表（隣内子（東京都））

図南女　となんじょ★
江戸時代中期の女性。狂歌。天明3年刊、元杢網編『落栗庵狂歌月並摺』などに載る。
¶江表（図南女（東京都））

斗入　とにゅう
江戸時代後期の俳諧作者。
¶俳文（[生]？　[没]文化2（1805）年）

とね
江戸時代後期の女性。俳諧。文政2年刊、田喜庵護物編『俳諧捜玉集』に載る。
¶江表（とね（群馬県））

戸根木貞一　とねきさだいち
江戸時代の和算家。
¶数学

刀根子　とねこ★
江戸時代後期の女性。和歌。保田長左衛門の妻。嘉永1年刊、長沢伴雄編『類題和歌鴨川集』に載る。
¶江表（刀根子（兵庫県））

利根山良達　とねやまりょうたつ
江戸時代後期の眼科医。
¶眼医（生没年不詳）

舎人皇女　とねりこうじょ
⇒舎人皇女（とねりのこうじょ）

舎人親王*　とねりしんのう
天武5（676）年～天平7（735）年　[別]崇道尽敬皇帝（すどうじんきょうこうてい，すどうじんぎょうこうてい，すどうじんけいこうてい），舎人皇子（とねりのみこ）　飛鳥時代～奈良時代の歌人、久郷（知太政官事）。天武天皇の第3皇子。「日本書紀」を編纂。
¶公卿（[生]天武天皇5（676）年　[没]天平7（735）年11月14日），古人，古代，コン（[生]？），思想，天皇（とねりのみこ・とねりしんのう），山小（[没]735年11月14日）

舎人皇女　とねりのおうじょ
⇒舎人皇女（とねりのこうじょ）

舎人皇女*　とねりのこうじょ
？～推古11（603）年　[別]舎人皇女（とねりこうじょ，とねりのおうじょ，とねりのひめみこ）　飛鳥時代の女性。欽明天皇の皇女。当麻皇子の妃。
¶古人（とねりこうじょ　生没年不詳），古代（とねりのひめみこ）

舎人皇女　とねりのひめみこ
⇒舎人皇女（とねりのこうじょ）

舎人王*　とねりのみこ
？～天武9（680）年6月　飛鳥時代の公卿（大納言、宮内卿）。
¶公卿（[没]天武天皇9（680）年6月），古代

舎人皇子　とねりのみこ
⇒舎人親王（とねりしんのう）

兎農　とのう
江戸時代後期～末期の俳諧作者。
¶俳文（[生]寛政3（1791）年　[没]慶応1（1865）年9月17日）

殿内義雄*　とのうちよしお
＊～文久3（1863）年　江戸時代末期の新撰組隊士。
¶新隊（[生]天保1（1830）年　[没]文久3（1863）年3月25日），全幕（[生]天保1（1830）年），幕末（[生]天保1（1830）年　[没]文久3（1863）年3月25日）

との子　とのこ★
江戸時代後期の女性。俳諧。俳人喜多川梅価の娘。
¶江表（との子（京都府）　[没]弘化4（1847）年）

殿野保町・殿保町　とののほまち★
江戸時代後期の女性。狂歌。天明8年序、失楽菅江編『鸚鵡盃』に載る。
¶江表（殿野保町・殿保町（東京都））

外村省吾*　とのむらしょうご
文政4（1821）年～明治10（1877）年　[別]外村半雲（とのむらはんうん）　江戸時代末期～明治時代の近江彦根藩士。
¶幕末（[生]文政4（1821）年4月　[没]明治10（1877）年1月6日）

外村半雲　とのむらはんうん
⇒外村省吾（とのむらしょうご）

とのむら

殿村平右衛門〔1代〕* とのむらへいえもん
延宝8(1680)年～享保6(1721)年　江戸時代中期の両替商。屋号は米屋。
¶コン(代数なし)

殿村平右衛門〔6代〕* とのむらへいえもん
寛政6(1794)年～明治3(1870)年　江戸時代末期～明治時代の実業家。米穀商、両替商。蔵元、御館人をつとめる。
¶幕末(㊶寛政6(1794)年9月10日　㊽明治3(1870)年7月7日)

とは
江戸時代後期の女性。俳諧。大坂の人。寛政12年刊、三宅嘯山編『俳諧独喰』に載る。
¶江表(とは(大阪府))

登波 とは
江戸時代末期～明治時代の女性。仇討。長門滝部村の八幡社の宮番甚兵衛の娘。
¶江表(登波(山口県)　㊽明治4(1871)年)

鳥羽院 とばいん
⇒鳥羽天皇(とばてんのう)

鳥羽勘丞 とばかんのじょう
安土桃山時代の信濃国筑摩郡会田の土豪。
¶武田(生没年不詳)

鳥羽謙三郎* とばけんざぶろう
天保10(1839)年～明治9(1876)年　江戸時代末期～明治時代の土佐藩勤王の志士。深尾家の騎馬格。勤王党弾圧で入牢処分。
¶幕末(㊽明治9(1876)年12月5日)

とは子 とはこ*
江戸時代の女性。和歌。木村氏。明治4年刊、『不知火歌集』に載る。
¶江表(とは子(熊本県))

土橋惣右衛門尉 どばしそうえもんのじょう
戦国時代の甲斐国山梨郡遠光寺村の土豪。
¶武田(生没年不詳)

土橋八郎左衛門尉 どばしはちろうざえもんのじょう
戦国時代の甲斐国河内西古関の土豪。
¶武田(生没年不詳)

とは女 とはじょ*
江戸時代後期の女性。俳諧。峰吉川の人か。嘉永4年頃刊、秋山御風門の石川二葉・会田素山・青木蕗城編『さし柳』に載る。
¶江表(とは女(秋田県))

鳥羽僧正 とばそうじょう
⇒覚猷(かくゆう)

鳥羽僧上覚猷(鳥羽僧正覚猷)　とばそうじょうかくゆう
⇒覚猷(かくゆう)

鳥羽多喜松* とばたきまつ
？～明治28(1895)年6月25日　江戸時代末期～明治時代の新撰組隊士。
¶新隊

鳥羽天皇* とばてんのう
康和5(1103)年1月16日～保元1(1156)年7月2日
㊾鳥羽院(とばいん)　平安時代後期の第74代の天皇(在位1107～1123)。堀河天皇と贈太政大臣藤原実季の娘苡子の子。白河上皇の死後院政を開始。伊勢氏を登用して政権に実力をつけた。崇徳天皇を退位させたことから不和となり、後の保元の乱の要因を作った。
¶古人、コン、思想、天皇、内乱、平家(鳥羽院　とばいん)、山小(㊶1103年1月16日　㊽1156年7月2日)

鳥羽屋三右衛門〔1代〕* とばやさんえもん
*～明和4(1767)年　江戸時代中期の三味線方。鳥羽屋一門の祖。東武線太夫。
¶コン(代数なし　㊶正徳2(1712)年)

鳥羽屋里長 とばやりちょう
世襲名　江戸時代の長唄および豊後節の三味線方。江戸時代に活躍したのは、初世から3世まで。
¶江人

鳥羽屋里長〔1代〕* とばやりちょう
元文3(1738)年～寛政6(1794)年　江戸時代中期の長唄・豊後系浄瑠璃三味線方の家元。
¶歌大、コン、新歌(――〔1世〕　㊽1794年？)

鳥羽屋里長〔2代〕* とばやりちょう
生没年不詳　㊾故沢里慶、故沢里桂(こざわりけい)　江戸時代後期の長唄豊後節三味線方。
¶歌大、新歌(――〔2世〕)

鳥羽屋里長〔3代〕* とばやりちょう
生没年不詳　江戸時代末期の長唄豊後節三味線方。
¶歌大、新歌(――〔3世〕)

鳥羽与三衛門 とばよさえもん
安土桃山時代の信濃国筑摩郡会田の土豪。
¶武田(生没年不詳)

戸張半兵衛 とばりはんべえ
江戸時代前期の幕臣。
¶徳人(㊶？　㊽1636年)

土肥霞洲* どひかしゅう
元禄6(1693)年～宝暦7(1757)年　㊾土肥霞洲(どいかしゅう)、土肥元成(どいもとなり)　江戸時代中期の漢学者。号は霞洲、新川。
¶コン、徳将(土肥元成　どいもとなり)

土肥謙蔵* どひけんぞう
文政10(1827)年～明治33(1900)年　江戸時代末期～明治時代の元老院議官。閉院後は鳥取藩史編纂に従事。
¶幕末(㊽明治33(1900)年3月20日)

土肥実平* どひさねひら
生没年不詳　㊾平実平(たいらのさねひら)、土肥実平(といさねひら、どいさねひら)　平安時代後期の武将。桓武平氏の中村庄司宗平の子。
¶古人(平実平　たいらのさねひら)、コン、中世、内乱、平家(といさねひら　㊶？　㊽建久2(1191)年？)

土肥庄五郎 どひしょうごろう
江戸時代前期の秀頼の奥小姓。
¶大坂(㊽慶長20年5月8日)

土肥助次郎* どひすけじろう
生没年不詳　安土桃山時代の織田信長の家臣。
¶織田(㊶天文22(1553)年　㊽寛永6(1629)年3月23日)

土肥大作* どひだいさく
天保8(1837)年～明治5(1872)年　江戸時代末期～明治時代の丸亀藩士、丸亀藩権大参事、新治県参事。藩政改革を推進、改革に不満を持つ士族に襲われ負傷。
¶全幕、幕末(㊽明治5(1872)年5月24日)

飛田与七*　とびたよしち
天保4(1833)年～明治2(1869)年　江戸時代末期の大工。
¶幕末([没]明治2(1869)年8月8日),美建([没]明治2(1869)年8月8日)

土肥親真*　どひちかざね
？～天正11(1583)年4月21日　戦国時代～安土桃山時代の織田信長の家臣。
¶織田

土肥仲蔵　どひちゅうぞう
江戸時代後期～末期の武士、京都見廻組並。
¶全幕([生]天保4(1833)年　[没]慶応4(1868)年)

土肥典膳*　とひてんぜん，どひてんぜん
文政10(1827)年～明治2(1869)年　江戸時代末期の勤王家、備前岡山藩士。
¶幕末([没]明治2(1869)年8月13日)

土肥遠平*　どひとおひら
生没年不詳　[別]小早川遠平(こばやかわとおひら)，平遠平(たいらのとおひら)，土肥遠平(といとおひら)　鎌倉時代前期の武将。実平の子。
¶古人(平遠平　たいらのとおひら),中世,内乱,平家(といとおひら　[生]？　[没]嘉禎3(1237)年？)

土肥孫左衛門*　どひまござえもん
生没年不詳　安土桃山時代の織田信長の家臣。
¶織田

土肥政繁*　どひまさしげ
[別]土肥政繁(どいまさしげ)　戦国時代～安土桃山時代の地方豪族・土豪。上杉氏家臣。
¶織田([生]？　[没]天正18(1590)年？)

土肥黙翁*　どひもくおう
万治3(1660)年～享保11(1726)年　[別]土肥黙翁(どいもくおう)　江戸時代前期～中期の儒学者。
¶コン

怒風*　どふう
？～寛保3(1743)年　江戸時代中期の俳人(蕉門)。
¶俳文([生]寛文3(1663)年)

兎文　とぶん
江戸時代中期～後期の俳諧作者。
¶俳文([生]延享4(1747)年　[没]文化6(1809)年11月26日)

富部家俊　とべいえとし
平安時代後期の信濃国の武士。
¶平家([生]？　[没]治承5(1181)年)

戸部愿山　とべげんざん
⇒戸部良凞(とべよしひろ)

戸部良煕　とべながひろ
⇒戸部良凞(とべよしひろ)

戸部良凞*　とべよしひろ
正徳3(1713)年～寛政7(1795)年　[別]戸部愿山(とべげんざん)，戸部良煕(とべながひろ)　江戸時代中期の土佐藩士。
¶コン

壺井義知　とぼいよしとも
⇒壺井義知(つぼいよしちか)

土芳*　どほう，とほう
明暦3(1657)年～享保15(1730)年　[別]服部土芳(はっとりとほう，はっとりどほう)　江戸時代前期～中期の俳人。伊賀蕉門の中心人物。
¶江人(とほう),コン(服部土芳　はっとりとほう),詩作(服部土芳　はっとりどほう　[没]享保15(1730)年1月18日),俳文([没]享保15(1730)年1月18日)

とほうも内子　とほうもないし★
江戸時代中期の女性。狂歌。天明5年刊、四方山人編『徳和歌後万載集』に載る。
¶江表(とほうも内子(東京都))

苫　とま
江戸時代中期の女性。和歌。但馬豊岡の人。寛延～天明期頃成立「長閑集」に載る。
¶江表(苫(兵庫県))

戸牧行三郎*　とまきこうさぶろう
天保9(1838)年～元治1(1864)年　江戸時代末期の人。筑波山挙兵に参加。
¶幕末([没]元治1(1864)年10月27日)

とま子
江戸時代後期の女性。和歌。仙台藩の奥女中。文化5年頃、真田幸弘編「御ことほきの記」に載る。
¶江表(とま子(宮城県))

トマス荒木　とますあらき
⇒荒木トマス(あらきとます)

トマス・キウニ*
天正8(1580)年～元和5(1619)年　安土桃山時代～江戸時代前期のキリシタン。
¶コン

トマス・デ・サン・アウグスチノ*
*～寛永14(1637)年　[別]金鍔次兵衛(きんつばじひょうえ，きんつばじへえ)，サン＝アウグスティノ，トマス・デ・サン・アウグスティノ　江戸時代前期の殉教者。マニラに渡りアウグスチノ会神父となる。
¶コン([生]慶長3(1598)年),対外(トマス＝デ＝サン＝アウグスティノ　[生]？)

トマス・デ・サン・ハシント*
天正18(1590)年～寛永11(1634)年　[別]サン＝ハシント，西トマス(にしとます)　江戸時代前期のドミニコ会司祭。殉教者。長崎16聖人の一人。
¶コン,対外(トマス＝デ＝サン＝ハシント)

都丸広治*　とまるこうじ
文化11(1814)年～明治7(1874)年2月18日　[別]都丸広治(とまるひろはる)　江戸時代末期～明治時代の史料収集家、考証学者。「酒井世紀」「大泉紀年」など編纂。
¶コン(とまるひろはる)

都丸ぬい*　とまるぬい
文化9(1812)年～明治24(1891)年4月18日　江戸時代末期～明治時代の女性。鶴岡藩士都丸広治の姉。地域の子弟に「史記」などの漢籍を教える。
¶江表(ぬい(山形県))

都丸広治　とまるひろはる
⇒都丸広治(とまるこうじ)

とみ(1)
江戸時代中期の女性。和歌。新田郡細谷村の郷士高山彦九郎正之一門の人。
¶江表(とみ(群馬県))

とみ(2)
江戸時代中期の女性。俳諧。京都の人。安永6年

とみ

刊、堀麦水編『新虚栗』に載る。
¶江表（とみ（京都府））

とみ(3)
江戸時代中期の女性。和歌。但馬豊岡藩京極家の奥女中。安永3年の「田村村隆母公六十賀祝賀歌集」に載る。
¶江表（とみ（兵庫県））

とみ(4)
江戸時代中期の女性。俳諧。筑前福岡の人。宝永2年刊、一定編『夏の月』に載る。
¶江表（とみ（福岡県））

とみ(5)
江戸時代中期の女性。俳諧。城ケ崎の俳人二松亭菊路の娘。安永3年刊、日高五明編の父菊路一周忌追善集『星明り』に載る。
¶江表（とみ（宮崎県））

とみ(6)
江戸時代中期〜後期の女性。俳諧。安芸広島の人。天明〜天保頃の人。
¶江表（とみ（広島県））

とみ(7)
江戸時代後期の女性。俳諧。松前の人。文化10年、松窓乙二撰「神明宮奉納俳諧発句」の献額に載る。
¶江表（とみ（北海道））

とみ(8)
江戸時代後期の女性。和歌。沢兵次郎の姉。天保9年刊、海野遊翁編『類題現存歌選』二に載る。
¶江表（とみ（東京都））

とみ(9)
江戸時代後期の女性。俳諧。甲斐の人。天保4年成立、流上斎山下百慈編、百慈の亡父山下百二・叔父松保の追善集『二楷集』に載る。
¶江表（とみ（山梨県））

とみ(10)
江戸時代後期の女性。和歌。百足屋甚右衛門の母。天保9年刊、海野遊翁編『現存歌選』二に載る。
¶江表（とみ（京都府））

とみ(11)
江戸時代後期の女性。和歌。国学者で歌人小泉保敬の娘。嘉永3年刊、長沢伴雄編『類題鴨川次郎集』に載る。
¶江表（とみ（京都府））

とみ(12)
江戸時代後期の女性。俳諧。摂津の人。寛政2年跋、可楽庵桃路編の芭蕉一〇〇回忌追善句集『華鳥風月集』に載る。
¶江表（とみ（大阪府））

とみ(13)
江戸時代後期の女性。書簡。播磨岩見構の大庄屋土井経富の娘。寛政4年に結婚。
¶江表（とみ（兵庫県））

とみ(14)
江戸時代後期の女性。俳諧。筑前博多の人。文化6年序、五十嵐梅夫編『草神楽』に載る。
¶江表（とみ（福岡県））

とみ(15)
江戸時代末期の女性。旅日記。蒲生郡石塔村の木村氏の妻。万延1年の「金ひら様」がある。

¶江表（とみ（滋賀県））

とみ(16)
江戸時代末期の女性。和歌。画家池大雅の門人で書画をよくした佐竹噲々の娘。安政6年序、西田惟恒編『安政六年五百首』に載る。
¶江表（とみ（京都府））

トミ
江戸時代中期〜後期の女性。教育。人吉藩藩士田代政定の妻。
¶江表（トミ（熊本県）） ④宝暦13（1763）年 ②文政11（1828）年

兎美 とみ＊
江戸時代後期の女性。俳諧。加賀津幡の庄村四郎右衛門の娘。明和2年刊、河合見風編『霞かた』に入集。
¶江表（兎美（石川県））

登美(1) とみ＊
江戸時代中期の女性。書・画。弘前藩家老喜多村政方の妻。
¶江表（登美（青森県））

登美(2) とみ＊
江戸時代中期の女性。俳諧。俳人向井去来と可南の娘。宝永2年刊、久米元察編の去来一周忌追善句集『誰身の秋』に載る。
¶江表（登美（京都府））

登美(3) とみ＊
江戸時代中期の女性。俳諧。備後府中の俳人如芥の妻。
¶江表（登美（広島県）） ②宝暦7（1757）年

登美(4) とみ＊
江戸時代後期の女性。教育。関氏。
¶江表（登美（東京都）） ④天保13（1842）年頃

登美(5) とみ＊
江戸時代後期の女性。俳諧。一丁田中の人。文政1年成立、斎藤仙斧編、青羊追善集『陸廼萠』に載る。
¶江表（登美（山梨県））

登美(6) とみ＊
江戸時代後期の女性。俳諧。越前今立郡岩本の人。文化12年に没した父誼斎の追善集『誼斎追善集』に載る。
¶江表（登美（福井県））

富(1) とみ＊
江戸時代後期〜大正時代の女性。和歌。山本郡鵜川村の旧家三浦家に生まれる。
¶江表（富（秋田県）） ④文政3（1820）年 ②大正4（1915）年

富(2) とみ＊
江戸時代後期の女性。和歌。俳人由利茂間の妻。文化9年の福井東皐の還暦祝いの賀帳に残る。
¶江表（富（兵庫県））

富井甚吉 とみいじんきち
江戸時代後期〜明治時代の和算家。
¶数学

富井泰蔵＊（冨井退蔵） とみいたいぞう
文政9（1826）年〜明治27（1894）年　江戸時代末期〜明治時代の砲術家。
¶幕末（冨井退蔵） ②明治27（1894）年12月12日

富枝　とみえだ⋆
江戸時代後期の女性。和歌。尾張藩藩士清水勘左衛門知道の娘。
¶江表（富枝（愛知県）　[没]文政4（1821）年）

富岡　とみおか⋆
江戸時代中期の女性。和歌。但馬豊岡藩京極家の奥女中。安永3年の「田村村隆母公六十賀祝賀歌集」に載る。
¶江表（富岡（兵庫県））

富岡氏高　とみおかうじたか
安土桃山時代の国衆。新三郎。秀長の弟。北条氏に属した。
¶後北（氏高〔富岡（1）〕　うじたか）

富岡吟松*　とみおかぎんしょう
宝暦12（1762）年～天保2（1831）年　[別]佐原鞠塢（さはらきくう）　江戸時代中期～後期の女性。文人。
¶江表（吟松（三重県））, 植物（佐原鞠塢　さはらきくう　[没]天保2（1831）年8月29日）

富岡敬明*　とみおかけいめい
文政5（1822）年11月8日～明治42（1909）年2月28日　[別]富岡敬明（とみおかよしあきら）　江戸時代末期～明治時代の政治家、熊本県知事、貴族院議員。山梨県権参事、熊本県権令。三角港を建設。
¶幕末（とみおかけいめい よしあきら　[没]明治42（1909）年3月1日）

富岡鉄斎*　とみおかてっさい
天保7（1836）年～大正13（1924）年12月31日　江戸時代末期～明治時代の日本画家。作品に「旧蝦夷風俗図」「安部仲磨明州望月図」。日本南画協会を設立。
¶コン, 幕末（[生]天保7（1837）年12月19日）, 美画（[生]天保7（1837）年12月19日）, 山小（[生]1836年12月19日　[没]1924年12月31日）

富岡秀高　とみおかひでたか
安土桃山時代の上野国衆。
¶後北（秀高〔富岡（1）〕　ひでたか）, 全戦（生没年不詳）

富岡秀親　とみおかひでちか
安土桃山時代の小泉城主、国衆。清四郎・主税助。秀信の嫡男。北条氏に属した。
¶後北（秀親〔富岡（1）〕　ひでちか）

富岡秀長　とみおかひでなが
安土桃山時代の小泉城主、国衆。六郎四郎。秀高の嫡男。北条氏に属した。
¶後北（秀長〔富岡（1）〕　ひでなが）

富岡秀信　とみおかひでのぶ
戦国時代の上野国小泉城主。主税助。北条氏康に属した上野国の国衆。
¶後北（秀信〔富岡（1）〕　ひでのぶ）

富岡美作守*　とみおかみまさかのかみ
生没年不詳　戦国時代の北条氏の家臣。
¶後北（美作守〔富岡（2）〕　かみまさかのかみ）

富岡有佐*　とみおかゆうさ
？～宝暦8（1758）年　[別]有佐（ゆうさ）　江戸時代中期の俳人。
¶俳文（有佐　ゆうさ）

富岡敬明　とみおかよしあきら
⇒富岡敬明（とみおかけいめい）

富尾似船*　とみおじせん
寛永6（1629）年～宝永2（1705）年　[別]似船（じせん）　江戸時代前期～中期の俳人。京都の人。貞門の荻田安静の門人。
¶俳文（似船　じせん　[没]宝永2（1705）年7月17日）

富賀岡女　とみがおかめ⋆
江戸時代後期の女性。狂歌。寛政3年桑楊庵光序『狂歌部領使』に載る。
¶江表（冨賀岡女（東京都））

富賀源之助*　とみかげんのすけ
天保9（1838）年～明治10（1877）年　江戸時代末期～明治時代の刀剣研師。西南戦争に参加の計画を見破られ自決。
¶幕末（[没]明治10（1877）年12月24日）

富川吟雪*　とみかわぎんせつ
生没年不詳　江戸時代中期の浮世絵師。
¶コン, 美画

富川十郎*　とみかわじゅうろう
天保15（1844）年～慶応3（1867）年6月14日　江戸時代後期～末期の新撰組隊士。
¶新隊

富木伊助　とみきいすけ
⇒富木伊助（とぎいすけ）

富木庄兵衛　とみきしょうべえ
江戸時代末期～明治時代の工芸家。
¶美工（生没年不詳）

とみ子（1）　とみこ⋆
江戸時代の女性。和歌。土沢の多田武雄の妻。成立年不詳、城隣哉撰「和歌野外霞」に載る。
¶江表（とみ子（岩手県））

とみ子（2）　とみこ⋆
江戸時代後期～明治時代の女性。和歌。酒造業桔梗屋近藤勘十郎の娘。
¶江表（とみ子（岐阜県）　[生]天保1（1830）年　[没]明治39（1906）年）

とみ子（3）　とみこ⋆
江戸時代後期の女性。和歌。河内八尾の国学者山本元孝の妻。弘化2年刊、加納諸平編『類題鰒玉集』五に載る。
¶江表（とみ子（大阪府））

とみ子（4）　とみこ⋆
江戸時代末期の女性。和歌・散文。黒岩村の藤本英宅の娘。安政2年成立、「さかきの松」に載る。
¶江表（とみ子（岩手県））

登美子（1）　とみこ⋆
江戸時代後期の女性。和歌・書・画。若狭小浜の矢部孫太郎の娘。
¶江表（登美子（京都府）　[生]天保13（1842）年）

登美子（2）　とみこ⋆
江戸時代後期の女性。和歌。筑前穂波郡飯塚の石田諸兵衛益信の娘。「岡県集」に載る。
¶江表（登美子（福岡県））

都見子　とみこ
江戸時代後期の女性。和歌。陸奥平藩主安藤信馨の養女。文政5年に6歳で夭逝した若桜藩主池田定常の娘露の「玉露童女追悼集」に載る。
¶江表（都見子（大分県））

都美子　とみこ
江戸時代後期の女性。和歌。松前藩主一族蠣崎広光の娘。寛政4年序、菅江真澄の「ちしまのいそ」に載る。
¶江表（都美子（北海道））

と

備子　とみこ
江戸時代後期の女性。和歌。関白鷹司政煕の娘。
¶江表（備子（宮城県）　[生]文政11（1828）年　[没]嘉永5（1852）年）

富子（1）　とみこ*
江戸時代の女性。和歌。佐橋氏。明治8年刊、橘東世子編『明治歌集』に載る。
¶江表（富子（東京都））

富子（2）　とみこ*
江戸時代の女性。和歌。伊勢白子の寺尾氏。明治13年刊、佐々木弘綱編『明治開化和歌集』上に載る。
¶江表（富子（三重県））

富子（3）　とみこ*
江戸時代中期の女性。和歌。脇坂治太夫常征の娘。元禄16年刊、『歌林尾花末』に載る。
¶江表（富子（兵庫県））

富子（4）　とみこ*
江戸時代中期～後期の女性。和歌。江戸麴町の左官職伊勢屋君田十兵衛の娘。
¶江表（富子（滋賀県）　[生]明和7（1770）年　[没]文政2（1819）年）

富子（5）　とみこ*
江戸時代後期の女性。和歌。江戸後期の国学者で歌人前田夏繁の妻。
¶江表（富子（東京都））

富子（6）　とみこ*
江戸時代後期の女性。狂歌。下総印西の人。文化13年刊、式亭三馬編『俳諧歌觴』に載る。
¶江表（富子（千葉県））

富子（7）　とみこ*
江戸時代後期の女性。和歌。備中倉敷の足高神社宮司井上垂明の娘。
¶江表（富子（岡山県）　[没]文化11（1814）年）

富子（8）　とみこ*
江戸時代後期の女性。和歌。備中浅口郡玉島の福武久麿の妻。歌人福武真九十の『福武真九十歌集』に載る。
¶江表（富子（岡山県））

富子（9）　とみこ*
江戸時代後期の女性。和歌。今治藩主松平定郷の世嗣定温の娘。
¶江表（富子（愛媛県）　[没]文化9（1812）年）

富子（10）　とみこ*
江戸時代後期の女性。和歌。筑前若松村の商人波多屋忠次郎則直の娘。「岡県集」に載る。
¶江表（富子（福岡県））

富子（11）　とみこ*
江戸時代後期～末期の女性。俳諧・和歌。淡路三原郡江尻浦の糀屋畑野氏の娘。
¶江表（富子（兵庫県）　[生]寛政2（1790）年　[没]慶応1（1865）年）

富子（12）　とみこ*
江戸時代末期の女性。和歌。万喜とも。文久3年刊、関橋守編『耳順賀集』に載る。
¶江表（富子（東京都））

富子・とみ子　とみこ*
江戸時代末期の女性。和歌。土井氏の娘。慶応3年刊、猿渡容盛編『類題新竹集』に載る。
¶江表（富子・とみ子（埼玉県））

冨子　とみこ*
江戸時代中期の女性。和歌。遠江見附の人。宝暦12年刊、村上影面編『続采藻編』に載る。
¶江表（冨子（静岡県））

福子内親王*　とみこないしんのう
延宝4（1676）年～宝永4（1707）年　[別]福子内親王（ふくこないしんのう，ふくしないしんのう）　江戸時代中期の女性。霊元天皇の第4皇女。伏見宮邦永親王の妃。
¶天皇（ふくし・とみこないしんのう　[生]延宝4（1676）年9月14日　[没]宝永4（1707）年7月3日）

福子妃　とみこひ*
江戸時代中期～後期の女性。和歌。関白鷹司輔平の娘。
¶江表（福子妃（京都府）　[生]宝暦13（1763）年　[没]文化1（1804）年）

とみさ
江戸時代後期の女性。俳諧。宮古鍬ケ崎の人。天保2年刊、『三陸俳人像』に載る。
¶江表（とみさ（岩手県））

富崎　とみざき*
江戸時代後期の女性。和歌。庄内藩主酒井左衛門尉忠徳家の奥女中。寛政10年跋、信濃松代藩主真田幸弘の六〇賀集「千とせの寿詞」に載る。
¶江表（富崎（山形県））

富沢定四郎　とみざわさだしろう
⇒坂田藤十郎〔3代〕（さかたとうじゅうろう）

富沢利貞　とみざわとしさだ
江戸時代中期の幕臣。
¶徳人（[生]？　[没]1711年）

富沢直綱*　とみざわなおつな
生没年不詳　戦国時代～安土桃山時代の武将。
¶全戦

富沢長之助　とみざわながのすけ
⇒沢村宗十郎〔2代〕（さわむらそうじゅうろう）

富沢半三郎〔2代〕*　とみざわはんざぶろう
生没年不詳　[別]中葉（ちゅうよう），中村伝吾（なかむらでんご），宮川八郎左衛門〔2代〕（みやかわはちろうえもん）　江戸時代中期の歌舞伎役者。宝永4年～安永4年頃に活躍。
¶歌大（代数なし）

冨沢礼中*（富沢礼中）　とみざわれいちゅう
文化8（1811）年～明治6（1873）年　江戸時代末期～明治時代の医師。
¶幕末（[生]文化9（1812）年　[没]明治6（1873）年4月30日）

富嶋某　とみしまなにがし
戦国時代～安土桃山時代の北条氏康・氏政の家臣。足軽大将。
¶後北（某〔富嶋〕　なにがし）

富嶋平次郎　とみしまへいじろう
安土桃山時代の北条氏政の家臣。

¶後北（平次郎〔富嶋〕　へいじろう）

とみ女(1)　とみじょ⋆
江戸時代後期の女性。俳諧。乾物、茶を商う商人高橋与平治の妻か。嘉永6年序、花屋庵鼎左・五梅庵舎用編『俳諧海内人名録』に載る。
¶江表（とみ女（岩手県））

とみ女(2)　とみじょ⋆
江戸時代後期の女性。俳諧。秋田の人。文化初年頃刊、秋田藩士片岡吾長編『秋田俳人俳画百人集』に載る。
¶江表（とみ女（秋田県））

とみ女(3)　とみじょ⋆
江戸時代後期の女性。俳諧。保科の人。寛政6年跋、今井柳荘編『水鷹刈』に載る。
¶江表（とみ女（長野県））

とみ女(4)　とみじょ⋆
江戸時代後期の女性。俳諧。撫養の人。文化2年序、土居半圭撰『不美農津久志』に載る。
¶江表（とみ女（徳島県））

と美女　とみじょ⋆
江戸時代後期の女性。俳諧。江平の人か。文政3年序、太田竹之編の父芳竹一周忌追善集『けしのなこり』に載る。
¶江表（と美女（宮崎県））

都水女　とみじょ⋆
江戸時代中期の女性。俳諧。駿河高部の人。宝暦10年刊、南山人菊後編『遠州歳旦』に載る。
¶江表（都水女（静岡県））

富女(1)　とみじょ⋆
江戸時代末期の女性。俳諧。武蔵太田の人。万延1年刊、惟草庵寥岱ほか撰『野毛鰻屋楼上掛額』に載る。
¶江表（富女（神奈川県））

富女(2)　とみじょ⋆
江戸時代末期の女性。和歌。三河新堀の豪商深見友三郎篤慶と年之の娘。文久2年序、西田惟恒編『文久二年八百首』に載る。
¶江表（富女（愛知県））

富水　とみず⋆
江戸時代中期の女性。俳諧。相模浦賀の人。安永9年刊、平橋庵敲氷編『甲斐根百韻付録』に載る。
¶江表（富水（神奈川県））

富田篤忠　とみたあつただ
江戸時代後期の和算家、高崎藩士。
¶数学

富田一白　とみたいっぱく
⇒富田知信（とみたとものぶ）

富田礼彦*　とみたいやひこ
文化8（1811）年～明治10（1877）年　[別]富田礼彦（とみたのりひこ）　江戸時代末期～明治時代の高山県判事。梅村騒動の際、乱民の助命を願い割腹するが助かる。
¶幕末（[生]文化8（1811）年2月29日　[没]明治10（1877）年5月3日）

富田氏実　とみたうじざね
戦国時代～安土桃山時代の蘆名氏の家臣。
¶全戦（[生]天文12（1543）年　[没]天正19（1591）年）

富田鷗波*　とみたおうは
天保7（1836）年～明治40（1907）年　江戸時代末期～明治時代の教育者。福井県下初の新聞「撮要新聞」を編集・発行した。
¶幕末（[没]明治40（1907）年4月30日）

富田一白　とみたかずあき
⇒富田知信（とみたとものぶ）

富田主計助　とみたかずえのすけ
安土桃山時代の多胡郡石上郷の土豪。上野国衆国峰小幡氏の家臣。
¶武田（生没年不詳）

富田久三郎*　とみたきゅうざぶろう，とみたきゅうさぶろう
文政11（1828）年～明治44（1911）年　江戸時代末期～明治時代の備後絣創始者。絣織に使用した高機を農家に貸与、賃織をする。
¶幕末（とみたきゅうさぶろう　[没]明治44（1911）年10月8日）

富田九郎兵衛　とみたくろ（う）びょうえ
江戸時代前期の武士。大坂の陣で籠城。
¶大坂（[没]慶長20年5月7日）

富田玄東*　とみたげんとう
文化1（1804）年～元治1（1864）年　江戸時代末期の医師。
¶幕末（[没]元治1（1864）年4月11日）

富田高慶　とみたこうけい
⇒富田高慶（とみたたかよし）

富田幸七　とみたこうしち
江戸時代末期～明治時代の蒔絵師。
¶美工（[生]安政1（1854）年2月2日　[没]明治43（1910）年3月17日）

富田才治*（冨田才治）　とみたさいじ
享保9（1724）年～安永1（1772）年　江戸時代中期の肥前唐津藩平原組の大庄屋。虹の松原一揆の指導者。
¶江人（冨田才治），コン（[没]安永1（1772）年3月2日）

富田砂燕　とみたさえん
江戸時代後期～明治時代の商人、好劇家。
¶歌大（[生]天保9（1838）年4月　[没]明治33（1900）年1月26日）

富田哲*　とみたさとし
天保3（1832）年～明治9（1876）年　江戸時代末期～明治時代の志士。奥羽列藩同盟の際、勤王を主張。盛岡藩少参事。公用人。
¶幕末（[没]明治9（1876）年4月21日）

富田三蔵*　とみたさんぞう
生没年不詳　安土桃山時代の織田信長の家臣。
¶織田

富田滋実　とみたしげざね
安土桃山時代の武士。左近将監、美作守。蘆名四天宿老の1人。
¶全戦（[生]？　[没]元亀3（1572）年）

富田重助　とみたしげすけ
⇒富田重助（とみたじゅうすけ）

富田重政　とみたしげまさ
⇒富田重政（とだしげまさ）

と

富田重光*　とみたしげみつ
？～明治8（1875）年　江戸時代末期～明治時代の江戸詰めの御小姓。
¶幕末（[没]明治8（1875）年12月5日）

富田治八郎*　とみたじはちろう
？～明治32（1899）年　江戸時代末期～明治時代の農民。
¶幕末（[没]明治32（1899）年8月2日）

富田重助*　とみたじゅうすけ
天保8（1837）年～明治9（1876）年　[別]富田重助（とみたしげすけ）　江戸時代末期～明治時代の洋物商。舶来品、特に毛織物の仕入れ販売で産をなす。
¶幕末（[没]明治9（1876）年9月17日）

富田将監*　とみたしょうげん
永禄12（1569）年～？　[別]富田隆実（とみたたかざね）　安土桃山時代の武士。
¶全戦（富田隆実　とみたたかざね），戦武（富田隆実　とみたたかざね）

富田錠之助　とみたじょうのすけ
江戸時代後期の幕臣。
¶徳人（生没年不詳）

富田澄右衛門*　とみたすみうえもん
寛政12（1800）年～明治21（1888）年　[別]富田澄右衛門（とみたすみえもん）　江戸時代末期～明治時代の大工。成田山新勝寺本堂、筑波山神社拝殿を手がける。
¶幕末（とみたすみえもん　[没]明治21（1888）年1月8日），美建（[没]明治21（1888）年1月8日）

富田澄右衛門　とみたすみえもん
⇒富田澄右衛門（とみたすみうえもん）

富田清左衛門*　とみたせいざえもん
安土桃山時代の武士。豊臣氏家臣。
¶織田（生没年不詳）

富田総*　とみたそう
嘉永4（1851）年～明治5（1872）年　江戸時代末期～明治時代の加賀藩老本多氏旧臣。旧主本多政均の仇敵岡野悌五郎を討つ。
¶幕末（[没]明治5（1872）年11月4日）

富田隆実　とみたたかざね
⇒富田将監（とみたしょうげん）

富田高慶*　とみたたかよし
文化11（1814）年～明治23（1890）年1月5日　[別]富田高慶（とみたこうけい）　江戸時代末期～明治時代の農政家。二宮尊徳の門人。興復社を興し県内一千町歩を開発。
¶江人，コン（とみたこうけい），思想，幕末（[生]文化11（1814）年6月1日）

富田対馬守(1)　とみたつしまのかみ
戦国時代の多胡郡石上郷の土豪。上野国衆国峰小幡氏の家臣。
¶武田（生没年不詳）

富田対馬守*(2)　とみたつしまのかみ
生没年不詳　安土桃山時代の織田信長の家臣。
¶織田

富田偵真　とみたつなまさ
江戸時代の和算家、豊橋藩士。
¶数学

富田凸斎*　とみたてつさい，とみたてっさい
享和2（1802）年～万延1（1860）年　江戸時代末期の算者。
¶数学（とみたてっさい　[没]万延1（1860）年6月7日）

富田鉄之助*　とみたてつのすけ
天保6（1835）年10月16日～大正5（1916）年2月27日　江戸時代末期～明治時代の官僚、日本銀行総裁、貴族院議員。富士紡績の設立、会長。横浜火災を設立、社長に就任。
¶コン，幕末

富田知信*　とみたとものぶ
？～慶長4（1599）年　[別]富田一白（とみたいっぱく，とみたかずあき），富田信広（とみたのぶひろ，とみだのぶひろ）　安土桃山時代の大名。伊勢津藩主。
¶織田（富田一白　とみたかずあき　[没]慶長4（1599）年10月28日）

富田長繁*　とみたながしげ
*～天正2（1574）年　[別]富田長繁（とだながしげ）　安土桃山時代の武将。朝倉氏家臣、織田氏家臣。
¶織田（とだながしげ　[生]天文20（1551）年？　[没]天正2（1574）年2月18日），全戦（とだながしげ　[生]天文20（1551）年），戦武（[生]天文21（1552）年　[没]天正3（1575）年）

富田信広　とみたのぶひろ，とみだのぶひろ
⇒富田知信（とみたとものぶ）

富田信吉　とみたのぶよし
⇒佐野信吉（さののぶよし）

富田礼彦　とみたのりひこ
⇒富田礼彦（とみたいやひこ）

富田彦兵衛　とみたひこべえ
江戸時代前期の代官。
¶徳代（生没年不詳）

富田兵部*　とみたひょうぶ
？～安政4（1857）年　[別]富田兵部（とだひょうぶ）　江戸時代末期の越中富山藩江戸家老。
¶幕末（とだひょうぶ　[没]安政4（1857）年4月23日）

富田通信　とみたみちのぶ
江戸時代後期～明治時代の佐土原藩士。
¶全幕（[生]天保4（1833）年　[没]明治31（1898）年）

富田三保之介*　とみたみほのすけ
天保9（1838）年～慶応1（1865）年　江戸時代末期の水戸藩士。
¶幕末（[没]元治2（1865）年4月5日）

富田又玄　とみたゆうげん
江戸時代末期の眼科医。
¶眼医（[生]？　[没]慶応1（1865）年）

富田要蔵*　とみたようぞう
江戸時代末期の新撰組隊士。
¶新隊（生没年不詳）

富田立安　とみたりゅうあん
江戸時代後期の眼科医。
¶眼医（生没年不詳）

富塚小平次宗総　とみづかこへいじむねふさ
江戸時代前期の伊達政宗の小姓。その後、牢人。
¶大坂

富塚善四郎*　とみづかぜんしろう
生没年不詳　[別]富塚善四郎（とづかぜんしろう）

戦国時代の武士。後北条氏家臣。
¶後北（善四郎〔富塚〕　ぜんしろう）

富所業久　とみどころなりひさ
戦国時代の上野国衆和田氏の家臣？
¶武田（生没年不詳）

富士卵　とみとらん
⇒士卵（とらん）

富永燕石　とみながえんせき
⇒燕石（えんせき）

富永景䄇　とみながかげさと
江戸時代中期の代官。
¶徳代（[生]元禄15（1702）年　[没]明和4（1767）年11月17日）

富永勘解由左衛門　とみながかげゆざえもん
安土桃山時代の鉢形城主北条氏邦の家臣。猪俣邦憲の弟。
¶後北（勘解由左衛門〔富永（1）〕　かげゆざえもん）

富永謙斎　とみながけんさい
⇒富永仲基（とみながなかもと）

富永源六　とみながげんろく
江戸時代末期～大正時代の陶芸家。
¶美工（[生]安政6（1859）年2月7日　[没]大正9（1920）年2月5日）

富永佐幾女*　とみながさきじょ
元禄5（1692）年～宝暦12（1762）年　江戸時代中期の女性。儒学者富永仲基の母。
¶江表（佐幾（大阪府））

富永三郎左衛門尉　とみながさぶろうざえもんのじょう
戦国時代～安土桃山時代の北条氏康・氏邦の家臣。松寿軒。
¶後北（三郎左衛門尉〔富永（1）〕　さぶろうざえもんのじょう）

富永重吉　とみながしげよし
戦国時代～江戸時代前期の幕臣。
¶徳人（[生]1551年　[没]1646年）

富永春沢　とみながしゅんたく
江戸時代前期～中期の眼科医。
¶眼医（[生]正保4（1647）年　[没]享保17（1732）年）

富永太兵衛　とみながたへえ
江戸時代後期～末期の雷神隊副長、桑名藩脱走兵。桑名藩士北島舎人の子。
¶全幕（生没年不詳）

富中務大輔　とみなかつかさのたいふ
安土桃山時代の下総国小金城主高城胤辰の家臣。
¶後北（中務大輔〔富〕　なかつかさのたいふ）

富中藤次郎　とみなかとうじろう
戦国時代の武田氏の家臣。
¶武田（生没年不詳）

富永仲基*　とみながなかもと
正徳5（1715）年～延享3（1746）年　[別]富永謙斎（とみながけんさい）　江戸時代中期の儒学者。
¶コン，思想，徳将，山小（[没]1746年8月28日）

富永寛恒　とみながひろつね
江戸時代後期～明治時代の幕臣。
¶徳人（生没年不詳）

富永平兵衛*　とみながへいべえ
生没年不詳　[別]西林軒（さいりんけん），辰寿（しんじゅ）　江戸時代前期～中期の歌舞伎作者。延宝8年～元禄13年頃に活躍。
¶歌大，コン，新歌

富永政家*　とみながまさいえ
生没年不詳　戦国時代の武士。北条氏家臣。
¶後北（政家〔富永（2）〕　まさいえ　[没]慶長12年7月12日），全戦（[生]天文23（1554）年？　[没]慶長12（1607）年）

富永政辰　とみながまさとき
戦国時代の武蔵国江戸城本城城将。四郎左衛門尉。伊勢宗瑞（北条早雲）・北条氏綱の家臣。
¶後北（政辰〔富永（2）〕　まさとき　[没]天文9年1月8日）

富永政之助*　とみながまさのすけ
江戸時代末期の新撰組隊士。
¶新隊（生没年不詳）

富永守重　とみながもりしげ
戦国時代～安土桃山時代の北条氏康・氏政の家臣。善左衛門。
¶後北（守重〔富永（2）〕　もりしげ）

富永康景*　とみながやすかげ
？～永禄7（1564）年　戦国時代～安土桃山時代の江戸城本城の城番。
¶後北（康景〔富永（2）〕　やすかげ　[生]天文9年　[没]永禄7年1月8日）

富永有隣*　とみながゆうりん
文政4（1821）年～明治33（1900）年12月20日　江戸時代末期～明治時代の長州藩士。獄中吉田松陰に出会い松下村塾の賓師となる。周防定基塾を開く。
¶コン，全幕，幕末（[生]文政4（1821）年5月14日）

迹見赤檮*　とみのいちい
[別]迹見赤檮（とみのいちび），迹見首赤檮（とみのおびといちい）　飛鳥時代の舎人。物部守屋を討ち取った。
¶古人（生没年不詳），古代（迹見首赤檮　とみのおびといちい），古物（生没年不詳），コン

迹見赤檮　とみのいちび
⇒迹見赤檮（とみのいちい）

迹見首赤檮　とみのおびといちい
⇒迹見赤檮（とみのいちい）

富小路公脩*　とみのこうじきんなが
永仁2（1294）年～延元2/建武4（1337）年2月17日　[別]小倉公脩（おぐらきんなが）　鎌倉時代後期～南北朝時代の公卿（権中納言）。権大納言小倉実教の次男。
¶公卿（とみのこうじきんなが　[没]建武4/延元2（1337）年2月17日），公家（公脩〔小倉家〕　きんなが　[没]建武4（1337）年2月17日）

富小路貞維*　とみのこうじさだこれ
寛文8（1668）年4月30日～正徳1（1711）年5月9日　[別]富小路貞維（とみのこうじさだつな）　江戸時代中期の公家（非参議）。非参議富小路永貞の子。
¶公卿，公家（貞維〔富小路家〕　さだこれ）

富小路貞維　とみのこうじさだつな
⇒富小路貞維（とみのこうじさだこれ）

富小路貞直*　とみのこうじさだなお
宝暦11（1761）年～天保8（1837）年　江戸時代中期～後期の歌人・公家（非参議）。非参議伏原宣条の

末子、母は権大納言柳原光綱の娘。
¶公卿（[生]宝暦11（1761）年12月24日　[没]天保8（1837）年8月3日），公家（貞直〔富小路家〕　さだなお　[生]宝暦11（1761）年12月24日　[没]天保8（1837）年8月3日）

富小路貞随*　とみのこうじさだゆき
天明3（1783）年6月13日～文政10（1827）年7月16日　江戸時代後期の公家（非参議）。非参議富小路貞直の子。
¶公卿，公家（貞随〔富小路家〕　さだゆき　[生]天明3（1783）年6月14日）

富小路重直*　とみのこうじしげなお
元禄5（1692）年2月25日～寛保3（1743）年9月9日　江戸時代中期の公家（非参議）。非参議富小路頼直の孫。
¶公卿，公家（重直〔富小路家〕　しげなお）

富小路資直*　とみのこうじすけなお
？～天文4（1535）年　戦国時代の公卿（非参議）。宮内卿富小路俊通の子。
¶公卿（[没]天文4（1535）年11月1日），公家（資直〔富小路家〕　すけなお）

富小路明子*　とみのこうじてるこ
？～文政11（1828）年　江戸時代後期の女性。光格天皇の宮人。
¶天皇（[没]文政11（1828）年8月8日）

富小路永貞*　とみのこうじながさだ
寛永17（1640）年7月12日～正徳2（1712）年12月25日　江戸時代前期～中期の公家（非参議）。非参議富小路頼直の子。
¶公卿，公家（永貞〔富小路家〕　ながさだ）

富小路任節*　とみのこうじにんせつ
文政5（1822）年～元治1（1864）年　江戸時代末期の志士。
¶幕末（[生]文政5（1822）年2月4日　[没]元治1（1865）年12月16日）

富小路秀直*　とみのこうじひでなお
永禄7（1564）年11月26日～元和7（1621）年1月19日　安土桃山時代～江戸時代前期の公家（非参議）。非参議富小路資直の曽孫。
¶公卿，公家（秀直〔富小路家〕　ひでなお）

富小路敬直*　とみのこうじひろなお
天保13（1842）年～明治25（1892）年　江戸時代末期～明治時代の公卿、侍従。和宮降嫁に賛成して画策。
¶全幕，幕末（[生]天保13（1842）年5月22日　[没]明治25（1892）年10月28日）

富小路総直*　とみのこうじふさなお
享保4（1719）年11月9日～天明2（1782）年11月10日　江戸時代中期の公家（非参議）。非参議富小路重直の子。
¶公卿，公家（総直〔富小路家〕　ふさなお）

富小路政直*　とみのこうじまさなお
寛政11（1799）年1月21日～文久3（1863）年4月28日　江戸時代末期の公家（非参議）。非参議富小路貞随の子。
¶公卿，公家（政直〔富小路家〕　まさなお）

富小路良直(1)　とみのこうじよしなお
江戸時代前期の公家。延臣富小路秀直の長男。
¶大坂（[没]慶長20年5月）

富小路良直*(2)　とみのこうじよしなお
延享2（1745）年8月17日～享和2（1802）年5月3日　江戸時代中期～後期の公家（非参議）。非参議富小路総直の子。
¶公卿，公家（良直〔富小路家〕　よしなお　[没]享和2（1802）年5月2日）

富小路頼直*　とみのこうじよりなお
慶長18（1613）年8月11日～万治1（1658）年3月12日　江戸時代前期の公家（非参議）。左中将持明院基久の子。
¶公卿，公家（頼直〔富小路家〕　よりなお　[生]慶長18（1613）年10月1日　[没]明暦4（1658）年3月12日）

富小路頼直女　とみのこうじよりなおのむすめ
江戸時代前期の女性。後西天皇に仕え、皇女常宮を生む。
¶天皇（生没年不詳）

富野左京進*　とみのさきょうのしん
？～弘治2（1556）年8月24日　戦国時代の織田信長の家臣。
¶織田

富成則　とみのしげのり
平安時代後期の強盗。紀伊国の人。
¶古人（[生]1056年　[没]？）

登美直名　とみのただな
⇒登美真人直名（とみのまひとただな）

登美時忠　とみのときはだ
平安時代中期の官人。
¶古人（生没年不詳）

登美直名　とみのなおな
⇒登美真人直名（とみのまひとただな）

富信　とみのぶ⋆
江戸時代後期の女性。画。藤原氏。花鳥画、人物画に優れる。嘉永3年起筆。
¶江表（富信（東京都））

登美藤津　とみのふじつ
⇒登美真人藤津（とみのまひとふじつ）

富野孫太郎　とみのまごたろう
戦国時代の相模国玉縄城主北条為昌の家臣。
¶後北（孫太郎〔富野〕　まごたろう）

登美真人直名*　とみのまひとただな
延暦11（792）年～仁寿3（853）年　[別]登美直名（とみのただな，とみのなおな）　平安時代前期の官人。
¶古人（登美直名　とみのなおな），古代（[生]？）

登美真人藤津*　とみのまひとふじつ
[別]登美藤津（とみのふじつ）　奈良時代～平安時代前期の官人。
¶古人（登美藤津　とみのふじつ　生没年不詳），古代

登美宮　とみのみや
⇒徳川吉子（とくがわよしこ）

富森助右衛門　とみのもりすけえもん
⇒富森助右衛門（とみもりすけえもん）

富張伝兵衛*　とみはりでんべえ
生没年不詳　江戸時代末期の備後福山藩士。
¶幕末

富村雄*　とみむらお
＊～明治20（1887）年　江戸時代末期～明治時代の

志士。
¶幕末([生]天保2(1831)年)

富村勘右衛門〔4代〕* とみむらかんえもん
?～享保10(1725)年　江戸時代中期の陶磁器商人、代々有田皿山の有力商人。
¶コン(代数なし)

富本斎宮太夫〔1代〕* とみもといつきだゆう
享保12(1727)年～享和2(1802)年　[別]富本延寿(とみもとえんじゅ)　江戸時代中期～後期の富本節の太夫。
¶浮絵

富本斎宮太夫〔2代〕 とみもといつきだゆう
⇒清元延寿太夫〔1代〕(きよもとえんじゅだゆう)

富本延寿 とみもとえんじゅ
⇒富本斎宮太夫〔1代〕(とみもといつきだゆう)

富本豊前〔1代〕 とみもとぶぜん
⇒富本豊前太夫〔1代〕(とみもとぶぜんだゆう)

富本豊前〔2代〕 とみもとぶぜん
⇒富本豊前太夫〔2代〕(とみもとぶぜんだゆう)

富本豊前太夫〔1代〕* とみもとぶぜんだゆう
享保1(1716)年～明和1(1764)年　[別]常磐津小文字太夫〔1代〕(ときわずこもじだゆう, ときわづこもじたゆう, ときわづこもじだゆう), 富本豊前〔1代〕(とみもとぶぜん), 富本豊前掾〔1代〕(とみもとぶぜんのじょう)　江戸時代中期の富本節の創始者。宮古路豊後掾の門弟。
¶浮絵, 歌大([没]明和1(1764)年10月22日), コン(富本豊前掾〔1代〕　とみもとぶぜんのじょう), 新歌(富本豊前〔1世〕　とみもとぶぜん)

富本豊前太夫〔2代〕* とみもとぶぜんだゆう
宝暦4(1754)年～文政5(1822)年　[別]富本豊前〔2代〕(とみもとぶぜん), 富本豊前掾〔2代〕(とみもとぶぜんのじょう)　江戸時代中期～後期の富本節の太夫。富本豊前掾の子。
¶浮絵, 歌大([没]文政5(1822)年7月27日), コン(富本豊前掾〔2代〕　とみもとぶぜんのじょう), 新歌(富本豊前〔2世〕　とみもとぶぜん)

富本豊前太夫〔3代〕* とみもとぶぜんだゆう
文化2(1805)年～明治9(1876)年　江戸時代末期～明治時代の富本節の太夫。三代目豊前太夫以降、清元節におされ、衰退の一途をたどった。
¶歌大([没]明治9(1876)年5月2日), 新歌(富本豊前〔3世〕　とみもとぶぜん)

富本豊前太夫〔4代〕*(——〔4代・6代〕)　とみもとぶぜんだゆう
天保1(1830)年～明治22(1889)年9月7日　江戸時代末期～明治時代の富本節の太夫。山田流箏曲に取り入れられた。5代目が早世したため、6代目として4代目が復帰。
¶歌大(——〔4代・6代〕), 新歌(富本豊前〔4世〕　とみもとぶぜん)

富本豊前掾〔1代〕 とみもとぶぜんのじょう
⇒富本豊前太夫〔1代〕(とみもとぶぜんだゆう)

富本豊前掾〔2代〕 とみもとぶぜんのじょう
⇒富本豊前太夫〔2代〕(とみもとぶぜんだゆう)

富森助右衛門* とみもりすけえもん
寛文10(1670)年～元禄16(1703)年　[別]春帆(しゅんぱん), 富森助右衛門(とみのもりすけえもん)　江戸時代中期の播磨赤穂藩士。赤穂義士の一人、馬廻兼使番役。
¶コン, 俳文(春帆　しゅんぱん　[没]元禄16(1703)年2月4日)

とみ山 とみやま★
江戸時代の女性。和歌。長門長州藩の奥女中。明治11年刊、近藤芳樹編『薫風集』に載る。
¶江表(とみ山(山口県))

富山元十郎* とみやまもとじゅうろう
生没年不詳　江戸時代後期の幕吏。
¶対外

富山弥兵衛* とみやまやへい
天保14(1843)年～慶応4(1868)年　[別]富山弥兵衛(とみやまやへえ)　江戸時代末期の新撰組隊士。
¶新隊(とみやまやへえ　[没]明治1(1868)年閏4月2日), 全幕(とみやまやへえ), 幕末([没]慶応4(1868)年閏4月2日)

富山弥兵衛 とみやまやへえ
⇒富山弥兵衛(とみやまやへい)

富谷由助 とみやよしすけ
江戸時代後期の宮大工。
¶美建([生]?　[没]弘化3(1846)年)

戸村十太夫 とむらじゅうだゆう
⇒戸村義効(とむらよしかた)

戸村大学 とむらだいがく
⇒戸村義得(とむらよしのり)

戸村義効* とむらよしかた
文政1(1818)年～*　[別]戸村十太夫(とむらじゅうだゆう)　江戸時代末期～明治時代の出羽秋田藩士。
¶幕末(戸村十太夫　とむらじゅうだゆう　[没]明治13(1880)年6月19日)

戸村義得* とむらよしのり
嘉永2(1849)年～明治39(1906)年　[別]戸村大学(とむらだいがく)　江戸時代末期～明治時代の実業家、第四十八銀行(秋田銀行前身)初代頭取。
¶幕末(戸村大学　とむらだいがく　[生]嘉永2(1849)年5月　[没]明治39(1906)年3月26日)

とめ(1)
江戸時代中期の女性。俳諧。玉村町の俳人伏見屋忠助の妻。明和4年刊、建部綾足編『片歌旧宜集』に載る。
¶江表(とめ(群馬県))

とめ(2)
江戸時代中期の女性。和歌。長嶺兼雅の妻。享保8年の「柿本大明神社奉納和歌」に載る。
¶江表(とめ(島根県))

とめ(3)
江戸時代中期の女性。俳諧。備後上下の人。天明5年刊『しぐれ会』に載る。
¶江表(とめ(広島県))

とめ(4)
江戸時代後期～明治時代の女性。教育。磐井郡一関村の一関藩家老伊藤喜左衛門の二女。
¶江表(とめ(岩手県)　[生]享和2(1802)年　[没]明治32(1899)年)

とめ(5)
江戸時代後期の女性。教育。柘植藤十郎の妻。文化9年八丁堀日比谷町に寺子屋螢泉堂を開業。
¶江表(とめ(東京都))

と

とめ(6)
江戸時代後期の女性。俳諧。甲斐の人。天保4年成立、流上斎山下百慈編、百慈の亡夫山下百二・叔父松保の追善集『二槍集』に載る。
¶江表(とめ(山梨県))

とめ(7)
江戸時代後期の女性。和歌。和泉岸和田藩岡部長慎の奥女中。嘉永4年刊、木曽義昌二五〇回忌追善『波布里集』に載る。
¶江表(とめ(大阪府))

とめ(8)
江戸時代後期の女性。俳諧。備後東城の人。寛政3年10月12日の『しぐれ会』に載る。
¶江表(とめ(広島県))

都免・トメ　とめ*
江戸時代後期の女性。教育。小田手長桃田村の人。
¶江表(都免・トメ(熊本県)　[没]文政2(1819)年)

留　とめ
江戸時代中期の女性。俳諧。俳人福芝斎得無の娘。享保3年刊、熊本の俳人里仲編『鯰橋』に載る。
¶江表(留(長崎県))

登免木　とめき*
江戸時代後期の女性。和歌。棚倉藩の奥女中。天保10年序、斎藤彦磨撰「春の明ほの」に載る。
¶江表(登免木(福島県))

留木女　とめきじょ*
江戸時代末期の女性。俳諧。浅草蔵前森田町住。安政5年に急死した父・俳人福芝斎得蕉の追悼集として、その翌年に『あさゆふへ』を刊行。
¶江表(留木女(東京都))

とめ子(1)　とめこ*
江戸時代後期の女性。和歌。会津藩6代藩主松平容住の側室。文化5年頃、真田幸弘編「御ことほきの記」に載る。
¶江表(とめ子(福島県))

とめ子(2)　とめこ*
江戸時代後期の女性。和歌。棚倉藩の奥女中。天保11年序、因幡若桜藩主松平定保の室栄子著「松平家源女竟宴和歌」に載る。
¶江表(とめ子(福島県))

とめ子(3)　とめこ*
江戸時代後期の女性。和歌。小長谷時愁の娘。文政6年、一条忠良著「雅楽頭豊原統秋三百年遠忌和歌扣」に載る。
¶江表(とめ子(東京都))

とめ子(4)　とめこ*
江戸時代末期の女性。和歌。堀江氏。慶応2年序、村上忠順編『元治元年千首』に載る。
¶江表(とめ子(東京都))

とめ子(5)　とめこ*
江戸時代末期の女性。和歌。筑前福岡藩藩士谷川佐左衛門幹辰の妻。嘉永7年刊、長沢伴雄編『類題鴨川五郎集』に載る。
¶江表(とめ子(福岡県))

止子　とめこ*
江戸時代後期～明治時代の女性。和歌。越前鯖江藩主間部詮勝の娘。
¶江表(止子(岡山県)　[生]弘化2(1845)年　[没]明治44(1911)年)

留子　とめこ*
江戸時代の女性。和歌。中野氏。明治8年刊、橘東世子編『明治歌集』に載る。
¶江表(留子(千葉県))

とめ女(1)　とめじょ*
江戸時代中期の女性。狂歌。天明3年刊、四方赤良ほか編『万載狂歌集』に載る。
¶江表(とめ女(東京都))

とめ女(2)　とめじょ*
江戸時代末期の女性。俳諧。桑折の人。安政2年刊、清纓子編『筆たより』に載る。
¶江表(とめ女(福島県))

とめ女(3)　とめじょ*
江戸時代末期の女性。和歌。牧野氏。安政7年跋、蜂屋光世編『大江戸倭歌集』に載る。
¶江表(とめ女(東京都))

登免女(1)　とめじょ*
江戸時代中期の女性。和歌。旗本伊奈忠往の娘。元禄16年刊、植山検校江民軒梅之・梅柳軒水之編『歌林尾花末』に載る。
¶江表(登免女(東京都))

登免女(2)　とめじょ*
江戸時代中期の女性。和歌。西条の高橋与市左衛門の妻。明和7年の柿本明神奉納詠と考えられる「詠百首和歌」に載る。
¶江表(登免女(愛媛県))

留女　とめじょ*
江戸時代中期の女性。和歌。旗本神保甚三郎清満の妹。宝永7年刊、坂静山編『和歌継塵集』に載る。
¶江表(留女(東京都))

とも
江戸時代末期の女性。俳諧。遠野の人。幕末期の人。
¶江表(とも(岩手県))

登毛　とも
江戸時代後期の女性。和歌。遠江浜松藩主井上正甫家の奥女中。寛政10年跋、真田幸弘の六〇賀集「千とせの寿詞」に載る。
¶江表(登毛(静岡県))

巴(鞆絵)　ともえ
⇒巴御前(ともえごぜん)

友江　ともえ*
江戸時代後期の女性。俳諧。筑前博多の人。文政2年序、曙の梅調編『牛あらひ集』に載る。
¶江表(友江(福岡県))

巴御前*　ともえごぜん
生没年不詳　[別]巴，鞆絵(ともえ)　平安時代後期の女性。木曽義仲の側女。
¶古人(巴　ともえ)，コン，女史，内乱(巴　ともえ)，平家(巴　ともえ)

友枝三郎*　ともえださぶろう
天保14(1843)年9月19日～大正6(1917)年5月26日
江戸時代末期～明治時代の能楽師。
¶新能，幕末

友枝庄蔵*　ともえだしょうぞう
天保11(1840)年～明治20(1887)年12月7日　江戸

時代末期〜明治時代の教育者。家塾忍済学舎を開いて子弟を教育。
¶幕末

友生 ともお*
江戸時代後期の女性。狂歌。文化12年『保井田邑薬師堂縁起』が、安芸保井田村の佐伯久兵衛によって刊行された。
¶江表(友生(広島県))

友興の妻 ともおきのつま*
江戸時代前期の女性。和歌。播磨佐用中島の人。貞享4年友興が著した「伴ひ草」に載る。
¶江表(友興の妻(兵庫県))

供子 ともこ
江戸時代後期の女性。和歌。備中吉備郡久代村の大月朔庵重供の娘。
¶江表(供子(岡山県) [没]文化14(1817)年)

共子 ともこ*
江戸時代後期の女性。和歌。安芸広島藩の奥女中。嘉永5年刊、長沢伴雄編『類題鴨川四郎集』に載る。
¶江表(共子(広島県))

具子 ともこ*
江戸時代末期の女性。和歌。豊前中津藩家老奥平上総定固の妻。安政年間刊、西田惟恒編『安政四年三百首』に載る。
¶江表(具子(大分県))

知子(1) ともこ*
江戸時代中期の女性。俳諧。越前三国の人。元禄14年京都を発って越中に赴く。
¶江表(知子(福井県))

知子(2) ともこ*
江戸時代後期の女性。和歌。生実藩八代藩主森川俊知と仙寿院の娘。嘉永4年刊、『波布里集』に載る。
¶江表(知子(千葉県))

知子(3) ともこ*
江戸時代後期の女性。和歌。紀州藩侍医加納英伯の妻。弘化2年刊、加納諸平編『類題鰒玉集』五に載る。
¶江表(知子(和歌山県))

知子(4) ともこ*
江戸時代後期の女性。和歌。備中本町の医師岡一水と則子の娘。
¶江表(知子(岡山県) [没]天保7(1836)年)

知子(5) ともこ*
江戸時代後期の女性。和歌。備中玉島新町の喜多安左衛門の妻。弘化2年刊、加納諸平編『類題鰒玉集』五に載る。
¶江表(知子(岡山県))

知子(6) ともこ*
江戸時代後期〜末期の女性。和歌。関白一条忠良の娘。
¶江表(知子(岡山県) [生]寛政9(1797)年 [没]安政5(1858)年)

知子(7) ともこ*
江戸時代末期の女性。和歌。尾張藩藩士。安政4年刊、仲田顕忠編『類題武蔵野集』二に載る。
¶江表(知子(東京都))

友子(1) ともこ*
江戸時代中期の女性。俳諧。享保21年刊、紫華坊竹郎編『茶和稿』に載る。
¶江表(友子(東京都))

友子(2) ともこ*
江戸時代後期の女性。和歌。越後長岡藩主牧野忠精の娘。
¶江表(友子(静岡県) [没]文化7(1810)年)

友子(3) ともこ*
江戸時代末期の女性。和歌。佐々木正熙の妻。安政1年刊、近藤芳樹選評の「二十五番歌合」に載る。
¶江表(友子(広島県))

倫子女王* ともこじょおう
元文3(1738)年1月20日〜明和8(1771)年8月20日 [別]五十宮(いそのみや), 五十宮倫子(いそのみやともこ), 心観院(しんかんいん) 江戸時代中期の女性。10代将軍徳川家治の正室。
¶江表(心観院(東京都)), 徳将(心観院 しんかんいん)

誠子内親王* ともこないしんのう
承応3(1654)年〜貞享3(1686)年 [別]誠子内親王(せいしないしんのう) 江戸時代前期の女性。後西天皇の第1皇女。
¶天皇(せいしないしんのう [生]承応3(1654)年6月7日 [没]貞享3(1686)年11月2日)

同子内親王 ともこないしんのう
⇒同子内親王(どうしないしんのう)

朝定 ともさだ
⇒日下部朝定(くさかべともさだ)

友貞 ともさだ
⇒井上友貞(いのうえともさだ)

伴貞の娘 ともさだのむすめ*
江戸時代後期の女性。俳諧。摂津尼崎の人。天保3年刊、守村鶯卿編『女百人一句』に載る。
¶江表(伴貞の娘(兵庫県))

とも女 ともじょ*
江戸時代後期の女性。俳諧。伊勢崎の人。寛政8年、伊勢崎藩中範呂亭興行で栗庵似鳩と「女郎花半歌仙」を巻いている。
¶江表(とも女(群馬県))

友女 ともじょ*
江戸時代後期の女性。和歌。宇和島藩領岩木村の末光公信の妻。嘉永5年刊、内遠編『五十鈴川』に載る。
¶江表(友女(愛媛県))

伴正林* ともしょうりん
?〜天正10(1582)年6月2日 戦国時代〜安土桃山時代の織田信長の家臣。
¶織田([生]永禄4(1561)年頃)

友田興藤* ともだおきふじ
?〜天文10(1541)年4月5日 戦国時代の武将。
¶室町

朝尊 ともたか
⇒南海朝尊(なんかいともたか)

鞆田金平 ともたきんぺい
江戸時代前期の人。鞆田武蔵守宗重の嫡男あるいは鞆田四郎重順の子。大坂の陣で籠城。
¶大坂([没]慶長19年/慶長20年)

友田小介* ともだこすけ
?〜文久3(1863)年 江戸時代末期の長門長府

藩士。
¶幕末（[没]文久3（1863）年4月）

友田梢風 ともだしょうふう
⇒梢風（しょうふう）

友田梢風尼 ともだしょうふうに
⇒梢風（しょうふう）

朝忠* ともただ
生没年不詳 鎌倉時代前期の備前の刀工。
¶美工

智忠親王 ともただしんのう
⇒智忠親王（としただしんのう）

知時 ともとき
平安時代後期の武士。
¶平家（生没年不詳）

朝長純利 ともながすみとし
安土桃山時代の大村純忠の家臣。
¶全戦（生没年不詳）

朝長純安 ともながすみやす
安土桃山時代の大村純忠の家臣。
¶全戦（[生]？ [没]永禄6（1563）年）

友成* ともなり
生没年不詳 平安時代後期の備前の名刀工。
¶古人，美工

友成将監 ともなりしょうげん
⇒友成安良（ともなりやすよし）

友成直高 ともなりなおたか
江戸時代末期の幕臣。
¶徳人（[生]？ [没]1866年）

友成正雄* ともなりまさお
嘉永4（1851）年〜明治10（1877）年 江戸時代末期〜明治時代の熊本藩士。西南戦争に熊本隊参謀として各地を転戦、延岡で処刑。
¶幕末（[没]明治10（1877）年8月30日）

伴成益 ともなります
⇒伴宿禰成益（とものすくねなります）

友成安良* ともなりやすよし
文政3（1820）年〜明治24（1891）年 [別]友成将監（ともなりしょうげん） 江戸時代末期〜明治時代の軍事官吏。幕府講武所で砲術を教授。静岡県陸軍造兵司、陸軍権中令史など。
¶コン，幕末（友成将監 ともなりしょうげん [生]文政3（1820）年2月20日 [没]明治24（1891）年2月10日）

友主弘頼 ともぬしのひろより
平安時代中期の官人。
¶古人（生没年不詳）

伴秋実* とものあきざね
生没年不詳 平安時代前期の伴善男の僕従の一人。
¶古人

伴有貞 とものありさだ
平安時代後期の藤原師通家の家令。
¶古人（生没年不詳）

伴有定 とものありさだ
平安時代後期の検非違使。
¶古人（生没年不詳）

伴有久 とものありひさ
平安時代後期の官人。
¶古人（生没年不詳）

伴少勝雄* とものおかつお
生没年不詳 平安時代前期の官人。
¶古人

伴興忠 とものおきただ
平安時代中期の官人。
¶古人（生没年不詳）

友野霞舟* とものかしゅう
寛政3（1791）年〜嘉永2（1849）年 江戸時代後期の儒者。
¶徳人

伴勝雄* とものかつお
宝亀7（776）年〜天長8（831）年 奈良時代〜平安時代前期の官人。
¶古人

伴河男 とものかわお
⇒伴宿禰河男（とものすくねかわお）

伴吉備麻呂（伴吉備麿） とものきびまろ
⇒伴宿禰吉備麿（とものすくねきびまろ）

伴野君家 とものきみいえ
戦国時代の武田氏の家臣、伴野信是の被官。
¶武田（生没年不詳）

伴清縄* とものきよただ
平安時代前期の伴善男の僕従。
¶古人（生没年不詳），古代

伴国忠 とものくにただ
平安時代後期の官人。
¶古人（生没年不詳）

伴国平 とものくにひら
平安時代後期の官人。
¶古人（生没年不詳）

伴国房 とものくにふさ
平安時代後期の官人。
¶古人（生没年不詳）

伴国道 とものくにみち
⇒大伴国道（おおとものくにみち）

伴野玄林斎 とものげんりんさい
安土桃山時代の信濃佐久郡の国衆前山伴野氏の一門。
¶武田（生没年不詳）

伴惟信 とものこれのぶ
平安時代中期の官人。
¶古人（生没年不詳）

伴健岑* とものこわみね
生没年不詳 平安時代前期の官人、春宮坊帯刀舎人。
¶古人，古代，コン，山小

伴野貞金 とものさだかね
戦国時代〜安土桃山時代の武田氏の家臣。
¶武田（生没年不詳）

伴貞資 とものさだすけ
平安時代中期の官人。父は惟信。
¶古人（生没年不詳）

伴野貞胤 とものさだたね
戦国時代～安土桃山時代の武田氏の家臣。
¶武田(生没年不詳)

伴野貞長 とものさだなが
安土桃山時代の武田氏の家臣。
¶武田(㊤? ㊦天正4(1576)年5月28日?)

伴野貞政 とものさだまさ
江戸時代中期の幕臣。
¶徳人(㊤? ㊦1691年)

伴貞宗* とものさだむね
生没年不詳 平安時代前期の官人。
¶古人

伴定義 とものさだよし
平安時代後期の官人。父は佐親。
¶古人(生没年不詳)

伴野貞慶* とものさだよし
戦国時代～安土桃山時代の武士。武田氏家臣。
¶武田(生没年不詳)

伴野貞能 とものさだよし
安土桃山時代の武田氏の家臣。
¶武田(生没年不詳)

伴野貞頼 とものさだより
戦国時代～安土桃山時代の武田氏の家臣。
¶武田(生没年不詳)

伴野重実 とものしげざね
戦国時代の上野国衆国峰小幡氏の家臣。
¶武田(生没年不詳)

伴重季 とものしげすえ
平安時代後期の官人。
¶古人(生没年不詳)

伴成季 とものしげすえ
平安時代後期の官人。
¶古人(生没年不詳)

伴成任 とものしげとう
平安時代中期の官人。
¶古人(生没年不詳)

伴成通 とものしげみち
平安時代後期の官人。
¶古人(生没年不詳)

伴野如心 とものじょしん
戦国時代の武田氏の家臣、伴野信是の被官。
¶武田(生没年不詳)

伴宿禰河男* とものすくねかわお
㊎伴河男(とものかわお) 平安時代前期の官人。
¶古人(伴河男 とものかわお 生没年不詳),古代

伴宿禰吉備麿* とものすくねきびまろ
㊎伴吉備麻呂,伴吉備麿(とものきびまろ) 平安時代前期の下級官人。
¶古人(伴吉備麻呂 とものきびまろ 生没年不詳),古代

伴宿禰竜男* とものすくねたつお
生没年不詳 ㊎伴竜男(とものたつお) 平安時代前期の官人。
¶古人(伴竜男 とものたつお),古代

伴宿禰常雄* とものすくねつねお
㊎伴常雄(とものつねお) 平安時代前期の太政大臣藤原良房の家司。
¶古人(伴常雄 とものつねお 生没年不詳),古代

伴宿禰中庸* とものすくねなかつね
生没年不詳 ㊎伴中庸(とものなかつね) 平安時代前期の官人、善男の子。
¶古人(伴中庸 とものなかつね),古代

伴宿禰成益* とものすくねなります
延暦8(789)年～仁寿2(852)年 ㊎伴成益(ともなります,とものなります) 平安時代前期の官人。
¶古代

伴宿禰宗* とものすくねむね
延暦11(792)年～斉衡2(855)年 ㊎伴宗(とものむね) 平安時代前期の法律家。
¶古人(伴宗 とものむね),古代

伴宿禰善男 とものすくねよしお
⇒伴善男(とものよしお)

伴助兼* とものすけかね
生没年不詳 平安時代後期の武士。
¶古人

伴佐親 とものすけちか
平安時代後期の官人。
¶古人(㊤? ㊦1062年)

伴勢田世* とものせたよ
生没年不詳 平安時代中期の相撲人。
¶古人

友野宗善* とものそうぜん
生没年不詳 戦国時代～安土桃山時代の駿府の頭人豪商、駿府の御用達町人。
¶コン,武田

伴武永 とものたけなが
平安時代後期の官人。
¶古人(生没年不詳)

伴武文 とものたけふみ
平安時代後期の官人。
¶古人(生没年不詳)

伴忠信 とものただのぶ
平安時代中期の検非違使。
¶古人(生没年不詳)

伴忠行* とものただゆき
?～延喜4(904)年 平安時代前期～中期の官人。
¶古人

伴竜男 とものたつお
⇒伴宿禰竜男(とものすくねたつお)

伴為賢 とものためかた
平安時代後期の官人。
¶古人(生没年不詳)

伴為国 とものためくに
平安時代後期の官人。
¶古人(生没年不詳)

伴為利 とものためとし
平安時代中期の官人。
¶古人(生没年不詳)

伴為方　とものためまさ
平安時代後期の官人。
¶古人（生没年不詳）

伴常雄　とものつねお
⇒伴宿禰常雄（とものすくねつねお）

伴経俊　とものつねとし
平安時代後期の官人。
¶古人（生没年不詳）

伴野藤左衛門尉　とものとうざえもんのじょう
戦国時代～安土桃山時代の武田氏の家臣。
¶武田（生没年不詳）

伴得近　とものとくちか
平安時代後期の官人。
¶古人（生没年不詳）

伴俊盛　とものとしもり
平安時代後期の官人。
¶古人（生没年不詳）

伴知実　とものともざね
平安時代後期の官人。
¶古人（生没年不詳）

伴友足*　とものともたり
宝亀9（778）年～承和10（843）年　奈良時代～平安時代前期の官人。
¶古人

伴友仲　とものともなか
平安時代後期の官人。
¶古人（生没年不詳）

伴知宗　とものともむね
平安時代後期の官人。
¶古人（生没年不詳）

伴中庸　とものなかつね
⇒伴宿禰中庸（とものすくねなかつね）

伴成益　とものなります
⇒伴宿禰成益（とものすくねなります）

伴延方　とものののぶかた
平安時代後期の番匠。承保4年大工。
¶古人（生没年不詳）

伴信国　とものののぶくに
平安時代後期の官人。
¶古人（生没年不詳）

伴野信是*　とものののぶこれ
生没年不詳　戦国時代の信濃国衆。
¶武田（[生]？　[没]天正6（1578）年11月24日？）

伴延助　とものののぶすけ
平安時代中期の銅鍛治。
¶古人（生没年不詳）

伴野信番　とものののぶつぐ
安土桃山時代の信濃佐久郡の国衆。野沢伴野氏当主。武田氏滅亡後、北条氏に従属。
¶武田（生没年不詳）

伴野信直　とものののぶなお
戦国時代の信濃佐久郡の国衆。前山伴野氏の当主。
¶武田（生没年不詳）

伴野信宗　とものののぶむね
戦国時代～安土桃山時代の信濃佐久郡の国衆。前山伴野氏の当主か。
¶武田（生没年不詳）

伴野信守　とものののぶもり
安土桃山時代の信濃佐久郡の国衆。前山伴野氏の当主。
¶武田（[生]？　[没]天正10（1582）年11月3日？）

友野則祐　とものののりすけ
⇒友野則裕（ともののりひろ）

友野則裕*　とものののりひろ
文化8（1811）年8月9日～明治25（1892）年9月28日　[別]友野則祐（ともののりすけ）　江戸時代後期～明治時代の和算家。
¶数学（友野則祐　ともののりすけ）

伴春雄*　とものはるお
生没年不詳　平安時代前期の官人。
¶古人

伴久永*(1)　とものひさなが
貞観11（869）年～承平3（933）年　平安時代前期～中期の官人。
¶古人

伴久永(2)　とものひさなが
平安時代後期の官人。
¶古人（生没年不詳）

伴久宗　とものひさむね
平安時代後期の官人。
¶古人（生没年不詳）

鞆ノ平武右衛門　とものひらたけえもん
⇒鞆ノ平武右衛門（とものひらぶえもん）

鞆ノ平武右衛門*　とものひらぶえもん
*～明治34（1901）年　[別]鞆ノ平武右衛門（とものひらたけえもん）　江戸時代末期～明治時代の力士。
¶幕末（[生]弘化4（1847）年　[没]明治34（1901）年10月15日）

伴広貞　とものひろさだ
平安時代後期の官人。父は定義。
¶古人（生没年不詳）

伴広親　とものひろちか
平安時代後期の官人。
¶古人（生没年不詳）

伴広信　とものひろのぶ
平安時代後期の官人。父は広貞。
¶古人（生没年不詳）

友野昌清　とものまさきよ
安土桃山時代～江戸時代前期の駿府の町年寄、商人。
¶武田（生没年不詳）

伴正茂　とものまさしげ
平安時代後期の官人。
¶古人（生没年不詳）

伴真貞*　とものまさだ
生没年不詳　[別]伴直真貞（とものあたいまさだ）　平安時代前期の豪族。
¶古人, 古代（伴直真貞　とものあたいまさだ）

伴正利　とものまさとし
平安時代中期の官人。
¶古人(生没年不詳)

伴宗　とものむね
⇒伴宿禰宗(とものすくねむね)

伴盛俊　とものもりとし
平安時代後期の医師。
¶古人(生没年不詳)

伴保平＊　とものやすひら
貞観9(867)年～天暦8(954)年4月16日　平安時代前期～中期の公卿(参議)。従四位下・播磨守伴春雄の子。
¶公卿,古人

友野与右衛門＊　とものよえもん
生没年不詳　江戸時代中期の江戸浅草の町人、箱根用水開削の元締頭。
¶江人,コン,山小

伴善男＊　とものよしお
＊～貞観10(868)年　[別]伴宿禰善男(とものすくねよしお),伴善男(ともよしお)　平安時代前期の公卿(大納言)。大伴古麻呂の曽孫、伴国道の子。左大臣源信の失脚をもくろみ応天門炎上事件を起こしたが、露見して流罪となる。
¶公卿([生]弘仁2(811)年　[没]貞観10(869)年),古人([生]809年),古代(伴宿禰善男　とものすくねよしお　[生]811年),コン([生]大同4(809)年),山小([生]811年)

伴善信　とものよしのぶ
平安時代中期の官人。
¶古人(生没年不詳)

伴依武　とものよりたけ
平安時代後期の官人。
¶古人(生没年不詳)

伴林光平＊　ともばやしみつひら,ともはやしみつひら
文化10(1813)年～文久4(1864)年2月16日　[別]伴林光平(ばんばやしみつひら)　江戸時代末期の志士。号は斑鳩隠士、岡陵、嵩斎など。
¶コン(ともはやしみつひら　[没]元治1(1864)年),詩作(ばんばやしみつひら,ともばやしみつひら　[生]文化10(1813)年9月9日),思想([没]元治1(1864)年),全幕,幕末([生]文化10(1813)年9月)

智姫＊　ともひめ
万治2(1659)年2月2日～元禄3(1690)年4月7日　江戸時代前期～中期の女性。松山藩主織田信武の妻。
¶江表(智姫(愛知県))

友平栄　ともひらさかえ
江戸時代後期～明治時代の砲術家、陸軍軍人。
¶幕末([生]文化13(1816)年6月　[没]明治15(1882)年7月27日)

具平親王＊　ともひらしんのう
康保1(964)年～寛弘6(1009)年　[別]中書王(ちゅうしょおう),後中書王(のちのちゅうしょおう)　平安時代中期の文人。村上天皇の第7皇子。
¶古人,コン,天皇([生]応和4(964)年6月19日　[没]寛弘6(1009)年7月28日),日文([生]応和4(964)年)

伴部刀自売＊　ともべのとじめ
生没年不詳　平安時代前期の女性。壱岐島の女子。
¶古人

伴部安崇＊　ともべやすたか
寛文7(1667)年～元文5(1740)年　江戸時代中期の神道家。
¶思想

友益　ともます
安土桃山時代～江戸時代前期の連歌作者。速水氏。
¶俳文(生没年不詳)

友松行実　ともまつゆきざね
戦国時代の上野国衆国峰小幡氏の家臣。
¶武田(生没年不詳)

友光　ともみつ
戦国時代の武田義信の側近。
¶武田(生没年不詳)

倫光＊　ともみつ
生没年不詳　南北朝時代の備前長船の刀工。
¶美工

友安三冬＊　ともやすみふゆ
天明8(1788)年～文久2(1862)年　江戸時代後期の神官、医師。
¶幕末([没]文久2(1862)年10月10日)

伴善男　ともよしお
⇒伴善男(とものよしお)

知良王　ともよしおう
南北朝時代の後醍醐天皇の第17皇子。
¶天皇

吃又平＊　どもりのまたへい
浄瑠璃「傾城反魂香」に登場する大津絵師。
¶コン

とや
江戸時代後期の女性。和歌。遠江浜松藩主井上正甫家の奥女中。寛政10年跋、真田幸弘の六〇賀集「千とせの寿詞」に載る。
¶江表(とや(静岡県))

登也子　とやこ⋆
江戸時代後期の女性。和歌。大川白里の妻。
¶江表(登也子(福岡県))

戸谷新右衛門＊　とやしんえもん
？～享保7(1722)年？　江戸時代中期の紀伊国伊都郡島野村の庄屋。
¶コン

鳥屋尾定恒　とやのおさだつね
安土桃山時代の武士。北畠氏の臣。大湊の奉行を務めるか。
¶織田(生没年不詳)

鳥屋尾満栄＊　とやのおみつひで
生没年不詳　[別]鳥屋尾満栄(とりやおみつひで)　安土桃山時代の織田信長の家臣。
¶織田,全戦(とりやおみつひで),戦武(とりやおみつひで)

外山(1)　とやま⋆
江戸時代中期の女性。和歌。三河刈谷藩主土井利信の室久米子の年寄。宝暦8年正月の「賀茂県主家会始歌」に載る。
¶江表(外山(愛知県))

外山(2)　とやま⋆
江戸時代後期の女性。狂歌。下総銚江の遊女。享

とやまは　　　　　　　　　　　　　　*1548*

和2年刊、十返舎一九編『南総記行旅眼石』に載る。
¶江表（外山（千葉県））

外山瑞良　とやまはんりょう
江戸時代後期〜末期の和算家。信濃芋川村の人。
¶数学（㊤寛政3（1791）年　㊦文久3（1863）年）

外山雅国　とやままさくに
江戸時代前期〜中期の代官。
¶徳代（㊤正保3（1646）年　㊦正徳1（1711）年1月6日）

外山光顕＊　とやままつあき
承応1（1652）年〜元文3（1738）年　江戸時代前期
〜中期の公家（権大納言）。外山家の祖。権大納言
日野弘資の次男。
¶公卿（㊤承応1（1652）年7月7日　㊦元文3（1738）年4月
13日），公家（光顕〔外山家〕　みつあき　㊤承応1
（1652）年7月7日　㊦元文3（1738）年4月13日）

外山光和＊　とやままつかず
延宝8（1680）年10月10日〜寛保3（1743）年7月17日
江戸時代中期の公家（権中納言）。権大納言外山光
顕の子。
¶公卿，公家（光和〔外山家〕　みつかず　㊦寛保3
（1743）年7月16日）

外山光実＊　とやままつざね
宝暦6（1756）年〜文政4（1821）年　江戸時代中期
〜後期の歌人・公家（権中納言）。権大納言烏丸光
胤の末子，母は東本願寺前大僧正光性の娘。
¶公卿（㊤宝暦6（1756）年5月19日　㊦文政4（1821）年8
月7日），公家（光実〔外山家〕　みつざね　㊤宝暦6
（1756）年5月19日　㊦文政4（1821）年8月7日）

外山光輔＊　とやままつすけ
天保14（1843）年〜＊　江戸時代末期〜明治時代の
公家。維新後開国や物価高騰に不満を持ち政変を
企て捕縛，自刃。
¶幕末（㊤天保14（1843）年10月27日　㊦明治4（1872）年
12月3日）

外山光親＊　とやままつちか
文化4（1807）年12月2日〜嘉永3（1850）年10月3日
㊟外山光親（とやまみつより）　江戸時代末期の公
家（非参議）。非参議外山光施の子。
¶公卿，公家（光親〔外山家〕　みつより）

外山光施＊　とやままつはる
天明4（1784）年1月23日〜天保10（1839）年8月6日
江戸時代後期の公家（非参議）。権中納言外山光実
の子。
¶公卿，公家（光施〔外山家〕　みつはる）

外山光親　とやまみつより
　⇒外山光親（とやまみつちか）

都谷森逸眠＊　とやもりいつみん
生没年不詳　㊟都谷森甚弥（とやもりじんや）　江
戸時代末期〜明治時代の陸奥弘前藩士。
¶幕末

都谷森甚弥　とやもりじんや
　⇒都谷森逸眠（とやもりいつみん）

都友　とゆう＊
江戸時代後期の女性。俳諧。文政7年刊、『笠の露』
に載る。
¶江表（都友（佐賀県））

とよ(1)
江戸時代中期の女性。俳諧。水沢の人。安永2年
刊、松露庵烏明編『古にし夢』に載る。

¶江表（とよ（岩手県））

とよ(2)
江戸時代中期の女性。俳諧。越後の人。享保14年
刊、廻船業北村七里の三回忌追善集『其鑑』に載る。
¶江表（とよ（新潟県））

とよ(3)
江戸時代中期の女性。俳諧。畑巴流の妻。天明3
頃の人。
¶江表（とよ（富山県））

とよ(4)
江戸時代中期の女性。俳諧。石流館范南の娘。享
保20年自跋、円頂堂寒瓜編、惟然二五回忌追善『と
しの雲』に載る。
¶江表（とよ（三重県））

とよ(5)
江戸時代中期の女性。俳諧。元禄3年、蕉門十哲の
一人榎本其角が母妙務尼四回忌に編んだ俳諧日記
『花摘』に載る。
¶江表（とよ（滋賀県））

とよ(6)
江戸時代中期の女性。和歌。公卿で歌人冷泉為村
の娘。明和9年成立「たもとのしぐれ」に載る。
¶江表（とよ（京都府））

とよ(7)
江戸時代中期の女性。和歌。志賀政敏の妻。享保8
年の「柿本大明神社奉納和歌」に載る。
¶江表（とよ（島根県））

とよ(8)
江戸時代後期の女性。商売。気仙沼の猪狩新兵衛
の長女。
¶江表（とよ（宮城県）　㊦文化4（1807）年）

とよ(9)
江戸時代後期の女性。俳諧。越前府中の人。文政3
年鶯庵甫紅編『聖節』に載る。
¶江表（とよ（福井県））

とよ(10)
江戸時代後期の女性。俳諧。河内八尾の人。文化2
年序、磯部其朝編『ふくるま』に載る。
¶江表（とよ（大阪府））

とよ(11)
江戸時代後期の女性。旅の記録。五十嵐氏。「天保
12年2月29日出立」の記録がある。
¶江表（とよ（大阪府））

と代(1)　とよ★
江戸時代後期の女性。教育。坪内誠三郎の母。
¶江表（と代（東京都）　㊦寛政11（1799）年頃）

と代(2)　とよ★
江戸時代末期の女性。和歌。猪尻の徳島藩家老稲
田家家臣津田荘太夫の妻。安政3年に卯の花を大き
な鈴菜に似せて蕪の葉をさし、肴を入れて鮓をこし
らえ和歌を添えて美寿へ贈る。
¶江表（と代（徳島県））

台与＊　とよ
㊟壱与（いよ）　上代の女性。卑弥呼の宗女。
¶古人（壱与　いよ　生没年不詳），古代，コン（生没年不
詳），対外，山小（壱与　いよ）

登代(1) とよ★
江戸時代後期の女性。教育。商人中村三右衛門の養母。
¶江表(登代(東京都) [生]文化10(1813)年頃)

登代(2) とよ★
江戸時代後期の女性。俳諧。中沢万内の妻。文政7年清水庵奉額に載る。
¶江表(登代(長野県))

登代(3) とよ★
江戸時代後期の女性。俳諧。淡路の人。嘉永1年刊、真野暁梅編『続淡路島』に載る。
¶江表(登代(兵庫県))

登代(4) とよ★
江戸時代末期〜明治時代の女性。和歌・武術。長門長州藩藩士香川景虎の娘。
¶江表(登代(山口県) [没]明治39(1906)年)

豊(1) とよ★
江戸時代中期の女性。和歌。松尾氏の妻。享保4年刊、森川右兵編『新玉津島社奉納和歌』に載る。
¶江表(豊(京都府))

豊(2) とよ★
江戸時代中期〜後期の女性。俳諧。川上氏。
¶江表(豊(神奈川県) [生]延享2(1745)年 [没]文政11(1828)年)

豊(3) とよ★
江戸時代中期〜後期の女性。和歌。盛岡藩主南部利正の娘。
¶江表(豊(滋賀県) [生]明和1(1764)年 [没]天保7(1836)年)

豊(4) とよ★
江戸時代後期の女性。和歌。式部勝延の娘。
¶江表(豊(山形県) [没]文政4(1821)年)

豊(5) とよ★
江戸時代後期の女性。俳諧。城ヶ崎の俳人太田可笛の姉。文化14年刊、太田足馬編『花乃下蔭』に載る。
¶江表(豊(大阪府))

豊(6) とよ★
江戸時代後期の女性。俳諧。備後瀬野の人。文政9年刊、多賀庵四世筵史編『やまかつら』に載る。
¶江表(豊(広島県))

豊江王* とよえおう
延暦15(796)年〜貞観5(863)年 平安時代前期の官人。
¶古人, 古代

豊岡(1) とよおか★
江戸時代の女性。書。新吉原の遊女。明治22年刊、蒲生重章著『近世佳人伝』三下に載る。
¶江表(豊岡(東京都))

豊岡(2) とよおか★
江戸時代中期の女性。書簡。8代将軍徳川吉宗、9代家重付の老女。仙台藩主伊達吉村宛書状が残る。
¶江表(豊岡(東京都))

豊岡随資* とよおかあやすけ
文化11(1814)年〜明治19(1886)年 江戸時代末期〜明治時代の公家。王政復古の時公武合体派と見なされ参朝停止。
¶公卿([生]文化11(1814)年2月18日 [没]明治19(1886)年9月), 公家(随資〔豊岡家〕 あやすけ [生]文化11(1814)年2月18日 [没]明治19(1886)年9月12日), 幕末([生]文化11(1814)年2月18日 [没]明治19(1886)年9月12日)

豊岡和資* とよおかかずすけ
明和1(1764)年8月29日〜文政2(1819)年4月13日 江戸時代中期〜後期の公家(参議)。権中納言豊岡尚資の子。
¶公卿, 公家(和資〔豊岡家〕 かずすけ)

豊岡尚資* とよおかなおすけ
元文4(1739)年7月13日〜文化6(1809)年7月20日 江戸時代中期〜後期の公家(権中納言)。非参議豊岡光全の子。
¶公卿, 公家(尚資〔豊岡家〕 なおすけ)

豊岡治資* とよおかはるすけ
寛政1(1789)年11月11日〜安政1(1854)年4月11日 江戸時代後期の公家(非参議)。参議豊岡和資の子。
¶公卿, 公家(治資〔豊岡家〕 はるすけ [没]嘉永7(1854)年4月11日)

豊岡健資* とよおかまさすけ
弘化2(1845)年〜明治25(1892)年 江戸時代末期〜明治時代の公家。禁門の変で長州藩のため運動。維新後次侍従など。
¶幕末([生]弘化2(1845)年7月16日 [没]明治25(1892)年3月19日)

豊岡光全* とよおかみつたけ
正徳1(1711)年3月4日〜延享2(1745)年11月29日 江戸時代中期の公家(非参議)。権大納言外山光顕の末子。
¶公卿, 公家(光全〔豊岡家〕 みつたけ [生]宝永8(1711)年3月4日)

豊川如山 とよかわじょさん
江戸時代後期の画家。
¶浮絵(生没年不詳)

豊川英国 とよかわひでくに
江戸時代後期の画家。
¶浮絵(生没年不詳)

豊川光長〔2代〕 とよかわみつなが
江戸時代後期〜大正時代の彫金家。
¶美工([生]嘉永4(1851)年1月11日 [没]大正12(1923)年9月1日)

豊城入彦命* とよきいりひこのみこと
上代の崇神天皇の皇子、豊城命とも。
¶古代, 天皇(生没年不詳)

豊国〔2代〕 とよくに
⇒歌川豊国〔2代〕(うたがわとよくに)

豊国法師* とよくにのほうし
生没年不詳 [別]豊国法師(とよくにほうし) 飛鳥時代の僧。
¶古代(とよくにほうし)

豊国法師 とよくにほうし
⇒豊国法師(とよくにのほうし)

豊国別皇子* とよくにわけおうじ
[別]豊国別皇子(とよくにわけのおうじ, とよくにわけのみこ) 上代の景行天皇の皇子。
¶天皇(とよくにわけのみこ)

豊国別皇子 とよくにわけのおうじ
⇒豊国別皇子(とよくにわけおうじ)

豊国別皇子　とよくにわけのみこ
⇒豊国別皇子（とよくにわけおうじ）

とよこ
江戸時代後期の女性。和歌。松前貢の母。寛政期の記録、鈴木常雄編「蝦夷錦」に載る。
¶江表（とよこ（北海道））

とよ子(1)　とよこ★
江戸時代の女性。和歌。加賀藩家老横山政和の娘。明治10年刊、高橋富兄編『類題石川歌集』に載る。
¶江表（とよ子（石川県））

とよ子(2)　とよこ★
江戸時代後期～末期の女性。教育。川越の商家伏見屋2代目吉田平兵衛の娘。
¶江表（とよ子（埼玉県）　[生]寛政2（1790）年　[没]安政5（1858）年）

登世子　とよこ★
江戸時代後期の女性。和歌。蹴鞠家で歌人海伝三緘の娘。
¶江表（登世子（京都府）　[没]天保5（1834）年）

登代子(1)　とよこ★
江戸時代の女性。和歌。天野氏。明治11年刊、近藤芳樹編『薫風集』に載る。
¶江表（登代子（山口県））

登代子(2)　とよこ★
江戸時代後期の女性。和歌。幕臣山中輔俊の妻。文化11年刊、中山忠雄・河田正致編『柿本社奉納和歌集』に載る。
¶江表（登代子（東京都））

登与子(1)　とよこ★
江戸時代後期の女性。和歌。富山藩主前田利幸の娘。藩主前田利物の室。
¶江表（登与子（石川県））

登与子(2)　とよこ★
江戸時代後期の女性。和歌。膳所藩主本多康禎の娘か。文政5年序、本居大平編『八十浦之玉』上に載る。
¶江表（登与子（滋賀県））

豊子(1)　とよこ★
江戸時代中期の女性。和歌。出雲松江の佐太神社神官勝部芳房の妻。正徳1年跋、勝部芳房編『佐陀大社奉納神始言吹草』に載る。
¶江表（豊子（島根県））

豊子(2)　とよこ★
江戸時代後期の女性。和歌。石見津和野藩藩士牧村勝蔵の妻。嘉永4年刊、堀尾光久編『近世名所歌集』初に載る。
¶江表（豊子（島根県））

豊子(3)　とよこ★
江戸時代後期～明治時代の女性。和歌。伊予大洲藩主加藤泰済の娘。
¶江表（豊子（大分県）　[生]文政7（1824）年　[没]明治23（1890）年）

豊子(4)　とよこ★
江戸時代末期の女性。和歌。江戸城本丸の大奥女中。文久3年刊、関橋守編『耳順賀集』に載る。
¶江表（豊子（東京都））

豊子(5)　とよこ★
江戸時代末期の女性。和歌。信楽代官の多羅尾純門と藤の娘。文久1年・元治2年序、佐々木弘綱編『類題千船集』二・三に名のみ載る。
¶江表（豊子（滋賀県））

豊子(6)　とよこ★
江戸時代末期の女性。俳諧・和歌。因幡鳥取川端の宿屋亀屋の娘。安政3年刊、中島宜門編『類題稲葉集』に載る。
¶江表（豊子（鳥取県））

豊子(7)　とよこ★
江戸時代末期の女性。和歌。吉見氏。慶応2年序、村上忠順編『元治元年千首』に載る。
¶江表（豊子（島根県））

豊子(8)　とよこ★
江戸時代末期の女性。和歌。友部氏。慶応2年序、村上忠順編『元治元年千首』に載る。
¶江表（豊子（香川県））

豊子(9)　とよこ★
江戸時代末期の女性。和歌。明石氏。慶応2年序、村上忠順編『元治元年千首』に載る。
¶江表（豊子（香川県））

豊子(10)　とよこ★
江戸時代末期の女性。和歌。西条藩領の豊島順右衛門の母。安政5年序、半井梧庵編『鄙のてぶり』二に載る。
¶江表（豊子（愛媛県））

豊子(11)　とよこ★
江戸時代末期の女性。和歌。矢野町の庄屋で本居大平門の歌人野田美陳と冬子の娘。
¶江表（豊子（愛媛県）　[没]文久2（1862）年）

豊子(12)　とよこ★
江戸時代末期の女性。和歌。下野宇都宮藩主戸田忠友の娘。明治1年に編まれた『明治歌集』によると、江戸蠣売町に住んだとある。
¶江表（豊子（福岡県））

豊子(13)　とよこ★
江戸時代末期の女性。和歌。筑後本柳小路の柳川藩士で同藩文武館教授寮頭、のち、助教兼寺社方安武厳丸の娘。文久2年刊、厳丸編『柳河百家集』に載る。
¶江表（豊子（福岡県））

豊小路　とよこうじ★
江戸時代前期～中期の女性。書簡。5代将軍徳川綱吉の室浄光院付の老女。
¶江表（豊小路（東京都））

とよさき
江戸時代中期の女性。和歌。武城の人。宝永6年奉納、平間長雅編「住吉社奉納千首和歌」に載る。
¶江表（とよさき（埼玉県））

豊崎　とよざき★
江戸時代前期の女性。紀行文。後水尾天皇の皇女顕子内親王の侍女。金沢から出かけた時の紀行文「湯本の記」を著わす。
¶江表（豊崎（京都府））

豊前王*　とよさきおう
延暦24（805）年～貞観7（865）年　平安時代前期の官人。
¶古人，古代

豊沢団平〔2代〕* とよざわだんぺい, とよさわだんぺい
文政11(1828)年～明治31(1898)年4月1日 江戸時代末期～明治時代の義太夫節三味線方。文楽座、彦六座などで活躍。「壺坂霊験記」「良弁杉由来」など作曲。
¶コン([生]文政10(1827)年), 幕末

豊沢広助 とよざわひろすけ
世襲名 江戸時代の義太夫節の三味線、豊沢派の宗家名。
¶江人

豊沢広助〔1代〕* とよざわひろすけ
安永6(1777)年～文政7(1824)年 [別]竹沢権右衛門〔2代〕(たけざわごんえもん), 竹沢弥七〔3代〕(たけざわやしち) 江戸時代後期の義太夫節三味線方。
¶コン

豊階真人安人 とよしなのまひとやすひと
⇒豊階安人(とよしなのやすひと)

豊階安人* とよしなのやすひと
延暦16(797)年～貞観3(861)年 [別]豊階真人安人(とよしなのまひとやすひと) 平安時代前期の学者、官人。
¶古人, 古代(豊階真人安人 とよしなのまひとやすひと), コン

と与島 とよしま★
江戸時代後期の女性。和歌。播磨赤穂藩森家の奥女中。天保9年刊、海野遊翁編『現存歌選』二に載る。
¶江表(と与島(兵庫県))

豊島源左衛門* とよしまげんざえもん
生没年不詳 安土桃山時代の織田信長の家臣。
¶織田

豊島十郎* とよしまじゅうろう
生没年不詳 安土桃山時代の織田信長の家臣。
¶織田

豊島松圃* とよしましょうほ
文政7(1824)年～明治25(1892)年 江戸時代末期～明治時代の会津の俳人。越後・越前に作句行脚に旅立ち病に倒れる。
¶幕末([没]明治25(1892)年7月28日)

豊島洞斎 とよしまとうさい
⇒豊島安三郎(てしまやすさぶろう)

豊島半七* とよしまはんしち
*～明治18(1885)年 江戸時代末期～明治時代の実業家。綿の仲買、唐糸輸入。繊維商社の老舗として今に至る。
¶幕末([生]文化8(1811)年)

豊島豊洲 とよしまほうしゅう
⇒豊島豊洲(としまほうしゅう)

豊島慎 とよしままこと
江戸時代の和算家。伊勢の人。関流の算学を学び、天文にも通じた。著書に『算通』『探原算法』など。
¶数学

豊島泰盛* とよしまやすもり
文政5(1822)年～文久3(1863)年 江戸時代末期の有栖川宮家諸大夫。
¶幕末([生]文政5(1823)年12月19日 [没]文久3(1863)年4月)

豊島之辰* とよしまゆきたつ
生没年不詳 江戸時代中期の和算家。
¶数学

豊島由誓* とよしまゆせい
寛政1(1789)年～安政6(1859)年 [別]豊島由誓(としまゆうせい), 由誓(ゆうせい) 江戸時代後期の俳人。
¶俳文(由誓 ゆうせい [没]安政6(1859)年9月2日)

豊島露月* とよしまろげつ
寛文7(1667)年～寛延4(1751)年 [別]豊島露月(としまろげつ), 露月(ろげつ) 江戸時代中期の俳人。
¶俳文(露月 ろげつ [没]宝暦1(1751)年6月2日)

とよ女(1) とよじょ★
江戸時代中期～後期の女性。俳諧。磯波郡三谷村の川合長兵衛の妻。
¶江表(とよ女(富山県) [生]延享4(1747)年 [没]文政12(1829)年)

とよ女(2) とよじょ★
江戸時代後期の女性。俳諧。弘化3年跋、黒川惟草編『俳諧人名録』二に、本町住、河野氏、号、半月舎とある。
¶江表(とよ女(東京都))

とよ女(3) とよじょ★
江戸時代後期の女性。和歌。西条の工藤儀助惟一の妻。天保6年刊、飯尾葛藤編『水石寿言』に載る。
¶江表(とよ女(愛媛県))

登世女 とよじょ★
江戸時代後期の女性。狂歌。下総佐原の人。文政2年刊、四方歌垣編『俳諧歌相撲長』に載る。
¶江表(登世女(千葉県))

豊女(1) とよじょ★
江戸時代中期の女性。和歌。旗本山岡景元の娘。
¶江表(豊女(東京都) [没]宝暦2(1752)年)

豊女(2) とよじょ★
江戸時代後期の女性。俳諧。寒河江の人。天保15年、寒河江八幡宮に奉納された俳額に載る。
¶江表(豊女(山形県))

豊女(3) とよじょ★
江戸時代後期の女性。和歌。周布の人。享和3年序、佐伯貞中八〇賀集「周桑歌人集」に載る。
¶江表(豊女(愛媛県))

豊女(4) とよじょ★
江戸時代末期～明治時代の女性。俳諧。下総の人。明治43年、安藤白羊編『房総句集』に載る。
¶江表(豊女(千葉県))

豊丈助 とよじょうすけ
⇒並木丈輔(なみきじょうすけ)

豊鍬入姫 とよすきいりひめ
⇒豊鍬入姫命(とよすきいりひめのみこと)

豊鍬入姫命*(豊鋤入姫命) とよすきいりひめのみこと
[別]豊鍬入姫(とよすきいりひめ) 上代の女性。崇神天皇の皇女。
¶古人(生没年不詳), 古代, コン(豊鍬入姫 とよすきいりひめ), 女史(豊鍬入姫 とよすきいりひめ), 天皇(生没年不詳)

豊瀬与十郎*　とよせよじゅうろう
生没年不詳　安土桃山時代の織田信長の家臣。
¶織田

豊田勝義*　とよだかつよし，とよたかつよし
文化14(1817)年～明治10(1877)年　江戸時代末期～明治時代の和算家、伊勢津藩士。
¶数学(とよたかつよし　[生]文化14(1817)年6月10日　[没]明治10(1877)年6月28日)

豊田謙次　とよたかねつぐ
⇒豊田謙次(とよたけんじ)

豊田九皐*　とよだきゅうこう
文化8(1811)年～明治23(1890)年　江戸時代末期～明治時代の医師、府内藩病院兼督学。コレラ流行時、藩で治療法を教授。
¶コン

豊竹和泉太夫　とよたけいずみだゆう
⇒市川八百蔵〔2代〕(いちかわやおぞう)

豊竹越前少掾*　とよたけえちぜんのしょうじょう
天和1(1681)年～明和1(1764)年　[別]竹本采女(たけもとうねめ)，竹本此太夫(たけもとこのたゆう)，豊竹上野少掾〔1代〕(とよたけこうずけのしょうじょう)，豊竹若太夫〔1代〕(とよたけわかたゆう，とよたけわかだゆう)　江戸時代中期の義太夫節の太夫。
¶コン

豊竹掃部　とよたけかもん
⇒市川八百蔵〔2代〕(いちかわやおぞう)

豊竹上野少掾〔1代〕　とよたけこうずけのしょうじょう
⇒豊竹越前少掾(とよたけえちぜんのしょうじょう)

豊竹上野少掾〔2代〕　とよたけこうずけのしょうじょう
⇒竹本大和掾(たけもとやまとのじょう)

豊竹此太夫〔2代〕*　とよたけこのたゆう，とよたけこのだゆう
享保11(1726)年～寛政8(1796)年　[別]竹本此太夫(たけもとこのだゆう)，豊竹時太夫〔1代〕(とよたけときたゆう)，豊竹八重太夫〔1代〕(とよたけやえたゆう，とよたけやえだゆう)　江戸時代中期の義太夫節の太夫。豊竹筑前少掾の門弟。
¶コン(とよたけこのだゆう)

豊竹新太夫〔1代〕　とよたけしんだゆう
⇒豊竹肥前掾(とよたけひぜんのじょう)

豊竹丹後掾〔1代〕　とよたけたんごのじょう
⇒豊竹肥前掾(とよたけひぜんのじょう)

豊竹時太夫〔1代〕　とよたけときたゆう
⇒豊竹此太夫〔2代〕(とよたけこのたゆう)

豊竹肥前掾*　とよたけひぜんのじょう
宝永1(1704)年～宝暦7(1757)年　[別]豊竹新太夫〔1代〕(とよたけしんだゆう)，豊竹丹後掾〔1代〕(とよたけたんごのじょう)　江戸時代中期の義太夫節の太夫。通称新右衛門。
¶コン

豊竹八重太夫〔1代〕　とよたけやえたゆう，とよたけやえだゆう
⇒豊竹此太夫〔2代〕(とよたけこのたゆう)

豊竹若太夫*　とよたけわかたゆう
世襲名　江戸時代の浄瑠璃(義太夫節)の太夫。江戸時代に活躍したのは、初世から6世。
¶江人

豊竹若太夫〔1代〕　とよたけわかたゆう，とよたけわかだゆう
⇒豊竹越前少掾(とよたけえちぜんのしょうじょう)

豊田謙次*　とよたけんじ，とよだけんじ
天保3(1832)年～慶応1(1865)年　[別]豊田謙次(とよたかねつぐ)　江戸時代末期の勤王志士。
¶幕末([没]慶応1(1866)年12月25日)

豊田香窓　とよだこうそう
⇒豊田小太郎(とよだこたろう)

豊田小太郎*　とよだこたろう
天保5(1834)年～慶応2(1866)年　[別]豊田香窓(とよだこうそう)　江戸時代末期の水戸藩士。
¶幕末([没]慶応2(1866)年9月2日)

豊田重章*　とよだしげあき
文政7(1824)年～明治2(1869)年　江戸時代末期の神官。
¶幕末([没]明治2(1869)年7月8日)

豊田正作*　とよだしょうさく
寛政3(1791)年～安政4(1857)年　江戸時代末期の相模小田原藩士。
¶幕末

豊田周防守　とよだすおうのかみ
安土桃山時代の北条氏政の家臣。岩付衆に属した。
¶後北(周防守〔豊田〕　すおうのかみ)

豊田照明　とよたてるあき
江戸時代末期の和算家。
¶数学

豊田天功*　とよだてんこう
文化2(1805)年～元治1(1864)年　[別]豊田彦次郎(とよだひこじろう)，豊田亮(とよだりょう)　江戸時代末期の漢学者、歴史家、水戸藩士。
¶コン，コン(豊田亮　とよだりょう)，思想([没]文久4(1864)年)，幕末([没]文久4(1864)年1月21日)

豊田藤之進*　とよだとうのしん
江戸時代末期の幕臣。
¶幕末([生]寛政12(1800)年　[没]明治3(1870)年閏10月7日)

豊田友直*　とよだともなお
生没年不詳　[別]豊田友直(とよたゆうちょく)　江戸時代後期の武士。
¶徳人([生]1805年　[没]1870年)，徳代(とよたゆうちょく　[生]文化2(1805)年　[没]明治3(1870)年)

豊田彦次郎　とよだひこじろう
⇒豊田天功(とよだてんこう)

豊田武兵衛*　とよだぶへえ
生没年不詳　江戸時代中期の治水家。
¶コン

豊玉姫*　とよたまひめ
上代の女神。海神豊玉彦命の娘、海幸山幸物語の中の海の女神。
¶女史

豊田貢*　とよだみつぎ，とよたみつぎ
安永3(1774)年～文政12(1829)年　江戸時代後期の人。キリスト教徒摘発事件「大坂切支丹一件」の中心人物。

¶コン

豊田友直　とよたゆうちょく
⇒豊田友直(とよだともなお)

豊田亮　とよだりょう
⇒豊田天功(とよだてんこう)

豊臣鶴松　とよとみつるまつ
安土桃山時代の豊臣秀吉の二男。母は淀殿。
¶全戦([生]天正17(1589)年　[没]天正19(1591)年)

豊臣秀勝(1)　とよとみひでかつ
⇒羽柴秀勝(はしばひでかつ)

豊臣秀勝(2)　とよとみひでかつ
⇒羽柴秀勝(はしばひでかつ)

豊臣秀次*　とよとみひでつぐ
永禄11(1568)年～文禄4(1595)年　[別]近江中納言(おうみちゅうなごん), 羽柴秀次(はしばひでつぐ), 三好信吉(みよしのぶよし)　安土桃山時代の武将、関白左大臣。豊臣秀吉の姉とも(瑞竜院・日秀)と三好吉房(三位法印)の子で、実子のいなかった秀吉の後継者に指名された。のち淀殿が秀頼を生んでから秀吉と不和になり、高野山に追放・自刃させられ、妻子も三条河原で処刑された。
¶公卿([没]文禄4(1595)年7月15日), 公家(秀次〔豊臣家〕　ひでつぐ　[没]文禄4(1595)年7月15日), コン, 全戦, 戦武(羽柴秀次　はしばひでつぐ), 中世, 内乱([生]永禄11(1566)年), 山小([没]1595年7月15日)

豊臣秀俊　とよとみひでとし
⇒小早川秀秋(こばやかわひであき)

豊臣秀長　とよとみひでなが
⇒羽柴秀長(はしばひでなが)

豊臣秀康　とよとみひでやす
⇒結城秀康(ゆうきひでやす)

豊臣秀保*　とよとみひでやす
天正7(1579)年～文禄4(1595)年　[別]羽柴秀保(はしばひでやす), 大和中納言(やまとちゅうなごん)　安土桃山時代の武将(権中納言)。秀吉の姉ともと三好吉房の子。羽柴秀長の養子。
¶公卿([生]?　[没]文禄4(1595)年4月), 公家(秀保〔豊臣家〕　ひでやす　[生]?　[没]文禄4(1595)年4月), 全戦([生]?　[没]文禄3(1594)年)

豊臣秀吉*　とよとみひでよし
天文6(1537)年～慶長3(1598)年　[別]木下藤吉郎, 木下籐吉郎(きのしたとうきちろう), 羽柴筑前守(はしばちくぜんのかみ), 羽柴秀吉(はしばひでよし), 秀吉(ひでよし), 日吉丸(ひよしまる)　安土桃山時代の武将、関白太政大臣。もと尾張の百姓の子で、織田信長に仕えて頭角を現し、長浜城を本拠として信長の統一事業のため転戦。信長の死後はいち早く明智光秀を討ち、信長の後継者として名乗りを挙げた。その後次々と対抗勢力を平定し、徳川家康をも臣従させ、最後に小田原城を攻略して天下統一を果たした。しかし朝鮮侵略では失敗。また甥の秀次一族を処刑するなど、晩年は往事の明朗さに欠けた治世だった。
¶織田(羽柴秀吉　はしばひでよし　[没]慶長3(1598)年8月18日), 公卿([生]天文6(1537)年2月6日　[没]慶長3(1598)年8月18日), 公家(秀吉〔豊臣家〕　ひでよし　[没]慶長3(1598)年8月18日), コン([生]天文5(1536年/1537)年), 詩作, 全戦, 戦武, 対外, 中世([生]1536年), 内乱, 俳文(秀吉　ひでよし　[没]慶長3(1598)年8月18日), 山小([生]1537年2月6日　[没]1598年8月18日)

豊臣秀吉室　とよとみひでよししつ
⇒高台院(こうだいいん)

豊臣秀吉室杉原氏　とよとみひでよししつすぎはらし
⇒高台院(こうだいいん)

豊臣秀吉母　とよとみひでよしはは
⇒天瑞院(てんずいいん)

豊臣秀頼*　とよとみひでより
文禄2(1593)年8月3日～慶長20(1615)年5月8日　江戸時代前期の大名。豊臣秀吉の子。大坂夏の陣で敗れ自刃。
¶公卿([没]元和1(1615)年5月8日), 公家(秀頼〔豊臣家〕　ひでより　[没]元和1(1615)年5月8日), コン([没]元和1(1615)年), 全戦, 戦武, 徳将, 中世, 山小([生]1593年8月3日　[没]1615年5月8日)

豊臣秀頼御局　とよとみひでよりおつぼね
江戸時代前期の女性。大坂城の女房衆。
¶大坂([没]慶長20年5月8日)

豊臣秀頼室　とよとみひでよりしつ
⇒千姫(せんひめ)

豊聡耳皇子　とよとみみのおうじ
⇒聖徳太子(しょうとくたいし)

豊戸別皇子*　とよとわけのおうじ
[別]豊戸別皇子(とよとわけのみこ)　上代の景行天皇の皇子。
¶天皇(とよとわけのみこ)

豊戸別皇子　とよとわけのみこ
⇒豊戸別皇子(とよとわけのおうじ)

豊永伊佐馬*　とよながいさま
天保13(1842)年～文久3(1863)年　江戸時代末期の土佐藩士。
¶幕末([生]天保12(1841)年　[没]文久3(1863)年7月4日)

豊永斧馬*　とよながおのま
天保8(1837)年～元治1(1864)年　江戸時代末期の人。野根山屯集事件に参加。
¶幕末([生]天保8(1838)年1月　[没]元治1(1864)年9月5日)

豊永快蔵*　とよながかいぞう
文政10(1827)年～大正3(1914)年　江戸時代末期～大正時代の医師。種痘接種の普及をはかる。
¶幕末([没]大正3(1914)年11月25日)

豊永所左衛門　とよながしょざえもん
江戸時代前期の長宗我部盛親の家臣。
¶大坂

豊永長吉*　とよながちょうきち
天保2(1831)年～明治44(1911)年　江戸時代末期～明治時代の政治家、実業家、衆議院議員。製塩業の発展や、士族救済事業に取り組み、千寿製紙会社、門司築港会社を興す。
¶幕末([生]天保2(1831)年2月18日　[没]明治44(1911)年7月23日)

豊永藤五郎*　とよながとうごろう
安土桃山時代～江戸時代前期の武士。
¶大坂([生]天文21年　[没]寛永14年9月29日)

豊永藤十郎　とよながとうじゅうろう
江戸時代前期の武士。大坂の陣で籠城。
¶大坂

豊原公里* とよはらきみさと
[別]豊原公里(とよはらのきみさと,とよはらのきみざと) 平安時代の楽人。
¶古人(とよはらのきみさと 生没年不詳)

豊原国周* とよはらくにちか
天保6(1835)年～明治33(1900)年 江戸時代末期～明治時代の浮世絵絵師。羽子板押し絵の特徴を加味し幕末様式を堅持した役者似顔大首絵を描く。
¶浮絵,歌大([生]天保6(1835)年6月5日 [没]明治33(1900)年7月1日),新歌,幕末([生]天保6(1835)年6月5日 [没]明治33(1900)年7月1日),美画([生]天保6(1835)年6月5日 [没]明治33(1900)年7月1日)

豊原邦之助 とよはらくにのすけ
⇒河本杜太郎(かわもともりたろう)

豊原統秋 とよはらすみあき
⇒豊原統秋(とよはらむねあき)

豊原宗意 とよはらそうい
⇒豊原統秋(とよはらむねあき)

豊原周春 とよはらちかはる
江戸時代末期～明治時代の画家。
¶浮絵([生]嘉永1(1848)年 [没]?)

豊原時秋* とよはらときあき
康和2(1100)年～治承3(1179)年 [別]豊原時秋(とよはらのときあき) 平安時代後期の雅楽家。
¶古人(とよはらのときあき)

豊原時元* とよはらときもと
康平1(1058)年～保安4(1123)年6月21日 [別]豊原時元(とよはらのときもと) 平安時代後期の京都方の楽家。笙を家業とした。
¶古人(とよはらのときもと [生]1059年),コン

豊原利秋 とよはらとしあき
⇒豊原利秋(とよはらのとしあき)

豊原章成 とよはらのあきしげ
平安時代後期の官人。寛治2年武者所左兵衛少尉と見える。
¶古人(生没年不詳)

豊原公里 とよはらのきみさと,とよはらのきみざと
⇒豊原公里(とよはらきみさと)

豊原惟遠 とよはらのこれとお
平安時代後期の相撲人。11世紀末から12世紀初期に活躍。
¶古人(生没年不詳)

豊原維俊 とよはらのこれとし
平安時代後期の官人。
¶古人(生没年不詳)

豊原貞平 とよはらのさだひら
平安時代後期の官人。
¶古人(生没年不詳)

豊原統秋 とよはらのすみあき
⇒豊原統秋(とよはらむねあき)

豊原隆経 とよはらのたかつね
平安時代後期の官人。
¶古人(生没年不詳)

豊原為時 とよはらのためとき
平安時代中期の検非違使。父は兼時。
¶古人(生没年不詳)

豊原為長* とよはらのためなが
?～長元6(1033)年 平安時代中期の官人。関白藤原頼通の下家司。
¶古人

豊原時秋 とよはらのときあき
⇒豊原時秋(とよはらときあき)

豊原時廉* とよはらのときかど
延久4(1072)年～永久5(1117)年 平安時代後期の楽人。
¶古人

豊原時真(1) とよはらのときざね
平安時代後期の官人。
¶古人(生没年不詳)

豊原時真(2) とよはらのときざね
平安時代後期の官人、検非違使。
¶古人(生没年不詳)

豊原時忠* とよはらのときただ
天喜2(1054)年～永久5(1117)年 平安時代後期の楽人。
¶古人

豊原時光* とよはらのときみつ
生没年不詳 平安時代中期の雅楽家。
¶古人

豊原時元 とよはらのときもと
⇒豊原時元(とよはらときもと)

豊原利秋* とよはらのとしあき
*～建暦2(1212)年1月18日 [別]豊原利秋(とよはらとしあき) 平安時代後期～鎌倉時代前期の楽人。
¶古人([生]1155年)

豊原奉季 とよはらのともすえ
平安時代中期の官人。
¶古人(生没年不詳)

豊原弘国 とよはらのひろくに
平安時代後期の官人。
¶古人(生没年不詳)

豊原統秋 とよはらのむねあき
⇒豊原統秋(とよはらむねあき)

豊原吉方 とよはらのよしかた
平安時代後期の官人。
¶古人(生没年不詳)

豊原統秋* とよはらむねあき
宝徳2(1450)年～大永4(1524)年8月20日 [別]豊原統秋(とよはらすみあき,とよはらのすみあき,とよはらのむねあき),豊原宗意(とよはらそうい) 戦国時代の雅楽演奏者。「体源鈔」の著者。
¶コン(とよはらすみあき)

豊晴助〔1代〕 とよはるすけ
⇒奈河晴助〔1代〕(ながわはるすけ)

豊彦王 とよひこおう
上代の皇族。安閑天皇の皇子か。
¶天皇

豊仁親王 とよひとしんのう
⇒光明天皇(こうみょうてんのう)

豊間源之進* とよまげんのしん
天保6(1835)年～明治1(1868)年 [別]豊間盛彦(と

よまもりひこ）　江戸時代末期の出羽秋田藩士。
　　¶幕末（㊥慶応4（1868）年7月16日）

豊間盛彦　とよまもりひこ
　⇒豊間源之進（とよまげんのしん）

豊御食炊屋姫　とよみけかしきやひめ
　⇒推古天皇（すいこてんのう）

豊御食炊屋姫天皇　とよみけかしきやひめのすめらみこと
　⇒推古天皇（すいこてんのう）

豊御食炊屋姫尊　とよみけかしきやひめのみこと
　⇒推古天皇（すいこてんのう）

豊美繁太夫*　とよみしげたゆう，とよみしげだゆう
　生没年不詳　㊾宮古路繁太夫（みやこじしげたゆう，みやこじしげだゆう）　江戸時代中期の繁太夫節浄瑠璃太夫。宮古路豊後掾の門弟。
　　¶コン

豊宗広人*　とよむねのひろひと
　生没年不詳　平安時代前期の官人。
　　¶古人

豊村家長*　とよむらのいえなが
　？～延暦22（803）年　奈良時代～平安時代前期の大学助教。
　　¶古人

とよめ
　江戸時代後期の女性。俳諧。弘化3年序、相模川入村の五井槐堂撰「つるおと集」に載る。
　　¶江表（とよめ（東京都））

豊由照泰　とよよしてるやす
　江戸時代後期～明治時代の和算家。京都の僧侶で和算塾を開いた。のち小学校教員。
　　¶数学（㊦文化12（1815）年　㊧明治20（1887）年）

とら⑴
　江戸時代中期の女性。俳諧。志太野坡門の猪路の娘。享保14年序、藪家散人兎城撰『門鳴子』に載る。
　　¶江表（とら（福岡県））

とら⑵
　江戸時代後期の女性。教育。紫村太助の娘。
　　¶江表（とら（東京都）　㊦嘉永4（1851）年頃）

とら⑶
　江戸時代後期の女性。書簡。高園村の庄屋だった野尻家には、女性の書簡、随想、覚書が多く残されているという。野尻いそに宛てたものか。
　　¶江表（とら（徳島県））

虎⑴　**とら***
　江戸時代前期の女性。俳諧。竹田善甫の娘。寛永19年刊、山本西武編『鷹筑波』に載る。
　　¶江表（虎（京都府））

虎⑵　**とら***
　江戸時代中期の女性。俳諧。大坂の人。元禄11年刊、槐本諷竹編『俳諧淡路島』下に載る。
　　¶江表（虎（大阪府））

虎⑶　**とら**
　⇒虎御前（とらごぜん）

兎羅　とら*
　江戸時代中期の女性。俳諧。加賀津幡の人。明和2年刊、河合見風編『霞かた』に載る。

　　¶江表（兎羅（石川県））

虎子　とらこ*
　江戸時代末期の女性。和歌。尾張内海の日比弥兵衛の母。安政5年序、佐々木弘綱編『類題千船集』初に載る。
　　¶江表（虎子（愛知県））

虎御前* ⑴　**とらごぜん**
　安元1（1175）年～寛元3（1245）年　㊾大磯の虎（おおいそのとら），虎（とら）　鎌倉時代前期の伝説の女性。相模国大磯の遊女、『曽我物語』に登場。
　　¶古人（虎　とら），コン，女史（㊧1238年）

虎御前⑵　**とらごぜん**
　戦国時代の女性。上杉謙信の母。
　　¶女史（㊦1512年　㊧1568年）

虎沢検校　とらさわけんぎょう，とらさわけんぎょう
　？～承応3（1654）年　江戸時代前期の三味線組歌の創始者。沢住検校や山井検校の師。
　　¶コン（とらさわけんぎょう）

虎寿　とらじゅ
　戦国時代の興福寺四恩院の宮大工。与次郎の弟。北条氏綱に属した。
　　¶後北（虎寿〔与次郎〕）

虎女⑴　**とらじょ***
　江戸時代前期の女性。俳諧。貞享1年序、井原西鶴編『古今俳諧女歌仙』に載る。
　　¶江表（虎女（東京都））

虎女⑵　**とらじょ***
　江戸時代中期の女性。和歌。安藤次右衛門正次の娘。元禄16年刊、植山検校江民軒梅之・梅柳軒水之編『歌林尾花末』に載る。
　　¶江表（虎女（東京都））

虎女⑶　**とらじょ***
　江戸時代中期の女性。俳諧。天明5年刊、加舎白雄編『春秋稿』五に載る。
　　¶江表（虎女（東京都））

虎女⑷　**とらじょ***
　江戸時代後期の女性。川柳。天保5年刊『誹風柳多留』一三二篇に3句が載る。
　　¶江表（虎女（東京都））

虎女⑸　**とらじょ***
　江戸時代後期の女性。俳諧。三河刈谷の杉本屋杉本喜助の娘。嘉永6年刊、吉原黄山編『画像百人集』に載る。
　　¶江表（虎女（愛知県））

虎屋永閑　とらやえいかん
　生没年不詳　㊾永閑（えいかん）　江戸時代前期～中期の古浄瑠璃の太夫。永閑節の創始者。
　　¶歌大

虎屋源太夫*　とらやげんだゆう
　生没年不詳　江戸時代前期の古浄瑠璃の太夫。虎屋系統の祖。
　　¶コン

虎若*　とらわか
　？～天正10（1582）年6月2日　戦国時代～安土桃山時代の織田信長の家臣。
　　¶織田

とらん 1556

土卵＊ とらん，どらん
＊〜文政2（1819）年 ㋕富土卵（とみとらん） 江戸
時代後期の俳人。
¶俳文（㋓明和6（1769）年 ㋘文政2（1819）年9月17日）

止利 とり
⇒鞍作鳥（くらつくりのとり）

登里 とり＊
江戸時代後期の女性。教育。医師木村元昌の姉。
¶江表（登里（東京都） ㋙天保8（1837）年頃）

鳥居引拙 とりいいんせつ
⇒引拙（いんせつ）

鳥居景近＊ とりいかげちか
？〜天正1（1573）年 戦国時代の武士。
¶全戦

鳥居勝商 とりいかつあき
⇒鳥居強右衛門（とりいすねえもん）

鳥居清勝 とりいきよかつ
江戸時代中期の画家。
¶浮絵（生没年不詳）

鳥居清国 とりいきよくに
江戸時代後期の画家。
¶浮絵（㋙天保7（1836）年 ㋘安政2（1855）年）

鳥居清貞 とりいきよさだ
天保15（1844）年〜明治34（1901）年 江戸時代末
期〜明治時代の画家。
¶浮絵（㋙弘化1（1844）年），美画（㋙天保15（1844）年8
月 ㋘明治34（1901）年2月14日）

鳥居清定 とりいきよさだ
江戸時代中期の画家。
¶浮絵（生没年不詳）

鳥居清里 とりいきよさと
江戸時代中期の画家。
¶浮絵（生没年不詳）

鳥居清重〔1代〕＊ とりいきよしげ
生没年不詳 江戸時代中期の浮世絵師。
¶浮絵（代数なし），コン（代数なし），美画

鳥居清重〔2代〕＊ とりいきよしげ
江戸時代中期の浮世絵師。
¶美画（生没年不詳）

鳥居清忠〔1代〕＊ とりいきよただ
江戸時代中期の鳥居派の浮世絵師。鳥居清信の
門人。
¶浮絵（生没年不詳），歌大（生没年不詳），新歌（――〔1
世〕 生没年不詳），美画（生没年不詳）

鳥居清忠〔2代〕＊ とりいきよただ
？〜嘉永3（1850）年 江戸時代末期の浮世絵師。
¶浮絵（生没年不詳），歌大（生没年不詳），新歌（――〔2
世〕 生没年不詳），美画（㋘嘉永3（1850）年3月3日）

鳥居清忠〔3代〕＊ とりいきよただ
文化14（1817）年〜明治8（1875）年 江戸時代後期
〜明治時代の浮世絵師。
¶浮絵（㋙文政1（1818）年），歌大（㋙文政1（1818）年 ㋘
明治8（1875）年6月15日），新歌（――〔3世〕），美画（㋘
明治8（1875）年6月15日）

鳥居清胤 とりいきよたね
江戸時代中期の画家。

¶浮絵（生没年不詳）

鳥居清種〔1代〕 とりいきよたね
江戸時代末期〜明治時代の画家。
¶浮絵（㋙文政12（1829）年 ㋘明治23（1890）年）

鳥居清近 とりいきよちか
江戸時代中期の画家。
¶浮絵（生没年不詳）

鳥居清経＊ とりいきよつね
生没年不詳 江戸時代中期の鳥居派の浮世絵師。
鳥居清満の門人。
¶浮絵，歌大，美画

鳥居清朝＊ とりいきよとも
生没年不詳 江戸時代中期の浮世絵師。
¶浮絵

鳥居清長＊ とりいきよなが
宝暦2（1752）年〜文化12（1815）年 ㋕清長（きよ
なが） 江戸時代中期〜後期の浮世絵師。
¶浮絵，江人，歌大（㋙文化12（1815）年5月21日），コン，
美画（㋘文化12（1815）年5月21日），山小（㋘1815年5月
21日）

鳥居清信＊（――〔1代〕） とりいきよのぶ
寛文4（1664）年〜享保14（1729）年 江戸時代前期
〜中期の浮世絵師。
¶浮絵（――〔1代〕），江人，コン，美画（――〔1代〕 ㋘
享保14（1729）年7月28日），山小（㋘1729年7月28日）

鳥居清信〔2代〕＊（鳥井清信〔2代〕） とりいきよのぶ
元禄15（1702）年？〜宝暦2（1752）年？ 江戸時代
中期の鳥居派の浮世絵師。
¶浮絵（鳥井清信〔2代〕），美画（㋘宝暦2（1752）年6月1
日）

鳥居清春〔1代〕＊ とりいきよはる
江戸時代中期の浮世絵師。
¶浮絵（代数なし 生没年不詳），美画（生没年不詳）

鳥居清春〔2代〕＊ とりいきよはる
江戸時代末期の浮世絵師。
¶美画（生没年不詳）

鳥居清久＊ とりいきよひさ
生没年不詳 江戸時代中期の浮世絵師。
¶浮絵，美画

鳥居清秀〔1代〕＊ とりいきよひで
生没年不詳 江戸時代の浮世絵師。
¶美画

鳥居清広＊ とりいきよひろ
？〜安永5（1776）年 江戸時代中期の浮世絵師。
¶浮絵（㋘安永5（1776）年？），美画

鳥居清政 とりいきよまさ
安永6（1777）年〜？ 江戸時代後期の浮世絵師。
¶浮絵（㋙安永5（1776）年 ㋘文化14（1817）年），美画
（㋙安永5（1776）年 ㋘文化14（1817）年11月4日）

鳥居清倍〔1代〕＊ とりいきよます
生没年不詳 江戸時代中期の浮世絵師。鳥居派。
¶浮絵，歌大（代数なし），新歌（代数なし），美画（㋙？
㋙享保1（1716）年？）

鳥居清倍〔2代〕＊ とりいきよます
宝永3（1706）年〜宝暦13（1763）年 江戸時代中期
の浮世絵師。
¶浮絵，歌大（代数なし），コン（代数なし ㋙貞享1

(1684)年？　[没]宝暦13(1763)年？), 美画

鳥居清満　とりいきよみつ
世襲名　江戸時代の鳥居派の浮世絵師。江戸時代に活躍したのは、初代から2代まで。
¶江人

鳥居清満〔1代〕* (鳥井清満〔1代〕)　**とりいきよみつ**
享保20(1735)年～天明5(1785)年　江戸時代中期の鳥居派の浮世絵師。2代鳥居清倍の次男。
¶浮絵, 浮絵(鳥井清満〔1代〕), コン(代数なし), 美画([没]天明5(1785)年4月3日)

鳥居清満〔2代〕* (鳥井清満〔2代〕)　**とりいきよみつ**
天明7(1787)年～明治1(1868)年　[別]鳥居清峰〔1代〕, 鳥居清峯, 鳥居清峯〔1代〕(とりいきよみね)　江戸時代後期の浮世絵師。
¶浮絵, 浮絵(鳥井清満〔2代〕), 浮絵(鳥居清峰〔1代〕　とりいきよみね), 美画([没]明治1(1868)年11月21日)

鳥居清満〔3代〕* (鳥井清満〔3代〕)　**とりいきよみつ**
*～明治25(1892)年　江戸時代末期～明治時代の浮世絵絵師。初名は清芳。父2代目没後、清満襲名。
¶浮絵(鳥井清満〔3代〕　[生]天保3(1832)年), 美画([生]天保3(1832)年12月14日　[没]明治25(1892)年8月19日)

鳥居清峯 (――〔1代〕, 鳥居清峰〔1代〕)　**とりいきよみね**
⇒鳥居清満〔2代〕(とりいきよみつ)

鳥居清峯〔2代〕* (鳥居清峰〔2代〕)　**とりいきよみね**
天保7(1836)年～慶応3(1867)年　江戸時代末期の浮世絵師。
¶浮絵(鳥居清峰〔2代〕), 美画(鳥居清峰〔2代〕　[没]慶応3(1867)年10月9日)

鳥居清元〔1代〕*　とりいきよもと
正保2(1645)年？～元禄15(1702)年　江戸時代前期～中期の浮世絵師。鳥居派の始祖、鳥居家の初代当主・清信の父。
¶浮絵(代数なし　生没年不詳), コン(代数なし), 美画([生]正保2(1645)年)

鳥居清元〔2代〕*　とりいきよもと
江戸時代中期の浮世絵師。
¶美画(生没年不詳)

鳥居三十郎*　とりいさんじゅうろう
天保12(1841)年～明治2(1869)年　江戸時代末期の越後村上藩家老。
¶全幕, 幕末([没]明治2(1869)年6月25日)

鳥居重春　とりいしげはる
江戸時代中期の画家。
¶浮絵(生没年不詳)

鳥居強右衛門*　とりいすねえもん
？～天正3(1575)年　[別]鳥居勝商(とりいかつあき)　戦国時代～安土桃山時代の武将。名は勝商とも。
¶コン, 山小([没]1575年5月)

鳥居晴吾*　とりいせいご
文政8(1825)年～明治22(1889)年　江戸時代末期～明治時代の常陸土浦藩士。
¶幕末([没]明治22(1889)年10月5日)

鳥居瀬兵衛*　とりいせべえ, とりいせへえ
文化7(1810)年～元治1(1864)年　江戸時代末期の水戸藩士。
¶幕末([没]元治1(1864)年10月16日)

鳥居専学*　とりいせんがく
江戸時代末期の丹波山国郷郷士。
¶幕末(生没年不詳)

鳥居忠耀　とりいただてる
⇒鳥居耀蔵(とりいようぞう)

鳥居忠英の室　とりいただひでのしつ★
江戸時代中期の女性。書簡。薩摩藩主島津綱久の娘。元禄13年の修理大夫宛書簡がある。
¶江表(鳥居忠英の室(栃木県))

鳥居忠政*　とりいただまさ
永禄8(1565)年～寛永5(1628)年　安土桃山時代～江戸時代前期の大名。陸奥磐城平藩主、出羽山形藩主、下総矢作藩主。
¶コン([生]永禄9(1566)年)

鳥居忠善*　とりいただよし
江戸時代末期の幕臣。
¶徳人(生没年不詳), 幕末(生没年不詳)

鳥居登名美〔1代〕*　とりいとなみ
天保4(1833)年～大正9(1920)年8月23日　江戸時代末期～大正時代の箏曲家、山田流。山登派の佐藤登名美に師事。
¶江表(登名美(東京都))

鳥居直忠　とりいなおただ
安土桃山時代の酒井忠尚・徳川家康の家臣。
¶全戦(生没年不詳)

鳥居禅尼*　とりいのぜんに
生没年不詳　平安時代後期の女性。源為義の娘。
¶古人

鳥居彦右衛門　とりいひこえもん
⇒鳥居元忠(とりいもとただ)

鳥居房信　とりいふさのぶ
江戸時代中期の画家。
¶浮絵(生没年不詳)

鳥居平七　とりいへいしち
⇒成田正右衛門(なりたしょうえもん)

鳥居正房　とりいまさふさ
江戸時代後期の佐渡奉行。
¶徳代(生没年不詳)

鳥居元忠*　とりいもとただ
天文8(1539)年～慶長5(1600)年　[別]鳥居彦右衛門(とりいひこえもん)　安土桃山時代の大名。下総矢作藩主。
¶コン, 全戦, 戦武, 徳将

鳥居耀蔵*　とりいようぞう
寛政8(1796)年11月24日～明治6(1873)年10月3日　[別]鳥居忠耀(とりいただてる)　江戸時代後期～明治時代の武士。
¶江人([生]？　[没]1874年), コン([生]文化12(1815)年　[没]明治7(1874)年), 徳将(鳥居忠耀　とりいただてる), 徳人(鳥居忠耀　とりいただてる), 幕末([没]明治7(1874)年10月3日), 山小([生]1796年11月24日　[没]1873年10月3日)

鳥海和泉守*　とりうみいずみのかみ
生没年不詳　戦国時代の町人。
¶後北(和泉神〔鳥海〕　いずみのかみ)

鳥海勘兵衛尉　とりうみかんべえのじょう
安土桃山時代の鮭延秀綱の家臣。
¶全戦(生没年不詳)

と

鳥尾小弥太*　とりおこやた
弘化4(1847)年～明治38(1905)年4月13日　江戸時代末期～明治時代の陸軍軍人、政治家、枢密院顧問官、子爵。参謀局長。西南戦争で作戦計画にあたる。
¶コン, 全幕, 幕末([生]弘化4(1848)年12月5日)

鳥飼掃部　とりかいかもん
江戸時代前期の加藤清正・池田利隆の家臣。後に牢人。
¶大坂

鳥養新八の母　とりかいしんぱちのはは⋆
江戸時代後期の女性。和歌。天保11年成立「鷲見家短冊帖」に載る。
¶江表(鳥養新八の母(鳥取県))

鳥飼洞斎　とりかいどうさい
江戸時代中期の眼科医。
¶眼医(生没年不詳)

酉子　とりこ
江戸時代後期の女性。和歌。井上氏。天保9年序、橘守部編『下蔭集』に載る。
¶江表(酉子(東京都))

鳥越煙村*(鳥越烟村)　とりごええんそん
江戸時代後期の画家、備前岡山藩士。
¶美画(鳥越烟村　生没年不詳)

鳥越等栽*　とりごえとうさい
*～明治23(1890)年　[別]等栽(とうさい)　江戸時代末期～明治時代の俳人。
¶俳文(等栽　とうさい　[生]文化2(1805)年　[没]明治23(1890)年12月6日)

鳥沢二郎左衛門尉　とりさわじろうざえもんのじょう
安土桃山時代の武蔵国小机城主北条氏尭の家臣。
¶後北(二郎左衛門尉〔鳥沢〕　じろうざえもんのじょう)

とり女　とりじょ⋆
江戸時代中期の女性。俳諧。越後粟生津の人。宝暦2年刊、啾石・馬橋編『初神楽』に載る。
¶江表(とり女(新潟県))

鳥栖寺貞崇*　とりすでらていそう
貞観8(866)年～天慶7(944)年　[別]貞崇(じょうすう, ていすう), 鳥栖寺貞崇(とすでらていすう)　平安時代中期の真言宗の僧。醍醐寺座主。
¶古人(貞崇　じょうすう), コン, 思想(貞崇　じょうすう)

刀利宣令　とりせんれい
⇒刀利宣令(とりのせんりょう)

鳥海時雨郎*　とりのうみじゅうろう
弘化1(1844)年～明治26(1893)年　江戸時代末期～明治時代の政治家、衆議院議員。民権運動参加。県会議長。
¶幕末([生]天保15(1844)年8月4日　[没]明治26(1893)年6月16日)

刀利宣令*　とりのせんりょう
生没年不詳　[別]刀利宣令(とりせんれい, とりのせんれい, とりののぶよし, とりのみのり, とりみのり), 刀理宣令(とりのみのり)　奈良時代の官人、文人、万葉歌人。
¶古人, 古代, コン(とりせんれい)

刀利宣令　とりのせんれい
⇒刀利宣令(とりのせんりょう)

刀利宣令　とりののぶよし
⇒刀利宣令(とりのせんりょう)

刀利宣令(刀理宣令)　とりのみのり
⇒刀利宣令(とりのせんりょう)

刀利康嗣　とりのやすつぐ
飛鳥時代の官人。大学博士。
¶古人(生没年不詳)

止利仏師　とりぶっし
⇒鞍作鳥(くらつくりのとり)

刀利宣令　とりみのり
⇒刀利宣令(とりのせんりょう)

鳥屋尾満栄　とりやおみつひで
⇒鳥屋尾満栄(とやのおみつひで)

鳥屋熊吉　とりやくまきち
江戸時代末期～明治時代の歌舞伎・見世物の興行師。
¶歌大([生]?　[没]明治23(1890)年4月14日)

鳥山確斎　とりやまかくさい
⇒鳥山新三郎(とりやましんざぶろう)

鳥山義所　とりやまぎしょ
⇒鳥山新三郎(とりやましんざぶろう)

鳥山精明　とりやまきよあきら
天正18(1590)年～寛文6(1666)年　安土桃山時代～江戸時代前期の幕臣。
¶徳人, 徳代([没]寛文6(1666)年10月19日)

鳥山精俊　とりやまきよとし
安土桃山時代～江戸時代前期の代官。
¶徳代([生]天正1(1573)年　[没]慶長15(1610)年1月6日)

鳥山精元　とりやまきよもと
江戸時代前期～中期の代官。
¶徳代([生]元和3(1617)年　[没]宝永4(1707)年11月26日)

鳥山重信*　とりやましげのぶ
天保12(1841)年～大正1(1912)年　[別]臼杵哲平(うすきてっぺい)　江戸時代末期～明治時代の三重県権参事。内務省書記官、県治局次長など歴任。
¶幕末([生]天保12(1841)年6月12日　[没]大正1(1912)年10月27日)

鳥山崧岳　とりやましょうがく
⇒鳥山崧岳(とりやますうがく)

鳥山新三郎*　とりやましんざぶろう
文政2(1819)年～安政3(1856)年　[別]鳥山確斎(とりやまかくさい), 鳥山義所(とりやまぎしょ)　江戸時代末期の儒学者。
¶幕末([生]文政2(1819)年2月2日　[没]安政3(1856)年7月29日)

鳥山崧岳*　とりやますうがく
?～安永5(1776)年　[別]鳥山崧岳(とりやましょうがく)　江戸時代中期の儒学者、漢詩人。
¶コン(とりやましょうがく)

鳥山石燕*　とりやませきえん
正徳2(1712)年～天明8(1788)年　[別]石燕(せきえん)　江戸時代中期の町絵師。佐野氏、狩野玉燕周信の門人。
¶浮絵([生]正徳1(1711)年), コン, 美画([没]天明8(1788)年8月3日)

鳥山啓* とりやまひらく
天保8（1837）年～大正3（1914）年　江戸時代末期～大正時代の教育者。藩校、華族女学校などで教鞭を執る。著書に「究理早合点」「西洋訓蒙図彙」。
¶科学（[生]天保8（1837）年3月25日　[没]大正3（1914）年2月28日），幕末（[生]天保8（1837）年3月25日　[没]大正3（1914）年2月28日）

鳥山三河介* とりやまみかわのすけ
天保5（1834）年～？　江戸時代末期の地下、禁裏執事。
¶幕末

戸柳 とりゅう
江戸時代末期の女性。俳諧。中村氏。『小倉市誌』に、幕末の小倉俳人の遺吟抄として句が載る。
¶江表（戸柳（福岡県））

斗梁 とりょう
江戸時代前期～中期の俳諧作者。
¶俳文（[生]寛文9（1669）年　[没]元文5（1740）年6月21日）

杜苓 とれい
江戸時代中期の俳諧作者。本名、和田兵左衛門智英。
¶俳文（生没年不詳）

泥平* どろへい
宝暦13（1763）年～嘉永6（1853）年　[別]林泥平（はやしどろへい）　江戸時代後期の長門の陶工。
¶美工（林泥平　はやしどろへい　[生]？）

とは（1）
江戸時代中期の女性。俳諧。魚津の人。享保14年刊、紀行文『伽陀箱』に載る。
¶江表（とは（富山県））

とは（2）
江戸時代中期の女性。俳諧。三河挙母の人。元禄15年刊、太田白雪編『三河小町』下に載る。
¶江表（とは（愛知県））

登和（1） とわ★
江戸時代中期の女性。俳諧。石見の人。安永9年刊、岸本江橋編、江橋耳順賀俳諧撰集『年華集』に載る。
¶江表（登和（島根県））

登和（2） とわ★
江戸時代後期の女性。俳諧。甲斐の人。文化2年刊、平橋庵敲氷編、堀内引蝶追善集『蝶の夢集』に載る。
¶江表（登和（山梨県））

と和子 とわこ★
江戸時代後期の女性。和歌。徳川家の奥女中。文化11年刊、中山忠雄・河田正致編『柿本社奉納和歌集』に載る。
¶江表（と和子（東京都））

登半子 とわこ★
江戸時代中期の女性。和歌。会津藩藩士の娘。宝暦12年刊、村上影面編『続采藻編』に載る。
¶江表（登半子（福島県））

登和子 とわこ★
江戸時代末期の女性。国学。平田篤胤門。明治1年の「気吹舎国別門人姓名録」に載る。
¶江表（登和子（東京都））

頓阿* とんあ
正応2（1289）年～文中1/応安5（1372）年3月13日　[別]頓阿弥（とんあみ），頓阿（とんな），二階堂貞宗（にかいどうさだむね）　鎌倉時代後期～南北朝時代の歌人。
¶コン，詩作，思想（[没]応安5/文中1（1372）年），中世，日文（[没]応安5（1372）年），俳文（[没]応安5（1372）年3月13日）

頓阿弥（1） とんあみ
江戸時代前期の豊臣秀頼の家臣。茶坊主か。
¶大坂

頓阿弥（2） とんあみ
⇒頓阿（とんあ）

遯庵 とんあん
⇒宇都宮遯庵（うつのみやとんあん）

曇慧* どんえ
生没年不詳　上代の百済僧。
¶コン

団栗 どんぐり
⇒市川団十郎〔8代〕（いちかわだんじゅうろう）

呑獅* どんし
[別]杉呑獅（すぎどんし）　江戸時代後期の俳人。
¶俳文（[生]？　[没]寛政1（1789）年12月26日）

呑舟* どんしゅう
江戸時代前期の俳人。
¶俳文（生没年不詳）

呑象 どんしょう
⇒高島嘉右衛門（たかしまかえもん）

曇照* どんしょう
文治3（1187）年～正元1（1259）年　[別]浄業（じょうぎょう，じょうごう）　鎌倉時代前期の律僧。戒光寺の開山。
¶古人（[没]1259年？）

曇徴*（曇徴） どんちょう
生没年不詳　飛鳥時代の高句麗の僧。彩色、紙墨、碾磑の製作技術を伝えた。
¶古人，古代，古物，コン，思想，対外（曇徴），山小

鈍通 どんつう
⇒津打治兵衛〔2代〕（つうちじへえ）

鈍通与三兵衛〔2代〕 どんつうよさべい
⇒津打治兵衛〔4代〕（つうちじへえ）

鈍通与三兵衛〔1代〕 どんつうよさべえ
⇒津打治兵衛〔3代〕（つうちじへえ）

鈍通与三兵衛〔2代〕 どんつうよさべえ
⇒津打治兵衛〔4代〕（つうちじへえ）

鈍通与三兵衛（鈍通与惣兵衛） どんつうよそべえ
⇒津打治兵衛〔3代〕（つうちじへえ）

鈍亭 どんてい
⇒花笠文京〔1代〕（はながさぶんきょう）

頓阿 とんな
⇒頓阿（とんあ）

ドン＝パウロ
⇒志賀親次（しがちかつぐ）

ドン・ミゲル
⇒千々石ミゲル（ちぢわみげる）

呑溟*（呑冥） どんめい
？～天明8（1788）年　江戸時代の俳人。
¶俳文（呑冥）

と

呑竜* どんりゅう
弘治2(1556)年～元和9(1623)年 [別]太田呑竜(おおたのどんりゅう),呑竜上人(どんりゅうしょうにん),然誉(ねんよ) 安土桃山時代～江戸時代前期の浄土宗の僧。下野国太田大光院開山。
¶コン

曇竜* どんりゅう
明和6(1769)年～天保12(1841)年8月11日 江戸時代中期～後期の浄土真宗の僧。
¶思想

呑竜上人 どんりゅうしょうにん
⇒呑竜(どんりゅう)

【な】

南阿弥* なあみ
?～弘和1/永徳1(1381)年 南北朝時代の遁世者。
¶新能([没]永徳1(1381)年3月)

内記勝長 ないきかつなが
安土桃山時代の奉行人。駿河において活動。
¶武田(生没年不詳)

内記昌継 ないきしょうけい
⇒内記昌継(ないきまさつぐ)

内貴少弐 ないきしょうに
戦国時代の武士。佐久郡内山衆。
¶武田(生没年不詳)

内記昌継* ないきまさつぐ
生没年不詳 [別]内記昌継(ないきしょうけい) 安土桃山時代の武田氏・徳川氏の家臣。
¶徳代(ないきしょうけい)

内侍* ないし
生没年不詳 平安時代後期の歌人。
¶古人

ない女 ないじょ★
江戸時代後期の女性。和歌。今治藩藩士磯山佐源太の母。文政2年、高鴨神社改築落成の「高鴨神社落成社頭祝」に載る。
¶江表(ない女(愛媛県))

内藤以貫 ないとういかん
⇒内藤希顔(ないとうきがん)

内藤右門 ないとううもん
江戸時代後期～末期の幕臣。
¶徳人(生没年不詳)

内藤英之助 ないとうえいのすけ
江戸時代後期～末期の幕臣。
¶徳人(生没年不詳)

内藤興盛* ないとうおきもり
?～天文23(1554)年 戦国時代の武士。
¶全戦([生]延徳3(1491)年 [没]天文22(1553)年),戦武([生]明応4(1495)年)

内藤景堅* ないとうかげかた
寛政2(1790)年～安政6(1859)年 江戸時代末期の美作津山藩士。
¶幕末

内藤閑斎 ないとうかんさい
⇒内藤希顔(ないとうきがん)

内藤希顔* ないとうきがん
寛永2(1625)年～元禄5(1692)年10月21日 [別]内藤以貫(ないとういかん),内藤閑斎(ないとうかんさい) 江戸時代前期の儒学者、書家。
¶コン

内藤久蔵 ないとうきゅうぞう
安土桃山時代の武士。勝頼に従って討死したという。
¶武田([生]? [没]天正10(1582)年3月11日)

内藤杏圃 ないとうきょうほ
江戸時代後期～明治時代の日本画家。
¶美画([生]嘉永5(1852)年 [没]明治37(1904)年7月)

内藤清成 ないとうきよしげ
⇒内藤清成(ないとうきよなり)

内藤清次* ないとうきよつぐ
天正5(1577)年～元和3(1617)年 江戸時代前期の老中。
¶徳将

内藤清成* ないとうきよなり
弘治1(1555)年～慶長13(1608)年 [別]内藤清成(ないとうきよしげ) 安土桃山時代～江戸時代前期の武士。徳川氏家臣。
¶徳将

内藤宮内 ないとうくない
江戸時代前期の豊臣秀頼の家臣。
¶大坂

内藤国貞* ないとうくにさだ
?～天文22(1553)年 戦国時代の武士。
¶全戦,室町

内藤九郎* ないとうくろう
?～明治10(1877)年 江戸時代末期～明治時代の奇兵隊士。
¶幕末([没]明治10(1877)年11月6日)

内藤監物 ないとうけんもつ
江戸時代前期の武士。大坂の陣で籠城。内藤新十郎の伯父。
¶大坂([没]慶長20年5月6日)

内藤五兵衛 ないとうごひょうえ
安土桃山時代～江戸時代前期の大野治長の家臣。大坂の陣で戦死。
¶大坂

内藤左近将監 ないとうさこんしょうげん
⇒内藤康行(ないとうやすゆき)

内藤貞久* ないとうさだひさ
生没年不詳 江戸時代後期の和算家。
¶数学([生]安永1(1772)年 [没]天保9(1838)年4月17日)

内藤貞弘* ないとうさだひろ
生没年不詳 戦国時代の代官。
¶織田

内藤定行 ないとうさだゆき
安土桃山時代の国衆。北条氏直に属した。
¶後北(定行〔内藤(1)〕 さだゆき)

内藤佐渡守* ないとうさどのかみ
生没年不詳　安土桃山時代の織田信長の家臣。
¶織田

内藤左馬 ないとうさま
江戸時代前期の豊臣秀頼の家臣。
¶大坂

内藤重次 ないとうしげつぐ
安土桃山時代～江戸時代前期の幕臣。
¶徳人([生]1584年　[没]1660年)

内藤重政* ないとうしげまさ
生没年不詳　安土桃山時代の織田信長の家臣。
¶織田

内藤重頼* ないとうしげより
寛永5(1628)年～元禄3(1690)年　江戸時代前期の京都所司代。
¶徳人

内藤氏の妹 ないとうしのいもうと★
江戸時代中期の女性。和歌。伯耆米子の人。元禄15年刊、竹内時安斎編『出雲大社奉納清地草』に載る。
¶江表(内藤氏の妹(鳥取県))

内藤下総守* ないとうしもうさのかみ
？～元亀2(1571)年6月17日　戦国時代の武将。
¶織田

内藤充真院 ないとうじゅうしんいん
⇒充真院(じゅうしんいん)

内藤十湾* ないとうじゅうわん
天保3(1832)年～明治41(1908)年　江戸時代末期～明治時代の南部藩家臣。戊辰戦争に参加して「出陣日記」、郷土史「鹿角志」を著す。
¶幕末([生]天保3(1832)年3月　[没]明治41(1908)年3月22日)

内藤ジュリア* ないとうじゅりあ
*～寛永4(1627)年2月11日　安土桃山時代～江戸時代前期の女性。キリシタン。国外追放された。
¶コン([生]？)

内藤淳蔵* ないとうじゅんぞう
天保6(1835)年～明治1(1868)年　江戸時代末期の志士。
¶幕末([没]慶応4(1868)年5月17日)

内藤如安*(内藤汝安，内藤如菴，内藤ジョアン，内藤如庵)　ないとうじょあん
？～寛永3(1626)年　[別]小西如安，小西如庵(こにしじょあん)，ジュアン，内藤忠俊(ないとうただとし)，内藤徳庵(ないとうとくあん)　安土桃山時代～江戸時代前期のキリシタン、武将。
¶織田([生]天文19(1550)年頃)，コン(小西如安　こにしじょあん)，思想，対外(小西如庵　こにしじょあん)

内藤昇一郎* ないとうしょういちろう
天保3(1832)年～慶応1(1865)年　江戸時代末期の農民。
¶幕末([没]元治2(1865)年2月4日)

内藤勝介* ないとうしょうすけ
生没年不詳　安土桃山時代の織田信長の家臣。
¶織田，全戦

内藤丈草* ないとうじょうそう
寛文2(1662)年～元禄17(1704)年　[別]丈草(じょうそう)　江戸時代前期～中期の俳人。松尾芭蕉に入門。
¶江人(丈草　じょうそう)，コン([没]宝永1(1704)年)，詩作([没]元禄17(1704)年2月24日)，日文，俳文(丈草　じょうそう　[没]元禄17(1704)年2月24日)

内藤四郎兵衛* ないとうしろうべえ
文化14(1817)年頃～明治1(1868)年　江戸時代末期の陸奥二本松藩大城代。
¶全幕([生]文化14(1817)年？　[没]慶応4(1868)年)，幕末([没]慶応4(1868)年7月29日)

内藤真矩* ないとうしんく
寛政8(1796)年～明治3(1870)年　[別]内藤真矩(ないとうまさのり)　江戸時代末期～明治時代の算学者。
¶数学(ないとうまさのり　[没]明治3(1870)年7月14日)

内藤新十郎政勝 ないとうしんじゅうろうまさかつ
安土桃山時代～江戸時代前期の豊臣秀頼の家臣。
¶大坂([生]文禄4年　[没]慶長20年5月6日)

内藤介右衛門* ないとうすけえもん
天保10(1839)年～明治32(1899)年　江戸時代末期～明治時代の会津藩家老、教育者。維新後、漢学塾を開いて地域住民の師弟に教えた。
¶全幕，幕末([没]明治32(1899)年6月16日)

内藤誠* ないとうせい
*～明治26(1893)年　江戸時代末期～明治時代の陽明学者。明倫堂督学。卯辰山の開拓に尽力。
¶幕末([生]文政7(1824)年　[没]明治26(1893)年5月)

内藤清兵衛* ないとうせいべえ
享和2(1802)年～*　江戸時代末期の長州(萩)藩士。
¶幕末([没]慶応2(1867)年12月19日)

内藤隆春* ないとうたかはる
*～慶長5(1600)年　戦国時代～安土桃山時代の武士。
¶全戦([生]？)，戦武([生]享禄1(1528)年)

内藤隆世* ないとうたかよ
？～弘治3(1557)年　戦国時代の武士。
¶室町([生]天文5(1536)年)

内藤忠明* ないとうただあき
生没年不詳　[別]内藤忠明(ないとうただあきら)　江戸時代後期の幕臣。
¶徳人(ないとうただあきら)

内藤忠明 ないとうただあきら
⇒内藤忠明(ないとうただあき)

内藤忠興* ないとうただおき
文禄1(1592)年～延宝2(1674)年　江戸時代前期の大名。陸奥磐城平藩主。
¶コン，徳人

内藤忠清 ないとうただきよ
戦国時代～江戸時代前期の幕臣。
¶徳人([生]1558年　[没]1614年)

内藤忠重* ないとうただしげ
天正14(1586)年～承応2(1653)年　江戸時代前期の大名。志摩鳥羽藩主。
¶徳人

内藤忠辰* ないとうただとき
生没年不詳　江戸時代後期の和算家。
¶数学

内藤忠俊　ないとうただとし
⇒内藤如安（ないとうじょあん）

内藤忠尚　ないとうただなお
江戸時代中期の代官。
¶徳代（[生]元禄12（1699）年　[没]明和8（1771）年11月29日）

内藤忠恕　ないとうただひろ
江戸時代中期～後期の京都代官、大坂目付役。
¶徳代（[生]宝暦9（1759）年　[没]文政5（1822）年12月）

内藤忠吉　ないとうただよし
江戸時代前期の幕臣。
¶徳人（[生]1619年　[没]1665年）

内藤忠由　ないとうただよし
江戸時代前期～中期の幕臣。
¶徳人（[生]1616年　[没]1690年）

内藤大夫　ないとうだゆう
安土桃山時代の駿河府中浅間社の社人。
¶武田（生没年不詳）

内藤耻叟*　ないとうちそう
文政10（1827）年～明治35（1902）年　江戸時代末期～明治時代の歴史学者、弘道館教授、東京帝国大学教授。宮内省嘱託。著書に「安政紀事」「徳川十五代史」など。
¶コン（[生]文政9（1826）年），思想（[没]明治36（1903）年）

内藤忠辰　ないとうちゅうしん
江戸時代末期の佐渡奉行、小普請奉行。
¶徳代（[生]？　[没]文久1（1861）年4月25日）

内藤忠太郎*　ないとうちゅうたろう
弘化1（1844）年～明治4（1871）年　江戸時代末期～明治時代の清末藩大参事。清末藩内政治の変革推進に尽くす。
¶幕末（[生]天保15（1844）年　[没]明治4（1871）年6月10日）

内藤忠倫　ないとうちゅうりん
江戸時代末期の代官。
¶徳代（[生]？　[没]安政5（1858）年2月24日）

内藤綱秀*　ないとうつなひで
安土桃山時代の武将。後北条氏家臣。
¶後北（綱秀〔内藤（1）〕　つなひで），全戦（生没年不詳）

内藤縄基　ないとうつなもと
戦国時代の武田氏の家臣、増利郷の地頭。
¶武田（生没年不詳）

内藤伝右衛門　ないとうでんえもん
江戸時代後期～明治時代の出版人、温故堂主人。
¶出版（[生]弘化1（1844）年1月14日　[没]明治39（1906）年11月18日）

内藤東甫*（内藤東圃）　ないとうとうほ
享保13（1728）年～天明8（1788）年　[別]東甫（とうほ），内藤正誠（ないとうまさなり）　江戸時代中期の画家、尾張名古屋藩士。歌、書にも優れた。
¶俳文（東甫　とうほ　[没]天明8（1788）年8月5日），美画（内藤東圃　[没]天明8（1788）年8月5日）

内藤徳庵　ないとうとくあん
⇒内藤如安（ないとうじょあん）

内藤朝行*　ないとうともゆき
生没年不詳　戦国時代の武士。扇谷上杉氏家臣、のち北条氏家臣。
¶後北（朝行〔内藤（1）〕　ともゆき）

内藤直行*　ないとうなおゆき
生没年不詳　戦国時代の北条氏の家臣。
¶後北（直行〔内藤（1）〕　なおゆき）

内藤信思*　ないとうのぶこと
文化9（1812）年～明治7（1874）年　[別]内藤信親（ないとうのぶちか），内藤信思（ないとうのぶもと）　江戸時代末期～明治時代の大名。越後村上藩主。
¶コン，全幕（内藤信親　ないとうのぶちか）

内藤信民*　ないとうのぶたみ
嘉永3（1850）年～明治1（1868）年　江戸時代末期の大名。越後村上藩主。
¶全幕（[没]慶応4（1868）年）

内藤信親　ないとうのぶちか
⇒内藤信思（ないとうのぶこと）

内藤信照*　ないとうのぶてる
文禄1（1592）年～寛文5（1665）年　江戸時代前期の大名。陸奥棚倉藩主。
¶徳人

内藤信成*　ないとうのぶなり
天文14（1545）年～慶長17（1612）年　安土桃山時代～江戸時代前期の大名。伊豆韮山藩主、近江長浜藩主、駿河府中藩主。
¶コン

内藤信正*　ないとうのぶまさ
永禄11（1568）年～寛永3（1626）年　安土桃山時代～江戸時代前期の武将、大名。近江長浜藩主、摂津高槻藩主。
¶徳将，徳人

内藤信思　ないとうのぶもと
⇒内藤信思（ないとうのぶこと）

内藤矩佳*　ないとうのりとも
明和3（1766）年～天保12（1841）年6月7日　江戸時代中期～後期の幕臣。
¶徳人

内藤矩正　ないとうのりまさ
江戸時代中期の幕臣。
¶徳人（[生]1729年　[没]？）

内藤備前守*　ないとうびぜんのかみ
生没年不詳　安土桃山時代の織田信長の家臣。
¶織田

内藤秀行*　ないとうひでゆき
？～天正11（1583）年8月10日　安土桃山時代の武士。後北条氏家臣。
¶後北（秀行〔内藤（1）〕　ひでゆき）

内藤広前*　ないとうひろさき
寛政3（1791）年～慶応2（1866）年　江戸時代末期の国学者。幕府の御先手同心。
¶幕末（[没]慶応2（1866）年9月19日）

内藤弘矩*　ないとうひろのり
？～明応4（1495）年　室町時代～戦国時代の武士。
¶室町（[生]文安3（1446）年）

内藤風虎*　ないとうふうこ
元和5（1619）年～貞享2（1685）年　[別]内藤義概（ないとうよしあき，ないとうよしむね），内藤義泰（ないとうよしやす），内藤頼長（ないとうよりながが），風虎（ふうこ）　江戸時代前期の大名。陸奥

磐城平藩主。
¶コン,俳文(風虎　ふうこ　[没]貞享2(1685)年9月19日)

内藤文成*　ないとうふみしげ
*〜明治34(1901)年　江戸時代末期〜明治時代の大名。三河挙母藩主。
¶幕末([生]安政2(1855)年12月20日　[没]明治34(1901)年7月31日)

内藤文七郎*　ないとうぶんしちろう
江戸時代末期の水戸藩郷士。
¶幕末(生没年不詳)

内藤昌月　ないとうまさあき
⇒内藤昌月(ないとうまさつき)

内藤政氏*　ないとうまさうじ
文化7(1810)年〜明治14(1881)年　江戸時代末期〜明治時代の和算家。
¶数学([生]文化7(1810)年1月11日　[没]明治14(1881)年4月28日)

内藤正重　ないとうまさしげ
安土桃山時代〜江戸時代前期の幕臣。
¶徳人([生]1578年　[没]1663年)

内藤政挙*　ないとうまさたか
*〜昭和2(1927)年　江戸時代末期〜明治時代の延岡藩主、延岡藩知事、子爵。
¶全幕([生]嘉永5(1852)年)

内藤政民*　ないとうまさたみ
文化3(1806)年〜*　江戸時代末期の大名。陸奥湯長谷藩主。
¶幕末([生]文化7(1810)年　[没]安政6(1859)年10月23日)

内藤昌月*　ないとうまさつき
天文19(1550)年〜天正16(1588)年5月25日　[別]内藤昌月(ないとうまさあき)　安土桃山時代の武将。武田氏家臣。
¶後北(昌月〔内藤(2)〕　まさあき),武田(ないとうまさあき)

内藤昌豊*　ないとうまさとよ
?〜天正3(1575)年　[別]工藤源右衛門(くどうげんえもん),内藤昌秀(ないとうまさひで)　戦国時代〜安土桃山時代の武士。武田氏家臣。
¶全戦(内藤昌秀　ないとうまさひで),戦武(内藤昌秀　ないとうまさひで　[生]大永2(1522)年),武田(内藤昌秀　ないとうまさひで　[生]大永3(1523)年?　[没]天正3(1575)年5月21日)

内藤政長*　ないとうまさなが
永禄11(1568)年〜寛永11(1634)年　安土桃山時代〜江戸時代前期の大名。陸奥磐城平藩主、上総磐城平藩主。
¶コン

内藤正成*　ないとうまさなり
大永7(1527)年〜慶長7(1602)年　戦国時代〜安土桃山時代の武士。徳川氏家臣。
¶全戦

内藤正誠　ないとうまさなり
⇒内藤東甫(ないとうとうほ)

内藤正誠*　ないとうまさのぶ
弘化2(1845)年〜明治13(1880)年　江戸時代末期〜明治時代の岩村田藩主、岩村田藩知事。
¶幕末([没]明治13(1880)年8月25日)

内藤真矩　ないとうまさのり
⇒内藤真矩(ないとうしんく)

内藤政憲*　ないとうまさのり
嘉永1(1848)年〜大正8(1919)年　江戸時代末期〜明治時代の大名、華族。
¶全幕([生]弘化5(1848)年)

内藤昌秀　ないとうまさひで
⇒内藤昌豊(ないとうまさとよ)

内藤正弘　ないとうまさひろ
江戸時代後期の幕臣。
¶徳人([生]?　[没]1822年)

内藤政養*　ないとうまさやす
安政4(1857)年〜明治44(1911)年　江戸時代末期〜明治時代の大名、華族。
¶全幕

内藤政吉　ないとうまさよし
安土桃山時代〜江戸時代前期の幕臣。
¶徳人([生]1588年　[没]1659年)

内藤万春　ないとうます
⇒内藤万春子(ないとうますこ)

内藤万春子*　ないとうますこ
文政6(1823)年〜明治34(1901)年2月20日　[別]内藤万春(ないとうます)　江戸時代末期〜明治時代の歌人。義気に富み胆力もあり、女子ゆえに行動できない悔しさを歌に託す。
¶出版(内藤万春　ないとうます)

内藤万里助*　ないとうまりすけ
文化7(1810)年〜明治8(1875)年12月16日　[別]内藤造酒(ないとうみき)　江戸時代末期〜明治時代の長州(萩)藩士。
¶幕末([生]文化7(1810)年2月18日)

内藤造酒　ないとうみき
⇒内藤万里助(ないとうまりすけ)

内藤鳴雪　ないとうめいせつ
弘化4(1847)年4月15日〜大正15(1926)年2月20日　江戸時代後期〜大正時代の俳人。
¶詩作,俳文

内藤元貞*　ないとうもとさだ
?〜文明12(1480)年　室町時代〜戦国時代の武士。
¶室町

内藤元盛　ないとうもともり
*〜慶長20(1615)年　[別]佐野道可(さのどうか)　安土桃山時代〜江戸時代前期の宍戸元秀の二男。毛利元就の曽孫。
¶大坂(佐野道可　さのどうか　[生]永禄9年　[没]慶長20年5月21日),全戦([生]?　[没]元和1(1615)年)

内藤盛家*　ないとうもりいえ
保延4(1138)年〜嘉禄3(1227)年　平安時代後期〜鎌倉時代前期の御家人。
¶古人

内藤主水正*　ないとうもんどのかみ
生没年不詳　戦国時代の北条氏の家臣。
¶後北(主水正〔内藤(3)〕　もんどのかみ)

内藤康行*　ないとうやすゆき
生没年不詳　[別]内藤左近将監(ないとうさこんしょうげん)　戦国時代の武士。後北条氏家臣。

ないとう　　　　　　　　　　　　　　　　　　　　　　1564

¶後北（康行〔内藤（1）〕　やすゆき）

内藤弥大夫*　ないとうやたゆう
江戸時代末期～明治時代の水戸藩士。
¶幕末（㊲文政11（1828）年　㉓明治36（1903）年6月7日）

内藤義概　ないとうよしあき
⇒内藤風虎（ないとうふうこ）

内藤義英　ないとうよしひで
⇒露沾（ろせん）

内藤義概　ないとうよしむね
⇒内藤風虎（ないとうふうこ）

内藤義泰　ないとうよしやす
⇒内藤風虎（ないとうふうこ）

内藤頼直*　ないとうよりなお
天保11（1840）年～*　江戸時代末期～明治時代の
高遠藩主、高遠藩（県）知事。
¶幕末（㊲天保11（1840）年10月27日　㉓明治12（1879）
年8月17日）

内藤頼長　ないとうよりなが
⇒内藤風虎（ないとうふうこ）

内藤露沾　ないとうろせん
⇒露沾（ろせん）

名江源太　なえげんた
安土桃山時代の高天神籠城衆。
¶武田（㊲？　㉓天正9（1581）年3月22日）

苗子　なえこ*
江戸時代末期の女性。和歌。府中の山本金左衛門昌
預の孫。文久2年刊、飯塚久敏撰『玉籠集』に載る。
¶江表（苗子（山梨県））

苗村千里*　なえむらちり
慶安1（1648）年～享保1（1716）年　㊕千里（油屋）
（せんり），千里（ちり）　江戸時代前期～中期の
俳人。
¶俳文（千里　ちり　㊲？　㉓享保1（1716）年7月18日）

なお
江戸時代中期の女性。和歌。安見氏。
¶江表（なお（鳥取県））

なを(1)
江戸時代後期の女性。清元節。新吉原の芸者。
¶江表（なを（東京都）　㉓弘化2（1845）年）

なを(2)
江戸時代後期の女性。教育。井上氏。
¶江表（なを（東京都）　㊲天保13（1842）年頃）

なを(3)
江戸時代後期の女性。教育。篠原倪山の娘。
¶江表（なを（東京都）　㊲文政1（1818）年頃）

なを(4)
江戸時代後期の女性。俳諧。越後の人。文化13年
刊、松下堂李英編、松後園如共追善集『秋の末』に
載る。
¶江表（なを（新潟県））

なを(5)
江戸時代後期～明治時代の女性。公家奉公。里
井氏。
¶江表（なを（大阪府）　㊲文化11（1814）年　㉓明治18
（1886）年）

なを(6)
江戸時代後期の女性。俳諧。石見の大田連に属す。
寛政12年刊、夏音舎柴里編『三度笠』人に載る。
¶江表（なを（島根県））

直(1)　**なお***
江戸時代中期の女性。漢詩。龍泉寺の僧広慧の姉。
安永6年刊、赤松蘭室編『赤城風雅』に載る。
¶江表（直（兵庫県））

直(2)　**なお**
江戸時代後期～明治時代の女性。和歌・教育。肥
前島原の隅部与八郎維政の娘。
¶江表（直（長崎県）　㊲文政11（1828）年　㉓明治30
（1897）年）

直(3)　**なお***
江戸時代末期の女性。和歌。伊勢津の打田武左衛
門の妻。元治2年序、佐々木弘綱編『類題千船集』
三・上に載る。
¶江表（直（三重県））

奈於　なお*
江戸時代中期の女性。和歌。京都の人。宝暦11年
刊、大森元堯編『帰厚集』に載る。
¶江表（奈於（京都府））

那を　なお*
江戸時代後期の女性。和歌。和泉堺の人。文化10
年刊、大原東野編『五畿内産物図会』に載る。
¶江表（那を（大阪府））

猶(1)　**なお***
江戸時代中期の女性。俳諧。加賀津幡の人。天明3
年刊、河合風逸編、河合見風追善集『白達摩』に
載る。
¶江表（猶（石川県））

猶(2)　**なお***
江戸時代中期の女性。和歌。但馬豊岡の人。寛延
～天明期頃成立『長閑集』に載る。
¶江表（猶（兵庫県））

直居太郎左衛門　なおいたろうざえもん
戦国時代の武田氏の家臣、望月氏の被官。
¶武田（生没年不詳）

直江景綱*　なおえかげつな
？～天正5（1577）年5月20日　㊕直江実綱（なおえ
さねつな）　戦国時代～安土桃山時代の国人。上杉
氏家臣。
¶全戦，戦武（㊲永正6（1509）年？）

直江兼続*　なおえかねつぐ
永禄3（1560）年～元和5（1619）年　㊕直江山城守
（なおえやましろのかみ）　安土桃山時代～江戸時
代前期の武将。越後国与板城主樋口惣右衛門兼豊
の子。
¶コン，全戦，戦武

直江五左衛門　なおえござえもん
江戸時代前期の伊賀者。井伊直孝に仕えた。
¶大坂

直江実綱　なおえさねつな
⇒直江景綱（なおえかげつな）

直江助共*　なおえすけとも
寛政11（1799）年～文久2（1862）年　江戸時代末期
の水戸藩刀工。

¶幕末（[没]文久2（1862）年4月3日）

直江信綱* なおえのぶつな

？〜天正9（1581）年9月9日　戦国時代〜安土桃山時代の上杉氏の家臣。

¶全戦

直江木導* なおえもくどう

寛文6（1666）年〜享保8（1723）年　[別]木導（ぼくどう，もくどう）　江戸時代中期の俳人（蕉門）。

¶俳文（木導　ぼくどう　[没]享保8（1723）年6月22日）

直江山城守 なおえやましろのかみ

⇒直江兼続（なおえかねつぐ）

直江大和守 なおえやまとのかみ

⇒本多政重（ほんだまさしげ）

なおき

江戸時代後期の女性。教育。筑後久留米藩藩士鳥取文吾の妻。文吾は藩の祐筆で櫛原小路に住み、文政8年から寺子屋の師匠となる。

¶江表（なおき（福岡県））

なを子（1） なおこ⋆

江戸時代後期の女性。狂歌。狂歌師失楽菅江と節松嫁々の娘。

¶江表（なを子（東京都））

なを子（2） なおこ⋆

江戸時代後期の女性。和歌。遠江豊田郡大嶺村の名主で酒造業者和田邦孝の妻。寛政2年北野天満宮分霊社に夫の歌と共に献詠。

¶江表（なを子（静岡県））

尚子 なおこ⋆

江戸時代後期の女性。和歌。紀州藩の元奥女中。寛政11年刊、石野広通編『霞関集』に載る。

¶江表（尚子（和歌山県））

直子（1） なおこ⋆

江戸時代中期〜後期の女性。和歌。筑前鞍手郡上木月村の医者長谷川軒林の娘。

¶江表（直子（福岡県）　[生]延享3（1746）年　[没]文政7（1824）年）

直子（2） なおこ⋆

江戸時代後期の女性。和歌。尾張藩主徳川斉朝の奥女中。文化5年頃、真田幸弘編「御ことほきの記」に載る。

¶江表（直子（愛知県））

直子（3） なおこ⋆

江戸時代後期の女性。和歌。大坂の儒医者飯岡義斎の娘。

¶江表（直子（大阪府）　[没]天保3（1832）年）

直子（4） なおこ⋆

江戸時代後期の女性。和歌。太刀氏。嘉永5年刊、本居内遠編『五十鈴川』に載る。

¶江表（直子（奈良県））

直子（5） なおこ⋆

江戸時代後期の女性。和歌。備中浅口郡瓜崎村の小野正笋の妻。

¶江表（直子（岡山県）　[没]文化2（1805）年）

直子（6） なおこ⋆

江戸時代後期〜末期の女性。和歌。京都の嚢田為重の娘。

¶江表（直子（大阪府）　[生]寛政8（1796）年　[没]万延1（1860）年）

直子（7） なおこ⋆

江戸時代末期〜大正時代の女性。和歌。大沼郡本郷の佐竹氏の娘。

¶江表（直子（福島県）　[没]大正4（1915）年）

直子（8） なおこ⋆

江戸時代末期の女性。漢詩・書。本山氏。天保3年刊、畑銀鶏編『書画薈粋』初編に載る。

¶江表（直子（東京都））

直子（9） なおこ⋆

江戸時代末期の女性。和歌。安政3年成立、色川三中一周忌追善集「手向草」に載る。

¶江表（直子（茨城県））

直子（10） なおこ⋆

江戸時代末期の女性。和歌。前橋の朝岡氏。安政6年刊、井上淑蔭編『めくみの花』に載る。

¶江表（直子（群馬県））

直子（11） なおこ⋆

江戸時代末期の女性。和歌。黒河内氏。慶応3年刊、猿渡容盛編『類題新竹集』に載る。

¶江表（直子（埼玉県））

直子（12） なおこ⋆

江戸時代末期の女性。和歌。備中笠岡の橋野仙右衛門の娘。

¶江表（直子（岡山県）　[没]文久3（1863）年）

直子（13） なおこ⋆

江戸時代末期の女性。和歌。安芸加計の人。安政1年刊、近藤芳樹選評の「二十五番歌合」に載る。

¶江表（直子（広島県））

直子（14） なおこ⋆

江戸時代末期の女性。和歌。豊後日出藩藩士二宮兼有の妻。万延1年序、物集高世編『類題春草集』二に載る。

¶江表（直子（大分県））

猶子 なおこ

江戸時代後期の女性。和歌。筑前中間村大庄屋石松藤八保重の娘。「岡県集」に載る。

¶江表（猶子（福岡県））

直子女王 なおこじょおう

⇒直子女王（ちょくしじょおう）

直子女王 なおこにょおう

⇒直子女王（ちょくしじょおう）

直侍 なおざむらい

⇒片岡直次郎（かたおかなおじろう）

なお女 なおじょ⋆

江戸時代末期の女性。俳諧。上山の遊女。文久1年に奉納された俳額「奉納四季混題発句集」に載る。

¶江表（なお女（山形県））

なを女 なおじょ⋆

江戸時代後期の女性。俳諧。矢久村の西沢梅朗の妻。

¶江表（なを女（長野県）　[没]嘉永1（1848）年）

直女 なおじょ⋆

江戸時代中期〜後期の女性。和歌。仙台藩士但木三郎次行隆の妻。

¶江表（直女（宮城県）　[生]延享3（1746）年　[没]天保5（1834）年）

なおしよ 1566

猶女 なおじょ*
江戸時代後期の女性。和歌。周布の人。文化10年刊、『年賀集』に載る。
¶江表(猶女(愛媛県))

直高 なおたか
戦国時代の信濃佐久郡国衆前山伴野氏の家臣。
¶武田(生没年不詳)

直胤* なおたね
安永8(1779)年～安政4(1857)年 江戸時代後期の刀工。出羽国山形生まれ。号は大慶。
¶美工

浪越千磯* なおちいそ
弘化1(1844)年～明治26(1893)年 江戸時代末期～明治時代の郷士。土佐勤王党に参加。三条実美の衛士。
¶幕末(㋐弘化1(1845)年12月 ㋜明治26(1893)年4月16日)

直久の妻 なおひさのつま*
江戸時代前期の女性。俳諧。大雲氏。貞享4年刊、江左尚白編『孤松』に載る。
¶江表(直久の妻(福井県))

尚仁親王* なおひとしんのう
寛文11(1671)年～元禄2(1689)年 ㋘八条宮尚仁親王(はちじょうのみやなおひとしんのう)、尚仁法親王(ひさひとほうしんのう) 江戸時代前期～中期の後西天皇の第8皇子。八条宮第5代。
¶天皇(尚仁法親王 ひさひとほうしんのう) ㋐寛文11(1671)年11月9日 ㋜元禄2(1689)年8月6日)

直仁親王* (1) なおひとしんのう
建武2(1335)年～応永5(1398)年 南北朝時代～室町時代の花園天皇の皇子。
¶天皇(㋜応永5(1398)年5月14日)

直仁親王* (2) なおひとしんのう
宝永1(1704)年～宝暦3(1753)年 ㋘閑院宮直仁親王(かんいんのみやなおひとしんのう) 江戸時代中期の東山天皇の第6皇子。
¶天皇(㋐宝永1(1704)年9月9日 ㋜宝暦3(1753)年6月3日)

直姫 なおひめ*
江戸時代中期の女性。書簡。加賀藩主前田綱紀の娘。
¶江表(直姫(京都府)) ㋐元禄6(1693)年 ㋜寛延1(1748)年)

直女 なおめ
江戸時代後期の女性。狂歌。仙台の人。文政11年刊、六義園ほか編『三才花百首』に載る。
¶江表(直女(宮城県))

直山大夢* なおやまたいむ，なおやまだいむ
寛政6(1794)年～明治7(1874)年 ㋘大夢(たいむ) 江戸時代末期～明治時代の歌人、俳人。
¶俳文(大夢 たいむ ㋜明治7(1874)年2月17日)

直世王* なおよおう
*～承和1(834)年 平安時代前期の公卿(中納言)。天武天皇の裔。
¶公卿(㋐宝亀6(775)年 ㋜承和1(834)年1月4日)，古人(㋐777年?)，古代(㋐775年?)

なか (1)
江戸時代後期の女性。教育。黒田藤蔵の妻。文化9年に柏植藤十郎が開業した寺子屋螢泉堂に、養子で

入った3代目の夫藤蔵と共に教授にあたる。
¶江表(なか(東京都))

なか (2)
江戸時代後期の女性。教育。石黒菊太郎の妻。嘉永6年、新草屋町に寺子屋雲陽堂を開業。
¶江表(なか(東京都))

なか (3)
江戸時代後期の女性。教育。小沢氏。
¶江表(なか(東京都)) ㋐嘉永2(1849)年頃)

なか (4)
江戸時代後期の女性。俳諧。越後の人。文化13年刊、松下堂李英編、松後園如共追善集『秋の末』に載る。
¶江表(なか(新潟県))

なか (5)
江戸時代後期の女性。俳諧。京都の人。文化1年序、得終尼編の闌更七回忌追善句集『も、のやとり』に載る。
¶江表(なか(京都府))

なか (6)
江戸時代後期の女性。俳諧。周防大島久賀浦の人。文政3年序、山本友左坊撰『おゐのたひ』に載る。
¶江表(なか(山口県))

なか (7)
江戸時代後期の女性。和歌。松山藩の奥女中。天保9年刊、海野遊翁編『類題現存歌選』二に載る。
¶江表(なか(愛媛県))

なか (8) (仲)
⇒天瑞院(てんずいいん)

中 (1) なか*
江戸時代後期の女性。教育。中沢氏。
¶江表(中(東京都)) ㋐文化14(1817)年頃)

中 (2) なか*
江戸時代後期の女性。俳諧。文政7年刊、多賀庵四世筵史編『やまかつら』に載る。
¶江表(中(広島県))

仲 (1) なか*
江戸時代後期の女性。和歌。上長者町の山中左兵衛の娘。文化11年刊、中山忠雄・河田正致編『柿本社奉納和歌集』に載る。
¶江表(仲(京都府))

仲 (2) なか*
江戸時代末期～明治時代の女性。商売。古代のお仲とも称した。江戸末期から大正初年まであった「古代餅」という名物餅屋の主人。
¶江表(仲(東京都))

仲 (3) なか*
江戸時代末期～明治時代の女性。俳諧。相模酒匂の名主鈴木新左衛門の娘。
¶江表(仲(神奈川県))

奈嘉 なか*
江戸時代中期の女性。俳諧。石見日原村の人。安永2年刊、大石鎮胤編『松の花集』に載る。
¶江表(奈嘉(島根県))

那珂 なか*
江戸時代前期～中期の女性。和歌。常陸水戸藩主徳川光圀の義妹。

¶江表(那珂(茨城県)　[生]慶安2(1649)年　[没]宝永6(1709)年)

長明親王*　ながあきしんのう
延喜13(913)年～天暦7(953)年　[別]長明親王(ながあきらしんのう)　平安時代中期の醍醐天皇の皇子。
¶古人(ながあきらしんのう　[生]923年),天皇(ながあきらしんのう　[没]天暦7(953)年閏1月17日)

長明親王　ながあきらしんのう
⇒長明親王(ながあきしんのう)

半井明茂*　なかいあきしげ
応永9(1402)年～*　[別]半井明茂(なからいあきしげ)　室町時代の公卿(非参議)。半井家の祖。非参議和気明成の子。
¶公卿([没]？),公家(明茂〔和気1・半井家(絶家)〕　あきしげ　[没]文明15(1483)年7月6日)

半井明孝　なかいあきたか
⇒半井明孝(なからいあきたか)

半井明名　なかいあきな
⇒半井明名(なからいあきな)

半井明重　なかいあきのぶ
⇒半井明重(なからいあきしげ)

半井明英*　なかいあきひで
[別]半井明英(なからいあきひで,なからいあきふさ)　戦国時代の医師、公卿(非参議)。明観(明澄とも)の子。明重・明孝の猶子。
¶公卿([生]永正3(1506)年　[没]？),公家(明英〔和気1・半井家(絶家)〕　あきひで　[生]1506年　[没]？),後北(明英〔半井〕　あきひで)

永井白元　ながいあきもと
安土桃山時代～江戸時代前期の幕臣。
¶徳人([生]1572年　[没]1654年)

長井在寛*　ながいありひろ
安永8(1779)年～*　江戸時代後期の加賀藩士。
¶幕末([没]安政7(1860)年2月)

永井いと*　ながいいと
天保7(1836)年～明治37(1904)年　江戸時代末期～明治時代の養蚕指導者。「いぶし飼い」と言う方法をあみ出す。紺周郎婆さんとよばれた。
¶幕末([没]明治37(1904)年6月)

長井氏克*　ながいうじかつ
天保13(1842)年～明治37(1904)年　江戸時代末期～明治時代の津藩士、衆議院議員、津市長、伊勢新聞社社長。維新後権大参事。改進党に属す。
¶幕末([生]天保13(1842)年10月　[没]明治37(1904)年10月9日)

長井雅楽*　ながいうた
文政2(1819)年～文久3(1863)年　江戸時代末期の長州(萩)藩士。公武合体運動の推進者。
¶江人,コン,全幕,幕末([生]文政2(1819)年5月1日　[没]文久3(1863)年2月6日)

長井雲坪　ながいうんぺい
江戸時代後期～明治時代の日本画家。
¶美画([生]天保4(1833)年2月2日　[没]明治32(1899)年6月29日)

中井栄次郎*　なかいえいじろう
天保14(1843)年～慶応1(1865)年　江戸時代末期の長州(萩)藩士。
¶幕末([没]慶応1(1865)年6月18日)

長井衛如　ながいえいにょ
安土桃山時代の武将。斎藤義龍に仕えた。
¶全戦([生]？　[没]永禄4(1561)年)

中井王*　なかいおう
生没年不詳　平安時代前期の地方官人。
¶古人

中井桜洲　なかいおうしゅう
⇒中井弘(なかいひろし)

永井蠖伸斎*　ながいかくしんさい
天保10(1839)年～明治2(1869)年　[別]鈴木蠖之進(すずきかくのしん)　江戸時代末期の幕臣。
¶幕末([没]明治2(1869)年4月29日)

中井九敬　なかいきゅうけい
江戸時代中期～後期の代官。
¶徳代([生]享保17(1732)年　[没]寛政7(1795)年2月14日)

長井九兵衛利重　ながいくひょうえとししげ
江戸時代前期の長井市右衛門定基の惣領。後に郷士。
¶大坂

中井敬所*　なかいけいしょ
天保2(1831)年～明治42(1909)年9月30日　江戸時代末期～明治時代の篆刻家。
¶幕末([生]天保2(1831)年6月25日)

中井源左衛門〔1代〕*　なかいげんざえもん
享保1(1716)年～文化2(1805)年9月　江戸時代中期～後期の近江商人。号は光武、良祐。
¶コン(代数なし)

中井厚沢*　なかいこうたく
安永4(1775)年～天保3(1832)年　江戸時代後期の蘭方医。
¶科学

永井香圃　ながいこうほ
江戸時代後期～明治時代の日本画家。
¶美画([生]天保10(1839)年　[没]明治44(1911)年)

長井斎藤実盛　ながいさいとうさねもり
⇒斎藤実盛(さいとうさねもり)

長井実盛　ながいさねもり
⇒斎藤実盛(さいとうさねもり)

中伊三郎*　なかいさぶろう
？～万延1(1860)年　[別]中屋伊三郎(なかやいさぶろう)　江戸時代末期の銅版画家。中屋伊三郎とも。
¶コン(中屋伊三郎　なかやいさぶろう),美画([生]寛政2(1790)年)

中井三弥*　なかいさんや
江戸時代末期の新撰組隊士。
¶新隊(生没年不詳)

長井侍従　ながいじじゅう
⇒伊達政宗(だてまさむね)

中井甃庵*(中井甃菴)　なかいしゅうあん
元禄6(1693)年～宝暦8(1758)年6月17日　江戸時代中期の儒学者。
¶コン,思想,山小([生]1693年9月29日　[没]1758年6月17日)

な

中井修理大夫　なかいしゅうりたいふ
⇒中井修理大夫（なかいしゅりのだいぶ）

中井修理大夫　なかいしゅりたいふ
⇒中井修理大夫（なかいしゅりのだいぶ）

中井修理大夫*　なかいしゅりのだいぶ
天文2（1533）年〜慶長14（1609）年　[別]中井修理大夫（なかいしゅうりたいふ，なかいしゅりたいふ），中井正吉（なかいまさよし）　安土桃山時代〜江戸時代前期の大工棟梁。
¶美建（中井正吉　なかいまさよし）

中井庄五郎*　なかいしょうごろう
弘化4（1847）年〜慶応3（1867）年　江戸時代末期の十津川郷士。
¶幕末（[生]弘化4（1847）年4月23日　[没]慶応3（1867）年12月7日）

永井尚徳　ながいしょうとく
江戸時代後期〜末期の幕臣。
¶徳人（生没年不詳）

中井次郎右衛門　なかいじろ（う）えもん
江戸時代前期の武士。大坂の陣で籠城。
¶大坂

中井次郎左衛門光重　なかいじろ（う）ざえもんみつしげ
安土桃山時代〜江戸時代中期の豊臣秀頼の家臣。
¶大坂（[生]文禄4年　[没]元禄5年10月25日）

長井新九郎　ながいしんくろう
⇒斎藤道三（さいとうどうさん）

長井新左衛門尉*　ながいしんざえもんのじょう
生没年不詳　戦国時代の斎藤道三の父親。
¶全戦（[生]？　[没]天文2（1533）年）

長井新太郎*　ながいしんたろう
？〜天正10（1582）年6月2日　戦国時代〜安土桃山時代の織田信長の家臣。
¶織田

中泉正　なかいずみただし
江戸時代後期〜明治時代の眼科医。
¶眼医（[生]弘化2（1845）年　[没]明治45（1912）年）

中井純之　なかいすみゆき
江戸時代後期〜明治時代の和算家。
¶数学（[生]文化6（1809）年10月2日　[没]明治24（1891）年1月2日）

永井青崖*　ながいせいがい
？〜嘉永7（1854）年10月　江戸時代末期の筑前福岡藩士、蘭学者。
¶科学（[没]安政1（1854）年10月），幕末（[没]安政1（1854）年）

中井清太夫*　なかいせいだゆう
江戸時代中期〜後期の武士。
¶植物（生没年不詳），徳人（生没年不詳）

永井武氏　ながいたけうじ
江戸時代中期の幕臣。
¶徳人（[生]1693年　[没]1771年）

中井太左衛門　なかいたざえもん
江戸時代後期〜末期の幕臣。
¶徳人（生没年不詳）

中井竹山*　なかいちくざん，ながいちくざん
享保15（1730）年〜享和4（1804）年　江戸時代中期〜後期の儒学者。
¶江人，コン（[没]文化1（1804）年），思想，徳将，山小（[生]1730年5月15日　[没]1804年2月5日）

長井忠左衛門*　ながいちゅうざえもん
戦国時代の武士。
¶全戦（生没年不詳），戦武（生没年不詳）

中井忠蔵*　なかいちゅうぞう
生没年不詳　安土桃山時代の織田信長の家臣。
¶織田

永井長治郎*　ながいちょうじろう
？〜明治9（1876）年　江戸時代末期〜明治時代の大工。三原田歌舞伎舞台、橋などを造る。
¶幕末（[没]明治9（1876）年1月10日），美建（[生]寛政4（1792）年　[没]明治9（1876）年1月10日）

永井伝八郎　ながいでんぱちろう
⇒永井直勝（ながいなおかつ）

長井伝兵衛定治　ながいでんひょうえさだはる
安土桃山時代〜江戸時代前期の武士。大坂の陣で籠城。
¶大坂（[生]天正19年　[没]寛文7年7月4日）

長井時広*　ながいときひろ
＊〜仁治2（1241）年　鎌倉時代前期の御家人。大江広元の次男。
¶古人（[生]？），中世（[生]？）

永井徳資*　ながいとくし
文政4（1821）年〜明治16（1883）年　[別]永井徳資（ながいのりつぐ）　江戸時代末期〜明治時代の和算家・医師。
¶数学（ながいのりつぐ）

長井利重*　ながいとししげ
生没年不詳　安土桃山時代の織田信長の家臣。
¶織田

永井尚方　ながいなおかた
江戸時代中期の幕臣。
¶徳人（[生]1703年　[没]1753年）

永井直勝*　ながいなおかつ
永禄6（1563）年〜寛永2（1625）年12月29日　[別]永井伝八郎（ながいでんぱちろう）　安土桃山時代〜江戸時代前期の大名。上野小幡藩主、常陸笠間藩主、下総古河藩主。
¶コン

永井直廉　ながいなおかど
江戸時代中期〜後期の幕臣。
¶徳人（[生]1739年　[没]1792年）

永井尚服*　ながいなおこと
天保4（1833）年12月〜明治18（1885）年6月11日　江戸時代末期〜明治時代の加納藩主、加納藩知事、子爵。
¶幕末（[生]天保4（1833）年12月7日）

永井直貞　ながいなおさだ
安土桃山時代〜江戸時代前期の幕臣。
¶徳人（[生]1598年　[没]1668年）

永井直允　ながいなおちか
江戸時代前期〜中期の幕臣。
¶徳人（[生]1673年　[没]1717年）

永井尚庸　ながいなおつね
⇒永井尚庸（ながいひさつね）

永井尚志　ながいなおのぶ
⇒永井尚志（ながいなおゆき）

永井尚伯　ながいなおのり
江戸時代前期～中期の代官、二丸留守居。
¶徳代（[生]延宝8（1680）年　[没]宝暦4（1754）年）

中井直正　なかいなおまさ
江戸時代後期～明治時代の和算家。播州東保田の人。中西流の算学を長谷川義一に学ぶ。
¶数学

永井尚政* (1)　ながいなおまさ
天正15（1587）年～寛文8（1668）年　江戸時代前期の大名、老職。下総古河藩主、上総潤井戸藩主、山城淀藩主。
¶コン, 徳将

永井尚政 (2)　ながいなおまさ
江戸時代前期の関東代官。
¶徳代（[生]？　[没]慶長12（1607）年6月19日）

永井直円の室　ながいなおみつのしつ⋆
江戸時代中期の女性。和歌。摂津尼崎藩主松平忠継の娘。享保17年跋、坂静山編『和歌山下水』に載る。
¶江表（永井直円の室（奈良県））

永井尚志　ながいなおむね
⇒永井尚志（ながいなおゆき）

永井尚志*　ながいなおゆき
文化13（1816）年～明治24（1891）年7月1日　[別]永井尚志（ながいなおのぶ，ながいなおむね）　江戸時代末期～明治時代の幕臣、官吏。大政奉還を推進、函館政府の奉行となる。のち開拓使御用掛など。
¶コン, 全幕（ながいなおゆき（なおむね））, 徳将, 徳人, 幕末（[生]文化13（1816）年11月3日）, 山小（[生]1816年11月　[没]1891年7月1日）

永井直令　ながいなおよし
江戸時代中期の幕臣。
¶徳人（[生]1707年　[没]1781年）

永井徳資　ながいのりつぐ
⇒永井徳資（ながいとくし）

中井範五郎*　なかいはんごろう
天保11（1840）年～明治1（1868）年　[別]笹木政吉（ささきまさきち）　江戸時代末期の因幡鳥取藩士。
¶幕末（[没]慶応4（1868）年5月20日）

永井彦太郎*　ながいひこたろう
文化11（1814）年～明治26（1893）年　[別]大江通亮（おおえみちあきら）　江戸時代末期～明治時代の教育者。廃藩後、行方郡石神村戸長となり大きな功績をたてる。
¶幕末

永井尚庸*　ながいひさつね
寛永8（1631）年～延宝5（1677）年　[別]永井尚庸（ながいなおつね）　江戸時代前期の大名、京都所司代。美濃加納藩主。
¶徳人（ながいなおつね）

長井兵庫*　ながいひょうご
？～慶応3（1867）年　江戸時代末期の肥前大村藩士。
¶幕末（[没]慶応3（1867）年4月）

中井弘*　なかいひろし
天保9（1838）年～明治27（1894）年10月10日　[別]中井桜洲（なかいおうしゅう）　江戸時代末期～明治時代の政治家。駐英公使館書記官。帰国後元老院議官、貴族院議員、京都府知事を務める。
¶コン（中井桜洲　なかいおうしゅう）, 詩作（中井桜洲　なかいおうしゅう　[生]天保9（1838）年11月29日）, 幕末

長井広信　ながいひろのぶ
江戸時代後期～明治時代の幕臣。
¶徳人（[生]1838年　[没]1891年）

中井方明*　なかいまさあき
天明2（1782）年～文政13（1830）年閏3月15日　江戸時代中期～後期の暦算家。
¶数学

中井正清*　なかいまさきよ
永禄8（1565）年～元和5（1619）年　[別]中井正次（なかいまさつぐ）　安土桃山時代～江戸時代前期の大工、京大工頭、中井家の初代。
¶コン, 全戦, 徳将, 徳人, 美建（[没]元和5（1619）年1月21日）, 山小（[没]1619年1月21日）

長井昌言　ながいまさこと
江戸時代後期～末期の幕臣。
¶徳人（生没年不詳）

長井政実*　ながいまさざね
生没年不詳　戦国時代の武蔵・上野国衆。
¶武田（[生]？　[没]天正18（1590）年2月28日？）

長井昌純　ながいまさずみ
江戸時代中期～末期の幕臣。
¶幕末（[生]安永2（1773）年　[没]安政3（1856）年7月13日）

中井正次　なかいまさつぐ
⇒中井正清（なかいまさきよ）

長井昌秀　ながいまさひで
安土桃山時代の武田氏の家臣、菊姫の付家臣の筆頭。
¶武田（生没年不詳）

中井正吉　なかいまさよし
⇒中井修理大夫（なかいしゅりのだいぶ）

長井道利*　ながいみちとし
？～元亀2（1571）年　[別]長井不甘（ながいふかん）　戦国時代の武士。
¶全戦（[没]天正1（1573）年）, 武田（[没]元亀2（1571）年8月28日）, 室町

中井主水　なかいもんど
江戸時代中期の大工。
¶美建（生没年不詳）

中居屋重兵衛　なかいやじゅうべい
⇒中居屋重兵衛（なかいやじゅうべえ）

中居屋重兵衛*　なかいやじゅうべえ
文政3（1820）年～文久1（1861）年　[別]黒岩撰之助（くろいわせんのすけ），中居屋重兵衛（なかいやじゅうべい）　江戸時代末期の生糸輸出商人。幸右衛門の子。
¶コン, 全幕, 幕末（なかいやじゅうべい　[生]文政3（1820）年3月　[没]文久1（1861）年8月2日）

中井勇太郎*　なかいゆうたろう
生没年不詳　江戸時代末期～明治時代の安芸広島藩士。
¶幕末

永井良直の室　ながいよしなおのしつ★
江戸時代中期の女性。和歌。寛永1年刊、松風也軒編『渚の松』に載る。
¶江表（永井良直の室（東京都））

永井芳之介*　ながいよしのすけ
天保4（1833）年～元治1（1864）年　江戸時代末期の水戸藩士。
¶幕末（[没]元治1（1864）年10月16日）

中井藍江*　なかいらんこう
明和3（1766）年～天保1（1830）年　江戸時代後期の画家。
¶美画（[没]天保1（1830）年7月）

中井履軒*　なかいりけん
享保17（1732）年～文化14（1817）年　江戸時代中期～後期の儒学者。号は履軒幽人、天楽楼主人。
¶コン，思想

中内惣右衛門三安　なかうちそうえもんみつやす
江戸時代前期の長宗我部盛親の家臣。
¶大坂（[没]寛永1年11月5日）

中内弥五左衛門　なかうちやござえもん
江戸時代前期の武士。長宗我部家の家老中内惣右衛門の子。盛親の旗本。
¶大坂（[没]慶長20年5月6日）

中浦ジュリアノ（中浦寿理安）　なかうらじゅりあの
⇒中浦ジュリアン（なかうらじゅりあん）

中浦ジュリアン*（中浦寿理安）　なかうらじゅりあん
*～寛永10（1633）年　[別]ジュリアン，中浦ジュリアノ，中浦寿理安（なかうらじゅりあの）　安土桃山時代～江戸時代前期の天正遣欧少年使節の副使。
¶コン（[生]永禄11（1568）年），全戦（[生]？），対外（[生]1570年），中世（[生]1570年頃），山小（[生]1569年/1570年 [没]1633年9月19日）

長江いわ子*　ながえいわこ
天保6（1835）年12月8日～大正14（1925）年1月24日　江戸時代末期～大正時代の女性。生活困窮者の救済にあたる。賢婦人と仰がれる。
¶江表（いわ子（秋田県））

中江員矩*　なかえかずのり
？～明治9（1876）年　江戸時代末期～明治時代の鹿児島県士族。
¶幕末（[没]明治9（1876）年10月24日）

中江藤樹*　なかえとうじゅ
慶長13（1608）年～慶安1（1648）年　[別]近江聖人（おうみせいじん）　江戸時代前期の儒学者。日本の陽明学の祖。
¶江人，コン，詩作（[生]慶長13（1608）年3月7日　[没]慶安1（1648）年8月25日），思想，山小（[生]1608年3月7日 [没]1648年8月25日）

長江半丞*　ながえはんのじょう
生没年不詳　安土桃山時代の織田信長の家臣。
¶織田

中江晩籟*　なかえばんらい
天明8（1788）年～安政2（1855）年　[別]晩籟（ばんらい）　江戸時代後期の漆器業、俳人。
¶幕末（[没]安政2（1855）年8月12日）

中江岷山　なかえびんざん
⇒中江岷山（なかえみんざん）

中江岷山*　なかえみんざん
明暦1（1655）年～享保11（1726）年　[別]中江岷山（なかえびんざん）　江戸時代前期の儒学者。
¶コン

長江義景*　ながえよしかげ
生没年不詳　鎌倉時代前期の武士。
¶古人

長尾　ながお★
江戸時代後期の女性。和歌。大洲藩の老女。文化5年頃、真田幸弘編「御ことほきの記」に載る。
¶江表（長尾（愛媛県））

長尾顕景*（1）　ながおあきかげ
生没年不詳　戦国時代の山内上杉氏の家臣。
¶全戦

長尾顕景（2）　ながおあきかげ
⇒上杉景勝（うえすぎかげかつ）

長尾顕方*　ながおあきかた
生没年不詳　戦国時代の武士。
¶全戦，室町

長尾顕忠*　ながおあきただ
？～永正6（1509）年1月9日　戦国時代の武士。
¶全戦

長尾顕長*　ながおあきなが
？～元和7（1621）年　江戸時代前期の武将。後北条氏家臣。
¶後北（顕長〔長尾（1）〕　あきなが　[没]元和7年2月8日），全戦，戦武（[生]弘治2（1556）年）

長尾郁三郎*　ながおいくさぶろう
天保8（1837）年～元治1（1864）年　江戸時代末期の商人、志士。
¶コン，幕末（[没]元治1（1864）年7月20日）

奈賀王　なかおう
奈良時代の官人。
¶古人（生没年不詳）

長尾栄吉　ながおえいきち
⇒心慶胤光（しんけいたねみつ）

長尾円澄　ながおえんちょう
江戸時代末期～大正時代の僧侶、園芸家。長福寺住職。
¶植物（[生]安政6（1859）年3月14日　[没]大正11（1922）年1月28日）

仲雄王*　なかおおう
生没年不詳　[別]仲雄王（なかおのおおきみ）　平安時代前期の官吏、漢詩人。
¶古人，思想（なかおのおおきみ）

中大路茂永*　なかおおじしげなが
生没年不詳　江戸時代末期の蒔絵師。
¶コン，美工

中大路茂房*　なかおおじしげふさ
？～天保1（1830）年　江戸時代後期の蒔絵師。
¶コン，美工

長岡越中守　ながおかえっちゅうのかみ
⇒細川忠興（ほそかわただおき）

長岡岡成*　ながおかおかなり
？～嘉祥1（848）年　[別]長岡岡成（ながおかのおか

なり)　平安時代前期の桓武天皇の皇子。

¶古人(ながおかのおかなり),天皇(ながおかのおかなり [没]嘉祥1(848)年12月1日)

中岡兼*　なかおかかね

天保14(1843)年～明治32(1899)年　江戸時代末期～明治時代の中岡慎太朗の嫁。慎太朗脱藩のおり壮途のはなむけに歌を詠む。

¶幕末([生]天保14(1843)年4月15日　[没]明治32(1899)年7月30日)

永岡敬次郎　ながおかけいじろう

江戸時代後期～明治時代の会津藩士。

¶全幕([生]天保11(1840)年　[没]明治10(1877)年)

長尾景誠　ながおかげしげ

⇒長尾景誠(ながおかげまさ)

長尾景弼　ながおかげすけ

*～明治28(1895)年2月6日　江戸時代後期～明治時代の博聞社創業者。

¶出版([生]?),幕末([生]天保10(1839)年)

長尾景忠*　ながおかげただ

生没年不詳　南北朝時代の武将、越後・上野守護代。

¶室町

長尾景福*　ながおかげとみ

生没年不詳　江戸時代後期の和算家。

¶数学

長尾景虎　ながおかげとら

⇒上杉謙信(うえすぎけんしん)

長尾景仲*　ながおかげなか

元中5/嘉慶2(1388)年～寛正4(1463)年　室町時代の武将。山内上杉氏家臣、武蔵・上野守護代。

¶コン,内乱([生]嘉慶2(1388)年),室町([生]嘉慶2/元中5(1388)年)

長尾景長*　ながおかげなが

大永7(1527)年～永禄12(1569)年　[別]長尾当長(ながおまさなが)　戦国時代の武将。

¶コン([生]?),全戦,戦武

長尾景信*　ながおかげのぶ

応永20(1413)年～文明5(1473)年　室町時代の武将。

¶室町

長尾景春*　ながおかげはる

嘉吉3(1443)年～永正11(1514)年8月24日　室町時代～戦国時代の武将。上野白井城城主、白井長尾氏の当主。

¶コン,全戦,内乱,室町

長尾景英*　ながおかげひで

文明11(1479)年～大永7(1527)年12月5日　戦国時代の武将。

¶全戦

長尾景凞*(長尾景煕)　ながおかげひろ

生没年不詳　鎌倉時代後期の武士。

¶コン

長尾景総*　ながおかげふさ

生没年不詳　戦国時代の人。総社系高津長尾。

¶全戦

長尾景誠*　ながおかげまさ

永正4(1507)年～享禄1(1528)年1月24日　[別]長尾景誠(ながおかげしげ)　戦国時代の武将。

¶全戦(ながおかげしげ)

長岡謙吉*　ながおかけんきち

天保5(1834)年～明治5(1872)年　江戸時代末期～明治時代の医師、官吏、海援隊隊長、三河県知事。海援隊に加入、通信事務を一手に引き受け、坂本発案の「船中八策」を成文化。

¶コン,全幕,幕末([没]明治5(1872)年6月11日)

長岡監物*　ながおかけんもつ

文化10(1813)年～安政6(1859)年　[別]米田監物(こめだけんもつ),米田是容(こめだこれかた),長岡是容(ながおかこれかた)　江戸時代末期の肥後熊本藩家老。本姓米田、名は是容、通称源三郎。

¶コン([生]文化9(1812)年),全幕(米田是容　こめだこれかた),幕末(長岡是容　ながおかこれかた　[生]文化10(1813)年2月11日　[没]安政6(1859)年8月10日)

長岡監物是季　ながおかけんもつこれすえ

安土桃山時代～江戸時代前期の武士。米田助右衛門是政の長男。

¶大坂([生]天正14年11月28日　[没]万治1年1月8日)

長岡古庵　ながおかこあん

江戸時代前期の武士。大坂の陣で籠城。

¶大坂

中尾我黒　なかおがこく

⇒我黒(がこく)

長岡是容　ながおかこれかた

⇒長岡監物(ながおかけんもつ)

長岡治三郎　ながおかじさぶろう

江戸時代後期～明治時代の大村藩士。

¶幕末([生]天保10(1839)年　[没]明治24(1891)年11月6日)

中岡慎太郎*　なかおかしんたろう

天保9(1838)年～慶応3(1867)年　[別]石川清之助(いしかわせいのすけ)　江戸時代末期の尊攘・討幕派志士、土佐藩郷士。倒幕運動に邁進したが、坂本竜馬とともに暗殺された。

¶江人,コン,全幕,幕末([没]慶応3(1867)年11月17日),山小([生]1838年4月　[没]1867年11月17日)

長岡住右衛門〔1代〕*　ながおかすみえもん

宝暦7(1757)年～文政12(1829)年　江戸時代後期の出雲楽山の陶工。

¶美工([没]文政12(1829)年8月10日)

長岡住右衛門〔2代〕*　ながおかすみえもん

?～安政6(1859)年　[別]空斎(くうさい)　江戸時代末期の出雲楽山の陶工。

¶美工([没]安政6(1859)年6月22日)

長岡住右衛門〔3代〕　ながおかすみえもん

江戸時代末期～明治時代の陶工。

¶美工([没]明治26(1893)年11月17日)

長岡桃嶺*　ながおかとうれい

宝暦12(1762)年～嘉永2(1849)年　江戸時代後期の兵法家。

¶コン

長岡岡成　ながおかのおかなり

⇒長岡岡成(ながおかおかなり)

永岡久茂*　ながおかひさしげ

*～明治10(1877)年1月12日　江戸時代末期～明治時代の会津藩士。薩長の藩閥政府を攻撃、挙兵を計画中、捕らわれ牢死。

なかおか

永岡久与の妻 ながおかひさよのつま★
江戸時代中期の女性。和歌。出雲松江の末次神社神職永岡久与の妻。正徳1年跋、勝部芳房編『佐陀大社奉納神始言吹草』に載る。
¶江表（永岡久与の妻（島根県））

長岡藤孝 ながおかふじたか
⇒細川幽斎（ほそかわゆうさい）

中岡黙* なかおかもく
弘化4（1847）年5月13日〜大正14（1925）年12月9日 江戸時代末期〜明治時代の陸軍少将、岡山藩陪臣。西南戦争従軍。岡山県武学生養成会を組織、後進の指導。
¶幕末

長岡護美 ながおかもりよし
江戸時代後期〜明治時代の武士、外交官。第12代肥後藩主細川斉護の六男。熊本藩大参事。
¶全幕（㊛天保13（1842）年 ㊔明治39（1906）年）

永岡良周 なかおかよしちか
江戸時代後期の和算家。
¶数学

長尾邦景* ながおくにかげ
？〜宝徳2（1450）年　室町時代の武将。
¶室町

中尾源太郎* なかおげんたろう
？〜天正10（1582）年6月2日　戦国時代〜安土桃山時代の織田信長の家臣。
¶織田

永長知棟 なかおさともむね
江戸時代後期〜末期の和算家。
¶数学（㊛文化3（1806）年 ㊔安政5（1858）年11月22日）

中尾静摩* なかおしずま
文政5（1822）年〜明治38（1905）年　江戸時代末期〜明治時代の武士、政治家。
¶幕末（㊛文政5（1822）年3月1日 ㊔明治38（1905）年2月12日）

仲尾次政隆* なかおしせいりゅう
尚灝7（1810）年〜尚泰24（1871）年　江戸時代後期〜明治時代の琉球の官吏。
¶コン（㊛文化7（1810）年 ㊔明治4（1871）年）、幕末（㊛文化7（1810）年5月11日 ㊔明治4（1871）年7月8日）

長尾秋水* ながおしゅうすい
安永8（1779）年〜文久3（1863）年　江戸時代後期の越後村上藩士。
¶詩作（㊛文久3（1863）年3月18日）、幕末（㊔文久3（1863）年3月18日）

長尾常閑 ながおじょうかん
⇒三好吉房（みよしよしふさ）

中尾新左衛門* なかおしんざえもん
生没年不詳　安土桃山時代の武士。豊臣氏家臣。
¶織田

中尾斉政* なかおせいせい
生没年不詳　㊚中尾斎政、中尾斉政（なかおなりまさ）　江戸時代中期の算家。
¶数学（中尾斎政　なかおなりまさ）

中尾宗言 なかおそうげん
⇒中尾宗言（なかおそうごん）

中尾宗言* なかおそうごん
生没年不詳　㊚中尾宗言（なかおそうげん）　江戸時代中期の表具師、茶人。
¶美工（なかおそうげん）

長尾高景* ながおたかかげ
？〜元中6/康応1（1389）年　南北朝時代の武将。
¶室町（㊛元弘3（1333）年）

長尾忠景* ながおただかげ
？〜文亀1（1501）年閏6月25日　戦国時代の武将。
¶室町

長尾忠政* ながおただまさ
生没年不詳　室町時代の武将。
¶内乱（㊛？ ㊔宝徳2（1450）年）

長尾為景* ながおためかげ
戦国時代の武将、越後守護代。
¶コン（㊛？ ㊔天文5（1536/1542）年）、全戦（㊛天文11（1542）年）、戦武（㊛文明3（1471）年 ㊔天文11（1542）年？）、中世（㊛？ ㊔1542年）、室町（㊛？ ㊔天文5（1536）年）

長尾輝景* ながおてるかげ
生没年不詳　戦国時代の上野国衆。
¶後北（輝景〔長尾（2）〕　てるかげ）、全戦

中尾斎政（中尾斉政） なかおなりまさ
⇒中尾斉政（なかおせいせい）

中尾能阿 なかおのうあ
⇒能阿弥（のうあみ）

仲雄王 なかおのおおきみ
⇒仲雄王（なかおおう）

長尾金村 ながおのかねむら
奈良時代の官人。
¶古人（生没年不詳）

長尾憲景* ながおのりかげ
永正8（1511）年〜天正11（1583）年　戦国時代〜安土桃山時代の武将。
¶後北（憲景〔長尾（2）〕　のりかげ ㊔天正12年4月2日）、全戦（生没年不詳）、武田（㊔天正12（1584）年4月2日？）

長尾憲長* ながおのりなが
文亀3（1503）年〜天文19（1550）年　戦国時代の武士。
¶後北（憲長〔長尾（1）〕　のりなが ㊔天文19年3月）、コン、全戦

長尾初太郎* ながおはつたろう
文政6（1823）年〜明治22（1889）年1月11日　江戸時代末期〜明治時代の船乗り。遭難中黒船に救助。「亜墨新話」四巻を書く。
¶幕末

長尾晴景* ながおはるかげ
？〜天文22（1553）年　戦国時代の武将。
¶全戦、戦武（㊛永正6（1509）年）、室町

長尾房長* ながおふさなが
生没年不詳　戦国時代の武士。長尾氏当主。
¶全戦（㊛？ ㊔天文21（1552）年）

中尾平七* なかおへいしち
文化3(1806)年～明治23(1890)年　江戸時代末期～明治時代の実業家、公益事業家。水田開発、険しい山道を開き道の新設など尽力。
¶幕末([没]明治23(1890)年7月3日)

長尾孫三郎* ながおまごさぶろう
天保2(1831)年～明治30(1897)年　江戸時代末期～明治時代の郷士。剣術指導役、海防小頭などつとめる。
¶幕末([没]明治30(1897)年1月30日)

長尾政景*(1) ながおまさかげ
？～永禄7(1564)年　戦国時代の武将。
¶コン,全戦,戦武([生]大永6(1526)年)

長尾政景(2) ながおまさかげ
安土桃山時代の国衆。北条氏直に属した。憲景の二男。景広。鳥房丸・権四郎。
¶後北(政景〔長尾(2)〕　まさかげ)

長尾政景室 ながおまさかげしつ
⇒仙桃院(せんとういん)

長尾政虎 ながおまさとら
⇒上杉謙信(うえすぎけんしん)

長尾当長 ながおまさなが
⇒長尾景長(ながおかげなが)

長尾増平* ながおますへい
文政10(1827)年～明治36(1903)年　江戸時代末期～明治時代の毛利能登臣、開拓家。厚狭川河口梶浦開拓を完成、土手決潰で三年間流刑。
¶幕末([没]明治36(1903)年2月)

長尾行直* ながおゆきなお
文政12(1829)年～明治9(1876)年　江戸時代末期～明治時代の徒士。戊辰戦争参加。井ノ口村戸長の時もめ事があり自害。
¶幕末([没]明治9(1876)年9月25日)

長尾能景* ながおよしかげ
*～永正3(1506)年　戦国時代の武将。越後国守護代。
¶コン([生]長禄3(1459)年),室町([生]？)

中尾米吉* なかおよねきち
天保9(1838)年～明治29(1896)年　江戸時代末期～明治時代の陶工。筑後二川焼を再興し弓野風の作品を制作。
¶美工([没]明治29(1896)年6月)

長尾立堂* ながおりつどう
天保9(1838)年～明治23(1890)年　江戸時代末期～明治時代の伊予宇和島藩士。
¶幕末([没]明治23(1890)年8月24日)

中垣謙斎* なかがきけんさい
文化2(1805)年～明治9(1876)年　江戸時代末期～明治時代の小田原藩士、小田原藩少参事。勤王恭順を建言し、藩論をその方向に導く。私塾謙塾を経営。
¶コン,幕末([生]文化2(1805)年5月29日　[没]明治9(1876)年6月1日)

長我忠永 ながのただなが
平安時代中期の官人。
¶古人(生没年不詳)

中神琴渓* なかがみきんけい
延享1(1744)年～天保4(1833)年　江戸時代中期～後期の医師。
¶科学([生]寛保3(1743)年　[没]天保4(1833)年8月4日),コン([生]寛保3(1743)年)

中川安孫 なかがわあんそん
江戸時代前期の代官。
¶徳代(生没年不詳)

中川宇右衛門* なかがわうえもん
文化2(1805)年～慶応1(1865)年　[別]中川右衛門,中川宇右衛門(なかがわうえもん)　江戸時代末期の長州(萩)藩士。
¶幕末(なかがわうえもん　[没]慶応1(1865)年閏5月28日)

中川右衛門(中川宇右衛門) なかがわうえもん
⇒中川宇右衛門(なかがわうえもん)

中川乙由 なかがわおつゆう
⇒乙由(おつゆう)

中川寛* なかがわかん
文政12(1829)年～明治38(1905)年　[別]中川寛(なかがわひろし)　江戸時代末期～明治時代の神職。
¶幕末

中川喜雲 なかがわきうん
⇒喜雲(きうん)

中川九右衛門 なかがわきゅうえもん
江戸時代前期の代官。
¶徳代(生没年不詳)

中川漁村 なかがわぎょそん
⇒中川禄郎(なかがわろくろう)

中川清治 なかがわきよはる
江戸時代前期～中期の幕臣。
¶徳人([生]1673年　[没]1739年)

中川清秀* なかがわきよひで
天文11(1542)年～天正11(1583)年　[別]中川瀬兵衛(なかがわせべえ)　安土桃山時代の武将、中川重清の子。
¶織田([没]天正11(1583)年4月20日),コン,全戦,戦武

中川金右衛門* なかがわきんえもん
生没年不詳　安土桃山時代の織田信長の家臣。
¶織田

中川検校〔1代〕 なかがわけんぎょう
⇒津山検校〔1代〕(つやまけんぎょう)

中川源兵衛 なかがわげんべえ
江戸時代中期の幕臣。
¶徳人([生]1736年　[没]？)

中川耕山 なかがわこうざん
江戸時代後期～明治時代の銅版彫刻家。
¶美工([生]嘉永3(1850)年　[没]明治32(1899)年8月18日)

中川小次郎* なかがわこじろう
嘉永1(1848)年～？　江戸時代後期～末期の新撰組隊士。
¶新隊

中川五郎治* なかがわごろうじ
明和5(1768)年～嘉永1(1848)年9月27日　江戸時代後期の漁民。1807年ロシアに連行される。
¶科学,コン([没]嘉永1(1848年/1856)年)

中川重政* なかがわしげまさ
生没年不詳 [別]織田駿河守(おだするがのかみ),中川土玄(なかがわどげん) 戦国時代の武士。織田氏家臣。
¶織田,全戦

中川氏の老母 なかがわしのろうぼ★
江戸時代前期の女性。儒学・書簡。上月氏。正保3年に藤樹に送った書簡がある。
¶江表(中川氏の老母(愛媛県))

中川四明 なかがわしめい
江戸時代後期～大正時代の俳人。
¶俳文([生]嘉永2(1849)年2月2日 [没]大正6(1917)年5月16日)

中川淳庵* なかがわじゅんあん
元文4(1739)年～天明6(1786)年6月7日 [別]中川淳庵(なかがわじゅんなん) 江戸時代中期の蘭方医、本草学者。
¶江人,科学,コン,植物,対外(なかがわじゅんなん),山小([没]1786年6月7日)

中川淳庵 なかがわじゅんなん
⇒中川淳庵(なかがわじゅんあん)

中川紹益〔1代〕* なかがわじょうえき,なかがわしょうえき
永禄2(1559)年～元和8(1622)年 安土桃山時代～江戸時代前期の鋳金工。
¶コン(代数なし なかがわしょうえき),美工

中川浄益〔6代〕 なかがわじょうえき
江戸時代中期～後期の金物師。
¶美工([生]明和3(1766)年 [没]天保4(1833)年)

中川紹益〔7代〕*(中川浄益〔7代〕) なかがわしょうえき,なかがわじょうえき
寛政8(1796)年～安政6(1859)年 江戸時代末期の金物師、千家十職の一家。
¶美工(中川浄益〔7代〕 なかがわじょうえき)

中川濁子* なかがわじょくし
生没年不詳 [別]濁子(じょくし) 江戸時代中期の俳人(蕉門)。
¶俳文(濁子 じょくし)

中川信輔* なかがわしんすけ
江戸時代末期の銅版画家。
¶美画(生没年不詳)

中川審六郎* なかがわしんろくろう
弘化3(1846)年～明治39(1906)年 江戸時代末期～明治時代の紀州藩士。陸軍少佐、和歌山県参事官などつとめる。
¶幕末([没]明治39(1906)年9月13日)

中川駿河守* なかがわするがのかみ
生没年不詳 安土桃山時代の織田信長の家臣。
¶織田

中川栖山* なかがわせいざん
文政8(1825)年～明治4(1871)年 江戸時代末期～明治時代の実業家。藩主による尊攘派処分で隠居謹慎処分。岡物産会社設立、輸出事業で活躍。
¶幕末([没]明治4(1871)年4月10日)

中川瀬兵衛 なかがわせべえ
⇒中川清秀(なかがわきよひで)

中川宗瑞* なかがわそうずい
貞享2(1685)年～延享1(1744)年 [別]宗瑞,宗瑞〔1代〕(そうずい) 江戸時代中期の俳人。号は風葉、白兎園。
¶コン,俳文(宗瑞〔1世〕 そうずい [生]? [没]延享1(1744)年7月30日)

中川忠勝* なかがわただかつ
?～寛永6(1629)年 江戸時代前期の武士。織田氏家臣、豊臣氏家臣。
¶徳人

中川忠英* なかがわただてる
宝暦3(1753)年～天保1(1830)年9月 江戸時代中期～後期の旗本。
¶コン,徳人,徳代([生]宝暦1(1751)年 [没]文政13(1830)年9月)

中川忠道 なかがわただみち
江戸時代後期～末期の幕臣。
¶徳人(生没年不詳)

中川主税 なかがわちから
安土桃山時代の代官。
¶徳代([生]? [没]慶長8(1603)年)

中川忠潔 なかがわちゅうけつ
江戸時代末期の佐渡奉行、作事奉行。
¶徳代([生]? [没]安政4(1857)年11月6日)

中川対馬* なかがわつしま
天保2(1831)年～? 江戸時代末期～明治時代の非蔵人。
¶幕末

中川経林 なかがわつねしげ
⇒荒木田経林(あらきだつねしげ)

中川経高* なかがわつねたか
元文1(1736)年～文化7(1810)年10月22日 江戸時代中期～後期の神職。
¶公家(経高〔伊勢内宮禰宜 荒木田氏〕 つねたか)

中川経雅 なかがわつねただ
⇒荒木田経雅(あらきだつねただ)

中川経晃の妻 なかがわつねてるのつま★
江戸時代中期の女性。和歌。伊勢内宮の禰宜中川経晃は、享保5年2月の「月次和歌集」の巻頭を飾り、妻は唯一の女性として2首入集する。
¶江表(中川経晃の妻(三重県))

中川経豊 なかがわつねとよ
⇒荒木田経豊(あらきだつねとよ)

中川経美 なかがわつねはる
⇒荒木田経美(あらきだつねよし)

中川経冬 なかがわつねふゆ
⇒荒木田経冬(あらきだつねふゆ)

中川経雅 なかがわつねまさ
⇒荒木田経雅(あらきだつねただ)

中川経盛 なかがわつねもり
⇒荒木田経盛(あらきだつねもり)

中川土玄 なかがわどげん
⇒中川重政(なかがわしげまさ)

中川直江の母 なかがわなおえのはは★
江戸時代後期の女性。書簡。徳島藩士中川直江の

母。「松平阿波守殿臣中川氏母其子に与へし文の写」の奥書には文化13年に旗本伊藤忠満蔵書より写したとある。
¶江表(中川直江の母(徳島県))

中川直行 なかがわなおゆき
江戸時代前期～中期の代官。
¶徳代([生]万治3(1660)年 [没]享保7(1722)年9月24日)

中川成慶 なかがわなりよし
江戸時代前期～中期の幕臣。
¶徳人([生]1663年 [没]1721年)

中川二作* なかがわにさく
嘉永3(1850)年～明治39(1906)年 江戸時代末期～明治時代の陶画工。白磁彩描、泥金描など案出。画工組合組織化に尽力。
¶美工

中川宮朝彦親王 なかがわのみやあさひこしんのう
⇒朝彦親王(あさひこしんのう)

中川梅縁* なかがわばいえん
享和1(1801)年～安政5(1858)年 江戸時代末期の画家。
¶美画

中川麦浪* なかがわばくろう
？～明和5(1768)年 [別]麦浪(ばくろう) 江戸時代中期の俳人。
¶俳文(麦浪 ばくろう [没]明和5(1768)年8月)

中川隼人 なかがわはやと
安土桃山時代～江戸時代前期の大野治長の家臣。
¶大坂([没]慶長20年5月7日)

中川久昭* なかがわひさあき
文政3(1820)年～明治22(1889)年 江戸時代後期～明治時代の大名。
¶全幕,幕末([生]文政3(1820)年4月4日 [没]明治22(1889)年11月30日)

中川久清* なかがわひさきよ
元和1(1615)年～天和1(1681)年 江戸時代前期の大名。豊後岡藩主。
¶コン

中川久煕 なかがわひさひろ
江戸時代後期～明治時代の豊後岡藩家老。
¶全幕([生]文政8(1825)年 [没]明治4(1871)年)

中川久盛室* なかがわひさもりのしつ
？～元禄2(1689)年2月25日 江戸時代前期～中期の女性。「伊香保記」の著者。
¶江表(光顕院(大分県) [生]慶長7(1602)年)

中川秀時 なかがわひでとき
江戸時代前期の代官。
¶徳代([生]？ [没]天和2(1682)年11月21日)

中川秀政* なかがわひでまさ
永禄12(1569)年～文禄2(1593)年 安土桃山時代の武将。清秀の長男。
¶織田([没]文禄2(1593)年10月24日),コン

中川寛 なかがわひろし
⇒中川寛(なかがわかん)

中川弥次右衛門時宗 なかがわやじえもんときむね
江戸時代前期の豊臣秀吉・徳川頼宣の家臣。
¶大坂([没]正保1年9月7日)

中川横太郎* なかがわよこたろう
天保7(1836)年～明治36(1903)年4月15日 江戸時代末期～明治時代の社会事業家。小学校の新設、岡山県医学校の設立などに尽力。
¶幕末

中河原弥右衛門 なかがわらやえもん
戦国時代の信濃国伊那郡の細工職人頭か。
¶武田(生没年不詳)

中川立庵* なかがわりゅうあん
文化4(1807)年～明治14(1881)年 江戸時代末期～明治時代の医師。吉田松陰や勤王の志士と交わる。
¶幕末([没]明治14(1881)年11月)

中川禄左衛門* なかがわろくざえもん
天保5(1834)年～大正4(1915)年 江戸時代末期～大正時代の郷士。山陰道鎮撫総督西園寺公望を護衛。
¶幕末([生]天保5(1834)年5月11日 [没]大正4(1915)年12月5日)

中川禄郎* なかがわろくろう
寛政8(1796)年～安政1(1854)年 [別]中川漁村(なかがわぎょそん) 江戸時代末期の近江彦根藩士。
¶幕末([没]安政1(1855)年12月2日)

仲祇徳〔2代〕* なかぎとく
享保13(1728)年～安永8(1779)年 [別]祇徳〔2代〕(ぎとく) 江戸時代中期の俳人。
¶俳文(祇徳〔2世〕 ぎとく [没]安永8(1779)年9月1日)

仲木直次郎* なかぎなおじろう
文政11(1828)年～慶応2(1866)年 [別]仲木直太郎(なかぎなおたろう) 江戸時代末期の長州(萩)藩御膳夫、浩武隊士。
¶幕末([没]慶応2(1866)年6月19日)

仲木直太郎 なかぎなおたろう
⇒仲木直次郎(なかぎなおじろう)

長久保赤水* ながくぼせきすい
享保2(1717)年～享和1(1801)年 江戸時代中期～後期の地図作者。農民出身の儒者。
¶江人,コン,地理,徳将,山小([生]1717年11月6日 [没]1801年7月23日)

永倉新八* ながくらしんぱち
天保10(1839)年～大正4(1915)年1月5日 江戸時代末期～明治時代の新撰組隊士。新撰組副長助勤二番隊組長として活躍。維新後小樽で余生を送る。
¶新隊([生]天保10(1839)年9月12日),全幕,徳人,幕末([生]天保10(1839)年4月11日)

長倉祐有 ながくらすけなお
戦国時代の武将。
¶戦武([生]？ [没]天文10(1541)年？)

なか子(1) なかこ★
江戸時代後期の女性。和歌。米山五郎兵衛の妻。天保12年刊、加納諸平編『類題鰒玉集』四に載る。
¶江表(なか子(東京都))

なか子(2) なかこ★
江戸時代末期の女性。和歌。佐藤弥右衛門の娘。慶応3年刊、猿渡容盛編『類題新竹集』に載る。
¶江表(なか子(埼玉県))

なか子(3) なかこ★
江戸時代末期の女性。和歌。石見木部村の岡熊臣

な

なかこ

の妻。夫熊臣は安政6年跋、高階惟昌編『国学人物志』に名が載る。
¶江表（なか子（島根県））

なか子(4) なかこ*
江戸時代末期の女性。和歌。豊前中津藩士島津礼の妻。文久3年刊、関橋守編『耳順賀集』に載る。
¶江表（なか子（大分県））

央子 なかこ
江戸時代末期の女性。和歌。本多氏。安政7年跋、蜂屋光世編『大江戸倭歌集』に載る。
¶江表（央子（東京都））

中子 なかこ*
江戸時代後期の女性。狂歌。一の宮の人。文政11年刊、六樹園堂編『三才花百首』に載る。
¶江表（中子（群馬県））

仲子(1) なかこ
江戸時代中期の女性。和歌・書。安芸竹原の浜庄屋で俳人道工景房の娘。
¶江表（仲子（広島県）） ㊐享保10(1725)年 ㊣宝暦12(1762)年

仲子(2) なかこ
江戸時代中期～後期の女性。和歌。筑前山鹿村の神官波多野飛騨守庸成の娘。
¶江表（仲子（福岡県）） ㊐明和5(1768)年 ㊣弘化4(1847)年

仲子(3) なかこ
江戸時代後期～明治時代の女性。教育・和歌。大館の漢詩人二階堂竹迢の娘。
¶江表（仲子（秋田県）） ㊐天保9(1838)年 ㊣明治34(1901)年

仲子(4) なかこ
江戸時代末期の女性。和歌。塩屋十兵衛の母。天保11年成立「鷲見家短冊帖」に載る。
¶江表（仲子（鳥取県））

仲子(5) なかこ*
江戸時代後期の女性。心学・和歌。林氏。矢口来応の妻。
¶江表（仲子（広島県）） ㊐寛政2(1790)年 ㊣弘化3(1846)年

仲子(6) なかこ*
江戸時代末期の女性。和歌。今村氏。安政4年序、富永芳久編『丁巳出雲国五十歌撰』に載る。
¶江表（仲子（島根県））

仲子(7) なかこ*
江戸時代末期の女性。和歌。松山の三津屋五郎兵衛の娘。嘉永7年序、海野遊翁編『類題現存歌選』三に載る。
¶江表（仲子（愛媛県））

仲子(8) なかこ
江戸時代末期の女性。和歌。大洲藩藩士由比道治の母。安政1年序、半井梧庵編『鄙のてぶり』初に載る。
¶江表（仲子（愛媛県））

奈加子 なかこ*
江戸時代後期の女性。和歌。筑前山鹿村の庄屋瓜生藤吉郎吉保の娘。夫は秋枝広温といく子夫妻の養嗣子で天保6年に亡くなる。
¶江表（奈加子（福岡県））

那可子 なかこ*
江戸時代後期の女性。和歌。愛宕下藪小路住の奥医師津軽意伯健寿の娘。文化5年頃、真田幸弘編「御ことはきの記」に載る。
¶江表（那可子（東京都））

那賀子 なかこ*
江戸時代末期の女性。和歌。長野氏。慶応3年刊、猿渡容盛編『類題新竹葉』に載る。
¶江表（那賀子（埼玉県））

南歌子 なかこ
江戸時代末期の女性。和歌。因幡鳥取の米問屋大谷文次郎の母。安政3年刊、中島宜門編『類題稲草集』に載る。
¶江表（南歌子（鳥取県））

半子 なかこ*
江戸時代中期の女性。和歌。棚倉藩の奥女中。宝暦12年刊、村上影面編『続采藻編』に載る。
¶江表（半子（福島県））

長越宮内左衛門 ながこしくないざえもん
安土桃山時代の信濃国筑摩郡会田の土豪。
¶武田（生没年不詳）

長越木工助 ながこしもくのすけ
安土桃山時代の信濃国筑摩郡会田の土豪。
¶武田（生没年不詳）

班子女王 なかこじょおう
⇒班子女王（はんしじょおう）

永子女王 ながこじょおう
⇒永子女王（ながこにょおう）

掲子内親王 ながこないしんのう
⇒掲子内親王（けいしないしんのう）

長子内親王* ながこないしんのう
？～延喜22(922)年 平安時代中期の女性。陽成天皇の皇女。
¶古人

良子内親王* ながこないしんのう
長元2(1029)年～承保4(1077)年 ㊣良子内親王（よしこないしんのう，りょうしないしんのう）
平安時代中期～後期の女性。後朱雀天皇の第1皇女。
¶古人（よしこないしんのう），天皇（りょうし・よしこないしんのう） ㊣承暦1(1077)年8月26日

脩子内親王 ながこないしんのう
⇒脩子内親王（しゅうしないしんのう）

永子女王* ながこにょおう
㊞永子女王（ながこじょおう） 平安時代中期の花山天皇の皇孫女、清仁親王の王女。
¶古人（ながこじょおう 生没年不詳）

那珂梧楼* なかごろう
文政10(1827)年～明治12(1879)年5月1日 ㊞安積五郎（あさかごろう），江鷗五郎（えはたごろう），江緒五郎（えばしごろう，えばたごろう），国分五郎（こくぶごろう），那珂通高（なかみちたか）
江戸時代末期～明治時代の陸奥南部藩士、陸奥盛岡藩校の教授。
¶コン（那珂通高 なかみちたか），全幕（江緒五郎 えはたごろう），幕末

長坂勝繁 ながさかかつしげ
安土桃山時代の武田義信の側近。

¶武田（㋑？　㋐永禄8（1565）年10月？）

長坂十左衛門尉　ながさかじゅうざえもんのじょう
安土桃山時代の甲府在住の秤職人。
¶武田（生没年不詳）

永坂周二　ながさかしゅうじ
江戸時代後期〜大正時代の医師。
¶詩作（㋑弘化2（1845）年　㋐大正13（1924）年）

長坂庄兵衛*　ながさかしょうべえ
文政9（1826）年〜元治1（1864）年　江戸時代末期の土木事業家。
¶幕末

長坂信近　ながさかしんきん
江戸時代後期〜明治時代の代官、倉敷県判県事。
¶徳代（㋑文化6（1809）年　㋐？）

長坂助一郎*　ながさかすけいちろう
生没年不詳　安土桃山時代の織田信長の家臣。
¶織田

長坂善七郎　ながさかぜんしちろう
戦国時代〜安土桃山時代の武田家の御用商人。秤座商人。
¶武田（生没年不詳）

長坂長閑*〔長坂釣閑〕　ながさかちょうかん
？〜天正10（1582）年　㋕長坂虎房（ながさかとらふさ），長坂光堅（ながさかみつかた）　安土桃山時代の武将、左衛門尉。
¶コン（長坂釣閑），全戦（長坂虎房　ながさかとらふさ），武田（長坂虎房　ながさかとらふさ　㋐天正10（1582）年3月）

長坂虎房　ながさかとらふさ
⇒長坂長閑（ながさかちょうかん）

長坂信次　ながさかのぶつぎ
安土桃山時代〜江戸時代前期の幕臣。
¶徳人（㋑1584年　㋐1646年）

長坂矩貞　ながさかのりさだ
江戸時代中期の幕臣。
¶徳人（㋑1695年　㋐1752年）

長坂昌国*　ながさかまさくに
生没年不詳　戦国時代の甲斐武田晴信・勝頼の家臣。
¶全戦，武田（㋑？　㋐天正10（1582）年3月）

長坂昌春　ながさかまさはる
安土桃山時代の武田氏の家臣。
¶武田（生没年不詳）

長坂光堅　ながさかみつかた
⇒長坂長閑（ながさかちょうかん）

長坂基隆　ながさかもとたか
江戸時代前期〜中期の幕臣。
¶徳人（㋑1642年　㋐1724年）

長崎円喜　ながさきえんき
⇒長崎高綱（ながさきたかつな）

長崎奇山*　ながさききざん
寛政10（1798）年〜慶応2（1866）年　江戸時代末期の能吏、漢詩人。
¶幕末（㋐慶応2（1866）年10月24日）

長崎次郎　ながさきじろう
江戸時代後期〜大正時代の長崎次郎書店創立者。
¶出版（㋑天保15（1844）年7月21日　㋐大正2（1913）年10月25日）

長崎高貞*　ながさきたかさだ
？〜建武1（1334）年　鎌倉時代後期の得宗被官、四郎左衛門尉。
¶コン，内乱

長崎高資*　ながさきたかすけ
？〜元弘3/正慶2（1333）年　鎌倉時代後期の得宗被官、父は高綱、新左衛門尉、四郎左衛門尉。
¶コン，中世，内乱（㋐正慶2/元弘3（1333）年？），室町（㋐正慶2/元弘3（1333）年），山小（㋐1333年5月22日）

長崎高綱*　ながさきたかつな
？〜元弘3/正慶2（1333）年5月22日　㋕長崎円喜（ながさきえんき）　鎌倉時代後期の得宗被官、父は光綱、三郎左衛門尉。
¶コン（㋐正慶2/元弘3（1333）年），中世，山小（㋐1333年5月22日）

長崎直五郎*　ながさきなおごろう
嘉永2（1849）年〜明治10（1877）年　江戸時代末期〜明治時代の鹿児島県士族。少尉、中尉。西南戦争で田原坂で戦死。
¶幕末（㋐明治10（1877）年3月18日）

長崎村の茂右衛門　ながさきむらのもえもん
⇒長崎村茂右衛門（ながさきむらもえもん）

長崎村茂右衛門*　ながさきむらもえもん
？〜万延1（1860）年10月18日　㋕長崎村の茂右衛門（ながさきむらのもえもん），長崎茂右衛門（ながさきもえもん）　江戸時代末期の長崎村茂右衛門騒動の指導者。
¶幕末（長崎村の茂右衛門　ながさきむらのもえもん）

長崎茂右衛門　ながさきもえもん
⇒長崎村茂右衛門（ながさきむらもえもん）

長崎元貴　ながさきもとたか
江戸時代中期の幕臣。
¶徳人（㋑1764年　㋐？）

長崎路源の妻*　ながさきろげんのつま*
江戸時代中期の女性。和歌。河内植村の人。明和8年刊、佐々木泉明編『一人一首短冊篇』坤に載る。
¶江表（長崎路源の妻（大阪府））

長狭常伴*　ながさつねとも
？〜治承4（1180）年　㋕長狭六郎常伴（ながさのろくろうつねとも）　平安時代後期の武士。
¶古人

中里忠央　なかさとただなか
江戸時代後期の和算家。栃木小俣の人。文化11年算額を奉納。
¶数学

中里太郎右衛門〔1代〕*　なかざとたろうえもん
生没年不詳　江戸時代前期の唐津焼の陶工。
¶美工

長狭六郎常伴　ながさのろくろうつねとも
⇒長狭常伴（ながさつねとも）

長沢　ながさわ*
江戸時代中期の女性。和歌。仙台藩一門伊達村倫家の奥女中。安永3年成立「田村村隆母公六十賀祝

賀歌集」に載る。
¶江表（長沢（宮城県））

中沢浅之丞*　なかざわあさのじょう
*〜宝暦13（1763）年　[別]夫神村浅之丞（おがみむらあさのじょう）　江戸時代中期の義民。信濃小県郡夫神村生まれ。
¶コン（夫神村浅之丞　おがみむらあさのじょう　[生]宝永2（1705）年？）

長沢市介*　ながさわいちすけ，ながざわいちすけ
？〜天正1（1573）年　戦国時代の神主・神官。
¶織田（[没]天正1（1573）年3月26日）

長沢鼎　ながさわかなえ
⇒磯永彦助（いそながひこすけ）

中沢清盈　なかざわきよみつ
江戸時代後期〜末期の幕臣。
¶徳人（生没年不詳）

長沢金太郎*　ながさわきんたろう
文政3（1820）年〜明治1（1868）年　[別]長沢赤城（ながさわせきじょう）　江戸時代末期の越後長岡藩士。
¶幕末（[生]文政2（1819）年　[没]明治1（1868）年9月8日）

長沢綱吉　ながさわこうきち
江戸時代後期〜末期の砲術家。
¶幕末（[生]天保1（1830）年　[没]安政5（1858）年9月24日）

長沢左太郎　ながさわさたろう
江戸時代前期の後藤又兵衛の近侍。長沢七右衛門の子。大坂城に籠る。『長沢聞書』を書いた。
¶大坂

長沢佐仲　ながさわさちゅう
眼科医。
¶眼医（生没年不詳）

長沢七右衛門重綱　ながさわしちえもんしげつな
江戸時代前期の前田玄以の家臣。後に牢人。
¶大坂（[没]慶長20年5月6日）

長沢十大夫　ながさわじゅうだゆう
江戸時代前期の武士。大坂の陣で籠城。
¶大坂

中沢四郎右衛門尉　なかざわしろうえもんのじょう
安土桃山時代の甲府近郷の大工職人。
¶武田（生没年不詳）

長沢資親*　ながさわすけちか
天和1（1681）年〜寛延3（1750）年5月22日　江戸時代前期〜中期の幕臣。
¶徳人

中沢清二郎　なかざわせいじろう
安土桃山時代の信濃国筑摩郡麻績北条の土豪。
¶武田（生没年不詳）

長沢赤城　ながさわせきじょう
⇒長沢金太郎（ながさわきんたろう）

長沢武雄*　ながさわたけお
弘化1（1844）年〜？　江戸時代後期〜末期の新撰組隊士。
¶新隊

中沢務*　なかざわつとむ
弘化2（1845）年〜大正4（1915）年8月23日　江戸時代後期〜明治時代の新撰組隊士。
¶新隊

中沢道二　なかざわどうじ
⇒中沢道二（なかざわどうに）

中沢道二*　なかざわどうに
享保10（1725）年〜享和3（1803）年6月11日　[別]中沢道二（なかざわどうじ）　江戸時代中期〜後期の石門心学者。
¶江人，コン，思想，山小（[生]1725年8月15日　[没]1803年6月11日）

長沢利英　ながさわとしひで
江戸時代後期〜明治時代の植物研究家。
¶植物（[生]嘉永3（1850）年8月23日　[没]明治38（1905）年1月5日）

長沢伴雄*　ながさわともお
文化5（1808）年〜安政6（1859）年　[別]長沢伴雄（ながさわともかつ）　江戸時代末期の国学者、歌人。号は絡石舎。
¶幕末（ながさわともかつ　[没]安政6（1859）年11月27日）

長沢伴雄　ながさわともかつ
⇒長沢伴雄（ながさわともお）

中沢半右衛門尉　なかざわはんえもんのじょう
江戸時代前期の上野沼田領猿ヶ京近辺の土豪。武田氏に被官化。
¶武田（[生]？　[没]慶長17（1612）年9月3日）

中沢昌次　なかざわまさつぐ
江戸時代中期の和算家、米沢藩士。
¶数学

長沢政之丞　ながさわまさのすけ
⇒松平栄助（まつだいらえいすけ）

中沢亦助*　なかさわまたすけ，なかざわまたすけ
寛永13（1636）年〜享保11（1726）年8月1日　江戸時代前期〜中期の陸奥二本松藩士。
¶数学（なかざわまたすけ）

長沢理玄*　ながさわりげん
文化12（1815）年〜文久3（1863）年　江戸時代末期の医師。
¶幕末

長沢蘆雪*（長沢芦雪）　ながさわろせつ
宝暦4（1754）年〜寛政11（1799）年　[別]蘆雪（ろせつ）　江戸時代中期の画家。別号は于緝、于洲漁者。
¶浮絵，江人，コン，美画（[没]寛政11（1799）年6月8日）

永　ながし★
江戸時代末期の女性。和歌。忍藩藩士山田好敦の妻。安政4年刊、広蔭編『千百人一首』に載る。
¶江表（永（埼玉県））

中科巨都雄　なかしなのこつお
⇒中科宿禰巨都雄（なかしなのすくねこつお）

中科宿禰巨都雄*　なかしなのすくねこつお
[別]中科巨都雄（なかしなのこつお）　奈良時代〜平安時代前期の学者。
¶古代

中科善雄*　なかしなのよしお
生没年不詳　平安時代前期の学者・勅撰詩集作者。
¶古人

中磯皇女*　なかしのこうじょ
[別]中磯皇女（なかしのひめみこ）　上代の女性。安康天皇の皇后。

¶古代(なかしのひめみこ), 天皇(なかしのひめみこ　生没年不詳)

中磯皇女　なかしのひめみこ
⇒中磯皇女(なかしのこうじょ)

中路延年*　なかじのぶとし
文政6(1823)年～明治25(1892)年　江戸時代末期～明治時代の志士。島津久光が公武合体を朝廷に申し入れるのを斡旋。
¶コン, 幕末([生]文政6(1823)年11月22日　[没]明治25(1892)年8月25日)

中蒂姫　なかしひめ
⇒中蒂姫命(なかしひめのみこと)

中蒂姫命*(中帯姫命)　なかしひめのみこと
[別]中蒂姫(なかしひめ), 中蒂姫命(なかしめひめのみこと)　上代の安康天皇の皇后。
¶天皇(中帯姫命　生没年不詳)

永島安竜*　ながしまあんりゅう
生没年不詳　江戸時代の医師、富士山麓の治水功労者。
¶コン

中島幾三郎　なかじまいくさぶろう
江戸時代末期～大正時代の印刷技術者。
¶科学([生]安政5(1858)年8月8日　[没]大正13(1924)年)

中島以政*　なかじまいせい
天保14(1843)年～明治40(1907)年　江戸時代末期～明治時代の武士、殖産家。
¶幕末([没]明治41(1908)年12月23日)

中島聿徳　なかじまいつのり
⇒中島治平(なかしまじへい)

中島氏詮*　なかじまうじのり
文政2(1819)年～*　江戸時代末期～明治時代の刀鍛冶。困窮者救済、公共事業にも尽力。
¶幕末([没]明治21(1888)年6月23日)

中島歌子*　なかじまうたこ
*～明治36(1903)年1月30日　江戸時代末期～明治時代の歌人。樋口一葉らを教導。歌集に「萩のつくし」。
¶江表(歌子(東京都)　[生]天保12(1841)年), コン([生]天保12(1841)年), 女史([生]1841年), 女文([生]弘化1(1844)年12月14日/天保12(1841)年), 幕末([生]天保12(1842)年12月14日)

中島嘉右衛門*　なかじまかえもん
寛政8(1796)年～嘉永6(1853)年　江戸時代末期の北町奉行。
¶幕末([没]嘉永6(1853)年12月2日)

中島勘解由左衛門*　なかじまかげゆざえもん
生没年不詳　安土桃山時代の織田信長の家臣。
¶織田

中島兼吉*　なかじまかねきち
文政12(1829)年～明治40(1907)年　[別]中島兼吉(なかじまけんきち)　江戸時代末期～明治時代の鋳物師、製砲技術者。大阪砲兵工廠副提理を務める。中島鉄工場を経営。
¶美工([没]明治42(1909)年6月20日)

中島勘左衛門〔1代〕*　なかじまかんざえもん
寛文2(1662)年～享保1(1716)年　[別]芝楽園(しらくえん), 重師(じゅうし), 是少(ぜしょう)　江戸時代中期の歌舞伎役者。貞享年間～享保1年頃に活躍。
¶歌大(代数なし　[没]正徳6(1716)年), コン

中島勘左衛門〔2代〕*　なかじまかんざえもん
元禄9(1696)年～宝暦12(1762)年8月5日　[別]是好(ぜこう), 是少(ぜしょう), 中島勘六(なかじまかんろく), 中島助六(なかじますけろく)　江戸時代中期の歌舞伎役者。宝永7年～宝暦12年頃に活躍。
¶コン

中島勘四郎　なかじまかんしろう
⇒中島三甫右衛門〔1代〕(なかじまみほえもん)

中島勘蔵　なかじまかんぞう
⇒中島三甫右衛門〔2代〕(なかじまみほえもん)

中島勘六　なかじまかんろく
⇒中島勘左衛門〔2代〕(なかじまかんざえもん)

中島黄山　なかじまきざん
⇒中島黄山(なかじまこうざん)

永島亀巣*　ながしまきそう
文化5(1808)年～明治24(1891)年　江戸時代末期～明治時代の開拓家。泥亀新田を再興、塩田を開発。
¶コン([生]文化6(1809)年)

中島宜門　なかしまぎもん
⇒中島宜門(なかじまよしかど)

中島久蔵*　なかじまきゅうぞう
天保13(1842)年～文久2(1862)年　江戸時代末期の水戸藩士。
¶幕末([没]文久2(1862)年1月8日)

中島仰山　なかじまぎょうざん
天保3(1832)年7月10日～大正3(1914)年　[別]中島仰山(なかじまこうざん)　江戸時代後期～大正時代の博物画家。
¶植物, 幕末(なかじまこうざん　[没]大正3(1914)年4月22日), 美画

中島清延　なかじまきよのぶ
⇒茶屋四郎次郎〔1代〕(ちゃやしろうじろう)

中島兼吉　なかじまけんきち
⇒中島兼吉(なかじまかねきち)

中島源蔵*　なかじまげんぞう
文政12(1829)年～明治1(1868)年　江戸時代末期の志士。
¶全幕([没]慶応4(1868)年), 幕末([没]慶応4(1868)年6月8日)

中島黄山*　なかじまこうざん
文化12(1815)年～明治3(1870)年　[別]中島黄山(なかじまきざん)　江戸時代末期～明治時代の学者。藩命で奥羽諸藩との調整にあたる。著書に「中庸解」など。
¶幕末(なかじまきざん　[生]寛政10(1798)年　[没]明治6(1873)年)

中島這季*　なかじまこれすえ
寛政7(1795)年～元治1(1864)年　江戸時代末期の算学者、信濃松本藩士。
¶数学([没]元治1(1864)年12月16日)

中島這棄*　なかじまこれすて
文政10(1827)年～大正1(1912)年　江戸時代末期～明治時代の算術家。松本藩勘定奉行として藩政に尽くす。
¶数学([生]文政10(1827)年6月　[没]明治45(1912)年2月

17日）

長島五郎作 ながしまごろうさく
⇒長島五郎作（ながしまごろさく）

長島五郎作* ながしまごろさく
嘉永5（1852）年～明治2（1869）年5月11日 [別]長島五郎作（ながしまごろうさく） 江戸時代後期～明治時代の新撰組隊士。
¶新隊（ながしまごろうさく [生]?）

中島三郎 なかじまさぶろう
⇒寺島忠三郎（てらじまちゅうざぶろう）

な

中島三郎助* なかじまさぶろうすけ
文政3（1820）年～明治2（1869）年 [別]中島三郎助（なかじまさぶろすけ），中島木鶏（なかじまもくけい） 江戸時代末期～明治時代の幕臣、下田奉行書与力、軍艦頭取出役。洋式の軍事技術を修得、桂小五郎に砲術を教えた。軍艦開陽の砲術指導者。
¶全幕（[生]文政4（1821）年），徳人（なかじまさぶろすけ [生]1821年），幕末（[生]文政4（1821）年1月25日 [没]明治2（1869）年5月16日）

中島三郎助 なかじまさぶろすけ
⇒中島三郎助（なかじまさぶろうすけ）

中島左兵衛* なかじまさへえ
[別]中島式部少輔（なかじましきぶのしょう） 安土桃山時代の武士。豊臣氏家臣。
¶大坂（中島式部少輔 なかじましきぶのしょう [没]慶長20年5月7日）

中島山麓 なかじまさんろく
江戸時代後期～大正時代の俳人。
¶俳文（[生]天保6（1835）年 [没]大正4（1915）年6月27日）

中島志賀蔵 なかじましがぞう
⇒中島三甫右衛門〔3代〕（なかじまみほえもん）

中島式部少輔 なかじましきぶのしょう
⇒中島左兵衛（なかじまさへえ）

中島重清 なかじましげきよ
⇒黒田与一郎（くろだよいちろう）

中島重春（中嶋重春） なかじましげはる
慶長12（1607）年～寛文8（1668）年 江戸時代前期の幕臣、船手奉行。
¶徳人（中嶋重春），徳代（[没]寛文8（1668）年12月11日）

中島重房* なかじましげふさ
生没年不詳 安土桃山時代～江戸時代前期の武士。長宗我部氏家臣。
¶全戦

中島信濃 なかじましなの
江戸時代前期の豊臣秀吉の小姓。
¶大坂（[没]慶長20年）

中島治平* なかしまじへい，なかじまじへい
文政6（1823）年～慶応2（1866）年 [別]中島聿徳（なかじまいつのり） 江戸時代末期の長州（萩）藩士。
¶幕末（[没]慶応2（1867）年12月28日）

中島秋挙* なかじましゅうきょ
安永2（1773）年～文政9（1826）年 [別]秋挙（しゅうきょ） 江戸時代後期の俳人。
¶俳文（秋挙 しゅうきょ [没]文政9（1826）年7月25日）

永島春暁 ながしましゅんぎょう
江戸時代末期～明治時代の浮世絵師。歌川芳虎の子。
¶浮絵（生没年不詳）

中島将監* なかじましょうげん
生没年不詳 安土桃山時代の織田信長の家臣。
¶織田

中島勝太* なかじましょうた
生没年不詳 安土桃山時代の織田信長の家臣。
¶織田

中島信徴 なかしましんちょう
⇒中島信徴（なかしまのぶあき）

中島随流（中嶋随流） なかじまずいりゅう
⇒随流（ずいりゅう）

長島助兵衛棟久 ながしますけひょうえむねひさ
江戸時代前期の伊勢長島の住人。後、伊達政宗に出仕。
¶大坂

中島助六 なかじますけろく
⇒中島勘左衛門〔2代〕（なかじまかんざえもん）

長島青雀* ながしませいじゃく
文政4（1821）年～弘化4（1847）年 江戸時代後期の女性。漢詩人。
¶江表（青雀（新潟県））

中島棕隠* なかじまそういん
安永8（1779）年～安政3（1856）年 江戸時代後期の漢詩人、儒者。
¶江人，コン

長嶋蒼山 ながしまそうざん
⇒遠藤蒼山（えんどうそうざん）

中島宗巴 なかじまそうは
⇒鳩野宗巴（はとのそうは）

中島隆重* なかじまたかしげ
生没年不詳 安土桃山時代の織田信長の家臣。
¶織田

中島健彦* なかじまたけひこ，なかしまたけひこ
天保14（1843）年～明治10（1877）年 江戸時代末期～明治時代の鹿児島県士族。大尉、堺県典事。西南戦争に参加。
¶幕末（なかしまたけひこ [没]明治10（1877）年9月24日）

中島帯刀佐種 なかじまたてわきすけたね
江戸時代前期の伊達政宗の家臣。主命により冬の陣に大野治長の足軽に紛れて大坂城に入る。
¶大坂

中島太郎兵衛 なかじまたろうべえ
⇒中島太郎兵衛（なかじまたろべえ）

中島太郎兵衛* なかじまたろべえ
文政8（1825）年～文久3（1863）年 [別]中島太郎兵衛（なかじまたろうべえ） 江戸時代末期の志士。
¶全幕，幕末（[生]文政8（1825）年11月10日 [没]文久3（1863）年10月14日）

中島直宰 なかじまちょくさい
江戸時代末期の佐渡奉行、鎗奉行。
¶徳代（[生]? [没]安政3（1856）年）

中島常房 なかじまつねふさ
貞享3（1686）年～明和9（1772）年 江戸時代前期～中期の幕臣。徳川吉宗の近習。
¶徳将，徳人

中島藤右衛門* (中島藤衛門) なかじまとうえもん
延享2(1745)年～文政8(1825)年 江戸時代中期～後期の人。粉こんにゃく製法の発明者。
¶コン([生]延享1(1744)年),植物([没]文政8(1825)年4月8日)

中島友文* なかじまともぶみ
文政11(1828)年～明治30(1897)年2月16日 江戸時代末期～明治時代の国学者。起倒流柔術を学ぶ。著に「校正万葉集通解」など。
¶幕末

中島豊吉 なかじまとよきち
⇒中島三甫右衛門〔5代〕(なかじまみほえもん)

中島虎之助* なかじまとらのすけ
文政1(1818)年～文久3(1863)年 江戸時代末期の陸奥仙台藩士。
¶幕末([没]文久3(1863)年1月19日)

中島尚翼* なかじまなおすけ
宝暦2(1752)年～文化10(1813)年7月19日 江戸時代中期～後期の和算家。
¶数学

中島名左衛門* なかじまなざえもん
文化14(1817)年～文久3(1863)年 [別]中島喜勝(なかじまよしかつ) 江戸時代末期の洋式兵学者、長州(萩)藩士。
¶全幕

長島仁左衛門* ながしまにざえもん
天明1(1781)年～慶応3(1867)年 [別]長島尉信(ながしまやすのぶ) 江戸時代後期の農政学者。
¶全幕(長島尉信 ながしまやすのぶ),幕末(長島尉信 ながしまやすのぶ [没]慶応3(1867)年8月15日)

中嶋大刀自咩 なかじまのおおとじめ
⇒中嶋連大刀自咩(なかじまのむらじおおとじめ)

中島信徴* なかしまのぶあき
天保7(1836)年～明治39(1906)年 [別]中島信徴(なかしましんちょう) 江戸時代末期～明治時代の薩摩藩絵師。狩野派を学ぶ。島津斉彬・久光の近侍を務める。
¶幕末(なかしましんちょう [没]明治39(1906)年1月10日),美画([没]明治39(1906)年1月10日)

中島信行 なかじまのぶゆき
弘化3(1846)年～明治32(1899)年 [別]中島作太郎(なかじまさくたろう) 江戸時代後期～明治時代の海援隊、政治家。
¶コン,思想,全幕(中島作太郎 なかじまさくたろう)

中島登* なかじまのぼり
天保9(1838)年～明治20(1887)年4月2日 江戸時代末期～明治時代の新撰組隊士。
¶新隊([生]天保9(1838)年2月2日),全幕,幕末([生]天保9(1838)年2月2日)

中島連大刀自古 なかじまのむらじおおとじこ
⇒中嶋連大刀自咩(なかじまのむらじおおとじめ)

中嶋連大刀自咩* なかじまのむらじおおとじめ
[別]中嶋大刀自咩(なかじまのおおとじめ),中島連大刀自古(なかじまのむらじおおとじこ) 平安時代前期の戸口。
¶古代,女史(中島連大刀自古 なかじまのむらじおおとじこ 生没年不詳)

中島馬十 なかじまばじゅう
⇒中島三甫右衛門〔5代〕(なかじまみほえもん)

中島広足* なかじまひろたり,なかしまひろたり
寛政4(1792)年～元治1(1864)年 江戸時代末期の国学者、歌人。号は橿園、田翁など。
¶コン,思想,幕末(なかしまひろたり [生]寛政4(1792)年3月 [没]文久4(1864)年1月21日)

中島富士松 なかじまふじまつ
⇒中島三甫右衛門〔4代〕(なかじまみほえもん)

中島豊後守* なかじまぶんごのかみ
生没年不詳 安土桃山時代の織田信長の家臣。
¶織田

中島米華* なかじまべいか
享和1(1801)年～天保5(1834)年 江戸時代後期の豊後佐伯藩儒。
¶詩作([没]天保5(1834)年3月15日)

中島北文* なかじまほくぶん
生没年不詳 江戸時代後期の和算家。
¶数学

永嶋正氏* ながしままさうじ
生没年不詳 戦国時代の相模の有力者。
¶後北(正氏〔永島〕 まさうじ)

永嶋正朝* ながしままさとも
生没年不詳 戦国時代の相模の有力者・浜代官。
¶後北(正朝〔永島〕 まさとも)

中嶋正久 なかじままさひさ
江戸時代前期～中期の幕臣。
¶徳人([生]1656年 [没]1733年)

中島正広 なかじままさひろ
江戸時代中期の代官。
¶徳代([生]元禄3(1690)年 [没]享保16(1731)年3月29日)

永嶋正行* ながしままさゆき
生没年不詳 戦国時代の相模の有力者。
¶後北(正行〔永島〕 まさゆき)

中島錫胤* なかじまますたね
*～明治38(1905)年 江戸時代末期～明治時代の政治家、貴族院議員、男爵。刑法事務局権判事、元老院議官などを務める。
¶幕末([生]文政12(1829)年 [没]明治38(1905)年10月4日)

中島三甫右衛門〔1代〕* (中島三保右衛門) なかじまみほえもん
?～宝暦12(1762)年 [別]笠子(さんし),重笠(ちょうりつ),中島勘四郎(なかじまかんしろう) 江戸時代中期の歌舞伎役者。正徳3年～宝暦9年以降に活躍。
¶歌大(代数なし [没]宝暦12(1762)年3月23日),コン,新歌(──〔1世〕)

中島三甫右衛門〔2代〕* なかじまみほえもん
享保9(1724)年～天明2(1782)年 [別]天幸(てんこう),中島勘蔵(なかじまかんぞう),中島三甫蔵〔1代〕(なかじまみほぞう),湯島の天幸(ゆしまのてんこう) 江戸時代中期の歌舞伎役者。延享3年～天明2年頃に活躍。
¶コン,新歌(──〔2世〕)

中島三甫右衛門〔3代〕* なかじまみほえもん
元文1(1736)年～天明3(1783)年 [別]中島志賀蔵

（なかじましがぞう），中島三甫蔵〔2代〕（なかじまみほぞう），狸十（りじゅう），笠子（りゅうし）　江戸時代中期の歌舞伎役者。宝暦11年～天明3年頃に活躍。
¶新歌（——〔3世〕）

中島三甫右衛門〔4代〕* なかじまみほえもん
安永8（1779）年～文政5（1822）年　[別]笠子（さんし），中島富士松（なかじまふじまつ），中島三甫蔵〔3代〕（なかじまみほぞう）　江戸時代後期の歌舞伎役者。天明3年～文政5年頃に活躍。
¶新歌（——〔4世〕）

な

中島三甫右衛門〔5代〕* なかじまみほえもん
寛政10（1798）年～文久1（1861）年　[別]市川馬十（いちかわばじゅう），天幸（てんこう），中島豊吉（なかじまとよきち），中島馬十（なかじまばじゅう），中島三甫蔵〔4代〕（なかじまみほぞう）　江戸時代末期の歌舞伎役者。文政3年～文久1年頃に活躍。
¶新歌（——〔5世〕）

中島三甫蔵〔1代〕 なかじまみほぞう
⇒中島三甫右衛門〔2代〕（なかじまみほえもん）

中島三甫蔵〔2代〕 なかじまみほぞう
⇒中島三甫右衛門〔3代〕（なかじまみほえもん）

中島三甫蔵〔3代〕 なかじまみほぞう
⇒中島三甫右衛門〔4代〕（なかじまみほえもん）

中島三甫蔵〔4代〕 なかじまみほぞう
⇒中島三甫右衛門〔5代〕（なかじまみほえもん）

中島木鶏 なかじまもくけい
⇒中島三郎助（なかじまさぶろうすけ）

中島黙池* なかじまもくち
？～明治14（1881）年　[別]千葉黙池（ちばもくち），黙池（もくち）　江戸時代末期～明治時代の俳人。
¶俳文（黙池　もくち　[没]明治14（1881）年8月15日）

永島元長* ながしまもとなが
文政9（1826）年～明治32（1899）年　江戸時代末期～明治時代の医師。
¶コン

中島盛直 なかじまもりなお
安土桃山時代の武蔵国滝山城主北条氏照の家臣。大蔵丞。
¶後北（盛直〔中島〕　もりなお　[生]天文22年　[没]寛永18年8月）

中島主水正 なかじまもんどのかみ
⇒中島主水正（なかじまもんどのしょう）

中島主水正* なかじまもんどのしょう
生没年不詳　[別]中島主水正（なかじまもんどのかみ）　戦国時代の武士。織田氏家臣。
¶織田（なかじまもんどのかみ）

中島屋伊左衛門 なかじまやいざえもん
世襲名　江戸時代の江戸の版元。
¶浮絵

長島尉信 ながしまやすのぶ
⇒長島仁左衛門（ながしまにざえもん）

中島与一郎*（中島与市郎） なかじまよいちろう
天保13（1842）年～元治1（1864）年　江戸時代末期の志士。
¶幕末（中島与市郎　[生]天保13（1842）年10月　[没]元治1（1864）年11月24日）

中島与五郎* なかじまよごろう
生没年不詳　安土桃山時代の織田信長の家臣。
¶織田

中島喜勝 なかじまよしかつ
⇒中島名左衛門（なかじまなざえもん）

中島宜門* なかじまよしかど
文化4（1807）年～明治27（1894）年　[別]中島宜門（なかしまぎもん）　江戸時代末期～明治時代の歌人。日吉神社の祠官などを歴任。著書に「類題稲葉集」がある。
¶幕末（なかしまぎもん）

中島来章* なかじまらいしょう
寛政8（1796）年～明治4（1871）年　江戸時代末期～明治時代の画家。平安四名家と称される。文麟らと如雲社を結成した。
¶コン，美画（[没]明治4（1871）年7月15日）

中嶋六郎右衛門 なかじまろくろ（う）えもん
江戸時代前期の戸川達安の近習。
¶大坂

中蒂姫命 なかしめひめのみこと
⇒中蒂姫命（なかしひめのみこと）

なか女（1） なかじょ★
江戸時代後期の女性。俳諧。尾張の人。文化12年成立、夏目成美編『続調布集』に載る。
¶江表（なか女（愛知県））

なか女（2） なかじょ★
江戸時代末期の女性。俳諧。白河本町の柏屋内。安政4年刊、面川鏻桜編『鯉鱗筆鑑』に載る。
¶江表（なか女（福島県））

なか女（3） なかじょ★
江戸時代末期の女性。俳諧。坂出の人。安政2年に綾女が阿波脇町の上田美寿に送った書簡に載る。
¶江表（なか女（香川県））

中女 なかじょ★
江戸時代後期の女性。狂歌。和歌山の人。寛政2年刊、玉雲斎貞右編『狂歌玉雲集』に載る。
¶江表（中女（和歌山県））

仲女（1） なかじょ★
江戸時代後期の女性。和歌。盛岡藩士小田代此右衛門の妻。寛政10年、年姫邸で開催された前栽合に載る。
¶江表（仲女（岩手県））

仲女（2） なかじょ★
江戸時代後期の女性。和歌。西条の工藤儀助惟一の母。天保6年刊、飯尾葛蔭編『水石寿言』に載る。
¶江表（仲女（愛媛県））

名賀女 なかじょ★
江戸時代後期の女性。狂歌。常陸水戸の人。四方歌垣真顔撰『俳諧歌次郎万首かへりあるじ』に載る。
¶江表（名賀女（茨城県））

なが女 ながじょ★
江戸時代中期の女性。俳諧。海草郡藤代郷から紀伊長島に移り住んだ俳人石倉一入子の娘。正徳5年刊、井原西鶴編『なぞ歌せん』に載る。
¶江表（なが女（三重県））

中条家長* なかじょういえなが
永万1(1165)年～嘉禎2(1236)年8月25日 [別]中条家長(ちゅうじょういえなが), 藤原家長(ふじわらのいえなが) 平安時代後期～鎌倉時代前期の武将。小野義勝の子、八田知家の養子。
¶古人(藤原家長 ふじわらのいえなが), 中世

中条家平* なかじょういえひら
生没年不詳 [別]中条家平(ちゅうじょういえひら, なかのじょういえひら) 鎌倉時代前期の武将。中条家長の孫、または子。
¶古人(なかのじょういえひら)

中条景昭 なかじょうかげあき
⇒中条金之助(ちゅうじょうきんのすけ)

中条景泰* なかじょうかげやす
?～天正10(1582)年 安土桃山時代の国人。
¶全戦([生]永禄1(1558)年)

中条世民 なかじょうせいみん
江戸時代前期の眼科医。
¶眼医(生没年不詳)

中条常八郎 なかじょうつねはちろう
⇒中条常八郎(ちゅうじょうつねはちろう)

中条出羽守 なかじょうでわのかみ
⇒中条出羽守(ちゅうじょうでわのかみ)

中条房資 なかじょうふさすけ
室町時代の武将。
¶室町(生没年不詳)

中条藤資* なかじょうふじすけ
明応1(1492)年頃～永禄11(1568)年2月13日 戦国時代の国人。
¶全戦([生]? [没]天正2(1574)年), 戦武([生]? [没]永禄11(1568)年?), 室町(生没年不詳)

中条政恒* なかじょうまさつね
天保12(1841)年～明治33(1900)年 江戸時代末期～明治時代の政治家。「安積開拓の父」として開拓地の育成と援助に尽力。
¶幕末([生]天保12(1841)年3月8日 [没]明治33(1900)年4月14日)

中四郎維重 なかしろうこれしげ
平安時代後期の武士。
¶古人(生没年不詳)

中四郎兵衛* なかしろべえ
生没年不詳 戦国時代の武士。北条氏邦の家臣。
¶後北(四郎兵衛〔中(1)〕 しろべえ)

長親王 ながしんのう
⇒長皇子(ながのみこ)

中甚兵衛* なかじんべえ
寛永16(1639)年～享保15(1730)年 江戸時代前期～中期の水利功労者。河内国中河内郡今米村の庄屋九兵衛の3男。
¶江人, コン

仲資王* なかすけおう
保元2(1157)年～貞応1(1222)年 平安時代後期～鎌倉時代前期の公卿(正三位兵部卿)。
¶古人

中資信 なかすけのぶ
安土桃山時代の武蔵国岩付城主北条氏政・氏房の家臣。築後守。もと太田氏の家臣古尾谷氏の同心。
¶後北(資信〔中(2)〕 すけのぶ [没]天正10年12月6日)

長髄彦* ながすねひこ
上代の大和の土豪。神武天皇の東征に反抗。
¶古代, コン

長洲兵庫* ながすひょうご
生没年不詳 安土桃山時代の織田信長の家臣。
¶織田

中住道雲 なかずみどううん
江戸時代末期～昭和時代の日本画家。
¶美画([生]安政5(1858)年3月21日 [没]昭和16(1941)年)

長瀬清蔵* ながせせいぞう
江戸時代末期の新撰組隊士。
¶新隊(生没年不詳)

長瀬時衡* ながせときひら
天保7(1836)年～明治34(1901)年9月27日 江戸時代末期～明治時代の陸軍軍医、東京衛生戍病院長。陸軍軍医監などを歴任後、西洋マッサージを研究し、東京飯田町に任寿病院を開業。
¶科学([生]天保7(1836)年2月12日), 幕末

長瀬村利七* ながせむらりしち
文政7(1824)年～明治2(1869)年 江戸時代末期の水夫。
¶幕末

永瀬雄次* ながせゆうじ
嘉永6(1853)年～明治1(1868)年 江戸時代末期の白虎隊士。
¶全幕([没]慶応4(1868)年), 幕末([没]慶応4(1868)年8月23日)

長瀬六左衛門 ながせろくざえもん
江戸時代前期の伊東長次の家来。
¶大坂([没]寛文1年8月29日)

仲惣左衛門* なかそうざえもん
文化6(1809)年～明治4(1871)年 江戸時代末期～明治時代の農民。自宅で寺子屋を開く。凶作で農民一揆を指導、絞首刑。
¶幕末([没]明治4(1871)年3月14日)

長曽禰虎徹 ながそねこてつ
⇒虎徹(こてつ)

中曽根慎吾* なかそねしんご
文政7(1824)年～明治39(1906)年 [別]中曽根宗邡(なかそねそうほう, なかそねむねよし) 江戸時代末期～明治時代の大地主。
¶数学(中曽根宗邡 なかそねむねよし [生]文政7(1824)年12月13日 [没]明治39(1906)年9月9日), 幕末([没]明治39(1906)年9月9日)

中曽根宗邡 なかそねそうほう
⇒中曽根慎吾(なかそねしんご)

仲宗根豊見親 なかそねとぅゆみや, なかそねとうゆみや
⇒仲宗根豊見親(なかそねとよみや)

仲宗根豊見親 なかそねとゆみや
⇒仲宗根豊見親(なかそねとよみや)

仲宗根豊見親* なかそねとよみや
生没年不詳 [別]仲宗根豊見親(なかそねとぅゆみや, なかそねとうゆみや, なかそねとゆみや) 戦国時代の琉球宮古地方の首長。

な

¶コン

中曽根宗邡　なかそねむねよし
⇒中曽根慎吾（なかそねしんご）

中園実綱*　なかぞのさねつな
宝暦8（1758）年7月5日～天保10（1839）年8月26日
江戸時代中期～後期の公家（権中納言）。参議中園季豊の子。
¶公卿, 公家（実綱〔中園家〕　さねつな）

中園実暉*　なかぞのさねてる
寛政5（1793）年12月28日～弘化2（1845）年5月7日
江戸時代後期の公家（非参議）。非参議中園季隆の子。
¶公卿, 公家（実暉〔中園家〕　さねてる）

中園季顕*　なかぞのすえあき
元禄2（1689）年1月29日～宝暦1（1751）年6月29日
江戸時代中期の公家（参議）。非参議中園季親の子。
¶公卿, 公家（季顕〔中園家〕　すえあき　[没]寛延4（1751）年6月29日）

中園季定*　なかぞのすえさだ
寛永4（1627）年～貞享3（1686）年10月12日　江戸時代前期の公家（参議）。中園家の祖。権大納言藪嗣良の四男。
¶公卿, 公家（季定〔中園家〕　すえさだ）

中園季隆*　なかぞのすえたか
安永6（1777）年7月25日～文政9（1826）年2月23日
江戸時代後期の公家（非参議）。権中納言中園実綱の子。
¶公卿, 公家（季隆〔中園家〕　すえたか）

中園季親*　なかぞのすえちか
承応3（1654）年3月11日～宝永3（1706）年5月13日
江戸時代前期～中期の公家（非参議）。参議中園季定の子。
¶公卿, 公家（季親〔中園家〕　すえちか）

中園季豊*　なかぞのすえとよ
享保15（1730）年1月1日～天明6（1786）年8月7日
江戸時代中期の公家（参議）。参議中園季顕の子。
¶公卿, 公家（季豊〔中園家〕　すえとよ）

中平龍之助　なかだいらりゅうのすけ
⇒中平龍之助（なかひらたつのすけ）

長田雲堂　ながたうんどう
江戸時代後期～大正時代の日本画家。
¶美画（[生]嘉永2（1849）年1月　[没]大正11（1922）年7月13日）

長田王*（1）　ながたおう
奈良時代の長親王の孫。
¶古人（生没年不詳）, 古代

長田王*（2）　ながたおう
平安時代前期の官人。
¶古代

長田王（3）　ながたおう
⇒長田王（ながたのおおきみ）

中田加賀守*　なかだかがのかみ, なかたかがのかみ
？～天正18（1590）年　安土桃山時代の武士。後北条氏家臣。
¶後北（加賀守〔中田（1）〕　かがのかみ）

永田景弘*　ながたかげひろ
生没年不詳　安土桃山時代の織田信長の家臣。
¶織田

永田鎌三郎*　ながたかまさぶろう
江戸時代末期の新撰組隊士。
¶新隊（生没年不詳）

中田川善兵衛　なかたがわぜんべえ
⇒光存（こうぞん）

永田喜左衛門正定　ながたきざえもんまささだ
安土桃山時代～江戸時代前期の上田重安の家臣。後に牢人。
¶大坂（[生]天正11年　[没]寛文4年閏5月25日）

長滝竹里*　ながたきちくり
文化2（1805）年～明治23（1890）年　江戸時代末期～明治時代の印鈕彫刻家。
¶美建（[生]文化3（1806）年　[没]明治23（1890）年4月19日）

永滝松太郎*　ながたきまつたろう
天保14（1843）年～明治29（1896）年　江戸時代末期～明治時代の実業家。船舶業、倉庫業で資産家となる。貧民救済等も行う。
¶幕末（[没]明治29（1896）年2月1日）

仲田源蔵*　なかだげんぞう
天保12（1841）年～明治22（1889）年　江戸時代末期～明治時代の醤油醸造業。廃業した人足のため新政府に直訴、聞き届けられる。
¶幕末

中田高寛　なかだこうかん
⇒中田高寛（なかだたかひろ）

永田貞清　ながたさだきよ
江戸時代前期の代官。
¶徳代（[生]？　[没]貞享1（1684）年10月）

永田貞行*　ながたさだゆき
生没年不詳　安土桃山時代の織田信長の家臣。
¶織田

永田重真　ながたしげざね
安土桃山時代～江戸時代前期の幕臣。
¶徳人（[生]1565年　[没]1636年）

永田重時　ながたしげとき
江戸時代前期～中期の代官。
¶徳代（[生]寛永7（1630）年　[没]元禄13（1700）年7月17日）

永田重旧*　ながたしげふる
？～明治3（1870）年　江戸時代末期～明治時代の寺侍。
¶幕末（[没]明治3（1870）年10月10日）

永田重路　ながたしげみち
江戸時代前期の幕臣。
¶徳人（[生]1604年　[没]1676年）

永田治兵衛広昌　ながたじひょうえひろまさ
安土桃山時代の武士。大坂の陣で籠城。後、織田高長に仕えた。
¶大坂（[生]慶長5年）

永田重造*　ながたじゅうぞう
天保5（1834）年～文久2（1862）年　江戸時代末期の旗本本堂家臣。
¶幕末（[没]文久2（1862）年8月29日）

中田修理亮＊　なかたしゅりのすけ
生没年不詳　戦国時代の公方奉行。
¶後北（修理亮〔中田(1)〕　しゅりのすけ）

永田善吉　ながたぜんきち
⇒亜欧堂田善（あおうどうでんぜん）

中田高寛　なかだたかのり
⇒中田高寛（なかだたかひろ）

中田高寛＊　なかだたかひろ
元文4（1739）年〜享和2（1802）年　㊙中田高寛（なかだこうかん、なかだたかのり）　江戸時代中期〜後期の数学者。
¶数学（㊦元文4（1739）年3月12日　㊥享和2（1802）年11月5日）

永田遵道　ながたたかみち
江戸時代後期の和算家。尾張の人。天保13年算額を奉納。
¶数学

中田武軌　なかだたけのり
⇒中田勇蔵（なかだゆうぞう）

永田忠茂　ながたただしげ
江戸時代後期の和算家、龍野藩士。
¶数学

中田太郎左衛門＊　なかたたろうざえもん
文化10（1813）年〜明治20（1887）年8月28日　㊙中田平山（なかだへいざん）　江戸時代末期〜明治時代の常陸土浦藩士。
¶幕末（㊦文化10（1813）年10月27日）

永田長兵衛　ながたちょうべえ
世襲名　江戸時代の菱屋文昌堂主人。
¶出版

永田貞柳　ながたていりゅう
⇒油煙斎貞柳（ゆえんさいていりゅう）

永田暉明＊　ながたてるあき
天保9（1838）年〜大正12（1923）年　江戸時代末期〜明治時代の地方議員。佐賀県会議員、第三代佐賀市長を歴任後、蓮池藩史研究に尽力。
¶幕末

永田伝左衛門正広　ながたでんざえもんまさひろ
江戸時代前期の豊臣秀頼の家臣。宇多郡平井村の代官。
¶大坂

中田藤次郎＊　なかだとうじろう
戦国時代の武士。後北条氏家臣。
¶後北（藤次郎〔中田(2)〕　とうじろう）

永田徳本＊（長田徳本）　ながたとくほん
永正10（1513）年〜寛永7（1630）年　㊙徳本（とくほん）　戦国時代〜安土桃山時代の医師。号は知足斎。
¶眼医（㊦永正10（1513）年？　㊥寛永7（1630）年？）、コン、植物（㊥寛永7（1630）年2月14日）

永田敏昌＊(1)　ながたとしまさ
文化5（1808）年1月15日〜明治13（1880）年2月28日　江戸時代後期〜明治時代の和算家。
¶数学

永田敏昌(2)　ながたとしまさ
⇒森島敏昌（もりしまびんしょう）

永田敏政　ながたとしまさ
⇒永田有功（ながたゆうこう）

永田伴正＊　ながたともまさ
天保10（1839）年〜明治36（1903）年　江戸時代末期〜明治時代の実業家。第三十八国立銀行頭取。
¶幕末（㊥明治36（1903）年12月5日）

永田尚賢　ながたなおかた
江戸時代中期〜後期の幕臣。
¶徳人（㊦1757年　㊥1841年）

長谷市＊　ながたにいち
文化14（1817）年〜明治35（1902）年　㊙天子が森お市（てんしがもりおいち）　江戸時代〜明治時代の森の開拓、狩猟。剛胆さで有名。江藤新平が逃亡してきた時、世話をする。
¶幕末（㊦文化14（1817）年11月14日　㊥明治35（1902）年3月28日）

中谷市左衛門＊　なかたにいちざえもん
天明5（1785）年〜安政3（1856）年　江戸時代後期の長州（萩）藩士。
¶コン

中谷正亮＊　なかたにしょうすけ
文政11（1828）年〜文久2（1862）年　㊙中谷正亮（なかたにまさすけ）　江戸時代末期の長州（萩）藩士。
¶コン（㊦天保2（1831）年）、幕末（㊥文久2（1862）年閏8月8日）

永谷宗円　ながたにそうえん
⇒永谷義弘（ながたによしひろ）

永谷宗七郎　ながたにそうしちろう
⇒永谷義弘（ながたによしひろ）

中谷桑南＊　なかたにそうなん
文政2（1819）年〜明治16（1883）年　江戸時代末期〜明治時代の僧。
¶科学（㊥明治16（1883）年3月10日）

長谷忠康＊　ながたにただやす
慶長17（1612）年6月17日〜寛文9（1669）年8月27日　江戸時代前期の公家（非参議）。長谷家の祖。参議西洞院時慶の五男。
¶公卿、公家（忠康〔長谷家〕　ただやす）

長谷信篤＊　ながたにのぶあつ
文政1（1818）年〜明治35（1902）年12月26日　江戸時代末期〜明治時代の公卿、政治家、貴族院議員、子爵。参議、京都府知事、元老院議官などを務める。
¶公卿（㊦文政1（1818）年2月24日）、公家（信篤〔長谷家〕　のぶあつ）、幕末（㊦文化15（1818）年2月24日）

長谷信成＊　ながたにのぶなり
天保12（1841）年〜大正10（1921）年　江戸時代末期〜明治時代の公家、宮内権大丞。朝政刷新要望の二十二卿参列に参加。
¶幕末（㊦天保12（1841）年1月27日　㊥大正10（1921）年11月26日）

長谷信昌＊　ながたにのぶまさ
宝暦12（1762）年11月11日〜文政7（1824）年8月25日　江戸時代中期〜後期の公家（参議）。権中納言石井行忠の末子。
¶公卿、公家（信昌〔長谷家〕　のぶまさ）

長谷信好*　ながたにのぶよし
享和1（1801）年～嘉永3（1850）年　江戸時代末期の公家（非参議）。周防権守長谷信行の子。
¶公卿（[生]享和1（1801）年9月19日　[没]嘉永3（1850）年11月19日），公家（信好〔長谷家〕　のぶよし　[生]享和1（1801）年9月19日　[没]嘉永3（1850）年11月19日），幕末（[生]享和1（1801）年9月19日　[没]嘉永3（1850）年11月19日）

長谷範高*　ながたにのりたか
享保6（1721）年1月23日～明和1（1764）年閏10月2日　江戸時代中期の公家（非参議）。非参議長谷範昌の子。
¶公卿，公家（範高〔長谷家〕　のりたか　[没]？）

長谷範昌*　ながたにのりまさ
元禄8（1695）年7月28日～寛延1（1748）年閏10月15日　江戸時代中期の公家（非参議）。河鰭実陳の孫。
¶公卿，公家（範昌〔長谷家〕　のりまさ）

中谷正亮　なかたにまさすけ
⇒中谷正亮（なかたにしょうすけ）

永谷義弘*　ながたによしひろ
天和1（1681）年～安永7（1778）年　[別]永谷宗円（ながたにそうえん），永谷宗七郎（ながたにそうしちろう）　江戸時代中期の製茶業者。宇治製煎茶の製法を創案。
¶江人（永谷宗円　ながたにそうえん），コン

長田王*　ながたのおおきみ
？～天平9（737）年　[別]長田王（ながたおう）　奈良時代の万葉歌人。
¶古人（ながたおう），古代（ながたおう）

長田久琢　ながたひさあきら
⇒長田弥右衛門（ながたやえもん）

永田芙雀*　ながたふじゃく
[別]芙雀（ふじゃく）　江戸時代中期の俳人（蕉門）。
¶俳文（芙雀　ふじゃく　生没年不詳）

中田平山　なかだへいざん
⇒中田太郎左衛門（なかたたろうざえもん）

中田正勝　なかたまさかつ
江戸時代前期の幕臣。
¶徳人（[生]？　[没]1686年）

永田政白　ながたまさきよ
江戸時代中期の代官。
¶徳代（[生]元禄9（1696）年　[没]宝暦7（1757）年6月28日）

永田正道　ながたまさみち
江戸時代中期～後期の幕臣。
¶徳人（[生]1752年　[没]1819年）

永田茂衛門*（永田茂右衛門，長田茂右衛門，永田茂右衛門〔1代〕）　**ながたもえもん**
？～万治2（1659）年　江戸時代前期の鉱業家、治水家。
¶コン（永田茂右衛門）

長田弥右衛門*　ながたやえもん
生没年不詳　[別]長田久琢（ながたひさあきら）　安土桃山時代の織田信長の家臣。
¶織田（長田久琢　ながたひさあきら　[生]大永7（1527）年　[没]慶長17（1612）年10月29日）

永田弥吉高宗　ながたやきちたかむね
江戸時代前期の豊臣秀吉の家臣。
¶大坂（[没]慶長20年6月21日）

永田有功*　ながたゆうこう
明和6（1769）年～天保7（1836）年4月25日　[別]永田敏政（ながたとしまさ）　江戸時代中期～後期の藩士・和算家。
¶数学（永田敏政　ながたとしまさ）

永田友治*　ながたゆうじ
生没年不詳　江戸時代中期の蒔絵師。代表作は「波千鳥蒔絵提重」など。
¶コン，美工

中田勇蔵*　なかだゆうぞう
明和1（1764）年～天保5（1834）年　[別]中田武軌（なかだたけのり）　江戸時代中期～後期の弘前藩士・暦算家。
¶数学（中田武軌　なかだたけのり）

中田良治*　なかだりょうじ
寛政10（1798）年～嘉永2（1849）年　江戸時代後期の医師。
¶幕末（[没]嘉永2（1849）年8月12日）

中皇命　なかちすめらみこと
⇒中皇命（なかつすめらみこと）

中地山城守*　なかちやましろのかみ
生没年不詳　安土桃山時代の武蔵吉良氏の家臣。
¶後北（山城守〔中地〕　やましろのかみ）

長津王*　ながつおう
生没年不詳　奈良時代の皇族。淳仁天皇の弟三原王の子。
¶古人，コン

中塚金十郎*　なかつかきんじゅうろう
文政8（1825）年～明治24（1891）年　江戸時代末期～明治時代の漁業家。ニシンの水揚げ高を伸ばし、地方開拓の先鞭をなす。
¶幕末（[没]明治24（1891）年10月）

中務*（1）　なかつかさ
生没年不詳　平安時代中期の女性。歌人。
¶古人

中務*（2）　なかつかさ
平安時代中期の女性。歌人。宇多天皇皇孫。
¶古人（生没年不詳），コン（生没年不詳），詩作（[生]延喜12（912）年頃　[没]正暦2（991）年頃），女史（生没年不詳），女文（生没年不詳），日文（生没年不詳）

中務*（3）　なかつかさ
生没年不詳　平安時代中期の歌人。
¶古人

中務*（4）　なかつかさ
生没年不詳　[別]平祐之女（たいらのすけゆきのむすめ）　平安時代中期の女官。平祐之の娘。
¶古人，天皇（平祐之女　たいらのすけゆきのむすめ）

中務卿法印（1）　なかつかさきょうほういん
⇒有馬則頼（ありまのりより）

中務卿法印（2）　なかつかさきょうほういん
⇒宮部継潤（みやべけいじゅん）

中務内侍　なかつかさないし
⇒中務内侍（なかつかさのないし）

中務内侍*　なかつかさのないし
生没年不詳　[別]中務内侍（なかつかさないし），伏

見院中務内侍（ふしみいんのなかつかさないし，ふしみいんのなかつかさのないし），藤原経子（ふじわらのけいし）　鎌倉時代後期の女性。歌人。
¶コン，中世

中塚利為*　なかつかとしため
宝暦4（1754）年～文化6（1809）年　江戸時代中期～後期の陸奥仙台藩の天文家。
¶数学（[没]文化6（1809）年4月25日）

長束正家　ながつかまさいえ
⇒長束正家（なつかまさいえ）

中皇命*　なかつすめらみこと
[別]中皇命（なかちすめらみこと，なかつみこのみこと）　飛鳥時代の女流万葉歌人。
¶古代，詩作（生没年不詳），女文（生没年不詳）

中津大四郎*　なかつだいしろう
弘化1（1844）年～明治10（1877）年　江戸時代末期～明治時代の熊本藩士。西南戦争に滝口隊を組織、敗戦後自刃。
¶幕末（[没]明治10（1877）年8月16日）

仲姫　なかつひめ
⇒仲姫命（なかつひめのみこと）

仲姫命*　なかつひめのみこと
[別]仲姫（なかつひめ）　上代の女性。応神天皇の皇后。
¶古人（生没年不詳），古代，天皇（生没年不詳）

中皇命　なかつみこのみこと
⇒中皇命（なかつすめらみこと）

中津森御大方*　なかつもりごたいほう
生没年不詳　[別]小山田弥太郎室（おやまだやたろうしつ）　戦国時代の女性。
¶武田（小山田弥太郎室　おやまだやたろうしつ）

中天游*　なかてんゆう
天明3（1783）年～天保6（1835）年　江戸時代後期の医師、蘭学者。号は思思斎。
¶江人，科学（[没]天保6（1835）年3月26日），眼医，コン，思想

長門(1)　ながと★
江戸時代中期の女性。俳諧。新吉原の遊女。安永3年刊、与謝蕪村編『俳諧玉藻集』に載る。
¶江表（長門（東京都））

長門(2)　ながと★
江戸時代中期の女性。俳諧。島原辺りの遊女か。正徳3年序、爪木晩山編『橋立案内誌』追加に載る。
¶江表（長門（京都府））

長門(3)　ながと★
江戸時代後期の女性。俳諧。越前三国の遊女。寛政10年成立、巳千斎紫山編「元旦」に載る。
¶江表（長門（福井県））

長敏　ながとし
⇒鈴木長敏（すずきながとし）

長門丹後*　ながとたんご
生没年不詳　戦国時代の武士。北条氏忠の家臣。
¶後北（丹後守〔長門〕　たんごのかみ）

長門広益　ながとひろます
戦国時代の武将。
¶戦武（生没年不詳）

中臣東人　なかとみあずまひと
⇒中臣東人（なかとみのあずまひと）

中臣伊勢老人　なかとみいせのおゆひと
⇒中臣伊勢連老人（なかとみのいせのむらじおきな）

中臣王*　なかとみおう
？～大同2（807）年　奈良時代～平安時代前期の皇孫。
¶古人

中臣兼重　なかとみかねしげ
平安時代後期の随身。藤原師実の随身。のち院随身。11世紀後半～12世紀初期の各種競馬に騎乗。
¶古人（生没年不詳）

中臣兼経　なかとみかねつね
平安時代後期の随身。康和4年右近衛番長で藤原忠実の随身。
¶古人（生没年不詳）

中臣鎌子　なかとみかまこ
⇒中臣鎌子（なかとみのかまこ）

中臣祐明*　なかとみすけあき
天養1（1144）年～安貞3（1229）年　[別]中臣祐明（なかとみのすけあき）　鎌倉時代前期の歌人。
¶古人（なかとみのすけあき　生没年不詳）

中臣祐礒　なかとみすけいそ
⇒中臣祐礒（なかとみゆうぎ）

中臣祐臣*　なかとみすけおみ
？～興国3/康永1（1342）年　[別]中臣祐臣（なかとみのすけおみ）　鎌倉時代後期～南北朝時代の歌人、神官。
¶中世（なかとみのすけおみ　[生]1275年）

中臣祐重　なかとみすけしげ
⇒中臣祐重（なかとみのすけしげ）

中臣祐茂*　なかとみすけしげ
？～文永6（1269）年　[別]中臣祐茂（なかとみのすけしげ）　鎌倉時代前期の歌人、神官。
¶中世（なかとみのすけしげ）

中臣祐俊　なかとみすけとし
⇒中臣祐俊（なかとみのすけとし）

中臣祐春*　なかとみすけはる
寛元3（1245）年～正中1（1324）年　[別]千鳥祐春（ちどりすけはる），中臣祐春（なかとみのすけはる）　鎌倉時代後期の歌人、神官。
¶中世（なかとみのすけはる）

中臣祐用　なかとみすけゆ
⇒中臣祐用（なかとみのすけもち）

中臣祐恩　なかとみすけよし
⇒中臣祐恩（なかとみゆうおん）

中臣親隆　なかとみちかたか
⇒大中臣親隆（おおなかとみのちかたか）

永富独嘯庵*　ながとみどくしょうあん
享保17（1732）年～明和3（1766）年3月5日　江戸時代中期の医師。
¶科学（[生]享保17（1732）年2月14日），眼医，コン，思想

中臣東人　なかとみのあずまうど
⇒中臣東人（なかとみのあずまひと）

中臣東人*　なかとみのあずまひと，なかとみのあずま

びと
生没年不詳 [別]中臣東人(なかとみあずまひと, なかとみのあずまうど, なかとみのあづまひと), 中臣朝臣東人(なかとみのあそみあずまひと, なかとみのあそんあずまひと) 奈良時代の官人。意美麻呂の子。
¶古人(なかとみのあづまひと), 古代(中臣朝臣東人 なかとみのあそんあずまひと), コン

中臣朝臣東人 なかとみのあそみあずまひと
⇒中臣東人(なかとみのあずまひと)

中臣朝臣清麻呂 なかとみのあそみきよまろ
⇒大中臣清麻呂(おおなかとみのきよまろ)

中臣朝臣武良自* なかとみのあそみむらじ
[別]中臣武良自(なかとみのむろじ) 奈良時代の公卿。万葉歌人。
¶古人(中臣武良自 なかとみのむろじ 生没年不詳)

中臣朝臣宅守 なかとみのあそみやかもり
⇒中臣宅守(なかとみのやかもり)

中臣朝臣東人 なかとみのあそんあずまひと
⇒中臣東人(なかとみのあずまひと)

中臣朝臣逸志* なかとみのあそんいちし
延暦13(794)年～貞観9(867)年 [別]大中臣逸志(おおなかとみのいつし, おおなかとみのはやし), 中臣逸志(なかとみのいちし) 平安時代前期の官人。
¶古人(大中臣逸志 おおなかとみのはやし), 古人(中臣逸志 なかとみのいちし), 古代

中臣朝臣意美麻呂 なかとみのあそんおみまろ
⇒中臣意美麻呂(なかとみのおみまろ)

中臣朝臣名代 なかとみのあそんなしろ
⇒中臣名代(なかとみのなしろ)

中臣朝臣人足* なかとみのあそんひとたり
生没年不詳 [別]中臣人足(なかとみのひとたり) 飛鳥時代～奈良時代の官人。
¶古人(中臣人足 なかとみのひとたり), 古代

中臣朝臣宅守 なかとみのあそんやかもり
⇒中臣宅守(なかとみのやかもり)

中臣東人 なかとみのあづまひと
⇒中臣東人(なかとみのあずまひと)

中臣有近 なかとみのありちか
平安時代後期の春日社司。
¶古人([生]? [没]1092年)

中臣烏賊津使主* なかとみのいかつおみ
[別]中臣烏賊津使主(なかとみのいかつのおみ) 伝説上の人物。中臣氏の祖とされる。
¶古代(なかとみのいかつのおみ), コン, 対外

中臣烏賊津使主 なかとみのいかつのおみ
⇒中臣烏賊津使主(なかとみのいかつおみ)

中臣伊加麻呂 なかとみのいかまろ
奈良時代の官人。
¶古人(生没年不詳)

中臣池守 なかとみのいけもり
奈良時代の官人。
¶古人(生没年不詳)

中臣伊勢老人 なかとみのいせのおきな
⇒中臣伊勢連老人(なかとみのいせのむらじおきな)

中臣伊勢子老 なかとみのいせのこおゆ
生没年不詳 [別]伊勢老(いせのおゆ), 伊勢子老(いせのこおゆ) 奈良時代の官人。
¶古人(伊勢老 いせのおゆ), 古人(伊勢子老 いせのこおゆ), 古人

中臣伊勢連老人* なかとみのいせのむらじおきな
?～延暦8(789)年 [別]中臣伊勢老人(なかとみいせのおゆひと, なかとみのいせのおきな) 奈良時代の官人。
¶古人(中臣伊勢老人 なかとみいせのおゆひと 生没年不詳), 古代

中臣逸志 なかとみのいちし
⇒中臣朝臣逸志(なかとみのあそんいちし)

中臣伊度麻呂 なかとみのいとまろ
奈良時代の官人。父は東人。
¶古人(生没年不詳)

中臣石根 なかとみのいわね
奈良時代の官人。
¶古人(生没年不詳)

中臣毛人 なかとみのえみし
奈良時代の神祇官人。
¶古人(生没年不詳)

中臣大嶋*(中臣大島) なかとみのおおしま
?～持統7(693)年 [別]中臣連大島(なかとみのむらじおおしま) 飛鳥時代の官人。渠毎の子。
¶古人(生没年不詳), 古代(中臣連大島 なかとみのむらじおおしま), 古物([没]693年?), コン

中臣祖父麻呂* なかとみのおおじまろ
奈良時代の農民。
¶コン(生没年不詳)

中臣大分* なかとみのおおわけ
奈良時代の播磨国飾磨郡草上駅の駅子。
¶コン(生没年不詳)

中臣意美麻呂* なかとみのおみまろ
?～和銅4(711)年 [別]中臣朝臣意美麻呂(なかとみのあそんおみまろ), 中臣臣麻呂(なかとみのおみまろ) 飛鳥時代の廷臣(中納言)。中臣呵多能古連の曽孫。
¶公卿([没]和銅4(711)年閏6月), 古人, 古代(中臣朝臣意美麻呂 なかとみのあそんおみまろ), 古物(中臣臣麻呂 なかとみのおみまろ), コン

中臣鹿島大宗 なかとみのかしまのおおむね
奈良時代の常陸国鹿島神社の祝。宝亀11年外従五位下。
¶古人(生没年不詳)

中臣勝海* なかとみのかつみ
?～用明天皇2(587)年 [別]中臣勝海連(なかとみのかつみのむらじ) 飛鳥時代の官人(大夫)。
¶古人([没]587年?), 古代(中臣勝海連 なかとみのかつみのむらじ), 古物, コン([没]用明2(587)年), 対外

中臣勝海連 なかとみのかつみのむらじ
⇒中臣勝海(なかとみのかつみ)

中臣金* なかとみのかね
?～弘文天皇1・天武天皇1(672)年 [別]中臣金連(なかとみのかねのむらじ), 中臣金(なかとみのくがね) 飛鳥時代の廷臣(右大臣)。天児屋根命の21世孫。
¶公卿([没]天武天皇1(672)年8月), 古人, 古代(中臣金連

なかとみのかねのむらじ），古物，コン（⑫天武1/弘文1
（672）年）

中臣兼忠　なかとみのかねただ
平安時代後期の随身。院随身。11世紀後半各種競
馬に騎乗。
　¶古人（生没年不詳）

中臣兼近　なかとみのかねちか
平安時代後期の随身。長治1年院随身。
　¶古人（生没年不詳）

中臣金連　なかとみのかねのむらじ
⇒中臣金（なかとみのかね）

中臣鎌子*(1)　なかとみのかまこ
生没年不詳　�中臣鎌子（なかとみかまこ），中臣連
鎌子（なかとみのむらじかまこ）　飛鳥時代の官人。
　¶古代（中臣連鎌子　なかとみのむらじかまこ），コン

中臣鎌子(2)　なかとみのかまこ
⇒藤原鎌足（ふじわらのかまたり）

中臣鎌足　なかとみのかまたり
⇒藤原鎌足（ふじわらのかまたり）

中臣清麻呂（中臣清麿）　なかとみのきよまろ
⇒大中臣清麻呂（おおなかとみのきよまろ）

中臣金　なかとみのくがね
⇒中臣金（なかとみのかね）

中臣国　なかとみのくに
⇒中臣連国（なかとみのむらじくに）

中臣国子　なかとみのくにこ
飛鳥時代の大将軍。
　¶古人（生没年不詳）

中臣国足　なかとみのくにたり
⇒中臣連国足（なかとみのむらじくにたり）

中臣熊凝五百嶋　なかとみのくまごりのいおしま
生没年不詳　㊙中臣五百嶋（なかとみのいおしま）
奈良時代の官人。
　¶古人（中臣五百嶋　なかとみのいおしま），古人

中臣栗原子公　なかとみのくりはらのこきみ
奈良時代の官人。
　¶古人（生没年不詳）

中臣子老　なかとみのこおきな
奈良時代の官人。
　¶古人（㊥？　⑫789年）

中臣子公　なかとみのこきみ
奈良時代の官人。
　¶古人（生没年不詳）

中臣伊房　なかとみのこれふさ
平安時代後期の春日社神主。
　¶古人（㊥？　⑫1132年）

中臣酒人虫麻呂　なかとみのさかひとのむしまろ
奈良時代の官人。
　¶古人（生没年不詳）

中臣実国　なかとみのさねくに
平安時代中期の官人。
　¶古人（生没年不詳）

中臣志斐春継*　なかとみのしいのはるつぐ
？〜貞観12（870）年　平安時代前期の天文博士。

　¶古人

中臣志斐安善*　なかとみのしいのやすよし
承和4（837）年〜元慶5（881）年　平安時代前期の天
文博士。
　¶古人

中臣祐明*(1)　なかとみのすけあき
寛政5（1793）年〜文久1（1861）年4月23日　江戸時
代末期の神官（春日社次権預）。
　¶公卿，公家（祐明〔春日神社預 中臣諸家〕　すけあき
　㊨1792年　⑫万延1（1860）年4月23日）

中臣祐明(2)　なかとみのすけあき
⇒中臣祐明（なかとみすけあき）

中臣祐諄*　なかとみのすけあつ
江戸時代末期の神官（春日社正預）。
　¶公卿，公家（㊤明和7（1770）年　⑫天保9（1838）年6月14日），
公家（祐諄〔春日神社預 中臣諸家〕　すけあつ）

中臣祐当*　なかとみのすけあて
寛文2（1662）年〜享保17（1732）年1月2日　江戸時
代中期の神官（春日社新預）。
　¶公卿，公家（祐当〔春日神社預 中臣諸家〕　すけまさ）

中臣祐兄*　なかとみのすけあに
延享2（1745）年〜文化13（1816）年8月12日　江戸
時代中期〜後期の神官（春日社正預）。
　¶公卿，公家（祐兄〔春日神社預 中臣諸家〕　すけえ）

中臣祐臣*　なかとみのすけおみ
⇒中臣祐臣（なかとみすけおみ）

中臣祐処*　なかとみのすけおり
宝永6（1709）年〜明和2（1765）年1月2日　江戸時
代中期の神官（春日社次預）。
　¶公卿，公家（祐処〔春日神社預 中臣諸家〕　すけおり）

中臣祐恩　なかとみのすけおん
⇒中臣祐恩（なかとみゆうおん）

中臣祐礒　なかとみのすけぎ
⇒中臣祐礒（なかとみゆうぎ）

中臣祐薫*　なかとみのすけしげ
享保6（1721）年〜寛政3（1791）年8月14日　江戸
時代中期の神官（春日社正預）。
　¶公卿，公家（祐薫〔春日神社預 中臣諸家〕　すけかお）

中臣祐重*　なかとみのすけしげ
*〜建久3（1192）年2月24日　㊙中臣祐重（なかとみ
すけしげ）　平安時代後期の神職。
　¶古人（㊥1123年）

中臣祐茂　なかとみのすけしげ
⇒中臣祐茂（なかとみすけしげ）

中臣祐嵩*　なかとみのすけたか
寛政6（1794）年〜天保9（1838）年6月14日　江戸時
代後期の神官（春日社権預）。
　¶公卿，公家（祐嵩〔春日神社預 中臣諸家〕　すけたか
　㊥？）

中臣祐俊*　なかとみのすけとし
寛永5（1628）年〜元禄10（1697）年9月26日　㊙中
臣祐俊（なかとみすけとし）　江戸時代前期の神官
（春日社正預）。
　¶公卿，公家（祐俊〔春日神社預 中臣諸家〕　すけとし）

中臣習宜阿曽麻呂*（中臣習宜阿曽万呂）　なかとみの

すげのあそまろ
生没年不詳　[別]習宜阿曽麻呂(すげのあそまろ)，中臣習宜朝臣阿曽麻呂(なかとみのすげのあそんあそまろ)　奈良時代の官人。従五位下。
¶古人(中臣習宜阿曽万呂)，古代(中臣習宜朝臣阿曽麻呂　なかとみのすげのあそんあそまろ)，コン

中臣習宜朝臣阿曽麻呂　なかとみのすげのあそんあそまろ
⇒中臣習宜阿曽麻呂(なかとみのすげのあそまろ)

中臣助延　なかとみのすけのぶ
平安時代後期の神宮正預。
¶古人([生]?　[没]1069年)

中臣祐延*　なかとみのすけのぶ
寛政3(1791)年～嘉永2(1849)年10月11日　江戸時代後期の神官(春日社正預)。
¶公卿，公家(祐延〔春日神社預 中臣諸家〕　すけのぶ)

中臣習宜山守　なかとみのすげのやまもり
奈良時代の伊勢神宮大宮司。
¶古人(生没年不詳)

中臣祐至*　なかとみのすけのり
寛保2(1742)年～文化3(1806)年9月22日　江戸時代中期～後期の神官(春日社神宮権預)。
¶公卿，公家(祐至〔春日神社預 中臣諸家〕　すけよし)

中臣祐春　なかとみのすけはる
⇒中臣祐春(なかとみすけはる)

中臣祐丕*　なかとみのすけひろ
明和7(1770)年～天保9(1838)年6月14日　江戸時代後期の神官(春日社権預)。
¶公卿，公家(祐丕〔春日神社預 中臣諸家〕　すけひ)

中臣祐雅*　なかとみのすけまさ
享保20(1735)年～寛政2(1790)年7月24日　江戸時代中期の神官(春日社若宮神主)。
¶公卿，公家(祐雅〔春日神社預 中臣諸家〕　すけまさ)

中臣祐益*　なかとみのすけます
正徳1(1711)年～安永1(1772)年10月24日　江戸時代中期の神官(春日若宮神主)。
¶公卿，公家(祐益〔春日神社預 中臣諸家〕　すけます　[没]明和9(1772)年10月24日)

中臣祐道*　なかとみのすけみち
文化12(1815)年～明治1(1868)年3月13日　江戸時代末期の神官(春日社若宮神主)。
¶公卿，公家(祐道〔春日神社預 中臣諸家〕　すけみち　[没]慶応4(1868)年3月13日)

中臣祐誠*　なかとみのすけみつ
天明2(1782)年～?　江戸時代後期の神官(春日社若宮神主)。
¶公卿，公家(祐誠〔春日神社預 中臣諸家〕　すけまさ)

中臣祐木*　なかとみのすけもく
宝暦6(1756)年～文政4(1821)年8月25日　江戸時代中期～後期の神官(春日社正預)。
¶公卿，公家(祐木〔春日神社預 中臣諸家〕　すけもく)

中臣祐用*　なかとみのすけもち
明暦1(1655)年～享保5(1720)年9月3日　[別]中臣祐用(なかとみすけゆ)　江戸時代前期～中期の神官(春日社新預)。
¶公卿，公家(祐用〔春日神社預 中臣諸家〕　すけもち)

中臣鷹主*　なかとみのたかぬし
生没年不詳　[別]大中臣鷹主(おおなかとみのたかぬし)　奈良時代の官人。
¶古人，コン

中臣為俊　なかとみのためとし
平安時代中期の陰陽師。
¶古人(生没年不詳)

中臣為行　なかとみのためゆき
平安時代後期の楽人。
¶古人([生]1056年　[没]1119年)

中臣近助　なかとみのちかすけ
平安時代中期～後期の神宮権預。
¶古人([生]1045年　[没]1106年)

中臣近時　なかとみのちかとき
平安時代後期の随身。11世紀末に多くの競馬に出場。源雅実の随身。
¶古人(生没年不詳)

中臣近友*　なかとみのちかとも
?～寛治6(1092)年　平安時代後期の官人。舞で高名。
¶古人

中臣千里　なかとみのちさと
平安時代後期の官人。
¶古人(生没年不詳)

中臣常　なかとみのつね
奈良時代の官人。藤原仲麻呂追討の功で従五位下。
¶古人(生没年不詳)

中臣連胤*　なかとみのつらたね
寛政7(1795)年～?　江戸時代後期の神官(吉田社権預)。
¶公卿，公家(連胤〔吉田社権預 鈴鹿家〕　つらたね)

中臣豊子*　なかとみのとよこ
生没年不詳　平安時代前期の女性。桓武天皇の宮人。
¶天皇

中臣直親*　なかとみのなおちか
寛政6(1794)年～安政2(1855)年10月9日　江戸時代末期の神官(平野社正禰宜)。
¶公卿，公家(直親〔平野神社禰宜 鈴鹿家〕　なおちか)

中臣直保*　なかとみのなおやす
文政1(1818)年～安政6(1859)年9月7日　江戸時代末期の神官(平野社正禰宜)。
¶公卿，公家(直保〔平野神社禰宜 鈴鹿家〕　なおやす)

中臣名代*　なかとみのなしろ
?～天平17(745)年　[別]中臣朝臣名代(なかとみのあそんなしろ)　奈良時代の官人。島麻呂の子、伊賀麻呂の父。
¶古人，古代(中臣朝臣名代　なかとみのあそんなしろ)，コン

中臣並親*　なかとみのなみちか
寛延2(1749)年～文政1(1818)年6月28日　江戸時代中期～後期の神官(平野社正禰宜)。
¶公卿，公家(並親〔平野神社禰宜 鈴鹿家〕　なみちか)

中臣延雄*　なかとみののぶを
正徳5(1715)年～安永1(1772)年7月28日　江戸時代中期の神官(春日社正預)。

¶公卿, 公家（延雄〔春日神社預 中臣諸家〕 のぶお）

中臣延栄* なかとみののぶしげ
元禄8（1695）年〜明和4（1767）年11月14日　江戸
時代中期の神官（春日社正預）。
¶公卿, 公家（延栄〔春日神社預 中臣諸家〕 のぶひで）

中臣延樹* なかとみののぶしげ
享保5（1720）年〜寛政2（1790）年7月13日　江戸時
代中期の神官（春日社正預）。
¶公卿, 公家（延樹〔春日神社預 中臣諸家〕 のぶき）

中臣延相* なかとみののぶすけ
寛永13（1636）年〜元禄15（1702）年10月4日　江戸
時代前期〜中期の神官（春日社正預）。
¶公卿, 公家（延相〔春日神社預 中臣諸家〕 のぶすけ）

中臣延種* なかとみののぶたね
慶長12（1607）年〜延宝7（1679）年12月28日　江戸
時代前期の神官（春日社権預）。
¶公卿, 公家（延種〔春日神社預 中臣諸家〕 のぶたね）
㊤1606年 ㊦延宝6（1678）年12月28日）

中臣延庸* なかとみののぶつね
元禄5（1692）年〜宝暦7（1757）年8月16日　㋹中臣
延庸（なかとみのぶつね）　江戸時代中期の神官
（春日社正預）。
¶公卿, 公家（延庸〔春日神社預 中臣諸家〕 のぶつね）

中臣信経 なかとみののぶつね
平安時代後期の春日社正預。
¶古人（㊤？ ㊦1123年）

中臣延陳* なかとみののぶつら
明和8（1771）年〜文政5（1822）年10月1日　江戸時
代後期の神官（春日社正預）。
¶公卿, 公家（延陳〔春日神社預 中臣諸家〕 のぶのり）

中臣延知* なかとみののぶとも
慶長14（1609）年〜延宝8（1680）年2月4日　江戸
時代前期の神官（春日社正預）。
¶公卿, 公家（延知〔春日神社預 中臣諸家〕 のぶとも）

中臣延尚* なかとみののぶなお
寛永17（1640）年〜享保8（1723）年11月18日　江戸
時代前期〜中期の神官（春日社正預）。
¶公卿, 公家（延尚〔春日神社預 中臣諸家〕 のぶなお）

中臣延長* なかとみののぶなが
天明6（1786）年〜文久3（1863）年7月10日　江戸
時代後期の神官（春日社正預）。
¶公卿, 公家（延長〔春日神社預 中臣諸家〕 のぶなが）
㊦文久3（1863）年7月10日）

中臣延晴* なかとみののぶはる
寛文9（1669）年〜宝暦1（1751）年　㋹中臣延晴（な
かとみのぶはる）　江戸時代中期の神官（春日社正
預）。
¶公卿（㊦宝暦1（1751）年12月7日）, 公家（延晴〔春日神
社預 中臣諸家〕 のぶはる　㊦宝暦1（1751）年12月7
日）

中臣延英* なかとみののぶひで
寛永15（1638）年〜享保4（1719）年11月10日　㋹中
臣延英（なかとみのぶひで）　江戸時代前期〜中期
の神官（春日社正預）。
¶公卿, 公家（延英〔春日神社預 中臣諸家〕 のぶひで）

中臣宣保* なかとみののぶやす
延宝1（1673）年〜宝暦8（1758）年2月25日　江戸
時代中期の神官（平野社禰宜）。

¶公卿, 公家（宣保〔平野神社禰宜 鈴鹿家〕 のぶやす）

中臣延致* なかとみののぶゆき
寛文9（1669）年〜享保16（1731）年11月2日　江戸
時代中期の神官（春日社権預）。
¶公卿, 公家（延致〔春日神社預 中臣諸家〕 のぶむね）
㊤1668年）

中臣張弓 なかとみのはりゆみ
奈良時代の官人。
¶古人（生没年不詳）

中臣必登 なかとみのひと
奈良時代の官人。
¶古人（生没年不詳）

中臣人足 なかとみのひとたり
⇒中臣朝臣人足（なかとみのあそんひとたり）

中臣広見* なかとみのひろみ
生没年不詳　奈良時代の神祇伯。
¶古人

中臣延庸 なかとみのぶつね
⇒中臣延庸（なかとみののぶつね）

中臣延晴 なかとみのぶはる
⇒中臣延晴（なかとみののぶはる）

中臣延英 なかとみのぶひで
⇒中臣延英（なかとみののぶひで）

中臣政親 なかとみのまさちか
⇒中臣政親（なかとみまさちか）

中臣益人* なかとみのましひと
生没年不詳　㋹中臣益人（なかとみのますひと）
奈良時代の祭主。大中臣一門出身。
¶古人（なかとみのますひと）

中臣益親* なかとみのますちか
元禄13（1700）年〜宝暦10（1760）年2月20日　江戸
時代中期の神官（平野社預）。
¶公卿, 公家（益親〔平野神社禰宜 鈴鹿家〕 ますちか）

中臣益人 なかとみのますひと
⇒中臣益人（なかとみのましと）

中臣弥気 なかとみのみけ
⇒中臣連弥気（なかとみのむらじみけ）

中臣光和* なかとみのみつかず
寛政2（1790）年〜天保13（1842）年4月20日　江戸
時代後期の神官（春日社正預）。
¶公卿, 公家（光和〔春日神社預 中臣諸家〕 みつかず）

中臣光知* なかとみのみつとも
享保5（1720）年〜寛政2（1790）年10月18日　㋹中
臣光知（なかとみみつとも）　江戸時代中期の神官
（春日社正預）。
¶公卿, 公家（光知〔春日神社預 中臣諸家〕 みつとも）

中臣光泰* なかとみのみつやす
延享3（1746）年〜寛政9（1797）年12月20日　江戸
時代中期の神官（春日社正預）。
¶公卿, 公家（光泰〔春日神社預 中臣諸家〕 みつやす）

中臣宮処東人* なかとみのみやこのあずまひと
？〜天平10（738）年　奈良時代の官人。長屋王の謀
反を密告。
¶コン

中臣宮地　なかとみのみやぢ
⇒中臣宮地連烏摩侶（なかとみのみやどころのむらじおまろ）

中臣宮地烏摩侶　なかとみのみやどころのおまろ
⇒中臣宮地連烏摩侶（なかとみのみやどころのむらじおまろ）

中臣宮地連烏摩侶*　なかとみのみやどころのむらじおまろ
[別]中臣宮地（なかとみのみやぢ），中臣宮地烏摩侶（なかとみのみやどころのおまろ）　飛鳥時代の官人。
¶古代

な

中臣連大島　なかとみのむらじおおしま
⇒中臣大嶋（なかとみのおおしま）

中臣連鎌子　なかとみのむらじかまこ
⇒中臣鎌子（なかとみのかまこ）

中臣連鎌足　なかとみのむらじかまたり
⇒藤原鎌足（ふじわらのかまたり）

中臣連国*　なかとみのむらじくに
生没年不詳　[別]中臣国（なかとみのくに）　飛鳥時代の将軍。
¶古代

中臣連国足*　なかとみのむらじくにたり
生没年不詳　[別]中臣国足（なかとみのくにたり）　飛鳥時代の官人。
¶古代

中臣連弥気*　なかとみのむらじみけ
生没年不詳　[別]中臣弥気（なかとみのみけ）　飛鳥時代の藤原鎌足の父。
¶古人（中臣弥気　なかとみのみけ），古代

中臣武良自　なかとみのむろじ
⇒中臣朝臣武良自（なかとみのあそみむらじ）

中臣宅成　なかとみのやかなり
奈良時代の官人。
¶古人（生没年不詳）

中臣宅守*　なかとみのやかもり
生没年不詳　[別]中臣朝臣宅守（なかとみのあそみやかもり，なかとみのあそんやかもり）　奈良時代の官吏・歌人。
¶古人，古代（中臣朝臣宅守　なかとみのあそんやかもり），日文

中臣政親*　なかとみまさちか
生没年不詳　[別]中臣政親（なかとみのまさちか）　鎌倉時代前期の神官。
¶古人（なかとみのまさちか）

中臣光知　なかとみみつとも
⇒中臣光知（なかとみのみつとも）

中臣祐恩*　なかとみゆうおん
*～永禄4（1561）年　[別]中臣祐恩（なかとみすけよし，なかとみのすけおん）　戦国時代の神官（春日社正預）。
¶公卿（なかとみのすけおん　[生]文明10（1478）年　[没]永禄4（1561）年2月），公家（祐恩〔春日神社預 中臣諸家〕　すけおき　[生]1479年　[没]永禄4（1561）年2月）

中臣祐礒*　なかとみゆうぎ
永正4（1507）年～？　[別]中臣祐礒（なかとみすけいそ，なかとみのすけぎ）　戦国時代の神官（春日社正預）。
¶公卿（なかとみのすけぎ），公家（祐礒〔春日神社預 中臣諸家〕　すけいそ）

中臣能隆　なかとみよしたか
⇒大中臣能隆（おおなかとみのよしたか）

永鳥三平*　ながとりさんぺい
文政7（1824）年～慶応1（1865）年　江戸時代末期の勤王志士。
¶幕末（[没]慶応1（1865）年8月28日）

長戸路七郎左衛門尉*　ながとろしちろうさえもん
生没年不詳　戦国時代の豪族。伊勢宗瑞により八丈島の地頭となる。
¶後北（真敷〔長戸路〕　さねしき）

良成親王　ながなりしんのう
⇒良成親王（よしなりしんのう）

中西君尾*　なかにしきみお
*～大正7（1918）年　江戸時代末期～明治時代の女性。京都祇園の芸妓。
¶全幕（[生]天保14（1843）年）

中西清次　なかにしきよつぐ
江戸時代前期の代官。
¶徳代（生没年不詳）

中西敬房　なかにしけいぼう
⇒中西敬房（なかにしたかふさ）

中西耕石*　なかにしこうせき
文化4（1807）年～明治17（1884）年1月9日　江戸時代末期～明治時代の南画家。第一回内国絵画共進会で銅賞、絵事功労賞を受賞。
¶コン，美画

中西小六*　なかにしころく
江戸時代末期の新撰組隊士。
¶新隊（生没年不詳）

中西権兵衛*　なかにしごんべえ
生没年不詳　安土桃山時代の織田信長の家臣。
¶織田（[生]？　[没]慶長17（1612）年10月26日）

中西実清　なかにしさねきよ
戦国時代～江戸時代前期の代官。
¶徳代（[生]大永4（1524）年　[没]慶長15（1610）年3月25日）

中西三郎兼重　なかにしさぶろうかねしげ
江戸時代前期の山城八幡清水の住人。大坂の陣に籠城。
¶大坂

中西茂樹*　なかにししげき
嘉永2（1849）年～明治7（1874）年　江戸時代末期～明治時代の土佐の志士。岩倉具視を赤坂で襲撃、失敗して処刑。
¶幕末（[没]明治7（1874）年7月9日）

中西深斎*　なかにししんさい
享保9（1724）年～享和3（1803）年3月22日　江戸時代中期～後期の医師。京都生まれ。
¶科学，コン

中西新作*　なかにししんさく
？～明治44（1911）年　江戸時代末期～明治時代の大庄屋。
¶幕末（[没]明治44（1911）年11月17日）

中西新八郎* なかにししんぱちろう
生没年不詳 安土桃山時代の織田信長の家臣。
¶織田

中西正好* なかにしせいこう
生没年不詳 [別]中西正好(なかにしまさよし) 江戸時代前期の算学者。
¶数学(なかにしまさよし)

中西宗助* なかにしそうすけ
延宝4(1676)年～享保18(1733)年 江戸時代中期の三井家越後屋呉服店の最高重役。
¶コン

中西敬房* なかにしたかふさ
?～天明1(1781)年 [別]中西敬房(なかにしけいぼう) 江戸時代中期の気象学者。明和年間に活躍。
¶科学,コン(生没年不詳)

中西毅男* なかにしたけお
天保3(1832)年～明治15(1882)年5月6日 江戸時代末期～明治時代の国学者。藩郡代追放、自治制を敷き総会所文事方頭取をつとめる。
¶幕末([生]天保5(1834)年 [没]明治16(1883)年5月6日)

中西為子* なかにしためこ
天保12(1841)年～明治3(1870)年 江戸時代末期～明治時代の歌人。京都御所で何度も指導をする。歌碑が神戸市熊内八幡神社境内にある。
¶江表(為子(兵庫県) [生]天保11(1840)年),幕末([没]明治3(1870)年9月)

中西淡斎* なかにしたんさい
江戸時代末期の国学者。
¶幕末([生]文化10(1813)年 [没]明治1(1869)年12月9日)

中西長門守* なかにしながとのかみ
天正8(1580)年?～慶安3(1650)年8月11日 安土桃山時代～江戸時代前期の京都の手猿楽者。
¶コン

中西登* なかにしのぼる
天保13(1842)年～? 江戸時代後期～末期の新撰組隊士。
¶新隊

中西正則* なかにしまさのり
生没年不詳 江戸時代前期の和算家。
¶数学

中西正好 なかにしまさよし
⇒中西正好(なかにしせいこう)

中西三清 なかにしみつきよ
安土桃山時代～江戸時代前期の代官。
¶徳代([生]永禄6(1563)年 [没]寛永11(1634)年5月5日)

中庭茂三* なかにわもさん
?～元禄7(1694)年 江戸時代前期の対馬藩陶工。
¶美工([没]元禄7(1694)年8月18日)

中庭茂山 なかにわもざん
⇒茂山(もさん)

長沼詮政* ながぬまあきまさ,なかぬまあきまさ
生没年不詳 江戸時代後期の和算家。
¶数学(なかぬまあきまさ)

長沼安定* ながぬまあんてい
?～元治1(1864)年 [別]長沼安定(なかぬまやすさだ,ながぬまやすさだ) 江戸時代末期の和算家。
¶数学(なかぬまやすさだ [没]元治1(1864)年9月14日)

中沼葵園* なかぬまきえん
文化13(1816)年～明治29(1896)年5月1日 [別]中沼了三(なかぬまりょうぞう) 江戸時代末期～明治時代の儒学者。彰仁親王の侍読、明治天皇の侍講など務める。湘南学舎を開く。
¶幕末([生]文化13(1816)年5月6日)

長沼澹斎 ながぬまたんさい
⇒長沼宗敬(ながぬまむねよし)

長沼富寛 なかぬまとみひろ
江戸時代後期の和算家。
¶数学([生]弘化4(1847)年)

長沼宗政* ながぬまむねまさ
応保2(1162)年～仁治1(1240)年11月19日 [別]藤原宗政(ふじわらのむねまさ) 平安時代後期～鎌倉時代前期の武士。小山政光の子。
¶古人(藤原宗政 ふじわらのむねまさ),平家

長沼宗敬* ながぬまむねよし
寛永12(1635)年～元禄3(1690)年 [別]長沼澹斎(ながぬまたんさい) 江戸時代前期の兵学者。長沼流兵学の流祖。
¶コン

長沼守敬 ながぬまもりよし
江戸時代末期～昭和時代の彫刻家。
¶美建([生]安政4(1857)年9月23日 [没]昭和17(1942)年7月18日)

長沼安定 なかぬまやすさだ,ながぬまやすさだ
⇒長沼安定(ながぬまあんてい)

長沼安忠* なかぬまやすただ
天保8(1837)年～大正2(1913)年 江戸時代後期～大正時代の数学者。
¶数学

長沼義秀 ながぬまよしひで
室町時代の武士。
¶内乱(生没年不詳)

中沼了三 なかぬまりょうぞう
⇒中沼葵園(なかぬまきえん)

中根璋 なかねあきら
⇒中根元圭(なかねげんけい)

中根市之丞*(1) なかねいちのじょう
?～天正10(1582)年6月2日 戦国時代～安土桃山時代の織田信長の家臣。
¶織田

中根市之丞*(2) なかねいちのじょう
?～文久3(1863)年 江戸時代末期の幕臣。
¶幕末([没]文久3(1863)年8月19日)

中根求馬* なかねきゅうま
生没年不詳 [別]中根求馬(なかねもとめ) 江戸時代末期の幕臣。
¶幕末(なかねもとめ [生]? [没]明治27(1894)年2月7日)

中根香亭 なかねきょうてい
⇒中根香亭(なかねこうてい)

中根淑 なかねきよし
⇒中根香亭(なかねこうてい)

中根元圭*　なかねげんけい
寛文2(1662)年～享保18(1733)年　[別]中根璋(なかねあきら)　江戸時代中期の天文暦学者、和算の大家。
¶科学([没]享保18(1733)年9月22日),コン,思想,数学([生]寛文2(1662)年3月　[没]享保18(1733)年9月2日)

中根彦循*　なかねげんじゅん
元禄14(1701)年～宝暦11(1761)年8月21日　江戸時代中期の算学者。
¶科学,コン,数学

中根幸*　なかねこう
?～大正4(1915)年12月29日　江戸時代末期～明治時代の女性。徳川慶喜の側室。
¶全幕,徳将

中根香亭*　なかねこうてい
天保10(1839)年～大正2(1913)年　[別]中根香亭(なかねきょうてい),中根淑(なかねきよし)　江戸時代末期～大正時代の漢学者。地歴国漢にわたり著書は多い。代表作に「兵要日本地理小誌」「日本文典」など。
¶コン(なかねきょうてい),徳人(中根淑　なかねきよし　[没]1912年),俳文([生]天保10(1839)年2月　[没]大正2(1913)年1月2日),幕末([生]天保10(1839)年2月12日　[没]大正2(1913)年1月20日)

中根重一　なかねしげかず
江戸時代後期～明治時代の眼科医。
¶眼医([生]嘉永4(1851)年　[没]明治39(1906)年)

中根雪江*　なかねせっこう
文化4(1807)年～明治10(1877)年10月3日　[別]中根雪江,中根靱負(なかねゆきえ)　江戸時代末期～明治時代の福井藩士、政治家。
¶江人,コン(なかねゆきえ),全幕(なかねゆきえ),幕末([生]文化4(1807)年7月3日)

中根長十郎*　なかねちょうじゅうろう
寛政6(1794)年～文久3(1863)年　江戸時代末期の幕臣。
¶徳人,幕末([没]文久3(1863)年10月23日)

中根東里*　なかねとうり
元禄7(1694)年～明和2(1765)年　江戸時代中期の儒者。
¶コン,思想

中根信照*　なかねのぶてる
生没年不詳　安土桃山時代の織田信長の家臣。
¶織田([生]天文15(1546)年　[没]慶長15(1610)年10月18日)

中根正包　なかねまさかね
江戸時代前期～中期の幕臣。
¶徳人([生]1661年　[没]1716年)

中根正次　なかねまさつぐ
江戸時代前期の幕臣。
¶徳人([生]?　[没]1656年)

中根正成　なかねまさなり
安土桃山時代～江戸時代前期の幕臣。
¶徳人([生]1587年　[没]1671年)

中根正延　なかねまさのぶ
江戸時代前期～中期の幕臣。
¶徳人([生]1637年　[没]1707年)

中根正盛*　なかねまさもり
天正16(1588)年～寛文5(1665)年12月2日　江戸時代前期の旗本、3代将軍家光の側近。
¶コン,徳将,徳人

中根求馬　なかねもとめ
⇒中根求馬(なかねきゅうま)

中根雪江(中根靱負)　**なかねゆきえ**
⇒中根雪江(なかねせっこう)

中根米七*　なかねよねしち
文政3(1820)年～明治11(1878)年　江戸時代末期～明治時代の会津藩士。思案橋事件の生き残り。
¶幕末([没]明治11(1878)年8月23日)

中根理左衛門*　なかねりざえもん
天保1(1830)年～明治26(1893)年　江戸時代末期～明治時代の松岡藩士。
¶幕末([生]文政13(1830)年)

なかの
江戸時代後期の女性。狂歌。尾張の遊女。文化14年刊、橘庵芦辺田鶴丸撰『狂歌弄花集』に載る。
¶江表(なかの(愛知県))

長之　ながの★
江戸時代中期の女性。和歌。太田広矩の妻。享保17年跋、坂静山編『和歌山下水』に載る。
¶江表(長之(東京都))

中野一右衛門*　なかのいちえもん
生没年不詳　戦国時代の人。伊豆弥勒寺住人。
¶後北(一右衛門〔中野〕　いちえもん)

長野一郎*　ながのいちろう
天保10(1839)年～文久4(1864)年　江戸時代末期の志士。
¶全幕([没]元治1(1864)年),幕末([没]元治1(1864)年)

長忌寸意吉麻呂　ながのいみきおきまろ
⇒長奥麻呂(ながのおきまろ)

仲石伴　なかのいわとも
奈良時代の官人。藤原仲麻呂の乱に与して殺された。
¶古人([生]?　[没]764年)

中院定平　なかのいんさだひら
⇒源定平(みなもとのさだひら)

中院親光*　なかのいんちかみつ
延慶1(1308)年～天授3/永和3(1377)年4月　[別]中院親光(ちゅういんちかみつ)　鎌倉時代後期～南北朝時代の公卿(権大納言)。権大納言中院光忠の子。
¶公卿([生]?　[没]永和3/天授3(1377)年4月),公家(親光〔中院家(絶家)4〕　ちかみつ　[生]?　[没]永和3(1377)年4月),コン

中院時通*　なかのいんときみち
生没年不詳　鎌倉時代後期の公卿(参議)。権大納言土御門通行の孫。
¶公卿,公家(時通〔土御門家(絶家)2〕　ときみち),公家(顕隆〔中院家〕　あきたか)

中院俊通*　なかのいんとしみち
康元1(1256)年～嘉元2(1304)年5月12日　鎌倉時代後期の公卿(非参議)。権大納言久我具房の子。
¶公卿,公家(俊通〔愛宕家(絶家)〕　としみち)

中院具氏* なかのいんともうじ
貞永1(1232)年〜建治1(1275)年9月14日　鎌倉時代前期の公卿(参議)。非参議中院通氏の子。
¶公卿, 公家(具氏〔中院家(絶家)2〕　ともうじ)

中院具氏女 なかのいんともうじのむすめ
⇒権大納言局(ごんだいなごんのつぼね)

中院雅相* なかのいんまさすけ
生没年不詳　鎌倉時代後期の公卿(非参議)。権中納言久我雅光の子。
¶公卿, 公家(雅相〔中院家(絶家)1〕　まさすけ)

中院雅忠* なかのいんまさただ
安貞2(1228)年〜文永9(1272)年8月3日　[別]源雅忠(みなもとまさただ)　鎌倉時代前期の公卿(大納言)。太政大臣久我通光の四男。
¶公卿, 公家(雅忠〔久我家〕　まさただ)

中院雅忠女 なかのいんまさただのむすめ
⇒後深草院二条(ごふかくさいんのにじょう)

中院通顕* なかのいんみちあき
正応4(1291)年〜*　鎌倉時代後期〜南北朝時代の公卿(内大臣)。内大臣中院通重の長男。
¶公卿([没]康永2/興国4(1343)年12月20日), 公家(通顕〔中院家〕　みちあき　[没]康永2(1343)年12月20日)

中院通淳* なかのいんみちあつ
元中6/康応1(1389)年〜宝徳3(1451)年　室町時代の公卿(准大臣)。権大納言中院通守の子。
¶公卿([生]康応1(1389)年　[没]宝徳3(1451)年11月28日), 公家(通淳〔中院家〕　みちあつ　[没]宝徳3(1451)年11月28日)

中院通氏*(1) なかのいんみちうじ
*〜暦仁1(1238)年7月25日　鎌倉時代前期の公卿(非参議)。大納言中院通方の長男。
¶公卿([生]?), 公家(通氏〔中院家(絶家)2〕　みちうじ　[生]?　[没]嘉禎4(1238)年7月25日)

中院通氏*(2) なかのいんみちうじ
正平2/貞和3(1347)年〜応永2(1395)年　南北朝時代の公卿(権大納言)。大納言中院通冬の子。
¶公卿([生]貞和2(1346)年　[没]応永2(1395)年7月6日), 公家(通氏〔中院家〕　みちうじ　[生]1348年　[没]応永2(1395)年7月6日)

中院通枝* なかのいんみちえだ
享保7(1722)年11月29日〜宝暦3(1753)年　江戸時代中期の公家(権中納言)。権大納言久世通夏の次男。
¶公卿([没]宝暦3(1753)年5月19日), 公家(通枝〔中院家〕　みちえだ　[没]宝暦3(1753)年5月19日)

中院通方* なかのいんみちかた
文治5(1189)年〜暦仁1(1238)年12月28日　[別]土御門通方(つちみかどみちかた), 源通方(みなもとのみちかた)　鎌倉時代前期の公卿(大納言)。中院家の祖。内大臣源通親の五男。
¶公卿, 公家(通方〔中院家〕　みちかた　[没]嘉禎4(1238)年12月28日), 古人(土御門通方　つちみかどみちかた)

中院通方女 なかのいんみちかたのむすめ
⇒大納言局(だいなごんのつぼね)

中院通勝* なかのいんみちかつ
弘治2(1556)年〜慶長15(1610)年3月25日　[別]通勝(みちかつ)　安土桃山時代〜江戸時代前期の公家(権中納言)。内大臣中院通為の子。
¶公卿, 公家(通勝〔中院家〕　みちかつ), 俳文(通勝　みちかつ)

中院通重* なかのいんみちしげ
文永7(1270)年〜元亨2(1322)年　鎌倉時代後期の公卿(内大臣)。権大納言・准大臣中院通頼の長男。
¶公卿([没]元亨1(1321)年9月15日), 公家(通重〔中院家〕　みちしげ　[没]元亨2(1322)年9月15日), コン

中院通茂* なかのいんみちしげ
寛永8(1631)年〜宝永7(1710)年3月21日　[別]中院通茂(なかのいんみちもち)　江戸時代前期〜中期の公家(内大臣)。権大納言中院通純の子。
¶公卿, 公家(通茂〔中院家〕　みちしげ　[生]寛永8(1631)年4月13日), コン

中院通純* なかのいんみちずみ
慶長17(1612)年〜承応2(1653)年　江戸時代前期の公家(権大納言)。内大臣中院通村の子。
¶公卿([没]承応2(1653)年4月8日), 公家(通純〔中院家〕　みちずみ　[生]慶長17(1612)年8月28日　[没]承応2(1653)年4月8日)

中院通胤* なかのいんみちたね
明応8(1499)年〜享禄3(1530)年　戦国時代の公卿(権中納言)。権中納言中院通世の子。
¶公卿([没]享禄3(1530)年8月5日), 公家(通胤〔中院家〕　みちたね　[没]享禄3(1530)年8月5日)

中院通為* なかのいんみちため
永正14(1517)年〜永禄8(1565)年　戦国時代の公卿(内大臣)。権中納言中院通胤の子。
¶公卿([没]永禄8(1565)年9月3日), 公家(通為〔中院家〕　みちため　[生]永正14(1517)年11月24日　[没]永禄8(1565)年9月3日)

中院通時* なかのいんみちとき
文永10(1273)年〜?　鎌倉時代後期の公卿(権中納言)。権大納言・准大臣中院通頼の次男。
¶公卿, 公家(通時〔中院家〕　みちとき)

中院通敏* なかのいんみちとし
生没年不詳　南北朝時代の公家・歌人。中院通冬の男。
¶公家(通敏〔中院家〕　みちとし)

中院通富* なかのいんみちとみ
文政6(1823)年〜明治18(1885)年　江戸時代末期〜明治時代の公家(権大納言)。内大臣徳大寺実堅の次男。
¶公卿([生]文政6(1823)年9月23日　[没]明治18(1885)年6月), 公家(通富〔中院家〕　みちとよ　[生]文政6(1823)年9月23日　[没]明治18(1885)年6月19日), 幕末([生]文政6(1823)年9月23日　[没]明治18(1885)年6月19日)

中院通知* なかのいんみちとも
明和8(1771)年〜弘化3(1846)年　江戸時代後期の公家(権大納言)。権大納言中院通古の子。
¶公卿([生]明和8(1771)年11月6日　[没]弘化3(1846)年4月4日), 公家(通知〔中院家〕　みちとも　[生]明和8(1771)年11月6日　[没]弘化3(1846)年4月4日)

中院通成* なかのいんみちなり
貞応1(1222)年〜*　鎌倉時代後期の公卿(内大臣)。大納言中院通方の次男。
¶公卿([没]弘安9(1286)年12月23日), 公家(通成〔中院家〕　みちなり　[没]弘安9(1286)年12月23日)

中院通教* なかのいんみちのり
寛元4(1246)年〜?　鎌倉時代後期の公卿(権中納言)。内大臣中院通成の次男。
¶公卿, 公家(通教〔中院家(絶家)3〕　みちのり)

な

中院通古　なかのいんみちひさ
⇒中院通古（なかのいんみちふる）

中院通秀*　なかのいんみちひで
正長1（1428）年～明応3（1494）年　[別]通秀（みちひで）　室町時代～戦国時代の公卿（内大臣）。権大納言中院通淳の子。
¶公卿（[没]明応3（1494）年6月22日），公家（通秀〔中院家〕　みちひで　[没]明応3（1494）年6月22日），俳文（通秀　みちひで　[没]明応3（1494）年6月22日）

中院通藤*　なかのいんみちふじ
生没年不詳　鎌倉時代後期の公卿（非参議）。権中納言中院通教の子。
¶公卿，公家（通藤〔中院家（絶家）3〕　みちふじ）

中院通冬*　なかのいんみちふゆ
正和4（1315）年～正平18/貞治2（1363）年　南北朝時代の公卿（大納言）。内大臣中院通顕の子。
¶公卿（[没]貞治2/正平18（1363）年閏1月25日），公家（通冬〔中院家〕　みちふゆ　[没]貞治2（1363）年閏1月25日）

中院通古*　なかのいんみちふる
寛延3（1750）年12月9日～寛政7（1795）年　[別]中院通古（なかのいんみちひさ）　江戸時代中期の公家（権大納言）。権中納言久我栄通の次男。
¶公卿（[没]寛政7（1795）年10月21日），公家（通古〔中院家〕　みちふる　[没]寛政7（1795）年10月21日）

中院通躬*　なかのいんみちみ
寛文8（1668）年～元文4（1739）年　江戸時代中期の公家（右大臣）。内大臣中院通茂の子。
¶公卿（[没]元文4（1739）年11月3日），公家（通躬〔中院家〕　みちみ　[生]寛文8（1668）年5月12日　[没]元文4（1739）年12月3日）

中院通村*　なかのいんみちむら
天正16（1588）年～承応2（1653）年2月29日　江戸時代前期の公家（内大臣）。内大臣中院通勝の子。
¶公卿（[生]天正15（1587）年），公家（通村〔中院家〕　みちむら　[生]天正15（1587）年1月26日？），コン，詩作（[生]天正16（1588）年1月26日），徳将

中院通持*　なかのいんみちもち
正安2（1300）年～？　鎌倉時代後期～南北朝時代の公卿（非参議）。内大臣中院通重の次男。
¶公卿，公家（通持〔中院家〕　みちもち）

中院通茂　なかのいんみちもち
⇒中院通茂（なかのいんみちしげ）

中院通守*　なかのいんみちもり
天授3/永和3（1377）年～応永25（1418）年　室町時代の公卿（権大納言）。権大納言中院通氏の子。
¶公卿（[生]永和3/天授3（1377）年　[没]応永25（1418）年2月10日），公家（通守〔中院家〕　みちもり　[没]応永25（1418）年2月10日）

中院通世*（1）　なかのいんみちよ
生没年不詳　鎌倉時代前期の公卿（参議）。大納言中院通方の五男。
¶公卿，公家（通世〔中院家〕　みちよ）

中院通世*（2）　なかのいんみちよ
寛正6（1465）年～永正16（1519）年12月26日　戦国時代の公卿（権中納言）。太政大臣久我通博の末子。
¶公卿，公家（通世〔中院家〕　みちよ　[生]1465年？）

中院通頼*　なかのいんみちより
仁治3（1242）年～正和1（1312）年　鎌倉時代後期の公卿（権大納言・准大臣）。内大臣中院通成の長男。
¶公卿（[没]正和1（1312）年8月8日），公家（通頼〔中院家〕　みちより　[没]正和1（1312）年8月8日）

中院光顕*　なかのいんみつあき
？～応永11（1404）年1月9日　南北朝時代～室町時代の公卿（権中納言）。権大納言中院親光の子。
¶公卿，公家（光顕〔中院家（絶家）4〕　みつあき）

中院光忠*　なかのいんみつただ
弘安7（1284）年～元弘1/元徳3（1331）年2月18日　鎌倉時代後期の公卿（権大納言）。内大臣六条有房の次男。
¶公卿（[没]元弘1（1331）年2月18日），公家（光忠〔中院家（絶家）4〕　みつただ　[没]元弘1（1331）年2月18日）

中院義定*　なかのいんよしさだ
生没年不詳　南北朝時代の公卿。
¶室町

長皇子　ながのおうじ
⇒長皇子（ながのみこ）

長野横笛*（——〔1代〕）　ながのおうてき
生没年不詳　江戸時代後期の蒔絵師。
¶美工

中大兄皇子　なかのおおえのおうじ
⇒天智天皇（てんぢてんのう）

長奥麻呂*（長意吉麻呂，長奥麿）　ながのおきまろ
生没年不詳　[別]長忌寸意吉麻呂（ながのいみきおきまろ），長奥麻呂（ながのおくまろ）　飛鳥時代の歌人。
¶古人（長意吉麻呂），古代（長忌寸意吉麻呂　ながのいみきおきまろ），詩作（長意吉麻呂），日文（ながのおきまろ・ながのおくまろ）

長奥麻呂　ながのおくまろ
⇒長奥麻呂（ながのおきまろ）

中大兄皇子　なかのおひねのおうじ
⇒天智天皇（てんぢてんのう）

中御室　なかのおむろ
⇒覚行法親王（かくぎょうほっしんのう）

中野数馬*　なかのかずま
文政1（1818）年～明治14（1881）年　江戸時代末期～明治時代の佐賀藩士、第百六銀行取締役。鍋島直正の側近。佐賀藩権大参事。
¶幕末

中野一安*　なかのかずやす
大永6（1526）年？～慶長3（1598）年12月30日　戦国時代～安土桃山時代の織田信長の家臣。
¶織田（[生]大永7（1527）年？　[没]慶長3（1598）年12月29日）

中関白　なかのかんぱく
⇒藤原道隆（ふじわらのみちたか）

中野撝謙*　なかのぎけん
寛文7（1667）年～享保5（1720）年　江戸時代中期の儒者。
¶コン

長野喜三　ながのきぞう
安土桃山時代の熊谷宿の町頭人。武蔵国忍城城主成田氏長の家臣。
¶後北（喜三〔長野（2）〕　きぞう）

中野其明* なかのきめい
天保5(1834)年～明治25(1892)年 江戸時代末期～明治時代の日本画家。作品に「四季草花図」「人物」。琳派の妙手。酒井抱一「尾形流略印譜」増補刊行。
¶美画([生]天保5(1834)年3月 [没]明治25(1892)年5月)

長野清貞 ながのきよさだ
安土桃山時代～江戸時代前期の代官、紀州藩家臣。
¶徳代([生]永禄5(1562)年 [没]寛永16(1639)年6月3日)

中野清茂 なかのきよしげ
江戸時代中期～後期の幕臣。
¶徳人([生]1765年 [没]1842年)

長野熊之丞*(長野熊之允) ながのくまのじょう
天保13(1842)年～文久3(1863)年 江戸時代末期の長州(萩)藩士。
¶幕末(長野熊之允 [没]文久3(1863)年10月14日)

長野蔵人義通 ながのくらんどよしみち
⇒長野義通(ながのよしみち)

長野桂次郎 ながのけいじろう
⇒立石斧次郎(たていしおのじろう)

中野袈裟 なかのけさ
鎌倉時代後期の頭御家人。
¶女史([生]? [没]1274年)

長野小三郎永盛 ながのこさぶろうながもり
江戸時代前期の人。豊前国企救郡の小三岳城主長野三郎左衛門尉助盛の長男。
¶大坂([没]慶長20年5月7日)

長野左京進* ながのさきょうのしん
生没年不詳 安土桃山時代の織田信長の家臣。
¶織田

長野左京大夫盛義 ながのさきょうのだいぶもりよし
⇒長野盛義(ながのもりよし)

長野重恒 ながのしげつね
江戸時代前期～中期の幕臣。
¶徳人([生]1672年 [没]1752年)

中野重弘 なかのしげひろ
江戸時代前期の代官。
¶徳代([生]? [没]慶安3(1650)年2月14日)

中野重吉 なかのしげよし
?～寛永1(1624)年 江戸時代前期の幕臣。
¶徳人,徳代([没]寛永1(1624)年7月29日)

中能島松声* なかのしましょうせい
天保9(1838)年～明治27(1894)年1月2日 江戸時代末期～明治時代の山田流箏曲家、中能島家初代家元。平曲をよくする。「雨夜の月」などの作曲も多い。
¶コン

中野十大夫景重 なかのじゅうだゆうかげしげ
江戸時代前期の豊臣秀頼・田中忠政の家臣。
¶大坂

長野主膳* ながのしゅぜん
文化12(1815)年～文久2(1862)年 [別]長野義言(ながのよしこと,ながのよしとき) 江戸時代末期の国学者、近江彦根藩士、号は桃廼舎。
¶江人,コン(長野義言 ながのよしこと),思想,全幕,幕末([生]文化12(1815)年10月16日 [没]文久2(1862)年8月27日)

長野修理大夫義政 ながのしゅりのだいぶよしまさ
江戸時代前期の人。豊前国企救郡の下長野城主長野太郎左衛門義正の長男。
¶大坂([没]慶長20年5月7日)

長野濬平* ながのしゅんぺい
文政6(1823)年～明治30(1897)年11月21日 江戸時代末期～明治時代の養蚕・製糸家。蚕糸伝習所、養蚕製糸場を作る。
¶幕末

中条家平 なかのじょういえひら
⇒中条家平(なかじょういえひら)

中野将監 なかのしょうげん
戦国時代～安土桃山時代の武蔵国衆長井政実の家臣。
¶武田(生没年不詳)

長野女王 ながのじょおう
⇒長野女王(ながののじょおう)

仲野親王* なかのしんのう
延暦11(792)年～貞観9(867)年 [別]仲野親王(なかののしんのう) 平安時代前期の桓武天皇の皇子。
¶古人,古代,天皇(なかののしんのう [没]貞観9(867)年1月17日)

長親王 ながのしんのう
⇒長皇子(ながのみこ)

中野碩翁*(中野磧翁) なかのせきおう
明和2(1765)年～天保13(1842)年5月12日 江戸時代中期～後期の幕臣。清備の子。
¶コン

中野竹子 なかのたけこ
弘化4(1847)年～慶応4(1868)年 江戸時代末期の会津戊辰戦争婦女薙刀隊員。会津藩士中野平内の娘。
¶江表(竹子(福島県)),女史,全幕([生]弘化4(1847)年?)

中野忠雄 なかのただお
⇒志筑忠雄(しづきただお)

長野親成* ながのちかしげ
永禄3(1560)年?～天正4(1576)年11月26日 [別]北畠親成(きたばたけちかなり) 安土桃山時代の織田信長の家臣。
¶織田(北畠親成 きたばたけちかなり [没]天正4(1576)年11月25日)

中野長風 なかのちょうふう
?～嘉永3(1850)年 江戸時代後期の幕臣。
¶徳人,徳代([没]嘉永3(1850)年5月11日)

中野続従 なかのつぎより
江戸時代中期～後期の和算家、金沢藩士。
¶数学([生]宝暦6(1756)年 [没]天保3(1832)年4月)

中野藤助 なかのとうすけ
江戸時代後期～大正時代の農事改良家。
¶植物([生]天保14(1843)年2月 [没]大正5(1916)年6月19日)

長野友秀* ながのともひで
?～元和4(1618)年 [別]長野友秀(ながのゆうしゅう) 安土桃山時代～江戸時代前期の幕臣。
¶徳人,徳代(ながのゆうしゅう [没]元和4(1618)年閏3

月21日)

長野具藤* ながのともふじ
?～天正4(1576)年11月25日 戦国時代～安土桃山時代の国人。
¶織田([生]永禄1(1558)年?),全戦([生]永禄1(1558)年),戦武

長野内膳 ながのないぜん
江戸時代前期の長宗我部家の家臣。
¶大坂

中野直五衛門* なかのなおごえもん
寛政12(1800)年～安政5(1858)年 江戸時代末期の商人。
¶幕末([没]安政5(1858)年5月13日)

長野某 ながのなにがし
安土桃山時代の北条氏照の家臣。長野伊予守、長野讃岐宗円どちらかの可能性が高い。
¶後北(某〔長野(1)〕 なにがし)

長野業政*(長野業正) ながのなりまさ
明応8(1499)年～永禄4(1561)年 戦国時代の武将。憲業の次男。信濃守。
¶全戦,戦武(長野業正 [生]延徳3(1491)年)

長野業盛* ながのなりもり
天文17(1548)年～永禄9(1566)年 戦国時代の上野国の武将。
¶全戦,戦武([生]天文15(1546)年)

長野公足 ながののきみたり
奈良時代の官人。
¶古人(生没年不詳)

長野女王* ながののじょおう
生没年不詳 [別]長野女王(ながのじょおう) 平安時代前期の女官。
¶古人(ながのじょおう)

仲野親王 なかののしんのう
⇒仲野親王(なかのしんのう)

長野憲業* ながののりなり
?～永正11(1514)年 戦国時代の上野国衆。箕輪長野一族。
¶全戦

中野初子 なかのはつね
江戸時代末期～大正時代の電気工学者、東京帝国大学教授。
¶科学([生]安政6(1859)年1月5日 [没]大正3(1914)年2月16日)

長野馬貞* ながのばてい
寛文11(1671)年～寛延3(1750)年 [別]馬貞(ばてい) 江戸時代中期の俳人(蕉門)。
¶俳文(馬貞 ばてい [没]寛延3(1750)年9月19日)

中野晴虎 なかのはるとら
⇒中野方蔵(なかのほうぞう)

長野半右衛門 ながのはんえもん
安土桃山時代の武士。大坂の陣で籠城。
¶大坂([生]文禄2年)

中野半左衛門* なかのはんざえもん
文化1(1804)年～明治7(1874)年 江戸時代末期～明治時代の実業家。酒造業を営み長州藩の御用商人、薩長交易で財をなすが藩に交易権を奪われる。
¶コン([没]明治6(1873)年),幕末([没]明治7(1874)年2月12日)

中野彦兵衛* なかのひこべえ
生没年不詳 江戸時代前期の筑前博多の豪商。
¶対外

中野弘吉 なかのひろよし
江戸時代中期の但馬国生野代官。
¶徳代([生]? [没]元禄16(1703)年12月2日)

長野豊山 ながのぶざん
⇒長野豊山(ながのほうざん)

長野藤定* ながのふじさだ
大永6(1526)年～永禄5(1562)年 戦国時代の国人。
¶全戦

長野藤継* ながのふじつぐ
宝徳1(1449)年～文明18(1486)年 室町時代～戦国時代の国人。
¶室町

永野文良 ながのふみよし
眼科医。
¶眼医(生没年不詳)

中野平内* なかのへいない
文化7(1810)年～明治11(1878)年 江戸時代末期～明治時代の会津藩士。江戸常詰の納戸役をつとめる。長女は中野竹子。
¶幕末([没]明治11(1878)年9月13日)

中坊覚祐* なかのぼうかくゆう
生没年不詳 [別]覚祐(かくゆう) 戦国時代の武家・連歌作者。
¶俳文(覚祐 かくゆう)

中坊広風 なかのぼうこうふう
江戸時代後期の幕臣。
¶徳人(生没年不詳)

長野豊山* ながのほうざん
天明3(1783)年～天保8(1837)年 [別]長野豊山(ながのぶざん) 江戸時代後期の儒者。
¶思想

中野方蔵* なかのほうぞう
天保6(1835)年～文久2(1862)年 [別]中野晴虎(なかのはるとら) 江戸時代末期の肥前佐賀藩士。
¶幕末([生]天保6(1835)年3月10日 [没]文久2(1862)年5月25日)

中坊時祐* なかのぼうときすけ
天正18(1590)年～延宝5(1677)年 江戸時代前期の幕領代官、茶人。
¶徳代([没]延宝5(1677)年6月12日)

中坊秀祐* なかのぼうひですけ
?～慶長14(1609)年 安土桃山時代～江戸時代前期の武士。
¶全戦,徳人([生]1551年),徳代([生]天文20(1551)年 [没]慶長14(1609)年2月29日)

中坊秀政 なかのぼうひでまさ
天正3(1575)年～寛永15(1638)年 安土桃山時代～江戸時代前期の幕臣。
¶徳人,徳代([没]寛永15(1638)年8月10日)

中坊広看 なかのぼうひろみつ
江戸時代中期～後期の幕臣。
¶徳人([生]1742年 [没]1804年)

長野誠 ＊　ながのまこと
　文化5（1808）年〜明治24（1891）年　江戸時代末期〜明治時代の筑前福岡藩士、郷土史家。
　¶幕末（㋭文化4（1807）年　㋸明治24（1891）年8月15日）

長野正庸　ながのまさのぶ
　江戸時代中期の和算家。京都の人。
　¶数学

中の丸殿　なかのまるどの
　⇒本理院（ほんりいん）

永野万右衛門　ながのまんえもん
　南北朝時代〜江戸時代の宮大工。
　¶美建

中御門経之　なかのみかどつねゆき
　⇒中御門経之（なかみかどつねゆき）

長皇子　ながのみこ
　？〜霊亀1（715）年　㋐長親王（ながしんのう、ながのしんのう）、長皇子（ながのおうじ）　飛鳥時代〜奈良時代の天武天皇の第4皇子。
　¶古人（ながのおうじ）、古代（ながのおうじ）、古物、天皇（長親王　ながのしんのう）

中野ミツ　なかのみつ
　江戸時代後期〜大正時代の双松堂中野書林創業者。
　¶出版（㋭弘化4（1847）　㋸大正15（1926）年）

中野宗時　なかのむねとき
　戦国時代の武士。伊達氏家臣。
　¶全戦（生没年不詳）、戦武（㋭文亀1（1501）年　㋸元亀1（1570）年）

中目助常　なかのめすけつね
　安土桃山時代の武士。天正13年関柴合戦において伊達軍を撃退。
　¶全戦（生没年不詳）

中目道珣 ＊　なかのめどうじゅん
　文化5（1808）年〜？　㋐中目道珣（なかめどうじゅん）　江戸時代後期の医者。
　¶眼医（なかめどうじゅん）

長野盛義 ＊　ながのもりよし
　永禄5（1562）年〜元和1（1615）年　㋐長野左京大夫盛義（ながのさきょうのだいぶもりよし）　安土桃山時代〜江戸時代前期の武士。豊臣氏家臣。
　¶大坂（長野左京大夫盛義　ながのさきょうのだいぶもりよし）　㋸慶長20年5月7日）

永野野紅 ＊〔長野野紅〕　ながのやこう
　万治3（1660）年〜元文5（1740）年　㋐野紅（やこう）　江戸時代中期の俳人（蕉門）。
　¶俳文（野紅　やこう）　㋸元文5（1740）年12月28日）

中野優子 ＊　なかのゆうこ
　嘉永6（1853）年〜昭和6（1931）年　江戸時代末期〜明治時代の女性。会津藩士中野平内の娘。姉竹子らと会津戦争で戦う。
　¶幕末（㋸昭和6（1931）年4月14日）

長野友秀　ながのゆうしゅう
　⇒長野友秀（ながのとものひで）

長野義言　ながのよしこと
　⇒長野主膳（ながのしゅぜん）

長野義言　ながのよしとき
　⇒長野主膳（ながのしゅぜん）

中野能成 ＊　なかのよしなり
　生没年不詳　鎌倉時代前期の武士。中野五郎と称す。
　¶古人（㋳？　㋸1238年）

長野義通 ＊　ながのよしみち
　永禄1（1558）年〜元和1（1615）年　㋐長野蔵人義通（ながのくらんどよしみち）　安土桃山時代〜江戸時代前期の武士。豊臣氏家臣。
　¶大坂（長野蔵人義通　ながのくらんどよしみち　㋸慶長20年5月7日）

中野柳圃　なかのりゅうほ
　⇒志筑忠雄（しづきただお）

長野りん ＊　ながのりん
　延宝2（1674）年〜宝暦7（1757）年3月21日　㋐りん女（りんじょ）　江戸時代中期の女性。俳人。
　¶江表（りん（大分県））、俳文（りん女　りんじょ）

中橋嘉平治 ＊　なかはしかへいじ
　生没年不詳　江戸時代末期の地士。
　¶幕末

中橋勘之丞弘高　なかはしかんのじょうひろたか
　安土桃山時代〜江戸時代前期の紀伊国伊都郡官省符荘慈尊院村の地侍。
　¶大坂（㋭元亀1年　㋸慶安1年3月2日）

長橋局　ながはしのつぼね
　江戸時代後期の光格天皇の宮人。
　¶天皇（生没年不詳）

中初狩宿伝兵衛 ＊　なかはつかりじゅくでんべえ
　？〜天保8（1837）年　江戸時代後期の義民。
　¶江人

長浜九郎右衛門　ながはまくろうえもん
　安土桃山時代の北条氏邦家臣秩父重国の同心。
　¶後北（九郎右衛門〔長浜〕　くろうえもん）

長浜新右衛門 ＊　ながはましんえもん
　？〜寛政6（1794）年　江戸時代中期の駿河沼津藩大工棟梁。
　¶美建（㋸寛政6（1794）年10月5日）

長浜善四郎 ＊　ながはまぜんしろう
　？〜文化1（1804）年　江戸時代中期〜後期の駿河沼津藩大工棟梁。
　¶美建（㋸文化1（1804）年3月）

中浜東一郎　なかはまとういちろう
　江戸時代末期〜昭和時代の衛生学者、医師、回生病院院長。
　¶科学（㋭安政4（1857）年7月7日　㋸昭和12（1937）年4月11日）

中浜万次郎 ＊　なかはままんじろう
　文政10（1827）年〜明治31（1898）年11月12日　㋐ジョン万次郎（じょんまんじろう）　江戸時代末期〜明治時代の漁民、翻訳家、開成学校教授。ペリー来航時に幕府に出仕。のち渡米。著書に「漂巽紀略」など。
　¶江人、コン、全類、対外（㋭1828年）、徳人、幕末（㋭文政10（1827）年1月1日）、山小（㋭1827/1828年　㋸1898年11月12日）

長浜村民五郎 ＊　ながはまむらたみごろう
　江戸時代後期の義民。
　¶江人（㋳？　㋸1838年？）

な

中林梧竹*　なかばやしごちく
文政10(1827)年～大正2(1913)年8月4日　江戸時代末期～明治時代の書家。漢、魏、六朝碑の拓本を多数もたらす。著書に未完の「梧竹堂書話」。
¶コン，幕末([生]天保8(1837)年)

中林成昌　なかばやししげまさ
江戸時代後期の南画家・神道家。
¶思想([生]安永5(1776)年　[没]嘉永6(1853)年)

中林清淑*　なかばやしせいしゅく
天保2(1831)年～？　江戸時代末期の画家。南画家中林竹洞の娘。
¶江表(清淑(京都府)　[没]大正1(1912)年)，美画

中林竹洞*　なかばやしちくどう，なかばやしちくとう
安永5(1776)年～嘉永6(1853)年　江戸時代後期の南画家。別号は冲澹。
¶コン([生]安永7(1778)年)，美画([没]嘉永6(1853)年3月20日)

中原秋家*　なかはらあきいえ
生没年不詳　[別]中原秋家(なかはらのあきいえ)　鎌倉時代前期の武士。
¶古人(なかはらのあきいえ)

中原章賢　なかはらあきかた
⇒二階堂是円(にかいどうぜえん)

中原章兼*　なかはらあきかね
生没年不詳　[別]中原章兼(なかはらののりかね)　鎌倉時代後期の明法家。博士家勢多氏の祖。
¶コン

中原章経*　なかはらあきつね
生没年不詳　[別]中原章経(なかはらのあきつね)　平安時代の歌人。
¶古人(なかはらのあきつね)

中原章言*　なかはらあきとき
生没年不詳　[別]中原章賢(なかはらのりかた)　南北朝時代の歌人。
¶山小(中原章賢　なかはらのりかた)

中原明基*　なかはらあきもと
生没年不詳　[別]中原明基(なかはらのあきもと)　平安時代後期～鎌倉時代前期の明法家。
¶古人(なかはらのあきもと　[生]1138年　[没]1210年)

中原有清　なかはらありきよ
平安時代後期の官人。
¶古人(生没年不詳)

中原有貞　なかはらありさだ
平安時代後期の官人。
¶古人(生没年不詳)

中原有真　なかはらありざね
平安時代後期の官人。
¶古人(生没年不詳)

中原有言　なかはらありとき
⇒中原有言(なかはらのありとき)

中原有安*　なかはらありやす
生没年不詳　[別]中原有安(なかはらのありやす)　平安時代後期の音楽家。父は内蔵助頼盛。
¶古人

永原伊豆守*　ながはらいずのかみ
生没年不詳　安土桃山時代の織田信長の家臣。
¶織田

永原雲永房則　ながはらうんえいふさのり
⇒永原与蔵〔3代〕(ながはらよぞう)

永原英造　ながはらえいぞう
江戸時代末期～明治時代の陶工。
¶美工([没]明治19(1886)年)

中原嘉左右*　なかはらかぞう
天保2(1831)年～明治27(1894)年　江戸時代末期～明治時代の豪商。特権的御用商人として藩財政に寄与する。商法会議所設立。
¶幕末([生]天保2(1831)年1月19日　[没]明治27(1894)年10月21日)

中原兼遠　なかはらかねとお
⇒中原兼遠(なかはらのかねとお)

中原清重*　なかはらきよしげ
生没年不詳　[別]中原清重(なかはらのきよしげ)　平安時代後期の官人、歌人。
¶古人(なかはらのきよしげ)

永原玄古〔1代〕　ながはらげんこ
江戸時代後期～末期の眼科医。
¶眼医([生]文化3(1806)年　[没]慶応1(1865)年)

中原玄蘇　なかはらげんそ
⇒景轍玄蘇(けいてつげんそ)

永原実治*　ながはらさねはる
永禄4(1561)年？～天正10(1582)年6月13日　安土桃山時代の織田信長の家臣。
¶織田

永原重隆　ながはらしげたか
戦国時代の六角氏の重臣。
¶全戦([生]？　[没]天文19(1550)年)

永原重康*　ながはらしげやす
生没年不詳　安土桃山時代の織田信長の家臣。
¶織田

中原末恒　なかはらすえつね
⇒中原末恒(なかはらのすえつね)

中原季時*　なかはらすえとき
？～嘉禎2(1236)年　[別]中原季時(なかはらのすえとき)，源季時(みなもとすえとき)　鎌倉時代前期の御家人、京都守護、右京進、駿河守、従五位下。
¶古人(なかはらのすえとき)

中原高真*　なかはらたかざね
生没年不詳　[別]中原高真(なかはらのたかざね)　平安時代中期～後期の歌人。
¶古人(なかはらのたかざね)

永原孝知*　ながはらたかとも
文化10(1813)年～明治6(1873)年　江戸時代末期～明治時代の加賀藩臣。馬廻組頭兼聞役、水戸浪士に備え藩兵を指導。
¶幕末([没]明治6(1873)年1月14日)

中原太三郎*　なかはらたさぶろう
天保6(1835)年～元治1(1864)年　江戸時代末期の長州(萩)藩士。
¶幕末([没]元治1(1864)年7月19日)

中原親能*　なかはらちかよし
康治2(1143)年～承元2(1208)年12月18日　[別]中原親能(なかはらのちかよし)，藤原親能(ふじわら

ちかよし，ふじわらのちかよし）　平安時代後期～鎌倉時代前期の御家人。明法博士広季の子。
¶古人（なかはらのちかよし），コン，中世（なかはらのちかよし），内乱，平家（[没]承元2（1209）年），山小（[没]1208年12月18日）

中原親能の妻　なかはらちかよしのつま
鎌倉時代の女性。
¶女史（生没年不詳）

永原忠左衛門　ながはらちゅうざえもん
江戸時代前期の豊臣秀吉・秀頼の家臣。
¶大坂（[没]慶長20年5月）

中原経則*　なかはらつねのり
生没年不詳　[別]中原経則（なかはらのつねのり）　平安時代後期の官人、歌人。
¶古人（なかはらのつねのり）

中原豊太郎*　なかはらとよたろう
文政7（1824）年～明治36（1903）年　[別]中原政安（なかはらまさやす）　江戸時代末期～明治時代の和算家。
¶数学（中原政安　なかはらまさやす　[生]文政7（1824）年5月5日　[没]明治36（1903）年1月30日）

中原尚雄*　なかはらなおお
弘化2（1845）年～大正3（1914）年　江戸時代末期～明治時代の鹿児島県士族、赤坂警察署長。警視庁に入り、私学校探索等命じられる。
¶幕末

中原猶介　なかはらなおすけ
⇒中原猶介（なかはらゆうすけ）

中原長国*　なかはらながくに
？～天喜2（1054）年12月　[別]中原長国（なかはらのながくに）　平安時代中期～後期の官人、歌人。
¶古人（なかはらのながくに）

中原長国室*　なかはらながくにのしつ
生没年不詳　[別]中原長国室（なかはらのながくにのしつ）　平安時代中期の歌人。
¶古人（なかはらのながくにのしつ）

中原仲業　なかはらなかなり
⇒中原仲業（なかはらのなかなり）

中原業倫*　なかはらなりとも
？～承安2（1172）年11月22日　[別]中原業倫（なかはらのなりとも）　平安時代後期の明法家。
¶古人（なかはらのなりとも）

中原南天棒　なかはらなんてんぼう
⇒南天棒（なんてんぼう）

中原秋家　なかはらのあきいえ
⇒中原秋家（なかはらあきいえ）

中原章貞　なかはらのあきさだ
平安時代後期の官人。
¶古人（生没年不詳）

中原章重　なかはらのあきしげ
平安時代後期の明法博士。
¶古人（生没年不詳）

中原章経　なかはらのあきつね
⇒中原章経（なかはらあきつね）

中原明俊　なかはらのあきとし
平安時代後期の官人。
¶古人（生没年不詳）

中原明基（1）　なかはらのあきもと
⇒坂上明基（さかのうえのあきもと）

中原明基（2）　なかはらのあきもと
⇒中原明基（なかはらあきもと）

中原朝臣月雄*　なかはらのあそんつきお
[別]中原月雄（なかはらのつきお）　平安時代前期の明経家。
¶古人（中原月雄　なかはらのつきお　[生]838年　[没]896年），古代（[生]838年　[没]896年）

永原朝臣亭子　ながはらのあそんていじ
⇒永原亭子（ながはらのていし）

中原有象*　なかはらのありかた
延喜2（902）年～？　平安時代中期の明経道学者。
¶古人

中原有言*　なかはらのありとき
[別]中原有言（なかはらありとき）　平安時代後期の医師。
¶古人（なかはらありとき　生没年不詳）

中原有安　なかはらのありやす
⇒中原有安（なかはらありやす）

中原景良　なかはらのかげよし
平安時代後期の官人。
¶古人（生没年不詳）

中原兼遠*（1）　なかはらのかねとお
？～養和1（1181）年　[別]中原兼遠（なかはらかねとお）　平安時代後期の武士。
¶古人（生没年不詳），内乱（なかはらかねとお　生没年不詳），平家（なかはらかねとお　生没年不詳）

中原兼遠（2）　なかはらのかねとお
平安時代後期の官人。
¶古人（生没年不詳）

中原兼時　なかはらのかねとき
平安時代後期の官人。
¶古人（生没年不詳）

中原兼平　なかはらのかねひら
⇒今井兼平（いまいかねひら）

中原兼光　なかはらのかねみつ
⇒樋口兼光（ひぐちかねみつ）

中原兼行*　なかはらのかねゆき
生没年不詳　[別]落合兼行（おちあいかねゆき）　平安時代後期の武士。木曽義仲の配下。
¶古人，平家（落合兼行　おちあいかねゆき）

中原清重　なかはらのきよしげ
⇒中原清重（なかはらきよしげ）

中原清弘*　なかはらのきよひろ
生没年不詳　平安時代後期の官人。
¶古人

中原国基　なかはらのくにもと
平安時代後期の官人。
¶古人（生没年不詳）

中原惟兼　なかはらのこれかね
平安時代後期の官人。
¶古人（[生]1063年？　[没]？）

なかはら   1602

中原維孝　なかはらのこれたか
平安時代後期の官人。
¶古人(生没年不詳)

中原以忠＊　なかはらのこれただ
延喜18(918)年〜天元4(981)年　平安時代中期の
官人。
¶古人

中原維経　なかはらのこれつね
平安時代後期の官人。
¶古人(生没年不詳)

中原貞清　なかはらのさだきよ
平安時代中期の明経博士。父は致時。
¶古人(�生? ㊦989年?)

中原定重　なかはらのさだしげ
平安時代後期の官人。
¶古人(生没年不詳)

中原貞親　なかはらのさだちか
平安時代中期の官人。父は師任。
¶古人(生没年不詳)

中原定親　なかはらのさだちか
平安時代後期の官人。
¶古人(生没年不詳)

永原恵子＊　ながはらのさとこ
?〜弘仁6(815)年　奈良時代〜平安時代前期の
官女。
¶古人

中原真重　なかはらのさねしげ
平安時代後期の官人。
¶古人(生没年不詳)

中原重貞　なかはらのしげさだ
平安時代後期の官人。
¶古人(生没年不詳)

中原成俊　なかはらのしげとし
平安時代後期の官人。
¶古人(生没年不詳)

中原末恒＊　なかはらのすえつね
生没年不詳　㊟中原末恒(なかはらすえつね)　平
安時代後期の蒔絵師。
¶美工(なかはらすえつね)

中原季遠　なかはらのすえとお
平安時代後期の官人。
¶古人(生没年不詳)

中原季時　なかはらのすえとき
⇒中原季時(なかはらすえとき)

中原季正　なかはらのすえまさ
平安時代後期の官人。
¶古人(生没年不詳)

中原資清＊　なかはらのすけきよ
永承7(1052)年〜天永2(1111)年　平安時代後期
の明法博士。
¶古人

中原資成　なかはらのすけしげ
平安時代後期の官人。
¶古人(生没年不詳)

中原資経　なかはらのすけつね
平安時代中期の官人。父は貞清。従五位下、淡路
守・博士・少外記。
¶古人(生没年不詳)

中原相則　なかはらのすけのり
平安時代後期の陰陽師。
¶古人(生没年不詳)

中原高方　なかはらのたかかた
平安時代後期の人。応徳3年肥後国鹿子木荘を大宰
大弐藤原実政に寄進。父は重方。
¶古人(生没年不詳)

中原高真　なかはらのたかざね
⇒中原高真(なかはらたかざね)

中原忠遠　なかはらのただとお
平安時代後期の官人。
¶古人(生没年不詳)

中原親平　なかはらのちかひら
平安時代後期の官人。父は師平。
¶古人(生没年不詳)

中原親能　なかはらのちかよし
⇒中原親能(なかはらちかよし)

中原月雄　なかはらのつきお
⇒中原朝臣月雄(なかはらのあそんつきお)

中原月里　なかはらのつきさと
平安時代後期の官人。
¶古人(生没年不詳)

中原経俊　なかはらのつねとし
平安時代後期の官人。
¶古人(生没年不詳)

中原経則　なかはらのつねのり
⇒中原経則(なかはらつねのり)

永原亭子＊　ながはらのていし
㊟永原朝臣亭子(ながはらのあそんていじ)　平安
時代前期の女性。清和天皇の妃。
¶古代(永原朝臣亭子　ながはらのあそんていじ)

中原時元＊　なかはらのときもと
生没年不詳　平安時代後期の地下歌人。
¶古人

中原俊清　なかはらのとしきよ
平安時代後期の官人。
¶古人(生没年不詳)

中原俊光　なかはらのとしみつ
平安時代後期の官人。
¶古人(生没年不詳)

中原長国　なかはらのながくに
⇒中原長国(なかはらながくに)

中原長国室　なかはらのながくにのしつ
⇒中原長国室(なかはらながくにのしつ)

中原仲資　なかはらのなかすけ
平安時代後期の官人。
¶古人(生没年不詳)

中原仲業＊　なかはらのなかなり
生没年不詳　㊟中原仲業(なかはらなかなり)　鎌
倉時代前期の幕府吏僚、京下り官人。

¶古人

中原永則 なかはらのながのり
平安時代後期の官人。
¶古人(生没年不詳)

中原業忠 なかはらのなりただ
平安時代後期の官人。
¶古人(生没年不詳)

中原業倫 なかはらのなりとも
⇒中原業倫(なかはらなりとも)

中原成通* なかはらのなりみち
生没年不詳 平安時代中期の明法家。平忠常の乱の追討使。
¶古人

中原信俊 なかはらののぶとし
平安時代後期の官人。
¶古人(生没年不詳)

中原信房 なかはらののぶふさ
⇒宇都宮信房(うつのみやのぶふさ)

中原延行 なかはらののぶゆき
平安時代後期の官人。
¶古人(生没年不詳)

中原章賢 なかはらののりかた
⇒二階堂是円(にかいどうぜえん)

中原章兼 なかはらののりかね
⇒中原章兼(なかはらあきかね)

中原範政* なかはらののりまさ
永承5(1050)年～嘉承1(1106)年 平安時代中期～後期の明法博士。
¶古人

中原久兼 なかはらのひさかね
⇒中原久兼(なかはらひさかね)

中原久経 なかはらのひさつね
⇒中原久経(なかはらひさつね)

中原久友 なかはらのひさとも
平安時代後期の官人。
¶古人(生没年不詳)

中原広忠 なかはらのひろただ
平安時代後期の官人。
¶古人(生没年不詳)

中原広俊* なかはらのひろとし
康平5(1062)年～? [別]清原広俊(きよはらのひろとし) 平安時代後期の官吏、漢詩人。
¶古人(清原広俊 きよはらのひろとし),古人

中原広宗* なかはらのひろむね
?～保安4(1123)年 平安時代後期の学者。
¶古人

中原信房 なかはらのぶふさ
⇒宇都宮信房(うつのみやのぶふさ)

中原正元 なかはらのまさもと
平安時代後期の官人。
¶古人(生没年不詳)

中原政義 なかはらのまさよし
⇒中原政義(なかはらまさよし)

中原光家 なかはらのみついえ
⇒中原光家(なかはらみついえ)

中原光永* なかはらのみつなが
生没年不詳 平安時代後期の絵師。
¶古人

中原宗興 なかはらのむねおき
⇒中原宗興(なかはらむねおき)

中原宗興 なかはらのむねき
⇒中原宗興(なかはらむねおき)

中原宗成 なかはらのむねしげ
平安時代後期の官人。
¶古人(生没年不詳)

中原宗資 なかはらのむねすけ
平安時代後期の官人。
¶古人(生没年不詳)

中原致時 なかはらのむねとき
⇒中原致時(なかはらむねとき)

中原宗政 なかはらのむねまさ
平安時代後期の官人。
¶古人(生没年不詳)

中原宗行 なかはらのむねゆき
平安時代後期の医師。康和4年権侍医兼石見介。
¶古人(生没年不詳)

中原宗頼 なかはらのむねより
平安時代後期の官人。
¶古人(生没年不詳)

中原基兼 なかはらのもとかね
⇒中原基兼(なかはらもとかね)

永原原姫* ながはらのもとひめ
?～貞観10(868)年頃 平安時代前期の女性。淳和天皇に寵愛された女御、亭子女御。
¶古人(生没年不詳),天皇(生没年不詳)

中原基広* なかはらのもとひろ
生没年不詳 平安時代後期の明法家、明法博士、左衛門尉、検非違使。
¶古人

中原盛兼 なかはらのもりかね
平安時代後期の官人。
¶古人(生没年不詳)

中原盛信 なかはらのもりのぶ
平安時代後期の官人。
¶古人(生没年不詳)

中原師家* なかはらのもろいえ
久安4(1148)年～建久2(1191)年 平安時代後期の明経道の学者。
¶古人

中原師員* なかはらのもろかず
文治1(1185)年～建長3(1251)年6月22日 [別]中原師員(なかはらもろかず) 鎌倉時代前期の評定衆。中原師茂の子。
¶古人,コン(なかはらもろかず [生]文治1/寿永4(1185)年),中世(なかはらもろかず)

中原師重*(1) なかはらのもろしげ
生没年不詳 平安時代中期の官人。
¶古人

中原師重(2) なかはらのもろしげ
⇒中原師重(なかはらもろしげ)

中原師茂 なかはらのもろしげ
⇒中原師茂(なかはらもろしげ)

中原師澄* なかはらのもろずみ
生没年不詳　平安時代後期～鎌倉時代前期の官人。大内記。
¶古人

中原師任* なかはらのもろとう
永観1(983)年～康平5(1062)年　平安時代中期～後期の官人、明経家。大外記。
¶古人

中原師遠* なかはらのもろとお
延久2(1070)年～大治5(1130)年　[別]中原師遠(なかはらもろとお)　平安時代後期の官人。
¶古人

中原師直 なかはらのもろなお
⇒中原師直(なかはらもろなお)

中原師業* なかはらのもろなり
生没年不詳　平安時代後期の官人。
¶古人

中原師範 なかはらのもろのり
平安時代中期の官人。長久2年内匠助高階成棟を殺害。
¶古人([生]1013年　[没]?)

中原師尚 なかはらのもろひさ
⇒中原師尚(なかはらもろひさ)

中原師平 なかはらのもろひら
⇒中原師平(なかはらもろひら)

中原師元 なかはらのもろもと
⇒中原師元(なかはらもろもと)

中原師元女 なかはらのもろもとのむすめ
⇒春日局(かすがのつぼね)

中原師守 なかはらのもろもり
⇒中原師守(なかはらもろもり)

中原師安 なかはらのもろやす
⇒中原師安(なかはらもろやす)

中原泰定* なかはらのやすさだ
生没年不詳　[別]中原泰定(なかはらやすさだ)　平安時代後期～鎌倉時代前期の官人。左史生。
¶古人, 平家(なかはらやすさだ)

中原安資* なかはらのやすすけ
生没年不詳　平安時代後期～鎌倉時代前期の尾張国の御家人。
¶古人

中原康富 なかはらのやすとみ
⇒中原康富(なかはらやすとみ)

中原行忠 なかはらのゆきただ
平安時代後期の官人。
¶古人(生没年不詳)

中原良兼 なかはらのよしかね
平安時代後期の官人。
¶古人(生没年不詳)

中原義貞 なかはらのよしさだ
平安時代後期の官人。
¶古人(生没年不詳)

中原義経 なかはらのよしつね
平安時代後期の官人。
¶古人(生没年不詳)

中原良則 なかはらのよしのり
平安時代後期の官人。
¶古人(生没年不詳)

中原吉久* なかはらのよしひさ
生没年不詳　平安時代後期～鎌倉時代前期の画家。
¶古人

中原義光 なかはらのよしみつ
平安時代中期の官人。
¶古人(生没年不詳)

中原頼方 なかはらのよりかた
平安時代後期の官人。
¶古人(生没年不詳)

中原頼成 なかはらのよりしげ
⇒中原頼成(なかはらよりしげ)

中原頼成室 なかはらのよりしげのしつ
平安時代後期の女性。関白藤原頼通家の女房。天喜4年皇后宮藤原寛子の春秋歌合に出詠。
¶古人(生没年不詳)

中原章賢(1) なかはらのりかた
⇒二階堂是円(にかいどうぜえん)

中原章賢(2) なかはらのりかた
⇒中原章言(なかはらあきとき)

長原梅園* ながはらばいえん
文政6(1823)年～明治31(1898)年7月22日　江戸時代末期～明治時代の明清楽奏者。
¶江表(梅園(東京都))

中原久兼* なかはらひさかね
生没年不詳　[別]中原久兼(なかはらのひさかね)　鎌倉時代前期の陪従。
¶古人(なかはらのひさかね)

中原久経* なかはらひさつね
生没年不詳　[別]中原久経(なかはらのひさつね)　平安時代後期～鎌倉時代前期の武士。
¶古人(なかはらのひさつね)

永原飛驒守 ながはらひだのかみ
安土桃山時代の織田信長の家臣。
¶織田(生没年不詳)

永原飛驒守重治 ながはらひだのかみしげはる
安土桃山時代～江戸時代前期の織田信長・豊臣秀吉の家臣。
¶大坂

中原広通 なかはらひろみち
⇒石野広通(いしのひろみち)

中原広元 なかはらひろもと
⇒大江広元(おおえのひろもと)

中原政安 なかはらまさやす
⇒中原豊太郎(なかはらとよたろう)

中原政義*　なかはらまさよし
生没年不詳　[別]中原政義（なかはらのまさよし）　平安時代中期の官人、歌人。
¶古人（なかはらのまさよし）

中原光家*　なかはらみついえ
生没年不詳　[別]中原光家（なかはらのみついえ）　鎌倉時代前期の幕府吏僚。源頼朝の臣。
¶古人（なかはらのみついえ）

中原三治*　なかはらみはる
文化6（1809）年～慶応2（1866）年　江戸時代末期の不二教信者。
¶幕末

中原宗興*　なかはらむねおき
生没年不詳　[別]中原宗興（なかはらのむねおき，なかはらのむねき）　平安時代前期の歌人。
¶古人（なかはらのむねおき）

中原致時*　なかはらむねとき
天徳4（960）年～寛弘8（1011）年7月8日　[別]中原致時（なかはらのむねとき）　平安時代中期の官人、歌人。
¶古人（なかはらのむねとき　[生]947年）

中原基兼　なかはらもとかぬ
⇒中原基兼（なかはらもとかね）

中原基兼*　なかはらもとかね
生没年不詳　[別]中原基兼（なかはらのもとかね，なかはらもとかぬ）　平安時代後期の院近習、弾正忠。
¶古人（なかはらのもとかね），平家（なかはらもとかぬ）

中原元房　なかはらもとふさ
江戸時代後期の和算家。備前佐賀の人。文化3年算額を奉納。
¶数学

中原師員　なかはらもろかず
⇒中原師員（なかはらのもろかず）

中原師重*　なかはらもろしげ
仁安1（1166）年～承久3（1221）年7月20日　[別]中原師重（なかはらのもろしげ）　鎌倉時代前期の明法家。
¶古人（なかはらのもろしげ）

中原師茂*　なかはらもろしげ
正和1（1312）年～天授4/永和4（1378）年　[別]中原師茂（なかはらのもろしげ）　南北朝時代の明法官人。父は大外記師右、弟は師守。
¶コン

中原師資*　なかはらもろすけ
延享1（1744）年～享和1（1801）年6月27日　[別]押小路師資（おしこうじもろすけ）　江戸時代中期～後期の公家（非参議）。享和元年従三位に叙される。
¶公卿，公家（師資〔押小路家〕　もろすけ）

中原師澄　なかはらもろずみ
平安時代後期の官人。大外記中原師直の息。
¶平家（生没年不詳）

中原師遠　なかはらもろとお
⇒中原師遠（なかはらのもろとお）

中原師直*　なかはらもろなお
大治2（1127）年～建久9（1198）年　[別]中原師直（なかはらのもろなお）　平安時代後期～鎌倉時代前期の明法家。
¶古人（なかはらのもろなお）

中原師徳*　なかはらもろのり
寛政11（1799）年～弘化3（1846）年1月18日　[別]押小路師徳（おしこうじもろのり）　江戸時代後期の公家（非参議）。弘化3年従三位に叙される。
¶公卿，公家（師徳〔押小路家〕　もろのり）

中原師尚*　なかはらもろひさ
天承1（1131）年～建久8（1197）年　[別]中原師尚（なかはらのもろひさ）　平安時代後期～鎌倉時代前期の明法家。
¶古人（なかはらのもろひさ）

中原師平*　なかはらもろひら
治安2（1022）年11月28日～寛治5（1091）年9月17日　[別]中原師平（なかはらのもろひら）　平安時代中期～後期の官人。
¶古人（なかはらのもろひら）

中原師元*　なかはらもろもと
天仁2（1109）年～承安5（1175）年5月20日　[別]中原師元（なかはらのもろもと）　平安時代後期の官人。
¶古人（なかはらのもろもと）

中原師守*　なかはらもろもり
生没年不詳　[別]中原師守（なかはらのもろもり）　南北朝時代の明法官人。父は大外記師右。大炊頭、権少外記。
¶コン

中原師安*　なかはらもろやす
寛治2（1088）年8月29日～仁平4（1154）年9月25日　[別]中原師安（なかはらのもろやす）　平安時代後期の官人。
¶古人（なかはらのもろやす）

中原泰定　なかはらやすさだ
⇒中原泰定（なかはらのやすさだ）

中原康富*　なかはらやすとみ
*～長禄1（1457）年　[別]中原康富（なかはらのやすとみ）　室町時代の官人、父は英隆、隼人正、日向守、権少外記。
¶コン（[生]応永6（1399）年？）

中原猶介*　なかはらゆうすけ
天保3（1832）年～明治1（1868）年　[別]中原猶介（なかはらなおすけ）　江戸時代末期の薩摩藩士、学者。
¶江人（なかはらなおすけ），コン（なかはらなおすけ），全幕（なかはらなおすけ　[没]慶応4（1868）年），幕末（[生]天保3（1832）年4月8日　[没]慶応4（1868）年8月7日）

永原好知*　ながはらよしとも
天保4（1833）年～元治1（1864）年　江戸時代末期の加賀藩士。
¶幕末（[没]元治1（1864）年4月24日）

中原韜之　なかはらよしゆき
江戸時代末期の和算家。武州本庄の人。安政5年算額を奉納。
¶数学

永原与蔵〔1代〕*　ながはらよぞう
安永3（1774）年～天保10（1839）年　江戸時代後期の出雲布志名の陶工。
¶美工

永原与蔵〔3代〕*　ながはらよぞう
天保2（1831）年～明治24（1891）年　[別]永原雲永房則（ながはらうんえいふさのり）　江戸時代末期～

明治時代の陶工。
¶美工(永原雲永房則　ながはらうんえいふさのり)

中原頼成* なかはらよりしげ
？～応徳1(1084)年4月　[別]中原頼成(なかはらのよりしげ)　平安時代中期～後期の官人、歌人。
¶古人(なかはらのよりしげ)

永日次郎 ながひじろう
⇒近藤長次郎(こんどうちょうじろう)

栄仁親王 なかひとしんのう
⇒栄仁親王(よしひとしんのう)

長仁親王 ながひとしんのう
⇒道助入道親王(どうじょにゅうどうしんのう)

中因獄助 なかひとやのすけ
安土桃山時代の武蔵国鉢形城主北条氏邦家臣秩父孫二郎の同心。
¶後北(因獄助〔中(1)〕　ひとやのすけ)

仲姫 なかひめ★
江戸時代中期の女性。和歌。田安家初代徳川宗武の娘。
¶江表(仲姫(鳥取県)　[生]宝暦1(1751)年　[没]安永8(1779)年)

永姫* ながひめ
文政2(1819)年1月14日～明治8(1875)年9月23日　[別]誠順院(せいじゅんいん)　江戸時代末期～明治時代の女性。徳川家斉の娘。
¶徳将(誠順院　せいじゅんいん)

中平喜之助* なかひらきのすけ
天保9(1838)年～明治9(1876)年　江戸時代末期～明治時代の庄屋。土佐勤王党に参加。脱藩志士を援助。
¶幕末([没]明治9(1876)年2月9日)

中平定純* なかひらさだずみ
生没年不詳　江戸時代末期の郷士、志士。土佐勤王党に参加。
¶幕末([生]天保15(1844)年6月10日　[没]大正2(1913)年10月)

中平定晴* なかひらさだはる
天保6(1835)年～明治22(1889)年　江戸時代末期～明治時代の郷士。土佐勤王党に参加。戊辰戦争に従軍。
¶幕末([生]天保6(1835)年11月29日　[没]明治22(1889)年3月12日)

永平親王* ながひらしんのう
康保2(965)年～永延2(988)年　平安時代中期の村上天皇の皇子。
¶古人,天皇([没]永延2(988)年10月13日)

中平善之丞* なかひらぜんのじょう
宝永6(1709)年～宝暦7(1757)年　江戸時代中期の義民。特権問屋支配の不当性を城下に強訴。
¶コン

中平泰作* なかひらたいさく
？～安政4(1857)年　江戸時代末期の商人。
¶幕末([没]安政4(1857)年5月10日)

中平大治* なかひらだいじ
天保12(1841)年～慶応1(1865)年　江戸時代末期の医師、志士。土佐勤王党に参加。
¶幕末([没]元治2(1865)年2月15日)

中平龍之助* なかひらたつのすけ
天保13(1842)年～元治1(1864)年　[別]中平龍之助(なかだいらりゅうのすけ,なかひらりゅうのすけ,なかひらりょうのすけ)　江戸時代末期の土佐藩士。
¶全幕(なかひらりゅうのすけ),幕末(なかひらりょうのすけ　[生]天保13(1842)年4月3日　[没]元治1(1864)年7月19日)

中平龍之助 なかひらりゅうのすけ
⇒中平龍之助(なかひらたつのすけ)

中平龍之助 なかひらりょうのすけ
⇒中平龍之助(なかひらたつのすけ)

長深某* ながふけ
？～天正12(1584)年5月7日　戦国時代～安土桃山時代の織田信長の家臣。
¶織田

中牧越中守 なかまきえっちゅうのかみ
戦国時代の武田氏の家臣。中牧宗貞の子。
¶武田(生没年不詳)

中牧宗貞 なかまきむねさだ
戦国時代の信濃更級郡中牧の土豪。
¶武田(生没年不詳)

長町竹石* ながまちちくせき
宝暦7(1757)年～文化3(1806)年　江戸時代中期～後期の南画家。
¶コン,美画

永松春洋 ながまつしゅんよう
江戸時代後期～昭和時代の南画家。
¶美画([生]嘉永2(1849)年12月17日　[没]昭和6(1931)年2月6日)

永松東海* ながまつとうかい
天保11(1840)年～明治31(1898)年5月11日　江戸時代末期～明治時代の蘭方医、科学者。東京司薬場長となり庁舎新設、施設整備に貢献。陸軍軍医学校教官となる。
¶科学([生]天保11(1840)年9月29日)

長松日扇* ながまつにっせん
文化14(1817)年～明治23(1890)年7月17日　江戸時代末期～明治時代の宗教家。京都で在家仏教としての本門仏立講を開く。政府からしばしば弾圧を受けた。
¶コン

中丸精十郎 なかまるせいじゅうろう
江戸時代後期～明治時代の洋画家。
¶美画([生]天保11(1840)年1月1日　[没]明治28(1895)年11月15日)

中御門明豊* なかみかどあきとよ
応永21(1414)年～長禄3(1459)年10月3日　室町時代の公卿(権大納言)。権大納言中御門俊輔の子。
¶公卿,公家(明豊〔中御門家〕　あきとよ)

中御門家成 なかみかどいえなり
⇒藤原家成(ふじわらのいえなり)

中御門資胤* なかみかどすけたね
永禄12(1569)年5月14日～寛永3(1626)年1月17日　安土桃山時代～江戸時代前期の公家(権大納言)。権大納言庭田重保の子。
¶公卿,公家(資胤〔中御門家〕　すけたね)

中御門資熙*（中御門資熈） なかみかどすけひろ
寛永12（1635）年12月26日～宝永4（1707）年8月21日 江戸時代前期～中期の公家（権大納言）。権大納言中御門宣順の子。
¶公卿（中御門資熈），公家（資熙〔中御門家〕 すけひろ）

中御門為方* なかみかどためかた
建長7（1255）年～徳治1（1306）年12月11日 鎌倉時代後期の公卿（権中納言）。権大納言中御門経任の長男。
¶公卿，公家（為方〔中御門家（絶家）〕 ためかた [没]嘉元4（1306）年12月11日）

中御門為俊* なかみかどためとし
？～正応2（1289）年10月20日 鎌倉時代後期の公卿（非参議）。権大納言中御門経任の次男。
¶公卿，公家（為俊〔中御門家（絶家）〕 ためとし）

中御門為治* なかみかどためはる
正和3（1314）年～？ 鎌倉時代後期～南北朝時代の公卿（権中納言）。権中納言中御門為行の孫。
¶公卿，公家（為治〔中御門家（絶家）〕 ためはる [生]1315年）

中御門為行* なかみかどためゆき
建治2（1276）年～元弘2/正慶1（1332）年9月10日 鎌倉時代後期の公卿（権中納言）。権中納言中御門為方の子。
¶公卿（[没]正慶1/元弘2（1332）年9月10日），公家（為行〔中御門家（絶家）〕 ためゆき [没]正慶1（1332）年9月10日）

中御門経季* なかみかどつねすえ
正安1（1299）年～正平1/貞和2（1346）年 鎌倉時代後期～南北朝時代の公卿（参議）。権大納言中御門経継の次男。
¶公卿（[没]貞和2/正平1（1346）年9月8日），公家（経季〔中御門家〕 つねすえ [没]貞和2（1346）年9月8日）

中御門経任 なかみかどつねただ
⇒藤原経任（ふじわらのつねとう）

中御門経継* なかみかどつねつぐ
正嘉2（1258）年～？ 鎌倉時代後期の公卿（権大納言）。勧修寺家系中御門家の祖。勧修寺経俊の三男、母は宮内卿平業光の娘。
¶公卿，公家（経継〔中御門家〕 つねつぐ）

中御門経任 なかみかどつねとう
⇒藤原経任（ふじわらのつねとう）

中御門経宣* なかみかどつねのぶ
弘安2（1279）年～興国1/暦応3（1340）年5月6日 鎌倉時代後期～南北朝時代の公卿（参議）。権大納言中御門経継の長男。
¶公卿（[没]暦応3/延元5（1340）年5月6日），公家（経宣〔中御門家〕 つねのぶ [没]暦応3（1340）年5月6日）

中御門経之* なかみかどつねゆき
文政3（1820）年12月17日～明治24（1891）年8月27日 [別]中御門経之（なかのみかどつねゆき） 江戸時代末期～明治時代の公卿、侯爵。王政復古を画策し閉門となるが、のち議定、会計官知事などを歴任。
¶公卿，公家（経之〔中御門家〕 つねゆき），コン，全幕，幕末（なかのみかどつねゆき [生]文政3（1821）年12月17日）

中御門天皇* なかみかどてんのう
元禄14（1701）年12月17日～元文2（1737）年4月11日 江戸時代中期の第114代の天皇（在位1709～1735）。霊元天皇第5皇子。
¶江人，コン，天皇，徳将，山小（[生]1701年12月17日 [没]1737年4月11日）

中御門俊臣* なかみかどとしおみ
元文5（1740）年11月20日～明和8（1771）年8月13日 江戸時代中期の公家（権中納言）。権大納言坊城俊将の次男。
¶公卿，公家（俊臣〔中御門家〕 としおみ）

中御門俊輔* なかみかどとしすけ
元中9/明徳3（1392）年～永享11（1439）年 室町時代の公卿（権大納言）。権中納言中御門宣俊の子。
¶公卿（[生]明徳3/元中9（1392）年 [没]永享11（1439）年2月6日），公家（俊輔〔中御門家〕 としすけ [没]永享11（1439）年2月6日）

中御門尚良* なかみかどなおよし
天正18（1590）年8月7日～寛永18（1641）年8月23日 [別]中御門尚良（なかみかどひさよし） 江戸時代前期の公家（権大納言）。権大納言中御門資胤の次男。
¶公卿，公家（尚良〔中御門家〕 ひさよし）

中御門宣顕* なかみかどのぶあき
寛文2（1662）年12月2日～元文5（1740）年8月22日 江戸時代中期の公家（権大納言）。権大納言中御門資熙の三男。
¶公卿，公家（宣顕〔中御門家〕 のぶあき）

中御門宣明* なかみかどのぶあき
乾元1（1302）年～正平20/貞治4（1365）年6月3日 鎌倉時代後期～南北朝時代の公卿（権大納言）。参議中御門経宣の子。
¶公卿（[没]貞治4/正平20（1365）年6月3日），公家（宣明〔中御門家〕 のぶあき [没]貞治4（1365）年6月3日），コン

中御門宣順* なかみかどのぶあり
慶長18（1613）年10月27日～寛文4（1664）年5月3日 [別]中御門宣順（なかみかどのぶより） 江戸時代前期の公家（権大納言）。権大納言中御門尚良の子。
¶公卿，公家（宣順〔中御門家〕 のぶまさ）

中御門宣方* なかみかどのぶかた
正平5/観応1（1350）年～？ 南北朝時代の公卿（権中納言）。参議田向経兼の次男。
¶公卿（[生]観応1/正平5（1350）年），公家（宣方〔中御門家〕 のぶかた）

中御門宣忠 なかみかどのぶただ
⇒中御門宣治（なかみかどのぶはる）

中御門宣胤* なかみかどのぶたね
嘉吉2（1442）年～大永5（1525）年 [別]宣胤（のぶたね） 室町時代～戦国時代の歌人・公卿（権大納言）。権大納言中御門明豊の子。
¶公卿（[没]大永5（1525）年11月17日），公家（宣胤〔中御門家〕 のぶたね [没]大永5（1525）年11月17日），コン，俳文（宣胤 のぶたね [没]大永5（1525）年11月17日）

中御門宣綱* なかみかどのぶつな
永正8（1511）年～永禄12（1569）年4月 戦国時代の公卿（権中納言）。権大納言中御門宣秀の長男。
¶公卿，公家（宣綱〔中御門家〕 のぶつな）

中御門宣俊* なかみかどのぶとし
建徳2/応安4（1371）年～応永21（1414）年 南北朝時代～室町時代の公卿（権中納言）。権中納言中御門宣方の子。
¶公卿（[生]応安4/建徳2（1371）年 [没]応永21（1414）年9月13日），公家（宣俊〔中御門家〕 のぶとし [没]応永21（1414）年9月13日）

中御門宣治*　なかみかどのぶはる
永正14(1517)年5月8日～弘治1(1555)年7月2日　[別]中御門宣忠(なかみかどのぶただ)　戦国時代の公卿(権大納言)。権大納言中御門宣秀の次男。
¶公卿(中御門宣忠　なかみかどのぶただ),公家(宣忠〔中御門家〕　のぶただ　[没]天文24(1555)年7月2日)

中御門宣秀*　なかみかどのぶひで
文明1(1469)年～享禄4(1531)年　戦国時代の公卿(権大納言)。権大納言中御門宣胤の子。
¶公卿([生]文明1(1469)年8月17日　[没]享禄4(1531)年7月9日),公家(宣秀〔中御門家〕　のぶひで　[生]文明1(1469)年8月17日　[没]享禄4(1531)年7月9日),コン

中御門宣順　なかみかどのぶより
⇒中御門宣順(なかみかどのぶあり)

中御門尚良　なかみかどひさよし
⇒中御門尚良(なかみかどなおよし)

中御門冬定*　なかみかどふゆさだ
*～延元2/建武4(1337)年8月17日　鎌倉時代後期～南北朝時代の公卿(権中納言)。権中納言中御門宗冬の子。
¶公卿([生]弘安3(1280)年　[没]建武4/延元2(1337)年8月17日),公家(冬定〔松木家〕　ふゆさだ　[生]1280年　[没]建武4(1337)年8月17日)

中御門光方*　なかみかどみつかた
？～元亨2(1322)年5月　鎌倉時代後期の公卿(非参議)。非参議中御門為俊の子。
¶公卿,公家(光方〔中御門家(絶家)〕　みつかた　[没]元亨2(1322)年閏5月)

中御門宗家　なかみかどむねいえ
⇒藤原宗家(ふじわらのむねいえ)

中御門宗兼*　なかみかどむねかね
延慶1(1308)年～延元2/建武4(1337)年2月17日　鎌倉時代後期～南北朝時代の公卿(参議)。権中納言中御門冬定の子。
¶公卿([没]建武4/延元2(1337)年2月17日),公家(宗兼〔松木家〕　むねかね　[生]？　[没]延元1(1336)年12月？)

中御門宗実*　なかみかどむねざね
？～正応2(1289)年　鎌倉時代後期の公卿(非参議)。参議藤原宗平の次男。
¶公卿,公家(宗実〔松木家〕　むねざね　[没]正応2(1289)年12月21日)

中御門宗重*　なかみかどむねしげ
嘉元2(1304)年～正平22/貞治6(1367)年12月22日　鎌倉時代後期～南北朝時代の公卿(権中納言)。権中納言中御門冬定の子。
¶公卿([没]貞治6/正平22(1367)年12月22日),公家(宗重〔松木家〕　むねしげ　[没]貞治6(1367)年12月22日)

中御門宗冬*　なかみかどむねふゆ
？～応長1(1311)年1月19日　鎌倉時代後期の公卿(権中納言)。参議中御門宗雅の子。
¶公卿,公家(宗冬〔松木家〕　むねふゆ　[没]延慶4(1311)年1月19日)

中御門宗雅*　なかみかどむねまさ
建保5(1217)年～文永6(1269)年1月28日　鎌倉時代前期の公卿(参議)。道長系の中御門家の祖。参議藤原宗平の長男。
¶公卿,公家(宗雅〔松木家〕　むねまさ)

中御門宗泰*　なかみかどむねやす
？～天授6/康暦2(1380)年1月　南北朝時代の公卿(権中納言)。権中納言中御門宗重の子。
¶公卿([没]康暦2/天授6(1380)年1月),公家(宗泰〔松木家〕　むねやす　[没]康暦2(1380)年1月)

中御門宗行　なかみかどむねゆき
⇒藤原宗行(ふじわらのむねゆき)

中御門宗能　なかみかどむねよし
⇒藤原宗能(ふじわらのむねよし)

永見貞之丞　ながみさだのじょう
江戸時代後期～末期の幕臣。
¶徳人(生没年不詳)

永見重隆　ながみしげたか
江戸時代前期～中期の幕臣。
¶徳人([生]1648年　[没]1711年)

永見重直　ながみしげなお
江戸時代前期～中期の幕臣。
¶徳人([生]1646年　[没]1735年)

永見為貞　ながみためさだ
江戸時代中期～後期の幕臣。
¶徳人([生]1743年　[没]1820年)

長道(――〔1代〕)　ながみち
⇒三善長道(みよしながみち)

修道親王　ながみちしんのう
⇒済仁(さいにん)

那珂通高　なかみちたか
⇒那珂梧楼(なかごろう)

那珂道辰*(那河道辰，那珂通辰)　なかみちとき
？～建武3/延元1(1336)年　鎌倉時代後期～南北朝時代の武将。
¶室町(那珂通辰　[没]延元1/建武3(1336)年)

永道輔範　ながみちのすけのり
平安時代中期の官人。
¶古人(生没年不詳)

那珂通世*　なかみちよ
嘉永4(1851)年1月6日～明治41(1908)年3月2日　江戸時代末期～明治時代の東洋歴史学者、文学者。「東洋史」の名称を創唱し、発展に寄与。著書に「支那通史」「成吉思汗実録」など。
¶コン,思想,山小([生]1851年1月6日　[没]1908年3月2日)

長光　ながみつ
⇒長船長光〔1代〕(おさふねながみつ)

永見伝三郎*　ながみでんざぶろう
天保2(1831)年～明治32(1899)年　江戸時代末期～明治時代の豪商、銀行家、第十八国立銀行初代頭取。永見松田商社を創立、近代的金融機関の設立を目指す。
¶幕末([生]文政11(1828)年　[没]明治32(1899)年8月27日)

長岑氏主　ながみねのうじぬし
⇒長岑宿禰氏主(ながみねのすくねうじぬし)

長岑宿禰氏主*　ながみねのすくねうじぬし
[別]長岑氏主(ながみねのうじぬし)　平安時代前期の官人。
¶古代

長岑宿禰高名　ながみねのすくねたかな
⇒長峯高名(ながみねのたかな)

長峯高名* (長岑高名)　ながみねのたかな
延暦13(794)年〜天安1(857)年　[別]白鳥高名(しらとりたかな), 長岑宿禰高名(ながみねのすくねたかな)　平安時代前期の官人。
¶古人(長岑高名), 古代(長岑宿禰高名　ながみねのすくねたかな)

長岑諸近*　ながみねのもろちか
生没年不詳　平安時代中期の官人。
¶古人, 対外

永峰秀樹 (永峯秀樹)　ながみねひでき
嘉永1(1848)年6月1日〜昭和2(1927)年12月3日
江戸時代後期〜昭和時代の和算家、海軍兵学校教官。
¶数学(永峯秀樹), 幕末

永峰弥吉　ながみねやきち
江戸時代後期〜明治時代の幕臣。
¶幕末([生]天保10(1839)年11月　[没]明治28(1895)年1月12日)

永嶺嘉碩の娘　ながみねよしひろのむすめ★
江戸時代中期の女性。和歌。嘉碩は可夕とも書く。享保期頃の人とされる。
¶江表(永嶺嘉碩の娘(福島県))

中牟田倉之助*　なかむたくらのすけ
天保8(1837)年2月24日〜大正5(1916)年3月30日
江戸時代末期〜明治時代の海軍軍人、子爵、横須賀造船所所長。海兵学校長を経て中将。横須賀鎮守府長官、のち初代軍令部長となる。
¶コン, 幕末([没]大正5(1916)年3月29日)

中村　なかむら
安土桃山時代の信濃国筑摩郡生野の土豪。塔原海野氏の被官とみられる。
¶武田(生没年不詳)

中村明石〔1代〕　なかむらあかし
⇒中村勘三郎〔2代〕(なかむらかんざぶろう)

中村明石〔2代〕*　なかむらあかし
生没年不詳　[別]明石清三郎(あかしせいざぶろう), 中村明石清三郎(なかむらあかしせいざぶろう), 中村清三郎〔1代〕(なかむらせいざぶろう), 中村蓮菅(なかむられんかん)　江戸時代中期の歌舞伎役者、歌舞伎作者。貞享1年〜享保18年以降に活躍。
¶コン

中村明石〔3代〕　なかむらあかし
⇒中村勘三郎〔7代〕(なかむらかんざぶろう)

中村明石〔4代〕　なかむらあかし
⇒中村勘三郎〔12代〕(なかむらかんざぶろう)

中村明石清三郎　なかむらあかしせいざぶろう
⇒中村明石〔2代〕(なかむらあかし)

中村磯吉　なかむらいそきち
江戸時代末期〜明治時代の篤農家。
¶植物(生没年不詳)

中村市右衛門　なかむらいちえもん
江戸時代前期の丹波の人。大坂の陣で籠城。
¶大坂

中村一鶚　なかむらいちがく
江戸時代末期の代官。
¶徳代(生没年不詳)

中村市十郎　なかむらいちじゅうろう
⇒中村仲蔵〔1代〕(なかむらなかぞう)

中村いと*　なかむらいと
生没年不詳　江戸時代後期の女性。作家。
¶江表(いと(東京都)), 女史

中村歌右衛門*　なかむらうたえもん
世襲名　江戸時代中期以来の歌舞伎役者。
¶江人

中村歌右衛門〔1代〕*　なかむらうたえもん
正徳4(1714)年〜寛政3(1791)年　[別]一先, 一洗(いっせん), 大関栄蔵(おおぜきえいぞう), 加賀屋歌七〔1代〕(かがやかしち), 中村歌之助〔1代〕(なかむらうたのすけ), 中村嘉七〔1代〕, 中村歌七〔1代〕(なかむらかしち)　江戸時代中期の歌舞伎役者、歌舞伎作者。寛保1年〜寛政1年頃に活躍。
¶浮絵, 歌大([没]寛政3(1791)年10月29日), コン, 新歌(——〔1世〕)

中村歌右衛門〔2代〕*　なかむらうたえもん
宝暦2(1752)年〜寛政10(1798)年　[別]歌寿(かじゅ), 歌重(かじゅう), 十暁(じゅうぎょう), 中村東蔵〔1代〕(なかむらとうぞう), 水木東蔵〔1代〕(みずきとうぞう)　江戸時代中期の歌舞伎役者。安永9年〜寛政10年頃に活躍。
¶浮絵, 歌大([没]寛政10(1798)年3月22日)

中村歌右衛門〔3代〕*　なかむらうたえもん
安永7(1778)年〜天保9(1838)年　[別]大関市兵衛(おおぜきいちべえ), 加賀屋梅玉(かがやばいぎょく), 加賀屋福之助〔1代〕(かがやふくのすけ), 金沢竜玉〔1代〕, 金沢龍玉(かなざわりゅうぎょく), 芝翫(しかん), 中村芝翫〔1代〕(なかむらしかん), 中村玉助(なかむらたますけ), 中村梅玉〔1代〕(なかむらばいぎょく), 梅玉(ばいぎょく), 百戯園(ひゃくぎえん)　江戸時代後期の歌舞伎役者、歌舞伎作者。天明8年〜天保9年頃に活躍。
¶浮絵([生]安永8(1779)年), 歌大(金沢龍玉　かなざわりゅうぎょく), 歌大([生]安永7(1778)年3月3日　[没]天保9(1838)年7月25日), 歌大(中村梅玉〔1代〕　なかむらばいぎょく), コン([没]天保7(1836)年), 新歌(金沢龍玉　かなざわりゅうぎょく), 新歌(——〔3世〕)

中村歌右衛門〔4代〕*　なかむらうたえもん
寛政10(1798)年〜嘉永5(1852)年　[別]魁香舎(かいこうしゃ), 翫雀(がんじゃく), 芝賞(ししょう), 中村翫雀〔1代〕(なかむらがんじゃく), 中村芝翫〔2代〕(なかむらしかん), 中村鶴助〔1代〕(なかむらつるすけ), 中村藤太郎(なかむらふじたろう), 平野吉太郎(ひらのきちたろう), 藤間亀三郎(ふじまかめさぶろう)　江戸時代末期の歌舞伎役者。文化10年〜嘉永5年頃に活躍。
¶浮絵([生]寛政8(1796)年), 歌大([没]嘉永5(1852)年2月17日), コン, 新歌(——〔4世〕)

中村歌五郎　なかむらうたごろう
⇒中村東蔵〔2代〕(なかむらとうぞう)

中村歌助　なかむらうたすけ
⇒関三十郎〔2代〕(せきさんじゅうろう)

中村歌之助〔1代〕　なかむらうたのすけ
⇒中村歌右衛門〔1代〕(なかむらうたえもん)

中村梅助　なかむらうめすけ
⇒中村松江〔4代〕(なかむらまつえ)

中村栄助*　なかむらえいすけ
嘉永2(1849)年〜昭和13(1938)年　江戸時代末期

〜大正時代の豪商、衆議院議員。油仲買商を営み、石油貿易で活躍。同志社を援助。
¶幕末（[生]嘉永2（1849）年2月3日 [没]昭和13（1938）年9月17日）

中村円太* なかむらえんた
天保6（1835）年〜慶応1（1865）年 江戸時代末期の筑前福岡藩士。
¶全幕，幕末（[没]元治2（1865）年1月26日）

中村乙次郎* なかむらおとじろう
文政11（1828）年〜文久1（1861）年 江戸時代末期の商人。
¶幕末

な

中村かほる なかむらかおる
⇒沢村国太郎〔3代〕（さわむらくにたろう）

中村確堂 なかむらかくどう
⇒中村鼎五（なかむらていご）

中村景平* なかむらかげひら
生没年不詳 鎌倉時代前期の武将。
¶古人

中村景美 なかむらかげよし
⇒中村景美（なかむらけいび）

中村嘉七〔1代〕 なかむらかしち
⇒中村歌右衛門〔1代〕（なかむらうたえもん）

中村嘉七〔4代〕* なかむらかしち
文化14（1817）年〜明治14（1881）年2月13日 [別]秋田七賀助（あきたしちかすけ），慶雀（けいじゃく），中村七賀助（なかむらしちかすけ），中村仲助（なかむらなかすけ），中村仲蔵〔上方・4代〕，中村仲蔵〔大坂系4代〕（なかむらなかぞう），坂東寿三郎〔1代〕，阪東寿三郎〔1代〕（ばんどうじゅうざぶろう），飛鶴（ひかく） 江戸時代末期〜明治時代の歌舞伎役者。嘉永1年〜明治14年頃に活躍。
¶新歌（中村仲蔵〔大坂系4世〕 なかむらなかぞう）

中村一氏* なかむらかずうじ
？〜慶長5（1600）年 安土桃山時代の武将、大名。
¶織田（[没]慶長5（1600）年7月），コン，全戦

中村一忠 なかむらかずただ
⇒中村忠一（なかむらただかず）

中村一之 なかむらかずゆき
江戸時代後期の幕臣。
¶徳人（[生]1829年 [没]？）

中村歌蝶 なかむらかちょう
⇒尾上菊五郎〔4代〕（おのえきくごろう）

中村勝右衛門* なかむらかつうえもん
*〜慶応3（1867）年 [別]中村勝右衛門（なかむらかつえもん，なかむらしょうえもん） 江戸時代末期の越後村松藩士。
¶幕末（なかむらかつえもん [生]文化13（1816）年 [没]慶応3（1867）年5月20日）

中村勝右衛門 なかむらかつえもん
⇒中村勝右衛門（なかむらかつうえもん）

中村勝蔵 なかむらかつぞう
⇒植松是勝（うえまつぜしょう）

中村勧農衛* なかむらかのえ
享和2（1802）年〜安政5（1858）年 江戸時代末期の谷田部藩士。
¶幕末（[没]安政5（1858）年8月12日）

中村歌女蔵 なかむらかめぞう
⇒中村宗十郎〔1代〕（なかむらそうじゅうろう）

中村亀太郎 なかむらかめたろう
⇒中村助五郎〔1代〕（なかむらすけごろう）

中村歌六〔1代〕* なかむらかろく
安永8（1779）年〜安政6（1859）年 [別]紫琴，芝琴（しきん），芝丈（しじょう），中村もしほ〔1代〕（なかむらもしお），梅我（ばいが），梅枝（ばいし），飛鶴（ひかく），山村梅枝（やまむらばいし） 江戸時代後期の歌舞伎役者。文化3年〜安政6年頃に活躍。
¶江人（——〔1世〕），歌大（[没]安政6（1859）年7月1日），コン，新歌（——〔1世〕）

中村歌六〔2代〕* なかむらかろく
？〜明治24（1891）年 [別]坂東しうか〔2代〕，坂東志うか〔2代〕（ばんどうしゅうか） 江戸時代末期〜明治時代の歌舞伎役者。中村歌六の次男。6代坂東三津五郎の養子。
¶新歌（——〔2世〕），新歌（坂東志うか〔2世〕 ばんどうしゅうか）

中村歌六〔3代〕* なかむらかろく
嘉永2（1849）年〜大正8（1919）年 [別]中村時蔵〔1代〕（なかむらときぞう） 江戸時代末期〜大正時代の歌舞伎役者。老役に重用。立役、女方をつとめ大播磨と呼ばれる。
¶新歌（——〔3世〕）

中村貫一* なかむらかんいち
天保14（1843）年〜明治13（1880）年 江戸時代末期〜明治時代の土佐藩士。西南の役で銃器購入中逮捕、獄死。
¶幕末（[生]天保14（1843）年10月18日 [没]明治13（1880）年7月9日）

中村翫右衛門〔2代〕 なかむらかんえもん
江戸時代後期〜大正時代の歌舞伎俳優。
¶新歌（——〔2世〕 [生]1851年 [没]1919年）

中村勘九郎〔1代〕* なかむらかんくろう
生没年不詳 江戸時代中期の歌舞伎座本。元禄12年前後に活躍。
¶歌大

中村勘九郎〔2代〕 なかむらかんくろう
⇒中村勘三郎〔6代〕（なかむらかんざぶろう）

中村勘九郎〔3代〕 なかむらかんくろう
⇒中村勘三郎〔12代〕（なかむらかんざぶろう）

中村勘左衛門 なかむらかんざえもん
戦国時代の武士。信玄旗本の陣立書に「各鉄砲」を率いる人物として記載がある。
¶武田（生没年不詳）

中村勘三郎 なかむらかんざぶろう
世襲名 江戸時代の歌舞伎役者、歌舞伎劇場中村座座元。江戸時代に活躍したのは、初世から13世まで。
¶江人

中村勘三郎〔1代〕* なかむらかんざぶろう
慶長3（1598）年〜明暦4（1658）年 [別]猿若勘三郎（さるわかかんざぶろう） 江戸時代前期の江戸・中村座の座元、歌舞伎俳優。中村座の創始者。
¶浮絵（——〔1代〕 [生]慶長2（1597）年 [没]万治1（1658）年），歌大（——〔1代〕 [生]慶長2（1597）年 [没]明暦4（1658）年6月9日），コン（——〔1代〕 [没]万治

1(1658)年), 新歌([生]1597年?)

中村勘三郎〔2代〕* なかむらかんざぶろう

正保4(1647)年～延宝2(1674)年 [別]明石勘三郎〔1代〕(あかしかんざぶろう), 鶴屋勘三郎(つるやかんざぶろう), 中村明石〔1代〕(なかむらあかし), 中村勘助(なかむらかんすけ) 江戸時代前期の歌舞伎役者、歌舞伎座主。江戸・中村座の座元。明暦3年禁裏で《新発意太鼓》を演じ、明石の名をたまわったという。

¶歌大(――〔2代〕 [没]延宝2(1674)年8月26日), コン(――〔2代〕 [生]?), 新歌

中村勘三郎〔3代〕* なかむらかんざぶろう

慶安2(1649)年～延宝6(1678)年 [別]中村長三郎(なかむらちょうざぶろう), 中村長十郎(なかむらちょうじゅうろう) 江戸時代前期の歌舞伎役者、歌舞伎座元。

¶歌大(――〔3代〕 [没]延宝6(1678)年8月11日), 新歌

中村勘三郎〔4代〕* なかむらかんざぶろう

寛文2(1662)年～正徳3(1713)年 [別]中村伝九郎〔1代〕(なかむらでんくろう) 江戸時代中期の歌舞伎役者、歌舞伎座主。江戸・中村座の座元。3世早世後、延宝6年に勘三郎を襲名し、7年間座元を勤めたが、貞享1年中村伝九郎(初世)と改名、役者専門となり、元禄期を代表する立役となった。

¶浮絵(中村伝九郎〔1代〕 なかむらでんくろう [没]元禄14(1701)年), 歌大(――〔4代〕 [没]正徳3(1713)年10月25日), 歌大(中村伝九郎 なかむらでんくろう [没]正徳3(1713)年10月25日), コン(中村伝九郎〔1代〕 なかむらでんくろう), 新歌, 新歌(中村伝九郎〔1世〕 なかむらでんくろう)

中村勘三郎〔5代〕* なかむらかんざぶろう

寛文6(1666)年～元禄14(1701)年 [別]冠子(かんし), 猿若勘三郎(さるわかかんざぶろう), 中村竹松(なかむらたけまつ) 江戸時代中期の歌舞伎役者、歌舞伎座主。江戸・中村座の座元。貞享1年に勘三郎を襲名し、18年間座元を勤め、元禄歌舞伎の最盛の時代を築きあげた一人。

¶歌大(――〔5代〕 [没]元禄14(1701)年7月4日), 新歌

中村勘三郎〔6代〕* なかむらかんざぶろう

元禄1(1688)年～宝暦7(1757)年 [別]猿若勘三郎(さるわかかんざぶろう), 中村勘九郎〔2代〕(なかむらかんくろう), 中村又三郎(なかむらまたさぶろう), 良久(りょうきゅう) 江戸時代中期の歌舞伎役者、歌舞伎座本。江戸・中村座の座元。元禄14年から50年間座元を勤め、寛延3年8月隠居して2世中村勘九郎と改めた。

¶歌大(――〔6代〕 [没]宝暦7(1757)年11月25日), 新歌

中村勘三郎〔7代〕* なかむらかんざぶろう

享保2(1717)年～安永4(1775)年 [別]雀童(じゃくどう), 中村明石〔3代〕(なかむらあかし) 江戸時代中期の歌舞伎役者、歌舞伎座本。江戸・中村座の座元。寛延3年から26年間座元を勤める。

¶歌大(――〔7代〕 [生]? [没]安永4(1775)年2月25日), 新歌

中村勘三郎〔8代〕* なかむらかんざぶろう

享保4(1719)年～安永6(1777)年 [別]中村伝九郎〔2代〕(なかむらでんくろう) 江戸時代中期の歌舞伎役者、歌舞伎座本。江戸・中村座の座元。2世中村伝九郎が安永4年勘三郎を相続、座元を3年間勤めた。

¶浮絵(中村伝九郎〔2代〕 なかむらでんくろう), 歌大(――〔8代〕 [生]享保8(1723)年 [没]安永6(1777)年11月25日), コン(中村伝九郎〔2代〕 なかむらでんくろう), 新歌, 新歌(中村伝九郎〔2世〕 なかむらでんくろう)

中村勘三郎〔9代〕* なかむらかんざぶろう

明和2(1765)年～天明5(1785)年 [別]中村七三郎〔3代〕(なかむらしちさぶろう) 江戸時代中期の歌舞伎役者、歌舞伎座本。江戸・中村座の座元。安永7年から8年間座元を勤める。

¶浮絵(中村七三郎〔3代〕 なかむらしちさぶろう), 歌大(――〔9代〕 [没]天明5(1785)年7月29日), 新歌, 新歌(中村七三郎〔3世〕 なかむらしちさぶろう)

中村勘三郎〔10代〕* なかむらかんざぶろう

?～文化7(1810)年 [別]斎藤熊吉(さいとうくまきち), 雀童(じゃくどう) 江戸時代後期の歌舞伎役者、歌舞伎座本。江戸・中村座の座元。天明6年に座元となったが、経営不振のため1年で座元を譲った。

¶歌大(――〔10代〕 [没]文化7(1810)年5月3日), 新歌

中村勘三郎〔11代〕* なかむらかんざぶろう

明和3(1766)年～文政12(1829)年 [別]中村伝九郎〔3代〕(なかむらでんくろう) 江戸時代後期の歌舞伎役者、歌舞伎座本。江戸・中村座の座元。天明7年3世中村伝九郎が勘三郎を襲名し、座元を相続、41年間勤めたが、その間不当りと火災により寛政5年から9年まで休座し、都座に櫓を譲った。

¶浮絵(中村伝九郎〔3代〕 なかむらでんくろう), 歌大(――〔11代〕 [没]文政12(1829)年8月4日), 新歌

中村勘三郎〔12代〕* なかむらかんざぶろう

寛政12(1800)年～嘉永4(1851)年 [別]中村明石〔4代〕(なかむらあかし), 中村勘九郎〔3代〕(なかむらかんくろう), 中村伝九郎〔5代〕(なかむらでんくろう), 舞鶴(ぶかく) 江戸時代末期の歌舞伎役者、歌舞伎座本。江戸・中村座の座元。文政12年5世伝九郎が勘三郎を襲名し、座元をついだが、天保の改革により文政13年には堺町より猿若町一丁目へ移転した。

¶歌大(――〔12代〕 [没]嘉永4(1851)年10月11日), 新歌

中村勘三郎〔13代〕* なかむらかんざぶろう

文政11(1828)年～明治28(1895)年 江戸時代後期～明治時代の江戸・中村座の座元、歌舞伎俳優。嘉永4年座元を相続したが、幕末から経営不振が続き、明治8年には3世中村仲蔵に座元を譲った。

¶歌大(――〔13代〕 [没]明治28(1895)年10月29日), コン(――〔13代〕), 新歌

中村勘三郎〔14代〕 なかむらかんざぶろう

⇒中村仲蔵〔3代〕(なかむらなかぞう)

中村翫雀〔1代〕 なかむらがんじゃく

⇒中村歌右衛門〔4代〕(なかむらうたえもん)

中村翫雀〔2代〕* なかむらがんじゃく, なかむらかんじゃく

天保5(1834)年～文久1(1861)年 [別]市村市蔵(いちむらいちぞう), 菊善(きくぜん), 芝賞(ししょう), 坂東橘蔵(ばんどうきちぞう) 江戸時代末期の歌舞伎役者。弘化2年以前～万延1年頃に活躍。

¶歌大(なかむらかんじゃく [没]万延2(1861)年1月6日)

中村翫雀〔3代〕* なかむらかんじゃく, なかむらがんじゃく

天保12(1841)年～明治14(1881)年2月3日 江戸時代末期～明治時代の歌舞伎役者。

¶歌大

中村勘助＊(1)　なかむらかんすけ
天保1(1830)年～明治19(1886)年　江戸時代末期～明治時代の教育者。維新の際、私塾養成塾を開設。
¶幕末([生]文政13(1830)年　[没]明治19(1886)年4月2日)

中村勘助(2)　なかむらかんすけ
⇒中村勘三郎〔2代〕(なかむらかんざぶろう)

中村翫之助　なかむらがんのすけ
⇒中村芝雀〔1代〕(なかむらしばじゃく)

中村奇輔＊　なかむらきすけ
文政8(1825)年～明治9(1876)年　江戸時代末期～明治時代の洋学者、工芸技術者。電信機の製作、蒸気船・蒸気車模型の製作など理化学的研究に従事。
¶科学, 幕末(生没年不詳)

中村吉右衛門〔1代〕　なかむらきちえもん
⇒中村十蔵〔1代〕(なかむらじゅうぞう)

中村吉右衛門〔上方系2代〕＊(――〔大坂系2代〕)　なかむらきちえもん
生没年不詳　[別]周幸(しゅうこう)，中村吉蔵〔3代〕(なかむらきちぞう)　江戸時代後期の歌舞伎役者。文化2～12年頃に活躍。
¶浮絵(――〔大坂系2代〕)

中村吉蔵〔3代〕　なかむらきちぞう
⇒中村吉右衛門〔上方系2代〕(なかむらきちえもん)

中村吉繁　なかむらきちはん
江戸時代前期の代官。
¶徳代(生没年不詳)

中村吉六＊　なかむらきちろく
江戸時代末期の新撰組隊士。
¶新隊(生没年不詳)

中村喜津右衛門　なかむらきつえもん
⇒中村十蔵〔1代〕(なかむらじゅうぞう)

中村吉照　なかむらきっしょう
⇒中村吉照(なかむらよしてる)

中村牛荘＊　なかむらぎゅうそう
天明3(1783)年～明治2(1869)年　江戸時代後期の儒学者。
¶幕末([生]天明3(1783)年9月24日　[没]明治2(1869)年4月18日)

中村久馬＊　なかむらきゅうま
江戸時代末期の新撰組隊士。
¶新隊(生没年不詳)

中村清旭　なかむらきよあき
⇒中村九郎(なかむらくろう)

中村喜代三郎〔1代〕＊(中村喜世三郎)　なかむらきよさぶろう
享保6(1721)年～安永6(1777)年　[別]花暁(かぎょう)，中村喜代三〔1代〕(なかむらきよぞう)，文次(もんじ)　江戸時代中期の歌舞伎役者。享保17年～安永5年以降に活躍。
¶コン

中村喜代三〔1代〕　なかむらきよぞう
⇒中村喜代三郎〔1代〕(なかむらきよさぶろう)

中村清行＊　なかむらきよゆき
文政5(1822)年～明治19(1886)年　江戸時代末期～明治時代の三河吉田藩士。第十五国立銀行支配人となる。
¶幕末([没]明治19(1886)年5月30日)

中村魚楽〔1代〕　なかむらぎょらく
⇒中村助五郎〔2代〕(なかむらすけごろう)

中村金吾＊　なかむらきんご
江戸時代末期の新撰組隊士。
¶新隊(生没年不詳)

中村九平治　なかむらくへいじ
⇒山中平十郎〔2代〕(やまなかへいじゅうろう)

中村粂三郎　なかむらくめさぶろう
⇒市川荒五郎〔1代〕(いちかわあらごろう)

中村粂次郎　なかむらくめじろう
⇒市川荒五郎〔1代〕(いちかわあらごろう)

中村粂太郎〔1代〕＊(中村久米太郎)　なかむらくめたろう
享保9(1724)年～安永6(1777)年　[別]海印(かいいん)，鯉長(りちょう)　江戸時代中期の歌舞伎役者、歌舞伎座本。享保17年～安永4年頃に活躍。
¶歌大([没]安永6(1777)年7月15日)，コン，新歌(――〔1世〕)

中村粂太郎〔2代〕＊　なかむらくめたろう
宝暦13(1763)年～文化5(1808)年　[別]嵐房次郎(あらしふさじろう)，鯉長(りちょう)　江戸時代中期～後期の歌舞伎役者。天明4年～文化3年以降に活躍。
¶歌大([没]文化5(1808)年7月9日)，新歌(――〔2世〕)

中村粂太郎〔3代〕＊　なかむらくめたろう
生没年不詳　[別]嵐十次郎(あらしじゅうじろう)，松島鶴松(まつしまつるまつ)，鯉長(りちょう)　江戸時代後期の歌舞伎役者。文化3～9年以降に活躍。
¶歌大，新歌(――〔3世〕)

中村九郎＊　なかむらくろう
文政11(1828)年～元治1(1864)年　[別]中村清旭(なかむらきよあき)　江戸時代末期の長州(萩)藩士、尊攘運動家。
¶幕末([生]文政11(1828)年8月3日　[没]元治1(1864)年11月12日)

中村敬宇　なかむらけいう
⇒中村正直(なかむらまさなお)

中村桂子　なかむらけいし
⇒中村大吉〔3代〕(なかむらだいきち)

中村景美＊　なかむらけいび
寛延3(1750)年～文政8(1825)年　[別]中村景美(なかむらかげよし)　江戸時代中期～後期の算学者。
¶数学(なかむらかげよし　[没]文政8(1825)年2月2日)

中村源右衛門　なかむらげんえもん
安土桃山時代～江戸時代前期の代官。
¶徳代(生没年不詳)

中村源助＊　なかむらげんすけ
？～明治1(1868)年　江戸時代末期の薩摩藩士。
¶幕末([没]慶応4(1868)年6月27日)

中村玄道＊　なかむらげんどう
文政3(1820)年～？　江戸時代後期～末期の新撰組隊士。
¶新隊

中村源兵衛　なかむらげんひょうえ
⇒中村源兵衛(なかむらげんべえ)

中村源兵衛* なかむらげんべえ
[別]中村源兵衛(なかむらげんひょうえ) 戦国時代～安土桃山時代の武士。
¶大坂(なかむらげんひょうえ [没]正保1年10月3日)

中村故一 なかむらこいち
⇒中村重助〔2代〕(なかむらじゅうすけ)

中村篁渓* なかむらこうけい
正保4(1647)年～正徳2(1712)年 [別]中村顧言(なかむらよしとき) 江戸時代前期～中期の儒学者、水戸藩士。
¶コン

中村浩堂* なかむらこうどう
文政6(1823)年～明治28(1895)年 江戸時代末期～明治時代の萩藩儒。毛利家編纂に携わり「忠正公事蹟編年史」を著す。
¶幕末([没]明治28(1895)年12月5日)

中村黒水* なかむらこくすい
文政3(1820)年～明治17(1884)年 江戸時代末期～明治時代の儒者、教育者。藩学進徳館の創設を建言。
¶幕末

中村小四郎 なかむらこしろう
戦国時代の北条氏康の家臣。
¶後北(小四郎〔中村(4)〕 こしろう)

中村小次郎* なかむらこじろう
嘉永1(1848)年頃～? 江戸時代後期～末期の新撰組隊士。
¶新隊(生没年不詳)

中村小兵衛 なかむらこへえ
安土桃山時代～江戸時代前期の甲斐国巨摩郡岩間庄堂村之郷の土豪。
¶武田(生没年不詳)

中村駒之助 なかむらこまのすけ
⇒中村芝翫〔3代〕(なかむらしかん)

中村惟寅 なかむらこれとも
江戸時代中期の幕臣。
¶徳人([生]1774年 [没]?)

中村五郎* なかむらごろう
嘉永2(1849)年～慶応3(1867)年6月14日 江戸時代後期～末期の新撰組隊士。
¶新隊

中村五郎左衛門 なかむらごろうざえもん
⇒川端道喜(かわばたどうき)

中村五郎兵衛* なかむらごろべえ
生没年不詳 戦国時代の武士。北条氏の家臣、御蔵奉行。
¶後北(五郎兵衛〔中村(5)〕 ごろべえ)

中村西国 なかむらさいこく
⇒島屋西国(しまやさいこく)

中村才蔵(中村西蔵) なかむらさいぞう
⇒中村芝翫〔3代〕(なかむらしかん)

中村貞介 なかむらさだすけ
⇒中村貞介(なかむらていすけ)

中村佐平治* なかむらさへいじ
文政10(1827)年～明治24(1891)年 江戸時代末期～明治時代の豪商、蚕種業功労者。「中佐」銘の蚕種を広く販売。
¶幕末([没]明治24(1891)年12月19日)

中村三光〔1代〕 なかむらさんこう
⇒中村富十郎〔2代〕(なかむらとみじゅうろう)

中村三五衛門* なかむらさんごえもん
文化2(1805)年～* 江戸時代末期の水戸藩士。
¶幕末([没]元治1(1865)年12月20日)

中村三蕉* なかむらさんしょう
文化14(1817)年～明治27(1894)年 江戸時代末期～明治時代の丸亀藩士。藩校正明館教授、小中学校教員を務める。
¶幕末([没]明治27(1894)年8月27日)

中村三平 なかむらさんぺい
⇒中村重助〔2代〕(なかむらじゅうすけ)

中村芝翫 なかむらしかん
世襲名 江戸時代の歌舞伎役者。江戸時代に活躍したのは、初世から4世まで。
¶江人

中村芝翫〔1代〕 なかむらしかん
⇒中村歌右衛門〔3代〕(なかむらうたえもん)

中村芝翫〔2代〕 なかむらしかん
⇒中村歌右衛門〔4代〕(なかむらうたえもん)

中村芝翫〔3代〕* なかむらしかん
文化7(1810)年～弘化4(1847)年 [別]眼玉(ぎょくがん),中村駒之助(なかむらこまのすけ),中村才蔵,中村西蔵(なかむらさいぞう),中村鶴助〔2代〕(なかむらつるすけ) 江戸時代後期の歌舞伎役者。文化12年～弘化4年頃に活躍。
¶浮絵,歌大([没]弘化4(1847)年11月2日),コン,新歌(——〔3世〕)

中村芝翫〔4代〕* なかむらしかん
文政13(1830)年～明治32(1899)年 [別]中村福助〔1代〕(なかむらふくすけ) 江戸時代末期～明治時代の歌舞伎役者。時代物の実悪、立役を得意とし、芝翫型を案出、大芝翫と呼ばれた。
¶浮絵([生]天保1(1830)年),歌大([生]文政13(1830)年3月3日 [没]明治32(1899)年1月16日),コン([生]天保1(1830)年),新歌(——〔4世〕),新歌(中村福助〔1世〕 なかむらふくすけ)

中村重遠* なかむらしげとう
天保11(1840)年～明治17(1884)年 江戸時代末期～明治時代の家老伊賀家臣、陸軍大佐。戊辰戦争に参加。
¶幕末([生]天保11(1840)年12月2日 [没]明治17(1884)年2月22日)

中村七賀助 なかむらしちかすけ
⇒中村嘉七〔4代〕(なかむらかしち)

中村七三郎 なかむらしちさぶろう
世襲名 江戸時代の歌舞伎役者。江戸時代に活躍したのは、初世から4世まで。
¶江人

中村七三郎〔1代〕* なかむらしちさぶろう
寛文2(1662)年～宝永5(1708)年 [別]少長(しょうちょう) 江戸時代前期～中期の歌舞伎役者。
¶浮絵(——〔1代〕),歌大(代数なし),コン(——〔1代〕),新歌,俳文(少長 しょうちょう [没]宝永5(1708)年2月3日)

中村七三郎〔2代〕*　なかむらしちさぶろう
元禄16(1703)年～安永3(1774)年　[別]少長(しょうちょう)，中村少長(なかむらしょうちょう)，中村清吉(なかむらせいきち)　江戸時代中期の歌舞伎役者。宝永5年～安永3年頃に活躍。
¶浮絵，コン([生]元禄16(1704)年)，新歌(──〔2世〕)

中村七三郎〔3代〕　なかむらしちさぶろう
⇒中村勘三郎〔9代〕(なかむらかんざぶろう)

中村七三郎〔4代〕*　なかむらしちさぶろう
生没年不詳　[別]少長(しょうちょう)　江戸時代中期の歌舞伎役者。天明5年～天保3年頃に活躍。
¶浮絵

中村七郎右衛門*　なかむらしちろうえもん
天保13(1842)年～明治40(1907)年1月5日　江戸時代後期～明治時代の剣術家。新九流。
¶幕末

中村芝雀〔1代〕*　なかむらしばじゃく
文政3(1820)年～安政3(1856)年　[別]市川白之助(いちかわしらのすけ)，中村翫之助(なかむらがんのすけ)，中村鶴五郎〔2代〕(なかむらつるごろう)，梅国(ばいこく)　江戸時代末期の歌舞伎役者。天保7年～安政2年頃に活躍。
¶歌大([没]安政3(1856)年4月5日)

中村芝雀〔3代〕　なかむらしばじゃく
江戸時代末期～明治時代の歌舞伎俳優。
¶歌大([生]安政3(1856)年　[没]明治23(1890)年3月17日)

中村芝六　なかむらしばろく
⇒中村東蔵〔3代〕(なかむらとうぞう)

中村時万　なかむらじまん
⇒中村時万(なかむらときかず)

中村雀右衛門〔1代〕*　なかむらじゃくえもん
文化3(1806)年～明治4(1871)年　江戸時代末期～明治時代の歌舞伎役者。京坂で活躍。敵役、実悪で人気を得た。
¶江人(──〔1世〕)，歌大([没]明治4(1871)年8月18日)，コン，新歌(──〔1世〕)

中村雀右衛門〔2代〕*　なかむらじゃくえもん
天保12(1841)年～明治28(1895)年　江戸時代末期～明治時代の歌舞伎役者。
¶歌大([生]天保12(1841)年2月24日　[没]明治28(1895)年7月20日)，新歌(──〔2世〕)

中村十暁　なかむらじゅうぎょう
⇒中村東蔵〔3代〕(なかむらとうぞう)

中村習斎*　なかむらしゅうさい
享保4(1719)年～寛政11(1799)年　江戸時代中期～後期の儒学者。
¶コン

中村重助〔1代〕*　なかむらじゅうすけ
元禄11(1698)年～宝暦5(1755)年　[別]故一〔1代〕(こいち)　江戸時代中期の歌舞伎作者。享保中頃～宝暦5年頃に活躍。
¶歌大([没]宝暦5(1755)年8月30日)，新歌(──〔1世〕)

中村重助〔2代〕*(中村十助)　なかむらじゅうすけ
寛延2(1749)年～享和3(1803)年　[別]艶鏡(えんきょう)，鶴子(かくし)，歌舞妓工(かぶきたくみ)，歌舞伎堂艶鏡，歌舞妓堂艶鏡(かぶきどうえんきょう)，故一〔2代〕(こいち)，笹林堂助(ささばやしどうすけ)，中村故一(なかむらこいち)，中村三平(なかむらさんぺい)　江戸時代中期～後期の歌舞伎作者。明和1年～寛政6年頃に活躍。浮世絵師の歌舞伎堂艶鏡と同一人物ともいわれる。
¶浮絵(歌舞妓堂艶鏡　かぶきどうえんきょう)，歌大([生]寛延2(1749)年/延享2(1745)年　[没]享和3(1803)年9月20日)，コン(歌舞伎堂艶鏡　かぶきどうえんきょう)，新歌(──〔2世〕)

中村重助〔3代〕*　なかむらじゅうすけ
？～文化2(1805)年　[別]故一〔3代〕(こいち)　江戸時代中期～後期の歌舞伎帳元。
¶歌大([没]文化2(1805)年12月12日)，新歌(──〔3世〕)

中村重助〔4代〕*(中村十助)　なかむらじゅうすけ
文化4(1807)年～天保12(1841)年　[別]故一〔4代〕(こいち)，中村伝次郎〔5代〕(なかむらでんじろう)　江戸時代後期の歌舞伎作者。文政5年～天保12年頃に活躍。
¶歌大([没]天保12(1841)年7月29日)，コン，新歌(──〔4世〕)

中村十蔵〔1代〕*　なかむらじゅうぞう
元禄7(1694)年～明和7(1770)年　[別]佐野川十蔵(さのかわじゅうぞう)，獅子吼(ししこう)，中村吉右衛門〔1代〕，中村吉右衛門〔旧1代〕，中村吉右衛門〔上方系1代〕，中村吉右衛門〔大坂系1代〕(なかむらきちえもん)，中村喜津右衛門(なかむらきつえもん)　江戸時代中期の歌舞伎役者、歌舞伎座本。享保8年～明和6年頃に活躍。
¶浮絵(中村吉右衛門〔大坂系1代〕　なかむらきちえもん)，歌大([没]明和7(1770)年6月17日)，コン

中村十蔵〔2代〕*　なかむらじゅうぞう
元文5(1740)年～天明8(1788)年　[別]小倉山千太郎(おぐらやませんたろう)，虎宥(こゆう)　江戸時代中期の歌舞伎役者。寛延1年～天明8年頃に活躍。
¶歌大([没]天明8(1788)年6月12日)

中村十蔵〔3代〕　なかむらじゅうぞう
⇒嵐雛助〔2代〕(あらしひなすけ)

中村周伯〔3代〕　なかむらしゅうはく
江戸時代後期～明治時代の眼科医。
¶眼医([生]天保9(1838)年　[没]明治22(1889)年)

中村住平　なかむらじゅうへい
⇒竹島幸左衛門〔4代〕(たけしまこうざえもん)

中村寿蔵　なかむらじゅぞう
⇒中村福助〔成駒屋・3代〕(なかむらふくすけ)

中村順二郎*　なかむらじゅんじろう
？～明治15(1882)年　江戸時代末期～明治時代の加賀藩士。
¶幕末([没]明治15(1882)年7月)

中村勝右衛門　なかむらしょうえもん
⇒中村勝右衛門(なかむらかつうえもん)

中村少長　なかむらしょうちょう
⇒中村七三郎〔2代〕(なかむらしちさぶろう)

中村正徳　なかむらしょうとく
江戸時代前期～中期の眼科医。
¶眼医(生没年不詳)

中村恕助*　なかむらじょすけ
弘化1(1844)年～明治10(1877)年　江戸時代末期～明治時代の武士、士族。
¶幕末([生]天保15(1844)年7月11日　[没]明治10(1877)年4月20日)

中村如柳　なかむらじょりゅう
江戸時代中期の彫師。
¶浮絵

中村四郎三郎　なかむらしろうさぶろう
⇒中村宗十郎〔旧代〕(なかむらそうじゅうろう)

中村次郎兵衛　なかむらじろうべえ
⇒中村次郎兵衛(なかむらじろべえ)

中村次郎兵衛*　なかむらじろべえ
[別]中村次郎兵衛(なかむらじろうべえ)　安土桃山時代の武士。
¶全戦(生没年不詳)

中村新左衛門*　なかむらしんざえもん
?～天明1(1781)年?　江戸時代中期の百姓一揆の指導者。
¶コン

中村甚之丞　なかむらじんのじょう
江戸時代前期の浅野家の徒士。
¶大坂

中村親之介*　なかむらしんのすけ
弘化3(1846)年～慶応1(1865)年　[別]中村親之介，中村親之助(なかむらちかのすけ)　江戸時代末期の水戸藩士。
¶幕末([没]元治2(1865)年2月16日)

中村祐興　なかむらすけおき
江戸時代後期～明治時代の柳川藩士。
¶幕末([生]文政12(1829)年7月10日　[没]明治42(1909)年10月12日)

中村助五郎〔1代〕*　なかむらすけごろう
正徳1(1711)年～宝暦13(1763)年　[別]魚楽(ぎょらく)，仙石亀太郎(せんごくかめたろう)，仙国助五郎，仙石助五郎(せんごくすけごろう)，中村亀太郎(なかむらかめたろう)，坂東助五郎(ばんどうすけごろう)　江戸時代中期の歌舞伎役者。享保10年～宝暦13年頃に活躍。
¶歌大([没]宝暦13(1763)年7月13日)

中村助五郎〔2代〕*　なかむらすけごろう
延享2(1745)年～文化3(1806)年　[別]魚楽(ぎょらく)，仙石助次(せんごくすけじ)，中村魚楽〔1代〕(なかむらぎょらく)　江戸時代中期～後期の歌舞伎役者。宝暦11年～享和3年頃に活躍。
¶歌大([没]文化3(1806)年10月29日)

中村助五郎〔3代〕*　なかむらすけごろう
生没年不詳　[別]魚光(ぎょこう)，中村助次(なかむらすけじ)　江戸時代後期の歌舞伎役者。寛政3年～享和3年以降に活躍。
¶歌大

中村助次　なかむらすけじ
⇒中村助五郎〔3代〕(なかむらすけごろう)

中村祐庸　なかむらすけつね
江戸時代後期～大正時代の海軍最初の軍楽長。
¶コン([生]嘉永5(1852)年　[没]大正14(1925)年)

中村政栄*　なかむらせいえい
?～延享3(1746)年　[別]中村政栄(なかむらまさとも)　江戸時代中期の和算家。
¶数学(なかむらまさとも　[没]享保6(1721)年10月16日)

中村清吉　なかむらせいきち
⇒中村七三郎〔2代〕(なかむらしちさぶろう)

中村清三郎〔1代〕　なかむらせいざぶろう
⇒中村明石〔2代〕(なかむらあかし)

中村清七*　なかむらせいしち
江戸時代末期の新撰組隊士。
¶新隊(生没年不詳)

中村善右衛門*　なかむらぜんえもん
文化3(1806)年～明治13(1880)年　江戸時代末期～明治時代の養蚕技術改良家。生糸生産増強に大きな役割を果たす蚕当計を考案。著書に「蚕当計秘訣」がある。
¶コン，幕末([没]明治13(1880)年8月13日)

中村宣休の妹　なかむらせんきゅうのいもうと★
江戸時代後期の女性。俳諧。大坂の人。天保3年刊、守村鶯卿編『女百人一句』に載る。
¶江表(中村宣休の妹(大阪府))

中村宣休の妻　なかむらせんきゅうのつま★
江戸時代後期の女性。俳諧。大坂の人。天保3年刊、守村鶯卿編『女百人一句』に載る。
¶江表(中村宣休の妻(大阪府))

中村宣休の母　なかむらせんきゅうのはは★
江戸時代後期の女性。俳諧。大坂の人。天保3年刊、守村鶯卿編『女百人一句』に載る。
¶江表(中村宣休の母(大阪府))

永村茜山*　ながむらせんざん
文政3(1820)年～文久2(1862)年　江戸時代末期の画家。
¶美画([没]文久2(1862)年10月3日)

中村千之助　なかむらせんのすけ
⇒瀬川菊之丞〔4代〕(せがわきくのじょう)

中村千弥〔1代〕*　なかむらせんや
生没年不詳　[別]桐山政之助，霧山政之助(きりやままさのすけ)，雀遊(じゃくゆう)　江戸時代中期の歌舞伎役者。元禄6年～享保13年以降に活躍。
¶コン(代数なし)

中村惣右衛門　なかむらそうえもん
安土桃山時代の小田原城反銭奉行。北条氏政の家臣安藤清広の同心。
¶後北(惣右衛門〔中村(5)〕　そうえもん)

中村宗見　なかむらそうけん
⇒中村博愛(なかむらひろなり)

中村宗十郎〔1代〕*(――〔3代〕)　なかむらそうじゅうろう
天保6(1835)年～明治22(1889)年10月8日　[別]嵐亀蔵(あらしかめぞう)，霞仙(かせん)，千昇(せんしょう)，中村歌女蔵(なかむらかめぞう)，藤井重兵衛(ふじいじゅうべえ)，三桝源之助〔3代〕(みますげんのすけ)　江戸時代末期～明治時代の歌舞伎役者。万延1年～明治22年頃に活躍。
¶歌大(――〔3代〕)，コン(代数なし)，新歌(代数なし)，幕末(代数なし)

中村宗十郎〔2代〕　なかむらそうじゅうろう
⇒竹島幸左衛門〔4代〕(たけしまこうざえもん)

中村宗十郎〔旧代〕*(――〔1代〕)　なかむらそうじゅうろう
生没年不詳　[別]大吉(だいきち)，大吉宗十郎(だいきちそうじゅうろう)，中村四郎三郎(なかむらしろうさぶろう)　江戸時代中期の歌舞伎役者。享保5年～延享4年頃に活躍。

なかむら

¶歌大（——〔1代〕），新歌（代数なし）

中村宗哲* なかむらそうてつ
世襲名　江戸時代前期の漆工。
¶江人

中村宗哲〔1代〕* なかむらそうてつ
元和3（1617）年〜元禄8（1695）年　江戸時代前期の塗師。
¶コン，美工

中村宗哲〔2代〕* なかむらそうてつ
？〜宝永3（1706）年　江戸時代中期の塗師、千家十職の一。
¶コン，美工（�生寛文11（1671）年）

中村宗哲〔3代〕* なかむらそうてつ
元禄12（1699）年〜安永5（1776）年　㉟漆翁（しつおう）　江戸時代中期の京都の塗師。千家十職の一人。
¶コン，俳文（漆翁　しつおう），美工

中村宗哲〔4代〕* なかむらそうてつ
享保13（1728）年〜寛政3（1791）年　江戸時代中期の塗師、千家十職の一家。
¶美工

中村宗哲〔5代〕* なかむらそうてつ
明和4（1767）年〜文化8（1811）年　江戸時代中期〜後期の塗師。
¶美工（�生明和1（1764）年）

中村宗哲〔6代〕* なかむらそうてつ
寛政6（1794）年〜天保10（1839）年　江戸時代後期の塗師。
¶美工（�生寛政4（1792）年）

中村宗哲〔7代〕* なかむらそうてつ
＊〜弘化3（1846）年　江戸時代後期の塗師、千家十職の一家。
¶美工（�生寛政10（1798）年）

中村宗哲〔8代〕* なかむらそうてつ
文政12（1829）年〜明治17（1884）年　江戸時代末期〜明治時代の塗師。
¶美工

中村宗哲〔9代〕 なかむらそうてつ
江戸時代末期〜明治時代の塗師。
¶美工（�生安政3（1856）年　㊦明治44（1911）年）

中村宗兵衛* なかむらそうべえ
生没年不詳　戦国時代の北条氏の家臣。
¶後北（宗兵衛〔中村（6）〕　そうべえ）

中村左右馬* なかむらそうま
天保14（1843）年〜昭和3（1928）年　江戸時代末期〜大正時代の志士、日下村長。土佐勤王党に参加、戊辰戦争に参加。
¶幕末（㊦昭和3（1928）年12月）

中村宗珉* (中村宗民) なかむらそうみん
天保14（1843）年〜大正13（1924）年　江戸時代末期〜大正時代の茶道師範。藩主小笠原長国に茶坊主として召し抱えられた。
¶幕末

中村大吉〔1代〕* なかむらだいきち
安永2（1773）年〜文政6（1823）年　㉟鳴尾弥太郎（なるおやたろう），巴丈（はじょう），藤川大吉（ふじかわだいきち）　江戸時代後期の歌舞伎役者。

寛政12年〜文政6年頃に活躍。
¶浮絵，コン

中村大吉〔2代〕* なかむらだいきち
生没年不詳　㉟嵐亀之丞〔2代〕（あらしかめのじょう），巴丈（はじょう），山下亀之丞〔5代〕（やましたかめのじょう）　江戸時代後期の歌舞伎役者。文化12年〜天保9年以降に活躍。
¶浮絵

中村大吉〔3代〕* なかむらだいきち
文化12（1815）年〜安政4（1857）年　㉟沢村其答〔2代〕（さわむらきとう），瀬川多門〔2代〕（せがわたもん），中村桂子（なかむらけいし），中村鳴尾（なかむらなるお），中村松江〔5代〕（なかむらまつえ），鳴尾（なるお）　江戸時代末期の歌舞伎役者。文政11年〜安政4年頃に活躍。
¶浮絵

中村孝景 なかむらたかかげ
江戸時代後期の和算家。常州久慈郡小野村の人。文化15年算額を奉納。
¶数学

中村竹松 なかむらたけまつ
⇒中村勘三郎〔5代〕（なかむらかんざぶろう）

中村多左衛門 なかむらたざえもん
江戸時代前期の木村重成・日置忠治の家臣。
¶大坂

中村忠一* なかむらただかず
天正18（1590）年〜慶長14（1609）年　㉟中村一忠（なかむらかずただ）　安土桃山時代〜江戸時代前期の大名。伯耆米子藩主、駿河府中藩主。
¶コン

中村辰蔵 なかむらたつぞう
⇒尾上菊五郎〔4代〕（おのえきくごろう）

中村帯刀左衛門 なかむらたてわきざえもん
戦国時代の津久井城主内藤康行の家臣。
¶後北（帯刀左衛門〔中村（3）〕　たてわきざえもん）

中村胤連 なかむらたねつら
安土桃山時代の北条氏政の家臣。但馬守。もと下総国の千葉邦胤に属した国衆。
¶後北（胤連〔中村（2）〕　たねつら）

中村玉七〔1代〕* なかむらたましち
天保8（1837）年〜万延1（1860）年　㉟加玉（かぎょく）　江戸時代末期の歌舞伎役者。嘉永1年〜万延1年頃に活躍。
¶歌大（㊦安政7（1860）年2月15日）

中村玉助 なかむらたますけ
⇒中村歌右衛門〔3代〕（なかむらうたえもん）

中村玉之助 なかむらたまのすけ
⇒中村松江〔4代〕（なかむらまつえ）

中村太郎* なかむらたろう
弘化1（1844）年〜元治1（1864）年　江戸時代末期の田中藩士。
¶幕末（㊦元治1（1864）年10月4日）

中村淡斎 なかむらたんさい
⇒伯先（はくせん）

中村親之介 (中村親之助) なかむらちかのすけ
⇒中村親之介（なかむらしんのすけ）

中村主税*　なかむらちから
生没年不詳　江戸時代後期の秋田藩士・和算家。
¶数学

中村中倧　なかむらちゅうそう
⇒中村元恒（なかむらもとつね）

中村長三郎　なかむらちょうざぶろう
⇒中村勘三郎〔3代〕（なかむらかんざぶろう）

中村長十郎　なかむらちょうじゅうろう
⇒中村勘三郎〔3代〕（なかむらかんざぶろう）

中村長平*　なかむらちょうへい
天保7（1836）年～明治36（1903）年　江戸時代末期～明治時代の郷宿。彦根藩特産物販売に努力。神道宣布につとめる。
¶幕末（[生]天保7（1836）年4月18日　[没]明治36（1903）年11月22日）

中村千代松　なかむらちよまつ
安土桃山時代の遠江国周智郡天宮郷にある天宮明神社の神主。
¶武田（生没年不詳）

中村恒次郎*　なかむらつねじろう
天保12（1841）年～元治1（1864）年　江戸時代末期の筑前福岡藩士。
¶幕末（[生]天保12（1842）年11月14日　[没]元治1（1864）年7月19日）

中村経年　なかむらつねとし
⇒松亭金水（しょうていきんすい）

中村鶴五郎〔2代〕　なかむらつるごろう
⇒中村芝雀〔1代〕（なかむらしばじゃく）

中村鶴助〔1代〕　なかむらつるすけ
⇒中村歌右衛門〔4代〕（なかむらうたえもん）

中村鶴助〔2代〕　なかむらつるすけ
⇒中村芝翫〔3代〕（なかむらしかん）

中村鶴蔵〔1代〕　なかむらつるぞう
⇒中村仲蔵〔3代〕（なかむらなかぞう）

中村鶴蔵〔2代〕*　なかむらつるぞう
天保2（1831）年～明治23（1890）年4月11日　江戸時代末期～明治時代の歌舞伎役者。道化方の役者。三味線も弾きこなす。
¶コン

中村鼎五*　なかむらていご
天保3（1832）年～明治30（1897）年　[別]中村確堂（なかむらかくどう）　江戸時代末期～明治時代の水口藩士。
¶幕末（[生]天保3（1832）年10月8日　[没]明治30（1897）年3月3日）

中村貞介*　なかむらていすけ
天保4（1833）年～文久1（1861）年　[別]中村貞介（なかむらさだすけ）　江戸時代末期の農民。
¶幕末（[生]天保4（1834）年12月28日　[没]文久1（1861）年5月29日）

中村惕斎*　なかむらてきさい
寛永6（1629）年～元禄15（1702）年　江戸時代前期～中期の朱子学者。
¶江人，コン，思想，植物（[生]寛永6（1629）年2月9日　[没]元禄15（1702）年7月26日）

中村哲蔵*　なかむらてつぞう
天保6（1835）年～慶応1（1865）年　江戸時代末期の筑前福岡藩士。
¶幕末（[生]天保6（1835）年9月1日　[没]慶応1（1865）年10月23日）

中村伝右衛門*　なかむらでんうえもん
文政5（1822）年～元治1（1864）年　[別]中村伝右衛門（なかむらでんえもん）　江戸時代末期の長州（萩）藩寄組。
¶幕末（なかむらでんえもん　[没]元治5（1864）年7月27日）

中村伝右衛門　なかむらでんえもん
⇒中村伝右衛門（なかむらでんうえもん）

中村伝九郎　なかむらでんくろう
世襲名　江戸時代の歌舞伎役者。江戸時代に活躍したのは、初世から5世まで。
¶江人

中村伝九郎，中村伝九郎〔1代〕　なかむらでんくろう
⇒中村勘三郎〔4代〕（なかむらかんざぶろう）

中村伝九郎〔2代〕　なかむらでんくろう
⇒中村勘三郎〔8代〕（なかむらかんざぶろう）

中村伝九郎〔3代〕　なかむらでんくろう
⇒中村勘三郎〔11代〕（なかむらかんざぶろう）

中村伝九郎〔5代〕　なかむらでんくろう
⇒中村勘三郎〔12代〕（なかむらかんざぶろう）

中村伝九郎〔6代〕　なかむらでんくろう
安政6（1859）年～大正12（1923）年　[別]中村芝鶴〔1代〕（なかむらしかく）　江戸時代末期～大正時代の歌舞伎俳優。
¶浮絵，歌大（中村芝鶴〔1代〕　なかむらしかく），新歌（――〔6世〕）

中村伝吾　なかむらでんご
⇒富沢半三郎〔2代〕（とみざわはんざぶろう）

中村伝七〔8代〕　なかむらでんしち
⇒常磐津文字太夫〔4代〕（ときわづもじたゆう）

中村伝次郎〔1代〕*　なかむらでんじろう
延宝1（1673）年～享保14（1729）年　江戸時代中期の歌舞伎の振付師。
¶歌大，コン

中村伝次郎〔2代〕*　なかむらでんじろう
？～天明1（1781）年　江戸時代中期の劇場振付師。志賀山流3代。
¶歌大，コン

中村伝次郎〔5代〕　なかむらでんじろう
⇒中村重助〔4代〕（なかむらじゅうすけ）

中村伝蔵〔1代〕　なかむらでんぞう
⇒市川八百蔵〔2代〕（いちかわやおぞう）

中村桃三　なかむらとうぞう
⇒中村友三〔2代〕（なかむらともぞう）

中村東蔵〔1代〕　なかむらとうぞう
⇒中村歌右衛門〔2代〕（なかむらうたえもん）

中村東蔵〔2代〕*　なかむらとうぞう
安永6（1777）年～文化13（1816）年　[別]芝楽（しらく），十暁（じっぎょう），中村歌五郎（なかむらうたごろう），水木音蔵（みずきおとぞう），水木東蔵〔2代〕（みずきとうぞう）　江戸時代後期の歌舞伎役者。寛政10年～文化13年頃に活躍。

¶歌大（[生]？　[没]文化13（1816）年7月8日）

中村東蔵〔3代〕*　なかむらとうぞう

寛政3（1791）年～嘉永1（1848）年　[別]芝陸（しばろく），十暁（じゅうぎょう），東枝（とうし），中村芝六（なかむらしばろく），中村十暁（なかむらじゅうぎょう），中村葉五郎（なかむらはごろう），中村橋蔵（なかむらはしぞう）　江戸時代後期の歌舞伎役者。文化9年～嘉永1年頃に活躍。

¶歌大（[没]嘉永1（1848）年6月11日）

中村東蔵〔4代〕　なかむらとうぞう

江戸時代後期の歌舞伎俳優。

¶歌大（生没年不詳）

中村時万*（中村時萬）　**なかむらときかず**

？～明治14（1881）年10月24日　[別]中村時万（なかむらじまん）　江戸時代末期～明治時代の幕府官僚。ロシア使節プチャーチンとの交渉に参加。

¶コン，数学（中村時萬），全幕（生没年不詳），徳人（生没年不詳），徳代（なかむらじまん　生没年不詳），幕末

中村時蔵〔1代〕　なかむらときぞう

⇒中村歌六〔3代〕（なかむらかろく）

中村徳寅*　なかむらとくいん

文政1（1818）年～明治25（1892）年　江戸時代末期～明治時代の長府藩士。儒を学び諸生を教える。安政の大獄を危うく免れる。

¶幕末（[没]明治25（1892）年10月6日）

中村徳治郎*　なかむらとくじろう

天保10（1839）年～大正6（1917）年　江戸時代末期～大正時代の天誅組河内勢。敗走の時本隊とはぐれ捕縛されず帰郷。

¶幕末

中村俊夫*　なかむらとしお

文化8（1811）年～明治6（1873）年　江戸時代末期～明治時代の大洲藩士。藩校明倫堂学頭。尊王論者。

¶幕末（[生]文化8（1811）年11月1日　[没]明治6（1873）年6月3日）

中村利貞　なかむらとしさだ

⇒烏亭焉馬〔1代〕（うていえんば）

中村利政　なかむらとしまさ

江戸時代中期の幕臣。

¶徳人（[生]1767年　[没]？）

中村富十郎　なかむらとみじゅうろう

世襲名　江戸時代の歌舞伎役者。江戸時代に活躍したのは、初世から2世まで。

¶江人

中村富十郎〔1代〕*　なかむらとみじゅうろう

享保4（1719）年～天明6（1786）年　[別]慶子（けいし），琴嶺舎（こんれいしゃ），英慶子（はなぶさけいし），芳沢崎弥（よしざわさきや）　江戸時代中期の歌舞伎役者、歌舞伎座本。享保4年～天明6年頃に活躍。

¶浮絵（英慶子　はなぶさけいし　[生]享和6（1721）年），浮絵，歌大（[没]天明6（1786）年8月3日），コン，新歌（――〔1世〕　[生]1721年）

中村富十郎〔2代〕*　なかむらとみじゅうろう

天明6（1786）年～安政2（1855）年　[別]市川熊太郎（いちかわくまたろう），慶子（けいし），三光（さんこう），中村三光〔1代〕（なかむらさんこう），中村松江〔3代〕（なかむらまつえ）　江戸時代後期の歌舞伎役者。文化9年～安政1年頃に活躍。

¶浮絵（[生]天明8（1786）年），浮絵（中村松江〔3代〕　なかむらまつえ），歌大（[没]安政2（1855）年2月13日），新歌（――〔2世〕）

中村富十郎〔3代〕　なかむらとみじゅうろう

安政6（1859）年～明治34（1901）年　江戸時代末期～明治時代の歌舞伎俳優。

¶浮絵，歌大（[生]安政6（1859）年5月10日　[没]明治34（1901）年2月21日），新歌（――〔3世〕）

中村富滝　なかむらとみたき

⇒尾上菊次郎〔1代〕（おのえきくじろう）

中村知剛　なかむらともかた

*～天保14（1843）年　江戸時代中期～後期の幕臣。

¶徳人（[生]1745年），徳代（[生]延享4（1747）年）

中村友三郎　なかむらともさぶろう

⇒中村友三〔1代〕（なかむらともぞう）

中村友三〔1代〕*　なかむらともぞう

宝暦12（1762）年～文政2（1819）年　[別]中村友三郎（なかむらともさぶろう），丸幸（まるこう）　江戸時代後期の歌舞伎役者。寛政10年～文化11年以降に活躍。

¶歌大（[没]文政2（1819）年1月14日）

中村友三〔2代〕*　なかむらともぞう

寛政7（1795）年～文久1（1861）年　[別]丸幸（がんこう），中村桃三（なかむらとうぞう），中村直二郎（なかむらなおじろう）　江戸時代末期の歌舞伎役者。天保2年～万延1年頃に活躍。

¶歌大（[没]文久1（1861）年3月16日）

中村友三〔3代〕*　なかむらともぞう

生没年不詳　[別]丸幸（がんこう），丸舛（がんじょう），中村丸舛（なかむらまるます），中村友太（なかむらゆうた）　江戸時代末期の歌舞伎役者。文久2年～明治17年以降に活躍。

¶歌大

中村智康　なかむらともやす

江戸時代後期～明治時代の和算家。作州田熊上村の人。

¶数学（[生]文化3（1806）年11月28日　[没]明治11（1878）年10月10日）

中村虎蔵　なかむらとらぞう

⇒市川団蔵〔4代〕（いちかわだんぞう）

中村直吉　なかむらなおきち

⇒市川荒五郎〔1代〕（いちかわあらごろう）

中村直二郎　なかむらなおじろう

⇒中村友三〔2代〕（なかむらともぞう）

中村直三*　なかむらなおぞう

文政2（1819）年～明治15（1882）年8月13日　江戸時代末期～明治時代の農事改良家。稲種交換農事改良法を実施。各地で品種改良を指導。著書に「勧農微志」など。

¶コン，幕末（[生]文政2（1819）年3月8日）

中村仲助　なかむらなかすけ

⇒中村嘉七〔4代〕（なかむらかしち）

中村仲蔵*　なかむらなかぞう

世襲名　江戸時代の歌舞伎役者。

¶江人

中村仲蔵〔1代〕*（中村中蔵，――〔江戸系〕）　**なかむ**

らなかぞう
元文1(1736)年〜寛政2(1790)年 [別]志賀山万作〔8代〕(しがやままんさく)，秀鶴(しゅうかく)，中村市十郎(なかむらいちじゅうろう)，中山小十郎〔3代〕，中山小十郎〔6代〕(なかやまこじゅうろう)，中山万蔵(なかやままんぞう) 江戸時代中期の歌舞伎役者。延享2年〜寛政1年頃に活躍。
¶浮絵(──〔江戸系1代〕)，歌大([没]寛政2(1790)年4月23日)，コン，新歌(──〔江戸系1世〕)

中村仲蔵〔大坂系1代〕* (──〔大坂系〕) なかむらなかぞう
?〜文化7(1810)年 [別]佐野川万吉(さのかわまんきち)，素朝(そちょう)，白万(びゃくまん) 江戸時代後期の歌舞伎役者。天明年間〜寛政9年以降に活躍。
¶新歌(──〔大坂系1世〕)

中村仲蔵〔2代〕* (──〔江戸系〕) なかむらなかぞう
宝暦9(1759)年〜寛政8(1796)年 [別]大谷永助(おおたにえいすけ)，大谷鬼次〔3代〕(おおたにおにじ)，大谷春次〔2代〕(おおたにはるじ)，十洲(じっしゅう) 江戸時代中期の歌舞伎役者。明和7年〜寛政8年頃に活躍。
¶歌大，新歌(──〔江戸系2世〕 [生]1761年)

中村仲蔵〔3代〕* (──〔江戸系3代〕) なかむらなかぞう
文化6(1809)年〜明治19(1886)年 [別]秀鶴(しゅうかく)，秀雀(しゅうじゃく)，雀枝(じゃくし)，中村勘三郎〔14代〕(なかむらかんざぶろう)，中村鶴蔵〔1代〕(なかむらつるぞう)，舞鶴(ぶかく) 江戸時代末期〜明治時代の歌舞伎役者。中村座座主。著書に「手前味噌」「絶句帳」。文政1年〜明治18年頃に活躍。
¶浮絵，歌大，コン，新歌(──〔江戸系3世〕)，幕末([没]明治19(1886)年12月24日)

中村仲蔵〔4代〕* (──〔江戸系・4代〕) なかむらなかぞう
安政2(1855)年〜大正5(1916)年 江戸時代末期〜大正時代の歌舞伎役者。屋号は鶴亀屋。13世中村勘三郎、3世仲蔵門を経て1915年襲名。
¶歌大，新歌(──〔江戸系4世〕)

中村仲蔵〔大坂系4代〕 なかむらなかぞう
⇒中村嘉七〔4代〕(なかむらかしち)

中村仲蔵〔世代に加えず〕 なかむらなかぞう
⇒中山小十郎〔7代〕(なかやまこじゅうろう)

中村某 なかむらなにがし
安土桃山時代の武蔵国鉢形城主北条氏邦の家臣。
¶後北(某〔中村(1)〕 なにがし)

中村成近* なかむらなりちか
?〜文政10(1827)年 江戸時代後期の治水家。
¶コン

中村鳴尾 なかむらなるお
⇒中村大吉〔3代〕(なかむらだいきち)

中村信興 なかむらのぶおき
江戸時代中期〜後期の幕臣。
¶徳人([生]1719年 [没]1791年)

中村信成* なかむらのぶしげ
生没年不詳 江戸時代後期の和算家。
¶数学

中村梅花〔1代〕 なかむらばいか
⇒中村松江〔4代〕(なかむらまつえ)

中村梅玉〔1代〕 なかむらばいぎょく
⇒中村歌右衛門〔3代〕(なかむらうたえもん)

中村梅玉〔2代〕* なかむらばいぎょく
*〜大正10(1921)年 江戸時代末期〜大正時代の歌舞伎役者。関西劇壇の中心俳優。
¶歌大([生]天保12(1841)年12月28日 [没]大正10(1921)年6月8日)，コン([生]天保12(1841)年)，新歌(──〔2世〕 [生]1841年)

中村博愛 なかむらはくあい
⇒中村博愛(なかむらひろなり)

中村葉五郎 なかむらはごろう
⇒中村東蔵〔3代〕(なかむらとうぞう)

中村橋蔵 なかむらはしぞう
⇒中村東蔵〔3代〕(なかむらとうぞう)

中村橋之助〔1代〕* なかむらはしのすけ
?〜天保3(1832)年10月19日 江戸時代後期の歌舞伎役者。
¶歌大

中村橋之助〔2代〕 なかむらはしのすけ
江戸時代後期〜明治時代の歌舞伎俳優。
¶歌大([生]弘化3(1846)年 [没]明治25(1892)年9月22日)

中村隼人佐* なかむらはやとのすけ
生没年不詳 [別]中村良政(なかむらよしまさ) 安土桃山時代の織田信長の家臣。
¶織田(中村良政 なかむらよしまさ)

中村隼人佑 なかむらはやとのすけ
戦国時代の相模国津久井城主内藤康行の家臣。
¶後北(隼人佑〔中村(3)〕 はやとのすけ)

中村春続 なかむらはるつぐ
安土桃山時代の武将。
¶戦武([生]? [没]天正9(1581)年)

中村半太夫 なかむらはんだゆう
⇒山下金作〔2代〕(やましたきんさく)

中村彦市郎 なかむらひこいちろう
江戸時代前期の人。土佐国高岡郡佐川村の丸山城主中村越前守信義の次男。
¶大坂([没]慶長19年)

中村肥後守 なかむらひごのかみ
安土桃山時代の遠江国八幡島の土豪。
¶武田(生没年不詳)

中村久次郎 なかむらひさじろう
江戸時代後期〜末期の二本松少年隊士。
¶全幕([生]嘉永5(1852)年? [没]慶応4(1868)年)

中村博愛* なかむらひろなり
天保14(1843)年〜明治35(1902)年10月30日 [別]中村宗見(なかむらそうけん)，中村博愛(なかむらはくあい，なかむらひろやす) 江戸時代末期〜明治時代の外交官。英、仏に留学。山県有朋ら欧州視察に通訳として随行。
¶幕末(なかむらひろやす)

中村博愛 なかむらひろやす
⇒中村博愛(なかむらひろなり)

な

中村福助〔1代〕 なかむらふくすけ
⇒中村芝翫〔4代〕(なかむらしかん)

中村福助〔2代〕* なかむらふくすけ
?～慶応3(1867)年 [別]芝童(しどう)，中村政治郎〔1代〕(なかむらまさじろう) 江戸時代末期の歌舞伎役者。安政2年～慶応3年頃に活躍。
¶歌大([生]天保10(1839)年 [没]慶応3(1867)年8月6日)，新歌(——〔2世〕)

中村福助〔成駒屋・3代〕*(——〔3代〕) なかむらふくすけ
弘化3(1846)年～明治21(1888)年 [別]中村寿蔵(なかむらじゅぞう) 江戸時代末期～明治時代の歌舞伎役者。四世芝翫の養子。三世を継ぐが離縁され、中村寿蔵、寿太郎と改名、田舎回り俳優になる。
¶歌大(——〔3代〕 [没]明治21(1888)年5月5日)，新歌(——〔成駒屋系3世〕)

中村房隆* なかむらふさたか
文化5(1808)年～慶応2(1866)年 江戸時代末期の牛久藩郷士、国学者。
¶幕末([没]慶応2(1866)年10月14日)

中村藤太郎 なかむらふじたろう
⇒中村歌右衛門〔4代〕(なかむらうたえもん)

中村不能斎* なかむらふのうさい
天保5(1834)年～明治39(1906)年2月25日 江戸時代末期～明治時代の近江彦根藩士。
¶幕末

中村史邦* なかむらふみくに
生没年不詳 [別]史邦(しほう，ふみくに) 江戸時代中期の俳人。元禄期の蕉門俳人。
¶コン，俳文(史邦 ふみくに)

中村平次左衛門* なかむらへいじざえもん
戦国時代の武士。後北条氏家臣。
¶後北(平次左衛門〔中村(7)〕 へいじざえもん)

中村平四郎* なかむらへいしろう
生没年不詳 戦国時代の武士。後北条氏家臣。
¶後北(平四郎〔中村(8)〕 へいしろう)

中村芳中* なかむらほうちゅう
?～文政2(1819)年 江戸時代後期の画家。号は温知堂、担板漢。
¶美画([没]文政2(1819)年11月)

中村愿 なかむらまこと
江戸時代後期の数学者。
¶数学([生]天保6(1835)年)

中村政治郎〔1代〕 なかむらまさじろう
⇒中村福助〔2代〕(なかむらふくすけ)

中村政栄 なかむらまさとも
⇒中村政栄(なかむらせいえい)

中村正直* なかむらまさなお
天保3(1832)年～明治24(1891)年6月7日 [別]中村敬宇(なかむらけいう) 江戸時代末期～明治時代の啓蒙学者、教育者、東京大学教授、貴族院議員。同人舎を開き、明六社に参加。女子・盲人教育にも尽力。著書に「西国立志編」など。
¶詩作(中村敬宇 なかむらけいう)，思想，出版([生]天保3(1832)年5月26日)，女史，幕末(中村敬宇 なかむらけいう [生]天保3(1832)年5月26日)，山小([生]1832年5月26日 [没]1891年6月7日)

中村又右衛門 なかむらまたえもん
安土桃山時代の北条氏政の家臣。
¶後北(又右衛門〔中村(6)〕 またえもん)

中村又三郎 なかむらまたさぶろう
⇒中村勘三郎〔6代〕(なかむらかんざぶろう)

中村松江〔1代〕 なかむらまつえ
⇒中村里好(なかむらりこう)

中村松江〔2代〕* なかむらまつえ
生没年不詳 [別]市川光蔵(いちかわみつぞう) 江戸時代中期の歌舞伎役者。安永4年～享和2年以降に活躍。
¶浮絵

中村松江〔3代〕 なかむらまつえ
⇒中村富十郎〔2代〕(なかむらとみじゅうろう)

中村松江〔4代〕* なかむらまつえ
文化11(1814)年～天保6(1835)年 [別]中村梅助(なかむらうめすけ)，中村玉之助(なかむらたまのすけ)，中村梅花〔1代〕(なかむらばいか)，梅花(ばいか)，梅芝(ばいし) 江戸時代後期の歌舞伎役者。文政1年～天保6年頃に活躍。
¶浮絵

中村松江〔5代〕 なかむらまつえ
⇒中村大吉〔3代〕(なかむらだいきち)

中村松助 なかむらまつすけ
⇒片岡仁左衛門〔7代〕(かたおかにざえもん)

中村丸舛 なかむらまるます
⇒中村友三〔3代〕(なかむらともぞう)

中村万作 なかむらまんさく
⇒中山小十郎〔7代〕(なかやまこじゅうろう)

中村満矩の妻 なかむらみつのりのつま*
江戸時代中期の女性。和歌。夫は常陸水戸藩士。伴香竹の享保6年序「青木翁八十賀和詞幷序」に載る。
¶江表(中村満矩の妻(茨城県))

中村宗晴* なかむらむねはる
生没年不詳 戦国時代の北条氏の家臣。
¶後北(宗晴〔中村(9)〕 むねはる)

中村杢右衛門一晟 なかむらもくえもんかつあきら
江戸時代前期の穢多崎砦の船奉行。実在が疑わしい。
¶大坂

中村もしほ〔1代〕 なかむらもしお
⇒中村歌六〔1代〕(なかむらかろく)

長村以秀 ながむらもちひで
戦国時代の武田氏の家臣、岩殿郷の代官。
¶武田(生没年不詳)

中村元三郎 なかむらもとさぶろう
⇒小川吉太郎〔3代〕(おがわきちたろう)

中村元恒* なかむらもとつね
安永7(1778)年～嘉永4(1851)年 [別]中村中倧(なかむらちゅうそう) 江戸時代後期の信濃高遠藩士、儒学者。
¶コン

中村元之進* なかむらもとのしん
天保12(1841)年～慶応2(1866)年 江戸時代末期の奇兵隊士。

¶幕末([没]慶応2(1866)年6月17日)

中村守臣* なかむらもりおみ
安永8(1779)年～嘉永7(1854)年 江戸時代末期の国学者。
¶思想([没]安政1(1854)年)

中村守手* なかむらもりて
文政3(1820)年～明治15(1882)年 江戸時代末期～明治時代の国学者、熊野大社宮司。藩校修道館教授を務める。
¶幕末([没]明治15(1882)年2月)

中村八百蔵 なかむらやおぞう
⇒実川額十郎〔1代〕(じつかわがくじゅうろう)

中村安清* なかむらやすきよ
生没年不詳 江戸時代中期の和算家。
¶数学

中村弥太部* なかむらやたろう
安土桃山時代の武将。後北条氏家臣。
¶後北(弥太郎〔中村(10)〕 やたろう)

中村弥八〔1代〕* なかむらやはち
元禄16(1703)年～安永6(1777)年 江戸時代中期の日本舞踊中村流弥八・虎治派流祖。
¶歌大(代数なし [没]安永6(1777)年6月6日),コン(代数なし)

中村勇次郎* なかむらゆうじろう
江戸時代末期の新撰組隊士。
¶新隊(生没年不詳)

中村友太 なかむらゆうた
⇒中村友三〔3代〕(なかむらともぞう)

中村幽甫* なかむらゆうほ
元和9(1623)年～元禄11(1698)年 江戸時代前期の画家。
¶美画([没]元禄11(1698)年1月28日)

中村雪樹* なかむらゆきき
天保2(1831)年～明治23(1890)年 江戸時代末期～明治時代の長州藩藩士、萩町長、萩中学校長。山口藩権大参事、山口県大属などを務める。
¶幕末([生]天保2(1831)年1月16日 [没]明治23(1890)年9月23日)

中村之重 なかむらゆきしげ
江戸時代前期の代官、銀山奉行。
¶徳代(生没年不詳)

中村用六* なかむらようろく
文政8(1825)年～明治6(1873)年 江戸時代末期～明治時代の武士、官僚。
¶幕末([没]明治6(1873)年6月22日)

中村与左衛門* なかむらよざえもん
生没年不詳 江戸時代前期の和算家。
¶数学

中村良顕の母 なかむらよしあきのはは★
江戸時代後期の女性。和歌。摂津尼崎藩藩士小阿見源左衛門貞宜の妹。中村良臣の妻。
¶江表(中村良顕の母(兵庫県))

中村義方* なかむらよしかた
文政7(1824)年～明治26(1893)年 江戸時代末期～明治時代の算学者。
¶数学([没]明治26(1893)年3月3日)

中村吉勝* なかむらよしかつ
生没年不詳 戦国時代の北条氏の家臣。
¶後北(吉勝〔中村(11)〕 よしかつ)

中村吉照* なかむらよしてる
弘治1(1555)年～寛永1(1624)年2月13日 [別]中村吉照(なかむらきっしょう) 安土桃山時代～江戸時代前期の武蔵岩槻藩士。
¶徳代(なかむらきっしょう)

中村喜時* なかむらよしとき
元禄16(1703)年?～* 江戸時代中期の北限の近世農書の著者。
¶植物([生]元禄16(1703)年 [没]天明1(1781)年)

中村顧言 なかむらよしとき
⇒中村篁渓(なかむらこうけい)

中村祥信 なかむらよしのぶ
江戸時代前期～中期の幕臣。
¶徳人([生]1675年 [没]1752年)

中村良政 なかむらよしまさ
⇒中村隼人佐(なかむらはやとのすけ)

中村与兵衛 なかむらよへえ
安土桃山時代の商人、駿府の魚座代官。
¶武田(生没年不詳)

中村蘭林* なかむららんりん
元禄10(1697)年～宝暦11(1761)年 江戸時代中期の漢学者。
¶コン,対外

中村里好* なかむらりこう
寛保2(1742)年～天明6(1786)年 [別]中村松江〔1代〕(なかむらまつえ) 江戸時代中期の歌舞伎役者、女形の名手。
¶浮絵(中村松江〔1代〕 なかむらまつえ)

中村栗園* なかむらりつえん
文化3(1806)年～明治14(1881)年 江戸時代後期～明治時代の儒者。
¶幕末([没]明治14(1881)年12月20日)

中村利兵衛* なかむらりへえ
文政9(1826)年～? 江戸時代末期の肥前島原藩御用商人。
¶幕末

中村蓮菅 なかむられんかん
⇒中村明石〔2代〕(なかむらあかし)

中村六三郎* なかむらろくさぶろう
天保12(1841)年～明治40(1907)年 江戸時代末期～明治時代の幕臣、数学教師、広島師範学校長。維新後、三菱商船学校校長等を歴任。著書に「小学幾何用法」。
¶数学([没]明治40(1907)年1月9日),幕末([生]天保12(1841)年2月 [没]明治40(1907)年1月9日)

中村和市 なかむらわいち
⇒尾上多見蔵〔2代〕(おのえたみぞう)

中目雲洞 なかめうんどう
江戸時代後期～明治時代の眼科医。
¶眼医([生]天保3(1832)年 [没]明治13(1880)年)

詠方理婦人 ながめかたりふじん
江戸時代後期の女性。狂歌。石見津和野藩藩士山辺氏の妻。文政6年成立、中村安由編「柿葉集」に

載る。
¶江表（詠方理婦人（島根県））

中目道珣　なかめどうじゅん
⇒中目道珣（なかのめどうじゅん）

永持明徳　ながもちあきのり
弘化2（1845）年〜明治37（1904）年　江戸時代後期〜明治時代の幕臣。
¶徳人，幕末（[生]弘化2（1845）年4月8日　[没]明治37（1904）年7月7日）

永持亨次郎*　ながもちこうじろう
文政9（1826）年〜元治1（1864）年　江戸時代末期の幕臣。
¶幕末（[生]文政9（1826）年3月15日　[没]元治1（1864）年10月1日）

中屋伊三郎　なかやいさぶろう
⇒中伊三郎（なかいさぶろう）

長屋王　ながやおう
⇒長屋王（ながやのおおきみ）

長屋喜弥太*　ながやきやた
天保9（1838）年〜明治30（1897）年　江戸時代末期〜明治時代の紀州藩士、初代和歌山市長。長州征討に従軍、西南戦争で参謀を務める。
¶幕末（[没]明治30（1897）年8月18日）

中安泰治*　なかやすたいじ
天保7（1836）年〜明治15（1882）年　江戸時代末期〜明治時代の秋田藩士。奥羽鎮撫総督府監軍に抜擢される。
¶幕末（[没]明治15（1882）年7月28日）

長屋藤兵衛*　ながやとうべえ
天明8（1788）年〜天保13（1842）年　江戸時代後期の長州（萩）藩士。
¶コン

長屋王　ながやのおう
⇒長屋王（ながやのおおきみ）

長屋王*　ながやのおおきみ
？〜神亀6（729）年　[別]長屋王（ながやおう，ながやのおう）　飛鳥時代〜奈良時代の公卿（左大臣）。天武天皇の孫で高市皇子の第1皇子。皇親勢力の代表として権勢を振るったが、藤原氏による讒言のため自殺させられた。
¶公卿（ながやおう　[生]天武天皇13（684）年　[没]天平1（729）年3月10日），古人（ながやおう　[生]684年），古代（ながやおう），コン（ながやおう　[生]天武13（684）年？　[没]天平1（729）年），詩作，日文（ながやおう・ながやのおおきみ　[生]白雉7（684）年　[没]天平1（729）年），山小（ながやおう　[没]729年2月12日）

長屋平大夫　ながやへいだゆう
江戸時代前期の木村重成の家来。
¶大坂

中山愛子*　なかやまあいこ
文化13（1816）年11月23日〜明治39（1906）年　江戸時代末期〜明治時代の女性。明治天皇の母方祖母。
¶江表（愛子（京都府））

中山吾妻　なかやまあずま
⇒中山南枝〔2代〕（なかやまなんし）

中山篤親*　なかやまあつちか
明暦2（1656）年11月25日〜享保1（1716）年9月6日　江戸時代前期〜中期の公家（権大納言）。権大納言正親町実豊の三男。
¶公卿，公家（篤親〔中山家〕　あつちか）

中山家親*　なかやまいえちか
生没年不詳　鎌倉時代後期の公卿（参議）。非参議中山基雅の子。
¶公卿，公家（家親〔中山家〕　いえちか）

中山家範*　なかやまいえのり
天文17（1548）年〜天正18（1590）年　安土桃山時代の武士。後北条氏家臣。
¶後北（家範〔中山（2）〕　いえのり　[没]天正18年6月23日）

中山績子*　なかやまいさこ
寛政7（1795）年〜明治8（1875）年2月12日　江戸時代末期〜明治時代の女官。大典侍。嘉彰・能久親王が仁孝天皇の養子とされた時その養母代となる。
¶江表（績子（京都府）　いさこ），コン，女史，天皇

中山一枝〔1代〕　なかやまいっし
⇒中山南枝〔2代〕（なかやまなんし）

中山一徳〔1代〕　なかやまいっとく
⇒中山よしを〔1代〕（なかやまよしお）

中山一徳〔2代〕　なかやまいっとく
⇒中山南枝〔2代〕（なかやまなんし）

中山猪八〔1代〕　なかやまいはち
⇒中山文七〔2代〕（なかやまぶんしち）

中山宇仲太*　なかやまうちゅうた
生没年不詳　江戸時代末期の下総結城藩士。
¶幕末

中山ゑんし　なかやまえんし
⇒沢村国太郎〔3代〕（さわむらくにたろう）

中山大炊助　なかやまおおいのすけ
安土桃山時代の滝山城主北条氏照の家臣。
¶後北（大炊助〔中山（2）〕　おおいのすけ）

永山亥軒　ながやまがいけん
⇒永山平太（ながやまへいた）

中山勘解由*　なかやまかげゆ
寛永10（1633）年〜貞享4（1687）年　[別]中山直守（なかやまなおもり）　江戸時代前期の江戸幕府の旗本。
¶徳人（中山直守　なかやまなおもり）

中山勝時*　なかやまかつとき
？〜天正10（1582）年6月2日？　戦国時代〜安土桃山時代の織田信長の家臣。
¶織田

中山兼季*　なかやまかねすえ
治承3（1179）年〜？　鎌倉時代前期の公卿（非参議）。内大臣中山忠親の三男、母は権大納言平時忠の娘。
¶公卿，公家（兼季〔中山家〕　かねすえ）

中山兼親*　なかやまかねちか
貞享1（1684）年12月9日〜享保19（1734）年10月25日　江戸時代中期の公家（権大納言）。権大納言中山篤親の子。
¶公卿，公家（兼親〔中山家〕　かねちか）

中山兼宗*　なかやまかねむね
*〜仁治3（1242）年　[別]藤原兼宗（ふじわらのかね

むね)　平安時代後期～鎌倉時代前期の歌人・公卿(大納言)。内大臣中山忠親の長男。
¶公卿([生]長寛1(1163)年　[没]仁治3(1242)年9月3日),公家(兼宗〔中山家〕　かねむね　[生]1163年　[没]仁治3(1242)年9月3日),古人(藤原兼宗　ふじわらのかねむね　[生]1163年)

永山休二* ながやまきゅうじ
天保12(1841)年～明治10(1877)年　江戸時代末期～明治時代の鹿児島県士族。西南戦争田原坂で政府軍を迎え撃ち、円台寺山で討ち死に。
¶幕末([没]明治10(1877)年3月11日)

中山久次郎 なかやまきゅうじろう
⇒中山来助〔4代〕(なかやまらいすけ)

中山喜楽* なかやまきらく
天保5(1834)年～明治40(1907)年　江戸時代末期～明治時代の地役者。「平家女護島」の俊寛がはまり役。
¶幕末([没]明治40(1907)年6月29日)

中山錦車 なかやまきんしゃ
⇒中山富三郎〔2代〕(なかやまとみさぶろう)

中山玄亨 なかやまげんこう
⇒中山蘭渚(なかやまらんしょ)

中山監物 なかやまけんもつ
安土桃山時代の滝山城主北条氏照の家臣。
¶後北(監物〔中山(2)〕　けんもつ)

長山孔寅* ながやまこういん
明和2(1765)年～嘉永2(1849)年　[別]長山牧斎(ながやまぼくさい)　江戸時代後期の四条派の画家。
¶美画([没]嘉永2(1849)年9月27日)

中山高陽* なかやまこうよう
享保2(1717)年～安永9(1780)年　江戸時代中期の南画家。「画譚鶏助」の著者。
¶コン,美画([没]安永9(1780)年3月12日)

中山小三郎〔1代〕 なかやまこさぶろう
⇒中山文五郎〔1代〕(なかやまぶんごろう)

中山小十郎〔2代〕* なかやまこじゅうろう
宝永2(1705)年～宝暦3(1753)年　江戸時代中期の長唄唄方。
¶コン(代数なし)

中山小十郎〔3代〕(――〔6代〕)　なかやまこじゅうろう
⇒中村仲蔵〔1代〕(なかむらなかぞう)

中山小十郎〔7代〕* なかやまこじゅうろう
明和5(1768)年～寛政10(1798)年　[別]志賀山万作〔9代〕(しがやままんさく),中村万作(なかむらまんさく),芳沢吉十郎〔2代〕(よしざわきちじゅうろう),芳沢鶴松(よしざわつるまつ)　江戸時代中期の歌舞伎役者、振付師。安永6年～寛政2年頃に活躍。
¶新歌(中村仲蔵〔江戸系一〕　なかむらなかぞう)

中山胡民* なかやまこみん
文化5(1808)年～明治3(1870)年　江戸時代末期～明治時代の蒔絵師。精巧な蒔絵で知られ、法橋となる。
¶コン,美工

中山作三郎* なかやまさくさぶろう
天明5(1785)年～弘化1(1844)年　[別]中山武徳(なかやまたけのり)　江戸時代後期のオランダ通詞。中山家第6代。
¶コン([没]天保15(1844)年),対外

中山定親* なかやまさだちか
応永8(1401)年～長禄3(1459)年9月17日　[別]藤原定親(ふじわらのさだちか)　室町時代の公卿(権大納言)。権大納言中山満親の子。
¶公卿,公家(定親〔中山家〕　さだちか)

中山定宗* なかやまさだむね
文保1(1317)年～建徳2/応安4(1371)年3月15日　南北朝時代の公卿(権中納言)。参議中山家親の子。
¶公卿([没]応安4/建徳2(1371)年3月15日),公家(定宗〔中山家〕　さだむね　[没]応安4(1371)年3月15日)

中山栄親* なかやましげちか
宝永6(1709)年11月9日～明和8(1771)年5月22日　[別]中山栄親(なかやまひでちか)　江戸時代中期の公家(権大納言)。権大納言中山兼親の子。
¶公卿,公家(栄親〔中山家〕　ひでちか)

中山修輔 なかやましゅうすけ
⇒中山信安(なかやまのぶやす)

中山重蔵* なかやまじゅうぞう
弘化3(1846)年～?　江戸時代後期～末期の新撰組隊士。
¶新隊

長山宵子* ながやましょうこ
寛文11(1671)年～正徳2(1712)年　江戸時代中期の女性。水戸藩士の娘。良妻賢母と評された。
¶江表(霄子(茨城県)　しょうこ),女史

中山次郎介 なかやまじろ(う)すけ
江戸時代前期の長宗我部盛親の家臣。
¶大坂

中山甚吉 なかやまじんきち
⇒市川鰕十郎〔3代〕(いちかわえびじゅうろう)

中山新九郎〔1代〕* なかやましんくろう
元禄15(1702)年～安永4(1775)年　[別]姉川新九郎(あねがわしんくろう),一蝶(いっちょう),中山新十郎(なかやましんじゅうろう),松本嘉平次(まつもとかへいじ),和歌山新九郎(わかやましんくろう)　江戸時代中期の歌舞伎役者。享保1年～安永1年頃に活躍。
¶歌大([没]安永4(1775)年4月3日),コン

中山新十郎 なかやましんじゅうろう
⇒中山新九郎〔1代〕(なかやましんくろう)

長山甚平* ながやまじんぺい,ながやまじんへい
天保9(1838)年～明治27(1894)年　江戸時代末期～明治時代の上野館林藩士。
¶幕末([生]天保9(1838)年7月28日　[没]明治27(1894)年11月21日)

中山誠一郎 なかやませいいちろう
江戸時代後期～明治時代の幕臣、代官。
¶徳人(生没年不詳),徳代([生]?　[没]明治14(1881)年4月22日)

中山摂観* なかやませっかん
文化8(1811)年～明治15(1882)年　江戸時代末期～明治時代の僧侶、権大僧都、権少教正。禁門の守衛に従事、本願寺一門を勤王に導く。
¶幕末([没]明治15(1882)年7月23日)

な

なかやま　　　　　　　　　　　　　　　　　　　　　　　　　1624

中山孝親*　なかやままたちか
永正9 (1512) 年12月18日〜天正6 (1578) 年　戦国時代〜安土桃山時代の公卿 (准大臣)。権大納言中山康親の子。
¶公卿 (@天正6 (1578) 年1月16日)、公家 (孝親〔中山家〕　たかちか @天正6 (1578) 年1月16日)

中山武徳　なかやままたけのり
⇒中山作三郎 (なかやまさくぶろう)

中山太四郎〔2代〕　なかやままたしろう
⇒浅尾工左衛門〔1代〕 (あさおくざえもん)

中山忠明*　なかやままただあき
寿永2 (1183) 年〜?　鎌倉時代前期の公卿 (非参議)。内大臣中山忠親の子。
¶公卿、公家 (忠明〔中山家〕　ただあき)

中山忠尹　なかやままだこれ
江戸時代後期〜末期の公家。中山忠頼の子。
¶全幕 (@文化1 (1804) 年 @元治1 (1864) 年)

中山忠定*(1)　なかやままださだ
文治4 (1188) 年〜康元1 (1256) 年　鎌倉時代前期の公卿 (参議)。大納言中山兼宗の長男。
¶公卿 (@康元1 (1256) 年11月18日)、公家 (忠定〔中山家〕　ただ さだ @康元1 (1256) 年11月)

中山忠定*(2)　なかやままださだ
正安2 (1300) 年〜康永3/興国5 (1343) 年11月　鎌倉時代後期〜南北朝時代の公卿 (非参議)。非参議中山忠明の子。
¶公卿、公家 (忠定〔粟田口家 (絶家)〕　ただ さだ @康永3 (1344) 年11月)

中山忠尹*　なかやままただただ
宝暦6 (1756) 年9月15日〜文化6 (1809) 年10月20日 @中山忠尹 (なかやままだまさ)　江戸時代中期〜後期の公家 (権大納言)。権大納言中山愛親の子。
¶公卿 (忠尹〔中山家〕　ただまさ)

中山忠親*　なかやままただちか
天承1 (1131) 年〜建久6 (1195) 年3月12日 @藤原忠親 (ふじわらただちか、ふじわらのただちか)　平安時代後期〜鎌倉時代前期の公卿 (内大臣)。中山家の祖。権中納言藤原忠宗の次男。
¶公卿、公家 (忠親〔中山家〕　ただちか)、古人 (藤原忠親　ふじわらのただちか)、コン (@長承1 (1132) 年)、中世、日文、中世 (平家 (藤原忠親　ふじわらのただちか)、山小 (@1195年3月12日)

中山忠愛*　なかやままただなる
天保3 (1832) 年〜明治15 (1882) 年　江戸時代末期〜明治時代の公家。清河八郎ら志士を援助。参与を務める。
¶コン、幕末 (@天保3 (1832) 年10月 @明治15 (1882) 年7月25日)

中山忠尹　なかやままただまさ
⇒中山忠尹 (なかやままただただ)

中山忠光*　なかやままただみつ
弘化2 (1845) 年〜元治1 (1864) 年 @森俊斎 (もりしゅんさい)　江戸時代末期の公家。中山忠能の7男。
¶江人、コン、全幕、幕末 (@弘化2 (1845) 年4月13日 @元治1 (1864) 年11月15日)、山小 (@1845年4月13日 @1864年11月15日)

中山忠能*　なかやままただやす
文化6 (1809) 年11月11日〜明治21 (1888) 年6月12

日　江戸時代末期〜明治時代の公卿、侯爵。王政復古に際し議定となり、維新後は神祇官知事、宣教長官などを歴任。
¶江人、公卿、公家 (忠能〔中山家〕　ただやす)、コン、全幕、幕末、山小 (@1809年11月11日 @1888年6月12日)

中山忠頼*　なかやままただより
安永7 (1778) 年閏7月22日〜文政8 (1825) 年5月21日　江戸時代後期の公家 (権大納言)。権大納言中山忠尹の子。
¶公卿、公家 (忠頼〔中山家〕　ただより)

中山親子*　なかやまちかこ
天正4 (1576) 年〜慶長13 (1608) 年　安土桃山時代〜江戸時代前期の女性。後陽成天皇の宮人。
¶天皇 (@慶長13 (1608) 年2月11日)

中山親綱*　なかやまちかつな
天文13 (1544) 年11月23日〜慶長3 (1598) 年11月28日　安土桃山時代の公卿 (権大納言)。権大納言中山孝親の子。
¶公卿、公家 (親綱〔中山家〕　ちかつな)

中山親通　なかやまちかのり
⇒中山親通 (なかやまちかみち)

中山親雅*　なかやまちかまさ
正平8/文和2 (1353) 年〜応永9 (1402) 年5月27日　南北朝時代〜室町時代の公卿 (権大納言)。権中納言中山定宗の子。
¶公卿、公家 (親雅〔中山家〕　ちかまさ)

中山親通*　なかやまちかみち
応永33 (1426) 年〜寛正3 (1462) 年5月25日 @中山親通 (なかやまちかのり)　室町時代の公卿 (権大納言)。権大納言中山親通の子。
¶公卿、公家 (親通〔中山家〕　ちかみち)

中山中左衛門*　なかやまちゅうざえもん
天保4 (1833) 年〜明治11 (1878) 年　江戸時代末期〜明治時代の薩摩藩士。
¶幕末

中山潮堂*　なかやまちょうどう
文化14 (1817) 年〜明治26 (1893) 年 @潮堂 (ちょうどう)　江戸時代末期〜明治時代の俳人。
¶俳文 (潮堂　ちょうどう)

中山照守*　なかやまてるもり
元亀1 (1570) 年〜寛永11 (1634) 年　安土桃山時代〜江戸時代前期の武将。後北条氏家臣、徳川氏家臣。
¶後北 (照守〔中山(2)〕　てるもり @慶長11年1月21日)

中山時庸　なかやまときつね
江戸時代中期の幕臣。
¶徳人 (@1708年 @1762年)

中山時春　なかやまときはる
江戸時代前期〜中期の幕臣。
¶徳人 (@1652年 @1741年)

中山徳三郎〔1代〕　なかやまとくさぶろう
⇒中山文七〔3代〕 (なかやまぶんしち)

中山利及　なかやまとしとも
江戸時代中期の幕臣。
¶徳人 (@1714年 @1764年)

中山富三郎〔1代〕* なかやまとみさぶろう
宝暦10(1760)年～文政2(1819)年 [別]錦車(きんしゃ) 江戸時代中期～後期の歌舞伎役者。安永5年～文政1年頃に活躍。
¶歌大([没]文政2(1819)年9月10日)

中山富三郎〔2代〕* なかやまとみさぶろう
寛政5(1793)年～天保8(1837)年2月 [別]市川高麗蔵〔4代〕(いちかわこまぞう),市川三太郎(いちかわさんたろう),市川新蔵〔3代〕(いちかわしんぞう),市川寿美蔵〔3代〕(いちかわすみぞう),錦車(きんしゃ),泉升(せんしょう),双松軒(そうしょうけん),中山錦車(なかやまきんしゃ) 江戸時代後期の歌舞伎役者。寛政9年～天保7年頃に活躍。
¶歌大([生]寛政8(1796)年)

中山豊五郎 なかやまとよごろう
⇒中山文五郎〔1代〕(なかやまぶんごろう)

中山虎吉 なかやまとらきち
⇒中山南枝〔2代〕(なかやまなんし)

長山直幡 ながやまなおはた
江戸時代中期の火付盗賊改役、佐渡奉行。
¶徳代([生]正徳2(1712)年 [没]天明4(1784)年8月3日)

中山直守 なかやまなおもり
⇒中山勘解由(なかやまかげゆ)

中山某 なかやまなにがし
安土桃山時代の上野国名胡桃城主。上野国沼田城主猪俣邦憲の家臣。
¶後北(某〔中山(1)〕 なにがし)

中山愛親* なかやまなるちか
寛保1(1741)年～文化11(1814)年8月18日 江戸時代中期～後期の公家(権大納言)。権大納言中山栄親の次男。
¶江人,公卿([生]寛保1(1741)年5月25日),公家(愛親〔中山家〕 なるちか [生]寛保1(1741)年5月25日),コン,全幕

中山南枝〔1代〕 なかやまなんし
⇒中山よしを〔1代〕(なかやまよしお)

中山南枝〔2代〕* なかやまなんし
寛政2(1790)年～安政5(1858)年7月23日 [別]一枝(いっし),中山吾妻(なかやまあずま),中山一枝〔1代〕(なかやまいっし),中山一徳〔2代〕(なかやまいっとく),中山虎吉(なかやまとらきち),中山よしを〔3代〕(なかやまよしお),由男(よしお) 江戸時代末期の歌舞伎役者。文化5年～安政4年頃に活躍。
¶歌大,コン

中山信徴* なかやまのぶあき
弘化3(1846)年～大正6(1917)年1月29日 江戸時代末期～明治時代の松岡藩(手綱藩)主、松岡藩(手綱藩)知事。
¶幕末([生]弘化3(1846)年4月)

中山宣親* なかやまのぶちか
長禄2(1458)年～永正14(1517)年10月4日 戦国時代の公卿(権中納言)。権大納言中山親通の子。
¶公卿,公家(宣親〔中山家〕 のぶちか)

中山信宝* なかやまのぶとみ
弘化1(1844)年～文久1(1861)年 江戸時代末期の水戸藩付家老。
¶幕末([没]万延2(1861)年1月20日)

中山信名* なかやまのぶな
天明7(1787)年～天保7(1836)年 江戸時代後期の国学者。号は柳洲。
¶コン

中山信正* なかやまのぶまさ
?～永禄2(1559)年 戦国時代の武士。
¶全戦

中山信守* なかやまのぶもり
文化4(1807)年～安政4(1857)年 江戸時代末期の水戸藩付家老。
¶幕末([没]安政4(1858)年12月6日)

中山信守の妻 なかやまのぶもりのつま⋆
江戸時代後期の女性。和歌。常陸水戸藩付家老中山信情の娘。天保12年成立、徳川斉昭撰「弘道館梅花詩歌」に載る。
¶江表(中山信守の妻(茨城県))

中山信安* なかやまのぶやす
天保3(1832)年～明治33(1900)年 [別]中山修輔(なかやましゅうすけ) 江戸時代末期～明治時代の開港論者。茨城県権令。師範学校創設、地租改正を手がける。
¶幕末(中山修輔 なかやましゅうすけ [没]明治33(1900)年6月19日)

中山栄親 なかやまひでちか
⇒中山栄親(なかやましげちか)

中山英親* なかやまひでちか
寛永4(1627)年4月15日～延宝2(1674)年2月18日 江戸時代前期の公家(権大納言)。権大納言中山元親の子。
¶公卿,公家(英親〔中山家〕 ひでちか)

中山百花 なかやまひゃっか
⇒中山文七〔3代〕(なかやまぶんしち)

中山文五郎〔1代〕* なかやまぶんごろう
宝暦11(1761)年～文化11(1814)年 [別]中山小三郎〔1代〕(なかやまこさぶろう),中山豊五郎(なかやまとよごろう),中山美男(なかやまよしお),矢馬(やば),美男,由男(よしお) 江戸時代中期～後期の歌舞伎役者。天明4年～文化11年頃に活躍。
¶コン

中山文七〔1代〕* なかやまぶんしち
享保17(1732)年～文化10(1813)年 [別]浄光法師(じょうこうほうし),中山与三郎(なかやまよさぶろう),由男(よしお),和歌山文七(わかやまぶんしち) 江戸時代中期の歌舞伎役者。元文2年～天明2年頃に活躍。
¶歌大([没]文化10(1813)年7月22日),コン,新歌(——〔1世〕)

中山文七〔2代〕* なかやまぶんしち
宝暦5(1755)年～寛政10(1798)年 [別]嵐猪八(あらしいはち),沢村伊八(さわむらいはち),至生(しせい),舎柳(しゃりゅう),中山猪八〔1代〕(なかやまいはち),中山来助〔2代〕(なかやまらいすけ),鬢付屋文七(びんつけやぶんしち),由男(よしお) 江戸時代中期の歌舞伎役者。安永6年～寛政9年頃に活躍。
¶新歌(——〔2世〕)

中山文七〔3代〕* なかやまぶんしち
明和1(1764)年～嘉永6(1853)年 [別]中山徳三郎〔1代〕(なかやまとくさぶろう),中山百花(なかや

まひゃっか），中山兵太郎（なかやまへいたろう），百花（ひゃっか）　江戸時代中期～後期の歌舞伎役者。安永1年～嘉永4年頃に活躍。
¶新歌（——〔3世〕）

中山文蔵　なかやまぶんぞう
⇒中山来助〔4代〕（なかやまらいすけ）

永山平太*　ながやまへいた
文化12（1815）年～明治12（1879）年　[別]永山亥軒（ながやまがいけん）　江戸時代末期～明治時代の加賀藩士。
¶幕末（[没]明治12（1879）年8月15日）

中山兵太郎　なかやまへいたろう
⇒中山文七〔3代〕（なかやまぶんしち）

長山牧斎　ながやまぼくさい
⇒長山孔寅（ながやまこういん）

中山又六　なかやままたろく
戦国時代の武士。駿河衆。
¶武田（生没年不詳）

中山万蔵　なかやままんぞう
⇒中村仲蔵〔1代〕（なかむらなかぞう）

中山みき*（中山美伎）　なかやまみき
寛政10（1798）年4月18日～明治20（1887）年2月18日　江戸時代末期～明治時代の宗教家。天理教の開祖。人間の平等と豊かで楽天的な陽気ぐらしを説いた。
¶江人，江表（みき（奈良県）），コン，思想，女史，幕末（中山美伎），山小（[生]1798年4月18日　[没]1887年2月18日）

中山満親*　なかやまみつちか
建徳2/応安4（1371）年～応永28（1421）年4月26日　南北朝時代～室町時代の公卿（権大納言）。権大納言中山親雅の子。
¶公卿（[生]応安4/建徳2（1371）年），公家（満親〔中山家〕　みつちか）

中山三屋*　なかやまみや
天保11（1840）年～明治4（1871）年6月21日　江戸時代末期～明治時代の歌人、尼僧。尼姿で各地の動向を中山忠能宛に書き送り、スパイとして活動したものと考えられる。
¶江表（三屋（京都府）），女史

中山木工助*　なかやまもくのすけ
生没年不詳　戦国時代の北条氏の家臣。
¶後北（木工助〔中山（3）〕　もくのすけ）

中山元親*　なかやまもとちか
文禄2（1593）年12月12日～寛永16（1639）年8月26日　江戸時代前期の公家（権大納言）。権大納言中山慶親の子。
¶公卿，公家（元親〔中山家〕　もとちか）

中山元成*　なかやまもとなり
文政1（1818）年～明治25（1892）年　江戸時代末期～明治時代の茶業家。猿島茶の改良と普及に尽力。茶業組合の設立に尽力。
¶コン，幕末（[生]文政1（1818）年10月1日　[没]明治25（1892）年6月3日）

中山基雅*　なかやまもとまさ
？～文永3（1266）年1月3日　鎌倉時代前期の公卿（非参議）。参議中山忠定の子。
¶公卿（生没年不詳），公家（基雅〔中山家〕　もとまさ）

中山盛高*　なかやまもりたか
天保12（1841）年～？　江戸時代末期の鹿児島県士族。
¶幕末

永山盛輝*　ながやまもりてる
文政9（1826）年～明治35（1902）年　江戸時代末期～明治時代の官吏、貴族院議員。学制の地方定着に尽力、教育権令と呼ばれる。
¶コン，幕末（[生]文政9（1826）年8月15日　[没]明治35（1902）年1月17日）

永山弥一郎*　ながやまやいちろう
天保9（1838）年～明治10（1877）年　江戸時代末期～明治時代の薩摩藩士、中佐。ロシアの南下に備えんと尽力したが、樺太・千島交換条約に憤慨して下野、帰郷した。
¶幕末（[没]明治10（1877）年4月13日）

中山弥十郎　なかやまやじゅうろう
江戸時代後期の幕臣。
¶徳人（生没年不詳）

中山康親*　なかやまやすちか
文明17（1485）年～天文7（1538）年8月14日　戦国時代の公卿（権大納言）。権中納言中山宣親の子。
¶公卿，公家（康親〔中山家〕　やすちか）

永山友右衛門　ながやまゆうえもん
江戸時代後期～明治時代の薩摩藩士。
¶幕末（[生]弘化3（1846）年1月　[没]明治32（1899）年4月）

中山行長　なかやまゆきなが
⇒鷺畔翁（さぎばんおう）

中山与三郎　なかやまよさぶろう
⇒中山文七〔1代〕（なかやまぶんしち）

中山美男　なかやまよしお
⇒中山文五郎〔1代〕（なかやまぶんごろう）

中山よしを〔1代〕*　なかやまよしお，なかやまよしを
安永5（1776）年～文化15（1818）年　[別]大弥（だいや），中山一徳〔1代〕（なかやまいっとく），中山南枝〔1代〕（なかやまなんし），南枝（なんし），由男（よしお），里好（りこう），里晴（りせい）　江戸時代後期の歌舞伎役者、歌舞伎座本。天明8年～文政1年頃に活躍。
¶歌大（中山南枝〔1代〕　なかやまなんし　[没]文化15（1818）年1月23日）

中山よしを〔3代〕　なかやまよしお
⇒中山南枝〔2代〕（なかやまなんし）

中山吉勝　なかやまよしかつ
江戸時代前期～中期の幕臣。
¶徳人（[生]1618年　[没]1699年）

中山慶子*　なかやまよしこ
天保6（1835）年～明治40（1907）年10月5日　江戸時代末期～明治時代の女官。明治天皇の御生母。宮の養育に専心。のち一位局と称す。
¶江表（慶子（京都府）　よしこ），コン，天皇（[生]天保6（1835）年11月28日），幕末（[生]天保6（1836）年11月28日）

中山慶親*　なかやまよしちか
永禄9（1566）年11月29日～元和4（1618）年4月10日　安土桃山時代～江戸時代前期の公家（権大納言）。権大納言中山親綱の子。
¶公卿，公家（慶親〔中山家〕　よしちか）

中山与三左衛門* なかやまよそうざえもん
[別]中山与三左衛門(なかやまよそざえもん) 江戸時代末期の水戸藩士。
¶幕末(なかやまよそざえもん 生没年不詳)

中山与三左衛門 なかやまよそざえもん
⇒中山与三左衛門(なかやまよそうざえもん)

中山来助〔2代〕 なかやまらいすけ
⇒中山文七〔2代〕(なかやまぶんしち)

中山来助〔4代〕* なかやまらいすけ
明和5(1768)年～文化12(1815)年 [別]嵐新平〔3代〕(あらししんぺい), 虎杖(こじょう), 佐渡島長五郎〔2代〕, 佐渡嶋長五郎〔2代〕(さどしまちょうごろう), 中山久次郎(なかやまきゅうじろう), 中山文蔵(なかやまぶんぞう) 江戸時代中期～後期の歌舞伎役者。天明8年～文化12年頃に活躍。
¶歌大(佐渡嶋長五郎〔2代〕 さどしまちょうごろう [没]文化12(1815)年8月23日)

中山蘭渚* なかやまらんしょ
元禄2(1689)年～明和8(1771)年 [別]中山玄亨(なかやまげんこう) 江戸時代中期の医師。
¶コン

中山冷泉為尚* なかやまれいぜいためなお
慶長9(1604)年2月20日～寛文2(1662)年7月5日 江戸時代前期の公家(権中納言)。権大納言中山親綱の孫。
¶公卿, 公家(為尚〔今城家〕 ためなお)

長屋安左衛門 ながややすざえもん
江戸時代前期の細川忠利の家臣。
¶大坂

長吉 ながよし
戦国時代の武田氏家臣。小山田氏の被官か。
¶武田(生没年不詳)

長慶 ながよし
⇒三好長慶(みよしながよし)

中よし女 なかよしじょ★
江戸時代後期の女性。狂歌。寛政8年、後巴人亭光序『百さへづり』に載る。
¶江表(中よし女(東京都))

長与俊達* ながよしゅんたつ
寛政2(1790)年～安政2(1855)年 江戸時代末期の肥前大村藩医。
¶江人([生]1791年), コン([生]寛政2(1790)年?)

長与専斎 ながよせんさい
天保9(1838)年～明治35(1902)年 江戸時代末期～明治時代の医学者。
¶科学([生]天保9(1838)年8月28日 [没]明治35(1902)年9月8日), コン, 山小([生]1838年8月28日 [没]1902年9月8日)

半井明重* なからいあきしげ
生没年不詳 [別]半井明重(なかいあきのぶ) 室町時代の公卿(非参議)。非参議丹波重長の子。
¶公卿(なかいあきのぶ)

半井明茂 なからいあきしげ
⇒半井明茂(なかいあきしげ)

半井明孝* なからいあきたか
延徳2(1490)年～永禄2(1559)年10月4日 [別]半井明孝(なかいあきたか) 戦国時代の公卿(非参議)。非参議半井明重の子。
¶公卿(なかいあきたか), 公家(明孝〔和気1・半井家(絶家)〕 あきたか)

半井明名* なからいあきな
生没年不詳 [別]半井明名(なかいあきな) 戦国時代～安土桃山時代の公卿(非参議)。非参議半井明孝の子。
¶公卿(なかいあきな), 公家(明名〔和気1・半井家(絶家)〕 あきな)

半井明英 なからいあきひで
⇒半井明英(なかいあきひで)

半井明英 なからいあきふさ
⇒半井明英(なかいあきひで)

半井梧庵* なからいごあん
文化10(1813)年～明治22(1889)年1月2日 江戸時代末期～明治時代の医師。今治藩藩校「克明館」で医学等を教授。著書に「遠西写真全書」「刻医学心得序」。
¶幕末

半井春軒* なからいしゅんけん
*～明治39(1906)年 江戸時代末期～明治時代の医師。
¶幕末([生]天保7(1837)年11月26日 [没]明治39(1906)年6月6日)

半井瑞策* なからいずいさく
文亀1(1501)年～天正5(1577)年 [別]半井光成(なからいみつなり), 半井驢庵(なからいろあん) 戦国時代～安土桃山時代の医師。明親の子。
¶後北(半井光成〔驢庵〕 なからいみつなり [没]天正5年8月25日)

半井仲庵* なからいちゅうあん
文化9(1812)年～* 江戸時代末期～明治時代の医師。蘭方医学の普及に尽力。
¶コン([没]明治4(1871)年), 幕末([没]明治4(1872)年12月28日)

半井成信 なからいなりのぶ
江戸時代前期の幕臣。
¶徳人([生]? [没]1638年?)

半井卜養* なからいぼくよう
慶長12(1607)年～延宝6(1678)年12月26日 [別]卜養(ぼくよう) 江戸時代前期の狂歌師、俳人。
¶コン, 俳文(卜養 ぼくよう)

半井光成 なからいみつなり
⇒半井瑞策(なからいずいさく)

半井盧庵 なからいろあん
江戸時代前期の幕臣。
¶徳人([生]? [没]1638年?)

半井驢庵 なからいろあん
⇒半井瑞策(なからいずいさく)

奈河市郎兵衛 ながわいちろべえ
⇒奈河七五三助〔3代〕(ながわしめすけ)

奈河一泉〔1代〕(奈河一洗) なかわいっせん, ながわいっせん
⇒奈河篤助〔1代〕(ながわとくすけ)

奈河一点 ながわいってん
⇒奈河七五三助〔3代〕(ながわしめすけ)

奈川永長堂　ながわえいちょうどう
⇒奈河亀輔〔1代〕(ながわかめすけ)

奈河亀輔〔1代〕* (奈河亀祐, 奈川亀助, 奈河亀助)　ながわかめすけ, なかわかめすけ
生没年不詳　[別]永長堂(えいちょうどう), 奈川永長堂(ながわえいちょうどう), 遊泥居(ゆうでいきょ)　江戸時代中期の歌舞伎作者。明和8年～天明5年頃に活躍。
¶歌大, コン(奈河亀助), 新歌(代数なし　[生]?　[没]1790年), 日文(代数なし)

奈河亀助〔2代〕　なかわかめすけ, ながわかめすけ
⇒奈河篤助〔1代〕(ながわとくすけ)

奈河七五三助〔1代〕*　ながわしめすけ, なかわしめすけ
宝暦4(1754)年～文化11(1814)年10月20日　[別]洗口(せんこう)　江戸時代中期～後期の歌舞伎作者。安永6年～文化11年頃に活躍。
¶歌大, コン(代数なし　なかわしめすけ), 新歌(代数なし)

奈河七五三助〔2代〕　なかわしめすけ, ながわしめすけ
⇒奈河竹葉〔1代〕(ながわちくよう)

奈河七五三助〔3代〕*　ながわしめすけ, なかわしめすけ
生没年不詳　[別]近松市郎兵衛(ちかまついちろべえ), 奈河市郎兵衛(ながわいちろべえ), 奈河一点(ながわいってん), 柳一良瓶, 柳市郎兵衛(やなぎいちろべえ)　江戸時代後期の歌舞伎作者。文政5年～天保6年頃に活躍。
¶歌大

奈河七五三助〔4代〕　なかわしめすけ, ながわしめすけ
⇒近松八十翁(ちかまつやそおう)

奈河竹葉〔1代〕*　ながわちくよう
生没年不詳　[別]銀鶴堂(ぎんかくどう), 竹葉軒(ちくようけん), 奈河七五三助〔2代〕(なかわしめすけ, ながわしめすけ), 奈河十八助〔1代〕(ながわとはちすけ), 奈とは十八(なとわとはち)　江戸時代後期の歌舞伎作者。文化5年～文政6年頃に活躍。
¶歌大(奈河七五三助〔2代〕　ながわしめすけ)

奈河篤助〔1代〕* (奈河十九助)　ながわとくすけ, なかわとくすけ
明和1(1764)年～天保13(1842)年2月3日　[別]一泉, 一洗(いっせん), 金亀堂(きんきどう), 奈河一泉〔1代〕, 奈河一洗(なかわいっせん, ながわいっせん), 奈河亀助〔2代〕, 奈河亀輔〔2代〕(なかわかめすけ, ながわかめすけ)　江戸時代中期～後期の歌舞伎作者。天明3～4年頃に活躍。
¶歌大, コン(代数なし　なかわとくすけ)

奈河十八助〔1代〕　ながわとはちすけ
⇒奈河竹葉〔1代〕(ながわちくよう)

奈河晴助〔1代〕*　ながわはるすけ, なかわはるすけ
天明2(1782)年～文政9(1826)年1月29日　[別]鶴樹(かくじゅ), 豊晴助〔1代〕(とよはるすけ), 奈河晴助〔1代〕(ながわはれすけ), 宮島嘉兵衛(みやじまかへえ)　江戸時代後期の歌舞伎作者。文化7年～文政8年頃に活躍。
¶歌大(ながわはれすけ), コン(代数なし　なかわはるすけ)

奈河晴助〔1代〕　ながわはれすけ
⇒奈河晴助〔1代〕(ながわはるすけ)

仲村渠致元*　なかんだかりちげん
尚貞28(1696)年8月19日～尚穆3(1754)年6月18日　[別]仲村渠致元(なかんだかれちげん, なかんらかりちげん)　江戸時代中期の琉球の陶工。
¶コン([生]貞享3(1686)年　[没]?), 対外, 美工([生]貞享3(1686)年　[没]宝暦4(1754)年)

仲村渠致元　なかんだかれちげん
⇒仲村渠致元(なかんだかりちげん)

仲村渠致元　なかんらかりちげん
⇒仲村渠致元(なかんだかりちげん)

なぎ
江戸時代後期の女性。俳諧。武蔵神奈川の人。文化9年刊『うめこよみ』に載る。
¶江表(なぎ(神奈川県))

奈貴王　なきおう
⇒奈貴王(なきのおう)

なきさ子(1)　なきさこ★
江戸時代末期の女性。和歌。大宮氷川神社神主角井主膳茂臣の娘。慶応3年刊、猿渡容盛編『類題新竹集』に載る。
¶江表(なきさ子(埼玉県))

なきさ子(2)　なきさこ★
江戸時代末期の女性。和歌。筑後柳川藩の奥女中。上野の国学者関橋守が還暦祝いに編集した文久3年刊、『耳順賀集』に載る。
¶江表(なきさ子(福岡県))

沚子　なぎさこ
江戸時代末期の女性。和歌。筑後柳川藩の奥女中。「鶯歌集」に載る。
¶江表(沚子(福岡県))

奈貴王*　なきのおう
?～宝亀9(778)年　[別]奈貴王(なきおう)　奈良時代の中級官人。
¶古人(なきおう), 古代

名草宿禰豊成*　なぐさのすくねとよなり
宝亀3(772)年～斉衡1(854)年　[別]名草豊成(なくさのとよなり, なぐさのとよなり)　平安時代前期の学者、官人。
¶古人(名草豊成　なぐさのとよなり), 古代

名草豊成　なくさのとよなり, なぐさのとよなり
⇒名草宿禰豊成(なぐさのすくねとよなり)

名草道主*　なくさのみちぬし
生没年不詳　平安時代前期の大学寮の教官。
¶古人

靡　なくび
⇒靡(なびく)

鳴女　なくめ
江戸時代末期の女性。和歌。伊勢常明寺門前の小料理屋の女将。文久1年刊、宮川正光編『松杉和歌集』に載る。
¶江表(鳴女(三重県))

南雲安行　なぐもやすゆき
江戸時代後期の和算家、米沢藩士。
¶数学

名倉予何人*　なぐらあなと, なくらあなと
文政5(1822)年～明治34(1901)年　[別]名倉松窓

（なくらしょうそう，なぐらしょうそう）　江戸時代末期～明治時代の遠江浜松藩士、兵学者。
¶幕末（なくらあなと　[生]文政6（1823）年　[没]明治34（1901）年1月）

名倉松窓　なくらしょうそう，なぐらしょうそう
⇒名倉予何人（なぐらあなと）

名倉知彰　なぐらともあき
江戸時代末期～明治時代の陸軍軍医。
¶幕末（[生]？　[没]明治13（1880）年12月19日）

名越家昌（浪越家昌）　なごえいえまさ
⇒名越家昌（なごしいえまさ）

名越左源太　なごえさげんた
⇒名越左源太（なごやさげんた）

名越山三郎　なごえさんざぶろう
⇒名古屋山三郎（なごやさんざぶろう）

名越高家　なごえたかいえ
⇒北条高家（ほうじょうたかいえ）

名越時章　なごえときあき
⇒北条時章（ほうじょうときあきら）

名越時章　なごえときあきら
⇒北条時章（ほうじょうときあきら）

名越時兼　なごえときかね
鎌倉時代後期～南北朝時代の武将。
¶中世（[生]？　[没]1335年）

名越朝時　なごえともとき
⇒北条朝時（ほうじょうともとき）

名越教時　なごえのりとき
⇒北条教時（ほうじょうのりとき）

名越光時*　なごえみつとき
生没年不詳　[別]江馬光時（えまみつとき），北条光時（ほうじょうみつとき）　鎌倉時代前期の武将。名越朝時の嫡子。越後守護。越後守。
¶コン，中世，内乱，山小

名越家昌*　なごしいえまさ
？～寛永6（1629）年　[別]浪越家昌（なごえいえまさ），名越家昌（なごえいえまさ，なごしかしょう）　江戸時代前期の釜師。京都の名越善正の次男。
¶コン，美工（[没]寛永6（1629）年4月14日）

名越家昌　なごしかしょう
⇒名越家昌（なごしいえまさ）

名越三昌*　なごしさんしょう
？～寛永15（1638）年　江戸時代前期の釜師。京三条釜座の名越善正の長男。
¶コン，美工

名越三典　なごしさんてん
⇒名越三典浄味（なごしさんてんじょうみ）

名越三典浄味*　なごしさんてんじょうみ
？～享保7（1722）年　[別]名越三典（なごしさんてん）　江戸時代中期の釜師。
¶美工（名越三典　なごしさんてん）

名越善昌（名越善正）　なごしぜんしょう
⇒名越善正（なごしぜんせい）

名越善正*　なごしぜんせい
？～元和5（1619）年　[別]名越善昌，名越善正（なごしぜんしょう）　安土桃山時代～江戸時代前期の京三条釜座の釜師。
¶コン，美工（[没]元和5（1619）年4月）

名越高家　なごしたかいえ
⇒北条高家（ほうじょうたかいえ）

名越弥七郎*　なごしやしちろう
？～文明2（1470）年　室町時代の釜師、名越家5代。
¶美工

名護寵文　なごちょうぶん
⇒程順則（ていじゅんそく）

那古屋勝泰　なごやかつやす
⇒那古屋弥五郎（なごややごろう）

名古屋九右衛門（名護屋九右衛門）　なごやきゅうえもん
⇒名古屋山三郎（なごやさんざぶろう）

奈吾屋清秋　なごやきよあき
戦国時代の駿河府中浅間社の社人。
¶武田（生没年不詳）

名古屋九右衛門　なごやくえもん
⇒名古屋山三郎（なごやさんざぶろう）

名古屋玄医*（名護屋玄医，名古屋玄以）　なごやげんい
寛永5（1628）年～元禄9（1696）年4月18日　江戸時代前期の医師。
¶江人，科学（[生]寛永5（1628）年3月21日），眼医，コン，思想，山小（[生]1628年3月21日　[没]1696年4月18日）

名越左源太*　なごやさげんた
文政2（1819）年～明治14（1881）年6月16日　[別]名越左源太（なごえさげんた），名越時行（なごやときゆき）　江戸時代末期～明治時代の薩摩藩士。
¶幕末

名古屋山三郎*（名護屋山三郎）　なごやさんざぶろう，なごやさんさぶろう
？～慶長8（1603）年　[別]名越山三郎（なごえさんざぶろう），名護屋九右衛門（なごやきゅうえもん），名古屋九右衛門（なごやきゅうえもん，なごやくえもん）　安土桃山時代の歌舞伎役者、武士。慶長初に活躍。
¶コン，新歌，戦武（なごやさんさぶろう　[生]元亀3（1572）年）

名護屋将玉　なごやしょうぎょく
安土桃山時代の武士。長篠合戦で討死。
¶武田（[生]？　[没]天正3（1575）年5月21日）

名越時成*　なごやときなり
生没年不詳　[別]三笠政之助（みかさせいのすけ）　江戸時代末期の薩摩藩士。
¶幕末

名越時行　なごやときゆき
⇒名越左源太（なごやさげんた）

奈古屋登*　なごやのぼる
寛政7（1795）年～安政2（1855）年　江戸時代後期の武士。長州（萩）藩士。
¶コン

那古屋弥五郎*　なごややごろう
生没年不詳　[別]那古屋勝泰（なごやかつやす）　安土桃山時代の織田信長の家臣。
¶織田（那古屋勝泰　なごやかつやす）

梨木祐之　なしのきすけゆき
⇒鴨祐之(かものすけゆき)

名島民部　なじまみんぶ
江戸時代前期の武士。大坂の陣で籠城。
¶大坂

難升米　なしめ
⇒難升米(なんしょうめ)

梨本秀盛　なしもとひでもり
江戸時代後期の和算家。米沢の李山村の肝入。
¶数学

那須久右衛門　なすきゅうえもん
江戸時代前期の武士。大坂の陣で真田信繁(幸村)の先手を務めた。
¶大坂

那須俊平*　なすしゅんぺい
文化4(1807)年～元治1(1864)年　[別]檮山源八郎(ゆずやまげんはちろう)　江戸時代末期の志士。
¶全幕,幕末([生]文化4(1807)年1月2日　[没]元治1(1864)年7月19日)

那須信吾*(那須真吾)　なすしんご
文政12(1829)年～文久3(1863)年　江戸時代末期の土佐藩の郷士、勤王運動家。
¶コン,全幕,幕末([生]文政12(1829)年11月11日　[没]文久3(1863)年9月24日)

那須資胤　なすすけたけ
⇒那須資胤(なすすけたね)

那須資胤*　なすすけたね
？～天正11(1583)年　[別]那須資胤(なすすけたけ)　安土桃山時代の武将。修理大夫。政資の子。
¶コン

那須資徳*　なすすけのり
寛文12(1672)年～宝永5(1708)年　江戸時代中期の大名。下野烏山藩主。
¶徳人

那須資晴*　なすすけはる
弘治2(1556)年～慶長14(1609)年　安土桃山時代～江戸時代前期の武将。大膳大夫、修理大夫。資胤の子。
¶全戦([生]弘治3(1557)年　[没]慶長15(1610)年),戦武([生]弘治3(1557)年　[没]慶長15(1610)年)

那須資房*　なすすけふさ
？～天文21(1552)年　戦国時代の武将。
¶室町(生没年不詳)

那須拙速*　なすせっそく,なすせつそく
文化3(1806)年～明治11(1878)年　江戸時代後期～明治時代の武士、士族。
¶幕末(なすせつそく　[没]明治11(1878)年3月31日)

那須高資*　なすたかすけ
？～天文20(1551)年　戦国時代の下野烏山城主。
¶室町

奈須恒徳*　なすつねのり
安永3(1774)年～天保12(1841)年　江戸時代後期の幕府医師。
¶コン

那須与一*(那須余一,那須与市)　なすのよいち
生没年不詳　[別]那須宗高,那須宗隆(なすむねたか),那須与一(なすよいち),藤原宗隆(ふじわらのむねたか)　平安時代後期～鎌倉時代前期の武士。資隆の11男。
¶古人(藤原宗隆　ふじわらのむねたか),コン,中世(那須宗高　なすむねたか　[生]？　[没]1189年/1190年？),内乱(那須宗高　なすむねたか),平家(那須宗高　なすむねたか),山小

那須政資*　なすまさすけ
？～天文15(1546)年7月23日　戦国時代の那須氏当主。
¶室町

那須宗高(那須宗隆)　なすむねたか
⇒那須与一(なすのよいち)

那須与一　なすよいち
⇒那須与一(なすのよいち)

なせ女　なせじょ★
江戸時代後期の女性。俳諧。文政4年、青隠跋『七夕後集』に7歳の時の句として載る。
¶江表(なせ女(東京都))

なつ(1)
江戸時代前期の女性。俳諧。俳人・歌人北村季吟の弟子である河並安親の子宣為の妻。寛文8年刊、高瀬梅盛編『細少石』に載る。
¶江表(なつ(滋賀県))

なつ(2)
江戸時代中期の女性。俳諧。元禄14年刊、大坂の桃々坊舎羅編『荒小田』に載る。
¶江表(なつ(香川県))

夏　なつ★
江戸時代末期の女性。商売。東祖谷京上の人。
¶江表(夏(徳島県)　[没]万延1(1860)年)

夏秋又之助*　なつあきまたのすけ
弘化3(1846)年～明治2(1869)年　江戸時代末期の肥前佐賀藩士。
¶幕末

長束正家*　なつかまさいえ,なづかまさいえ
？～慶長5(1600)年　[別]長束正家(ながつかまさいえ)　安土桃山時代の大名。近江水口藩主。
¶コン,全戦,戦武(なつか(ながつか)まさいえ),中世,山小([没]1600年9月30日)

夏川　なつがわ★
江戸時代後期の女性。俳諧。相模寺田縄の人。寛政7年刊、倉田葛三編『衣更着集』に載る。
¶江表(夏川(神奈川県))

夏木女　なつきじょ★
江戸時代後期の女性。俳諧。常陸の人。文政11年刊、洞海舎涼谷編『俳諧発句あづまぶり集』に載る。
¶江表(夏木女(茨城県))

なつ子(1)　なつこ★
江戸時代後期の女性。和歌。江目氏。文化7年成立、弘中重義著「大淵寺の道の記」に載る。
¶江表(なつ子(富山県))

なつ子(2)　なつこ★
江戸時代末期の女性。俳諧。山川源兵衛正誠の娘。徳川慶喜の兵法師範を務めた山国兵部の妻。
¶江表(なつ子(茨城県))

夏子(1)　なつこ★
江戸時代の女性。和歌。長岡氏。明治4年刊、『不知火歌集』に載る。

¶江表（夏子（熊本県））

夏子(2)　なつこ★

江戸時代末期の女性。和歌。徳島藩の奥女中。文久3年刊、関橋守編『耳順賀集』に載る。

¶江表（夏子（徳島県））

那津子　なつこ★

江戸時代後期の女性。和歌。尾張藩主徳川斉朝の奥女中。文化5年頃、真田幸弘編「御ことほきの記」に載る。

¶江表（那津子（愛知県））

なつとも＊

生没年不詳　平安時代後期の女房。白河法皇の侍妾。

¶古人

なつみ

江戸時代中期の女性。俳諧・和歌。幕臣寺町百庵の妻。元文1年刊、息子安明の一周忌追善集『亳の秋』に載る。

¶江表（なつみ（東京都））

夏目可敬　なつめかけい

⇒夏目重蔵（なつめじゅうぞう）

夏目重蔵＊　なつめじゅうぞう

文化4（1807）年～文久2（1862）年　[別]夏目可敬（なつめかけい）　江戸時代末期の地誌研究家、三河名所図会の作者。

¶コン（[生]？）

夏目成美＊　なつめせいび

寛延2（1749）年～文化13（1816）年　[別]成美（せいび）　江戸時代中期～後期の俳人。通称井筒屋八郎右衛門。

¶コン，詩作（[生]寛延2（1749）年1月10日　[没]文化13（1817）年11月19日），俳文（成美　せいび　[生]寛延2（1749）年1月10日　[没]文化13（1816）年11月19日）

夏目信明　なつめのぶはる

江戸時代末期の幕臣。

¶徳人（[生]？　[没]1859年）

夏目信栄　なつめのぶひさ

江戸時代中期の幕臣。

¶徳人（[生]1752年　[没]？）

夏目信平　なつめのぶひら

江戸時代後期の幕臣。

¶徳人（[生]？　[没]1833年）

夏目信政　なつめのぶまさ

正徳2（1712）年～安永2（1773）年　江戸時代中期の幕臣。

¶徳人，徳代（[没]安永2（1773）年6月12日）

夏目甕麿＊　なつめみかまろ

安永2（1773）年～文政5（1822）年5月5日　江戸時代後期の国学者、神道学者。

¶思想

名取長和（名取長知）　なとりながとも

＊～寛文7（1667）年　江戸時代前期の幕臣、美濃郡代。

¶徳人（名取長知　[生]？），徳代（[生]慶長12（1607）年　[没]寛文7（1667）年12月26日）

名取常陸守　なとりひたちのかみ

戦国時代の穴山氏の家臣？　甲斐国南部の人。

¶武田（生没年不詳）

奈とは十八　なとわとはち

⇒奈河竹葉〔1代〕（ながわちくよう）

なゝ子　ななこ★

江戸時代後期～明治時代の女性。俳諧・書。松本本町の水野家の遺臣内藤氏の娘とされる。

¶江表（なゝ子（長野県）　[生]寛政10（1798）年　[没]明治8（1875）年）

七越　ななごえ

江戸時代後期の女性。俳諧。大坂の遊女。文政2年刊、田喜庵護物編『俳諧捜玉集』下に載る。

¶江表（七越（大阪府））

七国楼　ななこくろう

⇒烏亭焉馬〔2代〕（うていえんば）

七里　ななさと★

江戸時代後期の女性。狂歌。新吉原京町の姿楼の遊女。天保年間刊、『秋葉山奉灯狂歌合』に載る。

¶江表（七里（東京都））

七女　ななじょ★

江戸時代後期の女性。俳諧。水沢の人。嘉永6年序、花屋庵鼎左・五梅庵舎用編『俳諧海内人名録』に載る。

¶江表（七女（岩手県））

七掬脛＊　ななつかはぎ

上代の人。日本武尊の東征に従った膳夫。

¶古代

何丸　なにまる

⇒小沢何丸（おざわなにまる）

難波　なにわ★

江戸時代中期の女性。俳諧。大坂の遊女。元禄10年刊、一十竹撰『千々之丞』に詠む。

¶江表（難波（大阪府））

難波王＊　なにわおう

飛鳥時代の山背大兄王の子。

¶古代

難波子　なにわこ★

江戸時代末期の女性。和歌。筑後柳川藩の奥女中。「鶯歌集」に載る。

¶江表（難波子（福岡県））

浪花亭駒吉〔1代〕＊　なにわていこまきち

天保13（1842）年～明治39（1906）年　江戸時代末期～明治時代の浪曲師。

¶コン（代数なし）

難波木蓮子　なにわのいたび

飛鳥時代の官人。

¶古人（生没年不詳）

難波皇子＊　なにわのおうじ

[別]難波皇子（なにわのみこ）　飛鳥時代の敏達天皇の皇子。

¶古代（なにわのみこ），古物（なにわのみこ　生没年不詳），天皇（生没年不詳）

難波小野女王　なにわのおぬのじょおう

⇒難波小野王（なにわのおののおおきみ）

難波小野王＊　なにわのおののおおきみ

[別]難波王（なにわおう），難波小野女王（なにわのおぬのじょおう），難波小野王（なにわのおののきみ，

なにわのおののみこ）　上代の女性。顕宗天皇の皇后。
¶古代（難波王　なにわおう），天皇（なにわのおののみこ　[生]？　[没]仁賢天皇2（489）年9月）

難波小野王　なにわのおののきみ
⇒難波小野王（なにわのおののおおきみ）

難波小野王　なにわのおののみこ
⇒難波小野王（なにわのおののおおきみ）

難波吉士木蓮子*　なにわのきしいたび
飛鳥時代の外交官。
¶古代

な

難波吉師日香蚊　なにわのきしひかか
⇒難波日香蚊（なにわのひかか）

難波女王　なにわのじょおう
⇒難波内親王（なにわのないしんのう）

難波内親王*　なにわのないしんのう
？～宝亀4（773）年　[別]難波女王（なにわのじょおう）　奈良時代の女性。光仁天皇の姉。
¶古人（難波女王　なにわのじょおう）

難波奈良　なにわのなら
⇒難波連奈良（なにわのむらじなら）

難波日香蚊*　なにわのひかか
[別]難波吉師日香蚊（なにわのきしひかか）　上代の武士。仁徳天皇皇子大草香皇子の臣。
¶古代（難波吉師日香蚊　なにわのきしひかか）

難波淵子*　なにわのふちこ
生没年不詳　平安時代前期の女性。大納言国経・従四位上右大弁遠経の母。
¶古人

難波皇子　なにわのみこ
⇒難波皇子（なにわのおうじ）

難波三綱　なにわのみつな
飛鳥時代の武将。壬申の乱における天武側の1人。
¶古人（生没年不詳）

難波連奈良*　なにわのむらじなら
[別]難波奈良（なにわのなら）　奈良時代の官人。
¶古人（難波奈良　なにわのなら　生没年不詳），古代

難波宗教*　なにわむねのり
正治2（1200）年～？　[別]難波宗教（なんばむねのり）　鎌倉時代前期の公卿、蹴鞠家。
¶公家（宗教〔難波家〕　むねのり　[生]1201年）

那波活所　なはかっしょ，なばかっしょ
⇒那波活所（なわかっしょ）

那波三郎右衛門〔9代〕　なばさぶろうえもん
⇒那波祐生（なばゆうせい）

生天目新之介*　なばためしんのすけ
文政9（1826）年～明治30（1897）年　[別]佐々木俊蔵（ささきしゅんぞう）　江戸時代末期～明治時代の農民。田中愿蔵隊駆逐のため、近隣の農民を盗賊除けの祈禱にことよせて集めるが、失敗。
¶幕末（[没]明治30（1897）年5月30日）

那波屋三郎右衛門　なばやさぶろうえもん
⇒那波祐生（なばゆうせい）

那波祐章*　なばゆうしょう
文化2（1805）年～明治9（1876）年　[別]那波三郎右衛門（なわさぶろうえもん）　江戸時代末期～明治時代の商人。秋田藩用達。戊辰戦争の際、多額の金品を献上。
¶幕末（[没]明治9（1876）年5月11日）

那波祐生*　なばゆうせい
明和9（1772）年～天保8（1837）年　[別]那波三郎右衛門〔9代〕（なばさぶろうえもん），那波屋三郎右衛門（なばやさぶろうえもん），那波三郎右衛門（なわさぶろうえもん），那波祐生（なわすけなり）　江戸時代後期の秋田の豪商那波家の9代当主。
¶コン（那波屋三郎右衛門　なばやさぶろうえもん　[生]安永1（1772）年）

那波魯堂　なばろどう
⇒那波魯堂（なわろどう）

並河掃部　なびかかもん
⇒並河掃部（なみかわかもん）

並河喜庵　なびかきあん
江戸時代前期の明智光秀の旧臣。
¶大坂

並河魯山　なびかろざん
⇒並河魯山（なみかわろざん）

靡*　なびく
生没年不詳　[別]靡（なくび）　平安時代後期の歌人。
¶古人

なふ
江戸時代後期の女性。和歌。尾張名古屋の平野喜兵衛の妻。弘化4年刊、清堂観尊編『たち花の香』に載る。
¶江表（なふ（愛知県））

魚淵　なぶち
⇒佐藤魚淵（さとうなぶち）

なへ
江戸時代中期の女性。俳諧。加賀金沢の人。安永6年刊、堀麦水編『新虚栗』に載る。
¶江表（なへ（石川県））

なべ(1)
江戸時代前期の女性。書簡・和歌。盛岡藩になる前に遠野を領した阿曽沼氏の重臣の一人、鱒沢広勝の子広光の侍女。
¶江表（なべ（岩手県））

なべ(2)
江戸時代中期～後期の女性。琉歌。18世紀頃に恩納の農家に生まれたといわれるが、生い立ち、経歴などすべて不詳。
¶江表（なべ（沖縄県））

鍋　なべ★
江戸時代前期の女性。俳諧。摂津大坂の人。明暦2年刊、安原貞室編『玉海集』に載る。
¶江表（鍋（大阪府））

名辺王*　なべおう
奈良時代の垂水王の甥。
¶古人（[生]748年　[没]810年），古代

鍋島安房　なべしまあわ
⇒鍋島茂真（なべしましげざね）

鍋島勝茂*　なべしまかつしげ
天正8（1580）年～明暦3（1657）年　江戸時代前期の大名。肥前佐賀藩主。

¶江人, コン([生]天正9(1581)年), 全戦, 戦武, 対外

鍋島勝茂室　なべしまかつしげしつ
⇒高源院(こうげんいん)

鍋島周子*　なべしまかねこ
宝暦11(1761)年6月～天保5(1834)年8月　江戸時代中期～後期の歌人。
¶江表(周子(佐賀県)　かね)

鍋島閑叟　なべしまかんそう
⇒鍋島直正(なべしまなおまさ)

鍋島清久*　なべしまきよひさ
[別]鍋島平右衛門尉清久(なべしまへいうえもんのじょうきよひさ)　戦国時代の武士。
¶全戦([生]延徳2(1490)年　[没]天文13(1544)年)

鍋島清房*　なべしまきよふさ
生没年不詳　[別]鍋島駿河守清房(なべしまするがのかみきよふさ)　戦国時代の武士。
¶全戦, 戦武

鍋島茂里　なべしましげさと
安土桃山時代～江戸時代前期の武将。
¶全戦([生]永禄12(1569)年　[没]慶長15(1610)年)

鍋島茂真*　なべしましげざね
文化10(1813)年～慶応2(1866)年　[別]鍋島安房(なべしまあわ)　江戸時代末期の肥前佐賀藩士。
¶幕末([生]文化10(1813)年11月27日　[没]慶応2(1866)年4月19日)

鍋島茂昌*　なべしましげはる
天保3(1832)年～明治43(1910)年　[別]鍋島茂昌(なべしましげまさ)　江戸時代末期～明治時代の佐賀藩武雄鍋島家当主、男爵。佐賀藩の長崎警備の責任者として軍備の近代化に務める。
¶全幕, 幕末(なべしましげまさ　[生]天保3(1832)年11月18日　[没]明治43(1910)年3月15日)

鍋島茂昌　なべしましげまさ
⇒鍋島茂昌(なべしましげはる)

鍋島茂義*　なべしましげよし
寛政12(1800)年～*　[別]鍋島十左衛門(なべしまじゅうざえもん)　江戸時代末期の大名。洋式兵学者、肥前武雄藩主。
¶全幕([没]文久2(1862)年), 幕末([没]文久2(1862)年11月7日)

鍋島十左衛門　なべしまじゅうざえもん
⇒鍋島茂義(なべしましげよし)

鍋島駿河守清房　なべしまするがのかみきよふさ
⇒鍋島清房(なべしまきよふさ)

鍋島忠茂*　なべしまただしげ
天正12(1584)年～寛永1(1624)年　江戸時代前期の大名。肥前鹿島藩主。
¶全戦

鍋島直茂*　なべしまなおしげ
天文7(1538)年～元和4(1618)年　安土桃山時代～江戸時代前期の大名。
¶江人, コン, 全戦, 戦武, 対外, 内乱

鍋島直孝*　なべしまなおたか
？～万延1(1860)年7月12日　江戸時代後期　末期の幕臣。
¶植物([生]文化6(1809)年), 徳人(生没年不詳)

鍋島直与*　なべしまなおとも
寛政10(1798)年～元治1(1864)年　江戸時代末期の大名。肥前蓮池藩主。
¶幕末([生]寛政10(1798)年5月3日　[没]文久4(1864)年1月9日)

鍋島直虎*　なべしまなおとら
安政3(1856)年～大正14(1925)年　江戸時代末期～明治時代の小城藩主、小城藩知事、子爵。
¶幕末([生]安政3(1856)年3月5日　[没]大正14(1925)年10月30日)

鍋島直大*　なべしまなおひろ
弘化3(1846)年8月27日～大正10(1921)年6月19日　江戸時代末期～大正時代の佐賀藩主、元老院議官式部頭、侯爵。議定、外国事務局権輔などを歴任。全権公使としてイタリアに在勤。
¶コン, 幕末

鍋島直正*　なべしまなおまさ
文化11(1814)年～明治4(1871)年　[別]鍋島閑叟(なべしまかんそう)　江戸時代末期～明治時代の大名、華族。蘭学、英学を奨励、自作農を保護。新政府の議定、上局議長などを歴任。
¶江人, コン(鍋島閑叟　なべしまかんそう), 全幕, 対外, 幕末([生]文化11(1814)年11月7日　[没]明治4(1871)年1月18日), 山小([生]1814年12月7日　[没]1871年1月18日)

鍋島直正室*　なべしまなおまさのしつ
文化8(1811)年3月12日～弘化3(1846)年3月3日　[別]孝盛院(こうせいいん)　江戸時代後期の女性。「浜庭道の記」の著者。徳川家斉の十九女。盛姫。
¶江表(盛姫(佐賀県)　[没]弘化4(1847)年), 徳将(孝盛院　こうせいいん　[没]1847年)

鍋島直彬*　なべしまなおよし
天保14(1843)年12月11日～大正4(1915)年6月14日　江戸時代末期～明治時代の官吏、子爵、貴族院議員。公武合体の急務を奏上。鹿島藩知事、のち沖縄県令。
¶コン, 幕末([生]天保14(1844)年12月11日)

鍋島信房*　なべしまのぶふさ
[別]鍋島豊前守信房(なべしまぶぜんのかみのぶふさ)　安土桃山時代～江戸時代前期の武士。
¶全戦([生]享禄2(1529)年　[没]慶長14(1609)年)

鍋島豊前守信房　なべしまぶぜんのかみのぶふさ
⇒鍋島信房(なべしまのぶふさ)

鍋島平右衛門尉清久　なべしまへいうえもんのじょうきよひさ
⇒鍋島清久(なべしまきよひさ)

鍋島幹*　なべしまみき
弘化1(1844)年～大正2(1913)年　江戸時代末期～明治時代の佐賀藩老、男爵。栃木、青森などの県令知事を歴任し治績を挙げた。
¶幕末([生]弘化1(1844)年9月12日　[没]大正2(1913)年9月1日)

鍋島米之助*　なべしまよねのすけ
天保11(1840)年～文久3(1863)年　江戸時代末期の志士。
¶幕末([没]文久3(1863)年9月25日)

なへ女　なへじょ*
江戸時代後期の女性。狂歌。下総水海道の狂歌師千代徳若とせき女の四女。文化14年刊、長姉辰女の夫徳人輯、徳若1周忌追悼集『花の雲』に載る。
¶江表(なへ女(茨城県))

鍋田晶山＊　なべたしょうざん

＊～安政5（1858）年3月11日　[別]鍋田三善（なべたみつよし）　江戸時代後期の儒学者。

¶江人（[生]1788年），幕末（[生]安永6（1777）年　[没]安政5（1858）年1月26日）

鍋田成憲　なべたせいけん

生没年不詳　江戸時代末期～明治時代の幕臣、代官。

¶徳人，徳代

鍋田三善　なべたみつよし

⇒鍋田晶山（なべたしょうざん）

鍋山顕綱　なべやまあきつな

⇒三木顕綱（みつきあきつな）

なほ（1）

江戸時代後期の女性。教育・俳諧。浅草猿屋町の山田屋金右衛門の娘。

¶江表（なほ（東京都）　[生]文政11（1828）年頃）

なほ（2）

江戸時代後期の女性。和歌。久住村荒海の旅館兼料理屋伊勢屋を営む神山源五左衛門の妹。

¶江表（なほ（千葉県））

なほ子（1）　なほこ★

江戸時代後期の女性。和歌。弘中重義の妻。夫重義が文化7年前田利与の側室自仙院に随行した時の紀行文「大淵寺の道の記」の著者。

¶江表（なほ子（富山県））

なほ子（2）　なほこ★

江戸時代後期の女性。和歌。内藤氏。天保13年序、内藤季尚編『うつら衣』に載る。

¶江表（なほ子（京都府））

なほ子（3）　なほこ★

江戸時代後期の女性。和歌。藤井氏。嘉永3年刊、顕井広出著『庵のうめ集』に載る。

¶江表（なほ子（大阪府））

なほ子（4）　なほこ★

江戸時代後期の女性。和歌。出雲国造千家家の禰宜広瀬玄長の妻。天保13年刊、千家尊孫編『類題八雲集』に載る。

¶江表（なほ子（島根県））

鯰江貞利　なまずえさだとし

安土桃山時代の六角氏の臣、鯰江一族。

¶織田（[生]？　[没]天正5（1577）年9月23日）

鯰江伝左衛門＊　なまずえでんざえもん

文化12（1815）年～慶応2（1866）年　[別]鯰江直輝（なまずえなおてる）　江戸時代末期の温泉宿主、庄屋。

¶全幕，幕末（[没]慶応2（1866）年5月5日）

鯰江直輝　なまずえなおてる

⇒鯰江伝左衛門（なまずえでんざえもん）

鯰江秀国（1）　なまずえひでくに

安土桃山時代の六角氏の臣、鯰江一族。

¶織田（[生]？　[没]天正2（1574）年7月16日）

鯰江秀国（2）　なまずえひでくに

⇒鯰江又一郎（なまずえまたいちろう）

鯰江又一郎＊（鯰江又市郎）　なまずえまたいちろう

生没年不詳　[別]鯰江秀国（なまずえひでくに）　安土桃山時代の力士。

¶織田（鯰江秀国　なまずえひでくに　[生]？　[没]天正2（1574）年7月16日）

なみ（1）

江戸時代中期の女性。和歌。貞林院の侍女。寛延3年成立、見坊景兼編「寛延和歌集」に載る。

¶江表（なみ（岩手県））

なみ（2）

江戸時代中期の女性。俳諧。松井田の人。安永4年刊、栗庵似鳩編『有無の日集』に載る。

¶江表（なみ（群馬県））

なみ（3）

江戸時代中期の女性。俳諧。美濃の人。天明4年田上菊舎を迎え詠んだ。

¶江表（なみ（岐阜県））

なみ（4）

江戸時代中期の女性。俳諧。石見浜田の人。明和7年刊、五升庵蝶夢編『施主名録発句集』に載る。

¶江表（なみ（島根県））

なみ（5）

江戸時代中期の女性。俳諧。豊後南大隅村の人。宝永3年刊、長野馬貞撰『七異跡集』に載る。

¶江表（なみ（大分県））

なみ（6）

江戸時代後期の女性。和歌。河内狭山藩主北条氏喬の奥女中。文化11年刊、中山忠雄・河田正致編『柿本社奉納和歌集』に載る。

¶江表（なみ（大阪府））

なみ（7）

江戸時代末期～明治時代の女性。俳諧。登米郡佐沼町の半田盛好の娘。

¶江表（なみ（宮城県）　[没]明治25（1892）年）

ナミ

江戸時代後期の女性。俳諧。天保15年刊、長野鷺州編『類題年毎集』に載る。

¶江表（ナミ（京都府））

奈美　なみ★

江戸時代中期の女性。俳諧。大間々の人。安永8年刊、栗原似鳩編『せりの根』に載る。

¶江表（奈美（群馬県））

那美　なみ★

江戸時代後期～末期の女性。和歌。三河西尾藩御用達の辻家六代目只四郎と志満の娘。

¶江表（那美（愛知県）　[生]文政10（1827）年　[没]慶応2（1866）年）

内海女　なみ

江戸時代後期の女性。俳諧。若狭西津の人。文政5年刊、双渓楼吐龍編『俳諧桜仏』に載る。

¶江表（内海女（福井県））

南美　なみ

江戸時代後期の女性。和歌。備中窪屋郡の足高神社宮司井上有隣の娘。

¶江表（南美（岡山県））

浪合左源太＊　なみあいさげんた

天保1（1830）年～明治8（1875）年　江戸時代末期～明治時代の国学者。水戸浪士軍が駒場宿泊の際、三河街道の通過を思いとどまらせた。

¶幕末（[没]明治8（1875）年8月11日）

浪合備前守 なみあいびぜんのかみ
安土桃山時代の信濃国伊那郡浪合の土豪。
¶武田(㊀? ㊁天正3(1575)年5月21日？）

浪采女・浪うね女 なみうねめ*
江戸時代後期の女性。狂歌。武蔵加奈川の人。寛政11年序、便々館湖鯉鮒撰『狂歌杓子栗』に載る。
¶江表(浪采女・浪うね女(神奈川県)）

波江(1) なみえ*
江戸時代後期の女性。教育。斎藤氏。
¶江表(波江(東京都) ㊀文政2(1819)年頃）

波江(2) なみえ
享和3(1803)年〜元治1(1864)年 江戸時代末期の女性。幕臣の娘。
¶幕末(㊁元治1(1864)年9月10日）

浪江(1) なみえ*
江戸時代後期の女性。教育。村上氏。
¶江表(浪江(東京都) ㊀文政11(1828)年頃）

浪江(2) なみえ*
江戸時代後期の女性。和歌。下総佐倉藩主堀田正順の老女。寛政8年、「いせ路の記」に載る。
¶江表(浪江(千葉県)）

浪江小勘〔1代〕* なみえこかん
万治2(1659)年〜？ ㊙小島梅之助(こじまうめのすけ)，滝井浪江(たきいなみえ) 江戸時代中期の歌舞伎役者。延宝7年〜貞享4年頃に活躍。
¶コン(代数なし）

浪尾 なみお
江戸時代後期の女性。和歌。筑前鞍手郡新入村の神官黒山上総介の娘。「岡県集」に載る。
¶江表(浪尾(福岡県)）

浪岡鯨児* なみおかげいじ
生没年不詳 ㊙黒蔵主(こくぞうす) 江戸時代中上方の浄瑠璃作者、雑俳宗匠。
¶コン

並河掃部* なみかわわかもん
生没年不詳 ㊙並河掃部(なびかかもん) 安土桃山時代の織田信長の家臣。
¶織田(なびかかもん）

並河寒泉* なみかわかんせん
寛政9(1797)年〜明治12(1879)年2月6日 江戸時代末期〜明治時代の儒学者、懐徳堂教授。懐徳堂閉校まで在職、諸生を薫育。竹山遺著「逸史」13巻を出版。
¶コン(㊀寛政8(1796)年 ㊁明治11(1878)年)，幕末

並河志摩守 なみかわしまのかみ
安土桃山時代〜江戸時代前期の武士。清正没後五家老の一人となる。
¶全戦(生没年不詳）

並河誠所* なみかわせいしょ
寛文8(1668)年〜元文3(1738)年 ㊙並河永(なみかわながし) 江戸時代中期の儒学者。
¶コン，地理

濤川惣助 なみかわそうすけ
江戸時代後期〜明治時代の七宝作家。
¶美工(㊀弘化4(1847)年 ㊁明治43(1910)年2月9日）

並河天民* なみかわてんみん
延宝7(1679)年〜享保3(1718)年4月8日 江戸時

代中期の儒学者。
¶江人，コン，思想

並河永 なみかわながし
⇒並河誠所(なみかわせいしょ)

並河靖之 なみかわやすゆき
江戸時代後期〜昭和時代の七宝作家。
¶美工(㊀弘化2(1845)年9月 ㊁昭和2(1927)年5月28

並河魯山* なみかわろざん
寛永6(1629)年〜宝永7(1710)年11月29日 ㊙並河魯山(なびかろざん) 江戸時代前期の儒学者、医師。
¶コン

並木永輔〔1代〕*(並木栄助，並木栄輔，並木永助) なみきえいすけ
？〜明和8(1771)年 ㊙千種栄助(ちぐさえいすけ)，綿屋治右衛門(わたやじえもん) 江戸時代中期の歌舞伎作者、浄瑠璃作者。元文1年〜明和7年頃に活躍。
¶歌大(代数なし 生没年不詳）

並木翁輔(並木翁助) なみきおうすけ
生没年不詳 ㊙並木千柳〔2代〕(なみきせんりゅう)，並木素柳(なみきそりゅう)，並木柳輔(なみきりゅうすけ) 江戸時代中期の歌舞伎作者、浄瑠璃作者。寛延1年〜寛永2年頃に活躍。
¶コン

並木宮内 なみきくない
安土桃山時代の滝山城主北条氏照の家臣。新田に居住した。
¶後北(宮内〔並木(1)〕 くない）

並木五八(並木呉八，並木吾八) なみきごはち
⇒並木五瓶〔1代〕(なみきごへい)

並木五瓶 なみきごへい
世襲名 江戸時代の歌舞伎作者。江戸時代に活躍したのは、初世から3世まで。
¶江人

並木五瓶〔1代〕* なみきごへい
延享4(1747)年〜文化5(1808)年2月2日 ㊙浅草堂(あさくさどう)，並木五八，並木呉八，並木吾八(なみきごはち)，並木五兵衛(なみきごへえ)，並木舎(なみきしゃ) 江戸時代中期〜後期の歌舞伎作者。明和1年〜文化4年頃に活躍。
¶歌大，コン，新歌(——〔1世〕)，日文(㊀延享4(1748)年)，山小(代数なし ㊁1808年2月2日）

並木五瓶〔2代〕* なみきごへい
明和5(1768)年〜文政2(1819)年 ㊙葛葉山人(かつようさんじん，くずのはさんじん)，篠田権々堂(しのだきんきんどう)，篠田金治〔1代〕(しのだきんじ)，篠田正二(しのだしょうじ)，野々山正三郎(ののやましょうざぶろう)，鳳凰軒(ほうおうけん)，万寿亭(まんじゅてい) 江戸時代後期の歌舞伎作者。享和1年〜文政2年頃に活躍。
¶歌大(㊁文政2(1819)年7月7日)，コン，新歌(——〔2世〕)，日文

並木五瓶〔3代〕* なみきごへい
寛政1(1789)年〜安政2(1855)年 ㊙篠田金治〔2代〕(しのだきんじ)，篠田惣六(しのだそうろく)，並木舎(なみきしゃ) 江戸時代後期の歌舞伎作者。文政2年〜嘉永4年以降に活躍。
¶歌大(㊁安政2(1855)年10月14日/7月14日)，コン(㊃

寛政2（1790）年），新歌（――〔3世〕　㉓1790年），日文（代数なし）

並木五瓶〔4代〕*　なみきごへい
文政12（1829）年～明治34（1901）年8月1日　江戸時代末期～明治時代の歌舞伎作者。3代の子、1892年に並木五柳を名のるとともに並木五瓶と称した。
¶新歌（――〔4世〕，幕末

並木五兵衛　なみきごへえ
⇒並木五瓶〔1代〕（なみきごへい）

並木舎⑴　なみきしゃ
⇒並木五瓶〔1代〕（なみきごへい）

並木舎⑵　なみきしゃ
⇒並木五瓶〔1代〕（なみきごへい）

並木十輔*（並木十助）　なみきじゅうすけ
生没年不詳　㉟桂の吉（かつらのきち），並木松寿軒（なみきしょうじゅけん），並木寿輔（なみきじゅすけ），並木東輔，並木東祐（なみきとうすけ）　江戸時代中期の歌舞伎作者。寛延1年～寛政1年頃に活躍。
¶コン

並木寿輔　なみきじゅすけ
⇒並木十輔（なみきじゅうすけ）

並木正三⑴　なみきしょうざ
世襲名　江戸時代の歌舞伎作者。江戸時代に活躍したのは、初世から2世まで。
¶江人

並木正三⑵（――〔1代〕）　なみきしょうざ
⇒並木正三〔1代〕（なみきしょうぞう）

並木正三〔2代〕　なみきしょうざ
⇒並木正三〔2代〕（なみきしょうぞう）

並木松寿軒　なみきしょうじゅけん
⇒並木十輔（なみきじゅうすけ）

並木丈輔*　なみきじょうすけ
生没年不詳　㉟笛風（てきふう），豊丈助（とよじょうすけ），並木笛風（なみきてきふう）　江戸時代中期の歌舞伎作者、浄瑠璃作者。元文1年～延享3年頃に活躍。
¶コン

並木正三〔1代〕*　なみきしょうぞう
享保15（1730）年～安永2（1773）年2月17日　㉟泉屋正三，和泉屋正三（いずみやしょうぞう），和泉屋久太郎（いずみやひさたろう），大西庄三（おおにししょうぞう），当証軒，当正軒（とうしょうけん），並木正三，並木正三〔1代〕（なみきしょうざ）　江戸時代中期の歌舞伎作者。延享1年～安永2年頃に活躍。
¶歌大（なみきしょうざ），コン，思想（代数なし　なみきしょうざ），新歌（――〔1世〕　なみきしょうざ），日文（代数なし　なみきしょうざ），山小（代数なし　なみきしょうざ）　㉓1773年2月17日）

並木正三〔2代〕*　なみきしょうぞう
？～文化4（1807）年　㉟浅尾正三（あさおしょうぞう），並木正三〔2代〕（なみきしょうざ），並木正吉（なみきまさきち）　江戸時代中期～後期の歌舞伎作者、歌舞伎役者。天明4年～文化2年頃に活躍。
¶歌大（なみきしょうざ　㉓文化4（1807）年7月25日），コン，新歌（――〔2世〕　なみきしょうざ）

並木千柳〔1代〕　なみきせんりゅう
⇒並木宗輔（なみきそうすけ）

並木千柳〔2代〕　なみきせんりゅう
⇒並木翁輔（なみきおうすけ）

並木宗輔*（並木宗助）　なみきそうすけ
元禄8（1695）年～寛延4（1751）年　㉟市中庵（しちゅうあん），田中千柳（たなかせんりゅう），並木千柳〔1代〕（なみきせんりゅう），松屋宗介，松屋宗助（まつやそうすけ）　江戸時代中期の歌舞伎作者、浄瑠璃作者。寛保3年～延享1年頃に活躍。
¶江人，歌大（㉓宝暦1（1751）年9月7日），コン（㉓宝暦1（1751）年），新歌，日文（㉓宝暦1（1751）年），山小（㉓1751年9月7日）

並木素柳　なみきそりゅう
⇒並木翁輔（なみきおうすけ）

並木高連　なみきたかつれ
戦国時代の武蔵国世田谷城主吉良頼康・氏朝の家臣。伊賀守。
¶後北（高連〔並木⑵〕　たかつれ）

並木笛風　なみきてきふう
⇒並木丈輔（なみきじょうすけ）

並木東輔（並木東祐）　なみきとうすけ
⇒並木十輔（なみきじゅうすけ）

並木弘*　なみきひろし
天保12（1841）年～明治31（1898）年　江戸時代末期～明治時代の医師、政治家、衆議院議員。和歌山県内で最初に牧場を経営。県会議員を経て、国会議員となる。
¶幕末（㉓明治31（1898）年10月11日）

並木正吉　なみきまさきち
⇒並木正三〔2代〕（なみきしょうぞう）

並木正韶*　なみきまさつぐ
文政12（1829）年～大正3（1914）年7月22日　㉟並木栗水（なみきりっすい）　江戸時代末期～明治時代の儒学者。
¶幕末（㉓文政12（1829）年7月7日）

並木弥七郎　なみきやしちろう
安土桃山時代の武蔵国滝山城主北条氏照家臣三田治部少輔の同心。
¶後北（弥七郎〔並木⑴〕　やしちろう）

並木栗水　なみきりっすい
⇒並木正韶（なみきまさつぐ）

並木柳輔　なみきりゅうすけ
⇒並木翁輔（なみきおうすけ）

那美子　なみこ*
江戸時代後期の女性。和歌。佐賀藩主鍋島重茂の後室円諦院付侍女。文化5年頃、真田幸弘編「御ことほきの記」に載る。
¶江表（那美子（佐賀県））

南子　なみこ*
江戸時代後期の女性。和歌。塩田氏。明治8年刊、橘東世子編『明治歌集』に載る。
¶江表（南子（東京都））

波子⑴　なみこ*
江戸時代中期～後期の女性。和歌。筑前則松村の医者梶原義丹の娘。
¶江表（波子（福岡県）　㊶享保2（1717）年　㉓寛政9

(1797)年)

波子(2)　なみこ★
江戸時代後期の女性。和歌。播磨北条の西岸寺氏。弘化2年刊、加納諸平編『類題鰒玉集』五に載る。
¶江表(波子(兵庫県))

波子(3)　なみこ★
江戸時代末期の女性。和歌。筑後柳川藩の奥女中。安政4年刊、井上文雄編『摘英集』に載る。
¶江表(波子(福岡県))

並子　なみこ★
江戸時代後期〜明治時代の女性。和歌・画。伊勢山田の伊勢神宮権禰宜橋村正並の娘。
¶江表(並子(三重県))　[生]文化13(1816)年　[没]明治17(1884)年)

甫子(1)　なみこ
江戸時代中期の女性。和歌。下総佐倉藩主で寺社奉行や大坂城代を歴任した松平乗佑の娘。安永3年成立「田村村隆母公六十賀祝賀歌集」に載る。
¶江表(甫子(茨城県))

甫子(2)　なみこ
江戸時代後期〜明治時代の女性。和歌・日記・記録。公卿壬生家小槻正路の娘。
¶江表(甫子(京都府))　[生]文化5(1808)年　[没]明治17(1884)年)

浪子(1)　なみこ★
江戸時代中期〜後期の女性。和歌。越前福井藩主松平重富の室光安院の侍女。
¶江表(浪子(福井県))

浪子(2)　なみこ★
江戸時代後期〜明治時代の女性。和歌。鹿島藩藩士犬塚弥五左衛門の娘。
¶江表(浪子(佐賀県))　[生]文化8(1811)年　[没]明治28(1895)年)

浪子(3)　なみこ★
江戸時代末期の女性。和歌。蔵重氏。慶応2年、白石資風序、『さくら山の歌集』に載る。
¶江表(浪子(山口県))

濤子(1)　なみこ★
江戸時代後期の女性。和歌。交代寄合席の旗本那須資明の娘。弘化4年刊、清堂観尊編『たち花の香』に載る。
¶江表(濤子(東京都))

濤子(2)　なみこ★
江戸時代後期〜昭和時代の女性。和歌。橘道守の妻。
¶江表(濤子(東京都))　[生]嘉永5(1852)年　[没]昭和5(1930)年)

なみ女(1)　なみじょ★
江戸時代後期の女性。和歌。秋田藩主佐竹義和への献詠歌がある。
¶江表(なみ女(秋田県))

なみ女(2)　なみじょ★
江戸時代後期の女性。俳諧。文政8年刊、魚恭編『ぬかつか集』五に載る。
¶江表(なみ女(東京都))

浪野　なみの★
江戸時代中期の女性。和歌。仙台藩一門伊達村倫家の奥女中。安永3年成立「田村村隆母公六十賀祝賀歌集」に載る。
¶江表(浪野(宮城県))

波平　なみのひら
平安時代中期以降の薩摩国谷山郡波平に住んだ刀工の一派。
¶古人

波平行安*　なみのひらゆきやす
生没年不詳　江戸時代前期の薩摩の刀工。
¶コン,美工

並山王*　なみやまおう
平安時代前期の官人。
¶古代

名村五八郎*　なむらごはちろう
文政9(1826)年3月〜明治9(1876)年1月18日　[別]名村元度(なむらもとのり)　江戸時代末期〜明治時代の長崎和蘭陀通詞。遣米使節・遣露使節に同行。
¶徳人([生]1827年),幕末

名村長格の妻　なむらながのりのつま★
江戸時代中期の女性。和歌。長格は仙台藩士。
¶江表(名村長格の妻(宮城県)　[没]享保1(1716)年)

名村元度　なむらもとのり
⇒名村五八郎(なむらごはちろう)

行方勝重　なめかたかつしげ
江戸時代前期の幕府代官。
¶徳代(生没年不詳)

行方久兵衛*　なめかたきゅうべえ
元和2(1616)年〜貞享3(1686)年　[別]行方正成(なめかたまさなり)　江戸時代前期の若狭小浜藩士。
¶コン

行方直清*　なめかたなおきよ
?〜天正18(1590)年3月15日　安土桃山時代の武士。後北条氏家臣。
¶後北(直清〔行方〕　なおきよ)

行方正成　なめかたまさなり
⇒行方久兵衛(なめかたきゅうべえ)

行方康親*　なめかたやすちか
生没年不詳　戦国時代の北条氏の家臣。
¶後北(康親〔行方〕　やすちか)

納屋助左衛門*　なやすけざえもん
生没年不詳　[別]呂屋助左衛門(おくやすけざえもん),呂宗助左衛門,呂宋助左衛門(るそんすけざえもん)　安土桃山時代〜江戸時代前期の堺の豪商、貿易家。別名は呂宋助左衛門。
¶コン,全戦(呂宗助左衛門　るそんすけざえもん),対外,山小

納屋宗久　なやそうきゅう
⇒今井宗久(いまいそうきゅう)

なよ
江戸時代後期の女性。和歌。仙台藩士岡崎忠太夫の妻。文化11年刊、中山忠雄・河田正致編『柿本社奉納和歌集』に載る。
¶江表(なよ(宮城県))

なよ女　なよじょ★
江戸時代中期の女性。俳諧。桑折の人。享保12年序、魯九編『雪白河』に載る。
¶江表(なよ女(福島県))

な

楢崎お竜 ならさきおりょう
⇒坂本竜（さかもとりょう）

楢崎吉右衛門尉 ならさききちえもんのじょう
江戸時代前期の人。毛利輝元の家臣楢崎吉右衛門尉辰景の子。
¶大坂

楢崎剛十郎* ならざきごうじゅうろう，ならさきごうじゅうろう
天保9（1838）年〜慶応2（1866）年　江戸時代末期の第2奇兵隊書記。
¶幕末（ならさきごうじゅうろう　㉗慶応2（1866）年4月4日）

楢崎十兵衛景忠 ならさきじゅうびょうえかげただ
江戸時代前期の武士。大坂の陣で籠城。
¶大坂

楢崎将作* ならさきしょうさく
文化10（1813）年〜文久2（1862）年　江戸時代末期の医師。
¶全幕，幕末（㉗文久2（1862）年6月20日）

楢崎碧渓* ならさきへきけい
天保13（1842）年〜明治34（1901）年　江戸時代末期〜明治時代の徳山藩士，書道家。学館興譲館最後の習書場教師。
¶幕末（㉗明治34（1901）年8月27日）

楢崎弥八郎* ならさきやはちろう，ならさきやはちろう
天保8（1837）年〜*　江戸時代末期の長州（萩）藩士。尊攘運動に参加。
¶幕末（ならさきやはちろう　㋐天保8（1837）年7月12日　㉗元治1（1865）年12月19日）

楢崎頼三* ならざきらいぞう，ならさきらいぞう
弘化2（1845）年〜明治8（1875）年2月17日　江戸時代末期〜明治時代の藩士。第二次征長戦，戊辰戦争などで奮戦。のちフランスに留学，留学生取締となる。
¶コン，幕末（ならさきらいぞう　㋐弘化2（1845）年5月15日）

楢崎龍 ならさきりょう
⇒坂本竜（さかもとりょう）

奈良貞利* ならさだとし
生没年不詳　江戸時代前期〜中期の蒔絵師。
¶美工

奈良松荘* ならしょうそう，ならしょうぞう
天明6（1786）年〜文久2（1862）年　江戸時代後期の勤王家。
¶コン

奈良清六* ならせいろく
生没年不詳　安土桃山時代の織田信長の家臣。
¶織田

奈良雪勝 ならせっしょう
⇒奈良雪勝（ならゆきかつ）

奈良専二* ならせんじ
文政5（1822）年〜明治25（1892）年5月4日　江戸時代末期〜明治時代の篤農家。農具の改良など各地で農事指導にあたる。著書に「農家得益弁」など。
¶幕末

奈良高家* ならたかいえ
生没年不詳　鎌倉時代前期の武士。

¶古人

奈良利輝* ならとしてる
*〜寛永6（1629）年　安土桃山時代〜江戸時代前期の装剣金工家。
¶コン（㉗天正8（1580）年），美工（㋐天正8（1580）年）

奈良利長* ならとしなが
寛文7（1667）年〜元文1（1736）年　㋑利寿（としなが），奈良利寿（ならとしひさ）　江戸時代中期の装剣金工家。
¶コン（ならとしひさ　㋐寛文6（1666）年），美工（㉗元文1（1737）年12月14日）

奈良利寿 ならとしひさ
⇒奈良利長（ならとしなが）

奈良虎太郎* ならとらたろう
天保13（1842）年〜明治1（1868）年　江戸時代末期の陸奥盛岡藩士。
¶幕末（㉗慶応4（1868）年8月27日）

奈良井家光 ならのいいえみつ
戦国時代〜安土桃山時代の木曽氏の家臣。
¶武田（生没年不詳）

奈良井貞直 ならのいさだなお
戦国時代の木曽氏の家臣。
¶武田（生没年不詳）

楢磐嶋 ならのいわしま
飛鳥時代の人。「日本霊異記」に見られる。
¶古人（生没年不詳）

奈良許知麻呂* ならのこちのまろ
生没年不詳　奈良時代の表彰された大和国添上郡の孝子。
¶コン

楢林栄建* ならばやしえいけん
寛政12（1800）年〜明治8（1875）年　江戸時代末期〜明治時代の蘭方医。長崎で牛痘苗を得、種痘技術を伝習して帰り、有信堂をおこし、種痘の普及に努めた。
¶江人（㋐1801年），幕末（㋐寛政12（1800）年5月　㉗明治8（1875）年11月25日）

楢林宗建* ならばやしそうけん
享和2（1802）年〜嘉永5（1852）年10月6日　江戸時代末期の蘭方医。
¶科学（㋐享和2（1802）年2月7日），コン，対外

楢林鎮山* ならばやしちんざん
慶安1（1648）年12月1日〜正徳1（1711）年　江戸時代前期〜中期のオランダ通詞、紅毛流外科医。楢林流外科の祖。
¶江人，科学（㉗正徳1（1711）年3月29日），眼医（㉗宝永8（1711）年），コン，対外

楢原伊予守 ならはらいよのかみ
⇒越智家増（おちいえます）

楢原右衛門尉 ならはらうえもんのじょう
生没年不詳　㋑楢原遠政（ならはらとおまさ）　安土桃山時代の織田信長の家臣。
¶織田（楢原遠政　ならはらとおまさ　㋐永正15（1518）年　㉗天正11（1583）年閏1月16日）

奈良原紀伊守 ならはらきいのかみ
生没年不詳　戦国時代の上野国衆。
¶後北（紀伊守〔奈良原〕　きいのかみ）

奈良原喜左衛門*　ならはらきざえもん
天保2(1831)年～慶応1(1865)年　江戸時代末期の薩摩藩士。父は助左衛門。繁の兄。
¶幕末(生天保2(1831)年6月23日　没慶応1(1865)年閏5月18日)

奈良原喜八郎　ならはらきはちろう
⇒奈良原繁(ならはらしげる)

楢原小太郎　ならはらこたろう
江戸時代前期の大和国葛上郡楢原郷の人。大和豊臣家に仕えた。
¶大坂

奈良原繁*　ならはらしげる
天保5(1834)年5月23日～大正7(1918)年8月13日　[別]奈良原喜八郎(ならはらきはちろう)　江戸時代末期～明治時代の藩士、政治家。
¶幕末(奈良原喜八郎　ならはらきはちろう)

楢原遠政　ならはらとおまさ
⇒楢原右衛門尉(ならはらうえもんのじょう)

楢原東人*　ならはらのあずまびと，ならはらのあずまひと
[別]楢原造東人(ならはらのみやつこあずまひと)　奈良時代の儒家。
¶古人(ならはらのあずまひと　生没年不詳)，古代(楢原造東人　ならはらのみやつこあずまひと)

楢原造東人　ならはらのみやつこあずまひと
⇒楢原東人(ならはらのあずまびと)

奈良宮司*　ならみやじ
享和3(1803)年～明治5(1872)年　江戸時代後期～明治時代の武士。
¶幕末(生享和3(1803)年7月12日　没明治5(1873)年12月6日)

楢村玄正　ならむらげんせい
⇒楢村監物(ならむらけんもつ)

楢村監物*　ならむらけんもつ
[別]楢村玄正(ならむらげんせい，ならむらはるまさ)　安土桃山時代の武士。
¶全戦(楢村玄正　ならむらはるまさ　生没年不詳)，徳代(楢村玄正　ならむらげんせい　生没年不詳)

楢村玄正　ならむらはるまさ
⇒楢村監物(ならむらけんもつ)

楢村孫兵衛　ならむらまごべえ
江戸時代前期の代官。
¶徳代(生没年不詳)

奈良本棟広　ならもとむねひろ
戦国時代の信濃小県郡の国衆。海野氏の被官。
¶武田(生没年不詳)

奈良屋市右衛門*　ならやいちえもん
世襲名　江戸時代前期以来の江戸の町年寄。
¶コン，山小

奈良屋源兵衛*　ならやげんべえ
文化2(1805)年～文久3(1863)年　江戸時代末期の商人。
¶幕末(没文久3(1863)年8月16日)

奈良屋道汐*　ならやどうせき
？～寛永7(1630)年　江戸時代前期の堺の豪商。奈良屋一忠、勝兵衛。
¶コン(生没年不詳)，対外

楢山佐渡*　ならやまさど
天保2(1831)年～明治2(1869)年　江戸時代末期の陸奥南部藩家老。
¶全幕，幕末(没明治2(1869)年6月22日)

奈良屋茂左衛門〔1代〕*(――〔4代〕)　ならやもざえもん
？～正徳4(1714)年　江戸時代中期の江戸の豪商。通称は奈良茂。
¶江人(代数なし)，コン(代数なし)，山小(代数なし　生1655年？　没1714年6月13日)

奈良雪勝*　ならゆきかつ
生没年不詳　[別]奈良雪勝(ならせっしょう)　江戸時代前期の蒔絵師。
¶美工(ならせっしょう)

奈良与次郎*　ならよじろう
生没年不詳　戦国時代の大工の棟梁。
¶美建

奈良輪甫遏　ならわほとう
江戸時代後期の和算家。奥州山田村の人。寛政4年、5年算額を奉納。
¶数学

成合清*　なりあいきよし
弘化5(1848)年2月2日～明治10(1877)年9月27日　江戸時代後期～明治時代の新撰組隊士。
¶新隊

周敦親王　なりあつしんのう
⇒性承(しょうじょう)

成毛正賢*　なりけせいけん
天保5(1834)年～明治33(1900)年　[別]成毛正賢(なりけまさかた)　江戸時代末期～明治時代の和算家。著書に「経世算法」「万延塵劫記」など。
¶数学(なりけまさかた)

成毛正賢　なりけまさかた
⇒成毛正賢(なりけせいけん)

業子　なりこ
江戸時代後期の女性。日記。森氏。天保6年から同10年まで「業子日記」を著す。
¶江表(業子(京都府))

済子女王　なりこじょおう
⇒済子女王(さいしじょおう)

業子内親王*　なりこないしんのう
？～弘仁6(815)年　平安時代前期の女性。嵯峨天皇の皇女。
¶古人

業資王　なりすけおう
⇒白川業資王(しらかわなりすけおう)

成田顕泰*　なりたあきやす
？～大永4(1524)年6月8日　戦国時代の武蔵国衆。
¶全戦，室町(生寛正6(1465)年)

成田氏長*　なりたうじなが
？～文禄4(1595)年　安土桃山時代の大名。下野烏山藩主。
¶後北(氏長〔成田〕　うじなが　没文禄4年12月11日)，全戦(生天文11(1542)年)，戦武(生天文11(1542)年)

成田長忠*　なりたおさただ
？～元和2(1616)年　[別]成田長忠(なりたながた

だ），成田泰喬（なりたやすたか）　安土桃山時代～江戸時代前期の武将、大名。下野烏山藩主。
¶後北（泰喬〔成田〕　やすたか　[没]元和2年12月18日），全戦，戦武（[生]天文19（1550）年）

成田勘兵衛　なりたかんひょうえ
江戸時代前期の武士。大坂の陣で籠城。
¶大坂（[没]慶長20年4月9日）

成田求馬　なりたきゅうま
⇒成田求馬（なりたもとめ）

成田五郎　なりたごろう
平安時代後期の武士。成田助忠のことか。
¶平家（生没年不詳）

成田才次郎　なりたさいじろう
江戸時代末期の二本松藩少年隊士。
¶全幕（[生]安政2（1855）年　[没]慶応4（1868）年）

成田重政*　なりたしげまさ
生没年不詳　安土桃山時代の織田信長の家臣。
¶織田（[生]大永4（1524）年　[没]天正15（1587）年11月20日）

成田正右衛門*　なりたしょうえもん
享和3（1803）年～元治1（1864）年　[別]鳥居平七（とりいへいしち），成田正右衛門（なりたまさえもん）　江戸時代末期の洋式砲術家、薩摩藩士。
¶幕末（[没]元治1（1865）年12月8日）

成田正右衛門〔2代〕*　なりたしょうえもん
生没年不詳　江戸時代末期の砲術家。
¶幕末

成田新十郎　なりたしんじゅろう
江戸時代後期～末期の幕臣。
¶徳人（[生]1826年　[没]1868年）

成田助綱*　なりたすけつな
生没年不詳　鎌倉時代前期の武士。
¶古人

成田蒼虬*　なりたそうきゅう
宝暦11（1761）年～天保13（1842）年　[別]蒼虬（そうきゅう）　江戸時代中期～後期の俳人。
¶コン，詩作（[没]天保13（1842）年3月13日），俳文（蒼虬　そうきゅう　[没]天保13（1842）年3月13日）

成田太郎*　なりたたろう
文政12（1829）年～明治16（1883）年　[別]成田元美（なりたもとよし）　江戸時代末期～明治時代の藩士。長州のため調停に奔走。のち参政、権大参事に就任。
¶幕末（成田元美　なりたもとよし　[生]天保2（1831）年　[没]明治16（1883）年3月20日）

成田長重　なりたながしげ
安土桃山時代の織田信長の家臣。信長の奉行衆。
¶織田（生没年不詳）

成田長忠　なりたながただ
⇒成田長忠（なりたおさただ）

成田長親　なりたながちか
江戸時代前期の武将。父は成田泰季。
¶全戦（[生]？　[没]慶長17（1612）年？）

成田長泰*　なりたながやす
戦国時代の武将。
¶後北（長泰〔成田〕　ながやす　[没]天正1年12月），全戦（生没年不詳），戦武（[生]明応4（1495）年？　[没]天正1（1573）年）

成田正右衛門　なりたまさえもん
⇒成田正右衛門（なりたしょうえもん）

成田求馬　なりたもとま
⇒成田求馬（なりたもとめ）

成田求馬*　なりたもとめ
天保10（1839）年～明治1（1868）年　[別]成田求馬（なりたきゅうま，なりたもとま）　江戸時代末期の陸奥弘前藩士。
¶幕末（[没]慶応4（1868）年8月5日）

成田元美　なりたもとよし
⇒成田太郎（なりたたろう）

成田屋七左衛門〔1代〕　なりたやしちざえもん
⇒市川団十郎〔5代〕（いちかわだんじゅうろう）

成田屋七左衛門〔2代〕　なりたやしちざえもん
⇒市川団十郎〔7代〕（いちかわだんじゅうろう）

成田屋重兵衛　なりたやじゅうべえ
⇒市川団十郎〔2代〕（いちかわだんじゅうろう）

成田泰喬　なりたやすたか
⇒成田長忠（なりたおさただ）

成田屋留次郎*　なりたやとめじろう
生没年不詳　江戸時代後期の本草家。
¶植物（[生]文化8（1811）年　[没]明治24（1891）年）

成田頼元*　なりたよりもと
文政11（1828）年～明治1（1868）年　江戸時代末期の陸奥二本松藩軍事奉行。
¶幕末（[没]慶応4（1868）年7月29日）

成富茂安　なりどみしげやす
⇒成富兵庫（なるとみひょうご）

成富椿屋*　なりどみちんおく
文化12（1815）年～明治40（1907）年　江戸時代末期～明治時代の蒲池藩士、画家。軍備の近代化に努め洋式軍備を整備。のち絵画に専念し、多くの作品を残す。
¶幕末

成富賢種　なりとみともたね
⇒成富兵庫（なるとみひょうご）

成富兵庫　なりとみひょうご，なりどみひょうご
⇒成富兵庫（なるとみひょうご）

成富兵庫助茂安　なりとみひょうごのすけしげやす
⇒成富兵庫（なるとみひょうご）

成良親王　なりながしんのう
⇒成良親王（なりよししんのう）

成松遠江守信勝　なりまつとおとうみのかみのぶかつ
⇒成松信勝（なりまつのぶかつ）

成松信勝*　なりまつのぶかつ
[別]成松遠江守信勝（なりまつとおとうみのかみのぶかつ）　安土桃山時代の武士。
¶全戦（[生]天文9（1540）年？　[没]天正12（1584）年），戦武（[生]天文9（1540）年？　[没]天正12（1584）年）

成松明賢*　なりまつめいけん
天保8（1837）年～大正6（1917）年4月1日　江戸時代末期～大正時代の海軍軍人、海軍大佐。西南戦争時には軍艦高雄に乗り組み従軍。
¶幕末

成康親王*　なりやすしんのう
承和3(836)年～仁寿3(853)年　平安時代前期の仁明天皇の皇子。
¶古人

成安道頓　なりやすどうとん
⇒安井道頓(やすいどうとん)

業良親王*　なりよししんのう
？～貞観10(868)年　平安時代前期の嵯峨天皇の皇子。
¶古人

成良親王*　なりよししんのう
嘉暦1(1326)年～興国5/康永3(1344)年1月6日　[別]成良親王(なりながしんのう)　南北朝時代の後醍醐天皇の皇子。
¶コン(なりながしんのう),天皇,中世,室町([没]？),山小([没]1344年1月6日？)

鳴尾(1)　なるお⋆
江戸時代末期～明治時代の女性。和歌。会津藩藩士蘆沢直輝の娘。
¶江表(鳴尾(福島県)　[没]明治24(1891)年)

鳴尾(2)　なるお
⇒中村大吉〔3代〕(なかむらだいきち)

成尾子　なるおこ⋆
江戸時代後期の女性。和歌。薩摩藩の奥女中。文政11年序、川畑篤実編「松操和歌集」に載る。
¶江表(成尾子(鹿児島県))

鳴尾弥太郎　なるおやたろう
⇒中村大吉〔1代〕(なかむらだいきち)

鳴神上人*　なるかみしょうにん
歌舞伎十八番「鳴神」の主人公。
¶コン

就子　なるこ
江戸時代末期～明治時代の女性。和歌・教育。宮崎市三郎種寛の娘。
¶江表(就子(秋田県)　[没]明治21(1888)年)

成子　なるこ⋆
江戸時代末期の女性。和歌。豊後日出藩御典医勝田安石の娘。安政4年序、物集高世編『類題春草集』初に載る。
¶江表(成子(大分県))

造子　なるこ
江戸時代後期の女性。和歌。常陸水戸藩家老興津所左衛門克広の妻。天保12年成立、徳川斉昭撰「弘道館梅花詩歌」に載る。
¶江表(造子(茨城県))

成沢雲帯*　なるさわうんたい
元文4(1739)年～文政7(1824)年　[別]雲帯(うんたい)　江戸時代中期～後期の俳人。
¶俳文(雲帯　うんたい　[生]寛保2(1742)年　[没]文政7(1824)年11月3日)

成沢長左衛門　なるさわちょうざえもん
安土桃山時代の武田氏・真田昌幸の家臣。
¶全戦(生没年不詳)

成島和鼎　なるしまかずさだ
江戸時代中期～後期の学者。徳川家治の近臣。
¶徳将([生]1720年　[没]1808年)

成島錦江*　なるしまきんこう
元禄2(1689)年～宝暦10(1760)年　江戸時代中期の歌人、儒学者、詩人。
¶コン

成島筑山*　なるしまちくざん
享和3(1803)年～安政1(1854)年　江戸時代後期の儒学者。幕府奥儒者。
¶コン,徳人([生]1802年　[没]1853年)

成島東岳　なるしまとうがく
⇒成島司直(なるしまもとなお)

成島道筑　なるしまどうちく
元禄2(1689)年～宝暦10(1760)年　江戸時代中期の儒者。
¶徳将,徳人

成島司直*　なるしまもとなお
安永7(1778)年～文久2(1862)年　[別]成島東岳(なるしまとうがく)　江戸時代後期の儒学者、歌人。
¶コン,徳人

成島柳北　なるしまりゅうほく
天保8(1837)年～明治17(1884)年　江戸時代後期～明治時代の幕臣、漢詩人、新聞記者。
¶江人,コン,詩作([生]天保8(1837)年2月16日　[没]明治17(1884)年11月30日),思想,徳人,日文

なる女　なるじょ⋆
江戸時代後期の女性。俳諧。文政3年刊、青野太笻編『俳諧発句題叢』に少女の句として載る。
¶江表(なる女(千葉県))

那る女　なるじょ⋆
江戸時代後期の女性。俳諧。角館の人。嘉永4年頃刊、秋山御風門の石川二葉・会田素山・青木蕗城編『さし柳』に載る。
¶江表(那る女(秋田県))

成瀬維佐子　なるせいさこ
⇒大高坂維佐子(おおたかさかいさこ)

成瀬五左衛門　なるせござえもん
江戸時代前期の代官。
¶徳代([生]？　[没]延宝3(1675)年)

成瀬権左衛門　なるせごんざえもん
江戸時代前期の代官。
¶徳代(生没年不詳)

成瀬重治　なるせしげはる
江戸時代前期の代官。
¶徳代([生]？　[没]寛文11(1671)年？)

成瀬重能　なるせしげよし
安土桃山時代～江戸時代前期の代官。
¶徳代([生]永禄11(1568)年　[没]寛永6(1629)年)

成瀬重頼　なるせしげより
江戸時代前期の代官。
¶徳代(生没年不詳)

成瀬誠志　なるせせいし
江戸時代後期～大正時代の陶工。
¶美工([生]弘化2(1845)年　[没]大正12(1923)年)

成瀬石痴*　なるせせきち
天保10(1839)年～明治28(1895)年1月24日　江戸時代後期～明治時代の彫刻家。
¶美建

な

成瀬善四郎　なるせぜんしろう
⇒成瀬正典（なるせまさのり）

成瀬隼人正　なるせはやとのしょう
⇒成瀬正成（なるせまさなり）

成瀬平三*　なるせへいぞう
？～万延1（1860）年　江戸時代末期の幕臣、近江彦根藩士。
¶幕末

成瀬正一*　なるせまさかず
天文7（1538）年～元和6（1620）年　安土桃山時代～江戸時代前期の武士。徳川氏家臣。
¶徳代（[生]天文6（1537）年　[没]元和6（1620）年6月28日）

成瀬正勝　なるせまさかつ
江戸時代前期の幕臣。
¶徳人（[生]1607年　[没]1676年）

成瀬正定　なるせまささだ
江戸時代中期～後期の幕臣。
¶徳人（[生]1751年　[没]1806年）

成瀬正武*　なるせまさたけ
？～元和1（1615）年　安土桃山時代～江戸時代前期の武士。徳川氏家臣。
¶コン，徳人（[生]1584年）

成瀬正肥　なるせまさとも
⇒成瀬正肥（なるせまさみつ）

成瀬正成*　なるせまさなり
永禄10（1567）年～寛永2（1625）年　[別]成瀬隼人正（なるせはやとのしょう）　安土桃山時代～江戸時代前期の大名。下総栗原藩主、尾張藩主。
¶コン（[生]永禄11（1568年/1567）年），徳将

成瀬正典*　なるせまさのり
文政5（1822）年～？　[別]成瀬善四郎（なるせぜんしろう）　江戸時代末期の幕臣。1860年遣米使節随員としてアメリカに渡る。
¶幕末（成瀬善四郎　なるせぜんしろう　[没]明治2（1869）年7月2日）

成瀬正肥*　なるせまさみつ
天保6（1835）年～明治36（1903）年2月4日　[別]成瀬正肥（なるせまさとも）　江戸時代末期～明治時代の大名。尾張犬山藩主。
¶全幕，幕末（[生]天保6（1836）年12月12日）

成瀬杢右衛門*　なるせもくえもん
文政9（1826）年2月24日～明治35（1902）年9月11日　江戸時代後期～明治時代の新撰組隊士。
¶新隊

成瀬祐蔵*（成瀬裕蔵）　なるせゆうぞう
文政2（1819）年～明治27（1894）年　江戸時代末期～明治時代の三河西尾藩士。
¶幕末（[生]文政2（1819）年12月26日　[没]明治27（1894）年2月14日）

鳴門義民　なるとぎみん
⇒鳴門義民（なるとよしたみ）

成富茂安　なるとみしげやす
⇒成富兵庫（なるとみひょうご）

成冨清風　なるとみせいふう
江戸時代後期～明治時代の長崎県士族。
¶幕末（[生]天保9（1838）年5月　[没]明治15（1882）年3月31日）

成富兵庫*　なるとみひょうご
永禄3（1560）年～寛永11（1634）年　[別]成富茂安（しげとみしげやす，なりどみしげやす，なるとみしげやす），成富賢種（なりとみともたね），成富兵庫（なりとみひょうご，なりどみひょうご），成富兵庫助茂安（なりとみひょうごのすけしげやす）　安土桃山時代～江戸時代前期の武士。
¶コン（[生]永禄2（1559）年），全戦（成富賢種　なりとみともたね），戦武（成富茂安　なりどみしげやす　[没]寛永11（1634）年？）

鳴門義民*　なるとよしたみ
天保6（1835）年7月15日～大正3（1914）年11月8日　[別]鳴門義民（なるとぎみん）　江戸時代末期～明治時代の外国雑貨商、英学塾主宰、農学校教員。
¶幕末

愛仁親王*　なるひとしんのう
文政1（1818）年～天保13（1842）年　江戸時代後期の孝仁親王の王子。
¶天皇（[生]文政1（1818）年1月13日　[没]天保13（1842）年9月17日）

鳴海助右衛門*　なるみすけえもん
生没年不詳　安土桃山時代の織田信長の家臣。
¶織田

名和顕興*　なわあきおき
生没年不詳　南北朝時代の武将、伯耆守、入道紹覚、基長の子。
¶室町

名和顕忠*　なわあきただ
生没年不詳　室町時代～戦国時代の武将、肥後国八代郡古麓城主。
¶室町（[生]享徳1（1452）年　[没]？）

那波顕宗*（名和顕宗）　なわあきむね
？～天正19（1591）年　安土桃山時代の武将。
¶後北（顕宗〔那波〕　あきむね　[生]天文17年　[没]天正18年10月18日），武田（[生]天文17（1548）年　[没]天正19（1591）年8月2日）

那波活所*（那波括所）　なわかっしょ
文禄4（1595）年～慶安1（1648）年　[別]那波活所（なはかっしょ，なばかっしょ）　江戸時代前期の儒学者。
¶コン，思想（なばかっしょ）

那波三郎右衛門（1）　なわさぶろうえもん
⇒那波祐生（なばゆうせい）

那波三郎右衛門（2）　なわさぶろうえもん
⇒那波祐章（なばゆうしょう）

苗代田子　なわしろでんし★
江戸時代後期の女性。狂歌。天明8年序、朱楽菅江編『鸚鵡盃』に載る。
¶江表（苗代田子（東京都））

那波祐生　なわすけなり
⇒那波祐生（なばゆうせい）

縄田宝蔵*　なわたほうぞう
弘化2（1845）年～慶応2（1866）年　江戸時代末期の奇兵隊士。
¶幕末（[没]慶応2（1866）年10月29日）

名和道一*　なわどういち
天保9（1838）年～明治6（1873）年12月17日　江戸

時代末期〜明治時代の毛利家家臣、官吏、新潟県参事。禁門の変、四境の役に出陣。米国遊学中にボストンで客死。

¶幕末（[生]天保9（1838）年5月）

名和童山* なわどうざん

天保6（1835）年〜明治44（1911）年8月16日　江戸時代末期〜明治時代の教育者、八代郡北部小学校校長。新川義塾を創設し子弟を教育。

¶幕末

名和長重* なわながしげ

生没年不詳　南北朝時代の武士。

¶室町

名和長年* なわながとし

？〜建武3/延元1（1336）年　鎌倉時代後期〜南北朝時代の武将、伯耆守、行高の子。後醍醐天皇の忠臣。

¶コン（[没]延元1/建武3（1336）年），中世，内乱，室町，山小（[没]1336年6月30日）

那波広澄 なわのひろずみ

平安時代後期の武士。

¶古人（生没年不詳）

那波広純 なわひろずみ

平安時代後期の上野国那波郡の武士。系譜未詳。

¶平家（生没年不詳）

縄無理助 なわむりのすけ

安土桃山時代の関東の牢人衆頭。武田信実に従う。

¶武田（[生]？　[没]天正3（1575）年5月21日）

名和保矯 なわやすただ

江戸時代中期〜後期の和算家。奥州東根の野川の人。

¶数学（[生]安永2（1773）年　[没]文政4（1821）年12月15日）

名和義高* なわよしたか

乾元1（1302）年〜延元3/暦応1（1338）年　南北朝時代の武士。

¶室町（[生]正安4（1302）年）

那波魯堂* なわろどう

享保12（1727）年〜寛政1（1789）年　[別]那波魯堂（なばろどう）　江戸時代中期の儒学者。

¶コン，思想（なばろどう）

なん

江戸時代中期の女性。俳諧。豊後豆田下町の中村伝右衛門の長男仁右衛門の妻。享保1年、夫の死により、弟の平太夫の妻となる。

¶江表（なん（大分県））

南院今君* なんいんのいまぎみ

「大和物語」の登場人物。

¶古人（生没年不詳）

南園上人* なんえんしょうにん

寛政8（1796）年〜明治14（1881）年7月　江戸時代末期〜明治時代の僧侶。上野山御供所別当などをつとめ、詩僧として知られる。

¶幕末

南化 なんか

⇒玄興（げんこう）

南海朝尊* なんかいともたか

文化2（1805）年〜慶応1（1865）年　[別]朝尊（ともたか），森岡友之助（もりおかとものすけ）　江戸時代末期の大鋸鍛冶。

¶幕末（[没]慶応1（1865）年4月7日）

南化玄興 なんかげんこう

⇒玄興（げんこう）

南紀重国* なんきしげくに

生没年不詳　江戸時代前期の刀工。

¶コン，美工（――〔1代〕　なんきしげくに　[生]？　[没]寛永8（1631）年）

南宮大湫* なんぐうたいしゅう

享保13（1728）年〜安永7（1778）年　江戸時代中期の漢学者。美濃今尾の人。

¶コン

南桂 なんけい★

江戸時代後期の女性。俳諧。静寿亭孤松の妻か子か、同居門とされる。文化9年刊、葛飾派の其日庵五世関根白芹編『文化壬申元除遍覧』に載る。

¶江表（南桂（長野県））

南渓* なんけい

寛政2（1790）年〜＊　江戸時代末期〜明治時代の浄土真宗の僧。

¶思想（[生]寛政2（1790）年/天明3（1783）年　[没]明治6（1873）年）

南化玄興 なんげげんこう

⇒玄興（げんこう）

南香 なんこう★

江戸時代末期の女性。画。市川氏。安政7年刊『安政文雅人名録』に載る。

¶江表（南香（東京都））

南江宗侃 なんこうしゅうがく

⇒南江宗沅（なんこうそうげん）

南江宗沅*（南江宋沅）　なんこうそうげん

元中4/嘉慶1（1387）年〜寛正4（1463）年　[別]宗沅（そうげん），南江宗侃（なんこうしゅうがく）　室町時代の臨済宗一山派の僧。

¶思想（南江宋沅　[生]嘉慶1/元中4（1387）年）

南合哲三郎* なんごうてつさぶろう

天保7（1836）年〜明治1（1868）年　江戸時代末期の伊勢桑名藩士。

¶幕末（[生]天保6（1835）年　[没]慶応4（1868）年4月23日）

南光坊 なんこうぼう

⇒天海（てんかい）

南光坊天海 なんこうぼうてんかい

⇒天海（てんかい）

南山 なんざん

⇒道者超元（どうしゃちょうげん）

南山士雲* なんざんしうん

建長6（1254）年〜建武2（1335）年　[別]士雲（しうん）　鎌倉時代後期〜南北朝時代の臨済宗聖一派の僧。荘厳門派を興し、純粋禅を挙揚。

¶コン

南枝（1） なんし★

江戸時代後期の女性。画。石黒氏。天保7年刊『江戸現在広益諸家人名録』一に載る。

¶江表（南枝（東京都））

南枝（2） なんし★

江戸時代後期の女性。俳諧・教育。武蔵保土ヶ谷の幸田氏の娘。

¶江表（南枝（神奈川県）　[没]天保6（1835）年）

南枝(3)　なんし
⇒中山よしを〔1代〕（なかやまよしお）

南蛇井重秀　なんじゃいしげひで
戦国時代の上野国衆国峰小幡氏の家臣。
¶武田（生没年不詳）

南松院*　なんしょういん
？～永禄9（1566）年　[別]武田信友室（たけだのぶともしつ），南松院殿（なんしょういんでん）　戦国時代の女性。武田信玄の姉。
¶武田（武田（穴山）信友室　たけだのぶともしつ　[没]永禄9（1566）年4月25日）

南祥院　なんしょういん★
江戸時代前期の女性。書簡。肥前の戦国武将竜造寺四家の一つである多久茂辰の娘。明暦2年、小城鍋島家家中で刃傷事件が起きた時、江戸にいる直能へ報告した書状が残る。
¶江表（南祥院（佐賀県））

南松院殿　なんしょういんでん
⇒南松院（なんしょういん）

南条右京亮*　なんじょううきょうのすけ
戦国時代の武将。後北条氏家臣。
¶後北（右京亮〔南条（2）〕　うきょうのすけ）

南条隠岐　なんじょうおき
江戸時代前期の南条中務の伯父。大坂籠城中、内通。
¶大坂

南条権大夫　なんじょうごんだゆう
江戸時代前期の武士。大坂の陣で籠城。
¶大坂

南条作十郎宣政　なんじょうさくじゅうろうのぶまさ
江戸時代前期の豊臣秀頼・加藤忠広・森忠政の家臣。
¶大坂

南条四郎左衛門*　なんじょうしろうざえもん
[別]南条四郎左衛門尉（なんじょうしろうざえもんのじょう）　戦国時代の武将。後北条氏家臣。
¶後北（四郎左衛門尉〔南条（4）〕　しろうざえもんのじょう）

南条四郎左衛門尉　なんじょうしろうざえもんのじょう
⇒南条四郎左衛門（なんじょうしろうざえもん）

南条宗右衛門　なんじょうそうえもん
江戸時代前期の代官。
¶徳代（[生]？　[没]寛永19（1642）年7月8日）

南条綱良*　なんじょうつなよし
生没年不詳　戦国時代の北条氏の家臣。
¶後北（綱良〔南条（2）〕　つなよし）

南条中務少輔元忠　なんじょうなかつかさのしょうもとただ
⇒南条元忠（なんじょうもとただ）

南条長吉*　なんじょうながよし
生没年不詳　戦国時代の北条氏の家臣。
¶後北（長吉〔南条（2）〕　ながよし）

南条某　なんじょうなにがし
戦国時代の北条氏康の家臣。
¶後北（某〔南条（1）〕　なにがし）

南条則明　なんじょうのりあきら
江戸時代前期～中期の代官。
¶徳代（[生]寛文9（1669）年　[没]享保1（1716）年10月19日）

南条則勝　なんじょうのりかつ
戦国時代～江戸時代前期の代官。
¶徳代（[生]永禄2（1559）年　[没]寛永5（1628）年3月）

南条則門　なんじょうのりかど
江戸時代前期の代官。
¶徳代（[生]？　[没]寛文4（1664）年？）

南条則綱　なんじょうのりつな
江戸時代前期の代官。
¶徳代（[生]？　[没]寛文10（1670）年？）

南条則弘　なんじょうのりひろ
江戸時代中期の代官。
¶徳代（[生]？　[没]宝永4（1707）年？）

南条飛驒入道*　なんじょうひだにゅうどう
生没年不詳　戦国時代の北条氏の家臣。
¶後北（飛驒入道〔南条（5）〕　ひだにゅうどう）

難升米　なんしょうまい
⇒難升米（なんしょうめ）

南条昌治*　なんじょうまさはる
生没年不詳　戦国時代の武士。後北条氏家臣。
¶後北（昌治〔南条（3）〕　まさはる）

南条道高　なんじょうみちたか
室町時代の武士。
¶内乱（生没年不詳）

南条民部丞*　なんじょうみんぶのじょう
戦国時代の武将。後北条氏家臣。
¶後北（民部丞〔南条（5）〕　みんぶのじょう）

南条宗勝　なんじょうむねかつ
＊～天正3（1575）年　戦国時代～安土桃山時代の武将。
¶全戦（[生]明応6（1497）年），室町（[生]？）

難升米*　なんしょうめ
[別]難升米（なしめ，なんしょうまい）　上代の邪馬台国の大夫。
¶古人（なんしょうまい　生没年不詳），古代

南条元清*　なんじょうもときよ
？～慶長19（1614）年　[別]小鴨元清（おがももときよ，こがももときよ）　安土桃山時代～江戸時代前期の武将。
¶織田（小鴨元清　おがももときよ　生没年不詳），全戦（小鴨元清　おがももときよ）

南条元忠*　なんじょうもとただ
？～慶長19（1614）年　[別]南条中務少輔元忠（なんじょうなかつかさのしょうもとただ）　安土桃山時代～江戸時代前期の武将、大名。伯耆羽衣石藩主。
¶大坂（南条中務少輔元忠　なんじょうなかつかさのしょうもとただ　[没]慶長19年12月），全戦（[生]天正7（1579）年），戦武

南条元続*　なんじょうもとつぐ
？～天正19（1591）年　安土桃山時代の武士。
¶織田（[没]文禄2（1593）年頃），全戦（[生]天文18（1549）年），戦武

南松楼長女・長女　なんしょうろうちょうじょ★
江戸時代後期の女性。狂歌。文化13年頃刊、石川雅望編『吉原十二時』に載る。
¶江表（南松楼長女・長女（東京都））

南水 なんすい
⇒浜松歌国（はままつうたくに）

南仙笑楚満人＊（南杣笑楚満人） なんせんしょうそまひと，なんせんしょうそまびと
寛延2（1749）年～文化4（1807）年 [別]楚満人（そまひと） 江戸時代中期～後期の戯作者。
¶江人（南杣笑楚満人）

南村梅軒 なんそんばいけん
⇒南村梅軒（みなみむらばいけん）

南天棒＊ なんてんぼう
天保10（1839）年～大正14（1925）年 [別]中原南天棒（なかはらなんてんぼう） 江戸時代末期～明治時代の僧、書家。
¶幕末（中原南天棒 なかはらなんてんぼう）

南藤子 なんとうし
江戸時代後期の女性。和歌。高取藩主植村家長家の奥女中。文政7年頃、池田冠山の仕立てた巻物「玉露童女追悼集」に入集。
¶江表（南藤子（奈良県））

難波金助＊ なんばきんすけ
弘化3（1846）年～元治1（1864）年 江戸時代末期の商人。
¶幕末（[没]元治1（1864）年7月19日）

難波田後家 なんばだごけ
戦国時代の女性。武蔵国松山城城主難波田弾正入道善銀（正直）の後室。
¶後北（後家〔難波田〕 ごけ）

難波正 なんばただし
江戸時代末期～大正時代の電気工学者。
¶科学（[生]安政6（1859）年4月 [没]大正9（1920）年12月22日）

難波田正直＊ なんばたまさなお
？～天文15（1546）年4月20日 戦国時代の扇谷上杉氏の重臣。
¶全戦

難波経遠 なんばつねとお
平安時代後期の武士。
¶内乱（生没年不詳）

難波伝兵衛＊ なんばでんべえ
文化8（1811）年～明治21（1888）年 江戸時代後期～明治時代の武士。
¶幕末（[生]文化8（1811）年1月4日 [没]明治21（1888）年1月24日）

難波抱節＊ なんばほうせつ
寛政3（1791）年～安政6（1859）年 [別]難波立愿（なんばりつげん，なんばりゅうげん） 江戸時代末期の医師。
¶幕末（[没]安政6（1859）年8月22日）

難波宗礼＊ なんばむねあや
天保3（1832）年～明治17（1884）年 江戸時代末期～明治時代の公家。条約幕府委任反対の八十八卿列参に参加。
¶幕末（[生]天保3（1832）年1月21日 [没]明治17（1884）年2月24日）

難波宗有＊ なんばむねあり
生没年不詳 鎌倉時代後期～南北朝時代の公卿（非参議）。非参議藤原宗長の曽孫。
¶公卿，公家（宗有〔難波家〕 むねあり）

難波宗量＊ なんばむねかず
寛永19（1642）年～宝永1（1704）年4月25日 江戸時代前期～中期の公家（権中納言）。権大納言飛鳥井雅章の三男、母は権大納言四辻公遠の孫娘。
¶公卿，公家（宗量〔難波家〕 むねかず [生]寛永19（1642）年9月）

難波宗勝 なんばむねかつ
⇒飛鳥井雅宣（あすかいまさのぶ）

難波宗城＊ なんばむねき
享保9（1724）年～文化2（1805）年 江戸時代中期～後期の公家（権大納言）。権大納言難波宗建の子。
¶公卿（[生]享保9（1724）年8月7日 [没]文化2（1805）年2月22日），公家（宗城〔難波家〕 むねき [生]享保9（1724）年8月7日 [没]文化2（1805）年2月22日）

難波宗清＊ なんばむねきよ
文保2（1318）年～正平16/康安1（1361）年4月11日 南北朝時代の公卿（非参議）。非参議難波宗緒の長男。
¶公卿（[没]康安1/正平16（1361）年4月11日），公家（宗清〔難波家〕 むねきよ [没]康安1（1361）年4月11日）

難波宗享＊ なんばむねたか
明和7（1770）年3月4日～文化5（1808）年5月14日 江戸時代中期～後期の公家（非参議）。権大納言難波宗城の次男。
¶公卿，公家（宗享〔難波家〕 むねたか）

難波宗建＊ なんばむねたけ
元禄10（1697）年～明和5（1768）年 江戸時代中期の公家（権大納言）。非参議難波宗尚の子。
¶公卿（[生]元禄10（1697）年7月15日 [没]明和5（1768）年11月5日），公家（宗建〔難波家〕 むねたけ [生]元禄10（1697）年7月15日 [没]明和5（1768）年11月5日）

難波宗種＊ なんばむねたね
慶長15（1610）年～万治2（1659）年2月14日 江戸時代前期の公家（権中納言）。権大納言飛鳥井雅宣（前名難波宗勝）の子。
¶公卿，公家（宗種〔難波家〕 むねたね）

難波宗緒＊ なんばむねつぐ
正応1（1288）年～？ 鎌倉時代後期～南北朝時代の公卿（非参議）。難波家の祖。非参議藤原宗長の曽孫。
¶公卿，公家（宗緒〔難波家〕 むねつぐ）

難波宗尚＊ なんばむねなお
寛文8（1668）年7月16日～元禄12（1699）年11月12日 [別]難波宗尚（なんばむねひさ） 江戸時代前期～中期の公家（非参議）。権大納言飛鳥井雅章の末男。
¶公卿，公家（宗尚〔難波家〕 むねひさ）

難波宗長 なんばむねなが
⇒藤原宗長（ふじわらのむねなが）

難波宗教 なんばむねのり
⇒難波宗教（なにわむねのり）

難波宗尚 なんばむねひさ
⇒難波宗尚（なんばむねなお）

難波宗秀＊ なんばむねひで
生没年不詳 鎌倉時代後期～南北朝時代の公卿（非参議）。非参議難波宗緒の子。
¶公卿，公家（宗秀〔難波家〕 むねひで）

難波宗弘* なんばむねひろ
文化4(1807)年7月9日～明治1(1868)年7月28日　江戸時代末期の公家(権大納言)。非参議難波宗享の孫。
¶公卿,公家(宗弘〔難波家〕　むねひろ　[没]慶応4(1868)年7月28日)

難波立愿　なんばりつげん
⇒難波抱節(なんばほうせつ)

難波立愿　なんばりゅうげん
⇒難波抱節(なんばほうせつ)

難波六大夫　なんばろくだゆう
江戸時代前期の武士。大坂の陣で籠城。
¶大坂

南部明子* なんぶあきこ
天保7(1836)年5月12日～明治36(1903)年3月12日　江戸時代後期～明治時代の歌人。
¶江表(明子(岩手県)　あきこ)

南部郁子* なんぶいくこ
嘉永6(1853)年8月5日～？　江戸時代末期～明治時代の女性。陸奥盛岡藩主南部利剛の娘。
¶江表(郁子(岩手県)　[没]明治41(1908)年)

南部厳男* なんぶいつお
寛政11(1799)年～安政2(1855)年　江戸時代末期の土佐藩士。
¶幕末([没]安政2(1855)年11月6日)

南部監物* なんぶけんもつ
天保9(1838)年～明治37(1904)年　江戸時代末期～明治時代の盛岡藩家老。奥羽列藩同盟に際し、責任を問われ蟄居。
¶幕末([生]天保9(1838)年1月10日　[没]明治37(1904)年4月26日)

南部五竹* なんぶごちく
天保2(1831)年～慶応3(1867)年　[別]南部俊三郎(なんぶしゅんざぶろう，なんぶとしさぶろう)　江戸時代末期の志士。
¶幕末([生]天保2(1831)年1月26日　[没]慶応3(1867)年8月23日)

南部実長　なんぶさねなが
⇒波木井実長(はきいさねなが)

南部左門利藤　なんぶさもんとしふじ
江戸時代前期の南部利直の小姓。
¶大坂

南部俊三郎　なんぶしゅんざぶろう
⇒南部五竹(なんぶごちく)

南部次郎　なんぶじろう
⇒東政図(ひがしまさみち)

南部信愛* なんぶしんあい
大永3(1523)年～慶長18(1613)年　[別]北尾張守(きたおわりのかみ)，北信愛(きたしんあい，きたのぶちか)　戦国時代～安土桃山時代の武士。南部氏家臣。
¶全戦(北信愛　きたのぶちか),戦武(北信愛　きたのぶちか(しんあい))

南部精一郎* なんぶせいいちろう
天保5(1834)年～大正1(1912)年　江戸時代末期～明治時代の医師、会津藩医。藩主の京都守護職時代は京で開業、新選組隊士の治療にあたる。
¶幕末([没]明治45(1912)年3月5日)

南部静斎* なんぶせいさい
文化12(1815)年～万延1(1860)年　江戸時代末期の土佐藩士。
¶幕末([没]万延1(1860)年4月14日)

南部高信* なんぶたかのぶ
？～天正9(1581)年　[別]石川高信(いしかわたかのぶ)　安土桃山時代の武士。南部氏家臣。
¶全戦(石川高信　いしかわたかのぶ　[没]元亀2(1571)年？),戦武(石川高信　いしかわたかのぶ　[生]明応4(1495)年？　[没]天正9(1581)年？)

南部太郎左衛門　なんぶたろ(う)ざえもん
江戸時代前期の長宗我部元親の家臣。
¶大坂([没]慶長20年5月6日)

南仏* なんぶつ
生没年不詳　鎌倉時代後期の僧侶・連歌作者。
¶俳文

南部俊三郎　なんぶとしさぶろう
⇒南部五竹(なんぶごちく)

南部利義* なんぶとしとも
文政6(1823)年～明治21(1888)年8月21日　江戸時代末期～明治時代の大名。陸奥南部藩主。
¶全幕,幕末([生]文政6(1824)年12月12日)

南部利直* なんぶとしなお
天正4(1576)年～寛永9(1632)年　安土桃山時代～江戸時代前期の大名。陸奥南部藩主。
¶全戦,戦武

南部利剛* なんぶとしひさ
文政9(1826)年12月28日～明治29(1896)年　江戸時代末期～明治時代の大名。奥羽越列藩同盟に参加。のち医学校日新堂を開校。歌集に「桜園集」。
¶全幕,幕末([生]文政9(1827)年12月28日　[没]明治29(1896)年11月2日)

南部利恭* なんぶとしゆき
安政2(1855)年～明治36(1903)年　江戸時代末期～明治時代の白石藩主、盛岡藩知事、伯爵。
¶幕末([生]安政2(1855)年10月9日　[没]明治36(1903)年10月19日)

南部長恒* なんぶながつね
寛政3(1791)年～安政6(1859)年　江戸時代末期の肥前佐賀藩士。
¶幕末

南部信民* なんぶのぶたみ
天保4(1833)年～明治33(1900)年　江戸時代末期～明治時代の大名。陸奥七戸藩主。
¶幕末([生]天保4(1833)年4月4日　[没]明治33(1900)年3月15日)

南部信直* なんぶのぶなお
天文15(1546)年～慶長4(1599)年　安土桃山時代の大名。陸奥南部藩主。
¶コン,全戦,戦武,内乱

南部信登　なんぶのぶなり
戦国時代の武田氏の家臣。
¶武田(生没年不詳)

南部信房* なんぶのぶふさ
明和2(1765)年～天保6(1835)年　[別]南部畔李(なんぶはんり)，畔季(はんき)，畔李(はんり)　江戸時代中期～後期の大名。陸奥八戸藩主。
¶俳文(畔李　はんり　[没]天保6(1835)年5月12日)

南部信光* なんぶのぶみつ
？～天授2/永和2(1376)年 南北朝時代の武将。
¶室町(生没年不詳)

南部信順* なんぶのぶゆき
文化10(1813)年～明治5(1872)年 [別]南部信順(なんぶのぶよし) 江戸時代後期～明治時代の大名、華族。
¶全幕,幕末(なんぶのぶよし [生]文化11(1814)年1月11日)

南部信順 なんぶのぶよし
⇒南部信順(なんぶのぶゆき)

南部教子* なんぶのりこ
天明5(1785)年～文久3(1863)年 江戸時代後期の女性。陸奥盛岡藩主南部利敬夫人。
¶幕末([没]文久3(1863)年2月17日)

南部晴政* なんぶはるまさ
戦国時代～安土桃山時代の武将。
¶全戦([生]永正14(1517)年 [没]天正10(1582)年),戦武([生]永正14(1517)年 [没]天正10(1582)年)

南部畔李 なんぶはんり
⇒南部信房(なんぶのぶふさ)

南部広矛* なんぶひろほこ
文政6(1823)年～大正1(1912)年 江戸時代末期～明治時代の福井藩士、官吏、静岡県参事。軽輩から士分に抜擢。戊辰戦争の際、越後府権判事をつとめる。
¶幕末([没]大正1(1912)年8月6日)

南部政長* なんぶまさなが
？～正平15/延文5(1360)年 南北朝時代の武将。
¶室町

南部甕男* なんぶみかお
天保15(1844)年～大正11(1922)年9月2日 [別]南部甕男(なんぶみかを) 江戸時代末期～明治時代の土佐藩士。
¶幕末([生]弘化1(1844)年6月15日 [没]大正11(1922)年9月18日)

南部甕男 なんぶみかを
⇒南部甕男(なんぶみかお)

南部光行* なんぶみつゆき
？～建保3(1215)年 鎌倉時代前期の武将。
¶古人(生没年不詳),中世([没]1236年)

南部守行* なんぶもりゆき
正平14/延文4(1359)年～永享9(1437)年 南北朝時代～室町時代の武将。
¶室町

南部師行* なんぶもろゆき
？～延元3/暦応1(1338)年 鎌倉時代後期～南北朝時代の武将。遠江守。
¶コン,内乱([没]建武5/延元3(1338)年),室町([没]暦応1/延元3(1338)年)

南部弥五八* なんぶやごはち
安土桃山時代の武将。秀吉馬廻。
¶大坂

南部屋孫兵衛 なんぶやまごべえ
⇒尾上新七〔1代〕(おのえしんしち)

南部弥六郎* なんぶやろくろう
*～明治12(1879)年 江戸時代末期～明治時代の陸奥盛岡藩大老。
¶幕末([生]？ [没]明治12(1879)年6月23日)

南部義政* なんぶよしまさ
天授3/永和3(1377)年～永享12(1440)年 室町時代の武将。
¶室町(生没年不詳)

南浦 なんぽ
⇒文之玄昌(ぶんしげんしょう)

南畝 なんぽ
⇒大田南畝(おおたなんぽ)

南坊 なんぼう
⇒高山右近(たかやまうこん)

南方 なんぼう★
江戸時代末期の女性。書。海老原氏。安政7年刊『安政文雅人名録』に載る。
¶江表(南方(東京都))

南峯可笑 なんぼうかしょう
江戸時代後期の画家。
¶浮絵(生没年不詳)

南北 なんぼく
⇒鶴屋南北〔4代〕(つるやなんぼく)

南北丑左衛門 なんぼくうしざえもん
⇒鶴屋南北〔5代〕(つるやなんぼく)

南北孫太郎(――〔1代〕) なんぼくまごたろう
⇒鶴屋南北〔1代〕(つるやなんぼく)

南北孫太郎〔2代〕 なんぼくまごたろう
⇒鶴屋南北〔2代〕(つるやなんぼく)

南北孫太郎〔3代〕 なんぼくまごたろう
⇒鶴屋南北〔3代〕(つるやなんぼく)

南浦紹明* なんぽしょうみょう,なんぽじょうみょう
嘉禎1(1235)年～延慶1(1308)年12月29日 [別]円通大応国師(えんつうたいおうこくし),紹明(しょうみょう,じょうみょう,じょうみん),大応国師(だいおうこくし),南浦紹明(なんぽじょうみん,なんぽしょうみん,なんぽじょうみん) 鎌倉時代後期の臨済宗の僧。大応派の祖。
¶コン(なんぽしょうみん),思想(なんぽじょうみん),対外(なんぽじょうみん)

南浦紹明 なんぽじょうみん,なんぽしょうみん,なんぽじょうみん
⇒南浦紹明(なんぽしょうみょう)

南浦文之 なんぽぶんし,なんぽぶんし
⇒文之玄昌(ぶんしげんしょう)

南摩綱紀* なんまつなのり
文政6(1823)年～明治42(1909)年 江戸時代末期～明治時代の教育者。著書に「内国史略」「追遠録」など。
¶思想,幕末([生]文政6(1823)年11月25日 [没]明治42(1909)年4月13日)

南明院 なんみょういん
⇒朝日方(あさひのかた)

南明院 なんめいいん
⇒朝日方(あさひのかた)

南陽 なんよう
⇒西笑承兌(せいしょうじょうたい)

南陽紹弘* なんようしょうこう
？～尚質5（1652）年 江戸時代前期の臨済宗の僧。
¶コン（[没]承応1（1652）年），思想（[没]尚質5/承応1（1652）年）

南里有隣 なんりありちか
⇒南里有鄰（なんりゆうりん）

南竜院 なんりゅういん
⇒徳川頼宣（とくがわよりのぶ）

南里有鄰* なんりゆうりん
文化9（1812）年～元治1（1864）年 [別]南里有隣（なんりありちか） 江戸時代末期の国学者，肥前藩士。
¶コン，思想（南里有隣 なんりありちか）

南嶺 なんれい
江戸時代中期の彫刻家，僧侶。
¶美建（生没年不詳）

南嶺子 なんれいし
⇒多田南嶺（ただなんれい）

南麗舎 なんれいしゃ
⇒片岡仁左衛門〔7代〕（かたおかにざえもん）

【に】

二位景暢* にいかげのぶ
嘉永2（1849）年～大正10（1921）年 江戸時代末期～明治時代の武士，政治家，衆議院議員。武雄鍋島家臣。維新後は政治家として活躍。佑徳馬車鉄道会社設立の発起人。
¶幕末

新子内親王 にいこないしんのう
⇒新子内親王（しんしないしんのう）

新島襄* にいじまじょう，にいしまじょう
天保14（1843）年～明治23（1890）年1月23日 江戸時代末期～明治時代のキリスト教主義教育家，宗教家。同志社英学校を創立。また関西に組合派の教会を設立。
¶コン，詩作（[生]天保14（1843）年1月14日），思想，幕末（[生]天保14（1843）年1月14日），山小（[生]1843年1月14日 [没]1890年1月23日）

新島八重* にいじまやえ
弘化2（1845）年～昭和7（1932）年6月14日 [別]新島八重子（にいじまやえこ） 江戸時代末期～明治時代の教育家。会津若松城の戦いで銃をもって戦う。同志社の経営に参加，伝道と女子教育に尽力。
¶江表（八重子（福島県）），女史，全幕，幕末

新島八重子 にいじまやえこ
⇒新島八重（にいじまやえ）

新居水竹* にいすいちく
文化10（1813）年～明治3（1870）年 [別]新居与一助（にいよいちのすけ） 江戸時代末期～明治時代の武士，長久館学頭。阿波藩家臣。騒擾事件の際，指導的立場にあったため藩邸で切腹。
¶幕末（新居与一助 にいよいちのすけ [没]明治3（1870）年9月16日）

新井竹次郎 にいたけじろう
⇒新井竹次郎（あらいたけじろう）

仁井田源一郎* にいだげんいちろう
寛政11（1799）年～安政6（1859）年 [別]仁井田稚岡（にいだちこう） 江戸時代末期の儒学者。
¶幕末（[生]寛政10（1798）年 [没]安政6（1859）年8月22日）

仁井田好古 にいだこうこ
⇒仁井田南陽（にいだなんよう）

仁井田碓嶺* にいだたいれい
天明1（1781）年～弘化4（1847）年 [別]碓嶺（たいれい） 江戸時代後期の俳人。
¶俳文（碓嶺 たいれい [生]安永9（1780）年 [没]弘化3（1846）年）

仁井田稚岡 にいだちこう
⇒仁井田源一郎（にいだげんいちろう）

仁井田南陽* にいだなんよう
明和7（1770）年～嘉永1（1848）年 [別]仁井田好古（にいだこうこ），仁井田模一郎（にいだもいちろう） 江戸時代後期の漢学者。紀州の人。
¶コン

新田部親王* にいたべしんのう
？～天平7（735）年 [別]新田部親王（にいたべしんのう・にったべしんのう，にいたべのしんのう，にいたべのみこ，にたべしんのう），新田部皇子（にいたべのみこ） 奈良時代の天武天皇の第7皇子。
¶古人，古代，古物（新田部皇子 にいたべのみこ），コン（にたべしんのう），天皇（にいたべしんのう・にいたべのみこ）

新田部親王 にいたべしんのう・にったべしんのう
⇒新田部親王（にいたべしんのう）

新田部皇女 にいたべのおうじょ
⇒新田部皇女（にいたべのこうじょ）

新田部皇女* にいたべのこうじょ
？～文武天皇3（699）年 [別]新田部皇女（にいたべのおうじょ，にいたべのひめみこ，にたべのひめみこ） 飛鳥時代の女性。天武天皇の妃。
¶古人，古代，コン（にたべのひめみこ [没]文武3（699）年），天皇（にいたべのひめみこ [没]文武3（699）年）

新田部親王 にいたべのしんのう
⇒新田部親王（にいたべしんのう）

新田部皇女 にいたべのひめみこ
⇒新田部皇女（にいたべのこうじょ）

新田部皇子（新田部親王） にいたべのみこ
⇒新田部親王（にいたべしんのう）

仁井田模一郎 にいだもいちろう
⇒仁井田南陽（にいだなんよう）

仁井親清*（新居親清） にいちかきよ
生没年不詳 平安時代後期の武士。
¶平家（新居親清）

新津三左衛門 にいつさんざえもん
戦国時代の甲斐国山梨郡小原郷の細工職人。
¶武田（生没年不詳）

新居藤右衛門* にいとうえもん
？～宝暦6（1756）年 江戸時代中期の絹買商。
¶コン

新名重一 にいなしげかず
江戸時代後期～明治時代の和算家。豊後臼杵の人。
¶数学（[生]弘化1（1844）年 [没]明治34（1901）年8月24日）

新沼幸作　にいぬまこうさく
江戸時代後期の大工。
¶美建（[生]寛政1（1789）年　[没]弘化1（1844）年）

二位の尼（二位尼）　にいのあま
⇒平時子（たいらのときこ）

二位局*　にいのつぼね
？～寛永5（1628）年6月26日　安土桃山時代～江戸時代前期の女性。豊臣秀吉の側室。
¶江表（宗栄尼（滋賀県））, 大坂

新家春三　にいのみはるみつ
江戸時代末期～明治時代の幕臣。
¶幕末（[生]？　[没]明治22（1889）年6月27日）

新治子公　にいはりのこきみ
奈良時代の常陸国新治郡大領。外正五位下。
¶古人（生没年不詳）

新見錦*　にいみにしき
天保7（1836）年～文久3（1863）年　[別]新見錦（しんみにしき）　江戸時代末期の志士。
¶新隊（しんみにしき　[生]天保7（1836）年？　[没]文久3（1863）年9月13日）, 全幕, 幕末（[没]文久3（1863）年9月）

新見正信*　にいみまさのぶ
生没年不詳　[別]新見正信（しんみまさのぶ）　江戸時代前期の甲斐甲府藩城代家老。
¶徳将（しんみまさのぶ　[生]1604年　[没]1692年）

新谷道太郎*　にいやみちたろう
弘化3（1846）年～昭和16（1941）年　江戸時代末期～明治時代の剣客。鳥羽・伏見の戦いでは尊皇近衛団の大隊長として錦旗護衛長となる。
¶幕末（[没]昭和16（1941）年5月18日）

新居与一助　にいよいちのすけ
⇒新居水竹（にいすいちく）

新楽間叟*（新楽閑叟）　にいらかんそう
明和1（1764）年～文政10（1827）年6月22日　江戸時代中期～後期の幕臣。
¶徳人（新楽閑叟）

新納刑部　にいろぎょうぶ
⇒新納中三（にいろなかぞう）

新納軍八*　にいろぐんぱち
＊～明治10（1877）年　江戸時代末期～明治時代の鹿児島県士族。
¶幕末（[生]天保9（1838）年）

新納駿河　にいろするが
⇒新納久仰（にいろひさのり）

新納清一郎*　にいろせいいちろう
嘉永1（1848）年～明治10（1877）年　江戸時代末期～明治時代の士族。西南戦争の際には、鵬翼隊隊長をつとめるが、戦死。
¶幕末（[生]弘化3（1846）年　[没]明治10（1877）年7月24日）

新納忠元*　にいろただもと
大永6（1526）年～慶長15（1610）年　[別]忠元（ただもと）　戦国時代～安土桃山時代の武将、対馬氏の臣。
¶コン, 詩作（[没]慶長15（1611）年12月3日）, 全戦（[没]慶長16（1611）年）, 戦武, 俳文（忠元　ただもと　[生]大永6（1526）年3月　[没]慶長15（1610）年12月3日）

新納立夫*　にいろたつお
生没年不詳　[別]新納立夫（にひろたておお）　江戸時代末期の薩摩藩士。
¶幕末

新納中三　にいろちゅうぞう
⇒新納中三（にいろなかぞう）

新納時升　にいろときのり
⇒新納時升（にいろときます）

新納時升*　にいろときます
安永7（1778）年12月～慶応1（1865）年　[別]新納時升（にいろときのり）　江戸時代後期の薩摩藩士。新納時意の子。
¶コン（[生]安永6（1777）年　[没]元治1（1864）年）, 幕末（にいろときのり　[没]元治2（1865）年1月22日）

新納時行*　にいろときゆき
天保12（1841）年～明治12（1879）年　江戸時代末期～明治時代の薩摩藩士。戊辰戦争の際、白川・二本松に転戦し会津若松城攻めで活躍。
¶幕末（[没]明治12（1879）年11月12日）

新納中三*　にいろなかぞう
天保3（1832）年～明治22（1889）年12月10日　[別]新納刑部（にいろぎょうぶ）, 新納中三（にいろちゅうぞう）　江戸時代末期～明治時代の藩政家、裁判官。薩英戦争では軍奉行として指揮。渡英し、のち家老。維新後は島津家の内政改革担当。
¶コン, 幕末（新納刑部　にいろぎょうぶ　[生]天保3（1832）年4月15日）

新納八郎二*　にいろはちろうじ
天保12（1841）年～明治1（1868）年　[別]新納久暢（にいろひさのぶ）　江戸時代末期の日向佐土原藩北陸道進撃軍長官。
¶全幕（新納久暢　にいろひさのぶ）

新納久暢　にいろひさのぶ
⇒新納八郎二（にいろはちろうじ）

新納久仰*　にいろひさのり
文化4（1807）年～明治6（1873）年6月3日　[別]新納駿河（にいろするが）　江戸時代末期～明治時代の薩摩藩家老。
¶幕末（新納駿河　にいろするが　[生]文化4（1807）年10月3日）

新納太*　にいろふとし
生没年不詳　江戸時代末期の薩摩藩士。
¶幕末

丹生女王　にうのおおきみ
⇒丹生女王（にうのじょおう）

丹生女王*　にうのじょおう
生没年不詳　[別]丹生女王（にうのおおきみ, にぶのおおきみ）　奈良時代の女性。万葉歌人。
¶古人

丹生高規　にうのたかのり
平安時代中期の木工算師。
¶古人（生没年不詳）

丹生理国　にうのまさくに
平安時代中期の官人。
¶古人（生没年不詳）

丹生益光　にうのますみつ
平安時代中期の官人。

¶古人(生没年不詳)

牲川治部丞＊　にえかわじぶのじょう
生没年不詳　安土桃山時代の織田信長の家臣。
¶織田

贄沙弥麻呂　にえのさみまろ
奈良時代の官人。
¶古人(生没年不詳)

贄正寿＊　にえまさとし
寛保1(1741)年～寛政7(1795)年　江戸時代中期～後期の幕臣。堺奉行。
¶コン, 徳人

湖照　におてる
⇒湖照(こしょう)

二階堂衛守　にかいどうえもり
江戸時代後期～末期の二本松藩士。
¶全幕(㊐天保7(1836)年　②慶応4(1868)年)

二階堂貞衡＊　にかいどうさだひら
正応4(1291)年～元弘2/正慶1(1332)年　鎌倉時代後期の武士。
¶コン

二階堂貞藤＊　にかいどうさだふじ
文永4(1267)年～建武1(1334)年12月28日　㊋二階堂道蘊(にかいどうどううん)　鎌倉時代後期の吏僚、鎌倉幕府政所執事。
¶コン, 内乱, 室町(㊐?)

二階堂貞宗　にかいどうさだむね
⇒頓阿(とんあ)

二階堂是円＊　にかいどうぜえん
生没年不詳　㊋是円(ぜえん), 道昭(どうしょう), 中原章賢(なかはらあきかた, なかはらののりかた, なかはらのりかた), 二階堂通昭(にかいどうみちあき)　鎌倉時代後期～南北朝時代の明法家、章継の子。
¶コン, 中世(是円　ぜえん), 内乱(是円　ぜえん)

二階堂忠行＊　にかいどうただゆき
生没年不詳　室町時代の吏僚。
¶コン

二階堂長五郎　にかいどうちょうごろう
⇒六郷政乗(ろくごうまさのり)

二階堂輝行＊(二階堂照行)　にかいどうてるゆき
?～天文6(1537)年　戦国時代の武将。
¶全戦(二階堂照行　②永禄7(1564)年)

二階堂道蘊　にかいどうどううん
⇒二階堂貞藤(にかいどうさだふじ)

二階堂時綱＊　にかいどうときつな
弘安3(1280)年～?　鎌倉時代後期～南北朝時代の吏僚。盛綱の子。
¶コン, 室町

二階堂政元＊　にかいどうまさもと
生没年不詳　南北朝時代の武将。
¶コン

二階堂政行＊　にかいどうまさゆき
?～文亀3(1503)年7月10日　㊋行二(ぎょうじ)　室町時代～戦国時代の武家・連歌作者。
¶俳文(行二　ぎょうじ　生没年不詳)

二階堂通昭　にかいどうみちあき
⇒二階堂是円(にかいどうぜえん)

二階堂盛隆　にかいどうもりたか
⇒蘆名盛隆(あしなもりたか)

二階堂盛秀　にかいどうもりひで
室町時代の武士。
¶内乱(生没年不詳)

二階堂盛義＊　にかいどうもりよし
?～天正9(1581)年　安土桃山時代の武将。
¶全戦, 戦武(㊐天文13(1544)年?)

二階堂保則＊　にかいどうやすのり
天保6(1835)年～明治37(1904)年　江戸時代末期～明治時代の医師。方義隊を結成し、国事に尽力。
¶幕末(㊐天保6(1835)年7月7日　②明治37(1904)年2月19日)

二階堂勇吉　にかいどうゆうきち
江戸時代中期～後期の仏師。
¶美建(㊐宝暦6(1756)年　②天保5(1834)年)

二階堂行貞＊　にかいどうゆきさだ
文永6(1269)年～元徳1(1329)年　鎌倉時代後期の政所執事。二階堂行宗の子。
¶コン

二階堂行実＊　にかいどうゆきざね
嘉禎2(1236)年～文永6(1269)年　鎌倉時代前期の政所執事。二階堂行泰の子。
¶コン

二階堂行忠＊　にかいどうゆきただ
承久2(1220)年～正応3(1290)年　㊋信濃行忠(しなのゆきただ)　鎌倉時代の武士。
¶コン

二階堂行続＊(二階堂行嗣)　にかいどうゆきつぐ
?～長禄3(1459)年　室町時代の武将。
¶室町(二階堂行嗣)

二階堂行綱＊　にかいどうゆきつな
建保4(1216)年～弘安4(1281)年　鎌倉時代後期の政所執事。二階堂行盛の子。
¶コン

二階堂行朝＊　にかいどうゆきとも
?～正平8/文和2(1353)年　南北朝時代の吏僚、貞綱の子、左衛門尉、信濃守。
¶コン

二階堂行直＊　にかいどうゆきなお
?～正平3/貞和4(1348)年　南北朝時代の武将。
¶コン

二階堂行信＊　にかいどうゆきのぶ
弘化3(1846)年～明治1(1868)年　江戸時代末期の薩摩藩士。
¶幕末(②慶応4(1868)年閏4月25日)

二階堂行藤＊　にかいどうゆきふじ
寛元4(1246)年～正安4(1302)年　鎌倉時代後期の政所執事。二階堂行有の子。
¶コン(②乾元1(1302)年)

二階堂行政＊　にかいどうゆきまさ
生没年不詳　㊋藤原行政(ふじわらのゆきまさ, ふじわらゆきまさ)　鎌倉時代前期の幕府吏僚。
¶古人, コン, 中世

二階堂行通* にかいどうゆきみち
？～正平6/観応2(1351)年　南北朝時代の武将。
¶コン, 室町

二階堂行光* にかいどうゆきみつ
長寛2(1164)年～承久1(1219)年　[別]藤原行光(ふじわらのゆきみつ，ふじわらゆきみつ)　平安時代後期～鎌倉時代前期の吏僚。行政の子。
¶古人, コン

二階堂行村* にかいどうゆきむら
久寿2(1155)年～暦仁1(1238)年　平安時代後期～鎌倉時代前期の吏僚。父は行政。源実朝の申次。
¶古人, コン, 中世

二階堂行盛* にかいどうゆきもり
養和1(1181)年～建長5(1253)年　鎌倉時代前期の政所執事。二階堂行光の子。
¶古人, コン, 中世

二階堂行泰* にかいどうゆきやす
建暦1(1211)年～文永2(1265)年　鎌倉時代前期の政所執事。二階堂行盛の子。
¶コン

二階堂行頼* にかいどうゆきより
寛喜2(1230)年～弘長3(1263)年　鎌倉時代前期の政所執事。二階堂行泰の子。
¶コン

二階堂頼綱* にかいどうよりつな
延応1(1239)年～弘安6(1283)年　鎌倉時代後期の武将。
¶コン

仁賀保誠成* にかほしげなり
弘化4(1847)年～明治34(1901)年　[別]仁賀保誠成(にかほのぶしげ)　江戸時代後期～明治時代の武士。
¶幕末(にかほのぶしげ　[没]明治34(1901)年11月21日)

仁賀保誠善 にかほしげよし
江戸時代中期の幕臣。
¶徳人([生]1738年　[没]？)

仁賀保誠成 にかほのぶしげ
⇒仁賀保誠成(にかほしげなり)

似我与左衛門 にがよざえもん
⇒似我与左衛門(じがよざえもん)

仁木永祐* にきえいすけ
文政13(1830)年～明治35(1902)年9月24日　江戸時代末期～明治時代の医師。郷校籾山校を設立。血税一揆勃発の際には、慰諭に努めた。
¶幕末([生]天保1(1830)年)

饒子 にぎこ
江戸時代末期の女性。和歌。平田津九郎の妻。安政6年刊、秋元安民編『類題青藍集』に載る。
¶江表(饒子(兵庫県))

和田賢秀* にぎたけんしゅう
？～正平3/貞和4(1348)年　[別]和田賢秀(わだかたひで，わだけんしゅう)　鎌倉時代後期～南北朝時代の武将。楠木正成の長子正行の臣。
¶コン(わだかたひで), 室町(わだけんしゅう　[没]貞和4/正平3(1348)年)

和田正武* にぎたまさたけ
生没年不詳　[別]和田正武(わだまさたけ)　南北朝時代の武将。
¶室町(わだまさたけ)

和田正忠* にぎたまさただ
生没年不詳　[別]和田正忠(わだまさただ)　南北朝時代の武将。
¶室町(わだまさただ　[生]？　[没]正平7/文和1(1352)年)

和田正遠* にぎたまさとお
？～建武3/延元1(1336)年　[別]和田正遠(わだまさとお)　鎌倉時代後期～南北朝時代の武将。
¶室町(わだまさとお　生没年不詳)

仁木長政* にきながまさ
生没年不詳　安土桃山時代の織田信長の家臣。
¶織田

仁木長頼 にきながより
安土桃山時代の織田信長の家臣。足利義昭の奈良脱出の企ての一員。
¶織田(生没年不詳)

饒速日命* にぎはやひのみこと
物部氏の祖神。天神の子。
¶古代, コン

仁木満長* にきみつなが
生没年不詳　[別]仁木満長(にっきみつなが)　南北朝時代～室町時代の武将。
¶内乱(にっきみつなが)

仁木友梅 にきゆうばい
安土桃山時代の織田信長の家臣。長政の弟か。
¶織田(生没年不詳)

二橋 にきょう
江戸時代中期～後期の俳諧師。高室氏。
¶俳文([生]享保9(1724)年　[没]寛政8(1796)年6月12日)

仁木義尹* にきよしただ
生没年不詳　南北朝時代の武将。
¶室町

仁木義長* にきよしなが
？～天授2/永和2(1376)年　[別]仁木義長(にっきよしなが)　南北朝時代の武将。足利直義の臣。
¶コン, 室町([没]永和2/天授2(1376)年)

仁木頼章* にきよりあき
正安1(1299)年～正平14/延文4(1359)年10月13日　[別]仁木頼章(にっきよりあき)　鎌倉時代後期～南北朝時代の武将。足利尊氏の臣、執事。
¶コン, 内乱(にっきよりあき　[没]延文4(1359)年), 室町

二九亭 にくてい
⇒市川団十郎〔7代〕(いちかわだんじゅうろう)

日向* にこう
建長5(1253)年～正和3(1314)年9月3日　[別]佐渡阿闍梨(さどあじゃり)，日向(にちこう，にっこう)　鎌倉時代後期の僧。日蓮の六老僧の一人。
¶コン(にっこう)

水郡善之祐 にごおりぜんのすけ
⇒水郡善之祐(にごりぜんのすけ)

水郡善之祐* にごりぜんのすけ
文政9(1826)年～元治1(1864)年　[別]水郡善之祐(にごおりぜんのすけ)　江戸時代末期の庄屋。
¶コン(にごおりぜんのすけ), 全幕, 幕末([生]文政9(1827)年12月12日　[没]元治1(1864)年7月19日)

にし
1652

西 にし★
江戸時代中期の女性。俳諧。宮原の人。享保2年刊、沢露川撰・無外坊燕説編『西国曲』に載る。
¶江表（西（熊本県））

西周★ にしあまね
文政12（1829）年2月3日〜明治30（1897）年1月31日
江戸時代末期〜明治時代の啓蒙思想家、哲学者、東京師範校長、男爵。私塾育英社を開く。「哲学」ほかの学術用語を創出。軍人勅諭の原案を起草。
¶江人, コン, 思想, 徳人, 幕末, 山小（㋓1829年2月3日 ㋕1897年1月31日）

西内清蔵★ にしうちせいぞう
文化14（1817）年〜文久2（1862）年　江戸時代末期の郷士。
¶幕末（㋕文久2（1862）年11月23日）

西馬二郎 にしうまじろう
安土桃山時代の織田信長の家臣。天正6年、安土相撲会に参加。
¶織田

西浦円治〔3代〕★ にしうらえんじ
*〜明治17（1884）年　江戸時代後期〜明治時代の陶業家。
¶美工（㋕文化4（1807）年）

西運長★ にしうんちょう
文政9（1826）年〜明治8（1875）年　江戸時代後期〜明治時代の武士。
¶幕末（㋕明治8（1875）年5月30日）

西大路隆明 にしおうじたかあき
⇒西大路隆明（にしおおじたかあき）

西大路隆業 にしおうじたかかず
⇒西大路隆業（にしおおじたかかず）

西大路隆栄 にしおうじたかしげ
⇒西大路隆栄（にしおおじたかしげ）

西大路隆枝 にしおうじたかしな
⇒西大路隆枝（にしおおじたかしな）

西大路隆富 にしおうじたかとみ
⇒西大路隆富（にしおおじたかとみ）

西大路隆仲 にしおうじたかなか
⇒西大路隆仲（にしおおじたかなか）

西大路隆範 にしおうじたかのり
⇒西大路隆範（にしおおじたかのり）

西大路隆良 にしおうじたかよし
⇒西大路隆良（にしおおじたかよし）

西大路隆明★ にしおおじたかあき
安永9（1780）年11月14日〜弘化3（1846）年6月10日　㋲西大路隆明（にしおうじたかあき）　江戸時代後期の公家（参議）。非参議西大路隆良の子。
¶公卿（にしおうじたかあき）, 公家（隆明〔西大路家〕たかあき）

西大路隆業★ にしおおじたかかず
天和1（1681）年12月26日〜享保17（1732）年2月21日　㋲西大路隆業（にしおうじたかかず）　江戸時代中期の公家（参議）。権中納言広橋貞光の次男。
¶公卿（にしおうじたかかず）, 公家（隆業〔西大路家〕たかなり）

西大路隆栄★ にしおおじたかしげ
寛文10（1670）年8月28日〜享保2（1717）年11月8日　㋲西大路隆栄（にしおうじたかしげ）　江戸時代中期の公家（非参議）。権大納言広橋総光の孫。
¶公卿（にしおうじたかしげ）, 公家（隆栄〔西大路家〕たかひで）

西大路隆枝★ にしおおじたかしな
文化3（1806）年11月7日〜文久2（1862）年8月9日　㋲西大路隆枝（にしおうじたかしな）　江戸時代末期の公家（非参議）。参議西大路隆明の子。
¶公卿（にしおうじたかしな）, 公家（隆枝〔西大路家〕たかえだ）

西大路隆富★ にしおおじたかとみ
？〜宝徳2（1450）年2月　㋲西大路隆富（にしおうじたかとみ）　室町時代の公卿（参議）。権大納言西大路隆中の孫。
¶公卿（にしおうじたかとみ）, 公家（隆富〔西大路家〕たかとみ）

西大路隆共★ にしおおじたかとも
元文3（1738）年〜*　江戸時代中期の堂上公家。宝暦事件で落飾。
¶コン（㋓享保18（1733）年 ㋕寛政5（1793）年）

西大路隆仲★ にしおおじたかなか
興国3/康永1（1342）年〜応永4（1397）年11月11日　㋲西大路隆仲（にしおうじたかなか）　南北朝時代〜室町時代の公卿（権大納言）。西大路家の祖。権中納言四条隆持の子。
¶公卿（にしおうじたかなか ㋓康永1/興国3（1342）年）, 公家（隆仲〔西大路家〕たかなか）

西大路隆範★ にしおおじたかのり
生没年不詳　㋲西大路隆範（にしおうじたかのり）室町時代の公卿（参議）。参議西大路隆富の子。
¶公卿（にしおうじたかのり）, 公家（隆範〔西大路家〕たかのり）

西大路隆政 にしおおじたかまさ, にじおおじたかまさ
⇒四条隆政（しじょうたかまさ）

西大路隆意★ にしおおじたかもと
文政3（1820）年〜明治24（1891）年　江戸時代末期〜明治時代の公家。条約幕府委任反対の八十八卿列参に参加。
¶幕末（㋓文政3（1820）年2月14日 ㋕明治24（1891）年1月30日）

西大路隆良★ にしおおじたかよし
宝暦6（1756）年9月8日〜寛政8（1796）年9月22日　㋲西大路隆良（にしおうじたかよし）　江戸時代中期の公家（非参議）。権中納言山科頼言の末子、母は法印禅深の娘。
¶公卿（にしおうじたかよし）, 公家（隆良〔西大路家〕たかよし）

西岡才兵衛 にしおかさいひょうえ
戦国時代の仏師。武田氏に仕えた。
¶武田（生没年不詳）

西尾一之 にしおかずゆき
⇒西尾治郎作（にしおじろさく）

西岡常吉 にしおかつねきち
江戸時代後期〜昭和時代の宮大工。
¶美建（㋓嘉永6（1853）年 ㋕昭和8（1933）年4月24日）

西岡俊明の妻 にしおかとしあきのつま★
江戸時代前期の女性。俳諧。摂津の人。延宝8年

刊、村尾一風ほか編『福原びん鏡』に載る。
¶江表(西岡俊明の妻(兵庫県))

西岡信義＊ にしおかのぶよし
生没年不詳 江戸時代後期の和算家。
¶数学([生]文化12(1815)年 [没]明治30(1897)年8月18日)

西岡道甫 にしおかみちすけ
江戸時代中期～後期の眼科医。
¶眼医(生没年不詳)

西尾喜宣＊ にしおきせん
？～文化9(1812)年 [別]西尾喜宣(にしおよしのぶ) 江戸時代後期の算学者、尾張藩士。
¶数学(にしおよしのぶ [没]文化9(1812)年4月)

西尾錦之助 にしおきんのすけ
江戸時代後期～末期の幕臣。
¶徳人(生没年不詳)

西尾治郎作＊ にしおじろさく
弘化2(1845)年～大正1(1912)年 [別]西尾一之(にしおかずゆき) 江戸時代末期～明治時代の和算家。「小学算法必要」「籌算完璧」を著す。
¶数学(西尾一之 にしおかずゆき)

西尾仁左衛門 にしおじんざえもん
戦国時代～安土桃山時代の武士。宮地久右衛門の子。
¶武田(生没年不詳)

西尾忠尚＊ にしおただなお
元禄2(1689)年～宝暦10(1760)年 江戸時代中期の大名。遠江横須賀藩主。
¶コン

西尾信任 にしおのぶとう
江戸時代後期の和算家。奥州春山村の人。佐久間正清に入門。
¶数学

西尾武陵＊ にしおぶりょう
明和3(1766)年～天保9(1838)年12月24日 [別]武陵(ぶりょう) 江戸時代中期～後期の丹波篠山藩御用達、酒造業。
¶俳文(武陵 ぶりょう)

西尾政敏 にしおまさとし
江戸時代前期～中期の幕臣。
¶徳人([生]1648年 [没]1717年)

西尾光教＊ にしおみつのり
天文12(1543)年～元和1(1615)年 安土桃山時代～江戸時代前期の大名。美濃揖斐藩主、美濃曽根藩主。
¶織田([没]元和1(1615)年11月19日)

西尾吉次＊(西尾義次) にしおよしつぐ
享禄3(1530)年～慶長11(1606)年 安土桃山時代～江戸時代前期の武将、大名。武蔵原市藩主。
¶織田(西尾義次 [没]慶長11(1606)年8月26日)

西尾喜宣 にしおよしのぶ
⇒西尾喜宣(にしおきせん)

西尾麟角＊ にしおりんかく
文化4(1807)年～文久1(1861)年 江戸時代末期の修験道実相院西尾家の十四代目。
¶幕末

西海杢兵衛 にしがいもくべえ
安土桃山時代～江戸時代前期の宮大工。
¶美建([生]慶長4(1599)年 [没]万治3(1660)年)

西垣勘四郎〔1代〕＊ にしがきかんしろう
慶長18(1613)年～元禄6(1693)年6月 江戸時代前期の装剣金工家。細川家のお抱え工。
¶コン,美工

西垣勘四郎〔2代〕＊ にしがきかんしろう
寛永16(1639)年～享保2(1717)年 江戸時代前期～中期の肥後の鐔工。
¶コン,美工

西風＊ にしかぜ
天和2(1682)年～宝暦4(1754)年5月1日 江戸時代前期～中期の俳人。
¶俳文

西潟訥 にしがたおそし
⇒西潟訥(にしがたとつ)

西潟訥＊ にしがたとつ,にしかたとつ
＊～大正4(1915)年 [別]西潟訥(にしがたおそし) 江戸時代末期～大正時代の司法官、上等裁判所判事。官軍の北進に際し、北辰隊を編成。戦後認められて越後府に採用される。
¶幕末(にしがたおそし [生]天保9(1838)年 [没]大正4(1915)年4月22日)

西川伊三郎〔1代〕＊ にしかわいさぶろう
享保9(1724)年～天明5(1785)年 江戸時代中期～後期の人形浄瑠璃の人形遣い。
¶コン

西川伊三郎〔2代〕＊ にしかわいさぶろう
＊～弘化3(1846)年 江戸時代後期の人形浄瑠璃の人形遣い。
¶コン([生]安永7(1778)年)

西川伊三郎〔5代〕＊ にしかわいさぶろう
江戸時代末期の傀儡師。
¶コン([生]天保2(1831)年 [没]明治6(1873)年)

西川勝太郎 にしかわかつたろう
⇒西川勝太郎(にしかわしょうたろう)

西川勝基＊ にしかわかつもと
生没年不詳 江戸時代前期の和算家。
¶数学

西川邦治＊ にしかわくにじ
天保1(1830)年～明治4(1871)年 江戸時代末期～明治時代の播磨赤穂藩士。
¶幕末([没]明治4(1871)年1月11日)

西川慶順＊ にしかわけいじゅん
？～天正5(1577)年1月29日 戦国時代～安土桃山時代の織田信長の家臣。
¶織田

西川賢珍＊ にしかわけんちん
？～天正17(1589)年2月1日 戦国時代～安土桃山時代の織田信長の家臣。
¶織田

西川鯉三郎〔1代〕＊ にしかわこいさぶろう
＊～明治32(1899)年 江戸時代末期～明治時代の振付師、日本舞踊家。名古屋の劇場振付を一手に収めた。
¶歌大([生]文政7(1824)年),コン([生]文政7(1824)年)

に

にしかわ

西川古柳* にしかわこりゅう
文政8(1825)年〜明治30(1897)年　江戸時代末期〜明治時代の車人形人形遣。
¶コン，幕末(㊐文政8(1825)年7月13日　㊀明治30(1897)年9月21日)

西川作平* にしかわさくへい
天保13(1842)年〜大正7(1918)年　江戸時代末期〜大正時代の農民。砂防と植林に尽力。
¶幕末(㊐天保13(1842)年3月　㊀大正7(1918)年12月)

西川貞則* にしかわさだのり
永正13(1516)年〜永禄11(1568)年9月　戦国時代〜安土桃山時代の織田信長の家臣。
¶織田

西川春洞* にしかわしゅんどう
弘化4(1847)年〜大正4(1915)年8月10日　江戸時代末期〜明治時代の書家。山の手派の(日下部)鳴鶴、下町派の春洞と並び称された。
¶幕末

西川勝太郎* にしかわしょうたろう
嘉永6(1853)年〜明治1(1868)年　㊙西川勝太郎(にしかわかつたろう)　江戸時代末期の白虎隊士。
¶全幕(にしかわかつたろう)　㊀慶応4(1868)年)，幕末(㊀慶応4(1868)年8月23日)

西川如見* にしかわじょけん
慶安1(1648)年〜享保9(1724)年　江戸時代前期〜中期の天文学者、地理学者。
¶江人，科学(㊀享保9(1724)年8月10日)，コン，思想，対外，地理，徳将，山小(㊀1724年8月10日)

西川甚五郎〔1代〕* にしかわじんごろう
天文18(1549)年〜正保1(1644)年　㊙西川仁右衛門(にしかわにえもん)　安土桃山時代〜江戸時代前期の近江商人。蚊帳・寝具商西川家の初代。
¶コン(生没年不詳)

西川甚五郎〔7代〕* にしかわじんごろう
*〜文政8(1825)年　㊙西川利助(にしかわりすけ)　江戸時代中期〜後期の商人、実業家。
¶コン(㊍延享3(1746)年)

西川祐尹* にしかわすけただ
宝永3(1706)年〜宝暦12(1762)年　江戸時代中期の浮世絵師。
¶浮絵

西川助大夫 にしかわすけだゆう
江戸時代前期の山内忠義の家臣。
¶大坂

西川祐信* にしかわすけのぶ
寛文11(1671)年〜寛延3(1750)年7月19日　㊙狩野自得(かのうじとく)　江戸時代中期の浮世絵師。美人風俗画家。
¶浮絵，江人，コン(㊀宝暦1(1751)年)，美画

西川祐肖* にしかわすけのり
生没年不詳　江戸時代中期の絵師。
¶浮絵

西川祐春* にしかわすけはる
生没年不詳　江戸時代後期の絵師。
¶浮絵

西川祐代* にしかわすけよ
生没年不詳　江戸時代中期の浮世絵師。
¶浮絵

西川正休* にしかわせいきゅう
元禄6(1693)年〜宝暦6(1756)年　㊙西川忠次郎(にしかわちゅうじろう)，西川正休(にしかわまさやす，にしかわまさよし)　江戸時代中期の天文家。西洋天文学を広めるのに貢献。
¶江人(にしかわまさよし)，科学(㊍元禄6(1693)年11月14日　㊀宝暦6(1756)年5月1日)，コン，徳将，徳人

西川扇蔵 にしかわせんぞう
世襲名　江戸時代の日本舞踊西川流の宗家家元名。江戸時代に活躍したのは、初世から5世まで。
¶江人

西川扇蔵〔1代〕* にしかわせんぞう
?〜宝暦6(1756)年　江戸時代中期の日本舞踊西川流宗家。
¶歌大(——〔1世〕　㊀宝暦6(1756)年6月8日)，新歌(——〔1世〕)

西川扇蔵〔2代〕* にしかわせんぞう
享保3(1718)年〜*　江戸時代中期〜後期の歌舞伎の振付師。舞踊西川流の基礎を確立。
¶歌大(——〔2世〕　㊍? ㊀寛政1(1789)年12月1日)，コン(㊀天明5(1785)年)，新歌(——〔2世〕　㊍? ㊀1817年)

西川扇蔵〔3代〕* にしかわせんぞう
生没年不詳　㊙西川巳之助〔1代〕(にしかわみのすけ)　江戸時代後期の日本舞踊西川流の家元。
¶歌大(——〔3世〕　㊍? ㊀文政5(1822)年8月2日)，新歌(——〔3世〕)

西川扇蔵〔4代〕* にしかわせんぞう
寛政9(1797)年〜弘化2(1845)年　江戸時代後期の歌舞伎振付師。
¶歌大(——〔4世〕　㊍? ㊀弘化2(1845)年3月2日)，コン，新歌(——〔4世〕)

西川扇蔵〔5代〕* にしかわせんぞう
?〜万延1(1860)年　㊙西川巳之助〔2代〕(にしかわみのすけ)　江戸時代末期の舞踊西川流家元。
¶歌大(——〔5世〕　㊀万延1(1860)年10月23日)，新歌(——〔5世〕)，幕末(㊀万延1(1860)年10月22日)

西川忠次郎 にしかわちゅうじろう
⇒西川正休(にしかわせいきゅう)

西川照信* にしかわてるのぶ
生没年不詳　江戸時代中期の画家。遊女図を描く。
¶浮絵，コン，美画

西川伝右衛門* にしかわでんえもん
寛永3(1626)年〜宝永6(1709)年　江戸時代中期の近江八幡の商人。
¶コン

西川仁右衛門 にしかわにえもん
⇒西川甚五郎〔1代〕(にしかわじんごろう)

西河梅庵* にしかわばいあん
文化11(1814)年〜明治17(1884)年3月23日　江戸時代末期〜明治時代の伊予宇和島藩士。
¶幕末

西川柏子* にしかわはくこ
宝暦3(1753)年6月2日〜文化1(1804)年4月21日　江戸時代中期〜後期の歌人。江戸の鈴木喜兵衛正直の娘。西川国華の妻。
¶江表(柏子(京都府)　はくこ)

西川甫*　にしかわはじめ
？～明治37(1904)年2月　江戸時代末期～明治時代の政治家、実業家、大阪府府会議員、大東日報社長。版籍奉還後に徳島藩権少参事として活躍。大阪日報社を創立。
¶幕末

西川房任*　にしかわふさとう
応永24(1417)年～文明17(1485)年1月19日　室町時代～戦国時代の公卿(参議)。権大納言四条隆直の養子。
¶公卿,公家(房任〔四条家〕　ふさとう)

西川正休　にしかわまさやす
⇒西川正休(にしかわせいきゅう)

西川正休　にしかわまさよし
⇒西川正休(にしかわせいきゅう)

西川升吉*　にしかわますきち
天保9(1838)年～慶応1(1865)年　江戸時代末期の播磨赤穂藩士、尊攘派志士。
¶全幕([没]元治2(1865)年),幕末([没]元治2(1865)年2月28日)

西川巳之助〔1代〕　にしかわみのすけ
⇒西川扇蔵〔3代〕(にしかわせんぞう)

西川巳之助〔2代〕　にしかわみのすけ
⇒西川扇蔵〔5代〕(にしかわせんぞう)

西川吉輔*　にしかわよしすけ
文化13(1816)年～明治13(1880)年　江戸時代末期～明治時代の商人、社会運動家。家塾を開く。足利三代木像梟首事件に連座。のち近江日吉神社大宮司となる。
¶コン,幕末([生]文化13(1816)年7月2日　[没]明治13(1880)年5月19日)

西河原行忠　にしがわらゆきただ
⇒度会行忠(わたらいゆきただ)

西川理三郎*　にしかわりさぶろう
文政5(1822)年～明治4(1871)年　江戸時代末期～明治時代の広島藩士。神機隊副督を務める。戊辰戦争には鳥羽・伏見、東北戦争に参戦。
¶幕末([生]文政5(1822)年2月6日　[没]明治4(1871)年11月10日)

西川利助　にしかわりすけ
⇒西川甚五郎〔7代〕(にしかわじんごろう)

西川練造*(西川錬造)　にしかわれんぞう
江戸時代末期の志士。
¶全幕(西川錬造　[生]文化14(1817)年　[没]文久1(1861)年),幕末([生]文化14(1817)年3月17日　[没]文久1(1862)年12月14日)

西寛二郎*　にしかんじろう
弘化3(1846)年～明治45(1912)年　江戸時代末期～明治時代の陸軍軍人、大将、子爵。摩天嶺でロシア軍と交戦、激戦のすえ撃破して勇名を轟かせた。教育総監などを歴任。
¶幕末([生]弘化3(1846)年3月10日　[没]明治45(1912)年2月27日)

にしき
江戸時代中期の女性。俳諧。遠江東横地の俳号其白の妻。寛政2年刊、太田巴静追善集『笠の恩』に載る。
¶江表(にしき(静岡県))

錦　にしき⋆
江戸時代中期の女性。俳諧。新町の俳人志方星長の娘。明和3年の「蛍塚集」に載る。
¶江表(錦(熊本県))

錦公茂　にしききみしげ
平安時代中期の大工。
¶古人(生没年不詳)

錦小路　にしきこうじ⋆
江戸時代後期の女性。和歌・散文。尾張藩主徳川斉朝の室淑姫付の上﨟年寄。文化12年三月に下屋敷で遊んだ時の散文が載る。
¶江表(錦小路(愛知県))

錦小路頼徳　にしきこうじよりのり
⇒錦小路頼徳(にしきのこうじよりのり)

錦袖子　にしきそでこ⋆
江戸時代後期の女性。狂歌。土屋某の妻。文政2年刊、千柳亭唐丸編『狂歌陸奥百歌撰』に載る。
¶江表(錦袖子(宮城県))

西吉兵衛　にしきちべえ
⇒西玄甫(にしげんぽ)

錦代皇女　にしきてのこうじょ
飛鳥時代の女性。崇峻天皇の皇女。
¶古人(生没年不詳)

錦小路篤忠*　にしきのこうじあつただ
生没年不詳　室町時代の公卿(非参議)。非参議錦小路幸基の子。
¶公卿,公家(篤忠〔錦小路家〕　あつただ)

錦小路親康　にしきのこうじちかやす
⇒丹波親康(たんばのちかやす)

錦小路殿　にしきのこうじどの
⇒足利直義(あしかがただよし)

錦小路尚秀*　にしきのこうじなおひで
宝永2(1705)年9月1日～宝暦6(1756)年9月8日　[別]錦小路尚秀(にしきのこうじひさひで)　江戸時代中期の公家(非参議)。権大納言岡崎国久の次男。
¶公卿,公家(尚秀〔錦小路家〕　ひさひで)

錦小路尚秀　にしきのこうじひさひで
⇒錦小路尚秀(にしきのこうじなおひで)

錦小路盛直　にしきのこうじもりなお
⇒丹波盛直(たんばもりなお)

錦小路幸基*　にしきのこうじゆきもと
生没年不詳　室町時代の公卿(非参議)。錦小路家の祖。従二位・典薬頭・侍医丹波篤直の孫。
¶公卿,公家(幸基〔錦小路家〕　ゆきもと)

錦小路頼量*　にしきのこうじよりかず
永享3(1431)年～享禄2(1529)年4月2日　室町時代～戦国時代の公卿(非参議)。従三位頼秀の子。
¶公卿

錦小路頼理　にしきのこうじよりただ
⇒錦小路頼理(にしきのこうじよりまさ)

錦小路頼徳　にしきのこうじよりとみ
⇒錦小路頼徳(にしきのこうじよりのり)

錦小路頼尚*　にしきのこうじよりなお
寛保3(1743)年10月5日～寛政9(1797)年10月8日　江戸時代中期の公家(非参議)。非参議錦小路尚秀

の子。
¶公卿, 公家（頼尚〔錦小路家〕　よりなお）

錦小路頼直　にしきのこうじよりなお
⇒丹波頼直（たんばよりなお）

錦小路頼徳*　にしきのこうじよりのり
天保6（1835）年～元治1（1864）年　[別]錦小路頼徳（にしきこうじよりのり，にしきのこうじよりとみ）　江戸時代末期の公家。唐橋在久の子。
¶コン, 全幕（にしきこうじよりのり）, 幕末（にしきのこうじよりとみ　[生]天保6（1835）年4月24日　[没]元治1（1864）年4月27日）

錦小路頼理*　にしきのこうじよりまさ
明和4（1767）年2月9日～文政10（1827）年3月22日　[別]錦小路頼理（にしきのこうじよりただ）　江戸時代中期～後期の公家（非参議）。非参議錦小路頼尚の子。
¶公卿, 公家（頼理〔錦小路家〕　よりただ）

錦良正　にしきのよしまさ
平安時代中期の官人。
¶古人（生没年不詳）

錦百綾　にしきひゃくあや⋆
江戸時代後期の女性。狂歌。仙台の人。
¶江表（錦百綾（宮城県）　[没]弘化3（1846）年）

錦文流*　にしきぶんりゅう
生没年不詳　[別]文柳，文流（ぶんりゅう）　江戸時代中期の浄瑠璃・浮世草子作者。雑俳前句付点者。
¶歌大, 俳文

錦部岡万呂*　にしきべのおかまろ
生没年不詳　奈良時代の下級官人。
¶コン

錦屋惣次〔1代〕*　にしきやそうじ
？～明和7（1770）年　江戸時代中期の長唄三味線方。
¶コン

錦屋惣次〔2代〕*　にしきやそうじ
？～文政11（1828）年　江戸時代後期の江戸長唄三味線の家元。
¶コン

西玉潭の妻　にしぎょくせんのつま⋆
江戸時代後期の女性。和歌。清崎氏。天保10年の歌が伝わる。
¶江表（西玉潭の妻（徳島県））

西口与左衛門*　にしぐちよざえもん
？～天明1（1781）年？　江戸時代中期の百姓一揆の指導者。
¶コン

西熊之助*　にしくまのすけ
弘化1（1844）年～慶応2（1866）年　江戸時代末期の百姓、遊撃隊士。
¶幕末（[生]天保15（1844）年　[没]慶応2（1866）年6月20日）

西謙蔵*　にしけんぞう
弘化1（1844）年？～大正13（1924）年　江戸時代末期～大正時代の軍人。日本陸軍初代軍楽隊長。「君が代」作成に携わる。
¶幕末（[没]大正13（1924）年3月14日）

西玄哲*　にしげんてつ
天和1（1681）年～宝暦10（1760）年2月8日　[別]西規矩（にしのりひろ）　江戸時代中期の蘭方医。徳川家重の奥医師。
¶科学, コン, 徳人（西規矩　にしのりひろ）

西玄甫*　にしげんぽ
？～貞享1（1684）年　[別]西吉兵衛（にしきちべえ）　江戸時代前期の南蛮・オランダ通詞、蘭方医。
¶科学（[没]貞享1（1684）年9月17日）, コン, 対外

錦織周泉　にしごおりしゅうせん
江戸時代後期～明治時代の眼科医。
¶眼医（[生]文政5（1822）年　[没]明治15（1882）年）

西郡の方*（西郡之方）　にしごおりのかた
？～慶長11（1606）年5月14日　[別]蓮葉院（れんよういん）　安土桃山時代～江戸時代前期の女性。徳川家康の側室。
¶徳将（蓮葉院　れんよういん）

西郡半助　にしごおりはんすけ
江戸時代前期の人。細川幽斎の家臣西郡大炊介清忠の弟。
¶大坂

錦織従久*　にしごりつぐひさ
⁎～宝暦5（1755）年　江戸時代中期の公家（非参議）。錦織家の祖。非参議萩原員従の次男。
¶公卿（[生]元禄10（1697）年12月1日　[没]宝暦5（1755）年7月27日）, 公家（従久〔錦織家〕　つぐひさ　[生]元禄10（1697）年12月1日？　[没]宝暦5（1755）年7月27日）

錦部河内*　にしごりのかわち
生没年不詳　奈良時代の女官。
¶女史

錦部刀良*　にしごりのとら
飛鳥時代の人。白村江の戦いで唐に捕らえられた。
¶古代

錦部彦公　にしごりのひこきみ
⇒錦部彦公（にしごりひこきみ）

錦織晩香*　にしごりばんこう，にしこりばんこう
文化13（1816）年～明治21（1888）年　江戸時代末期～明治時代の儒者。廃藩置県後、私塾希賢舎を開き、多くの人材を育成。
¶幕末（にしこりばんこう　[没]明治21（1888）年3月1日）

錦部彦公*　にしごりひこきみ
生没年不詳　[別]錦部彦公（にしごりのひこきみ）　平安時代前期の漢学者。
¶古人（にしごりのひこきみ）

錦織久雄*　にしごりひさお
享和1（1801）年6月20日～嘉永3（1850）年7月5日　江戸時代末期の公家（非参議）。従四位上・中務少輔錦織従縄の孫。
¶公卿, 公家（久雄〔錦織家〕　ひさお）

錦織久隆*　にしごりひさなが
文政3（1820）年～明治15（1882）年　江戸時代末期～明治時代の公家。条約幕府委任反対の八十八卿列参に参加。
¶公卿（[生]文政3（1820）年9月8日　[没]明治15（1882）年6月）, 公家（久隆〔錦織家〕　ひさたか　[生]文政3（1820）年9月8日　[没]明治15（1882）年6月18日）, 幕末（[生]文政3（1820）年9月8日　[没]明治15（1882）年6月18日）

西坂成庵　にしざかせいあん
⇒西坂錫（にしさかたまう）

西坂錫* にしさかたまう
文化2(1805)年～文久2(1862)年 [別]西坂成庵(にしざかせいあん)，西坂錫(にしざかよう) 江戸時代末期の儒学者。
¶幕末([没]文久2(1862)年7月27日)

西坂成一* にしさかなりかず
*～明治20(1887)年 江戸時代末期～明治時代の儒者。加賀藩主前田斉泰の命により，「史記考異」を編纂。
¶幕末([生]天保2(1831)年 [没]明治20(1887)年10月31日)

西坂錫 にしざかよう
⇒西坂錫(にしさかたまう)

西崎三右衛門 にしざきさんえもん
⇒嵐三右衛門〔1代〕(あらしさんえもん)

西沢一風* にしざわいっぷう
寛文5(1665)年～享保16(1731)年5月24日 江戸時代中期の浮世草子作者、浄瑠璃作者、書肆。
¶江人，歌大，コン([生]寛文5(1665年/1652)年)，出版，日文

西沢一鳳* にしざわいっぽう
享和2(1802)年～嘉永5(1852)年12月2日 [別]狂言綺語堂(きょうげんきごどう)，秋倉庵滄々(しゅうそうあんそうそう)，正本屋九左衛門(しょうほんやくざえもん)，世代軒(せだいけん)，西沢一鳳軒(にしざわいっぽうけん)，李叟(りそう) 江戸時代末期の歌舞伎作者。天保2年～嘉永3年頃に活躍。
¶歌大([生]享和1(1801)年)，コン，新歌

西沢一鳳軒 にしざわいっぽうけん
⇒西沢一鳳(にしざわいっぽう)

西沢三右衛門* にしざわさんえもん
生没年不詳 戦国時代の北条氏の家臣。
¶後北(三右衛門〔西沢〕 さんえもん)

西沢武吉* にしざわぶきち
江戸時代末期の新撰組隊士。
¶新隊(生没年不詳)

西沢正徹 にしざわまさみち
江戸時代後期～明治時代の和算家。信濃川柳の人。寺島宗伴に最上流の算学を学ぶ。
¶数学([生]文政8(1825)年 [没]明治27(1894)年5月)

西島葛坡* にしじまかっぱ
宝暦8(1758)年～天保6(1835)年 江戸時代後期の儒者。
¶コン([没]天保3(1832)年)

西嶋新兵衛* にしじましんべえ
?～明治4(1871)年 江戸時代末期～明治時代の奇兵隊士。
¶幕末([没]明治3(1871)年11月17日)

西島青浦* にしじませいほ
文政11(1828)年～大正1(1912)年 江戸時代後期～明治時代の画家。
¶美画([没]明治45(1912)年3月10日)

西島八兵衛* にしじまはちべえ
慶長1(1596)年～延宝8(1680)年 江戸時代前期の水利技術者、生駒藩国奉行。
¶コン

西島百歳* にしじまひゃくさい
寛文8(1668)年～宝永2(1705)年 [別]百歳(ひゃくさい) 江戸時代中期の俳人(蕉門)。
¶俳文(百歳 ひゃくさい [没]宝永2(1705)年4月28日)

西島蘭渓* にしじまらんけい
安永9(1780)年～嘉永5(1852)年 江戸時代後期の儒学者。林述斎、柳谷の弟子。
¶コン，詩作([生]安永9(1781)年12月28日 [没]嘉永5(1853)年12月15日)，思想

西修輔 にししゅうすけ
江戸時代末期の新撰組隊士。
¶新隊(生没年不詳)

西十兵衛 にしじゅうびょうえ
江戸時代前期の長宗我部家の家臣。
¶大坂

西条昌直 にしじょうまさなお
安土桃山時代の北信濃の国衆。
¶武田([生]? [没]文禄1(1592)年)

西条祐意 にしじょうゆうい
戦国時代の信濃国埴科郡西条の国衆。
¶武田(生没年不詳)

西善三郎* にしぜんざぶろう
?～明和5(1768)年 江戸時代中期のオランダ通詞。
¶コン([生]享保2(1717)年)，対外，徳人

西善蔵* にしぜんぞう
天保3(1832)年～元治1(1864)年 江戸時代末期の陸奥中村藩士。
¶幕末([生]天保4(1833)年 [没]元治1(1864)年11月5日)

西宗真 にしそうしん
⇒西類子(にしるいす)

西田可蔵* にしだかぞう
文政5(1822)年～明治15(1882)年 江戸時代末期～明治時代の土佐藩家臣。戊辰戦争に参加。維新後は子弟の教育に専念。
¶幕末([没]明治15(1882)年10月17日)

西田長次 にしだちょうじ
⇒鈴木長五郎(すずきちょうごろう)

西館宇膳* にしだてうぜん
*～明治13(1880)年 [別]西館翫水(にしだてかんすい)，西館建哲(にしだてたけあき)，西館融(にしだてとおる) 江戸時代末期～明治時代の陸奥弘前藩家老。
¶幕末(西館翫水 にしだてかんすい [生]天保5(1834)年 [没]明治13(1880)年10月29日)

西館翫水 にしだてかんすい
⇒西館宇膳(にしだてうぜん)

西館孤清* にしだてこせい
文政12(1829)年～明治25(1892)年 江戸時代後期～明治時代の武士。
¶幕末([生]文政12(1829)年2月1日 [没]明治25(1892)年9月15日)

西館建哲 にしだてたけあき
⇒西館宇膳(にしだてうぜん)

西館融 にしだてとおる
⇒西館宇膳(にしだてうぜん)

にしたと

西田辰正* にしだときまさ
天保11（1840）年〜明治32（1899）年　江戸時代末期〜明治時代の富山藩士。質実剛健を核に置いた人物養成を通して、近代初等教育の普及に尽力。
¶幕末⑦天保11（1840）年7月7日　㉘明治32（1899）年11月9日）

西田直義* にしだなおかい
寛政5（1793）年〜慶応1（1865）年　江戸時代末期の国学者。
¶コン, 思想（㉘元治2（1865）年）, 幕末⑦寛政5（1793）年7月21日　㉘元治2（1865）年3月18日）

西田直五郎* にしだなおごろう
天保9（1838）年〜文久2（1862）年　江戸時代末期の薩摩藩士。
¶幕末（㉘文久2（1862）年4月23日）

西田某 にしだなにがし
安土桃山時代の人。北条氏政・氏直に属し中瀬郷代官か名主を務めたか。
¶後北（某〔西田〕　なにがし）

西谷さく* にしたにさく
天保13（1842）年2月〜？　江戸時代末期の「さく女日記」の筆者。
¶江表（サク（大阪府）⑦文久2（1862）年）, 女史（㉘1862年）

西道仙* （西道遷）　にしどうせん
天保7（1836）年〜大正2（1913）年　江戸時代末期〜明治時代の社会教育家、医師、長崎自由新聞社長。長崎文庫を創立し子文書を収集・刊行した。
¶コン, 詩作（㉘大正2（1913）年7月10日）, 幕末⑦大正2（1913）年7月10日）

西トマス にしとます
⇒トマス・デ・サン・ハシント

西永広林* にしながこうりん
？〜明和1（1764）年　⑩西永広林（にしながひろしげ）　江戸時代中期の算学者。
¶数学（にしながひろしげ　㉘明和1（1764）年8月19日）

西永広林 にしながひろしげ
⇒西永広林（にしながこうりん）

仁科三郎右衛門尉 にしなさぶろうえもんのじょう
安土桃山時代の信濃国安曇郡の土豪。
¶武田（生没年不詳）

仁科四郎三郎 にしなしろうさぶろう
戦国時代の信濃国安曇郡渋田見の国衆渋田見氏の一族か。
¶武田（生没年不詳）

仁科すわ千世 にしなすわちよ
安土桃山時代の信濃国安曇郡中之郷の国衆。
¶武田（生没年不詳）

仁科清八 にしなせいはち
戦国時代の武田氏の家臣、小山田氏の被官。
¶武田（生没年不詳）

仁科多一郎 にしなたいちろう
⇒勝野正道（かつのまさみち）

仁科頼母 にしなたのも
江戸時代前期の武士。大坂の陣で籠城。
¶大坂（㉘慶長20年5月7日）

仁科太郎兵衛尉 にしなたろべえのじょう
安土桃山時代の北条氏直の家臣。
¶後北（太郎兵衛尉〔仁科〕　たろべえのじょう）

仁科信基 にしなのぶもと
安土桃山時代〜江戸時代前期の武田氏の家臣。仁科信盛の嫡男。
¶武田（生没年不詳）

仁科信盛 にしなのぶもり
⇒仁科盛信（にしなもりのぶ）

仁科信盛娘 にしなのぶもりむすめ
安土桃山時代〜江戸時代前期の女性。母は武田信廉の娘。
¶武田⑦天正10（1580）年　㉘慶長13年7月29日）

仁科白谷* にしなはくこく
寛政3（1791）年〜弘化2（1845）年　⑩仁科白谷（にしなはっこく）　江戸時代後期の儒者。
¶詩作（にしなはっこく　㉘弘化2（1845）年5月29日）

仁科白谷 にしなはっこく
⇒仁科白谷（にしなはくこく）

仁科豊前守 にしなぶぜんのかみ
戦国時代の吉田の富士山御師。近世に小沢河内を称した。
¶武田（生没年不詳）

仁科孫三郎 にしなまごさぶろう
戦国時代の武田氏の家臣。
¶武田（生没年不詳）

仁科民部入道 にしなみんぶにゅうどう
戦国時代の武田氏の家臣。
¶武田（生没年不詳）

仁科盛員 にしなもりかず
戦国時代〜安土桃山時代の信濃・仁科領主の一族。
¶武田（生没年不詳）

仁科盛遠* にしなもりとお
生没年不詳　鎌倉時代前期の武将。
¶古人, 内乱（④？⑦承久3（1221）年）

仁科盛信* にしなもりのぶ
？〜天正10（1582）年　⑩仁科信盛（にしなのぶもり）　安土桃山時代の武将。武田信玄の5男。
¶全戦（⑦弘治3（1557）年）, 戦武（⑦弘治3（1557）年）, 武田（仁科信盛　にしなのぶもり　⑦弘治3（1557）年㉘天正10（1582）年3月2日）

仁科盛政 にしなもりまさ
生没年不詳　戦国時代の甲斐武田晴信の家臣。
¶武田

仁科盛棟 にしなもりむね
戦国時代の信濃仁科領主の一族。穂高姓を称す。
¶武田（生没年不詳）

仁科盛康* にしなもりやす
生没年不詳　戦国時代の甲斐武田晴信の家臣。
¶武田

仁科盛能 にしなもりよし
戦国時代の信濃国安曇郡仁科領の領主。信濃守護の小笠原長時の同心国衆。
¶武田（生没年不詳）

にしのと

西成度*　にしなりのり
天保6（1835）年〜明治24（1891）年　江戸時代末期〜明治時代の司法官、大審院長。東京控訴院裁判所長、東京控訴院長などを歴任。
¶幕末（没）明治24（1891）年4月5日）

西野以保子*　にしのいほこ
寛保3（1743）年〜天保12（1841）年1月　江戸時代中期〜後期の女性。歌人。
¶江表（以保子（高知県））

西御方*（西の御方）　にしのおんかた
生没年不詳　鎌倉時代後期の女性。伏見天皇の宮人。
¶天皇

西野孝太郎*　にしのこうたろう
天保2（1831）年〜元治1（1864）年　江戸時代末期の神官。
¶幕末（没）元治1（1864）年9月25日）

西野宗右衛門*　にしのそうえもん
？〜明治30（1897）年　江戸時代末期〜明治時代の加賀藩士。
¶幕末（生）天保5（1834）年　（没）明治30（1897）年6月17日）

西洞院有郷*　にしのとういんありさと
生没年不詳　室町時代の公卿（非参議）。長禄2年従二位に叙される。
¶公卿、公家（有郷〔安倍家（絶家）2〕　ありさと　（生）？（没）寛正5（1464）年6月）

西洞院親長*　にしのとういんちかなが
生没年不詳　室町時代の公卿（非参議）。参議西洞院時の次男。
¶公卿、公家（親長〔西洞院家〕　ちかなが）

西洞院時顕*　にしのとういんときあき
永享6（1434）年〜明応2（1493）年7月25日　室町時代〜戦国時代の公卿（参議）。非参議西洞院時兼の子。
¶公卿、公家（時顕〔西洞院家〕　ときあき）

西洞院時当　にしのとういんときあて
⇒西洞院時秀（にしのとういんときひで）

西洞院時兼*　にしのとういんときかね
生没年不詳　室町時代の公卿（非参議）。正四位下・右衛門佐西洞院時基の子。
¶公卿、公家（時兼〔西洞院家〕　ときかね　（生）？（没）応仁2（1468）年）

西洞院時子*　にしのとういんときこ
？〜寛文1（1661）年　（別）西洞院時子（さいとういんときこ）　江戸時代前期の女性。後陽成天皇の宮人。
¶天皇（さいとういんときこ　（没）寛文1（1661）年7月23日）

西洞院時名*　にしのとういんときな
享保15（1730）年2月1日〜寛政10（1798）年7月2日　江戸時代中期の堂上公家。宝暦事件で落飾。
¶コン（（没）寛政10（1798/1793）年）

西洞院時直*　にしのとういんときなお
天正12（1584）年〜寛文13（1636）年10月9日　江戸時代前期の公家（参議）。参議西洞院時慶の子。
¶公卿、公家（時直〔西洞院家〕　ときなお）

西洞院時長*　にしのとういんときなが
戦国時代の公卿（参議）。参議西洞院時顕の子。
¶公卿（明応1（1492）年（没）？）、公家（時長〔西洞院家〕　ときなが　（生）1492年（没）？）

西洞院時成*　にしのとういんときなり
正保2（1645）年12月6日〜享保9（1724）年閏4月9日　江戸時代前期〜中期の公家（権大納言）。非参議西洞院時良の子。
¶公卿、公家（時成〔西洞院家〕　ときなり）

西洞院時秀*　にしのとういんときひで
享禄4（1531）年〜永禄9（1566）年4月19日　（別）西洞院時当（にしのとういんときあて）　戦国時代の公卿（非参議）。参議西洞院時長の子。
¶公卿、公家（時当（にしのとういんときあて）、公家（時当〔西洞院家〕　ときまさ）

西洞院時光*　にしのとういんときみつ
延宝2（1674）年6月29日〜宝永6（1709）年4月10日　江戸時代中期の公家（非参議）。権大納言西洞院時成の次男。
¶公卿、公家（時光〔西洞院家〕　ときみつ）

西洞院時慶*　にしのとういんときよし
天文21（1552）年〜寛永16（1639）年　（別）時慶（ときよし）　安土桃山時代〜江戸時代前期の公家（参議）。安居院僧正覚澄の子。
¶公卿（（生）天文21（1552）年11月5日　（没）寛永16（1639）年11月20日）、公家（時慶〔西洞院家〕　ときよし　（生）天文21（1552）年11月5日　（没）寛永16（1639）年11月20日）、コン、植物（（生）天文21（1552）年11月5日　（没）寛永16（1640）年12月20日）、俳文（時慶　ときよし　（没）寛永16（1639）年11月20日）

西洞院時良*　にしのとういんときよし
慶長14（1609）年11月21日〜承応2（1653）年2月7日　江戸時代前期の公家（非参議）。参議西洞院時直の子。
¶公卿、公家（時良〔西洞院家〕　ときよし）

西洞院信堅*　にしのとういんのぶかた
文化1（1804）年10月2日〜明治24（1891）年12月　江戸時代末期〜明治時代の公家（権中納言）。非参議西洞院信順の子。
¶公卿、公家（信堅〔西洞院家〕　のぶかた　（没）明治24（1891）年12月4日）

西洞院信庸*　にしのとういんのぶつね
宝暦8（1758）年10月8日〜寛政12（1800）年8月13日　江戸時代中期〜後期の公家（参議）。非参議西洞院範篤の孫。
¶公卿、公家（信庸〔西洞院家〕　のぶつね）

西洞院信順*　にしのとういんのぶゆき
天明7（1787）年2月1日〜？　江戸時代末期の公家（非参議）。参議西洞院信庸の子。
¶公卿、公家（信順〔西洞院家〕　のぶあや　（没）文政4（1821）年8月4日）

西洞院範篤*　にしのとういんのりあつ
宝永1（1704）年9月9日〜元文3（1738）年7月5日　江戸時代中期の公家（非参議）。権大納言西洞院時成の末子。
¶公卿、公家（範篤〔西洞院家〕　のりあつ）

西洞院行時*　にしのとういんゆきとき
正中1（1324）年〜正平24/応安2（1369）年　（別）平行時（たいらゆきとき）　南北朝時代の公卿（参議）。西洞院家の祖。非参議・蔵人頭・左大弁平行高の次男。
¶公卿（応安2/正平24（1369）年11月4日）、公家（行時〔西洞院家〕　ゆきとき　（没）応安2（1369）年11月4日）

西野宣明* にしののぶあき
享和2(1802)年〜明治16(1883)年 江戸時代末期〜明治時代の国学者。「常陸国風土記」の八種の異本を校訂し、「訂正常陸国風土記」として公刊。著書に「松宇日記」「牛乳考」など。
¶幕末

西坊中納言 にしのぼうちゅうなごん
戦国時代の武蔵・浅草の三社権現社の坊官。
¶武田(生没年不詳)

西ノ丸殿 にしのまるどの
⇒松丸殿(まつのまるどの)

西宮左大臣 にしのみやさだいじん
⇒源高明(みなもとのたかあきら)

西宮新六* にしのみやしんろく
生没年不詳 江戸時代中期の地本問屋。
¶浮絵

西宮左大臣 にしのみやのさだいじん
⇒源高明(みなもとのたかあきら)

西宮藤長* にしのみやふじなが
文政8(1825)年〜明治28(1895)年 江戸時代末期〜明治時代の漢学者、教育者。秋田県女子師範学校長、県教育勅語奉会長を務める。
¶幕末([生]文政8(1825)年5月25日 [没]明治28(1895)年10月22日)

西野保太郎* にしのやすたろう
文政6(1823)年〜明治19(1886)年 江戸時代末期〜大正時代の商人。徳島藩関東用利用、会計方用掛などをつとめる。海防用に藩に献金し、小高取となる。
¶幕末([没]明治19(1886)年11月20日)

西規矩 にしのりひろ
⇒西玄哲(にしげんてつ)

西八条禅尼 にしはちじょうぜんに
⇒八条禅尼(はちじょうぜんに)

西林忠八* にしばやしちゅうはち
文政4(1821)年〜明治19(1886)年 江戸時代末期〜大正時代の農民。各地を視察し農業改良に努めたほか、養蚕を奨励。
¶幕末([没]明治19(1886)年11月)

西原晁樹 にしはらあさき
⇒西原晁樹(にしはらちょうじゅ)

西原源太* にしはらげんた
生没年不詳 戦国時代の北条氏の家臣。
¶後北(源太〔西原〕 げんた)

西原次郎右衛門* にしはらじろうえもん
生没年不詳 戦国時代の武士。後北条氏家臣。
¶後北(次郎右衛門〔西原〕 じろうえもん)

西原善右衛門* にしはらぜんえもん
生没年不詳 [別]西原善右衛門尉(にしはらぜんえもんのじょう) 戦国時代の武士。後北条氏家臣。
¶後北(善右衛門尉〔西原〕 ぜんえもんのじょう)

西原善右衛門尉 にしはらぜんえもんのじょう
⇒西原善右衛門(にしはらぜんえもん)

西原晁樹* にしはらちょうじゅ
天明1(1781)年〜安政6(1859)年 [別]西原晁樹(にしはらあさき) 江戸時代後期の国学者、筑後柳川藩士、国学師範。
¶コン,幕末([生]安永10(1781)年2月15日 [没]安政6(1859)年7月27日)

西原文虎* にしはらぶんこ
寛政2(1790)年〜安政2(1855)年 [別]文虎(ぶんこ) 江戸時代末期の俳人。
¶コン,俳文(文虎 ぶんこ [没]安政2(1855)年2月9日)

西松忠兵衛* にしまつちゅうべえ
生没年不詳 安土桃山時代の織田信長の家臣。
¶織田

西丸殿 にしまるどの
⇒松丸殿(まつのまるどの)

西宮佐渡 にしみやさど
安土桃山時代の信濃国筑摩郡会田の土豪。
¶武田(生没年不詳)

西宮秀* にしみやひで
天保5(1834)年〜大正1(1912)年 江戸時代末期〜明治時代の奥女中。安政大地震や幕末期の水戸藩の動乱を日記に綴る。著書に「落葉の日記」。
¶江表(秀(茨城県))

西宮六郎左衛門 にしみやろくろうざえもん
安土桃山時代の信濃国筑摩郡会田の土豪。
¶武田(生没年不詳)

西村 にしむら
安土桃山時代の信濃国安曇郡草深の土豪。仁科氏の被官とみられる。
¶武田(生没年不詳)

西村五十五郎* にしむらいそごろう
安政2(1855)年〜? 江戸時代末期の新撰組隊士。
¶新隊

西村市郎右衛門〔1代〕* にしむらいちろうえもん
?〜元禄9(1696)年 [別]未達(みたつ) 江戸時代前期の京都書肆の初代。俳諧師、書肆作家。
¶俳文(未達 みたつ [没]元禄9(1696)年9月3日)

西村勘九郎 にしむらかんくろう
⇒斎藤道三(さいとうどうさん)

西村吉右衛門* にしむらきちえもん
?〜明治6(1873)年 江戸時代末期〜明治時代の豪商。法衣装束問屋。
¶コン

西村久左衛門* にしむらきゅうざえもん
生没年不詳 江戸時代中期の京都の豪商。出羽米沢藩主上杉氏の御用達。
¶コン

西村久介 にしむらきゅうすけ
⇒金子勇二郎(かねこゆうじろう)

西村九兵衛 にしむらきゅうべえ
⇒西村九兵衛(にしむらくへえ)

西村宮内衛門尉 にしむらくないえもんのじょう
戦国時代の武士。駿河衆。
¶武田(生没年不詳)

西村九兵衛* にしむらくへえ
生没年不詳 [別]西村九兵衛(にしむらきゅうべえ) 江戸時代前期の京三条釜座の釜師。浄味の弟子。
¶コン(にしむらきゅうべえ),美工

西村熊* にしむらくま
嘉永2(1849)年～明治5(1872)年 江戸時代末期～大正時代の加賀藩家臣。加賀藩の家老本多氏の旧臣。主君本多政均の仇を討つ。
¶幕末([没]明治5(1872)年11月4日)

西村郡司* にしむらぐんじ
文化11(1814)年～明治28(1895)年 [別]西村七右衛門(にしむらしちえもん) 江戸時代末期～明治時代の商人、開拓事業家。下総印旛郡八街を開墾。
¶コン(西村七右衛門 にしむらしちえもん),幕末([生]文化11(1814)年9月23日 [没]明治28(1895)年1月31日)

西村敬蔵* にしむらけいぞう
文化10(1813)年～明治24(1891)年 江戸時代末期～明治時代の医師。京都の蘭方開業医。コレラ治療で成功し名医として名声を得た。著書に「治療一隅」。
¶幕末([没]明治24(1891)年2月5日)

西村源六* にしむらげんろく
生没年不詳 江戸時代中期の書肆。
¶浮絵

西村広蔵* にしむらこうぞう
文化13(1816)年～明治3(1870)年 江戸時代末期～大正時代の男性。七卿の都落ちに随行して長州に赴く。
¶幕末([没]明治3(1870)年4月24日)

西村五兵衛* にしむらごへえ
生没年不詳 江戸時代末期の商人。
¶幕末

西村左平次* にしむらさへいじ
弘化2(1845)年～明治1(1868)年 [別]西山左兵次(にしやまさへいじ) 江戸時代末期の土佐藩士。
¶全幕(西山左兵次 にしやまさへいじ [没]慶応4(1868)年),幕末([没]慶応4(1868)年2月23日)

西村茂樹* にしむらしげき
文政11(1828)年～明治35(1902)年8月18日 江戸時代末期～明治時代の道徳思想家、官僚。修身学社を創設、国民道徳新興運動を展開。著書に「日本道徳論」など。
¶コン,思想,出版([生]文政11(1828)年3月13日),幕末([生]文政11(1828)年3月13日 [没]明治35(1902)年7月18日),山小([生]1828年3月13日 [没]1902年8月18日)

西村重長* にしむらしげなが
?～宝暦6(1756)年 江戸時代中期の浮世絵師。江戸の人。
¶浮絵,歌大([没]宝暦6(1756)年6月27日),コン,美画([生]元禄6(1693)年 [没]宝暦6(1756)年6月27日)

西村重信* にしむらしげのぶ
生没年不詳 江戸時代中期の浮世絵師。
¶浮絵

西村重倍 にしむらしげます
江戸時代中期の画家。
¶浮絵

西村時憲 にしむらじけん
生没年不詳 江戸時代後期の幕臣。
¶徳人,徳代

西村七右衛門 にしむらしちえもん
⇒西村郡司(にしむらぐんじ)

西村七平 にしむらしちへい
江戸時代末期～大正時代の法蔵館館主。
¶出版([生]安政1(1854)年2月1日 [没]大正8(1919)年9月27日)

西村重右衛門* にしむらじゅうえもん
文化14(1817)年～慶応1(1865)年 江戸時代末期の豪農。
¶幕末([没]慶応1(1865)年7月14日)

西村春香* にしむらしゅんこう
?～明治11(1878)年3月16日 江戸時代末期～明治時代の女性。画家。
¶江表(春香(東京都))

西村庄左衛門 にしむらしょうざえもん
江戸時代中期の幕臣。
¶徳人(生没年不詳)

西村荘兵衛* にしむらしょうべえ
文化11(1814)年～明治16(1883)年 江戸時代末期～明治時代の生糸商人。生糸問屋を営みながら、但馬農兵の組織化や生野挙兵に参画。
¶幕末([没]明治16(1883)年4月16日)

西村捨三* にしむらすてぞう
天保14(1843)年～明治41(1908)年1月14日 江戸時代末期～明治時代の官僚、大阪府知事。淀川改修、上水道整備に尽力。平安神宮創建に参画。大阪築港にも貢献。
¶幕末([生]天保14(1843)年7月)

西村清太郎* にしむらせいたろう
弘化3(1846)年～文久3(1863)年 江戸時代末期の長州(萩)藩士。
¶幕末([没]文久3(1863)年10月14日)

西村善五郎(――〔11代〕) にしむらぜんごろう
⇒永楽保全(えいらくほぜん)

西村善五郎〔1代〕* にしむらぜんごろう
?～永禄1(1558)年 戦国時代の京都の永楽焼の陶工。
¶コン,美工

西村善五郎〔2代〕 にしむらぜんごろう
⇒永楽善五郎〔2代〕(えいらくぜんごろう)

西村善五郎〔3代〕* にしむらぜんごろう
?～元和9(1623)年 江戸時代前期の京都の永楽焼の陶工。
¶コン

西村善五郎〔4代〕 にしむらぜんごろう
⇒永楽善五郎〔4代〕(えいらくぜんごろう)

西村善五郎〔5代〕 にしむらぜんごろう
⇒永楽善五郎〔5代〕(えいらくぜんごろう)

西村善五郎〔10代〕* にしむらぜんごろう
*～天保12(1841)年 [別]永楽了全(えいらくりょうぜん),西村了全(にしむらりょうぜん),了全(りょうぜん) 江戸時代後期の京焼の陶工。
¶コン([生]?),美工(西村了全 にしむらりょうぜん [生]明和7(1770)年 [没]天保12(1841)年1月)

西村善次* にしむらぜんじ
天保13(1842)年～元治1(1864)年 江戸時代末期の長州(萩)藩士。
¶幕末([没]元治1(1864)年11月17日)

西村荘一郎 にしむらそういちろう
江戸時代後期～大正時代の木工芸家。
¶美工([生]弘化3(1846)年1月23日 [没]大正3(1914)年9月30日)

西村宗雲 にしむらそううん
⇒永楽善五郎〔4代〕(えいらくぜんごろう)

西村総左衛門 にしむらそうざえもん
江戸時代末期～昭和時代の染色家。
¶美工([生]安政2(1855)年5月25日 [没]昭和10(1935)年5月16日)

西村宗三郎* にしむらそうざぶろう
天保5(1834)年～明治9(1876)年 [別]永楽回全(えいらくかいぜん) 江戸時代末期～明治時代の陶工。
¶美工(永楽回全 えいらくかいぜん)

西村宗善 にしむらそうぜん
⇒永楽善五郎〔2代〕(えいらくぜんごろう)

西村宗全* にしむらそうぜん
生没年不詳 安土桃山時代の土風炉師。
¶美工([生]? [没]元和9(1623)年)

西村宗筌 にしむらそうぜん
⇒永楽善五郎〔5代〕(えいらくぜんごろう)

西村武正* にしむらたけまさ
文政1(1818)年～明治11(1878)年 江戸時代末期～明治時代の播磨姫路藩士。
¶幕末([没]明治11(1878)年7月)

西村太沖*(西村太仲, 西村太冲) にしむらたちゅう
明和4(1767)年～天保6(1835)年 江戸時代中期～後期の暦算家。西村遠里門下。
¶コン

西村太郎右衛門* にしむらたろうえもん
*～慶安4(1651)年 江戸時代前期の貿易商人。朱印船乗組員として安南国へ渡航。
¶対外(生没年不詳)

西村中和* にしむらちゅうわ
生没年不詳 江戸時代後期の絵師。
¶浮絵([生]宝暦8(1758)年 [没]天保6(1835)年)

西村定雅* にしむらていが
延享1(1744)年～文政9(1826)年12月12日 [別]定雅(さだよし, ていが) 江戸時代中期～後期の俳人、狂歌師、洒落本作者。三栖屋針の卸商。
¶コン, 俳文(定雅 ていが)

西村哲二郎* にしむらてつじろう
弘化1(1844)年～慶応2(1866)年 [別]太田二郎(おおたじろう) 江戸時代末期の志士。
¶幕末([没]慶応2(1866)年7月27日)

西村道仁 にしむらどうじん
⇒西村道仁(にしむらどうにん)

西村道仁* にしむらどうにん
永正1(1504)年～弘治1(1555)年 [別]西村道仁(にしむらどうじん) 戦国時代の釜師。名越浄祐の門人。
¶コン(生没年不詳), 美工

西村道冶*(西村道也) にしむらどうや
江戸時代中期の釜師。千家出入りの釜師。
¶美工(生没年不詳)

西村道爺* にしむらどうや
生没年不詳 江戸時代の釜師、西村屋4代。
¶美工

西村道弥* にしむらどうや
江戸時代中期の釜師、西村屋2代。
¶美工([生]? [没]寛文12(1672)年)

西村遠里* にしむらとおさと
享保3(1718)年～天明7(1787)年 江戸時代中期の暦算家。天文家の土御門家に仕える。
¶江人, 科学, コン, 数学

西村富蔵 にしむらとみぞう
江戸時代後期の幕臣。
¶徳人(生没年不詳)

西村寅次郎 にしむらとらじろう
江戸時代末期の東雲堂書店創業者。
¶出版([生]安政2(1855)年9月20日 [没]?)

西村紀知 にしむらのりとも
江戸時代後期の和算家、西尾藩士。
¶数学

西村彦兵衛* にしむらひこべえ
*～安永2(1773)年 [別]西村宗忠(にしむらむねただ) 江戸時代中期の京の漆器商。象彦を屋号とする。
¶コン(西村宗忠 にしむらむねただ [生]享保5(1720)年), 美工([生]享保5(1720)年)

西村広休* にしむらひろよし
文化13(1816)年10月23日～明治22(1889)年12月28日 江戸時代末期～明治時代の本草学者。山本亡羊門下。著書に「小品考」「バクテリアの図」。
¶植物

西村孫之進 にしむらまごのしん
安土桃山時代～江戸時代前期の武士。大坂の陣で籠城。
¶大坂([生]文禄4年 [没]明暦2年4月13日)

西村美須 にしむらみす
江戸時代末期の文人。
¶女史([生]? [没]1874年)

西村宗忠 にしむらむねただ
⇒西村彦兵衛(にしむらひこべえ)

西村屋伝兵衛 にしむらやでんべえ
江戸時代中期の江戸の版元。正徳年間から。
¶浮絵

西村屋与八* にしむらやよはち
世襲名 江戸時代中期～後期の書物・地本草紙問屋の版元。
¶浮絵

西村了全 にしむらりょうぜん
⇒西村善五郎〔10代〕(にしむらぜんごろう)

西本チョウ* にしもとちょう
江戸時代中期の人。夏ミカンの発見者。
¶植物([生]? [没]宝暦8(1758)年12月8日)

西本正道* にしもとまさみち
江戸時代末期の安芸広島藩士。
¶幕末(生没年不詳)

西森三蔵 ＊　にしもりさんぞう
　文政1（1818）年〜明治16（1883）年　江戸時代末期
〜明治時代の教育者、江ノ口小学校校長。詩と書に
すぐれ家塾を開き、毎年山内容堂に経義を講じた。
　¶幕末（圀文政1（1818）年10月3日　圀明治16（1883）年2
月10日）

西安太郎 ＊　にしやすたろう
　嘉永2（1849）年〜慶応2（1866）年　江戸時代末期
の長州（萩）藩士、忠告隊士。
　¶幕末（圀慶応2（1866）年7月27日）

西山完瑛 ＊　にしやまかんえい
　天保5（1834）年〜明治30（1897）年8月12日　江戸
時代末期〜明治時代の画家。人物画・花鳥画を得意
とし、播磨明石侯に使えた。
　¶幕末、美画

西山謙之助 ＊　にしやまけんのすけ
　弘化2（1845）年〜＊　江戸時代末期の志士。
　¶幕末（圀弘化2（1845）年4月9日　圀慶応3（1867）年12
月11日）

西山左兵次　にしやまさへいじ
　⇒西村左平次（にしむらさへいじ）

西山十右衛門尉　にしやまじゅうえもんのじょう
　戦国時代〜江戸時代前期の武田勝頼の家臣。
　¶武田（圀天文7（1538）年　圀慶長19（1614）年9月3日）

西山拙斎 ＊　にしやませっさい
　享保20（1735）年8月17日〜寛政10（1798）年11月5
日　江戸時代中期の儒学者、漢詩人。欽塾を開
いた。
　¶詩作、思想

西山宗因 ＊　にしやまそういん
　慶長10（1605）年〜天和2（1682）年3月28日　圀宗
因（そういん）　江戸時代前期の連歌師、俳人（談
林派）。井原西鶴の師。
　¶江人（宗因　そういん）、コン、詩作、思想（宗因　そう
いん）、日文、俳文（宗因　そういん）、山小（宗因　そう
いん　圀1682年3月28日）

西山宗春 ＊　にしやまそうしゅん
　寛永19（1642）年〜享保8（1723）年　圀宗春（そう
しゅん）　江戸時代前期〜中期の連歌師。
　¶俳文（宗春　そうしゅん　圀享保8（1723）年9月晦日）

西山土佐守　にしやまとさのかみ
　安土桃山時代の武田勝頼の家臣。
　¶武田（生没年不詳）

西山備国の妻　にしやまびんごのつま＊
　江戸時代中期の女性。和歌。旗本西山氏の一族か。
元禄16年刊、植山検校江民軒梅之・梅柳軒水之編
『歌林尾花末』に載る。
　¶江表（西山備国の妻（東京都））

西山平八郎　にしやまへいはちろう
　江戸時代後期〜明治時代の御家人。
　¶幕末（圀天保12（1841）年　圀明治25（1892）年9月17
日）

西山芳園 ＊　にしやまほうえん
　文化1（1804）年〜慶応3（1867）年　江戸時代末期
の画家。
　¶幕末（圀慶応3（1867）年11月8日）、美画（圀慶応3
（1867）年11月）

西山昌親　にしやままさちか
　江戸時代前期〜中期の関東代官。
　¶徳代（圀寛永8（1631）年　圀元禄5（1692）年12月30日）

西山昌春 ＊　にしやままさはる
　寛永10（1633）年〜元禄15（1702）年10月5日　江戸
時代中期〜中期の幕臣。
　¶徳代

西山昌行　にしやままさゆき
　安土桃山時代の美濃国の代官。
　¶徳代（生没年不詳）

西山昌幸の母　にしやままさゆきのはは＊
　江戸時代中期の女性。和歌。旗本西山氏の一族か。
元禄16年刊、植山検校江民軒梅之・梅柳軒水之編
『歌林尾花末』に載る。
　¶江表（西山昌幸の母（東京都））

西山弥平次　にしやまやへいじ
　江戸時代後期〜明治時代の和算家、山崎藩士。
　¶数学

西谷善慎 ＊　にしやよしかた
　天保3（1832）年〜明治27（1894）年　江戸時代末期
〜明治時代の考証学者、下田原藩教授。下田原藩大
目付、加判などを歴任。著書に「庸学稽古論」。
　¶幕末（圀明治27（1894）年2月9日）

西有慶 ＊　にしゆうけい
　文政8（1825）年〜明治12（1879）年　江戸時代末期
〜明治時代の緒方洪庵の初期門人。
　¶幕末（圀明治12（1879）年12月）

西与一左衛門　にしよいちざえもん
　江戸時代前期〜中期の代官。
　¶徳代（圀慶安3（1650）年　圀正徳1（1711）年？）

二条 ＊⑴　にじょう
　生没年不詳　平安時代中期の歌人。
　¶古人

二条⑵　にじょう
　⇒後深草院二条（ごふかくさいんのにじょう）

二条昭実 ＊　にじょうあきざね
　弘治2（1556）年11月1日〜元和5（1619）年7月14日
安土桃山時代〜江戸時代前期の公家（関白・左大
臣・准三宮）。関白・左大臣二条晴良の次男。
　¶公ци、公家（昭実〔二条家〕　あきざね）、コン、全戦

二条舎子　にじょうえこ
　⇒青綺門院（せいきもんいん）

二条為子　にじょういし
　⇒二条為子（にじょうためこ）

二条院 ＊　にじょういん
　万寿3（1026）年〜長治2（1105）年　圀章子内親王
（あきこないしんのう、しょうしないしんのう）
平安時代中期〜後期の女性。後一条天皇第1皇女。
　¶古人（章子内親王　あきこないしんのう）、コン（章子内
親王　しょうしないしんのう）、天皇（章子内親王
しょうしないしんのう　圀万寿3（1026）年12月9日
圀長治2（1105）年9月17日）

二条院讃岐　にじょういんさぬき
　⇒二条院讃岐（にじょういんのさぬき）

二条院前皇后宮常陸 ＊　にじょういんのさきのこうご
うぐうのひたち
　生没年不詳　圀常陸（ひたち）　平安時代後期の女

房・歌人。

¶古人(常陸　ひたち)

二条院讃岐* にじょういんのさぬき

永治1(1141)年頃～建保5(1217)年頃　[別]讃岐(さぬき)，二条院讃岐(にじょういんさぬき)　平安時代後期～鎌倉時代前期の女性。歌人。

¶古人(讃岐　さぬき　[生]1141年？　[没]1217年？)，女史([生]1141年？　[没]1217年？)，女文

二条院三河内侍 にじょういんのみかわのないし

⇒三河内侍(みかわのないし)

二条栄子 にじょうえいし

⇒藤原栄子(ふじわらのえいし)

二条兼基* にじょうかねもと

文永5(1268)年～建武1(1334)年　鎌倉時代後期の公卿(関白・摂政・太政大臣)。関白・左大臣二条師忠の子(弟か)。

¶公卿([没]建武1(1334)年8月22日)，公家(兼基〔二条家〕　かねもと　[生]1267年　[没]建武1(1334)年8月22日)

二条尹房 にじょうこれふさ

⇒二条尹房(にじょうただふさ)

二条定輔 にじょうさだすけ

⇒藤原定輔(ふじわらのさだすけ)

二条重良* にじょうしげよし

宝暦1(1751)年～明和5(1768)年　江戸時代中期の公家(権大納言)。右大臣二条宗基の子。

¶公卿([生]宝暦1(1751)年11月3日　[没]明和5(1768)年7月2日)，公家(重良〔二条家〕　しげよし　[生]宝暦1(1751)年11月3日　[没]明和5(1768)年7月2日)

二条資兼* にじょうすけかね

*～元中4/嘉慶1(1387)年　南北朝時代の公卿(権中納言)。権中納言二条資親の子。

¶公卿([生]正和2(1313)年　[没]嘉慶1/元中4(1387)年)，公家(資兼〔平松家(絶家)〕　すけかね　[生]1314年　[没]嘉慶1(1387)年)

二条資季* にじょうすけすえ

承元1(1207)年～正応2(1289)年　鎌倉時代後期の公卿(権大納言)。非参議藤原資家の長男。

¶公卿([没]？)，公家(資季〔平松家(絶家)〕　すけすえ　[没]？)

二条資高* にじょうすけたか

文永2(1265)年～嘉元2(1304)年6月22日　鎌倉時代後期の公卿(権中納言)。権大納言二条資季の孫。

¶公卿，公家(資高〔平松家(絶家)〕　すけたか)

二条資親* にじょうすけちか

永仁1(1293)年～正平1/貞和2(1346)年9月23日　鎌倉時代後期～南北朝時代の公卿(権中納言)。権中納言二条資高の子。

¶公卿([没]貞和2/正平1(1346)年9月23日)，公家(資親〔平松家(絶家)〕　すけちか　[没]貞和2(1346)年9月23日)

二条資藤* にじょうすけふじ

生没年不詳　鎌倉時代後期の公卿(権中納言)。権大納言二条資季の孫。

¶公卿，公家(資藤〔平松家(絶家)〕　すけふじ)

二条太皇太后宮式部* にじょうたいこうたいごうぐうのしきぶ

生没年不詳　平安時代後期の女房・歌人。

¶古人(式部　しきぶ)

二条太皇太后宮摂津* にじょうたいこうたいごうぐうのせっつ

生没年不詳　[別]摂津(せっつ)　平安時代後期の女房・歌人。

¶古人(摂津　せっつ)，女史(摂津　せっつ)

二条尹房* にじょうただふさ

明応5(1496)年～天文20(1551)年　[別]後大染金剛院殿(ごだいせんこんごういんどの，のちのだいせんこんごういんどの)，二条尹房(にじょうこれふさ)　戦国時代の公卿(関白・左大臣・准三宮)。関白・右大臣二条尚基の子。

¶公卿([生]明応5(1496)年10月12日　[没]天文20(1551)年8月29日)，公家(尹房〔二条家〕　ただふさ　[生]明応5(1496)年10月12日　[没]天文20(1551)年8月29日)

二条忠基* にじょうただもと

？～元応1(1319)年　鎌倉時代後期の公卿(非参議)。内大臣九条基家の孫。

¶公卿，公家(忠基〔月輪家(絶家)〕　ただもと)

二条為明* にじょうためあき

永仁3(1295)年～正平19/貞治3(1364)年10月27日　[別]藤原為明(ふじわらのためあき)，御子左為明(みこひだりためあき)　鎌倉時代後期～南北朝時代の歌人・公卿(権中納言)。権中納言御子左為藤の子。

¶公卿(御子左為明　みこひだりためあき　[没]貞治3/正平19(1364)年10月27日)，公家(為明〔御子左2・二条・五条家(絶家)〕　ためあき　[没]貞治3(1364)年10月27日)，詩作

二条為氏* にじょうためうじ

貞応1(1222)年～弘安9(1286)年9月14日　[別]為氏(ためうじ)，藤原為氏(ふじわらためうじ，ふじわらのためうじ)　鎌倉時代後期の歌人・公卿(権大納言)。権大納言藤原為家の子。

¶公卿(藤原為氏　ふじわらのためうじ　[生]建保6(1218)年)，公家(為氏〔御子左2・二条・五条家(絶家)〕　ためうじ)，コン，詩作，日文(藤原為氏　ふじわらのためうじ)，俳文(為氏　ためうじ)

二条為雄* にじょうためお

建長7(1255)年～？　鎌倉時代後期の公家・連歌作者。

¶公家(為雄〔御子左2・二条・五条家(絶家)〕　ためお)

二条為子* にじょうためこ

？～応長1(1311)年　[別]二条為子(にじょういし)，藤原為子(ふじわらのためこ)　鎌倉時代後期の女性。歌人。

¶天皇(にじょういし・ためこ)

二条為定* にじょうためさだ

永仁1(1293)年～正平15/延文5(1360)年　[別]藤原為定(ふじわらのためさだ)　鎌倉時代後期～南北朝時代の歌人。「新千載和歌集」の選者。

¶公家(為定〔御子左2・二条・五条家(絶家)〕　ためさだ　[生]1293年？　[没]延文5(1360)年3月14日)

二条為重* にじょうためしげ

正中2(1325)年～元中2/至徳2(1385)年　[別]藤原為重(ふじわらのためしげ)，御子左為重(みこひだりためしげ)　南北朝時代の歌人・公卿(権大納言)。権大納言藤原為世の孫。

¶公卿(御子左為重　みこひだりためしげ　[生]建武1(1334)年　[没]至徳2/元中2(1385)年2月15日)，公家(為重〔御子左2・二条・五条家(絶家)〕　ためしげ　[生]？　[没]至徳2(1385)年2月15日)

二条為忠 にじょうためただ

⇒御子左為忠(みこひだりためただ)

二条為親　にじょうためちか
⇒御子左為親（みこひだりためつか）

二条為遠*　にじょうためとお
興国2/暦応4（1341）年～弘和1/永徳1（1381）年　南北朝時代の公卿、歌人。
¶公家（為遠〔御子左2・二条・五条家（絶家）〕　ためとお　[生]1342年　[没]永徳1（1381）年8月27日）

二条為藤*　にじょうためふじ
建治1（1275）年～正中1（1324）年　[別]三条為藤（さんじょうためふじ），藤原為藤（ふじわらのためふじ），御子左為藤（みこひだりためふじ）　鎌倉時代後期の歌人・公卿（権中納言）。京極（藤原）定家の裔。
¶公卿（御子左為藤　みこひだりためふじ　[没]正中1（1324）年7月），公家（為藤〔御子左2・二条・五条家（絶家）〕　ためふじ　[没]正中1（1324）年7月17日），詩作（[没]正中1（1324）年7月17日）

二条為世*　にじょうためよ
建長2（1250）年～延元3/暦応1（1338）年8月5日　[別]為世（ためよ），藤原為世（ふじわらためよ，ふじわらのためよ），御子左為世（みこさためよ）　鎌倉時代後期～南北朝時代の歌人・公卿（権大納言）。権大納言藤原為氏の長男。
¶公卿（藤原為世　ふじわらのためよ　[没]建武5（1338）年8月5日），公家（為世〔御子左2・二条・五条家（絶家）〕　ためよ　[没]暦応1（1338）年8月5日），詩作，俳文（為世　ためよ　[没]暦応1（1338）年8月5日）

二条綱平*　にじょうつなひら
寛文12（1672）年～享保17（1732）年　江戸時代中期の公家（関白・左大臣）。左大臣九条兼晴の次男。
¶公卿（[生]寛文12（1672）年4月13日　[没]享保17（1732）年2月6日），公家（綱平〔二条家〕　つなひら　[生]寛文12（1672）年4月13日　[没]享保17（1732）年2月6日）

二条経教*　にじょうつねのり
弘安9（1286）年～？　鎌倉時代後期の公卿（非参議）。権大納言二条教良の子。
¶公卿，公家（経教〔二条家〕　つねのり）

二条経通*　にじょうつねみち
建長7（1255）年～？　鎌倉時代後期の公卿（非参議）。関白・左大臣二条良実の四男。
¶公卿，公家（経通〔二条家〕　つねみち）

二条経良*　にじょうつねよし
建長2（1250）年～正応2（1289）年12月28日　鎌倉時代後期の公卿（権中納言）。大納言二条良教の長男。
¶公卿，公家（経良〔粟田口家（絶家）〕　つねよし）

二条天皇*　にじょうてんのう
康治2（1143）年～永万1（1165）年　平安時代後期の第78代の天皇（在位1158～1165）。後白河天皇と懿子との皇子。
¶古人，コン，天皇（[生]康治2（1143）年6月17日　[没]永万1（1165）年7月28日），内乱，平家，山小（[生]1143年6月17日　[没]1165年7月28日）

二条斉信*　にじょうなりのぶ
天明8（1788）年～弘化4（1847）年　江戸時代後期の公家（左大臣）。左大臣二条治孝の次男。
¶公卿（[生]天明8（1788）年3月5日　[没]弘化4（1847）年4月26日），公家（斉信〔二条家〕　なりのぶ　[生]天明8（1788）年3月5日　[没]弘化4（1847）年4月26日？）

二条斉通*　にじょうなりみち
天明1（1781）年～寛政10（1798）年　江戸時代中期～後期の公家（内大臣）。左大臣二条治孝の長男。
¶公卿（[生]天明1（1781）年閏5月9日　[没]寛政10（1798）年5月21日），公家（斉通〔二条家〕　なりみち　[生]天明1（1781）年閏5月9日　[没]寛政10（1798）年5月21日）

二条斉敬*　にじょうなりゆき
文化13（1816）年～明治11（1878）年12月5日　江戸時代末期～明治時代の公卿、左大臣関白。条約勅許問題、長州処分問題などの重要政務の処理に当たる。
¶公卿（[生]文化13（1816）年9月12日），公家（斉敬〔二条家〕　なりゆき　[生]文化13（1816）年9月12日），コン，全幕，幕末（[生]文化13（1816）年9月12日）

二条后　にじょうのきさき
⇒藤原高子（ふじわらのたかいこ）

二条后高子　にじょうのきさきたかいこ
⇒藤原高子（ふじわらのたかいこ）

二条局　にじょうのつぼね
⇒藤原房子（ふじわらのふさこ）

二条教定　にじょうのりさだ
⇒飛鳥井教定（あすかいのりさだ）

二条教良*　にじょうのりよし
文暦1（1234）年～*　鎌倉時代後期の公卿（権大納言）。関白・左大臣二条道実の次男。
¶公卿（[没]？），公家（教良〔二条家〕　のりよし　[没]？）

二条治孝*　にじょうはるたか
宝暦4（1754）年～文政9（1826）年　江戸時代中期～後期の公家（左大臣）。右大臣二条宗基の子。
¶公卿（[生]宝暦4（1754）年2月9日　[没]文政9（1826）年10月6日），公家（治孝〔二条家〕　はるたか　[生]宝暦4（1754）年2月9日　[没]文政9（1826）年10月6日）

二条晴良　にじょうはるなが
⇒二条晴良（にじょうはれよし）

二条晴良　にじょうはるよし
⇒二条晴良（にじょうはれよし）

二条晴良*　にじょうはれよし
大永6（1526）年～天正7（1579）年　[別]浄明珠院殿（じょうみょうじゅいんどの），二条晴良（にじょうはるなが，にじょうはるよし）　戦国時代～安土桃山時代の公卿（関白・左大臣・准一宮）。関白・左大臣二条尹房の長男。
¶公卿（にじょうはるよし　[生]大永6（1526）年4月16日　[没]天正7（1579）年4月29日），公家（晴良〔二条家〕　はれよし　[生]大永6（1526）年4月16日　[没]天正7（1579）年4月29日）

二条尚基*　にじょうひさもと
文明3（1471）年～明応6（1497）年　戦国時代の公卿（関白・右大臣）。関白・左大臣二条政嗣の子。
¶公卿（[没]明応6（1497）年10月10日），公家（尚基〔二条家〕　ひさもと　[没]明応6（1497）年10月10日）

二条姫君　にじょうひめぎみ
室町時代の女性。公家一条冬良の妻。
¶女史（[生]1467年　[没]1487年）

二条冬通*　にじょうふゆみち
弘安8（1285）年～正和5（1316）年10月　鎌倉時代後期の公卿（非参議）。関白・左大臣二条師忠の次男。
¶公卿，公家（冬通〔二条家〕　ふゆみち）

二条政嗣*　にじょうまさつぐ
嘉吉3（1443）年～文明12（1480）年　室町時代～戦国時代の公卿（関白・左大臣）。関白・太政大臣二

に

条持通の子。

¶公卿（[没]文明12（1480）年9月2日），公家（政嗣〔二条家〕　まさつぐ　[没]文明12（1480）年9月2日）

二条道良* にじょうみちなが

文暦1（1234）年～正元1（1259）年　[別]二条道良（にじょうみちよし），藤原道良（ふじわらのみちなが）　鎌倉時代前期の公卿（左大臣）。関白・左大臣二条良実の長男。

¶公卿（[没]正元1（1259）年11月8日），公家（道良〔二条家〕　みちなが　[没]？）

二条道平* にじょうみちひら

正応1（1288）年～建武2（1335）年　[別]後光明照院殿（ごこうみょうしょういんどの，のちのこうみょうしょういんどの），藤原道平（ふじわらのみちひら），道平（みちひら）　鎌倉時代後期～南北朝時代の公卿（関白・左大臣）。関白・摂政・太政大臣二条兼基の長男。

¶公卿（[生]弘安10（1287）年　[没]建武2（1335）年2月4日），公家（道平〔二条家〕　みちひら　[生]弘安10（1287）年　[没]建武2（1335）年2月4日），コン，俳文（道平　みちひら　[生]弘安10（1287）年　[没]建武2（1335）年2月4日），室町（[生]弘安10（1287）年）

二条道良　にじょうみちよし

⇒二条道良（にじょうみちなが）

二条光平* にじょうみつひら

寛永1（1624）年12月13日～天和2（1682）年　江戸時代前期の公家（摂政・関白・左大臣）。摂政・左大臣二条康道の子。

¶公卿（[没]天和2（1683）年11月12日），公家（光平〔二条家〕　みつひら　[没]天和2（1682）年11月12日）

二条満基* にじょうみつもと

弘和3/永徳3（1383）年～応永17（1410）年12月27日　室町時代の公卿（関白・左大臣）。関白・左大臣二条師嗣の子。

¶公卿（[生]永徳3（1383）年），公家（満基〔二条家〕　みつもと　[生]永徳3（1383）年）

二条宗熈*（二条宗煕）　にじょうむねひろ

享保3（1718）年～元文3（1738）年　江戸時代中期の公家（右大臣）。関白・左大臣二条吉忠の子。

¶公卿（[生]享保3（1718）年11月6日　[没]元文3（1738）年6月18日），公家（宗熈〔二条家〕　むねひろ　[生]享保3（1718）年11月6日　[没]元文3（1738）年6月18日）

二条宗基* にじょうむねもと

享保12（1727）年～宝暦4（1754）年　江戸時代中期の公家（右大臣）。内大臣九条幸教の次男。

¶公卿（[生]享保12（1727）年5月20日　[没]宝暦4（1754）年1月18日），公家（宗基〔二条家〕　むねもと　[生]享保12（1727）年5月20日　[没]宝暦4（1754）年1月18日）

二条持通* にじょうもちみち

応永23（1416）年～明応2（1493）年　室町時代～戦国時代の公卿（関白・太政大臣・准三宮）。摂政・関白・太政大臣二条持基の子。

¶公卿（[生]応永23（1416）年5月6日　[没]明応2（1493）年1月12日），公家（持通〔二条家〕　もちみち　[生]応永23（1416）年5月6日　[没]明応2（1493）年1月12日）

二条持基* にじょうもちもと

元中7/明徳1（1390）年～文安2（1445）年　室町時代の公卿（摂政・関白・太政大臣）。関白・左大臣二条師嗣の子。

¶公卿（[生]明徳1/元中7（1390）年　[没]文安2（1445）年11月3日），公家（持基〔二条家〕　もちもと　[生]明徳1（1390）年　[没]文安2（1445）年11月3日）

二条基冬* にじょうもとふゆ

興国2/暦応4（1341）年～弘和2/永徳2（1382）年11月21日　南北朝時代の公卿（権大納言）。権大納言二条良冬の子。

¶公卿（[生]暦応4/興国2（1341）年　[没]永徳2/弘和2（1382）年11月21日），公家（基冬〔今小路家（絶家）〕　もとふゆ　[没]永徳2（1382）年11月21日）

二条師忠* にじょうもろただ

建長6（1254）年～興国2/暦応4（1341）年　鎌倉時代後期～南北朝時代の公卿（関白・左大臣）。関白・左大臣二条良実の三男。

¶公卿（[没]暦応4（1341）年1月14日），公家（師忠〔二条家〕　もろただ　[没]暦応4（1341）年1月14日）

二条師嗣* にじょうもろつぐ

正平11/延文1（1356）年～応永7（1400）年　[別]藤原師嗣（ふじわらのもろつぐ）　南北朝時代～室町時代の歌人・公卿（関白・左大臣）。摂政・関白・太政大臣二条良基の次男。

¶公卿（[生]延文1（1356）年　[没]応永7（1400）年11月22日），公家（師嗣〔二条家〕　もろつぐ　[生]延文1（1356）年　[没]応永7（1400）年11月23日）

二条師基* にじょうもろもと

正安3（1301）年～正平20/貞治4（1365）年　[別]藤原師基（ふじわらのもろもと）　鎌倉時代後期～南北朝時代の公卿（関白・左大臣）。関白・摂政・太政大臣二条兼基の次男。

¶公卿（[生]正安2（1300）年　[没]貞治4/正平20（1365）年），公家（師基〔二条家〕　もろもと　[没]正平20（1365）年1月26日），コン（藤原師基　ふじわらのもろもと）

二条師良* にじょうもろよし

興国6/貞和1（1345）年～弘和2/永徳2（1382）年5月1日　南北朝時代の公卿（関白・左大臣）。摂政・関白・太政大臣二条良基の長男。

¶公卿（[生]貞和1/興国6（1345）年　[没]永徳2/弘和2（1382）年5月1日），公家（師良〔二条家〕　もろよし　[没]永徳2（1382）年5月1日）

二条康道* にじょうやすみち

慶長12（1607）年～寛文6（1666）年7月28日　江戸時代前期の公家（摂政・左大臣）。関白・左大臣九条幸家の長男。

¶公卿（[生]慶長12（1607）年1月24日），公家（康道〔二条家〕　やすみち　[生]慶長12（1607）年1月24日），コン

二条良実* にじょうよしざね

建保4（1216）年～文永7（1270）年　[別]普光園院殿（ふこうおんいんどの），藤原良実（ふじわらのよしざね）　鎌倉時代前期の公卿（関白・左大臣）。九条家系の二条家の祖。関白九条道家の次男。

¶公卿（[生]建保3（1215）年　[没]文永7（1269）年11月29日），公家（良実〔二条家〕　よしざね　[没]文永7（1270）年11月29日），コン

二条吉忠* にじょうよしただ

元禄2（1689）年～元文2（1737）年　江戸時代中期の公家（関白・左大臣）。関白・左大臣二条綱平の子。

¶公卿（[生]元禄2（1689）年6月20日　[没]元文2（1737）年8月3日），公家（吉忠〔二条家〕　よしただ　[生]元禄2（1689）年8月13日　[没]元文2（1737）年8月3日）

二条良忠* にじょうよしただ

元亨1（1321）年～？　南北朝時代の公卿（権大納言）。関白・左大臣二条道平の次男。

¶公卿，公家（良忠〔二条家〕　よしただ）

二条良豊* にじょうよしとよ

天文5（1536）年～天文20（1551）年8月29日　戦国

時代の公卿（非参議）。関白・左大臣二条尹房の次男。

¶公卿，公家（良豊〔二条家〕　よしとよ　[没]天文20（1551）年9月2日）

二条良教　にじょうよしのり

⇒藤原良教（ふじわらよしのり）

二条良冬*　にじょうよしふゆ

南北朝時代の公卿（権大納言）。関白・摂政・太政大臣二条兼基の子。

¶公卿（[生]元応2（1320）年　[没]？），公家（良冬〔今小路家（絶家）〕　よしふゆ）

二条良基*　にじょうよしもと

元応2（1320）年～元中5/嘉慶2（1388）年6月13日　[別]後普光園院殿（ごふこうおんいんどの，のちのふこうおんいんどの），藤原良基（ふじわらのよしもと），良基（よしもと，りょうき）　南北朝時代の歌人・公卿（摂政・関白・太政大臣・准三宮）。関白・左大臣二条道平の長男。著作に「菟玖波集」「応安新式」など。

¶公卿（[没]嘉慶2（1388）年6月13日），公家（良基〔二条家〕　よしもと　[没]嘉慶2（1388）年6月），コン，思想（[没]嘉慶2/元中5（1388）年），中世，内乱（[没]嘉慶2（1388）年），日文（[没]嘉慶2（元中5）（1388）年），俳文（良基　よしもと　[没]嘉慶2（1388）年6月13日），室町，山小（[没]1388年6月13日）

西好徳　にしよしのり

江戸時代末期の和算家。富山の山田野出村の人。安政3年算額を奉納。

¶数学

西四辻公業*　にしよつつじきみなり

天保9（1838）年～明治32（1899）年　[別]西四辻公業（にしよつつじきんなり，にしよつつじきんなる）　江戸時代末期～明治時代の公家、大阪府知事。八十八人公卿列参に加わる。新政府に参画、東征大総督府参謀を務める。

¶幕末（にしよつつじきんなる　[生]天保9（1838）年3月5日　[没]明治32（1899）年10月7日）

西四辻公尹*　にしよつつじきんただ

寛政1（1789）年閏6月19日～嘉永4（1851）年　[別]西四辻公尹（にしよつつじきんまさ）　江戸時代後期の公家（非参議）。権大納言四辻公亨の孫。

¶公卿（[没]嘉永4（1851）年11月24日），公家（公尹〔西四辻家〕　きんただ　[没]嘉永4（1851）年12月25日）

西四辻公恪*　にしよつつじきんつむ

文化9（1812）年～明治6（1873）年10月18日　江戸時代末期～明治時代の公家（非参議）。非参議西四辻公尹の子。

¶公卿（[生]文化9（1812）年12月4日），公家（公恪〔西四辻家〕　きんつむ　[生]文化9（1812）年12月4日），幕末（[生]文化9（1813）年12月4日　[没]安政6（1859）年10月18日）

西四辻公業　にしよつつじきんなり

⇒西四辻公業（にしよつつじきみなり）

西四辻公業　にしよつつじきんなる

⇒西四辻公業（にしよつつじきみなり）

西四辻公尹　にしよつつじきんまさ

⇒西四辻公尹（にしよつつじきんただ）

西依成斎*　にしよりせいさい

元禄15（1702）年～寛政9（1797）年　江戸時代中期の若狭小浜藩士、儒学者。

¶思想

西類子*（西ルイス）　にしるいす

？～正保3（1646）年　[別]西宗真（にしそうしん）　江戸時代前期の貿易家。ルソンと朱印船貿易を行う。

¶コン（西ルイス），対外

西脇乾三郎　にしわきかんざぶろう

⇒西脇乾次郎（にしわきけんじろう）

西脇外記*　にしわきげき

生没年不詳　戦国時代の武士。後北条氏家臣。

¶後北（外記〔西脇〕）

西脇乾次郎*　にしわきけんじろう

嘉永3（1850）年～？　[別]西脇乾三郎（にしわきかんざぶろう）　江戸時代後期～末期の新撰組隊士。

¶新隊（西脇乾三郎　にしわきかんざぶろう）

西脇源六郎*　にしわきげんろくろう

文政11（1828）年～明治15（1882）年9月20日　江戸時代後期～明治時代の新撰組隊士。

¶新隊（[生]文政11（1827）年）

西脇剛之助*　にしわきごうのすけ

文政12（1829）年～慶応3（1867）年　江戸時代末期の常陸土浦藩士。

¶幕末（[没]慶応3（1867）年1月27日）

西脇作右衛門*　にしわきさくうえもん

文化11（1814）年～明治22（1889）年　[別]西脇作右衛門（にしわきさくえもん）　江戸時代末期～明治時代の常陸土浦藩士。

¶幕末（にしわきさくえもん　[没]明治22（1889）年5月24日）

西脇作右衛門　にしわきさくえもん

⇒西脇作右衛門（にしわきさくうえもん）

西脇清九郎　にしわきせいくろう

戦国時代の北条為昌・北条氏康の家臣。

¶後北（清九郎〔西脇〕　せいくろう）

西脇利忠　にしわきとしただ

⇒西脇利忠（にしわきりちゅう）

西脇利忠*　にしわきりちゅう

生没年不詳　[別]西脇利忠（にしわきとしただ）　江戸時代前期の算学者。

¶数学（にしわきとしただ）

仁杉伊賀守*　にすぎいがのかみ

生没年不詳　戦国時代の北条氏の家臣。

¶後北（伊賀守〔仁杉〕　いがのかみ）

仁杉幸通*　にすぎよしみち

安土桃山時代の武士。後北条氏家臣。

¶後北（幸通〔仁杉〕　ゆきみち）

二助　にすけ

安土桃山時代の武田氏の家臣、禰津月直の被官。

¶武田（[生]？　[没]天正3（1575）年5月21日）

二専尼　にせんに⋆

江戸時代中期の女性。俳諧。天明7年刊、『笠の晴』に載る。

¶江表（二専尼（佐賀県））

二尊　にそん⋆

江戸時代後期の女性。俳諧。蕨の人。寛政5年、記念集「蕉翁百回手向」に載る。

¶江表（二尊（埼玉県））

にたいの   1668

二代后　にだいのきさき
　⇒藤原多子（ふじわらのたし）

仁田忠常　にたただつね
　⇒仁田忠常（にったただつね）

新田部親王　にたべしんのう
　⇒新田部親王（にいたべしんのう）

新田部皇女　にたべのひめみこ
　⇒新田部皇女（にいたべのこうじょ）

仁田四郎　にたんのしろう
　⇒仁田忠常（にったただつね）

日愛　にちあい*
　江戸時代前期の女性。俳諧。忠次の母。寛文7年
　刊、北村湖春編『続山井』に載る。
　¶江表（日愛（兵庫県））

日胤*　にちいん
　？〜治承4（1180）年　平安時代後期の園城寺の僧。
　¶古人, 平家

日円*　にちえん
　神護景雲3（769）年〜唐・咸通5（864）年？　奈良
　時代〜平安時代前期の天台宗の僧。
　¶古人（生没年不詳）

日延*　にちえん
　生没年不詳　平安時代中期の延暦寺の僧。符天暦
　を請来。
　¶古人, コン, 対外

日奥*　にちおう
　永禄8（1565）年〜寛永7（1630）年3月10日　安土桃
　山時代〜江戸時代前期の日蓮宗の僧。不受不施派。
　¶コン, 思想, 山小（㊐1565年6月8日　㊥1630年3月10日）

日遠*　にちおん
　元亀3（1572）年〜寛永19（1642）年3月5日　安土桃
　山時代〜江戸時代前期の日蓮宗の僧。受不施派。
　¶コン, 思想

日覚*　にちがく, にちかく
　生没年不詳　平安時代後期の延暦寺の僧、宿曜師。
　¶古人

日寛*　にちかん
　寛文5（1665）年8月8日〜享保11（1726）年8月19日
　㊟日寛（にっかん）　江戸時代中期の日蓮宗の学僧。
　日永に従って得度。
　¶コン（にっかん）, 思想

日輝*　にちき
　寛政12（1800）年〜安政6（1859）年　㊟日輝（にっ
　き）　江戸時代末期の日蓮宗の僧。近世日蓮宗学の
　大成者。
　¶コン（にっき）, 思想

日鏡*　にちきょう
　永正4（1507）年〜永禄2（1559）年　㊟日鏡上人（に
　ちきょうしょうにん）　戦国時代の日蓮宗の僧。
　¶武田（日鏡上人　にちきょうしょうにん　㊐永正3
　（1506）年）

日経*　にちきょう
　？〜元和6（1620）年　㊟日経（にっきょう）　安土
　桃山時代〜江戸時代前期の日蓮宗の僧。京都妙満
　寺27世。
　¶コン（にっきょう　㊐天文20（1551）年）, 思想（㊟永禄

　3（1560）年）

日暁*　にちぎょう
　宝暦3（1753）年〜文化13（1816）年9月　江戸時代
　中期〜後期の日蓮宗の尼僧・歌人。『日暁禅尼集』
　がある。
　¶江表（日暁禅尼（東京都））

日堯*（日尭）　にちぎょう
　元和6（1620）年〜天和4（1684）年2月10日　江戸時
　代前期の日蓮宗の僧。
　¶思想（日尭　㉔貞享1（1684）年）

日鏡上人　にちきょうしょうにん
　⇒日鏡（にちきょう）

日乾　にちけん
　⇒日乾（にっけん）

日護*　にちご
　天正8（1580）年5月8日〜慶安2（1649）年4月15日
　江戸時代前期の日蓮宗の僧、仏師。
　¶美建

日珖　にちこう
　⇒日珖（にっこう）

日興　にちこう
　⇒日興（にっこう）

日向　にちこう
　⇒日向（にこう）

日講*　にちこう
　寛永3（1626）年〜元禄11（1698）年3月10日　㊟日
　講（にっこう）　江戸時代前期の日蓮宗の僧。不受
　不施派講門派の祖。
　¶コン（にっこう）

日国上人　にちこくしょうにん
　戦国時代の法華宗寺の僧。
　¶武田（生没年不詳）

日持*　にちじ
　建長2（1250）年〜？　鎌倉時代後期の日蓮宗の僧。
　日蓮の六老僧の一人。
　¶コン

日寿　にちじゅ*
　江戸時代中期の女性。俳諧。尼。元禄13年成立
　『三上吟』から、宝永4年刊『類柑子』までの其角集
　だけに載る。
　¶江表（日寿（東京都））

日樹*　にちじゅ
　天正2（1574）年〜寛永8（1631）年5月19日　安土桃
　山時代〜江戸時代前期の日蓮宗の僧。池上・比企両
　山16世。
　¶コン（㊐元亀3（1572）年）, 思想

日修*　にちしゅう
　文政6（1823）年〜明治24（1891）年5月17日　㊟三
　村日修（みむらにっしゅう）　江戸時代末期〜明治
　時代の僧。
　¶幕末

日什*　にちじゅう
　正和3（1314）年〜元中9/明徳3（1392）年2月28日
　南北朝時代の日蓮宗の僧。顕本法華宗の開祖。
　¶コン（㉔元中8/明徳2（1391）年）

日重* にちじゅう
天文18(1549)年〜元和9(1623)年　安土桃山時代〜江戸時代前期の日蓮宗の僧。仏心院日珖に師事。
¶コン, 思想

日叙* にちじょ
大永3(1523)年〜天正5(1577)年5月22日　[別]日叙上人(にちじょしょうにん)　戦国時代〜安土桃山時代の日蓮宗の僧。
¶武田(日叙上人　にちじょしょうにん　[生]大永2(1522)年)

日乗 にちじょう
⇒朝山日乗(あさやまにちじょう)

日常* にちじょう
建保4(1216)年〜永仁7(1299)年3月20日　[別]富木常忍(ときじょうにん), 富木胤継(ときたねつぐ), 富木日常(ときにちじょう)　鎌倉時代後期の日蓮宗の僧。中山門流の開祖。
¶コン([生]?　[没]正安1(1299)年), 中世(富木常忍　ときじょうにん)

日静* にちじょう
永仁6(1298)年〜正平24/応安2(1369)年　鎌倉時代後期〜南北朝時代の日蓮宗の僧。六条門流の祖。
¶コン

日乗朝山 にちじょうちょうざん
⇒朝山日乗(あさやまにちじょう)

日叙上人 にちじょしょうにん
⇒日叙(にちじょ)

日晟* にちせい
生没年不詳　室町時代の連歌師。
¶俳文

日像* にちぞう
文永6(1269)年〜興国3/康永1(1342)年11月13日　鎌倉時代後期〜南北朝時代の日蓮宗の僧。日蓮宗最初の京都弘通を行う。
¶コン, 思想([没]康永1/興国3(1342)年), 山小([没]1342年11月13日)

日蔵* にちぞう
延喜5(905)年?〜寛和1(985)年?　[別]道賢(どうけん)　平安時代中期の修験者、金峰山修験僧。
¶古人([生]905年)

日伝* にちでん
文明14(1482)年〜天文17(1548)年12月11日　[別]日伝上人(にちでんしょうにん)　戦国時代の日蓮宗の僧。
¶武田(日伝上人　にちでんしょうにん)

日伝上人 にちでんしょうにん
⇒日伝(にちでん)

日導* にちどう
享保9(1724)年〜寛政1(1789)年7月12日　江戸時代中期の日蓮宗の僧。近世日蓮宗の宗学者。
¶コン([生]享保11(1726)年)

日如 にちにょ
江戸時代前期の俳諧作者。
¶俳文([生]?　[没]寛文5(1665)年9月20日)

日饒* にちにょう
?〜永禄4(1561)年7月16日　[別]日饒上人(にちぎょうしょうにん)　戦国時代の日蓮宗の僧。京都・妙覚寺の貫主。
¶全戦(日饒上人　にちぎょうしょうにん　[没]永禄4(1561)年?)

日能* にちのう
?〜慶安5(1652)年　江戸時代前期の僧、俳人。
¶俳文([没]慶安5(1652)年2月15日)

日弁* にちべん
延応1(1239)年〜応長1(1311)年　鎌倉時代後期の日蓮宗の僧。日興に師事。
¶コン([生]嘉禎2(1236)年)

日文 にちもん
⇒旻(みん)

日祐* にちゆう
永仁6(1298)年〜文中3/応安7(1374)年5月19日　鎌倉時代後期〜南北朝時代の日蓮宗の僧。中山法華経寺の教団体制を確立。
¶コン

日与* にちよ
応永33(1426)年〜延徳3(1491)年　室町時代〜戦国時代の連歌師。
¶俳文(生没年不詳)

日誉* にちよ
弘治2(1556)年〜寛永17(1640)年11月20日　安土桃山時代〜江戸時代前期の新義真言宗の僧。智山派の祖。
¶コン

二朝 にちょう
⇒尾上多見蔵〔2代〕(おのえたみぞう)

二蝶(1) にちょう*
江戸時代中期の女性。俳諧。宝暦13年刊、建部綾足編『古今俳諧明題集』に載る。
¶江表(二蝶(東京都))

二蝶(2) にちょう*
江戸時代後期の女性。俳諧。寒河江連。寛政1年、越井坂虚空蔵堂奉納の美濃の朝暮園傘狂選の俳額に載る。
¶江表(二蝶(山形県))

二蝶(3) にちょう*
江戸時代後期の女性。俳諧。松山の人。享和2年序、桑村郡の俳人一得斎埋蛇編『俳諧友千鳥』に載る。
¶江表(二蝶(愛媛県))

耳鳥斎* にちょうさい
?〜享和2(1802)年　[別]耳鳥斎(じちょうさい)　江戸時代中期〜後期の上方の町絵師、酒造業、骨董商。
¶浮絵([生]宝暦1(1751)年以前　[没]享和2・3(1802・3)年頃), 美画(生没年不詳)

日羅* にちら
?〜敏達天皇12(583)年　飛鳥時代の日系の百済官人。
¶古代, コン([没]敏達12(583)年), 対外

日隆* にちりゅう
元中2/至徳2(1385)年〜寛正5(1464)年2月25日　室町時代の日蓮宗の僧。京都妙本寺の日霽に師事。
¶コン([生]元中1/至徳1(1384)年)

日蓮* にちれん
貞応1(1222)年〜弘安5(1282)年　[別]日蓮上人(に

ちれんしょうにん)，立正大師(りっしょうだいし)　鎌倉時代後期の僧。日蓮宗の開祖。清澄山の道善房の弟子。その著「立正安国論」は当時としては過激な宗旨のため流刑にもなったが、その後も布教に努めた。

¶浮絵(日蓮上人　にちれんしょうにん),コン,思想,女史(日蓮),対外,中世([没]1283年),内乱(日蓮),山小([没]1282年10月13日)

日蓮上人　にちれんしょうにん
⇒日蓮(にちれん)

日朗*　にちろう
寛元3(1245)年～元応2(1320)年1月21日　鎌倉時代後期の日蓮宗の僧。常に日蓮に付きそった。
¶コン([生]寛元1(1243)年),中世([生]1243年)

日寛　にっかん
⇒日寛(にちかん)

日輝　にっき
⇒日輝(にちき)

仁木三岳　にっきさんがく
江戸時代中期～後期の幕臣。
¶徳人([生]1771年　[没]1839年)

仁木満長　にっきみつなが
⇒仁木満長(にきみつなが)

日経　にっきょう
⇒日経(にちきょう)

仁木義長　にっきよしなが
⇒仁木義長(にきよしなが)

仁木頼章　にっきよりあき
⇒仁木頼章(にきよりあき)

日渓　にっけい
⇒法霖(ほうりん)

日乾*　にっけん
永禄3(1560)年～寛永12(1635)年10月27日　[別]日乾(にちけん)　安土桃山時代～江戸時代前期の日蓮宗の僧。本満寺13世。
¶コン,思想(にちけん)

日珖*　にっこう
天文1(1532)年～慶長3(1598)年8月27日　[別]日珖(にちこう)　戦国時代～安土桃山時代の日蓮宗の僧。
¶コン,思想(にちこう)

日興*　にっこう
寛元4(1246)年～元弘3/正慶2(1333)年2月7日　[別]日興(にちこう)　鎌倉時代後期の日蓮宗の僧。日蓮に帰依。
¶コン,中世

日向　にっこう
⇒日向(にこう)

日講　にっこう
⇒日講(にちこう)

日光円蔵*　にっこうのえんぞう
享和1(1801)年～天保13(1842)年　江戸時代後期の侠客。国定忠治の一の子分。
¶コン

日秀*　にっしゅう
明応3(1494)年～天正2(1574)年　戦国時代の僧。琉球で布教に従事。
¶コン

日秀尼*　にっしゅうに
天文2(1533)年～寛永2(1625)年　[別]瑞竜院(ずいりゅういん)，瑞竜院尼(ずいりゅういんに)，とも，智子(ともこ)，村雲御所(むらくもごしょ)　安土桃山時代～江戸時代前期の女性。豊臣秀吉の姉で秀次の実母。
¶全戦(とも　とも　[生]天文3(1534)年)

日昭*　にっしょう，につしょう
承久3(1221)年～元亨3(1323)年　鎌倉時代後期の日蓮宗の僧。鎌倉法華寺を開いた。
¶コン([生]嘉禎2(1236)年),中世([生]1221年/1236年)

日正*　にっしょう
文政12(1829)年～明治41(1908)年　[別]赤木日正(あかぎにっしょう)，釈日正(しゃくにっしょう)　江戸時代末期～明治時代の僧。
¶幕末(釈日正　しゃくにっしょう　[没]明治41(1908)年6月22日)

日真*　にっしん
永禄8(1565)年～寛永3(1626)年　安土桃山時代～江戸時代前期の日蓮宗の僧。
¶コン

日親*　にっしん
応永14(1407)年～長享2(1488)年9月17日　室町時代～戦国時代の日蓮宗の僧。本法寺を建立。
¶コン,思想,中世,室町,山小([没]1488年9月17日)

日新純慧　にっしんじゅんけい
戦国時代～安土桃山時代の日蓮宗の僧。身延山久遠寺17世。
¶武田([生]天文3(1534)年　[没]文禄1(1592)年)

日政　にっせい
⇒元政(げんせい)

日整琳光　にっせいりんこう
戦国時代～安土桃山時代の日蓮宗の僧。日蓮宗身延山久遠寺16世主座。
¶武田([生]文亀2(1502)年　[没]天正6(1578)年)

日暹*　にっせん
天正14(1586)年～慶安1(1648)年5月29日　江戸時代前期の日蓮宗の僧。身延山久遠寺26世。
¶思想

日藻*　にっそう
元文1(1736)年～*　[別]梅丸(うめまる)　江戸時代中期の日蓮宗の僧・俳人。
¶俳文(梅丸　うめまる　[生]?　[没]天明4(1784)年6月21日)

新田革左衛門*　にったかくざえもん
?～元治1(1864)年7～8月　江戸時代後期～末期の新撰組隊士。
¶新隊([没]元治1(1864)年7月頃),全幕

新田邦光*(1)　にったくにてる
文政12(1829)年～明治35(1902)年11月25日　江戸時代末期～明治時代の宗教家。神道修成派の創唱者。神道修成講社を結成。
¶コン,思想

新田邦光(2)　にったくにてる
⇒竹沢寛三郎(たけざわかんざぶろう)

仁田忠常* にったただつね
？～建仁3(1203)年 [別]仁田忠常(にたただつね)，仁田四郎(にたんのしろう)，藤原忠常(ふじわらのただつね) 平安時代後期～鎌倉時代前期の武士。工藤、狩野と同族。
¶古人(藤原忠常 ふじわらのただつね [生]1168年)，コン([生]仁安3(1168)年？)，中世，内乱([生]仁安2(1167)年)

新田千里* にったちさと
生没年不詳 江戸時代末期の儒学者。
¶幕末

新田俊純* にったとしずみ
文政12(1829)年～明治27(1894)年 江戸時代末期～明治時代の官吏、男爵。新田勤王党首領。上野国戸戦争に参加。長女は井上馨の妻。
¶幕末([生]文政12(1829)年6月8日 [没]明治27(1894)年3月15日)

新田寅之助*(新田寅之介) にったとらのすけ
江戸時代末期の新撰組隊士。
¶新隊(新田寅之介 生没年不詳)

新田豊翁丸義直 にったほうおうまるよしなお
江戸時代前期の豊臣秀頼の家臣。
¶大坂([没]慶長20年5月8日)

新田又七郎* にったまたしちろう
戦国時代の武士。後北条氏家臣。
¶後北(又七郎〔新田〕 またしちろう)

新田義顕* にったよしあき
？～延元2/建武4(1337)年 鎌倉時代後期～南北朝時代の武将。義貞の嫡子。
¶コン，室町

新田義興* にったよしおき
元弘1/元徳3(1331)年～正平13/延文3(1358)年 南北朝時代の武将。義貞の次男。
¶コン，中世，内乱([生]元徳3(1331)年 [没]延文3/正平13(1358)年)，室町([生]元弘1(1331)年)，山小([没]1358年10月10日)

新田義兼* にったよしかね
生没年不詳 鎌倉時代前期の武将。
¶古人(源義兼 みなもとのよしかね)

新田義貞* にったよしさだ
正安3(1301)年～延元3/暦応1(1338)年 鎌倉時代後期～南北朝時代の武将。新田朝氏の長子、新田一族の惣領。鎌倉幕府を直接討滅し、後醍醐天皇の忠臣になる。足利尊氏が反旗を翻すと南朝方の総大将として各地を転戦。越前藤島で戦死。
¶コン，思想([没]暦応1/延元3(1338)年)，中世，内乱([生]？ [没]建武5/延元3(1338)年)，室町，山小([生]？ [没]1338年閏7月2日)

新田義重* にったよししげ
保延1(1135)年～建仁2(1202)年 [別]源義重(みなもとのよししげ，みなもとよししげ) 平安時代後期～鎌倉時代前期の武将。新田郡西南部の「空閑の郷々」を再開発。
¶古人(源義重 みなもとのよししげ)，コン，中世([生]1114年/1135年)

新田義助 にったよしすけ
⇒脇屋義助(わきやよしすけ)

新田義成 にったよしなり
⇒里見義成(さとみよしなり)

新田義範 にったよしのり
⇒山名義範(やまなよしのり)

新田義宗* にったよしむね
？～正平23/応安1(1368)年 南北朝時代の南朝方の武将。新田義貞の第3子。
¶コン，室町([没]応安1/正平23(1368)年)

日朝* にっちょう
応永29(1422)年～明応9(1500)年 室町時代～戦国時代の日蓮宗の僧。身延山第11世の貫主。
¶コン

日潮* にっちょう
*～寛延1(1748)年9月20日 江戸時代中期の日蓮宗の僧。身延山久遠寺第36世。
¶コン([生]延宝7(1679)年)

日頂* にっちょう
建長4(1252)年～文保1(1317)年 [別]伊予阿闍梨(いよあじゃり) 鎌倉時代後期の日蓮宗の僧。六老僧の一人。
¶コン([生]？)

日迢* にっちょう
慶長1(1596)年～万治2(1659)年 [別]真超，真迢(しんちょう) 江戸時代前期の天台宗の僧。
¶コン(真迢 しんちょう [生]？)，思想(真迢 しんちょう)

日禎* にってい
文政2(1819)年～明治26(1893)年 江戸時代末期～明治時代の僧侶、日蓮宗第3代管長。京都本山明覚寺53世、京都大本山本圀寺45世などを歴任。
¶幕末([没]明治26(1893)年6月11日)

日富 にっぷ
江戸時代前期の女性。宗教。久良岐郡笹下領主で旗本間宮新左衛門直元の妻。
¶江表(日富(神奈川県) [没]明暦2(1655)年)

日峰宗舜*(日峯宗舜) にっぽうそうしゅん
正平23/応安1(1368)年～文安5(1448)年 [別]宗俊(しゅうしゅん)，宗舜(そうしゅん) 南北朝時代～室町時代の臨済宗の僧。無因宗因に参じた。
¶コン

日本駄右衛門 にっぽんだえもん
⇒日本左衛門(にほんざえもん)

日本伝助 にっぽんでんすけ
⇒日本伝助(にほんでんすけ)

二鶴 につる⋆
江戸時代後期の女性。俳諧。文化15年刊、多賀庵四世筵史編『夢のあした』に載る。
¶江表(二鶴(広島県))

二東生梯 にとうせいてい
江戸時代後期～末期の眼科医。
¶眼医([生]享和1(1801)年 [没]安政7(1860)年)

新渡戸十次郎* にとべじゅうじろう
文政3(1820)年～慶応3(1867)年 江戸時代末期の開拓者。
¶幕末([生]文政3(1820)年6月11日 [没]慶応3(1868)年12月29日)

新渡戸伝 にとべつたう
⇒新渡戸伝(にとべつとう)

に

に

新渡戸伝* にとべつとう
寛政5(1793)年～明治4(1871)年　[別]新渡戸伝(にとべつたう)　江戸時代末期～明治時代の陸奥七戸藩士、陸奥南部藩士。陸奥国三本木の開発者で、稲生川用水を完成。
¶コン(にとべつたう),幕末([生]寛政5(1793)年11月7日　[没]明治4(1871)年9月27日)

蜷川信永* ながわしんえい
生没年不詳　[別]信永(しんえい)　南北朝時代～室町時代の連歌師。
¶俳文(信永　しんえい)

蜷川親宝 にながわしんほう
江戸時代後期～末期の幕臣。
¶徳人(生没年不詳)

蜷川帯刀左衛門尉 にながわたてわきざえもんじょう
安土桃山時代の北条氏政の家臣。
¶後北(帯刀左衛門尉〔蜷川(1)〕　たてわきざえもんじょう)

蜷川智蘊 にながわちうん
⇒智蘊(ちうん)

蜷川親和* にながわちかかず
寛文11(1671)年～元文2(1737)年6月14日　江戸時代前期～中期の幕臣。
¶徳人

蜷川親俊* にながわちかとし
?～永禄12(1569)年　[別]親俊(ちかとし)　戦国時代の幕府吏僚。政所執事伊勢貞孝に仕えた。
¶後北(親俊〔蜷川(2)〕　ちかとし　[没]永禄12年11月),俳文(親俊　ちかとし)

蜷川親長* にながわちかなが
*～慶長15(1610)年　安土桃山時代～江戸時代前期の武士。
¶全戦([生]享禄3(1530)年　[没]慶長12(1607)年)

蜷川親煕 にながわちかひろ
江戸時代前期～中期の幕臣。
¶徳人([生]1629年　[没]1701年)

蜷川親英 にながわちかふさ
江戸時代前期～中期の幕臣。
¶徳人([生]1662年　[没]1714年)

蜷川親文 にながわちかぶん
江戸時代中期～後期の幕臣。
¶徳人([生]1740年　[没]1827年)

蜷川親当 にながわちかまさ
⇒智蘊(ちうん)

蜷川親元* にながわちかもと
永享5(1433)年～長享2(1488)年　室町時代～戦国時代の幕府吏僚。政所執事伊勢貞親・貞宗父子に仕えた。
¶コン

蜷川親賛 にながわちかよし
江戸時代中期の幕臣。
¶徳人([生]1741年　[没]?)

蜷川孫三郎* にながわまごさぶろう
生没年不詳　戦国時代の武士。後北条氏家臣。
¶後北(孫三郎〔蜷川(1)〕　まごさぶろう)

蜷川康親* にながわやすちか
生没年不詳　戦国時代の北条氏の家臣。
¶後北(康親〔蜷川(1)〕　やすちか)

瓊瓊杵尊*(瓊瓊杵命,瓊々杵命)　ににぎのみこと
[別]天津彦穂瓊瓊杵尊(あまつひこほのににぎのみこと),ホノニニギノミコト　上代の皇祖神。霧島神社などに祭られる。
¶コン(瓊瓊杵命),思想(ホノニニギノミコト),山小

二関源治 にのせきげんじ
天保7(1836)年～明治2(1869)年　江戸時代後期～明治時代の見国隊隊長。仙台藩大番隊士の子。藩士子弟らと見国隊を結成。
¶全幕,幕末([生]天保7(1836)年10月7日　[没]明治2(1869)年5月12日)

二の丸殿 にのまるどの★
安土桃山時代～江戸時代前期の女性。書簡。三河日近城城主奥平貞友の娘。
¶江表(二の丸殿(愛媛県)　[生]元亀1(1570)年　[没]正保3(1646)年)

二丸殿 にのまるどの
⇒淀殿(よどどの)

二宮歌子* にのみやうたこ
文化2(1805)年～明治4(1871)年　江戸時代末期～明治時代の女性。二宮尊徳の妻。
¶幕末

二宮織部丞* にのみやおりべのじょう
戦国時代の武将。後北条氏家臣。
¶後北(正致〔二宮〕　まさむね)

二宮兼善* にのみやかねよし
?～文政8(1825)年10月29日　江戸時代後期の豊後日出藩士。
¶数学

二宮金次郎 にのみやきんじろう
⇒二宮尊徳(にのみやそんとく)

二宮錦水* にのみやきんすい
文化2(1805)年～明治7(1874)年　江戸時代後期～明治時代の儒者。
¶幕末([生]文化2(1805)年3月5日　[没]明治7(1874)年6月29日)

二宮敬作* にのみやけいさく
文化1(1804)年～文久2(1862)年　江戸時代末期の蘭方医。シーボルトの門下。
¶江人,科学([生]文化1(1804)年5月10日　[没]文久2(1862)年3月12日),コン,対外,幕末([生]文化1(1804)年5月10日　[没]文久2(1862)年3月12日)

二宮献 にのみやけん
⇒二宮彦可(にのみやげんか)

二宮玄晏 にのみやげんあん
江戸時代後期の眼科医。
¶眼医(生没年不詳)

二宮彦可* にのみやげんか
宝暦4(1754)年～文政10(1827)年　[別]二宮献(にのみやけん)　江戸時代中期～後期の医師。骨関節損傷治療の体系付けを行なう。
¶科学([没]文政10(1827)年10月11日)

二宮小太郎* にのみやこたろう
天保2(1831)年～明治1(1868)年　江戸時代末期

の周防岩国藩士。
¶幕末（[没]慶応4（1868）年1月24日）

二宮作右衛門　にのみやさくえもん
江戸時代前期の武士。大坂の陣で籠城。
¶大坂

二宮新吉*　にのみやしんきち
天保3（1832）年～明治14（1881）年　江戸時代末期～明治時代の商人。旧庄屋無役地の村民への返還を求めて愛媛県に提訴。
¶幕末（[没]明治14（1881）年11月2日）

二宮尊行*　にのみやそんこう
文政4（1821）年～明治4（1871）年12月1日　江戸時代末期～明治時代の二宮尊徳の子。
¶幕末（[没]明治4（1871）年10月19日）

二宮尊徳*　にのみやそんとく
天明7（1787）年～安政3（1856）年　[別]二宮金次郎（にのみやきんじろう）　江戸時代後期の農政家。報徳主義の創唱者。
¶江人，コン，思想，徳将，徳人，幕末（[生]天明7（1787）年7月23日　[没]安政3（1856）年10月20日），山小（[生]1787年7月23日　[没]1856年10月20日）

二宮桃亭*　にのみやとうてい
江戸時代後期の工芸家。
¶美工（生没年不詳）

二宮長恒*　にのみやながつね
生没年不詳　安土桃山時代の織田信長の家臣。
¶織田

二宮就辰　にのみやなりたつ
⇒二宮就辰（にのみやなりとき）

二宮就辰*　にのみやなりとき
[別]二宮就辰（にのみやなりたつ）　安土桃山時代の武士。
¶全戦（[生]？　[没]慶長12（1607）年）

二宮播磨守　にのみやはりまのかみ
戦国時代の北条三郎・北条氏康の家臣。
¶後北（播磨守〔二宮〕　はりまのかみ）

二宮ふみ　にのみやふみ
文政7（1824）年～嘉永6（1853）年　江戸時代後期の女性。二宮尊徳の娘。
¶江表（ふみ（栃木県）），女史

二宮与三右衛門　にのみやよそうえもん
江戸時代前期の織田信雄・小早川秀秋の家臣。
¶大坂（[没]慶長20年5月7日）

二宮齢順　にのみやれいじゅん
江戸時代中期～後期の眼科医。
¶眼医（[生]宝暦4（1745）年　[没]文化10（1813）年）

新納立夫　にひろたてお
⇒新納立夫（にいろたつお）

丹生女王　にぶのおおきみ
⇒丹生女王（にうのじょおう）

仁平静教　にへいきよのり
江戸時代後期～明治時代の和算家。栃木河内郡上郷村の人。虚一真流を称す。
¶数学（[生]文化10（1813）年　[没]明治28（1895）年）

二瓶直中*　にへいただなか
天明8（1788）年～明治6（1873）年　江戸時代末期～明治時代の国学者。和歌・国学を究め、私塾を開く。著書に「都のつと」。
¶幕末（[生]天明8（1788）年11月10日　[没]明治6（1873）年11月10日）

にほ(1)
江戸時代中期の女性。和歌。遠江浜松の浜松諏訪社大祝杉浦国満と小崎の娘。宝暦4年成立、国満編「杉浦真崎女法諡蓮池院追悼歌集」に載る。
¶江表（にほ（静岡県））

にほ(2)
江戸時代後期の女性。俳諧。甲斐の人。天明9年、起早庵稲後撰『己酉元除楽』に載る。
¶江表（にほ（山梨県））

仁保隆慰*　にほたかやす
戦国時代の武士。
¶全戦（生没年不詳），戦武（生没年不詳）

日本左衛門*(1)　にほんざえもん
*～延享4（1747）年　[別]日本駄右衛門（にっぽんだえもん）　江戸時代中期の歌舞伎狂言「青砥稿花紅彩画」に登場する白浪五人男の首領。
¶江人（[生]1718年），コン（[生]享保3（1718）年）

日本左衛門(2)　にほんざえもん
⇒竹島幸左衛門〔1代〕（たけしまこうざえもん）

日本伝助*　にほんでんすけ
生没年不詳　[別]歌舞伎伝助（かぶきでんすけ），竹島天竺左衛門（たけしまてんじくざえもん），伝助（でんすけ），日本伝助（にっぽんでんすけ），大和屋伝助（やまとやでんすけ）　江戸時代前期の歌舞伎役者、振付師。寛永末～万治末に活躍。
¶歌大（にっぽんでんすけ）

二本松伊賀守　にほんまついがのかみ
⇒畠山義隆（はたけやまよしたか）

二本松半斎　にほんまつはんさい
江戸時代前期の武士。大坂の陣で籠城。
¶大坂

二本松義継*　にほんまつよしつぐ
？～天正13（1585）年　[別]畠山義継（はたけやまよしつぐ）　安土桃山時代の武将。奥州管領畠山国氏の子孫。
¶全戦（[生]天文21（1552）年），戦武（[生]天文21（1552）年）

二本松義綱*　にほんまつよしつな
天正2（1574）年～*　安土桃山時代の武将。
¶戦武（[没]天正17（1589）年）

乳井貢　にゅういこう
⇒乳井貢（にゅういみつぎ）

乳井建清*　にゅういたてきよ
？～天正12（1584）年　[別]乳井建清（にゅういのりきよ）　安土桃山時代の武将。
¶全戦（にゅういのりきよ　生没年不詳）

乳井建清　にゅういのりきよ
⇒乳井建清（にゅういたてきよ）

乳井貢*　にゅういみつぎ
正徳2（1712）年～寛政4（1792）年　[別]乳井貢（にゅういこう，にゅういみつぐ）　江戸時代中期の陸奥津軽藩勘定奉行、元司。藩の行財政改革を断行。
¶コン，思想，数学（にゅういみつぐ　[没]寛政4（1792）年4月6日）

にゅうい

乳井貢 にゅういみつぐ
⇒乳井貢（にゅういみつぎ）

入円* にゅうえん
生没年不詳　平安時代中期の仏師。
¶古人

入善小太郎行重* にゅうぜんのこたろうゆきしげ
仁安1（1166）年〜？　㊞入善行重（にゅうぜんの
ゆきしげ）　平安時代後期〜鎌倉時代前期の人。宮
崎太郎の嫡男。
¶古人（入善行重　にゅうぜんのゆきしげ），平家（入善行
重　にゅうぜんのゆきしげ　生没年不詳）

入善行重 にゅうぜんのゆきしげ
⇒入善小太郎行重（にゅうぜんのこたろうゆきしげ）

如意 にょい
⇒如意尼（にょいに）

如意子 にょいこ*
江戸時代中期の女性。和歌。清水氏の娘。元禄16
年刊，植山検校江民軒梅之・梅柳軒水之編『歌林尾
花末』に載る。
¶江表（如意子（東京都））

如一 にょいち
⇒即非如一（そくひにょいち）

如一 にょいつ
⇒即非如一（そくひにょいち）

如意尼* にょいに
延暦22（803）年〜承和2（835）年　㊞如意（にょい）
平安時代前期の女性。淳和天皇の妃。
¶コン

二葉 によう*
江戸時代中期の女性。俳諧。佐渡相川の人。宝暦2
年序，五竹房編『入梅の後』に載る。
¶江表（二葉（新潟県））

如音尼 にょおんに
室町時代の女性。やや伝承的な人物。
¶女史（生没年不詳）

如覚 にょかく
⇒藤原高光（ふじわらのたかみつ）

如源* にょげん
貞元2（977）年？〜治安1（1021）年　平安時代中期
の天台宗延暦寺僧。
¶古人

如自 にょじ
寛永12（1635）年〜元禄14（1701）年12月24日　㊞
如自（にょじょ）　江戸時代前期〜中期の俳人。
¶俳文

如実* にょじつ
生没年不詳　鎌倉時代前期の真言宗の僧。
¶密教（㊞1206年　㊞1266年以後）

如自 にょじょ
⇒如自（にょじ）

如松 にょしょう*
江戸時代後期の女性。俳諧。相模伊勢原の人。文
化3年、歳旦帖『春帖』に載る。
¶江表（如松（神奈川県））

如水宗淵 にょすいそうえん
⇒如水宗淵（じょすいそうえん）

如拙 にょせつ
⇒如拙（じょせつ）

如泉* (1) にょせん
正保1（1644）年〜正徳5（1715）年　㊞斎藤如泉（さ
いとうじょせん），如泉（じょせん）　江戸時代前
期の俳人。
¶俳文（じょせん　㊞正徳5（1715）年8月17日）

如泉 (2) にょせん*
江戸時代後期の女性。俳諧。相模又野村の人。文
政9年に没した俳人山窓道貫の追善集『闕伽茶集』
に載る。
¶江表（如泉（神奈川県））

如蔵 にょぞう
⇒如蔵尼（にょぞうに）

如蔵尼* にょぞうに
㊞滝夜叉（たきやしゃ），滝夜叉姫（たきやしゃひ
め），如蔵（にょぞう）　平安時代中期の女性。平
将門の3女。
¶コン（滝夜叉姫　たきやしゃひめ）

如宝* にょほう
？〜弘仁6（815）年　平安時代前期の律宗の渡来僧。
優婆塞として鑑真に従事。
¶古人（㊞726年），古代，コン（㊞弘仁6（815/814）年），
対外

如無* にょむ
貞観9（867）年〜天慶1（938）年　平安時代中期の法
相宗の僧。
¶古人，コン

如来教教祖喜之 にょらいきょうきょうそきの
⇒媚娃喜之（りゅうぜんきの）

如儡子 にょらいし
⇒如儡子（じょらいし）

仁礼景範* （二礼景範） にれかげのり
天保2（1831）年〜明治33（1900）年11月22日　江戸
時代末期〜明治時代の海軍軍人、中将、子爵。海軍
省の機構改革に尽くす。海軍大臣、海軍大学校校長
などを歴任。
¶コン，幕末（㊞天保2（1831）年2月24日）

仁礼新左衛門* にれしんざえもん
天保13（1842）年〜明治10（1877）年　江戸時代末
期〜明治時代の士族。西南戦争で城山陥落の際、捕
らえられ斬罪に処せられた。
¶幕末

仁礼舎人* にれとねり
生没年不詳　江戸時代末期の薩摩藩士。
¶全幕，幕末

二六庵竹阿 にろくあんちくあ
⇒竹阿（ちくあ）

丹羽以之 にわいし
⇒以之（いし）

丹羽一学* にわいちがく
文政6（1823）年〜明治1（1868）年　江戸時代末期
の陸奥二本松藩士。
¶全幕（㊞慶応4（1868）年），幕末（㊞慶応4（1868）年7月
29日）

丹羽氏勝*　にわうじかつ
大永3(1523)年～慶長2(1597)年　戦国時代～安土桃山時代の武将。織田氏家臣、徳川氏家臣。
¶織田([没]慶長2(1597)年11月22日)

丹羽氏清*　にわうじきよ
文明17(1485)年?～永禄2(1559)年11月21日　戦国時代の織田信長の家臣。
¶織田([没]永禄2(1559)年11月21日?)

丹羽氏識*　にわうじさと
明応6(1497)年～永禄8(1565)年　戦国時代の武将。徳川氏家臣、織田氏家臣。
¶織田([生]明応6(1497)年?　[没]永禄8(1565)年6月19日)

丹羽氏次*　にわうじつぐ
天文19(1550)年～慶長6(1601)年　安土桃山時代の武将、大名。三河伊保領主。
¶織田([生]天文19(1550)年?　[没]慶長6(1601)年3月19日)

丹羽勘解由　にわかげゆ
江戸時代前期の豊臣秀頼・藤堂高虎の家臣。
¶大坂([没]寛永4年)

丹羽花南　にわかなん
⇒丹羽賢(にわまさる)

丹羽寛次郎*　にわかんじろう
文政8(1825)年～元治1(1864)年　江戸時代末期の陸奥会津藩公用人。
¶幕末([生]文政4(1821)年　[没]文久3(1863)年3月6日)

丹羽義干*　にわぎかん
天保3(1832)年～明治34(1901)年　江戸時代末期～明治時代の庄屋。地方政界に貢献。
¶幕末

丹羽恵介*　にわけいすけ
天保1(1830)年～元治1(1864)年　江戸時代末期の水戸藩士。
¶幕末([没]元治1(1864)年10月16日)

にわ子　にわこ★
江戸時代後期～大正時代の女性。和歌。甲斐甲府の町年寄の娘。
¶江表(にわ子(千葉県)　[生]弘化4(1847)年　[没]大正7(1918)年)

丹羽小四郎*　にわこしろう
?～天正4(1576)年5月3日　戦国時代～安土桃山時代の織田信長の家臣。
¶織田

丹羽五郎*　にわごろう
嘉永5(1852)年～昭和3(1928)年　江戸時代末期～明治時代の会津藩士、神田和泉橋警察署長。会津人による北海道開拓の第一人者。のちに北海道に「丹羽村」を建設。
¶幕末([没]昭和3(1928)年9月6日)

丹羽五郎左衛門尉　にわごろうざえもんのじょう
⇒丹羽長秀(にわながひで)

丹羽左平太正安　にわさへいだまさやす
⇒丹羽正安(にわまさやす)

丹羽蔀*　にわしとみ
天保4(1833)年～明治1(1868)年　江戸時代末期の忍藩士。
¶幕末([没]慶応4(1868)年3月11日)

丹羽謝庵(丹羽謝菴)　**にわしゃあん**
⇒丹羽嘉言(にわよしとき)

丹羽ジャコベ*　にわじゃこべ
天正7(1579)年～?　[別]ヤコブ丹羽(やこぶにわ)　安土桃山時代～江戸時代前期の日明混血のイエズス会修道士。
¶コン(生没年不詳),対外

丹羽正伯　にわしょうはく
⇒丹羽正伯(にわせいはく)

丹羽次郎右衛門正勝　にわじろ(う)えもんまさかつ
江戸時代前期の豊臣秀頼・織田常真・池田光政の家臣。
¶大坂

丹羽精蔵*　にわせいぞう
天保9(1838)年～慶応3(1867)年　江戸時代末期の志士。
¶幕末([没]慶応3(1867)年3月13日)

丹羽正伯*　にわせいはく
*～宝暦6(1756)年　[別]丹羽正伯(にわしょうはく)　江戸時代中期の本草学者。稲若水に師事。
¶江人(にわしょうはく　[生]1700年　[没]1753年),科学([生]元禄13(1700)年　[没]宝暦2(1752)年4月14日),コン([生]元禄13(1700)年　[没]宝暦2(1752)年),植物([生]元禄13(1700)年　[没]宝暦2(1752)年4月14日),徳人([生]1691年)

庭田重有*　にわたしげあり
*～永享12(1440)年7月20日　室町時代の公卿(権大納言)。権大納言庭田重資の孫。
¶公卿([生]永和4/天授4(1378)年),公家(重有〔庭田家〕　しげあり　[生]1378年)

庭田重条　にわたしげえだ
⇒庭田重条(にわたしげなが)

庭田重定*　にわたしげさだ
天正5(1577)年～元和6(1620)年7月29日　安土桃山時代～江戸時代前期の公家(権中納言)。権大納言庭田重具の子。
¶公卿,公家(重定〔庭田家〕　しげさだ)

庭田重資*　にわたしげすけ
*～元中6/康応1(1389)年8月13日　鎌倉時代後期～南北朝時代の公卿(権大納言)。庭田家の祖。権中納言綾小路経資の孫。
¶公卿([生]徳治1(1306)年　[没]康応1/元中6(1389)年8月13日),公家(重資〔庭田家〕　しげすけ　[生]1306年　[没]康応1(1389)年8月13日)

庭田重孝*　にわたしげたか
元禄5(1692)年10月25日～延享2(1745)年閏12月19日　江戸時代中期の公家(権大納言)。権大納言中山篤親の次男。
¶公卿,公家(重孝〔庭田家〕　しげたか)

庭田重胤*　にわたしげたね
文政4(1821)年～明治6(1873)年　江戸時代末期～明治時代の公卿。
¶公卿([生]文政4(1821)年8月16日　[没]明治6(1873)年6月),公家(重胤〔庭田家〕　しげたね　[生]文政4(1821)年8月16日　[没]明治6(1873)年6月29日),幕末([生]文政4(1821)年8月16日　[没]明治6(1873)年6月29日)

庭田重親*　にわだしげちか,にわたしげちか
明応4(1495)年～天文2(1533)年12月24日　戦国

時代の公卿（権中納言）。権中納言中山宣親の次男。
¶公卿（にわたしげちか），公家（重親〔庭田家〕　しげちか）

庭田重嗣* にわたしげつぐ
宝暦7（1757）年1月30日〜天保2（1831）年4月5日　江戸時代中期〜後期の公家（権大納言）。権大納言庭田重熙の子。
¶公卿，公家（重嗣〔庭田家〕　しげつぐ）

庭田重経* にわだしげつね，にわたしげつね
寛正6（1465）年〜文亀1（1501）年10月25日　戦国時代の公卿（参議）。権大納言庭田雅行の子。
¶公卿（にわたしげつね），公家（重経〔庭田家〕　しげつね）

庭田重能* にわたしげとう
天明2（1782）年6月3日〜天保13（1842）年8月19日　別綾小路重能（にわたしげよし）　江戸時代後期の公家（権大納言）。権大納言庭田重嗣の子。
¶公卿，公家（重能〔庭田家〕　しげよし）

庭田重具 にわたしげとも
⇒庭田重通（にわだしげみち）

庭田重条* にわたしげなが
慶安3（1650）年2月14日〜享保10（1725）年7月16日　別庭田重条（にわたしげえだ）　江戸時代前期〜中期の公家（権大納言）。権中納言庭田重定の子。
¶公卿，公家（重条〔庭田家〕　しげえだ）

庭田重熙* 〔庭田重煕〕 にわたしげひろ
享保2（1717）年9月21日〜寛政1（1789）年　江戸時代中期の公家（権大納言）。権大納言庭田重孝の子。
¶公卿（㊥寛政1（1789）年8月12日），公家（重熙〔庭田家〕　しげひろ　㊥寛政1（1789）年8月12日）

庭田重通* にわだしげみち，にわたしげみち
天文16（1547）年2月20日〜慶長3（1598）年6月17日　別庭田重具（にわたしげとも）　安土桃山時代の公卿（権大納言）。権大納言庭田重保の長男。
¶公卿（庭田重具　にわたしげとも），公家（重具〔庭田家〕　しげとも　㊥慶長3（1598）年1月17日）

庭田重基* にわたしげもと
寛政11（1799）年8月22日〜天保11（1840）年2月17日　江戸時代後期の公家（参議）。権大納言庭田重能の子。
¶公卿，公家（重基〔庭田家〕　しげもと）

庭田重保* にわたしげやす，にわだしげやす
大永5（1525）年〜文禄4（1595）年　戦国時代〜安土桃山時代の公卿（権大納言）。権中納言庭田重親の子。
¶公卿（㊤大永5（1525）年7月23日　㊥文禄4（1595）年8月6日），公家（重保〔庭田家〕　しげやす　㊤大永5（1525）年7月23日　㊥文禄4（1595）年8月26日），全戦（にわだしげやす）

庭田重能 にわたしげよし
⇒庭田重能（にわたしげとう）

庭田資子* にわたすけこ
生没年不詳　別源資子（みなもとのしし）　南北朝時代の女性。光明・崇光天皇の宮人。
¶天皇（にわたすけこ・しし）

庭田嗣子 にわたつぎこ
⇒庭田嗣子（にわたつぐこ）

庭田嗣子* にわたつぐこ
文政3（1820）年〜慶応3（1867）年　別庭田嗣子（に

わたつぎこ）　江戸時代末期の女性。和宮の補導を務めた。
¶江表（嗣子（京都府）），コン，女史（にわたつぎこ），徳籍，幕末㊥慶応3（1867）年11月19日）

庭田経資* にわたつねすけ
仁治2（1241）年〜？　別綾小路経資（あやのうじつねすけ）　鎌倉時代後期の公卿（権中納言）。綾小路家の祖。権中納言源有資の子。
¶公卿（綾小路経資　あやのうじつねすけ），公家（経資〔庭田家〕　つねすけ）

庭田具子* にわたともこ
江戸時代前期の女性。後陽成天皇の宮人。
¶天皇（㊦？　㊥寛永3（1626）年12月16日）

庭田長賢* にわたながかた
*〜長享1（1487）年　室町時代〜戦国時代の公卿（権大納言）。権大納言庭田重有の子。
¶公卿（㊦？　㊥長享1（1487）年1月19日），公家（長賢〔庭田家〕　ながかた　㊦？　㊥文明19（1487）年1月18日）

庭田秀子* にわたひでこ
？〜貞享2（1685）年　別庭田秀子（にわたしゅうし）　江戸時代前期〜中期の女性。後光明天皇の宮人。
¶天皇（にわたしゅうし・ひでこ　㊥貞享2（1685）年4月2日）

庭田雅行* にわたまさゆき
永享6（1434）年〜明応4（1495）年2月20日　室町時代〜戦国時代の公卿（権大納言）。権大納言庭田長賢の子。
¶公卿，公家（雅行〔庭田家〕　まさゆき）

庭田（源）源子 にわたもとこ
戦国時代の女性。後柏原天皇の皇妃。
¶天皇（㊦？　㊥天文4（1535）年1月11日）

丹羽桃渓 にわとうけい
宝暦10（1760）年〜文政5（1822）年　別桃渓（とうけい），桃渓山人（とうけいさんじん）　江戸時代後期の狂歌師、絵師。
¶美画（㊥文政5（1822）年10月15日）

丹羽以之 にわともゆき
⇒以之（いし）

丹羽長国* にわながくに
天保5（1834）年〜明治37（1904）年1月15日　江戸時代末期〜明治時代の大名、華族。奥羽越列藩同盟に参加、官軍と戦う。
¶全幕，幕末㊤天保5（1834）年4月14日）

丹羽長重* にわながしげ
元亀2（1571）年〜寛永14（1637）年　別小松宰相（こまつさいしょう），松任侍従（まつとうじじゅう）　安土桃山時代〜江戸時代前期の大名。陸奥白河藩主。
¶公卿（㊥寛永14（1637）年3月），公家（長重〔丹羽家〕　ながしげ　㊥寛永14（1637）年3月4日），コン，武戦

丹羽長富* にわながとみ
享和3（1803）年〜慶応2（1866）年　江戸時代末期の大名。陸奥二本松藩主。
¶幕末（㊥慶応2（1866）年7月3日）

丹羽長秀* にわながひで
天文4（1535）年〜天正13（1585）年　別丹羽五郎左衛門尉（にわごろうざえもんのじょう），羽柴越前守（はしばえちぜんのかみ）　安土桃山時代の武将。

長政の子。
¶織田([没]天正13(1585)年4月16日),コン,全戦,戦武,中世

丹羽長裕* にわながひろ
安政6(1859)年～明治19(1886)年 江戸時代末期～明治時代の二本松藩主、二本松藩知事。
¶全幕

丹羽長守 にわながもり
江戸時代前期～中期の幕臣。
¶徳人([生]1643年 [没]1726年)

丹羽真咋 にわのまくい
奈良時代の官人。
¶古人(生没年不詳)

丹羽玄政* にわはるまさ
生没年不詳 安土桃山時代の織田信長の家臣。
¶織田([生]? [没]天正4(1576)年5月3日)

丹羽久子* にわひさこ
天保6(1835)年～? 江戸時代末期の女性。旅日記作者。
¶江表(久子(福島県) [生]天保7(1836)年 [没]明治33(1900)年)

丹羽正雄* にわまさお
天保5(1834)年～元治1(1864)年 [別]佐々成之(さっさなりゆき) 江戸時代末期の勤王志士。
¶コン,幕末([生]天保5(1834)年7月2日 [没]元治1(1864)年7月20日)

丹羽正庸* にわまさつね
文政5(1822)年～明治15(1882)年8月4日 江戸時代末期～明治時代の三条家諸太夫。板ガラス製造に初めて取り組む。
¶幕末([生]文政5(1822)年3月4日)

丹羽正安* にわまさやす
永禄9(1566)年～寛永12(1635)年 [別]丹羽左平太正安(にわさへいだまさやす) 安土桃山時代～江戸時代前期の武将。織田氏家臣、豊臣氏家臣、徳川氏家臣。
¶大坂(丹羽左平太正安 にわさへいだまさやす [没]寛永12年10月8日)

丹羽賢* にわまさる
弘化3(1846)年～明治11(1878)年 [別]丹羽花南(にわかなん) 江戸時代末期～明治時代の武士、官吏。
¶詩作(丹羽花南 にわかなん),幕末([生]弘化3(1846)年閏5月3日 [没]明治11(1878)年3月20日)

丹羽族* にわやから
文化12(1815)年～明治1(1868)年 江戸時代末期の陸奥会津藩士。
¶幕末([没]慶応4(1868)年8月6日)

庭谷左衛門大夫 にわやさえもんたいふ
安土桃山時代の上野国衆。甘楽郡庭谷郷の領主。
¶武田(生没年不詳)

丹羽嘉言* にわよしとき
寛保2(1742)年～天明6(1786)年 [別]丹羽謝庵,丹羽謝菴(にわしゃあん),丹羽嘉言(にわよしのぶ) 江戸時代中期の南画家。尾張南画の祖。
¶コン,美画

丹羽嘉言 にわよしのぶ
⇒丹羽嘉言(にわよしとき)

丹羽和左衛門* にわわざえもん
享和3(1803)年～明治1(1868)年 江戸時代末期の陸奥二本松藩軍事奉行。
¶全幕([没]慶応4(1868)年),幕末([没]慶応4(1868)年7月29日)

仁阿弥道八 にんあみどうはち
⇒高橋道八〔2代〕(たかはしどうはち)

仁意* にんい
生没年不詳 平安時代中期の仏師。
¶古人,美建

仁恵 にんえ
⇒仁恵法親王(にんえほっしんのう)

仁恵法親王 にんえほうしんのう
⇒仁恵法親王(にんえほっしんのう)

仁恵法親王* にんえほっしんのう
寛元2(1244)年～永仁6(1298)年 [別]仁恵(にんえ),仁恵法親王(にんえほうしんのう,にんけいほうしんのう) 鎌倉時代後期の後嵯峨天皇の皇子。
¶天皇(にんけいほうしんのう)

仁賀* にんが
生没年不詳 平安時代中期の天台宗の僧。
¶古人

仁海* にんがい,にんかい
天暦5(951)年～永承1(1046)年 [別]雨僧正(あめそうじょう),小野僧正(おののそうじょう) 平安時代中期の真言宗の僧。小野流の祖。
¶古人(にんかい [生]954年),コン([生]天暦9(955)年),思想,密教([生]955年 [没]1046年5月16日)

仁覚*(1) にんかく
寛徳2(1045)年～康和4(1102)年 平安時代中期～後期の天台宗の僧。
¶古人,コン

仁覚*(2) にんかく
生没年不詳 平安時代後期の仏師。
¶古人

任覚* にんかく,にんがく
天永1(1110)年～養和1(1181)年 平安時代後期の真言宗の僧。
¶古人,コン

仁寛 にんかん
平安時代後期の醍醐寺東院の僧。
¶密教([生]1083年以前 [没]1114年3月23日?)

仁寛* にんかん
生没年不詳 平安時代後期の真言宗の僧。立川流の始祖。
¶古人,コン

忍基* にんき,にんぎ
生没年不詳 奈良時代の僧。
¶古代(にんぎ)

仁鏡* にんきょう
生没年不詳 平安時代前期の浄土宗の法華持経者。
¶古人

仁慶* にんきょう
生没年不詳 [別]仁慶(にんけい) 平安時代中期の天台宗の僧。
¶古人(にんけい)

に

仁皎　にんきょう
⇒仁皎(にんこう)

忍向　にんきょう
⇒月照(げっしょう)

仁教*(1)　にんぎょう
生没年不詳　平安時代前期の歌人・僧。
¶古人

仁教(2)　にんぎょう
⇒仁教(にんこう)

仁慶　にんけい
⇒仁慶(にんきょう)

仁恵法親王　にんけいほうしんのう
⇒仁恵法親王(にんえほっしんのう)

任賢(1)　にんけん
平安時代後期〜鎌倉時代前期の僧。真言声明醍醐
流の声明家。醍醐声明の祖師。
¶密教(㊙1155年？　㊙1223年以後)

任賢*(2)　にんけん
生没年不詳　鎌倉時代前期の石清水八幡宮寺三綱。
¶古人

仁源*　にんげん
康平1(1058)年〜天仁2(1109)年3月9日　平安時
代後期の天台宗の僧。天台座主40世。
¶古人

仁賢天皇*　にんけんてんのう
㊙億計王(おけおう)，億計天皇・弘
計天皇(おけのすめらみこと・おけのすめらみこ
と)　上代の第24代の天皇。市辺押磐皇子の子，顕
宗天皇の兄，武烈天皇の父。
¶古人(生没年不詳)，古代，古物(㊙允恭天皇38(449)年
㊙仁賢天皇11(498)年8月8日)，コン，天皇(㊙？　㊙仁
賢天皇11(498)年8月8日)，山小

仁教*　にんこう
貞観17(875)年〜天暦3(949)年　㊙仁教(にん
ぎょう)　平安時代中期の法相宗の僧。
¶古人，コン(生没年不詳)

仁好*　にんこう
生没年不詳　平安時代前期の天台宗僧。
¶古人

仁康*　にんこう
生没年不詳　平安時代中期の祇陀林寺の僧。天台
座主良源の弟子。
¶古人

仁皎*　にんこう
貞観15(873)年〜天徳3(959)年　㊙仁皎(にん
きょう)　平安時代中期の真言宗の僧。醍醐寺7世。
¶古人(にんきょう　㊙？)

任口*(1)　にんこう
*〜貞享3(1686)年　㊙西岸寺任口(さいがんじに
んこう，せいがんじにんこう)　江戸時代前期の
俳人。
¶俳文(㊙慶長11(1606)年　㊙貞享3(1686)年4月13日)

任口(2)　にんこう
⇒藤堂高通(とうどうたかみち)

忍光　にんこう
⇒融観(ゆうかん)

忍向　にんこう
⇒月照(げっしょう)

仁豪*　にんごう
永承6(1051)年〜保安2(1121)年10月4日　平安時
代後期の天台宗の僧。天台座主42世。
¶古人

仁孝天皇*　にんこうてんのう
寛政12(1800)年〜弘化3(1846)年　江戸時代後期
の第120代の天皇(在位1817〜1846)。光格天皇の
第6皇子，寛宮。
¶江人，コン，全幕，天皇(㊙寛政12(1800)年2月21日　㊙
弘化3(1846)年1月26日)，山小(㊙1800年2月21日
㊙1846年1月26日)

仁悟法親王*　にんごほうしんのう
文明14(1482)年〜永正12(1515)年　㊙仁尊法親
王(にんそんほうしんのう)　戦国時代の僧(円満
院門主)。後土御門天皇の皇子。
¶天皇(仁尊法親王　にんそんほうしんのう　㊙文明14
(1482)年閏7月7日　㊙永正12(1515)年閏2月12日)

仁算*　にんさん
生没年不詳　平安時代前期の仏師。
¶古人，美建

仁実*　にんじつ
寛治5(1091)年〜天承1(1131)年　平安時代後期
の天台宗の僧。天台座主45世。
¶古人，コン

仁秀*　にんしゅう
？〜大同3(808)年　奈良時代〜平安時代前期の僧。
¶古人，古代

仁俊*　にんしゅん
生没年不詳　平安時代後期の天台宗の僧・歌人。
¶古人

仁助　にんじょ
⇒仁助法親王(にんじょほっしんのう)

仁昭*　にんしょう
生没年不詳　平安時代後期の僧侶・歌人。
¶古人

仁証*　にんしょう
承暦3(1079)年〜長承3(1134)年　平安時代後期
の天台宗園城寺の僧。
¶古人

任証*(仁証)　にんしょう
永久1(1113)年〜文治5(1189)年6月25日　平安時
代後期の真言宗の僧。
¶古人(仁証)

忍性*　にんしょう
建保5(1217)年〜嘉元1(1303)年　㊙良観(りょう
かん)　鎌倉時代後期の僧。鎌倉極楽寺の開山長老。
¶コン，思想，中世，山小(㊙1217年7月16日　㊙1303年7
月12日)

仁上*　にんじょう
生没年不詳　平安時代後期の僧侶・歌人。
¶古人

仁如集堯*(仁如集堯)　にんじょしゅうぎょう
文明15(1483)年〜天正2(1574)年　㊙集堯(しゅ
うぎょう)，仁如集堯(じんにょしゅうぎょう)
戦国時代の臨済宗一山派の僧。鹿苑院塔主職。

¶思想(仁如集尭)

仁助法親王　にんじょほうしんのう
⇒仁助法親王(にんじょほっしんのう)

仁助法親王*　にんじょほっしんのう
建保2(1214)年～弘長2(1262)年　[別]仁助(にんじょ), 仁助法親王(にんじょほうしんのう)　鎌倉時代前期の土御門天皇の皇子。
¶天皇(にんじょほうしんのう　[没]弘長2(1262)年8月11日)

仁清　にんせい
⇒野々村仁清(ののむらにんせい)

任清*　にんせい
嘉承1(1106)年～仁平1(1151)年　平安時代後期の社僧。
¶古人

忍誓*　にんぜい, にんせい
生没年不詳　室町時代の連歌師。
¶俳文

仁暹*　にんせん
長保2(1000)年～治暦3(1067)年　平安時代中期～後期の僧。源長経の子。
¶古人

仁宗*　にんそう
生没年不詳　平安時代中期の興福寺の僧、宿曜師。
¶古人, コン

仁操*　にんそう
?～仁平3(1153)年　平安時代後期の天台僧。
¶古人

仁増*　にんぞう
生没年不詳　平安時代後期の仏師。
¶古人, 美建

仁尊法親王　にんそんほうしんのう
⇒仁悟法親王(にんごほうしんのう)

仁忠*　にんちゅう
生没年不詳　平安時代前期の天台宗の僧。最澄の弟子。
¶古人

忍澂*(忍徴)　にんちょう
正保2(1645)年1月8日～正徳1(1711)年11月10日　[別]信阿(しんあ)　江戸時代前期～中期の浄土宗学僧。法然院万無寺開山。
¶思想

仁貞尼　にんていに⋆
江戸時代後期の女性。和歌。近江の松平左兵衛督の家中である荒木喜間多の母。文化5年頃、真田幸弘編「御ことほきの記」に載る。
¶江表(仁貞尼(滋賀県))

仁統*　にんとう
生没年不詳　平安時代中期の興福寺僧、宿曜師。
¶古人

仁徳*　にんとく
平安時代前期の天台宗の僧。
¶古人(生没年不詳), 古代

仁徳天皇*　にんとくてんのう
[別]大鷦鷯尊, 大鷦鷯命(おおさざきのみこと)　上代の第16代の天皇。父は応神天皇。
¶古人(生没年不詳), 古代, 古物([生]神功皇后摂政57(257)年　[没]仁徳天皇87(399)年1月16日), コン, 詩作(生没年不詳), 思想, 天皇([生]神功皇后摂政57(257)年　[没]仁徳87(399)年1月16日), 山小

仁阿弥道八　にんなみどうはち
⇒高橋道八〔2代〕(たかはしどうはち)

仁明天皇*　にんみょうてんのう
弘仁1(810)年～嘉祥3(850)年3月21日　[別]深草帝(ふかくさのみかど)　平安時代前期の第54代の天皇(在位833～850)。嵯峨天皇の子。深草天皇とも。
¶古人, 古代, コン, 天皇, 山小([没]850年3月21日)

仁祐*　にんゆう
生没年不詳　平安時代後期の天台宗の僧・歌人。
¶古人

仁誉*　にんよ
生没年不詳　平安時代中期の延暦寺僧。
¶古人

仁耀*(仁燿)　にんよう
養老6(722)年～延暦15(796)年　奈良時代～平安時代前期の東大寺の僧。
¶古人(仁燿), 古代

仁隆*　にんりゅう
天養1(1144)年～元久2(1205)年　平安時代後期～鎌倉時代前期の真言宗の僧。
¶古人

【ぬ】

ぬい(1)
江戸時代中期の女性。俳諧。秋浜の人。明和2年刊、河合見風編『霞かた』に載る。
¶江表(ぬい(石川県))

ぬい(2)
江戸時代中期の女性。俳諧。越前滝谷の人。安永2年刊、近藤曲浦編『二度の花』に載る。
¶江表(ぬい(福井県))

ぬい(3)
江戸時代中期の女性。俳諧。俳人松山夏窓と妙証の娘。安永4年刊、琴松館可隆の追悼集『明の道』に載る。
¶江表(ぬい(福井県))

ぬい(4)
江戸時代後期の女性。俳諧。本吉郡柳津町の山田玄仙の妻。寛政12年刊、耽楽亭路玉編『橋柱集』に載る。
¶江表(ぬい(宮城県))

ぬい(5)
江戸時代後期の女性。教育。渡辺平三郎の妻。
¶江表(ぬい(東京都)　[生]文政5(1822)年頃)

ぬい(6)
江戸時代後期の女性。金融。西高橋の名主菅谷吉右衛門道高の妻。
¶江表(ぬい(栃木県))

ぬい(7)
江戸時代後期の女性。俳諧。寛政5年序、森々庵松後編『心つくし』に載る。

¶江表（ぬい（熊本県））

ぬひ
江戸時代後期の女性。和歌。庄内藩酒井家の奥女中。嘉永4年序、鈴木直麿編『八十番歌合』に載る。
¶江表（ぬひ（山形県））

繡　ぬい
江戸時代後期の女性。漢詩。海氏。漢詩人龍草廬の長男玉淵の妻。
¶江表（繡（京都府））

奴以　ぬい
江戸時代後期の女性。書。文政4年出版された『筆道師家人名録』に、長崎松ノ森天神社社司の娘と載る。
¶江表（奴以（長崎県））

縫（1）　**ぬい**★
江戸時代中期の女性。和歌。鳥取藩伯耆米子組士で歌人村瀬鎮栄の娘。
¶江表（縫（鳥取県）　[没]天明4（1784）年）

縫（2）　**ぬい**★
江戸時代後期の女性。教育。黒川氏。
¶江表（縫（東京都）　[生]文政7（1824）年頃）

縫（3）　**ぬい**★
江戸時代後期の女性。和歌。八日市町の中沢成則の妹。天保15年に国学者長野義言に入門する。
¶江表（縫（滋賀県））

縫（4）　**ぬい**★
江戸時代後期の女性。俳諧。備前難田の人。天保9年刊、唐樹園亀嶺編『春興亀の尾山』後に載る。
¶江表（縫（岡山県））

縫衛門（1）　**ぬいえもん**
安土桃山時代の信濃国筑摩郡高の土豪。麻績氏の被官とみられる。
¶武田（生没年不詳）

縫衛門（2）　**ぬいえもん**
安土桃山時代の信濃国筑摩郡大久保の土豪。塔原海野氏の被官とみられる。
¶武田（生没年不詳）

ぬひ子・繡子　ぬいこ
江戸時代後期の女性。和歌。江戸後期の儒官林大学頭述斎の娘。文政6年、一条忠良著「雅楽頭豊原統秋三百年遠忌和歌扣」に載る。
¶江表（ぬひ子・繡子（東京都））

縫子（1）　**ぬいこ**★
江戸時代後期の女性。和歌。常陸鹿島の北条氏。文政3年刊、天野政徳撰『草縁集』に載る。
¶江表（縫子（茨城県））

縫子（2）　**ぬいこ**★
江戸時代末期の女性。和歌。筑前福岡藩藩士加瀬元将の伯母。嘉永7年刊、長沢伴雄編『類題鴨川五郎集』に載る。
¶江表（縫子（福岡県））

縫子（3）　**ぬいこ**★
江戸時代末期～明治時代の女性。和歌。佐渡本屋敷の得勝寺住職本荘了潤の娘。明治6年序、磯部最信編『佐渡名所歌集』に載る。
¶江表（縫子（新潟県））

縫左衛門（1）　**ぬいざえもん**
安土桃山時代の信濃国筑摩郡会田の土豪。会田岩下氏の被官とみられる。
¶武田（生没年不詳）

縫左衛門（2）　**ぬいざえもん**
安土桃山時代の信濃国筑摩郡生野の土豪。塔原海野氏の被官とみられる。
¶武田（生没年不詳）

ぬい女（1）　**ぬいじょ**★
江戸時代中期の女性。狂歌。狂歌師地口有武の妻、ぬい。天明3年刊、四方赤良ほか編『万載狂歌集』に載る。
¶江表（ぬい女（東京都））

ぬい女（2）　**ぬいじょ**★
江戸時代中期の女性。俳諧。尾張名古屋の人。宝暦13年序、加藤暁台編『蛙啼集』に載る。
¶江表（ぬい女（愛知県））

ぬい女（3）　**ぬいじょ**★
江戸時代後期の女性。俳諧。志度の人。文化7年に亡くなった志度の信夫女の追善句集『しのふ摺』に載る。
¶江表（ぬい女（香川県））

ぬい女（4）　**ぬいじょ**★
江戸時代後期の女性。俳諧。城ケ崎の人。文政1年の五明の古希祝に五明の長男路牛と二男明之が編んだ『松賀左根』に載る。
¶江表（ぬい女（宮崎県））

縫女　ぬいじょ★
江戸時代中期の女性。和歌。備中岡田藩藩士浜田氏の妻。宝暦11年刊、玉島の庄屋大森元堯編『帰厚集』に載る。
¶江表（縫女（岡山県））

縫助　ぬいのすけ
安土桃山時代の信濃国筑摩郡安坂の土豪。
¶武田（生没年不詳）

縫之助　ぬいのすけ
安土桃山時代の信濃国筑摩郡会田の土豪。会田岩下氏の被官とみられる。
¶武田（生没年不詳）

縫女　ぬいめ★
江戸時代後期の女性。狂歌。上野の人。文化9年刊、便々館湖鯉鮒編『狂歌浜荻集』に載る。
¶江表（縫女（群馬県））

糠君娘　ぬかきみのいらつめ
⇒糖君娘（あらぎみのいらつめ）

糠子　ぬかこ
⇒春日糠子（かすがのぬかこ）

額田今足＊　**ぬかたのいまたり，ぬかだのいまたり**
生没年不詳　[別]額田宿禰今足（ぬかたのすくねいまたり）　平安時代前期の明法家、明法博士。
¶古人，古代（額田宿禰今足　ぬかたのすくねいまたり），コン

額田今人＊　**ぬかたのいまひと**
平安時代前期の明法家。
¶古代

額田王＊（額田姫王）　**ぬかたのおおきみ，ぬかだのおお**

きみ
生没年不詳　[別]額田女王（ぬかたのひめみこ）　飛鳥時代の女性。万葉歌人。大海人皇子と天智天皇とに愛された。
¶古人, 古代（額田女王　ぬかたのひめみこ）, 古物, コン, 詩作, 女史, 女文, 天皇（額田姫王）, 日文, 山小

額田大中彦皇子　ぬかたのおおなかつひこのおうじ
⇒額田大中彦皇子（ぬかたのおおなかつひこのみこ）

額田大中彦皇子＊　ぬかたのおおなかつひこのみこ
[別]額田大中彦皇子（ぬかたのおおなかつひこのおうじ，ぬかたのおほなかつひこのみこ）　上代の応神天皇の皇子。
¶古代, 天皇（ぬかたのおほなかつひこのみこ　生没年不詳）

額田大中彦皇子　ぬかたのおほなかつひこのみこ
⇒額田大中彦皇子（ぬかたのおおなかつひこのみこ）

額田成友　ぬかたのしげとも
平安時代後期の官人。
¶古人（生没年不詳）

額田宿禰今足　ぬかたのすくねいまたり
⇒額田今足（ぬかたのいまたり）

額田千足　ぬかたのちたる
奈良時代の明経博士。
¶古人（生没年不詳）

額田人足　ぬかたのひとたる
飛鳥時代の遣新羅使。
¶古人（生没年不詳）

額田女王　ぬかたのひめみこ
⇒額田王（ぬかたのおおきみ）

額田風之＊　ぬかだふうし
貞享4（1687）年～延享4（1747）年12月28日　[別]風之（ふうし）　江戸時代前期～中期の版元、俳人。
¶俳文（風之　ふうし）

額田部王　ぬかたべおう
奈良時代の官人。
¶古人（生没年不詳）

額田部皇女　ぬかたべのおうじょ
⇒推古天皇（すいこてんのう）

額田部比羅夫　ぬかたべのひらぶ
⇒額田部連比羅夫（ぬかたべのむらじひらぶ）

額田部広麻呂＊　ぬかたべのひろまろ
生没年不詳　奈良時代の長門国豊浦郡の郡司。耽羅島人を部領して上京。
¶コン

額田部連比羅夫＊　ぬかたべのむらじひらぶ
[別]額田部比羅夫（ぬかたべのひらぶ）　飛鳥時代の官人。
¶古代

糠手姫皇女　ぬかてひめのおうじょ
⇒糠手姫皇女（ぬかてひめのひめみこ）

糠手姫皇女　ぬかてひめのこうじょ，ぬかでひめのこうじょ
⇒糠手姫皇女（ぬかてひめのひめみこ）

糠手姫皇女＊　ぬかてひめのひめみこ
？～天智3（664）年6月　[別]糠手姫皇女（あらてひめのこうじょ，ぬかてひめのおうじょ，ぬかてひめのこうじょ，ぬかてひめのみこ，ぬかでひめのこうじょ）　飛鳥時代の女性。敏達天皇の皇女。
¶古人（あらてひめのこうじょ　生没年不詳）, 古人（ぬかてひめのこうじょ　生没年不詳）, 古代, コン, 天皇（ぬかてひめのみこ）

糠手姫皇女　ぬかてひめのみこ
⇒糠手姫皇女（ぬかてひめのひめみこ）

糠人＊　ぬかんど
寛政9（1797）年～文久3（1863）年1月13日　江戸時代後期～末期の俳人。
¶俳文

貫川＊　ぬきかわ
生没年不詳　鎌倉時代前期の女性。亀山天皇の宮人。
¶天皇

貫名海屋＊　ぬきなかいおく
安永7（1778）年～文久3（1863）年　[別]海屋（かいおく）　江戸時代後期の儒者、書家、画家。「幕末の三筆」の一人。
¶江人, コン, 幕末（[没]文久3（1863）年5月6日）, 美画（[生]安永7（1778）年3月　[没]文久3（1863）年5月6日）

貫名新蔵　ぬきなしんぞう
安土桃山時代の御徒歩衆。
¶武田（[生]？　[没]天正10（1582）年3月11日）

温井景隆＊　ぬくいかげたか
？～天正10（1582）年　安土桃山時代の武士。
¶織田（[没]天正10（1582）年6月26日？）, 全戦, 戦武（[生]天文1（1532）年）

温井孝宗＊　ぬくいたかむね
？～享禄4（1531）年　戦国時代の武士。
¶室町

温井丹波守　ぬくいたんばのかみ
戦国時代の武田氏の家臣。
¶武田（生没年不詳）

温井常陸介＊　ぬくいひたちのすけ
？～天正10（1582）年　安土桃山時代の武士。武田氏家臣。
¶武田（[没]天正10（1582）年3月11日）

温井総貞＊　ぬくいふささだ
？～弘治1（1555）年　戦国時代の武士。
¶全戦（[没]弘治1（1555）年？）, 戦武, 室町

温品孫四郎＊　ぬくしなまごしろう
文化14（1817）年～明治26（1893）年　江戸時代末期～明治時代の庄屋。
¶幕末（[生]文化14（1817）年9月　[没]明治26（1893）年5月23日）

沼田次郎　ぬたじろう
平安時代後期の安芸国の武士。
¶平家（生没年不詳）

釴石別命＊（鐸石別命）　ぬてしわけのみこと
上代の垂仁天皇の皇子。
¶天皇（鐸石別命　生没年不詳）

沼河比売　ぬなかわひめ
⇒沼河姫命（ぬなかわひめのみこと）

沼河姫命＊　ぬなかわひめのみこと
[別]沼河比売（ぬなかわひめ）　上代の女性。大国主命の妃。

¶女史(沼河比売　ぬなかわひめ)

渟名城入姫命*　ぬなきいりひめのみこと
[別]渟名城入姫命(ぬなきのいりびめのみこと)　上代の女性。崇神天皇の皇女。
¶古代(ぬなきのいりびめのみこと)

渟名城入姫命　ぬなきのいりびめのみこと
⇒渟名城入姫命(ぬなきいりひめのみこと)

渟中倉太珠敷尊　ぬなくらふとたましきのみこと
⇒敏達天皇(びだつてんのう)

ぬ

渟名底仲媛命*　ぬなそこなかつひめのみこと
[別]渟名底仲媛命(ねなそこなかつひめのみこと)　上代の女性。安寧天皇の皇后。
¶天皇(ねなそこなかつひめのみこと)

ぬな・沼名子　ぬな・ぬなこ★
江戸時代後期の女性。和歌。長崎の歌人木谷与一右衛門忠英の娘。
¶江表(ぬな・沼名子(長崎県)　[生]文化8(1811)年　[没]文政11(1828)年)

沼波弄山*　ぬなみろうざん
享保3(1718)年～安永6(1777)年　[別]五左衛門(ござえもん)　江戸時代中期の古万古焼の創始者。桑名の豪商。
¶コン,美工

布下雅朝*　ぬのしたまさとも
生没年不詳　戦国時代の地方豪族・土豪。
¶武田

布田惟暉　ぬのたこれてる,ぬのだこれてる
⇒布田保之助(ふたやすのすけ)

布田保之助　ぬのたやすのすけ
⇒布田保之助(ふたやすのすけ)

布目某*　ぬのめ
生没年不詳　安土桃山時代の織田信長の家臣。
¶織田

布屋氏助　ぬのやうじすけ
⇒浜松歌国(はままつうたくに)

ぬのや清兵衛　ぬのやせいべえ
⇒浜松歌国(はままつうたくに)

渟葉田瓊入媛命　ぬはたにいりひめのみこと,ぬはたにいりびめのみこと
⇒渟葉田瓊入媛(ぬはたのにいりひめ)

渟葉田瓊入媛*　ぬはたのにいりひめ
[別]渟葉田瓊入媛命(ぬはたにいりひめのみこと,ぬはたにいりびめのみこと)　上代の女性。垂仁天皇の妃。
¶天皇(渟葉田瓊入媛命　ぬはたにいりびめのみこと　生没年不詳)

ぬひ
江戸時代後期の女性。和歌。浅井氏。天保11年刊『瓊浦集』に載る。
¶江表(ぬひ(長崎県))

沼間伊賀守　ぬまいがのかみ
⇒沼間伊賀守(ぬまのいがのかみ)

沼間越中守　ぬまえっちゅうのかみ
⇒沼間越中守(ぬまのえっちゅうのかみ)

沼間大隅守　ぬまおおすみのかみ
⇒沼間大隅守(ぬまのおおすみのかみ)

沼上出羽守*　ぬまかみでわのかみ
生没年不詳　戦国時代の武士。北条氏光の家臣。
¶後北(出羽守〔沼上〕　でわのかみ)

沼上藤右衛門尉*　ぬまかみとうえもんのじょう
生没年不詳　戦国時代の北条家家臣笠原越前守信為の被官。
¶後北(藤右衛門尉〔沼上〕　とうえもんのじょう)

沼沢七郎*　ぬまざわしちろう
嘉永6(1853)年～大正4(1915)年　江戸時代末期～大正時代の会津藩士、官吏。戊辰戦争の際、若干15歳で隊長をつとめ越後口を守る。
¶幕末([没]大正4(1915)年12月23日)

沼沢道子　ぬまざわみちこ
文化14(1817)年～慶応4(1868)年　江戸時代後期～末期の女性。会津藩士木本蔵登の二女。
¶江表(道子(福島県)),幕末([没]慶応4(1868)年8月23日)

沼尻愛次郎*　ぬまじりあいじろう
安政3(1856)年頃～？　江戸時代末期の新撰組隊士。
¶新隊(生没年不詳)

沼尻完蔵　ぬまじりかんぞう
⇒沼尻墨僊(ぬまじりぼくせん)

沼尻小文吾*　ぬまじりこぶんご
天保6(1835)年～明治35(1902)年？　江戸時代後期～明治時代の新撰組隊士。
¶新隊

沼尻墨僊*　ぬまじりぼくせん
安永4(1775)年～安政3(1856)年　[別]沼尻完蔵(ぬまじりかんぞう)　江戸時代後期の地理学者。折りたたみ式地球儀を考案。
¶科学([生]安永4(1775)年3月15日　[没]安政3(1856)年4月26日),コン([生]安永3(1774)年),幕末([生]安永4(1775)年3月15日　[没]安政3(1856)年4月26日)

沼田顕泰*　ぬまたあきやす
生没年不詳　戦国時代の武将。後北条氏家臣、上杉氏家臣。
¶戦武

沼田あやめ　ぬまたあやめ★
江戸時代後期の女性。狂歌。尾張の吉原黄山の妻。文化9年刊、宿屋飯盛撰『狂歌波津加蛭子』に載る。
¶江表(沼田あやめ(愛知県))

沼田久次郎*　ぬまたきゅうじろう
文化8(1811)年～慶応1(1865)年　江戸時代末期の水戸藩士。
¶幕末([没]元治2(1865)年4月5日)

沼田月斎*　ぬまたげっさい
天明7(1787)年～元治1(1864)年　江戸時代中期～末期の浮世絵師。
¶浮絵

沼田香雪*　ぬまたこうせつ
文化14(1817)年～明治38(1905)年5月5日　江戸時代末期～明治時代の漢詩人。著書「後凋園徒然草」は夫、子を失った経緯を綴ったもの。孫らの教育に尽くす。
¶江表(香雪(秋田県)),女史,幕末([生]文化14(1817)年4

月30日)

沼田祐光 ぬまたすけみつ
安土桃山時代～江戸時代前期の武士。面松斎。上野国沼田庄の出。細川幽斎に仕えたあと、津軽為信の家臣。
¶全戦([生]? [没]慶長17(1612)年?)

沼田竹渓* ぬまたちくけい
文化12(1815)年～明治9(1876)年11月22日 [別]沼田竹渓(ぬまたちっけい) 江戸時代末期～明治時代の広島藩士。豊田郡横寺村に学塾を開いたほか、三原市に菁莪舎を設ける。著書に「桂園詩集」。
¶幕末(ぬまたちっけい [生]文化12(1815)年1月15日)

沼田竹渓 ぬまたちっけい
⇒沼田竹渓(ぬまたちくけい)

沼田万喜斎* ぬまたばんきさい
生没年不詳 戦国時代の上野国衆。
¶全戦

沼田順義* ぬまたゆきよし
寛政4(1792)年～嘉永2(1849)年12月17日 江戸時代後期の国学者。盲目の学者。
¶コン,思想

沼田竜* ぬまたりゅう
文政10(1827)年～明治12(1879)年 江戸時代末期～明治時代の十津川郷士。
¶幕末([生]文政10(1827)年9月15日 [没]明治12(1879)年1月2日)

沼津乗昌* ぬまづじょうしょう
?～寛永18(1641)年 江戸時代前期の狩野派の画家。
¶美画([没]寛永18(1641)年4月26日)

沼間伝内 ぬまでんない
⇒沼間伝内(ぬまのでんない)

沼間任世 ぬまにんせい
⇒沼間任世(ぬまのにんせい)

沼のあや女 ぬまのあやじょ*
江戸時代末期の女性。狂歌。越後水原の人。長者園撰、日吉神社の狂歌額に載る。
¶江表(沼のあや女(新潟県))

沼間伊賀守* ぬまのいがのかみ
?～天正4(1576)年7月13日 [別]沼間伊賀守(ぬまいがのかみ) 戦国時代～安土桃山時代の織田信長の家臣。
¶織田(ぬまいがのかみ)

沼間越中守* ぬまのえっちゅうのかみ
?～天正4(1576)年7月13日 [別]沼間越中守(ぬまえっちゅうのかみ) 戦国時代～安土桃山時代の織田信長の家臣。
¶織田(ぬまえっちゅうのかみ)

沼間大隅守* ぬまのおおすみのかみ
生没年不詳 [別]沼間大隅守(ぬまおおすみのかみ) 安土桃山時代の織田信長の家臣。
¶織田(ぬまおおすみのかみ)

沼間伝内* ぬまのでんない
?～天正4(1576)年7月13日 [別]沼間伝内(ぬまでんない) 戦国時代～安土桃山時代の織田信長の家臣。
¶織田(ぬまでんない)

沼間任世* ぬまのにんせい
生没年不詳 [別]沼間任世(ぬまにんせい) 安土桃山時代の織田信長の家臣。
¶織田(ぬまにんせい)

沼野みね* ぬまのみね
*～文政11(1828)年 江戸時代後期の女性。歌人。
¶江表(峯(和歌山県) [生]明和8(1771)年),コン([生]明和8(1771)年),女史([生]1771年)

沼間義清* ぬまのよしきよ
?～天正4(1576)年7月13日 [別]沼間義清(ぬまよしきよ) 戦国時代～安土桃山時代の織田信長の家臣。
¶織田(ぬまよしきよ)

沼野りん* ぬまのりん
文化9(1812)年～明治30(1897)年8月 江戸時代末期～明治時代の助産婦。開業し、夫の医業を助ける。
¶江表(里ん(千葉県))

沼間守一 ぬまもりかず
天保14(1843)年～明治23(1890)年 江戸時代後期～明治時代の幕臣、ジャーナリスト。
¶コン(沼間守一 ぬまもりかず),思想,徳人

沼間義清 ぬまよしきよ
⇒沼間義清(ぬまのよしきよ)

奴理能美* ぬりのみ
上代の韓人。
¶古代

漆部直伊波 ぬりべのあたいいわ
⇒漆部伊波(ぬりべのいわ)

漆部伊波 ぬりべのいなみ
⇒漆部伊波(ぬりべのいわ)

漆部伊波* ぬりべのいわ
生没年不詳 [別]漆部直伊波(ぬりべのあたいいわ),漆部伊波(ぬりべのいなみ) 奈良時代の中央官人。
¶古人(ぬりべのいなみ),古代(漆部直伊波 ぬりべのあたいいわ),コン(ぬりべのいなみ)

漆部弟麻呂 ぬりべのおとまろ
⇒漆部造弟麻呂(ぬりべのみやつこおとまろ)

漆部造弟麻呂* ぬりべのみやつこおとまろ
生没年不詳 [別]漆部弟麻呂(ぬりべのおとまろ) 奈良時代の工人。唐招提寺金堂の本尊盧舎那仏の像を制作した工人の一人。
¶美工

奴留手善丞 ぬるでぜんのじょう
安土桃山時代～江戸時代前期の甲斐国八代郡岩間村の人。
¶武田(生没年不詳)

【ね】

寧一山 ねいいっさん
⇒一山一寧(いっさんいちねい)

ねい女 ねいじょ*
江戸時代前期の女性。俳諧。延宝4年序、神田蝶々子撰『誹諧当世男』に載る。

ね

¶江表(ねい女(東京都))

根尾市助* ねおいちすけ
生没年不詳 安土桃山時代の織田信長の家臣。
¶織田

根尾右京亮 ねおうきょうのすけ
戦国時代～安土桃山時代の本巣郡根尾谷の豪族。根尾氏の惣領と思われる。
¶織田(㊐天文3(1534)年 ㊥天正10(1582)年6月2日)

根岸衛奮 ねぎしえいふん
⇒根岸衛奮(ねぎしもりいさむ)

根岸貞次 ねぎしさだつぐ
江戸時代後期～明治時代の和算家。栃木足利郡山下村の人。
¶数学(㊐天保3(1832)年 ㊥明治23(1890)年)

根岸定直 ねぎしさだなお
安土桃山時代の武蔵国松山城主上田安独斎・朝広の家臣。主計。
¶後北(定直〔根岸(2)〕 さだなお ㊥天正19年12月)

根岸重明* ねぎししげあき
慶長10(1605)年～天和2(1682)年 ㊍根来重明(ねごろしげあき),根来八九郎(ねごろはちくろう) 江戸時代前期の剣道家、天心濁名流の祖。
¶コン

根岸武香* ねぎしたけか
天保10(1839)年～明治35(1902)年12月3日 ㊍根岸武香(ねぎしぶこう) 江戸時代末期～明治時代の国学者、考古学者。国事に奔走。維新後、埼玉県議会議長、貴族院議員などを歴任。
¶コン,幕末(㊐天保10(1839)年5月15日)

根岸忠右衛門 ねぎしちゅうえもん
安土桃山時代の高利貸。北条氏政の家臣か。
¶後北(忠右衛門〔根岸(1)〕 ちゅうえもん)

根岸鉄次郎* ねぎしてつじろう
文政11(1828)年～明治26(1893)年 江戸時代末期～明治時代の実業家。第四十国立銀行を創立し、自ら頭取となる。
¶幕末(㊥明治26(1893)年9月23日)

根岸武香 ねぎしぶこう
⇒根岸武香(ねぎしたけか)

根岸衛奮* ねぎしもりいさむ
?～明治9(1876)年8月3日 ㊍根岸衛奮(ねぎしえいふん) 江戸時代末期～明治時代の幕臣。
¶コン,徳人(ねぎしえいふん ㊐1817年 ㊥?),徳代(ねぎしえいふん ㊐文政4(1821)年),幕末

根岸衛忠 ねぎしもりただ
江戸時代中期の代官。
¶徳代(㊐元禄9(1696)年 ㊥延享2(1745)年10月14日)

根岸安章 ねぎしやすあき
江戸時代末期の和算家。栃木間々田の人。門人に野鳥正行、島村義満など。
¶数学(㊥文久3(1863)年)

根岸鎮衛* ねぎしやすもり
元文2(1737)年～文化12(1815)年 江戸時代中期～後期の幕臣、随筆家。
¶コン(㊐?),徳将,徳人,徳代(㊥文化12(1815)年11月9日)

根岸友山* ねぎしゆうざん
文化6(1809)年11月27日～明治23(1890)年12月3日 江戸時代末期～明治時代の志士。市内攪乱作戦に従事し、捕虜となるが、王政復古で釈放。
¶コン,新隊,全幕,幕末(㊐文化6(1810)年11月27日)

根岸涼宇* ねぎしりょうう
享保17(1732)年～寛政6(1794)年 ㊍涼宇,涼宇(りょうう) 江戸時代中期～後期の俳人。
¶俳文(涼宇 りょうう ㊥寛政6(1794)年11月5日)

根来梶之助 ねごろかじのすけ
江戸時代後期～末期の二本松少年隊士。
¶全幕(㊐嘉永6(1853)年 ㊥慶応4(1868)年)

根来上総* ねごろかずさ
文化13(1816)年～明治25(1892)年 ㊍根来勢之祐(ねごろせいのすけ) 江戸時代末期～明治時代の長州(萩)藩寄組。
¶幕末(㊐文化13(1816)年7月2日 ㊥明治25(1892)年2月7日)

根来重明 ねごろしげあき
⇒根岸重明(ねぎししげあき)

根来之白* ねごろしはく
正保1(1644)年～正徳3(1713)年 ㊍之白(しはく) 江戸時代前期～中期の俳人(伊丹派)。
¶俳文(之白 しはく ㊐? ㊥正徳3(1713)年6月3日)

根来勢之祐 ねごろせいのすけ
⇒根来上総(ねごろかずさ)

根来寺千職坊* ねごろでらせんしきぼう
?～天正10(1582)年2月 戦国時代～安土桃山時代の織田信長の家臣。
¶織田

根来東叔* ねごろとうしゅく
生没年不詳 江戸時代中期の医師。検屍の先駆。
¶科学,眼医

根来長郷 ねごろながさと
江戸時代中期の幕臣。
¶徳人(㊐1745年 ㊥?)

根来八九郎 ねごろはちくろう
⇒根岸重明(ねぎししげあき)

根来正縄 ねごろまさなわ
江戸時代前期～中期の幕臣。
¶徳人(㊐1650年 ㊥1700年)

根来盛重 ねごろもりしげ
戦国時代～江戸時代前期の代官。
¶徳代(㊐弘治2(1556)年 ㊥寛永18(1641)年7月9日)

根来盛正 ねごろもりまさ
安土桃山時代～江戸時代前期の幕臣。
¶徳人(㊐1591年 ㊥1654年)

禰寝清成 ねじめきよなり
南北朝時代の武士。
¶内乱(㊐? ㊥文和3(1354)年)

禰寝重長* ねじめしげたけ
天文5(1536)年～天正8(1580)年 ㊍禰寝重長(ねじめしげなが) 安土桃山時代の武士。
¶全戦(ねじめしげなが ㊐?),戦武(ねじめしげなが(しげたけ))

禰寝重長　ねじめしげなが
⇒禰寝重長（ねじめしげたけ）

禰寝久清　ねじめひさきよ
室町時代の武士。
¶内乱（[生]？　[没]永徳3（1383）年）

鼠小僧*　ねずみこぞう
＊～天保3（1832）年　[別]鼠小僧次郎吉（ねずみこぞうじろきち）　江戸時代後期の盗賊。通称次郎吉。劇場中村座の木戸番の子。
¶コン（[生]寛政9（1797）年）

鼠小僧次郎吉　ねずみこぞうじろきち
⇒鼠小僧（ねずみこぞう）

禰津勝直　ねつかつなお
戦国時代の武将。禰津元直の嫡男。
¶武田（生没年不詳）

禰津宮内丞　ねつくないじょう
戦国時代の甲府城下の鞘師職人頭。
¶武田（生没年不詳）

禰津監物　ねつけんもつ
戦国時代の中牧の土豪。
¶武田（生没年不詳）

禰津寿量軒　ねつじゅりょうけん
戦国時代の信濃小県郡の国衆禰津氏の一門。
¶武田（生没年不詳）

祢津常安*（禰津常安）　ねづじょうあん，ねつじょうあん
？～慶長2（1597）年11月20日　戦国時代～安土桃山時代の信濃国衆。
¶武田（禰津常安　ねつじょうあん）

禰津常安室　ねつじょうあんしつ
戦国時代の女性。武田信虎の娘。
¶武田（生没年不詳）

禰津常安側室　ねつじょうあんそくしつ
安土桃山時代の女性。蓮華定院。
¶武田（[生]？　[没]永禄12（1569）年6月1日）

根津甚八*　ねづじんぱち
安土桃山時代～江戸時代前期の武将。立川文庫「真田幸村」の登場人物。真田十勇士の一人。
¶全戦（根津（禰津）甚八），戦武（[生]永禄12（1569）年？　[没]慶長20（1615）年）

禰津月直　ねつつきなお
安土桃山時代の武田氏の家臣。禰津常安の嫡男。
¶武田（[生]？　[没]天正3（1575）年5月21日）

禰津直吉　ねつなおよし
戦国時代の禰津常安の被官。同名衆とみられる。
¶武田（生没年不詳）

禰津信忠　ねつのぶただ
安土桃山時代の武田氏の家臣。
¶武田（生没年不詳）

祢津昌綱*（禰津昌綱）　ねづまさつな，ねつまさつな
？～元和4（1618）年1月29日　安土桃山時代～江戸時代前期の信濃国衆。
¶後北（昌綱〔禰津〕　まさつな），武田（禰津昌綱　ねつまさつな）

禰津元直　ねつもとなお
戦国時代の信濃小県郡の国衆。禰津氏の当主。
¶武田（生没年不詳）

根鳥皇子*　ねとりのおうじ
[別]根鳥皇子（ねとりのみこ）　上代の景行天皇の皇子。
¶天皇（ねとりのみこ　生没年不詳）

根鳥皇子　ねとりのみこ
⇒根鳥皇子（ねとりのおうじ）

渟名底仲媛命　ねなそこなかつひめのみこと
⇒渟名底仲媛命（ぬなそこなかつひめのみこと）

ねね（禰）
⇒高台院（こうだいいん）

根々井右馬允　ねねいうまのじょう
戦国時代の武田氏の家臣。
¶武田（生没年不詳）

根々井行親　ねねいゆきちか
⇒根井幸親（ねのいゆきちか）

ね〻御料人*（禰々御科人）　ねねごりょうにん
享禄1（1528）年～天文12（1543）年　[別]諏方頼重室，諏訪頼重室（すわよりしげしつ）　戦国時代の女性。武田信玄の妹。
¶武田（諏方頼重室　すわよりしげしつ　[没]天文12（1543）年1月19日）

ねね姫　ねねひめ
⇒栄姫（えいひめ）

子々姫*　ねねひめ
慶長4（1599）年～元和8（1622）年7月3日　[別]珠姫（たまひめ），天徳院（てんとくいん），前田利常室（まえだとしつねしつ）　江戸時代前期の女性。加賀藩主前田利常の妻。
¶江表（珠姫（石川県）），徳将（天徳院　てんとくいん）

根井幸親*　ねのいゆきちか
？～元暦1（1184）年　[別]滋野行親（しげののゆきちか），根々井行親（ねねいゆきちか）　平安時代後期の武士。
¶古人（滋野行親　しげののゆきちか）

根使主*　ねのおみ
上代の坂本臣の祖。
¶古代，コン

子日庵一草*　ねのひあんいっそう
享保17（1732）年～文政2（1819）年　[別]一草（いっそう）　江戸時代中期～後期の俳人。
¶俳文（一草　いっそう　[没]文政2（1819）年11月18日）

根萩　ねはぎ⋆
江戸時代後期の女性。俳諧。常陸の人。文政2年刊、田喜庵護物編『俳諧捜玉集』に載る。
¶江表（根萩（茨城県））

根本愚州*（根本愚洲）　ねもとぐしゅう
文化3（1806）年～明治6（1873）年　江戸時代末期～明治時代の絵師。
¶幕末（[没]明治6（1873）年4月）

根本熊次郎*　ねもとくまじろう
天保13（1842）年～昭和8（1933）年3月23日　江戸時代末期～昭和時代の徳島藩藩士、徳島藩牧民従事司計。第二次長州征伐の時、藩兵引き上げを主張。のち騒擾事件に連座。
¶幕末

ね

根本五左衛門* ねもとござえもん
？～正徳1(1711)年　江戸時代中期の安房万石騒動の義民。
¶江人, コン

根本樵谷 ねもとしょうこく
江戸時代末期～大正時代の日本画家。
¶美画([生]安政6(1859)年12月30日　[没]大正2(1913)年1月8日)

根本新介* ねもとしんすけ
弘化2(1845)年～元治1(1864)年　江戸時代末期の水戸藩士。
¶幕末([没]元治1(1864)年11月4日)

根本新平* ねもとしんぺい
天保11(1840)年～慶応1(1865)年　[別]岸新蔵(きししんぞう)　江戸時代末期の水戸藩士。
¶幕末([没]元治2(1865)年2月4日)

根本精器* ねもとせいき
？～元治1(1864)年　江戸時代末期の鍔師。
¶幕末([没]文久3(1864)年12月8日)

根本遜志 ねもとそんし
⇒根本武夷(ねもとぶい)

根本通明 ねもとつうめい
⇒根本通明(ねもとみちあき)

根本則定 ねもとのりさだ
江戸時代後期の和算家。相州東浦賀の人。文政9年算額を奉納。
¶数学

根本玄之 ねもとはるゆき
生没年不詳　[別]根本玄之(ねもとげんし)　江戸時代後期の幕臣。
¶徳人, 徳代(ねもとげんし)

根本武夷* ねもとぶい
元禄12(1699)年～明和1(1764)年　[別]根本遜志(ねもとそんし)　江戸時代中期の漢学者。荻生徂徠の門下。
¶コン, 思想(根本遜志　ねもとそんし)

根本通明*(根本道明)　ねもとみちあき
文政5(1822)年～明治39(1906)年　[別]根本通明(ねもとつうめい)　江戸時代末期～明治時代の儒学者、文科大学教授。根本義塾を創立。朱子学派から清朝考証学者に転じ、易学でも知られる。
¶コン, 幕末([生]文政5(1822)年2月15日　[没]明治39(1906)年10月3日)

根本幽峨* ねもとゆうが
文政7(1824)年～慶応2(1866)年　江戸時代末期の因幡鳥取藩士、絵師。
¶美画([没]慶応2(1866)年11月11日)

根本六三郎* ねもとろくさぶろう
天保14(1843)年～元治1(1864)年　江戸時代末期の水戸藩士。
¶幕末([没]元治1(1864)年10月18日)

然阿 ねんあ
⇒良忠(りょうちゅう)

然阿良忠 ねんありょうちゅう
⇒良忠(りょうちゅう)

念覚* ねんかく
康保4(967)年～長元3(1030)年　平安時代中期の園城寺僧。
¶古人

拈橋倀因* ねんきょうちょういん
？～天正19(1591)年　安土桃山時代の曹洞宗の僧。
¶武田([生]永正3(1506)年　[没]天正19(1591)年10月15日)

念救 ねんぐ
平安時代後期の入宋僧。
¶対外(生没年不詳)

然空 ねんくう
⇒礼阿(らいあ)

然空礼阿 ねんくうらいあ
⇒礼阿(らいあ)

念秀* ねんしゅう
生没年不詳　平安時代中期の東大寺僧。
¶古人

拈笑宗英* ねんしょうそうえい
応永16(1409)年～文明14(1482)年10月17日　室町時代～戦国時代の曹洞宗の僧。総持寺234世。
¶武田(生没年不詳)

年風 ねんぷう
⇒年風(としかぜ)

念仏重兵衛 ねんぶつじゅうべい
⇒念仏重兵衛〔5代〕(ねんぶつじゅうべえ)

念仏重兵衛〔5代〕* ねんぶつじゅうべえ
文政1(1818)年～明治2(1869)年　[別]念仏重兵衛(ねんぶつじゅうべい)　江戸時代末期の茶商。山城国宇治で製茶法を習得。
¶コン(代数なし), 幕末(代数なし　[没]明治2(1869)年8月9日)

然誉 ねんよ
⇒呑竜(どんりゅう)

念流左大夫 ねんりゅうさだゆう
江戸時代前期の剣術の達人。
¶大坂([没]慶長20年5月7日)

【の】

野際白雪* のあいはくせつ
安永2(1773)年～嘉永2(1849)年　[別]野際白雪(のぎわはくせつ)　江戸時代後期の南画家。
¶美画(のぎわはくせつ　[没]嘉永2(1849)年10月21日)

野一色義恭 のいっしきよしゆき
江戸時代中期の幕臣。
¶徳人([生]1749年　[没]？)

のう
江戸時代中期の女性。俳諧。加賀の人。天明3年刊、河合風逸編、河合見風追善集『白達摩』に載る。
¶江表(のう(石川県))

能阿 のうあ
⇒能阿弥(のうあみ)

能阿弥*　のうあみ
応永4(1397)年～文明3(1471)年　[別]真能(しんのう)，中尾能阿(なかおのうあ)，能阿(のうあ)　室町時代の足利将軍家の同朋、将軍に近侍。
¶コン,思想,中世,俳文(能阿　のうあ　[没]文明3(1471)年3月),美画([没]文明3(1471)年8月),山小

能因*　のういん
永延2(988)年～？　[別]能因法師(のういんほうし)　平安時代中期の歌人。中古三十六歌仙の一人。
¶古人([没]1050年？),コン([生]長徳4(998)年　[没]永承5(1050)年),詩作(能因法師　のういんほうし),日文(能因法師　のういんほうし)

能因法師　のういんほうし
⇒能因(のういん)

能恵(能得)　**のうえ**
⇒能恵得業(のうえとくごう)

能恵女　のうえじょ★
江戸時代中期の女性。和歌。安並氏の娘。天明7年、土佐藩士谷真潮61歳の「賀歌集」に載る。
¶江表(能恵女(高知県))

能恵得業*　のうえとくごう
？～仁安4(1169)年　[別]能恵，能得(のうえ)　平安時代後期の僧。
¶コン([没]嘉応1(1169)年)

能円*　のうえん
保延6(1140)年～正治1(1199)年　平安時代後期～鎌倉時代前期の天台宗の僧。平清盛に近侍。
¶古人,平家

能覚*　のうかく
永久5(1117)年～養和2(1182)年5月12日　平安時代後期の真言声明真相応院流の祖。
¶古人

能慶*　のうきょう
大治2(1127)年～？　[別]能慶(のうけい)　平安時代後期の園城寺僧。
¶古人(のうけい)

能慶　のうけい
⇒能慶(のうきょう)

濃子　のうこ★
江戸時代中期の女性。和歌。都築林親の娘。元禄15年刊、竹内時安斎編『出雲大社奉納清地草』に載る。
¶江表(濃子(島根県))

能光*　のうこう
生没年不詳　平安時代後期の仏工。
¶古人

能札*　のうさつ
？～元和8(1622)年　安土桃山時代～江戸時代前期の社僧・連歌作者。
¶俳文

能算*　のうさん
？～嘉保1(1094)年　平安時代中期～後期の興福寺の僧、宿曜師。
¶古人

濃子内親王*　のうしないしんのう
？～延喜3(903)年　[別]濃子内親王(あつこないしんのう)　平安時代前期の女性。文徳天皇の皇女。
¶古人(あつこないしんのう)

能順　のうじゅん
⇒上大路能順(かみおおじのうじゅん)

能進　のうしん
⇒河竹新七〔1代〕(かわたけしんしち)

能進斎　のうしんさい
⇒河竹新七〔1代〕(かわたけしんしち)

納富介次郎　のうとみかいじろう
江戸時代後期～大正時代の工芸教育家、製陶家。
¶美工([生]天保15(1844)年4月3日　[没]大正7(1918)年3月9日)

能忍　のうにん
⇒大日能忍(だいにちのうにん)

南野一郎　のうのいちろう
江戸時代後期～明治時代の奇兵隊士。
¶幕末([生]文政11(1828)年6月　[没]明治27(1894)年9月25日)

濃姫*　のうひめ
天文4(1535)年～＊　[別]織田信長室(おだのぶながしつ)，帰蝶(きちょう)　戦国時代～安土桃山時代の女性。斎藤道三の娘、織田信長の正室。
¶コン([没]？),全戦(生没年不詳)

能遍　のうへん
平安時代後期～鎌倉時代前期の僧。仁和寺尊寿院・醍醐寺大智院々主。
¶密教([生]1152年　[没]1206年3月)

乃美織江　のうみおりえ
⇒乃美織江(のみおりえ)

能美金兵衛*　のうみきんべえ
文化3(1806)年～明治11(1878)年　江戸時代末期～明治時代の実業家。天保以来藩へ多額の献金を続け、郷勇隊編成に尽力し、銃弾を調練。
¶幕末([没]明治11(1878)年3月)

能美洞庵*　のうみとうあん
寛政6(1794)年～明治5(1872)年　江戸時代末期～明治時代の医師、毛利藩藩医。牛痘法の普及に尽力。
¶幕末([没]明治5(1872)年5月29日)

能美平吾*　のうみへいご
天保14(1843)年～明治1(1868)年　[別]能美平吾(のみへいご)　江戸時代末期の長州(萩)藩士。
¶幕末([没]慶応4(1868)年7月23日)

能美隆庵*　のうみりゅうあん
文政8(1825)年～明治23(1890)年　江戸時代末期～明治時代の医師、長州藩侍医。「英国志」を校訂刊行。
¶幕末([生]文政8(1825)年2月15日　[没]明治23(1890)年1月27日)

能蓮*　のうれん
生没年不詳　平安時代後期の僧侶・歌人。
¶古人

のゑ(1)
江戸時代後期の女性。俳諧。越前亀山の人。文政4年松翠舎漣敬編「春興」に載る。
¶江表(のゑ(福井県))

のゑ(2)
江戸時代後期の女性。和歌。姉崎氏。天保7年刊、加納諸平編『類題鰒玉集』三に載る。

¶江表（のゑ（静岡県））

のゑ⑶
江戸時代後期の女性。和歌。万波氏。
¶江表（のゑ（岡山県）　[没]天保5（1834）年）

野枝　のえ*
江戸時代中期～後期の女性。和歌。野口氏。
¶江表（野枝（東京都）　[生]宝暦12（1762）年　[没]天保10（1839）年）

のゑ子　のえこ*
江戸時代の女性。和歌。佐渡河原田の歌人中山千鶴の妻。
¶江表（のゑ子（新潟県））

能衛子　のえこ*
江戸時代末期の女性。和歌。土佐藩藩士で、土佐の和歌選集「採玉集」に着手した吉田正準の母。文久3年、吉田孝継編「採玉集」初に載る。
¶江表（能衛子（高知県））

野枝子　のえこ*
江戸時代中期の女性。和歌・散文。奥祐筆組頭上村弥三郎の娘。安永8年、三島景雄主催「墨田川扇合」に載る。
¶江表（野枝子（東京都））

のゑ女⑴　のえじょ*
江戸時代後期の女性。俳諧。常陸札の人。文政10年成立、河野涼谷編『俳諧もゝ鼓』四に載る。
¶江表（のゑ女（茨城県））

のゑ女⑵　のえじょ*
江戸時代後期の女性。俳諧。尾張の人。天保11年『うめごよみ』に入集。
¶江表（のゑ女（愛知県））

野風　のかぜ
江戸時代末期の女性。俳諧。越前三国の遊女。安政2年刊、緑亭川柳編『俳人百家撰』に載る。
¶江表（野風（福井県））

野上玄瑞*　のがみげんずい
天保1（1830）年～明治10（1877）年10月7日　江戸時代末期～明治時代の医師、津山藩医。義従兄野上玄雄らと津山で種痘を実施し、天然痘予防に尽力。
¶幕末

野上玄雄*　のがみげんゆう
文化13（1816）年～明治6（1873）年12月6日　江戸時代末期～明治時代の医師、津山藩医。緒方洪庵から牛痘種の分与を受け、津山で接種を実施。のち野上玄瑞らとも接種を実施。
¶幕末

野上鹿之助*　のがみしかのすけ
文政6（1823）年～慶応3（1867）年　江戸時代末期の播磨赤穂藩士。
¶幕末（[没]慶応3（1867）年3月26日）

野菊　のぎく
⇒野菊女（のぎくじょ）

野菊女*　のぎくじょ
元文2（1737）年～天明4（1784）年5月20日　[別]烁色女（しゅうしきじょ），田本野菊女（たもとのきくじょ，たもとのぎくじょ），野菊（のぎく）　江戸時代中期～後期の女性。俳人。
¶江表（野菊女（東京都）　[生]享保12（1727）年）

濃宜水通　のぎのみなみち
奈良時代の官人。
¶古人（生没年不詳）

軒端綾女　のきばあやじょ*
江戸時代後期の女性。狂歌。桐生の長谷川氏。文政3年または同4年序、万歳逢義編、浅草庵市人追悼集『あさくさぐさ』に載る。
¶江表（軒端綾女（群馬県））

軒端鈴女　のきはしすずめ*
江戸時代後期の女性。狂歌。寛政8年、後巴人亭光序『百さへづり』に載る。
¶江表（軒端鈴女（東京都））

乃木初太郎*　のぎはつたろう
弘化4（1847）年～元治1（1864）年　[別]乃木初之進（のぎはつのしん）　江戸時代末期の長州（萩）藩士。
¶幕末（[生]弘化4（1847）年10月　[没]元治1（1864）年7月19日）

乃木初之進　のぎはつのしん
⇒乃木初太郎（のぎはつたろう）

乃木希典*　のぎまれすけ
嘉永2（1849）年11月11日～大正1（1912）年9月13日　江戸時代末期～明治時代の長府藩士、陸軍軍人。
¶コン，詩作，全幕，山小（[生]1849年11月11日　[没]1912年9月13日）

野際白雪　のぎわはくせつ
⇒野際白雪（のあいはくせつ）

野口某*　のぐち
？～天正4（1576）年7月13日　戦国時代～安土桃山時代の織田信長の家臣。
¶織田

野口一之丞　のぐちいちのじょう
安土桃山時代の信濃国筑摩郡野口の土豪。
¶武田（生没年不詳）

野口大炊介　のぐちおおいのすけ
安土桃山時代の大工。滝山城城主北条氏照の家臣大向乗重に属した。
¶後北（大炊介〔野口⑶〕　おおいのすけ）

野口一成　のぐちかずしげ
戦国時代～江戸時代前期の武将。黒田氏家臣。
¶全戦（[生]永禄2（1559）年　[没]寛永20（1643）年）

野口勝一*　のぐちかついち
*～明治38（1905）年　江戸時代末期～明治時代の政治家。
¶幕末（[生]弘化2（1845）年　[没]明治38（1905）年11月23日）

野口喜兵衛*　のぐちきへえ
生没年不詳　戦国時代の北条氏の家臣。
¶後北（喜兵衛〔野口⑵〕　きへえ）

野口清寿*　のぐちきよとし
文政1（1818）年～明治2（1869）年　江戸時代後期～明治時代の和算家。
¶数学（[没]明治2（1869）年1月25日）

野口九郎太夫*　のぐちくろうだゆう
天保10（1839）年～明治42（1909）年　江戸時代末期～明治時代の会津藩士、礪波藩大属官。禁門の変で砲術係として活躍。
¶幕末（[没]明治42（1909）年12月21日）

野口健司* のぐちけんじ
天保14(1843)年～*　江戸時代末期の志士。
¶新隊([没]文久3(1863)年12月27日),全幕([没]文久3(1863)年),幕末([没]文久3(1864)年12月27日)

野口在色* のぐちざいしき
寛永20(1643)年～享保4(1719)年　[別]在色(ざいしき)　江戸時代前期～中期の俳人(談林派)。
¶俳文(在色　ざいしき)

野口成吉 のぐちしげよし
安土桃山時代の武士。上野の武士と思われるが、詳細不明。
¶武田(生没年不詳)

野口小蘋 のぐちしょうひん
弘化4(1847)年～大正6(1917)年　江戸時代後期～大正時代の日本画家。
¶江表(小蘋(山梨県)),美画([生]弘化4(1847)年1月11日　[没]大正6(1917)年2月17日)

野口四郎左衛門尉 のぐちしろうざえもんのじょう
安土桃山時代の大工。滝山城城主北条氏照の家臣大向乗重に属した。
¶後北(四郎左衛門尉〔野口(3)〕　しろうざえもんのじょう)

野口次郎四郎 のぐちじろうしろう
安土桃山時代の大工。武蔵国滝山城城主北条氏照の家臣平山綱景に属した。
¶後北(次郎四郎〔野口(3)〕　じろうしろう)

野口哲太郎* のぐちてつたろう
天保4(1833)年～文久3(1863)年　[別]野口東溟(のぐちとうめい)　江戸時代末期の水戸藩郷校守。
¶幕末

野口照長 のぐちてるなが
安土桃山時代の武蔵国滝山城主北条氏照の家臣。
¶後北(照長〔野口(1)〕　てるなが)

野口照房* のぐちてるふさ
生没年不詳　戦国時代の北条氏照の臣。
¶後北(照房〔野口(1)〕　てるふさ)

野口東溟 のぐちとうめい
⇒野口哲太郎(のぐちてつたろう)

野口年長* のぐちとしなが
安永9(1780)年～安政5(1858)年10月17日　江戸時代中期～末期の国学者。
¶後北(遠江守〔野口(2)〕　とおとうみのかみ)

野口富蔵* のぐちとみぞう
天保12(1841)年～明治15(1882)年　江戸時代末期～明治時代の官吏。外交官アーネスト・サトウの用人。ロンドンで機織業を学び、帰国後京西陣織を指導。
¶幕末([生]天保13(1842)年　[没]明治16(1883)年4月11日)

野口内膳亮 のぐちないぜんのすけ
安土桃山時代の武蔵国岩付城主北条氏政・氏房の家臣。
¶後北(内膳亮〔野口(4)〕　ないぜんのすけ)

野口直方 のぐちなおかた
延享4(1747)年～？　江戸時代中期の幕臣。
¶徳人,徳代

野口彦兵衛 のぐちひこべえ
江戸時代後期～大正時代の染色家。
¶美工([生]嘉永1(1848)年　[没]大正14(1925)年1月)

野口政親 のぐちまさちか
戦国時代の仁科氏の家臣。信濃国安曇郡の人。
¶武田(生没年不詳)

野口保敞* のぐちやすすけ
？～文化11(1814)年　江戸時代中期～後期の和算家。
¶数学

野口幽谷* のぐちゆうこく
文政10(1827)年～明治31(1898)年　江戸時代末期～明治時代の南画家。内国勧業博で「墨竹図」が褒章受章。絵画共進会で「菊花図」が銀賞受賞。
¶コン,幕末([生]文政10(1827)年1月7日　[没]明治31(1898)年6月26日),美画([生]文政10(1827)年1月7日　[没]明治31(1898)年6月26日)

野口之布* のぐちゆきのぶ
*～明治31(1898)年　江戸時代末期～明治時代の加賀藩士。
¶幕末([生]天保1(1831)年12月16日　[没]明治31(1898)年3月22日)

野国総管* のぐにそうかん
生没年不詳　江戸時代前期の人。中国から琉球に甘藷を伝える。蕃薯大主。
¶江人,コン,対外

のさ
江戸時代中期の女性。俳諧。長井蚊市の妻。安永3年刊、与謝蕪村編『たまも集』に載る。
¶江表(のさ(和歌山県))

野崎 のざき*
江戸時代後期の女性。家祖。蜂須賀家城代家老賀島長門の奉公人で那賀郡古津村の吉右衛門の娘。文化3年に養子を許され、桶冨家が成立した。
¶江表(野崎(徳島県))

野崎大内蔵* のざきおおくら
？～明治1(1868)年　江戸時代末期の僧。
¶幕末([没]慶応4(1868)年8月14日)

野崎主計* のざきかずえ
文政7(1824)年～文久3(1863)年　江戸時代末期の十津川藩士。
¶幕末([没]文久3(1863)年9月24日)

野崎国郷 のざきくにさと
江戸時代後期の和算家。東都芝の人。享和1年算額を奉納。
¶数学

野崎貞澄* のざきさだずみ
天保11(1840)年～明治39(1906)年　江戸時代末期～明治時代の薩摩藩士、陸軍中将。戊辰戦争に従軍後、西南戦争では鎮台参謀を務める。
¶幕末([没]明治39(1906)年1月8日)

野崎太郎* のざきたろう
弘化3(1846)年～？　江戸時代後期～末期の新撰組隊士。
¶新隊

野崎巴明* のざきはめい
*～天保8(1837)年　[別]巴明(はめい)　江戸時代後期の俳人。

¶俳文（巴明 はめい ㊓宝暦6（1756）年 ㊑天保9（1838）年1月17日）

野崎彦左衛門* のざきひこざえもん
天保14（1843）年～明治38（1905）年 江戸時代末期～明治時代の商人。静岡藩建立の際、藩財政、殖産興業のための商社設立などについて建白。
¶幕末（㊓天保14（1843）年3月 ㊑明治38（1905）年7月28日）

野崎武左衛門* のざきぶざえもん
寛政1（1789）年～元治1（1864）年 江戸時代後期の塩業家。児島郡味野村に生まれる。
¶コン（㊓寛政2（1790）年 ㊑慶応1（1865）年），幕末（㊓寛政1（1789）年8月1日 ㊑元治1（1864）年8月29日）

のざと
江戸時代中期の女性。俳諧。京都の遊女。安永3年刊、与謝蕪村編『たまも集』春の部に載る。
¶江表（のざと（京都府））

野沢(1) のざわ★
江戸時代中期の女性。和歌。播磨姫路藩酒井家の奥女中。宝暦12年刊、村上影面編『続采藻編』に載る。
¶江表（野沢（兵庫県））

野沢(2) のざわ★
江戸時代後期の女性。和歌。石見津和野藩藩士林氏の娘。文政6年成立、中村安由編「柿葉集」に載る。
¶江表（野沢（島根県））

野沢英川 のざわえいせん
江戸時代後期の画家。
¶浮絵（生没年不詳）

野沢吉兵衛〔1代〕* のざわきちべえ
？～文化12（1815）年 江戸時代後期の義太夫節の三味線方。
¶コン（生没年不詳）

野沢吉兵衛〔3代〕* のざわきちべえ
文政4（1821）年～文久2（1862）年 江戸時代末期の人形浄瑠璃三味線の名手。初代竹本越路太夫。
¶コン，幕末（㊑文久2（1862）年7月28日）

野沢喜八(1) のざわきはち
⇒野沢喜八郎〔1代〕（のざわきはちろう）

野沢喜八(2) のざわきはち
⇒野沢喜八郎〔2代〕（のざわきはちろう）

野沢喜八郎〔1代〕* のざわきはちろう
生没年不詳 ㊐野沢喜八（のざわきはち） 江戸時代中期の義太夫節三味線方。野沢派の祖。
¶コン

野沢喜八郎〔2代〕* のざわきはちろう
？～宝暦5（1755）年10月 ㊐野沢喜八（のざわきはち） 江戸時代中期の義太夫節の三味線方。
¶コン（生没年不詳）

野沢喜八郎〔3代〕* のざわきはちろう
生没年不詳 江戸時代中期の義太夫節の三味線方。
¶コン

野沢定長 のざわさだなが
⇒野沢定長（のざわていちょう）

野沢二右衛門尉 のざわじえもんのじょう
戦国時代～安土桃山時代の川口の富士山御師。
¶武田（生没年不詳）

野沢定長* のざわていちょう
生没年不詳 ㊐野沢定長（のざわさだなが） 江戸時代前期の算学者。
¶科学（のざわさだなが），数学（のざわさだなが）

野沢隼人 のざわはやと
安土桃山時代の忍城主成田長泰・氏長の家臣。
¶後北（隼人〔野沢〕 はやと）

野沢凡兆 のざわぼんちょう
⇒凡兆（ぼんちょう）

野沢康光 のざわやすみつ
戦国時代の武田氏の家臣、伴野信是の被官。
¶武田（生没年不詳）

野沢康棟 のざわやすむね
戦国時代～安土桃山時代の武田氏の家臣。
¶武田（生没年不詳）

のし子 のしこ★
江戸時代後期の女性。和歌。堀氏。天保12年刊、小野基圀編『海内偉帖人名録』に101歳として名が載る。
¶江表（のし子（広島県））

乃し女 のしじょ★
江戸時代後期の女性。俳諧。安達郡の嘉永期頃の人。
¶江表（乃し女（福島県））

野地豊成 のじとよなり
江戸時代後期の和算家。奥州野地の人。嘉永3年算額を奉納。
¶数学

野島佐三郎* のじまささぶろう，のじまさざぶろう
文化9（1812）年～元治1（1864）年 ㊐野島佐三郎（のじますけさぶろう） 江戸時代末期の水戸藩士。
¶幕末（のじまさざぶろう ㊑元治1（1864）年10月13日）

野島佐三郎 のじますけさぶろう
⇒野島佐三郎（のじまささぶろう）

野島留之介* のじまとめのすけ
天保7（1836）年～明治1（1868）年 江戸時代末期の水戸藩属吏。
¶幕末（㊑慶応4（1868）年1月27日）

野尻五兵衛 のじりごひょうえ
江戸時代前期の牢人。
¶大坂

野尻惟村 のじりこれむら
平安時代後期の武士。
¶平家（生没年不詳）

野尻七兵衛正元 のじりしちびょうえまさもと
安土桃山時代～江戸時代前期の豊臣秀頼・徳川家康の家臣。
¶大坂（㊓文禄4年 ㊑延宝1年9月4日）

野尻甚五左衛門 のじりじんござえもん
江戸時代前期の武士。大坂の陣で籠城。
¶大坂

野尻高豊 のじりたかとよ
江戸時代中期の幕臣。
¶徳人（生没年不詳）

野尻高保 のじりたかやす
江戸時代中期の幕臣。
¶徳人([生]1718年 [没]?)

野尻文緒 のじりふみお
江戸時代後期の幕臣。
¶徳人(生没年不詳)

野代柳湖 のしろりゅうこ
江戸時代後期の彫師、摺師。
¶浮絵

のせ
江戸時代後期の女性。和歌。相模小田原藩の奥女中。文化11年刊、中山忠雄・河田正致編『柿本社奉納和歌集』に載る。
¶江表(のせ(神奈川県))

能勢伊織頼元 のせいおりよりもと
江戸時代前期の豊臣秀頼の家臣。
¶大坂

能勢一清* のせいっせい
?～安政4(1857)年 江戸時代末期の絵師。
¶幕末([生]寛政2(1790)年 [没]安政4(1857)年8月27日)

能勢国基* のせくにもと
生没年不詳 [別]能勢国基(のせのくにもと) 鎌倉時代前期の武士。
¶古人(のせのくにもと)

能勢九郎右衛門 のせくろ(う)えもん
江戸時代前期の藤堂高虎の家臣。大坂の陣で籠城。
¶大坂

のせ子 のせこ⋆
江戸時代後期の女性。和歌。湖東山田の木内氏。天保14年跋、木内御年編『友のつとひ』に載る。
¶江表(のせ子(滋賀県))

能勢権兵衛 のせごんべえ
江戸時代前期～中期の代官。
¶徳代([生]寛文1(1661)年 [没]元文1(1736)年9月18日)

能勢貞成 のせさだなり
江戸時代前期～中期の代官。
¶徳代([生]寛文1(1661)年 [没]正徳3(1713)年7月28日)

能勢氏の妻 のせしのつま⋆
江戸時代中期の女性。和歌。旗本か。元禄2年奥書、跡部良隆編・源信之補編「近代和歌一人一首」に載る。
¶江表(能勢氏の妻(東京都))

能勢庄左衛門 のせしょうざえもん
江戸時代前期の豊臣秀頼・松平光長の家臣。
¶大坂

能瀬惣兵衛 のせそうびょうえ
江戸時代前期の香宗我部親泰・山内忠義の家臣。
¶大坂

能勢隆重 のせたかしげ
江戸時代前期～中期の幕臣。
¶徳人([生]1661年 [没]1717年)

能勢達太郎* のせたつたろう
天保14(1843)年～元治1(1864)年 江戸時代末期の志士。
¶コン,全幕,幕末([生]天保13(1842)年 [没]元治1(1864)年7月21日)

能瀬留三郎*(能勢留三郎) のせとめさぶろう
天保6(1835)年～元治1(1864)年 江戸時代末期の水戸藩士。
¶幕末([没]元治1(1864)年8月23日)

能勢直陳* のせなおのぶ
文政4(1821)年～明治27(1894)年 江戸時代末期～明治時代の日向国佐土原藩士、儒学者。藩政改革を推進。生麦事件補償金借用を幕府と交渉。
¶全幕,幕末([生]文政4(1821)年10月26日 [没]明治27(1894)年8月12日)

能勢国基 のせのくにもと
⇒能勢国基(のせくにもと)

能勢弥九郎* のせやくろう
弘化1(1844)年～明治10(1877)年 江戸時代末期～明治時代の鹿児島県士族。西南戦争に従軍。その後鹿児島方面に転戦し、城山で戦死。
¶幕末([没]明治10(1877)年5月5日)

能勢頼一 のせよりかず
江戸時代中期の幕臣。
¶徳人([生]1690年 [没]1755年)

能勢頼重 のせよりしげ
天正15(1587)年～慶安3(1650)年 安土桃山時代～江戸時代前期の幕臣。
¶徳人,徳代([没]慶安3(1650)年3月2日)

能勢頼隆 のせよりたか
安土桃山時代～江戸時代前期の幕臣。
¶徳人([生]1588年 [没]1657年)

能勢頼次* のせよりつぐ
永禄5(1562)年～寛永3(1626)年 安土桃山時代～江戸時代前期の武士。
¶織田([没]寛永3(1626)年1月18日),徳代([没]寛永3(1626)年1月18日)

能勢頼則* のせよりのり
?～永正13(1516)年8月10日 [別]頼則(よりのり) 戦国時代の武将。
¶俳文(頼則 よりのり)

能勢頼寛 のせよりひろ
江戸時代前期～中期の幕臣。
¶徳人([生]1640年 [没]1697年)

能勢頼部* のせよりひろ
?～天正6(1578)年6月26日 戦国時代～安土桃山時代の織田信長の家臣。
¶織田

能勢頼道* のせよりみち
?～天正8(1580)年9月17日 戦国時代～安土桃山時代の織田信長の家臣。
¶織田

能勢頼宗 のせよりむね
江戸時代前期の幕臣。
¶徳人([生]1614年 [没]1678年)

能勢頼安 のせよりやす
江戸時代前期の幕臣。
¶徳人([生]? [没]1645年)

能勢頼之 のせよりゆき
生没年不詳 江戸時代末期の幕臣。長崎奉行。
¶徳人,幕末

莅戸太華　のぞきたいか
⇒莅戸太華（のぞきどたいか）

莅戸太華*　のぞきどたいか
享保20（1735）年～享和3（1803）年12月25日　[別]莅戸太華（のぞきたいか），莅戸善政（のぞきよしまさ，のぞぎよしまさ）　江戸時代中期～後期の出羽米沢藩士。寛政改革で活躍。
¶江人（のぞきたいか），コン（のぞきたいか）

莅戸善政　のぞきよしまさ，のぞぎよしまさ
⇒莅戸太華（のぞきどたいか）

野田斧吉　のだおのきち
？～天保6（1835）年　江戸時代後期の幕臣。
¶徳人，徳代

野田希一郎　のだきいちろう
⇒野田笛浦（のだてきほ）

野田玉造*　のだぎょくぞう
天保7（1836）年～明治43（1910）年　江戸時代末期～明治時代の武士、盛岡藩家老、盛岡県大参事。奥羽列藩同盟には勤王の大義名分を説く。廃藩置県後は、県地刷新に尽力。
¶幕末（[生]天保7（1836）年8月14日　[没]明治43（1910）年10月23日）

野田清成　のだきよしげ
江戸時代前期～中期の代官。
¶徳代（[生]延宝3（1675）年　[没]享保17（1732）年7月11日）

野田倉之丞（野田蔵之丞）　のだくらのじょう
⇒生島新五郎（いくしましんごろう）

野田内蔵之助　のだくらのすけ
⇒生島新五郎（いくしましんごろう）

野田笛浦　のだこほ
⇒野田笛浦（のだてきほ）

野田春栄　のだしゅんえい
江戸時代後期の眼科医。
¶眼医（生没年不詳）

野田四郎*　のだしろう
天保11（1840）年～明治37（1904）年　江戸時代末期～明治時代の政治家、県会議員、有田郡長。製茶、養蚕の普及奨励に尽力。
¶幕末（[生]天保11（1840）年9月23日　[没]明治37（1904）年5月27日）

野田新五兵衛*　のだしんごべえ
寛政1（1789）年～安政4（1857）年　江戸時代後期の商人。
¶幕末

野田信八*　のだしんぱち
文政8（1825）年～大正4（1915）年　江戸時代末期～明治時代の平藩士。坂下門の変の際には、警衛・奮戦につとめる。平城落城の折りには安藤信正に随行。
¶幕末（[没]大正4（1915）年4月11日）

野田孝成　のだたかなり
延享4（1747）年～？　江戸時代中期の幕臣。
¶徳人，徳代

野田忠粛*　のだただのり
慶安1（1648）年7月20日～享保4（1719）年9月6日　[別]野田忠粛（のだただまさ）　江戸時代前期～中期の国学者。「万葉類句」を霊元上皇に献じる。
¶コン

野田忠粛　のだただまさ
⇒野田忠粛（のだただのり）

野田恒利　のだつねとし
江戸時代前期～中期の代官。
¶徳代（[生]承応3（1654）年　[没]享保3（1718）年閏10月26日）

野田笛浦*　のだてきほ
寛政11（1799）年～安政6（1859）年　[別]野田希一郎（のだきいちろう），野田笛浦（のだこほ）　江戸時代末期の漢学者。文章の四大家の一人。
¶コン，詩作（[生]寛政11（1799）年6月21日　[没]安政6（1859）年7月21日），幕末（野田希一郎　のだきいちろう　[生]寛政11（1799）年6月21日　[没]安政6（1859）年7月21日）

野田肇　のだはじめ
江戸時代後期～大正時代の和算家。
¶数学（[生]天保7（1836）年　[没]大正14（1925）年8月）

野田古武　のだひさたけ
江戸時代前期～中期の幕臣、代官。
¶徳代（[生]天和3（1683）年　[没]寛延2（1749）年5月13日）

野田秀成　のだひでしげ
江戸時代前期～中期の幕臣、代官。
¶徳代（[生]寛永17（1640）年　[没]享保9（1724）年10月10日）

野田豁通*　のだひろみち
弘化1（1844）年～大正2（1913）年　江戸時代末期～明治時代の陸軍官吏、貴族院議員、男爵。陸軍主計総監、日清戦争で兵器会計、軍需品供給で多くの功績を残す。
¶幕末（[生]弘化1（1844）年7月24日　[没]大正2（1913）年1月6日）

野田政晟　のだまさあきら
江戸時代中期～後期の幕臣、代官。
¶徳人（[生]1755年　[没]1819年？），徳代（[生]寛延1（1748）年　[没]文政2（1819）年8月）

野田政啓　のだまさひろ
江戸時代中期の代官。
¶徳代（[生]享保16（1731）年　[没]安永9（1780）年6月12日）

野田元清　のだもときよ
江戸時代中期～後期の幕臣。
¶徳人（[生]1735年　[没]1801年？），徳代（[生]元文2（1737）年　[没]享和1（1801）年？）

野田元矩　のだもとのり
江戸時代中期～後期の幕臣。
¶徳人（[生]1769年　[没]1846年）

野田諸成　のだもろなり
江戸時代中期の幕臣。
¶徳人（[生]1722年　[没]？）

野田安成　のだやすなり
江戸時代前期の代官。
¶徳代（[生]？　[没]寛文4（1664）年7月3日）

後円光院殿　のちのえんこういんどの
⇒鷹司冬教（たかつかさふゆのり）

後京極摂政　のちのきょうごくせっしょう
⇒九条良経（くじょうよしつね）

後江相公　のちのごうしょうこう
⇒大江朝綱（おおえのあさつな）

後光明照院殿　のちのこうみょうしょういんどの
⇒二条道平（にじょうみちひら）

後成恩寺関白　のちのじょうおんじかんぱく
⇒一条兼良（いちじょうかねよし）

後深心院殿　のちのしんしんいんどの
⇒近衛道嗣（このえみちつぐ）

後鈴屋　のちのすずのや
⇒本居春庭（もとおりはるにわ）

後大染金剛院殿　のちのだいせんこんごういんどの
⇒二条尹房（にじょうただふさ）

後高倉院　のちのたかくらいん
⇒後高倉院（ごたかくらいん）

後中書王　のちのちゅうしょおう
⇒具平親王（ともひらしんのう）

後普光園院殿　のちのふこうおんいんどの
⇒二条良基（にじょうよしもと）

後報恩院殿　のちのほうおんいんどの
⇒九条経教（くじょうつねのり）

後法性寺入道殿　のちのほっしょうじにゅうどうどの
⇒九条兼実（くじょうかねざね）

野津鎮雄*　のづしずお
天保6（1835）年～明治13（1880）年　江戸時代末期～明治時代の陸軍軍人、薩摩藩士。佐賀の乱では砲兵を指揮し鎮圧に功。西南戦争で征討第一旅団司令長官に任命。
¶コン，幕末（[生]天保6（1835）年9月5日　[没]明治13（1880）年7月22日）

野出蕉雨*　のでしょうう
弘化4（1847）年～昭和17（1942）年　江戸時代末期～明治時代の画家。
¶幕末（[没]昭和17（1942）年6月24日），美画（[没]昭和17（1942）年6月27日）

のと
江戸時代中期の女性。俳諧。戸倉の人。天明7年宮本虎杖編「虎杖菴艸稿」弐に載る。
¶江表（のと（長野県））

能登　のと★
江戸時代中期～後期の女性。和歌。伊勢松坂の本居宣長の娘。
¶江表（能登（三重県）　[生]安永5（1776）年　[没]享和3（1803）年）

野渡　のと
江戸時代中期の女性。俳諧。武蔵神奈川宿の人。安永8年刊、万葉庵潮花楼社中撰、歳旦歳暮帖『金川文藻』に載る。
¶江表（野渡（神奈川県））

能登永閑*　のとえいかん
生没年不詳　[別]永閑（えいかん，ようかん）　戦国時代の連歌師。
¶俳文（永閑　ようかん）

能登侍従　のとじじゅう
⇒前田利政（まえだとしまさ）

能登女王　のとじょおう
⇒能登女王（のとのじょおう）

能登内親王　のとないしんのう
⇒能登女王（のとのじょおう）

能登乙美　のとのおとみ
⇒能登臣乙美（のとのおみおとみ）

能登男人　のとのおひと
奈良時代の画師。
¶古人（生没年不詳）

能登臣乙美*　のとのおみおとみ
[別]能登乙美（のとのおとみ）　奈良時代の官人。万葉歌人。
¶古人（能登乙美　のとのおとみ　生没年不詳）

能登女王*　のとのじょおう
天平5（733）年～天応1（781）年　[別]能登女王（のとじょおう，のとのひめみこ），能登内親王（のとないしんのう）　奈良時代の女性。光仁天皇の皇女。
¶古人（のとじょおう），古代（のとのひめみこ），天皇（能登内親王　のとないしんのう　[没]天応1（781）年2月17日）

能登女王　のとのひめみこ
⇒能登女王（のとのじょおう）

能登守成　のとのもりなり
平安時代中期の官人。
¶古人（生没年不詳）

能登屋円吉*　のとやえんきち
文化8（1811）年～？　江戸時代後期の蝦夷地番人、アイヌ語通辞。「蝦夷語集録」を作成。
¶コン

能登屋三右衛門*　のとやさんえもん
文化3（1806）年～明治1（1868）年　[別]藤井三右衛門（ふじいさんえもん）　江戸時代末期の廻船業。
¶コン，幕末（[没]明治1（1868）年10月22日）

野鳥正行　のとりまさゆき
江戸時代末期～明治時代の和算家。栃木野木の人。最上流根岸安章に算学を学ぶ。
¶数学（[没]明治27（1894）年）

野中婉*　のなかえん
万治3（1660）年～享保10（1725）年12月29日　江戸時代中期の女性。医師。
¶江表（婉（高知県）　[生]寛文1（1661）年），眼医，コン，女史

野中金右衛門　のなかきんうえもん
⇒野中金右衛門（のなかきんえもん）

野中金右衛門*　のなかきんえもん
*～弘化3（1846）年　[別]野中金右衛門（のなかきんうえもん）　江戸時代中期～後期の日向飫肥藩士、植木方。
¶江人（[生]1767年），コン（[生]宝暦11（1761）年）

野中兼山*　のなかけんざん
元和1（1615）年～寛文3（1663）年12月15日　江戸時代前期の土佐藩士、政治家、儒者。
¶江人，コン，思想，植物（[生]元和1（1615）年1月21日　[没]寛文3（1664）年12月15日），山小（[没]1663年12月15日）

野中左京　のなかさきょう
江戸時代前期の人。長宗我部元親の家臣野中三郎左衛門尉親孝の嫡男。

¶大坂（[没]慶長20年5月6日）

野中助継* 　のなかすけつぐ

文政11（1828）年～明治1（1868）年　[別]野中太内（のなかたない）　江戸時代末期の土佐藩士。吉田東洋に訓育される。

¶コン，幕末（野中太内　のなかたない　[没]慶応4（1868）年5月27日）

野中太内　のなかたない

⇒野中助継（のなかすけつぐ）

野中遠江守*　のなかとおとうみのかみ

生没年不詳　戦国時代の上総鋳物師の棟梁。

¶後北（遠江守〔野中〕　とおとうみのかみ）

野中川原史満　のなかのかわらのふひとまろ

飛鳥時代の氏族。

¶詩作（生没年不詳）

野中万*　のなかまん

天正14（1586）年～慶安4（1651）年　江戸時代前期の女性。野中兼山の母。

¶江表（秋田夫人（高知県））

野中元右衛門*　のなかもとえもん

文化9（1812）年～慶応3（1867）年5月12日　江戸時代末期の肥前佐賀藩士。1867年フランスに渡りパリ万国博覧会の出品を担当。

¶幕末

野中李杏　のなかりあん

江戸時代中期～後期の眼科医。

¶眼医（生没年不詳）

野並正貞*　のなみまささだ

文政2（1819）年～明治2（1869）年　江戸時代末期の医師。

¶幕末（[没]明治2（1869）年9月5日）

野々口為志*　ののぐちためし

？～明治29（1896）年　江戸時代末期～明治時代の洋学者。熊本藩藩立洋学校で幹事となり、横井太平らの教師招聘に尽力。

¶幕末（[没]明治29（1896）年11月15日）

野々口立圃*　ののぐちりゅうほ

文禄4（1595）年～寛文9（1669）年　[別]雛屋立圃（ひなやりっぽ，ひなやりゅうほ），立圃（りゅうほ）　江戸時代前期の俳人。俳諧作法書「はなひ草」を刊行。

¶コン，詩作（[没]寛文9（1669）年9月30日），俳文（立圃　りゅうほ　[没]寛文9（1669）年9月30日）

野宮定功*　ののみやさだいさ

文化12（1815）年～明治14（1881）年　江戸時代末期～明治時代の公家。和宮縁組用掛となり降嫁問題に尽力。のち公武間の折衝斡旋に努めた。

¶公卿（[生]文化12（1815）年7月26日　[没]明治14（1881）年1月），公家（定功〔野宮家〕　さだいさ　[生]文化12（1815）年7月26日　[没]明治14（1881）年1月10日），全幕，幕末（[生]文化12（1815）年7月26日　[没]明治14（1881）年1月10日）

野宮定業*　ののみやさだかず

宝暦9（1759）年9月23日～文化13（1816）年6月22日　[別]野宮定業（ののみやさだなり）　江戸時代中期～後期の公家（権中納言）。権大納言野宮定之の末子。

¶公卿，公家（定業〔野宮家〕　さだなり）

野宮定輔　ののみやさだすけ

⇒野宮定縁（ののみやさだより）

野宮定逸*　ののみやさだとし

慶長15（1610）年～万治1（1658）年2月15日　[別]花山院定逸（かざんいんさだとし），野宮定逸（ののみやさだはや）　江戸時代前期の公家（権大納言）。左大臣花山院定熙の孫。

¶公卿，公家（定逸〔野宮家〕　さだはや）

野宮定俊*　ののみやさだとし

元禄15（1702）年5月25日～宝暦7（1757）年3月30日　江戸時代中期の公家（権大納言）。権大納言正親町公通の次男。

¶公卿，公家（定俊〔野宮家〕　さだとし）

野宮定祥*　ののみやさだなが，ののみやさだなか

寛政12（1800）年～安政5（1858）年　江戸時代末期の公家（権大納言）。権中納言野宮定業の孫。

¶公卿（[生]寛政12（1800）年1月15日　[没]安政5（1858）年9月2日），公家（定祥〔野宮家〕　さだなか　[生]寛政12（1800）年1月15日　[没]安政5（1858）年9月2日），幕末（[生]寛政12（1800）年1月15日　[没]安政5（1858）年9月2日）

野宮定業　ののみやさだなり

⇒野宮定業（ののみやさだかず）

野宮定逸　ののみやさだはや

⇒野宮定逸（ののみやさだとし）

野宮定晴*　ののみやさだはる

寛保2（1742）年5月11日～天明1（1781）年9月3日　江戸時代中期の公家（権中納言）。権大納言野宮定之の子。

¶公卿，公家（定晴〔野宮家〕　さだはる）

野宮定基*　ののみやさだもと

寛文9（1669）年～正徳1（1711）年　江戸時代中期の公家（権中納言）。内大臣中院通茂の次男。

¶公卿（[生]寛文9（1669）年7月14日　[没]正徳1（1711）年6月29日），公家（定基〔野宮家〕　さだもと　[生]寛文9（1669）年7月14日　[没]正徳1（1711）年6月29日），コン

野宮定之*　ののみやさだゆき

享保6（1721）年7月23日～天明2（1782）年2月26日　江戸時代中期の公家（権大納言）。権大納言野宮定俊の子。

¶公卿，公家（定之〔野宮家〕　さだゆき）

野宮定縁*　ののみやさだより

寛永14（1637）年11月12日～延宝5（1677）年9月15日　[別]野宮定輔（ののみやさだすけ）　江戸時代前期の公家（権中納言）。権大納言中院通純の次男。

¶公卿，公家（定縁〔野宮家〕　さだより）

野宮左大臣　ののみやのさだいじん

⇒徳大寺公継（とくだいじきんつぐ）

野々村伊予守吉安　ののむらいよのかみよしやす

江戸時代前期の豊臣秀吉の家臣。

¶大坂（[没]慶長20年5月7日）

野々村勘九郎　ののむらかんくろう

⇒泉十郎（いずみじゅうろう）

野々村仁清*　ののむらにんせい

生没年不詳　[別]仁清（にんせい）　江戸時代前期の京焼の陶工。

¶江人，コン，美工，山小

野々村豊前守　ののむらぶぜんのかみ

江戸時代前期の武士。大坂の陣で籠城。

¶大坂

野々村正成* ののむらまさなり
?～天正10(1582)年6月2日 戦国時代～安土桃山時代の織田信長の家臣。
¶織田

野々村真澄* ののむらますみ
文化7(1824)年～明治37(1904)年 江戸時代末期～明治時代の陸奥盛岡藩士。
¶全幕㊥文政6(1823)年，幕末㊃? ㊤明治(1904)年9月3日

野々村又右衛門* ののむらまたえもん
生没年不詳 安土桃山時代の織田信長の家臣。
¶織田

野々村主水正 ののむらもんどのかみ
⇒野々村主水正(ののむらもんどのしょう)

野々村主水正* ののむらもんどのしょう
?～天正12(1584)年9月11日? ㊥野々村主水正(ののむらもんどのかみ) 戦国時代～安土桃山時代の織田信長の家臣。
¶織田(ののむらもんどのかみ) ㊤天正12(1584)年9月11日

野々山兼綱 ののやまかねつな
安土桃山時代～江戸時代前期の幕臣。
¶徳人㊥1591年 ㊤1667年

野々山兼寛* ののやまかねひろ
江戸時代末期の幕臣。
¶幕末(生没年不詳)

野々山正三郎 ののやましょうざぶろう
⇒並木五瓶〔2代〕(なみきごへい)

野原助兵衛 のはらすけひょうえ
江戸時代前期の大和国宇智郡御山村の人。
¶大坂㊤慶長20年5月6日

のふ
江戸時代中期の女性。和歌。岸都成昌の娘。宝永6年奉納、平間長雅撰『住吉社奉納千首和歌』に載る。
¶江表(のふ)(京都府)

のぶ(1)
江戸時代中期の女性。俳諧。駿河釘ヶ浦の人。天明2年序、松月楼市明編、父の三三回忌追福集『続三崎誌』に載る。
¶江表(のぶ)(静岡県)

のぶ(2)
江戸時代中期の女性。和歌。摂津の清水信良の妻。元文4年刊、浅野尚武撰『住吉松之文台披講兼題』に載る。
¶江表(のぶ)(兵庫県)

のぶ(3)
江戸時代中期の女性。俳諧。筑前福岡の商人で俳人蝶平山酔の娘。安永5年・6年・9年・天明2年刊の『しくれ会』に載る。
¶江表(のぶ)(福岡県)

のぶ(4)
江戸時代後期の女性。教育。医師千村春徳の母。
¶江表(のぶ)(東京都) ㊤文政8(1825)年頃

のぶ(5)
江戸時代後期の女性。俳諧。魚津の人。文化4年刊、成田蒼虬編『花供養』に載る。
¶江表(のぶ)(富山県)

のぶ(6)
江戸時代後期の女性。和歌。尾張の山本清樹の妻。文政3年刊、天野政徳編『草緑集』に載る。
¶江表(のぶ)(愛知県)

のぶ(7)
江戸時代末期～明治時代の女性。書簡。武蔵川越藩の儒者杉村霞皐の娘。
¶江表(のぶ)(群馬県) ㊤明治26(1893)年

のぶ(8)
江戸時代末期～明治時代の女性。教育。関口氏。
¶江表(のぶ)(千葉県) ㊤明治16(1883)年

延(1) のぶ
江戸時代中期の女性。和歌。多美濃守久住の妻。天明2年宮内清秀序『伴菊延齢詩歌集』に載る。
¶江表(延)(京都府)

延(2) のぶ
江戸時代後期の女性。和歌。竹村平右衛門の母。天保12年刊、竹村茂雄編『門田の抜穂』に載る。
¶江表(延)(静岡県)

信(1) のぶ
江戸時代中期の女性。俳諧。『閨秀俳句選』の元禄期～天明期に筑前の少女として名がみえる。
¶江表(信)(福岡県)

信(2) のぶ
江戸時代中期～後期の女性。教育・和歌・書。伊賀上野東町の医師西村良化の娘。
¶江表(信)(滋賀県) ㊥明和1(1764)年 ㊤天保3(1832)年

信(3) のぶ
江戸時代後期の女性。和歌。坂田郡春照宿の松田又兵衛の妻。国学者長野義言の門に夫に続いて天保15年に入門。
¶江表(信)(滋賀県)

信(4) のぶ
江戸時代後期の女性。和歌。播磨龍野藩儒臣藤江熊陽の娘。致遠の妻となる。
¶江表(信)(兵庫県)

信(5) のぶ*
江戸時代後期の女性。俳諧。備前友延の人。天保9年刊、唐樹園亀嶺編『春興亀の尾山』後に載る。
¶江表(信)(岡山県)

信(6) のぶ
江戸時代末期の女性。画・書。博多の刀鍛冶信国光昌の娘。夫は福岡の歌人大隈言道の伯父。
¶江表(信)(福岡県)

信(7) のぶ
江戸時代末期～明治時代の女性。教育。旗本で昌平黌の助教を務めた安藤定共の娘。明治維新後から明治4年まで私塾を続けた。
¶江表(信)(千葉県)

乃婦 のぶ*
江戸時代後期の女性。教育。沢木金蔵の妻。
¶江表(乃婦)(東京都) ㊃文化14(1817)年頃

信家* のぶいえ
生没年不詳 安土桃山時代の鐔工。
¶コン,美工

信方*　のぶかた
生没年不詳　[別]鏑木信方（かぶらぎのぶかた）　安土桃山時代の洋画家。
¶コン，美画（鏑木信方　かぶらぎのぶかた）

乃不九郎*　のぶくろう
？～元和1（1615）年5月8日？　安土桃山時代～江戸時代前期の織田信長の家臣。
¶織田

のふ子(1)　のふこ★
江戸時代後期の女性。和歌。山中半兵衛の母。文政8年刊、青木行敬ほか編『聖廟奉納歌百二十首』に載る。
¶江表（のふ子（京都府））

のふ子(2)　のふこ★
江戸時代後期の女性。和歌。国学者石津並輔の娘。天保12年刊、加納諸平編『類題鰒玉集』四に載る。
¶江表（のふ子（大阪府））

のふ子(3)　のふこ★
江戸時代末期の女性。和歌。宇和島藩の奥女中。元治1年頃に詠まれた「宇和島御奥女中大小吟」に載る。
¶江表（のふ子（愛媛県））

のぶ子　のぶこ★
江戸時代後期の女性。和歌。庄内藩藩士鳥海桂山の妻。文化11年刊、中山忠雄・河田正致編『柿本社奉納和歌集』に載る。
¶江表（のぶ子（山形県））

延子(1)　のぶこ★
江戸時代中期の女性。和歌。鈴木氏の娘。明和5年刊、石野広通編『霞関集』に載る。
¶江表（延子（東京都））

延子(2)　のぶこ★
江戸時代後期～明治時代の女性。和歌。加賀藩藩士宮崎弥左衛門の娘。
¶江表（延子（石川県）　[生]文化9（1812）年　[没]明治14（1881）年）

延子(3)　のぶこ★
江戸時代後期の女性。和歌。遠江豊田郡の鈴木半左衛門の娘。寛政9年成立、内山真龍編「鏡山歌」に載る。
¶江表（延子（静岡県））

言子　のぶこ★
江戸時代末期の女性。和歌。常陸府中藩主松平頼説の娘。安政7年刊、蜂屋光世編『大江戸倭歌集』に載る。
¶江表（言子（福島県））

信子(1)　のぶこ★
江戸時代中期の女性。和歌。仙台藩士高橋武之進幸篤の妻。安永3年成立「田村村隆母公六十賀祝賀歌集」に載る。
¶江表（信子（宮城県））

信子(2)　のぶこ★
江戸時代中期の女性。和歌。伏見の医師多賀高惟（荷田春満の実弟）の妻。
¶江表（信子（東京都）　[没]延享2（1745）年）

信子(3)　のぶこ★
江戸時代中期の女性。和歌。上村氏の妻。安永8年、三島景雄主催「墨田川扇合」に載る。
¶江表（信子（東京都））

信子(4)　のぶこ★
江戸時代中期の女性。和歌・書。権中納言藤谷為信の娘。権中納言藤谷為信の娘。
¶江表（信子（京都府））

信子(5)　のぶこ★
江戸時代中期の女性。和歌。日向高鍋藩主秋月種信の娘。藩主北条氏朝の室。
¶江表（信子（大阪府））

信子(6)　のぶこ★
江戸時代中期～後期の女性。和歌。信濃松代藩主真田信安の娘。
¶江表（信子（兵庫県）　[生]延享1（1744）年　[没]文政3（1820）年）

信子(7)　のぶこ★
江戸時代後期の女性。和歌・散文。幕臣山本寅次郎の妻。文政7年頃の「玉露童女追悼集」に載る。
¶江表（信子（東京都））

信子(8)　のぶこ★
江戸時代後期の女性。和歌。美濃の人。弘化4年刊、清堂観尊編『たち花の香』に載る。
¶江表（信子（岐阜県））

信子(9)　のぶこ★
江戸時代後期～明治時代の女性。和歌。郡山藩主松平保光の孫信貞の娘か。
¶江表（信子（奈良県）　[生]文化10（1813）年　[没]明治28（1895）年）

信子(10)　のぶこ★
江戸時代後期の女性。和歌。松森孝美の妻。弘化4年刊、清堂観尊編『たち花の香』に載る。
¶江表（信子（奈良県））

信子(11)　のぶこ★
江戸時代末期の女性。和歌。常陸水戸藩江戸屋敷住。文久1年成立「烈公一回御忌和歌」に載る。
¶江表（信子（茨城県））

信子(12)　のぶこ★
江戸時代末期の女性。和歌。筑後外小路の大村十太夫春樹の妻。文久2年刊、『柳河百家集』に載る。
¶江表（信子（福岡県））

誠子　のぶこ
江戸時代後期の女性。和歌。松平氏。弘化4年刊、清堂観尊編『たち花の香』に載る。
¶江表（誠子（京都府））

宣子(1)　のぶこ★
江戸時代後期の女性。和歌。尾張の加藤市郎左衛門の娘。弘化4年刊、清堂観尊編『たち花の香』に載る。
¶江表（宣子（愛知県））

宣子(2)　のぶこ★
江戸時代後期の女性。和歌。西本願寺家臣下橋主馬の母。天保9年版『平安人物志』に名が載る。
¶江表（宣子（京都府））

宣子(3)　のぶこ★
江戸時代後期の女性。和歌。権中納言外山光実の娘。嘉永4年刊、木曽義昌二五〇回忌追善『波布里集』に載る。
¶江表（宣子（京都府））

のふとの

宣子(4) のぶこ*
　江戸時代後期の女性。和歌。宇和島藩士宍戸素
介元嗣の妻。嘉永4年刊、本居豊頴編『打聴鶯蛙集』
に載る。
　¶江表(宣子(愛媛県))

宣子(5) のぶこ
　江戸時代末期の女性。旅日記。公家沢久量の娘。
安政6年、水戸へ下った折、随行日記「衣手日記」
を記す。
　¶江表(宣子(茨城県))

陳子 のぶこ
　江戸時代後期～末期の女性。和歌。尾張海東郡の
津島神社代々の祠官長氷室種長の娘。
　¶江表(陳子(愛知県))　㋕寛政10(1798)年　㋛慶応3
(1867)年

能子 のぶこ
　江戸時代後期の女性。和歌。東儀氏。
　¶江表(能子(京都府))　㋕文政3(1820)年　㋛嘉永2
(1849)年

能婦子 のぶこ
　江戸時代後期の女性。和歌。長門清末藩士渡辺
澄の妹。天保11年刊、上田堂山編『延齢松詩歌前
集』に載る。
　¶江表(能婦子(山口県))

能富子 のぶこ*
　江戸時代末期の女性。和歌。西山氏。安政7年跋、
蜂屋光世編『大江戸倭歌集』に載る。
　¶江表(能富子(東京都))

舒子 のぶこ*
　江戸時代末期の女性。和歌。近江山上藩主稲垣定
淳の娘。
　¶江表(舒子(長野県))　㋜元治2(1865)年

昶子 のぶこ*
　江戸時代末期の女性。和歌。佐賀藩主鍋島斉直
の娘。
　¶江表(昶子(佐賀県))

宣子女 のぶこじょ*
　江戸時代の女性。俳諧。越後の人。明治11年刊、
佐藤採花女編、池永大虫七回忌追善集『無弦琴』に
載る。
　¶江表(宣子女(新潟県))

信子女王* のぶこじょおう
　生没年不詳　平安時代後期の女官。顕広王の女。
　¶古人

宣子女王 のぶこじょおう
　寛政12(1800)年～慶応2(1866)年　江戸時代後期
～末期の閑院宮美仁親王の第5王女。
　¶江表(宣子妃(京都府))、天皇　㋕寛政12(1800)年12月
10日　㋛慶応2(1866)年9月25日

姁子内親王* のぶこないしんのう
　？～長承1(1132)年　平安時代後期の女性。白河天
皇の皇女。
　¶古人

延子内親王 のぶこないしんのう
　⇒延明門院(えんめいもんいん)

修子内親王 のぶこないしんのう
　⇒修子内親王(しゅうしないしんのう)

述子内親王(述子内親王)　のぶこないしんのう
　⇒述子内親王(じゅつしないしんのう)

宣子内親王* のぶこないしんのう
　延喜2(902)年～延喜20(920)年　㋝宣子内親王
(せんしないしんのう)　平安時代中期の女性。醍
醐天皇の第2皇女。
　¶古人、天皇(せんしないしんのう・のぶこないしんのう)
　㋛同20(920)年閏6月9日

選子内親王 のぶこないしんのう
　⇒選子内親王(せんしないしんのう)

頌子内親王 のぶこないしんのう
　⇒頌子内親王(しょうしないしんのう)

延信王* のぶざねおう
　生没年不詳　平安時代中期の官人。清仁親王の子。
　¶コン

延沢満延 のぶざわみつのぶ
　⇒延沢満延(のべさわみつのぶ)

信重 のぶしげ*
　江戸時代後期の女性。俳諧。船町の人。寛政3年刊、
俳人小林風五の100カ日追善集『霧の朝』に載る。
　¶江表(信重(山形県))

のふ女(1) のふじょ*
　江戸時代後期の女性。和歌。寛政8年、土佐藩士
谷真潮70歳の祝いの「浩海歌」に載る。
　¶江表(のふ女(高知県))

のふ女(2) のふじょ*
　江戸時代後期の女性。俳諧。延岡の人か。天保9年
序、島津五木編『はしり穂集』に載る。
　¶江表(のふ女(宮崎県))

のぶ女 のぶじょ*
　江戸時代後期の女性。国学・和歌。佐倉村の池宮
神社神主水野豊麿の妻。文化14年成立、石塚竜麿
編『すずむし』に載る。
　¶江表(のぶ女(静岡県))

信女 のぶじょ*
　江戸時代末期の女性。和歌。八丁堀竹島町住。安
政3年序、井上文雄編『摘英集』に載る。
　¶江表(信女(東京都))

信田 のぶた
　戦国時代の人。姓および名前読みは未詳。
　¶武(生没年不詳)

信伊 のぶただ
　⇒近衛信尹(このえのぶただ)

宣胤 のぶたね
　⇒中御門宣胤(なかみかどのぶたね)

信親* のぶちか
　生没年不詳　江戸時代前期の俳人。
　¶俳文

信鴻 のぶとき
　⇒柳沢信鴻(やなぎさわのぶとき)

乃可殿 のぶどの
　江戸時代前期の女性。織田信秀の七女。信長の従
弟美濃乃夫城主乃不九郎に嫁ぐ。
　¶大坂　㋛慶長20年5月7日

延友佐渡守＊　のぶともさどのかみ
生没年不詳　安土桃山時代の織田信長の家臣。
¶織田

延友信光　のぶとものぶみつ
戦国時代の美濃国衆岩村遠山氏の一門。後、神篦城主。
¶武田（生没年不詳）

信徳　のぶのり
⇒伊藤信徳（いとうしんとく）

延原景能＊　のぶはらかげよし
生没年不詳　安土桃山時代の武士。宇喜多氏家臣。
¶全戦，戦武

延原内蔵允＊　のぶはらくらのすけ
安土桃山時代の武将。宇喜多氏家臣。
¶全戦（生没年不詳）

信寿　のぶひさ
⇒津軽信寿（つがるのぶひさ）

信秀　のぶひで
戦国時代の武田義信の側近。
¶武田（生没年不詳）

信房＊　のぶふさ
生没年不詳　平安時代後期の備前の刀工。古備前と呼ばれる刀工群の一人。
¶古人，美工

信盛(1)　のぶもり
戦国時代の武田義信の側近。
¶武田（生没年不詳）

信盛(2)　のぶもり
⇒近松門左衛門（ちかまつもんざえもん）

信康　のぶやす
戦国時代の武田義信の側近。
¶武田（生没年不詳）

信之の娘　のぶゆきのむすめ★
江戸時代中期の女性。和歌。少休の娘。元禄2年奥書、跡部良隆編・源信之補編「近代和歌一人一首」に載る。
¶江表（信之の娘（東京都））

のへ
江戸時代中期の女性。俳諧。越前福井の人。延享1年刊、蘭蘭舎一色坊撰『いつか月』に載る。
¶江表（のへ（福井県））

のへ子　のへこ★
江戸時代後期の女性。和歌。松代藩藩士綿貫五郎兵衛の祖母。文化5年跋、藩主真田幸弘の七〇賀集「千とせの寿辞」下に載る。
¶江表（のへ子（長野県））

野辺子　のべこ★
江戸時代末期の女性。和歌。大洲藩領の武田正左衛門の妻。安政1年序、半井梧庵編『鄙のてぶり』初に載る。
¶江表（野辺子（愛媛県））

延沢満延＊（野辺沢満延）　のべさわみつのぶ
＊～天正19（1591）年　[別]延沢満延（のぶざわみつのぶ）　安土桃山時代の武将。最上氏家臣。
¶全戦（[生]天文12（1543）年），戦武（[生]天文13（1544）年）

野辺地尚義　のへじたかよし
⇒野辺地尚義（のへぢたかよし）

野辺小作＊　のべしょうさく
嘉永2（1849）年～明治43（1910）年9月24日　江戸時代後期～明治時代の新撰組隊士。
¶新隊

野辺地尚義＊　のへぢたかよし
文政8（1825）年～明治42（1909）年　[別]野辺地尚義（のへじたかよし，のべちなおよし）　江戸時代末期～明治時代の蘭学者、実業家。
¶科学（のべちなおよし　[没]明治42（1909）年3月3日）

野辺地尚義　のべちなおよし
⇒野辺地尚義（のへぢたかよし）

野辺某　のべなにがし
戦国時代の遠江国の地侍。北条氏綱に属した堀越六郎の家臣か。
¶後北（某〔野辺〕　なにがし）

登の母　のぼるのはは★
江戸時代中期の女性。和歌。棚倉藩小笠原家の奥女中。宝暦12年刊、村上影面編『続采藻編』に載る。
¶江表（登の母（福島県））

野間鶏鷹＊　のまうたか
[別]野間左近（のまさこん）　安土桃山時代の武将。秀吉馬廻。
¶大坂（野間左近　のまさこん）

野間久兵衛隆武　のまきゅうびょうえたかたけ
江戸時代前期の豊臣秀吉・秀頼の家臣。
¶大坂（[没]慶長19年）

野間玄琢＊　のまげんたく
天正18（1590）年～天保2（1645）年11月14日　江戸時代前期の医師。徳川家忠の侍医。
¶コン（[没]正保2（1645）年），徳人

野間左近　のまさこん
⇒野間鶏鷹（のまうたか）

野間三竹＊　のまさんちく
慶長13（1608）年～延宝4（1676）年　江戸時代前期の儒医。江戸幕府の奥医師。
¶コン，思想，徳人

野間武正　のまたけまさ
江戸時代前期～中期の幕臣。
¶徳人（[生]1688年　[没]1758年）

野間長三郎隆宣　のまちょうざぶろうたかのぶ
安土桃山時代～江戸時代前期★の豊臣秀吉・秀頼の家臣。
¶大坂

野町義基＊　のまちよしもと
文化2（1805）年～嘉永4（1851）年　江戸時代末期の土佐藩士。
¶幕末（[没]嘉永3（1850）年12月28日）

野間長前＊　のまながさき
生没年不詳　安土桃山時代の織田信長の家臣。
¶織田

野間半左衛門資久　のまはんざえもんすけひさ
江戸時代前期の人。能勢城山麓の郷士野間久左衛門盛次の嫡男。
¶大坂

野間孫兵衛* のままごべえ
生没年不詳　安土桃山時代の織田信長の家臣。
¶織田

野間正方の妹 のままさかたのいもうと*
江戸時代中期の女性。旗本野間金右衛門正方の妹。元禄16年刊、植山検校江民軒梅之・梅柳軒水之編『歌林尾花末』に載る。
¶江表（野間正方の妹（東京都））

野間吉勝* のまよしかつ
生没年不詳　安土桃山時代の織田信長の家臣。
¶織田

野間与兵衛 のまよへえ
安土桃山時代の織田信長の家臣。
¶織田（生没年不詳）

野間六蔵* のまろくぞう
生没年不詳　安土桃山時代の織田信長の家臣。
¶織田

乃美織江* のみおりえ
文政5（1822）年～明治39（1906）年　[別]乃美織江（のうみおりえ），乃美宣（のみとおる）　江戸時代末期～明治時代の長州藩士。京都留守居役として公武斡旋に努めた。のち山口藩大属。
¶全幕，幕末（のうみおりえ　[生]文政5（1822）年1月28日　[没]明治39（1906）年7月24日）

野見釿言墨金 のみちょうなこんすかね
⇒烏亭焉馬〔1代〕（うていえんば）

野見鼎次郎*（野見鍉次郎）　のみていじろう
文政10（1827）年～明治41（1908）年　江戸時代末期～明治時代の与力。
¶幕末（野見鍉次郎　[生]文政10（1828）年11月15日　[没]明治41（1908）年9月20日）

乃美宣 のみとおる
⇒乃美織江（のみおりえ）

野見宿禰* のみのすくね
上代の力士の始祖。埴輪の考案者。
¶古人（生没年不詳），古代，コン

能美平吾 のみへいご
⇒能美平吾（のうみへいご）

乃美宗勝* のみむねかつ
大永7（1527）年～文禄1（1592）年　戦国時代～安土桃山時代の武士。
¶戦武

のむら
江戸時代中期の女性。俳諧。安芸宮島の遊女。宝永2年序、坂上海棠編『夢の名残』に載る。
¶江表（のむら（広島県））

野村有亘 のむらありつね
江戸時代中期の幕臣。
¶徳人（[生]1711年　[没]1770年）

野村安趙*（野村安逍）　のむらあんちょう
尚灝2（1805）年～明治4（1871）年7月2日　江戸時代末期～明治時代の沖縄古典音楽奏者。響きのよい声で知られ、合理主義的な独自の芸風をうち立てた。
¶コン（野村安逍　[生]文化2（1805）年）

野村一鳳* のむらいっぽう
文化1（1804）年～明治8（1875）年　江戸時代末期～明治時代の岩国藩士、画人。粟屋楢洲に写生画を学ぶ。和歌彫刻築庭など多才。
¶幕末（[没]明治8（1875）年5月16日）

野村越中守 のむらえっちゅうのかみ
⇒野村定常（のむらさだつね）

野村円平* のむらえんぺい
天明4（1784）年～慶応1（1865）年　江戸時代後期の酒造、勤王論者。
¶幕末（[没]元治2（1865）年1月2日）

野村忍介* のむらおしすけ
弘化3（1846）年～明治21（1888）年　江戸時代末期～明治時代の官吏、実業家。西郷党戦士、十年の刑に処されるが特赦放免。後鹿児島学校、鹿児島新聞社を創立。
¶幕末（[没]明治25（1892）年7月12日）

野村勝明* のむらかつあき
生没年不詳　江戸時代末期の紀伊和歌山藩士、幕臣。
¶幕末

野村勝太郎* のむらかつたろう
文政12（1829）年～元治1（1864）年　江戸時代末期の長州（萩）藩士。
¶幕末（[生]文政12（1829）年2月11日　[没]元治1（1864）年7月19日）

野村勝英* のむらかつひで
生没年不詳　戦国時代の武士。武田氏家臣。
¶武田

野村勝政* のむらかつまさ
生没年不詳　戦国時代の武田氏の家臣。
¶武田

野村勘兵衛* のむらかんべえ
？～元治1（1864）年　江戸時代末期の薩摩藩士。
¶幕末（[没]元治1（1864）年7月19日）

野村休成 のむらきゅうせい
江戸時代末期の幕臣。数寄屋坊主、のち同組頭。
¶徳将（生没年不詳）

野村軍記* のむらぐんき
安永3（1774）年～天保5（1834）年　江戸時代後期の陸奥八戸藩士。
¶コン

野村篁園* のむらこうえん
安永4（1775）年～天保14（1843）年　江戸時代後期の漢詩人。古賀精里に従学。
¶詩作（[没]天保14（1843）年6月29日），徳人

野村公台* のむらこうだい
享保2（1717）年～天明4（1784）年　[別]野村東皐（のむらとうこう）　江戸時代中期の儒学者。
¶コン

野村駒四郎* のむらこましろう
嘉永5（1852）年～明治1（1868）年　江戸時代末期の白虎士中二番隊士。
¶全幕（[没]慶応4（1868）年），幕末（[没]慶応4（1868）年8月23日）

野村維章* のむらこれあき
弘化1（1844）年～明治36（1903）年　[別]野村維章（のむらこれあきら），野村辰太郎（のむらたつたろう）　江戸時代末期～明治時代の砲術家、司法官、控訴院検事長、男爵。亀山社中や海援隊に入り、国

事に奔走。
¶全幕（野村辰太郎　のむらたつたろう），幕末（のむらこれあきら　[生]天保15（1844）年4月8日　[没]明治36（1903）年5月8日）

野村維章　のむらこれあきら
⇒野村維章（のむらこれあき）

野村定常*　のむらさだつね
？～元亀1（1570）年　[別]野村越中守（のむらえっちゅうのかみ）　戦国時代の武士。足利氏家臣、織田氏家臣。
¶織田（野村越中守　のむらえっちゅうのかみ　[没]元亀1（1570）年9月20日）

野村貞処　のむらさだより
⇒野村貞処（のむらていしょ）

野村佐平治*　のむらさへいじ
文政5（1822）年～明治35（1902）年　江戸時代末期～明治時代の茶業家。宇治茶の栽培と製法を学び、猿島茶の名を世に普及させた。
¶コン

野村左兵衛*　のむらさへえ
文化12（1815）年～慶応3（1867）年　江戸時代末期の陸奥会津藩士。公用方の中心人物。
¶全幕，幕末（[没]慶応3（1867）年5月19日）

野村十郎*　のむらじゅうろう
弘化2（1845）年～明治1（1868）年　江戸時代末期の長州（萩）藩足軽。
¶幕末（[没]慶応4（1868）年閏4月20日）

野村正精　のむらしょうせい
⇒野村正精（のむらまさきよ）

野村正席　のむらしょうせき
江戸時代中期の眼科医。
¶眼医（[生]享保18（1733）年　[没]天明4（1784）年）

野村正碩　のむらしょうせき
⇒野村正碩（のむらせいせき）

野村次郎兵衛元貞　のむらじろびょうえもとさだ
⇒野村元貞（のむらもとさだ）

野村祐勝　のむらすけかつ
⇒野村太郎兵衛（のむらたろべえ）

野村助作*　のむらすけさく
弘化1（1844）年～慶応3（1867）年　江戸時代末期の筑前福岡藩士。
¶幕末（[生]天保15（1844）年6月8日　[没]慶応3（1867）年8月16日）

野村正碩*　のむらせいせき
寛政2（1790）年～弘化3（1846）年　[別]野村正碩（のむらしょうせき）　江戸時代後期の安芸広島藩医。
¶眼医（のむらしょうせき）

野村政邦　のむらせいほう
江戸時代中期～後期の代官。
¶徳代（[生]安永8（1779）年　[没]弘化4（1847）年）

野村西巒*　のむらせいらん
明和1（1764）年～文政10（1827）年　江戸時代後期の伊勢津藩儒。
¶コン

野村素介　のむらそすけ
⇒野村素介（のむらもとすけ）

野村高貞　のむらたかさだ
安土桃山時代の武蔵国滝山城主北条氏照の家臣。豊後守。
¶後北（高貞〔野村〕　たかさだ）

野村君松　のむらただとし
安土桃山時代の武田氏の家臣。
¶武田（生没年不詳）

野村辰太郎　のむらたつたろう
⇒野村維章（のむらこれあき）

野村帯刀*　のむらたてわき
文化11（1814）年～明治9（1876）年　江戸時代末期～明治時代の安芸藩士、年寄役。藩政改革を支援、第2次長州征伐に反対、謹慎に処せられた。
¶幕末（[没]明治9（1876）年4月29日）

野村為勝　のむらためかつ
安土桃山時代～江戸時代前期の代官。
¶徳代（[生]永禄11（1568）年　[没]寛永10（1633）年7月1日）

野村為重　のむらためしげ
江戸時代前期の代官。
¶徳代（[生]？　[没]万治2（1659）年9月21日）

野村為利　のむらためとし
江戸時代前期の代官。
¶徳代（[生]寛永3（1626）年　[没]貞享2（1685）年9月24日）

野村為政　のむらためまさ
江戸時代前期～中期の代官。
¶徳代（[生]慶安4（1651）年　[没]享保1（1716）年5月24日）

野村太郎兵衛*　のむらたろべえ
永禄3（1560）年～慶長2（1597）年　[別]野村祐勝（のむらすけかつ）　安土桃山時代の武将。
¶全戦（野村祐勝　のむらすけかつ）

野村彝之介*（野村彜之介）　のむらつねのすけ
文政7（1824）年～明治21（1888）年　江戸時代末期～明治時代の武士、神職。
¶コン，幕末（[没]明治21（1888）年8月2日）

野村貞処*　のむらていしょ
文化8（1811）年～明治27（1894）年　[別]野村貞処（のむらさだより）　江戸時代末期～明治時代の和算家。
¶数学（のむらさだより　[没]明治27（1894）年1月20日）

野村藤陰*　のむらとういん
文政10（1827）年～明治32（1899）年　江戸時代末期～明治時代の教育者。「鷗笑新誌」を発刊し、儒学を広めた。
¶幕末（[生]文政10（1827）年10月　[没]明治32（1899）年3月15日）

野村東皐　のむらとうこう
⇒野村公台（のむらこうだい）

野村直隆*　のむらなおたか
生没年不詳　戦国時代～安土桃山時代の武士、浅井長政の臣。
¶織田

野村文夫*　のむらふみお
天保7（1836）年～明治24（1891）年10月27日　[別]村田文夫（むらたふみお）　江戸時代末期～明治時代のジャーナリスト。滑稽、風刺を売り物にした「団団珍聞」「驥尾団子」を創刊。日本政友会を設立。
¶コン，出版（[生]天保7（1836）年4月5日），地理（村田文夫

むらたふみお), 幕末

野村文挙　のむらぶんきょ
江戸時代末期～明治時代の日本画家。
¶美画([生]嘉永7(1854)年11月11日　[没]明治44(1911)年1月25日)

野村望東＊　のむらぼうとう
文化3(1806)年～慶応3(1867)年　[別]浦野もと子(うらのもとこ), 野村望東尼(のむらぼうとうに, のむらもとに), 野村望東(のむらもと, のむらもとに), 望東尼(ぼうとうに, もとに)　江戸時代末期の女性。歌人。
¶江表(望東(福岡県)　もと), コン, 詩作(野村望東尼　のむらぼうとうに, のむらもとに　[生]文化3(1806)年9月6日　[没]慶応3(1867)年11月6日), 女史(野村望東尼　のむらぼうとうに), 女文(野村望東尼　のむらもとに　[生]文化3(1806)年9月6日　[没]慶応3(1867)年11月6日), 全幕(野村望東尼　のむらもとに), 幕末(野村望東尼　のむらぼうとうに　[生]文化3(1806)年9月6日　[没]慶応3(1867)年11月6日), 山小(野村望東尼　のむらもとに　[生]1806年9月6日　[没]1867年11月6日)

野村望東尼　のむらぼうとうに
⇒野村望東(のむらぼうとう)

野村正精＊　のむらまさきよ
文化13(1816)年～慶応3(1867)年　[別]野村正精(のむらしょうせい)　江戸時代末期の医師。
¶眼医(のむらしょうせい), 幕末

野村政茂＊　のむらまさしげ
生没年不詳　江戸時代前期の和算家。
¶数学

野村正福　のむらまさとみ
江戸時代中期～後期の幕臣。
¶徳人([生]1754年　[没]1800年?), 徳代([生]宝暦6(1756)年　[没]寛政12(1800)年)

野村正友　のむらまさとも
江戸時代中期～後期の眼科医。
¶眼医([生]明和3(1766)年　[没]文政6(1823)年)

野村正名　のむらまさな
江戸時代中期の代官。
¶徳代([生]享保10(1725)年　[没]天明4(1784)年11月5日)

野村又三郎　のむらまたさぶろう
世襲名　江戸時代の狂言方和泉流。
¶新能

野村万右衛門＊　のむらまんえもん
天明2(1782)年～万延1(1860)年　江戸時代後期の商人。
¶幕末([没]安政7(1860)年2月22日)

野村望東　のむらもと
⇒野村望東(のむらぼうとう)

野村元貞＊　のむらもとさだ
?～寛永2(1625)年　[別]野村次郎兵衛元貞(のむらじろびょうえもとさだ)　江戸時代前期の武将。秀吉馬廻、徳川氏家臣。
¶大坂(野村次郎兵衛元貞　のむらじろ(う)びょうえもとさだ)

野村素介＊　のむらもとすけ
天保13(1842)年～昭和2(1927)年12月23日　[別]野村素介(のむらそすけ)　江戸時代末期～明治時代の官吏、政治家、男爵。藩政改革を行う。茨城県参事、元老院議官などを経て、貴族院議員。
¶コン, 幕末(のむらそすけ　[生]天保13(1842)年5月18日)

野村望東(野村望東尼)　のむらもとに
⇒野村望東(のむらぼうとう)

野村盛成の妻　のむらもりなりのつま＊
江戸時代末期の女性。和歌。盛成は仙台藩士。慶応2年序、日野資始編『宮城百人一首遺稿』に載る。
¶江表(野村盛成の妻(宮城県))

野村盛秀＊　のむらもりひで
天保2(1831)年～明治6(1873)年5月21日　江戸時代末期～明治時代の官僚。
¶幕末([生]天保2(1831)年3月3日)

野村靖　のむらやすし
天保13(1842)年～明治42(1909)年　江戸時代末期～明治時代の志士・政治家。
¶コン, 全幕

野村遊喜＊　のむらゆうき
嘉永1(1848)年～?　江戸時代後期～末期の新撰組隊士。
¶新隊([生]嘉永6年)

野村芳国(――〔2代〕)　のむらよしくに
安政2(1855)年～明治36(1903)年　江戸時代末期～明治時代の浮世絵師、版画家。
¶浮絵(――〔2代〕), 美画([没]明治36(1903)年11月20日)

野村芳国〔1代〕　のむらよしくに
江戸時代末期～明治時代の画家。
¶浮絵([生]?　[没]明治31(1898)年)

野村吉久　のむらよしひさ
江戸時代中期～後期の和算家。栃木の佐野大原の人。
¶数学([生]宝暦11(1761)年　[没]弘化5(1848)年)

野村利三郎＊　のむらりさぶろう
弘化1(1844)年～明治2(1869)年　江戸時代末期の新撰組隊士。
¶新隊([没]明治2(1869)年3月25日), 全幕, 幕末([没]明治2(1869)年3月25日)

野本将監＊　のもとしょうげん
安土桃山時代の武将。後北条氏家臣。
¶後北(将監〔野本〕　しょうげん)

野元助八＊　のもとすけはち
?～明治1(1868)年　江戸時代末期の薩摩藩士。
¶幕末([没]慶応4(1868)年6月10日)

野本恒一＊　のもとつねかず
弘化4(1847)年～大正9(1920)年　江戸時代末期～明治時代の武道家。猪苗代に尚武館を創設して子弟の育成と武道の普及に尽力。
¶幕末([没]大正9(1920)年7月16日)

野本道玄＊(野本道元)　のもとどうげん
明暦1(1655)年～正徳4(1714)年　[別]野元道元(のもとみちもと)　江戸時代前期～中期の陸奥弘前藩士、茶人。
¶コン(野元道元　のもとみちもと　[生]?)

野本白巌＊　のもとはくがん
寛政9(1797)年～安政3(1856)年　江戸時代末期の豊前中津藩士、儒学者。
¶コン

野元道元　のもとみちもと
⇒野本道玄（のもとどうげん）

野矢常方*　のやつねかた
享和2（1802）年～慶応4（1868）年　江戸時代末期の陸奥会津藩士。
¶幕末（[没]慶応4（1868）年8月23日）

のよ
江戸時代中期の女性。俳諧。備後上下の人。安永7年刊『しぐれ会』に載る。
¶江表（のよ（広島県））

式明親王*　のりあきらしんのう
延喜7（907）年～康保3（966）年　平安時代中期の醍醐天皇の皇子。
¶古人，天皇（[没]康保3（966）年12月17日）

章明親王　のりあきらしんのう
⇒章明親王（しょうめいしんのう）

教景　のりかげ
⇒朝倉教景（あさくらのりかげ）

利清　のりきよ
⇒利清（としきよ）

のり子　のりこ★
江戸時代末期～明治時代の女性。和歌。大納言坊城俊政の娘。頼讃は松平家の一族で、明治4年に田村神社権宮司に任命される。
¶江表（のり子（香川県））

軌子　のりこ
⇒清源院（せいげんいん）

儀子　のりこ
江戸時代の女性。和歌。横山氏。明治40年刊、歌人香川景樹著、弥富浜雄編『桂園遺稿』上に載る。
¶江表（儀子（京都府））

教子*　のりこ
生没年不詳　[別]教子（きょうし）　南北朝時代の女性。後村上天皇の宮人。長慶天皇女御。
¶天皇

則子　のりこ★
江戸時代後期の女性。和歌。美作勝山町の田中彦右衛門の娘。
¶江表（則子（岡山県）　[没]文政2（1819）年）

勅子　のりこ★
江戸時代の女性。和歌。鍋島氏。明治29年刊、今泉蟹守編「西肥女房百歌撰」に載る。
¶江表（勅子（佐賀県））

徳子　のりこ
江戸時代後期の女性。和歌。三河刈谷藩主土井利徳の歌文集「嘯月集」に載る。同集は利徳没後の翌文化11年に子利謙が編集したもの。
¶江表（徳子（愛知県））

範子(1)　のりこ★
江戸時代の女性。和歌。鹿島藩藩士星野二右衛門の娘。明治29年刊、今泉蟹守編「西肥女房百歌撰」に載る。
¶江表（範子（佐賀県））

範子(2)　のりこ★
江戸時代後期の女性。和歌。仙台藩の奥女中。文化5年頃、真田幸弘編「御ことほきの記」に載る。
¶江表（範子（宮城県））

則子女王*　のりこじょおう
嘉永3（1850）年～明治7（1874）年　江戸時代末期～明治時代の女性。和歌山藩主徳川茂承の妻。貞淑婦人と諡される。
¶江表（倫宮（和歌山県）　みちのみや）

規子内親王　のりこないしんのう
⇒規子内親王（きしないしんのう）

儀子内親王　のりこないしんのう
⇒儀子内親王（ぎしないしんのう）

勤子内親王　のりこないしんのう
⇒勤子内親王（きんしないしんのう）

憲子内親王*　のりこないしんのう
寛文9（1669）年～貞享5（1688）年　[別]憲子内親王（けんしないしんのう）　江戸時代前期～中期の女性。霊元天皇の第2皇女。
¶天皇（けんし・のりこないしんのう　[生]寛文9（1669）年3月21日　[没]貞享5（1688）年4月15日）

式子内親王　のりこないしんのう
⇒式子内親王（しきしないしんのう）

範子内親王　のりこないしんのう
⇒坊門院（ぼうもんいん）

誨子内親王　のりこないしんのう
⇒誨子内親王（かいしないしんのう）

修茂　のりしげ
⇒大胡修茂（おおごのりしげ）

則重*　のりしげ
生没年不詳　鎌倉時代後期の越中の刀工。新藤五国光の弟子。
¶美工

乗竹東谷*　のりたけとうこく
享保18（1733）年～寛政6（1794）年　江戸時代中期の藩士。
¶コン

教具　のりとも
⇒北畠教具（きたばたけのりとも）

義良親王　のりながしんのう
⇒後村上天皇（ごむらかみてんのう）

典姫*　のりひめ
嘉永5（1852）年～明治36（1903）年　江戸時代末期～明治時代の女性。薩摩藩主島津斉彬の4女。父斉彬が撮影したと伝えられる湿版写真が残されている。
¶江表（典子（鹿児島県）），幕末（[生]嘉永5（1852）年5月27日　[没]明治36（1903）年12月29日）

則房*　のりふさ
生没年不詳　鎌倉時代の刀工。
¶美工

則宗*　のりむね
仁平2（1152）年～建保2（1214）年　[別]一文字則宗（いちもんじのりむね）　平安時代後期～鎌倉時代前期の備前の刀工。一文字派の開祖。
¶コン，美工

範宗*　のりむね
生没年不詳　平安時代後期の絵師。
¶古人

義良親王　のりよししんのう
⇒後村上天皇（ごむらかみてんのう）

野呂猪助　のろいすけ
安土桃山時代の武田氏の家臣。
¶武田（生没年不詳）

野呂介石*　のろかいせき
延享4（1747）年～文政11（1828）年　[別]介石（かいせき）　江戸時代中期～後期の南画家。和歌山の人。
¶コン, 美画（[生]延享4（1747）年1月20日　[没]文政11（1828）年3月14日）

野呂久左衛門　のろきゅうざえもん
⇒野呂直貞（のろなおさだ）

野呂元丈*　のろげんじょう
元禄6（1693）年～宝暦11（1761）年　江戸時代中期の医師、本草学者、蘭学者。
¶江人, 科学（[生]元禄6（1693）年12月20日　[没]宝暦11（1761）年7月6日）, コン, 思想, 植物（[生]元禄6（1694）年12月20日　[没]宝暦11（1761）年7月6日）, 対外, 徳将, 徳人（[生]1694年）, 山小（[生]1693年12月20日　[没]1761年7月6日）

野呂元忠　のろげんちゅう
江戸時代中期の幕臣。
¶徳人（[生]1763年　[没]？）

野呂左京亮　のろさきょうのすけ
戦国時代の相模国津久井城主内藤康行の家臣。
¶後北（左京亮〔野呂〕　さきょうのすけ）

野呂瀬秀次　のろせひでつぐ
安土桃山時代の武田氏の検地奉行。
¶武田（生没年不詳）

野路善鏡*　のろぜんきょう
生没年不詳　安土桃山時代の奈良の塗師。
¶コン, 美工

野呂中納言　のろちゅうなごん
戦国時代の相模国津久井城主内藤康行の家臣。左京亮の一族。
¶後北（中納言〔野呂〕　ちゅうなごん）

野呂直貞*　のろなおさだ
文政12（1829）年～明治16（1883）年11月　[別]野呂久左衛門（のろきゅうざえもん）　江戸時代末期～明治時代の岡山藩陪臣。足利三代木像梟首事件に連座。維新後、刑法官判事、大巡察を歴任。
¶コン, 幕末（野呂久左衛門　のろきゅうざえもん）

野呂武左衛門*　のろぶざえもん
天保7（1836）年～明治35（1902）年　江戸時代後期～明治時代の植林家。
¶植物

野呂松勘兵衛　のろまかんべえ
⇒野呂松勘兵衛（のろまつかんべえ）

野呂松勘兵衛*　のろまつかんべえ
生没年不詳　[別]野呂松勘兵衛（のろまかんべえ）　江戸時代の人形浄瑠璃の道化人形の遣い手。
¶コン

野呂保景　のろやすかげ
江戸時代前期～中期の代官。
¶徳代（[生]貞享2（1685）年　[没]宝暦7（1757）年8月12日）

野呂六右衛門　のろろくえもん
江戸時代前期の人。池田輝澄の家臣野呂源六の従兄。
¶大坂（[没]慶長20年5月6日）

のんこう（ノンコウ）
⇒道入（どうにゅう）

野辺正則*　のんべまさなり
？～天正2（1574）年6月22日　[別]野辺正則（のんべまさのり）　戦国時代～安土桃山時代の織田信長の家臣。
¶織田（のんべまさのり）

野辺正則　のんべまさのり
⇒野辺正則（のんべまさなり）

【は】

梅庵(1)　ばいあん
⇒大村由己（おおむらゆうこ）

梅庵(2)　ばいあん
⇒万里集九（ばんりしゅうく）

梅員*　ばいいん
生没年不詳　江戸時代前期の俳人。
¶俳文

梅雨　ばいう★
江戸時代後期の女性。俳諧。福井の人。文化4年刊、宮本虎杖編、加舎白雄一七回忌追善集『いぬ榧集』に載る。
¶江表（梅雨（長野県））

梅詠　ばいえい★
江戸時代後期の女性。俳諧。井尻連に属す。文政7年刊『阿波摸墨直会式集』に載る。
¶江表（梅詠（徳島県））

梅英女　ばいえいじょ★
江戸時代後期の女性。俳諧。弘化3年序、川入村の五井槐堂撰「つるおと集」に載る。
¶江表（梅英女（東京都））

梅園(1)　ばいえん★
江戸時代後期の女性。教育。小沢光信の姉。
¶江表（梅園（東京都）　[生]文政5（1822）年頃）

梅園(2)　ばいえん★
江戸時代後期の女性。俳諧。福光の人。天保5年刊、高岡の真葛坊編『己之中集』に載る。
¶江表（梅園（富山県））

梅翁*(1)　ばいおう
元和9（1623）年～元禄2（1689）年11月20日　江戸時代前期～中期の連歌作者・俳人。浄土真宗の僧。
¶俳文

梅翁(2)　ばいおう
⇒平角（へいかく）

梅翁軒永春*　ばいおうけんえいしゅん
江戸時代中期の浮世絵師。
¶浮絵

梅温*　ばいおん
生没年不詳　江戸時代後期の俳人。
¶江表（梅温尼（長野県））

は

梅価*（梅花）　ばいか
？～天保14（1843）年　江戸時代後期の俳人。
¶俳文（[生]安永2（1773）年　[没]天保14（1843）年3月3日）

梅可*　ばいか
？～正徳2（1712）年1月23日　江戸時代前期～中期の俳人。
¶俳文

梅花(1)　ばいか★
江戸時代末期の女性。俳諧。越前川島の人。文久2年刊、白梅園徐暁撰『月の面影』に載る。
¶江表（梅花（福井県））

梅花(2)　ばいか
⇒中村松江〔4代〕（なかむらまつえ）

梅霞　ばいか★
江戸時代中期の女性。俳諧。寛保2年跋、曇華斎馬光編『藪うくひす』に載る。
¶江表（梅霞（東京都））

梅我　ばいか
⇒岩井半四郎〔3代〕（いわいはんしろう）

梅我(1)　ばいが
⇒岩井半四郎〔5代〕（いわいはんしろう）

梅我(2)　ばいが
⇒岩井半四郎〔6代〕（いわいはんしろう）

梅我(3)　ばいが
⇒中村歌六〔1代〕（なかむらかろく）

拝江某　はいがい
安土桃山時代の幕府奉公衆。桑名郡香取郷を本拠とする。
¶織田（生没年不詳）

梅岳(1)　ばいがく★
江戸時代後期の女性。画。岡田氏。天保13年刊『江戸現在広益諸家人名録』二に載る。
¶江表（梅岳（東京都））

梅岳(2)　ばいがく★
江戸時代後期の女性。画。宝田氏。嘉永2年刊『嘉永百名家書画集』に載る。
¶江表（梅岳（東京都））

梅香尼　ばいかに★
江戸時代中期の女性。和歌。護城山正法寺の娘。
¶江表（梅香尼（佐賀県）　[没]安永1（1772）年）

梅間　ばいかん
⇒岡田梅間（おかだばいかん）

梅含　ばいがん
江戸時代末期の女性。和歌・俳諧。佐賀藩士百武次郎兵衛の妻。慶応4年刊、『千代の遊び』に載る。
¶江表（梅含（佐賀県））

梅暁女　ばいぎょうじょ
江戸時代中期の女性。俳諧。備前松山の人。元禄16年刊、轟々坊梅員編『岨の古畑』に載る。
¶江表（梅暁女（岡山県））

梅旭　ばいきょく★
江戸時代後期の女性。狂歌・俳諧。3代目市川団十郎の娘、かめ。
¶江表（梅旭（東京都）　[没]寛政11（1799）年）

梅玉　ばいぎょく
⇒中村歌右衛門〔3代〕（なかむらうたえもん）

梅兄　ばいけい★
江戸時代中期の女性。俳諧。甲府の人。天明3年刊、平橋庵敲氷編『折鶴』に載る。
¶江表（梅兄（山梨県））

梅月(1)　ばいげつ★
江戸時代中期の女性。俳諧。享保7年刊、一如軒旦海編『鹿子の渡』に載る。
¶江表（梅月（京都府））

梅月(2)　ばいげつ★
江戸時代後期の女性。絵画・和歌・俳諧。酒田外野町の大庄屋伊東伝内の娘。
¶江表（梅月（山形県）　[生]文化11（1814）年　[没]弘化3（1846）年）

梅月(3)　ばいげつ★
江戸時代後期の女性。和歌。寛政の三博士の一人と呼ばれた川之江の儒学者尾藤二洲の妻。
¶江表（梅月（愛媛県））

梅月(4)　ばいげつ★
江戸時代末期の女性。画。画家雲渓と玉鱗の娘。
¶江表（梅月（東京都）　[没]万延1（1860）年）

梅月(5)　ばいげつ★
江戸時代末期の女性。俳諧。安政2年序、无得庵松窓撰、土佐内郭社編、寒葉斎追善集『ひかけ艸』に載る。
¶江表（梅月（高知県））

梅月女(1)　ばいげつじょ★
江戸時代後期の女性。俳諧。小林一茶門。文政2年、小林一茶著『おらが春』に載る。
¶江表（梅月女（東京都））

梅月女(2)　ばいげつじょ★
江戸時代後期の女性。俳諧。嘉永6年刊、麓庵呉江編『画像篶風集』前に載る。
¶江表（梅月女（長野県））

梅好　ばいこう★
江戸時代後期の女性。俳諧。越前清水頭の人。寛政11年刊、松山令羽編『三つの手向』に載る。
¶江表（梅好（福井県））

梅幸(1)　ばいこう
⇒尾上菊五郎〔1代〕（おのえきくごろう）

梅幸(2)　ばいこう
⇒尾上菊五郎〔2代〕（おのえきくごろう）

梅幸(3)　ばいこう
⇒尾上菊五郎〔3代〕（おのえきくごろう）

梅幸(4)　ばいこう
⇒尾上菊五郎〔4代〕（おのえきくごろう）

梅幸(5)　ばいこう
⇒尾上菊五郎〔5代〕（おのえきくごろう）

梅香(1)　ばいこう★
江戸時代中期の女性。俳諧。延享2年、白井鳥酔が門人雨竹・芹江に伴われて箱根塔ノ沢に湯治した際の記念集『けふの時雨』に載る。
¶江表（梅香（埼玉県））

梅香(2)　ばいこう
江戸時代中期の女性。俳諧。上総東金新宿の豪商

内田弥次馬の妻。
¶江表(梅香(千葉県) [没]宝暦11(1761)年)

梅香(3) ばいこう★
江戸時代後期の女性。俳諧。越前三国の人。嘉永2年刊、淡水亭伸也撰『元の水』に載る。
¶江表(梅香(福井県))

梅江斎禅哲 ばいこうさいぜんてつ
⇒岡本禅哲(おかもとぜんてつ)

梅香女 ばいこうじょ★
江戸時代中期の女性。俳諧。備前岡山の人。明和6年刊、湖白庵諸九編の歳旦『聖節』に載る。
¶江表(梅香女(岡山県))

梅国 ばいこく
⇒中村芝雀〔1代〕(なかむらしばじゃく)

売茶翁* ばいさおう
延宝3(1675)年～宝暦13(1763)年 [別]月海元昭(げっかいげんしょう),元昭(げんしょう),高遊外(こうゆうがい),柴山元昭(しばやまげんしょう),売茶翁(まいさおう) 江戸時代中期の僧煎茶人。煎茶道の始祖。
¶江人,コン(高遊外 こうゆうがい),思想(高遊外 こうゆうがい)

梅山*(1) ばいざん
生没年不詳 江戸時代前期の雑俳点者。
¶俳文

梅山(2) ばいざん
⇒小川吉太郎〔3代〕(おがわきちたろう)

買山 ばいざん
江戸時代中期の俳諧作者。
¶俳文([生]? [没]宝永1(1704)年8月5日)

梅志 ばいし★
江戸時代末期～明治時代の女性。俳諧。長門萩の醸造業大賀半左衛門の娘。
¶江表(梅志(山口県) [没]明治27(1894)年)

梅枝(1) ばいし★
江戸時代中期の女性。俳諧。享保7年刊、百華壮潭北編『今の月日』に載る。
¶江表(梅枝(東京都))

梅枝(2) ばいし★
江戸時代中期の女性。俳諧。梅野の人。安永6年刊、万歳堂宝馬著『俳諧下毛のはな』に載る。
¶江表(梅枝(栃木県))

梅枝(3) ばいし★
江戸時代後期の女性。俳諧。越前三国湊の人。寛政1年刊、平話房旭周撰『星の宵塚』に載る。
¶江表(梅枝(福井県))

梅枝(4) ばいし★
江戸時代後期の女性。俳諧。江戸の山口素堂を祖とする葛飾派其日庵七世関根列山編の春興帖に花月庵旦雪の花月庵連15人の1人として載る。
¶江表(梅枝(徳島県))

梅枝(5) ばいし★
江戸時代末期の女性。俳諧。越後与板の人。安政4年刊、松岡茶山編『常盤集』一六に載る。
¶江表(梅枝(新潟県))

梅枝(6) ばいし
⇒中村歌六〔1代〕(なかむらかろく)

梅枝(7) ばいし
⇒山下金作〔5代〕(やましたきんさく)

梅芝(1) ばいし
⇒中村松江〔4代〕(なかむらまつえ)

梅芝(2) ばいし
⇒山下金作〔4代〕(やましたきんさく)

梅之 ばいし★
江戸時代中期の女性。俳諧。高崎の木村氏。明和3年刊、羽鳥一紅編『くさまくら』に載る。
¶江表(梅之(群馬県))

梅二 ばいじ★
江戸時代中期の女性。俳諧。越前府中の人。
¶江表(梅二(福井県))

梅史女 ばいしじょ★
江戸時代後期の女性。俳諧。嘉永4年の一枚摺「雪のふる道」(寛兆主催)に載る。
¶江表(梅史女(福島県))

梅枝女(1) ばいしじょ★
江戸時代後期の女性。俳諧。棚倉の人。寛政5年序、同9年跋、問津庵其流ほか編『茂々代草』に載る。
¶江表(梅枝女(福島県))

梅枝女(2) ばいしじょ★
江戸時代後期の女性。狂俳。三河岡崎の人。弘化5年刊、千里亭芝石撰『続太箸集』三に載る。
¶江表(梅枝女(愛知県))

梅室 ばいしつ
⇒桜井梅室(さくらいばいしつ)

禖子内親王*(1) ばいしないしんのう
長暦3(1039)年～嘉保3(1096)年9月13日 [別]禖子内親王(みわこないしんのう),六条斎院(ろくじょうさいいん) 平安時代中期～後期の女性。後朱雀天皇の第4皇女。
¶古人(みわこないしんのう),コン([没]永長1(1096)年),天皇(ばいし・みわこないしんのう [生]長暦3(1039)年8月19日 [没]永長1(1096)年9月13日),日文([没]永長1(1096)年)

禖子内親王(2) ばいしないしんのう
⇒崇明門院(そうめいもんいん)

梅寿 ばいじゅ
⇒尾上菊五郎〔3代〕(おのえきくごろう)

梅寿院 ばいじゅいん
⇒京極高永の妻(きょうごくたかながのつま)

梅袖 ばいしゅう★
江戸時代中期の女性。俳諧。勝沼の人。享保19年刊、甲陽随者撰『鏡のうら』に載る。
¶江表(梅袖(山梨県))

梅従* ばいじゅう
生没年不詳 江戸時代中期の俳人・商家。
¶俳文

梅守女 ばいしゅじょ★
江戸時代後期の女性。俳諧。守山の人。天保期刊『月並集』に載る。
¶江表(梅守女(福島県))

梅升 ばいしょう★
江戸時代末期の女性。俳画。溝口氏。安政7年刊『安政文雅人名録』に載る。

¶江表（梅升（東京都））

梅色(1) ばいしょく★
江戸時代中期の女性。俳諧。東新居の人。宝暦12年刊、渡辺梅堂撰『はいかゐ甲斐冢集』に載る。
¶江表（梅色（山梨県））

梅色(2) ばいしょく★
江戸時代中期の女性。俳諧。尼。宝暦頃成立、礒石編『さし出の磯』に載る。
¶江表（梅色（石川県））

梅臣* ばいしん
寛政9（1797）年11月15日～文久3（1863）年8月2日 江戸時代後期～末期の俳人。
¶俳文

梅人 ばいじん
⇒平山梅人（ひらやまばいじん）

梅塵* ばいじん
寛政2（1790）年～安政2（1855）年2月 江戸時代後期～末期の俳人。
¶俳文

梅水 ばいすい★
江戸時代中期の女性。俳諧。享保20年刊、深川の名主平野鶴歩編『鶴のあゆみ』に載る。
¶江表（梅水（東京都））

梅盛* ばいせい
元和5（1619）年～* [別]高瀬梅盛（たかせばいせい），佗心子梅盛（たしんしばいせい） 江戸時代前期～中期の俳人、連歌師。松永貞徳門下七俳仙の一人。
¶俳文（[没]元禄15（1702）年）

梅雪 ばいせつ★
江戸時代後期の女性。俳諧。二本松の人。天保3年刊、太白堂孤月編『桃家春帖』に載る。
¶江表（梅雪（福島県））

梅雪の妻 ばいせつのつま★
江戸時代中期の女性。俳諧。宝永2年刊、仏誉助給編『やどりの松』に載る。
¶江表（梅雪の妻（東京都））

梅先 ばいせん★
江戸時代中期の女性。俳諧。宝暦5年刊、雪炊庵二狂編『葛の別』に載る。
¶江表（梅先（東京都））

梅仙女史 ばいせんじょし★
江戸時代後期の女性。草紙。著作に文化12年、山東京山（京伝の弟）序『比翼紋吾妻模様』がある。
¶江表（梅仙女史（東京都））

梅荘顕常* ばいそうけんじょう
享保4（1719）年～享和1（1801）年 [別]顕常（けんじょう），大典（だいてん），大典顕常（だいてんけんじょう，だいてんげんじょう），北禅（ほくぜん） 江戸時代中期～後期の臨済宗相国寺派の僧。
¶思想，対外

梅素玄魚* ばいそげんぎょ
文化14（1817）年～明治13（1880）年 [別]梅素亭玄魚（ばいそていげんぎょ） 江戸時代末期～明治時代の図案家。
¶浮絵（梅素亭玄魚 ばいそていげんぎょ），歌大（[没]明治13（1880）年2月7日）

梅素亭玄魚 ばいそていげんぎょ
⇒梅素玄魚（ばいそげんぎょ）

売炭 ばいたん
江戸時代前期～中期の俳諧師。石原氏。
¶俳文（[生]正保3（1646）年 [没]享保16（1731）年12月23日）

梅朝* ばいちょう
江戸時代前期の俳人。
¶俳文（生没年不詳）

梅通 ばいつう
⇒堤梅通（つつみばいつう）

梅亭 ばいてい
⇒紀梅亭（きのばいてい）

梅鼎 ばいてい★
江戸時代末期の女性。俳諧。半田連の楊柳庵五葉の妻。酒井農圃著「俳諧雑記」の嘉永7年正月に載る。
¶江表（梅鼎（徳島県））

梅亭金鵞*（梅亭金鵝） ばいていきんが
文政4（1821）年～明治26（1893）年 [別]金鵞（きんが） 江戸時代末期～明治時代の戯作者。「七偏人」ほかの滑稽本、人情本がある。維新後には西洋事情紹介書など。
¶コン（梅亭金鵝 [生]文政6（1823）年），幕末（[生]文政4（1821）年4月3日 [没]明治26（1893）年6月30日）

梅童*(1) ばいどう
元禄15（1702）年～安永10（1781）年3月3日 江戸時代中期の俳人。
¶俳文（[生]元禄7（1694）年 [没]天明1（1781）年3月3日）

梅童(2) ばいどう
⇒市川団十郎〔5代〕（いちかわだんじゅうろう）

梅年 ばいねん
⇒原田梅年（はらだばいねん）

埴原植安 はいばらうえやす
⇒埴原常安（はいばらつねやす）

埴原三十郎 はいばらさんじゅうろう
江戸時代前期の武士。埴原次郎右衛門偏線の次男。諱は政継。一説に朝鮮に出役して戦死。
¶大坂（[没]慶長20年5月8日）

埴原次郎右衛門 はいばらじろうえもん
⇒埴原次郎右衛門（はいばらじろえもん）

埴原次郎右衛門偏線 はいばらじろ（う）えもんらいせん
⇒埴原次郎右衛門（はいばらじろえもん）

埴原次郎右衛門* はいばらじろえもん
[別]埴原次郎右衛門（はいばらじろうえもん），埴原次郎右衛門偏線（はいばらじろえもんらいせん） 安土桃山時代の武士。豊臣氏家臣。
¶大坂（埴原次郎右衛門偏線 はいばらじろ（う）えもんらいせん [没]寛永3年6月）

埴原新右衛門* はいばらしんえもん
生没年不詳 安土桃山時代の織田信長の家臣。
¶織田

埴原常安* はいばらつねやす
生没年不詳 [別]埴原植安（はいばらうえやす） 安土桃山時代の織田信長の家臣。
¶織田（埴原植安 はいばらうえやす [生]？ [没]慶長3

(1598)年7月23日),全戦(埴原植安　はいばらうえやす　[生]?　[没]慶長3(1598)年)

埴原八蔵*　はいばらはちぞう
?～元和1(1615)年　安土桃山時代～江戸時代前期の武士。豊臣氏家臣。
¶大坂([没]慶長20年5月8日)

埴原寿安　はいばらひさやす
安土桃山時代の織田信長・信忠の家臣。
¶織田(生没年不詳)

梅婦　ばいふ
⇒尾上菊五郎〔4代〕(おのえきくごろう)

梅布　ばいふ★
江戸時代中期の女性。俳諧。下仁田の人。明和3年刊、羽鳥一紅編『くさまくら』に載る。
¶江表(梅布(群馬県))

梅圃　ばいほ
江戸時代末期の女性。俳諧。筑前福岡の人。慶応2年刊、芭蕉堂公成編『花供養』に載る。
¶江表(梅圃(福岡県))

梅甫　ばいほ★
江戸時代後期の女性。俳諧。遠江見附の人。寛政3年刊、牡丹庵阿人・鳥過庵千布編『雪幸集』に載る。
¶江表(梅甫(静岡県))

梅峰竺信*(梅峯竺信)　ばいほうじくしん
寛永10(1633)年～宝永4(1707)年　[別]竺信(じくしん),梅峰竺信(ばいほうちくしん)　江戸時代前期～中期の曹洞宗の僧、禅定家、思想家。
¶コン

梅峰竺信　ばいほうちくしん
⇒梅峰竺信(ばいほうじくしん)

梅北国兼　ばいほくくにかね
⇒梅北国兼(うめきたくにかね)

拝村正長*　はいむらまさなが
生没年不詳　江戸時代中期の暦算家。
¶数学

買明*　ばいめい
正徳1(1711)年～天明4(1784)年12月9日　江戸時代中期の俳人。
¶俳文

梅門*　ばいもん
生没年不詳　江戸時代中期の俳人。
¶俳文

灰屋三郎助*　はいやさぶろうすけ
文化7(1810)年～明治7(1874)年　[別]橋本三郎助(はしもとさぶろうすけ)　江戸時代末期～明治時代の商人。富くじの興行元になるなど藩の財政面で大いに貢献。
¶コン([生]文化6(1809)年),幕末(橋本三郎助　はしもとさぶろうすけ　[没]明治7(1874)年6月23日)

灰屋紹益*　はいやじょうえき,はいやしょうえき
*～元禄4(1691)年　[別]佐野紹益(さのしょうえき,さのじょうえき),紹益(しょうえき)　江戸時代前期の京都の豪商、文人。
¶コン([生]慶長15(1610)年)

灰屋紹由*　はいやじょうゆう,はいやしょうゆう
?～元和8(1622)年　[別]佐野紹由(さのしょうゆう,さのじょうゆう),紹由(しょうゆう)　江戸時代前期の京都の豪商、文化人。
¶コン

梅祐軒勝信　ばいゆうけんかつのぶ
江戸時代中期の画家。
¶浮絵(生没年不詳)

梅里(1)　ばいり★
江戸時代後期の女性。俳諧・画。信濃高遠藩主内藤頼尚の娘。
¶江表(梅里(栃木県)　[没]天保10(1839)年)

梅里(2)　ばいり
⇒片岡仁左衛門〔7代〕(かたおかにざえもん)

配力*　はいりき
?～享保17(1732)年　江戸時代中期の俳人(蕉門)。
¶俳文([生]承応2(1653)年　[没]享保17(1732)年11月17日)

梅里女(1)　ばいりじょ★
江戸時代後期の女性。俳諧。大庄屋尾形八郎治の妻。文化15年刊、松童窟文二撰『南谿集』に載る。
¶江表(梅里女(山形県))

梅里女(2)　ばいりじょ★
江戸時代末期の女性。俳諧。文久1年刊、宿岩の阿部雪麿が念願の松島行脚を達成した記念に編んだ『刈穂集』に載る。
¶江表(梅里女(長野県))

梅路*　ばいろ
?～延享4(1747)年　江戸時代中期の俳人。
¶俳文([没]延享4(1747)年2月23日)

梅老*　ばいろう
天明5(1785)年9月28日～天保12(1841)年4月2日　江戸時代中期～後期の俳人。
¶俳文

梅楼尼　ばいろうに★
江戸時代後期の女性。俳諧。尾張の人。文政2年刊、谷川護物編『俳諧捜玉集』に載る。
¶江表(梅楼尼(愛知県))

梅露女　ばいろじょ★
江戸時代後期の女性。俳諧。仙台の人。嘉永6年序、花屋庵鼎左・五梅庵舎用編『俳諧海内人名録』に載る。
¶江表(梅露女(宮城県))

ハウカセ*
生没年不詳　江戸時代前期の蝦夷地の首長。
¶コン

祝子　はうりこ★
江戸時代中期の女性。和歌。出雲松江の石丸正良の妻。正徳1年跋、勝部芳房編『佐陀大社奉納神始言吹草』に載る。
¶江表(祝子(島根県))

パウロ(1)
⇒岡本大八(おかもとだいはち)

パウロ(2)
⇒斎藤小左衛門(さいとうこざえもん)

パウロ(3)
⇒養方軒パウロ(ようほうけんぱうろ)

は

は

パウロ・ダ・サンタフェ
⇒アンジロー

パウロ三木 ぱうろみき
⇒三木パウロ（みきぱうろ）

栄子 はえこ
江戸時代中期の女性。和歌。備中の丸山久衛門
の娘。
¶江表（栄子（大阪府）　㊦安永4（1775）年）

羽媛*(1) はえひめ
上代の女性。継体天皇の妃。
¶天皇（生没年不詳）

羽媛*(2) はえひめ
㊟蟻臣羽媛（ありのおみはえひめ）　上代の女性。
履中天皇皇子市辺押盤皇子の妃。
¶天皇（蟻臣羽媛　ありのおみはえひめ　生没年不詳）

芳賀一晶 はがいっしょう
⇒一晶（いっしょう）

垪和伊予守* はがいよのかみ
生没年不詳　戦国時代の北条氏の家臣。
¶後北（又太郎〔垪和(1)〕　またたろう）

垪和氏続* はがうじつぐ
安土桃山時代の武士。後北条氏家臣。
¶後北（氏続〔垪和(1)〕　うじつぐ）、全戦（㊦？　㊥天
正8（1580）年？　㊥天正8（1580）年）

芳賀興綱 はがおきつな
⇒宇都宮興綱（うつのみやおきつな）

羽賀軍太郎* はがぐんたろう
江戸時代末期の新徴組員。
¶幕末（㊦？　㊥慶応1（1865）年11月11日）

垪和左兵衛 はがさひょうえ
安土桃山時代の北条氏直・中村一氏の家臣。
¶後北（左兵衛〔垪和(1)〕　さひょうえ）

垪和信濃守 はがしなののかみ
安土桃山時代の武蔵国鉢形城主北条氏邦の家臣。
又八郎。
¶後北（信濃守〔垪和(2)〕　しなののかみ）

芳賀甚七* はがじんしち
弘化4（1847）年～昭和2（1927）年　江戸時代末期
～明治時代の農業、蚕業製造家。
¶幕末（㊥昭和2（1927）年9月15日）

垪和善次郎* はがぜんじろう
生没年不詳　戦国時代の北条氏の家臣。
¶後北（善次郎〔垪和(1)〕　ぜんじろう）

芳賀高定* はがたかさだ
㊟益子高定（ましこたかさだ）　戦国時代の武将。
¶全戦（㊦大永1（1521）年　㊥天正16（1588）年）

芳賀高武* はがたかたけ
*～慶長17（1612）年10月20日　安土桃山時代～江
戸時代前期の武士。
¶戦武（㊦元亀3（1572）年）

芳賀高継* はがたかつぐ
？～文禄1（1592）年　㊟芳賀高規（はがたかのり）
安土桃山時代の下野国の武将。宇都宮氏の家臣。
¶全戦（㊥慶長1（1596）年）

芳賀高経* はがたかつね
？～天文10（1541）年　戦国時代の武将。
¶全戦

芳賀高規 はがたかのり
⇒芳賀高継（はがたかつぐ）

博多小女郎* はかたこじょうろう
近松門左衛門作の浄瑠璃「博多小女郎波枕」（享保
三）の登場人物。
¶コン

芳賀中庵* はがちゅうあん
文政8（1825）年～明治12（1879）年　江戸時代末期
～明治時代の医師。つつが虫病の治療法を解明。
¶幕末

芳賀知致* はがともゆき
生没年不詳　江戸時代後期の和算家。
¶数学

垪和豊繁* はがとよしげ
生没年不詳　戦国時代の北条氏の家臣。
¶後北（豊繁〔垪和(3)〕　とよしげ）

袴折女 はかまおれじょ*
江戸時代後期の女性。狂歌。宇都宮の人。文化11
年刊、浅草庵市人ほか編『狂歌美製集』に載る。
¶江表（袴折女〔栃木県〕）

垪和又太郎* はがまたたろう
生没年不詳　戦国時代の北条氏の家臣。
¶後北（氏堯〔垪和(1)〕　うじたか）

袴田直信* はかまだちょくしん
安土桃山時代～江戸時代前期の代官。
¶徳代（生没年不詳）

袴垂* はかまだれ
平安時代中期の盗賊。
¶古人（生没年不詳）

袴垂保輔 はかまだれやすすけ
⇒藤原保輔（ふじわらのやすすけ）

袴塚周蔵* はかまづかしゅうぞう
享和3（1803）年～明治6（1873）年　江戸時代末期
～明治時代の庄屋。徳川斉昭の雪冤に奔走。桜田
門外の変の際には浪士の一人を匿った。
¶幕末（㊥明治6（1873）年11月23日）

垪和康忠* はがやすただ
生没年不詳　戦国時代～安土桃山時代の武士。後
北条氏家臣。
¶後北（康忠〔垪和(3)〕　やすただ）

芳賀代向 はがよりひさ
江戸時代後期の和算家、白河藩士。
¶数学

葉川基起* はがわもとおき
正保3（1646）年11月7日～延宝7（1679）年2月4日
江戸時代前期の公家（非参議）。権大納言園基音の
三男。
¶公卿、公家（基起〔壬生家〕　もとおき　㊥延宝7
（1679）年2月24日）

萩 はぎ*
江戸時代中期の女性。俳諧。大坂の人。元禄15年刊、太田白雪編『三河小町』下に載る。
¶江表(萩(大阪府))

波木井実長* はきいさねなが
貞応1(1222)年～永仁5(1297)年 [別]南部実長(なんぶさねなが) 鎌倉時代後期の武士。甲斐国の波木井郷の領主。
¶コン,中世

波木井昇斎* はぎいしょうさい, はきいしょうさい
文化5(1808)年～文久3(1863)年 江戸時代末期の篆刻家、彫刻家。
¶美建(はきいしょうさい [没]文久3(1863)年7月1日)

萩枝 はぎえ*
江戸時代後期の女性。和歌。祇園の遊女。嘉永5年刊、長沢伴雄編『類題鴨川四郎集』に載る。
¶江表(萩枝(京都府))

萩尾 はぎお*
江戸時代後期の女性。俳諧。小松氏の娘。嘉永6年序、花屋庵鼎左・五梅庵舎用編『俳諧海内人名録』に載る。
¶江表(萩尾(山形県))

把菊(1) はきく*
江戸時代中期の女性。俳諧。駿河川成の人。安永7年成立、如雪庵尺五編『東西二庵』に載る。
¶江表(把菊(静岡県))

把菊(2) はきく*
江戸時代中期の女性。俳諧、琴平の人。安永3年序、愉閑斎杜仙撰、中川麦浪七回忌追善句集『居待月』に載る。
¶江表(把菊(香川県))

はき子 はきこ*
江戸時代末期の女性。和歌。平戸藩の奥女中。文久3年刊、関橋守編『耳順賀集』に載る。
¶江表(はき子(長崎県))

萩子 はぎこ*
江戸時代後期の女性。和歌。安芸広島藩の奥女中。嘉永4年刊、長沢伴雄編『類題鴨川三郎集』に数首が載る。
¶江表(萩子(広島県))

羽木貞守* はぎさだもり
文政10(1827)年～明治15(1882)年 江戸時代末期～明治時代の二本松藩士。旧藩主丹羽家の財政や二本松出身の人材育成に尽力。
¶幕末([没]明治15(1882)年6月3日)

萩女(1) はぎじょ*
江戸時代中期の女性。俳諧。元禄15年刊、志水盤谷編『桑梓格』に載る。
¶江表(萩女(東京都))

萩女(2) はぎじょ*
江戸時代後期の女性。俳諧。常陸高萩の俳人。弘化3年刊、太白堂江口孤月編『桃家春帖』に載る。
¶江表(萩女(茨城県))

萩野伊三郎 はぎのいさぶろう
⇒荻野伊三郎〔1代〕(おぎのいさぶろう)

萩野越中* はぎのえっちゅう
生没年不詳 戦国時代の玉縄城主北条氏勝の家臣。
¶後北(越中守〔萩野〕 えっちゅうのかみ)

萩野九郎三郎* はぎのくろうさぶろう
生没年不詳 戦国時代の北条氏の家臣。
¶後北(九郎三郎〔萩野〕 くろうさぶろう)

萩野敬蔵 はぎのけいぞう
江戸時代後期～明治時代の幕臣。
¶徳人([生]1843年 [没]1902年)

萩野沢之丞 はぎのさわのじょう
⇒荻野沢之丞(おぎのさわのじょう)

萩花妻* はぎのはなづま, はぎのはなずま
生没年不詳 江戸時代後期の女性。狂歌師。
¶江表(萩花妻(東京都))

萩野某 はぎのぼう
⇒嵐喜世三郎〔2代〕(あらしきよさぶろう)

萩野八重桐*(――〔1代〕) はぎのやえぎり
生没年不詳 江戸時代中期の上方の歌舞伎俳優。
¶歌大,新歌(――〔1世〕)

萩野八重桐〔2代〕 はぎのやえぎり
⇒荻野八重桐〔2代〕(おぎのやえぎり)

萩谷䙴喬* はぎのやせんきょう
安永8(1779)年～安政4(1857)年 江戸時代後期の水戸藩士、画家。
¶幕末,美画

萩野谷富三郎* はぎのやとみさぶろう
*～明治1(1868)年 江戸時代末期の農民。
¶幕末([生]文化11(1814)年 [没]慶応4(1868)年2月12日)

萩はら はぎはら*
江戸時代後期の女性。和歌。町尻氏。寛政10年跋、真田幸弘の六〇賀集「千とせの寿詞」に載る。
¶江表(萩はら(愛知県))

萩原虎六 はぎはらころく
⇒萩原虎六(はぎわらころく)

萩原三圭 はぎはらさんけい
⇒萩原三圭(はぎわらさんけい)

萩母 はぎぼ*
江戸時代後期の女性。俳諧。谷村の人。寛政2年成立、如雪庵尺五編『恵方のめくみ』に載る。
¶江表(萩母(山梨県))

萩元 はぎもと*
江戸時代後期の女性。和歌。高取藩主植村家長家の奥女中。文政7年頃、池田冠山の仕立てた巻物「玉露童女追悼集」に入集。
¶江表(萩元(奈良県))

萩谷勝平〔1代〕* はぎやかつひら
文化1(1804)年～明治19(1886)年 江戸時代末期～明治時代の彫金師。据文高彫りに色絵を施した技巧で独自の境地を拓いた。川上勝俊ら多くの子弟を養成。
¶幕末(代数なし [没]明治19(1886)年9月6日),美工(代数なし [没]明治19(1886)年9月6日)

萩谷金次郎* はぎやきんじろう
文政12(1829)年～慶応1(1865)年 [別]萩原金次郎(はぎわらきんじろう) 江戸時代末期の水戸藩士。
¶幕末(萩原金次郎 はぎわらきんじろう [没]元治2(1865)年2月16日)

破鏡尼*　はきょうに
？～享保15(1730)年頃　江戸時代中期の女性。俳人。
¶江表(破鏡(大阪府))

萩原雅楽助　はぎわらうたのすけ
安土桃山時代の武蔵国鉢形城主北条氏邦家臣吉田真重の同心。
¶後北(雅楽助〔萩原〕　うたのすけ)

萩原乙彦*　はぎわらおとひこ
文政9(1826)年～明治19(1886)年　[別]梅暮里谷峨〔2代〕(うめぼりこくが)，乙彦(おとひこ)　江戸時代末期～明治時代の戯作者、ジャーナリスト、静岡新聞社社長。社説やコラムに健筆を振るう。人情本執筆のほか、端唄・都々逸など流行歌謡も作詞。代表作に「春色連理の梅」。
¶コン，俳文([没]明治19(1886)年2月28日)，幕末(梅暮里谷峨〔2代〕　うめぼりこくが　[没]明治19(1886)年2月28日)

萩原員維*　はぎわらかずこれ
天明3(1783)年7月15日～慶応1(1865)年2月23日　江戸時代後期の公家(非参議)。非参議萩原従言の子。
¶公卿，公家(員維〔萩原家〕　かずただ)

萩原員従*　はぎわらかずつぐ
正保2(1645)年6月8日～宝永7(1710)年4月4日　江戸時代前期～中期の公家(非参議)。非参議錦小路頼直の三男。
¶公卿，公家(員従〔萩原家〕　かずつぐ)

萩原員光*　はぎわらかずみつ
文政4(1821)年～明治35(1902)年　江戸時代末期～明治時代の華族、子爵。
¶公卿([生]文政4(1821)年1月12日　[没]明治35(1902)年7月)，公家(員光〔萩原家〕　かずみつ　[生]文政4(1821)年1月12日　[没]明治35(1902)年7月25日)

萩原員領*　はぎわらかずむね
享保3(1718)年2月4日～天明4(1784)年10月21日　江戸時代中期の公家(非参議)。非参議萩原兼武の子。
¶公卿，公家(員領〔萩原家〕　かずみね)

萩原員幹*　はぎわらかずもと
元文5(1740)年7月1日～文政11(1828)年5月2日　江戸時代中期～後期の公家(非参議)。非参議萩原員領の子。
¶公卿，公家(員幹〔萩原家〕　かずもと)

萩原兼武*　はぎわらかねたけ
元禄6(1693)年11月2日～明和2(1765)年4月25日　江戸時代中期の公家(非参議)。非参議萩原員従の孫。
¶公卿，公家(兼武〔萩原家〕　かねたけ)

萩原兼従　はぎわらかねつぐ
⇒萩原兼従(はぎわらかねより)

萩原兼従*　はぎわらかねより
天正16(1588)年～万治3(1660)年　[別]卜部兼従(うらべかねより)，萩原兼従(はぎわらかねつぐ)，吉田兼従(よしだかねより)　江戸時代前期の神道家。豊国社の社務職を継承。
¶コン

萩原金次郎　はぎわらきんじろう
⇒萩谷金次郎(はぎやきんじろう)

萩原虎六*　はぎわらころく
天保12(1841)年～元治1(1864)年　[別]萩原虎六(はぎはらころく，はぎわらとらろく)　江戸時代末期の播磨姫路藩士。
¶幕末([没]元治1(1864)年12月26日)

萩原三圭*　はぎわらさんけい
天保11(1840)年11月11日～明治27(1894)年1月14日　[別]萩原三圭(はぎはらさんけい)　江戸時代末期～明治時代の医師、東京医学校教授。日本人医学生のドイツ留学生第一号。小児科の権威として民間治療にも活躍。
¶科学(はぎはらさんけい)

萩原秋巌*　はぎわらしゅうがん
享和3(1803)年～明治10(1877)年2月19日　江戸時代末期～明治時代の書家。宋徽宗の瘦金書という体を学ぶ。著作に「星巌集」。
¶幕末

萩原修理進*　はぎわらしゅりのしん
生没年不詳　安土桃山時代の織田信長の家臣。
¶織田

萩原西疇*　はぎわらせいちゅう
文政12(1829)年～明治31(1898)年　江戸時代末期～明治時代の儒者。新井白石の「読史余論」を校訂。著書に「鹿鳴園叢書」「東坡外伝」。
¶幕末([没]明治31(1898)年2月19日)

萩原宗固*　はぎわらそうこ
元禄16(1703)年～天明4(1784)年　江戸時代中期の歌人。先手組に所属する幕臣。
¶徳人

萩原太郎*　はぎわらたろう
文政11(1828)年～明治37(1904)年　[別]萩原行篤(はぎわらゆきとく)　江戸時代末期～明治時代の旗本杉浦正尹の代官。
¶幕末([生]文政11(1828)年7月　[没]明治37(1904)年2月12日)

萩原従言*　はぎわらつぐこと
宝暦6(1756)年11月24日～文政12(1829)年2月12日　江戸時代中期～後期の公家(非参議)。非参議萩原員領の末子、母は非参議倉橋泰章の娘。
¶公卿，公家(従言〔萩原家〕　つぐこと)

萩原鶴夫*　はぎわらつるお
文化12(1815)年～明治19(1886)年　江戸時代末期～明治時代の商人。静岡藩建立の際、藩財政、殖産興業のための商社設立などについて建白。
¶幕末

萩原禎助*　はぎわらていすけ
文政11(1828)年～明治42(1909)年　[別]萩原信芳(はぎわらのぶよし)　江戸時代末期～明治時代の数学者。東京帝国大学理科大学で数学書の取り調べに従事。著書は「算法方円鑑」など。
¶科学([没]明治42(1909)年11月28日)，数学(萩原信芳　はぎわらのぶよし　[生]文政11(1828)年4月8日　[没]明治42(1909)年11月28日)，幕末([没]明治42(1909)年11月28日)

萩原時章*　はぎわらときあき
生没年不詳　江戸時代前期の和算家。
¶数学

萩原友明　はぎわらともあき
江戸時代中期の代官。

¶德代（㊐元禄16（1703）年　㊥宝暦11（1761）年4月26日）

萩原虎六　はぎわらとらろく
　⇒萩原虎六（はぎわらころく）

萩原院　はぎわらのいん
　⇒花園天皇（はなぞのてんのう）

萩原信芳　はぎわらのぶよし
　⇒萩原禎助（はぎわらていすけ）

萩原広道*　はぎわらひろみち
　文化12（1815）年～文久3（1863）年12月3日　江戸時代末期の国学者。
　¶思想, 幕末（㊐文化10（1813）年　㊥文久3（1864）年12月3日）

萩原行篤　はぎわらゆきとく
　⇒萩原太郎（はぎわらたろう）

萩原美雅*　はぎわらよしまさ
　寛文9（1669）年～延享2（1745）年4月4日　江戸時代中期の幕臣。
　¶徳人, 徳代

馬琴(1)　ばきん
　⇒宝井馬琴〔1代〕（たからいばきん）

馬琴(2)　ばきん
　⇒滝沢馬琴（たきざわばきん）

はく
　江戸時代中期の女性。俳諧。備後東城の人。天明1年刊『しぐれ会』に載る。
　¶江表（はく（広島県））

はく(2)
　江戸時代中期の女性。俳諧。熊本の人。享保10年序、志太野坡門の棘亭路圭編『雪霽集』に載る。
　¶江表（はく（熊本県））

はく(3)
　江戸時代後期の女性。俳諧。黒沢尻の医師昆敬仲の妹。天保2年頃成立の『雨鶴道善』に載る。
　¶江表（はく（岩手県））

白隠　はくいん
　⇒白隠慧鶴（はくいんえかく）

白隠慧鶴*　はくいんえかく, はくいんえがく
　貞享2（1685）年～明和5（1768）年　㊞慧鶴（えかく），正宗国師（しょうじゅうこくし, しょうそうこくし），白隠（はくいん）　江戸時代中期の僧。近世臨済禅中興の祖。
　¶江人（白隠（はくいん），コン, 思想

白羽　はくう
　⇒鹿島白羽（かじまはくう）

麦宇*　ばくう
　寛延3（1750）年～文化10（1813）年11月23日　江戸時代中期～後期の俳人。
　¶俳文

白雲　はくうん
　江戸時代前期～中期の俳諧師。
　¶俳文（㊐寛文7（1667）年　㊥享保15（1730）年10月20日）

白雲慧暁*　はくうんえぎょう
　貞応2（1223）年～永仁5（1297）年12月25日　㊞慧暁（えぎょう），仏照禅師（ぶっしょうぜんじ）　鎌

倉時代後期の臨済宗の僧。密教護持にも熱心。
　¶対外

栢莚(1)（柏莚）　はくえん
　⇒市川団十郎〔2代〕（いちかわだんじゅうろう）

栢莚(2)　はくえん
　⇒市川団十郎〔4代〕（いちかわだんじゅうろう）

栢莚(3)（柏莚）　はくえん
　⇒市川団十郎〔6代〕（いちかわだんじゅうろう）

伯円　はくえん
　⇒松林伯円〔1代〕（しょうりんはくえん）

白猿(1)　はくえん
　⇒市川団十郎〔5代〕（いちかわだんじゅうろう）

白猿(2)　はくえん
　⇒市川団十郎〔7代〕（いちかわだんじゅうろう）

白応*　はくおう
　生没年不詳　江戸時代中期の俳人。
　¶俳文

白崖宝生　はくがいほうしょう
　⇒白崖宝生（びゃくがいほうしょう）

博雅三位　はくがのさんみ
　⇒源博雅（みなもとのひろまさ）

白猿　はくき
　⇒市川団十郎〔7代〕（いちかわだんじゅうろう）

白居　はくきょ
　⇒山田白居（やまだはくきょ）

柏玄尼　はくげんに*
　江戸時代中期の女性。宗教。山村助太夫の娘。
　¶江表（柏玄尼（佐賀県））　㊥享保6（1721）年

白斎*（白齊）　はくさい
　？～嘉永4（1851）年　㊞伊藤熊四郎（いとうくましろう）　江戸時代末期の俳人。
　¶俳文（㊐安永1（1772）年

博山元敵　はくさんげんしょう
　⇒元敵女王（げんしょうじょおう）

博山女王　はくさんじょおう
　⇒元敵女王（げんしょうじょおう）

伯芝　はくし
　江戸時代中期～後期の俳諧作者。
　¶俳文（㊐天明7（1787）年　㊥天保15（1844）年）

柏枝　はくし*
　江戸時代後期の女性。俳諧。湯浅の人。天明8年刊、古田此葉著『市女笠』に載る。
　¶江表（柏枝（和歌山県））

白志　はくし*
　江戸時代中期の女性。俳諧。足利の人。宝暦13年刊、建部綾足編『古今俳諧明題集』に載る。
　¶江表（白志（栃木県））

白支*　はくし
　生没年不詳　江戸時代前期の僧侶・俳人。

白糸(1)　はくし
　江戸時代中期～後期の女性。俳諧・川柳。旅籠町の豪商で俳人の小林風五の妻。

¶江表（白糸（山形県）　㊤寛保2（1742）年　㊦寛政3（1791）年）

白糸(2)　**はくし**
江戸時代後期の女性。俳諧。文政7年、田上菊舎が不二庵を訪ねた時、茶の饗応をして連吟をした。
¶江表（白糸（長崎県））

白糸(3)　**はくし**
⇒白糸（しらいと）

白之　**はくし**★
江戸時代中期の女性。俳諧。塩釜の俳人白坂文之の娘。明和7年刊、名古屋の俳匠加藤暁台編『しをり萩』に載る。
¶江表（白之（宮城県））

は

帛糸　**はくし**
江戸時代中期の女性。俳諧。松本の人。宝暦13年刊、国学者で俳人建部綾足が著した『片歌草のはり道』に入集。
¶江表（帛糸（長野県））

白雀　**はくじゃく**★
江戸時代末期の女性。俳諧。摂津伊丹の人。安政3年序、山口米ほか編『なこり月』に載る。
¶江表（白雀（兵庫県））

栢舟*　**はくしゅう**
宝永4（1707）年～？　江戸時代中期の俳人。
¶俳文

白萑　**はくすい**
江戸時代後期の女性。俳諧。大坂の人。天保15年刊、鷺州編『類題年毎集』に載る。
¶江表（白萑（大阪府））

麦水　**ばくすい**
⇒堀麦水（ほりばくすい）

白雪　**はくせつ**
⇒大田白雪（おおたはくせつ）

伯先*　**はくせん**
*～文政3（1820）年　㊕中村淡斎（なかむらたんさい）　江戸時代後期の俳人。
¶俳文（㊤宝暦6（1756）年　㊦文政3（1820）年8月23日）

白達磨見風*　**はくだるまけんぷう**
正徳1（1711）年～天明3（1783）年　㊕河合見風（かわいけんぷう），見風（けんぷう）　江戸時代中期の俳人。
¶俳文（見風　けんぷう　㊦天明3（1783）年4月1日）

伯貞の妻　**はくていのつま**★
江戸時代前期の女性。俳諧。大平氏。夫伯貞は寛文年中の人。
¶江表（伯貞の妻（大阪府））

伯兎*　**はくと**
？～享保12（1727）年　江戸時代前期～中期の俳人。
¶俳文

白図　**はくと**
⇒二木白図（ふたつぎはくと）

白尼　**はくに**
⇒武藤白尼（むとうはくに）

伯母　**はくのはは**
⇒康資王の母（やすすけおうのはは）

白梅(1)　**はくばい**★
江戸時代後期の女性。画。天保10年刊、福原揺舟編『酔醒雅玩』（陶磁器用の絵柄集）の六ツ猪口杯之図の中に鳥の図がある。
¶江表（白梅（東京都））

白梅(2)　**はくばい**★
江戸時代後期の女性。画。画家旦嶺の娘、政子。天保13年刊『江戸現在広益諸家人名録』二に載る。
¶江表（白梅（東京都））

白梅女　**はくばいじょ**★
江戸時代後期の女性。画。画家雲外の娘、茂登子。天保6年～14年頃に出された書画会の案内に載る。
¶江表（白梅女（東京都））

白々　**はくはく**
江戸時代の女性。俳諧。福島の遊女。
¶江表（白々（福島県））

白峰*　**はくほう**
*～寛保3（1743）年　江戸時代中期の俳人。
¶俳文（㊤寛文12（1672）年　㊦寛保3（1742）年）

白昧淳　**はくまいじゅん**
飛鳥時代の百済の鑪盤博士。
¶古物

白雄　**はくゆう**
⇒加舎白雄（かやしらお）

白羊　**はくよう**
江戸時代中期の女性。俳諧。相模高座郡赤羽根村の名主小沢市左衛門の妻。明和5年刊、白井鳥酔編『湘海四時』に載る。
¶江表（白羊（神奈川県））

白蓉　**はくよう**★
江戸時代後期の女性。俳諧。佐賀の人。寛政5年刊、軽舟編『賤家集』に載る。
¶江表（白蓉（佐賀県））

羽倉斎　**はくらいつき**
⇒荷田春満（かだのあずままろ）

羽倉簡堂*　**はぐらかんどう，はくらかんどう**
寛政2（1790）年～文久2（1862）年　㊕羽倉秘道（はくらやすみち），羽倉外記（はぐらげき），羽倉用九（はぐらようきゅう）　江戸時代末期の儒学者、代官。渡辺崋山らの尚歯会に参加。
¶江人（はくらかんどう），コン（はくらかんどう），思想，徳人（羽倉秘道　はくらやすみち），徳代（羽倉秘道　はくらやすみち　㊦文久2（1862）年7月3日），幕末（㊤寛政2（1790）年11月1日　㊦文久2（1862）年7月3日）

はくらく藤兵衛　**はくらくとうべえ**
安土桃山時代の信濃国筑摩郡安坂の土豪。
¶武田（生没年不詳）

羽倉外記　**はぐらげき**
⇒羽倉簡堂（はぐらかんどう）

羽倉鋼三郎　**はくらこうざぶろう**
*～慶応4（1868）年　江戸時代後期～末期の京都見廻組与頭勤方。
¶全幕（㊤天保11（1840）年），幕末（㊤？　㊦慶応4（1868）年8月19日）

羽倉元陰*　**はぐらもとかげ**
生没年不詳　安土桃山時代の武士。
¶全戦（㊤？　㊦元亀2（1571）年）

羽倉秘救　はくらやすひら
　寛延1（1748）年～＊　江戸時代中期～後期の幕臣、代官。
　¶徳人（㉓1809年），徳代（㉓文化5（1808）年6月4日）

羽倉秘道　はくらやすみち
　⇒羽倉簡堂（はぐらかんどう）

羽倉用九　はぐらようきゅう
　⇒羽倉簡堂（はぐらかんどう）

白鯉館卯雲　はくりかんぼううん
　⇒木室卯雲（きむろぼううん）

羽栗馬長＊　はぐりのうまなが
　生没年不詳　平安時代前期の官人。
　¶古人

羽栗臣翔　はくりのおみかける
　⇒羽栗翔（はくりのかける）

羽栗臣翼　はくりのおみつばさ
　⇒羽栗翼（はくりのつばさ）

羽栗翔＊　はくりのかける，はぐりのかける
　生没年不詳　㊞羽栗臣翔（はくりのおみかける）
　奈良時代の官人。阿部仲麻呂の従者吉麻呂と中国人女性との子。
　¶古人（はぐりのかける），古代（羽栗臣翔　はくりのおみかける），対外

羽栗翼＊　はくりのたすく，はぐりのたすく
　⇒羽栗翼（はくりのつばさ）

羽栗翼＊　はくりのつばさ，はぐりのつばさ
　養老3（719）年～延暦17（798）年　㊞羽栗臣翼（はくりのおみつばさ），羽栗翼（はくりのたすく，はぐりのたすく）　奈良時代～平安時代前期の官人。大外記、勅旨大丞を兼任して入唐。
　¶古人（はぐりのつばさ），古代（羽栗臣翼　はくりのおみつばさ），コン（はぐりのたすく　㊞養老2（718）年），対外

羽栗吉麻呂　はぐりのよしまろ
　奈良時代の人。阿部仲麻呂の傔人として入唐。
　¶古人（生没年不詳）

麦浪　ばくろう
　⇒中川麦浪（なかがわばくろう）

白話　はくわ
　⇒大谷白話（おおたにはくわ）

馬莧＊　ばけん
　＊～元禄7（1694）年9月21日　江戸時代前期～中期の俳人。
　¶俳文（㊞寛永13（1636）年　㉓？）

巴江（巴紅）　はこう
　⇒芳沢あやめ〔5代〕（よしざわあやめ）

馬光　ばこう
　⇒長谷川馬光（はせがわばこう）

函館大経　はこだてひろつね
　江戸時代後期～明治時代の馬術家。
　¶幕末（㊞弘化4（1847）年5月　㉓明治40（1907）年12月27日）

狭間英直　はざまえいちょく
　南北朝時代の武士。
　¶内乱（生没年不詳）

間小四郎　はざまこしろう
　⇒間小四郎（あいだこしろう）

間重富＊　はざましげとみ
　宝暦6（1756）年～文化13（1816）年3月24日　江戸時代中期～後期の暦算家。大坂の商人十一屋五郎兵衛の第6子。
　¶江人，科学（㊞宝暦6（1756）年3月8日），コン，数学（㊞宝暦6（1756）年3月8日），山小（㊞1756年3月8日　㉓1816年3月24日）

間十次郎＊（間重治郎）　はざまじゅうじろう
　延宝6（1678）年～元禄16（1703）年　江戸時代前期の播磨赤穂藩士。赤穂義士の一人。
　¶コン

間重新＊　はざまじゅうしん
　天明6（1786）年～天保9（1838）年1月2日　㊞間盛徳（はざまのりもり）　江戸時代後期の天文家。観測技術を改良発展。
　¶科学，数学（間盛徳　はざまのりもり）

玻座真忠重　はざまちゅうじゅう
　江戸時代中期の彫刻家。
　¶美建（㊞元禄12（1699）年　㉓宝暦2（1752）年）

狭間友直　はざまともなお
　南北朝時代の武士。
　¶内乱（生没年不詳）

間盛徳　はざまのりもり
　⇒間重新（はざまじゅうしん）

間秀矩＊　はざまひでのり
　文政5（1822）年～明治9（1876）年　江戸時代末期～明治時代の国学者。尊皇攘夷運動に奔走。戊辰戦争では官軍の響導役を果たす。
　¶コン，幕末（㊞文政5（1822）年1月18日　㉓明治9（1879）年1月3日）

橋上　はしうえ＊
　江戸時代後期の女性。俳諧。伊勢松坂の人。荒井荒月斎撰『俳諧発句集』に載る。
　¶江表（橋上（三重県））

箸尾宮内少輔　はしおくないのしょう
　安土桃山時代の織田信長の家臣。大和の国人。
　¶織田（生没年不詳）

箸尾宮内少輔重春　はしおくないのしょうしげはる
　江戸時代前期の人。箸尾宮内少輔高春の長男。
　¶大坂

箸尾九兵衛　はしおくひょうえ
　江戸時代前期の武士。大坂の陣で籠城。
　¶大坂

箸尾宗信　はしおむねのぶ
　室町時代の武将。
　¶室町（㊞？　㉓応仁1（1467）年）

初鹿野源五郎＊　はじかのげんごろう
　天文3（1534）年～永禄4（1561）年　戦国時代～安土桃山時代の武将。
　¶武田（㊞永禄4（1561）年9月10日？）

初鹿野伝右衛門尉　はじかのでんえもんのじょう
　戦国時代の武田氏の家臣。
　¶武田（㊞？　㉓天文17（1548）年2月14日）

初鹿野信興　はしかののぶおき
江戸時代中期～後期の幕臣。
¶徳人([生]1744年　[没]1791年)

初鹿野昌久*　はじかのまさひさ，はしかのまさひさ
天文10(1541)年～寛永1(1624)年　安土桃山時代～江戸時代前期の武士。武田信玄の臣。
¶武田([没]寛永1(1624)年11月15日)，徳人(はしかのまさひさ)

橋口兼器*　はしぐちけんき
？～明治32(1899)年　江戸時代末期～明治時代の鹿児島県士族。
¶幕末([没]明治32(1899)年1月8日)

橋口春妙*　はしぐちしゅんみょう
天保14(1843)年～明治10(1877)年　江戸時代末期～明治時代の鹿児島県士族。西南戦争では3番大隊8番小隊長として出征。城山で西郷隆盛とともに討死。
¶幕末([没]明治10(1877)年9月24日)

橋口成一*　はしぐちせいいち
弘化3(1846)年～明治10(1877)年　江戸時代末期～明治時代の鹿児島県士族。西南戦争では4番大隊10磐小隊長として出征。田原坂で負傷しのち死亡。
¶幕末([没]明治10(1877)年4月4日)

橋口壮介*　はしぐちそうすけ
天保12(1841)年～文久2(1862)年　江戸時代末期の薩摩藩士、尊攘派志士。
¶全幕，幕末([没]文久2(1862)年4月24日)

橋口伝蔵*　はしぐちでんぞう
天保2(1831)年～文久2(1862)年　江戸時代末期の薩摩藩士。
¶幕末([没]文久2(1862)年4月23日)

橋口彦二*　はしぐちひこじ
生没年不詳　江戸時代末期～明治時代の薩摩藩士。
¶幕末

橋口与一郎*　はしぐちよいちろう
生没年不詳　江戸時代末期～明治時代の薩摩藩士。
¶幕末

土師須磨子*　はじすまこ
寛政5(1793)年～？　江戸時代末期の女性。歌人、作家。
¶江表(須磨子(福岡県)　[没]明治15(1882)年)

端館紫川　はしだてしせん
江戸時代末期～大正時代の日本画家。
¶美画([生]安政2(1855)年4月29日　[没]大正10(1921)年9月8日)

橋爪鑑実　はしづめあきざね
戦国時代の大内氏・大友氏の家臣。
¶全戦(生没年不詳)

橋爪貫一*　はしつめかんいち，はしづめかんいち
文政2(1820)年～明治17(1884)年　江戸時代後期～明治時代の実業家。東京健全社を設立し、スープの販売を開始。
¶数学([生]文政3(1820)年　[没]明治17(1884)年9月5日)

橋爪糸目行晴　はしづめしめゆきはる
江戸時代前期の人。那智山滝本執行橋爪坊良仙法院の養嗣子。
¶大坂

橋爪助次郎*　はしづめすけじろう
文化1(1804)年～明治13(1880)年　江戸時代末期～明治時代の会津藩士。戊辰戦争では軍事目付として活躍。戦後は会津で子弟の教育に専念。
¶幕末([没]明治13(1880)年3月30日)

橋詰八郎*　はしづめはちろう
文政11(1828)年～明治32(1899)年　江戸時代末期～明治時代の政治家、日下村村会議員。維新後は戸長などをつとめ村政発展に貢献。
¶幕末([没]明治32(1899)年5月6日)

橋爪保章*　はしづめやすあき，はしつめやすあき
生没年不詳　江戸時代後期の和算家。
¶数学(はしつめやすあき)

土師道雲*　はじどううん
江戸時代前期の人。算学啓蒙訓点を作成。
¶数学

土師吾笥　はじのあけ
⇒吾笥(あけ)

土師猪手　はじのいて
⇒土師連猪手(はじのむらじいて)

土師牛勝　はじのうしかつ
奈良時代の人。大仏開眼供養に栖伏舞の舞頭を奉仕。
¶古人(生没年不詳)

土師宇庭　はじのうにわ
奈良時代の官人。
¶古人(生没年不詳)

土師馬手　はじのうまて
⇒土師宿禰馬手(はじのすくねうまて)

土師甥*　はじのおい
[別]土師宿禰甥(はじのすくねおい)　飛鳥時代の文人、官人。
¶古代(土師宿禰甥　はじのすくねおい)

土師大麻呂　はじのおおまろ
飛鳥時代～奈良時代の官人。迎新羅客使、従五位上。
¶古人(生没年不詳)

土師惟方　はじのこれかた
平安時代後期の官人。
¶古人(生没年不詳)

土師宿禰馬手*　はじのすくねうまて
？～和銅4(711)年　[別]土師馬手(はじのうまて)　飛鳥時代の官人。
¶古人(土師馬手　はじのうまて)，古代，古物(土師馬手　はじのうまて)

土師宿禰甥　はじのすくねおい
⇒土師甥(はじのおい)

土師宿禰水通　はじのすくねみみち
⇒土師水通(はにしのみみち)

土師武国　はじのたけくに
平安時代後期の官人。
¶古人(生没年不詳)

土師忠道*　はじのただみち
平安時代前期の下級官人、武士。
¶古人(生没年不詳)，古代

はしはひ

土師為基 はじのためもと
平安時代中期の鋳銭判官。父は朝兼。
¶古人(生没年不詳)

土師千村 はじのちむら
奈良時代の官人。
¶古人(生没年不詳)

土師連兼 はじのつらかね
平安時代中期の官人。
¶古人(生没年不詳)

土師利兼 はじのとしかね
平安時代中期の官人。
¶古人(生没年不詳)

土師朝兼 はじのともかね
平安時代中期の官人。
¶古人(㋑? ㋓1018年)

土師古人 はじのふるひと
⇒菅原古人(すがわらのふるひと)

土師正忠 はじのまさただ
平安時代中期の典薬寮医師。
¶古人(生没年不詳)

土師水通 はじのみみち
⇒土師水通(はにしのみみち)

土師連猪手* はじのむらじいて
?～643年 ㋒土師猪手(はじのいて) 飛鳥時代の豪族。
¶古代

土師連富杼* はじのむらじほど
飛鳥時代の豪族。
¶古代

土師安人 はじのやすひと
⇒秋篠安人(あきしののやすひと)

土師和麻呂 はじのやまとまろ
奈良時代の官人。
¶古人(生没年不詳)

土師善人 はじのよしひと
奈良時代の官人。
¶古人(生没年不詳)

羽柴越前守(1) はしばえちぜんのかみ
⇒伊達政宗(だてまさむね)

羽柴越前守(2) はしばえちぜんのかみ
⇒丹羽長秀(にわながひで)

羽柴越中守 はしばえっちゅうのかみ
⇒細川忠興(ほそかわただおき)

羽柴河内守秀秋 はしばかわちのかみひであき
江戸時代前期の人。羽柴河内守秀頼の親類。
¶大坂(㋓慶長20年5月7日)

羽柴左衛門侍従 はしばさえもんじじゅう
⇒小早川秀秋(こばやかわひであき)

羽柴左衛門大夫 はしばさえもんだいふ
⇒福島正則(ふくしままさのり)

羽柴左衛門督 はしばさえもんのかみ
⇒堀秀政(ほりひでまさ)

羽柴左近将監 はしばさこんしょうげん
⇒立花宗茂(たちばなむねしげ)

羽柴三左衛門 はしばさんざえもん
⇒池田輝政(いけだてるまさ)

羽柴下総守 はしばしもうさのかみ
⇒滝川雄利(たきがわかつとし)

羽柴筑前守(1) はしばちくぜんのかみ
⇒豊臣秀吉(とよとみひでよし)

羽柴筑前守(2) はしばちくぜんのかみ
⇒前田利家(まえだとしいえ)

羽柴藤八郎 はしばとうはちろう
⇒竜造寺高房(りゅうぞうじたかふさ)

羽柴長秀 はしばながひで
⇒羽柴秀長(はしばひでなが)

羽柴八郎 はしばはちろう
⇒宇喜多秀家(うきたひでいえ)

羽柴肥前守 はしばひぜんのかみ
⇒前田利長(まえだとしなが)

羽柴秀勝*(1) はしばひでかつ
永禄11(1568)年～天正13(1585)年 ㋒丹波少将(たんばしょうしょう),丹波中納言(たんばちゅうなごん),豊臣秀勝(とよとみひでかつ) 安土桃山時代の武将。織田信長の4男で,豊臣秀吉の養子。
¶コン(豊臣秀勝 とよとみひでかつ ㋑? ㋓天正13(1586)年),コン,全戦

羽柴秀勝*(2) はしばひでかつ
永禄12(1569)年～文禄1(1592)年 ㋒丹波少将(たんばしょうしょう),丹波中納言(たんばちゅうなごん),豊臣秀勝(とよとみひでかつ) 安土桃山時代の武将,豊臣秀吉の甥。
¶公卿(豊臣秀勝 とよとみひでかつ ㋑? ㋓文禄1(1592)年9月),公家(秀勝〔豊臣家〕 ひでかつ ㋑? ㋓天正20(1592)年9月),コン,全戦(豊臣秀勝 とよとみひでかつ ㋑永禄12(1569)年),対外

羽柴秀勝(3) はしばひでかつ
安土桃山時代の豊臣秀吉長男とされる。
¶全戦(㋑? ㋓天正4(1576)年)

羽柴秀次 はしばひでつぐ
⇒豊臣秀次(とよとみひでつぐ)

羽柴秀俊 はしばひでとし
⇒小早川秀秋(こばやかわひであき)

羽柴秀長* はしばひでなが
*～天正19(1591)年 ㋒豊臣秀長(とよとみひでなが),羽柴長秀(はしばながひで),大和大納言(やまとだいなごん) 安土桃山時代の武将,豊臣秀吉の異母弟。兄秀吉の補佐役として統一事業を助ける。
¶織田(羽柴長秀 はしばながひで ㋑天文9(1540)年 ㋓天正19(1591)年1月22日),公卿(豊臣秀長 とよとみひでなが ㋑天文10(1541)年 ㋓天正19(1591)年1月),公家(秀長〔豊臣家〕 ひでなが ㋑? ㋓天正19(1591)年1月),コン(㋑天文9(1540)年),全戦(豊臣秀長 とよとみひでなが ㋑天文9(1540)年),戦武(㋑天文9(1540)年)

羽柴秀保 はしばひでやす
⇒豊臣秀保(とよとみひでやす)

羽柴秀吉 はしばひでよし
⇒豊臣秀吉（とよとみひでよし）

羽柴美作守 はしばみまさかのかみ
⇒堀親良（ほりちかよし）

羽柴武蔵守 はしばむさしのかみ
⇒徳川秀忠（とくがわひでただ）

泥部穴穂部皇子（泥部穴穂部皇子） はしひとのあなほべのおうじ
⇒穴穂部皇子（あなほべのみこ）

泥部穴穂部皇女 はしひとのあなほべのこうじょ
⇒穴穂部間人皇女（あなほべのはしひとのひめみこ）

泥部穴穂部皇女 はしひとのあなほべのひめみこ
⇒穴穂部間人皇女（あなほべのはしひとのひめみこ）

泥部穴穂部皇子 はしひとのあなほべのみこ
⇒穴穂部皇子（あなほべのみこ）

間人皇女 はしひとのおうじょ
⇒間人皇女（はしひとのひめみこ）

間人大蓋* はしひとのおおふた
生没年不詳 [別]間人連大蓋（はしひとのむらじおおふた） 飛鳥時代の武人。
¶古人, 古代（間人連大蓋 はしひとのむらじおおふた）

間人皇后 はしひとのこうごう
⇒間人皇女（はしひとのひめみこ）

間人皇女 はしひとのこうじょ
⇒間人皇女（はしひとのひめみこ）

間人鷹養* はしひとのたかかい
奈良時代の人。越前国坂井郡の土地を東大寺に売却した。
¶コン（生没年不詳）

間人皇女* はしひとのひめみこ
？～天智4（665）年2月25日 [別]間人皇女（はしひとのおうじょ，はしひとのこうじょ），間人皇后（はしひとのこうごう） 飛鳥時代の女性。舒明天皇の皇女。
¶古人（はしひとのこうじょ）, 古代, 古物, コン, 女史, 天皇

間人連大蓋 はしひとのむらじおおふた
⇒間人大蓋（はしひとのおおふた）

泥土部穴穂部皇子 はしひとべあなほべのおうじ
⇒穴穂部皇子（あなほべのみこ）

甫 はじめ
江戸時代中期の女性。俳諧。今田村の人。明和3年の「蛍塚集」に載る。
¶江表（甫（熊本県））

橋本市蔵〔1代〕* はしもといちぞう
文化14（1817）年～明治15（1882）年2月7日 江戸時代末期～明治時代の塗師。竹の模造塗煤竹塗を始め、橋市の竹塗と称された。
¶コン, 美工

橋本市蔵〔2代〕 はしもといちぞう
江戸時代末期～大正時代の漆芸家。
¶美工（[生]安政3（1856）年 [没]大正13（1924）年1月）

橋本一至〔1代〕* はしもといっし
文政3（1820）年～明治29（1896）年 江戸時代後期～明治時代の彫金家。名匠後藤一乗に学び、高弟の一人。
¶美工（[生]文政3（1820）年6月1日 [没]明治29（1896）年6月15日）

橋本一巴* はしもといっぱ
？～永禄1（1558）年 戦国時代の織田信長の家臣。
¶織田（生没年不詳）

橋本稲彦* はしもといなひこ
天明1（1781）年～文化6（1809）年 江戸時代後期の国学者。本居宣長に入門。
¶思想

橋本梅尾* はしもとうめお
文化14（1817）年～明治15（1882）年 江戸時代後期～明治時代の女性、橋本左内の母。
¶江表（梅尾（福井県） [生]文化11（1814）年）, コン

橋本皆助* はしもとかいすけ
天保6（1835）年～明治4（1871）年 江戸時代末期～明治時代の郡山藩士。
¶新隊（[没]明治4（1871）年4月16日）, 幕末（[没]明治4（1871）年4月16日）

橋本雅邦* はしもとがほう
天保6（1835）年～明治41（1908）年1月13日 江戸時代末期～明治時代の日本画家、日本美術院主幹。内国勧業博で「白雲紅樹」「釈迦十六羅漢」で妙技一等賞受賞。
¶全幕, 幕末（[没]明治40（1907）年1月13日）, 美画（[生]天保6（1835）年7月27日）, 山小（[生]1835年7月27日 [没]1908年1月13日）

橋本亀十郎* はしもとかめじゅうろう
天保14（1843）年～大正2（1913）年 江戸時代末期～大正時代の百姓。戊申の役凱旋後、長州常備軍精選に際し、山口藩軍事局に上官弾劾書を上書。
¶幕末（[没]大正2（1913）年7月29日）

橋本勘五郎* はしもとかんごろう
文政5（1822）年～明治30（1897）年 江戸時代末期～明治時代の石工。土木寮御雇となり皇居二重橋、日本橋、江戸橋などを建造。
¶科学（[生]文政5（1822）年6月 [没]明治31（1898）年8月15日）, 幕末（[没]明治30（1897）年7月17日）

橋本吉隆* はしもときちりゅう
[別]橋本吉隆（はしもとよしたか） 江戸時代中期の和算家。
¶数学（はしもとよしたか）

橋本久太夫 はしもときゅうだゆう
江戸時代末期の海援隊士。
¶全幕（生没年不詳）

橋本九兵衛* はしもときゅうべえ
弘化2（1845）年～慶応2（1866）年 江戸時代末期の奇兵隊士。
¶幕末（[生]弘化2（1845）年3月 [没]慶応4（1868）年）

橋本公国* はしもときんくに
応永24（1417）年～文明1（1469）年 室町時代の公卿（権中納言）。権大納言橋本実郷の子。
¶公卿, 公家（公国〔橋本家〕 きんくに）

橋本公夏* はしもときんなつ
享徳3（1454）年～* 戦国時代の公卿（権中納言）。権大納言清水谷実久の子。
¶公卿（[没]？）, 公家（公夏〔橋本家〕 きんなつ [没]？）

橋本公音* はしもときんなり
？～応永12（1405）年7月 南北朝時代～室町時代

の公卿(権中納言)。権中納言橋本実澄の子。
¶公卿, 公家(公音〔橋本家〕 きんね)

橋本内蔵助* はしもとくらのすけ
生没年不詳 戦国時代の北条領国の小代官。
¶後北(内蔵助〔橋本(2)〕 くらのすけ)

橋本九郎五郎* はしもとくろうごろう
生没年不詳 戦国時代の北条氏の家臣。
¶後北(九郎五郎〔橋本(1)〕 くろうごろう)

橋本桂園* はしもとけいえん
文化8(1811)年～明治13(1880)年 江戸時代末期～明治時代の刀匠。本業のほか、山水画を得意として京阪に名を知られた。
¶幕末([没]明治13(1880)年1月18日)

橋本啓三郎* はしもとけいざぶろう
弘化1(1844)年～昭和2(1927)年 [別]橋本久暢(はしもとひさのぶ) 江戸時代後期～明治時代の和算家。
¶数学(橋本久暢 はしもとひさのぶ [生]天保15(1844)年10月23日 [没]昭和2(1927)年9月19日)

橋本外記* はしもとげき
生没年不詳 戦国時代の北条氏の家臣。
¶後北(外記〔橋本(2)〕 げき)

橋本香坡* はしもとこうは
文化6(1809)年～慶応1(1865)年 江戸時代末期の沼田藩士。
¶幕末([生]文化6(1809)年2月 [没]慶応1(1865)年10月10日)

橋本五郎右衛門* はしもとごろうえもん
*～享保2(1717)年 江戸時代前期～中期の産業家。
¶コン([生]寛永13(1636)年)

橋本左内* はしもとさない
天保5(1834)年～安政6(1859)年 江戸時代末期の越前福井藩士、改革論者。緒方洪庵に入門。藩主松平慶永を助けて将軍継嗣問題で活躍したが、安政の大獄で刑死。
¶江人, コン, 詩作([生]天保6(1835)年3月11日 [没]安政6(1859)年10月7日), 思想, 全幕, 徳将, 幕末([生]天保5(1834)年3月11日 [没]安政6(1859)年10月7日), 山小([生]1834年3月11日 [没]1859年10月7日)

橋本実麗* はしもとさねあきら
文化6(1809)年～明治15(1882)年 江戸時代末期～明治時代の公卿。
¶公卿([生]文化6(1809)年10月26日 [没]明治15(1882)年10月), 公家(実麗〔橋本家〕 さねあきら [生]文化6(1809)年10月26日 [没]明治15(1882)年10月8日), 全幕, 幕末([生]文化6(1809)年10月26日 [没]明治15(1882)年10月8日)

橋本実郷* はしもとさねさと
元中4/嘉慶1(1387)年～? 室町時代の公卿(権大納言)。権中納言橋本公音の子。
¶公卿([生]嘉慶1/元中4(1387)年), 公家(実郷〔橋本家〕 さねさと)

橋本実理 はしもとさねすけ
⇒橋本実理(はしもとさねよし)

橋本実澄* はしもとさねずみ
元弘1/元徳3(1331)年～文中2/応安6(1373)年9月9日 南北朝時代の公卿(権中納言)。橋本家の祖。非参議藤原季経の子。
¶公卿([生]元徳3/元弘1(1331)年 [没]応安6/文中2(1373)年9月9日), 公家(実澄〔橋本家〕 さねずみ [没]応安6(1373)年9月9日)

橋本実俊 はしもとさねとし
⇒藤原実俊(ふじわらのさねとし)

橋本実誠 はしもとさねなり
⇒橋本実誠(はしもとさねみつ)

橋本実久* はしもとさねひさ
寛政2(1790)年～安政4(1857)年 江戸時代末期の公家(権大納言)。権中納言橋本実誠の子。
¶公卿([生]寛政2(1790)年4月25日 [没]安政4(1857)年1月28日), 公家(実久〔橋本家〕 さねひさ [生]寛政2(1790)年4月25日 [没]安政4(1857)年1月28日), コン, 幕末([生]寛政2(1790)年4月25日 [没]安政4(1857)年1月28日)

橋本実文* はしもとさねふみ
宝永1(1704)年7月23日～安永8(1779)年4月16日 江戸時代中期の公家(権大納言)。権中納言橋本実松の次男。
¶公卿, 公家(実文〔橋本家〕 さねふみ)

橋本実松* はしもとさねまつ
寛文12(1672)年9月5日～享保17(1732)年5月21日 江戸時代中期の公家(権中納言)。権大納言葉室頼業の孫。
¶公卿, 公家(実松〔橋本家〕 さねまつ)

橋本実誠* はしもとさねみつ
宝暦8(1758)年3月2日～文化14(1817)年 [別]橋本実誠(はしもとさねなり) 江戸時代中期～後期の公家(権中納言)。権大納言橋本実理の子。
¶公卿([没]文化14(1817)年2月23日), 公家(実誠〔橋本家〕 さねなり [没]文化14(1817)年2月23日)

橋本実村* はしもとさねむら
慶長3(1598)年～寛文4(1664)年11月11日 江戸時代前期の公家(権中納言)。権中納言橋本公夏の曽孫。
¶公卿, 公家(実村〔橋本家〕 さねむら)

橋本実梁* はしもとさねやな
天保5(1834)年～明治18(1885)年9月16日 江戸時代末期～明治時代の公卿、伯爵。王政復古により参与。戊辰戦争で活躍。
¶コン, 幕末([生]天保5(1834)年4月5日)

橋本実理* はしもとさねよし
享保11(1726)年11月21日～寛政10(1798)年2月12日 [別]橋本実理(はしもとさねすけ) 江戸時代中期の公家(権大納言)。左大臣西園寺致季の五男。
¶公卿, 公家(実理〔橋本家〕 さねまさ)

橋本三郎左衛門* はしもとさぶろうざえもん
生没年不詳 安土桃山時代の織田信長の家臣。
¶織田

橋本三郎助 はしもとさぶろうすけ
⇒灰屋三郎助(はいやさぶろうすけ)

橋本十左衛門* はしもとじゅうざえもん
生没年不詳 江戸時代前期の朱印船貿易家、銀座年寄。
¶対外

橋本十兵衛 はしもとじゅうびょうえ
江戸時代前期の武士。大坂の陣で籠城。後に阿部忠秋に仕えた。
¶大坂

橋本守善* はしもとしゅぜん
天保7(1836)年～明治27(1894)年 ㊙橋本守善(はしもともりよし) 江戸時代末期～明治時代の和算家。日本橋田所町に私塾「最上社」を創立、簿記・和洋数学を教授。
¶数学(はしもともりよし ㊀明治27(1894)年12月23日)

橋本順平* はしもとじゅんぺい
天保3(1832)年～明治25(1892)年 江戸時代末期～明治時代の庄屋。天保以降の相次ぐ飢饉で荒廃した農村の復興に尽力。
¶幕末(㊀明治25(1892)年10月18日)

橋本小霞* はしもとしょうか
文化10(1813)年～明治12(1879)年 江戸時代末期～明治時代の日本画家。詩文、篆刻にも才能を発揮。
¶幕末(㊐文化10(1813)年11月11日 ㊀明治12(1879)年8月14日),美画(㊐文化10(1813)年11月11日 ㊀明治12(1879)年8月14日)

橋本四郎左衛門 はしもとしろうざえもん
戦国時代の北条為昌・氏康の家臣。江戸湾防備の水軍のほか、船運を利用した商業活動にも従事。
¶後北(四郎左衛門〔橋本(3)〕 しろうざえもん)

橋本青江* はしもとせいこう
文政4(1821)年～明治31(1898)年 江戸時代末期～明治時代の画家。岡田半江の門に入り画を学び画名をしられる。
¶江表(青江(大阪府))

橋本清左衛門* はしもとせいざえもん
天保10(1839)年～明治33(1900)年 江戸時代末期～明治時代の実業家、開成社社長。安積開拓の中心となった開成社設立に出資。生糸取引で成功し橋本財閥の基礎を築く。
¶幕末

橋本正数* はしもとせいすう
㊙橋本正数(はしもとまさかず) 江戸時代中期の和算家。
¶数学(はしもとまさかず)

橋本雪蕉* はしもとせっしょう,はしもとせつしょう
*～明治10(1877)年 江戸時代末期～明治時代の絵師。鎌倉建長寺の真浄師に禅理の講話を受け画禅一如を悟る。
¶幕末(はしもとせつしょう ㊐享和3(1803)年 ㊀明治10(1877)年5月6日),美画(はしもとせつしょう ㊐享和3(1803)年 ㊀明治10(1877)年5月6日)

橋本宗吉* はしもとそうきち
宝暦13(1763)年～天保7(1836)年5月1日 ㊙橋本曇斎(はしもとどんさい) 江戸時代中期～後期の蘭学者。大槻玄沢に入門。玄沢門下の四天王の一人。
¶江人,科学,コン,思想

橋本泰里* はしもとたいり
寛保1(1741)年～文政2(1819)年 ㊙泰里(たいり) 江戸時代中期～後期の俳人。
¶俳文(泰里 たいり ㊀文政2(1819)年1月25日)

橋本直香 はしもとただか
⇒橋本直香(はしもとなおか)

橋本周延* はしもとちかのぶ
天保9(1838)年～大正1(1912)年 ㊙楊洲周延(ようしゅうちかのぶ) 江戸時代末期～大正時代の浮世絵師、日本画家。美人画に優れる。作品に「千代田之大奥」など。
¶浮絵(楊洲周延 ようしゅうちかのぶ),美画(㊐天保9(1838)年8月8日 ㊀大正1(1912)年9月29日)

橋本忠次郎 はしもとちゅうじろう
江戸時代末期～大正時代の国光社印刷社長。
¶出版(㊐安政3(1856)年12月 ㊀大正5(1916)年1月)

橋本綱常 はしもとつなつね
江戸時代後期～明治時代の陸軍軍医総監、医学者、子爵、日本赤十字社病院院長。
¶科学(㊐弘化2(1845)年6月20日 ㊀明治42(1909)年2月18日)

橋本経子 はしもとつねこ
⇒観行院(かんぎょういん)

橋本悌蔵* はしもとていぞう
生没年不詳 江戸時代末期の幕臣。遣露使節随員として1866年ロシアに渡る。
¶徳人(㊐1819年 ㊀?)

橋本テクラ はしもとてくら
⇒橋本テクル(はしもとてくる)

橋本テクル* はしもとてくる
?～元和5(1619)年 ㊙橋本テクラ(はしもとてくら) 江戸時代前期の女性。キリシタン。
¶コン,女史(橋本テクラ はしもとてくら)

橋本伝右衛門* はしもとでんうえもん
弘化2(1845)年～明治33(1900)年 ㊙橋本伝右衛門(はしもとでんえもん) 江戸時代末期～明治時代の篤農家。須賀川病院などの設立に奔走。新農業経営の先駆者として活躍し、著作に「老のくりごと」。
¶幕末(はしもとでんえもん)

橋本伝右衛門 はしもとでんえもん
⇒橋本伝右衛門(はしもとでんうえもん)

橋本藤一* はしもとといち
文政5(1822)年～明治19(1886)年 江戸時代末期～明治時代の奈良奉行所与力。尊攘派の志士たちとの交友で閉門。
¶幕末(㊀明治19(1886)年11月5日)

橋本虎吉* はしもととらきち
?～慶応2(1866)年 江戸時代末期の奇兵隊士。
¶幕末(㊀慶応2(1866)年6月17日)

橋本曇斎 はしもとどんさい
⇒橋本宗吉(はしもとそうきち)

橋本直香* はしもとなおか
文化4(1807)年～明治22(1889)年 ㊙橋本直香(はしもとただか) 江戸時代末期～明治時代の国学研究者。万葉集を研究し、門人に神保雪居らがいる。「上野歌解」は著名。
¶幕末(はしもとただか ㊀明治22(1889)年7月20日)

橋本直信 はしもとなおのぶ
江戸時代後期の和算家。奥州安積郡の人。渡辺一に最上流の算学を学ぶ。江戸に出て教授。
¶数学(㊀文化12(1815)年6月17日)

橋本伯寿* はしもとはくじゅ
生没年不詳 江戸時代後期の医師。隔離法による伝染病予防対策を提唱。
¶科学(㊐? ㊀天保2(1831)年12月)

橋本久暢　はしもとひさのぶ
⇒橋本啓三郎（はしもとけいざぶろう）

橋本兵蔵　はしもとひょうぞう
江戸時代前期の但馬国出石郡久畑村の人。大坂の陣で籠城。
¶大坂

橋本正数　はしもとまさかず
⇒橋本正数（はしもとせいすう）

橋本昌方*　はしもとまさかた
生没年不詳　江戸時代末期の和算家。
¶数学

橋本正高*（橋本正督）　はしもとまさたか
？～天授6/康暦2（1380）年　南北朝時代の楠木正成の族。
¶内乱（橋本正督），室町（橋本正督）

橋本万太郎*　はしもとまんたろう
天保7（1836）年～明治9（1876）年　江戸時代末期～明治時代の武術家。全国武者修行中にその腕前を認められ、小田原藩主の上洛を機に藩士となる。
¶幕末（[没]明治9（1876）年9月3日）

橋本道一*　はしもとみちかず
？～慶長1（1596）年　安土桃山時代の武士。織田氏家臣、豊臣氏家臣。
¶織田（[没]慶長1（1596）年2月15日）

橋本満房　はしもとみつふさ
江戸時代末期の和算家。奥州安積の八丁目村の人。嘉永7年算額を奉納。
¶数学

橋本守善　はしもともりよし
⇒橋本守善（はしもとしゅぜん）

橋本弥右衛門　はしもとやえもん
江戸時代前期の人。大野治房の船を預かった。
¶大坂

橋本有幸*　はしもとゆうこう
天保5（1834）年～明治23（1890）年　江戸時代末期～明治時代の彦山修験。彦山役僧・修験者らの義挙への加担を約束し、のち捕らえられ投獄。
¶幕末（[没]明治23（1890）年1月3日）

橋本敬惟　はしもとゆきのぶ
江戸時代中期～後期の幕臣。
¶徳人（[生]1723年　[没]1789年）

橋本敬周　はしもとゆきまさ
江戸時代中期の幕臣。
¶徳人（[生]1693年　[没]1758年）

橋本敬簡*　はしもとゆきやす
安永6（1777）年～？　江戸時代中期～後期の幕臣。
¶徳人

橋本蓉塘　はしもとようとう
江戸時代後期～明治時代の官僚。
¶詩作（[生]弘化2（1845）年　[没]明治17（1884）年）

橋本吉隆　はしもとよしたか
⇒橋本吉隆（はしもときちりゅう）

橋本若狭*　はしもとわかさ
文政5（1822）年～慶応1（1865）年　[別]大坂屋豊次郎（おおさかやとよじろう）　江戸時代末期の勤王の祠官。
¶幕末（[生]文政5（1823）年12月10日　[没]慶応1（1865）年6月）

巴雀　はじゃく
⇒武藤巴雀（むとうはじゃく）

馬州　ばしゅう
⇒榎本馬州（えのもとばしゅう）

波松　はしょう★
江戸時代後期の女性。俳諧。長門萩の人。文化8年、田上菊舎が京都へ向かう際の餞別句がある。
¶江表（波松（山口県））

巴丈(1)　はじょう
⇒中村大吉〔1代〕（なかむらだいきち）

巴丈(2)　はじょう
⇒中村大吉〔2代〕（なかむらだいきち）

巴静　はじょう
⇒太田巴静（おおたはじょう）

芭蕉　ばしょう
⇒松尾芭蕉（まつおばしょう）

馬丈　ばじょう
⇒大谷広右衛門〔5代〕（おおたにひろえもん）

波松女　はしょうじょ★
江戸時代中期の女性。俳諧。岩城の人。元文4年刊、服部沾圃編の露沾7回忌『御追福誹諧集』に載る。
¶江表（波松女（福島県））

巴人　はじん
⇒早野巴人（はやのはじん）

巴水　はすい★
江戸時代後期の女性。俳諧。越前福井の人。文化10年成立、美濃派五代対鷗斎双巴坊編「歳旦」に載る。
¶江表（巴水（福井県））

波翠　はすい★
江戸時代中期の俳人。
¶江表（波翠（東京都）　[没]宝暦12（1762）年）

蓮池家綱*　はすいけいえつな
生没年不詳　[別]蓮池家綱（はすいけのいえつな）　平安時代後期の武士。
¶古人（はすいけのいえつな）

蓮池親実　はすいけちかざね
⇒吉良親実（きらちかざね）

蓮池家綱　はすいけのいえつな
⇒蓮池家綱（はすいけいえつな）

蓮田市五郎*（蓮田一五郎）　はすだいちごろう
天保4（1833）年～文久1（1861）年　江戸時代末期の水戸藩属吏。
¶コン，全幕，幕末（[生]天保4（1844）年　[没]文久1（1861）年7月26日）

蓮田東三*　はすだとうぞう
天保8（1837）年～安政5（1858）年　江戸時代末期の農民。
¶幕末（[没]安政5（1858）年1月4日）

蓮田友信　はすだとものぶ
江戸時代後期の和算家、米沢藩士。
¶数学

長谷織部正　はせおりべのかみ
江戸時代前期の武士。大坂の陣で籠城。
¶大坂

はせ川　はせがわ⋆
江戸時代中期の女性。俳諧。越前福井灯明寺村の生まれ。三国の遊女。二代目歌川。
¶江表(はせ川(福井県)　[没]天明1(1781)年)

長谷川　はせがわ⋆
江戸時代後期の女性。俳諧。越前三国の遊女。
¶江表(長谷川(福井県)　[没]文化9(1812)年)

長谷川昭道*　はせがわあきみち
文化12(1815)年12月29日～明治30(1897)年1月30日　江戸時代末期～明治時代の松代藩士。財政方に力を発揮し、藩校の創設にも尽力。
¶コン,思想,幕末([生]文化12(1816)年12月29日)

長谷川伊兵衛　はせがわいへえ
江戸時代前期の上方代官。
¶徳代([生]正保4(1647)年　[没]?)

長谷川雲橋*(——〔2代〕)　はせがわうんきょう
天保6(1835)年～明治40(1907)年　江戸時代末期～明治時代の彫刻家、入歯師。家業の傍ら木製義歯の製作に従事し、福島県最初の入歯師の免許を取得。
¶幕末([没]明治40(1907)年7月14日),美建(——〔2代〕　[没]明治40(1907)年7月14日)

長谷川桜南*　はせがわおうなん
文政12(1829)年～明治18(1885)年　江戸時代末期～明治時代の広島藩士。桜南舎を創立し望月淳三らを育成。のちに浚明館に招かれ子弟の教育に従事。
¶幕末([没]明治18(1885)年7月5日)

長谷川大炊　はせがわおおい
安土桃山時代～江戸時代前期の豊臣秀長・秀俊・福島兵部少輔の家臣。
¶大坂

長谷川角行*　はせがわかくぎょう
天文10(1541)年～正保3(1646)年　安土桃山時代～江戸時代前期の富士行者。
¶コン([生]?)

長谷川勝峯　はせがわかつみね
江戸時代前期～中期の代官。
¶徳代([生]寛文3(1663)年　[没]元禄16(1703)年3月1日)

長谷川勘兵衛*　はせがわかんべえ
世襲名　江戸時代前期以来の歌舞伎大道具師。
¶江人,新歌

長谷川勘兵衛〔1代〕*　はせがわかんべえ
?～万治2(1659)年　江戸時代前期の歌舞伎大道具師の元祖。
¶歌大([没]万治2(1659)年3月4日),コン

長谷川勘兵衛〔2代〕*　はせがわかんべえ
?～寛文9(1669)年　江戸時代前期の歌舞伎の大道具方。市村座で黒幕の引幕を考案。
¶歌大

長谷川勘兵衛〔8代〕*　はせがわかんべえ
?～天明5(1785)年　江戸時代中期の歌舞伎の大道具方。大道具と小道具の区分を制度化。
¶歌大([生]享保8(1723)年　[没]天明5(1785)年4月12日)

長谷川勘兵衛〔11代〕*　はせがわかんべえ
天明1(1781)年～天保12(1841)年　江戸時代後期の歌舞伎大道具方の棟梁。
¶歌大,コン([生]天明8(1781)年)

長谷川勘兵衛〔13代〕*　はせがわかんべえ
文政9(1826)年～明治23(1890)年　江戸時代末期～明治時代の歌舞伎大道具方。
¶歌大([没]明治23(1890)年2月9日)

長谷川勘兵衛〔14代〕　はせがわかんべえ
江戸時代後期～昭和時代の大道具師。
¶歌大([生]弘化4(1847)年　[没]昭和4(1929)年10月1日)

長谷川規一*　はせがわきいち
文化4(1807)年～慶応1(1865)年　江戸時代末期の和算家。
¶数学([没]慶応1(1865)年10月17日)

長谷川吉左衛門*　はせがわきちざえもん
[別]長谷川吉左衛門清貞(はせがわきちざえもんきよさだ)　安土桃山時代の武士。
¶大坂(長谷川吉左衛門清貞　はせがわきちざえもんきよさだ)

長谷川吉左衛門清貞　はせがわきちざえもんきよさだ
⇒長谷川吉左衛門(はせがわきちざえもん)

長谷川久蔵*　はせがわきゅうぞう
永禄11(1568)年～文禄2(1593)年　安土桃山時代の画家。長谷川等伯の長男。
¶浮絵,美画([没]文禄2(1593)年6月15日)

長谷川橋介　はせがわきょうすけ
⇒長谷川橋介(はせがわはしすけ)

長谷川九郎左衛門尉*　はせがわくろうざえもんのじょう
安土桃山時代の武将。後北条氏家臣。
¶後北(九郎左衛門尉〔長谷川(1)〕　くろうざえもんのじょう)

長谷川敬*　はせがわけい
文化5(1808)年～明治19(1886)年　[別]長谷川惣蔵(はせがわそうぞう)　江戸時代後期～明治時代の武士。
¶コン,幕末(長谷川惣蔵　はせがわそうぞう　[生]文化5(1808)年1月13日　[没]明治19(1886)年1月30日)

長谷川元三　はせがわげんぞう
江戸時代後期の眼科医。
¶眼医(生没年不詳)

長谷川小信(1)　はせがわこのぶ
江戸時代末期～明治時代の浮世絵師。
¶美画([生]安政6(1859)年　[没]明治19(1886)年7月16日)

長谷川小信(2)　はせがわこのぶ
⇒長谷川貞信〔2代〕(はせがわさだのぶ)

長谷川権六*　はせがわごんろく
?～寛永7(1630)年　江戸時代前期の長崎奉行。
¶コン,対外(生没年不詳),徳人(生没年不詳)

長谷川作十郎*　はせがわさくじゅうろう
天保2(1831)年～明治24(1891)年　江戸時代後期～明治時代の武士。
¶幕末([生]天保2(1831)年5月28日　[没]明治24(1891)年12月8日)

長谷川貞信〔1代〕*　はせがわさだのぶ
文化6(1809)年～*　江戸時代末期～明治時代の画家。三世豊国の門人となり、浮世絵に転向。風俗人物を得意とした。

¶浮絵（[没]明治12（1879）年），歌大（[生]文化6（1809）年11月　[没]明治12（1879）年3月28日），幕末（[生]？　[没]明治11（1878）年3月28日），美画（[没]明治11（1878）年3月28日）

長谷川貞信〔2代〕*　はせがわさだのぶ
嘉永1（1848）年～？　[別]長谷川小信（はせがわこのぶ）　江戸時代末期～明治時代の画家。多くの版画を残し、花鳥風月に余生を送った。
¶浮絵（長谷川小信　はせがわこのぶ　[没]昭和15（1940）年），歌大（[没]昭和15（1940）年6月21日），幕末，美画

長谷川佐太郎*　はせがわさたろう
文政10（1827）年～明治31（1898）年　江戸時代末期～明治時代の篤農家。讃岐の豪農で満濃池の再築を行う。尊攘派志士を庇護。
¶コン（[没]明治32（1899）年），幕末（[生]文政10（1827）年9月6日　[没]明治32（1899）年1月26日）

長谷川慎卿　はせがわさねあきら
江戸時代前期～中期の幕臣。
¶徳人（[生]1688年　[没]1763年）

長谷川重成*　はせがわしげなり
？～慶長8（1603）年　安土桃山時代の武士。斎藤氏家臣、織田氏家臣、豊臣氏家臣、徳川氏家臣。
¶織田（[没]慶長8（1603）年6月18日）

長谷川重吉　はせがわしげよし
？～慶長11（1606）年　江戸時代前期の幕臣。
¶徳人，徳代（[没]慶長11（1606）年7月26日）

長谷川重美*　はせがわしげよし
生没年不詳　[別]長谷川重美（はせがわじゅうび）　江戸時代末期の印籠蒔絵師。
¶美工（はせがわじゅうび）

長谷川重美　はせがわじゅうび
⇒長谷川重美（はせがわしげよし）

長谷川寿山*　はせがわじゅざん
文化6（1809）年～明治23（1890）年　[別]長谷川保樹（はせがわやすき）　江戸時代末期～明治時代の周防岩国藩士。
¶幕末（[没]明治23（1890）年1月9日）

長谷川尚庵（昌庵）　はせがわしょうあん
江戸時代後期の眼科医。
¶眼医（[生]？　[没]文政1（1818）年）

長谷川次郎左衛門常一　はせがわじろ（う）ざえもんつねかつ
江戸時代前期の人。長谷川藤五郎秀一の一族。
¶大坂（[没]寛永18年7月15日）

長谷川信春　はせがわしんしゅん
⇒長谷川等伯（はせがわとうはく）

長谷川夕道*　はせがわせきどう
？～享保8（1723）年　[別]夕道（せきどう）　江戸時代中期の俳人（蕉門）。
¶俳文（夕道　せきどう　[没]享保8（1723）年2月2日）

長谷川雪旦*　はせがわせったん
安永7（1778）年～天保14（1843）年　江戸時代後期の画家。長谷川等伯に私淑。
¶浮絵，コン，幕末（[没]天保14（1843）年1月28日），美画（[没]天保14（1843）年1月28日）

長谷川雪堤*　はせがわせってい，はせがわせつてい
文政2（1819）年～明治15（1882）年　江戸時代末期～明治時代の画家。清正公蔚山略図扁額を幸龍寺に奉納。
¶浮絵（[生]文化10（1813）年），コン，幕末（[没]明治15（1882）年3月15日），美画（はせがわせつてい　[没]明治15（1882）年3月15日）

長谷川詮志*（長谷川千四）　はせがわせんし
元禄2（1689）年～享保18（1733）年　江戸時代中期の浄瑠璃作者・歌舞伎作者。享保13年～宝暦13年以降に活躍。
¶コン（長谷川千四）

長谷川宗右衛門*　はせがわそうえもん
享和3（1803）年～明治3（1870）年　江戸時代末期～明治時代の讃岐高松藩士。
¶コン（[生]享和3（1804）年），幕末（[生]享和3（1804）年12月14日　[没]明治3（1870）年9月25日）

長谷川荘七*　はせがわそうしち
文政9（1826）年～元治1（1864）年　江戸時代末期の農民。
¶幕末（[没]元治1（1864）年8月16日）

長谷川惣蔵　はせがわそうぞう
⇒長谷川敬（はせがわけい）

長谷川宗仁*　はせがわそうにん
天文8（1539）年～慶長11（1606）年　[別]刑部卿法印（ぎょうぶきょうほういん）　安土桃山時代～江戸時代前期の茶人、武将。信長、秀吉の臣。
¶織田（[没]慶長11（1606）年2月9日）

長谷川宗也*　はせがわそうや
天正18（1590）年～寛文7（1667）年　江戸時代前期の画家。長谷川派の一員として活躍。
¶コン，美画

長谷川素丸　はせがわそまる
⇒長谷川馬光（はせがわばこう）

長谷川泰*　はせがわたい
天保13（1842）年～明治45（1912）年3月11日　江戸時代末期～明治時代の医学者，政治家。長崎医学校校長などを経て済生学舎を設立、多くの医師を養成した。
¶科学（[生]天保13（1842）年6月），コン，幕末（[生]天保13（1842）年8月）

長谷川忠国　はせがわただくに
江戸時代前期～中期の代官。
¶徳代（[生]明暦3（1657）年　[没]享保13（1728）年5月18日）

長谷川忠崇*　はせがわただたか
元禄7（1694）年～安永6（1777）年5月20日　江戸時代中期の幕臣。
¶徳代

長谷川忠智　はせがわただとも
江戸時代中期の和算家、米沢藩士。
¶数学（[没]享保10（1725）年）

長谷川太兵衛*　はせがわたひょうえ
弘化4（1847）年～明治39（1906）年　江戸時代末期～明治時代の実業家、名古屋市会議員、愛知県会議員。中川運河の開削、熱田港築造など名古屋開発に尽力。
¶幕末（[没]明治39（1906）年6月27日）

長谷川太郎兵衛　はせがわたろべえ
江戸時代後期～末期の幕臣。
¶徳人（生没年不詳）

長谷川丹波守*　はせがわたんばのかみ
生没年不詳　安土桃山時代の織田信長の家臣。
¶織田（[生]？　[没]慶長5（1600）年4月20日）

長谷川忠兵衛*　はせがわちゅうべえ
？～寛文5（1665）年　[別]長谷川藤継（はせがわふじつぐ）　江戸時代前期の徳川家康の側近代官。
¶対外，徳人（長谷川藤継　はせがわふじつぐ），徳代（長谷川藤継　はせがわふじつぐ　[没]寛文5（1665）年3月27日）

長谷川鉄之進*　はせがわてつのしん
文政5（1822）年～明治4（1871）年　江戸時代後期～明治時代の尊攘運動家。
¶幕末（[没]明治4（1871）年11月3日）

長谷川東鶴*　はせがわとうかく
？～明治8（1875）年　江戸時代末期～明治時代の絵師。
¶幕末（[没]明治8（1875）年5月11日），美画（[没]明治8（1875）年5月11日）

長谷川藤次郎*　はせがわとうじろう
文政1（1818）年～明治26（1893）年　江戸時代末期～明治時代の周防岩国藩士。
¶幕末（[没]明治26（1893）年9月28日）

長谷川藤正　はせがわとうせい
江戸時代前期の長崎奉行。
¶徳代（[生]？　[没]寛永3（1626）年4月）

長谷川等伯*　はせがわとうはく
天文8（1539）年～慶長15（1610）年　[別]等伯（とうはく），長谷川信春（はせがわしんしゅん，はせがわのぶはる）　安土桃山時代～江戸時代前期の画家。長谷川派の祖。
¶コン，全戦，中世，美画（[没]慶長15（1610）年2月24日），山小（[没]1610年2月24日）

長谷川藤兵衛*　はせがわとうべえ
生没年不詳　戦国時代の唐紙師。北条氏に所属。
¶後北（藤兵衛〔長谷川（3）〕　とうべえ）

長谷川利辰　はせがわとしとき
江戸時代末期～明治時代の和算家。埼玉の小林村の人。都築利治に算学を学び、関流九伝算師権大教正を称す。
¶数学

長谷川長勝　はせがわながかつ
江戸時代前期の代官。
¶徳代（[生]？　[没]明暦1（1655）年9月21日）

長谷川長重　はせがわながしげ
安土桃山時代～江戸時代前期の代官。
¶徳代（[生]天正10（1582）年　[没]慶安1（1648）年4月2日）

長谷川長親　はせがわながちか
江戸時代前期の代官。
¶徳代（[生]？　[没]元和8（1622）年7月20日）

長谷川長次　はせがわながつぐ
戦国時代～江戸時代前期の代官。
¶徳代（[生]天文18（1549）年　[没]慶長15（1610）年5月20日）

長谷川長綱*　はせがわながつな
天文12（1543）年～慶長9（1604）年4月12日　安土桃山時代の代官頭。
¶徳人，徳代

長谷川長貴　はせがわながとし
江戸時代前期～中期の代官。
¶徳代（[生]寛永11（1634）年　[没]宝永2（1705）年5月11日）

長谷川長春　はせがわながはる
江戸時代前期の代官。
¶徳代（[生]寛永3（1626）年　[没]延宝5（1677）年6月18日）

長谷川長守　はせがわながもり
江戸時代前期の代官、銅漆奉行。
¶徳代（[生]慶長17（1612）年　[没]天和3（1683）年閏5月21日）

長谷川長盛　はせがわながもり
江戸時代前期の代官。
¶徳代（[生]？　[没]慶長19（1614）年4月20日）

長谷川宣雄　はせがわのぶお
江戸時代中期の幕臣。
¶徳人（[生]1719年　[没]1773年）

長谷川信春　はせがわのぶはる
⇒長谷川等伯（はせがわとうはく）

長谷川信秀　はせがわのぶひで
江戸時代後期の和算家。夏刈村の肝入。山田政房に中西流の算学を学ぶ。
¶数学

長谷川信広　はせがわのぶひろ
江戸時代後期の画家。
¶浮絵（生没年不詳）

長谷川馬光*　はせがわばこう
*～寛延4（1751）年　[別]長谷川素丸（はせがわそまる），馬光（ばこう）　江戸時代中期の俳人。
¶徳人（長谷川素丸　はせがわそまる　[生]1685年），俳文（馬光　ばこう　[生]貞享2（1685）年　[没]寛延4（1751）年5月1日）

長谷川橋介*　はせがわはしすけ
？～元亀3（1572）年　[別]長谷川橋介（はせがわきょうすけ）　戦国時代の武将、馬廻。織田氏家臣。
¶織田（はせがわきょうすけ　[没]元亀3（1572）年12月22日）

長谷川八郎左衛門尉*　はせがわはちろうざえもんのじょう
戦国時代の武将。後北条氏家臣。
¶後北（八郎左衛門尉〔長谷川（2）〕　はちろうざえもんのじょう）

長谷川秀一*　はせがわひでかず
？～文禄3（1594）年　[別]東郷侍従（とうごうじじゅう）　安土桃山時代の大名。越前東郷領主。
¶織田（[没]文禄3（1594）年2月？），コン，全戦

長谷川兵夫*　はせがわひょうお
文化1（1804）年～文久3（1863）年　江戸時代末期の福良焼の師祖。
¶幕末（[没]文久3（1863）年9月5日），美工（[没]文久3（1863）年10月17日）

長谷川寛*　はせがわひろし
天明2（1782）年～天保9（1838）年11月20日　江戸時代後期の和算家。
¶科学，コン，数学

長谷川広*　はせがわひろし
天保13（1842）年～明治11（1878）年11月11日　江戸時代後期～明治時代の和算家。

¶数学

長谷川広智　はせがわひろとも
江戸時代前期の代官。
¶徳代（生没年不詳）

長谷川弘*　はせがわひろむ
文化7（1810）年～明治20（1887）年10月7日　江戸時代末期～明治時代の数学者。長谷川数学道場を支え、多くの数学書を出版し、数学者を多数養成した。
¶科学，数学

長谷川藤継　はせがわふじつぐ
⇒長谷川忠兵衛（はせがわちゅうべえ）

長谷川藤広*　はせがわふじひろ
永禄10（1567）年～元和3（1617）年　安土桃山時代～江戸時代前期の長崎奉行兼堺奉行。家康の側近の一人。
¶コン，対外，徳将，徳人（[生]1568年），徳代（[生]永禄11（1568）年　[没]元和3（1617）年10月26日）

長谷川平蔵*　はせがわへいぞう
延享2（1745）年～寛政7（1795）年5月19日　江戸時代中期の旗本。火付盗賊改役。
¶江人，コン，徳将，徳人

長谷川平兵衛*　はせがわへいべえ
文化4（1807）年～慶応1（1865）年　江戸時代末期の幕臣。
¶幕末（[没]慶応1（1865）年閏5月23日）

長谷川正雄　はせがわまさお
江戸時代後期～明治時代の和算家。播州下矢田部村の人。
¶数学（[生]天保9（1838）年　[没]明治40（1907）年）

長谷川正清　はせがわまさきよ
江戸時代前期の上方代官。
¶徳代（[生]？　[没]延宝3（1675）年）

長谷川正重の妻　はせがわまさしげのつま*
江戸時代中期の女性。和歌。旗本長谷川藤左衛門正重の妻。
¶江表（長谷川正重の妻（東京都））

長谷川通之介*（長谷川道之介）　はせがわみちのすけ
天保9（1838）年～慶応1（1865）年　江戸時代末期の水戸藩士。
¶幕末（[没]元治2（1865）年2月4日）

長谷川光信*　はせがわみつのぶ
生没年不詳　江戸時代中期の大坂の浮世絵師。西川祐信の様式を継承。
¶浮絵，美画

長谷川宗広　はせがわむねひろ
江戸時代後期の画家。
¶浮絵（生没年不詳）

長谷川保樹　はせがわやすき
⇒長谷川寿山（はせがわじゅざん）

長谷川安定　はせがわやすさだ
江戸時代前期～中期の代官。
¶徳代（[生]寛永13（1636）年　[没]享保9（1724）年6月9日）

長谷川猷*　はせがわゆう
？～嘉永2（1849）年　江戸時代後期の加賀藩士。
¶コン

長谷川義重　はせがわよししげ
江戸時代中期の画家。
¶浮絵

長谷川吉広*　はせがわよしひろ
生没年不詳　戦国時代の徳川家奉行人。
¶武田

長谷川良之*　はせがわよしゆき
天保13（1842）年～大正10（1921）年　江戸時代末期～大正時代の陸軍軍人、陸軍少将、佐賀市長。戊申の役、西南の役に参戦。陸軍大尉、少佐などを歴任。
¶幕末

長谷川嵐渓*（長谷川蘭渓）　はせがわらんけい
文化12（1815）年～慶応1（1865）年　江戸時代後期の南画家。
¶コン，美画

長谷川蓮斎　はせがわれんさい
江戸時代前期の眼科医。
¶眼医（生没年不詳）

支倉常長*　はせくらつねなが，はぜくらつねなが
元亀2（1571）年～元和8（1622）年　[別]支倉六右衛門（はせくらろくえもん），フィリポ＝フランシスコ，フィリッポ・フランシスコ　安土桃山時代～江戸時代前期の武士。伊達政宗の家臣、慶長遣欧使節の一人。
¶江人（[生]1571年？），コン，全戦，戦武，対外，徳将（[没]1621年），中世，山小（[没]1622年7月1日）

支倉六右衛門　はせくらろくえもん
⇒支倉常長（はせくらつねなが）

丈部呰人*　はせつかべのあざひと
[別]丈部呰人（はせべのあじひと）　奈良時代の陸奥国の人。新田郡仲村郷他辺里の里長。
¶コン（はせべのあじひと　生没年不詳）

丈部直不破麻呂　はせつかべのあたいふわまろ
⇒丈部不破麻呂（はせつかべのふわまろ）

丈部稲麿*（丈部稲麻呂）　はせつかべのいなまろ
奈良時代の防人。
¶詩作（丈部稲麻呂　生没年不詳）

丈部石勝　はせつかべのいわかつ
⇒丈部路忌寸石勝（はせつかべのみちのいみきいわかつ）

丈部大麻呂*（丈部大麿）　はせつかべのおおまろ
生没年不詳　[別]丈部大麻呂（はせべのおおまろ）　奈良時代の官人。東大寺大仏の鍍金に用いる砂金を発見。
¶古人，古代，コン（はせべのおおまろ）

丈部近国*　はせつかべのちかくに
生没年不詳　平安時代後期の伊賀国名張郡司。
¶古人

丈部富賀満*　はせつかべのふかまろ
生没年不詳　平安時代前期の人。伊豆国の孝子。
¶古人

丈部不破麻呂*　はせつかべのふわまろ
生没年不詳　[別]丈部直不破麻呂（はせつかべのあたいふわまろ）　奈良時代の官吏。
¶古人，古代（丈部直不破麻呂　はせつかべのあたいふわまろ）

は

丈部路忌寸石勝*　はせつかべのみちのいみきいわかつ
[別]丈部石勝（はせつかべのいわかつ）　奈良時代の下級官人。
¶古人（丈部石勝　はせつかべのいわかつ　生没年不詳），古代

丈部保成　はせつかべのやすしげ
平安時代後期の官人、検非違使。
¶古人（生没年不詳）

長谷於保　はせのおお
奈良時代の官人。
¶古人（生没年不詳）

長谷部内親王　はせべないしんのう
⇒泊瀬部内親王（はつせべのないしんのう）

丈部呰人　はせべのあじひと
⇒丈部呰人（はせつかべのあざひと）

丈部大麻呂　はせべのおおまろ
⇒丈部大麻呂（はせつかべのおおまろ）

長谷部信連　はせべののぶつら
⇒長谷部信連（はせべのぶつら）

長谷部信連*　はせべのぶつら
？～建保6（1218）年　[別]長谷部信連（はせべののぶつら）　鎌倉時代前期の武士。後白河法皇の皇子以仁王に仕える。
¶古人（はせべののぶつら），コン，中世，内乱，平家（[生]久安3（1147）年）

長谷部延之　はせべのぶゆき
江戸時代後期の和算家。三州桜井村の人。文化2年算額を奉納。
¶数学

長谷部一　はせべはじめ
⇒藤堂監物（とうどうけんもつ）

長谷部備前守*　はせべびぜんのかみ
生没年不詳　戦国時代の商人。鉢形領で活動。
¶後北（備前守〔長谷部〕　びぜんのかみ）

長谷部兵庫助*　はせべひょうごのすけ
生没年不詳　戦国時代の人。武蔵鉢形領小前田衆の筆頭。
¶後北（源三郎〔長谷部〕　げんざぶろう）

長谷部恕連*　はせべよしつら
文政1（1818）年～明治6（1873）年　江戸時代後期～明治時代の武士。
¶コン，幕末（[生]文化15（1818）年2月4日　[没]明治6（1873）年11月17日）

長谷部旅翁　はせべりょおう
江戸時代後期～明治時代の漢学者。
¶幕末（[生]文化4（1807）年　[没]明治16（1883）年1月18日）

巴扇　はせん★
江戸時代後期の女性。俳諧。越前福井の人。嘉永6年刊、能勢円意坊が編んだ『三の友』に載る。
¶江表（巴扇（福井県））

坡仄*　はそく
享保9（1724）年～享和1（1801）年12月27日　江戸時代中期～後期の俳人。
¶俳文

婆束*　ばそく
享保13（1728）年～明和2（1765）年11月6日　江戸時代中期の俳人。
¶俳文

秦敦子　はたあつこ
⇒松室敦子（まつむろあつこ）

廿枝勘解由　はたえだかげゆ
江戸時代前期の長宗我部盛親の家臣。
¶大坂

幡垣正仍の妻　はたがきせいじょうのつま★
江戸時代中期の女性。和歌。出雲松江の佐太神社神官幡垣正仍の妻。正徳1年跋、勝部芳房編『佐陀大社奉納神始言吹草』に載る。
¶江表（幡垣正仍の妻（島根県））

畑覚大夫正吉　はたかくだゆうまさよし
江戸時代前期の武士。大坂の陣で籠城。後に稲葉正勝の家老職。
¶大坂（[没]万治3年4月5日）

秦兼方*　はたかねかた
長元9（1036）年～？　[別]秦兼方（はたのかねかた）　平安時代中期～後期の官人、歌人。
¶古人（はたのかねかた　[生]？　[没]1113年？）

秦兼久*　はたかねひさ
生没年不詳　[別]秦兼久（はたのかねひさ）　平安時代後期の官人、歌人。
¶古人（はたのかねひさ）

幡鎌右近丞*　はたかまうこんのじょう
戦国時代の武将。今川氏家臣。
¶武田（[生]？　[没]元亀3（1572）年12月22日？）

畠川次久　はたかわつぐひさ
安土桃山時代の駿府の商人。
¶武田（生没年不詳）

秦公春　はたきみはる
⇒秦公春（はたのきみはる）

畑久大夫能重　はたきゅうだゆうよししげ
江戸時代前期の丹波の人。後、大久保忠朝に出仕。
¶大坂

畑銀雞*（畑銀鶏，畑銀渓）　はたぎんけい
寛政2（1790）年～明治3（1870）年　[別]畑時倚（はたときより），平亭銀鶏（へいていぎんけい）　江戸時代末期～明治時代の医師。
¶幕末（畑銀鶏　[生]天明7（1787）年　[没]明治3（1870）年3月23日）

秦公広*　はたきんひろ
延宝2（1674）年～宝暦3（1753）年4月3日　江戸時代中期の神官（稲荷下社神主）。
¶公卿，公家（公広〔稲荷神社神主 秦氏諸家〕　きんひろ　[生]1673年　[没]宝暦2（1752）年4月3日）

秦公林*　はたきんもと
元文1（1736）年～寛政1（1789）年10月9日　江戸時代中期の神官（稲荷中社神主）。
¶公卿，公家（公林〔稲荷神社神主 秦氏諸家〕　きんよし）

畑中荷沢　はたけなかかたく
⇒畑中太冲（はたなかたちゅう）

畠中観斎　はたけなかかんさい
⇒銅脈先生（どうみゃくせんせい）

畠中林右衛門* はたけなかりんえもん
寛政8(1796)年～慶応1(1865)年　江戸時代末期の郷士。
¶幕末([没]慶応1(1865)年3月6日)

畠山昭高* はたけやまあきたか
[別]畠山昭高(はたけやまてるたか), 畠山政頼(はたけやままさより)　戦国時代の武将。
¶織田([生]天文14(1545)年？　[没]天正1(1573)年6月25日), 全戦([生]天文14(1545)年　[没]天正1(1573)年), 戦武([生]天文3(1534)年　[没]元亀4(1573)年)

畠山在氏 はたけやまありうじ
戦国時代の武将。畠山義堯の後継者。
¶全戦(生没年不詳)

畠山家俊* はたけやまいえとし
？～享禄4(1531)年　戦国時代の武士。
¶室町

畠山箕山* はたけやまきざん
寛永3(1626)年～宝永1(1704)年6月21日　[別]箕山(きざん), 藤本箕山(ふじもときざん)　江戸時代前期～中期の俳人、鑑定家。松永貞徳に俳諧を学ぶ。
¶コン([生]寛永5(1628)年), 思想(藤本箕山　ふじもときざん), 俳文(箕山　きざん)

畠山喜蔵* はたけやまきぞう
天明6(1786)年～文久3(1863)年　江戸時代後期の百姓一揆の指導者。
¶幕末([没]文久3(1863)年2月12日)

畠山国清* はたけやまくにきよ
？～正平17/貞治1(1362)年　鎌倉時代後期～南北朝時代の武将。父は家国。
¶コン([没]正平18/貞治2(1363)年), 内乱([没]貞治3(1364)年), 室町(生没年不詳), 山小

畠山五郎左衛門* はたけやまごろうざえもん
天保7(1836)年～明治18(1885)年　江戸時代末期～明治時代の鹿児島県士族、軍人。台湾出兵に参加し会計軍吏補を務めた。軍医本部副計官・一等軍吏を歴任。
¶幕末([没]明治18(1885)年2月28日)

畠山重忠* はたけやましげただ
長寛2(1164)年～元久2(1205)年6月22日　[別]平重忠(たいらのしげただ)　平安時代後期～鎌倉時代前期の武将。御家人。北条氏により謀殺された。
¶古人(平重忠　たいらのしげただ), コン, 中世, 内乱, 平家, 山小([没]1205年6月22日)

畠山重保* はたけやましげやす
？～元久2(1205)年　平安時代後期～鎌倉時代前期の武将。執権時政の外孫。
¶内乱

畠山重能* はたけやましげよし
生没年不詳　平安時代後期の武将。関東平氏秩父氏の一流、武蔵国男衾郡畠山郷の在地領主。
¶コン, 内乱, 平家

畠山高国* はたけやまたかくに
嘉元3(1305)年～正平6/観応2(1351)年2月12日　鎌倉時代後期～南北朝時代の武将。系図では国氏を父とする。
¶室町

畠山高政* はたけやまたかまさ
大永7(1527)年～天正4(1576)年　戦国時代～安土桃山時代の武将。父は政国。尾張守。
¶織田([没]天正4(1576)年10月15日), コン, 全戦, 戦武

畠山太助*(畠山多助)　はたけやまたすけ
文化13(1816)年～明治6(1873)年　江戸時代末期～明治時代の百姓。陸奥国盛岡藩百姓一揆の発頭人筆頭。
¶江人([生]1816年？), コン(生没年不詳), 幕末(畠山多助　[没]明治6(1873)年5月27日)

畠山直顕* はたけやまただあき
生没年不詳　[別]畠山直顕(はたけやまなおあき)　南北朝時代の武将。宗義の4男。
¶室町

畠山稙長* はたけやまたねなが
*～天文14(1545)年　戦国時代の武将。父は尚順。尾張守。
¶コン([生]？), 全戦([生]永正1(1504)年), 室町([生]永正1(1504)年)

畠山昭高 はたけやまてるたか
⇒畠山昭高(はたけやまあきたか)

畠山直顕 はたけやまなおあき
⇒畠山直顕(はたけやまただあき)

畠山尚順 はたけやまなおのぶ
⇒畠山尚順(はたけやまひさのぶ)

畠山尚順* はたけやまひさのぶ
文明7(1475)年～大永2(1522)年　[別]畠山尚順(はたけやまなおのぶ, はたけやまひさよし)　戦国時代の武将、父は政長、尾張守。
¶コン([生]？), 全戦([生]文明6(1474)年), 室町

畠山尚誠 はたけやまひさまさ
戦国時代の武将。畠山在氏の嫡子。
¶全戦([生]享禄4(1531)年　[没]？)

畠山尚順 はたけやまひさよし
⇒畠山尚順(はたけやまひさのぶ)

畠山政国* はたけやままさくに
？～天文19(1550)年　[別]花園宗貞(はなぞのむねさだ)　戦国時代の武将。
¶全戦, 戦武([生]文亀2(1502)年　[没]天文19(1550)年？), 室町(生没年不詳)

畠山政繁 はたけやままさしげ
⇒上条政繁(じょうじょうまさしげ)

畠山政長* はたけやままさなが
嘉吉2(1442)年～明応2(1493)年　室町時代～戦国時代の武将、室町幕府管領。父は持富。同族の義就との家督争いが応仁の乱の一因となる。
¶コン, 全戦([生]？), 中世, 内乱, 室町, 山小([没]1493年閏4月25日)

畠山政頼 はたけやままさより
⇒畠山昭高(はたけやまあきたか)

畠山満家 はたけやまみちいえ
⇒畠山満家(はたけやまみついえ)

畠山満家* はたけやまみついえ
文中1/応安5(1372)年～永享5(1433)年　[別]畠山満家(はたけやまみちいえ)　南北朝時代～室町時代の武将、室町幕府管領。父は基国。
¶コン, 内乱([生]応安5(1372)年), 室町

畠山満慶*(畠山満則)　はたけやまみつのり
文中1/応安5(1372)年～永享4(1432)年　南北朝時代～室町時代の武将。父は基国。

¶コン（畠山満則　㊓？），室町（㊓？）

畠山持国*　はたけやまもちくに
応永5（1398）年～康正1（1455）年　室町時代の武将、室町幕府管領。
¶公卿（㊓応永4（1397）年　㊙康正1（1455）年3月），公家（持国〔畠山家〕　もちくに　㊙享徳4（1455）年3月26日），コン，中世，内乱，室町，山小（㊙1455年3月26日）

畠山基国*　はたけやまもとくに
正平7/文和1（1352）年～応永13（1406）年　南北朝時代～室町時代の武将、室町幕府管領。父は義深。
¶内乱（㊓文和1（1352）年），室町

畠山基玄　はたけやまもとはる
江戸時代前期～中期の幕臣。
¶徳人（㊓1636年　㊙1710年）

畠山義里　はたけやまよしさと
江戸時代前期～中期の幕臣。
¶徳人（㊓1621年　㊙1691年）

畠山芳次郎*　はたけやまよしじろう
江戸時代末期の新撰組隊士。
¶新隊（生没年不詳）

畠山義純*　はたけやまよしずみ
安元2（1176）年～承元4（1210）年　㊑足利義純（あしかがよしずみ）　平安時代後期～鎌倉時代前期の武将、遠江守、足利義兼の子、畠山氏の祖。
¶古人

畠山義隆*　はたけやまよしたか
？～天正4（1576）年　㊑二本松伊賀守（にほんまついがのかみ）　安土桃山時代の武将。
¶戦武

畠山義堯　はたけやまよしたか
戦国時代の武将。畠山義英の嫡男。
¶全戦（㊓？　㊙天文1（1532）年）

畠山義継　はたけやまよしつぐ
⇒二本松義継（にほんまつよしつぐ）

畠山義続*　はたけやまよしつぐ
？～天正18（1590）年　㊑左衛門佐入道悳祐（さえもんのすけにゅうどうとくゆう），悳祐（とくゆう）　安土桃山時代の武将。
¶全戦，戦武

畠山義綱*　はたけやまよしつな
安土桃山時代の武将、父は義続、能登守護、修理大夫。
¶全戦（㊓？　㊙文禄2（1593）年），戦武（生没年不詳），室町（生没年不詳）

畠山義深*　はたけやまよしとお
元弘1/元徳3（1331）年～天授5/康暦1（1379）年　㊑畠山義深（はたけやまよしふか）　南北朝時代の武将。父は家国。室町幕府で従五位下尾張守。
¶室町

畠山義豊*　はたけやまよしとよ
？～明応8（1499）年　室町時代～戦国時代の武将。
¶全戦（㊓文明1（1469）年），内乱，室町

畠山義就*　はたけやまよしなり
？～延徳2（1490）年　㊑畠山義就（はたけやまよしひろ）　室町時代～戦国時代の武将。父は持国。側室の子。政長と家督を争い、応仁の乱の一因となった。
¶コン，全戦（㊓永享9（1437）年），中世，内乱（はたけやまよしひろ　㊓永享9（1437）年），室町，山小（㊓1437年　㊙1490年12月12日）

畠山義成*　はたけやまよしなり
天保14（1843）年～明治9（1876）年10月20日　江戸時代末期～明治時代の文部省官吏、教育家、東京開成学校校長。教育行政の近代化に尽力。
¶幕末

畠山義信　はたけやまよしのぶ
江戸時代末期の藩政家。
¶コン（㊓天保12（1841）年　㊙明治27（1894）年）

畠山義慶*　はたけやまよしのり
*～天正2（1574）年　戦国時代～安土桃山時代の武将。
¶全戦（㊓？），戦武（㊓天文23（1554）年）

畠山義春*　はたけやまよしはる
？～寛永20（1643）年　㊑上杉義春（うえすぎよしはる），上条宜順斎（かみじょうぎじゅんさい，じょうじょうぎじゅんさい）　戦国時代～安土桃山時代の武士。上杉氏家臣、秀吉馬廻。
¶コン

畠山義英*　はたけやまよしひで
生没年不詳　㊑畠山義英（はたけやまよしふさ）　戦国時代の武将、基家の子、義就の孫、河内守護。
¶全戦（はたけやまよしふさ），室町

畠山義就　はたけやまよしひろ
⇒畠山義就（はたけやまよしなり）

畠山義深　はたけやまよしふか
⇒畠山義深（はたけやまよしとお）

畠山義英　はたけやまよしふさ
⇒畠山義英（はたけやまよしひで）

畠山義総*　はたけやまよしふさ
延徳3（1491）年～天文14（1545）年　戦国時代の武将。能登国守護。能登畠山文化の黄金時代を築いた。
¶全戦，室町

畠山義統*(1)　はたけやまよしむね
？～明応6（1497）年　室町時代～戦国時代の武将、父は義有、能登守護、左衛門佐。
¶内乱，室町

畠山義統*(2)　はたけやまよしむね
？～大永5（1525）年　戦国時代の武将。
¶コン

畠山慶致*　はたけやまよしむね
？～大永5（1525）年　戦国時代の武士。
¶室町

畠山義元*　はたけやまよしもと
戦国時代の武将。
¶室町（㊓？　㊙永正12（1515）年）

はた子　はたこ★
江戸時代後期の女性。和歌。宇和島藩の奥女中。「三十番歌合」に載る。
¶江表（はた子（愛媛県））

機子　はたこ★
江戸時代後期～明治時代の女性。和歌。井岡道奥の娘。
¶江表（機子（徳島県）　㊓文化9（1812）年　㊙明治6

(1873)年)

畑黄山*　はたこうざん
享保6(1721)年～文化1(1804)年　[別]畑柳安(はたりゅうあん)　江戸時代中期～後期の医師。後桜町天皇に侍医。
¶コン

波多腰彦蔵の妻　はたごしひこぞうのつま★
江戸時代後期の女性。教育。下波田の人。天保期～弘化期に家塾を開いた。
¶江表(波多腰彦蔵の妻(長野県))

織小簾　はたこす
⇒壕越二三治(ほりこしにそうじ)

幡崎鼎*　はたざきかなえ，はたさきかなえ
文化4(1807)年～天保13(1842)年　江戸時代後期の水戸藩の蘭学者。渡辺崋山の蘭学研究を助ける。
¶江人，科学([没]天保13(1842)年7月2日)，コン，対外

秦氏(南相忠の女)　はたし
江戸時代中期の女性。霊元天皇の宮人。
¶天皇([生]元禄15(1702)年/貞享1(1684)年7月30日　[没]享保13(1728)年1月2日)

秦栄祐*　はたしげすけ
文政3(1820)年～？　江戸時代末期の神官(松尾社正禰宜)。
¶公卿，公家(栄祐〔松尾神社神主 秦氏松尾家〕　ひですけ)

秦栄忠*　はたしげただ
宝暦3(1753)年～文化11(1814)年10月29日　江戸時代中期～後期の神官(松尾社神主)。
¶公卿，公家(栄忠〔松尾神社神主 秦氏松尾家〕　ひでただ)

秦栄親*　はたしげちか
天明8(1788)年～天保8(1837)年2月9日　江戸時代後期の神官(松尾社神主)。
¶公卿，公家(栄親〔松尾神社神主 秦氏松尾家〕　ひでちか)

秦寿命院　はたじゅみょういん
江戸時代後期の奥医師。
¶徳人(生没年不詳)

機女　はたじょ★
江戸時代後期の女性。和歌。筑後柳川藩京都留守居役の富士谷成章の娘。熊本藩士で大坂屋敷住の古山尹猷の妻。
¶江表(機女(熊本県))

秦将蔵*　はたしょうぞう
文政11(1828)年～文久3(1863)年　[別]北辻将蔵(きたつじしょうぞう)，秦将蔵(はたまさぞう)　江戸時代末期の志士。
¶幕末([没]文久3(1863)年9月29日)

秦相崇　はたすけたか
⇒秦相崇(はたすけただ)

秦相崇*(秦相祟)　はたすけただ
享保3(1718)年～天明1(1781)年5月17日　[別]秦相崇(はたすけたか)　江戸時代中期の神官(松尾社神主)。
¶公卿(秦相祟)，公家(相崇〔松尾神社神主 秦氏松尾家〕　すけたか)

秦相忠*　はたすけただ
寛文1(1661)年～享保20(1735)年3月28日　江戸時代中期の神官(松尾社神主)。
¶公卿，公家(相忠〔松尾神社神主 秦氏松尾家〕　すけただ)

秦相栄*　はたすけてる
享保14(1729)年～天明8(1788)年3月23日　江戸時代中期の神官(松尾社神主)。
¶公卿，公家(相栄〔松尾神社神主 秦氏松尾家〕　すけひで)

秦相愛*　はたすけなる
天保9(1838)年～？　江戸時代末期の神官(松尾社正祝)。
¶公卿，公家(相愛〔松尾神社神主 秦氏松尾家〕　すけなる)

秦相道*　はたすけみち
延宝4(1676)年～元文4(1739)年6月28日　江戸時代中期の神官(松尾社神主)。
¶公卿，公家(相道〔松尾神社神主 秦氏松尾家〕　すけみち)

秦相看*　はたすけみつ
正保4(1647)年～正徳5(1715)年12月29日　江戸時代前期～中期の神官(松尾社神主)。
¶公卿，公家(相看〔松尾神社神主 秦氏松尾家〕　すけみ)

秦相村*　はたすけむら
天明1(1781)年～文政12(1829)年10月29日　江戸時代後期の神官(松尾社神主)。
¶公卿，公家(相村〔松尾神社神主 秦氏松尾家〕　すけむら)

秦相命*　はたすけめい
寛政12(1800)年～？　江戸時代後期の神官(松尾社神主)。
¶公卿，公家(相命〔松尾神社神主 秦氏松尾家〕　すけなが)

秦相養*　はたすけやす
延享4(1747)年～寛政5(1793)年9月10日　江戸時代中期の神官(松尾社神主)。
¶公卿，公家(相養〔松尾神社神主 秦氏松尾家〕　すけやす)

秦瀬兵衛*　はたせべえ
天明8(1788)年～明治5(1872)年　江戸時代末期～明治時代の社会事業家。堕胎、捨子の弊習を正そうと努めたり、急坂の改修など地方のために尽力。
¶コン

秦蔵六*(——〔1代〕)　はたぞうろく
文政6(1823)年～明治23(1890)年　江戸時代末期～明治時代の鋳金家。蠟型鋳造による古銅器の撥蠟法を研究、模作した。
¶コン([生]文化3(1806)年)，美工(——〔1代〕)

秦蔵六〔2代〕　はたぞうろく
江戸時代末期～昭和時代の鋳金家。
¶美工([生]安政1(1854)年　[没]昭和7(1932)年11月22日)

畑田加賀守*　はただかがのかみ
生没年不詳　安土桃山時代の織田信長の家臣。
¶織田

秦忠絢*　はたただあや
安永6(1777)年～天保9(1838)年閏4月16日　江戸時代後期の神官(稲荷下社神主)。
¶公卿，公家(忠絢〔稲荷神社神主 秦氏諸家〕　ただあや)

はたたた

秦忠煕* はたただひろ
寛延3（1750）年〜文化8（1811）年7月11日　江戸時代中期〜後期の神官（稲荷下社神主）。
¶公卿, 公家（忠煕〔稲荷神社神主　秦氏諸家〕　ただひろ）

秦為雄* はたためお
正徳4（1714）年〜安永9（1780）年7月23日　江戸時代中期の神官（稲荷下社神主）。
¶公卿, 公家（為雄〔稲荷神社神主　秦氏諸家〕　ためお）

秦為勝* はたためかつ
享保8（1723）年〜天明7（1787）年6月4日　江戸時代中期の神官（稲荷下社神主）。
¶公卿, 公家（為勝〔稲荷神社神主　秦氏諸家〕　ためかつ　⊕1722年　㉛天明6（1786）年6月4日）

秦為縞* はたためしま
天明6（1786）年〜？　江戸時代後期の神官（稲荷下社神主）。
¶公卿, 公家（為縞〔稲荷神社神主　秦氏諸家〕　ためしま）

秦為弼* はたためすけ
明和4（1767）年〜文政11（1828）年12月22日　江戸時代中期〜後期の神官（稲荷下社神主）。
¶公卿, 公家（為弼〔稲荷神社神主　秦氏諸家〕　ためすけ　⊕1769年）

秦為胤* はたためたね
貞享4（1687）年〜宝暦5（1755）年3月12日　江戸時代中期の神官（稲荷下社神主）。
¶公卿, 公家（為胤〔稲荷神社神主　秦氏諸家〕　ためたね）

秦為房* はたためふさ
宝暦6（1756）年〜文政10（1827）年4月17日　江戸時代中期〜後期の神官（稲荷下社神主）。
¶公卿, 公家（為房〔稲荷神社神主　秦氏諸家〕　ためふさ）

秦親臣* はたちかおみ
享保20（1735）年〜文化3（1806）年10月29日　㊕大西親臣（おおにしちかおみ）　江戸時代中期〜後期の神官（稲荷下社神主）。
¶公卿, 公家（親臣〔稲荷神社神主　秦氏諸家〕　ちかおみ）

秦親業* はたちかかず
寛延2（1749）年〜文化7（1810）年6月5日　㊕大西親業（おおにしちかなり）　江戸時代中期〜後期の神官（稲荷下社神主）。
¶公卿, 公家（親業〔稲荷神社神主　秦氏諸家〕　ちかなり）

秦親友* はたちかとも
寛文9（1669）年〜宝暦1（1751）年閏6月29日　江戸時代中期の神官（稲荷下社神主）。
¶公卿, 公家（親友〔稲荷神社神主　秦氏諸家〕　ちかとも　㉛寛延4（1751）年閏6月29日）

秦親憲* はたちかのり
宝暦9（1759）年〜文政4（1821）年12月5日　江戸時代中期〜後期の神官（稲荷中社神主）。
¶公卿, 公家（親憲〔稲荷神社神主　秦氏諸家〕　ちかのり）

秦親典* はたちかのり
寛政1（1789）年〜？　江戸時代後期の神官（稲荷中社神主）。
¶公卿, 公家（親典〔稲荷神社神主　秦氏諸家〕　ちかのり）

秦親盛* はたちかもり
元禄16（1703）年〜安永7（1778）年7月11日　㊕大西親盛（おおにしちかもり）　江戸時代中期の神官（稲荷下社神主）。
¶公卿, 公家（親盛〔稲荷神社神主　秦氏諸家〕　ちかもり）

秦親安* はたちかやす
元禄4（1691）年〜宝暦11（1761）年9月30日　江戸時代中期の神官（稲荷下社神主）。
¶公卿, 公家（親安〔稲荷神社神主　秦氏諸家〕　ちかやす）

秦致貞 はたちてい
⇒秦致貞（はたのちてい）

秦仲子 はたちゅうし
⇒少納言局（しょうなごんのつぼね）

羽田常孝* はだつねたか
文政12（1829）年〜明治24（1891）年　江戸時代末期〜明治時代の医師。戊辰戦争に従軍し、藩主山内豊範から短刀料15両を賜る。
¶幕末（㉛明治24（1891）年11月3日）

秦常秋庭 はたつねのあきにわ
飛鳥時代の右京八条一坊の戸主。
¶古人（⊕700年　？）

秦常養徳麻呂 はたつねのやまとまろ
奈良時代の官人。
¶古人（生没年不詳）

畑時能* はたときよし
？〜興国2/暦応4（1341）年　南北朝時代の南朝方の武将。
¶室町（㉛暦応4/興国2（1341）年）

畑時倚 はたときより
⇒畑銀鶏（はたぎんけい）

畑中荷沢 はたなかかたく
⇒畑中太冲（はたなかたちゅう）

畠中寛斉（畠中観斎）　はたなかかんさい
⇒銅脈先生（どうみゃくせんせい）

畑中太冲* はたなかたちゅう
享保19（1734）年〜寛政9（1797）年　㊕畑中荷沢（はたなかかたく, はたなかたちゅう）　江戸時代中期の儒学者。
¶コン, 思想

畠中銅脈 はたなかどうみゃく
⇒銅脈先生（どうみゃくせんせい）

畑野一刀司* はたのいっとうじ
文化4（1807）年〜弘化2（1845）年　江戸時代後期の剣術家。直心影流。
¶幕末（㉛弘化2（1845）年4月21日）

秦稲村 はたのいなむら
奈良時代の画師。天平勝宝4年東大寺写書所で彩色に従う。
¶古人（生没年不詳）

秦今重 はたのいましげ
平安時代後期の官人。
¶古人（生没年不詳）

秦忌寸朝元　はたのいみきちょうがん
⇒秦朝元（はたのちょうげん）

秦忌寸朝元　はたのいみきちょうげん
⇒秦朝元（はたのちょうげん）

秦忌寸都理*　はたのいみきとり
飛鳥時代の秦氏の一族。
¶古代

秦伊侶具　はたのいろぐ
⇒秦伊呂巨（はたのいろこ）

秦伊呂巨*（秦伊呂具）　はたのいろこ
[別]秦伊侶具（はたのいろぐ），秦公伊侶具（はたのきみいろぐ）　伝説上の人物。秦中家忌寸の祖とされる。
¶古代（秦公伊侶具　はたのきみいろぐ），コン

秦石国　はたのいわくに
平安時代後期の官人。
¶古人（生没年不詳）

秦石竹*　はたのいわたけ
奈良時代の歌人。
¶古人（生没年不詳）

秦大炬*　はたのおおい
奈良時代の農民。
¶コン（生没年不詳）

秦大魚　はたのおおうお
奈良時代の官人。
¶古人（生没年不詳）

秦大津父*　はたのおおつち，はだのおおつち
上代の山背国紀郡深草里の人、大蔵省の役人。
¶古代，古物（はだのおおつち），コン

秦乙麻呂*　はたのおとまろ
生没年不詳　平安時代前期の人。越前国荒道山道を造成。
¶古人

秦兼方　はたのかねかた
⇒秦兼方（はたかねかた）

秦兼則　はたのかねのり
平安時代後期の随身。康和4年院随身。
¶古人（生没年不詳）

秦兼久　はたのかねひさ
⇒秦兼久（はたかねひさ）

秦兼広*　はたのかねひろ
生没年不詳　平安時代後期の官人。
¶古人

秦兼頼*　はたのかねより
生没年不詳　平安時代後期の近衛府の下級官人。
¶古人

秦河勝*　はたのかわかつ，はだのかわかつ
生没年不詳　[別]秦造河勝（はたのみやつこかわかつ）　飛鳥時代の厩戸皇子の側近。
¶古人，古代（秦造河勝　はたのみやつこかわかつ），古物（はだのかわかつ），コン，対外，山小

秦公伊侶具　はたのきみいろぐ
⇒秦伊呂巨（はたのいろこ）

秦公種*　はたのきみたね
生没年不詳　平安時代後期の近衛府の下級官人。
¶古人

秦公利　はたのきみとし
平安時代中期の近衛府生、鼓打の楽人。
¶古人（[生]1043年？　[没]？）

秦公春*　はたのきみはる
？～仁平3（1153）年　[別]秦公春（はたきみはる）　平安時代後期の随身。左近衛府の府生。藤原頼長に仕える。
¶古人

羽田公八国　はたのきみやくに
⇒羽田八国（はたのやくに）

秦浄子*　はたのきよいこ
生没年不詳　平安時代前期の女性。百姓県春貞の妻。
¶古人

秦浄足*　はたのきよたり
生没年不詳　[別]秦毗登浄足（はたのひときよたり）　奈良時代の官吏。
¶古代（秦毗登浄足　はたのひときよたり）

秦清富　はたのきよとみ
平安時代後期の官人。
¶古人（生没年不詳）

秦国時　はたのくにとき
平安時代後期の官人。
¶古人（生没年不詳）

秦邦成　はたのくになり
平安時代中期の官人。
¶古人（生没年不詳）

波多野検校*　はたのけんぎょう
？～慶安4（1651）年　江戸時代前期の平家琵琶演奏者。波多野流を立てた。
¶コン

畑野源左衛門　はたのげんざえもん
安土桃山時代の武田氏の家臣。
¶武田（[生]？　[没]天正10（1582）年3月2日）

秦維興*　はたのこれおき
生没年不詳　平安時代中期の明経道の官人。
¶古人

波多野五郎*　はたのごろう
天保8（1837）年～慶応2（1866）年　江戸時代末期の大野毛利隠岐臣。
¶幕末（[没]慶応2（1866）年6月16日）

羽田野栄木　はたのさかき
⇒羽田野敬雄（はたのたかお）

秦酒公　はたのさかのきみ
⇒秦酒公（はたのさけのきみ）

秦酒公*　はたのさけのきみ
[別]秦酒公（はたのさかのきみ）　上代の渡来系の秦氏の系譜上の人物。
¶古代，コン，対外（はたのさかのきみ）

八多貞純*　はたのさだすみ，はたのさたすみ
生没年不詳　平安時代中期の学者。
¶古人（はたのさだすみ）

は

秦成季 はたのしげすえ
平安時代後期の官人。
¶古人(生没年不詳)

秦成武 はたのしげたけ
平安時代後期の官人。
¶古人(生没年不詳)

秦茂忠 はたのしげただ
平安時代中期の官人。
¶古人(生没年不詳)

秦成元 はたのしげもと
平安時代後期の官人。
¶古人(生没年不詳)

秦嶋麻呂*(秦島麻呂) はたのしままろ
?～天平19(747)年 [別]秦下嶋麻呂(はたのしものしままろ,はだのしものしままろ) 奈良時代の官人。恭仁宮の造営に携わる。
¶古人(秦下嶋麻呂 はだのしものしままろ),古代(秦下嶋麻呂 はたのしものしままろ),コン(秦島麻呂)

秦下嶋麻呂 はたのしものしままろ,はだのしものしままろ
⇒秦嶋麻呂(はたのしままろ)

波多野十吉* はたのじゅうきち
?～慶応2(1866)年 江戸時代末期の奇兵隊士。
¶幕末([没]慶応2(1866)年4月28日)

波多野正平* はたのしょうへい
文化10(1813)年～明治25(1892)年 江戸時代末期～明治時代の鋳金家。
¶幕末([生]文化10(1813)年4月8日 [没]明治25(1892)年5月13日)

秦宿禰都岐麻呂* はたのすくねつきまろ
[別]秦都岐麻呂(はたのつきまろ) 奈良時代～平安時代前期の官人。
¶古人(秦都岐麻呂 はたのつきまろ 生没年不詳),古代

秦助久 はたのすけひさ
平安時代後期の随身。左近番長、藤原師通の随身。11世紀末～12世紀初頭に多くの競馬に騎乗。
¶古人(生没年不詳)

秦輔光 はたのすけみつ
平安時代中期の官人。
¶古人(生没年不詳)

羽田野敬雄* はたのたかお,はだのたかお
寛政10(1798)年2月14日～明治15(1882)年 [別]羽田野栄木(はたのさかき) 江戸時代末期～明治時代の神道家。羽田八幡宮文庫を設立し寄贈本を募る。維新後皇学所講官を務める。
¶コン

秦高範* はたのたかのり
生没年不詳 平安時代中期の明経道の官人。
¶古人

秦武国 はたのたけくに
平安時代後期の官人。
¶古人(生没年不詳)

秦武重 はたのたけしげ
平安時代後期の官人。
¶古人(生没年不詳)

秦武末 はたのたけすえ
平安時代後期の官人。
¶古人(生没年不詳)

秦武忠 はたのたけただ
平安時代後期の官人。
¶古人(生没年不詳)

秦武延 はたのたけのぶ
平安時代後期の官人。
¶古人(生没年不詳)

秦武基* はたのたけもと
生没年不詳 平安時代後期の左近衛府の下級官人。
¶古人

秦立人 はたのたちひと
⇒秦立人(はたのたつひと)

秦立人* はたのたつひと
[別]秦立人(はたのたちひと) 奈良時代の下級官人。造東大寺司写経所の写経生。
¶コン(はたのたちひと 生没年不詳)

波多野稙通* はたのたねみち
生没年不詳 [別]波多野元清(はたのもときよ) 室町時代の武将。丹波国多紀郡八上城城主。清秀の子。
¶全戦(波多野元清 はたのもときよ [生]? [没]享禄4(1531)年),室町([生]? [没]享禄3(1530)年)

秦為辰* はたのためとき
生没年不詳 平安時代後期の官人。播磨国大掾兼赤穂郡司。
¶古人

波多足人 はたのたるひと
奈良時代の官人。
¶古人(生没年不詳)

秦近重 はたのちかしげ
平安時代中期～後期の随身。父は兼重、右近衛番長。藤原師実の随身。
¶古人(生没年不詳)

秦千勝 はたのちかつ
平安時代中期の官人。
¶古人(生没年不詳)

秦近行 はたのちかゆき
平安時代中期の官人。近衛府生、舞人。
¶古人([生]1043年? [没]?)

秦致貞* はたのちてい
生没年不詳 [別]秦致貞(はたちてい,はたのむねさだ) 平安時代後期の画家。
¶古人(はたのむねさだ),コン,美画

秦智麻呂 はたのちまろ
奈良時代の官人。
¶古人(生没年不詳)

秦朝元* はたのちょうげん
生没年不詳 [別]秦忌寸朝元(はたのいみきちょうがん,はたのいみきちょうげん),秦朝元(はたのとももと) 奈良時代の官人、医師。父は弁正法師、母は唐人。
¶古人(はたのとももと),古代(秦忌寸朝元 はたのいみきちょうげん),コン,対外

はたのむ

秦都岐麻呂　はたのつきまろ
⇒秦宿禰都岐麻呂（はたのすくねつきまろ）

秦継麿*（秦継麻呂）　はたのつぐまろ
平安時代前期の戸主。
¶古代

秦綱手　はたのつなて
飛鳥時代の武将。壬申の乱における天武側の1人。
¶古人（㋐？　㋑680年）

秦連忠　はたのつらただ
平安時代中期の陰陽権博士。
¶古人（生没年不詳）

秦連雅*　はたのつらまさ
生没年不詳　㋭大秦連雅（おおはたのつらまさ）
平安時代中期の官人。
¶古人（大秦連雅（理）　おおはたのつらまさ），古人

秦連理　はたのつらまさ
平安時代中期の官人。
¶古人

幡通　はたのとおる
生没年不詳　㋭幡文通（はたのあやのとおる）　飛鳥時代の官人。慶雲1年正六位上で遣新羅大使となり翌年帰国。
¶古人（幡文通　はたのあやのとおる），古人

秦利秀　はたのとしひで
平安時代中期の官人。
¶古人（生没年不詳）

秦友貞　はたのともさだ
平安時代後期の官人。
¶古人（生没年不詳）

秦朝元　はたのとももと
⇒秦朝元（はたのちょうげん）

秦長里　はたのながさと
平安時代後期の官人。
¶古人（生没年不詳）

秦永成*　はたのながなり
平安時代前期の下級官人。
¶古人（生没年不詳），古代

秦永宗*　はたのながむね
生没年不詳　平安時代前期の官人、音博士。
¶古人

波多野鍋之助　はたのなべのすけ
江戸時代中期の幕臣。
¶徳人（㋐1720年　㋑？）

秦信忠　はたののぶただ
平安時代後期の官人。
¶古人（生没年不詳）

秦春貞*　はたのはるさだ
平安時代前期の白丁。
¶古代

波多野晴通*　はたのはるみち
生没年不詳　戦国時代の武士。
¶戦武（㋐永正17（1520）年　㋑永禄3（1560）年）

波多野槃斎*　はたのばんさい
*～明治8（1875）年　江戸時代末期～明治時代の庄

屋。高泊新田堰堤決潰の際、百数十町の墾田を修理する。
¶幕末（㋐享和3（1803）年　㋑明治8（1875）年12月8日）

波多野秀忠*　はたのひでただ
戦国時代の武士。
¶全戦（生没年不詳），室町（生没年不詳）

波多野秀親　はたのひでちか
戦国時代の武将。
¶全戦（生没年不詳）

波多野秀尚*　はたのひでなお
？～天正7（1579）年6月8日　㋭波多野秀尚（はたのひでひさ）　戦国時代～安土桃山時代の織田信長の家臣。
¶織田，全戦（はたのひでひさ）

波多野秀治*　はたのひではる
？～天正7（1579）年　戦国時代～安土桃山時代の武士。元秀の養子。
¶織田（㋑天正7（1579）年6月8日），全戦，戦武（㋐天文10（1541）年）

波多野秀尚　はたのひでひさ
⇒波多野秀尚（はたのひでなお）

秦毗登浄足　はたのひときよたり
⇒秦浄足（はたのきよたり）

波多広足　はたのひろたり
飛鳥時代の遣新羅大使。
¶古人（生没年不詳）

波多広庭　はたのひろにわ
飛鳥時代の征新羅軍副将軍。
¶古人（生没年不詳）

羽田信英*　はだのぶひで
寛政2（1790）年～万延1（1860）年　江戸時代末期の医師。
¶幕末（㋑安政7（1860）年1月6日）

秦正親　はたのまさちか
平安時代中期の随身。寛弘5年藤原道長の随身で、右近衛。
¶古人（生没年不詳）

波田野又之丞　はたのまたのじょう
江戸時代前期の木村重成の家来。
¶大坂

秦真成　はたのまなり
奈良時代の官人。
¶古人（生没年不詳）

波多野通郷*　はたのみちさと
生没年不詳　㋭通郷（みちさと）　南北朝時代～室町時代の武将、連歌師。
¶俳文（通郷　みちさと）

秦造河勝　はたのみやつこかわかつ
⇒秦河勝（はたのかわかつ）

羽田斉　はたのむごへ
飛鳥時代の官人。
¶古人（生没年不詳）

秦玫貞　はたのもねさだ
⇒秦致貞（はたのちてい）

は

波多野宗貞*　はたのむねさだ
？～天正7(1579)年5月5日？　戦国時代～安土桃山時代の織田信長の家臣。
¶織田

波多野宗高*　はたのむねたか
？～天正1(1573)年　戦国時代～安土桃山時代の勤王家、西丹波の豪族。
¶戦武(生没年不詳)

波多野宗長*　はたのむねなが
？～天正7(1579)年　戦国時代～安土桃山時代の武将。
¶織田([没]天正7(1579)年5月5日？)

波多野元清　はたのもときよ
⇒波多野稙通(はたのたねみち)

波多野元秀　はたのもとひで
戦国時代～安土桃山時代の武将。
¶全戦(生没年不詳)

羽田八国*(羽田矢国)　はたのやくに
？～朱鳥1(686)年　[別]羽田公八国(はたのきみやくに)　飛鳥時代の武将。大海人皇子方に投降。
¶古人(生没年不詳),古代(羽田公八国　はたのきみやくに),古物(羽田矢国),コン

羽田八代*　はたのやしろ
[別]波多八代宿禰(はたのやしろのすくね)　伝説上の人物(羽田氏の祖)。実在については不詳。
¶古代(波多八代宿禰　はたのやしろのすくね),対外

波多八代宿禰　はたのやしろのすくね
⇒羽田八代(はたのやしろ)

秦安友　はたのやすとも
平安時代後期の官人。
¶古人(生没年不詳)

波多野弥三*　はたのやぞう
？～永禄12(1569)年9月8日　戦国時代～安土桃山時代の織田信長の家臣。
¶織田

秦八千嶋　はたのやちしま
奈良時代の官人。
¶古人(生没年不詳)

秦行国　はたのゆきくに
平安時代後期の官人。
¶古人(生没年不詳)

秦行俊　はたのゆきとし
平安時代後期の随身。右近府生。源雅実の随身。11世紀末～12世紀初めに多くの競馬に出場。
¶古人(生没年不詳)

波多余射　はたのよぎ
奈良時代の官人。
¶古人(生没年不詳)

秦吉樹　はたのよしき
平安時代中期の官人。
¶古人(生没年不詳)

波多野義常*　はたのよしつね
？～治承4(1180)年　[別]藤原義常(ふじわらのよしつね)　平安時代後期の武士。義通の子。
¶古人(藤原義常　ふじわらのよしつね),内乱

畑彦十郎*　はたひこじゅうろう
生没年不詳　戦国時代の武士。後北条氏家臣。
¶後北(彦十郎〔畑〕　ひこじゅうろう)

幡梭皇女　はたひのおうじょ
⇒草香幡梭姫皇女(くさかのはたびひめのひめみこ)

波多兵庫　はたひょうご
江戸時代前期の武士。大坂の陣で籠城。
¶大坂([没]慶長20年5月6日)

畑兵助　はたひょうすけ
江戸時代前期の丹波黒井城の赤井氏の家臣。
¶大坂

機巻　はたまき★
江戸時代後期の女性。和歌。島原の遊女。嘉永1年刊、長沢伴雄編『類題和歌鴨川集』に載る。
¶江表(機巻(京都府))

畑昌方　はたまさかた
戦国時代～安土桃山時代の武田氏の家臣。
¶武田(生没年不詳)

秦将蔵　はたまさぞう
⇒秦将蔵(はたしょうぞう)

幡谷越中守*　はたやえっちゅうのかみ
生没年不詳　戦国時代の人。大須賀氏の一族の一人。
¶後北(越中守〔幡谷〕　えっちゅうのかみ)

幡谷十蔵　はたやじゅうぞう
⇒市川鰕十郎〔4代〕(いちかわえびじゅうろう)

幡谷重蔵　はたやじゅうぞう
⇒市川団十郎〔7代〕(いちかわだんじゅうろう)

幡谷信勝*　はたやしんしょう
寛政8(1796)年～万延1(1860)年　[別]幡谷信勝(はたやのぶかつ)　江戸時代末期の和算家。
¶数学(はたやのぶかつ　[没]安政7(1860)年1月)

幡谷信勝　はたやのぶかつ
⇒幡谷信勝(はたやしんしょう)

畑弥平*　はたやへい
文政3(1820)年～慶応1(1865)年　[別]小栗紋平(おぐりもんぺい)　江戸時代末期の水戸藩属吏。
¶幕末([没]元治2(1865)年2月4日)

畑弥平次*　はたやへいじ
生没年不詳　江戸時代末期の人。生野挙兵に参加。
¶幕末

羽田吉次　はたよしつぐ
戦国時代の人。土豪層か。永禄3年保持する田地を珍書記に売り渡した。
¶武田(生没年不詳)

畑柳安　はたりゅうあん
⇒畑黄山(はたこうざん)

秦魯斎*　はたろさい
文化7(1810)年～文久3(1863)年　江戸時代末期の医師。
¶幕末([没]文久3(1863)年9月13日)

八右衛門　はちえもん
江戸時代後期～明治時代の大工。
¶美建([生]天保2(1831)年　[没]明治37(1904)年)

八条院* はちじょういん
保延3 (1137) 年4月8日〜建暦1 (1211) 年 ㊟暲子
内親王 (あきこないしんのう, きしないしんのう,
しょうしないしんのう), 八条院暲子 (はちじょう
いんしょうし) 平安時代後期〜鎌倉時代前期の女
性。鳥羽天皇の第3皇女。
¶古人 (暲子内親王 あきこないしんのう), コン, 女史,
天皇 (㊟建暦1 (1211) 年6月26日), 中世 (八条院暲子
はちじょういんしょうし), 内乱, 平家 (㊟保延2 (1136)
年), 山小 (㊐1137年4月8日 ㊣1211年6月26日)

八条院三位局 はちじょういんさんみのつぼね
⇒八条院三位局 (はちじょういんのさんみのつぼね)

八条院暲子 はちじょういんしょうし
⇒八条院 (はちじょういん)

八条院三位局* はちじょういんのさんみのつぼね
？〜建暦6 (1218) 年 ㊟三位局 (さんみのつぼね),
八条院三位局 (はちじょういんさんみのつぼね)
鎌倉時代前期の女房。八条院の寵臣。
¶女史, 平家 (はちじょういんのさんみのつぼね)

八条院高倉* はちじょういんのたかくら
生没年不詳 ㊟空如 (くうにょ) 鎌倉時代前期の
女性。歌人。
¶女史

八条院六条* はちじょういんのろくじょう
生没年不詳 平安時代後期〜鎌倉時代前期の女房・
歌人。
¶古人 (六条 ろくじょう)

八条清季* はちじょうきよすえ
永仁3 (1295) 年〜正平4/貞和15 (1349) 年9月12日
鎌倉時代後期〜南北朝時代の公卿 (非参議)。非参
議八条実英の子。
¶公卿 (㊟貞和5/正平4 (1349) 年9月12日), 公家 (清季
〔八条家 (絶家)〕 きよすえ ㊣貞和5 (1349) 年9月12
日)

八条公益* はちじょうきんます
生没年不詳 鎌倉時代前期の公卿 (非参議)。参議
藤原公清の孫。
¶公卿, 公家 (公益〔八条家 (絶家)〕 きんます)

八条実興* はちじょうさねおき
？〜正平21/貞治5 (1366) 年8月5日 南北朝時代の
公卿 (非参議)。侍従藤原清季の子。
¶公卿 (㊟貞治5/正平21 (1366) 年8月5日), 公家 (実興
〔八条家 (絶家)〕 さねおき ㊣貞治5 (1366) 年8月5
日)

八条実種* はちじょうさねたね
？〜応永25 (1418) 年4月 室町時代の公卿 (非参
議)。非参議八条季興の子。
¶公卿, 公家 (実種〔八条家 (絶家)〕 さねたね)

八条実英* はちじょうさねひで
生没年不詳 鎌倉時代後期の公卿 (非参議)。非参
議八条公益の子。
¶公卿, 公家 (実英〔八条家 (絶家)〕 さねひで)

八条実世* はちじょうさねよ
生没年不詳 室町時代の公卿 (非参議)。康正2年従
三位に、長禄3年従従に任ぜられる。
¶公卿, 公家 (実世〔八条家 (絶家)〕 さねよ)

八条季興* はちじょうすえおき
生没年不詳 南北朝時代〜室町時代の公卿 (非参
議)。八条為敦の兄か。

八条禅尼* はちじょうぜんに
建久4 (1193) 年〜永仁11 (1274) 年 ㊟西八条禅尼
(にしはちじょうぜんに), 本覚尼 (ほんかくに),
坊門信清の娘、坊門信清女 (ぼうもんのぶきよのむ
すめ) 鎌倉時代前期の女性。源実朝の妻。
¶女史 (西八条禅尼 にしはちじょうぜんに)

八条隆祐* はちじょうたかさち
寛政7 (1795) 年〜＊ 江戸時代末期〜明治時代の公
家 (権大納言)。参議八条隆礼の子。
¶公卿 (㊟寛政7 (1795) 年1月7日 ㊣？), 公家 (隆祐〔八
条家〕 たかさち ㊐寛政7 (1795) 年1月7日 ㊣明治
5 (1872) 年5月24日), 幕末 (㊐寛政7 (1795) 年1月7日
㊣明治5 (1872) 年5月24日)

八条隆輔* はちじょうたかすけ
元文1 (1736) 年8月7日〜寛政2 (1790) 年2月29日
江戸時代中期の公家 (参議)。権中納言八条隆英の
末子。
¶公卿, 公家 (隆輔〔八条家〕 たかすけ ㊐享保21
(1736) 年8月7日)

八条隆英 はちじょうたかてる
⇒八条隆英 (はちじょうたかひで)

八条隆声* はちじょうたかな
文政9 (1826) 年〜文久2 (1862) 年 江戸時代末期
の公家 (非参議)。権大納言八条隆祐の子。
¶公卿 (㊐文政9 (1826) 年12月4日 ㊣文久2 (1862) 年6
月12日), 公家 (隆声〔八条家〕 たかな ㊐文政9
(1826) 年12月4日 ㊣文久2 (1862) 年6月12日), 幕末
(㊐文政9 (1827) 年12月4日 ㊣文久2 (1862) 年6月12
日)

八条隆英* はちじょうたかひで
元禄15 (1702) 年4月5日〜宝暦6 (1756) 年10月10日
㊟八条隆英 (はちじょうたかてる) 江戸時代中期
の公家 (権中納言)。櫛笥家系の八条家の祖。四条
家の分家櫛笥隆朝の曽孫。
¶公卿, 公家 (隆英〔八条家〕 たかひで)

八条隆礼* はちじょうたかよし
明和1 (1764) 年6月22日〜文政2 (1819) 年6月2日
江戸時代中期〜後期の公家 (参議)。参議八条隆輔
の子。
¶公卿, 公家 (隆礼〔八条家〕 たかあや ㊐宝暦14
(1764) 年6月22日)

八条為敦* はちじょうためあつ
＊〜応永9 (1402) 年 南北朝時代〜室町時代の公卿
(非参議)。八条季興の弟か。
¶公卿 (㊐？), 公家 (為敦〔八条家 (絶家)〕 ためあつ
㊐？)

八条為季 はちじょうためすえ
⇒藤原為季 (ふじわらのためすえ)

八条為盛 はちじょうためもり
⇒藤原為盛 (ふじわらのためもり)

八条為保* はちじょうためやす
生没年不詳 室町時代の公卿 (非参議)。文明12年
従三位に叙せられる。
¶公卿, 公家 (為保〔八条家 (絶家)〕 ためやす)

八条大君* はちじょうのおおいぎみ, はちじょうのおお
いきみ
生没年不詳 平安時代中期の歌人。
¶古人 (はちじょうのおおいきみ)

八条宮智忠　はちじょうのみやとしただ
⇒智忠親王（としただしんのう）

八条宮智忠親王　はちじょうのみやとしただしんのう
⇒智忠親王（としただしんのう）

八条宮智仁　はちじょうのみやとしひと
⇒智仁親王（としひとしんのう）

八条宮智仁親王　はちじょうのみやとしひとしんのう
⇒智仁親王（としひとしんのう）

八条宮尚仁親王　はちじょうのみやなおひとしんのう
⇒尚仁親王（なおひとしんのう）

八条房繁*　はちじょうふさしげ
？～永正5（1508）年　戦国時代の八条流馬術の始祖。
¶後北（房繁〔八条〕　ふさしげ）

蜂須賀家政*　はちすかいえまさ
永禄1（1558）年～寛永15（1638）年　安土桃山時代～江戸時代前期の大名。阿波徳島藩主。
¶江人，織田（[没]寛永15（1638）年12月30日），コン，全戦，戦武，対外

蜂須賀小六　はちすかころく
⇒蜂須賀正勝（はちすかまさかつ）

蜂須賀寿代*　はちすかすよ
明和9（1772）年3月26日～天保9（1838）年10月4日　江戸時代後期の女性。画家。
¶江表（寿代（徳島県）　[生]安永1（1772）年）

蜂須賀載*　はちすかつく
明和8（1771）年3月8日～寛政7（1795）年7月2日　江戸時代後期の女性。画家。
¶江表（載（徳島県）　つく）

蜂須賀斉裕*　はちすかなりひろ
文政4（1821）年9月19日～明治1（1868）年　江戸時代末期の大名。阿波徳島藩主。
¶全幕，徳将，幕末（[没]慶応4（1868）年1月13日）

蜂須賀正勝*　はちすかまさかつ
大永6（1526）年～天正14（1586）年　[別]蜂須賀小六（はちすかころく）　戦国時代～安土桃山時代の武将、秀吉の直臣。
¶織田（[没]天正14（1586）年5月22日），コン，全戦，戦武

蜂須賀正元*　はちすかまさもと
？～元亀2（1571）年5月　戦国時代～安土桃山時代の織田信長の家臣。
¶織田（[没]元亀2（1571）年5月16日）

蜂須賀又十郎*　はちすかまたじゅうろう
生没年不詳　安土桃山時代の織田信長の家臣。
¶織田

蜂須賀万　はちすかまん
⇒お虎の方（おとらのかた）

蜂須賀茂韶*　はちすかもちあき
弘化3（1846）年8月8日～大正7（1918）年2月10日　江戸時代末期～明治時代の政治家、侯爵、元老院議官、文部大臣。徳島藩知事となり、のち東京府知事、貴族院議員などを歴任。
¶コン，全幕，幕末

蜂須賀至鎮*　はちすかよししげ
天正14（1586）年～元和6（1620）年2月26日　江戸時代前期の大名。阿波徳島藩主。
¶コン

羽地朝秀　はぢちょうしゅう
⇒向象賢（しょうしょうけん）

羽地朝秀　はぢともひで
⇒向象賢（しょうしょうけん）

蜂子皇子　はちのこのみこ
生没年不詳　飛鳥時代の崇峻天皇皇子。
¶古物，天皇

八戸直栄*　はちのへなおひで
[別]八戸直栄（はちのへなおよし）　安土桃山時代の武将、陸奥八戸城主。
¶全戦（はちのへなおよし　[生]永禄4（1561）年　[没]文禄4（1595）年）

八戸直栄　はちのへなおよし
⇒八戸直栄（はちのへなおひで）

八戸政栄　はちのへまさよし
天文12（1543）年～慶長15（1610）年　戦国時代～江戸時代前期の武将。
¶全戦，戦武

蜂房　はちふさ
⇒坂上蜂房（さかがみはちふさ）

八幡太郎　はちまんたろう
⇒源義家（みなもとのよしいえ）

八幡太郎義家　はちまんたろうよしいえ
⇒源義家（みなもとのよしいえ）

八幡山侍従(1)　はちまんやまじじゅう
⇒飯尾信宗（いいおのぶむね）

八幡山侍従(2)　はちまんやまじじゅう
⇒京極高次（きょうごくたかつぐ）

八文字其笑　はちもんじきしょう
⇒八文字屋其笑（はちもんじやきしょう）

八文字自笑（――〔1代〕）　はちもんじじしょう
⇒八文字屋自笑（はちもんじやじしょう）

八文字屋其笑*　はちもんじやきしょう
？～寛延3（1750）年　[別]其笑（きしょう），八文字其笑（はちもんじきしょう）　江戸時代中期の書肆、浮世草子作者。初代八文字自笑の子。
¶コン

八文字屋自笑*（――〔1代〕）　はちもんじやじしょう
？～延享2（1745）年　[別]八文字自笑，八文字自笑〔1代〕（はちもんじじしょう），八文字屋八左衛門（はちもんじやはちざえもん）　江戸時代中期の書肆、浮世草子作者。古浄瑠璃の正本屋。
¶浮絵（八文字屋八左衛門　はちもんじやはちざえもん　[没]延享2（1745）年11月11日），江人（八文字自笑　はちもんじじしょう），コン（[没]延享2（1745年/1747）年），出版（[没]延享2（1745）年11月11日）

八文字屋八左衛門　はちもんじやはちざえもん
⇒八文字屋自笑（はちもんじやじしょう）

八谷清喜　はちやきよのぶ
⇒竹内正兵衛（たけうちしょうべえ）

蜂屋定章*　はちやさだあき
貞享3（1686）年～寛延2（1749）年　江戸時代中期の和算家、幕臣。
¶数学（[没]寛延2（1749）年4月15日）

蜂屋貞次＊　はちやさだつぐ
天文8(1539)年～永禄7(1564)年　戦国時代の武士。徳川氏家臣。
¶全戦

蜂屋茂橘　はちやしげきつ
⇒蜂屋茂橘(はちやもきつ)

蜂谷宗意＊　はちやそうい
享和3(1803)年～明治14(1881)年3月18日　江戸時代末期～明治時代の志野流香道第15世。
¶幕末

蜂屋成定　はちやなりさだ
江戸時代中期～後期の佐渡奉行、小普請奉行。
¶徳代([生]延享2(1745)年　[没]文化5(1808)年7月6日)

蜂屋般若介＊　はちやはんにゃのすけ
生没年不詳　安土桃山時代の織田信長の家臣。
¶織田([生]？　[没]永禄12(1569)年？)

蜂屋光世の母　はちやみつよのはは★
江戸時代末期の女性。和歌。光世は幕臣で歌人。安政7年跋、蜂屋光世編『大江戸倭歌集』に載る。
¶江表(蜂屋光世の母(東京都))

蜂屋茂橘＊　はちやもきつ
寛政7(1795)年～明治6(1873)年12月23日　[別]蜂屋茂橘(はちやしげきつ)　江戸時代後期～明治時代の随筆家。
¶コン,徳人(はちやしげきつ)

蜂屋栄勝＊　はちやよしかつ
？～弘治2(1556)年8月24日　戦国時代の織田信長の家臣。
¶織田

蜂屋頼隆＊　はちやよりたか
天文3(1534)年～天正17(1589)年　[別]敦賀侍従(つるがじじゅう)　安土桃山時代の武将。美濃出身の土豪。
¶織田([生]？　[没]天正17(1589)年9月25日),全戦([生]？)

八郎左衛門(1)　はちろうざえもん
戦国時代の御用大工職人。北条氏康に属した。
¶後北

八郎左衛門(2)　はちろうざえもん
安土桃山時代の信濃国安曇郡曽根原の土豪。仁科氏の被官とみられる。
¶武田(生没年不詳)

八郎太郎＊　はちろうたろう
伝説上の人物。秋田県八郎潟の主とされる。
¶コン

はつ(1)
江戸時代中期の女性。俳諧。井出の人。天明3年、起早庵稲後編『癸卯歳旦集』に載る。
¶江表(はつ(山梨県))

はつ(2)
江戸時代中期の女性。俳諧。仁科の人。宝永3年序、尾張の巨霊堂東鷲編『中国集』に載る。
¶江表(はつ(長野県))

はつ(3)
江戸時代中期の女性。俳諧。越後三条の人。安永3年刊、与謝蕪村編『俳諧玉藻集』に載る。
¶江表(はつ(新潟県))

はつ(4)
江戸時代中期の女性。俳諧。三河新城の人。元禄17年刊、太田白雪編『蛤与市』に載る。
¶江表(はつ(愛知県))

はつ(5)
江戸時代中期の女性。和歌。石見の人。宝永6年奉納、平間長雅編「住吉社奉納千首和歌」に載る。
¶江表(はつ(島根県))

はつ(6)
江戸時代後期の女性。俳諧。起早庵稲後の娘。寛政3年刊、素丸編、起早庵稲後一周忌追善集『こぞのなつ』に載る。
¶江表(はつ(山梨県))

はつ(7)
江戸時代後期の女性。俳諧。飯田の玉屋太田銀兵衛の娘。嘉永4年跋、黒川惟草著『芸園俳諧人名録』三に載る。
¶江表(はつ(長野県))

はつ(8)
江戸時代後期の女性。俳諧。越中の人。嘉永4年刊、西山亭可九撰『越の枝折』に載る。
¶江表(はつ(富山県))

初(1)　はつ★
江戸時代中期の女性。俳諧。加賀の人。元禄7年刊、神戸友琴撰『卯花山集』に載る。
¶江表(初(石川県))

初(2)　はつ★
江戸時代中期の女性。俳諧。山城の人。元禄15年刊、太田白雪編『三河小町』下に載る。
¶江表(初(京都府))

初(3)　はつ★
江戸時代後期の女性。宗教・書簡。阿古村の飯村三左衛門の娘。禊教の教祖井上正鉄が天保14年に三宅島に流罪となった7年の間、水汲みとして共に暮らした。
¶江表(初(東京都))

初(4)　はつ
⇒常高院(じょうこういん)

波津　はつ
江戸時代後期の女性。和歌。遠江浜松藩主井上正甫家の奥女中。寛政10年跋、真田幸弘の六〇賀集「千とせの寿詞」に載る。
¶江表(波津(静岡県))

初兄　はつえ★
江戸時代後期の女性。俳諧。但馬養父の人。文政1年花月菴呉柳が編集した『根長草』に載る。
¶江表(初兄(兵庫県))

初岡敬治＊　はつおかけいじ
文政12(1829)年～明治4(1871)年　江戸時代末期～明治時代の出羽秋田藩士。
¶幕末([生]文政12(1829)年4月　[没]明治4(1872)年12月3日)

羽塚秋楽＊　はづかしゅうらく
＊～明治20(1887)年　江戸時代末期～明治時代の僧。
¶幕末([生]文化10(1813)年　[没]明治20(1887)年8月14日)

は

初狩宿伝兵衛* はつかりじゅくでんべえ
寛政7(1795)年～天保7(1836)年　江戸時代後期の甲斐国都留郡中初狩村の義民。
¶コン

白亀* はっき
享保18(1733)年～寛政12(1800)年10月25日　江戸時代中期～後期の俳人。
¶俳文

八亀* はっき
？～安永2(1773)年4月16日　江戸時代中期の俳人。
¶俳文

白居 はっきょ
⇒山田白居(やまだはくきょ)

白芹 はっきん
⇒関根白芹(せきねはっきん)

はつ子 はつこ*
江戸時代後期の女性。和歌。石見浜田藩の奥女中。文政6年成立、中村安由編「柿葉集」に載る。
¶江表(はつ子(島根県))

初子(1) はつこ*
江戸時代前期～中期の女性。書写。佐賀藩主鍋島光茂の娘。
¶江表(初子(佐賀県))　㋓万治2(1659)年　㋛寛保4(1744)年

初子(2) はつこ*
江戸時代後期の女性。和歌。盛岡藩士横浜清の娘。文政11年、「和歌門弟帳」に載る。
¶江表(初子(岩手県))

八虹* はっこう
生没年不詳　江戸時代中期の俳人。
¶俳文

初坂重春 はつさかしげはる
⇒初坂重春(はつざかじゅうしゅん)

初坂重春* はつさかじゅうしゅん, はつさかじゅうしゅん
生没年不詳　㋑初坂重春(はつさかしげはる)　江戸時代前期の和算家。
¶数学(はつさかしげはる)

はつ女(1) はつじょ*
江戸時代中期～後期の女性。狂歌。豊後日田の人。
¶江表(はつ女(大分県))

はつ女(2) はつじょ*
江戸時代後期の女性。俳諧。箕輪の人。寛政10年刊、松浦斎流亀編、不老軒汀亀追善集『珠玉集』に載る。
¶江表(はつ女(山梨県))

はつ女(3) はつじょ*
江戸時代後期の女性。和歌。遠江池新田の高松神社神主で国学者中山古埴の妻。夫婦共に国学者栗田土満門。
¶江表(はつ女(静岡県))

はつ女(4) はつじょ*
江戸時代後期の女性。俳諧。周防地家室の人。文化末頃、翠瀾亭亀静撰『行小春集』に載る。
¶江表(はつ女(山口県))

はつ女(5) はつじょ*
江戸時代末期の女性。俳諧。常陸平潟の人。安政3年の金子乙因50回忌法要の奉納献額に載る。
¶江表(はつ女(茨城県))

ハツ女 はつじょ*
江戸時代中期の女性。俳諧。田中風光の妻。元禄16年若一王子神社奉納句額に載る。
¶江表(ハツ女(長野県))

初女(1) はつじょ*
江戸時代前期の女性。俳諧。貞享1年序があり、井原西鶴の画を入れて西鶴自身が編集した『古今俳諧女歌仙』に載る。
¶江表(初女(東京都))

初女(2) はつじょ*
江戸時代末期の女性。和歌。河野氏。安政7年跋、蜂屋光世編『大江戸倭歌集』に載る。
¶江表(初女(東京都))

法進 はっしん
⇒法進(ほうしん)

抜隊得勝* ばっすいとくしょう
嘉暦2(1327)年～元中4/嘉慶1(1387)年2月20日　㋺慧光大円禅師(えこうだいえんぜんじ)、得勝(とくしょう)　南北朝時代の臨済宗法灯派の僧。臨済14派中の向岳寺派の祖。
¶コン,思想(㋛嘉慶1/元中4(1387)年)

初瀬(1) はつせ*
江戸時代後期の女性。和歌。高遠藩士潮田佐五衛門の娘。
¶江表(初瀬(長野県))　㋛天保7(1836)年)

初瀬(2) はつせ*
江戸時代末期の女性。和歌。豊橋杵築藩主松平家の奥女中。文久3年刊、関城守編『耳順賀集』に載る。
¶江表(初瀬(大分県))

泊瀬 はつせ*
江戸時代後期の女性。和歌。庄内藩酒井家の老女。嘉永4年序、鈴木直麿編『八十番歌合』に載る。
¶江表(泊瀬(山形県))

泊瀬川歌川 はつせがわうたがわ
⇒歌川(かせん)

初瀬川健増* はつせがわけんぞう
嘉永4(1851)年12月～大正13(1924)年4月3日　江戸時代後期～明治時代の殖産家。
¶植物

泊瀬仲王 はつせなかつおう
⇒泊瀬仲王(はっせのなかつみこ)

泊瀬王 はつせのおおきみ
⇒泊瀬仲王(はっせのなかつみこ)

泊瀬仲王* はっせのなかつみこ
？～628年　㋺泊瀬仲王(はつせなかつおう、はつせのなかのおう)、泊瀬王(はつせのおおきみ)　飛鳥時代の聖徳太子の子。
¶古人(はつせのなかのおう),古代,古物(泊瀬王　はつせのおおきみ)

泊瀬仲王 はつせのなかのおう
⇒泊瀬仲王(はっせのなかつみこ)

泊瀬部皇子 はつせべのおうじ
⇒崇峻天皇(すしゅんてんのう)

泊瀬部皇女　はつせべのおうじょ
⇒泊瀬部内親王（はつせべのないしんのう）

泊瀬部皇女　はつせべのこうじょ
⇒泊瀬部内親王（はつせべのないしんのう）

泊瀬部内親王*　はつせべのないしんのう
？～天平13（741）年　[別]長谷部内親王（はせべないしんのう），泊瀬部皇女（はつせべのおうじょ，はつせべのこうじょ，はつせべのひめみこ）　奈良時代の女性。天武天皇の皇女。
¶古人（泊瀬部皇女　はつせべのこうじょ　[没]737年），天皇（泊瀬部皇女　はつせべのひめみこ）

泊瀬部皇女　はつせべのひめみこ
⇒泊瀬部内親王（はつせべのないしんのう）

泊瀬部皇子　はつせべのみこ
⇒崇峻天皇（すしゅんてんのう）

長谷部若雀尊　はつせべのわかさぎのみこと
⇒崇峻天皇（すしゅんてんのう）

八巣謝徳*　はっそうしゃとく
？～明治21（1888）年　[別]謝徳（しゃとく）　江戸時代末期～明治時代の俳人。
¶俳文（謝徳　しゃとく）

八田吉兵衛　はったきちべえ
⇒八田宗吉（はったそうきち）

八田公道　はったきんみち
江戸時代末期～明治時代の幕臣。
¶幕末（[生]？　[没]明治28（1895）年9月13日）

八田定保　はったさだやす
江戸時代中期の幕臣。
¶徳人（[生]1751年　[没]？）

八田宗吉*　はったそうきち
文化5（1808）年～明治10（1877）年　[別]八田吉兵衛（はったきちべえ）　江戸時代後期～明治時代の治水家。
¶幕末（八田吉兵衛　はったきちべえ　[没]明治10（1877）年8月23日）

八田知家*（八田朝家）　はったともいえ
生没年不詳　[別]藤原知家（ふじわらのともいえ）　平安時代後期～鎌倉時代前期の武士。
¶古人（藤原知家　ふじわらのともいえ），コン，中世，内乱，平家（八田朝家）

八田知紀*　はったとものり
寛政11（1799）年～明治6（1873）年9月2日　江戸時代末期～明治時代の歌人。維新後、宮内庁歌道御用掛。著書に「調の説」など。
¶コン，詩作（[生]寛政11（1799）年9月15日），思想，幕末（[生]寛政11（1799）年9月15日）

八田知尚*　はったともひさ
？～承久3（1221）年　鎌倉時代前期の武将。
¶中世

八田頼弘　はったのよりひろ
平安時代後期の官人。
¶古人（生没年不詳）

八田紀賢　はったのりかた
江戸時代後期～明治時代の和算家。
¶数学（[生]天保7（1836）年1月5日　[没]明治43（1910）年10月2日）

服部綾雄*　はっとりあやお
文化12（1815）年～明治12（1879）年　江戸時代末期～明治時代の幕臣、若年寄、学習院教授。長崎奉行経て、勘定奉行、静岡県権大参事などを歴任。
¶徳人（[生]1812年），幕末（[没]明治12（1879）年3月24日）

服部安休*　はっとりあんきゅう
元和5（1619）年～天和1（1681）年　[別]服部安休（はっとりやすよし）　江戸時代前期の儒学者、神道家。
¶コン

服部五十二*　はっとりいそじ
生没年不詳　江戸時代末期の紀伊和歌山藩士。
¶幕末

服部因淑*　はっとりいんしゅく
江戸時代中期～後期の囲碁棋士。7代井上因碩に入門。
¶コン（[生]宝暦11（1761）年　[没]天保13（1842）年）

服部英太郎*（服部鉠太郎）　はっとりえいたろう
江戸時代末期の新撰組隊士。
¶新隊（服部鉠太郎　生没年不詳）

服部鵞渓*　はっとりがけい
？～享保14（1729）年　[別]服部保考（はっとりやすたか）　江戸時代中期の書家。
¶徳将（服部保考　はっとりやすたか）

服部一忠*　はっとりかずただ
？～文禄4（1595）年　[別]服部小平太（はっとりこへいた）　安土桃山時代の武士。織田氏家臣、豊臣氏家臣。
¶織田（[没]文禄4（1595）年7月）

服部久左衛門⑴　はっとりきゅうざえもん
安土桃山時代の津島天王社御師。
¶織田（生没年不詳）

服部久左衛門*⑵　はっとりきゅうざえもん
文化10（1813）年～明治1（1868）年　江戸時代末期の陸奥二本松藩士、勤皇論者。
¶全幕（[没]慶応4（1868）年），幕末（[没]慶応4（1868）年7月29日）

服部九郎兵衛有勝　はっとりくろ（う）びょうえありかつ
江戸時代前期の豊臣秀頼の家臣。
¶大坂（[没]天和2年5月15日）

服部源八郎　はっとりげんぱちろう
江戸時代前期の幕臣。
¶徳人（[生]1679年　[没]？）

服部耕雨　はっとりこうう
江戸時代後期～大正時代の俳人。
¶俳文（[生]嘉永5（1852）年　[没]大正6（1917）年2月14日）

服部幸三郎　はっとりこうざぶろう
⇒万亭応賀（まんていおうが）

服部香蓮　はっとりこうれん
江戸時代後期の陶芸家。
¶美工（[生]嘉永3（1850）年　[没]？）

服部小藤太*　はっとりことうた
？～天正10（1582）年6月2日　戦国時代～安土桃山時代の織田信長の家臣。
¶織田

はつとり

服部小平太　はっとりこへいた
⇒服部一忠（はっとりかずただ）

服部権大夫*　はっとりごんだゆう
生没年不詳　安土桃山時代の織田信長の家臣。
¶織田

服部左近衛門*　はっとりさこんえもん
天文18（1549）年～寛永5（1628）年　㓛服部宗重（はっとりむねしげ）　安土桃山時代～江戸時代前期の薩摩藩煙草奉行。名産国分煙草の祖。
¶コン（服部宗重　はっとりむねしげ）

服部貞勝　はっとりさだかつ
江戸時代中期～後期の幕臣。
¶徳人（㊱1769年　㊲1824年）

服部定清*　はっとりさだきよ
生没年不詳　㓛定清（さだきよ）　江戸時代前期の俳人。
¶俳文（定清　さだきよ）

服部貞常　はっとりさだつね
江戸時代前期の幕臣。
¶徳人（㊱1605年　㊲1677年）

服部持法*　はっとりじほう
生没年不詳　㓛高畠持法（たかはたじほう）　鎌倉時代後期～南北朝時代の北伊賀地方の悪党張本。
¶コン,室町

服部純*　はっとりじゅん
*～明治11（1878）年　江戸時代末期～明治時代の沼津藩士。
¶幕末（㊱?）

服部雪斎*　はっとりせっさい
文化4（1807）年～?　江戸時代後期の画家。
¶植物

服部千牛の妹　はっとりせんぎゅうのいもうと*
江戸時代中期の女性。俳諧。元禄5年刊、富松吟夕編「眉山」に載る。
¶江表（服部千牛の妹（東京都））

服部潜蔵*　はっとりせんぞう
嘉永3（1850）年～明治19（1886）年　江戸時代末期～明治時代の長府藩士、海軍軍人、海軍大佐。征台の役、西南の役に従軍。英国皇孫来日の際には、世話役を務めた。
¶幕末（㊱嘉永3（1850）年11月15日　㊲明治19（1886）年12月13日）

服部蘇門*　はっとりそもん
享保9（1724）年～明和6（1769）年　江戸時代中期の漢学者。反徂徠学の先鋒。
¶コン,思想

服部武雄*　はっとりたけお
天保3（1832）年～慶応3（1867）年　江戸時代末期の播磨赤穂藩士。
¶新隊（㊲慶応3（1867）年11月18日）,全幕,幕末（㊲慶応3（1867）年11月18日）

服部弾輔*　はっとりだんすけ
文化4（1807）年～弘化3（1846）年　江戸時代後期の庄屋、漢詩人。
¶幕末

服部長七　はっとりちょうしち
江戸時代後期～大正時代の土木技術者。

服部栄充　はっとりてるみつ
江戸時代後期の和算家。
¶数学

服部東陽*　はっとりとうよう
文政10（1827）年～明治8（1875）年　江戸時代末期～明治時代の毛利家家臣。藩校明倫館助教に招かれ、藩儒となる。
¶幕末（㊲明治8（1875）年7月30日）

服部土芳　はっとりとほう、はっとりどほう
⇒土芳（どほう）

服部友定　はっとりともさだ
安土桃山時代の武将。
¶戦武（㊱?　㊲永禄11（1568）年）

服部直次　はっとりなおつぐ
江戸時代前期の代官。
¶徳代（㊱?　㊲寛永14（1637）年?）

服部中庸　はっとりなかつね
宝暦7（1757）年～文政7（1824）年　江戸時代中期～後期の国学者。本居宣長に入門。
¶コン,思想（㊱宝暦6（1756）年）

服部長職　はっとりながより
江戸時代後期の和算家、米沢藩士。
¶数学

服部南郭　はっとりなんかく
天和3（1683）年～宝暦9（1759）年　江戸時代中期の古文辞学派の儒者、文人。荻生徂徠に入門。
¶江人,コン,詩作（㊱天和3（1683）年9月24日　㊲宝暦9（1759）年6月21日）,思想,山小（㊱1683年9月24日　㊲1759年6月21日）

服部梅年　はっとりばいねん
⇒原田梅年（はらだばいねん）

服部白受*　はっとりはくじゅ
文政4（1821）年～明治2（1869）年　江戸時代末期の画家。
¶幕末

服部波山　はっとりはさん
*～明治27（1894）年　江戸時代末期～明治時代の日本画家。作品に「水墨山水」など。南画山水を得意とする。
¶美画（㊱文政10（1827）年　㊲明治27（1894）年10月10日）

服部半蔵　はっとりはんぞう
天文11（1542）年～慶長1（1596）年　㓛服部正成（はっとりまさなり）　安土桃山時代の武士。家康に仕え、伊賀者を支配。
¶コン,全戦（服部正成　はっとりまさなり）,戦武（服部正成　はっとりまさなり）

服部平右衛門*　はっとりへいえもん
文政4（1821）年～明治3（1870）年　江戸時代後期～明治時代の武士。
¶幕末（㊱文政3（1820）年2月4日　㊲明治3（1870）年10月5日）

服部平左衛門*　はっとりへいざえもん
生没年不詳　㓛服部康信（はっとりやすのぶ）　安土桃山時代の織田信長の家臣。
¶織田（服部康信　はっとりやすのぶ）

は

¶科学（㊱天保13（1842）年　㊲大正8（1919）年）

服部平六　はっとりへいろく
平安時代後期の武士。
¶平家（生没年不詳）

服部牧山*　はっとりぼくざん
文化9（1812）年～文久1（1861）年　江戸時代末期の漢詩人、庄屋。
¶幕末

服部本英*　はっとりほんえい
文化3（1806）年～元治1（1864）年　江戸時代末期の医師。
¶幕末（[没]元治1（1864）年11月7日）

服部正就　はっとりまさなり
江戸時代前期の幕臣。
¶徳人（[生]？　[没]1615年）

服部正成　はっとりまさなり
⇒服部半蔵（はっとりはんぞう）

服部昌信の娘　はっとりまさのぶのむすめ★
江戸時代の女性。和歌。庄内藩藩士服部昌信の娘。同藩士で歌人の中島権政門。
¶江表（服部昌信の娘（山形県））

服部正久　はっとりまさひさ
江戸時代中期の代官。
¶徳代（[生]？　[没]元禄3（1690）年12月28日）

服部正弘*　はっとりまさひろ
文政4（1821）年～明治29（1896）年2月　江戸時代末期～明治時代の今治藩家老、稲富流砲術皆伝。
¶幕末

服部正義*　はっとりまさよし
弘化2（1845）年～明治19（1886）年　江戸時代末期～明治時代の桑名藩家老。
¶幕末（[生]弘化2（1845）年9月29日　[没]明治19（1886）年1月22日）

服部宗重　はっとりむねしげ
⇒服部左近衛門（はっとりさこんえもん）

服部弥五八*　はっとりやごはち
生没年不詳　安土桃山時代の織田信長の家臣。
¶織田

服部保考　はっとりやすたか
⇒服部鶱渓（はっとりがけい）

服部保俊　はっとりやすとし
江戸時代前期の幕臣。
¶徳人（[生]？　[没]1651年？）

服部康成　はっとりやすなり
安土桃山時代～江戸時代前期の武将。長門守。伊賀の出。津軽為信に仕えて家老に進む。
¶全戦（生没年不詳）

服部康信　はっとりやすのぶ
⇒服部平左衛門（はっとりへいざえもん）

服部安休　はっとりやすよし
⇒服部安休（はっとりあんきゅう）

服部弥六郎*　はっとりやろくろう
生没年不詳　安土桃山時代の織田信長の家臣。
¶織田

服部嵐雪　はっとりらんせつ
⇒嵐雪（らんせつ）

服部栗斎*　はっとりりっさい，はっとりりつさい
元文1（1736）年～寛政12（1800）年　江戸時代中期～後期の儒学者。麹町教授所の長。
¶コン

服部了元　はっとりりょうげん
江戸時代後期～末期の医師。
¶徳人（生没年不詳）

服部烈*　はっとりれつ
？～元禄10（1697）年9月3日　[別]烈女（れつじょ）　江戸時代中期の女性。服部嵐雪の後妻。
¶江表（烈女（東京都）　[没]元禄12（1699）年），俳文（烈女　れつじょ　[没]元禄12（1699）年9月3日）

服部六兵衛*　はっとりろくべえ
？～天正10（1582）年6月2日　戦国時代～安土桃山時代の織田信長の家臣。
¶織田

初音　はつね★
江戸時代後期の女性。俳諧。越前清水頭の人。寛政11年刊、松山令羽編『三つの手向』に載る。
¶江表（初音（福井県））

はつ音女　はつねじょ★
江戸時代後期の女性。俳諧・和歌。井尻の人。天保4年成立、流上斎山下百慈編、百慈の亡夫山下百二・叔父松保の追善集『二樒集』に載る。
¶江表（はつ音女（山梨県））

初花　はつはな★
江戸時代後期の女性。俳諧。越前滝谷の遊女。寛政8年刊、荒木為卜仙編『卯花筐』下に載る。
¶江表（初花（福井県））

初花・勝五郎*　はつはな・かつごろう
浄瑠璃、歌舞伎の登場人物。
¶コン

初姫*　はつひめ
慶長7（1602）年7月9日～寛永7（1630）年3月4日　[別]興安院（こうあんいん）　江戸時代前期の女性。徳川秀忠の4女。
¶徳将（興安院　こうあんいん）

八百比丘尼*　はっぴゃくびくに
伝説上の人物。長命の比丘尼。
¶コン

初女　はつめ★
江戸時代後期の女性。俳諧。寒河江の人。天保15年、寒河江八幡宮に奉納された俳額に載る。
¶江表（初女（山形県））

はつ山　はつやま★
江戸時代中期の女性。和歌。因幡鳥取藩の奥女中。明和5年刊、幕臣石野広通編『霞関集』二に載る。
¶江表（はつ山（鳥取県））

初雪(1)　はつゆき★
江戸時代中期の女性。俳諧。新吉原の加賀屋抱えの遊女。元禄14年刊、太田白雪編『きれぎれ』に載る。
¶江表（初雪（東京都））

初雪(2)　はつゆき★
江戸時代後期の女性。俳諧。越前清水頭の人。寛政11年刊、松山令羽編『三つの手向』に載る。
¶江表（初雪（福井県））

は

馬貞　ばてい
⇒長野馬貞（ながのばてい）

はとを女　はとおじょ★
江戸時代後期の女性。俳諧。文政4年、青隠跋『七夕後集』に載る。
¶江表（はとを女（東京都））

鳩野宗巴＊(1)　はとのそうは
寛永18（1641）年～元禄10（1697）年　[別]中島宗巴（なかじまそうは）　江戸時代前期の外科医。蘭医アルマンスに師事。
¶コン

鳩野宗巴＊(2)　はとのそうは
弘化1（1844）年～大正6（1917）年　江戸時代末期～大正時代の医師。熊本貧民寮設立後20年にわたって施薬。
¶幕末（[没]大正6（1917）年3月8日）

羽鳥一紅＊　はとりいっこう
享保9（1724）年～寛政7（1795）年　[別]一紅（いっこう）　江戸時代中期の女性。俳人。
¶江表（一紅（群馬県））, コン（一紅　いっこう）, 女史, 俳文（一紅　いっこう　[没]寛政7（1795）年8月23日）

服子　はとりこ
江戸時代中期～後期の女性。和歌。美濃岩村藩主松平乗薀の娘。
¶江表（服子（佐賀県）　[生]明和9（1772）年　[没]文化2（1805）年）

羽鳥権平＊　はとりごんぺい，はどりごんぺい
嘉永1（1848）年～？　江戸時代末期～明治時代の百姓一揆の指導者。
¶幕末

服福時　はとりのさきとき
平安時代中期の伊勢国三見郷の刀禰。
¶古人（生没年不詳）

服近利　はとりのちかとし
平安時代中期の官人。
¶古人（生没年不詳）

服常方　はとりのつねかた
平安時代後期の武蔵国の相撲人。11世紀末～12世紀前半に名が見える。
¶古人（生没年不詳）

はな(1)
江戸時代中期の女性。俳諧。蕉門の李下と俳人ゆきの娘。元禄10年跋、太白堂一世天野桃隣編『陸奥衛』に載る。
¶江表（はな（東京都））

はな(2)
江戸時代中期の女性。俳諧。加賀山中の人。元禄6年序、宮村紹由編「猿丸宮集」に載る。
¶江表（はな（石川県））

はな(3)
江戸時代中期の女性。書簡。播磨乃井野町屋の庄屋八木平右衛門の娘。
¶江表（はな（兵庫県）　[没]天明5（1785）年）

はな(4)
江戸時代中期～後期の女性。俳諧・和歌・狂歌・旅日記。美作英田郡南村の庄屋高坂六左衛門の娘。
¶江表（はな（岡山県）　[生]延享2（1745）年　[没]寛政12（1800）年）

はな(5)
江戸時代後期の女性。俳諧。甲斐の人。天明9年、起早庵稲後編『己酉元除楽』に載る。
¶江表（はな（山梨県））

はな(6)
江戸時代後期の女性。和歌。石見津和野藩の奥女中。寛政3年成立、嘉藤吉達序「女房和歌序」に載る。
¶江表（はな（島根県））

ハナ
江戸時代中期～後期の女性。和歌。山吹村領主で旗本座光寺主水為明の娘。
¶江表（ハナ（長野県）　[生]宝暦7（1757）年　[没]天保9（1838）年）

花　はな★
江戸時代後期の女性。俳諧。熊谷に草原庵を構えた俳人仁井田碓嶺門。文化15年刊、甲二・米砂・呂律編『草原庵百人句集』に載る。
¶江表（花（埼玉県））

華　はな★
江戸時代中期の女性。漢詩。田中氏。天明4年刊、安達清河編『嚮風草』四に載る。
¶江表（華（東京都））

波奈　はな
⇒お波奈の方（おはなのかた）

花井右衛門尉兵衛＊　はないうえもんのじょうびょうえ
生没年不詳　安土桃山時代の織田信長の家臣。
¶織田

花井勘八郎＊　はないかんぱちろう
生没年不詳　安土桃山時代の織田信長の家臣。
¶織田

花井喜代三郎　はないきよさぶろう
⇒嵐喜世三郎〔1代〕（あらしきよさぶろう）

花井定英　はないさだてる
江戸時代中期の幕臣。
¶徳人（[生]1732年　[没]？）

花井静　はないしずか
江戸時代後期の和算家。越後直江津の人。『西算速知』を編集。
¶数学（[生]文政4（1821）年）

花井田右衛門＊　はないでんえもん
生没年不詳　安土桃山時代の織田信長の家臣。
¶織田

花井政勝　はないまさかつ
⇒花井三河守（はないみかわのかみ）

花井三河守＊　はないみかわのかみ
？～永禄5（1562）年2月15日　[別]花井政勝（はないまさかつ）　戦国時代～安土桃山時代の織田信長の家臣。
¶織田（花井政勝　はないまさかつ　[没]永禄5（1562）年2月25日）

花井安英　はないやすふさ
江戸時代中期の代官。
¶徳代（[生]？　[没]寛保1（1741）年9月24日）

花井吉高　はないよしたか
安土桃山時代～江戸時代前期の幕臣。

¶徳人(㋒1562年 ㋑1639年)

花色千々婦・千々婦 はないろちちぶ*
江戸時代後期の女性。狂歌。寛政7年刊、鹿都部真顔編『四方の巴流』に載る。
¶江表(花色千々婦・千々婦(東京都))

花江 はなえ*
江戸時代後期の女性。和歌。相模小田原藩の奥女中。文化11年刊、中山忠雄・河田正致編『柿本社奉納和歌集』に載る。
¶江表(花江(神奈川県))

花扇⑴ はなおうぎ*
江戸時代中期の女性。和歌。新吉原江戸町の五明楼扇屋抱えの遊女。安永8年に向島三囲神社へ献額する。
¶江表(花扇(東京都))

花扇*⑵ はなおうぎ
生没年不詳 江戸時代後期の女性。江戸吉原の遊女。
¶江表(花扇(東京都))

華岡加恵* はなおかかえ
宝暦10(1760)年～文政10(1827)年 ㊾華岡青洲の妻加恵(はなおかせいしゅうのつまかえ) 江戸時代後期の女性。華岡清洲の妻。
¶女史(㋒1762年 ㋑1829年)

華岡修平* はなおかしゅうへい
文化5(1808)年～慶応2(1866)年 江戸時代末期の医師。
¶幕末(㋑慶応2(1866)年5月7日)

華岡青洲* はなおかせいしゅう
宝暦10(1760)年10月23日～天保6(1835)年10月2日 江戸時代中期～後期の漢蘭折衷外科医。
¶江人、科学、眼医、コン、植物、対外、山小(㋒1760年10月23日 ㋑1835年10月2日)

華岡青洲の妻加恵 はなおかせいしゅうのつまかえ
⇒華岡加恵(はなおかかえ)

花香安精* はなかあんせい
天明3(1783)年～天保13(1842)年 江戸時代後期の数学者。
¶数学(㋑天保13(1842)年5月12日)

花笠文京〔1代〕* はながさぶんきょう
天明5(1785)年～万延1(1860)年 ㊾曲取主人(きょくとりしゅじん)、好色外史(こうしょくがいし)、三芝居士(さんしこじ)、代作屋大作(だいさくやだいさく)、東条魯介(とうじょうろすけ)、豊島新蔵(としましんぞう)、鈍亭(どんてい)、花笠魯助(はながさろすけ)、半室栄人陁翁(はんしつえいじんどんおう)、半室閑人(はんしつかんじん)、文京(ぶんきょう)、来甫(らいほ)、李園(りえん)、魯鈍翁半空(ろどんおうはんくう) 江戸時代後期の歌舞伎作者。文化8年～安政4年頃に活躍。
¶歌大(代数なし ㋑安政7/万延1(1860)年)

花笠魯助 はながさろすけ
⇒花笠文京〔1代〕(はながさぶんきょう)

花方 はなかた
生没年不詳 「平家物語」に御坪の召次として登場。
¶平家

花形勝世 はながたかつよ
江戸時代前期の幕臣、代官。

¶徳代(㋔? 貞享2(1685)年1月)

羽中田虎具 はなかだとらとも
戦国時代の武田氏の家臣。
¶武田(生没年不詳)

花河 はなかわ
江戸時代後期の女性。和歌。丹後田辺藩主牧野節成に仕えた老女。文化5年頃、真田幸弘編『御ことほきの記』に載る。
¶江表(花河(京都府))

花川⑴ はなかわ*
江戸時代中期の女性。俳諧。遊女か。宝永4年刊『花川年歳旦』に載る。
¶江表(花川(東京都))

花川⑵ はなかわ*
江戸時代末期の女性。書簡。薩摩藩島津家の老女。幕末期の大名家の厳しい財政難をのぞかせる書簡が残る。
¶江表(花川(鹿児島県))

花川戸助六* はなかわどすけろく
㊾花川戸助六(はなかわどのすけろく) 江戸時代前期の侠客。虚構の人物。
¶コン(生没年不詳)

花川戸助六 はなかわどのすけろく
⇒花川戸助六(はなかわどすけろく)

花木* はなき
生没年不詳 江戸時代中期の女性。江戸深川の芸妓。
¶江表(花木(東京都))

花木政等 はなきまさひと
江戸時代中期の代官。
¶徳代(㋒享保5(1720)年 ㋑安永7(1778)年5月7日)

はな子⑴ はなこ*
江戸時代後期の女性。談話。幕臣の娘。14代将軍家茂時代の大奥女中。
¶江表(はな子(東京都) ㋓弘化2(1845)年)

はな子⑵ はなこ*
江戸時代後期の女性。和歌。下室田の質屋で材木商の歌人関橋守の孫娘。嘉永6年刊、橘守編『賀五十柳僙』に載る。
¶江表(はな子(群馬県))

花子⑴ はなこ*
江戸時代の女性。和歌。仙台柳町菜肆甚吉の娘。明治14年刊、岡田良策編『近世名媛百人撰』に載る。
¶江表(花子(宮城県))

花子⑵ はなこ*
江戸時代の女性。和歌。北代氏。明治12年刊、松並正名編『猴冠集』一に載る。
¶江表(花子(高知県))

花子⑶ はなこ*
江戸時代前期の女性。俳諧。宇和島の伊藤勝行の娘。寛文12年序、宇和島藩家老桑折宗臣編『大海集』に多くの句が載る。
¶江表(花子(愛媛県))

花子⑷ はなこ*
江戸時代後期の女性。和歌。幕臣、使番鷲巣淡路守清典の娘。文政4年の「詩仙堂募集和歌」に載る。
¶江表(花子(東京都))

花子(5)　**はなこ**★
江戸時代後期の女性。和歌。長谷川氏。文政3年刊、天野政徳編『草縁集』に載る。
¶江表(花子(山梨県))

花子(6)　**はなこ**★
江戸時代末期の女性。国学。赤坂住の幕臣筒井内蔵允庸備の孫。安政2年の「内遠翁門人録」に載る。
¶江表(花子(東京都))

花子(7)　**はなこ**★
江戸時代末期の女性。和歌。伊勢小古曽の川村氏。元治2年序、佐々木弘綱編『類題千船集』上に載る。
¶江表(花子(三重県))

花子(8)　**はなこ**★
江戸時代末期の女性。和歌。宇和島藩の奥女中。元治1年頃に詠まれた「宇和島御奥女中大小吟」に載る。
¶江表(花子(愛媛県))

花子(9)　**はなこ**★
江戸時代末期の女性。和歌。筑後柳川藩の奥女中。「鶯歌集」に載る。
¶江表(花子(福岡県))

華子　**はなこ**★
江戸時代中期の女性。和歌。大洲藩の奥女中。宝暦12年刊、村上影面編『続采藻編』に載る。
¶江表(華子(愛媛県))

花崎　**はなさき**★
江戸時代中期の女性。俳諧。新吉原の遊女。宝暦10年刊、三宅嘯山編『俳諧古選』に載る。
¶江表(花崎(東京都))

花沢　**はなざわ**★
江戸時代後期の女性。俳諧。相模川入村の人。弘化3年の「つるおと集」に載る。
¶江表(花沢(神奈川県))

花沢伊左衛門〔1代〕＊　**はなざわいざえもん**
江戸時代後期の義太夫節の三味線方。花沢派の祖。
¶コン([生]?　[没]文政4(1821)年)

花沢伊左衛門〔2代〕＊　**はなざわいざえもん**
?～文政12(1829)年　江戸時代後期の義太夫節の三味線方。
¶コン

花沢伊左衛門〔3代〕＊　**はなざわいざえもん**
生没年不詳　江戸時代後期～明治時代の浄瑠璃三味線方。
¶コン

鼻山人＊　**はなさんじん**
＊～安政5(1858)年　[別]東里山人(とうりさんじん, とうりさんにん), 鼻山人(びさんじん)　江戸時代末期の戯作者。
¶江人([生]1791年), コン(びさんじん　[生]寛政2(1790)年　[没]安政5(1858年/1859)年)

花島恭順＊　**はなじまきょうじゅん**
天保9(1838)年～明治33(1900)年　江戸時代末期～明治時代の医師。遠江熊切村の開業医。北遠地方の種痘の普及に尽力。
¶幕末

はな女(1)　**はなじょ**★
江戸時代末期の女性。和歌。盛岡藩士で歌人の江刺恒久門。幕末期の人。
¶江表(はな女(岩手県))

はな女(2)　**はなじょ**★
江戸時代末期の女性。俳諧。白河本町花楼の遊女か。安政4年刊、面川鏘桜編『鯉鱗筆鑑』に載る。
¶江表(はな女(福島県))

花女　**はなじょ**★
江戸時代後期の女性。和歌。仙台藩士の但木源五郎の妻。文化11年刊、中山忠雄・河田正致編『柿本社奉納和歌集』に載る。
¶江表(花女(宮城県))

花園　**はなぞの**★
江戸時代後期の女性。和歌。京都の人。11代将軍徳川家斉の室広大院付の上臈御年寄。
¶江表(花園(東京都))

花園院　**はなぞのいん**
⇒花園天皇(はなぞのてんのう)

花園公燕＊　**はなぞのきんなる**
天明1(1781)年6月3日～天保11(1840)年9月19日　江戸時代後期の公家(参議)。非参議花園実章の子。
¶公卿, 公家(公燕〔花園家〕　きみひろ)

花園公晴＊　**はなぞのきんはる**
＊～元文1(1736)年　江戸時代中期の公家(権中納言)。参議花園実満の子。
¶公卿([生]寛文1(1661)年11月29日　[没]元文1(1736)年3月12日), 公家(公晴〔花園家〕　きんはる　[生]寛文1(1661)年11月29日　[没]元文1(1736)年3月12日)

花園公久の娘　**はなぞのきんひさのむすめ**★
江戸時代前期の女性。画・和歌。右少将花園公久の娘。
¶江表(花園公久の娘(京都府))

花園実章＊　**はなぞのさねあき**
明和4(1767)年5月23日～＊　[別]花園実章(はなぞのさねぶみ)　江戸時代中期～後期の公家(非参議)。権大納言正親町公積の末子。
¶公卿([没]文化7(1810)年12月6日), 公家(実章〔花園家〕　さねぶみ　[没]文化7(1810)年12月6日)

花園実廉　**はなぞのさねかど**
⇒花園実廉(はなぞのさねやす)

花園実章　**はなぞのさねぶみ**
⇒花園実章(はなぞのさねあき)

花園実路＊　**はなぞのさねみち**
寛政12(1800)年7月19日～天保8(1837)年3月25日　江戸時代後期の公家(非参議)。権大納言園基理の末子。
¶公卿, 公家(実路〔花園家〕　さねみち)

花園実満＊　**はなぞのさねみつ**
寛永6(1629)年～貞享1(1684)年　江戸時代前期の公家(参議)。従四位上・左中将正親町三条実教の孫。
¶公卿([生]寛永6(1629)年3月22日　[没]貞享1(1684)年3月16日), 公家(実満〔花園家〕　さねみつ　[生]寛永6(1629)年3月22日　[没]貞享1(1684)年3月16日)

花園実廉＊　**はなぞのさねやす**
元禄3(1690)年12月29日～宝暦11(1761)年　[別]花園実廉(はなぞのさねかど)　江戸時代中期の公家(権大納言)。権中納言花園公晴の子。
¶公卿([没]宝暦11(1761)年10月20日), 公家(実廉〔花園家〕　さねかど　[没]宝暦11(1761)年10月20日)

華園摂信* はなぞのせっしん
文化5(1808)年2月16日～明治10(1877)年12月12日 江戸時代末期～明治時代の真宗興正派僧侶、興正寺27世。
¶幕末

花園天皇* はなぞのてんのう
永仁5(1297)年7月25日～正平3/貞和4(1348)年11月11日 [別]萩原院(はぎわらのいん), 花園院(はなぞのいん) 鎌倉時代後期の第95代の天皇(在位1308～1318)。父は伏見天皇。母は顕親門院藤原秀子。
¶コン, 詩作(花園院 はなぞのいん [没]貞和4/正平3(1348)年11月11日), 思想([没]貞和4/正平3(1348)年), 天皇([没]貞和4/南朝正平3(1348)年11月11日), 中世, 内乱([没]貞和4(1348)年), 山小([生]1297年7月25日 [没]1348年11月11日)

花園宗貞 はなぞのむねさだ
⇒畠山政国(はたけやままさくに)

花田内匠* はなだたくみ
江戸時代前期の浮世絵師。
¶浮絵(生没年不詳)

花田伝七* はなだでんしち
天保1(1830)年～明治31(1898)年 江戸時代末期～明治時代の漁業家。名字帯刀を許され、松前藩をはじめ公共へ多額の寄付を行う。紅綬褒賞を受賞。
¶幕末([没]明治31(1898)年1月)

花田武兵衛 はなだぶへえ
江戸時代後期の幕臣。
¶徳人(生没年不詳)

花礫 はなつぶて
江戸時代中期の女性。俳諧。宝暦9年刊、岡田米仲著『靫随筆』に載る。
¶江表(花礫(東京都))

花野 はなの★
江戸時代後期～明治時代の女性。和歌・教育。伊豆韮山代官江川家の家臣飯田源忠の娘か。
¶江表(花野(静岡県) [生]文政5(1822)年 [没]明治12(1879)年)

花の井 はなのい★
江戸時代後期の女性。和歌。松山藩の奥女中。嘉永4年刊、堀尾光久編『近世名所歌集』二に載る。
¶江表(花の井(愛媛県))

花井 はなのい
江戸時代中期の女性。俳諧。白河の人。宝暦3年刊、夕顔庵和知風光編『宗祇戻』に載る。
¶江表(花井(福島県))

花野井有年* はなのいありとし
寛政11(1799)年～慶応1(1865)年 江戸時代末期の医師。
¶幕末

花之木* はなのき
生没年不詳 戦国時代の北条氏の家臣。
¶後北(某〔花之木〕 なにがし)

花木隠居* はなのきいんきょ
生没年不詳 戦国時代の北条氏の家臣。
¶後北(花木隠居〔花木〕)

花永女 はなのながじょ★
江戸時代後期の女性。狂歌。奥白川の人。享和2年刊、尚左堂俊満編「狂歌左鞆絵」に載る。
¶江表(花永女(福島県))

花の本芹舎* はなのもときんしゃ
文化2(1805)年～明治23(1890)年 [別]芹舎(きんしゃ), 八木芹舎(やぎきんしゃ) 江戸時代末期～明治時代の俳人。
¶俳文(芹舎 きんしゃ [没]明治23(1890)年1月24日)

英一珪* はなぶさいっけい
江戸時代中期～後期の画家、英家4世。
¶浮絵([生]? [没]天保14(1843)年)

英一舟* はなぶさいっしゅう
元禄11(1698)年～明和5(1768)年 江戸時代中期の画家、英家2世。
¶浮絵

英一蜩* はなぶさいっしゅう
[別]英一蜩(はなぶさいっちょう) 江戸時代の画家。
¶浮絵(はなぶさいっちょう 生没年不詳)

英一笑* はなぶさいっしょう
江戸時代の画家。
¶浮絵([生]文化1(1804)年 [没]安政5(1858)年)

英一蜻 はなぶさいっせい
江戸時代末期～大正時代の画家。
¶浮絵([生]天保10(1839)年 [没]大正5(1916)年)

英一川* はなぶさいっせん
?～安永7(1778)年 江戸時代中期の画家、英家3世。
¶浮絵

英一蝶* はなぶさいっちょう
承応1(1652)年～享保9(1724)年 江戸時代前期～中期の諷刺画家。
¶浮絵, 江人, コン(——〔1世〕), 徳将, 俳文([没]享保9(1724)年1月13日), 美画(——〔1代〕 [没]享保9(1724)年1月13日), 山小([没]1724年1月13日)

英一蜩 はなぶさいっちょう
⇒英一蜩(はなぶさいっしゅう)

英一峰*(英一蜂〔1代〕, 英一蜂) はなぶさいっぽう
元禄4(1691)年～宝暦10(1760)年 江戸時代中期の画家。
¶浮絵(英一蜂 [生]?)

英慶子 はなぶさけいし
⇒中村富十郎〔1代〕(なかむらとみじゅうろう)

花房重信 はなぶさしげのぶ
江戸時代中期の画家。
¶浮絵

花房志摩守(華房志摩守) はなぶさしまのかみ
⇒花房正成(はなぶさまさなり)

花房職補 はなぶさしょくほ
江戸時代後期の関東郡代。
¶徳代([生]天保6(1835)年 [没]?)

花房助兵衛 はなぶさすけべえ
⇒花房職之(はなぶさもとゆき)

花房端連* はなふさたんれん, はなぶさたんれん
文政7(1824)年～明治32(1899)年4月7日 [別]花房端連(はなふさまさつら, はなぶさまさつら) 江戸時代末期～明治時代の実業家、初代岡山市長。第二十二国立銀行設立。のち岡山紡績を士族に授産

する。

¶コン(はなぶさまさつら),幕末(はなふさまさつら [生]文政7(1824)年8月3日 [没]明治32(1899)年4月9日)

英平吉* はなぶさへいきち

安永9(1780)年～文政13(1830)年 江戸時代中期～後期の版元。

¶出版([生]? [没]文政13(1830)年10月27日)

花房端連 はなふさまさつら, はなぶさまさつら

⇒花房端連(はなふさたんれん)

花房正成*(華房正成) はなぶさまさなり, はなふさまさなり

*～元和9(1623)年 [別]花房志摩守, 華房志摩守(はなぶさしまのかみ) 安土桃山時代～江戸時代前期の武士。

¶全戦([生]弘治1(1555)年),徳人(はなふさまさなり [生]1555年)

花房正盛 はなふさまさもり, はなぶさまさもり

天正14(1586)年～寛文3(1663)年 安土桃山時代～江戸時代前期の幕臣。

¶徳人,徳代(はなぶさまさもり [没]寛文3(1663)年9月23日)

花房正栄 はなふさまさよし

安土桃山時代～江戸時代前期の幕臣。

¶徳人([生]1594年 [没]1639年)

花房職秀 はなぶさもとひで

⇒花房職之(はなぶさもとゆき)

花房職之* はなぶさもとゆき

天文18(1549)年～* [別]花房助兵衛(はなぶさすけべえ), 花房職秀(はなぶさもとひで) 安土桃山時代～江戸時代前期の武士。

¶全戦(花房職秀 はなぶさもとひで [没]元和3(1617)年),戦武([没]元和2(1616)年)

花房幸次 はなぶさゆきつぐ

安土桃山時代～江戸時代前期の四日市代官、山田奉行。

¶徳代([生]天正10(1582)年 [没]寛永18(1641)年4月12日)

花房吉迪* はなぶさよしみち

生没年不詳 江戸時代後期の和算家。

¶数学

花房義質* はなぶさよしもと, はなふさよしもと

天保13(1842)年1月1日～大正6(1917)年7月9日 江戸時代末期～明治時代の外交官、子爵、日本赤十字社長。外務権小丞、駐露特命全権公使などを歴任。

¶コン,植物,幕末(はなふさよしもと)

花藤詠女 はなふじえいじょ★

江戸時代後期の女性。狂歌。文化10年刊、鈍々亭和樽編『狂歌関東百題集』に載る。

¶江表(花藤詠女(埼玉県))

花圃見斎 はなほ(かほ)けんさい

江戸時代後期の眼科医。

¶眼医(生没年不詳)

花町 はなまち★

江戸時代後期の女性。和歌。京都の人。11代将軍徳川家斉の室広大院付の上臈御年寄。

¶江表(花町(東京都))

花道つらね(花道のつらね) はなみちのつらね

⇒市川団十郎〔5代〕(いちかわだんじゅうろう)

花紫(1) はなむらさき★

江戸時代後期の女性。草双紙・和歌。新吉原の玉屋山三郎抱えの遊女。文政9年刊、人情本『宿縁奇遇梓物語 前編』3冊がある。

¶江表(花紫(東京都))

花紫(2) はなむらさき★

江戸時代後期の女性。俳諧。島原の遊女。寛政2年跋、可楽庵桃路編の芭蕉一〇〇回忌記念『華鳥風月集』に載る。

¶江表(花紫(京都府))

花村正彬 はなむらまさあや

江戸時代中期の幕臣。

¶徳人([生]1763年 [没]?)

花八重咲 はなやえさき

江戸時代後期の女性。狂歌。下総銚子の人。享和2年刊、十返舎一九編『南総記行旅眼石』に載る。

¶江表(花八重咲(千葉県))

花柳寿輔〔1代〕* はなやぎじゅすけ

文政4(1821)年～明治36(1903)年 江戸時代末期～明治時代の振付師、日本舞踊家。名振付師として劇界に君臨。作品に「勢獅子」「流星」など。

¶江人(――〔1世〕),歌大(――〔1世〕 [生]文政4(1821)年2月19日 [没]明治36(1903)年1月28日),コン,新歌(――〔1世〕 [没]1902年),幕末([生]文政4(1821)年2月19日 [没]明治36(1903)年1月28日)

はなれやま勘左衛門 はなれやまかんざえもん

安土桃山時代の信濃国筑摩郡小芹・大久保・花見の土豪。塔原海野氏の被官とみられる。

¶武田(生没年不詳)

花輪求馬* はなわきゅうま

生没年不詳 江戸時代末期の越後長岡藩士。

¶幕末(はなわきゅうま(もとむ))

花輪清宣 はなわきよのぶ

⇒花輪伝兵衛(はなわでんべえ)

塙重義 はなわしげよし

⇒塙又三郎(はなわまたさぶろう)

塙次郎 はなわじろう

⇒塙忠宝(はなわただとみ)

塙忠宝* はなわただとみ

文化4(1807)年～文久2(1862)年 [別]塙次郎(はなわじろう) 江戸時代末期の和学者。

¶コン(塙次郎 はなわじろう),徳人,幕末([生]文化4(1807)年12月 [没]文久2(1863)年12月21日)

花輪伝兵衛* はなわでんべえ

天明5(1785)年～? [別]花輪清宣(はなわきよのぶ) 江戸時代中期～後期の和算家。

¶数学(花輪清宣 はなわきよのぶ)

塙直政 はなわなおまさ

⇒原田直政(はらだなおまさ)

塙保己一* はなわほきいち

延享3(1746)年～文政4(1821)年 [別]塙保己一(はなわほきのいち) 江戸時代中期～後期の国学者。幼くして盲目となったが学問に精進。和学講談所を創設し「群書類従」の編纂にあたる。

¶江人,コン,思想,徳将,山小([生]1746年5月5日 [没]1821年9月12日)

塙保己一 はなわほきのいち

⇒塙保己一(はなわほきいち)

塙又三郎*　はなわまたさぶろう
弘化3(1846)年～元治1(1864)年　[別]塙重義(はなわしげよし)　江戸時代末期の水戸藩士。
¶幕末([没]元治1(1864)年11月4日)

塙弥左衛門*　はなわやざえもん
文政6(1823)年～慶応1(1865)年　江戸時代末期の水戸藩士。
¶幕末([没]元治2(1865)年3月14日)

波喃　はなん★
江戸時代中期の女性。俳諧。加賀の人。文政7年序、雪貢ほか編、千代女五〇回忌追善集『後長月集』に載る。
¶江表(波喃(石川県))

馬耳*　ばに
?～寛延3(1750)年11月9日　江戸時代中期の俳人。
¶俳文

土師宿禰水通　はにしのすくねみみち
⇒土師水通(はにしのみみち)

土師水通*　はにしのみみち
[別]土師宿禰水通(はじのすくねみみち, はにしのすくねみみち), 土師水通(はじのみみち)　奈良時代の万葉歌人。
¶古人(はじのみみち　生没年不詳), 古代(土師宿禰水通　はじのすくねみみち)

埴谷宮内少輔*　はにやくないのしょう
生没年不詳　戦国時代の岩付城主北条氏房の家臣。
¶後北(宮内少輔〔埴谷〕　くないのしょう)

埴安媛*　はにやすひめ
上代の女性。孝元天皇の妃。
¶天皇(生没年不詳)

羽生汀*　はにゅうみぎわ
文政12(1829)年～明治38(1905)年　[別]羽生良熙(はにゅうよしひろ)　江戸時代末期～明治時代の医師。
¶幕末

埴生盛兼*　はにゅうもりかね
生没年不詳　平安時代後期の武士。
¶古人([生]?　[没]1181年)

羽生良熙　はにゅうよしひろ
⇒羽生汀(はにゅうみぎわ)

羽尾業幸*　はねおなりゆき
生没年不詳　戦国時代の上野国衆。
¶後北(業幸〔羽尾〕　なりゆき), 武田

羽かぜ　はねかぜ★
江戸時代中期の女性。俳諧。伊勢の人。元禄13年刊、路草亭乙孝編『一幅半』に載る。
¶江表(羽かぜ(三重県))

羽川珍重*　はねかわちんちょう, はねがわちんちょう
*～宝暦4(1754)年　江戸時代中期の浮世絵師。初代鳥居清信の門人。
¶浮絵(はねがわちんちょう　[生]?　[没]宝暦4(1754)年?), コン([生]延宝8(1680)年　[没]宝暦5(1755)年), 美画([生]延宝7(1679)年　[没]宝暦4(1754)年7月22日)

羽川藤永*　はねかわとうえい, はねがわとうえい
[別]羽川藤水(はねかわとうすい)　江戸時代中期の浮世絵師。
¶浮絵(はねがわとうえい　生没年不詳)

羽川藤水　はねかわとうすい
⇒羽川藤永(はねかわとうえい)

塙坂孫兵衛　はねさかまごびょうえ
江戸時代前期の紀伊国伊都郡の名族。
¶大坂

羽地朝秀　はねじちょうしゅう
⇒向象賢(しょうしょうけん)

羽田五郎*　はねだごろう
生没年不詳　室町時代の塗師。最古の茶道具の塗師、黒漆塗四方盆の創始者。
¶美工

羽田正見　はねだせいけん
⇒羽田正見(はねだまさみ)

羽根田永晴*　はねだながはる
天保11(1840)年～明治16(1883)年　江戸時代末期～明治時代の相馬藩藩士、自由民権運動家、福島県県会議員。民権結社北辰社説立の発起人。現職の県会議員として投獄され獄死。
¶幕末([没]明治16(1883)年2月12日)

羽田正見*　はねだまさみ
文政9(1826)年～明治26(1893)年　[別]羽田正見(はねだせいけん)　江戸時代末期～明治時代の幕臣、勘定奉行。江戸開城後駿府に移り土着帰農した。教育に当たり子弟数百人に達した。
¶徳人(はねだせいけん), 徳代(はねだせいけん　[没]明治26(1893)年6月10日)

羽田保定　はねだやすさだ
江戸時代中期の幕臣。
¶徳人([生]1751年　[没]?)

羽田利見　はねだりけん
江戸時代後期～末期の佐渡奉行。
¶徳代([生]寛政1(1789)年　[没]安政1(1854)年1月25日)

羽地朝秀　はねちちょうしゅう, はねぢちょうしゅう
⇒向象賢(しょうしょうけん)

羽淵宗印*　はねぶちそういん
生没年不詳　安土桃山時代の茶杓削師。
¶美工

馬場伊蔵*　ばばいさい
?～安政1(1854)年　江戸時代末期の絵師。
¶幕末([生]天明3(1783)年　[没]嘉永7(1854)年7月18日)

馬場氏高*　ばばうじたか
寛政9(1797)年～文久3(1863)年　江戸時代末期の土佐藩士。
¶幕末([没]文久3(1863)年8月21日)

馬場勝三郎　ばばかつさぶろう
江戸時代後期～末期の幕臣。
¶徳人(生没年不詳)

馬場包広　ばばかねひろ
江戸時代前期～中期の幕臣。
¶徳人([生]1674年　[没]1758年)

馬場久左衛門*　ばばきゅうざえもん
文化8(1811)年～明治16(1883)年　江戸時代末期～明治時代の名主。数多くの篤志善行で名字帯刀を赦される。
¶幕末([没]明治16(1883)年11月14日)

馬場錦江* ばばきんこう
享和1(1801)年～万延1(1860)年　[別]錦江(きんこう)，馬場正統(ばばまさのり)　江戸時代末期の俳人。幕府に仕え小十人組番士。
¶コン，数学(馬場正統　ばばまさのり　[没]万延1(1860)年7月27日)，俳文(錦江　きんこう　[生]享和1(1801)年2月23日　[没]万延1(1860)年7月27日)

馬場宮内助 ばばくないのすけ
安土桃山時代の駿府近郷の河辺郷を拠点とする皮革職人。
¶武田(生没年不詳)

馬場玄蕃 ばばげんば
安土桃山時代の武田氏の家臣。
¶武田([生]?　[没]天正3(1575)年5月21日)

馬場源兵衛 ばばげんべえ
江戸時代前期の代官。
¶徳代([生]明暦3(1657)年　[没]?)

馬場左近 ばばさこん
江戸時代中期～後期の宮大工。
¶美建([生]享保14(1729)年　[没]寛政10(1798)年)

馬場佐十郎* ばばさじゅうろう
天明7(1787)年～文政5(1822)年　[別]馬場貞由(ばばさだよし)　江戸時代後期のオランダ通詞。
¶江人，科学([没]文政5(1822)年7月27日)，コン，対外(馬場貞由　ばばさだよし)

馬場貞由 ばばさだよし
⇒馬場佐十郎(ばばさじゅうろう)

馬場三九郎 ばばさんくろう
*～慶応4(1868)年　江戸時代後期～末期の桑名藩士。
¶全幕([生]天保14(1843)年)，幕末([生]天保13(1842)年　[没]慶応4(1868)年6月11日)

馬場重久* ばばしげひさ
寛文3(1663)年～享保20(1735)年　江戸時代中期の医師、養蚕家。
¶科学，コン

馬場資生圃 ばばしせいほ
⇒馬場大助(ばばだいすけ)

馬場俊蔵 ばばしゅんぞう
江戸時代後期～末期の幕臣。
¶徳人(生没年不詳)

馬場正督* ばばせいとく
安永6(1777)年～天保14(1843)年　[別]馬場正督(ばばまさすけ)　江戸時代後期の和算家。
¶数学(ばばまさすけ　[没]天保14(1843)年閏9月13日)

馬場存義* ばばそんぎ，ばばぞんぎ
*～天明2(1782)年　[別]在義(ざいぎ)，存義，存義〔1代〕(ぞんぎ)　江戸時代中期の俳人。
¶俳文(存義　ぞんぎ　[生]元禄16(1703)年3月15日　[没]天明2(1782)年10月30日)

馬場大助* ばばだいすけ
天明5(1785)年～明治1(1868)年　[別]馬場資生圃(ばばしせいほ)，馬場仲達(ばばちゅうたつ)　江戸時代後期の旗本、本草家。
¶科学([没]明治1(1868)年9月10日)，植物([没]明治1(1868)年9月10日)，徳人(馬場資生圃　ばばしせいほ)

馬場忠時* ばばただとき
生没年不詳　戦国時代の武士。穴山信君・勝千代・武田万千代の家臣。
¶武田

馬場太郎右衛門* ばばたろうえもん
天保6(1835)年～明治41(1908)年　江戸時代末期～明治時代の農民、物産商。
¶幕末([没]明治41(1908)年8月9日)

馬場仲達 ばばちゅうたつ
⇒馬場大助(ばばだいすけ)

姥津媛* ははつひめ
[別]姥津媛(おけつひめ)　上代の記・紀にみえる開化天皇の妃。
¶天皇(おけつひめ・ははつひめ　生没年不詳)

馬場利重* ばばとししげ
?～明暦3(1657)年　江戸時代前期の幕臣。長崎奉行。
¶対外，徳人

馬場尚繁 ばばなおしげ
江戸時代中期の幕臣。
¶徳人([生]1697年　[没]1750年)

馬場縫殿右衛門* ばばぬいえもん
文政12(1829)年～明治35(1902)年　[別]馬場不知姣斎(ばばふちこうさい)　江戸時代末期～明治時代の儒学者、漢詩人。
¶幕末([没]明治35(1902)年1月12日)

馬場宣隆 ばばのぶたか
江戸時代前期の幕臣。
¶徳人([生]1616年　[没]1684年)

馬場信春* ばばのぶはる
*～天正3(1575)年　戦国時代～安土桃山時代の武将。武田氏家臣。
¶全戦([生]?)，戦武([生]永正11(1514)年)，武田([生]永正11(1514)年?　[没]天正3(1575)年5月21日)

馬場信盈 ばばのぶみつ
戦国時代の武田信豊の同心。
¶武田(生没年不詳)

馬場彦尉* ばばひこのじょう
生没年不詳　戦国時代の甲斐武田一族穴山信君の家臣。
¶武田

馬場不知姣斎 ばばふちこうさい
⇒馬場縫殿右衛門(ばばぬいえもん)

馬場文耕* ばばぶんこう
享保3(1718)年～宝暦8(1758)年　江戸時代中期の講釈師。吉宗に仕える。
¶江人，コン，思想([生]享保3(1718)年?)

馬場孫次郎* ばばまごじろう
生没年不詳　安土桃山時代の織田信長の家臣。
¶織田

馬場昌重 ばばまさしげ
江戸時代前期～中期の代官。
¶徳代([生]寛永16(1639)年　[没]宝永3(1706)年7月15日)

馬場正督 ばばまさすけ
⇒馬場正督(ばばせいとく)

馬場正統 ばばまさのり
⇒馬場錦江(ばばきんこう)

馬場正通*(馬場正道) ばばまさみち
安永9(1780)年～文化2(1805)年 江戸時代後期の経済学者、探検家。国後島アトイヤまで至る。
¶コン(馬場正道),対外

馬場通喬 ばばみちたか
江戸時代中期の幕臣。
¶徳人([生]1745年 [没]?)

馬場充行 ばばみつゆき
江戸時代中期の幕臣。
¶徳人([生]1713年 [没]1786年)

馬場民部少輔* ばばみんぶのしょう
?～天正10(1582)年3月 戦国時代～安土桃山時代の甲斐武田勝頼の家臣。
¶武田

馬場職家* ばばもといえ
*～慶長13(1608)年 安土桃山時代～江戸時代前期の武士。
¶全戦(生没年不詳)

馬場良峯 ばばよしみね
江戸時代中期の代官。
¶徳代([生]元禄7(1694)年 [没]享保13(1728)年2月19日)

馬場頼周 ばばよりちか
戦国時代の肥前三根郡中野城主。
¶全戦([生]? [没]天文15(1546)年)

馬場楽山* ばばらくざん
享和3(1803)年～慶応4(1868)年 江戸時代末期の陸奥中村藩士。
¶幕末([没]慶応4(1868)年8月21日)

馬場凌冬 ばばりょうとう
江戸時代後期～明治時代の俳人・連句作者。
¶俳文([生]天保13(1842)年11月 [没]明治35(1902)年9月6日)

ハビアン*(巴毗庵)
永禄8(1565)年～元和7(1621)年 [別]ハビアン不干(はびあんふかん),ファビアン 安土桃山時代～江戸時代前期の日本人イエズス会修道士。
¶思想([生]永禄8(1565)年?),対外

ハビアン不干 はびあんふかん
⇒ハビアン

土生玄杏 はぶげんあん
江戸時代後期の眼科医。
¶眼医(生没年不詳)

土生玄昌〔2代〕 はぶげんしょう
江戸時代後期～明治時代の眼科医。
¶眼医(――〔2世〕 [生]文政10(1827)年 [没]明治21(1888)年)

土生玄碩*(土生元碩) はぶげんせき
宝暦12(1762)年～嘉永1(1848)年8月17日 江戸時代中期～後期の眼科医。仮瞳孔術を考案。
¶江人,科学,眼医,コン([没]安政1(1854)年),対外(土生玄碩),徳人([生]1768年 [没]1854年)

土生玄豊 はぶげんほう
江戸時代末期～明治時代の眼科医。
¶眼医([生]? [没]明治5(1872)年)

馬仏 ばぶつ
江戸時代中期の俳諧作者。片桐氏か。
¶俳文([生]? [没]元禄9(1696)年11月22日)

羽太正養 はぶとまさかい
⇒羽太正養(はぶとまさやす)

羽太正養* はぶとまさやす
宝暦2(1752)年～文化11(1814)年 [別]羽太正養(はぶとまさかい) 江戸時代中期～後期の幕臣、安芸守。
¶コン,対外,徳人

祝茂仲* はふりしげなか
寛政4(1792)年～慶応1(1865)年2月14日 江戸時代末期の神官(日吉社司)。
¶公卿,公家(茂仲〔日吉神社禰宜 祝部生源寺・樹下家〕しげなか)

祝重正* はふりしげまさ
生没年不詳 安土桃山時代の織田信長の家臣。
¶織田

祝茂慶* はふりしげよし
延享2(1745)年～文政7(1824)年2月23日 江戸時代中期～後期の神官(日吉社司)。
¶公卿,公家(茂慶〔日吉神社禰宜 祝部生源寺・樹下家〕しげよし)

祝資光* はふりすけみつ
延宝5(1677)年～延享2(1745)年4月4日 江戸時代中期の神官(日吉社司)。
¶公卿,公家(資光〔日吉神社禰宜 祝部生源寺・樹下家〕すけみつ)

祝友治* はふりともはる
元禄15(1702)年～宝暦12(1762)年10月14日 江戸時代中期の神官(日吉社司)。
¶公卿,公家(友治〔日吉神社禰宜 祝部生源寺・樹下家〕ともはる)

祝友世* はふりともよ
文明13(1481)年～永禄5(1562)年 戦国時代の公卿(非参議)。
¶公卿,公家(友世〔日吉神社禰宜 祝部生源寺・樹下家〕ともよ)

祝成純* はふりなりあつ
生没年不詳 室町時代の公卿(非参議)。
¶公卿,公家(成純〔日吉神社禰宜 祝部生源寺・樹下家〕なりずみ)

祝成節 はふりなりとも
江戸時代後期の神官。
¶公卿,公家(成節〔日吉神社禰宜 祝部生源寺・樹下家〕なりよ [生]1808年 [没]?)

祝成範* はふりなるのり
元文5(1740)年～文政11(1828)年5月10日 江戸時代中期～後期の神官(日吉社司)。
¶公卿,公家(成範〔日吉神社禰宜 祝部生源寺・樹下家〕なりのり)

祝成光* はふりなるみつ
天明8(1788)年～万延1(1860)年1月26日 江戸時代後期の神官(日吉社司)。
¶公卿,公家(成光〔日吉神社禰宜 祝部生源寺・樹下家〕なりみつ)

祝業明* はふりのぶあき
天正17(1589)年～? 江戸時代前期の神官(日吉

社司)。

¶公卿, 公家(業明〔日吉神社禰宜 祝部生源寺・樹下家〕なりあき [生]1671年)

祝業蕃* はふりのぶしげ

明和8(1771)年～天保1(1830)年1月18日 [別]祝部業蕃(はふりべなりしげ) 江戸時代後期の神官(日吉社司)。

¶公卿, 公家(業蕃〔日吉神社禰宜 祝部生源寺・樹下家〕なりしげ [没]文政13(1830)年1月18日)

祝業徳* はふりのぶとく

元禄15(1702)年～安永3(1774)年9月 江戸時代中期の神官(日吉社司)。

¶公卿, 公家(業徳〔日吉神社禰宜 祝部生源寺・樹下家〕なりのり)

は

祝業雅* はふりのぶまさ

寛政9(1797)年～安政3(1856)年3月13日 [別]祝部業雅(はふりべなりまさ) 江戸時代末期の神官(日吉社司)。

¶公卿, 公家(業雅〔日吉神社禰宜 祝部生源寺・樹下家〕なりまさ [生]1787年)

祝部業蕃 はふりべなりしげ

⇒祝業蕃(はふりのぶしげ)

祝部成茂 はふりべなりしげ

⇒祝部成茂(はふりべのなりしげ)

祝部成仲 はふりべなりなか

⇒祝部成仲(はふりべのなりなか)

祝部業雅 はふりべなりまさ

⇒祝業雅(はふりのぶまさ)

祝部成房 はふりべのしげふさ

平安時代後期の日吉社神主。

¶古人(生没年不詳)

祝部成茂* はふりべのなりしげ

治承4(1180)年～建長6(1254)年 [別]祝部成茂(はふりべなりしげ, はふりべのなりもち) 平安時代後期～鎌倉時代後期の神職、歌人。

¶古人(はふりべのなりもち)

祝部成仲* はふりべのなりなか

康和1(1099)年～建久2(1191)年 [別]祝部成仲(はふりべなりなか) 平安時代後期の神職、歌人。

¶古人

祝部成茂 はふりべのなりもち

⇒祝部成茂(はふりべのなりしげ)

祝部允仲 はふりべのまさなか

⇒祝部允仲(はふりべまさなか)

祝部教成* はふりべのりなり

生没年不詳 南北朝時代の公卿(非参議)。

¶公卿, 公家(教成〔日吉神社禰宜 祝部生源寺・樹下家〕のりなり)

祝部允仲* はふりべまさなか

生没年不詳 [別]祝部允仲(はふりべのまさなか) 平安時代後期～鎌倉時代前期の神職・歌人。

¶古人(はふりべのまさなか)

祝部行茂* はふりべゆきしげ

承応2(1653)年～元文2(1737)年10月14日 江戸時代前期～中期の神職。

¶公家(行茂〔日吉神社禰宜 祝部生源寺・樹下家〕 ゆきしげ)

祝希璵* はふりまれよ

文化4(1807)年～? 江戸時代後期の神官(日吉社司)。

¶公卿, 公家(希璵〔日吉神社禰宜 祝部生源寺・樹下家〕まれよ)

祝希烈* はふりまれれつ

天明6(1786)年～文久3(1863)年2月26日 江戸時代後期の神官(日吉社司)。

¶公卿, 公家(希烈〔日吉神社禰宜 祝部生源寺・樹下家〕まれつら [生]1785年)

祝行茂* はふりゆきしげ

承応1(1652)年～元文2(1737)年10月14日 江戸時代前期～中期の神官(日吉社司)。

¶公卿

羽部廉蔵* はぶれんぞう

文化5(1808)年～慶応1(1865)年 江戸時代末期の水戸藩郷士。

¶幕末([没]慶応1(1865)年7月21日)

はま(1)

江戸時代後期の女性。教育。高井氏。

¶江表(はま(東京都) [生]文化9(1812)年頃)

はま(2)

江戸時代後期の女性。教育。村田忠道の母。

¶江表(はま(東京都) [生]文政2(1819)年頃)

はま・波麻

江戸時代後期の女性。俳諧。備後上下の人。五十嵐浜藻編『八重山吹』によると、文化4年6月17日、元輔亭で波間藻、きせと三吟歌仙を巻いている。

¶江表(はま・波麻(広島県))

浜 はま⋆

江戸時代末期～明治時代の女性。漢詩。岩田氏。

¶江表(浜(東京都) [没]明治9(1876)年)

浜尾(1) はまお⋆

江戸時代の女性。和歌。豊後杵築の小倉勇之進の娘。明治14年刊、岡田良策編『近世名婦百人撰』に載る。

¶江表(浜尾(大分県))

浜尾(2) はまお⋆

江戸時代後期の女性。和歌。忍藩藩士黒沢翁満の娘。嘉永6年刊、翁満編『類題採風集』初に載る。

¶江表(浜尾(埼玉県))

浜尾(3) はまお⋆

江戸時代末期の女性。狂歌。祇園の人。安政2年刊、清流亭西江編『狂歌茶器財集』に載る。

¶江表(浜尾(京都府))

浜荻 はまおぎ⋆

江戸時代の女性。俳諧。島原の難波屋の遊女。

¶江表(浜荻(京都府))

浜口鬼一 はまぐちきいち

⇒浜口飛一(はまぐちひいち)

浜口儀兵衛〔7代〕 はまぐちぎへえ

⇒浜口梧陵(はまぐちごりょう)

浜口梧陵* はまぐちごりょう

文政3(1820)年6月15日～明治18(1885)年4月21日 [別]浜口儀兵衛〔7代〕(はまぐちぎへえ) 江戸時代末期～明治時代の官吏、和歌山県議会議長。開国論者。訓練所耐久社を設け、郷里青年を教育、農民兵

を組織。
¶コン, 全幕

浜口飛一* はまぐちひいち
[別]浜口鬼一(はまぐちきいち) 江戸時代末期の新撰組隊士。
¶新隊(浜口鬼一 はまぐちきいち 生没年不詳)

浜口英幹 はまぐちひでもと
[別]浜口興右衛門(はまぐちこうえもん) 江戸時代後期～明治時代の海軍技術者。浜口久左衛門の養子。
¶徳人(浜口興右衛門 はまぐちこうえもん 生没年不詳), 幕末([生]文政12(1829)年 [没]明治27(1894)年10月15日)

浜口立誠* はまぐちりゅうせい
天明7(1787)年～安政2(1855)年 江戸時代後期の医師。
¶幕末([没]安政2(1855)年3月12日)

はま子(1) はまこ*
江戸時代後期の女性。和歌。駿河島田の桑原成右衛門の母。天保4年刊、加納諸平編『類題鰒玉集』二に載る。
¶江表(はま子(静岡県))

はま子(2) はまこ*
江戸時代末期の女性。和歌。相模高座郡藤沢の岡野治郎兵衛の娘。慶応3年刊、猿渡容盛編『類題新竹集』に載る。
¶江表(はま子(神奈川県))

はま子(3) はまこ*
江戸時代末期～明治時代の女性。和歌。下総相馬郡の郷士小島兵馬の娘。
¶江表(はま子(神奈川県) [没]明治27(1894)年)

浜子 はまこ*
江戸時代後期の女性。和歌。番町住。弘化4年刊、清堂観尊編『たち花の香』に載る。
¶江表(浜子(東京都))

浜崎太平次〔8代〕* はまさきたへいじ, はまざきたへいじ
文化11(1814)年～文久3(1863)年 江戸時代末期の商人、貿易商。
¶コン(代数なし), 幕末(はまざきたへいじ [没]文久3(1863)年6月15日)

浜里* はまさと
?～文久1(1861)年 江戸時代末期の市ヶ谷御殿の奥女中。
¶幕末([没]万延2(1861)年1月13日)

浜路 はまじ*
江戸時代中期の女性。和歌。宇和島藩主伊達村年の室玉台院付の侍女。元文4年成立、畔充英写「宗村朝臣亭後宴和歌」に載る。
¶江表(浜路(愛媛県))

浜島忠三郎* はまじまちゅうざぶろう, はましまちゅうざぶろう
生没年不詳 江戸時代末期の下総結城藩士。
¶幕末(はましまちゅうざぶろう)

浜女 はまじょ*
江戸時代後期の女性。和歌。越後村松藩藩士生嶋仙庵の妻。文化11年刊、中山忠雄・河田正致編『柿本社奉納和歌集』に載る。
¶江表(浜女(新潟県))

浜田安房守広綱 はまだあわのかみひろつな
⇒浜田広綱(はまだひろつな)

浜田景隆* はまだかげたか
天文23(1554)年～天正19(1591)年 安土桃山時代の武士。伊達氏家臣。
¶戦武

浜田杏堂* はまだきょうどう
明和3(1766)年～文化11(1814)年 江戸時代後期の医師、南画家。
¶美画([没]文化11(1815)年12月22日)

浜田元竜* はまだげんりょう
文政5(1822)年～明治12(1879)年 江戸時代末期～明治時代の医師、土佐藩藩医、藩校医学館教授。藩主山内家一族付の医師として活躍。
¶幕末([没]明治12(1879)年3月3日)

浜田洒堂* はまだしゃどう
?～元文2(1737)年 [別]洒堂(しゃどう), 珍碩(ちんせき), 浜田珍碩(はまだちんせき) 江戸時代中期の俳人。松尾芭蕉に入門。
¶コン(生没年不詳), 詩作([没]元文2(1737)年9月13日), 俳文(洒堂 しゃどう [没]元文2(1737)年9月13日)

浜田善次* はまだぜんじ
江戸時代末期の新撰組隊士。
¶新隊([没]明治1年1月6日)

浜田珍碩 はまだちんせき
⇒浜田洒堂(はまだしゃどう)

浜田豊吉* はまだとよきち
天保8(1837)年～元治1(1864)年 江戸時代末期の播磨赤穂藩士。
¶幕末([没]元治1(1864)年9月28日)

浜田彦蔵* はまだひこぞう
天保8(1837)年～明治30(1897)年12月12日 [別]アメリカ彦蔵(あめりかひこぞう), ジョセフ・ヒコ 江戸時代末期～明治時代の漂流者、通訳、貿易商。日系アメリカ人一号。帰国後通訳を務め、貿易を営み新聞発行などを手がけた。
¶江人, コン(アメリカ彦蔵 あめりかひこぞう), 全幕, 幕末(ジョセフ・ヒコ [生]天保8(1837)年8月21日), 山小([生]1837年8月21日 [没]1897年12月12日)

浜田広綱* はまだひろつな
[別]浜田安房守広綱(はまだあわのかみひろつな) 戦国時代～安土桃山時代の武将。葛西氏家臣。
¶全戦([生]大永3(1523)年 [没]文禄1(1592)年)

浜田平右衛門* はまだへいえもん
江戸時代末期の薩摩藩士。
¶幕末(生没年不詳)

浜田平治* はまだへいじ
江戸時代末期の薩摩藩士。
¶幕末(生没年不詳)

浜田又四郎* はまだまたしろう
文化10(1813)年～明治38(1905)年 江戸時代末期～明治時代の船乗り。土佐湾内随一の名船頭といわれる。多くの漁民を育てた。
¶幕末([生]文化10(1813)年8月6日 [没]明治38(1905)年8月7日)

浜田弥兵衛*(1) はまだやひょうえ
生没年不詳 江戸時代前期の長崎代官末次平蔵の朱印船船長。

は

¶江人, コン, 対外, 山小

浜田弥兵衛*(2)　はまだやひょうえ
*～明治20(1887)年　[別]浜田弥兵衛(はまだやへえ)　江戸時代末期～明治時代の肥前大村藩士。
¶幕末(はまだやへえ　[生]文政8(1825)年9月1日　[没]明治20(1887)年4月7日)

浜田弥兵衛　はまだやへえ
⇒浜田弥兵衛(はまだやひょうえ)

浜田与右衛門*　はまだよえもん
生没年不詳　安土桃山時代の織田信長の家臣。
¶織田

浜田与四郎*　はまだよしろう
文化9(1812)年～明治3(1870)年　江戸時代末期～明治時代の三河刈谷藩家老。
¶幕末([没]明治3(1870)年1月18日)

浜中八三郎*　はまなかはちさぶろう
江戸時代末期～明治時代の加賀塩屋の北前船主。
¶コン(生没年不詳)

浜名弥五右衛門　はまなやごえもん
江戸時代前期の前田利長の家臣富田越後重政の若党。後に牢人。
¶大坂

浜野箕山*　はまのきざん
文政8(1825)年～大正5(1916)年　[別]浜野章吉(はまのしょうきち)　江戸時代末期～明治時代の儒者。
¶幕末(浜野章吉　はまのしょうきち　[没]大正5(1916)年4月23日)

浜野章吉　はまのしょうきち
⇒浜野箕山(はまのきざん)

浜野政随(──〔1代〕)　はまのしょうずい
⇒浜野政随〔1代〕(はまのまさゆき)

浜野政随〔2代〕*　はまのしょうずい
元文5(1740)年～安永5(1776)年　[別]浜野政随〔2代〕(はまのまさゆき)　江戸時代中期の彫金工。
¶コン, 美工(はまのまさゆき)

浜野矩随〔1代〕*　はまののりゆき
元文1(1736)年～天明7(1787)年　江戸時代中期の装剣金工家。浜野政随の門下。
¶コン, 美工([生]享保20(1735)年　[没]天明7(1787)年8月29日)

浜野矩随〔2代〕*　はまののりゆき
明和8(1771)年～嘉永5(1852)年　江戸時代後期の彫金家。
¶コン, 美工

浜野政随〔1代〕*　はまのまさゆき
元禄9(1696)年～明和6(1769)年　[別]浜野政随, 浜野政随〔1代〕(はまのしょうずい)　江戸時代中期の装剣金工家。名工利寿に学ぶ。浜野派の開祖。
¶コン(はまのしょうずい), 美工

浜野政随〔2代〕　はまのまさゆき
⇒浜野政随〔2代〕(はまのしょうずい)

浜野松次郎*　はまのまつじろう
天保14(1843)年～慶応1(1865)年　江戸時代末期の水戸藩士。
¶幕末([没]元治2(1865)年2月16日)

浜野弥六郎*　はまのやろくろう
生没年不詳　戦国時代の北条氏の家臣。
¶後北(弥六郎〔浜野〕　やろくろう)

浜まさ子　はままさこ★
江戸時代後期の女性。狂歌。尾張名古屋の方十園豆長兼成の妻。文化14年刊、橘庵芦辺田鶴丸撰『狂歌弄花集』に載る。
¶江表(浜まさ子(愛知県))

浜政子・政子　はままさこ★
江戸時代後期の女性。狂歌。狂歌師枩ノ屋琴彦の妻。文化5年成立、六樹園飯盛判『職人尽狂歌合』に載る。
¶江表(浜政子・政子(東京都))

浜真砂　はままさご★
江戸時代後期の女性。狂歌。会津の人。享和2年刊、尚左堂俊満編「狂歌左鞆絵」に載る。
¶江表(浜真砂(福島県))

浜松氏助　はままつうじすけ
⇒浜松歌国(はままつうたくに)

浜松歌国*　はままつうたくに
安永5(1776)年～文政10(1827)年　[別]金沢歌国(かなざわうたくに), 南水(なんすい), 布屋氏助(ぬのやうじすけ), ぬのや清兵衛(ぬのやせいべえ), 浜松氏助(はままつうじすけ), 颯々亭南水(ふうふうていなんすい), 八重垣歌国(やえがきうたくに)　江戸時代後期の歌舞伎作者。寛政8年～文政9年頃に活躍。
¶浮絵, 歌大, コン, 新歌

浜村かね子*　はまむらかねこ
生没年不詳　江戸時代の名古屋の女性。孝養と美貌で知られる。
¶江表(かね子(愛知県))

浜村屋吉次　はまむらやきちじ
⇒瀬川菊之丞〔1代〕(せがわきくのじょう)

浜藻　はまも
⇒五十嵐波間藻(いがらしはまも)

浜本三郎*　はまもとさぶろう
天保14(1843)年～？　江戸時代後期～末期の新撰組隊士。
¶新隊

浜和助*　はまわすけ
弘化3(1846)年～明治44(1911)年　江戸時代末期～明治時代の考古学者。史蹟・故事伝説などに精通し、考古家として知られた。
¶幕末([没]明治44(1911)年1月19日)

歯みと女　はみとじょ★
江戸時代後期の女性。狂歌。越後三条の人。文化11年刊、四方滝水楼米人編『狂歌水鶯集』に載る。
¶江表(歯みと女(新潟県))

播美奥人　はみのおきひと
奈良時代の官人。
¶古人(生没年不詳)

播美相挙　はみのすけたか
平安時代中期の官人。
¶古人(生没年不詳)

はむ
江戸時代末期の女性。和歌。駿河沼津の和田民造

の祖母。安政4年刊、広藤編『千百人一首』に載る。
¶江表(はむ(静岡県))

葉室顕孝＊　はむろあきたか
寛政8(1796)年9月4日～安政5(1858)年6月9日　江戸時代末期の公家(権大納言)。参議葉室頼寿の子。
¶公卿,公家(顕孝〔葉室家〕　あきたか)

葉室顕隆　はむろあきたか
⇒藤原顕隆(ふじわらのあきたか)

葉室顕頼　はむろあきより
⇒藤原顕頼(ふじわらのあきより)

葉室定顕　はむろさだあき
⇒葉室長親(はむろながちか)

葉室定嗣＊　はむろさだつぐ
承元2(1208)年～文永9(1272)年6月26日　[別]藤原定嗣(ふじわらのさだつぐ)　鎌倉時代前期の公卿(権中納言)。権中納言藤原光雅の孫。
¶公卿([没]?),公家(定嗣〔堀河・岩蔵・葉室1家(絶家)〕　さだつぐ),コン

葉室定藤＊　はむろさだふじ
?～正和4(1315)年11月8日　[別]藤原定藤(ふじわらさだふじ)　鎌倉時代後期の公卿(参議)。権中納言葉室定嗣の子。
¶公卿,公家(定藤〔堀河・岩蔵・葉室1家(絶家)〕　さだふじ)

葉室季頼＊　はむろすえより
建保1(1213)年～永仁1(1293)年11月14日　鎌倉時代後期の公卿(非参議)。中納言葉室資頼の長男。
¶公卿,公家(季頼〔葉室家〕　すえより)

葉室資頼＊　はむろすけより
建久5(1194)年～建長7(1255)年　鎌倉時代前期の公卿(中納言)。葉室家の祖。権大納言藤原宗頼の孫。
¶公卿([没]建長7(1255)年10月18日),公家(資頼〔葉室家〕　すけより　[没]建長7(1255)年10月18日)

葉室時長＊　はむろときなが
生没年不詳　[別]藤原時長(ふじわらのときなが)　鎌倉時代前期の文学者。
¶古人,古人(藤原時長　ふじわらのときなが)

羽室直一　はむろなおいち
江戸時代末期の眼科医。
¶眼医(生没年不詳)

葉室長顕＊　はむろながあき
元亨1(1321)年～元中7/明徳1(1390)年2月21日　南北朝時代の公卿(権大納言)。権大納言葉室長隆の次男。
¶公卿([没]明徳1/元中7(1390)年2月21日),公家(長顕〔葉室家(絶家)3〕　ながあき　[没]康応2(1390)年2月21日)

葉室長邦＊　はむろながくに
天保10(1839)年～明治31(1898)年12月26日　江戸時代末期～明治時代の公家。
¶幕末([生]天保10(1839)年1月28日)

葉室長隆＊　はむろながたか
弘安9(1286)年～興国5/康永3(1344)年　鎌倉時代後期～南北朝時代の公卿(権大納言)。権大納言葉室頼藤の長男。
¶公卿([没]康永3(1344)年3月8日),公家(長隆〔葉室家〕　ながたか　[没]康永3(1344)年3月8日)

葉室長忠＊　はむろながただ
生没年不詳　室町時代の公卿(権大納言)。参議葉室長宗の子。
¶公卿,公家(長忠〔葉室家〕　ながただ)

葉室長親＊　はむろながちか
?～応永21(1414)年2月　[別]葉室定顕(はむろさだあき)　室町時代の公卿(参議)。権大納言葉室宗顕の子。
¶公卿,公家(長親〔葉室家(絶家)3〕　ながちか)

葉室長順＊　はむろながとし
文政3(1820)年～明治12(1879)年　江戸時代末期～明治時代の公家(権大納言)。権大納言葉室頼孝の三男。
¶公卿([生]文政3(1820)年4月14日　[没]明治12(1879)年10月),公家(長順〔葉室家〕　ながとし　[生]文政3(1820)年4月14日　[没]明治12(1879)年10月17日),幕末([生]文政3(1820)年4月14日　[没]明治12(1879)年10月7日)

葉室長藤＊　はむろながふじ
正和3(1314)年～?　鎌倉時代後期～南北朝時代の公卿(参議)。応安元年加賀権守に任ぜられる。
¶公卿,公家(長藤〔葉室家〕　ながふじ)

葉室長光＊　はむろながみつ
＊～正平20/貞治4(1365)年閏9月7日　南北朝時代の公卿(権大納言)。権大納言葉室長隆の長男。
¶公卿([生]延慶3(1310)年　[没]貞治4/正平20(1365)年閏9月7日),公家(長光〔葉室家〕　ながみつ　[生]1309年　[没]貞治4(1365)年閏9月7日)

葉室長宗＊　はむろながむね
生没年不詳　南北朝時代の公卿(参議)。権大納言葉室長光の子。
¶公卿,公家(長宗〔葉室家〕　ながむね)

葉室成隆＊　はむろなりたか
正応2(1289)年～元徳2(1330)年　鎌倉時代後期の公卿(参議)。権大納言葉室頼藤の次男。
¶公卿,公家(成隆〔葉室家〕　なりたか)

葉室成頼　はむろなりより
⇒藤原成頼(ふじわらのなりより)

葉室顕隆　はむろのあきたか
⇒藤原顕隆(ふじわらのあきたか)

葉室宣子＊　はむろのぶこ
?～延宝7(1679)年　[別]一対局(いちのたいのつぼね,いったいのつぼね),葉室頼宣女(はむろよりのぶのむすめ)　江戸時代前期の女性。後陽成天皇の宮人。
¶天皇([没]延宝7(1679)年8月29日),天皇(葉室頼宣女　はむろよりのぶのむすめ　[没]延宝7(1679)年8月29日)

葉室光頼　はむろのみつより
⇒藤原光頼(ふじわらのみつより)

葉室教忠＊　はむろのりただ
応永30(1423)年～明応3(1494)年10月13日　室町時代～戦国時代の公卿(権大納言)。権大納言葉室長忠の孫。
¶公卿,公家(教忠〔葉室家〕　のりただ)

葉室光顕＊　はむろみつあき
?～延元1/建武3(1336)年5月21日　鎌倉時代後期～南北朝時代の公卿(参議)。参議葉室光定の子。
¶公卿([没]延元1(1336)年5月21日),公家(光顕〔堀河・

岩蔵・葉室1家（絶家）〕　みつあき　[没]延元1（1336）年5月21日）

葉室光子*　はむろみつこ
嘉永5（1852）年～明治6（1873）年9月22日　江戸時代末期～明治時代の女性。明治天皇の宮人、権典侍として仕える。
¶天皇

葉室光定　はむろみつさだ
⇒藤原光定（ふじわらみつさだ）

葉室光忠*　はむろみつただ
嘉吉1（1441）年～明応2（1493）年　室町時代～戦国時代の公卿（権中納言）。権大納言葉室教忠の子。
¶公卿（[没]明応2（1493）年4月29日），公家（光忠〔葉室家〕　みつただ）

葉室光親　はむろみつちか
⇒藤原光親（ふじわらのみつちか）

葉室光雅　はむろみつまさ
⇒藤原光雅（ふじわらのみつまさ）

葉室光頼　はむろみつより
⇒藤原光頼（ふじわらのみつより）

葉室宗顕*　はむろむねあき
正平2/貞和3（1347）年～応永16（1409）年11月3日　南北朝時代～室町時代の公卿（権大納言）。権大納言葉室長顕の子。
¶公卿（生没年不詳），公家（宗顕〔葉室家（絶家）3〕　むねあき）

葉室宗行　はむろむねゆき
⇒藤原宗行（ふじわらのむねゆき）

葉室宗頼　はむろむねより
⇒藤原宗頼（ふじわらのむねより）

葉室頼重　はむろよりあつ
⇒葉室頼重（はむろよりしげ）

葉室頼業*　はむろよりかず
元和1（1615）年4月24日～延宝3（1675）年6月24日　[別]葉室頼業（はむろよりなり）　江戸時代前期の公家（権大納言）。参議万里小路孝房の次男。
¶公卿，公家（頼業〔葉室家〕　よりなり）

葉室頼子*（1）　はむろよりこ
安永2（1773）年～弘化3（1846）年　江戸時代後期の女性。光格天皇の宮人。
¶天皇（[没]？）

葉室頼子（2）　はむろよりこ
⇒中納言局（ちゅうなごんのつぼね）

葉室頼重*　はむろよりしげ
寛文9（1669）年3月19日～宝永2（1705）年　[別]葉室頼重（はむろよりあつ）　江戸時代前期～中期の公家（権中納言）。権大納言葉室頼孝の子。
¶公卿（[没]宝永2（1705）年7月20日），公家（頼重〔葉室家〕　よりしげ　[没]宝永2（1705）年7月21日）

葉室頼孝*　はむろよりたか
正保1（1644）年9月28日～宝永6（1709）年8月4日　江戸時代前期～中期の公家（権大納言）。権大納言葉室頼業の子。
¶公卿，公家（頼孝〔葉室家〕　よりたか　[生]寛永21（1644）年9月28日）

葉室頼任*　はむろよりただ
生没年不詳　鎌倉時代後期の公卿（非参議）。権大納言葉室頼親の三男。
¶公卿，公家（頼任〔葉室家〕　よりとう）

葉室頼胤*　はむろよりたね
元禄10（1697）年9月2日～安永5（1776）年5月2日　江戸時代中期の公家（准大臣）。権中納言橋本実松の子。
¶公卿，公家（頼胤〔葉室家〕　よりたね）

葉室頼親*　はむろよりちか
*～嘉元4（1306）年2月5日　鎌倉時代後期の公卿（権大納言）。非参議葉室季頼の子。
¶公卿（[生]嘉禎2（1236）年），公家（頼親〔葉室家〕　よりちか　[生]1236年）

葉室頼継*　はむろよりつぐ
明応1（1492）年～享禄2（1529）年7月30日　戦国時代の公卿（参議）。権中納言葉室光忠の子。
¶公卿，公家（頼継〔葉室家〕　よりつぐ）

葉室頼時*　はむろよりとき
生没年不詳　室町時代の公卿（権大納言）。参議葉室長親の子。
¶公卿，公家（頼時〔葉室家（絶家）3〕　よりとき）

葉室頼要　はむろよりとし
⇒葉室頼要（はむろよりやす）

葉室頼業　はむろよりなり
⇒葉室頼業（はむろよりかず）

葉室頼宣*　はむろよりのぶ
元亀2（1571）年～慶長15（1610）年8月4日　安土桃山時代～江戸時代前期の公家（権中納言）。権中納言葉室頼房の子。
¶公卿，公家（頼宣〔葉室家〕　よりのぶ）

葉室頼宣女　はむろよりのぶのむすめ
⇒葉室宣子（はむろのぶこ）

葉室頼寿*　はむろよりひさ
安永6（1777）年9月7日～文化1（1804）年8月29日　江戸時代中期～後期の公家（参議）。権大納言葉室頼熈の子。
¶公卿，公家（頼寿〔葉室家〕　よりひさ）

葉室頼熈*（葉室頼煕）　はむろよりひろ
寛延3（1750）年2月7日～文化1（1804）年9月19日　江戸時代中期～後期の公家（権大納言）。権中納言堤代長の次男。
¶公卿，公家（頼熈〔葉室家〕　よりひろ）

葉室頼房*（1）　はむろよりふさ
生没年不詳　鎌倉時代後期の公卿（非参議）。権大納言葉室頼親の次男。
¶公卿，公家（頼房〔葉室家（絶家）2〕　よりふさ）

葉室頼房*（2）　はむろよりふさ
大永7（1527）年4月7日～天正4（1576）年6月24日　戦国時代～安土桃山時代の公卿（権中納言）。参議葉室頼継の子。
¶公卿，公家（頼房〔葉室家〕　よりふさ）

葉室頼藤*　はむろよりふじ
建長6（1254）年～延元1/建武3（1336）年5月14日　鎌倉時代後期～南北朝時代の公卿（権大納言）。権大納言葉室頼親の長男。
¶公卿（[没]建武3（1336）年5月14日），公家（頼藤〔葉室家〕　よりふじ　[没]建武3（1336）年5月14日）

葉室頼要* はむろよりやす
正徳5(1715)年4月23日～寛政6(1794)年6月3日 [別]葉室頼要(はむろよりとし) 江戸時代中期の公家(権大納言)。権中納言坊城俊清の次男。
¶公卿,公家(頼要〔葉室家〕 よりやす)

巴明 はめい
⇒野崎巴明(のざきはめい)

巴門女 はもんじょ★
江戸時代後期の女性。狂歌。三河の人。文化2年序、四方真顔評『増補狂歌題林抄』に載る。
¶江表(巴門女(愛知県))

はや
江戸時代中期の女性。和歌。京極家の奥女中。寛延1年刊、松風也軒編『渚の松』に載る。
¶江表(はや(東京都))

早井次賀* はやいつぎよし
生没年不詳 江戸時代後期の和算家。
¶数学

早川勇* はやかわいさむ
天保3(1832)年～明治32(1899)年 江戸時代末期～明治時代の医師、官吏。
¶幕末([生]天保3(1832)年7月 [没]明治32(1899)年2月13日)

早川九左衛門 はやかわくざえもん
安土桃山時代～江戸時代前期の豊臣秀吉・秀頼の家臣。
¶大坂

早川高寧* はやかわこうねい
安永6(1777)年～* [別]早川高寧(はやかわたかやす) 江戸時代後期の和算家。
¶数学(はやかわたかやす [没]文政3(1820)年12月24日)

早川定千代 はやかわさだちよ
戦国時代の甲斐国山梨郡米倉土豪早川肥後入道の子。
¶武田(生没年不詳)

早川主馬 はやかわしゅめ
江戸時代前期の武将。大坂の陣で籠城。
¶大坂

早川修理* はやかわしゅり
文化1(1804)年～明治5(1872)年 江戸時代末期～明治時代の常陸土浦藩用人。
¶幕末([没]明治5(1872)年1月9日)

早川尚古斎〔1代〕 はやかわしょうこさい
江戸時代後期～明治時代の竹工芸家。
¶美工([生]文化12(1815)年 [没]明治30(1897)年)

早川松山 はやかわしょうざん
江戸時代末期～明治時代の画家。
¶浮絵([生]嘉永3(1850)年 [没]明治22(1889)年)

早川丈石* はやかわじょうせき
元禄8(1695)年～安永8(1779)年 [別]丈石(じょうせき) 江戸時代中期の俳人。
¶俳文(丈石 じょうせき [没]安永8(1779)年7月21日)

早川新九郎 はやかわしんくろう
戦国時代の甲斐国山梨郡小原郷の細工職人。
¶武田(生没年不詳)

早川輔四郎* はやかわすけしろう
天保2(1831)年～明治1(1868)年 江戸時代末期の出羽秋田藩士。
¶幕末([没]明治1(1868)年9月20日)

早川高寧 はやかわたかやす
⇒早川高寧(はやかわこうねい)

早川卓之丞* はやかわたくのじょう
?～文久3(1863)年 江戸時代末期の因幡鳥取藩士。
¶全幕([生]文政5(1822)年)

早川辰人* はやかわたつと
文化5(1808)年～明治14(1881)年 江戸時代末期～明治時代の常陸土浦藩士。
¶幕末([没]明治14(1881)年1月17日)

早川太兵衛勝正 はやかわたひょうえかつまさ
江戸時代前期の人。明智光秀の配下小早川修理進の子。
¶大坂

早川伝五郎* はやかわでんごろう
寛文10(1670)年～享保4(1719)年11月20日 [別]宮崎伝五郎(みやざきでんごろう) 江戸時代中期の歌舞伎役者。元禄13年～享保4年頃に活躍。
¶コン([生]?)

早川殿* はやかわどの
?～慶長18(1613)年2月15日 安土桃山時代～江戸時代前期の女性。今川氏真の室。
¶後北(今川氏真室 いまがわうじざねしつ),後北(早河殿〔北条〕)

早川某 はやかわなにがし
安土桃山時代の上野国厩橋城代官。北条氏政の家臣。
¶後北(某〔早川〕 なにがし)

早川信道* はやかわのぶみち
生没年不詳 江戸時代後期の和算家。
¶数学

早川肥後入道 はやかわひごにゅうどう
戦国時代の甲斐国山梨郡米倉の土豪。
¶武田([生]? [没]永禄1(1558)年2月17日)

早川広海 はやかわひろみ
⇒安田漫々(やすだまんまん)

早川正紀* はやかわまさとし
元文4(1739)年～文化5(1808)年11月10日 [別]早川正紀(はやかわまさのり) 江戸時代中期～後期の代官。飢饉災害の復の道を「六本の教」によって諭す。
¶江人,コン,徳人,徳代

早川正紀 はやかわまさのり
⇒早川正紀(はやかわまさとし)

早川政徳 はやかわまさよし
江戸時代前期～中期の関東代官。
¶徳代([生]貞享4(1687)年 [没]延享1(1744)年4月20日)

早川漫々 はやかわまんまん
⇒安田漫々(やすだまんまん)

早川弥五左衛門* はやかわやござえもん
文政2(1819)年～明治16(1883)年11月16日 江戸時代末期～明治時代の探検家。樺太を踏査し、屯田

を試みたが失敗。のち樺太開拓使権参事。
¶コン, 幕末

早川弥三衛門尉　はやかわやそうざえもんのじょう
戦国時代～安土桃山時代の武田氏の家臣、山県昌景の同心。
¶武田（生没年不詳）

早川林平*　はやかわりんぺい
江戸時代末期の新撰組隊士。
¶新隊

早蜘長吉　はやくもちょうきち
⇒早雲長太夫〔1代〕（はやくもちょうだゆう）

早雲長太夫〔1代〕*　はやくもちょうだゆう
？～宝永1（1704）年9月8日　[別]早蜘長吉（はやくもちょうきち）　江戸時代前期～中期の歌舞伎座主。寛文9年～宝永1年頃に活躍。
¶コン（代数なし　生没年不詳）

はや子　はやこ★
江戸時代中期の女性。和歌。冷泉門。明和5年刊、石野広通編『霞関集』に載る。
¶江表（はや子（東京都））

早子(1)　はやこ★
江戸時代後期の女性。和歌。徳川家の奥女中。文化11年刊、中山忠雄・河田正致編『柿本社奉納和歌集』に載る。
¶江表（早子（東京都））

早子(2)　はやこ★
江戸時代末期の女性。和歌。半野氏。幕末期の長府の歌人平田秋足社中の一枚摺歌書に載る。
¶江表（早子（山口県））

林韑　はやしあきら
⇒林復斎（はやしふくさい）

林有通　はやしありみち
⇒林桜園（はやしおうえん）

林伊賀守*　はやしいがのかみ
生没年不詳　戦国時代の上野国衆由良氏重臣。
¶後北（伊賀守〔林（1）〕　いがのかみ）

林出雲守　はやしいずものかみ
安土桃山時代の武蔵国鉢形城主北条氏邦の家臣。
¶後北（出雲守〔林（2）〕　いずものかみ）

林一烏*　はやしいちう
延宝8（1680）年～明和5（1768）年4月21日　江戸時代中期の医師。
¶科学

林伊兵衛　はやしいひょうえ
⇒林猪兵衛（はやしいへえ）

林猪兵衛*　はやしいへえ
[別]林伊兵衛（はやしいひょうえ）　安土桃山時代の武将。秀吉馬廻。
¶大坂（林伊兵衛　はやしいひょうえ）

林右馬助　はやしうまのすけ
安土桃山時代の北条氏直の家臣。
¶後北（右馬助〔林（3）〕　うまのすけ）

林永喜　はやしえいき
⇒林東舟（はやしとうしゅう）

林遠里*　はやしえんり
天保2（1831）年～明治39（1906）年1月30日　[別]林遠里（はやしおんり）　江戸時代末期～明治時代の筑前福岡藩士、農業改良家。
¶コン（はやしおんり）

林桜園*　はやしおうえん
寛政9（1797）年～明治3（1870）年　[別]林有通（はやしありみち）　江戸時代末期～明治時代の国学者、肥後熊本藩士。
¶コン（[生]寛政10（1798）年）, 全幕（[生]寛政10（1798）年）, 幕末（[生]寛政9（1797）年10月28日　[没]明治3（1870）年10月12日）

林鶯渓*　はやしおうけい
文政6（1823）年～明治7（1874）年　江戸時代末期～明治時代の儒官。
¶徳人

林遠里　はやしおんり
⇒林遠里（はやしえんり）

林芥蔵*　はやしかいぞう
享和1（1801）年～安政5（1858）年　[別]林毛川（はやしもうせん）　江戸時代末期の勝山藩士。
¶幕末（[没]安政5（1858）年7月12日）

林学斎*　はやしがくさい
天保4（1833）年～明治39（1906）年　江戸時代末期～明治時代の儒者。
¶徳人

林鶴梁*　はやしかくりょう
文化3（1806）年～明治11（1878）年1月16日　[別]林長孺（はやしちょうじゅ）　江戸時代末期～明治時代の儒学者。遠江中泉代官、出羽幸生の代官などを歴任。尊皇を唱えて排斥。
¶コン, 思想, 徳人, 徳代（林長孺　はやしちょうじゅ）, 幕末（[生]文化3（1806）年8月13日）

林員清*　はやしかずきよ
？～天正3（1575）年9月2日　戦国時代～安土桃山時代の織田信長の家臣。
¶織田

林勝正　はやしかつまさ
？～慶安3（1650）年　江戸時代前期の幕臣。
¶徳人, 徳代（[没]慶安3（1650）年3月3日）

林鵞峰*（林鵞峯）　はやしがほう
元和4（1618）年～延宝8（1680）年　[別]林春斎（はやししゅんさい）　江戸時代前期の儒学者。林羅山の3男。
¶江人, コン, 思想, 対外（林鵞峯）, 徳将, 徳人（林鵞峯）, 山小（[生]1618年5月29日　[没]1680年5月5日）

林掃部*　はやしかもん
永禄12（1569）年～寛永6（1629）年　[別]林直利（はやしなおとし）　安土桃山時代～江戸時代前期の筑前福岡藩士。
¶全戦（林直利　はやしなおとし）

林紀　はやしき
⇒林研海（はやしけんかい）

林吉右衛門　はやしきちえもん
⇒林吉左衛門（はやしきちざえもん）

林吉左衛門*　はやしきちざえもん
？～正保3（1646）年　[別]林吉右衛門（はやしきちえもん）　江戸時代前期の南蛮天文学の祖。

¶科学（[没]正保3（1646）年4月），コン

林喜兵衛　はやしきひょうえ
江戸時代後期～昭和時代の七宝工。
¶美工（[生]嘉永1（1848）年　[没]昭和6（1931）年）

林金兵衛*　はやしきんべえ
文政8（1825）年～明治14（1881）年　江戸時代末期～明治時代の志士。長州征伐の軍資金の調達、農兵隊を作った。
¶コン，幕末（[生]文政8（1825）年1月1日　[没]明治14（1881）年3月1日）

林玖十郎　はやしくじゅうろう
⇒得能亜斯登（とくのうあすと）

林郡平*　はやしぐんぺい
文政3（1820）年～慶応1（1865）年　江戸時代末期の長門長府藩目付役。
¶幕末（[生]文政3（1820）年5月28日　[没]元治2（1865）年3月25日）

林研海*　はやしけんかい
天保15（1844）年6月16日～明治15（1882）年8月30日　[別]林紀（はやしき，はやしつな）　江戸時代末期～明治時代の陸軍軍医、漢方医、陸軍軍医総監。陸軍軍医正、軍医監を歴任。ロシア皇帝戴冠式参列の随員となりパリで病没。
¶科学，幕末（林紀　はやしつな）

林玄曠　はやしげんさく
江戸時代の眼科医。
¶眼医（生没年不詳）

林謙三*　はやしけんぞう
天保14（1843）年～明治42（1909）年　[別]安保清康（あぼきよやす）　江戸時代末期～明治時代の安芸広島藩士、薩摩藩士、海軍軍人。
¶幕末（[生]天保14（1843）年3月18日　[没]明治42（1909）年10月27日）

林玄仲*　はやしげんちゅう
天保2（1831）年～明治3（1870）年　江戸時代末期～明治時代の医師。
¶幕末（[没]明治3（1870）年2月24日）

林江左　はやしこうさ
江戸時代後期～明治時代の俳人。
¶俳文（[生]天保9（1838）年12月17日　[没]明治29（1896）年6月27日）

林高兵衛*　はやしこうべえ
生没年不詳　安土桃山時代の織田信長の家臣。
¶織田

林小五郎*　はやしこごろう
天保15（1844）年～慶応4（1868）年1月5日　江戸時代後期～末期の新撰組隊士。
¶新隊（[没]明治1（1868）年1月5日）

林小伝治　はやしこでんじ
江戸時代後期～大正時代の工芸家。
¶美工（[生]天保2（1831）年　[没]大正4（1915）年11月）

林惟純　はやしこれずみ
江戸時代後期～明治時代の神官、教育者。
¶幕末（[生]天保4（1833）年1月14日　[没]明治29（1896）年3月31日）

林五郎三郎*　はやしごろうさぶろう
天保3（1832）年～元治1（1864）年　[別]林五郎三郎（はやしごろさぶろう）　江戸時代末期の水戸藩士。
¶幕末（はやしごろさぶろう　[没]元治1（1864）年9月19日）

林五郎兵衛*　はやしごろうべえ
文政3（1820）年11月1日～明治27（1894）年9月1日　江戸時代後期～明治時代の和算家。
¶数学

林五郎三郎　はやしごろさぶろう
⇒林五郎三郎（はやしごろうさぶろう）

林権助*　はやしごんすけ
文化3（1806）年～明治1（1868）年　江戸時代末期の陸奥会津藩士。
¶幕末（[没]慶応4（1868）年1月8日）

林崎甚助*　はやしざきじんすけ
天文11（1542）年～？　安土桃山時代の神夢想林崎流抜刀術の始祖。
¶全戦

林左門*　はやしさもん
文政8（1825）年～明治21（1888）年　江戸時代末期～明治時代の尾張藩士。長州征伐に参加、藩論の統一に寄与。王政復古ののち参与職となる。
¶幕末（[生]文政8（1825）年9月　[没]明治21（1888）年12月30日）

林算九郎*　はやしさんくろう
弘化1（1844）年～明治28（1895）年　江戸時代末期～明治時代の酒場経営者。俗論討滅に決起した諸隊に資金を援助。算九郎の家の離れは高杉晋作の終焉の地。
¶幕末（[生]天保15（1844）年　[没]明治28（1895）年9月25日）

林重治〔1代〕　はやししげはる
⇒林又七（はやしまたしち）

林自弘　はやしじこう
⇒林助右衛門（はやしすけうえもん）

林十江*　はやしじっこう
安永6（1777）年～文化10（1813）年　[別]林十江（はやしそこう），林長羽（はやしちょうう）　江戸時代後期の南画家。
¶美画（[没]文化10（1813）年9月19日）

林子平*　はやししへい
元文3（1738）年～寛政5（1793）年　江戸時代中期の経世家。「三国通覧図説」「海国兵談」の著者。
¶江人，コン，詩作（[生]元文3（1738）年6月21日　[没]寛政5（1793）年6月21日），思想，対外，地理，徳将，山小（[生]1738年6月21日　[没]1793年6月21日）

林述斎*　はやしじゅっさい，はやしじゅつさい
明和5（1768）年～天保12（1841）年　江戸時代中期～後期の儒学者。幼年に大塩鼇渚、服部仲山に師事。
¶江人（はやしじゅつさい），コン，詩作（[生]明和5（1768）年6月23日　[没]天保12（1841）年7月14日），思想，対外，徳将，徳人

林春斎　はやししゅんさい
⇒林鵞峰（はやしがほう）

林庄吉*　はやししょうきち
弘化3（1846）年～？　江戸時代後期～末期の新撰組隊士。
¶新隊

林甚右衛門正治　はやしじんえもんまさはる
江戸時代前期の武士。大坂の陣で籠城。

¶大坂

林信二郎　はやししんじろう
江戸時代末期の新撰組隊士。
¶新隊

林新次郎*　はやししんじろう
？～天正1（1573）年10月25日　戦国時代～安土桃山時代の織田信長の家臣。
¶織田

林信太郎*　はやししんたろう
？～明治1（1868）年　江戸時代末期の新撰組隊士。
¶新隊（[没]明治1（1868）年10月7日），全幕，幕末（[没]明治1（1868）年10月）

林甚内　はやしじんない
江戸時代前期の豊臣秀吉・秀頼の家臣。
¶大坂（[没]慶長20年5月7日）

林助右衛門*　はやしすけうえもん
明和6（1769）年～？　[別]林自弘（はやしじこう），林弘（はやしひろし）　江戸時代中期の河内狭山藩士。
¶数学（林自弘　はやしじこう），数学（林弘　はやしひろし）

はやしせい衛門　はやしせいえもん
安土桃山時代の信濃国筑摩郡麻績北条の土豪。
¶武田（生没年不詳）

林宗二　はやしそうじ
⇒饅頭屋宗二〔1代〕（まんじゅうやそうじ）

林惣七郎　はやしそうしちろう
江戸時代中期の幕臣。
¶徳人（生没年不詳）

林宗二　はやしそうに
⇒饅頭屋宗二〔1代〕（まんじゅうやそうじ）

林惣兵衛通春　はやしそうびょうえみちはる
江戸時代前期の豊臣秀頼・堀越後守（忠俊か）の家臣。
¶大坂

林十江　はやしそこう
⇒林十江（はやしじっこう）

林竹之助*　はやしたけのすけ
江戸時代末期の新撰組隊士。
¶新隊（生没年不詳）

林与*　はやしたすく
天保14（1843）年～明治2（1869）年　[別]林与（はやしよ）　江戸時代末期の周防徳山藩士。
¶幕末（[生]天保14（1843）年6月14日　[没]明治2（1869）年5月8日）

林忠篤　はやしただあつ
江戸時代中期～後期の幕臣。
¶徳人（[生]1738年　[没]1794年）

林忠和　はやしただかず
江戸時代前期～中期の幕臣。
¶徳人（[生]1658年　[没]1705年）

林忠交*　はやしただかた
弘化2（1845）年～慶応3（1867）年　江戸時代末期の大名。上総請西藩主。
¶幕末（[没]慶応3（1867）年6月24日）

林董　はやしただす
嘉永3（1850）年～大正2（1913）年　江戸時代後期～大正時代の幕臣。実父は佐藤泰然。箱館戦争に参戦。晩年逓信大臣と外務大臣を兼務。
¶全幕，徳人，幕末（[生]嘉永3（1850）年2月22日　[没]大正2（1913）年7月10日）

林忠崇*　はやしただたか
嘉永1（1848）年～昭和16（1941）年1月22日　江戸時代末期～明治時代の大名、華族。箱根で官軍と戦うが降伏。のち東宮職員などを務める。
¶全幕，幕末（[生]嘉永1（1848）年7月28日）

林忠英*　はやしただふさ，はやしだだふさ
明和2（1765）年4月～弘化2（1845）年　江戸時代中期～後期の大名。上総貝淵藩主。
¶コン，徳人

林忠正　はやしただまさ
江戸時代末期～明治時代の美術商。
¶浮絵（[生]安政3（1856）年　[没]明治39（1906）年）

林忠恕　はやしただよし
江戸時代後期～明治時代の建築技師。
¶美建（[生]天保6（1835）年5月14日　[没]明治26（1893）年3月21日）

林太仲*　はやしたちゅう
天保10（1839）年～大正5（1916）年　江戸時代末期～明治時代の越中富山藩士。
¶幕末

林主税*　はやしちから
文政2（1819）年～明治15（1882）年　[別]林良輔（はやしよしすけ，はやしりょうすけ）　江戸時代末期～明治時代の長州（萩）藩士。
¶幕末（[生]文政2（1819）年6月7日　[没]明治15（1882）年5月23日）

林筑前守　はやしちくぜんのかみ
安土桃山時代の北条氏直の家臣。
¶後北（筑前守〔林（4）〕　ちくぜんのかみ）

林忠左衛門*　はやしちゅうざえもん
天保11（1840）年～慶応1（1865）年　[別]吉野三平（よしのさんぺい）　江戸時代末期の水戸藩士。
¶幕末（[没]元治2（1865）年1月1日）

林長羽　はやしちょうう
⇒林十江（はやしじっこう）

林長左衛門*（1）　はやしちょうざえもん
生没年不詳　江戸時代末期の水戸藩士。
¶幕末

林長左衛門*（2）　はやしちょうざえもん
生没年不詳　江戸時代末期の場所請負人。
¶幕末

林長孺　はやしちょうじゅ
⇒林鶴梁（はやしかくりょう）

林紀　はやしつな
⇒林研海（はやしけんかい）

速津媛　はやしつめ
⇒速津媛（はやつひめ）

林悝宇*　はやしていう
寛政5（1793）年～弘化3（1846）年　江戸時代後期の幕府儒官。

¶徳人

林伝右衛門　はやしでんえもん
安土桃山時代～江戸時代前期の代官。
¶徳代（生没年不詳）

林道栄＊　はやしどうえい
寛永17（1640）年～宝永5（1708）年10月22日　[別]林道栄（りんどうえい）　江戸時代前期～中期の漢学者。長崎の人。唐通事の名門林氏の基礎を築く。
¶対外（りんどうえい）

林洞海＊　はやしどうかい
文化10（1813）年～明治28（1895）年2月2日　江戸時代末期～明治時代の蘭方医、大阪医学校校長。小倉藩医となり、二之丸製薬所に出仕。のち権大典医など。
¶江人，科学（[生]文化10（1813）年3月3日），コン，徳人，幕末（[生]文化10（1813）年2月3日）

林道三郎　はやしどうさぶろう
江戸時代後期～明治時代の唐通事。
¶幕末（[生]天保13（1842）年9月22日　[没]明治6（1873）年9月21日）

林東舟＊　はやしとうしゅう
天正13（1585）年～寛永15（1638）年　[別]林永喜（はやしえいき）　江戸時代前期の儒学者。
¶コン，徳人（林永喜　はやしえいき）

林道春　はやしどうしゅん
⇒林羅山（はやしらざん）

林東溟＊　はやしとうめい
宝永5（1708）年～安永9（1780）年　江戸時代中期の漢学者。藩校明倫館に入学、山県周南に徂徠学を学ぶ。
¶コン

林桐葉＊　はやしとうよう
？～正徳2（1712）年　[別]桐葉（とうよう）　江戸時代中期の俳人（蕉門）。
¶俳文（桐葉　とうよう　[没]正徳2（1712）年5月13日）

林時万＊（林時萬）　はやしときかず
文政8（1825）年～明治26（1893）年　江戸時代末期～明治時代の多度津藩藩士、多度津藩家老、藩大参事。多度津の奥白方に邸宅を新築し、危急の際の藩主の避難に備えた。
¶幕末（林時萬　[没]明治26（1893）年6月20日）

林読耕斎　はやしどくこうさい
⇒林読耕斎（はやしどっこうさい）

林徳左衛門　はやしとくざえもん
江戸時代後期～明治時代の薩摩藩の豪商。
¶幕末（[生]1836年　[没]1899年）

林徳則＊　はやしとくのり
文化1（1804）年～文久1（1861）年　[別]林徳則（はやしのりのり）　江戸時代末期の酒造業。
¶幕末（[没]文久1（1861）年10月14日）

林読耕斎＊　はやしどっこうさい
寛永1（1624）年～万治4（1661）年3月12日　[別]林読耕斎（はやしどくこうさい）　江戸時代前期の儒学者。林羅山の4男。
¶思想（[没]寛文1（1661）年），徳人

林友幸＊　はやしともゆき
文政6（1823）年～明治40（1907）年11月8日　江戸時代末期～明治時代の長州藩士、官僚、貴族院議員、枢密顧問官、伯爵。槍の半七として有名。盛岡藩大参事、中野県権知事、元老院議官などを歴任。
¶コン，全幕，幕末（[生]文政6（1823）年2月6日）

林泥平　はやしどろへい
⇒泥平（どろへい）

林直利　はやしなおとし
⇒林掃部（はやしかもん）

林直秀の後妻　はやしなおひでのごさい★
江戸時代中期の女性。和歌。旗本堀田一輝の娘。享保5年成立、旗本安部重救勧進の「北野奉納五十首和歌」に載る。
¶江表（林直秀の後妻（東京都））

林直秀の孫娘　はやしなおひでのまごむすめ★
江戸時代中期の女性。和歌。旗本林直秀の継嗣である養子直孝の妻。享保5年成立、旗本安部重救勧進の「北野奉納五十首和歌」に載る。
¶江表（林直秀の孫娘（東京都））

林就長＊　はやしなりなが
生没年不詳　安土桃山時代の武将。毛利氏家臣。
¶全戦（[生]永正14（1517）年　[没]慶長10（1605）年）

林東人＊　はやしのあずまひと
生没年不詳　平安時代前期の官人。
¶古人

林稲麻呂　はやしのいねまろ
奈良時代の官人。
¶古人（生没年不詳）

林浦海＊　はやしのうらうみ
生没年不詳　[別]林連浦海（はやしのむらじうらうみ）　奈良時代の官吏。
¶古人，古代（林連浦海　はやしのむらじうらうみ）

林王(1)　はやしのおう
奈良時代の官人。父は三嶋王。
¶古人（生没年不詳）

林王(2)　はやしのおう
⇒林王（はやしのおおきみ）

林王＊　はやしのおおきみ
[別]林王（はやしのおう）　奈良時代の官人。
¶古人（はやしのおう　生没年不詳）

林久麻　はやしのくま
奈良時代の人。大仏開眼供養に雅楽助で伎楽頭をつとめた。
¶古人（生没年不詳）

林雑物　はやしのさいもの
奈良時代の官人。
¶古人（生没年不詳）

林重親＊　はやしのしげちか
生没年不詳　平安時代中期の官人。
¶古人

林重経　はやしのしげつね
平安時代後期の官人。
¶古人（生没年不詳）

林嶋国　はやしのしまくに
奈良時代の官人。
¶古人（生没年不詳）

林信篤　はやしのぶあつ
⇒林鳳岡（はやしほうこう）

林信海*　はやしのぶうみ
文化1（1804）年6月14日～文久2（1862）年3月10日　[別]林信海（はやしのぶみ）　江戸時代末期の国学者。
¶幕末

林信勝*　はやしのぶかつ
生没年不詳　安土桃山時代の織田信長の家臣。
¶織田

林信海　はやしのぶみ
⇒林信海（はやしのぶうみ）

林連浦海　はやしのむらじうらうみ
⇒林浦海（はやしのうらうみ）

林山主*　はやしのやまぬし
天平勝宝1（749）年～天長9（832）年　奈良時代～平安時代前期の官人。
¶古人

林徳則　はやしのりのり
⇒林徳則（はやしとくのり）

林梅卿　はやしばいけい
⇒林梅卿（りんばいけい）

林八右衛門*　はやしはちえもん
明和4（1767）年～天保1（1830）年　江戸時代中期～後期の村役人。百姓一揆の指導者とされ牢死。
¶江人，コン（[没]文政13（1830）年）

林治国　はやしはるくに
⇒林百輔（はやしひゃくすけ）

林久吉*　はやしひさきち
江戸時代末期の新撰組隊士。
¶新隊（生没年不詳）

林備前守*　はやしびぜんのかみ
生没年不詳　戦国時代の北条氏の家臣。
¶後北（光政〔林（5）〕　みつまさ）

林秀貞*　はやしひでさだ
生没年不詳　戦国時代～安土桃山時代の武将。
¶織田（[生]？　[没]天正8年10月15日），全戦（[生]？　[没]天正8（1580）年？），戦武

林百輔*　はやしひゃくすけ
生没年不詳　[別]林治国（はやしはるくに）　江戸時代後期の和算家。
¶数学（林治国　はやしはるくに）

林豹吉郎*　はやしひょうきちろう
文化14（1817）年～文久3（1863）年　江戸時代末期の製砲家。
¶幕末（[生]文政3（1820）年春　[没]文久3（1863）年9月25日）

林弘　はやしひろし
⇒林助右衛門（はやしすけうえもん）

林広守*　はやしひろもり
天保2（1831）年～明治29（1896）年4月5日　江戸時代末期～明治時代の宮内省雅楽家。笙の演奏、制作に優れ、のち雅楽局伶人長。国歌「君が代」の制定者。
¶幕末（[生]天保2（1831）年11月25日）

林孚一*　はやしふいち
文化8（1811）年～明治25（1892）年　江戸時代末期～明治時代の勤王志士。禁門の変や天狗党の乱の敗残者の保護にあたる。維新後は地方自治に貢献。
¶幕末（[生]文化8（1811）年1月　[没]明治25（1892）年9月13日）

林復斎*　はやしふくさい
寛政12（1800）年～安政6（1859）年9月17日　[別]林緯（はやしあきら）　江戸時代末期の儒学者。日米和親条約締結の際の日本全権。
¶コン，徳人，幕末

林部善太左衛門　はやしべぜんたざえもん
江戸時代後期の幕臣、代官。
¶徳人（生没年不詳），徳代（[生]寛政3（1791）年　[没]？）

林部豊前守　はやしべぶぜんのかみ
戦国時代の武田氏の家臣。
¶武田（生没年不詳）

林鳳岡*　はやしほうこう
寛永21（1644）年12月14日～享保17（1732）年　[別]林信篤（はやしのぶあつ）　江戸時代前期～中期の儒学者。
¶江人，コン（[生]正保1（1644）年），思想（[生]正保1（1644）年），対外，徳将，徳人，山小（[生]1644年12月14日　[没]1732年6月1日）

林政右衛門*　はやしまさうえもん
文政10（1827）年～元治1（1864）年　江戸時代末期の長州（萩）藩士。
¶幕末（[没]元治1（1864）年10月8日）

林正清　はやしまさきよ
江戸時代中期の宮大工。
¶美建（[生]？　[没]宝暦3（1753）年）

林正紹　はやしまさつぐ
江戸時代前期～中期の幕臣、代官。
¶徳代（[生]寛文10（1670）年　[没]延享1（1744）年8月16日）

林正利　はやしまさとし
安土桃山時代～江戸時代前期の代官。
¶徳代（[生]永禄6（1563）年　[没]慶長13（1608）年10月17日）

林正長　はやしまさなが
江戸時代前期～中期の代官。
¶徳代（[生]寛永12（1635）年　[没]正徳4（1714）年12月24日）

林政幸　はやしまさゆき
江戸時代中期の代官。
¶徳代（[生]明和8（1771）年　[没]？）

林又七*　はやしまたしち
慶長18（1613）年～元禄12（1699）年　[別]林重治〔1代〕（はやししげはる），又七（またしち）　江戸時代前期の刀装金工家。肥後。
¶コン（林重治〔1代〕　はやししげはる），美工

林甕臣*　はやしみかおみ
弘化2（1845）年～大正11（1922）年　江戸時代末期～明治時代の歌人、国学者。「新式歌文雑誌」創刊、その運動を推進。著書に「日本語源学」がある。
¶幕末（[生]弘化2（1845）年2月3日　[没]大正11（1922）年1月8日）

林光明　はやしみつあきら
平安時代後期の加賀国の武士。

¶平家（生没年不詳）

林美作守* はやしみまさかのかみ
？～弘治2（1556）年8月24日　戦国時代の織田信長の家臣。
¶織田

林毛川 はやしもうせん
⇒林芥蔵（はやしかいぞう）

林完熙 はやしもとあきら
⇒林良適（はやしりょうてき）

林盛保 はやしもりやす
江戸時代後期の和算家。三州刈屋の人。寛政8年算額を奉納。
¶数学

林家正蔵* はやしやしょうぞう
世襲名　[別]正蔵（しょうぞう）　江戸時代の落語家。
¶江人

林屋正蔵〔1代〕* はやしやしょうぞう
天明1（1781）年～天保13（1842）年　[別]正蔵（しょうぞう）　江戸時代後期の落語家。初代三笑亭可楽に入門。
¶コン

林八十治* はやしやそじ
嘉永6（1853）年～明治1（1868）年　江戸時代末期の白虎士中二番隊士。
¶全幕（[没]慶応4（1868）年），幕末（[没]慶応4（1868）年8月23日）

林勇蔵* はやしゆうぞう
文化10（1813）年～明治32（1899）年9月24日　江戸時代末期～明治時代の豪農。山口県の地租改正事業にかかわる。
¶コン，幕末（[生]文化10（1813）年7月16日）

早矢仕有的 はやしゆうてき
江戸時代後期～明治時代の実業家、丸善創業者。
¶出版（[生]天保8（1837）年8月9日　[没]明治34（1901）年2月18日）

林与 はやしよ
⇒林与（はやしたすく）

林良輔 はやしよしすけ
⇒林主税（はやしちから）

林米吉 はやしよねきち
江戸時代末期～昭和時代の眼科医。
¶眼医（[生]安政2（1855）年　[没]昭和20（1945）年）

林与兵衛 はやしよひょうえ
安土桃山時代の武田氏の家臣、菊姫の付家臣。
¶武田（生没年不詳）

林羅山* はやしらざん
天正11（1583）年8月～明暦3（1657）年　[別]林道春（はやしどうしゅん）　江戸時代前期の儒学者。藤原惺窩に師事。推挙されて将軍家の侍講となる。
¶江人，コン，詩作（[没]明暦3（1657）年1月23日），思想，全戦，戦武，対外，徳将，徳人，日文，山小（[生]1583年8月　[没]1657年1月23日）

林良斎* はやしりょうさい
文化4（1807）年～嘉永2（1849）年　江戸時代末期の儒学者。
¶思想（[生]文化5（1808）年）

林良輔 はやしりょうすけ
⇒林主税（はやしちから）

林了蔵* はやしりょうぞう
文政12（1829）年～慶応1（1865）年　江戸時代末期の水戸藩士。
¶幕末（[没]元治2（1865）年4月5日）

林良適* はやしりょうてき
元禄8（1695）年～享保16（1731）年　[別]林完熙（はやしもとあきら）　江戸時代中期の幕府医師。将軍徳川吉宗の命により「馬経大全」を和解。
¶徳人（林完熙　はやしもとあきら）

早染小紋 はやぞめこもん★
江戸時代中期の女性。狂歌。天明4年、失楽漢江序『狂言鶯蛙集』に載る。
¶江表（早染小紋（東京都））

早田伝之助* はやたでんのすけ
寛政3（1791）年～明治7（1874）年　江戸時代末期～明治時代の豪農、心学者。
¶幕末

速津媛* はやつひめ
[別]速津媛（はやしつめ）　上代の女性。九州速見邑の首長。
¶女史（はやしつめ）

隼士常辰 はやとじょうしん
⇒常辰（つねとき）

早野勘平 はやのかんぺい
⇒お軽・勘平（おかる・かんぺい）

早野内匠助 はやのたくみのすけ
戦国時代～安土桃山時代の桂林院殿の付家臣。
¶武田（生没年不詳）

早野豊信 はやのとよのぶ
江戸時代後期の和算家。
¶数学

早野巴人* はやのはじん
延宝5（1677）年～寛保2（1742）年6月6日　[別]巴人（はじん）　江戸時代中期の俳人。与謝蕪村や砂岡雁宕らを指導。
¶コン，日文（[生]延宝4（1676）年），俳文（巴人　はじん　[生]延宝4（1676）年）

隼別皇子 はやぶさわけのおうじ
⇒隼別皇子（はやぶさわけのみこ）

隼総別皇子・雌鳥皇女(1) はやぶさわけのおうじ・めとりのおうじょ
⇒隼別皇子（はやぶさわけのみこ）

隼総別皇子・雌鳥皇女(2) はやぶさわけのおうじ・めとりのおうじょ
⇒雌鳥皇女（めとりのひめみこ）

隼別皇子*（隼総別皇子） はやぶさわけのみこ
[別]隼別皇子（はやぶさわけのおうじ），隼総別皇子・雌鳥皇女（はやぶさわけのおうじ・めとりのおうじょ，はやぶさわけのみこ・めとりのひめみこ）　上代の応神天皇の皇子。
¶古代（隼総別皇子），古物，コン，天皇（隼総別皇子　[生]？　[没]仁徳40（352）年）

隼総別皇子・雌鳥皇女(1) はやぶさわけのみこ・めとりのひめみこ
⇒隼別皇子（はやぶさわけのみこ）

隼総別皇子・雌鳥皇女(2)　**はやぶさわけのみこ・めとりのひめみこ**
⇒雌鳥皇女(めとりのひめみこ)

早部石国　**はやべのいわくに**
平安時代後期の官人。
¶古人(生没年不詳)

羽山維碩*　**はやまいせき**
文化5(1808)年～明治11(1878)年　江戸時代末期～明治時代の医師。種痘の普及に尽力。
¶幕末([生]文化5(1808)年6月24日　[没]明治11(1878)年4月7日)

葉山鎧軒*　**はやまがいけん**
寛政8(1796)年～元治1(1864)年　江戸時代末期の肥前平戸藩家老。
¶幕末([没]元治1(1864)年4月21日)

葉山佐内*(葉山左内)　**はやまさない**
？～元治1(1864)年4月21日　江戸時代末期の肥前平戸藩士。
¶全幕([生]寛政8(1796)年)

羽山左八郎　**はやまさはちろう**
江戸時代前期の長宗我部盛親の家臣。
¶大坂

葉山平右衛門*　**はやまへいえもん**
？～明治1(1868)年　江戸時代末期の豊前小倉藩士。
¶幕末([没]明治1(1868)年9月23日)

羽山光和　**はやまみつかず**
⇒堀悌助(ほりていすけ)

羽山蘭*　**はやまらん**
生没年不詳　江戸時代前期の歌人。
¶江表(蘭子(静岡県))

速水甲斐守守之　**はやみかいのかみもりゆき**
⇒速水守久(はやみもりひさ)

速水堅曹*　**はやみけんぞう，はやみけんそう**
天保10(1839)年～大正2(1913)年　江戸時代末期～明治時代の製糸指導者。我が国初の洋式機械製糸場の操業を開始。各地の機械製糸工場を指導。
¶幕末([没]大正2(1913)年1月7日)

速水行道　**はやみこうどう**
⇒速水行道(はやみゆきみち)

速水小三郎　**はやみこさぶろう**
⇒速水行道(はやみゆきみち)

速水三郎*　**はやみさぶろう**
生没年不詳　江戸時代末期の幕臣。
¶幕末([生]天保6(1835)年　[没]？)

速水春暁斎*　**はやみしゅんぎょうさい**
明和4(1767)年～文政6(1823)年7月10日　江戸時代後期の読本作者、画家。
¶浮絵，美画

速水庄兵衛　**はやみしょうべえ**
⇒渡辺勝(わたなべかつ)

早水四郎兵衛重次　**はやみしろ(う)びょうえしげつぐ**
江戸時代前期の豊臣秀次・秀頼の家臣。
¶大坂([没]慶長20年5月7日)

早見晋我*　**はやみしんが**
寛文11(1671)年～延享2(1745)年　[別]晋我，晋我〔1代〕(しんが)　江戸時代中期の俳人。
¶俳文(晋我　しんが　[没]延享2(1745)年1月28日)

速水助兵衛　**はやみすけひょうえ**
江戸時代前期の武士。大坂の陣で籠城。
¶大坂

速水宗達*　**はやみそうだつ，はやみそうたつ**
享保12(1727)年～文化6(1809)年　江戸時代中期～後期の京都の市井茶人。茶道速水流の祖。
¶コン

速水でき　**はやみでき**
江戸時代前期の武士。大坂の陣で籠城。
¶大坂([没]慶長20年5月8日)

早見頓斎*　**はやみとんさい**
生没年不詳　江戸時代前期の茶杓削師。
¶美工

速水八弥*　**はやみはちや**
？～明治11(1878)年　江戸時代末期～明治時代の新発田藩士。
¶幕末([没]明治11(1878)年8月22日)

速見又十郎　**はやみまたじゅうろう**
江戸時代前期の豊臣秀頼の家臣。
¶大坂

速水又四郎　**はやみまたしろう**
江戸時代後期～末期の武士、京都見廻組与頭勤方。
¶全幕(生没年不詳)

速水湊*　**はやみみなと**
天保13(1842)年～明治26(1893)年　江戸時代末期～明治時代の水口藩士。
¶幕末

速水美作守則守　**はやみみまさかのかみのりもり**
江戸時代前期の人。速水甲斐守守之の長男。
¶大坂([没]慶長20年2月4日)

速水守久*　**はやみもりひさ**
？～元和1(1615)年　[別]速水甲斐守守之(はやみかいのかみもりゆき)　安土桃山時代～江戸時代前期の武士。
¶大坂(速水甲斐守守之　はやみかいのかみもりゆき　[没]慶長20年5月8日)

速水行道　**はやみゆきつね**
⇒速水行道(はやみゆきみち)

速水行道*　**はやみゆきみち**
文政5(1822)年9月6日～明治29(1896)年10月6日　[別]速水行道(はやみこうどう，はやみゆきつね)，速水小三郎(はやみこさぶろう)　江戸時代末期の国学者、美濃八幡藩士。
¶幕末(はやみゆきつね)

馬来*　**ばらい**
元文4(1739)年～寛政4(1792)年7月12日　江戸時代中期～後期の俳人・医者。
¶俳文([生]？)

祓清女　**はらいきよめ**
江戸時代後期の女性。狂歌。下総小見川五郷内の人。文政7年刊、都曲園河鳥編『狂歌波乃花』に載る。
¶江表(祓清女(千葉県))

原市之進* はらいちのしん
天保1(1830)年～慶応3(1867)年 [別]原伍軒(はらごけん) 江戸時代末期の幕臣。菁莪塾を経営し子弟の教育に当たる。
¶コン, 全幕, 徳将, 徳人, 幕末([生]文政13(1830)年1月6日 [没]慶応3(1867)年8月14日)

原右膳* はらうぜん
天明4(1784)年～元治1(1864)年 江戸時代後期の医師。
¶幕末

原梅こ はらうめこ
安土桃山時代の女性。原邦長の母親。
¶後北(梅こ〔原(2)〕 うめこ [没]文禄2年11月20日)

原越前守 はらえちぜんのかみ
安土桃山時代の下総国臼井城主原胤栄の家臣。
¶後北(越前守〔原(1)〕 えちぜんのかみ)

原越前守室 はらえちぜんのかみしつ
安土桃山時代の女性。
¶後北(越前守室〔原(1)〕 えちぜんのかみしつ)

原大炊助 はらおおいのすけ
安土桃山時代の代官。
¶徳代(生没年不詳)

原加賀守 はらかがのかみ
戦国時代の武田氏の家臣。
¶武田([生]? [没]天文18(1549)年5月1日)

原勝胤 はらかつたね
⇒原長頼(はらながより)

原勝之進* はらかつのしん
弘化3(1846)年～慶応2(1866)年 江戸時代末期の長州(萩)藩士、奇兵隊士。
¶幕末([没]慶応2(1866)年9月8日)

原川新三郎 はらかわしんざぶろう
戦国時代～安土桃山時代の駿河国益津郡石脇村の土豪。
¶武田(生没年不詳)

原川大和守 はらかわやまとのかみ
安土桃山時代の遠江国城東郡内田の土豪。遠江衆。
¶武田([生]? [没]文禄4(1595)年3月21日)

原狂斎* はらきょうさい
享保20(1735)年～寛政2(1790)年 江戸時代中期の儒学者、折衷学者。
¶コン

原口九右衛門*(原口久右衛門) はらぐちきゅうえもん
天保7(1836)年～明治4(1871)年 江戸時代末期～明治時代の農民。企救郡における農民一揆の指導者。
¶コン(原口久右衛門)

原口針水* はらぐちしんすい
文化5(1808)年～明治26(1893)年6月12日 江戸時代末期～明治時代の真宗本願寺派僧侶。大教院の教導職となり西本願寺の護法に努めた。
¶コン

原邦長* はらくになが
生没年不詳 戦国時代の武士。千葉宗家直臣。
¶後北(邦長〔原(2)〕 くになが)

原邦房* はらくにふさ
生没年不詳 戦国時代の武士。森山城将。
¶後北(邦房〔原(2)〕 くにふさ)

原熊之介* はらくまのすけ
文政8(1825)年～慶応1(1865)年 江戸時代末期の水戸藩士。
¶幕末([没]元治2(1865)年4月5日)

原玄琢* はらげんたく
寛永8(1631)年～享保3(1718)年 江戸時代前期～中期の医師、造林提唱者。
¶コン

原更山 はらこうざん
⇒原羊遊斎(はらようゆうさい)

原伍軒 はらごけん
⇒原市之進(はらいちのしん)

原呉山* はらごさん, はらござん
文政10(1827)年～明治30(1897)年 江戸時代末期～明治時代の陶業者。卯辰山鶯谷に楽焼窯を製造して点茶用の器物を製造。
¶幕末([没]明治30(1897)年9月), 美工(はらござん)

原在泉 はらざいせん
江戸時代後期～大正時代の日本画家。
¶美画([生]嘉永2(1849)年4月23日 [没]大正5(1916)年2月22日)

原在中* はらざいちゅう
寛延3(1750)年～天保8(1837)年 江戸時代中期～後期の画家。石田幽汀に師事。原派と呼ばれる一派を形成。
¶コン, 美画([没]天保8(1837)年11月28日)

原采蘋*(原菜蘋) はらさいひん
寛政10(1798)年～安政6(1859)年 江戸時代末期の女性。漢詩人。
¶江表(采蘋(福岡県) さいひん), コン(原菜蘋), 女史, 女文([生]寛政10(1798)年4月 [没]安政6(1859)年10月1日), 幕末(原菜蘋 [没]安政6(1859)年10月1日)

原左京亮 はらさきょうのすけ
戦国時代の信濃国高井郡山田郷の国衆。
¶武田(生没年不詳)

原貞胤* はらさだたね
生没年不詳 戦国時代の甲斐武田勝頼の家臣。
¶武田

原三信* はらさんしん
?～正徳1(1711)年 江戸時代中期の外科医。
¶科学([没]正徳1(1711)年8月30日)

原重久 はらしげひさ
江戸時代前期の代官。
¶徳代([生]? [没]元和4(1618)年4月3日)

原思孝 はらしこう
江戸時代末期の幕臣。
¶徳人([生]? [没]1862年)

原島右京亮 はらしまうきょうのすけ
戦国時代～安土桃山時代の三田綱定・北条氏照の家臣。
¶後北(右京亮〔原島(1)〕 うきょうのすけ)

原島七郎右衛門尉 はらしましちろうえもんのじょう
安土桃山時代の北条親富・北条氏照の家臣。

¶後北（七郎右衛門尉〔原島（1）〕　しちろうえもんのじょう）

原島新右衛門　はらしましんえもん
安土桃山時代の北条氏照家臣師岡秀光の同心。もと武蔵国勝沼城城主三田氏宗・綱定に仕えた。
¶後北（新右衛門〔原島（2）〕　しんえもん）

原島新三郎　はらしましんさぶろう
安土桃山時代の武蔵国滝山城主北条氏照家臣平山定衡の同心。
¶後北（新三郎〔原島（2）〕　しんさぶろう）

原島善六郎　はらしまぜんろくろう
安土桃山時代の三田綱定・北条氏照家臣三田治部少輔の同心。孫二郎の一族。
¶後北（善六郎〔原島（1）〕　ぜんろくろう　[没]永禄4年3月）

原志摩守　はらしまのかみ
安土桃山時代の下総国生実城・臼井城主原胤栄の家臣。
¶後北（志摩守〔原（4）〕　しまのかみ）

原島孫二郎　はらしままごじろう
安土桃山時代の北条氏照家臣三田治部少輔の同心。もと武蔵国辛垣城城主三田綱定同心。
¶後北（孫二郎〔原島（1）〕　まごじろう）

原次郎左衛門*　はらじろうざえもん
生没年不詳　戦国時代の鍛冶職人。
¶後北（次郎左衛門〔原（5）〕　じろうざえもん）

原神左衛門*　はらじんざえもん
生没年不詳　戦国時代の伊豆の仁田郷の小代官。
¶後北（神左衛門〔原（6）〕　じんざえもん）

原須賀子*　はらすがこ
天保3（1832）年～慶応3（1867）年1月2日　江戸時代末期の女性。歌人。
¶江表（須賀子（長野県））

原助之進*　はらすけのしん
弘化1（1844）年～明治1（1868）年　江戸時代末期の百姓、膺懲隊士。
¶幕末（[生]天保15（1844）年　[没]明治1（1868）年10月22日）

原清兵衛*　はらせいべい
寛政7（1795）年～明治1（1868）年　[別]原清兵衛（はらせいべえ）　江戸時代末期の相模野開発者。
¶コン（はらせいべえ　[没]慶応4（1868）年），幕末（はらせいべえ　[生]寛政7（1795）年2月　[没]慶応4（1868）年5月25日）

原清兵衛　はらせいべえ
⇒原清兵衛（はらせいべい）

原清穆　はらせいぼく
江戸時代後期～末期の幕臣。
¶徳人（生没年不詳）

原善三郎*　はらぜんざぶろう
文政10（1827）年～明治32（1899）年2月6日　江戸時代末期～明治時代の実業家、政治家、横浜商業会議所会頭、衆議院議員。売込問屋亀屋開業。のち第二国立銀行頭取、横浜商法会議所会頭などを歴任。
¶コン，幕末（[生]文政10（1827）年4月28日）

原左右助*　はらそうすけ
寛政2（1790）年～万延1（1860）年　江戸時代末期の算数家。
¶数学（[没]万延1（1860）年11月）

原田アントニオ*　はらだあんとにお
生没年不詳　[別]原田アントニヨ（はらだあんとによ）　江戸時代前期の国字本の出版者。
¶コン（原田アントニヨ　はらだあんとによ）

原田アントニヨ　はらだあんとによ
⇒原田アントニオ（はらだあんとにお）

原田一道*　はらだいちどう
天保1（1830）年～明治43（1910）年12月8日　[別]原田一道（はらだかずみち）　江戸時代末期～明治時代の兵学者、少将、東京砲兵工廠長、男爵。渡欧し兵書を集め、講武所教授。維新後兵学校頭、陸軍少尉。
¶科学（[生]文政13（1830）年8月21日），コン，全幕，幕末（[生]文政13（1830）年8月21日　[没]明治43（1910）年12月8か9日）

原田一作　はらだいっさく
⇒原田亀太郎（はらだかめたろう）

原田甲斐*　はらだかい
元和5（1619）年～寛文11（1671）年3月27日　[別]原田宗輔（はらだむねすけ）　江戸時代前期の奉行職。評定役、奉行職に就任。
¶江人，コン

原田角之丞　はらだかくのじょう
江戸時代前期の長宗我部元親・長宗我部盛親の家臣。
¶大坂

原田加左衛門　はらだかざえもん
江戸時代前期の大野治房の旗奉行。
¶大坂（[没]慶長20年5月7日）

原田数子*　はらだかずこ
生没年不詳　江戸時代後期の女性。国学者。
¶江表（数子（岐阜県））

原田一道　はらだかずみち
⇒原田一道（はらだいちどう）

原田亀太郎*　はらだかめたろう
天保9（1838）年～元治1（1864）年　[別]原田一作（はらだいっさく）　江戸時代末期の勤王家。
¶幕末（[没]元治1（1864）年7月19日）

原田喜右衛門*　はらだきえもん
生没年不詳　安土桃山時代の貿易家。フィリピン貿易に従事。
¶コン，対外

原田キヌ*　はらだきぬ
天保14（1843）年～明治5（1872）年2月20日　[別]夜嵐おきぬ（よあらしおきぬ）　江戸時代末期～明治時代の女性。毒婦「夜嵐おきぬ」のモデル。
¶女史（夜嵐おきぬ　よあらしおきぬ　[生]1840年　[没]1869年）

原田曲斎*　はらだきょくさい
*～明治7（1874）年　[別]曲斎（きょくさい）　江戸時代末期～明治時代の俳人。
¶俳文（曲斎　きょくさい　[生]文化14（1817）年　[没]明治7（1874）年7月29日）

原内匠助　はらたくみのすけ
安土桃山時代の鍛冶職人。相模国西郡の人。相模国新城城主北条氏忠の家臣。
¶後北（内匠助〔原（5）〕　たくみのすけ）

原田君熙＊（原田君熙，原田君熈）　はらだくんき
宝暦6（1756）年～天保5（1834）年　[別]原田政春（はらだまさはる）　江戸時代後期の和算家。
¶数学（原田政春　はらだまさはる）

原田源吉＊　はらだげんきち
文政12（1829）年～明治29（1896）年　江戸時代末期～明治時代の新田開発者。赤岳を開山したほか、北牧村に新田を開発。
¶幕末（[没]明治29（1896）年3月14日）

原田謙堂＊　はらだけんどう
文化11（1814）年～明治26（1893）年　江戸時代末期～明治時代の医師。江戸で蘭方医学を学び、種痘を実施。
¶眼医，幕末（[没]明治26（1893）年12月9日）

原田小四郎＊　はらだこしろう
文化9（1812）年～明治12（1879）年　江戸時代末期～明治時代の佐賀藩士。藩校弘道館で子弟の教育にあたる。藩主鍋島直正の信任厚く御側役となる。
¶幕末

原田左之助＊　はらださのすけ
天保11（1840）年～明治1（1868）年　江戸時代末期の新撰組隊士。
¶新隊（[没]明治1（1868）年5月17日），全幕（[没]慶応4（1868）年），徳人，幕末（[没]慶応4（1868）年5月17日）

原田三郎右衛門＊　はらださぶろうえもん
？～元文5（1740）年　[別]原田三郎右衛門（はらださぶろえもん）　江戸時代中期の対馬での甘藷栽培、普及の功労者。
¶コン

原田三郎右衛門　はらださぶろえもん
⇒原田三郎右衛門（はらださぶろうえもん）

原田左馬助　はらださまのすけ
⇒原田宗時（はらだむねとき）

原田重方＊　はらだしげかた
文化3（1806）年～慶応2（1866）年　[別]原田重方（はらだしげまさ），原田七郎（はらだしちろう）　江戸時代末期の神職。
¶幕末（原田七郎　はらだしちろう　[生]文化3（1806）年5月5日　[没]慶応2（1866）年3月13日）

原田重方　はらだしげまさ
⇒原田重方（はらだしげかた）

原田茂嘉＊　はらだしげよし
元文5（1740）年～文化4（1807）年　江戸時代中期～後期の天文算数家。
¶数学（[没]文化4（1807）年11月）

原田七郎　はらだしちろう
⇒原田重方（はらだしげかた）

原田十次郎＊　はらだじゅうじろう
嘉永1（1848）年～大正5（1916）年　江戸時代末期～明治時代の実業家。海運業開始。のち造船事業を兼営。原田商行を設立、のち原田造船設立。
¶幕末（[生]弘化4（1847）年）

原田種雄　はらだしゅゆう
⇒原田種雄（はらだたねお）

原田紫陽＊　はらだしよう
天保10（1839）年～明治11（1878）年　江戸時代末期～明治時代の佐賀藩士、藩校弘道館教授。戊辰戦争に参加。詩文・学問ともにすぐれ、著作に「左年表」。
¶幕末

原田庄左衛門　はらだしょうざえもん
江戸時代末期～昭和時代の博文堂創業者。
¶出版（[生]安政2（1855）年9月　[没]昭和13（1938）年9月16日）

原田二郎兵衛　はらだじろ（う）びょうえ
江戸時代前期の武士。大坂の陣で籠城。後、水野勝成に仕えた。
¶大坂

原田佐秀＊　はらだすけひで
？～元弘3/正慶2（1333）年　鎌倉時代後期の武士。
¶室町（[没]元弘3（1333）年）

原田蒼渓　はらだそうけい
江戸時代後期～明治時代の木彫家。
¶美建（[生]天保6（1835）年　[没]明治40（1907）年）

原田帯霞＊　はらだたいか
文化4（1807）年～明治4（1871）年　[別]原田帯霞（はらだたいせき）　江戸時代末期～明治時代の医師、鳥取藩藩医。種痘術を学び、因伯地方において牛痘の接種に尽力。
¶眼医（はらだたいせき　生没年不詳）

原田帯霞　はらだたいせき
⇒原田帯霞（はらだたいか）

原田孝定　はらだたかさだ
享保20（1735）年～天明8（1788）年　江戸時代中期～後期の幕臣。
¶徳人，徳代（[没]天明8（1788）年7月2日）

原田隆種＊　はらだたかたね
安土桃山時代の武将、筑前高祖城主。
¶全戦（[生]永正10（1513）年　[没]天正16（1588）年），戦武（[生]永正10（1513）年　[没]天正16（1588）年）

原田武＊　はらだたけし
天保10（1839）年～明治39（1906）年　江戸時代末期～明治時代の岩国藩士。流浪浪人郷士送還の際、義塚を建て自活の道を扶けた。
¶幕末

原田帯刀＊　はらだたてわき
安土桃山時代の武士。豊臣氏家臣。
¶大坂

原田種雄＊　はらだたねお
生没年不詳　[別]原田種雄（はらだしゅゆう）　戦国時代の徳川家奉行人。
¶徳代（はらだしゅゆう）

原田種直＊　はらだたねなお
生没年不詳　平安時代後期の武将。妻は平頼盛の娘。
¶内乱（[生]？　[没]文治1（1185）年），平家

原忠順＊　はらただゆき
天保5（1834）年～明治27（1894）年　江戸時代末期～明治時代の官吏、殖産家、佐賀鹿島藩士。殖産興行に尽力し、多額納税者。貴族院議員。
¶コン，幕末（[生]天保5（1834）年8月21日　[没]明治27（1894）年10月28日）

原田太郎助　はらだたろ（う）すけ
安土桃山時代～江戸時代前期の豊臣秀頼の家臣。

千姫の側仕え。
¶大坂([生]慶長2年　[没]寛文8年)

原田直政* はらだなおまさ
？～天正4(1576)年　[別]塙直政(はなわなおまさ，ばんなおまさ)，原田備中守(はらだびっちゅうのかみ)，塙重友(ばんしげとも)　戦国時代～安土桃山時代の武将。織田信長の重臣。
¶織田(塙直政　ばんなおまさ　[没]天正4(1576)年5月3日)，コン(塙直政　ばんなおまさ)，全戦(塙直政　ばんなおまさ)

原田尚芳 はらだなおよし
江戸時代後期～末期の和算家。下総の人。剣持章行に算学を学ぶ。著書に『算法開薀抄』(校訂)など。
¶数学

は

原胤昭 はらたねあき
嘉永6(1853)年～昭和17(1942)年　江戸時代後期～昭和時代のキリスト教社会事業家、教誨師、十字屋主人。
¶浮絵，出版([生]嘉永6(1853)年2月2日　[没]昭和17(1942)年2月23日)，徳人

原胤清* はらたねきよ
？～弘治2(1556)年2月12日　戦国時代の武士。下総原氏の惣領、小弓城主。
¶室町

原胤貞* はらたねさだ
？～永禄12(1569)年5月　戦国時代の武将。
¶後北(胤貞〔原(3)〕　たねさだ)，室町([没]永禄12(1569)年？)

原胤長* はらたねなが
生没年不詳　戦国時代の武士。千葉宗家直臣。
¶後北(胤長〔原(7)〕　たねなが)

原胤信* はらたねのぶ
*～元和9(1623)年　江戸時代前期の武士。徳川氏家臣。
¶徳人([生]1587年)

原胤房* はらたねふさ
？～文明3(1471)年9月9日　室町時代の武将。
¶室町(生没年不詳)

原胤栄* はらたねよし
天文20(1551)年～天正17(1590)年12月5日　戦国時代～安土桃山時代の武士。下総原氏の惣領、臼井城主。
¶後北(胤栄〔原(3)〕　たねよし　[没]天正17年12月5日)

原種良 はらたねよし
戦国時代～江戸時代前期の黒田氏の家臣。
¶全戦([生]弘治3(1557)年　[没]寛永16(1639)年)

原田能興* はらだのうこう
生没年不詳　[別]原田能興(はらだよしおき)　江戸時代末期の和算家、肥前唐津藩水野氏家臣。
¶数学(はらだよしおき)

原田梅年* はらだばいねん
文政9(1826)年～明治38(1905)年　[別]服部梅年(はっとりばいねん)，梅年(ばいねん)　江戸時代末期～明治時代の俳人。
¶俳文(服部梅年　はっとりばいねん　[生]文政8(1825)年　[没]明治38(1905)年1月12日)

原田備中守 はらだびっちゅうのかみ
⇒原田直政(はらだなおまさ)

原田兵介 はらだひょうすけ
⇒原田兵介(はらだへいすけ)

原田兵介* はらだへいすけ
寛政4(1792)年～文久3(1863)年　[別]原田兵介(はらだひょうすけ)　江戸時代末期の水戸藩士。
¶幕末([没]文久3(1863)年1月21日)

原田孫七郎* はらだまごしちろう
生没年不詳　江戸時代前期の貿易家。原田喜右衛門の一族で部下。フィリピン貿易に従事。
¶コン，全戦，対外

原田正氏 はらだまさうじ
江戸時代前期の幕臣。
¶徳人(生没年不詳)

原田政春 はらだまさはる
⇒原田君熙(はらだくんき)

原田宗輔 はらだむねすけ
⇒原田甲斐(はらだかい)

原田宗時* はらだむねとき
永禄8(1565)年～文禄2(1593)年　[別]原田左馬助(はらださまのすけ)　安土桃山時代の武士。伊達氏家臣。
¶全戦，戦武

原田保孝* はらだやすたか
生没年不詳　江戸時代末期～明治時代の和算家。
¶数学

原田由右衛門* はらだよしえもん
文化14(1817)年～明治31(1898)年　江戸時代末期～明治時代の教育者。地域の文化活動に尽力。門人によって顕彰碑が二カ所に建立されている。
¶幕末([没]明治31(1898)年10月28日)

原田能興 はらだよしおき
⇒原田能興(はらだのうこう)

原田与助* はらだよすけ
生没年不詳　安土桃山時代の織田信長の家臣。
¶織田

原坦山* はらたんざん
文政2(1819)年～明治25(1892)年7月27日　江戸時代末期～明治時代の曹洞宗僧侶。蘭医学や仙術を研究。のち東大印度哲学科初代講師となる。
¶コン，思想，幕末([生]文政2(1819)年10月18日)

原親幹* はらちかもと
生没年不詳　戦国時代の武士。森山城将、千葉氏家臣。
¶後北(親幹〔原(2)〕　ちかもと)

原時行* はらときゆき
文政9(1826)年～明治32(1899)年　江戸時代末期～明治時代の日向延岡藩士。
¶幕末([生]文政9(1826)年12月12日　[没]明治32(1899)年7月7日)

原虎胤* はらとらたね
明応6(1497)年～永禄7(1564)年　[別]原美濃守(はらみののかみ)　戦国時代の武士。
¶全戦，戦武，武田([没]永禄7(1564)年1月28日)，室町

原虎常 はらとらつね
戦国時代の武田氏の家臣。
¶武田([生]？　[没]？　年？　月8日)

原虎吉* はらとらよし
戦国時代の武将。武田氏家臣。
¶武田(生没年不詳)

原鈍丸知野 はらどんまるちの
⇒原マルチノ(はらまるちの)

原直鉄* はらなおてつ
嘉永1(1848)年～明治3(1870)年　江戸時代末期～明治時代の陸奥会津藩士。
¶幕末([没]明治3(1871)年12月28日)

原長頼* はらながより
?～慶長5(1600)年　[別]原勝胤(はらかつたね), 原政茂(はらまさしげ)　安土桃山時代の武将、大名。美濃太田山領主。
¶織田(原政茂　はらまさしげ　[没]慶長5(1600)年10月13日)

原南陽* はらなんよう
宝暦3(1753)年～文政3(1820)年　江戸時代中期～後期の医師。
¶コン

原念斎* はらねんさい
安永3(1774)年～文政3(1820)年　江戸時代後期の儒者。折衷学を修め、昌平黌に出仕。
¶思想

原豊前守(1) はらぶぜんのかみ
戦国時代の上野国群馬郡漆原郷の領主。
¶武田(生没年不詳)

原豊前守(2) はらぶぜんのかみ
安土桃山時代の北信濃の国衆。原左京亮の子か。
¶武田(生没年不詳)

原武太夫* はらぶだゆう
元禄10(1697)年～安永5(1776)年　江戸時代中期の三味線の名人、随筆家、狂歌師。
¶コン([生]?), 徳人([没]1776年?)

原平左衛門尉 はらへいざえもんのじょう
戦国時代～安土桃山時代の木曽氏の家臣。
¶武田(生没年不詳)

原鵬雲* はらほううん
天保6(1835)年～明治12(1879)年8月1日　江戸時代末期～明治時代の徳島藩士、官吏。幕府使節に随行。廃藩置県後は文部省に出仕。
¶幕末

原蓬山* はらほうざん
文政6(1823)年～明治11(1878)年　江戸時代末期～明治時代の画家。画家秋谷口靄山に認められ学僕となる。弟子に浅田兆嶺らがいる。
¶幕末([没]明治11(1878)年6月15日)

原政茂 はらまさしげ
⇒原長頼(はらながより)

原正敬 はらまさたか
江戸時代後期の和算家。
¶数学

原昌胤* はらまさたね
?～天正3(1575)年5月21日　戦国時代～安土桃山時代の武将。武田氏家臣。原加賀守昌俊の子。
¶全戦, 武田, 武田

原政久 はらまさひさ
*～宝暦2(1752)年　江戸時代前期～中期の幕臣。
¶徳人([生]1682年), 徳代([生]天和3(1683)年　[没]宝暦2(1752)年12月6日)

原昌栄* はらまさひで
?～天正8(1580)年10月　戦国時代～安土桃山時代の甲斐武田勝頼の家臣。
¶武田([没]天正8(1580)年9月?)

原昌弘* はらまさひろ
弘治1(1555)年～元亀3(1573)年12月23日　戦国時代～安土桃山時代の甲斐武田晴信の家臣。
¶武田([生]天文23(1554)年　[没]元亀3(1572)年12月23日)

原昌綏* はらまさやす
寛政7(1795)年～元治1(1864)年　江戸時代末期の水戸藩士、茶人。
¶幕末

原信好* はらまよみ
文政5(1822)年～明治17(1884)年　江戸時代末期～明治時代の神官、筑摩県皇学教授。神葬祭運動を行い、平田篤胤没後の門人となる。山本学校訓導などをつとめた。
¶幕末([生]文政5(1822)年1月13日　[没]明治17(1884)年6月26日)

原マルチノ* はらまるちの
*～寛永6(1629)年9月7日　[別]原鈍丸知野(はらどんまるちの), 原マルティーニョ(はらまるてぃーにょ), マルチノ　安土桃山時代～江戸時代前期の天正遣欧少年使節の副使。
¶コン([生]天正8(1580)年　[没]?), 全戦([生]?), 対外([生]?), 中世([生]1568年?), 山小([生]1568年?　[没]1629年10月23日)

原マルティーニョ はらまるてぃーにょ
⇒原マルチノ(はらまるちの)

孕石元成 はらみいしもとなり
安土桃山時代～江戸時代前期の武士。父は孕石元泰で、遠江一騎合衆。
¶武田([生]永禄6(1563)年　[没]寛永9(1632)年8月3日)

孕石元政* はらみいしもとまさ
寛永5(1628)年～元禄14(1701)年　江戸時代前期～中期の土佐藩中老、家老。
¶コン

孕石元泰* はらみいしもとやす
?～天正9(1581)年　安土桃山時代の武士。今川氏家臣。
¶全戦, 武田([没]天正9(1581)年3月23日)

孕石泰時 はらみいしやすとき
江戸時代前期の武士。遠江一騎合衆孕石元泰の弟。
¶武田([生]?　[没]元和1(1615)年5月7日)

原道太* はらみちた
天保9(1838)年～元治1(1864)年　江戸時代末期の筑後久留米藩士。
¶幕末([没]元治1(1864)年7月19日)

原美濃守 はらみののかみ
⇒原虎胤(はらとらたね)

波羅門僧正(婆羅門僧正) ばらもんそうじょう
⇒菩提僊那(ぼだいせんな)

原主水* はらもんど
天正15(1587)年〜元和9(1623)年　江戸時代前期のキリシタン、武士。
¶コン

原弥七郎 はらやしちろう
戦国時代の武田氏の家臣。
¶武田(生没年不詳)

原保太郎 はらやすたろう
江戸時代後期〜昭和時代の剣客。
¶幕末([生]弘化4(1847)年　[没]昭和11(1936)年11月2日)

原有隣* はらゆうりん
文政11(1828)年〜明治41(1908)年　江戸時代末期〜明治時代の医師、福島藩医。維新後、県立病院に勤務したのち開業。
¶幕末([没]明治41(1908)年3月6日)

は

原羊遊斎* はらようゆうさい
*〜弘化2(1845)年　[別]原更山(はらこうざん)　江戸時代中期〜後期の蒔絵師。
¶コン([生]安永1(1772)年),美工([生]明和6(1769)年)

原与左衛門尉 はらよざえもんのじょう
安土桃山時代の武田氏の家臣。
¶武田([生]?　[没]天正9(1581)年10月24日)

原賀度 はらよしのり
江戸時代後期〜末期の和算家。上州板鼻村の人。
¶数学([生]寛政2(1790)年　[没]万延1(1860)年11月1日)

原竜之介 はらりゅうのすけ
⇒栗田源左衛門(くりたげんざえもん)

原亮三郎 はらりょうざぶろう
江戸時代後期〜大正時代の出版人、金港堂創業者。
¶出版([生]嘉永1(1848)年10月18日　[没]大正8(1919)年12月8日)

原六右衛門* はらろくえもん
天保12(1841)年〜?　江戸時代末期の庄屋。
¶幕末

針尾九左衛門* はりおくざえもん
文政8(1825)年〜明治38(1905)年　江戸時代末期〜明治時代の大村藩士、家老。尊攘派を結集、盟主となる。藩論を討幕に導いた。
¶全幕(生没年不詳),幕末([没]明治38(1905)年3月12日)

張金堂網子 はりがねどうあみこ★
江戸時代後期の女性。狂歌。文化10年刊、鈍々亭和樽ほか編『狂歌関東百題集』に載る。
¶江表(張金堂網子(東京都))

針女 はりじょ★
江戸時代後期の女性。狂歌。享和3年刊、式亭三馬編『狂歌觽』初篇に載る。
¶江表(針女(東京都))

破笠 はりつ
⇒小川破笠(おがわはりつ)

磔茂左衛門* はりつけもざえもん
[別]杉木茂左衛門(すぎきもざえもん)　江戸時代前期の義民。沼田藩領主の苛政を将軍徳川綱吉に直訴。
¶江人([生]?　[没]1682/86年?),コン(杉木茂左衛門　すぎきもざえもん　[生]?　[没]貞享3(1686)年?),山小([生]?　[没]1682年?)

播磨* はりま
生没年不詳　平安時代後期の女房。関白藤原忠実の愛妾。
¶古人

播磨御前 はりまごぜん
⇒督姫(とくひめ)

播磨稲日大郎姫* はりまのいなびのおおいらつひめ
[別]播磨稲日大郎姫(はりまのいなひのおおいらつめ,はりまのいなびのおおいらつめ)　上代の女性。景行天皇の皇后。
¶コン,天皇(はりまのいなびのおおいらつめ)

播磨稲日大郎姫 はりまのいなひのおおいらつめ,はりまのいなびのおおいらつめ
⇒播磨稲日大郎姫(はりまのいなびのおおいらつひめ)

播磨貞則 はりまのさだのり
平安時代後期の官人。
¶古人(生没年不詳)

播磨時任 はりまのときとう
平安時代後期の官人。
¶古人(生没年不詳)

播磨豊成 はりまのとよなり
平安時代中期の官人。
¶古人(生没年不詳)

播磨内侍* はりまのないし
生没年不詳　[別]三善衡子(みよしこうし)　鎌倉時代後期の女性。伏見天皇の宮人。
¶天皇(三善衡子　みよしこうし)

播磨信貞* はりまののぶさだ
生没年不詳　平安時代後期の官人。
¶古人([生]1058年　[没]1097年)

播磨延行 はりまののぶゆき
平安時代中期の官人。
¶古人(生没年不詳)

播磨春本 はりまのはるもと
平安時代中期の官人。
¶古人(生没年不詳)

播磨光親 はりまのみつちか
平安時代後期の官人。
¶古人(生没年不詳)

播磨守信 はりまのもりのぶ
平安時代中期の官人。
¶古人(生没年不詳)

播磨保信 はりまのやすのぶ
平安時代中期の官人。永観2年近衛府生、長保3年右近将監。
¶古人([生]955年　[没]1015年)

播磨屋亀蔵 はりまやかめぞう
⇒宮尾亀蔵(みやおかめぞう)

播磨屋清兵衛* はりまやせいべえ
生没年不詳　江戸時代中期のガラス職人。
¶美工

針道学女 はりみちがくじょ★
江戸時代後期の女性。狂歌。尾張名古屋の宝船友乗の妻。文化14年刊、芦辺田鶴丸撰『狂歌弄花集』に載る。

¶江表（針道学女（愛知県））

はる(1)
江戸時代中期の女性。俳諧。大坂の人。元禄15年刊、太田白雪編『三河小町』下に載る。
¶江表（はる（大阪府））

はる(2)
江戸時代後期の女性。教育。増田八十八の妻。
¶江表（はる（東京都）） ㋐寛政10（1798）年

はる(3)
江戸時代後期の女性。和歌。七日市藩主前田利和の奥女中。天保8年成立、天野政徳ほか編『真蹟歌集』に載る。
¶江表（はる（群馬県））

はる(4)
江戸時代後期の女性。和歌。水口藩藩士岡田九郎右衛門の妹。天保9年刊、海野遊翁編『現存歌選』二に載る。
¶江表（はる（滋賀県））

はる(5)
江戸時代後期～明治時代の女性。和歌。蒲生郡八幡町の大口善次郎の姉。
¶江表（はる（滋賀県）） ㋐嘉永5（1852）年 ㋒明治44（1911）年

はる(6)
江戸時代末期の女性。教育。農民大野惣左エ門の娘。
¶江表（はる（東京都）） ㋐安政1（1854）年頃

はる(7)
江戸時代末期の女性。日記。相模羽鳥村の名主三觜松之助の妻。慶応4年、40歳の時に嫁ていと2人で執筆した日記が残る。
¶江表（はる（神奈川県））

ハル
江戸時代後期の女性。教育。岩井氏。
¶江表（ハル（東京都）） ㋐文政3（1820）年頃

春(1)　**はる***
江戸時代中期の女性。俳諧。加賀小松の人。享保11年序、兎路編、女性句集『姫の式』に載る。
¶江表（春（石川県））

春(2)　**はる***
江戸時代中期の女性。和歌。諸井信慶の妻。享保8年の「柿本大名神社奉納和歌」に載る。
¶江表（春（島根県））

春(3)　**はる***
江戸時代中期～末期の女性。金融・寄進。榎戸村の豪農榎戸良右衛門の娘。
¶江表（春（東京都）） ㋐天明1（1781）年 ㋒安政5（1858）年

春(4)　**はる***
江戸時代後期の女性。和歌。播磨姫路藩主酒井忠実の娘。天保9年刊、海野遊翁編『現存歌選』二に載る。
¶江表（春（兵庫県））

春(5)　**はる***
江戸時代末期～明治期の女性。和歌。遠江佐藤村の歌人磯部嘉右衛門の娘。
¶江表（春（静岡県）） ㋒明治14（1881）年

晴　**はる***
江戸時代中期～後期の女性。和歌。備前岡山藩主池田治政の娘。
¶江表（晴（香川県）） ㋐天明2（1782）年 ㋒弘化2（1845）年

葉留(1)　**はる***
江戸時代末期の女性。俳諧。白木湊の遊女か。万延2年丹生郡の青雲編『春興』に載る。
¶江表（葉留（福井県））

葉留(2)　**はる***
江戸時代末期～明治時代の女性。教育。小川忠儀の母。明治7年、深川諸町に読書、習字を教える家塾を開業した。
¶江表（葉留（東京都））

春井　**はるい***
江戸時代後期の女性。和歌。松代藩6代藩主真田幸弘の娘で7代藩主幸専の室真珠院三千子付の中老。安永8年頃、幸弘自身編集の四〇賀集「にひ杖」に載る。
¶江表（春井（長野県））

春枝王*　**はるえおう**
延暦17（798）年～斉衡3（856）年 ㋑春枝王（はるえだおう）　平安時代前期の官吏。
¶古人（はるえだおう　生没年不詳）,古代

春枝子　**はるえこ***
江戸時代末期の女性。和歌。忍藩藩士佐藤三郎右衛門春衛の娘。慶応3年刊、猿渡容盛編『類題新竹集』に載る。
¶江表（春枝子（埼玉県））

春枝王　**はるえだおう**
⇒春枝王（はるえおう）

はる雄　**はるお***
江戸時代後期の女性。俳諧。善光寺の上原文路の妻。文化11年刊、一茶編『三韓人』に載る。
¶江表（はる雄（長野県））

春王丸　**はるおうまる**
⇒足利春王（あしかがはるおう）

春風　**はるかぜ***
江戸時代後期の女性。書簡・日記。幕臣井上貫流左衛門（初代）の娘。
¶江表（春風（東京都）） ㋒文政3（1820）年

春風富久女・冨久女　**はるかぜふくじょ***
江戸時代後期の女性。狂歌。文化10年刊、鈍々亭和樽ほか編『狂歌関東百題集』に載る。
¶江表（春風富久女・冨久女（東京都））

春川春泉*　**はるかわしゅんせん**
生没年不詳　江戸時代後期の絵師。
¶浮絵

春川師宣　**はるかわもろのぶ**
江戸時代中期の画家。
¶浮絵（生没年不詳）

はるき女　**はるきじょ***
江戸時代後期の女性。俳諧。松永乙人編『葛芽集』に載る。
¶江表（はるき女（群馬県））

春木女　**はるきじょ***
江戸時代後期の女性。狂歌。下総八日市場の人。

文政10年刊、六樹園編『狂歌波津加蛭子』に載る。
¶江表(春木女(千葉県))

春木南湖*　はるきなんこ
宝暦9(1759)年～天保10(1839)年　江戸時代中期～後期の伊勢長島藩士、画家。画家春木南溟の父。
¶美画([没]天保10(1839)年4月25日)

春木南溟*　はるきなんめい
寛政7(1795)年～明治11(1878)年　江戸時代末期～明治時代の画家。父に画法を受け、山水花鳥をよくした。
¶美画([没]明治11(1878)年12月12日)

春木義彰*　はるきよしあき
弘化3(1846)年～明治37(1904)年12月17日　江戸時代末期～明治時代の司法官、検事総長、貴族院議員。司法権少検事から累進。東京控訴院長となる。
¶コン,幕末

はる子(1)　はるこ★
江戸時代後期～明治時代の女性。書簡。長門長州藩藩医和田正直の娘。木戸孝允の妹。
¶江表(はる子(山口県)　[生]天保9(1838)年　[没]明治8(1875)年)

はる子(2)　はるこ★
江戸時代末期の女性。和歌。盛岡藩士で歌人の江刺恒久門。文久1年成立、江刺恒久編「言玉集」に載る。
¶江表(はる子(岩手県))

温子　はるこ
江戸時代後期～明治時代の女性。和歌。仙台藩士渡辺佐一右衛門次世の娘。伊達斉宗の側室。
¶江表(温子(宮城県)　[生]寛政10(1798)年　[没]明治18(1885)年)

玄子　はるこ
江戸時代後期の女性。和歌。河副氏。文政8年刊、青木行敬ほか編『聖廟奉納歌百二十首』に載る。
¶江表(玄子(京都府))

春子(1)　はるこ★
江戸時代の女性。和歌。小倉氏。明治22年、土屋又平刊『喜九廼志豆久』に載る。
¶江表(春子(千葉県))

春子(2)　はるこ★
江戸時代中期の女性。俳諧。長崎の俳人十里亭卯七の妻。
¶江表(春子(長崎県)　[没]元禄5(1692)年)

春子(3)　はるこ★
江戸時代中期～後期の女性。和歌。島津家御一門の垂水島津家の家臣伊地知季昵の娘。
¶江表(春子(鹿児島県)　[生]明和1(1764)年　[没]天保11(1840)年)

春子(4)　はるこ★
江戸時代後期の女性。和歌。幕臣、寄合席中坊長兵衛広風の姉。文政7年頃成立「玉露童女追悼集」に載る。
¶江表(春子(東京都))

春子(5)　はるこ★
江戸時代後期の女性。和歌。幕臣阿部大学正信の家臣八木友左衛門の妻。文政4年の「詩仙堂募集和歌」に載る。
¶江表(春子(東京都))

春子(6)　はるこ★
江戸時代後期の女性。和歌。美濃石津郡駒野の伊藤芳麿の妻。嘉永5年刊、長沢伴雄編『類題鴨川四郎集』に載る。
¶江表(春子(岐阜県))

春子(7)　はるこ★
江戸時代後期～明治時代の女性。和歌。小城藩主鍋島直亮の娘。鍋島直虎の妻。
¶江表(春子(佐賀県)　[生]嘉永4(1851)年　[没]明治27(1894)年)

春子(8)　はるこ★
江戸時代後期の女性。和歌。京都の商人北沢淳石の娘。物集高世の妻。
¶江表(春子(大分県)　[生]文政11(1828)年　[没]嘉永4(1851)年)

春子(9)　はるこ★
江戸時代末期の女性。和歌・書・琴。江戸下谷の常陸水戸藩士石黒徳兵衛の二女。
¶江表(春子(茨城県)　[没]文久2(1862)年)

春子(10)　はるこ★
江戸時代末期の女性。和歌。小田権太夫の娘。文久3年刊、関橋守編『耳順賀集』に載る。
¶江表(春子(三重県))

春子(11)　はるこ★
江戸時代末期の女性。和歌・書簡。由佐氏。象郷村の有房正詳に宛てた書簡が残る。
¶江表(春子(香川県))

春子・はる子　はるこ★
江戸時代の女性。和歌。春田氏。明治13年刊、藤岡恵美編『猴冠集』二に載る。
¶江表(春子・はる子(高知県))

晴子(1)　はるこ★
江戸時代中期～後期の女性。漢詩。越前福井藩主松平重富の室光安院の侍女。
¶江表(晴子(福井県))

晴子(2)　はるこ★
江戸時代後期の女性。和歌。伯耆日野郡生山村の段塚五助の妻。天保12年刊、加納諸平編『類題鰒玉集』四に載る。
¶江表(晴子(鳥取県))

晴子(3)　はるこ★
江戸時代後期～末期の女性。書簡・和歌。因幡鳥取藩8代藩主池田斉稷の娘。
¶江表(晴子(埼玉県)　[生]文化10(1813)年　[没]万延1(1860)年)

晴子(4)　はるこ★
江戸時代末期の女性。和歌。今井氏。文久3年刊、関橋守編『耳順賀集』に載る。
¶江表(晴子(東京都))

晴子(5)　はるこ★
江戸時代末期の女性。和歌。豊後臼杵藩藩儒武藤太右衛門吉紀の妻。万延1年序、物集高世編『類題春草集』二に載る。
¶江表(晴子(大分県))

東子　はるこ
江戸時代後期の女性。和歌。幕臣、使番赤松左衛門範徳の妻。文政4年の「詩仙堂募集和歌」に載る。
¶江表(東子(東京都))

美子　はるこ
江戸時代後期の女性。和歌。京都の医師並川丹波介の娘。
¶江表（美子（岡山県））　[生]寛政9（1797）年　[没]天保9（1838）年

春雨この女・春雨此女　はるさめこのじょ★
江戸時代後期の女性。狂歌。文化1年刊、四方真顔ほか編『狂歌武射志風流』に載る。
¶江表（春雨この女・春雨此女（東京都））

春科道直*　はるしなのみちなお
生没年不詳　奈良時代～平安時代前期の官人。
¶古人

はる女(1)　はるじょ★
江戸時代後期の女性。俳諧。下総東漸寺の近くに住む野口勘右衛門松操の妻。嘉永4年刊、木曽義昌250回忌追善和歌集『波布里集』に載る。
¶江表（はる女（千葉県））

はる女(2)　はるじょ★
江戸時代末期の女性。俳諧。安政4年跋、常陸土浦の内田担々堂野帆の門人編、野帆三回忌追善集『草くさ集』に載る。
¶江表（はる女（茨城県））

治女　はるじょ★
江戸時代中期の女性。俳諧。津田の人。安永8年序『俳諧幽間集』に載る。
¶江表（治女（香川県））

春女(1)　はるじょ★
江戸時代後期の女性。和歌。沼井四郎兵衛の祖母。文化15年序、秋田藩士山方泰通編「月花集」に載る。
¶江表（春女（秋田県））

春女(2)　はるじょ★
江戸時代後期の女性。俳諧。三春の人。文政3年序、塩田冥々の子松堂編『傀儡師』に載る。
¶江表（春女（福島県））

春女(3)　はるじょ★
江戸時代後期の女性。俳諧。榛名の人。文化2年版、松露庵坐来編『松露随筆』に載る。
¶江表（春女（群馬県））

春女(4)　はるじょ★
江戸時代末期の女性。俳諧。安政6年成立、保科の行脚俳人峰村時彦編『千まつ集』に載る。
¶江表（春女（長野県））

春女(5)　はるじょ★
江戸時代末期の女性。和歌。尾張名古屋の内藤左平の娘。安政4年刊、富樫広蔭編『千百人一首』上に載る。
¶江表（春女（愛知県））

波留女　はるじょ★
江戸時代中期の女性。俳諧。泉沢八幡宮に、判者太田白雪の「泉沢八幡宮奉納俳句」があり、句が載る。
¶江表（波留女（群馬県））

春澄　はるすみ，はるずみ
⇒青木春澄（あおきはるずみ）

春澄洽子　はるずみあまねいこ
⇒春澄洽子（はるずみのこうこ）

春澄朝臣善縄　はるずみのあそんよしただ
⇒春澄善縄（はるずみのよしただ）

春澄洽子　はるずみのあまねいこ
⇒春澄洽子（はるずみのこうこ）

春澄洽子*　はるずみのこうこ
生没年不詳　[別]春澄洽子（はるずみあまねいこ，はるずみのあまねいこ），春澄高子（はるずみのこうし）　平安時代前期～中期の女官。
¶古人（はるずみのあまねいこ）

春澄高子　はるずみのこうし
⇒春澄洽子（はるずみのこうこ）

春澄善縄*　はるずみのよしただ
延暦16（797）年～貞観12（870）年2月19日　[別]澄相公（ちょうしょうこう），春澄善縄（はるすみのよしなわ，はるずみよしただ），春澄朝臣善縄（はるずみのあそんよしただ）　平安時代前期の学者、公卿（参議）。伊勢国員弁郡の出身。
¶公卿（[生]延暦17（798）年　[没]貞観12（871）年3月19日），古人，古代（春澄朝臣善縄　はるずみのあそんよしただ），コン（はるずみよしただ）

春澄善縄女　はるずみのよしただのむすめ
⇒春澄善縄女（はるずみよしただのむすめ）

春澄善縄　はるすみのよしなわ
⇒春澄善縄（はるずみのよしただ）

春澄善縄　はるずみよしただ
⇒春澄善縄（はるずみのよしただ）

春澄善縄女*　はるずみよしただのむすめ
生没年不詳　[別]春澄善縄女（はるずみのよしただのむすめ）　平安時代前期の歌人。
¶古人（はるずみのよしただのむすめ）

春苑玉成*　はるそののたまなり
生没年不詳　平安時代前期の陰陽博士。
¶古人

春田　はるた★
江戸時代後期の女性。和歌。三河吉田藩主松平信明家の奥女中。寛政10年跋、真田幸弘の六〇賀集「千とせの寿詞」に載る。
¶江表（春田（愛知県））

春人　はると★
江戸時代後期の女性。俳諧。上野沼田藩主土岐頼稔の娘。石見浜田藩主松平康福の室。
¶江表（春人（島根県））

バルトロメウ
⇒大村純忠（おおむらすみただ）

バルトロメオ(1)
⇒大村純忠（おおむらすみただ）

バルトロメオ(2)
⇒養方軒パウロ（ようほうけんぱうろ）

春名繁春　はるなしげはる
江戸時代後期～大正時代の陶画工、図案家。
¶美工（[生]弘化4（1847）年　[没]大正2（1913）年）

春信　はるのぶ
⇒鈴木春信（すずきはるのぶ）

春原五百枝　はるはらのいおえ
⇒春原五百枝（はるはらのいおしげ）

春原五百枝*　はるはらのいおしげ
天平宝字4（760）年～天長6（829）年　[別]五百枝王（いおえのおう），春原五百枝（はるはらのいおえ）

奈良時代～平安時代前期の公卿(参議)。施基皇子の裔、正四位下・春日王の曽孫。
¶公卿([没]天長6(829)年2月15日),古人(はるはらのいおえ),古代(五百枝王 いおえのおう)

晴久 はるひさ
⇒尼子晴久(あまこはるひさ)

春姫* はるひめ
慶長7(1602)年～寛永14(1637)年 [別]徳川春姫(とくがわはるひめ) 江戸時代前期の女性。尾張藩主徳川義直の正室。
¶江表(春姫(愛知県))

春富士正伝* はるふじしょうでん
生没年不詳 江戸時代中期の正伝節の太夫。
¶コン

春富士春太夫* はるふじはるたゆう,はるふじはるだゆう
生没年不詳 [別]宮古路春太夫(みやこじはるだゆう) 江戸時代中期～後期の宮古路節の太夫。春富士正伝の弟。
¶コン(はるふじはるだゆう)

波留海 はるみ
江戸時代後期～明治時代の女性。俳諧。白鳥の大庄屋竹内灌圃の娘。林能武の妻。
¶江表(波留海(香川県) [生]文化8(1811)年 [没]明治25(1892)年)

波留美 はるみ
江戸時代後期の女性。俳諧。豊前小倉の人。文化6年序、五十嵐梅夫編『草神楽』に載る。
¶江表(波留美(福岡県))

はるみ女 はるみじょ★
江戸時代後期の女性。俳諧。松永乙人編『葛芽集』に載る。
¶江表(はるみ女(群馬県))

春道列樹 はるみちつらき
⇒春道列樹(はるみちのつらき)

春道列樹* はるみちのつらき
?～延喜20(920)年 [別]春道列樹(はるみちつらき) 平安時代中期の歌人。
¶古人,詩作(生没年不詳)

春道永蔵* はるみちのながくら
生没年不詳 平安時代前期の官人。
¶古人

春海奥雄* はるみのおくお
生没年不詳 平安時代前期の官人。
¶古人

春海貞吉* はるみのさだよし
宝亀10(779)年～寛平9(897)年 奈良時代～平安時代前期の雅楽寮の官人。
¶古人

春山源三郎 はるやまげんさぶろう
⇒春山源七〔1代〕(はるやまげんしち)

春山源七〔1代〕* はるやまげんしち
生没年不詳 [別]春山源三郎(はるやまげんさぶろう),松井左近(まついさこん) 江戸時代中期の歌舞伎役者。宝永2年～享保5年頃に活躍。
¶コン(代数なし)

春若 はるわか
⇒春若(しゅんわか)

巴浪 はろう
江戸時代後期の女性。俳諧。文政7年刊、『笠の露』に載る。
¶江表(巴浪(佐賀県))

はん(1)
江戸時代中期の女性。和歌。備中本町の庄屋小野正直の妹。
¶江表(はん(岡山県) [没]享保12(1727)年)

はん(2)
江戸時代後期の女性。教育。三春藩藩士増田安教の妻。天保2年父が富吉町に寺子屋鈴松堂を開業、跡を継いだ夫が病死、その後、校主となり、大正12年の関東大震災時まで存続。
¶江表(はん(東京都))

はん(3)
江戸時代後期の女性。教育。牛奥村の農業曽根平治右衛門の娘。天保年間に父が開いた寺子屋を文久年間継承した。
¶江表(はん(山梨県))

はん・波無 はん★
江戸時代末期～明治時代の女性。教育。御家人高尾幸蔵の娘。明治7年、文池堂波無と称し家塾開業願を提出。
¶江表(はん・波無(東京都))

半 はん★
江戸時代前期の女性。和歌。河内の人。貞享5年刊、浅井忠能編『難波捨草』に載る。
¶江表(半(大阪府))

鑁阿 ばん
⇒鑁阿(ばんな)

鑁阿 ばんあ
⇒鑁阿(ばんな)

攀安知 はんあち
⇒攀安知(はんあんち)

万安英種 ばんあんえいしゅ
⇒万安英種(ばんなんえいしゅ)

攀安知*(樊安知) はんあんち,ばんあんち
?～尚思紹11(1416)年 [別]攀安知(はんあち),攀安知王(はんあんちおう) 室町時代の北山国最後の王。
¶コン([没]応永23(1416)年)

攀安知王 はんあんちおう
⇒攀安知(はんあんち)

万井 ばんい
江戸時代後期の女性。俳諧。能登七尾の人。寛政2年跋、根津桃路編、芭蕉翁一〇〇回忌追善集『華鳥風月集』に載る。
¶江表(万井(石川県))

半右衛門尉 はんえもんのじょう
戦国時代の信濃小県郡の国衆小泉氏の被官。地侍層か。
¶武田(生没年不詳)

半襟賀計女 はんえりかけじょ★
江戸時代中期～後期の女性。狂歌。甲府の人。

¶江表(半襟賀計女(山梨県))

範円*　はんえん
久寿2(1155)年～？　平安時代後期～鎌倉時代前期の興福寺僧。
¶古人

範宴　はんえん
⇒親鸞(しんらん)

蟠翁文龍　ばんおうぶんりゅう
江戸時代前期の僧。武田信廉の子。
¶武田([生]？　[没]慶長19(1614)年6月8日)

板額*(坂額)　はんがく
生没年不詳　鎌倉時代前期の女性。弓の名手。
¶古人,コン(坂額),女史

番頭大炊頭*　ばんがしらおおいのかみ
生没年不詳　安土桃山時代の織田信長の家臣。
¶織田

畔季　はんき
⇒南部信房(なんぶのぶふさ)

板木屋七郎兵衛　はんぎやしちろべえ
江戸時代中期の江戸の古い版元。
¶浮絵

繁慶*　はんけい
生没年不詳　[別]繁慶(しげよし)　江戸時代前期の鉄砲工、刀工。鉄砲工胝氏に入門。
¶美工

盤珪　ばんけい
⇒盤珪永琢(ばんけいようたく)

盤珪永琢　ばんけいえいたく
⇒盤珪永琢(ばんけいようたく)

盤珪永琢*　ばんけいようたく
元和8(1622)年～元禄6(1693)年9月3日　[別]栄琢,永琢(えいたく),大法正眼国師(たいほうしょうげんこくし),盤珪(ばんけい),盤珪永琢(ばんけいえいたく,ばんけんようたく)　江戸時代前期の僧。不生禅を唱導。
¶江人,コン,思想([没]元禄6(1682)年),俳文(盤珪　ばんけい)

範賢*　はんけん
生没年不詳　鎌倉時代前期の真言宗の僧。
¶古人,密教([生]1164年　[没]1205年以後)

範玄*　はんげん
保延3(1137)年～正治1(1199)年6月1日　平安時代後期～鎌倉時代前期の法相宗の僧・歌人。
¶古人

蕃元　ばんげん
⇒喜安(きあん)

盤珪永琢　ばんけんようたく
⇒盤珪永琢(ばんけいようたく)

はん子　はんこ★
江戸時代後期の女性。和歌。中野氏。佐賀藩士山領主馬の妻。
¶江表(はん子(佐賀県))

半子　はんこ★
江戸時代後期～大正時代の女性。和歌。佐波郡境町の中沢広徳と歌人貞子の娘。
¶江表(半子(群馬県)　[生]天保14(1843)年　[没]大正2(1913)年)

反古　はんこ
⇒小林反古(こばやしはんこ)

番虎　ばんこ
⇒嵐三右衛門〔3代〕(あらしさんえもん)

盤古*　ばんこ
生没年不詳　江戸時代前期の俳人。
¶俳文

万乎　ばんこ
⇒万乎(まんこ)

伴蒿蹊*　ばんこうけい
享保18(1733)年～文化3(1806)年7月25日　江戸時代中期～後期の歌人、和文作者。武者小路実岳に師事。
¶江人,コン,詩作([生]享保18(1733)年10月1日),思想

盤谷(――〔1代〕)　ばんこく
⇒志水盤谷(しみずばんこく)

塙小七郎*　ばんこしちろう
？～天正4(1576)年5月3日　戦国時代～安土桃山時代の織田信長の家臣。
¶織田

盤斉(磐斎)　ばんさい
⇒加藤盤斎(かとうばんさい)

坂西阿波入道　ばんざいあわにゅうどう
安土桃山時代の武田氏の家臣。
¶武田([生]？　[没]天正3(1575)年6月29日)

坂西織部亮　ばんざいおりべのすけ
安土桃山時代の信濃国伊那郡飯沼城主。
¶武田([生]？　[没]天正10(1582)年2月？)

坂西主計　ばんざいかずえ
安土桃山時代の武田氏の家臣。
¶武田([生]？　[没]天正3(1575)年5月21日)

坂西賢竹　ばんざいけんちく
安土桃山時代の武田氏の家臣。
¶武田([生]？　[没]天正3(1575)年6月29日)

坂西式部少輔　ばんざいしきぶのしょう
安土桃山時代の武田氏の家臣。
¶武田([生]？　[没]天正3(1575)年6月29日)

坂西十左衛門　ばんざいじゅうざえもん
安土桃山時代の武田氏の家臣。
¶武田([生]？　[没]天正3(1575)年8月18日)

坂西十兵衛　ばんざいじゅうひょうえ
安土桃山時代の武田氏の家臣。
¶武田([生]？　[没]天正3(1575)年8月18日)

坂西太右衛門　ばんざいたえもん
安土桃山時代の武田氏の家臣。
¶武田([生]？　[没]天正3(1575)年8月18日)

坂西但馬守　ばんざいたじまのかみ
安土桃山時代の武田氏の家臣。
¶武田([生]？　[没]天正3(1575)年6月29日)

坂西長忠*　ばんざいながただ
生没年不詳　戦国時代の甲斐武田晴信・勝頼の家臣。

¶武田([生]?　[没]永禄5(1562)年?)

坂西長門守　ばんざいながとのかみ
安土桃山時代の武田氏の家臣。
¶武田([生]?　[没]天正3(1575)年5月21日)

坂西八郎九郎　ばんざいはちろうくろう
安土桃山時代の武田氏の家臣。
¶武田([生]?　[没]天正3(1575)年8月18日)

坂西兵部介　ばんざいひょうぶのすけ
安土桃山時代の武田氏の家臣。
¶武田([生]?　[没]天正3(1575)年6月29日)

坂西三河守　ばんざいみかわのかみ
安土桃山時代の武田氏の家臣。
¶武田([生]?　[没]天正3(1575)年8月18日)

坂西美作守　ばんざいみまさかのかみ
安土桃山時代の武田氏の家臣。
¶武田([生]?　[没]天正3(1575)年8月18日)

伴貞懿*　ばんさだよし
天保10(1839)年～明治1(1868)年　[別]伴門五郎(ばんもんごろう)　江戸時代末期の幕臣。彰義隊頭取。
¶コン,全幕(伴門五郎　ばんもんごろう　[没]慶応4(1868)年),徳人,幕末(伴門五郎　ばんもんごろう　[生]天保10(1839)年4月8日　[没]慶応4(1868)年5月15日)

半残　はんざん
⇒山岸半残(やまぎしはんざん)

晩山　ばんざん
⇒爪木晩山(つまきばんざん)

半残の妻　はんざんのつま★
江戸時代中期の女性。俳諧。夫山岸半残は俳人で伊賀上野の人。
¶江表(半残の妻(三重県)　[没]享保7(1722)年)

伴自*　ばんじ
?～享保2(1717)年　江戸時代前期～中期の俳人。
¶俳文

塙重友　ばんしげとも
⇒原田直政(はらだなおまさ)

伴次左衛門　ばんじざえもん
江戸時代前期の生駒家家臣。
¶大坂

万子女　ばんしじょ★
江戸時代後期の女性。俳諧。鶴岡の人。弘化4年序、葎室米叟・枯木堂三車編の三車の四〇賀集「枯木華」に載る。
¶江表(万子女(山形県))

班子女王*　はんしじょおう
天長10(833)年～昌泰3(900)年　[別]班子女王(なかこじょおう,はんしにょおう),斑子女王(はんしにょおう)　平安時代前期の女性。光孝天皇の妃。
¶古人(なかこじょおう　[生]853年),古代([生]833年/853年),コン(斑子女王　はんしにょおう),女史,天皇(なかこじょおう　[生]?　[没]昌泰3(901)年4月)

半室閑人　はんしつかんじん
⇒花笠文京〔1代〕(はながさぶんきょう)

繁子内親王*(1)　はんしないしんのう
?～仁寿1(851)年　[別]繁子内親王(けいしないしんのう),繁子内親王(しげこないしんのう)　平安時代前期の女性。嵯峨天皇の皇女。
¶古人(しげこないしんのう),天皇(はんし・しげこないしんのう　[没]仁寿1(851)年12月9日)

繁子内親王*(2)　はんしないしんのう
?～延喜16(916)年　[別]繁子内親王(けいしないしんのう),繁子内親王(しげこないしんのう)　平安時代前期～中期の女性。光孝天皇の皇女。
¶古人(しげこないしんのう),天皇(しげこないしんのう)

範子内親王　はんしないしんのう
⇒坊門院(ぼうもんいん)

斑子女王(班子女王)　はんしにょおう
⇒班子女王(はんしじょおう)

磐司磐三郎*(磐次磐三郎)　ばんじばんざぶろう
伝説上の人物。狩猟民の祖といわれる。
¶コン(磐次磐三郎)

伴十左衛門*　ばんじゅうざえもん
生没年不詳　[別]伴十左衛門尉(ばんじゅうざえもんのじょう)　安土桃山時代の織田信長の家臣。
¶織田(伴十左衛門尉　ばんじゅうざえもんのじょう)

伴十左衛門尉　ばんじゅうざえもんのじょう
⇒伴十左衛門(ばんじゅうざえもん)

万秋門院*　ばんしゅうもんいん
文永5(1268)年～延元3/暦応1(1338)年　[別]一条頊子(いちじょうきょくし),藤原頊子(ふじわらぎょくし,ふじわらのたまこ)　鎌倉時代後期～南北朝時代の女性。後二条天皇の宮人。
¶天皇(一条頊子(万秋門院)　いちじょうきょくし(ばんしゅうもんいん)　[没]建武5/暦応1(1338)年3月26日)

範俊*　はんしゅん,はんじゅん
長暦2(1038)年～天永3(1112)年4月24日　平安時代中期～後期の僧。曼荼羅寺3世。
¶古人,コン,密教(はんじゅん　[没]1112年4月24日)

範舜*　はんしゅん
?～永久4(1116)年　平安時代後期の興福寺の絵仏師。
¶古人

範淳*　はんじゅん
文化11(1814)年～慶応3(1867)年　江戸時代末期の僧。
¶幕末([没]慶応3(1867)年2月8日)

はん女　はんじょ★
江戸時代後期の女性。俳諧。放生の人。天保5年刊、高岡の真葛坊編『己之中集』に載る。
¶江表(はん女(富山県))

範助*　はんじょ
生没年不詳　平安時代後期の仏師。
¶古人,美建

万松院　ばんしょういん★
江戸時代前期～中期の女性。和歌。石見津和野藩主亀井政矩の娘。
¶江表(万松院(島根県)　[生]元和2(1616)年　[没]元禄13(1700)年)

万松院殿　ばんしょういんどの
⇒足利義晴(あしかがよしはる)

阪昌周*　ばんしょうしゅう
?～天明4(1784)年11月5日　[別]昌周(しょうしゅ

う）　江戸時代中期の連歌師。
¶俳文（昌周　しょうしゅう）

反正天皇　はんしょうてんのう
⇒反正天皇（はんぜいてんのう）

番匠屋七左衛門　ばんじょうやしちざえもん
江戸時代中期～後期の彫物師、大工。
¶美建（[生]宝暦7（1757）年　[没]寛政12（1800）年）

範信*　はんしん
生没年不詳　平安時代後期の仏師。
¶古人

晩翠*（1）　ばんすい
生没年不詳　江戸時代前期の俳人。
¶俳文

晩翠（2）　ばんすい★
江戸時代後期の女性。俳諧。東磐井郡藤沢の俳人で書家高橋東皐門か。文政4年刊、九鶴堂楳山・春曙亭柳郊編『不二煙集』に載る。
¶江表（晩翠（岩手県））

盤水*　ばんすい
生没年不詳　江戸時代前期の俳人。
¶俳文

磐水　ばんすい
⇒大槻玄沢（おおつきげんたく）

幡随院長兵衛*　ばんずいいんちょうべえ
？～明暦3（1657）年7月18日　[別]幡随院長兵衛（ばんずういんちょうべい）　江戸時代前期の町奴の頭領。
¶浮絵（[生]元和8（1622）年），江人（[生]1622年？　[没]？），コン（[没]慶安3（1650年/1657）年）

幡随院長兵衛　ばんずういんちょうべい
⇒幡随院長兵衛（ばんずいいんちょうべえ）

伴資健*　ばんすけゆき
天保6（1835）年～大正2（1913）年　江戸時代末期～明治時代の地方功労者。三度にわたり広島市長をつとめ、明治期の広島市政に貢献。
¶幕末（[没]大正2（1913）年1月28日）

晩成斎*（晩成斉）　ばんせいさい
江戸時代中期の俳人。
¶俳文（生没年不詳）

反正天皇*　はんぜいてんのう
[別]多遅比瑞歯別尊（たじひのみつはわけのみこと），反正天皇（はんしょうてんのう）　上代の第18代の天皇。仁徳天皇と葛城襲津彦の娘磐之媛の子。
¶古人（生没年不詳），古代，古物（[生]？　[没]反正天皇5（410）年1月23日），コン，天皇（[生]？　[没]反正5（410）年1月23日/反正6（411）年），山小

斑象〔2代〕*　はんぞう
？～安永8（1779）年11月25日　江戸時代中期の俳人。
¶俳文（――〔2世〕）

半草庵　はんそうあん
⇒坂東彦三郎〔3代〕（ばんどうひこさぶろう）

半草庵楽善　はんそうあんらくぜん
⇒坂東彦三郎〔3代〕（ばんどうひこさぶろう）

万代組子*　ばんだいくみこ
天明3（1783）年～天保8（1837）年　江戸時代後期の女性。心学者。
¶江表（組子（広島県）　[生]天明4（1784）年）

万代十兵衛*　ばんだいじゅうべえ
天保6（1835）年～慶応1（1865）年　[別]万代十兵衛（もずじゅうべえ）　江戸時代末期の筑前福岡藩士。
¶幕末（[没]慶応1（1865）年10月26日）

半田一郎兵衛秀一　はんだいちろ（う）びょうえひでかつ
江戸時代前期の木村重成の家来。小姓。
¶大坂（[没]慶長20年5月6日）

半田景寿　はんだかげひさ
江戸時代中期の幕臣。
¶徳人（[生]1772年　[没]？）

半田門吉*　はんだかどきち
天保5（1834）年～元治1（1864）年　[別]半田門吉（はんだもんきち）　江戸時代末期の筑後久留米藩士。
¶全幕（[生]天保5（1834）年？），幕末（[没]元治1（1864）年7月19日）

半田藤三*　はんだとうぞう
生没年不詳　戦国時代の北条氏の吏僚。
¶後北（藤三〔半田〕　とうぞう）

半田門吉　はんだもんきち
⇒半田門吉（はんだかどきち）

伴太郎左衛門*　ばんたろうざえもん
？～天正10（1582）年6月2日　戦国時代～安土桃山時代の織田信長の家臣。
¶織田

塙団右衛門　ばんだんえもん
⇒塙直之（ばんなおゆき）

範智*（1）　はんち
生没年不詳　平安時代後期の熊野別当。
¶古人

範智（2）　はんち
平安時代後期の園城寺の僧。12世紀後半の人。
¶古人（生没年不詳）

範長*　はんちょう
久安1（1145）年～？　平安時代後期の禅師。藤原頼長の子。
¶古人

伴鉄太郎*　ばんてつたろう
？～明治35（1902）年8月7日　江戸時代末期～明治時代の幕臣。1860年咸臨丸測量方としてアメリカに渡る。
¶全幕，徳人（[生]1829年），幕末（[生]文政8（1825）年）

塙伝三郎*　ばんでんざぶろう
？～天正10（1582）年6月2日　戦国時代～安土桃山時代の織田信長の家臣。
¶織田

伴伝兵衛*（――〔1代〕）　ばんでんべえ
生没年不詳　江戸時代の近江商人。
¶コン（――〔1代〕）

坂東愛蔵　ばんどうあいぞう
⇒佐野川市松〔2代〕（さのがわいちまつ）

坂東岩五郎*　ばんどういわごろう
享保17（1732）年～寛政7（1795）年　[別]岩子，岩止（がんし），坂東国三郎（ばんどうくにさぶろう），

は

坂東藤五郎(ばんどうとうごろう) 江戸時代中期の歌舞伎役者。宝暦6年～寛政2年頃に活躍。
¶歌大([没]寛政7(1795)年8月17日)

坂東家橘 ばんどうかきつ
⇒市村羽左衛門〔14代〕(いちむらうざえもん)

坂東花昇 ばんどうかしょう
⇒沢村国太郎〔3代〕(さわむらくにたろう)

坂東亀三郎〔1代〕 ばんどうかめさぶろう
江戸時代中期の歌舞伎俳優。
¶歌大

坂東亀蔵〔1代〕 ばんどうかめぞう
⇒坂東彦三郎〔4代〕(ばんどうひこさぶろう)

坂東勘次郎 ばんどうかんじろう
⇒坂東三津五郎〔3代〕(ばんどうみつごろう)

坂東菊松〔1代〕 ばんどうきくまつ
⇒坂東彦三郎〔1代〕(ばんどうひこさぶろう)

坂東菊松〔2代〕 ばんどうきくまつ
⇒坂東彦三郎〔2代〕(ばんどうひこさぶろう)

坂東喜幸 ばんどうきこう
⇒森田勘弥〔8代〕(もりたかんや)

坂東橘蔵 ばんどうきちぞう
⇒中村翫雀〔2代〕(なかむらがんじゃく)

坂東金蔵 ばんどうきんぞう
⇒森田勘弥〔5代〕(もりたかんや)

坂東国三郎 ばんどうくにさぶろう
⇒坂東岩五郎(ばんどういわごろう)

坂東熊十郎 ばんどうくまじゅうろう
⇒坂田半五郎〔3代〕(さかたはんごろう)

坂東熊次郎 ばんどうくまじろう
⇒坂田半五郎〔3代〕(さかたはんごろう)

坂東三八〔3代〕 ばんどうさんぱち
⇒森田勘弥〔10代〕(もりたかんや)

半陶子 はんとうし
⇒彦竜周興(げんりゅうしゅうこう)

坂東しうか(——〔1代〕) ばんどうしゅうか
⇒坂東三津五郎〔5代〕(ばんどうみつごろう)

坂東しうか〔2代〕, 坂東志うか〔2代〕 ばんどうしゅうか
⇒中村歌六〔2代〕(なかむらかろく)

坂東寿三郎〔1代〕 ばんどうじゅうざぶろう
⇒中村嘉七〔4代〕(なかむらかしち)

坂東寿太郎〔1代〕(坂東重太郎) ばんどうじゅうたろう
⇒坂東寿太郎〔1代〕(ばんどうじゅたろう)

坂東寿太郎〔2代〕 ばんどうじゅうたろう
⇒市川鰕十郎〔4代〕(いちかわえびじゅうろう)

坂東秀調〔1代〕*(坂東秀朝) ばんどうしゅうちょう
生没年不詳 江戸時代末期の歌舞伎役者。安政1年前後に活躍。
¶歌大

坂東秀調〔2代〕* ばんどうしゅうちょう
嘉永1(1848)年11月～明治34(1901)年9月29日 江戸時代末期～明治時代の歌舞伎役者。五代尾上菊五郎、初代市川団治などの女房役として活躍。さかさ瓢箪と綽名される。
¶新歌(——〔2世〕)

坂東寿太郎〔1代〕* ばんどうじゅたろう
明和6(1769)年～* [別]花石(かせき), 巌獅, 岩子(がんし), 登子(とうし), 坂東寿太郎〔1代〕, 坂東重太郎(ばんどうじゅうたろう) 江戸時代後期の歌舞伎役者。天明末～天保11年頃に活躍。
¶歌大(ばんどうじゅうたろう [没]天保11(1840)年12月24日)

坂東寿太郎〔2代〕 ばんどうじゅたろう
⇒市川鰕十郎〔4代〕(いちかわえびじゅうろう)

坂東次郎三郎 ばんどうじろさぶろう
⇒市川団蔵〔3代〕(いちかわだんぞう)

坂東助五郎 ばんどうすけごろう
⇒中村助五郎〔1代〕(なかむらすけごろう)

范道生* はんどうせい
明・崇禎10(1637)年～寛文10(1670)年11月2日 [別]印官(いんかん) 江戸時代前期の清国の仏師。
¶美建([没]1670年11月2日)

坂東千之助 ばんどうせんのすけ
⇒瀬川菊之丞〔4代〕(せがわきくのじょう)

坂東大五郎 ばんどうだいごろう
⇒坂田半五郎〔4代〕(さかたはんごろう)

坂東玉三郎 ばんどうたまさぶろう
世襲名 江戸時代の歌舞伎役者。江戸時代に活躍したのは、初世から2世まで。
¶江人

坂東玉三郎〔1代〕 ばんどうたまさぶろう
⇒坂東三津五郎〔5代〕(ばんどうみつごろう)

坂東玉之助 ばんどうたまのすけ
⇒坂東三津五郎〔5代〕(ばんどうみつごろう)

坂東藤五郎 ばんどうとうごろう
⇒坂東岩五郎(ばんどういわごろう)

坂東篤之輔* ばんどうとくのすけ
文政3(1820)年～明治24(1891)年 江戸時代後期～明治時代の武士。
¶幕末([生]文政3(1820)年1月2日 [没]明治24(1891)年7月27日)

坂東鍋太郎 ばんどうなべたろう
⇒森田勘弥〔4代〕(もりたかんや)

坂東彦三郎 ばんどうひこさぶろう
世襲名 江戸時代の歌舞伎役者。江戸時代に活躍したのは、初世から5世まで。
¶江人

坂東彦三郎〔1代〕* ばんどうひこさぶろう
元禄6(1693)年～寛延4(1751)年 [別]篠塚菊松(しのずかきくまつ), 薪水(しんすい), 坂東菊松〔1代〕(ばんどうきくまつ) 江戸時代中期の歌舞伎役者。宝永3年～宝暦1年頃に活躍。
¶歌大([没]寛延4(1751)年1月1日), コン([没]宝暦1(1751)年), 新歌(——〔1世〕)

坂東彦三郎〔2代〕* ばんどうひこさぶろう
寛保1(1741)年～明和5(1768)年 [別]薪水(しんすい), 坂東菊松〔2代〕(ばんどうきくまつ) 江戸時代中期の歌舞伎役者。寛延2年～明和5年頃に活躍。
¶歌大([没]明和5(1768)年5月4日), 新歌(——〔2世〕)

坂東彦三郎〔3代〕*　ばんどうひこさぶろう
宝暦4(1754)年～文政11(1828)年　[別]市村吉五郎〔1代〕(いちむらきちごろう)，薪水(しんすい)，半草庵(はんそうあん)，半草庵楽善(はんそうあんらくぜん)，楽善(らくぜん)　江戸時代中期～後期の歌舞伎役者。宝暦8年～文化10年頃に活躍。
¶歌大([没]文政11(1828)年2月18日)，コン，新歌(――〔3世〕　[生]1751年)

坂東彦三郎〔4代〕*　ばんどうひこさぶろう
寛政12(1800)年～明治6(1873)年　[別]坂東亀蔵〔1代〕(ばんどうかめぞう)　江戸時代末期～明治時代の歌舞伎役者。三代目坂東彦三郎の甥、六代目市村羽左衛門の弟。色立役が本領。
¶浮絵，歌大([没]明治6(1873)年11月14日)，新歌(――〔4世〕)

坂東彦三郎〔5代〕*　ばんどうひこさぶろう
天保3(1832)年～明治10(1877)年　江戸時代末期～明治時代の歌舞伎役者。四代の養子。容姿、音調よく名人と呼ばれた。
¶浮絵，歌大([没]明治10(1877)年10月13日)，コン，新歌(――〔5世〕)，幕末([生]天保3(1832)年10月　[没]明治10(1877)年10月13日)

阪東秀代*(坂東秀代，――〔1代〕)　ばんどうひでよ
文政10(1827)年～明治33(1900)年　江戸時代末期～明治時代の女性。舞踊家。
¶幕末(坂東秀代　[没]明治33(1900)年7月26日)

坂東福太郎　ばんどうふくたろう
⇒森田勘弥〔2代〕(もりたかんや)

坂東福松　ばんどうふくまつ
⇒森田勘弥〔3代〕(もりたかんや)

坂東又吉　ばんどうまたきち
⇒森田勘弥〔2代〕(もりたかんや)

坂東又九郎〔2代〕　ばんどうまたくろう
⇒森田勘弥〔2代〕(もりたかんや)

坂東又九郎〔3代〕　ばんどうまたくろう
⇒森田勘弥〔3代〕(もりたかんや)

坂東又九郎〔4代〕　ばんどうまたくろう
⇒森田勘弥〔8代〕(もりたかんや)

坂東又左衛門〔2代〕　ばんどうまたざえもん
⇒森田勘弥〔2代〕(もりたかんや)

坂東又七　ばんどうまたしち
⇒森田勘弥〔1代〕(もりたかんや)

坂東又次郎〔2代〕　ばんどうまたじろう
⇒森田勘弥〔3代〕(もりたかんや)

坂東又次郎〔4代〕　ばんどうまたじろう
⇒森田勘弥〔4代〕(もりたかんや)

坂東又太郎〔3代〕　ばんどうまたたろう
⇒大谷広次〔2代〕(おおたにひろじ)

坂東三田八〔1代〕　ばんどうみたはち
⇒坂東三津五郎〔3代〕(ばんどうみつごろう)

坂東三田八〔2代〕　ばんどうみたはち
⇒森田勘弥〔10代〕(もりたかんや)

坂東三津江*(――〔2代〕)　ばんどうみつえ
文化6(1809)年～明治40(1907)年頃　江戸時代末期～明治時代の御狂言師。日本舞踊坂東流で家元同様の立場に置かれ、「娘道成寺」を7代目に伝授。
¶江表(三津江(東京都))，歌大(――〔2代〕　[生]文政4(1821)年3月30日　[没]大正8(1919)年6月9日)

坂東三津江〔1代〕　ばんどうみつえ
江戸時代末期～明治時代の坂東流のお狂言師。
¶歌大([生]？　[没]明治15(1882)年1月9日)

坂東三津五郎　ばんどうみつごろう
世襲名　江戸時代の歌舞伎役者。江戸時代に活躍したのは、初世から6世まで。
¶江人

坂東三津五郎〔1代〕*　ばんどうみつごろう
延享2(1745)年～天明2(1782)年　[別]是業(ぜぎょう)，竹田巳之助(たけだみのすけ)　江戸時代中期の歌舞伎役者。明和3年～天明2年頃に活躍。
¶浮絵，歌大([没]天明2(1782)年4月10日)，コン，新歌(――〔1世〕)

坂東三津五郎〔2代〕*　ばんどうみつごろう
寛延3(1750)年～文政12(1829)年　[別]荻野伊三郎〔2代〕(おぎのいさぶろう)，尾上藤蔵(おのえとうぞう)，尾上紋三郎〔1代〕(おのえもんざぶろう)，初朝(しょちょう)，是業(ぜぎょう)，是葉(ぜよう)，里遊(りゆう)　江戸時代中期～後期の歌舞伎役者。明和7年～文政9年頃に活躍。
¶浮絵(荻野伊三郎〔2代〕　おぎのいさぶろう)，歌大([没]文政12(1829)年10月3日)，新歌(――〔2世〕)

坂東三津五郎〔3代〕*　ばんどうみつごろう
安永4(1775)年～天保2(1831)年　[別]高清亭〔1代〕(こうせいてい)，秀佳，秀歌(しゅうか)，坂東勘次郎(ばんどうかんじろう)，坂東三田八〔1代〕(ばんどうみたはち)，坂東巳之助，坂東蓑助〔1代〕，坂東簑助〔1代〕(ばんどうみのすけ)，森田勘次郎〔2代〕(もりたかんじろう)　江戸時代後期の歌舞伎役者。安永7年～天保2年頃に活躍。
¶浮絵，歌大([没]天保2(1832)年2月27日)，コン([生]安永2(1773)年)，新歌(――〔3世〕)

坂東三津五郎〔4代〕*　ばんどうみつごろう
享和2(1802)年～文久3(1863)年　[別]佳朝(けいちょう)，秀朝(しゅうちょう)，是好(ぜこう)，坂東蓑助〔2代〕，坂東簑助〔2代〕(ばんどうみのすけ)，守田勘弥〔11代〕，森田勘弥〔11代〕，森田勘弥〔12代・名義11代〕(もりたかんや)　江戸時代末期の歌舞伎座主、歌舞伎役者。享和3年～文久3年頃に活躍。
¶浮絵，歌大([生]寛政12(1800)年　[没]文久3(1863)年11月18日)，歌大(森(守)田勘弥〔11代〕　もりたかんや　[生]寛政12(1800)年　[没]文久3(1863)年11月18日)，コン(守田勘弥〔11代〕　もりたかんや)，新歌(――〔4世〕　[生]1800年)，新歌(森(守)田勘弥〔11世〕　もりたかんや　[生]1800年)

坂東三津五郎〔5代〕*　ばんどうみつごろう
文化10(1813)年～安政2(1855)年　[別]玉花(ぎょくか)，高清亭〔2代〕(こうせいてい)，秀佳，秀歌(しゅうか)，坂東しうか，坂東しうか〔1代〕(ばんどうしゅうか)，坂東玉三郎〔1代〕(ばんどうたまさぶろう)，坂東玉之助(ばんどうたまのすけ)　江戸時代末期の歌舞伎役者。文政7年～安政1年頃に活躍。
¶浮絵(坂東しうか〔1代〕　ばんどうしうか)，歌大(坂東志うか〔1代〕　ばんどうしうか)，歌大([没]安政2(1855)年3月6日)，新歌(坂東志うか〔1世〕　ばんどうしゅうか)，新歌(――〔5世〕　[生]1811年)，幕末(坂東しうか〔1代〕　ばんどうしうか　[没]安政2(1855)年3月6日)

坂東三津五郎〔6代〕*　ばんどうみつごろう
弘化3(1846)年～明治6(1873)年　江戸時代末期～明治時代の歌舞伎役者。坂東しうかの次男。女方で闊達な芸風。
¶歌大([没]明治6(1873)年9月11日),新歌(——〔6世〕)

坂東巳之助(坂東蓑助〔1代〕,坂東簑助〔1代〕)　**ばんどうみのすけ**
⇒坂東三津五郎〔3代〕(ばんどうみつごろう)

坂東蓑助〔2代〕　ばんどうみのすけ
⇒坂東三津五郎〔4代〕(ばんどうみつごろう)

坂東八十助〔旧1代〕　ばんどうやそすけ
⇒森田勘弥〔8代〕(もりたかんや)

坂東八十助〔旧2代〕　ばんどうやそすけ
⇒森田勘弥〔9代〕(もりたかんや)

は

晩得　ばんとく
⇒佐藤晩得(さとうばんとく)

鑁阿*　ばんな
?～承元1(1207)年　[別]鑁阿(ばん,ばんあ)　平安時代後期～鎌倉時代前期の真言宗の僧。盲目の勧進聖で、法華経の持経者。
¶古人(ばんな(あ)),コン

坂内慎一郎*　ばんないしんいちろう
天保5(1834)年～大正5(1916)年　江戸時代末期～大正時代の篤志家。戊辰戦争では糧食の運送に奔走。また郷土史料の保存に尽力。
¶幕末

坂内須賀美*　ばんないすがみ
天保8(1837)年～大正3(1914)年8月2日　江戸時代末期～明治時代の神官。
¶幕末

塙直政　ばんなおまさ
⇒原田直政(はらだなおまさ)

塙直之*　ばんなおゆき
永禄10(1567)年～元和1(1615)年　[別]鉄牛(てつぎゅう),塙団右衛門(ばんだんえもん)　安土桃山時代～江戸時代前期の武将。豊臣秀吉の武将加藤嘉明の鉄砲大将。
¶大坂(塙団右衛門　ばんだんえもん　[没]慶長20年4月29日),コン,全戦([生]?),戦武([没]慶長20(1615)年)

万安英種*　ばんなんえいしゅ
天正19(1591)年～承応3(1654)年　[別]英種(えいしゅ),万安英種(ばんあんえいしゅ,まんあんえいしゅ)　江戸時代前期の曹洞宗の僧。
¶思想

般若寺僧正　はんにゃじのそうじょう
⇒観賢(かんげん)

伴信近　ばんのぶちか
⇒伴信友(ばんのぶとも)

伴信友*　ばんのぶとも
安永2(1773)年2月25日～弘化3(1846)年　[別]伴信近(ばんのぶちか)　江戸時代後期～末期の国学者。
¶江人,コン,思想,日文,山小([生]1773年2月25日 [没]1846年10月14日)

馬場善九郎(万葉善九郎)　**ばんばぜんくろう**
⇒本郷村善九郎(ほんごうむらぜんくろう)

伴林光平　ばんばやしみつひら
⇒伴林光平(ともばやしみつひら)

伴彦大夫　ばんひこだゆう
江戸時代前期の武士。長岡監物是季組に所属。元和年中本多忠政に仕官を求めた。
¶大坂

伴百悦*　ばんひゃくえつ
文政10(1827)年～明治3(1870)年　江戸時代末期～明治時代の会津藩士。東松事件の首謀者。阿弥陀寺に戊辰戦士を葬った。
¶幕末([没]明治3(1870)年6月22日)

范孚*　はんぷ
生没年不詳　江戸時代前期の俳人。
¶俳文

幡風(1)　**ばんふう**
⇒大谷広右衛門〔1代〕(おおたにひろえもん)

幡風(2)　**ばんふう**
⇒坂田半五郎〔4代〕(さかたはんごろう)

晩風　ばんふう
⇒大谷広右衛門〔5代〕(おおたにひろえもん)

万麿　ばんまろ
⇒片岡仁左衛門〔7代〕(かたおかにざえもん)

伴盛兼*　ばんもりかね
天文16(1547)年～天正12(1584)年4月9日　戦国時代～安土桃山時代の織田信長の家臣。
¶織田

伴門五郎　ばんもんごろう
⇒伴貞懿(ばんさだよし)

鑁也*　ばんや
久安5(1149)年～寛喜2(1230)年　平安時代後期～鎌倉時代前期の歌人。
¶古人([生]?)

塙安弘*　ばんやすひろ
?～天正4(1576)年5月3日　戦国時代～安土桃山時代の織田信長の家臣。
¶織田

晩籟　ばんらい
⇒中江晩籟(なかえばんらい)

畔李　はんり
⇒南部信房(なんぶのぶふさ)

万里　ばんり
⇒万里集九(ばんりしゅうく)

万里集九　ばんりしゅうきゅう
⇒万里集九(ばんりしゅうく)

万里集九*　ばんりしゅうく
正長1(1428)年9月9日～?　[別]集九(しゅうきゅう,しゅうく),梅庵(ばいあん),万里(ばんり),万里集九(ばんりしゅうきゅう,ばんりしゅく)　室町時代の臨済宗の僧、漢詩人、相国寺雲頂院、大圭宗价の弟子。
¶コン,思想(ばんりしゅうきゅう),中世,内乱,俳文,山小([生]1428年9月9日)

万里集九　ばんりしゅく
⇒万里集九(ばんりしゅうく)

播隆*　ばんりゅう
　天明2(1782)年～天保11(1840)年　江戸時代後期の山岳修行僧。槍ヶ岳の開山者。
　¶コン

幡朗*　ばんろう
　?～昌泰3(900)年　平安時代前期の石清水別当。
　¶古人

【ひ】

燧洋荒五郎　ひうちなだあらごろう
　⇒白真弓肥太右衛門(しらまゆみひだえもん)

美叡　びえい
　平安時代前期の薬師寺の僧。
　¶古人(㊕814年)　(㊧892年)

稗田親王*　ひえだしんのう.ひえたしんのう
　天平勝宝3(751)年～*　㊞稗田親王(ひえだしんのう)　奈良時代の光仁天皇の皇子。
　¶古人(ひえだのしんのう)　(㊧781年),古代(㊧781年)、天皇(ひえだしんのう)　㊥天平勝宝2(751)年　㊨天応1(781)年12月17日

稗田阿礼*　ひえだのあれ
　生没年不詳　㊞阿礼(あれ)　飛鳥時代～奈良時代の「古事記」の口述者。
　¶古人,古代,古物,コン,思想,女史,女文,山小年?　㊧?)

稗田親王　ひえだのしんのう
　⇒稗田親王(ひえだしんのう)

日吉万五郎　ひえまんごろう
　室町時代の狂言師。
　¶新能

比江山親興*　ひえやまちかおき
　?～天正16(1588)年　安土桃山時代の武士。長宗我部氏家臣。
　¶全戦

日置大膳亮*　ひおきだいぜんのすけ
　生没年不詳　㊞日置大膳亮(ひきだいぜんのすけ)　戦国時代の武士。北畠氏家臣。
　¶織田(ひきだいぜんのすけ)

日置実輔　ひおきのさねすけ
　平安時代中期の官人。
　¶古人(生没年不詳)

日尾邦子*　ひおくにこ
　文化12(1815)年～明治18(1885)年10月24日　江戸時代末期～明治時代の教育者。まれにみる才女として評判。著書に歌集「竹のした風」。
　¶江表(邦子(東京都)),女史

日尾荊山*　ひおけいざん
　寛政1(1789)年～安政6(1859)年　江戸時代後期の儒学者、国学者。
　¶コン,幕末(㊕寛政1(1789)年6月15日　㊧安政6(1859)年8月13日)

日尾直子*　ひおなおこ
　文政12(1829)年～明治30(1897)年10月7日　江戸時代末期～明治時代の教育者。華族や貴紳の子女を多く教育。著書に「竹の下つゆ」「竹の下陰」。

¶江表(直子(東京都)),女史

比貝惣右衛門尉　ひがいそうえもんのじょう
　安土桃山時代の人。甲府の奉行人の1人か。
　¶武田(生没年不詳)

檜垣貞命　ひがきさだのぶ
　⇒度会貞命(わたらいさだめい)

檜垣貞度　ひがきさだのり
　⇒度会貞度(わたらいさだのり)

檜垣貞盈　ひがきさだみつ
　⇒度会貞盈(わたらいさだみつ)

檜垣貞根　ひがきさだもと
　⇒度会貞根(わたらいさだね)

檜垣繁太郎　ひがきしげたろう
　嘉永2(1849)年～元治1(1864)年　江戸時代末期の庄屋。
　¶幕末(㊕嘉永2(1849)年1月　㊧元治1(1864)年9月5

檜垣常有　ひがきつねあり
　⇒度会常有(わたらいつねあり)

檜垣常和　ひがきつねかず
　⇒度会常和(わたらいつねかず)

檜垣常名　ひがきつねな
　⇒度会常名(わたらいつねな)

檜垣常典　ひがきつねのり
　⇒度会常典(わたらいつねのり)

檜垣常古　ひがきつねふる
　⇒度会常古(わたらいつねふる)

檜垣常昌　ひがきつねまさ
　⇒度会常昌(わたらいつねよし)

檜垣常昌(檜垣常良)　ひがきつねよし
　⇒度会常昌(わたらいつねよし)

檜垣常善　ひがきつねよし
　⇒度会常善(わたらいつねよし)

檜垣常之　ひがきつねよし
　⇒度会常之(わたらいつねゆき)

檜垣常倚　ひがきつねより
　⇒度会常倚(わたらいつねよる)

檜垣嫗*(檜垣の嫗)　ひがきのおうな
　生没年不詳　平安時代中期の女性。歌人。
　¶女史,女文(檜垣嫗)

檜垣本国広　ひがきもとくにひろ
　⇒似我与左衛門(じがよざえもん)

飛鶴(1)　ひかく
　⇒中村歌六〔1代〕(なかむらかろく)

飛鶴(2)　ひかく
　⇒中村嘉七〔4代〕(なかむらかしち)

美角*　びかく
　?～安永8(1779)年　江戸時代中期の俳人。
　¶俳文

日影皇女　ひかげのおうじょ
　⇒日影皇女(ひかげのこうじょ)

ひかけの　　　　　　　　　　*1778*

日影皇女＊　ひかげのこうじょ
生没年不詳　㊙日影皇女（ひかげのおうじょ，ひかげのひめみこ）　飛鳥時代の女性。欽明天皇の妃。
¶天皇（ひかげのひめみこ）

日影皇女　ひかげのひめみこ
⇒日影皇女（ひかげのこうじょ）

東一条院＊　ひがしいちじょういん
建久3（1192）年〜宝治1（1247）年　㊙九条立子（くじょうりつし，藤原立子（ふじわらのりっし，ふじわらのりつし，ふじわらりりっし）　鎌倉時代前期の女性。順徳天皇の皇后。
¶天皇（藤原立子　ふじわらのりっし）⊗宝治1（1247）年12月21日，天皇（九条立子　くじょうりつし）

東馬次郎　ひがしうまのじろう
⇒東馬次郎（あずまうまじろう）

東方真平＊　ひがしかたしんぺい
文政6（1823）年〜明治12（1879）年　江戸時代末期〜明治時代の加賀大聖寺藩士。藩議事役などを務め藩政全般にあたる。著書に「所皇統録」。
¶幕末⊗明治12（1879）年1月22日

東方潜　ひがしかたせん
⇒東方蒙斎（ひがしかたもうさい）

東方蒙斎＊　ひがしかたもうさい
寛政2（1790）年〜文久1（1861）年　㊙東方潜（ひがしかたせん）　江戸時代末期の加賀大聖寺藩士。
¶幕末（東方潜　ひがしかたせん）⊗文久1（1861）年9月11日

東京極院＊　ひがしきょうごくいん
安永9（1780）年〜天保14（1843）年　㊙勧修寺婧子（かじゅうじただこ），藤原婧子（ふじわらのただこ）　江戸時代後期の女性。光格天皇の宮人，仁孝天皇の母。
¶天皇（勧修寺婧子　かじゅうじただこ）㊐安永9（1780）年11月6日⊗天保14（1843）年3月21日）

東久世博子　ひがしくせはくし
⇒東久世博子（ひがしくぜひろこ）

東久世博子＊　ひがしくぜひろこ，ひがしくせひろこ
寛文12（1672）年〜宝暦2（1752）年　㊙東久世博子（ひがしくせはくし）　江戸時代中期の女性。霊元天皇の宮人。
¶天皇（ひがしくせはくし・ひろこ）⊗寛文12（1672）年3月29日⊗宝暦2（1752）年3月20日）

東久世博高＊　ひがしくぜひろたか，ひがしくせひろたか
万治2（1659）年〜享保9（1724）年9月28日　江戸時代前期〜中期の公家（非参議）。参議東久世通廉の子。
¶公卿（㊐万治2（1659）年9月12日），公家（博高〔東久世家〕　ひろたか）㊐万治2（1659）年9月6日）

東久世通廉＊　ひがしくぜみちかど，ひがしくせみちかど
寛永7（1630）年〜貞享1（1684）年　江戸時代前期の公家（参議）。東久世家の祖。右大将我晴通の孫。
¶公卿（㊐寛永7（1630）年6月15日⊗貞享1（1684）年9月21日），公家（通廉〔東久世家〕　みちかど）㊐寛永7（1630）年6月15日⊗貞享1（1684）年9月22日）

東久世通武＊　ひがしくぜみちたけ，ひがしくせみちたけ
寛延1（1748）年〜＊　江戸時代中期の公家（非参議）。権中納言東久世通積の子。
¶公卿（㊐寛延1（1748）年10月13日⊗天明8（1788）年12月10日），公家（通武〔東久世家〕　みちたけ）㊐延

享5（1748）年10月13日　⊗天明8（1788）年12月10日）

東久世通積＊　ひがしくぜみちつむ，ひがしくせみちつむ
宝永5（1708）年〜明和1（1764）年　江戸時代中期の公家（権中納言）。非参議東久世博高の次男。
¶公卿（㊐宝永5（1708）年9月6日⊗明和1（1764）年8月21日），公家（通積〔東久世家〕　みちつむ）㊐宝永5（1708）年9月6日⊗明和1（1764）年8月21日），コン

東久世通禧＊　ひがしくぜみちとみ
天保4（1833）年11月22日〜明治45（1912）年1月4日　㊙東久世通禧（ひがしくぜみちよし）　江戸時代末期〜明治時代の公家、政治家、伯爵。所謂七卿の一人。軍事参謀、開拓使長官などを歴任。
¶コン（㊐大正1（1912）年），全幕，幕末⊗天保4（1834）年11月22日）

東久世通岑＊　ひがしくぜみちみね，ひがしくせみちみね
寛政4（1792）年〜嘉永1（1848）年　江戸時代後期の歌人・公家（参議）。非参議東久世通庸の子。
¶公卿（㊐寛政4（1792）年9月6日⊗嘉永1（1848）年6月9日），公家（通岑〔東久世家〕　みちみね）㊐寛政4（1792）年9月6日⊗嘉永1（1848）年6月11日）

東久世通庸＊　ひがしくぜみちやす，ひがしくせみちやす
明和6（1769）年〜文政1（1818）年　江戸時代中期〜後期の公家（非参議）。非参議東久世通武の子。
¶公卿（㊐明和6（1769）年4月7日），公家（通庸〔東久世家〕　みちいさ）㊐明和6（1769）年4月7日⊗文政1（1818）年9月17日）

東久世通禧　ひがしくぜみちよし
⇒東久世通禧（ひがしくぜみちとみ）

東九郎次＊　ひがしくろうじ
天保8（1837）年〜明治42（1909）年　江戸時代末期〜明治時代の人吉藩士。藩の兵制改革で大隊長となる。兵式操練は天覧の栄に属す。
¶幕末⊗明治42（1909）年1月）

東小路教行　ひがしこうじのりゆき
戦国時代の土佐一条氏の一門、家老衆。
¶全戦（生没年不詳）

東三条院＊　ひがしさんじょういん
応和2（962）年〜長保3（1001）年閏12月22日　㊙東三条院（とうさんじょういん），藤原詮子（ふじわらのあきこ，ふじわらのせんし）　平安時代の女性。一条天皇の母。
¶古人（藤原詮子　ふじわらのあきこ），コン，女史，天皇（藤原詮子　ふじわらのあきこ）

東三条大入道　ひがしさんじょうのおおにゅうどう
⇒藤原兼家（ふじわらのかねいえ）

東七条院　ひがししちじょういん
⇒藤原温子（ふじわらのおんし）

東条為一　ひがしじょうためかず
江戸時代後期の幕臣。
¶徳人（㊐1797年）　⊗？）

東次郎　ひがしじろう
⇒東政図（ひがしまさみち）

東園基槙　ひがしそのもとえだ
⇒東園基禎（ひがしぞのもとちか）

東園基量＊　ひがしぞのもとかず
承応2（1653）年〜宝永7（1710）年　江戸時代前期〜中期の公家（権大納言）。権大納言東園基賢の子。
¶公卿（㊐承応2（1653）年2月16日⊗宝永7（1710）年1

月26日), 公家(基量〔東園家〕　もとかず　[生]承応2(1653)年2月16日　[没]宝永7(1710)年1月26日)

東園基賢＊　ひがしぞのもとかた
寛永3(1626)年〜宝永1(1704)年　江戸時代前期〜中期の公家(権大納言)。権大納言園基音の次男。
¶公卿([生]寛永3(1626)年9月23日　[没]宝永1(1704)年7月22日), 公家(基賢〔東園家〕　もとかた　[生]寛永3(1626)年9月23日　[没]宝永1(1704)年7月21日)

東園基貞＊　ひがしぞのもとさだ
寛政12(1800)年〜安政4(1857)年　江戸時代末期の公家(参議)。参議東園基仲の子。
¶公卿([生]寛政12(1800)年6月24日　[没]安政4(1857)年9月12日), 公家(基貞〔東園家〕　もとさだ　[生]寛政12(1800)年6月24日　[没]安政4(1857)年9月12日)

東園基辰＊　ひがしぞのもとたつ
寛保3(1743)年〜寛政9(1797)年　江戸時代中期の公家(権中納言)。権中納言東園基禎の子。
¶公卿([生]寛保3(1743)年2月24日　[没]寛政9(1797)年9月3日), 公家(基辰〔東園家〕　もととき　[生]寛保3(1743)年2月24日　[没]寛政9(1797)年9月3日)

東園基禎＊(東園基楨)　ひがしぞのもとちか
宝永3(1706)年〜延享1(1744)年　[別]東園基楨(ひがしぞのもとえだ)　江戸時代中期の公家(権中納言)。権大納言東園基雅の次男。
¶公卿([生]宝永3(1706)年1月19日　[没]延享1(1744)年6月24日), 公家(基楨〔東園家〕　もとえだ　[生]宝永3(1706)年1月19日　[没]延享1(1744)年6月24日)

東園基仲＊　ひがしぞのもとなか
安永9(1780)年〜文政4(1821)年　江戸時代後期の公家(参議)。権中納言東園基辰の次男。
¶公卿([生]安永9(1780)年3月18日　[没]文政4(1821)年3月2日), 公家(基仲〔東園家〕　もとなか　[生]安永9(1780)年3月18日　[没]文政4(1821)年3月2日)

東園基長　ひがしぞのもとなが
⇒東園基雅(ひがしぞのもとまさ)

東園基雅＊　ひがしぞのもとまさ
延宝3(1675)年〜享保13(1728)年　[別]東園基長(ひがしぞのもとなが)　江戸時代中期の公家(権大納言)。権大納言東園基量の子。
¶公卿([生]延宝3(1675)年1月5日　[没]享保13(1728)年6月11日), 公家(基雅〔東園家〕　もとまさ　[生]延宝3(1675)年1月5日　[没]享保13(1728)年6月11日)

東園基敬＊　ひがしぞのもとゆき
文政3(1820)年〜明治16(1883)年　江戸時代末期〜明治時代の公家、参議左中将。条約幕府委任反対の八十八卿列参に参加。宮内大丞、皇太后宮亮などを歴任。
¶公卿([生]文政3(1820)年10月23日　[没]明治9(1876)年8月), 公家(基敬〔東園家〕　もとゆき　[生]文政3(1820)年10月23日　[没]明治16(1883)年5月24日), コン, 幕末([生]文政3(1820)年10月23日　[没]明治16(1883)年5月26日)

東沢瀉＊　ひがしたくしゃ
天保3(1832)年〜明治24(1891)年　江戸時代末期〜明治時代の儒学者。陽明学を奉じ、尊王攘夷を唱えて精義隊を組織し流島。のち沢瀉塾を開く。
¶思想, 幕末([生]天保3(1832)年10月9日　[没]明治24(1891)年2月20日)

東二条院＊　ひがしにじょういん
貞永1(1232)年〜嘉元2(1304)年　[別]西園寺公子(さいおんじきみこ, さいおんじこうし), 藤原公子(ふじわらこうし, ふじわらのこうし)　鎌倉時代の女性。後深草天皇の皇后。
¶天皇(西園寺公子　さいおんじこうし・きみこ　[没]嘉元2(1304)年1月21日)

東御方＊(1)　ひがしのおんかた
生没年不詳　[別]藤原範光女(ふじわらののりみつのむすめ)　鎌倉時代前期の女性。順徳天皇の宮人。
¶天皇(藤原範光女　ふじわらののりみつのむすめ)

東御方(2)　ひがしのおんかた
室町時代の女性。公家一条兼良の妻。
¶女史([生]1405年　[没]1473年)

東佩芳＊　ひがしはいほう
寛政11(1799)年5月14日〜明治12(1879)年3月19日　江戸時代後期〜明治時代の画家。
¶江表(佩芳(三重県))

東秀隆　ひがしひでたか
⇒東秀隆(あずまひでたか)

東伏見宮嘉彰親王　ひがしふしみのみやよしあきしんのう
⇒小松宮彰仁親王(こまつのみやあきひとしんのう)

東坊城顕長＊　ひがしぼうじょうあきなが
生没年不詳　室町時代の公卿(参議)。権大納言唐橋在豊の次男。
¶公卿, 公家(顕長〔西坊城家(絶家)〕　あきなが　[生]?　[没]永正8(1511)年12月14日)

東坊城和子＊　ひがしぼうじょうかずこ
天明2(1782)年〜文化8(1811)年　[別]菅原和子(すがわらかずこ)　江戸時代後期の女性。光格天皇の宮人。
¶天皇

東坊城和長＊　ひがしぼうじょうかずなが
長禄3(1460)年〜享禄2(1529)年12月20日　戦国時代の公卿(権大納言)。参議東坊城長清の子。
¶公卿, 公家(和長〔東坊城家〕　かずなが)

東坊城茂長＊　ひがしぼうじょうしげなが
＊〜興国4/康永2(1343)年　鎌倉時代後期〜南北朝時代の公卿(非参議)。東坊城家の祖。参議五条長経の次男。
¶公卿([生]弘安6(1283)年　[没]康永2/興国4(1343)年2月2日), 公家(茂長〔東坊城家〕　しげなが　[生]1284年　[没]康永2(1343)年2月2日)

東坊城資長＊　ひがしぼうじょうすけなが
延宝7(1679)年〜＊　江戸時代中期の公家(権中納言)。権大納言東坊城長詮の子。
¶公卿([生]延宝7(1679)年6月4日　[没]享保9(1724)年12月25日), 公家(資長〔東坊城家〕　すけなが　[生]延宝7(1679)年6月4日　[没]享保9(1724)年12月25日)

東坊城綱忠＊　ひがしぼうじょうつなただ
宝永3(1706)年〜天明1(1781)年　江戸時代中期の公家(権大納言)。権中納言東坊城資長の子。
¶公卿([生]宝永3(1706)年10月25日　[没]天明1(1781)年6月26日), 公家(綱忠〔東坊城家〕　つなただ　[生]宝永3(1706)年10月25日　[没]天明1(1781)年6月26日)

東坊城恒長＊　ひがしぼうじょうつねなが
元和7(1621)年12月18日〜元禄13(1700)年　江戸時代前期〜中期の公家(権大納言)。権大納言東坊城長維の子。
¶公卿([没]元禄13(1700)年10月12日), 公家(恒長〔東坊城家〕　つねなが　[没]元禄13(1700)年10月12日)

東坊城輝長* ひがしぼうじょうてるなが

元文1(1736)年～明和1(1764)年 江戸時代中期の公家(非参議)。権大納言東坊城綱忠の子。

¶公卿([生]元文1(1736)年8月11日 [没]明和1(1764)年10月23日),公家(輝長〔東坊城家〕 てるなが [生]享保21(1736)年8月11日 [没]明和1(1764)年10月23日)

東坊城聡長* ひがしぼうじょうときなが

寛政11(1799)年～文久1(1861)年 [別]東坊城聡長(ひがしぼうじょうふさなが) 江戸時代末期の公家(権大納言)。権大納言五条為徳の末子。

¶公卿([生]寛政11(1799)年12月26日 [没]文久1(1861)年11月9日),公家(聡長〔東坊城家〕 としなが [生]寛政11(1799)年12月26日 [没]文久1(1861)年11月9日),コン,全幕,幕末([生]寛政11(1800)年12月26日 [没]文久1(1861)年11月9日)

東坊城尚長* ひがしぼうじょうなおなが

安永7(1778)年～文化2(1805)年 [別]東坊城尚長(ひがしぼうじょうひさなが) 江戸時代中期～後期の公家(非参議)。非参議東坊城益良の子。

¶公卿([生]安永7(1778)年10月22日 [没]文化2(1805)年閏8月22日),公家(尚長〔東坊城家〕 ひさなが [生]安永7(1778)年10月22日 [没]文化2(1805)年閏8月22日)

東坊城長詮* ひがしぼうじょうながあき

*～正徳1(1711)年 江戸時代前期～中期の公家(権大納言)。権大納言東坊城恒長の子。

¶公卿([生]正保3(1646)年12月16日 [没]正徳1(1711)年3月11日),公家(長詮〔東坊城家〕 ながあき [生]正保3(1646)年12月16日 [没]宝永8(1711)年3月12日)

東坊城長淳* ひがしぼうじょうながあつ

永正3(1506)年～天文17(1548)年 戦国時代の公卿(権中納言)。権大納言東坊城和長の次男。

¶公卿([没]天文17(1548)年3月23日),公家(長淳〔東坊城家〕 ながあつ [没]天文17(1548)年3月23日)

東坊城長清* ひがしぼうじょうながきよ

*～文明3(1471)年 室町時代の公卿(参議)。権大納言東坊城益長の子。

¶公卿([生]永享10(1438)年 [没]文明3(1471)年1月4日),公家(長清〔東坊城家〕 ながきよ [生]1440年 [没]文明3(1471)年1月4日)

東坊城長維* ひがしぼうじょうながこれ

文禄3(1594)年～万治2(1659)年 江戸時代前期の公家(権大納言)。権中納言五条為経の子。

¶公卿([生]文禄3(1594)年4月14日 [没]万治2(1659)年3月13日),公家(長維〔東坊城家〕 ながこれ [生]文禄3(1594)年4月14日 [没]万治2(1659)年3月13日)

東坊城長綱* ひがしぼうじょうながつな

?～元中9/明徳3(1392)年6月15日 南北朝時代の公卿(参議)。非参議東坊城茂長の子。

¶公卿([没]明徳3/元中9(1392)年6月15日),公家(長綱〔東坊城家〕 ながつな [没]明徳3(1392)年6月15日)

東坊城長遠* ひがしぼうじょうながとお

正平20/貞治4(1365)年～応永29(1422)年 南北朝時代～室町時代の公卿(参議)。参議東坊城秀長の子。

¶公卿([生]貞治4/正平20(1365)年 [没]応永29(1422)年7月29日),公家(長遠〔東坊城家〕 ながとお [没]応永29(1422)年7月19日)

東坊城長政* ひがしぼうじょうながまさ

?～享徳2(1453)年 室町時代の公卿(参議)。少納言菅原言長の子。

¶公卿,公家(長政〔西坊城家(絶家)〕 ながまさ)

東坊城夏長* ひがしぼうじょうなつなが

天保7(1836)年～安政6(1859)年 江戸時代末期の公家。

¶幕末([生]天保7(1836)年10月23日 [没]安政6(1859)年10月1日)

東坊城尚長 ひがしぼうじょうひさなが

⇒東坊城尚長(ひがしぼうじょうなおなが)

東坊城秀長* ひがしぼうじょうひでなが

延元3/暦応1(1338)年～応永18(1411)年 南北朝時代～室町時代の公卿(参議)。参議東坊城長綱の子。

¶公卿([生]暦応1/延元3(1338)年 [没]応永18(1411)年8月6日),公家(秀長〔東坊城家〕 ひでなが [没]応永18(1411)年8月6日),コン([生]暦応1/延元3(1338)年)

東坊城聡長 ひがしぼうじょうふさなが

⇒東坊城聡長(ひがしぼうじょうときなが)

東坊城益長* ひがしぼうじょうますなが

応永14(1407)年～文明6(1474)年12月18日 室町時代の公卿(権大納言)。参議東坊城長遠の子。

¶公卿,公家(益長〔東坊城家〕 ますなが),内乱

東坊城益良* ひがしぼうじょうますよし

延享4(1747)年～* 江戸時代中期の公家(非参議)。准大臣広橋勝胤の次男。

¶公卿([生]延享4(1747)年3月10日 [没]寛政3(1791)年12月20日),公家(益良〔東坊城家〕 ますよし [生]延享4(1747)年3月10日 [没]寛政3(1791)年12月21日)

東坊城盛長* ひがしぼうじょうもりなが

天文7(1538)年～* 安土桃山時代～江戸時代前期の公家(権中納言)。権中納言五条為康の子。

¶公卿([没]慶長12(1607)年12月23日),公家(盛長〔東坊城家〕 もりなが [没]慶長12(1607)年12月23日)

東政図* ひがしまさみち

天保6(1835)年～* [別]南部次郎(なんぶじろう),東次郎(ひがしじろう) 江戸時代末期～明治時代の盛岡藩士、家老。戊辰戦争で新政府軍の攻撃を受け降伏、藩政首脳として敗戦処理にあたる。

¶全幕(東次郎 ひがしじろう [没]明治44(1911)年),幕末(東次郎 ひがしじろう [生]天保6(1835)年9月17日 [没]明治45(1912)年3月3日)

日下志八十次郎* ひがしやそじろう

弘化2(1845)年～慶応2(1866)年 江戸時代末期の義民、庄屋。

¶幕末([没]慶応2(1866)年3月19日)

東山天皇* ひがしやまてんのう

延宝3(1675)年9月3日～宝永6(1709)年12月17日 江戸時代中期の第113代の天皇(在位1687～1709)。霊元天皇第4皇子。

¶江人,コン,天皇([没]宝永6(1709)年6月21日),山小([生]1675年9月3日 [没]1709年12月17日)

東山殿 ひがしやまどの

⇒足利義政(あしかがよしまさ)

東山女房 ひがしやまにょうぼう

鎌倉時代後期の若狭国太良荘の預所。

¶女史([生]? [没]1290年?)

東山亮介 ひがしやまりょうすけ

⇒横山亮之助(よこやまりょうのすけ)

比嘉乗昌* ひがじょうしょう

生没年不詳 江戸時代中期の漆工(琉球の)。

¶コン,美工

氷上川継　ひかみかわつぐ
⇒氷上川継（ひかみのかわつぐ）

氷上太郎高弘　ひがみたろうたかひろ
→大内輝弘（おおうちてるひろ）

氷上娘　ひかみのいらつめ，ひがみのいらつめ
⇒藤原氷上娘（ふじわらのひかみのいらつめ）

氷上川継　ひかみのかわつぎ
⇒氷上川継（ひかみのかわつぐ）

氷上川継＊　ひかみのかわつぐ，ひがみのかわつぐ
生没年不詳　[別]氷上川継（ひかみかわつぐ，ひかみのかわつぎ），氷上真人川継（ひがみのまひとかわつぐ）　平安時代前期の貴族。塩焼王と不破内親王の次男。
¶古人（ひがみのかわつぐ），古代（氷上真人川継　ひがみのまひとかわつぐ），コン（ひかみのかわつぎ）

氷上塩焼　ひかみのしおやき，ひがみのしおやき
⇒塩焼王（しおやきおう）

氷上志計志麻呂＊　ひかみのしけしまろ，ひかみのしげしまろ，ひがみのしけしまろ
生没年不詳　奈良時代～平安時代前期の貴族。塩焼王と不破内親王の長子。
¶古人（ひがみのしげしまろ），古代（ひがみのしけしまろ），コン

氷上真人川継　ひがみのまひとかわつぐ
⇒氷上川継（ひかみのかわつぐ）

光源氏＊　ひかるげんじ
「源氏物語」の主人公。
¶コン

光大和守　ひかるやまとのかみ
戦国時代～安土桃山時代の信濃国筑摩郡光城主。
¶武田（生没年不詳）

飛来一閑　ひきいっかん
⇒飛来一閑（ひらいいっかん）

日置大膳亮　ひきだいぜんのすけ
⇒日置大膳亮（ひおきだいぜんのすけ）

疋田右近　ひきたうこん
⇒疋田就長（ひきたなりなが）

疋田敬蔵　ひきたけいぞう
江戸時代後期の洋画家。
¶美画（[生]嘉永4（1851）年3月　[没]？）

疋田検校＊　ひきたけんぎょう
？～康正1（1455）年　室町時代の琵琶法師。
¶コン

比喜田源次＊　ひきたげんじ
江戸時代末期～明治時代の愛宕家家士。
¶幕末（[生]？　[没]明治4（1872）年12月3日）

比企田源次郎＊　ひきたげんじろう
江戸時代末期の三条家家士。
¶幕末（生没年不詳）

疋田小左衛門　ひきたこざえもん
江戸時代前期の武士。大坂の陣で籠城。
¶大坂

疋田助右衛門＊　ひきたすけえもん
生没年不詳　安土桃山時代の織田信長の家臣。
¶織田

疋田千益＊　ひきたちます
寛政5（1793）年～明治2（1869）年　江戸時代末期～明治時代の歌人。種痘の奨励に功績があった。
¶コン

日置帯刀　ひきたてわき
⇒日置帯刀（へきたてわき）

疋田就長＊　ひきたなりなが，ひきだなりなが
[別]疋田右近（ひきたうこん）　戦国時代～安土桃山時代の武士。豊臣氏家臣。
¶大坂（疋田右近　ひきたうこん）

疋田文五郎＊（疋田豊五郎）　ひきたぶんごろう
＊～慶長10（1605）年　[別]疋田豊五郎（ひったぶんごろう）　安土桃山時代の剣術家。
¶コン（生没年不詳），全戦（生没年不詳）

引田部赤猪子　ひきたべのあかいこ
⇒引田部赤猪子（ひけたべのあかいこ）

疋田元治＊　ひきたもとじ
生没年不詳　江戸時代末期の播磨赤穂藩士。
¶幕末

疋田泰永　ひきたやすなが
江戸時代中期の代官。
¶徳代（[生]元禄3（1690）年　[没]宝暦13（1763）年6月5日）

比企長左衛門　ひきちょうざえもん
江戸時代前期～中期の幕臣、関東代官。
¶徳代（[生]正保2（1645）年　[没]正徳5（1715）年7月1日）

比企藤四郎＊　ひきとうしろう
生没年不詳　戦国時代の岩付太田氏の家臣。
¶後北（藤四郎〔比企〕　とうしろう）

比企朝宗＊　ひきともむね
生没年不詳　[別]藤原朝宗（ふじわらのともむね）　鎌倉時代前期の武士。母は源頼朝の乳母の比企尼。
¶古人（藤原朝宗　ふじわらのともむね），平家

比企尼＊　ひきのあま
生没年不詳　平安時代後期の女性。源頼朝の乳母。
¶古人，コン，女史

比企則員　ひきのりかず
江戸時代前期の武蔵国松山城主上田憲定の家臣。左馬助。もと武蔵国岩付城城主太田資正家臣。
¶後北（則員〔比企〕　のりかず　[没]元和2年3月19日）

日岐盛次　ひきもりつぐ
戦国時代の信濃国安曇郡日岐国衆。仁科氏家臣。
¶武田（生没年不詳）

比企能員＊　ひきよしかず
？～建仁3（1203）年　[別]藤原能員（ふじわらのよしかず）　平安時代後期～鎌倉時代前期の武将。源頼朝の乳母比企尼の養子。娘が2代頼家の妻で一時権勢を得たが、北条氏と争い殺された。
¶古人（藤原能員　ふじわらのよしかず），コン，中世，内乱，平家，山小（[没]1203年9月2日）

樋口淡路守　ひぐちあわじのかみ
⇒樋口雅兼（ひぐちまさかね）

樋口家次　ひぐちいえつぐ
安土桃山時代～江戸時代前期の代官。武田家旧臣。
¶徳代（生没年不詳）

樋口泉*　ひぐちいずみ
文化6(1809)年～明治7(1874)年　江戸時代末期～明治時代の和算家。
¶数学([没]明治7(1874)年6月22日)

樋口邂庵*　ひぐちかいあん
享和1(1801)年～安政3(1856)年　江戸時代末期の武士。岩国吉川家臣。
¶幕末([没]安政3(1856)年3月10日)

樋口兼尭　ひぐちかねたか
江戸時代前期～中期の代官。
¶徳代([生]寛文8(1668)年　[没]正徳5(1715)年8月6日)

樋口兼次*　ひぐちかねつぐ
生没年不詳　江戸時代前期の和算家。
¶数学

樋口兼豊*　ひぐちかねとよ
生没年不詳　安土桃山時代の武士。上杉氏家臣。
¶全戦([生]?　[没]慶長7(1602)年)

樋口兼光*　ひぐちかねみつ
?～元暦1(1184)年　[別]中原兼光(なかはらのかねみつ)　平安時代後期の武士。木曽義仲の家人。
¶古人(中原兼光　なかはらのかねみつ),平家([没]寿永3(1184)年)

樋口喜左衛門　ひぐちきざえもん
江戸時代後期～末期の幕臣。
¶徳人(生没年不詳)

樋口喜作*　ひぐちきさく
天保6(1835)年～明治39(1906)年　江戸時代末期～明治時代の仙台藩儒員。会津討伐で土湯口に配備された。戦後、柴田郡地方を巡回しながら講演。
¶幕末([没]明治39(1906)年1月7日)

樋口静康*　ひぐちきよやす
天保6(1835)年3月16日～明治7(1874)年5月　江戸時代末期～明治時代の公家(非参議)。右馬権頭樋口保康の子。
¶公卿,公家(静康〔樋口家〕　すみやす　[没]明治7(1874)年5月17日)

樋口権右衛門*　ひぐちごんうえもん
慶長6(1601)年～天和3(1683)年　[別]小林義信(こばやしよしのぶ),樋口権右衛門(ひぐちごんえもん)　江戸時代前期の測量家、天文家。西洋式測量術の開祖。
¶江人(小林義信　こばやしよしのぶ),科学(ひぐちごんえもん　[没]天和3(1683)年12月24日),コン(ひぐちごんえもん　生没年不詳),コン(小林義信　こばやしよしのぶ　[生]慶長5(1600)年),数学(小林義信　こばやしよしのぶ　[没]天和3(1683)年12月24日)

樋口権右衛門　ひぐちごんえもん
⇒樋口権右衛門(ひぐちごんうえもん)

樋口三生　ひぐちさんせい
江戸時代後期の眼科医。
¶眼医([生]?　[没]弘化1(1844)年)

樋口四角兵衛　ひぐちしかくべえ
安土桃山時代の真田信繁・真田信之の家臣。
¶全戦(生没年不詳)

樋口子星*　ひぐちしせい
生没年不詳　[別]樋口台(ひぐちだい)　江戸時代後期の医者。
¶眼医(樋口台(子星)　ひぐちだい(しせい))

樋口次郎右衛門　ひぐちじろ(う)えもん
江戸時代前期の武士。大坂の陣で籠城。
¶大坂

樋口真吉*　ひぐちしんきち
文化12(1815)年～明治3(1870)年　[別]樋口武(ひぐちたけし)　江戸時代末期～明治時代の志士。土佐藩士。
¶コン(樋口武　ひぐちたけし),全幕,幕末([生]文化12(1815)年11月8日　[没]明治3(1870)年6月14日)

樋口甚内*　ひぐちじんない
文政5(1822)年～明治2(1869)年　江戸時代末期の剣術家。
¶幕末([没]明治2(1869)年6月29日)

樋口台　ひぐちだい
⇒樋口子星(ひぐちしせい)

樋口武　ひぐちたけし
⇒樋口真吉(ひぐちしんきち)

樋口知足斎*　ひぐちちそくさい
寛延3(1750)年～文政9(1826)年　[別]樋口好古(ひぐちよしふる)　江戸時代後期の農政家。
¶コン

樋口鉄四郎*　ひぐちてつしろう
文政10(1827)年～明治24(1891)年　江戸時代末期～明治時代の対馬藩士、対馬藩家老、大参事。藩命で政府の日鮮修好を伝えるため渡韓するが、交渉は不調に終わった。
¶幕末([生]文政10(1827)年4月11日　[没]明治24(1891)年10月28日)

樋口藤次郎　ひぐちとうじろう
江戸時代末期の和算家。私学・数学舎分校を開設。
¶数学([生]嘉永7(1854)年5月)

樋口道立*　ひぐちどうりゅう
元文3(1738)年～文化9(1812)年　[別]道立(どうりゅう)　江戸時代中期～後期の俳人、儒者。与謝蕪村に師事。
¶コン([生]享保17(1732)年),俳文(道立　どうりゅう　[生]元文2(1737)年)

樋口富蔵*(――〔1代〕)　ひぐちとみぞう
明和2(1765)年～文政11(1828)年　江戸時代後期の土佐能茶山の陶工。
¶美工([没]文政10(1827)年)

樋口直房*　ひぐちなおふさ
?～天正2(1574)年8月　戦国時代の武将。浅井氏家臣。
¶織田

樋口良好の母　ひぐちながよしのはは★
江戸時代後期の女性。和歌。良好は兄潤助と共に熊本藩士で勤皇の士。嘉永6年、浦賀の黒船騒動に際し、以前潤助に与えた和歌を示し、良好の士気を鼓舞した。
¶江表(樋口良好の母(熊本県))

樋口信孝*　ひぐちのぶたか
*～万治1(1658)年　江戸時代前期の公家(参議)。樋口家の祖。右兵衛督水無瀬親具の次男。
¶公卿([生]慶長4(1599)年12月24日　[没]万治1(1658)年7月20日),公家(信孝〔樋口家〕　のぶたか　[生]慶長4(1599)年12月24日　[没]万治1(1658)年7月20日)

樋口信康＊　ひぐちのぶやす
元和9（1623）年～元禄4（1691）年　江戸時代前期の公家（権中納言）。参議樋口信孝の子。
¶公卿（[生]元和9（1623）年11月10日　[没]元禄4（1691）年6月21日），公家（信康〔樋口家〕　のぶやす　[生]元和9（1623）年11月10日　[没]元禄4（1691）年6月21日）

樋口宮　ひぐちのみや
⇒小倉宮（おぐらのみや）

樋口彦右衛門＊　ひぐちひこえもん
文化10（1813）年～明治26（1893）年　江戸時代末期～明治時代の商人。御用金吟味役を経て、維新後は戸長・町会議員をつとめる。
¶幕末（[没]明治26（1893）年10月21日）

樋口寿康＊　ひぐちひさやす
寛政2（1790）年～天保10（1839）年　江戸時代後期の公家（非参議）。権中納言樋口宜康の子。
¶公卿（[生]寛政2（1790）年3月11日　[没]天保10（1839）年5月1日），公家（寿康〔樋口家〕　ひさやす　[生]寛政2（1790）年3月11日　[没]天保10（1839）年5月23日）

樋口冬康＊　ひぐちふゆやす
江戸時代中期の公家（非参議）。権大納言樋口基康の子。
¶公卿（[生]享保12（1727）年12月15日　[没]明和5（1768）年12月28日），公家（冬康〔樋口家〕　ふゆやす　[生]享保12（1727）年12月15日　[没]明和5（1768）年11月28日）

樋口雅兼＊　ひぐちまさかね
[別]樋口淡路守（ひぐちあわじのかみ）　安土桃山時代の武士。豊臣氏家臣。
¶大坂（樋口淡路守　ひぐちあわじのかみ）

樋口正信の妻　ひぐちまさのぶのつま★
江戸時代前期の女性。俳諧。樋口長左衛門正信の妻。明暦2年刊、安原貞室編『玉海集』に載る。
¶江表（樋口正信の妻（京都府））

樋口又兵衛　ひぐちまたべえ
江戸時代前期の代官。
¶徳代（生没年不詳）

樋口光訓＊　ひぐちみつのり
天保13（1842）年～大正4（1915）年　江戸時代末期～大正時代の国学者。愛君社を創設し皇道を唱え、のちに皇典講究所創立の基礎を築く。
¶幕末（[没]大正4（1915）年11月12日）

樋口木工左衛門尉　ひぐちもくざえもんのじょう
安土桃山時代の北条氏直の家臣。もと信濃国高島城城主諏訪頼忠家臣。
¶後北（木工左衛門尉〔樋口〕　もくざえもんのじょう）

樋口基康＊　ひぐちもとやす
宝永3（1706）年～安永9（1780）年　江戸時代中期の公家（権大納言）。非参議樋口康熙の子。
¶公卿（[生]宝永3（1706）年7月11日　[没]安永9（1780）年6月27日），公家（基康〔樋口家〕　もとやす　[生]宝永3（1706）年7月11日　[没]安永9（1780）年6月27日）

樋口安定　ひぐちやすさだ
江戸時代前期の代官。
¶徳代（[生]？　[没]寛文10（1670）年3月6日）

樋口康熙＊（樋口康煕，樋口康凞）　ひぐちやすひろ
延宝5（1677）年～享保8（1723）年　江戸時代中期の公家（非参議）。権中納言樋口信康の三男。
¶公卿（[生]延宝5（1677）年11月30日　[没]享保8（1723）年6月5日），公家（康熙〔樋口家〕　やすひろ　[生]延宝5（1677）年11月30日　[没]享保8（1723）年6月5日）

樋口好古　ひぐちよしふる
⇒樋口知足斎（ひぐちちそくさい）

樋口宜康＊　ひぐちよしやす
宝暦4（1754）年～文政5（1822）年　江戸時代中期～後期の公家（権中納言）。非参議樋口冬康の次男。
¶公卿（[生]宝暦4（1754）年5月19日　[没]文政5（1822）年3月23日），公家（宜康〔樋口家〕　のぶやす　[生]宝暦4（1754）年5月19日　[没]文政5（1822）年3月22日）

樋口竜温＊（樋口龍温）　ひぐちりゅうおん
寛政12（1800）年～明治18（1885）年　[別]竜温（りゅうおん）　江戸時代末期～明治時代の真宗大谷派学僧、権少教正。
¶思想（竜温　りゅうおん）

引間弾正　ひくまだんじょう
安土桃山時代の武蔵国鉢形城主北条氏邦家臣秩父重国の同心。
¶後北（弾正〔引間〕　だんじょう）

日暮小太夫＊　ひぐらしこだゆう
江戸時代前期の京都の説教節の太夫。
¶コン

日暮八太夫＊　ひぐらしはちだゆう，ひぐらしはちたゆう
世襲名　江戸時代の京都の説教太夫。
¶コン

日暮佳成＊　ひぐらしよしなり
生没年不詳　江戸時代末期の和算家。
¶数学

日暮林清＊　ひぐらしりんせい
生没年不詳　江戸時代の歌念仏林清節の祖。
¶コン

非群＊　ひぐん
？～享保19（1734）年　[別]氷固（ひょうこ）　江戸時代中期の俳人（蕉門）。
¶俳文（[没]享保19（1734）年12月11日）

引田秋庭　ひけたのあきにわ
飛鳥時代の官人。
¶古人（生没年不詳）

引田朝臣虫麻呂　ひけたのあそんむしまろ
⇒引田虫麻呂（ひけたのむしまろ）

引田祖父　ひけたのおおじ
飛鳥時代の官人。
¶古人（生没年不詳）

引田広目　ひけたのひろめ
飛鳥時代の官人。
¶古人（生没年不詳）

引田虫麻呂＊　ひけたのむしまろ
生没年不詳　[別]引田朝臣虫麻呂（ひけたのあそんむしまろ）　奈良時代の官吏。
¶古人，古代（引田朝臣虫麻呂　ひけたのあそんむしまろ）

引田部赤猪子＊　ひけたべのあかいこ
[別]引田部赤猪子（ひきたべのあかいこ）　上代の女性。「古事記」に登場。
¶古代，女史（ひきたべのあかいこ）

肥後＊（1）　ひご
生没年不詳　平安時代後期の女性。歌人。
¶古人

肥後 (2)　**ひご★**
江戸時代前期の女性。書簡。千姫の侍女。寛永10年荘厳院宛、病気平癒祈願要請と礼状が残る。
¶江表（肥後（兵庫県））

彦五十狭芹彦命★　**ひこいさせりひこのみこと**
上代の孝霊天皇の皇子。
¶古代，天皇

彦一★　**ひこいち**
？〜天正10（1582）年6月2日　戦国時代〜安土桃山時代の織田信長の家臣。
¶織田

彦市★　**ひこいち**
熊本県に伝わる笑話の主人公。
¶コン

彦坐王　**ひこいますおう**
⇒彦坐命（ひこいますのみこと）

彦坐王　**ひこいますのおう**
⇒彦坐命（ひこいますのみこと）

彦坐命★　**ひこいますのみこと**
𠀋彦坐王（ひこいますおう，ひこいますのおう）
上代の開化天皇の皇子。
¶古代（彦坐王命　ひこいますのみこのみこと），天皇（生没年不詳）

美紅　**びこう★**
江戸時代後期の女性。俳諧。上之町の人。文化1年、利根郡大原村の「田向観音堂奉納句寄留」に載る。
¶江表（美紅（群馬県））

彦主人王　**ひこうしおう**
⇒彦主人王（ひこうしのおう）

彦主人王★　**ひこうしのおう**
𠀋彦主人王（ひこうしおう，ひこうしのおおかみ，ひこうしのおおきみ）　上代の応神天皇四世孫、継体天皇の父。
¶古代（ひこうしのおおきみ），古物（ひこうしのおおきみ），天皇（ひこうしのおおかみ　生没年不詳）

彦主人王　**ひこうしのおおかみ**
⇒彦主人王（ひこうしのおう）

彦主人王　**ひこうしのおおきみ**
⇒彦主人王（ひこうしのおう）

彦右衛門　**ひこえもん**
安土桃山時代の皮作職人の棟梁。相模国中郡。北条氏に属した。
¶後北

尾谷〔1代〕★　**びこく**
延宝6（1678）年〜寛延1（1748）年11月3日　江戸時代前期〜中期の俳人。
¶俳文（代数なし　寛延1（1748）年11月3日）

彦国葺★　**ひこくにふく**
上代の和珥臣の遠祖。
¶古代

彦久保某　**ひこくぼなにがし**
安土桃山時代の武蔵国鉢形城主北条氏邦家臣秩父重国の同心。
¶後北（某〔彦久保〕　なにがし）

彦左衛門 (1)　**ひこざえもん**
戦国時代の京都の番匠。北条氏綱に属した御用大

工の棟梁。
¶後北

彦左衛門 (2)　**ひこざえもん**
安土桃山時代の信濃国筑摩郡会田の土豪。会田岩下氏の被官とみられる。
¶武田（生没年不詳）

彦坂九兵衛　**ひこさかきゅうべえ**
⇒彦坂光正（ひこさかみつまさ）

彦坂重紹　**ひこさかしげつぐ**
江戸時代前期の幕臣。
¶徳人（㊤1619年　㊦1670年）

彦坂重治　**ひこさかしげはる**
江戸時代前期〜中期の幕臣。
¶徳人（㊤1621年　㊦1693年）

彦坂謹厚★　**ひこさかじんこう**
天保5（1834）年〜明治31（1898）年　㊞謹厚（しんこう）　江戸時代末期〜明治時代の天台宗の僧。
¶コン，幕末（㊦明治31（1898）年7月5日）

彦坂為一★　**ひこさかためかず**
？〜明治10（1877）年　江戸時代末期〜明治時代の紀伊和歌山藩士。
¶幕末（㊦明治10（1877）年3月9日）

彦坂紹芳　**ひこさかつぐか**
江戸時代中期〜後期の幕臣。
¶徳人（㊤1752年　㊦1825年）

彦坂範善★　**ひこさかのりよし**
享和3（1803）年〜明治12（1879）年1月28日　江戸時代後期〜明治時代の和算家。
¶数学

彦坂平九郎　**ひこさかへいくろう**
江戸時代前期の代官。
¶徳代（生没年不詳）

彦坂光正★　**ひこさかみつまさ**
永禄8（1565）年〜寛永9（1632）年　㊞彦坂九兵衛（ひこさかきゅうべえ）　安土桃山時代〜江戸時代前期の駿府町奉行。徳川家康に仕える。
¶コン，徳人，徳代（㊦寛永9（1632）年2月29日）

彦坂宗有　**ひこさかむねあり**
安土桃山時代〜江戸時代前期の上方代官。
¶徳代（㊤永禄4（1561）年　㊦寛永8（1631）年10月9日）

彦坂元正★　**ひこさかもとまさ**
？〜寛永11（1634）年　江戸時代前期の代官頭。三河国の検地奉行。
¶コン，徳将，徳人，徳代（㊦寛永11（1634）年1月8日）

彦坂義重　**ひこさかよししげ**
江戸時代前期の代官。
¶徳代（㊤？　㊦延宝3（1675）年）

彦坂吉成　**ひこさかよしなり**
安土桃山時代の代官。
¶徳代（㊤慶長5（1600）年　㊦？）

彦狭嶋王　**ひこさしまおう**
⇒彦狭嶋命（ひこさしまのみこと）

彦狭嶋命★　**ひこさしまのみこと**
𠀋彦狭嶋王（ひこさしまおう）　上代の孝霊天皇の皇子。

¶古代（彦狭嶋王　ひこさしまおう）

彦三郎(1)　ひこさぶろう
安土桃山時代の信濃国筑摩郡会田の土豪。会田岩
下氏の被官とみられる。
¶武田（生没年不詳）

彦三郎(2)　ひこさぶろう
安土桃山時代の人。今井彦十郎信忠の子か。天正5
年頃駿河富士大宮に神馬を奉納。
¶武田（生没年不詳）

肥後七左衛門＊　ひごしちざえもん
生没年不詳　江戸時代末期の薩摩藩士。
¶幕末

彦四郎　ひこしろう
安土桃山時代の信濃国筑摩郡会田の土豪。会田岩
下氏の被官とみられる。
¶武田（生没年不詳）

彦二郎　ひこじろう
安土桃山時代の信濃国筑摩郡小芹・大久保・花見の
土豪。塔原海野氏の被官とみられる。
¶武田（生没年不詳）

肥後新造＊　ひごしんぞう
江戸時代末期の薩摩焼の陶画工、狩野派の画家。
¶美工（嘉永1（1848）年　㊥？）

美御前大阿母志良礼　びごぜんだいあもしられ＊
江戸時代後期の女性。元祖・大宗。首里の人。天保
7年第二尚氏王朝18代国王尚育の即位に際し、天保
9年中国皇帝からの冊封使を迎える費用を御借上。
¶江表（美御前大阿母志良礼（沖縄県））

彦胤法親王　ひこたねほうしんのう
⇒彦胤法親王（げんいんほうしんのう）

肥後直次郎＊　ひごなおじろう
生没年不詳　江戸時代末期の薩摩藩士。
¶幕末

彦波瀲武鸕鶿草葺不合尊　ひこなぎさたけうがやふき
あえずのみこと
⇒鸕鶿草葺不合尊（うがやふきあえずのみこと）

彦成王＊　ひこなりおう
生没年不詳　鎌倉時代前期の僧。順徳天皇の皇子。
¶天皇（㊥承久1（1219）年2月15日？　㊥？）

彦八(1)　ひこはち
戦国時代の八代郡寺尾郷在住の漆職人頭。
¶武田（生没年不詳）

彦八(2)　ひこはち
⇒米沢彦八〔1代〕（よねざわひこはち）

彦仁王＊　ひこひとおう
？～永仁6（1298）年　鎌倉時代後期の順徳天皇の皇
子忠成王の王子。
¶公家（彦仁〔順徳源氏（絶家）〕　ひこひと　㊥永仁6
（1298）年3月23日，天皇（㊥永仁6（1298）年3月23日）

彦人皇子　ひこひとのおうじ
⇒押坂彦人大兄皇子（おしさかのひこひとのおおえ
のみこ）

彦人大兄皇子　ひこひとのおおえのおうじ
⇒押坂彦人大兄皇子（おしさかのひこひとのおおえ
のみこ）

彦太忍信命　ひこふつおしのまことのみこと
⇒彦太忍信命（ひこふとおしまことのみこと）

彦太忍信命　ひこふつおしのまことのみこと
⇒彦太忍信命（ひこふとおしまことのみこと）

彦太忍信命＊　ひこふとおしまことのみこと
㊥彦太忍信命（ひこふつおしのまことのみこと，ひ
こふつおしまことのみこと）　上代の孝元天皇の
皇子。
¶天皇（ひこふつおしまことのみこと　生没年不詳）

彦部晴直＊　ひこべはるなお
？～永禄8（1565）年　戦国時代の武士。足利氏
家臣。
¶古代（晴直〔彦部〕　はるなお）

彦火火出見尊＊（彦火々出見尊）　ひこほほでみのみこと
㊥海幸・山幸（うみさち・やまさち），海幸彦・山
幸彦（うみさちひこ・やまさちひこ），火遠理命（ほ
おりのみこと），山幸（やまさち），山幸彦（やまさ
ちひこ）　日本神話の神。天孫瓊瓊杵尊と木花開耶
姫の子。
¶コン

日子八井命＊　ひこやいのみこと
上代の神武天皇の皇子。
¶古代，天皇（生没年不詳）

彦湯産隅命　ひこゆむすみのみこと
上代の開化天皇の皇子。
¶天皇（生没年不詳）

ひこん
安土桃山時代の信濃国筑摩郡安坂の土豪。
¶武田（生没年不詳）

ひさ(1)
江戸時代中期の女性。和歌。寛延3年成立、見坊景
兼編「寛延和歌集」に載る。
¶江表（ひさ（岩手県））

ひさ(2)
江戸時代中期の女性。俳諧。其梅の娘。天明7年成
立、起早庵稲後編『丙午歳旦』に載る。
¶江表（ひさ（山梨県））

ひさ(3)
江戸時代中期の女性。俳諧。加賀鶴来の人。明和8
年序、高桑闌更編『落葉考』に載る。
¶江表（ひさ（石川県））

ひさ(4)
江戸時代中期の女性。俳諧。能登黒島の人。天明6
年跋、森岡珏卜編「力すまふ」に載る。
¶江表（ひさ（石川県））

ひさ(5)
江戸時代中期の女性。俳諧。志太野坡門の俳人額
田風之の娘。宝暦2年序、後藤梅従編『十三題』に
載る。
¶江表（ひさ（京都府））

ひさ(6)
江戸時代中期の女性。和歌。高津周介の母。安永3
年刊『慈鎮和尚五百五十回忌法楽』に載る。
¶江表（ひさ（大阪府））

ひさ(7)
江戸時代中期の女性。俳諧。大坂の人。元禄4年
刊、高木自問編『難波曲』に載る。

¶江表(ひさ(大阪府))

ひさ(8)
江戸時代中期の女性。俳諧。筑後久留米の人。宝永2年野坡の序、佐越編『すぎ丸太』に載る。
¶江表(ひさ(福岡県))

ひさ(9)
江戸時代後期の女性。俳諧。俳人交久舎可口の母。文化5年、美濃派湯沢連の歳旦帖「鶯山下歳旦」に載る。
¶江表(ひさ(秋田県))

ひさ(10)
江戸時代後期の女性。教育。村田顕友の妻。
¶江表(ひさ(東京都)　[生]天保2(1831)年頃)

ひさ(11)
江戸時代後期の女性。教育。福岡九兵衛の娘。
¶江表(ひさ(東京都)　[生]弘化1(1844)年頃)

ひさ(12)
江戸時代後期の女性。和歌。盲人ひさ、飛佐の名で、寛政2年序、隠岐正甫・清水貞固撰「続稲葉和歌集」に載る。
¶江表(ひさ(鳥取県)),江表(ひさ子(長崎県))

ひさ(13)
江戸時代後期の女性。和歌。大橋氏。天保11年刊『瓊浦集』に載る。
¶江表(ひさ(長崎県))

ひさ(14)
江戸時代後期の女性。俳諧。城ケ崎の俳人二松亭五明とふさの娘。文政1年の五明の古希祝に五明の長男路牛と二男明之が編んだ『松賀左根』に載る。
¶江表(ひさ(宮崎県))

ひさ・久
江戸時代中期の女性。和歌。山吹村領主で旗本座光寺為忠の娘。
¶江表(ひさ・久(長野県)　[生]寛保3(1743)年　[没]明和2(1765)年)

ヒサ
江戸時代末期の女性。教育。商人の村田氏。安政4年～明治8年女子に読書、習字を教えた。
¶江表(ヒサ(滋賀県))

久(1)　ひさ*
江戸時代前期の女性。俳諧。京都の人。喜多直能の妻、俳人生敬の母。明暦2年刊、安原貞室編『玉海集』に載る。
¶江表(久(京都府))

久(2)　ひさ*
江戸時代前期の女性。俳諧。貞享1年刊、井原西鶴編『古今俳諧女歌仙』に載る。
¶江表(久(京都府))

久(3)　ひさ*
江戸時代中期の女性。和歌。仙台藩一門伊達村倫家の奥女中。安永3年成立「田村村隆母公六十賀祝賀歌集」に載る。
¶江表(久(宮城県))

久(4)　ひさ*
江戸時代中期の女性。和歌。下蔵氏。京都の冷泉為村に入門を断られた。
¶江表(久(長野県))

久(5)　ひさ*
江戸時代中期の女性。和歌。歌人門池知新の妻。元禄14年刊、大淀三千風編『倭漢田鳥集』に載る。
¶江表(久(大阪府))

久(6)　ひさ*
江戸時代中期の女性。俳諧。摂津伊丹の筒井浄運の娘。享保8年成立、森本百丸撰「在岡逸士伝」に記述される。
¶江表(久(兵庫県))

久(7)　ひさ*
江戸時代中期～後期の女性。和歌。歌人井上好春の娘。坂本龍馬の祖母。
¶江表(久(高知県)　[生]安永9(1780)年　[没]嘉永5(1852)年)

久(8)　ひさ*
江戸時代後期の女性。和歌。万尾吉兵衛の妻。文化11年刊、中山忠雄・河田正致編『柿本社奉納和歌集』に載る。
¶江表(久(京都府))

久(9)　ひさ*
江戸時代後期の女性。俳諧。備後三良坂の人。文政9年刊、多賀庵四世筵史編『やまかつら』に載る。
¶江表(久(広島県))

久(10)　ひさ*
江戸時代後期の女性。和歌。水野氏。嘉永4年刊、鈴木高鞆編『類題玉石集』に載る。
¶江表(久(広島県))

久(11)　ひさ*
江戸時代末期の女性。和歌。播磨姫路の高浜周輔の母。安政6年刊、秋元安民編『類題青藍集』に載る。
¶江表(久(兵庫県))

寿　ひさ
江戸時代後期の女性。俳諧・和歌。駒留氏。天保14年刊、会香功勲編『下総諸家小伝』に載る。
¶江表(寿(千葉県))

尚　ひさ
江戸時代後期の女性。和歌。医師星野友尚の娘。人見焦雨の祖母。
¶江表(尚(秋田県))

飛佐　ひさ*
江戸時代後期の女性。教育。滝沢錦十郎の養母。
¶江表(飛佐(東京都)　[生]文政7(1824)年頃)

理　ひさ
江戸時代中期～後期の女性。画。徳島藩主蜂須賀重喜の娘。
¶江表(理(徳島県)　[生]天明2(1782)年　[没]文政4(1821)年)

久明親王*　ひさあきしんのう
建治2(1276)年～嘉暦3(1328)年　[別]久明親王(ひさあきらしんのう)　鎌倉時代後期の鎌倉幕府第8代の将軍(在職1289～1308)。後深草天皇の皇子。大覚寺統の惟康親王にかわり東下。
¶コン(ひさあきらしんのう),天皇(ひさあきらしんのう　[生]建治2(1276)年9月11日　[没]嘉暦3(1328)年10月14日),中世(ひさあきらしんのう)

久明親王　ひさあきらしんのう
⇒久明親王(ひさあきしんのう)

久江(1) ひさえ★
江戸時代後期の女性。和歌。会津藩の老女。嘉永4年序、鈴木直麿編『八十番歌合』に載る。
¶江表(久江(福島県))

久江(2) ひさえ★
江戸時代後期の女性。和歌。鈴木氏。
¶江表(久江(埼玉県) [没]享和3(1803)年)

ひさ尾女 ひさおじょ★
江戸時代後期の女性。俳諧。天保1年刊、事仙庵丁知撰「利根太郎」に載る。
¶江表(ひさ尾女(東京都))

久尾女 ひさおじょ★
江戸時代後期の女性。医学。山田氏。品川の産科医。嘉永6年山田元貞の助けを借り「孕家発蒙図解」を著す。
¶江表(久尾女(東京都))

ひさき(1)
江戸時代中期の女性。俳諧。俳人菊田有隣の妻。享保9年刊、坂本朱拙・菊田有隣編『はせをたらひ』に載る。
¶江表(ひさき(福岡県))

ひさき(2)
江戸時代後期の女性。俳諧。熊本における蕉門の中心となった久武綺石の妻。綺石が文化2年、51歳で没し、翌年刊行された一周忌記念集『いけのむかし』に載る。
¶江表(ひさき(熊本県))

久木直次郎* ひさきなおじろう
文政4(1821)年～明治28(1895)年 江戸時代末期～明治時代の水戸藩士。
¶幕末([没]明治28(1895)年12月2日)

久国* ひさくに
生没年不詳 [別]藤原久国(ふじわらのひさくに，ふじわらひさくに) 戦国時代の画家。
¶美画(藤原久国 ふじわらのひさくに)

ひさ子(1) ひさこ★
江戸時代後期の女性。和歌。松代藩藩士恩田斎宮の妻。文化5年跋、藩主真田幸弘の七〇賀集「千年の寿辞」下に載る。
¶江表(ひさ子(長野県))

ひさ子(2) ひさこ★
江戸時代後期の女性。和歌。柳生藩主柳生俊峯の娘。
¶江表(ひさ子(奈良県) [没]文化10(1813)年)

ひさ子(3) ひさこ★
江戸時代末期の女性。和歌。吉田半七の妻。嘉永7年刊、長沢伴雄編『類題鴨川五郎集』に載る。
¶江表(ひさ子(新潟県))

久子(1) ひさこ★
江戸時代の女性。和歌。番町住の漢方医河内全節の妻。明治8年刊、橘東世子編『明治歌集』に載る。
¶江表(久子(東京都))

久子(2) ひさこ★
江戸時代中期の女性。和歌。河内狭山藩主北条氏朝の奥女中。正徳2年奉納、蘆雖軒高倫序「蟻通奉納百首和歌」に載る。
¶江表(久子(大阪府))

久子(3) ひさこ★
江戸時代中期の女性。和歌。中山氏。高松藩6代藩主松平頼真の側室。
¶江表(久子(香川県))

久子(4) ひさこ★
江戸時代後期の女性。和歌。浦上彼面の母。文政12年撰「高野山奉納和歌草稿」に載る。
¶江表(久子(岩手県))

久子(5) ひさこ★
江戸時代後期～明治時代の女性。和歌・書簡。幕臣で歌人蜂屋光世の妻。
¶江表(久子(東京都) [生]天保1(1830)年 [没]明治33(1900)年)

久子(6) ひさこ★
江戸時代後期の女性。和歌。島田村新井の庄屋丸山弥惣太の娘。
¶江表(久子(長野県) [没]天保10(1839)年)

久子(7) ひさこ★
江戸時代後期の女性。和歌。越後蒲原郡夏戸の人。嘉永4年刊、長沢伴雄編『類題鴨川三郎集』に載る。
¶江表(久子(新潟県))

久子(8) ひさこ★
江戸時代後期の女性。和歌。伊勢亀山藩主石川総師の室。寛政10年跋、真田幸弘の六〇賀集「千とせの寿詞」に載る。
¶江表(久子(三重県))

久子(9) ひさこ★
江戸時代後期の女性。和歌。紀州藩士小田信右衛門行輝の娘。天保11年に本居内遠に入門。
¶江表(久子(和歌山県))

久子(10) ひさこ★
江戸時代後期の女性。和歌。因幡気多郡鹿野の光輪寺の人。天保12年刊、加納諸平編『類題鰒玉集』四に載る。
¶江表(久子(鳥取県))

久子(11) ひさこ★
江戸時代後期の女性。和歌。備中児島郡林村の大法院細川宜海の娘。
¶江表(久子(岡山県) [没]天保12(1841)年)

久子(12) ひさこ★
江戸時代後期の女性。和歌。筑前山鹿魚町の庄屋で黒金屋と号した酒造業林清三郎近知の娘。文化2年、夫に先立たれたのち、本格的に歌を学んだようだ。
¶江表(久子(福岡県))

久子(13) ひさこ★
江戸時代後期の女性。和歌。長崎の徳見茂二郎の母。嘉永5年刊、長沢伴雄編『類題鴨川四郎集』に載る。
¶江表(久子(長崎県))

久子(14) ひさこ★
江戸時代末期の女性。和歌。旗本酒井壱岐守忠讜の妻。安政4年刊、仲田顕忠編『類題武蔵野集』二に載る。
¶江表(久子(東京都))

久子(15) ひさこ★
江戸時代末期の女性。画・俳諧。今治藩8代藩主松平定芝の娘。
¶江表(久子(愛媛県) [没]安政2(1855)年)

ひさこ

久子(16) ひさこ*
江戸時代末期の女性。和歌。九町氏。本居宣長門の歌人で八幡浜の二宮正禎門。
¶江表(久子(愛媛県))

久子(17) ひさこ*
江戸時代末期の女性。和歌。大唐人町の石田宇作の母。安政5年序、半井梧庵編『鄙のてぶり』二に載る。
¶江表(久子(愛媛県))

久子(18) ひさこ*
江戸時代末期の女性。和歌。野村犀吉の妻。慶応3年、吉田孝継編「採玉集」後に載る。
¶江表(久子(高知県))

久子(19) ひさこ*
江戸時代末期の女性。和歌。佐賀藩の奥女中。安政4年刊、井上文雄編『摘英集』に載る。
¶江表(久子(佐賀県))

古子 ひさこ
江戸時代後期の女性。和歌。上賀茂神社社家藤木信濃守の娘。嘉永3年刊、長沢伴雄編『類題鴨川次郎集』に載る。
¶江表(古子(京都府))

寿子(1) ひさこ*
江戸時代の女性。和歌。藤岡氏。明治13年刊、藤岡恵美編『猴冠集』二に載る。
¶江表(寿子(高知県))

寿子(2) ひさこ*
江戸時代中期の女性。和歌。進藤氏。
¶江表(寿子(京都府)) ㋐寛延1(1748)年

寿子(3) ひさこ*
江戸時代後期の女性。和歌。松代藩藩士河原左近の娘。文化6年木島菅麿編「松廼百枝」に載る。
¶江表(寿子(長野県))

寿子(4) ひさこ*
江戸時代後期の女性。和歌。青山氏。文政8年刊、青木行敬ほか編『聖廟奉納歌百二十首』に載る。
¶江表(寿子(長野県))

寿子(5) ひさこ*
江戸時代後期の女性。和歌。摂津伊丹の人。『桂園遺稿』の享和3年の項に載る。
¶江表(寿子(兵庫県))

寿子(6) ひさこ*
江戸時代後期の女性。和歌。紀州藩藩士栗生勘右衛門友重の妻。天保4年刊、加納諸平編『類題鰒玉集』二に載る。
¶江表(寿子(和歌山県))

寿子(7) ひさこ*
江戸時代後期の女性。和歌。安芸広島藩士恵美貞誠の妻。嘉永4年刊、鈴木高鞆編『類題玉石集』下に載る。
¶江表(寿子(広島県))

寿子(8) ひさこ*
江戸時代後期～明治時代の女性。宗教・遺言。長門長州藩藩士杉百合之助常道の娘。吉田松陰の妹。
¶江表(寿子(山口県)) ㋐天保10(1839)年 ㋑明治14(1881)年)

寿子(9) ひさこ*
江戸時代末期の女性。和歌。村上内記正通の妻。

慶応2年序、村上忠順編『元治元年千首』に載る。
¶江表(寿子(東京都))

寿子(10) ひさこ*
江戸時代末期の女性。和歌。播磨小野藩主で藩校に力を注いだ一柳末延の娘。安政7年跋、蜂屋光世編『大江戸倭歌集』に載る。
¶江表(寿子(滋賀県))

寿子(11) ひさこ
江戸時代末期の女性。和歌。大坂白子島にある福岡藩の蔵屋敷に住む生田久繁の妻。嘉永7年刊、長沢伴雄編『類題鴨川五郎集』に載る。
¶江表(寿子(福岡県))

比佐子 ひさこ*
江戸時代後期の女性。和歌。伊勢三カ野の辻岡信道の妻。文政8年本居春庭に入門。
¶江表(比佐子(三重県))

飛さ子 ひさこ*
江戸時代後期の女性。和歌。土佐藩の奥女中。文政4年、高岡郡新居村の庄屋細木庵常の四〇賀に短冊を寄せる。
¶江表(飛さ子(高知県))

久子内親王(1) ひさこないしんのう
⇒永陽門院(えいようもんいん)

久子内親王(2) ひさこないしんのう
⇒久子内親王(きゅうしないしんのう)

ひさ女(1) ひさじょ*
江戸時代中期の女性。俳諧。甲府の人。安永4年刊、如雪庵尺五編『月影家の集』に載る。
¶江表(ひさ女(山梨県))

ひさ女(2) ひさじょ*
江戸時代中期の女性。俳諧。越後栃尾の人。寛保3年跋、長野此桂編『江湖』に載る。
¶江表(ひさ女(新潟県))

ひさ女(3) ひさじょ*
江戸時代中期の女性。俳諧。射水の人。安永5年刊、石原五晴編『俳諧津守船』春に載る。
¶江表(ひさ女(富山県))

ひさ女(4) ひさじょ*
江戸時代後期の女性。和歌。神田住の原氏。文化11年刊、中山忠雄・河田正致編『柿本社奉納和歌集』に載る。
¶江表(ひさ女(東京都))

ひさ女(5) ひさじょ*
江戸時代後期の女性。俳諧。松本の人。文政7年序、田辺百堂編『みはしら』に載る。
¶江表(ひさ女(長野県))

ひさ女(6) ひさじょ*
江戸時代後期の女性。狂歌。尾張名古屋の狂号、秋園斎米都の妻。文化14年刊、橘庵芦辺田鶴丸撰『狂歌弄花集』に載る。
¶江表(ひさ女(愛知県))

ひさ女(7) ひさじょ*
江戸時代末期の女性。俳諧。安政2年、寒河江の鹿嶋月山両所宮に奉納した俳額に載る。
¶江表(ひさ女(山形県))

ひさ女(8) ひさじょ*
江戸時代末期の女性。俳諧。桂村の俳人天野不争

の妻。慶応3年序、於曽此一編、辻嵐外23回忌追善句集『花のちり』に載る。
¶江表(ひさ女(山梨県))

久女(1)　**ひさじょ**★
江戸時代後期の女性。和歌。漆戸儀右衛門の姉妹。寛政11年成立「奉納詠百首和歌」に載る。
¶江表(久女(岩手県))

久女(2)　**ひさじょ**★
江戸時代後期の女性。狂歌。文化9年刊、便々館湖鯉鮒編『狂歌浜荻集』に載る。
¶江表(久女(長野県))

久女(3)　**ひさじょ**★
江戸時代後期の女性。和歌。甲斐氏。嘉永5年刊、内遠編『五十鈴川』に載る。
¶江表(久女(愛媛県))

久女(4)　**ひさじょ**★
江戸時代末期の女性。和歌。越後沼垂の真野乙蔵の母。安政2年序、僧大英撰「北越三雅集」に載る。
¶江表(久女(新潟県))

久女(5)　**ひさじょ**★
江戸時代末期の女性。俳諧。琴平の人。安政2年序、柳泊園掉舟編『しくれの松』に載る。
¶江表(久女(香川県))

寿女(1)　**ひさじょ**
江戸時代後期の女性。俳諧。月窓の母。上田美寿著「桜戸日記」の嘉永6年中に載る。
¶江表(寿女(岡山県))

寿女(2)　**ひさじょ**★
江戸時代後期の女性。俳諧。清武の人。享和1年序、清武の均下亭雨律編『あきの名残』に載る。
¶江表(寿女(宮崎県))

比佐女(1)　**ひさじょ**★
江戸時代の女性。和歌。坂田郡黒田村の持専寺住職の妻。明治13年刊、服部春樹編『筱並集』上に載る。
¶江表(比佐女(滋賀県))

比佐女(2)　**ひさじょ**★
江戸時代後期の女性。俳諧。寛政10年序、文雅堂武陵編『さぬ幾婦利』に載る。
¶江表(比佐女(香川県))

尚純　**ひさずみ**
⇒岩松尚純(いわまつひさずみ)

久武親直＊(1)　**ひさたけちかなお**
安土桃山時代～江戸時代前期の武士。
¶全戦(生没年不詳)

久武親直(2)　**ひさたけちかなお**
⇒久武親信(ひさたけちかのぶ)

久武親信＊　**ひさたけちかのぶ**
？～天正7(1579)年　[別]久武親直(ひさたけちかなお)　戦国時代～安土桃山時代の武士。
¶全戦,戦武,戦武(久武親直　ひさたけちかなお　生没年不詳)

久田宗全＊　**ひさだそうぜん**
正保4(1647)年～宝永4(1707)年　江戸時代前期～中期の茶人。久田家3代。通称雛屋勘兵衛。
¶コン

久田長考　**ひさだながとし**
江戸時代中期～後期の幕臣。
¶徳人([生]1749年　[没]1808年)

膝付小膳＊　**ひざつきこぜん**
文政11(1828)年～明治33(1900)年2月24日　江戸時代末期～明治時代の勝山藩士，砲術家。
¶幕末

久富豊＊　**ひさとみゆたか，ひさどみゆたか**
弘化1(1844)年～文久3(1863)年　[別]久富豊(くとみゆたか)　江戸時代末期の奇兵隊士。
¶幕末(ひさどみゆたか　[生]天保15(1844)年　[没]文久3(1863)年10月14日)

久永重章　**ひさながしげあき**
江戸時代前期～中期の幕臣。
¶徳人([生]1626年　[没]1694年)

久良親王　**ひさながしんのう**
⇒源久良(みなもとのひさよし)

久野　**ひさの**★
江戸時代後期の女性。俳諧。東磐井郡藤沢の俳人で書家高橋東皐の娘。
¶江表(久野(岩手県)　[生]天明8(1788)年　[没]文政5(1822)年)

久野重勝　**ひさのしげかつ**
⇒久野四兵衛(くのしへえ)

尚仁法親王　**ひさひとほうしんのう**
⇒尚仁親王(なおひとしんのう)

久姫　**ひさひめ**★
江戸時代中期～後期の女性。和歌・書。紀州藩主徳川宗直の娘。
¶江表(久姫(鳥取県)　[生]享保11(1726)年　[没]寛政12(1800)年)

久松　**ひさまつ**
⇒お染・久松(おそめ・ひさまつ)

久松勝成＊　**ひさまつかつしげ**
天保3(1832)年～大正1(1912)年　[別]松平勝成(まつだいらかつしげ，まつだいらかつなり)　江戸時代末期～明治時代の大名。伊予松山藩主。
¶全幕(松平勝成　まつだいらかつしげ　[没]明治45(1912)年),徳松(松平勝成　まつだいらかつなり),幕末(松平勝成　まつだいらかつしげ　[没]明治45(1912)年2月8日)

久松喜代馬＊　**ひさまつきよま**
天保5(1834)年～慶応1(1865)年　江戸時代末期の志士。土佐勤王党に参加。
¶コン([生]？　[没]慶応2(1866)年),全幕,幕末([生]天保5(1834)年4月　[没]慶応1(1865)年閏5月10日)

久松監物＊　**ひさまつけんもつ**
文政12(1829)年～明治3(1870)年　江戸時代末期～明治時代の今治藩家老。
¶幕末([没]明治3(1870)年1月24日)

久松小四郎　**ひさまつこしろう**
⇒松本幸四郎〔1代〕(まつもとこうしろう)

久松定昭＊　**ひさまつさだあき**
弘化2(1845)年～明治5(1872)年　[別]松平定昭(まつだいらさだあき)　江戸時代末期～明治時代の大名。伊予松山藩主。
¶全幕(松平定昭　まつだいらさだあき　[没]明治5(1871)年),徳松,幕末(松平定昭　まつだいらさだあき　[生]弘化2(1845)年11月9日　[没]明治5(1872)年7月18日)

久松定員*　ひさまつさだかず
？～天正5(1576)年7月19日？　戦国時代～安土桃山時代の織田信長の家臣。
¶織田([没]天正5(1577)年7月19日？)

久松定勝　ひさまつさだかつ
⇒松平定勝(まつだいらさだかつ)

久松定静　ひさまつさだきよ
⇒松平定静(まつだいらさだきよ)

久松定郷　ひさまつさださと
江戸時代前期～中期の幕臣。
¶徳人([生]1687年　[没]1757年)

久松定愷*　ひさまつさだたか
享保4(1719)年～天明6(1786)年1月20日　江戸時代中期の幕臣。
¶徳人

久松定喬　ひさまつさだたか
⇒松平定喬(まつだいらさだたか)

久松定功　ひさまつさだなり
⇒松平定功(まつだいらさだなり)

久松定法　ひさまつさだのり
⇒松平定法(まつだいらさだのり)

久松定房　ひさまつさだふさ
⇒松平定房(まつだいらさだふさ)

久松定通　ひさまつさだみち
⇒松平定通(まつだいらさだみち)

久松定持　ひさまつさだもち
江戸時代前期～中期の幕臣。
¶徳人([生]1659年　[没]1745年)

久松土岐太郎*　ひさまつときたろう
江戸時代末期の砲術家。
¶全幕(生没年不詳)

久松康元　ひさまつやすもと
⇒松平康元(まつだいらやすもと)

尚通　ひさみち
⇒近衛尚通(このえひさみち)

久村暁台　ひさむらぎょうだい
⇒暁台(きょうたい)

ひさめ
江戸時代末期の女性。俳諧。伊那谷の宗匠と呼ばれた俳人馬場如苞の娘。安政4年序、兄弟の如竹編、父如苞追善集『このはつと』に入集。
¶江表(ひさめ(長野県))

久嘉親王　ひさよししんのう
⇒堯恭法親王(ぎょうきょうほうしんのう)

久良親王　ひさよししんのう
⇒源久良(みなもとのひさよし)

久代女　ひさよじょ★
江戸時代後期の女性。和歌。土崎湊町の西船寺の妻。文化15年序、秋田藩士山方泰通編「月花集」に載る。
¶江表(久代女(秋田県))

眉山〔1代〕*　びざん
？～文化10(1813)年4月15日　江戸時代中期～後期の俳人。
¶俳文(代数なし)

尾山女(1)　びざんじょ★
江戸時代後期の女性。俳諧。田桑庵米山の妻。嘉永4年跋、黒川惟草編『俳諧人名録』三に載る。
¶江表(尾山女(東京都))

尾山女(2)　びざんじょ★
江戸時代後期の女性。俳諧。弘化3年序、川入村の五井槐堂撰「つるおと集」に載る。
¶江表(尾山女(東京都))

鼻山人　びさんじん
⇒鼻山人(はなさんじん)

此子　ひし
⇒大谷広右衛門〔5代〕(おおたにひろえもん)

麋畤　ひじ，びじ
⇒高山繁文(たかやましげぶみ)

菱居　ひしい★
江戸時代末期の女性。狂歌。京都の人。安政2年刊、清流亭西江編『狂歌茶器財集』に載る。
¶江表(菱居(京都府))

非持越後守　ひじえちごのかみ
安土桃山時代の信濃国伊那郡非持の土豪。
¶武田([生]？　[没]天正10(1582)年3月2日)

土方越後守　ひじかたえちごのかみ
安土桃山時代の人。北条氏照家臣か太田善□同心。
¶後北(越後守〔土方〕　えちごのかみ)

土方雄久　ひじかたおひさ
⇒土方雄久(ひじかたかつひさ)

土方雄永*　ひじかたかつなが
嘉永4(1851)年～明治17(1884)年　江戸時代末期～明治時代の菰野藩主、菰野藩知事。
¶幕末([生]嘉永4(1851)年3月21日　[没]明治17(1884)年5月10日)

土方雄久*　ひじかたかつひさ
天文22(1553)年～慶長13(1608)年　[別]土方雄久(ひじかたおひさ)，土方雄良(ひじかたかつよし)　安土桃山時代～江戸時代前期の大名。加賀野々市藩主。
¶織田(土方雄良　ひじかたかつよし　[没]慶長13(1608)年11月12日)

土方勝政　ひじかたかつまさ
江戸時代中期の幕臣。
¶徳人([生]1773年　[没]？)

土方勝敬　ひじかたかつよし
⇒土方八十郎(ひじかたはちじゅうろう)

土方雄良　ひじかたかつよし
⇒土方雄久(ひじかたかつひさ)

土方喜六　ひじかたきろく
江戸時代後期～末期の人。土方歳三の兄、土方義諄の二男。
¶全幕([生]文政4(1821)年　[没]万延1(1860)年)

土方幸太郎　ひじかたこうたろう
江戸時代末期～明治時代の新撰組隊士。
¶新隊

土方次郎兵衛*　ひじかたじろべえ
？～天正10(1582)年6月2日　戦国時代～安土桃山時代の織田信長の家臣。

¶織田

土方新兵衛 ひじかたしんひょうえ
江戸時代前期の武士。大坂の陣で籠城。後、松平忠明に仕えた。
¶大坂

土方善四郎 ひじかたぜんしろう
安土桃山時代の武蔵国滝山城主北条氏照の家臣。
¶後北（善四郎〔土方〕 ぜんしろう）

土方大作 ひじかただいさく
江戸時代後期～明治時代の人。土方歳三の兄、土方義諄の三男。
¶全幕（[生]文政12（1829）年 [没]明治10（1877）年）

土方為次郎 ひじかたためじろう
江戸時代後期～明治時代の人。土方歳三の兄、土方義諄の長男。
¶全幕（[生]文化13（1816）年 [没]明治16（1883）年）

土方対馬* ひじかたつしま
江戸時代末期の新撰組隊士。
¶新隊（生没年不詳）

土方稲嶺* ひじかたとうれい
寛保1（1741）年～文化4（1807）年 江戸時代中期～後期の南蘋派の画家。宗紫石に師事。
¶コン，美画（[没]文化4（1807）年3月24日）

土方歳三* ひじかたとしぞう
天保6（1835）年～明治2（1869）年 江戸時代後期～明治時代の新撰組副長・幹部。
¶江人，コン，新隊（[没]明治2（1869）年5月11日），全幕，徳人，幕末（[生]天保6（1835）年5月5日 [没]明治2（1869）年5月11日），山小（[没]1869年5月11日）

土方信治* ひじかたのぶはる
天文5（1536）年～弘治2（1556）年4月20日？ 戦国時代の織田信長の家臣。
¶織田

土方八十郎* ひじかたはちじゅうろう
生没年不詳 [別]土方勝敬（ひじかたかつよし） 江戸時代末期の幕臣。
¶徳人（土方勝敬 ひじかたかつよし [生]1818年 [没]1885年），幕末（[生]文化15（1818）年 [没]明治18（1885）年8月9日），幕末（土方勝敬 ひじかたかつよし [生]文政1（1818）年 [没]明治18（1885）年8月9日）

土方久元* ひじかたひさもと
天保4（1833）年～大正7（1918）年11月4日 江戸時代末期～明治時代の政治家、高知藩士、帝室制度取調局総裁、伯爵。三条実美の衛士、学習院御用掛。薩長連合実現に尽力。のち農商務相などを歴任。
¶コン，全幕，幕末（[生]天保4（1833）年10月16日）

土方平左衛門尉 ひじかたへいざえもんのじょう
安土桃山時代の北条氏照家臣平山直重の同心。
¶後北（平左衛門尉〔土方〕 へいざえもんのじょう）

土方弥八郎 ひじかたやはちろう
安土桃山時代の滝山城主北条氏照の家臣。
¶後北（弥八郎〔土方〕 やはちろう）

土方六左衛門 ひじかたろくざえもん
江戸時代前期の有馬豊氏・加藤嘉明の家臣。
¶大坂

菱川清春* ひしかわきよはる
文化5（1808）年～明治10（1877）年8月5日 江戸時代末期の浮世絵師。
¶浮絵

菱川宗理* ひしかわそうり
江戸時代末期の浮世絵師。
¶浮絵（生没年不詳）

菱川友宣* ひしかわとものぶ
江戸時代中期の浮世絵師。
¶浮絵

菱川友房* ひしかわともふさ
生没年不詳 江戸時代前期～中期の浮世絵師。
¶浮絵

菱川孫兵衛* ひしかわまごべえ
江戸時代前期の絵師。
¶浮絵

菱川師興* ひしかわもろおき
？～天明7（1787）年 江戸時代中期の浮世絵師。
¶浮絵

菱川師永* ひしかわもろなが
江戸時代中期の浮世絵師。
¶浮絵

菱川師信* ひしかわもろのぶ
生没年不詳 [別]師信（もろのぶ） 江戸時代中期の浮世絵師。
¶浮絵，コン，美画

菱川師宣* ひしかわもろのぶ
？～元禄7（1694）年 [別]師宣（もろのぶ） 江戸時代前期の浮世絵派の絵師。主要作品に「見返り美人図」など。
¶浮絵，江人，歌大（[没]元禄7（1694）年6月4日），コン（[生]元和4（1618）年），新歌，美画（[生]元和4（1618）年 [没]元禄7（1694）年6月4日），山小（[没]1694年6月4日）

菱川師寿* ひしかわもろひさ
？～安永2（1773）年 江戸時代中期の縫箔染色家、書画家。
¶浮絵

菱川師平* ひしかわもろひら
江戸時代中期の浮世絵師。
¶浮絵

菱川師房* ひしかわもろふさ
生没年不詳 江戸時代中期の浮世絵師。
¶浮絵

菱川柳谷* ひしかわりゅうこく
江戸時代末期の浮世絵師。
¶浮絵（生没年不詳）

菱川和翁* ひしかわわおう
江戸時代中期の浮世絵師。
¶浮絵

比志島国治の妻 ひしじまくにはるのつま⋆
江戸時代前期の女性。和歌。薩摩藩藩士比志島監物範員の娘。
¶江表（比志島国治の妻（鹿児島県） [生]元和7（1621）年頃）

菱田海鷗* ひしだかいおう
天保7（1836）年～明治28（1895）年3月9日 江戸時代末期～明治時代の美濃大垣藩士。
¶幕末（[生]天保7（1836）年6月）

菱田縫子* ひしだぬいこ
寛延3(1750)年～享和1(1801)年 江戸時代中期～後期の女性。歌人。旧姓河合。
¶江表(縫子(東京都) ぬいこ),女史([没]1802年)

菱田房貞* ひしだふささだ
生没年不詳 江戸時代前期の蒔絵師。
¶美工

妣(姚)子内親王 ひしないしんのう
南北朝時代の女性。後醍醐天皇第3皇女。
¶天皇

媄子内親王* びしないしんのう
長保2(1000)年～寛弘5(1008)年 [別]媄子内親王(よしこないしんのう) 平安時代中期の女性。一条天皇の皇女。
¶古人(よしこないしんのう),天皇(びしないしんのう・よしこないしんのう [生]長保2(1000)年12月15日 [没]寛弘5(1008)年5月25日)

ひし屋* ひしや
生没年不詳 安土桃山時代の織田信長の家臣。
¶織田

土屋重行 ひじやしげゆき
平安時代後期の武士。系譜未詳。
¶平家(生没年不詳)

菱屋治兵衛 ひしやじへえ
江戸時代前期～中期の京都の出版書肆。
¶浮絵

毘沙出右衛門尉 びしゃどえもんのじょう
安土桃山時代の上野国那波城主那波顕宗の家臣。
¶後北(右衛門尉〔毘沙出〕 えもんのじょう)

菱山の佐太郎* ひしやまのさたろう
文政9(1826)年～明治39(1906)年 江戸時代末期～明治時代の新徴組隊士。将軍家茂入京の護衛の浪士隊に入隊。
¶幕末([没]明治39(1906)年3月)

尾女 びじょ★
江戸時代後期の女性。俳諧。作道の人。天保5年刊、高岡の真葛坊編『己之中集』に載る。
¶江表(尾女(富山県))

非吹* ひすい
生没年不詳 江戸時代中期の俳人・藩士。
¶俳文

美翠女 びすいじょ★
江戸時代後期の女性。俳諧。松永乙人編『葛芽集』に載る。
¶江表(美翠女(群馬県))

氷扇 ひせん
江戸時代の女性。俳諧。原三左衛門の母。
¶江表(氷扇(福岡県))

肥前(1) ひぜん
⇒前斎院肥前(さきのさいいんのひぜん)

肥前(2) ひぜん
⇒藤原共政妻肥前(ふじわらともまさのつまひぜん)

備前国宗 びぜんくにむね
⇒国宗〔1代〕(くにむね)

肥前忠吉〔1代〕* ひぜんただよし
元亀3(1572)年～寛永9(1632)年 [別]忠吉〔1代〕(ただよし),武蔵大掾忠広(むさしだいじょうただひろ,むさしのだいじょうただひろ),武蔵大掾忠吉(むさしだいじょうただよし) 安土桃山時代～江戸時代前期の肥前佐賀の刀工。肥前佐賀藩工。
¶コン,美工

肥前忠吉〔2代〕* ひぜんただよし
?～元禄6(1693)年 江戸時代前期の肥前の刀工。
¶コン,美工

肥前忠吉〔3代〕* ひぜんただよし
?～貞享3(1686)年 江戸時代前期の肥前の刀工。
¶コン,美工

ビセンテ*
天文9(1540)年～慶長14(1609)年5月 [別]ヴィンセンテ,ビセンテ洞院(びせんてとういん) 安土桃山時代～江戸時代前期のキリシタン、文学者。
¶コン(ヴィンセンテ 生没年不詳),対外([生]?)

ビセンテ洞院 びせんてとういん
⇒ビセンテ

備前御方 びぜんのおかた
⇒豪姫(ごうひめ)

肥前守 ひぜんのかみ
安土桃山時代の鉢形城主北条氏邦の家臣。
¶後北(肥前守〔長谷部〕)

備前典侍* びぜんのすけ
生没年不詳 平安時代中期の女房・歌人。
¶古人

備前命婦* びぜんのみょうぶ
生没年不詳 平安時代中期の女官。朱雀天皇の乳母、琴の名手。
¶古人

備前房成* びぜんふさなり
生没年不詳 平安時代後期～鎌倉時代前期の武士。
¶古人

備前屋権兵衛* びぜんやごんべえ
生没年不詳 江戸時代中期の大坂の米商人、堂島米市場の先物取引の案出者。
¶コン

肥田越中守* ひだえっちゅうのかみ
生没年不詳 戦国時代の北条氏の家臣。
¶後北(越中守〔肥田(2)〕 えっちゅうのかみ)

肥田景直* ひたかげなお,ひだかげなお
天保14(1843)年～明治1(1868)年 [別]肥田雄太郎(ひだゆうたろう) 江戸時代末期の薩摩藩士、志士。
¶幕末([生]天保14(1843)年12月 [没]慶応4(1868)年1月5日)

肥田景正* ひだかげまさ,ひたかげまさ
文化14(1817)年～明治22(1889)年 江戸時代末期～明治時代の鹿児島藩都城島津家家士、鹿児島藩民事奉行副役。島津久光上京に随行し幽閉されるが、のちに赦される。
¶幕末(ひたかげまさ [生]文化14(1817)年11月2日 [没]明治22(1889)年3月30日)

日高為善* ひだかためよし
天保5(1834)年10月20日～大正8(1919)年4月7日 江戸時代後期～明治時代の幕臣。
¶徳人

日高鉄翁　ひだかてつおう
⇒鉄翁祖門（てっとうそもん）

日鷹吉士堅磐*　ひだかのきしかたいわ
上代の渡来系外交官。
¶古代

日高誠実*　ひだかのぶざね
天保7（1836）年～大正4（1915）年　江戸時代末期～明治時代の漢学者。明倫堂教授、下院議長などを歴任。地方開発、青年教育に尽くす。
¶幕末（[生]天保7（1836）年2月29日　[没]大正4（1915）年8月24日）

日高涼台*（日高涼台）　ひだかりょうだい，ひたかりょうだい
寛政9（1797）年～明治1（1868）年　江戸時代末期の蘭方医。シーボルトに師事。
¶眼医，コン（日高涼台），対外

肥田金蔵*　ひだきんぞう
天保11（1840）年～慶応2（1866）年　江戸時代末期の水戸藩士。
¶幕末（[没]慶応2（1866）年7月10日）

肥田玄蕃允*　ひだげんばのじょう
生没年不詳　安土桃山時代の織田信長の家臣。
¶織田

肥田左衛門*　ひださえもん
文政7（1824）年～文久3（1863）年　江戸時代末期の志士。生野義挙に参加。
¶幕末（[没]文久3（1863）年9月2日）

肥田春庵*　ひだしゅんあん
寛政9（1797）年～明治6（1873）年　江戸時代末期～明治時代の医師。牛痘種痘術を学び、韮山代官支配の五カ所への普及につとめた。
¶幕末

肥田助七郎*　ひだすけしちろう
生没年不詳　戦国時代の北条氏の家臣。
¶後北（助七郎〔肥田（1）〕　すけしちろう）

肥田助次郎*　ひだすけじろう
生没年不詳　戦国時代の北条氏の家臣。
¶後北（助次郎〔肥田（1）〕　すけじろう）

肥田瀬詮直　ひだせのりなお
⇒土岐詮直（ときあきなお）

肥田大助*　ひだだいすけ
天保8（1837）年～文久2（1862）年　江戸時代末期の水戸藩士。
¶幕末（[没]文久2（1862）年閏8月6日）

樋田多太郎　ひだたたろう
江戸時代後期～末期の幕臣。
¶徳人（生没年不詳）

肥田為良　ひだためよし
⇒肥田浜五郎（ひだはまごろう）

常陸　ひたち
⇒二条院前皇后宮常陸（にじょういんのさきのこうごうぐうのひたち）

常陸侍従　ひたちじじゅう
⇒佐竹義宣（さたけよしのぶ）

常陸入道宗闇　ひたちにゅうどうそうあん
⇒吉江宗信（よしえむねのぶ）

常陸娘*　ひたちのいらつめ
生没年不詳　[別]蘇我常陸娘（そがのひたちのいらつめ）　飛鳥時代の女性。天智天皇の妃。
¶天皇（蘇我常陸娘　そがのひたちのいらつめ）

常陸坊海尊*　ひたちぼうかいそん
生没年不詳　平安時代後期の伝説的人物。源義経の家臣。
¶コン

常陸房昌明　ひたちぼうしょうみょう
⇒昌明（しょうみょう）

敏達天皇*　びだつてんのう，びたつてんのう
？～敏達14（585）年　[別]渟中倉太珠敷尊（ぬなくらふとたましきのみこと）　飛鳥時代の第30代の天皇。欽明天皇の子。
¶古人，古代，古物（[生]宣化天皇3（538）年　[没]敏達天皇14（585）年8月15日），コン，天皇（びたつてんのう　[生]宣化天皇3（538）年　[没]敏達天皇14（585）年8月15日），山小

肥田時正　ひたときまさ
戦国時代～江戸時代前期の代官。
¶徳代（[生]天文20（1551）年　[没]元和9（1623）年）

肥田土佐守　ひだとさのかみ
戦国時代の相模国新城主北条氏忠もしくは玉縄城主北条氏の家臣。助七郎の後身とも考えられる。
¶後北（土佐守〔肥田（1）〕　とさのかみ）

飛驒国造祖門*　ひだのくにのみやつこおやかど
奈良時代の官人。
¶古代

肥田維延　ひたのこれのぶ
平安時代中期の官人。
¶古人（生没年不詳）

肥田浜五郎*　ひだはまごろう，ひたはまごろう
天保1（1830）年～明治22（1889）年4月27日　[別]肥田為良（ひだためよし）　江戸時代末期～明治時代の造船技師、海軍軍人、海軍機関総監、静岡藩海軍学校頭、御料局長官。咸臨丸機関方として訪米。のち軍艦千代田の機器類購入のためオランダに渡る。
¶科学（[生]文政13（1830）年1月28日），コン，全幕，徳人（肥田為良　ひだためよし），幕末（[生]文政13（1830）年1月）

肥田彦左衛門*　ひだひこざえもん
生没年不詳　安土桃山時代の織田信長の家臣。
¶織田

肥田正勝　ひだまさかつ
江戸時代前期の代官。
¶徳代（[生]？　[没]寛永11（1634）年8月14日）

飛驒屋久兵衛*（飛驒屋九兵衛）　ひだやきゅうべえ
世襲名　[別]武川久兵衛（むかわきゅうべえ）　江戸時代中期の蝦夷地場所請商人。
¶江人（飛驒屋九兵衛）

飛驒屋久兵衛〔1代〕*　ひだやきゅうべえ
延宝2（1674）年～享保13（1728）年　江戸時代中期の蝦夷地場所請負商人。江戸進出して飛驒屋。
¶コン（代数なし）

肥田雄太郎　ひだゆうたろう
⇒肥田景直（ひたかげなお）

肥田頼常*　ひだよりつね
生没年不詳　江戸時代後期の武士。
¶徳人（[生]1740年　[没]？）

左甚五郎*　ひだりじんごろう
文禄3（1594）年～慶安4（1651）年　江戸時代前期の彫物の名手。日光東照宮の眠り猫、東京上野東照宮の竜を製作。
¶江人（生没年不詳），コン，美建

日近定直*　ひちかさだなお
生没年不詳　安土桃山時代の織田信長の家臣。
¶織田

疋田豊五郎　ひったぶんごろう
⇒疋田文五郎（ひきたぶんごろう）

備中内侍*　びっちゅうのないし
永万1（1165）年～？　平安時代後期～鎌倉時代前期の女性。高倉天皇の内侍。
¶古人，平家（[生]永万1（1165）年？）

備中屋長右衛門　びっちゅうやちょうえもん
⇒沢村長十郎〔1代〕（さわむらちょうじゅうろう）

備中屋長左衛門*　びっちゅうやちょうざえもん
？～享保15（1730）年　江戸時代中期の炭問屋。備長炭を創始。
¶コン（生没年不詳）

筆馬　ひつば
江戸時代中期の俳諧師。森氏。
¶俳文（[生]享保3（1718）年　[没]安永7（1778）年7月19日）

樋爪俊衡*　ひづめとしひら
生没年不詳　[別]樋爪俊衡（ひづめのとしひら）　平安時代後期～鎌倉時代前期の武将。
¶古人（ひづめのとしひら）

樋爪俊衡　ひづめのとしひら
⇒樋爪俊衡（ひづめとしひら）

ひて（1）
江戸時代中期の女性。俳諧。越中の人。安永5年刊、石原五晴編『俳諧津守船』夏に載る。
¶江表（ひて（富山県））

ひて（2）
江戸時代後期の女性。俳諧。大津町の人。寛政3年刊、素丸編、起早庵稲後1周忌追善集『こぞのなつ』に載る。
¶江表（ひて（山梨県））

ひて（3）
江戸時代後期の女性。俳諧。安芸加計の人。文化13年刊、多賀庵四世筵史編「歳旦」に載る。
¶江表（ひて（広島県））

ひて（4）
江戸時代後期の女性。和歌。長崎諏訪神社大宮司青木永勇の妾。永勇は「加藤景範入門誓盟録」によれば、寛政9年の入門。
¶江表（ひて（長崎県））

ひて（5）
江戸時代末期の女性。和歌。紀州藩藩士黒田小次郎の妻。文久2年刊、西田惟恒編『文久二年八百首』に載る。
¶江表（ひて（和歌山県））

ひて（6）
江戸時代末期の女性。俳諧。慶応4年刊『千代の遊び』に載る。
¶江表（ひて（佐賀県））

ひで（1）
江戸時代中期～後期の女性。和歌。飯田藩藩士丹羽宗義の娘。
¶江表（ひで（長野県）　[生]安永4（1775）年　[没]天保15（1844）年）

ひで（2）
江戸時代末期の女性。和歌。出雲広瀬藩藩士高橋以忠の妻。文久2年序、西田惟恒編『文久二年八百首』に載る。
¶江表（ひで（島根県））

英（1）　ひで
江戸時代中期の女性。和歌。但馬豊岡の人。寛延～天明期頃成立「長閑集」に載る。
¶江表（英（兵庫県））

英（2）　ひで
江戸時代後期～昭和時代の女性。回想記・教育。幡多郡中村の漢学者で初代熊本県令安岡良亮の娘。
¶江表（英（高知県）　[生]嘉永4（1851）年　[没]昭和12（1937）年）

秀（1）　ひで★
江戸時代の女性。和歌。伊勢櫛田の奥田氏。明治13年刊、佐々木弘綱編『明治開化和歌集』上に載る。
¶江表（秀（三重県））

秀（2）　ひで★
江戸時代中期の女性。漢詩。「江都尹臺属吏」（江戸の下級役人）大山田和の母。天明4年刊、安達清河編『響風草』二の巻2に載る。
¶江表（秀（東京都））

秀（3）　ひで★
江戸時代中期の女性。和歌。林氏の妻。安永4年刊、滝口蔵山編『蔵山集』に載る。
¶江表（秀（京都府））

秀（4）　ひで★
江戸時代中期の女性。和歌・狂歌。永井走帆の娘。寛延1年刊、松風也軒編『渚の松』に載る。
¶江表（秀（大阪府））

秀（5）　ひで★
江戸時代中期の女性。和歌。藤井氏。安永4年刊、滝口美領編『蔵山集』に載る。
¶江表（秀（大阪府））

秀（6）　ひで★
江戸時代後期の女性。俳諧。岩谷堂の人。天保期頃の人。
¶江表（秀（岩手県））

秀（7）　ひで★
江戸時代後期の女性。俳諧。戯作者滝沢馬琴の妹。寛政9年成立、東岡舎羅文輯・馬琴補正「夢見艸」に載る。
¶江表（秀（東京都））

秀（8）　ひで★
江戸時代末期の女性。和歌。忍藩藩士山田好敦の母。安政4年刊、広蔭編『千百人一首』に載る。
¶江表（秀（埼玉県））

秀(9)　ひで★
江戸時代末期～明治時代の女性。俳諧。医師岩間随謙の妹。
¶江表(秀(山梨県)　[没]明治18(1885)年)

英枝子　ひでえこ
江戸時代の女性。和歌。摂津西宮の有馬氏。明治16年刊、中村良顕編『猪名野の摘草』に載る。
¶江表(英枝子(兵庫県))

ひて子(1)　ひてこ★
江戸時代後期の女性。和歌。新庄藩主戸沢正胤の娘。
¶江表(ひて子(山形県)　[生]文政2(1819)年　[没]天保6(1835)年)

ひて子(2)　ひてこ★
江戸時代後期の女性。和歌。堀尾六位の母。嘉永4年刊、堀尾光久編『近世名所歌集』初に載る。
¶江表(ひて子(京都府))

ひで子　ひでこ★
江戸時代末期～明治時代の女性。教育。三木氏。
¶江表(ひで子(千葉県)　[没]明治23(1890)年)

秀子(1)　ひでこ★
江戸時代の女性。和歌。矢西甚兵衛の娘。明治13年刊、服部春樹編『筱並集』下に載る。
¶江表(秀子(京都府))

秀子(2)　ひでこ★
江戸時代の女性。和歌。因幡鳥取藩家老鵜殿家家臣大野竹窓の妻。明治7年刊、中島宜門編『かきね草』に載る。
¶江表(秀子(鳥取県))

秀子(3)　ひでこ★
江戸時代中期の女性。散文・和歌。幕臣滝又左衛門恒孝の妻。安永8年成立「墨田川扇合」などに入集。
¶江表(秀子(東京都))

秀子(4)　ひでこ★
江戸時代中期の女性。和歌。井上氏。安永5年刊、岸本江橋編『除元集』に載る。
¶江表(秀子(島根県))

秀子(5)　ひでこ★
江戸時代後期～明治時代の女性。和歌・漢詩。常陸成沢に日新塾を開いた教育者加倉井砂山と宇良子の長女。
¶江表(秀子(茨城県)　[生]文政9(1826)年　[没]明治14(1881)年)

秀子(6)　ひでこ★
江戸時代後期の女性。和歌。常陸水戸藩士山本彦左衛門の娘。天保12年成立、徳川斉昭撰「弘道館梅花詩歌」に載る。
¶江表(秀子(茨城県))

秀子(7)　ひでこ★
江戸時代後期の女性。和歌。紀州藩の奥女中。天保15年跋、『慕香和歌集』に載る。
¶江表(秀子(和歌山県))

秀子(8)　ひでこ★
江戸時代後期の女性。和歌。備後沼隈郡藤江村の森田久兵衛の娘。天保12年刊、小野基圀編『海内偉帖人名録』に名が載る。
¶江表(秀子(広島県))

秀子(9)　ひでこ★
江戸時代後期の女性。和歌。安芸広島藩の奥女中。嘉永5年刊、長沢伴雄編『類題鴨川四郎集』に数首が載る。
¶江表(秀子(広島県))

秀子(10)　ひでこ★
江戸時代後期の女性。和歌。周防吉敷郡佐山の旧家鈴木仁兵衛の妻。
¶江表(秀子(山口県)　[没]天保7(1836)年)

秀子(11)　ひでこ★
江戸時代後期～明治時代の女性。和歌。長門長州藩藩士村田四郎右衛門光賢の娘。
¶江表(秀子(山口県)　[生]寛政2(1790)年　[没]明治10(1877)年)

秀子(12)　ひでこ★
江戸時代後期の女性。和歌。毛利家一門の周防右田毛利家家臣村上波門の妻。
¶江表(秀子(山口県)　[生]文政11(1828)年)

秀子(13)　ひでこ★
江戸時代後期の女性。和歌。豊後竹田の小河氏。
¶江表(秀子(大分県)　[生]寛政5(1793)年　[没]文化2(1805)年)

秀子(14)　ひでこ★
江戸時代末期の女性。和歌。小出氏。安政7年刊、蜂屋光世編『大江戸倭歌集』に載る。
¶江表(秀子(東京都))

秀子(15)　ひでこ★
江戸時代末期の女性。歌人。関村氏。小田原の人。幕末～明治初年に活躍。
¶江表(秀子(神奈川県))

秀子(16)　ひでこ★
江戸時代末期～明治時代の女性。和歌。三河西尾藩主松平乗全の養女。杵築藩主松平親貴の室。
¶江表(秀子(大分県))

標子　ひでこ★
江戸時代後期～末期の女性。和歌。関白鷹司政通の娘。
¶江表(標子(徳島県)　[生]文政3(1820)年　[没]安政5(1858)年)

秀子女　ひでこじょ★
江戸時代後期の女性。俳諧。高岡の人。文化13年刊、寺崎れい洲編の雑俳撰集『狐の茶袋』初に載る。
¶江表(秀子女(富山県))

英子女王*　ひでこじょおう
文化5(1808)年～安政4(1857)年　江戸時代後期の女性。伏見宮貞敬親王の第4王女。
¶江表(恭真院(東京都))

英子内親王　ひでこないしんのう
⇒英子内親王(えいしないしんのう)

秀子内親王　ひでこないしんのう
⇒秀子内親王(しゅうしないしんのう)

秀島寛三郎*　ひでしまかんざぶろう
天明5(1785)年～明治4(1871)年　[別]秀島鼓渓(ひでしまこけい)　江戸時代後期の庄屋。
¶幕末(秀島鼓渓　ひでしまこけい　[生]天明5(1785)年6月　[没]明治4(1871)年5月)

秀島鼓渓 ひでしまこけい
⇒秀島寛三郎（ひでしまかんざぶろう）

ひて女 ひてじょ★
江戸時代後期の女性。俳諧。飯山の人。天保14年成立、山岸梅塵編『あられ空』に載る。
¶江表（ひて女（長野県））

ひで女 ひでじょ★
江戸時代後期の女性。俳諧。浅川村の梅後亭其風の妻。
¶江表（ひで女（徳島県） [没]弘化2（1845）年）

英女 ひでじょ★
江戸時代末期の女性。和歌。伊勢津藩士沢田平太夫の妻。安政4年刊、富樫広蔭編『千百人一首』上に載る。
¶江表（英女（三重県））

秀女(1) ひでじょ★
江戸時代中期の女性。和歌。高崎藩藩士で歌人宮部義正と万女の息子義直の妻。『三藻日記』に安永8年月見の時の歌が載る。
¶江表（秀女（群馬県））

秀女(2) ひでじょ★
江戸時代中期の女性。和歌。丸亀の人。元禄14年序、『倭漢田鳥集』に載る。
¶江表（秀女（香川県））

秀女(3) ひでじょ★
江戸時代後期の女性。俳諧。水沢の桃日庵社中。嘉永6年序、花屋庵鼎左・五梅庵舎用編『俳諧海内人名録』に載る。
¶江表（秀女（岩手県））

秀女(4) ひでじょ★
江戸時代後期の女性。和歌。佐渡の青竜山密教院養尊の妻。
¶江表（秀女（新潟県） [没]嘉永5（1852）年）

秀女(5) ひでじょ★
江戸時代末期の女性。和歌。三河岡崎の小嶋義助の妻。慶応2年序、村上忠順編『元治元年千首』に載る。
¶江表（秀女（愛知県））

秀高の娘 ひでたかのむすめ★
江戸時代後期の女性。俳諧。秀高は辛崎に住み、松永貞徳を祖とする貞門。天保3年刊、守村鶯卿編『女百人一句』に載る。
¶江表（秀高の娘（滋賀県））

英暉の妻 ひでてるのつま★
江戸時代中期の女性。和歌。伊豆韮山代官江川英暉の妻。元禄13年序、大江三千風編『倭漢田鳥集』上に載る。
¶江表（英暉の妻（静岡県））

秀良親王＊ ひでながしんのう
弘仁8（817）年～寛平7（895）年 [別]秀良親王（ひでよししんのう） 平安時代前期の嵯峨天皇の皇子。
¶古人（ひでよししんのう），古代

秀治 ひではる
江戸時代前期の鴨社社家。
¶公家（秀治〔鴨社社家 鴨県主鴨脚家1〕 [生]1624年 [没]元禄1（1688）年1月16日）

秀麿 ひでまる
江戸時代後期の画家。
¶浮絵（生没年不詳）

秀吉 ひでよし
⇒豊臣秀吉（とよとみひでよし）

秀良親王 ひでよししんのう
⇒秀良親王（ひでながしんのう）

秀頼王＊ ひでよりおう
生没年不詳 平安時代中期の神祇伯。
¶古人

比天 ひてん★
江戸時代後期の女性。和歌。弘前藩藩士毛内茂粛の娘か。寛政7年菅江真澄の日記「津軽の奥」に載る。
¶江表（比天（青森県））

尾頭＊ びとう
＊～宝永7（1710）年10月11日 江戸時代前期～中期の俳人。
¶俳文（[生]？）

尾藤景綱＊ びとうかげつな
？～文暦1（1234）年 鎌倉時代前期の武士。北条泰時の被官人。
¶コン

尾藤源内＊ びとうげんない
？～元亀1（1570）年9月20日 戦国時代～安土桃山時代の織田信長の家臣。
¶織田

尾藤二洲＊ びとうじしゅう
＊～文化10（1813）年 [別]尾藤二洲（びとうにしゅう） 江戸時代中期～後期の儒学者。朱子学の復興に尽力。
¶江人（[生]1747年），コン（[生]延享2（1745）年），詩作（[生]延享4（1747）年10月8日 [没]文化10（1814）年12月14日），思想（[生]延享4（1747）年），徳将（[生]1747年），徳人（びとうにしゅう [生]1747年），山小（[生]1747年10月8日 [没]1813年12月14日）

尾刀為隆 びとうためたか
江戸時代中期の和算家。盛岡の人。寛保1年算額を奉納。
¶数学

尾藤二洲 びとうにしゅう
⇒尾藤二洲（びとうじしゅう）

尾藤又八＊ びとうまたはち
？～元亀1（1570）年9月20日 戦国時代～安土桃山時代の織田信長の家臣。
¶織田

一言主神＊ ひとことぬしのかみ
[別]葛城一言主神（かずらきのひとことぬしのかみ） 託宣の神。一言主神社の祭神。
¶コン

仁子内親王 ひとこないしんのう
⇒仁子内親王（じんしないしんのう）

斉子内親王 ひとしいこないしんのう
⇒斉子内親王（せいしないしんのう）

均子内親王 ひとしきこないしんのう
⇒均子内親王（きんしないしんのう）

仁杉幸信 ひとすぎゆきのぶ
江戸時代後期の幕臣。
¶徳人（[生]？ [没]1842年）

仁杉幸英　ひとすぎゆきひで
江戸時代後期～大正時代の幕臣。
¶徳人([生]1853年　[没]1921年)

一橋家斉　ひとつばしいえなり
⇒徳川家斉(とくがわいえなり)

一橋斉敦＊　ひとつばしなりあつ
安永9(1780)年～文化13(1816)年　江戸時代中期～後期の三卿一橋家の3代。
¶徳松

一橋斉位＊　ひとつばしなりくら
文政1(1818)年～天保8(1837)年　江戸時代後期の三卿一橋家の5代。
¶徳松

一橋斉礼＊　ひとつばしなりのり
享和3(1803)年～文政13(1830)年　江戸時代後期の三卿一橋家の4代。
¶徳松

一橋治済　ひとつばしはるさだ
⇒徳川治済(とくがわはるさだ)

一橋治済　ひとつばしはるなり
⇒徳川治済(とくがわはるさだ)

一橋昌丸＊　ひとつばしまさまる
弘化3(1846)年～弘化4(1847)年　江戸時代後期の三卿一橋家の8代。
¶徳松

一橋在子＊　ひとつばしますこ
宝暦6(1756)年6月19日～明和7(1770)年7月12日　江戸時代中期の歌人。京極宮公仁親王の女、一橋治済の室。
¶江表(在子(東京都))

一橋宗尹　ひとつばしむねただ
⇒徳川宗尹(とくがわむねただ)

一橋茂栄　ひとつばしもちはる
⇒徳川茂徳(とくがわもちなが)

一橋慶寿＊　ひとつばしよしとし
文政6(1823)年～弘化4(1847)年　[別]一橋慶寿(ひとつばしよしひさ)　江戸時代後期の三卿一橋家の7代。
¶徳松(ひとつばしよしひさ)

一橋慶喜　ひとつばしよしのぶ
⇒徳川慶喜(とくがわよしのぶ)

一橋慶寿　ひとつばしよしひさ
⇒一橋慶寿(ひとつばしよしとし)

一橋慶昌＊　ひとつばしよしまさ
文政8(1825)年～天保9(1838)年　[別]徳川慶昌(とくがわよしまさ)　江戸時代後期の三卿一橋家の6代。
¶徳将(徳川慶昌　とくがわよしまさ),徳松

一柳友善〔1代〕＊　ひとつやなぎともよし
享保1(1716)年～安永7(1778)年　[別]一柳友善〔1代〕(ひとつやなぎゆうぜん)　江戸時代中期の装剣金工家。初代一柳派。
¶コン(生没年不詳),美工

一柳直方＊　ひとつやなぎなおかた
江戸時代末期の幕臣。
¶徳人(生没年不詳),幕末(生没年不詳)

一柳直末＊　ひとつやなぎなおすえ
天文22(1553)年～天正18(1590)年　安土桃山時代の武将。秀吉の播磨国平定に戦功。
¶コン,全戦

一柳直高＊　ひとつやなぎなおたか
享禄2(1529)年～天正8(1580)年7月2日？　戦国時代～安土桃山時代の織田信長の家臣。
¶織田

一柳平太郎＊　ひとつやなぎへいたろう
嘉永3(1850)年～大正4(1915)年　江戸時代末期～大正時代の会津藩士、政治家、北海道議会議員。会津藩士の末裔として清廉潔白で政界に名を残した。
¶幕末

一柳友善〔1代〕　ひとつやなぎゆうぜん
⇒一柳友善〔1代〕(ひとつやなぎともよし)

一柳嘉言　ひとつやなぎよしこと
⇒村田嘉言(むらたかげん)

一柳頼紹＊　ひとつやなぎよりつぐ
文政5(1822)年～明治2(1869)年　江戸時代末期の大名。伊予小松藩主。
¶幕末([没]明治2(1869)年7月14日)

人見在信　ひとみありのぶ
江戸時代中期の幕臣。
¶徳人([生]1751年　[没]？)

人見恩阿＊　ひとみおんあ
弘長1(1261)年～元弘3/正慶2(1333)年　[別]人見四郎(ひとみしろう)　鎌倉時代後期の武将。
¶室町(人見四郎　ひとみしろう　[生]？　[没]元弘3(1333)年)

人見勝太郎＊　ひとみかつたろう
天保14(1843)年～大正11(1922)年　[別]人見寧(ひとみねい)　江戸時代末期～明治時代の幕臣。
¶全幕,幕末([生]天保14(1843)年9月16日　[没]大正11(1922)年12月31日)

人見璣邑　ひとみきゆう
⇒人見弥右衛門(ひとみやえもん)

人見周助　ひとみしゅうすけ
⇒川柳〔4代〕(せんりゅう)

人見四郎＊(1)　ひとみしろう
生没年不詳　[別]人見四郎(ひとみのしろう)　平安時代後期の武士。
¶古人(ひとみのしろう),平家

人見四郎(2)　ひとみしろう
⇒人見恩阿(ひとみおんあ)

人見竹洞　ひとみちくどう
江戸時代前期～中期の幕臣。
¶徳人([生]1637年　[没]1696年)

人見寧　ひとみねい
⇒人見勝太郎(ひとみかつたろう)

人見四郎　ひとみのしろう
⇒人見四郎(ひとみしろう)

人見美至＊　ひとみのりゆき
享保8(1723)年4月8日～天明6(1786)年5月27日　江戸時代中期の幕臣・漢学者。
¶徳人

人見必大*　ひとみひつだい
*〜元禄14（1701）年　[別]野必大（やひつだい）　江戸時代前期〜中期の本草学者、食物研究家。「本草食鑑」を刊行。
¶科学（[生]寛永19（1642）年　[没]元禄14（1701）年6月16日）

人見卜幽　ひとみぼくゆう
⇒人見卜幽軒（ひとみぼくゆうけん）

人見卜幽軒*　ひとみぼくゆうけん
慶長4（1599）年〜寛文10（1670）年　[別]人見卜幽（ひとみぼくゆう）　江戸時代前期の儒学者。菅得庵、林羅山に師事。
¶コン

人見弥右衛門*　ひとみやえもん
享保14（1729）年〜寛政9（1797）年　[別]人見璣邑（ひとみきゆう）　江戸時代中期の尾張藩士。
¶コン

一元　ひともと★
江戸時代後期の女性。狂歌。新吉原の文楼の遊女。天保4年序、黒川春村編『草庵五百人一首』に載る。
¶江表（一元（東京都））

ひな（1）
江戸時代後期の女性。俳諧。摂津兵庫の人。寛政4年「七宮奉納発句」に載る。
¶江表（ひな（兵庫県））

ひな（2）
江戸時代後期の女性。俳諧。長門田耕村の人。文政7年、田上菊舎の俳諧紀行「山めぐり集」に載る。
¶江表（ひな（山口県））

雛扇　ひなおうぎ★
江戸時代後期の女性。狂歌。新吉原江戸町の大黒屋の遊女。弘化3年刊、至清堂捨魚ほか編『狂歌作者評判記吉書始』に載る。
¶江表（雛扇（東京都））

雛子　ひなこ★
江戸時代後期の女性。和歌。宇和津彦神社7代神職松浦上総介正職の妻。文化2年に行われた「百首組題」に歌が載る。
¶江表（雛子（愛媛県））

鄙子　ひなこ★
江戸時代の女性。和歌。摂津伊丹の小西氏。明治16年刊、中村良顕編『猪名野の摘草』に載る。
¶江表（鄙子（兵庫県））

雛助　ひなすけ
⇒嵐小六〔1代〕（あらしころく）

日向是吉*　ひなたこれよし
？〜天正10（1582）年　安土桃山時代の武士。武田氏家臣。
¶武田（生没年不詳）

日向左衛門*　ひなたさえもん
*〜明治1（1868）年　江戸時代末期の陸奥会津藩士。
¶幕末（[生]文政10（1827）年　[没]慶応4（1868）年8月23日）

雛田松渓*　ひなだしょうけい
文政2（1819）年〜明治19（1886）年　江戸時代末期〜明治時代の教育者。尊攘を唱えて、北越鎮撫使に越後平定策を献策。
¶幕末（[没]明治19（1886）年2月8日）

日向宗立*　ひなたそうりゅう
？〜慶長13（1608）年　安土桃山時代〜江戸時代前期の武士。武田氏家臣。
¶武田（[生]大永2（1522）年　[没]慶長13（1608）年5月14日）

日向陶庵　ひなたとうあん
江戸時代中期〜後期の医師、本草学者。
¶徳人（生没年不詳）

日向藤九郎　ひなたとうくろう
安土桃山時代の武田氏の家臣。
¶武田（[生]？　[没]永禄5（1562）年）

日向虎頭*　ひなたとらあき
？〜天正10（1582）年3月13日　戦国時代〜安土桃山時代の甲斐武田晴信・勝頼の家臣。
¶武田

日向虎忠*　ひなたとらただ
生没年不詳　戦国時代の甲斐武田信虎の家臣。
¶武田

日向内記*　ひなたないき
文政9（1826）年〜明治18（1885）年　江戸時代末期〜明治時代の陸奥会津藩士。
¶全幕，幕末（[没]明治18（1885）年11月14日）

日向政成　ひなたまさなり
永禄8（1565）年〜寛永20（1643）年5月2日　[別]日向政之（ひなたまさゆき）　安土桃山時代〜江戸時代前期の山田奉行、甲斐国奉行。
¶武田（日向政之　ひなたまさゆき），徳代

ひなつる
江戸時代中期の女性。狂歌。新吉原の丁字屋の遊女。天明3年刊、浜辺黒人輯『狂歌栗の下風』に載る。
¶江表（ひなつる（東京都））

日並皇子　ひなみしのみこ
⇒草壁皇子（くさかべのおうじ）

日並知皇子尊　ひなみしのみこのみこと
⇒草壁皇子（くさかべのおうじ）

雛室正女　ひなむろせいじょ★
江戸時代末期の女性。狂歌。安政2年刊、清流亭西江編『狂歌茶器財集』に1首と姿絵が載る。
¶江表（雛室正女（東京都））

日並知皇子　ひなめしのおうじ
⇒草壁皇子（くさかべのおうじ）

日並知皇子　ひなめしのみこ
⇒草壁皇子（くさかべのおうじ）

雛藻女　ひなもじょ★
江戸時代末期の女性。俳諧。安政6年刊、井上留木女が父追善のために編んだ『あさゆふへ』に載る。
¶江表（雛藻女（東京都））

雛屋立圃　ひなやりっぽ
⇒野々口立圃（ののぐちりゅうほ）

雛屋立圃　ひなやりゅうほ
⇒野々口立圃（ののぐちりゅうほ）

飛入　ひにゅう★
江戸時代後期の女性。俳諧。利根郡森下の人。文政12年刊、六斎一輔編『玉藻のはな』に載る。
¶江表（飛入（群馬県））

日根対山* ひねたいざん

文化10(1813)年～明治2(1869)年 江戸時代末期～明治時代の南画家。京畿の風景に題材をとり写生味のある山水を描いた。

¶コン,美画([没]明治2(1869)年3月13日)

日禰野勘右衛門* ひねのかんえもん

生没年不詳 [別]日禰野盛(ひねのもり) 安土桃山時代の織田信長の家臣。

¶織田(日禰野盛 ひねのもり)

日根野五右衛門*(日禰野五右衛門) ひねのごえもん

生没年不詳 戦国時代～安土桃山時代の武将、馬廻。豊臣氏家臣。

¶織田(日禰野五右衛門)

日禰野半左衛門* ひねのはんざえもん

生没年不詳 安土桃山時代の織田信長の家臣。

¶織田

日根野弘就*(日禰野弘就) ひねのひろなり

?～慶長7(1602)年 [別]治部卿法印(じぶきょうほういん) 安土桃山時代の武将。豊臣秀吉の臣。

¶織田(日禰野弘就 [没]慶長7(1602)年5月28日),全戦(日禰野弘就),戦武

日根野弁治* ひねのべんじ

文化12(1815)年～慶応3(1867)年 江戸時代末期の小栗流剣術家。

¶幕末([没]慶応3(1867)年8月23日)

日根野孫二郎* ひねのまごじろう

生没年不詳 安土桃山時代の織田信長の家臣。

¶織田

日禰野盛 ひねのもり

⇒日禰野勘右衛門(ひねのかんえもん)

日禰野盛就* ひねのもりなり

?～天正13(1585)年8月5日 戦国時代～安土桃山時代の織田信長の家臣。

¶織田

日禰野六郎左衛門* ひねのろくろうざえもん

生没年不詳 安土桃山時代の織田信長の家臣。

¶織田

火葦北阿利斯登* ひのあしきたのありしと

生没年不詳 上代の九州の豪族。宣化のとき、百済に派遣される。

¶古物

日野有範*(1) ひのありのり

乾元1(1302)年～正平18/貞治2(1363)年12月1日 [別]藤原有範(ふじわらありのり,ふじわらのありのり) 鎌倉時代後期～南北朝時代の公卿(非参議)。非参議藤原藤範の子。

¶公卿(藤原有範 ふじわらのありのり [没]貞治2(1363)年12月1日),公家(有範〔成季裔(絶家)〕 ありのり [没]貞治2(1363)年12月1日)

日野有範(2) ひのありのり

⇒藤原有範(ふじわらありのり)

日野有光* ひのありみつ

元中4/嘉慶1(1387)年～嘉吉3(1443)年 室町時代の公卿(権大納言)。権大納言日野資教の子。

¶公卿([生]嘉慶1/元中4(1387)年 [没]嘉吉3(1443)年9月),公家(有光〔快楽院家(絶家)〕 ありみつ [没]嘉吉3(1443)年9月26日),コン,室町

日野家宣* ひのいえのぶ

文治1(1185)年～貞応1(1222)年10月27日 鎌倉時代前期の公卿(参議)。権中納言日野資実の長男。

¶公卿,公家(家宣〔日野家〕 いえのぶ)

日野家秀* ひのいえひで

応永8(1401)年～永享4(1432)年6月1日 室町時代の公卿(権大納言)。権大納言日野資教の子。

¶公卿,公家(家秀〔快楽院家(絶家)〕 いえひで)

日野家光 ひのいえみつ

⇒藤原家光(ふじわらいえみつ)

肥猪手 ひのいて

⇒肥君猪手(ひのきみのいて)

日野氏種* ひのうじたね

元徳1(1329)年～元中2/至徳2(1385)年2月24日 南北朝時代の公卿(非参議)。非参議日野行光の子。

¶公卿([没]至徳2/元中2(1385)年2月24日),公家(氏種〔日野家(絶家)2〕 うじたね [没]至徳2(1385)年2月24日)

日野内光* ひのうちみつ

延徳1(1489)年～大永7(1527)年 戦国時代の公卿(権大納言)。太政大臣徳大寺実淳の次男。

¶公卿([没]大永7(1527)年2月13日),公家(内光〔日野家〕 うちみつ [没]大永7(1527)年2月13日)

檜尾僧都 ひのおのそうず

⇒実慧(じつえ)

日野勝光* ひのかつみつ

永享1(1429)年～文明8(1476)年6月15日 室町時代の公卿(左大臣)。権中納言裏松義資の孫。

¶公卿,公家(勝光〔日野家〕 かつみつ),コン,内乱,室町

日野兼光 ひのかねみつ

⇒藤原兼光(ふじわらのかねみつ)

日神 ひのかみ

⇒天照大神(あまてらすおおみかみ)

肥君猪手 ひのきみいて

⇒肥君猪手(ひのきみのいて)

肥君猪手* ひのきみのいて

白雉1(650)年～? [別]肥猪手(ひのいて),肥君猪手(ひのきみいて) 飛鳥時代の人。現存最古の戸籍にみえる戸主。

¶古人([生]660年 [没]702年),古代(ひのきみいて),コン,山小

檜隈女王 ひのくまじょおう

⇒檜隈女王(ひのくまのひめぎみ)

檜隈女王 ひのくまのおおきみ

⇒檜隈女王(ひのくまのひめぎみ)

檜隈女王(檜前女王) ひのくまのじょおう

⇒檜隈女王(ひのくまのひめぎみ)

檜前杉光 ひのくまのすぎみつ

平安時代前期の宮大工。

¶美建(生没年不詳)

檜隈民使博徳* ひのくまのたみつかいのはかとこ

[別]檜隈民使博徳(ひのくまのたみのつかいはかとこ) 上代の廷臣。5世紀後半の外交官。

¶古代(ひのくまのたみのつかいはかとこ),対外

檜隈民使博徳　ひのくまのたみのつかいはかとこ
⇒檜隈民使博徳（ひのくまのたみつかいのはかとこ）

檜隈女王*　ひのくまのひめぎみ
生没年不詳　[別]檜隈女王（ひのくまじょおう，ひのくまのおおきみ，ひのくまのじょおう），檜前女王（ひのくまのじょおう）　奈良時代の女性。従四位上の女王。
¶コン

日野賢俊　ひのけんしゅん
⇒賢俊（けんしゅん）

日野郷子　ひのごうし・さとこ
室町時代の女性。後花園天皇の宮人。
¶天皇

日野実綱　ひのさねつな
⇒藤原実綱（ふじわらのさねつな）

日野重子*　ひのしげこ
応永18（1411）年～寛正4（1463）年　[別]裏松重子（うらまつしげこ），日野重子（ひのじゅうし）　室町時代の女性。足利義教の側室。
¶コン，女史，内乱，室町

日野重治　ひのしげはる
⇒松坂鯛二（まつざかたいじ）

日野重光*　ひのしげみつ
建徳1/応安3（1370）年～応永20（1413）年3月16日　[別]裏松重光（うらまつしげみつ）　南北朝時代～室町時代の公卿（大納言）。権大納言裏松資康の子。
¶公卿（裏松重光　うらまつしげみつ　[生]応安3/建徳1（1370）年），公家（重光〔日野家〕　しげみつ），コン（[生]応安3/建徳1（1370）年）

日野重子　ひのじゅうし
⇒日野重子（ひのしげこ）

日野資勝*　ひのすけかつ
天正5（1577）年～寛永16（1639）年　安土桃山時代～江戸時代前期の公家（権大納言）。権大納言日野輝資の子。
¶公卿（[没]寛永16（1639）年6月15日），公家（資勝〔日野家〕　すけかつ　[没]寛永16（1639）年6月15日），コン，徳将

日野資枝*　ひのすけき
元文2（1737）年～享和1（1801）年　江戸時代中期～後期の歌人・公家（権大納言）。内大臣烏丸光栄の末子。
¶公卿（[生]元文2（1737）年11月1日　[没]享和1（1801）年10月10日），公家（資枝〔日野家〕　すけき　[生]元文2（1737）年11月1日　[没]享和1（1801）年10月10日）

日野資子　ひのすけこ
江戸時代中期の女性。桜町天皇の後宮。
¶天皇（生没年不詳）

日野資定*　ひのすけさだ
生没年不詳　鎌倉時代前期の公卿（非参議）。権中納言日野家光の子。
¶公卿，公家（資定〔日野家〕　すけさだ）

日野資実*　ひのすけざね
応保2（1162）年～貞応2（1223）年2月20日　[別]藤原家実（ふじわらいえざね，ふじわらのいえざね），藤原資実（ふじわらすけざね，ふじわらのすけざね）　平安時代後期～鎌倉時代前期の公卿（権中納言）。日野家の祖。権中納言藤原兼光の長男。
¶公卿，公家（資実〔日野家〕　すけざね），古人，古人（藤原資実　ふじわらのすけざね），コン

日野資茂*　ひのすけしげ
慶安3（1650）年4月27日～貞享4（1687）年7月29日　江戸時代前期の公家（権中納言）。権大納言日野弘資の子。
¶公卿，公家（資茂〔日野家〕　すけしげ）

日野資親*　ひのすけちか
？～嘉吉3（1443）年9月28日　室町時代の公卿（参議）。権大納言日野有光の子。
¶公卿，公家（資親〔快楽院家（絶家）〕　すけちか）

日野資矩　ひのすけつね
⇒日野資矩（ひのすけのり）

日野資時*　ひのすけとき
元禄3（1690）年～寛保2（1742）年　江戸時代中期の公家（権大納言）。侍従豊岡弘昌の子。
¶公卿（[生]元禄3（1690）年8月1日　[没]寛保2（1742）年10月26日），公家（資時〔日野家〕　すけとき　[生]元禄3（1690）年8月1日　[没]寛保2（1742）年10月25日）

日野資朝*　ひのすけとも
正応3（1290）年～元弘2/正慶1（1332）年6月2日　[別]藤原資朝（ふじわらのすけとも）　鎌倉時代後期の公卿（権中納言）。権大納言日野俊光の次男。後醍醐天皇の側近。討幕を企てたが、正中の変で佐渡に流され、元弘の変のとき殺された。
¶公卿（[没]正慶1/元弘2（1332）年6月2日），公家（資朝〔日野家〕　すけとも　[没]元弘2（1332）年6月2日），コン，中世，内乱（[没]正慶1/元弘2（1332）年），室町（[没]正慶1/元弘2（1332）年），山小（[没]1332年6月2日）

日野資名*　ひのすけな
*～延元3/暦応1（1338）年5月2日　鎌倉時代後期～南北朝時代の公卿（権大納言）。権大納言日野俊光の長男。
¶公卿（[生]弘安10（1287）年　[没]暦応1/延元3（1338）年5月2日），公家（資名〔日野家〕　すけな　[生]1287年　[没]暦応1（1338）年5月2日），コン（[生]弘安8（1285）年　[没]暦応1/延元3（1338）年），内乱（[生]弘安8（1285）年　[没]暦応1（1338）年），室町（[生]弘安10（1287）年）

日野資長　ひのすけなが
⇒藤原資長（ふじわらのすけなが）

日野資名女　ひのすけなのむすめ
⇒日野名子（ひのめいし）

日野資業*　ひのすけなり
永延2（988）年～延久2（1070）年8月24日　[別]藤原資業（ふじわらすけなり，ふじわらのすけなり）　平安時代中期の学者、公卿（非参議）。参議藤原有国の七男。
¶公卿（藤原資業　ふじわらのすけなり），古人（藤原資業　ふじわらのすけなり），コン（[生]正暦1（990）年）

日野資愛*　ひのすけなる
安永9（1780）年～弘化3（1846）年　江戸時代後期の公家（准大臣）。権大納言日野資矩の子。
¶公卿（[生]安永9（1780）年11月22日　[没]弘化3（1846）年3月2日），公家（資愛〔日野家〕　すけなる　[生]安永9（1780）年11月22日　[没]弘化3（1846）年3月2日）

日野資宣*　ひのすけのぶ
元仁1（1224）年～正応5（1292）年4月7日　鎌倉時代後期の公卿（権中納言）。権中納言日野家光の次男。
¶公卿，公家（資宣〔日野家〕　すけのぶ）

日野資教* ひのすけのり

正平11/延文1(1356)年～正長1(1428)年 南北朝時代～室町時代の公卿(権大納言)。権中納言日野時光の次男。

¶公卿([生]延文1/正平11(1356)年 [没]正長1(1428)年4月29日),公家(資教〔快楽院家(絶家)〕 すけのり)

日野資矩* ひのすけのり

宝暦6(1756)年8月22日～天保1(1830)年 [別]日野資矩(ひのすけつね) 江戸時代中期～後期の公家(権大納言)。権大納言日野資枝の子。

¶公卿([没]天保1(1830)年7月29日),公家(資矩〔日野家〕 すけつね [没]天保1(1830)年7月9日)

日野資宗* ひのすけむね

文化12(1815)年～明治12(1879)年8月25日 江戸時代末期～明治時代の公家(権大納言)。准大臣日野資愛の子。

¶公卿([生]文化12(1815)年5月19日 [没]明治11(1878)年8月),公家(資宗〔日野家〕 すけむね [生]文化12(1815)年5月19日),幕末([生]文化12(1815)年5月19日)

日野資栄 ひのすけよし

江戸時代前期～中期の幕臣。

¶徳人([生]1618年 [没]1698年)

日野宣子* ひのせんし

?～弘和2/永徳2(1382)年6月14日 [別]日野宣子(ひののぶこ) 南北朝時代の女房・歌人。

¶女史(ひののぶこ [生]1326年)

日野宗春* ひのそうしゅん

文政10(1827)年～明治42(1909)年 江戸時代末期～明治時代の医師。萩藩藩医、山口病院総管等を歴任。維新後も防府医学界で活躍。

¶幕末([生]文政10(1827)年1月30日 [没]明治42(1909)年2月23日)

日野種範* ひのたねのり

?～元亨1(1321)年 鎌倉時代後期の公卿(非参議)。正四位下・大学頭藤原邦行の子。

¶公卿,公家(種範〔日野家(絶家)2〕 たねのり)

氷継麻呂* ひのつぐまろ

天応1(781)年～斉衡3(856)年 奈良時代～平安時代前期の算道の学者。

¶古人

日野鼎哉* ひのていさい

寛政9(1797)年～嘉永3(1850)年 江戸時代末期の蘭方医。帆足万里、シーボルトに師事。

¶江人,コン,対外

日野輝子* ひのてるこ

天正9(1581)年～慶長12(1607)年 安土桃山時代～江戸時代前期の女性。後陽成天皇の宮人。

¶天皇([没]慶長12(1607)年5月20日)

日野輝資* ひのてるすけ

弘治1(1555)年～元和9(1623)年 [別]輝資(てるすけ) 安土桃山時代～江戸時代前期の公家(権大納言)。権大納言広橋国光の長男。

¶公卿([没]慶長16(1611)年6月),公家(輝資〔日野家〕 てるすけ [没]元和9(1623)年閏8月2日),徳将,俳文(輝資 てるすけ [没]元和9(1623)年閏8月2日)

日野輝光* ひのてるみつ

寛文10(1670)年～享保2(1717)年 江戸時代中期の公家(権大納言)。権中納言日野資茂の子。

¶公卿([生]延宝1(1673)年2月21日 [没]享保2(1717)年1月5日),公家(輝光〔日野家〕 てるみつ [生]寛文13(1673)年2月21日? [没]享保2(1717)年1月5日)

日野時光* ひのときみつ

嘉暦3(1328)年～正平22/貞治6(1367)年9月25日 南北朝時代の公卿(権大納言)。権大納言日野資名の三男。

¶公卿([没]貞治6/正平22(1367)年9月25日),公家(時光〔日野家〕 ときみつ [没]貞治6(1367)年9月25日)

日野俊光* ひのとしみつ

文応1(1260)年～嘉暦1(1326)年5月15日 [別]藤原俊光(ふじわらとしみつ, ふじわらのとしみつ) 鎌倉時代後期の歌人・公卿(権大納言)。権中納言日野資宣の子。

¶公卿,公家(俊光〔日野家〕 としみつ)

日野俊光女 ひのとしみつのむすめ

⇒藤原俊子(ふじわらのとしこ)

日野俊基* ひのとしもと

?～元弘2/正慶1(1332)年 鎌倉時代後期の公卿。後醍醐天皇の側近として討幕運動に従事。元弘の変で幕府に捕らえられ殺された。

¶コン,中世,内乱([没]正慶1/元弘2(1332)年),室町([没]正慶1/元弘2(1332)年),山小

日野富子* ひのとみこ

永享12(1440)年～明応5(1496)年5月20日 [別]藤原富子(ふじわらのとみこ) 室町時代～戦国時代の女性。足利義政の正室。実子義尚を将軍にしようとしたことが応仁の乱の一因となる。

¶コン,思想,女史,中世,内乱,室町,山小([没]1496年5月20日)

日野具子 ひのともこ

戦国時代の女性。後奈良天皇の後宮。

¶天皇(生没年不詳)

日野豊光 ひのとよみつ

⇒烏丸豊光(からすまるとよみつ)

日野西国豊* ひのにしくにとよ

承応2(1653)年7月10日～宝永7(1710)年7月17日 江戸時代前期～中期の公家(権中納言)。准大臣広橋兼賢の末子。

¶公卿,公家(国豊〔日野西家〕 くにとよ)

日野西国盛* ひのにしくにもり

元中6/康応1(1389)年～宝徳1(1449)年2月15日 室町時代の公卿(権大納言)。権大納言日野西資国の子。

¶公卿([生]康応1/元中6(1389)年),公家(国盛〔日野西家(絶家)〕 くにもり [生]?)

日野西資国* ひのにしすけくに

正平20/貞治4(1365)年～正長1(1428)年3月25日 南北朝時代～室町時代の公卿(権大納言)。日野西家の祖。権大納言日野時光の三男。

¶公卿([生]貞治4/正平20(1365)年),公家(資国〔日野西家(絶家)〕 すけくに [没]応永35(1428)年3月25日)

日野西資敬 ひのにしすけたか

⇒日野西資敬(ひのにしすけのり)

日野西資敬* ひのにしすけのり

元禄8(1695)年～元文1(1736)年1月10日 [別]日野西資敬(ひのにしすけたか) 江戸時代中期の公家(参議)。権中納言日野西国豊の次男。

¶公卿([生]元禄8(1695)年12月1日),公家(資敬〔日野西家〕 すけたけ [生]元禄8(1695)年10月18日)

日野西資宗*　ひのにしすけむね
？～文正1(1466)年7月11日　室町時代の公卿(権大納言)。権大納言日野西国盛の子。
¶公卿,公家(資宗〔日野西家(絶家)〕　すけむね)

日野西延光　ひのにしとおみつ
⇒日野西延光(ひのにしのぶみつ)

日野西延光*　ひのにしのぶみつ
明和8(1771)年9月26日～弘化3(1846)年11月2日　[別]日野西延光(ひのにしとおみつ)　江戸時代後期の公家(権中納言)。権大納言樋口基康の末子。
¶公卿,公家(延光〔日野西家〕　とおみつ)

日野西光暉*　ひのにしみつてる
寛政9(1797)年10月22日～元治1(1864)年　江戸時代末期の公家(権中納言)。権中納言日野西延光の子。
¶公卿([没]元治1(1864)年11月2日),公家(光暉〔日野西家〕　みつてる　[没]文久4(1864)年2月1日)

日野宣子　ひののぶこ
⇒日野宣子(ひのせんし)

日野晴光*　ひのはるみつ
永正15(1518)年1月1日～弘治1(1555)年9月18日　[別]日野晴光(ひのはれみつ)　戦国時代の公卿(権大納言)。権大納言日野内光の子。
¶公卿(ひのはれみつ),公家(晴光〔日野家〕　はれみつ　[没]天文24(1555)年9月18日)

日野晴光　ひのはれみつ
⇒日野晴光(ひのはるみつ)

日野弘資*　ひのひろすけ
元和3(1617)年～貞享4(1687)年　江戸時代前期の歌人・公家(権大納言)。権中納言日野光慶の子。
¶公卿([生]元和3(1617)年1月29日　[没]貞享4(1687)年8月29日),公家(弘資〔日野家〕　ひろすけ　[生]元和3(1617)年1月29日　[没]貞享4(1687)年8月29日)

日野政資*　ひのまさすけ
文明1(1469)年～明応4(1495)年9月7日　戦国時代の公卿(権中納言)。左大臣日野勝光の三男。
¶公卿,公家(政資〔日野家〕　まさすけ)

日野正晴　ひのまさはる
江戸時代前期～中期の代官。
¶徳代([生]寛文9(1669)年　[没]延享1(1744)年8月2日)

日野雅光*　ひのまさみつ
生没年不詳　南北朝時代の公卿(非参議)。権大納言日野俊光の子。
¶公卿,公家(雅光〔日野家〕　まさみつ)

日野町資藤*　ひのまちすけふじ
正平21/貞治5(1366)年～応永16(1409)年6月5日　[別]町資藤(まちすけふじ)　南北朝時代～室町時代の公卿(権大納言)。権大納言柳原忠光の次男。
¶公卿(町資藤　まちすけふじ　[生]貞治5/正平21(1366)年),公家(資藤〔日野町家(絶家)〕　すけふじ)

日野光国　ひのみつくに
⇒藤原光国(ふじわらみつくに)

日野光慶*　ひのみつよし
天正19(1591)年～寛永7(1630)年　江戸時代前期の公家(権中納言)。権大納言日野資勝の子。
¶公卿([生]天正19(1591)年8月　[没]寛永7(1630)年1月2日),公家(光慶〔日野家〕　みつよし　[生]天正19(1591)年8月　[没]寛永7(1630)年1月)

氷連老人*　ひのむらじおきな
奈良時代の入唐留学生。
¶古代

日野名子*　ひのめいし
？～正平13/延文3(1358)年　[別]日野資名女(ひのすけなのむすめ)　鎌倉時代後期～南北朝時代の女性。西園寺公宗の正室。
¶女文(日野資名女　ひのすけなのむすめ　[没]延文3(1358)年2月)

日野康子　ひのやすこ
⇒北山院(きたやまいん)

日野行氏*　ひのゆきうじ
？～興国1/暦応3(1340)年2月22日　鎌倉時代後期～南北朝時代の公卿(非参議)。非参議日野種範の子。
¶公卿([没]暦応3(1340)年2月22日),公家(行氏〔日野家(絶家)2〕　ゆきうじ　[没]暦応3(1340)年2月22日)

日野雪子*　ひのゆきこ
文化4(1807)年～明治15(1882)年12月17日　江戸時代末期～明治時代の教育者。寺子屋をつくり、多い時で塾生は六〇名を超える。
¶江表(雪子(秋田県))

日野行光*　ひのゆくみつ
生没年不詳　南北朝時代の公卿(非参議)。非参議日野種範の次男。
¶公卿,公家(行光〔日野家(絶家)2〕　ゆきみつ)

日野義資　ひのよしすけ
応永4(1397)年～永享6(1434)年　室町時代の公家。
¶内乱,室町

日葉酢媛　ひはすひめ,ひばすひめ
⇒日葉酢媛命(ひばすひめのみこと)

日葉酢媛命*　ひばすひめのみこと,ひはすひめのみこと
[別]日葉酢媛(ひはすひめ,ひばすひめ)　上代の女性。垂仁天皇の皇后。
¶古代,コン(日葉酢媛　ひばすひめ),天皇([没]垂仁天皇32(3)年7月)

樋畑雪湖　ひばたせっこ
江戸時代末期～昭和時代の画家。
¶美画([生]安政5(1858)年1月20日　[没]昭和18(1943)年8月13日)

日比覚左衛門　ひびかくざえもん
安土桃山時代～江戸時代前期の豊臣秀吉・秀頼の家臣。
¶大坂

日々野克巳*　ひびのかつみ
文政10(1827)年～明治11(1878)年　江戸時代末期～明治時代の徳島藩士、権大参事、総学。若くして藩主に時局に関して建白し信任を得る。維新後、有隣社の主幹として活躍。
¶幕末([没]明治11(1878)年12月18日)

日比野清実*　ひびのきよざね
？～永禄4(1561)年　戦国時代の武士。
¶全戦

日比野修理*　ひびのしゅり
生没年不詳　安土桃山時代の織田信長の家臣。
¶織田

日比野彦左衛門* ひびのひこざえもん
生没年不詳　安土桃山時代の織田信長の家臣。
¶織田

日比野孫一* ひびのまごいち
生没年不詳　安土桃山時代の織田信長の家臣。
¶織田

日比野弥次郎* ひびのやじろう
生没年不詳　安土桃山時代の織田信長の家臣。
¶織田

日比野良為 ひびのよしなり
⇒日比野良為（ひびのりょうい）

日比野良為* ひびのりょうい
生没年不詳　[別]日比野良為（ひびのよしなり）　江戸時代中期の和算家。
¶数学（ひびのよしなり）

日比野六大夫* ひびのろくだゆう
生没年不詳　安土桃山時代の織田信長の家臣。
¶織田

日比屋了慶*（日比屋了珪，日比谷了慶）　ひびやりょうけい
生没年不詳　安土桃山時代の堺の豪商、キリシタン。
¶対外（日比屋了珪）

美福門院* びふくもんいん
永久5（1117）年～永暦1（1160）年11月23日　[別]藤原得子（ふじわらとくし，ふじわらのとくこ，ふじわらのとくし，ふじわらのなりこ）　平安時代後期の女性。鳥羽天皇の皇后。
¶古人（藤原得子　ふじわらのなりこ），コン，思想，女史，天皇（[没]永暦1（1160）年11月23日），内乱，平家

美福門院加賀* びふくもんいんのかが
？～建久4（1193）年2月13日　[別]加賀（かが），藤原定家母（ふじわらていかのはは）　平安時代後期の女性。藤原定家の母。
¶古人（加賀　かが）

日奉興頼 ひまつりのおきより
平安時代中期の官人。
¶古人（生没年不詳）

日奉貞助 ひまつりのさだすけ
平安時代後期の官人。
¶古人（生没年不詳）

日奉季重 ひまつりのすえしげ
⇒平山季重（ひらやますえしげ）

卑弥呼* ひみこ
[別]卑弥呼（ひめこ）　上代の女性。邪馬台国の女王。魏志倭人伝にその名がみえる。
¶古人（[生]？　[没]247年？），古代，古物，コン，女史（[生]？　[没]247年？），対外（ひめこ），山小

卑弥弓呼* ひみここ
上代の狗奴国の男王。
¶古代

日向泉長媛 ひむかいのいづみのながひめ
⇒日向泉長媛（ひむかのいずみながひめ）

日向泉長媛* ひむかのいずみながひめ
[別]日向泉長媛（ひむかいのいづみのながひめ，ひむかのいずみのながひめ）　上代の女性。応神天皇の妃。
¶天皇（ひむかいのいづみのながひめ　生没年不詳）

日向泉長媛 ひむかのいずみのながひめ
⇒日向泉長媛（ひむかのいずみながひめ）

日向髪長大田根 ひむかのかみながおおたね
⇒日向髪長大田根媛（ひむかのかみながおおたねひめ）

日向髪長大田根媛* ひむかのかみながおおたねひめ
[別]日向髪長大田根（ひむかのかみながおおたね）　上代の女性。景行天皇の妃。
¶天皇（日向髪長大田根　ひむかのかみながおおたね）

日向髪長媛 ひむかのかみながひめ
⇒髪長媛（かみながひめ）

日向襲津彦皇子 ひむかのそつひこのみこ
上代の景行天皇の皇子。
¶天皇

氷室広長* ひむろひろなが
生没年不詳　安土桃山時代の織田信長の家臣。
¶織田

卑弥呼 ひめこ
⇒卑弥呼（ひみこ）

ひめじ
江戸時代前期の女性。北条氏忠の娘。
¶後北（ひめじ〔北条〕　[没]寛永18年11月9日）

姫島竹外 ひめじまちくがい
江戸時代後期～昭和時代の日本画家。
¶美画（[生]天保11（1840）年3月10日　[没]昭和3（1928）年3月3日）

姫蹈鞴五十鈴姫（媛蹈鞴五十鈴媛）　ひめたたらいすずひめ
⇒媛蹈鞴五十鈴媛命（ひめたたらいすずひめのみこと）

媛蹈鞴五十鈴媛命*（姫踏鞴五十鈴媛命，媛蹈鞴五十鈴媛命，姫蹈鞴五十鈴姫命）　ひめたたらいすずひめのみこと
[別]姫蹈鞴五十鈴姫，媛蹈鞴五十鈴媛（ひめたたらいすずひめ）　上代の女性。神武天皇の皇后。
¶古代（媛蹈鞴五十鈴姫命），コン（姫蹈鞴五十鈴姫　ひめたたらいすずひめ），天皇（媛蹈鞴五十鈴媛命　生没年不詳）

姫法師* ひめほうし
生没年不詳　鎌倉時代前期の女性。後鳥羽天皇の宮人。
¶古人

姫柳 ひめやなぎ⋆
江戸時代後期の女性。狂歌。尾張の荘周庵如蝶の妻。文化14年刊、橘庵芦辺田鶴丸撰『狂歌弄花集』に載る。
¶江表（姫柳（愛知県））

眉毛 びもう
⇒鶴屋南北〔4代〕（つるやなんぼく）

ひゃく
江戸時代後期の女性。俳諧。越後の人。文化11年序、以興庵鳳味編、以一庵石川豊井七回忌追善集『華ばたけ』に載る。
¶江表（ひゃく（新潟県））

百庵 ひゃくあん
⇒寺町百庵（てらまちひゃくあん）

白崖宝生* びゃくがいほうしょう
興国4/康永2(1343)年～応永21(1414)年 [別]白崖宝生(はくがいほうしょう), 宝生(ほうしょう) 南北朝時代～室町時代の臨済宗の禅僧。
¶コン

百戯園 ひゃくぎえん
⇒中村歌右衛門〔3代〕(なかむらうたえもん)

百歳 ひゃくさい
⇒西島百歳(にしじまひゃくさい)

百斯 ひゃくし★
江戸時代中期の女性。連歌。播磨龍野藩主脇坂安興の娘。
¶江表(百斯(愛知県) [生]延享2(1745)年 [没]天明1(1781)年)

百女 ひゃくじょ★
江戸時代後期の女性。和歌。山田屋伊左衛門の妻。文化15年序、秋田藩士山方泰通編「月花集」に載る。
¶江表(百女(秋田県))

百川 ひゃくせん
⇒昇角(しょうかく)

百武兼貞* ひゃくたけかねさだ
文政4(1821)年～明治25(1892)年 江戸時代末期～明治時代の官吏。皿山代官として有田陶業の革新・技術改良に尽力、ワグネルを招き技術指導を受け製品の輸出につとめた。
¶幕末

百武兼行 ひゃくたけかねゆき
江戸時代後期～明治時代の洋画家。
¶美画([生]天保13(1842)年6月7日 [没]明治17(1884)年12月21日)

百武志摩守賢兼 ひゃくたけしまのかみともかね
⇒百武賢兼(ひゃくたけともかね)

百武賢兼* ひゃくたけともかね
?～天正12(1584)年 [別]百武志摩守賢兼(ひゃくたけしまのかみともかね) 安土桃山時代の武士。
¶全戦, 戦武([生]天文7(1538)年)

百武万里* ひゃくたけばんり
寛政6(1794)年～安政1(1854)年 江戸時代末期の蘭方医。シーボルトに師事。
¶科学, コン, 対外, 幕末([没]嘉永7(1855)年11月19日)

百太夫* ひゃくだゆう
遊女・芸人集団の守護神。
¶コン

百池 ひゃくち
⇒寺村百池(てらむらひゃくち)

百童 ひゃくどう
江戸時代中期～後期の俳諧師。
¶俳文([生]宝暦13(1763)年 [没]文政4(1821)年1月5日)

白道 びゃくどう
江戸時代中期～後期の仏師。
¶美建([生]寛延3(1750)年 [没]文政8(1825)年)

百梅* ひゃくばい
?～延享4(1747)年10月17日 江戸時代中期の俳人。
¶俳文

百婆仙* ひゃくばせん
永禄4(1561)年～明暦2(1656)年 安土桃山時代～江戸時代前期の女性。陶芸家。
¶江表(百婆仙(佐賀県))

百丸* ひゃくまる
?～享保12(1727)年 江戸時代中期の俳人(伊丹派)。
¶俳文([生]明暦1(1655)年 [没]享保12(1727)年2月16日)

百万* ひゃくまん
生没年不詳 鎌倉時代後期の女性。女曲舞の名手。
¶女史

白万 びゃくまん
⇒中村仲蔵〔大坂系1代〕(なかむらなかぞう)

百明 ひゃくめい
⇒杉坂百明(すぎさかひゃくめい)

百雄* ひゃくゆう
江戸時代中期の俳人。
¶俳文(生没年不詳)

百羅 ひゃくら
江戸時代中期～後期の俳諧作者。
¶俳文([生]享保18(1733)年 [没]享和3(1803)年7月24日)

百里 ひゃくり
⇒高野百里(たかのひゃくり)

百里の母 ひゃくりのはは★
江戸時代中期の女性。和歌。望月宗庵の母。宝永7年刊、坂静山編『和歌継塵集』に載る。
¶江表(百里の母(東京都))

白蓮尼 びゃくれんに★
江戸時代中期の女性。俳諧。空海が川から拾い上げたとされる鳥追観音で有名な野沢の如法寺の尼僧。
¶江表(白蓮尼(福島県))

百花 ひゃっか
⇒中山文七〔3代〕(なかやまぶんしち)

檜山御前* ひやまごぜん
?～元和6(1620)年 安土桃山時代～江戸時代前期の女性。陸奥国南部信直の娘。
¶江表(檜山御前(青森県))

檜山三之介*(檜山三之助) ひやまさんのすけ
天保10(1839)年～慶応1(1865)年 江戸時代末期の水戸藩士。
¶幕末(檜山三之助 [没]元治2(1865)年2月16日)

檜山富宣* ひやまとみのぶ
文化6(1809)年～安政5(1858)年 江戸時代後期～末期の暦法家。
¶数学([没]安政5(1858)年1月22日)

檜山久術 ひやまひさやす
江戸時代中期～後期の公家。檜山久繁の子。
¶公家(久術〔花山院家諸大夫 檜山家(藤原氏)〕 ひさやす [生]1717年 [没]寛政5(1793)年10月11日)

緋夕 ひゆう★
江戸時代後期の女性。俳諧。越前乙坂の人。寛政11年刊、松山令羽編『三つの手向』に載る。
¶江表(緋夕(福井県))

非有* ひゆう
戦国時代の僧。
¶全戦(生没年不詳)

日向髪長媛　ひゅうがのかみながひめ
　⇒髪長媛（かみながひめ）

日向通良*　ひゅうがみちよし
　？〜永暦1（1160）年　平安時代後期の肥前国の豪族。藤原氏。
　¶古人

標　ひょう*
　江戸時代後期の女性。俳諧。石見津和野の人。寛政4年刊、桃源庵化白編、化白耳順還暦祝吟集『わか姿集』に載る。
　¶江表（標（島根県））

兵　ひょう
　江戸時代前期〜中期の女性。和歌。因幡鳥取城主宮部善祥坊の又姪。
　¶江表（兵（東京都）　㋐正保3（1646）年　㋑元禄12（1699）年）

瓢庵　ひょうあん
　⇒彭叔守仙（ほうしゅくしゅせん）

兵衛*（1）　ひょうえ
　生没年不詳　平安時代前期の女房・歌人。
　¶古人

兵衛*（2）　ひょうえ
　生没年不詳　平安時代中期の歌人。
　¶古人

平栄　ひょうえい
　⇒平栄（へいえい）

兵衛佐*　ひょうえのすけ
　生没年不詳　平安時代後期の女性。「源平盛衰記」に登場。平清盛の生母とされる。
　¶古人

兵衛佐局*　ひょうえのすけのつぼね
　生没年不詳　㋑法印信縁女（ほういんしんえんのむすめ）　平安時代後期の女性。崇徳天皇の宮人。
　¶古人（兵衛佐　ひょうえのすけ），天皇（法印信縁女　ほういんしんえんのむすめ），内乱（兵衛佐　ひょうえのすけ）

兵衛内侍*　ひょうえのないし
　生没年不詳　平安時代中期の歌人。
　¶古人

平恩　ひょうおん
　⇒平恩（へいおん）

氷花*　ひょうか
　生没年不詳　江戸時代前期の俳人。
　¶俳文

氷玉　ひょうぎょく*
　江戸時代後期の女性。画。儒学者の松井寒谷の娘、梅子。天保13年刊、『江戸現在広益諸家人名録』二に名が載る。
　¶江表（氷玉（東京都））

平救（1）　びょうぐ
　平安時代の仁和寺院池上寺の僧。『今昔物語集』に見える。
　¶古人（生没年不詳）

平救*（2）　びょうぐ
　天徳2（958）年〜？　平安時代中期の僧。
　¶古人

表具師幸吉　ひょうぐしこうきち
　⇒岡山幸吉（おかやまのこうきち）

平源　ひょうげん
　⇒平源（へいげん）

氷固　ひょうこ
　⇒非群（ひぐん）

氷壺　ひょうこ
　⇒岡田氷壺（おかだひょうこ）

兵庫*　ひょうご
　生没年不詳　平安時代中期の女房・歌人。
　¶古人

平興*　ひょうこう
　生没年不詳　平安時代中期の延暦寺僧。
　¶古人

平秀*（1）　ひょうしゅう
　生没年不詳　平安時代前期の渡来僧。
　¶古人

平秀（2）　ひょうしゅう
　平安時代中期の僧。延長2年東寺領丹波国大山荘の荘別当僧。
　¶古人（生没年不詳）

瓢女　ひょうじょ*
　江戸時代中期の女性。俳諧。甲斐の人。明和6年序、秦娥・久住共撰『みをつくし』に載る。
　¶江表（瓢女（山梨県））

瓢水　ひょうすい
　⇒滝瓢水（たきひょうすい）

平崇*　ひょうすう
　延長4（926）年〜長保4（1002）年　平安時代中期の東大寺僧。
　¶古人

平智　ひょうち
　⇒平智（へいち）

平伝*　ひょうでん
　延喜21（921）年〜寛弘1（1004）年　平安時代中期の興福寺僧。
　¶古人

兵藤瀞*（兵頭瀞）　ひょうどうきよし
　寛政11（1799）年〜弘化4（1847）年　㋑兵頭瀞（ひょうどうせい）　江戸時代後期の美濃大垣藩士。
　¶数学（㋐寛政11（1799）年3月13日　㋑弘化4（1847）年3月27日）

兵頭瀞　ひょうどうせい
　⇒兵藤瀞（ひょうどうきよし）

兵藤政一*　ひょうどうまさかず
　天保5（1834）年〜明治38（1905）年　江戸時代末期〜明治時代の志筑藩郡奉行。
　¶幕末（㋑明治38（1905）年2月24日）

豹徳軒*　ひょうとくけん
　生没年不詳　戦国時代の扇谷上杉氏・北条氏の家臣。
　¶後北（上田豹徳軒〔上田〕）

平仁*（1）　ひょうにん
　？〜天慶1（938）年　平安時代前期〜中期の天台宗延暦寺僧。

¶古人

平仁(2)　ひょうにん
⇒平仁(へいにん)

兵部*　ひょうぶ
生没年不詳　江戸時代前期～中期の仏師。
¶美建

兵部卿法印(1)　ひょうぶきょうほういん
⇒有馬則頼(ありまのりより)

兵部卿法印(2)　ひょうぶきょうほういん
⇒金森長近(かなもりながちか)

容楊黛　びょうまゆずみ
⇒容楊黛(ようようたい)

ひ

平明*　ひょうみょう
天喜1(1053)年～大治4(1129)年9月28日　平安時代後期の天台宗の僧。
¶古人

日吉丸　ひよしまる
⇒豊臣秀吉(とよとみひでよし)

飛来一閑*(――〔1代〕)　ひらいいっかん，ひらいいつがん
明・万暦6(1578)年～明暦3(1657)年　[別]一閑(いっかん)，飛来一閑(ひきいっかん)　安土桃山時代～江戸時代前期の漆工。明から日本に帰化。
¶コン([生]天正6(1578)年)，対外，美工([生]天正6(1578)年)

平井海蔵*　ひらいかいぞう
文化6(1809)年～明治16(1883)年　江戸時代末期～明治時代の蘭学者。シーボルト門下。シーボルト事件の波及を恐れ紀州和歌山に隠棲。
¶植物

平井加尾　ひらいかお
天保9(1838)年～明治42(1909)年　江戸時代後期～明治時代の女性。土佐勤王党平井収二郎の妹。
¶江表(加尾(高知県))，全幕

平井加兵衛　ひらいかへえ
安土桃山時代の北条氏直家臣赤見綱泰の同心。下川田衆の一人。
¶後北(加兵衛〔平井〕　かへえ)

平井亀吉*　ひらいかめきち
[別]雲風亀吉(くもかぜのかめきち)　江戸時代の博徒親分。
¶全幕(雲風亀吉　くもかぜのかめきち　[生]文政11(1828)年　[没]明治26(1893)年)

平井希昌*　ひらいきしょう
天保10(1839)年1月27日～明治29(1896)年2月12日　[別]平井希昌(ひらいゆきまさ)　江戸時代末期～明治時代の外交官。維新後、長崎裁判所通弁役頭取。のち米国駐在弁理公使など。賞勲制度の整備に寄与。
¶コン，幕末(ひらいゆきまさ　[没]明治29(1896)年2月11日)

平井吉右衛門保能　ひらいきちえもんやすよし
江戸時代前期の豊臣秀頼の近習。
¶大坂

平井久右衛門*　ひらいきゅうえもん
[別]平井長康(ひらいながやす)　安土桃山時代の武将。織田信長の臣。
¶織田(平井長康　ひらいながやす　生没年不詳)，全戦(平井長康　ひらいながやす　生没年不詳)

平井九兵衛宗次　ひらいくひょうえむねつぐ
江戸時代前期の木村重成の家来。
¶大坂

平井顕斎*　ひらいけんさい
享和2(1802)年～安政3(1856)年　江戸時代末期の画家。
¶幕末，美画([没]安政3(1856)年4月13日)

平井権八　ひらいごんぱち
⇒白井権八(しらいごんぱち)

平井貞幹　ひらいさだもと
江戸時代後期の幕臣。
¶徳人(生没年不詳)

平井次右衛門保延　ひらいじえもんやすのぶ
江戸時代前期の豊臣秀頼の近習。
¶大坂

平石久平治*　ひらいしくへいじ
元禄9(1696)年～明和8(1771)年8月12日　[別]平石時光(ひらいしときみつ)　江戸時代中期の近江彦根藩士。
¶数学(平石時光　ひらいしときみつ)

平井七兵衛　ひらいしちびょうえ
江戸時代前期の武士。大坂の陣で真田丸を警固。
¶大坂

平石時光　ひらいしときみつ
⇒平石久平治(ひらいしくへいじ)

平井治部左衛門正頼　ひらいじぶざえもんまさより
安土桃山時代の武士。湯川直春に属したが、牢人。
¶大坂([没]文禄3年/慶長20年5月7日)

平井周悦　ひらいしゅうえつ
眼科医。
¶眼医(生没年不詳)

平井秀悦　ひらいしゅうえつ
眼科医。
¶眼医(生没年不詳)

平井収二郎*　ひらいしゅうじろう
*～文久3(1863)年　江戸時代末期の土佐藩士、勤王運動家。
¶コン([生]天保7(1836)年)，全幕([生]天保6(1835)年)，幕末([生]天保6(1835)年　[没]文久3(1863)年6月9日)

平井淳麿*　ひらいすみまろ
天保8(1837)年～明治39(1906)年　江戸時代末期～明治時代の武士、士族。
¶幕末([生]天保8(1837)年3月19日　[没]明治39(1906)年6月29日)

平井専次の娘　ひらいせんじのむすめ★
江戸時代中期の女性。和歌。小高坂村の滝見某の祖母の80歳の賀歌集「春祝」に載る。
¶江表(平井専次の娘(高知県))

平井善之丞*　ひらいぜんのじょう
享和3(1803)年～慶応1(1865)年　江戸時代末期の土佐藩士。
¶コン，幕末([没]慶応1(1865)年5月11日)

平井太右衛門　ひらいたえもん
安土桃山時代の織田信長の家臣。信長の奉行衆か。

¶織田（生没年不詳）

平井澹所* ひらいたんしょ
宝暦12（1762）年～文政3（1820）年　江戸時代中期～後期の伊勢桑名藩儒。寛政の学制改革に尽力。
¶コン

平井道助* ひらいどうじょ
[別]道助（どうじょ）　室町時代の武士、連歌師。
¶俳文（道助　どうじょ　生没年不詳）

平井長康 ひらいながやす
⇒平井久右衛門（ひらいきゅうえもん）

平井復斎 ひらいふくさい
⇒平井元直（ひらいもとなお）

平井正基 ひらいまさもと
江戸時代中期の幕臣。
¶徳人（[生]1694年　[没]1750年）

平井正義 ひらいまさよし
江戸時代後期の和算家、関宿藩士。
¶数学

平井元直* ひらいもとなお
文化1（1804）年～明治3（1870）年12月25日　[別]平井復斎（ひらいふくさい）　江戸時代末期～明治時代の加賀大聖寺藩士。
¶幕末

平井希昌 ひらいゆきまさ
⇒平井希昌（ひらいきしょう）

平井与五六* ひらいよごろく
天明3（1783）年～文久3（1863）年　江戸時代後期の下総結城藩士。
¶幕末（[没]文久3（1863）年7月9日）

平井連山* ひらいれんざん
寛政10（1798）年～明治19（1886）年　江戸時代末期～明治時代の清楽家。長春に入門し学ぶ。名人といわれた。生田流箏曲の明治新曲に大きな影響を与える。
¶江表（連山（東京都））

平岩親仁 ひらいわしんじん
江戸時代後期の幕臣。
¶徳人（生没年不詳）

平岩親庸 ひらいわちかつね
明和2（1765）年～天保1（1830）年　江戸時代中期～後期の幕臣。
¶徳人，徳代（[没]天保1（1830）年10月29日）

平岩親吉* ひらいわちかよし
天文11（1542）年～慶長16（1611）年　安土桃山時代～江戸時代前期の大名。上野前橋藩主、尾張犬山藩主。
¶コン，全戦，戦武

平岩道益 ひらいわみちます
江戸時代前期～中期の幕臣。
¶徳人（[生]1630年　[没]1694年）

平岡某* ひらおか
生没年不詳　安土桃山時代の織田信長の家臣。
¶織田

平岡芋作 ひらおかうさく
江戸時代末期～明治時代の陸軍軍人。
¶幕末（[生]？　[没]明治36（1903）年12月23日）

平岡円四郎* ひらおかえんしろう
文政5（1822）年～元治1（1864）年　江戸時代末期の幕臣。一橋家小姓、徳川慶喜近従。
¶コン，全幕，徳将，徳人，幕末（[生]文政5（1822）年10月7日　[没]元治1（1864）年6月16日）

平岡和由 ひらおかかずよし
天正12（1584）年～寛永18（1641）年　安土桃山時代～江戸時代前期の幕臣。
¶徳人，徳代（[没]寛永18（1641）年11月17日/寛永20（1643）年9月17日）

平岡鎮太郎 ひらおかしずたろう
江戸時代後期～末期の幕臣。
¶徳人（生没年不詳）

平岡十左衛門 ひらおかじゅうざえもん
江戸時代前期～中期の幕臣。
¶徳人（生没年不詳）

平岡準* ひらおかじゅん
江戸時代末期の幕臣。
¶徳人（生没年不詳），幕末（生没年不詳）

平岡次郎右衛門* ひらおかじろうえもん
天正12（1584）年～寛永20（1643）年　江戸時代前期の甲斐国の代官触頭。地域行政従事。
¶コン

平岡資明 ひらおかすけあきら
江戸時代前期～中期の幕臣。
¶徳人（[生]1658年　[没]1724年）

平岡資親 ひらおかすけちか
江戸時代前期の幕臣、代官。
¶徳代（[生]寛文10（1670）年　[没]？）

平岡千道 ひらおかちみち
安土桃山時代～江戸時代前期の代官。
¶徳代（[生]天正3（1575）年　[没]元和9（1623）年10月11日）

平岡尚宣 ひらおかなおのぶ
江戸時代中期の代官。
¶徳代（[生]？　[没]正徳1（1711）年5月17日）

平岡直房* ひらおかなおふさ
生没年不詳　安土桃山時代～江戸時代前期の武士。
¶全戦

平岡子之次郎 ひらおかねのじろう
⇒広岡子之次郎（ひろおかねのじろう）

平岡信由 ひらおかのぶよし
江戸時代前期～中期の代官。
¶徳代（[生]寛永14（1637）年　[没]正徳2（1712）年8月15日）

平岡房実* ひらおかふさざね
生没年不詳　戦国時代の武将。
¶全戦，戦武（[生]永正10（1513）年？　[没]元亀3（1572）年？）

平岡文治郎 ひらおかぶんじろう
江戸時代後期の代官。
¶徳代（[生]？　[没]嘉永6（1853）年11月）

平岡道生 ひらおかみちお
江戸時代末期～昭和時代の数学者。
¶数学（[生]安政3（1856）年　[没]昭和8（1933）年12月28日）

平岡道清 ひらおかみちきよ
江戸時代前期～中期の代官。

¶徳代（[生]正保3（1646）年　[没]享保3（1718）年3月17日）

平岡道祐　ひらおかみちすけ
江戸時代前期〜中期の代官。
¶徳代（[生]正保4（1647）年　[没]享保5（1720）年10月4日）

平岡道富　ひらおかみちとみ
江戸時代前期の代官。
¶徳代（[生]寛永20（1643）年　[没]？）

平岡道成　ひらおかみちなり
戦国時代〜江戸時代前期の代官。
¶徳代（[生]天文23（1554）年　[没]元和9（1623）年11月17日）

平岡道弘*　ひらおかみちひろ
生没年不詳　江戸時代末期の大名。安房船形藩主。
¶徳人，幕末（[生]寛政10（1798）年9月16日　[没]明治11（1878）年4月17日）

平岡道益　ひらおかみちます
江戸時代前期〜中期の代官。
¶徳代（[生]寛永7（1630）年　[没]元禄7（1694）年3月17日）

平岡通義*（平岡通養）　ひらおかみちよし
天保2（1831）年〜大正6（1917）年4月2日　江戸時代末期〜明治時代の建築家、官僚。御造営局長代理として皇居造営に尽力。有栖川宮邸、上野動物園等の建設にも功績。
¶コン，幕末（平岡通養），美建（[生]天保2（1831）年8月15日）

平岡通倚　ひらおかみちより
安土桃山時代の武将。
¶全戦（生没年不詳）

平岡盛三郎　ひらおかもりさぶろう
⇒市川森三郎（いちかわもりさぶろう）

平岡良郷　ひらおかよしさと
江戸時代中期〜後期の代官。
¶徳代（[生]天明2（1782）年　[没]天保1（1830）年6月17日）

平岡良辰*　ひらおかよしたつ
？〜寛文3（1663）年　[別]平岡良辰（ひらおかよしとき）　江戸時代前期の甲斐甲府藩代官。
¶徳人（ひらおかよしとき　[生]1602年），徳代（ひらおかよしとき　[生]慶長7（1602）年　[没]寛文3（1663）年5月21日）

平岡良辰　ひらおかよしとき
⇒平岡良辰（ひらおかよしたつ）

平岡良知　ひらおかよしとも
戦国時代〜江戸時代前期の代官。
¶徳代（[生]天文11（1542）年　[没]元和5（1619）年8月20日）

平岡良豊　ひらおかよしとよ
江戸時代前期の代官。
¶徳代（[生]？　[没]寛永12（1635）年10月）

平岡良久　ひらおかよしひさ
江戸時代前期〜中期の代官。
¶徳代（[生]延宝6（1678）年　[没]元文1（1736）年7月16日）

平岡良寛　ひらおかよしひろ
正徳3（1713）年〜寛政2（1790）年　江戸時代中期〜後期の幕臣。
¶徳人，徳代（[没]寛政2（1790）年1月12日）

平岡良政　ひらおかよしまさ
江戸時代後期の代官。
¶徳代（[生]享和3（1803）年　[没]天保5（1834）年4月22日）

平岡吉道　ひらおかよしみち
安土桃山時代〜江戸時代前期の代官。
¶徳代（[生]慶長8（1603）年？　[没]慶安4（1651）年4月14日）

平岡良休　ひらおかよしやす
江戸時代中期〜後期の幕臣。
¶徳人（[生]1750年　[没]1804年），徳代（[生]宝暦2（1752）年　[没]？）

平岡頼勝*　ひらおかよりかつ
永禄3（1560）年〜慶長12（1607）年　安土桃山時代〜江戸時代前期の武将、大名。美濃徳野藩主。
¶全戦

平岡頼長　ひらおかよりなが
江戸時代中期〜後期の幕臣。
¶徳人（[生]1735年　[没]1816年）

平岡頼久　ひらおかよりひさ
江戸時代中期の代官。
¶徳代（[生]？　[没]享保2（1717）年10月19日）

平岡頼啓　ひらおからいけい
江戸時代末期の幕臣。
¶徳人（[生]？　[没]1858年）

平岡良忠　ひらおかりょうちゅう
[別]平岡良忠（ひらおかよしただ）　江戸時代後期〜末期の幕臣、代官。
¶徳人（ひらおかよしただ　生没年不詳），徳代（[生]文化3（1806）年　[没]安政2（1855）年6月22日）

平尾久助*　ひらおきゅうすけ
？〜天正10（1582）年6月2日　戦国時代〜安土桃山時代の織田信長の家臣。
¶織田

平尾三右衛門尉　ひらおさんえもんのじょう
安土桃山時代の信濃佐久郡の国衆。
¶武田（[生]？　[没]天正8（1580）年5月16日）

平尾銶蔵　ひらおじゅうぞう
⇒平尾銶蔵（ひらおていぞう）

平尾信左衛門　ひらおしんざえもん
⇒平尾銶蔵（ひらおていぞう）

平尾銶蔵*　ひらおていぞう
文政1（1818）年〜明治31（1898）年　[別]平尾信左衛門（ひらおしんざえもん），平尾銶蔵（ひらおじゅうぞう）　江戸時代末期〜明治時代の岩村藩士。
¶幕末（ひらおじゅうぞう）

平尾昌朝　ひらおまさとも
安土桃山時代の信濃佐久郡の国衆。
¶武田（生没年不詳）

平尾魯仙*（平尾魯僊）　ひらおろせん
文化5（1808）年〜明治13（1880）年　[別]魯仙（ろせん）　江戸時代末期〜明治時代の文人、画家。著書に「幽府新論」「宏斎抄誌」、句集に「谷の響」など多数。
¶コン（平尾魯僊），幕末（[生]文化5（1808）年3月3日　[没]明治13（1880）年2月17日），美画（[生]文化5（1808）年3月3日）

平賀勝定　ひらがかつさだ
江戸時代末期〜明治時代の幕臣。
¶徳人（[生]？　[没]1871年）

平賀源心* ひらがげんしん，ひらかげんしん
？～天文6(1537)年？ 戦国時代の武将。
¶室町(ひらかげんしん [没]天文5(1537)年)

平賀源内* ひらがげんない
享保13(1728)年～安永8(1779)年 [別]森羅万象〔1代〕(しんらまんぞう)，風来山人(ふうらいさんじん)，福内鬼外(ふくうちきがい) 江戸時代中期の物産学者、戯作者、浄瑠璃作者。
¶浮絵([没]安永8(1780)年)，江人，科学([没]安永8(1779)年12月18日)，コン，思想，植物([没]安永8(1780)年12月18日)，徳将，日文，俳文([没]安永8(1779)年12月18日)，美画([没]安永8(1779)年12月18日)，山小([没]1779年12月18日)

平賀惟義 ひらがこれよし
⇒大内惟義(おおうちこれよし)

平賀貞愛 ひらがさだえ
江戸時代中期～後期の幕臣。
¶徳人([生]1759年 [没]1817年)

平賀晋民 ひらがしんみん
⇒平賀中南(ひらがちゅうなん)

平方金五郎* ひらかたきんごろう
天保5(1834)年～慶応3(1867)年 江戸時代末期の水戸藩士。
¶幕末([没]慶応3(1867)年10月10日)

平形丹後守 ひらがたたんごのかみ
安土桃山時代の北条氏直家臣赤見綱泰の同心。中山地衆の一人。
¶後北(丹後守〔平形〕 たんごのかみ)

平賀中南* ひらがちゅうなん
享保7(1722)年～＊ [別]平賀晋民(ひらがしんみん) 江戸時代中期の漢学者。肥前蓮池の大潮に師事。
¶コン(平賀晋民 ひらがしんみん [生]享保6(1721)年 [没]寛政4(1792)年)

平賀朝雅* ひらがともまさ
？～元久2(1205)年 [別]源朝雅(みなもとのともまさ) 平安時代後期～鎌倉時代前期の武将。「三日平氏の乱」を平定。
¶古人(源朝雅 みなもとのともまさ)，コン，中世，内乱，山小([没]1205年閏7月26日)

平賀弘章 ひらがひろあき
室町時代の武士。
¶内乱([生]？ [没]応永19(1412)年)

平賀広相* ひらがひろすけ
＊～永禄10(1567)年 戦国時代の武士。
¶全戦([生]享禄1(1528)年)

平賀保秀 ひらがほうしゅう
⇒平賀保秀(ひらがやすひで)

平賀元相* ひらがもとすけ
＊～正保2(1645)年 安土桃山時代～江戸時代前期の武士。毛利氏家臣。
¶戦武([生]天文16(1547)年)

平賀元義* ひらがもとよし
寛政12(1800)年～慶応1(1865)年 江戸時代末期の歌人、国学者。万葉調の和歌を指導。
¶コン，詩作，日文，幕末([生]寛政12(1800)年7月3日 [没]慶応1(1866)年12月28日)

平賀保秀* ひらがやすひで
？～天和3(1683)年 [別]平賀保秀(ひらがほうしゅう) 江戸時代前期の和算家。水戸頼房、光圀に仕える。
¶数学([没]天和3(1683)年8月3日)

平賀義質* ひらがよしただ
文政9(1826)年8月1日～明治15(1882)年4月4日 [別]平賀義質(ひらがよしなり) 江戸時代末期～明治時代の裁判官、函館裁判所長、検事局判事。アメリカへ外国事情視察に赴く。岩倉使節団に同行し欧米に渡る。
¶幕末(ひらがよしなり)

平賀義質 ひらがよしなり
⇒平賀義質(ひらがよしただ)

平賀義信* ひらがよしのぶ
生没年不詳 [別]大内義信(おおうちよしのぶ)，源義信(みなもとのよしのぶ，みなもとよしのぶ) 平安時代後期～鎌倉時代前期の武将。平治の乱敗北後も源義朝に従う。
¶古人(源義信 みなもとのよしのぶ)，コン

平川惟一* ひらかわいいち
＊～明治10(1877)年 [別]平川惟一(ひらかわただいち) 江戸時代末期～明治時代の熊本藩士。植木中学校を創立して自由民権を鼓吹。鍋田付近の戦いで戦死。
¶幕末([生]嘉永3(1850)年 [没]明治10(1877)年3月3日)

平川要* ひらかわかなめ
天保9(1838)年～明治18(1885)年 江戸時代末期～明治時代の萩藩藩士。諸隊脱藩騒動や萩の乱の鎮静に尽力。
¶幕末([生]天保9(1838)年10月7日 [没]明治18(1885)年1月4日)

平川惟一 ひらかわただいち
⇒平川惟一(ひらかわいいち)

平木政次 ひらきまさつぐ
安政6(1859)年8月11日～昭和18(1943)年4月7日 江戸時代末期～昭和時代の洋画家。
¶浮絵，植物，美画

平子主膳信正 ひらこしゅぜんのぶまさ
江戸時代前期の稲葉家の家来。
¶大坂([没]慶長19年11月29日)

平古種豊* ひらこたねとよ
生没年不詳 安土桃山時代の織田信長の家臣。
¶織田

平古種吉 ひらこたねよし
安土桃山時代の織田信長の家臣。信長奉行衆。
¶織田([生]？ [没]天正10(1582)年6月2日)

平子内親王 ひらこないしんのう
⇒平子内親王(へいしないしんのう)

平子茂兵衛正元 ひらこもひょうえまさもと
江戸時代前期の人。平子主膳信正の長男。
¶大坂([没]慶長19年11月29日)

平佐良蔵* ひらさりょうぞう
嘉永4(1851)年～大正1(1912)年 江戸時代末期～明治時代の岩国藩士、陸軍軍人、陸軍中将。佐賀の乱、西南の役の際、鎮圧に加わる。
¶幕末([生]嘉永4(1851)年7月 [没]明治45(1912)年7月3日)

ひ

平沢勘四郎　ひらさわかんしろう
安土桃山時代の信濃国伊那郡虎岩郷の土豪。
¶武田(生没年不詳)

平沢旭山*　ひらさわきょくざん
享保18(1733)年～寛政3(1791)年　[別]平沢元愷(ひらさわげんかい)　江戸時代中期の漢学者。紀行「漫遊文草」の著者。
¶コン(平沢元愷　ひらさわげんかい)

平沢元愷　ひらさわげんかい
⇒平沢旭山(ひらさわきょくざん)

平沢藤左衛門尉　ひらさわとうざえもんのじょう
安土桃山時代の信濃国伊那郡虎岩郷の土豪。
¶武田([生]?　[没]天正10(1582)年10月)

平沢豊前守　ひらさわぶぜんのかみ
戦国時代～安土桃山時代の信濃国伊那郡虎岩郷の土豪。
¶武田(生没年不詳)

平沢屛山*　ひらさわへいざん
文政5(1822)年～明治9(1876)年　江戸時代末期～明治時代の画家。アイヌと共に生活し、その風俗を描いた。作品に「蝦夷風俗十二か月屛風」。
¶幕末

平沢政実　ひらさわまささね
戦国時代の武士。左衛門三郎。もと足利長尾景長の家臣、のち北条氏康に属した他国衆。
¶後北(政実〔平沢(1)〕　まささね)

平沢又七郎　ひらさわまたしちろう
⇒石河徳五郎(いしかわとくごろう)

平沢吉直　ひらさわよしなお
安土桃山時代の北条氏政・氏直の家臣吉田吉長の同心。
¶後北(吉直〔平沢(2)〕　よしなお)

平島藤馬*　ひらしまとうま
文政6(1823)年～大正7(1918)年　江戸時代末期～大正時代の二本松藩士。割奉行、富津在番勘定奉行を歴任。戊辰戦争では兵粮奉行として出陣。
¶幕末([没]大正7(1918)年3月5日)

平清水東川*　ひらしみずとうせん
元禄16(1703)年～明和5(1768)年　江戸時代中期の文人、漢方医。
¶コン

平瀬伊右衛門*　ひらせいえもん
嘉永3(1850)年～明治3(1870)年　江戸時代末期～明治時代の阿波徳島藩士。庚午事変の指揮者として斬罪を申し渡されたが、藩主のはからいで切腹となる。
¶幕末([没]明治3(1870)年9月3日)

平瀬亀之輔*(平瀬亀之助)　ひらせかめのすけ
天保10(1839)年～明治41(1908)年　[別]露香(ろこう)　江戸時代末期～明治時代の実業家、能楽後援者、大阪博物場長。第三十二国立銀行・大阪株式取引所・手形交換所の創立者。趣味人としても高名で美術界に貢献した。
¶新能(平瀬亀之助　[没]明治41(1908)年2月8日),幕末

平田篤胤*　ひらたあつたね
安永5(1776)年～天保14(1843)年　江戸時代後期の出羽久保田藩士、備中松山藩士、国学者。国粋主義的な復古神道を大成した。
¶江人,コン,思想,徳将,日文,山小([生]1776年8月24日　[没]1843年閏9月11日)

平田家継*　ひらたいえつぐ
?～元暦1(1184)年　[別]平家継(たいらいえつぐ,たいらのいえつぐ)　平安時代後期の武士。
¶古人(平家継　たいらのいえつぐ),平家(平家継　たいらいえつぐ)

平田氏範　ひらたうじのり
安土桃山時代の武士。左京亮。天正末期秀吉政権との交渉の窓口となった。
¶全戦(生没年不詳)

平田大江*　ひらたおおえ
文化10(1813)年～慶応1(1865)年　江戸時代末期の対馬藩家老。
¶コン,幕末([生]文化10(1813)年12月　[没]慶応1(1865)年11月11日)

平田おりせ*　ひらたおりせ
寛政4(1792)年～?　江戸時代後期の女性。平田篤胤の3番目の妻。
¶江表(おりせ(東京都)　[生]寛政2(1790)年　[没]弘化3(1846)年)

平田織瀬*　ひらたおりせ
天明2(1782)年～文化9(1812)年　江戸時代後期の女性。平田篤胤の妻。
¶江表(織瀬(東京都))

平田銕胤*(平田鉄胤)　ひらたかねたね
寛政11(1799)年～明治13(1880)年　江戸時代末期～明治時代の出羽久保田藩士、伊予新谷藩士、国学者。
¶コン,思想,幕末([没]明治13(1880)年10月5日)

平田喜平　ひらたきへい
江戸時代末期～昭和の彫刻家。
¶美建([没]昭和7(1932)年)

平田玉蘊*　ひらたぎょくうん
天明7(1787)年～安政2(1855)年　江戸時代末期の女性。画家。
¶江表(玉蘊(広島県)　ぎょくおん),美画([没]安政2(1855)年6月20日)

平田舜範　ひらたきよのり
生没年不詳　安土桃山時代の蘆名氏の家臣。伊達政宗に内通。
¶全戦,戦武

平田邦彦*　ひらたくにひこ
天保10(1839)年～元治1(1864)年　江戸時代末期の長州(萩)藩士。
¶幕末([没]元治1(1864)年7月19日)

平田景順　ひらたけいじゅん
⇒平田眠翁(ひらたみんおう)

平田実範　ひらたさねのり
安土桃山時代の蘆名四天宿老の1人。
¶全戦(生没年不詳)

平田三位*　ひらたさんみ
生没年不詳　安土桃山時代の織田信長の家臣。
¶織田([生]?　[没]天正11(1583)年1月6日?)

平田治部右衛門倶重　ひらたじぶえもんともしげ
安土桃山時代～江戸時代前期の津田九郎次郎信治・小田原北条家・播磨池田家の家臣。その後牢人。
¶大坂([生]天正18年　[没]慶長19年12月16日)

平田四郎*　ひらたしろう
天保10（1839）年～明治1（1868）年　江戸時代末期の長州（萩）藩士。
¶幕末（[没]慶応4（1868）年9月5日）

枚田水石*　ひらたすいせき
寛政8（1796）年～文久3（1863）年　江戸時代末期の古河藩用人。
¶幕末（[没]文久3（1863）年8月14日）

平田助蔵　ひらたすけぞう
江戸時代前期の和泉堺の人。大坂の陣で籠城。
¶大坂（[没]寛永5年8月2日）

平田宗質*　ひらたそうしつ
弘化4（1847）年～明治16（1883）年　江戸時代末期～明治時代の薩摩藩士。藩命で島津久光上洛に随行し、京都を守護。
¶幕末（[没]明治16（1883）年2月24日）

平田直良*　ひらたちょくりょう
享保4（1719）年～？　[別]平田直良（ひらたなおよし）　江戸時代中期の和算家。
¶数学（ひらたなおよし）

平田通典　ひらたつうてん
⇒平田典通（ひらたてんつう）

平田典通*　ひらたてんつう
尚賢1（1641）年～*　[別]平田通典（ひらたつうてん）　江戸時代前期～中期の陶工・彫刻家。
¶コン（平田通典　ひらたつうてん　[生]寛永18（1641）年　[没]？），美工（平田通典　ひらたつうてん　[生]寛永18（1641）年　[没]？）

平田道仁*　ひらたどうにん
天正19（1591）年～正保3（1646）年　江戸時代前期の七宝職人。
¶コン，美工

平田俊遠*　ひらたとしとお
生没年不詳　[別]平田俊遠（ひらたのとしとお）　平安時代後期～鎌倉時代前期の武士。
¶古人（ひらたのとしとお　[生]？　[没]1184年？）

平田直良　ひらたなおよし
⇒平田直良（ひらたちょくりょう）

平田俊遠　ひらたのとしとお
⇒平田俊遠（ひらたとしとお）

平田延胤*　ひらたのぶたね
文政11（1828）年～明治5（1872）年　江戸時代末期～明治時代の秋田藩士、皇学教授。秋田藩勤王参戦の藩論工作に尽力。
¶幕末（[生]文政11（1828）年9月　[没]明治5（1872）年1月24日）

平田彦三*　ひらたひこぞう
？～寛永3（1626）年　江戸時代前期の装剣金工家。平田派の開祖。
¶コン，美工（[没]寛永12（1635）年）

平田涪渓*　ひらたふけい，ひらたぶけい
寛政8（1796）年～明治12（1879）年　江戸時代末期～明治時代の長州藩儒。私塾稀翠疎香書屋を開く。
¶幕末（ひらたぶけい　[没]明治12（1879）年5月7日）

平田文右衛門　ひらたぶんうえもん
⇒平田文右衛門（ひらたぶんえもん）

平田文右衛門*　ひらたぶんえもん
天保6（1835）年～明治33（1900）年　[別]平田文右衛門（ひらたぶんうえもん）　江戸時代末期～明治時代の棚倉藩家老。
¶幕末（[生]天保6（1835）年12月3日　[没]明治33（1900）年8月14日）

平田平六*　ひらたへいろく
生没年不詳　江戸時代末期の薩摩藩士。
¶幕末

平田昌元の妻　ひらたまさもとのつま★
江戸時代後期の女性。和歌・狂歌。彦根南高宮村の小栗氏の妹。
¶江表（平田昌元の妻（滋賀県）　[没]寛政8（1796）年）

平田光宗*　ひらたみつむね
？～慶長10（1605）年　安土桃山時代の武士。
¶戦武

平田眠翁*　ひらたみんおう
文化4（1807）年～明治15（1882）年4月5日　[別]平田景順（ひらたけいじゅん）　江戸時代後期～明治時代の本草家。
¶植物（平田景順　ひらたけいじゅん），幕末

平田宗幸　ひらたむねゆき
江戸時代後期～大正時代の鍛金家。
¶美工（[生]嘉永4（1851）年3月13日　[没]大正9（1920）年2月25日）

平田友益　ひらたゆうえき
江戸時代中期の眼科医。
¶眼医（生没年不詳）

平田亮平*　ひらたりょうへい
天保4（1833）年～明治25（1892）年　江戸時代末期～明治時代の肥前福江藩士。
¶幕末（[没]明治25（1892）年2月4日）

平塚熊之助　ひらつかくまのすけ
江戸時代前期の武士。大坂の陣で籠城。
¶大坂（[没]慶長20年5月6日）

平塚五郎兵衛高重　ひらつかごろ（う）びょうえたかしげ
江戸時代前期の武士。大坂の陣で籠城。後、徳川頼宣に仕えた。
¶大坂

平塚左介　ひらつかさすけ
江戸時代前期の丹波牢人。大坂の陣で籠城。木村重成組の武者奉行。
¶大坂（[没]慶長20年5月6日）

平塚為広*　ひらつかためひろ
？～慶長5（1600）年　安土桃山時代の武士。豊臣氏家臣。
¶戦武

平塚為政　ひらつかためまさ
江戸時代中期の幕臣。
¶徳人（[生]1707年　[没]1765年）

平塚近秀　ひらつかちかひで
江戸時代前期～中期の幕臣。
¶徳人（[生]1668年　[没]1726年）

平塚飄斎*　ひらつかひょうさい
寛政6（1794）年～明治8（1875）年2月13日　江戸時代後期～明治時代の儒者、山陵研究家。

¶コン, 徳人

平手監物* ひらてけんもつ
大永7(1527)年?～天正2(1574)年9月?　戦国時代～安土桃山時代の織田信長の家臣。
¶織田

平手五郎右衛門* ひらてごろうえもん
?～天正2(1574)年9月?　戦国時代～安土桃山時代の織田信長の家臣。
¶織田

平手甚左衛門* ひらてじんざえもん
?～元亀3(1572)年　[別]平手汎秀(ひらてひろひで)　戦国時代の武士。織田氏家臣。
¶織田(平手汎秀　ひらてひろひで　[没]元亀3(1572)年12月22日), 全戦(平手汎秀　ひらてひろひで)

平手内膳* ひらてないぜん
生没年不詳　安土桃山時代の織田信長の家臣。
¶織田

平手長政* ひらてながまさ
生没年不詳　安土桃山時代の織田信長の家臣。
¶織田

平手汎秀 ひらてひろひで
⇒平手甚左衛門(ひらてじんざえもん)

平手政秀* ひらてまさひで, ひらでまさひで
明応1(1492)年～天文22(1553)年　戦国時代の武将。平手経秀の子。織田信秀の重臣。
¶織田([没]天文22(1553)年閏1月13日), コン(ひらでまさひで), 全戦, 戦武

平手造酒* ひらてみき
?～弘化1(1844)年　江戸時代後期の博徒の用心棒、無宿浪人。
¶コン([生]文化6(1809)年?　[没]天保15(1844)年)

平沼専蔵* ひらぬませんぞう
天保7(1836)年～大正2(1913)年4月6日　江戸時代末期～明治時代の実業家、貴族院・衆議院議員。羅紗唐桟輸入を開業。その後横浜銀行、平沼貯蓄銀行、のち平沼銀行設立。
¶コン, 幕末([生]天保7(1836)年1月2日)

平野勝重 ひらのかつしげ
江戸時代前期～中期の代官。
¶徳代([生]寛文8(1668)年　[没]元文4(1739)年8月14日)

平野勘右衛門*(1) ひらのかんえもん
?～天正10(1582)年6月2日　戦国時代～安土桃山時代の織田信長の家臣。
¶織田

平野勘右衛門(2) ひらのかんえもん
江戸時代前期の豊臣秀頼の家臣。
¶大坂

平野吉太郎 ひらのきちたろう
⇒中村歌右衛門〔4代〕(なかむらうたえもん)

平野喜房* ひらのきぼう
生没年不詳　[別]平野喜房(ひらのよしふさ)　江戸時代末期の和算家、尾張藩士。
¶数学(ひらのよしふさ)

平野久太郎正俊 ひらのきゅうたろうまさとし
江戸時代前期の紀伊国那賀郡賀和村の住人。大坂の陣で籠城。
¶大坂

平野金華* ひらのきんか
元禄1(1688)年～享保17(1732)年7月23日　[別]平野玄仲(ひらのもとなか)　江戸時代中期の漢学者。荻生徂徠に師事。
¶コン, 詩作, 思想

平野国臣* ひらのくにおみ
文政11(1828)年3月29日～元治1(1864)年7月20日　江戸時代末期の筑前福岡藩士、尊攘派志士。
¶江人, コン, 詩作, 思想, 全幕, 幕末, 山小([生]1828年3月29日　[没]1864年7月20日)

平野九郎右衛門長之 ひらのくろ(う)えもんながゆき
江戸時代前期の人。秀頼の家臣平野甚左衛門長景の子。
¶大坂([生]万治3年3月)

平野源大夫 ひらのげんだゆう
江戸時代前期の人。紀伊国伊都郡上兵庫村城を居城としていた。
¶大坂

平野五岳* ひらのごがく
*～明治26(1893)年　江戸時代末期～明治時代の文人画家。広門の二竜。田能村竹田の絵に触れ、以後画道に励んだ。
¶美画([生]文化6(1809)年2月25日　[没]明治26(1893)年3月3日)

平野権平長勝 ひらのごんぺいながかつ
安土桃山時代～江戸時代前期の豊臣秀頼の家臣。
¶大坂([生]慶長8年　[没]寛文8年12月9日)

平野三郎五郎 ひらのさぶろうごろう
江戸時代前期の代官。
¶徳代(生没年不詳)

平野繁貞 ひらのしげさだ
江戸時代中期の代官。
¶徳代([生]?　[没]元禄13(1700)年9月17日)

平野繁定 ひらのしげさだ
江戸時代前期の代官。
¶徳代([生]?　[没]寛永1(1624)年11月8日)

平野重長 ひらのしげなが
江戸時代中期の代官。
¶徳代([生]?　[没]元禄2(1689)年4月1日)

平野重久* ひらのしげひさ
文化11(1814)年～明治16(1883)年　江戸時代後期～明治時代の武士。
¶全幕, 幕末([生]文化11(1814)年8月　[没]明治16(1883)年12月3日)

平野重政 ひらのしげまさ
江戸時代前期の代官。
¶徳代([生]?　[没]寛永20(1643)年8月17日)

平野庄助 ひらのしょうすけ
江戸時代前期の小早川秀秋の家臣。
¶大坂

平野正介* ひらのしょうすけ
弘化2(1845)年～明治10(1877)年　江戸時代末期～明治時代の鹿児島県士族。西郷隆盛挙兵の際には隊長として出征。城山で西郷とともに討死。
¶幕末([没]明治10(1877)年9月24日)

平野正太郎　ひらのしょうたろう
⇒加藤木賞三（かとうぎしょうぞう）

平野昌伝*　ひらのしょうでん
生没年不詳　江戸時代末期の測量術家。
¶科学, 数学

平野甚右衛門*　ひらのじんえもん
生没年不詳　戦国時代～安土桃山時代の武士。織田氏家臣、上杉氏家臣。
¶織田, 全戦

平野新左衛門*　ひらのしんざえもん
？～天正10（1582）年6月2日　戦国時代～安土桃山時代の織田信長の家臣。
¶織田

平野甚左衛門長景　ひらのじんざえもんながかげ
江戸時代前期の豊臣秀吉・秀頼の家臣。
¶大坂（[没]慶長20年5月7日）

平野藤次郎*(1)　ひらのとうじろう
？～寛永15（1638）年　[別]平野正貞（ひらのまささだ）　江戸時代前期の銀座頭役、朱印船貿易家。
¶コン, 対外, 徳人（平野正貞　ひらのまささだ）, 徳代（平野正貞　ひらのまささだ　[没]寛永15（1638）年6月10日）

平野藤次郎(2)　ひらのとうじろう
江戸時代中期の代官。
¶徳代（[生]？　[没]元禄3（1690）年5月13日）

平野土佐守*　ひらのとさのかみ
生没年不詳　安土桃山時代の織田信長の家臣。
¶織田

平野富二　ひらのとみじ
弘化3（1846）年8月14日～明治25（1892）年12月3日　江戸時代末期～明治時代の実業家、印刷技術者。神田に活版製造所創立。のち平野造船所を創立、民間の鉄製軍艦第1号鳥海を製造。
¶科学, コン, 出版

平野友平　ひらのともひら
江戸時代前期の代官。
¶徳代（[生]？　[没]延宝4（1676）年9月23日）

平野長重*　ひらのながしげ
永禄3（1560）年～慶安3（1650）年　安土桃山時代～江戸時代前期の武士。織田氏家臣、豊臣氏家臣。
¶徳人

平野長利　ひらのながとし
江戸時代前期の幕臣。
¶徳人（[生]？　[没]1667年）

平野長治*　ひらのながはる
？～慶長11（1606）年　安土桃山時代～江戸時代前期の武士。織田氏家臣、豊臣氏家臣。
¶織田（[没]慶長11（1606）年4月11日）

平野長泰*　ひらのながやす
永禄2（1559）年～寛永5（1628）年　安土桃山時代～江戸時代前期の武士。
¶徳人

平野春躬*　ひらのはるみ
文政7（1824）年～明治33（1900）年　江戸時代末期～明治時代の歌人。門人も多く盟主に推される。著作に「明治佳調」「梅のしづえ」など。
¶幕末（[没]明治33（1900）年11月14日）

平野彦左衛門　ひらのひこざえもん
安土桃山時代～江戸時代前期の代官。
¶徳代（生没年不詳）

平野久利*　ひらのひさとし
？～永禄8（1565）年　戦国時代の武士。
¶全戦

平野孫右衛門吉次　ひらのまごえもんよしつぐ
江戸時代前期の武士。大坂の陣で籠城。
¶大坂（[没]承応1年8月17日）

平野孫左衛門(1)　ひらのまござえもん
⇒末吉長方（すえよしながかた）

平野孫左衛門(2)　ひらのまござえもん
⇒末吉孫左衛門（すえよしまござえもん）

平野正貞　ひらのまささだ
⇒平野藤次郎（ひらのとうじろう）

平野光次郎*　ひらのみつじろう
弘化2（1845）年～明治1（1868）年　江戸時代末期の長州（萩）藩士。
¶幕末（[没]慶応4（1868）年3月14日）

平野玄仲　ひらのもとなか
⇒平野金華（ひらのきんか）

平野屋　ひらのや
⇒末吉孫左衛門（すえよしまござえもん）

平野屋寿貞の妻　ひらのやとしさだのつま★
江戸時代中期の女性。和歌。平野屋は盛岡藩士下斗米家の分流で、紙､蠟や漆を商う豪商。寛永3年成立、見坊景兼編「寛延和歌集」に載る。
¶江表（平野屋寿貞の妻（岩手県））

平野喜房　ひらのよしふさ
⇒平野喜房（ひらのきぼう）

平林　ひらばやし
安土桃山時代の信濃国筑摩郡明科の土豪。塔原海野氏の被官とみられる。
¶武田（生没年不詳）

平林金四郎　ひらばやしきんしろう
江戸時代後期～大正時代の彫刻家。
¶美建（[生]天保10（1839）年　[没]大正2（1913）年）

平林庄五郎　ひらばやししょうごろう
江戸時代後期の版元。
¶浮絵

平林新七*　ひらばやししんしち
？～享保6（1721）年　江戸時代中期の信濃上田藩中挾村の義民。
¶コン

平林探溟　ひらばやしたんめい
江戸時代後期の日本画家。
¶美画（[生]嘉永2（1849）年4月15日　[没]？）

平林兵左衛門*　ひらばやしひょうざえもん
享和2（1802）年～明治17（1884）年　江戸時代末期～明治時代の本草学者、武芸家。因幡侯に召し抱えられ千葉周作の門下に入った。その後郷里で薬草を栽培。
¶幕末（[没]明治17（1884）年4月3日）

平林正恒*　ひらばやしまさつね
天文19（1550）年～元和8（1622）年　安土桃山時代

〜江戸時代前期の地侍。
¶武田（[没]元和8（1622）年2月18日）

平林盈淑＊　ひらばやしみつよし
寛政2（1790）年〜万延1（1860）年11月26日　江戸時代末期の農村指導者。
¶コン

平林宗忠　ひらばやしむねただ
安土桃山時代の武田氏の家臣。
¶武田（生没年不詳）

平原全真　ひらはらぜんしん
戦国時代〜安土桃山時代の信濃佐久郡の国衆。村上義清の旧臣。
¶武田（生没年不詳）

平原虎吉　ひらはらとらよし
戦国時代〜安土桃山時代の信濃国諏訪大社奉行人。武田氏が任じた。
¶武田（生没年不詳）

平福穂庵　ひらふくすいあん
弘化1（1844）年〜明治23（1890）年　江戸時代後期〜明治時代の日本画家。
¶コン，美画（[生]天保15（1844）年10月18日　[没]明治23（1890）年12月11日）

平総知＊　ひらふさとも
戦国時代の武士。
¶全戦（生没年不詳）

平部嶠南＊　ひらべきょうなん
文化12（1815）年〜明治23（1890）年　江戸時代末期〜明治時代の地方史研究家、飫肥藩家老。宮崎県史を研究。
¶全幕，幕末（[生]文化12（1815）年9月　[没]明治23（1890）年10月26日）

平間重助＊　ひらまじゅうすけ
文政7（1824）年〜＊　江戸時代末期の新撰組隊士。
¶新隊（[没]明治7（1874）年8月22日），全幕（[没]明治7（1874）年），幕末（[没]明治7（1874）年8月22日）

平松楽斎＊　ひらまつがくさい
寛政4（1792）年4月6日〜嘉永5（1852）年　[別]平松正慤（ひらまつまさよし），平松楽斎（ひらまつらくさい）　江戸時代末期の伊勢津藩士。
¶江人，コン

平松助十郎＊　ひらまつすけじゅうろう
生没年不詳　安土桃山時代の織田信長の家臣。
¶織田

平松資継＊　ひらまつすけつぐ
応永24（1417）年〜寛正5（1464）年7月20日　室町時代の公卿（権中納言）。左中将藤原資敦の子。
¶公卿，公家（資継〔平松家（絶家）〕　すけつぐ　[没]寛正5（1464）年7月30日）

平松資遠＊　ひらまつすけとお
延徳2（1490）年〜？　戦国時代の公卿（非参議）。参議平松資冬の子。
¶公卿（生没年不詳），公家（資遠〔平松家（絶家）〕　すけとお）

平松資冬＊　ひらまつすけふゆ
生没年不詳　室町時代の公卿（参議）。権中納言平松資継の子。
¶公卿，公家（資冬〔平松家（絶家）〕　すけふゆ）

平松誠一　ひらまつせいいち
天保12（1841）年3月27日〜昭和6（1931）年8月13日　江戸時代後期〜昭和時代の測量家。数学、測量の私塾を開く。
¶科学，数学

平松時章＊　ひらまつときあき
宝暦4（1754）年7月11日〜文政11（1828）年9月19日　江戸時代中期〜後期の公家（権大納言）。権中納言平松時行の次男。
¶公卿，公家（時章〔平松家〕　ときき）

平松時厚＊　ひらまつときあつ
弘化2（1845）年〜明治44（1911）年8月22日　江戸時代末期〜明治時代の勤王家、貴族院議員、子爵。戊辰戦争に出軍、文書を司る。維新後、新潟県令などを務める。
¶コン，幕末（[生]弘化2（1845）年9月11日）

平松時量＊　ひらまつときかず
寛永4（1627）年2月15日〜宝永1（1704）年8月12日　江戸時代前期〜中期の公家（権中納言）。権中納言平松時庸の子。
¶公卿，公家（時量〔平松家〕　ときかず）

平松時方＊　ひらまつときかた
慶安4（1651）年9月24日〜宝永7（1710）年7月27日　江戸時代前期〜中期の公家（権中納言）。権中納言平松時量の次男。
¶公卿，公家（時方〔平松家〕　ときかた）

平松時門＊　ひらまつときかど
天明7（1787）年9月20日〜弘化2（1845）年5月19日　江戸時代後期の公家（参議）。権大納言平松時章の次男。
¶公卿，公家（時門〔平松家〕　ときかど）

平松時言　ひらまつときこと
⇒平松時言（ひらまつよりこと）

平松時庸＊　ひらまつときつね
慶長4（1599）年4月28日〜承応3（1654）年　江戸時代前期の公家（権中納言）。平家系の平松家の祖。参議西洞院時慶の次男。
¶公卿（[没]承応3（1654）年7月12日），公家（時庸〔平松家〕　ときつね　[没]承応3（1654）年7月12日）

平松時春＊　ひらまつときはる
元禄6（1693）年9月11日〜宝暦4（1754）年1月4日　江戸時代中期の公家（非参議）。権中納言平松時方の子。
¶公卿，公家（時春〔平松家〕　ときはる）

平松時保　ひらまつときもり
⇒平松時保（ひらまつときやす）

平松時保＊　ひらまつときやす
享和2（1802）年12月14日〜嘉永5（1852）年閏2月1日　[別]平松時保（ひらまつときもり）　江戸時代末期の公家（非参議）。参議平松時門の子。
¶公卿，公家（時保〔平松家〕　ときより）

平松時行＊　ひらまつときゆき
正徳4（1714）年2月2日〜天明6（1786）年9月16日　江戸時代中期の公家（権中納言）。非参議平松時春の子。
¶公卿，公家（時行〔平松家〕　ときゆき）

平松時言　ひらまつときより
⇒平松時言（ひらまつよりこと）

平松正愨 ひらまつまさよし
⇒平松楽斎（ひらまつがくさい）

平松もと* ひらまつもと
？～明治15（1882）年11月21日　江戸時代末期～明治時代の女性。寺子屋の師匠。
¶江表（もと（千葉県）　[生]文化14（1817）年）

平松時言* ひらまつよりこと
文政6（1823）年～明治16（1883）年　[別]平松時言（ひらまつときこと，ひらまつときより）　江戸時代末期～明治時代の公家、少納言。条約幕府委任反対の八十八卿列参に参加。
¶公卿（ひらまつときより　[生]文政6（1823）年8月13日　[没]明治16（1883）年10月），公家（時言〔平松家〕　ときこと　[生]文政6（1823）年8月13日　[没]明治16（1883）年10月26日），幕末（ひらまつときこと　[生]文政6（1823）年8月13日　[没]明治16（1883）年10月26日）

平松楽斎 ひらまつらくさい
⇒平松楽斎（ひらまつがくさい）

平松理準* ひらまつりじゅん
寛政8（1796）年～明治14（1881）年　江戸時代末期～明治時代の真宗大谷派僧侶、詩人。菊池五山らについて詩作の研鑽に励む。この時期の仏教界の代表的詩人。
¶コン

平元謹斎* ひらもときんさい
文化7（1810）年～明治9（1876）年　江戸時代末期～明治時代の漢学者。著書は「周易考」「儀礼考」など六十巻にのぼる。
¶幕末（[生]文化7（1810）年1月25日　[没]明治9（1876）年4月2日）

平山伊賀守 ひらやまいがのかみ
⇒平山氏重（ひらやまうじしげ）

平山一郎右衛門 ひらやまいちろ（う）えもん
江戸時代前期の武士。大坂の陣で籠城。大野治長配下の足軽頭。
¶大坂

平山氏重* ひらやまうじしげ
[別]平山伊賀守（ひらやまいがのかみ）　安土桃山時代の地方豪族・土豪。後北条氏家臣。
¶後北（氏重〔平山〕　うじしげ　[没]天正18年）

平山行蔵 ひらやまぎょうぞう
⇒平山子竜（ひらやましりょう）

平山行蔵 ひらやまこうぞう
⇒平山子竜（ひらやましりょう）

平山五郎* ひらやまごろう
文政12（1829）年～文久3（1863）年　江戸時代末期の新撰組隊士。
¶新隊（[没]文久3（1863）年9月16日），全幕，幕末（[没]文久3（1863）年9月16日）

平山重吉 ひらやましげよし
安土桃山時代の武蔵国藤橋城城将。滝山城城主北条氏照の家臣。
¶後北（重吉〔平山〕　しげよし）

平山常陳* ひらやまじょうちん
？～元和8（1622）年　江戸時代前期の朱印船貿易家、キリシタン。
¶対外

平山子竜 ひらやましりゅう
⇒平山子竜（ひらやましりょう）

平山子竜* ひらやましりょう
宝暦9（1759）年～文政11（1828）年12月24日　[別]平山行蔵（ひらやまぎょうぞう，ひらやまこうぞう），平山子竜（ひらやましりゅう），平山兵原（ひらやまへいげん）　江戸時代中期～後期の兵学者。幕臣伊賀組の家に生まれる。
¶江人（平山行蔵　ひらやまぎょうぞう），コン，思想（平山行蔵　ひらやまこうぞう），徳人

平山次郎右衛門 ひらやまじろうえもん
⇒平山東山（ひらやまとうさん）

平山季重* ひらやますえしげ
生没年不詳　[別]日奉季重（ひまつりのすえしげ）　平安時代後期～鎌倉時代前期の武士。武蔵七党の西党に属す。
¶古人（日奉季重　ひまつりのすえしげ），内乱，平家

平山省斎*（平山少斎）　ひらやませいさい
文化12（1815）年～明治23（1890）年5月22日　[別]平山敬忠（ひらやまよしただ）　江戸時代末期～明治時代の幕臣。目付、外国奉行となり浦上キリシタン事件を処理。維新後は神道大成教を創立。
¶コン，コン（平山敬忠　ひらやまよしただ），思想，徳人（平山少斎），幕末（[生]文化12（1815）年2月19日）

平山大学助 ひらやまだいがくのすけ
安土桃山時代の滝山城主北条氏照の家臣。
¶後北（大学助〔平山〕　だいがくのすけ）

平山驥 ひらやまたけし
江戸時代中期の和算家。長崎の人。著書に『算藪』など。
¶数学

平山棐 ひらやまたすけ
⇒平山東山（ひらやまとうさん）

平山綱景* ひらやまつなかげ
生没年不詳　戦国時代の武蔵国衆。
¶後北（綱景〔平山〕　つなかげ）

平山東岳* ひらやまとうがく
天保5（1834）年～明治32（1899）年　江戸時代末期～明治時代の薩摩藩絵師。京都で長谷川王峯らに師事し主な作品に「富士図」「霧島神宮図」。
¶幕末（[没]明治32（1899）年12月14日），美画

平山東山* ひらやまとうさん
宝暦12（1762）年～文化13（1816）年　[別]平山次郎右衛門（ひらやまじろうえもん），平山棐（ひらやまたすけ）　江戸時代中期～後期の対馬藩士。
¶コン

平山藤兵衛 ひらやまとうびょうえ
安土桃山時代～江戸時代前期の武士。大坂の陣で籠城。
¶大坂（[生]天正16年　[没]寛文2年5月16日）

平山直重* ひらやまなおしげ
生没年不詳　戦国時代の武蔵国衆。
¶後北（直重〔平山〕　なおしげ）

平山尚住* ひらやまなおずみ
？～明和5（1768）年　江戸時代中期の安芸広島藩士。尾道築港の功労者。
¶コン

平山梅人* ひらやまばいじん
延享1（1744）年〜享和1（1801）年 ㊚梅人（ばいじん） 江戸時代中期〜後期の俳人。
¶俳文〔梅人 ばいじん ㊥享和1（1801）年10月14日〕

平山兵介 ひらやまひょうすけ
⇒平山兵介（ひらやまへいすけ）

平山兵原 ひらやまへいげん
⇒平山子竜（ひらやまししりょう）

平山兵介* ひらやまへいすけ
天保12（1841）年〜文久2（1862）年 ㊚平山兵介（ひらやまひょうすけ）、細谷忠斎（ほそやちゅうさい） 江戸時代末期の水戸藩士。
¶幕末〔㊥文久2（1862）年1月15日〕

平山敬忠 ひらやまよしただ
⇒平山省斎（ひらやませいさい）

平吉誠舒* ひらよしせいじょ
文政13（1830）年〜明治23（1890）年 江戸時代末期〜明治時代の教育者。戊辰戦争で活躍。以後は養蚕業を育成するかたわら子弟の教育にあたった。
¶幕末〔㊛天保1（1830）年〕

尾留川ひで女* びるかわひでじょ
文政5（1822）年10月26日〜明治30（1897）年8月8日 江戸時代末期〜明治時代の俳人。夫婦共に「俳諧伝授書」を楽水から伝授される。
¶江表〔ひで女（秋田県）〕

蛭田玄仙* ひるたげんせん
延享2（1745）年〜文化14（1817）年 江戸時代中期〜後期の産科医。
¶科学, コン

比留田権藤太* ひるたごんとうた
？〜明治15（1882）年 江戸時代末期〜明治時代の郷士。
¶幕末〔㊥明治15（1882）年3月9日〕

蛭田清助* ひるたせいすけ
文政7（1824）年〜万延1（1860）年 江戸時代末期の製砲家。
¶幕末〔㊥万延1（1860）年9月〕

比留正元* ひるまさもと
？〜天正5（1577）年 戦国時代〜安土桃山時代の織田信長の家臣。
¶織田

比留間半造* ひるまはんぞう
文化1（1804）年〜明治20（1887）年 江戸時代末期〜明治時代の剣術家。将軍家慶の面前で剣技を披露して名声を得る。
¶幕末〔㊥明治20（1887）年9月28日〕

比留間正興 ひるままさおき
宝暦3（1753）年〜＊ 江戸時代中期〜後期の幕臣。
¶徳人〔㊛1804年〕, 徳代〔㊥文化2（1805）年6月5日〕

比留間良八* ひるまりょうはち
天保12（1841）年〜大正1（1912）年 江戸時代末期〜明治時代の剣術家。一橋家剣術指南役を経て幕臣となり、彰義隊14番隊長として上野山で戦う。
¶幕末〔㊛天保12（1841）年1月 ㊙大正1（1912）年10月29日〕

ひろ⑴
江戸時代中期の女性。和歌。園瀬平の母。安永3年

成立「田村村隆母公六十賀祝賀歌集」に載る。
¶江表〔ひろ（岩手県）〕

ひろ⑵
江戸時代中期の女性。俳諧。長崎の田上尼と交流があり、田上尼の「千歳亭」を訪れたこともある。元禄11年刊、坂本朱拙編『おくれ馳』に載る。
¶江表〔ひろ（長崎県）〕

比呂 ひろ*
江戸時代末期の女性。和歌。加賀金沢の町人浅野屋茂枝佐伍平の妻。
¶江表〔比呂（石川県）〕

広井磐之助* ひろいいわのすけ
天保11（1840）年〜慶応2（1866）年10月15日 江戸時代末期の土佐藩士。
¶幕末〔㊥慶応2（1866）年9月7日〕

広井玄清* ひろいげんせい
文政7（1824）年〜明治28（1895）年 江戸時代末期〜明治時代の医師。医業のかたわら塾生を教育。
¶幕末〔㊥明治28（1895）年7月11日〕

広井鴻* ひろいこう
明和7（1770）年〜嘉永6（1853）年 ㊚広井遊冥（ひろいゆうめい） 江戸時代後期の土佐藩士。
¶数学〔㊛明和7（1770）年10月15日 ㊥嘉永6（1853）年9月11日〕, 幕末〔㊛明和7（1770）年10月15日 ㊥嘉永6（1853）年9月11日〕

広井女王* ひろいじょおう
？〜貞観2（859）年10月23日 ㊚広井女王（ひろいのひめみこ） 平安時代前期の女官。
¶古人, 古代

広井女王 ひろいのひめみこ
⇒広井女王（ひろいじょおう）

広井遊冥 ひろいゆうめい
⇒広井鴻（ひろいこう）

広井良図* ひろいりょうと
文政10（1827）年〜明治36（1903）年 江戸時代末期〜明治時代の教育者。赤間関学区取締、教育会議議員をつとめ、教育行政に携わる。
¶幕末〔㊛文政10（1827）年2月19日 ㊥明治36（1903）年8月2日〕

弘氏* ひろうじ
？〜天和3（1683）年 ㊚弘氏（ひろうぢ） 江戸時代前期の俳人（蕉門）。
¶俳文〔㊛寛永17（1640）年〕

弘氏 ひろうぢ
⇒弘氏（ひろうじ）

広江永貞* ひろええいてい
天明4（1784）年〜天保13（1842）年 ㊚広江永貞（ひろええながさだ） 江戸時代末期の和算家。
¶数学〔ひろえながさだ ㊥天保13（1842）年6月16日〕

広江永貞 ひろええながさだ
⇒広江永貞（ひろええいてい）

広江紋次郎 ひろえもんじろう
江戸時代後期〜明治時代の漆芸家。
¶美工〔㊛天保3（1832）年 ㊥明治34（1901）年3月7日〕

広岡久右衛門〔8代〕* ひろおかきゅうえもん
文化3（1806）年〜明治2（1869）年 江戸時代末期の大坂の豪商。

¶コン

広岡幸助　ひろおかこうすけ

江戸時代後期～大正時代の栄泉社主人。

¶出版([生]文政12(1829)年　[没]大正7(1918)年7月)

広岡宗瑞　ひろおかそうずい

⇒宗瑞〔2代〕(そうずい)

広岡浪秀*　ひろおかなみひで

天保12(1841)年～元治1(1864)年　[別]広分彦也(ひろわきひこや)　江戸時代末期の志士。

¶幕末([生]天保12(1841)年1月1日　[没]元治1(1864)年6月5日)

広岡子之次郎*　ひろおかねのじろう

天保11(1840)年～万延1(1860)年　[別]平岡子之次郎(ひらおかねのじろう)　江戸時代末期の水戸藩士。

¶全幕([没]安政7(1860)年),幕末(平岡子之次郎　ひらおかねのじろう　[没]安政7(1860)年3月3日)

広岡古那可智　ひろおかのこなかち

⇒橘古那可智(たちばなのこなかち)

広岡屋幸助　ひろおかやこうすけ

江戸時代末期～明治時代の版元。

¶浮絵

広岡義政　ひろおかよしまさ

安土桃山時代の北条カ松千代丸の家臣。もと下総国小金城城主高城胤辰家臣。

¶後北(義政〔広岡〕　よしまさ)

弘員*　ひろかず

？～享保2(1717)年　江戸時代中期の俳人(蕉門)。

¶俳文([生]明暦3(1657)年)

弘勝之助　ひろかつのすけ

⇒弘忠貞(ひろたださだ)

広上王　ひろかみおう

奈良時代の鍛冶正。

¶古人(生没年不詳)

広川王*(広河王)　ひろかわおう

奈良時代の廷臣。

¶古人(広河王　生没年不詳)

広川獬*　ひろかわかい

生没年不詳　江戸時代後期の蘭方医、華頂宮家の従医。「蘭療薬解」を著述。

¶科学,コン

広河女王　ひろかわじょおう

⇒広河女王(ひろかわのじょおう)

広川晴軒*　ひろかわせいけん

享和3(1803)年～明治17(1884)年　江戸時代末期～明治時代の洋学者。「気海観瀾広義」を研究、「三元素略説」を著し、エネルギー保存則を論述。

¶科学([生]享和3(1803)年5月20日　[没]明治17(1884)年1月14日),コン

広河女王　ひろかわのおおきみ

⇒広河女王(ひろかわのじょおう)

広河女王*　ひろかわのじょおう

生没年不詳　[別]広河女王(ひろかわじょおう,ひろかわのおおきみ)　奈良時代の女性。万葉歌人。

¶古人

尋来津関麻呂*　ひろきつのせきまろ

生没年不詳　奈良時代～平安時代前期の官人。

¶古人

広木松之介*(広木松之助)　ひろきまつのすけ

天保9(1838)年～文久2(1862)年　江戸時代末期の水戸藩属吏。

¶全幕,幕末([没]文久2(1862)年3月3日)

ひろ子　ひろこ★

江戸時代の女性。和歌。越後関崎の人。明治10年成立「伊夜日子神社献灯和歌集」に載る。

¶江表(ひろ子(新潟県))

寛子(1)　ひろこ★

江戸時代中期の女性。和歌。下組に住む彦根藩士佐藤千右衛門の娘。

¶江表(寛子(滋賀県)　[生]安永7(1778)年)

寛子(2)　ひろこ★

江戸時代後期の女性。和歌。伊予宇和島藩主伊達村候の二女。寛政10年跋、信濃松代藩主真田幸弘の六〇賀集「千とせの寿詞」に載る。

¶江表(寛子(茨城県))

寛子(3)　ひろこ★

江戸時代後期の女性。和歌。京都の人。文政10年刊『類題若菜集』に入集。

¶江表(寛子(京都府))

簡子　ひろこ★

江戸時代末期の女性。和歌。豊後日出藩御典医勝田安石の娘。慶応2年序、鈴木雅之編『類題清風集』に載る。

¶江表(簡子(大分県))

広子(1)　ひろこ★

江戸時代後期の女性。和歌。金子氏。嘉永4年刊、長沢伴雄編『類題鴨川三郎集』に載る。

¶江表(広子(京都府))

広子(2)　ひろこ★

江戸時代末期の女性。和歌。文久1年成立「烈公一回御忌和歌」に「松御殿老女 岩田」として載る。

¶江表(広子(茨城県))

弘子　ひろこ★

江戸時代末期の女性。和歌。備中小田郡金浦の庄屋北村六郎次賢親の妻。国学者関政方が、安政3年、菅原神社に奉納した「奉納梅花千首集録」に載る。

¶江表(弘子(岡山県))

拾子　ひろこ

江戸時代中期の女性。和歌。長谷川氏。安永5年の「越路百人一首松虫音」に載る。

¶江表(拾子(福井県))

裕子　ひろこ

江戸時代後期の女性。和歌。阿島領主で旗本知久図書之助頼福の娘。

¶江表(裕子(長野県)　[没]文政10(1827)年)

弘鴻　ひろこう

⇒弘鴻(ひろひろし)

熙子女王　ひろこじょおう

⇒熙子女王(きしじょおう)

寛子内親王*　ひろこないしんのう

？～貞観11(869)年　平安時代前期の女性。淳和天皇の皇女。

¶古人, 天皇（[没]貞観11（869）年5月14日）

普子内親王　ひろこないしんのう
⇒普子内親王（ふしないしんのう）

広子妃　ひろこひ★
江戸時代後期～明治時代の女性。和歌。左大臣二条斉信の娘。
¶江表（広子妃（京都府）　[生]文政2（1819）年　[没]明治8（1875）年）

広沢真臣*　ひろさわさねおみ
天保4（1833）年12月29日～明治4（1871）年1月9日　江戸時代末期～明治時代の長州藩士。軍政改革に参画、尊譲派として活躍。征長戦では軍艦奉行勝海舟と停戦協定を締結。
¶コン, 全幕, 幕末（[生]天保4（1834）年12月29日）, 山小（[生]1833年12月29日　[没]1871年1月9日）

広沢安任*　ひろさわやすとう
天保1（1830）年～明治24（1891）年2月5日　江戸時代末期～明治時代の牧畜家。英式大農法による広沢牧場を開設、洋式牧場経営の先鞭をつける。
¶幕末（[生]文政13（1830）年2月2日）

広重〔1代〕　ひろしげ
⇒歌川広重〔1代〕（うたがわひろしげ）

ひろ女　ひろじょ★
江戸時代後期の女性。俳諧。石川の人。文政期刊、白川芝山編『青嵐帖』に載る。
¶江表（ひろ女（福島県））

寛女　ひろじょ★
江戸時代後期の女性。俳諧。郡山の大槻安斎の娘。嘉永2年自序、万正寺住職遜阿編『東桜集』に載る。
¶江表（寛女（福島県））

弘新次郎*　ひろしんじろう
嘉永1（1848）年～慶応2（1866）年　江戸時代末期の長州（萩）藩士。
¶幕末（[没]慶応2（1866）年8月2日）

広瀬　ひろせ★
江戸時代末期の女性。和文。松山藩主松平勝成の室清亮院に仕える奥女中。嘉永7年成立「公の御室清亮院殿御徳行記」が『松山叢談』に残る。
¶江表（広瀬（愛媛県））

広瀬秋子*　ひろせあきこ
天明4（1784）年～文化2（1805）年　江戸時代後期の女性。儒学者広瀬淡窓の妹。
¶江表（秋子（大分県）　ときこ）, 女史

広瀬惟然　ひろせいぜん
⇒惟然（いぜん）

広瀬厳雄*　ひろせいつお
文化12（1815）年～明治7（1874）年　[別]広瀬厳雄, 広瀬厳雄（ひろせいわお）　江戸時代末期～明治時代の国学者。「古事記」を俗訳。著書に「赤坂薬師神社考」など。
¶コン（ひろせいわお）

広瀬厳雄（広瀬厳雄）　ひろせいわお
⇒広瀬厳雄（ひろせいつお）

広瀬王*　ひろせおう
？～養老6（722）年　飛鳥時代～奈良時代の官人。
¶古人, 古代

広瀬景明*　ひろせかげあき
弘化3（1846）年～明治10（1877）年　江戸時代末期～明治時代の鹿児島県士族。西郷隆盛の挙兵に応じ従軍し、田原坂方面の吉次で戦死。
¶幕末（[生]嘉永1（1846）年　[没]明治10（1877）年3月4日）

広瀬久兵衛*　ひろせきゅうべえ
寛政2（1790）年～明治4（1871）年　江戸時代末期～明治時代の実業家。家業の金融業のほか公共土木事業、地域産業開発、九州諸藩の藩政改革に努めた。
¶江人, コン, 幕末（[生]寛政2（1790）年8月2日　[没]明治4（1871）年9月29日）

広瀬旭荘*　ひろせきょくそう
文化4（1807）年～文久3（1863）年　江戸時代末期の儒者、詩人。
¶コン, 詩作（[生]文化4（1807）年5月17日　[没]文久3（1863）年8月17日）, 思想, 女史, 幕末（[生]文化4（1807）年5月17日　[没]文久3（1863）年8月17日）

広瀬国治　ひろせくにはる
江戸時代後期～明治時代の和算家。常州真壁郡明野の人。
¶数学（[生]文政6（1823）年　[没]明治45（1912）年3月16日）

広瀬元恭*　ひろせげんきょう
文政4（1821）年～明治3（1870）年　江戸時代末期～明治時代の蘭学者、医師、官軍病院院長。京都で開業とともに時習堂を設立。学識は幅広く、著書に「理学提要」「知生論」など。
¶科学（[生]文政4（1821）年3月　[没]明治3（1870）年10月27日）, コン, 幕末（[没]明治3（1870）年10月27日）

弘瀬健太*（広瀬健太）　ひろせけんた
天保7（1836）年～文久3（1863）年　江戸時代末期の土佐藩士。土佐勤王党に参加。
¶コン（広瀬健太　[生]？）, 全幕, 幕末（[没]文久3（1863）年6月9日）

広瀬子　ひろせこ★
江戸時代末期の女性。和歌。忍藩藩士山田大隅大海の妾。慶応3年刊、猿渡容盛編『類題新竹集』に載る。
¶江表（広瀬子（埼玉県））

広瀬郷左衛門尉　ひろせごうざえもんのじょう
戦国時代～安土桃山時代の武田氏の家臣、山県昌景の同心。
¶武田（生没年不詳）

広瀬宰平*　ひろせさいへい
文政11（1828）年～大正3（1914）年　江戸時代末期～明治時代の実業家、大阪製銅社長、大阪商船社長。別子銅山の近代化を遂行し住友財閥の基礎を確立。大阪株式取引所等の創立に尽力。
¶コン, 幕末（[生]文政11（1828）年5月5日　[没]大正3（1914）年1月31日）

広瀬重武*　ひろせしげたけ
天保7（1836）年～明治34（1901）年　江戸時代末期～明治時代の武士、官吏。
¶幕末（[生]天保7（1836）年9月1日　[没]明治34（1901）年4月7日）

広瀬重信　ひろせしげのぶ
江戸時代中期の浮世絵師。
¶浮絵

広瀬治助*　ひろせじすけ
文政5（1822）年～明治29（1896）年　江戸時代末期～明治時代の染工。

¶美工([生]文政5(1822)年1月1日　[没]明治23(1890)年4月6日)

広瀬十口* ひろせじゅうこう

享保8(1723)年～寛政3(1791)年　[別]青木十口(あおきじっこう),十口(じっこう,じつこう)　江戸時代中期の俳人。

¶俳文(十口　じっこう　[没]寛政3(1791)年7月21日)

広瀬誠一郎* ひろせせいいちろう

*～明治23(1890)年　江戸時代末期～明治時代の政治家、県議会議員。岡堰改修に尽力したほか、利根運河の開削に全力をあげた。

¶幕末([生]天保8(1837)年　[没]明治23(1890)年3月18日)

広瀬青邨* ひろせせいそん

文政2(1819)年～明治17(1884)年　江戸時代末期～明治時代の儒学者、学習院教授。修史局などに出仕したのち東京に私塾「東宜園」を開く。

¶コン,幕末([没]明治17(1884)年2月3日)

広瀬台山* ひろせたいざん,ひろせだいざん

宝暦1(1751)年～文化10(1813)年　江戸時代中期～後期の南画家。南宗山水画を描く。

¶美画([生]寛延4(1751)年1月28日　[没]文化10(1813)年10月13日)

広瀬辰五郎 ひろせたつごろう

江戸時代後期～明治時代の江戸千代紙問屋、浮世絵版元。

¶浮絵([生]天保3(1832)年　[没]明治21(1888)年)

広瀬淡窓* ひろせたんそう

天明2(1782)年～安政3(1856)年　江戸時代後期の儒者、教育家。漢学私塾咸宜園の創設、経営者。

¶江人,コン,詩作([生]天明2(1782)年4月11日　[没]安政3(1856)年11月1日),思想,幕末([生]天明2(1782)年4月11日　[没]安政3(1856)年11月1日),山小([生]1782年4月11日　[没]1856年11月1日)

弘瀬洞意 ひろせどうい

⇒絵金(えきん)

広瀬備重* ひろせともしげ

生没年不詳　江戸時代中期の和算家。

¶数学

広瀬兵庫助* ひろせひょうごのすけ

生没年不詳　安土桃山時代の織田信長の家臣。

¶織田

広瀬保庵* ひろせほあん

文化5(1808)年～慶応1(1865)年　江戸時代末期の医師。市川代官所に仕える。

¶幕末

広瀬政敏* ひろせまさとし

天保7(1836)年～元治1(1864)年　江戸時代末期の加賀藩士。

¶幕末([没]元治1(1864)年9月21日)

広瀬又次郎 ひろせまたじろう

戦国時代の甲斐国山梨郡下於曽の向岳寺抱えの鍛冶職人。

¶武田(生没年不詳)

広瀬吉舜 ひろせよしさと

江戸時代中期　後期の代官。

¶徳代([生]享保15(1730)年　[没]寛政6(1794)年7月16日)

広瀬林外* ひろせりんがい

天保7(1836)年～明治7(1874)年5月14日　江戸時代末期～明治時代の儒学者。咸宜園で学び三才子とうたわれる。維新後修史館に奉職。

¶コン,幕末

弘田篤徳* ひろたあつとく

文化1(1804)年～明治7(1874)年　江戸時代末期～明治時代の医師。江戸で種痘術を学び、藩内に疱瘡が大流行した際、一万人余りに種痘を行う。

¶幕末([生]文化1(1804)年4月9日　[没]明治7(1874)年6月29日)

広田亥一郎* ひろたいいちろう

天保13(1842)年～明治12(1879)年2月24日　江戸時代末期～明治時代の教育者。算術、測量学を教授。著書に「洋算階梯」がある。

¶数学,幕末([生]天保13(1842)年10月)

広田王 ひろたおう

奈良時代の官人。

¶古人(生没年不詳)

広田嘉三郎* ひろたかさぶろう

嘉永2(1849)年～明治5(1872)年　江戸時代末期～明治時代の加賀藩家臣。旧主である元加賀藩家老の本多政均の仇敵の菅野輔吉を討つ。

¶幕末([没]明治5(1872)年11月4日)

広田憲寛* ひろたけんかん

文政1(1818)年～明治21(1888)年9月9日　江戸時代末期～明治時代の蘭学者、教育者。辞書「訳鍵」を増補改正し、ハンディな蘭日辞典「増補改正訳鍵」全5巻を刊行。

¶科学([生]文政1(1818)年6月10日),幕末([没]明治21(1888)年9月8日)

弘田玄又* ひろたげんゆう

江戸時代末期～明治時代の医師。

¶幕末([生]天保3(1832)年　[没]?)

広田五兵衛* ひろたごべえ

文化2(1805)年～明治3(1870)年　江戸時代末期～明治時代の和算家。

¶数学

広田精一* ひろたせいいち

天保11(1840)年～元治1(1864)年　[別]太田民吉(おおたみんきち)　江戸時代末期の下野宇都宮藩士。

¶幕末([生]天保11(1840)年6月28日　[没]元治1(1864)年7月21日)

広田精知* ひろたせいち

?～明治19(1886)年　[別]清知,精知(せいち)　江戸時代末期～明治時代の俳人。

¶俳文(精知　せいち　[生]文政11(1828)年)

弘忠貞* ひろただиздание

天保8(1837)年～元治1(1864)年　[別]弘勝之助(ひろかつのすけ)　江戸時代末期の長州(萩)藩士。

¶幕末([没]元治1(1864)年7月19日)

広田直道* ひろたなおみち

生没年不詳　江戸時代後期の庄屋・和算家。

¶数学

広田彦麿* ひろたひこまろ

天保1(1830)年～明治29(1896)年　江戸時代末期～明治時代の神官。戊辰戦争では蒼竜隊を結成し、隊長として活躍。

¶幕末([生]文政11(1828)年　[没]明治29(1896)年8月)

広田尚*　ひろたひさし
天保14(1843)年～明治28(1895)年5月6日　江戸時代末期～明治時代の熊本藩郷士、政治家、熊本県議会議員。西南戦争の際には協同隊を組織し、薩摩軍に参加。のち民党派闘士として活躍。
¶幕末

広田倫子　ひろたみちこ★
江戸時代後期の女性。狂歌。天保7年刊、緑樹園元有序『十符の菅薦』に載る。
¶江表(広田倫子(東京都))

広近〔1代〕　ひろちか
⇒歌川広近〔1代〕(うたがわひろちか)

広近〔2代〕　ひろちか
⇒歌川広近〔2代〕(うたがわひろちか)

広綱　ひろつな
安土桃山時代の上野国衆厩橋北条氏の家臣。
¶武田(生没年不詳)

寛恒親王　ひろつねしんのう
⇒彦胤法親王(げんいんほうしんのう)

博経親王*　ひろつねしんのう
嘉永4(1851)年～明治9(1876)年　[別]華頂宮博経親王(かちょうのみやひろつねしんのう)　江戸時代末期～明治時代の皇族。
¶幕末([生]嘉永4(1851)年3月18日　[没]明治9(1876)年5月24日)

広戸甚助*　ひろとじんすけ
天保7(1836)年～明治19(1886)年　江戸時代末期～明治時代の商人。禁門の変後、桂小五郎を出石に匿った。
¶幕末

広戸直蔵*　ひろとなおぞう
天保9(1838)年～明治21(1888)年　江戸時代末期～明治時代の商人。出石商人広戸甚助の弟。禁門の変後、兄が桂小五郎を出石に匿った際、兄に協力。
¶幕末

弘中隆兼*(弘中隆包)　ひろなかたかかね
？～弘治1(1555)年　戦国時代の武士。
¶全戦,戦武(弘中隆包　[生]大永1(1521)年),室町

弘中与三右衛門*　ひろなかよさうえもん
文政8(1825)年～元治1(1864)年　[別]弘中与三右衛門(ひろなかよさえもん)　江戸時代末期の長州(萩)藩寄組。
¶幕末(ひろなかよさえもん　[生]文政8(1825)年11月20日　[没]元治1(1864)年7月19日)

弘中与三右衛門　ひろなかよさえもん
⇒弘中与三右衛門(ひろなかよさうえもん)

寛成親王　ひろなりしんのう
⇒長慶天皇(ちょうけいてんのう)

広根諸勝*　ひろねのもろかつ
生没年不詳　奈良時代～平安時代前期の官人。光仁天皇の皇子。
¶古人

弘野河継　ひろのかわつぐ
⇒弘野河継(ひろののかわつぐ)

弘野河継*　ひろののかわつぐ
生没年不詳　[別]弘野河継(ひろのかわつぐ)　平安時代前期の官人。左比橋を修理。
¶古人(ひろのかわつぐ)

広野孫三郎*　ひろのまござぶろう
生没年不詳　安土桃山時代の織田信長の家臣。
¶織田

広葉*　ひろは
生没年不詳　安土桃山時代の織田信長の家臣。
¶織田

広橋勝胤*　ひろはしかつたね
正徳5(1715)年11月18日～天明1(1781)年8月9日　[別]広橋兼胤(ひろはしかねたね)　江戸時代中期の公家(准大臣)。権大納言広橋兼廉の孫。
¶公卿,公家(兼胤〔広橋家〕　かねたね)

広橋兼顕*　ひろはしかねあき
宝徳1(1449)年～文明11(1479)年　室町時代の公卿(権中納言)。権大納言広橋綱光の子。
¶公卿([没]文明11(1479)年5月14日),公家(兼顕〔広橋家〕　かねあき　[没]文明11(1479)年5月14日),コン

広橋兼賢*　ひろはしかねかた
文禄4(1595)年7月26日～寛文9(1669)年5月26日　江戸時代前期の公家(准大臣)。権大納言広橋総光の子。
¶公卿,公家(兼賢〔広橋家〕　かねかた)

広橋兼勝*　ひろはしかねかつ
永禄1(1558)年～元和8(1622)年12月18日　[別]兼勝(かねかつ)　安土桃山時代～江戸時代前期の公家(内大臣)。権大納言広橋国光の子。
¶公卿([生]永禄2(1559)年8月27日),公家(兼勝〔広橋家〕　かねかつ),コン,俳文(兼勝　かねかつ)

広橋兼廉　ひろはしかねかど
⇒広橋兼廉(ひろはしかねよし)

広橋兼郷*　ひろはしかねさと
応永8(1401)年～文安3(1446)年4月12日　室町時代の公卿(権中納言)。大納言広橋兼宣の子。
¶公卿,公家(兼郷〔広橋家〕　かねさと)

広橋兼胤　ひろはしかねたね
⇒広橋勝胤(ひろはしかつたね)

広橋兼綱*　ひろはしかねつな
正和4(1315)年～弘和1/永徳1(1381)年9月26日　鎌倉時代後期～南北朝時代の公家・歌人。
¶公家(兼綱〔広橋家〕　かねつな　[没]永徳1(1381)年9月26日)

広橋兼仲*　ひろはしかねなか
寛元2(1244)年～延慶1(1308)年1月20日　[別]勘解由小路兼仲(かげゆこうじかねなか,かでのこうじかねなか),藤原兼仲(ふじわらのかねなか)　鎌倉時代後期の公卿(権中納言)。権中納言勘解由小路経光の次男、母は太宰大夫・非参議藤原親実の娘。
¶公卿(勘解由小路兼仲　かげゆこうじかねなか),公家(兼仲〔広橋家〕　かねなか　[没]徳治3(1308)年1月20日)

広橋兼宣*　ひろはしかねのぶ
正平21/貞治5(1366)年～永享1(1429)年　南北朝時代～室町時代の公卿(大納言)。権大納言広橋仲光の子。
¶公卿([生]貞治6/正平21(1366)年　[没]永享1(1429)年9月14日),公家(兼宣〔広橋家〕　かねのぶ　[没]永享1(1429)年9月14日),コン([生]貞治5/正平21(1366)年),内乱([生]貞治5(1366)年)

広橋兼秀＊　ひろはしかねひで
永正3(1506)年4月29日～永禄10(1567)年8月5日　戦国時代の公卿(内大臣)。権大納言広橋守光の子。
¶公卿, 公家(兼秀〔広橋家〕　かねひで　[没]永禄10(1567)年8月15日)

広橋兼廉＊　ひろはしかねよし
延宝6(1678)年3月3日～享保9(1724)年2月23日　[別]広橋兼廉(ひろはしかねかど)　江戸時代中期の公家(権大納言)。権中納言広橋貞光の子。
¶公卿, 公家(兼廉〔広橋家〕　かねかど)

広橋国子＊　ひろはしくにこ
大永4(1524)年～弘治3(1557)年　戦国時代の後奈良天皇の典侍。
¶天皇([没]弘治3(1557)年9月11日)

広橋国光＊　ひろはしくにみつ
＊～永禄11(1568)年11月12日　戦国時代の公卿(権大納言)。内大臣広橋兼秀の子。
¶公卿([生]大永6(1526)年5月19日), 公家(国光〔広橋家〕　くにみつ　[生]大永6(1526)年5月19日？)

広橋伊光＊　ひろはしこれみつ
延享2(1745)年6月16日～文政6(1823)年4月4日　江戸時代中期～後期の公家(准大臣)。准大臣広橋勝胤の子。
¶公卿, 公家(伊光〔広橋家〕　これみつ)

広橋貞光＊　ひろはしさだみつ
寛永20(1643)年12月15日～元禄12(1699)年7月21日　江戸時代前期の公家(権中納言)。権中納言広橋綏光の次男。
¶公卿, 公家(貞光〔広橋家〕　さだみつ)

広橋資光＊　ひろはしすけみつ
元中9/明徳3(1392)年～応永27(1420)年1月14日　室町時代の公卿(権中納言)。右衛門督兼俊の子。
¶公卿([生]明徳3/元中9(1392)年), 公家(資光〔広橋家〕　すけみつ　[没]応永27(1420)年閏1月14日)

広橋胤定＊　ひろはしたねさだ
明和7(1770)年～天保3(1832)年　江戸時代後期の公家(権大納言)。准大臣広橋伊光の子。
¶公卿([生]明和7(1770)年10月17日　[没]天保3(1832)年11月12日), 公家(胤定〔広橋家〕　たねさだ　[生]明和7(1770)年10月15日　[没]天保3(1832)年閏11月11日)

広橋胤保＊　ひろはしたねやす
文政2(1819)年～明治9(1876)年　江戸時代末期～明治時代の公家、権大納言。明治天皇の習字師範。王政復古の際には参朝停止となる。
¶公卿([生]文政2(1819)年2月1日　[没]明治9(1876)年10月), 公家(胤保〔広橋家〕　たねやす　[生]文政2(1819)年2月1日　[没]明治9(1876)年11月14日), 幕末([生]文政2(1819)年2月1日　[没]明治9(1876)年11月14日)

広橋仲子　ひろはしちゅうし
⇒崇賢門院(すうけんもんいん)

広橋綱光＊　ひろはしつなみつ
永享3(1431)年6月13日～文明9(1477)年2月14日　室町時代の公卿(権大納言)。権中納言広橋兼郷の子。
¶公卿, 公家(綱光〔広橋家〕　つなみつ)

広橋経光　ひろはしつねみつ
⇒藤原経光(ふじわらのつねみつ)

広橋仲光＊　ひろはしなかみつ
興国3/康永1(1342)年～応永13(1406)年2月12日　南北朝時代～室町時代の公卿(権大納言)。広橋家の祖。権大納言勘解由小路兼綱の子。
¶公卿([生]康永1/興国3(1342)年), 公家(仲光〔広橋家〕　なかみつ)

広橋総光＊　ひろはしふさみつ
天正8(1580)年8月7日～寛永6(1629)年9月14日　江戸時代前期の公家(権大納言)。内大臣広橋兼勝の長男。
¶公卿, 公家(総光〔広橋家〕　ふさみつ)

広橋光成＊　ひろはしみつしげ
寛政9(1797)年～文久2(1862)年　江戸時代末期の公家(准大臣)。権大納言広橋胤定の子。
¶公卿([生]寛政9(1797)年1月26日　[没]文久2(1862)年8月4日), 公家(光成〔広橋家〕　みつしげ　[生]寛政9(1797)年1月26日　[没]文久2(1862)年閏8月6日), コン, 全幕, 幕末([生]寛政9(1797)年1月26日　[没]文久2(1862)年閏8月6日)

広橋光業＊　ひろはしみつなり
弘安10(1287)年～正平16/康安1(1361)年4月22日　[別]勘解由小路光業(かげゆこうじみつおき)　鎌倉時代後期～南北朝時代の公家。
¶公卿(勘解由小路光業　かげゆこうじみつおき　[没]？), 公家(光業〔広橋家〕　みつなり　[没]康安1(1361)年4月22日)

広橋守光＊　ひろはしもりみつ
文明3(1471)年～大永6(1526)年　戦国時代の公卿(権大納言)。権大納言町広光の子。
¶公卿([生]文明3(1471)年3月5日　[没]大永6(1526)年4月1日), 公家(守光〔広橋家〕　もりみつ　[生]文明3(1471)年3月5日　[没]大永6(1526)年4月1日)

広橋綏光＊　ひろはしやすみつ
元和2(1616)年1月23日～承応3(1654)年3月4日　江戸時代前期の公家(権中納言)。准大臣広橋兼賢の長男。
¶公卿, 公家(綏光〔広橋家〕　やすみつ)

広幡前豊＊　ひろはたさきとよ
寛保2(1742)年～天明3(1783)年12月19日　江戸時代中期の公家(内大臣)。権大納言広幡長忠の子。
¶公卿([生]寛保2(1742)年2月20日), 公家(前豊〔広幡家〕　さきとよ　[生]寛保2(1742)年2月20日)

広幡前秀＊　ひろはたさきひで
＊～文化5(1808)年　江戸時代中期～後期の公家(権大納言)。内大臣広幡前豊の子。
¶公卿([生]宝暦12(1762)年12月2日　[没]文化5(1808)年6月19日), 公家(前秀〔広幡家〕　さきひで　[生]宝暦12(1762)年12月2日　[没]文化5(1808)年6月19日)

広幡忠礼＊　ひろはたただあや
文政7(1824)年～明治30(1897)年　江戸時代末期～明治時代の公家。八月の変、王政復古で参朝停止となる。
¶公卿([生]文政7(1824)年6月28日　[没]明治38(1905)年1月), 公家(忠礼〔広幡家〕　ただあや　[生]文政7(1824)年6月28日　[没]明治30(1897)年2月18日), 幕末([生]文政7(1824)年6月28日　[没]明治30(1897)年2月18日)

広幡忠幸＊　ひろはたただゆき
寛永1(1624)年～寛文9(1669)年　江戸時代前期の公家(権大納言)。広幡家の祖。正親町天皇の皇孫八条宮智仁親王の第2皇子、母は丹後侍従高知の娘。
¶公卿([没]寛文9(1669)年閏10月16日), 公家(忠幸〔広幡家〕　ただゆき　[没]寛文9(1669)年閏10月16日)

広幡経豊＊　ひろはたつねとよ
安永8(1779)年～天保9(1838)年　江戸時代後期

ひ

の公家(内大臣)。権大納言広幡前秀の子。

¶公卿(生安永8(1779)年6月25日　没天保9(1838)年8月23日),公家(経豊〔広幡家〕　つねとよ　生安永8(1779)年6月25日　没天保9(1838)年8月23日)

広幡豊忠*　ひろはたとよただ

寛文6(1666)年～元文2(1737)年　江戸時代中期の公家(内大臣)。権中納言久我通名の子。

¶公卿(生寛文6(1666)年6月26日　没元文2(1737)年8月1日),公家(豊忠〔広幡家〕　とよただ　生寛文6(1666)年6月26日　没元文2(1737)年8月1日)

広幡長忠*　ひろはたながただ

正徳1(1711)年～明和8(1771)年9月27日　江戸時代中期の公家(権大納言)。内大臣広幡豊忠の子。

¶公卿(生正徳1(1711)年4月4日),公家(長忠〔広幡家〕　ながただ　生宝永8(1711)年4月4日)

広幡基豊*　ひろはたもととよ

寛政12(1800)年～安政4(1857)年　江戸時代末期の公家(内大臣)。内大臣広幡経豊の子。

¶公卿(生寛政12(1800)年4月22日　没安政4(1857)年5月29日),公家(基豊〔広幡家〕　もととよ　生寛政12(1800)年4月22日　没安政4(1857)年5月29日)

寛姫　ひろひめ

江戸時代後期～明治時代の女性。和歌・漢文。因幡鳥取西館新田藩七代藩主池田定保の娘。

¶江表(寛姫(鳥取県)　生天保12(1841)年　没明治4(1871)年)

広姫*　ひろひめ

?～敏達4(575)年　別息長広姫(おきながのひろひめ),広姫王(ひろひめのひめみこ)　飛鳥時代の女性。敏達天皇の皇后。

¶天皇(息長広姫　おきながのひろひめ　没敏達4(575)年11月)

広媛*(1)　ひろひめ

生没年不詳　上代の女性。継体天皇の妃。坂田大跨王の娘。「古事記」では黒比売と記す。

¶天皇

広媛*(2)　ひろひめ

生没年不詳　上代の女性。継体天皇の妃。根王(ねのおおきみ)の娘。

¶天皇(生?　没575年11月)

広姫王　ひろひめのひめみこ

⇒広姫(ひろひめ)

広平親王*　ひろひらしんのう

天暦4(950)年～天禄2(971)年　平安時代中期の村上天皇の第1皇子。

¶古人,コン,天皇(没天禄2(971)年9月10日)

弘鴻*　ひろひろし

文政12(1829)年～明治36(1903)年　別弘鴻(ひろこう)　江戸時代末期～明治時代の教育者。山口に召され明倫館助教となる。学制頒布に際し「算法小学」を著す。

¶科学(没明治36(1903)年1月9日),幕末(ひろこう　生文政12(1829)年6月15日　没明治36(1903)年8月2日)

広船浪平　ひろふねなみへえ

江戸時代末期の大工。

¶美建(生没年不詳)

広部鳥道*　ひろべちょうどう

文政5(1822)年～明治14(1881)年　江戸時代末期～明治時代の福井藩士。藩に上書して攘夷を論じたため投獄される。

¶幕末(没明治14(1881)年10月1日)

弘道王*　ひろみちおう

平安時代前期の諸王。

¶古代

弘道親王　ひろみちしんのう

⇒公澄(こうちょう)

弘光明之助*　ひろみつあきのすけ

天保11(1840)年～明治22(1889)年　江戸時代末期～明治時代の郷士。七卿都落ちに従い長州に赴く。戊辰の役の功績で新留守居組に昇進。

¶幕末(没明治22(1889)年12月8日)

弘宗王*　ひろむねおう

生没年不詳　平安時代前期の諸王。

¶古人,古代

弘保親王　ひろやすしんのう

⇒教仁法親王(きょうにんほうしんのう)

寛義親王　ひろよししんのう

⇒公啓(こうけい)

広分彦也　ひろわきひこや

⇒広岡浪秀(ひろおかなみひで)

広渡一湖*　ひろわたりいっこ

正保1(1644)年～元禄15(1702)年　江戸時代前期～中期の画家。広渡心海に師事。

¶コン,美画

樋渡雄七*　ひわたしゆうしち

文政10(1827)年～明治20(1887)年　別樋渡重政(ひわたりしげまさ)　江戸時代末期～明治時代の庄屋。肥前小城藩の会計を担当し、算学指南役となる。

¶数学(樋渡重政　ひわたりしげまさ),幕末(樋渡重政　ひわたりしげまさ)

樋渡重政　ひわたりしげまさ

⇒樋渡雄七(ひわたしゆうしち)

敏覚*　びんかく

*～養和1(1181)年10月2日　平安時代後期の三論宗の僧。東大寺82世。

¶古人(生1121年)

珉子内親王　びんしないしんのう

⇒珉子内親王(みんしないしんのう)

鬢付屋文七　びんつけやぶんしち

⇒中山文七〔2代〕(なかやまぶんしち)

牝小路又左衛門*　ひんのこうじまたざえもん

生没年不詳　江戸時代前期の肥後小代焼の陶工。

¶美工

【ふ】

武　ぶ

⇒倭王武(わおうぶ)

ファビアン

⇒ハビアン

普安*　ふあん

寛文7(1667)年～元文3(1738)年7月23日　江戸時代前期～中期の俳人。

¶俳文

豊安* ぶあん

？～承和7(840)年 [別]豊安(ほうあん) 奈良時代～平安時代前期の律宗の僧。如宝に師事。

¶古人([生]764年), 古代(ほうあん)

不移山人 ふいさんじん

⇒近松門左衛門(ちかまつもんざえもん)

不移子 ふいし

⇒近松門左衛門(ちかまつもんざえもん)

武一勇次郎 ぶいちゆうじろう

江戸時代後期の陶画工。

¶美工(生没年不詳)

フィリッポ・フランシスコ

⇒支倉常長(はせくらつねなが)

フィリポ＝フランシスコ

⇒支倉常長(はせくらつねなが)

風 ふう

江戸時代中期の女性。俳諧。筑後柳川の人。享保13年序、朝月舎程十編『門司硯』に載る。

¶江表(風(福岡県))

風庵 ふうあん

江戸時代前期の連歌作者。

¶俳文([生]？ [没]慶安1(1648)年9月23日)

風外 ふうがい

⇒風外本高(ふうがいほんこう)

風外慧薫* ふうがいえくん

永禄11(1568)年～* [別]慧薫(えくん) 安土桃山時代～江戸時代前期の僧画家。

¶美画([没]慶安3(1650)年)

風外本高* ふうがいほんこう

安永8(1779)年～弘化4(1847)年 [別]風外(ふうがい), 本高(ほんこう) 江戸時代後期の曹洞宗峨山派の画僧。

¶美画([没]弘化4(1847)年6月22日)

富貴楼お倉 ふうきろうおくら

江戸時代末期～明治時代の料亭女将。

¶コン([生]天保7(1836)年 [没]明治43(1910)年)

風月 ふうげつ★

江戸時代後期の女性。俳諧。相模相原村の人。弘化3年の「つるおと集」に載る。

¶江表(風月(神奈川県))

風月堂孫助 ふうげつどうまごすけ

世襲名 江戸時代～明治時代の風月堂主人。

¶浮絵, 出版

風虎 ふうこ

⇒内藤風虎(ないとうふうこ)

風五* ふうご

寛保2(1742)年～寛政3(1791)年7月21日 江戸時代中期～後期の俳人。

¶俳文

楓江 ふうこう★

江戸時代中期の女性。俳諧。天明3年刊、曲川館宜長編、田中反哺三回忌追善集『追善すて碇』に載る。

¶江表(楓江(群馬県))

楓紅 ふうこう

⇒富士田吉次〔1代〕(ふじたきちじ)

風光 ふうこう

⇒三保木儀左衛門〔1代〕(みほきぎざえもん)

風国 ふうこく

⇒伊藤風国(いとうふうこく)

風之 ふうし

⇒額田風之(ぬかだふうし)

風式 ふうしき★

江戸時代中期の女性。俳諧。尾張名古屋の人。享保7年序、文耋堂白推編『鵜坂集』に載る。

¶江表(風式(愛知県))

風志の妻 ふうしのつま★

江戸時代中期の女性。俳諧。伊豆熱海の風志の妻。元禄13年序、大江三千風編『倭漢田鳥集』中に載る。

¶江表(風志の妻(静岡県))

楓処 ふうしょ

⇒小島楓処(こじまふうしょ)

風絮 ふうじょ

江戸時代中期～後期の女性。俳諧・諸芸。勝嶋徳右衛門惟一の娘。

¶江表(風絮(広島県) [生]宝暦6(1756)年 [没]天保15(1844)年)

風丈* ふうじょう

生没年不詳 江戸時代中期の雑俳点者。

¶俳文

風状 ふうじょう

⇒正木風状(まさきふうじょう)

風水* ふうすい

？～宝永6(1709)年9月22日 江戸時代前期～中期の俳人・神職。

¶俳文

風睡 ふうすい

⇒浅井風睡(あさいふうすい)

楓楚 ふうそ★

江戸時代中期の女性。俳諧。落合の人。天明3年刊、平橋庵敲氷編『折鶴』に載る。

¶江表(楓楚(山梨県))

風草* ふうそう

元禄2(1689)年～宝暦11(1761)年3月15日 江戸時代中期の俳人・商家。

¶俳文

風兆 ふうちょう

⇒山村良喬(やまむらたかてる)

風徳* ふうとく

生没年不詳 江戸時代中期の俳人。

¶俳文

風麦* ふうばく

？～元禄13(1700)年 江戸時代前期～中期の俳人(蕉門)。

¶俳文([没]元禄13(1700)年12月17日)

風瀑* ふうばく

？～宝永4(1707)年 江戸時代前期～中期の俳人。

¶俳文([没]宝永4(1707)年2月10日)

富姫　ふうひめ
江戸時代前期の女性。書簡。加賀藩主前田利常の娘。
¶江表(富姫(石川県)　[生]元和7(1621)年　[没]寛文2(1662)年)

普宇姫　ふうひめ
⇒督姫(とくひめ)

颯々亭南水　ふうふうていなんすい
⇒浜松歌国(はままつうたくに)

風魔小太郎*　ふうまこたろう
戦国時代～安土桃山時代の乱波の首領。
¶コン,戦武(――〔5代〕　[生]?　[没]慶長8(1603)年)

ふ

風間出羽守　ふうまでわのかみ
安土桃山時代の北条氏政の家臣。忍者の棟梁。
¶後北(出羽守〔風間〕　でわのかみ)

風来山人　ふうらいさんじん
⇒平賀源内(ひらがげんない)

楓里　ふうり
江戸時代中期の女性。俳諧。元禄15年跋・宝永1年刊、蓑田卯七編・向井去来撰『渡鳥集』に載る。
¶江表(楓里(長崎県))

風律　ふうりつ
⇒多賀庵風律(たがあんふうりつ)

風慮の母　ふうりょのはは⋆
江戸時代中期の女性。俳諧。大坂の人。元禄6年刊、休計編『浪花置火燵』に載る。
¶江表(風慮の母(大阪府))

風和*　ふうわ
承応1(1652)年～正徳2(1712)年　江戸時代前期～中期の俳人・神職。
¶俳文([没]正徳2(1712)年2月18日)

婦恵　ふえ⋆
江戸時代中期の女性。教育・和歌。上妻小左衛門定英の姉。
¶江表(婦恵(鹿児島県)　[生]寛延3(1750)年)

不英　ふえい⋆
江戸時代後期の女性。俳諧。盲目の俳人竹内玄々一の妻。文化13年刊、竹内玄々一撰『俳家奇人談』に載る。
¶江表(不英(兵庫県))

豊栄　ぶえい
⇒豊栄(ほうえい)

武曰*　ぶえつ
明和6(1769)年～天保5(1834)年頃　江戸時代中期～後期の俳人。
¶俳文

笛吹勝　ふえふきかつ
⇒市川団十郎〔7代〕(いちかわだんじゅうろう)

笛吹権三郎*　ふえふきごんざぶろう
笛吹川命名の由来を語った民話の主人公。
¶コン

フェレイラ*
天正8(1580)年～慶安3(1650)年　[別]沢野忠庵(さわのちゅうあん),沢野フェレイラ(さわのふぇれいら),フェレイラ,クリストヴァン　江戸時代前期のポルトガル人日本準管区長。
¶江人,コン(沢野忠庵　さわのちゅうあん　[生]元亀2(1580)年?　[没]慶安3(1650)年?),思想(沢野忠庵　さわのちゅうあん　[生]天正8(1580)年頃),対外(沢野忠庵　さわのちゅうあん　[生]?)

フェレイラ,クリストヴァン
⇒フェレイラ

普恩寺基時　ふおんじもととき
⇒北条基時(ほうじょうもととき)

ふか
江戸時代中期の女性。俳諧。福井の加舎白雄門。天明4年刊、白雄編『春秋稿』四に載る。
¶江表(ふか(長野県))

深井賢之助*　ふかいけんのすけ
天保2(1831)年～?　江戸時代後期～末期の新撰組隊士。
¶新隊

深井静馬*　ふかいしずま
文政10(1827)年～明治21(1888)年　江戸時代末期～明治時代の三河吉田藩家老。
¶幕末([没]明治21(1888)年9月23日)

深井志道軒　ふかいしどうけん
⇒志道軒〔1代〕(しどうけん)

深井仁子　ふかいじんこ
*～大正7(1918)年　江戸時代末期～明治時代の女性教育家。
¶江表(仁子(群馬県)　ひとこ　[生]天保11(1840)年),コン([生]天保12(1841)年)

深井対馬守*　ふかいつしまのかみ
天文3(1534)年～慶長16(1611)年2月11日　戦国時代～江戸時代前期の岩付太田氏の家臣。
¶後北(景吉〔深井〕　かげよし)

深井藤右衛門*　ふかいとうえもん
?～慶長9(1605)年11月16日　安土桃山時代～江戸時代前期の岩付城主北条氏房の家臣。
¶後北(藤右衛門尉〔深井〕　とうえもんのじょう)

深海新太郎　ふかうみしんたろう
⇒宗伝(そうでん)

深海墨之助*　ふかうみすみのすけ
弘化2(1845)年～明治19(1886)年　江戸時代末期～明治時代の実業家。有田焼の海外輸出に取り組み、香蘭社を設立。
¶幕末([生]弘化2(1845)年2月20日　[没]明治19(1886)年2月2日),美工([生]弘化2(1845)年2月20日　[没]明治19(1886)年2月2日)

深海竹治　ふかうみたけじ
江戸時代後期～明治時代の陶芸家。
¶美工([生]嘉永2(1849)年　[没]明治31(1898)年1月2日)

深海平左衛門*　ふかうみへいざえもん
文化3(1806)年～*　江戸時代末期～明治時代の肥前有田の陶工。
¶美工([生]文政8(1825)年　[没]明治4(1871)年)

深江玄珠*　ふかえげんじゅ
?～文久2(1862)年　江戸時代末期の絵師。
¶幕末([没]文久2(1862)年3月21日)

深江遠広*　ふかえとおひろ
天保14(1843)年～明治29(1896)年　江戸時代末期～明治時代の平戸藩士、神道者、藩神学寮取締。

神道布教につとめ、古代法典の編集に従事。著書に「法制類纂」。
¶幕末（[没]明治29（1896）年6月15日）

深江弥加止* ふかえのみかど
平安時代前期の出羽国俘囚。
¶古代

深江蘆舟*（深江芦舟） ふかえろしゅう
元禄12（1699）年～宝暦7（1757）年　江戸時代中期の京都の画家。
¶美画（[没]宝暦7（1757）年4月8日）

深尾貝子 ふかおかいこ
⇒荷田貝子（かだのかいこ）

深尾鼎 ふかおかなえ
⇒深尾重先（ふかおしげもと）

深尾式部* ふかおしきぶ
[別]近江屋五兵衛（おうみやごへえ）　江戸時代末期の商人。
¶幕末（[生]文化9（1812）年　[没]文久2（1863）年12月18日）

深尾重先* ふかおしげもと
文政10（1827）年～明治23（1890）年　[別]深尾鼎（ふかおかなえ）　江戸時代末期～明治時代の土佐藩家老。
¶幕末（[生]文政10（1827）年5月13日　[没]明治23（1890）年1月31日）

深尾二郎兵衛* ふかおじろべえ
生没年不詳　安土桃山時代の織田信長の家臣。
¶織田

深尾清左衛門 ふかおせいざえもん
江戸時代前期の伊藤加賀守秀盛・左馬頭則長父子の家臣、医者。
¶大坂

深尾丹波 ふかおたんば
江戸時代後期の武士、迅衝隊総督。深尾北家当主成烈の長男。
¶全幕（[生]天保12（1841）年　[没]？）

深尾弘人* ふかおひろめ
文化7（1810）年～明治20（1887）年　江戸時代末期～明治時代の土佐藩士。12代から14代までの4君に仕えた。能吏として藩政の安定に貢献。
¶幕末（[没]明治20（1887）年5月21日）

深尾又次郎* ふかおまたじろう
生没年不詳　安土桃山時代の織田信長の家臣。
¶織田

深川栄左衛門*（――〔8代〕） ふかがわえいざえもん
天保3（1832）年～明治22（1889）年　江戸時代末期～明治時代の陶業家。香蘭社を設立、陶磁工芸品や碍子製品を製造。
¶幕末（[没]明治22（1889）年10月23日），美工（――〔8代〕　[没]明治22（1889）年10月23日）

深川嘉一郎* ふかがわかいちろう
文政12（1829）年～明治34（1901）年　江戸時代末期～明治時代の実業家。海運業を営むほか、地所会社・セメント会社などを設立。
¶幕末

深川湖十〔1代〕 ふかがわこじゅう
⇒森部湖十（もりべこじゅう）

深川湖十〔2代〕 ふかがわこじゅう
⇒村瀬湖十（むらせこじゅう）

深川湖十〔3代〕 ふかがわこじゅう
⇒湖十〔3代〕（こじゅう）

深川湖十〔4代〕* ふかがわこじゅう
？～寛政12（1800）年　[別]湖十〔4代〕（こじゅう）　江戸時代中期～後期の俳人。
¶俳文（湖十〔4世〕　こじゅう　[生]元禄14（1701）年　[没]寛政12（1800）年5月27日）

深川湖十〔5代〕* ふかがわこじゅう
？～文化3（1806）年　[別]湖十〔5代〕（こじゅう）　江戸時代中期～後期の俳人。
¶俳文（湖十〔5世〕　こじゅう　[没]文化3（1806）年7月27日）

深川湖十〔6代〕* ふかがわこじゅう
安永1（1772）年～天保4（1833）年　[別]湖十〔6代〕（こじゅう）　江戸時代中期～後期の俳人。
¶俳文（湖十〔6世〕　こじゅう　[没]天保4（1833）年10月20日）

深川秋色 ふかがわしゅうしき
⇒秋色〔2代〕（しゅうしき）

不可棄 ふかき
⇒俊芿（しゅんじょう）

不角* ふかく
寛文2（1662）年～宝暦3（1753）年　[別]立羽不角（たちばふかく，たてばふかく）　江戸時代中期の俳人。江戸の書肆。
¶俳文（[没]宝暦3（1753）年6月21日）

舞鶴(1) ぶかく
⇒中村仲蔵〔3代〕（なかむらなかぞう）

舞鶴(2) ぶかく
⇒中村勘三郎〔12代〕（なかむらかんざぶろう）

深草元政 ふかくさげんせい
⇒元政（げんせい）

深草元政 ふかくさのげんせい
⇒元政（げんせい）

深草少将* ふかくさのしょうしょう
説話上の人物。
¶コン

深草帝 ふかくさのみかど
⇒仁明天皇（にんみょうてんのう）

深沢勝清* ふかざわかつきよ
？～寛文3（1663）年　江戸時代前期の肥前国の捕鯨業者。
¶コン

深沢左大夫 ふかざわさだゆう
江戸時代後期～末期の幕臣。
¶徳人（生没年不詳）

深沢信義 ふかざわのぶよし
江戸時代中期の幕臣。
¶徳人（[生]1759年　[没]？）

深沢備後守* ふかざわびんごのかみ
生没年不詳　戦国時代の北条氏の家臣。
¶後北（備後守〔深沢(1)〕　びんごのかみ）

ふ

深沢雄象*　ふかさわゆうぞう
天保4(1833)年～明治40(1907)年　江戸時代末期～明治時代の実業家、蚕糸業。多くの製糸会社を設立し、生糸の改良、振興に尽力。
¶幕末([没]明治40(1907)年8月5日)

深沢与五左衛門*　ふかさわよござえもん
生没年不詳　戦国時代の大工。
¶後北(与五右衛門〔深沢(2)〕　よござえもん)

ふか女　ふかじょ★
江戸時代後期の女性。和歌。文化11年刊、中山忠雄・河田正致編『柿本社奉納和歌集』に載る。
¶江表(ふか女(長野県))

深栖幾太郎*　ふかすきたろう
天保12(1841)年～慶応1(1865)年　[別]深栖俊助(ふかすしゅんすけ)　江戸時代末期の近江膳所藩士。
¶幕末([生]天保12(1842)年12月4日　[没]慶応1(1865)年10月21日)

深栖俊助　ふかすしゅんすけ
⇒深栖幾太郎(ふかすきたろう)

深栖多門*　ふかすたもん
?～明治1(1868)年　江戸時代末期の長州(萩)藩士。
¶幕末([生]天保12(1841)年　[没]慶応4(1868)年9月5日)

深瀬堅吾*　ふかせけんご
享和1(1801)年～明治5(1872)年　江戸時代末期～明治時代の土佐藩郷士、教育者。藩校教授館で論語の講釈を行い、教育功労者として表彰される。
¶幕末([没]明治5(1872)年1月8日)

深瀬繁理　ふかせしげさと
⇒深瀬繁理(ふかせしげり)

深瀬繁理*　ふかせしげり
文政10(1827)年～文久3(1863)年　[別]深瀬繁理(ふかせしげさと)　江戸時代末期の十津川郷士。
¶幕末(ふかせしげさと　[没]文久3(1863)年9月25日)

深瀬仲麿*　ふかせなかまろ
天保12(1841)年～明治7(1874)年　江戸時代末期～明治時代の志士、医師。新宮湊口銀撤廃運動を起こす。維新後は大阪府判事試補など。
¶幕末([没]明治7(1874)年1月14日)

深瀬洋春*　ふかせようしゅん
*～明治38(1905)年　江戸時代末期～明治時代の医師。1861年治療のためロシアに渡る。
¶科学([生]天保4(1833)年　[没]明治38(1905)年12月23日),幕末([生]天保5(1834)年　[没]明治38(1905)年12月23日)

深田円空　ふかだえんくう
⇒深田正室(ふかだまさむろ)

深田正室*　ふかだまさむろ
?～寛文3(1663)年　[別]深田円空(ふかだえんくう)　江戸時代前期の尾張藩士、儒学者。
¶コン

深津貞久　ふかつていきゅう
江戸時代前期の代官。
¶徳代([生]?　[没]慶長18(1613)年)

深津正吉　ふかつまさよし
戦国時代～江戸時代前期の幕臣。
¶徳人([生]1556年　[没]1627年)

深津弥左衛門　ふかつやざえもん
江戸時代後期～末期の幕臣。
¶徳人(生没年不詳)

深根輔仁　ふかねすけひと
⇒深根輔仁(ふかねのすけひと)

深根輔仁*　ふかねのすけひと
生没年不詳　[別]深根輔仁(ふかねすけひと)　平安時代中期の医師。呉の孫権の末裔と称する。
¶古人,植物([生]昌泰1(898)年　[没]延喜22(922)年)

深野一三*　ふかのいちぞう
嘉永5(1852)年～大正7(1918)年　江戸時代末期～大正時代の官吏、愛知県知事。香川・福岡県知事などを歴任。加藤重三郎名古屋市長らと「三角同盟」を設立。
¶幕末

深野孫兵衛*　ふかのまごべえ
天保2(1831)年～文久3(1863)年　江戸時代末期の筑後久留米藩士。
¶幕末([没]文久3(1863)年5月8日)

深仁法親王　ふかひとほうしんのう
⇒深仁法親王(しんにんほうしんのう)

深町理忠*　ふかまちまさただ
?～永禄1(1558)年　戦国時代の武士。
¶全戦

深見篤慶*　ふかみあつよし
*～明治14(1881)年　江戸時代末期～明治時代の商人。天誅組に多額の資金援助。維新の際も官軍に兵糧を供給し新政府から表彰された。
¶幕末([生]文政11(1828)年11月8日　[没]明治14(1881)年3月25日)

深見有隣*　ふかみありちか
元禄4(1691)年～安永2(1773)年　[別]深見有隣(ふかみゆうりん)　江戸時代中期の幕臣。
¶徳人(ふかみゆうりん)

深見有常　ふかみありつね
江戸時代末期～明治時代の鹿児島県士族。
¶幕末([生]嘉永2(1849)年　[没]?)

深見休蔵*　ふかみきゅうぞう
生没年不詳　江戸時代末期の薩摩藩士。
¶幕末

深見玄岱*　ふかみげんたい
*～享保7(1722)年　[別]高玄岱(こうげんたい),深見天漪(ふかみてんい)　江戸時代前期～中期の漢学者。渡来僧独立に師事。
¶徳将([生]1649年),徳人([生]1649年)

深見香蘭*　ふかみこうらん
生没年不詳　江戸時代後期の画家。
¶江表(香蘭(京都府))

深水氏の娘　ふかみしのむすめ★
江戸時代中期の女性。俳諧。肥後左敷の人。元禄12年刊、各務支考編『西華集』に載る。
¶江表(深水氏の娘(熊本県))

深見十左衛門*　ふかみじゅうざえもん
?～享保15(1730)年　江戸時代前期～中期の侠客。三河武士の末裔。

¶江人, コン（㊟寛永18（1641）年）

深海宗伝　ふかみそうでん
⇒宗伝（そうでん）

深見天漪　ふかみてんい
⇒深見玄岱（ふかみげんたい）

深見登之野*　ふかみとしの
天保4（1833）年1月15日〜明治44（1911）年2月19日
江戸時代後期〜明治時代の歌人。
¶江表（年之（愛知県）　としの）

深水長智*　ふかみながとも
？〜天正18（1590）年　安土桃山時代の武将。
¶全戦（㊦天文1（1532）年）、戦武（㊦天文1（1532）年）

深見有隣　ふかみゆうりん
⇒深見有隣（ふかみありちか）

深谷佐吉　ふかやさきち
⇒日下部伊三次（くさかべいそうじ）

深谷周三　ふかやしゅうぞう
江戸時代後期〜大正時代の獣医。
¶幕末（㊦天保7（1836）年7月　㊟大正5（1916）年3月2日）

深谷盛房　ふかやもりふさ
江戸時代中期〜末期の幕臣。
¶徳人（㊦1767年　㊟1854年）

深谷盛吉　ふかやもりよし
安土桃山時代〜江戸時代前期の代官。
¶代代（㊦天正2（1574）年　㊟明暦2（1656）年7月23日）

深谷吉永　ふかやよしなが
江戸時代前期〜中期の関東代官。
¶徳代（㊦正保1（1644）年　㊟元禄5（1692）年6月23日）

深谷吉政　ふかやよしまさ
江戸時代前期の幕臣、代官。
¶徳代（㊦慶長9（1604）年　㊟延宝4（1676）年12月8日）

不川顕賢　ふかわあきかた
⇒不川顕賢（ふかわあきたか）

不川顕賢*　ふかわあきたか
生没年不詳　㊚不川顕賢（ふかわあきかた）　江戸時代末期の伊予宇和島藩士。
¶幕末（ふかわあきかた）

普寛*　ふかん
享保16（1731）年〜享和1（1801）年　江戸時代中期〜後期の修験者、御岳講・御岳教の開祖。
¶コン

ふき(1)
江戸時代前期〜中期の女性。宗教。尾張の浪人沖昌紀と久保田氏の娘。保科正之の側室。
¶江表（ふき（福島県）　㊦正保2（1645）年　㊟享保5（1720）年）

ふき(2)
江戸時代後期の女性。画。堤氏。浮世絵師で3代目堤東琳の娘。
¶江表（ふき（東京都））

ふき(3)
江戸時代後期の女性。和歌。検校小関千歳一の妹。天保9年刊、海野遊翁編『類題現存歌選』二に載る。
¶江表（ふき（東京都））

ふき(4)
江戸時代後期の女性。俳諧。越前三国の人。天保12年刊、遅楽庵梅二編『金玉遠忌』に載る。
¶江表（ふき（福井県））

ふき(5)
江戸時代後期の女性。俳諧。徳原氏の娘か。五十嵐波間藻編『八重山吹』によると、文化3年徳原邸で波間藻の来訪に際し、りえと共に女だけで三吟歌仙を巻いている。
¶江表（ふき（福岡県））

ふき(6)
江戸時代後期の女性。和歌。筑後久留米藩藩士荒井兵助の姪。文化11年刊、中山忠雄・河田正致編『柿本社奉納和歌集』に載る。
¶江表（ふき（福岡県））

ふき・婦貴
江戸時代後期〜明治時代の女性。琴曲・裁縫。弘前藩藩士竹内甚左衛門清承の娘。
¶江表（ふき・婦貴（青森県））㊦文政7（1824）年　㊟明治25（1892）年）

婦喜　ふき*
江戸時代中期の女性。和歌。歌人大森元堯の子元明の妻。宝暦11年刊、大森元堯編『婦厚集』に載る。
¶江表（婦喜（大阪府））

敷貴　ふき
江戸時代中期〜後期の女性。書簡。高岡郡新居村の豪農中島利平太元喜の娘。
¶江表（敷貴（高知県））㊦天明6（1786）年　㊟文政9（1826）年）

蕗　ふき*
江戸時代末期の女性。和歌。伊勢桑名の歌人吉村宣鏡の妻。安政4年刊、富樫広蔭編『千百人一首』上に載る。
¶江表（蕗（三重県））

ふき子(1)　ふきこ*
江戸時代後期の女性。和歌。尾張名古屋の松野八郎右衛門道忠の妻。文化12年本居春庭に入門。
¶江表（ふき子（愛知県））

ふき子(2)　ふきこ*
江戸時代末期の女性。和歌。佐賀藩の奥女中。安政4年刊、井上文雄編『摘英集』に載る。
¶江表（ふき子（佐賀県））

吹子　ふきこ*
江戸時代後期の女性。和歌。葦原検校の娘。嘉永4年刊、木曽義昌250回忌追善和歌集『波布里集』に載る。
¶江表（吹子（東京都）），江表（吹子（千葉県））

富貴子　ふきこ*
江戸時代後期の女性。和歌。今治藩藩士岡崎尚要の母。安政1年序、半井梧庵編『鄙のてぶり』初に載る。
¶江表（富貴子（愛媛県））

富亀子　ふきこ*
江戸時代後期の女性。和歌。石見の一宮物部神社社司庵原内記政斎の妻。夫政斎は安政6年跋、淡路の高階惟呂編『国学人物志』初に名が載る。
¶江表（富亀子（島根県））

ふき女　ふきじょ⋆
江戸時代後期の女性。和歌。今治藩藩士山田数右衛門の後妻。文政2年、高鴨神社改築落成の「高鴨神社落成社頭祝」に載る。
¶江表（ふき女（愛媛県））

吹黄刀自*　ふきのとじ
奈良時代の万葉の女歌人。
¶古代

不及子*　ふきゅうし
生没年不詳　江戸時代中期の雑俳作者。
¶俳文

不玉　ふぎょく
⇒伊藤不玉（いとうふぎょく）

浮玉　ふぎょく
江戸時代後期の女性。俳諧。香月則昌の娘。
¶江表（浮玉（福岡県）　[没]文化10（1813）年）

布錦　ふきん⋆
江戸時代後期の女性。俳諧。文政11年刊、斜月亭巒水編『羽ぬけ鳥集』に載る。
¶江表（布錦（佐賀県））

舞巾*　ぶきん
享保6（1721）年～？　江戸時代中期の俳人。
¶俳文

ふく
江戸時代後期の女性。俳諧。弘化3年跋、江戸の黒川惟草編『俳諧人名録』二に、白河郡金山の鈴木伝六郎其樵妻とあり。
¶江表（ふく（福島県）　[生]文化3（1806）年？）

ふ久　ふく⋆
江戸時代後期の女性。教育。石川氏。
¶江表（ふ久（東京都）　[生]弘化3（1846）年頃）

フク
江戸時代前期の女性。ジャガタラ文。谷村三蔵の使用人六兵衛の後家。フク夫妻は寛永16年、幕府の鎖国政策により、平戸から追放された。
¶江表（フク（長崎県））

福　ふく⋆
江戸時代中期の女性。和歌。北島氏。元禄14年序、大淀三千風編『倭漢田鳥集』に載る。
¶江表（福（長崎県））

福阿弥*　ふくあみ
生没年不詳　戦国時代の北条氏の吏僚。
¶後北（福阿ミ）

復菴玄易*　ふくあんげんい
文化2（1805）年～明治14（1881）年　江戸時代末期～明治時代の僧侶。鎌倉建長寺で修行。訓導などを経て建長寺229世住山職となった。
¶幕末

福井作左衛門*　ふくいさくざえもん
生没年不詳　江戸時代前期の二条城棟梁、枡職人。
¶コン，美建

福井貞憲　ふくいさだのり
⇒福井豊後守（ふくいぶんごのかみ）

福井太郎*　ふくいたろう
天保11（1840）年～明治1（1868）年　江戸時代末期の長州（萩）藩士。
¶幕末（[没]慶応4（1868）年6月22日）

福井秀照*　ふくいひでてる
生没年不詳　戦国時代の大工。
¶後北（秀照〔福井〕　ひでてる）

福井豊後守*　ふくいぶんごのかみ
天保1（1830）年～明治33（1900）年　[別]福井貞憲（ふくいさだのり）　江戸時代末期～明治時代の医師。典薬寮の漢方医として名声が高く、勅命で下阪し徳川家茂を治療。
¶幕末（福井貞憲　ふくいさだのり　[生]文政13（1830）年8月3日　[没]明治33（1900）年1月29日）

福井光利　ふくいみつとし
江戸時代末期～明治時代の幕臣。
¶幕末（生没年不詳）

不空　ふくう⋆
江戸時代後期の女性。和歌。弘化4年刊、清堂観尊編『たち花の香』に載る。
¶江表（不空（奈良県））

福内鬼外　ふくうちきがい
⇒平賀源内（ひらがげんない）

福浦元吉*　ふくうらもときち
文政12（1829）年～文久3（1863）年　江戸時代末期の米屋、志士。
¶幕末（[没]文久3（1863）年9月25日）

福王忠篤　ふくおうちゅうとく
生没年不詳　江戸時代後期の幕臣。
¶徳人，徳代

福王平左衛門　ふくおうへいざえもん
江戸時代後期～末期の幕臣。
¶徳人（生没年不詳）

福岡宮内　ふくおかくない
⇒福岡孝茂（ふくおかたかしげ）

福岡左源太*　ふくおかさげんた
天保4（1833）年～明治29（1896）年　江戸時代末期～明治時代の笠間藩士。戊辰戦争では陸奥国平城の戦いに参加。維新後、磐州御取締所権判事を務めた。
¶幕末（[没]明治29（1896）年7月16日）

福岡世徳　ふくおかせいとく
⇒福岡世徳（ふくおかつぐのり）

福岡精馬*　ふくおかせいま
天保1（1830）年～明治9（1876）年　江戸時代末期～明治時代の高知藩士，社会運動家、藩校文武館教授、立志社副社長。維新後は立志学舎を主宰し、自由民権運動の普及に尽力。
¶幕末（[生]文政13（1830）年10月26日　[没]明治9（1876）年1月31日）

福岡惣助*　ふくおかそうすけ
天保2（1831）年～元治1（1864）年　[別]日下部惣助（くさかべそうすけ），福岡義比（ふくおかよしつら）　江戸時代末期の加賀藩与力。
¶幕末（[生]天保2（1831）年5月23日　[没]元治1（1864）年10月26日）

福岡孝茂*　ふくおかたかしげ
文政10（1827）年～明治39（1906）年　[別]福岡宮内（ふくおかくない）　江戸時代末期～明治時代の高知藩士。山内容堂のもとで奉行職を務め藩政を総括。

¶全幕(福岡宮内　ふくおかくない),幕末([没]明治39(1906)年12月23日)

福岡孝弟*　ふくおかたかちか
天保6(1835)年～大正8(1919)年　江戸時代末期～明治時代の高知藩士、政治家、子爵。幕府の大政奉還に尽力、公儀政体論を主張。「五箇条の御誓文」起草の功労者。
¶江人,コン,全幕,幕末([生]天保6(1835)年2月5日　[没]大正8(1919)年3月7日),山小([生]1835年2月6日　[没]1919年3月7日)

福岡世徳*　ふくおかつぐのり
嘉永1(1848)年～昭和2(1927)年1月30日　[別]福岡世徳(ふくおかせいとく)　江戸時代末期～大正時代の松江藩士、政治家、松江市長、衆議院議員。松江藩権大属などを経て教師となる。のち山陰自由党を結成。
¶幕末(ふくおかせいとく　[生]嘉永1(1848)年10月15日)

福岡文孝　ふくおかぶんこう
江戸時代中期～後期の仏師。
¶美建([生]天明7(1787)年　[没]弘化4(1847)年)

福岡弥五四郎*　ふくおかやごしろう
生没年不詳　[別]京屋弥五四郎(きょうややごしろう),藤村一角(ふじむらいっかく),藤村宇左衛門(ふじむらうざえもん)　江戸時代前期の歌舞伎役者、歌舞伎作者。元禄11年～享保15年頃に活躍。
¶コン

福岡義比　ふくおかよしつら
⇒福岡惣助(ふくおかそうすけ)

福川清*　ふくかわきよし
弘化3(1846)年～明治21(1888)年　江戸時代末期～明治時代の高知藩郷士。戊辰の役に参加し、戦功により新留守居組に昇進。のちに青年教育に尽力。
¶幕末([生]弘化3(1846)年5月　[没]明治21(1888)年2月4日)

福川犀之助*　ふくがわさいのすけ
天保5(1834)年～明治18(1885)年　江戸時代末期～明治時代の長州(萩)藩士。
¶幕末([没]明治18(1885)年9月8日)

ふく子　ふくこ★
江戸時代末期～明治時代の女性。和歌。三河知立の人。
¶江表(ふく子(愛知県)　[没]明治23(1890)年)

布久子　ふくこ★
江戸時代末期の女性。和歌。渡辺弘一の妻。文久1年序、村上忠順編『類題玉藻集』に載る。
¶江表(布久子(熊本県))

福子(1)　ふくこ★
江戸時代の女性。和歌。宮田氏。明治8年刊、橘東世子編『明治歌集』に載る。
¶江表(福子(東京都))

福子(2)　ふくこ★
江戸時代後期の女性。和歌。幕臣、高家で冷泉門歌人横瀬駿河守貞臣の妻。寛政10年跋、信濃松代藩主真田幸弘の六〇賀集「千とせの寿詞」に載る。
¶江表(福子(東京都))

福子(3)　ふくこ★
江戸時代後期の女性。和歌。備後福山藩藩士熊越嘉兵衛の娘。
¶江表(福子(岡山県)　[没]天保5(1834)年)

福子(4)　ふくこ★
江戸時代後期の女性。和歌。教訓書。下総古河藩主土井利厚の娘。
¶江表(福子(熊本県)　[生]寛政1(1789)年　[没]天保12(1841)年)

福光園寺実恵　ふくこうおんじじっけい
安土桃山時代の甲斐・福光園寺の住職。
¶武田(生没年不詳)

福子内親王　ふくこないしんのう
⇒福子内親王(とみこないしんのう)

福崎季連*　ふくざきすえつら
天保4(1833)年～明治43(1910)年　江戸時代末期の薩摩藩士。
¶幕末([生]天保5(1834)年　[没]明治43(1910)年6月1日)

福崎助八*　ふくざきすけはち
江戸時代末期の薩摩藩士。
¶幕末(生没年不詳)

福沢諭吉*　ふくざわゆきち
天保5(1834)年12月12日～明治34(1901)年2月3日　江戸時代末期～明治時代の啓蒙思想家、教育家、ジャーナリスト、東京学士会院初代会長。慶応義塾を創立、多彩な啓蒙活動を展開。著書に「学問ノスヽメ」「文字之教」など。
¶コン([生]天保5(1835)年),思想,出版,女史([生]1835年),全幕,地理,徳将,徳人([生]1835年),幕末([生]天保5(1835)年12月12日),山小([生]1834年12月12日　[没]1901年2月3日)

福子内親王　ふくしないしんのう
⇒福子内親王(とみこないしんのう)

福島市左衛門　ふくしまいちざえもん
江戸時代前期の眼科医。
¶眼医(生没年不詳)

福島伊予守正守　ふくしまいよのかみまさもり
江戸時代前期の福島正則・豊臣秀頼の家臣。
¶大坂

福島勝重　ふくしまかつしげ
江戸時代前期の幕臣。
¶徳人([生]？　[没]1674年)

福島亀之丞*　ふくしまかめのじょう
文化2(1805)年～明治17(1884)年　江戸時代末期～明治時代の庄屋。河原惣を経て、荒尾・種山手永惣などの庄屋を歴任し、地域振興に貢献。
¶幕末([没]明治17(1884)年9月11日)

福島九成　ふくしまきゅうせい
江戸時代後期～大正時代の佐賀藩士、領事。
¶幕末([生]天保13(1842)年　[没]大正3(1914)年9月12日)

福島親之　ふくしまちかゆき
江戸時代後期～明治時代の根付師。
¶美工([生]天保8(1837)年　[没]明治15(1882)年7月)

福島長門　ふくしまながと
江戸時代前期の人。福島正則の家臣福島丹波守正澄の嫡男。
¶大坂([没]慶長19年11月2日/慶長20年4月30日)

福島兵部少輔正鎮　ふくしまひょうぶのしょうまさしげ
江戸時代前期の大和豊臣家・豊臣秀吉の家臣。
¶大坂([没]元和2年4月29日)

福島平三郎　ふくしまへいざぶろう
安土桃山時代の武蔵国鉢形城主北条氏邦家臣長谷部兵庫助の同心。
¶後北（平三郎〔福島〕　へいざぶろう）

福島本目斎　ふくしまほんめさい
安土桃山時代の高天神籠城衆。
¶武田（[生]？　[没]天正9（1581）年3月22日）

福島正勝　ふくしままさかつ
江戸時代前期～中期の幕臣。
¶徳人（[生]1662年　[没]1696年）

福島正則*　ふくしままさのり
永禄4（1561）年～寛永1（1624）年　[別]清洲侍従（きよすじじゅう），羽柴左衛門大夫（はしばさえもんだいぶ）　安土桃山時代～江戸時代前期の武将。関ヶ原の戦いで東軍につき安芸広島藩主に。しかし後に改易された。
¶公卿（[没]寛永1（1624）年7月），公家（正則〔福島家〕　まさのり　[没]寛永1（1624）年7月13日），コン，全戦，戦武，徳将，中世，内乱，山小（[没]1624年7月13日）

福島武蔵守　ふくしまむさしのかみ
江戸時代前期の人。福島兵部少輔の子。
¶大坂

福島安正　ふくしまやすまさ
江戸時代後期～大正時代の陸軍軍人。松本藩士の子。戊辰戦争に松本藩兵として参加。
¶全幕（[生]嘉永5（1852）年　[没]大正8（1919）年）

福島敬典*　ふくしまよしのり
天保10（1839）年～明治29（1896）年　江戸時代末期～明治時代の海軍軍人、少将。新政府軍の軍務局に属し、越後・函館を転戦。西南戦争にも従軍。
¶幕末（[生]天保10（1839）年7月22日　[没]明治29（1896）年12月3日）

福島柳圃*　ふくしまりゅうほ
文政3（1820）年～明治22（1889）年　江戸時代末期～明治時代の日本画家。南画の重鎮で、雪景山水を得意とする。作品に「繍毬花図」。
¶美画（[生]文政3（1820）年3月25日　[没]明治22（1889）年10月22日）

福寿女　ふくじゅじょ★
江戸時代中期の女性。俳諧。白石の人。明和8年刊、佐々木泉明撰『一人一首短冊篇』乾に載る。
¶江表（福寿女（宮城県））

ふく女　ふくじょ★
江戸時代後期の女性。俳諧。文政7年刊、河野涼谷編『俳諧もゝ鼓』初に載る。
¶江表（ふく女（東京都））

婦久女　ふくじょ★
江戸時代後期の女性。俳諧。野辺地馬城の娘。文政2年成立、鷹園蟹守序、野辺地馬城追善集『かれあやめ』に載る。
¶江表（婦久女（山梨県））

福女　ふくじょ★
江戸時代後期の女性。和歌・茶道。彦根藩藩医山上時行の娘。天保初年没。
¶江表（福女（滋賀県））

福照院　ふくしょういん
⇒鶴姫（つるひめ）

福富秀勝　ふくずみひでかつ
⇒福富平左衛門（ふくとみへいざえもん）

福富兵部　ふくずみひょうぶ
江戸時代前期の豊臣家の家臣と思われる。
¶大坂

福富平左衛門　ふくずみへいざえもん
安土桃山時代～江戸時代前期の豊臣秀吉の家臣。
¶大坂

福富平兵衛　ふくずみへいびょうえ
⇒福富平兵衛（ふくとみへいべえ）

福住正兄*　ふくずみまさえ
文政7（1824）年～明治25（1892）年5月20日　江戸時代末期～明治時代の農政家、旅館経営者。報徳仕法実践のため、家業の旅館を再興。のち史跡の保存など箱根観光に貢献。
¶コン，思想，幕末（[生]文政7（1824）年8月21日）

福富茂左衛門　ふくずみもざえもん
江戸時代前期の堀直寄・松平信綱の家臣。
¶大坂

福蔵*　ふくぞう
生没年不詳　室町時代の漆工。
¶美工

福蔵院　ふくぞういん
江戸時代前期の奈良福蔵院の僧。
¶大坂

福田明*　ふくだあきら
生没年不詳　江戸時代末期～明治時代の数学者。
¶数学

福田加賀守　ふくだかがのかみ
安土桃山時代の上野国碓氷郡板鼻宿の土豪。
¶武田（生没年不詳）

福田勝之進*　ふくだかつのしん
天保14（1843）年～？　江戸時代後期～末期の新撰組隊士。
¶新隊（[生]天保14（1848）年）

福田行誡*　ふくだぎょうかい
*～明治21（1888）年　江戸時代末期～明治時代の浄土宗僧侶、知恩院門主、浄土宗管長。維新後、仏教擁護、旧弊一新を唱えて活躍。「大日本校訂大蔵経」を刊行。
¶コン（[生]文化6（1809）年），思想（[生]文化6（1809）年），幕末（[生]文化6（1809）年　[没]明治21（1888）年4月25日）

福田侠平*　ふくだきょうへい
文政12（1829）年～明治1（1868）年　江戸時代末期の長州（萩）藩士。
¶全幕，幕末（[没]明治1（1868）年11月14日）

福田金塘*　ふくだきんとう
*～安政5（1858）年　[別]福田復（ふくだふく）　江戸時代末期の和算家。
¶コン（福田復　ふくだふく　[生]文化3（1806）年），数学（[生]文化4（1807）年　[没]安政5（1858）年7月9日）

福田敬業　ふくだけいぎょう
⇒万屋兵四郎（よろずやへいしろう）

福田元良*　ふくだげんりょう
生没年不詳　[別]福田元良（ふくだもとよし）　江戸時代末期の医師。

¶全幕(ふくだもとよし),幕末

福田小兵衛*　ふくだこへい
文政7(1824)年～慶応2(1866)年　[別]福田小兵衛(ふくだこへえ)　江戸時代末期の町人。
¶幕末([生]文政7(1824)年2月10日　[没]慶応2(1866)年9月23日)

福田小兵衛　ふくだこへえ
⇒福田小兵衛(ふくだこへい)

福田左馬　ふくださま
江戸時代前期の武士。大坂の陣で籠城。
¶大坂([没]慶長20年5月7日)

福田重固　ふくだしげかた
天保4(1833)年～明治43(1910)年　江戸時代後期～明治時代の幕臣。
¶徳人,幕末([生]天保4(1833)年5月29日　[没]明治43(1910)年11月2日)

福田松琴*　ふくだしょうきん
天保12(1841)年～明治34(1901)年　江戸時代末期～明治時代の日本画家。
¶美画([没]明治34(1901)年2月17日)

福田庄兵衛吉充　ふくだしょうびょうえよしみつ
江戸時代前期の井上定利の家臣。
¶大坂

福田扇馬*　ふくだせんま
弘化3(1846)年～明治25(1892)年　江戸時代末期～明治時代の教育者。私塾按柳亭を開き逸材を育てた。
¶幕末([生]弘化3(1846)年1月27日　[没]明治25(1892)年11月27日)

福田敬業　ふくだたかのり
⇒万屋兵四郎(よろずやへいしろう)

福田為之進*　ふくだためのしん
文化10(1813)年～明治19(1886)年　江戸時代末期～明治時代の会津藩士。南北両学館で教授。維新後は会津で精義塾を開く。
¶幕末([没]明治19(1886)年8月20日)

福田知　ふくだち
江戸時代末期の代官。
¶徳代(生没年不詳)

福田東洲*　ふくだとうしゅう
弘化3(1846)年～明治35(1902)年　江戸時代末期～明治時代の医師、三田尻華浦医学校院長。山口好正堂教授を経て大阪軍事医院に勤務。山口医学校長などを歴任。
¶幕末([没]明治35(1902)年10月29日)

福田道昌　ふくだどうしょう
⇒福田道昌(ふくだみちまさ)

福田俊秀　ふくだとしひで
[別]石田徳蔵(いしだとくぞう)　江戸時代後期～大正時代の彫刻家。
¶美建([生]天保10(1839)年1月15日　[没]大正7(1918)年3月8日)

福田直之進*　ふくだなおのしん
嘉永1(1848)年～？　江戸時代末期の科学者。
¶幕末

福田某　ふくだなにがし
安土桃山時代の上野国松井田城主大道寺政繁の家臣。
¶後北(某〔福田(1)〕　なにがし)

福田八郎右衛門　ふくだはちろうえもん
江戸時代後期の撒兵隊隊長。幕臣川上金吾助の子。
¶全幕([生]文政11(1828)年　[没]？),幕末(生没年不詳)

福田半*　ふくだはん
天保8(1837)年～明治21(1888)年　江戸時代後期～明治時代の数学者。
¶数学

福田半香*　ふくだはんこう
文化1(1804)年～元治1(1864)年　江戸時代末期の南画家。
¶コン,幕末([生]文化1(1804)年7月2日　[没]元治1(1864)年8月23日),美画

福田秀一*　ふくだひでいち
天保10(1839)年～明治3(1870)年　江戸時代後期～明治時代の武士。
¶コン

福田復*(1)　ふくだふく
文化3(1806)年～安政5(1858)年7月9日　江戸時代末期の和算家。小出兼政に師事。
¶科学

福田復(2)　ふくだふく
⇒福田金塘(ふくだきんとう)

福田鞭石*　ふくだべんせき
慶安2(1649)年～享保13(1728)年　[別]鞭石(べんせき)　江戸時代中期の俳人。
¶俳文(鞭石　べんせき　[生]慶安3(1650)年　[没]享保13(1728)年2月15日)

福田孫八郎*　ふくだまごはちろう
生没年不詳　安土桃山時代の織田信長の家臣。
¶織田

福田正芳の妻　ふくだまさよしのつま★
江戸時代後期の女性。和歌。天明8年刊、西村節甫編『老伴集』に載る。
¶江表(福田正芳の妻(三重県))

福田三河守*　ふくだみかわのかみ
生没年不詳　安土桃山時代の織田信長の家臣。
¶織田

福田道昌*　ふくだみちまさ
[別]福田道昌(ふくだどうしょう)　江戸時代末期の幕臣。
¶徳人(生没年不詳),徳代(ふくだどうしょう　生没年不詳),幕末([生]寛政9(1797)年　[没]？)

福田元良　ふくだもとよし
⇒福田元良(ふくだげんりょう)

福田大和守　ふくだやまとのかみ
安土桃山時代の武蔵国鉢形城主北条氏邦家臣秩父重国の同心。
¶後北(大和守〔福田(2)〕　やまとのかみ)

福田与一*　ふくだよいち
生没年不詳　安土桃山時代の織田信長の家臣。
¶織田

福足君*　ふくたりきみ
？～永祚1(989)年　平安時代中期の人。藤原道兼の一男。

¶古人

福田理軒* ふくだりけん
文化12(1815)年～明治22(1889)年 江戸時代末期～明治時代の数学者。大阪に開塾、のち東京に順天求合社を開く。著書に「算法玉手箱」など。
¶科学([没]明治22(1889)年8月17日),数学([生]文化12(1815)年5月 [没]明治22(1889)年8月17日)

福田理兵衛* ふくだりへえ,ふくだりべえ
文化11(1814)年～明治5(1872)年 江戸時代末期～明治時代の木材商、郷士。
¶幕末([没]明治5(1872)年4月13日)

福田練石* ふくだれんせき
元禄15(1702)年～寛政1(1789)年 [別]練石(れんせき) 江戸時代中期の俳人。
¶俳文(練石 れんせき [没]寛政1(1789)年7月6日)

福田露言〔1代〕* ふくだろげん
寛永7(1630)年～元禄4(1691)年 [別]露言,露言〔1代〕(ろげん) 江戸時代前期～中期の俳人。
¶俳文(露言 ろげん [没]元禄4(1691)年4月10日)

福地某* ふくち
生没年不詳 安土桃山時代の織田信長の家臣。
¶織田

福地桜痴 ふくちおうち
⇒福地源一郎(ふくちげんいちろう)

福地勝衛門*(福地勝右衛門) ふくちかつえもん
天保1(1830)年～慶応1(1865)年 江戸時代末期の水戸藩士。
¶幕末([没]元治2(1865)年4月5日)

福地源一郎* ふくちげんいちろう
天保12(1841)年3月23日～明治39(1906)年1月4日 [別]桜痴(おうち),福地桜痴(ふくちおうち) 江戸時代末期～明治時代の新聞人、劇作家。自由民権運動を批判し、立憲帝政党を結成。著書に、「春日局」「幕府衰亡論」など。
¶歌大(福地桜痴 ふくちおうち),コン,思想,新歌(福地桜痴 ふくちおうち),全幕,徳人,山小([生]1841年3月23日 [没]1906年1月4日)

福地三松 ふくちさんしょう
江戸時代後期～大正時代の陶画工。
¶美工([生]弘化2(1845)年 [没]大正8(1919)年5月)

福地帯刀* ふくちたてわき
生没年不詳 戦国時代の北条氏忠の家臣。佐野衆。
¶後北(帯刀〔福地〕 たてわき)

福地出羽守* ふくちでわのかみ
生没年不詳 戦国時代の北条氏忠の家臣。佐野衆。
¶後北(出羽守〔福地〕 でわのかみ)

福地政次郎* ふくちまさじろう
文化7(1810)年～慶応1(1865)年 江戸時代末期の水戸藩士。
¶幕末([没]元治2(1865)年4月5日)

福富 ふくとみ
⇒水野平内(みずのへいない)

福富称* ふくとみかのう
文化9(1812)年～明治24(1891)年 江戸時代末期～明治時代の高知藩士。学塾竜池園を開き、子弟を教育。
¶幕末([没]明治24(1891)年4月27日)

福富平左衛門*(福冨平左衛門) ふくとみへいざえもん
?～天正10(1582)年 [別]福富秀勝(ふくずみひでかつ) 安土桃山時代の武士。織田氏家臣。
¶織田(福富秀勝 ふくずみひでかつ [没]天正10(1582)年6月2日),全戦(福富秀勝 ふくずみひでかつ)

福富平兵衛*(福冨平兵衛) ふくとみへいべえ
[別]福富平兵衛(ふくずみへいびょうえ) 安土桃山時代の武将。秀吉馬廻。
¶大坂(ふくずみへいびょうえ)

福留団蔵* ふくどめだんぞう
天明5(1785)年～明治3(1870)年 江戸時代末期～明治時代の武術家。郡奉行所で槍術指南を教授。藩主の前で技を演じ、20数回の賞を受ける。
¶幕末([没]明治3(1870)年9月29日)

福留親政* ふくとめちかまさ,ふくどめちかまさ
?～天正5(1577)年 [別]福留飛驒守(ふくどめひだのかみ) 戦国時代～安土桃山時代の武士。
¶全戦(ふくどめちかまさ [生]永正8(1511)年),戦武(ふくどめちかまさ [生]永正8(1511)年?)

福留儀重* ふくとめのりしげ
天文18(1549)年～天正14(1586)年 [別]福留儀重(ふくどめよししげ) 安土桃山時代の武将。長宗我部氏家臣。
¶戦武(ふくどめよししげ(のりしげ))

福留飛驒守 ふくどめひだのかみ
⇒福留親政(ふくとめちかまさ)

福留儀重 ふくどめよししげ
⇒福留儀重(ふくとめのりしげ)

福永三十郎 ふくながさんじゅうろう
⇒福永十三郎(ふくながじゅうざぶろう)

福永十三郎* ふくながじゅうざぶろう
享保6(1721)年～安永3(1774)年 [別]福永三十郎(ふくながさんじゅうろう),福永十三郎(ふくながじゅうさんろう) 江戸時代中期の義民。越後国の豪商福永家の第7代。
¶コン

福永十三郎 ふくながじゅうさんろう
⇒福永十三郎(ふくながじゅうざぶろう)

福羽美静* ふくばびせい
天保2(1831)年7月17日～明治40(1907)年8月14日 [別]福羽美静(ふくばよししず) 江戸時代末期～明治時代の国学者、子爵。尊攘派として国事に奔走。維新後、神道政策推進に尽力。
¶コン,思想(ふくばよししず),幕末,山小([生]1831年7月17日 [没]1907年8月14日)

福羽美静 ふくばよししず
⇒福羽美静(ふくばびせい)

福原有信 ふくはらありのぶ
嘉永1(1848)年～大正13(1924)年 江戸時代後期～大正時代の実業家。資生堂創業者。
¶コン,幕末([生]嘉永1(1848)年4月8日 [没]大正13(1924)年3月31日)

福原家敏 ふくはらいえさと
戦国時代の別所則治の家臣。
¶全戦(生没年不詳)

福原越後* ふくはらえちご,ふくばらえちご
文化12(1815)年～元治1(1864)年 [別]福原元僴(ふくはらもとたけ) 江戸時代末期の長州(萩)藩

ふ

家老。

¶江人, コン, 全幕, 幕末(ふくばらえちご　[生]文化12(1815)年8月28日　[没]元治1(1864)年11月12日)

福原乙之進*　ふくはらおとのしん, ふくばらおとのしん

天保8(1837)年～*　江戸時代末期の長州(萩)藩士。

¶幕末(ふくばらおとのしん　[生]天保8(1837)年9月26日　[没]文久3(1864)年11月25日)

福原五岳*　ふくはらごがく

享保15(1730)年～寛政11(1799)年　江戸時代中期の南画家。大坂に南画を伝える。

¶コン, 美画([没]寛政11(1799)年11月17日)

福原五郎　ふくばらごろう

⇒福原芳山(ふくはらほうざん)

福原貞俊*　ふくはらさだとし, ふくばらさだとし

戦国時代の武士。

¶全戦(ふくばらさだとし　[生]永正9(1512)年　[没]文禄2(1593)年), 戦武([生]永正9(1512)年　[没]文禄2(1593)年)

福原資盛　ふくはらすけもり

安土桃山時代～江戸時代前期の幕臣。

¶徳人([生]1603年　[没]1679年)

福原清介*　ふくはらせいすけ, ふくばらせいすけ

文政10(1827)年～大正2(1913)年　江戸時代末期～明治時代の武士、神職。

¶幕末(ふくばらせいすけ　[没]大正2(1913)年7月18日)

福原宗吉　ふくはらそうきち

⇒清水豊明(しみずほうめい)

福原高峯*　ふくはらたかみね

寛政4(1792)年～明治1(1868)年　江戸時代末期の農家の子。

¶幕末([没]明治1(1868)年10月4日)

福原冬嶺*　ふくばらとうれい

文化11(1814)年～慶応2(1866)年　江戸時代末期の長州(萩)藩士。

¶幕末([没]慶応2(1866)年2月15日)

福原豊功*　ふくはらとよのり, ふくばらとよのり

嘉永5(1852)年～明治28(1895)年　江戸時代末期～明治時代の長州藩士、陸軍軍人、少将。函館戦争、台湾討伐に従軍後、西南の役では熊本城に籠城。

¶幕末(ふくばらとよのり　[生]嘉永5(1852)年6月　[没]明治28(1895)年7月27日)

福原範輔*　ふくはらはんすけ, ふくばらはんすけ

文政9(1826)年～明治26(1893)年　江戸時代末期～明治時代の周防岩国藩士。

¶幕末(ふくばらはんすけ　[生]文政9(1826)年7月10日　[没]明治26(1893)年9月2日)

福原百之助〔1代〕　ふくはらひゃくのすけ

⇒望月太左衛門〔5代〕(もちづきたざえもん)

福原広世　ふくはらひろよ

南北朝時代～室町時代の武将。毛利元春の5男。

¶室町(生没年不詳)

福原芳山*　ふくはらほうざん

弘化4(1847)年～明治15(1882)年8月17日　[別]福原五郎(ふくばらごろう)　江戸時代末期～明治時代の裁判官、大阪裁判所判事。イギリスに留学する。

¶幕末(福原五郎　ふくばらごろう　[生]弘化4(1847)年6月23日)

福原又四郎*　ふくはらまたしろう, ふくばらまたしろう

天保12(1841)年～?　江戸時代末期の長州(萩)藩士。

¶幕末(ふくばらまたしろう　[生]天保12(1841)年1月)

福原元僴　ふくはらもとたけ

⇒福原越後(ふくはらえちご)

福部の妻　ふくべのつま★

江戸時代後期の女性。狂歌。甲府鏡台山人講の吸筒福部の妻。寛政8年刊、窪俊満序『百さへずり』に載る。

¶江表(福部の妻(山梨県))

福間五郎兵衛*　ふくまごろべえ

文化5(1808)年～明治18(1885)年　江戸時代末期～明治時代の徳山藩家老、徳山藩大参事。副執政等を歴任して藩政改革を行う。

¶幕末([生]文化4(1808)年12月15日　[没]明治18(1885)年3月19日)

福間辰之助*　ふくまたつのすけ

天保6(1835)年～慶応2(1866)年　江戸時代末期の長州(萩)藩寄組。

¶幕末([没]慶応2(1866)年7月27日)

福間彦右衛門*　ふくまひこえもん

文禄1(1592)年～延宝5(1677)年1月2日　安土桃山時代～江戸時代前期の長州藩士。

¶コン

福村周義*　ふくむらちかよし

天保7(1836)年～明治10(1877)年　江戸時代末期～明治時代の砲術家、海軍軍人、中佐。オランダに留学。西南戦争で病没。水雷研究の先駆者。

¶幕末([生]天保7(1836)年5月8日　[没]明治10(1877)年8月16日)

福村政直　ふくむらまさなお

江戸時代前期の代官。

¶徳代(生没年不詳)

福村政長　ふくむらまさなが

江戸時代前期の代官。

¶徳代(生没年不詳)

福村正慰　ふくむらまさやす

江戸時代中期～後期の幕臣。

¶徳人([生]1744年　[没]1819年)

福本掃部入道*　ふくもとかもんにゅうどう

生没年不詳　安土桃山時代の織田信長の家臣。

¶織田

福本九郎左衛門尉　ふくもとくろうざえもんのじょう

安土桃山時代の鎌倉の鍛冶職人。孫次郎。古河公方足利義氏に属した。

¶後北(九郎左衛門尉〔福本〕　くろうざえもんのじょう)

福本九郎二郎*　ふくもとくろうじろう

生没年不詳　戦国時代の鍛冶職人。北条氏の被官。

¶後北(九郎二郎〔福本〕　くろうじろう)

福本某　ふくもとなにがし

戦国時代の鎌倉の鍛冶職人。伊勢宗瑞に属した。

¶後北(某〔福本〕　なにがし)

福森喜宇助　ふくもりきうすけ

⇒福森久助〔1代〕(ふくもりきゅうすけ)

ふ

福森久助〔1代〕*　ふくもりきゅうすけ
明和4(1767)年～文政1(1818)年9月8日　[別]一雄(いちゆう)，昌橋丘次(しょうはしきゅうじ)，玉巻丘次，玉巻久次〔1代〕，玉巻久治(たまましきゅうじ)，福森喜宇助(ふくもりきうすけ)，福森七助(ふくもりしちすけ)　江戸時代後期の歌舞伎作者。寛政2年～文政1年頃に活躍。
¶新歌(――〔1世〕)

福森七助　ふくもりしちすけ
⇒福森久助〔1代〕(ふくもりきゅうすけ)

福山滝助*　ふくやまたきすけ
文化14(1817)年～明治26(1893)年　江戸時代末期～明治時代の報徳実践家。小田原報徳社を再興したほか、遠江・三河地方の報徳社結成に業績をあげる。
¶コン，幕末([生]文化14(1817)年4月28日　[没]明治26(1893)年4月16日)

福来石王兵衛*　ふくらいいしおうびょうえ
生没年不詳　室町時代の能面工。
¶美工

福亮*　ふくりょう
生没年不詳　飛鳥時代の僧。維摩会最初の講師。
¶古代，思想，対外

芙月　ふげつ★
江戸時代中期の女性。俳諧。元文1年刊、柳居編『灯花三吟』に載る。
¶江表(芙月(埼玉県))

富家殿　ふけどの
⇒藤原忠実(ふじわらのただざね)

不騫　ふけん
⇒松平近儔(まつだいらちかとも)

普賢院宗然　ふげんいんそうねん
戦国時代の信濃・文永寺、安養寺の住職。
¶武田(生没年不詳)

扶公*　ふこう
*～長元8(1035)年　平安時代中期の法相宗の僧。興福寺22世。
¶古人([生]969年)，コン([生]?)

普広院　ふこういん
⇒足利義教(あしかがよしのり)

普広院殿　ふこういんどの
⇒足利義教(あしかがよしのり)

普光園院殿　ふこうおんいんどの
⇒二条良実(にじょうよしざね)

普光観智国師　ふこうかんちこくし
⇒慈昌(じしょう)

普光国師　ふこうこくし
⇒沢庵宗彭(たくあんそうほう)

普光大幢国師　ふこうたいとうこくし
⇒月林道皎(げつりんどうこう)

ふさ(1)
江戸時代中期の女性。和歌。磯田松庵の妻。元禄16年刊、柳陰堂了寿編『新歌さゝれ石』に載る。
¶江表(ふさ(東京都))

ふさ(2)
江戸時代中期の女性。俳諧。東鳥の娘。宝暦9年刊、岡田米仲編『靫随筆』に載る。
¶江表(ふさ(東京都))

ふさ(3)
江戸時代中期の女性。俳諧。伊賀の人。元禄11年刊、槐本諷竹編『淡路島』に載る。
¶江表(ふさ(三重県))

ふさ(4)
江戸時代中期の女性。俳諧。筑前赤間の人。宝暦2年刊、市中庵梅従編『十三題』に載る。
¶江表(ふさ(福岡県))

ふさ(5)
江戸時代後期の女性。道中記。白岩村の金連大明神(浮島神社)神主国分紀伊守安芸の妻。嘉永5年成田山、江戸、鎌倉などを巡り、のち道中記を綴る。
¶江表(ふさ(福島県))

ふさ(6)
江戸時代後期の女性。俳諧。青梨子の人。寛政9年刊、好文軒耕淵撰、加舎白雄7回忌集『俳諧宵の春』に載る。
¶江表(ふさ(群馬県))

ふさ(7)
江戸時代後期の女性。和歌。滝田氏。寛政12年歌僧澄月の追悼の通題「夏懐旧」に詠じている。
¶江表(ふさ(長野県))

ふさ(8)
江戸時代後期の女性。和歌。阿島村領主で旗本知久家の家臣知久次郎左衛門の娘。
¶江表(ふさ(長野県)　[没]文政9(1826)年)

ふさ(9)
江戸時代後期の女性。国学。飯田の人。文化9年篤胤の国学書『古史伝』刊行の助成者として名がみえる。
¶江表(ふさ(長野県))

ふさ(10)
江戸時代後期の女性。俳諧。越後堀之内の人。寛政2年跋、根津桃路編、芭蕉翁一〇〇回忌追善集『華鳥風月集』に載る。
¶江表(ふさ(新潟県))

ふさ(11)
江戸時代後期の女性。俳諧。越前三国の人。天保15年刊、皎月舎其睡撰『杖のゆかり』に載る。
¶江表(ふさ(福井県))

ふさ(12)
江戸時代後期の女性。和歌。遠江浜松の儒医渡辺蒙庵の孫娘。
¶江表(ふさ(静岡県)　[没]文政6(1823)年)

ふさ(13)
江戸時代後期の女性。俳諧。天保12年刊、万頃園麦太編、十方庵画山の追善句集『仰魂集』に載る。
¶江表(ふさ(佐賀県))

ふさ(14)
江戸時代後期の女性。俳諧。城ケ崎の俳人二松亭菊路の娘。文政1年の五明の古希祝集『松賀左根』に載る。
¶江表(ふさ(宮崎県))

ふさ(15)
江戸時代末期の女性。俳諧。飯田の小林ふさ。文久3年刊、反哺庵烏孝編、俳人画像集『百家このみ帒』に入集。
¶江表(ふさ(長野県))

富佐 ふさ★
江戸時代後期の女性。俳諧。相模小田原における雪門。文化3年の歳旦帖『春帖』に載る。
¶江表(富佐(神奈川県))

浮佐 ふさ★
江戸時代中期の女性。俳諧。甲斐甘利の人。安永5年刊、堀内引蝶撰『其唐松』に載る。
¶江表(浮佐(山梨県))

房(1) ふさ★
江戸時代中期の女性。俳諧。渡部氏の妻。天明7年刊、新海自的編『真左古』に載る。
¶江表(房(長野県))

房(2) ふさ★
江戸時代中期の女性。和歌。多田陽充の妻。天明2年刊、『伴菊延齢詩歌集』に載る。
¶江表(房(奈良県))

房(3) ふさ★
江戸時代後期の女性。教育。山崎氏。
¶江表(房(東京都) [生]天保9(1838)年頃)

普済国師 ふさいこくし
⇒夢窓疎石(むそうそせき)

房菊 ふさきく★
江戸時代後期の女性。俳諧。越前三国の人。天保14年刊、天井章静ほか編『炭瓢集』に載る。
¶江表(房菊(福井県))

ふさ子(1) ふさこ★
江戸時代の女性。和歌。加賀藩家老横山政和の娘。明治10年刊、高橋富兄編『類題石川歌集』に載る。
¶江表(ふさ子(石川県))

ふさ子(2) ふさこ★
江戸時代中期の女性。和歌。楠宗成の娘。元禄15年刊、竹内時安斎編『出雲大社奉納清地草』に載る。
¶江表(ふさ子(京都府))

ふさ子(3) ふさこ★
江戸時代後期の女性。和歌。石見浜田藩主松平康任と康爵に仕えた国学者で歌人斎藤彦麿の息子豊啓の妻。天保10年序、斎藤彦磨撰「春の明ほの」に載る。
¶江表(ふさ子(福島県))

ふさ子(4) ふさこ★
江戸時代後期の女性。和歌。北町奉行所与力三村吉兵衛の姉。天保11年成立、因幡若桜藩主藩池田定保の室栄子著「源女竟宴和歌」に載る。
¶江表(ふさ子(東京都))

ふさ子(5) ふさこ★
江戸時代後期の女性。和歌。松代藩藩士松木源八薫胤の妻。享和2年39歳で没した歌人窪田久麻呂の妻の追悼集「なけきのしけり」に載る。
¶江表(ふさ子(長野県))

ふさ子(6) ふさこ★
江戸時代末期の女性。和歌。相模鎌倉郡戸塚の年寄鈴木長温の妻。慶応3年刊、猿渡容盛編『類題新竹集』に載る。
¶江表(ふさ子(神奈川県))

ふさ子(7) ふさこ★
江戸時代末期の女性。和歌。美作津山藩の奥女中。安政4年刊、井上文雄編『摘英集』に載る。
¶江表(ふさ子(岡山県))

維子 ふさこ
江戸時代末期の女性。和歌。陸奥相馬藩主相馬益胤の娘。
¶江表(維子(北海道) [没]慶応3(1867)年)

総子 ふさこ★
江戸時代後期の女性。和歌。安芸郡蒲刈島の荘厳寺恵空の母。天保2年の桂園入門名簿に恵空の妻郁子と共に名が載る。
¶江表(総子(広島県))

富佐子 ふさこ★
江戸時代後期の女性。和歌。新庄の人。文政5年成立、森羅亭万象撰『俳諧歌織人画讃合』に載る。
¶江表(富佐子(奈良県))

房子(1) ふさこ★
江戸時代の女性。和歌。下村氏。明治21年刊、『浅瀬の波』初に載る。
¶江表(房子(熊本県))

房子(2) ふさこ★
江戸時代中期の女性。和歌。都築林親の娘。元禄15年刊、竹内時安斎編『出雲大社奉納清地草』に載る。
¶江表(房子(島根県))

房子(3) ふさこ★
江戸時代後期の女性。和歌。三宅雲八郎直教の母。弘化4年刊、清堂観尊編『たち花の香』に載る。
¶江表(房子(東京都))

房子(4) ふさこ★
江戸時代後期の女性。和歌。播磨龍野藩藩士脇坂内記の妻。嘉永3年刊、長沢伴雄編『類題鴨川次郎集』に載る。
¶江表(房子(兵庫県))

房子(5) ふさこ★
江戸時代末期の女性。和歌。吉田氏。慶応2年、白石資風序、『さくら山の歌集』に載る。
¶江表(房子(山口県))

栄子内親王 ふさこないしんのう
⇒栄子内親王(まさこないしんのう)

成子内親王* ふさこないしんのう
享保14(1729)年～明和8(1771)年 [別]成子内親王(しげこないしんのう) 江戸時代中期の女性。中御門天皇の第5皇女。
¶江表(成子内親王(京都府) [生]享保15(1730)年),天皇([生]享保14(1729)年8月4日 [没]明和8(1771)年5月12日)

ふさ女(1) ふさじょ★
江戸時代後期の女性。和歌。尾張名古屋泉屋の人。弘化4年刊、清堂観尊編『たち花の香』に載る。
¶江表(ふさ女(愛知県))

ふさ女(2) ふさじょ★
江戸時代後期の女性。俳諧。海部郡の人。弘化2年序、涼々庵其樟編『梅風集』に載る。
¶江表(ふさ女(徳島県))

房女 ふさじょ★
江戸時代後期の女性。和歌。徳川家の奥女中。文

化11年刊、中山忠雄・河田正致編『柿本社奉納和歌集』に載る。
¶江表（房女（東京都））

英姫　ふさひめ★
江戸時代後期〜末期の女性。和歌・書簡。三卿の徳川斉敦の娘。
¶江表（英姫（鹿児島県）　[生]文化2（1805）年　[没]安政5（1858）年）

房世王　ふさよおう
⇒平房世（たいらのふさよ）

不三の母　ふさんのはは★
江戸時代後期の女性。俳諧。大坂の人。天保3年刊、守村鶯卿編『女百人一句』に載る。
¶江表（不三の母（大阪府））

ふし(1)
江戸時代中期の女性。俳諧。観音寺の俳人不断の妻。宝永2年序、百花坊除風編、『冬の花』に載る。
¶江表（ふし（香川県））

ふし(2)
江戸時代中期の女性。俳諧。筑前福岡の人。天明3年の句集『時雨会』に載る。
¶江表（ふし（福岡県））

ふし(3)
江戸時代後期の女性。俳諧。石見の大田連に属す。寛政12年刊、夏音舎柊里編『三度笠』人に載る。
¶江表（ふし（島根県））

ふじ(1)
江戸時代後期の女性。書簡。江戸の舞踊家藤間勘右衛門の娘。
¶江表（ふじ（長野県）　[生]天保13（1842）年）

ふじ(2)
江戸時代後期の女性。教育。東浅井郡朝日村津里の光照寺の娘。夫の勘右衛門が文化3年に開いた寺子屋の三代目師匠。
¶江表（ふじ（滋賀県））

フジ
江戸時代末期の女性。教育。加藤氏。文久年間から大村藩家臣の子女の教育にあたる。
¶江表（フジ（長崎県））

藤(1)　ふじ★
江戸時代前期の女性。俳諧。大坂の人。貞享1年刊、井原西鶴編『古今俳諧女歌仙』に載る。
¶江表（藤（大阪府））

藤(2)　ふじ★
江戸時代中期の女性。俳諧。元禄4年刊、松春編『祇園拾遺物語』に載る。
¶江表（藤（東京都））

藤(3)　ふじ★
江戸時代中期〜後期の女性。書簡。加賀藩10代藩主前田重教の娘。
¶江表（藤（香川県）　[生]安永7（1778）年　[没]寛政8（1796）年）

藤(4)　ふじ★
江戸時代後期〜明治時代の女性。和歌。越前大野藩主土井利義の娘。
¶江表（藤（滋賀県）　[生]文化9（1812）年　[没]明治17（1884）年）

藤井葦川＊　ふじいいせん
天保10（1839）年〜明治25（1892）年　江戸時代末期〜明治時代の医師。福山誠之館教授補を務めた。
¶幕末（[没]明治25（1892）年3月10日）

藤井一二斎　ふじいいちにさい
江戸時代前期の武士。大坂の陣で籠城。大野治房の配下。
¶大坂

藤井市郎＊　ふじいいちろう
嘉永3（1850）年〜明治1（1868）年　江戸時代末期の奇兵隊士。
¶幕末（[没]慶応4（1868）年8月4日）

藤井右門＊　ふじいうもん
享保5（1720）年〜明和4（1767）年　江戸時代中期の武士。皇女八十宮に仕える、山県大弐の塾に入門。
¶江人，コン，思想，徳将，山小（[没]1767年8月22日）

藤井織之助＊　ふじいおりのすけ
文政10（1827）年〜明治1（1868）年　[別]千葉成信（ちばしげのぶ）　江戸時代末期の十津川郷士、尊攘派志士。剣を桃井春蔵に学ぶ。
¶幕末（[生]文政10（1828）年12月30日　[没]慶応4（1868）年7月29日）

藤井勝忠　ふじいかつただ
江戸時代中期の幕臣。
¶徳人（[生]？　[没]1695年）

藤井勘七＊　ふじいかんしち
天保13（1842）年〜明治42（1909）年　江戸時代末期〜明治時代の呉服商。御所御用達商。大礼など大きな儀式に堂上、女官用の呉服を収め莫大な利益を得た。
¶幕末（[没]明治42（1909）年9月11日）

藤井希璞＊　ふじいきぼく
文政7（1824）年〜明治26（1893）年　江戸時代末期〜明治時代の官吏。勤王の志士と交わり、有栖川宮熾仁親王の密使として活躍。維新後は有栖川宮家家令。
¶幕末（[生]文政7（1824）年7月　[没]明治26（1893）年6月27日）

藤井九左衛門　ふじいきゅうざえもん
江戸時代中期の代官。
¶徳代（生没年不詳）

藤井九成＊　ふじいきゅうせい
天保8（1837）年〜明治43（1910）年　江戸時代末期〜明治時代の勤王志士。国事に奔走し、岩倉具視の連絡役を務める。維新後は岩倉家家令などを務めた。
¶幕末（[没]明治43（1910）年7月13日）

藤池清八　ふじいけせいはち
安土桃山時代の信濃国筑摩郡会田の土豪。会田岩下氏の被官とみられる。
¶武田（生没年不詳）

藤井源三郎＊　ふじいげんざぶろう
生没年不詳　江戸時代後期の農業技術改良家。
¶コン

藤井見隆＊　ふじいけんりゅう
元禄2（1689）年9月2日〜宝暦9（1759）年2月12日　江戸時代中期の医者。
¶眼医（藤井見隆（政武））

藤井好直*　ふじいこうちょく
文化12(1815)年～明治28(1895)年　江戸時代末期～明治時代の医師。「片山記」を著し、片山病研究に先鞭をつける。
¶幕末([没]明治28(1895)年9月3日)

藤井小三郎〔1代〕*　ふじいこさぶろう
生没年不詳　江戸時代前期～中期の人形浄瑠璃の女形人形遣い。上方で活躍。
¶コン(代数なし)

藤井小八郎*　ふじいこはちろう
生没年不詳　江戸時代中期の人形浄瑠璃の女形人形遣い。
¶コン

藤井左助　ふじいさすけ
江戸時代前期の前田利長家臣内藤如庵の家老。
¶大坂

藤井貞幹　ふじいさだもと
⇒藤貞幹(とうていかん)

藤井三郎*　ふじいさぶろう
文政2(1819)年～嘉永1(1848)年8月28日　江戸時代後期の蘭学者。
¶数学

藤井三郎右衛門*　ふじいさぶろうえもん
生没年不詳　江戸時代末期の酒造業。
¶幕末

藤井三右衛門　ふじいさんえもん
⇒能登屋三右衛門(のとやさんえもん)

藤井重兵衛　ふじいじゅうべえ
⇒中村宗十郎〔1代〕(なかむらそうじゅうろう)

藤井松林*　ふじいしょうりん
*～明治27(1894)年　江戸時代末期～明治時代の日本画家。円山派。作品に「藤花小禽図」。
¶幕末([生]文政7(1824)年　[没]明治27(1894)年1月18日),美画([生]文政7(1824)年11月21日　[没]明治27(1894)年1月18日)

藤井次郎右衛門　ふじいじろうえもん
戦国時代の大工職の棟梁。北条氏綱の家臣山本若狭守に属した。
¶後北(次郎右衛門〔藤井〕　じろうえもん)

藤井新次郎*　ふじいしんじろう
文化11(1814)年～慶応2(1866)年　江戸時代末期の漁業家。
¶幕末

葛井親王　ふじいしんのう
⇒葛井親王(かどいしんのう)

藤井晋流*　ふじいしんりゅう
*～宝暦11(1761)年　[別]晋流(しんりゅう)　江戸時代中期の俳人。
¶俳文(晋流　しんりゅう　[生]延宝8(1680)年)

藤井善助*　ふじいぜんすけ
文政1(1818)年～明治18(1885)年　江戸時代末期～明治時代の商人。京都に近江屋を開く。振合方法で多くの協力者を得て販路を全国各地に拡げた。
¶幕末([没]明治18(1885)年9月16日)

藤井蘇堂　ふじいそどう
⇒藤井緑筠(ふじいりょくきん)

藤井太一郎*　ふじいたいちろう
天保9(1838)年～慶応2(1866)年　江戸時代末期の遊撃隊狙撃隊士。
¶幕末([没]慶応2(1866)年6月25日)

藤井高雅*　ふじいたかつね
文政2(1819)年～文久3(1863)年　[別]大藤高雅(おおふじたかつね),藤井高雅(ふじいたかまさ)　江戸時代後期の国学者。
¶幕末(大藤高雅　おおふじたかつね　[没]文久3(1863)年7月25日)

藤井高尚*　ふじいたかなお
明和1(1764)年～天保11(1840)年　江戸時代中期～後期の国学者。本居宣長門下。
¶コン,思想

藤井太郎右衛門　ふじいたろうえもん
戦国時代の大工職の棟梁。北条氏綱の家臣渡辺弾正忠に属した。
¶後北(太郎右衛門〔藤井〕　たろうえもん)

藤井竹外*　ふじいちくがい
文化4(1807)年～慶応2(1866)年　江戸時代末期の漢詩人。頼山陽に師事。
¶コン,詩作([生]文化4(1807)年4月20日　[没]慶応2(1866)年7月21日)

藤井嗣賢　ふじいつぐかた
戦国時代の公家。
¶公家(嗣賢〔藤井家(絶家)〕　つぐかた)

藤井嗣孝*　ふじいつぐたか
生没年不詳　室町時代の公卿(非参議)。参議藤井嗣尹の子。
¶公卿,公家(嗣孝〔藤井家(絶家)〕　つぐたか)

藤井嗣尹*　ふじいつぐただ
?～応永13(1406)年5月6日　南北朝時代～室町時代の公卿(参議)。藤井家の始祖。
¶公卿,公家(嗣尹〔藤井家(絶家)〕　つぐただ)

藤井卓幹(藤井貞幹)　**ふじいていかん**
⇒藤貞幹(とうていかん)

藤井鼎左*　ふじいていさ
享和2(1802)年～明治2(1869)年　[別]花屋庵鼎左(かやあんていさ),鼎左(ていさ)　江戸時代末期の備後福山藩士。
¶俳文(鼎左　ていさ　[没]明治2(1869)年10月4日)

藤井俊長*　ふじいとしなが
生没年不詳　[別]鎌田俊長(かまたとしなが),藤井俊長(ふじいのとしなが)　鎌倉時代前期の幕府官人。
¶古人(ふじいのとしなが)

藤井智恒　ふじいともつね
江戸時代前期～中期の関東代官。
¶徳代([生]貞享4(1687)年　[没]元文5(1740)年7月23日)

藤井尚弼*　ふじいなおすけ
文政8(1825)年～安政6(1859)年　[別]藤井尚弼(ふじいひさすけ)　江戸時代末期の西園寺家諸太夫。
¶幕末([生]文政8(1825)年11月11日　[没]安政6(1859)年9月1日)

藤井直好　ふじいなおやす
⇒藤井直好(ふじいなおよし)

藤井直好*　ふじいなおよし
生没年不詳　[別]藤井直好(ふじいなおやす)　江戸

時代前期の和算家。
¶数学(ふじいなおやす)

藤井秋成　ふじいのあきなり
平安時代後期の官人。
¶古人(生没年不詳)

葛井荒海　ふじいのあらうみ
奈良時代の官人。
¶古人(生没年不詳)

藤井有道　ふじいのありみち
平安時代後期の官人。
¶古人(生没年不詳)

藤井今長　ふじいのいまなが
平安時代後期の官人。
¶古人(生没年不詳)

葛井大成*　ふじいのおおなり
生没年不詳　[別]葛井連大成(ふじいのむらじおおなり)　奈良時代の官吏。
¶古人，古代(葛井連大成　ふじいのむらじおおなり)

葛井河守*　ふじいのかわもり
生没年不詳　[別]葛井連河守(ふじいのむらじかわもり)　奈良時代の官吏。
¶古人，古代(葛井連河守　ふじいのむらじかわもり)

藤井清延　ふじいのきよのぶ
平安時代中期の官人。
¶古人(生没年不詳)

葛井子老*　ふじいのこおゆ
生没年不詳　[別]葛井連子老(ふじいのむらじこおゆ)　奈良時代の官吏。
¶古代(葛井連子老　ふじいのむらじこおゆ)

藤井是武　ふじいのこれたけ
平安時代後期の官人。
¶古人(生没年不詳)

藤井是信　ふじいのこれのぶ
平安時代後期の官人。
¶古人(生没年不詳)

藤井成武　ふじいのしげたけ
平安時代後期の官人。
¶古人(生没年不詳)

藤井重任　ふじいのしげとう
平安時代後期の官人。
¶古人(生没年不詳)

藤井武国　ふじいのたけくに
平安時代後期の官人。
¶古人(生没年不詳)

藤井武光　ふじいのたけみつ
平安時代後期の官人。
¶古人(生没年不詳)

藤井武元　ふじいのたけもと
平安時代後期の官人。
¶古人(生没年不詳)

藤井立足　ふじいのたちたり
奈良時代の官人。
¶古人(生没年不詳)

藤井為里　ふじいのためさと
平安時代後期の官人。
¶古人(生没年不詳)

藤井為重　ふじいのためしげ
平安時代後期の官人。
¶古人(生没年不詳)

藤井為光　ふじいのためみつ
平安時代後期の官人。
¶古人(生没年不詳)

藤井時国　ふじいのときくに
平安時代後期の官人。
¶古人(生没年不詳)

藤井俊長　ふじいのとしなが
⇒藤井俊長(ふじいとしなが)

藤井友国　ふじいのともくに
平安時代後期の官人。
¶古人(生没年不詳)

葛井豊道　ふじいのとよみち
奈良時代の官人。
¶古人(生没年不詳)

葛井根主　ふじいのねぬし
奈良時代の官人。木工頭・伊予守・大膳亮。正五位下。
¶古人(生没年不詳)

葛井根道　ふじいのねみち
奈良時代の官人。
¶古人(生没年不詳)

藤井信方　ふじいののぶかた
平安時代後期の官人。
¶古人(生没年不詳)

藤井延国　ふじいののぶくに
平安時代後期の官人。
¶古人(生没年不詳)

藤井延末　ふじいののぶすえ
平安時代後期の官人。
¶古人(生没年不詳)

藤井則末　ふじいののりすえ
平安時代後期の摂津国採銅所預目代。
¶古人(生没年不詳)

葛井広成*　ふじいのひろなり
生没年不詳　[別]白猪広成(しらいのひろなり)，葛井連広成(ふじいのむらじひろなり)，葛井広成(ふじいひろなり)　奈良時代の官人。遣新羅使として新羅に派遣。
¶古人(白猪広成　しらいのひろなり)，古代(葛井連広成　ふじいのむらじひろなり)，コン

藤井幹高　ふじいのみきたか
⇒藤井幹高(ふじいみきたか)

葛井道依*　ふじいのみちより
生没年不詳　[別]葛井連道依(ふじいのむらじみちより)　奈良時代の官吏。
¶古人，古代(葛井連道依　ふじいのむらじみちより)

藤井光国　ふじいのみつくに
平安時代後期の官人。
¶古人(生没年不詳)

藤井光末　ふじいのみつすえ
平安時代後期の官人。
¶古人（生没年不詳）

藤井宮国　ふじいのみやくに
平安時代後期の官人。
¶古人（生没年不詳）

葛井連大成　ふじいのむらじおおなり
⇒葛井大成（ふじいのおおなり）

葛井連河守　ふじいのむらじかわもり
⇒葛井河守（ふじいのかわもり）

葛井連子老　ふじいのむらじこおゆ
⇒葛井子老（ふじいのこおゆ）

葛井連広成　ふじいのむらじひろなり
⇒葛井広成（ふじいのひろなり）

葛井連道依　ふじいのむらじみちより
⇒葛井道依（ふじいのみちより）

葛井連諸会　ふじいのむらじもろあい
⇒葛井諸会（かどいのもろあい）

葛井連諸会　ふじいのむらじもろえ
⇒葛井諸会（かどいのもろあい）

藤井元国　ふじいのもとくに
平安時代後期の官人。
¶古人（生没年不詳）

藤井守秋　ふじいのもりあき
平安時代後期の官人。
¶古人（生没年不詳）

藤井守貞　ふじいのもりさだ
平安時代後期の讃岐国の相撲人。11世紀末の各種相撲に出場。
¶古人（生没年不詳）

藤井守次　ふじいのもりつぐ
平安時代後期の官人。
¶古人（生没年不詳）

葛井諸会　ふじいのもろあい
⇒葛井諸会（かどいのもろあい）

葛井諸会　ふじいのもろえ
⇒葛井諸会（かどいのもろあい）

藤井諸会　ふじいのもろき
奈良時代の官人。
¶古人（生没年不詳）

藤井安吉　ふじいのやすよし
平安時代中期の摂津国水成瀬荘官。丹後掾。
¶古人（生没年不詳）

藤井行正　ふじいのゆきまさ
平安時代後期の相撲人。
¶古人（生没年不詳）

藤井吉近　ふじいのよしちか
平安時代後期の官人。
¶古人（生没年不詳）

藤井彦右衛門*　ふじいひこうえもん
文化11（1814）年～明治29（1896）年　江戸時代末期～明治時代の庄屋。大島みかんの育成に成功。
¶幕末（[没]明治29（1896）年9月13日）

藤井尚弼　ふじいひさすけ
⇒藤井尚弼（ふじいなおすけ）

葛井広成　ふじいひろなり
⇒葛井広成（ふじいのひろなり）

藤井平左衛門　ふじいへいざえもん
⇒藤井藍田（ふじいらんでん）

藤井方亭*　ふじいほうてい
安永7（1778）年～弘化2（1845）年　江戸時代後期の蘭方医。宇田川玄真に師事。
¶コン

藤井松野*　ふじいまつの
文政4（1821）年～弘化3（1846）年10月3日　江戸時代後期の女性。歌人。備中国賀陽郡宮内村の吉備津神社の宮司藤井高尚の孫。
¶江表（松野（岡山県））

藤井幹高*　ふじいみきたか
生没年不詳　[別]藤井幹高（ふじいのみきたか）　平安時代中期の土豪。
¶古人（ふじいのみきたか）

藤井充武*　ふじいみちたけ
寛延2（1749）年8月6日～文化6（1809）年7月18日　江戸時代中期～後期の公家（非参議）。非参議藤井充行の子。
¶公卿，公家（充武〔藤井家〕　みつたけ）

藤井充行*　ふじいみちゆき
享保7（1722）年11月28日～寛政4（1792）年4月24日　江戸時代中期の公家（非参議）。正六位上・式部大丞藤井兼代の子。
¶公卿，公家（充行〔藤井家〕　みつゆき）

藤井宗雄*　ふじいむねお
文政6（1823）年1月5日～明治39（1906）年12月14日　江戸時代末期～明治時代の庄屋、国学者。「中御柱」をはじめとする著書で一家を成す。神道教導職、大教正等を歴任。
¶幕末

葛井諸会　ふじいもろえ
⇒葛井諸会（かどいのもろあい）

藤井安八*　ふじいやすはち
天保11（1840）年～？　江戸時代後期～末期の新撰組隊士。
¶新隊

藤井行学*　ふじいゆきたか
享和3（1803）年1月7日～明治1（1868）年7月　江戸時代末期の公家（非参議）。非参議藤井行福の子。
¶公卿，公家（行学〔藤井家〕　ゆきひさ　[没]明治1（1868）年7月7日）

藤井行福*　ふじいゆきとみ
安永3（1774）年2月11日～天保6（1835）年3月8日　江戸時代後期の公家（非参議）。非参議藤井充武の子。
¶公卿，公家（行福〔藤井家〕　ゆきとみ）

藤井行麿*　ふじいゆきまろ
天保3（1832）年～明治33（1900）年　江戸時代末期～明治時代の酒造業者、国学者。銘酒「猿若」で名を博す。のち東京で皇典講究所の教正をつとめる。
¶幕末

藤井行道* ふじいゆきみち
文政8(1825)年9月28日～明治24(1891)年7月 江戸時代末期～明治時代の華族、子爵。
¶公卿,公家(行道〔藤井家〕 ゆきみち [没]明治24(1891)年7月9日)

藤井義孝 ふじいよしたか
江戸時代後期～末期の幕臣。
¶徳人(生没年不詳)

藤井懶斎 ふじいらいさい
⇒藤井懶斎(ふじいらんさい)

藤井懶斎* ふじいらんさい
寛永5(1628)年～* [別]藤井懶斎(ふじいらいさい) 江戸時代前期～中期の儒学者。
¶コン([生]寛永3(1626)年 [没]宝永3(1706)年),思想([没]宝永6(1709)年)

藤井藍田* ふじいらんでん
文化13(1816)年～慶応1(1865)年 [別]藤井平左衛門(ふじいへいざえもん) 江戸時代末期の呉服商。
¶幕末([没]慶応1(1865)年閏5月13日)

藤井良節* ふじいりょうせつ
文化14(1817)年～明治9(1876)年 江戸時代末期～明治時代の薩摩藩士。自藩の利益を代表して長州、土佐の尊攘派と対立。岩倉具視の側近として行動。
¶幕末([没]明治9(1876)年2月2日)

藤井緑筠* ふじいりょくきん
文化11(1814)年～明治23(1890)年 [別]藤井蘇堂(ふじいそどう) 江戸時代末期～明治時代の商人。町宿老を務め、俸三口を賜う。また南画をよくし、山水画に優れていた。
¶幕末([没]明治23(1890)年10月30日)

藤うら ふじうら★
江戸時代後期の女性。和歌。棚倉藩の奥女中。天保11年序、因幡若桜藩主松平定保の室栄子著「松平家源女竟宴和歌」に載る。
¶江表(藤うら(福島県))

藤浦 ふじうら★
江戸時代後期の女性。和歌。高取藩主植村家長家の奥女中。文政7年頃、池田冠山の仕立てた巻物「玉露童女追悼集」に入集。
¶江表(藤浦(奈良県))

藤江九蔵* ふじえきゅうぞう
生没年不詳 安土桃山時代の織田信長の家臣。
¶織田

藤枝重家 ふじえしげいえ
江戸時代前期の幕臣。
¶徳人(生没年不詳)

藤枝外記* ふじえだげき
宝暦8(1758)年～天明5(1785)年7月9日 江戸時代中期の旗本。旗本徳山貞明の8男。
¶コン

藤江雅良* ふじえまさよし
慶長8(1603)年～? 江戸時代前期の公家(非参議)。権大納言飛鳥井雅綱の孫。
¶公卿,公家(雅良〔藤江家(絶家)〕 まさよし)

藤江松三郎* ふじえまつさぶろう
弘化2(1845)年～明治5(1872)年 江戸時代末期～明治時代の加賀藩足軽。同志芝木喜内と近江長浜で主君本多政均の仇敵多賀賢三郎を刺殺し、本懐を遂げる。
¶幕末([没]明治5(1872)年11月4日)

藤尾(1) ふじお★
江戸時代後期の女性。和歌。庄内藩酒井家の老女。嘉永4年序、鈴木直麿編『八十番歌合』に載る。
¶江表(藤尾(山形県))

藤尾(2) ふじお★
江戸時代後期の女性。俳諧。加藤氏の娘。嘉永6年序、花屋庵鼎左・五梅庵舎用編『俳諧海内人名録』に載る。
¶江表(藤尾(山形県))

藤岡有貞* ふじおかありさだ
文政3(1820)年～嘉永2(1849)年 [別]藤岡雄市(ふじおかゆういち) 江戸時代後期の和算家、出雲松江藩士。内田五観に師事。
¶コン,数学([没]嘉永2(1849)年12月5日)

藤岡月尋 ふじおかげつじん
⇒月尋堂(げつじんどう)

藤岡茂之* ふじおかしげゆき
生没年不詳 江戸時代前期の和算家。
¶数学

藤岡忠永 ふじおかただなが
戦国時代～安土桃山時代の武田氏の家臣、禰津常安の被官。
¶武田(生没年不詳)

藤岡縫殿助 ふじおかぬいのすけ
江戸時代前期の武士。大坂の陣で籠城。後、土井利勝に仕えた。
¶大坂

藤岡屋由蔵* ふじおかやよしぞう
寛政5(1793)年～? [別]須藤由蔵(すどうよしぞう) 江戸時代後期の古書業、巷談記録者。「藤岡屋日記」著者。
¶出版

藤岡雄市 ふじおかゆういち
⇒藤岡有貞(ふじおかありさだ)

藤懸五郎左衛門* ふじかけごろうざえもん
文政6(1823)年～明治26(1893)年 江戸時代末期～明治時代の古河藩士。
¶幕末([没]明治26(1893)年6月21日)

藤懸土佐守永元 ふじかけとさのかみながもと
江戸時代前期の豊臣秀頼の家臣。
¶大坂([没]慶長20年)

藤懸永勝*(藤掛永勝) ふじかけながかつ,ふじかけながかつ
弘治3(1557)年～元和3(1617)年 安土桃山時代～江戸時代前期の武将。織田信長の臣。
¶織田(ふじかけながかつ [生]弘治3(1557)年? [没]元和3(1617)年6月5日)

藤懸頼善* ふじかけよりよし
生没年不詳 江戸時代末期の加賀藩聞番役。
¶幕末

藤方具俊 ふじかたともとし
⇒藤方朝成(ふじかたともなり)

藤方朝成* ふじかたともなり
享禄3(1530)年～慶長2(1597)年 [別]藤方具俊(ふ

ふしきい

藤方彦一郎 ふじかたひこいちろう
江戸時代末期の代官。
¶徳代(㋐? ㋒安政2(1855)年1月)

藤谷為賢 ふじがやつためかた
⇒藤谷為賢(ふじたにためかた)

藤谷為信 ふじがやつためのぶ
⇒藤谷為信(ふじたにためのぶ)

藤谷為茂 ふじがやつためもち
⇒藤谷為茂(ふじたにためしげ)

藤川岩松〔2代〕 ふじかわいわまつ
⇒山村舞扇斎(やまむらぶせんさい)

藤川勝三郎〔1代〕 ふじかわかつさぶろう
⇒荻野扇女(おぎのせんじょ)

藤川勝次郎 ふじかわかつじろう
⇒藤川友吉〔2代〕(ふじかわともきち)

藤川鐘三郎 ふじかわかねさぶろう
⇒片岡市蔵〔1代〕(かたおかいちぞう)

藤川鐘弥 ふじかわかねや
⇒片岡市蔵〔1代〕(かたおかいちぞう)

藤川花友〔2代〕 ふじかわかゆう
⇒藤川友吉〔2代〕(ふじかわともきち)

藤川花友〔3代〕 ふじかわかゆう
⇒荻野扇女(おぎのせんじょ)

藤川黒斎 ふじかわこくさい
江戸時代後期～明治時代の漆芸家。
¶美工(㋐文化5(1808)年 ㋒明治18(1885)年11月2日)

藤川茶谷 ふじかわさこく
⇒片岡仁左衛門〔4代〕(かたおかにざえもん)

藤川三渓* ふじかわさんけい
*～明治22(1889)年10月22日 江戸時代末期～明治時代の高松藩士、実業家。竜虎隊を組織、奥羽戦線に従事。大日本水産学校を設立し、水産業の発展に尽力。
¶コン(㋐文化13(1816)年),幕末(㋐文化13(1816)年11月24日 ㋒明治22(1891)年10月22日)

藤川繁右衛門 ふじかわしげえもん
⇒片岡仁左衛門〔3代〕(かたおかにざえもん)

藤川重勝* ふじかわしげかつ
天正7(1579)年～寛永10(1633)年 安土桃山時代～江戸時代前期の武士。
¶徳代(㋒寛永10(1633)年8月25日)

藤川春竜 ふじかわしゅんりゅう
⇒藤川春竜(ふじかわはるたつ)

藤川庄松(藤川正松) ふじかわしょうまつ
⇒片岡仁左衛門〔4代〕(かたおかにざえもん)

藤川大吉(1) ふじかわだいきち
⇒中村大吉〔1代〕(なかむらだいきち)

藤川大吉(2) ふじかわだいきち
⇒藤川平九郎(ふじかわへいくろう)

藤川冬斎* ふじかわとうさい
寛政8(1796)年～明治2(1869)年 江戸時代末期の儒学者。
¶幕末(㋒明治2(1869)年2月10日)

藤川友吉〔1代〕* ふじかわともきち
宝暦9(1759)年～文化5(1808)年 ㋲花友(かゆう) 江戸時代中期～後期の歌舞伎役者。安永1年～文化5年頃に活躍。
¶歌大(㋒文化5(1808)年6月16日)

藤川友吉〔2代〕* ふじかわともきち
㋲花勇、花友(かゆう)、藤川勝次郎(ふじかわかつじろう)、藤川花友〔2代〕(ふじかわかゆう)、藤川友三郎(ふじかわともさぶろう) 江戸時代後期の歌舞伎役者。寛政4年～天保4年頃に活躍。
¶歌大(㋐? ㋒天保5(1834)年)

藤川友吉〔3代〕 ふじかわともきち
⇒荻野扇女(おぎのせんじょ)

藤川友三郎 ふじかわともさぶろう
⇒藤川友吉〔2代〕(ふじかわともきち)

藤川春竜* ふじかわはるたつ
天保10(1839)年～昭和4(1929)年 ㋲藤川春竜(ふじかわしゅんりゅう) 江戸時代末期～昭和時代の教育者。浜松の瞬養校の訓導となり、明治初期の数学教育に貢献。
¶数学(㋐天保10(1839)年10月9日),幕末(ふじかわしゅんりゅう)

藤川半三郎〔1代〕 ふじかわはんさぶろう
⇒片岡仁左衛門〔3代〕(かたおかにざえもん)

藤川半三郎〔2代〕 ふじかわはんさぶろう
⇒片岡仁左衛門〔4代〕(かたおかにざえもん)

藤川半三郎〔3代〕 ふじかわはんさぶろう
⇒片岡仁左衛門〔5代〕(かたおかにざえもん)

藤川武左衛門〔1代〕* ふじかわぶざえもん
寛永9(1632)年～享保14(1729)年 ㋲逸選(いっせん) 江戸時代前期～中期の歌舞伎役者。延宝3年～享保6年頃に活躍。
¶歌大(代数なし ㋒享保14(1729)年3月3日)

藤川平九郎* (――〔2代〕) ふじかわへいくろう
元禄11(1698)年～宝暦11(1761)年 ㋲逸風(いっぷう)、笑鬼(しょうき)、藤川大吉(ふじかわだいきち) 江戸時代中期の歌舞伎役者。享保4年～宝暦11年頃に活躍。
¶浮絵、歌大(――〔2代〕 ㋒宝暦11(1761)年7月4日)

藤川平九郎〔1代〕 ふじかわへいくろう
江戸時代中期の歌舞伎俳優。初代藤川武左衛門と同一人物説あり。
¶歌大(㋒享保14(1729)年3月3日)

藤川巳之助 ふじかわみのすけ
⇒芳沢崎之助〔4代〕(よしざわさきのすけ)

藤川義智* ふじかわよしとも
生没年不詳 江戸時代後期の佐賀藩士・和算家。
¶数学

藤河別命* ふじかわわけのみこと
ト代の宣命伝使。
¶古代

藤木いち ふじきいち
⇒岸正知妻(きしまさとものつま)

藤木成基* ふじきなりもと
寛政4（1792）年～？　江戸時代後期の有栖川宮家諸大夫。
¶幕末（[生]寛政4（1792）年9月13日）

藤木峯庭の妻 ふじきほうていのつま★
江戸時代中期の女性。俳諧。塩山の人。享保19年成立、甲陽随者撰『鏡のうら』に載る。
¶江表（藤木峯庭の妻（山梨県））

藤子(1) ふじこ★
江戸時代後期の女性。和歌。常陸水戸下町で油屋を営む栗田雅文の妹。天保4年成立「二拾八番歌合」に載る。
¶江表（藤子（茨城県））

藤子(2) ふじこ★
江戸時代後期の女性。和歌。越後地蔵堂の富取益斎の娘。天保11年から同12年に成立した「雲居の杖」に載る。
¶江表（藤子（新潟県））

藤子(3) ふじこ★
江戸時代後期の女性。和歌。因幡鳥取の松村左一郎の母。天保12年刊、加納諸平編『類題鰒玉集』四に載る。
¶江表（藤子（鳥取県））

藤子(4) ふじこ
江戸時代後期の女性。和歌。筑前福岡藩主黒田継高の娘。
¶江表（藤子（岡山県）　[没]寛政6（1794）年）

藤子(5) ふじこ★
江戸時代後期の女性。和歌。大村藩主大村純庸の娘。
¶江表（藤子（長崎県）　[没]文化4（1807）年）

藤子(6) ふじこ★
江戸時代後期の女性。和歌。長崎の加藤小一郎の母。嘉永4年刊、長沢伴雄編『類題鴨川三郎集』に載る。
¶江表（藤子（長崎県））

藤子(7) ふじこ★
江戸時代末期の女性。和歌。秦野八郎右衛門の妻。万延1年刊、佐々木弘綱編『類題千船集』に載る。
¶江表（藤子（京都府））

藤子(8) ふじこ★
江戸時代末期の女性。和歌。豊後府内藩藩士須藤住右衛門の母。安政年間刊、西田惟恒編『安政四年三百首』に載る。
¶江表（藤子（大分県））

藤子(9) ふじこ
江戸時代末期～明治時代の女性。和歌。備中吉備郡有井村の三宅常房の娘。
¶江表（藤子（岡山県）　[没]明治6（1873）年）

婦志子 ふじこ★
江戸時代末期～大正時代の女性。教育・和歌。東京府士族糟屋十郎兵衛の娘。
¶江表（婦志子（福井県）　[生]安政2（1855）年　[没]大正14（1925）年）

藤崎猪之右衛門* ふじさきいのえもん
？～元治1（1864）年　江戸時代末期の桑名藩士。
¶幕末（[没]元治1（1864）年6月6日）

藤崎嘉左衛門 ふじさきかさえもん
江戸時代後期～明治時代の和算家。
¶数学（[生]文政7（1824）年8月15日　[没]明治23（1890）年9月1日）

藤崎吉五郎* ふじさききちごろう
弘化2（1845）年～慶応2（1866）年　江戸時代末期の土佐藩士。
¶幕末（[生]弘化2（1845）年10月　[没]慶応2（1866）年9月12日）

藤崎熊太郎* ふじさきくまたろう
文化10（1813）年～明治4（1871）年　江戸時代末期～明治時代の佐賀藩多久家士。東原庠舎の教授を務め、多久の政務に参与。
¶幕末

藤崎八郎* ふじさきはちろう
天保14（1843）年～元治1（1864）年　江戸時代末期の土佐藩士。
¶幕末（[生]天保14（1843）年3月10日　[没]元治1（1864）年6月5日）

藤沢清親* ふじさわきよちか
生没年不詳　平安時代後期～鎌倉時代前期の武士。
¶古人

藤沢忠親* ふじさわただちか
生没年不詳　江戸時代末期～明治時代の和算家。
¶数学

藤沢次謙* ふじさわつぐかね
天保6（1835）年～明治14（1881）年　[別]藤沢次謙（ふじさわつぐよし）　江戸時代末期～明治時代の幕臣、陸軍軍人、陸軍副総裁。軍艦奉行、陸軍奉行並などを歴任。沼津兵学校を創立。
¶徳人（ふじさわつぐよし），幕末（ふじさわつぐよし　[生]天保6（1835）年4月11日　[没]明治14（1881）年5月2日）

藤沢次謙 ふじさわつぐよし
⇒藤沢次謙（ふじさわつぐかね）

藤沢東畡* ふじさわとうがい
寛政6（1794）年～元治1（1864）年　江戸時代末期の儒学者。泊園書院を開く。
¶コン，思想

藤沢南岳 ふじさわなんがく
江戸時代末期～明治時代の儒学者。
¶コン（[生]天保13（1842）年　[没]大正9（1920）年）

藤沢季吉 ふじさわのすえよし
平安時代後期の官人。
¶古人（生没年不詳）

藤沢彦次郎* ふじさわひこじろう
江戸時代末期の新撰組隊士。
¶新隊（生没年不詳）

藤沢正啓* ふじさわまさひろ
嘉永3（1850）年～昭和9（1934）年　江戸時代末期～昭和時代の会津藩士。戊辰の役に出陣。維新後は各地の警察署長などを歴任。著書に「会津藩大砲隊戊辰戦記」。
¶幕末（[没]昭和9（1934）年3月19日）

富士山中宮神主 ふじさんちゅうぐうかんぬし
戦国時代の中宮神社神主。実名未詳。冨士御室浅間神社の摂社の神主。
¶武田（生没年不詳）

藤重源九郎* ふじしげげんくろう
天保12(1841)年～明治1(1868)年　江戸時代末期の奇兵隊士。
¶幕末([没]慶応4(1868)年8月22日)

藤重藤厳* ふじしげとうげん
生没年不詳　安土桃山時代～江戸時代前期の塗師。
¶コン,美工

富士重本* ふじしげもと
文政9(1826)年～明治30(1897)年　江戸時代末期～明治時代の宮司、陸軍監獄長。駿州赤心隊を結成し官軍に従って江戸に進撃。西南戦争にも従軍。
¶幕末

伏柴加賀 ふししばのかが
⇒待賢門院加賀(たいけんもんいんのかが)

藤島常興* ふじしまつねおき
*～明治31(1898)年　江戸時代末期～明治時代の長門長府藩士。
¶科学([生]文政12(1829)年　[没]明治31(1898)年1月),幕末([生]文政12(1829)年10月13日　[没]明治31(1898)年1月7日)

ふし女(1) ふしじょ★
江戸時代中期の女性。俳諧。松山の人。延享4年刊、波止浜の俳人村山一志編『素羅宴』に載る。
¶江表(ふし女(愛媛県))

ふし女(2) ふしじょ★
江戸時代後期の女性。俳諧。天保15年、寒河江八幡宮に奉納された俳額に載る。
¶江表(ふし女(山形県))

藤女(1) ふじじょ★
江戸時代中期の女性。和歌。伊勢射和の富山冨柳の妻。元禄14年序、大淀三千風編『倭漢田鳥集』上に載る。
¶江表(藤女(三重県))

藤女(2) ふじじょ★
江戸時代後期の女性。狂歌。文化5年、尋幽亭載名編の唐衣橘洲七回忌追善集『とこよもの』に載る。
¶江表(藤女(東京都))

富士女(1) ふじじょ★
江戸時代後期の女性。俳諧。松本の人。弘化2年刊、草波亭蛙鳴著『鉾持集』に載る。
¶江表(富士女(長野県))

富士女(2) ふじじょ★
江戸時代後期の女性。俳諧。若狭河原市村の人。寛政12年伊藤一輔編『百恐館追福集』に載る。
¶江表(富士女(福井県))

藤代市産* ふじしろいちめ
天明7(1787)年～安政6(1859)年12月4日　江戸時代末期の女性。教育者。
¶江表(市産(千葉県)　いちめ)

藤四郎* ふじしろう
文政11(1828)年～明治7(1874)年　江戸時代末期～明治時代の武士。
¶幕末([生]文政11(1828)年4月29日　[没]明治7(1874)年11月3日)

藤城徳馨 ふじしろのりよし
江戸時代後期の和算家。
¶数学

藤田顕蔵 ふじたあきぞう
⇒藤田顕蔵(ふじたけんぞう)

藤田幾* ふじたいく
文政6(1823)年～慶応1(1865)年　[別]武田幾(たけだいく)　江戸時代末期の女性。尊攘運動家。藤田幽谷の娘。
¶江表(幾子(茨城県))

藤田育太郎* ふじたいくたろう
弘化2(1845)年～明治1(1868)年　江戸時代末期の長州(萩)藩士、奇兵隊士。
¶幕末([没]慶応4(1868)年7月25日)

富士田音蔵〔1代〕* ふじたおとぞう
?～文政10(1827)年　江戸時代後期の江戸長唄の唄方。
¶コン

富士田音蔵〔2代〕* ふじたおとぞう
寛政10(1798)年～安政6(1859)年　[別]富士田新蔵〔3代〕(ふじたしんぞう)　江戸時代末期の長唄唄方。初代富士田千蔵の門人。
¶コン

富士田吉次〔1代〕* ふじたきちじ
正徳4(1714)年～明和8(1771)年　[別]佐野川千蔵(さのかわせんぞう,さのがわせんぞう),楓紅(ふうこう),藤田吉次郎(ふじたきちじろう),富士田楓江,富士田楓紅(ふじたふうこう),都太夫和中〔2代〕(みやこだゆうわちゅう),都和中〔2代〕(みやこわちゅう)　江戸時代中期の歌舞伎役者、長唄唄方。享保8年～明和7年頃に活躍。
¶歌大(富士田吉次(吉治)〔1代〕　[没]明和8(1771)年3月29日),コン([生]?)

藤田吉次郎 ふじたきちじろう
⇒富士田吉次〔1代〕(ふじたきちじ)

藤田邦綱 ふじたくにつな
安土桃山時代の武蔵国鉢形城主北条氏邦の家臣。大学頭。
¶後北(邦綱〔藤田(1)〕　くにつな)

藤田源心 ふじたげんしん
⇒藤田信吉(ふじたのぶよし)

藤田顕蔵* ふじたけんぞう
*～文政12(1829)年　[別]藤田顕蔵(ふじたあきぞう)　江戸時代後期の阿波徳島藩の蘭方医。キリシタン。
¶コン([生]天明1(1781)年)

藤田子 ふじたこ★
江戸時代後期の女性。和歌。薩摩藩の奥女中。文政11年序、川畑篤実編「松操和歌集」に載る。
¶江表(藤田子(鹿児島県))

藤田呉江* ふじたごこう
文政10(1827)年～明治18(1885)年　江戸時代末期～明治時代の富士藩士。
¶コン,幕末([生]文政10(1828)年11月21日　[没]明治18(1885)年5月22日)

藤田小四郎* ふじたこしろう
天保13(1842)年～慶応1(1865)年　江戸時代末期の尊攘派水戸藩士。
¶江人,コン,全幕([没]元治2(1865)年),幕末([没]元治2(1865)年2月4日),山小([没]1865年2月4日)

ふ

藤田小平次* 　ふじたこへいじ
生没年不詳　江戸時代前期の歌舞伎役者。
¶歌大, コン

藤田維正* 　ふじたこれまさ
文政8(1825)年～明治25(1892)年8月18日　[別]藤田容斎(ふじたようさい)　江戸時代末期～明治時代の加賀藩士。
¶幕末

藤田貞資*(藤田定資)　ふじたさだすけ
享保19(1734)年～文化4(1807)年8月6日　江戸時代中期～後期の和算家。関流の普及に貢献。
¶江人, 科学([生]享保19(1734)年9月16日), コン, 数学([生]享保19(1734)年9月16日)

藤田貞栄* 　ふじたさだひで
生没年不詳　江戸時代後期の暦算家。
¶数学

藤田貞升* 　ふじたさだます
寛政9(1797)年～天保11(1840)年　江戸時代後期の和算家、筑後久留米藩士。
¶数学([没]天保11(1840)年8月16日)

藤田重利　ふじたしげとし
⇒藤田康邦(ふじたやすくに)

藤田葆* 　ふじたしげる
*～大正10(1921)年4月19日　江戸時代末期～明治時代の周防岩国藩士。
¶幕末([生]文政12(1829)年)

藤田子徳* 　ふじたしとく
生没年不詳　江戸時代後期の和算家。
¶数学

藤田秀斎* 　ふじたしゅうさい
文政8(1825)年～明治14(1881)年7月12日　[別]藤田秀斎(ふじたひでなり)　江戸時代後期～明治時代の和算家・測量家。
¶数学(ふじたひでなり)

藤田祥元* 　ふじたしょうげん
[別]藤田雪原斎(ふじたせつげんさい)　江戸時代中期の画家。
¶美画(藤田雪原斎　ふじたせつげんさい　生没年不詳)

富士田新蔵〔3代〕　ふじたしんぞう
⇒富士田音蔵〔2代〕(ふじたおとぞう)

藤田新太郎　ふじたしんたろう
⇒北条氏邦(ほうじょううじくに)

藤田静仙* 　ふじたせいせん
文政8(1825)年～大正2(1913)年　江戸時代末期～大正時代の医師。須賀川で開業。疱瘡流行の際、種痘を実施し、その功績で名字帯刀を許された。
¶幕末

藤田誠兵衛　ふじたせいべえ
江戸時代後期～大正時代の和算家。和算を学び、梁上三珠の算盤を作り教授。
¶数学([生]弘化3(1846)年　[没]大正12(1923)年)

藤田雪原斎　ふじたせつげんさい
⇒藤田祥元(ふじたしょうげん)

藤田宗兵衛* 　ふじたそうべえ
安永9(1780)年～天保14(1843)年　江戸時代後期の義民。
¶江人, コン

藤田高之* 　ふじたたかゆき
弘化4(1847)年～大正10(1921)年　江戸時代末期～大正時代の司法官、代議士。立憲改進党の発起人の一人になったほか、実業界でも活躍。
¶幕末([生]弘化4(1847)年7月18日　[没]大正10(1921)年5月28日)

藤田綱高* 　ふじたつなたか
生没年不詳　戦国時代の北条氏の家臣。
¶後北(綱高〔藤田(2)〕　つなたか)

藤田東湖* 　ふじたとうこ
文化3(1806)年～安政2(1855)年　江戸時代末期の水戸藩士、天保改革派の中心人物、後期水戸学の大成者。
¶江人, コン, 詩作([生]文化3(1806)年3月16日　[没]安政2(1855)年10月2日), 思想, 全幕, 幕末([生]文化3(1806)年3月16日　[没]安政2(1855)年10月2日), 山小([生]1806年3月16日　[没]1855年10月2日)

藤田業繁* 　ふじたなりしげ
生没年不詳　戦国時代の武士。天神山城主。
¶後北(業繁〔藤田(1)〕　なりしげ)

富士谷成章　ふじたにしげあや
⇒富士谷成章(ふじたになりあきら)

藤谷為敦* 　ふじたにためあつ
寛延4(1751)年7月13日～文化3(1806)年6月7日　江戸時代中期～後期の公家(権中納言)。権中納言藤谷為香の孫。
¶公卿, 公家(為敦〔藤谷家〕　ためあつ)

藤谷為賢* 　ふじたにためかた
文禄2(1593)年8月13日～承応2(1653)年7月11日　[別]藤谷為賢(ふじがやつためかた)　江戸時代前期の公家(権中納言)。藤谷家の祖。権大納言冷泉為満の次男。
¶公卿, 公家(為賢〔藤谷家〕　ためかた)

藤谷為兄* 　ふじたにためさき
天保1(1830)年8月11日～安政5(1858)年9月　江戸時代末期の公家(非参議)。非参議藤谷為知の子。
¶公卿, 公家(為兄〔藤谷家〕　ためさき　[生]文政13(1830)年8月11日　[没]安政5(1858)年9月3日)

藤谷為茂* 　ふじたにためしげ
承応3(1654)年6月23日～正徳3(1713)年6月13日　[別]藤谷為茂(ふじがやつためもち)　江戸時代前期～中期の公家(権大納言)。権中納言藤谷為条の子。
¶公卿, 公家(為茂〔藤谷家〕　ためしげ)

藤谷為知* 　ふじたにためとも
文化4(1807)年6月10日～嘉永2(1849)年9月29日　江戸時代後期の公家(非参議)。権中納言藤谷為脩の子。
¶公卿, 公家(為知〔藤谷家〕　ためつぐ)

藤谷為条* 　ふじたにためなが
元和6(1620)年3月21日～延宝8(1680)年9月15日　江戸時代前期の公家(権中納言)。権中納言藤谷為賢の子。
¶公卿, 公家(為条〔藤谷家〕　ためえだ)

藤谷為脩* 　ふじたにためなが
天明4(1784)年1月6日～天保14(1843)年8月14日　江戸時代後期の公家(権中納言)。権中納言藤谷為敦の子。
¶公卿, 公家(為脩〔藤谷家〕　ためなお　[没]天保14

(1843)年8月15日)

藤谷為信*　ふじたにためのぶ
延宝3(1675)年11月21日～元文5(1740)年10月7日　[別]藤谷為信(ふじがやつためのぶ)　江戸時代中期の公家(権中納言)。権大納言藤谷為茂の子。
¶公卿,公家(為信〔藤谷家〕　ためのぶ)

藤谷為香*　ふじたにためよし
宝永3(1706)年2月26日～宝暦7(1757)年9月10日　江戸時代中期の公家(権中納言)。権中納言藤谷為信の子。
¶公卿,公家(為香〔藤谷家〕　ためか　[没]宝暦7(1757)年9月5日)

藤谷貞兼*　ふじたにていけん
元和1(1615)年～元禄14(1701)年　[別]貞兼(ていけん)　江戸時代前期～中期の俳人。
¶俳文(貞兼　ていけん)

富士谷成章　ふじたになりあき
⇒富士谷成章(ふじたになりあきら)

富士谷成章*　ふじたになりあきら
元文3(1738)年～安永8(1779)年　[別]層城(そうじょう),富士谷成章(ふじたにしげあや,ふじたになりあき)　江戸時代中期の国学者。「あゆひ抄」著者。
¶江人,コン,思想,俳文(層城　そうじょう)

富士谷御杖*　ふじたにみつえ
明和5(1768)年～文政6(1823)年12月16日　江戸時代中期～後期の国学者。
¶コン,思想

藤田信吉*　ふじたのぶよし
*～元和2(1616)年　[別]藤田源心(ふじたげんしん)　安土桃山時代～江戸時代前期の武将、大名。下野西方藩主。
¶後北(信吉〔藤田(1)〕　のぶよし　[没]元和2年7月),武田([生]永禄1(1558)年　[没]元和2(1616)年7月14日)

藤田秀斎　ふじたひでなり
⇒藤田秀斎(ふじたしゅうさい)

富士田楓江(富士田楓紅)　ふじたふうこう
⇒富士田吉次〔1代〕(ふじたきちじ)

藤田孫太郎*　ふじたまごたろう
天保12(1841)年～明治36(1903)年　江戸時代末期～明治時代の発明家。紡績機械化のパイオニア。枠操器、大形早操器等を発明。
¶幕末([生]天保12(1841)年8月7日　[没]明治36(1903)年12月21日)

藤田積中*　ふじたもりちか
文政12(1829)年～明治21(1888)年　江戸時代末期～明治時代の官僚、県議会議員、兵庫商法会議所副会頭。勤王論の立場で新聞「湊川濯余」を刊行。のち官界に入り、商工業の発展に尽力。
¶幕末([生]文政12(1829)年6月25日　[没]明治21(1888)年1月8日)

藤田康邦*(藤田泰邦)　ふじたやすくに
?～弘治1(1555)年　[別]藤田重利(ふじたしげとし),用土康邦(ようどやすくに)　戦国時代の武将。上杉氏家臣。
¶後北(泰邦〔藤田(1)〕　やすくに　[没]弘治1年9月23日),戦武([生]永正10(1513)年)

藤田泰邦母　ふじたやすくにはは
戦国時代～安土桃山時代の女性。藤田重利(泰邦)母。
¶後北(泰邦母〔藤田(1)〕　やすくにはは)

藤田安広　ふじたやすひろ
戦国時代の北条氏康の家臣。弥七郎。
¶後北(安広〔藤田(2)〕　やすひろ)

藤田幽谷*　ふじたゆうこく
安永3(1774)年～文政9(1826)年　江戸時代後期の儒学者、水戸藩士、彰考館総裁立原翠軒門下。
¶江人,コン,思想,山小([生]1774年2月18日　[没]1826年12月1日)

藤田容斎　ふじたようさい
⇒藤田維正(ふじたこれまさ)

藤田吉勝*　ふじたよしかつ
生没年不詳　江戸時代前期の和算家。
¶数学

藤田嘉言*　ふじたよしとき
明和9(1772)年～文政11(1828)年　江戸時代後期の和算家。
¶数学([生]明和9(1772)年6月19日　[没]文政11(1828)年7月4日)

藤田頼央*　ふじたよりなか
生没年不詳　江戸時代後期の暦算家。
¶数学

藤田六郎兵衛*　ふじたろくろびょうえ
文化9(1812)年～明治30(1897)年　[別]藤田六郎兵衛重政(ふじたろくろびょうえしげまさ)　江戸時代末期～明治時代の藤田流笛八世。
¶幕末([没]明治30(1897)年1月20日)

藤田六郎兵衛重政　ふじたろくろびょうえしげまさ
⇒藤田六郎兵衛(ふじたろくろびょうえ)

藤塚知直*　ふじつかともなお
正徳5(1715)年～安永7(1778)年8月11日　江戸時代中期の神道家。
¶思想

藤壺女御*　ふじつぼのにょうご
?～康治1(1142)年　[別]橘俊綱女(たちばなのとしつなのむすめ)　平安時代後期の女性。鳥羽天皇の宮人。
¶コン,天皇(橘俊綱女　たちばなのとしつなのむすめ)

藤戸　ふじと⋆
江戸時代中期の女性。俳諧。黒木氏。安永3年刊、与謝蕪村編『俳諧玉藻集』に載る。
¶江表(藤戸(熊本県))

藤朝*　ふじとも
戦国時代の工匠。
¶後北(藤朝〔与次郎〕)

普子内親王*　ふしないしんのう
延喜9(909)年～天暦1(947)年　[別]普子内親王(ひろこないしんのう)　平安時代中期の女性。醍醐天皇の皇女。
¶古人(ひろこないしんのう),天皇(ふしないしんのう・ひろこないしんのう　[生]延喜10(910)年?　[没]天暦1(947)年7月11日)

輔子内親王　ふしないしんのう
⇒輔子内親王(ほしないしんのう)

孚子内親王*　ふしないしんのう
?～天徳2(958)年　[別]孚子内親王(さねこないし

ふ

ふしなみ

んのう） 平安時代中期の女性。宇多天皇の皇女。
¶古人（さねこないしんのう）

藤波(1)　ふじなみ*
江戸時代中期の女性。俳諧。石見浜田の加藤五丁の妻。安永2年刊、大石蟷鼓編『松の花集』に載る。
¶江表（藤波（島根県））

藤波(2)　ふじなみ*
江戸時代後期～末期の女性。書簡。平井村の八王子千人同心で農業も営む野口金兵衛の娘。
¶江表（藤波（東京都））　㊥文化8（1811）年　㊦慶応2（1866）年）

藤波朝忠　ふじなみあさただ
⇒藤波朝忠（ふじなみともただ）

藤波氏経　ふじなみうじつね
⇒荒木田氏経（あらきだうじつね）

藤波氏彦　ふじなみうじひこ
⇒荒木田氏彦（あらきだうじひこ）

藤波氏養　ふじなみうじもり
⇒荒木田氏養（あらきだうじやす）

藤波景忠＊　ふじなみかげただ
正保4（1647）年4月16日～享保12（1727）年5月11日　㊙藤波景忠　江戸時代前期～中期の公家（非参議）。正五位下・祭主・権少副藤波種忠の孫。
¶公卿、公家（景忠〔藤波家〕　かげただ）

藤波和忠＊　ふじなみかずただ
宝永4（1707）年～明和2（1765）年　江戸時代中期の公家（非参議）。非参議藤波徳忠の子。
¶公卿（㊤宝永4（1707）年1月9日　㊦明和2（1765）年12月6日）、公家（和忠〔藤波家〕　かずただ　㊤宝永4（1707）年1月9日　㊦明和2（1765）年12月6日）

藤波清忠　ふじなみきよただ
⇒大中臣清忠（おおなかとみのきよただ）

藤波清世　ふじなみきよよ
⇒大中臣清世（おおなかとみのすがよ）

藤波季忠＊　ふじなみすえただ
元文4（1739）年～文化10（1813）年　江戸時代中期～後期の茶人、公家（非参議）。権大納言冷泉家の次男。
¶公卿（㊤元文4（1739）年1月26日　㊦文化10（1813）年2月15日）、公家（季忠〔藤波家〕　すえただ　㊤元文4（1739）年1月26日　㊦文化10（1813）年2月15日）

藤波時綱＊　ふじなみときつな
慶安1（1648）年～享保2（1717）年　㊙真野時綱（まのときつな）　江戸時代中期の神道家。尾張の津島神社神官。
¶コン

藤波徳忠＊　ふじなみとくただ
＊～享保12（1727）年　㊙藤波徳忠（ふじなみのりただ）　江戸時代中期の公家（非参議）。非参議藤波景忠の子。
¶公卿（㊤寛文10（1670）年4月4日　㊦享保12（1727）年3月23日）、公家（徳忠〔藤波家〕　とくただ　㊤寛文10（1670）年4月4日　㊦享保12（1727）年3月22日）

藤波朝忠＊　ふじなみともただ
明応7（1498）年～元亀1（1570）年11月26日　㊙大中臣朝忠（おおなかとみのともただ）、藤波朝忠（ふじなみあさただ）　戦国時代の公卿（非参議）。非

参議藤波伊忠の子。
¶公卿（ふじなみあさただ）、公家（朝忠〔藤波家〕　あさただ）

藤波教忠　ふじなみなりただ
⇒藤波教忠（ふじなみのりただ）

藤波教忠＊　ふじなみのりただ
文政6（1823）年～明治24（1891）年　㊙藤波教忠（ふじなみなりただ）　江戸時代末期～明治時代の公家、伊勢権守。条約幕府委任反対の八十八卿列参に参加。
¶公卿（㊤文政6（1823）年8月19日　㊦明治24（1891）年1月）、公家（教忠〔藤波家〕　のりただ　㊤文政6（1823）年8月19日　㊦明治24（1891）年1月31日）、幕末（ふじなみなりただ　㊤文政6（1823）年8月19日　㊦明治24（1891）年1月31日）

藤波徳忠　ふじなみのりただ
⇒藤波徳忠（ふじなみとくただ）

藤波秀忠　ふじなみひでただ
⇒大中臣秀忠（おおなかとみのひでただ）

藤波寛忠＊　ふじなみひろただ
宝暦9（1759）年1月25日～文化7（1824）年11月24日　江戸時代中期～後期の公家（非参議）。非参議藤波季忠の子。
¶公卿、公家（寛忠〔藤波家〕　ひろただ）

藤波光忠＊　ふじなみみつただ
寛政4（1792）年～弘化1（1844）年　江戸時代後期の公家（非参議）。非参議藤波寛忠の子。
¶公卿（㊤寛政4（1792）年閏2月19日　㊦弘化1（1844）年6月30日）、公家（光忠〔藤波家〕　みつただ　㊤寛政4（1792）年閏2月19日　㊦天保15（1844）年6月30日）

藤波与右衛門　ふじなみよごえもん
安土桃山時代の太田源五郎・北条氏政の家臣。
¶後北（与右衛門〔藤波〕　よごえもん）

藤波伊忠　ふじなみよしただ
⇒大中臣伊忠（おおなかとみのこれただ）

藤浪与兵衛　ふじなみよへえ
世襲名　江戸時代の歌舞伎小道具方。
¶歌大、新歌

藤浪与兵衛〔1代〕＊（藤波与兵衛〔1代〕）　ふじなみよへえ
文政12（1829）年～明治39（1906）年　江戸時代末期～明治時代の演劇小道具製作者。藤浪小道具を創業、貸出のほか新調もした。
¶コン（㊤文政11（1828）年）

富士名義綱＊　ふじなよしつな
生没年不詳　鎌倉時代後期の武士。
¶室町（㊤？　㊦建武3/延元1（1336）年）

藤沼勝由　ふじぬまかつよし
江戸時代前期～中期の幕臣。
¶徳人（㊤1640年　㊦1708年）

藤沼時房　ふじぬまときふさ
＊～安永6（1777）年　江戸時代中期の幕臣。
¶徳人（㊤1710年）、徳代（㊦正徳1（1711）年）

藤野　ふじの*
江戸時代中期～後期の女性。和歌。筑後久留米の奥女中。
¶江表（藤野（福岡県））　㊤宝暦12（1762）年　㊦弘化2（1845）年）

藤の井　ふじのい*
江戸時代中期の女性。和歌。仙台藩主伊達宗村の侍女。元文4年成立、畔充英写「宗村朝臣亭後宴和歌」に載る。
¶江表(藤の井(宮城県))

藤野斎*　ふじのいつき
天保2(1831)年～明治36(1903)年　江戸時代末期～明治時代の志士。山国神社神官から義兵山国隊を組織、組頭として江戸に転戦、会津へ出陣。
¶コン, 全幕, 幕末([生]天保2(1831)年3月15日　[没]明治36(1903)年5月11日)

藤野海南　ふじのかいなん
⇒藤野正啓(ふじのまさひら)

藤野寄命　ふじのぎめい
江戸時代後期の植物学者。
¶植物([生]弘化5(1845)年　[没]?)

藤野玄洋　ふじのげんよう
江戸時代後期～明治時代の眼科医。
¶眼医([生]天保11(1840)年　[没]明治20(1887)年)

藤野周安　ふじのしゅうあん
江戸時代末期の眼科医。
¶眼医([生]?　[没]安政6(1859)年)

富士上人*　ふじのしょうにん
生没年不詳　平安時代後期の僧。
¶古人

藤野四郎兵衛*　ふじのしろべえ
?～明治43(1910)年　江戸時代末期～明治時代の場所請負人。
¶幕末([没]明治43(1910)年10月)

藤野長右衛門　ふじのちょうえもん
江戸時代前期の眼科医。
¶眼医(生没年不詳)

藤野南海　ふじのなんかい
⇒藤野正啓(ふじのまさひら)

富士信忠*　ふじのぶただ
?～天正11(1583)年　安土桃山時代の武士。今川氏家臣。
¶後北(信忠〔富士〕　のぶただ　[没]天正11年8月8日), 全戦, 武田([没]天正11(1583)年8月8日)

富士信通*　ふじのぶみち
?～元和5(1619)年10月27日　戦国時代～安土桃山時代の神主・神官。今川氏家臣、武田氏家臣。
¶後北(信通〔富士〕　のぶみち), 武田

藤野孫一*(藤野孫市)　ふじのまごいち
元禄14(1701)年～天明4(1784)年　江戸時代中期の隠岐島布施村造林の始祖。
¶コン(藤野孫市)

藤野正啓*　ふじのまさひら
文政9(1826)年～明治21(1888)年3月18日　[別]藤野海南(ふじのかいなん), 藤野南海(ふじのなんかい)　江戸時代末期～明治時代の漢学者、史家。
¶コン(藤野海南　ふじのかいなん), 幕末([生]文政9(1826)年5月9日)

藤野別真人広虫　ふじのわけのまひとひろむし
⇒和気広虫(わけのひろむし)

藤橋重吉　ふじばししげよし
安土桃山時代の武蔵国滝山城主北条氏照家臣三田治部少輔の同心。小三郎・越前守。
¶後北(重吉〔藤橋〕　しげよし)

藤林勝政　ふじばやしかつまさ
天正7(1579)年～寛永3(1626)年　安土桃山時代～江戸時代前期の幕臣。
¶徳人, 徳代([没]寛永3(1626)年8月7日)

藤林惟真　ふじばやしこれざね
?～元禄1(1688)年　江戸時代前期の幕臣。
¶徳人, 徳代([没]元禄1(1688)年8月14日)

藤林春碩*　ふじばやししゅんせき
文政11(1828)年～明治6(1873)年　江戸時代末期～明治時代の医師。鳥羽伏見の戦いに参加。維新後は郷里山城国で開業し、子弟の育成に尽力。
¶幕末([生]文政11(1828)年2月16日　[没]明治6(1873)年11月20日)

藤林昌吉　ふじばやししょうきち
江戸時代末期～昭和時代の蒔絵師。
¶美工([生]安政6(1859)年5月18日　[没]昭和13(1938)年1月28日)

藤林宗源*　ふじばやしそうげん
慶長13(1608)年～元禄8(1695)年　江戸時代前期の武士、大和小泉藩家老。茶道石州流宗源派の祖。
¶コン

藤林泰助　ふじばやしたいすけ
⇒藤林普山(ふじばやしふざん)

藤林普山*　ふじばやしふざん
天明1(1781)年～天保7(1836)年　[別]藤林泰助(ふじばやしたいすけ)　江戸時代後期の蘭学者。蘭日辞典「訳鍵」を出版。
¶コン

藤林雅良　ふじばやしまさよし
江戸時代前期の代官。
¶徳代([生]慶長18(1613)年　[没]寛文12(1672)年)

藤林宗政*　ふじばやしむねまさ
天文18(1549)年～慶長11(1606)年　安土桃山時代～江戸時代前期の武士。豊臣氏家臣、徳川氏家臣。
¶徳代([没]慶長11(1606)年1月21日)

伏原賢忠　ふしはらかたただ
⇒伏原賢忠(ふせはらかたただ)

藤原宇合　ふじはらのうまかひ
⇒藤原宇合(ふじわらのうまかい)

藤原鎌足　ふじはらのかまたり
⇒藤原鎌足(ふじわらのかまたり)

伏原宣条　ふしはらのぶえだ
⇒伏原宣条(ふせはらのぶえだ)

藤原房前　ふじはらのふささき
⇒藤原房前(ふじわらのふささき)

伏原宣武　ふしはらのぶたけ
⇒伏原宣武(ふせはらのぶたけ)

伏原宣明　ふしはらのぶはる
⇒伏原宣明(ふせはらのぶはる)

伏原宣通　ふしはらのぶみち
⇒伏原宣通(ふせはらのぶみち)

ふ

伏原宣光 ふしはらのぶみつ
⇒伏原宣光（ふせはらのぶみつ）

伏原宣幸 ふしはらのぶゆき
⇒伏原宣幸（ふせはらのぶゆき）

富士常陸守 ふじひたちのかみ
戦国時代～安土桃山時代の官人大宮浅間神社の大宮司。相模国久野城城主北条幻庵の家臣。
¶後北（常陸守〔富士〕 ひたちのかみ）

藤間亀三郎 ふじまかめさぶろう
⇒中村歌右衛門〔4代〕（なかむらうたえもん）

藤曲藤右衛門 ふじまがりとうえもん
戦国時代～安土桃山時代の甲斐国八代郷の塗師職人頭。
¶武田（生没年不詳）

藤曲某 ふじまがりなにがし
安土桃山時代の武蔵国滝山城主北条氏照の家臣。
¶後北（某〔藤曲〕 なにがし）

藤間勘右衛門 ふじまかんえもん
世襲名 江戸時代の日本舞踊藤間流の一分派の家元名。江戸時代に活躍したのは、初世から2世まで。
¶江人

藤間勘右衛門〔1代〕* ふじまかんえもん
文化10（1813）年～嘉永4（1851）年 江戸時代後期の日本舞踊藤間流の家元。7世市川団十郎の門弟から振付師に転じた。
¶歌大，コン（――〔1代〕），新歌

藤間勘右衛門〔2代〕 ふじまかんえもん
天保11（1840）年～大正14（1925）年 江戸時代後期～大正時代の日本舞踊藤間流家元、振付師。
¶歌大（――〔2世〕），新歌（――〔2世〕）

藤間勘五郎 ふじまかんごろう
⇒関三十郎〔3代〕（せきさんじゅうろう）

藤間勘十郎* ふじまかんじゅうろう
世襲名 江戸時代後期以来の日本舞踊の家元。
¶江人

藤間勘十郎〔1代〕* ふじまかんじゅうろう
寛政8（1796）年～天保11（1840）年 江戸時代後期の歌舞伎振付師。大坂の振付師世家真家から3世勘兵衛の養子となり、藤間大助を名のる。初代勘十郎とする数え方もある。
¶歌大（――〔2代〕），コン（――〔2代〕），新歌

藤間勘十郎〔名義1代〕 ふじまかんじゅうろう
⇒藤間勘兵衛〔3代〕（ふじまかんべえ）

藤間勘兵衛 ふじまかんべえ
世襲名 江戸時代の日本舞踊藤間流の祖。江戸時代に活躍したのは、初世から7世まで。
¶江人

藤間勘兵衛〔1代〕* ふじまかんべえ
？～明和6（1769）年 江戸時代中期の女性。舞踊藤間流創始者。
¶歌大（――〔1世〕），コン，新歌（――〔1世〕）

藤間勘兵衛〔2代〕* ふじまかんべえ
？～天明5（1785）年 江戸時代中期の劇場振附師、日本舞踊藤間流の宗家。
¶歌大（――〔2世〕），新歌（――〔2世〕）

藤間勘兵衛〔3代〕* ふじまかんべえ
？～文政4（1821）年 [別]藤間勘十郎〔1代〕，藤間勘十郎〔名義1代〕（ふじまかんじゅうろう） 江戸時代後期の日本舞踊主要流派の祖、劇場振付師。
¶歌大（――〔3世〕），コン（藤間勘十郎〔1代〕 ふじまかんじゅうろう），新歌（――〔3世〕）

藤巻市右衛門尉 ふじまきいちえもんのじょう
安土桃山時代の北条氏直の家臣。もと武田勝頼家臣。
¶後北（市右衛門尉〔藤巻〕 いちえもんのじょう）

藤巻昌隆 ふじまきしょうりゅう
江戸時代末期～明治時代の眼科医。
¶眼医（[生]？ [没]明治6（1873）年）

藤牧美郷 ふじまきよしさと
江戸時代前期～中期の和算家。信州桜沢村の人。
¶数学（[生]貞享3（1686）年 [没]宝暦2（1752）年）

藤雅三 ふじまさぞう
江戸時代後期～大正時代の洋画家。
¶美画（[生]嘉永6（1853）年3月15日 [没]大正5（1916）年12月）

富士又十郎 ふじまたじゅうろう
戦国時代～安土桃山時代の大宮浅間神社の案主。
¶武田（生没年不詳）

藤町 ふじまち★
江戸時代後期の女性。和歌。土御門氏。寛政10年跋、真田幸弘の六〇賀集「千とせの寿詞」に載る。
¶江表（藤町（愛知県））

節松嫁々（節松嫁嫁） ふしまつかか
⇒節松嫁々（ふしまつのかか）

藤松加賀 ふじまつかが
安土桃山時代の信濃国筑摩郡会田の土豪。会田岩下氏の被官とみられる。
¶武田（生没年不詳）

富士松加賀太夫〔1代〕 ⑴ ふじまつかがたゆう，ふじまつかがだゆう
⇒富士松薩摩掾〔1代〕（ふじまつさつまのじょう）

富士松加賀太夫〔1代〕 ⑵（――〔3代〕） ふじまつかがたゆう，ふじまつかがだゆう
⇒富士松魯中〔1代〕（ふじまつろちゅう）

富士松加賀太夫〔5代〕* ふじまつかがたゆう
安政2（1855）年～明治25（1892）年 江戸時代末期～明治時代の新内節の家元。「花井お梅」「高橋お伝」などを作曲。
¶コン

藤松左近 ふじまつさこん
安土桃山時代の信濃国筑摩郡刈谷原の土豪。会田岩下氏の被官とみられる。
¶武田（生没年不詳）

富士松薩摩掾〔1代〕* ふじまつさつまのじょう
貞享3（1686）年～宝暦7（1757）年 [別]富士松加賀太夫〔1代〕（ふじまつかがたゆう，ふじまつかがだゆう），宮古路加賀太夫〔1代〕（みやこじかがだゆう） 江戸時代中期の豊後節の太夫。
¶コン

藤松三十郎（富士松三十郎〔1代〕，富士松山十郎） ふじまつさんじゅうろう
⇒片岡仁左衛門〔6代〕（かたおかにざえもん）

富士松紫朝〔1代〕* ふじまつしちょう
　*〜明治35(1902)年　江戸時代末期〜明治時代の新内節の太夫。寄席に出て弾き語りをし、上品な芸風で名人と呼ばれた。
　¶コン（Ⓣ文政10(1827)年）

節松嫁々* ふしまつのかか
　延享2(1745)年〜文化7(1810)年　ⓈⒷ節松嫁々，節松嫁嫁（ふしまつかか）　江戸時代中期〜後期の女性。狂歌師。
　¶江表（節松嫁々（東京都）　ふしまつかか），女文（Ⓣ文化7(1810)年1月9日）

藤松豊前守 ふじまつぶぜんのかみ
　安土桃山時代の信濃国筑摩郡会田の土豪。会田岩下氏の被官とみられる。
　¶武田（生没年不詳）

富士松魯中〔1代〕* ふじまつろちゅう
　寛政9(1797)年〜文久1(1861)年　ⓈⒷ富士松加賀太夫〔1代〕，富士松加賀太夫〔3代〕（ふじまつかがたゆう，ふじまつかがだゆう）　江戸時代末期の新内節中興の祖。新作浄瑠璃を創作。
　¶江人（代数なし），コン（代数なし）

富士松魯中〔2代〕* ふじまつろちゅう
　嘉永5(1852)年〜明治29(1896)年11月29日　江戸時代末期〜明治時代の新内節富士松派演奏家。初世の長男、明治26年2代魯中を襲名。実弟5代富士松加賀太夫の没後、6代を襲名。
　¶幕末

伏見院 ふしみいん
　⇒伏見天皇（ふしみてんのう）

伏見院中務内侍 ふしみいんのなかつかさないし
　⇒中務内侍（なかつかさのないし）

伏見院中務内侍 ふしみいんのなかつかさのないし
　⇒中務内侍（なかつかさのないし）

伏見天皇* ふしみてんのう
　文永2(1265)年〜文保1(1317)年9月3日　ⓈⒷ伏見院（ふしみいん）　鎌倉時代後期の第92代の天皇（在位1287〜1298）。父は後深草天皇。後宇多天皇の皇太子。
　¶コン，詩作（伏見院　ふしみいん　Ⓣ文永2(1265)年4月23日），天皇（Ⓣ文永2(1265)年4月23日），中世，山小（Ⓣ1265年4月23日）Ⓑ1317年9月3日）

伏見藤十郎 ふしみとうじゅろう
　⇒坂田藤十郎〔2代〕（さかたとうじゅうろう）

伏見宮明子* ふしみのみやあけこ
　弘化2(1845)年7月〜明治11(1878)年8月22日　江戸時代末期〜明治時代の皇族。伏見宮貞教親王の妃。
　¶江表（明子妃（京都府）

伏見宮貞成 ふしみのみやさだふさ
　⇒貞成親王（さだふさしんのう）

伏見宮貞成親王 ふしみのみやさだふさしんのう
　⇒貞成親王（さだふさしんのう）

伏見宮嘉言親王 ふしみのみやよしことしんのう
　⇒嘉言親王（よしことしんのう）

伏見屋善八 ふしみやぜんろく
　世襲名　江戸時代中期〜大正時代の江戸の版元。寛延年間〜大正期。
　¶浮絵

藤村一角 ふじむらいっかく
　⇒福岡弥五四郎（ふくおかやごしろう）

藤村宇左衛門 ふじむらうざえもん
　⇒福岡弥五四郎（ふくおかやごしろう）

藤村英次郎* ふじむらえいじろう
　嘉永1(1848)年〜明治1(1868)年　江戸時代末期の長州（萩）藩士。
　¶幕末（Ⓣ弘化5(1848)年2月13日）Ⓑ慶応4(1868)年1月5日）

藤村積* ふじむらせき
　弘化4(1847)年〜大正8(1919)年11月25日　江戸時代末期〜大正時代の海軍省官吏、俳人。俳諧では雲門派の宗匠として名高い。
　¶幕末

藤村太郎* ふじむらたろう
　*〜慶応1(1865)年　江戸時代末期の長州（萩）藩士、奇兵隊士。
　¶幕末（Ⓣ天保9(1839)年12月9日）Ⓑ元治2(1865)年1月6日）

藤村当直 ふじむらまさなお
　⇒藤村庸軒（ふじむらようけん）

藤村庸軒* ふじむらようけん
　慶長18(1613)年〜元禄12(1699)年　ⓈⒷ藤村当直（ふじむらまさなお）　江戸時代前期の茶人。千宗旦の高弟。茶道庸軒流の祖。
　¶江人，コン

藤村与兵衛 ふじむらよへえ
　江戸時代後期〜明治時代の陶画工。
　¶美工（Ⓑ明治37(1904)年11月）

藤村六郎 ふじむらろくろう
　⇒小藤四郎（こふじしろう）

藤本箕山 ふじもときざん
　⇒畠山箕山（はたけやまきざん）

藤本吉之介* ふじもときちのすけ
　江戸時代末期の新撰組隊士。
　¶新隊（生没年不詳）

藤本九兵衛 ふじもときゅうべえ
　安土桃山時代の織田氏の家臣。信長か信忠の馬廻か。
　¶織田（Ⓣ？　Ⓑ天正10(1582)年6月2日）

藤本十兵衛* ふじもとじゅうべい
　文政4(1821)年〜明治19(1886)年10月23日　ⓈⒷ藤本十兵衛（ふじもとじゅうべえ）　江戸時代末期〜明治時代の津山藩士。藩論を尊王に統一することに尽力。維新後外事掛・弁事役を経て大属に進む。
　¶幕末（ふじもとじゅうべえ）Ⓣ天保9(1839)年12月9日）Ⓑ元治2(1865)年1月6日）

藤本十兵衛 ふじもとじゅうべえ
　⇒藤本十兵衛（ふじもとじゅうべい）

藤本庄太郎 ふじもとしょうたろう
　江戸時代末期〜明治時代の実業家。
　¶コン（Ⓣ嘉永2(1849)年　Ⓑ明治35(1902)年）

藤本助 ふじもとすけ
　⇒桜田治助〔4代〕（さくらだじすけ）

藤本善右衛門* ふじもとぜんえもん
　安永2(1773)年〜文政5(1822)年　江戸時代後期

の養蚕家、蚕種商人。糸挽き技術を普及。
¶コン

藤本鉄石*　ふじもとてっせき
文化13(1816)年～文久3(1863)年　江戸時代末期の尊攘派志士。
¶江人, コン(㊗文化14(1817)年), 全幕, 幕末(㊗文化13(1816)年3月17日　㊙文久3(1863)年9月25日)

藤本斗文*　ふじもととぶん
生没年不詳　㊕沢村長作(さわむらちょうさく), 沢村斗文(さわむらとぶん)　江戸時代中期の歌舞伎作者。享保1年～宝暦8年頃に活躍。
¶江人, 歌大, コン, 新歌

ふ

藤本彦之助*　ふじもとひこのすけ
江戸時代末期の新撰組隊士。
¶新隊(生没年不詳)

藤本久英　ふじもとひさふさ
江戸時代中期の代官。
¶徳代(㊗宝永7(1710)年　㊙安永6(1777)年11月4日)

藤本文策*　ふじもとぶんさく
天保10(1839)年12月～明治27(1894)年11月11日　江戸時代末期～明治時代の医師、実業家。徳島藩藩医を経て、徳島県下初の公立病院の県立徳島病院を設立。
¶幕末

藤本基助(藤本元助)　**ふじもともとすけ**
⇒桜田治助〔4代〕(さくらだじすけ)

藤森恭助　ふじもりきょうすけ
⇒藤森弘庵(ふじもりこうあん)

藤森桂谷　ふじもりけいこく
江戸時代後期～明治時代の日本画家。
¶美画(㊗天保6(1835)年10月6日　㊙明治38(1905)年7月26日)

藤森弘庵*　ふじもりこうあん
寛政11(1799)年3月11日～文久2(1862)年10月8日　㊕藤森恭助(ふじもりきょうすけ), 藤森天山(ふじもりてんざん)　江戸時代末期の儒学者。
¶コン, 詩作, 思想, 幕末

藤森素檗*　ふじもりそばく
宝暦8(1758)年～文政4(1821)年　㊕素檗(そばく)　江戸時代後期の俳人。
¶俳文(素檗　そばく)

藤森天山　ふじもりてんざん
⇒藤森弘庵(ふじもりこうあん)

藤森信道*　ふじもりのぶみち
生没年不詳　江戸時代後期の和算家。
¶数学

普寂*　ふじゃく
宝永4(1707)年～天明1(1781)年10月14日　㊕道光(どうこう)　江戸時代中期の浄土宗律僧。華厳学の大家。
¶コン, 思想

芙雀(1)　**ふじゃく**
⇒尾上新七〔1代〕(おのえしんしち)

芙雀(2)　**ふじゃく**
⇒永田芙雀(ながたふじゃく)

藤山衛門*　ふじやまえもん
天保2(1831)年～元治1(1864)年　江戸時代末期の彦山修験僧。
¶幕末(㊙元治1(1864)年7月21日)

藤山吉左衛門*　ふじやまきちざえもん
江戸時代末期の園芸家。桜島大根を作出。
¶植物(生没年不詳)

藤山佐熊*　ふじやますけくま
嘉永2(1849)年～明治3(1870)年　江戸時代末期～明治時代の医師。振武隊医師として戊辰の役北越に出征。諸隊脱走騒動の際、戦死。
¶幕末(㊙明治3(1870)年2月9日)

藤屋露川　ふじやろせん
⇒露川(ろせん)

布秋　ふしゅう★
江戸時代後期の女性。俳諧。宮本虎杖系。享和1年跋、虎杖編『つきよほとけ』に載る。
¶江表(布秋(長野県))

富春　ふしゅん
江戸時代後期の女性。俳諧。遠江見附の人。寛政3年序、牡丹庵阿人・鳥過庵千布編『雪幸集』に載る。
¶江表(富春(静岡県))

冨春　ふしゅん★
江戸時代中期の女性。俳諧。与田山の人。安永3年序、愉閑斎杜仙撰、中川麦浪七回忌追善句集『居待月』に載る。
¶江表(冨春(香川県))

不少　ふしょう★
江戸時代中期の女性。俳諧。豊前の尼。享保13年序、朝月舎程十編『門司硯』に載る。
¶江表(不少(福岡県))

普照*　ふしょう
生没年不詳　奈良時代の興福寺僧。
¶古人, 古代, コン, 対外

浮生*　ふしょう
明暦1(1655)年～享保2(1717)年1月23日　江戸時代前期～中期の俳人。
¶俳文

普照国師　ふしょうこくし
⇒隠元(いんげん)

普照尼　ふしょうに★
江戸時代末期の女性。和歌。迫田氏。幕末期の長門長府の歌人平田秋足社中の一枚摺歌書に載る。
¶江表(普照尼(山口県))

富士能通*　ふじよしみち
元亀3(1572)年～承応1(1652)年5月22日　安土桃山時代～江戸時代前期の公文職。
¶武田(㊙承応1(1652)年9月22日)

藤原顕家*(1)　**ふじわらあきいえ**
？～徳治1(1306)年　㊕四条顕家(しじょうあきいえ), 藤原顕家(ふじわらのあきいえ)　鎌倉時代後期の公卿(参議)。権中納言藤原親頼の子。
¶公卿(四条顕家　しじょうあきいえ　㊙徳治1(1306)年3月10日), 公家(顕家〔堀河・岩蔵・葉室1家(絶家)〕　あきいえ　㊙徳治1(1306)年3月10日)

藤原顕家(2)　**ふじわらあきいえ**
⇒藤原顕家(ふじわらのあきいえ)

藤原章家　ふじわらあきいえ
平安時代後期の官人。父は定任。
¶古人(生没年不詳)

藤原顕氏　ふじわらあきうじ
⇒藤原顕氏(ふじわらのあきうじ)

藤原顕方*　ふじわらあきかた
生没年不詳　[別]藤原顕方(ふじわらのあきかた)　平安時代後期の公家・歌人。
¶古人(ふじわらのあきかた)

藤原顕季　ふじわらあきすえ
⇒藤原顕季(ふじわらのあきすえ)

藤原顕輔　ふじわらあきすけ
⇒藤原顕輔(ふじわらのあきすけ)

藤原顕隆　ふじわらあきたか
⇒藤原顕隆(ふじわらのあきたか)

藤原顕忠　ふじわらあきただ
⇒藤原顕忠(ふじわらのあきただ)

藤原顕忠母*　ふじわらあきただのはは
？～天暦3(949)年5月29日　[別]藤原顕忠母(ふじわらのあきただのはは)　平安時代中期の歌人。
¶古人(ふじわらのあきただのはは)

藤原顕綱　ふじわらあきつな
⇒藤原顕綱(ふじわらのあきつな)

藤原顕時　ふじわらあきとき
⇒藤原顕時(ふじわらのあきとき)

藤原顕俊　ふじわらあきとし
⇒藤原顕俊(ふじわらのあきとし)

藤原顕仲　ふじわらあきなか
⇒藤原顕仲(ふじわらのあきなか)

藤原顕長　ふじわらあきなが
⇒藤原顕長(ふじわらのあきなが)

藤原顕業　ふじわらあきなり
⇒藤原顕業(ふじわらのあきなり)

藤原明衡　ふじわらあきひら
⇒藤原明衡(ふじわらのあきひら)

藤原顕広　ふじわらあきひろ
⇒藤原俊成(ふじわらのとしなり)

藤原顕雅*　ふじわらあきまさ
承元1(1207)年～弘安4(1281)年　[別]藤原顕雅(ふじわらのあきまさ)　鎌倉時代後期の公卿(参議)。参議藤原親房の子。
¶公卿(ふじわらのあきまさ　[没]弘安4(1281)年9月18日),公家(顕雅〔四条家(絶家)〕　あきまさ　[没]弘安4(1281)年9月18日)

藤原顕光　ふじわらあきみつ
⇒藤原顕光(ふじわらのあきみつ)

藤原顕頼　ふじわらあきより
⇒藤原顕頼(ふじわらのあきより)

藤原明子　ふじわらあきらけいこ
⇒藤原明子(ふじわらのめいし)

藤原朝隆　ふじわらあさたか
⇒藤原朝隆(ふじわらのともたか)

藤原朝忠　ふじわらあさただ
⇒藤原朝忠(ふじわらのあさただ)

藤原朝光　ふじわらあさてる
⇒藤原朝光(ふじわらのあさてる)

藤原朝仲*　ふじわらあさなか
生没年不詳　[別]藤原朝仲(ふじわらのあさなか)　平安時代後期の公家・歌人。
¶古人(ふじわらのあさなか　[生]？　[没]1184年？)

藤原朝頼*　ふじわらあさより
生没年不詳　[別]藤原朝頼(ふじわらのあさより)　平安時代中期の公家・歌人。定方の子。
¶古人(ふじわらのあさより)

藤原敦家　ふじわらあついえ
⇒藤原敦家(ふじわらのあついえ)

藤原敦兼　ふじわらあつかね
⇒藤原敦兼(ふじわらのあつかね)

藤原篤茂　ふじわらあつしげ
⇒藤原篤茂(ふじわらのあつしげ)

藤原敦隆　ふじわらあつたか
⇒藤原敦隆(ふじわらのあつたか)

藤原敦忠　ふじわらあつただ
⇒藤原敦忠(ふじわらのあつただ)

藤原敦経*　ふじわらあつつね
生没年不詳　[別]藤原敦経(ふじわらのあつつね)　平安時代後期の公家・歌人。茂明の子。
¶古人(ふじわらのあつつね)

藤原敦敏*　ふじわらあつとし
延喜12(912)年～天暦1(947)年11月17日　[別]藤原敦敏(ふじわらのあつとし)　平安時代中期の公家・歌人。
¶古人(ふじわらのあつとし)

藤原敦仲*　ふじわらあつなか
生没年不詳　[別]藤原敦仲(ふじわらのあつなか)　平安時代後期の公家・歌人。敦頼(道因)の子。
¶古人(ふじわらのあつなか)

藤原敦光　ふじわらあつみつ
⇒藤原敦光(ふじわらのあつみつ)

藤原敦宗　ふじわらあつむね
⇒藤原敦宗(ふじわらのあつむね)

藤原敦基　ふじわらあつもと
⇒藤原敦基(ふじわらのあつもと)

藤原敦頼　ふじわらあつより
⇒道因(どういん)

藤原有家　ふじわらありいえ
⇒藤原有家(ふじわらのありいえ)

藤原有国　ふじわらありくに
⇒藤原有国(ふじわらのありくに)

藤原有定*　ふじわらありさだ
長久4(1043)年～寛治8(1094)年3月18日　[別]藤原有定(ふじわらのありさだ)　平安時代中期～後期の公家・歌人。
¶古人(ふじわらのありさだ)

藤原有佐*　ふじわらありすけ
？～天承1(1131)年9月20日　[別]藤原有佐(ふじわ

らのありすけ)　平安時代後期の公家・歌人。
¶古人(ふじわらのありすけ)

藤原有親*　ふじわらありちか
生没年不詳　[別]藤原有親(ふじわらのありちか)　平安時代中期の公家・歌人。
¶古人(ふじわらのありちか)

藤原有綱*　ふじわらありつな
?～永保2(1082)年3月23日　[別]藤原有綱(ふじわらのありつな)　平安時代中期～後期の漢学者・漢詩人・歌人。
¶古人(ふじわらのありつな　[没]1086年)

藤原有時*　ふじわらありとき
生没年不詳　[別]藤原有時(ふじわらのありとき)　平安時代中期の公家・歌人。恒興の子。
¶古人(ふじわらのありとき)

藤原有信*　ふじわらありのぶ
長暦4(1040)年～承徳3(1099)年7月11日　[別]藤原有信(ふじわらのありのぶ)　平安時代中期～後期の公家・歌人・漢詩人。
¶古人(ふじわらのありのぶ)

藤原有教　ふじわらありのり
⇒藤原有教(ふじわらのありのり)

藤原有範*(1)　ふじわらありのり
?～安元2(1176)年5月18日　[別]日野有範(ひのありのり), 藤原有範(ふじわらのありのり)　平安時代後期の公家。親鸞の父。
¶古人(ふじわらのありのり)

藤原有範(2)　ふじわらありのり
⇒日野有範(ひのありのり)

藤原有教母*　ふじわらありのりのはは
生没年不詳　[別]藤原有教母(ふじわらのありのりのはは)　平安時代後期の歌人。
¶古人(ふじわらのありのりのはは)

藤原在衡　ふじわらありひら
⇒藤原在衡(ふじわらのありひら)

藤原有文*　ふじわらありふん
生没年不詳　[別]藤原有文(ふじわらのありふみ)　平安時代中期の公家・歌人。
¶古人(ふじわらのありふみ)

藤原有宗*　ふじわらありむね
[別]藤原有宗(ふじわらのありむね)　平安時代の画家。
¶古人(ふじわらのありむね　生没年不詳)

藤原有好*　ふじわらありよし
生没年不詳　[別]藤原有好(ふじわらのありよし)　平安時代中期の公家・歌人。
¶古人(ふじわらのありよし)

藤原家実(1)　ふじわらいえざね
⇒近衛家実(このえいえざね)

藤原家実(2)　ふじわらいえざね
⇒日野資実(ひのすけざね)

藤原家隆　ふじわらいえたか
⇒藤原家隆(ふじわらのいえたか)

藤原家綱*　ふじわらいえつな
生没年不詳　[別]藤原家綱(ふじわらのいえつな)　平安時代後期の公家・歌人。
¶古人(ふじわらのいえつな)

藤原家経　ふじわらいえつね
⇒藤原家経(ふじわらのいえつね)

藤原家時*(1)　ふじわらいえとき
?～嘉禎2(1236)年　[別]藤原家時(ふじわらのいえとき)　鎌倉時代前期の公卿(非参議)。従四位上・宮内大輔藤原親綱の長男。
¶公卿(ふじわらのいえとき　[没]嘉禎2(1236)年1月), 公家(家時〔小一条流姉小路家(絶家)〕　いえとき　[没]嘉禎2(1236)年1月)

藤原家時*(2)　ふじわらいえとき
建久5(1194)年～弘安5(1282)年　[別]藤原家時(ふじわらのいえとき)　鎌倉時代前期の公卿(非参議)。権中納言持明寺保家の次男。
¶公卿(ふじわらのいえとき　[没]弘安5(1282)年7月20日), 公家(家時〔持明院(正嫡)家(絶家)〕　いえとき　[没]弘安5(1282)年7月20日)

藤原家成　ふじわらいえなり
⇒藤原家成(ふじわらのいえなり)

藤原家教*　ふじわらいえのり
弘長1(1261)年～永仁5(1297)年8月26日　[別]花山院家教(かざんいんいえのり)　鎌倉時代後期の公卿(権大納言)。大納言花山院通雅の次男、母は大納言中院通方の娘。
¶公卿(花山院家教　かざんいんいえのり), 公家(家教〔花山院家〕　いえのり)

藤原家衡　ふじわらいえひら
⇒藤原家衡(ふじわらのいえひら)

藤原家房*　ふじわらいえふさ
仁安2(1167)年～建久7(1196)年7月22日　[別]藤原家房(ふじわらのいえふさ)　平安時代後期～鎌倉時代前期の公卿(権中納言)。摂政・関白・太政大臣藤原基房の次男。
¶公卿(ふじわらのいえふさ), 公家(家房〔松殿家(絶家)〕　いえふさ), 古人(ふじわらのいえふさ)

藤原家通　ふじわらいえみち
⇒藤原家通(ふじわらのいえみち)

藤原家光*　ふじわらいえみつ
正治1(1199)年～嘉禎2(1236)年12月14日　[別]日野家光(ひのいえみつ)　鎌倉時代前期の公卿(権中納言)。権中納言日野資実の三男。
¶公卿(日野家光　ひのいえみつ), 公家(家光〔日野家〕　いえみつ)

藤原家行*　ふじわらいえゆき
安元1(1175)年～嘉禄2(1226)年　[別]持明院家行(じみょういんいえゆき), 藤原家能(ふじわらいえよし), 藤原家行(ふじわらのいえゆき)　鎌倉時代前期の公卿(権中納言)。非参議持明院基宗の次男。
¶公卿(持明院家行　じみょういんいえゆき　[没]嘉禄2(1226)年2月17日), 公家(家行〔持明院家〕　いえゆき　[没]嘉禄2(1226)年2月17日), 古人(ふじわらのいえゆき)

藤原家能　ふじわらいえよし
⇒藤原家行(ふじわらいえゆき)

藤原家良　ふじわらいえよし
⇒藤原家良(ふじわらのいえよし)

藤原位子　ふじわらいし
⇒新陽明門院(しんようめいもんいん)

藤原為子(1)　ふじわらいし
⇒藤原為子(ふじわらのいし)

藤原為子(2)　ふじわらいし
⇒藤原為子(ふじわらのいし)

藤原愔子　ふじわらいんし
⇒玄輝門院(げんきもんいん)

藤原氏*(1)　ふじわらうじ
[別]藤原諸葛女(ふじわらのもろくずのむすめ), 藤原諸藤女(ふじわらのもろふじのむすめ)　平安時代前期の女性。清和天皇の更衣、斎宮頭従五位上諸藤の女。
¶天皇(藤原諸葛女　ふじわらのもろくずのむすめ　生没年不詳), 天皇(藤原諸藤女　ふじわらのもろふじのむすめ　生没年不詳)

藤原氏*(2)　ふじわらうじ
[別]藤原直宗女(ふじわらのなおむねのむすめ)　平安時代前期の女性。清和天皇の更衣、木工允正六位上直宗の女。
¶天皇(藤原直宗女　ふじわらのなおむねのむすめ　生没年不詳)

藤原氏*(3)　ふじわらうじ
[別]藤原仲統女(ふじわらのなかむねのむすめ)　平安時代前期の清和天皇の後宮、参議治部卿仲統の女。
¶天皇(藤原仲統女　ふじわらのなかむねのむすめ　生没年不詳)

藤原氏宗　ふじわらうじむね
⇒藤原氏宗(ふじわらのうじむね)

藤原内麻呂　ふじわらうちまろ
⇒藤原内麻呂(ふじわらのうちまろ)

藤原宇合　ふじわらうまかい
⇒藤原宇合(ふじわらのうまかい)

藤原瑛子　ふじわらえいし
⇒昭訓門院(しょうくんもんいん)

藤原英子　ふじわらえいし
⇒藤原英子(ふじわらのえいし)

藤原延子　ふじわらえんし
⇒藤原延子(ふじわらのえんし)

藤原興風　ふじわらおきかぜ
⇒藤原興風(ふじわらのおきかぜ)

藤原雄友　ふじわらおとも
⇒藤原雄友(ふじわらのおとも)

藤原穏子　ふじわらおんし
⇒藤原穏子(ふじわらのおんし)

藤原懐子　ふじわらかいし
⇒藤原懐子(ふじわらのかいし)

藤原景家　ふじわらかげいえ
⇒藤原景家(ふじわらのかげいえ)

藤原景清　ふじわらかげきよ
⇒平景清(たいらのかげきよ)

藤原景高　ふじわらかげたか
⇒藤原景高(ふじわらのかげたか)

藤原景綱　ふじわらかげつな
⇒藤原景綱(ふじわらのかげつな)

藤原景経　ふじわらかげつね
⇒藤原景経(ふじわらのかげつね)

藤原景俊　ふじわらかげとし
平安時代後期の武士。
¶平家(生没年不詳)

藤原蔭基*　ふじわらかげもと
生没年不詳　[別]藤原蔭基(ふじわらのかげもと)　平安時代前期の公家・歌人。
¶古人(ふじわらのかげもと)

藤原勝臣*　ふじわらかちおむ
生没年不詳　[別]藤原勝臣(ふじわらのかちおみ, ふじわらのかつおみ)　平安時代前期の公家・歌人。
¶古人(ふじわらのかつおみ)

藤原かつみ*　ふじわらかつみ
生没年不詳　[別]藤原かつみ(ふじわらのかつみ)　平安時代中期の女房・歌人。
¶古人(ふじわらのかつみ)

藤原兼家　ふじわらかねいえ
⇒藤原兼家(ふじわらのかねいえ)

藤原兼子　ふじわらかねこ
⇒卿局(きょうのつぼね)

藤原兼実　ふじわらかねざね
⇒九条兼実(くじょうかねざね)

藤原兼輔　ふじわらかねすけ
⇒藤原兼輔(ふじわらのかねすけ)

藤原兼高　ふじわらかねたか
⇒藤原兼高(ふじわらのかねたか)

藤原兼忠　ふじわらかねただ
⇒鷹司兼忠(たかつかさかねただ)

藤原兼綱*　ふじわらかねつな
永延2(988)年～天喜6(1058)年7月29日　[別]藤原兼綱(ふじわらのかねつな)　平安時代中期～後期の公家・歌人。
¶古人(ふじわらのかねつな)

藤原兼平母*　ふじわらかねひらのはは
生没年不詳　[別]藤原兼平母(ふじわらのかねひらのはは)　平安時代後期の歌人。
¶古人(ふじわらのかねひらのはは)

藤原兼房(1)　ふじわらかねふさ
⇒藤原兼房(ふじわらのかねふさ)

藤原兼房(2)　ふじわらかねふさ
⇒藤原兼房(ふじわらのかねふさ)

藤原兼雅　ふじわらかねまさ
⇒花山院兼雅(かざんいんかねまさ)

藤原兼雅の北の方　ふじわらかねまさのきたのかた
鎌倉時代前期の女性。平清盛の娘。
¶平家([生]?　[没]元久2(1205)年)

藤原兼三*　ふじわらかねみ
生没年不詳　[別]藤原兼三(ふじわらのかねみ)　平安時代前期～中期の公家・歌人。
¶古人(ふじわらのかねみ)

藤原兼通　ふじわらかねみち
⇒藤原兼通(ふじわらのかねみち)

藤原兼光　ふじわらかねみつ
⇒藤原兼光（ふじわらのかねみつ）

藤原兼茂　ふじわらかねもち
⇒藤原兼茂（ふじわらのかねしげ）

藤原鎌足　ふじわらかまたり
⇒藤原鎌足（ふじわらのかまたり）

藤原灌子*　ふじわらかんし
生没年不詳　[別]藤原灌子（ふじわらのあつこ）　平安時代中期の女房・歌人。
¶古人（ふじわらのあつこ）

藤原嬉子　ふじわらきし
⇒今出河院（いまでがわいん）

藤原季子　ふじわらきし
⇒顕親門院（けんしんもんいん）

藤原貴子　ふじわらきし
⇒藤原貴子（ふじわらのきし）

藤原禧子　ふじわらきし
⇒礼成門院（れいせいもんいん）

藤原北夫人*　ふじわらきたのふじん
？～天平宝字4（760）年　[別]藤原北夫人（ふじわらきたのぶにん），藤原房前娘（ふじわらのふさささきのむすめ），藤原夫人（ふじわらのぶにん）　奈良時代の女性。聖武天皇の妃。
¶古人（藤原夫人　ふじわらのぶにん），古代（藤原夫人　ふじわらのぶにん），女史，天皇（藤原房前娘　ふじわらのふさささきのむすめ　[没]天平宝字4（760）年1月29日）

藤原北夫人　ふじわらきたのぶにん
⇒藤原北夫人（ふじわらきたのふじん）

藤原姞子　ふじわらきっし
⇒大宮院（おおみやいん）

藤原佶子　ふじわらきっし
⇒京極院（きょうごくいん）

藤原清家*　ふじわらきよいえ
生没年不詳　[別]藤原清家（ふじわらのきよいえ）　平安時代後期の公家・歌人。範永の子。
¶古人（ふじわらのきよいえ）

藤原清河　ふじわらきよかわ
⇒藤原清河（ふじわらのきよかわ）

藤原頊子　ふじわらぎょくし
⇒万秋門院（ばんしゅうもんいん）

藤原清輔　ふじわらきよすけ
⇒藤原清輔（ふじわらのきよすけ）

藤原清正　ふじわらきよただ
⇒藤原清正（ふじわらのきよただ）

藤原清正母*　ふじわらきよただのはは
生没年不詳　[別]藤原清正母（ふじわらのきよただのはは）　平安時代中期の歌人。
¶古人（ふじわらのきよただのはは）

藤原清正女*　ふじわらきよただのむすめ
生没年不詳　[別]藤原清正女（ふじわらのきよただのむすめ）　平安時代中期の歌人。
¶古人（ふじわらのきよただのむすめ）

藤原清貫　ふじわらきよつら
⇒藤原清貫（ふじわらのきよぬき）

藤原清長*　ふじわらきよなが
承安1（1171）年～建保2（1214）年12月　[別]藤原清長（ふじわらのきよなが）　平安時代後期～鎌倉時代前期の公卿（非参議）。参議藤原定長の子。
¶公卿（ふじわらのきよなが），公家（清長〔霊山家（絶家）〕　きよなが），古人（ふじわらのきよなが）

藤原清衡　ふじわらきよひら
⇒藤原清衡（ふじわらのきよひら）

藤原公明*　ふじわらきんあき
？～建保6（1218）年　[別]藤原公明（ふじわらのきんあき，ふじわらのきんめい）　鎌倉時代前期の公卿（非参議）。大納言藤原実家の次男。
¶公卿（ふじわらのきんめい　[没]建保6（1218）年7月），公家（公明〔河原・大炊御門・近衛家（絶家）〕　きんあき　[没]建保6（1218）年7月），古人（ふじわらのきんあき）

藤原公実　ふじわらきんざね
⇒藤原公実（ふじわらのきんざね）

藤原忻子（1）　ふじわらきんし
⇒長楽門院（ちょうらくもんいん）

藤原忻子（2）　ふじわらきんし
⇒藤原忻子（ふじわらのきんし）

藤原公重　ふじわらきんしげ
⇒藤原公重（ふじわらのきんしげ）

藤原金次郎　ふじわらきんじろう
江戸時代後期～大正時代の宮大工。
¶美建（[生]天保7（1836）年　[没]大正8（1919）年）

藤原公季　ふじわらきんすえ
⇒藤原公季（ふじわらのきんすえ）

藤原公経（1）　ふじわらきんつね
⇒西園寺公経（さいおんじきんつね）

藤原公経（2）　ふじわらきんつね
⇒藤原公経（ふじわらのきんつね）

藤原公任　ふじわらきんとう
⇒藤原公任（ふじわらのきんとう）

藤原公時*　ふじわらきんとき
保元2（1157）年～承久2（1220）年4月23日　[別]藤原公時（ふじわらのきんとき）　平安時代後期～鎌倉時代前期の公家・歌人。
¶公家（公時〔滋野井家〕　きんとき），古人（ふじわらのきんとき），平家

藤原公直*　ふじわらきんなお
承久1（1219）年～？　鎌倉時代前期の公卿。
¶公家（公直〔河原・大炊御門・近衛家（絶家）〕　きんなお）

藤原公長*　ふじわらきんなが
元暦1（1184）年～？　[別]藤原公長（ふじわらのきんなが）　鎌倉時代前期の公卿（非参議）。中納言藤原実教の三男。
¶公卿（ふじわらのきんなが），公家（公長〔山科家（絶家）1〕　きんなが），古人（ふじわらのきんなが　生没年不詳）

藤原公成　ふじわらきんなり
⇒藤原公成（ふじわらのきんなり）

藤原公信　ふじわらきんのぶ
⇒藤原公信（ふじわらのきんのぶ）

藤原公教　ふじわらきんのり
⇒藤原公教（ふじわらのきんのり）

藤原公衡　ふじわらきんひら
⇒藤原公衡（ふじわらのきんひら）

藤原公藤　ふじわらきんふじ
⇒清水谷公藤（しみずだにきんふじ）

藤原公雅*　ふじわらきんまさ
寿永2（1183）年～宝治2（1248）年　[別]藤原公雅（ふじわらのきんまさ）　鎌倉時代前期の公卿（権大納言）。参議藤原実明の子。
¶公卿（ふじわらのきんまさ　[没]宝治2（1248）年3月20日），公家（公雅〔閑院家（絶家）2〕　きみまさ　[没]宝治2（1248）年3月20日）

藤原公通　ふじわらきんみち
⇒藤原公通（ふじわらのきんみち）

藤原公光　ふじわらきんみつ
⇒藤原公光（ふじわらのきんみつ）

藤原公持　ふじわらきんもち
⇒清水谷公持（しみずだにきんもち）

藤原公基*　ふじわらきんもと
生没年不詳　[別]藤原公基（ふじわらのきんもと）　鎌倉時代前期の公卿。
¶古人（ふじわらのきんもと）

藤原公守　ふじわらきんもり
⇒洞院公守（とういんきんもり）

藤原公保　ふじわらきんやす
⇒藤原公保（ふじわらのきんやす）

藤原公行　ふじわらきんゆき
⇒藤原公行（ふじわらのきんゆき）

藤原公世　ふじわらきんよ
⇒藤原公世（ふじわらのきんよ）

藤原公能　ふじわらきんよし
⇒藤原公能（ふじわらのきんよし）

藤原国章　ふじわらくにあき
⇒藤原国章（ふじわらのくにあき）

藤原国右衛門尉　ふじわらくにえもんじょう
鎌倉時代の宮大工。
¶美建（生没年不詳）

藤原国重*　ふじわらくにしげ
生没年不詳　[別]藤原国重（ふじわらのくにしげ）　鎌倉時代前期の武将。
¶古人（ふじわらのくにしげ）

藤原邦綱　ふじわらくにつな
⇒藤原邦綱（ふじわらのくにつな）

藤原国経　ふじわらくにつね
⇒藤原国経（ふじわらのくにつね）

藤原国成*　ふじわらくになり
生没年不詳　[別]藤原国成（ふじわらのくにしげ，ふじわらのくになり）　平安時代中期の公家・漢詩人・歌人。
¶古人（ふじわらのくにしげ），古人（ふじわらのくになり）

藤原国衡　ふじわらくにひら
⇒藤原国衡（ふじわらのくにひら）

藤原国広　ふじわらくにひろ
⇒国広（くにひろ）

藤原国房*　ふじわらくにふさ
生没年不詳　[別]藤原国房（ふじわらのくにふさ）　平安時代後期の公家・歌人。
¶古人（ふじわらのくにふさ）

藤原国通　ふじわらくにみち
⇒藤原国通（ふじわらのくにみち）

藤原邦通　ふじわらくにみち
⇒藤原邦通（ふじわらのくにみち）

藤原国用*　ふじわらくにもち
生没年不詳　[別]藤原国用（ふじわらのくにもち）　平安時代中期の公家・歌人。
¶古人（ふじわらのくにもち）

藤原国用女*　ふじわらくにもちのむすめ
生没年不詳　[別]藤原国用女（ふじわらのくにもちのむすめ）　平安時代中期の歌人。
¶古人（ふじわらのくにもちのむすめ）

藤原国行*　ふじわらくにゆき
生没年不詳　[別]藤原国行（ふじわらのくにゆき）　平安時代後期の公家・歌人。
¶古人（ふじわらのくにゆき）

藤原経子　ふじわらけいし
⇒藤原経子（ふじわらのつねこ）

藤原兼子　ふじわらけんし
⇒卿局（きょうのつぼね）

藤原妍子　ふじわらけんし
⇒藤原妍子（ふじわらのけんし）

藤原元子　ふじわらげんし
⇒藤原元子（ふじわらのげんし）

藤原媓子　ふじわらこうし
⇒藤原媓子（ふじわらのこうし）

藤原公子　ふじわらこうし
⇒東二条院（ひがしにじょういん）

藤原康子　ふじわらこうし
⇒北山院（きたやまいん）

藤原高子　ふじわらこうし
⇒藤原高子（ふじわらのたかいこ）

藤原豪信　ふじわらごうしん
⇒豪信（ごうしん）

藤原言直*　ふじわらことなお
生没年不詳　[別]藤原言直（ふじわらのことなお）　平安時代前期～中期の公家・歌人。
¶古人（ふじわらのことなお）

藤原伊家　ふじわらこれいえ
⇒藤原伊家（ふじわらのこれいえ）

藤原惟方　ふじわらこれかた
⇒藤原惟方（ふじわらのこれかた）

藤原伊定　ふじわらこれさだ
⇒藤原伊定（ふじわらのこれさだ）

藤原伊実　ふじわらこれざね
⇒藤原伊実（ふじわらのこれざね）

藤原惟成　ふじわらこれしげ
⇒藤原惟成（ふじわらのこれしげ）

藤原伊輔*　ふじわらこれすけ
久寿2（1155）年～建保6（1218）年　[別]藤原伊輔（ふじわらのこれすけ）　平安時代後期～鎌倉時代前期の公卿（非参議）。中納言藤原伊実の子。
¶公卿（ふじわらのこれすけ　生没年不詳），公家（伊輔〔坊門家（絶家）〕　これすけ　[生]？　[没]建保6（1218）年3月），古人（ふじわらのこれすけ）

藤原伊周　ふじわらこれちか
⇒藤原伊周（ふじわらのこれちか）

藤原伊綱*　ふじわらこれつな
生没年不詳　[別]藤原伊綱（ふじわらのこれつな）　平安時代後期～鎌倉時代前期の公家・歌人。
¶古人（ふじわらのこれつな）

藤原伊長　ふじわらこれなが
⇒藤原伊長（ふじわらのこれなが）

藤原伊成　ふじわらこれなり
⇒藤原伊成（ふじわらのこれなり）

藤原惟信*　ふじわらこれのぶ
生没年不詳　[別]藤原惟信（ふじわらのこれのぶ）　平安時代後期の公家・歌人。
¶古人（ふじわらのこれのぶ）

藤原伊衡　ふじわらこれひら
⇒藤原伊衡（ふじわらのこれひら）

藤原伊房　ふじわらこれふさ
⇒藤原伊房（ふじわらのこれふさ）

藤原伊尹　ふじわらこれまさ
⇒藤原伊尹（ふじわらのこれただ）

藤原伊通　ふじわらこれみち
⇒藤原伊通（ふじわらのこれみち）

藤原惟幹*　ふじわらこれもと
生没年不詳　[別]藤原惟幹（ふじわらのこれもと）　平安時代前期の公家・歌人。
¶古人（ふじわらのこれもと）

藤原惟基　ふじわらこれもと
平安時代後期の官人。
¶平家（[生]？　[没]寿永1（1182）年）

藤原佐吉　ふじわらさきち
江戸時代後期～昭和時代の仙台金港堂創業者。
¶出版（[生]嘉永5（1852）年10月3日　[没]昭和16（1941）年8月16日）

藤原定家　ふじわらさだいえ
⇒藤原定家（ふじわらのさだいえ）

藤原定方　ふじわらさだかた
⇒藤原定方（ふじわらのさだかた）

藤原定輔　ふじわらさだすけ
⇒藤原定輔（ふじわらのさだすけ）

藤原定輔女*　ふじわらさだすけのむすめ
生没年不詳　[別]藤原定輔女（ふじわらのさだすけのむすめ）　平安時代中期の歌人。
¶古人（ふじわらのさだすけのむすめ）

藤原定高　ふじわらさだたか
⇒藤原定高（ふじわらのさだたか）

藤原定親*　ふじわらさだちか
生没年不詳　[別]藤原定親（ふじわらのさだちか）　鎌倉時代前期の廷臣。
¶古人（ふじわらのさだちか）

藤原貞経　ふじわらさだつね
鎌倉時代の蒔絵師。
¶美工（生没年不詳）

藤原定経　ふじわらさだつね
⇒藤原定経（ふじわらのさだつね）

藤原貞敏　ふじわらさだとし
⇒藤原貞敏（ふじわらのさだとし）

藤原定長(1)　ふじわらさだなが
⇒寂蓮（じゃくれん）

藤原定長(2)　ふじわらさだなが
⇒藤原定長（ふじわらのさだなが）

藤原定成*　ふじわらさだなり
長和3（1014）年～？　[別]藤原定成（ふじわらのさだしげ，ふじわらのさだなり）　平安時代中期～後期の公家・歌人。
¶古人（ふじわらのさだしげ），古人（ふじわらのさだなり）

藤原貞憲*　ふじわらさだのり
生没年不詳　[別]藤原貞憲（ふじわらのさだのり）　平安時代後期の公家・歌人。
¶古人（ふじわらのさだのり）

藤原定藤　ふじわらさだふじ
⇒葉室定藤（はむろさだふじ）

藤原定通　ふじわらさだみち
⇒藤原定通（ふじわらのさだみち）

藤原貞幹　ふじわらさだもと
⇒藤貞幹（とうていかん）

藤原定能　ふじわらさだよし
⇒藤原定能（ふじわらのさだよし）

藤原定頼　ふじわらさだより
⇒藤原定頼（ふじわらのさだより）

藤原実有　ふじわらさねあり
⇒清水谷実有（しみずだにさねあり）

藤原実家　ふじわらさねいえ
⇒藤原実家（ふじわらのさねいえ）

藤原実雄　ふじわらさねお
⇒洞院実雄（とういんさねお）

藤原実方　ふじわらさねかた
⇒藤原実方（ふじわらのさねかた）

藤原実兼　ふじわらさねかね
⇒藤原実兼（ふじわらのさねかね）

藤原実国　ふじわらさねくに
⇒滋野井実国（しげのいさねくに）

藤原実定　ふじわらさねさだ
⇒徳大寺実定（とくだいじさねさだ）

藤原実季　ふじわらさねすえ
⇒藤原実季（ふじわらのさねすえ）

藤原実資　ふじわらさねすけ
⇒藤原実資（ふじわらのさねすけ）

藤原実隆* (1)　ふじわらさねたか
建仁3(1203)年～文永7(1270)年　[別]藤原実隆(ふじわらのさねたか)　鎌倉時代前期の公卿(非参議)。参議藤原公清の三男。
¶公卿(ふじわらのさねたか　[没]文永7(1270)年9月12日),公家(実隆〔河鰭家〕　さねたか　[没]文永7(1270)年9月12日)

藤原実隆 (2)　ふじわらさねたか
⇒藤原実隆(ふじわらのさねたか)

藤原実忠*　ふじわらさねただ
生没年不詳　[別]藤原実忠(ふじわらのさねただ)　鎌倉時代前期の公卿。
¶古人(ふじわらのさねただ)

藤原真忠*　ふじわらさねただ
生没年不詳　[別]藤原真忠(ふじわらのさねただ)　平安時代中期の公家・歌人。
¶古人(ふじわらのさねただ)

藤原真忠妹*　ふじわらさねただのいもうと
生没年不詳　[別]藤原真忠妹(ふじわらのさねただのいもうと)　平安時代前期の歌人。
¶古人(ふじわらのさねただのいもうと)

藤原実綱 (1)　ふじわらさねつな
⇒藤原実綱(ふじわらのさねつな)

藤原実綱 (2)　ふじわらさねつな
⇒藤原実綱(ふじわらのさねつな)

藤原実経　ふじわらさねつね
⇒藤原実綱(ふじわらのさねつな)

藤原実遠*　ふじわらさねとお
文永8(1271)年～徳治3(1308)年2月15日　鎌倉時代後期の公家・歌人。
¶公家(実遠〔一条家(絶家)〕　さねとお)

藤原実時* (1)　ふじわらさねとき
生没年不詳　[別]藤原実時(ふじわらのさねとき)　鎌倉時代前期の公卿。
¶古人(ふじわらのさねとき)

藤原実時 (2)　ふじわらさねとき
⇒藤原実時(ふじわらのさねとき)

藤原実直　ふじわらさねなお
⇒阿野実直(あのさねなお)

藤原実仲* (1)　ふじわらさねなか
生没年不詳　[別]藤原実仲(ふじわらのさねなか)　鎌倉時代前期の公卿。
¶古人(ふじわらのさねなか)

藤原実仲* (2)　ふじわらさねなか
[別]正親町三条実仲(おおぎまちさんじょうさねなか)　鎌倉時代後期の公卿(非参議)。権大納言正親町三条公貫の長男。
¶公卿(正親町三条実仲　おおぎまちさんじょうさねなか　[生]正嘉1(1257)年　[没]?),公家(実仲〔九条家(絶家)〕　さねなか　[生]1257年　[没]文和1(1352)年9月21日)

藤原実長　ふじわらさねなが
⇒藤原実長(ふじわらのさねなが)

藤原実信母*　ふじわらさねのぶのはは
生没年不詳　[別]藤原実信母(ふじわらのさねのぶのはは)　平安時代後期の歌人。
¶古人(ふじわらのさねのぶのはは)

藤原実教　ふじわらさねのり
⇒山科実教(やましなさねのり)

藤原実範　ふじわらさねのり
⇒藤原実範(ふじわらのさねのり)

藤原実秀　ふじわらさねひで
⇒藤原実秀(ふじわらのさねひで)

藤原実房　ふじわらさねふさ
⇒三条実房(さんじょうさねふさ)

藤原実文*　ふじわらさねぶみ
生没年不詳　[別]姉小路実文(あねがこうじさねふみ)　鎌倉時代の公家。
¶公卿(姉小路実文　あねがこうじさねふみ),公家(実文〔姉小路家〕　さねふみ)

藤原実雅　ふじわらさねまさ
⇒一条実雅(いちじょうさねまさ)

藤原実政　ふじわらさねまさ
⇒藤原実政(ふじわらのさねまさ)

藤原実光* (1)　ふじわらさねみつ
建仁2(1202)年～宝治1(1247)年　[別]藤原実光(ふじわらのさねみつ)　鎌倉時代前期の公卿(参議)。中納言藤原公国の三男。
¶公卿(ふじわらのさねみつ　[没]宝治1(1247)年9月12日),公家(実光〔河原・大炊御門・近衛家(絶家)〕　さねみつ　[生]1204年　[没]宝治1(1247)年9月12日)

藤原実光 (2)　ふじわらさねみつ
⇒藤原実光(ふじわらのさねみつ)

藤原実宗　ふじわらさねむね
⇒藤原実宗(ふじわらのさねむね)

藤原実基*　ふじわらさねもと
生没年不詳　[別]藤原実基(ふじわらのさねもと)　鎌倉時代前期の公卿。
¶古人(ふじわらのさねもと)

藤原実守　ふじわらさねもり
⇒藤原実守(ふじわらのさねもり)

藤原実泰　ふじわらさねやす
⇒洞院実泰(とういんさねやす)

藤原実能　ふじわらさねよし
⇒徳大寺実能(とくだいじさねよし)

藤原実世女　ふじわらさねよのむすめ
鎌倉時代前期の女性。後嵯峨天皇の後宮。実通女とも。
¶天皇

藤原実頼　ふじわらさねより
⇒藤原実頼(ふじわらのさねより)

藤原実頼女*　ふじわらさねよりのむすめ
?～天暦1(947)年5月21日　[別]藤原実頼女(ふじわらのさねよりのむすめ)　平安時代中期の歌人。
¶古人(ふじわらのさねよりのむすめ)

藤原氏　ふじわらし
鎌倉時代前期の女性。後嵯峨天皇の後宮。
¶天皇

藤原氏(今城定淳女)　ふじわらし
江戸時代中期の女性。霊元天皇の宮人。
¶天皇([生]?　[没]延享3(1746)年8月12日)

藤原氏（入江相尚女） ふじわらし
⇒右兵衛局（うひょうえのつぼね）

藤原重家 ふじわらしげいえ
⇒藤原重家（ふじわらのしげいえ）

藤原重景 ふじわらしげかげ
⇒与三兵衛重景（よさひょうえしげかげ）

藤原重兼 ふじわらしげかね
平安時代後期の官人。藤原実定の諸大夫。
¶平家（生没年不詳）

藤原滋包女* ふじわらしげかねのむすめ
生没年不詳　[別]藤原滋包女（ふじわらのしげかねのむすめ）　平安時代中期の歌人。
¶古人（ふじわらのしげかねのむすめ）

藤原重隆* ふじわらしげたか
承保3（1076）年～元永1（1118）年閏9月1日　[別]藤原重隆（ふじわらのしげたか）　平安時代後期の公家・故実家。
¶古人（ふじわらのしげたか）

藤原重綱* ふじわらしげつな
？～建久3（1192）年6月　[別]藤原重綱（ふじわらのしげつな）　平安時代後期の公家・歌人。
¶古人（ふじわらのしげつな）

藤原成範 ふじわらしげのり
⇒藤原成範（ふじわらのなりのり）

藤原茂範 ふじわらしげのり
⇒藤原茂範（ふじわらのしげのり）

藤原重秀 ふじわらしげひで
平安時代後期の官人。讃岐守。
¶平家（生没年不詳）

藤原滋幹* ふじわらしげもと
？～承平1（931）年　[別]藤原滋幹（ふじわらのしげもと）　平安時代前期～中期の公家・歌人。
¶古人（ふじわらのしげもと）

藤原重基* ふじわらしげもと
？～長承3（1134）年11月18日　[別]藤原重基（ふじわらのしげもと）　平安時代後期の公家・歌人。
¶古人（ふじわらのしげもと）

藤原実子 ふじわらじっし
⇒宣光門院（せんこうもんいん）

藤原秀子 ふじわらしゅうし
⇒陽禄門院（ようろくもんいん）

藤原重子 ふじわらじゅうし
⇒修明門院（しゅめいもんいん）

藤原寿子 ふじわらじゅし
⇒藤原寿子（ふじわらのじゅし）

藤原竴子 ふじわらしゅんし
⇒藻壁門院（そうへきもんいん）

藤原遵子 ふじわらじゅんし
⇒藤原遵子（ふじわらのじゅんし）

藤原俊成 ふじわらしゅんぜい
⇒藤原俊成（ふじわらのとしなり）

藤原俊成女 ふじわらしゅんぜいのむすめ
⇒藤原俊成女（ふじわらのとしなりのむすめ）

藤原鏱子 ふじわらしょうし
⇒永福門院（えいふくもんいん）

藤原勝子 ふじわらしょうし
⇒嘉喜門院（かきもんいん）

藤原彰子 ふじわらしょうし
⇒上東門院（じょうとうもんいん）

藤原璋子 ふじわらしょうし
⇒待賢門院（たいけんもんいん）

藤原殖子 ふじわらしょくし
⇒七条院（しちじょういん）

藤原信子 ふじわらしんし
⇒嘉楽門院（からくもんいん）

藤原親子（1） ふじわらしんし
⇒藤原親子（ふじわらのしんし）

藤原親子（2） ふじわらしんし
⇒藤原親子（ふじわらのちかこ）

藤原季綱 ふじわらすえつな
⇒藤原季綱（ふじわらのすえつな）

藤原季経 ふじわらすえつね
⇒藤原季経（ふじわらのすえつね）

藤原季仲 ふじわらすえなか
⇒藤原季仲（ふじわらのすえなか）

藤原季成 ふじわらすえなり
⇒藤原季成（ふじわらのすえなり）

藤原季縄 ふじわらすえなわ
⇒藤原季縄（ふじわらのすえただ）

藤原季範 ふじわらすえのり
⇒藤原季範（ふじわらのすえのり）

藤原季通 ふじわらすえみち
⇒藤原季通（ふじわらのすえみち）

藤原季光* ふじわらすえみつ
生没年不詳　[別]藤原季光（ふじわらのすえみつ）　南北朝時代の連歌作者。
¶古人（ふじわらのすえみつ）

藤原季能* ふじわらすえよし
*～建暦1（1211）年　[別]藤原季能（ふじわらのすえよし）　鎌倉時代前期の公卿（非参議）。非参議藤原俊盛の子。
¶公卿（ふじわらのすえよし　生没年不詳），公家（季能〔八条家（絶家）〕　すえよし　[生]1153年　[没]建暦1（1211）年6月21日），古人（ふじわらのすえよし　[生]？），中世（ふじわらのすえよし　[生]1153年）

藤原菅根 ふじわらすがね
⇒藤原菅根（ふじわらのすがね）

藤原祐家 ふじわらすけいえ
⇒藤原祐家（ふじわらのすけいえ）

藤原資実 ふじわらすけざね
⇒日野資実（ひのすけざね）

藤原資季* ふじわらすけすえ
生没年不詳　[別]藤原資季（ふじわらのすけすえ）　鎌倉時代前期の廷臣。
¶古人（ふじわらのすけすえ）

藤原資隆* ふじわらすけたか
生没年不詳 [別]藤原資隆（ふじわらのすけたか） 平安時代後期の歌人。
¶古人（ふじわらのすけたか）

藤原佐忠* ふじわらすけただ
生没年不詳 [別]藤原佐忠（ふじわらのすけただ） 平安時代中期の公家・歌人。
¶古人（ふじわらのすけただ）

藤原資忠* ふじわらすけただ
生没年不詳 [別]藤原資忠（ふじわらのすけただ） 平安時代後期の公家・歌人。
¶古人（ふじわらのすけただ）

藤原輔尹* ふじわらすけただ
？～治安1（1021）年 [別]藤原輔尹（ふじわらのすけただ） 平安時代中期の歌人、漢詩人。
¶古人（ふじわらのすけただ）

藤原資経 ふじわらすけつね
⇒藤原資経（ふじわらのすけつね）

藤原資任 ふじわらすけとう
⇒烏丸資任（からすまるすけとう）

藤原資仲 ふじわらすけなか
⇒藤原資仲（ふじわらのすけなか）

藤原資業 ふじわらすけなり
⇒日野資業（ひのすけなり）

藤原資信 ふじわらすけのぶ
⇒藤原資信（ふじわらのすけのぶ）

藤原助信 ふじわらすけのぶ
⇒藤原助信（ふじわらのすけのぶ）

藤原資平 ふじわらすけひら
⇒藤原資平（ふじわらのすけひら）

藤原資房 ふじわらすけふさ
⇒藤原資房（ふじわらのすけふさ）

藤原佐理 ふじわらすけまさ
⇒藤原佐理（ふじわらのすけまさ）

藤原輔相 ふじわらすけみ
⇒藤原輔相（ふじわらのすけみ）

藤原資宗* ふじわらすけむね
生没年不詳 [別]藤原資宗（ふじわらのすけむね） 平安時代中期の公家・歌人。
¶古人（ふじわらのすけむね [生]1027年 [没]？）

藤原扶幹 ふじわらすけもと
⇒藤原扶幹（ふじわらのたすもと）

藤原相如 ふじわらすけゆき
⇒藤原相如（ふじわらのすけゆき）

藤原相如女* ふじわらすけゆきのむすめ
生没年不詳 [別]藤原相如女（ふじわらのすけゆきのむすめ） 平安時代中期の歌人。
¶古人（ふじわらのすけゆきのむすめ）

藤原佐世 ふじわらすけよ
⇒藤原佐世（ふじわらのすけよ）

藤原資頼* ふじわらすけより
久安4（1148）年～？ [別]藤原資頼（ふじわらのすけより） 平安時代後期の公卿（非参議）。参議藤原頼定の長男。
¶公卿（ふじわらのすけより），公家（資頼〔堀河2・三条家（絶家）〕 すけより），古人（ふじわらのすけより）

藤原純友 ふじわらすみとも
⇒藤原純友（ふじわらのすみとも）

藤原惺窩* ふじわらせいか
永禄4（1561）年～元和5（1619）年9月12日 安土桃山時代～江戸時代前期の儒学者。父は冷泉為純。朱子学を学び、近世日本での朱子学の祖といわれる。その学派は京学と呼ばれた。
¶コン，詩作，思想，全戦，対外，徳将，山小（[没]1619年9月12日）

藤原成子(1) ふじわらせいし
⇒藤原成子（ふじわらのせいし）

藤原成子(2) ふじわらせいし
⇒藤原成子（ふじわらのなりこ）

藤原生子 ふじわらせいし
⇒藤原生子（ふじわらのせいし）

藤原聖子 ふじわらせいし
⇒皇嘉門院（こうかもんいん）

藤原関雄 ふじわらせきお
⇒藤原関雄（ふじわらのせきお）

藤原琮子 ふじわらそうし
⇒藤原琮子（ふじわらのそうし）

藤原相子 ふじわらそうし
⇒藤原相子（ふじわらのそうし）

藤原隆章 ふじわらたかあき
⇒藤原隆章（ふじわらのたかあき）

藤原隆家 ふじわらたかいえ
⇒藤原隆家（ふじわらのたかいえ）

藤原隆方* ふじわらたかかた
長和3（1014）年～承暦2（1078）年12月 [別]藤原隆方（ふじわらのたかかた） 平安時代中期～後期の公家・歌人・漢詩人。
¶古人（ふじわらのたかかた（たかまさ））

藤原隆清 ふじわらたかきよ
⇒坊門隆清（ぼうもんたかきよ）

藤原孝重 ふじわらたかしげ
⇒藤原孝重（ふじわらのたかしげ）

藤原隆季 ふじわらたかすえ
⇒藤原隆季（ふじわらのたかすえ）

藤原隆祐 ふじわらたかすけ
⇒藤原隆祐（ふじわらのたかすけ）

藤原隆忠 ふじわらたかただ
⇒藤原隆忠（ふじわらのたかただ）

藤原隆親* ふじわらたかちか
生没年不詳 [別]藤原孝親，藤原隆親（ふじわらのたかちか） 平安時代後期～鎌倉時代前期の廷臣。
¶古人（藤原孝親 ふじわらのたかちか）

藤原高経* ふじわらたかつね
承和2（835）年～寛平5（893）年5月19日 [別]藤原高経（ふじわらのたかつね） 平安時代前期の公家・歌人。
¶古人（ふじわらのたかつね）

藤原隆経　ふじわらたかつね
⇒藤原隆経（ふじわらのたかつね）

藤原高遠　ふじわらたかとお
⇒藤原高遠（ふじわらのたかとお）

藤原隆時　ふじわらたかとき
⇒藤原隆時（ふじわらのたかとき）

藤原隆俊*　ふじわらたかとし
生没年不詳　㊿藤原隆俊（ふじわらのたかとし）　鎌倉時代前期の廷臣。
¶古人（ふじわらのたかとし）

藤原挙直*　ふじわらたかなお
？～1012年　㊿藤原挙直（ふじわらのたかただ）　平安時代中期の漢詩人。
¶古人（ふじわらのたかただ）

藤原隆信　ふじわらたかのぶ
⇒藤原隆信（ふじわらのたかのぶ）

藤原孝範　ふじわらたかのり
⇒藤原孝範（ふじわらのたかのり）

藤原高範　ふじわらたかのり
平安時代後期～鎌倉時代前期の武士。系譜未詳。摂政藤原基房の随身。
¶平家（生没年不詳）

藤原隆房　ふじわらたかふさ
⇒四条隆房（しじょうたかふさ）

藤原隆房の北の方　ふじわらたかふさのきたのかた
鎌倉時代前期の女性。平清盛の娘。
¶平家（㊐？　㊍正治1（1199）年）

藤原隆昌　ふじわらたかまさ
⇒藤原隆昌（ふじわらのたかまさ）

藤原孝道　ふじわらたかみち
⇒藤原孝道（ふじわらのたかみち）

藤原高光　ふじわらたかみつ
⇒藤原高光（ふじわらのたかみつ）

藤原孝善*　ふじわらたかよし
生没年不詳　㊿藤原孝善（ふじわらのたかよし）　平安時代後期の公家・歌人。
¶古人（ふじわらのたかよし）

藤原隆能　ふじわらたかよし
⇒藤原隆能（ふじわらのたかよし）

藤原武明　ふじわらたけあき
⇒伊東甲子太郎（いとうかしたろう）

藤原多子　ふじわらたし
⇒藤原多子（ふじわらのたし）

藤原忠家⑴　ふじわらただいえ
⇒九条忠家（くじょうただいえ）

藤原忠家⑵　ふじわらただいえ
⇒藤原忠家（ふじわらのただいえ）

藤原忠兼*⑴　ふじわらただかね
生没年不詳　㊿藤原忠兼（ふじわらのただかね）　平安時代中期の官人。
¶古人（ふじわらのただかね）

藤原忠兼⑵　ふじわらただかね
⇒藤原忠兼（ふじわらのただかね）

藤原忠君*　ふじわらただきみ
？～安和1（968）年　㊿藤原忠君（ふじわらのただきみ）　平安時代中期の公家・歌人。
¶古人（ふじわらのただきみ）

藤原忠清⑴　ふじわらただきよ
⇒藤原忠清（ふじわらのただきよ）

藤原忠清⑵　ふじわらただきよ
⇒坊門忠清（ぼうもんただきよ）

藤原忠国*　ふじわらただくに
生没年不詳　㊿藤原忠国（ふじわらのただくに）　平安時代前期の公家・歌人。
¶古人（ふじわらのただくに）

藤原忠実　ふじわらただざね
⇒藤原忠実（ふじわらのただざね）

藤原忠季*　ふじわらただすえ
？～建久7（1196）年　㊿藤原忠季（ふじわらのただすえ）　平安時代後期～鎌倉時代前期の公卿。
¶古人（ふじわらのただすえ）

藤原忠高*　ふじわらただたか
建暦1（1211）年～建治2（1276）年5月4日　㊿九条忠高（くじょうただたか）　鎌倉時代前期～後期の公家。
¶公卿（九条忠高　くじょうただたか　㊐建保1（1213）年　㊍？），公家（忠高〔海住山家（絶家）〕　ただたか　㊐1213年　㊍？）

藤原忠隆*　ふじわらただたか
生没年不詳　㊿藤原忠隆（ふじわらのただたか）　平安時代後期の公家・歌人。
¶古人（ふじわらのただたか）

藤原忠親　ふじわらただちか
⇒中山忠親（なかやまただちか）

藤原忠綱　ふじわらただつな
⇒藤原忠綱（ふじわらのただつな）

藤原忠成　ふじわらただなり
平安時代後期の官人。
¶平家（生没年不詳）

藤原斉延　ふじわらただのぶ
⇒藤斉延（とうまさのぶ）

藤原斉信　ふじわらただのぶ
⇒藤原斉信（ふじわらのただのぶ）

藤原忠信　ふじわらただのぶ
⇒坊門忠信（ぼうもんただのぶ）

藤原忠教　ふじわらただのり
⇒藤原忠教（ふじわらのただのり）

藤原三成*　ふじわらただひら
延暦5（786）年～天長7（830）年4月30日　㊿藤原三成（ふじわらのただなり）　奈良時代～平安時代前期の公家・漢詩人。
¶古人（ふじわらのただなり）

藤原忠平　ふじわらただひら
⇒藤原忠平（ふじわらのただひら）

藤原忠房　ふじわらただふさ
⇒藤原忠房（ふじわらのただふさ）

藤原忠房女*　ふじわらただふさのむすめ
生没年不詳　㊿藤原忠房女（ふじわらのただふさの

むすめ）　平安時代中期の歌人。
¶古人（ふじわらのただふさのむすめ）

藤原忠雅　ふじわらただまさ
⇒花山院忠雅（かざんいんただまさ）

藤原忠通　ふじわらただみち
⇒藤原忠通（ふじわらのただみち）

藤原忠光　ふじわらただみつ
⇒藤原忠光（ふじわらのただみつ）

藤原忠基　ふじわらただもと
⇒藤原忠基（ふじわらのただもと）

藤原忠行*　ふじわらただゆき
？～延喜6（906）年11月　[別]藤原忠行（ふじわらのただゆき）　平安時代前期～中期の公家・歌人。
¶古人（ふじわらのただゆき）

藤原忠良　ふじわらただよし
⇒藤原忠良（ふじわらのただよし）

藤原為家　ふじわらためいえ
⇒藤原為家（ふじわらのためいえ）

藤原為氏　ふじわらためうじ
⇒二条為氏（にじょうためうじ）

藤原為相　ふじわらためすけ
⇒冷泉為相（れいぜいためすけ）

藤原為隆　ふじわらためたか
⇒藤原為隆（ふじわらのためたか）

藤原為忠　ふじわらためただ
⇒藤原為忠（ふじわらのためただ）

藤原為親*　ふじわらためちか
？～承安2（1172）年　[別]藤原為親（ふじわらのためちか）　平安時代後期の参議藤原親隆の子。
¶古人（ふじわらのためちか）

藤原為継　ふじわらためつぐ
⇒藤原為継（ふじわらのためつぐ）

藤原為任*　ふじわらためとう
？～寛徳2（1045）年　[別]藤原為任（ふじわらのためとう）　平安時代中期の公家・歌人。
¶古人（ふじわらのためとう）

藤原為時　ふじわらためとき
⇒藤原為時（ふじわらのためとき）

藤原為長*　ふじわらためなが
生没年不詳　[別]藤原為長（ふじわらのためなが）　平安時代中期の公家・歌人。
¶古人（ふじわらのためなが）

藤原為信　ふじわらためのぶ
⇒藤原為信（ふじわらのためのぶ）

藤原為教　ふじわらためのり
⇒京極為教（きょうごくためのり）

藤原為房　ふじわらためふさ
⇒藤原為房（ふじわらのためふさ）

藤原為正*　ふじわらためまさ
生没年不詳　[別]藤原為正（ふじわらのためまさ）　平安時代中期の公家・歌人。
¶古人（ふじわらのためまさ）

藤原為通　ふじわらためみち
⇒藤原為通（ふじわらのためみち）

藤原為光　ふじわらためみつ
⇒藤原為光（ふじわらのためみつ）

藤原為盛女*　ふじわらためもりのむすめ
生没年不詳　[別]藤原為盛女（ふじわらのためもりのむすめ）　平安時代中期の歌人。
¶古人（ふじわらのためもりのむすめ）

藤原為世*（1）　ふじわらためよ
生没年不詳　[別]藤原為世（ふじわらのためよ）　平安時代中期の公家・歌人。
¶古人（ふじわらのためよ）

藤原為世（2）　ふじわらためよ
⇒二条為世（にじょうためよ）

藤原為頼　ふじわらためより
⇒藤原為頼（ふじわらのためより）

藤原親家*　ふじわらちかいえ
生没年不詳　[別]藤原親家（ふじわらのちかいえ）　鎌倉時代前期～後期の公卿。
¶古人（ふじわらのちかいえ）

藤原親方　ふじわらちかかた
⇒藤原親方（ふじわらのちかかた）

藤原親実*　ふじわらちかざね
*～建保3（1215）年　[別]藤原親実（ふじわらのちかざね）　鎌倉時代前期の公卿（非参議）。権大納言藤原成親の子。
¶公卿（ふじわらのちかざね　生没年不詳），公家（親実〔大宮家（絶家）〕　ちかざね　[生]1168年　[没]建保3（1215）年8月），古人（ふじわらのちかざね　[生]？）

藤原親季*　ふじわらちかすえ
建仁1（1201）年～？　[別]藤原親季（ふじわらのちかすえ）　鎌倉時代前期の公卿（権中納言）。非参議藤原定季の子。
¶公卿（ふじわらのちかすえ），公家（親季〔平松家（絶家）〕　ちかすえ）

藤原親隆　ふじわらちかたか
⇒藤原親隆（ふじわらのちかたか）

藤原親経　ふじわらちかつね
⇒藤原親経（ふじわらのちかつね）

藤原親長　ふじわらちかなが
⇒法性寺親長（ほうじょうじちかなが）

藤原千兼*　ふじわらちかぬ
生没年不詳　[別]藤原千兼（ふじわらのちかぬ）　平安時代中期の公家・歌人。
¶古人（ふじわらのちかぬ）

藤原千兼女*　ふじわらちかぬのむすめ
生没年不詳　[別]藤原千兼女（ふじわらのちかぬのむすめ）　平安時代中期の歌人。
¶古人（ふじわらのちかぬのむすめ）

藤原親信　ふじわらちかのぶ
⇒藤原親信（ふじわらのちかのぶ）

藤原近則*　ふじわらちかのり
文化12（1815）年～明治25（1892）年　江戸時代末期～明治時代の刀工。近則作中最大最長4尺9寸の太刀を大洗磯前神社の神宝として奉納。
¶幕末（[没]明治25（1892）年3月5日）

藤原親房*　ふじわらちかふさ
生没年不詳　[別]藤原親房（ふじわらのちかふさ）　鎌倉時代前期の公卿（参議）。参議藤原親雅の次男。
¶公卿（ふじわらのちかふさ），公家（親房〔四条家（絶家）〕　ちかふさ），古人（ふじわらのちかふさ）

藤原親雅*　ふじわらちかまさ
久安1（1145）年～承元4（1210）年　[別]藤原親雅（ふじわらのちかまさ）　平安時代後期～鎌倉時代前期の公卿（参議）。参議藤原親隆の三男。
¶公卿（ふじわらのちかまさ　[没]承元4（1210）年9月23日），公家（親雅〔四条家（絶家）〕　ちかまさ　[没]承元4（1210）年9月23日），古人（ふじわらのちかまさ），平家

藤原周光　ふじわらちかみつ
⇒藤原周光（ふじわらのちかみつ）

藤原親光*　ふじわらちかみつ
生没年不詳　[別]藤原親光（ふじわらのちかみつ）　鎌倉時代前期の公卿。
¶古人（ふじわらのちかみつ），対外（ふじわらのちかみつ）

藤原親盛　ふじわらちかもり
⇒藤原親盛（ふじわらのちかもり）

藤原親康*(1)　ふじわらちかやす
生没年不詳　[別]藤原親康（ふじわらのちかやす）　鎌倉時代前期の公家・歌人。
¶古人（ふじわらのちかやす）

藤原親康*(2)　ふじわらちかやす
弘安7（1284）年～元弘2/正慶1（1332）年11月10日　[別]藤原親康（ふじわらのちかやす）　鎌倉時代後期の公卿（非参議）。非参議藤原雅平の孫。
¶公卿（ふじわらのちかやす　[没]正慶1/元弘2（1332）年11月10日），公家（親康〔法性寺家（絶家）〕　ちかやす　[没]正慶1（1332）年11月10日）

藤原親世*　ふじわらちかよ
明応3（1494）年～？　戦国時代の公卿。
¶公家（親世〔法性寺家（絶家）〕　ちかよ）

藤原親能　ふじわらちかよし
⇒中原親能（なかはらちかよし）

藤原中子　ふじわらちゅうし
⇒崇賢門院（すうけんもんいん）

藤原忠子　ふじわらちゅうし
⇒談天門院（だんてんもんいん）

藤原朝子　ふじわらちょうし
⇒紀二位（きのにい）

藤原長子(1)　ふじわらちょうし
⇒讃岐典侍（さぬきのすけ）

藤原長子(2)　ふじわらちょうし
⇒鷹司院（たかつかさいん）

藤原陳子　ふじわらちんし
⇒北白河院（きたしらかわいん）

藤原継縄　ふじわらつぐただ
⇒藤原継縄（ふじわらのつぐただ）

藤原経家(1)　ふじわらつねいえ
⇒藤原経家（ふじわらのつねいえ）

藤原経家(2)　ふじわらつねいえ
⇒藤原経家（ふじわらのつねいえ）

藤原経臣*　ふじわらつねおみ
昌泰3（900）年～*　[別]藤原経臣（ふじわらのつねおみ）　平安時代前期～中期の公家・歌人。
¶古人（ふじわらのつねおみ　[没]？）

藤原経実　ふじわらつねざね
⇒藤原経実（ふじわらのつねざね）

藤原経輔　ふじわらつねすけ
⇒藤原経輔（ふじわらのつねすけ）

藤原恒佐　ふじわらつねすけ
⇒藤原恒佐（ふじわらのつねすけ）

藤原経忠　ふじわらつねただ
⇒藤原経忠（ふじわらのつねただ）

藤原常嗣　ふじわらつねつぐ
⇒藤原常嗣（ふじわらのつねつぐ）

藤原経任　ふじわらつねとう
⇒藤原経任（ふじわらのつねとう）

藤原経業　ふじわらつねなり
⇒藤原経業（ふじわらのつねなり）

藤原経衡　ふじわらつねひら
⇒藤原経衡（ふじわらのつねひら）

藤原経房　ふじわらつねふさ
⇒吉田経房（よしだつねふさ）

藤原経通(1)　ふじわらつねみち
⇒藤原経通（ふじわらのつねみち）

藤原経通(2)　ふじわらつねみち
⇒藤原経通（ふじわらのつねみち）

藤原経光　ふじわらつねみつ
⇒藤原経光（ふじわらのつねみつ）

藤原経宗　ふじわらつねむね
⇒藤原経宗（ふじわらのつねむね）

藤原定家　ふじわらていか
⇒藤原定家（ふじわらのさだいえ）

藤原定家母　ふじわらていかのはは
⇒美福門院加賀（びふくもんいんのかが）

藤原貞幹　ふじわらていかん
⇒藤貞幹（とうていかん）

藤原貞子　ふじわらていし
⇒今林准后（いまばやしじゅごう）

藤原呈子　ふじわらていし
⇒九条院（くじょういん）

藤原定子　ふじわらていし
⇒藤原定子（ふじわらのていし）

藤原言家*　ふじわらときいえ
？～延応1（1239）年　[別]藤原言家（ふじわらのこといえ，ふじわらのときいえ）　鎌倉時代前期の公卿（非参議）。非参議藤原成家の次男。
¶公卿（ふじわらのこといえ　[没]延応2（1240）年2月2日），公家（言家〔御子左家（絶家）1〕　こといえ　[没]暦仁2（1239）年2月2日）

藤原時長　ふじわらときなが
⇒藤原時長（ふじわらのときなが）

藤原時成　ふじわらときなり
平安時代後期の武士。系譜未詳。

¶平家(生没年不詳)

藤原時平　ふじわらのときひら
　⇒藤原時平(ふじわらのときひら)

藤原時房　ふじわらのときふさ
　⇒藤原時房(ふじわらのときふさ)

藤原時雨*　ふじわらのときふる
　生没年不詳　㊞藤原時雨(ふじわらのときふる)
　平安時代中期の公家・歌人。
　¶古人(ふじわらのときふる)

藤原時昌*　ふじわらのときまさ
　生没年不詳　㊞藤原時昌(ふじわらのときまさ)
　平安時代後期の公家・歌人。
　¶古人(ふじわらのときまさ)

藤原得子　ふじわらのとくし
　⇒美福門院(びふくもんいん)

藤原俊家　ふじわらのとしいえ
　⇒藤原俊家(ふじわらのとしいえ)

藤原俊兼　ふじわらのとしかね
　⇒藤原俊兼(ふじわらのとしかね)

藤原俊忠　ふじわらのとしただ
　⇒藤原俊忠(ふじわらのとしただ)

藤原俊経　ふじわらのとしつね
　⇒藤原俊経(ふじわらのとしつね)

藤原俊成　ふじわらのとしなり
　⇒藤原俊成(ふじわらのとしなり)

藤原俊成女　ふじわらのとしなりのむすめ
　⇒藤原俊成女(ふじわらのとしなりのむすめ)

藤原節信　ふじわらのとしのぶ
　⇒藤原節信(ふじわらのときのぶ)

藤原俊憲　ふじわらのとしのり
　⇒藤原俊憲(ふじわらのとしのり)

藤原俊光　ふじわらのとしみつ
　⇒日野俊光(ひのとしみつ)

藤原俊盛女　ふじわらのとしもりのむすめ
　鎌倉時代前期の女性。後嵯峨天皇の後宮。
　¶天皇

藤原敏行　ふじわらのとしゆき
　⇒藤原敏行(ふじわらのとしゆき)

藤原知家　ふじわらのともいえ
　⇒藤原知家(ふじわらのともいえ)

藤原朝方　ふじわらのともかた
　⇒藤原朝方(ふじわらのともかた)

藤原友実*　ふじわらともざね
　康平5(1062)年～承徳1(1097)年11月27日　㊞藤原友実(ふじわらのともざね)　平安時代後期の漢詩人。
　¶古人(ふじわらのともざね)

藤原朝経*　ふじわらともつね
　生没年不詳　㊞藤原朝経(ふじわらのあさつね)
　鎌倉時代前期の公卿。
　¶古人(ふじわらのあさつね)

藤原朝業　ふじわらともなり
　⇒宇都宮朝業(うつのみやともなり)

藤原知信*　ふじわらとものぶ
　承保3(1076)年～?　㊞藤原知信(ふじわらのとものぶ)　平安時代後期の公家・歌人。
　¶古人(ふじわらのとものぶ)

藤原知房*　ふじわらともふさ
　永承1(1046)年～天永3(1112)年2月18日　㊞藤原知房(ふじわらのともふさ)　平安時代中期～後期の公家・歌人・漢詩人。
　¶古人(ふじわらのともふさ)

藤原共政妻肥前*　ふじわらともまさのつまひぜん
　?～寛弘4(1007)年3月4日　㊞肥前(ひぜん)　平安時代中期の女房・歌人。
　¶古人(肥前　ひぜん)

藤原倫寧　ふじわらのともやす
　⇒藤原倫寧(ふじわらのともやす)

藤原直子*　ふじわらなおいこ
　生没年不詳　㊞藤原直子(ふじわらのなおいこ)
　平安時代前期～中期の女房・歌人。
　¶古人(ふじわらのなおいこ)

藤原尚忠*　ふじわらなおただ
　生没年不詳　㊞藤原尚忠(ふじわらのなおただ)
　平安時代中期の公家・歌人。
　¶古人(ふじわらのなおただ)

藤原仲家　ふじわらなかいえ
　⇒藤原有家(ふじわらのありいえ)

藤原長家　ふじわらながいえ
　⇒藤原長家(ふじわらのながいえ)

藤原長方　ふじわらながかた
　⇒藤原長方(ふじわらのながかた)

藤原長兼　ふじわらながかね
　⇒藤原長兼(ふじわらのながかね)

藤原仲実　ふじわらなかざね
　⇒藤原仲実(ふじわらのなかざね)

藤原永実*　ふじわらながざね
　生没年不詳　㊞藤原永実(ふじわらのながざね)
　平安時代後期の公家・歌人。
　¶古人(ふじわらのながざね)

藤原長実　ふじわらながざね
　⇒藤原長実(ふじわらのながざね)

藤原長実母　ふじわらながざねのはは
　⇒藤原長実母(ふじわらのながざねのはは)

藤原長親*　ふじわらながちか
　生没年不詳　㊞藤原長親(ふじわらのながちか)
　平安時代後期～鎌倉時代前期の廷臣。
　¶古人(ふじわらのながちか)

藤原長経　ふじわらながつね
　⇒藤原長経(ふじわらのながつね)

藤原永手　ふじわらながて
　⇒藤原永手(ふじわらのながて)

藤原長能　ふじわらながとう
　⇒藤原長能(ふじわらのながとう)

藤原永範　ふじわらながのり
　⇒藤原永範(ふじわらのながのり)

藤原修範　ふじわらながのり
⇒藤原脩範（ふじわらのながのり）

藤原仲平　ふじわらなかひら
⇒藤原仲平（ふじわらのなかひら）

藤原長房(1)　ふじわらながふさ
⇒藤原長房（ふじわらのながふさ）

藤原長房(2)　ふじわらながふさ
⇒藤原長房（ふじわらのながふさ）

藤原仲文　ふじわらなかふみ
⇒藤原仲文（ふじわらのなかぶみ）

藤原仲麻呂　ふじわらなかまろ
⇒藤原仲麻呂（ふじわらのなかまろ）

藤原永光*　ふじわらながみつ
生没年不詳　[別]藤原永光（ふじわらのながみつ）
鎌倉時代前期の公家・歌人。
¶古人（ふじわらのながみつ）

藤原長基　ふじわらながもと
⇒藤原長基（ふじわらのながもと）

藤原長良　ふじわらながら
⇒藤原長良（ふじわらのながら）

藤原成家　ふじわらなりいえ
⇒藤原成家（ふじわらのなりいえ）

藤原業清*　ふじわらなりきよ
生没年不詳　[別]藤原業清（ふじわらのなりきよ）
平安時代後期～鎌倉時代前期の公家・歌人。
¶古人（ふじわらのなりきよ）

藤原成国*　ふじわらなりくに
？～天暦8（954）年4月20日　[別]藤原成国（ふじわらのなりくに）　平安時代中期の公家・歌人。
¶古人（ふじわらのなりくに）

藤原成定*　ふじわらなりさだ
仁平3（1153）年～＊　[別]藤原成定（ふじわらのなりさだ）　平安時代後期～鎌倉時代前期の廷臣。
¶古人（ふじわらのなりさだ　[没]1200年？）

藤原成実　ふじわらなりざね
⇒藤原成実（ふじわらのなりざね）

藤原成親　ふじわらなりちか
⇒藤原成親（ふじわらのなりちか）

藤原成親の北の方　ふじわらなりちかのきたのかた
平安時代後期の女性。藤原成親の妻。
¶平家（生没年不詳）

藤原成経　ふじわらなりつね
⇒藤原成経（ふじわらのなりつね）

藤原成経の北の方　ふじわらなりつねのきたのかた
平安時代後期の女性。平教盛の娘。
¶平家（生没年不詳）

藤原済時　ふじわらなりとき
⇒藤原済時（ふじわらのなりとき）

藤原成範　ふじわらなりのり
⇒藤原成範（ふじわらのなりのり）

藤原成頼　ふじわらなりより
⇒藤原成頼（ふじわらのなりより）

藤原任子　ふじわらにんし
⇒宜秋門院（ぎしゅうもんいん）

藤原寧子　ふじわらねいし
⇒広義門院（こうぎもんいん）

藤原顕家*(1)　ふじわらのあきいえ
万寿1（1024）年～寛治3（1089）年12月22日　平安時代中期～後期の公卿（参議）。権中納言藤原経通の四男。
¶公卿，古人

藤原顕家*(2)　ふじわらのあきいえ
仁平3（1153）年～貞応2（1223）年　[別]藤原顕家（ふじわらあきいえ）　平安時代後期～鎌倉時代前期の歌人・公卿（非参議）。非参議藤原重家の次男。
¶公卿（[没]？），公家（顕家〔六条・春日・九条・紙屋河家（絶家）〕　あきいえ　[没]？），古人（[没]1215年）

藤原顕家(3)　ふじわらのあきいえ
⇒藤原顕家（ふじわらあきいえ）

藤原顕氏*　ふじわらのあきうじ
承元1（1207）年～文永11（1274）年　[別]紙屋川顕氏（かみやがわあきうじ），藤原顕氏（ふじわらあきうじ）　鎌倉時代前期の歌人・公卿（非参議）。非参議藤原顕家次男。
¶公卿（[没]文永11（1274）年11月8日），公家（顕氏〔六条・春日・九条・紙屋河家（絶家）〕　あきうじ　[没]文永11（1274）年11月8日）

藤原顕雄*　ふじわらのあきお
生没年不詳　鎌倉時代後期の公卿（非参議）。非参議藤原顕名の子。
¶公卿，公家（顕雄〔六条・春日・九条・紙屋河家（絶家）〕　あきお　[生]1268年　[没]？）

藤原顕方　ふじわらのあきかた
⇒藤原顕方（ふじわらあきかた）

藤原明賢　ふじわらのあきかた
平安時代中期の官人。
¶古人（生没年不詳）

藤原顕子*　ふじわらのあきこ
生没年不詳　平安時代後期の女房。藤原経房の妻。
¶古人

藤原彰子　ふじわらのあきこ
⇒上東門院（じょうとうもんいん）

藤原昭子　ふじわらのあきこ
⇒藤原昭子（ふじわらのしょうし）

藤原詮子　ふじわらのあきこ
⇒東三条院（ひがしさんじょういん）

藤原璋子　ふじわらのあきこ
⇒待賢門院（たいけんもんいん）

藤原顕実*　ふじわらのあきざね
永承4（1049）年～天永1（1110）年7月13日　平安時代中期～後期の公卿（参議）。大納言藤原資平の孫。
¶公卿，古人

藤原顕季*　ふじわらのあきすえ
天喜3（1055）年～保安4（1123）年9月6日　[別]藤原顕季（ふじわらあきすえ），六条顕季（ろくじょうあきすえ）　平安時代後期の歌人・公卿（非参議）。大納言藤原実季の養子。
¶公卿，古人，コン，日文

藤原顕輔* ふじわらのあきすけ
寛治4(1090)年～久寿2(1155)年5月7日 [別]藤原顕輔(ふじわらあきすけ), 六条顕輔(ろくじょうあきすけ) 平安時代後期の歌人・公卿(非参議)。非参議藤原顕季の三男。
¶公卿, 公家(顕輔〔六条・春日・九条・紙屋河家(絶家)〕 あきすけ), 古人, コン, 日文

藤原顕隆* ふじわらのあきたか
延久4(1072)年～大治4(1129)年1月15日 [別]葉室顕隆(はむろあきたか, はむろのあきたか), 藤原顕隆(ふじわらあきたか) 平安時代後期の公卿(権中納言)。参議藤原為房の次男。
¶公卿, 古人, コン(葉室顕隆 はむろあきたか)

藤原昭鷹 ふじわらのあきたか
平安時代中期の人。藤原道長邸の金銀を盗んだ犯人。
¶古人(生没年不詳)

藤原顕忠* ふじわらのあきただ
昌泰1(898)年～康保2(965)年4月24日 [別]藤原顕忠(ふじわらあきただ) 平安時代中期の公卿(右大臣)。左大臣藤原時平の次男。
¶公卿, 古人, コン

藤原顕忠母 ふじわらのあきただのはは
⇒藤原顕忠母(ふじわらあきただのはは)

藤原顕嗣* ふじわらのあきつぐ
生没年不詳 鎌倉時代前期の公卿(非参議)。参議藤原兼高の子。
¶公卿, 公家(顕嗣〔八条家(絶家)〕 あきつぐ)

藤原顕綱* ふじわらのあきつな
長元2(1029)年～* [別]藤原顕綱(ふじわらあきつな) 平安時代中期～後期の歌人。「讃岐典侍日記」の作者。長子や歌人伊予三位の父。
¶古人([没]1103年?), コン([生]長元2(1029年/1033)年 [没]康和5(1103年/1107)年)

藤原章綱 ふじわらのあきつな
平安時代後期の官人。
¶古人(生没年不詳)

藤原秋常 ふじわらのあきつね
⇒藤原朝臣秋常(ふじわらのあそんあきつね)

藤原章経 ふじわらのあきつね
平安時代後期の官人。
¶古人([生]? [没]1066年)

藤原顕時* ふじわらのあきとき
天永1(1110)年～仁安2(1167)年3月14日 [別]藤原顕時(ふじわらあきとき) 平安時代後期の公卿(権中納言)。参議藤原為房の孫。
¶公卿, 公家(顕時〔中山家(絶家)〕 あきとき), 古人

藤原顕俊* ふじわらのあきとし
寿永1(1182)年～寛喜1(1229)年 [別]藤原顕俊(ふじわらあきとし) 鎌倉時代前期の公卿(権中納言)。権中納言藤原光雅の次男。
¶公卿([没]寛喜1(1229)年6月), 公家(顕俊〔堀河・岩蔵・葉室1家(絶家)〕 あきとし [没]寛喜1(1229)年6月)

藤原章俊 ふじわらのあきとし
平安時代後期の官人。父は為資。
¶古人(生没年不詳)

藤原明利 ふじわらのあきとし
平安時代中期の官人。
¶古人(生没年不詳)

藤原明知 ふじわらのあきとも
平安時代中期の官人。
¶古人(生没年不詳)

藤原顕名* ふじわらのあきな
?～弘安5(1282)年12月16日 鎌倉時代後期の公卿(非参議)。非参議藤原顕氏の子。
¶公卿, 公家(顕名〔六条・春日・九条・紙屋河家(絶家)〕 あきな)

藤原顕仲* ふじわらのあきなか
康平2(1059)年～大治4(1129)年 [別]藤原顕仲(ふじわらあきなか) 平安時代後期の歌人。
¶古人

藤原顕長* ふじわらのあきなが
元永1(1118)年～仁安2(1167)年10月18日 [別]藤原顕長(ふじわらあきなが) 平安時代後期の公卿(権中納言)。権中納言藤原顕隆の三男。
¶公卿([生]永久5(1117)年), 公家(顕長〔八条家(絶家)〕 あきなが), 古人([生]1117年)

藤原顕業* ふじわらのあきなり
寛治4(1090)年～久安4(1148)年5月14日 [別]藤原顕業(ふじわらあきなり) 平安時代後期の公卿(参議)。参議藤原広業の4代孫。
¶公卿, 古人

藤原顕成* ふじわらのあきなり
?～永仁4(1296)年 鎌倉時代後期の公卿(非参議)。非参議四条隆兼の子。
¶公卿, 公家(顕成〔冷泉家(絶家)1〕 あきなり)

藤原明業 ふじわらのあきなり
平安時代後期の官人。
¶古人(生没年不詳)

藤原顕信* ふじわらのあきのぶ
正暦5(994)年～万寿4(1027)年 平安時代中期の貴族。藤原道長と明子の子。
¶古人, コン

藤原章信* ふじわらのあきのぶ
生没年不詳 平安時代中期の官人。
¶古人

藤原顕教* ふじわらのあきのり
生没年不詳 鎌倉時代後期の公卿(非参議)。非参議藤原重氏の子。
¶公卿, 公家(顕教〔六条・春日・九条・紙屋河家(絶家)〕 あきのり)

藤原顕範* ふじわらのあきのり
生没年不詳 鎌倉時代後期の公卿(非参議)。非参議藤原季範の子。
¶公卿, 公家(顕範〔六条・春日・九条・紙屋河家(絶家)〕 あきのり)

藤原章経 ふじわらのあきのり
平安時代後期の官人。
¶古人([生]? [没]1091年)

藤原明範* ふじわらのあきのり
安貞1(1227)年～正安3(1301)年9月23日 鎌倉時代後期の公卿(非参議)。非参議藤原経範の次男。
¶公卿, 公家(明範〔成季裔(絶家)〕 あきのり)

藤原明衡* ふじわらのあきひら
*～治暦2(1066)年 [別]藤原明衡(ふじわらあきひ

ふしわら   1866

ら)，明衡（めいこう）　平安時代中期の学者、漢詩人。
¶古人（㋸989年），コン（㋸？），思想（㋸？），日文（古？），山小（㋸？）　㋒1066年10月18日）

藤原顕広　ふじわらのあきひろ
⇒藤原俊成（ふじわらのとしなり）

藤原顕房　ふじわらのあきふさ
⇒源顕房（みなもとのあきふさ）

藤原顕雅　ふじわらのあきまさ
⇒藤原顕雅（ふじわらあきまさ）

藤原明通(1)　ふじわらのあきみち
平安時代中期の官人。父は理明。
¶古人（生没年不詳）

藤原明通(2)　ふじわらのあきみち
平安時代中期の検非違使。父は忠親。
¶古人（生没年不詳）

藤原顕光*　ふじわらのあきみつ
天慶7（944）年～治安1（1021）年　㋰悪霊左府（あくりょうさふ），藤原顕光（ふじわらあきみつ）　平安時代中期の公卿（左大臣）。関白・太政大臣藤原兼通の長男。
¶公卿，古人，コン

藤原顕香*　ふじわらのあきよし
生没年不詳　鎌倉時代後期の公卿（非参議）。非参議藤原顕雄の子。
¶公卿，公家〔顕香〔六条・春日・九条・紙屋河家（絶家）〕　あきか〕

藤原顕能*　ふじわらのあきよし
嘉承2（1107）年～保延5（1139）年　平安時代後期の官人。権中納言顕隆の二男。
¶古人

藤原顕良　ふじわらのあきよし
平安時代後期の官人。父は忠家。
¶古人（生没年不詳）

藤原顕頼*　ふじわらのあきより
嘉保1（1094）年～久安4（1148）年1月5日　㋰葉室顕頼（はむろあきより），藤原顕頼（ふじわらあきより）　平安時代後期の公卿（権中納言）。権中納言藤原顕隆の長男。
¶公卿，古人，コン

藤原明子*(1)　ふじわらのあきらけいこ
天長5（828）年～昌泰3（900）年　㋰染殿后（そめどののきさき），藤原朝臣明子（ふじわらのあそんあきらけいこ），藤原明子（ふじわらのめいし，ふじわらめいし）　平安時代前期の女性。文徳天皇の皇后。
¶古人，古代（藤原朝臣明子　ふじわらのあそんあきらけいこ），コン（㋸天長6（829）年，女史，天皇（ふじわらのめいし・あきらけいこ）　㋒昌泰3（900）年5月23日），山小（㋒900年5月23日）

藤原明子(2)　ふじわらのあきらけいこ
平安時代中期の女官、御匣殿別当。朱雀天皇・村上天皇に仕える。
¶古人（生没年不詳）

藤原明子(3)　ふじわらのあきらけいこ
⇒藤原明子（ふじわらのめいし）

藤原朝方　ふじわらのあさかた
⇒藤原朝方（ふじわらのともかた）

藤原朝獦*（藤原朝狩）　ふじわらのあさかり
？～天平宝字8（764）年　㋰恵美朝獦（えみのあさかり），藤原朝臣朝獦（ふじわらのあそんあさかり）　奈良時代の官人（参議）。大師恵美押勝の三男。
¶公卿（㋒天平宝字8（764）年9月），古人，古代（藤原朝臣朝獦　ふじわらのあそんあさかり），コン

藤原夙子　ふじわらのあさこ
⇒英照皇太后（えいしょうこうたいごう）

藤原朝子　ふじわらのあさこ
⇒紀二位（きのにい）

藤原朝隆　ふじわらのあさたか
⇒藤原朝隆（ふじわらのともたか）

藤原朝忠*　ふじわらのあさただ
延喜10（910）年～康保3（966）年　㋰藤原朝忠（ふじわらあさただ）　平安時代中期の歌人・公卿（中納言）。右大臣藤原定方の五男。
¶公卿（㋒康保3（966）年12月2日），古人（㋸912年），コン，詩作（㋒康保3（967）年12月2日）

藤原朝経(1)　ふじわらのあさつね
⇒藤原朝経（ふじわらのともつね）

藤原朝経(2)　ふじわらのあさつね
⇒藤原朝経（ふじわらともつね）

藤原朝光*　ふじわらのあさてる
天暦5（951）年～長徳1（995）年　㋰藤原朝光（ふじわらあさてる，ふじわらのあさみつ）　平安時代中期の公卿（大納言）。関白・太政大臣藤原兼通の四男。
¶公卿（㋒長徳1（995）年3月20日），古人

藤原朝仲　ふじわらのあさなか
⇒藤原朝仲（ふじわらあさなか）

藤原朝業　ふじわらのあさなり
⇒宇都宮朝業（うつのみやともなり）

藤原朝成　ふじわらのあさひら
⇒藤原朝成（ふじわらのともなり）

藤原朝光　ふじわらのあさみつ
⇒藤原朝光（ふじわらのあさてる）

藤原朝元*　ふじわらのあさもと
？～長元4（1031）年　平安時代中期の官人。
¶古人

藤原朝頼　ふじわらのあさより
⇒藤原朝頼（ふじわらあさより）

藤原安宿媛　ふじわらのあすかべひめ
⇒光明皇后（こうみょうこうごう）

藤原朝臣宇合　ふじわらのあそみうまかい
⇒藤原宇合（ふじわらのうまかい）

藤原朝臣鎌足　ふじわらのあそみかまたり
⇒藤原鎌足（ふじわらのかまたり）

藤原朝臣清河　ふじわらのあそみきよかわ
⇒藤原清河（ふじわらのきよかわ）

藤原朝臣久須麻呂　ふじわらのあそみくすまろ
⇒藤原久須麻呂（ふじわらのくすまろ）

藤原朝臣宿奈麻呂　ふじわらのあそみすくなまろ
⇒藤原良継（ふじわらのよしつぐ）

藤原朝臣継縄　ふじわらのあそみつぐなわ
⇒藤原継縄（ふじわらのつぐただ）

藤原朝臣執弓　ふじわらのあそみとりゆみ
⇒藤原朝臣執弓（ふじわらのあそんとりゆみ）

藤原朝臣広嗣　ふじわらのあそみひろつぐ
⇒藤原広嗣（ふじわらのひろつぐ）

藤原朝臣房前　ふじわらのあそみふささき
⇒藤原房前（ふじわらのふささき）

藤原朝臣不比等　ふじわらのあそみふひと
⇒藤原不比等（ふじわらのふひと）

藤原朝臣麻呂　ふじわらのあそみまろ
⇒藤原麻呂（ふじわらのまろ）

藤原朝臣八束　ふじわらのあそみやつか
⇒藤原真楯（ふじわらのまたて）

藤原朝臣秋常*　ふじわらのあそんあきつね
生没年不詳　[別]藤原秋常（ふじわらのあきつね）平安時代前期の官人。
¶古代

藤原朝臣明子　ふじわらのあそんあきらけいこ
⇒藤原明子（ふじわらのあきらけいこ）

藤原朝臣朝猲　ふじわらのあそんあさかり
⇒藤原朝猲（ふじわらのあさかり）

藤原朝臣愛発　ふじわらのあそんあらち
⇒藤原愛発（ふじわらのちかなり）

藤原朝臣有蔭*　ふじわらのあそんありかげ
天長1（824）年～＊　[別]藤原有蔭（ふじわらのありかげ）　平安時代前期の官人。
¶古代（[没]885年）

藤原朝臣有子　ふじわらのあそんありこ
⇒藤原有子（ふじわらのゆうし）

藤原朝臣有貞　ふじわらのあそんありさだ
⇒藤原有貞（ふじわらのありさだ）

藤原朝臣有実　ふじわらのあそんありざね
⇒藤原有実（ふじわらのありざね）

藤原朝臣有穂　ふじわらのあそんありほ
⇒藤原有穂（ふじわらのありほ）

藤原朝臣家依　ふじわらのあそんいえより
⇒藤原家依（ふじわらのいえより）

藤原朝臣石津*　ふじわらのあそんいしづ
[別]石津王（いしづおう），藤原石津（ふじわらのいしづ）　奈良時代の皇族。
¶古人（石津王　いしづおう　生没年不詳），古代

藤原朝臣今川*　ふじわらのあそんいまがわ
天平勝宝1（749）年～弘仁5（814）年　[別]藤原今川（ふじわらのいまがわ）　奈良時代～平安時代前期の中級官人。
¶古人（藤原今川　ふじわらのいまがわ），古代

藤原朝臣胤子　ふじわらのあそんいんし
⇒藤原胤子（ふじわらのいんし）

藤原朝臣魚名　ふじわらのあそんうおな
⇒藤原魚名（ふじわらのうおな）

藤原朝臣氏雄*　ふじわらのあそんうじお
[別]藤原氏雄（ふじわらのうじお）　平安時代前期の官人。
¶古代

藤原朝臣氏宗　ふじわらのあそんうじむね
⇒藤原氏宗（ふじわらのうじむね）

藤原朝臣内麻呂　ふじわらのあそんうちまろ
⇒藤原内麻呂（ふじわらのうちまろ）

藤原朝臣宇比良古　ふじわらのあそんうひらこ
⇒藤原宇比良古（ふじわらのおひらこ）

藤原朝臣宇合　ふじわらのあそんうまかい
⇒藤原宇合（ふじわらのうまかい）

藤原朝臣枝良　ふじわらのあそんえだよし
⇒藤原枝良（ふじわらのえだよし）

藤原朝臣大津　ふじわらのあそんおおつ
⇒藤原大津（ふじわらのおおつ）

藤原朝臣岳守　ふじわらのあそんおかもり
⇒藤原岳守（ふじわらのたけもり）

藤原朝臣興邦*　ふじわらのあそんおきくに
弘仁12（821）年～貞観5（863）年　[別]藤原興邦（ふじわらのおきくに）　平安時代前期の中級官人。
¶古人（藤原興邦　ふじわらのおきくに），古代

藤原朝臣興範　ふじわらのあそんおきのり
⇒藤原興範（ふじわらのおきのり）

藤原朝臣小黒麻呂　ふじわらのあそんおぐろまろ
⇒藤原小黒麻呂（ふじわらのおぐろまろ）

藤原朝臣緒嗣　ふじわらのあそんおつぐ
⇒藤原緒嗣（ふじわらのおつぐ）

藤原朝臣弟貞　ふじわらのあそんおとさだ
⇒山背王（やましろおう）

藤原朝臣乙縄　ふじわらのあそんおとただ
⇒藤原乙縄（ふじわらのおとただ）

藤原朝臣乙友*　ふじわらのあそんおとども
奈良時代の下級貴族官人。
¶古代

藤原朝臣乙麻呂　ふじわらのあそんおとまろ
⇒藤原乙麻呂（ふじわらのおとまろ）

藤原朝臣乙牟漏　ふじわらのあそんおとむろ
⇒藤原乙牟漏（ふじわらのおとむろ）

藤原朝臣雄友　ふじわらのあそんおとも
⇒藤原雄友（ふじわらのおとも）

藤原朝臣緒夏　ふじわらのあそんおなつ
⇒藤原緒夏（ふじわらのおなつ）

藤原朝臣小湯麻呂*　ふじわらのあそんおゆまろ
？～天平宝字8（764）年　[別]藤原小湯麻呂（ふじわらのおゆまろ，ふじわらのこゆまろ）　奈良時代の官人。
¶古人（藤原小湯麻呂　ふじわらのこゆまろ），古代

藤原朝臣雄依*　ふじわらのあそんおより
生没年不詳　[別]藤原雄依（ふじわらのおより）　奈良時代～平安時代前期の官人。
¶古人（藤原雄依　ふじわらのおより），古代

藤原朝臣楓麻呂　ふじわらのあそんかえでまろ
⇒藤原楓麻呂（ふじわらのかえでまろ）

藤原朝臣梶長＊　ふじわらのあそんかじなが
生没年不詳　[別]藤原梶長（ふじわらのかじなが）　平安時代前期の官人。
¶古人（藤原梶長　ふじわらのかじなが），古代

藤原朝臣縵麻呂＊　ふじわらのあそんかずらまろ
神護景雲2（768）年～弘仁12（821）年　[別]藤原縵麻呂（ふじわらのかずらまろ）　奈良時代～平安時代前期の官人。
¶古人（藤原縵麻呂　ふじわらのかずらまろ），古代

藤原朝臣葛野麻呂　ふじわらのあそんかどのまろ
⇒藤原葛野麻呂（ふじわらのかどのまろ）

藤原朝臣門宗＊　ふじわらのあそんかどむね
[別]藤原門宗（ふじわらのかどむね）　平安時代前期の官人。
¶古人（藤原門宗　ふじわらのかどむね　生没年不詳），古代

藤原朝臣佳美子　ふじわらのあそんかみこ
⇒藤原佳美子（ふじわらのかみこ）

藤原朝臣辛加知＊　ふじわらのあそんからかち
？～天平宝字8（764）年　[別]藤原辛加知（ふじわらのからかち）　奈良時代の官人。
¶古人（藤原辛加知　ふじわらのからかち），古代

藤原朝臣吉子　ふじわらのあそんきっし
⇒藤原吉子（ふじわらのよしこ）

藤原朝臣清河　ふじわらのあそんきよかわ
⇒藤原清河（ふじわらのきよかわ）

藤原朝臣清経　ふじわらのあそんきよつね
⇒藤原清経（ふじわらのきよつね）

藤原朝臣清成＊　ふじわらのあそんきよなり
生没年不詳　[別]藤原清成（ふじわらのきよなり）　奈良時代の式家種継の父。
¶古代（[生]716年　[没]777年）

藤原朝臣薬子　ふじわらのあそんくすこ
⇒藤原薬子（ふじわらのくすこ）

藤原朝臣久須麻呂　ふじわらのあそんくずまろ
⇒藤原久須麻呂（ふじわらのくすまろ）

藤原朝臣国経　ふじわらのあそんくにつね
⇒藤原国経（ふじわらのくにつね）

藤原朝臣倉下麻呂　ふじわらのあそんくらじまろ
⇒藤原蔵下麻呂（ふじわらのくらじまろ）

藤原朝臣元利万侶＊　ふじわらのあそんげんりまろ
[別]藤原元利万侶（ふじわらのげんりまろ，ふじわらのもとりまろ），藤原元利万呂（ふじわらのもりまろ）　平安時代前期の官人。
¶古人（藤原元利万呂　ふじわらのもりまろ　生没年不詳），古代，対外（藤原元利万侶　ふじわらのもとりまろ　生没年不詳）

藤原朝臣巨勢麻呂　ふじわらのあそんこせまろ
⇒藤原巨勢麻呂（ふじわらのこせまろ）

藤原朝臣是公　ふじわらのあそんこれきみ
⇒藤原是公（ふじわらのこれきみ）

藤原朝臣貞子　ふじわらのあそんさだこ
⇒藤原貞子（ふじわらのていし）

藤原朝臣貞嗣　ふじわらのあそんさだつぐ
⇒藤原貞嗣（ふじわらのさだつぐ）

藤原朝臣貞敏　ふじわらのあそんさだとし
⇒藤原貞敏（ふじわらのさだとし）

藤原朝臣貞守　ふじわらのあそんさだもり
⇒藤原貞守（ふじわらのさだもり）

藤原朝臣薩雄　ふじわらのあそんさちお
⇒藤原薩雄（ふじわらのさちお）

藤原朝臣滋実＊　ふじわらのあそんしげざね
？～延喜1（901）年　[別]藤原滋実（ふじわらのしげざね）　平安時代前期～中期の武官。
¶古人（藤原滋実　ふじわらのしげざね），古代

藤原朝臣順子　ふじわらのあそんじゅんし
⇒藤原順子（ふじわらのじゅんし）

藤原朝臣末茂　ふじわらのあそんすえしげ
⇒藤原末茂（ふじわらのすえもち）

藤原朝臣菅雄＊　ふじわらのあそんすがお
生没年不詳　[別]藤原菅雄（ふじわらのすがお）　平安時代前期の官人。
¶古人（藤原菅雄　ふじわらのすがお），古代

藤原朝臣菅根　ふじわらのあそんすがね
⇒藤原菅根（ふじわらのすがね）

藤原朝臣佐世　ふじわらのあそんすけよ
⇒藤原佐世（ふじわらのすけよ）

藤原朝臣関雄　ふじわらのあそんせきお
⇒藤原関雄（ふじわらのせきお）

藤原朝臣園人　ふじわらのあそんそのひと
⇒藤原園人（ふじわらのそのんど）

藤原朝臣帯子　ふじわらのあそんたいし
⇒藤原帯子（ふじわらのたいし）

藤原朝臣高子　ふじわらのあそんたかいこ
⇒藤原高子（ふじわらのたかいこ）

藤原朝臣乙叡　ふじわらのあそんたかとし
⇒藤原乙叡（ふじわらのたかとし）

藤原朝臣鷹取＊　ふじわらのあそんたかとり
？～延暦3（784）年　[別]藤原鷹取（ふじわらのたかとり）　奈良時代の官人。
¶古人（藤原鷹取　ふじわらのたかとり），古代

藤原朝臣高房＊(1)　ふじわらのあそんたかふさ
奈良時代の公卿。
¶古代

藤原朝臣高房(2)　ふじわらのあそんたかふさ
⇒藤原高房（ふじわらのたかふさ）

藤原朝臣高藤　ふじわらのあそんたかふじ
⇒藤原高藤（ふじわらのたかふじ）

藤原朝臣高松＊　ふじわらのあそんたかまつ
[別]藤原高松（ふじわらのたかまつ）　平安時代前期の官人。
¶古人（藤原高松　ふじわらのたかまつ　生没年不詳），古代

藤原朝臣沢子　ふじわらのあそんたくし
⇒藤原沢子（ふじわらのたくし）

藤原朝臣助　ふじわらのあそんたすく
⇒藤原助（ふじわらのすけ）

藤原朝臣縄主　ふじわらのあそんただぬし
⇒藤原縄主（ふじわらのただぬし）

藤原朝臣縄麻呂　ふじわらのあそんただまろ
⇒藤原縄麻呂（ふじわらのただまろ）

藤原朝臣種継　ふじわらのあそんたねつぐ
⇒藤原種継（ふじわらのたねつぐ）

藤原朝臣旅子　ふじわらのあそんたびこ
⇒藤原旅子（ふじわらのたびこ）

藤原朝臣多比能　ふじわらのあそんたひの
⇒藤原多比能（ふじわらのたひの）

藤原朝臣田麻呂　ふじわらのあそんたまろ
⇒藤原田麻呂（ふじわらのたまろ）

藤原朝臣多美子　ふじわらのあそんたみこ
⇒藤原多美子（ふじわらのたみこ）

藤原朝臣近成*　ふじわらのあそんちかなり
[別]藤原近成（ふじわらのちかなり）　平安時代前期の官人。
¶古代

藤原朝臣継縄　ふじわらのあそんつぐただ
⇒藤原継縄（ふじわらのつぐただ）

藤原朝臣嗣宗*　ふじわらのあそんつぐむね
延暦7（788）年～嘉祥2（849）年　[別]藤原嗣宗（ふじわらのつぐむね）　平安時代前期の官人。
¶古人（藤原嗣宗　ふじわらのつぐむね），古代

藤原朝臣綱継　ふじわらのあそんつなつぐ
⇒藤原綱継（ふじわらのつなつぐ）

藤原朝臣綱手*　ふじわらのあそんつなて
？～天平12（740）年　[別]藤原綱手（ふじわらのつなて）　奈良時代の式家宇合の子。
¶古代

藤原朝臣常嗣　ふじわらのあそんつねつぐ
⇒藤原常嗣（ふじわらのつねつぐ）

藤原朝臣遠経*　ふじわらのあそんとおつね
？～仁和4（888）年　[別]藤原遠経（ふじわらのとおつね）　平安時代前期の官人。
¶古人（藤原遠経　ふじわらのとおつね），古代

藤原朝臣時平　ふじわらのあそんときひら
⇒藤原時平（ふじわらのときひら）

藤原朝臣利基*　ふじわらのあそんとしもと
生没年不詳　[別]藤原利基（ふじわらのとしもと）　平安時代前期の中級官人。
¶古人（藤原利基　ふじわらのとしもと　[生]？　[没]897年？），古代

藤原朝臣敏行　ふじわらのあそんとしゆき
⇒藤原敏行（ふじわらのとしゆき）

藤原朝臣豊成　ふじわらのあそんとよなり
⇒藤原豊成（ふじわらのとよなり）

藤原朝臣鳥養*　ふじわらのあそんとりかい
生没年不詳　[別]藤原鳥養（ふじわらのとりかい）　奈良時代の官人。
¶古人（藤原鳥養　ふじわらのとりかい），古代

藤原朝臣執弓*　ふじわらのあそんとりゆみ
？～天平宝字8（764）年　[別]藤原朝臣執弓（ふじわらのあそみとりゆみ），藤原恵美朝臣執棹（ふじわらのえみのあそんとりさお），藤原執棹（ふじわらのさおとり），藤原執弓（ふじわらのとりゆみ，ふじわらのゆみとり），藤原真光（ふじわらのまみつ）　奈良時代の南家仲麻呂の二男。
¶公卿（藤原真光　ふじわらのまみつ　[没]天平宝字8（764）年9月），古人（藤原執棹　ふじわらのさおとり），古人（藤原執弓　ふじわらのゆみとり），古代，古代（藤原恵美朝臣執棹　ふじわらのえみのあそんとりさお）

藤原朝臣長娥子　ふじわらのあそんながこ
⇒藤原長娥子（ふじわらのながこ）

藤原朝臣永手　ふじわらのあそんながて
⇒藤原永手（ふじわらのながて）

藤原朝臣仲成　ふじわらのあそんなかなり
⇒藤原仲成（ふじわらのなかなり）

藤原朝臣仲麻呂　ふじわらのあそんなかまろ
⇒藤原仲麻呂（ふじわらのなかまろ）

藤原朝臣仲統*　ふじわらのあそんなかむね
弘仁9（818）年～貞観17（875）年　[別]藤原仲統（ふじわらのなかのり，ふじわらのなかむね）　平安時代前期の公卿。
¶古人（藤原仲統　ふじわらのなかむね），古代

藤原朝臣長良　ふじわらのあそんながら
⇒藤原長良（ふじわらのながら）

藤原朝臣浜成　ふじわらのあそんはまなり
⇒藤原浜成（ふじわらのはまなり）

藤原朝臣春景*　ふじわらのあそんはるかげ
生没年不詳　[別]藤原春景（ふじわらのはるかげ）　平安時代前期の官人。
¶古人（藤原春景　ふじわらのはるかげ），古代

藤原朝臣春津　ふじわらのあそんはるつ
⇒藤原春津（ふじわらのはるつ）

藤原朝臣広嗣　ふじわらのあそんひろつぐ
⇒藤原広嗣（ふじわらのひろつぐ）

藤原朝臣弘経*　ふじわらのあそんひろつね
承和6（839）年～元慶7（883）年　[別]藤原弘経（ふじわらのひろつね）　平安時代前期の官人。
¶古人（藤原弘経　ふじわらのひろつね），古代

藤原朝臣房雄*　ふじわらのあそんふさお
[別]藤原房雄（ふじわらのふさお）　平安時代前期の官人。
¶古人（藤原房雄　ふじわらのふさお　[生]？　[没]889年），古代（[生]？　[没]895年？）

藤原朝臣房前　ふじわらのあそんふささき
⇒藤原房前（ふじわらのふささき）

藤原朝臣藤嗣　ふじわらのあそんふじつぐ
⇒藤原藤嗣（ふじわらのふじつぐ）

藤原朝臣富士麻呂　ふじわらのあそんふじまろ
⇒藤原富士麻呂（ふじわらのふじまろ）

藤原朝臣不比等　ふじわらのあそんふひと
⇒藤原不比等（ふじわらのふひと）

藤原朝臣文山*　ふじわらのあそんふみやま
？～承和8（841）年　[別]藤原文山（ふじわらのふみやま）　平安時代前期の官人。
¶古人（藤原文山　ふじわらのふみやま），古代

藤原朝臣冬緒　ふじわらのあそんふゆお
⇒藤原冬緒（ふじわらのふゆお）

藤原朝臣冬嗣　ふじわらのあそんふゆつぐ
⇒藤原冬嗣（ふじわらのふゆつぐ）

藤原朝臣古子　ふじわらのあそんふるこ
⇒藤原古子（ふじわらのこし）

藤原朝臣真楯　ふじわらのあそんまたて
⇒藤原真楯（ふじわらのまたて）

藤原朝臣真作＊　ふじわらのあそんまつくり
生没年不詳　[別]藤原真作（ふじわらのまさなり，ふじわらのまたなり，ふじわらのまつくり）　奈良時代の官人。
¶古人（藤原真作　ふじわらのまさなり），古代

藤原朝臣真夏　ふじわらのあそんまなつ
⇒藤原真夏（ふじわらのまなつ）

藤原朝臣衛　ふじわらのあそんまもる
⇒藤原衛（ふじわらのまもる）

藤原朝臣真従＊　ふじわらのあそんまより
[別]藤原真従（ふじわらのまより）　奈良時代の官人。
¶古人（藤原真従　ふじわらのまより　生没年不詳），古代

藤原朝臣麻呂　ふじわらのあそんまろ
⇒藤原麻呂（ふじわらのまろ）

藤原朝臣御楯　ふじわらのあそんみたて
⇒藤原御楯（ふじわらのみたて）

藤原朝臣道継＊　ふじわらのあそんみちつぐ
天平勝宝8（756）年～弘仁13（822）年　[別]藤原道継（ふじわらのみちつぐ）　奈良時代～平安時代前期の官人。
¶古人（藤原道継　ふじわらのみちつぐ），古代

藤原朝臣三守　ふじわらのあそんみもり
⇒藤原三守（ふじわらのみもり）

藤原朝臣宮子　ふじわらのあそんみやこ
⇒藤原宮子（ふじわらのみやこ）

藤原朝臣武智麻呂　ふじわらのあそんむちまろ
⇒藤原武智麻呂（ふじわらのむちまろ）

藤原朝臣統行＊　ふじわらのあそんむねつら
[別]藤原統行（ふじわらのむねつら）　平安時代前期の武官。
¶古人（藤原統行　ふじわらのむねつら　生没年不詳），古代

藤原朝臣基経　ふじわらのあそんもとつね
⇒藤原基経（ふじわらのもとつね）

藤原朝臣百川　ふじわらのあそんももかわ
⇒藤原百川（ふじわらのももかわ）

藤原朝臣百能　ふじわらのあそんももよし
⇒藤原百能（ふじわらのももの）

藤原朝臣諸姉　ふじわらのあそんもろあね
⇒藤原諸姉（ふじわらのもろあね）

藤原朝臣諸成＊　ふじわらのあそんもろなり
延暦12（793）年～斉衡3（856）年　[別]藤原諸成（ふじわらのもろなり）　平安時代前期の官人。
¶古人（藤原諸成　ふじわらのもろなり），古代

藤原朝臣保則　ふじわらのあそんやすのり
⇒藤原保則（ふじわらのやすのり）

藤原朝臣山陰　ふじわらのあそんやまかげ
⇒藤原山蔭（ふじわらのやまかげ）

藤原朝臣刷雄　ふじわらのあそんよしお
⇒藤原刷雄（ふじわらのよしお）

藤原朝臣良縄　ふじわらのあそんよしただ
⇒藤原良縄（ふじわらのよしただ）

藤原朝臣良近　ふじわらのあそんよしちか
⇒藤原良近（ふじわらのよしちか）

藤原朝臣良継　ふじわらのあそんよしつぐ
⇒藤原良継（ふじわらのよしつぐ）

藤原朝臣吉野　ふじわらのあそんよしの
⇒藤原吉野（ふじわらのよしの）

藤原朝臣吉日　ふじわらのあそんよしひ
⇒藤原吉日（ふじわらのよしひ）

藤原朝臣良尚＊　ふじわらのあそんよしひさ
弘仁9（818）年～元慶1（877）年　[別]藤原良尚（ふじわらのよしひさ）　平安時代前期の官人。
¶古人（藤原良尚　ふじわらのよしひさ），古代

藤原朝臣良仁　ふじわらのあそんよしひと
⇒藤原良仁（ふじわらのよしひと）

藤原朝臣良房　ふじわらのあそんよしふさ
⇒藤原良房（ふじわらのよしふさ）

藤原朝臣良相　ふじわらのあそんよしみ
⇒藤原良相（ふじわらのよしみ）

藤原朝臣良世　ふじわらのあそんよしよ
⇒藤原良世（ふじわらのよしよ）

藤原敦家＊　ふじわらのあついえ
長元6（1033）年～寛治4（1090）年　[別]道因（どういん），藤原敦家（ふじわらあついえ）　平安時代中期～後期の楽人。
¶古人，コン（[生]？　[没]寛治5（1091）年）

藤原敦兼＊　ふじわらのあつかね
承暦3（1079）年～？　[別]藤原敦兼（ふじわらあつかね）　平安時代後期の楽人。
¶古人

藤原敦国　ふじわらのあつくに
室町時代の公家。
¶公家（敦国〔武家（絶家）〕　あつくに）

藤原灌子　ふじわらのあつこ
⇒藤原灌子（ふじわらかんし）

藤原篤茂＊　ふじわらのあつしげ
生没年不詳　[別]藤原篤茂（ふじわらあつしげ）　平安時代中期の官吏、漢詩人。
¶古人

藤原敦輔　ふじわらのあつすけ
平安時代後期の官人。
¶古人（生没年不詳）

藤原敦隆＊　ふじわらのあつたか
？～保安1（1120）年　[別]橘敦隆（たちばなのあつたか），藤原敦隆（ふじわらあつたか）　平安時代後期の官吏、歌人。
¶古人（生没年不詳）

藤原敦忠* ふじわらのあつただ
延喜6(906)年〜天慶6(943)年3月7日 ㊛藤原敦忠(ふじわらあつただ) 平安時代中期の歌人・公卿(権中納言)。左大臣藤原時平の三男。
¶公卿, 古人, コン, 詩作

藤原敦忠の母* (藤原敦忠母) ふじわらのあつただのはは
生没年不詳 平安時代前期の女性。歌人。
¶古人(藤原敦忠母)

藤原敦周 ふじわらのあつちか
大治3(1128)年〜寿永2(1183)年 平安時代後期の官人。
¶古人

藤原敦親 ふじわらのあつちか
平安時代中期の検非違使。
¶古人(生没年不詳)

藤原敦継* ふじわらのあつつぎ
？〜？ 鎌倉時代後期の公卿(非参議)。非参議藤原兼倫の子。
¶公卿, 公家〔敦継〔式家(絶家)〕 あつつぐ)

藤原敦経 ふじわらのあつつね
⇒藤原敦経(ふじわらあつつね)

藤原敦敏 ふじわらのあつとし
⇒藤原敦敏(ふじわらあつとし)

藤原敦仲(1) ふじわらのあつなか
平安時代後期の官人。
¶古人(生没年不詳)

藤原敦仲(2) ふじわらのあつなか
⇒藤原敦仲(ふじわらのあつなか)

藤原敦信* ふじわらのあつのぶ
生没年不詳 平安時代中期の歌人、漢詩人。合茂の子。
¶古人, コン

藤原淳範* ふじわらのあつのり
？〜正和4(1315)年9月7日 鎌倉時代後期の公卿(非参議)。非参議藤原経範の四男。
¶公卿, 公家〔淳範〔成季裔(絶家)〕 あつのり)

藤原敦憲 ふじわらのあつのり
平安時代後期の官人。
¶古人(生没年不詳)

藤原敦光* ふじわらのあつみつ
康平6(1063)年〜天養1(1144)年 ㊛藤原敦光(ふじわらあつみつ) 平安時代後期の文人貴族、対策及第者、儒官。
¶古人, コン

藤原敦宗* ふじわらのあつむね
長久3(1042)年〜天永2(1111)年 ㊛藤原敦宗(ふじわらあつむね) 平安時代中期〜後期の学者、漢詩人。
¶古人(㊕1043年), コン

藤原敦基 ふじわらのあつもと
平安時代中期の官人。父は基貞。中宮亮、周防守を歴任。
¶古人(㊕？ ㊙1094年)

藤原敦基*(2) ふじわらのあつもと
永承1(1046)年〜嘉保1(1106)年 ㊛藤原敦基(ふ

じわらあつもと) 平安時代中期〜後期の学者、漢詩人。後三条、白河両天皇に仕える。
¶古人, コン

藤原敦頼 ふじわらのあつより
⇒道因(どういん)

藤原当幹* ふじわらのあてもと
貞観6(864)年〜天慶4(941)年11月4日 ㊛藤原当幹(ふじわらのまさもと, ふじわらまさもと) 平安時代前期〜中期の公卿(参議)。従五位上・常陸介藤原春継の孫。
¶公卿, 古人(ふじわらのまさもと)

藤原愛発 ふじわらのあらち
⇒藤原愛発(ふじわらのちかなり)

藤原有家(1) ふじわらのありいえ
平安時代中期の官人。父は能季。
¶古人(生没年不詳)

藤原有家*(2) ふじわらのありいえ
久寿2(1155)年〜建保4(1216)年4月11日 ㊛藤原有家(ふじわらありいえ, 藤原仲家(ふじわらなかいえ) 平安時代後期〜鎌倉時代前期の歌人・公卿(非参議)。非参議藤原重家の三男。
¶公卿, 公家〔有家〔六条・春日・九条・紙屋河家(絶家)〕 ありいえ), 古人(㊕1156年), コン, 詩作

藤原有蔭 ふじわらのありかげ
⇒藤原朝臣有蔭(ふじわらのあそんありかげ)

藤原有兼 ふじわらのありかね
平安時代後期の官人。父は定兼。
¶古人(生没年不詳)

藤原有清(1) ふじわらのありきよ
平安時代後期の官人。
¶古人(生没年不詳)

藤原有清*(2) ふじわらのありきよ
？〜延慶3(1310)年4月26日 鎌倉時代後期の公卿(非参議)。非参議藤原信隆の曽孫。
¶公卿, 公家〔有清〔坊門家(絶家)〕 ありきよ)

藤原有国* ふじわらのありくに
天慶6(943)年〜寛弘8(1011)年7月11日 ㊛藤原有国(ふじわらありくに) 平安時代中期の公卿(参議)。参議藤原家宗の4代孫。
¶公卿, 古人(㊕942年), コン

藤原有子(1) ふじわらのありこ
⇒安喜門院(あんきもんいん)

藤原有子(2) ふじわらのありこ
⇒藤原有子(ふじわらのゆうし)

藤原有貞* ふじわらのありさだ
天長4(827)年〜貞観15(873)年 ㊛藤原朝臣有貞(ふじわらのあそんありさだ) 平安時代前期の官人。
¶古人, 古代(藤原朝臣有貞 ふじわらのあそんありさだ)

藤原有定 ふじわらのありさだ
⇒藤原有定(ふじわらありさだ)

藤原有実* ふじわらのありざね
承和11(817)年〜延喜11(011)年 ㊛藤原朝臣有実(ふじわらのあそんありざね) 平安時代前期〜中期の公卿(参議)。左大臣藤原冬嗣の孫。
¶公卿(㊁延喜14(914)年5月12日), 古人(㊕848年), 古代(藤原朝臣有実 ふじわらのあそんありざね)

藤原有佐　ふじわらのありすけ
⇒藤原有佐（ふじわらありすけ）

藤原有相*　ふじわらのありすけ
延喜8（908）年～天徳3（959）年5月9日　平安時代中期の公卿（参議）。右大臣藤原恒佐の長男。
¶公卿，古人

藤原有輔　ふじわらのありすけ
平安時代後期の官人。
¶古人（生没年不詳）

藤原有能*　ふじわらのありたか
生没年不詳　鎌倉時代前期の公卿（非参議）。非参議藤原範能の子。
¶公卿，公家（有能〔実兼裔（絶家）〕　ありよし）

藤原有忠（1）　ふじわらのありただ
平安時代後期の官人。父は明通。
¶古人（生没年不詳）

藤原有忠（2）　ふじわらのありただ
平安時代後期の官人。父は伊綱。
¶古人（生没年不詳）

藤原有親（1）　ふじわらのありちか
平安時代中期の官人。父は守仁。寛仁2年出家。
¶古人（生没年不詳）

藤原有親（2）　ふじわらのありちか
⇒藤原有親（ふじわらありちか）

藤原有綱　ふじわらのありつな
⇒藤原有綱（ふじわらありつな）

藤原有任　ふじわらのありとう
平安時代中期の官人。
¶古人（生没年不詳）

藤原有時　ふじわらのありとき
⇒藤原有時（ふじわらありとき）

藤原有俊*　ふじわらのありとし
長暦1（1037）年～康和4（1102）年　平安時代中期～後期の官人。式部大輔文章博士実綱の二男。
¶古人

藤原有年*　ふじわらのありとし
生没年不詳　平安時代前期の官人。南家陸奥守高扶の子。
¶古人

藤原有信（1）　ふじわらのありのぶ
平安時代中期の官人。父は明利。従五位下。
¶古人（生没年不詳）

藤原有信（2）　ふじわらのありのぶ
⇒藤原有信（ふじわらありのぶ）

藤原有教*　ふじわらのありのり
生没年不詳　[別]藤原有教（ふじわらありのり）　平安時代後期の武士。平経正の家臣。
¶古人，平家（ふじわらありのり）

藤原有範（1）　ふじわらのありのり
⇒日野有範（ひのありのり）

藤原有範（2）　ふじわらのありのり
⇒藤原有範（ふじわらありのり）

藤原有教母　ふじわらのありのりのはは
⇒藤原有教母（ふじわらありのりのはは）

藤原在衡*（藤原在衞）　ふじわらのありひら
寛平4（892）年～天禄1（970）年10月10日　[別]粟田大臣（あわたのおとど），粟田左大臣（あわたのさだいじん），藤原在衡（ふじわらありひら）　平安時代中期の公卿（左大臣）。中納言藤原山陰の孫。
¶公卿，古人（藤原在衞），コン

藤原有文　ふじわらのありふみ
⇒藤原有文（ふじわらありふん）

藤原有穂*　ふじわらのありほ
承和5（838）年～延喜7（907）年12月21日　[別]藤原朝臣有穂（ふじわらのあそんありほ）　平安時代前期～中期の公卿（中納言）。左大臣藤原魚名の4代孫。
¶公卿，古人，古代（藤原朝臣有穂　ふじわらのあそんありほ　[生]838年/837年）

藤原有通*　ふじわらのありみち
正嘉2（1258）年～元弘3/正慶2（1333）年11月3日　鎌倉時代後期の公卿（参議）。参議藤原茂通の子。
¶公卿（[没]正慶2/元弘3（1333）年11月3日），公家（有通〔坊門家（絶家）〕　ありみち　[没]正慶2（1333）年11月3日）

藤原有光*　ふじわらのありみつ
康和1（1099）年～治承1（1177）年　平安時代後期の官人。
¶古人

藤原有宗　ふじわらのありむね
⇒藤原有宗（ふじわらありむね）

藤原有好　ふじわらのありよし
⇒藤原有好（ふじわらありよし）

藤原有能*　ふじわらのありよし
生没年不詳　南北朝時代の公卿（非参議）。非参議世尊寺経尹の子。
¶公卿，公家（有能〔世尊寺家（絶家）〕　ありよし）

藤原安子*　ふじわらのあんし
延長5（927）年～康保1（964）年　[別]藤原安子（ふじわらのやすこ）　平安時代中期の女性。村上天皇の皇后。
¶古人（ふじわらのやすこ），コン，女史，天皇（ふじわらのあんし・やすこ　[没]康保1（964）年4月29日）

藤原家明*　ふじわらのいえあき
大治3（1128）年～承安2（1172）年12月24日　[別]藤原家明（ふじわらのいえあきら）　平安時代後期の公卿（非参議）。中納言藤原家成の次男。
¶公卿，公家（家明〔四条家〕　いえあきら），古人（ふじわらのいえあきら）

藤原家明（1）　ふじわらのいえあきら
平安時代後期の官人。父は憲輔。
¶古人（生没年不詳）

藤原家明（2）　ふじわらのいえあきら
⇒藤原家明（ふじわらのいえあき）

藤原家雄*　ふじわらのいえお
延暦18（799）年～天長9（832）年　平安時代前期の人。緒嗣の長子。
¶古人

藤原家清*　ふじわらのいえきよ
建保3（1215）年～宝治1（1247）年1月18日　鎌倉時代前期の公卿（非参議）。権中納言藤原家衡の長男。
¶公卿，公家（家清〔六条・春日・九条・紙屋河家（絶家）〕　いえきよ）

藤原家子*(1)　ふじわらのいえこ
？～永久5(1117)年　平安時代後期の女官。
¶古人

藤原家子(2)　ふじわらのいえこ
⇒藤原家子(ふじわらのかし)

藤原舎子　ふじわらのいえこ
⇒青綺門院(せいきもんいん)

藤原家定　ふじわらのいえさだ
平安時代後期の官人。
¶古人([生]？　[没]1100年)

藤原家実(1)　ふじわらのいえざね
平安時代後期の官人。父は隆方。和歌にも優れた。
¶古人([生]？　[没]1077年)

藤原家実(2)　ふじわらのいえざね
⇒近衛家実(このえいえざね)

藤原家実(3)　ふじわらのいえざね
⇒日野資実(ひのすけざね)

藤原家季*　ふじわらのいえすえ
建久3(1192)年～建長2(1250)年6月　鎌倉時代前期の公卿(非参議)。非参議藤原経家の次男。
¶公卿,公家(家季〔六条・春日・九条・紙屋河家(絶家)〕　いえすえ)

藤原家相*　ふじわらのいえすけ
？～正和4(1315)年8月15日　鎌倉時代後期の公卿(非参議)。参議藤原長相の子。
¶公卿,公家(家相〔持明院(正嫡)家(絶家)〕　いえすけ)

藤原家輔　ふじわらのいえすけ
平安時代後期の官人。
¶古人(生没年不詳)

藤原家隆(1)　ふじわらのいえたか
平安時代後期の官人。
¶古人(生没年不詳)

藤原家隆*(2)　ふじわらのいえたか
保元3(1158)年～嘉禎3(1237)年　[別]家隆(いえたか)，藤原家隆(ふじわらいえたか，ふじわらのかりゅう)，藤原雅隆(ふじわらまさたか)　平安時代後期～鎌倉時代前期の歌人・公卿(非参議)。権中納言藤原光隆の次男。藤原俊成の門人で「新古今和歌集」の撰者のひとり。
¶公卿([没]嘉禎3(1237)年4月9日),公家(家隆〔壬生家(絶家)〕　いえたか　[没]嘉禎3(1237)年4月9日),古人,コン,詩作([没]嘉禎3(1237)年4月9日),中世,日文(ふじわらのいえたか・かりゅう),俳文(家隆　いえたか　[没]嘉禎3(1237)年4月9日),山小([没]1237年4月9日)

藤原家忠*　ふじわらのいえただ
康平5(1062)年～保延2(1136)年　[別]花山院家忠(かざんいんいえただ)　平安時代後期の公卿(左大臣)。花山院家の祖。摂政・関白・太政大臣藤原師実の次男。
¶公卿([没]保延2(1136)年5月14日),古人,コン([生]康平4(1061)年)

藤原家尹　ふじわらのいえただ
⇒月輪家尹(つきのわいえまさ)

藤原家倫*　ふじわらのいえつぐ
永仁2(1294)年～正平14/延文4(1359)年10月17日　鎌倉時代後期～南北朝時代の公卿(非参議)。非参議藤原兼倫の子。
¶公卿([没]延文4/正平14(1359)年10月17日),公家(家倫〔式家(絶家)〕　いえとも　[没]延文4(1359)年10月17日)

藤原家綱(1)　ふじわらのいえつな
平安時代後期の文章生。父は章経。
¶古人(生没年不詳)

藤原家綱(2)　ふじわらのいえつな
⇒藤原家綱(ふじわらいえつな)

藤原家経*(1)　ふじわらのいえつね
正暦3(992)年～天喜6(1058)年　[別]藤原家経(ふじわらいえつね)　平安時代中期の歌人。
¶古人

藤原家経*(2)　ふじわらのいえつね
生没年不詳　平安時代後期の武士。
¶古人

藤原家経(3)　ふじわらのいえつね
⇒花山院家経(かざんいんいえつね)

藤原家任　ふじわらのいえとう
平安時代中期の検非違使。
¶古人(生没年不詳)

藤原家時(1)　ふじわらのいえとき
平安時代後期の篤子内親王家別当。
¶古人(生没年不詳)

藤原家時(2)　ふじわらのいえとき
⇒藤原家時(ふじわらいえとき)

藤原家時(3)　ふじわらのいえとき
⇒藤原家時(ふじわらいえとき)

藤原家友　ふじわらのいえとも
平安時代後期の官人。
¶古人(生没年不詳)

藤原家仲　ふじわらのいえなか
平安時代後期の官人。
¶古人(生没年不詳)

藤原家長　ふじわらのいえなが
⇒中条家長(なかじょういえなが)

藤原家良　ふじわらのいえなが
⇒藤原家良(ふじわらのいえよし)

藤原家業　ふじわらのいえなり
平安時代中期の官人。父は有国、母は藤原斯成女。
¶古人(生没年不詳)

藤原家成*　ふじわらのいえなり
嘉承2(1107)年～久寿1(1154)年5月29日　[別]中御門家成(なかみかどいえなり)，藤原家成(ふじわらいえなり)　平安時代後期の公卿(中納言)。参議藤原家保の三男。
¶公卿,公家(家成〔四条家〕　いえなり　[没]仁平4(1154)年5月29日),古人,コン,平家(ふじわらいえなり)

藤原家子　ふじわらのいえのこ
⇒藤原家子(ふじわらのかし)

藤原家信(1)　ふじわらのいえのぶ
平安時代後期の官人。父は長房。刑部大輔、主殿頭を歴任。
¶古人(生没年不詳)

藤原家信(2)　ふじわらのいえのぶ
平安時代後期の官人。父は定綱。

¶古人（生没年不詳）

藤原家信＊(3)　ふじわらのいえのぶ
寿永1（1182）年～嘉禎2（1236）年8月22日　鎌倉時代前期の公卿（非参議）。参議藤原雅長の三男。
¶公卿，公家（家信〔室町家（絶家）〕　いえのぶ）

藤原家範　ふじわらのいえのり
平安時代中期～後期の官人。
¶古人（[生]1048年　[没]1123年）

藤原家衡＊　ふじわらのいえひら
治承3（1179）年～＊　[別]藤原家衡（ふじわらいえひら）　鎌倉時代前期の公卿（非参議）。非参議藤原経家の子。
¶公卿（[没]？），公家（家衡〔六条・春日・九条・紙屋河家（絶家）〕　いえひら　[没]寛元3（1245）年6月2日）

藤原家平　ふじわらのいえひら
平安時代後期の官人。
¶古人（生没年不詳）

藤原家房(1)　ふじわらのいえふさ
平安時代後期の官人。父は隆家。
¶古人（生没年不詳）

藤原家房(2)　ふじわらのいえふさ
⇒藤原家房（ふじわらいえふさ）

藤原家政＊　ふじわらのいえまさ
承暦4（1080）年～永久3（1115）年4月8日　平安時代後期の公卿（参議）。関白・内大臣藤原師通の次男。
¶公卿，古人

藤原家政女　ふじわらのいえまさのむすめ
平安時代後期の女性。妍子内親王の母。
¶天皇（[生]？　[没]保延4（1138）年11月9日）

藤原家通＊(1)　ふじわらのいえみち
康治2（1143）年～文治3（1187）年11月1日　[別]藤原家通（ふじわらいえみち），藤原基重（ふじわらもとしげ）　平安時代後期の公卿（権中納言）。大納言藤原重通の子。
¶公卿，公家（家通〔坊門家（絶家）〕　いえみち），古人

藤原家通＊(2)　ふじわらのいえみち
天喜4（1056）年～永久4（1116）年　平安時代後期の廷臣。
¶古人

藤原家光　ふじわらのいえみつ
平安時代後期の官人。父は忠家。
¶古人（生没年不詳）

藤原家宗＊(1)　ふじわらのいえむね
弘仁8（817）年～元慶1（877）年2月20日　平安時代前期の公卿（参議）。参議藤原真夏の孫。
¶公卿，古人

藤原家宗＊(2)　ふじわらのいえむね
？～建暦1（1211）年10月10日　鎌倉時代前期の公卿（非参議）。太政大臣大炊御門頼実の長男。
¶公卿，公家（家宗〔大炊御門家〕　いえむね）

藤原家保＊　ふじわらのいえやす
承暦4（1080）年～保延2（1136）年8月14日　平安時代後期の公卿（参議）。非参議藤原顕季の次男。
¶公卿，古人

藤原家行(1)　ふじわらのいえゆき
平安時代後期の官人。学生・秀才・勧学院学頭となり、従五位下。
¶古人（生没年不詳）

藤原家行(2)　ふじわらのいえゆき
⇒藤原家行（ふじわらいえゆき）

藤原家良＊　ふじわらのいえよし
建久3（1192）年～文永1（1264）年　[別]衣笠家良（きぬがさいえよし），藤原家良（ふじわらいえよし，ふじわらのいえなが）　鎌倉時代前期の歌人・公卿（内大臣）。衣笠家の祖。大納言藤原忠良の次男。
¶公卿（衣笠家良　きぬがさいえよし　[没]文永1（1264）年9月10日），公家（家良〔衣笠家（絶家）〕　いえよし　[没]文永1（1264）年9月10日），コン

藤原家依＊　ふじわらのいえより
天平15（743）年～延暦4（785）年　[別]藤原朝臣家依（ふじわらのあそんいえより）　奈良時代の官人（中納言）。左大臣藤原永手の長男。
¶公卿（[没]延暦4（785）年6月25日），古人，古代（藤原朝臣家依　ふじわらのあそんいえより　[生]743年？）

藤原五百重娘＊　ふじわらのいおえのいらつめ
[別]藤原五百重媛（ふじわらのいおえひめ）　飛鳥時代の女性。天武天皇の妃、藤原鎌足の女。
¶古人（生没年不詳），古代，天皇（生没年不詳）

藤原五百重媛　ふじわらのいおえひめ
⇒藤原五百重娘（ふじわらのいおえのいらつめ）

藤原生子　ふじわらのいくこ
⇒藤原生子（ふじわらのせいし）

藤原育子＊　ふじわらのいくし
久安2（1146）年～承安3（1173）年　[別]藤原育子（ふじわらのむねこ）　平安時代後期の女性。二条天皇の皇后。
¶古人（ふじわらのむねこ），コン，天皇（ふじわらのいくし・むねこ　[没]承安3（1173）年8月15日）

藤原生子　ふじわらのいくし
⇒藤原生子（ふじわらのせいし）

藤原位子　ふじわらのいし
⇒新陽明門院（しんようめいもんいん）

藤原威子＊　ふじわらのいし
長保1（999）年～長元9（1036）年　[別]藤原威子（ふじわらのたけこ）　平安時代中期の女性。後一条天皇の皇后。
¶古人（ふじわらのたけこ），コン，天皇（ふじわらのいし・たけこ　[生]長保1（999）年12月23日　[没]長元9（1036）年9月6日）

藤原為子＊(1)　ふじわらのいし
生没年不詳　[別]藤原為子（ふじわらいし，ふじわらのためこ）　鎌倉時代後期の女房歌人、花園天皇乳母。
¶女史

藤原為子＊(2)　ふじわらのいし
生没年不詳　[別]藤原為子（ふじわらいし，ふじわらのためこ）　鎌倉時代後期の女房歌人。後醍醐天皇の寵を受ける。二条為世の女。
¶女史（[生]？　[没]1311年？）

藤原懿子＊　ふじわらのいし
永久4（1116）年～康治2（1143）年　[別]藤原懿子（ふじわらのよしこ）　平安時代後期の女性。後白河天皇の妃。
¶古人（ふじわらのよしこ），天皇（[生]？）

藤原苡子*　ふじわらのいし
承保3(1076)年～康和5(1103)年　[別]藤原苡子(ふじわらのしげこ)，藤原茨子(ふじわらのしし)　平安時代後期の女性。堀河天皇の女御。
¶古人(ふじわらのしげこ)，コン，天皇(藤原茨子　ふじわらのしし　[没]康和5(1103)年1月26日)

藤原石子　ふじわらのいしこ
⇒清水谷石子(しみずだにいわこ)

藤原石津　ふじわらのいしづ
⇒藤原朝臣石津(ふじわらのあそんいしづ)

藤原伊周　ふじわらのいしゅう
⇒藤原伊周(ふじわらのこれちか)

藤原伊勢人*　ふじわらのいせひと
天平宝字3(759)年～天長4(827)年　奈良時代～平安時代前期の官人。
¶古人

藤原勤子　ふじわらのいそしこ
⇒藤原勤子(ふじわらのきんし)

藤原今川　ふじわらのいまがわ
⇒藤原朝臣今川(ふじわらのあそんいまがわ)

藤原今子*(1)　ふじわらのいまこ
[別]四条今子(しじょういまこ)　南北朝時代の後円融天皇の宮人。
¶天皇(四条今子　しじょういまこ　生没年不詳)

藤原今子(2)　ふじわらのいまこ
⇒藤原今子(ふじわらのこんし)

藤原郎女*　ふじわらのいらつめ
奈良時代の女性。万葉歌人。
¶古人(生没年不詳)，古代

藤原愔子　ふじわらのいんし
⇒玄輝門院(げんきもんいん)

藤原胤子*　ふじわらのいんし
？～寛平8(896)年　[別]藤原朝臣胤子(ふじわらのあそんいんし)，藤原胤子(ふじわらのたねこ)　平安時代前期の女性。宇多天皇の女御。
¶古人(ふじわらのたねこ　[生]876年)，古代(藤原朝臣胤子　ふじわらのあそんいんし　[生]876年)，コン，女史，天皇(ふじわらのたねこ　[没]寛平8(896)年6月)

藤原宇比良古　ふじわらのういらこ
⇒藤原宇比良古(ふじわらのおひらこ)

藤原魚名*　ふじわらのうおな
養老5(721)年～延暦2(783)年　[別]藤原朝臣魚名(ふじわらのあそんうおな)　奈良時代の官人(左大臣)。参議藤原房前の五男。
¶公卿([没]延暦2(783)年7月25日)，古人，古代(藤原朝臣魚名　ふじわらのあそんうおな)，コン

藤原能子*　ふじわらのうし，ふじわらのよしこ
？～応和4(964)年　[別]藤原仁善子(ふじわらのひとよしこ)　平安時代中期の女性。醍醐天皇の女御。
¶古人(ふじわらのよしこ)，天皇(ふじわらののうし・よしこ　[没]康保1(964)年4月11日)

藤原氏雄　ふじわらのうじお
⇒藤原朝臣氏雄(ふじわらのあそんうじお)

藤原氏宗*　ふじわらのうじむね
弘仁1(810)年～貞観14(872)年　[別]藤原氏宗(ふじわらうじむね)，藤原朝臣氏宗(ふじわらのあそんうじむね)　平安時代前期の公卿(右大臣)。中納言藤原葛野麿の七男。
¶公卿([生]延暦14(795)年　[没]貞観14(872)年2月11日)，古人，古代(藤原朝臣氏宗　ふじわらのあそんうじむね　[生]807年/810年)，コン([生]大同3(808)年)

藤原内経　ふじわらのうちつね
⇒一条内経(いちじょううちつね)

藤原内麻呂*　ふじわらのうちまろ
天平勝宝8(756)年～弘仁3(812)年　[別]藤原内麻呂(ふじわらうちまろ)，藤原朝臣内麻呂(ふじわらのあそんうちまろ)　奈良時代～平安時代前期の公卿(右大臣)。大納言藤原真楯の三男。
¶公卿([生]天平勝宝7(755)年　[没]弘仁3(812)年10月6日)，古人([生]755年)，古代(藤原朝臣内麻呂　ふじわらのあそんうちまろ)，コン

藤原宇比良古　ふじわらのうひらこ
⇒藤原宇比良古(ふじわらのおひらこ)

藤原産子　ふじわらのうぶこ
⇒藤原産子(ふじわらのさんし)

藤原宇合*　ふじわらのうまかい
持統8(694)年～天平9(737)年8月5日　[別]藤原宇合(ふじはらのうまかひ，ふじわらうまかい)，藤原朝臣宇合(ふじわらのあそみうまかい，ふじわらのあそんうまかい)　飛鳥時代～奈良時代の官人(参議)。藤原式家の祖。右大臣藤原不比等の三男。
¶公卿([生]持統天皇8(694)年)，古人([生]695年)，古代(藤原朝臣宇合　ふじわらのあそんうまかい)，コン([生]持統8(694)年？)，日文(ふじはらのうまかひ)，山小([没]737年8月5日)

藤原上子　ふじわらのうらこ
⇒藤原上子(ふじわらのかみこ)

藤原栄子　ふじわらのえいこ
⇒吉徳門院(きっとくもんいん)

藤原栄子*(1)　ふじわらのえいし
生没年不詳　[別]藤原栄子(ふじわらのよしこ)　平安時代後期の女房、乳母(崇徳天皇)。夫は藤原忠隆。
¶古人(ふじわらのよしこ)

藤原栄子*(2)　ふじわらのえいし
生没年不詳　[別]二条栄子(にじょうえいし)　鎌倉時代後期～南北朝時代の女性。後醍醐天皇の宮人。
¶天皇(二条栄子　にじょうえいし・よしこ)

藤原栄子(3)　ふじわらのえいし
⇒吉徳門院(きっとくもんいん)

藤原瑛子　ふじわらのえいし
⇒昭訓門院(しょうくんもんいん)

藤原英子*　ふじわらのえいし
生没年不詳　[別]洞院英子(とういんえいし)，藤原英子(ふじわらえいし)　鎌倉時代後期の女性。伏見天皇の宮人。
¶天皇(洞院英子　とういんえいし)

藤原枝良*　ふじわらのえだよし
承和12(845)年～延喜17(917)年　[別]藤原朝臣枝良(ふじわらのあそんえだよし)　平安時代前期～中期の公卿(参議)。左大臣藤原緒嗣の孫。
¶公卿([没]延喜17(917)年5月27日)，古人，古代(藤原朝臣枝良　ふじわらのあそんえだよし)，コン

藤原悦子*　ふじわらのえつし
？～永久3(1115)年　[別]藤原悦子(ふじわらのよし

こ）　平安時代後期の女房、鳥羽天皇の乳母。
¶古人（ふじわらのよしこ）

藤原恵美朝臣執棹　ふじわらのえみのあそんとりさお
⇒藤原朝臣執弓（ふじわらのあそんとりゆみ）

藤原延子* ⑴　ふじわらのえんし
？～寛仁3（1019）年　[別]藤原延子（ふじわらえんし，ふじわらののぶこ），堀河女御（ほりかわのにょうご）　平安時代中期の女性。三条天皇の第1皇子敦明親王の妃。
¶古人（ふじわらののぶこ），女史

藤原延子* ⑵　ふじわらのえんし
長和5（1016）年～嘉保2（1095）年　[別]藤原延子（ふじわらののぶこ）　平安時代中期～後期の女性。後朱雀天皇の女御。
¶古人（ふじわらののぶこ），コン，女史，天皇（ふじわらのえんし・のぶこ　[没]嘉保2（1095）年6月9日）

藤原大津*　ふじわらのおおつ
延暦11（792）年～斉衡1（854）年　[別]藤原朝臣大津（ふじわらのあそんおおつ）　平安時代前期の官人。
¶古人，古代（藤原朝臣大津　ふじわらのあそんおおつ），コン（[生]延暦1（782）年）

藤原大継*　ふじわらのおおつぐ
？～弘仁1（810）年　奈良時代～平安時代前期の官人。京家麻呂の孫、参議浜成の子。
¶古人

藤原意佳子*　ふじわらのおかこ
生没年不詳　平安時代前期の女性。藤原良世の娘。
¶古人

藤原岳守　ふじわらのおかもり
⇒藤原岳守（ふじわらのたけもり）

藤原興風*　ふじわらのおきかぜ
生没年不詳　[別]藤原興風（ふじわらおきかぜ）　平安時代中期の歌人。三十六歌仙の一人。
¶古人，コン，詩作，日文

藤原興邦　ふじわらのおきくに
⇒藤原朝臣興邦（ふじわらのあそんおきくに）

藤原興嗣*　ふじわらのおきつぐ
生没年不詳　平安時代前期の官人。
¶古人

藤原興範*　ふじわらのおきのり
承和11（844）年～延喜17（917）年　[別]藤原朝臣興範（ふじわらのあそんおきのり）　平安時代前期～中期の公卿（参議）。中納言藤原縄主の曽孫。
¶公卿（[没]延喜17（917）年5月27日），古人，古代（藤原朝臣興範　ふじわらのあそんおきのり）

藤原興世*　ふじわらのおきよ
？～寛平3（891）年　平安時代前期の官人。
¶古人

藤原小屎*　ふじわらのおくそ，ふじわらのおぐそ
生没年不詳　平安時代前期の女性。桓武天皇の妃。
¶古人（ふじわらのおぐそ），天皇（ふじわらのおぐそ）

藤原小黒麻呂*（藤原小黒麿）　ふじわらのおぐろまろ
天平5（733）年～延暦13（794）年7月1日　[別]藤原朝臣小黒麻呂（ふじわらのあそんおぐろまろ），藤原小黒麻呂（ふじわらのこぐろまろ）　奈良時代の官人（大納言）。参議藤原房前の孫。
¶公卿，古人，古人（ふじわらのこぐろまろ），古代（藤原朝臣小黒麻呂　ふじわらのあそんおぐろまろ），コン（藤原小黒麿）

藤原雄田麻呂　ふじわらのおだまろ
⇒藤原百川（ふじわらのももかわ）

藤原緒嗣*　ふじわらのおつぐ
宝亀5（774）年～承和10（843）年　[別]藤原朝臣緒嗣（ふじわらのあそんおつぐ）　平安時代前期の公卿（左大臣）。参議藤原百川の長男。
¶公卿（[没]承和10（843）年7月23日），古人，古代（藤原朝臣緒嗣　ふじわらのあそんおつぐ），コン

藤原乙叡　ふじわらのおとえい
⇒藤原乙叡（ふじわらのたかとし）

藤原弟貞　ふじわらのおとさだ
⇒山背王（やましろおう）

藤原雄俊*（藤原雄敏）　ふじわらのおとし
？～嘉祥1（848）年　[別]藤原雄敏（ふじわらのかつとし）　平安時代前期の法制学者。
¶古人（藤原雄敏），古人（藤原雄敏　ふじわらのかつとし）

藤原乙叡　ふじわらのおとたか
⇒藤原乙叡（ふじわらのたかとし）

藤原乙叡　ふじわらのおとただ
⇒藤原乙叡（ふじわらのたかとし）

藤原乙縄*　ふじわらのおとただ
？～天応1（781）年　[別]藤原朝臣乙縄（ふじわらのあそんおとただ），藤原乙縄（ふじわらのおとなわ，ふじわらのたかつな）　奈良時代の官人（参議）。右大臣藤原豊成の三男。
¶公卿（[没]天応1（781）年6月6日），古人（ふじわらのおとなわ），古代（藤原朝臣乙縄　ふじわらのあそんおとただ）

藤原乙縄　ふじわらのおとなわ
⇒藤原乙縄（ふじわらのおとただ）

藤原乙麻呂*　ふじわらのおとまろ
？～天平宝字4（760）年　[別]藤原朝臣乙麻呂（ふじわらのあそんおとまろ）　奈良時代の官人（非参議）。贈太政大臣・左大臣藤原武智麻呂の三男。
¶公卿（[没]天平勝宝4（752）年6月），古人（[没]760年？），古代（藤原朝臣乙麻呂　ふじわらのあそんおとまろ）

藤原乙牟漏*　ふじわらのおとむろ
天平宝字4（760）年～延暦9（790）年　[別]藤原朝臣乙牟漏（ふじわらのあそんおとむろ）　奈良時代の女性。桓武天皇の皇后。
¶古人，古代（藤原朝臣乙牟漏　ふじわらのあそんおとむろ），コン，女史，天皇（[没]延暦9（790）年閏3月10日）

藤原雄友*　ふじわらのおとも
天平勝宝5（753）年～弘仁2（811）年　[別]藤原雄友（ふじわらおとも，ふじわらのかつとも），藤原朝臣雄友（ふじわらのあそんおとも）　奈良時代～平安時代前期の公卿（大納言）。右大臣藤原是公の三男。
¶公卿（[没]弘仁2（811）年4月23日），古人，古人（ふじわらのかつとも），古代（藤原朝臣雄友　ふじわらのあそんおとも），コン

藤原緒夏*　ふじわらのおなつ
？～斉衡2（855）年　[別]藤原朝臣緒夏（ふじわらのあそんおなつ）　平安時代前期の女性。嵯峨天皇の妃。
¶古人，古代（藤原朝臣緒夏　ふじわらのあそんおなつ），天皇（[没]斉衡2（855）年10月11日）

藤原袁比良　ふじわらのおひら
⇒藤原宇比良古（ふじわらのおひらこ）

藤原宇比良古*　ふじわらのおひらこ
？～天平宝字6（762）年　[別]藤原朝臣宇比良古（ふじわらのあそんうひらこ），藤原宇比良古（ふじわらのういらこ，ふじわらのうひらこ），藤原袁比良（ふじわらのおひら）　奈良時代の女性。贈太政大臣藤原房前の娘。
¶古人（ふじわらのういらこ），古代（藤原朝臣宇比良古　ふじわらのあそんうひらこ），女史

藤原小湯麻呂　ふじわらのおゆまろ
⇒藤原朝臣小湯麻呂（ふじわらのあそんおゆまろ）

藤原雄依　ふじわらのおより
⇒藤原朝臣雄依（ふじわらのあそんおより）

藤原温子*　ふじわらのおんし
貞観14（872）年～延喜7（907）年　[別]東七条院（ひがししちじょういん），藤原温子（ふじわらのよしこ）　平安時代前期～中期の女性。宇多天皇の女御。
¶古人（ふじわらのよしこ），コン，女史

藤原穏子*　ふじわらのおんし
仁和1（885）年～天暦8（954）年　[別]藤原穏子（ふじわらおんし，ふじわらのやすこ）　平安時代中期の女性。醍醐天皇の皇后。
¶古人（ふじわらのやすこ），コン，女史，天皇（ふじわらのおんし・やすこ　[没]天暦8（954）年1月4日）

藤原懐子*　ふじわらのかいし
天慶8（945）年～天延3（975）年　[別]藤原懐子（ふじわらかいし，ふじわらのかねこ）　平安時代中期の女性。冷泉天皇の女御。
¶古人（ふじわらのかねこ），コン

藤原楓麻呂*　ふじわらのかえでまろ
養老7（723）年～宝亀7（776）年6月13日　[別]藤原朝臣楓麻呂（ふじわらのあそんかえでまろ）　奈良時代の官人（参議）。参議藤原房前の七男。
¶公卿（[生]？），古人（[生]？），古代（藤原朝臣楓麻呂　ふじわらのあそんかえでまろ　[生]？），コン

藤原景家*　ふじわらのかげいえ
生没年不詳　[別]藤原景家（ふじわらかげいえ）　平安時代後期の武将。藤原景綱の子、平氏家人。
¶古人，平家（ふじわらかげいえ）

藤原景員*　ふじわらのかげかず
生没年不詳　平安時代後期の武士。
¶古人

藤原景廉*　ふじわらのかげかど
康治1（1142）年～承久3（1221）年　平安時代後期～鎌倉時代前期の武士。
¶古人（[生]？）

藤原景清　ふじわらのかげきよ
⇒平景清（たいらのかげきよ）

藤原景実　ふじわらのかげざね
平安時代後期の官人。
¶古人（生没年不詳）

藤原景高*　ふじわらのかげたか
？～寿永2（1183）年　[別]藤原景高（ふじわらかげたか）　平安時代後期の武将、家人（平氏）。以仁王挙兵を鎮圧。
¶古人（[没]1182年），平家（ふじわらかげたか）

藤原景斉*　ふじわらのかげただ
？～治安3（1023）年　平安時代中期の官人。
¶古人

藤原景綱*　ふじわらのかげつな
生没年不詳　[別]伊藤景綱（いとうかげつな），藤原景綱（ふじわらかげつな）　平安時代後期の武将。
¶古人，内乱（伊藤景綱　いとうかげつな），平家（ふじわらかげつな）

藤原景経*　ふじわらのかげつね
？～文治1（1185）年　[別]藤原景経（ふじわらかげつね）　平安時代後期の武士。
¶古人，コン，平家（ふじわらかげつね　[没]元暦2（1185）年？）

藤原景舒　ふじわらのかげのぶ
平安時代中期の官人。
¶古人（生没年不詳）

藤原景光　ふじわらのかげみつ
平安時代後期の武将。工藤氏。
¶古人（生没年不詳）

藤原蔭基　ふじわらのかげもと
⇒藤原蔭基（ふじわらかげもと）

藤原家子*　ふじわらのかし
？～宝亀5（774）年　[別]藤原家子（ふじわらのいえこ，ふじわらのいえのこ）　奈良時代の女官。
¶古人（ふじわらのいえこ），古人（ふじわらのいえのこ）

藤原河子　ふじわらのかし
⇒藤原河子（ふじわらのかわこ）

藤原梶長　ふじわらのかじなが
⇒藤原朝臣梶長（ふじわらのあそんかじなが）

藤原佳珠子*　ふじわらのかずこ
生没年不詳　平安時代前期の女性。清和天皇の女御。
¶古人，天皇

藤原数子*　ふじわらのかずこ
生没年不詳　平安時代前期の女性。藤原沢子の母。
¶古人

藤原数紀　ふじわらのかずのり
江戸時代前期～中期の公家。藤原顕長（藤原正春）の子。
¶公家（数紀〔九条家諸大夫 矢野家（藤原氏）〕　かずのり　[生]1683年　[没]宝暦3（1753）年9月11日）

藤原縵麻呂　ふじわらのかずらまろ
⇒藤原朝臣縵麻呂（ふじわらのあそんかずらまろ）

藤原可多子*　ふじわらのかたこ
生没年不詳　平安時代前期の女性。春日・大原野神社の斎女。
¶古人

藤原賢子*(1)　ふじわらのかたこ
生没年不詳　平安時代中期の女官、歌人。
¶古人（[生]999年？　[没]1082年）

藤原賢子(2)　ふじわらのかたこ
⇒藤原賢子（ふじわらのけんし）

藤原勝臣　ふじわらのかちおみ
⇒藤原勝臣（ふじわらかちおむ）

藤原勝臣　ふじわらのかつおみ
⇒藤原勝臣（ふじわらかちおむ）

藤原雄敏　ふじわらのかつとし
⇒藤原雄俊（ふじわらのおとし）

藤原雄友　ふじわらのかつとも
⇒藤原雄友（ふじわらのおとも）

藤原かつみ　ふじわらのかつみ
⇒藤原かつみ（ふじわらかつみ）

藤原葛野麻呂＊　ふじわらのかどのまろ
天平勝宝7（755）年～弘仁9（818）年　[別]藤原朝臣葛野麻呂（ふじわらのあそんかどのまろ）　奈良時代～平安時代前期の公卿（中納言）。従五位下藤原鳥養の孫。
¶公卿（[生]天平勝宝1（749）年　[没]弘仁9（818）年11月16日），古人，古代（藤原朝臣葛野麻呂　ふじわらのあそんかどのまろ），コン，対外，山小（[没]818年11月10日）

藤原門宗　ふじわらのかどむね
⇒藤原朝臣門宗（ふじわらのあそんかどむね）

藤原兼家＊　ふじわらのかねいえ
延長7（929）年～永祚2（990）年7月2日　[別]東三条大入道（ひがしさんじょうのおおにゅうどう），藤原兼家（ふじわらかねいえ）　平安時代中期の公卿（摂政・関白・太政大臣）。右大臣藤原師輔の三男。
¶公卿（[没]正暦1（990）年7月2日），古人，コン（[没]正暦1（990）年），山小（[没]990年7月2日）

藤原兼清　ふじわらのかねきよ
平安時代後期の検非違使。
¶古人（生没年不詳）

藤原兼邦　ふじわらのかねくに
⇒楊梅兼邦（やまももかねくに）

藤原懐子　ふじわらのかねこ
⇒藤原懐子（ふじわらのかいし）

藤原兼子＊（1）　ふじわらのかねこ
永承5（1050）年～長承2（1133）年　平安時代中期～後期の女性。堀河天皇の乳母。
¶古人

藤原兼子＊（2）　ふじわらのかねこ
仁平2（1152）年～建仁1（1201）年　平安時代後期～鎌倉時代前期の女性。九条兼実の妻。
¶古人

藤原兼子（3）　ふじわらのかねこ
⇒卿局（きょうのつぼね）

藤原兼貞　ふじわらのかねさだ
平安時代中期の官人。
¶古人（生没年不詳）

藤原兼定　ふじわらのかねさだ
平安時代後期の官人。
¶古人（生没年不詳）

藤原兼実（1）　ふじわらのかねざね
平安時代中期の官人。
¶古人（[生]1044年？　[没]？）

藤原兼実（2）　ふじわらのかねざね
⇒九条兼実（くじょうかねざね）

藤原兼茂＊　ふじわらのかねしげ
？～延長2（923）年3月7日　[別]藤原兼茂（ふじわらかねもち，ふじわらのかねもち）　平安時代中期の公卿（参議）。左大臣藤原冬嗣の曽孫。
¶公卿，古人（ふじわらのかねもち）

藤原兼資　ふじわらのかねすけ
平安時代中期の官人。治国の功により従四位下、のち常陸介。
¶古人（生没年不詳）

藤原兼輔＊（1）　ふじわらのかねすけ
元慶1（877）年～承平3（933）年2月18日　[別]堤中納言（つつみちゅうなごん），藤原兼輔（ふじわらかねすけ）　平安時代前期～中期の歌人・公卿（中納言）。左大臣藤原冬嗣の曽孫。
¶公卿，古人（[没]923年），コン，詩作

藤原兼輔＊（2）　ふじわらのかねすけ
生没年不詳　鎌倉時代後期の公卿（非参議）。参議近衛兼嗣の子。
¶公卿，公家（兼輔〔北小路・室町家（絶家）〕　かねすけ）

藤原兼高＊（1）　ふじわらのかねたか
＊～延応1（1239）年11月6日　[別]藤原兼高（ふじわらかねたか）　鎌倉時代前期の公卿（参議）。権中納言藤原長方の四男。
¶公卿（[生]？），公家（兼高〔八条家（絶家）〕　かねたか　[生]？）

藤原兼高＊（2）　ふじわらのかねたか
弘安10（1287）年～延元3/暦応1（1338）年12月28日　鎌倉時代後期～南北朝時代の公卿（非参議）。非参議藤原兼行の次男。
¶公卿（[没]暦応1/延元3（1338）年12月28日），公家（兼高〔楊梅家（絶家）〕　かねたか　[没]暦応1（1338）年12月28日）

藤原兼隆＊　ふじわらのかねたか
寛和1（985）年～天喜1（1053）年10月　平安時代中期の公卿（中納言）。関白・右大臣藤原道兼の次男。
¶公卿，古人

藤原懐忠　ふじわらのかねただ
⇒藤原懐忠（ふじわらのちかただ）

藤原懐尹　ふじわらのかねただ
平安時代中期の官人。
¶古人（生没年不詳）

藤原兼忠　ふじわらのかねただ
⇒鷹司兼忠（たかつかさかねただ）

藤原懐忠女　ふじわらのかねただのむすめ
平安時代中期の女性。円融天皇の更衣か。
¶天皇（生没年不詳）

藤原兼親（1）　ふじわらのかねちか
平安時代中期の官人。
¶古人（[生]？　[没]1007年）

藤原兼親＊（2）　ふじわらのかねちか
？～元中6/康応1（1389）年　南北朝時代の公卿（非参議）。非参議藤原兼高の子。
¶公卿（[没]康応1（1389）年），公家（兼親〔楊梅家（絶家）〕　かねちか　[没]康応1（1389）年）

藤原兼倫＊　ふじわらのかねつぐ
安貞1（1227）年～正安1（1299）年8月　鎌倉時代後期の公卿（非参議）。非参議藤原光兼の子。
¶公卿，公家（兼倫〔式家（絶家）〕　かねとも）

藤原兼綱　ふじわらのかねつな
⇒藤原兼綱（ふじわらかねつな）

藤原兼経* ふじわらのかねつね
長保2(1000)年～長久4(1043)年5月2日 平安時代中期の公卿(参議)。大納言藤原道綱の三男。
¶公卿, 古人

藤原兼任 ふじわらのかねとう
平安時代中期の官人。父は時光。従五位下。
¶古人(生没年不詳)

藤原兼俊* ふじわらのかねとし
?～元中7/明徳1(1390)年 南北朝時代の公卿(非参議)。非参議藤原家倫の子。
¶公卿([没]明徳1/元中7(1390)年), 公家(兼俊〔式家(絶家)〕 かねとし [没]明徳1(1390)年)

藤原兼仲(1) ふじわらのかねなか
平安時代中期～後期の官人。
¶古人([生]1037年 [没]1085年)

藤原兼仲(2) ふじわらのかねなか
⇒広橋兼仲(ひろはしかねなか)

藤原兼長* ふじわらのかねなが
保延4(1138)年～保元3(1158)年1月 平安時代後期の公卿(権中納言)。左大臣藤原頼長の長男。
¶公卿, 公家(兼長〔宇治家(絶家)〕 かねなが [生]保延4(1138)年5月), 古人, コン

藤原兼成 ふじわらのかねなり
平安時代中期の官人。
¶古人(生没年不詳)

藤原兼信(1) ふじわらのかねのぶ
平安時代中期～後期の官人。安芸国田所惣大判官代。
¶古人([生]1043年 [没]?)

藤原兼信(2) ふじわらのかねのぶ
平安時代後期の官人。
¶古人(生没年不詳)

藤原懐平 ふじわらのかねひら
⇒藤原懐平(ふじわらのちかひら)

藤原兼衡 ふじわらのかねひら
平安時代後期の官人。
¶古人(生没年不詳)

藤原兼平*(1) ふじわらのかねひら
貞観17(875)年～承平5(935)年 平安時代前期～中期の官人。摂政基経の子。
¶古人

藤原兼平(2) ふじわらのかねひら
平安時代中期の官人。藤原経季の子。
¶古人(生没年不詳)

藤原兼平(3) ふじわらのかねひら
平安時代後期の官人。
¶古人(生没年不詳)

藤原兼平母 ふじわらのかねひらのはは
⇒藤原兼平母(ふじわらかねひらのはは)

藤原兼房*(1) ふじわらのかねふさ
長保3(1001)年～延久1(1069)年6月4日 [別]藤原兼房(ふじわらかねふさ) 平安時代中期～後期の官人、歌人。
¶古人, 詩作

藤原兼房*(2) ふじわらのかねふさ
仁平3(1153)年～建保5(1217)年 [別]藤原兼房(ふじわらかねふさ) 平安時代後期～鎌倉時代前期の歌人・公卿(太政大臣)。摂政・関白・太政大臣藤原忠通の四男。
¶公卿([没]建保5(1217)年2月22日), 公家(兼房〔高野家(絶家)〕 かねふさ [没]建保5(1217)年2月26日), 古人([生]1150年)

藤原兼雅 ふじわらのかねまさ
⇒花山院兼雅(かざんいんかねまさ)

藤原兼三 ふじわらのかねみ
⇒藤原兼三(ふじわらかねみ)

藤原兼通* ふじわらのかねみち
延長3(925)年～貞元2(977)年11月8日 [別]忠義公(ちゅうぎこう), 藤原兼通(ふじわらかねみち) 平安時代中期の公卿(関白・太政大臣)。右大臣藤原師輔の次男。
¶公卿, 古人, コン, 山小([没]977年11月8日)

藤原兼光*(1) ふじわらのかねみつ
生没年不詳 平安時代中期の武将。鎮守府将軍。
¶古人

藤原兼光*(2) ふじわらのかねみつ
久安1(1145)年～建久7(1196)年 [別]日野兼光(ひのかねみつ), 藤原兼光(ふじわらかねみつ) 平安時代後期～鎌倉時代前期の公卿(権中納言)。権中納言藤原資長の子。
¶公卿([生]久安2(1146)年 [没]建久7(1196)年4月23日), 公家(兼光〔日野家〕 かねみつ [生]1146年 [没]建久7(1196)年4月23日), 古人, 平家(ふじわらかねみつ)

藤原兼宗(1) ふじわらのかねむね
平安時代中期の官人。父は藤原道綱。従五位下。
¶古人(生没年不詳)

藤原兼宗(2) ふじわらのかねむね
⇒中山兼宗(なかやまかねむね)

藤原兼茂 ふじわらのかねもち
⇒藤原兼茂(ふじわらのかねしげ)

藤原兼安 ふじわらのかねやす
平安時代中期の官人。
¶古人(生没年不詳)

藤原兼行* ふじわらのかねゆき
建長6(1254)年～? [別]楊梅兼行(やまももかねゆき) 鎌倉時代後期の公卿(非参議)。非参議藤原忠兼の子。
¶公卿, 公家(兼行〔楊梅家(絶家)〕 かねゆき)

藤原兼良* ふじわらのかねよし
仁安2(1167)年～承久3(1221)年 [別]九条兼良(くじょうかねよし) 平安時代後期～鎌倉時代前期の官人。藤原兼房の子。
¶公卿(九条兼良 くじょうかねよし 生没年不詳), 公家(兼良〔高野家(絶家)〕 かねよし), 古人

藤原兼頼*(1) ふじわらのかねより
長和3(1014)年～康平6(1063)年1月11日 平安時代中期の公卿(権中納言)。右大臣藤原頼宗の長男。
¶公卿, 古人

藤原兼頼*(2) ふじわらのかねより
?～文永6(1269)年3月28日 鎌倉時代前期の公卿(非参議)。兵衛佐信家の孫。
¶公卿, 公家(兼頼〔烏丸家(絶家)〕 かねより)

藤原兼良女　ふじわらのかねらのむすめ
鎌倉時代前期の女性。伊勢斎宮昱子の母。
¶天皇（生没年不詳）

藤原鎌足*　ふじわらのかまたり
推古天皇22（614）年～天智天皇8（669）年10月16日 [別]中臣鎌子（なかとみのかまこ），中臣鎌足（なかとみのかまたり），中臣連鎌足（なかとみのむらじかまたり），藤原鎌足（ふじはらのかまたり，ふじわらかまたり），藤原朝臣鎌足（ふじわらのあそみかまたり），藤原卿（ふじわらのまえつきみ）　飛鳥時代の廷臣（内大臣）。藤原家の始祖。天児屋尊の裔。中大兄皇子と協力して大化改新を断行。改新後は内臣として政治にあたり、死の直前に藤原姓を賜る。
¶公卿，古人（中臣鎌足　なかとみのかまたり），古代（中臣連鎌足　なかとみのむらじかまたり），古物（中臣鎌足　なかとみのかまたり），コン（中臣鎌足　なかとみのかまたり　[生]推古22（614）年　[没]天智8（669）年），詩作，思想（[生]推古22（614）年　[没]天智8（669）年），日文（ふじはらのかまたり　[生]推古22（614）年　[没]天智8（669）年），山小（[没]669年10月16日）

藤原佳美子*　ふじわらのかみこ
？～昌泰1（898）年　[別]藤原朝臣佳美子（ふじわらのあそんかみこ）　平安時代前期の女性。光孝天皇の女御。
¶古人，古代（藤原朝臣佳美子　ふじわらのあそんかみこ），天皇（[没]昌泰1（898）年7月）

藤原上子*　ふじわらのかみこ
生没年不詳　[別]藤原上子（ふじわらのうらこ，ふじわらのじょうし）　平安時代前期の女性。桓武天皇の宮人。
¶天皇（ふじわらのじょうし）

藤原辛加知　ふじわらのからかち
⇒藤原朝臣辛加知（ふじわらのあそんからかち）

藤原家隆　ふじわらのかりゅう
⇒藤原家隆（ふじわらのいえたか）

藤原河子*　ふじわらのかわこ
？～承和5（838）年　[別]藤原河子（ふじわらのかし）　平安時代前期の女性。桓武天皇の宮人。
¶古人，天皇（[没]承和5（838）年1月13日）

藤原寛子*（1）　ふじわらのかんし
延喜6（906）年～天慶8（945）年　[別]藤原寛子（ふじわらのひろこ）　平安時代中期の女性。醍醐天皇の第4皇子重明親王の妃。
¶古人（ふじわらのひろこ）

藤原寛子*（2）　ふじわらのかんし
長保1（999）年～万寿2（1025）年　[別]藤原寛子（ふじわらのひろこ）　平安時代中期の女性。三条天皇の第1皇子小一条院敦明親王の妃。
¶古人（ふじわらのひろこ　[生]999年？）

藤原寛子*（3）　ふじわらのかんし
長元9（1036）年～大治2（1127）年　[別]藤原寛子（ふじわらのひろこ）　平安時代中期～後期の女性。後冷泉天皇の皇后。
¶古人（ふじわらのひろこ），コン（[没]保安2（1121）年），女史，天皇（[没]大治2（1127）年8月14日）

藤原歓子*　ふじわらのかんし
治安1（1021）年～康和4（1102）年　[別]小野后（おののきさき），小野皇后（おののこうごう），小野皇太后（おののこうたいごう），藤原歓子（ふじわらのよしこ）　平安時代中期～後期の女性。後冷泉天皇の皇后。
¶古人（ふじわらのよしこ），コン，天皇（[没]康和4（1102）年8月17日）

藤原恎子　ふじわらのきし
⇒藤原恎子（ふじわらのしし）

藤原基子*（1）　ふじわらのきし
生没年不詳　[別]藤原基子（ふじわらのもとこ）　平安時代中期の女官。後一条天皇の乳母。
¶古人（ふじわらのもとこ）

藤原基子（2）　ふじわらのきし
⇒新広義門院（しんこうぎもんいん）

藤原嬉子*（1）　ふじわらのきし
寛弘4（1007）年～万寿2（1025）年　[別]藤原嬉子（ふじわらのよしこ）　平安時代中期の女性。東宮敦良親王（後朱雀天皇）の妃。
¶古人（ふじわらのよしこ），コン，女史，天皇（ふじわらのきし・よしこ　[生]寛弘4（1007）年1月5日　[没]万寿2（1025）年8月5日）

藤原嬉子（2）　ふじわらのきし
⇒今出河院（いまでがわいん）

藤原貴子*（1）　ふじわらのきし
延喜4（904）年～応和2（962）年　[別]藤原貴子（ふじわらきし，ふじわらのたかこ）　平安時代中期の女性。醍醐天皇の皇太子保明親王の妃。
¶古人（ふじわらのたかこ），コン

藤原貴子（2）　ふじわらのきし
⇒藤原貴子（ふじわらのたかこ）

藤原禧子　ふじわらのきし
⇒礼成門院（れいせいもんいん）

藤原祇子*　ふじわらのぎし
？～天喜1（1053）年　[別]藤原祇子（ふじわらのまさこ）　平安時代中期の女性。藤原頼成の娘。
¶古人（ふじわらのまさこ）

藤原義子*　ふじわらのぎし
天延2（974）年～天喜1（1053）年　[別]藤原義子（ふじわらのよしこ）　平安時代中期の女性。一条天皇の女御。
¶古人（ふじわらのよしこ），天皇（ふじわらのぎし・よしこ　[没]天喜1（1053）年閏7月）

藤原姞子　ふじわらのきっし
⇒大宮院（おおみやいん）

藤原吉子　ふじわらのきっし
⇒藤原吉子（ふじわらのよしこ）

藤原佶子　ふじわらのきっし
⇒京極院（きょうごくいん）

藤原公子*　ふじわらのきみこ
寛治1（1087）年？～？　平安時代後期の女性。崇徳朝の官女。
¶古人（[生]1087年）

藤原公重女　ふじわらのきみしげのむすめ
⇒帥局（そちのつぼね）

藤原宮子　ふじわらのきゅうし
⇒藤原宮子（ふじわらのみやこ）

藤原清家　ふじわらのきよいえ
⇒藤原清家（ふじわらきよいえ）

藤原教貴*　ふじわらのきょうき
？～延暦8（789）年　奈良時代の女官。

¶古人（生没年不詳）

藤原行子　ふじわらのぎょうし
平安時代の女性。後三条天皇の妃。
¶天皇（生没年不詳）

藤原刷雄　ふじわらのきよお
⇒藤原刷雄（ふじわらのよしお）

藤原浄岡　ふじわらのきよおか
奈良時代の官人。父は乙縄、母は三善集の女という。従五位下。
¶古人（生没年不詳）

藤原清廉*　ふじわらのきよかど
生没年不詳　平安時代中期の官人。「今昔物語集」にみえる猫恐の大夫。
¶古人，コン

藤原清河*　ふじわらのきよかわ
[別]藤原清河（ふじわらきよかわ），藤原朝臣清河（ふじわらのあそみきよかわ，ふじわらのあそんきよかわ）　奈良時代の官人（参議）。参議藤原房前の四男。
¶公卿（[生]慶雲3（706）年　[没]宝亀9（778）年），古人（[生]715年？　[没]773年？），古代（藤原朝臣清河　ふじわらのあそんきよかわ），コン（[生]？　[没]宝亀10（779）年），対外（生没年不詳），山小（生没年不詳）

藤原聖子　ふじわらのきよこ
⇒皇嘉門院（こうかもんいん）

藤原妍子　ふじわらのきよこ
⇒藤原妍子（ふじわらのけんし）

藤原清季*　ふじわらのきよすえ
承安4（1174）年～安貞1（1227）年6月1日　鎌倉時代前期の公卿（非参議）。非参議藤原実清の次男。
¶公卿，公家（清季〔八条家（絶家）〕　きよすえ　[没]嘉禄3（1227）年6月1日）

藤原清季女　ふじわらのきよすえのむすめ
鎌倉時代前期の女性。順徳天皇の後宮。
¶天皇（生没年不詳）

藤原清輔*　ふじわらのきよすけ
長治1（1104）年～治承1（1177）年　[別]藤原清輔（ふじわらきよすけ）　平安時代後期の藤原氏北家末茂流。
¶古人，コン，日文（[生]？　[没]安元3（1177）年）

藤原清隆*　ふじわらのきよたか
寛治5（1091）年～応保2（1162）年4月17日　平安時代後期の公卿（権中納言）。左大臣藤原冬嗣・中納言藤原兼輔の裔。
¶公卿，公家（清隆〔壬生家（絶家）〕　きよたか），古人

藤原清正*　ふじわらのきよただ
？～天徳2（958）年7月　[別]藤原清正（ふじわらきよただ）　平安時代中期の歌人。三十六歌仙の一人。
¶古人，詩作

藤原清正母　ふじわらのきよただのはは
⇒藤原清正母（ふじわらきよただのはは）

藤原清綱　ふじわらのきよつな
平安時代後期の官人。
¶古人（[生]？　[没]1077年）

藤原清経*　ふじわらのきよつね
承和13（846）年～延喜15（915）年　[別]藤原朝臣清経（ふじわらのあそんきよつね）　平安時代前期～中期の公卿（参議）。権中納言藤原長良の六男。
¶公卿（[没]延喜15（915）年5月23日），古人，古代（藤原朝臣清経　ふじわらのあそんきよつね）

藤原清貫　ふじわらのきよつら
⇒藤原清貫（ふじわらのきよぬき）

藤原清長　ふじわらのきよなが
⇒藤原清長（ふじわらきよなが）

藤原清成　ふじわらのきよなり
⇒藤原朝臣清成（ふじわらのあそんきよなり）

藤原清貫*　ふじわらのきよぬき
貞観9（867）年～延長8（930）年6月26日　[別]藤原清貫（ふじわらきよつら，ふじわらのきよつら）　平安時代前期～中期の公卿（大納言）。参議藤原保則の四男。
¶公卿，古人（ふじわらのきよつら）

藤原清信　ふじわらのきよのぶ
平安時代後期の官人。
¶古人（生没年不詳）

藤原清衡*　ふじわらのきよひら
天喜4（1056）年～大治3（1128）年　[別]清原清衡（きよはらのきよひら），藤原清衡（ふじわらきよひら）　平安時代後期の武将、奥州藤原氏の初代、陸奥国押領使。後三年の役の結果、奥州の覇権を手にする。平泉に中尊寺を建立。
¶古人，コン（清原清衡　きよはらのきよひら　[生]？），山小（[没]1128年7月13日/16日）

藤原清衡の妻　ふじわらのきよひらのつま
平安時代後期の女性。
¶女史

藤原清衡母*（藤原清衡の母）　ふじわらのきよひらのはは
生没年不詳　平安時代中期～後期の女性。
¶古人，女史（藤原清衡の母）

藤原清房*　ふじわらのきよふさ
生没年不詳　鎌倉時代後期～南北朝時代の公卿（非参議）。権大納言藤原忠信の曽孫。
¶公卿，公家（清房〔坊門家（絶家）〕　きよふさ）

藤原清通*　ふじわらのきよみち
永治1（1141）年～？　平安時代後期の公卿（非参議）。中納言藤原伊実の長男。
¶公卿，公家（清通〔坊門家（絶家）〕　きよみち），古人

藤原清宗　ふじわらのきよむね
平安時代後期の検非違使。
¶古人（生没年不詳）

藤原浄本　ふじわらのきよもと
⇒藤原浄本（ふじわらのじょうもと）

藤原公明　ふじわらのきんあき
⇒藤原公明（ふじわらきんあき）

藤原公敦*　ふじわらのきんあつ
文暦1（1234）年～弘安10（1286）年12月6日　鎌倉時代後期の公卿（参議）。参議藤原実光の子。
¶公卿，公家（公敦〔河原・大炊御門・近衛家（絶家）〕　きんあつ　[生]1235年　[没]弘安10（1287）年12月6日）

藤原公蔭*　ふじわらのきんかげ
？～文永8（1271）年3月4日　鎌倉時代前期の公卿（非参議）。権大納言藤原実持の長男。
¶公卿，公家（公蔭〔清水谷家（絶家）〕　きんかげ）

藤原公賢　ふじわらのきんかた
⇒洞院公賢（とういんきんかた）

藤原公兼*　ふじわらのきんかね
仁治1（1240）年〜正和1（1312）年4月17日　鎌倉時代後期の公卿（非参議）。権大納言藤原実持の次男。
¶公卿，公家（公兼〔清水谷家（絶家）〕　きんかね）

藤原公清*（1）　ふじわらのきんきよ
生没年不詳　平安時代中期の武士。
¶古人

藤原公清*（2）　ふじわらのきんきよ
仁安1（1166）年〜安貞2（1228）年10月11日　平安時代後期〜鎌倉時代前期の公卿（参議）。河鰭家系の祖。権大納言滋野井実国の次男。
¶公卿，公家（公清〔河鰭家〕　きんきよ）

藤原公国*　ふじわらのきんくに
長寛1（1163）年〜建保6（1218）年9月10日　平安時代後期〜鎌倉時代前期の公卿（中納言）。大納言藤原実家の長男。
¶公卿，公家（公国〔河原・大炊御門・近衛家（絶家）〕　きんくに）

藤原公定*　ふじわらのきんさだ
永承4（1049）年〜康和1（1099）年　平安時代中期〜後期の公卿（参議）。権中納言藤原経家の長男。
¶公卿（[没]康和1（1099）年7月2日），古人

藤原公実*　ふじわらのきんざね
天喜1（1053）年〜嘉承2（1107）年11月14日　[別]藤原公実（ふじわらきんざね）　平安時代後期の公卿（権大納言）。大納言藤原実季の長男。
¶公卿，古人，コン

藤原勤子*　ふじわらのきんし
？〜大同4（809）年6月　[別]藤原勤子（ふじわらのいそしこ）　平安時代前期の女官。桓武・平城両天皇の尚膳。
¶古人（ふじわらのいそしこ　[没]808年）

藤原公子　ふじわらのきんし
⇒藤原公子（ふじわらのこうし）

藤原忻子*（1）　ふじわらのきんし
長承3（1134）年〜承元3（1209）年　[別]藤原忻子（ふじわらきんし，ふじわらのよしこ）　平安時代後期〜鎌倉時代前期の女性。後白河天皇の皇后。
¶古人（ふじわらのよしこ），コン，天皇

藤原忻子（2）　ふじわらのきんし
⇒長楽門院（ちょうらくもんいん）

藤原公重*　ふじわらのきんしげ
元永1（1118）年〜治承2（1178）年　[別]藤原公重（ふじわらきんしげ）　平安時代後期の官吏、歌人。
¶古人

藤原公季*　ふじわらのきんすえ
天徳1（957）年〜長元2（1029）年10月17日　[別]閑院公季（かんいんきんすえ），仁義公（じんぎこう），藤原公季（ふじわらきんすえ）　平安時代中期の公卿（太政大臣）。右大臣藤原師輔の十一男。
¶公卿，古人，コン（[生]天暦10（956）年）

藤原公隆*　ふじわらのきんたか
*〜仁平3（1153）年6月20日　平安時代後期の公卿（参議）。中納言藤原実隆の長男。
¶公卿（[生]康和5（1103）年），公家（公隆〔閑院家（絶家）1〕　きんたか　[生]1103年），古人（[生]1104年？）

藤原公為*　ふじわらのきんため
嘉禄2（1226）年〜？　鎌倉時代前期の公卿（非参議）。左大臣三条実房の孫。
¶公卿，公家（公為〔知足院三条家（絶家）〕　きんため）

藤原公親*　ふじわらのきんちか
天承1（1131）年〜平治1（1159）年7月10日　平安時代後期の公卿（参議）。左大臣徳大寺実能の次男。
¶公卿，公家（公親〔徳大寺家〕　きんちか），古人

藤原公継　ふじわらのきんつぐ
⇒徳大寺公継（とくだいじきんつぐ）

藤原公経*（1）　ふじわらのきんつね
？〜承徳3（1099）年　[別]藤原公経（ふじわらきんつね）　平安時代中期〜後期の歌人。
¶古人

藤原公経（2）　ふじわらのきんつね
⇒西園寺公経（さいおんじきんつね）

藤原公任*　ふじわらのきんとう
康保3（966）年〜長久2（1041）年1月1日　[別]四条大納言（しじょうだいなごん），藤原公任（ふじわらきんとう）　平安時代中期の歌人・公卿（権大納言）。関白・太政大臣藤原頼忠の長男。
¶公卿，古人，コン，詩作，思想，日文，山小（[没]1041年1月1日）

藤原公任女*　ふじわらのきんとうのむすめ
長保2（1000）年〜万寿1（1024）年　平安時代中期の女性。大納言公任の一女。母は昭平親王女。
¶古人

藤原公時　ふじわらのきんとき
⇒藤原公時（ふじわらきんとき）

藤原公長（1）　ふじわらのきんなが
平安時代後期の官人。父は公輔。
¶古人（生没年不詳）

藤原公長（2）　ふじわらのきんなが
⇒藤原公長（ふじわらきんなが）

藤原公業　ふじわらのきんなり
平安時代中期の官人。
¶古人（生没年不詳）

藤原公成*　ふじわらのきんなり
長保1（999）年〜長久4（1043）年　[別]藤原公成（ふじわらきんなり）　平安時代中期の公卿（権中納言）。中納言藤原実成の長男。
¶公卿（[没]長久4（1043）年6月24日），古人，コン

藤原公信*（1）　ふじわらのきんのぶ
貞元2（977）年〜万寿3（1026）年5月15日　[別]藤原公信（ふじわらきんのぶ）　平安時代中期の公卿（権中納言）。太政大臣藤原為光の六男。
¶公卿，古人

藤原公信*（2）　ふじわらのきんのぶ
生没年不詳　鎌倉時代後期の公卿（非参議）。権大納言室町実藤の次男。
¶公卿，公家（公信〔室町家（絶家）2〕　きんのぶ）

藤原公教*　ふじわらのきんのり
康和5（1103）年〜永暦1（1160）年　[別]三条公教（さんじょうきんのり），藤原公教（ふじわらきんのり）　平安時代後期の公卿（内大臣）。太政大臣三条実行の子。
¶公卿（三条公教　さんじょうきんのり　[没]永暦1

(1160)年7月9日), 公家(公教〔三条家〕　きんのり　[没]永暦1(1160)年7月9日), 古人, コン, 内乱

藤原公則*　ふじわらのきんのり
生没年不詳　平安時代中期の官人。藤原伊傅の子。
¶古人

藤原公教母*　ふじわらのきんのりのはは
生没年不詳　平安時代後期の歌人。
¶古人

藤原公衡*(1)　ふじわらのきんひら
*～建久4(1193)年2月21日　[別]藤原公衡(ふじわらきんひら)　平安時代後期の公卿(非参議)。右大臣徳大寺公能の四男。
¶公卿([生]?), 公家(公衡〔菩提院家(絶家)〕　きんひら　[生]?), 古人([生]1158年?)

藤原公衡(2)　ふじわらのきんひら
平安時代後期の官人。父は師信。従四位上。
¶古人(生没年不詳)

藤原公房*　ふじわらのきんふさ
長元3(1030)年～康和4(1102)年8月28日　平安時代中期～後期の公卿(参議)。参議藤原資房の次男。
¶公卿, 古人([没]1103年)

藤原公冬*　ふじわらのきんふゆ
生没年不詳　鎌倉時代後期の公卿(非参議)。参議藤原能清の子。
¶公卿, 公家(公冬〔一条家(絶家)〕　きんふゆ)

藤原公雅　ふじわらのきんまさ
⇒藤原公雅(ふじわらきんまさ)

藤原公正　ふじわらのきんまさ
平安時代中期の官人。
¶古人(生没年不詳)

藤原公通*　ふじわらのきんみち
永久5(1117)年～承安3(1173)年　[別]西園寺公通(さいおんじきんみち), 藤原公通(ふじわらきんみち)　平安時代後期の公卿(権大納言)。権中納言藤原通季の長男。
¶公卿([没]承安3(1173)年9月9日), 公家(公通〔西園寺家〕　きんみち　[没]承安3(1173)年4月9日), 古人([生]?)

藤原公光*　ふじわらのきんみつ
大治5(1130)年～治承2(1178)年　[別]藤原公光(ふじわらきんみつ)　平安時代後期の公卿(権中納言)。権大納言藤原季成の長男。
¶公卿([没]治承2(1178)年1月11日), 公家(公光〔加賀家(絶家)〕　きんみつ　[没]治承2(1178)年1月11日), 古人

藤原公宗　ふじわらのきんむね
⇒西園寺公宗(さいおんじきんむね)

藤原公明　ふじわらのきんめい
⇒藤原公明(ふじわらきんあき)

藤原公基*(1)　ふじわらのきんもと
治安2(1022)年～承保2(1075)年　平安時代中期～後期の官人。
¶古人

藤原公基(2)　ふじわらのきんもと
⇒藤原公基(ふじわらきんもと)

藤原公守　ふじわらのきんもり
⇒洞院公守(とういんきんもり)

藤原公保*　ふじわらのきんやす
長承1(1132)年～安元2(1176)年　[別]藤原公保(ふじわらきんやす)　平安時代後期の公卿(権大納言)。左大臣徳大寺実能の三男。
¶公卿([没]安元2(1176)年9月27日), 公家(公保〔徳大寺家(絶家)〕　きんやす　[没]安元2(1176)年9月27日), 古人([生]?)

藤原公行*　ふじわらのきんゆき
長治2(1105)年～久安4(1148)年　[別]藤原公行(ふじわらきんゆき)　平安時代後期の公卿(参議)。権大納言藤原公実の孫。
¶公卿([没]久安4(1148)年6月22日), 古人

藤原公世*　ふじわらのきんよ
?～正安3(1301)年4月6日　[別]藤原公世(ふじわらきんよ)　鎌倉時代後期の公卿(非参議)。非参議藤原実俊の次男。
¶公卿, 公家(公世〔八条家(絶家)〕　きんよ)

藤原公能*　ふじわらのきんよし
永久3(1115)年～応保1(1161)年8月11日　[別]徳大寺公能(とくだいじきんよし), 藤原公能(ふじわらきんよし)　平安時代後期の公卿(右大臣)。左大臣徳大寺実能の長男。
¶公卿(徳大寺公能　とくだいじきんよし), 公家(公能〔徳大寺家〕　きんよし　[没]永暦2(1161)年8月11日), 古人, コン, 平家(ふじわらきんよし　[没]永暦2(1161)年)

藤原公能女　ふじわらのきんよしのむすめ
平安時代後期の女性。後白河天皇の妃。
¶天皇(生没年不詳)

藤原公頼*(1)　ふじわらのきんより
承安2(1172)年～建長2(1250)年11月24日　鎌倉時代前期の公卿(参議)。中納言藤原実教の次男。
¶公卿, 公家(公頼〔山科家〕　きんより)

藤原公頼*(2)　ふじわらのきんより
宝治1(1247)年～?　鎌倉時代後期の公卿(非参議)。非参議藤原実隆の子。
¶公卿, 公家(公頼〔河鰭家〕　きんより)

藤原薬子*　ふじわらのくすこ
?～弘仁1(810)年　[別]薬子(くすこ), 藤原朝臣薬子(ふじわらのあそんくすこ)　平安時代前期の女官。藤原種継の娘。平城上皇の信を得て、上皇の復位を謀ったが失敗。自殺した(薬子の変)。
¶古人, 古代(藤原朝臣薬子　ふじわらのあそんくすこ), コン, 天皇, 山小([没]810年9月12日)

藤原久須麻呂*(藤原訓儒麻呂)　ふじわらのくすまろ, ふじわらのくずまろ
?～天平宝字8(764)年　[別]藤原朝臣久須麻呂(ふじわらのあそみくすまろ, ふじわらのあそんくずまろ)　奈良時代の官人(参議)。大師藤原仲麻呂(恵美押勝)の長男。父の乱で殺された。
¶公卿(藤原訓儒麻呂　ふじわらのくずまろ　[没]天平宝字8(764)年9月), 古人(ふじわらのくずまろ), 古代(藤原朝臣久須麻呂　ふじわらのあそんくずまろ), コン

藤原国章*　ふじわらのくにあき
延喜19(919)年～寛和1(985)年6月23日　[別]藤原国章(ふじわらくにあき, ふじわらのくにあきら)　平安時代中期の公卿(非参議)。参議藤原元名の四男。
¶公卿([生]?), 古人(ふじわらのくにあきら)

藤原国明　ふじわらのくにあき
⇒源国明（みなもとのくにあき）

藤原国章　ふじわらのくにあきら
⇒藤原国章（ふじわらのくにあき）

藤原国明　ふじわらのくにあきら
⇒源国明（みなもとのくにあき）

藤原邦家　ふじわらのくにいえ
平安時代後期の官人。
¶古人（生没年不詳）

藤原国風*　ふじわらのくにかぜ
生没年不詳　平安時代前期の官人。大学頭藤原佐高の子。
¶古人

藤原邦子*　ふじわらのくにこ
生没年不詳　平安時代後期の女房、高倉天皇の側近。
¶古人

藤原国定　ふじわらのくにさだ
平安時代後期の官人。
¶古人（生没年不詳）

藤原邦実　ふじわらのくにざね
平安時代後期の官人。
¶古人（生没年不詳）

藤原国重　ふじわらのくにしげ
⇒藤原国重（ふじわらくにしげ）

藤原国成　ふじわらのくにしげ
⇒藤原国成（ふじわらくになり）

藤原国祐　ふじわらのくにすけ
平安時代中期の官人。
¶古人（生没年不詳）

藤原国綱　ふじわらのくにつな
平安時代後期の官人。父は元範。
¶古人（生没年不詳）

藤原邦綱*　ふじわらのくにつな
保安3（1122）年～養和1（1181）年　[別]藤原邦綱（ふじわらくにつな）　平安時代後期の公卿（権大納言）。左大臣藤原冬嗣・中納言藤原兼輔の裔。
¶公卿（[没]養和1（1181）年2月3日），公家（邦綱〔壬生家（絶家）〕　くにつな　[没]養和1（1181）年閏2月23日），古人，コン，内乱（[没]治承5（1181）年），平家（ふじわらくにつな　[没]治承5（1181）年）

藤原国経*　ふじわらのくにつね
天長5（828）年～延喜8（908）年　[別]藤原国経（ふじわらくにつね），藤原朝臣国経（ふじわらのあそんくにつね）　平安時代前期～中期の公卿（大納言）。権中納言藤原長良の長男。
¶公卿（[没]延喜8（908）年6月29日），古人，古代（藤原朝臣国経　ふじわらのあそんくにつね）

藤原邦恒*　ふじわらのくにつね
寛和2（986）年～治暦3（1067）年　平安時代中期～後期の官人。父は安芸守邦昌。
¶古人

藤原邦任　ふじわらのくにとう
平安時代中期の官人。父は邦昌、母は藤原近枝女。筑後・石見・武蔵守などを歴任。
¶古人（生没年不詳）

藤原国俊　ふじわらのくにとし
平安時代後期の官人。父は成国。
¶古人（生没年不詳）

藤原国仲　ふじわらのくになか
平安時代後期の官人。父は資国。
¶古人（生没年不詳）

藤原国成　ふじわらのくになり
⇒藤原国成（ふじわらくになり）

藤原国範　ふじわらのくにのり
平安時代後期の官人。
¶古人（生没年不詳）

藤原国衡*　ふじわらのくにひら
？～文治5（1189）年　[別]藤原国衡（ふじわらくにひら）　平安時代後期の武将。奥州藤原氏の3代秀衡嫡子。
¶古人，コン

藤原国房　ふじわらのくにふさ
⇒藤原国房（ふじわらくにふさ）

藤原国正　ふじわらのくにまさ
平安時代後期の官人。
¶古人（生没年不詳）

藤原邦昌　ふじわらのくにまさ
平安時代中期の官人。父は懐忠。
¶古人（生没年不詳）

藤原国通*　ふじわらのくにみち
安元2（1176）年～正元1（1259）年4月　[別]藤原国通（ふじわらくにみち），坊門国通（ぼうもんくにみち）　鎌倉時代前期の公卿（中納言）。権大納言藤原泰通の次男。
¶公卿，公家（国通〔坊門家（絶家）〕　くにみち）

藤原邦通(1)　ふじわらのくにみち
平安時代中期の官人。父は泰通。
¶古人（生没年不詳）

藤原邦通*(2)　ふじわらのくにみち
生没年不詳　[別]邦通，邦道（くにみち），藤原邦通（ふじわらくにみち）　平安時代後期～鎌倉時代前期の幕府吏僚。源頼朝の側近。
¶古人（邦通（道）　くにみち），古人，コン

藤原国光*　ふじわらのくにみつ
生没年不詳　平安時代中期の官人。
¶古人

藤原邦光　ふじわらのくにみつ
平安時代中期の官人。父は邦昌。
¶古人（生没年不詳）

藤原邦宗*　ふじわらのくにむね
康平7（1064）年～元永1（1118）年　平安時代後期の官人。
¶古人

藤原国用　ふじわらのくにもち
⇒藤原国用（ふじわらくにもち）

藤原国用女　ふじわらのくにもちのむすめ
⇒藤原国用女（ふじわらくにもちのむすめ）

藤原国幹*　ふじわらのくにもと
生没年不詳　平安時代中期の官人。
¶古人（[生]？　[没]1000年）

藤原邦基*　ふじわらのくにもと
貞観17(875)年〜承平2(932)年3月8日　平安時代前期〜中期の公卿(中納言)。左大臣藤原良世の五男。
¶公卿,古人

藤原国行　ふじわらのくにゆき
⇒藤原国行(ふじわらくにゆき)

藤原蔵下麻呂*(藤原蔵下麿)　ふじわらのくらじまろ
天平6(734)年〜宝亀6(775)年　[別]藤原朝臣倉下麻呂(ふじわらのあそんくらじまろ)　奈良時代の官人(参議)。参議藤原宇合の九男。
¶公卿([没]宝亀6(775)年7月1日),古人(藤原倉下麻呂　[生]733年　[没]775年?),古代(藤原朝臣倉下麻呂　ふじわらのあそんくらじまろ),コン

藤原玄上*　ふじわらのくろかみ
斉衡3(856)年〜承平3(933)年　[別]藤原玄上(ふじわらのげんじょう,ふじわらのはるかみ,ふじわらはるかみ)　平安時代前期〜中期の公卿(参議)。中納言藤原諸葛の五男。
¶公卿([没]承平3(933)年1月21日),古人(ふじわらのはるかみ)

藤原慶子*　ふじわらのけいし
?〜天暦5(951)年　[別]大将御息所(だいしょうのみやすんどころ),藤原慶子(ふじわらのよしこ)　平安時代中期の女性。朱雀天皇の女御。
¶古人(ふじわらのよしこ),天皇(ふじわらのけいし・ふじわらのよしこ　[没]天暦5(951)年10月9日)

藤原経子*(1)　ふじわらのけいし
生没年不詳　[別]藤原経子(ふじわらのつねこ)　平安時代後期の女性。白河天皇の宮人。
¶古人(ふじわらのつねこ),天皇

藤原経子(2)　ふじわらのけいし
⇒中務内侍(なかつかさのないし)

藤原経子(3)　ふじわらのけいし
⇒藤原経子(ふじわらのつねこ)

藤原原子　ふじわらのげんこ
⇒藤原原子(ふじわらのげんし)

藤原兼子(1)　ふじわらのけんし
⇒花山院兼子(かざんいんかねこ)

藤原兼子(2)　ふじわらのけんし
⇒卿局(きょうのつぼね)

藤原賢子*　ふじわらのけんし
天喜5(1057)年〜応徳1(1084)年　[別]藤原賢子(ふじわらのかたこ)　平安時代後期の女性。白河天皇の皇后。
¶コン,女史,天皇([没]応徳1(1084)年9月22日)

藤原妍子*　ふじわらのけんし
正暦5(994)年〜万寿4(1027)年　[別]藤原妍子(ふじわらけんし,ふじわらのきよこ,ふじわらのよしこ)　平安時代中期の女性。三条天皇の皇后。
¶古人(ふじわらのきよこ),コン,女史,天皇(ふじわらのけんし・きよこ　[生]正暦5(994)年3月　[没]万寿4(1027)年9月14日)

藤原嫄子*　ふじわらのげんし
長和5(1016)年〜長暦3(1039)年　[別]弘徽殿中宮(こきでんのちゅうぐう),藤原嫄子(ふじわらのもとこ)　平安時代中期の女性。後朱雀天皇の中宮。
¶古人(ふじわらのもとこ),天皇(ふじわらのげんし・もとこ　[没]長暦3(1039)年8月28日)

藤原元子*　ふじわらのげんし
生没年不詳　[別]藤原元子(ふじわらげんし,ふじわらのもとこ)　平安時代中期の女性。一条天皇の女御。
¶古人(ふじわらのもとこ),女史,天皇(ふじわらのげんし・もとこ)

藤原原子*　ふじわらのげんし
?〜長保4(1002)年　[別]藤原原子(ふじわらのげんこ,ふじわらのもとこ)　平安時代中期の女性。三条天皇の女御。
¶古人(ふじわらのもとこ),天皇(ふじわらのげんし・もとこ　[生]天元3(980)年頃　[没]長保4(1002)年8月3日)

藤原厳子　ふじわらのげんし
⇒通陽門院(つうようもんいん)

藤原顕昭　ふじわらのけんしょう
⇒顕昭(けんしょう)

藤原玄上　ふじわらのげんじょう
⇒藤原玄上(ふじわらのくろかみ)

藤原元利万侶　ふじわらのげんりまろ
⇒藤原朝臣元利万侶(ふじわらのあそんげんりまろ)

藤原媓子*　ふじわらのこうし
天暦1(947)年〜天元2(979)年　[別]藤原媓子(ふじわらこうし,ふじわらのてるこ)　平安時代中期の女性。円融天皇の皇后。
¶古人(ふじわらのてるこ),コン,天皇(ふじわらのてるこ)

藤原光子　ふじわらのこうし
⇒藤原光子(ふじわらのみつこ)

藤原公子*(1)　ふじわらのこうし
生没年不詳　[別]藤原公子(ふじわらのきんし)　鎌倉時代前期の女性。後嵯峨天皇の宮人。
¶天皇(ふじわらのきんし)

藤原公子(2)　ふじわらのこうし
⇒東二条院(ひがしにじょういん)

藤原幸子*　ふじわらのこうし
天永3(1112)年〜久寿2(1155)年　[別]藤原幸子(ふじわらのゆきこ)　平安時代後期の女性。藤原頼長の北政所。藤原実能の子。
¶古人(ふじわらのゆきこ)

藤原康子　ふじわらのこうし
⇒北山院(きたやまいん)

藤原高子　ふじわらのこうし
⇒藤原高子(ふじわらのたかいこ)

藤原豪信　ふじわらのごうしん
⇒豪信(ごうしん)

藤原行成　ふじわらのこうぜい
⇒藤原行成(ふじわらのゆきなり)

藤原光明子　ふじわらのこうみょうし
⇒光明皇后(こうみょうこうごう)

藤原小黒麻呂　ふじわらのこぐろまろ
⇒藤原小黒麻呂(ふじわらのおぐろまろ)

藤原古子*　ふじわらのこし
生没年不詳　[別]藤原朝臣古子(ふじわらのあそんふるこ),藤原古子(ふじわらのふるきこ,ふじわらのふるこ)　平安時代前期の女性。文徳天皇の女御。
¶古人(ふじわらのふるこ),古代(藤原朝臣古子　ふじわ

らのあそんふるこ), 天皇(ふじわらのこし・ふるこ・ふるきこ)

藤原巨勢麻呂*　ふじわらのこせまろ
？～天平宝字8(764)年　[別]藤原朝臣巨勢麻呂(ふじわらのあそんこせまろ)　奈良時代の官人(参議)。贈太政大臣・左大臣藤原武智麻呂の四男。
¶公卿([没]天平宝字8(764)年9月), 古人, 古代(藤原朝臣巨勢麻呂　ふじわらのあそんこせまろ)

藤原子高*(藤原小高)　ふじわらのこたか
生没年不詳　平安時代中期の受領。
¶古人(藤原小高)

藤原言家　ふじわらのこといえ
⇒藤原言家(ふじわらときいえ)

藤原言直　ふじわらのことなお
⇒藤原言直(ふじわらことなお)

藤原琴節郎女*(藤原之琴節郎女)　ふじわらのことふしのいらつめ
上代の応神天皇の孫。
¶古代, 天皇(藤原之琴節郎女　生没年不詳)

藤原小湯麻呂　ふじわらのこゆまろ
⇒藤原朝臣小湯麻呂(ふじわらのあそんおゆまろ)

藤原惟明　ふじわらのこれあきら
平安時代後期の官人。父は惟経。
¶古人(生没年不詳)

藤原伊家*(1)　ふじわらのこれいえ
長久2(1041)年～応徳1(1084)年　[別]藤原伊家(ふじわらこれいえ)　平安時代中期～後期の官吏、歌人。
¶古人

藤原伊家(2)　ふじわらのこれいえ
平安時代後期の官人。父は良経。
¶古人(生没年不詳)

藤原伊家*(3)　ふじわらのこれいえ
？～正和5(1316)年7月21日　鎌倉時代後期の公卿(非参議)。非参議藤原伊定の次男。
¶公卿, 公家(伊家〔坊門家(絶家)〕　これいえ)

藤原是枝　ふじわらのこれえだ
平安時代中期の官人。
¶古人(生没年不詳)

藤原維景　ふじわらのこれかげ
平安時代の官人。父は時理。伊豆国・相模国目代、のち駿河権守。
¶古人(生没年不詳)

藤原惟風*　ふじわらのこれかぜ
生没年不詳　平安時代前期の官人。尾張守藤原文信の子。
¶古人

藤原惟方*　ふじわらのこれかた
天治2(1125)年～？　[別]粟田別当(あわたのべっとう), 藤原惟方(ふじわらこれかた)　平安時代後期の公卿(参議)。権中納言藤原顕頼の次男。
¶公卿([生]天治1(1124)年), 公家(惟方〔粟田口家(絶家)〕　これかた), 古人, コン, 内乱, 平家(ふじわらこれかた)

藤原是公*　ふじわらのこれきみ
神亀4(727)年～延暦8(789)年　[別]藤原朝臣是公(ふじわらのあそんこれきみ), 藤原黒麻呂(ふじわらのくろまろ)　奈良時代の官人(右大臣)。贈太政大臣・左大臣藤原武智麿の孫。
¶公卿([没]延暦8(789)年9月19日), 古人(藤原黒麻呂　ふじわらのくろまろ　[生]717年), 古人, 古代(藤原朝臣是公　ふじわらのあそんこれきみ), コン

藤原惟子*　ふじわらのこれこ
？～長承3(1134)年　平安時代後期の女性。堀河朝の内裏女房。
¶古人

藤原維子　ふじわらのこれこ
⇒盛化門院(せいかもんいん)

藤原是子*　ふじわらのこれこ
[別]藤原是子(ふじわらのぜし)　平安時代前期の女性。文徳天皇の女御。
¶天皇(ふじわらのぜし・これこ)

藤原伊定*　ふじわらのこれさだ
宝治1(1247)年～正安2(1300)年4月10日　[別]藤原伊定(ふじわらこれさだ)　鎌倉時代後期の公卿(非参議)。非参議藤原伊時の孫。
¶公卿, 公家(伊定〔坊門家(絶家)〕　これさだ)

藤原伊実*(1)　ふじわらのこれざね
天治1(1124)年～永暦1(1160)年9月2日　[別]藤原伊実(ふじわらこれざね)　平安時代後期の公卿(中納言)。太政大臣伊通の次男。
¶公卿, 公家(伊実〔坊門家(絶家)〕　これざね), 古人, 平家(ふじわらこれざね　[生]天治1(1124)年？)

藤原伊実(2)　ふじわらのこれざね
平安時代後期の官人。
¶古人([生]？　[没]1077年)

藤原惟実　ふじわらのこれざね
平安時代中期の官人。父は方隆。
¶古人(生没年不詳)

藤原伊実女　ふじわらのこれざねのむすめ
平安時代後期の女性。後白河天皇の寵愛を受けた。
¶天皇(生没年不詳)

藤原伊成　ふじわらのこれしげ
平安時代中期の官人。
¶古人(生没年不詳)

藤原惟成*　ふじわらのこれしげ
天暦7(953)年～永祚1(989)年　[別]藤原惟成(ふじわらこれしげ, ふじわらのこれなり)　平安時代中期の官人。藤原義懐を補して政治を推進。
¶古人, コン

藤原伊輔　ふじわらのこれすけ
⇒藤原伊輔(ふじわらこれすけ)

藤原伊祐*　ふじわらのこれすけ
？～長和3(1014)年　平安時代中期の人。丹波守為頼男。
¶古人

藤原惟佐*　ふじわらのこれすけ
生没年不詳　平安時代中期の官人。
¶古人

藤原惟輔　ふじわらのこれすけ
平安時代後期の官人。父は惟任。
¶古人(生没年不詳)

藤原是助*　ふじわらのこれすけ
生没年不詳　平安時代中期の伯耆国の郡司級土豪。

¶古人

藤原惟孝　ふじわらのこれたか
平安時代中期の官人。
¶古人（生没年不詳）

藤原伊忠*　ふじわらのこれただ
建暦1（1211）年～？　鎌倉時代前期の公卿（非参議）。非参議藤原忠行の次男。
¶公卿，公家（伊忠〔楊梅家（絶家）〕　これただ）

藤原伊尹*　ふじわらのこれただ
延長2（924）年～天禄3（972）年11月1日　[別]謙徳公（けんとくこう），藤原伊尹（ふじわらこれまさ，ふじわらのこれまさ）　平安時代中期の公卿（摂政・太政大臣）。右大臣藤原師輔の長男。
¶公卿，古人（ふじわらのこれまさ），コン，詩作（ふじわらのこれただ，ふじわらのこれまさ），日文（ふじわらのこれただ・これまさ），山小（ふじわらのこれまさ　[没]972年11月1日）

藤原伊周*　ふじわらのこれちか
天延2（974）年～寛弘7（1010）年1月28日　[別]藤原伊周（ふじわらこれちか，ふじわらのいしゅう）　平安時代中期の公卿（准大臣）。摂政・内大臣藤原道隆の次男。叔父道長との政争に敗れ、一時大宰権帥に。後に帰京したが政権の中枢には戻れなかった。
¶公卿，古人，コン（[生]天延1（973）年），山小（[没]1010年1月28日）

藤原維幾*　ふじわらのこれちか
生没年不詳　平安時代中期の官人。
¶古人

藤原伊経　ふじわらのこれつな
⇒世尊寺伊経（せそんじこれつね）

藤原伊綱（1）　ふじわらのこれつな
平安時代後期の官人。
¶古人（[生]？　[没]1077年）

藤原伊綱（2）　ふじわらのこれつな
⇒藤原伊綱（ふじわらこれつな）

藤原惟綱　ふじわらのこれつな
平安時代中期の官人。和歌を能くし内裏歌合でも出詠。
¶古人（生没年不詳）

藤原伊経　ふじわらのこれつね
⇒世尊寺伊経（せそんじこれつね）

藤原惟経　ふじわらのこれつね
平安時代中期の官人。父は泰通。
¶古人（生没年不詳）

藤原惟任（1）　ふじわらのこれとう
平安時代中期の官人。父は頼明、母は源高雅女。
¶古人（生没年不詳）

藤原惟任（2）　ふじわらのこれとう
平安時代中期の官人。父は寧親、母は藤原貞忠女。
¶古人（生没年不詳）

藤原伊時*　ふじわらのこれとき
治承2（1178）年～嘉禎3（1237）年4月　鎌倉時代前期の公卿（非参議）。非参議藤原伊輔の次男。
¶公卿，公家（伊時〔坊門家（絶家）〕　これとき）

藤原伊長*　ふじわらのこれなが
生没年不詳　[別]藤原伊長（ふじわらこれなが）　平安時代後期の官人。藤原季通の子。
¶古人，平家（ふじわらこれなが）

藤原伊成*　ふじわらのこれなり
建久5（1194）年～？　[別]藤原伊成（ふじわらこれなり）　鎌倉時代前期の公卿（非参議）。権中納言藤原経定の孫。
¶公卿，公家（伊成〔堀河2・三条家（絶家）〕　これなり）

藤原惟成　ふじわらのこれなり
⇒藤原惟成（ふじわらのこれしげ）

藤原維成*　ふじわらのこれなり
生没年不詳　鎌倉時代後期～南北朝時代の公卿（非参議）。権中納言藤原教成の曽孫。
¶公卿，公家（維成〔冷泉家（絶家）2〕　これなり）

藤原伊信　ふじわらのこれのぶ
平安時代後期の官人、舞人。
¶古人（生没年不詳）

藤原惟規　ふじわらのこれのぶ
⇒藤原惟規（ふじわらののぶのり）

藤原惟信（1）　ふじわらのこれのぶ
平安時代後期の官人。
¶古人（生没年不詳）

藤原惟信（2）　ふじわらのこれのぶ
⇒藤原惟信（ふじわらこれのぶ）

藤原惟規　ふじわらのこれのり
⇒藤原惟規（ふじわらののぶのり）

藤原惟憲*　ふじわらのこれのり
応和3（963）年～長元6（1033）年3月26日　平安時代中期の公卿（非参議）。権中納言藤原為輔の孫。
¶公卿，古人，コン

藤原是憲　ふじわらのこれのり
⇒円照（えんしょう）

藤原是人　ふじわらのこれひと
奈良時代の官人。
¶古人（生没年不詳）

藤原伊衡*　ふじわらのこれひら
貞観18（876）年～天慶1（938）年　[別]藤原伊衡（ふじわらこれひら）　平安時代前期～中期の歌人・公卿（参議）。参議藤原巨勢麿五代孫。
¶公卿（[没]天慶1（938）年12月17日），古人

藤原伊房*　ふじわらのこれふさ
長元3（1030）年～永長1（1096）年　[別]藤原伊房（ふじわらこれふさ）　平安時代中期～後期の公卿（権中納言）。参議藤原行経の長男。
¶公卿（[没]永長1（1096）年9月16日），古人，コン

藤原伊尹　ふじわらのこれまさ
⇒藤原伊尹（ふじわらのこれただ）

藤原伊通*　ふじわらのこれみち
寛治7（1093）年～永万1（1165）年　[別]藤原伊通（ふじわらこれみち）　平安時代後期の公卿（太政大臣）。権大納言藤原宗通の次男。
¶公卿（[没]永万1（1165）年2月15日），公家（伊通〔坊門家（絶家）〕　これみち　[没]長寛3（1165）年2月15日），古人，コン，内乱（[没]長寛3（1165）年）

藤原惟光　ふじわらのこれみつ
平安時代中期の官人。父は惟孝。
¶古人（生没年不詳）

ふ

藤原伊基* ふじわらのこれもと
生没年不詳　鎌倉時代前期の公卿(非参議)。非参議藤原伊成の長男。
¶公卿,公家(伊基〔堀河2・三条家(絶家)〕　これもと)

藤原惟幹 ふじわらのこれもと
⇒藤原惟幹(ふじわらこれもと)

藤原惟基 ふじわらのこれもと
平安時代後期の官人。父は惟輔。
¶古人(生没年不詳)

藤原惟職 ふじわらのこれもと
平安時代後期の官人。父は時房。
¶古人(生没年不詳)

藤原伊行* ふじわらのこれゆき
?～安元1(1175)年　平安時代後期の能書。世尊寺家第6代。
¶古人(生没年不詳),コン([没]安元1(1175)年?)

藤原惟行 ふじわらのこれゆき
平安時代後期の官人。
¶古人([生]?　[没]1069年)

藤原惟頼(1) ふじわらのこれより
平安時代中期の官人。父は方隆。
¶古人(生没年不詳)

藤原惟頼(2) ふじわらのこれより
平安時代中期の官人。父は惟風。
¶古人

藤原今子* ふじわらのこんし
生没年不詳　[別]藤原今子(ふじわらのいまこ)　平安時代前期の女性。文徳天皇の宮人。
¶天皇(ふじわらのこんし・いまこ)

藤原西光 ふじわらのさいこう
⇒西光(さいこう)

藤原執棹 ふじわらのさおとり
⇒藤原朝臣執弓(ふじわらのあそんとりゆみ)

藤原前子 ふじわらのさきこ
⇒中和門院(ちゅうかもんいん)

藤原定家* ふじわらのさだいえ
応保2(1162)年～仁治2(1241)年　[別]京極定家(きょうごくさだいえ),定家(さだいえ,ていか),藤原定家(ふじわらさだいえ,ふじわらていか,ふじわらのていか)　平安時代後期～鎌倉時代前期の歌人・公卿(権中納言)。非参議・皇太后宮大夫藤原俊成の次男。歌道の第一人者で「新古今和歌集」選者。日記に「明月記」がある。
¶公卿(京極定家　きょうごくさだいえ　[没]仁治2(1241)年8月20日),公家(定家〔冷泉家〕　さだいえ　[没]仁治2(1241)年8月20日),古人,コン,詩作(ふじわらのさだいえ,ふじわらのていか　[没]仁治2(1241)年8月20日),中世(ふじわらのていか),内乱(ふじわらのていか),日文(ふじわらのさだいえ・ていか),俳文(定家　さだいえ　[没]仁治2(1241)年8月20日),山小([没]1241年8月20日)

藤原定方* ふじわらのさだかた
貞観15(873)年～承平2(932)年8月4日　[別]藤原定方(ふじわらさだかた)　平安時代前期～中期の公卿(右大臣)。内大臣藤原高藤の次男。
¶公卿,古人,コン,詩作

藤原貞潔 ふじわらのさだきよ
平安時代中期の官人。
¶古人(生没年不詳)

藤原貞清 ふじわらのさだきよ
平安時代後期の官人。
¶古人(生没年不詳)

藤原定国* ふじわらのさだくに
貞観9(867)年～延喜6(906)年　平安時代前期～中期の公卿(大納言)。内大臣藤原高藤の長男。
¶公卿([生]貞観8(866)年　[没]延喜6(906)年7月2日),古人([生]866年),コン

藤原貞子 ふじわらのさだこ
⇒藤原貞子(ふじわらのていし)

藤原定子(1) ふじわらのさだこ
⇒開明門院(かいめいもんいん)

藤原定子(2) ふじわらのさだこ
⇒藤原定子(ふじわらのていし)

藤原定子(3) ふじわらのさだこ
⇒藤原定子(ふじわらのていし)

藤原定実* ふじわらのさだざね
生没年不詳　平安時代後期の公卿、能書。
¶古人

藤原定成(1) ふじわらのさだしげ
平安時代中期の官人。父は季随。
¶古人(生没年不詳)

藤原定成(2) ふじわらのさだしげ
平安時代後期の官人。
¶古人(生没年不詳)

藤原定成(3) ふじわらのさだしげ
⇒藤原定成(ふじわらさだなり)

藤原定季* ふじわらのさだすえ
承安3(1173)年～文暦1(1234)年10月16日　鎌倉時代前期の公卿(非参議)。権大納言藤原定能の次男。
¶公卿,公家(定季〔平松家(絶家)〕　さだすえ)

藤原定輔* ふじわらのさだすけ
長寛1(1163)年～安貞1(1227)年7月9日　[別]二条定輔(にじょうさだすけ),藤原定輔(ふじわらさだすけ)　平安時代後期～鎌倉時代前期の公卿(権大納言)。二条家の祖。中納言藤原親信の長男。
¶公卿(二条定輔　にじょうさだすけ),公家(定輔〔三条家(絶家)〕　さだすけ),古人

藤原定佑 ふじわらのさだすけ
平安時代中期の官人。父は兼清。
¶古人(生没年不詳)

藤原定輔女 ふじわらのさだすけのむすめ
⇒藤原定輔女(ふじわらさだすけのむすめ)

藤原定高* ふじわらのさだたか
建久1(1190)年～暦仁1(1238)年1月22日　[別]藤原定高(ふじわらさだたか)　鎌倉時代前期の公卿(権中納言)。参議藤原光長の三男。
¶公卿,公家(定高〔海住山家(絶家)〕　さだたか　[没]嘉禎4(1238)年1月22日)

藤原定隆* ふじわらのさだたか
長承3(1134)年～嘉応2(1170)年11月1日　平安時代後期の公卿(非参議)。権中納言藤原清隆の次男。
¶公卿,公家(定隆〔壬生家(絶家)〕　さだたか　[没]嘉応2(1170)年10月2日),古人

藤原定親(1)　ふじわらのさだちか
⇒中山定親(なかやまさだちか)

藤原定親(2)　ふじわらのさだちか
⇒藤原定親(ふじわらさだちか)

藤原貞嗣*　ふじわらのさだつぐ
天平宝字3(759)年～天長1(824)年　[別]藤原朝臣貞嗣(ふじわらのあそんさだつぐ)　奈良時代～平安時代前期の公卿(中納言)。贈太政大臣・左大臣藤原武智麻呂の孫。
¶公卿([没]天長1(824)年1月4日),古人,古代(藤原朝臣貞嗣　ふじわらのあそんさだつぐ)

藤原定嗣　ふじわらのさだつぐ
⇒葉室定嗣(はむろさだつぐ)

藤原定綱*　ふじわらのさだつな
？～寛治6(1092)年　平安時代後期の人。大納言公任曽孫。
¶古人([生]1032年)

藤原定経*　ふじわらのさだつね
保元3(1158)年～寛喜3(1231)年　[別]藤原定経(ふじわらさだつね)　平安時代後期～鎌倉時代前期の公卿(参議)。権大納言藤原経房の長男。
¶公卿([生]保元1(1156)年　[没]寛喜3(1231)年2月14日),公家(定経〔甘露寺家〕　さだつね　[没]寛喜3(1231)年2月14日),古人([生]1156年)

藤原定任*(1)　ふじわらのさだとう
？～長久1(1040)年　平安時代中期の人。大納言済時孫。
¶古人

藤原定任(2)　ふじわらのさだとう
平安時代中期の官人。父は為盛。
¶古人(生没年不詳)

藤原定遠　ふじわらのさだとお
平安時代後期の官人。
¶古人(生没年不詳)

藤原貞時　ふじわらのさだとき
平安時代後期の官人。
¶古人(生没年不詳)

藤原貞敏*　ふじわらのさだとし
大同2(807)年～貞観9(867)年　[別]藤原貞敏(ふじわらさだとし),藤原朝臣貞敏(ふじわらのあそんさだとし)　平安時代前期の雅楽演奏者。唐代中国の雅楽を日本に伝える。
¶古人,古代(藤原朝臣貞敏　ふじわらのあそんさだとし),コン,対外,平家(ふじわらさだとし)

藤原貞利　ふじわらのさだとし
平安時代中期の官人。父は宣雅。
¶古人(生没年不詳)

藤原定俊　ふじわらのさだとし
平安時代中期～後期の官人。藤原師実家の家司。
¶古人([生]1029年　[没]1081年)

藤原貞仲*(1)　ふじわらのさだなか
生没年不詳　平安時代中期の官人。常陸介藤原高節の子。
¶古人

藤原貞仲(2)　ふじわらのさだなか
平安時代後期の官人。父は国仲。
¶古人(生没年不詳)

藤原定長*(1)　ふじわらのさだなが
久安5(1149)年～建久6(1195)年　[別]藤原定長(ふじわらさだなが)　平安時代後期～鎌倉時代前期の公卿(参議)。参議藤原為隆の孫。
¶公卿([没]建久6(1195)年11月11日),公家(定長〔霊山家(絶家)〕　さだなが　[没]建久6(1195)年11月11日),古人,平家(ふじわらさだなが)

藤原定長(2)　ふじわらのさだなが
⇒寂蓮(じゃくれん)

藤原定成　ふじわらのさだなり
⇒藤原定成(ふじわらさだなり)

藤原定信*　ふじわらのさだのぶ
寛治2(1088)年～＊　平安時代後期の世尊寺家の5代。
¶古人([没]？),コン([没]？)

藤原貞憲　ふじわらのさだのり
⇒藤原貞憲(ふじわらさだのり)

藤原定房*(1)　ふじわらのさだふさ
寛仁4(1020)年～嘉保2(1095)年　平安時代中期～後期の官人。
¶古人

藤原定房(2)　ふじわらのさだふさ
⇒吉田定房(よしださだふさ)

藤原定雅　ふじわらのさだまさ
平安時代中期の官人。父は嘉時。
¶古人(生没年不詳)

藤原定通*　ふじわらのさだみち
応徳2(1085)年～永久3(1115)年　[別]藤原定通(ふじわらさだみち)　平安時代後期の官吏。
¶古人([生]1095年)

藤原貞光　ふじわらのさだみつ
平安時代中期の官人。父は景斉、母は藤原為雅女。
¶古人([生]？　[没]1027年)

藤原貞宗　ふじわらのさだむね
平安時代後期の官人。
¶古人(生没年不詳)

藤原貞幹　ふじわらのさだもと
⇒藤貞幹(とうていかん)

藤原貞職　ふじわらのさだもと
平安時代中期の官人。父は惟規、母は藤原貞仲女。
¶古人(生没年不詳)

藤原貞守*　ふじわらのさだもり
延暦17(798)年～貞観2(859)年　[別]藤原朝臣貞守(ふじわらのあそんさだもり)　平安時代前期の公卿(参議)。参議藤原楓麿の曽孫。
¶公卿([没]貞観2(859)年5月1日),古人,古代(藤原朝臣貞守　ふじわらのあそんさだもり)

藤原定義　ふじわらのさだよし
平安時代後期の官人。父は定通。
¶古人(生没年不詳)

藤原定能*　ふじわらのさだよし
久安4(1148)年～承元3(1209)年8月22日　[別]藤原定能(ふじわらさだよし)　平安時代後期～鎌倉時代前期の公卿(権大納言)。非参議藤原季行の次男。
¶公卿([没]？),公家(定能〔平松家(絶家)〕　さだよし　[没]承元3(1209)年8月23日),古人(生没年不詳)

藤原定能女　ふじわらのさだよしのむすめ
⇒大宮局（おおみやのつぼね）

藤原定頼*（1）　ふじわらのさだより
長徳1（995）年～寛徳2（1045）年1月19日　㊞藤原定頼（ふじわらさだより）　平安時代中期の歌人・公卿（権中納言）。権大納言藤原公任の長男。
¶公卿（㊐正暦3（992）年），古人，コン，詩作

藤原定頼*（2）　ふじわらのさだより
？～文永7（1270）年　鎌倉時代前期の公卿（非参議）。権中納言藤原宗隆の孫。
¶公卿，公家（定頼〔八条家（絶家）〕　さだより）

藤原定頼の母*（藤原定頼母）　ふじわらのさだよりのはは
生没年不詳　平安時代中期の女性。歌人。
¶古人（藤原定頼母）

藤原薩雄*　ふじわらのさちお
？～天平宝字8（764）年　㊞藤原朝臣薩雄（ふじわらのあそんさちお），藤原薩雄（ふじわらのさつお）　奈良時代の貴族。藤原仲麻呂の子。
¶古人（ふじわらのさつお），古代（藤原朝臣薩雄　ふじわらのあそんさちお）

藤原刷雄　ふじわらのさつお
⇒藤原刷雄（ふじわらのよしお）

藤原薩雄　ふじわらのさつお
⇒藤原薩雄（ふじわらのさちお）

藤原実明（1）　ふじわらのさねあき
平安時代中期の官人。父は当国。
¶古人（生没年不詳）

藤原実明*（2）　ふじわらのさねあき
生没年不詳　平安時代後期～鎌倉時代前期の公卿（参議）。権大納言藤原公通の次男。
¶公卿，公家（実明〔閑院家（絶家）2〕　さねあき　㊐？　㊜貞応2（1223）年8月16日）

藤原実家（1）　ふじわらのさねいえ
平安時代中期の官人。
¶古人（生没年不詳）

藤原実家*（2）　ふじわらのさねいえ
久安1（1145）年～建久4（1193）年3月16日　㊞藤原実家（ふじわらさねいえ）　平安時代後期の公卿（大納言）。右大臣徳大寺公能の次男。
¶公卿，公家（実家〔河原・大炊御門・近衛家（絶家）〕　さねいえ），古人，平家（ふじわらさねいえ）

藤原実家母*　ふじわらのさねいえのはは
生没年不詳　平安時代後期の歌人。
¶古人

藤原実雄　ふじわらのさねお
⇒洞院実雄（とういんさねお）

藤原真雄*　ふじわらのさねお
神護景雲1（767）年～弘仁2（811）年　奈良時代～平安時代前期の貴族。左大臣魚名の孫、左京大夫鷹取の子。
¶古人

藤原人数*　ふじわらのさねかず
？～大同4（809）年　㊞藤原人数（ふじわらのひとかず）　奈良時代～平安時代前期の女性。桓武朝の官女。
¶古人，古人（ふじわらのひとかず）

藤原実方*　ふじわらのさねかた
？～長徳4（998）年　㊞実方（さねかた），藤原実方（ふじわらさねかた）　平安時代中期の歌人。
¶古人，コン，詩作（㊜長徳4（999）年12月12日），日文，俳文（実方　さねかた　㊜長徳4（998）年12月），平家（ふじわらさねかた）

藤原実雄　ふじわらのさねかつ
⇒洞院実雄（とういんさねお）

藤原実兼*（1）　ふじわらのさねかね
応徳2（1085）年～天永3（1112）年　㊞藤原実兼（ふじわらさねかね）　平安時代後期の学者、文章生。蔵人に叙任される。
¶古人

藤原実兼（2）　ふじわらのさねかね
⇒西園寺実兼（さいおんじさねかね）

藤原実材母*　ふじわらのさねきのはは
鎌倉時代前期の歌人。
¶女文（生没年不詳）

藤原実清*（1）　ふじわらのさねきよ
保延5（1139）年～文治1（1185）年1月8日　平安時代後期の公卿（非参議）。非参議藤原長輔の三男。
¶公卿，公家（実清〔八条家（絶家）〕　さねきよ　㊜元暦2（1185）年1月8日），古人

藤原実清*（2）　ふじわらのさねきよ
生没年不詳　㊞藤原実清（ふじわらさねきよ）　平安時代後期の公家・歌人・連歌作者。
¶古人

藤原実清*（3）　ふじわらのさねきよ
承元1（1207）年～正応5（1292）年12月25日　鎌倉時代後期の公卿（非参議）。参議藤原公清の次男。
¶公卿，公家（実清〔八条家（絶家）〕　さねきよ）

藤原実国　ふじわらのさねくに
⇒滋野井実国（しげのいさねくに）

藤原実子*（1）　ふじわらのさねこ
康平3（1060）年～嘉承2（1107）年　平安時代後期の女性。堀河朝の官女。
¶古人

藤原実子（2）　ふじわらのさねこ
⇒宣光門院（せんこうもんいん）

藤原実子（3）　ふじわらのさねこ
⇒藤原実子（ふじわらのじっし）

藤原真子*　ふじわらのさねこ
長和5（1016）年～寛治1（1087）年　平安時代中期～後期の女性。後朱雀朝の官女。
¶古人

藤原実定　ふじわらのさねさだ
⇒徳大寺実定（とくだいじさねさだ）

藤原実茂*　ふじわらのさねしげ
生没年不詳　鎌倉時代後期～南北朝時代の公卿（参議）。中納言藤原公国の裔。
¶公卿，公家（実茂〔河原・大炊御門・近衛家（絶家）〕　さねしげ）

藤原実季*　ふじわらのさねすえ
長元8（1035）年～寛治5（1091）年12月24日　㊞藤原実季（ふじわらさねすえ）　平安時代中期～後期の公卿（大納言）。権中納言藤原公成の子。
¶公卿，古人，コン

藤原実資*　ふじわらのさねすけ
天徳1(957)年～永承1(1046)年　[別]小野宮実資(おののみやさねすけ)，藤原実資(ふじわらさねすけ)　平安時代中期の公卿(右大臣)。摂政・太政大臣藤原実頼の孫。
¶公卿([没]永承1(1046)年1月18日)，古人，コン，思想，山小([没]1046年1月18日)

藤原実輔　ふじわらのさねすけ
平安時代中期の官人。
¶古人(生没年不詳)

藤原実澄*　ふじわらのさねずみ
生没年不詳　平安時代後期の官人。藤原則光の子孫。
¶古人

藤原実隆*(1)　ふじわらのさねたか
承暦3(1079)年～大治2(1127)年10月16日　[別]藤原実隆(ふじわらさねたか)　平安時代後期の公卿(中納言)。権大納言藤原公実の長男。
¶公卿，古人

藤原実隆(2)　ふじわらのさねたか
⇒藤原実隆(ふじわらさねたか)

藤原実忠　ふじわらのさねただ
⇒藤原実忠(ふじわらさねただ)

藤原実定(1)　ふじわらのさねただ
平安時代後期の官人。父は定輔。
¶古人(生没年不詳)

藤原実定(2)　ふじわらのさねただ
⇒徳大寺実定(とくだいじさねさだ)

藤原真忠　ふじわらのさねただ
⇒藤原真忠(ふじわらさねただ)

藤原真忠妹　ふじわらのさねただのいもうと
⇒藤原真忠妹(ふじわらさねただのいもうと)

藤原実嗣*　ふじわらのさねつぐ
建久6(1195)年～建保1(1213)年7月21日　鎌倉時代前期の公卿(非参議)。内大臣徳大寺公継の長男。
¶公卿，公家(実嗣〔徳大寺家〕　さねつぐ　[没]建暦3(1213)年7月21日)

藤原実綱*(1)　ふじわらのさねつな
長和2(1013)年～永保2(1082)年　[別]日野実綱(ひのさねつな)，藤原実綱(ふじわらさねつな)　平安時代中期～後期の文人。日野流の発展に寄与。
¶古人，コン

藤原実綱*(2)　ふじわらのさねつな
*～治承4(1180)年12月19日　[別]藤原実綱(ふじわらさねつな)，藤原実経(ふじわらさねつね)　平安時代後期の公卿(権中納言)。権大納言藤原公実の曽孫。
¶公卿([生]大治2(1127)年)，公家(実綱〔三条家〕　さねつな　[生]1127年)，古人([生]?)

藤原実綱(3)　ふじわらのさねつな
鎌倉時代後期の公家。
¶公家(実綱〔河原・大炊御門・近衛家(絶家)〕　さねつな)

藤原実経*(1)　ふじわらのさねつね
長徳4(998)年～寛徳2(1045)年　平安時代中期の人。権大納言行成男。
¶古人

藤原実経(2)　ふじわらのさねつね
⇒一条実経(いちじょうさねつね)

藤原実任(1)　ふじわらのさねとう
平安時代後期の官人。
¶古人([生]?　[没]1088年)

藤原実任(2)　ふじわらのさねとう
平安時代後期の官人。父は師長、母は紀伊内侍。蔵人・越後権守。
¶古人(生没年不詳)

藤原実任(3)　ふじわらのさねとう
平安時代後期の官人。父は実行。小一条院判官代から越中守。
¶古人(生没年不詳)

藤原実任*(4)　ふじわらのさねとう
承元1(1207)年～?　鎌倉時代前期の公卿(権中納言)。権大納言藤原公雅の長男。
¶公卿，公家(実任〔閑院家(絶家)2〕　さねとう)

藤原誠任　ふじわらのさねとう
平安時代中期の官人。
¶古人([生]?　[没]1020年)

藤原実任女　ふじわらのさねとうのむすめ
鎌倉時代後期の女性。亀山天皇宮人。
¶天皇(生没年不詳)

藤原実遠*　ふじわらのさねとお
?～康平5(1062)年　平安時代中期の官人。私営田経営を行う。
¶古人([没]1063年)，コン

藤原実時*(1)　ふじわらのさねとき
建長3(1251)年～徳治3(1308)年5月17日　[別]藤原実時(ふじわらさねとき)　鎌倉時代後期の公卿(参議)。非参議藤原公藤の子。
¶公卿，公家(実時〔清水谷家(絶家)〕　さねとき)

藤原実時(2)　ふじわらのさねとき
⇒藤原実時(ふじわらさねとき)

藤原実俊(1)　ふじわらのさねとし
平安時代後期の官人。父は惟綱。
¶古人(生没年不詳)

藤原実俊*(2)　ふじわらのさねとし
?～嘉禎3(1237)年12月18日　鎌倉時代前期の公卿(非参議)。参議藤原公清の長男。
¶公卿，公家(実俊〔八条家(絶家)〕　さねとし)

藤原実俊*(3)　ふじわらのさねとし
文応1(1260)年～興国2/暦応4(1341)年2月15日　[別]西園寺実俊(さいおんじさねとし)，橋本実俊(はしもとさねとし)　鎌倉時代後期～南北朝時代の公卿(参議)。橋本家系の祖。太政大臣西園寺公相の四男。
¶公卿([没]暦応4(1341)年2月15日)，公家(実俊〔橋本家〕　さねとし　[没]暦応4(1341)年2月15日)

藤原真友　ふじわらのさねとも
⇒藤原真友(ふじわらのまとも)

藤原実仲(1)　ふじわらのさねなか
平安時代中期～後期の官人。
¶古人([生]1015年　[没]1061年)

藤原実仲(2)　ふじわらのさねなか
⇒藤原実仲(ふじわらさねなか)

藤原実長*　ふじわらのさねなが
*〜寿永1(1182)年12月27日　[別]藤原実長(ふじわらさねなが)　平安時代後期の公卿(権大納言)。参議藤原公行の長男。
¶公卿([生]大治3(1128)年),公家(実長〔三条家〕　さねなが　[生]1128年),古人([生]?)

藤原実成*　ふじわらのさねなり
天延3(975)年〜寛徳1(1044)年　平安時代中期の公卿(中納言)。三条家系の祖。内大臣藤原公季の長男。
¶公卿([没]寛徳1(1044)年12月),古人

藤原誠信　ふじわらのさねのぶ
⇒藤原誠信(ふじわらのしげのぶ)

藤原実信母　ふじわらのさねのぶのはは
⇒藤原実信母(ふじわらさねのぶのはは)

藤原実教　ふじわらのさねのり
⇒山科実教(やましなさねのり)

藤原実範(1)　ふじわらのさねのり
平安時代中期の官人。父は頼祐。
¶古人(生没年不詳)

藤原実範*(2)　ふじわらのさねのり
生没年不詳　[別]藤原実範(ふじわらさねのり)　平安時代後期の学者、漢詩人。藤原義忠に師事。
¶古人,コン

藤原実秀*　ふじわらのさねひで
文永8(1271)年〜延元4/暦応2(1339)年11月25日　[別]藤原実秀(ふじわらさねひで)　鎌倉時代後期〜南北朝時代の公卿(参議)。非参議藤原公兼の子。
¶公卿([没]暦応2/延元4(1339)年11月25日),公家(実秀〔清水谷家(絶家)〕　さねひで　[没]暦応2(1339)年11月25日)

藤原実衡*　ふじわらのさねひら
康和2(1100)年〜康治1(1142)年2月8日　平安時代後期の公卿(権中納言)。権大納言藤原仲実の長男。
¶公卿,古人

藤原実衡女　ふじわらのさねひらのむすめ
平安時代後期の女性。鳥羽上皇の寵愛を受けて皇女(高松宮)を産んだと考えられるが、詳細不明。
¶天皇

藤原実平女　ふじわらのさねひらのむすめ
⇒三条局(さんじょうのつぼね)

藤原実房　ふじわらのさねふさ
⇒三条実房(さんじょうさねふさ)

藤原実雅　ふじわらのさねまさ
⇒一条実雅(いちじょうさねまさ)

藤原実政*　ふじわらのさねまさ
寛仁3(1019)年〜寛治7(1093)年2月18日　[別]藤原実政(ふじわらさねまさ)　平安時代中期〜後期の公卿(参議)。非参議藤原資業の三男。
¶公卿,古人,コン

藤原実正(1)　ふじわらのさねまさ
平安時代中期の官人。父は清遠。
¶古人(生没年不詳)

藤原実正(2)　ふじわらのさねまさ
平安時代中期の官人。
¶古人(生没年不詳)

藤原実躬*　ふじわらのさねみ
建暦1(1211)年〜?　鎌倉時代前期の公卿(非参議)。権大納言藤原公雅の次男。
¶公卿,公家(実躬〔閑院家(絶家)2〕　さねみ)

藤原実光*(1)　ふじわらのさねみつ
延久1(1069)年〜久安3(1147)年5月21日　[別]藤原実光(ふじわらさねみつ)　平安時代後期の公卿(権中納言)。非参議藤原資業の曽孫。
¶公卿,古人

藤原実光(2)　ふじわらのさねみつ
⇒藤原実光(ふじわらさねみつ)

藤原実宗(1)　ふじわらのさねむね
平安時代後期の武人。康和1年鎮守府将軍。
¶古人([生]?　[没]1103年)

藤原実宗(2)　ふじわらのさねむね
平安時代後期の官人。父は定任。
¶古人(生没年不詳)

藤原実宗*(3)　ふじわらのさねむね
*〜建暦2(1212)年12月8日　[別]藤原実宗(ふじわらさねむね)　平安時代後期〜鎌倉時代前期の公卿(内大臣)。権大納言藤原公通の長男。
¶公卿([生]久安1(1145)年　[没]建保1(1213)年11月9日),公家(実宗〔西園寺家〕　さねむね　[生]1145年　[没]建保1(1213)年11月9日),古人([生]1143年?)

藤原実持*　ふじわらのさねもち
文治5(1189)年〜建長8(1256)年5月8日　鎌倉時代前期の公卿(権大納言)。内大臣藤原実宗の孫。
¶公卿,公家(実持〔清水谷家(絶家)〕　さねもち　[生]1192年)

藤原実基　ふじわらのさねもと
⇒藤原実基(ふじわらさねもと)

藤原実守*　ふじわらのさねもり
久安3(1147)年〜文治1(1185)年4月25日　[別]藤原実守(ふじわらさねもり)　平安時代後期の公卿(権中納言)。右大臣徳大寺公能の三男。
¶公卿,公家(実守〔菩提院家(絶家)〕　さねもり　[没]元暦2(1185)年4月25日),古人

藤原実盛　ふじわらのさねもり
⇒斎藤実盛(さいとうさねもり)

藤原実康　ふじわらのさねやす
平安時代中期の官人。父は公信、母は藤原正光女。正五位下。
¶古人([生]?　[没]1032年)

藤原実泰　ふじわらのさねやす
⇒洞院実泰(とういんさねやす)

藤原実保*　ふじわらのさねやす
?〜承元1(1207)年11月　平安時代後期〜鎌倉時代前期の公卿(非参議)。権大納言藤原公保の長男。
¶公卿,公家(実保〔徳大寺家(絶家)〕　さねやす)

藤原実行*　ふじわらのさねゆき
承暦4(1080)年〜応保2(1162)年　[別]三条実行(さんじょうさねゆき)　平安時代後期の公卿(太政大臣)。三条家の祖。権大納言藤原公実の次男。
¶公卿(三条実行　さんじょうさねゆき　[没]応保2(1162)年7月28日),公家(実行〔三条家〕　さねゆき　[没]応保2(1162)年7月28日),古人,コン

藤原実義*　ふじわらのさねよし
　治暦3(1067)年〜嘉承1(1106)年　平安時代後期
　の学者。
　¶古人。

藤原実吉　ふじわらのさねよし
　戦国時代の武田氏家臣。小山田氏の被官か。
　¶武田（生没年不詳）

藤原実能　ふじわらのさねよし
　⇒徳大寺実能（とくだいじさねよし）

藤原実廉　ふじわらのさねよし
　正平22/貞治6(1367)年〜？　南北朝時代〜室町
　時代の公卿（非参議）。非参議藤原実清の裔。
　¶公卿(㊤貞治6/正平22(1367)年)、公家（実廉〔八条家
　（絶家）〕さねかど）

藤原実能女　ふじわらのさねよしのむすめ
　⇒春日局（かすがのつぼね）

藤原実頼*　ふじわらのさねより
　昌泰3(900)年〜天禄1(970)年5月18日　㊨小野宮
　実頼（おののみやさねより）、清慎公（せいしんこ
　う）、藤原実頼（ふじわらさねより）　平安時代中
　期の公卿（摂政・関白・太政大臣）。摂政・左大臣
　藤原忠平の長男。
　¶公卿(㊤天和3(970)年5月18日)、古人、コン、山小
　(㊤970年5月18日)

藤原実頼女　ふじわらのさねよりのむすめ
　⇒藤原実頼女（ふじわらさねよりのむすめ）

藤原佐理　ふじわらのさり
　⇒藤原佐理（ふじわらのすけまさ）

藤原佐理の娘　ふじわらのさりのむすめ
　⇒藤原佐理の娘（ふじわらのすけまさのむすめ）

藤原沢子　ふじわらのさわこ
　⇒藤原沢子（ふじわらのたくし）

藤原産子*　ふじわらのさんし
　天平宝字5(761)年〜天長6(829)年　㊨藤原産子
　（ふじわらのうぶこ）、ふじわらのただこ、ふじわら
　のよしこ）　奈良時代〜平安時代前期の女性。嵯峨
　天皇の妃。
　¶古人（ふじわらのうぶこ）、古人（ふじわらのただこ）、
　　古人（ふじわらのよしこ）、天皇（生没年不詳）

藤原茂明　ふじわらのしげあき
　⇒藤原茂明（ふじわらのもちあきら）

藤原重家*(1)　ふじわらのしげいえ
　貞元2(977)年〜？　平安時代の朝臣。
　¶古人

藤原重家*(2)　ふじわらのしげいえ
　大治3(1128)年〜治承4(1180)年12月21日　㊨藤
　原重家（ふじわらしげいえ）　平安時代後期の公卿
　（非参議）。非参議藤原顕輔の子。
　¶公卿(㊤?)、公家（重家〔六条・春日・九条・紙屋河家
　（絶家）〕しげいえ）、古人、コン

藤原成家　ふじわらのしげいえ
　平安時代後期の官人。父は成尹。
　¶古人（生没年不詳）

藤原重氏*　ふじわらのしげうじ
　嘉禎1(1235)年〜建治3(1277)年12月9日　㊨紙屋
　川重氏（かみやがわしげうじ）　鎌倉時代前期の公
　卿（非参議）。非参議藤原顕氏の子。

¶公卿、公家（重氏〔六条・春日・九条・紙屋河家（絶
　家）〕しげうじ）

藤原重方　ふじわらのしげかた
　平安時代中期の官人。
　¶古人（生没年不詳）

藤原重兼(1)　ふじわらのしげかね
　平安時代後期の官人。父は重房。
　¶古人（生没年不詳）

藤原重兼(2)　ふじわらのしげかね
　嘉元1(1303)年〜？　鎌倉時代後期〜南北朝時代
　の公卿（非参議）。非参議藤原兼高の子。
　¶公卿、公家（重兼〔楊梅家（絶家）〕しげかね）

藤原滋包女　ふじわらのしげかねのむすめ
　⇒藤原滋包女（ふじわらのしげかねのむすめ）

藤原重清*　ふじわらのしげきよ
　生没年不詳　鎌倉時代後期の公卿（非参議）。権中
　納言藤原長良の裔。
　¶公卿、公家（重清〔高倉家（絶家）〕しげきよ）

藤原成国　ふじわらのしげくに
　平安時代後期の官人。
　¶古人（生没年不詳）

藤原滋子*　ふじわらのしげこ
　生没年不詳　平安時代前期の女性。藤原基経の娘。
　¶古人

藤原重子　ふじわらのしげこ
　⇒修明門院（しゅめいもんいん）

藤原繁子　ふじわらのしげこ
　⇒藤原繁子（ふじわらのはんし）

藤原茂子　ふじわらのしげこ
　⇒藤原茂子（ふじわらのもし）

藤原茂子　ふじわらのしげこ
　⇒藤原茂子（ふじわらのいし）

藤原滋実　ふじわらのしげざね
　⇒藤原朝臣滋実（ふじわらのあそんしげざね）

藤原成実　ふじわらのしげざね
　平安時代後期の官人。父は定俊。
　¶古人（生没年不詳）

藤原重季(1)　ふじわらのしげすえ
　平安時代後期の官人。季行の子。寿永1年以仁王の
　子を伴い北国に落ちた噂があった。
　¶古人（生没年不詳）

藤原重季(2)　ふじわらのしげすえ
　平安時代後期の官人。
　¶古人（生没年不詳）

藤原成季(1)　ふじわらのしげすえ
　平安時代後期の越後国石井荘目代。
　¶古人（生没年不詳）

藤原成季(2)　ふじわらのしげすえ
　⇒藤原成季（ふじわらのなりすえ）

藤原成資　ふじわらのしげすけ
　平安時代後期の官人。父は遮政。
　¶古人（生没年不詳）

藤原重隆　ふじわらのしげたか
　⇒藤原重隆（ふじわらしげたか）

藤原成武　ふじわらのしげたけ
平安時代後期の官人。
¶古人（生没年不詳）

藤原重尹*　ふじわらのしげただ
*～永承6（1051）年3月8日　平安時代中期の公卿（権中納言）。大納言藤原懐忠の五男。
¶公卿（[生]永観3（985）年），古人（[生]984年）

藤原成尹　ふじわらのしげただ
平安時代後期の官人。父は令尹。
¶古人（生没年不詳）

藤原重綱　ふじわらのしげつな
⇒藤原重綱（ふじわらしげつな）

ふ

藤原成経　ふじわらのしげつね
平安時代中期～後期の官人。
¶古人（[生]999年？　[没]1069年）

藤原重任　ふじわらのしげとう
平安時代後期の官人。父は実行、実父は中原徳如。
¶古人（生没年不詳）

藤原重遠　ふじわらのしげとお
平安時代後期の官人。
¶古人（生没年不詳）

藤原茂永*　ふじわらのしげなが
生没年不詳　平安時代中期の官人。陸奥鎮守府将軍。
¶古人

藤原成信　ふじわらのしげのぶ
平安時代後期の官人。
¶古人（生没年不詳）

藤原誠信*　ふじわらのしげのぶ
康保1（964）年～長保3（1001）年　[別]藤原誠信（ふじわらのさねのぶ）　平安時代中期の公卿（参議）。右大臣藤原為光の長男。
¶公卿（[没]長保3（1001）年9月3日），古人（ふじわらのさねのぶ），コン

藤原成則　ふじわらのしげのり
平安時代後期の官人。
¶古人（生没年不詳）

藤原成範　ふじわらのしげのり
⇒藤原成範（ふじわらのなりのり）

藤原茂範*　ふじわらのしげのり
嘉禎2（1236）年～？　[別]藤原茂範（ふじわらしげのり）　鎌倉時代後期の公卿（非参議）。非参議藤原経範の長男。
¶公卿，公家（茂範〔成季裔（絶家）〕　しげのり）

藤原重房　ふじわらのしげふさ
平安時代後期の官人。
¶古人（[生]？　[没]1113年）

藤原成房　ふじわらのしげふさ
平安時代後期の官人。父は保房。
¶古人（生没年不詳）

藤原重通(1)　ふじわらのしげみち
平安時代の官人。父は棟世。
¶古人（生没年不詳）

藤原重通*(2)　ふじわらのしげみち
康和1（1099）年～応保1（1161）年6月3日　平安時代後期の公卿（大納言）。権大納言藤原宗通の五男、母は非参議藤原顕季の長女。
¶公卿，公家（重通〔坊門家（絶家）〕　しげみち　[没]永暦2（1161）年6月5日），古人

藤原重通(3)　ふじわらのしげみち
平安時代後期の官人。父は信通。
¶古人（生没年不詳）

藤原茂通*　ふじわらのしげみち
寛喜3（1231）年～永仁1（1293）年12月12日　鎌倉時代後期の公卿（参議）。権中納言藤原家通の曽孫。
¶公卿，公家（茂通〔坊門家（絶家）〕　しげみち　[生]1232年）

藤原茂通女　ふじわらのしげみちのむすめ
⇒別当典侍（べっとうのてんじ）

藤原滋幹　ふじわらのしげもと
⇒藤原滋幹（ふじわらしげもと）

藤原重基(1)　ふじわらのしげもと
平安時代後期の官人。
¶古人（生没年不詳）

藤原重基(2)　ふじわらのしげもと
⇒藤原重基（ふじわらしげもと）

藤原重行*　ふじわらのしげゆき
？～養和1（1181）年　平安時代後期の武士。
¶古人

藤原忯子*　ふじわらのしし
安和2（969）年～寛和1（985）年　[別]弘徽殿女御（こきでんのにょうご），為光の娘忯子（ためみつのむすめていし），藤原忯子（ふじわらのきし，ふじわらのていし，ふじわらのよしこ），藤原忯子（ふじわらのよしこ）　平安時代中期の女性。藤原為光の娘、花山天皇の女御。
¶古人（藤原忯子　ふじわらのよしこ），コン，天皇（[生]？）

藤原諟子*　ふじわらのしし
？～長元8（1035）年　[別]藤原諟子（ふじわらのただこ）　平安時代中期の女性。花山天皇の女御。
¶古人（ふじわらのただこ），天皇

藤原茨子　ふじわらのしし
⇒藤原苡子（ふじわらのいし）

藤原実子*　ふじわらのじっし
生没年不詳　[別]藤原実子（ふじわらのさねこ）　平安時代後期の典侍、鳥羽天皇の乳母。
¶古人（ふじわらのさねこ　[生]1079年　[没]？）

藤原呈子　ふじわらのしめこ
⇒九条院（くじょういん）

藤原脩子*　ふじわらのしゅうし
生没年不詳　平安時代中期の女性。村上天皇の宮人。
¶天皇

藤原娍子　ふじわらのじゅうし
⇒藤原娍子（ふじわらのせいし）

藤原重子　ふじわらのじゅうし
⇒修明門院（しゅめいもんいん）

藤原淑子*　ふじわらのしゅくし
承和5（838）年～延喜6（906）年　[別]藤原淑子（ふじわらのよしこ）　平安時代前期～中期の女官。
¶古人（ふじわらのよしこ）

藤原寿子* ふじわらのじゅし
生没年不詳 [別]藤原寿子（ふじわらじゅし） 鎌倉時代前期の女性。亀山天皇の宮人。
¶天皇

藤原述子* ふじわらのじゅつし，ふじわらのじゅっし
承平3（933）年～天暦1（947）年 [別]弘徽殿女御（こきでんのにょうご），藤原述子（ふじわらののぶこ） 平安時代中期の女性。村上天皇の女御。
¶古人（ふじわらののぶこ）

藤原竴子 ふじわらのしゅんし
⇒藻壁門院（そうへきもんいん）

藤原遵子* ふじわらのじゅんし
天徳1（957）年～寛仁1（1017）年6月1日 [別]藤原遵子（ふじわらじゅんし，ふじわらののぶこ） 平安時代中期の女性。円融天皇の皇后。
¶古人（ふじわらののぶこ），コン，天皇（ふじわらののぶこ [没]長保3（1001）年）

藤原順子* ふじわらのじゅんし
大同4（809）年～貞観13（871）年 [別]五条后（ごじょうのきさき），藤原朝臣順子（ふじわらのあそんじゅんし），藤原順子（ふじわらののぶこ） 平安時代前期の女性。仁明天皇の女御。
¶古人（ふじわらののぶこ），古代（藤原朝臣順子 ふじわらのあそんじゅんし），コン，天皇（ふじわらのじゅんし・のぶこ [没]貞観13（871）年9月28日）

藤原俊成 ふじわらのしゅんぜい
⇒藤原俊成（ふじわらのとしなり）

藤原俊成女 ふじわらのしゅんぜいのむすめ
⇒藤原俊成女（ふじわらのとしなりのむすめ）

藤原春蓮* ふじわらのしゅんれん
？～延暦8（789）年 奈良時代の女官。
¶古人

藤原鐘子 ふじわらのしょうし
⇒永福門院（えいふくもんいん）

藤原勝子 ふじわらのしょうし
⇒嘉喜門院（かきもんいん）

藤原彰子 ふじわらのしょうし
⇒上東門院（じょうとうもんいん）

藤原昭子* ふじわらのしょうし
生没年不詳 [別]藤原昭子（ふじわらのあきこ） 平安時代中期～後期の女性。後三条天皇の女御。
¶古人（ふじわらのあきこ），コン，天皇

藤原璋子 ふじわらのしょうし
⇒待賢門院（たいけんもんいん）

藤原城子（藤原娍子） ふじわらのじょうし
⇒藤原娍子（ふじわらのせいし）

藤原上子 ふじわらのじょうし
⇒藤原上子（ふじわらのかみこ）

藤原小童子 ふじわらのしょうとうし
⇒藤原小童子（ふじわらのわらわこ）

藤原浄本* ふじわらのじょうもと
＊～天長7（830）年7月21日 [別]藤原浄本（ふじわらのきよもと） 平安時代前期の公卿（非参議）。参議藤原蔵下麿の九男。
¶公卿（[生]宝亀2（771）年），古人（ふじわらのきよもと [生]770年）

藤原殖子 ふじわらのしょくし
⇒七条院（しちじょういん）

藤原信子 ふじわらのしんし
⇒嘉楽門院（からくもんいん）

藤原親子* ふじわらのしんし
治安1（1021）年～寛治7（1093）年 [別]藤三位（とうさんみ），藤原親子（ふじわらしんし，ふじわらのちかこ） 平安時代中期～後期の女性。歌人。白河天皇の乳母。
¶古人（ふじわらのちかこ）

藤原信西 ふじわらのしんぜい
⇒藤原通憲（ふじわらのみちのり）

藤原綏子 ふじわらのすいし
⇒藤原綏子（ふじわらのやすこ）

藤原季顕* ふじわらのすえあき
生没年不詳 鎌倉時代後期の公卿（非参議）。権中納言藤原親季の次男。
¶公卿，公家（季顕〔平松家（絶家）〕 すえあき）

藤原季家* ふじわらのすえいえ
生没年不詳 平安時代後期の武士。
¶古人

藤原季兼 ふじわらのすえかね
平安時代後期の官人。
¶古人（生没年不詳）

藤原季清* ふじわらのすえきよ
生没年不詳 平安時代後期の官人。
¶古人

藤原季子 ふじわらのすえこ
⇒顕親門院（けんしんもんいん）

藤原須恵子* ふじわらのすえこ
生没年不詳 平安時代前期の女性。春日・大原野神社の斎女。
¶古人

藤原季定 ふじわらのすえさだ
平安時代中期の官人。父は隆家。
¶古人（生没年不詳）

藤原季実* ふじわらのすえざね
生没年不詳 平安時代後期の官人。
¶古人

藤原末茂 ふじわらのすえしげ
⇒藤原末茂（ふじわらのすえもち）

藤原季輔* ふじわらのすえすけ
生没年不詳 平安時代後期の官人。権大納言藤原仲実の子。
¶古人

藤原季隆* ふじわらのすえたか
＊～建久1（1190）年5月19日 平安時代後期の公卿（非参議）。非参議藤原長輔の長男。
¶公卿（[生]大治1（1126）年），公家（季隆〔八条家（絶家）〕 すえたか [生]1129年），古人（[生]1129年）

藤原季忠 ふじわらのすえただ
平安時代後期の官人。父は通家。
¶古人（生没年不詳）

藤原季縄* ふじわらのすえただ
？～延喜19（919）年 [別]藤原季縄（ふじわらすえな

わ，ふじわらのすえつな，ふじわらのすえなわ）　平安時代前期～中期の官吏。
¶古人（ふじわらのすえつな）

藤原季綱＊(1)　ふじわらのすえつな
生没年不詳　[別]藤原季綱（ふじわらすえつな）　平安時代中期～後期の漢詩人。
¶古人

藤原季綱(2)　ふじわらのすえつな
平安時代後期の官人。父は貞職。
¶古人（生没年不詳）

藤原季綱(3)　ふじわらのすえつな
平安時代後期の官人。父は惟経。
¶古人（生没年不詳）

藤原季縄　ふじわらのすえつな
⇒藤原季縄（ふじわらのすえただ）

藤原季経＊　ふじわらのすえつね
天承1（1131）年～承久3（1221）年　[別]藤原季経（ふじわらすえつね）　平安時代後期～鎌倉時代前期の歌人・公卿（非参議）。非参議藤原顕輔の子。
¶公卿，公家（季経〔六条・春日・九条・紙屋河家（絶家）〕　すえつね　[没]承久3（1221）年閏10月4日），古人，コン

藤原季任(1)　ふじわらのすえとう
平安時代中期の官人。父は永頼。
¶古人（生没年不詳）

藤原季任(2)　ふじわらのすえとう
平安時代後期の官人。父は季元。
¶古人（生没年不詳）

藤原季俊　ふじわらのすえとし
平安時代後期の武士。源頼義の騎兵。
¶古人（生没年不詳）

藤原季仲＊(1)　ふじわらのすえなか
永承1（1046）年～元永2（1119）年　[別]藤原季仲（ふじわらすえなか）　平安時代中期～後期の公卿（権中納言）。権中納言藤原経季の子。
¶公卿（[生]？　[没]元永2（1119）年6月1日），古人，コン，平家（ふじわらすえなか）

藤原季仲(2)　ふじわらのすえなか
平安時代後期の官人。父は範永。
¶古人（生没年不詳）

藤原季永　ふじわらのすえなが
平安時代中期～後期の官人。
¶古人（[生]1050年　[没]1119年）

藤原季成＊　ふじわらのすえなり
＊～永万1（1165）年2月1日　[別]藤原季成（ふじわらすえなり）　平安時代後期の公卿（権大納言）。権大納言藤原公実の子。
¶公卿（[生]天永3（1112）年），公家（季成〔加賀家（絶家）〕　すえなり　[生]1112年　[没]長寛3（1165）年2月1日），古人（[生]1102年），平家（ふじわらすえなり　[生]康和4（1102）年）

藤原季縄　ふじわらのすえなわ
⇒藤原季縄（ふじわらのすえただ）

藤原季信　ふじわらのすえのぶ
平安時代後期の官人。父は季元。
¶古人（生没年不詳）

藤原季範＊(1)　ふじわらのすえのり
寛治4（1090）年～久寿2（1155）年　[別]熱田大宮司季範（あつただいぐうじすえのり），藤原季範（ふじわらすえのり）　平安時代後期の熱田大宮司。藤原季兼の子。
¶古人，コン

藤原季範＊(2)　ふじわらのすえのり
嘉禄1（1225）年～弘安4（1281）年7月24日　鎌倉時代後期の公卿（非参議）。非参議藤原家季の子。
¶公卿，公家（季範〔六条・春日・九条・紙屋河家（絶家）〕　すえのり　[没]弘安4（1281）年7月14日）

藤原季平＊　ふじわらのすえひら
延喜22（922）年～永観1（983）年6月11日　平安時代中期の公卿（非参議）。権中納言藤原長良の曽孫。
¶公卿，古人

藤原季房(1)　ふじわらのすえふさ
平安時代中期の官人。父は隆佐。
¶古人（生没年不詳）

藤原季房＊(2)　ふじわらのすえふさ
生没年不詳　鎌倉時代の公家。
¶古人

藤原季房(3)　ふじわらのすえふさ
⇒万里小路季房（までのこうじすえふさ）

藤原季通＊　ふじわらのすえみち
生没年不詳　[別]藤原季通（ふじわらすえみち）　平安時代後期の箏の名人、歌手。
¶古人

藤原季光　ふじわらのすえみつ
⇒藤原季光（ふじわらすえみつ）

藤原季致　ふじわらのすえむね
平安時代後期の官人。
¶古人（生没年不詳）

藤原末茂＊　ふじわらのすえもち
[別]藤原朝臣末茂（ふじわらのあそんすえしげ），藤原末茂（ふじわらのすえしげ）　平安時代の下級官人。
¶古人（ふじわらのすえしげ　生没年不詳），古代（藤原朝臣末茂　ふじわらのあそんすえしげ）

藤原季安　ふじわらのすえやす
平安時代後期の官人。父は親綱。
¶古人（生没年不詳）

藤原季行＊　ふじわらのすえゆき
永久2（1114）年～応保2（1162）年8月23日　[別]楊梅季行（やまももすえゆき）　平安時代後期の公卿（非参議）。参議藤原兼経の曽孫。
¶公卿，公家（季行〔楊梅家（絶家）〕　すえゆき），古人

藤原季能　ふじわらのすえよし
⇒藤原季能（ふじわらすえよし）

藤原季随＊　ふじわらのすえより
生没年不詳　平安時代中期の官人。参議藤原安親の子。
¶古人

藤原菅雄　ふじわらのすがお
⇒藤原朝臣菅雄（ふじわらのあそんすがお）

藤原菅継　ふじわらのすがつぐ
奈良時代の官人。父は綱手、母は秦朝元の女。正五位下。
¶古人（[生]？　[没]791年）

藤原菅根* ふじわらのすがね
斉衡3(856)年～延喜8(908)年　[別]藤原菅根(ふじわらすがね)，藤原朝臣菅根(ふじわらのあそんすがね)　平安時代前期～中期の公卿(参議)。従五位上・常陸介藤原春継の孫。
¶公卿([没]延喜8(908)年10月7日)，古人([生]855年)，古代(藤原朝臣菅根　ふじわらのあそんすがね)，コン

藤原宿奈麻呂 ふじわらのすくなまろ
⇒藤原良継(ふじわらのよしつぐ)

藤原助* ふじわらのすけ
延暦18(799)年～仁寿3(853)年　[別]藤原朝臣助(ふじわらのあそんたすく)，藤原助(ふじわらのたすく)　平安時代前期の公卿(参議)。右大臣藤原内麿の十一男。
¶公卿([没]仁寿3(853)年5月29日)，古人(ふじわらのたすく)，古代(藤原朝臣助　ふじわらのあそんたすく)

藤原資明 ふじわらのすけあき
⇒柳原資明(やなぎはらすけあき)

藤原資家* ふじわらのすけいえ
治承1(1177)年～？　鎌倉時代前期の公卿(非参議)。権大納言藤原定能の三男。
¶公卿，公家(資家〔平松家(絶家)〕　すけいえ)

藤原祐家* ふじわらのすけいえ
長元9(1036)年～寛治2(1088)年7月28日　[別]藤原祐家(ふじわらすけいえ)　平安時代中期～後期の公卿(中納言)。権大納言藤原長家の三男。
¶公卿，古人

藤原輔公* ふじわらのすけきみ
生没年不詳　平安時代中期の官人。備中守藤原清通の子。
¶古人

藤原資清 ふじわらのすけきよ
平安時代後期の官人。法勝寺供養に奉仕。
¶古人(生没年不詳)

藤原祐清 ふじわらのすけきよ
⇒伊東祐清(いとうすけきよ)

藤原資国 ふじわらのすけくに
平安時代中期の検非違使。父は善理。
¶古人(生没年不詳)

藤原娍子 ふじわらのすけこ
⇒藤原娍子(ふじわらのせいし)

藤原輔子 ふじわらのすけこ
⇒藤原輔子(ふじわらのほし)

藤原祐子* ふじわらのすけこ
生没年不詳　平安時代後期の女性。建春門院の母。
¶古人

藤原助貞 ふじわらのすけさだ
平安時代後期の官人。
¶古人(生没年不詳)

藤原佐実 ふじわらのすけざね
平安時代後期の官人。父は行房。
¶古人(生没年不詳)

藤原資実 ふじわらのすけざね
⇒日野資実(ひのすけざね)

藤原助重* ふじわらのすけしげ
生没年不詳　平安時代後期～鎌倉時代前期の武士。
¶古人

藤原資季 ふじわらのすけすえ
⇒藤原資季(ふじわらすけすえ)

藤原佐高* ふじわらのすけたか
生没年不詳　平安時代前期の漢学者。
¶古人

藤原資能* ふじわらのすけたか
生没年不詳　鎌倉時代前期の公卿(非参議)。非参議藤原有能の子。
¶公卿，公家(資能〔実兼裔(絶家)〕　すけよし)

藤原資隆 ふじわらのすけたか
⇒藤原資隆(ふじわらすけたか)

藤原資隆女 ふじわらのすけたかのむすめ
平安時代後期の女性。後白河天皇の寵愛を受けた。
¶天皇(生没年不詳)

藤原佐忠 ふじわらのすけただ
⇒藤原佐忠(ふじわらすけただ)

藤原資忠 ふじわらのすけただ
⇒藤原資忠(ふじわらすけただ)

藤原助忠*(1) ふじわらのすけただ
生没年不詳　平安時代後期の武士。尾張太郎成田行直の子。
¶古人

藤原助忠(2) ふじわらのすけただ
平安時代後期の官人。
¶古人(生没年不詳)

藤原相尹* ふじわらのすけただ
生没年不詳　平安時代中期の官人。
¶古人

藤原輔尹 ふじわらのすけただ
⇒藤原輔尹(ふじわらすけただ)

藤原祐親* ふじわらのすけちか
？～寿永2(1183)年　平安時代後期の武士。
¶古人([没]1182年)

藤原輔嗣* ふじわらのすけつぐ
生没年不詳　平安時代前期の官人。藤原真楯の曽孫。
¶古人

藤原資経(1) ふじわらのすけつね
平安時代後期の官人。のち出家。父は佐光。
¶古人(生没年不詳)

藤原資経*(2) ふじわらのすけつね
治承4(1180)年～建長3(1251)年7月15日　[別]藤原資経(ふじわらすけつね)，吉田資経(よしだすけつね)　鎌倉時代前期の公卿(参議)。参議藤原定経の長男。
¶公卿([生]養和1(1181)年)，公家(資経〔甘露寺家〕　すけつね　[生]1181年)，古人

藤原祐経 ふじわらのすけつね
⇒工藤祐経(くどうすけつね)

藤原資任(1) ふじわらのすけとう
平安時代後期の官人。父は頼任。
¶古人([生]？　[没]1065年)

藤原資任(2) ふじわらのすけとう
平安時代後期の官人。父は敦舒。

¶古人（生没年不詳）

藤原資任(3)　ふじわらのすけとう
⇒烏丸資任（からすまるすけとう）

藤原相任(1)　ふじわらのすけとう
平安時代中期の官人。父は済時。侍従・従五位下に叙されるが16歳で出家。
¶古人（生没年不詳）

藤原相任(2)　ふじわらのすけとう
平安時代中期の官人。父は忠輔、母は藤原是輔女。
¶古人（生没年不詳）

藤原相任(3)　ふじわらのすけとう
平安時代中期の官人。父は朝光、母は重明親王女。
¶古人（生没年不詳）

藤原資俊　ふじわらのすけとし
平安時代後期の官人。父は資経。
¶古人（生没年不詳）

藤原資朝　ふじわらのすけとも
⇒日野資朝（ひのすけとも）

藤原資仲*　ふじわらのすけなか
治安1（1021）年～寛治1（1087）年　[別]藤原資仲（ふじわらすけなか）　平安時代中期～後期の公卿（権中納言）。権大納言藤原資平の次男。
¶公卿（[没]寛治1（1087）年11月），古人

藤原資長*　ふじわらのすけなが
元永2（1119）年～建久6（1195）年　[別]日野資長（ひのすけなが）　平安時代後期～鎌倉時代前期の公卿（権中納言）。権中納言藤原実光の次男。
¶公卿（[生]長承2（1133）年　[没]建久6（1195）年10月26日），公家（資長〔日野家〕　すけなが　[没]建久6（1195）年10月26日），古人

藤原資業　ふじわらのすけなり
⇒日野資業（ひのすけなり）

藤原祐成　ふじわらのすけなり
⇒曽我祐成（そがすけなり）

藤原資信*　ふじわらのすけのぶ
永保2（1082）年～保元3（1158）年11月18日　[別]藤原資信（ふじわらすけのぶ）　平安時代後期の公卿（中納言）。参議藤原顕実の長男。
¶公卿，公家（資信〔小野宮家〕　すけのぶ），古人

藤原助信*　ふじわらのすけのぶ
？～康保3（966）年　[別]藤原助信（ふじわらすけのぶ）　平安時代中期の官吏。
¶古人

藤原祐信　ふじわらのすけのぶ
⇒曽我祐信（そがすけのぶ）

藤原輔仁*　ふじわらのすけひと
生没年不詳　平安時代中期の歌人。
¶古人

藤原祐姫*　ふじわらのすけひめ
生没年不詳　[別]藤原祐姫（ふじわらのゆうき）　平安時代中期の女性。村上天皇の更衣。
¶古人，女史，天皇（ふじわらのゆうき・すけひめ）

藤原資平*　ふじわらのすけひら
*～治暦3（1067）年12月5日　[別]藤原資平（ふじわらすけひら）　平安時代中期の公卿（大納言）。権中納言藤原懐平の次男。
¶公卿（[生]寛和3（987）年），古人（[生]986年），コン（[生]永延1（987）年）

藤原資房*　ふじわらのすけふさ
寛弘4（1007）年～天喜5（1057）年　[別]藤原資房（ふじわらすけふさ）　平安時代中期の公卿（参議）。大納言藤原資平の長男。
¶公卿（[没]天喜5（1057）年1月24日），古人，コン

藤原資文　ふじわらのすけふみ
平安時代後期の官人。父は有綱。
¶古人（生没年不詳）

藤原助文　ふじわらのすけふみ
平安時代中期の官人。
¶古人（生没年不詳）

藤原佐理*(1)　ふじわらのすけまさ
天慶7（944）年～長徳4（998）年　[別]藤原佐理（ふじわらすけまさ，ふじわらのさり）　平安時代中期の書家、公卿（参議）。摂政・太政大臣藤原実頼の孫。能書家として知られる。三蹟の一人。
¶公卿（[没]長徳4（998）年7月），古人，コン，山小（[没]998年7月）

藤原佐理*(2)　ふじわらのすけまさ
？～天元1（978）年　平安時代中期の権中納言敦忠の四男。
¶古人

藤原輔政　ふじわらのすけまさ
平安時代中期の官人。
¶古人（生没年不詳）

藤原佐理の娘*（藤原佐理女）　ふじわらのすけまさのむすめ
生没年不詳　[別]藤原佐理の娘（ふじわらのさりのむすめ）　平安時代中期の女性。三蹟の一人佐理の娘。藤原懐平の妻。
¶女史（ふじわらのさりのむすめ）

藤原輔相*　ふじわらのすけみ
生没年不詳　[別]藤原輔相（ふじわらすけみ）　平安時代中期の歌人。家集に「藤六集」がある。
¶古人，日文

藤原資通*　ふじわらのすけみち
生没年不詳　平安時代後期の武士。山内首藤家の祖。
¶古人

藤原助道　ふじわらのすけみち
平安時代後期の官人。
¶古人（生没年不詳）

藤原相通*　ふじわらのすけみち
生没年不詳　平安時代中期の官人。
¶古人

藤原佐光　ふじわらのすけみつ
平安時代中期の官人。藤原道長家の家司。
¶古人（生没年不詳）

藤原資宗　ふじわらのすけむね
⇒藤原資宗（ふじわらすけむね）

藤原輔宗　ふじわらのすけむね
平安時代後期の官人。
¶古人（生没年不詳）

藤原祐茂*　ふじわらのすけもち
生没年不詳　[別]河津祐茂（かわづのすけもち）　平

安時代後期～鎌倉時代前期の武士。
¶古人（河津祐茂　かわづのすけもち）, 古人

藤原扶幹　ふじわらのすけもと
⇒藤原扶幹（ふじわらのたすもと）

藤原資盛*　ふじわらのすけもり
生没年不詳　平安時代後期の官人。下総守藤原資俊の子。
¶古人

藤原資康　ふじわらのすけやす
平安時代後期の官人。父は輔尹。
¶古人（生没年不詳）

藤原相保*　ふじわらのすけやす
嘉禄1（1225）年～？　鎌倉時代前期の公卿（非参議）。権中納言持明院保家の孫。
¶公卿, 公家（相保〔持明院〔正嫡〕家〔絶家〕）　すけやす　⊕1224年）

藤原祐康　ふじわらのすけやす
平安時代中期の官人。
¶古人（生没年不詳）

藤原祐泰　ふじわらのすけやす
⇒伊東祐泰（いとうすけやす）

藤原相如　ふじわらのすけゆき
？～長徳1（995）年　劉藤原相如（ふじわらすけゆき）　平安時代中期の歌人。蔵人, 出雲守を歴任。家集に「相如集」がある。
¶古人

藤原相如女　ふじわらのすけゆきのむすめ
⇒藤原相如女（ふじわらすけゆきのむすめ）

藤原佐世　ふじわらのすけよ
承和14（847）年～*　劉藤原佐世（ふじわらすけよ）, 藤原朝臣佐世（ふじわらのあそんすけよ）　平安時代前期の儒学者。菅原は善の門下。
¶古人（⊗897年）, 古代（藤原朝臣佐世　ふじわらのあそんすけよ　⊗897年）, コン（⊕？　⊗昌泰1（898）年）, 対外（⊗897年）

藤原資良　ふじわらのすけよし
平安時代中期の官人。父は保相。
¶古人（生没年不詳）

藤原資頼(1)　ふじわらのすけより
平安時代中期の官人。懐平の子。
¶古人（生没年不詳）

藤原資頼*(2)　ふじわらのすけより
生没年不詳　平安時代後期の武士。
¶古人（⊕1159年）　⊗1228年）

藤原資頼(3)　ふじわらのすけより
⇒藤原資頼（ふじわらすけより）

藤原純友　ふじわらのすみとも
？～天慶4（941）年　劉藤原純友（ふじわらすみとも）　平安時代中期の官人。伊予に赴任したが, 日振島を本拠に海賊の棟梁となって朝廷に反乱。小野好古・源経基に鎮圧された。
¶古人, コン

藤原娍子*　ふじわらのせいし
天禄3（972）年～万寿2（1025）年　劉藤原娍子（ふじわらのじゅうし, ふじわらのすけこ）, 藤原城子, 藤原城子（ふじわらのじょうし）　平安時代中期の女性。三条天皇の皇后。

¶古人（藤原娍子　ふじわらのすけこ）, コン（ふじわらのじょうし　⊕？）, 女史, 天皇（藤原娍子　ふじわらのせいし　⊗万寿2（1025）年3月25日）

藤原成子*(1)　ふじわらのせいし
？～治承1（1177）年　劉藤原成子（ふじわらせいし, ふじわらのなりこ）　平安時代後期の女性。後白河天皇の宮人。
¶古人（ふじわらのなりこ）, 天皇, 平家（ふじわらせいし　⊕大治1（1126）年）

藤原成子*(2)　ふじわらのせいし
劉西園寺成子（さいおんじせいし）　鎌倉時代前期の後深草天皇の宮人。
¶天皇（西園寺成子　さいおんじせいし・しげこ　生没年不詳）

藤原成子(3)　ふじわらのせいし
⇒藤原成子（ふじわらのなりこ）

藤原生子*　ふじわらのせいし
長和3（1014）年～治暦4（1068）年8月21日　劉弘徽殿女御（こきでんのにょうご）, 藤原生子（ふじわらせいし, ふじわらのいくこ, ふじわらのいくし, ふじわらのなりこ）　平安時代中期の女性。後朱雀天皇の女御。
¶古人（ふじわらのなりこ）, コン（ふじわらのいくし）, 天皇（ふじわらのせいし・なりこ　⊕長和3（1014）年8月17日）

藤原聖子　ふじわらのせいし
⇒皇嘉門院（こうかもんいん）

藤原正妃　ふじわらのせいひ
⇒藤原正妃（ふじわらのまさひめ）

藤原関雄*　ふじわらのせきお
延暦24（805）年～仁寿3（853）年2月14日　劉藤原関雄（ふじわらせきお）, 藤原朝臣関雄（ふじわらのあそんせきお）　平安時代前期の文人。淳和上皇の近臣。
¶古人, 古代（藤原朝臣関雄　ふじわらのあそんせきお）, コン

藤原是子　ふじわらのぜし
⇒藤原是子（ふじわらのこれこ）

藤原詮子　ふじわらのせんし
⇒東三条院（ひがしさんじょういん）

藤原鮮子*　ふじわらのせんし
？～延喜15（915）年　劉藤原鮮子（ふじわらのよしこ）　平安時代前期～中期の女性。醍醐天皇の更衣。
¶天皇（ふじわらのせんし・よしこ　⊗延喜15（915）年4月30日）

藤原全子*　ふじわらのぜんし
康平3（1060）年～久安6（1150）年　劉藤原全子（ふじわらのまたこ）　平安時代後期の女性。
¶古人（ふじわらのまたこ）

藤原琮子*　ふじわらのそうし
？～寛喜3（1231）年　劉藤原琮子（ふじわらそうし, ふじわらのたまこ）　鎌倉時代前期の女性。後白河天皇の宮人。
¶古人（ふじわらのたまこ）, 天皇（藤原琮子（藤原公教女）　⊕康治2（1143）年）

藤原宗子(1)　ふじわらのそうし
⇒敬法門院（けいほうもんいん）

藤原宗子(2)　ふじわらのそうし
⇒藤原宗子（ふじわらのむねこ）

藤原曹子＊(藤原曹司)　ふじわらのそうし，ふじわらのそうじ
天平宝字2(758)年～延暦12(793)年　奈良時代の女性。光仁天皇の妃。
¶古人(ふじわらのそうじ　生没年不詳),天皇(藤原曹司　生没年不詳)

藤原相子＊　ふじわらのそうし
生没年不詳　[別]西園寺相子(さいおんじそうし)，藤原相子(ふじわらそうし)　鎌倉時代後期の女性。後深草天皇の宮人。
¶天皇(西園寺相子　さいおんじそうし・すけこ)

藤原息子　ふじわらのそくし・やすこ
平安時代前期の女性。仁明天皇女御。
¶天皇(生没年不詳)

藤原園人　ふじわらのそのひと
⇒藤原園人(ふじわらのそのんど)

藤原園人＊　ふじわらのそのんど
天平勝宝8(756)年～弘仁9(818)年12月19日　[別]藤原朝臣園人(ふじわらのあそんそのひと)，藤原園人(ふじわらのそのひと)　奈良時代～平安時代前期の公卿(右大臣)。参議藤原房前の孫。
¶公卿(ふじわらのそのひと　[生]天平勝宝7(755)年),古人(ふじわらのそのひと),古代(藤原朝臣園人　ふじわらのあそんそのひと),コン

藤原竴子　ふじわらのそんし
⇒藻壁門院(そうへきもんいん)

藤原尊子＊(1)　ふじわらのそんし
永観2(984)年～治安2(1022)年12月25日　[別]藤原尊子(ふじわらのたかこ)　平安時代中期の女性。一条天皇の女御。
¶古人(ふじわらのたかこ),コン,天皇(ふじわらのそんし・たかこ)

藤原尊子(2)　ふじわらのそんし
⇒藤原隆子(ふじわらのたかこ)

藤原帯子＊　ふじわらのたいし
？～延暦13(794)年　[別]藤原朝臣帯子(ふじわらのあそんたいし)，藤原帯子(ふじわらのたらしこ)　奈良時代の女性。平城天皇の皇后。
¶古人(ふじわらのたらしこ),古代(藤原朝臣帯子　ふじわらのあそんたいし),コン(ふじわらのたらしこ)

藤原泰子　ふじわらのたいし
⇒高陽院(かやのいん)

藤原隆章＊　ふじわらのたかあき
生没年不詳　[別]藤原隆章(ふじわらたかあき)　南北朝時代の画家。「慕帰絵」の制作者。
¶コン,美画

藤原隆家＊　ふじわらのたかいえ
天元2(979)年～長久5(1044)年1月1日　[別]藤原隆家(ふじわらたかいえ)　平安時代中期の公卿(中納言)。摂政・内大臣藤原道隆の四男。刀伊の入寇を撃退。
¶公卿([没]寛徳1(1044)年1月1日),古人,コン([没]寛徳1(1044)年),山小([没]1044年1月1日)

藤原高子＊(1)　ふじわらのたかいこ
承和9(842)年～延喜10(910)年　[別]二条后(にじょうのきさき)，二条后高子(にじょうのきさきたかいこ)，藤原高子(ふじわらこうし，ふじわらのこうし，ふじわらのたかきこ)，藤原朝臣高子(ふじわらのあそんたかいこ)　平安時代前期～中期の女性。清和天皇の皇后。
¶古人,古代(藤原朝臣高子　ふじわらのあそんたかいこ),コン,詩作(二条后高子　にじょうのきさきたかいこ　[没]延喜10(910)年3月24日),女史,女文,天皇(ふじわらのこうし・たかいこ　[没]延喜10(910)年3月24日)

藤原高子(2)　ふじわらのたかいこ
平安時代中期の女性。中宮姸子の乳母。
¶古人(生没年不詳)

藤原隆方　ふじわらのたかかた
⇒藤原隆方(ふじわらたかかた)

藤原高子　ふじわらのたかきこ
⇒藤原高子(ふじわらのたかいこ)

藤原多賀幾子＊(藤原多可幾子)　ふじわらのたかきこ
？～天安2(858)年　平安時代前期の女性。文徳天皇の女御。
¶古人(藤原多可幾子),天皇(藤原多可幾子　[没]天安2(858)年11月14日)

藤原隆清(1)　ふじわらのたかきよ
平安時代中期の官人。父は良綱。
¶古人(生没年不詳)

藤原隆清(2)　ふじわらのたかきよ
⇒坊門隆清(ぼうもんたかきよ)

藤原貴子＊(1)　ふじわらのたかこ
生没年不詳　[別]藤原貴子(ふじわらのきし)　平安時代中期の官女・典侍。
¶古人,女史(ふじわらのきし)

藤原貴子(2)　ふじわらのたかこ
⇒藤原貴子(ふじわらのきし)

藤原倹子＊　ふじわらのたかこ
生没年不詳　平安時代前期の女官。
¶古人

藤原孝子　ふじわらのたかこ
⇒持明院基子(じみょういんもとこ)

藤原尊子　ふじわらのたかこ
⇒藤原尊子(ふじわらのそんし)

藤原隆子＊(1)(藤原尊子)　ふじわらのたかこ
生没年不詳　[別]藤原尊子(ふじわらのそんし)　平安時代中期の女性。源師房の正妻。
¶古人(藤原尊子)

藤原隆子＊(2)　ふじわらのたかこ
生没年不詳　平安時代後期の官女。崇徳天皇の乳母。
¶古人

藤原隆子＊(3)　ふじわらのたかこ
生没年不詳　鎌倉時代前期の女性。陰明門院の母。
¶古人

藤原孝定＊　ふじわらのたかさだ
生没年不詳　平安時代後期の官人、雅楽家。
¶古人

藤原高定　ふじわらのたかさだ
平安時代中期の官人。
¶古人(生没年不詳)

藤原挙実　ふじわらのたかざね
平安時代後期の官人。
¶古人(生没年不詳)

藤原高実*　ふじわらのたかざね
承元4(1210)年～宝治2(1248)年8月1日　鎌倉時代前期の公卿(権大納言)。大納言九条良平の長男。
¶公卿,公家(高実〔八条・外山家(絶家)〕　たかざね)

藤原孝重*　ふじわらのたかしげ
?～興国4/康永2(1343)年2月14日　[別]藤原孝重(ふじわらたかしげ)　鎌倉時代後期～南北朝時代の公卿(非参議)。権中納言藤原為輔の11代孫。
¶公卿([没]康永2/興国4(1343)年2月14日),公家(孝重〔松崎家(絶家)〕　たかしげ　[没]康永2(1343)年2月14日)

藤原隆重　ふじわらのたかしげ
平安時代後期の官人。
¶古人(生没年不詳)

藤原隆季*　ふじわらのたかすえ
大治2(1127)年～　[別]藤原隆季(ふじわらたかすえ)　平安時代後期の公卿(権大納言)。四条家系の祖。中納言藤原家成の長男。
¶公卿([没]文治1(1185)年1月11日),公家(隆季〔四条家〕　たかすえ　[没]文治1(1185)年1月11日),古人([没]1185年),コン([没]文治1(1185)年),内乱([没]文治1(1185)年),平家(ふじわらたかすえ　[没]元暦1(1185)年)

藤原隆佐*　ふじわらのたかすけ
寛和1(985)年～*　平安時代中期の公卿(非参議)。権中納言藤原為輔の孫。
¶公卿([没]?),古人([没]1074年)

藤原隆資*　ふじわらのたかすけ
?～永保3(1083)年　[別]藤原隆資(ふじわらのたかより)　平安時代中期～後期の歌人。
¶古人(ふじわらのたかより)

藤原隆祐*　ふじわらのたかすけ
生没年不詳　[別]隆祐(たかすけ),藤原隆祐(ふじわらたかすけ)　鎌倉時代前期の歌人。「藤原基家家三十首」に参加。
¶俳文(隆祐　たかすけ)

藤原挙直　ふじわらのたかただ
⇒藤原挙直(ふじわらたかなお)

藤原孝忠*　ふじわらのたかただ
生没年不詳　平安時代中期の官人。
¶古人

藤原隆忠(1)　ふじわらのたかただ
平安時代後期の官人。父は隆経。正六位上で蔵人。
¶古人(生没年不詳)

藤原隆忠*(2)　ふじわらのたかただ
長寛1(1163)年～寛元3(1245)年　[別]藤原隆忠(ふじわらたかただ)　平安時代後期～鎌倉時代前期の公卿(左大臣)。摂政・関白・太政大臣藤原基房の長男。
¶公卿([没]寛元3(1245)年5月),公家(隆忠〔松殿家(絶家)〕　たかただ　[没]寛元3(1245)年5月22日),古人

藤原孝親(藤原隆親)　ふじわらのたかちか
⇒藤原隆親(ふじわらたかちか)

藤原乙縄　ふじわらのたかつな
⇒藤原乙縄(ふじわらのおとただ)

藤原高経　ふじわらのたかつね
⇒藤原高経(ふじわらたかつね)

藤原隆経*　ふじわらのたかつね
生没年不詳　[別]藤原隆経(ふじわらたかつね)　平安時代中期の官吏、歌人。
¶古人

藤原高遠*　ふじわらのたかとお
天暦3(949)年～長和2(1013)年　[別]藤原高遠(ふじわらたかとお)　平安時代中期の歌人・公卿(非参議)。摂政・太政大臣藤原実頼の孫。
¶公卿([没]?),古人,コン,詩作([没]長和2(1013)年5月6日)

藤原隆時*　ふじわらのたかとき
生没年不詳　[別]藤原隆時(ふじわらたかとき)　平安時代後期の貴族、歌人。
¶古人

藤原乙叡*　ふじわらのたかとし
天平宝字5(761)年～大同3(808)年　[別]藤原朝臣乙叡(ふじわらのあそんたかとし),藤原乙叡(ふじわらのおとえい,ふじわらのおとたか,ふじわらのおとただ)　奈良時代～平安時代前期の公卿(中納言)。右大臣藤原継縄の次男。
¶公卿([生]天平宝字4(760)年　[没]大同2(807)年5月3日),古人,古代(藤原朝臣乙叡　ふじわらのあそんたかとし),コン(ふじわらのおとただ)

藤原隆俊(1)　ふじわらのたかとし
⇒四条隆俊(しじょうたかとし)

藤原隆俊(2)　ふじわらのたかとし
⇒藤原隆俊(ふじわらたかとし)

藤原鷹取　ふじわらのたかとり
⇒藤原朝臣鷹取(ふじわらのあそんたかとり)

藤原高直*　ふじわらのたかなお
?～文治1(1185)年　平安時代後期の武士。菊池七郎経直の子。
¶古人

藤原隆仲　ふじわらのたかなか
平安時代後期の官人。父は国仲。
¶古人(生没年不詳)

藤原隆長*　ふじわらのたかなが
永治1(1141)年～?　平安時代後期の人。左大臣頼長男。
¶古人

藤原隆成*　ふじわらのたかなり
生没年不詳　[別]藤原隆成(ふじわらのたかしげ)　平安時代後期の下級官人。
¶古人(ふじわらのたかしげ),古人

藤原隆信*　ふじわらのたかのぶ
康治1(1142)年～元久2(1205)年　[別]藤原隆信(ふじわらたかのぶ)　平安時代後期～鎌倉時代前期の歌人、似絵絵師。「源頼朝像」「平重盛像」で有名。
¶古人,コン,内乱,美画([没]元久2(1205)年2月27日),山小([没]1205年2月27日)

藤原孝範(1)　ふじわらのたかのり
平安時代後期の官人。父は貞孝。
¶古人(生没年不詳)

藤原孝範*(2)　ふじわらのたかのり
保元3(1158)年～天福1(1233)年　[別]藤原孝範(ふじわらたかのり)　平安時代後期～鎌倉時代前期の官吏・漢詩人。
¶古人

ふ

藤原乙春* ふじわらのたかはる
生没年不詳　平安時代前期の女性。二条后高子の母。
¶古人

藤原隆衡*（藤原高衡） ふじわらのたかひら
？～建仁1（1201）年2月29日　平安時代後期～鎌倉時代前期の武士。本吉冠者と称す。
¶古人（藤原高衡）

藤原孝博* ふじわらのたかひろ
生没年不詳　平安時代後期の雅楽家。
¶古人

藤原隆広* ふじわらのたかひろ
？～元中4/嘉慶1（1387）年3月19日　南北朝時代の公卿（非参議）。権大納言藤原隆房の裔。
¶公卿（[没]嘉慶1/元中4（1387）年3月19日），公家（隆広〔鷲尾家〕　たかひろ　[没]至徳4（1387）年3月19日）

藤原高房* ふじわらのたかふさ
延暦14（795）年～仁寿2（852）年　[別]藤原朝臣高房（ふじわらのあそんたかふさ）　平安時代前期の官人。
¶古人，古代（藤原朝臣高房　ふじわらのあそんたかふさ），コン

藤原隆房 ふじわらのたかふさ
⇒四条隆房（しじょうたかふさ）

藤原高藤* ふじわらのたかふじ
承和5（838）年～昌泰3（900）年　[別]藤原朝臣高藤（ふじわらのあそんたかふじ）　平安時代前期の公卿（内大臣）。左大臣藤原冬嗣の孫。
¶公卿（[没]昌泰3（900）年3月12日），古人，古代（藤原朝臣高藤　ふじわらのあそんたかふじ），コン，天皇

藤原隆雅 ふじわらのたかまさ
平安時代後期～鎌倉時代前期の公家。従三位。
¶公家（隆雅〔四条家〕　たかまさ）

藤原隆昌* ふじわらのたかまさ
生没年不詳　[別]藤原隆昌（ふじわらたかまさ）　南北朝時代の絵所絵師。
¶美画

藤原高松 ふじわらのたかまつ
⇒藤原朝臣高松（ふじわらのあそんたかまつ）

藤原孝道* ふじわらのたかみち
仁安1（1166）年～嘉禎3（1237）年　[別]藤原孝道（ふじわらたかみち）　平安時代後期～鎌倉時代前期の雅楽演奏者。琵琶に長ける。
¶古人（[没]1239年）

藤原高通* ふじわらのたかみち
嘉応1（1169）年～貞応1（1222）年8月16日　平安時代後期～鎌倉時代前期の公卿（非参議）。非参議藤原清通の子。
¶公卿，公家（高通〔坊門家（絶家）〕　たかみち　[没]承久4（1222）年8月16日）

藤原隆通* ふじわらのたかみち
？～応永2（1395）年　南北朝時代の公卿（非参議）。権大納言藤原隆房の裔。
¶公卿，公家（隆通〔四条家（絶家）〕　たかみち　[没]明徳3（1392）年）

藤原高光* ふじわらのたかみつ
？～正暦5（994）年　[別]如覚（にょかく），藤原高光（ふじわらたかみつ）　平安時代中期の歌人。三十六歌仙の一人。
¶古人（[生]939年），コン，詩作，日文（[生]天慶3（940）年）

藤原隆宗 ふじわらのたかむね
平安時代後期の官人。父は良基。
¶古人（生没年不詳）

藤原隆保* ふじわらのたかやす
久安6（1150）年～？　平安時代後期～鎌倉時代前期の公卿（非参議）。権大納言藤原隆季の次男。
¶公卿，公家（隆保〔四条家〕　たかやす）

藤原孝善 ふじわらのたかよし
⇒藤原孝善（ふじわらたかよし）

藤原高能 ふじわらのたかよし
⇒一条高能（いちじょうたかよし）

藤原隆能* ふじわらのたかよし
生没年不詳　[別]藤原隆能（ふじわらたかよし）　平安時代後期の宮廷絵師。藤原忠実七十賀の蒔絵硯箱の絵様を描く。
¶古人，コン，美画，山小

藤原隆資 ふじわらのたかより
⇒藤原隆資（ふじわらのたかすけ）

藤原沢子* ふじわらのたくし
？～承和6（839）年　[別]藤原朝臣沢子（ふじわらのあそんたくし），藤原沢子（ふじわらのさわこ）　平安時代前期の女性。仁明天皇の女御。
¶古人（ふじわらのさわこ），古代（藤原朝臣沢子　ふじわらのあそんたくし），コン，天皇（ふじわらのたくし・さわこ　[没]承和6（839）年6月30日）

藤原威子 ふじわらのたけこ
⇒藤原威子（ふじわらのいし）

藤原豪子* ふじわらのたけこ
生没年不詳　平安時代後期の女性。藤原公能の妻。
¶古人

藤原儼子* ふじわらのたけこ
？～長和5（1016）年　平安時代中期の女官。
¶古人

藤原武忠 ふじわらのたけただ
平安時代後期の官人。
¶古人（生没年不詳）

藤原岳守* ふじわらのたけもり
大同3（808）年～仁寿1（851）年　[別]藤原朝臣岳守（ふじわらのあそんおかもり），藤原岳守（ふじわらのおかもり）　平安時代前期の中級官人。
¶古人，古代（藤原朝臣岳守　ふじわらのあそんおかもり）

藤原多子* ふじわらのたし
保延6（1140）年～建仁1（1201）年　[別]二代后（にだいのきさき），藤原多子（ふじわらたし，ふじわらのまさるこ）　平安時代後期～鎌倉時代前期の女性。近衛天皇の皇后。
¶古人（ふじわらのまさるこ），コン，女史，天皇（[没]建仁1（1201）年12月24日），天皇（ふじわらのたし・まさるこ　[没]建仁1（1201）年12月24日），内乱，平家（ふじわらたし　[没]建仁2（1202）年）

藤原助 ふじわらのたすく
⇒藤原助（ふじわらのすけ）

藤原扶幹* ふじわらのたすもと
貞観6（864）年～天慶1（938）年7月10日　[別]藤原扶幹（ふじわらすけもと，ふじわらのすけもと）　平

安時代前期~中期の公卿（大納言）。右大臣藤原内麿の子藤原福当麿の曽孫。
¶公卿, 古人（ふじわらのすけもと）

藤原尹明 ふじわらのただあき
⇒藤原尹明（ふじわらのまさあきら）

藤原忠家* ふじわらのただいえ
長元6(1033)年~寛治5(1091)年11月7日 ㊼藤原忠家（ふじわらただいえ） 平安時代中期の公卿（大納言）。権大納言藤原長家の次男。
¶公卿(㊻?), 古人

藤原忠興 ふじわらのただおき
平安時代後期の官人。
¶古人（㊺1052年 ㊽1132年）

藤原忠兼*(1) ふじわらのただかね
生没年不詳 平安時代後期の歌人。
¶古人

藤原忠兼*(2) ふじわらのただかね
生没年不詳 ㊼藤原忠兼（ふじわらただかね） 鎌倉時代前期の公卿（非参議）。非参議藤原忠行の子。
¶公卿, 公家（忠兼〔楊梅家（絶家）〕 ただかね）

藤原忠兼(3) ふじわらのただかね
⇒藤原忠兼（ふじわらただかね）

藤原忠君 ふじわらのただきみ
⇒藤原忠君（ふじわらただきみ）

藤原忠清*(1) ふじわらのただきよ
?~文治1(1185)年 ㊼藤原忠清（ふじわらただきよ） 平安時代後期の武将。平氏の家人。保元の乱に参戦。
¶古人（生没年不詳）, 内乱㊽元暦2(1185)年, 平家（ふじわらただきよ ㊽元暦2(1185)年）

藤原忠清*(2) ふじわらのただきよ
治暦3(1067)年~仁平1(1151)年 平安時代後期の歌人。
¶古人

藤原忠清(3) ふじわらのただきよ
⇒坊門忠清（ぼうもんただきよ）

藤原忠国 ふじわらのただくに
⇒藤原忠国（ふじわらただくに）

藤原婧子 ふじわらのただこ
⇒東京極院（ひがしきょうごくいん）

藤原諟子 ふじわらのただこ
⇒藤原諟子（ふじわらのしし）

藤原産子 ふじわらのただこ
⇒藤原産子（ふじわらのさんし）

藤原忠子*(1) ふじわらのただこ
生没年不詳 平安時代中期の官女。馨子内親王の乳母。
¶古人

藤原忠子*(2) ふじわらのただこ
生没年不詳 平安時代後期の官女。皇后得子の宣旨。
¶古人

藤原忠子*(3) ふじわらのただこ
生没年不詳 平安時代後期の女官。藤原基房の妻。
¶古人

藤原忠実* ふじわらのただざね, ふじわらのただざね
承暦2(1078)年~応保2(1162)年6月18日 ㊼富家殿（ふけどの）, 藤原忠実（ふじわらただざね） 平安時代後期の公卿（摂政・関白・太政大臣）。関白・内大臣藤原師通の長男。
¶公卿, 古人, コン, 内乱, 日文, 山小(㊺1078年12月 ㊽1162年6月18日)

藤原忠重 ふじわらのただしげ
生没年不詳 平安時代後期の国守。豊前守重兼の子。
¶古人

藤原忠季(1) ふじわらのただすえ
平安時代中期~後期の官人。父は良佐。
¶古人（㊺1041年 ㊽1112年）

藤原忠季(2) ふじわらのただすえ
⇒藤原忠季（ふじわらただすえ）

藤原忠助 ふじわらのただすけ
平安時代後期の官人。
¶古人（生没年不詳）

藤原忠輔* ふじわらのただすけ
天慶7(944)年~長和2(1013)年6月4日 平安時代中期の公卿（権中納言）。左大臣藤原在衡の孫。
¶公卿, 古人

藤原忠隆(1) ふじわらのただたか
康和4(1102)年~久安6(1150)年 平安時代後期の公卿（非参議）。非参議藤原基隆の長男。
¶公卿(㊺久安6(1150)年8月3日), 公家（忠隆〔姉小路家（絶家）〕 ただたか ㊽久安6(1150)年8月3日）, 古人

藤原忠隆(2) ふじわらのただたか
⇒藤原忠隆（ふじわらただたか）

藤原尹忠* ふじわらのただただ
*~永祚1(989)年8月2日 ㊼藤原尹忠（ふじわらのまさただ） 平安時代中期の公卿（非参議）。大納言藤原道明の五男。
¶公卿(㊻?), 古人（ふじわらのまさただ ㊺906年）

藤原忠親(1) ふじわらのただちか
平安時代中期~後期の官人。
¶古人（㊺999年 ㊽1077年）

藤原忠親(2) ふじわらのただちか
⇒中山忠親（なかやまただちか）

藤原忠継* ふじわらのただつぐ
?~建治3(1277)年7月20日 鎌倉時代前期の公卿（参議）。非参議花山院雅継の子。
¶公卿, 公家（忠継〔五辻家（絶家）〕 ただつぐ）

藤原忠綱*(1) ふじわらのただつな
?~応徳1(1084)年 平安時代中期~後期の官人。

藤原忠綱*(2) ふじわらのただつな
?~寿永2(1183)年 ㊼藤原忠綱（ふじわらただつな） 平安時代後期の平氏の有力家人。
¶古人, 平家（ふじわらただつな ㊽寿永2(1183)年?）

藤原忠綱(3) ふじわらのただつな
平安時代後期の武士。藤原氏。
¶古人（㊺1164年 ㊽?）

藤原忠綱(4) ふじわらのただつな
⇒足利忠綱（あしかがただつな）

藤原忠経*　ふじわらのただつね
？～長和3(1014)年　平安時代中期の人。権大納言道頼男。
¶古人

藤原忠常(1)　**ふじわらのただつね**
⇒仁田忠常(にったただつね)

藤原忠常(2)　**ふじわらのただつね**
⇒文覚(もんがく)

藤原斉敏　ふじわらのただとし
⇒藤原斉敏(ふじわらのなりとし)

藤原忠俊　ふじわらのただとし
平安時代後期の官人。父は良頼。
¶古人(生没年不詳)

藤原忠朝*　ふじわらのただとも
弘安5(1282)年～？　鎌倉時代後期の公卿(非参議)。非参議藤原長忠の次男。
¶公卿,公家(忠朝〔烏丸家(絶家)〕　ただとも)

藤原忠長(1)　**ふじわらのただなが**
平安時代後期の中級官人。関白師実の子。
¶古人(生没年不詳)

藤原忠長*(2)　**ふじわらのただなが**
生没年不詳　鎌倉時代後期の公卿(非参議)。権中納言藤原定高の曽孫。
¶公卿,公家(忠長〔海住山家(絶家)〕　ただなが)

藤原三成　ふじわらのただなり
⇒藤原三成(ふじわらただひら)

藤原縄主*　ふじわらのただぬし
天平宝字4(760)年～弘仁8(817)年　[別]藤原朝臣縄主(ふじわらのあそんただぬし)　奈良時代～平安時代前期の公卿(中納言)。参議藤原蔵下麿の長男。
¶公卿([生]天平宝字5(761)年　[没]弘仁8(817)年9月16日),古人,古代(藤原朝臣縄主　ふじわらのあそんただぬし),コン

藤原斉信*　ふじわらのただのぶ
康保4(967)年～長元8(1035)年3月23日　[別]藤原斉信(ふじわらただのぶ,ふじわらのなりのぶ)　平安時代中期の歌人・公卿(大納言)。太政大臣藤原為光の次男。
¶公卿,古人,コン([生]天徳1(957)年)

藤原忠信*(1)　**ふじわらのただのぶ**
平安時代中期の公卿(非参議)。中納言藤原山陰の曽孫。
¶公卿([生]承平4(934)年　[没]？),古人([生]933年　[没]？)

藤原忠信*(2)　**ふじわらのただのぶ**
？～文治2(1186)年　平安時代後期の武士。
¶古人

藤原忠信(3)　**ふじわらのただのぶ**
⇒坊門清忠(ぼうもんきよただ)

藤原忠信(4)　**ふじわらのただのぶ**
⇒坊門忠信(ぼうもんただのぶ)

藤原忠舒*　ふじわらのただのぶ
生没年不詳　平安時代中期の官人。
¶古人

藤原忠教*　ふじわらのただのり
承保3(1076)年～永治1(1141)年　[別]藤原忠教(ふじわらただのり)　平安時代後期の公卿(大納言)。難波家系の祖。摂政・関白・太政大臣藤原師実の五男。
¶公卿([没]永治1(1141)年10月25日),古人

藤原忠則　ふじわらのただのり
平安時代後期の源仲宗の郎等。
¶古人(生没年不詳)

藤原忠衡　ふじわらのただひら
⇒泉忠衡(いずみただひら)

藤原忠平*　ふじわらのただひら
元慶4(880)年～天暦3(949)年8月14日　[別]貞信公(ていしんこう),藤原忠平(ふじわらただひら)　平安時代中期の公卿(摂政・関白・太政大臣)。関白・太政大臣藤原基経の四男。兄時平の死後、氏長者になる。
¶公卿,古人,コン,詩作,山小([没]949年8月14日)

藤原忠房*　ふじわらのただふさ
[別]藤原忠房(ふじわらただふさ)　平安時代前期の作曲家、催馬楽笛譜の作者。
¶古人([生]？　[没]928年),詩作([生]？　[没]延長6(929)年12月1日)

藤原忠房女　ふじわらのただふさのむすめ
⇒藤原忠房女(ふじわらただふさのむすめ)

藤原忠文*　ふじわらのただぶみ,ふじわらのただふみ
貞観15(873)年～天暦1(947)年6月26日　平安時代前期～中期の公卿(参議)。参議藤原枝良の三男。
¶公卿(ふじわらのただふみ),古人(ふじわらのただふみ),コン(ふじわらのただふみ)

藤原忠雅　ふじわらのただまさ
⇒花山院忠雅(かざんいんただまさ)

藤原縄麻呂*　ふじわらのただまろ
天平1(729)年～宝亀10(779)年　[別]藤原朝臣縄麻呂(ふじわらのあそんただまろ),藤原縄麻呂(ふじわらのつなまろ)　奈良時代の官人(中納言)。右大臣藤原豊成の四男。
¶公卿([没]宝亀10(779)年12月),古人,古人(ふじわらのつなまろ　[没]766年),古代(藤原朝臣縄麻呂　ふじわらのあそんただまろ),コン

藤原忠通*　ふじわらのただみち
承徳1(1097)年～長寛2(1164)年　[別]藤原忠通(ふじわらただみち),法性寺殿(ほっしょうじどの)　平安時代後期の公卿(摂政・関白・太政大臣)。摂政・関白・太政大臣藤原忠実の長男。父忠実・弟頼長との確執が保元の乱の直接の契機となった。
¶公卿([没]長寛2(1164)年2月19日),公家(忠通〔近衛家〕　ただみち　[没]長寛2(1164)年2月19日),古人,コン,詩作([生]承徳1(1097)年閏1月29日　[没]長寛2(1164)年2月19日),内乱,平家(ふじわらただみち　[生]永長2(1097)年),山小([生]1097年閏1月29日　[没]1164年2月19日)

藤原忠光*　ふじわらのただみつ
？～建久3(1192)年　[別]上総五郎兵衛尉(かずさごろうびょうえのじょう),藤原忠光(ふじわらただみつ)　平安時代後期の武士。
¶古人,平家(ふじわらただみつ)

藤原忠宗*(1)　**ふじわらのただむね**
平安時代後期の公卿(権中納言)。左大臣藤原家忠の長男。
¶公卿([生]応徳3(1086)年　[没]長承2(1132)年9月1日),古人([生]1087年　[没]1133年)

藤原忠宗(2)　ふじわらのただむね
　平安時代後期の官人。父は義忠。
　¶古人（生没年不詳）

藤原忠基＊(1)
　＊〜保元1（1156）年7月　平安時代後期の公卿（権中
　納言）。大納言藤原忠教の長男。
　¶公卿（㊈康和1（1099）年），公家（忠基〔難波家〕　ただ
　もと　㋺1099年），古人（㋺1101年）

藤原忠基＊(2)　ふじわらのただもと
　寛喜2（1230）年〜弘長3（1263）年2月5日　㊈藤原
　忠基（ふじわらただもと）　鎌倉時代前期の公卿
　（参議）。権大納言藤原高実の子。
　¶公卿，公家（忠基〔八条・外山家（絶家）〕　ただもと）

藤原三守　ふじわらのただもり
　⇒藤原三守（ふじわらのみもり）

藤原忠行＊(1)　ふじわらのただゆき
　仁安1（1166）年〜寛喜3（1231）年6月2日　平安時
　代後期〜鎌倉時代前期の公卿（非参議）。非参議藤
　原季行の孫。
　¶公卿，公家（忠行〔楊梅家（絶家）〕　ただゆき），古人
　（㋺1171年）

藤原忠行(2)　ふじわらのただゆき
　⇒藤原忠行（ふじわらただゆき）

藤原忠能＊　ふじわらのただよし
　嘉保1（1094）年〜保元3（1158）年3月6日　平安時
　代後期の公卿（参議）。中納言藤原経忠の長男。
　¶公卿，公家（忠能〔鷹司家（絶家）〕　ただよし），古人

藤原忠良＊　ふじわらのただよし
　長寛2（1164）年〜嘉禄1（1225）年　㊈藤原忠良（ふ
　じわらただよし）　平安時代後期〜鎌倉時代前期の
　歌人・公卿（大納言）。摂政・関白・左大臣近衛基
　実の次男。
　¶公卿（㊈嘉禄1（1225）年5月16日），公家（忠良〔粟田口
　家（絶家）〕　ただよし　㋺嘉禄1（1225）年5月16日），
　古人，詩作

藤原胤子　ふじわらのたねこ
　⇒藤原胤子（ふじわらのいんし）

藤原殖子　ふじわらのたねこ
　⇒七条院（しちじょういん）

藤原種継＊　ふじわらのたねつぐ
　天平9（737）年〜延暦4（785）年　㊈藤原朝臣種継
　（ふじわらのあそんたねつぐ）　奈良時代の官人
　（中納言）。参議藤原宇合の孫。
　¶公卿（㊈天平13（741）年　㋺延暦4（785）年9月24日），
　古人，古代（藤原朝臣種継　ふじわらのあそんたねつ
　ぐ），コン，山小（㋺785年9月24日）

藤原旅子＊　ふじわらのたびこ
　天平宝字3（759）年〜延暦7（788）年　㊈藤原朝臣旅
　子（ふじわらのあそんたびこ），藤原旅子（ふじわら
　のりょし）　奈良時代の女性。桓武天皇の妃。
　¶古人，古代（藤原朝臣旅子　ふじわらのあそんたびこ），
　コン，天皇（㋺延暦7（788）年5月4日）

藤原多比能＊　ふじわらのたひの，ふじわらのたびの
　生没年不詳　㊈藤原朝臣多比能（ふじわらのあそん
　たひの）　奈良時代の女性。藤原不比等の娘。
　¶古人（ふじわらのたびの），古代（藤原朝臣多比能　ふじ
　わらのあそんたひの）

藤原琮子　ふじわらのたまこ
　⇒藤原琮子（ふじわらのそうし）

藤原頊子　ふじわらのたまこ
　⇒万秋門院（ばんしゅうもんいん）

藤原璋子　ふじわらのたまこ
　⇒待賢門院（たいけんもんいん）

藤原田麻呂＊　ふじわらのたまろ
　養老6（722）年〜延暦2（783）年3月19日　㊈藤原朝
　臣田麻呂（ふじわらのあそんたまろ）　奈良時代の
　官人（左大臣）。参議藤原宇合の五男。
　¶公卿，古人（㊈721年　㋺782年），古代（藤原朝臣田麻呂
　ふじわらのあそんたまろ），コン

藤原多美子＊　ふじわらのたみこ
　？〜仁和2（886）年　㊈藤原朝臣多美子（ふじわら
　のあそんたみこ）　平安時代前期の女性。清和天皇
　の女御。
　¶古人，古代（藤原朝臣多美子　ふじわらのあそんたみ
　こ），女史，天皇（㋺仁和2（886）年10月29日）

藤原為昭　ふじわらのためあき
　平安時代中期の官人。父は守義。
　¶古人（生没年不詳）

藤原為章　ふじわらのためあき
　平安時代中期の官人。父は連真。
　¶古人（生没年不詳）

藤原為明　ふじわらのためあき
　⇒二条為明（にじょうためあき）

藤原為家＊　ふじわらのためいえ
　建久9（1198）年〜建治1（1275）年5月1日　㊈為家
　（ためいえ），藤原為家（ふじわらためいえ）　鎌倉
　時代前期の歌人・公卿（権大納言）。権中納言藤原
　定家の次男。
　¶公卿（㊈建久8（1198）年），公家（為家〔冷泉家〕　ため
　いえ），古人，コン，詩作，日文，俳文（為家　ためいえ）

藤原為氏　ふじわらのためうじ
　⇒二条為氏（にじょうためうじ）

藤原為雄＊　ふじわらのためお
　建長6（1254）年〜？　鎌倉時代後期の公卿（参
　議）。権大納言藤原為氏の次男。
　¶公卿

藤原為兼(1)　ふじわらのためかね
　平安時代後期の医師。
　¶古人（生没年不詳）

藤原為兼(2)　ふじわらのためかね
　⇒京極為兼（きょうごくためかね）

藤原為子(1)　ふじわらのためこ
　⇒二条為子（にじょうためこ）

藤原為子(2)　ふじわらのためこ
　⇒藤原為子（ふじわらのいし）

藤原為子(3)　ふじわらのためこ
　⇒藤原為子（ふじわらのいし）

藤原為定＊(1)　ふじわらのためさだ
　生没年不詳　平安時代後期の官人。
　¶古人

藤原為定(2)　ふじわらのためさだ
　⇒二条為定（にじょうためさだ）

藤原為実* ふじわらのためざね
生没年不詳　平安時代後期の官人。
¶古人

藤原為重 ふじわらのためしげ
⇒二条為重(にじょうためしげ)

藤原為季*(1) ふじわらのためすえ
生没年不詳　[別]藤原為季(ふじわらためすえ)　平安時代後期の公家・歌人。
¶古人

藤原為季(2) ふじわらのためすえ
平安時代後期の官人。父は定任。
¶古人(生没年不詳)

ふ

藤原為季*(3) ふじわらのためすえ
応永21(1414)年～文明6(1474)年3月29日　[別]八条為季(はちじょうためすえ)　室町時代の公卿(非参議)。権中納言藤原長良の裔。
¶公卿, 公家(為季〔八条家(絶家)〕　ためすえ)

藤原為資 ふじわらのためすけ
平安時代中期～後期の官人。
¶古人([生]978年　[没]1065年)

藤原為相 ふじわらのためすけ
⇒冷泉為相(れいぜいためすけ)

藤原為輔* ふじわらのためすけ
延喜20(920)年～寛和2(986)年8月26日　平安時代中期の公卿(権中納言)。右大臣藤原定方の孫。
¶公卿, 古人

藤原為祐 ふじわらのためすけ
平安時代中期の官人。
¶古人(生没年不詳)

藤原為理* ふじわらのためすけ
[別]藤原為理(ふじわらのためまさ)　鎌倉時代後期の歌人・公卿(非参議)。権中納言藤原長良の裔。
¶公卿([生]?　[没]正和5(1316)年12月15日), 公家(為理〔八条家(絶家)〕　ためまさ　[生]?　[没]正和5(1316)年12月15日)

藤原為隆*(1) ふじわらのためたか
延久2(1070)年～大治5(1130)年9月8日　[別]藤原為隆(ふじわらためたか)　平安時代後期の公卿(参議)。参議藤原為房の長男。
¶公卿, 古人

藤原為隆(2) ふじわらのためたか
⇒藤原為経(ふじわらのためつね)

藤原為忠* ふじわらのためただ
?～保延2(1136)年　[別]藤原為忠(ふじわらためただ)　平安時代後期の歌人、白河上皇の近臣。令子内親王や鳥羽上皇の殿舎を造営。
¶古人

藤原為忠女 ふじわらのためただのむすめ
⇒左衛門督局(さえもんのかみのつぼね)

藤原為親 ふじわらのためちか
⇒藤原為親(ふじわらためちか)

藤原為継* ふじわらのためつぐ
建永1(1206)年～文永2(1265)年　[別]藤原為継(ふじわらためつぐ)　鎌倉時代前期の画師、公卿(非参議)。権中納言藤原長良の裔。
¶公卿([生]?　[没]文永3(1266)年), 公家(為継〔八条家(絶家)〕　ためつぐ)

藤原為経*(1) ふじわらのためつね
永久3(1115)年頃～?　[別]寂超(じゃくちょう), 藤原為隆(ふじわらのためたか)　平安時代後期の歌人。「後葉集」を選する。
¶古人(寂超　じゃくちょう　生没年不詳), 日文(生没年不詳)

藤原為経(2) ふじわらのためつね
⇒吉田為経(よしだためつね)

藤原為任 ふじわらのためとう
⇒藤原為任(ふじわらためとう)

藤原為言 ふじわらのためとき
平安時代中期の官人。父は弘親。
¶古人(生没年不詳)

藤原為時* ふじわらのためとき, ふしわらのためとき
生没年不詳　[別]藤原為時(ふじわらためとき)　平安時代中期の漢詩人。紫式部の父。
¶古人, コン([生]天暦1(947)年?　[没]治安1(1021)年?)

藤原為名* ふじわらのためな
?～応永2(1395)年　[別]坊門為名(ぼうもんためな)　南北朝時代の公卿(非参議)。非参議藤原信隆・参議坊門隆清の裔。
¶公卿, 公家(為名〔坊門家(絶家)〕　ためな)

藤原為長(1) ふじわらのためなが
平安時代中期の官人。
¶古人(生没年不詳)

藤原為長(2) ふじわらのためなが
⇒藤原為長(ふじわらためなが)

藤原為業* ふじわらのためなり
生没年不詳　[別]寂念(じゃくねん)　平安時代後期の歌人。常盤三寂と呼ばれる。
¶古人(寂念　じゃくねん)

藤原為延* ふじわらのためのぶ
生没年不詳　平安時代後期の押領使。
¶古人

藤原為信*(1) ふじわらのためのぶ
生没年不詳　平安時代中期の官吏。
¶古人

藤原為信*(2) ふじわらのためのぶ
宝治2(1248)年～?　[別]藤原為信(ふじわらためのぶ), 法性寺為信(ほうじょうじためのぶ, ほっしょうじためのぶ)　鎌倉時代後期の画師、公卿(非参議)。従四位上・右馬権頭藤原伊信の子。
¶公卿(法性寺為信　ほうじょうじためのぶ), 公家(為信〔八条家(絶家)〕　ためのぶ), 日文(ふじわらためのぶ), 美画([生]宝治2(1248)年2月)

藤原為宣 ふじわらのためのぶ
平安時代後期の官人。
¶古人(生没年不詳)

藤原為信女 ふじわらのためのぶのむすめ
南北朝時代の女性。後醍醐天皇の宮人。
¶天皇

藤原為儀 ふじわらのためのり
平安時代中期の官人。父は合間。
¶古人(生没年不詳)

藤原為教 ふじわらのためのり
　⇒京極為教（きょうごくためのり）

藤原為憲* ふじわらのためのり
　生没年不詳　平安時代中期の官人。
　¶コン

藤原為則 ふじわらのためのり
　平安時代後期の官人。
　¶古人（生没年不詳）

藤原為房* ふじわらのためふさ
　永承4（1049）年〜永久3（1115）年　㊙藤原為房（ふじわらためふさ）　平安時代中期〜後期の公卿（参議）。左大臣藤原冬嗣・内大臣藤原高藤の裔。
　¶公卿（㊦永久3（1115）年4月2日），古人，コン，平家（ためふさ）

藤原為房室* ふじわらのためふさのしつ
　寛徳2（1045）年〜長承2（1133）年　平安時代中期〜後期の女性。正四位下春宮大進源頼国女。
　¶古人

藤原為藤 ふじわらのためふじ
　⇒二条為藤（にじょうためふじ）

藤原為文 ふじわらのためふみ
　平安時代中期の官人。
　¶古人（㊦？　㊥1001年）

藤原為雅 ふじわらのためまさ
　平安時代中期の官人。父は文範。
　¶古人（生没年不詳）

藤原為政 ふじわらのためまさ
　平安時代中期の官人。
　¶古人（生没年不詳）

藤原為正 ふじわらのためまさ
　⇒藤原為正（ふじわらためまさ）

藤原為理 ふじわらのためまさ
　⇒藤原為理（ふじわらのためすけ）

藤原為通* ふじわらのためみち
　＊〜久寿1（1154）年6月13日　㊙藤原為通（ふじわらためみち）　平安時代後期の公卿（参議）。太政大臣藤原通基の長男。
　¶公卿（㊤天永3（1112）年），公家（為通〔坊門家（絶家）〕ためみち　㊤1112年　㊦仁平4（1154）年6月13日），古人（㊤1115年）

藤原為光* ふじわらのためみつ
　天慶5（942）年〜正暦3（992）年6月16日　㊙恒徳公（こうとくこう），藤原為光（ふじわらためみつ）　平安時代中期の公卿（太政大臣）。右大臣藤原師輔の九男。
　¶公卿，古人，コン

藤原為元* ふじわらのためもと
　生没年不詳　平安時代中期の官人。
　¶古人

藤原為盛(1) ふじわらのためもり
　平安時代中期の官人。藤原能信家の家司。
　¶古人（㊤？　㊥1029年）

藤原為盛*(2) ふじわらのためもり
　正平21/貞治5（1366）年〜　㊙八条為盛（はちじょうためもり）　南北朝時代〜室町時代の公卿（非参議）。権中納言藤原長良の裔。

¶公卿（㊤貞治5/正平21（1366）年），公家（為盛〔八条家（絶家）〕ためもり）

藤原為盛女 ふじわらのためもりのむすめ
　⇒藤原為盛女（ふじわらためもりのむすめ）

藤原為保 ふじわらのためやす
　平安時代中期の官人。父は中正。
　¶古人（生没年不詳）

藤原為世(1) ふじわらのためよ
　⇒二条為世（にじょうためよ）

藤原為世(2) ふじわらのためよ
　⇒藤原為世（ふじわらためよ）

藤原為宜 ふじわらのためよし
　平安時代後期の官人。
　¶古人（生没年不詳）

藤原為義(1) ふじわらのためよし
　平安時代中期の人。父は業理。
　¶古人（生没年不詳）

藤原為義(2) ふじわらのためよし
　平安時代中期の官人。父は元輔。
　¶古人（生没年不詳）

藤原為頼* ふじわらのためより
　？〜長徳4（998）年　㊙藤原為頼（ふじわらためより）　平安時代中期の官吏、歌人。

藤原帯子 ふじわらのたらしこ
　⇒藤原帯子（ふじわらのたいし）

藤原後生* ふじわらのちおう
　延喜9（909）年〜天禄1（970）年7月12日　㊙藤原後生（ふじわらののちおう）　平安時代中期の漢学者・漢詩人・歌人。
　¶古人（ふじわらのちおう）

藤原親家(1) ふじわらのちかいえ
　室町時代の公家。
　¶公家（親家〔楊梅家（絶家）〕　ちかいえ）

藤原親家(2) ふじわらのちかいえ
　⇒藤原親家（ふじわらちかいえ）

藤原親方* ふじわらのちかかた
　？〜文保1（1317）年6月　㊙藤原親方（ふじわらちかかた）　鎌倉時代後期の公卿（非参議）。権中納言藤原光親の曽孫。
　¶公卿，公家（親方〔堀河・岩蔵・葉室1家（絶家）〕　ちかかた）

藤原親兼(1) ふじわらのちかかね
　平安時代後期の官人。斎院侍で盗人を逮捕。
　¶古人（生没年不詳）

藤原親兼*(2) ふじわらのちかかね
　承安2（1172）年〜？　鎌倉時代前期の公卿（権中納言）。中納言藤原親信の三男。
　¶公卿

藤原親国 ふじわらのちかくに
　平安時代中期の官人。父は為盛。

藤原後蔭* ふじわらのちかげ
　？〜延喜21（921）年　㊙藤原後蔭（ふじわらののちかげ）　平安時代前期〜中期の公家・歌人。

¶古人（ふじわらののちかげ）

藤原千蔭* ふじわらのちかげ
生没年不詳　平安時代中期の人。「拾遺集」に一首入集。
¶古人

藤原周子* ふじわらのちかこ
生没年不詳　平安時代中期の女性。内大臣藤原伊周の二女。
¶古人

藤原親子*(1) ふじわらのちかこ
生没年不詳　[別]花山院親子（かざんいんしんし），藤原親子（ふじわらしんし）　鎌倉時代後期の女性。後醍醐天皇の宮人。
¶天皇（花山院親子　かざんいんしんし・ちかこ）

藤原親子(2) ふじわらのちかこ
⇒藤原親子（ふじわらのしんし）

藤原親貞 ふじわらのちかさだ
平安時代後期の官人。
¶古人（生没年不詳）

藤原親定* ふじわらのちかさだ
寿永2（1183）年～暦仁1（1238）年6月12日　鎌倉時代前期の公卿（参議）。中納言藤原親信の孫。
¶公卿，公家（親定〔三条家（絶家）〕　ちかさだ　[没]嘉禎4（1238）年6月12日）

藤原親実(1) ふじわらのちかざね
平安時代後期の随身。
¶古人（生没年不詳）

藤原親実(2) ふじわらのちかざね
⇒藤原親実（ふじわらちかざね）

藤原親季 ふじわらのちかすえ
⇒藤原親季（ふじわらちかすえ）

藤原親輔* ふじわらのちかすけ
長寛1（1163）年～元仁1（1224）年7月26日　平安時代後期～鎌倉時代前期の公卿（非参議）。非参議藤原信隆の子。
¶公卿，公家（親輔〔坊門家（絶家）〕　ちかすけ　[没]貞応3（1224）年7月26日）

藤原親隆* ふじわらのちかたか
康和1（1099）年～永万1（1165）年8月23日　[別]藤原親隆（ふじわらちかたか）　平安時代後期の公卿（参議）。参議藤原為房の七男。
¶公卿，公家（親隆〔四条家（絶家）〕　ちかたか　[生]1098年），古人

藤原懐忠* ふじわらのちかただ
承平5（935）年～寛仁4（1020）年11月1日　[別]藤原懐忠（ふじわらのかねただ）　平安時代中期の公卿（大納言）。大納言藤原元方の九男。
¶公卿，古人（ふじわらのかねただ）

藤原親忠*(1) ふじわらのちかただ
嘉保2（1095）年～仁平3（1153）年　平安時代後期の官人。
¶古人

藤原親忠*(2) ふじわらのちかただ
建久3（1192）年～寛元1（1243）年1月5日　鎌倉時代前期の公卿（非参議）。権中納言藤原親兼の長男。
¶公卿，公家（親忠〔水無瀬家〕　ちかただ）

藤原親経* ふじわらのちかつね
仁平1（1151）年～承元4（1210）年11月11日　[別]藤原親経（ふじわらちかつね）　平安時代後期～鎌倉時代前期の公卿（権中納言）。参議藤原俊経の次男。
¶公卿（[生]？），公家（親経〔大福寺家（絶家）〕　ちかつね　[生]？），古人

藤原親任 ふじわらのちかとう
平安時代後期の官人。藤原頼通家の家司。
¶古人（生没年不詳）

藤原親俊* ふじわらのちかとし
承元1（1207）年～？　鎌倉時代前期の公卿（権中納言）。権中納言藤原顕俊の次男。
¶公卿

藤原親朝* ふじわらのちかとも
嘉禎2（1236）年～弘安4（1281）年12月23日　鎌倉時代後期の公卿（参議）。権中納言藤原親俊の次男。
¶公卿，公家（親朝〔堀河・岩蔵・葉室1家（絶家）〕　ちかとも）

藤原愛発* ふじわらのちかなり
延暦6（787）年～承和10（843）年　[別]藤原朝臣愛発（ふじわらのあそんあらち），藤原愛発（ふじわらのあらち，ふじわらのなりとき）　平安時代前期の公卿（大納言）。右大臣藤原内麿の七男。
¶公卿（ふじわらのあらち　[没]承和10（843）年9月16日），古人，古代（藤原朝臣愛発　ふじわらのあそんあらち）

藤原近成 ふじわらのちかなり
⇒藤原朝臣近成（ふじわらのあそんちかなり）

藤原親業* ふじわらのちかなり
安貞2（1228）年～？　鎌倉時代前期の公卿（非参議）。参議藤原信盛の次男。
¶公卿，公家（親業〔大福寺家（絶家）〕　ちかなり）

藤原千兼 ふじわらのちかぬ
⇒藤原千兼（ふじわらちかぬ）

藤原千兼女 ふじわらのちかぬのむすめ
⇒藤原千兼女（ふじわらちかぬのむすめ）

藤原近信 ふじわらのちかのぶ
平安時代中期の官人。
¶古人（[生]？　[没]1014年）

藤原親信(1) ふじわらのちかのぶ
平安時代後期の官人。
¶古人（[生]？　[没]1103年）

藤原親信*(2) ふじわらのちかのぶ
保延3（1137）年～建久8（1197）年　[別]藤原親信（ふじわらちかのぶ），坊門親信（ぼうもんちかのぶ），水無瀬親信（みなせちかのぶ）　平安時代後期～鎌倉時代前期の公卿（中納言）。中納言藤原経忠の孫。
¶公卿（[生]保延4（1138）年　[没]建久8（1197）年7月12日），公家（親信〔水無瀬家〕　ちかのぶ　[没]建久8（1197）年7月12日），古人，平家（ふじわらちかのぶ）

藤原懐平* ふじわらのちかひら
天暦7（953）年～寛仁1（1017）年4月18日　[別]藤原懐平（ふじわらのかねひら，ふじわらのやすひら）　平安時代中期の公卿（権中納言）。摂政・太政大臣藤原実頼の孫。
¶公卿，古人（ふじわらのやすひら）

藤原近平 ふじわらのちかひら
平安時代中期の官人。
¶古人（生没年不詳）

藤原親房(1)　ふじわらのちかふさ
平安時代後期の官人。
¶古人(生没年不詳)

藤原親房(2)　ふじわらのちかふさ
⇒藤原親房(ふじわらちかふさ)

藤原親雅　ふじわらのちかまさ
⇒藤原親雅(ふじわらちかまさ)

藤原親政*　ふじわらのちかまさ
生没年不詳　平安時代後期の地方土着貴族。
¶古人

藤原親通*　ふじわらのちかみち
生没年不詳　平安時代後期の受領貴族。
¶古人

藤原周光*　ふじわらのちかみつ
承暦3(1079)年頃～？　[別]藤原周光(ふじわらちかみつ)　平安時代後期の学者、漢詩人。
¶古人([生]1079年？)

藤原親光　ふじわらのちかみつ
⇒藤原親光(ふじわらちかみつ)

藤原親盛*　ふじわらのちかもり
生没年不詳　[別]藤原親盛(ふじわらちかもり)　平安時代後期～鎌倉時代前期の武士、歌人。
¶古人

藤原親康(1)　ふじわらのちかやす
⇒藤原親康(ふじわらちかやす)

藤原親康(2)　ふじわらのちかやす
⇒藤原親康(ふじわらちかやす)

藤原親能*(1)　ふじわらのちかよし
？～承元1(1207)年10月22日　平安時代後期～鎌倉時代前期の公卿(権中納言)。権大納言藤原定能の長男。
¶公卿,公家(親能〔平松家(絶家)〕　ちかよし　[没]建永2(1207)年10月22日)

藤原親能(2)　ふじわらのちかよし
⇒中原親能(なかはらちかよし)

藤原周頼*　ふじわらのちかより
？～寛仁3(1019)年　平安時代中期の官人。
¶古人

藤原親頼*　ふじわらのちかより
嘉禄1(1225)年～？　鎌倉時代前期の公卿(権中納言)。権中納言藤原親俊の子。
¶公卿,公家(親頼〔堀河・岩蔵・葉室1家(絶家)〕　ちかより)

藤原千常*　ふじわらのちつね
生没年不詳　平安時代中期の地方軍事貴族。
¶古人

藤原千晴*　ふじわらのちはる
生没年不詳　平安時代中期の貴族。藤原秀郷の子。
¶古人,コン

藤原千古*　ふじわらのちふる
生没年不詳　平安時代中期の女性。右大臣藤原実資の娘。
¶古人,女史

藤原仲子*　ふじわらのちゅうし
生没年不詳　[別]藤原仲子(ふじわらのなかこ)　平安時代前期の女性。桓武天皇の女御。
¶天皇

藤原忠子　ふじわらのちゅうし
⇒談天門院(だんてんもんいん)

藤原澄憲　ふじわらのちょうけん
⇒澄憲(ちょうけん)

藤原朝子　ふじわらのちょうし
⇒紀二位(きのにい)

藤原超子*　ふじわらのちょうし
？～天元5(982)年　[別]藤原超子(ふじわらのとおこ)　平安時代中期の女性。冷泉天皇の女御。
¶古人(ふじわらのとおこ),コン,女史,天皇(ふじわらのとおこ　[没]天元5(982)年1月28日)

藤原長子(1)　ふじわらのちょうし
⇒讃岐典侍(さぬきのすけ)

藤原長子(2)　ふじわらのちょうし
⇒鷹司院(たかつかさいん)

藤原姚子*　ふじわらのちょうし
天禄2(971)年～永延3(989)年　[別]藤原姚子(ふじわらのようし,ふじわらのよしこ)　平安時代中期の女性。花山天皇の女御。
¶古人(ふじわらのよしこ),天皇(ふじわらのようし　[没]永祚1(989)年)

藤原陳子　ふじわらのちんし
⇒北白河院(きたしらかわいん)

藤原通子*　ふじわらのつうし
長寛1(1163)年～？　[別]藤原通子(ふじわらのみちこ)　平安時代後期の女性。高倉天皇の妃。
¶古人(ふじわらのみちこ),天皇

藤原継業*　ふじわらのつぎかず
宝亀9(778)年～承和9(842)年　[別]藤原継業(ふじわらのつぐなり)　平安時代前期の公卿(非参議)。参議藤原百川の三男。
¶公卿([生]宝亀10(779)年　[没]承和9(842)年7月5日),古人(ふじわらのつぐなり)

藤原継縄　ふじわらのつぎなわ
⇒藤原継縄(ふじわらのつぐただ)

藤原継彦*　ふじわらのつぎひこ
天平感宝1(749)年～天長5(828)年　[別]藤原継彦(ふじわらのつぐひこ)　奈良時代～平安時代前期の公卿(非参議)。参議藤原浜成の三男。
¶公卿([没]天長5(828)年2月26日),古人(ふじわらのつぐひこ)

藤原嗣家*　ふじわらのつぐいえ
延慶3(1310)年～正平1/貞和2(1346)年9月22日　鎌倉時代後期～南北朝時代の公卿(非参議)。参議藤原嗣実の子。
¶公卿([没]貞和2/興国7(1346)年9月22日),公家(嗣家〔藤井家(絶家)〕　つぐいえ　[没]貞和2(1346)年9月22日)

藤原継蔭*　ふじわらのつぐかげ
生没年不詳　平安時代前期の官人。
¶古人

藤原嗣実*　ふじわらのつぐざね
生没年不詳　鎌倉時代後期の公卿(非参議)。権大納言藤原基良の孫。
¶公卿,公家(嗣実〔藤井家(絶家)〕　つぐざね)

ふ

藤原継縄* ふじわらのつぐただ, ふじわらのつくただ
神亀4(727)年～延暦15(796)年7月16日　[別]藤原継縄(ふじわらつぐただ, ふじわらのつぎなわ), 藤原朝臣継縄(ふじわらのあそみつぐなわ, ふじわらのあそんつぐただ), 桃園右大臣(ももぞのうだいじん, ももぞののうだいじん)　奈良時代～平安時代前期の公卿(右大臣)。右大臣藤原豊成の次男。
¶公卿(ふじわらのつくただ), 古人, 古代(藤原朝臣継縄　ふじわらのあそんつぐただ), コン

藤原継業 ふじわらのつぐなり
⇒藤原継業(ふじわらのつぎかず)

藤原継信 ふじわらのつぐのぶ
⇒佐藤継信(さとうつぐのぶ)

藤原継彦 ふじわらのつぐひこ
⇒藤原継彦(ふじわらのつぎひこ)

藤原嗣宗 ふじわらのつぐむね
⇒藤原朝臣嗣宗(ふじわらのあそんつぐむね)

藤原繫子 ふじわらのつなこ
⇒新皇嘉門院(しんこうかもんいん)

藤原綱子* ふじわらのつなこ
生没年不詳　平安時代後期～鎌倉時代前期の女官。
¶古人

藤原綱継* ふじわらのつなつぐ
天平宝字7(763)年～承和14(847)年　[別]藤原朝臣綱継(ふじわらのあそんつなつぐ)　奈良時代～平安時代前期の公卿(参議)。参議藤原蔵下麿の五男。
¶公卿([没]承和14(847)年7月24日), 古人, 古代(藤原朝臣綱継　ふじわらのあそんつなつぐ), コン

藤原綱手 ふじわらのつなて
⇒藤原朝臣綱手(ふじわらのあそんつなて)

藤原縄麻呂 ふじわらのつなまろ
⇒藤原縄麻呂(ふじわらのただまろ)

藤原経顕 ふじわらのつねあき
⇒勧修寺経顕(かじゅうじつねあき)

藤原経家*(1) ふじわらのつねいえ
寛仁2(1018)年～治暦4(1068)年5月25日　[別]藤原経家(ふじわらつねいえ)　平安時代中期の公卿(権中納言)。権中納言藤原定頼の長男。
¶公卿([生]寛弘7(1010)年), 古人

藤原経家*(2) ふじわらのつねいえ
生没年不詳　平安時代後期の武士。
¶古人

藤原経家*(3) ふじわらのつねいえ
久安5(1149)年～承元3(1209)年　[別]藤原経家(ふじわらつねいえ)　平安時代後期～鎌倉時代前期の公卿(非参議)。非参議藤原重家の長男。
¶公卿(生没年不詳), 公家(経家〔六条・春日・九条・紙屋河家(絶家)〕　つねいえ　[没]承元3(1209)年9月19日), 古人

藤原経家*(4) ふじわらのつねいえ
安貞1(1227)年～？　[別]九条経家(くじょうつねいえ)　鎌倉時代前期の公卿(非参議)。内大臣九条基家の長男。
¶公卿, 公家(経家〔月輪家(絶家)〕　つねいえ)

藤原経氏* ふじわらのつねうじ
？～弘安8(1285)年4月9日　鎌倉時代後期の公卿(参議)。参議藤原忠継の長男。
¶公卿, 公家(経氏〔五辻家(絶家)〕　つねうじ)

藤原経雄* ふじわらのつねお
宝治1(1247)年～元亨3(1323)年　鎌倉時代後期の公卿(参議)。参議藤原経業の曽孫。
¶公卿, 公家(経雄〔大福寺家(絶家)〕　つねお　[生]1249年)

藤原経臣 ふじわらのつねおみ
⇒藤原経臣(ふじわらつねおみ)

藤原経賢* ふじわらのつねかた
？～寛元4(1246)年10月7日　鎌倉時代前期の公卿(非参議)。参議藤原定経の次男。
¶公卿, 公家(経賢〔吉田家(絶家)1〕　つねかた)

藤原経清*(藤原常清)　ふじわらのつねきよ
？～康平5(1062)年9月17日　平安時代中期～後期の陸奥国の官人、武将。
¶古人, コン

藤原経国 ふじわらのつねくに
平安時代中期～後期の官人。
¶古人([生]1002年　[没]1093年)

藤原経子*(1) ふじわらのつねこ
生没年不詳　[別]平重盛の北の方(たいらしげもりのきたのかた)　平安時代後期の女性。高倉天皇の乳母。
¶古人, 平家(平重盛の北の方　たいらしげもりのきたのかた)

藤原経子*(2) ふじわらのつねこ
？～正中1(1324)年　[別]五辻経子(ごつじけいし), 藤原経子(ふじわらけいし, ふじわらのけいし)　鎌倉時代後期の女性。伏見天皇の宮人。
¶天皇(五辻経子　ごつじけいし　生没年不詳)

藤原経子(3) ふじわらのつねこ
⇒藤原経子(ふじわらのけいし)

藤原経定* ふじわらのつねさだ
*～保元1(1156)年1月28日　平安時代後期の公卿(権中納言)。大納言藤原経実の長男。
¶公卿([生]康和2(1100)年), 公家(経定〔堀河2・三条家(絶家)〕　つねさだ　[生]1100年　[没]久寿3(1156)年1月28日), 古人([生]1103年？)

藤原経実* ふじわらのつねざね
治暦4(1068)年～天承1(1131)年10月23日　[別]藤原経実(ふじわらつねざね)　平安時代後期の公卿(大納言)。摂政・関白・太政大臣藤原師実の三男。
¶公卿, 古人

藤原経季*(1) ふじわらのつねすえ
寛弘7(1010)年～*　平安時代中期の公卿(中納言)。権中納言藤原経通の次男。
¶公卿([没]？), 古人([没]1086年)

藤原経季(2) ふじわらのつねすえ
建仁1(1201)年～？　鎌倉時代の公卿。
¶公卿, 公家(経季〔楊梅家(絶家)〕　つねすえ)

藤原経輔* ふじわらのつねすけ
寛弘3(1006)年～永保1(1081)年8月7日　[別]藤原経輔(ふじわらつねすけ)　平安時代中期の公卿(権大納言)。中納言藤原隆家の次男。
¶公卿([没]承保1(1074)年8月7日), 古人

藤原恒佐* ふじわらのつねすけ
元慶3(879)年～天慶1(938)年　[別]藤原恒佐(ふじ

わらつねすけ)　平安時代前期～中期の公卿(右大臣)。左大臣藤原良世の七男。
¶公卿([没]天慶1(938)年5月5日),古人

藤原経忠*(1)　ふじわらのつねただ
承保2(1075)年～保延4(1138)年7月16日　[別]藤原経忠(ふじわらつねただ)　平安時代後期の公卿(中納言)。権大納言藤原経輔の孫。
¶公卿([生]?),古人

藤原経忠(2)　ふじわらのつねただ
平安時代後期の官人。
¶古人(生没年不詳)

藤原経忠(3)　ふじわらのつねただ
平安時代後期の官人。
¶古人(生没年不詳)

藤原常嗣*　ふじわらのつねつぐ
延暦15(796)年～承和7(840)年4月23日　[別]藤原常嗣(ふじわらつねつぐ),藤原朝臣常嗣(ふじわらのあそんつねつぐ)　平安時代前期の公卿(参議)。中納言藤原葛野麿の六男。
¶公卿,古人,古代(藤原朝臣常嗣　ふじわらのあそんつねつぐ),コン,対外

藤原経任*(1)　ふじわらのつねとう
長保2(1000)年～治暦2(1066)年　平安時代中期の公卿(権大納言)。大納言藤原斉信の子。
¶公卿([没]治暦2(1066)年2月16日),古人,コン

藤原経任*(2)　ふじわらのつねとう
天福1(1233)年～永仁5(1297)年1月19日　[別]中御門経任(なかみかどつねただ,なかみかどつねとう),藤原経任(ふじわらつねとう)　鎌倉時代後期の公卿(権大納言)。中御門家の祖。中納言藤原為経の次男。
¶公卿(中御門経任　なかみかどつねただ　[生]貞永1(1232)年),公家(経任〔中御門家(絶家)〕　つねとう),コン

藤原経俊　ふじわらのつねとし
⇒山内首藤経俊(やまのうちすどうつねとし)

藤原恒利*　ふじわらのつねとし
生没年不詳　平安時代中期の武士。藤原純友軍の次将。
¶古人

藤原経仲*(1)　ふじわらのつねなか
生没年不詳　平安時代後期の検非違使庁官人。
¶古人

藤原経仲(2)　ふじわらのつねなか
⇒源経仲(みなもとつねなか)

藤原経長　ふじわらのつねなが
⇒吉田経長(よしだつねなが)

藤原経業*　ふじわらのつねなり
嘉禄2(1226)年～正応2(1289)年10月19日　[別]藤原経業(ふじわらつねなり)　鎌倉時代後期の公卿(参議)。参議藤原信盛の長男。
¶公卿,公家(経業〔大福寺家(絶家)〕　つねなり)

藤原経範*　ふじわらのつねのり
文治3(1187)年～正嘉1(1257)年1月14日　鎌倉時代前期の公卿(非参議)。非参議藤原永範の孫。
¶公卿,公家(経範〔成季裔(絶家)〕　つねのり　[没]康元2(1257)年1月14日)

藤原経衡*　ふじわらのつねひら
寛弘2(1005)年～延久4(1072)年　[別]藤原経衡(ふじわらつねひら)　平安時代中期の歌人。
¶古人

藤原経平*　ふじわらのつねひら
長和3(1014)年～寛治5(1091)年7月3日　平安時代中期～後期の公卿(非参議)。権中納言藤原経通の子。
¶公卿,古人

藤原経房　ふじわらのつねふさ
⇒吉田経房(よしだつねふさ)

藤原経通*(1)　ふじわらのつねみち
天元5(982)年～永承6(1051)年8月16日　[別]藤原経通(ふじわらつねみち)　平安時代中期の公卿(権中納言)。権中納言藤原懐平の長男。
¶公卿,古人

藤原経通*(2)　ふじわらのつねみち
安元2(1176)年～延応1(1239)年10月13日　[別]藤原経通(ふじわらつねみち)　鎌倉時代前期の公卿(権大納言)。権大納言藤原泰通の長男。
¶公卿,公家(経通〔坊門家(絶家)〕　つねみち),古人

藤原経光*　ふじわらのつねみつ
建暦2(1212)年～文永11(1274)年　[別]広橋経光(ひろはしつねみつ),藤原経光(ふじわらつねみつ)　鎌倉時代前期の公卿。
¶公家(経光〔広橋家〕　つねみつ　[生]1213年　[没]文永11(1274)年4月15日),コン

藤原経宗*(1)　ふじわらのつねむね
元永2(1119)年～文治5(1189)年　[別]阿波大臣(あわのおとど),大炊御門経宗(おおいみかどつねむね,おおいみかどのつねむね),藤原経宗(ふじわらつねむね)　平安時代後期の公卿(左大臣)。大納言藤原経実の四男、母は権大納言藤原公実の娘の従三位公子。
¶公卿([没]文治5(1189)年2月28日),公家(経宗〔大炊御門家〕　つねむね　[没]文治5(1189)年2月28日),古人(大炊御門経宗　おおいみかどのつねむね),古人,コン(大炊御門経宗　おおいみかどつねむね),コン,内乱,平家(ふじわらつねむね)

藤原経宗(2)　ふじわらのつねむね
平安時代後期の官人。
¶古人(生没年不詳)

藤原経行(1)　ふじわらのつねゆき
平安時代後期の官人。父は邦恒。
¶古人(生没年不詳)

藤原経行*(2)　ふじわらのつねゆき
生没年不詳　鎌倉時代前期の公卿(非参議)。非参議藤原信雅の長男。
¶公卿,公家(経行〔丹羽家(絶家)〕　つねゆき)

藤原常行*　ふじわらのつねゆき
承和3(836)年～貞観17(875)年　平安時代前期の公卿(大納言)。右大臣藤原良相の長男。
¶公卿([没]貞観17(875)年2月17日),古人

藤原経能　ふじわらのつねよし
平安時代後期の官人。父は長房。
¶古人(生没年不詳)

藤原経良　ふじわらのつねよし
平安時代後期の官人。父は良任。

¶古人(生没年不詳)

藤原婉子*　ふじわらのつやこ
生没年不詳　平安時代中期の女官。
¶古人

藤原列子　ふじわらのつらこ
⇒藤原列子(ふじわらのれっし)

藤原定家　ふじわらのていか
⇒藤原定家(ふじわらのさだいえ)

藤原忯子　ふじわらのていし
⇒藤原忯子(ふじわらのしし)

藤原貞子*(1)　ふじわらのていし
?～貞観6(864)年　[別]藤原朝臣貞子(ふじわらのあそんさだこ), 藤原貞子(ふじわらのさだこ)　平安時代前期の女性。仁明天皇の女御。
¶古人(ふじわらのさだこ), 古代(藤原朝臣貞子　ふじわらのあそんさだこ), コン, 天皇(ふじわらのていし・さだこ　[没]貞観6(864)年8月3日)

藤原貞子(2)　ふじわらのていし
⇒今林准后(いまばやしじゅごう)

藤原呈子　ふじわらのていし
⇒九条院(くじょういん)

藤原定子*(1)　ふじわらのていし
貞元1(976)年～長保2(1000)年12月16日　[別]藤原定子(ふじわらていし, ふじわらのさだこ)　平安時代中期の女性。一条天皇の皇后。
¶古人(ふじわらのさだこ), コン, 女史, 天皇(ふじわらのていし・さだこ　[生]貞元2(977)年), 山小([没]1000年12月16日)

藤原定子*(2)　ふじわらのていし
?～延宝8(1680)年　[別]藤原定子(ふじわらのさだこ)　江戸時代前期の女官。
¶天皇(ふじわらのていし・さだこ　[没]延宝8(1680)年6月26日)

藤原媓子　ふじわらのてるこ
⇒藤原媓子(ふじわらのこうし)

藤原任子　ふじわらのとうこ
⇒宜秋門院(ぎしゅうもんいん)

藤原登子*　ふじわらのとうし
?～天延3(975)年　[別]藤原登子(ふじわらのなりこ)　平安時代中期の女性。村上天皇の宮人。
¶古人(ふじわらのなりこ), コン, 女史

藤原東子*　ふじわらのとうし
?～弘仁7(816)年　[別]藤原東子(ふじわらのひがしこ)　平安時代前期の女性。桓武天皇の宮人。
¶天皇(ふじわらのとうし・ひがしこ)

藤原藤子　ふじわらのとうし
⇒豊楽門院(ぶらくもんいん)

藤原同子　ふじわらのどうし
平安時代中期の女性。醍醐天皇更衣。
¶天皇(生没年不詳)

藤原道子*　ふじわらのどうし
長久3(1042)年～長承1(1132)年　[別]藤原道子(ふじわらのみちこ)　平安時代中期～後期の女性。白河天皇の女御。
¶古人(ふじわらのみちこ)

藤原遠明*　ふじわらのとおあきら
嘉保2(1095)年～嘉応1(1169)年　平安時代後期の官人。
¶古人

藤原遠量*　ふじわらのとおかず
生没年不詳　平安時代中期の官人。
¶古人

藤原超子　ふじわらのとおこ
⇒藤原超子(ふじわらのちょうし)

藤原遠貞　ふじわらのとおさだ
平安時代後期の官人。
¶古人(生没年不詳)

藤原遠経　ふじわらのとおつね
⇒藤原朝臣遠経(ふじわらのあそんとおつね)

藤原遠規*　ふじわらのとおのり
?～天暦7(953)年　平安時代中期の官人。南家右大臣三守の玄孫、少納言治方の子。
¶古人

藤原遠度*　ふじわらのとおのり
?～永祚1(989)年3月24日　平安時代中期の公卿(非参議)。右大臣藤原師輔の七男。
¶公卿, 古人

藤原遠理　ふじわらのとおまさ
平安時代中期の篳篥の名手。
¶古人(生没年不詳)

藤原遠光　ふじわらのとおみつ
平安時代中期の官人。父は兼通、母は典侍寛子。
¶古人([生]?　[没]1017年)

藤原言家　ふじわらのときいえ
⇒藤原言家(ふじわらときいえ)

藤原説子*　ふじわらのときこ
保延5(1139)年～安元1(1175)年　平安時代後期の女性。二条天皇の内侍。
¶古人

藤原説貞*　ふじわらのときさだ
生没年不詳　平安時代中期の官人。
¶古人

藤原説孝*　ふじわらのときたか
天暦1(947)年～?　平安時代中期の官人。
¶古人

藤原時忠　ふじわらのときただ
平安時代後期の官人。
¶古人([生]?　[没]1119年)

藤原時経　ふじわらのときつね
平安時代後期の官人。
¶古人([生]?　[没]1076年)

藤原時経女　ふじわらのときつねのむすめ
平安時代後期の堀河天皇の皇子。
¶天皇(生没年不詳)

藤原時長*(1)　ふじわらのときなが
生没年不詳　[別]藤原時長(ふじわらときなが)　平安時代後期の武将。伊達氏の祖。
¶古人

藤原時長(2)　ふじわらのときなが
⇒葉室時長(はむろときなが)

藤原説長　ふじわらのときなが
平安時代後期の官人。後二条師通家の家司。
¶古人（㊦）？　㊚1112年）

藤原節信　ふじわらのときのぶ
生没年不詳　㊙藤原節信（ふじわらのときのぶ）　平安時代中期の官吏。
¶古人

藤原時姫　ふじわらのときひめ
⇒時姫（ときひめ）

藤原時平*　ふじわらのときひら
貞観13（871）年～延喜9（909）年4月4日　㊙藤原時平（ふじわらときひら），藤原朝臣時平（ふじわらのあそんときひら）　平安時代前期の公卿（左大臣）。関白・太政大臣藤原基経の長男。讒言により菅原道真を左遷に追い込んだ。のち醍醐天皇のもと「延喜の治」を推進。
¶公卿，古人，古代（藤原朝臣時平　ふじわらのあそんときひら），コン，山小（㊚909年4月4日）

藤原時房*(1)　ふじわらのときふさ
生没年不詳　㊙藤原時房（ふじわらのときふさ）　平安時代後期の官吏。
¶古人

藤原時房(2)　ふじわらのときふさ
平安時代後期の官人。父は惟任。
¶古人（生没年不詳）

藤原時房(3)　ふじわらのときふさ
⇒万里小路時房（までのこうじときふさ）

藤原時雨　ふじわらのときふる
⇒藤原時雨（ふじわらときふる）

藤原時昌　ふじわらのときまさ
⇒藤原時昌（ふじわらときまさ）

藤原時光(1)　ふじわらのときみつ
天暦2（948）年～長和4（1015）年10月4日　平安時代中期の公卿（中納言）。関白・太政大臣藤原兼通の次男。
¶公卿，古人

藤原時光*(2)　ふじわらのときみつ
生没年不詳　㊙藤原時光（ふじわらのときみつ）　平安時代後期の官人。中山中納言顕時の子。
¶古人，平家

藤原時致　ふじわらのときむね
⇒曽我時致（そがときむね）

藤原得子　ふじわらのとくこ
⇒美福門院（びふくもんいん）

藤原得子　ふじわらのとくし
⇒美福門院（びふくもんいん）

藤原俊家*　ふじわらのとしいえ
寛仁3（1019）年～永保2（1082）年10月2日　㊙藤原俊家（ふじわらのとしいえ）　平安時代中期～後期の公卿（右大臣）。右大臣藤原頼宗の次男。
¶公卿，古人，コン

藤原俊兼*(1)　ふじわらのとしかね
生没年不詳　㊙藤原俊兼（ふじわらのとしかね）　鎌倉時代前期の幕府吏僚。源頼朝の側近に仕える。
¶古人

藤原俊兼*(2)　ふじわらのとしかね
文永8（1271）年～？　㊙楊梅俊兼（やまももとしかね）　鎌倉時代後期の公卿（非参議）。非参議藤原兼行の長男。
¶公卿，公家（俊家〔楊梅家（絶家）〕　としかね）

藤原俊清　ふじわらのとしきよ
平安時代後期の官人。
¶古人（生没年不詳）

藤原俊子*　ふじわらのとしこ
生没年不詳　㊙日野俊光女（ひのとしみつのむすめ）　鎌倉時代後期の女性。亀山天皇の宮人。
¶天皇（日野俊光女　ひのとしみつのむすめ）

藤原俊実　ふじわらのとしざね
平安時代中期の官人。
¶古人（生没年不詳）

藤原俊季*　ふじわらのとしすえ
生没年不詳　鎌倉時代後期～南北朝時代の公卿（非参議）。参議藤原実俊の子。
¶公卿，公家（俊季〔橋本家〕　としすえ）

藤原俊忠*　ふじわらのとしただ
延久5（1073）年～保安4（1123）年7月9日　㊙藤原俊忠（ふじわらのとしただ）　平安時代後期の歌人・公卿（中納言）。大納言藤原忠家の子。
¶公卿，古人（㊚1122年）

藤原俊綱(1)　ふじわらのとしつな
平安時代後期の武士。
¶古人（㊦）？　㊚1159年）

藤原俊綱(2)　ふじわらのとしつな
⇒足利俊綱（あしかがとしつな）

藤原俊経*　ふじわらのとしつね
永久1（1113）年～建久2（1191）年　㊙藤原俊経（ふじわらとしつね）　平安時代後期の公卿（参議）。参議藤原顕業の次男。
¶公卿，公家（俊経〔大福寺家（絶家）〕　としつね　㊚1114年㊚建久2（1191）年1月22日），古人（㊚1114年），平家（ふじわらとしつね）

藤原俊成*　ふじわらのとしなり
永久2（1114）年～元久1（1204）年11月30日　㊙五条三位（ごじょうのさんみ），俊成（しゅんぜい），藤原顕広（ふじわらあきひろ，ふじわらのあきひろ），藤原俊成（ふじわらしゅんぜい，ふじわらのしゅんぜい）　平安時代後期～鎌倉時代前期の歌人・公卿（非参議）。権中納言藤原俊忠の三男。「千載和歌集」の撰者，和歌所の寄人。
¶公卿，公家（俊成〔冷泉家〕　としなり），コン，詩作（ふじわらのとしなり，ふじわらのしゅんぜい），思想，中世，内乱（ふじわらのしゅんぜい），日文（ふじわらのしゅんぜい），平家（ふじわらとしなり），山小（㊚1204年11月30日）

藤原俊成女*　ふじわらのとしなりのむすめ
㊙越部禅尼（こしべのぜんに），俊成卿女（しゅんぜいきょうのむすめ），藤原俊成女（ふじわらとしなりのむすめ，ふじわらのしゅんぜいのむすめ）　鎌倉時代前期の女性。歌人。家集に「俊成卿女集」がある。
¶古人（㊦1171年？　㊚1254年？），コン（生没年不詳），詩作（生没年不詳），人文（俊成卿女　しゅんぜいきょうのむすめ　生没年不詳），女文（俊成卿女　しゅんぜいきょうのむすめ　㊦承安1（1171）年頃，中世（㊦承安1（1171）年頃　㊚？），日文（俊成卿女　しゅんぜいきょうのむすめ　㊦承安1（1171）年頃）

藤原俊言*　ふじわらのとしのぶ
生没年不詳　鎌倉時代後期の公卿(参議)。権大納言藤原為氏の孫。
¶公卿, 公家(俊言〔御子左2・二条・五条家(絶家)〕　としこと)

藤原俊信*　ふじわらのとしのぶ
天喜3(1055)年～長治2(1105)年　平安時代後期の人。広業の曽孫。
¶古人

藤原俊憲*　ふじわらのとしのり
保安3(1122)年～仁安2(1167)年　[別]藤原俊憲(ふじわらとしのり)　平安時代後期の公卿(参議)。参議藤原巨勢麻呂の裔。
¶公卿(生没年不詳), 公家(俊憲〔実兼裔(絶家)〕　としのり), 古人

藤原俊範(1)　ふじわらのとしのり
平安時代後期の官人。父は範基。
¶古人(生没年不詳)

藤原俊範*(2)　ふじわらのとしのり
？～嘉暦2(1327)年5月20日　鎌倉時代後期の公卿(非参議)。非参議藤原明範の子。
¶公卿, 公家(俊範〔成季裔(絶家)〕　としのり)

藤原俊秀　ふじわらのとしひで
平安時代後期の武士。
¶古人([生]？　[没]1180年)

藤原利仁*　ふじわらのとしひと
生没年不詳　[別]利仁将軍(りじんしょうぐん)　平安時代中期の武士、上野介、上総介、鎮守府将軍。
¶古人, コン, 山小

藤原俊雅*　ふじわらのとしまさ
文永9(1272)年～応長1(1311)年5月22日　鎌倉時代後期の公卿(参議)。参議藤原経氏の子。
¶公卿, 公家(俊雅〔五辻家(絶家)〕　としまさ)

藤原俊通*(1)　ふじわらのとしみち
大治3(1128)年～？　平安時代後期の公卿(権中納言)。太政大臣藤原宗輔の長男。
¶公卿([生]大治2(1127)年), 公家(俊通〔堀川家(絶家)〕　としみち　[生]1127年), 古人

藤原俊通(2)　ふじわらのとしみち
⇒山内首藤俊通(やまのうちすどうとしみち)

藤原俊光　ふじわらのとしみつ
⇒日野俊光(ひのとしみつ)

藤原利基(1)　ふじわらのとしもと
平安時代後期の官人。藤原宗忠家の下家司。
¶古人(生没年不詳)

藤原利基(2)　ふじわらのとしもと
⇒藤原朝臣利基(ふじわらのあそんとしもと)

藤原俊盛*　ふじわらのとしもり
保安1(1120)年～？　平安時代後期の公卿(非参議)。権中納言藤原長実の孫。
¶公卿, 公家(俊盛〔八条家(絶家)〕　としもり), 古人

藤原敏行*　ふじわらのとしゆき
？～延喜1(901)年　[別]藤原敏行(ふじわらとしゆき), 藤原朝臣敏行(ふじわらのあそんとしゆき)　平安時代前期～中期の官人、歌人、書家。三十六歌仙の一人。
¶古人, 古代(藤原朝臣敏行　ふじわらのあそんとしゆき), コン(生没年不詳), 詩作(生没年不詳)

藤原富子(1)　ふじわらのとみこ
⇒恭礼門院(きょうらいもんいん)

藤原富子(2)　ふじわらのとみこ
⇒日野富子(ひのとみこ)

藤原知章*　ふじわらのともあきら
？～長和2(1013)年　平安時代中期の官人。
¶古人

藤原知家(1)　ふじわらのともいえ
平安時代中期～後期の官人。
¶古人([生]1045年　[没]1105年)

藤原知家*(2)　ふじわらのともいえ
寿永1(1182)年～正嘉2(1258)年11月　[別]藤原知家(ふじわらともいえ), 六条知家(ろくじょうともいえ)　鎌倉時代前期の歌人・公卿(非参議)。非参議藤原顕家の子。
¶公卿([没]？), 公家(知家〔六条・春日・九条・紙屋河家(絶家)〕　ともいえ　[没]正嘉2(1258)年1月), 古人, 古人(六条知家　ろくじょうともいえ　[没]？), コン

藤原知家(3)　ふじわらのともいえ
⇒八田知家(はったともいえ)

藤原朝方*　ふじわらのともかた
保延1(1135)年～建仁1(1201)年　[別]藤原朝方(ふじわらともかた, ふじわらのあさかた)　平安時代後期～鎌倉時代前期の公卿(権大納言)。権中納言藤原朝隆の長男。
¶公卿([生]久寿2(1155)年　[没]建仁1(1201)年2月16日), 公家(朝方〔冷泉家(絶家)1〕　あさかた　[没]建仁1(1201)年2月16日), 古人(ふじわらのあさかた), 平家(ふじわらともかた)

藤原友兼　ふじわらのともかね
平安時代後期の官人。
¶古人(生没年不詳)

藤原知定　ふじわらのともさだ
平安時代後期の官人。父は利定。
¶古人(生没年不詳)

藤原友実(1)　ふじわらのともざね
平安時代後期の官人。藤原忠実家の家司。
¶古人(生没年不詳)

藤原友実(2)　ふじわらのともざね
⇒斎藤友実(さいとうともざね)

藤原友実(3)　ふじわらのともざね
⇒藤原友実(ふじわらともざね)

藤原朝重*　ふじわらのともしげ
生没年不詳　平安時代後期～鎌倉時代前期の武士。
¶古人

藤原倫滋*　ふじわらのともしげ
生没年不詳　平安時代前期の伊賀国名張郡内の私領主。
¶古人

藤原具季　ふじわらのともすえ
平安時代後期の官人。
¶古人(生没年不詳)

藤原友季　ふじわらのともすえ
平安時代後期の官人。
¶古人(生没年不詳)

藤原朝輔* ふじわらのともすけ
生没年不詳 平安時代後期の官人。
¶古人

藤原朝隆* ふじわらのともたか
承徳1(1097)年～平治1(1159)年10月3日 [別]藤原朝隆(ふじわらあさたか, ふじわらのあさたか) 平安時代後期の公卿(権中納言)。権中納言藤原顕隆の六男。
¶公卿, 公家(朝隆〔冷泉家(絶家)1〕 あさたか), 古人(ふじわらのあさたか)

藤原知綱(1) ふじわらのともつな
平安時代中期～後期の官人。
¶古人([生]1050年 [没]1093年)

藤原知綱(2) ふじわらのともつな
平安時代後期の官人。藤原師実家の家司。
¶古人([生]? [没]1094年)

藤原朝綱* ふじわらのともつな
生没年不詳 平安時代後期の武士。
¶古人([生]1122年 [没]1204年)

藤原朝経* ふじわらのともつね
天延1(973)年～長元2(1029)年7月4日 [別]藤原朝経(ふじわらのあさつね) 平安時代中期の公卿(権中納言)。大納言藤原朝光の子。
¶公卿, 古人(ふじわらのあさつね)

藤原倫経 ふじわらのともつね
平安時代後期の官人。
¶古人(生没年不詳)

藤原友俊 ふじわらのともとし
平安時代後期の官人。
¶古人(生没年不詳)

藤原朝業 ふじわらのともなり
⇒宇都宮朝業(うつのみやともなり)

藤原朝成* ふじわらのともなり
延喜17(917)年～天延2(974)年 [別]藤原朝成(ふじわらのあさひら) 平安時代中期の公卿(中納言)。右大臣藤原定方の六男。
¶公卿([没]天延2(974)年4月5日), 古人(ふじわらのあさひら)

藤原知信 ふじわらのとものぶ
⇒藤原知信(ふじわらとものぶ)

藤原知宣* ふじわらのとものぶ
生没年不詳 平安時代後期の武士。
¶古人

藤原具範* ふじわらのとものり
?～元亨1(1321)年 鎌倉時代後期の公卿(非参議)。非参議藤原広範の子。
¶公卿, 公家(具範〔成季裔(絶家)〕 とものり)

藤原知尚 ふじわらのともひさ
鎌倉時代前期の武将。
¶古人([生]? [没]1221年)

藤原友人* ふじわらのともひと
神護景雲1(767)年～弘仁13(822)年 奈良時代～平安時代前期の官吏。
¶古人([生]768年 [没]823年)

藤原朝広 ふじわらのともひろ
⇒結城朝広(ゆうきともひろ)

藤原知房 ふじわらのともふさ
⇒藤原知房(ふじわらともふさ)

藤原友房 ふじわらのともふさ
平安時代後期の官人。父は国成。
¶古人(生没年不詳)

藤原共理* ふじわらのともまさ
?～天慶2(939)年 平安時代前期～中期の官人。北家内麻呂流長岡の曽孫、保高の子。
¶古人

藤原具雅* ふじわらのともまさ
?～明徳4(1393)年5月 南北朝時代の公卿(参議)。権中納言鷹司宗雅の子。
¶公卿, 公家(具雅〔鷹司家(絶家)1〕 ともまさ)

藤原朝政 ふじわらのともまさ
⇒小山朝政(おやまともまさ)

藤原知光* ふじわらのともみつ
生没年不詳 平安時代中期の官人。
¶古人

藤原朝光 ふじわらのともみつ
⇒結城朝光(ゆうきともみつ)

藤原朝宗*(1) ふじわらのともむね
生没年不詳 平安時代後期の武士。藤原光隆の子。
¶古人

藤原朝宗(2) ふじわらのともむね
⇒比企朝宗(ひきともむね)

藤原倫寧* ふじわらのともやす
?～貞元2(977)年 [別]藤原倫寧(ふじわらともやす) 平安時代中期の官人。正四位下。
¶古人

藤原倫寧の女(藤原倫寧女) ふじわらのともやすのむすめ
⇒藤原道綱母(ふじわらのみちつなのはは)

藤原具良* ふじわらのともよし
文永8(1271)年～元弘1/元徳3(1331)年4月16日 鎌倉時代後期の公卿(非参議)。参議藤原信成の曽孫。
¶公卿([没]元弘1(1331)年4月16日), 公家(具良〔水無瀬家〕 ともよし [生]1269年 [没]元徳3(1331)年4月16日)

藤原豊子 ふじわらのとよこ
⇒藤原豊子(ふじわらのほうし)

藤原豊継* ふじわらのとよつぐ
生没年不詳 平安時代前期の官人。藤原大継の子。
¶古人

藤原豊並* ふじわらのとよなみ
?～承和6(839)年 平安時代前期の人。京家の祖麻呂の曽孫豊前介古(石)雄の子。
¶古人

藤原豊成* ふじわらのとよなり
慶雲1(704)年～天平神護1(765)年 [別]藤原朝臣豊成(ふじわらのあそんとよなり), 藤原豊成朝臣(ふじわらのとよなりあそみ) 奈良時代の官人(右大臣)。贈太政大臣・左大臣藤原武智麻呂の長男。
¶公卿([没]天平神護1(765)年11月27日), 古人, 古代(藤原朝臣豊成 ふじわらのあそんとよなり), コン([生]慶雲1(704)年?)

ふ

藤原豊成朝臣　ふじわらのとよなりあそみ
⇒藤原豊成（ふじわらのとよなり）

藤原鳥養　ふじわらのとりかい
⇒藤原朝臣鳥養（ふじわらのあそんとりかい）

藤原執弓　ふじわらのとりゆみ
⇒藤原朝臣執弓（ふじわらのあそんとりゆみ）

藤原直家　ふじわらのなおいえ
平安時代後期の官人。
¶古人（生没年不詳）

藤原直子　ふじわらのなおいこ
⇒藤原直子（ふじわらなおいこ）

藤原尚忠　ふじわらのなおただ
⇒藤原尚忠（ふじわらなおただ）

藤原直宗女　ふじわらのなおむねのむすめ
⇒藤原氏（ふじわらうじ）

藤原長明(1)　ふじわらのながあきら
平安時代中期～後期の官人。
¶古人（[生]1018年　[没]1099年）

藤原長明(2)　ふじわらのながあきら
平安時代後期の官人。
¶古人（[生]？　[没]1104年）

藤原長家*　ふじわらのながいえ
寛弘2（1005）年～康平7（1064）年11月9日　[別]藤原長家（ふじわらながいえ）　平安時代中期の歌人・公卿（権大納言）。摂政・太政大臣藤原道長の六男。
¶公卿, 古人

藤原長氏*　ふじわらのながうじ
？～文応1（1260）年10月　鎌倉時代前期の公卿（非参議）。非参議藤原長清の子。
¶公卿, 公家（長氏〔八条家（絶家）〕　ながうじ）

藤原長岡*　ふじわらのながおか
延暦5（786）年～嘉祥2（849）年　平安時代前期の廷臣。
¶古人, コン

藤原仲男麻呂　ふじわらのなかおまろ
奈良時代の官人。
¶古人（生没年不詳）

藤原長賢　ふじわらのながかた
平安時代後期の官人。
¶古人（[生]？　[没]1133年）

藤原長方*　ふじわらのながかた
保延5（1139）年～建久2（1191）年　[別]藤原長方（ふじわらながかた）　平安時代後期の公卿（権中納言）。権中納言藤原顕長の長男。
¶公卿, 公家（長方〔八条家（絶家）〕　ながかた　[没]建久2（1191）年3月10日）, 古人（[生]1140年）, コン, 平家（ふじわらながかた）

藤原長兼*　ふじわらのながかね
生没年不詳　[別]三条長兼（さんじょうながかね）, 藤原長兼（ふじわらながかね）　平安時代後期～鎌倉時代前期の公卿（権中納言）。権中納言藤原長方の次男。
¶公卿, 公家（長兼〔八条家（絶家）〕　ながかね）, 古人

藤原長河　ふじわらのながかわ
奈良時代の官人。
¶古人（生没年不詳）

藤原永清*　ふじわらのながきよ
長元4（1031）年～永長1（1096）年　平安時代中期～後期の官人。
¶古人

藤原長清*　ふじわらのながきよ
治承4（1180）年～暦仁1（1238）年8月8日　鎌倉時代前期の公卿（非参議）。非参議藤原実清の三男。
¶公卿, 公家（長清〔八条家（絶家）〕　ながきよ　[没]嘉禎4（1238）年8月8日）

藤原仲子　ふじわらのなかこ
⇒藤原仲子（ふじわらのちゅうし）

藤原長子　ふじわらのながこ
⇒讃岐典侍（さぬきのすけ）

藤原長娥子*　ふじわらのながこ
生没年不詳　[別]藤原朝臣長娥子（ふじわらのあそんながこ）　奈良時代の女性。藤原不比等の二女。
¶古代（藤原朝臣長娥子　ふじわらのあそんながこ）

藤原仲実*(1)　ふじわらのなかざね
天喜5（1057）年～元永1（1118）年　[別]藤原仲実（ふじわらなかざね）　平安時代後期の歌人。堀河院歌壇の一員、「堀河百首」の作者の一人。
¶古人, コン

藤原仲実*(2)　ふじわらのなかざね
？～保安2（1121）年12月23日　平安時代後期の公卿（権大納言）。大納言藤原実季の三男。
¶公卿, 古人

藤原仲実(3)　ふじわらのなかざね
平安時代後期の官人。
¶古人（[生]1051年　[没]1108年）

藤原永実(1)　ふじわらのながざね
平安時代後期の学者。父は成季。
¶古人（[生]1062年　[没]1119年）

藤原永実(2)　ふじわらのながざね
⇒藤原永実（ふじわらながざね）

藤原長実*　ふじわらのながざね
承保2（1075）年～長承2（1133）年8月19日　[別]藤原長実（ふじわらながざね）　平安時代後期の公卿（権中納言）。非参議藤原顕季の長男。
¶公卿, 古人

藤原長実母*　ふじわらのながざねのはは
生没年不詳　[別]藤原長実母（ふじわらながざねのはは）　平安時代後期の歌人。
¶古人

藤原仲季*　ふじわらのなかすえ
生没年不詳　平安時代中期の人。前大和守藤原成資の三男。
¶古人

藤原長季*　ふじわらのながすえ
文治3（1187）年～？　鎌倉時代前期の公卿（非参議）。非参議藤原季能の次男。
¶公卿, 公家（長季〔八条家（絶家）〕　ながすえ）

藤原永相　ふじわらのながすけ
平安時代中期の官人。父は為資。大蔵大輔・従五位上。
¶古人（生没年不詳）

藤原長相* ふじわらのながすけ
　生没年不詳　鎌倉時代後期の公卿(参議)。非参議
藤原相保の子。
　¶公卿, 公家(長相〔持明院(正嫡)家(絶家)〕　ながす
け)

藤原長輔* ふじわらのながすけ
　康和5(1103)年〜保元1(1156)年1月14日　平安時
代後期の公卿(非参議)。権中納言藤原長実の長男。
　¶公卿, 公家(長輔〔八条家(絶家)〕　ながすけ　②久寿
3(1156)年1月14日), 古人

藤原中尹* ふじわらのなかただ
　生没年不詳　平安時代中期の官人。
　¶古人

藤原長忠* (1)　ふじわらのながただ
　天喜5(1057)年〜大治4(1129)年　平安時代後期
の公卿。

藤原長忠* (2)　ふじわらのながただ
　生没年不詳　鎌倉時代前期の公卿(非参議)。非参
議藤原兼頼の子。
　¶公卿, 公家(長忠〔烏丸家(絶家)〕　ながただ)

藤原仲成　ふじわらのなかたり
　⇒藤原仲成(ふじわらのなかなり)

藤原永親　ふじわらのながちか
　平安時代後期の官人。
　¶古人(㊞　②1083年)

藤原長親 (1)　ふじわらのながちか
　⇒花山院長親(かざんいんながちか)

藤原長親 (2)　ふじわらのながちか
　⇒藤原長親(ふじわらながちか)

藤原仲継　ふじわらのなかつぐ
　奈良時代の官人。
　¶古人(生没年不詳)

藤原長継　ふじわらのながつぐ
　奈良時代の官人。
　¶古人(生没年不詳)

藤原長倫* ふじわらのながつぐ
　承安3(1173)年〜?　鎌倉時代前期の公卿(非参
議)。文章博士藤原光輔の次男。
　¶公卿, 公家(長倫〔式家(絶家)〕　ながとも)

藤原仲経* ふじわらのなかつね
　生没年不詳　平安時代後期〜鎌倉時代前期の公卿
(権中納言)。権中納言藤原親信の次男。
　¶公卿, 公家(仲経〔水無瀬家〕　なかつね　㊤1167年
②嘉禎2(1236)年12月27日)

藤原永経* ふじわらのながつね
　?〜永仁5(1297)年9月2日　鎌倉時代後期の公卿
(非参議)。権中納言藤原長良の裔。
　¶公卿, 公家(永経〔高倉家〕　ながつね)

藤原長経* ふじわらのながつね
　生没年不詳　㊞藤原長経(ふじわらながつね)　平
安時代後期〜鎌倉時代前期の歌人・公卿(非参議)。
非参議藤原実清の長男。
　¶公卿, 公家(長経〔八条家(絶家)〕　ながつね)

藤原永手* ふじわらのながて
　和銅7(714)年〜宝亀2(771)年　㊞藤原永手(ふじ

わらながて), 藤原朝臣永手(ふじわらのあそんな
がて), 藤原永手朝臣(ふじわらのながてあそみ)
奈良時代の官人(左大臣)。参議藤原房前の次男。
　¶公卿(㊞宝亀2(771)年2月22日), 古人, 古代(藤原朝臣
永手　ふじわらのあそんながて), コン

藤原永手朝臣　ふじわらのながてあそみ
　⇒藤原永手(ふじわらのながて)

藤原長能* ふじわらのながとう
　天暦3(949)年?〜?　㊞藤原長能(ふじわらのなが
とう, ふじわらのながよし)　平安時代中期の歌
人, 花山天皇側近。
　¶古人(ふじわらのながよし　㊤949年　②1009年), コ
ン, 詩作(ふじわらのながとう, ふじわらのながよし
㊤天暦3(949)年, 日文(ふじわらのながとう・ながよ
し　②寛弘6(1009)年?)

藤原仲遠* ふじわらのなかとお
　生没年不詳　平安時代中期の官人。
　¶古人

藤原永俊　ふじわらのながとし
　平安時代後期の官人。父は信頼。
　¶古人(生没年不詳)

藤原長朝* ふじわらのながとも
　建久8(1197)年〜建長3(1251)年8月8日　鎌倉時
代前期の公卿(参議)。権中納言藤原長兼の次男。
　¶公卿, 公家(長朝〔八条家(絶家)〕　ながとも)

藤原仲成* ふじわらのなかなり
　天平宝字8(764)年〜弘仁1(810)年　㊞藤原朝臣仲
成(ふじわらのあそんなかなり), 藤原仲成(ふじわら
のなかたり)　平安時代前期の公卿(参議)。参
議藤原宇合の曽孫。
　¶公卿(㊞宝亀5(774)年　㊤弘仁1(810)年9月), 古人,
古代(藤原朝臣仲成　ふじわらのあそんなかなり), コ
ン(㊞宝亀5(774)年), 山小(㊤810年9月11日)

藤原長成* ふじわらのながなり
　生没年不詳　平安時代後期の官人。
　¶古人, 内乱

藤原永信　ふじわらのなかのぶ
　平安時代中期の官人。父は永頼。
　¶古人(生没年不詳)

藤原仲統　ふじわらのなかのり
　⇒藤原朝臣仲統(ふじわらのあそんなかむね)

藤原永範* ふじわらのながのり
　*〜治承4(1180)年　㊞藤原永範(ふじわらながの
り)　平安時代後期の公卿(非参議)。参議藤原巨
勢麻呂の裔。
　¶公卿(㊞康和1(1100)年　㊤治承4(1180)年11月10
日), 公家(永範〔成季斎(絶家)〕　ながのり　㊤1096
年　㊤治承4(1180)年11月13日), 古人(生没年不詳)

藤原脩範* (藤原脩憲, 藤原修範)　ふじわらのながのり
　康治2(1143)年〜?　㊞円静(えんじょう), 藤原
修範(ふじわらのながのり)　平安時代後期の公卿
(参議)。参議藤原巨勢麻呂の裔。
　¶公卿(㊞寿永2(1183)年), 公家(脩範〔実兼斎(絶家)〕
ながのり　②寿永2(1183)年?), 古人(藤原修範), 平
家(藤原修範　ふじわらながのり), 密教(円静　えん
じょう　②1191年以後)

藤原仲平* ふじわらのなかひら
　貞観17(875)年〜天慶8(945)年9月5日　㊞藤原仲
平(ふじわらなかひら)　平安時代前期〜中期の公
卿(左大臣)。関白・太政大臣藤原基経の次男。

¶公卿, 古人, コン

藤原長房* (1)　ふじわらのながふさ
長元3(1030)年～康和1(1099)年　[別]藤原長房(ふじわらながふさ)　平安時代中期～後期の公卿(参議)。権大納言藤原経輔の次男。
¶公卿([没]康和1(1099)年9月9日), 古人

藤原長房* (2)　ふじわらのながふさ
嘉応2(1170)年～寛元1(1243)年　[別]覚真(かくしん), 藤原長房(ふじわらながふさ), 藤原憲頼(ふじわらのりより)　鎌倉時代前期の公卿(参議)。参議藤原光長の長男。
¶公卿([生]仁安3(1168)年　[没]?), 公家(長房〔海住山家(絶家)〕　ながふさ　[生]1168年　[没]?), 古人

藤原仲縁*　ふじわらのなかふち
弘仁10(819)年～貞観17(875)年6月6日　平安時代前期の公卿(参議)。右大臣藤原三守の次男。
¶公卿

藤原仲文*　ふじわらのなかぶみ, ふじわらのなかふみ
*～正暦3(992)年2月　[別]藤原仲文(ふじわらなかふみ)　平安時代中期の歌人。三十六歌仙の一人。
¶古人(ふじわらのなかふみ　[生]923年), コン([生]延喜23(923)年), 詩作(ふじわらのなかふみ　[生]延長1(923)年)

藤原永雅　ふじわらのながまさ
平安時代後期の官人。父は清家。
¶古人(生没年不詳)

藤原仲麻呂* (藤原仲麿)　ふじわらのなかまろ
慶雲3(706)年～天平宝字8(764)年　[別]恵美押勝(えみおしかつ, えみのおしかつ), 藤原仲麻呂(ふじわらなかまろ), 藤原朝臣仲麻呂(ふじわらのあそんなかまろ)　奈良時代の官人(太師)。贈太政大臣・左大臣藤原武智麻呂の次男。光明皇后に引き立てられ政界に。橘諸兄・奈良麻呂等の勢力を抑え専権をふるう。淳仁天皇を即位させ自らは太師恵美押勝として頂点に。のち孝謙上皇に登用された道鏡を除こうとして乱をおこし敗死。
¶公卿(藤原仲麿(恵美押勝)　[没]天平宝字8(764)年9月), 古人, 古代(藤原朝臣仲麻呂　ふじわらのあそんなかまろ　[生]716年), コン([生]慶雲3(706)年?), 思想, 平家(恵美押勝　えみおしかつ), 山小([没]764年9月18日)

藤原永道　ふじわらのながみち
平安時代中期の官人。
¶古人(生没年不詳)

藤原長道　ふじわらのながみち
奈良時代の官人。
¶古人(生没年不詳)

藤原永光　ふじわらのながみつ
⇒藤原永光(ふじわらながみつ)

藤原長光*　ふじわらのながみつ
康和3(1101)年～?　平安時代後期の官人。
¶古人

藤原仲統　ふじわらのなかむね
⇒藤原朝臣仲統(ふじわらのあそんなかむね)

藤原長宗　ふじわらのながむね
平安時代中期～後期の官人。
¶古人([生]1016年　[没]1085年)

藤原仲統女　ふじわらのなかむねのむすめ
⇒藤原氏(ふじわらうじ)

藤原永職　ふじわらのながもと
平安時代中期の官人。
¶古人(生没年不詳)

藤原長基*　ふじわらのながもと
生没年不詳　[別]藤原長基(ふじわらながもと)　鎌倉時代後期の公卿(非参議)。非参議藤原長忠の長男。
¶公卿, 公家(長基〔烏丸家(絶家)〕　ながもと)

藤原長山　ふじわらのながやま
奈良時代の官人。
¶古人(生没年不詳)

藤原長吉　ふじわらのながよし
戦国時代の武田氏家臣。小山田氏の被官か。
¶武田(生没年不詳)

藤原長能　ふじわらのながよし
⇒藤原長能(ふじわらのながとう)

藤原長良　ふじわらのながよし
⇒藤原長良(ふじわらのながら)

藤原永頼*　ふじわらのながより
承平2(932)年～寛弘7(1010)年　平安時代中期の官人。
¶古人

藤原長頼*　ふじわらのながより
生没年不詳　平安時代後期の武士。
¶古人([生]1177年　[没]1254年)

藤原長良*　ふじわらのながら
延暦21(802)年～斉衡3(856)年　[別]藤原長良(ふじわらながら, ふじわらのながよし), 藤原朝臣長良(ふじわらのあそんながら)　平安時代前期の公卿(権中納言)。左大臣藤原冬嗣の長男。
¶公卿([没]斉衡3(856)年6月23日), 古人, 古代(藤原朝臣長良　ふじわらのあそんながら), コン

藤原並藤*　ふじわらのなみふじ
延暦11(792)年～仁寿3(853)年　平安時代前期の陰陽家。陰陽頭。
¶古人

藤原済家*　ふじわらのなりいえ
鎌倉時代後期の官人。備中守清通の子。
¶公卿(生没年不詳), 公家(済家〔小一条流姉小路家(絶家)〕　なりいえ), 古人(生没年不詳)

藤原成家*　ふじわらのなりいえ
久寿2(1155)年～承久2(1220)年　[別]藤原成家(ふじわらなりいえ)　平安時代後期～鎌倉時代前期の公卿(非参議)。非参議藤原俊成の長男。
¶公卿([没]承久2(1220)年6月4日), 公家(成家〔御子左家(絶家)〕1〕　なりいえ　[没]承久2(1220)年6月4日), 古人

藤原済氏*　ふじわらのなりうじ
文永3(1266)年～嘉暦2(1327)年　鎌倉時代後期の公卿(非参議)。非参議藤原済家の子。
¶公卿, 公家(済氏〔小一条流姉小路家(絶家)〕　なりうじ)

藤原業清　ふじわらのなりきよ
⇒藤原業清(ふじわらなりきよ)

藤原成国　ふじわらのなりくに
⇒藤原成国(ふじわらなりくに)

藤原成子*(1)　ふじわらのなりこ
生没年不詳　平安時代後期の官女。
¶古人

藤原成子*(2)　ふじわらのなりこ
生没年不詳　[別]藤原成子(ふじわらせいし，ふじわらのせいし)　鎌倉時代前期の女房、後堀河天皇の乳母。
¶古人,内乱(ふじわらのせいし)

藤原成子(3)　ふじわらのなりこ
⇒藤原成子(ふじわらのせいし)

藤原生子　ふじわらのなりこ
⇒藤原生子(ふじわらのせいし)

藤原登子　ふじわらのなりこ
⇒藤原登子(ふじわらのとうし)

藤原得子　ふじわらのなりこ
⇒美福門院(びふくもんいん)

藤原成定　ふじわらのなりさだ
⇒藤原成定(ふじわらなりさだ)

藤原成実*　ふじわらのなりざね
建久2(1191)年～？　[別]藤原成実(ふじわらなりざね)　鎌倉時代前期の公卿(非参議)。非参議藤原親実の長男。
¶公卿,公家(成実〔大宮家(絶家)〕　なりざね)

藤原成季*　ふじわらのなりすえ
生没年不詳　[別]藤原成季(ふじわらのしげすえ)　平安時代中期～後期の官吏、漢詩人。
¶古人(ふじわらのしげすえ　[生]1027年？　[没]？),古人

藤原成澄*　ふじわらのなりずみ
？～寿永2(1183)年　平安時代後期の武士。藤原利仁の裔。
¶古人

藤原業孝　ふじわらのなりたか
平安時代後期の官人。
¶古人(生没年不詳)

藤原成能*　ふじわらのなりたか
寛元4(1246)年～？　鎌倉時代後期の公卿(非参議)。非参議藤原資能の次男。
¶公卿,公家(成能〔実兼裔(絶家)〕　なりよし)

藤原成親*　ふじわらのなりちか
保延4(1138)年～治承1(1177)年　[別]藤原成親(ふじわらなりちか)　平安時代後期の公卿(権大納言)。中納言藤原家成の三男。後白河院の近臣。
¶公卿([没]治承1(1177)年7月13日),公家(成親〔大宮家(絶家)〕　なりちか　[没]安元3(1177)年7月13日),古人,コン([生]保延3(1137)年),中世,内乱([没]安元3(1177)年),平家(ふじわらなりちか),山小([没]1177年7月9日)

藤原成経*(1)　ふじわらのなりつね
保元1(1156)年～建仁2(1202)年　[別]藤原成経(ふじわらなりつね)　平安時代後期～鎌倉時代前期の公卿(参議)。権大納言藤原成親の長男。
¶公卿([生]？　[没]建仁2(1202)年3月19日),公家(成経〔大宮家(絶家)〕　なりつね　[生]？　[没]建仁2(1202)年3月18日),古人,内乱,平家(ふじわらなりつね　[生]久寿3(1156)年)

藤原成経*(2)　ふじわらのなりつね
永仁5(1297)年～観応2/正平6(1350)年6月　鎌倉時代後期～南北朝時代の公卿(参議)。非参議藤原公兼の孫。
¶公卿,公家(成経〔清水谷家(絶家)〕　なりつね　[没]観応2(1351)年6月)

藤原登任*　ふじわらのなりとう
永延2(988)年？～？　平安時代中期の官人。
¶古人([生]988年　[没]1059年)

藤原愛発　ふじわらのなりとき
⇒藤原愛発(ふじわらのちかなり)

藤原済時*　ふじわらのなりとき
天慶4(941)年～長徳1(995)年　[別]藤原済時(ふじわらなりとき)　平安時代中期の公卿(大納言)。左大臣藤原師尹の子。
¶公卿([没]長徳1(995)年4月23日),古人,コン

藤原斉敏*　ふじわらのなりとし
延長6(928)年～天延1(973)年2月14日　[別]藤原斉敏(ふじわらのただとし)　平安時代中期の公卿(参議)。摂政・関白・太政大臣藤原実頼の三男。
¶公卿,古人(ふじわらのただとし)

藤原業仲　ふじわらのなりなか
平安時代後期の官人。父は高階業敏。
¶古人(生没年不詳)

藤原成長*　ふじわらのなりなが
養和1(1181)年～天福1(1233)年7月3日　鎌倉時代前期の公卿(非参議)。参議藤原定長の三男。
¶公卿,公家(成長〔霊山家(絶家)〕　なりなが)

藤原斉長　ふじわらのなりなが
平安時代中期の官人。
¶古人(生没年不詳)

藤原斉信　ふじわらのなりのぶ
⇒藤原斉信(ふじわらのただのぶ)

藤原成範*　ふじわらのなりのり
保延1(1135)年～文治3(1187)年3月17日　[別]藤原成範(ふじわらしげのり，ふじわらなりのり，ふじわらのしげのり)　平安時代後期の歌人・公卿(中納言)。参議藤原巨勢麻呂の裔。
¶公卿,公家(成範〔実兼裔(絶家)〕　なりのり　[没]文治3(1187)年3月16日),古人(ふじわらのしげのり),古人,日文,平家(ふじわらしげのり)

藤原成房*　ふじわらのなりふさ
天元5(982)年～？　平安時代中期の官人。
¶古人

藤原成通*　ふじわらのなりみち
承徳1(1097)年～？　平安時代後期の公卿(大納言)。権大納言藤原宗通の四男、母は非参議藤原顕季の長女。
¶公卿([没]応保2(1162)年),公家(成通〔坊門家(絶家)〕　なりみち),古人

藤原成光*　ふじわらのなりみつ
天永2(1111)年～治承4(1180)年　平安時代後期の敦光の子。
¶古人

藤原成頼*　ふじわらのなりより
保延2(1136)年～建仁2(1202)年　[別]葉室成頼(はむろなりより)，藤原成頼(ふじわらなりより)　平安時代後期～鎌倉時代前期の公卿(参議)。権中納言藤原顕頼の三男。
¶公卿([没]建仁2(1202)年10月),公家(成頼〔葉室家〕　なりより　[没]建仁2(1202)年閏10月),古人,平家(ふじ

わらなりより）

藤原仁善子　ふじわらのにぜこ
⇒王女御の母（おうにょうごのはは）

藤原任子　ふじわらのにんし
⇒宜秋門院（ぎしゅうもんいん）

藤原寧子　ふじわらのねいし
⇒広義門院（こうぎもんいん）

藤原根麻呂　ふじわらのねまろ
奈良時代の官人。
¶古人（生没年不詳）

藤原年子　ふじわらのねんし・としこ
平安時代前期の女性。文徳天皇女御。
¶天皇

藤原後生　ふじわらののちおう
⇒藤原後生（ふじわらのちおう）

藤原後蔭　ふじわらののちかげ
⇒藤原後蔭（ふじわらのちかげ）

藤原信家*　ふじわらののぶいえ
寛仁3（1019）年～康平4（1061）年4月13日　[別]藤原信家（ふじわらのぶいえ）　平安時代中期の公卿（権大納言）。関白・太政大臣藤原教通の長男。
¶公卿（[没]康平3（1060）年4月13日），古人（[生]1018年）

藤原信賢　ふじわらののぶかた
⇒藤原信賢（ふじわらのぶかた）

藤原宣方*　ふじわらののぶかた
？～正和1（1312）年　[別]藤原宣方（ふじわらのぶかた）　鎌倉時代後期の公卿（非参議）。参議藤原惟方の裔。
¶公卿，公家（宣方〔粟田口家（絶家）〕　のぶかた）

藤原信清　ふじわらののぶきよ
⇒坊門信清（ぼうもんのぶきよ）

藤原延子(1)　ふじわらののぶこ
⇒藤原延子（ふじわらのえんし）

藤原延子(2)　ふじわらののぶこ
⇒藤原延子（ふじわらのえんし）

藤原述子　ふじわらののぶこ
⇒藤原述子（ふじわらのじゅつし）

藤原遵子　ふじわらののぶこ
⇒藤原遵子（ふじわらのじゅんし）

藤原順子　ふじわらののぶこ
⇒藤原順子（ふじわらのじゅんし）

藤原信子*(1)　ふじわらののぶこ
？～安貞1（1227）年　平安時代後期～鎌倉時代前期の女官。
¶古人

藤原信子(2)　ふじわらののぶこ
⇒嘉楽門院（からくもんいん）

藤原信定　ふじわらののぶさだ
⇒藤原信定（ふじわらのぶさだ）

藤原信実*　ふじわらののぶざね
安元2（1176）年～？　[別]藤原信実（ふじわらのぶざね）　鎌倉時代前期の歌人、似絵絵師。歌集に「信実朝臣集」があり、「三十六歌仙絵巻」などでも知られる。
¶古人（[生]1176年？　[没]1265年？），コン，内乱（[生]安元2（1176）年？），日文（[生]治承1（1177）年　[没]文永3（1266）年？），美画（[没]文永3（1266）年），山小（[生]1176年？　[没]1265年？）

藤原宣季　ふじわらののぶすえ
平安時代後期の官人。
¶古人（生没年不詳）

藤原信隆*　ふじわらののぶたか
大治1（1126）年～治承3（1179）年　[別]藤原信隆（ふじわらのぶたか）　平安時代後期の公卿（非参議）。中納言藤原経忠の孫。
¶公卿（[没]治承3（1179）年11月16日），公家（信隆〔坊門家（絶家）〕　のぶたか　[没]治承3（1179）年11月16日），古人，平家（ふじわらのぶたか）

藤原宣孝*　ふじわらののぶたか
？～長保3（1001）年　平安時代中期の廷臣。
¶古人（[生]953年？）

藤原陳忠*　ふじわらののぶただ
生没年不詳　平安時代中期の受領、信濃守。
¶古人

藤原信親*　ふじわらののぶちか
久寿2（1155）年～？　平安時代後期～鎌倉時代前期の人。正三位権中納言信頼の子。
¶古人

藤原信綱(1)　ふじわらののぶつな
⇒叡覚（えいかく）

藤原信綱(2)　ふじわらののぶつな
⇒藤原信綱（ふじわらのぶつな）

藤原惟経　ふじわらののぶつね
平安時代中期の官人。父は惟風。
¶古人（生没年不詳）

藤原信経*　ふじわらののぶつね
生没年不詳　[別]藤原信経（ふじわらのぶつね）　平安時代中期の官人。
¶古人（ふじわらのぶつね）

藤原信時*　ふじわらののぶとき
元久1（1204）年～文永3（1266）年　鎌倉時代前期の公卿（非参議）。非参議藤原家時の長男。
¶公卿，公家（信時〔小一条流姉小路家（絶家）〕　のぶとき）

藤原信俊　ふじわらののぶとし
平安時代後期の官人。父は信頼。
¶古人（生没年不詳）

藤原信長*　ふじわらののぶなが
治安2（1022）年～嘉保1（1094）年9月3日　[別]藤原信長（ふじわらのぶなが）　平安時代中期～後期の公卿（太政大臣）。内大臣藤原教通の三男。
¶公卿，古人，コン

藤原信成*　ふじわらののぶなり
建久8（1197）年～？　鎌倉時代前期の公卿（参議）。権大納言藤原忠信の子。
¶公卿

藤原惟規*　ふじわらののぶのり
？～寛弘8（1011）年　[別]藤原惟規（ふじわらのこれのぶ，ふじわらのこれのり，ふじわらのぶのり）　平安時代中期の歌人。
¶古人（ふじわらのこれのり），古人（[生]976年　[没]1011年？），日文（ふじわらののぶのり・これのぶ）

藤原信平* ふじわらののぶひら
？～正中2(1325)年12月25日　鎌倉時代後期の公卿(非参議)。非参議藤原雅平の子。
¶公卿,公家(信平〔法性寺家(絶家)〕　のぶひら)

藤原宣房(1)　ふじわらののぶふさ
⇒万里小路宣房(までのこうじのぶふさ)

藤原宣房(2)　ふじわらののぶふさ
⇒藤原宣房(ふじわらのぶふさ)

藤原信雅* ふじわらののぶまさ
生没年不詳　[別]藤原信雅(ふじわらのぶまさ)　平安時代後期～鎌倉時代前期の公卿(非参議)。非参議藤原信隆の孫。
¶公卿,公家(信雅〔丹羽家(絶家)〕　のぶまさ)

藤原惟通* ふじわらののぶみち
？～寛仁4(1020)年　平安時代中期の官人。父は越前守為時。
¶古人

藤原信通*(1)　ふじわらののぶみち
生没年不詳　平安時代中期の官人。
¶古人

藤原信通*(2)　ふじわらののぶみち
*～保安1(1120)年10月22日　平安時代後期の公卿(参議)。権大納言藤原宗通の長男。
¶公卿([生]寛治5(1091)年),古人([生]1092年)

藤原信盛*(1)　ふじわらののぶもり
生没年不詳　[別]藤原信盛(ふじわらのぶもり)　平安時代後期の武士。後白河法皇の近侍。
¶古人,平家(ふじわらのぶもり)

藤原信盛*(2)　ふじわらののぶもり
建久4(1193)年～文永7(1270)年8月　鎌倉時代前期の公卿(参議)。非参議藤原盛経の長男。
¶公卿,公家(信盛〔大福寺家(絶家)〕　のぶもり)

藤原信行* ふじわらののぶゆき
？～寿永2(1183)年　[別]藤原信行(ふじわらのぶゆき)　平安時代後期の官人。道隆の後裔信輔の子。
¶古人,平家(ふじわらのぶゆき)

藤原信能　ふじわらののぶよし
⇒一条信能(いちじょうのぶよし)

藤原信良　ふじわらののぶよし
平安時代後期の官人。藤原清廉の孫。
¶古人(生没年不詳)

藤原信頼*(1)　ふじわらののぶより
長承2(1133)年～平治1(1159)年12月27日　[別]藤原信頼(ふじわらのぶより)　平安時代後期の公卿(権中納言)。非参議藤原忠隆の三男。源義朝と結び藤原通憲を除いて権力を掌握しようとした(平治の乱)が、平清盛に敗れて刑死。
¶公卿,公家(信頼〔姉小路家(絶家)〕　のぶより),古人,コン,内乱,平家(ふじわらのぶより),山小([没]1159年12月27日)

藤原信頼(2)　ふじわらののぶより
平安時代後期の官人。
¶古人(生没年不詳)

藤原教顕* ふじわらののりあき
生没年不詳　鎌倉時代後期の公卿(非参議)。非参議藤原基定の曽孫。
¶公卿,公家(教顕〔堀河2・三条家(絶家)〕　のりあき)

藤原則明* ふじわらののりあき
生没年不詳　平安時代後期の武士。
¶古人

藤原教家* ふじわらののりいえ
建久5(1194)年～建長7(1255)年4月28日　[別]藤原教家(ふじわらのりいえ)　鎌倉時代前期の公卿(権大納言)。摂政・太政大臣九条良経の次男。
¶公卿,公家(教家〔九条家〕　のりいえ)

藤原教氏*(1)　ふじわらののりうじ
？～文永6(1269)年　鎌倉時代前期の公卿(非参議)。非参議藤原公長の子。
¶公卿,公家(教氏〔山科家(絶家)1〕　のりうじ)

藤原教氏*(2)　ふじわらののりうじ
弘安10(1287)年～正平7/文和1(1352)年　鎌倉時代後期～南北朝時代の公卿(非参議)。非参議藤原顕教の子。
¶公卿([没]文和1/正平7(1352)年),公家(教氏〔六条・春日・九条・紙屋河家(絶家)〕　のりうじ　[没]文和1(1352)年)

藤原範氏* ふじわらののりうじ
建暦2(1212)年～？　鎌倉時代前期の公卿(非参議)。権中納言藤原範朝の子。
¶公卿,公家(範氏〔岡崎家(絶家)〕　のりうじ)

藤原範雄* ふじわらののりお
？～元亨2(1322)年　鎌倉時代後期の公卿(非参議)。非参議藤原範氏の孫。
¶公卿,公家(範雄〔岡崎家(絶家)〕　のりお)

藤原憲方* ふじわらののりかた
嘉承1(1106)年～永暦1(1160)年　平安時代後期の官人。
¶古人

藤原範兼* ふじわらののりかね
嘉承2(1107)年～永万1(1165)年　[別]藤原範兼(ふじわらのりかね)　平安時代後期の学者、歌人、公卿(非参議)。参議藤原巨勢麻呂の裔。
¶公卿([没]永万1(1165)年4月26日),公家(範兼〔藪家〕　のりかね　[没]長寛3(1165)年4月26日),古人

藤原教子* ふじわらののりこ
生没年不詳　平安時代後期の女官。
¶古人

藤原範子* ふじわらののりこ
？～正治2(1200)年　[別]高倉範子(たかくらはんし),藤原範子(ふじわらのはんし,ふじわらはんし)　平安時代後期～鎌倉時代前期の女性。後鳥羽天皇の乳母。
¶古人,平家(ふじわらはんし)

藤原教定* ふじわらののりさだ
*～元徳2(1330)年2月11日　[別]藤原教定(ふじわらのりさだ)　鎌倉時代後期の公卿(非参議)。権中納言藤原教成の曽孫。
¶公卿([生]文永8(1271)年),公家(教定〔山科家(絶家)2〕　のりさだ　[生]1271年)

藤原範貞* ふじわらののりさだ
大治1(1126)年～？　平安時代後期の人。式部大輔文章博士永範の一男。
¶古人

藤原教成　ふじわらののりしげ
⇒山科教成(やましなのりしげ)

ふ

藤原範茂* ふじわらののりしげ
元暦1(1184)年～承久3(1221)年 [別]藤原範茂(ふじわらのりしげ) 鎌倉時代前期の公卿(参議)。非参議藤原範季の次男。
¶公卿([生]文治1(1185)年),公家(範茂〔藪家〕 のりしげ [生]1185年),古人,内乱

藤原範季* ふじわらののりすえ
大治5(1130)年～元久2(1205)年5月10日 [別]高倉範季(たかくらのりすえ),藤原範季(ふじわらのりすえ) 平安時代後期～鎌倉時代前期の公卿(非参議)。非参議藤原範兼の子。
¶公卿,公家(範季〔藪家〕 のりすえ),古人,コン

藤原憲輔 ふじわらののりすけ
平安時代後期の官人。
¶古人([生]? [没]1079年)

ふ

藤原範輔* ふじわらののりすけ
生没年不詳 室町時代の公卿(非参議)。非参議藤原範雄の曽孫。
¶公卿,公家(範輔〔岡崎家(絶家)〕 のりすけ)

藤原義孝 ふじわらののりたか
⇒藤原義孝(ふじわらよしたか)

藤原範能* ふじわらののりたか
生没年不詳 [別]藤原範能(ふじわらののりよし,ふじわらのりよし) 平安時代後期～鎌倉時代前期の公卿(非参議)。参議藤原脩範の長男。
¶公卿,公家(範能〔実兼裔(絶家)〕 のりよし),古人(ふじわらののりよし),平家(ふじわらのりよし)

藤原義忠 ふじわらののりただ
⇒藤原義忠(ふじわらのよしただ)

藤原教忠* ふじわらののりただ
寿永5(1189)年～? 鎌倉時代前期の公卿(非参議)。左大臣藤原隆忠の次男。
¶公卿([生]文治5(1189)年),公家(教忠〔松殿家(絶家)〕 のりただ)

藤原範忠* ふじわらののりただ
生没年不詳 平安時代後期の官人。
¶古人

藤原範綱(1) ふじわらののりつな
平安時代後期の官人。父は光業。
¶古人(生没年不詳)

藤原範綱(2) ふじわらののりつな
⇒藤原範綱(ふじわらのりつな)

藤原則経(1) ふじわらののりつね
平安時代後期の官人。父は公則。
¶古人(生没年不詳)

藤原則経(2) ふじわらののりつね
平安時代後期の官人。
¶古人(生没年不詳)

藤原範任 ふじわらののりとう
平安時代中期の官人。父は輔公。
¶古人(生没年不詳)

藤原範時* ふじわらののりとき
生没年不詳 平安時代後期～鎌倉時代前期の公卿(非参議)。非参議藤原範季の長男。
¶公卿,公家(範時〔藪家〕 のりとき)

藤原範朝 ふじわらののりとも
⇒藤原範朝(ふじわらのりとも)

藤原教長* ふじわらののりなが
天仁2(1109)年～? [別]藤原教長(ふじわらのりなが) 平安時代後期の歌人・公卿(参議)。大納言藤原忠教の次男。
¶公卿,公家(教長〔難波家〕 のりなが),古人,コン,内乱

藤原範永*(藤原範長) ふじわらののりなが
生没年不詳 [別]藤原範永(ふじわらのりなが) 平安時代中期の歌人、蔵人。
¶古人,詩作(藤原範長)

藤原範永女 ふじわらののりながのむすめ
⇒藤原範永女(ふじわらのりながのむすめ)

藤原教成 ふじわらののりなり
⇒山科教成(やましなのりしげ)

藤原憲房 ふじわらののりふさ
平安時代後期の官人。
¶古人([生]? [没]1073年)

藤原範房* ふじわらののりふさ
建暦2(1212)年～弘安1(1278)年10月6日 鎌倉時代前期の公卿(非参議)。参議藤原範茂の子。
¶公卿,公家(範房〔高倉家(絶家)〕 のりふさ)

藤原範藤* ふじわらののりふじ
生没年不詳 鎌倉時代前期の公卿(非参議)。参議藤原範茂の孫。
¶公卿

藤原教通* ふじわらののりみち
長徳2(996)年～承保2(1075)年9月25日 [別]大二条関白(おおにじょうかんぱく),藤原教通(ふじわらのりみち) 平安時代中期の公卿(関白・太政大臣)。摂政・太政大臣藤原道長の三男。
¶公卿,古人,コン,山小([生]996年6月7日 [没]1075年9月25日)

藤原範光* ふじわらののりみつ
久寿1(1154)年～建保1(1213)年 [別]藤原範光(ふじわらのりみつ) 平安時代後期～鎌倉時代前期の公卿(権中納言)。非参議藤原範兼の子。
¶公卿([生]久寿2(1155)年 [没]?),公家(範光〔岡崎家(絶家)〕 のりみつ [没]建暦3(1213)年4月5日),古人,平家(ふじわらのりみつ)

藤原範光女 ふじわらののりみつのむすめ
⇒東御方(ひがしのおんかた)

藤原範宗* ふじわらののりむね
承安1(1171)年～天福1(1233)年 [別]藤原範宗(ふじわらのりむね) 鎌倉時代前期の公卿(非参議)。参議藤原俊憲の孫。
¶公卿([没]天福1(1233)年6月18日),公家(範宗〔実兼裔(絶家)〕 のりむね [没]天福1(1233)年6月18日)

藤原範基(1) ふじわらののりもと
平安時代中期の官人。父は中清。
¶古人(生没年不詳)

藤原範基*(2) ふじわらののりもと
?～治暦2(1066)年 平安時代中期～後期の廷臣。
¶古人

藤原範基*(3) ふじわらののりもと
治承2(1179)年～嘉禄2(1226)年6月20日 鎌倉時

代前期の公卿（非参議）。権中納言藤原範光の次男。
¶公卿，公家（範基〔岡崎家（絶家）〕　のりもと）

藤原範保*　ふじわらののりやす
正治1（1199）年～？　鎌倉時代前期の公卿（非参議）。非参議藤原範宗の子。
¶公卿，公家（範保〔実兼裔（絶家）〕　のりやす）

藤原範世*　ふじわらののりよ
？～延慶1（1308）年1月1日　鎌倉時代後期の公卿（非参議）。非参議藤原範房の子。
¶公卿，公家（範世〔高倉家（絶家）〕　のりよ　[没]徳治3（1308）年1月1日）

藤原範能　ふじわらののりよし
⇒藤原範能（ふじわらののりたか）

藤原教良母*　ふじわらののりよしのはは
生没年不詳　平安時代後期の歌人。
¶古人

藤原禖子*（藤原媄子）　ふじわらのばいし
生没年不詳　[別]洞院禖子（とういんのばいし），藤原禖子（ふじわらばいし）　鎌倉時代前期の女性。亀山天皇の宮人。
¶天皇（洞院禖子　とういんのばいし）

藤原浜足　ふじわらのはまたり
⇒藤原浜成（ふじわらのはまなり）

藤原浜成*　ふじわらのはまなり
神亀1（724）年～延暦9（790）年　[別]藤原朝臣浜成（ふじわらのあそんはまなり），藤原浜足（ふじわらのはまたり），藤原浜成（ふじわらはまなり）　奈良時代の官人（参議）。参議藤原麻呂の長男。
¶公卿（[没]延暦9（790）年2月18日），古人（藤原浜足　ふじわらのはまたり），古代（藤原朝臣浜成　ふじわらのあそんはまなり），コン（[生]和銅4（711）年），日文

藤原浜主*　ふじわらのはまぬし
延暦4（785）年～承和12（845）年　奈良時代～平安時代前期の人。藤原園人男。
¶古人

藤原玄明*　ふじわらのはるあきら
？～天慶3（940）年　平安時代前期～中期の常陸国の住人。
¶古人

藤原春景　ふじわらのはるかげ
⇒藤原朝臣春景（ふじわらのあそんはるかげ）

藤原玄上　ふじわらのはるかみ
⇒藤原玄上（ふじわらのくろかみ）

藤原玄上女　ふじわらのはるかみのむすめ
⇒藤原玄上女（ふじわらはるかみのむすめ）

藤原玄子*　ふじわらのはるこ
生没年不詳　平安時代後期の女性。藤原伊通の妻。
¶古人

藤原晴子　ふじわらのはるこ
⇒新上東門院（しんじょうとうもんいん）

藤原春津*　ふじわらのはるつ
大同3（808）年～貞観1（859）年　[別]藤原朝臣春津（ふじわらのあそんはるつ）　平安時代前期の官人。
¶古人，古代（藤原朝臣春津　ふじわらのあそんはるつ）

藤原治方　ふじわらのはるまさ
⇒藤原治方（ふじわらはるかた）

藤原春海　ふじわらのはるみ
⇒藤原春海（ふじわらはるみ）

藤原繁子*　ふじわらのはんし
生没年不詳　[別]藤原繁子（ふじわらのしげこ）　平安時代中期の女官、懐仁親王の乳母。
¶古人（ふじわらのしげこ）

藤原範子　ふじわらのはんし
⇒藤原範子（ふじわらののりこ）

藤原東子　ふじわらのひがしこ
⇒藤原東子（ふじわらのとうし）

藤原氷上娘*　ふじわらのひかみのいらつめ，ふじわらのひがみのいらつめ
？～天武天皇11（682）年　[別]氷上娘（ひかみのいらつめ，ひがみのいらつめ）　飛鳥時代の女性。天武天皇の妃。
¶古人（氷上娘　ひがみのいらつめ），古代（氷上娘　ひかみのいらつめ），コン（[没]天武11（682）年），天皇（ふじわらのひがみのいらつめ　[没]天武天皇11（683）年）

藤原彦子　ふじわらのひここ
⇒宣仁門院（せんにんもんいん）

藤原久国　ふじわらのひさくに
⇒久国（ひさくに）

藤原尚子　ふじわらのひさこ
⇒新中和門院（しんちゅうかもんいん）

藤原秀子　ふじわらのひでこ
⇒陽禄門院（ようろくもんいん）

藤原秀郷*　ふじわらのひでさと
生没年不詳　[別]俵藤太（たわらとうた，たわらとうだ，たわらのとうた），田原藤太秀郷（たわらとうだひでさと）　平安時代中期の東国の武将、下野国の押領使。平貞盛と協力して平将門の乱を平定。
¶浮絵（田原藤太秀郷　たわらとうだひでさと），古人（[生]？　[没]958年？），コン，山小

藤原秀澄　ふじわらのひでずみ，ふじわらのひですみ
？～承久3（1221）年　鎌倉時代前期の武将。
¶中世，内乱（ふじわらのひですみ）

藤原秀能　ふじわらのひでとう
⇒藤原秀能（ふじわらのひでよし）

藤原秀遠*　ふじわらのひでとお
生没年不詳　平安時代後期の武士。壇ノ浦の合戦における平家方の先陣。
¶古人

藤原秀衡*　ふじわらのひでひら
*～文治3（1187）年10月29日　[別]藤原秀衡（ふじわらひでひら）　平安時代後期の武将。奥州藤原氏の3代。鎮守府将軍・陸奥守になり奥州藤原氏の最盛期を築く。源義経の庇護者として頼朝に対抗した。
¶古人（[生]1122年），コン（[生]？），中世（[生]？），内乱（[生]保安3（1122）年？），平家（ふじわらひでひら　[生]？），山小（[生]1122年　[没]1187年10月29日）

藤原秀衡の妻　ふじわらのひでひらのつま
平安時代後期の女性。
¶女史

藤原栄光　ふじわらのひでみつ
平安時代中期の官人。
¶古人（生没年不詳）

藤原秀康* ふじわらのひでやす
？～承久3(1221)年 [別]藤原秀康(ふじわらひでやす) 鎌倉時代前期の武将、検非違使。
¶古人(ふじわらひでやす), コン, 中世, 内乱

藤原秀能* ふじわらのひでよし
元暦1(1184)年～仁治1(1240)年 [別]藤原秀能(ふじわらのひでとう, ふじわらひでよし) 鎌倉時代前期の歌人、後鳥羽上皇の近臣歌人。
¶古人, 詩作(ふじわらのひでよし, ふじわらのひでとう [没]延応2(1240)年5月21日)

藤原人数 ふじわらのひとかず
⇒藤原人数(ふじわらのさねかず)

藤原仁善子 ふじわらのひとよしこ
⇒藤原能子(ふじわらのうし)

藤原姫子* ふじわらのひめこ
永久1(1113)年～天承1(1131)年 平安時代後期の女性。式部大輔敦光女。
¶古人

藤原寛子(1) ふじわらのひろこ
⇒藤原寛子(ふじわらのかんし)

藤原寛子(2) ふじわらのひろこ
⇒藤原寛子(ふじわらのかんし)

藤原寛子(3) ふじわらのひろこ
⇒藤原寛子(ふじわらのかんし)

藤原博子 ふじわらのひろこ
⇒刑部卿局(ぎょうぶきょうのつぼね)

藤原博定* ふじわらのひろさだ
？～康和5(1103)年 平安時代後期の人。兵庫頭知定の猶子。
¶古人

藤原広澄* ふじわらのひろずみ
生没年不詳 平安時代後期～鎌倉時代前期の武士。
¶古人

藤原広嗣* ふじわらのひろつぐ
？～天平12(740)年 [別]藤原朝臣広嗣(ふじわらのあそみひろつぐ, ふじわらのあそんひろつぐ) 奈良時代の官人、藤原広嗣の乱の指導者。
¶古人, 古代(藤原朝臣広嗣 ふじわらのあそんひろつぐ), コン, 山小([没]740年11月1日)

藤原広綱(1) ふじわらのひろつな
⇒佐貫広綱(さぬきひろつな)

藤原広綱(2) ふじわらのひろつな
⇒藤原広綱(ふじわらひろつな)

藤原弘経 ふじわらのひろつね
⇒藤原朝臣弘経(ふじわらのあそんひろつね)

藤原広業* ふじわらのひろなり
貞元1(976)年～長元1(1028)年 [別]藤原広業(ふじわらひろなり) 平安時代中期の公卿(参議)。参議藤原有国の次男。
¶公卿([生]貞元2(977)年 [没]長元1(1028)年4月13日), 古人([生]977年)

藤原広範* ふじわらのひろのり
？～嘉元1(1303)年 [別]藤原広範(ふじわらひろのり) 鎌倉時代後期の公卿(非参議)。非参議藤原茂範の子。
¶公卿, 公家(広範〔成季裔(絶家)〕 ひろのり)

藤原博文 ふじわらのひろふみ
⇒藤原博文(ふじわらひろふみ)

藤原弘道* ふじわらのひろみち
天暦8(954)年～寛弘5(1008)年 平安時代中期の官人。
¶古人

藤原広行* ふじわらのひろゆき
生没年不詳 平安時代後期の武士。
¶古人

藤原信家 ふじわらのぶいえ
⇒藤原信家(ふじわらののぶいえ)

藤原信賢* ふじわらのぶかた
生没年不詳 [別]藤原信賢(ふじわらののぶかた) 平安時代中期の公家・歌人。
¶古人(ふじわらののぶかた)

藤原宣方 ふじわらのぶかた
⇒藤原宣方(ふじわらののぶかた)

藤原信清 ふじわらのぶきよ
⇒坊門信清(ぼうもんのぶきよ)

藤原房雄 ふじわらのふさお
⇒藤原朝臣房雄(ふじわらのあそんふさお)

藤原房子*(1) ふじわらのふさこ
生没年不詳 [別]三条房子(さんじょうぼうし), 二条局(にじょうのつぼね), 藤原房子(ふじわらふさこ) 鎌倉時代前期の女性。後深草天皇の宮人。
¶天皇(三条房子 さんじょうぼうし・ふさこ)

藤原房子(2) ふじわらのふさこ
⇒新上西門院(しんじょうさいもんいん)

藤原房子(3) ふじわらのふさこ
⇒清光院(せいこういん)

藤原房前* ふじわらのふささき
天武天皇10(681)年～天平9(737)年4月17日 [別]藤原房前(ふじはらのふささき, ふじわらふささき), 藤原朝臣房前(ふじわらのあそみふささき, ふじわらのあそんふささき) 飛鳥時代～奈良時代の官人(参議)。藤原北家の祖。右大臣藤原不比等の次男。
¶公卿, 古人, 古代(藤原朝臣房前 ふじわらのあそんふささき), コン([生]天武10(681)年), 日文(ふじはらのふささき [生]天武10(681)年), 山小([没]737年4月17日)

藤原房前娘 ふじわらのふささきのむすめ
⇒藤原北夫人(ふじわらきたのふじん)

藤原信定* ふじわらのぶさだ
久安1(1145)年～嘉禄2(1226)年 [別]藤原信定(ふじわらののぶさだ) 平安時代後期～鎌倉時代前期の公卿(非参議)。非参議藤原信隆の長男。
¶公卿(ふじわらののぶさだ 生没年不詳), 公家(信定〔坊門家(絶家)〕 のぶさだ [生]? [没]嘉禄2(1226)年3月), 古人(ふじわらののぶさだ)

藤原房高* ふじわらのふさたか
弘安7(1284)年～興国4/康永2(1343)年 鎌倉時代後期～南北朝時代の公卿(非参議)。非参議四条顕家の子。
¶公卿([没]康永2/興国4(1343)年), 公家(房高〔堀河・岩蔵・葉室1家(絶家)〕 ふさたか [没]康永2(1343)年)

藤原総継* ふじわらのふさつぐ
生没年不詳 平安時代前期の官人。
¶古人

藤原信実　ふじわらのぶざね
⇒藤原信実（ふじわらののぶざね）

藤原房教*　ふじわらのふさのり
寛喜3（1231）年～正安1（1299）年6月6日　鎌倉時代後期の公卿（非参議）。権大納言藤原基良の次男。
¶公卿，公家（房教〔粟田口家（絶家）〕　ふさのり）

藤原房範*　ふじわらのふさのり
乾元1（1302）年～？　鎌倉時代後期～南北朝時代の公卿（非参議）。非参議藤原俊範の子。
¶公卿，公家（房範〔成季裔（絶家）〕　ふさのり）

藤原房通*　ふじわらのふさみち
？～延慶2（1309）年6月　鎌倉時代後期の公卿（非参議）。非参議藤原房教の子。
¶公卿，公家（房通〔粟田口家（絶家）〕　ふさみち）

藤原忯子*　ふじわらのふし
生没年不詳　[別]藤原忯子（ふじわらのよしこ）　平安時代中期の女性。冷泉天皇の女御。
¶古人（ふじわらのよしこ），天皇（ふじわらのよしこ）

藤原藤嗣*　ふじわらのふじつぐ
宝亀4（773）年～弘仁8（817）年　[別]藤原朝臣藤嗣（ふじわらのあそんふじつぐ）　平安時代前期の公卿（参議）。左大臣藤原魚名の孫。
¶公卿（[没]弘仁8（817）年3月24日），古人，古代（藤原朝臣藤嗣　ふじわらのあそんふじつぐ）

藤原藤朝*　ふじわらのふじとも
生没年不詳　鎌倉時代後期の公卿（参議）。参議藤原親朝の子。
¶公卿，公家（藤朝〔堀河・岩蔵・葉室1家（絶家）〕　ふじとも）

藤原藤成*　ふじわらのふじなり
宝亀7（776）年～弘仁13（822）年　奈良時代～平安時代前期の官吏。
¶古人

藤原藤範*　ふじわらのふじのり
文永1（1264）年～延元2/建武4（1337）年　鎌倉時代後期～南北朝時代の公卿（非参議）。非参議藤原広範の子。
¶公卿（[没]建武4/延元2（1337）年），公家（藤範〔成季裔（絶家）〕　ふじのり　[生]？　[没]建武4（1337）年）

藤原藤房　ふじわらのふじふさ
⇒万里小路藤房（までのこうじふじふさ）

藤原富士麻呂*　ふじわらのふじまろ
延暦23（804）年～嘉祥3（850）年　[別]藤原朝臣富士麻呂（ふじわらのあそんふじまろ）　平安時代前期の官人。陸奥出羽按察使。
¶古人，古代（藤原朝臣富士麻呂　ふじわらのあそんふじまろ），コン

藤原信隆　ふじわらのぶたか
⇒藤原信隆（ふじわらののぶたか）

藤原信隆の北の方　ふじわらのぶたかのきたのかた
平安時代後期の女性。平清盛の娘。
¶平家（生没年不詳）

藤原信綱*　ふじわらのぶつな
生没年不詳　[別]藤原信綱（ふじわらののぶつな）　平安時代後期の公家・歌人。
¶古人（ふじわらののぶつな）

藤原信経　ふじわらのぶつね
⇒藤原信経（ふじわらののぶつね）

藤原信長　ふじわらのぶなが
⇒藤原信長（ふじわらののぶなが）

藤原夫人(1)　ふじわらのぶにん
⇒藤原北夫人（ふじわらきたのふじん）

藤原夫人(2)　ふじわらのぶにん
⇒藤原南夫人（ふじわらみなみのふじん）

藤原惟規　ふじわらのぶのり
⇒藤原惟規（ふじわらののぶのり）

藤原不比等*　ふじわらのふひと
斉明5（659）年～養老4（720）年　[別]淡海公（おうみこう，たんかいこう），藤原朝臣不比等（ふじわらのあそみふひと，ふじわらのあそんふひと），藤原不比等（ふじわらふひと）　飛鳥時代～奈良時代の官人（右大臣）。藤原鎌足の子。「大宝律令」「養老律令」を制定。藤原氏が天皇家の外戚になる端緒をつくった。
¶公卿（[没]養老4（720）年8月3日），古人，古代（藤原朝臣不比等　ふじわらのあそんふひと），コン（[生]斉明5（659年/658）年），思想，山小（[没]720年8月3日）

藤原宣房*　ふじわらのぶふさ
？～建保2（1214）年　[別]藤原宣房（ふじわらののぶふさ）　鎌倉時代前期の廷臣。
¶古人（ふじわらののぶふさ）

藤原信雅　ふじわらのぶまさ
⇒藤原信雅（ふじわらののぶまさ）

藤原文貞*　ふじわらのふみさだ
貞観8（866）年～延長5（927）年　平安時代前期～中期の官人。
¶古人

藤原文脩*　ふじわらのふみなが
生没年不詳　平安時代中期の軍事貴族。
¶古人

藤原文範*　ふじわらのふみのり
延喜9（909）年～長徳2（996）年3月28日　[別]藤原文範（ふじわらふみのり）　平安時代中期の公卿（中納言）。参議藤原元名の次男。
¶公卿，古人

藤原文正*　ふじわらのふみまさ
生没年不詳　平安時代中期の官人。下野守藤原忠紀の子。
¶古人

藤原文元*　ふじわらのふみもと
？～天慶4（941）年　平安時代中期の官人。藤原純友の郎等。
¶古人

藤原文山　ふじわらのふみやま
⇒藤原朝臣文山（ふじわらのあそんふみやま）

藤原文行*　ふじわらのふみゆき
生没年不詳　平安時代中期の軍事貴族。
¶古人

藤原信康　ふじわらのぶやす
平安時代後期の武士。
¶平家（生没年不詳）

藤原冬緒*　ふじわらのふゆお
大同3（808）年～寛平2（890）年　[別]藤原朝臣冬緒（ふじわらのあそんふゆお）　平安時代前期の公卿（大納言）。参議藤原浜成の孫。
¶公卿（[没]寛平2（890）年5月25日），古人，古代（藤原朝臣冬緒　ふじわらのあそんふゆお），コン（[生]大同2（807）年）

藤原冬兼*　ふじわらのふゆかね
生没年不詳　鎌倉時代後期～南北朝時代の公卿（非参議）。非参議藤原兼輔の子。
¶公卿，公家（冬兼〔北小路・室町家（絶家）〕　ふゆかね）

藤原信行　ふじわらのぶゆき
⇒藤原信行（ふじわらののぶゆき）

藤原冬子　ふじわらのふゆこ
⇒三条冬子（さんじょうふゆこ）

藤原冬嗣*　ふじわらのふゆつぐ
宝亀6（775）年～天長3（826）年　[別]藤原朝臣冬嗣（ふじわらのあそんふゆつぐ），藤原冬嗣（ふじわらふゆつぐ）　平安時代前期の公卿（左大臣）。右大臣藤原内麻呂の次男。初の蔵人頭で北家隆盛の基礎を築く。
¶公卿（[没]天長3（826）年7月24日），古人，古代（藤原朝臣冬嗣　ふじわらのあそんふゆつぐ），コン，思想，山小（[没]826年7月24日）

藤原信能(1)　ふじわらのぶよし
⇒一条信能（いちじょうのぶよし）

藤原信能(2)　ふじわらのぶよし
⇒藤原宗家（ふじわらのむねいえ）

藤原信頼　ふじわらのぶより
⇒藤原信頼（ふじわらののぶより）

藤原古子　ふじわらのふるきこ
⇒藤原古子（ふじわらのこし）

藤原古子　ふじわらのふるこ
⇒藤原古子（ふじわらのこし）

藤原平子*　ふじわらのへいし
？～天長10（833）年　平安時代前期の女性。桓武天皇の宮人。
¶天皇（生没年不詳）

藤原弁内侍　ふじわらのべんのないし
⇒弁内侍（べんのないし）

藤原芳子*　ふじわらのほうし
？～康保4（967）年　[別]藤原芳子（ふじわらのよしこ，ふじわらほうし）　平安時代中期の女性。村上天皇の女御。
¶古人（ふじわらのよしこ），女史，天皇（ふじわらのほうし・よしこ　[没]康保4（967）年7月29日）

藤原褒子*　ふじわらのほうし
生没年不詳　[別]藤原褒子（ふじわらのよしこ，ふじわらほうし）　平安時代中期の女性。宇多天皇の宮人。
¶古人（ふじわらのよしこ）

藤原豊子*　ふじわらのほうし
生没年不詳　[別]藤原豊子（ふじわらのとよこ）　平安時代中期の女官。藤原道綱の娘。一条天皇中宮彰子の女房。
¶古人（ふじわらのとよこ）

藤原房子　ふじわらのほうし
⇒坊城房子（ぼうじょうふさこ）

藤原某女　ふじわらのぼうじょ
江戸時代前期～中期の女性。霊元天皇典侍。小倉実起女。
¶天皇（藤原某女（小倉実起女）　[生]承応2（1653）年　[没]元禄4（1691）年6月12日/13日）

藤原穆子*　ふじわらのぼくし
承平1（931）年～長和5（1016）年　[別]藤原穆子（ふじわらのむつこ）　平安時代中期の女性。左大臣源雅信の妻。
¶古人（ふじわらのむつこ），女史

藤原輔子*　ふじわらのほし
生没年不詳　[別]大納言佐（だいなごんのすけ），藤原輔子（ふじわらのすけこ，ふじわらほし）　平安時代後期の女官。平重衡の妻。
¶古人（ふじわらのすけこ），コン，平家（大納言佐　だいなごんのすけ）

藤原卿　ふじわらのまえつきみ
⇒藤原鎌足（ふじわらのかまたり）

藤原真葛　ふじわらのまくず
奈良時代の官人。父は継縄。
¶古人（生没年不詳）

藤原尹明*　ふじわらのまさあきら
生没年不詳　[別]藤原尹明（ふじわらのただあき，ふじわらまさあきら）　平安時代後期の廷臣。
¶古人，内乱（ふじわらのただあき），平家（ふじわらまさあきら）

藤原正家*(1)　ふじわらのまさいえ
万寿3（1026）年～天永2（1111）年　[別]藤原正家（ふじわらまさいえ）　平安時代中期～後期の廷臣、文章博士。
¶古人

藤原正家(2)　ふじわらのまさいえ
平安時代後期の官人。父は季定。
¶古人（生没年不詳）

藤原正家(3)　ふじわらのまさいえ
平安時代後期の官人。
¶古人（生没年不詳）

藤原雅量*　ふじわらのまさかず
？～天暦5（951）年　平安時代中期の官人。
¶古人

藤原雅兼*　ふじわらのまさかね
生没年不詳　南北朝時代の公卿（非参議）。非参議室町雅春の子。
¶公卿，公家（雅兼〔室町家（絶家）〕　まさかね）

藤原理兼*　ふじわらのまさかね
生没年不詳　平安時代中期の官人。
¶古人

藤原雅材　ふじわらのまさき
⇒藤原雅材（ふじわらまさき）

藤原正清　ふじわらのまさきよ
⇒鎌田正清（かまたまさきよ）

藤原雅子*(1)　ふじわらのまさこ
[別]法性寺雅子（ほっしょうじまさこ）　鎌倉時代後期の亀山天皇の宮人。

¶天皇（法性寺雅子　ほっしょうじまさこ　生没年不詳）

藤原雅子(2)　ふじわらのまさこ
⇒新待賢門院（しんたいけんもんいん）

藤原祇子　ふじわらのまさこ
⇒藤原祇子（ふじわらのぎし）

藤原正季　ふじわらのまさすえ
⇒藤原正季（ふじわらまさすえ）

藤原雅隆　ふじわらのまさたか
⇒藤原雅隆（ふじわらまさたか）

藤原雅正　ふじわらのまさただ
⇒藤原雅正（ふじわらまさただ）

藤原理忠＊　ふじわらのまさただ
？～寛仁3（1019）年　平安時代中期の地方官。
¶古人

藤原尹忠　ふじわらのまさただ
⇒藤原尹忠（ふじわらのただただ）

藤原雅経(1)　ふじわらのまさつね
平安時代中期の官人。父は経季。肥後守・従五位下。
¶古人（生没年不詳）

藤原雅経(2)　ふじわらのまさつね
⇒飛鳥井雅経（あすかいまさつね）

藤原雅任＊　ふじわらのまさとう
建治3（1277）年～元徳1（1329）年9月2日　鎌倉時代後期の公卿（参議）。権中納言藤原雅藤の次男。
¶公卿，公家（雅任〔四条家（絶家）〕　まさとう）

藤原雅俊＊(1)　ふじわらのまさとし
文永6（1269）年～元亨2（1322）年12月17日　[別]藤原雅俊（ふじわらまさとし）　鎌倉時代後期の公卿（参議）。権中納言藤原雅藤の子。
¶公卿，公家（雅俊〔四条家（絶家）〕　まさとし）

藤原雅俊(2)　ふじわらのまさとし
⇒飛鳥井雅俊（あすかいまさとし）

藤原政友＊　ふじわらのまさとも
生没年不詳　[別]藤原政友（ふじわらまさとも）　平安時代後期の尾張国目代。
¶古人，平家（ふじわらまさとも）

藤原雅豊　ふじわらのまさとよ
室町時代の公家。
¶公家（雅豊〔室町家（絶家）〕　まさとよ）

藤原雅長　ふじわらのまさなが
⇒藤原雅長（ふじわらまさなが）

藤原真作　ふじわらのまさなり
⇒藤原朝臣真作（ふじわらのあそんまつくり）

藤原雅教＊　ふじわらのまさのり
永久1（1113）年～＊　[別]藤原雅教（ふじわらまさのり）　平安時代後期の公卿（中納言）。参議藤原家政の長男。
¶公卿（[没]？），公家（雅教〔室町家（絶家）〕　まさのり　[没]？），古人（ふじわらまさのり　[没]1173年）

藤原正妃＊　ふじわらのまさひめ
？～康保4（967）年　[別]按察御息所（あぜちのみやすんどころ），藤原正妃（ふじわらのせいひ）　平安時代中期の女性。村上天皇の更衣。
¶古人，天皇（ふじわらのせいひ・まさひめ　[没]康保4（967）年7月25日）

藤原雅平＊　ふじわらのまさひら
寛喜1（1229）年～弘安1（1278）年9月2日　鎌倉時代前期の公卿（非参議）。非参議藤原家信の次男。
¶公卿，公家（雅平〔法性寺家（絶家）〕　まさひら）

藤原雅藤女　ふじわらのまさふさのむすめ
⇒民部卿局（みんぶきょうのつぼね）

藤原雅藤＊(1)　ふじわらのまさふじ
嘉禎1（1235）年～正和4（1315）年7月　鎌倉時代後期の公卿（権中納言）。参議藤原顕雅の長男。
¶公卿，公家（雅藤〔四条家（絶家）〕　まさふじ　[生]？）

藤原雅藤(2)　ふじわらのまさふじ
室町時代の公家。木幡雅秋の子。
¶公家（雅藤〔室町家（絶家）〕　まさふじ　[生]？　[没]永享7（1435）年1月2日）

藤原正光＊　ふじわらのまさみつ
天徳1（957）年～長和3（1014）年2月29日　[別]藤原正光（ふじわらまさみつ）　平安時代中期の公卿（参議）。関白・太政大臣藤原兼通の六男。
¶公卿，古人

藤原当幹　ふじわらのまさもと
⇒藤原当幹（ふじわらのあてもと）

藤原政義＊　ふじわらのまさよし
生没年不詳　平安時代後期の武士。
¶古人

藤原多子　ふじわらのまさるこ
⇒藤原多子（ふじわらのたし）

藤原全子　ふじわらのまたこ
⇒藤原全子（ふじわらのぜんし）

藤原真楯＊　ふじわらのまたて
霊亀1（715）年～天平神護2（766）年3月12日　[別]藤原朝臣八束（ふじわらのあそみやつか），藤原朝臣真楯（ふじわらのあそんまたて），藤原八束（ふじわらのやつか），藤原真楯（ふじわらまたて）　奈良時代の歌人・官人（大納言）。参議藤原房前の三男。
¶公卿（[没]天平神護2（766）年3月16日），古人（藤原八束　ふじわらのやつか），古代（藤原朝臣真楯　ふじわらのあそんまたて），コン

藤原真作　ふじわらのまたなり
⇒藤原朝臣真作（ふじわらのあそんまつくり）

藤原松影＊　ふじわらのまつかげ
延暦18（799）年～斉衡2（855）年　平安時代前期の廷臣。
¶古人

藤原真作　ふじわらのまつくり
⇒藤原朝臣真作（ふじわらのあそんまつくり）

藤原真友＊　ふじわらのまとも
天平14（742）年～延暦16（797）年6月25日　[別]藤原真友（ふじわらのさねとも）　奈良時代～平安時代前期の公卿（参議）。右大臣藤原是公の次男。
¶公卿，古人（ふじわらのさねとも）

藤原真夏＊　ふじわらのまなつ
宝亀5（774）年～天長7（830）年　[別]藤原朝臣真夏（ふじわらのあそんまなつ）　平安時代前期の公卿（参議）。右大臣藤原内麿の長男。
¶公卿（[没]天長7（830）年10月11日），古人，古代（藤原朝臣真夏　ふじわらのあそんまなつ）

藤原衛* ふじわらのまもる
延暦18(799)年～天安1(857)年 [別]藤原朝臣衛(ふじわらのあそんまもる)，藤原衛(ふじわらまもる) 平安時代前期の官人。
¶古人,古代(藤原朝臣衛 ふじわらのあそんまもる)

藤原真従 ふじわらのまより
⇒藤原朝臣真従(ふじわらのあそんまより)

藤原麻呂* ふじわらのまろ
持統9(695)年～天平9(737)年7月13日 [別]藤原朝臣麻呂(ふじわらのあそみまろ，ふじわらのあそんまろ) 飛鳥時代～奈良時代の官人(参議)。藤原京家の祖。右大臣藤原不比等の四男。
¶公卿([生]持統天皇9(695)年),古人,古代(藤原朝臣麻呂 ふじわらのあそんまろ),コン,山小([没]737年7月13日)

藤原真鷲* ふじわらのまわし
生没年不詳 奈良時代の官吏。
¶古人

藤原満子* ふじわらのまんし
*～承平7(937)年 [別]藤原満子(ふじわらのみつこ) 平安時代前期～中期の女官。藤原朝臣高藤の娘。
¶古人(ふじわらのみつこ [生]873年)

藤原御楯* ふじわらのみたて
霊亀1(715)年～天平宝字8(764)年 [別]藤原朝臣御楯(ふじわらのあそんみたて)，藤原千尋(ふじわらのちひろ) 奈良時代の官人(参議)。参議藤原房前の六男。
¶公卿([没]天平宝字8(764)年6月1日),古人(藤原千尋 ふじわらのちひろ [没]759年),古代(藤原朝臣御楯 ふじわらのあそんみたて)

藤原道明* ふじわらのみちあき
斉衡3(856)年～延喜20(920)年 [別]藤原道明(ふじわらのみちあきら) 平安時代前期～中期の公卿(大納言)。中納言藤原貞嗣の曽孫。
¶公卿([没]延喜20(920)年6月17日),古人(ふじわらのみちあきら)

藤原道明 ふじわらのみちあきら
⇒藤原道明(ふじわらのみちあき)

藤原通家 ふじわらのみちいえ
平安時代後期の官人。
¶古人([生]? [没]1077年)

藤原道家 ふじわらのみちいえ
⇒九条道家(くじょうみちいえ)

藤原道雄 ふじわらのみちお
⇒藤原道雄(ふじわらみちお)

藤原道兼* ふじわらのみちかね
応和1(961)年～長徳1(995)年5月8日 [別]粟田関白(あわたのかんぱく)，藤原道兼(ふじわらみちかね) 平安時代中期の公卿(関白・右大臣)。摂政・関白・太政大臣藤原兼家の四男。
¶公卿,古人,コン

藤原通子 ふじわらのみちこ
⇒藤原通子(ふじわらのつうし)

藤原道子 ふじわらのみちこ
⇒藤原道子(ふじわらのどうし)

藤原通季 ふじわらのみちさえ
⇒藤原通季(ふじわらのみちすえ)

藤原通季* ふじわらのみちすえ
寛治4(1090)年～大治3(1128)年 [別]西園寺通季(さいおんじみちすえ)，藤原通季(ふじわらのみちさえ，ふじわらみちすえ) 平安時代後期の公卿(権中納言)。西園寺家系の祖。権大納言藤原公実の三男。
¶公卿([没]大治3(1128)年6月17日),古人(ふじわらのみちさえ),コン(西園寺通季 さいおんじみちすえ),コン

藤原通輔 ふじわらのみちすけ
平安時代後期の官人。
¶古人([生]1060年 [没]1095年)

藤原道隆* ふじわらのみちたか
天暦7(953)年～長徳1(995)年4月10日 [別]中関白(なかのかんぱく) 平安時代中期の公卿(摂政・関白・内大臣)。摂政・関白・太政大臣藤原兼家の長男。
¶公卿,古人,コン,山小([没]995年4月10日)

藤原道隆女 ふじわらのみちたかのむすめ
*～長保4(1002)年 [別]御匣殿別当(みくしげどののべっとう) 平安時代中期の女官。藤原道隆の女。
¶古人(御匣殿別当 みくしげどののべっとう [生]986年?),天皇([生]貞元2(976)年以降正暦4(993)年2月22日以前 [没]長保4(1002)年6月3日)

藤原道継 ふじわらのみちつぐ
⇒藤原朝臣道継(ふじわらのあそんみちつぐ)

藤原道嗣* ふじわらのみちつぐ
?～仁治3(1242)年7月13日 鎌倉時代前期の公卿(権中納言)。右大臣近衛道経の次男。
¶公卿

藤原道綱* (1) ふじわらのみちつな
天暦9(955)年～寛仁4(1020)年 [別]藤原道綱(ふじわらみちつな) 平安時代中期の公卿(大納言)。摂政・関白・太政大臣藤原兼家の次男。
¶公卿([没]寛仁4(1020)年10月16日),古人,コン

藤原道綱* (2) ふじわらのみちつな
生没年不詳 平安時代後期の武士。
¶古人

藤原道綱母*(藤原道綱の母) ふじわらのみちつなのはは
*～長徳1(995)年 [別]右大将道綱母(うだいしょうみちつなのはは)，藤原倫寧の女，藤原倫寧女(ふじわらのともやすのむすめ)，藤原道綱母(ふじわらみちつなのはは)，道綱母(みちつなのはは) 平安時代中期の女性。「蜻蛉日記」の作者、歌人。
¶古人([生]?),コン(藤原倫寧女 ふじわらのともやすのむすめ [生]承平5(935年/936)年),詩作(右大将道綱母 うだいしょうみちつなのはは [生]承平7(937)年 [没]長徳1(995)年5月2日),思想([生]承平6(936)年?),女史([生]?),女文(生没年不詳),日文(右大将道綱母 うだいしょうみちつなのはは [生]?),山小([生]936年? [没]995年?)

藤原道経 ふじわらのみちつね
⇒藤原道経(ふじわらみちつね)

藤原通任* ふじわらのみちとう
*～長暦3(1039)年6月 平安時代中期の公卿(権中納言)。大納言藤原済時の子。
¶公卿([生]天延2(974)年),古人([生]973年?)

藤原通俊*(藤原道俊) ふじわらのみちとし
永承2(1047)年～康和1(1099)年8月16日 [別]藤原

通俊（ふじわらみちとし）　平安時代中期〜後期の歌人・公卿（権中納言）。大宰大弐・非参議藤原経平の次男。

¶公卿, 古人, コン, 詩作（[没]承徳3（1099）年8月16日）, 日文（[没]承徳3（1099）年）

藤原道長*　ふじわらのみちなが

康保3（966）年〜万寿4（1027）年12月4日　[別]藤原道長（ふじわらみちなが），御堂関白（みどうかんぱく）　平安時代中期の公卿（摂政・太政大臣）。摂政・関白・太政大臣藤原兼家の五男。兄の後継を甥伊周と争い勝って内覧となる。4人の娘を后にし、3人の天皇の外祖父として摂関政治の最盛期を築き、世に御堂関白と呼ばれた（実際には関白にはなっていない）。晩年には法成寺を建立した。

¶公卿, 古人, コン, 詩作（[没]万寿4（1028）年12月4日）, 思想, 山小（[没]1027年12月4日）

藤原道良　ふじわらのみちなが

⇒二条道良（にじょうみちなが）

藤原道信*（藤原通信）　ふじわらのみちのぶ

天禄3（972）年〜正暦5（994）年　[別]藤原道信（ふじわらみちのぶ）　平安時代中期の官人、歌人。勅撰集に48首入集。

¶古人（[生]？）, 詩作（[没]正暦5（994）年7月11日）

藤原通憲*（藤原道憲）　ふじわらのみちのり

嘉承1（1106）年〜平治1（1159）年12月13日　[別]信西（しんぜい），藤原信西（ふじわらのしんぜい），藤原通憲（ふじわらみちのり）　平安時代後期の政治家。保元の乱の後、平清盛と協力して政務にあたるが、藤原信頼に憎まれ平治の乱で殺された。

¶古人（藤原道憲）, コン（[生]嘉承1（1106）年？）, 思想（信西　しんぜい）, 内乱, 日文（信西・藤原通憲　しんぜい・ふじわらのみちのり）, 平家（信西　しんぜい）, 山小（[生]？　[没]1159年12月13日）

藤原道平　ふじわらのみちひら

⇒二条道平（にじょうみちひら）

藤原通房*　ふじわらのみちふさ

万寿2（1025）年〜長久5（1044）年4月27日　[別]藤原通房（ふじわらみちふさ）　平安時代中期の公卿（権大納言）。摂政・関白・太政大臣・准三后藤原頼通の長男。

¶公卿, 古人

藤原通政　ふじわらのみちまさ

平安時代中期の官人。父は庶政。

¶古人（生没年不詳）

藤原道雅*（藤原通雅）　ふじわらのみちまさ

正暦3（992）年〜天喜2（1054）年　[別]左京大夫道雅（さきょうだいぶみちまさ），藤原道雅（ふじわらみちまさ）　平安時代中期の歌人・公卿（非参議）。内大臣藤原伊周の子。

¶公卿（[生]正暦4（993）年　[没]天喜2（1054）年7月20日）, 古人（[生]991年）, コン, 詩作（[没]天喜2（1054）年7月20日）

藤原通宗*　ふじわらのみちむね

？〜応徳1（1084）年　[別]藤原通宗（ふじわらみちむね）　平安時代中期〜後期の官吏、歌人。

¶古人

藤原通基*　ふじわらのみちもと

治安1（1021）年〜長久1（1040）年12月8日　平安時代中期の公卿（非参議）。関白・太政大臣藤原教通の次男。

¶公卿, 古人

藤原通頼　ふじわらのみちより

⇒藤原通頼（ふじわらみちより）

藤原道頼*　ふじわらのみちより

天禄2（971）年〜長徳1（995）年6月11日　平安時代中期の公卿（権大納言）。関白・太政大臣藤原兼家の孫。

¶公卿, 古人

藤原光昭*　ふじわらのみつあきら

？〜天元5（982）年　平安時代中期の官人、歌人。

¶古人

藤原光員*　ふじわらのみつかず

生没年不詳　平安時代後期〜鎌倉時代前期の武士。

¶古人

藤原光兼*　ふじわらのみつかね

？〜文永3（1266）年　鎌倉時代前期の公卿（非参議）。大学頭成信の子。

¶公卿, 公家（光兼〔式家（絶家）〕　みつかね　[生]1192年　[没]文永2（1265）年？）

藤原光子*（1）　ふじわらのみつこ

？〜万寿3（1026）年　平安時代中期の女性。大蔵卿正光女。

¶古人

藤原光子*（2）　ふじわらのみつこ

康平3（1060）年〜保安2（1121）年　[別]藤原光子（ふじわらのこうし）　平安時代後期の女房、白河上皇の側近、堀河、鳥羽両天皇の乳母。

¶古人, 女史（ふじわらのこうし）

藤原美都子*　ふじわらのみつこ

延暦10（791）年〜天長5（828）年　平安時代前期の女官。藤原冬嗣の妻。

¶古人

藤原満子　ふじわらのみつこ

⇒藤原満子（ふじわらのまんし）

藤原光定　ふじわらのみつさだ

⇒藤原光定（ふじわらみつさだ）

藤原光輔*　ふじわらのみつすけ

生没年不詳　平安時代後期〜鎌倉時代前期の官人。

¶古人

藤原光隆*　ふじわらのみつたか

大治2（1127）年〜建仁1（1201）年　[別]藤原光隆（ふじわらみつたか）　平安時代後期〜鎌倉時代前期の公卿（権中納言）。左大臣藤原冬嗣・中納言藤原兼輔の裔。

¶公卿（[没]？）, 公家（光隆〔壬生家（絶家）〕　みつたか　[没]？）, 古人（[没]？）, 平家（ふじわらみつたか）

藤原光忠*　ふじわらのみつただ

*〜承安1（1171）年6月7日　平安時代後期の公卿（中納言）。大納言藤原経実の三男、母は参議藤原為房の娘掌侍為子。

¶公卿（[生]永久3（1115）年）, 公家（光忠〔大炊御門家〕　みつただ　[生]1116年）, 古人（[生]1116年）

藤原光親*　ふじわらのみつちか

安元2（1176）年〜承久3（1221）年　[別]葉室光親（はむろみつちか），藤原光親（ふじわらみつちか）　鎌倉時代前期の公卿（権中納言）。権中納言藤原光雅の次男。

¶公卿（[没]承久3（1221）年7月）, 公家（光親〔堀河・岩蔵・葉室1家（絶家）〕　みつちか　[没]承久3（1221）年7

ふしわら

月12日），古人，コン，中世（葉室光親　はむろみつち
か），内乱

藤原光継* ふじわらのみつつぐ
？〜延元3/暦応1（1338）年2月　⑳藤原光継（ふじ
わらみつつぐ），堀川光継（ほりかわみつつぐ）
鎌倉時代後期〜南北朝時代の公卿（権中納言）。参
議藤原光泰の子。
¶公卿（堀川光継　ほりかわみつつぐ　㉒暦応1/延元3
（1338）年2月），公家（光継〔堀河・岩蔵・葉室1家（絶
家）〕　みつつぐ　㉒暦応1（1338）年2月）

藤原光経⑴ ふじわらのみつつね
⇒九条光経（くじょうみつつね）

藤原光経⑵ ふじわらのみつつね
⇒藤原光経（ふじわらみつつね）

藤原光俊* ⑴ ふじわらのみつとし
建仁3（1203）年〜建治2（1276）年　⑳真観（しんか
ん），藤原光俊（ふじわらみつとし）　鎌倉時代前
期の歌人。
¶コン

藤原光俊* ⑵ ふじわらのみつとし
治承3（1179）年〜＊　鎌倉時代前期の公卿（非参
議）。参議藤原光能の三男。
¶公卿（㉒？），公家（光俊〔大炊御門家（絶家）〕　みつ
とし　㉒？）

藤原光長* ⑴ ふじわらのみつなが
天養1（1144）年〜建久6（1195）年　⑳藤原光長（ふ
じわらみつなが）　平安時代後期〜鎌倉時代前期の
公卿（参議）。参議藤原為隆の孫。
¶公卿（㉒？），公家（光長〔海住山家（絶家）〕　みつな
が　㉒建久6（1195）年6月2日），古人（㉔1143年）

藤原光長 ⑵ ふじわらのみつなが
⇒常盤光長（ときわみつなが）

藤原光成* ふじわらのみつなり
生没不詳　鎌倉時代前期の公卿（非参議）。非参
議藤原光俊の子。
¶公卿，公家（光成〔大炊御門家（絶家）〕　みつなり）

藤原光範 ふじわらのみつのり
⇒藤原光範（ふじわらみつのり）

藤原光房* ふじわらのみつふさ
天仁2（1109）年〜久寿1（1154）年　平安時代後期
の官人。
¶古人

藤原光雅* ふじわらのみつまさ
久安5（1149）年〜正治2（1200）年3月9日　⑳葉室
光雅（はむろみつまさ），藤原光雅（ふじわらみつま
さ）　平安時代後期〜鎌倉時代前期の公卿（権中納
言）。権大納言藤原光頼の三男。
¶公卿（㉔大治1（1126）年），公家（光雅〔堀河・岩蔵・葉
室1家（絶家）〕　みつまさ），古人（㉔1153年），平家
（ふじわらみつまさ）

藤原光益 ふじわらのみつます
⇒六角寂済（ろっかくじゃくさい）

藤原光泰* ふじわらのみつやす
建長6（1254）年〜嘉元3（1305）年3月6日　鎌倉時
代後期の公卿（参議）。権中納言藤原光経の曽孫。
¶公卿，公家（光泰〔堀河・岩蔵・葉室1家（絶家）〕　み
つやす）

藤原光能* ふじわらのみつよし
長承1（1132）年〜寿永2（1183）年　⑳藤原光能（ふ
じわらみつよし）　平安時代後期の公卿（参議）。
権中納言藤原俊忠の曽孫。
¶公卿（㉒寿永2（1183）年2月21日），公家（光能〔大炊御
門家（絶家）〕　みつよし），古人，内乱，平家（ふじわら
みつよし）

藤原光頼* ふじわらのみつより
天治1（1124）年〜承安3（1173）年　⑳葉室光頼（は
むろみつより，はむろみつより），藤原光頼（ふ
じわらみつより）　平安時代後期の公卿（権大納
言）。権中納言藤原顕頼の長男。
¶公卿，公家（光頼〔葉室家〕　みつより　㉒承安3
（1173）年1月5日），古人，コン（葉室光頼　はむろみつ
より），平家（ふじわらみつより）

藤原耳面刀自* ふじわらのみみおものとじ
生没年不詳　⑳藤原耳面刀自（ふじわらのみみお
とじ，ふじわらのみみものとじ），耳面刀自（みみ
のもとじ）　飛鳥時代の女性。大友皇子（弘文天
皇）の妃。
¶天皇（ふじわらのみみものとじ）

藤原耳面刀自 ふじわらのみみのもとじ
⇒藤原耳面刀自（ふじわらのみみおものとじ）

藤原耳面刀自 ふじわらのみみものとじ
⇒藤原耳面刀自（ふじわらのみみおものとじ）

藤原三守* ふじわらのみもり
延暦4（785）年〜承和7（840）年　⑳藤原朝臣三守
（ふじわらのあそんみもり），藤原三守（ふじわらの
ただもり）　平安時代前期の公卿（右大臣）。贈太
政大臣・左大臣藤原武智麻呂の曽孫。
¶公卿，古人，古代（藤原朝臣三守　ふじわらのあそんみ
もり），コン

藤原宮子* ふじわらのみやこ
？〜天平勝宝6（754）年　⑳藤原朝臣宮子（ふじわ
らのあそんみやこ），藤原宮子（ふじわらのきゅう
し）　奈良時代の女性。文武天皇の妃。
¶古人，古代（藤原朝臣宮子　ふじわらのあそんみやこ），
コン，女史，山小（ふじわらのきゅうし・みやこ）

藤原武智麻呂* ふじわらのむちまろ
天武9（680）年〜天平9（737）年　⑳藤原朝臣武智
麻呂（ふじわらのあそんむちまろ）　飛鳥時代〜奈良
時代の官人（左大臣）。藤原南家の祖。中臣御食子
の曽孫。
¶公卿（㉕天武天皇9（680）年　㉒天平9（737）年7月27
日），古人，古代（藤原朝臣武智麻呂　ふじわらのあそん
むちまろ），コン，思想，山小（㉔737年7月25日）

藤原武智麻呂娘 ふじわらのむちまろのむすめ
⇒藤原南夫人（ふじわらみなみのふじん）

藤原睦子* ふじわらのむつこ
？〜永久2（1114）年　平安時代後期の女性。大宰大
弍経平女。
¶古人

藤原穆子 ふじわらのむつこ
⇒藤原穆子（ふじわらのぼくし）

藤原宗明 ふじわらのむねあき
生没不詳　鎌倉時代前期の公卿（非参議）。中納
言藤原実教の子。
¶公卿，公家（宗明〔山科家〕　むねあき）

藤原宗敦　ふじわらのむねあつ
平安時代後期の官人。
¶古人(生没年不詳)

藤原宗家*　ふじわらのむねいえ
保延5(1139)年～文治5(1189)年閏4月22日　[別]中御門宗家(なかみかどむねいえ)，藤原信能(ふじわらのぶよし)，藤原宗家(ふじわらむねいえ)　平安時代後期の公卿(権大納言)。内大臣藤原宗能の長男。
¶公卿,公家(宗家〔松木家〕　むねいえ),古人,平家(ふじわらむねいえ　[生]保延5(1138)年)

藤原宗氏　ふじわらのむねうじ
⇒藤原宗氏(ふじわらむねうじ)

藤原宗兼　ふじわらのむねかね
平安時代後期の官人。父は敦基。
¶古人(生没年不詳)

藤原育子　ふじわらのむねこ
⇒藤原育子(ふじわらのいくし)

藤原宗子*(1)　ふじわらのむねこ
*～久寿2(1155)年9月14日　平安時代後期の貴族女性。関白藤原忠通の妻。
¶古人([生]1095年)

藤原宗子*(2)　ふじわらのむねこ
生没年不詳　平安時代後期の女官、歌人。
¶古人

藤原宗子*(3)　ふじわらのむねこ
？～大治4(1129)年　[別]藤原宗子(ふじわらのそうし)　平安時代後期の女性。近江守隆宗女。
¶古人,天皇(ふじわらのそうし　[没]大治4(1129)年1月24日？)

藤原宗子*(4)　ふじわらのむねこ
[別]五辻宗子(ごつじむねこ)　鎌倉時代後期の後二条天皇の宮人。
¶天皇(五辻宗子　ごつじむねこ　生没年不詳)

藤原宗子(5)　ふじわらのむねこ
⇒池禅尼(いけのぜんに)

藤原宗子(6)　ふじわらのむねこ
⇒敬法門院(けいほうもんいん)

藤原領子　ふじわらのむねこ
⇒藤原領子(ふじわらのりょうし)

藤原宗実　ふじわらのむねざね
平安時代中期～後期の官人。
¶古人([生]1041年　[没]1090年)

藤原宗重*　ふじわらのむねしげ
生没年不詳　平安時代後期の在地豪族。
¶古人

藤原宗季　ふじわらのむねすき
平安時代後期の官人。父は良基。
¶古人(生没年不詳)

藤原宗佐　ふじわらのむねすけ
平安時代後期の官人。
¶古人([生]？　[没]1112年)

藤原宗相*　ふじわらのむねすけ
生没年不詳　平安時代中期の官人。
¶古人

藤原宗輔*　ふじわらのむねすけ
承暦1(1077)年～応保2(1162)年　[別]藤原宗輔(ふじわらむねすけ)　平安時代後期の公卿(太政大臣)。権大納言藤原宗俊の次男。
¶公卿([没]応保2(1162)年1月27日),公家(宗輔〔堀川家(絶家)〕　むねすけ　[没]応保2(1162)年1月30日),古人(ふじわらむねすけ)

藤原宗隆　ふじわらのむねたか
⇒藤原宗隆(ふじわらむねたか)

藤原宗忠*　ふじわらのむねただ
康平5(1062)年～永治1(1141)年　[別]藤原宗忠(ふじわらむねただ)　平安時代後期の公卿(右大臣)。権大納言藤原宗俊の長男。
¶公卿([没]保延7(1141)年4月20日),古人,コン,思想

藤原致忠*　ふじわらのむねただ
生没年不詳　平安時代中期の官人。
¶古人

藤原宗親*　ふじわらのむねちか
仁治3(1242)年～乾元1(1302)年12月25日　鎌倉時代後期の公卿(参議)。参議藤原忠継の次男。
¶公卿,公家(宗親〔五辻家(絶家)〕　むねちか)

藤原宗嗣　ふじわらのむねつぐ
奈良時代の官人。父は蔵下麻呂。
¶古人(生没年不詳)

藤原宗綱*　ふじわらのむねつな
生没年不詳　平安時代後期の武士。
¶古人

藤原棟綱(1)　ふじわらのむねつな
平安時代後期の官人。父は棟方。
¶古人(生没年不詳)

藤原棟綱(2)　ふじわらのむねつな
平安時代後期の官人。
¶古人([生]？　[没]1094年)

藤原宗経*　ふじわらのむねつね
生没年不詳　鎌倉時代前期の公卿(非参議)。非参議藤原経賢の子。
¶公卿,公家(宗経〔吉田家(絶家)1〕　むねつね)

藤原統行　ふじわらのむねつら
⇒藤原朝臣統行(ふじわらのあそんむねつら)

藤原宗俊*　ふじわらのむねとし
永承1(1046)年～承徳1(1097)年5月5日　[別]藤原宗俊(ふじわらむねとし)　平安時代中期～後期の公卿(権大納言)。右大臣藤原俊家の長男。
¶公卿,古人

藤原宗友*　ふじわらのむねとも
生没年不詳　[別]藤原宗友(ふじわらむねとも)　平安時代後期の文人。「本朝新修往生伝」の著者。
¶古人

藤原宗仲　ふじわらのむねなか
平安時代後期の官人。
¶古人([生]？　[没]1111年)

藤原宗長(1)　ふじわらのむねなが
平安時代後期の官人。父は経国。
¶古人(生没年不詳)

藤原宗長*(2)　ふじわらのむねなが
長寛2(1164)年～嘉禄1(1225)年8月26日　[別]難波

ふ

宗長（なんばむねなが），藤原宗長（ふじわらむねなが）　平安時代後期～鎌倉時代前期の公卿（参議）。非参議藤原頼輔の孫。
¶公卿，公家（宗長〔難波家〕　むねなが），古人（[生]？），平家（ふじわらむねなが）

藤原宗業＊　ふじわらのむねなり
仁平1（1151）年～？　[別]藤原宗業（ふじわらむねなり）　平安時代後期～鎌倉時代前期の公卿（非参議）。非参議藤原資業の裔。
¶公卿（生没年不詳），公家（宗業〔日野家（絶家）1〕　むねなり），古人

藤原宗成＊（1）　ふじわらのむねなり
延暦4（785）年～天安2（858）年　奈良時代～平安時代前期の官人。
¶古人

藤原宗成＊（2）　ふじわらのむねなり
応徳2（1085）年～保延4（1138）年4月26日　平安時代後期の公卿（参議）。右大臣藤原宗忠の次男。
¶公卿，古人

藤原宗信＊　ふじわらのむねのぶ
生没年不詳　平安時代後期の官人。以仁王の乳母子。
¶古人

藤原宗教＊　ふじわらのむねのり
正治2（1200）年～？　鎌倉時代前期の公卿（非参議）。参議藤原宗長の子。
¶公卿

藤原宗平（1）　ふじわらのむねひら
平安時代後期の官人。
¶古人（生没年不詳）

藤原宗平＊（2）　ふじわらのむねひら
建久8（1197）年～文永8（1271）年4月1日　鎌倉時代前期の公卿（参議）。権大納言藤原宗家の孫。
¶公卿，公家（宗平〔松木家〕　むねひら）

藤原宗弘＊（1）　ふじわらのむねひろ
生没年不詳　平安時代後期の宮廷絵師。
¶古人，美画

藤原宗弘（2）　ふじわらのむねひろ
⇒湯浅宗弘（ゆあさむねひろ）

藤原宗房＊　ふじわらのむねふさ
文治5（1189）年～寛喜2（1230）年3月7日　鎌倉時代前期の公卿（参議）。権中納言藤原宗隆の長男。
¶公卿，公家（宗房〔八条家（絶家）〕　むねふさ）

藤原宗政　ふじわらのむねまさ
⇒長沼宗政（ながぬまむねまさ）

藤原統理　ふじわらのむねまさ
⇒藤原統理（ふじわらむねまさ）

藤原宗通＊　ふじわらのむねみち
延久3（1071）年～保安1（1120）年7月22日　[別]藤原宗通（ふじわらむねみち）　平安時代後期の公卿（権大納言）。右大臣藤原俊家の子。
¶公卿，古人

藤原宗光＊　ふじわらのむねみつ
生没年不詳　鎌倉時代前期の武士。藤原宗重の子。
¶古人

藤原宗茂＊　ふじわらのむねもち
生没年不詳　平安時代後期～鎌倉時代前期の武士。
¶古人

藤原宗基　ふじわらのむねもと
平安時代後期の官人。父は親任。
¶古人（生没年不詳）

藤原宗康　ふじわらのむねやす
平安時代後期の官人。父は家基。
¶古人（生没年不詳）

藤原宗行＊　ふじわらのむねゆき
承安4（1174）年～承久3（1221）年　[別]中御門宗行（なかみかどむねゆき），葉室宗行（はむろむねゆき）　鎌倉時代前期の公卿（権中納言）。左大弁藤原行隆の五男。
¶公卿（葉室宗行　はむろむねゆき　[没]承久3（1221）年7月），公家（宗行〔中山家（絶家）〕　むねゆき　[没]承久3（1221）年7月14日），古人（葉室宗行　はむろむねゆき　[生]1175年），コン，内乱

藤原宗能＊　ふじわらのむねよし
応徳2（1085）年～嘉応2（1170）年　[別]中御門宗能（なかみかどむねよし），藤原宗隆（ふじわらむねたか），藤原宗能（ふじわらむねよし）　平安時代後期の公卿（内大臣）。右大臣藤原宗忠の長男。
¶公卿（[没]嘉応2（1170）年2月11日），公家（宗能〔松木家〕　むねよし　[没]嘉応2（1170）年2月11日），古人，内乱（[生]応徳1（1084）年）

藤原宗頼＊　ふじわらのむねより
久寿1（1154）年～建仁3（1203）年　[別]葉室宗頼（はむろむねより），藤原宗頼（ふじわらむねより）　平安時代後期～鎌倉時代前期の公卿（権大納言）。権大納言藤原光頼の四男。
¶公卿（[没]建仁3（1203）年1月29日），公家（宗頼〔葉室家〕　むねより　[没]建仁3（1203）年1月29日），古人（葉室宗頼　はむろむねより）

藤原武良士　ふじわらのむらじ
奈良時代の官人。
¶古人（生没年不詳）

藤原村椙＊　ふじわらのむらすぎ
生没年不詳　平安時代前期の官人。
¶古人

藤原明子＊（1）　ふじわらのめいし
生没年不詳　[別]藤原明子（ふじわらあきらけいこ，ふじわらのあきらけいこ）　平安時代中期の女官。醍醐天皇に仕える。
¶女史

藤原明子（2）　ふじわらのめいし
⇒藤原明子（ふじわらのあきらけいこ）

藤原茂子＊　ふじわらのもし
？～康平5（1062）年　[別]藤原茂子（ふじわらのしげこ）　平安時代中期の女性。尊仁親王（皇太弟、後三条天皇）の妃。
¶古人（ふじわらのしげこ），天皇（[没]康平5（1062）年6月22日）

藤原茂明＊　ふじわらのもちあきら
寛治7（1093）年頃～？　[別]藤原茂明（ふじわらのしげあき，ふじわらもちあきら）　平安時代後期の官吏・漢詩人。
¶古人（ふじわらのしげあき　[生]1093年？）

藤原以兼　ふじわらのもちかね
平安時代後期の官人。
¶古人(生没年不詳)

藤原以親　ふじわらのもちちか
平安時代中期の官人。
¶古人(生没年不詳)

藤原基家(1)　ふじわらのもといえ
平安時代後期の官人。
¶古人([生]?　[没]1093年)

藤原基家(2)　ふじわらのもといえ
⇒九条基家(くじょうもといえ)

藤原基家(3)　ふじわらのもといえ
⇒藤原基家(ふじわらもといえ)

藤原元方*　ふじわらのもとかた
仁和4(888)年～天暦7(953)年　平安時代中期の公卿(大納言)。贈中納言・参議藤原菅根の次男。
¶公卿([没]天暦7(953)年3月21日),古人,コン

藤原基兼　ふじわらのもとかね
平安時代後期の官人。
¶古人([生]?　[没]1104年)

藤原基清　ふじわらのもときよ
⇒後藤基清(ごとうもときよ)

藤原基国　ふじわらのもとくに
平安時代中期の官人。
¶古人([生]1039年　[没]?)

藤原嫄子　ふじわらのもとこ
⇒藤原嫄子(ふじわらのげんし)

藤原基子　ふじわらのもとこ
⇒藤原基子(ふじわらのきし)

藤原元子(1)　ふじわらのもとこ
平安時代前期の女性。光孝天皇更衣。
¶天皇(生没年不詳)

藤原元子(2)　ふじわらのもとこ
⇒藤原元子(ふじわらのげんし)

藤原原子　ふじわらのもとこ
⇒藤原原子(ふじわらのげんし)

藤原基貞　ふじわらのもとさだ
平安時代後期の官人。父は頼宗。
¶古人(生没年不詳)

藤原基定*　ふじわらのもとさだ
承安1(1171)年～嘉禎3(1237)年11月1日　鎌倉時代前期の公卿(非参議)。権中納言藤原経定の孫。
¶公卿,公家(基定〔堀河2・三条家(絶家)〕　もとさだ)

藤原基実(1)　ふじわらのもとざね
平安時代中期～後期の官人。
¶古人([生]1045年　[没]1108年)

藤原基実(2)　ふじわらのもとざね
⇒近衛基実(このえもとざね)

藤原元真*(1)　ふじわらのもとざね
生没年不詳　[別]藤原元真(ふじわらもとざね)　平安時代中期の歌人。三十六歌仙の一人。
¶古人,コン,詩作

藤原元真(2)　ふじわらのもとざね
平安時代後期の官人。父は成尹。
¶古人(生没年不詳)

藤原基輔　ふじわらのもとすけ
⇒藤原基輔(ふじわらもとすけ)

藤原元輔*　ふじわらのもとすけ
延喜16(916)年～天延3(975)年10月17日　[別]藤原元輔(ふじわらもとすけ)　平安時代中期の公卿(参議)。右大臣藤原顕忠の長男。
¶公卿,古人([生]914年)

藤原基隆*　ふじわらのもとたか
承保2(1075)年～長承1(1132)年　平安時代後期の公卿(非参議)。権大納言藤原経輔の曽孫。
¶公卿([没]長承1(1132)年3月21日),古人

藤原基忠*(1)　ふじわらのもとただ
天喜4(1056)年～承徳2(1098)年11月17日　[別]藤原基忠(ふじわらもとただ)　平安時代中期～後期の公卿(権中納言)。大納言藤原忠家の子。
¶公卿,古人

藤原基忠(2)　ふじわらのもとただ
⇒藤原基忠(ふじわらもとただ)

藤原基綱　ふじわらのもとつな
平安時代後期の官人。父は義職。
¶古人(生没年不詳)

藤原基経*　ふじわらのもとつね
承和3(836)年～寛平3(891)年1月13日　[別]昭宣公(しょうせんこう),藤原朝臣基経(ふじわらのあそんもとつね),藤原基経(ふじわらもとつね)　平安時代前期の公卿(摂政・関白・太政大臣・准三宮)。権中納言藤原長良の三男で良房の養子。光孝天皇を即位させ、初の関白となった。
¶公卿,古人,古代(藤原朝臣基経　ふじわらのあそんもとつね),コン,思想,山小([没]891年1月13日)

藤原基時　ふじわらのもととき
平安時代後期の官人。
¶古人(生没年不詳)

藤原基時女　ふじわらのもとときのむすめ
南北朝時代の女性。後醍醐天皇の宮人。
¶天皇

藤原基俊*　ふじわらのもととし
康平3(1060)年～康治1(1142)年　[別]藤原基俊(ふじわらもととし)　平安時代後期の歌人。
¶古人([生]1056年?),コン([生]天喜4(1056)年),詩作([没]永治2(1142)年1月16日),日文([没]永治2(1142)年)

藤原元名*　ふじわらのもとな
仁和1(885)年～康保2(965)年4月18日　平安時代中期の公卿(参議)。参議藤原清経の三男。
¶公卿,古人

藤原基仲　ふじわらのもとなか
平安時代後期の官人。
¶古人([生]?　[没]1072年)

藤原基長*(1)　ふじわらのもとなが
長久4(1043)年～?　[別]藤原基長(ふじわらもとなが)　平安時代中期～後期の公卿(権中納言)。内大臣藤原能長の長男。
¶公卿,古人([生]1041年　[没]1107年)

藤原基長* (2)　**ふじわらのもとなが**
？～正応2(1289)年12月2日　鎌倉時代後期の公卿(非参議)。参議藤原興範の九代孫。
¶公卿，公家(基長〔式家(絶家)〕　もとなが)

藤原元命*　**ふじわらのもとなが**
生没年不詳　平安時代中期の貴族、尾張守。
¶古人，コン，山小

藤原基成*　**ふじわらのもとなり**
生没年不詳　平安時代後期の官人。
¶古人，内乱

藤原基信　**ふじわらのもとのぶ**
平安時代後期の官人。父は康基。
¶古人(生没年不詳)

ふ

藤原基教　**ふじわらのもとのり**
⇒藤原基教(ふじわらもとのり)

藤原基範　**ふじわらのもとのり**
⇒藤原基範(ふじわらもとのり)

藤原元範 (1)　**ふじわらのもとのり**
平安時代後期の官人。
¶古人([生]？　[没]1065年)

藤原元範* (2)　**ふじわらのもとのり**
？～応永8(1401)年8月3日　南北朝時代～室町時代の公卿(非参議)。非参議藤原房範の子。
¶公卿，公家(元範〔成季裔(絶家)〕　もとのり)

藤原元治*　**ふじわらのもとはる**
生没年不詳　平安時代後期の武士。
¶古人

藤原基衡*　**ふじわらのもとひら**
？～保元2(1157)年？　平安時代後期の武将。奥州藤原氏の2代。毛越寺を建立。
¶古人(生没年不詳)，コン(生没年不詳)，山小

藤原基平　**ふじわらのもとひら**
⇒近衛基平(このえもとひら)

藤原基衡の妻　**ふじわらのもとひらのつま**
平安時代後期の女性。
¶女史

藤原基房* (1)　**ふじわらのもとふさ**
？～康平7(1064)年　[別]藤原基房(ふじわらもとふさ)　平安時代中期～後期の公家・歌人。
¶古人

藤原基房* (2)　**ふじわらのもとふさ**
久安1(1145)年～寛喜2(1230)年　[別]藤原基房(ふじわらもとふさ)，松殿基房(まつどのもとふさ)　平安時代後期～鎌倉時代前期の公卿(摂政・関白・太政大臣)。摂政・関白・太政大臣藤原忠通の次男。
¶公卿([生]天養1(1144)年)，公家(基房〔松殿家(絶家)〕　もとふさ　[没]寛喜2(1230)年12月28日)，古人，コン([生]天養1(1144)年)，内乱，平家(ふじわらもとふさ　[生]天養1(1144)年)

藤原基通　**ふじわらのもとみち**
⇒近衛基通(このえもとみち)

藤原基光*　**ふじわらのもとみつ**
？～康和2(1100)年3月17日　[別]藤原基光(ふじわらもとみつ)　平安時代中期の宮廷絵師。
¶古人(生没年不詳)，美画(生没年不詳)

藤原基行*　**ふじわらのもとゆき**
治承4(1180)年～承久3(1221)年8月13日　鎌倉時代前期の公卿(非参議)。権大納言藤原邦綱の子。
¶公卿，公家(基行〔壬生家(絶家)〕　もとゆき)

藤原基良*　**ふじわらのもとよし**
建久2(1191)年～？　鎌倉時代前期の歌人・公卿(権大納言)。大納言藤原忠良の長男。
¶公卿，公家(基良〔粟田口家(絶家)〕　もとよし　[生]1187年)

藤原元善*　**ふじわらのもとよし**
生没年不詳　[別]藤原元善(ふじわらもとよし)　平安時代前期の女性。光孝天皇の女御。
¶古人

藤原基頼　**ふじわらのもとより**
⇒持明院基頼(じみょういんもとより)

藤原元利万侶　**ふじわらのもとりまろ**
⇒藤原朝臣元利万侶(ふじわらのあそんげんりまろ)

藤原百川*　**ふじわらのももかわ**
天平4(732)年～宝亀10(779)年　[別]藤原朝臣百川(ふじわらのあそんももかわ)，藤原雄田麻呂(ふじわらのおだまろ)　奈良時代の官人(参議)。参議藤原宇合の八男。
¶公卿([没]宝亀10(779)年7月9日)，古人([生]733年)，古代(藤原朝臣百川　ふじわらのあそんももかわ)，コン，山小([没]779年7月9日)

藤原百能*　**ふじわらのももの**
養老4(720)年～延暦1(782)年　[別]藤原朝臣百能(ふじわらのあそんももよし)，藤原百能(ふじわらのももよし)　奈良時代の女性。京家藤原麻呂の娘。
¶古人(ふじわらのももよし)，古代(藤原朝臣百能　ふじわらのあそんももよし)

藤原百能　**ふじわらのももよし**
⇒藤原百能(ふじわらのももの)

藤原盛家*　**ふじわらのもりいえ**
生没年不詳　鎌倉時代前期の公卿(非参議)。非参議藤原家清の長男。
¶公卿，公家(盛家〔六条・春日・九条・紙屋河家(絶家)〕　もりいえ)

藤原盛景　**ふじわらのもりかげ**
⇒藤原盛景(ふじわらもりかげ)

藤原盛方*　**ふじわらのもりかた**
保延3(1137)年～治承2(1178)年　[別]藤原盛方(ふじわらもりかた)　平安時代後期の歌人。
¶古人

藤原盛兼*　**ふじわらのもりかね**
建久2(1191)年～寛元3(1245)年　[別]藤原盛兼(ふじわらもりかね)　鎌倉時代前期の公卿(権中納言)。参議藤原兼経の裔。
¶公卿([生]建久3(1192)年　[没]寛元3(1245)年1月5日)，公家(盛兼〔楊梅家(絶家)〕　もりかね　[没]寛元3(1245)年1月5日)，古人

藤原盛公　**ふじわらのもりきみ**
平安時代後期の官人。
¶古人(生没年不詳)

藤原守子* (1)　**ふじわらのもりこ**
生没年不詳　[別]洞院守子(とういんしゅし)　鎌倉時代後期の女性。後醍醐天皇の宮人。
¶天皇(洞院守子　とういんしゅし)

藤原守子*(2)　ふじわらのもりこ
？～元亨2(1322)年　[別]正親町守子(おうぎまちしゅし，おおぎまちもりこ)　鎌倉時代後期の伏見・後伏見二天皇の宮人。
¶天皇(正親町守子　おうぎまちしゅし　生没年不詳)，天皇(正親町守子　おおぎまちもりこ　生没年不詳)

藤原盛子*(1)　ふじわらのもりこ
？～天慶6(943)年　平安時代中期の女性。右大臣藤原師輔の室。
¶古人

藤原盛子*(2)　ふじわらのもりこ
生没年不詳　平安時代中期の女性。
¶古人

藤原守貞　ふじわらのもりさだ
平安時代後期の官人。
¶古人(生没年不詳)

藤原盛実*　ふじわらのもりざね
生没年不詳　平安時代後期の官人。
¶古人

藤原盛重*　ふじわらのもりしげ
生没年不詳　平安時代中期の官人。
¶古人

藤原盛季(1)　ふじわらのもりすえ
平安時代後期の官人。
¶古人(生没年不詳)

藤原盛季*(2)　ふじわらのもりすえ
元仁1(1224)年～？　鎌倉時代前期の公卿(非参議)。非参議藤原定季の子。
¶公卿，公家(盛季〔平松家(絶家)〕　もりすえ　[生]1226年)

藤原守正　ふじわらのもりただ
⇒藤原守正(ふじわらもりただ)

藤原盛経*(1)　ふじわらのもりつね
応保2(1162)年～？　[別]藤原盛経(ふじわらもりつね)　平安時代後期～鎌倉時代前期の公卿(非参議)。参議藤原俊経の子。
¶公卿，公家(盛経〔大福寺家(絶家)〕　もりつね　[没]嘉禎1(1235)年)

藤原盛経(2)　ふじわらのもりつね
⇒藤原盛経(ふじわらもりつね)

藤原盛経母　ふじわらのもりつねのはは
⇒藤原盛経母(ふじわらもりつねのはは)

藤原盛長*(1)　ふじわらのもりなが
嘉禄1(1225)年～永仁2(1294)年　鎌倉時代後期の公卿(非参議)。非参議藤原長季の子。
¶公卿，公家(盛長〔八条家(絶家)〕　もりなが)

藤原盛長(2)　ふじわらのもりなが
⇒安達盛長(あだちもりなが)

藤原盛房*　ふじわらのもりふさ
生没年不詳　[別]藤原盛房(ふじわらもりふさ)　平安時代後期の歌学者。『三十六歌仙伝』を著す。
¶古人([生]？　[没]1094年？)，古人，コン

藤原守文　ふじわらのもりふみ
⇒藤原守文(ふじわらもりふみ)

藤原盛雅　ふじわらのもりまさ
⇒藤原盛雅(ふじわらもりまさ)

藤原元利万呂　ふじわらのもりまろ
⇒藤原朝臣元利万侶(ふじわらのあそんげんりまろ)

藤原盛基　ふじわらのもりもと
平安時代後期の官人。
¶古人(生没年不詳)

藤原守義*　ふじわらのもりよし
寛平8(896)年～天延2(974)年2月4日　平安時代中期の公卿(参議)。中納言藤原山陰の孫。
¶公卿，古人

藤原諸姉*　ふじわらのもろあね
？～延暦5(786)年　[別]藤原朝臣諸姉(ふじわらのあそんもろあね)，藤原諸姉(ふじわらのもろね)　奈良時代の女官。内大臣従一位藤原良継の娘。
¶古人(ふじわらのもろね)，古代(藤原朝臣諸姉　ふじわらのあそんもろあね)

藤原師家*(1)　ふじわらのもろいえ
万寿4(1027)年～康平1(1058)年　平安時代中期～後期の官人。
¶古人

藤原師家(2)　ふじわらのもろいえ
⇒松殿師家(まつどのもろいえ)

藤原師氏*　ふじわらのもろうじ
延喜13(913)年～天禄1(970)年　[別]藤原師氏(ふじわらもろうじ)　平安時代中期の歌人・公卿(大納言)。摂政・関白・左大臣藤原忠平の四男。
¶公卿([没]天禄1(970)年7月14日)，古人

藤原師兼*　ふじわらのもろかね
永承3(1048)年～承保3(1076)年3月2日　平安時代中期の公卿(参議)。右大臣藤原俊家の次男。
¶公卿，古人

藤原諸葛*　ふじわらのもろくず
天長3(826)年～寛平7(895)年　平安時代前期の公卿(中納言)。右大臣藤原三守の孫。
¶公卿([没]寛平7(895)年6月20日)，古人

藤原諸葛女　ふじわらのもろくずのむすめ
⇒藤原氏(ふじわらうじ)

藤原諸久曽　ふじわらのもろくそ
鎌倉時代後期～南北朝時代の女性。初期の武雄神社(佐賀県武雄市)の女大宮司。
¶女史(生没年不詳)

藤原師国(1)　ふじわらのもろくに
平安時代後期の官人。
¶古人(生没年不詳)

藤原師国(2)　ふじわらのもろくに
平安時代後期の官人。父は頼成。
¶古人(生没年不詳)

藤原師子*　ふじわらのもろこ
生没年不詳　平安時代後期の官女。
¶古人

藤原師実*　ふじわらのもろざね
長久3(1042)年～康和3(1101)年　[別]京極太閤(きょうごくたいこう)，藤原師実(ふじわらもろざね)　平安時代中期～後期の公卿(摂政・関白・太政大臣)。摂政・関白・太政大臣・准三后藤原頼通の三男。
¶公卿([没]康和3(1101)年2月13日)，古人，コン，山小([生]1042年2月　[没]1101年2月13日)

ふ

藤原師成　ふじわらのもろしげ
⇒藤原師成（ふじわらのもろなり）

藤原師季　ふじわらのもろすえ
平安時代後期の官人。
¶古人（[生]1059年　[没]1120年）

藤原師輔*　ふじわらのもろすけ
延喜8（908）年～天徳4（960）年　[別]九条師輔（くじょうもろすけ），藤原師輔（ふじわらもろすけ）　平安時代中期の公卿（右大臣）。摂政・関白・左大臣藤原忠平の次男。
¶公卿（[没]天徳4（960）年5月4日），古人，コン，思想，山小（[没]960年5月4日）

藤原師高*　ふじわらのもろたか
？～治承1（1177）年　[別]藤原師高（ふじわらもろたか）　平安時代後期の人。後白河院の近習西光（藤原師光）の嫡男。
¶古人，平家（ふじわらもろたか　[没]安元3（1177）年）

藤原師尹*　ふじわらのもろただ
延喜20（920）年～安和2（969）年　[別]藤原師尹（ふじわらのもろまさ，ふじわらもろまさ）　平安時代中期の公卿（左大臣）。摂政・関白・左大臣藤原忠平の五男。
¶公卿（[没]安和2（969）年10月14日），古人（ふじわらのもろまさ），コン

藤原師継　ふじわらのもろつぐ
⇒花山院師継（かざんいんもろつぐ）

藤原師嗣　ふじわらのもろつぐ
⇒二条師嗣（にじょうもろつぐ）

藤原師経*（1）　ふじわらのもろつね
寛弘6（1009）年～治暦2（1066）年3月11日　[別]藤原師経（ふじわらもろつね）　平安時代中期の公卿（非参議）。大納言藤原朝光の孫。
¶公卿（[生]？），古人（[生]1009年？）

藤原師経（2）　ふじわらのもろつね
⇒大炊御門師経（おおいみかどもろつね）

藤原師仲　ふじわらのもろなか
平安時代中期～後期の官人。
¶古人（[生]1036年　[没]1093年）

藤原師長*　ふじわらのもろなが
保延4（1138）年～建久3（1192）年7月19日　[別]藤原師長（ふじわらもろなが），妙音院入道（みょうおんいんにゅうどう），理覚（りかく）　平安時代後期の公卿（太政大臣）。左大臣藤原頼長の次男。
¶公卿，公家（師長〔宇治家（絶家）〕　もろなが　[生]保延4（1138）年2月），古人，コン，詩作（妙音院入道　みょうおんいんにゅうどう　[生]保延4（1138）年2月），内乱，平家（ふじわらもろなが）

藤原師成*　ふじわらのもろなり
寛弘6（1009）年～永保1（1081）年9月1日　[別]藤原師成（ふじわらのもろしげ）　平安時代中期～後期の公卿（参議）。中納言藤原通任の長男。
¶公卿，古人（ふじわらのもろしげ），古人

藤原諸成　ふじわらのもろなり
⇒藤原朝臣諸成（ふじわらのあそんもろなり）

藤原諸姉　ふじわらのもろね
⇒藤原諸姉（ふじわらのもろあね）

藤原師言*　ふじわらのもろのぶ
生没年不詳　室町時代の公卿（参議）。参議姉小路家綱の子。
¶公卿，公家（師言〔小一条流姉小路家（絶家）〕　もろこと）

藤原師信　ふじわらのもろのぶ
平安時代中期～後期の官人。
¶古人（[生]1041年　[没]1094年）

藤原師平*　ふじわらのもろひら
？～治承1（1177）年　平安時代後期の後白河上皇の近臣西光（藤原師光）の子。
¶古人

藤原師尹　ふじわらのもろまさ
⇒藤原師尹（ふじわらのもろただ）

藤原以道　ふじわらのもろみち
平安時代中期の官人。
¶古人（生没年不詳）

藤原師通*　ふじわらのもろみち
康平5（1062）年～康和1（1099）年　[別]後二条殿（ごにじょうどの），藤原師通（ふじわらもろみち）　平安時代後期の公卿（関白・内大臣）。摂政・関白・太政大臣藤原師実の長男。
¶公卿（[没]康和1（1099）年6月28日），古人，コン，平家（ふじわらもろみち　[没]承徳3（1099）年）

藤原師光　ふじわらのもろみつ
⇒西光（さいこう）

藤原師基*（1）　ふじわらのもろもと
長元4（1031）年～承暦1（1077）年　平安時代中期～後期の官人。
¶古人

藤原師基（2）　ふじわらのもろもと
⇒二条師基（にじょうもろもと）

藤原師保　ふじわらのもろやす
平安時代後期の官人。父は良経。
¶古人（生没年不詳）

藤原師世*　ふじわらのもろよ
？～正平20/貞治4（1365）年　南北朝時代の公卿（非参議）。藤原済氏の子。
¶公卿（[没]貞治4（1365）年），公家（師世〔小一条流姉小路家（絶家）〕　もろよ　[没]貞治4（1365）年）

藤原宅美　ふじわらのやかよし
奈良時代の官人。
¶古人（生没年不詳）

藤原保家*（1）　ふじわらのやすいえ
？～康平7（1064）年　平安時代中期～後期の人。太政大臣為光孫。
¶古人

藤原保家（2）　ふじわらのやすいえ
⇒藤原保家（ふじわらやすいえ）

藤原安宿媛　ふじわらのやすかべひめ
⇒光明皇后（こうみょうこうごう）

藤原安国　ふじわらのやすくに
⇒藤原安国（ふじわらやすくに）

藤原安子　ふじわらのやすこ
⇒藤原安子（ふじわらのあんし）

藤原穏子　ふじわらのやすこ
⇒藤原穏子（ふじわらのおんし）

藤原泰子　ふじわらのやすこ
⇒高陽院（かやのいん）

藤原保子＊(1)　ふじわらのやすこ
生没年不詳　平安時代後期の歌人。白河院の女房。
¶古人

藤原保子＊(2)　ふじわらのやすこ
生没年不詳　平安時代後期の女性。後鳥羽天皇の乳母。
¶古人

藤原禎子　ふじわらのやすこ
⇒新朔平門院（しんさくへいもんいん）

藤原綏子＊　ふじわらのやすこ
天延2（974）年～寛弘1（1004）年　[別]藤原綏子（ふじわらのすいし）　平安時代中期の女性。三条天皇の宮人。
¶古人，コン，女史（ふじわらのすいし），天皇（ふじわらのすいし・やすこ　[没]寛弘1（1004）年2月7日）

藤原保定　ふじわらのやすさだ
平安時代後期の官人。
¶古人（生没年不詳）

藤原保実＊　ふじわらのやすざね
＊～康和4（1102）年3月　平安時代後期の公卿（権中納言）。大納言藤原実季の次男。
¶公卿（[生]康平4（1061）年），古人（[生]1060年）

藤原安季　ふじわらのやすすえ
平安時代後期の官人。
¶古人（生没年不詳）

藤原保季＊(1)　ふじわらのやすすえ
生没年不詳　鎌倉時代前期の公卿（非参議）。非参議藤原季経の子。
¶公卿，公家（保季〔六条・春日・九条・紙屋河家（絶家）〕　やすすえ）

藤原保季(2)　ふじわらのやすすえ
⇒藤原保季（ふじわらやすすえ）

藤原保輔＊　ふじわらのやすすけ
？～永延2（988）年　[別]袴垂保輔（はかまだれやすすけ）　平安時代中期の下級官人。
¶古人，コン（袴垂保輔　はかまだれやすすけ），コン

藤原安隆　ふじわらのやすたか
平安時代中期の官人。父は棟利。
¶古人（生没年不詳）

藤原康能＊　ふじわらのやすたか
？～永仁3（1295）年12月3日　[別]藤原康能（ふじわらのやすよし，ふじわらやすよし）　鎌倉時代後期の公卿（参議）。非参議藤原資能の長男。
¶公卿，公家（康能〔実兼裔（絶家）〕　やすよし）

藤原保隆　ふじわらのやすたか
平安時代後期の官人。父は忠綱。
¶古人（生没年不詳）

藤原保忠＊　ふじわらのやすただ
寛平2（890）年～承平6（936）年　平安時代中期の公卿（大納言）。左大臣藤原時平の長男。
¶公卿（[没]承平6（936）年7月14日），古人，コン

藤原安親＊　ふじわらのやすちか
延喜22（922）年～長徳2（996）年3月8日　平安時代中期の公卿（参議）。中納言藤原山陰の孫。
¶公卿，古人（[生]932年）

藤原保俊(1)　ふじわらのやすとし
平安時代後期の官人。
¶古人（[生]？　[没]1116年）

藤原保俊(2)　ふじわらのやすとし
平安時代後期の官人。
¶古人（生没年不詳）

藤原泰憲＊　ふじわらのやすのり
寛弘4（1007）年～永保1（1081）年1月5日　平安時代中期～後期の公卿（権中納言）。権中納言藤原為輔の曽孫。
¶公卿，古人

藤原保則＊　ふじわらのやすのり
天長2（825）年～寛平7（895）年　[別]藤原朝臣保則（ふじわらのあそんやすのり）　平安時代前期の公卿（参議）。中納言藤原乙叡の孫。
¶公卿（[没]寛平7（895）年4月21日），古人，古代（藤原朝臣保則　ふじわらのあそんやすのり），コン

藤原懐平　ふじわらのやすひら
⇒藤原懐平（ふじわらのちかひら）

藤原泰衡＊　ふじわらのやすひら
久寿2（1155）年～文治5（1189）年　[別]藤原泰衡（ふじわらやすひら）　平安時代後期の武将。藤原秀衡の次男。
¶古人，コン（[生]久寿2（1155年/1165）年），中世（[生]？），内乱，山小（[没]1189年9月3日）

藤原保房　ふじわらのやすふさ
平安時代後期の官人。父は隆佐。
¶古人（生没年不詳）

藤原保藤女　ふじわらのやすふじのむすめ
南北朝時代の女性。後醍醐天皇の宮人。
¶天皇

藤原保昌＊　ふじわらのやすまさ
天徳2（958）年～長元9（1036）年9月　[別]藤原保昌（ふじわらやすまさ）　平安時代中期の中級貴族。
¶古人，コン

藤原泰通＊(1)　ふじわらのやすみち
生没年不詳　平安時代中期の官人。
¶古人

藤原泰通(2)　ふじわらのやすみち
⇒藤原泰通（ふじわらやすみち）

藤原泰盛　ふじわらのやすもり
平安時代後期の官人。
¶古人（生没年不詳）

藤原康能　ふじわらのやすよし
⇒藤原康能（ふじわらのやすたか）

藤原安頼　ふじわらのやすより
平安時代後期の官人。
¶古人（生没年不詳）

藤原八束　ふじわらのやつか
⇒藤原真楯（ふじわらのまたて）

藤原山蔭＊（藤原山陰）　ふじわらのやまかげ
天長1（824）年～仁和4（888）年　[別]藤原朝臣山陰（ふじわらのあそんやまかげ），藤原山陰（ふじわらやまかげ）　平安時代前期の公卿（中納言）。参議藤原藤嗣の孫。

¶公卿(藤原山陰　[没]仁和4(888)年2月4日),古人(藤原山陰　[没]886年),古代(藤原朝臣山陰　ふじわらのあそんやまかげ),コン,対外(藤原山陰),平家(藤原山陰　ふじわらやまかげ)

藤原祐姫　ふじわらのゆうき
⇒藤原祐姫(ふじわらのすけひめ)

藤原有子＊(1)　ふじわらのゆうし
？～貞観8(866)年　[別]藤原朝臣有子(ふじわらのあそんありこ), 藤原有子(ふじわらのありこ)　平安時代前期の女官。北家贈太政大臣藤原長良の長女。
¶古代(藤原朝臣有子　ふじわらのあそんありこ)

藤原有子(2)　ふじわらのゆうし
⇒安喜門院(あんきもんいん)

藤原有序＊　ふじわらのゆうじょ
平安時代中期の村上天皇の更衣。
¶天皇(生没年不詳)

藤原行家(1)　ふじわらのゆきいえ
⇒九条行家(くじょうゆきいえ)

藤原行家(2)　ふじわらのゆきいえ
⇒藤原行家(ふじわらゆきいえ)

藤原行廉　ふじわらのゆきかど
平安時代後期の官人。
¶古人(生没年不詳)

藤原幸子　ふじわらのゆきこ
⇒藤原幸子(ふじわらのこうし)

藤原行貞　ふじわらのゆきさだ
平安時代後期の官人。
¶古人(生没年不詳)

藤原行実　ふじわらのゆきざね
平安時代後期の官人。
¶古人([生]？　[没]1103年)

藤原行隆＊　ふじわらのゆきたか
大治5(1130)年～文治3(1187)年　[別]藤原行隆(ふじわらゆきたか)　平安時代後期の官人、安徳天皇の蔵人。
¶古人,コン,内乱,平家(ふじわらゆきたか)

藤原行綱　ふじわらのゆきつな
平安時代後期の官人。父は実範。
¶古人(生没年不詳)

藤原行経＊　ふじわらのゆきつね
長和1(1012)年～永承5(1050)年閏10月14日　平安時代中期の公卿(参議)。権大納言藤原行成の三男。
¶公卿,古人

藤原行仲　ふじわらのゆきなか
平安時代後期の官人。父は資行。
¶古人(生没年不詳)

藤原行長＊　ふじわらのゆきなが
生没年不詳　鎌倉時代前期の雅楽家、戦記物語作者。
¶古人

藤原行成＊　ふじわらのゆきなり
天禄3(972)年～万寿4(1027)年12月4日　[別]藤原行成(ふじわらのこうぜい, ふじわらゆきなり)　平安時代中期の書家、公卿(権大納言)。太政大臣藤原伊尹の孫。能書家として知られる。三蹟の一人。
¶公卿,古人,コン,日文(ふじわらのゆきなり・こうぜい　[没]万寿4(1028)年),山小([没]1027年12月4日)

藤原行成女＊　ふじわらのゆきなりのむすめ
寛弘4(1007)年～治安1(1021)年　平安時代中期の女性。左京大夫源泰清女の娘。
¶古人

藤原行則　ふじわらのゆきのり
平安時代中期の官人。父は兼光。
¶古人(生没年不詳)

藤原行秀＊　ふじわらのゆきひで
生没年不詳　[別]春日行秀(かすがゆきひで), 土佐行秀(とさゆきひで), 藤原行秀(ふじわらゆきひで)　室町時代の土佐派の絵師。後崇光院の命で「牛板絵」を制作。
¶コン,美画

藤原行平＊　ふじわらのゆきひら
生没年不詳　平安時代後期～鎌倉時代前期の武士。
¶古人

藤原行広　ふじわらのゆきひろ
⇒土佐行広(とさゆきひろ)

藤原行房　ふじわらのゆきふさ
平安時代中期～後期の官人。藤原師実家の家司。
¶古人([生]1028年　[没]1101年)

藤原行政　ふじわらのゆきまさ
⇒二階堂行政(にかいどうゆきまさ)

藤原行道＊　ふじわらのゆきみち
延暦8(789)年～斉衡1(854)年　奈良時代～平安時代前期の官人。従五位上藤原城主の長子。
¶古人

藤原行光(1)　ふじわらのゆきみつ
⇒土佐行光(とさゆきみつ)

藤原行光(2)　ふじわらのゆきみつ
⇒二階堂行光(にかいどうゆきみつ)

藤原行盛　ふじわらのゆきもり
⇒藤原行盛(ふじわらゆきもり)

藤原執弓　ふじわらのゆみとり
⇒藤原朝臣執弓(ふじわらのあそんとりゆみ)

藤原弓主　ふじわらのゆみぬし
奈良時代の官人。父は巨勢麻呂。
¶古人(生没年不詳)

藤原姚子　ふじわらのようし
⇒藤原姚子(ふじわらのちょうし)

藤原令明＊　ふじわらのよしあき
承保1(1074)年～康治2(1143)年　平安時代後期の文人。
¶古人

藤原刷雄＊　ふじわらのよしお
生没年不詳　[別]藤原朝臣刷雄(ふじわらのあそんよしお), 藤原刷雄(ふじわらのきよお, ふじわらのさつお)　奈良時代の貴族。藤原仲麻呂の子。留学生として入唐。
¶古人,古代(藤原朝臣刷雄　ふじわらのあそんよしお),コン,対外

藤原能員　ふじわらのよしかず
⇒比企能員(ひきよしかず)

藤原好風　ふじわらのよしかぜ
⇒藤原好風（ふじわらよしかぜ）

藤原良門*　ふじわらのよしかど
生没年不詳　平安時代前期の官人。
¶古人

藤原能清*　ふじわらのよしきよ
嘉禄2（1226）年～永仁3（1295）年　[別]一条能清（いちじょうよしきよ），藤原能清（ふじわらよしきよ）
鎌倉時代後期の公卿（参議）。非参議藤原頼氏の次男。
¶公卿（[没]永仁3（1295）年9月1日），公家（能清〔一条家（絶家）〕　よしきよ　[没]永仁3（1295）年9月1日）

藤原良清　ふじわらのよしきよ
⇒藤原良清（ふじわらよしきよ）

藤原恬子（藤原低子）　ふじわらのよしこ
⇒藤原恬子（ふじわらのしし）

藤原忯子　ふじわらのよしこ
⇒藤原忯子（ふじわらのふし）

藤原栄子*（1）　ふじわらのよしこ
？～寛平7（895）年　平安時代前期の女性。清和天皇女御高子付きの官女。
¶古人

藤原栄子（2）　ふじわらのよしこ
⇒藤原栄子（ふじわらのえいし）

藤原悦子　ふじわらのよしこ
⇒藤原悦子（ふじわらのえつし）

藤原温子　ふじわらのよしこ
⇒藤原温子（ふじわらのおんし）

藤原歓子　ふじわらのよしこ
⇒藤原歓子（ふじわらのかんし）

藤原嬉子　ふじわらのよしこ
⇒藤原嬉子（ふじわらのきし）

藤原義子*（1）　ふじわらのよしこ
生没年不詳　平安時代中期の女官。
¶古人

藤原義子（2）　ふじわらのよしこ
平安時代中期の女官、のち出家。
¶古人（生没年不詳）

藤原義子（3）　ふじわらのよしこ
⇒藤原義子（ふじわらのぎし）

藤原吉子*　ふじわらのよしこ
？～大同2（807）年　[別]藤原朝臣吉子（ふじわらのあそんきっし），藤原吉子（ふじわらのきっし）
奈良時代～平安時代前期の女性。桓武天皇の妃。右大臣藤原是公の娘。
¶古人，古代（藤原朝臣吉子　ふじわらのあそんきっし），コン，女史（ふじわらのきっし），天皇（ふじわらのよしこ・きつし　[没]大同2（807）年11月12日）

藤原慶子　ふじわらのよしこ
⇒藤原慶子（ふじわらのけいし）

藤原産子　ふじわらのよしこ
⇒藤原産子（ふじわらのさんし）

藤原祉子*　ふじわらのよしこ
生没年不詳　平安時代中期の女性。大納言藤原能信の室。
¶古人

藤原淑子　ふじわらのよしこ
⇒藤原淑子（ふじわらのしゅくし）

藤原仁善子　ふじわらのよしこ
⇒王女御の母（おうにょうごのはは）

藤原鮮子　ふじわらのよしこ
⇒藤原鮮子（ふじわらのせんし）

藤原美子*　ふじわらのよしこ
生没年不詳　平安時代中期の女官。
¶古人

藤原芳子*（1）　ふじわらのよしこ
生没年不詳　平安時代中期の内裏女房。
¶古人

藤原芳子（2）　ふじわらのよしこ
⇒藤原芳子（ふじわらのほうし）

藤原褒子　ふじわらのよしこ
⇒藤原褒子（ふじわらのほうし）

藤原妍子　ふじわらのよしこ
⇒藤原妍子（ふじわらのけんし）

藤原姚子　ふじわらのよしこ
⇒藤原姚子（ふじわらのちょうし）

藤原忻子　ふじわらのよしこ
⇒藤原忻子（ふじわらのきんし）

藤原懿子　ふじわらのよしこ
⇒藤原懿子（ふじわらのいし）

藤原義定（1）　ふじわらのよしさだ
平安時代後期の官人。
¶古人（生没年不詳）

藤原義定（2）　ふじわらのよしさだ
⇒藤原義定（ふじわらよしさだ）

藤原良貞　ふじわらのよしさだ
平安時代中期の官人。父は隆家。
¶古人（生没年不詳）

藤原能実*　ふじわらのよしざね
延久2（1070）年～長承1（1132）年9月9日　平安時代後期の公卿（大納言）。摂政・関白・太政大臣藤原師実の四男。
¶公卿，古人

藤原良実　ふじわらのよしざね
⇒二条良実（にじょうよしざね）

藤原能成（1）　ふじわらのよししげ
平安時代中期の官人。父は義忠。従五位下・越後守。
¶古人（生没年不詳）

藤原能成（2）　ふじわらのよししげ
⇒藤原能成（ふじわらのよしなり）

藤原能季*（1）　ふじわらのよしすえ
長暦3（1039）年～承暦1（1077）年8月1日　平安時代中期の公卿（権中納言）。右大臣藤原頼宗の五男、母は従五位下・相模守藤原親時の娘。
¶公卿，古人

藤原能季*（2）　ふじわらのよしすえ
久寿1（1154）年～？　平安時代後期～鎌倉時代前期の公卿（非参議）。非参議藤原季行の子。

ふしわら 1940

¶公卿, 公家（能季〔平松家（絶家）〕 よしすえ）

藤原良相 ふじわらのよしすけ
⇒藤原良相（ふじわらのよしみ）

藤原良輔 ふじわらのよしすけ
⇒九条良輔（くじょうよしすけ）

藤原義孝＊ ふじわらのよしたか
天暦8（954）年〜天延2（974）年 別藤原義孝（ふじわらよしたか） 平安時代中期の官人, 歌人。三蹟の一人。
¶古人, コン, 詩作（㊳天延2（974）年9月16日）, 日文

藤原義忠＊ ふじわらのよしただ
？〜長久2（1041）年 別藤原義忠（ふじわらののりただ, ふじわらのりただ） 平安時代中期の文人。勅撰集に5首入集。
¶古人（㊸1004年）, コン

藤原能忠＊ ふじわらのよしただ
生没年不詳 鎌倉時代後期の公卿（非参議）。非参議藤原能季の子。
¶公卿, 公家（能忠〔平松家（絶家）〕 よしただ）

藤原良忠＊ ふじわらのよしただ
？〜正安1（1299）年10月23日 鎌倉時代後期の公卿（非参議）。非参議藤原良基の子。
¶公卿, 公家（良忠〔月輪家（絶家）〕 よしただ）

藤原良縄＊ ふじわらのよしただ
弘仁5（814）年〜貞観10（868）年 別藤原朝臣良縄（ふじわらのあそんよしただ） 平安時代前期の公卿（参議）。右大臣藤原内麿の孫。
¶公卿（㊳貞観10（868）年2月18日）, 古人, 古代（藤原朝臣良縄 ふじわらのあそんよしただ）, コン

藤原義懐＊ ふじわらのよしちか
天徳1（957）年〜寛弘5（1008）年 別藤原義懐（ふじわらよしちか） 平安時代中期の公卿（権中納言）。摂政・太政大臣藤原伊尹の五男。
¶公卿（㊳寛弘5（1008）年7月17日）, 古人, コン（㊸天暦10（956）年）

藤原良近＊ ふじわらのよしちか
弘仁14（823）年〜貞観17（875）年 別藤原朝臣良近（ふじわらのあそんよしちか） 平安時代前期の官人。
¶古人, 古代（藤原朝臣良近 ふじわらのあそんよしちか）

藤原義懐女 ふじわらのよしちかのむすめ
⇒藤原義懐女（ふじわらよしちかのむすめ）

藤原良近女 ふじわらのよしちかのむすめ
平安時代前期の女性。清和天皇の更衣。
¶天皇（生没年不詳）

藤原良継＊ ふじわらのよしつぐ
霊亀2（716）年〜宝亀8（777）年 別藤原朝臣宿奈麻呂（ふじわらのあそみすくなまろ）, 藤原朝臣良継（ふじわらのあそんよしつぐ）, 藤原宿奈麻呂（ふじわらのすくなまろ） 奈良時代の官人（内大臣）。参議藤原宇合の次男。
¶公卿（㊳宝亀8（777）年9月18日）, 古人（藤原宿奈麻呂 ふじわらのすくなまろ）, 古代（藤原朝臣良継 ふじわらのあそんよしつぐ）, コン

藤原義綱 ふじわらのよしつな
平安時代中期の官人。父は邦恒。
¶古人（生没年不詳）

藤原良綱(1) ふじわらのよしつな
平安時代後期の官人。父は範永。
¶古人（生没年不詳）

藤原良綱(2) ふじわらのよしつな
平安時代後期の官人。父は成資。
¶古人（生没年不詳）

藤原義常 ふじわらのよしつね
⇒波多野義常（はたのよしつね）

藤原良経(1) ふじわらのよしつね
⇒九条良経（くじょうよしつね）

藤原良経(2) ふじわらのよしつね
⇒藤原良経（ふじわらよしつね）

藤原良任 ふじわらのよしとう
平安時代後期の官人。
¶古人（生没年不詳）

藤原能直 ふじわらのよしなお
⇒大友能直（おおともよしなお）

藤原能仲＊ ふじわらのよしなか, ふじわらのよしなが
生没年不詳 平安時代後期の官人。右大臣藤原頼宗の曽孫。
¶古人（ふじわらのよしなが）

藤原能長＊ ふじわらのよしなが
治安2（1022）年〜永保2（1082）年 平安時代中期〜後期の公卿（内大臣）。権大納言藤原能信の四男。
¶公卿（㊳永保2（1082）年11月14日）, 古人, コン

藤原能成＊ ふじわらのよしなり
長寛1（1163）年〜嘉禎4（1238）年7月5日 別藤原能成（ふじわらのよししげ, ふじわらよしなり） 平安時代後期〜鎌倉時代前期の公卿（非参議）。参議藤原忠能の孫。
¶公卿, 公家（能成〔鷹司家（絶家）〕 よしなり）, 古人（ふじわらのよししげ）, 平家（ふじわらよしなり）

藤原吉野＊ ふじわらのよしの
延暦5（786）年〜承和13（846）年 別藤原朝臣吉野（ふじわらのあそんよしの） 平安時代前期の公卿（中納言）。参議藤原綱嗣の長男。
¶公卿（㊳承和13（846）年8月12日）, 古人, 古代（藤原朝臣吉野 ふじわらのあそんよしの）, コン

藤原能信＊ ふじわらのよしのぶ
長徳1（995）年〜治暦1（1065）年2月9日 別藤原能信（ふじわらよしのぶ） 平安時代中期の公卿（権大納言）。摂政・太政大臣藤原道長の五男。
¶公卿, 古人, コン

藤原良教 ふじわらのよしのり
⇒藤原良教（ふじわらよしのり）

藤原良範＊ ふじわらのよしのり
生没年不詳 平安時代前期の官人。藤原純友の父。
¶古人

藤原吉日＊ ふじわらのよしひ
生没年不詳 別藤原朝臣吉日（ふじわらのあそんよしひ） 奈良時代の女官。藤原不比等の四女。
¶古人, 古代（藤原朝臣吉日 ふじわらのあそんよしひ）

藤原良尚 ふじわらのよしひさ
⇒藤原朝臣良尚（ふじわらのあそんよしひさ）

藤原義秀＊ ふじわらのよしひで
生没年不詳 平安時代後期の武士。

¶古人

藤原良仁* ふじわらのよしひと
弘仁10（819）年〜貞観2（860）年 [別]藤原朝臣良仁（ふじわらのあそんよしひと） 平安時代前期の官人。
¶古人，古代（藤原朝臣良仁 ふじわらのあそんよしひと）

藤原俶姫*（藤原淑姫） ふじわらのよしひめ
？〜天暦3（949）年 平安時代中期の醍醐天皇の更衣。
¶古人（藤原淑姫），天皇（藤原淑姫 [没]天暦3（949）年9月22日）

藤原良平 ふじわらのよしひら
⇒九条良平（くじょうよしひら）

藤原良房* ふじわらのよしふさ
延暦23（804）年〜貞観14（872）年 [別]忠仁公（ちゅうじんこう），藤原朝臣良房（ふじわらのあそんよしふさ），藤原良房（ふじわらよしふさ） 平安時代前期の公卿（摂政・太政大臣）。左大臣藤原冬嗣の次男。承和の変、応天門の変で他氏を次々に排斥して専権を手にし、人臣最初の摂政となる。
¶公卿（[没]貞観14（872）年9月4日），古人，古代（藤原朝臣良房 ふじわらのあそんよしふさ），コン，詩作（[没]貞観14（872）年9月2日），思想，山小（[没]872年9月2日）

藤原良相* ふじわらのよしみ
弘仁4（813）年〜貞観9（867）年10月10日 [別]藤原朝臣良相（ふじわらのあそんよしみ），藤原良相（ふじわらのよしすけ，ふじわらよしみ） 平安時代前期の公卿（右大臣）。左大臣藤原冬嗣の五男。
¶公卿（[生]弘仁8（817）年），古人，古代（藤原朝臣良相 ふじわらのあそんよしみ [生]817年/813年），コン

藤原義通* ふじわらのよしみち
天仁1（1108）年〜嘉応1（1169）年 平安時代後期の武士。
¶古人

藤原能通 ふじわらのよしみち
⇒藤原能通（ふじわらよしみち）

藤原良通 ふじわらのよしみち
⇒九条良通（くじょうよしみち）

藤原義宗 ふじわらのよしむね
平安時代後期の官人。
¶古人（生没年不詳）

藤原能茂 ふじわらのよしもち
⇒藤原秀茂（ふじわらひでもち）

藤原能基 ふじわらのよしもと
⇒一条能基（いちじょうよしもと）

藤原良基*（1） ふじわらのよしもと
万寿1（1024）年〜承保2（1075）年閏4月19日 [別]藤原良基（ふじわらよしもと） 平安時代中期の公卿（参議）。権中納言藤原良頼の長男。
¶公卿，古人

藤原良基*（2） ふじわらのよしもと
嘉禎2（1236）年〜正応5（1292）年1月10日 鎌倉時代後期の公卿（非参議）。内大臣九条基家の次男。
¶公卿，公家（良基〔月輪家（絶家）〕 よしもと）

藤原良基（3） ふじわらのよしもと
⇒二条良基（にじょうよしもと）

藤原能盛*（1） ふじわらのよしもり
生没年不詳 [別]藤原能盛（ふじわらよしもり） 平安時代後期の下級貴族、後白河院近侍。
¶古人，中世

藤原能盛（2） ふじわらのよしもり
平安時代後期の平清盛の家司。保元2年少監物から右衛門尉。
¶古人（生没年不詳）

藤原能保 ふじわらのよしやす
⇒一条能保（いちじょうよしやす）

藤原良世* ふじわらのよしよ
弘仁14（823）年〜昌泰3（900）年 [別]藤原朝臣良世（ふじわらのあそんよしよ），藤原良世（ふじわらよしよ） 平安時代前期の公卿（左大臣）。左大臣藤原冬嗣の八男。
¶公卿（[没]昌泰3（900）年11月18日），古人（[生]824年），古代（藤原朝臣良世 ふじわらのあそんよしよ [生]824年/822年），コン

藤原良因 ふじわらのよしより
奈良時代の官人。父は豊成。正五位下・伯耆守。
¶古人（生没年不詳）

藤原良頼* ふじわらのよしより
長保4（1002）年〜永承3（1048）年7月2日 平安時代中期の公卿（権中納言）。中納言藤原隆家の長男。
¶公卿，古人

藤原世嗣* ふじわらのよつぎ
宝亀10（779）年〜天長8（831）年 [別]藤原世嗣（ふじわらのよつぐ） 平安時代前期の廷臣。
¶古人（ふじわらのよつぐ）

藤原世嗣 ふじわらのよつぐ
⇒藤原世嗣（ふじわらのよつぎ）

藤原頼氏* ふじわらのよりうじ
建久9（1198）年〜宝治2（1248）年4月5日 [別]一条頼氏（いちじょうよりうじ），藤原頼氏（ふじわらよりうじ） 鎌倉時代前期の公卿（非参議）。参議藤原高能の三男、母は関白・太政大臣鷹司基忠の娘。
¶公卿，公家（頼氏〔一条家（絶家）〕 よりうじ）

藤原頼方*（1） ふじわらのよりかた
生没年不詳 平安時代中期の貴族。
¶古人

藤原頼方*（2） ふじわらのよりかた
生没年不詳 平安時代中期の在地領主。
¶古人

藤原頼方（3） ふじわらのよりかた
⇒監物頼方（けんもつよりかた）

藤原頼子 ふじわらのよりこ
⇒藤原頼子（ふじわらのらいし）

藤原頼貞 ふじわらのよりさだ
平安時代後期の人。嘉承2年佐渡に配流。
¶古人（生没年不詳）

藤原頼定* ふじわらのよりさだ
＊〜養和1（1181）年3月18日 平安時代後期の公卿（参議）。権中納言藤原経定の子。
¶公卿（[生]天治2（1125）年），公家（頼定〔堀河2・二条家（絶家）〕 よりさだ [生]1125年 [没]治承5（1181）年3月18日），古人（[生]1127年）

藤原頼定女　ふじわらのよりさだのむすめ
⇒按察典侍(あぜちのてんじ)

藤原頼実　ふじわらのよりざね
⇒大炊御門頼実(おおいみかどよりざね)

藤原頼季*　ふじわらのよりすえ
？～文治2(1186)年　平安時代後期の公卿(非参議)。権中納言藤原清隆の三男。
¶公卿, 公家(頼季〔壬生家(絶家)〕　よりすえ), 古人

藤原頼資*　ふじわらのよりすけ
？～嘉禎2(1236)年　鎌倉時代前期の公卿(権中納言)。権中納言藤原兼光の四男。
¶公卿([生]寿永1(1182)年　[没]嘉禎2(1236)年2月30日), 公家(頼資〔広橋家〕　よりすけ　[生]1182年　[没]嘉禎2(1236)年2月30日)

藤原頼輔*　ふじわらのよりすけ
天永2(1111)年～文治2(1186)年　[別]藤原頼輔(ふじわらよりすけ)　平安時代後期の公卿(非参議)。大納言藤原忠教の四男、母は賀茂神主成継の娘。
¶公卿([生]天永3(1112)年　[没]文治2(1186)年4月5日), 公家(頼輔〔難波家〕　よりすけ　[生]1112年　[没]文治2(1186)年4月5日), 古人([生]1112年), コン([生]天永3(1112)年), 平家(ふじわらよりすけ　[生]天永3(1112)年)

藤原頼輔母　ふじわらのよりすけのはは
⇒藤原頼輔母(ふじわらよりすけのはは)

藤原頼孝　ふじわらのよりたか
⇒藤原頼孝(ふじわらよりたか)

藤原頼高　ふじわらのよりたか
平安時代後期の官人。
¶古人(生没年不詳)

藤原頼隆　ふじわらのよりたか
⇒藤原頼隆(ふじわらよりたか)

藤原頼忠*　ふじわらのよりただ
延長2(924)年～永延3(989)年6月26日　[別]藤原頼忠(ふじわらよりただ), 廉義公(れんぎこう)　平安時代中期の公卿(関白・太政大臣)。摂政・関白・太政大臣藤原実頼の次男。
¶公卿([没]永祚1(989)年6月26日), 古人, コン([没]永祚1(989)年), 山小([没]989年6月26日)

藤原頼親*　ふじわらのよりちか
天禄3(972)年～寛弘7(1010)年　平安時代中期の官人。
¶古人

藤原頼嗣*　ふじわらのよりつぐ
延応1(1239)年～康元1(1256)年9月25日　[別]九条頼嗣(くじょうよりつぐ), 藤原頼嗣(ふじわらよりつぐ)　鎌倉時代前期の鎌倉幕府第5代の将軍(在職1244～1252)。権大納言藤原頼経(4代将軍)の子。
¶公卿, 公家(頼嗣〔鎌倉将軍家(絶家)〕　よりつぐ　[没]建長8(1256)年9月25日), コン(九条頼嗣　くじょうよりつぐ), 中世, 内乱(九条頼嗣　くじょうよりつぐ), 山小([生]1239年11月21日　[没]1256年9月25日)

藤原頼経(1)　ふじわらのよりつね
平安時代後期の官人。
¶古人(生没年不詳)

藤原頼経*(2)　ふじわらのよりつね
[別]藤原頼経(ふじわらよりつね)　平安時代後期～鎌倉時代前期の官人。
¶古人([生]？　[没]1216年), 平家(ふじわらよりつね　[生]？　[没]建保4(1216)年)

藤原頼経*(3)　ふじわらのよりつね
建保6(1218)年～康元1(1256)年　[別]九条頼経(くじょうよりつね), 藤原頼経(ふじわらよりつね), 三寅(みとら)　鎌倉時代前期の鎌倉幕府第4代の将軍(在職1226～1244)。関白・左大臣九条道家の三男。初の摂家将軍として鎌倉下向。のち反北条の立場をとり送還された。
¶公卿([没]康元1(1256)年8月11日), 公家(頼経〔鎌倉将軍家(絶家)〕　よりつね　[没]建長8(1256)年8月11日), コン(九条頼経　くじょうよりつね), 中世, 内乱(九条頼経　くじょうよりつね), 山小([生]1218年1月16日　[没]1256年8月11日)

藤原頼任*　ふじわらのよりとう
？～長元3(1030)年　平安時代中期の人。藤原時明男。
¶古人

藤原頼長*　ふじわらのよりなが
保安1(1120)年～保元1(1156)年7月14日　[別]悪左府(あくさふ), 宇治左大臣(うじのさだいじん), 藤原頼長(ふじわらよりなが)　平安時代後期の公卿(左大臣)。摂政・関白・太政大臣藤原忠実の次男。父忠実の偏愛を受け、兄忠通をこえて氏長者になったが、のち失脚。復権をかけて崇徳上皇と結び保元の乱を起こしたが、戦傷がもとで死去。
¶公卿, 公家(頼長〔宇治家(絶家)〕　よりなが　[生]保安1(1120)年5月), 古人, コン, 思想, 内乱, 平家(ふじわらよりなが), 山小([生]1120年5月　[没]1156年7月14日)

藤原頼業*　ふじわらのよりなり
生没年不詳　[別]寂然(じゃくぜん, じゃくねん), 藤原頼業(ふじわらよりなり)　平安時代後期～鎌倉時代前期の歌人。
¶古人(寂念　じゃくねん), 詩作(寂然　じゃくぜん, じゃくせん)

藤原頼成*(1)　ふじわらのよりなり
平安時代中期の村上天皇の皇孫、具平親王の王子。
¶古人(生没年不詳)

藤原頼成(2)　ふじわらのよりなり
生没年不詳　平安時代後期の官人。父は頼方。
¶古人, 古人

藤原頼成*(3)　ふじわらのよりなり
？～正和5(1316)年6月　鎌倉時代後期の公卿(非参議)。権中納言藤原教成の孫。
¶公卿, 公家(頼成〔冷泉家(絶家)2〕　よりなり)

藤原頼信*　ふじわらのよりのぶ
生没年不詳　平安時代中期の衛門府官人。
¶古人

藤原頼教*　ふじわらのよりのり
？～正平7/文和1(1352)年6月30日　南北朝時代の公卿(参議)。権大納言藤原宗頼の裔。
¶公卿([没]文和1/正平7(1352)年6月30日), 公家(頼教〔葉室家(絶家)2〕　よしのり　[没]観応3(1352)年6月30日)

藤原頼範*　ふじわらのよりのり
応保2(1162)年～？　平安時代後期～鎌倉時代前期の公卿(非参議)。非参議藤原光範の子。
¶公卿, 公家(頼範〔成季裔(絶家)〕　よりのり)

藤原頼房　ふじわらのよりふさ
⇒藤原頼房(ふじわらよりふさ)

藤原頼通*　ふじわらのよりみち
正暦3(992)年～延久6(1074)年2月2日　[別]宇治殿(うじどの),宇治関白(うじのかんぱく),藤原頼通(ふじわらよりみち)　平安時代中期の公卿(摂政・太政大臣・准三后)。摂政・太政大臣藤原道長の長男。摂関政治の最盛期を父道長より受け継ぐ。ただ頼通の娘は皇子を生まなかったので外戚としての地位は揺らぐことになった。また宇治に平等院鳳凰堂を建立したことでも知られる。
¶公卿,古人,コン([没]承保1(1074)年),山小([生]992年1月　[没]1074年2月2日)

藤原頼宗*　ふじわらのよりむね
正暦4(993)年～康平8(1065)年2月3日　[別]藤原頼宗(ふじわらよりむね)　平安時代中期の公卿(右大臣)。摂政・太政大臣藤原道長の次男。
¶公卿([没]治暦1(1065)年2月3日),古人,コン([没]治暦1(1065)年)

藤原頼安　ふじわらのよりやす
平安時代後期の官人。父は頼季。
¶古人(生没年不詳)

藤原頼保　ふじわらのよりやす
⇒藤原頼保(ふじわらよりやす)

藤原頼行*　ふじわらのよりゆき
生没年不詳　平安時代中期の軍事貴族。
¶古人

藤原因香*　ふじわらのよるか
生没年不詳　[別]藤原因香(ふじわらよるか)　平安時代前期の歌人。
¶古人,詩作

藤原万緒*　ふじわらのよろずお
生没年不詳　平安時代前期の人。参議藤原保則の子。
¶古人

藤原頼子*　ふじわらのらいし
?～承平6(936)年　[別]藤原頼子(ふじわらのよりこ)　平安時代前期～中期の女性。清和天皇の女御。
¶古人(ふじわらのよりこ),天皇(生没年不詳)

藤原教家　ふじわらのりいえ
⇒藤原教家(ふじわらののりいえ)

藤原範兼　ふじわらのりかね
⇒藤原範兼(ふじわらののりかね)

藤原教定　ふじわらのりさだ
⇒藤原教定(ふじわらののりさだ)

藤原範茂　ふじわらのりしげ
⇒藤原範茂(ふじわらののりしげ)

藤原範季　ふじわらのりすえ
⇒藤原範季(ふじわらののりすえ)

藤原義忠　ふじわらのりただ
⇒藤原義忠(ふじわらのよしただ)

藤原立子　ふじわらのりっし,ふじわらのりつし
⇒東一条院(ひがしいちじょういん)

藤原範綱*　ふじわらのりつな
生没年不詳　[別]藤原範綱(ふじわらののりつな)　平安時代後期の公家・歌人。
¶古人(ふじわらののりつな)

藤原範朝*　ふじわらのりとも
治承2(1178)年～嘉禎3(1237)年　[別]藤原範朝(ふじわらののりとも)　鎌倉時代前期の公卿(権中納言)。権中納言藤原範光の長男。
¶公卿(ふじわらののりとも　[没]嘉禎3(1237)年6月22日),公家(範朝〔岡崎家(絶家)〕　のりとも　[没]嘉禎3(1237)年6月22日),古人(ふじわらののりとも　[生]?)

藤原教長　ふじわらのりなが
⇒藤原教長(ふじわらののりなが)

藤原範永　ふじわらのりなが
⇒藤原範永(ふじわらののりなが)

藤原範永女*　ふじわらのりながのむすめ
生没年不詳　[別]藤原範永女(ふじわらののりながのむすめ)　平安時代後期の女房・歌人。
¶古人(ふじわらののりながのむすめ)

藤原教通　ふじわらのりみち
⇒藤原教通(ふじわらののりみち)

藤原範光　ふじわらのりみつ
⇒藤原範光(ふじわらののりみつ)

藤原範宗　ふじわらのりむね
⇒藤原範宗(ふじわらののりむね)

藤原隆源　ふじわらのりゅうげん
⇒隆源(りゅうげん)

藤原隆子　ふじわらのりゅうし
⇒逢春門院(ほうしゅんもんいん)

藤原領子*　ふじわらのりょうし
生没年不詳　[別]帥典侍(そちのすけ),藤原領子(ふじわらのむねこ)　平安時代後期の女性。安徳天皇の乳母、建春門院の女房。
¶古人(ふじわらのむねこ),平家(帥典侍　そちのすけ)

藤原旅子　ふじわらのりょし
⇒藤原旅子(ふじわらのたびこ)

藤原範能　ふじわらのりよし
⇒藤原範能(ふじわらののりたか)

藤原憲頼　ふじわらのりより
⇒藤原長房(ふじわらのながふさ)

藤原麗子　ふじわらのれいこ
⇒陰明門院(おんめいもんいん)

藤原麗子(1)　ふじわらのれいし
⇒陰明門院(おんめいもんいん)

藤原麗子(2)　ふじわらのれいし
⇒源麗子(みなもとのれいし)

藤原列子*　ふじわらのれっし,ふじわらのれつし
生没年不詳　[別]藤原列子(ふじわらのつらこ)　平安時代前期の女性。文徳天皇の宮人。
¶天皇(ふじわらのれっし・つらこ)

藤原廉子　ふじわらのれんし
⇒阿野廉子(あのれんし)

藤原和香子*　ふじわらのわかこ
?～承平5(935)年　平安時代中期の女性。醍醐天皇の女御。
¶古人,天皇([没]承平5(935)年11月)

藤原鷲取　ふじわらのわしとり
奈良時代～平安時代前期の官人。父は魚名。

ふじわら　　　　　　　　　　　　　1944

¶古人（㊱773年　㊲817年）

藤原小童子*　ふじわらのわらわこ
生没年不詳　㊲藤原小童子（ふじわらのしょうとうし）　平安時代前期の女性。仁明天皇の宮人。
¶天皇（ふじわらのしょうとうし・わらわこ）

藤原祿子　ふじわらばいし
⇒藤原祿子（ふじわらのばいし）

藤原浜成　ふじわらはまなり
⇒藤原浜成（ふじわらのはまなり）

藤原治方*　ふじわらはるかた
生没年不詳　㊲藤原治方（ふじわらのはるまさ）平安時代中期の公家・歌人。
¶古人（ふじわらのはるまさ（はるかた））

藤原玄上　ふじわらはるかみ
⇒藤原玄上（ふじわらのくろかみ）

藤原玄上女*　ふじわらはるかみのむすめ
生没年不詳　㊲藤原玄上女（ふじわらのはるかみのむすめ）　平安時代中期の女房・歌人。
¶古人（ふじわらのはるかみのむすめ）

藤原春海*　ふじわらはるみ
生没年不詳　㊲藤原春海（ふじわらのはるみ）　平安時代前期の公家・漢学者・漢詩人。
¶古人（ふじわらのはるみ）

藤原範子　ふじわらはんし
⇒藤原範子（ふじわらののりこ）

藤原久国　ふじわらひさくに
⇒久国（ひさくに）

藤原秀衡　ふじわらひでひら
⇒藤原秀衡（ふじわらのひでひら）

藤原秀茂*　ふじわらひでもち
元久2（1205）年〜文永5（1268）年7月16日　㊲藤原能茂（ふじわらのよしもち）　鎌倉時代前期〜後期の武家・歌人。
¶内乱（藤原能茂　ふじわらのよしもち）

藤原秀康　ふじわらひでやす
⇒藤原秀康（ふじわらのひでやす）

藤原秀能　ふじわらひでよし
⇒藤原秀能（ふじわらのひでよし）

藤原広綱*　ふじわらひろつな
生没年不詳　㊲藤原広綱（ふじわらのひろつな）平安時代後期の公家・漢詩人。
¶古人（ふじわらのひろつな）

藤原広業　ふじわらひろなり
⇒藤原広業（ふじわらのひろなり）

藤原広範　ふじわらひろのり
⇒藤原広範（ふじわらのひろのり）

藤原博文*　ふじわらひろふみ
？〜延長7（929）年9月9日　㊲藤原博文（ふじわらのひろふみ）　平安時代前期〜中期の公家・漢学者・漢詩人。
¶古人（ふじわらのひろふみ）

藤原房子　ふじわらふさこ
⇒藤原房子（ふじわらのふさこ）

藤原房前　ふじわらふささき
⇒藤原房前（ふじわらのふささき）

藤原不比等　ふじわらふひと
⇒藤原不比等（ふじわらのふひと）

藤原文範　ふじわらふみのり
⇒藤原文範（ふじわらのふみのり）

藤原冬嗣　ふじわらふゆつぐ
⇒藤原冬嗣（ふじわらのふゆつぐ）

藤原部等母麻呂*　ふじわらべのともまろ
奈良時代の防人。
¶古代

藤原芳子　ふじわらほうし
⇒藤原芳子（ふじわらのほうし）

藤原褒子　ふじわらほうし
⇒藤原褒子（ふじわらのほうし）

藤原輔子　ふじわらほし
⇒藤原輔子（ふじわらのほし）

藤原尹明　ふじわらまさあきら
⇒藤原尹明（ふじわらのまさあきら）

藤原正家　ふじわらまさいえ
⇒藤原正家（ふじわらのまさいえ）

藤原雅材*　ふじわらまさき
生没年不詳　㊲藤原雅材（ふじわらのまさき）　平安時代中期の公家・漢詩人。
¶古人（ふじわらのまさき）

藤原正季*　ふじわらまさすえ
生没年不詳　㊲藤原正季（ふじわらのまさすえ）平安時代後期の公家・歌人。
¶古人（ふじわらのまさすえ）

藤原雅隆*⑴　ふじわらまさたか
久安3（1147）年〜元仁1（1224）年　㊲藤原雅隆（ふじわらのまさたか）　鎌倉時代前期の公卿。
¶公家（雅隆〔壬生家（絶家）〕　まさたか　㊲？），古人（ふじわらのまさたか　㊴？）

藤原雅隆⑵　ふじわらまさたか
⇒藤原家隆（ふじわらのいえたか）

藤原雅正*　ふじわらまさただ
？〜応和1（961）年　㊲藤原雅正（ふじわらのまさただ）　平安時代中期の公家・歌人。
¶古人（ふじわらのまさただ），古人（ふじわらのまさた

藤原章綱　ふじわらまさつな
平安時代後期の武士。藤原有信の養子。
¶平家（生没年不詳）

藤原雅経　ふじわらまさつね
⇒飛鳥井雅経（あすかいまさつね）

藤原雅俊　ふじわらまさとし
⇒藤原雅俊（ふじわらのまさとし）

藤原政友　ふじわらまさとも
⇒藤原政友（ふじわらのまさとも）

藤原雅長*　ふじわらまさなが
久安1（1145）年〜建久7（1196）年　㊲藤原雅長（ふじわらのまさなが）　平安時代後期〜鎌倉時代前期の公卿（参議）。中納言藤原雅教の長男。

¶公卿(ふじわらのまさなが　[没]建久7(1196)年7月26日),公家(雅長〔室町家(絶家)〕　まさなが　[没]建久7(1196)年7月26日),古人(ふじわらのまさなが　[生]1147年)

藤原雅教　ふじわらまさのり
⇒藤原雅教(ふじわらのまさのり)

藤原正光　ふじわらまさみつ
⇒藤原正光(ふじわらのまさみつ)

藤原当幹　ふじわらまさもと
⇒藤原当幹(ふじわらのあてもと)

藤原真楯　ふじわらまたて
⇒藤原真楯(ふじわらのまたて)

藤原衛　ふじわらまもる
⇒藤原衛(ふじわらのまもる)

藤原道雄*　ふじわらみちお
宝亀2(771)年～弘仁14(823)年9月23日　[別]藤原道雄(ふじわらのみちお)　奈良時代～平安時代前期の公家・漢詩人。
¶公卿(ふじわらのみちお),古人(ふじわらのみちお)

藤原道兼　ふじわらみちかね
⇒藤原道兼(ふじわらのみちかね)

藤原通季　ふじわらみちすえ
⇒藤原通季(ふじわらのみちすえ)

藤原道綱　ふじわらみちつな
⇒藤原道綱(ふじわらのみちつな)

藤原道綱母　ふじわらみちつなのはは
⇒藤原道綱母(ふじわらのみちつなのはは)

藤原道経*(1)　ふじわらみちつね
生没年不詳　[別]藤原道経(ふじわらのみちつね)　平安時代後期の公家・歌人。
¶古人

藤原道経(2)　ふじわらみちつね
⇒近衛道経(このえみちつね)

藤原通俊　ふじわらみちとし
⇒藤原通俊(ふじわらのみちとし)

藤原道長　ふじわらみちなが
⇒藤原道長(ふじわらのみちなが)

藤原道信　ふじわらみちのぶ
⇒藤原道信(ふじわらのみちのぶ)

藤原通憲　ふじわらみちのり
⇒藤原通憲(ふじわらのみちのり)

藤原通房　ふじわらみちふさ
⇒藤原通房(ふじわらのみちふさ)

藤原道雅　ふじわらみちまさ
⇒藤原道雅(ふじわらのみちまさ)

藤原通宗　ふじわらみちむね
⇒藤原通宗(ふじわらのみちむね)

藤原通頼*　ふじわらみちより
生没年不詳　[別]藤原通頼(ふじわらのみちより)　平安時代中期の公家・歌人。
¶古人(ふじわらのみちより)

藤原光国*　ふじわらみつくに
建永1(1206)年～文永7(1270)年　[別]日野光国(ひのみつくに)　鎌倉時代前期の公卿(非参議)。権中納言日野資実の四男。
¶公卿(日野光国　ひのみつくに　[没]文永7(1270)年10月13日),公家(光国〔日野家〕　みつくに　[没]文永7(1270)年10月13日)

藤原光定*　ふじわらみつさだ
文永11(1274)年～嘉元3(1305)年　[別]葉室光定(はむろみつさだ),藤原光定(ふじわらのみつさだ)　鎌倉時代後期の公卿(参議)。参議葉室定藤の子。
¶公卿(葉室光定　はむろみつさだ　[没]嘉元3(1305)年7月3日),公家(光定〔堀河・岩蔵・葉室1家(絶家)〕　みつさだ　[没]嘉元3(1305)年7月3日)

藤原光隆　ふじわらみつたか
⇒藤原光隆(ふじわらのみつたか)

藤原光親　ふじわらみつちか
⇒藤原光親(ふじわらのみつちか)

藤原光継　ふじわらみつつぐ
⇒藤原光継(ふじわらのみつつぐ)

藤原光経*(1)　ふじわらみつつね
大治3(1128)年～治承3(1179)年　[別]藤原光経(ふじわらのみつつね)　平安時代後期の公卿。
¶古人(ふじわらのみつつね)

藤原光経(2)　ふじわらみつつね
⇒九条光経(くじょうみつつね)

藤原光俊　ふじわらみつとし
⇒藤原光俊(ふじわらのみつとし)

藤原光長　ふじわらみつなが
⇒藤原光長(ふじわらのみつなが)

藤原光範*　ふじわらみつのり
大治1(1126)年～？　[別]藤原光範(ふじわらのみつのり)　平安時代後期の公卿(非参議)。非参議藤原永範の次男。
¶公卿(ふじわらのみつのり),公家(光範〔成季裔(絶家)〕　みつのり),古人(ふじわらのみつのり)

藤原光雅　ふじわらみつまさ
⇒藤原光雅(ふじわらのみつまさ)

藤原光能　ふじわらみつよし
⇒藤原光能(ふじわらのみつよし)

藤原光頼　ふじわらみつより
⇒藤原光頼(ふじわらのみつより)

藤原南夫人*　ふじわらみなみのふじん
？～天平20(748)年　[別]藤原夫人(ふじわらのぶにん),藤原武智麻呂娘(ふじわらのむちまろのむすめ),藤原南夫人(ふじわらみなみのぶにん)　奈良時代の女性。聖武天皇の妃。南家藤原武智麻呂の娘。
¶古人(藤原夫人　ふじわらのぶにん),古代(藤原夫人　ふじわらのぶにん),女史,天皇(藤原武智麻呂娘　ふじわらのむちまろのむすめ　[没]天平20(748)年6月4日)

藤原南夫人　ふじわらみなみのぶにん
⇒藤原南夫人(ふじわらみなみのふじん)

藤原宗家　ふじわらむねいえ
⇒藤原宗家(ふじわらのむねいえ)

藤原宗氏*　ふじわらむねうじ
宝治2(1248)年～正和4(1315)年　[別]藤原宗氏(ふじわらのむねうじ)　鎌倉時代後期の公卿(非参議)。参議藤原忠継の三男。

¶公卿(ふじわらのむねうじ　[没]正和4(1315)年4月24日), 公家(宗氏〔五辻家(絶家)〕　むねうじ　[没]正和4(1315)年4月24日)

藤原宗兼* ふじわらむねかね
生没年不詳　平安時代後期の公家・歌人。
¶古人

藤原宗輔 ふじわらむねすけ
⇒藤原宗輔(ふじわらのむねすけ)

藤原宗隆* (1) ふじわらむねたか
仁安1(1166)年～元久2(1205)年　[別]藤原宗隆(ふじわらのむねたか)　平安時代後期～鎌倉時代前期の公卿(権中納言)。権中納言藤原長方の長男。
¶公卿(ふじわらのむねたか　[没]元久2(1205)年3月29日), 公家(宗隆〔八条家(絶家)〕　むねたか　[没]元久2(1205)年3月29日), 古人(ふじわらのむねたか　[生]1160年)

藤原宗隆 (2) ふじわらむねたか
⇒藤原宗能(ふじわらのむねよし)

藤原宗忠 ふじわらむねただ
⇒藤原宗忠(ふじわらのむねただ)

藤原宗俊 ふじわらむねとし
⇒藤原宗俊(ふじわらのむねとし)

藤原宗友 ふじわらむねとも
⇒藤原宗友(ふじわらのむねとも)

藤原宗長 ふじわらむねなが
⇒藤原宗長(ふじわらのむねなが)

藤原宗業 ふじわらむねなり
⇒藤原宗業(ふじわらのむねなり)

藤原宗信 ふじわらむねのぶ
平安時代後期の官人。
¶平家(生没年不詳)

藤原統理* ふじわらむねまさ
生没年不詳　[別]藤原統理(ふじわらのむねまさ)　平安時代中期の公家・歌人。
¶古人(ふじわらのむねまさ)

藤原宗通 ふじわらむねみち
⇒藤原宗通(ふじわらのむねみち)

藤原宗能 ふじわらむねよし
⇒藤原宗能(ふじわらのむねよし)

藤原宗頼 ふじわらむねより
⇒藤原宗頼(ふじわらのむねより)

藤原明子 ふじわらめいし
⇒藤原明子(ふじわらのあきらけいこ)

藤原茂明 ふじわらもちあきら
⇒藤原茂明(ふじわらのもちあきら)

藤原基家* (1) ふじわらもといえ
長承1(1132)年～建保2(1214)年2月26日　[別]持明院基家(じみょういんもといえ), 藤原基家(ふじわらのもといえ)　平安時代後期～鎌倉時代前期の公卿(権中納言)。持明院家の祖の通基の次男。
¶公卿(持明院基家　じみょういんもといえ), 公家(基家〔持明院家〕　もといえ), 古人(ふじわらのもといえ), 平家

藤原基家 (2) ふじわらもといえ
⇒九条基家(くじょうもといえ)

藤原基実 ふじわらもとざね
⇒近衛基実(このえもとざね)

藤原元真 ふじわらもとざね
⇒藤原元真(ふじわらのもとざね)

藤原基重 ふじわらもとしげ
⇒藤原家通(ふじわらのいえみち)

藤原基輔* (1) ふじわらもとすけ
？～元暦2(1185)年　[別]藤原基輔(ふじわらのもとすけ)　平安時代後期の公卿。
¶古人(ふじわらのもとすけ)

藤原基輔* (2) ふじわらもとすけ
建久9(1198)年～寛元3(1245)年　[別]近衛基輔(このえもとすけ)　鎌倉時代前期の公卿(非参議)。右大臣近衛道経の子。
¶公卿(近衛基輔　このえもとすけ), 公家(基輔〔北小路・室町家(絶家)〕　もとすけ)

藤原元輔 ふじわらもとすけ
⇒藤原元輔(ふじわらのもとすけ)

藤原基忠* (1) ふじわらもとただ
元暦1(1184)年～？　[別]藤原基忠(ふじわらのもとただ)　鎌倉時代前期の公卿(非参議)。左大臣藤原隆忠の長男。
¶公卿(ふじわらのもとただ), 公家(基忠〔松殿家(絶家)〕　もとただ), 古人(ふじわらのもとただ)

藤原基忠 (2) ふじわらもとただ
⇒藤原基忠(ふじわらのもとただ)

藤原基経 ふじわらもとつね
⇒藤原基経(ふじわらのもとつね)

藤原基俊 ふじわらもととし
⇒藤原基俊(ふじわらのもととし)

藤原基長 ふじわらもとなが
⇒藤原基長(ふじわらのもとなが)

藤原基教* (1) ふじわらもとのり
建久7(1196)年～建保1(1213)年　[別]藤原基教(ふじわらのもとのり)　鎌倉時代前期の公卿(非参議)。摂政・関白・内大臣近衛基通の四男。
¶公卿(ふじわらのもとのり　[没]建保1(1213)年6月29日), 公家(基教〔北小路・室町家(絶家)〕　もとのり　[没]建暦3(1213)年6月29日)

藤原基教 (2) ふじわらもとのり
⇒鷹司基教(たかつかさもとのり)

藤原基範* ふじわらもとのり
生没年不詳　[別]藤原基範(ふじわらのもとのり, ふじわらものとのり)　平安時代後期～鎌倉時代前期の公卿。
¶古人(ふじわらものとのり)

藤原基房 ふじわらもとふさ
⇒藤原基房(ふじわらのもとふさ)

藤原基通 ふじわらもとみち
⇒近衛基通(このえもとみち)

藤原基光 ふじわらもとみつ
⇒藤原基光(ふじわらのもとみつ)

藤原元善 ふじわらもとよし
⇒藤原元善(ふじわらのもとよし)

ふ

藤原基範　ふじわらものとのり
⇒藤原基範（ふじわらもとのり）

藤原盛景*　ふじわらもりかげ
生没年不詳　[別]藤原盛景（ふじわらのもりかげ）　鎌倉時代前期の武士。
¶古人（ふじわらのもりかげ）

藤原盛方　ふじわらもりかた
⇒藤原盛方（ふじわらのもりかた）

藤原盛兼　ふじわらもりかね
⇒藤原盛兼（ふじわらのもりかね）

藤原盛定　ふじわらもりさだ
鎌倉時代前期の官人。
¶平家（[生]？　[没]建久8（1197）年）

藤原守正*　ふじわらもりただ
？～天慶9（946）年11月19日　[別]藤原守正（ふじわらのもりただ）　平安時代中期の公家・歌人。
¶古人（ふじわらのもりただ）

藤原盛経*(1)　ふじわらもりつね
生没年不詳　[別]藤原盛経（ふじわらのもりつね）　鎌倉時代の公家・歌人。
¶古人（ふじわらのもりつね）

藤原盛経(2)　ふじわらもりつね
⇒藤原盛経（ふじわらのもりつね）

藤原盛経母*　ふじわらもりつねのはは
生没年不詳　[別]藤原盛経母（ふじわらのもりつねのはは）　平安時代後期の歌人。
¶古人（ふじわらのもりつねのはは）

藤原盛房　ふじわらもりふさ
⇒藤原盛房（ふじわらのもりふさ）

藤原守文*　ふじわらもりふみ
？～天暦5（951）年3月20日　[別]藤原守文（ふじわらのもりふみ）　平安時代中期の公家・歌人。
¶古人（ふじわらのもりふみ）

藤原盛雅*　ふじわらもりまさ
生没年不詳　[別]藤原盛雅（ふじわらのもりまさ）　平安時代後期の公家・歌人。
¶古人（ふじわらのもりまさ）

藤原師家　ふじわらもろいえ
⇒松殿師家（まつどのもろいえ）

藤原師氏　ふじわらもろうじ
⇒藤原師氏（ふじわらのもろうじ）

藤原師実　ふじわらもろざね
⇒藤原師実（ふじわらのもろざね）

藤原師輔　ふじわらもろすけ
⇒藤原師輔（ふじわらのもろすけ）

藤原師高　ふじわらもろたか
⇒藤原師高（ふじわらのもろたか）

藤原師経(1)　ふじわらもろつね
？～安元3（1177）年　[別]藤原師経（ふじわらのもろつね）　平安時代後期の後白河院の寵臣。
¶古人（ふじわらのもろつね），平家

藤原師経(2)　ふじわらもろつね
⇒藤原師経（ふじわらのもろつね）

藤原師長　ふじわらもろなが
⇒藤原師長（ふじわらのもろなが）

藤原師尹　ふじわらもろまさ
⇒藤原師尹（ふじわらのもろただ）

藤原師通　ふじわらもろみち
⇒藤原師通（ふじわらのもろみち）

藤原師光　ふじわらもろみつ
⇒西光（さいこう）

藤原保家*　ふじわらやすいえ
仁安2（1167）年～承元4（1210）年　[別]藤原保家（ふじわらのやすいえ）　平安時代後期～鎌倉時代前期の公卿。
¶古人（ふじわらのやすいえ）

藤原安国*　ふじわらやすくに
生没年不詳　[別]藤原安国（ふじわらのやすくに）　平安時代中期の公家・歌人。
¶古人（ふじわらのやすくに　[生]？　[没]979年？）

藤原保季*　ふじわらやすすえ
承安1（1171）年～？　[別]藤原保季（ふじわらのやすすえ）　平安時代後期～鎌倉時代前期の公家・歌人。
¶古人（ふじわらのやすすえ）

藤原泰衡　ふじわらやすひら
⇒藤原泰衡（ふじわらのやすひら）

藤原保昌　ふじわらやすまさ
⇒藤原保昌（ふじわらのやすまさ）

藤原泰通*　ふじわらやすみち
久安3（1147）年～承元4（1210）年　[別]藤原泰通（ふじわらのやすみち）　平安時代後期～鎌倉時代前期の公卿（権大納言）。参議藤原為通の子。
¶公卿（ふじわらのやすみち　生没年不詳），公家（泰通〔坊門家（絶家）〕　やすみち　[生]？　[没]承元4（1210）年9月30日），古人（ふじわらのやすみち　生没年不詳），平家

藤原康能　ふじわらやすよし
⇒藤原康能（ふじわらのやすたか）

藤原保吉*　ふじわらやすよし
宝暦10（1760）年～天明4（1784）年　[別]保吉（やすよし）　江戸時代中期の俳人。
¶俳文（保吉　やすよし　生没年不詳）

藤原山陰　ふじわらやまかげ
⇒藤原山蔭（ふじわらのやまかげ）

藤原有子　ふじわらゆうし
⇒安喜門院（あんきもんいん）

藤原行家*(1)　ふじわらゆきいえ
*～長治3（1106）年2月19日　[別]藤原行家（ふじわらのゆきいえ）　平安時代中期～後期の公家・漢詩人・歌人。
¶古人（ふじわらのゆきいえ　[生]1029年）

藤原行家*(2)　ふじわらゆきいえ
生没年不詳　[別]藤原行家（ふじわらのゆきいえ）　平安時代後期の公家・歌人。
¶古人（ふじわらのゆきいえ）

藤原行家(3)　ふじわらゆきいえ
⇒九条行家（くじょうゆきいえ）

藤原行隆　ふじわらゆきたか
⇒藤原行隆（ふじわらのゆきたか）

ふ

藤原行成　ふじわらゆきなり
⇒藤原行成（ふじわらのゆきなり）

藤原行秀　ふじわらゆきひで
⇒藤原行秀（ふじわらのゆきひで）

藤原行政　ふじわらゆきまさ
⇒二階堂行政（にかいどうゆきまさ）

藤原行光　ふじわらゆきみつ
⇒二階堂行光（にかいどうゆきみつ）

藤原行盛*　ふじわらゆきもり
承保1（1074）年～長承3（1134）年11月22日　[別]藤原行盛（ふじわらのゆきもり）　平安時代後期の公家・歌人・漢詩人。
¶古人（ふじわらのゆきもり）

藤原好風*　ふじわらよしかぜ
生没年不詳　[別]藤原好風（ふじわらのよしかぜ）　平安時代前期の公家・歌人。
¶古人（ふじわらのよしかぜ）

藤原能清　ふじわらよしきよ
⇒藤原能清（ふじわらのよしきよ）

藤原良清*　ふじわらよしきよ
生没年不詳　[別]藤原良清（ふじわらのよしきよ）　平安時代後期の公家・歌人。
¶古人（ふじわらのよしきよ）

藤原義定*　ふじわらよしさだ
生没年不詳　[別]藤原義定（ふじわらのよしさだ）　平安時代中期の公家・歌人。
¶古人（ふじわらのよしさだ）

藤原愛敬*　ふじわらよしたか
明和3（1766）年11月6日～天保12（1841）年4月23日　江戸時代中期～後期の公家。
¶公家（愛敬〔一条家諸大夫 難波家（藤原氏）〕　なるたか）

藤原義孝*(1)　ふじわらよしたか
生没年不詳　[別]藤原義孝（ふじわらののりたか）　平安時代中期の公家・歌人。
¶古人（ふじわらののりたか）

藤原義孝(2)　ふじわらよしたか
⇒藤原義孝（ふじわらのよしたか）

藤原義懐　ふじわらよしちか
⇒藤原義懐（ふじわらのよしちか）

藤原義懐女*　ふじわらよしちかのむすめ
生没年不詳　[別]藤原義懐女（ふじわらのよしちかのむすめ）　平安時代中期の女房・歌人。
¶古人（ふじわらのよしちかのむすめ）

藤原良経*　ふじわらよしつね
？～天喜6（1058）年8月2日　[別]藤原良経（ふじわらのよしつね）　平安時代中期～後期の公家・歌人。
¶古人（ふじわらのよしつね　[生]1001年）

藤原能成　ふじわらよしなり
⇒藤原能成（ふじわらのよしなり）

藤原能信　ふじわらよしのぶ
⇒藤原能信（ふじわらのよしのぶ）

藤原良教*　ふじわらよしのり
元仁1（1224）年～弘安10（1287）年　[別]粟田口良教（あわたぐちよしのり），二条良教（にじょうよしのり），藤原良教（ふじわらのよしのり）　鎌倉時代後期の公卿（大納言）。関白近衛基実の曽孫。
¶公卿（二条良教　にじょうよしのり　[没]弘安10（1287）年7月4日），公家（良教〔粟田口家（絶家）〕　よしのり　[没]弘安10（1287）年7月4日）

藤原良平女　ふじわらよしひらのむすめ
鎌倉時代前期の女性。後嵯峨天皇の後宮。
¶天皇

藤原良房　ふじわらよしふさ
⇒藤原良房（ふじわらのよしふさ）

藤原良相　ふじわらよしみ
⇒藤原良相（ふじわらのよしみ）

藤原能通*　ふじわらよしみち
生没年不詳　[別]藤原能通（ふじわらのよしみち）　平安時代中期の公家・歌人。
¶古人（ふじわらのよしみち）

藤原良通　ふじわらよしみち
⇒九条良通（くじょうよしみち）

藤原良基　ふじわらよしもと
⇒藤原良基（ふじわらのよしもと）

藤原能盛　ふじわらよしもり
⇒藤原能盛（ふじわらのよしもり）

藤原能保　ふじわらよしやす
⇒一条能保（いちじょうよしやす）

藤原能保女　ふじわらよしやすのむすめ
⇒左衛門督局（さえもんのかみのつぼね）

藤原良世　ふじわらよしよ
⇒藤原良世（ふじわらのよしよ）

藤原頼氏　ふじわらよりうじ
⇒藤原頼氏（ふじわらのよりうじ）

藤原頼輔　ふじわらよりすけ
⇒藤原頼輔（ふじわらのよりすけ）

藤原頼輔母*　ふじわらよりすけのはは
生没年不詳　[別]藤原頼輔母（ふじわらのよりすけのはは）　平安時代後期の歌人。
¶古人（ふじわらのよりすけのはは）

藤原頼孝*　ふじわらよりたか
生没年不詳　[別]藤原頼孝（ふじわらのよりたか）　平安時代中期の公家・歌人。
¶古人（ふじわらのよりたか）

藤原頼隆*　ふじわらよりたか
建仁2（1202）年～？　[別]藤原頼隆（ふじわらのよりたか）　鎌倉時代前期の公卿（参議）。権中納言藤原顕俊の長男。
¶公卿（ふじわらのよりたか），公家（頼隆〔堀河・岩蔵・葉室1家（絶家）〕　よりたか）

藤原頼忠　ふじわらよりただ
⇒藤原頼忠（ふじわらのよりただ）

藤原頼嗣　ふじわらよりつぐ
⇒藤原頼嗣（ふじわらのよりつぐ）

藤原頼経(1)　ふじわらよりつね
⇒藤原頼経（ふじわらのよりつね）

藤原頼経(2)　ふじわらよりつね
⇒藤原頼経（ふじわらのよりつね）

藤原頼長　ふじわらよりなが
⇒藤原頼長（ふじわらのよりなが）

藤原頼業　ふじわらよりなり
⇒藤原頼業（ふじわらのよりなり）

藤原頼房*　ふじわらよりふさ
安元2（1176）年～建長5（1253）年　[別]藤原頼房（ふじわらのよりふさ）　鎌倉時代前期の公卿（非参議）。参議藤原頼定の次男。
¶公卿（ふじわらのよりふさ　[没]？），公家（頼房〔堀河2・三条家（絶家）〕　よりふさ　[没]？），古人（ふじわらのよりふさ）

藤原頼通　ふじわらよりみち
⇒藤原頼通（ふじわらのよりみち）

藤原頼宗　ふじわらよりむね
⇒藤原頼宗（ふじわらのよりむね）

藤原頼保*　ふじわらよりやす
？～治承3（1179）年1月　[別]藤原頼保（ふじわらのよりやす）　平安時代後期の公家・歌人。
¶古人（ふじわらのよりやす）

藤原因香　ふじわらよるか
⇒藤原因香（ふじわらのよるか）

藤原立子　ふじわらりっし
⇒東一条院（ひがしいちじょういん）

藤原亮子　ふじわらりょうし
⇒殷富門院（いんぷもんいん）

藤原麗子　ふじわられいし
⇒陰明門院（おんめいもんいん）

藤原和三郎*　ふじわらわさぶろう
文政13（1830）年～明治33（1900）年？　江戸時代後期～明治時代の新撰組隊士。
¶新隊（[生]天保1（1830）年　[没]？）

富水*　ふすい
天保1（1830）年～明治18（1885）年10月24日　江戸時代後期～明治時代の俳諧師。
¶俳文

武清　ぶせい
江戸時代前期の俳諧師。荒木田氏。
¶俳文（生没年不詳）

布施右京亮　ふせうきょうのすけ
⇒布施左京亮（ふせさきょうのすけ）

布施氏*（1）　ふせうじ
[別]源行有の母布勢氏（みなもとのゆきありのははふせし）　平安時代前期の文徳天皇の後宮。
¶天皇（源行有の母布勢氏　みなもとのゆきありのははふせし　生没年不詳）

布施氏*（2）　ふせうじ
[別]滋水清実母布勢氏（よしみずのきよみのははふせうじ）　平安時代前期の光孝天皇の後宮。
¶天皇（滋水清実母布勢氏　よしみずのきよみのははふせうじ　生没年不詳）

布勢王　ふせおう
奈良時代の官人。
¶古人（生没年不詳）

布施景尊*　ふせかげたか
生没年不詳　戦国時代の北条氏照の重臣。
¶後北（景尊〔布施（1）〕　かげたか）

布勢公保*　ふせきみやす
生没年不詳　安土桃山時代の織田信長の家臣。
¶織田

布勢五介*　ふせごすけ
生没年不詳　安土桃山時代の織田信長の家臣。
¶織田

布施小太郎春次　ふせこたろうはるつぐ
安土桃山時代～江戸時代前期の筒井定次の家臣。
¶大坂

布施左京　ふせさきょう
⇒布施左京亮（ふせさきょうのすけ）

布施左京亮*　ふせさきょうのすけ
[別]布施右京亮（ふせうきょうのすけ），布施左京（ふせさきょう）　安土桃山時代～江戸時代前期の地侍。豊臣氏家臣。
¶大坂（布施左京　ふせさきょう）

布施松翁*　ふせしょうおう
享保10（1725）年～天明4（1784）年　江戸時代中期の心学者。「松翁道話」を著す。
¶コン，思想

布施毅　ふせたけし
江戸時代後期の幕臣。
¶徳人（[生]？　[没]1825年）

布施胤条　ふせたねえだ
江戸時代前期～中期の代官。
¶徳代（[生]貞享4（1687）年　[没]元文4（1739）年7月25日）

布施胤将　ふせたねまさ
江戸時代中期～後期の代官。
¶徳代（[生]正徳1（1711）年　[没]寛政2（1790）年2月2日）

布施太郎左衛門春行　ふせたろ（う）ざえもんはるゆき
江戸時代前期の筒井順慶・豊臣秀長の家臣。
¶大坂

布施伝右衛門　ふせでんえもん
江戸時代前期の武士。大坂の陣で籠城。
¶大坂

布勢内親王*（布施内親王）　ふせないしんのう
？～弘仁3（812）年　[別]布勢内親王（ふせのないしんのう）　平安時代前期の女性。桓武天皇の第5皇女。
¶古人（布施内親王），古代，女史，天皇（ふせのないしんのう　[没]弘仁3（812）年8月6日）

布施鍋三郎　ふせなべさぶろう
江戸時代末期の新撰組隊士。
¶新隊（生没年不詳）

布勢朝臣大海*　ふせのあそんおおあま
奈良時代の官人。
¶古代

布勢朝臣清直　ふせのあそんきよなお
⇒布勢清直（ふせのきよなお）

布勢朝臣御主人　ふせのあそんみうし
⇒阿倍御主人（あべのみうし）

布施数成　ふせのかずなり
平安時代中期の官人。
¶古人（生没年不詳）

布勢清直*　ふせのきよなお
[別]布勢朝臣清直（ふせのあそんきよなお）　平安時

ふ

代前期の送唐客使。

¶古人（生没年不詳），古代（布勢朝臣清直　ふせのあそんきよなお）

布勢国足　ふせのくにたり

奈良時代の官人。

¶古人（生没年不詳）

布施時枝　ふせのときえだ

平安時代中期の山城国紀伊郡司。

¶古人（生没年不詳）

布勢内親王　ふせのないしんのう

⇒布勢内親王（ふせないしんのう）

布勢人主*　ふせのひとぬし

奈良時代の遣唐判官、歌人。

¶古人（生没年不詳）

布勢御主人　ふせのみぬし

⇒阿倍御主人（あべのみうし）

布勢耳麻呂　ふせのみみまろ

飛鳥時代の官人。

¶古人（生没年不詳）

布勢宅主　ふせのやかぬし

奈良時代の官人。

¶古人（生没年不詳）

伏原賢忠*　ふせはらかたただ

慶長7（1602）年5月2日～寛文6（1666）年9月6日　[別]伏原賢忠（ふしはらかたただ）　江戸時代前期の公家（非参議）。伏原家の祖。非参議船橋国賢の孫。

¶公卿，公家（賢忠〔伏原家〕　まさただ）

伏原宣条*　ふせはらのぶえだ

享保5（1720）年～寛政3（1791）年　[別]伏原宣条（ふしはらのぶえだ）　江戸時代中期の公家（非参議）。非参議伏原宣通の子。

¶公卿（[生]享保5（1720）年1月25日　[没]寛政3（1791）年9月17日），公家（宣条〔伏原家〕　のぶえだ　[生]享保5（1720）年9月14日　[没]寛政3（1791）年9月17日）

伏原宣諭*　ふせはらのぶさと

文政6（1823）年～明治9（1876）年　江戸時代末期～明治時代の公家、少納言、侍従。睦仁親王の読書師範。

¶公卿（[生]文政6（1823）年12月3日），公家（宣諭〔伏原家〕　のぶさと　[生]文政6（1823）年12月3日　[没]明治9（1876）年8月21日），幕末（[生]文政6（1824）年12月3日　[没]明治9（1876）年8月21日）

伏原宣武*　ふせはらのぶたけ

安永3（1774）年～天保4（1833）年　[別]伏原宣武（ふしはらのぶたけ）　江戸時代後期の公家（非参議）。非参議伏原宣光の子。

¶公卿（[生]安永3（1774）年5月13日　[没]天保4（1833）年8月9日），公家（宣武〔伏原家〕　のぶたけ　[生]安永3（1774）年5月13日　[没]天保4（1833）年8月9日）

伏原宣明*　ふせはらのぶはる

寛政2（1790）年～文久3（1863）年　[別]伏原宣明（ふしはらのぶはる）　江戸時代末期の公家（非参議）。非参議伏原宣武の子。

¶公卿（[生]寛政2（1790）年4月1日　[没]文久3（1863）年2月14日），公家（宣明〔伏原家〕　のぶはる　[生]寛政2（1790）年4月1日　[没]文久3（1863）年2月14日），幕末（[生]寛政2（1790）年4月1日　[没]文久3（1863）年2月14日）

伏原宣通*　ふせはらのぶみち

寛文7（1667）年～寛保1（1741）年　[別]伏原宣通（ふしはらのぶみち）　江戸時代中期の公家（非参議）。非参議伏原宣幸の子。

¶公卿（[生]寛文7（1667）年8月25日　[没]寛保1（1741）年2月12日），公家（宣通〔伏原家〕　のぶみち　[生]寛文7（1667）年8月25日　[没]元文6（1741）年2月14日）

伏原宣光*　ふせはらのぶみつ

寛延3（1750）年～＊　[別]伏原宣光（ふしはらのぶみつ）　江戸時代中期～後期の公家（非参議）。非参議伏原宣条の子。

¶公卿（[生]寛延3（1750）年2月9日　[没]文政10（1827）年12月20日），公家（宣光〔伏原家〕　のぶみつ　[生]寛延3（1750）年2月9日　[没]文政10（1827）年12月20日）

伏原宣幸*　ふせはらのぶゆき

寛永14（1637）年～宝永2（1705）年　[別]伏原宣幸（ふしはらのぶゆき）　江戸時代前期～中期の公家（非参議）。非参議船橋賢忠の子。

¶公卿（[生]寛永14（1637）年5月6日　[没]宝永2（1705）年8月1日），公家（宣幸〔伏原家〕　のぶゆき　[生]寛永14（1637）年5月6日　[没]宝永2（1705）年8月1日）

伏姫*　ふせひめ

「南総里見八犬伝」に登場する女性。

¶コン

布施兵庫大夫*　ふせひょうごのだいふ

生没年不詳　戦国時代の北条氏照の奉行人。

¶後北（兵庫大夫〔布施（1）〕　ひょうごのだいぶ）

布勢三河守*　ふせみかわのかみ

生没年不詳　安土桃山時代の織田信長の家臣。

¶織田

布施武蔵　ふせむさし

安土桃山時代～江戸時代前期の小田原の人。布施刑部の兄弟。

¶大坂

布せ屋　ふせや★

江戸時代後期の女性。俳諧。天保期前後の作、松廼本路宣編『俳諧百人一首』に載る。

¶江表（布せ屋（東京都））

伏屋市兵衛*　ふせやいちべえ

生没年不詳　安土桃山時代～江戸時代前期の国人。

¶織田

伏屋重賢*　ふせやしげかた

？～元禄6（1693）年　江戸時代前期の富農。

¶コン

布施弥七郎　ふせやしちろう

江戸時代前期の武士。大坂の陣で籠城。布施左京と同一人物と思われる。

¶大坂

布施康貞*　ふせやすさだ

？～元亀2（1571）年　戦国時代の武将。後北条氏家臣。

¶後北（康貞〔布施（2）〕　やすさだ　[没]元亀2年8月）

布施康朝*　ふせやすとも

生没年不詳　戦国時代の北条氏の家臣。

¶後北（康朝〔布施（2）〕　やすとも）

布施康能*　ふせやすよし

生没年不詳　戦国時代の北条氏の家臣。

¶後北（康能〔布施（2）〕　やすよし　[没]天正13年12月3

日）

伏屋素狄* ふせやそてき
延享4(1747)年12月1日～文化8(1811)年 [別]万町素狄(まんちょうそてき) 江戸時代中期～後期の蘭方医。「和蘭医話」2冊を刊行。
¶科学([没]文化8(1811)年11月26日), コン

伏屋為貞 ふせやためさだ
江戸時代前期～中期の幕臣。
¶徳人([生]1666年 [没]1753年)

伏屋為重 ふせやためしげ
江戸時代前期～中期の幕臣。
¶徳人([生]1639年 [没]1702年)

伏屋飛驒守* ふせやひだのかみ
？～元和1(1615)年 [別]伏屋飛驒守一盛(ふせやひだのかみかつもり) 安土桃山時代～江戸時代前期の武士。豊臣氏家臣。
¶大坂(伏屋飛驒守一盛 ふせやひだのかみかつもり [没]慶長20年5月7日)

伏屋飛驒守一盛 ふせやひだのかみかつもり
⇒伏屋飛驒守(ふせやひだのかみ)

布施義容 ふせよしかた
元文3(1738)年～？ 江戸時代中期の幕臣。
¶徳人, 徳代

布施義彬 ふせよしたか
江戸時代中期の代官。
¶徳代([生]宝暦12(1762)年 [没]？)

不染(1) ふせん⋆
江戸時代後期の女性。俳諧。文化13年刊、多賀庵四世筵史編「歳旦」に載る。
¶江表(不染(広島県))

不染*(2) ふせん
？～明治1(1868)年 江戸時代後期～末期の俳人。
¶俳文([没]慶応4(1868)年5月4日)

不遷 ふせん
⇒物外不遷(もつがいふせん)

不染 ふぜん⋆
江戸時代後期の女性。画。赤穂義士原惣右衛門の孫藤右衛門の娘ひさ。寛政7年画家の横井金谷と結婚。
¶江表(不染(滋賀県))

武然 ぶぜん
⇒望月武然(もちづきぶぜん)

豊前氏景* ぶぜんうじかげ
戦国時代の武将。足利氏家臣。
¶後北(氏景〔豊前〕 うじかげ)

舞扇斎 ぶせんさい
⇒山村舞扇斎(やまむらぶせんさい)

舞扇斎吾斗 ぶせんさいごと
⇒山村舞扇斎(やまむらぶせんさい)

豊前左衛門佐* ぶぜんさえもんのすけ
？～慶長10(1605)年2月21日 安土桃山時代～江戸時代前期の古河公方の家臣。
¶後北(左衛門佐〔豊前〕 さえもんのすけ)

豊前忠寛 ぶぜんただひろ
江戸時代前期～中期の幕臣。
¶徳人([生]1642年 [没]1709年)

布泉尼 ふせんに⋆
江戸時代末期の女性。俳諧。美濃の人。万延1年刊、熊井文海編『くさもえ集』四に載る。
¶江表(布泉尼(岐阜県))

豊前山城守* ぶぜんやましろのかみ
？～永禄12(1569)年10月6日 戦国時代～安土桃山時代の古河公方の家臣。
¶後北(山城守〔豊前〕 やましろのかみ)

豊前山城守後室 ぶぜんやましろのかみこうしつ
安土桃山時代の女性。山城守の後室。平川後室と称された。
¶後北(山城守後室〔豊前〕 やましろのかみこうしつ)

蕪村 ぶそん
⇒与謝蕪村(よさぶそん)

二川松陰* ふたがわしょういん
明和4(1767)年～天保7(1836)年 [別]二川相近(ふたかわすけちか, ふたがわすけちか) 江戸時代後期の儒学者、歌人。
¶コン

二川相近 ふたかわすけちか, ふたがわすけちか
⇒二川松陰(ふたがわしょういん)

二川滝 ふたがわたき
⇒二川滝子(ふたがわたきこ)

二川滝子* ふたがわたきこ
文化2(1805)年～慶応1(1865)年 [別]二川滝(ふたがわたき) 江戸時代末期の女性。書家、画家。号は玉条。
¶江表(玉条(福岡県) ぎょくじょう)

二川鶴子* ふたがわつるこ
寛政8(1796)年～明治2(1869)年3月10日 江戸時代後期～明治時代の歌人。
¶江表(鶴子(福岡県))

二川元助 ふたかわもとすけ
⇒坂井重季(さかいしげき)

布田惟暉 ふたこれてる
⇒布田保之助(ふたやすのすけ)

両道入姫皇女 ふたじいりひめのおうじょ
⇒両道入姫命(ふたじのいりびめのみこと)

両道入姫命* ふたじのいりびめのみこと
[別]両道入姫皇女(ふたじいりひめのおうじょ) 上代の女性。日本武尊の妃。
¶古代, 天皇(生没年不詳)

二木重吉* ふたつぎしげよし
[別]二木豊後守重吉(ふたつぎぶんごのかみしげよし) 戦国時代～江戸時代前期の武士。小笠原氏家臣。
¶戦武(生没年不詳)

二木白図* ふたつぎはくと
？～享和1(1801)年 [別]白図(はくと) 江戸時代中期～後期の俳人。
¶俳文(白図 はくと [没]享和1(1801)年5月14日)

二木豊後守重吉 ふたつぎぶんごのかみしげよし
⇒二木重吉(ふたつぎしげよし)

二葉 ふたば⋆
江戸時代後期の女性。俳諧。福井の人。寛政13年刊、雨後庵帰一坊編、時雨庵祐阿三周忌追悼集『道の春集』に載る。

ふ

¶江表（二葉（福井県））

二葉竹次郎*　ふたばたけじろう
文化14（1817）年～文久3（1863）年　江戸時代末期の植木職。
¶幕末（[没]文久3（1863）年6月）

二見景俊　ふたみかげとし
安土桃山時代の北条氏政・氏直の家臣。民部丞。
¶後北（景俊〔二見〕　かげとし）

二見庄兵衛*　ふたみしょうべえ
天保3（1832）年～明治23（1890）年　江戸時代末期～明治時代の事業家。水車業などの事業を手がけた後、落花生の栽培を始め、新品種「立落花生」を発見。
¶植物（[没]明治23（1890）年9月25日），幕末

布田保之助*　ふたやすのすけ，ふだやすのすけ
享和1（1801）年～明治6（1873）年4月3日　[別]布田惟暉（ぬのたこれてる，ぬのだこれてる，ふたこれてる），布田保之助（ぬのたやすのすけ）　江戸時代後期の肥後熊本藩の水利功労者。
¶コン，コン（布田惟暉　ぬのたこれてる），幕末（[生]享和1（1801）年11月26日）

補陀洛海雲*　ふだらくかいうん
文政8（1825）年～明治21（1888）年　江戸時代末期～明治時代の僧侶。各地の住職を歴任。宗教論争が起こった際、仏教界を代表して論陣を張った。
¶幕末（[生]文政8（1825）年4月4日　[没]明治24（1891）年12月9日）

補陀洛天狻（補陀落天俊）　ふだらくてんしゅん
⇒補陀洛天狻（ほだらくてんしゅん）

ふち（1）
江戸時代前期の女性。俳諧。伊勢山田の人。貞享4年刊、江左尚白編『孤松』に載る。
¶江表（ふち（三重県））

ふち（2）
江戸時代中期の女性。和歌。但馬豊岡藩京極家の奥女中。安永3年の「田村村隆母公六十賀祝賀歌集」に載る。
¶江表（ふち（兵庫県））

ふち（3）
江戸時代後期の女性。俳諧。青梨子の人。寛政9年刊、好文軒耕淵撰、加舎白雄7回忌集『俳諧宵の春』に載る。
¶江表（ふち（群馬県））

不知雨　ふちう★
江戸時代中期の女性。俳諧。石見市山の人。天明7年刊、川本の医者で俳人牧鳳沖編『鳳沖除元集』に載る。
¶江表（不知雨（島根県））

淵上郁太郎*　ふちがみいくたろう，ふちかみいくたろう
天保8（1837）年～慶応3（1867）年　江戸時代末期の筑後久留米藩尊攘派志士。
¶幕末（[生]天保8（1837）年10月20日　[没]慶応3（1867）年2月18日）

淵上旭江　ふちかみきょくこう
⇒淵上旭江（ふちかみきょっこう）

淵上旭江*　ふちかみきょっこう，ふちがみきょっこう
宝暦3（1753）年～文化13（1816）年　[別]淵上旭江（ふちかみきょくこう）　江戸時代中期の画家。
¶美画（ふちがみきょっこう　[没]文化13（1816）年2月5日）

淵上謙三*　ふちがみけんぞう，ふちかみけんぞう
天保13（1842）年～慶応2（1866）年　江戸時代末期の農民。
¶幕末（[没]慶応2（1866）年10月4日）

ふち子（1）　ふちこ★
江戸時代中期の女性。和歌。幕臣、西の丸表台所頭近藤保好の娘。
¶江表（ふち子（東京都））

ふち子（2）　ふちこ★
江戸時代後期の女性。和歌。谷中住。文政8年刊、南都薬師寺沙門行遍編『仏足結縁歌文集』に載る。
¶江表（ふち子（東京都））

ふち子（3）　ふちこ★
江戸時代後期の女性。和歌。青木氏の娘。嘉永3年刊、長沢伴雄編『類題鴨川次郎集』に載る。
¶江表（ふち子（京都府））

ふち子・布治子　ふちこ★
江戸時代後期の女性。和歌。松代藩主真田信安の妹。文政5年序、本居大平編『八十浦之玉』上に載る。
¶江表（ふち子・布治子（長野県））

ふぢ子　ふぢこ★
江戸時代の女性。武術・俳諧。豊前の人。明治14年刊、岡田良策編『近世名婦百人撰』に載る。
¶江表（ふぢ子（大分県））

淵岡山*　ふちこうざん
元和3（1617）年～貞享3（1686）年12月2日　江戸時代前期の儒学者。
¶思想

婦地女　ふちじょ★
江戸時代後期の女性。和歌。幕臣、大番小田切新右衛門昌久の妻。文政4年の「詩仙堂募集和歌」に載る。
¶江表（婦地女（東京都））

ふちの
江戸時代後期の女性。和歌。壬生藩の鳥居家の奥女中。天保10年序、斎藤彦麿撰「春の明ほの」に載る。
¶江表（ふちの（栃木県））

淵野真斎*　ふちのしんさい
宝暦10（1760）年～文政6（1823）年　江戸時代後期の画家。
¶美画（[生]宝暦3（1753）年　[没]文政6（1823）年6月）

淵辺徳蔵　ふちのべとくぞう
⇒淵辺徳蔵（ふちべとくぞう）

淵辺高照*　ふちべたかてる
天保11（1840）年～明治10（1877）年　江戸時代末期～明治時代の鹿児島県士族。私学校創設に尽力。西南戦争では鵬翼隊隊長となり八代・佐敷方面で戦死。
¶幕末

淵辺徳蔵*　ふちべとくぞう
生没年不詳　[別]淵辺徳蔵（ふちのべとくぞう）　江戸時代末期の幕臣。遣欧使節随員。
¶徳人（ふちのべとくぞう　[生]1817年　[没]?）

不中* ふちゅう
生没年不詳　江戸時代中期の女性。俳人。
¶江表(不中(石川県))

武珍 ぶちん
江戸時代前期の俳諧作者。荒木田氏。
¶俳文(生没年不詳)

仏慧正続国師 ぶつえしょうぞくこくし
⇒鄂隠慧奯(がくいんえかつ)

物応 ぶつおう
⇒山下京右衛門〔1代〕(やましたきょうえもん)

物外 ぶつがい
⇒物外不遷(もつがいふせん)

物外軒実休 ぶつがいけんじっきゅう
⇒三好義賢(みよしよしかた)

物外尼* ぶつがいに
生没年不詳　江戸時代後期の女性。歌人。
¶江表(物外尼(京都府)　[生]享保8(1723)年)

文机元女 ふづくえもとめ⋆
江戸時代後期の女性。狂歌。享和4年刊、四方歌垣編『狂歌茅花集』に載る。
¶江表(文机元女(東京都))

仏源禅師 ぶつげんぜんじ
⇒大休正念(だいきゅうしょうねん)

仏光覚照国師 ぶっこうかくしょうこくし
⇒関山慧玄(かんざんえげん)

仏光国師 ぶっこうこくし
⇒無学祖元(むがくそげん)

仏光禅師 ぶっこうぜんじ
⇒無学祖元(むがくそげん)

仏光房 ぶつこうぼう
平安時代後期の仏師。康助の弟子。
¶古人(生没年不詳)

仏国応供広済国師 ぶっこくおうぐこうさいこくし
⇒高峰顕日(こうほうけんにち)

仏国禅師 ぶっこくぜんじ
⇒高峰顕日(こうほうけんにち)

仏厳* ぶつごん
生没年不詳　鎌倉時代前期の医僧。
¶古人

仏慈禅師 ぶつじぜんじ
⇒無極志玄(むきょくしげん)

仏師民部* ぶっしみんぶ
[別]民部(みんぶ)　江戸時代中期の仏師。
¶美建(民部　みんぶ　[生]明暦3(1657)年　[没]?)

仏洲仙英 ぶっしゅうせんえい
⇒仙英(せんえい)

仏樹房 ぶつじゅぼう
⇒明全(みょうぜん)

仏樹房明全 ぶつじゅぼうみょうぜん
⇒明全(みょうぜん)

仏生寺弥助 ぶっしょうじやすけ
*〜文久3(1863)年　江戸時代後期〜末期の剣客。
¶全幕([生]天保2(1831)年),幕末([生]?　[没]文久3(1863)年6月24日)

仏照禅師 ぶっしょうぜんじ
⇒白雲慧暁(はくうんえぎょう)

仏性伝東国師 ぶっしょうでんとうこくし
⇒道元(どうげん)

仏水 ふつすい
江戸時代中期〜後期の俳諧師。
¶俳文([生]明和3(1766)年　[没]文政10(1827)年閏6月3日)

仏仙* ぶっせん,ぶつせん
享保6(1721)年〜寛政2(1790)年6月11日　江戸時代中期〜後期の俳人。
¶俳文(ぶつせん)

仏智広照国師 ぶっちこうしょうこくし
⇒絶海中津(ぜっかいちゅうしん)

仏頂* ぶっちょう,ぶつちょう
寛永19(1642)年〜正徳5(1715)年　江戸時代前期〜中期の俳人(芭蕉参禅の師)。
¶俳文(ぶつちょう　[没]正徳5(1715)年12月28日)

仏頂国師 ぶっちょうこくし
⇒一糸文守(いっしぶんしゅ)

仏哲*(仏徹) ぶってつ
生没年不詳　奈良時代の渡来僧。
¶古人(仏徹),古代,コン,対外,山小

仏統国師 ぶっとうこくし
⇒夢窓疎石(むそうそせき)

仏灯大光国師 ぶっとうだいこうこくし
⇒約翁徳倹(やくおうとくけん)

仏徳大通禅師 ぶっとくだいつうぜんじ
⇒愚中周及(ぐちゅうしゅうきゅう)

仏日常光国師 ぶつにちじょうこうこくし
⇒空谷明応(くうこくみょうおう)

仏日禅師 ぶつにちぜんじ
⇒了庵桂悟(りょうあんけいご)

仏忍* ぶつにん
生没年不詳　平安時代後期の仏師。
¶古人,美建

経津主神* ふつぬしのかみ
刀剣の神格化された神。
¶コン

仏磨* ぶつまろ
文政10(1827)年〜明治25(1892)年　[別]武田仏磨(たけだぶつま)　江戸時代末期〜明治時代の僧。
¶幕末(生没年不詳)

布津村代右衛門* ふつむらだいえもん
生没年不詳　江戸時代前期の島原の乱の農民指導者。
¶コン

物茂卿 ぶつもけい
⇒荻生徂徠(おぎゅうそらい)

ふで(1)
江戸時代後期の女性。書簡。野辺地の廻船問屋2代目島谷清四郎の娘。天明8年、北方探検家最上徳内と結婚。

¶江表（ふで（青森県））

ふで(2)

江戸時代後期の女性。教育。医師森治朗左衛門の母。

¶江表（ふで（東京都） [生]寛政6（1794）年頃）

筆 ふで★

江戸時代後期の女性。和歌。播磨印南郡西浜の鬼丸暉貞の妻。嘉永6年刊、黒沢翁満編『類題採風集』に載る。

¶江表（筆（兵庫県））

筆子(1) ふでこ★

江戸時代後期～明治時代の女性。教育。陸奥白河藩藩士丹羽佚斎の娘。

¶江表（筆子（埼玉県） [生]寛政11（1799）年 [没]明治24（1891）年）

筆子(2) ふでこ★

江戸時代末期の女性。和歌。足利の丸山源兵衛とたけ子の娘。文久3年刊、関橋守編『耳順賀集』に載る。

¶江表（筆子（栃木県））

筆女(1) ふでじょ★

江戸時代後期の女性。俳諧。赤星の農民花見喜曽六の妻。嘉永5年序、宗匠伊藤尜年編『会津俳諧百家集』に載る。

¶江表（筆女（福島県））

筆女(2) ふでじょ★

江戸時代後期の女性。俳諧。堀口徳兵衛の妻。文政7年の清水庵奉額に載る。

¶江表（筆女（長野県））

筆女(3) ふでじょ★

江戸時代末期の女性。俳諧。俳人墨遊の妻。安政4年刊、青梁庵墨遊追善『花野原集』に載る。

¶江表（筆女（長野県））

筆女(4) ふでじょ★

江戸時代末期の女性。和歌。中島一孝の妻。安政4年刊、富樫広蔭編『千百人一首』上に載る。

¶江表（筆女（三重県））

筆の ふでの★

江戸時代後期～末期の女性。書簡。12代将軍徳川家慶の側室定付の侍女。

¶江表（筆の（東京都））

筆文女 ふでのあやじょ★

江戸時代後期の女性。狂歌。狂歌師で一志庵外成と号する会津藩藩士馬場丈右衛門の娘。愛宕神社に、文化14年の「春のたはふれうた」と題した狂歌奉納絵馬がある。

¶江表（筆文女（福島県））

筆姫 ふでひめ★

江戸時代後期～明治時代の女性。和歌・書簡。徳川斉匡の娘。

¶江表（筆姫（佐賀県） [生]天保1（1830）年 [没]明治19（1886）年）

筆文女 ふでふみじょ★

江戸時代の女性。狂歌。壬生の人。年々斎撰『きさらぎの哥』（刊年不明）に載る。

¶江表（筆文女（栃木県））

不転* ふてん

安永9（1780）年～弘化2（1845）年8月15日 江戸時代中期～後期の俳人・僧侶。

¶俳文（[生]？）

富天* ふてん

元禄14（1701）年～明和4（1767）年5月10日 江戸時代中期の俳人。

¶俳文

普天玄佐 ふてんげんさ

安土桃山時代の臨済宗妙心寺派の僧。

¶武田（生没年不詳）

不動院光玉 ふどういんこうぎょく

江戸時代中期の僧侶、仏師。

¶美建（生没年不詳）

不動院全海* ふどういんぜんかい

文政6（1823）年～元治1（1864）年 [別]全海（ぜんかい） 江戸時代末期の僧。

¶幕末（[没]元治1（1864）年11月20日）

武藤東四郎 ぶとうとうしろう

⇒武藤東四郎（むとうとうしろう）

太玉命 ふとたまのみこと，ふとだまのみこと

⇒天太玉命（あめのふとだまのみこと）

太姫郎姫* ふとひめのいらつひめ

[別]太姫郎姫（ふとひめのいらつめ，ふとめのいらつひめ） 上代の女性。履中天皇の嬪。

¶天皇（ふとひめのいらつめ 生没年不詳）

太姫郎姫 ふとひめのいらつめ

⇒太姫郎姫（ふとひめのいらつひめ）

太姫皇女* ふとひめのこうじょ

敏達4（575）年1月～？ 飛鳥時代の女性。敏達天皇の皇女。

¶天皇

太姫郎姫 ふとめのいらつひめ

⇒太姫郎姫（ふとひめのいらつひめ）

船井王 ふないおう

奈良時代の官人。

¶古人（生没年不詳）

船尾昭直* ふなおあきなお

生没年不詳 安土桃山時代の武士。佐竹氏家臣。

¶全戦

船王 ふなおう

⇒船王（ふねおう）

舟掛宗四郎 ふなかけそうしろう

江戸時代末期～大正時代の漆芸家。

¶美工（[生]安政6（1859）年3月5日 [没]大正14（1925）年10月12日）

船城王 ふなきおう

奈良時代の官人。

¶古人（生没年不詳）

舟木真* ふなきしん

弘化4（1847）年～大正5（1916）年2月5日 [別]舟木真（ふなきただし，ふなきまこと） 江戸時代末期～明治時代の官吏。明治政府による殖産興業の第一線で活躍。

¶幕末（ふなきただし）

船木甚兵衛* ふなきじんべえ，ふなぎじんべえ

文化13（1816）年～明治32（1899）年 江戸時代末

期～明治時代の商人。稲扱産業の発展と全国にまたがる販路確立に貢献。
¶幕末（ふなぎじんべえ　[生]文化12（1815）年）

舟木真　ふなきただし
⇒舟木真（ふなきしん）

舟喜鉄外*　ふなきてつがい
天保12（1841）年～明治5（1872）年　[別]舟喜鉄外（ふなきてつと）　江戸時代末期～明治時代の加賀藩藩士。主君本多政均の仇敵の菅野輔吉を斬首し本懐を遂げる。
¶幕末（ふなきてつと　[没]明治5（1872）年11月4日）

舟喜鉄外　ふなきてつと
⇒舟喜鉄外（ふなきてつがい）

舟木某　ふなきなにがし
安土桃山時代の北条氏直の家臣か。
¶後北（某〔舟木〕　なにがし）

船木馬養　ふなきのうまかい
奈良時代の官人。
¶古人（生没年不詳）

船木宿奈麻呂　ふなきのすくなまろ
奈良時代の造石山寺司の木工長上。正六位上。
¶古人（生没年不詳）

船木種守　ふなきのたねもり
平安時代中期の官人。
¶古人（生没年不詳）

舟木真　ふなきまこと
⇒舟木真（ふなきしん）

船木与次兵衛*　ふなきよじべえ
生没年不詳　江戸時代中期の陶工、出雲布志名焼の祖。
¶美工

船越伊予*　ふなこしいよ
慶長2（1597）年～寛文10（1670）年　[別]船越宗舟（ふなこしそうしゅう），船越永景（ふなこしながかげ）　江戸時代前期の茶人。将軍家茶道師範。
¶徳人（船越永景　ふなこしながかげ）

船越景直*　ふなこしかげなお
天文9（1540）年～慶長16（1611）年　安土桃山時代～江戸時代前期の武士。
¶徳人

船越景範　ふなこしかげのり
江戸時代中期の幕臣。
¶徳人（[生]1751年　[没]？）

船越清蔵*　ふなこしせいぞう
文化2（1805）年～文久2（1862）年　江戸時代末期の長門清末藩士。
¶幕末（[生]文化2（1805）年8月23日　[没]文久2（1862）年8月8日）

船越宗舟　ふなこしそうしゅう
⇒船越伊予（ふなこしいよ）

船越永景　ふなこしながかげ
⇒船越伊予（ふなこしいよ）

船越衛*　ふなこしまもる
天保11（1840）年～大正2（1913）年12月23日　江戸時代末期～明治時代の広島藩士、官僚、貴族院議員、男爵。戊辰戦争、西南戦争に従軍。のち千葉県令、元老院議官などを歴任。
¶コン，全幕，幕末（[生]天保11（1840）年11月）

船越八百十郎*　ふなこしやおじゅうろう
文化9（1812）年～明治19（1886）年　江戸時代末期～明治時代の広島藩士。勘定役となり理財の道に長じていたため藩の軍資を豊かにした。
¶全幕，幕末（[生]文化9（1812）年8月　[没]明治19（1886）年8月1日）

舟坂弥次右衛門*　ふなさかやじえもん
生没年不詳　安土桃山時代の織田信長の家臣。
¶織田

舟坂与太夫　ふなさかよだゆう
江戸時代前期の宮大工。
¶美建（生没年不詳）

船田一琴*　ふなだいっきん
文化9（1812）年～文久3（1863）年　江戸時代末期の装剣金工家。
¶コン（生没年不詳），美工（[生]文化9（1812）年10月18日）

船田義昌*　ふなだよしまさ
？～建武3/延元1（1336）年　鎌倉時代後期～南北朝時代の武将。
¶室町（[没]延元1/建武3（1336）年）

舟津釜太郎*（船津釜太郎）　ふなつかまたろう
？～慶応3（1867）年12月7日？　江戸時代後期～末期の新撰組隊士。
¶新隊（船津釜太郎）

船津静作　ふなつせいさく
江戸時代末期～昭和時代の園芸家。
¶植物（[生]安政5（1858）年4月11日　[没]昭和4（1929）年1月23日）

船津伝次平*　ふなつでんじべい，ふなつでんじへい，ふなづでんじへい，ふなづでんじべい
天保3（1832）年～明治31（1898）年6月15日　江戸時代末期～明治時代の農業指導者。駒場農学校農場監督などを歴任。
¶コン（ふなづでんじへい），植物（ふなつでんじへい　[生]天保3（1832）年11月1日），幕末

船津八郎兵衛*　ふなづはちろべえ
生没年不詳　安土桃山時代～江戸時代前期の武術家。
¶大坂（ふなつはちろ（う）びょうえ）

船津正武　ふなつまさたけ
江戸時代後期～明治時代の和算家。上州原之郷の篤農家。
¶数学（[生]天保3（1832）年　[没]明治31（1898）年）

道祖王*　ふなどおう
？～天平宝字1（757）年7月　[別]道祖王（ふなどのおう，ふなどのおおきみ）　奈良時代の新田部親王の子。
¶古人，古代（ふなどのおおきみ），コン

船渡佐右衛門尉　ふなとすけえもんのじょう
安土桃山時代～江戸時代前期の甲斐国巨摩郡河内小丹原村の土豪。
¶武田（生没年不詳）

船戸大学助　ふなとだいがくのすけ
安土桃山時代の北条氏政の家臣笠原助八郎の同心。
¶後北（大学助〔船戸〕　だいがくのすけ）

ふ

船渡藤右衛門尉　ふなとうえもんのじょう
安土桃山時代〜江戸時代前期の甲斐国巨摩郡河内小丹原村の土豪。
¶武田（生没年不詳）

道祖王　ふなどのおう
⇒道祖王（ふなどおう）

道祖王　ふなどのおおきみ
⇒道祖王（ふなどおう）

船恵尺　ふなのえさか
⇒船恵尺（ふねのえさか）

舟橋在賢*（船橋在賢）　ふなばしあきかた
文化1（1804）年〜元治1（1864）年　江戸時代末期の公家（非参議）。非参議船橋師賢の子。
¶公卿（船橋在賢　[生]文化1（1804）年7月2日　[没]元治1（1864）年2月4日），公家（在賢〔舟橋家〕　あきかた　[生]文化1（1804）年7月2日　[没]元治1（1864）年2月4日），幕末（[生]文化1（1804）年7月2日　[没]文久4（1864）年2月4日）

船橋国賢　ふなばしくにかた
⇒清原国賢（きよはらのくにかた）

船橋玄悦*　ふなばしげんえつ
？〜寛文4（1664）年　[別]玄悦（げんえつ）　江戸時代前期の対馬藩医、釜山窯の名工。
¶美工

船橋茂喬　ふなばししげたか
江戸時代中期の幕臣。
¶徳人（[生]1766年　[没]？）

船橋茂伴　ふなばししげとも
江戸時代中期の代官。
¶徳代（[生]元禄3（1690）年　[没]宝暦2（1752）年12月13日）

船橋舟珉　ふなばししゅうみん
江戸時代末期〜大正時代の蒔絵師。
¶美工（生没年不詳）

船橋随庵*（船橋随菴）　ふなばしずいあん
寛政7（1795）年〜明治5（1872）年　江戸時代末期〜明治時代の農政学者、関宿藩士。「農兵論」を唱え農兵採用で知られる。用排水路の動脈の整備、新田開発などに尽力。
¶江人，コン（船橋随菴），幕末（[没]明治5（1872）年4月9日）

船橋相賢*　ふなばしすけかた
元和4（1618）年2月23日〜元禄2（1689）年10月16日　江戸時代前期の公家（非参議）。非参議船橋秀相の長男。
¶公卿，公家（相賢〔舟橋家〕　すけかた）

船橋尚賢*　ふなばしなおかた
天和2（1682）年3月19日〜享保11（1726）年6月10日　江戸時代中期の公家（非参議）。非参議吉田兼敬の次男。
¶公卿，公家（尚賢〔舟橋家〕　ひさかた）

船橋業忠　ふなばしなりただ
⇒清原業忠（きよはらのなりただ）

舟橋宣賢（船橋宣賢）　ふなばしのぶかた
⇒清原宣賢（きよはらのぶかた）

船橋則賢*　ふなばしのりかた
宝暦8（1758）年8月25日〜寛政9（1797）年閏7月21日　江戸時代中期の公家（非参議）。非参議船橋尚賢の曽孫。
¶公卿，公家（則賢〔舟橋家〕　のりかた）

船橋玄鼎　ふなばしはるやす
江戸時代中期〜後期の幕臣。
¶徳人（[生]1767年　[没]1823年）

舟橋秀賢*　ふなはしひでかた，ふなばしひでかた
天正3（1575）年〜慶長19（1614）年6月28日　[別]清原秀賢（きよはらのひでかた）　安土桃山時代〜江戸時代前期の公家、明経博士。
¶コン，徳将（ふなばしひでかた）

船橋秀相*　ふなばしひですけ
慶長5（1600）年〜正保4（1647）年9月15日　江戸時代前期の公家（非参議）。非参議船橋国賢の孫。
¶公卿，公家（秀相〔舟橋家〕　ひですけ）

船橋弘賢*（舟橋弘賢）　ふなばしひろかた，ふなはしひろかた
慶安1（1648）年2月9日〜正徳4（1714）年10月7日　江戸時代前期〜中期の公家（非参議）。非参議船橋秀相の三男。
¶公卿，公家（弘賢〔舟橋家〕　ひろかた　[生]正保5（1648）年2月9日）

舟橋康賢*（船橋康賢）　ふなばしみちかた，ふなはしみちかた
天保12（1841）年〜明治12（1879）年　江戸時代末期〜明治時代の公家（非参議）。非参議船橋師賢の次男。
¶公卿（船橋康賢　[生]天保12（1841）年11月24日　[没]明治12（1879）年11月），公家（康賢〔舟橋家〕　みちかた　[生]天保12（1841）年11月24日　[没]明治12（1879）年12月26日），幕末（[生]天保12（1841）年11月24日　[没]明治12（1879）年11月26日）

船橋宗賢*　ふなばしむねかた
永享3（1431）年〜永正10（1513）年　室町時代〜戦国時代の公卿（非参議）。非参議船橋業忠の子。
¶公卿，公家（宗賢〔舟橋家〕　むねかた　[生]？）

船橋師賢*（舟橋師賢）　ふなばしもろかた，ふなはしもろかた
天明3（1783）年10月26日〜天保3（1832）年5月15日　江戸時代後期の公家（非参議）。非参議船橋則賢の子。
¶公卿，公家（師賢〔舟橋家〕　もろかた）

船橋良雄*　ふなばしよしお
明応8（1499）年〜永禄9（1566）年11月3日　[別]清原業賢（きよはらなりかた），清原良雄（きよはらよしお）　戦国時代の公卿（非参議）。非参議船橋宣賢の長男。
¶公卿，公家（良雄〔舟橋家〕　よしお）

船曳鉄門*　ふなびきかねと
＊〜明治28（1895）年　[別]船曳鉄門（ふなびきてつもん）　江戸時代末期〜明治時代の神官、歌人。筑前香椎宮宮司、筑後高良神社権宮司などを歴任。福岡県から筑後国史・地誌の編集を命じられ、多くの考古学上の発見をする。
¶幕末（ふなびきてつもん　[生]文政6（1823）年　[没]明治28（1895）年2月10日）

船曳鉄門　ふなびきてつもん
⇒船曳鉄門（ふなびきかねと）

船本顕定*　ふなもとあきさだ
生没年不詳　江戸時代前期の朱印船貿易家。
¶コン，対外

船山輔之　ふなやますけゆき
⇒船山輔之（ふなやまほし）

船山輔之*　ふなやまほし
元文3（1738）年～文化1（1804）年　[別]船山輔之（ふなやますけゆき）　江戸時代中期～後期の暦算家、陸奥仙台藩士。
¶数学（ふなやますけゆき　[没]文化1（1804）年9月12日）

無難　ぶなん
⇒至道無難（しどうぶなん）

不二道人　ふにどうにん
⇒岐陽方秀（ぎようほうしゅう）

普寧　ふねい
⇒兀庵普寧（ごったんふねい）

船王*　ふねおう
生没年不詳　[別]船王（ふなおう，ふねのおう，ふねのおおきみ）　奈良時代の皇族（非参議）。天武天皇の孫。
¶公卿（ふねのおう），古人，古代（ふねのおう）

船東人　ふねのあづまひと
奈良時代の官人。
¶古人（生没年不詳）

船恵尺*　ふねのえさか
生没年不詳　[別]船恵尺（ふなのえさか），船史恵尺（ふねのふひとえさか）　飛鳥時代の渡来人。大和王権に仕えた。
¶古人，古代（船史恵尺　ふねのふひとえさか），コン

船王　ふねのおう
⇒船王（ふねおう）

船王後*　ふねのおうご
？～舒明天皇13（641）年12月3日　[別]船王後首（ふねのおうごのおびと）　飛鳥時代の官人。
¶古代（船王後首　ふねのおうごのおびと），古物，コン（[没]舒明13（641）年）

船王後首　ふねのおうごのおびと
⇒船王後（ふねのおうご）

船大魚　ふねのおおうお
奈良時代の官人。
¶古人（生没年不詳）

船王　ふねのおおきみ
⇒船王（ふねおう）

船小楫　ふねのおかじ
奈良時代の官人。
¶古人（生没年不詳）

船腰佩　ふねのこしはき
奈良時代の官人。
¶古人（生没年不詳）

船住麻呂　ふねのすみまろ
奈良時代の官人。
¶古人（生没年不詳）

船隆範　ふねのたかのり
平安時代中期の官人。
¶古人（生没年不詳）

船田口*　ふねのたぐち
生没年不詳　[別]船連田口（ふねのむらじたぐち）　奈良時代の官吏。
¶古人，古代（船連田口　ふねのむらじたぐち）

船豊光　ふねのとよみつ
平安時代中期の官人。
¶古人（生没年不詳）

船庭足　ふねのにわたり
奈良時代の官人。
¶古人（生没年不詳）

船秦勝　ふねのはたかつ
飛鳥時代の官人。
¶古人（生没年不詳）

船副使麻呂*　ふねのふくしまろ
生没年不詳　[別]船連副使麻呂（ふねのむらじふくしまろ）　平安時代前期の学者、官吏。
¶古人，古代（船連副使麻呂　ふねのむらじふくしまろ）

船史恵尺　ふねのふひとえさか
⇒船恵尺（ふねのえさか）

船理遠　ふねのまさとお
平安時代中期の官人。
¶古人（生没年不詳）

船虫麻呂　ふねのむしまろ
奈良時代の官人。
¶古人（生没年不詳）

船守重　ふねのもりしげ
平安時代中期の官人。
¶古人（生没年不詳）

船嘉忠　ふねのよしただ
平安時代中期の官人。
¶古人（生没年不詳）

船橋枝賢　ふねばししげかた
⇒清原枝賢（きよはらのえだかた）

豊然　ぶねん
⇒豊然（ほうねん）

夫野女　ふのじょ★
江戸時代後期の女性。俳諧。十文字の人。寛政11年、印役の観音堂に和狂の評で納められた「奉納俳諧前句勝」に載る。
¶江表（夫野女（山形県））

不白　ふはく
⇒川上不白〔1代〕（かわかみふはく）

芙白　ふはく★
江戸時代中期の女性。俳諧。下仁田の人。明和3年刊、羽鳥一紅編『くさまくら』に載る。
¶江表（芙白（群馬県））

富白斎　ふはくさい
戦国時代の武田氏の家臣。
¶武田（生没年不詳）

不必の妹　ふひつのいもうと★
江戸時代前期の女性。俳諧。大坂の人。明暦2年刊、安原貞室編『玉海集』に載る。
¶江表（不必の妹（大阪府））

史根麻呂　ふひとのねまろ
⇒文禰麻呂（ふみのねまろ）

浮風*　ふふう
＊～宝暦12（1762）年　[別]有井浮風（ありいふふう）

江戸時代中期の俳人。
¶俳文（[生]元禄15（1702）年 [没]宝暦12（1762）年5月17日）

布蓬 ふほう★
江戸時代後期の女性。俳諧。長門長府松屋の常元寺の尼僧。文政6年、田上菊舎71歳の長府での俳諧記録「実る秋」に載る。
¶江表（布蓬（山口県））

扶邦 ふほう
平安時代中期の興福寺・元興寺の僧。
¶古人（[生]986年 [没]？）

不卜 ふぼく
⇒岡村不卜（おかむらふぼく）

ふ

ふみ(1)
江戸時代中期の女性。和歌。真田伊豆守の麻布屋敷に仕える奥女中。明和2年、賀茂真淵の「県居門人録」に載る。
¶江表（ふみ（東京都））

ふみ(2)
江戸時代後期の女性。教育。増田氏。
¶江表（ふみ（東京都） [生]文政4（1821）年頃）

ふみ(3)
江戸時代後期の女性。和歌。佐藤長左衛門の妻。天保9年刊、海野遊翁編『類題現存歌選』二に載る。
¶江表（ふみ（東京都））

ふみ(4)
江戸時代後期の女性。教育。飯田氏。
¶江表（ふみ（東京都） [生]天保6（1835）年頃）

ふみ(5)
江戸時代後期の女性。俳諧。相模藤沢宿の遊女。文政3年、玉蕉庵芝山編『第五四海句双紙』に載る。
¶江表（ふみ（神奈川県））

ふみ(6)
江戸時代後期の女性。和歌。三河吉田藩主松平信明家の奥女中。寛政10年跋、真田幸弘の六〇賀集「千とせの寿詞」に載る。
¶江表（ふみ（愛知県））

ふみ(7)
江戸時代後期の女性。和歌。丸亀藩藩士高木玄亮の母。嘉永4年刊、木曽義昌二五〇回忌追善『波布里集』に載る。
¶江表（ふみ（香川県））

ふみ(8)
江戸時代末期～明治時代の女性。和歌。会津藩藩士で歌人西郷近登之の娘。
¶江表（ふみ（福島県） [没]明治30（1897）年）

婦み ふみ★
江戸時代中期の女性。和歌。大村藩の奥女中。安永3年の「田村村隆母公六十賀祝賀歌集」に載る。
¶江表（婦み（長崎県））

芙三 ふみ★
江戸時代中期の女性。俳諧。米沢城下の人。明和2年、美濃の俳人安田以哉坊編『奥羽行』三に載る。
¶江表（芙三（山形県））

文 ふみ★
江戸時代後期～末期の女性。俳諧。中瀬村で「大斉藤」と呼ばれた豪農斉藤安兵衛富辰の娘。
¶江表（文（埼玉県） [生]寛政11（1799）年 [没]明治1（1868）年）

文入信春 ふみいりのぶはる
戦国時代の相模国津久井城主内藤康行の家臣。兵庫助。
¶後北（信春〔文入〕 のぶはる）

文雄* ふみお
生没年不詳 江戸時代中期の俳人・神職。
¶俳文

文花 ふみか★
江戸時代後期の女性。俳諧。文政12年刊、呉雪庵文路編『世事の凍解』に載る。
¶江表（文花（佐賀県））

文賀 ふみが★
江戸時代後期の女性。俳諧。山形の人。寛政3年没の小林風五の13回忌追善集「追善 手向草」に載る。
¶江表（文賀（山形県））

文垣歌志子 ふみがきかしこ★
江戸時代末期の女性。狂歌。安政2年序、天明老人尽語楼編『狂歌四季人物』に載る。
¶江表（文垣歌志子（東京都））

文花女 ふみかじょ★
江戸時代後期の女性。俳諧。谷素外門。文政6年刊、素外の娘素塵序・跋『梅翁発句集』の「俳諧梅の徳」に載る。
¶江表（文花女（東京都））

文賀女 ふみかじょ★
江戸時代後期の女性。俳諧。谷素外門。文化8年序、素外編『玉池雑藻』に載る。
¶江表（文賀女（東京都））

史邦 ふみくに
⇒中村史邦（なかむらふみくに）

文車 ふみぐるま★
江戸時代後期の女性。俳諧。相模の人。文化4年刊、倉田葛三編『くさかね集』に載る。
¶江表（文車（神奈川県））

ふみ子(1) ふみこ★
江戸時代中期～後期の女性。和歌。八丁堀住。
¶江表（ふみ子（東京都） [生]宝暦7（1757）年 [没]文化10（1813）年）

ふみ子(2) ふみこ★
江戸時代後期の女性。和歌。村上政明の妻。天保8年成立、大石千引門の天野政徳社中の歌集『真蹟歌集』に載る。
¶江表（ふみ子（東京都））

ふみ子(3) ふみこ★
江戸時代後期～昭和時代の女性。書・和歌。願証寺の長島伏妙師の娘。
¶江表（ふみ子（滋賀県） [生]天保10（1839）年 [没]昭和7（1932）年）

ふみ子(4) ふみこ★
江戸時代末期の女性。和歌。常陸水戸藩の奥女中か。文久1年成立「烈公一回御忌和歌」に載る。
¶江表（ふみ子（茨城県））

ふミ子 ふみこ★
江戸時代末期の女性。和歌。高島氏。安政4年刊、上田光美編『延齢松詩歌後集』に載る。
¶江表（ふミ子（京都府））

翰子　ふみこ
江戸時代末期の女性。和歌。旗本石谷穆清の妻。
安政7年跋、蜂屋光世編『大江戸倭歌集』に載る。
¶江表（翰子（東京都））

婦美子(1)　**ふみこ**★
江戸時代末期の女性。俳諧。吉田屋常次の妻。天保
12年刊、小野基圀編『海内偉帖人名録』に名が載る。
¶江表（婦美子（広島県））

婦美子(2)　**ふみこ**★
江戸時代末期～明治時代の女性。和歌・書・漢詩。
書家高斎単山の長女。
¶江表（婦美子（東京都））　②明治34（1901）年）

富子　ふみこ★
江戸時代後期～明治時代の女性。和歌。京都の大
納言広橋光成の娘。
¶江表（富子（島根県）　④文政8（1825）年　②明治36
（1903）年）

文子(1)　**ふみこ**★
江戸時代の女性。和歌。志村氏。明治40年刊、弥
富浜雄編『桂園遺稿』上に載る。
¶江表（文子（京都府））

文子(2)　**ふみこ**
江戸時代中期の女性。和歌。伊勢松坂の国学者殿
村宗右衛門整方の妻。
¶江表（文子（三重県）　⑤享保7（1722）年）

文子(3)　**ふみこ**★
江戸時代中期～後期の女性。和歌・和文。越前福
井藩主松平重富の室光安院の侍女。
¶江表（文子（福井県））

文子(4)　**ふみこ**★
江戸時代後期の女性。狂歌。享和4年刊、四方歌垣
編『狂歌茅花集』に載る。
¶江表（文子（東京都））

文子(5)　**ふみこ**★
江戸時代後期の女性。俳諧。小林氏。天満宮にあ
る雪窓句碑前に、文政10年建立の手水鉢があり、名
が載る。
¶江表（文子（茨城県））

文子(6)　**ふみこ**★
江戸時代後期の女性。和歌。出雲津田村の庄屋矢
富美啓の妻。
¶江表（文子（島根県））

文子(7)　**ふみこ**★
江戸時代後期の女性。和歌。備前御津郡中仙道村
の亀山嘉左衛門の娘。
¶江表（文子（岡山県）　②文政10（1827）年）

文子(8)　**ふみこ**★
江戸時代後期の女性。狂歌。万延1年刊、二世絵馬
屋撰『狂歌手習鑑』に載る。
¶江表（文子（東京都））

文子(9)　**ふみこ**★
江戸時代末期の女性。和歌。安政3年成立、色川三
中一周忌追善集「手向草」に載る。
¶江表（文子（茨城県））

文子(10)　**ふみこ**★
江戸時代末期の女性。和歌。筑前秋月の小幡氏常
の娘。元治2年序、佐々木弘綱編『類題千船集』に
載る。

¶江表（文子（福岡県））

文子(11)　**ふみこ**★
江戸時代末期～明治時代の女性。和歌。三上氏。
¶江表（文子（京都府）　②明治42（1909）年）

文子(12)　**ふみこ**★
江戸時代末期～明治時代の女性。和歌。備中倉敷
酒津の三宅氏の娘。
¶江表（文子（岡山県）　②明治4（1871）年）

簡子内親王　ふみこないしんのう
⇒簡子内親王（かんしないしんのう）

文貞　ふみさだ★
江戸時代後期～明治時代の女性。書・画・囲碁・教
育。山辺の大庄屋渡辺荘五郎右衛門の娘。
¶江表（文貞（山形県）　⑤天保6（1835）年　②明治31
（1898）年）

ふみ女(1)　**ふみじょ**★
江戸時代後期の女性。俳諧。常陸潮来の人。文化8
年、青野太筑編、葛斎恒丸追悼句集『しきなみ』に
載る。
¶江表（ふみ女（茨城県））

ふみ女(2)　**ふみじょ**★
江戸時代末期～明治時代の女性。俳諧。泉村の人。
明治3年に同村の冨永が雷神社に奉納した俳額に
載る。
¶江表（ふみ女（福島県））

二見女　ふみじょ
江戸時代後期の女性。俳諧・和歌。毛利家一門の
長門吉敷毛利家臣服部五郎右衛門通正の娘。
¶江表（二見女（山口県）　②文政1（1818）年）

布美女　ふみじょ★
江戸時代末期の女性。和歌。石田廉助の妻。文久1
年序、西田惟恒『文久元年七百首』に載る。
¶江表（布美女（山口県））

文女(1)　**ふみじょ**★
江戸時代末期の女性。狂歌。仙台の人。文久2年
刊、雪乃門春見ほか編『狂歌三都集』に載る。
¶江表（文女（宮城県））

文女(2)　**ふみじょ**★
江戸時代末期の女性。俳諧。下総結城藩藩医で蘭
学も学んだ俳人根本伯明の妻。文久2年刊、草中庵
希水編『俳諧画像集』に載る。
¶江表（文女（茨城県））

文女(3)　**ふみじょ**★
江戸時代末期の女性。俳諧。安芸戸河内の人。明
治2年初春摺物、殿川連の発句集に載る。
¶江表（文女（広島県））

文直成覚＊　**ふみのあたいじょうかく**
飛鳥時代の壬申の乱の功臣。
¶古代

書直智徳　ふみのあたいちとこ
⇒書智徳（ふみのちとこ）

文忌寸馬養　ふみのいみきうまかい
⇒文馬養（あやのうまかい）

書忌小根麻呂＊　**ふみのいみきさねまろ**
？～慶雲4（707）年　飛鳥時代の壬申の乱の功臣。
¶古代

文忌寸博勢*　ふみのいみきはかせ
飛鳥時代の下級官人。
¶古代

文馬養　ふみのうまかい
⇒文馬養(あやのうまかい)

文伯麻呂　ふみのおじまろ
生没年不詳　[別]文伯麻呂(ふみのはくまろ)　奈良時代の官人。
¶古人,古人(ふみのはくまろ)

書首加竜*　ふみのおびとかりょう
上代の河内国の人。
¶古代

文上麻呂　ふみのかみまろ
奈良時代の官人。
¶古人(生没年不詳)

書薬*　ふみのくすり
生没年不詳　飛鳥時代の武人。
¶古人

書智徳*(書知徳)　ふみのちとこ
?～持統6(692)年　[別]書直智徳(ふみのあたいちとこ)　飛鳥時代の官人。舎人として大海人皇子に従う。
¶古人(生没年不詳),古代(書直智徳　ふみのあたいちとこ),コン(書知徳)

文禰麻呂*(文根麻呂)　ふみのねまろ
?～慶雲4(707)年　[別]史根麻呂(ふひとのねまろ)　飛鳥時代の官人、壬申の乱で活躍。
¶古人(書根摩呂),古物,コン

文信重　ふみののぶしげ
平安時代中期の官人。
¶古人(生没年不詳)

文広田　ふみのひろた
奈良時代の和琴師。
¶古人(生没年不詳)

書麻呂　ふみのまろ
飛鳥時代の官人。白雉5年遣唐判官。倭漢文麻呂と同一人物とみられる。
¶古人(生没年不詳)

文道光　ふみのみちみつ
平安時代中期の陰陽博士。
¶古人(生没年不詳)

文守永　ふみのもりなが
平安時代中期の官人。
¶古人(生没年不詳)

文姫*　ふみひめ
文化6(1809)年7月10日～天保8(1837)年3月14日　[別]霊鏡院(れいきょういん)　江戸時代後期の女性。11代将軍徳川家斉の二六子、一七女。
¶江表(文姫(香川県)),徳将(霊鏡院　れいきょういん)

文部黒麻呂*　ふみべのくろまろ
奈良時代の官人。
¶古人(生没年不詳),古代

文哉　ふみや★
江戸時代後期の女性。俳諧。境野の人。文政12年刊、六斎一輔編『玉藻のはな』に載る。
¶江表(文哉(群馬県))

普明院宮照山元瑤法内親王　ふみょういんのみやしょうざんげんようほうないしんのう
⇒光子内親王(みつこないしんのう)

普明国師　ふみょうこくし
⇒春屋妙葩(しゅんおくみょうは)

普明尼　ふめいに★
江戸時代後期の女性。和歌・書簡。林平内左衛門の母。文化4年「夢宅七十歳賀歌兼題」を詠む。
¶江表(普明尼(長野県))

楳花亭　ふもとかてい
江戸時代後期の女性。俳諧。越前府中城代本多副昌の室。天保9年刊、移水園五圭編『不易集』に載る。
¶江表(楳花亭(福井県))

布門*　ふもん
元禄4(1691)年～宝暦6(1756)年2月3日　江戸時代中期の俳人・医者。
¶俳文

普門　ふもん
⇒無関普門(むかんふもん)

ふゆ(1)
江戸時代中期の女性。俳諧。宝永5年序、潮田万李編『田植諷』に長崎の人として載る。
¶江表(ふゆ(長崎県))

ふゆ(2)
江戸時代末期の女性。談話。大野若三郎の母。14代将軍徳川家茂の室和宮付の呉服の間の歌山に仕えた又者。
¶江表(ふゆ(東京都))

富有　ふゆう
⇒江田弥市(えだやいち)

文遊　ふゆう
江戸時代後期の女性。俳諧。廻船問屋森岡又四郎の妻。
¶江表(文遊(石川県)　[没]享和3(1803)年)

冬子(1)　ふゆこ★
江戸時代後期～明治時代の女性。和歌。筑後櫛原の久留米藩士片山正喬の妻。
¶江表(冬子(福岡県)　[生]文政8(1825)年　[没]明治40(1907)年)

冬子(2)　ふゆこ★
江戸時代末期の女性。和歌。宇和島の梶谷四助の三男森丈右衛門の娘。
¶江表(冬子(愛媛県)　[没]文久1(1861)年)

冬女　ふゆじょ★
江戸時代後期の女性。和歌。尾張名古屋の泉屋の人。弘化4年刊、清堂観尊編『たち花の香』に載る。
¶江表(冬女(愛知県))

冬康　ふゆやす
⇒安宅冬康(あたぎふゆやす)

冬良　ふゆよし
⇒一条冬良(いちじょうふゆら)

芙蓉(1)　ふよう★
江戸時代中期の女性。俳諧。白石の人。明和8年刊、佐々木泉明撰『一人一首短冊篇』坤に載る。
¶江表(芙蓉(宮城県))

芙蓉(2)　ふよう★
江戸時代中期の女性。俳諧。宝暦2年序、麦竜舎雲郎編、上野富岡の俳女茂里追善集『太山樒』に載る。
¶江表(芙蓉(東京都))

芙蓉(3)　ふよう★
江戸時代中期の女性。俳諧。下仁田の人。宝暦2年序、坂本雲郎編の亡妻への追善句集『太山樒』に載る。
¶江表(芙蓉(群馬県))

芙蓉(4)　ふよう★
江戸時代中期の女性。俳諧。能登の人。天明3年刊、森岡玞卜序「名月塚」に載る。
¶江表(芙蓉(石川県))

芙蓉(5)　ふよう★
江戸時代後期の女性。俳諧。越前滝谷の人。寛政9年刊、加藤甫文編『葉月のつゆ』に載る。
¶江表(芙蓉(福井県))

芙蓉(6)　ふよう
江戸時代後期の女性。和歌。大坂の人。文政13年成立、奥村志宇編『千歳集』に載る。
¶江表(芙蓉(大阪府))

芙蓉(7)　ふよう
⇒高芙蓉(こうふよう)

武陽隠士*(武陽陰士)　ぶよういんし
生没年不詳　江戸時代後期の武士、浪人。随筆「世事見聞録」の著者。
¶コン

豊楽門院*　ぶらくもんいん
寛正5(1464)年～天文4(1535)年　[別]勧修寺藤子(かじゅうじとうこ), 藤原藤子(ふじわらのとうし)　戦国時代の女性。後柏原天皇の宮人。
¶天皇(勧修寺(藤原)藤子　かじゅうじとうこ　[生]寛正5(1464)年8月26日　[没]天文4(1535)年1月11日)

フランシスコ
⇒大友宗麟(おおともそうりん)

フランシスコ・デ・ベラスコ
⇒田中勝介(たなかしょうすけ)

ふり(1)
江戸時代中期の女性。和歌。歌人坂上伝右衛門宜辰の娘。宝永6年奉納、平間長雅編「住吉社奉納千首和歌」に載る。
¶江表(ふり(大阪府))

ふり(2)
江戸時代後期の女性。俳諧。播磨姫路の人。天保3年刊、守村鶯卿編『女百人一句』に載る。
¶江表(ふり(兵庫県))

振(1)　ふり★
江戸時代中期の女性。俳諧。加賀の人。元禄5年刊、柳陰庵句空編『柞原集』に載る。
¶江表(振(石川県))

振(2)　ふり
⇒お振の方(おふりのかた)

フリ女　ふりじょ★
江戸時代中期の女性。俳諧。大町の曽根原忠幸の妻。元禄16年若一王子神社奉納句額に載る。
¶江表(フリ女(長野県))

振姫*(1)　ふりひめ
天正8(1580)年～元和3(1617)年　[別]松清院, 正清院(しょうせいいん), 徳川振姫(とくがわふりひめ)　安土桃山時代～江戸時代前期の女性。徳川家康の三女。
¶江表(振姫(福島県)), コン, 徳将(松清院　しょうせいいん)

振姫*(2)　ふりひめ
慶長12(1607)年～万治2(1659)年　[別]孝勝院(こうしょういん), 伊達忠宗室(だてただむねしつ), 利久姫(りくひめ)　江戸時代前期の女性。陸奥仙台藩主伊達忠宗の正室。
¶江表(孝勝院(宮城県))

振媛*　ふりひめ
[別]振姫, 振媛(ふるひめ)　上代の女性。継体天皇の母。
¶古代, 天皇(振姫　ふるひめ　生没年不詳)

浮流*　ふりゅう
?～天明2(1782)年5月28日　江戸時代中期の俳人。
¶俳文

武陵　ぶりょう
⇒西尾武陵(にしおぶりょう)

古井　ふるい★
江戸時代後期の女性。俳諧。越前米が脇の人。寛政1年刊、平話房旭周撰『星の宵塚』に載る。
¶江表(古井(福井県))

古市金峨*　ふるいちきんが
*～明治13(1880)年　江戸時代末期～明治時代の画家。
¶美画([生]文化2(1802)年　[没]明治13(1880)年2月14日)

古市澄胤　ふるいちすみたね
⇒古市澄胤(ふるいちちょういん)

古市胤子*　ふるいちたねこ
天正11(1583)年～明暦4(1658)年　[別]清原胤子(きよはらたねこ)　安土桃山時代～江戸時代前期の女性。後陽成天皇の宮人。
¶江表(胤子(京都府)　たねこ), 天皇(清原胤子　きよはらたねこ　[没]明暦4(1658)年6月27日)

古市澄胤*　ふるいちちょういん
享徳1(1452)年～永正5(1508)年　[別]澄胤(ちょういん), 古市澄胤(ふるいちすみたね), 倫勧房(りんかんぼう)　戦国時代の大和国国人、興福寺衆徒。胤仙の子。
¶コン, 俳文(澄胤　ちょういん　[没]永正5(1508)年7月25日), 室町

古市正利*　ふるいちまさとし
享和2(1802)年～?　江戸時代後期の和算家。
¶数学

古市正信　ふるいちまさのぶ
江戸時代中期の和算家。
¶数学

布留今道*　ふるいまみち
生没年不詳　[別]布留今道(ふるのいまみち)　平安時代前期の官人、歌人。
¶古人(ふるのいまみち)

古江加兵衛*　ふるえかへえ
生没年不詳　安土桃山時代の織田信長の家臣。
¶織田

古屋資吉*　ふるおやすけよし
生没年不詳　戦国時代の北条氏の家臣。
¶後北(資吉〔古尾谷〕　すけよし)

古川氏一　ふるかわうじいち
⇒古川謙(ふるかわけん)

古川氏一　ふるかわうじかず
⇒古川謙(ふるかわけん)

古川氏清*　ふるかわうじきよ
宝暦8(1758)年〜文政3(1820)年　江戸時代中期〜後期の幕臣、和算家。誠賛化流。
¶科学([没]文政3(1820)年6月13日), 数学([生]宝暦3(1753)年　[没]文政3(1820)年6月11日), 徳人([生]1752年)

古川氏成　ふるかわうじしげ
江戸時代前期〜中期の代官。
¶徳代([生]万治3(1660)年　[没]正徳5(1715)年1月21日)

古川氏朝　ふるかわうじとも
江戸時代後期〜明治時代の和算家、幕臣。氏一の子。
¶数学([生]文化3(1806)年　[没]明治10(1877)年6月7日)

古川氏昌　ふるかわうじまさ
江戸時代後期〜明治時代の和算家、幕臣。氏朝の子。
¶数学([生]天保5(1834)年8月6日　[没]明治29(1896)年3月22日)

古川勝子*　ふるかわかつこ
宝永1(1704)年〜享保18(1733)年　江戸時代中期の女性。地理学者古川古松軒の母。和歌をよくした。
¶江表(勝子(岡山県))

古川兼定*　ふるかわかねさだ
天保8(1837)年〜明治36(1903)年　[別]和泉守兼定(いずみのかみかねさだ)　江戸時代末期〜明治時代の刀匠。会津戦争の際には若松城に籠城し弾薬製造や進撃に参加。
¶幕末([没]明治36(1903)年3月28日)

古川謙*　ふるかわけん
天明3(1783)年〜天保8(1837)年　[別]古川氏一(ふるかわうじいち, ふるかわうじかず)　江戸時代後期の算家。
¶数学(古川氏一　ふるかわうじいち　[没]天保8(1837)年6月21日)

古川古松軒*　ふるかわこしょうけん
享保11(1726)年〜文化4(1807)年　[別]古川子曜(ふるかわしよう)　江戸時代中期〜後期の地理学者。「東遊雑記」を著す。
¶江人, コン, 思想, 地理

古川小二郎*　ふるかわこじろう
嘉永1(1848)年〜慶応4(1868)年1月5日　江戸時代後期〜末期の新撰組隊士。
¶新隊([没]明治1(1868)年1月5日)

古川重政　ふるかわしげまさ
江戸時代前期の砲術家、肥前平戸藩士。
¶科学(生没年不詳)

古川主馬之介*(古川主馬之助)　ふるかわしゅめのすけ
天保10(1839)年〜文久1(1861)年　江戸時代末期の田楽師。
¶幕末(古川主馬之助　[没]文久1(1861)年5月28日)

古川春英*　ふるかわしゅんえい
文政11(1828)年〜明治3(1870)年　江戸時代末期〜明治時代の医師。
¶幕末([没]明治3(1870)年11月7日)

古川順蔵*　ふるかわじゅんぞう
天保11(1840)年〜慶応2(1866)年　江戸時代末期の奇兵隊士。
¶幕末([没]慶応2(1866)年8月1日)

古川子曜　ふるかわしよう
⇒古川古松軒(ふるかわこしょうけん)

古川庄八*　ふるかわしょうはち
*〜明治45(1912)年2月18日　江戸時代末期〜明治時代の造船技術者。
¶科学([生]天保7(1836)年7月7日), 全幕([生]天保6(1835)年　[没]大正1(1912)年), 幕末([生]天保6(1835)年)

古川節蔵　ふるかわせつぞう
⇒古川正雄(ふるかわまさお)

古河善兵衛*(古川善兵衛)　ふるかわぜんべえ
天正4(1576)年〜寛永14(1637)年　安土桃山時代〜江戸時代前期の出羽米沢藩士、福島奉行兼郡代。
¶コン([生]天正5(1577)年)

古川太無*　ふるかわたいむ
?〜安永3(1774)年　[別]秋瓜〔1代〕(しゅうか), 太無(たいむ)　江戸時代中期の俳人。
¶俳文(秋瓜〔1世〕　しゅうか　[没]安永3(1774)年10月22日)

古川宣誉　ふるかわのぶよし
江戸時代後期〜大正時代の陸軍軍人。
¶幕末([生]嘉永2(1849)年3月10日　[没]大正10(1921)年10月19日)

古川正雄*　ふるかわまさお
天保8(1837)年3月4日〜明治10(1877)年4月2日　[別]古川節蔵(ふるかわせつぞう)　江戸時代末期〜明治時代の幕臣、教育者。維新後、築地海軍兵学校教官等を務める。著書に「洋行漫筆」。
¶全幕(古川節蔵　ふるかわせつぞう　生没年不詳), 幕末

古川松根*　ふるかわまつね
文化10(1813)年〜明治4(1871)年　江戸時代後期〜明治時代の武士、歌人。
¶幕末([没]明治4(1871)年1月21日)

古河黙阿弥〔2代〕　ふるかわもくあみ
⇒河竹黙阿弥(かわたけもくあみ)

古木清左衛門*　ふるきせいざえもん
天保5(1834)年〜明治37(1904)年　江戸時代末期〜明治時代の名主。検知を実施し、座間村境を幅員百間にわたり野火止めとして開発。
¶幕末([没]明治37(1904)年2月)

古郡重年　ふるこおりしげとし, ふるごおりしげとし
寛永3(1626)年〜貞享3(1686)年　江戸時代前期の幕臣。
¶徳人, 徳代(ふるごおりしげとし　[没]貞享3(1686)年11月22日)

古郡重政　ふるこおりしげまさ, ふるごおりしげまさ
⇒古郡孫太夫(ふるごおりまごだゆう)

古郡年明　ふるごおりとしあきら
江戸時代前期〜中期の代官。
¶徳代([生]慶安4(1651)年　[没]享保15(1730)年12月14

日）

古郡彦左衛門　ふるごおりひこざえもん

⇒池田昌意（いけだまさおき）

古郡孫太夫*（古郡孫大夫）　ふるごおりまごだゆう，ふるこおりまごだゆう

慶長4（1599）年～寛文4（1664）年　[別]古郡重政（ふるこおりしげまさ，ふるごおりしげまさ）　江戸時代前期の幕府代官。駿河代官の一人。

¶コン，徳人（古郡重政　ふるこおりしげまさ），徳代（古郡重政　ふるごおりしげまさ　[没]寛文4（1664）年5月22日）

古坂包高　ふるさかかねたか

江戸時代中期の幕臣。

¶徳人（[生]1711年　[没]1785年）

古坂孟雅　ふるさかたかまさ

江戸時代中期の幕臣。

¶徳人（[生]1746年　[没]？）

古坂供憲　ふるさかとものり

江戸時代前期～中期の幕臣。

¶徳人（[生]1671年　[没]1743年）

古坂逵経　ふるさかみちつね

江戸時代中期の幕臣。

¶徳人（[生]1706年　[没]1768年）

古沢迂郎　ふるさわうろう

江戸時代後期～明治時代の土佐藩下士。

¶全幕（[生]弘化4（1847）年　[没]明治44（1911）年）

古沢温斎*　ふるさわおんさい

文化10（1813）年～明治10（1877）年　江戸時代末期～明治時代の儒学者、勘定奉行。山奉行、代官頭取などを歴任。幕政末期の文学の振興に尽力。

¶幕末（[没]明治10（1877）年12月30日）

古沢誠道*　ふるさわしげみち

天明3（1783）年～安政5（1858）年　江戸時代後期の剣術家。

¶幕末（[没]安政5（1858）年9月22日）

古沢四郎兵衛満興　ふるさわしろ（う）びょうえみつおき

江戸時代前期の後藤又兵衛の家老。

¶大坂（[没]慶長20年5月7日）

古沢南洋*　ふるさわなんよう

文化6（1809）年～明治9（1876）年　[別]古沢義正（ふるさわよしまさ）　江戸時代末期～明治時代の刀工。土佐勤王党に参加。

¶幕末（古沢義正　ふるさわよしまさ　[没]明治9（1876）年7月7日）

古沢兵左衛門　ふるさわひょうざえもん

江戸時代前期の藤堂高虎・本多忠利の家臣。

¶大坂（[没]万治2年3月16日）

古沢義正　ふるさわよしまさ

⇒古沢南洋（ふるさわなんよう）

古沢鸞動*　ふるさわらんどう

寛文5（1665）年～貞享3（1686）年　[別]鸞動（らんどう）　江戸時代前期の俳人（伊丹派）。

¶俳文（鸞動　らんどう　[没]貞享3（1686）年7月30日）

古荘嘉門　ふるしょうかもん

江戸時代後期～大正時代の政治家。

¶詩作（[生]天保11（1840）年　[没]大正4（1915）年）

古庄虎二　ふるしょうとらじ

⇒古庄虎二（こしょうとらじ）

不留禅尼　ふるぜんに

江戸時代中期の女性。和歌。大坂の人。享保8年刊、宮川松堅著『倭歌五十人一首』に載る。

¶江表（不留禅尼（大阪府））

古田明恒　ふるたあきつね

江戸時代中期の幕臣。

¶徳人（[生]1753年　[没]？）

古田織部*　ふるたおりべ

天文13（1544）年～元和1（1615）年　[別]金甫宗屋（きんぽそうおく），重然（しげなり），古田重然（ふるたしげてる，ふるたしげなり）　安土桃山時代～江戸時代前期の武将、茶人。豊臣秀吉に仕える。

¶江人，織田（古田重然　ふるたしげなり　[没]元和1（1615）年6月11日），コン，思想（[生]天文12（1543）年？），全戦，中世，俳文（重然　しげなり　[没]慶長20（1615）年6月11日），山小（[生]1544年？　[没]1615年6月11日）

古高俊太郎　ふるたかしゅんたろう

⇒古高俊太郎（こたかしゅんたろう）

古田九郎八重行　ふるたくろ（う）はちしげゆき

安土桃山時代～江戸時代前期の豊臣秀頼の小姓。古田織部の嫡男。

¶大坂（[生]天正17年　[没]慶長20年6月24日）

古田重忠*　ふるたしげただ

永禄11（1568）年～元和1（1615）年　[別]古田半左衛門重忠（ふるたはんざえもんしげただ）　安土桃山時代～江戸時代前期の武士。豊臣氏家臣。

¶大坂（古田半左衛門重忠　ふるたはんざえもんしげただ　[没]慶長20年5月7日）

古田重然　ふるたしげてる

⇒古田織部（ふるたおりべ）

古田重然　ふるたしげなり

⇒古田織部（ふるたおりべ）

古田次郎右衛門　ふるたじろ（う）えもん

江戸時代前期の武士。大坂の陣で籠城。

¶大坂

古田助右衛門　ふるたすけえもん

江戸時代前期の豊臣秀頼の家臣。古田重勝の親類。

¶大坂（[没]慶長20年5月7日）

古田伝之助*　ふるたでんのすけ

文政11（1828）年～明治1（1868）年　江戸時代末期の農民。

¶幕末（[没]慶応4（1868）年8月23日）

古田半左衛門重忠　ふるたはんざえもんしげただ

⇒古田重忠（ふるたしげただ）

布留今道　ふるのいまみち

⇒布留今道（ふるいまみち）

布瑠宿禰道永　ふるのすくねみちなが

⇒布瑠道永（ふるのみちなが）

布留高庭*　ふるのたかにわ

生没年不詳　平安時代前期の文人官僚。

¶古人

布瑠道永*　ふるのみちなが

生没年不詳　[別]布瑠宿禰道永（ふるのすくねみちな

が）　平安時代前期の官吏。
¶古人, 古代（布瑠宿禰道永　ふるのすくねみちなが）

古橋新介　ふるはししんすけ
江戸時代前期の武士。大坂の陣で籠城。
¶大坂

古橋忠良　ふるはしただよし
＊～天保7（1836）年　江戸時代中期～後期の幕臣、代官。
¶徳人（[生]？）, 徳代（[生]天明2（1782）年）

古橋暉児＊（古橋暉皃）　ふるはしてるのり
文化10（1813）年～明治25（1892）年12月24日　江戸時代末期～明治時代の篤農家。村の復興、共有林の共同植林を指導。維新後は、殖産振興に尽力。
¶江人（古橋暉皃）, コン, 思想, 幕末（[生]文化10（1813）年3月23日）

ふ

古橋久敬　ふるはしひさたか
寛延3（1750）年～＊　江戸時代中期～後期の幕臣。
¶徳人（[没]1813年？）, 徳代（[没]文化10（1813）年閏7月9日）

古幡幸俊　ふるはたゆきとし
戦国時代の信濃国筑摩郡の会田岩下下野守の被官・岩下衆の一員。
¶武田（生没年不詳）

古林見宜＊　ふるばやしけんぎ, ふるはやしけんぎ
天正7（1579）年～明暦3（1657）年　安土桃山時代～江戸時代前期の儒医。新渡来の医学を修める。
¶コン

古人大兄皇子　ふるひとおおえのみこ
⇒古人大兄皇子（ふるひとのおおえのおうじ）

古人皇子　ふるひとのおうじ
⇒古人大兄皇子（ふるひとのおおえのおうじ）

古人大兄皇子　ふるひとのおおえおうじ
⇒古人大兄皇子（ふるひとのおおえのおうじ）

古人大兄皇子＊　ふるひとのおおえのおうじ
？～大化1（645）年　[別]古人大兄皇子（ふるひとおおえのみこ, ふるひとのおおえおうじ, ふるひとのおおえのみこ, ふるひとのおひねのおうじ）, 古人皇子（ふるひとのおうじ, ふるひとのみこ）　飛鳥時代の舒明天皇と法提郎媛の子。
¶古人（古人皇子　ふるひとのおうじ）, 古代（古人皇子　ふるひとのみこ）, 古物（ふるひとおおえのみこ）, コン（ふるひとのおおえのみこ）, 天皇（ふるひとのおおえのみこ　[没]大化1（645）年9月12日）, 山小（ふるひとのおおえのみこ　[没]645年9月？）

古人大兄皇子　ふるひとのおおえのみこ
⇒古人大兄皇子（ふるひとのおおえのおうじ）

古人大兄皇子　ふるひとのおひねのおうじ
⇒古人大兄皇子（ふるひとのおおえのおうじ）

古人皇子　ふるひとのみこ
⇒古人大兄皇子（ふるひとのおおえのおうじ）

振姫（振媛）　ふるひめ
⇒振媛（ふりひめ）

古厩盛隆　ふるまやもりたか
安土桃山時代の信濃国安曇郡古厩の国衆。
¶武田（[生]？　[没]天正11（1583）年2月16日）

古面翁　ふるめんのおきな
⇒古面翁（こめんおう）

古谷伊三郎＊　ふるやいさぶろう
文化11（1814）年～明治9（1876）年　江戸時代末期～明治時代の心学者。30余年にわたって周長諸郡を巡回して心学道話によって庶民を教育した。
¶幕末（[没]明治9（1876）年3月23日）

古屋宮内少輔　ふるやくないしょうすけ
戦国時代～安土桃山時代の甲斐一宮村の一宮浅間明神社の神主。
¶武田（生没年不詳）

古屋佐久左衛門＊（古屋作左衛門）　ふるやさくざえもん
天保4（1833）年～明治2（1869）年　江戸時代末期の幕臣。
¶全幕, 徳人, 幕末（[生]文政12（1829）年　[没]明治2（1869）年6月16日）

古屋重盛　ふるやしげもり
戦国時代の甲斐国一宮浅間神社の神主。
¶武田（生没年不詳）

古谷新作＊　ふるやしんさく
天保14（1843）年～大正10（1921）年　江戸時代末期～大正時代の萩藩士、政治家、県議会議員、衆議院議員。大村益次郎に兵学を師事。維新後は山口兵学寮で教えた後、政界に転ずる。
¶幕末（[没]大正10（1921）年5月1日）

古屋清左衛門尉　ふるやせいざえもんのじょう
戦国時代～安土桃山時代の金山衆。甲斐黒川金山で金の採掘に携わる。
¶武田（生没年不詳）

古屋太郎兵衛＊（古家太郎兵衛）　ふるやたろうべえ
天明6（1786）年～安政2（1855）年　[別]古家太郎兵衛（ふるやたろべえ）, 魯岳（ろがく）　江戸時代後期の文人。
¶コン

古家太郎兵衛　ふるやたろべえ
⇒古屋太郎兵衛（ふるやたろうべえ）

古屋竹原＊　ふるやちくげん
天明8（1788）年～文久1（1861）年　江戸時代後期の画家。
¶幕末（[没]文久1（1861）年6月25日）, 美画（[生]天明8（1788）年5月11日　[没]文久1（1861）年6月25日）

古谷道生＊　ふるやどうせい
文化12（1815）年～明治21（1888）年　[別]古谷道生（ふるやみちお）　江戸時代末期～明治時代の算学者。地租改正に伴う測量を実施。
¶数学（ふるやみちお　[生]文化12（1815）年4月3日　[没]明治21（1888）年8月1日）, 幕末（[没]明治21（1888）年8月1日）

古屋徳兵衛〔1代〕＊　ふるやとくべえ
嘉永2（1849）年～明治44（1911）年　江戸時代末期～明治時代の実業家、横浜貿易銀行取締。織物業界で活躍。松屋呉服店を買収、松屋と名のる。
¶幕末（代数なし　[没]明治44（1911）年7月30日）

古山政礼　ふるやませいれい
？～天保8（1837）年　江戸時代後期の幕臣。
¶徳人, 徳代

古山善　ふるやまぜん
生没年不詳　江戸時代後期の幕臣、新潟奉行。
¶徳人, 徳代

古山伴水*　ふるやまばんすい, ふるやまはんすい
江戸時代中期の浮世絵師。
¶浮絵(ふるやまはんすい)

古山師重*　ふるやまもろしげ
生没年不詳　江戸時代中期の浮世絵師。菱川師宣の門人。
¶浮絵, コン, 美画

古山師胤*　ふるやまもろたね
江戸時代中期の浮世絵師。
¶浮絵

古山師継*　ふるやまもろつぐ
江戸時代中期の浮世絵師。
¶浮絵

古山師政*　ふるやまもろまさ
生没年不詳　江戸時代中期の浮世絵師。江戸絵を基調とする。
¶浮絵, コン, 美画

古谷道生　ふるやみちお
⇒古谷道生(ふるやどうせい)

武烈天皇*　ぶれつてんのう
[別]小泊瀬稚鷦鷯尊(おはつせのわかさざきのみこと)　上代の第25代の天皇。仁賢天皇と春日大娘の子。
¶古人(生没年不詳), 古代, 古物([生]仁賢天皇2(489)年　[没]武烈天皇8(506)年12月8日), コン, 天皇([生]?　[没]武烈天皇8(506)年12月8日), 山小

不破大炊助*　ふわおおいのすけ
生没年不詳　安土桃山時代の織田信長の家臣。
¶織田

不破数右衛門*　ふわかずえもん
寛文10(1670)年～元禄16(1703)年　江戸時代前期の播磨赤穂藩士。赤穂義士の一人。
¶コン

不破左近重冨　ふわさこんしげとみ
江戸時代前期の宇喜多秀高・山内忠義の家臣。
¶大坂([没]寛永1年8月2日)

不破左門*　ふわさもん
文政5(1822)年～明治1(1868)年　[別]不破正寛(ふわまさひろ), 不破美作(ふわみまさか)　江戸時代末期の筑後久留米藩士。参政として藩政を指導。
¶幕末([生]?　[没]慶応4(1868)年1月26日)

不破富太郎*　ふわとみたろう
文政6(1823)年～元治1(1864)年　江戸時代末期の加賀藩士。
¶幕末([生]文政6(1823)年3月14日　[没]元治1(1864)年10月18日)

不破内親王*　ふわないしんのう
生没年不詳　[別]不破内親王(ふわのないしんのう, ふわのひめみこ)　奈良時代の女性。聖武天皇の第2皇女。
¶古人, 古代(ふわのないしんのう), コン, 女史, 天皇(ふわのひめみこ)

不破直温　ふわなおはる
⇒不破梅仙(ふわばいせん)

不破直光*　ふわなおみつ
生没年不詳　安土桃山時代の織田信長の家臣。
¶織田([生]?　[没]慶長3(1598)年8月15日)

不破内親王　ふわのないしんのう
⇒不破内親王(ふわないしんのう)

不破内親王　ふわのひめみこ
⇒不破内親王(ふわないしんのう)

不破梅仙*　ふわばいせん
安永5(1776)年～天保4(1833)年8月8日　[別]不破直温(ふわなおはる)　江戸時代後期の陸奥白河藩士。
¶数学(不破直温　ふわなおはる)

不破伴左衛門*　ふわばんざえもん
歌舞伎「鞘当」の主人公。
¶コン

不破平左衛門　ふわへいざえもん
江戸時代前期の豊臣秀頼の家臣。
¶大坂

不破正寛　ふわまさひろ
⇒不破左門(ふわさもん)

不破光治*　ふわみつはる
安土桃山時代の武士。
¶織田([生]?　[没]天正8(1580)年12月14日?), 全戦([生]?　[没]天正11(1583)年), 戦武(生没年不詳)

不破美作　ふわみまさか
⇒不破左門(ふわさもん)

ふん
江戸時代後期の女性。俳諧。金沢の桜井梅室門。文化6年刊、梅室編『己巳四時行』に載る。
¶江表(ふん(長野県))

ぶん
江戸時代後期の女性。俳諧。長門長府の人。文政8年、田上菊舎73歳の秋の俳諧記録「亀山詣」に載る。
¶江表(ぶん(山口県))

文衣　ぶんい
江戸時代後期の女性。俳諧・書簡。安芸廿日市の宮城又四郎の母。陸奥須賀川の俳人市原多代女が編集した文化14年跋『浅香市集』に載る。
¶江表(文衣(広島県))

文英*　ぶんえい
応永32(1425)年～永正6(1509)年　[別]一華(いっか), 一華文英(いっかぶんえい, いっけぶんえい)　室町時代～戦国時代の曹洞宗の僧。
¶武田(一華文英　いっかぶんえい　[生]?)

文英尼　ぶんえいに⋆
江戸時代前期の女性。寺院開基。公卿園基任の娘。延宝6年円通寺を開山した。
¶江表(文英尼(京都府))

文衛門　ぶんえもん
安土桃山時代の信濃国筑摩郡会田の土豪。会田岩下氏の被官とみられる。
¶武田(生没年不詳)

文円　ぶんえん
平安時代中期の阿闍梨。普門寺に住す。
¶古人([生]986年　[没]?)

文雅　ぶんが⋆
江戸時代後期の女性。画。八十島龍山の娘、嘉根。天保3年刊、畑銀鶏編『書画薈粋』初に載る。
¶江表(文雅(東京都))

文海*　ぶんかい
？～明治12(1879)年4月25日　江戸時代後期～明治時代の俳人。
¶俳文

文下の妻　ぶんかのつま★
江戸時代中期の女性。俳諧。二本松の人。元禄8年序、百花堂文車編『花蔣』に載る。
¶江表(文下の妻(福島県))

文観　ぶんかん
⇒文観(もんかん)

文貫　ぶんかん★
江戸時代後期の女性。俳諧。筑前博多の人。文政2年序、曙の梅調編『牛あらひ集』に載る。
¶江表(文貫(福岡県))

文器　ぶんき
⇒小島文器(こじまぶんき)

文輝　ぶんき★
江戸時代末期～明治時代の女性。教育・画。高瀬氏。
¶江表(文輝(東京都)　[没]明治24(1891)年)

文亀　ぶんき★
江戸時代後期～明治時代の女性。書。秩父の生まれ。
¶江表(文亀(埼玉県)　[生]文化12(1815)年　[没]明治31(1898)年)

文菊　ぶんきく★
江戸時代後期の女性。画。望月氏。天保8年刊『百名家書画帖』二に載る。
¶江表(文菊(東京都))

文吉*　ぶんきち
？～文久2(1862)年　江戸時代末期の京都の目明。志士の探索・捕縛に当たる。
¶幕末([没]文久2(1862)年閏8月28日)

蚊牛　ぶんぎゅう
⇒三井園蚊牛(さんせいえんぶんぎゅう)

文莒　ぶんきょ★
江戸時代後期の女性。画。浅草田原町三社大権現神務田村八太夫の娘。天保4年刊、『江の島まうではまのさゞ波』に図を描いている。
¶江表(文莒(東京都))

文魚*(1)　ぶんぎょ
生没年不詳　[別]十寸見文思(ますみぶんし)　江戸時代中期～後期の通人。十八大通の一人。
¶コン,俳文

文魚(2)　ぶんぎょ★
江戸時代後期の女性。川柳。文化5年刊『誹風柳多留』四六篇の川柳凨吉例角力会などに載る。
¶江表(文魚(東京都))

文京　ぶんきょう
⇒花笠文京〔1代〕(はながさぶんきょう)

文橋(1)　ぶんきょう★
江戸時代中期の女性。随筆。常陸水戸藩五代藩主徳川宗翰付の奥女中。寛延3年に「神日記」を著した。
¶江表(文橋(茨城県))

文橋(2)　ぶんきょう★
江戸時代中期の女性。俳諧。田中の人。安永10年刊、壺中軒調唯編、壺嘗軒調唯50回忌追善集『続やどり木』に載る。
¶江表(文橋(山梨県))

文暁*(1)　ぶんぎょう，ぶんきょう
享保20(1735)年～文化13(1816)年　江戸時代中期～後期の浄土真宗の僧、俳人。
¶コン,俳文([没]文化13(1816)年3月3日)

文暁(2)　ぶんぎょう★
江戸時代後期の女性。狂歌。寛政6年～文化1年刊、千秋庵三陀羅編『狂歌三十六歌仙』に載る。
¶江表(文暁(東京都))

文恭院殿　ぶんきょういんどの
⇒徳川家斉(とくがわいえなり)

文庫(1)　ぶんこ★
江戸時代中期～後期の女性。俳諧。対馬の人。『閨秀俳句選』附録の天明期～天保期に名がみえる。
¶江表(文庫(長崎県))

文庫(2)　ぶんこ★
江戸時代後期の女性。俳諧。三河の人。寛政5年刊、三秀亭李喬編『旅の日数』に載る。
¶江表(文庫(愛知県))

文虎　ぶんこ
⇒西原文虎(にしはらぶんこ)

文江*　ぶんこう
？～安永6(1777)年9月10日　江戸時代中期の俳人。
¶俳文

文香　ぶんこう★
江戸時代後期の女性。画。山本氏。天保7年刊『江戸現在広益諸家人名録』一に載る。
¶江表(文香(東京都))

文亨女王*　ぶんこうじょおう
延享3(1746)年～明和7(1770)年　[別]文亨(もんこう)，文亨尼(もんこうに)　江戸時代中期の女性。有栖川宮職仁親王の娘。
¶江表(文亨(奈良県)),天皇(文亨　もんこう　[生]延享3(1746)年11月25日　[没]明和7(1770)年7月4日)

文耕堂*　ぶんこうどう
生没年不詳　[別]松田文耕堂(まつだぶんこうどう)，松田和吉(まつだわきち)　江戸時代中期の浄瑠璃作者、歌舞伎作者。正徳3年～寛保1年頃に活躍。
¶歌大

文五の妻　ぶんごのつま★
江戸時代後期の女性。俳諧・和歌。天明8年刊、西村節甫編『老伴集』に載る。
¶江表(文五の妻(三重県))

文三家安　ぶんざいえやす
⇒豊三家康(ぶんぞういえやす)

文枝　ぶんし★
江戸時代中期の女性。生花。石田氏。安永3年刊、是心庵一露ほか序『甲陽生花百瓶図』にのる。
¶江表(文枝(山梨県))

文脂　ぶんし★
江戸時代中期の女性。俳諧。本庄の人。安永4年刊、栗庵似鳩編『有無の日集』に載る。
¶江表(文脂(埼玉県))

文之　ぶんし
⇒文之玄昌(ぶんしげんしょう)

分字 ぶんじ
江戸時代後期の俳諧作者。
¶俳文（伮）．㋐享和1（1801）年8月2日）

文二* ぶんじ
宝暦6（1756）年〜文政8（1825）年9月19日　江戸時代中期〜後期の俳人。
¶俳文

文之玄昌* ぶんしげんしょう
弘治1（1555）年〜元和6（1620）年　㋓玄昌（げんしょう），南浦文之（なんぽぶんし，なんぽぶんじ），南浦（なんぽ），文之（ぶんし）　安土桃山時代〜江戸時代前期の臨済宗の僧，儒僧，薩南学派の一人。
¶コン（南浦文之　なんぽぶんし）㋑弘治2（1556）年），山小（㋒1620年9月30日）

文射 ぶんしゃ
⇒嵐三右衛門〔6代〕（あらしさんえもん）

文車 ぶんしゃ
⇒瀬川如皐〔2代〕（せがわじょこう）

文十* ぶんじゅう
生没年不詳　江戸時代中期の俳人。
¶俳文

文秀女王* ぶんしゅうじょおう
天保15（1844）年1月29日〜大正15（1926）年2月15日　㋓文秀女王（ぶんしゅうにょおう）　江戸時代末期〜明治時代の皇族。伏見宮邦家親王第7女。円照寺門跡。和歌，有栖川流の書に巧みで著作は50冊。
¶江表（文秀（奈良県））

文秀女王 ぶんしゅうにょおう
⇒文秀女王（ぶんしゅうじょおう）

ふん女 ふんじょ*
江戸時代後期の女性。俳諧。江平の人か。文政5年序，小村路十・明之編，二松亭五明の三回忌追善集『もとの月夜』に載る。
¶江表（ふん女（宮崎県））

文祥 ぶんしょう*
江戸時代後期の女性。俳諧。筑前大宰府の人。文政4年の歳旦帖『北筑』に載る。
¶江表（文祥（福岡県））

文章 ぶんしょう*
江戸時代後期の女性。俳諧。石見嘉久志村の恵島屋唯七の妻。文化7年刊，安芸広島の宗匠多賀庵玄蛙編『としみくさ』に載る。
¶江表（文章（島根県））

聞証 ぶんしょう
⇒聞証（もんしょう）

文昭院殿 ぶんしょういんどの
⇒徳川家宣（とくがわいえのぶ）

文信 ぶんしん*
江戸時代の女性。和歌。円照寺の尼。明治20年刊，弾舜平編『類題秋草集』初に載る。
¶江表（文信（奈良県））

聞崇 ぶんすう
奈良時代の新薬師寺の僧。
¶古人（生没年不詳）

文清* ぶんせい
生没年不詳　室町時代の画家。大徳寺ゆかりの画家。
¶美画

文雪 ぶんせつ*
江戸時代後期の女性。画・俳諧。中川氏。天保7年刊『江戸現在広益諸家人名録』一に載る。
¶江表（文雪（東京都））

文素* ぶんそ
？〜明和5（1768）年7月　江戸時代中期の俳人。
¶俳文

文操 ぶんそう*
江戸時代中期の女性。俳諧。加賀の人。文政7年序，雪貢ほか編，千代女五〇回忌追善集『後艮月集』に載る。
¶江表（文操（石川県））

文蔵*(1) ぶんぞう
生没年不詳　室町時代の能面工。
¶美工

文蔵(2) ぶんぞう
⇒宝山文蔵〔1代〕（ほうざんぶんぞう）

豊三家康* 〔文三家安〕　ぶんぞういえやす
天治2（1124）年〜治承4（1180）年　㋓文三家安（ぶんぞいえやす）　平安時代後期の武将。
¶古人

汶村 ぶんそん
⇒松井汶村（まついぶんそん）

芬陀利華院殿 ふんだりかいんどの
⇒一条内経（いちじょううちつね）

文琰女 ぶんたんじょ*
江戸時代中期の女性。俳諧。京都の商人で俳人三井秋風の娘。享保2年に亡くなった父の3回忌の手向け集『花林燭』に跋を寄せる。
¶江表（文琰女（東京都））

文智女王* ぶんちじょおう
元和5（1619）年〜元禄10（1697）年　㋓梅宮皇女（うめのみやこうじょ），大知女王（だいちじょおう），文智尼（ぶんちに），文智女王（ぶんちにょおう）　江戸時代前期〜中期の女性。後水尾天皇の第1皇女。円照寺の開基。
¶江表（文智（奈良県）），コン（ぶんちにょおう），天皇（梅宮皇女　うめのみやこうじょ　㋒元禄10（1697）年1月18日）

文智尼 ぶんちに
⇒文智女王（ぶんちじょおう）

文智女王 ぶんちにょおう
⇒文智女王（ぶんちじょおう）

文調 ぶんちょう
⇒一筆斎文調（いっぴつさいぶんちょう）

文長 ぶんちょう*
江戸時代後期の女性。俳諧。榎本星布の俳友とされる。寛政11年序，星布編『松の花』に載る。
¶江表（文長（東京都））

文鳥 ぶんちょう*
江戸時代後期の女性。俳諧。松山の人。享和2年序，桑村郡の俳人一侑斎魁編『俳諧友十烏』に載る。
¶江表（文鳥（愛媛県））

文晁　ぶんちょう
⇒谷文晁（たにぶんちょう）

文鳥女　ぶんちょうじょ⋆
江戸時代中期の女性。俳諧。福島の人。延享2年序、町田柳舟の古稀記念集『わか柳』に載る。
¶江表（文鳥女（福島県））

文亭梅彦*　ぶんていうめひこ
文政5（1822）年〜明治29（1896）年11月8日　[別]梅園梅彦（うめぞのうめひこ），狂月舎（きょうげっしゃ），柴垣其文（しばがききぶん），竹柴瓢蔵〔1代〕（たけしばひょうぞう），竹園梅彦（たけぞのうめひこ），松園梅彦（まつぞのうめひこ），四方梅彦（よもうめひこ，よものうめひこ），四方新次（よもしんじ），四方正木（よもまさき），柳亭梅彦（りゅうていうめひこ）　江戸時代末期〜明治時代の歌舞伎作者。安政6年〜明治29年頃に活躍。
¶歌大（四方梅彦　よもうめひこ），幕末

分王明千　ぶんのうあきとし
平安時代中期の官人。
¶古人（生没年不詳）

文応女王　ぶんのうじょおう
⇒永応女王（えいおうじょおう）

文白　ぶんはく⋆
江戸時代中期の女性。俳諧。下総小見川の人。宝暦13年刊、建部綾足編『古今俳諧明題集』に載る。
¶江表（文白（千葉県））

文母（1）　ぶんぼ⋆
江戸時代中期の女性。俳諧。天明7年刊、小林一茶と親交のある雪中庵完来編『ふちころも』に載る。
¶江表（文母（茨城県））

文母（2）　ぶんぼ
⇒小林文母（こばやしぶんぼ）

文弥　ぶんや
⇒松本五郎市（まつもとごろいち）

文屋朝康　ふんやあさやす
⇒文屋朝康（ふんやのあさやす）

文屋有季*　ふんやありすえ
生没年不詳　[別]文屋有季（ふんやのありすえ）　平安時代前期の公家・歌人。
¶詩作（ふんやのありすえ）

文室浄三　ふんやきよみ
⇒文室浄三（ふんやのきよみ）

文室秋津*　ふんやのあきつ，ぶんやのあきつ
延暦6（787）年〜承和10（843）年　[別]文室朝臣秋津（ふんやのあそんあきつ）　平安時代前期の公卿（参議）。大納言文室浄三（智努王）の孫。
¶公卿（ぶんやのあきつ　[没]承和13（846）年3月27日），古人，古代（文室朝臣秋津　ふんやのあそんあきつ）

文屋朝康*（文室朝康）　ふんやのあさやす
生没年不詳　[別]文屋朝康（ふんやあさやす）　平安時代前期の歌人。
¶古人（文室朝康），詩作

文室朝臣秋津　ふんやのあそんあきつ
⇒文室秋津（ふんやのあきつ）

文室朝臣助雄*　ふんやのあそんすけお
大同2（807）年〜天安2（858）年　[別]文室助雄（ふんやのすけお）　平安時代前期の官人。
¶古人（文室助雄　ふんやのすけお），古代

文室朝臣巻雄　ふんやのあそんまきお
⇒文室巻雄（ふんやのまきお）

文室朝臣宮田麻呂　ふんやのあそんみやたまろ
⇒文室宮田麻呂（ふんやのみやたまろ）

文室朝臣綿麻呂　ふんやのあそんわたまろ
⇒文室綿麻呂（ふんやのわたまろ）

文屋有季　ふんやのありすえ
⇒文屋有季（ふんやありすえ）

文室有永　ぶんやのありなが
平安時代中期の官人。
¶古人（生没年不詳）

文室有房*　ふんやのありふさ
生没年不詳　[別]文室真人有房（ふんやのまひとありふさ）　平安時代前期の武人。
¶古人，古代（文室真人有房　ふんやのまひとありふさ）

文室大市*（文屋大市，文室太市）　ふんやのおおち
慶雲1（704）年〜宝亀11（780）年　[別]大市王（おおいちおう），文室真人大市（ふんやのまひとおおち）　奈良時代の官人（大納言）。天武天皇の孫。
¶公卿（[没]宝亀11（780）年11月28日），古人（大市王　おおいちおう　生没年不詳），古代（文室真人大市　ふんやのまひとおおち），コン

文室大原　ふんやのおおはら
⇒文室真人大原（ふんやのまひとおおはら）

文室興茂　ぶんやのおきしげ
平安時代中期の官人。
¶古人（生没年不詳）

文室忍坂麻呂　ふんやのおしさかまろ
奈良時代の官人。
¶古人（生没年不詳）

文室甘楽麻呂*　ふんやのかむらまろ
生没年不詳　平安時代前期の官人。
¶古人

文室清忠*　ふんやのきよただ
生没年不詳　平安時代中期の官人。
¶古人

文室浄三*（文屋浄三）　ふんやのきよみ
持統7（693）年〜宝亀1（770）年10月9日　[別]文室浄三（ふんやきよみ），文室智努，文室珍努（ふんやのちぬ），文室真人智努（ふんやのまひとちぬ）　奈良時代の官人（大納言）。天武天皇の孫。
¶公卿（[生]持統天皇7（693）年），古人（智努王　ちぬおう），古代（文室真人智努　ふんやのまひとちぬ），コン，コン（文室珍努　ふんやのちぬ）

文室久賀麻呂　ふんやのくがまろ
奈良時代の官人。
¶古人（生没年不詳）

文室子老　ふんやのこおゆ
奈良時代の官人。
¶古人（生没年不詳）

文室滋兼　ふんやのしげかね
平安時代中期の官人。
¶古人（生没年不詳）

文室重任　ふんやのしげとう
平安時代後期の官人。

¶古人 (生没年不詳)

文室季次 ふんやのすえつぐ
平安時代後期の官人。
¶古人 (生没年不詳)

文室助雄 ふんやのすけお
⇒文室朝臣助雄 (ふんやのあそんすけお)

文室相忠 ふんやのすけただ
平安時代後期の官人。
¶古人 (生没年不詳)

文室相親 ふんやのすけちか
平安時代中期の官人。
¶古人 (生没年不詳)

文室高嶋 ふんやのたかしま
奈良時代の官人。
¶古人 (生没年不詳)

文室武則 ふんやのたけのり
平安時代後期の官人。
¶古人 (生没年不詳)

文室為任 ふんやのためとう
平安時代後期の官人。
¶古人 (生没年不詳)

文室智努 (文室珍努) ふんやのちぬ
⇒文室浄三 (ふんやのきよみ)

文室信通 ふんやののぶみち
平安時代中期の官人。
¶古人 (生没年不詳)

文室波多麻呂 ふんやのはたまろ
奈良時代～平安時代前期の官人。
¶古人 (廼810年)

文室布登吉 ふんやのふとき
奈良時代の女嬬。神護景雲2年従五位下。
¶古人 (生没年不詳)

文室真老 ふんやのまおゆ
奈良時代の官人。
¶古人 (生没年不詳)

文室巻雄* ふんやのまきお
弘仁1 (810) 年～仁和3 (887) 年 剜文室朝臣巻雄
(ふんやのあそんまきお) 平安時代前期の武官。
¶古人, 古代 (文室朝臣巻雄 ふんやのあそんまきお)

文室真人有房 ふんやのまひとありふさ
⇒文室有房 (ふんやのありふさ)

文室真人大市 ふんやのまひとおおち
⇒文室大市 (ふんやのおおち)

文室真人大原* ふんやのまひとおおはら
？～大同1 (806) 年 剜文室大原 (ふんやのおおは
ら), 三諸大原 (みもろのおおはら) 平安時代前
期の武官。
¶古人 (三諸大原 みもろのおおはら), 古代

文室真人智努 ふんやのまひとちぬ
⇒文室浄三 (ふんやのきよみ)

文室真人与伎* ふんやのまひととよき
剜文室与伎 (ふんやのよき) 奈良時代の官人。
¶古人 (文室与伎 ふんやのよき 生没年不詳), 古代

文室水通 ふんやのみみち
奈良時代の官人。
¶古人 (生没年不詳)

文室宮田麻呂* ふんやのみやたまろ
生没年不詳 剜文室朝臣宮田麻呂 (ふんやのあそん
みやたまろ) 平安時代前期の官人。筑前守。
¶古人, 古代 (文室朝臣宮田麻呂 ふんやのあそんみやた
まろ), コン, 対外

文室八嶋 ふんやのやしま
奈良時代の官人。
¶古人 (生没年不詳)

文屋康秀* (文室康秀) ふんやのやすひで, ぶんやのや
すひで
生没年不詳 剜文屋康秀 (ふんややすひで) 平安
時代前期の歌人, 六歌仙の一人。
¶古人 (文室康秀), 古代, コン (㋑？ ㋺仁和1 (885年/
898) 年), 詩作, 日文, 山小

文室如正 ふんやのゆきまさ
⇒文室如正 (ふんやゆきまさ)

文室行元 ふんやのゆきもと
平安時代後期の官人。
¶古人 (生没年不詳)

文室与伎 ふんやのよき
⇒文室真人与伎 (ふんやのまひとよき)

文室善友* ふんやのよしとも
生没年不詳 平安時代前期の官人。
¶古人

文室綿麻呂* (文屋綿麻呂) ふんやのわたまろ
天平神護1 (765) 年～弘仁14 (823) 年 剜文室朝臣
綿麻呂 (ふんやのあそんわたまろ) 奈良時代～平
安時代前期の公卿 (中納言)。大納言文室浄三 (智
努王) の孫。蝦夷地遠征で功績を残す。
¶公卿 (㋺弘仁14 (823) 年4月24日), 古人, 古代 (文室朝
臣綿麻呂 ふんやのあそんわたまろ), コン, 山小
(㋺823年4月24日)

文屋康秀 ふんややすひで
⇒文屋康秀 (ふんやのやすひで)

文室如正* ふんやゆきまさ
生没年不詳 剜文室如正 (ふんやのゆきまさ) 平
安時代中期の漢学者・漢詩人。
¶古人 (ふんやのゆきまさ)

文雄 ぶんゆう
⇒文雄 (もんのう)

文囿 ぶんゆう*
江戸時代後期の女性。画・俳諧。椎名氏。天保8年
刊『百名家書画帖』二に載る。
¶江表 (文囿 (東京都))

文里* ぶんり
享保14 (1729) 年～？ 江戸時代中期の俳人。
¶俳文 (㋑享保15 (1730) 年)

文柳 (文流) ぶんりゅう
⇒錦文流 (にしきぶんりゅう)

文竜 (文龍) ぶんりゅう*
延享3 (1746) 年～文政2 (1819) 年7月24日 江戸時
代中期～後期の俳人・医者。
¶俳文 (文龍 ㋑延享2 (1745) 年)

文涼女　ぶんりょうじょ★
江戸時代後期の女性。俳諧。文化4年刊、宮本虎杖編、加舎白雄17回忌追善集『いぬ榧集』に載る。
¶江表（文涼女（長野県））

文紹尼　ぶんりょに★
江戸時代後期の女性。俳諧。山形藩士岡村氏の妻。享和2年、小白川天満神社に奉納した俳額に載る。
¶江表（文紹尼（山形県））

文鱗　ぶんりん
江戸時代前期の俳諧作者。鳥居氏。
¶俳文（生没年不詳）

芬路　ぶんろ
⇒瀬川菊之丞〔5代〕（せがわきくのじょう）

文路　ぶんろ
江戸時代中期～後期の俳諧作者。上原氏。
¶俳文（[生]安永8（1779）年　[没]天保14（1843）年7月8日）

文浪*　ぶんろう
江戸時代末期の浮世絵師。
¶浮絵（生没年不詳）

文六(1)　ぶんろく
安土桃山時代の甲斐国巨摩郡青柳村在郷の番匠。
¶武田（生没年不詳）

文六(2)　ぶんろく
安土桃山時代の信濃国筑摩郡会田の土豪。会田岩下氏の被官とみられる。
¶武田（生没年不詳）

【へ】

平安堂　へいあんどう
⇒近松門左衛門（ちかまつもんざえもん）

平栄*　へいえい
[別]平栄（ひょうえい）　奈良時代の東大寺の僧。
¶古人（生没年不詳），古代

平右衛門　へいえもん
安土桃山時代の信濃国筑摩郡刈谷原の土豪。会田岩下氏の被官とみられる。
¶武田（生没年不詳）

米翁　べいおう
⇒柳沢信鴻（やなぎさわのぶとき）

平恩*　へいおん
？～寛平1（889）年　[別]平恩（ひょうおん）　平安時代前期の西大寺の僧。
¶古人（ひょうおん），古代（ひょうおん）

平角*　へいかく
宝暦7（1757）年～文政8（1825）年　[別]梅翁（ばいおう）　江戸時代中期～後期の俳人・商家。
¶俳文（[没]文政8（1825）年5月12日）

平源*　へいげん
貞観3（861）年～天暦3（949）年　[別]平源（ひょうげん）　平安時代前期～中期の法相宗の僧。
¶古人（ひょうげん）

平砂（――〔2代〕）　へいさ
⇒皐月平砂（さつきへいさ）

平斎*　へいさい
生没年不詳　江戸時代後期の俳人。
¶俳文

米山人　べいさんじん
⇒岡田米山人（おかだべいさんじん）

平氏（西洞院時良女）　へいし
江戸時代前期の女性。霊元天皇の宮人。
¶天皇（[生]？　[没]延宝2（1674）年1月2日）

平子内親王*　へいしないしんのう
？～貞観19（877）年　[別]平子内親王（ひらこないしんのう）　平安時代前期の女性。仁明天皇の皇女。
¶古人（ひらこないしんのう）

平砂　へいしゃ
⇒皐月平砂（さつきへいさ）

米升　べいしょう
⇒市川小団次〔4代〕（いちかわこだんじ）

平介　へいすけ
戦国時代の信濃小県郡の国衆小泉氏の被官。地侍層か。
¶武田（生没年不詳）

平城天皇*　へいぜいてんのう
宝亀5（774）年～天長1（824）年　平安時代前期の第51代の天皇（在位806～809）。桓武天皇と皇后藤原乙牟漏の第1子。
¶古人，古代，コン，天皇，山小（[生]774年8月15日　[没]824年7月7日）

平智*　へいち
*～元慶7（883）年8月17日　[別]平智（ひょうち）　平安時代前期の法相宗の僧。
¶古人（ひょうち　[生]800年）

米仲　べいちゅう
⇒岡田米仲（おかだべいちゅう）

閉津女　へいつじょ★
江戸時代後期の女性。俳諧。長谷の人。弘化2年の角間法然堂奉額に載る。
¶江表（閉津女（長野県））

平亭銀鶏　へいていぎんけい
⇒畑銀雞（はたぎんけい）

平仁*　へいにん
生没年不詳　[別]平仁（ひょうにん）　奈良時代の僧。
¶古代

平内大隅　へいのうちおおすみ
⇒平内廷臣（へいのうちまさおみ）

平内廷臣*　へいのうちまさおみ
生没年不詳　[別]平内大隅（へいのうちおおすみ），平内廷臣（へいのうちみさおみ）　江戸時代後期の幕臣・工匠・和算家。
¶数学（へいのうちみさおみ），幕末（平内大隅　へいのうちおおすみ），美建（平内大隅　へいのうちおおすみ）

平内応勝*　へいのうちまさかつ
寛永9（1632）年～天和3（1683）年　[別]大隅応勝（おおすみまさかつ）　江戸時代前期の大工。幕府作事方大棟梁、平内家2代。
¶美建（[没]天和3（1683）年4月10日）

平内政信*（平内正信）　へいのうちまさのぶ
天正11（1583）年～正保2（1645）年　江戸時代前期

の大工。幕府作事方大棟梁。
¶江人, 美建 ([没]正保2(1645)年8月26日)

平内廷臣 へいのうちみさおみ
⇒平内廷臣(へいのうちまさおみ)

平内吉政* へいのうちよしまさ
生没年不詳 安土桃山時代～江戸時代前期の大工。和歌山天満神社本殿を造る。
¶美建

米夫(1)(米富) べいふ
⇒笠縫専助〔1代〕(かさぬいせんすけ)

米夫(2) べいふ
⇒増山金八〔2代〕(ますやまきんぱち)

平馬 へいま
⇒近松門左衛門(ちかまつもんざえもん)

日置王 へきおう
飛鳥時代の聖徳太子の子。
¶古人(生没年不詳)

日置五右衛門尉 へきごえもんのじょう
江戸時代前期の真田氏の家臣。
¶武田([生]? [没]寛永17(1640)年9月6日)

日置帯刀* へきたてわき
文政12(1829)年～大正7(1918)年 [別]日置帯刀(ひきたてわき) 江戸時代末期～大正時代の岡山藩士、家老。神戸事件で新政府により謹慎に処せられた。
¶幕末(ひきたてわき [没]大正7(1918)年8月9日), 美画([生]文政12(1829)年2月8日 [没]大正7(1918)年8月9日)

日置弾正 へきだんじょう
⇒日置正次(へきまさつぐ)

日置弾正正次 へきだんじょうまさつぐ
⇒日置正次(へきまさつぐ)

日置貫* へきとおる
?～明治21(1888)年 江戸時代末期～明治時代の安芸広島藩士。
¶幕末([没]明治21(1888)年8月25日)

日置真卯 へきのまう
奈良時代の官人。
¶古人(生没年不詳)

日置道形* へきのみちかた
生没年不詳 [別]日置造道形(へきのみやつこみちかた) 奈良時代の官吏。
¶古人, 古代(日置造道形 へきのみやつこみちかた)

日置蓑麻呂 へきのみのまろ
⇒日置造蓑麻呂(へきのみやつこみのまろ)

日置造道形 へきのみやつこみちかた
⇒日置道形(へきのみちかた)

日置造蓑麻呂* へきのみやつこみのまろ
慶雲1(704)年～? [別]栄井蓑麻呂(さかいのみのまろ), 日置蓑麻呂(へきのみのまろ) 奈良時代の官人。
¶古人(日置蓑麻呂 へきのみのまろ), 古代

日置若虫 へきのわかむし
奈良時代の官人。
¶古人(生没年不詳)

日置正次* へきまさつぐ
文安1(1444)年～文亀2(1502)年 [別]日置弾正(へきだんじょう), 日置弾正正次(へきだんじょうまさつぐ) 室町時代～戦国時代の弓術家。弓術中興の始祖。
¶全戦(日置弾正 へきだんじょう), 室町(生没年不詳)

平群氏女郎 へぐりうじのいらつめ
⇒平群郎女(へぐりのいらつめ)

平群朝臣 へぐりのあそみ
⇒平群広成(へぐりのひろなり)

平群朝臣清麻呂* へぐりのあそんきよまろ
奈良時代の官人。
¶古代

平群朝臣広成 へぐりのあそんひろなり
⇒平群広成(へぐりのひろなり)

平群郎女* へぐりのいらつめ
生没年不詳 [別]平群氏女郎(へぐりうじのいらつめ) 奈良時代の歌人。
¶詩作, 日文(平群氏女郎 へぐりうじのいらつめ)

平群宇志 へぐりのうし
飛鳥時代の征新羅副将軍。
¶古人(生没年不詳)

平群臣子首* へぐりのおみこびと
奈良時代の官人。
¶古代

平群臣鮪 へぐりのおみしび
⇒平群鮪(へぐりのしび)

平群臣真鳥 へぐりのおみまとり
⇒平群真鳥(へぐりのまとり)

平群成武 へぐりのしげたけ
平安時代後期の官人。
¶古人(生没年不詳)

平群鮪* へぐりのしび, へぐりのしひ
[別]平群臣鮪(へぐりのおみしび) 上代の伝承中の人物。
¶古人(生没年不詳), 古代(平群臣鮪 へぐりのおみしび), コン

平群木菟* へぐりのずく
[別]平群木菟(へぐりのつく), 平群木菟宿禰(へぐりのつくのすくね) 上代の豪族(執政)。武緒心命の孫。
¶公卿(へぐりのつく 生没年不詳), 古代(平群木菟宿禰 へぐりのつくのすくね), コン, 対外(へぐりのつく)

平群武助 へぐりのたけすけ
平安時代後期の官人。
¶古人(生没年不詳)

平群木菟 へぐりのつく
⇒平群木菟(へぐりのずく)

平群木菟宿禰 へぐりのつくのすくね
⇒平群木菟(へぐりのずく)

平群豊麻呂 へぐりのとよまろ
奈良時代の官人。
¶古人(生没年不詳)

平群永久 へぐりのながひさ
平安時代後期の官人。

¶古人（生没年不詳）

平群延武　へぐりののぶたけ
平安時代中期の官人。
¶古人（生没年不詳）

平群則元　へぐりののりもと
平安時代後期の安芸国の相撲人。嘉保2年の召合などに出場。
¶古人（生没年不詳）

平群人足　へぐりのひとたり
奈良時代の官人。
¶古人（生没年不詳）

平群広成*　へぐりのひろなり
？～天平勝宝5（753）年　[別]平群朝臣（へぐりのあそみ），平群朝臣広成（へぐりのあそんひろなり）　奈良時代の官人。遣唐使判官。
¶古人，古代（平群朝臣広成　へぐりのあそんひろなり），コン，対外（生没年不詳）

平群真鳥*　へぐりのまとり
？～仁賢11（498）年　[別]平群臣真鳥（へぐりのおみまとり）　上代の豪族（大臣）。大臣武内宿禰の孫。
¶公卿（[没]仁賢天皇11（498）年），古人（生没年不詳），古代（平群臣真鳥　へぐりのおみまとり），古物，コン

平群虫麻呂　へぐりのむしまろ
奈良時代の官人。
¶古人（生没年不詳）

平群安麻呂　へぐりのやすまろ
奈良時代の官人。
¶古人（生没年不詳）

平群頼義　へぐりのよりよし
平安時代中期～後期の官人。父は永盛、母は平季信の女。従五位下。のち出家し法名蓮名。
¶古人（[生]993年　[没]1060年）

平敷屋朝敏妻真亀　へしきやちょうびんつままがみ
江戸時代中期の女性。琉歌。朝敏は王族豊見城王子家の子孫で和文物語作者として著名。
¶江表（平敷屋朝敏妻真亀（沖縄県））

平秩東作〔1代〕*　へずつとうさく
享保11（1726）年～寛政1（1789）年　[別]立松東蒙（たてまつとうもう），東作（とうさく），平秩東作（へつつとうさく）　江戸時代中期の戯作者。
¶江人（代数なし　へつつとうさく），コン（代数なし）

戸次鑑連*　べっきあきつら，へつぎあきつら
永正13（1516）年～天正13（1585）年　[別]立花鑑連（たちばなあきつら），立花道雪（たちばなどうせつ），戸次道雪（へつぎどうせつ，べっきどうせつ）　戦国時代～安土桃山時代の武士。伯耆守。
¶コン（立花鑑連　たちばなあきつら），全戦（[生]永正10（1513）年），戦武（[生]永正10（1513）年）

別喜右近大夫　べっきうこんだいぶ
⇒簗田広正（やなだひろまさ）

戸次右近大夫（別喜右近大夫）　べつきうこんたゆう
⇒簗田広正（やなだひろまさ）

戸次庄左衛門*（別木庄左衛門，別次庄左衛門）　べつきしょうざえもん，へつぎしょうざえもん，べっきしょうざえもん
？～承応1（1652）年9月21日　江戸時代前期の武士、元越前大野藩士。
¶江人（別木庄左衛門），コン（へつぎしょうざえもん），山小（別木庄左衛門　[没]1652年9月21日）

戸次道雪　へつぎどうせつ，べっきどうせつ
⇒戸次鑑連（べっきあきつら）

別源円旨*　べつげんえんし
永仁2（1294）年～正平19/貞治3（1364）年10月10日　[別]円旨（えんし）　鎌倉時代後期～南北朝時代の曹洞宗の禅僧。
¶コン，詩作（円旨　えんし　[生]永仁2（1294）年10月24日　[没]正平19（1364）年10月10日），対外

丿松*　べっしょう
？～享保21（1736）年4月10日　江戸時代中期の俳人。
¶俳文

別所吉兵衛*　べっしょきちべえ
生没年不詳　安土桃山時代の陶工。
¶美工

別所蔵人　べっしょくろうど
江戸時代前期の豊臣秀吉の家臣。
¶大坂（[没]慶長20年5月7日/8日）

別所重宗*（別所重棟）　べっしょしげむね
？～天正19（1591）年　安土桃山時代の武将、大名。但馬八木城主。
¶織田（別所重棟　[没]天正19（1591）年6月6日），全戦（別所重棟），戦武（[生]享禄2（1529）年）

別所多門　べっしょたもん
安土桃山時代～江戸時代前期の豊臣秀頼の側小姓。
¶大坂（[生]慶長3年　[没]慶長19年11月26日）

別所常治　べっしょつねはる
江戸時代前期～中期の幕臣。
¶徳人（[生]1645年　[没]1711年）

別所友之*　べっしょともゆき
弘治2（1556）年？～天正8（1580）年1月17日　戦国時代～安土桃山時代の織田信長の家臣。
¶織田，全戦（[生]？）

別所長治*　べっしょながはる
？～天正8（1580）年1月17日　安土桃山時代の武将。播磨国守護赤松氏の一族。
¶織田（[生]弘治1（1555）年？），コン（[生]永禄1（1558）年），全戦，戦武（[生]永禄1（1558）年）

別所就治　べっしょなりはる
⇒別所村治（べっしょむらはる）

別所則治　べっしょのりはる
戦国時代の別所氏中興の祖。
¶全戦（[生]？　[没]永正10（1513）年？），室町（[生]？　[没]永正10（1513）年）

別所村治*　べっしょむらはる
文亀2（1502）年～永禄6（1563）年　[別]別所就治（べっしょなりはる）　戦国時代の武将。
¶全戦（生没年不詳），戦武（別所就治　べっしょなりはる）

別所安治　べっしょやすはる
戦国時代～安土桃山時代の武将。
¶全戦（生没年不詳），戦武（[生]天文1（1532）年　[没]元亀1（1570）年）

別所吉親*　べっしょよしちか
？～天正8（1580）年1月17日　戦国時代～安土桃山時代の織田信長の家臣。

¶織田, 全戦

丿身　べっしん
江戸時代前期の俳諧作者。池田氏。
¶俳文（生没年不詳）

平秩東作　へつつとうさく
⇒平秩東作〔1代〕（へずつとうさく）

別当大師　べっとうだいし
⇒光定（こうじょう）

別当典侍*　べっとうのてんじ
生没年不詳　[別]藤原茂通女（ふじわらのしげみちのむすめ）　鎌倉時代後期の女性。後深草天皇の宮人。
¶天皇（藤原茂通女　ふじわらのしげみちのむすめ）

別府清重　べっぷきよしげ
平安時代後期の武蔵国の武士。
¶平家（生没年不詳）

別府九郎*　べっぷくろう
天保13（1842）年～？　江戸時代末期の鹿児島県士族。
¶幕末

別府十左衛門　べっぷじゅうざえもん
安土桃山時代の武田氏の家臣、禰津月直の被官。
¶武田（[生]？　[没]天正3（1575）年5月21日）

別府晋介*　べっぷしんすけ
弘化4（1847）年～明治10（1877）年9月24日　江戸時代末期～明治時代の陸軍軍人、鹿児島藩士。近衛陸軍大尉から少佐。私学校創立に尽力。西南戦争では独立二個大隊指揮長。
¶コン, 全幕, 幕末

別府直満　べっぷなおみつ
安土桃山時代の武田氏の家臣、禰津常安の被官。
¶武田（[生]？　[没]天正3（1575）年5月21日）

別府美作守　べっぷみまさかのかみ
安土桃山時代の禰津氏の家臣。
¶武田（[生]？　[没]天正3（1575）年7月8日）

別府盛重　べっぷもりしげ
江戸時代後期の和算家。東高玉村の肝入。安永7年、8年算額を奉納。
¶数学（[没]天保3（1832）年）

別府安宣　べっぷやすのぶ
⇒別府安宣（べふやすのぶ）

ペドロ
⇒伊丹宗味（いたみそうみ）

ペドロ・カスイ・岐部　ぺどろ・かすい・きべ
⇒カスイ岐部（かすいきべ）

紅古曽女　べにこそじょ★
江戸時代後期の女性。狂歌。寛政11年、准南堂行澄序『古寿恵のゆき』に載る。
¶江表（紅古曽女（東京都））

紅花　べにばな★
江戸時代中期の女性。俳諧。宝暦4年刊、東武獅子門編『梅勧進』に載る。
¶江表（紅花（東京都））

蛇口安太郎*　へびぐちやすたろう
*～元治1（1864）年　[別]蛇口義明（へびぐちよしあき）　江戸時代末期の天狗党参加者。
¶幕末（[生]天保10（1839）年3月1日　[没]元治1（1864）年9月30日）

蛇口義明　へびぐちよしあき
⇒蛇口安太郎（へびぐちやすたろう）

別府安宣*　べふやすのぶ
寛政3（1791）年～文久3（1863）年　[別]別府安宣（べっぷやすのぶ）　江戸時代末期の土佐藩士。
¶幕末（[生]寛政11（1799）年　[没]文久3（1863）年8月24日）

逸見昌経　へみまさつね
⇒逸見昌経（へんみまさつね）

戸来官左衛門*　へらいかんざえもん
文化4（1807）年～明治4（1871）年　江戸時代末期～明治時代の盛岡藩馬術・剣術指南、家老。安政の大地震の際、藩主を救出し、翌年家老に抜擢された。
¶幕末（[没]明治4（1871）年9月27日）

ベルシオル
⇒熊谷元直（くまがいもとなお）

戸波右衛門尉*　へわうえもんのじょう
[別]戸波親清（へわちかきよ），戸波又兵衛貞之（へわまたびょうえさだゆき）　安土桃山時代～江戸時代前期の武将。長宗我部氏家臣。
¶大坂（戸波又兵衛貞之　へわまたびょうえさだゆき　[没]寛文5年9月11日），全戦（戸波親清　へわちかきよ　生没年不詳）

戸波親清　へわちかきよ
⇒戸波右衛門尉（へわうえもんのじょう）

戸波親武*　へわちかたけ
生没年不詳　戦国時代～安土桃山時代の武士。長宗我部氏家臣。
¶全戦

戸波又兵衛貞之　へわまたびょうえさだゆき
⇒戸波右衛門尉（へわうえもんのじょう）

へん（1）
江戸時代後期の女性。和歌。徳川家の奥女中。文化11年刊、中山忠雄・河田正致編『柿本社奉納和歌集』に載る。
¶江表（へん（東京都））

へん（2）
江戸時代後期の女性。俳諧。石見益田の蛸阿坊梨般の娘。文化8年刊、自然房以松編『月のまこと』に載る。
¶江表（へん（島根県））

弁（1）　べん★
江戸時代前期の女性。俳諧。摂津池田の人。貞享1年刊、井原西鶴編『古今俳諧女歌仙』に載る。
¶江表（弁（大阪府））

弁（2）　べん★
江戸時代中期～後期の女性。俳諧。川田谷村の名主で俳人高柳菜英の妻。
¶江表（弁（埼玉県）　[生]安永8（1779）年　[没]弘化3（1846）年）

弁阿　べんあ
⇒弁長（べんちょう）

弁円*（1）　べんえん
元暦1（1184）年～建長3（1251）年　鎌倉時代前期の浄土真宗の僧。親鸞門下。
¶古人, 中世（生没年不詳）

弁円(2)　べんえん
⇒円爾(えんに)

弁円円爾　べんえんえんに
⇒円爾(えんに)

弁雅*　べんが
保延1(1135)年～建仁1(1201)年2月17日　平安時代後期～鎌倉時代前期の天台宗の僧。天台座主64世。
¶古人

弁覚*　べんかく
生没年不詳　鎌倉時代の行者。日光山座主。
¶古人

弁覚*　べんがく，べんかく
生没年不詳　平安時代後期～鎌倉時代前期の僧。
¶古人(べんかく)

弁暁*　べんぎょう
保延5(1139)年～*　平安時代後期～鎌倉時代前期の華厳宗の僧。東大寺89世。
¶古人([生]1151年　[没]1214年)

弁玉　べんぎょく
⇒大熊弁玉(おおくまべんぎょく)

遍救*　へんぐ，へんく
？～長元3(1030)年10月12日　平安時代中期の天台宗の僧。
¶古人(へんく　[生]962年)，コン(生没年不詳)

弁慶*　べんけい
？～文治5(1189)年　[別]武蔵坊弁慶(むさしぼうべんけい)　平安時代後期の僧。源義経の腹心の郎従。
¶古人([没]1189年？)，コン，中世，内乱，平家，山小([没]1189年閏4月？)

弁子　べんこ★
江戸時代中期の女性。和歌。長門長州藩主毛利重就の室瑞泰院の侍女。明和1年、真淵が行った『古今和歌集』の講義を筆記。
¶江表(弁子(山口県))

遍斅*　へんこう
延喜2(902)年～天延4(976)年6月29日　平安時代中期の天台宗の僧。
¶古人

㛹子内親王　べんしないしんのう
⇒寿成門院(じゅせいもんいん)

弁女(1)　べんじょ★
江戸時代の女性。旅日記。「道ゆきふり」が「扶桑残葉集」九に載る。
¶江表(弁女(東京都))

弁女(2)　べんじょ★
江戸時代中期の女性。俳諧。魚津の人。宝暦2年刊、至芳撰『三つのけしき』飛騨の集に載る。
¶江表(弁女(富山県))

弁女(3)　べんじょ★
江戸時代後期の女性。和歌。酒寄長蔵の妻。文化15年序、秋田藩士山方泰通編「月花集」に載る。
¶江表(弁女(秋田県))

弁女(4)　べんじょ★
江戸時代後期の女性。俳諧・漢詩。下総相馬郡布施の後藤氏。天保14年刊、会香功勲編『下総諸家小伝』に載る。
¶江表(弁女(千葉県))

遍昭*(遍照)　へんじょう
弘仁7(816)年～寛平2(890)年1月19日　[別]花山僧正(かざんそうじょう)，僧正遍昭，僧正遍照(そうじょうへんじょう)，良峯宗貞，良岑宗貞(よしみねのむねさだ)　平安時代前期の官人、僧、歌人。六歌仙、三十六歌仙の一人。
¶古人(遍照)，古代(遍照)，コン，詩作(良岑宗貞　よしみねのむねさだ)，日文(遍照)，山小(遍照　[没]890年1月19日)

弁正*　べんしょう，べんじょう
生没年不詳　飛鳥時代～奈良時代の入唐僧。秦氏。玄宗皇帝に賞遇され、唐に客死。
¶古人，古代(べんじょう)，対外

弁正*　べんじょう，べんしょう
？～天平8(736)年　飛鳥時代～奈良時代の入唐僧。
¶古人(べんしょう)，古代，対外(べんしょう)

鞭石　べんせき
⇒福田鞭石(ふくだべんせき)

弁聡*　べんそう
飛鳥時代の僧。
¶古代

弁長*　べんちょう
応保2(1162)年～嘉禎4(1238)年閏2月29日　[別]聖光(しょうこう)，聖光房(しょうこうぼう)，聖光房弁長(しょうこうぼうべんちょう)，鎮西上人(ちんぜいしょうにん)，弁阿(べんあ)　平安時代後期～鎌倉時代前期の僧。浄土宗鎮西派の2祖。
¶古人(聖光　しょうこう)，古人，コン([没]暦仁1(1238)年)

弁通*　べんつう
生没年不詳　飛鳥時代～奈良時代の僧。
¶古人

弁天小僧*　べんてんこぞう
[別]弁天小僧菊之助(べんてんこぞうきくのすけ)
河竹黙阿弥作の歌舞伎「青砥稿花紅彩画」(白浪五人男)(文久二)の登場人物。
¶コン(弁天小僧菊之助　べんてんこぞうきくのすけ)

弁天小僧菊之助　べんてんこぞうきくのすけ
⇒弁天小僧(べんてんこぞう)

弁日*　べんにち
生没年不詳　平安時代前期の天台僧。
¶古人

弁円　べんねん
⇒円爾(えんに)

弁円円爾　べんねんえんに
⇒円爾(えんに)

弁内侍(1)　べんのないし
平安時代後期の女性。筑前守高階泰兼の娘。
¶平家(生没年不詳)

弁内侍*(2)　べんのないし
生没年不詳　[別]藤原弁内侍(ふじわらのべんのないし)　鎌倉時代前期の女性。歌人。中務大輔藤原信実の娘。
¶コン，女文

弁の御息所　べんのみやすんどころ
平安時代前期の女性。清和天皇の妻。
¶天皇（生没年不詳）

弁乳母*　べんのめのと
生没年不詳　平安時代中期～後期の女性。歌人。
¶古人

便々館湖鯉鮒　べんべんかんこりふ
⇒便便館湖鯉鮒（べんべんかんこりゅう）

便便館湖鯉鮒*（便々館湖鯉鮒）　べんべんかんこりゅう
寛延2（1749）年～文化15（1818）年　[別]便々館湖鯉鮒（べんべんかんこりふ）　江戸時代後期の狂歌師。
¶徳人（便々館湖鯉鮒）

弁坊*　べんぼう
生没年不詳　鎌倉時代後期の荘官、悪党。
¶コン

弁房承誉　べんぼうしょうよ
⇒承誉（しょうよ）

逸見右馬之助*　へんみうまのすけ
生没年不詳　戦国時代の足利頼淳の家臣。
¶後北（右馬助〔逸見（2）〕　うまのすけ）

逸見蔵人佐*　へんみくろうどのすけ
生没年不詳　戦国時代の北条氏邦の家臣。
¶後北（蔵人佐〔逸見（1）〕　くろうどのすけ）

逸見三郎五郎　へんみさぶろうごろう
安土桃山時代の鉢形城主北条氏邦家臣秩父重国の同心。
¶後北（三郎五郎〔逸見（1）〕　さぶろうごろう）

辺見十郎太の妾　へんみじゅうろうたのめかけ★
江戸時代の女性。俳諧。薩摩藩藩士辺見十郎太昌邦の妾。明治14年刊、岡田良策編『近世名婦百人撰』に載る。
¶江表（辺見十郎太の妾（鹿児島県））

逸見多四郎*（逸見太四郎）　へんみたしろう
延享4（1747）年～文政11（1828）年　江戸時代末期の剣術家。
¶幕末（生没年不詳）

逸見太四郎*　へんみたしろう
文化15（1818）年～明治14（1881）年2月11日　江戸時代末期～明治時代の甲源一刀流剣術家。宗家5代を相続し、流祖より続き門下は3000人の耀武館道場を経営。
¶幕末（[生]文化15（1818）年1月15日）

逸見東洋　へんみとうよう
江戸時代後期～大正時代の工芸家。
¶美工（[生]弘化3（1846）年10月18日　[没]大正9（1920）年12月24日）

逸見昌経*　へんみまさつね
？～天正9（1581）年3月26日　[別]逸見昌経（へみまさつね）　安土桃山時代の地方豪族・土豪。
¶織田（へみまさつね　[没]天正9（1581）年3月6日？）

逸見長祥　へんみますあきら
江戸時代中期～後期の幕臣。
¶徳人（[生]1761年　[没]1810年）

逸見又一*　へんみまたいち
文政8（1825）年～明治8（1875）年　江戸時代末期～明治時代の町役人、官吏、駅逓権判事。
¶幕末（[生]文政8（1825）年8月　[没]明治8（1875）年8月31日）

逸見満清*　へんみまんせい
天和3（1683）年～明和5（1768）年　[別]逸見満清（へんみみつきよ）　江戸時代中期の和算家。
¶数学（へんみみつきよ　[没]明和5（1768）年4月7日）

逸見満清　へんみみつきよ
⇒逸見満清（へんみまんせい）

逸見与一郎　へんみよいちろう
安土桃山時代の鉢形城主北条氏邦の家臣。
¶後北（与一郎〔逸見（1）〕　よいちろう）

逸見与八郎*　へんみよはちろう
生没年不詳　戦国時代の武士。北条氏邦の家臣、秩父衆。
¶後北（与八郎〔逸見（1）〕　よはちろう）

弁誉霊印　べんよれいいん
戦国時代の浄土宗の僧。
¶武田（[生]？　[没]天文20（1551）年）

【ほ】

帆足杏雨*　ほあしきょうう
文化7（1810）年～明治17（1884）年　江戸時代末期～明治時代の南画家。山陽、九州など各地を遊歴、「自画題語」を刊行。ウィーン万博に出品。
¶コン，幕末（[生]文化7（1810）年4月15日　[没]明治17（1884）年6月9日），美画（[生]文化7（1810）年4月15日　[没]明治17（1884）年6月9日）

帆足京子　ほあしさとこ
⇒帆足京（ほあしみさと）

帆足万里*　ほあしばんり
安永7（1778）年～嘉永5（1852）年　江戸時代後期の儒学者。豊後日出藩主木下家の家臣。
¶江人，科学（[生]安永7（1778）年1月15日　[没]嘉永5（1852）年6月14日），コン，思想，植物（[生]安永7（1778）年1月15日　[没]嘉永5（1852）年6月14日），全幕

帆足京*　ほあしみさと
天明7（1787）年～文化14（1817）年　[別]帆足京子（ほあしさとこ）　江戸時代後期の女性。国学者帆足長秋の娘。
¶江表（京（熊本県）　みさと）

蒲庵　ほあん
⇒古渓宗陳（こけいそうちん）

甫庵　ほあん
⇒小瀬甫庵（おぜほあん）

蒲庵古渓　ほあんこけい
⇒古渓宗陳（こけいそうちん）

蒲庵宗陳　ほあんそうちん
⇒古渓宗陳（こけいそうちん）

穂井田忠友*　ほいだただとも，ほいたただとも
寛政4（1792）年～弘化4（1847）年9月19日　江戸時代後期の国学者、考古学者、歌人。
¶コン

穂井田元清（穂田元清）　ほいだもときよ
⇒毛利元清（もうりもときよ）

ほ

ほう

方 ほう*
江戸時代前期の女性。俳諧。川崎方孝の妻。貞享1年刊、井原西鶴編『古今俳諧女歌仙』に載る。
　¶江表（方（大阪府））

鳳 ほう*
江戸時代中期の女性。俳諧。大坂の人。元禄15年刊、永田芙雀編『俳諧駒撫』に載る。
　¶江表（鳳（大阪府））

法阿 ほうあ*
生没年不詳　鎌倉時代後期の漆工。
　¶美工

法阿弥陀仏 ほうあみだぶつ
鎌倉時代の女性。肥前国御家人宇野御厨内小値賀島住人山代三郎固の後家。
　¶女史（生没年不詳）

豊安 ほうあん
⇒豊安（ぶあん）

鳳庵存竜 ほうあんぞんりゅう
安土桃山時代の信濃国佐久郡岩村田の曹洞宗寺院・竜雲寺の住職。
　¶武田（生没年不詳）

抱一 ほういつ
⇒酒井抱一（さかいほういつ）

法印円誉女 ほういんえんよのむすめ
鎌倉時代後期の女性。最仁法親王の母。
　¶天皇

法印公雅女 ほういんきんまさのむすめ
⇒宰相局（さいしょうのつぼね）

法印公雅女 ほういんこうがじょ
⇒宰相局（さいしょうのつぼね）

法印尋恵女 ほういんじんえのむすめ
鎌倉時代後期の女性。尊助法親王の母。
　¶天皇

法印信縁女 ほういんしんえんのむすめ
⇒兵衛佐局（ひょうえのすけのつぼね）

法印大五郎 ほういんだいごろう*
天保11（1840）年〜大正8（1919）年　江戸時代末期〜大正時代の博徒。清水次郎長の子分。
　¶幕末（没大正8（1919）年1月）

法印長快女 ほういんちょうかいのむすめ
⇒左京大夫局（さきょうのだいぶのつぼね）

蓬宇 ほうう
⇒佐野蓬宇（さのほうう）

芳雨女 ほううじょ*
江戸時代後期の女性。俳諧。宮本虎杖系。文化4年刊、虎杖編、加舎白雄17回忌追善集『いぬ榾集』に載る。
　¶江表（芳雨女（長野県））

法雲院豊 ほううんいんとよ*
江戸時代中期の女性。和歌。伊予宇和島藩主伊達宗利の娘。松代藩3代藩主真田幸道の室。
　¶江表（法雲院豊（長野県）　没享保18（1733）年）

法雲寺廓翁 ほううんじかくおう
江戸時代前期〜中期の眼科医。
　¶眼医（生没年不詳）

法栄 ほうえい*
奈良時代の医僧。
　¶古人（生没年不詳），古代

法英 ほうえい*
江戸時代末期の女性。和歌。中宮寺の侍尼。安政6年刊、伴林光平編『垣内摘草』に載る。
　¶江表（法英（奈良県））

豊栄 ほうえい*
弘仁2（811）年〜元慶8（884）年　別豊栄（ぶえい）
平安時代前期の興福寺の僧。
　¶古人（ぶえい），古代

峰延（峯延）ほうえん
承和18（841）年〜延喜20（920）年　平安時代前期〜中期の僧。
　¶古人（峯延），古代（生843年　没922年）

法円*(1) ほうえん
天徳4（960）年〜寛弘7（1010）年2月4日　平安時代中期の真言宗の僧。
　¶古人

法円*(2) ほうえん
治承2（1178）年〜寛喜3（1231）年　鎌倉時代前期の以仁王の王子。
　¶古人

法縁 ほうえん*
延喜9（909）年〜天元4（981）年　平安時代中期の三論宗・真言宗兼学の僧。東大寺48世、醍醐寺10世。
　¶古人

邦媛院 ほうえんいん*
江戸時代中期〜後期の女性。書・写経。御三卿の国学者徳川宗武の娘。
　¶江表（邦媛院（山口県）　生宝暦6（1756）年　没文化12（1815）年）

蓬王院 ほうおういん
江戸時代後期の女性。徳川家慶の十一女。
　¶徳将（生1842年　没1843年）

鳳凰軒 ほうおうけん
⇒並木五瓶〔2代〕（なみきごへい）

宝屋玉長老 ほうおくぎょくちょうろう
室町時代〜戦国時代の女性、竜岩山海島寺の開山。武田信虎の伯母。
　¶武田（生没年不詳）

報恩 ほうおん*
？〜延暦14（795）年　奈良時代〜平安時代前期の法相宗の僧。金峰山の開創者。
　¶古人，古代

法音 ほうおん
⇒法音尼（ほうおんに）

法音尼 ほうおんに*
生没年不詳　別法音（ほうおん）　平安時代後期〜鎌倉時代前期の女性。尼僧。
　¶古人

房海 ぼうかい*
生没年不詳　鎌倉時代の真言宗の僧。
　¶密教（生1161年　没1237年2月10日）

豊芥子 ほうかいし
⇒石塚豊芥子（いしづかほうかいし）

方外道人* ほうがいどうじん
生没年不詳　江戸時代後期の狂詩作者、江戸の儒医。
¶コン

法界坊* ほうかいぼう
宝暦1(1751)年～文政12(1829)年　[別]穎玄(えいげん)，了海(りょうかい)　江戸時代後期の僧。
¶コン

房覚*(1) ぼうかく
康和4(1102)年～元暦1(1184)年　平安時代後期の天台僧。
¶古人, 平家

房覚(2) ぼうかく
平安時代後期の醍醐寺・壺坂寺の学僧。
¶密教(生没年不詳)

宝覚真空禅師 ほうかくしんくうぜんじ
⇒雪村友梅(せっそんゆうばい)

豊花女 ほうかじょ★
江戸時代後期の女性。俳諧。谷素外門。文政6年刊、素外の娘素塵序・跋『梅翁発句集』に載る。
¶江表(豊花女(東京都))

芳花堂はつ国 ほうかどうはつくに
江戸時代後期の画家。
¶浮絵(生没年不詳)

泊々部某* ほうかべ
？～天正7(1579)年12月16日　戦国時代～安土桃山時代の織田信長の家臣。
¶織田

法岸* ほうがん
延享1(1744)年～文化12(1815)年12月5日　[別]性如(しょうにょ)　江戸時代中期～後期の浄土宗の捨世僧。大日比流祖。
¶コン

伯耆* ほうき
生没年不詳　平安時代後期の官女。
¶古人

抱儀 ほうぎ
⇒守邨抱儀(もりむらほうぎ)

法木徳兵衛 ほうきとくべえ
江戸時代後期～明治時代の法木書店創業者。
¶出版([生]天保2(1831)年　[没]明治41(1908)年2月16日)

方貴峰* ほうきほう
？～寛文5(1665)年11月15日　江戸時代前期の仏師。
¶美建

方居 ほうきょ★
江戸時代後期の女性。俳諧。甲斐の人。天明頃～天保頃の人。
¶江表(方居(山梨県))

宝篋* ほうきょう
文治5(1189)年～？　平安時代後期～鎌倉時代前期の真言宗の僧。
¶密教([没]1235年以後)

宝篋院(法篋院) ほうきょういん
⇒足利義詮(あしかがよしあきら)

法鏡院 ほうきょういん★
江戸時代後期～末期の女性。日記・和歌・書・漢詩。因幡鳥取藩主池田治道の娘。
¶江表(法鏡院(山口県)　[生]寛政1(1789)年　[没]安政3(1856)年)

宝篋院殿 ほうきょういんどの
⇒足利義詮(あしかがよしあきら)

方橋の妻 ほうきょうのつま★
江戸時代中期の女性。俳諧。元禄15年刊、太田白雪編『三河小町』下に載る。
¶江表(方橋の妻(東京都))

法均 ほうきん
⇒和気広虫(わけのひろむし)

法均尼 ほうきんに
⇒和気広虫(わけのひろむし)

抱月の妻 ほうげつのつま★
江戸時代中期の女性。俳諧。尾張の人。元禄14年刊、巨霊堂東鷲編『乙矢集』に載る。
¶江表(抱月の妻(愛知県))

法眼顕清女 ほうげんけんせいのむすめ
⇒尾張局(おわりのつぼね)

法眼良珍女 ほうげんりょうちんじょ
⇒新大納言局(しんだいなごんのつぼね)

峯斅* ほうこう
承和2(835)年～延喜8(908)年　平安時代前期～中期の真言宗の僧。
¶古人

法光* ほうこう
生没年不詳　平安時代前期の越後国分尼寺の僧。
¶古人

鳳岡* ほうこう
延宝8(1680)年～宝暦6(1756)年12月6日　江戸時代前期～中期の俳人。
¶俳文

房光* ぼうこう
永久2(1114)年～治承2(1178)年8月23日　平安時代後期の真言宗の僧。高野山検校25世。
¶古人

法光院 ほうこういん
江戸時代前期の女性。徳川家康の側室。
¶徳将(生没年不詳)

豊光寺承兌 ほうこうじしょうたい
⇒西笑承兌(せいしょうじょうたい)

法光大師 ほうこうだいし
⇒真雅(しんが)

法光坊日栄 ほうこうぼうにちえい
戦国時代～安土桃山時代の法華宗の僧。甲斐・常在寺住職。
¶武田(生没年不詳)

豊谷 ほうこく★
江戸時代後期の女性。画。八重樫氏。花巻の寺子屋師匠豊沢の娘。
¶江表(豊谷(岩手県))

法載* ほうさい
生没年不詳　奈良時代の中国僧。

ほ

¶古人([生]709年　[没]778年), 古代

宝山　ほうざん
⇒湛海(たんかい)

方山　ほうざん
⇒滝方山(たきほうざん)

蓬山*　ほうざん
生没年不詳　江戸時代後期の俳人。
¶俳文

鳳山　ほうざん
⇒鳳山等膳(ほうざんとうぜん)

房算*　ぼうさん
昌泰2(899)年～康保4(967)年　平安時代前期～中期の園城寺僧。
¶古人

宝山〔1代〕　ほうざん
⇒宝山文蔵〔1代〕(ほうざんぶんぞう)

鳳山等膳*　ほうざんとうぜん
？～天正18(1590)年　[別]等膳(とうぜん), 鳳山(ほうざん), 鳳山等膳(ほうせんとうぜん)　安土桃山時代の曹洞宗の僧。駿河など四国の僧録職。
¶武田

宝山尼　ほうざんに★
江戸時代後期～明治時代の女性。和歌。宮倉の阿弥陀堂の尼僧。
¶江表(宝山尼(徳島県)　[生]文化6(1809)年　[没]明治27(1894)年)

宝山文蔵〔1代〕*　ほうざんぶんぞう
生没年不詳　[別]雲林院文蔵(うじいぶんぞう), 雲林院文造(うじいんぶんぞう), 雲林院文造〔1代〕(うんりんいんぶんぞう), 文蔵(ぶんぞう), 宝山〔1代〕(ほうざん)　戦国時代の陶工。
¶コン(代数なし), 美工

宝山文蔵〔16代〕*　ほうざんぶんぞう
文政3(1820)年～明治22(1889)年　[別]雲林院文蔵〔16代〕(うんりんいんぶんぞう)　江戸時代末期～明治時代の陶工。茶器煎茶器を製し、青蓮院宮の用命で調進、泰平の号や印などを拝領。
¶美工(雲林院文蔵〔16代〕　うんりんいんぶんぞう　[没]明治22(1889)年10月29日)

法師君*　ほうしきし
上代の百済系渡来人。
¶古代

芳室*　ほうしつ
*～延享4(1747)年　[別]椎本芳室(しいのもとほうしつ)　江戸時代中期の俳人。
¶俳文([生]寛文4(1664)年　[没]延享4(1747)年3月4日)

奉実*　ほうじつ
天平9(737)年～弘仁11(820)年　奈良時代～平安時代前期の僧。
¶古人, 古代

芳子内親王*　ほうしないしんのう
？～承和5(838)年　[別]芳子内親王(よしこないしんのう)　平安時代前期の女性。嵯峨天皇の第5皇女。
¶古人(よしこないしんのう)

邦子内親王　ほうしないしんのう
⇒安嘉門院(あんかもんいん)

褒子内親王　ぼうしないしんのう
⇒崇明門院(そうめいもんいん)

法寿*　ほうじゅ
生没年不詳　平安時代中期の天台宗の僧。
¶古人

芳樹　ほうじゅ★
江戸時代の女性。漢詩。名、嘉禰子。明治13年刊、水上珍亮編『日本閨媛吟藻』下に載る。
¶江表(芳樹(東京都))

保寿院　ほうじゅいん★
江戸時代中期の女性。伝統芸能。左大臣鷹司兼煕の娘。佐竹義安の妻。
¶江表(保寿院(秋田県))

宝寿院(1)　ほうじゅいん★
江戸時代前期の女性。書簡。戦国武将伊達晴宗の娘。
¶江表(宝寿院(秋田県)　[没]寛永8(1631)年)

宝寿院(2)　ほうじゅいん★
江戸時代後期の女性。懐紙・書簡。播磨龍野藩主脇坂安親の娘。
¶江表(宝寿院(岩手県)　[没]天保14(1843)年)

宝寿院(3)　ほうじゅいん★
江戸時代後期～明治時代の女性。和歌。安芸広島藩主浅野斉賢の娘。
¶江表(宝寿院(富山県)　[生]享和2(1802)年　[没]明治21(1888)年)

宝樹院(1)　ほうじゅいん★
江戸時代の女性。和歌。西氏。明治29年刊、佐賀藩の藩校弘道館教授で歌人今泉蟹守編「西肥女房百歌撰」に載る。
¶江表(宝樹院(佐賀県))

宝樹院(2)　ほうじゅいん
⇒お楽の方(おらくのかた)

峯寿院　ほうじゅいん
⇒峯姫(みねひめ)

芳寿院　ほうじゅいん★
江戸時代後期の女性。和歌。駿河小島藩主松平丹後守の母。詩仙堂完成に向け文政4年詩歌が募集された中に載る。
¶江表(芳寿院(静岡県))

方秀　ほうしゅう
⇒岐陽方秀(ぎようほうしゅう)

芳洲　ほうしゅう★
江戸時代末期～明治時代の女性。漢詩。川路氏。鱸松塘が明治3年に浅草向柳原に開いた詩社七曲吟社の同人。
¶江表(芳洲(鹿児島県))

芳袖　ほうしゅう★
江戸時代中期の女性。俳諧。久保田の人。享保13年、俳人丁圭が編んだ「二十四興」に乗る。
¶江表(芳袖(秋田県))

鳳州(鳳洲)　ほうしゅう
⇒村井鳳洲(むらいほうしゅう)

鳳秋　ほうしゅう★
江戸時代中期～末期の女性。俳諧。宮本虎杖の先妻楚明没後の寛政4年、後妻となる。

¶江表(鳳秋〔長野県〕) ㊥宝暦7(1757)年 ㊨嘉永7
(1854)年)

法住院殿 ほうじゅういんどの
⇒足利義澄(あしかがよしずみ)

法秀尼 ほうしゅうに＊
江戸時代後期の女性。宗教。相模鎌倉の東慶寺
の尼。
¶江表(法秀尼〔神奈川県〕) ㊨嘉永5(1852)年)

峰宿＊(峯宿) ほうしゅく
生没年不詳 平安時代中期の真言宗の僧。高野山
検校1世。
¶古人(峯宿),コン

膨叔 ほうしゅく
⇒彭叔守仙(ほうしゅくしゅせん)

彭叔守仙＊ ほうしゅくしゅせん
延徳2(1490)年～天文24(1555)年10月12日 ㊙守
仙(しゅせん),瓢庵(ひょうあん),膨叔(ほう
しゅく) 戦国時代の臨済宗聖一派の禅僧。
¶思想(㊨弘治1(1555)年)

法守親王 ほうしゅしんのう
⇒法守法親王(ほうしゅほっしんのう)

保寿尼 ほうじゅに＊
江戸時代後期の女性。和歌。彦根藩藩士久保田又
市の母。文化5年頃、真田幸弘編『御ことほきの記』
に載る。
¶江表(保寿尼〔滋賀県〕)

芳樹尼(1) ほうじゅに＊
江戸時代中期の女性。俳諧。京都の人。元禄12年
序、滝方山編『北之筥』に入集。
¶江表(芳樹尼〔京都府〕)

芳樹尼(2) ほうじゅに＊
江戸時代後期の女性。俳諧。豊後の広円寺の住持、
六世法蘭の母。明和7年序、安永3年刊、五升庵蝶夢
編『類題発句集』に載る。
¶江表(芳樹尼〔大分県〕)

法守入道親王 ほうしゅにゅうどうしんのう
⇒法守法親王(ほうしゅほっしんのう)

保寿の妻 ほうじゅのつま＊
江戸時代後期の女性。俳諧。和泉堺の人。天保3年
刊、守村鶯卿編『女百人一句』に載る。
¶江表(保寿の妻〔大阪府〕)

法守法親王＊ ほうしゅほっしんのう
⇒法守法親王(ほうしゅほっしんのう)

法守法親王＊ ほうしゅほっしんのう
延慶1(1308)年～元中8/明徳2(1391)年 ㊙法守
親王(ほうしゅしんのう),法守入道親王(ほうしゅ
にゅうどうしんのう),法守法親王(ほうしゅほう
しんのう) 鎌倉時代後期～南北朝時代の後伏見天
皇の皇子。
¶天皇(ほうしゅほうしんのう) ㊨明徳2(1391)年9月19
日

芳純＊ ほうじゅん
生没年不詳 戦国時代の連歌作者。
¶俳文

芳春院＊(1) ほうしゅんいん
？～永禄4(1561)年7月9日 ㊙芳春院殿(ほうしゅ
んいんでん) 戦国時代の武家女性。北条氏綱の娘。

¶後北(芳春院殿〔北条〕 ほうしゅんいんでん),女史
(芳春院殿 ほうしゅんいんでん)

芳春院＊(2) ほうしゅんいん
天文16(1547)年7月9日～元和3(1617)年7月16日
㊙前田利家室(まえだとしいえしつ),前田松子(ま
えだまつこ),まつ 戦国時代～江戸時代前期の女
性。加賀藩主前田利家の正室。
¶江表(芳春院〔石川県〕),女史,全戦(まつ)

芳春院(3) ほうしゅんいん＊
江戸時代後期～明治時代の女性。和歌。江戸の町
人山田平六の娘。
¶江表(芳春院〔山口県〕) ㊨明治5(1872)年)

芳春院殿 ほうしゅんいんでん
⇒芳春院(ほうしゅんいん)

逢春門院＊(逢春門院) ほうしゅんもんいん
慶長9(1604)年～貞享2(1685)年 ㊙藤原隆子(ふ
じわらのりゅうし),櫛笥隆子(みくしげたかこ)
江戸時代前期～中期の女性。後西天皇の生母。
¶江表(逢春門院〔京都府〕),コン,天皇(櫛笥隆子 みく
しげたかこ) ㊥？ ㊨貞享2(1685)年5月22日)

宝生 ほうしょう
⇒白崖宝生(びゃくがいほうしょう)

法成＊ ほうじょう
生没年不詳 ㊙法成(ほうせい) 奈良時代の僧、
鑑真の弟子。
¶古代(ほうせい)

法定＊ ほうじょう
生没年不詳 飛鳥時代の渡来僧。7世紀頃高句麗よ
り来日。
¶古人

北条顕時 ほうじょうあきとき
宝治2(1248)年～正安3(1301)年3月28日 ㊙金沢
顕時(かなざわあきとき,かねさわあきとき,かね
ざわあきとき) 鎌倉時代後期の武将。父は実時、
母は政村の娘。
¶コン,中世,山小(金沢顕時 かねさわあきとき)
㊨1301年3月28日)

鳳翔院殿 ほうしょういんでん
安土桃山時代の女性。北条氏政の後室。
¶後北(鳳翔院殿〔北条〕 ㊨天正18年6月12日)

北条氏明 ほうじょううじあき
安土桃山時代の武士。善九郎。相模国玉縄城城主
北条氏勝の嫡男。
¶後北(氏明〔北条〕 うじあき)

北条氏和 ほうじょううじかず
江戸時代後期の幕臣。
¶徳人(㊥1818年) ㊨？)

北条氏勝＊ ほうじょううじかつ
永禄2(1559)年～慶長16(1611)年 安土桃山時代
～江戸時代前期の大名。下総岩富藩主。
¶後北(氏勝〔北条〕 うじかつ) ㊨慶長16年3月24日),
コン,全戦,戦武

北条氏舜 ほうじょううじきよ
⇒北条氏舜(ほうじょううじとし)

北条氏邦＊ はうじょっつじくに
＊～慶長2(1597)年 ㊙藤田新太郎(ふじたしんた
ろう) 安土桃山時代の武将、武蔵鉢形城城主。
¶後北(氏邦〔藤田(1)〕 うじくに),後北(氏邦〔北

条〕　うじくに　[没]慶長2年8月8日），コン（[生]天文10（1541）年？），全戦（[生]？），戦武（[生]天文10（1541）年）

北条氏繁* ほうじょううじしげ
天文5（1536）年～天正6（1578）年　戦国時代～安土桃山時代の武将。北条氏康の家臣。
¶後北（氏繁〔北条〕　うじしげ　[没]天正6年6月13日），コン，全戦，戦武

北条氏如* ほうじょううじすけ
寛文6（1666）年～享保12（1727）年　江戸時代中期の徳川幕臣。
¶徳代（[没]享保12（1727）年6月14日）

北条氏隆* ほうじょううじたか
？～慶長14（1609）年11月9日　安土桃山時代～江戸時代前期の武士。
¶後北（氏隆〔北条〕　うじたか）

北条氏堯* ほうじょううじたか
大永2（1522）年3月15日～？　戦国時代～安土桃山時代の北条氏の一族。北条氏綱の四男。
¶後北（氏堯〔北条〕　うじたか　[没]？年4月10日），全戦

北条氏隆室 ほうじょううじたかしつ
江戸時代前期の女性。氏隆の正室。
¶後北（氏隆室〔北条〕　うじたかしつ　[没]慶長9年4月30日）

北条氏忠 ほうじょううじただ
⇒佐野氏忠（さのうじただ）

北条氏忠室 ほうじょううじただしつ
江戸時代前期の女性。北条氏忠の後室。下野国佐野唐沢山城城主佐野宗綱の娘。
¶後北（氏忠室〔北条〕　うじただしつ　[没]元和6年2月24日）

北条氏次 ほうじょううじつぐ
安土桃山時代の武蔵国岩付城主北条氏房の家臣。
¶後北（氏次〔北条〕　うじつぐ）

北条氏綱* ほうじょううじつな
長享1（1487）年～天文10（1541）年　戦国時代の武将。相模小田原城主、後北条氏の第2代。関東各地の武将と戦い、関東南部を平定した。
¶後北（氏綱〔北条〕　うじつな　[没]天文10年7月17日），コン（[生]文明18（1486）年），全戦，戦武，室町，山小（[没]1541年7月19日）

北条氏照* ほうじょううじてる
*～天正18（1590）年　安土桃山時代の武将。武蔵滝山城主。
¶後北（氏照〔北条〕　うじてる　[生]天文9・10・11年　[没]天正18年7月11日），コン（[生]天文9（1540）年），全戦（[生]？），戦武（[生]天文9（1540）年）

北条氏時* ほうじょううじとき
？～享禄4（1531）年8月18日　戦国時代の北条氏の一族。
¶後北（氏時〔北条〕　うじとき）

北条氏舜* ほうじょううじとし
生没年不詳　[別]北条氏舜（ほうじょううじきよ）　安土桃山時代の武将。
¶後北（氏舜〔北条〕　うじきよ　[没]天正9年2月24日），全戦（ほうじょううじきよ）

北条氏朝* ほうじょううじとも
寛文9（1669）年～享保20（1735）年　江戸時代中期の大名。河内狭山藩主。
¶コン

北条氏直* ほうじょううじなお
永禄5（1562）年～天正19（1591）年　安土桃山時代の武将、相模小田原城主。小田原籠城後、秀吉に降伏して高野山に追放された。
¶後北（氏直〔北条〕　うじなお　[没]天正19年11月4日），コン，全戦，戦武，中世，山小（[没]1591年11月4日）

北条氏長* ほうじょううじなが
慶長14（1609）年～寛文10（1670）年　[別]北条正房（ほうじょうまさふさ）　江戸時代前期の幕府旗本、兵学者。北条流兵学の創始者。
¶江人，コン，思想，徳人（北条正房　ほうじょうまさふさ）

北条氏信* ほうじょううじのぶ
？～永禄12（1570）年12月6日　戦国時代～安土桃山時代の武士。3代小机城主、駿河国蒲原城将。
¶後北（氏信〔北条〕　うじのぶ　[没]永禄12年12月6日），全戦（[没]永禄12（1569）年）

北条氏信室 ほうじょううじのぶしつ
安土桃山時代の女性。公家の西園寺公朝の娘。
¶後北（氏信室〔北条〕　うじのぶしつ）

北条氏規* ほうじょううじのり
天文14（1545）年～慶長5（1600）年　安土桃山時代の武将、相模三崎城城主。
¶後北（氏規〔北条〕　うじのり　[没]慶長5年2月8日），コン，全戦，戦武

北条氏則 ほうじょううじのり
江戸時代前期の武士。新太郎・内匠。武蔵国小机城城主北条氏光の嫡男。
¶後北（氏則〔北条〕　うじのり　[没]寛永13年5月22日）

北条氏英 ほうじょううじひで
江戸時代前期～中期の幕臣。
¶徳人（[生]1666年　[没]1727年）

北条氏秀*（1） ほうじょううじひで
？～天正11（1583）年6月2日　戦国時代～安土桃山時代の武士。
¶後北（氏秀〔北条〕　うじひで），全戦

北条氏秀（2） ほうじょううじひで
⇒上杉景虎（うえすぎかげとら）

北条氏平 ほうじょううじひら
江戸時代前期～中期の幕臣。
¶徳人（[生]1637年　[没]1704年）

北条氏広 ほうじょううじひろ
戦国時代の北条氏綱の家臣。中務少輔。駿河国駿東郡の国衆葛山氏を継ぐ。
¶後北（氏広〔北条〕　うじひろ　[没]天文7年頃）

北条氏房* ほうじょううじふさ
永禄8（1565）年～文禄1（1592）年　[別]太田氏房（おおたうじふさ）　安土桃山時代の武将、武蔵岩槻城城主。
¶後北（氏房〔北条〕　うじふさ　[没]文禄1年4月12日），コン（[生]永禄6（1563）年　[没]文禄2（1593）年），全戦

北条氏政* ほうじょううじまさ
天文7（1538）年～天正18（1590）年　安土桃山時代の武将、相模小田原城主。
¶後北（氏政〔北条〕　うじまさ　[没]天正18年7月17日），コン，全戦，戦武，中世，山小（[没]1590年7月11日）

北条氏政室 ほうじょううじまさしつ
⇒黄梅院（こうばいいん）

北条氏政妻 ほうじょううじまさのつま
⇒黄梅院(こうばいいん)

北条氏光* ほうじょううじみつ
?～天正18(1590)年9月15日　戦国時代～安土桃山時代の武士。4代小机城主、大平城将・足柄城将。
¶後北(氏光〔北条〕　うじみつ),全戦

北条氏光室 ほうじょううじみつしつ
戦国時代～安土桃山時代の女性。氏光の後室。今川義元の家臣富樫氏賢の娘。
¶後北(氏光室〔北条〕　うじみつしつ)

北条氏盛* ほうじょううじもり
天正5(1577)年～慶長13(1608)年　安土桃山時代～江戸時代前期の大名。河内狭山藩主。
¶後北(氏盛〔北条〕　うじもり　[没]慶長13年5月18日),コン

北条氏康* ほうじょううじやす
永正12(1515)年～元亀2(1571)年　戦国時代の武将。相模小田原城主、後北条氏の第3代。先代からさらに領域を広げ、北条氏の全盛期を築いた。
¶後北(氏康〔北条〕　うじやす　[没]元亀2年10月3日),コン([没]元亀2(1571年/1570)年),全戦,戦武,中世,室町,山小([没]1571年10月3日)

北条氏恭* ほうじょううじゆき
弘化2(1845)年～大正8(1919)年　江戸時代末期～明治時代の狭山藩主、狭山藩知事、侍従。
¶全幕

北条氏燕* ほうじょううじよし
天保1(1830)年～明治24(1891)年　江戸時代後期～明治時代の大名。
¶全幕

北条乙松丸 ほうじょうおとまつまる
安土桃山時代の武蔵国江戸城代。乙松。北条氏秀の嫡男。
¶後北(乙松丸〔北条〕　おとまつまる)

北条悔堂* ほうじょうかいどう
文化5(1808)年～元治2(1865)年　江戸時代末期の医師。
¶幕末([没]元治2(1865)年1月16日)

北条角磨* ほうじょうかくま
文政1(1818)年～明治35(1902)年　[別]北条角麿(ほうじょうすみまろ)　江戸時代末期～明治時代の新庄藩士。
¶幕末([生]文政1(1818)年5月　[没]明治35(1902)年7月20日)

北条霞亭* ほうじょうかてい
安永9(1780)年～文政6(1823)年　江戸時代後期の漢詩人。
¶江人,コン

北条兼時* ほうじょうかねとき
文永1(1264)年～永仁3(1295)年　[別]北条時業(ほうじょうときなり)　鎌倉時代後期の武将。モンゴル襲来に備え、軍事指揮。
¶コン

北条河内守* ほうじょうかわちのかみ
生没年不詳　安土桃山時代の織田信長の家臣。
¶織田

北条玉洞 ほうじょうぎょくどう
江戸時代後期～大正時代の日本画家。
¶美画([生]嘉永3(1850)年9月2日　[没]大正12(1923)年)

宝生九郎〔16代〕* ほうしょうくろう
天保8(1837)年～大正6(1917)年3月9日　[別]宝生九郎知栄,宝生九郎知栄〔16代〕(ほうしょうくろうともはる)　江戸時代末期～明治時代の能楽師。シテ方宝生流16代宗家。
¶コン(代数なし),新能(宝生九郎知栄〔16世〕　ほうしょうくろうともはる　[生]天保8(1837)年6月8日),幕末(代数なし　[生]天保8(1837)年6月8日)

宝生九郎知栄,宝生九郎知栄〔16代〕 ほうしょうくろうともはる
⇒宝生九郎〔16代〕(ほうしょうくろう)

北条幻庵* ほうじょうげんあん
明応2(1493)年～天正17(1589)年　[別]北条宗哲(ほうじょうそうてつ),北条長綱(ほうじょうながつな)　戦国時代～安土桃山時代の別当、大名北条氏の武将。
¶後北(宗哲〔北条〕　そうてつ　[没]天正17年11月1日),全戦(北条宗哲　ほうじょうそうてつ　[生]?),戦武,室町(北条長綱　ほうじょうながつな)

北条源五郎 ほうじょうげんごろう
安土桃山時代の武士、武蔵国岩付城主。国増丸。北条氏政の三男。
¶後北(源五郎〔北条〕　げんごろう　[生]永禄7・8年頃　[没]天正10年7月8日)

北条維貞 ほうじょうこれさだ
⇒大仏維貞(おさらぎこれさだ)

北条貞顕 ほうじょうさだあき
⇒金沢貞顕(かねさわさだあき)

坊城定資 ぼうじょうさだすけ
⇒吉田定資(よしださだすけ)

北条貞時* ほうじょうさだとき
文永8(1271)年～応長1(1311)年10月26日　鎌倉時代後期の鎌倉幕府第9代の執権(在職1284～1301)。時宗の子。得宗専制を確立。
¶コン,中世,内乱,山小([没]1311年10月26日)

北条貞直 ほうじょうさだなお
⇒大仏貞直(おさらぎさだなお)

北条貞将 ほうじょうさだまさ
⇒金沢貞将(かねざわさだまさ)

北条貞宗 ほうじょうさだむね
⇒大仏維貞(おさらぎこれさだ)

北条貞将 ほうじょうさだゆき
⇒金沢貞将(かねざわさだまさ)

北条貞義 ほうじょうさだよし
⇒糸田貞義(いとださだよし)

北条実時* ほうじょうさねとき
元仁1(1224)年～建治2(1276)年　[別]金沢実時(かなざわさねとき,かねさわさねとき,かねざわさねとき),称名寺殿(しょうみょうじどの)　鎌倉時代前期の武将。金沢文庫を創設。
¶コン(金沢実時　かねざわさねとき),思想(金沢実時　かねざわさねとき),中世,内乱,山小(金沢実時　かねざわさねとき　[没]1276年10月23日)

北条実政* ほうじょうさねまさ
建長1(1249)年～乾元1(1302)年　[別]金沢実政(かなざわさねまさ,かねさわさねまさ,かねざわさねまさ)　鎌倉時代後期の武将、長門・周防両国守

ほ

護、鎮西探題。

¶コン

北条三郎*　ほうじょうさぶろう

？～永禄3(1560)年7月20日　戦国時代～安土桃山時代の北条氏の一族。

¶後北(三郎〔北条〕　さぶろう)

北条三郎室　ほうじょうさぶろうしつ

戦国時代～安土桃山時代の女性。北条宗哲の末娘。のち北条氏光と再婚。

¶後北(三郎室〔北条〕　さぶろうしつ)

北条氏為　ほうじょうしい

江戸時代後期の代官。

¶徳代([生]？　[没]嘉永6(1853)年11月29日)

北条重時*　ほうじょうしげとき

建久9(1198)年～弘長1(1261)年　[別]極楽寺重時(ごくらくじしげとき)　鎌倉時代前期の武将。鎌倉幕府執権義時の3男。

¶コン,中世,内乱,山小([生]1198年6月6日　[没]1261年11月3日)

北条繁広*　ほうじょうしげひろ

天正2(1574)年～慶長17(1612)年　安土桃山時代～江戸時代前期の武将。

¶後北(繁広〔北条〕　しげひろ　[没]慶長17年6月8日)

北条氏郷　ほうじょうしごう

江戸時代末期の代官。

¶徳代(生没年不詳)

法性寺為信　ほうじょうじためのぶ

⇒藤原為信(ふじわらのためのぶ)

法性寺親忠*　ほうじょうじちかただ

生没年不詳　室町時代の公卿(非参議)。非参議法性寺親長の子。

¶公卿,公家(親忠〔法性寺家(絶家)〕　ちかただ)

法性寺親継*　ほうじょうじちかつぐ

生没年不詳　室町時代の公卿(非参議)。非参議法性寺親春の子。

¶公卿,公家(親継〔法性寺家(絶家)〕　ちかつぐ)

法性寺親長*　ほうじょうじちかなが

延慶2(1309)年～？　[別]藤原親長(ふじわらちかなが)　鎌倉時代後期～南北朝時代の公卿(非参議)。法性寺家の祖。非参議藤原親康の子。

¶公卿,公家(親長〔法性寺家(絶家)〕　ちかなが)

法性寺親信*　ほうじょうじちかのぶ

生没年不詳　室町時代の公卿(非参議)。非参議法性寺親忠の子。

¶公卿,公家(親信〔法性寺家(絶家)〕　ちかのぶ)

法性寺親春*　ほうじょうじちかはる

生没年不詳　南北朝時代～室町時代の公卿(非参議)。非参議法性寺親長の子。

¶公卿,公家(親春〔法性寺家(絶家)〕　ちかはる)

法性寺親宗*　ほうじょうじちかむね

生没年不詳　室町時代の公卿(非参議)。非参議法性寺親継の子。

¶公卿,公家(親宗〔法性寺家(絶家)〕　ちかむね)

宝生新朔*　ほうしょうしんさく

天保7(1836)年～明治31(1898)年3月11日　江戸時代末期～明治時代の能楽師、宝生流ワキ方。

¶新能

宝生新次郎　ほうしょうしんじろう

安土桃山時代の能役者。小田原城下で北条氏の庇護を受けた。

¶後北(新次郎〔宝生〕　しんじろう)

北条新太郎　ほうじょうしんたろう

江戸時代後期～末期の幕臣。

¶徳人(生没年不詳)

北条角麿　ほうじょうすみまろ

⇒北条角磨(ほうじょうかくま)

北条早雲*　ほうじょうそううん

康正2(1456)年～永正16(1519)年　[別]伊勢長氏(いせおさうじ,いせながうじ),伊勢新九郎(いせしんくろう),伊勢早雲(いせそううん),伊勢宗瑞(いせそうずい),伊勢盛時(いせもりとき),早雲庵宗瑞(そううんあんそうずい),宗瑞(そうずい),天岳(てんがく),北条長氏(ほうじょうながうじ)　室町時代～戦国時代の武将。後北条氏の初代。堀越公方を滅ぼし小田原城を本拠地とする。戦国大名北条氏の基礎を築いた。

¶後北(盛時〔北条〕　もりとき　[没]永正16年8月15日),コン([生]永享4(1432)年),全戦(伊勢盛時　いせもりとき　[生]康正2(1456)年？),戦武(伊勢盛時　いせもりとき),中世([生]1432年),室町([生]？),山小([生]1432年[没]1519年8月15日)

北条早雲の妻(前室)*　ほうじょうそううんのつま

？～明応1(1492)年？　室町時代～戦国時代の女性。小笠原備前守の娘。

¶後北(政清娘〔小笠原(2)〕　まさきよむすめ),後北(伊勢宗瑞室〔北条〕　いせそうずいしつ)

北条宗哲　ほうじょうそうてつ

⇒北条幻庵(ほうじょうげんあん)

北条高家*　ほうじょうたかいえ

？～元弘3/正慶2(1333)年　[別]名越高家(なごえたかいえ,なごしたかいえ)　鎌倉時代後期の武将。父は北条氏一族の名越貞家。尾張守。

¶中世(名越高家　なごえたかいえ),室町(名越高家　なごえたかいえ　[没]元弘3(1333)年)

北条高時*　ほうじょうたかとき

嘉元1(1303)年～元弘3/正慶2(1333)年　鎌倉時代後期の鎌倉幕府第14代の執権(在職1316～1326)。時宗の孫、貞時の子。得宗家の嫡流として期待されたが、政務を顧みず遊興にふける。新田義貞に攻められ自刃。

¶コン,中世,内乱([没]正慶2/元弘3(1333)年),室町([没]元弘3(1333)年),山小([没]1333年5月22日)

坊城伸子*　ぼうじょうただこ

天保1(1830)年～*　江戸時代後期の女性。孝明天皇の宮人。

¶天皇([生]天保1(1830)年2月14日　[没]嘉永3(1850)年12月17日)

北条龍千代　ほうじょうたつちよ

安土桃山時代の北条氏規の次男。勘十郎・龍千代。

¶後北(龍千代〔北条〕　たつちよ　[没]慶長5年1月21日)

北条為時　ほうじょうためとき

⇒北条時定(ほうじょうときさだ)

北条為昌*　ほうじょうためまさ

？～天文11(1542)年　戦国時代の武将。

¶後北(為昌〔北条〕　ためまさ　[生]永正17年　[没]天文11年5月3日),全戦([生]永正17(1520)年)

北条団水* ほうじょうだんすい
寛文3(1663)年～正徳1(1711)年 [別]団水(だんすい) 江戸時代中期の俳人、浮世草子作者。井原西鶴の門人、談林俳諧師。
¶コン,俳文(団水 だんすい [没]宝永8(1711)年1月8日)

北条ちよ ほうじょうちよ
戦国時代の女性。駿河国葛山城城主葛山氏元の正室。北条氏綱の娘。
¶後北(ちよ〔北条〕 [生]大永6年)

北条長順 ほうじょうちょうじゅん
安土桃山時代の武士。覚胤。箱根少将・融深。宗哲の三男。
¶後北(長順〔北条〕 ちょうじゅん [没]永禄12年12月6日)

北条綱成* ほうじょうつなしげ
永正12(1515)年～天正15(1587)年 [別]上総入道(かずさにゅうどう), 福島綱成(くしまつなしげ), 道感(どうかん), 北条綱成(ほうじょうつななり) 戦国時代～安土桃山時代の武将。相模国玉縄城第3代城主。
¶後北(綱成〔北条〕 つなしげ [没]天正15年5月6日), コン([生]永正13(1516)年), 全戦, 戦武(ほうじょうつなしげ(つななり))

北条綱成 ほうじょうつななり
⇒北条綱成(ほうじょうつなしげ)

北条綱房* ほうじょうつなふさ
生没年不詳 戦国時代の北条氏の家臣。
¶後北(綱房〔北条〕 つなふさ)

北条経時* ほうじょうつねとき
元仁1(1224)年～寛元4(1246)年 鎌倉時代前期の鎌倉幕府第4代の執権(在職1242～1246)。泰時の孫、時氏の子。
¶コン,中世,内乱,山小([没]1246年閏4月1日)

北条登子 ほうじょうとうし
⇒赤橋登子(あかはしとうし)

北条時章 ほうじょうときあき
⇒北条時章(ほうじょうときあきら)

北条時章* ほうじょうときあきら
建保3(1215)年～文永9(1272)年 [別]江間時章(えまときあき), 名越時章(なごえときあき, なごえときあきら), 北条時章(ほうじょうときあき) 鎌倉時代前期の武将。名越朝時の子。
¶内乱(名越時章 なごえときあき)

北条時有* ほうじょうときあり
？～元弘3/正慶2(1333)年 鎌倉時代後期の武士。
¶室町(名越時有 なごえときあり 生没年不詳)

北条時氏* ほうじょうときうじ
建仁3(1203)年～寛喜2(1230)年 鎌倉時代前期の武将。六波羅探題北方。
¶コン,内乱

北条時興 ほうじょうときおき
⇒北条泰家(ほうじょうやすいえ)

北条時国* ほうじょうときくに
？～弘安7(1284)年 鎌倉時代後期の六波羅探題。時貞の子。左近将監。
¶コン([生]弘長3(1263)年)

北条時定*(1) ほうじょうときさだ
久安1(1145)年～建久4(1193)年 [別]平時定(たいらのときさだ) 平安時代後期の武将。源頼朝の挙兵に参加。
¶古人(平時定 たいらのときさだ), コン, 平家

北条時定*(2) ほうじょうときさだ
？～正応3(1290)年 [別]北条為時(ほうじょうためとき) 鎌倉時代後期の武将。肥前国守護。
¶コン([没]正応3(1290)年？)

北条時茂* ほうじょうときしげ
仁治2(1241)年～文永7(1270)年1月27日 [別]極楽寺時茂(ごくらくじときしげ), 北条時茂(ほうじょうときもち) 鎌倉時代前期の武士。六波羅探題北方。「続古今和歌集」などに入集。
¶コン

北条時輔* ほうじょうときすけ
宝治2(1248)年5月28日～文永9(1272)年 鎌倉時代前期の六波羅探題。
¶コン,中世,内乱

北条時忠 ほうじょうときただ
⇒大仏宣時(おさらぎのぶとき)

北条時連 ほうじょうときつら
⇒北条時房(ほうじょうときふさ)

北条時直* ほうじょうときなお
？～元弘3/正慶2(1333)年 [別]金沢時直(かねさわときなお, かねざわときなお) 鎌倉時代後期の武将、大隅国守護、周防・長門守護。
¶コン(生没年不詳)

北条時業 ほうじょうときなり
⇒北条兼時(ほうじょうかねとき)

北条時房* ほうじょうときふさ
安元1(1175)年～延応2(1240)年1月24日 [別]平時房(たいらのときふさ), 北条時連(ほうじょうときつら) 鎌倉時代前期の武士。北条時政の子。
¶古人(平時房 たいらのときふさ), コン([没]仁治1(1240)年), 中世, 内乱([没]仁治1(1240)年), 平家, 山小([没]1240年1月24日)

北条時政* ほうじょうときまさ
保延4(1138)年～建保3(1215)年 [別]平時政(たいらのときまさ) 平安時代後期～鎌倉時代前期の武将・鎌倉幕府初代の執権(在職1203～1205)。源頼朝の妻政子の父。頼朝の旗上げから協力して幕府の基盤を築く。2代将軍頼家を謀殺し、3代将軍実朝も除こうとしたが失敗。2代執権義時により引退させられた。
¶古人(平時政 たいらのときまさ), コン, 中世, 内乱, 平家, 山小([没]1215年1月6日)

北条時益* ほうじょうときます
？～元弘3/正慶2(1333)年 鎌倉時代後期の六波羅探題。左近将監。
¶コン, 内乱([没]正慶2/元弘3(1333)年)

北条時宗* ほうじょうときむね
建長3(1251)年～弘安7(1284)年 [別]相模太郎(さがみたろう) 鎌倉時代後期の鎌倉幕府第8代の執権(在職1268～1284)。時頼の子。得宗家の嫡流として期待されて執権に就任、元寇を撃退したが、同時に得宗家の専制体制も確立。
¶コン, 対外, 中世, 内乱, 山小([生]1251年5月15日 [没]1284年4月4日)

北条時村* ほうじょうときむら
仁治3(1242)年～嘉元3(1305)年　鎌倉時代後期の御家人(連署)。六波羅探題北方。
¶コン

北条時茂 ほうじょうときもち
⇒北条時茂(ほうじょうときしげ)

北条時盛* ほうじょうときもり
建久8(1197)年～建治3(1277)年　鎌倉時代前期の武士。北条時房の子。六波羅探題南方。
¶コン

北条時行* ほうじょうときゆき
？～正平8/文和2(1353)年5月20日　南北朝時代の武将。北条高時の2男。中先代の乱を起こす。
¶コン,中世,内乱([没]文和2(1353)年),室町,山小([没]1353年5月20日)

北条時頼* ほうじょうときより
安貞1(1227)年～弘長3(1263)年　[別]最明寺殿(さいみょうじどの),最明寺入道殿(さいみょうじにゅうどうどの)　鎌倉時代前期の鎌倉幕府第5代の執権(在職1246～1256)。時氏の子で経時の弟。執権政治の強化充実に努め、皇族将軍を擁立し、宝治合戦で三浦氏を倒し、また引付衆を新設した。
¶コン,中世,内乱,山小([生]1227年5月14日　[没]1263年11月22日)

坊城俊顕* ぼうじょうとしあき
嘉吉3(1443)年～文明3(1471)年5月10日　室町時代の公卿(権中納言)。権大納言坊城俊秀の子。
¶公卿,公家(俊顕〔坊城家〕　としあき)

坊城俊昌* ぼうじょうとしあき
天正10(1582)年～慶長14(1609)年8月17日　安土桃山時代～江戸時代前期の公家(参議)。准大臣勧修寺晴豊の三男。
¶公卿,公家(俊昌〔坊城家〕　としあき　[生]天正？(1582)年)

坊城俊明 ぼうじょうとしあき
⇒坊城俊明(ぼうじょうとしあきら)

坊城俊明* ぼうじょうとしあきら
天明2(1782)年～万延1(1860)年　[別]坊城俊明(ぼうじょうとしあき)　江戸時代後期の公家(権大納言)。権大納言坊城俊親の子。
¶公卿(ぼうじょうとしあき　[生]天明2(1782)年1月19日　[没]万延1(1860)年5月26日),公家(俊明〔坊城家〕　としあきら　[生]天明2(1782)年1月19日　[没]万延1(1860)年5月26日),幕末([生]天明2(1782)年1月19日　[没]万延1(1860)年5月26日)

坊城俊章 ぼうじょうとしあや
江戸時代末期～明治時代の公卿。
¶コン([生]弘化4(1847)年　[没]明治39(1906)年)

坊城俊方* ぼうじょうとしかた
寛文2(1662)年10月3日～？　江戸時代中期の公家(参議)。権大納言坊城俊広の子。
¶公卿,公家(俊方〔坊城家〕　としかた)

坊城俊克* ぼうじょうとしかつ
享和2(1802)年～慶応1(1865)年　江戸時代末期の公家(権大納言)。権大納言坊城俊明の子。
¶公卿([生]享和2(1802)年9月11日　[没]慶応1(1865)年7月20日),公家(俊克〔坊城家〕　としかつ　[生]享和2(1802)年9月11日　[没]慶応1(1865)年7月20日),コン,幕末([生]享和2(1802)年9月11日　[没]慶応1(1865)年7月20日)

坊城俊清* ぼうじょうとしきよ
寛文7(1667)年1月3日～寛保3(1743)年　江戸時代中期の公家(権大納言)。権大納言坊城俊広の子。
¶公卿([没]寛保3(1743)年6月29日),公家(俊清〔坊城家〕　としきよ　[没]寛保3(1743)年6月30日)

坊城俊完* ぼうじょうとしさだ
慶長14(1609)年11月27日～寛文2(1662)年1月2日　江戸時代前期の公家(権大納言)。参議坊城俊昌の子。
¶公卿,公家(俊完〔坊城家〕　としさだ)

坊城俊定* ぼうじょうとしさだ
建長4(1252)年～延慶3(1310)年12月4日　鎌倉時代後期の公卿(権大納言)。坊城家の祖。中納言吉田経俊の子。
¶公卿,公家(俊定〔勧修寺家〕　としさだ)

坊城俊実* ぼうじょうとしざね
永仁4(1296)年～正平5/観応1(1350)年2月23日　鎌倉時代後期～南北朝時代の公卿(権中納言)。権大納言坊城俊定の孫。
¶公卿([没]観応1/正平5(1350)年2月23日),公家(俊実〔坊城家〕　としざね　[没]貞和6(1350)年2月23日)

坊城俊将 ぼうじょうとしただ
⇒坊城俊将(ぼうじょうとしまさ)

坊城俊政* ぼうじょうとしただ
文政9(1826)年～明治14(1881)年　江戸時代末期～明治時代の公家、参議、参与。明治天皇元服奉行、大阪行幸奉行など主に行事典礼を担当。
¶公卿([生]文政9(1826)年8月22日　[没]明治14(1881)年9月),公家(俊政〔坊城家〕　としただ　[没]明治14(1881)年9月16日),幕末([生]文政9(1826)年8月21日　[没]明治14(1881)年9月16日)

坊城俊親* ぼうじょうとしちか
宝暦7(1757)年8月24日～寛政12(1800)年12月22日　江戸時代中期～後期の公家(権大納言)。権中納言坊城俊逸の子。
¶公卿,公家(俊親〔坊城家〕　としちか)

坊城俊任* ぼうじょうとしとう
建武3/延元1(1336)年～？　南北朝時代～室町時代の公卿(権大納言)。権中納言坊城俊冬の子。
¶公卿,公家(俊任〔坊城家〕　としとう　[生]1346年)

坊城俊名* ぼうじょうとしな
寛正4(1463)年～天文9(1540)年　戦国時代の公卿(権中納言)。権中納言勧修寺経茂の子。
¶公卿([没]天文9(1540)年6月23日),公家(俊名〔坊城家〕　としな　[没]天文9(1540)年6月23日)

坊城俊逸* ぼうじょうとしはや
享保12(1727)年～安永2(1773)年　江戸時代中期の公家(権中納言)。権大納言坊城俊将の子。
¶公卿([生]享保12(1727)年2月23日　[没]安永2(1773)年1月27日),公家(俊逸〔坊城家〕　としはや　[生]享保12(1727)年2月23日　[没]安永2(1773)年1月27日),コン

坊城俊秀* ぼうじょうとしひで
応永30(1423)年～寛正6(1465)年6月6日　室町時代の公卿(権大納言)。権大納言坊城俊任の曽孫。
¶公卿,公家(俊秀〔坊城家〕　としひで)

坊城俊広* ぼうじょうとしひろ
江戸時代前期～中期の公家(権大納言)。権大納言坊城俊完の子。
¶公卿([生]寛永4(1627)年　[没]元禄15(1703)年3月3日),公家(俊広〔坊城家〕　としひろ　[生]1626年　[没]元禄

15（1702）年3月3日）

坊城俊冬* ぼうじょうとしふゆ
元応1（1319）年～正平22/貞治6（1367）年3月23日 南北朝時代の公卿（権中納言）。権中納言坊城俊実の子。
¶公卿（[没]貞治6/正平22（1367）年3月23日），公家（俊冬〔坊城家〕 としふゆ [没]貞治6（1367）年3月23日）

坊城俊将* ぼうじょうとしまさ
元禄12（1699）年10月23日～寛延2（1749）年 [別]坊城俊将（ぼうじょうとしただ） 江戸時代中期の公家（権大納言）。権中納言勧修寺俊将の末子。
¶公卿（[没]寛延2（1749）年1月1日），公家（俊将〔坊城家〕 としまさ [没]寛延2（1749）年1月2日）

北条朝時* ほうじょうともとき
建久4（1193）年～寛元3（1245）年 [別]名越朝時（なごえともとき） 鎌倉時代前期の武士。北条義時の次男。
¶内乱（名越朝時 なごえともとき [生]建久5（1194）年）

北条朝直 ほうじょうともなお
⇒大仏朝直（おさらぎともなお）

北条直定 ほうじょうなおさだ
安土桃山時代の武士。氏定。少三郎・新太郎。北条氏政の六男。武蔵国鉢形城城主北条氏邦の養子。
¶後北（直定〔北条〕 なおさだ）

北条直重* ほうじょうなおしげ
生没年不詳 戦国時代の北条氏の家臣。
¶後北（直重〔北条〕 なおしげ）

北条長氏 ほうじょうながうじ
⇒北条早雲（ほうじょうそううん）

北条長綱 ほうじょうながつな
⇒北条幻庵（ほうじょうげんあん）

北条仲時* ほうじょうなかとき
徳治1（1306）年～元弘3/正慶2（1333）年 鎌倉時代後期の六波羅探題。
¶コン，内乱（[没]正慶2/元弘3（1333）年），室町（[没]元弘3（1333）年）

北条長時* ほうじょうながとき
*～文永1（1264）年8月21日 [別]極楽寺長時（ごくらくじながとき） 鎌倉時代前期の鎌倉幕府第6代の執権（在職1256～1264）。義時の孫、重時の子。
¶コン（[生]寛喜1（1229）年），中世（[生]1230年），内乱（[生]寛喜2（1230）年），山小（[生]1230年2月27日 [没]1264年8月21日）

北条業時* ほうじょうなりとき
仁治2（1241）年～弘安10（1287）年 鎌倉時代後期の武将。鎌倉極楽寺の多宝塔造営の発願者。
¶コン

蓬生尼 ほうしょうに★
江戸時代中期の女性。俳諧。尾張の人。元禄14年刊、芝莚閣寄木編『枕かけ』に載る。
¶江表（蓬生尼（愛知県））

北条宣時 ほうじょうのぶとき
⇒大仏宣時（おさらぎのぶとき）

北条教時* ほうじょうのりとき
嘉禎1（1235）年～文永9（1272）年 [別]名越教時（なごえのりとき） 鎌倉時代前期の武将。
¶内乱（名越教時 なごえのりとき）

北条久時* ほうじょうひさとき
文永9（1272）年～徳治2（1307）年 [別]赤橋久時（あかはしひさとき，あかばしひさとき） 鎌倉時代後期の武将。寄合衆兼官途奉行として幕政の中枢に参画。
¶コン

北条英時 ほうじょうひでとき
⇒赤橋英時（あかはしひでとき）

北条煕時*（北条熈時，北条凞時，北条熙時） ほうじょうひろとき
弘安2（1279）年～正和4（1315）年7月18日 鎌倉時代後期の鎌倉幕府第12代の執権（在職1312～1315）。政村の曽孫。
¶コン（北条熙時），中世

坊城房子* ぼうじょうふさこ
承応1（1652）年～延宝4（1676）年 [別]藤原房子（ふじわらのほうし） 江戸時代前期の女性。霊元天皇の宮人。
¶天皇（藤原房子 ふじわらのほうし・ふさこ [没]延宝4（1676）年7月29日）

北条政顕* ほうじょうまさあき
文永6（1269）年～？ [別]金沢政顕（かねざわまさあき） 鎌倉時代後期の鎮西探題、肥前、肥後、豊前各国守護も兼帯。
¶コン

北条政子* ほうじょうまさこ
久寿3（1156）年～元仁2（1225）年 [別]尼将軍（あましょうぐん），平政子（たいらのまさこ，たいらまさこ） 平安時代後期～鎌倉時代前期の鎌倉幕府の尼将軍。
¶古人（平政子 たいらのまさこ），コン（[生]保元2（1157）年 [没]嘉禄1（1225）年），女史，中世（[生]1157年），内乱（[生]保元1（1156）年 [没]嘉禄1（1225）年），平家（[生]保元2（1157）年 [没]嘉禄1（1225）年），山小（[生]1157年 [没]1225年7月11日）

北条正房 ほうじょうまさふさ
⇒北条氏長（ほうじょううじなが）

北条政村* ほうじょうまさむら
元久2（1205）年～文永10（1273）年 鎌倉時代前期の鎌倉幕府第7代の執権（在職1264～1268）。義時の子。
¶コン，中世，内乱，山小（[生]1205年6月22日 [没]1273年5月27日）

北条松千代丸 ほうじょうまつちよまる
戦国時代の人。北条氏との親子関係は未詳。または北条氏政の幼名か。
¶後北（松千代丸〔北条〕 まつちよまる）

北条光時 ほうじょうみつとき
⇒名越光時（なごえみつとき）

北条宗方* ほうじょうむねかた
弘安1（1278）年～嘉元3（1305）年5月4日 鎌倉時代後期の武将。父は宗頼。
¶コン

北条宗時* ほうじょうむねとき
？～治承4（1180）年 [別]平宗時（たいらのむねとき） 平安時代後期の武士。
¶古人（平宗時 たいらのむねとき），平家

北条宗宣 ほうじょうむねのぶ
⇒大仏宗宣（おさらぎむねのぶ）

北条元氏　ほうじょうもとうじ
江戸時代前期～中期の幕臣。
¶徳人([生]1638年　[没]1702年)

北条基時*　ほうじょうもとときき
？～元弘3/正慶2(1333)年　[別]普恩寺基時(ふおんじもとときき)　鎌倉時代後期の鎌倉幕府第13代の執権(在職1315)。時兼の子。
¶コン([生]弘安8(1285)年？　[没]正慶2/元弘3(1333)年),中世([生]1286年)

北条盛定　ほうじょうもりさだ
室町時代～戦国時代の室町幕府の奉公衆。盛次。新左衛門尉・備中守・備前守・備中入道正鎮。伊勢宗瑞(北条早雲)の父。将軍足利家の家臣。
¶後北(盛定〔北条〕　もりさだ)

北条守時　ほうじょうもりとき
⇒赤橋守時(あかはしもりとき)

北条師時*　ほうじょうもろとき
建治1(1275)年～応長1(1311)年　鎌倉時代後期の鎌倉幕府第10代の執権(在職1301～1311)。時頼の孫、宗政の子。
¶コン,中世

北条泰家*　ほうじょうやすいえ
生没年不詳　[別]北条時興(ほうじょうときおき)　鎌倉時代後期の武将。北条貞時と安達泰宗の娘の子。
¶コン,中世,室町

北条泰時*　ほうじょうやすとき
寿永2(1183)年～仁治3(1242)年6月15日　鎌倉時代前期の鎌倉幕府第3代の執権(在職1224～1242)。義時の長男。和田義盛の乱、承久の乱に活躍。六波羅探題の後執権に就任。連署・評定衆を創設し、また後成敗式目を制定するなど幕府制度の確立に尽力した。
¶古人(平泰時　たいらのやすとき),コン,思想,中世,内乱,山小([没]1242年6月15日)

北条随時*　ほうじょうゆきとき
？～元亨1(1321)年　鎌倉時代後期の鎮西探題。
¶コン

北条義時*　ほうじょうよしとき
長寛1(1163)年～元仁1(1224)年　[別]江間小四郎(えまこしろう),平義時(たいらのよしとき)　平安時代後期～鎌倉時代前期の鎌倉幕府第2代の執権(在職1205～1224)。時政の2男。父時政を引退させた後、源氏勢力・有力御家人を次第に排斥し専権を握る。承久の乱の平定の立役者。また摂家将軍を実現させた。
¶古人(平義時　たいらのよしとき),コン,中世,内乱,平家,山小([没]1224年6月13日)

北条義政*　ほうじょうよしまさ
仁治3(1242)年～弘安4(1281)年11月27日　[別]塩田義政(しおだよしまさ)　鎌倉時代後期の御家人(連署)。北条重時の子。
¶コン,中世

宝心*　ほうしん
寛治6(1092)年～承安4(1174)年9月1日　平安時代後期の真言宗の僧。理性院流宝心方の祖。
¶密教([没]1174年9月1日)

法心　ほうしん★
江戸時代中期の女性。和歌。摂津住吉の歌人渡辺正員の娘。正徳2年奉納、蘆錐軒高倫序「蟻通奉納百首和歌」に載る。
¶江表(法心(大阪府))

法進*　ほうしん,ほうじん
唐・景竜3(709)年～宝亀9(778)年9月29日　[別]法進(はっしん,ほっしん)　奈良時代の律宗の渡来僧。鑑真に師事。
¶古人(ほっしん　生没年不詳),古代,対外(はっしん)

法心院　ほうしんいん
⇒おこんの方(おこんのかた)

芳心院(1)　ほうしんいん
⇒お琴の方(おことのかた)

芳心院(2)　ほうしんいん
⇒お美尾の方(おみおのかた)

望翠*　ぼうすい
？～宝永2(1705)年　江戸時代前期～中期の俳人(蕉門)。
¶俳文([生]明暦3(1657)年　[没]宝永2(1705)年8月24日)

坊主小兵衛*　ぼうずこへえ
生没年不詳　江戸時代中期の歌舞伎役者。延宝末～元禄6年頃に活躍。
¶コン

法勢　ほうせ
⇒法勢(ほうせい)

法勢*　ほうせい
生没年不詳　[別]法勢(ほうせ,ほっせい)　平安時代前期の天台宗の僧。
¶古人,古代(ほっせい)

法成　ほうせい
⇒法成(ほうじょう)

鳳栖玄梁　ほうせいげんりょう
戦国時代の臨済宗妙心寺派の僧。岐秀・希庵の法兄。
¶武田(生没年不詳)

朋誠堂喜三二*　ほうせいどうきさんじ
享保20(1735)年～文化10(1813)年　[別]浅黄裏成(あさぎのうらなり),喜三二(きさんじ),月成(つきなり),手柄岡持(てがらのおかもち)　江戸時代中期～後期の黄表紙・洒落本・狂歌師。
¶江人,コン,俳文(月成　つきなり　[生]享保20(1735)年閏3月21日　[没]文化10(1813)年5月20日)

方設　ほうせつ
江戸時代前期～中期の俳諧師。芳沢氏。
¶俳文([生]寛文7(1667)年　[没]延享3(1746)年11月26日)

鳳山等膳　ほうせんとうぜん
⇒鳳山等膳(ほうざんとうぜん)

芳船の母　ほうせんのはは★
江戸時代中期の女性。俳諧。美作久世の人。宝永6年序、杉山輪雪編『星会集』に載る。
¶江表(芳船の母(岡山県))

法蔵*(1)　ほうぞう
生没年不詳　飛鳥時代の百済の渡来僧。陰陽博士。
¶古人,古代

法蔵*(2)　ほうぞう
奈良時代の勧進僧。
¶古代

法蔵*(3)　ほうぞう
奈良時代の東大寺の僧。
¶古代

法蔵*(4)　ほうぞう
奈良時代の僧、鑑真の弟子。
¶古人(生没年不詳), 古代

法蔵(5)　ほうぞう
奈良時代の僧。
¶古人(生没年不詳)

法蔵*(6)　ほうぞう
延喜5(905)年～安和2(969)年　平安時代中期の法相・真言宗の僧。東大寺別当。
¶古人, コン([生]?)

法蔵(7)　ほうぞう
東大寺法相宗の僧。僧都。
¶古人(生没年不詳)

宝蔵院胤栄*　ほうぞういんいんえい
大永1(1521)年～慶長12(1607)年　[別]胤栄(いんえい), 覚禅坊(かくぜんぼう)　戦国時代～安土桃山時代の宝蔵院槍術の祖。興福寺宝蔵院主覚禅房印胤栄。
¶コン, 全戦

豊蔵坊信海*　ほうぞうぼうしんかい
寛永3(1626)年～元禄1(1688)年　[別]信海(しんかい)　江戸時代前期の狂歌師。
¶俳文(信海　しんかい　[没]貞享5(1688)年9月13日)

宝台院　ほうだいいん
⇒西郷局(さいごうのつぼね)

鳳潭*　ほうたん
万治2(1659)年～元文3(1738)年　[別]僧濬(そうしゅん)　江戸時代前期～中期の華厳宗の学僧。
¶コン([生]承応3(1654)年), 思想

法智*　ほうち
奈良時代の僧、鑑真の弟子。
¶古人(生没年不詳), 古代

豊智*　ほうち
弘仁12(821)年～?　平安時代前期の僧。
¶古人, 古代

宝池院　ほうちいん
⇒お宇多の方(おうたのかた)

宝池院お宇多　ほうちいんおうた
⇒お宇多の方(おうたのかた)

鳳茶　ほうちゃ★
江戸時代中期の女性。俳諧。甲斐の人。明和6年序、秦娥・久住共撰『みをつくし』に載る。
¶江表(鳳茶(山梨県))

房忠*　ぼうちゅう
天長9(832)年～寛平5(893)年　平安時代前期の興福寺の僧。
¶古人, 古代

抱亭五清*　ほうていごせい
?～天保6(1835)年　江戸時代後期の浮世絵師。
¶浮絵

法提郎媛　ほうていのいらつめ
⇒蘇我法提郎媛(そがのほほてのいらつめ)

法提郎媛　ほうてのいらつめ
⇒蘇我法提郎媛(そがのほほてのいらつめ)

法灯　ほうとう
⇒覚心(かくしん)

法道*　ほうどう
文化1(1804)年8月25日～文久3(1863)年3月23日　江戸時代末期の浄土宗の僧。
¶思想

宝憧院増円　ほうどういんぞうえん
戦国時代～安土桃山時代の大宮浅間神社の別当宝憧院の住持。
¶武田(生没年不詳)

法灯円明国師　ほうとうえんみょうこくし
⇒覚心(かくしん)

法道寺善*　ほうどうじぜん
文政3(1820)年～明治1(1868)年　[別]法道寺善(ほうどうじよし)　江戸時代末期の和算家。
¶科学([没]明治1(1868)年9月16日), 数学(ほうどうじよし　[没]明治1(1868)年9月16日)

法道寺善　ほうどうじよし
⇒法道寺善(ほうどうじぜん)

法道寺和十郎*　ほうどうじわじゅうろう
文政3(1820)年～明治1(1868)年　江戸時代末期の和算家。
¶幕末([没]明治1(1868)年9月16日)

法道仙　ほうどうせん
⇒法道仙人(ほうどうせんにん)

法道仙人*　ほうどうせんにん
[別]法道仙(ほうどうせん)　奈良時代の伝説上の仙人。
¶コン

望東尼　ぼうとうに
⇒野村望東(のむらぼうとう)

法如院　ほうにょいん
江戸時代後期の徳川家斉の男子。
¶徳将([没]享和2(1802)年7月5日)

法仁　ほうにん
⇒法仁法親王(ほうにんほっしんのう)

法忍*(1)　ほうにん
?～長徳1(995)年　平安時代中期の天台山門派の僧。
¶古人

法忍(2)　ほうにん★
江戸時代末期の女性。和歌。和泉の人。安政6年刊、伴林光平編『垣内摘草』に載る。
¶江表(法忍(大阪府))

法仁入道親王　ほうにんにゅうどうしんのう
⇒法仁法親王(ほうにんほっしんのう)

法仁法親王　ほうにんほうしんのう
⇒法仁法親王(ほうにんほっしんのう)

法仁法親王*　ほうにんほっしんのう
正中2(1325)年～正平7/文和1(1352)年　[別]法仁(ほうにん), 法仁入道親王(ほうにんにゅうどうしんのう), 法仁法親王(ほうにんほうしんのう)　南北朝時代の後醍醐天皇の皇子。

¶天皇（ほうにんほうしんのう　[生]正中1（1324）年/正中2（1325）年　[没]文和1/正平7（1352）年）

法然*　ほうねん

長承2（1133）年～建暦2（1212）年　[別]慧成大師（えじょうだいし），円光大師（えんこうだいし），黒谷上人（くろだにしょうにん），源空（げんくう），弘覚大師（こうかくだいし），慈教大師（じきょうだいし），東漸大師（とうぜんだいし），法然上人（ほうねんしょうにん），法然房（ほうねんぼう），明照大師（みょうしょうだいし）　平安時代後期～鎌倉時代前期の浄土宗の開祖。初め天台に学ぶが、のち専修念仏を唱え浄土宗を開く。旧仏教からの反発により流罪となったが、多くの信者により教義は広まった。著作に「選択本願念仏集」がある。

¶古人，コン，思想，女史，中世，内乱，平家（[没]建暦1（1211）年），山小（[生]1133年4月7日　[没]1212年1月25日）

ほ

豊然*　ほうねん

生没年不詳　[別]豊然（ぶねん）　平安時代前期の真言宗の僧。

¶古人（ぶねん）

法然上人　ほうねんしょうにん

⇒法然（ほうねん）

法然房　ほうねんぼう

⇒法然（ほうねん）

芳野宮内少輔　ほうのくないのしょう

⇒芳野宮内少輔（よしのくないしょう）

法福寺道龍　ほうふくじどうりゅう

⇒北畠道龍（きたばたけどうりゅう）

法明*(1)　ほうみょう

生没年不詳　[別]法明尼（ほうみょうに）　飛鳥時代の女性。高麗の比丘尼。

¶古代

法明(2)　ほうみょう

⇒法明尼（ほうみょうに）

法明尼*(1)　ほうみょうに

生没年不詳　[別]法明（ほうみょう）　飛鳥時代の女性。尼僧。

¶古代（法明　ほうみょう）

法明尼(2)　ほうみょうに

⇒法明（ほうみょう）

豊民子　ほうみんし★

江戸時代後期の女性。狂歌。文化11年序、四方滝水楼米人編『狂歌水薦集』に載る。

¶江表（豊民子（東京都））

方明*　ほうめい

？～文政5（1822）年　江戸時代中期～後期の俳人。

¶俳文（生没年不詳）

鳳鳴　ほうめい

江戸時代の女性。画。奥田氏。

¶江表（鳳鳴（大阪府））

坊門*(1)　ぼうもん

？～正治2（1200）年？　平安時代後期～鎌倉時代前期の女房。

¶古人

坊門(2)　ぼうもん

⇒坊門局（ぼうもんのつぼね）

坊門家清　ぼうもんいえきよ

鎌倉時代後期～南北朝時代の公家。坊門信兼の子。

¶公家（家清〔坊門家（絶家）〕　いえきよ　[生]1291年　[没]文和3（1354）年4月11日）

坊門院*　ぼうもんいん

治承1（1177）年～承元4（1210）年　[別]範子内親王（のりこないしんのう，はんしないしんのう）　平安時代後期～鎌倉時代前期の女性。高倉天皇の第1（第2とも）皇女範子内親王。

¶古人（範子内親王　のりこないしんのう），天皇（[生]治承1（1177）年11月　[没]承元4（1210）年4月12日）

坊門清忠*　ぼうもんきよただ

？～延元3/暦応1（1338）年3月21日　[別]藤原忠信（ふじわらのただのぶ）　鎌倉時代後期～南北朝時代の公卿（参議）。左近衛中将藤原俊輔の子。建武元年従二位・大蔵卿に任ぜられる。

¶公卿（[没]暦応1/延元3（1338）年3月21日），公家（清忠〔坊門家（絶家）〕　きよただ　[没]建武5（1338）年3月21日），コン，室町

坊門国通　ぼうもんくにみち

⇒藤原国通（ふじわらのくにみち）

坊門隆清*　ぼうもんたかきよ

仁安3（1168）年～建保2（1214）年　[別]藤原隆清（ふじわらたかきよ，ふじわらのたかきよ）　平安時代後期～鎌倉時代前期の公卿（参議）。中納言藤原経忠の曽孫。

¶公卿（[没]建保2（1214）年2月7日），公家（隆清〔坊門家（絶家）〕　たかきよ　[没]建保2（1214）年2月7日），古人（藤原隆清　ふじわらのたかきよ　[生]？），古人

坊門忠清*　ぼうもんただきよ

生没年不詳　[別]藤原忠清（ふじわらただきよ，ふじわらのただきよ）　鎌倉時代前期の公家。

¶古人

坊門忠信*　ぼうもんただのぶ

文治3（1187）年～？　[別]藤原忠信（ふじわらただのぶ，ふじわらのただのぶ）　鎌倉時代前期の公卿（権大納言）。非参議藤原信隆の孫。

¶公卿（藤原忠信　ふじわらのただのぶ），公家（忠信〔坊門家（絶家）〕　ただのぶ），古人（藤原忠信　ふじわらのただのぶ），古人，コン，内乱

坊門忠世*　ぼうもんただよ

？～正応4（1291）年10月24日　鎌倉時代後期の公卿（権中納言）。権中納言平時継の子。

¶公卿，公家（忠世〔平家（絶家）〕3〕　ただよ）

坊門為輔*　ぼうもんためすけ

正嘉2（1258）年～？　鎌倉時代後期の公卿（非参議）。非参議坊門頼基の次男。

¶公卿，公家（為輔〔坊門家（絶家）〕　ためすけ）

坊門為名　ぼうもんためな

⇒藤原為名（ふじわらのためな）

坊門親仲*　ぼうもんちかなか

建久5（1194）年～建長6（1254）年　鎌倉時代前期の公卿（非参議）。権中納言藤原親兼の次男。

¶公卿，公家（親仲〔水無瀬家〕　ちかなか）

坊門親信　ぼうもんちかのぶ

⇒藤原親信（ふじわらのちかのぶ）

坊門俊親*　ぼうもんとしちか

生没年不詳　鎌倉時代後期の公卿（非参議）。正四位下・左中将藤原俊輔の子。

¶公卿, 公家(俊親〔坊門家(絶家)〕　としちか)

坊門殿　ほうもんどの
⇒足利義詮(あしかがよしあきら)

坊門尼上*　ぼうもんのあまうえ
?～久安6(1150)年　平安時代後期の女性。民部卿藤原宗通妻。
¶古人

坊門局*(1)　ぼうもんのつぼね
生没年不詳　[別]平信業女(たいらののぶなりのむすめ)　平安時代後期の女性。後白河天皇の宮人。
¶天皇(平信業女　たいらののぶなりのむすめ)

坊門局*(2)　ぼうもんのつぼね
生没年不詳　[別]坊門(ぼうもん), 坊門信清女(ぼうもんのぶきよのむすめ)　鎌倉時代前期の女性。後鳥羽天皇の宮人。
¶古人(坊門　ぼうもん), 天皇(坊門信清女　ぼうもんのぶきよのむすめ)

坊門局女　ぼうもんのつぼねのむすめ
鎌倉時代後期～南北朝時代の女性。後醍醐天皇の皇女。
¶天皇

坊門信家*　ぼうもんのぶいえ
?～文永11(1274)年6月1日　鎌倉時代前期の公卿(非参議)。権大納言藤原忠信の子。
¶公卿, 公家(信家〔坊門家(絶家)〕　のぶいえ)

坊門信兼*　ぼうもんのぶかね
?～元応2(1320)年　鎌倉時代後期の公卿(非参議)。非参議坊門信家の三男。
¶公卿, 公家(信兼〔坊門家(絶家)〕　のぶかね)

坊門信清*　ぼうもんのぶきよ
平治1(1159)年～建保4(1216)年　[別]藤原信清(ふじわらののぶきよ, ふじわらのぶきよ)　平安時代後期～鎌倉時代前期の公卿(内大臣)。坊門家の祖。中納言藤原経忠の曽孫。
¶公卿([没]?), 公家(信清〔坊門家(絶家)〕　のぶきよ　[没]建保4(1216)年3月14日), 古人(藤原信清　ふじわらののぶきよ), 古人, コン, 内乱, 平家(藤原信清　ふじわらのぶきよ)

坊門信清女　ぼうもんのぶきよじょ
⇒大納言局(だいなごんのつぼね)

坊門信清の娘(坊門信清女)　ぼうもんのぶきよのむすめ
⇒八条禅尼(はちじょうぜんに)

坊門信清女(1)　ぼうもんのぶきよのむすめ
⇒大納言局(だいなごんのつぼね)

坊門信清女(2)　ぼうもんのぶきよのむすめ
⇒坊門局(ぼうもんのつぼね)

坊門信経*　ぼうもんのぶつね
弘長2(1262)年～嘉元2(1304)年7月13日　鎌倉時代後期の公卿(参議)。参議藤原経業の子。
¶公卿, 公家(信経〔大福寺家(絶家)〕　のぶつね)

坊門信藤*　ぼうもんのぶふじ
生没年不詳　室町時代の公卿(非参議)。非参議坊門信行の子。
¶公卿, 公家(信藤〔坊門家(絶家)〕　のぶふじ)

坊門信行*　ぼうもんのぶゆき
嘉元2(1304)年～?　鎌倉時代後期～南北朝時代の公卿(非参議)。非参議坊城信良の子。
¶公卿, 公家(信行〔坊門家(絶家)〕　のぶゆき)

坊門信良*　ぼうもんのぶよし
文永6(1269)年～元徳2(1330)年6月23日　鎌倉時代後期の公卿(非参議)。非参議藤原信家の曽孫。
¶公卿, 公家(信良〔坊門家(絶家)〕　のぶよし)

坊門基輔*　ぼうもんもとすけ
?～弘安7(1284)年　鎌倉時代後期の公卿(非参議)。中将藤原清親の子。
¶公卿([没]文永7(1270)年), 公家(基輔〔坊門家(絶家)〕　もとすけ　[没]文永7(1270)年)

坊門頼基*　ぼうもんよりもと
寛元3(1245)年～?　鎌倉時代後期の公卿(非参議)。正四位下・宮内卿藤原師平の子。
¶公卿(生没年不詳), 公家(頼基〔小一条流姉小路家(絶家)〕　よりもと)

法薬*　ほうやく
生没年不詳　平安時代後期の女性入道者。
¶古人

蓬萊山人(――〔1代〕)　ほうらいさんじん
⇒蓬萊山人帰橋(ほうらいさんじんききょう)

蓬萊山人〔2代〕　ほうらいさんじん
⇒烏亭焉馬〔2代〕(うていえんば)

蓬萊山人帰橋*　ほうらいさんじんききょう
生没年不詳　[別]蓬萊山人, 蓬萊山人〔1代〕(ほうらいさんじん)　江戸時代中期の戯作者。天明期洒落本の主流。
¶コン(蓬萊山人　ほうらいさんじん)

宝来甚四郎*　ほうらいじんしろう
生没年不詳　室町時代の茶杓削りの名手。
¶美工

豊流*　ほうりゅう
生没年不詳　江戸時代前期～中期の俳人。
¶俳文

法量院　ほうりょういん
江戸時代後期の女性。徳川家斉の十八女。
¶徳将([生]1811年　[没]1811年)

法霖*　ほうりん
元禄6(1693)年～寛保1(1741)年10月17日　[別]日渓(にっけい)　江戸時代中期の浄土真宗本願寺派の学僧。西本願寺第4代能化。
¶コン, 思想

法輪小院*　ほうりんしょういん
生没年不詳　平安時代中期の仏師。
¶古人, 美建

法蓮*　ほうれん
660年～天平2(730)年　飛鳥時代～奈良時代の医僧。
¶古代

宝蓮院　ほうれんいん★
江戸時代後期の女性。和歌。深川の御家人中川昌伯維孝の娘。
¶江表(宝蓮院(東京都)　[没]文政6(1823)年)

法蓮房(1)　ほうれんぼう
⇒斎藤道三(さいとうどうさん)

法蓮房(2)　ほうれんぼう
⇒信空(しんくう)

鳳朗* ほうろう
宝暦12(1762)年～弘化2(1845)年 [別]田川鳳朗(たがわほうろう) 江戸時代後期の俳人。天保三大家の一人。
¶コン(田川鳳朗 たがわほうろう),詩作(田川鳳朗 たがわほうろう),俳文([没]弘化2(1845)年11月28日)

喰代和三郎 ほおじろわさぶろう
江戸時代末期～明治時代の幕臣。
¶幕末([生]? [没]明治31(1898)年12月29日)

火遠理命 ほおりのみこと
⇒彦火火出見尊(ひこほほでみのみこと)

朗子 ほがらこ
江戸時代末期の女性。和歌。松山藩の奥女中。安政3年序、井上文雄編『摘英集』に載る。
¶江表(朗子(愛媛県))

穂刈忠久 ほがりただひさ
江戸時代後期の和算家。信州川中島の人。文化3年算額を奉納。
¶数学

保木公遠 ほききんとお
江戸時代前期～中期の幕臣。
¶徳人([生]1648年 [没]1728年)

保木慎初 ほきまさよし
江戸時代前期～中期の代官。
¶徳代([生]貞享4(1687)年 [没]元文3(1738)年3月6日)

牧庵* ぼくあん
生没年不詳 [別]牧庵(もくあん) 安土桃山時代の医者。
¶織田,後北(もくあん)

牧庵兼宗運 ぼくあんけんそううん
⇒甲斐親直(かいちかなお)

木因 ぼくいん
⇒谷木因(たにぼくいん)

北元 ほくげん
⇒鴨北元(かもほくげん)

業言(僕言) ぼくげん
⇒寺島業言(てらしまぼくげん)

北高 ほくこう
⇒北高全祝(ほっこうぜんしゅく)

北郷資常 ほくごうすけつね
⇒北郷資常(ほんごうすけつね)

北斎 ほくさい
⇒葛飾北斎(かつしかほくさい)

墨山 ぼくざん
⇒延年(えんねん)

北枝 ほくし
⇒立花北枝(たちばなほくし)

牧之 ぼくし
⇒鈴木牧之(すずきぼくし)

穆子内親王* ぼくしないしんのう
?～延喜3(903)年 [別]穆子内親王(むつこないしんのう) 平安時代前期～中期の女性。光孝天皇の皇女。
¶古人(むつこないしんのう),古代,天皇

北洲 ほくしゅう
⇒春好斎北洲(しゅんこうさいほくしゅう)

墨春亭梅麿* ぼくしゅんていうめまる
生没年不詳 江戸時代後期の戯作者・絵師・狂歌作者。
¶浮絵

北心斎春山 ほくしんさいしゅんざん
江戸時代後期の画家。
¶浮絵(生没年不詳)

朴正意* ぼくせいい
?～元禄2(1689)年 江戸時代前期の肥前百貫窯の開創者。
¶コン,美工

朴正官* ぼくせいかん
*～明治7(1874)年 江戸時代末期～明治時代の薩摩の陶画工。
¶美工([生]文政8(1825)年 [没]?)

卜尺 ぼくせき
⇒小沢卜尺(おざわぼくせき)

木節 ぼくせつ
⇒望月木節(もちづきぼくせつ)

北禅 ほくぜん
⇒梅荘顕常(ばいそうけんじょう)

墨川亭雪麿 ぼくせんていゆきまる
⇒墨川亭雪麿(ぼくせんていゆきまろ)

墨川亭雪麿* ぼくせんていゆきまろ
寛政9(1797)年～安政3(1856)年 [別]喜多川雪麿(きたがわゆきまろ),墨川亭雪麿(ぼくせんていゆきまる) 江戸時代末期の浮世絵師、戯作者。
¶浮絵(ぼくせんていゆきまる)

卜宅* ぼくたく
明暦3(1657)年～寛延1(1748)年1月28日 江戸時代中期の俳人。
¶俳文

北堂 ほくどう★
江戸時代後期の女性。俳諧。小布施裏町の豪農関谷和田七の妻。
¶江表(北堂(長野県) [没]文政13(1830)年)

牧童 ぼくどう
⇒立花牧童(たちばなぼくどう)

木導 ぼくどう
⇒直江木導(なおえもくどう)

牡年 ぼくねん
⇒牡年(ぼねん)

朴平意* ぼくへいい
*～寛永1(1624)年 安土桃山時代～江戸時代前期の薩摩苗代川焼の陶工。朝鮮半島から渡来。
¶美工([生]永禄2(1559)年)

墨芳* ぼくほう
文化13(1816)年～安政5(1858)年8月16日 江戸時代後期～末期の俳人。
¶俳文

北明 ほくめい★
江戸時代後期の女性。画。井上氏。天保1年版『冠北明子画品』に15枚の画が残されている。

¶江表(北明(東京都))

卜養　ぼくよう
⇒半井卜養(なからいぼくよう)

北陸宮*　ほくりくのみや
永万1(1165)年～寛喜2(1230)年　[別]木曽宮(きそのみや)　平安時代後期～鎌倉時代前期の以仁王の子。
¶古人,コン([生]永万1(1165年/1167)年),中世,内乱([生]永万1(1165)年?),平家(木曽宮　きそのみや　[生]仁安2(1167)年?　[没]?)

北林禅尼　ほくりんぜんに
⇒阿仏尼(あぶつに)

法華津前延　ほけつあきのぶ
⇒法華津前延(ほけづさきのぶ)

法華津前延*　ほけづさきのぶ
生没年不詳　[別]清家三郎秋延(せいけさぶろうあきのぶ),法華津前延(ほけつあきのぶ)　戦国時代～安土桃山時代の武将。
¶全戦([生]永正16(1519)年　[没]天正16(1588)年),戦武(ほけつあきのぶ　[生]天文13(1544)年?　[没]慶長7(1602)年?)

反古庵　ほごあん
⇒市川団十郎〔5代〕(いちかわだんじゅうろう)

慕香　ぼこう★
江戸時代後期の女性。俳諧。長門萩の人。田上菊舎の俳友。
¶江表(慕香(山口県))

保坂因宗*　ほさかいんそう
生没年不詳　江戸時代前期の測量家。
¶数学

穂坂君吉*　ほさかきみよし
生没年不詳　[別]穂坂君吉(ほさかただよし)　戦国時代の甲斐穴山信君・勝千代の重臣。
¶武田(ほさかただよし)

穂坂君吉　ほさかただよし
⇒穂坂君吉(ほさかきみよし)

暮四　ぼし
⇒石井暮四(いしいぼし)

星合具通　ほしあいともみち
安土桃山時代～江戸時代前期の幕臣。
¶徳人([生]1598年　[没]1679年)

星川久左衛門*　ほしかわきゅうざえもん
生没年不詳　安土桃山時代の武士。北条氏光の家臣。
¶後北(久左衛門〔星川〕　きゅうざえもん)

星川三平　ほしかわさんぺい
江戸時代末期の新撰組隊士。
¶新隊(生没年不詳)

星川正甫*　ほしかわせいほ
*～明治13(1880)年7月16日　江戸時代末期～明治時代の南部藩記録方、国史編纂者。「公国史」を編集。
¶幕末([生]文化2(1805)年)

星川皇子　ほしかわのおうじ
⇒星川皇子(ほしかわのみこ)

星川臣麻呂*　ほしかわのおみまろ
?～680年　[別]星川麻呂(ほしかわのまろ)　飛鳥時代の壬申の乱の功臣。
¶古人(星川麻呂　ほしかわのまろ),古代

星川建彦宿禰*　ほしかわのたけひこのすくね
奈良時代の官人。
¶古代

星川麻呂　ほしかわのまろ
⇒星川臣麻呂(ほしかわのおみまろ)

星川皇子*　ほしかわのみこ
?～479年　[別]星川皇子(ほしかわのおうじ),星川稚宮皇子(ほしかわわかのみやのみこ)　上代の雄略天皇の皇子。
¶古代,コン,天皇(星川稚宮皇子　ほしかわわかのみやのみこ　[没]雄略天皇23(479)年8月)

星川法沢*　ほしかわほうたく
天保4(1833)年～明治6(1873)年　江戸時代末期～明治時代の僧侶。真宗大谷派集会を主宰し、信徒農民らと鷲塚騒動を起こし捕らえられた。
¶幕末([没]明治6(1873)年6月23日)

星川稚宮皇子　ほしかわわかのみやのみこ
⇒星川皇子(ほしかわのみこ)

星暁村*　ほしぎょうそん
文化13(1816)年～明治33(1900)年　江戸時代末期～明治時代の画家、歌人。上洛し仁和寺法親王に絵を献じ法橋免許状を受ける。
¶幕末([没]明治33(1900)年9月12日),美画([没]明治33(1900)年9月12日)

星研堂*　ほしけんどう
寛政5(1793)年～明治2(1869)年　江戸時代末期の書家。
¶幕末([没]明治2(1869)年11月23日)

星恂太郎*　ほしじゅんたろう
天保11(1840)年～明治9(1876)年　江戸時代末期～明治時代の仙台藩士。戊辰戦争では外国領事との交渉の通訳を務め、蝦夷地を転戦。のち開拓使権大主典。
¶コン,全幕,幕末([生]天保11(1840)年10月4日　[没]明治9(1876)年7月27日)

保科有隣　ほしなありちか
江戸時代末期～明治時代の会津藩家老西郷頼母近悳の長男。
¶幕末([生]安政5(1858)年　[没]明治12(1879)年8月9日)

保子内親王　ほしないしんのう
⇒保子内親王(やすこないしんのう)

輔子内親王*　ほしないしんのう
天暦7(953)年～正暦3(992)年　[別]輔子内親王(すけこないしんのう,ふしないしんのう)　平安時代中期の女性。村上天皇の第6皇女。
¶古人(すけこないしんのう),天皇(ふしないしんのう・すけこないしんのう　[没]正暦3(992)年3月3日)

保科因幡守　ほしないなばのかみ
戦国時代の信濃国伊那郡の武士。
¶武田(生没年不詳)

保科右衛門佐　ほしなえもんのすけ
安土桃山時代の信濃国伊那郡の武士。
¶武田(生没年不詳)

ほ

保科掃部丞 ほしなかもんのじょう
戦国時代の信濃国伊那郡の武士。
¶武田（生没年不詳）

保科熊寿 ほしなくまじゅ
安土桃山時代の信濃国伊那郡の武士。
¶武田（生没年不詳）

保科源六郎 ほしなげんろくろう
戦国時代の信濃国伊那郡の武士。
¶武田（生没年不詳）

保科俊太郎* ほしなしゅんたろう
？～明治16（1883）年　江戸時代末期～明治時代の幕臣。1867年パリ万国博覧会の通訳としてフランスに渡る。
¶コン，幕末（⊘明治16（1883）年6月29日）

保科善左衛門尉 ほしなぜんざえもんのじょう
戦国時代の金山衆。甲斐黒川金山で金の採掘に携わる。
¶武田（生没年不詳）

保科八郎左衛門尉 ほしなはちろうざえもんのじょう
戦国時代～安土桃山時代の信濃国伊那郡藤沢郷の武士。
¶武田（生没年不詳）

保科正益* ほしなまさあり
天保4（1833）年～明治21（1888）年　江戸時代末期～明治時代の飯野藩主、飯野藩知事、子爵。
¶幕末（⊕天保4（1833）年2月3日　⊘明治21（1888）年1月22日）

保科正貞* ほしなまささだ
天正16（1588）年～寛文1（1661）年　江戸時代前期の大名。上総飯野藩主。
¶コン

保科正経* ほしなまさつね
*～天和1（1681）年　⊛松平正経（まつだいらまさつね）　江戸時代前期の大名。陸奥会津藩主。
¶徳松（⊕1646年）

保科正俊* ほしなまさとし
永正8（1511）年～文禄2（1593）年　戦国時代～安土桃山時代の武将。武田氏家臣。
¶戦武（⊕永正4（1507）年），武田（⊘文禄2（1593）年8月6日）

保科正直* ほしなまさなお
天文11（1542）年～慶長6（1601）年　安土桃山時代の武将。武田氏、徳川家康の臣。
¶武田（⊘慶長6（1601）年9月29日），徳松

保科正脩* ほしなまさなが
弘化3（1846）年～明治12（1879）年9月22日　江戸時代末期～明治時代の徳島藩士、徳島藩権少参事。版籍奉還後、藩知事蜂須賀茂韶による士族授産場の本業館の主監をつとめた。
¶幕末

保科正光* ほしなまさみつ
永禄4（1561）年～寛永8（1631）年　安土桃山時代～江戸時代前期の大名。下総多古藩主、信濃高遠藩主。
¶コン，徳松

保科正之* ほしなまさゆき
慶長16（1611）年～寛文12（1672）年12月18日　⊛会津中将（あいづちゅうじょう）、松平正之（まつだ

いらまさゆき）　江戸時代前期の大名。陸奥会津藩主、出羽山形藩主。藩政改革を行い、また4代将軍家綱を補佐。
¶江人，コン，思想，徳将，徳松，山小（⊕1611年5月7日　⊘1672年12月18日）

保科美濃守 ほしなみののかみ
戦国時代～安土桃山時代の信濃国伊那郡の武士。
¶武田（生没年不詳）

星野伊賀守 ほしのいがのかみ
安土桃山時代の下野国佐野唐沢山城主佐野氏忠家臣小曽戸丹後守の同心。
¶後北（伊賀守〔星野〕　いがのかみ）

星野廓庭* ほしのかくてい
寛永15（1638）年～元禄12（1699）年3月7日　⊠星野実宣（ほしのさねのぶ）　江戸時代前期の筑前福岡藩士、和算家。
¶数学（星野実宣　ほしのさねのぶ）

星野勘左衛門* ほしのかんざえもん
寛永19（1642）年～元禄9（1696）年　江戸時代前期の弓術家、尾張藩士。
¶江人

星野蕃山 ほしのきざん
⇒星野文平（ほしのぶんぺい）

星野金吾 ほしのきんご
江戸時代後期～末期の幕臣。
¶徳人（生没年不詳）

星野九門* ほしのくもん
天保9（1838）年～大正5（1916）年3月3日　江戸時代末期～大正時代の熊本藩士、武道家。維新後衰退した武道再興のため振武会を起こし、肥後流体形の形制定に尽力。
¶幕末

星野幸右衛門 ほしのこうえもん
江戸時代中期～後期の宮大工。
¶美建（⊕延享2（1745）年　⊘天保6（1835）年）

星野考祥* ほしのこうしょう
文政6（1823）年～明治20（1887）年　江戸時代末期～明治時代の農政家。北越地方の地租改正事業に尽力。
¶コン

星野左衛門* ほしのさえもん
生没年不詳　安土桃山時代の織田信長の家臣。
¶織田

星野実宣 ほしのさねのぶ
⇒星野廓庭（ほしのかくてい）

星野新左衛門* ほしのしんざえもん
安土桃山時代の武士。豊臣氏家臣。
¶大坂

星野正淡* ほしのせいたん
天保12（1841）年～明治24（1891）年　江戸時代末期～明治時代の官吏。北辰隊に入隊し、司令を務め功績をあげる。
¶幕末（⊘明治24（1891）年10月7日）

星野成美 ほしのせいび
江戸時代後期～末期の幕臣。
¶徳人（生没年不詳）

星野長大夫　ほしのちょうだゆう
江戸時代前期の石川康通・忠総の家臣。
¶大坂（[没]明暦4年）

星野藤兵衛*　ほしのとうべえ
文政11（1828）年～明治9（1876）年　江戸時代末期～明治時代の桑名藩郷士。新政府軍の嚮導を務め、越後平定に尽力。
¶幕末（[没]明治9（1876）年6月7日）

星野富右衛門*　ほしのとみえもん
生没年不詳　江戸時代末期の庄屋。
¶幕末

星野久次　ほしのひさつぐ
安土桃山時代の駿府の商人。
¶武田（生没年不詳）

星野日向守　ほしのひゅうがのかみ
安土桃山時代の信濃佐久郡碓氷峠付近の領主。
¶武田（[生]？　[没]天正3（1575）年5月21日）

星野文平*　ほしのぶんぺい
天保6（1835）年～文久3（1863）年　[別]星野蓍山（ほしのきざん）　江戸時代末期の志士。
¶幕末（[生]天保6（1835）年4月　[没]文久3（1863）年2月10日）

星野益庶　ほしのますちか
江戸時代中期～後期の幕臣。
¶徳人（[生]1756年　[没]1832年）

星野民部*　ほしのみんぶ
生没年不詳　戦国時代の武士。北条氏忠家臣。
¶後北（民部〔星野〕　みんぶ）

星野弥兵衛　ほしのやひょうえ
江戸時代前期の武士。大坂の陣で籠城。後、松平直政に仕えた。
¶大坂

星野良悦*　ほしのりょうえつ
宝暦4（1754）年～享和2（1802）年　江戸時代中期～後期の蘭方医。日本初の人体骨格模型を作らせる。
¶科学（[没]享和2（1802）年3月10日），コン

星屋修理亮　ほしやしゅりのすけ
安土桃山時代の北条氏政の家臣。
¶後北（修理亮〔星屋〕　しゅりのすけ）

星屋光次　ほしやてるつぐ
⇒星屋光次（ほしやみつつぐ）

星屋某　ほしやなにがし
戦国時代の今川義元・北条氏綱の家臣。
¶後北（某〔星屋〕　なにがし）

星屋光次　ほしやみつじ
⇒星屋光次（ほしやみつつぐ）

星屋光次*　ほしやみつつぐ
生没年不詳　[別]星屋光次（ほしやてるつぐ，ほしやみつじ）　江戸時代の狂歌師。狂歌を四方赤良に学ぶ。
¶コン（ほしやてるつぐ）

保寿　ほじゅ★
江戸時代末期の女性。画。福本氏。文久1年刊『江戸現在広益諸家人名録』三に載る。
¶江表（保寿（東京都））

歩十　ほじゅう★
江戸時代中期の女性。俳諧。三世風窓湖十の妻。
¶江表（歩十（東京都）　[没]安永5（1776）年）

保春院*　ほしゅんいん
天文17（1548）年～元和9（1623）年　[別]御東様（おひがしさま），伊達輝宗室（だててるむねしつ），伊達輝宗の妻（だててるむねのつま），最上御前（もがみごぜん），義姫（よしひめ）　戦国時代～江戸時代前期の女性。伊達政宗の母。
¶江表（義姫（宮城県）），女史，全戦（義姫　よしひめ）

歩簫*　ほしょう
＊～文政10（1827）年12月14日　[別]歩簫（ほよう）　江戸時代後期の俳人。
¶俳文（[生]寛保3（1743）年）

輔静　ほじょう
平安時代中期の薬師寺の僧。
¶古人（[生]970年　[没]1037年）

穂積親王　ほずみしんのう
⇒穂積親王（ほづみしんのう）

穂積朝臣老　ほずみのあそみおゆ
⇒穂積老（ほづみのおゆ）

穂積咋　ほずみのくい
⇒穂積咋（ほづみのくい）

穂積皇子　ほずみのみこ
⇒穂積親王（ほづみしんのう）

甫尺*　ほせき
？～文化1（1804）年　江戸時代中期～後期の俳人・書肆。
¶俳文（生没年不詳）

晡扇*（晡川）　ほせん
？～正徳3（1713）年1月3日　江戸時代前期～中期の俳人。
¶俳文（晡川）

保全　ほぜん
⇒永楽保全（えいらくほぜん）

細井格菴　ほそいかくあん
江戸時代後期の眼科医。
¶眼医（[生]？　[没]天保4（1833）年）

細井勝為　ほそいかつため
江戸時代中期の幕臣。
¶徳人（[生]1696年　[没]1759年）

細井広沢*　ほそいこうたく
万治1（1658）年～享保20（1735）年　江戸時代前期～中期の儒者、書家。「万葉集」注釈に携わる。
¶江人，コン

細井貞雄*　ほそいさだお
安永1（1772）年～文政6（1823）年　江戸時代後期の国学者、有職故実家。「姓氏考」36巻を著す。
¶コン

細井鹿之助　ほそいしかのすけ
江戸時代後期の新撰組隊士。
¶新隊（[生]天保13（1842）年　[没]？）

細井修*　ほそいしゅう
天明5（1785）年～嘉永6（1853）年　江戸時代後期の暦算家、土佐藩士。

¶数学（[没]嘉永6（1853）年2月9日）

細井順子　ほそいじゅんこ
江戸時代後期～大正時代の絹織物技術者。
¶美工（[生]天保13（1842）年　[没]大正7（1918）年9月26日）

細井丈助　ほそいじょうすけ
江戸時代後期～明治時代の彫刻家。
¶美建（[生]天保13（1842）年　[没]明治41（1908）年3月）

細井善四郎*　ほそいぜんしろう
文化1（1804）年～明治15（1882）年　江戸時代末期～明治時代の商人、名主。公徳心厚く、民生福利に尽力。戊申戦争後は地域の経済発展に貢献。
¶幕末（[没]明治15（1882）年2月12日）

細井通民　ほそいつうみん
江戸時代中期の眼科医。
¶眼医（[生]？　[没]天明7（1787）年）

細井徳太郎　ほそいとくたろう
⇒池内蔵太（いけくらた）

細井平洲*　ほそいへいしゅう
享保13（1728）年～享和1（1801）年　[別]紀徳民（きのとくみん），紀平洲（きのへいしゅう）　江戸時代中期～後期の尾張藩儒。折衷学派。藩校興譲館の創設に尽力。
¶江人，コン，詩作（[生]享保13（1728）年6月28日　[没]享和1（1801）年6月29日），思想

細井平洲の妻*　ほそいへいしゅうのつま
生没年不詳　江戸時代中期の女性。儒学者の妻。
¶江表（平洲の妻（愛知県）），女史

細井政次　ほそいまさつぐ
江戸時代中期の代官。
¶徳代（[生]？　[没]元禄13（1700）年10月18日）

細井安明　ほそいやすあきら
江戸時代前期～中期の幕臣。
¶徳人（[生]1670年　[没]1736年）

細井寧雄*　ほそいやすお
享和2（1802）年～明治6（1873）年6月7日　江戸時代後期～明治時代の和算家。
¶数学

細井安定　ほそいやすさだ
江戸時代前期～中期の幕臣。
¶徳人（[生]1687年　[没]1758年）

細井寧利　ほそいやすとし
江戸時代後期～大正時代の和算家。父寧雄に算学を学び、家塾を継ぐ。
¶数学（[生]弘化4（1847）年　[没]大正7（1918）年9月）

細井要人〔1代〕　ほそいようじん
江戸時代末期の眼科医。
¶眼医（[生]？　[没]文久2（1862）年）

細井要人〔2代〕　ほそいようじん
江戸時代末期～明治時代の眼科医。
¶眼医（生没年不詳）

細萱河内守長知　ほそがやかわちのかみながとも
⇒細萱長知（ほそがやながとも）

細萱清知　ほそかやきよとも
戦国時代の信濃国安曇郡細萱の国衆。細萱氏館主。
¶武田（生没年不詳）

細萱源助　ほそかやげんすけ
安土桃山時代の信濃国安曇郡細萱の人。
¶武田（生没年不詳）

細萱知光　ほそかやともみつ
戦国時代の信濃国安曇郡細萱の国衆。細萱氏館主。
¶武田（生没年不詳）

細萱長知*　ほそがやながとも，ほそかやながとも
[別]細萱河内守長知（ほそがやかわちのかみながとも）　安土桃山時代の地方豪族・土豪。
¶武田（ほそかやながとも　生没年不詳）

細川顕氏*　ほそかわあきうじ
？～正平7/文和1（1352）年　南北朝時代の武将。護良親王の鎌倉幽閉の際、警護に当たる。
¶コン，室町

細川昭元*　ほそかわあきもと
天文17（1548）年～文禄1（1592）年　安土桃山時代の武士。信長の妹お犬の夫。
¶全戦（[生]？）

細川氏綱*　ほそかわうじつな
？～永禄6（1563）年　戦国時代の武将、室町幕府最後の管領。
¶コン，全戦

細川氏春*　ほそかわうじはる
？～元中4/嘉慶1（1387）年　南北朝時代の武将、淡路守護。
¶内乱（[没]嘉慶1（1387）年），室町

細川越中守　ほそかわえっちゅうのかみ
⇒細川忠興（ほそかわただおき）

細川興秋*　ほそかわおきあき
*～元和1（1615）年　[別]ジョアン　安土桃山時代～江戸時代前期の武士。
¶大坂（長岡与五郎興秋　ながおかよごろうおきあき　[生]天正11年　[没]慶長20年6月6日）

細川興建*　ほそかわおきたつ
寛政10（1798）年～安政3（1856）年　江戸時代末期の大名。常陸谷田部藩主。
¶幕末（[没]安政2（1856）年12月16日）

細川興貫*　ほそかわおきつら
天保3（1832）年～明治40（1907）年　江戸時代末期～明治時代の大名。下野茂木藩主、常陸谷田部藩主。
¶幕末（[生]天保3（1832）年12月8日　[没]明治40（1907）年9月11日）

細川興文*　ほそかわおきのり
享保8（1723）年9月13日～天明5（1785）年　[別]月翁（げつおう）　江戸時代中期の大名。肥後宇土藩主。
¶コン

細川興元*　ほそかわおきもと
*～元和5（1619）年　安土桃山時代～江戸時代前期の大名。下野茂木藩主、常陸谷田部藩主。
¶コン（[生]永禄6（1563）年　[没]元和4（1618）年）

細川和氏*　ほそかわかずうじ
永仁4（1296）年～興国3/康永1（1342）年　[別]細川知氏（ほそかわともうじ）　南北朝時代の武将。侍所頭人、初代阿波守護。
¶コン，室町

細川勝元*　ほそかわかつもと
永享2（1430）年～文明5（1473）年5月11日　[別]勝元

（かつもと）　室町時代の武将、室町幕府管領。応仁の乱では東軍の総大将として足利義視を奉じた。
¶コン，中世，内乱（㉝永享3（1430）年），俳文（勝元　かつもと），室町，山小（㉑1473年5月11日）

細川ガラシア　ほそかわがらしあ
⇒細川ガラシャ（ほそかわがらしゃ）

細川ガラシャ*（細川ガラシア，細川加羅奢）　ほそかわがらしゃ，ほそかわがらしや
永禄6（1563）年～慶長5（1600）年　㉞ガラシャ，ガラシャ夫人（がらしゃふじん），ガラシヤ，秀光院（しゅうこういん），玉子（たまこ），細川ガラシア（ほそかわがらしあ），細川忠興室（ほそかわただおきしつ），細川忠興妻（ほそかわただおきのつま）　安土桃山時代の女性。丹後国宮津城主細川忠興の正室。キリシタン。明智光秀の次女。
¶江表（ガラシャ（熊本県）），コン（細川ガラシア　ほそかわがらしあ），思想，女史，全戦，中世（ガラシャ），山小（㉜1600年7月17日）

細川清氏*　ほそかわきようじ
？～正平17/貞治1（1362）年　㉞細川元氏（ほそかわもとうじ）　南北朝時代の武将、執事。足利尊氏に仕える。
¶コン，内乱（㉜貞治1（1362）年），室町

細川銀台　ほそかわぎんだい
⇒細川重賢（ほそかわしげかた）

細川定輔*　ほそかわさだすけ
生没年不詳　戦国時代～安土桃山時代の武将。長宗我部氏家臣。
¶全戦

細川讃岐守元勝　ほそかわさぬきのかみもとかつ
安土桃山時代～江戸時代前期の徳川家康・豊臣秀頼の家臣。
¶大坂（㉝天正9年（㉑寛永5年10月7日）

細川真之*　ほそかわさねゆき
？～天正10（1582）年　㉞細川真元（ほそかわまさもと）　安土桃山時代の武士。
¶全戦

細川左馬之助　ほそかわさまのすけ
⇒池内蔵太（いけくらた）

細川三斎　ほそかわさんさい
⇒細川忠興（ほそかわただおき）

細川繁氏*　ほそかわしげうじ
？～正平14/延文4（1359）年　南北朝時代の武将。
¶室町（㉜延文4/正平14（1359）年？）

細川重賢*　ほそかわしげかた
享保5（1720）年～天明5（1785）年　㉞細川銀台（ほそかわぎんだい）　江戸時代中期の大名。肥後熊本藩主。
¶江人（㉝1720年/1718年），コン，植物（㉔享保5（1721）年12月26日（㉑天明5（1785）年10月26日），徳将，山小（㉝1720年12月26日（㉑1785年10月22日）

細川成之*　ほそかわしげゆき
永享6（1434）年～永正8（1511）年　㉞細川成之（ほそかわなりゆき）　室町時代～戦国時代の武将、讃岐守護。
¶内乱，皇町

細川潤次郎*　ほそかわじゅんじろう
天保5（1834）年～大正12（1923）年　江戸時代後期～大正時代の土佐藩士、法制学者。

¶植物（㉝天保5（1834）年2月2日（㉑大正12（1923）年7月20日），全幕

細川定禅*　ほそかわじょうぜん
生没年不詳　南北朝時代の武将、六条若宮別当。
¶コン，室町

細川澄元*　ほそかわすみもと
延徳1（1489）年～永正17（1520）年6月10日　戦国時代の武将、細川家当主政元の養子。
¶コン，全戦，室町

細川澄之*　ほそかわすみゆき
延徳1（1489）年～永正4（1507）年　戦国時代の武将、細川家当主政元の養子。
¶全戦，室町

細川清斎*　ほそかわせいさい
寛政5（1793）年～明治3（1870）年　江戸時代末期～明治時代の藩校教授館教授。
¶幕末（㉑明治3（1870）年8月26日）

細川是非之助*　ほそかわぜひのすけ
天保14（1843）年～明治28（1895）年　江戸時代末期～明治時代の官吏。高知藩庁に出資し、甲浦で江藤新兵を逮捕。長岡藩長、安芸藩長を歴任。
¶幕末（㉝天保14（1843）年9月15日（㉑明治28（1895）年11月22日）

細川千太郎*　ほそかわせんたろう
江戸時代末期の新撰組隊士。
¶新隊（生没年不詳）

細川高国*　ほそかわたかくに
文明16（1484）年～享禄4（1531）年6月8日　戦国時代の武将、室町幕府管領。
¶コン，全戦，室町

細川内匠*　ほそかわたくみ
江戸時代末期の新撰組隊士。
¶新隊（生没年不詳）

細川忠顕*　ほそかわただあき
文化13（1816）年～明治11（1878）年　江戸時代末期～明治時代の熊本藩士。戊辰戦争では征討軍に与し、西南戦争でも藩内不平士族の鎮静に尽す。
¶コン

細川忠興*　ほそかわただおき
永禄6（1563）年～正保2（1645）年12月2日　㉞三斉（さんさい），丹後少将（たんごしょうしょう），丹後侍従（たんごじじゅう），長岡越中守（ながおかえっちゅうのかみ），羽柴越中守（はしばえっちゅうのかみ），細川越中守（ほそかわえっちゅうのかみ），細川三斎（ほそかわさんさい）　安土桃山時代～江戸時代前期の武将、歌人。幽斎の長男。豊前小倉藩主。
¶江人，織田，公卿，公家（忠興〔細川家〕　ただおき），コン，全戦，戦武，対外，徳将，中世，山小（㉝1563年11月13日（㉑1645年12月2日）

細川忠興室　ほそかわただおきしつ
⇒細川ガラシャ（ほそかわがらしゃ）

細川忠興妻　ほそかわただおきのつま
⇒細川ガラシャ（ほそかわがらしゃ）

細川忠利*　ほそかわただとし
天正14（1586）年～寛永18（1641）年　江戸時代前期の大名。豊前小倉藩主、肥後熊本藩主。
¶コン，徳将

細川立政 ほそかわたつまさ
⇒細川斉護（ほそかわなりもり）

細川綱利* ほそかわつなとし
寛永20（1643）年〜正徳4（1714）年　江戸時代前期
〜中期の大名。肥後熊本藩主。
¶コン（⊕寛永18（1641）年　⊗正徳2（1712）年）

細川知氏 ほそかわともうじ
⇒細川和氏（ほそかわかずうじ）

細川業秀 ほそかわなりひで
室町時代の武士。
¶内乱（生没年不詳）

細川斉護*（細川斎護） ほそかわなりもり
文化1（1804）年〜万延1（1860）年4月17日　⊛細川
立政（ほそかわたつまさ）　江戸時代末期の大名。
肥後宇土藩主、肥後熊本藩主。
¶全幕，幕末（⊕文化1（1804）年9月16日）

細川成之 ほそかわなりゆき
⇒細川成之（ほそかわしげゆき）

細川信良* ほそかわのぶよし
天文15（1546）年？〜天正20（1592）年5月7日？
戦国時代〜安土桃山時代の織田信長の家臣。
¶織田（⊕天文15（1546）年）

細川軌子 ほそかわのりこ
⇒清源院（せいげんいん）

細川晴国* ほそかわはるくに
？〜天文5（1536）年　戦国時代の武士。
¶全戦

細川春流* ほそかわはるな
文政2（1819）年〜明治14（1881）年　江戸時代末期
〜明治時代の会津藩士、歌人。「白虎隊の長歌」「奇
題百詠」の作者。
¶幕末（⊗明治14（1881）年5月21日）

細川晴元* ほそかわはるもと
永正11（1514）年〜永禄6（1563）年　戦国時代の武
将、室町幕府管領。
¶コン，全戦，中世，室町，山小（⊗1563年3月1日）

細川半蔵*（1） ほそかわはんぞう
？〜寛政8（1796）年　江戸時代中期の暦学者。
¶科学

細川半蔵（2） ほそかわはんぞう
⇒細川頼直（ほそかわよりなお）

細川広世 ほそかわひろよ
⇒細川広世（ほそかわひろよし）

細川広世* ほそかわひろよし
天保10（1839）年〜明治20（1887）年　⊛細川広世
（ほそかわひろよ）　江戸時代末期〜明治時代の
医師。
¶幕末（⊕天保10（1839）年9月25日　⊗明治20（1887）年
7月9日）

細川藤賢* ほそかわふじかた
永正14（1517）年〜天正18（1590）年　戦国時代〜
安土桃山時代の武士。足利氏家臣、織田氏家臣。
¶織田（⊗天正18（1590）年7月23日），全戦

細川藤孝 ほそかわふじたか
⇒細川幽斎（ほそかわゆうさい）

細川藤孝室 ほそかわふじたかしつ
⇒細川マリア（ほそかわまりあ）

細川昌興* ほそかわまさおき
*〜元和4（1618）年3月18日　安土桃山時代〜江戸
時代前期の武士。
¶織田（⊕永禄8（1565）年？）

細川政国* ほそかわまさくに
*〜明応4（1495）年　⊛細川元国（ほそかわもとく
に）　室町時代〜戦国時代の武士。
¶内乱（⊕正長1（1428）年）

細川真元 ほそかわまさもと
⇒細川真之（ほそかわさねゆき）

細川政元* ほそかわまさもと
文正1（1466）年〜永正4（1507）年6月23日　⊛政元
（まさもと）　戦国時代の武将、室町幕府管領。摂
津、丹波、讃岐、土佐の守護。
¶コン，思想，全戦，中世，内乱，俳文（政元　まさもと），室
町，山小（⊗1507年6月23日）

細川マリア* ほそかわまりあ
天文13（1544）年〜元和4（1618）年　⊛光寿院（こ
うじゅいん），細川藤孝室（ほそかわふじたかし
つ），細川マリヤ（ほそかわまりや）　安土桃山時
代〜江戸時代前期の女性。細川忠興の母。キリシ
タンを保護した。
¶江表（麝香（熊本県）　じゃこう），コン

細川マリヤ ほそかわまりや
⇒細川マリア（ほそかわまりあ）

細川通薫 ほそかわみちただ
戦国時代〜安土桃山時代の武将。
¶全戦（⊕天文4（1535）年　⊗天文15（1587）年）

細川通政 ほそかわみちまさ
戦国時代の武将。
¶全戦（生没年不詳）

細川満元* ほそかわみつもと
天授4/永和4（1378）年〜応永33（1426）年10月16日
室町時代の武将、室町幕府管領。
¶内乱（⊕永和4（1378）年），室町

細川持賢* ほそかわもちかた
応永10（1403）年〜応仁2（1468）年　室町時代の武
将。摂津欠郡守護に任ぜられた。
¶内乱

細川持隆* ほそかわもちたか
？〜天文22（1553）年　戦国時代の武士。
¶全戦

細川持常* ほそかわもちつね
応永16（1409）年〜宝徳1（1450）年12月16日　室町
時代の阿波・三河守護。
¶内乱（生没年不詳）

細川持之* ほそかわもちゆき
応永7（1400）年〜嘉吉2（1442）年　室町時代の武
将、室町幕府管領。
¶コン，中世，内乱，室町

細川元氏 ほそかわもとうじ
⇒細川清氏（ほそかわきようじ）

細川元国 ほそかわもとくに
⇒細川政国（ほそかわまさくに）

細川元定* ほそかわもとさだ
天文6(1537)年～文禄4(1595)年 安土桃山時代の武士。織田氏家臣、豊臣氏家臣。
¶織田([没]文禄4(1595)年1月5日)

細川元通 ほそかわもとみち
安土桃山時代の武将。
¶全戦(生没年不詳)

細川護久* ほそかわもりひさ
天保10(1839)年～明治26(1893)年 江戸時代末期～明治時代の政治家。藩知事となり、開化策を実行。西南戦争では各地を巡行、鎮静を説き政府軍を援助。
¶コン,全幕,幕末([生]天保10(1839)年3月1日 [没]明治26(1893)年8月30日)

細川師氏* ほそかわもろうじ
嘉元3(1305)年～正平3/貞和4(1348)年 鎌倉時代後期～南北朝時代の武将。
¶室町

細川幽斎* ほそかわゆうさい
天文3(1534)年～慶長15(1610)年 [別]玄旨法印(げんしほういん),長岡藤孝(ながおかふじたか),細川藤孝(ほそかわふじたか),幽斎,幽斉(ゆうさい) 安土桃山時代～江戸時代前期の武将。母は将軍足利義晴の側室。最初足利義昭を奉じ、のち織田信長の家臣となる。本能寺の変では明智光秀の誘いに応じなかった。文化人として著名。
¶織田(細川藤孝 ほそかわふじたか [没]慶長15(1610)年8月20日),コン,詩作([生]天文3(1534)年4月22日 [没]慶長15(1610)年8月20日),全戦(細川藤孝 ほそかわふじたか),戦武(細川藤孝 ほそかわふじたか),日文,俳文(幽斎 ゆうさい [生]天文3(1534)年4月22日 [没]慶長15(1610)年8月20日),室町(細川藤孝 ほそかわふじたか),山小(細川藤孝 ほそかわふじたか [生]1534年4月22日 [没]1610年8月20日)

細川韶邦* ほそかわよしくに
天保6(1835)年～明治9(1876)年 [別]細川慶順(ほそかわよしゆき) 江戸時代末期～明治時代の熊本藩主、熊本藩知事。
¶全幕(細川慶順 ほそかわよしゆき),幕末([生]天保6(1835)年6月28日 [没]明治9(1876)年10月23日)

細川慶順 ほそかわよしゆき
⇒細川韶邦(ほそかわよしくに)

細川頼有* ほそかわよりあり
元弘2/正慶1(1332)年～元中8/明徳2(1391)年 南北朝時代の武将。
¶室町([生]元弘2(1332)年)

細川頼直* ほそかわよりなお
?～寛政8(1796)年 [別]細川半蔵(ほそかわはんぞう) 江戸時代中期の土佐国長岡の郷士、暦学者。「機巧図彙」の著者。
¶江人,コン(細川半蔵 ほそかわはんぞう)

細川頼春* ほそかわよりはる
正安1(1299)年～正平7/文和1(1352)年 鎌倉時代後期～南北朝時代の武将、越前守護。
¶コン,内乱([生]嘉元2(1304)年? [没]文和1(1352)年),室町([生]?)

細川頼元* ほそかわよりもと
興国4/康永2(1343)年～応永4(1397)年 南北朝時代～室町時代の武将、室町幕府管領。
¶コン,内乱([生]康永2(1343)年),室町

細川頼之* ほそかわよりゆき
元徳1(1329)年～元中9/明徳3(1392)年3月2日 南北朝時代の武将、室町幕府管領。
¶コン,詩作([没]明徳3(1392)年3月2日),中世,内乱([没]明徳3(1392)年),室町,山小([没]1392年3月2日)

細木庵常 ほそぎいおつね
⇒細木瑞枝(ほそぎみずえ)

細木鷟仙* ほそぎがせん
天明4(1784)年～慶応1(1865)年 江戸時代後期の書家、俳人、歌人。
¶幕末([没]慶応1(1865)年8月5日)

細木香以 ほそきこうい
⇒細木香以(さいきこうい)

細木瑞枝* ほそぎみずえ,ほそきみずえ
安永9(1780)年～嘉永1(1848)年 [別]細木庵常(ほそぎいおつね) 江戸時代後期の庄屋。
¶コン,幕末(細木庵常 ほそぎいおつね [没]嘉永1(1848)年11月23日)

細木核太郎*(細木元太郎) ほそぎもとたろう,ほそきもとたろう
天保9(1838)年～明治37(1904)年 江戸時代末期～明治時代の志士、土佐勤王党。長州藩に加担。遊撃軍の斥候となり、功を立てた。
¶コン(ほそきもとたろう),幕末(細木元太郎 [没]明治37(1904)年4月6日)

細倉伊右衛門 ほそくらいえもん
江戸時代後期～末期の幕臣。
¶徳人(生没年不詳)

細子 ほそこ★
江戸時代後期の女性。和歌。並河氏。嘉永6年刊、長沢伴雄編『詠史歌集』に載る。
¶江表(細子(京都府))

細田栄之* ほそだえいし
宝暦6(1756)年～文政12(1829)年 [別]栄之(えいし),鳥文斎栄之(ちょうぶんさいえいし) 江戸時代中期～後期の浮世絵師。
¶浮絵(鳥文斎栄之 ちょうぶんさいえいし),江人,コン(鳥文斎栄之 ちょうぶんさいえいし),コン,徳人(鳥文斎栄之 ちょうぶんさいえいし),美画([没]文政12(1829)年7月2日)

細田重時 ほそだしげとき
江戸時代前期の代官。
¶徳代([生]? [没]寛永17(1640)年12月)

細田藤七郎 ほそだとうしちろう
安土桃山時代の永田郷名主。武蔵国滝山城城主北条氏照に属した。
¶後北(藤七郎〔細田〕 とうしちろう)

細田藤六 ほそだとうろく
戦国時代～安土桃山時代の木曽氏の家臣。
¶武田(生没年不詳)

細田時包 ほそだときかね
江戸時代前期の代官。
¶徳代([生]? [没]寛文8(1668)年6月2日)

細田時敏 ほそだときとし
江戸時代中期の幕臣。
¶徳人([生]1711年 [没]1759年)

細田時富 ほそだときとみ
江戸時代中期～後期の幕臣。

¶徳人（[生]1756年　[没]1829年）

細田時矩　ほそだときのり
江戸時代前期～中期の代官。
¶徳代（[生]明暦3（1657）年　[没]享保2（1717）年12月14日）

細田時徳　ほそだときのり
江戸時代中期の代官。
¶徳代（[生]？　[没]宝永4（1707）年12月7日）

細田時房　ほそだときふさ
江戸時代前期の幕臣、代官。
¶徳代（[生]？　[没]貞享1（1684）年5月26日）

細田時以　ほそだときより
江戸時代前期～中期の幕臣。
¶徳人（[生]1680年　[没]1737年）

細田恭文*　ほそだやすふみ，ほそだやすぶみ
寛政4（1792）年～嘉永7（1854）年8月5日　江戸時代後期～末期の和算家。
¶数学（ほそだやすぶみ）

細田康政　ほそだやすまさ
安土桃山時代～江戸時代前期の幕臣。
¶徳人（[生]1570年　[没]1622年）

細田吉時　ほそだよしとき
江戸時代前期の代官。
¶徳代（[生]？　[没]慶長15（1610）年7月5日）

細鉄腸斎*　ほそてっちょうさい
文政2（1819）年～明治4（1871）年　江戸時代末期～明治時代の剣術家。
¶幕末（[没]明治4（1871）年8月7日）

細野甚四郎　ほそのじんしろう
安土桃山時代の信濃国安曇郡細野郷の人、仁科氏家臣。
¶武田（生没年不詳）

細野惣左衛門　ほそのそうざえもん
安土桃山時代の信濃国安曇郡細野郷の人、仁科氏家臣。
¶武田（生没年不詳）

細野藤敦*　ほそのふじあつ
天文10（1541）年～慶長8（1603）年　安土桃山時代の武士。
¶織田（[生]天文19（1540）年？　[没]慶長8（1603）年2月26日）

細野盈文　ほそのみつふみ
江戸時代後期～明治時代の和算家。栃木芳賀郡北中村の人。
¶数学（[生]天保10（1839）年　[没]明治42（1909）年）

細野要斎*　ほそのようさい
文化8（1811）年～明治11（1878）年　江戸時代末期～明治時代の儒学者。著書に尾張藩先人達の業績などを記した「尾張名家誌」がある。
¶幕末（[没]明治11（1878）年12月23日）

細野亘*　ほそのわたる
天明2（1782）年～安政2（1855）年　江戸時代後期の水口藩士。
¶幕末（[生]天明2（1782）年8月9日　[没]安政2（1855）年2月6日）

細谷十太夫*　ほそやじゅうだゆう
弘化2（1845）年～明治40（1907）年5月6日　江戸時代末期～明治時代の仙台藩士。戊辰戦争で衝撃隊を組織、白河城奪取作戦に活躍。のち北海道開拓に関わる。
¶全幕（[生]天保11（1840）年），幕末（[生]天保11（1840）年9月9日）

細谷新十郎　ほそやしんじゅうろう
安土桃山時代の武蔵国滝山城主北条氏照の家臣。
¶後北（新十郎〔細谷（1）〕　しんじゅうろう）

細谷資道*　ほそやすけみち
生没年不詳　戦国時代の武士。後北条氏家臣。
¶後北（資道〔細谷（2）〕　すけみち）

細谷資満*　ほそやすけみつ
生没年不詳　戦国時代の武士。岩付太田氏家臣。
¶後北（資満〔細谷（2）〕　すけみつ）

細谷忠斎　ほそやちゅうさい
⇒平山兵介（ひらやまへいすけ）

細谷安太郎*　ほそややすたろう
嘉永4（1851）年3月26日～大正10（1921）年8月5日　江戸時代末期～大正時代の実業家。幕命で横浜仏語学所伝習生となる。フランス語に堪能でパリ生活を長く続けた。
¶全幕，幕末

細谷琳瑞　ほそやりんずい
⇒琳瑞（りんずい）

菩提　ぼだい
⇒菩提僊那（ぼだいせんな）

菩提僊那*（菩提遷那）　ぼだいせんな
慶雲1（704）年～天平宝字4（760）年2月25日　[別]波羅門僧正，婆羅門僧正（ばらもんそうじょう），菩提（ぼだい）　奈良時代の渡来インド人僧。波羅門僧正と呼ばれる。
¶古人（菩提　ぼだい），古代，コン，対外，山小（[没]760年2月25日）

穂高　ほだか
安土桃山時代の信濃国安曇郡穂高の国衆。仁科一族。
¶武田（生没年不詳）

穂高伊賀守　ほだかいがのかみ
戦国時代～安土桃山時代の信濃国安曇郡穂高の国衆。
¶武田（生没年不詳）

穂高竹友　ほだかたけとも
戦国時代の信濃国安曇郡穂高の人。
¶武田（[生]？　[没]弘治3（1557）年7月？）

穂高知親　ほだかともちか
戦国時代～安土桃山時代の信濃国安曇郡穂高の国衆。
¶武田（生没年不詳）

補陀洛天狻*　ほだらくてんしゅん
嘉永6（1853）年～明治42（1909）年　[別]補陀洛天狻，補陀落天俊（ふだらくてんしゅん）　江戸時代末期～明治時代の僧。
¶幕末（ふだらくてんしゅん　[生]嘉永6（1853）年5月2日　[没]明治42（1909）年2月22日）

牡丹花　ぼたんか
⇒肖柏（しょうはく）

牡丹花肖柏　ぼたんかしょうはく
⇒肖柏（しょうはく）

牡丹花肖柏 ぼたんげしょうはく
⇒肖柏（しょうはく）

甫竹* ほちく
生没年不詳　江戸時代の茶杓師。
¶美工

北華 ほっか
⇒山崎北華（やまざきほっか）

木居 ぼっきょ
江戸時代後期～明治時代の俳諧作者。
¶俳文（㊞文化5（1808）年10月13日）

法橋覚宴女 ほっきょうかくえんのむすめ
鎌倉時代前期の女性。土御門天皇皇子、尊守法親
王、皇女是子内親王の母。
¶天皇

北渓 ほっけい
⇒魚屋北渓（ととやほっけい）

墨渓* ぼっけい
?～文明5（1473）年　室町時代の僧、画家。曽我派
の始祖。
¶美画

法華堂祐源 ほっけどうゆげん
戦国時代の信濃国佐久郡岩村田の大井法華堂の
住職。
¶武田（生没年不詳）

北高全祝*（北高禅祝）　ほっこうぜんしゅく
永正4（1507）年～天正14（1586）年　㊞全祝（ぜん
しゅく），北高（ほくこう）　戦国時代～安土桃山
時代の曹洞宗の僧。
¶武田（㊁天正14（1586）年12月）

北鯤* ほっこん
江戸時代中期の俳人。
¶俳文（生没年不詳）

法性寺為信 ほっしょうじためのぶ
⇒藤原為信（ふじわらのためのぶ）

法性寺殿 ほっしょうじどの
⇒藤原忠通（ふじわらのただみち）

法性寺雅子 ほっしょうじまさこ
⇒藤原雅子（ふじわらのまさこ）

法進 ほっしん
⇒法進（ほうしん）

法勢 ほっせい
⇒法勢（ほうせい）

発仙* ほっせん
生没年不詳　戦国時代の北条氏家臣松田憲秀の
被官。
¶後北

堀田泉尹 ほったいずただ
江戸時代中期～後期の和算家、津和野藩士。
¶数学（㊞延享2（1745）年　㊁文政12（1829）年）

堀田右馬允* ほったうまのすけ
文化6（1809）年～明治6（1873）年　㊞堀田遜（ほっ
たゆずる）　江戸時代末期～明治時代の紀州藩士。
藩財政再建のため急激な緊制改革を進めようとし
ていた田中善蔵を殺害、斬罪。
¶幕末（堀田遜　ほったゆずる　㊁明治6（1873）年3月15

日）

堀田右馬大夫* ほったうまのたいふ
生没年不詳　㊞堀田紀之重（ほったきのしげ）　安
土桃山時代の織田信長の家臣。
¶織田（堀田紀之重　ほったきのしげ　㊃?　㊁慶長14
（1609）年7月）

堀田一継* ほったかずつぐ
天文19（1550）年～寛永7（1630）年　安土桃山時代
～江戸時代前期の武士。織田氏家臣、豊臣氏家臣、
徳川氏家臣。
¶織田（㊁寛永7（1630）年6月25日）

堀田一輝の娘 ほったかずてるのむすめ*
江戸時代中期の女性。和歌。旗本堀田一輝の3人の
娘達。元禄4年奥書「一人一首」に載る。
¶江表（堀田一輝の娘（東京都））

堀田一知 ほったかずとも
江戸時代中期～後期の幕臣。
¶徳人（㊥1784年　㊁1852年）

堀田勝家* ほったかついえ
生没年不詳　安土桃山時代の織田信長の家臣。
¶織田

堀田吉子* ほったきちこ
嘉永7（1854）年3月25日～明治15（1882）年9月23日
江戸時代末期～明治時代の女性。佐倉藩主堀田正
倫の先妻。茶道、書、和歌などに精通。
¶江表（吉子（千葉県））

堀田紀之重 ほったきのしげ
⇒堀田右馬大夫（ほったうまのたいふ）

堀田久左衛門 ほったきゅうざえもん
江戸時代前期の豊臣秀頼の家臣。
¶大坂

堀田監物 ほったけんもつ
江戸時代前期の武士。大坂の陣で籠城。
¶大坂

堀田恒山 ほったこうざん
⇒堀田六林（ほったろくりん）

堀田幸次郎* ほったこうじろう
天保3（1832）年～明治36（1903）年　江戸時代末期
～明治時代の商人。黒江漆器問屋を経営。大阪を
はじめ四国への販路拡大、外国への輸出を実現。
¶幕末（㊁明治36（1903）年12月5日）

堀田小平太 ほったこへいだ
江戸時代前期の豊臣秀頼の家臣。
¶大坂

堀田作兵衛興重 ほったさくびょうえおきしげ
江戸時代前期の牢人。信州侍。
¶大坂

堀田左内* ほったさない
生没年不詳　安土桃山時代の織田信長の家臣。
¶織田

堀田沙羅 ほったしゃら
寛延1（1748）年～文化13（1816）年　㊞沙羅（しゃ
ら）　江戸時代後期の俳人。
¶俳文（沙羅　しゃら　㊁文化13（1816）年11月）

堀田瑞松* ほったずいしょう
天保8（1837）年～大正5（1916）年　江戸時代末期

〜明治時代の木工、漆芸家。唐木細工、蒔絵など制作。唐木材に山水を刻むことを得意とした。
¶美建（[生]天保8（1837）年4月12日 [没]大正5（1916）年9月8日）

堀田図書頭 ほったずしょのかみ
戦国時代〜江戸時代前期の豊臣秀吉の家臣。
¶大坂（[生]天文22年 [没]慶長20年5月7日）

堀田正路 ほったせいじ
江戸時代後期の幕臣。
¶徳人（[生]1789年 [没]？）

堀田伝三郎 ほったでんざぶろう
江戸時代前期の武士。大坂の陣で籠城。
¶大坂

堀田道空* ほったどうくう
戦国時代の武将。斎藤氏家臣。
¶織田（生没年不詳）

堀田道友 ほったどうゆう
安土桃山時代の織田信長の家臣。尾張津島の堀田氏。
¶織田（生没年不詳）

堀田知之* ほったともゆき
享保4（1719）年〜寛政9（1797）年1月22日 [別]木吾（もくご） 江戸時代中期の俳人、歌人。
¶俳文（木吾 もくご）

堀田武助 ほったぶすけ
江戸時代前期の武士。大坂の陣で籠城。
¶大坂

堀田孫七 ほったまごしち
戦国時代〜安土桃山時代の織田信長の家臣。信長の弓衆の一人。
¶織田（生没年不詳）

堀田正亮 ほったまさあき
⇒堀田正亮（ほったまさすけ）

堀田正敦* ほったまさあつ
宝暦8（1758）年〜天保3（1832）年 江戸時代中期〜後期の大名。下野佐野藩主、近江高田藩主。
¶コン，植物（[没]天保3（1832）年6月16日），対外

堀田正定 ほったまささだ
安土桃山時代の織田信長の家臣。尾張津島の堀田氏。
¶織田（[生]？ [没]天正15（1587）年7月8日）

堀田正亮* ほったまさすけ
正徳2（1712）年〜宝暦11（1761）年 [別]堀田正亮（ほったまさあき） 江戸時代中期の老中。出羽山形藩主、下総佐倉藩主。
¶コン

堀田正俊* ほったまさとし
寛永11（1634）年〜貞享1（1684）年8月28日 江戸時代前期の大名、大老。上野安中藩主、下総安中藩主。5代綱吉初期の幕政を主導したが、若年寄稲葉正休に江戸城内で殺された。
¶江人，コン，徳将，山小（[没]1684年8月28日）

堀田正倫* ほったまさとも
嘉永4（1851）年〜明治44（1911）年 江戸時代末期〜明治時代の佐倉藩主、佐倉藩知事。アメリカに留学、農業振興にも尽力。
¶コン，全幕，幕末（[生]嘉永4（1851）年12月6日 [没]明治44（1911）年1月11日）

堀田正信* ほったまさのぶ
寛永8（1631）年〜延宝8（1680）年 江戸時代前期の大名。下総佐倉藩主。
¶江人，コン，徳将

堀田方旧 ほったまさひさ
⇒堀田六林（ほったろくりん）

堀田正英 ほったまさひで
安土桃山時代〜江戸時代前期の織田信長の家臣。正定の弟。
¶織田（[生]？ [没]慶長10（1605）年3月12日）

堀田正盛* ほったまさもり
慶長13（1608）年〜慶安4（1651）年 江戸時代前期の大名。武蔵川越藩主、下総佐倉藩主、信濃松本藩主。
¶江人，コン，徳将，徳人，山小（[没]1651年4月20日）

堀田正養* ほったまさやす
嘉永1（1848）年〜明治44（1911）年 江戸時代末期〜明治時代の大名、政治家、貴族院議員、逓信大臣、子爵。東京府議会副議長などを歴任。日本興業銀行、満鉄の設立に尽力。
¶コン

堀田正吉* ほったまさよし
元亀2（1571）年〜寛永6（1629）年 安土桃山時代〜江戸時代前期の武将。
¶全戦，徳人

堀田正睦* ほったまさよし
文化7（1810）年〜元治1（1864）年 江戸時代末期の大名、老中。下総佐倉藩主。日米修好通商条約の勅許を得られず、井伊直弼が大老になると老中を罷免された。
¶江人，コン，全幕，徳将，幕末（[生]文化7（1810）年8月1日 [没]元治1（1864）年4月5日），山小（[生]1810年8月1日 [没]1864年3月21日）

堀田光長* ほったみつなが
生没年不詳 江戸時代後期の藩士・和算家。
¶数学

堀田茂助 ほったもすけ
江戸時代前期の豊臣秀頼の家臣。
¶大坂

堀田弥右衛門 ほったやえもん
安土桃山時代の織田信長の家臣。
¶織田（生没年不詳）

堀田之吉 ほったゆきよし
戦国時代の信濃小県郡の国衆室賀氏の被官。
¶武田（生没年不詳）

堀田遜 ほったゆずる
⇒堀田右馬允（ほったうまのすけ）

堀田吉成* ほったよしなり
生没年不詳 江戸時代前期の和算家。
¶数学

堀田六林* ほったろくりん
宝永7（1710）年〜寛政3（1791）年 [別]堀田恒山（ほったこうざん），堀田方旧（ほったまさひさ），六林（ろくりん） 江戸時代中期の俳人。
¶俳文（六林 ろくりん [生]宝永6（1709）年 [没]寛政3（1791）年7月20日）

法灯国師 ほっとうこくし
⇒覚心（かくしん）

穂積以貫* ほづみいかん
元禄5（1692）年～明和6（1769）年 [別]穂積以貫（ほづみこれつら） 江戸時代中期の儒学者。伊藤東涯に入門。
¶コン

保津見雅楽助 ほつみうたのすけ
安土桃山時代の武蔵国鉢形城主北条氏邦家臣長谷部兵庫助の同心。
¶後北（雅楽助〔保津見〕 うたのすけ）

穂積永機 ほづみえいき
⇒永機（えいき）

穂積皇子 ほづみおうじ
⇒穂積親王（ほづみしんのう）

保津見内蔵佐 ほつみくらのすけ
安土桃山時代の鉢形城主北条氏邦家臣長谷部兵庫助の同心。
¶後北（内蔵佐〔保津見〕 くらのすけ）

穂積以貫 ほづみこれつら
⇒穂積以貫（ほづみいかん）

穂積親王* ほづみしんのう，ほずみしんのう
？～霊亀1（715）年 [別]穂積親王（ほずみしんのう），穂積皇子（ほずみのみこ，ほづみおうじ，ほづみのみこ） 飛鳥時代～奈良時代の公卿（知太政官事）。天武天皇の第2皇子。
¶公卿（ほずみしんのう [没]霊亀1（715）年7月13日），古人（穂積皇子 ほづみおうじ），古代（穂積皇子 ほづみのみこ），古物（穂積皇子 ほづみのみこ），コン，天皇（[生]天智5（666）年？）

穂積清軒* ほづみせいけん
天保7（1836）年～明治7（1874）年 江戸時代末期～明治時代の洋学者。豊橋の吉田城内に英学塾好問社を開き、女子教育も行う。
¶コン，幕末（[生]天保6（1836）年12月 [没]明治7（1874）年8月29日）

穂積与信* ほづみとものぶ
？～享保16（1731）年8月30日 江戸時代中期の和算家。
¶数学

穂積朝臣老 ほづみのあそんおゆ
⇒穂積老（ほづみのおゆ）

穂積朝臣賀祜* ほづみのあそんかこ
奈良時代の官人。
¶古代

穂積五百枝* ほづみのいおえ
生没年不詳 [別]穂積臣五百枝（ほづみのおみいおえ） 飛鳥時代の武人。
¶古人，古代（穂積臣五百枝 ほづみのおみいおえ）

穂積押山* ほづみのおしやま
[別]穂積臣押山（ほづみのおみおしやま） 上代の官僚。
¶古人（生没年不詳），古代（穂積臣押山 ほづみのおみおしやま），コン，対外

穂積忍山宿禰* ほづみのおしやまのすくね
上代の日本武尊の妃弟橘媛の父。
¶古代

穂積臣五百枝 ほづみのおみいおえ
⇒穂積五百枝（ほづみのいおえ）

穂積臣押山 ほづみのおみおしやま
⇒穂積押山（ほづみのおしやま）

穂積臣百足* ほづみのおみももたり
？～672年 [別]穂積百足（ほづみのももたり） 飛鳥時代の廷臣。
¶古人（穂積百足 ほづみのももたり），古代

穂積老* ほづみのおゆ
？～天平勝宝1（749）年 [別]穂積朝臣老（ほずみのあそみおゆ，ほづみのあそんおゆ） 奈良時代の官人。七道巡察使の一人。
¶古人，古代（穂積朝臣老 ほづみのあそんおゆ），コン

穂積老人 ほづみのおゆひと
奈良時代の官人。
¶古人（生没年不詳）

穂積咋* ほづみのくい
生没年不詳 [別]穂積咋（ほずみのくい），穂積臣咋（ほづみのおみくい） 飛鳥時代の官吏。
¶古代（穂積臣咋 ほづみのおみくい），古物（ほずみのくい）

穂積小東人 ほづみのこあづまんど
奈良時代の官人。雅楽助・木工助を歴任。従五位上。
¶古人（生没年不詳）

穂積皇子 ほづみのみこ
⇒穂積親王（ほづみしんのう）

穂積百足 ほづみのももたり
⇒穂積臣百足（ほづみのおみももたり）

法提郎媛 ほていのいらつめ
⇒蘇我法提郎媛（そがのほほてのいらつめ）

布袋屋玄了尼* ほていやげんりょうに
生没年不詳 戦国時代の扇商人。洛中の扇商売の半分の営業独占権を持つ。
¶女史

法提郎女（法提郎媛） ほてのいらつめ
⇒蘇我法提郎媛（そがのほほてのいらつめ）

火照命* ほでりのみこと
[別]海幸・山幸（うみさち・やまさち），海幸彦（うみさちひこ），海幸彦・山幸彦（うみさちひこ・やまさちひこ） 上代の神名。いわゆる海幸山幸の兄のほう。
¶コン

浦東君* ほとうのきみ
上代の弓月君の子。
¶古代

仏* ほとけ
生没年不詳 [別]仏御前（ほとけごぜん） 平安時代後期の白拍子。
¶古人，コン（仏御前 ほとけごぜん），女史（仏御前 ほとけごぜん），平家（仏御前 ほとけごぜん）

仏御前 ほとけごぜん
⇒仏（ほとけ）

穂波経条* ほなみつねえだ
安永3（1774）年6月5日～天保7（1836）年12月18日 江戸時代後期の公家（参議）。非参議穂波尚明の孫。

ほなみつ 2002

¶公卿, 公家（経条〔穂波家〕 つねえだ）

穂波経尚* ほなみつねなお
正保3（1646）年8月14日〜宝永3（1706）年6月11日
江戸時代前期〜中期の公家（権中納言）。穂波家の
祖。権大納言勧修寺経広の次男。
¶公卿, 公家（経尚〔穂波家〕 つねかさ ⓐ宝永3
（1706）年6月12日）

穂波経度* ほなみつねのり
天保8（1837）年〜？ 江戸時代末期〜明治時代の
公家（非参議）。左京大夫穂波経治の子。
¶公卿（ⓑ天保8（1837）年11月12日）, 公家（経度〔穂波
家〕 つねのり ⓑ天保8（1837）年11月12日 ⓒ大正
1（1912）年4月10日）, 幕末（ⓑ天保8（1837）年11月12
日 ⓓ大正4（1915）年10月）

穂波尚明* ほなみなおあき
享保14（1729）年6月20日〜安永5（1776）年4月20日
江戸時代中期の公家（非参議）。権中納言橋本実松
の末子、母は参議七条隆豊の娘。
¶公卿, 公家（尚明〔穂波家〕 ひさあき）

穂波晴宣* ほなみはれのぶ
元禄10（1697）年7月12日〜明和5（1768）年1月12日
江戸時代中期の公家（非参議）。権中納言勧修寺尹
隆の次男。
¶公卿, 公家（晴宣〔穂波家〕 はれのぶ）

骨皮道賢* ほねかわどうけん
？〜応仁2（1468）年 室町時代の管領細川勝元の足
軽大将。
¶内乱, 室町

牡年* ぼねん
？〜享保12（1727）年 ⓝ牡年（ぼくねん） 江戸時
代中期の俳人（芭蕉一門、去来・魯町の弟）。
¶俳文（ⓑ万治1（1658）年 ⓐ享保12（1727）年10月4日）

火焔皇子 ほのおのおうじ
⇒火焔皇子（ほのほのおうじ）

火焔皇子 ほのおのみこ
⇒火焔皇子（ほのほのおうじ）

ほの子 ほのこ*
江戸時代後期の女性。和歌。松代藩藩士卜木鶴司
の祖母。享和2年39歳で没した歌人窪田久麻呂の妻
の追悼集「なけきのしけり」に載る。
¶江表（ほの子（長野県））

ホノニニギノミコト
⇒瓊瓊杵尊（ににぎのみこと）

火焔皇子* ほのほのおうじ
ⓝ火焔皇子（ほのおのおうじ、ほのおのみこ） 上
代の宣化天皇の皇子。
¶古代（ほのおのみこ）

保母健（保母建） ほぼたけし
⇒保母景光（ほもかげみつ）

保母健 ほぼたける
⇒保母景光（ほもかげみつ）

法提郎媛 ほほてのいらつめ, ほほでのいらつめ
⇒蘇我法提郎媛（そがのほほてのいらつめ）

誉田別尊 ほむたわけのみこと
⇒応神天皇（おうじんてんのう）

品治是利 ほむちのこれとし
平安時代後期の官人。

¶古人（生没年不詳）

品治牧人 ほむちのまきひと
⇒品治牧人（ほんちのまきひと）

本牟智和気命* ほむちわけのみこと
上代の垂仁天皇の皇子。
¶古代

誉津別命* ほむつわけのみこと
上代の垂仁天皇の皇子。
¶天皇（ⓑ垂仁2年）

誉屋別皇子 ほむやわけのみこ
上代の仲哀天皇の皇子。
¶天皇（生没年不詳）

保母景光* ほもかげみつ
天保13（1842）年〜元治1（1864）年 ⓝ保母健（ほ
ぼたけし、ほぼたける）、保母建（ほぼたけし、ほ
もたてる） 江戸時代末期の肥前島原藩士。
¶全幕（保母健 ほぼたける）、幕末（ⓐ元治1（1864）年7
月21日）

保母建 ほもたてる
⇒保母景光（ほもかげみつ）

保友* ほゆう
ⓝ保友（やすとも） 江戸時代前期〜中期の俳人。
¶俳文（やすとも 生没年不詳）

歩簫 ほよう
⇒歩簫（ほしょう）

堀池敬久* ほりいけたかひさ
安永2（1773）年〜弘化2（1845）年8月24日 江戸時
代中期〜後期の藩士・和算家。
¶数学

堀池久道* ほりいけひさみち
享和3（1803）年〜明治11（1878）年8月21日 江戸
時代後期〜明治時代の和算家。
¶数学

堀井新治郎〔1代〕 ほりいしんじろう
江戸時代末期〜昭和時代の実業家、発明家、「謄写
版」の発明者。
¶科学（ⓑ安政3（1856）年9月16日 ⓐ昭和7（1932）年）

堀井胤吉* ほりいたねよし
文政4（1821）年〜明治36（1903）年 ⓝ胤吉（たね
よし） 江戸時代後期〜明治時代の刀工。
¶美工（胤吉 たねよし ⓐ明治36（1903）年4月29日）

堀内氏久* ほりうちうじひさ
生没年不詳 ⓝ堀内主水氏久（ほりうちもんどうじ
ひさ） 安土桃山時代〜江戸時代前期の武将。
¶大坂（堀内主水氏久 ほりうちもんどうじひさ ⓑ文
禄4年 ⓐ明暦3年8月20日）

堀内氏弘 ほりうちうじひろ
⇒堀内氏弘（ほりのうちうじひろ）

堀内氏善* ほりうちうじよし
天文18（1549）年〜元和1（1615）年 ⓝ堀内氏善
（ほりのうちうじよし） 安土桃山時代〜江戸時代
前期の大名。紀伊新宮藩主。
¶織田（ほりのうちうじよし ⓐ元和1（1615）年4月10
日？）, 対外（生没年不詳）

堀内雲鼓 ほりうちうんこ
⇒雲鼓（うんこ）

堀内右衛門兵衛氏治　ほりうちえもんひょうえうじはる
江戸時代前期の堀内安房守氏善の惣領。藤堂高虎に仕官。
¶大坂（[没]明暦1年11月8日）

堀内勝光　ほりうちかつみつ
安土桃山時代の玉縄城主北条氏勝の家臣。与兵衛・日向守。
¶後北（勝光〔堀内〕　かつみつ）

堀内匡平　ほりうちきょうへい
⇒堀内匡平（ほりうちまさひら）

堀内源二郎　ほりうちげんじろう
戦国時代の武田氏の家臣。
¶武田（[生]？　[没]明応3（1494）年3月26日？）

堀内三盛　ほりうちさんせい
世襲名　江戸時代前期～昭和期の眼科医。
¶眼医（生没年不詳）

堀内次郎左衛門*　ほりうちじろうざえもん
生没年不詳　安土桃山時代の織田信長の家臣。
¶織田

堀内誠之進*　ほりうちせいのしん
天保13（1842）年～明治12（1879）年　江戸時代末期～明治時代の志士。勤王の志厚く国事に奔走。西南の役の際、脱出したがのちに自首。
¶幕末（[生]天保13（1842）年10月　[没]明治12（1879）年10月）

堀内仙鶴　ほりうちせんかく
⇒堀内仙鶴（ほりのうちせんかく）

堀内宣遊　ほりうちせんゆう
江戸時代中期～後期の和算家。更級郡今井村の人。
¶数学（[生]安永3（1774）年　[没]文化4（1807）年7月19日）

堀内素堂*　ほりうちそどう
享和1（1801）年～安政1（1854）年　[別]堀内素堂（ほりのうちそどう）　江戸時代末期の蘭方医。わが国初の西洋小児科翻訳書「幼幼精義」を刊行。
¶科学（[没]安政1（1854）年3月18日），コン

堀内大学　ほりうちだいがく
江戸時代前期の武士。大坂の陣で籠城。
¶大坂

堀内利国　ほりうちとしくに
江戸時代後期～明治時代の陸軍軍医監。
¶科学（[生]天保15（1844）年7月6日　[没]明治28（1895）年6月15日）

堀内信之　ほりうちのぶゆき
江戸時代末期～明治時代の和算家、須坂藩士。
¶数学（[没]明治8（1875）年8月）

堀内匡平*　ほりうちまさひら
文政7（1824）年～明治16（1883）年1月10日　[別]堀内匡平（ほりうちきょうへい）　江戸時代末期～明治時代の勤王家。
¶幕末

堀内主水氏久　ほりうちもんどうじひさ
⇒堀内氏久（ほりうちうじひさ）

堀内康親　ほりうちやすちか
安土桃山時代の玉縄城主北条氏繁・氏舜の家臣。与兵衛尉・左京亮。
¶後北（康親〔堀内〕　やすちか）

堀内勇次　ほりうちゆうじ
⇒智隆（ちりゅう）

堀江興成*　ほりえおきなり
？～天保15（1844）年　江戸時代中期の装剣金工家。
¶コン（生没年不詳），美工（生没年不詳）

堀江景忠*　ほりえかげただ
？～天正4（1576）年4月15日？　戦国時代の武士。
¶織田（生没年不詳），全戦（生没年不詳）

堀江鍬次郎　ほりえくわじろう
江戸時代後期～末期の蘭学者、写真師。
¶科学（[生]天保2（1831）年9月2日　[没]慶応2（1866）年10月28日）

堀江顕斎*　ほりえけんさい
文化2（1805）年～嘉永3（1850）年7月29日　[別]堀江是顕（ほりえこれあき）　江戸時代後期の和算家。
¶数学（堀江是顕　ほりえこれあき）

堀江是顕　ほりえこれあき
⇒堀江顕斎（ほりえけんさい）

堀江佐吉　ほりえさきち
江戸時代後期～明治時代の建築家、大工。
¶美建（[生]弘化2（1845）年2月3日　[没]明治40（1907）年8月19日）

堀江成真　ほりえしげざね
江戸時代中期の代官。
¶徳代（[生]元禄10（1697）年　[没]宝暦2（1752）年1月9日）

堀江氏の妻　ほりえしのつま*
江戸時代中期の女性。俳諧。膳所の人。元禄8年刊、浪化編『有磯海』に載る。
¶江表（堀江氏の妻（滋賀県））

堀江芳極*　ほりえただとう
元禄14（1701）年～宝暦9（1759）年　江戸時代中期の勘定吟味役。享保改革期後半年貢増徴政策の実務担当者。
¶徳人

堀江為清*　ほりえためきよ
生没年不詳　戦国時代の武士。斯波氏の被官。
¶後北（為清〔堀江（1）〕　ためきよ）

堀江某　ほりえなにがし
安土桃山時代の中野郷の小代官。北条氏政・氏直に属した。
¶後北（某〔堀江（2）〕　なにがし）

堀江成定　ほりえなりさだ
江戸時代前期の代官。
¶徳代（生没年不詳）

堀江成芳　ほりえなりただ
江戸時代前期～中期の関東代官。
¶徳代（[生]寛文12（1672）年　[没]享保5（1720）年5月1日）

堀江成春　ほりえなりはる
戦国時代～江戸時代前期の代官。
¶徳代（[生]天文17（1548）年　[没]元和8（1622）年7月3日）

堀江正章　ほりえまさあき
江戸時代末期～昭和時代の洋画家。
¶美画（[生]安政5（1858）年1月29日　[没]昭和7（1932）年10月26日）

堀江光傅*　ほりえみつすけ
生没年不詳　[別]光伝（みつすけ）　戦国時代の武

家・連歌作者。
¶俳文（光伝　みつすけ）

堀江宗親*　ほりえむねちか
生没年不詳　安土桃山時代の武将。
¶全戦

堀江友声*　ほりえゆうせい
享和2（1802）年～明治6（1873）年9月15日　江戸時代末期～明治時代の絵師。花鳥画を得意とし、着彩を研究、多くの傑作を遺した。
¶幕末（㊄享和2（1802）年3月23日），美画

堀江芳之助*　ほりえよしのすけ
文化7（1810）年～明治4（1871）年　江戸時代末期～明治時代の志士。ハリス襲撃を企て下獄。のち水戸藩士殺害の容疑者として逮捕される。維新後、特赦。
¶幕末（㊄文化7（1810）年7月9日　㊆明治4（1871）年2月15日）

堀江頼忠*　ほりえよりただ
？～元和3（1617）年　安土桃山時代～江戸時代前期の武将。里見氏家臣。
¶全戦

堀尾勝盛　ほりおかつもり
安土桃山時代の織田信長の家臣。天正8年に春日井郡の大手八幡宮の社殿を建立。
¶織田（生没年不詳）

堀興昌の妻　ほりおきまさのつま★
江戸時代前期の女性。和歌。薩摩藩藩士比志島国治の孫。
¶江表（堀興昌の妻（鹿児島県）　㊄延宝4（1676）年）

堀尾金助の母*（堀尾金助母）　ほりおきんすけのはは
？～元和7（1621）年　安土桃山時代～江戸時代前期の女性。出雲松江藩主堀尾茂助吉晴の妻。
¶江表（金助の母（愛知県））

堀尾忠晴*　ほりおただはる
慶長4（1599）年～寛永10（1633）年　江戸時代前期の大名。出雲松江藩主。
¶コン

堀尾泰晴*　ほりおやすはる
永正14（1517）年～慶長4（1599）年　戦国時代～安土桃山時代の織田信長の家臣。
¶織田

堀尾吉晴*（堀尾可晴）　ほりおよしはる
天文12（1543）年～慶長16（1611）年　安土桃山時代～江戸時代前期の武将、大名。
¶織田（堀尾可晴　㊆慶長16（1611）年6月17日），コン，全戦

堀金　ほりがね
安土桃山時代の信濃国安曇郡堀金の国衆。仁科一族。
¶武田（生没年不詳）

堀金盛広　ほりかねもりひろ
戦国時代の信濃国安曇郡堀金の国衆。
¶武田（生没年不詳）

堀河*（1）　ほりかわ
生没年不詳　平安時代後期の女流歌人。
¶古人

堀河*（2）　ほりかわ
生没年不詳　平安時代後期の歌人。
¶古人

堀川顕基*　ほりかわあきもと
正応5（1292）年～？　鎌倉時代後期～南北朝時代の公卿（非参議）。権中納言堀川具俊の子。
¶公卿，公家（顕基〔堀川家（絶家）2〕　あきもと）

堀川顕世*　ほりかわあきよ
建長3（1251）年～延慶2（1309）年4月21日　鎌倉時代後期の公卿（権中納言）。権中納言堀川高定の子。
¶公卿，公家（顕世〔堀河・岩蔵・葉室1家（絶家）〕　あきよ）

堀川関白　ほりかわかんぱく
⇒近衛経忠（このえつねただ）

堀河基子　ほりかわきし
⇒西華門院（せいかもんいん）

堀川国広　ほりかわくにひろ
⇒国広（くにひろ）

堀川光山　ほりかわこうざん
江戸時代末期の陶芸家。
¶美工（㊄安政3（1856）年12月14日　㊆？）

堀川定親*　ほりかわさだちか
正応5（1292）年～？　鎌倉時代後期～南北朝時代の公卿（非参議）。従四位下・左中将源為定の子。
¶公卿，公家（定親〔壬生家（絶家）〕　さだちか）

堀川乗経*　ほりかわじょうきょう
文政7（1824）年～明治11（1878）年　江戸時代末期～明治時代の僧侶、西本願寺函館別院初代輪番。北海道布教の先駆者。救貧院を創設、傷病兵や困窮民を収容。
¶コン，幕末

堀河天皇　ほりかわしんのう
⇒堀河天皇（ほりかわてんのう）

堀川高定*　ほりかわたかさだ
*～弘安3（1280）年8月23日　鎌倉時代前期の公卿（権中納言）。正四位下・右大弁光俊の子。
¶公卿（㊄貞永1（1232）年），公家（高定〔堀河・岩蔵・葉室1家（絶家）〕　たかさだ　㊄1233年）

堀河武子*　ほりかわたけこ
天保6（1835）年7月～明治40（1907）年1月29日　江戸時代末期～明治時代の女官。准后朔平門院夙子に仕えた。権命婦の称号を得る。
¶江表（武子（京都府）　㊄天保7（1836）年）

堀河忠順*　ほりかわただまさ
明和2（1765）年5月7日～寛政10（1798）年12月16日　江戸時代中期の公家（非参議）。参議堀河康実の子。
¶公卿，公家（忠順〔堀河家〕　ただまさ）

堀河親実*　ほりかわちかざね
安永6（1777）年8月13日～天保5（1834）年6月3日　江戸時代後期の公家（参議）。権中納言裏松謙光の次男。
¶公卿，公家（親実〔堀河家〕　ちかざね）

堀河親俊*　ほりかわちかとし
承元1（1207）年～正嘉2（1258）年2月7日　鎌倉時代前期の公卿。近衛家に仕える。
¶公家（親俊〔堀河・岩蔵・葉室1家（絶家）〕　ちかとし　㊆？）

堀河親賀* ほりかわちかよし
文政5(1822)年～明治16(1883)年4月13日 江戸時代末期～明治時代の公家(非参議)。権中納言堀河康親の子。
¶公卿([生]文政5(1822)年7月20日 [没]明治13(1880)年4月),公家(親賀〔堀河家〕 ちかよし [生]文政5(1822)年7月20日),幕末([生]文政5(1822)年7月20日)

堀河天皇* ほりかわてんのう
承暦3(1079)年7月9日～嘉承2(1107)年7月19日 [別]堀河天皇(ほりかわしんのう) 平安時代後期の第73代の天皇(在位1086～1107)。白河天皇の子。在位期間22年。
¶古人(ほりかわしんのう),コン,天皇,平家,山小([生]1079年7月9日 [没]1107年7月19日)

堀河俊範* ほりかわとしのり
生没年不詳 室町時代の公卿(非参議)。堀河家始祖。康正元年正三位に叙される。
¶公卿,公家(俊範〔平家(絶家)2〕 としのり)

堀川具言* ほりかわともあき
？～応永25(1418)年11月 室町時代の公卿(権大納言)。応永15年正二位に叙される。
¶公卿,公家(具言〔堀川家(絶家)2〕 ともこと)

堀川具定* ほりかわともさだ
正治2(1200)年～嘉禎2(1236)年3月5日 鎌倉時代前期の公卿(非参議)。大納言堀川通具の長男。
¶公卿,公家(具定〔堀川家(絶家)2〕 ともさだ)

堀川具実* ほりかわともざね
建仁3(1203)年～？ 鎌倉時代前期の公卿(内大臣)。大納言堀川通具の次男。
¶公卿

堀川具茂* ほりかわともしげ
生没年不詳 室町時代の公卿(参議)。参議堀川具世の子。
¶公卿,公家(具茂〔堀川家(絶家)2〕 ともしげ)

堀川具孝* ほりかわともたか
嘉暦1(1326)年～？ 南北朝時代の公卿(権中納言)。内大臣堀川具親の次男。
¶公卿,公家(具孝〔堀川家(絶家)2〕 ともたか)

堀川具親* ほりかわともちか
永仁2(1294)年～？ 鎌倉時代後期の公卿(内大臣)。権大納言堀川具俊の次男。
¶公卿,公家(具親〔堀川家(絶家)2〕 ともちか)

堀川具俊* ほりかわともとし
文永10(1273)年～嘉元1(1303)年10月26日 鎌倉時代後期の公卿(権中納言)。大納言堀川具守の子。
¶公卿,公家(具俊〔堀川家(絶家)2〕 ともとし [没]嘉元1(1303)年9月)

堀川具信* ほりかわとものぶ
元弘2/正慶1(1332)年～正平11/延文1(1356)年11月7日 南北朝時代の公卿(参議)。内大臣堀川具親の子。
¶公卿([生]正慶1/元弘2(1332)年 [没]延文1/正平11(1356)年11月7日),公家(具信〔堀川家(絶家)2〕 とものぶ [没]延文1(1356)年11月7日)

堀川具雅* ほりかわともまさ
元応2(1320)年～？ 南北朝時代の公卿(参議)。内大臣堀川具親の子。
¶公卿,公家(具雅〔堀川家(絶家)2〕 ともまさ [没]暦応3(1340)年7月2日)

堀川具守* ほりかわとももり
建長1(1249)年～正和5(1316)年 [別]源具守(みなもとのとももり) 鎌倉時代後期の公卿(内大臣)。太政大臣堀川基具の長男。
¶公卿([没]正和5(1316)年1月19日),公家(具守〔堀川家(絶家)2〕 とももり)

堀川具世* ほりかわともよ
生没年不詳 室町時代の公卿(参議)。文安3年正三位に叙される。
¶公卿,公家(具世〔堀川家(絶家)2〕 ともよ)

堀川国広 ほりかわのくにひろ
⇒国広(くにひろ)

堀河女御 ほりかわのにょうご
⇒藤原延子(ふじわらのえんし)

堀河則康* ほりかわのりやす
元和8(1622)年5月13日～貞享3(1686)年5月25日 江戸時代前期の公家(参議)。権中納言堀河康胤の子。
¶公卿,公家(則康〔堀河家〕 のりやす)

堀川寛 ほりかわひろし
江戸時代末期の眼科医。
¶眼医([生]安政5(1858)年 [没]？)

堀川広益 ほりかわひろます
江戸時代中期の幕臣。
¶徳人([生]1694年 [没]1756年)

堀川通具 ほりかわみちとも
⇒土御門通具(つちみかどみちとも)

堀川光継 ほりかわみつつぐ
⇒藤原光継(ふじわらのみつつぐ)

堀川光藤* ほりかわみつふじ
？～正中2(1325)年11月9日 鎌倉時代後期の公卿(権中納言)。権中納言堀川顕世の子。
¶公卿,公家(光藤〔堀河・岩蔵・葉室1家(絶家)〕 みつふじ)

堀河紀子*(堀川紀子) ほりかわもとこ
天保8(1837)年～明治43(1910)年5月7日 [別]衛門内侍(えもんのないし) 江戸時代末期～明治時代の女官。孝明天皇の後宮。今城重子と和宮降嫁を画策したが尊攘派の圧力で宮中を引退。
¶女史,全幕,天皇(堀川紀子 [生]天保8(1837)年6月1日),幕末([生]天保8(1837)年6月1日)

堀川基俊* ほりかわもととし
弘長1(1261)年～元応1(1319)年4月3日 鎌倉時代後期の公卿(権大納言)。太政大臣堀川基具の次男。
¶公卿,公家(基俊〔堀川家(絶家)2〕 もととし [没]文保3(1319)年4月3日)

堀川基具* ほりかわもととも
貞永1(1232)年～？ 鎌倉時代後期の公卿(太政大臣)。内大臣堀川具実の子。
¶公卿,公家(基具〔堀川家(絶家)2〕 もととも)

堀河康実* ほりかわやすざね
寛保1(1741)年10月30日～寛政8(1796)年1月4日 江戸時代中期の公家(参議)。正四位下・中務大輔・讃岐介堀河冬輔の子。
¶公卿,公家(康実〔堀河家〕 やすざね [生]元文6(1741)年10月30日)

堀河康隆*　ほりかわやすたか
天保7(1836)年～明治29(1896)年　江戸時代末期～明治時代の公家、官吏、侍従。二十余年間侍従として明治天皇に近侍。条約幕府委任反対の八十八卿列参に参加。
¶公卿([生]天保7(1836)年2月15日　[没]明治29(1896)年1月),公家(康隆〔堀河家〕　やすたか　[生]天保7(1836)年2月15日　[没]明治29(1896)年1月2日),幕末([生]天保7(1836)年2月15日　[没]明治29(1896)年1月2日)

堀河康胤*　ほりかわやすたね
文禄1(1592)年9月9日～寛文13(1673)年1月27日　江戸時代前期の公家(権中納言)。堀河家の祖。権大納言高倉永家の孫。
¶公卿,公家(康胤〔堀河家〕　やすたね)

堀河康親*　ほりかわやすちか
寛政9(1797)年～安政6(1859)年　江戸時代末期の公家(権中納言)。参議堀河親実の子。
¶公卿([生]寛政9(1797)年2月20日　[没]安政6(1859)年9月3日),公家(康親〔堀河家〕　やすちか　[生]寛政9(1797)年2月20日　[没]安政6(1859)年9月3日),幕末([生]寛政9(1797)年2月20日　[没]安政6(1859)年9月2日)

堀河康綱*　ほりかわやすつな
明暦1(1655)年5月13日～宝永2(1705)年6月12日　江戸時代前期～中期の公家(参議)。参議堀河則康の孫。
¶公卿,公家(康綱〔堀河家〕　やすつな)

堀杏庵*　ほりきょうあん
天正13(1585)年～寛永19(1642)年　江戸時代前期の尾張藩士、安芸広島藩士、儒学者。
¶コン,思想,対外

堀喜代子　ほりきよこ★
江戸時代後期の女性。狂歌。米沢の人。文政3年序、万歳逢義編の浅草庵追悼集『あさくさぐさ』に載る。
¶江表(喜代子(山形県)),江表(堀喜代子(山形県))

堀浄知*　ほりきよとも
?～天保3(1832)年　[別]堀浄知(ほりじょうち)　江戸時代中期の釜師。
¶美工(ほりじょうち)

堀浄政*　ほりきよまさ
文化7(1810)年～万延1(1860)年　[別]堀浄政(ほりじょうせい)　江戸時代末期の釜師。
¶美工(ほりじょうせい)

堀口貞満*　ほりぐちさだみつ
永仁5(1297)年～延元3/暦応1(1338)年　鎌倉時代後期～南北朝時代の武士。南軍の武将として活躍。
¶コン,室町

堀口成昭　ほりぐちしげあき
江戸時代後期の和算家。上州の人。文化10年算額を奉納。
¶数学

堀口藍園*　ほりぐちらんえん
文政1(1818)年～明治24(1891)年　江戸時代末期～明治時代の藍染め業。
¶コン,幕末([生]文政1(1818)年10月10日　[没]明治24(1891)年9月30日)

堀粂之助*　ほりくめのすけ
天保9(1838)年～明治1(1868)年　江戸時代末期の陸奥会津藩士。
¶幕末([没]慶応4(1868)年9月4日)

堀景山*　ほりけいざん
元禄1(1688)年～宝暦7(1757)年　江戸時代中期の儒医。本居宣長の師。
¶コン,思想

堀越氏延*　ほりこしうじのぶ
?～永禄6(1563)年　戦国時代の武士。今川氏家臣。
¶全戦

堀越角次郎　ほりこしかくじろう
⇒堀越安平(ほりこしやすへい)

堀越公方　ほりこしくぼう
⇒足利政知(あしかがまさとも)

壕越菜陽　ほりこしさいよう
⇒壕越二三治(ほりこしにそうじ)

堀越利佐　ほりこしとしすけ
江戸時代末期～明治時代の和算家。
¶数学

壕越二三治*(壕越二三次, ――〔1代〕)　ほりこしにそうじ
享保6(1721)年～天明1(1781)年?　[別]菜陽(さいよう),沢村二三次,沢村二三治(さわむらにそうじ),織小簾(はたこす),壕越菜陽(ほりこしさいよう)　江戸時代中期の歌舞伎作者。延享2年～安永9年頃に活躍。
¶歌大(濠越二三次(治)　生没年不詳),新歌(壕越二三次(治)　生没年不詳)

堀越安平*　ほりこしやすへい
文化3(1806)年～明治18(1885)年　[別]堀越角次郎(ほりこしかくじろう)　江戸時代末期～明治時代の実業家。商才を発揮し、巨富を蓄え土地にも投資した。横浜正金銀行設立発起人。
¶コン(堀越角次郎　ほりこしかくじろう)

堀越六郎　ほりこしろくろう
戦国時代の遠江国見附端城主。伊勢宗瑞・北条氏綱に属した遠江国の国衆。のち北条氏康家臣。
¶後北(六郎〔堀越〕　ろくろう)

堀米四郎兵衛*　ほりごめしろべえ
文政8(1825)年～明治23(1890)年　江戸時代末期～明治時代の政治家、県議会議員。村の自衛のため、屋敷内に鍛刀場を設け、武具を造り農民を訓練した。
¶コン,幕末([生]文政8(1825)年11月　[没]明治23(1890)年7月30日)

堀三郎左衛門　ほりさぶろうざえもん
戦国時代の北条氏綱の家臣。
¶後北(三郎左衛門〔堀〕　さぶろうざえもん)

堀繁子　ほりしげこ
⇒遠藤繁子(えんどうしげこ)

堀春台*　ほりしゅんだい
生没年不詳　江戸時代中期の女性。陸奥弘前藩主津軽信政の娘。
¶江表(春台(長野県))

堀昌庵　ほりしょうあん
江戸時代後期～末期の眼科医。
¶眼医(生没年不詳)

堀浄栄　ほりじょうえい
⇒堀山城〔1代〕(ほりやましろ)

堀鋁五郎*　ほりしょうごろう
文政12(1829)年～慶応3(1867)年　江戸時代末期の寄合。
¶幕末([没]慶応3(1867)年1月16日)

堀庄次郎*　ほりしょうじろう
天保1(1830)年～元治1(1864)年　[別]堀敦斎(ほりとんさい)，堀熙明(ほりひろあき)　江戸時代末期の因幡鳥取藩士。
¶全幕,幕末([生]文政13(1830)年8月6日　[没]元治1(1864)年9月5日)

堀浄政　ほりじょうせい
⇒堀浄政(ほりきよまさ)

堀省三*　ほりしょうぞう
弘化1(1844)年～明治24(1891)年　江戸時代末期～明治時代の教育家。足柄県教員講習所で小学校教員を養成。
¶幕末

堀浄知　ほりじょうち
⇒堀浄知(ほりきよとも)

堀錠之助　ほりじょうのすけ
江戸時代末期の幕臣。
¶幕末(生没年不詳)

堀浄甫　ほりじょうほ
⇒堀山城〔2代〕(ほりやましろ)

堀四郎*　ほりしろう
文政2(1819)年～明治29(1896)年　[別]堀政材(ほりまさたき)　江戸時代末期～明治時代の加賀藩士。旧藩史の編纂に従事。郡奉行、世子前田慶寧の近習を歴任。
¶幕末(堀政材　ほりまさたき　[没]明治29(1896)年3月17日)

堀真五郎*　ほりしんごろう
天保9(1838)年～大正2(1913)年10月25日　江戸時代末期～明治時代の志士、司法官、大審院判事。維新後、函館裁判所、金沢裁判所所長、東京始審裁判所所長などを歴任。
¶全幕,幕末([生]天保9(1838)年閏4月11日)

堀新次郎*　ほりしんじろう
弘化1(1844)年～明治10(1877)年　江戸時代末期～明治時代の士族。四番大隊一番小隊長として出征、西郷隆盛と共に城山で戦死。
¶幕末([没]明治10(1877)年9月24日)

堀善蔵*　ほりぜんぞう
生没年不詳　江戸時代後期の植林家。
¶コン

堀潜太郎*　ほりせんたろう
天保13(1842)年～明治1(1868)年　江戸時代末期の長州(萩)藩足軽。
¶幕末([没]慶応4(1868)年7月2日)

堀宗三　ほりそうさん
江戸時代末期の眼科医。
¶眼医(生没年不詳)

堀慥甫　ほりぞうほ
⇒堀秀成(ほりひでなり)

堀退蔵*　ほりたいぞう
文化5(1808)年～明治28(1895)年　江戸時代末期～明治時代の儒者。詩文・書画に優れ、維新後、私塾を開き地方青年の教育に尽力。
¶幕末([没]明治28(1895)年8月10日)

堀滝太郎*　ほりたきたろう
弘化1(1844)年～慶応2(1866)年　江戸時代末期の長州(萩)藩士。
¶幕末([生]天保15(1844)年　[没]慶応2(1866)年7月29日)

堀忠俊*　ほりただとし
慶長1(1596)年～元和7(1621)年　江戸時代前期の大名。越後福島藩主。
¶コン

堀達之助*　ほりたつのすけ
文政6(1823)年～明治27(1894)年　江戸時代末期～明治時代の英学者。ペリー再航時に通訳として活躍。「英和対訳袖珍辞書」を刊行。
¶コン,徳人,幕末([生]文政6(1823)年11月23日　[没]明治27(1894)年1月3日)

母里太兵衛　ぼりたへえ
⇒母里友信(もりとものぶ)

堀親家*　ほりちかいえ
？～建仁3(1203)年　平安時代後期～鎌倉時代前期の武士。伊豆国出身。源頼朝の側近。
¶古人

堀親𡨚*　ほりちかしげ
天明6(1786)年～嘉永1(1848)年12月10日　江戸時代後期の大名。信濃飯田藩主。
¶コン

堀親経　ほりちかつね
平安時代後期の武士。源義経配下の武士。系譜未詳。
¶平家(生没年不詳)

堀親義*　ほりちかよし
文化11(1814)年1月28日～明治13(1880)年9月20日　江戸時代後期～明治時代の大名、華族。
¶全幕,幕末([生]文化11(1810)年1月28日)

堀親良*　ほりちかよし
天正8(1580)年～寛永14(1637)年　[別]羽柴美作守(はしばみまさかのかみ)　江戸時代前期の大名。下野烏山藩主、下野真岡藩主、越後蔵王藩主。
¶コン

堀対馬守　ほりつしまのかみ
江戸時代前期の堀忠俊・豊臣秀頼の家臣。
¶大坂([生]慶長20年5月8日)

堀通年子*　ほりつねこ
生没年不詳　江戸時代後期の歌人。
¶江表(通年子(東京都))

堀悌助*　ほりていすけ
天保7(1836)年～明治16(1883)年　[別]羽山光和(はやまみつかず)　江戸時代末期～明治時代の会津藩士、北海道根室書記官。町野主水、永岡久茂の対立の際、刀の間に割って入ったので有名。
¶幕末([没]明治16(1883)年7月16日)

堀鉄五郎　ほりてつごろう
江戸時代後期の幕臣。
¶徳人([生]1832年　[没]？)

ほ

堀利堅* ほりとしかた
生没年不詳 江戸時代末期の幕臣。
¶徳人, 幕末(㊄? ㉗元治1(1864)年11月16日)

堀利重* ほりとししげ
天正9(1581)年〜寛永15(1638)年 江戸時代前期の大名。常陸玉取藩主。
¶コン

堀利孟* ほりとしたけ
江戸時代末期の幕臣。
¶徳人(生没年不詳), 幕末(㊄? ㉗明治6(1873)年9月24日)

堀利煕*(堀利熙, 堀利凞) ほりとしひろ
文化1(1818)年〜万延1(1860)年 江戸時代末期の幕臣。ペリー来航時の海防掛。
¶コン, 全幕, 徳将, 徳人(堀利熙 ㊄?), 幕末(㉗万延1(1860)年11月6日)

堀利政 ほりとしまさ
安土桃山時代〜江戸時代前期の幕臣。
¶徳人(㊄1575年 ㉗1638年)

母里友信 ほりとものぶ
⇒母里友信(もりとものぶ)

堀虎蔵* ほりとらぞう
?〜文久3(1863)年 江戸時代末期の商人。
¶幕末(㉗文久3(1863)年6月1日)

堀敦斎 ほりとんさい
⇒堀庄次郎(ほりしょうじろう)

堀直明* ほりなおあき
天保10(1839)年9月3日〜明治18(1885)年 ㊙堀直明(ほりなおあきら) 江戸時代末期〜明治時代の須坂藩主, 須坂藩知事。
¶全幕(㉗明治19(1886)年)

堀直明 ほりなおあきら
⇒堀直明(ほりなおあき)

堀直景 ほりなおかげ
慶長9(1604)年〜延宝3(1675)年 江戸時代前期の大名。上総苅谷藩主, 越後椎谷藩主。
¶徳人

堀直格 ほりなおただ
文化3(1806)年11月14日〜明治13(1880)年8月13日 江戸時代後期〜明治時代の大名, 華族。
¶幕末(㊄文化2(1805)年 ㉗明治15(1882)年8月)

堀直太郎* ほりなおたろう
天保1(1830)年〜明治2(1869)年 江戸時代末期の薩摩藩士。
¶幕末(㊄文政13(1830)年8月8日 ㉗明治2(1869)年10月)

堀直虎* ほりなおとら
天保7(1836)年〜明治1(1868)年 江戸時代末期の大名。信濃須坂藩主。
¶コン, 全幕(㉗慶応4(1868)年), 幕末(㊄天保7(1836)年8月16日 ㉗慶応4(1868)年1月17日)

堀直政 ほりなおまさ
天文16(1547)年〜慶長13(1608)年 安土桃山時代〜江戸時代前期の大名。越後三条藩主。
¶織田(㉗慶長13(1608)年2月26日), コン

堀直之* ほりなおゆき
天正13(1585)年〜寛永19(1642)年 江戸時代前期の武将。寺社奉行、越後国椎谷藩主。
¶コン, 徳人

堀直賀* ほりなおよし
天保14(1843)年〜明治36(1903)年 江戸時代後期〜明治時代の大名。
¶全幕

堀直寄*(堀直竒) ほりなおより
天正5(1577)年〜寛永16(1639)年 安土桃山時代〜江戸時代前期の大名。信濃飯山藩主, 愛知後越後村上藩主, 越後坂井藩主。
¶コン

堀長勝* ほりながかつ
享和1(1801)年〜安政4(1857)年 江戸時代末期の陸奥会津藩士, 教育者。
¶幕末(㉗安政4(1857)年閏5月7日)

堀長利 ほりながとし
生没年不詳 安土桃山時代の織田信長の家臣。
¶織田

堀長政 ほりながまさ
江戸時代中期の幕臣。
¶徳人(㊄1713年 ㉗1787年)

堀存村 ほりながむら
弘治3(1557)年〜慶長4(1599)年 安土桃山時代の武士。織田氏家臣, 豊臣氏家臣。
¶織田

堀成子* ほりなりこ
天明5(1785)年〜嘉永6(1853)年8月27日 江戸時代末期の女性。歌人。
¶江表(成子(長野県) せいこ)

堀南湖 ほりなんこ
貞享1(1684)年〜宝暦3(1753)年 江戸時代中期の儒学者。
¶コン

堀内氏弘* ほりのうちうじひろ
生没年不詳 ㊙新宮左馬助(しんぐうさまのすけ), 堀内氏弘(ほりうちうじひろ) 江戸時代前期の武士。
¶大坂(新宮左馬助 しんぐうさまのすけ ㊄文禄4年 ㉗正保2年)

堀内氏善 ほりのうちうじよし
⇒堀内氏善(ほりうちうじよし)

堀内貞維 ほりのうちさだつな
安土桃山時代の信濃国筑摩郡会田の士豪。会田岩下氏の重臣。
¶武田(㊄? ㉗天正10(1582)年11月)

堀内貞良 ほりのうちさだよし
江戸時代前期〜中期の幕臣。
¶徳人(㊄1681年 ㉗1731年)

堀内仙鶴* ほりのうちせんかく
延宝3(1675)年〜寛延1(1748)年 ㊙仙鶴(せんかく), 堀内仙鶴(ほりうちせんかく) 江戸時代中期の茶匠。茶道堀内家の祖。茶の湯に俳諧を定着させた。
¶コン, 俳文(仙鶴 せんかく ㉗寛延1(1748)年閏10月21日)

堀内素堂 ほりのうちそどう
⇒堀内素堂(ほりうちそどう)

堀内藤兵衛　ほりのうちとうひょうえ
安土桃山時代の信濃国筑摩郡会田の土豪。
¶武田（生没年不詳）

堀内信*　ほりのうちまこと
天保4（1833）年〜大正9（1920）年　江戸時代末期〜大正時代の紀州藩士。紀州家会計取締。藩主の事跡が不備であることに衝撃を受け、「南紀徳川史」172巻を完成。
¶幕末（没大正9（1920）年7月）

堀内安但　ほりのうちやすただ
江戸時代前期〜中期の幕臣。
¶徳人（生1677年　没1766年）

堀内安之　ほりのうちやすゆき
江戸時代前期〜中期の代官。
¶徳代（生承応3（1654）年　没寛保2（1742）年11月20日）

堀内六郎左衛門　ほりのうちろくろうざえもん
安土桃山時代の信濃国筑摩郡会田の土豪。
¶武田（生没年不詳）

堀内若狭　ほりのうちわかさ
安土桃山時代の信濃国筑摩郡会田の土豪。
¶武田（生没年不詳）

堀野甚平　ほりのじんぺい
江戸時代前期の武士。大坂の陣で籠城。
¶大坂

堀陳斯*　ほりのぶのり
生没年不詳　江戸時代後期の和算家。
¶数学

堀麦水*　ほりばくすい
享保3（1718）年〜天明3（1783）年10月14日　別麦水（ばくすい）　江戸時代中期の俳人、実録作者。「慶安太平記」などを著わす。
¶江人（麦水　ばくすい）、コン、詩作、俳文（麦水　ばくすい）

堀秀重*　ほりひでしげ
天文1（1532）年〜慶長11（1606）年　安土桃山時代〜江戸時代前期の武士。斎藤氏家臣、織田氏家臣、豊臣氏家臣。
¶織田（没慶長11（1606）年11月28日）

堀秀成*　ほりひでなり
文政2（1819）年〜明治20（1887）年　別堀槌甫（ほりぞうほ）　江戸時代後期〜明治時代の国学者、神職。
¶コン、幕末（生文政2（1819）年12月6日　没明治20（1887）年10月3日）、幕末（堀槌甫　ほりぞうほ　没明治20（1887）年7月）

堀秀政*　ほりひでまさ
天文22（1553）年〜天正18（1590）年　別北庄侍従（きたのしょうじじゅう）、羽柴左衛門督（はしばさえもんのかみ）　安土桃山時代の武将。斎藤氏、織田信長に仕える。
¶織田（没天正18（1590）年5月27日）、コン、全戦、戦武

堀秀村*　ほりひでむら
弘治3（1557）年？〜慶長4（1599）年8月1日？　戦国時代〜安土桃山時代の織田信長の家臣。
¶織田、全戦（生弘治2（1550）年）

堀熙明　ほりひろあき
⇒堀庄次郎（ほりしょうじろう）

堀部勝四郎*　ほりべかつしろう
文政10（1827）年〜明治28（1895）年　江戸時代末期〜明治時代の政治家、衆議院議員。経済流通に関して先見的業績を残す。名古屋区会議員を歴任。藍綬褒章受章。
¶幕末

堀部金丸　ほりべかなまる
⇒堀部弥兵衛（ほりべやへえ）

堀部武庸　ほりべたけつね
⇒堀部安兵衛（ほりべやすべえ）

堀部安兵衛*　ほりべやすべえ
寛文10（1670）年〜元禄16（1703）年　別堀部武庸（ほりべたけつね）　江戸時代中期の播磨赤穂藩士。四十七士。
¶江人、コン

堀部弥兵衛*　ほりべやへえ
寛永4（1627）年〜元禄16（1703）年2月4日　別堀部金丸（ほりべかなまる）　江戸時代前期〜中期の播磨赤穂藩士。赤穂義士中の最長老。
¶コン

堀部魯九*　ほりべろきゅう
？〜寛保3（1743）年　別魯九（ろきゅう）　江戸時代中期の俳人。
¶俳文（魯九　ろきゅう　没寛保3（1743）年10月5日）

堀政材　ほりまさたき
⇒堀四郎（ほりしろう）

堀政友*　ほりまさとも
生没年不詳　江戸時代後期の和算家。
¶数学

堀正儔　ほりまさとも
安土桃山時代〜江戸時代前期の黒田氏・稲葉正勝の家臣。
¶全戦（生？　没寛永13（1636）年）

堀政徳*　ほりまさのり
元文5（1740）年〜宝暦13（1763）年　江戸時代中期の和算家。
¶数学

堀見久庵*　ほりみきゅうあん
天保8（1837）年〜明治44（1911）年　江戸時代末期〜明治時代の医師。貧しい人々から薬礼を受けず快く治療した。
¶幕末（没明治44（1911）年1月6日）

堀茂世子*　ほりもせこ
安永8（1779）年1月2日〜文政12（1829）年5月24日　江戸時代後期の女性。歌人。信濃国飯田藩主堀親長の娘。
¶江表（茂世子（長野県））

堀本新吾*　ほりもとしんご
文政4（1821）年〜明治9（1876）年　江戸時代末期〜明治時代の義民。助郷役の賦課に対し、松平周防守の登城に籠訴し、助郷役免除の命を受けた。
¶幕末（没明治9（1876）年4月5日）

堀本彝珍　ほりもとつねたか
江戸時代中期の幕臣。
¶徳人（生1750年　没？）

堀弥四郎*　ほりやしろう
弘化3（1846）年〜元治1（1864）年　江戸時代末期

の長州（萩）藩士。
¶幕末（[没]元治1（1864）年7月19日）

堀谷紀雄　ほりやとしお
江戸時代中期の幕臣。
¶徳人（[生]1738年　[没]？），徳代（[生]元文4（1739）年　[没]？）

堀山城〔1代〕*　ほりやましろ
生没年不詳　[別]堀浄栄（ほりじょうえい）　江戸時代前期の釜師。堀山城家の祖。
¶コン，美工（[生]？　[没]寛永4（1627）年）

堀山城〔2代〕*　ほりやましろ
？～天和2（1682）年　[別]堀浄甫（ほりじょうほ）　江戸時代前期の釜師。
¶コン，美工

堀山城〔3代〕*　ほりやましろ
生没年不詳　江戸時代の釜師。
¶コン，美工

堀山城〔5代〕*　ほりやましろ
？～享保1（1716）年　江戸時代中期の釜師。
¶コン，美工

堀山城〔8代〕*　ほりやましろ
生没年不詳　江戸時代の釜師。
¶コン，美工

蒲柳　ほりゅう★
江戸時代中期の女性。俳諧。東讃の一ノ宮の人。大野麦籬亭連の一人として、安永3年序、愉閑斎杜仙撰、中川麦浪七回忌追善句集『居待月』に載る。
¶江表（蒲柳（香川県））

歩柳　ほりゅう★
江戸時代中期の女性。俳諧。京都の人。安永3年刊、与謝蕪村編『たまも集』冬の部に載る。
¶江表（歩柳（京都府））

堀与八郎*　ほりよはちろう
弘化2（1845）年～明治10（1877）年　江戸時代末期～明治時代の士族、種子島副区長。西南戦争で一番大隊九番小隊長として出征、熊本城総攻撃に参加。
¶幕末（[没]明治10（1877）年9月1日）

堀六郎*　ほりろくろう
天保5（1834）年～慶応2（1866）年　江戸時代末期の筑前福岡藩士。
¶幕末（[没]慶応2（1866）年7月9日）

ボルジェス
安土桃山時代～江戸時代前期のポルトガル人イエズス会員。来日し、東次郎右衛門と称して布教。
¶対外（[生]1585年　[没]1633年）

梵阿*　ぼんあ
生没年不詳　[別]梵阿（ぼんな）　室町時代の僧、連歌師。
¶俳文（ぼんな）

本阿弥光悦*　ほんあみこうえつ
永禄1（1558）年～寛永14（1637）年　[別]光悦（こうえつ），本阿弥光悦（ほんなみこうえつ）　安土桃山時代～江戸時代前期の能書家、工芸家。書道・工芸・絵画・古典など諸芸諸学に通じた京都の文化人。
¶江人，コン，思想，徳将，美画（[没]寛永14（1637）年2月3日），美工（[没]寛永14（1637）年2月3日），山小（[没]1637年2月3日）

本阿弥光甫*　ほんあみこうほ
慶長6（1601）年～天和2（1682）年　[別]空中（くうちゅう），空中斎（くうちゅうさい），光甫（こうほ）　江戸時代前期の芸術家。信楽写しの桐文水指などが代表作。
¶江人，コン，美画（[没]天和2（1682）年7月24日），美工（[没]天和2（1682）年7月24日）

本阿弥妙秀　ほんあみみょうしゅう
⇒妙秀尼（みょうしゅうに）

本院右京*　ほんいんのうきょう
生没年不詳　平安時代中期の女房・歌人。
¶古人（右京　うきょう）

本院侍従*　ほんいんのじじゅう
生没年不詳　平安時代中期の女性。歌人。村上天皇の中宮藤原安子の従姉妹。
¶古人，女史，女文，日文

本因坊算悦*　ほんいんぼうさんえつ
慶長16（1611）年～万治1（1658）年　江戸時代前期の囲碁家元。
¶コン

本因坊算砂*　ほんいんぼうさんさ
永禄1（1558）年～元和9（1623）年　[別]本因坊算砂（ほんいんぼうさんしゃ）　安土桃山時代～江戸時代前期の囲碁棋士。初代本因坊。囲碁中興の祖。
¶コン，中世，山小（[生]1559年　[没]1623年5月16日）

本因坊算砂　ほんいんぼうさんしゃ
⇒本因坊算砂（ほんいんぼうさんさ）

本因坊秀策*　ほんいんぼうしゅうさく
文政12（1829）年～文久2（1862）年　江戸時代末期の囲碁棋士。14世本因坊秀和跡目。
¶幕末（[生]文政12（1829）年5月5日　[没]文久2（1862）年8月10日）

本因坊秀甫*　ほんいんぼうしゅうほ
天保9（1838）年～明治19（1886）年　江戸時代末期～明治時代の囲碁家元。方円社を設立、多数の門下生に教授。のち本因坊秀栄と和解、第18世を継承。
¶コン，幕末（[没]明治19（1886）年10月14日）

本因坊秀和*　ほんいんぼうしゅうわ
文政3（1820）年～明治6（1873）年　江戸時代末期～明治時代の囲碁棋士、14世本因坊。名人碁所をめぐって井上因碩と争碁、第1局で秀和が勝つ。
¶幕末

本因坊道策*　ほんいんぼうどうさく
正保2（1645）年～元禄15（1702）年　江戸時代前期～中期の囲碁棋士。4世本因坊、名人。
¶コン

品慧*（品恵）　ほんえ
天平16（744）年～弘仁9（818）年　[別]品慧（ほんね）　奈良時代～平安時代前期の僧。
¶古人（品恵），古代（品恵）

梵益　ぼんえき
江戸時代前期の俳諧作者。明暦～天和ごろ。
¶俳文（生没年不詳）

本覚国師　ほんかくこくし
⇒虎関師錬（こかんしれん）

本覚大師　ほんがくだいし
⇒益信（やくしん）

本覚尼　ほんかくに
⇒八条禅尼（はちじょうぜんに）

本願寺教如　ほんがんじきょうにょ
⇒教如（きょうにょ）

本願寺顕如　ほんがんじけんにょ
⇒顕如（けんにょ）

本願寺光佐　ほんがんじこうさ
⇒顕如（けんにょ）

本願寺光寿　ほんがんじこうじゅ
⇒教如（きょうにょ）

本願寺准如　ほんがんじじゅんにょ
⇒准如（じゅんにょ）

本願寺証如　ほんがんじしょうにょ
⇒証如（しょうにょ）

宝篋院　ほんきょういん
⇒足利義詮（あしかがよしあきら）

本高　ほんこう
⇒風外本高（ふうがいほんこう）

本光院　ほんこういん
⇒斎宮局（いつきのみやのつぼね）

本郷越前守*（1）　ほんごうえちぜんのかみ
生没年不詳　戦国時代の武蔵鉢形城主北条氏邦の家臣。
¶後北（越前守〔本郷〕　えちぜんのかみ）

本郷越前守（2）　ほんごうえちぜんのかみ
生没年不詳　安土桃山時代の北条氏邦の家臣。父越前守の嫡男。
¶後北（越前守〔本郷〕　えちぜんのかみ）

本郷勝吉　ほんごうかつよし
安土桃山時代～江戸時代前期の幕臣。
¶徳人（[生]1597年　[没]1655年）

本郷国包　ほんごうくにかね
⇒国包〔1代〕（くにかね）

本光国師　ほんこうこくし
⇒以心崇伝（いしんすうでん）

本郷左近晴堅　ほんごうさこんはるかた
江戸時代前期の豊臣秀吉・秀頼の家臣。
¶大坂（[没]慶長20年）

本郷式部少輔長次　ほんごうしきぶのしょうながつぐ
江戸時代前期の武士。大坂の陣で籠城。上杉定勝に出仕。
¶大坂（[没]承応2年5月27日）

本郷庄右衛門胤勝　ほんごうしょうえもんたねかつ
江戸時代前期の豊臣秀吉の馬廻。
¶大坂（[没]慶長20年）

北郷資常*　ほんごうすけつね
文政7（1824）年～明治23（1890）年　[別]北郷資常（きたざとすけつね，ほくごうすけつね）　江戸時代末期～明治時代の薩摩藩士の息子。
¶幕末（[生]文政7（1825）年12月25日　[没]明治21（1888）年3月18日）

北郷資知*　ほんごうすけとも
天保6（1835）年～＊　江戸時代末期～明治時代の都城島津家家士。
¶幕末（[生]天保6（1825）年3月8日　[没]明治42（1888）年5月2日）

本郷信富*　ほんごうのぶとみ
享禄4（1531）年～慶長10（1605）年9月23日　戦国時代～江戸時代前期の織田信長の家臣。
¶織田

本郷八郎左衛門尉　ほんごうはちろうさえもんのじょう
安土桃山時代の武田家の足軽大将。長延寺実了師慶の弟。
¶武田（[生]？　[没]永禄12（1569）年2月28日）

北郷久信*　ほんごうひさのぶ
天保2（1831）年～明治20（1887）年　江戸時代末期～明治時代の薩摩藩士、軍艦乾行丸艦長。文武奨励・産業振興に積極的であった。開成所を開き洋学研究に尽力。
¶幕末（[生]天保2（1831）年6月12日　[没]明治20（1887）年8月10日）

本郷美作　ほんごうみまさか
江戸時代前期の武士。大坂の陣で籠城。
¶大坂

本郷村善九郎*　ほんごうむらぜんくろう
＊～安永3（1774）年　[別]馬場善九郎，万葉善九郎（ばんばぜんくろう）　江戸時代中期の義民。安永の大原騒動の頭取。
¶江人（[生]？），コン（[生]？）

本郷泰行　ほんごうやすあき
延享2（1745）年～？　江戸時代中期の御側御用取次。10代将軍徳川家治期。
¶徳将，徳人

本郷泰固（1）　ほんごうやすかた
江戸時代後期の幕臣。
¶徳人（生没年不詳）

本郷泰固*（2）　ほんごうやすかた
生没年不詳　江戸時代末期の大名。駿河川成島藩主。
¶幕末

北郷義久　ほんごうよしひさ
南北朝時代の島津家家臣。
¶室町（生没年不詳）

本郷頼泰　ほんごうよりやす
安土桃山時代の織田信長の家臣。その後、信雄、家康と歴仕。
¶織田（[生]永禄7（1564）年　[没]慶長3（1598）年8月1日）

本郷亘*　ほんごうわたる
正保2（1645）年～享保10（1725）年　江戸時代前期～中期の発明家。消火器の改良に功績。
¶科学（[没]享保10（1725）年10月），コン

本地院　ほんじいん★
江戸時代中期の女性。和歌・書簡。一関藩3代藩主田村誠顕の娘。
¶江表（本地院（岩手県）　[生]宝永2（1705）年　[没]安永6（1777）年）

本寿院　ほんじゅいん
⇒お美津の方（おみつのかた）

本寿院美津　ほんじゅいんみつ
⇒お美津の方（おみつのかた）

本州　ほんしゅう
⇒大谷広次〔3代〕(おおたにひろじ)

凡十*　ぼんじゅう
寛延1(1748)年〜天保2(1831)年10月25日　江戸時代中期〜後期の俳人・藩士。
¶俳文

梵舜*　ぼんしゅん
天文22(1553)年〜寛永9(1632)年　安土桃山時代〜江戸時代前期の神道家、僧。
¶コン,思想,全戦,徳将

本乗院　ほんじょういん
[別]政姫(まさひめ)　江戸時代中期の徳川家宣の養女。
¶徳将([生]?　[没]1704年)

本城清*　ほんじょうきよし
文政8(1825)年〜慶応1(1865)年　[別]本城素堂(ほんじょうそどう)　江戸時代末期の周防徳山藩士。
¶幕末([生]文政8(1825)年11月1日　[没]元治2(1865)年1月14日)

本松斎一鯨〔1代〕*　ほんしょうさいいっけい
?〜弘化4(1847)年　江戸時代後期の華道家。
¶コン(代数なし)

本松斎一得〔1代〕*　ほんしょうさいいっとく
享保3(1718)年〜文政3(1820)年　江戸時代中期〜後期の華道家。
¶コン(代数なし)

本松斎一甫*(――〔1代〕)　ほんしょうさいいっぽ
?〜明治5(1872)年　江戸時代末期〜明治時代の華道家。本松斎一鯨に入門、一鯨を継承するが、のち一甫と改名。流派を繁栄へと導く。
¶コン

本庄実乃　ほんじょうさねより
⇒本庄実乃(ほんじょうじつの)

本庄三郎*　ほんじょうさぶろう
文化4(1807)年〜慶応3(1867)年1月　江戸時代末期の実業家。
¶幕末

本庄繁長*(本荘繁長)　ほんじょうしげなが
天文8(1539)年〜慶長18(1613)年　[別]雨順斎全長(うじゅんさいぜんちょう)　安土桃山時代〜江戸時代前期の武将。上杉謙信による越後統一に従う。
¶コン(本荘繁長),全戦([生]?),戦武

本庄重政*(本荘重政)　ほんじょうしげまさ
慶長11(1606)年〜延宝4(1676)年　[別]本庄杢左衛門(ほんじょうもくざえもん)　江戸時代前期の兵法家、土木事業家。神村・柳津沖の干拓に着手。
¶江人,コン(本荘重政　[生]?)

本庄実乃*　ほんじょうじつの
生没年不詳　[別]本庄実乃(ほんじょうさねより)　戦国時代の国人。
¶全戦(ほんじょうさねより),戦武(ほんじょうさねより(じつの)　[生]永正8(1511)年?　[没]天正3(1575)年?)

本荘助三郎*　ほんじょうすけさぶろう
生没年不詳　江戸時代前期の公益家。
¶コン

本庄資尹*　ほんじょうすけただ
延享3(1746)年〜明和2(1765)年　[別]松平資尹(まつだいらすけただ)　江戸時代中期の大名。丹後宮津藩主。
¶徳松(松平資尹　まつだいらすけただ)

本庄資承*　ほんじょうすけつぐ
寛延2(1749)年〜寛政12(1800)年　[別]松平資承(まつだいらすけつぐ)　江戸時代中期〜後期の大名。丹後宮津藩主。
¶徳松(松平資承　まつだいらすけつぐ)

本庄資俊　ほんじょうすけとし
⇒松平資俊(まつだいらすけとし)

本城素堂　ほんじょうそどう
⇒本城清(ほんじょうきよし)

本城常光*(本庄常光)　ほんじょうつねみつ
?〜永禄5(1562)年　戦国時代の武士。
¶戦武([生]永正10(1513)年)

本庄秀綱*　ほんじょうひでつな
生没年不詳　戦国時代〜安土桃山時代の国人。
¶全戦

本庄普一*　ほんじょうふいち
?〜弘化3(1846)年　江戸時代後期の眼科医。「眼科錦囊」「続眼科錦囊」を刊行。
¶科学([没]弘化3(1846)年11月4日),眼医

本庄房長*　ほんじょうふさなが
?〜天文8(1540)年11月28日　戦国時代の越後国小泉荘の国人。
¶室町([没]天文8(1539)年)

本庄道章*　ほんじょうみちあきら
天和3(1683)年〜享保10(1725)年　江戸時代中期の大名。美濃高富藩主。
¶徳人

本庄道芳*　ほんじょうみちか
慶長9(1604)年〜寛文8(1668)年　江戸時代前期の大名。美濃高富藩主。
¶徳人

本庄宗発*　ほんじょうむねあきら
天明1(1781)年〜天保11(1840)年　[別]松平宗発(まつだいらむねあきら)　江戸時代後期の大名。丹後宮津藩主。
¶徳松(松平宗発　まつだいらむねあきら　[生]1782年)

本庄宗成　ほんじょうむねしげ
室町時代の武士。
¶内乱([生]?　[没]康応1(1389)年)

本庄宗資*　ほんじょうむねすけ
寛永6(1629)年〜元禄12(1699)年　[別]松平宗資(まつだいらむねすけ)　江戸時代前期の大名。常陸笠間藩主、下野足利藩主。
¶コン,徳人,徳松

本庄宗武*(本荘宗武)　ほんじょうむねたけ
弘化3(1846)年〜明治26(1893)年4月28日　[別]松平宗武(まつだいらむねたけ)　江戸時代末期〜明治時代の武士、丹後国宮津藩主。鳥羽・伏見役の発砲事件で責任を問われたが、長州藩の調停で許された。
¶徳松(松平宗武　まつだいらむねたけ),幕末(本荘宗武　[生]弘化3(1846)年6月10日)

本庄宗允* ほんじょうむねただ
安永9(1780)年～文化13(1816)年 [別]松平宗允(まつだいらむねただ) 江戸時代後期の大名。丹後宮津藩主。
¶徳松(松平宗允 まつだいらむねただ)

本庄宗長* ほんじょうむねなが
貞享4(1687)年～宝永6(1709)年 江戸時代中期の大名。越前高森藩主。
¶徳松

本庄宗胡* ほんじょうむねひさ
宝永1(1704)年～正徳2(1712)年 江戸時代中期の大名。越前高森藩主。
¶徳松([没]1711年)

本庄宗秀*(本荘宗秀) ほんじょうむねひで
文化6(1809)年～明治6(1873)年11月20日 [別]松平宗秀(まつだいらむねひで) 江戸時代末期～明治時代の大名、華族。藩政の立て直しや海防に努め、大坂城代、京都所司代から老中に就任。
¶コン,徳松(松平宗秀 まつだいらむねひで),幕末(本荘宗秀 [生]文化6(1809)年9月13日)

本庄杢左衛門 ほんじょうもくざえもん
⇒本庄重政(ほんじょうしげまさ)

本荘義胤〔1代〕*(本庄義胤) ほんじょうよしたね
生没年不詳 江戸時代後期の刀工、鐔工、刀身彫工。文化・文政年間頃に活躍。
¶コン(本庄義胤),美工

本清院 ほんせいいん★
江戸時代中期～後期の女性。和歌・旅日記。秋田藩主佐竹義峯の娘。
¶江表(本清院(秋田県) [生]享保19(1734)年 [没]寛政10(1798)年)

梵僊 ぼんせん
⇒竺仙梵僊(じくせんぼんせん)

本多安英 ほんだあんえい
江戸時代末期の幕臣。
¶徳人([生]? [没]1858年)

本多意気揚* ほんだいきよう
文政7(1824)年～明治12(1879)年 江戸時代末期～明治時代の播磨姫路藩家老。
¶幕末

本多岩吉* ほんだいわきち
江戸時代末期の新撰組隊士。
¶新隊(生没年不詳)

本田石見守 ほんだいわみのかみ
安土桃山時代の北信濃の土豪。
¶武田(生没年不詳)

本多応之助* ほんだおうのすけ
文政8(1825)年～明治4(1871)年1月 江戸時代末期～明治時代の黒住教教師。鶴田騒動の介添人として関与、逮捕され獄死。
¶幕末([没]明治3(1871)年12月)

本多掃部 ほんだかもん
江戸時代前期の宇喜多家の牢人。
¶大坂

本多紀意 ほんだきい
江戸時代後期の幕臣。
¶徳人(生没年不詳)

本多其香* ほんだきこう
安永1(1772)年～文政6(1823)年 [別]其香(きこう) 江戸時代後期の俳人。
¶俳文(其香 きこう [没]文政6(1823)年5月2日)

本多錦吉郎 ほんだきんきちろう
江戸時代後期～大正時代の洋画家。
¶美画([生]嘉永3(1850)年12月2日 [没]大正10(1921)年5月26日)

本多玄蕃忠弘の祖母 ほんだげんばただひろのそぼ★
江戸時代中期の女性。和歌。常陸笠間藩主井上正岑の養女。寛延1年刊、松風也軒編『渚の松』に載る。
¶江表(本多玄蕃忠弘の祖母(東京都))

本多玄蕃忠弘の母 ほんだげんばただひろのはは★
江戸時代中期の女性。和歌。旗本本多忠貞の娘。寛延1年刊、松風也軒編『渚の松』に載る。
¶江表(本多玄蕃忠弘の母(東京都))

本多幸七郎 ほんだこうしちろう
天保12(1841)年～? 江戸時代後期の幕臣。新番組本多八左衛門の孫。伝習第2大隊を率い旧幕府脱走軍に加わる。
¶全幕,徳人(生没年不詳),幕末

本田江淳 ほんだこうじゅん
江戸時代後期～明治時代の眼科医。
¶眼医([生]文政2(1819)年 [没]明治11(1878)年)

本多上野介 ほんだこうずけのすけ
⇒本多正純(ほんだまさずみ)

本多権右衛門正房 ほんだごんえもんまさふさ
江戸時代前期の徳川家康の家臣。千姫の随身。
¶大坂

本多作左衛門 ほんださくざえもん
⇒本多重次(ほんだしげつぐ)

本多貞吉 ほんださだきち
⇒本多貞吉(ほんだていきち)

本多佐渡守 ほんださどのかみ
⇒本多正信(ほんだまさのぶ)

本多繁文 ほんだしげあや
江戸時代中期～後期の幕臣。
¶徳人([生]1772年 [没]1826年)

本多重次* ほんだしげつぐ
享禄2(1529)年～慶長1(1596)年 [別]本多作左衛門(ほんださくざえもん) 戦国時代～安土桃山時代の武将。松平清康、広忠に仕え、家康の重臣。
¶コン,戦武([没]文禄5(1596)年)

本多重賀 ほんだしげよし
江戸時代中期～後期の幕臣。
¶徳人([生]1774年 [没]1821年)

本多修理* ほんだしゅうり
文化12(1815)年～明治39(1906)年 [別]本多修理(ほんだしゅり) 江戸時代末期～明治時代の越前福井藩士。
¶幕末(ほんだしゅり [没]明治39(1906)年5月25日)

本田淑山 ほんだしゅくざん
江戸時代中期・後期の眼科医。
¶眼医([生]安永5(1776)年 [没]天保13(1842)年)

本多修理 ほんだしゅり
⇒本多修理(ほんだしゅうり)

本多副元　**ほんだすけもと**
江戸時代後期～明治時代の越前福井藩家老。
¶全幕（[生]弘化2（1845）年　[没]明治43（1910）年）

本多清七*　**ほんだせいしち**
生没年不詳　安土桃山時代の織田信長の家臣。
¶織田

本多清秋　**ほんだせいしゅう**
⇒本多忠永（ほんだただなが）

本多雪堂*　**ほんだせつどう**
文政8（1825）年～明治17（1884）年　江戸時代末期～明治時代の武士。
¶コン，幕末（[没]明治17（1884）年8月9日）

本多太一郎*　**ほんだたいちろう**
江戸時代末期の新撰組隊士。
¶新隊（生没年不詳）

本多忠籌*　**ほんだただかず**
元文4（1739）年～文化9（1812）年　江戸時代中期～後期の大名。陸奥泉藩主。
¶江人，コン，徳将

本多忠勝*　**ほんだただかつ**
天文17（1548）年～慶長15（1610）年　[別]本多平八郎（ほんだへいはちろう）　安土桃山時代～江戸時代前期の大名。上総大多喜藩主、伊勢桑名藩主。
¶江人，コン，全戦，戦武，徳将

本多忠貞　**ほんだただただ**
江戸時代後期の幕臣。
¶徳人（[生]1789年　[没]1845年）

本多忠次*　**ほんだただつぐ**
天文17（1548）年～慶長17（1612）年　安土桃山時代～江戸時代前期の武将。徳川家康の家臣。
¶コン（[生]天文16（1547）年）

本多忠貫*　**ほんだただつら**
天保4（1833）年11月28日～明治31（1898）年6月24日　江戸時代末期～明治時代の大名。伊勢神戸藩主。
¶幕末（[生]天保4（1834）年11月28日）

本多忠刻*　**ほんだただとき**
慶長1（1596）年～寛永3（1626）年　江戸時代前期の大名。播磨姫路分封藩主。
¶全戦

本多忠紀*　**ほんだただとし**
文政2（1819）年～明治16（1883）年2月16日　江戸時代末期～明治時代の大名。陸奥泉藩主。
¶全幕，幕末（[生]文政2（1820）年11月27日）

本多忠利*　**ほんだただとし**
寛永12（1635）年～元禄13（1700）年　江戸時代前期～中期の大名。陸奥石川藩主、三河挙母藩主。
¶コン

本多忠永*　**ほんだただなが**
享保9（1724）年～文化14（1817）年　[別]清秋（せいしゅう），本多清秋（ほんだせいしゅう）　江戸時代中期～後期の大名。伊勢神戸藩主。
¶俳文（清秋　せいしゅう　[没]文化14（1817）年5月17日）

本多忠憲*　**ほんだただのり**
安永3（1774）年～文政6（1823）年　江戸時代後期の故実家。
¶コン

本多忠徳*　**ほんだただのり**
文政1（1818）年～万延1（1860）年　江戸時代末期の大名。陸奥泉藩主。
¶幕末（[生]文政1（1818）年9月18日　[没]万延1（1860）年6月12日）

本多忠英　**ほんだただひで**
江戸時代前期～中期の幕臣。
¶徳人（[生]1668年　[没]1739年）

本多忠政*　**ほんだただまさ**
天正3（1575）年～寛永8（1631）年　安土桃山時代～江戸時代前期の大名。伊勢桑名藩主、播磨姫路藩主。
¶コン

本多忠民*　**ほんだただもと**
文化14（1817）年～明治16（1883）年1月29日　江戸時代後期～明治時代の大名、華族。
¶コン，幕末（[生]文化14（1817）年5月24日）

本多忠鵬*　**ほんだただゆき**
安政4（1857）年～明治29（1896）年　江戸時代末期～明治時代の西端藩主、西端藩（県）知事。
¶幕末（[没]明治29（1896）年3月24日）

本多忠良*　**ほんだただよし**
元禄3（1690）年～宝暦1（1751）年　江戸時代中期の大名。越後村上藩主、三河刈谷藩主、下総古河藩主。
¶徳将

本田親雄*　**ほんだちかお**
文政12（1829）年～明治42（1909）年　江戸時代末期～明治時代の政治家、貴族院議員、男爵。海軍参謀兼陸軍参謀、元老院議官などを歴任。
¶幕末（[生]文政12（1829）年9月6日　[没]明治42（1909）年3月1日）

本多親紀の妻　**ほんだちかとしのつま***
江戸時代後期の女性。和歌。薩摩藩藩士本田親紀の妻。文化11年成立、本田親孚著「称名墓志」に、万治2年に没した夫の天双栄尭庵主に手向ける和歌が載る。
¶江表（本多親紀の妻（鹿児島県））

本田仲庵　**ほんだちゅうあん**
江戸時代後期～明治時代の眼科医。
¶眼医（[生]天保14（1843）年　[没]明治12（1879）年）

本多忠興　**ほんだちゅうこう**
江戸時代後期の幕臣、駿府城代。
¶徳人（生没年不詳）

本田仲山　**ほんだちゅうせん**
江戸時代中期～後期の眼科医。
¶眼医（[生]安永3（1774）年　[没]天保12（1841）年）

誉田束稲*　**ほんだつかね**
弘化4（1847）年～明治4（1871）年　江戸時代末期～明治時代の神職、招魂社社司。国学を学んで尊王攘夷家となり、鳥羽・伏見の変で官軍に従軍。
¶幕末

本多貞吉*　**ほんだていきち**
明和3（1766）年～文政2（1819）年　[別]本多貞吉（ほんださだきち）　江戸時代中期～後期の陶工。再興九谷焼の立役者。
¶コン，美工（[没]文政2（1819）年4月6日）

本田同俊 ほんだどうじゅん
江戸時代後期〜明治時代の眼科医。
¶眼医 ⓑ天保1(1830)年 ⓓ明治25(1892)年

本多利明* ほんだとしあき
寛保3(1743)年〜文政3(1820)年12月22日 ⓡ本多利明(ほんだとしあきら) 江戸時代中期〜後期の経世家。「経世秘策」「西域物語」などの著者。
¶江人(ⓑ1743・44年), 科学, コン ⓓ文政3(1820/1821)年(ほんだとしあきら), 地理(ほんだとしあき(としあきら りめい)), 山小 (ⓓ1820年12月22日)

本多利明 ほんだとしあきら
⇒本多利明(ほんだとしあき)

本多敏三郎 ほんだとしさぶろう
*〜大正10(1921)年 ⓡ本多晋(ほんだすすむ) 江戸時代後期〜大正時代の彰義隊士。一橋家臣の子。
¶全幕(ⓑ弘化1(1844)年), 幕末(本多晋(ほんだすすむ) ⓑ弘化2(1845)年2月21日 ⓓ大正10(1921)年12月26日), 幕末(生没年不詳)

本多利長* ほんだとしなが
寛永12(1635)年〜元禄5(1692)年 江戸時代前期の大名。出羽本多領主、遠江本多領主、遠江横須賀藩主、三河岡崎藩主。
¶コン

本多富正 ほんだとみまさ
元亀3(1572)年〜慶安2(1649)年 安土桃山時代〜江戸時代前期の武将。大坂の陣に参戦。
¶コン

本多成重 ほんだなりしげ
元亀3(1572)年〜正保4(1647)年 安土桃山時代〜江戸時代前期の大名。越前丸岡藩主。
¶コン

本多平八郎 ほんだへいはちろう
⇒本多忠勝(ほんだただかつ)

本田正家* ほんだまさいえ
永禄1(1558)年〜元和4(1619)年12月18日 戦国時代〜江戸時代前期の北条氏の家臣。
¶後北(正家〔本田〕 まさいえ) ⓓ元和4年12月18日)

本田正勝 ほんだまさかつ
享禄3(1530)年〜永禄12(1569)年4月17日 戦国時代〜安土桃山時代の太田氏・北条氏の家臣。
¶後北(正勝〔本田〕 まさかつ)

本多政重 ほんだまさしげ
天正8(1580)年〜正保4(1647)年 ⓡ直江大和守(なおえやまとのかみ), 正木左兵衛(まさきさへえ) 江戸時代前期の武将。「百戦百勝伝」の著者。
¶コン

本多正純* ほんだまさずみ
永禄8(1565)年〜寛永14(1637)年3月10日 ⓡ本多上野介(ほんだこうずけのすけ) 安土桃山時代〜江戸時代前期の大名。下野宇都宮藩主、下野小山藩主。
¶江人, コン, 戦武, 徳将, 山小 (ⓓ1637年3月10日)

本多政均* ほんだまさちか
天保9(1838)年〜明治2(1869)年 ⓡ本多政均(はんだまさひら) 江戸時代末期の加賀藩士。明治維新後の藩政改革を指導。
¶全幕, 幕末 (ⓑ天保9(1838)年5月8日 ⓓ明治2(1869)年8月7日)

本多正貫* ほんだまさつら
文禄2(1593)年〜寛文12(1672)年 江戸時代前期の大名。下総相馬藩主。
¶徳人

本多正収 ほんだまさとき
江戸時代中期の幕臣。
¶徳人 (ⓑ1786年 ⓓ?)

本多正信* ほんだまさのぶ
天文7(1538)年〜元和2(1616)年 ⓡ本多佐渡守(ほんださどのかみ) 安土桃山時代〜江戸時代前期の武将。家康に仕えた。「本佐録」著者。
¶江人, コン, 戦武, 徳将, 山小 (ⓓ1616年6月7日)

本多政均 ほんだまさひら
⇒本多政均(ほんだまさちか)

本多正道* ほんだまさみち
文政2(1819)年〜文久2(1862)年 江戸時代末期の庄屋。
¶幕末 (ⓓ文久2(1862)年4月23日)

本多正盛 ほんだまさもり
安土桃山時代〜江戸時代前期の幕臣。
¶徳人 (ⓑ1577年 ⓓ1617年)

本多正訥 ほんだまさもり
文政10(1827)年〜明治18(1885)年 江戸時代末期〜明治時代の長尾藩主、長尾藩知事。
¶コン, 幕末 (ⓑ文政10(1827)年2月10日 ⓓ明治18(1885)年11月1日)

品陀真若王 ほんだまわかのおう
⇒品陀真若王(ほんだまわかのみこ)

品陀真若王* ほんだまわかのみこ
ⓡ品陀真若王(ほんだまわかのおう) 上代の景行天皇の孫。
¶古代

本多弥一* ほんだやいち
弘化3(1846)年〜明治5(1872)年 江戸時代末期〜明治時代の加賀藩士、家老。政均の仇敵岡野悌五郎を討ち、藩命により自害。十二烈士の一人。
¶幕末(ⓓ明治5(1872)年11月4日)

本多康重* ほんだやすしげ
天文23(1554)年〜慶長16(1611)年 安土桃山時代〜江戸時代前期の大名。上野白井藩主、三河岡崎藩主。
¶コン

本多康穣* ほんだやすしげ
天保6(1835)年〜大正1(1912)年 江戸時代末期〜明治時代の大名。近江膳所藩主。
¶全幕 (ⓓ明治45(1912)年), 幕末 (ⓑ天保6(1836)年12月6日 ⓓ明治45(1912)年2月28日)

本多行貞 ほんだゆきさだ
江戸時代中期の幕臣。
¶徳人 (ⓑ1715年 ⓓ1781年)

本多庸一 ほんだよういち
⇒本多庸一(ほんだよういつ)

本多庸* (本田庸) ほんだよういつ
嘉永1(1848)年〜明治45(1912)年3月26日 ⓡ本多庸一(ほんだよういち) 江戸時代末期〜明治時代のキリスト教指導者、日本メソジスト教会初代監

督。弘前公会を設立、自由民権運動にも関与。東京英和学校(のちの青山学院)校長。
¶コン(㋐大正1(1912)年),幕末(ほんだよういち ㋑嘉永1(1849)年12月13日)

誉田別尊 ほんだわけのみこと
⇒応神天皇(おうじんてんのう)

品治牧人* ほんちのまきひと
㋝品治牧人(ほむちのまきひと) 奈良時代の備後国の人。
¶古人(ほむちのまきひと 生没年不詳),古代

品治部君広耳* ほんちべのきみひろみみ
奈良時代の郡司。
¶古代

ほ

凡兆* ぼんちょう
?～正徳4(1714)年 ㋝野沢凡兆(のざわぼんちょう) 江戸時代中期の俳人。医を業とす。
¶江人,コン(野沢凡兆 のざわぼんちょう),詩作(野沢凡兆 のざわぼんちょう ㋑寛永17(1640)年),日文,俳文

本蝶山人 ほんちょうさんじん
⇒宝田寿助(たからだじゅすけ)

梵灯 ぼんとう
⇒朝山梵灯庵(あさやまぼんとうあん)

梵灯庵 ぼんとうあん
⇒朝山梵灯庵(あさやまぼんとうあん)

梵灯庵主 ぼんとうあんしゅ
⇒朝山梵灯庵(あさやまぼんとうあん)

本堂親久* ほんどうちかひさ
文政12(1829)年～明治28(1895)年 江戸時代末期～明治時代の大名。常陸志筑藩主。
¶全幕(㋐文政12(1830)年),幕末(㋑明治28(1895)年3月5日)

本堂玄親 ほんどうはるちか
江戸時代前期～中期の幕臣。
¶徳人(㋐1654年 ㋑1696年)

本徳院 ほんとくいん
⇒お古牟の方(おこんのかた)

梵阿 ぼんな
⇒梵阿(ぼんあ)

本阿弥光悦 ほんなみこうえつ
⇒本阿弥光悦(ほんあみこうえつ)

炻日比子* ほんにちひし
生没年不詳 飛鳥時代の百済の人。
¶古代

品慧 ほんね
⇒品慧(ほんえ)

梵芳 ぼんぼう
⇒玉腕梵芳(ぎょくえんぼんぼう)

本保喜作〔1代〕 ほんぼきさく
江戸時代後期～大正時代の仏師。
¶美建(㋐弘化1(1844)年 ㋑大正11(1922)年)

本保義平 ほんぼぎへい
江戸時代後期～大正時代の仏師。
¶美建(㋐弘化4(1847)年 ㋑大正14(1925)年)

本保兵右衛門 ほんぼへいうえもん
江戸時代後期～明治時代の仏師。
¶美建(㋐天保13(1842)年 ㋑明治40(1907)年)

本保兵吉 ほんぼへいきち
江戸時代後期～昭和時代の仏師。
¶美建(㋐嘉永6(1853)年 ㋑昭和9(1934)年)

本間逸斎 ほんまいつさい
江戸時代後期～末期の眼科医。
¶眼医(生没年不詳)

本間氏重 ほんまうじしげ
安土桃山時代の武士。遠江国衆。
¶武田(㋐? ㋑天正2(1574)年)

本間外衛 ほんまがいえ
⇒本間外衛(ほんまとのえ)

本間久太夫* ほんまきゅうだゆう
?～元治1(1864)年 江戸時代末期の桑名藩士。
¶幕末(㋐文化3(1806)年 ㋑元治1(1864)年6月5日)

本間清雄* ほんまきよお
天保14(1843)年3月27日～大正12(1923)年 江戸時代末期～大正時代の外交官、弁理公使、オーストリア駐在代理公使。「横浜毎日新聞」を刊行。
¶幕末

本間郡兵衛* ほんまぐんべい
文政5(1822)年～慶応4(1868)年 ㋝本間郡兵衛(ほんまぐんべえ) 江戸時代末期の洋学者。
¶幕末(ほんまぐんべえ ㋐文政5(1822)年6月 ㋑慶応4(1868)年7月17日)

本間郡兵衛 ほんまぐんべえ
⇒本間郡兵衛(ほんまぐんべい)

本間玄俊 ほんまげんしゅん
江戸時代後期の眼科医。
¶眼医(㋐享和1(1801)年 ㋑?)

本間賢三* ほんまけんぞう
天保8(1837)年～明治44(1911)年 江戸時代末期～明治時代の政治家、県議会議員。静岡藩の秋場事件で土地を守る。坂口谷川の改修など地方行政に尽力。
¶幕末

本間玄調 ほんまげんちょう
⇒本間棗軒(ほんまそうけん)

本間光美 ほんまこうび
⇒本間外衛(ほんまとのえ)

本間貞文* ほんまさだふみ
文化3(1806)年～明治6(1873)年 江戸時代末期～明治時代の福山藩士、大目付。鞆奉行となり、鞆港への寄港船の誘致に尽力。
¶幕末(㋑明治6(1873)年12月19日)

本間四郎三郎* ほんましろうさぶろう
享保17(1732)年～享和1(1801)年 ㋝本間四郎三郎(ほんましろさぶろう) 本間光丘(ほんまみつおか) 江戸時代中期～後期の大地主、豪商。本間家の基礎を作った第3代当主。
¶江人,コン

本間四郎三郎 ほんましろさぶろう
⇒本間四郎三郎(ほんましろうさぶろう)

本間季隆* ほんますえたか
生没年不詳 江戸時代後期の和算家。
¶数学

本間季光の妻 ほんますえみつのつま★
江戸時代中期の女性。和歌。石川助大夫信記（旗本か）の娘。元禄16年刊、植山検校江民軒梅之・梅柳軒水之編『歌林尾花末』に載る。
¶江表（本間季光の妻（東京都））

本間精一郎* ほんませいいちろう
天保5（1834）年～文久2（1862）年 江戸時代末期の尊攘派志士。
¶江人，コン，幕末（[没]文久2（1862）年閏8月20日）

本間棗軒* ほんまそうけん
文化1（1804）年～明治5（1872）年 [別]本間玄調（ほんまげんちょう） 江戸時代末期～明治時代の医師。弘道館医学教授。全身麻酔による血瘤剔出など近代医学の発展に貢献。
¶江人，科学（[没]明治5（1872）年2月8日），コン，対外，幕末（本間玄調 ほんまげんちょう [没]明治5（1872）年2月8日）

本間琢斎* ほんまたくさい
文化9（1812）年～明治24（1891）年 江戸時代末期～明治時代の鋳金家。斑紫銅の発明者。内国勧業博で「銅鋳花瓶」が妙技二等賞受賞。
¶コン，美工（[生]文化9（1812）年9月 [没]明治24（1891）年8月7日）

本間太郎右衛門* ほんまたろうえもん
元禄6（1693）年～宝暦2（1752）年 江戸時代中期の義民。幕領、佐渡国雑太郡山田村の名主。
¶江人，コン

本間道偉* ほんまどうい
天明7（1787）年～慶応2（1866）年 [別]よし香（よしか） 江戸時代後期の医師、誹諧作者。
¶俳文（よし香 よしか [没]慶応2（1866）年1月9日），幕末（[没]慶応2（1866）年1月19日）

本間外衛* ほんまとのえ
天保7（1836）年～大正2（1913）年 [別]本間外衛（ほんまがいえ），本間光美（ほんまこうび） 江戸時代末期～大正時代の庄内藩士、勧農掛。庄内藩の軍備拡張に当たる。また乾田馬耕などの農事改良に尽力。
¶コン（本間光美 ほんまこうび），幕末（[生]天保7（1836）年1月5日 [没]大正2（1913）年12月30日）

本間仁兵衛重高 ほんまにひょうえしげたか
江戸時代前期の小田原北条家・加藤清正または加藤嘉明の家臣。
¶大坂（[没]慶長19年11月29日）

本間百里* ほんまひゃくり
天明4（1784）年～嘉永7（1854）年 江戸時代後期の有職故実家。一関藩の江戸屋敷に勤める。
¶幕末（[生]天明3（1783）年 [没]嘉永7（1854）年4月27日）

本間光丘 ほんまみつおか
⇒本間四郎三郎（ほんましろうさぶろう）

本間光忠 ほんまみつさだ
江戸時代後期～大正時代の和算家。山形飯塚の人。
¶数学（[生]嘉永4（1851）年 [没]大正8（1919）年）

本間与左衛門 ほんまよざえもん
戦国時代～江戸時代前期の大工。
¶美建（[生]弘治3（1557）年 [没]寛永18（1641）年6月29日）

本間義貞 ほんまよしさだ
江戸時代前期の幕臣。
¶徳人（[生]1623年 [没]1678年）

本明尼 ほんみょうに★
江戸時代末期の女性。和歌。伊勢深長の観音堂の人。文久2年序、西田惟恒編『文久二年八百首』に載る。
¶江表（本明尼（三重県））

本目正珍 ほんめせいちん
江戸時代後期の幕臣。
¶徳人（[生]？ [没]1832年）

本目親英 ほんめちかふさ
江戸時代中期の佐渡奉行。
¶徳代（[生]宝永2（1705）年 [没]天明1（1781）年2月3日）

本屋清七 ほんやせいしち
江戸時代中期～明治時代の大坂の版元。寛政年間から明治期。
¶浮絵

本有円成国師 ほんゆうえんじょうこくし
⇒関山慧玄（かんざんえげん）

本理院* ほんりいん
慶長7（1602）年～延宝2（1674）年 [別]孝子（たかこ），中の丸殿（なかのまるどの） 江戸時代前期の女性。3代将軍徳川家光の正室。
¶江表（本理院（東京都）），徳将

本立院 ほんりゅういん
⇒本立院浜尾（ほんりゅういんはまお）

本立院浜尾* ほんりゅういんはまお
[別]本立院（ほんりゅういん） 江戸時代末期の女性。越前福井藩主松平斉善侍女。
¶幕末（生没年不詳）

本隆尼 ほんりゅうに★
江戸時代末期の女性。和歌。佐竹氏。安政7年跋、蜂屋光世編『大江戸倭歌集』に載る。
¶江表（本隆尼（東京都））

本輪院 ほんりんいん
⇒お以登（おいと）

本輪院お以登 ほんりんいんおいと
⇒お以登（おいと）

【ま】

邁 まい
江戸時代末期～明治時代の女性。教育。京都の大納言四辻公萬の娘。
¶江表（邁（高知県） [没]明治17（1884）年）

晦巌* まいがん
寛政10（1798）年～明治5（1872）年 [別]晦巌（かいがん），晦巌道廓（かいがんどうかく，まいがんどうかく） 江戸時代末期～明治時代の僧。
¶幕末（[没]明治5（1872）年8月23日）

晦巌道廓 まいがんどうかく
⇒晦巌（まいがん）

売茶翁 まいさおう
⇒売茶翁(ばいさおう)

舞鶴 まいずる★
江戸時代の女性。俳諧。明治14年刊、岡田良策編『近世名婦百人撰』によると、宇都宮の娼妓。
¶江表(舞鶴(栃木県))

蒔田定正* まいたさだまさ
天正19(1591)年～* 江戸時代前期の大名。備中浅尾藩主。
¶徳人([没]1640年)

蒔田助九郎政行 まいたすけくろうまさゆき
⇒蒔田政行(まいたまさゆき)

蒔田殿 まいたどの
戦国時代の女性。吉良頼康室。北条氏綱の娘。
¶後北(蒔田殿〔北条〕)

蒔田彦五郎 まいたひこごろう
安土桃山時代の相模国三崎城主北条氏規家臣山中康豊の同心。実名は豊□。
¶後北(彦五郎〔蒔田(1)〕 ひこごろう)

蒔田広孝* まいたひろたか
嘉永2(1849)年2月4日～大正7(1918)年3月24日 江戸時代末期～明治時代の浅尾藩主、浅尾藩知事、浅尾村長。
¶全幕([生]天保12(1841)年),幕末

蒔田政行* まいたまさゆき
慶長5(1600)年～? [別]蒔田助九郎政行(まいたすけくろうまさゆき),蒔田政行(まきたまさゆき) 江戸時代前期の武士。豊臣氏家臣。
¶大坂(蒔田助九郎政行 まいたすけくろうまさゆき)

舞太夫 まいだゆう
戦国時代の武田家の舞師。
¶武田(生没年不詳)

米谷左馬之尉常秀 まいやさまのじょうつねひで
⇒米谷常秀(まいやつねひで)

米谷常秀* まいやつねひで
天文4(1535)年～天正19(1591)年 [別]米谷左馬之尉常秀(まいやさまのじょうつねひで) 安土桃山時代の武将。葛西氏家臣。
¶戦武

まうし
江戸時代の女性。琉歌。伊保の人。
¶江表(まうし(沖縄県))

曲垣平九郎 まえがきへいくろう
⇒曲垣平九郎(まがきへいくろう)

前川一郎 まえかわいちろう
江戸時代末期の学海指針社創業者。
¶出版([生]安政5(1858)年12月19日 [没]?)

前川荘司 まえかわしょうじ
江戸時代後期～明治時代の人。新撰組の後援者。
¶全幕([生]文政12(1829)年 [没]?)

前川文嶺 まえかわぶんれい
江戸時代後期～大正時代の日本画家。
¶美画([生]天保8(1837)年3月11日 [没]大正6(1917)年5月1日)

前川由平* まえかわよしひら
?～宝永4(1707)年頃 [別]由平(ゆうへい,よしひら) 江戸時代前期～中期の俳人。大坂俳壇の三巨頭。
¶俳文(由平 ゆうへい 生没年不詳)

前木新八郎* まえきしんぱちろう
文政7(1824)年～文久1(1861)年 江戸時代末期の水戸藩士。
¶幕末([没]文久1(1861)年8月26日)

前木六三郎* まえきろくさぶろう
文政12(1829)年～慶応1(1865)年 江戸時代末期の水戸藩士。
¶幕末([没]元治2(1865)年2月4日)

前倉温理* まえくらおんり
文政11(1828)年～明治19(1886)年 江戸時代末期～明治時代の志士。十津川由緒復古に奔走。高野山挙兵の際は弾丸数万発を製造して贈った。
¶幕末([生]文政11(1828)年4月5日 [没]明治19(1886)年12月2日)

前沢光貞 まえざわみつさだ
宝暦10(1760)年～文化10(1813)年 江戸時代中期～後期の幕臣。
¶徳人,徳代([没]文化10(1813)年7月2日)

前沢光寛 まえざわみつひろ
江戸時代中期～後期の代官。
¶徳代([生]正徳2(1712)年 [没]寛政9(1797)年12月10日)

前島市右衛門尉 まえじまいちえもんのじょう
戦国時代～安土桃山時代の駿河国天間の土豪。駿河衆。武田氏へ属した。
¶武田(生没年不詳)

前島徳之助* まえじまとくのすけ,まえしまとくのすけ
天保8(1837)年～慶応1(1865)年 江戸時代末期の庄屋。
¶幕末(まえしまとくのすけ [生]天保8(1837)年11月10日 [没]元治2(1865)年2月4日)

前島彦三郎 まえじまひこさぶろう
戦国時代～安土桃山時代の大宮浅間神社の社人。
¶武田(生没年不詳)

前島密* まえじまひそか
天保6(1835)年～大正8(1919)年 江戸時代末期～明治時代の幕臣、政治家。
¶コン,全幕,徳人,山小([生]1835年1月7日 [没]1919年4月27日)

前島政明 まえしままさあきら
江戸時代前期～中期の代官。
¶徳代([生]寛文8(1668)年 [没]宝暦4(1754)年5月14日)

前嶋由之* まえじまよしゆき
生没年不詳 江戸時代末期の和算家。
¶数学

前田杏斎 まえだあんさい
⇒前田元温(まえだげんおん)

前田安貞 まえだあんてい
江戸時代末期～明治時代の眼科医。
¶眼医(生没年不詳)

前田岩太郎* まえだいわたろう
弘化2(1845)年～? 江戸時代後期～末期の新撰組隊士。
¶新隊

前田案山子* まえだかかし
文政11(1828)年〜明治37(1904)年7月20日 江戸時代末期〜明治時代の政治家、衆議院議員。海辺新地課税問題で永小作者の三十年間の免租を認めさせるなど農民を保護した。
¶幕末

前田勘四郎 まえだかんしろう
江戸時代末期の代官。
¶徳代(生没年不詳)

前田蔵人* まえだくらんど
江戸時代末期の新撰組隊士。
¶新隊(生没年不詳)

前田慶次 まえだけいじ
⇒前田利太(まえだとしたか)

前田玄以* まえだげんい
天文8(1539)年〜慶長7(1602)年5月7日 [別]玄以(げんい), 徳善院(とくぜんいん), 民部卿法印(みんぶきょうほういん) 安土桃山時代の大名。丹波亀山藩主。豊臣政権の五奉行の一人。
¶織田, コン, 全戦, 戦武, 中世, 俳文(玄以 げんい), 山小([没]1602年5月7日)

前田元温* まえだげんおん
文政4(1821)年〜明治34(1901)年9月6日 [別]前田杏斎(まえだあんさい) 江戸時代末期〜明治時代の医師。長崎で牛痘接種法を修学、藩内に実施。のち警視医学校を設立。
¶科学([生]文政4(1821)年3月15日), コン, 幕末(前田杏斎 まえだあんさい [生]文政4(1821)年3月15日)

前田左馬允* まえださまのじょう
?〜永禄2(1559)年7月12日 戦国時代の織田信長の家臣。
¶織田

前田茂勝 まえだしげかつ
⇒前田主膳(まえだしゅぜん)

前田繁馬 まえだしげま
⇒前田正種(まえだまさたね)

前田主膳* まえだしゅぜん
天正7(1579)年〜? [別]前田茂勝(まえだしげかつ) 安土桃山時代〜江戸時代前期の大名、キリシタン。丹波国八上城主。
¶コン

前田松閣 まえだしょうかく
江戸時代後期〜明治時代の医師。
¶科学([生]弘化1(1844)年 [没]明治41(1908)年5月1日)

前田条三郎 まえだじょうざぶろう
江戸時代末期の幕臣。
¶幕末([生]? [没]慶応4(1868)年5月27日)

前田荘助* まえだしょうすけ
文政12(1829)年〜大正13(1924)年 江戸時代末期〜大正時代の庄屋。トンネル式の伏樋を造り、大カルバートを竣工させて村民を洪水被害から救済した。
¶幕末([生]文政12(1829)年8月9日 [没]大正13(1924)年12月)

前田青峨 まえだせいが
⇒青峨〔2代〕(せいが)

前田宗恭* まえだそうきょう
享和2(1802)年〜安政2(1855)年 [別]前田宗恭(まえだむねやす) 江戸時代末期の歌人。
¶幕末([生]? [没]安政2(1855)年3月27日)

前田隆子* まえだたかこ
天明7(1787)年4月28日〜明治3(1870)年6月8日 江戸時代中期〜明治時代の歌人。前田斉広の室。
¶江表(真龍院(石川県))

前田孝錫* まえだたかてる
天保2(1831)年〜? 江戸時代末期の加賀藩臣。
¶幕末(生没年不詳)

前田孝敬* まえだたかのり
弘化4(1847)年〜明治21(1888)年 江戸時代末期〜明治時代の加賀藩士。前田孝備の嫡男で加賀藩老前田長種系11代。1857年家督を継ぐ。
¶幕末([生]弘化4(1847)年11月14日 [没]明治21(1888)年1月5日)

前田隆礼* まえだたかのり
嘉永1(1848)年〜明治38(1905)年 江戸時代末期〜明治時代の軍人、中将、歩兵第二十二旅団長。佐賀の乱、西南の役に従軍、さらに日清、日露役に従軍。
¶幕末([没]明治38(1905)年3月26日)

前田孝本* まえだたかもと
文化5(1808)年〜安政3(1856)年 江戸時代末期の加賀藩士。
¶幕末([生]文化5(1808)年4月8日 [没]安政3(1856)年9月12日)

前田武宣 まえだたけのり
江戸時代中期の幕臣。
¶徳人([生]1741年 [没]?)

前田太郎左衛門吉貞 まえだたろ(う)ざえもんよしさだ
安土桃山時代〜江戸時代前期の武士。前田左近将監基光の六男。槙島玄蕃頭重利に仕えた。
¶大坂([生]永禄6年 [没]慶長20年5月7日)

前田千間子* まえだちまこ
延享2(1745)年3月15日〜享和2(1802)年10月17日 江戸時代中期〜後期の歌人。
¶江表(寿光院(石川県))

前田暢堂 まえだちょうどう
⇒前田半田(まえだはんでん)

前田綱紀* まえだつなのり
寛永20(1643)年〜享保9(1724)年 江戸時代前期〜中期の大名。加賀藩主。
¶江人, コン, 植物([生]寛永20(1643)年11月16日 [没]享保9(1724)年5月9日), 徳将, 山小([生]1643年11月16日 [没]1724年5月9日)

前田貫業 まえだつらなり
江戸時代後期の日本画家。
¶美画([生]天保11(1840)年11月19日 [没]?)

前田藤九郎* まえだとうくろう
生没年不詳 江戸時代末期の備後福山藩士、砲術家。
¶幕末

前田利同* まえだとしあつ
安政3(1856)年6月27日〜大正10(1921)年12月23日 江戸時代末期〜明治時代の富山藩主、富山藩知事。

¶幕末

前田利家＊　まえだとしいえ
天文7(1538)年～慶長4(1599)年　[別]加賀大納言(かがだいなごん)，羽柴筑前守(はしばちくぜんのかみ)　安土桃山時代の大名。加賀藩主前田家の祖。五大老の一人で徳川家康と同格だったが、秀吉に続いて病死。
¶織田([生]天文6(1537)年　[没]慶長4(1599)年閏3月3日)，公卿([生]天文6(1537)年　[没]慶長4(1599)年閏2月)，公家(利家〔前田家〕　としいえ　[没]慶長4(1599)年閏3月3日)，コン，全戦([生]天文6(1537)年)，戦武，中世，内乱，山小([没]1599年閏3月3日)

前田利家室　まえだとしいえしつ
⇒芳春院(ほうしゅんいん)

前田利鬯＊　まえだとしか
天保12(1841)年～大正9(1920)年　江戸時代末期～明治時代の大聖寺藩主、大聖寺藩知事、子爵。
¶幕末([生]天保12(1841)年6月12日　[没]大正9(1920)年7月27日)

前田利声＊　まえだとしかた
天保6(1835)年～明治37(1904)年2月16日　江戸時代後期～明治時代の大名。
¶幕末([生]天保6(1835)年2月17日)

前田利勝　まえだとしかつ
⇒前田利長(まえだとしなが)

前田利貞　まえだとしさだ
⇒前田利太(まえだとしたか)

前田利孝＊　まえだとしたか
文禄3(1594)年～寛永14(1637)年　江戸時代前期の大名。上野七日市藩主。
¶コン

前田利太＊　まえだとしたか
生没年不詳　[別]前田慶次(まえだけいじ)，前田利貞(まえだとしさだ)，前田利太(まえだとします)　安土桃山時代～江戸時代前期の武将。前田利家の兄利久の子。
¶全戦(前田利貞　まえだとしさだ　[生]天文2(1533)年？　[没]慶長10(1605)年？)，戦武(前田慶次　まえだけいじ)

前田利次＊　まえだとしつぐ
元和3(1617)年～延宝2(1674)年　江戸時代前期の大名。越中富山藩主。
¶コン

前田利常＊　まえだとしつね
文禄2(1593)年～万治1(1658)年10月12日　[別]前田利光(まえだとしみつ)　江戸時代前期の大名。前田利家の4男。加賀藩主。
¶公卿(前田利光　まえだとしみつ　生没年不詳)，公家(利常〔前田家〕　としつね)，コン

前田利常室　まえだとしつねしつ
⇒子々姫(ねねひめ)

前田利長＊　まえだとしなが
永禄5(1562)年～慶長19(1614)年　[別]加賀中納言(かがちゅうなごん)，羽柴肥前守(はしばひぜんのかみ)，前田利勝(まえだとしかつ)　安土桃山時代～江戸時代前期の大名。前田利家の長男。加賀藩主。
¶江人，公卿(前田利勝　まえだとしかつ　生没年不詳)，公家(利長〔前田家〕　としなが　[没]慶長19(1614)年5月20日)，コン，戦武，山小([生]1562年1月12日　[没]1614年5月20日)

前田利治＊　まえだとしはる
元和4(1618)年～万治3(1660)年　江戸時代前期の大名。加賀大聖寺藩主。
¶コン

前田利久＊　まえだとしひさ
生没年不詳　戦国時代の地方豪族・土豪。
¶織田([生]？　[没]天正15(1587)年8月14日)，全戦([生]？　[没]天正15(1587)年)

前田利昌＊　まえだとしまさ
貞享1(1684)年～宝永6(1709)年　江戸時代中期の大名。加賀支藩主。
¶コン

前田利政＊　まえだとしまさ
天正6(1578)年～寛永10(1633)年　[別]能登侍従(のとじじゅう)　安土桃山時代～江戸時代前期の武将、大名。能登七尾藩主。
¶コン，戦武

前田利太　まえだとします
⇒前田利太(まえだとしたか)

前田利光　まえだとしみつ
⇒前田利常(まえだとしつね)

前田利保＊　まえだとしやす
寛政12(1800)年～安政6(1859)年8月18日　江戸時代末期の大名。越中富山藩主。
¶コン，植物([生]寛政12(1800)年2月28日)，幕末([生]寛政12(1800)年2月28日)

前田直勝　まえだなおかつ
江戸時代前期～中期の幕臣。
¶徳人([生]1630年　[没]1705年)

前田直信＊　まえだなおのぶ
天保12(1841)年～明治12(1879)年　江戸時代末期～明治時代の加賀藩士。
¶幕末([生]天保12(1841)年閏1月5日　[没]明治12(1879)年9月15日)

前田直良＊　まえだなおよし
文政3(1820)年～嘉永4(1851)年　江戸時代末期の加賀藩士。
¶幕末([生]文政3(1820)年10月　[没]嘉永4(1851)年4月6日)

前田長種＊　まえだながたね
？～寛永8(1631)年　江戸時代前期の加賀藩士。
¶織田([生]天文19(1550)年　[没]寛永8(1631)年3月11日)

前田長泰　まえだながやす
江戸時代中期の幕臣。
¶徳人([生]1690年　[没]1763年)

前田夏蔭＊　まえだなつかげ
寛政5(1793)年～元治1(1864)年　江戸時代末期の歌人、国学者。清水浜臣門下。
¶江人，コン，対外，徳人，幕末([没]元治1(1864)年8月26日)

前田斉泰＊　まえだなりやす
文化8(1811)年～明治17(1884)年1月16日　江戸時代後期～明治時代の大名、華族。
¶コン，全幕，幕末([生]文化8(1811)年7月10日)

前田暢子＊　まえだのぶこ
元文5(1740)年7月3日～寛政10(1798)年5月23日

江戸時代中期～後期の歌人。加賀藩主前田吉徳の娘。
¶江表（暢姫（石川県）　のぶひめ）

前田玄長　まえだはるなが
江戸時代前期～中期の幕臣。
¶徳人（[生]1686年　[没]1752年）

前田半田＊　まえだはんでん
文化14（1817）年～明治11（1878）年　[別]前田暢堂（まえだちょうどう）　江戸時代末期～明治時代の南画家。
¶美画（前田暢堂　まえだちょうどう　[没]明治11（1878）年10月25日）

前田秀信＊　まえだひでのぶ
天保13（1842）年～明治35（1902）年　江戸時代末期～明治時代の武術家。剣術を日根野弁治に、槍術を岩崎長武らに師事、自宅で道場を開く。
¶幕末（[生]天保13（1842）年7月22日　[没]明治35（1902）年5月3日）

前田孫右衛門　まえだまごうえもん
⇒前田孫右衛門（まえだまごえもん）

前田孫右衛門＊　まえだまごえもん
文政1（1818）年～元治1（1864）年　[別]前田孫右衛門（まえだまごうえもん）　江戸時代末期の長州（萩）藩士。益田右衛門介の手元役。
¶コン，幕末（[生]文政1（1818）年7月28日　[没]元治1（1865）年12月19日）

前田正種＊　まえだまさたね
天保9（1838）年～文久3（1863）年　[別]前田繁馬（まえだしげま）　江戸時代末期の人。天誅組挙兵に参加。
¶幕末（前田繁馬　まえだしげま　[生]天保6（1835）年　[没]文久3（1863）年9月26日）

前田政房　まえだまさふさ
江戸時代前期～中期の幕臣。
¶徳人（[生]1682年　[没]1726年）

前田正之＊　まえだまさゆき
天保13（1842）年～明治25（1892）年　江戸時代末期～明治時代の尊攘運動家、官吏。
¶コン，幕末（[没]明治25（1892）年7月23日）

前田松子　まえだまつこ
⇒芳春院（ほうしゅんいん）

前田宗恭　まえだむねやす
⇒前田宗恭（まえだそうきょう）

前田主水　まえだもんど
江戸時代前期の尾張の人。大坂の陣で籠城。
¶大坂

前田安勝　まえだやすかつ
安土桃山時代の武将。前田利昌（利春）の三男。
¶全戦（[生]？　[没]文禄3（1594）年）

前田安敬　まえだやすたか
江戸時代中期の幕臣。
¶徳人（[生]1741年　[没]？）

前田吉徳＊　まえだよしのり
元禄3（1690）年～延享2（1745）年　江戸時代中期の大名。加賀藩主。
¶コン

前田慶寧＊　まえだよしやす
天保1（1830）年～明治7（1874）年5月18日　江戸時代末期～明治時代の大名、華族。戊辰戦争では北越に出兵。のち金沢藩知事。
¶全幕，幕末（[生]文政13（1830）年5月4日）

前田竜士の妻　まえだりゅうしのつま★
江戸時代中期の女性。和歌。出雲松江の人。元禄15年刊、竹内時安斎編『出雲大社奉納清地草』に載る。
¶江表（前田竜士の妻（島根県））

前田六左衛門　まえだろくざえもん
江戸時代前期の豊臣秀頼・藤堂高虎の家臣。
¶大坂

前野勝長＊　まえのかつなが
？～天正13（1585）年4月29日　戦国時代～安土桃山時代の織田信長の家臣。
¶織田

前野五郎＊　まえのごろう
弘化2（1845）年～明治25（1892）年4月19日　江戸時代末期～明治時代の新撰組隊士。
¶新隊，幕末

前野長兵衛　まえのちょうべえ
安土桃山時代の織田信長の家臣。三河梅が坪攻城戦に従軍。
¶織田（[生]？　[没]永禄4（1561）年4月）

前野蔓助　まえのつるすけ
⇒感和亭鬼武（かんわていおにたけ）

前野長康＊　まえのながやす
享禄1（1528）年～文禄4（1595）年　戦国時代～安土桃山時代の大名。但馬出石城主。
¶織田（[生]享禄1（1528）年？　[没]文禄4（1595）年8月19日），全戦，戦武

前野宗康＊　まえのむねやす
延徳1（1489）年～永禄3（1560）年3月16日　戦国時代～安土桃山時代の織田信長の家臣。
¶織田

前野義高＊　まえのよしたか
永正12（1515）年～永禄4（1561）年4月　戦国時代～安土桃山時代の織田信長の家臣。
¶織田

前野羅一郎　まえのらいちろう
⇒感和亭鬼武（かんわていおにたけ）

前野良沢＊　まえのりょうたく
享保8（1723）年～享和3（1803）年　江戸時代中期～後期の蘭学者、蘭方医。「解体新書」を翻訳。
¶江人，科学（[没]享和3（1803）年10月17日），コン，思想，対外，徳将，山小（[没]1803年10月17日）

前波景当＊　まえばかげまさ
？～元亀1（1570）年　戦国時代の武士。
¶全戦

前波勝秀＊　まえばかつひで
？～元和6（1620）年　江戸時代前期の武士。朝倉氏家臣、豊臣氏家臣、徳川氏家臣。
¶織田（[没]元和6（1620）年3月2日）

前場喜司馬＊　まえばきじま
弘化3（1846）年7月15日～大正4（1915）年4月2日　江戸時代後期～明治時代の新撰組隊士。
¶新隊

前場小五郎*　まえばこごろう
天保12(1841)年7月9日～明治38(1905)年11月24日　江戸時代後期～明治時代の新撰組隊士。
¶新隊

前波七郎兵衛尉　まえばしちろべえのじょう
安土桃山時代の織田信長の家臣。信長馬廻か。
¶織田(生没年不詳)

前波孫太郎*　まえばまごたろう
生没年不詳　安土桃山時代の織田信長の家臣。
¶織田

前波弥五郎*　まえばやごろう
生没年不詳　安土桃山時代の織田信長の家臣。
¶織田

前波吉継*　まえばよしつぐ
?～天正2(1574)年　[別]桂田長俊(かつらだながとし)　戦国時代～安土桃山時代の武士。
¶織田([没]天正2(1574)年1月19日),全戦,戦武([生]天文10(1541)年)

前原淡路守　まえはらあわじのかみ
安土桃山時代の北条氏直の家臣阿久沢能登守の同心。
¶後北(淡路守〔前原〕　あわじのかみ)

前原一誠*　まえばらいっせい,まえはらいっせい
天保5(1834)年～明治9(1876)年12月3日　江戸時代末期～明治時代の長州藩士、政治家。主戦派として藩権力を握る。戊辰戦争では参謀を務め、維新後、越後府判事。
¶江人,コン,詩作([生]天保5(1834)年3月24日),全幕,幕末([生]天保5(1834)年3月20日),山小([生]1834年3月20日　[没]1876年12月3日)

前原巧山*　まえばらこうざん
文化9(1812)年～明治25(1892)年9月18日　江戸時代末期～明治時代の技術者。
¶科学([生]文化9(1812)年9月4日),幕末([生]文化9(1812)年9月4日)

前原藤左衛門　まえはらとうざえもん
安土桃山時代の北条氏直の家臣。
¶後北(藤左衛門〔前原〕　とうざえもん)

前部重厚*　まえべじゅうこう
文政11(1828)年～明治41(1908)年　江戸時代末期～明治時代の地方政治家、大阪府議会議員、初代八木町長。奈良県再置運動に挺身。造園家としても知られ、奈良公園改良に携わった。
¶幕末([没]明治41(1908)年3月30日)

前山清一郎*(前山精一郎)　まえやませいいちろう
文政6(1823)年～明治29(1896)年　江戸時代末期～明治時代の佐賀藩士。佐賀の役で中立党を組織、政府軍に協力、のち千葉県で農業を行い開拓事業に尽力。
¶幕末(前山精一郎　[生]文政6(1823)年2月　[没]明治29(1896)年3月27日)

万尾時春*　まおときはる
天和3(1683)年～宝暦5(1755)年12月28日　江戸時代中期の測量術家、和算家。
¶科学,数学

真顔の妹　まがおのいもうと★
江戸時代中期の女性。狂歌。狂歌師鹿都部真顔の妹。天明4年、朱楽漢江序『狂言鶯蛙集』に載る。
¶江表(真顔の妹(東京都))

真垣・まかき
江戸時代末期の女性。俳諧。堤氏。安政6年刊、香川倍丸編『俳諧三十六友』に載る。
¶江表(真垣・まかき(群馬県))

まかき女　まかきじょ★
江戸時代末期の女性。俳諧。越後水原の翁屋庄右衛門の妻。安政5年刊、松岡茶山編『北越俳諧人銘録』に載る。
¶江表(まかき女(新潟県))

曲垣平九郎*　まがきへいくろう
生没年不詳　[別]曲垣平九郎(まえがきへいくろう)　江戸時代前期の馬術家。丸亀城主生駒氏に仕える。
¶江人,コン

曲木正昉　まがきまさかつ
江戸時代中期の幕臣。
¶徳人([生]1741年　[没]?)

勾田香夢　まがたこうむ
⇒香夢(こうむ)

真壁氏幹*　まかべうじもと
天文19(1550)年～元和8(1622)年　安土桃山時代～江戸時代前期の武将。
¶全戦,戦武

真壁直朗　まかべなおあき
江戸時代後期の和算家。三春笹山村の人。文化14年、15年算額を奉納。
¶数学

真壁長幹*　まかべながもと
生没年不詳　鎌倉時代前期の武将。
¶古人

真髪成村*　まかみのなりむら
生没年不詳　平安時代中期の力士。
¶古人

真髪正武　まかみのまさたけ
平安時代後期の官人。
¶古人(生没年不詳)

真髪部久鑒　まかみべのひさあき
平安時代中期の官人。
¶古人(生没年不詳)

真髪部守忠　まかみべのもりただ
平安時代中期の官人。
¶古人(生没年不詳)

真柄直隆*　まがらなおたか
?～元亀1(1570)年　[別]真柄直元(まがらなおもと)　戦国時代の武士。
¶全戦,戦武([生]天文5(1536)年)

真柄直元　まがらなおもと
⇒真柄直隆(まがらなおたか)

真柄要助　まがらようすけ
江戸時代後期～大正時代の真柄建設創業者。
¶美建([生]天保14(1843)年　[没]大正7(1918)年)

勾大兄広国押武金日尊　まがりのおおえひろくにおしたけかなひのみこと
⇒安閑天皇(あんかんてんのう)

曲淵景漸*　まがりぶちかげつぐ
享保10(1725)年～寛政12(1800)年　江戸時代中

期～後期の江戸町奉行。大坂での朝鮮通信使従者殺害事件の処理に当たる。
¶コン, 徳人（㊀1799年）

曲淵景露　まがりぶちかげみち
江戸時代中期～後期の幕臣。
¶徳人（㊉1758年　㊀1835年）

曲淵景山　まがりぶちけいざん
江戸時代末期の幕臣。
¶徳人（㊉？　㊀1857年）

曲淵景曜　まがりぶちけいよう
江戸時代後期～末期の幕臣。
¶徳人（生没年不詳）

曲淵庄左衛門尉　まがりぶちしょうざえもんのじょう
戦国時代～安土桃山時代の武士。元は板垣信方の草履取り。山県昌景の寄子となる。
¶武田（㊉永正15（1518）年　㊀文禄2（1593）年11月23日）

曲淵英元　まがりぶちひでちか
江戸時代中期の幕臣。
¶徳人（㊉1699年　㊀1773年）

曲淵昌隆　まがりぶちまさたか
江戸時代前期～中期の代官。
¶徳代（㊉正保2（1645）年　㊀宝永1（1704）年10月25日）

まき（1）
江戸時代中期の女性。俳諧。林崎の人。延享5年、坂部壺中編『奉納 華の林』に載る。
¶江表（まき（山形県））

まき（2）
江戸時代中期の女性。俳諧。牧とも。蕉門。宝永7年自序、『鳰法華』に載る。
¶江表（まき（滋賀県））

まき（3）
江戸時代中期の女性。俳諧。天明6年の菊舎稿「一声行脚」に載る。
¶江表（まき（長崎県））

まき（4）
江戸時代後期の女性。教育。小林文昇の妻。
¶江表（まき（東京都）　㊉天保14（1843）年頃）

まき（5）
江戸時代末期の女性。俳諧。仙台の人。安政年間刊、広舌庵太年編『牛のあゆみ』に載る。
¶江表（まき（宮城県））

まき（6）
江戸時代末期の女性。俳諧。丹後の人。慶応1年刊、幸塚野鶴編『浪化上人発句集』に載る。
¶江表（まき（京都府））

まき（7）
江戸時代末期～明治時代の女性。俳諧。旧仙台藩士畑安由の妻。
¶江表（まき（宮城県）　㊀明治38（1905）年）

巻（1）　まき★
江戸時代前期の女性。俳諧。伊勢松坂の三井氏。寛文8年刊、春陽軒加友編『伊勢踊』に載る。
¶江表（巻（三重県））

巻（2）　まき★
江戸時代末期の女性。和歌。本居内遠門の歌人堀尾信恒の母。文久1年序、西田惟恒編『文久元年七百首』に載る。
¶江表（巻（京都府））

万喜（1）　まき★
江戸時代後期の女性。和歌。八幡浜の医師で歌人梶谷守典の娘。父守典は寛政10年、本居宣長に入門。
¶江表（万喜（愛媛県））

万喜（2）　まき★
江戸時代後期～末期の女性。書簡。美作勝南郡岡村の小林令助の娘。
¶江表（万喜（東京都）　㊉寛政9（1797）年頃　㊀文久2（1862）年）

満喜（1）　まき★
江戸時代後期の女性。教育。和田篤祐の妻。
¶江表（満喜（東京都）　㊉文政5（1822）年頃）

満喜（2）　まき★
江戸時代後期の女性。和歌・書。琴平の秦豊嗣の妻。
¶江表（満喜（香川県）　㊀文化11（1814）年）

満喜（3）　まき★
江戸時代末期の女性。俳諧。琴平の宮武義薫又六右衛門の後妻。
¶江表（満喜（香川県）　㊀文久3（1863）年）

真木和泉*　まきいずみ
文化10（1813）年～元治1（1864）年　㊐真木和泉守（まきいずみのかみ），真木保臣（まきやすおみ）　江戸時代末期の尊攘派志士。
¶江人, コン（真木保臣　まきやすおみ）, 思想, 全幕, 幕末（㊉文化10（1813）年3月7日　㊀元治1（1864）年7月21日）, 山小（㊉1813年3月7日　㊀1864年7月21日）

真木和泉守　まきいずみのかみ
⇒真木和泉（まきいずみ）

牧和泉守*　まきいずみのかみ
？～天正13（1585）年　㊐牧和泉守（もくいずみのかみ）　安土桃山時代の武士。長尾氏家臣。
¶後北（和泉守〔牧〕　いずみのかみ）

牧穆中*　まきえいちゅう
文化6（1809）年～文久3（1863）年　㊐牧天穆（まきてんぼく），牧穆中（まきぼくちゅう）　江戸時代末期の蘭学者。
¶幕末

蒔絵師源三郎*　まきえしげんざぶろう
生没年不詳　㊐源三郎（げんざぶろう）　江戸時代中期の蒔絵師。
¶浮絵, コン, 美工

牧岡天来　まきおかてんらい
⇒天来（てんらい）

真木菊四郎*　まききくしろう
天保14（1843）年～慶応1（1865）年　江戸時代末期の志士。
¶幕末（㊉天保14（1843）年9月19日　㊀元治2（1865）年2月14日）

牧義制　まきぎせい
⇒牧義制（まきよしのり）

真木外記*　まきげき
文政4（1821）年～明治34（1901）年5月13日　㊐真木直人（まきなおと）　江戸時代末期～明治時代の志士。

¶幕末（㋐文政4（1821）年2月11日）

まき子(1)　まきこ＊
江戸時代末期の女性。和歌。梅田氏。本居宣長門の歌人で八幡浜の二宮正禎門。
¶江表（まき子（愛媛県））

まき子(2)　まきこ＊
江戸時代末期の女性。和歌。筑後柳川藩の奥女中。安政4年刊、井上文雄編『摘英集』に載る。
¶江表（まき子（福岡県））

慎子　まきこ＊
江戸時代中期の女性。記録。上北面の武士松室重行の妹。明和8年52歳で大御乳人となった。
¶江表（慎子（京都府））

牧子　まきこ＊
江戸時代中期の女性。和歌。豊後岡藩藩士中沢満矩の妻。宝暦12年刊、村上影面編『続采藻編』に載る。
¶江表（牧子（大分県））

万喜子　まきこ＊
江戸時代末期の女性。和歌。豊後臼杵藩藩儒武藤太右衛門吉紀と晴子の娘。万延1年序、物集高世編『類題春草集』二に載る。
¶江表（万喜子（大分県））

万喜子・満喜子　まきこ＊
江戸時代後期の女性。和歌。幕臣松平乗季の娘。文化5年頃、真田幸弘編「御ことほきの記」に載る。
¶江表（万喜子・満喜子（東京都））

万亀子　まきこ
江戸時代中期の女性。和歌。明和5年刊、石野広通編『霞関集』に載る。
¶江表（万亀子（東京都））

満喜子(1)　まきこ
江戸時代中期～後期の女性。和歌。下総関宿藩主久世広明の娘。
¶江表（満喜子（愛媛県））　㋐安永7（1778）年　㋦嘉永3（1850）年

満喜子(2)　まきこ＊
江戸時代後期の女性。俳諧・和歌。小林氏。天保3年に野巣が編んだ父玄々翁追善集『朝顔集』に載る。
¶江表（満喜子（茨城県））

牧志朝忠＊　まきしちょうちゅう
尚瀬15（1818）年～尚泰15（1862）年　㋦板良敷朝忠（いたらしきちょうちゅう）　江戸時代末期の琉球国末期の首里士族、異国通事。
¶対外、幕末（まきしちょうちゅう（まきしちょうちゅう））
¶文政1（1818）年　㋦文久2（1862）年7月19日

真木嶋昭光＊（真木島昭光）　まきしまあきみつ
生没年不詳　戦国時代の武将、将軍足利義昭の奉公衆。
¶コン

真木主馬＊　まきしゅめ
天保6（1835）年～明治34（1901）年　江戸時代末期～明治時代の神官、水天宮祠官。父の意を受け、肥前地方に遊説。久留米・三潴両県に奉献。
¶幕末（㋐天保6（1836）年11月27日）㋦明治34（1901）年5月3日）

牧春堂＊　まきしゅんどう
文政4（1821）年～文久3（1863）年　江戸時代末期の医師。

¶幕末

まき女　まきじょ＊
江戸時代後期の女性。俳諧。桐原の人。天保14年成立、山岸梅塵編『あられ空』に載る。
¶江表（まき女（長野県））

毎木女　まきじょ＊
江戸時代後期の女性。俳諧。酒田連の人。天明8年刊、柳下園寸昌跋『俳諧ゆふすゝみ』に載る。
¶江表（毎木女（山形県））

牧四郎兵衛　まきしろ（う）びょうえ
江戸時代前期の武士。大坂の陣で籠城。
¶大坂（㋦慶長20年5月6日）

真木宗十郎＊　まきそうじゅうろう
生没年不詳　安土桃山時代の織田信長の家臣。
¶織田

槙田監物　まきたけんもつ
江戸時代前期の武士。大坂の陣で籠城。
¶大坂（㋦慶長20年）

槙田幸次郎　まきたこうじろう
江戸時代前期の武士。大坂の陣で籠城。
¶大坂（㋦慶長20年）

蒔田翠錦＊　まきたすいきん
生没年不詳　江戸時代末期～明治時代の女性。漢詩人。
¶江表（翠錦（福井県））

蒔田政行　まきたまさゆき
⇒蒔田政行（まいたまさゆき）

真木伝衛門＊　まきでんえもん
寛政2（1790）年～慶応3（1867）年　江戸時代末期の水戸藩士。
¶幕末（㋦慶応3（1867）年2月12日）

牧天穂　まきてんぼく
⇒牧穆中（まきえいちゅう）

牧冬映〔1代〕＊　まきとうえい
享保6（1721）年～天明3（1783）年　㋓冬映，冬映〔1代〕（とうえい）　江戸時代中期の俳人。
¶俳文（冬映　とうえい）

牧徳右衛門　まきとくえもん
⇒牧徳右衛門（まきのとくえもん）

真木直人　まきなおと
⇒真木外記（まきげき）

牧長勝　まきながかつ
永禄5（1562）年～元和8（1622）年　安土桃山時代～江戸時代前期の織田信長の家臣。長正の子。家康に仕え、その後、滝川一益に仕える。
¶織田（㋦元和8（1622）年12月13日），徳人

牧長清＊　まきながきよ
？～元亀1（1570）年2月15日　戦国時代～安土桃山時代の織田信長の家臣。
¶織田

牧長高　まきながたか
江戸時代前期～中期の幕臣。
¶徳人（㋐1629年　㋦1695年）

牧長治＊　まきながはる
生没年不詳　安土桃山時代の織田信長の家臣。

¶織田

真木長義* まきながよし
天保7(1836)年〜大正6(1917)年　江戸時代末期〜明治時代の海軍軍人、中将、貴族院議員。宮中顧問官、伏見宮別当を務めた。
¶幕末（㊄天保7(1836)年5月15日　㊥大正6(1917)年3月3日）

牧長義* まきながよし
生没年不詳　戦国時代の武将。織田氏家臣。
¶織田

牧野　まきの*
江戸時代後期の女性。和歌。会津藩の老女。嘉永4年序、鈴木直麿編『八十番歌合』に載る。
¶江表（牧野（福島県））

槙之　まきの*
江戸時代中期の女性。和歌。旗本戸田兵庫忠義の娘。享保17年跋、坂静山編『和歌山下水』に載る。
¶江表（槙之（東京都））

牧野牛抱　まきのうしおだ
江戸時代前期の本多忠刻・稲葉正勝の家臣。
¶大坂

牧の方*（牧方）　まきのかた
生没年不詳　鎌倉時代前期の女性。北条時政の後妻。
¶古人, コン（牧方）, 女史, 中世, 内乱（牧ノ方）

牧野幹　まきのかん
⇒牧野幹（まきのこわし）

牧野金七郎　まきのきんしちろう
戦国時代〜安土桃山時代の武士。遠江衆。
¶武田（生没年不詳）

牧野群馬　まきのぐんま
⇒小笠原只八（おがさわらただはち）

牧野源七郎* まきのげんしちろう
江戸時代末期の新撰組隊士。
¶新隊（生没年不詳）

牧野古白*（牧野古伯）　まきのこはく
？〜永正3(1506)年　㊥古白（こはく）　戦国時代の武将。
¶俳文（古白　こはく）

牧野幹　まきのこわし
文政8(1825)年〜明治27(1894)年　㊥牧野幹（まきのかん）　江戸時代末期〜明治時代の越前福井藩士。
¶幕末（㊥明治27(1894)年3月9日）

牧野権六郎* まきのごんろくろう
文政2(1819)年〜明治2(1869)年　江戸時代後期〜明治時代の備前国岡山藩士。
¶コン, 全幕, 幕末（㊄文政2(1819)年8月2日　㊥明治2(1869)年6月28日）

牧野貞明　まきのさだあき
⇒牧野貞直（まきのさだなお）

牧野貞直* まきのさだなお
天保1(1830)年〜明治20(1887)年　㊥牧野貞明（まきのさだあき）　江戸時代末期〜明治時代の大名。常陸笠間藩主。
¶全幕（㊄文政13(1830)年), 幕末（牧野貞明　まきのさだあき　㊄文政13(1831)年11月27日　㊥明治20(1887)年1月13日）

牧野貞幹* まきのさだもと
天明7(1787)年1月16日〜文政11(1828)年8月18日　江戸時代後期の大名。常陸笠間藩主。
¶植物

牧野貞寧　まきのさだやす
安政4(1857)年〜大正5(1916)年　江戸時代末期〜明治時代の笠間藩主、笠間藩知事、貴族院議員。
¶幕末（㊥大正5(1916)年12月24日）

牧野成著* まきのしげあきら
？〜嘉永2(1849)年9月14日　江戸時代後期の幕臣。
¶徳人（1773年）

牧野成賢　まきのしげかた
正徳4(1714)年〜寛政4(1792)年　江戸時代中期の町奉行。無宿養育所を江戸深川に設置。
¶徳人

牧野成純　まきのしげずみ
江戸時代前期〜中期の幕臣。
¶徳人（㊄1676年　㊥1732年）

牧野成傑　まきのしげたけ
江戸時代中期〜後期の幕臣。
¶徳人（㊄1769年　㊥1823年）

牧野成常　まきのしげつね
⇒牧野成常（まきのなりつね）

牧野成文　まきのしげふみ
江戸時代後期の幕臣。
¶徳人（㊄？　㊥1837年）

牧野茂敬　まきのしげゆき
⇒小笠原只八（おがさわらただはち）

牧野芝石* まきのしせき
江戸時代末期〜明治時代の因幡鳥取藩医。
¶美画（㊄天保8(1837)年　㊥明治35(1902)年4月）

槙島勘兵衛重継　まきのしまかんひょうえしげつぐ
江戸時代前期の豊臣秀頼の家臣。細川立孝の家老。
¶大坂

真木嶋玄蕃頭昭光　まきのしまげんばのかみあきみつ
戦国時代〜江戸時代前期の足利義輝・足利義昭・徳川秀吉・徳川秀頼の家臣。
¶大坂（㊥正保3年1月20日）

槙島三右衛門重春　まきのしまさんえもんしげはる
江戸時代前期の豊臣秀頼の家臣。
¶大坂

槙嶋勝太昭重　まきのしましょうだあきしげ
江戸時代前期の豊臣秀頼・藤堂高虎・松平忠明の家臣。
¶大坂

牧野次郎左衛門　まきのじろ（う）ざえもん
江戸時代前期の福島正守の足軽大将。
¶大坂（㊥慶長20年5月7日）

牧野成綱　まきのせいこう
江戸時代後期の幕臣。
¶徳人（㊄？　㊥1849年）

牧野誠成* まきのたかしげ
天保3(1832)年〜明治2(1869)年　江戸時代末期の大名。丹後田辺藩主。

¶幕末（[生]天保3（1832）年5月19日　[没]明治2（1869）年3月5日）

牧野忠毅*　まきのただかつ
安政6（1859）年～＊　江戸時代末期～明治時代の長岡藩主、長岡藩知事。
¶全幕（[没]大正7（1918）年）

牧野忠精*　まきのただきよ
宝暦10（1760）年～天保2（1831）年　江戸時代後期の老中。越後長岡藩主。
¶コン

牧野忠訓*　まきのただくに
弘化1（1844）年～明治8（1875）年6月16日　江戸時代末期～明治時代の大名、華族。
¶全幕（[生]天保15（1844）年），幕末（[生]弘化1（1844）年8月15日）

牧野忠成*　まきのただなり
天正9（1581）年～承応3（1654）年　江戸時代前期の大名。上野大胡藩主、越後長峯藩主、越後長岡藩主。
¶コン

牧野忠泰*　まきのただひろ
弘化2（1845）年～明治15（1882）年　江戸時代末期～明治時代の大名、華族。
¶全幕

牧野忠恭*　まきのただゆき
文政7（1824）年～明治11（1878）年　江戸時代後期～明治時代の大名。
¶全幕，幕末（[生]文政7（1824）年9月1日　[没]明治11（1878）年9月1日）

牧野親成*　まきのちかしげ
慶長12（1607）年～延宝5（1677）年9月23日　[別]牧野親成（まきのちかなり）　江戸時代前期の大名。下総関宿藩主、丹後田辺藩主。
¶コン，徳将，徳人

牧野親成　まきのちかなり
⇒牧野親成（まきのちかしげ）

牧野彝子*　まきのつねこ
天保14（1843）年～大正12（1923）年9月　江戸時代末期～大正時代の女性。長岡藩主牧野忠恭の娘。「長岡落城より会津仙台迄之日記」に落人としての逃避行を書き記す。
¶江表（彝子（新潟県）　つねこ）

牧徳右衛門*（牧の徳右衛門）　まきのとくえもん
？～享保12（1727）年　[別]池田徳右衛門（いけだとくえもん），牧徳右衛門（まきとくえもん），牧分徳右衛門（まきぶんとくえもん，まきわけとくえもん）　江戸時代中期の美作国山中一揆の指導者。
¶江人（牧の徳右衛門），コン

牧野成貞*　まきのなりさだ
寛永11（1634）年～正徳2（1712）年　江戸時代前期～中期の大名。下総関宿藩主。
¶コン，徳将，徳人

牧野成常*　まきのなりつね
慶長2（1597）年～寛文9（1669）年2月23日　[別]牧野成常（まきのしげつね）　江戸時代前期の武士。
¶徳人（まきのしげつね）

牧野信成*　まきののぶしげ
天正6（1578）年～慶安3（1650）年4月11日　安土桃山時代～江戸時代前期の武将、大名。武蔵石戸藩主、下総関宿藩主。
¶徳人

牧野梅僊*　まきのばいせん
？～万延1（1860）年　江戸時代末期の画家。
¶美画（[生]安永7（1778）年　[没]文政7（1824）年9月6日）

牧野久仲*　まきのひさなか
戦国時代の武士。伊達氏家臣。
¶戦武（[生]享禄2（1529）年　[没]？）

牧野正貫*　まきのまさつら
天保2（1831）年～明治5（1872）年　江戸時代末期～明治時代の呉服商。富札の興業を企画、許可を請うたが、新政府の禁止令で却下され割腹自殺。
¶幕末（[没]明治5（1872）年3月15日）

牧野正之進*　まきのまさのしん
天保1（1830）年～明治1（1868）年　江戸時代末期の薩摩藩士。
¶幕末（[没]慶応4（1868）年7月25日）

牧野路子*　まきのみちこ
享保15（1730）年～寛政6（1794）年9月10日　江戸時代中期～後期の女性。歌人。
¶江表（路子（新潟県）　[生]享保14（1729）年）

牧野康哉*　まきのやすとし
文政1（1818）年～文久3（1863）年　江戸時代末期の大名、若年寄。信濃小諸藩主。
¶幕末（[生]文政1（1818）年10月17日　[没]文久3（1863）年6月13日）

牧野康成*　まきのやすなり
弘治1（1555）年～慶長14（1609）年　安土桃山時代～江戸時代前期の大名。上野大胡藩主。
¶コン

牧野義兼*　まきのよしかね
生没年不詳　江戸時代後期の和算家。
¶数学

牧野若狭守の妻　まきのわかさのかみのつま★
江戸時代後期の女性。和歌。大番頭牧野若狭守成傑の妻。文化5年頃、真田幸弘編「御ことほきの記」に載る。
¶江表（牧野若狭守の妻（東京都））

真木彦之進*　まきひこのしん
文政7（1824）年～慶応1（1865）年　江戸時代末期の水戸藩士。
¶幕末（[没]元治2（1865）年4月5日）

牧分徳右衛門　まきぶんとくえもん
⇒牧徳右衛門（まきのとくえもん）

牧墨僊*　まきぼくせん
安永4（1775）年～文政7（1824）年　江戸時代後期の浮世絵師、銅版画家。
¶浮絵（[生]宝暦3（1753）年），コン，美画（[没]文政7（1824）年4月8日）

牧穆中　まきぼくちゅう
⇒牧穆中（まきえいちゅう）

牧正道*　まきまさみち
天保9（1838）年～大正2（1913）年　江戸時代末期～明治時代の下館藩士。
¶幕末（[没]大正2（1913）年5月23日）

牧宗親*　まきむねちか
生没年不詳　平安時代後期～鎌倉時代前期の御家

人。頼朝の臣。
¶古人,内乱

牧村貞俊　まきむらさだとし
江戸時代後期の和算家。
¶数学

牧村利貞*　まきむらとしさだ
？～文禄2(1593)年　[別]牧村秀光(まきむらひでみつ)　安土桃山時代の武将。豊臣氏家臣。
¶織田(牧村秀光　まきむらひでみつ　[没]文禄2(1593)年7月10日)

牧村秀光　まきむらひでみつ
⇒牧村利貞(まきむらとしさだ)

牧村兵部*　まきむらひょうぶ
天文14(1545)年～文禄2(1593)年　[別]牧村政治(まきむらまさはる)　安土桃山時代の大名、茶人、キリシタン。
¶全戦

槇村正直*　まきむらまさなお
天保5(1834)年～明治29(1896)年4月21日　江戸時代末期～明治時代の官僚、長州藩士、京都府知事、貴族院議員。京都府に学校、勧業場、授産所などを創設し、文化・産業の振興に尽力。
¶コン,幕末([生]天保5(1834)年5月23日)

牧村政治　まきむらまさはる
⇒牧村兵部(まきむらひょうぶ)

牧村光香*　まきむらみつか
文政11(1828)年～元治1(1864)年　江戸時代末期の津和野藩士。
¶幕末([没]元治1(1864)年11月7日)

馬来木工*　まぎもく
嘉永6(1853)年～？　江戸時代末期の長州(萩)藩士。
¶幕末

真木保臣　まきやすおみ
⇒真木和泉(まきいずみ)

牧山修卿*　まきやましゅうけい
天保5(1834)年～明治36(1903)年　江戸時代末期～明治時代の医師。咸臨丸に医師として随行し太平洋を渡る。維新後は上野で開業。
¶科学([生]天保5(1834)年7月　[没]明治36(1903)年6月11日)

牧山忠平*　まきやまちゅうへい
寛政1(1789)年～明治3(1870)年　江戸時代後期の砲術家。
¶幕末([没]明治3(1870)年9月10日)

牧義珍　まきよしたか
江戸時代中期の幕臣。
¶徳人([生]1767年　[没]？)

牧義脩*　まきよしなが
文化9(1812)年～？　江戸時代後期の鷹司家諸大夫。
¶幕末([生]文化9(1812)年7月11日)

牧義制*　まきよしのり
享和1(1801)年～嘉永6(1853)年　[別]牧義制(まきぎせい,まきよしまさ)　江戸時代末期の志摩守。
¶徳人(まきぎせい),幕末([没]嘉永6(1853)年8月7日)

牧義制　まきよしまさ
⇒牧義制(まきよしのり)

真木与十郎*　まきよじゅうろう
生没年不詳　安土桃山時代の織田信長の家臣。
¶織田

巻菱湖*　まきりょうこ
安永6(1777)年～天保14(1843)年　江戸時代後期の書家。「幕末の三筆」の一人。
¶コン

牧分徳右衛門　まきわけとくえもん
⇒牧徳右衛門(まきのとくえもん)

幕　まく★
江戸時代中期の女性。俳諧。摂津伊丹の人。正徳4年刊、藤岡月尋編『伊丹発句合』に載る。
¶江表(幕(兵庫県))

真葛　まくず
⇒真葛坊(まくずぼう)

真葛長造*　まくずちょうぞう
寛政9(1797)年～嘉永4(1851)年　江戸時代末期の京都の陶工。京焼の伝統に回帰。
¶コン([没]万延1(1860)年),美工([生]寛政8(1796)年)

真葛坊*　まくずぼう
生没年不詳　[別]真葛(まくず)　江戸時代後期の俳人。
¶俳文(真葛　まくず　[生]安永7(1778)年　[没]天保9(1838)年5月25日)

真子　まこ★
江戸時代中期の女性。和歌。伊勢芸濃町の高士氏の娘。医師で国学者谷川士清の妻。
¶江表(真子(三重県))

孫右衛門(1)　まごえもん
戦国時代の甲斐国巨摩郡駒沢郷の番匠大工。
¶武田(生没年不詳)

孫右衛門(2)　まごえもん
戦国時代の山梨郡和田平の細工番匠頭。
¶武田(生没年不詳)

孫衛門　まごえもん
安土桃山時代の信濃国筑摩郡刈谷原の土豪。会田岩下氏の被官とみられる。
¶武田(生没年不詳)

孫三郎　まごさぶろう
戦国時代の甲斐府中六方小路の番匠大工職人。
¶武田(生没年不詳)

馬越大太郎*　まごしだいたろう
江戸時代末期の新撰組隊士。
¶新隊(生没年不詳)

孫七郎　まごしちろう
安土桃山時代の信濃国筑摩郡小立野の土豪。日岐氏の被官とみられる。
¶武田(生没年不詳)

孫兵衛　まごびょうえ
江戸時代前期の美濃国多芸郡大塚町一揆の首魁。
¶人坂

孫六兼元　まごろくかねもと
⇒兼元(かねもと)

まさ(1)
江戸時代の女性。散文・和歌。大原徳方の妻。「片玉集」前集巻六六下に載る。
¶江表(まさ(東京都))

まさ(2)
江戸時代中期の女性。和歌。医師土井伯庵の娘。宝永6年奉納、平間長雅編「住吉社奉納千首和歌」に載る。
¶江表(まさ(大阪府))

まさ(3)
江戸時代後期の女性。和歌。幕臣、小普請組天野清兵衛正次の娘。文化11年刊、中山忠雄・河田正致編『柿本社奉納和歌集』に載る。
¶江表(まさ(東京都))

まさ(4)
江戸時代後期の女性。和歌。幕臣森川佐渡守義生の妻。天保9年刊、海野遊翁編『類題現存歌選』二に載る。
¶江表(まさ(東京都))

まさ(5)
江戸時代後期の女性。教育。小西欣蔵ときくの娘。万延1年寺子屋を開業。
¶江表(まさ(東京都)　[生]天保14(1843)年頃)

まさ(6)
江戸時代後期の女性。俳諧。相模小田原城南連の人。文化3年の歳旦帖『春帖』に載る。
¶江表(まさ(神奈川県))

まさ(7)
江戸時代後期の女性。俳諧。東南湖の人。寛政2年刊、桃路編『華鳥風月集』に載る。
¶江表(まさ(山梨県))

まさ(8)
江戸時代後期の女性。俳諧。越前家久の人。寛政1年刊、平話房旭周撰『星の宵塚』に載る。
¶江表(まさ(福井県))

まさ(9)
江戸時代後期の女性。散文・和歌。三河吉田藩主松平信明家の奥女中。寛政10年跋、真田幸弘の六〇賀集「千とせの寿詞」に載る。
¶江表(まさ(愛知県))

まさ(10)
江戸時代後期の女性。和歌。水口藩の菅氏。天保9年刊、海野遊翁編『現存歌選』二に載る。
¶江表(まさ(滋賀県))

まさ(11)
江戸時代後期の女性。和歌。松田春林の妻。天保11年成立「鷲見家短冊帖」に載る。
¶江表(まさ(鳥取県))

まさ(12)
江戸時代後期の女性。俳諧。天保7年、奥田楓斎序、土佐城東赤岡の宇多松陰社中の可橘編、積翠主人三三回忌追善集『友千鳥』に載る。
¶江表(まさ(高知県))

まさ(13)
江戸時代後期～明治時代の女性。教育。大沢忠兵衛の妻。明治5年兼房町に寺子屋を開業。
¶江表(まさ(東京都)　[生]文政8(1825)年頃)

まさ(14)
江戸時代末期～明治時代の女性。俳諧。塩川町の料亭佐野駒屋の娘。
¶江表(まさ(福島県)　[没]明治17(1884)年)

まさ(15)
江戸時代末期～明治時代の女性。教育。明治政府に開拓使九等として出仕した小林省三の娘。明治5年開業した水野てるの水交女塾で英学を教えた。
¶江表(まさ(東京都)　[生]安政3(1856)年頃)

マサ(1)
江戸時代後期の女性。和歌。門木氏。
¶江表(マサ(山口県)　[生]文政9(1826)年)

マサ(2)
江戸時代末期の女性。教育。植村氏。文久4年、備後尾道土堂町に寺子屋を開業する。
¶江表(マサ(広島県))

昌□　まさ
戦国時代の小県郡の国衆とみられる。
¶武田(生没年不詳)

真沙　まさ★
江戸時代後期の女性。和歌。伊勢浦口の久志本常諄の娘。
¶江表(真沙(三重県)　[没]文政4(1821)年)

政(1)　まさ★
江戸時代中期の女性。俳諧。志田野坡の娘。宝暦6年に、有井浮風編『窓の春』に載る。
¶江表(政(大阪府))

政(2)　まさ★
江戸時代中期の女性。和歌・俳諧。正木佐明の娘。鹿島後村の妻。
¶江表(政(兵庫県))

政(3)　まさ★
江戸時代後期～明治時代の女性。和歌・教訓書。伊勢射和の豪商竹川家六代目政信の末娘。
¶江表(政(三重県)　[生]文政12(1829)年　[没]明治39(1906)年)

政(4)　まさ★
江戸時代後期の女性。俳諧。呉服商美濃屋大丸の主人下村春坡の妻。
¶江表(政(京都府)　[没]文政10(1827)年)

正　まさ★
江戸時代後期の女性。和歌。京都の人。文化11年刊、中山忠雄・河田正致編『柿本社奉納和歌集』に載る。
¶江表(正(京都府))

万さ・まさ
江戸時代後期の女性。俳諧。富高の人。文化5年刊、五升庵二世柏原瓦全編、芭蕉・蝶夢追善集『さくら会』二に載る。
¶江表(万さ・まさ(宮崎県))

雅明親王*　まさあきらしんのう
延喜20(920)年～延長7(929)年　平安時代中期の宇多天皇の皇子。
¶古人,天皇([生]延喜20(920)年4月13日　[没]延長7(929)年10月23日)

雅有　まさあり
⇒飛鳥井雅有(あすかいまさあり)

政家(1)　まさいえ
戦国時代の木曽家臣か。
¶武田（生没年不詳）

政家(2)　まさいえ
⇒近衛政家（このえまさいえ）

正氏の妻　まさうじのつま★
江戸時代後期の女性。俳諧。河内の人。天保3年序、守村鶯卿編『女百人一句』に載る。
¶江表（正氏の妻（大阪府））

政浦　まさうら★
江戸時代の女性。和歌。長門長州藩の奥女中。明治11年刊、近藤芳樹編『薫風集』に載る。
¶江表（政浦（山口県））

雅枝　まさえ★
江戸時代後期〜明治時代の女性。和歌・書。京都禁裏の大工頭中井藤三郎正紀の娘。
¶江表（雅枝（滋賀県）　㊓寛政7（1795）年　㊰明治4（1871）年）

真雄　まさお
⇒山浦真雄（やまうらまさお）

正緒　まさお★
江戸時代後期の女性。和歌。筑前山鹿村の神官波多野駿河守春樹の娘。「岡県集」に載る。
¶江表（正緒（福岡県））

政岡*　まさおか
歌舞伎・人形浄瑠璃の登場人物。
¶コン

将門　まさかど
⇒平将門（たいらのまさかど）

まさき
江戸時代後期〜明治時代の女性。和歌。京都の公卿平松時言の妹。
¶江表（まさき（静岡県）　㊓天保4（1833）年　㊰明治30（1897）年）

正木(1)　まさき★
江戸時代中期の女性。俳諧。備後府中の人。宝暦12年序、如芥ほか編『密語橋集』に載る。
¶江表（正木（広島県））

正木(2)　まさき★
江戸時代後期の女性。俳諧。松岡武治の妻。文政7年刊、蕪街撰『敷松葉集』に載る。
¶江表（正木（岩手県））

正木篤*　まさきあつし
生没年不詳　江戸時代末期の海外事情紹介者。
¶コン

正木織之助*　まさきおりのすけ
天保14（1843）年〜？　江戸時代後期〜末期の新撰組隊士。
¶新隊

正木子　まさきこ★
江戸時代末期の女性。和歌。筑後柳川藩の奥女中。「鶯歌集」に載る。
¶江表（正木子（福岡県））

正木左兵衛　まさきさへえ
⇒本多政重（ほんだまさしげ）

間崎滄浪*　まざきそうろう，まさきそうろう
天保5（1834）年〜文久3（1863）年　㊚間崎哲馬（まさきてつま）　江戸時代末期の土佐藩郷士。安積艮斎に入門、塾頭に抜擢。
¶コン，全幕（間崎哲馬　まさきてつま），幕末（㊰文久3（1863）年6月9日）

真崎宅太郎*　まさきたくたろう，まざきたくたろう
天保11（1840）年〜？　江戸時代後期〜末期の新撰組隊士。
¶新隊（まざきたくたろう）

間崎哲馬　まさきてつま
⇒間崎滄浪（まざきそうろう）

間崎道琢*　まざきどうたく
文政8（1825）年〜明治23（1890）年　江戸時代末期〜明治時代の志士。従弟滄浪と勤王家として国事に奔走。滄浪切腹の介錯を命じられ、滄浪の遺児を育てた。
¶幕末（㊰明治23（1890）年4月24日）

正木藤太郎*　まさきとうたろう
生没年不詳　戦国時代の上総一宮城主。
¶後北（藤太郎〔正木〕　とうたろう）

正木時茂*　まさきときしげ
？〜永禄4（1561）年4月　戦国時代〜安土桃山時代の里見氏の重臣。安房国衙奉行。
¶全戦，戦武（㊓永正10（1513）年）

正木時忠*　まさきときただ
？〜天正4（1576）年　戦国時代〜安土桃山時代の武士。里見氏家臣。
¶後北（時忠〔正木〕　ときただ　㊰天正4年8月1日），戦武（㊓永正15（1518）年）

正木時治　まさきときはる
安土桃山時代の武士。上総国金谷城城将。弥五郎・兵部大輔。
¶後北（時治〔正木〕　ときはる　㊰天正12年6月）

正木時通*　まさきときみち
？〜天正3（1575）年　戦国時代〜安土桃山時代の武士。里見氏家臣。
¶後北（時通〔正木〕　ときみち　㊰天正3年11月8日）

正木直連　まさきなおつれ
安土桃山時代の国衆。菊松。十郎・左近将監。頼忠の嫡男。北条氏に属した。
¶後北（直連〔正木〕　なおつれ）

正木彦五郎　まさきひこごろう
安土桃山時代の国衆。武蔵国滝山城主北条氏照に属した。
¶後北（彦五郎〔正木〕　ひこごろう）

正木弘信　まさきひろのぶ
江戸時代前期〜中期の幕臣。
¶徳人（㊓1647年　㊰1726年）

正木風状*　まさきふうじょう
正徳3（1713）年〜明和1（1764）年　㊚風状（ふうじょう）　江戸時代中期の俳人。
¶俳文（風状　ふうじょう　㊰明和1（1764）年8月27日）

正木文京*　まさきぶんきょう
生没年不詳　江戸時代中期〜後期の医師、陶工。
¶コン，美工

真崎宗翰* まさきむねふみ
*〜明治13(1880)年 江戸時代末期〜明治時代の出羽秋田藩士。
¶幕末([生]文政11(1828)年10月28日 [没]明治13(1880)年7月27日)

正木康恒 まさきやすつね
江戸時代中期の幕臣。
¶徳人([生]1710年 [没]1787年)

正清 まさきよ
⇒主水正正清(もんどのしょうまさきよ)

正木要蔵 まさきようぞう
江戸時代末期の新撰組隊士。
¶新隊(生没年不詳)

正木頼忠* まさきよりただ
?〜元和8(1622)年 安土桃山時代〜江戸時代前期の武士。里見氏家臣。
¶後北(頼忠〔正木〕 よりただ [没]元和8年8月19日)

正木林作* まさきりんさく
文政9(1826)年〜明治27(1894)年 江戸時代末期〜明治時代の実業家、米穀商頭取。養蚕伝習館の創設に尽力。
¶幕末([没]明治27(1894)年3月16日)

まさ子(1) まさこ★
江戸時代中期の女性。和歌。伏見稲荷祠官で歌人羽倉信名の娘。
¶江表(まさ子(京都府))

まさ子(2) まさこ★
江戸時代後期の女性。和歌。棚倉藩の奥女中。天保10年序、斎藤彦磨撰「春の明ほの」に載る。
¶江表(まさ子(福島県))

雅子(1) まさこ★
江戸時代中期の女性。和歌。桑田弥五右衛門房株の娘。明和5年刊、石野広通編『霞関集』に載る。
¶江表(雅子(東京都))

雅子(2) まさこ★
江戸時代中期の女性。書。讃岐高松藩主松平頼恭の娘。
¶江表(雅子(京都府) [生]延享4(1747)年 [没]明和6(1769)年)

雅子(3) まさこ★
江戸時代末期の女性。和歌。備後神辺宿の鈴木能登守秀満の妻。伊予で安政2年序、今治藩藩士半井梧庵編『鄙のてぶり』二に入集。
¶江表(雅子(広島県))

順子 まさこ
江戸時代中期〜後期の女性。和歌。伊勢津藩主藤堂高嶷の娘。
¶江表(順子(高知県) [生]安永3(1774)年 [没]文化14(1817)年)

昌子(1) まさこ★
江戸時代中期の女性。和歌。出雲広瀬の富田八幡宮神官田辺信節の娘。正徳1年跋、勝部芳房編『佐陀大社奉納神始言吹草』に載る。
¶江表(昌子(島根県))

昌子(2) まさこ★
江戸時代後期の女性。和歌。肥前五島藩主五島盛道の娘。享和3年入門として「加藤景範入門誓盟録附姓名録」に載る。
¶江表(昌子(東京都))

昌子(3) まさこ★
江戸時代末期の女性。和歌。摂津兵庫の酒造家京屋藤田氏の妻。
¶江表(昌子(兵庫県))

昌子(4) まさこ★
[別]貞鏡院(ていきょういん) 江戸時代末期〜明治時代の女性。和歌・押絵。丹波亀山藩主松平信豪の娘。井伊直弼の正室。
¶江表(昌子(滋賀県) [没]明治18(1885)年)

真佐子(1) まさこ★
江戸時代後期の女性。狂歌。松代の人。鹿都部真顔撰、『俳諧歌次郎万首かへりあるじ』に載る。
¶江表(真佐子(長野県))

真佐子(2) まさこ★
江戸時代後期〜昭和時代の女性。漢詩・和歌・教育。儒者中条侍郎の養女。
¶江表(真佐子(京都府) [生]天保11(1840)年 [没]昭和2(1927)年)

真佐子(3) まさこ★
江戸時代後期〜昭和時代の女性。教育・和歌・漢詩。京都の儒者宇田淵の娘。
¶江表(真佐子(愛媛県) [生]弘化1(1844)年 [没]昭和2(1927)年)

真砂子 まさこ★
江戸時代後期の女性。和歌。吉井藩藩士小林彦右衛門秀徹の妻。嘉永6年刊、橘守編『賀五十齢歌』に載る。
¶江表(真砂子(群馬県))

真子 まさこ
江戸時代後期の女性。和歌。駿河新通の田中宥作の妻。弘化3年跋、花野井有年編「蔵山集」に載る。
¶江表(真子(静岡県))

政子(1) まさこ★
江戸時代の女性。和歌。伊勢亀山の近藤氏。明治13年刊、佐々木弘綱編『明治開化和歌集』上に載る。
¶江表(政子(三重県))

政子(2) まさこ★
江戸時代後期〜明治時代の女性。和歌。幸手の回漕問屋田村清八の娘。
¶江表(政子(東京都) [生]寛政4(1792)年 [没]明治2(1869)年)

政子(3) まさこ★
江戸時代後期の女性。和歌。徳川家の奥女中。文化11年刊、中山忠雄・河田正致編『柿本社奉納和歌集』に載る。
¶江表(政子(東京都))

政子(4) まさこ★
江戸時代後期の女性。和歌。陸奥守山藩主松平侍従頼貞の娘。文政4年の「詩仙堂募集和歌」に載る。
¶江表(政子(東京都))

政子(5) まさこ★
江戸時代後期の女性。和歌。肥前唐津藩主で奏者番を務めた水野忠鼎の妹。文政4年の「詩仙堂募集和歌」に載る。
¶江表(政子(東京都))

政子(6) まさこ★
江戸時代後期の女性。和歌。上田氏。嘉永5年刊、

長沢伴雄編『類題鴨川四郎集』に載る。
¶江表（政子（和歌山県））

政子(7)　まさこ★
江戸時代後期の女性。和歌。因幡鳥取藩士河崎政信の母。弘化2年刊、加納諸平編『類題鰒玉集』五に載る。
¶江表（政子（鳥取県））

政子(8)　まさこ★
江戸時代後期の女性。和歌。備中足守藩藩士奥田氏の妻。文政6年、柿本人麻呂1100年忌に高津柿本神社の別当寺の真福寺に奉納された「柿葉集」に載る。
¶江表（政子（岡山県））

政子(9)　まさこ★
江戸時代後期の女性。狂歌。備前和気郡片上の潮光山氏。天保12年、江戸の狂歌師月下亭砧音高が片上に来遊した時、当地の二十余人が同師の指導を受けて詠んだ三百余首をまとめた「藻歌句聯の玉」に肖像画や数首が載る。
¶江表（政子（岡山県））

政子(10)　まさこ★
江戸時代後期の女性。和歌。備中都宇郡前潟村の尾池伊兵衛と松子の娘。嘉永3年刊、藤井尚澄編『類題吉備国歌集』に載る。
¶江表（政子（岡山県））

政子(11)　まさこ★
江戸時代後期～明治時代の女性。和歌。豊後杵築の歌人物集高世の後妻。
¶江表（政子（大分県）　[生]天保5（1834）年　[没]明治33（1900）年）

政子(12)　まさこ★
江戸時代後期～末期の女性。和歌。長門長府藩主毛利元義の娘。
¶江表（政子（兵庫県）　[生]文政2（1819）年　[没]安政6（1859）年）

政子(13)　まさこ★
江戸時代末期の女性。和歌。井上氏。安政3年序、井上文雄編『摘英集』に載る。
¶江表（政子（東京都））

政子(14)　まさこ★
江戸時代末期の女性。和歌。尾張沓掛の中野清風と種子の娘。安政6年序、村上忠順編『類題和歌玉藻集』初に載る。
¶江表（政子（愛知県））

政子(15)　まさこ★
江戸時代末期の女性。和歌。山県善右衛門の妻。安政4年刊、鈴木高鞆編『防府現存 佐渡のあら玉三十六歌仙』に載る。
¶江表（政子（山口県））

正子(1)　まさこ★
江戸時代の女性。和歌。摂津伊丹の小西氏。明治16年刊、中村良顕編『猪名野の摘草』に載る。
¶江表（正子（兵庫県））

正子(2)　まさこ★
江戸時代中期の女性。和歌。仙台藩主伊達宗村の室温子の侍女か。元文4年成立、畔充英写「宗村朝臣亭後寅和歌」に載る。
¶江表（正子（宮城県））

正子(3)　まさこ★
江戸時代中期の女性。和歌。尾張藩家老竹腰正武の妻。
¶江表（正子（愛知県）　[没]宝暦13（1763）年）

正子(4)　まさこ★
江戸時代後期の女性。歌人。
¶江表（正子（岩手県））

正子(5)　まさこ★
江戸時代後期の女性。和歌。讃岐大野原の平田氏の娘。
¶江表（正子（岡山県）　[没]文化9（1812）年）

正子(6)　まさこ★
江戸時代後期の女性。和歌。備中稲荷町の大久保元綱の妻。
¶江表（正子（岡山県）　[没]嘉永3（1850）年）

正子(7)　まさこ★
江戸時代後期の女性。和歌。小早川氏。嘉永3年刊、藤井尚澄編『類題吉備国歌集』に載る。
¶江表（正子（広島県））

正子(8)　まさこ★
江戸時代後期の女性。和歌。宇和島藩藩士中里内蔵之助の母。天保10年刊、小田郁子編『藤垣内翁略年譜』に付されている本居大平の門人録に名がみえる。
¶江表（正子（愛媛県））

正子(9)　まさこ★
江戸時代後期の女性。和歌。種崎の松田氏。嘉永1年成立、江戸の井上文雄・京都の大橋長広判「杉本清蔭年賀十八番歌合」に載る。
¶江表（正子（高知県））

正子(10)　まさこ★
江戸時代後期の女性。和歌。筑前永犬丸の医者野口玄栄の娘。「岡県集」に載る。
¶江表（正子（福岡県））

正子(11)　まさこ★
江戸時代末期～明治時代の女性。和歌。新庄氏。因幡高草郡松上村の鳥取藩士新貞老の妻。
¶江表（正子（鳥取県））

方子(1)　まさこ★
江戸時代の女性。和歌。伊勢山田の広辻氏。明治13年刊、佐々木弘綱編『明治開化和歌集』上に載る。
¶江表（方子（三重県））

方子(2)　まさこ
江戸時代後期の女性。和歌。飛鳥井氏。
¶江表（方子（京都府）　[没]天保10（1839）年）

万沙子　まさこ★
江戸時代末期の女性。狂歌。万延1年刊、二世絵馬屋撰『狂歌手習鑑』に載る。
¶江表（万沙子（東京都））

満佐子(1)　まさこ★
江戸時代中期の女性。和歌。陸奥守山藩主松平頼定の娘。元文5年刊、竺巌編『続泉山景境詩歌集』に載る。
¶江表（満佐子（新潟県））

満佐子(2)　まさこ★
江戸時代後期の女性。和歌。岩脇村の医師西岱助の妻。
¶江表（満佐子（徳島県）　[没]天保7（1836）年）

理子　まさこ
江戸時代末期～明治時代の女性。旅日記・和歌。

橋本実誠の娘。
¶江表(理子(茨城県) [没]明治6(1873)年)

箴子 まさこ
江戸時代後期の女性。和歌。朝廷蔵人方袖岡玄蕃助の母。嘉永3年刊、長沢伴雄編『類題鴨川次郎集』に載る。
¶江表(箴子(京都府))

真砂(1) まさご★
江戸時代中期の女性。俳諧。享保20年刊、深川の名主平野鶴歩編『鶴のあゆみ』に載る。
¶江表(真砂(東京都))

真砂(2) まさご★
江戸時代後期の女性。狂歌。文化12年刊、四方真顔撰『俳諧歌兄弟百首』に載る。
¶江表(真砂(長崎県))

真砂(3) まさご★
江戸時代末期の女性。日記。長門長州藩主毛利敬親の室妙好付の祐筆。文久3年2月9日から12月大晦日までのお側日記「真砂印溜り御日記」が残されている。
¶江表(真砂(山口県))

真砂庵道守 まさごあんみちもり
⇒古満寛哉(こまかんさい)

雅子女王 まさこじょおう
平安時代前期の女御か。
¶天皇(生没年不詳)

理子女王 まさこじょおう
⇒真宮理子(さなのみやさとこ)

栄子内親王* まさこないしんのう
寛文13(1673)年～延享3(1746)年 [別]栄子内親王(えいこないしんのう, ふさこないしんのう) 江戸時代中期の女性。霊元天皇の第3皇女。
¶江表(栄子内親王(京都府)), 天皇(えいこ・ふさこないしんのう [生]寛文13(1673)年8月23日 [没]延享3(1746)年3月23日)

雅子内親王 まさこないしんのう
⇒雅子内親王(がしないしんのう)

昌子内親王 まさこないしんのう
⇒昌子内親王(しょうしないしんのう)

真子内親王 まさこないしんのう
⇒真子内親王(しんしないしんのう)

正子内親王*(1) まさこないしんのう
大同4(809)年～元慶3(879)年 [別]正子内親王(しょうしないしんのう, せいしないしんのう) 平安時代前期の女性。淳和天皇の皇后。
¶古人([生]810年), 古代(せいしないしんのう [生]810年), コン, 女史(しょうしないしんのう [生]810年), 天皇([生]弘仁1(810)年 [没]元慶3(879)年3月23日)

正子内親王*(2) まさこないしんのう
寛徳2(1045)年～永久2(1114)年 [別]押小路斎院(おしこうじさいいん, おしのこうじのさいいん), 正子内親王(しょうしないしんのう, せいしないしんのう) 平安時代中期～後期の女性。斎院。後朱雀天皇の皇女。
¶古人, 天皇(せいし・まさこないしんのう [生]寛徳2(1045)年4月20日 [没]永久2(1114)年8月20日)

当子内親王 まさこないしんのう
⇒当子内親王(とうしないしんのう)

理子内親王* まさこないしんのう
天暦2(948)年～天徳4(960)年 [別]理子内親王(りしないしんのう) 平安時代中期の女性。村上天皇の皇女。
¶古人, 天皇(りしないしんのう・まさこないしんのう [没]天徳4(960)年4月21日)

昌貞の妻 まささだのつま★
江戸時代後期の女性。和歌。大村藩藩士昌貞の妻。文化11年刊、中山忠雄・河田正致編『柿本社奉納和歌集』に載る。
¶江表(昌貞の妻(長崎県))

昌貞の母 まささだのはは★
江戸時代後期の女性。和歌。大村藩藩士昌貞の母。文化11年刊、中山忠雄・河田正致編『柿本社奉納和歌集』に載る。
¶江表(昌貞の母(長崎県))

まさしい子 まさしいこ★
江戸時代末期の女性。和歌。徳島藩の奥女中。文久3年刊、関橋守編『耳順賀集』に載る。
¶江表(まさしい子(徳島県))

まさ女(1) まさじょ★
江戸時代後期の女性。俳諧。弘化1年、山口稲丸序、南原猪苗代町の米沢藩士であった吉田綱富の88歳の米寿に歌仙を巻いた時の記念句集に載る。
¶江表(まさ女(山形県))

まさ女(2) まさじょ★
江戸時代後期の女性。狂俳。尾張名古屋の人。文化13年刊、古巌斎余祥撰『奉納八橋山俳諧一軸』に載る。
¶江表(まさ女(愛知県))

まさ女(3) まさじょ★
江戸時代後期の女性。和歌。吉田の人。享和3年序、佐伯貞中八〇賀集「周桑歌人集」に載る。
¶江表(まさ女(愛媛県))

まさ女(4) まさじょ★
江戸時代末期の女性。俳諧。越後千手町の俳人造酒川尺舎の娘。
¶江表(まさ女(新潟県) [没]慶応2(1866)年)

真砂女 まさじょ★
江戸時代後期の女性。俳諧。棚倉の人。寛政5年序、同9年跋、下野黒羽の問津庵其流ほか編『茂々代草』に載る。
¶江表(真砂女(福島県))

政女(1) まさじょ★
江戸時代後期の女性。和歌。土崎湊町の升木五郎八の妻。文化15年序、秋田藩士山方泰通編「月花集」に載る。
¶江表(政女(秋田県))

政女(2) まさじょ★
江戸時代後期の女性。俳諧。土崎湊町の人。天保3年刊、三輪翠羽編の吉川五明30回忌追善集『小夜しぐれ』に載る。
¶江表(政女(秋田県))

政女(3) まさじょ★
江戸時代後期の女性。狂歌。大石田の人。文政期頃、四方歌垣真顔撰『俳諧歌次郎万首かへりあるじ』に載る。
¶江表(政女(山形県))

政女(4) まさじょ★
江戸時代後期の女性。俳諧。寛政4年刊、今日庵一峨編『蕉翁百回追遠集』に載る。
¶江表(政女(東京都))

政女(5) まさじょ★
江戸時代後期の女性。俳諧。大前の人。東水沼村の中心的俳人岡田亀山の俳人仲間。
¶江表(政女(栃木県))

政女(6) まさじょ★
江戸時代末期の女性。俳諧。越後大井平の保坂氏の後妻。安政5年刊、松岡茶山編『北越俳諧人銘録』に載る。
¶江表(政女(新潟県))

柾女 まさじょ★
江戸時代末期の女性。俳諧。会津若松城下小田町の深田伴蔵の妻。安政3年刊、遠藤香村撰『会津俳諧六々仙』に載る。
¶江表(柾女(福島県))

昌田 まさだ
戦国時代の人。武田氏当主の側近とみられるが不明。
¶武田(生没年不詳)

雅尊親王*　まさたかしんのう
建長6(1254)年～康元1(1256)年　鎌倉時代前期の後嵯峨天皇の皇子。
¶天皇([生]?)

昌隆親王 まさたかしんのう
⇒道尊法親王(どうそんほうしんのう)

昌次の母 まさつぐのはは★
江戸時代末期の女性。和歌。維新期の史家安倍親任著「筆濃余理付録 雑記五」に載る。
¶江表(昌次の母(山形県))

正恒*(1) まさつね
生没年不詳　平安時代後期の備前の刀工。5口が国宝指定。
¶古人,美工

正恒*(2) まさつね
生没年不詳　平安時代後期の備中の青江派の刀工。
¶美工

正恒の母 まさつねのはは★
江戸時代末期の女性。和歌。正恒の姓は不明だが、多度津藩藩士か。
¶江表(正恒の母(香川県))

正歳の妻 まさとしのつま★
江戸時代後期の女性。俳諧。河内の人。天保3年序、守村鶯卿編『女百人一句』に載る。
¶江表(正歳の妻(大阪府))

正利の妻 まさとしのつま★
江戸時代後期の女性。俳諧。神尾氏。天保3年刊、守村鶯卿編『女百人一句』に載る。
¶江表(正利の妻(熊本県))

正友* まさとも
慶長2(1597)年～延宝4(1676)年　[別]杉木正友(すぎきまさとも),正友(せいゆう)　安土桃山時代～江戸時代前期の俳人。
¶俳文([没]延宝4(1676)年7月4日)

雅朝王* まさともおう
弘治1(1555)年1月17日～寛永8(1631)年1月23日　[別]白川雅朝(しらかわまさとも),白川雅朝王(しらかわまさともおう)　安土桃山時代～江戸時代前期の公卿(参議)。内大臣中院通為の次男。
¶公卿(白川雅朝王　しらかわまさともおう),公家(雅朝王〔白川家〕　[生]天文24(1555)年1月17日)

雅業王* まさなりおう
長享2(1488)年～永禄3(1560)年　[別]白川雅業(しらかわまさなり),白川雅業王(しらかわまさなりおう)　戦国時代の神祇伯。非参議・神祇伯白川資氏王の子。
¶公卿(白川雅業王　しらかわまさなりおう　[没]永禄3(1560)年9月12日),公家(雅業王〔白川家〕　[没]永禄3(1560)年9月12日)

雅成親王* まさなりしんのう
正治2(1200)年～建長7(1255)年　[別]但馬宮(たじまのみや),六条宮(ろくじょうのみや)　鎌倉時代前期の後鳥羽天皇の皇子。
¶天皇([生]正治2(1200)年9月11日　[没]建長7(1255)年2月10日)

政宣 まさのぶ
⇒明智政宣(あけちまさのぶ)

正式 まさのり
⇒池田正式(いけだまさのり)

政春 まさはる
⇒湯川政春(ゆかわまさはる)

正立 まさはる
⇒北村正立(きたむらせいりゅう)

正治の娘 まさはるのむすめ★
江戸時代前期の女性。俳諧。杉田氏。延宝6年頃刊、松風軒卜琴撰『越路草』二に載る。
¶江表(正治の娘(福井県))

正秀* まさひで
明暦3(1657)年～享保8(1723)年　[別]水田正秀(みずたまさひで)　江戸時代中期の俳人。
¶コン(水田正秀　みずたまさひで),俳文([没]享保8(1723)年8月3日)

雅仁親王 まさひとしんのう
⇒後白河天皇(ごしらかわてんのう)

雅姫 まさひめ★
江戸時代中期～後期の女性。書簡。水戸藩主徳川治保の二女。
¶江表(雅姫(福島県)　[生]安永2(1773)年　[没]天保10(1839)年)

昌平親王* まさひらしんのう
天暦10(956)年～応和1(961)年　平安時代中期の村上天皇の皇子。
¶古人,天皇([生]天暦10(956)年6月19日　[没]応和1(961)年8月23日)

政弘(正弘) まさひろ
⇒大内政弘(おおうちまさひろ)

昌房* まさふさ
*～享保15(1730)年　江戸時代中期の俳人。
¶俳文([生]?　[没]享保16(1731)年2月25日)

正房の妻 まさふさのつま★
江戸時代後期の女性。俳諧。紀伊郡伏見の人。天保3年刊、守村鶯卿編『女百人一句』に載る。

¶江表（正房の妻（京都府））

正躬王* まさみおう

延暦18（799）年～貞観5（863）年　平安時代前期の公卿（参議）。桓武天皇の孫。

¶公卿（[没]貞観5（863）年5月1日），古人，古代

正躬王女 まさみおうのむすめ

平安時代前期の女性。女御か。光孝天皇の宮人。

¶天皇（生没年不詳）

正道王* まさみちおう

弘仁13（822）年～承和8（841）年　平安時代前期の三品中務卿恒世親王の一男。

¶古人

政宗 まさむね

⇒伊達政宗（だてまさむね）

正宗* まさむね

生没年不詳　[別]岡崎正宗（おかざきまさむね），五郎正宗（ごろうまさむね），相州正宗（そうしゅうまさむね）　鎌倉時代後期～南北朝時代の相模国鎌倉の刀工。

¶コン，中世，美工（[生]文永1（1264）年　[没]興国5/康永3（1344）年），山小

雅望王* まさもちおう

生没年不詳　平安時代前期の仁明天皇の皇孫。

¶古人，古代

政元 まさもと

⇒細川政元（ほそかわまさもと）

正盛 まさもり

⇒池田正盛（いけだまさもり）

正盛の娘 まさもりのむすめ★

江戸時代前期の女性。俳諧。今井の人。寛文10年刊、岡村正辰編『大和順礼』に載る。

¶江表（正盛の娘（奈良県））

まさ山 まさやま★

江戸時代中期の女性。俳諧。大坂の人。元禄12年刊、十方奤天垂編『男風流』に載る。

¶江表（まさ山（大阪府））

正行王* まさゆきおう

弘仁7（816）年～天安2（858）年　平安時代前期の桓武天皇の皇孫。

¶古人，古代

勝子内親王 まさるこないしんのう

⇒勝子内親王（しょうしないしんのう）

まし子 ましこ★

江戸時代後期の女性。和歌。奥女中か。文化12年の土佐藩主山内豊興七回忌に詠んだ和歌が明治に入って旧土佐藩士松野尾章行が編集した「皆山集」に載る。

¶江表（まし子（高知県））

末之子 ましこ

江戸時代後期の女性。和歌。常陸鹿島神宮大宮司鹿島則瓊の妻。天保12年成立、徳川斉昭撰「弘道館梅花詩歌」に載る。

¶江表（末之子（茨城県））

増子金八* ましこきんぱち

文政6（1823）年～明治14（1881）年　江戸時代末期～明治時代の浪人。桜田門外において同志と共に大老井伊直弼を襲撃し、水戸藩領内石塚に潜伏。

¶全幕，幕末（[没]明治14（1881）年10月12日）

益子高定 ましこたかさだ

⇒芳賀高定（はがたかさだ）

まし女 ましじょ★

江戸時代後期の女性。和歌・俳諧・散文・旅日記・画・折紙。越後東堀通の蔵宿業松木久右衛門義勝の母。

¶江表（まし女（新潟県）　[生]寛政12（1800）年　[没]嘉永4（1851）年）

摩志田好阿（摩志田好話）　ましだこうあ

⇒静観房好阿（じょうかんぼうこうあ）

摩志田好話 ましだこうわ

⇒静観房好阿（じょうかんぼうこうあ）

増田助大夫 ましたすけだゆう

江戸時代前期の武士。大坂の陣で籠城。後、酒井忠勝に出仕。

¶大坂

益田永武* ましだながたけ

嘉永3（1850）年～明治36（1903）年　江戸時代末期～明治時代の人。自助社結成に加わる。

¶幕末

増田長盛* ましたながもり，ましだながもり

天文14（1545）年～元和1（1615）年　[別]増田長盛（ますだながもり）　安土桃山時代～江戸時代前期の武将、大名。秀吉の側近として実務を担当。関ヶ原の戦いでは西軍につき、高野山に追放された。

¶コン，全戦，戦武（[没]慶長20（1615）年），対外，中世，山小（[没]1615年5月27日）

真舌媛* ましたひめ

上代の十市県主らが祖の女。

¶古代

増田兵大夫盛次 ましたひょうだゆうもりつぐ

⇒増田盛次（ましたもりつぐ）

増田盛次* ましたもりつぐ

？～元和1（1615）年　[別]増田兵大夫盛次（ましたひょうだゆうもりつぐ），増田盛次（ますだもりつぐ）　安土桃山時代～江戸時代前期の武士。豊臣氏家臣。

¶大坂（増田兵大夫盛次　ましたひょうだゆうもりつぐ　[没]慶長20年5月6日）

増野徳民* ましのとくみん

＊～明治10（1877）年　江戸時代末期～明治時代の志士、医師。吉田松陰門下生。尊皇攘夷運動家。維新後は郷里で医師となる。

¶幕末（[生]天保12（1842）年11月21日　[没]明治10（1877）年5月20日）

馬島円如*（馬嶋円如）　まじまえんにょ

享和2（1802）年～安政2（1855）年　江戸時代末期の眼科医。

¶眼医（馬嶋円如）

馬島健吉* まじまけんきち

天保13（1842）年10月～明治43（1910）年6月22日　江戸時代末期～明治時代の医師。北陸三県医学の最高峰と称される。

¶科学

真嶋秀碩 まじましゅうせき

江戸時代末期～大正時代の医師。

¶眼医（真嶋秀碩（俊郁）　まじましゅうせき（としふみ）

[生]? [没]大正6(1917)年)

馬島春海* まじましゅんかい
天保12(1841)年～明治38(1905)年 江戸時代末期～明治時代の漢学者。騎兵隊書記を経て、萩に帰り、漢学塾晩成堂を開く。
¶幕末([生]天保12(1841)年閏1月20日 [没]明治38(1905)年11月16日)

摩島松南* ましましょうなん，まじましょうなん
寛政3(1791)年～天保10(1839)年 江戸時代後期の儒者。
¶詩作(まじましょうなん [生]寛政3(1791)年3月11日 [没]天保10(1839)年4月29日(5月18日))

馬島瑞園* まじまずいえん
文政8(1825)年～大正9(1920)年 江戸時代末期～大正時代の官吏、鑑定師。大蔵省辞職後、書画古銭の鑑定売買を生業とした。著書に「絵銭譜」。
¶幕末([没]大正9(1920)年1月5日)

馬島瑞謙* まじまずいけん
文化9(1812)年～安政6(1859)年 江戸時代末期の馬島瑞延の長男。
¶幕末([没]安政6(1859)年8月6日)

馬島清眼*(馬嶋清眼) まじませいがん
？～天授5/康暦1(1379)年 [別]清眼(せいがん)，清眼僧都(せいがんそうづ)，馬嶋清眼(まじませいげん) 南北朝時代の僧医。わが国眼科医の草分け。
¶眼医(馬嶋清眼 [没]康暦1(1379)年)

馬嶋清眼 まじませいげん
⇒馬島清眼(まじませいがん)

馬島春英 ましまときてる
江戸時代中期の幕臣。
¶徳人([生]1771年 [没]?)

真島利民 まじまとしたみ
江戸時代後期～明治時代の眼科医。
¶眼医([生]天保11(1840)年 [没]明治19(1886)年)

馬島穀生* まじまとしなり
文化8(1811)年～明治1(1868)年 江戸時代末期の眼科医。
¶幕末([没]慶応4(1868)年4月3日)

馬島楳仙 まじまばいせん
眼科医。
¶眼医(生没年不詳)

馬島文信 まじまふみのぶ
眼科医。
¶眼医(生没年不詳)

間島冬道* まじまふゆみち
文政10(1827)年～明治23(1890)年 江戸時代末期～明治時代の尾張藩士、歌人。藩主徳川慶勝を助け、国事に奔走。明治六歌仙の一人。
¶幕末([生]文政10(1827)年10月8日 [没]明治23(1890)年9月29日)

真嶋文岱 まじまぶんたい
江戸時代後期～末期の眼科医。
¶眼医(生没年不詳)

馬島甫仙* まじまほせん
弘化1(1844)年～* 江戸時代末期～明治時代の奇兵隊士。
¶幕末([生]天保15(1844)年11月9日 [没]明治4(1871)年12月1日)

馬島譲 まじまゆずる
江戸時代後期～明治時代の医師、官立札幌病院院長。
¶科学([生]天保9(1838)年2月 [没]明治35(1902)年)

馬嶋柳庵 まじまりゅうあん
江戸時代中期の眼科医。
¶眼医(生没年不詳)

馬島柳一郎 まじまりゅういちろう
江戸時代後期～明治時代の眼科医。
¶眼医([生]文政8(1825)年 [没]明治37(1904)年)

真清水蔵六〔1代〕* ましみずぞうろく
文政5(1822)年～明治10(1877)年 江戸時代末期～明治時代の陶工。千宗室に茶道を学び、青磁、染付に長じた。
¶コン，美工([没]明治10(1877)年6月12日)

真下但馬守 ましもたじまのかみ
安土桃山時代の上野国衆藤田信吉の家臣。
¶武田(生没年不詳)

真下晩菘* ましもばんすう
寛政11(1799)年～明治8(1875)年10月17日 江戸時代末期～明治時代の幕臣、御留守居支配。蕃書調所調役、陸軍奉行などに累進。維新後は私塾を開く。
¶幕末

真下満広* ましもみつひろ
*～長禄2(1458)年 [別]満広(みつひろ) 室町時代の武士、連歌師。
¶俳文(満広 みつひろ 生没年不詳)

増山雪斎 ましやませっさい
⇒増山雪斎(ますやませっさい)

増山正賢 ましやままさかた
⇒増山雪斎(ますやませっさい)

増山正利* ましやままさとし
元和9(1623)年～寛文2(1662)年 [別]増山正利(ますやままさとし) 江戸時代前期の大名。三河西尾藩主。
¶徳人

増山正修* ましやままさなお
*～明治2(1869)年 江戸時代末期の大名。伊勢長島藩主。
¶幕末([生]文政2(1820)年12月7日 [没]明治2(1869)年1月18日)

増山正弥 ましやままさみつ
⇒増山正弥(ますやままさみつ)

猿の文吉 ましらのぶんきち
江戸時代末期の目明し。安政の大獄で、尊王攘夷派の摘発に活躍。
¶全幕([生]? [没]文久2(1862)年)

ます(1)
江戸時代後期の女性。和歌。伊豆守木村の鈴木松兵衛秀世の妻。天保12年刊、竹村茂雄編『門田の抜穂』に載る。
¶江表(ます(静岡県))

ます(2)
江戸時代後期の女性。俳諧。長門長府の人。文政6年、田上菊舎71歳の長府での俳諧記録「星の硯 中」に載る。
¶江表(ます(山口県))

ま

ます

ます(3)
江戸時代後期の女性。和歌。郷平右衛門の母。文化11年刊、中山忠雄・河田正致編『柿本社奉納和歌集』に載る。
¶江表（ます(高知県)）

ます(4)
江戸時代後期の女性。俳諧。対馬の人。文政12年刊、曙堂の遺稿・追善集『散さくら』に載る。
¶江表（ます(長崎県)）

ます(5)
江戸時代末期の女性。教育。松前藩藩士横井氏の家族。文久2年〜明治1年まで6年間、読み書きを教えた。
¶江表（ます(北海道)）

ます(6)
江戸時代後期の女性。教育。医師松村閣晴の娘。
¶江表（ます(東京都)） ⑰安政2(1855)年頃）

ま

マス
江戸時代末期の女性。教育。覚法寺徹英の妻。片諏訪村で元治1年寺子屋を開業する。
¶江表（マス(熊本県)）

升(1)　ます*
江戸時代中期の女性。俳諧。加賀大聖寺の人。安永6年刊、堀麦水編『新虚栗』に載る。
¶江表（升(石川県)）

升(2)　ます*
江戸時代後期〜大正時代の女性。日記・和歌。越後糸魚川藩の侍医石川有節の娘。
¶江表（升(島根県)）　㋐天保12(1841)年　㋑大正10(1921)年

長　ます
江戸時代後期の女性。和歌。美濃高富藩主本庄道貫の娘。天保9年刊、海野遊翁編『類題現存歌選』二に載る。
¶江表（長(新潟県)）

万須　ます*
江戸時代後期の女性。和歌。白河藩主松平定信家の奥女中。
¶江表（万須(福島県)）

満寿(1)　ます*
江戸時代後期の女性。教育。花輪氏。
¶江表（満寿(東京都)） ⑰文化13(1816)年頃）

満寿(2)　ます*
江戸時代後期の女性。教育。刀根立石の妻。
¶江表（満寿(東京都)） ⑰天保4(1833)年頃）

満寿(3)　ます*
江戸時代後期の女性。俳諧。常陸潮来の俳人孤米の娘。
¶江表（満寿(茨城県)）

満寿(4)　ます*
江戸時代末期の女性。俳諧。越前大跡部の人。慶応2年刊、皎月舎其睡撰『硯の筐』に載る。
¶江表（満寿(福井県)）

真酔　ますい
江戸時代中期〜後期の戯作者・俳諧作者・雑俳点者。
¶俳文　⑰安永3(1774)年　㋑弘化3(1846)年11月27日）

増井熊太*　ますいくまた
天保14(1843)年〜元治1(1864)年　江戸時代末期の因幡鳥取藩士。
¶全幕

増位山大四郎　ますいざんだいしろう
⇒境川浪右衛門（さかいがわなみえもん）

増井清蔵*　ますいせいぞう
文化2(1805)年〜明治14(1881)年　江戸時代末期〜明治時代の新田方手伝。
¶幕末

増井弥五左衛門　ますいやござえもん
江戸時代前期〜中期の代官。
¶徳代（㋐天和2(1682)年　㋑享保15(1730)年1月）

ますえ
江戸時代後期の女性。和歌。多田長門守の妻。弘化4年刊、清堂観尊編『たち花の香』に載る。
¶江表（ますえ(奈良県)）

増江*　ますえ
生没年不詳　江戸時代後期の女性。陸奥弘前藩主津軽信順の側室。
¶江表（増衛(青森県)）

増尾女　ますおじょ*
江戸時代末期の女性。和歌。仙台藩士蜂屋六兵衛の孫。慶応2年序、仙台藩主伊達慶邦撰、日野資始編『宮城百人一首』に載る。
¶江表（増尾女(宮城県)）

増尾良恭　ますおよしやす
江戸時代中期〜後期の和算家。上州緑野郡木部の人。
¶数学（㋐天明1(1781)年　㋑文政3(1820)年）

ます子(1)　ますこ*
江戸時代末期の女性。和歌。越前丸岡藩主有馬誉純の継室。安政7年跋、蜂屋光世編『大江戸倭歌集』に載る。
¶江表（ます子(福井県)）

ます子(2)　ますこ*
江戸時代末期の女性。和歌。石見浜田藩の奥女中。安政3年序、井上文雄編『摘英集』に載る。
¶江表（ます子(島根県)）

益子(1)　ますこ*
江戸時代中期の女性。散文・和歌。賀茂真淵門。明和2年春、徳川宗睦邸での文会の記録「うめあわせ」に載る。
¶江表（益子(東京都)）

益子(2)　ますこ*
江戸時代後期〜明治時代の女性。書・画・漢詩。木下一普の娘。
¶江表（益子(佐賀県)）　㋐文政5(1822)年　㋑明治8(1875)年

増子(1)　ますこ*
江戸時代中期の女性。俳諧。尾張名古屋の藤乃の妻。寛延2年序、馬州編、蕉門の沢露川七回忌追善集『和須連寿』に載る。
¶江表（増子(愛知県)）

増子(2)　ますこ*
江戸時代後期の女性。和歌。幕臣近藤淡路守の家臣島岡権六の妻。嘉永4年刊、堀尾光久編『近世名所歌集』初に載る。

¶江表(増子(東京都))

増子(3)　ますこ*

江戸時代後期〜大正時代の女性。和歌・書簡。太政大臣岩倉具視の娘。

¶江表(増子(京都府)　[生]嘉永2(1849)年　[没]大正13(1924)年)

増子(4)　ますこ*

江戸時代末期の女性。和歌。山田氏。安政7年跋、蜂屋光世編『大江戸倭歌集』に載る。

¶江表(増子(東京都))

増子(5)　ますこ*

江戸時代末期の女性。和歌。今治藩藩士木村作左衛門の妻。安政1年序、半井梧庵編『鄙のてぶり』初に載る。

¶江表(増子(愛媛県))

増子(6)　ますこ*

江戸時代末期の女性。和歌。筑後本柳小路の柳川藩士で同藩文武館教授寮頭、のち、助教兼寺社方安武厳丸の妻。文久2年刊、夫厳丸編『柳河百家集』に載る。

¶江表(増子(福岡県))

補子　ますこ

江戸時代中期〜明治時代の女性。和歌。大納言烏丸光祖の二男資補の娘。

¶江表(補子(茨城県)　[生]天明2(1782)年　[没]明治8(1875)年)

鱒子　ますこ*

江戸時代の女性。和歌。三河新堀の豪商深見友三郎篤慶と年之の娘。明治2年刊、村上忠順編『類題嵯峨野歌集』に載る。

¶江表(鱒子(愛知県))

満寿子(1)　ますこ*

江戸時代後期〜明治時代の女性。教育・書簡・和歌・紀行文。連雀の商家坂本茂介の娘。

¶江表(満寿子(山梨県)　[生]文政6(1823)年　[没]明治34(1901)年)

満寿子(2)　ますこ*

江戸時代末期の女性。和歌。島田氏。文久2年刊、飯塚久敏編『玉籠集』に載る。

¶江表(満寿子(東京都))

満春子　ますこ*

江戸時代末期の女性。和歌。豊後日出藩藩医小田魯庵の娘。万延1年序、物集高世編『類題春草集』二に載る。

¶江表(満春子(大分県))

益戸滄洲*　ますこそうしゅう

享保11(1726)年〜安永6(1777)年　[別]沙鷗(さおう),益戸滄洲(ますどそうしゅう),益戸巴丁(ますどはちょう)　江戸時代中期の出羽秋田藩用人。

¶俳文(沙鷗　さおう　[生]享保11(1726)年2月26日　[没]安永6(1777)年7月29日)

益子内親王*　ますこないしんのう

寛文9(1669)年〜元文3(1738)年　[別]益子内親王(えきしないしんのう)　江戸時代中期の女性。後西天皇の第10皇女。

¶江表(益子内親王(京都府)),天皇(えきしないしんのう　[生]寛文9(1669)年5月18日　[没]元文3(1738)年1月4日)

増子安賢　ますこやすかた

江戸時代後期の和算家。奥州山田村の人。天保11年算額を奉納。

¶数学

増島重国　ますじまじゅうこく

安土桃山時代〜江戸時代前期の代官。

¶徳代(生没年不詳)

ます女(1)　ますじょ*

江戸時代中期〜後期の女性。狂歌。豊後日田の人。

¶江表(ます女(大分県))

ます女(2)　ますじょ*

江戸時代後期の女性。俳諧。石川の人。文政期刊、白川芝山編『青嵐帖』に載る。

¶江表(ます女(福島県))

ます女(3)　ますじょ*

江戸時代後期の女性。俳諧。越後寺泊の人。寛政2年跋、根津桃路編、芭蕉翁一〇〇回忌追善集『華鳥風月集』に載る。

¶江表(ます女(新潟県))

升女(1)　ますじょ*

江戸時代後期の女性。俳諧。箱館の人。文化8年刊、松窓乙二編『斧の柄』に載る。

¶江表(升女(北海道))

升女(2)　ますじょ*

江戸時代後期の女性。狂歌。間々田の人。天保6年刊、檜園梅明撰『狂歌檜垣三玉集』に載る。

¶江表(升女(栃木県))

升女(3)　ますじょ*

江戸時代後期の女性。俳諧。正木屋吉五郎の妻。嘉永6年刊、麓庵呉江編『画像篶風集』前に載る。

¶江表(升女(長野県))

升女(4)　ますじょ*

江戸時代末期の女性。和歌。前田氏。安政7年跋、蜂屋光世編『大江戸倭歌集』に載る。

¶江表(升女(東京都))

升女(5)　ますじょ*

江戸時代末期の女性。和歌。豊後府内藩藩医守田高庵の妻。文久2年刊、西田惟恒編『文久二年八百首』に載る。

¶江表(升女(大分県))

増女　ますじょ*

江戸時代後期の女性。和歌。菅沼大蔵家の奥女中。文化11年刊、中山忠雄・河田正致編『柿本社奉納和歌集』に載る。

¶江表(増女(東京都))

万寿女(1)　ますじょ*

江戸時代後期の女性。和歌。幕臣、書院番頭八木丹波守補矩の妻。文政4年の「詩仙堂募集和歌」に載る。

¶江表(万寿女(東京都))

万寿女(2)　ますじょ*

江戸時代後期の女性。俳諧。安芸広島藩士三宅養春と春登の母。天保12年刊、小野基圀編『海内偉帖人名録』に名が載る。

¶江表(万寿女(広島県))

満寿女　ますじょ*

江戸時代後期の女性。和歌。吉田の人。享和3年序、佐伯貞中八〇賀集「周桑歌人集」に載る。

¶江表(満寿女(愛媛県))

ま

満須女　ますじょ*
江戸時代末期の女性。和歌。三河額田郡舞木の山中八幡宮神職竹尾上総正寛の妻。慶応2年刊、竹尾正久編『類題三河歌集』に載る。
¶江表（満須女（愛知県））

益頭峻南　ますずしゅんなん
嘉永4（1851）年〜大正5（1916）年4月2日　㉑益頭峻南（ましずしゅんなん）　江戸時代後期〜大正時代の画家、幕臣。益頭駿太郎の長男。陸軍兵営寮通訳官、仙台陸軍地方幼年学校教官ののち、野口幽谷のもとで南画を学ぶ。
¶幕末（ましずしゅんなん）　㋒嘉永4（1851）年2月11日，美画（㋒嘉永4（1851）年2月12日）

益田　ますだ*
江戸時代後期の女性。和歌。盛岡藩の奥女中。
¶江表（益田（岩手県））

益田右衛門介　ますだうえもんすけ
⇒益田右衛門介（ますだうえもんのすけ）

益田右衛門介*　ますだうえもんのすけ
天保4（1833）年〜元治1（1864）年　㉑益田右衛門介（ますだうえもんすけ，ますだえもんのすけ）　江戸時代末期の長州（萩）藩家老。尊攘の藩是決定に参画。
¶コン，全幕，幕末（㋒天保4（1833）年9月2日　㋸元治1（1864）年11月11日）

益田右衛門介　ますだえもんのすけ
⇒益田右衛門介（ますだうえもんのすけ）

増田岳陽*　ますだがくよう
文政8（1825）年〜明治32（1899）年　江戸時代末期〜明治時代の武士、家老。史学、武道に優れ、藩校日知館の教授を経て家老となる。廃藩後、高等師範学校教授。
¶幕末

増田数延　ますだかずのぶ
江戸時代後期の和算家。
¶数学

益田克徳　ますだかつのり
江戸時代後期〜明治時代の実業家。
¶幕末（㋒嘉永5（1852）年1月5日　㋸明治36（1903）4月8日）

益田兼理　ますだかねこと
室町時代の武将。兼世の嫡孫。
¶室町（㋒?　㋸永享3（1431）年）

益田兼高*　ますだかねたか
生没年不詳　㉑藤原兼高（ふじわらのかねたか），益田兼高（ますだのかねたか）　平安時代後期〜鎌倉時代前期の武将。
¶古人（藤原兼高　ふじわらのかねたか），古人（ますだのかねたか）

益田兼堯*　ますだかねたか
?〜文明17（1485）年　室町時代〜戦国時代の武将。応仁の乱で東軍に属する。
¶コン，室町

益田兼世*　ますだかねよ
?〜応永14（1407）年　南北朝時代〜室町時代の武将。
¶室町

増田喜平　ますだきへい
江戸時代後期の眼科医。
¶眼医（生没年不詳）

益田勤斎*　ますだきんさい
明和1（1764）年〜天保4（1833）年　江戸時代中期〜天保時代の篆刻家。
¶コン

増田景瑞　ますだけいずい
生没年不詳　江戸時代末期の幕臣。
¶徳人，徳代

益田元祥　ますだげんしょう
⇒益田元祥（ますだもとよし）

益田貞兼*　ますださだかね
?〜大永6（1526）年　戦国時代の地方豪族・土豪。
¶室町

増田賛*　ますださん
天保10（1839）年〜明治35（1902）年　江戸時代末期〜明治時代の官吏、宮城県判事。世道人心の救済のための修身学社を創立。栃木・広島各県の判事を歴任。
¶幕末（㋸明治35（1902）年5月1日）

増田将監*　ますだしょうげん
生没年不詳　戦国時代の武士。北条氏家臣、小机衆。
¶後北（将監〔増田〕　しょうげん）

益田四郎時貞　ますだしろうときさだ
⇒益田時貞（ますだときさだ）

桝田新蔵*　ますだしんぞう
文化14（1817）年〜明治37（1904）年　江戸時代末期〜明治時代の庄屋。砂丘の中で開拓出来る土地を調査し、開拓に成功、西新田場村を誕生させた。
¶幕末（㋸明治37（1904）年10月14日）

益田甚兵衛　ますだじんひょうえ
⇒益田好次（ますだよしつぐ）

増田宋五郎*　ますだそうたろう
嘉永2（1849）年〜明治10（1877）年9月3日　江戸時代末期〜明治時代の武士、士族。
¶幕末

益田孝*　ますだたかし
嘉永1（1848）年〜昭和13（1938）年12月28日　㉑益田鈍翁（ますだどんおう）　江戸時代末期〜明治時代の実業家、三井物産社長、三井合名理事長。三井財閥創業者の大番頭で商業教育にも尽力。美術品収集家としても著名。
¶コン，幕末（㋒嘉永1（1848）年10月17日）

益田親祥*　ますだちかよし
天保13（1842）年〜明治19（1886）年　江戸時代末期〜明治時代の萩藩士、家老。干城隊総督、加判役をつとめた。
¶幕末（㋒天保13（1842）年4月26日　㋸明治19（1886）年10月26日）

益田時貞*　ますだときさだ
*〜寛永15（1638）年　㉑天草四郎（あまくさしろう），天草四郎時貞（あまくさしろうときさだ），天草時貞（あまくさときさだ），ジェロニモ，益田四郎時貞（ますだしろうときさだ）　江戸時代前期の島原・天草一揆の指導者。
¶江人（天草四郎　あまくさしろう）　㋒1623・24年），コ

ン（㉖元和7（1621）年），思想（天草四郎　あまくさしろ
う　㉖元和8（1622）年？），戦武（天草四郎　あまくさ
しろう　㉖元和9（1623）年？），対外（㉖？），山小
（㉖1623？　㉖1638年2月28日）

益田鈍翁　ますだどんおう
　⇒益田孝（ますだたかし）

増田永政　ますながまさ
　江戸時代中期の代官。
　¶徳代（㉖？　㉖寛保3（1743）年5月）

増田長盛　ますながもり
　⇒増田長盛（ましたながもり）

益田縄手　ますなわて
　⇒益田縄手（ますだのなわて）

益谷末寿　ますたにすえほぎ
　⇒荒木田末寿（あらきだすえほぎ）

益田直金鐘　ますだのあたいこんしょう
　⇒金鐘（こんしゅ）

益田兼高　ますだのかねたか
　⇒益田兼高（ますだかねたか）

益田金鐘　ますだのこんしょう
　⇒金鐘（こんしゅ）

益田縄手*　ますだのなわて
　生没年不詳　㊙益田縄手（ますだなわて），益田連
縄手（ますだのむらじなわて）　奈良時代の大工。
東大寺「造大殿所」の統率者。
　¶古人，古代（益田連縄手　ますだのむらじなわて），美建

益田連縄手　ますだのむらじなわて
　⇒益田縄手（ますだのなわて）

益田藤兼*　ますだふじかね
　？〜慶長1（1596）年　戦国時代〜安土桃山時代の
武士。
　¶全戦（㉖享禄2（1529）年），戦武（㉖享禄2（1529）年）

増田平四郎*　ますだへいしろう
　文化4（1807）年〜明治25（1892）年　江戸時代末期
〜明治時代の人。浮島沼の新田開発に尽力。
　¶コン（㉖文化4（1809）年），幕末

益田正親　ますだまさちか
　戦国時代〜江戸時代前期の黒田氏の家臣。
　¶全戦（㉖天文11（1542）年　㉖慶長16（1611）年）

増田宗介*　ますだむねすけ
　生没年不詳　鎌倉時代前期の甲冑工。
　¶美工

益田元祥（増田元祥）　ますだもとなが
　⇒益田元祥（ますだもとよし）

益田元祥*　ますだもとよし
　永禄1（1558）年〜寛永17（1640）年　㊙益田元祥
（ますだげんしょう），増田元祥（ますだもとなが）
　安土桃山時代〜江戸時代前期
の長州（萩）藩永代家老。先収貢祖返還の方途の立
案者。
　¶戦武（ますだもとなが）

増田盛次　ますだもりつぐ
　⇒増田盛次（ましたもりつぐ）

益田好次*　ますだよしつぐ
　？〜寛永15（1638）年　㊙益田甚兵衛（ますだじん

ひょうえ）　江戸時代前期の島原・天草一揆の指導
者。益田時貞の父。

増田与兵衛*　ますだよへえ
　？〜天和2（1682）年　江戸時代前期の信濃小県郡上
田藩領入奈良本村の義民。
　¶コン

増田頼興　ますだらいこう
　江戸時代後期の幕臣、代官、勘定吟味役。
　¶徳人（生没年不詳），徳代（㉖寛政12（1800）年　㉖？）

益戸滄洲　ますどそうしゅう
　⇒益戸滄洲（ますこそうしゅう）

益戸巴丁　ますどはちょう
　⇒益戸滄洲（ますこそうしゅう）

益富又左衛門〔1代〕*　ますとみまたざえもん
　？〜寛延2（1749）年　江戸時代中期の肥前生月島の
捕鯨家。
　¶コン（代数なし）

増永三左衛門*　ますながさんざえもん
　享和3（1803）年〜慶応3（1867）年8月25日　江戸時
代末期の砲術家、肥後熊本藩郷士。
　¶幕末（㉖慶応3（1867）年7月26日）

増穂残口*　ますほざんこう
　明暦1（1655）年〜寛保2（1742）年　増穂残口（ま
すほのこぐち）　江戸時代前期〜中期の神道家。
「異理和理合鏡」「神路手引草」などを刊行。
　¶コン，思想，女史

ます保女　ますほじょ*
　江戸時代後期の女性。俳諧。飛驒高山の郡代大井
永昌の娘。
　¶江表（ます保女（岐阜県）　㉖天保14（1843）年）

増穂残口　ますほのこぐち
　⇒増穂残口（ますほざんこう）

真寿三*　ますみ
　江戸時代後期の女性。俳諧。相模石倉の人。文政4
年刊、遠藤雄啄編『葛三居士大禅忌追善集』に載る。
　¶江表（真寿三（神奈川県））

十寸見河東　ますみかとう
　世襲名　江戸時代前期以降の河東節の家元名。
　¶歌大

十寸見河東〔1代〕*　ますみかとう
　貞享1（1684）年〜享保10（1725）年　㊙江戸太夫河
東（えどだゆうかとう），河東（かとう，かわとう
う），十寸見藤十郎〔1代〕（ますみとうじゅうろう）
　江戸時代中期の河東節の開祖。江戸半太夫の門に
入る。
　¶コン

益満休之助*　ますみつきゅうのすけ
　天保12（1841）年〜明治1（1868）年　江戸時代末期
の薩摩藩士。
　¶コン（㉖慶応4（1868）年），全幕（㉖慶応4（1868）年），
幕末（㉖慶応4（1868）年5月22日）

益満行丈*　ますみつゆきたけ
　？〜明治10（1877）年　江戸時代末期〜明治時代の
鹿児島県士族。
　¶幕末（㉖明治10（1877）年4月22日）

十寸見藤十郎〔1代〕　ますみとうじゅうろう
⇒十寸見河東〔1代〕(ますみかとう)

十寸見文思　ますみぶんし
⇒文魚(ぶんぎょ)

十寸見蘭洲〔1代〕*　ますみらんしゅう
？～享保16(1731)年　江戸時代中期の河東節の太夫。細井広沢に師事。
¶コン

増山金八〔1代〕　ますやきんぱち
⇒増山金八〔1代〕(ますやまきんぱち)

升屋小右衛門　ますやこえもん
⇒山片蟠桃(やまがたばんとう)

桝屋清兵衛　ますやせいべえ
⇒三桝大五郎〔1代〕(みますだいごろう)

ま

増山金八〔1代〕*　ますやまきんぱち
生没年不詳　[別]金井金八(かないきんぱち)，呉山(ござん)，増山金八〔1代〕(ますやきんぱち)　江戸時代中期の歌舞伎作者。宝暦12年～寛政9年頃に活躍。
¶歌大, コン, 新歌(——〔1世〕)

増山金八〔2代〕*　ますやまきんぱち
？～文政9(1826)年　[別]呉山(ござん)，槌井瓢七，槌井兵七〔1代〕(つちいひょうしち)，米夫(べいふ)　江戸時代後期の歌舞伎作者。文化5年～文政9年頃に活躍。
¶歌大, 新歌(——〔2世〕　[没]1826年？)

増山金八〔3代〕*　ますやまきんぱち
？～安政(1855)年間　[別]槌井豊作(つちいほうさく)　江戸時代末期の歌舞伎作者。嘉永1～2年以降に活躍。
¶歌大(生没年不詳)

増山雪斎*　ますやませっさい
宝暦4(1754)年～文政2(1819)年1月29日　[別]増山雪斎(ましやませっさい)，増山正賢(ましやままさかた，ますやままさかた)　江戸時代中期～後期の大名。伊勢長島藩主。
¶コン, 美画([生]宝暦4(1754)年10月14日)

増山正賢　ますやままさかた
⇒増山雪斎(ますやませっさい)

増山正利　ますやままさとし
⇒増山正利(ましやままさとし)

増山正弥*　ますやままさみつ
承応2(1653)年～宝永1(1704)年　[別]増山正弥(ましやままさみつ)　江戸時代前期～中期の大名。三河西尾藩主、常陸下館藩主、伊勢長島藩主。
¶コン

桝屋湯浅喜右衛門　ますやゆあさきえもん
⇒古高俊太郎(こたかしゅんたろう)

ませ(1)
江戸時代後期の女性。散文。北島玄二の妻。
¶江表(ませ(東京都))

ませ(2)
江戸時代後期の女性。和歌。三河吉田藩主松平信明家の奥女中。寛政10年跋、真田幸弘の六〇賀集「千とせの寿詞」に載る。
¶江表(ませ(愛知県))

満勢(1)　ませ*
江戸時代中期～後期の女性。和歌。丸亀南条町の屋号を笠島屋という札差吉田重鼎の一人娘。
¶江表(満勢(香川県)　[生]安永6(1777)年　[没]嘉永3(1850)年)

満勢(2)　ませ
江戸時代後期の女性。和歌。筑前福岡藩の奥女中。寛政10年跋、信濃松代藩主真田幸弘の六〇賀集「千とせの寿詞」に載る。
¶江表(満勢(福岡県))

萬世　ませ*
江戸時代中期～後期の女性。和歌。肥前島原藩主松平忠恕の娘。
¶江表(萬世(奈良県)　[生]明和5(1768)年　[没]弘化2(1845)年)

万世　ませい*
江戸時代後期の女性。俳諧。越後の人。寛政1年序、五升庵蝶夢編『新類題発句集』二に載る。
¶江表(万世(新潟県))

間瀬吉太夫　ませきちだゆう
江戸時代前期の代官。
¶徳代(生没年不詳)

間瀬源七郎*　ませげんしちろう，まぜげんしちろう
嘉永5(1852)年～明治1(1868)年　江戸時代末期の白虎隊士。
¶全幕([没]慶応4(1868)年), 幕末(まぜげんしちろう　[没]慶応4(1868)年8月23日)

ませ子(1)　ませこ*
江戸時代中期の女性。和歌。賀茂真淵門。明和2年春、徳川宗武邸での文会の記録「うめあわせ」に載る。
¶江表(ませ子(東京都))

ませ子(2)　ませこ*
江戸時代中期の女性。和歌。摂津尼崎の大津伝右衛門の妻。天明2年宮内清秀序『伴菊延齢詩歌集』に載る。
¶江表(ませ子(兵庫県))

ませ子(3)　ませこ*
江戸時代後期の女性。和歌。松代藩藩士岸常馬の母。文化6年木島菅麿編「松廼百枝」に載る。
¶江表(ませ子(長野県))

ませ子(4)　ませこ*
江戸時代末期の女性。和歌。大須賀氏。安政4年成立、江刺恒久編「言玉集」二に載る。
¶江表(ませ子(岩手県))

ませ子(5)　ませこ*
江戸時代末期～明治時代の女性。談話。幕臣、小納戸役大岡忠左衛門の娘。15代将軍徳川慶喜の小姓であった村山鎮の妻。
¶江表(ませ子(東京都))

間瀬重次　ませしげつぐ
安土桃山時代の織田信長の家臣。知多郡の土豪か。元亀4年に羽豆社の本殿の扉を寄進。
¶織田(生没年不詳)

ませ女　ませじょ*
江戸時代後期の女性。和歌。豊後森藩主久留島家の奥女中。文化11年刊、中山忠雄・河田正致編『柿本社奉納和歌集』に載る。

¶江表（ませ女（大分県））

真勢女　ませじょ★

江戸時代後期の女性。俳諧。秋葉氏。天満宮にある雪窓句碑前に、文政10年建立の手水鉢があり、名が載る。

¶江表（真勢女（茨城県））

満勢女　ませじょ★

江戸時代末期の女性。和歌。伊勢桑名の梅村善蔵の妻。安政4年刊、富樫広蔭編『千百人一首』下に載る。

¶江表（満勢女（三重県））

間瀬みつ*　ませみつ

天保4（1833）年～大正10（1921）年　江戸時代末期～大正時代の女性。会津戦中の場内、開城、会津帰国までを克明に書く。

¶江表（みつ（福島県））

真苑宿禰雑物*　まそのすくねさいもち

[別]真苑雑物（まそののさいもち）　平安時代前期の官人。

¶古人（真苑雑物　まそののさいもち　生没年不詳），古代

真苑雑物　まそののさいもち

⇒真苑宿禰雑物（まそのすくねさいもち）

亦子　またこ

江戸時代後期の女性。和歌・香道・茶道。備中倉敷の庄屋植田方清と藤子の娘。

¶江表（亦子（岡山県）　[没]嘉永3（1850）年）

又左衛門尉　またざえもんのじょう

安土桃山時代～江戸時代前期の甲斐国巨摩郡河内清沢郷の人。穴山家臣か。

¶武田（生没年不詳）

又三郎(1)　またさぶろう

戦国時代の甲斐国山梨郡湯之平郷の有力百姓。

¶武田（生没年不詳）

又三郎(2)　またさぶろう

戦国時代の京都の番匠大工。北条氏綱に仕えた御用大工職人。

¶後北

又七　またしち

⇒林又七（はやしまたしち）

又四郎*　またしろう

生没年不詳　室町時代の河原者。作庭家。

¶中世

俣野景久*　またのかげひさ

？～寿永2（1183）年　[別]平景久（たいらのかげひさ）　平安時代後期の武士。相撲の名手。

¶古人（平景久　たいらのかげひさ），平家（[没]寿永2（1183）年？）

又野静馬*　またのしずま

文化13（1816）年～明治16（1883）年　江戸時代末期～明治時代の砲術家。

¶幕末（[没]明治16（1883）年9月28日）

真玉女*　またまめ

奈良時代の紀寺の婢。

¶古代

まち(1)

江戸時代中期の女性。俳諧。享保21年刊、紫華坊竹郎編の俳論書『茶話稿』に載る。

¶江表（まち（東京都））

まち(2)

江戸時代後期～明治時代の女性。教育。大塚政策の妻。元文年間小松原剛治が開業した信古堂6代目塾主となった夫を支える。

¶江表（まち（東京都））

まち(3)

江戸時代後期の女性。和歌。雁金屋半兵衛の妻。天保7年刊、海野遊翁編『現存歌選』初に載る。

¶江表（まち（京都府））

まち(4)

江戸時代後期の女性。和歌。加藤唯七郎の妻。天保11年成立「鷲見家短冊帖」に載る。

¶江表（まち（鳥取県））

まち(5)

江戸時代後期の女性。俳諧。石見益田の蛸阿坊梨般の孫娘。文化8年刊、自然房以松編『月のまこと』に載る。

¶江表（まち（島根県））

まち(6)

江戸時代後期～明治時代の女性。書簡。平戸藩の中里村吉岡の地方給人引地俊兵衛実因の妻。

¶江表（まち（長崎県）　[生]天保6（1835）年　[没]明治12（1879）年）

まち(7)

江戸時代後期の女性。和歌。清武の人か。享和1年序、清武の均下亭雨律編『あきの名残』に載る。

¶江表（まち（宮崎県））

町　まち★

江戸時代末期の女性。和歌。播磨姫路の豊田氏。安政6年刊、秋元安民編『類題青藍集』に載る。

¶江表（町（兵庫県））

万知　まち★

江戸時代後期の女性。和歌。川越藩藩士児玉文左衛門輝政の娘。

¶江表（万知（東京都）　[没]天保8（1837）年）

満知　まち★

江戸時代中期の女性。俳諧・宗教。石見跡市村の庄屋を代々務める沢津次郎左衛門の妻。安永9年刊、岸本江橋編、江橋耳順賀俳諧撰集『年華集』に載る。

¶江表（満知（島根県））

町顕郷*　まちあきざと，まちあきさと

＊～文明11（1479）年　室町時代の公卿（非参議）。非参議町口経量の孫。

¶公卿（[生]？），公家（顕郷〔町家（絶家）〕　あきさと　[生]？　[没]文明11（1479）年5月26日）

町顕基*　まちあきもと

生没年不詳　室町時代の公卿（非参議）。非参議町顕郷の子。

¶公卿，公家（顕基〔町家（絶家）〕　あきもと）

町尻量輔　まちがみかずすけ

⇒町尻量輔（まちじりかずすけ）

町口経量*　まちぐちつねかず

元亨3（1323）年～天授6/康暦2（1380）年3月10日　南北朝時代の公卿（非参議）。権中納言吉田定資の子。

¶公卿（[没]康暦2/天授6（1380）年3月10日），公家（経量〔町家（絶家）〕　つねかず　[生]？　[没]康暦2（1380）年3

月10日）

まち子(1)　**まちこ**★
江戸時代後期の女性。和歌。山田氏。文化7年成立、弘中重義著「大淵寺の道の記」に載る。
¶江表（まち子（富山県））

まち子(2)　**まちこ**★
江戸時代末期～明治時代の女性。和歌。岡氏。高松藩士で国学者中村尚輔に歌を学ぶ。
¶江表（まち子（香川県））

街子　**まちこ**★
江戸時代後期の女性。和歌。伊予今治藩主松平定休の娘。
¶江表（街子（兵庫県）　[没]寛政3（1791）年）

待子(1)　**まちこ**★
江戸時代後期の女性。和歌。谷中住。文政8年刊、南都薬師寺沙門行遍編『仏足結縁歌文集』に載る。
¶江表（待子（東京都））

待子(2)　**まちこ**★
江戸時代末期～明治時代の女性。和歌。黒羽藩12代藩主大関増儀の娘。明治7年に夫大岡増徳の碑が鎮国社に建てられ、その裏面に歌が載る。
¶江表（待子（栃木県））

町子(1)　**まちこ**★
江戸時代の女性。和歌。摂津伊丹の中村氏。明治16年刊、中村良顕編『猪名野の摘草』に載る。
¶江表（町子（兵庫県））

町子(2)　**まちこ**★
江戸時代前期の女性。俳諧。宇和島の鈴木一正の母。寛文12年序、宇和島藩家老桑折宗臣編『大海集』に載る。
¶江表（町子（愛媛県））

町子(3)　**まちこ**★
江戸時代中期の女性。和歌。伊勢朝明郡小向村の飯田長十郎元親の娘。
¶江表（町子（三重県）　[生]安永1（1772）年）

町子(4)　**まちこ**★
江戸時代後期の女性。和歌。井口氏。文政8年刊、青木行敬ほか編『聖廟奉納歌百二十首』に載る。
¶江表（町子（京都府））

町子(5)　**まちこ**★
江戸時代後期～明治時代の女性。和歌。長門阿武郡福井に生まれる。
¶江表（町子（山口県）　[生]文化2（1805）年　[没]明治26（1893）年）

まち女　**まちじょ**★
江戸時代後期の女性。和歌。忍藩主阿部家の家老川勝隆任の妻。文化11年刊、中山忠雄・河田正致編『柿本社奉納和歌集』に載る。
¶江表（まち女（東京都））

町女(1)　**まちじょ**★
江戸時代中期の女性。俳諧。徳島の人。享保14年序、桑老父布門編、小西来山一三回忌追善『俳諧たつか弓』に載る。
¶江表（町女（徳島県））

町女(2)　**まちじょ**★
江戸時代後期の女性。和歌。薩摩藩の奥女中。天保11年序、武蔵忍藩藩士加藤古風編の歌集「京極黄門定家卿六百回忌追福」に載る。
¶江表（町女（鹿児島県））

町尻量聡*　**まちじりかずあき**
明和4（1767）年5月10日～文化2（1805）年7月29日　江戸時代中期～後期の公家（非参議）。参議町尻量原の子。
¶公卿，公家（量聡〔町尻家〕　かずふさ）

町尻量輔*　**まちじりかずすけ**
文化1（1804）年～明治7（1874）年　[別]町尻量輔（まちがみかずすけ）　江戸時代末期～明治時代の公家、権中納言。条約幕府委任反対の八十八卿列参に参加。参議を歴任。
¶公卿（[生]享和2（1802）年3月1日　[没]明治7（1874）年6月），公家（量輔〔町尻家〕　かずすけ　[生]享和2（1802）年3月1日　[没]明治7（1874）年6月19日），幕末（まちがみかずすけ　[生]文化1（1804）年3月1日　[没]明治7（1874）年6月19日）

町尻量原*　**まちじりかずはら**
寛保1（1741）年11月21日～寛政11（1799）年6月23日　[別]町尻量原（まちじりかずもと）　江戸時代中期の公家（参議）。非参議吉田良延の次男。
¶公卿，公家（量原〔町尻家〕　かずはら）

町尻量原　**まちじりかずもと**
⇒町尻量原（まちじりかずはら）

町尻兼量*　**まちじりかねかず**
寛文2（1662）年11月4日～寛保2（1742）年9月20日　江戸時代中期の公家（権中納言）。権中納言水無瀬氏信の次男。
¶公卿，公家（兼量〔町尻家〕　かねかず）

町尻兼重*　**まちじりかねしげ**
貞享1（1684）年10月28日～元文5（1740）年7月17日　江戸時代中期の公家（参議）。権中納言町尻兼量の長男。
¶公卿，公家（兼重〔町尻家〕　かねしげ）

町尻兼久（町尻説久）　**まちじりかねひさ**
⇒町尻説久（まちじりときひさ）

町尻説久*　**まちじりときひさ**
正徳5（1715）年～天明3（1783）年　[別]町尻兼久，町尻説久（まちじりかねひさ）　江戸時代中期の公家（非参議）。権中納言町尻兼量の次男。
¶公卿（まちじりかねひさ　[生]正徳5（1715）年4月24日　[没]天明3（1783）年4月25日），公家（兼久〔町尻家〕　かねひさ　[生]正徳5（1715）年4月24日　[没]天明3（1783）年4月25日）

町資広*　**まちすけひろ**
元中7/明徳1（1390）年～文明1（1469）年11月12日　室町時代の公卿（権大納言）。権大納言町資藤の子。
¶公卿（[生]明徳1/元中7（1390）年），公家（資広〔日野町家（絶家）〕　すけひろ）

町資藤　**まちすけふじ**
⇒日野町資藤（ひのまちすけふじ）

町資将*　**まちすけまさ**
永正15（1518）年～弘治1（1555）年　[別]町資将（まちすけゆき）　戦国時代の公卿（権中納言）。権中納言菅原章長の次男。
¶公卿（[生]永正15（1518）年3月9日　[没]弘治1（1555）年10月24日），公家（資将〔日野町家（絶家）〕　すけまさ　[生]永正15（1518）年3月9日　[没]弘治1（1555）年10月24日）

町資将　**まちすけゆき**
⇒町資将（まちすけまさ）

待瀬 まちせ*
江戸時代後期の女性。和歌。松山藩の老女。嘉永4年序、鈴木直麿編『八十番歌合』に載る。
¶江表(待瀬(山形県))

町田雅楽助 まちだうたのすけ
安土桃山時代の武蔵国鉢形城主北条氏邦の家臣。
¶後北(雅楽助〔町田〕 うたのすけ)

町田梅之進* まちだうめのしん
嘉永1(1848)年～明治10(1877)年 江戸時代末期～明治時代の武士。西南の役や萩の乱に加わる。
¶幕末([没]明治10(1877)年6月1日)

町田積章 まちだかずあき
江戸時代後期の和算家。
¶数学

町田清格 まちだきよのり
江戸時代後期～明治時代の和算家。上州南玉村の人。
¶数学([生]文化12(1815)年 [没]明治12(1879)年)

町田啓二郎 まちだけいじろう
⇒町田清次郎(まちだせいじろう)

町田公達 まちだこうたつ
江戸時代末期の和算家。信州八町村の人。元治1年算額を奉納。
¶数学

町田権左衛門* まちだごんざえもん
弘化2(1845)年～明治10(1877)年 江戸時代末期～明治時代の士族。西南戦争に三番大隊六番小隊長として出征し、熊本城総攻撃に参加、向坂で戦死。
¶幕末([没]明治10(1877)年3月20日)

町田実義* まちださねよし
嘉永5(1852)年～明治27(1894)年 江戸時代末期～明治時代の薩摩藩士、軍人、陸軍大尉。西南戦争の田原坂の戦いで功績あり。日清役に従軍し戦死。
¶幕末([生]嘉永5(1852)年8月 [没]明治27(1894)年9月19日)

町田実賢* まちだじっけん
?～明治22(1889)年 江戸時代末期～明治時代の鹿児島県士族。
¶幕末([没]明治22(1889)年8月8日)

町田実秀* まちだじつしゅう
?～明治28(1895)年 江戸時代末期～明治時代の鹿児島県士族。
¶幕末([没]明治28(1895)年11月27日)

町田寿安* まちだじゅあん
?～寛永8(1632)年 [別]町田宗加(まちだそうか,まちだそうが) 江戸時代前期のキリシタン。長崎の町年寄の一人。
¶コン([没]寛永9(1632)年)

町田申四郎* まちだしんしろう
弘化4(1847)年～? [別]塩田権之丞(しおたごんのじょう) 江戸時代末期～明治時代の薩摩藩留学生。1865年イギリスに渡る。
¶幕末

町田清次郎* まちだせいじろう
嘉永4(1851)年～? [別]清水兼次郎(しみずけんじろう,しみづけんじろう),町田啓二郎(まちだけいじろう) 江戸時代末期～明治時代の薩摩藩留学生。1865年イギリス、アメリカに渡る。
¶幕末

町田宗加 まちだそうか,まちだそうが
⇒町田寿安(まちだじゅあん)

町田久成 まちだひさすみ
⇒町田久成(まちだひさなり)

町田久成* まちだひさなり
天保9(1838)年～明治30(1897)年9月15日 [別]町田久成(まちだひさすみ) 江戸時代末期～明治時代の鹿児島藩士、官僚、僧侶、初代帝国博物館館長。外国事務局判事、外務大丞などを歴任後、内務省に博物局を創設。
¶コン,幕末([生]天保9(1838)年1月)

町田久則* まちだひさのり
享和1(1801)年～明治9(1876)年 江戸時代末期～明治時代の庄屋、俳人。父母に孝行を尽くし藩の褒章をうけ苗字帯刀を許された。句集に「竹の秋」。
¶幕末([没]明治9(1876)年10月31日)

町田秀房 まちだひでふさ
安土桃山時代の鉢形城主北条氏邦の家臣。土佐守。
¶後北(秀房〔町田〕 ひでふさ [没]元和3年3月5日)

町田兵部 まちだひょうぶ
江戸時代中期～後期の宮大工。
¶美建([生]享保14(1729)年 [没]享和2(1802)年)

町田武須計* まちだぶすけ
天保9(1838)年～明治28(1895)年 江戸時代末期～明治時代の地方政治家。三重県会議員、初代桑名市長を歴任。
¶幕末([生]天保9(1838)年1月26日 [没]明治28(1895)年7月19日)

町田政紀*(町田正紀) まちだまさのり
文政11(1828)年～明治21(1888)年8月10日 江戸時代末期～明治時代の三春藩士砲術師範。
¶科学([生]文政11(1828)年9月),幕末(町田正紀 [生]文政11(1828)年9月)

町田正記* まちだまさのり
天明5(1785)年～安政4(1857)年5月17日 江戸時代中期～末期の藩士・和算家。
¶数学

町野可名生* まちのかなお
安永8(1779)年～? 江戸時代後期の筑後柳河藩士。
¶幕末

町野五八 まちのごはち
江戸時代後期～大正時代の幕臣。
¶幕末([生]嘉永2(1849)年12月3日 [没]大正5(1916)年3月8日)

まちのすまや豊後 まちのすまやぶんご
安土桃山時代の信濃国筑摩郡会田の土豪。会田岩下氏の被官とみられる。
¶武田(生没年不詳)

まちのすまや与左衛門 まちのすまやよざえもん
安土桃山時代の信濃国筑摩郡会田の土豪。会田岩下氏の被官とみられる。
¶武田(生没年不詳)

町野惣右衛門 まちのそうえもん
江戸時代前期～中期の代官。
¶徳代([生]万治1(1658)年 [没]正徳4(1714)年4月7日)

町野久吉* まちのひさきち
嘉永5(1852)年～明治1(1868)年 江戸時代末期の白虎隊士。
¶幕末(没慶応4(1868)年閏4月26日)

町野寛満 まちのひろみつ
江戸時代中期の代官。
¶徳代(生正徳1(1711)年 没宝暦13(1763)年9月24日)

町野主水* まちのもんど
*～大正12(1923)年 江戸時代末期～明治時代の陸奥会津藩士。
¶幕末(生天保8(1837)年 没大正12(1923)年6月)

町野康俊 まちのやすとし
⇒三善康俊(みよしやすとし)

町野康持 まちのやすもち
⇒三善康持(みよしやすもち)

町野幸和* まちのゆきかず
？～正保4(1647)年 安土桃山時代～江戸時代前期の武士。徳川氏家臣。
¶徳人(生1574年)

町野幸長 まちのよしなが
江戸時代中期の幕臣。
¶徳人(生？ 没1701年)

まちの与助 まちのよすけ
安土桃山時代の信濃国筑摩郡刈谷原の土豪。会田岩下氏の被官とみられる。
¶武田(生没年不詳)

町広光* まちひろみつ
文安1(1444)年～永正1(1504)年6月15日 室町時代～戦国時代の公卿(権大納言)。権大納言町資広の子。
¶公卿,公家(広光〔日野町家(絶家)〕 ひろみつ)

町村金弥 まちむらきんや
江戸時代末期～昭和時代の実業家。
¶全幕(生安政6(1859)年 没昭和19(1944)年)

町女 まちめ★
江戸時代後期の女性。狂歌。甲斐の人。天保3年成立、龍屋ほか編、龍珠園弘美追善集『龍の玉むすび』に載る。
¶江表(町女(山梨県))

町屋弥六郎 まちややろくろう
安土桃山時代の織田信長の家臣。中島郡辺りの土豪か。真清田社に銅鋺を寄進。
¶織田(生没年不詳)

まつ(1)
江戸時代中期の女性。俳諧。宮城の人。元禄4年序、柳川琴風編『瓜作』に載る。
¶江表(まつ(宮城県))

まつ(2)
江戸時代中期の女性。俳諧。上新田の俳人玉置蝶葉の娘。宝永2年成立、相楽等躬撰『一の木戸』に載る。
¶江表(まつ(福島県))

まつ(3)
江戸時代中期の女性。書。両国橋吉川町の小松屋喜兵衛と元吉原の遊女幾世の娘。能筆で知られた。
¶江表(まつ(東京都))

まつ(4)
江戸時代中期の女性。俳諧。蕉門。宝永7年自序、『鳩法華』に載る。
¶江表(まつ(滋賀県))

まつ(5)
江戸時代中期の女性。和歌。下村長右衛門嘉雄の妻。元禄9年成立、平間長雅編「奉納千首和歌」に載る。
¶江表(まつ(京都府))

まつ(6)
江戸時代中期の女性。和歌。初瀬の山添善五郎秀氏といはの娘。宝永6年奉納、平間長雅編「住吉社奉納千首和歌」に載る。
¶江表(まつ(奈良県))

まつ(7)
江戸時代中期～後期の女性。和歌・俳諧。十王堂町の桜井権三郎吉音の娘。
¶江表(まつ(長野県) 生明和4(1767)年 没文政5(1822)年)

まつ(8)
江戸時代後期の女性。書簡。大奥女中。11代将軍家斉から14代将軍まで仕えた藤波に宛てた恋文が残る。
¶江表(まつ(東京都))

まつ(9)
江戸時代後期～明治時代の女性。教育。宮本氏。明治3年浅草に寺子屋陽泉堂を開業。
¶江表(まつ(東京都) 生文化13(1816)年頃)

まつ(10)
江戸時代後期の女性。俳諧。大楊村の人。文化1年、利根郡大原村の「田向観音堂奉納句寄留」に載る。
¶江表(まつ(群馬県))

まつ(11)
江戸時代後期の女性。俳諧。摂津の人。寛政2年跋、可楽庵桃路編の芭蕉一〇〇回忌追善句集『華鳥風月集』に載る。
¶江表(まつ(大阪府))

まつ(12)
江戸時代後期の女性。俳諧。寛政5年序、森々庵松後編『心つくし』に載る。
¶江表(まつ(熊本県))

まつ(13)
江戸時代末期～明治時代の女性。俳諧。相模の深谷神社の明治6年の俳句奉納額に載る。
¶江表(まつ(神奈川県))

まつ(14)
⇒見性院(けんしょういん)

まつ(15)
⇒芳春院(ほうしゅんいん)

松(1) まつ★
江戸時代の女性。和歌。三田の岡場所の遊女。
¶江表(松(東京都))

松(2) まつ★
江戸時代中期の女性。和歌。石見益田の藤井貞隆の娘。明和2年、越中宮尾の大庄屋内山逸峰の旅日記「草稿西国道紀」に載る。
¶江表(松(島根県))

松(3)　まつ*
　江戸時代後期の女性。画。会津藩の絵師で俳人遠藤香村とまさの娘。嘉永5年刊、大須賀清光編『鶴城風雅集』に載る。
　¶江表（松（福島県））

松(4)　まつ*
　江戸時代後期～末期の女性。俳諧・和歌。常陸水戸藩町奉行田丸稲之衛門の長女。
　¶江表（松（茨城県））　㋣弘化4（1847）年　㋥元治2（1865）年

真津　まつ*
　江戸時代後期の女性。俳諧。石見大森の江永堂可方の妻。
　¶江表（真津（島根県））　㋥文政5（1822）年

満津　まつ
　江戸時代中期の女性。俳諧。下総境河岸の関宿藩御用商人箱島善兵衛と曽代の娘。宝暦2年刊、父阿誰と砂岡雁宕編『反古衾』に載る。
　¶江表（満津（茨城県））

松井雨白　まついうはく
　文化10（1813）年～明治17（1884）年　江戸時代末期～明治時代の尾張藩世臣、軍事奉行助役。幕末における尾張藩の軍事に関与し、西洋武器の普及に努めた。
　¶幕末（㋥明治17（1884）年8月24日）

松井織部助　まついおりべのすけ
　安土桃山時代の北条氏政の家臣安藤良整の同心。
　¶後北（織部助〔松井（1）〕　おりべのすけ）

松井角右衛門　まついかくえもん
　安土桃山時代～江戸時代前期の大工。
　¶美建（生没年不詳）

松居久右衛門＊　まついきゅうえもん
　明和7（1770）年～安政2（1855）年　㋕松居久左衛門（まついきゅうざえもん）、松居遊見（まついゆうけん）　江戸時代後期の商人。
　¶幕末（㋥安政2（1855）年1月22日）

松居久左衛門　まついきゅうさえもん
　⇒松居久右衛門（まついきゅうえもん）

松井源水〔**13代**〕＊（――〔14代〕）　まついげんすい
　？～明治3（1870）年　江戸時代末期～明治時代の大道芸人、香具師。1866年イギリス、フランスで興行。
　¶コン（㋥明治11（1878）年）、幕末（生没年不詳）

松井元泰＊　まついげんたい
　元禄2（1689）年～寛保3（1743）年3月16日　㋕松井元泰（まついもとやす）　江戸時代中期の墨工。奈良の製墨業「古梅園」の6代。
　¶コン

松井郷左衛門＊　まついごうざえもん
　天保10（1839）年～明治44（1911）年　江戸時代末期～明治時代の三河吉田藩家老。
　¶幕末（㋣天保10（1839）年11月5日　㋥明治44（1911）年11月8日）

松井耕雪　まついこうせつ
　文政2（1819）年～明治18（1885）年　江戸時代末期～明治時代の豪商。藩校立教館を創設し、数学の振興に努め、府中製産役所を興し、物産品の輸出に尽力。
　¶幕末（㋣文政2（1819）年3月13日　㋥明治18（1885）年5月12日）

松井幸三〔**1代**〕＊（松井鴻三、松井鴻蔵）　まついこうぞう
　？～文政11（1828）年　㋕島地島三（しまじとうぞう）　江戸時代後期の歌舞伎作者。寛政10年～文化12年頃に活躍。
　¶歌大（生没年不詳）、コン

松井幸三〔**2代**〕＊　まついこうぞう
　寛政5（1793）年～天保1（1830）年　㋕杵屋和蔵（きねやわぞう）、松井新幸（まついしんこう）　江戸時代後期の歌舞伎作者。文化7年～文政13年頃に活躍。
　¶歌大（㋥文政13（1830）年4月）、コン

松井左近　まついさこん
　⇒春山源七〔1代〕（はるやまげんしち）

松井秀簡　まついしゅうかん
　文政9（1826）年～明治1（1868）年　㋕松井秀簡（まついひでこと、まついひでふみ）　江戸時代末期の泉藩士。
　¶幕末（㋥慶応4（1868）年6月22日）

松井松宇＊　まついしょうう
　＊～文政10（1827）年　㋕松宇（しょうう）　江戸時代後期の俳人。
　¶俳文（字　しょうう）　㋣宝暦7（1757）年）

松井乗運　まついじょううん
　江戸時代後期～明治時代の仏師。
　¶美建（㋣文化12（1815）年　㋥明治20（1887）年7月）

松井次郎右衛門　まついじろ（う）えもん
　江戸時代前期の武士。大坂の陣で籠城。後、松平定綱に仕えた。
　¶大坂

松井新幸　まついしんこう
　⇒松井幸三〔2代〕（まついこうぞう）

松井清八郎　まついせいはちろう
　安土桃山時代の遠江国衆松井氏の同心衆。
　¶武田（生没年不詳）

松井善十郎　まついぜんじゅうろう
　安土桃山時代の遠江国衆松井氏の同心衆。
　¶武田（生没年不詳）

松井忠次　まついただつぐ
　⇒松平康親（まつだいらやすちか）

松井毛　まついたむろ
　江戸時代末期～明治時代の松前藩士。
　¶幕末（㋕？　㋥明治4（1871）年4月）

松井中務　まついちゅうむ
　⇒松井中務（まついなかつかさ）

松井章之　まついてるゆき
　江戸時代後期～明治時代の肥後藩家老。
　¶全幕（㋣文化10（1813）年　㋥明治20（1887）年）

松井藤助友于　まついとうすけともゆき
　江戸時代前期の豊臣秀吉の家臣。
　¶大坂（㋥元和5年6月20日）

松井道珍＊　まついどうちん
　戦国時代～安土桃山時代の墨工。奈良の製墨業「古梅園」の初代。
　¶美工（生没年不詳）

松井徳太郎＊　まついとくたろう
　天保11（1840）年～？　江戸時代後期～末期の新

撰組隊士。
¶新隊, 全幕

松井中務* まついなかつかさ
文化6（1809）年～文久3（1863）年　[別]松井中務（まついちゅうむ）　江戸時代末期の西本願寺用人。
¶幕末（[没]文久3（1863）年8月12日）

松井昇 まついのぼる
江戸時代末期～昭和時代の洋画家。
¶美画（[生]安政1（1854）年　[没]昭和8（1933）年6月19日）

松井儀長* まついのりなが
元亀1（1570）年～明暦3（1657）年　[別]松井儀長（まついよしなが）　安土桃山時代～江戸時代前期の日向飫肥藩士。松井疏水の開削者。
¶コン

松井秀簡 まついひでこと
⇒松井秀簡（まついしゅうかん）

松井秀房* まついひでふさ
江戸時代末期～明治時代の国学者、山形県吏員。「最上郡史 全」「山形県地誌提要」を著す。
¶幕末（[生]文政6（1823）年3月25日　[没]明治32（1899）年）

松井秀簡 まついひでふみ
⇒松井秀簡（まついしゅうかん）

松井汶村* まついぶんそん
[別]汶村（ぶんそん）　江戸時代中期の近江彦根藩士、俳人（蕉門）。
¶俳文（汶村　ぶんそん　[生]?　[没]正徳2（1712）年）

松井盈之 まついみつゆき
江戸時代後期～大正時代の肥後藩家老。
¶全幕（[生]天保14（1843）年　[没]大正5（1916）年）

松井三津人 まついみつんど
⇒三津人（みつんど）

松井宗恒* まついむねつね
生没年不詳　戦国時代～安土桃山時代の武将。今川氏家臣。
¶武田

松井宗信* まついむねのぶ
?～永禄3（1560）年5月19日　戦国時代の武士。今川氏家臣。
¶全戦

松井宗能* まついむねよし
戦国時代の武将。今川氏家臣。
¶後北（宗能〔松井（2）〕　むねよし）

松井元泰 まついもとやす
⇒松井元泰（まついげんたい）

松井康重 まついやすしげ
⇒松平康重（まつだいらやすしげ）

松井康直* まついやすなお
天保1（1830）年～明治37（1904）年　[別]松井康英（まついやすひで），松平康直（まつだいらこうちょく），松平康英（まつだいらやすひで）　江戸時代末期～明治時代の大名、老中。陸奥棚倉藩主、武蔵川越藩主。
¶コン（松平康英　まつだいらやすひで），全幕（松井康英　まついやすひで　[生]文政13（1830）年），徳人（松平康直　まつだいらこうちょく），徳松（松平康英　まつだいらやすひで），幕末（松平康英　まつだいらやすひで（やすてる）　[生]天保1（1830）年5月26日　[没]明治37（1904）年7月5日）

松井康英 まついやすひで
⇒松井康直（まついやすなお）

松井康之* まついやすゆき
天文19（1550）年～慶長17（1612）年　安土桃山時代～江戸時代前期の武将。将軍足利義輝の近習。
¶織田（[没]慶長17（1612）年1月23日），戦武

松井友閑* まついゆうかん
生没年不詳　[別]宮内卿法印（くないきょうほういん）　安土桃山時代の武将。
¶織田，コン

松居遊見 まついゆうけん
⇒松居久右衛門（まついきゅうえもん）

松井溶々* まついようよう
寛政7（1795）年～嘉永1（1848）年8月29日　[別]溶々（ようよう）　江戸時代後期の女性。俳人、詩人。松窓乙二の娘。
¶江表（溶々（宮城県））

松井儀長 まついよしなが
⇒松井儀長（まついのりなが）

松井与次郎正次 まついよじろうまさつぐ
安土桃山時代～江戸時代前期の武田信玄父子・真田信繁の家臣。
¶大坂

松井龍三郎 まついりゅうさぶろう
⇒松井龍二郎（まついりゅうじろう）

松井龍二郎* まついりゅうじろう
[別]松井龍三郎（まついりゅうさぶろう）　江戸時代末期の新撰組隊士。
¶新隊（松井龍三郎　まついりゅうさぶろう　生没年不詳）

松浦詮 まつうらあきら
⇒松浦詮（まつらあきら）

松浦右膳 まつうらうぜん
⇒松浦右膳（まつらうぜん）

松浦応真斎* まつうらおうしんさい
文政7（1824）年～明治19（1886）年　[別]応真斎守美（おうしんさいもりよし）　江戸時代末期～明治時代の画家。
¶美画（[生]文政7（1824）年3月10日）

松浦霞沼* まつうらかしょう
延宝4（1676）年～享保13（1728）年　[別]松浦允任（まつうらまさただ）　江戸時代中期の対馬府中藩の儒者。木下順庵門下。
¶対外

松浦亀介* まつうらかめすけ
生没年不詳　安土桃山時代の織田信長の家臣。
¶織田

松浦亀太郎 まつうらかめたろう
⇒松浦松洞（まつうらしょうどう）

松浦義左衛門 まつうらぎざえもん
⇒三保木儀左衛門〔1代〕（みほきぎざえもん）

松浦儀兵衛* まつうらぎへえ，まつうらぎべえ
江戸時代末期の庄屋。
¶幕末（生没年不詳）

松浦清　まつうらきよし
⇒松浦静山（まつらせいざん）

松浦啓　まつうらけい
江戸時代後期～末期の幕臣。
¶徳人（生没年不詳）

松浦元瑞　まつうらげんずい
江戸時代後期の眼科医。
¶眼医（生没年不詳）

松浦佐用媛　まつうらさよひめ
⇒松浦佐用姫（まつらさよひめ）

松浦鎮信(1)　まつうらしげのぶ
⇒松浦鎮信（まつらしげのぶ）

松浦鎮信(2)　まつうらしげのぶ
⇒松浦鎮信（まつらしげのぶ）

松浦実女*　まつうらしずめ
天明7（1787）年～慶応4（1868）年　江戸時代後期～末期の女性。俳人。
¶江表（実女（島根県）　しずめ）

松浦松洞*　まつうらしょうどう
天保8（1837）年～文久2（1862）年　[別]松浦亀太郎（まつうらかめたろう）　江戸時代末期の絵師。
¶コン，幕末（[没]文久2（1862）年4月13日），美画

松浦新吉郎*　まつうらしんきちろう
天保11（1840）年～明治10（1877）年　江戸時代末期～明治時代の熊本藩士、熊本隊副大隊長。剣・柔道の達人。輜重を担当し会計を司る。西南役に従軍、のち投降し、斬罪。
¶幕末（[没]明治10（1877）年10月31日）

松浦静山　まつうらせいざん
⇒松浦静山（まつらせいざん）

松浦宗案*　まつうらそうあん
生没年不詳　[別]松浦宗案（まつらそうあん）　戦国時代の農学者。
¶コン（まつらそうあん）

松浦隆信(1)　まつうらたかのぶ
⇒松浦隆信（まつらたかのぶ）

松浦隆信(2)　まつうらたかのぶ
⇒松浦隆信（まつらたかのぶ）

松浦武四郎*　まつうらたけしろう
文化15（1818）年2月6日～明治21（1888）年2月10日　江戸時代末期～明治時代の探検家。蝦夷地御用掛、維新後は開拓判官などを歴任。著書に「三航蝦夷日誌」など。
¶江人，コン（[生]文政1（1818）年），植物（[生]文政1（1818）年2月6日），全幕，対外，地理，徳人，幕末，山小（[生]1818年2月6日　[没]1888年2月10日）

松浦多門*　まつうらたもん
天保14（1843）年頃～？　江戸時代後期～末期の新撰組隊士。
¶新隊（生没年不詳）

松浦東渓*　まつうらとうけい
宝暦2（1752）年～文政3（1820）年　江戸時代後期の儒者。
¶コン

松浦俊英　まつうらとしひで
江戸時代後期の和算家。三州福田の人。弘化3年算額を奉納。
¶数学

松浦内膳　まつうらないぜん
⇒松浦内膳（まつらないぜん）

松浦信辰　まつうらのぶたつ
⇒松浦信辰（まつらのぶたつ）

松浦八郎*　まつうらはちろう
天保7（1836）年～元治1（1864）年　江戸時代末期の筑後久留米藩郷士。
¶幕末（[生]天保7（1836）年6月6日　[没]元治1（1864）年8月22日）

松浦正明*　まつうらまさあき
文政12（1829）年～明治39（1906）年　江戸時代末期～明治時代の桑名藩士。
¶全幕，幕末（[生]文政12（1830）年12月25日　[没]明治39（1906）年4月10日）

松浦允任　まつうらまさただ
⇒松浦霞沼（まつうらかしょう）

松浦マンシャ　まつうらまんしゃ
⇒松浦マンシャ（まつらまんしゃ）

松浦康成　まつうらやすしげ
安土桃山時代の武蔵国岩付城主北条氏房の家臣。佐渡守。
¶後北（康成〔松浦〕　やすしげ）

まつ枝　まつえ★
江戸時代後期の女性。和歌。長門長府の人。文政7年、田上菊舎72歳の長府での俳諧記録「鳳尾蕉」に載る。
¶江表（まつ枝（山口県））

松江(1)　まつえ★
江戸時代中期の女性。和歌。一関藩主田村隆家の老女。安永3年成立「田村村隆母公六十賀祝賀歌集」に載る。
¶江表（松江（岩手県））

松江(2)　まつえ★
江戸時代中期の女性。俳諧。新吉原辺りの遊女か。「宝永四歳旦帖」に載る。
¶江表（松江（東京都））

松江(3)　まつえ★
江戸時代中期～後期の女性。和歌・書。有森氏の娘。
¶江表（松江（京都府）　[生]安永1（1772）年　[没]寛政8（1796）年）

松枝　まつえ★
江戸時代後期の女性。和歌。浜松町住。文化11年刊、中山忠雄・河田正致編『柿本社奉納和歌集』に載る。
¶江表（松枝（東京都））

松江維舟　まつえいしゅう
⇒重頼（しげより）

松江重頼　まつえしげより
⇒重頼（しげより）

松江宗安*　まつえそうあん
天正11（1586）年～寛文6（1666）年　[別]銭屋宗安（ぜにやそうあん）　江戸時代前期の堺の豪商、茶人。明人から鉛原料の白粉製造法を伝えられる。
¶コン，対外

ま

松江宗訥　まつえそうとつ
⇒銭屋宗訥（ぜにやそうとつ）

松枝政広　まつえだまさひろ
江戸時代後期の和算家。
¶数学

松枝不入　まつえふにゅう
⇒松枝不入（まつがえふにゅう）

まつ尾　まつお★
江戸時代後期の女性。俳諧。駿河の人。文化12年刊、岩崎梧泉編『三節』に載る。
¶江表（まつ尾（静岡県））

松尾(1)　まつお★
江戸時代中期の女性。俳諧。大間々の人。安永6年刊、無著庵眠郎編『雪の薄』地に載る。
¶江表（松尾（群馬県））

松尾(2)　まつお★
江戸時代後期の女性。和歌。遠江浜松藩主井上正甫家の老女。文化5年頃、真田幸弘編「御ことほきの記」に載る。
¶江表（松尾（静岡県））

松尾あぐり＊（松尾阿久利）　まつおあぐり
生没年不詳　戦国時代の女性。甲斐武田信廉の娘。
¶武田（松尾阿久利）

松王健児＊　まつおうけんでい
[別]松王健児，松王小児（まつおうこんでい）　平安時代後期の兵庫港の伝説上の人柱。
¶コン（まつおうこんでい）

松王健児（松王小児）　まつおうこんでい
⇒松王健児（まつおうけんでい）

松王丸・梅王丸・桜丸＊　まつおうまる・うめおうまる・さくらまる
浄瑠璃「菅原伝授手習鑑」に登場する三つ子の兄弟。
¶コン

松岡(1)　まつおか★
江戸時代後期の女性。和歌。庄内藩の老女。嘉永4年序、鈴木直麿編『八十番歌合』に載る。
¶江表（松岡（山形県））

松岡(2)　まつおか★
江戸時代末期の女性。和歌・老女。江戸八丁堀に住む幕臣中村氏の娘。
¶江表（松岡（高知県）　[没]安政2（1855）年）

松岡盤吉（松岡磐吉）　まつおかいわきち
⇒松岡磐吉（まつおかばんきち）

松岡梅太郎＊　まつおかうめたろう
弘化4（1847）年～明治1（1868）年　江戸時代末期の長州（萩）藩士。
¶幕末（[生]弘化4（1847）年11月19日　[没]慶応4（1868）年6月24日）

松岡雄淵　まつおかおぶち
⇒松岡仲良（まつおかちゅうりょう）

松岡環翠＊　まつおかかんすい
文政1（1818）年～明治20（1887）年　江戸時代末期～明治時代の日本画家。作品に「雨中蓮・月夜蓮」「雪景山水」「蓮」。
¶美画（[生]文政1（1818）年9月20日　[没]明治20（1887）年7月14日）

松岡毅軒　まつおかきけん
⇒松岡時敏（まつおかときとし）

松岡清信＊　まつおかきよのぶ
生没年不詳　江戸時代後期の和算家。
¶数学（[生]天明3（1783）年　[没]天保8（1837）年）

松岡九郎次郎（松岡九郎二郎）　まつおかくろうじろう
⇒松岡九郎次郎（まつおかくろじろう）

松岡九郎次郎＊　まつおかくろじろう
生没年不詳　[別]松岡九郎次郎，松岡九郎二郎（まつおかくろうじろう）　安土桃山時代の武士。織田氏家臣、豊臣氏家臣。
¶織田（松岡九郎二郎　まつおかくろうじろう）

松岡玄達　まつおかげんたつ
⇒松岡恕庵（まつおかじょあん）

松岡小鶴＊　まつおかこつる
文化3（1806）年～明治6（1873）年10月15日　江戸時代末期～明治時代の医師。婿を迎えたが父と折り合いが悪く離婚、書物で医を学び女医として開業。
¶江表（小鶴（兵庫県））

松岡貞利＊　まつおかさだとし
？～天正13（1585）年　戦国時代～安土桃山時代の甲斐武田晴信・勝頼の家臣。
¶武田

松岡士川＊　まつおかしせん
寛保2（1742）年～？　[別]士川（しせん）　江戸時代中期の俳人。
¶俳文（士川　しせん）

松岡恕庵＊（松岡如庵）　まつおかじょあん
寛文8（1668）年～延享3（1746）年7月11日　[別]松岡玄達（まつおかげんたつ）　江戸時代中期の本草・博物学者。伊藤仁斎、東涯父子に師事。
¶江人（[生]1669年　[没]1747年），科学，コン，思想，植物

松岡次郎＊　まつおかじろう
文化11（1814）年～安政5（1858）年　江戸時代末期の田原藩家老。
¶幕末

松岡四郎次郎　まつおかしろうじろう
江戸時代後期～明治時代の御家人。
¶幕末（[生]天保7（1836）年10月5日　[没]明治31（1898）年4月19日）

松岡青蘿＊（松岡青羅）　まつおかせいら
元文5（1740）年～寛政3（1791）年　[別]青蘿（せいら）　江戸時代中期の俳諧師。
¶コン，詩作（[没]寛政3（1791）年6月17日），俳文（青蘿　せいら　[没]寛政3（1791）年6月17日）

松岡大蟻　まつおかたいぎ
⇒大蟻（たいぎ）

松岡仲良＊　まつおかちゅうりょう
元禄14（1701）年～天明3（1783）年　[別]松岡雄淵（まつおかおぶち，まつおかゆうえん）　江戸時代中期の神道家。垂加流神道の諸伝を伝授される。
¶思想（松岡雄淵　まつおかゆうえん）

松岡道遠＊　まつおかどうえん
宝暦13（1763）年～文政9（1826）年　江戸時代中期～後期の長門長府藩医。
¶眼医（生没年不詳）

松岡時敏* まつおかときとし
文化11(1814)年～明治10(1877)年 [別]松岡毅軒(まつおかきけん) 江戸時代後期～明治時代の儒者。
¶コン,幕末(松岡毅軒 まつおかきけん [生]文化11(1815)年12月26日 [没]明治10(1877)年11月6日)

松岡利次 まつおかとしつぐ
江戸時代後期の和算家。
¶数学

松岡能一 まつおかのういち
⇒松岡能一(まつおかよしかず)

松岡磐吉* まつおかばんきち
?～明治4(1871)年 [別]松岡盤吉,松岡磐吉(まつおかいわきち) 江戸時代末期～明治時代の幕臣。咸臨丸渡米の際の測量方。
¶コン,全幕,徳人,幕末

松岡彦兵衛国宗 まつおかひこびょうえくにむね
江戸時代前期の紀伊国伊都郡の隅田党の一員。松岡右京進国忠の子。
¶大坂([没]慶長20年5月7日)

松岡愿 まつおかまこと
江戸時代後期の和算家。尾張の人。弘化1年算額を奉納。
¶数学

松岡政人* まつおかまさと
生没年不詳 江戸時代末期の薩摩藩士。
¶幕末

松岡調* まつおかみつぎ
天保1(1830)年～明治37(1904)年 [別]松岡調(まつおかみつぐ) 江戸時代末期～明治時代の国学者、禰宜。金比羅神社禰宜などを務める。また、郷土の歴史を研究し多和文庫を創設。
¶幕末(まつおかみつぐ [没]明治37(1904)年12月)

松岡調 まつおかみつぐ
⇒松岡調(まつおかみつぎ)

松岡雄淵 まつおかゆうえん
⇒松岡仲良(まつおかちゅうりょう)

松岡能一 まつおかよしいち
⇒松岡能一(まつおかよしかず)

松岡能一* まつおかよしかず
元文2(1737)年～文化1(1804)年 [別]松岡能一(まつおかのういち,まつおかよしいち) 江戸時代中期～後期の和算家。宅間流4代の内田秀富に入門。
¶科学,数学

松岡頼貞* まつおかよりさだ
生没年不詳 戦国時代の甲斐武田晴信・勝頼の家臣。信濃国伊那郡松岡城主。
¶武田

松岡万* まつおかよろず
天保9(1838)年～明治24(1891)年 江戸時代末期～明治時代の武士、官吏。
¶コン,徳人,幕末([没]明治24(1891)年3月15日)

松岡隣* まつおかりん
文政3(1820)年～明治31(1898)年 江戸時代末期～明治時代の蘭学者。岡山本藩に出仕、兵学館で兵学・砲術を教授、のち新政府に出仕。
¶幕末([生]文政3(1820)年1月7日 [没]明治31(1898)年1月19日)

松岡蘆堤* まつおかろてい
文化12(1815)年～明治19(1886)年 江戸時代末期～明治時代の教育家。漫遊を好み、九州から東北まで足跡は全国にわたる。福山で私塾を開き、徒弟を指導。
¶幕末([生]文化12(1815)年2月15日 [没]明治19(1886)年6月22日)

松尾上野* まつおこうずけ
弘化2(1845)年～明治27(1894)年 江戸時代末期～明治時代の非蔵人。文久政変で参朝停止。王政復古には薩摩藩の清所門警衛に協力。
¶幕末([生]弘化2(1845)年1月17日 [没]明治27(1894)年12月24日)

松尾新兵衛 まつおしんひょうえ
安土桃山時代～江戸時代前期の長宗我部元親・盛親の家臣。
¶大坂

松尾相永 まつおすけなが
⇒松尾但馬(まつおたじま)

松尾宗二* まつおそうじ
延宝5(1677)年～宝暦2(1752)年 [別]松尾宗二(まつおそうに) 江戸時代中期の茶匠。松尾家6代、松尾流の祖。
¶コン

松尾宗二 まつおそうに
⇒松尾宗二(まつおそうじ)

松尾但馬* まつおたじま
文政11(1828)年～明治10(1877)年 [別]松尾相永(まつおすけなが) 江戸時代末期～明治時代の非蔵人。会津攻撃に参画。
¶幕末([没]明治10(1877)年12月)

松尾多勢 まつおたせ
⇒松尾多勢子(まつおたせこ)

松尾多勢子* まつおたせこ
文化8(1811)年～明治27(1894)年6月10日 [別]松尾多勢(まつおたせ) 江戸時代末期～明治時代の勤王家。岩倉具視の信頼を受け国事に奔走。
¶江人,江表(多勢子(長野県)),コン,女史,全幕,幕末([生]文化8(1811)年5月25日)

松尾信賢* まつおのぶかた
生没年不詳 戦国時代の甲斐守護武田信昌の四男。
¶武田

松尾信是* まつおのぶこれ
?～元亀2(1571)年 戦国時代の武士。武田氏家臣。
¶武田([没]元亀2(1571)年3月10日)

松尾信俊 まつおのぶとし
⇒河窪信俊(かわくぼのぶとし)

松尾芭蕉* まつおばしょう
正保1(1644)年～元禄7(1694)年 [別]桃青(とうせい),芭蕉(ばしょう) 江戸時代前期の俳諧師。侘び・さびを基調とした蕉門俳諧を確立。元禄文化における代表的作家の一人。紀行文・俳文作家としても成功をおさめる。句集に「猿蓑」、紀行文に「笈の小文」「奥の細道」「野ざらし紀行」など。
¶浮絵(芭蕉 ばしょう [生]寛永21(1644)年),江人(芭蕉 ばしょう),コン,詩作([没]元禄7(1694)年10月12日),思想(芭蕉 ばしょう),徳将,日文,俳文(芭蕉

ばしょう [没]元禄7(1694)年10月12日),山小(芭蕉 ばしょう [没]1694年10月12日)

松尾平助 まつおへいすけ
江戸時代後期の和算家、篠山藩士。
¶数学

松尾伯耆* まつおほうき
文政12(1829)年〜明治12(1879)年 江戸時代末期〜明治時代の非蔵人、宮内権少丞。国事御用掛として活躍していたが、文久政変で参朝停止。神祇官権判事などを歴任。
¶幕末([没]明治12(1879)年11月13日)

松尾安信* まつおやすのぶ
生没年不詳 江戸時代後期の和算家。
¶数学

松尾若狭 まつおわかさ
安土桃山時代の高天神籠城衆。
¶武田([生]? [没]天正9(1581)年3月22日)

松枝不入* まつがえふにゅう
[別]松枝不入(まつえふにゅう) 江戸時代末期の漆工。
¶美工(生没年不詳)

松賀紫塵の母 まつがしじんのはは★
江戸時代中期の女性。俳諧。紫塵は平藩主内藤家家老松賀族之助で、風虎門。元禄4年刊、斎部路通編『俳諧勧進牒』に載る。
¶江表(松賀紫塵の母(福島県))

松島侍従 まつがしまじじゅう
⇒蒲生氏郷(がもううじさと)

松風助右衛門 まつかぜすけえもん
江戸時代前期の幕臣。
¶徳人(生没年不詳)

松風正晨 まつかぜまさとき
江戸時代前期〜中期の代官。
¶徳代([生]貞享2(1685)年 [没]延享4(1747)年2月19日)

松風・村雨* まつかぜ・むらさめ
説話上の姉妹。
¶コン

松方袈裟子* まつかたけさこ
?〜弘化2(1845)年10月 江戸時代後期の女性。政治家松方正義の母。
¶幕末(生没年不詳)

松方正義* まつかたまさよし
天保6(1835)年2月25日〜大正13(1924)年7月2日 江戸時代末期〜明治時代の鹿児島藩士、政治家、財政家、民部大丞、首相。渡欧し財政を学び、西南戦争後にデフレ・増税政策の松方財政を推進。
¶コン,幕末,山小([生]1835年2月25日 [没]1924年7月2日)

松川軍兵衛 まつかわぐんひょうえ
安土桃山時代の信濃国安曇郡松川の土豪。仁科氏の被官。
¶武田(生没年不詳)

松川重明 まつかわしげあき
⇒松川弁之助(まつかわべんのすけ)

松川正右衛門尉 まつかわしょうえもんのじょう
安土桃山時代の信濃国安曇郡松川の土豪。仁科氏の被官。
¶武田(生没年不詳)

松川道文 まつかわどうぶん
安土桃山時代の信濃国安曇郡松川の土豪。仁科氏の被官。
¶武田(生没年不詳)

松川半山* まつかわはんざん
文政1(1818)年〜明治15(1882)年 江戸時代末期〜明治時代の画家。風景画、人物画を得意とし、暁鐘成、大蔵永常の著書の挿し絵を描いた。
¶浮絵([没]明治15(1882)年11月22日),幕末([没]明治15(1882)年10月22日),美画([没]明治15(1882)年10月22日)

松川弁之助* まつかわべんのすけ
享和2(1802)年〜明治9(1876)年 [別]松川重明(まつかわしげあき) 江戸時代末期〜明治時代の北海道開拓家。箱館近辺の開墾を行い、五稜郭の土木工事を担当。樺太の漁場経営も担当。
¶コン(松川重明 まつかわしげあき),幕末([生]享和2(1802)年4月9日 [没]明治9(1876)年7月27日)

松川宝作 まつかわほうさく
⇒宝田寿助(たからだじゅすけ)

松貫四〔1代〕* まつかんし
?〜寛政10(1798)年5月25日 江戸時代中期の浄瑠璃作者。江戸市村座の芝居茶屋菊屋の主人。
¶コン(代数なし 生没年不詳)

松木乙児* まつきおつじ
享保9(1724)年〜明和9(1772)年 [別]乙児(おつじ) 江戸時代中期の俳人。
¶俳文(乙児 おつじ [没]明和9(1772)年4月5日)

松木勝成 まつきかつなり
江戸時代前期の代官、勘定奉行。
¶徳代([生]? [没]延宝8(1680)年9月4日)

松木竿秋* まつきかんしゅう
*〜明和9(1772)年 [別]竿秋(かんしゅう) 江戸時代中期の俳人。
¶俳文(竿秋 かんしゅう [生]元禄8(1695)年 [没]安永1(1772)年9月10日)

松木吉三 まつききちぞう
安土桃山時代の下山郷の細工職人頭。穴山氏に仕えた甲冑職人。
¶武田(生没年不詳)

松木浄成 まつききよなり
江戸時代前期の甲斐国代官。
¶徳代([生]? [没]寛永18(1641)年6月22日/18日)

松木珪琳(1) まつきけいりん
戦国時代の武田家の蔵前衆。甲府城下の商人。
¶武田(生没年不詳)

松木珪琳*(2) まつきけいりん
?〜寛保2(1742)年 [別]珪琳(けいりん) 江戸時代中期の俳人。
¶俳文(珪琳 けいりん [生]貞享1(1684)年 [没]寛保2(1742)年6月28日)

松木源十郎 まつきげんじゅうろう
戦国時代の甲州金座の筆頭。
¶武田(生没年不詳)

松木弘庵 まつきこうあん
⇒寺島宗則(てらしまむねのり)

松木栄彦 まつきさかひこ
⇒度会栄彦(わたらいしげひこ)

松木荘左衛門* まつきしょうざえもん
寛永2(1625)年〜慶安5(1652)年5月16日 閻松木長操(まつきちょうそう、まつきながもち、まつのきちょうそう)、松木庄左衛門(まつのきしょうざえもん) 江戸時代前期の若狭小浜藩百姓一揆の指導者。
¶江人(④1625年?) ②1652年?)、コン(②承応1(1652)年)、山小(松木長操 まつきちょうそう ②1652年5月16日)

松木二郎三郎* (松木次郎三郎) まつきじろうさぶろう
生没年不詳 戦国時代の武田氏の金座役人、在郷商人。
¶武田(松木次郎三郎)

松木清太 まつきせいた
江戸時代中期〜後期の和算家。
¶数学(④安永2(1773)年 ⑱弘化1(1844)年)

松木善三郎 まつきぜんざぶろう
戦国時代〜安土桃山時代の商人。
¶武田(生没年不詳)

松木善明 まつきぜんめい
戦国時代の甲府城下の御用商人。
¶武田(生没年不詳)

松木高彦* まつきたかひこ
貞享3(1686)年〜宝暦3(1753)年8月8日 江戸時代前期〜中期の神職。
¶公家(高彦〔伊勢外宮禰宜 度会氏〕 たかひこ)

松木忠継 まつきただつぐ
江戸時代前期の代官。
¶徳代(④? ⑱明暦1(1655)年)

松木忠次 まつきただつぐ
安土桃山時代〜江戸時代前期の代官。
¶徳代(④天正10(1582)年 ②承応3(1654)年7月15日)

松木忠成 まつきただなり
江戸時代前期の代官。
¶徳代(④? ②元和2(1616)年2月17日)

松木淡々* まつきたんたん
延宝2(1674)年〜宝暦11(1761)年 閻淡々(たんたん) 江戸時代中期の俳人。「紀行俳談二十歌仙」を編む。
¶コン、詩作(②宝暦11(1761)年11月2日)、俳文(淡々たんたん ④? ②宝暦11(1761)年11月2日)

松木長操 まつきちょうそう
⇒松木荘左衛門(まつきしょうざえもん)

松木輝殷 まつきてるしげ
江戸時代後期〜明治時代の建築家。
¶美建(④天保14(1843)年 ②明治44(1911)年9月)

松木智彦 まつきともひこ
⇒度会智彦(わたらいともひこ)

松木長操 まつきながもち
⇒松木荘左衛門(まつきしょうざえもん)

松木条子 まつきのじょうし
江戸時代前期の女性。後西天皇の宮人。
¶天皇(生没年不詳)

松木言彦 まつきのぶひこ
⇒度会言彦(わたらいことひこ)

松木範彦 まつきのりひこ
⇒度会範彦(わたらいのりひこ)

松木宗顕 まつきむねあき
万治1(1658)年12月10日〜享保13(1728)年4月28日 閻松木宗顕(まつきのきむねあき) 江戸時代前期〜中期の公家(内大臣)。内大臣松木宗条の子。
¶公卿、公家(宗顕〔松木家〕 むねあき)

松木宗清 まつきむねきよ
生没年不詳 戦国時代の今川領国の商人。
¶武田

松木宗長* まつきむねなが
宝永7(1710)年9月1日〜安永7(1778)年1月19日 江戸時代中期の公家(准大臣)。内大臣松木宗顕の次男。
¶公卿、公家(宗長〔松木家〕 むねなが)

松木宗徳 まつきむねのり
天明2(1782)年9月20日〜文政10(1827)年5月21日 江戸時代後期の公家(参議)。正四位下・右中将松木宗章の子。
¶公卿、公家(宗徳〔松木家〕 むねのり)

松木宗房 まつきむねふさ
天文6(1537)年〜文禄2(1593)年6月7日 閻松木宗満(まつのきむねみつ) 安土桃山時代の公卿(権中納言)。権大納言飛鳥井雅教の子。
¶公卿(松木宗満 まつのきむねみつ)、公家(宗満〔松木家〕 むねみつ)

松木宗藤 まつきむねふじ
延徳2(1490)年〜? 閻松木宗藤(まつのきむねふじ) 戦国時代の公卿(権中納言)。権大納言松木宗綱の子。
¶公卿(まつのきむねふじ)、公家(宗藤〔松木家〕 むねふじ)

松木宗美 まつきむねよし
元文5(1740)年10月12日〜天明8(1788)年10月14日 江戸時代中期の公家(権大納言)。准大臣松木宗長の子。
¶公卿、公家(宗美〔松木家〕 むねよし)

松木与三左衛門* (松木与左衛門) まつきよざえもん
?〜元亀1(1570)年 戦国時代の豪商。
¶コン(松木与左衛門 生没年不詳)

松隈謙* まつくまけん
天保3(1832)年〜明治25(1892)年 江戸時代末期〜明治時代の教育家。藩校集成館の教授を経て、維新後は漢学二等教師に任じられ、私塾も開く。
¶幕末

松倉勝家* まつくらかついえ
慶長2(1597)年〜寛永15(1638)年 江戸時代前期の大名。肥前島原藩主。
¶江人、コン(④?)

松倉重信* まつくらしげのぶ
天文7(1538)年〜文禄2(1593)年 安土桃山時代の武将。筒井順慶の臣。
¶全戦(生没年不詳)

松倉重政* まつくらしげまさ
?〜寛永7(1630)年 安土桃山時代〜江戸時代前期の大名。肥前島原藩主、大和五条藩主。

¶江人, コン, 対外

松倉恂　まつくらじゅん
⇒松倉恂（まつくらまこと）

松倉恂*　まつくらまこと
文政10（1827）年～明治37（1904）年　[別]松倉恂（まつくらじゅん）　江戸時代末期～明治時代の仙台藩士。軍艦奉行・兵器奉行を兼ね、横浜で武器を調達運搬させた。二分金の鋳造も行う。のち仙台区長。
¶幕末（まつくらじゅん　[没]明治37（1904）年5月2日）

松倉嵐蘭　まつくららんらん
⇒嵐蘭（らんらん）

まつ子(1)　まつこ★
江戸時代後期の女性。和歌。松代藩藩士窪田惣右衛門の妻。文化6年木島菅麿編「松廼百枝」に載る。
¶江表（まつ子（長野県））

まつ子(2)　まつこ★
江戸時代後期の女性。和歌。陸奥福島藩主板倉勝承の娘。寛政10年跋、真田幸弘の六〇賀集「千とせの寿詞」に載る。
¶江表（まつ子（兵庫県））

まつ子(3)　まつこ★
江戸時代末期～明治時代の女性。和歌・書。大河内氏。本庄宗秀の継室。
¶江表（まつ子（京都府））

松子(1)　まつこ★
江戸時代中期の女性。和歌。旗本柳生十兵衛三厳の娘。享保6年序、跡部良顕著『伊香保紀行』に載る。
¶江表（松子（東京都））

松子(2)　まつこ★
江戸時代中期の女性。和歌。前橋藩主酒井忠挙の家臣遠山平右衛門頼永の娘。元禄16年刊、植山検校江民軒梅之ほか編『歌林尾花末』に載る。
¶江表（松子（群馬県））

松子(3)　まつこ★
江戸時代中期の女性。和歌。出雲松江の佐太神社神官来目与雄の妻。正徳1年跋、勝部芳房編『佐陀大社奉納神始言吹草』に載る。
¶江表（松子（島根県））

松子(4)　まつこ★
江戸時代後期の女性。和歌。幕臣、小姓組柘植清左衛門盈孝の娘。文政4年の「詩仙堂募集和歌」に載る。
¶江表（松子（東京都））

松子(5)　まつこ★
江戸時代後期の女性。和歌。出雲松江藩士高木佐五左右衛門の妻。嘉永4年刊、鈴木高鞆編『類題玉石集』下に載る。
¶江表（松子（島根県））

松子(6)　まつこ★
江戸時代後期の女性。和歌。筑前鞍手郡新北村の神官金川長門政文の娘。「岡県集」に載る。
¶江表（松子（福岡県））

松子(7)　まつこ★
江戸時代後期の女性。和歌。筑前糠塚村の庄屋二村正作重親の娘。「岡県集」に載る。
¶江表（松子（福岡県））

松子(8)　まつこ★
江戸時代末期の女性。和歌。伊勢佐倉の庄屋佐野正路の娘。安政5年序、佐々木弘綱編『類題千船集』初・上に載る。
¶江表（松子（三重県））

松子(9)　まつこ★
江戸時代末期の女性。狂歌。大坂の人。文久2年刊、雪の門春見ほか編『狂歌三都集』に載る。
¶江表（松子（大阪府））

松子(10)　まつこ★
江戸時代末期の女性。和歌。松林氏。慶応2年序、村上忠順編『元治元年千首』に載る。
¶江表（松子（島根県））

松子(11)　まつこ★
江戸時代末期～明治時代の女性。歌人。
¶江表（松子（宮崎県））

万つ子　まつこ★
江戸時代末期の女性。和歌。川越藩の奥女中。安政3年序、井上文雄編『摘英集』に載る。
¶江表（万つ子（埼玉県））

万都子　まつこ★
江戸時代後期の女性。和歌。日向佐土原藩主島津久柄の娘。文政5年の「玉露童女追悼集」に載る。
¶江表（万都子（大分県））

萬鶴子　まつこ★
江戸時代末期～明治時代の女性。和歌。備前岡山藩天城領領主池田政孝の娘。
¶江表（萬鶴子（岡山県）　[没]明治4（1871）年）

松坂久斎　まつざかきゅうさい
江戸時代後期～末期の幕臣。
¶徳人（生没年不詳）

松坂三内　まつざかさんない
江戸時代後期～末期の会津藩士。
¶全幕（[生]文政9（1826）年？　[没]文久3（1863）年）

松坂少将　まつざかしょうしょう
⇒蒲生氏郷（がもううじさと）

松坂鯛二*　まつざかたいじ
嘉永3（1850）年～明治15（1882）年　[別]日野重治（ひのしげはる）　江戸時代末期～明治時代の会津藩士。父の仇敵藪内極人を斬殺、仇討ちを成就。台湾征討、西南戦争に従軍。
¶幕末（[没]明治15（1882）年6月18日）

松坂局*　まつざかのつぼね
慶長3（1598）年頃～元禄1（1688）年頃　江戸時代前期～中期の女性。2代将軍徳川秀忠の娘天樹院の侍女。
¶江表（松坂局（東京都）　[生]慶長3（1598）年　[没]元禄1（1688）年）

松坂則方　まつざかのりかた
江戸時代後期の代官。
¶徳代（生没年不詳）

松崎明*　まつざきあきら
寛政8（1796）年～明治9（1876）年　江戸時代末期～明治時代の医師。
¶幕末

松崎観海*　まつざきかんかい
享保10（1725）年5月4日～安永4（1775）年12月23日

江戸時代中期の漢学者。
¶コン, 対外

松崎寛良* まつざきかんりょう
寛政2(1790)年～文久1(1861)年 江戸時代末期の医師。
¶幕末([没]文久1(1861)年5月29日)

松崎圭学 まつざきけいがく
江戸時代末期の和算家。奥州赤沼村の人。慶応3年算額を奉納。
¶数学

松崎慊堂* まつざきこうどう
明和8(1771)年9月27日～天保15(1844)年4月21日 江戸時代後期の儒学者、遠江掛川藩儒。
¶江人, コン([没]弘化1(1844)年), 詩作([没]弘化1(1844)年4月21日), 思想([没]弘化1(1844)年)

松崎静馬* まつざきしずま
江戸時代末期の新撰組隊士。
¶新隊(生没年不詳)

松崎渋右衛門 まつざきしぶえもん
⇒松崎渋右衛門(まつざきじゅうえもん)

松崎渋右衛門* まつざきじゅうえもん
文政10(1827)年～明治2(1869)年 [別]松崎渋右衛門(まつざきしぶえもん) 江戸時代末期～明治時代の讃岐高松藩士。安政の大獄で幽居。のち執政となるが佐幕派に暗殺された。
¶コン, 幕末(まつざきしぶえもん [没]明治2(1869)年9月8日)

松崎春堂* まつざきしゅんどう
文化6(1809)年～元治1(1864)年 江戸時代末期の産科医。
¶幕末([没]元治1(1864)年11月18日)

松崎四郎兵衛 まつざきしろ(う)びょうえ
江戸時代前期の伊東長次の家人。後に、肥後細川家に仕えた。
¶大坂

松崎仙石 まつざきせんせき
江戸時代後期～明治時代の陶工。
¶美工([生]天保12(1841)年2月 [没]明治43(1910)年6月)

松崎藤十郎昌道の母 まつざきとうじゅうろうまさみちのはは★
江戸時代後期の女性。和歌。昌道は本所住の幕臣、西の丸の小姓組。文政7年頃成立の「玉霞童女追悼集」に載る。
¶江表(松崎藤十郎昌道の母(東京都))

松崎行乗 まつざきゆきのり
江戸時代後期の和算家。三州寺領村の人。寛政1年算額を奉納。
¶数学

松崎蘭谷* まつざきらんこく
延宝2(1674)年～享保20(1735)年 江戸時代中期の儒学者。
¶コン

松沢 まつざわ★
江戸時代の女性。和歌。長門長州藩の奥女中。明治11年刊、近藤芳樹編『薫風集』に載る。
¶江表(松沢(山口県))

松沢乙造* まつざわおとぞう
江戸時代末期の新撰組隊士。
¶新隊(生没年不詳)

松沢弾治* まつざわだんじ
嘉永4(1851)年～? 江戸時代後期～末期の新撰組隊士。
¶新隊

松沢信義* まつざわのぶよし
生没年不詳 江戸時代後期の和算家。
¶数学

松沢もと子* まつざわもとこ
?～明治12(1879)年5月23日 江戸時代末期～明治時代の女性。信濃国諏訪の国学者松沢義章の妻。
¶江表(もと(長野県))

松沢義章* まつざわよしあきら
寛政3(1791)年～万延2(1861)年 江戸時代末期の国学者。
¶コン([没]文久1(1861)年)

松沢老泉* まつざわろうせん
明和6(1769)年～文政5(1822)年3月13日 江戸時代中期～後期の出版人。
¶出版

松下昭永 まつしたあきなが
江戸時代中期～後期の幕臣。
¶徳人([生]1721年 [没]1797年)

松下興昌 まつしたおきまさ
江戸時代後期の和算家。
¶数学

松下加兵衛 まつしたかへい
江戸時代後期～末期の幕臣。
¶徳人(生没年不詳)

松下勘左衛門 まつしたかんざえもん
安土桃山時代～江戸時代前期の代官。
¶徳代(生没年不詳)

松下元芳* まつしたげんぽう
天保2(1831)年～明治2(1869)年 [別]松下元芳(まつしたもとよし) 江戸時代末期の医師。
¶幕末([没]明治2(1869)年12月9日)

松下見林* まつしたけんりん
寛永14(1637)年～元禄16(1703)年12月7日 江戸時代前期～中期の歴史家。古林見宜に入門。
¶コン, 思想, 対外

松下伊長 まつしたこれなが
戦国時代～安土桃山時代の代官。
¶徳代([生]天文17(1548)年 [没]慶長5(1600)年8月1日)

松下三郎左衛門* まつしたさぶろうざえもん
生没年不詳 戦国時代の武士。後北条氏家臣。
¶後北(三郎左衛門〔松下〕 さぶろうざえもん)

松下三光〔1代〕* まつしたさんこう
文化3(1806)年～明治2(1869)年 江戸時代末期の尾張常滑の陶工。
¶美工

松下重綱* まつしたしげつな
天正7(1579)年～寛永4(1627)年 安土桃山時代～江戸時代前期の大名。陸奥二本松藩主、下野烏山藩主、常陸小張藩主。

ま

¶コン

松下助四郎* まつしたすけしろう
　嘉永2(1849)年〜?　江戸時代末期の鹿児島県士族。
　　¶幕末

松下正直 まつしたせいちょく
　江戸時代前期の代官。
　　¶徳代(生没年不詳)

松下清兵衛 まつしたせいべえ
　江戸時代前期の幕臣。
　　¶徳人(⑮?　㊦1636年)

松下禅尼* まつしたぜんに
　生没年不詳　鎌倉時代前期の女性。北条時頼の母。
　　¶コン, 女史, 内乱

松下千代 まつしたちよ
　寛政11(1799)年〜明治5(1872)年　江戸時代末期〜明治時代の不二道指導者。燃料の節約できる「お千代籠」を工夫、種もみなども改良。
　　¶江表(千代(長野県))

松下鉄馬* まつしたてつま
　天保6(1835)年〜元治1(1864)年　江戸時代末期の志士。
　　¶幕末(㊦元治1(1865)年12月26日)

松下正亮 まつしたまさあきら
　江戸時代中期〜後期の幕臣、美濃郡代。
　　¶徳人(生没年不詳), 徳代(⑮宝暦2(1752)年　㊦?)

松下当恒 まつしたまさつね
　江戸時代前期〜中期の幕臣。
　　¶徳人(⑮1684年　㊦1734年)

松下順久* まつしたまさひさ
　慶安4(1651)年〜享保5(1720)年5月7日　江戸時代前期〜中期の神職。
　　¶公家(順久〔賀茂社社家 賀茂県主〕　よりひさ)

松下元芳 まつしたもとよし
　⇒松下元芳(まつしたげんぽう)

松下安綱 まつしたやすつな
　戦国時代〜江戸時代前期の代官。もと浜松の二諦坊住職。
　　¶徳代(⑮永禄1(1558)年　㊦寛永1(1624)年7月13日)

松下保綱 まつしたやすつな
　江戸時代中期〜後期の幕臣。
　　¶徳人(⑮1755年　㊦1838年)

松下之勝 まつしたゆきかつ
　安土桃山時代〜江戸時代前期の幕臣。
　　¶徳人(⑮1572年　㊦1644年)

松島 (1)　まつしま
　安土桃山時代の信濃国伊那郡松島城主。松島満清の子か孫。
　　¶武田(生没年不詳)

松島* (2)　まつしま
　生没年不詳　江戸時代中期の女性。大奥年寄。
　　¶徳将

松島 (3)　まつしま*
　江戸時代後期の女性。狂歌。郡山の芸妓。生花斎照道編『江戸砂子紅塵集』に載る。

¶江表(松島(福島県))

松島 (4)　まつしま*
　江戸時代後期の女性。俳諧。越前金津の人。寛政9年刊、加藤甫文編『葉月のつゆ』に載る。
　　¶江表(松島(福井県))

松島 (5)　まつしま*
　江戸時代後期の女性。狂歌。遊女。豪商鉄屋の採撰亭直古編『俳諧歌後風月集』に載る。
　　¶江表(松島(静岡県))

松島吉三郎 まつしまきちさぶろう
　⇒市川八百蔵〔1代〕(いちかわやおぞう)

松島剛蔵* まつしまごうぞう
　文政8(1825)年〜元治1(1864)年　江戸時代末期の長州(萩)藩士。同藩水軍の担い手。
　　¶コン, 幕末(⑮文政8(1825)年3月6日　㊦慶応1(1865)年12月19日)

松島授三郎* まつしまじゅさぶろう
　天保7(1836)年〜明治31(1898)年　江戸時代末期〜明治時代の実業家。天竜川堤防決壊の被害農民救済に奔走。西遠農学社を創立。
　　¶幕末

松島庄五郎〔1代〕* まつしましょうごろう
　生没年不詳　江戸時代中期の長唄方。
　　¶江人(――〔1世〕)

松島てうふ〔1代〕 まつしまちょうふ
　⇒桜田治助〔2代〕(さくらだじすけ)

松島鶴松 まつしまつるまつ
　⇒中村粂太郎〔3代〕(なかむらくめたろう)

松島半次〔1代〕 まつしまはんじ
　⇒桜田治助〔2代〕(さくらだじすけ)

松島備後守 まつしまびんごのかみ
　戦国時代の武田氏の家臣。
　　¶武田(生没年不詳)

松島房次郎 まつしまふさじろう
　江戸時代後期の彫師。天保から嘉永年間頃。
　　¶浮絵

松島豊前守 まつしまぶぜんのかみ
　戦国時代〜安土桃山時代の武田氏の家臣。
　　¶武田(生没年不詳)

松島満清 まつしまみつきよ
　戦国時代の武田氏の家臣。
　　¶武田(生没年不詳)

松島巳之助 まつしまみのすけ
　⇒市川蝦十郎〔4代〕(いちかわえびじゅうろう)

松島八百蔵 まつしまやおぞう
　⇒市川八百蔵〔1代〕(いちかわやおぞう)

松島陽助〔1代〕 まつしまようすけ
　⇒桜田治助〔2代〕(さくらだじすけ)

まつ女 (1)　まつじょ*
　江戸時代後期の女性。俳諧。嘉永6年刊、笠庵鳥吟編『俳家古今墨蹟集』に新吉原大門住として載る。
　　¶江表(まつ女(東京都))

まつ女 (2)　まつじょ*
　江戸時代後期の女性。俳諧。飯田の人。享和1年刊、俳人桜井蕉雨編『鶴芝』五に載る。

¶江表（まつ女（長野県））

まつ女(3)　まつじょ★
江戸時代後期の女性。和歌。遠江掛川の内藤郡平の妻。
¶江表（まつ女（静岡県）　[没]天保14（1843）年）

松女(1)　まつじょ★
江戸時代中期の女性。俳諧。享保11年序、兎路撰『姫の式』に南部松女として載る。
¶江表（松女（岩手県））

松女(2)　まつじょ★
江戸時代後期の女性。俳諧。本宮の人。越前屋関本巨石の寛政期頃の遊行記『伊達行』に載る。
¶江表（松女（福島県））

松女(3)　まつじょ★
江戸時代後期の女性。俳諧。相模三崎の人。文化2年刊、花城編、咫尺斎寥和追善集『復古集』に載る。
¶江表（松女（神奈川県））

松女(4)　まつじょ★
江戸時代末期の女性。俳諧。上八丁の人。安政6年成立、峰村時彦編『千まつ集』に載る。
¶江表（松女（長野県））

松女(5)　まつじょ★
江戸時代末期の女性。俳諧。越後妻有の翠松庵閑得の妻。安政5年刊、松岡茶山編『北越俳諧人銘録』に載る。
¶江表（松女（新潟県））

松女(6)　まつじょ★
江戸時代末期の女性。和歌。尾張津島の矢野氏。安政4年刊、富樫広蔭編『千百人一首』上に載る。
¶江表（松女（愛知県））

松女(7)　まつじょ★
江戸時代末期の女性。和歌。三河岡崎の歌人石川千濤の娘。文久1年序、村上忠順編『類題和歌玉藻集』二に載る。
¶江表（松女（愛知県））

まつ女子　まつじょし★
江戸時代末期の女性。俳諧。慶応1年序、一葉舎主人編、波月亭花雪追善句画集『花吹雪』の狩野晏川貴信筆の舞楽「青海波」の画に句を添える。
¶江表（まつ女子（東京都））

松代伊兵衛＊　まつしろいへい
文化5（1808）年～明治19（1886）年　[別]松代伊兵衛（まつしろいへえ）　江戸時代末期～明治時代の篤行者。
¶幕末（まつしろいへえ　[生]文化5（1808）年9月20日　[没]明治19（1886）年9月3日）

松代伊兵衛　まつしろいへえ
⇒松代伊兵衛（まつしろいへい）

松園梅彦　まつぞのうめひこ
⇒文亭梅彦（ぶんていうめひこ）

松田敦朝＊　まつだあつとも
天保8（1837）年～明治36（1903）年　[別]玄々堂〔2代〕（げんげんどう），松田緑山（2代玄々堂）（まつだりょくざん），松田緑山（まつだろくざん）　江戸時代末期・明治時代の銅版画家。
¶浮絵（玄々堂〔2代〕　げんげんどう），コン（生没年不詳），美画（松田緑山　まつだろくざん　[生]天保8（1837）年2月4日　[没]明治36（1903）年10月21日）

松田市太夫＊　まつだいちだゆう
文政7（1824）年～文久3（1863）年　江戸時代末期の志士。
¶幕末（[没]文久3（1863）年2月2日）

松田因幡　まつだいなば
⇒松田因幡守（まつだいなばのかみ）

松田因幡守＊　まつだいなばのかみ
生没年不詳　[別]松田因幡（まつだいなば）　戦国時代の武士。後北条氏家臣。
¶後北（因幡守〔松田〕　いなばのかみ）

松平昭訓＊　まつだいらあきくに
嘉永1（1848）年～＊　江戸時代末期の水戸藩公子。
¶幕末（[生]嘉永1（1849）年12月29日　[没]文久3（1864）年11月23日）

松平明矩　まつだいらあきのり
⇒松平義知（まつだいらよしちか）

松平浅五郎＊　まつだいらあさごろう
享保1（1716）年9月1日～享保11（1726）年11月11日　江戸時代中期の大名。美作津山藩主。
¶徳松

松平家清＊　まつだいらいえきよ
永禄9（1566）年～慶長15（1610）年　安土桃山時代～江戸時代前期の武将、大名。武蔵八幡山領主、三河吉田藩主。
¶徳松

松平家忠＊(1)　まつだいらいえただ
？～天正9（1581）年11月1日　戦国時代の武将。今川氏家臣。
¶徳松（[生]1556年）

松平家忠＊(2)　まつだいらいえただ
＊～天正10（1582）年　安土桃山時代の武将。徳川家康に仕える。
¶コン（[生]天文17（1548）年），徳松（[生]1547年）

松平家忠＊(3)　まつだいらいえただ
弘治1（1555）年～慶長5（1600）年　[別]家忠（いえただ）　安土桃山時代の武将。伏見城番。
¶コン，全戦，徳松，俳文（家忠　いえただ　[没]慶長5（1600）年7月晦日）

松平家次＊　まつだいらいえつぐ
？～永禄6（1563）年　戦国時代の武士。松平氏家臣。
¶徳松（生没年不詳）

松平家信＊　まつだいらいえのぶ
永禄8（1565）年～寛永15（1638）年　安土桃山時代～江戸時代前期の大名。下総佐倉藩主、三河形原藩主、摂津高槻藩主。
¶コン，徳松

松平家乗＊　まつだいらいえのり
天正3（1575）年～慶長19（1614）年　安土桃山時代～江戸時代前期の武将、大名。上野那波領主、美濃岩村藩主。
¶徳松

松平家広(1)　まつだいらいえひろ
戦国時代～安土桃山時代の武将。形原城城主。
¶徳松（[生]？　[没]1571年）

松平家広＊(2)　まつだいらいえひろ
天正5（1577）年～慶長6（1601）年6月14日　安土桃

山時代の武将、大名。武蔵松山城主。桜井松平氏。
¶徳松

松平家康　まつだいらいえやす
⇒徳川家康（とくがわいえやす）

松平一伯　まつだいらいっぱく
⇒松平忠直（まつだいらただなお）

松平栄助*　まつだいらえいすけ
嘉永2（1849）年～？　[別]長沢政之丞（ながさわまさのすけ）　江戸時代後期～末期の新撰組隊士。
¶新隊（長沢政之丞　ながさわまさのすけ）

松平確堂　まつだいらかくどう
⇒松平斉民（まつだいらなりたみ）

松平景忠*　まつだいらかげただ
天文10（1541）年～文禄2（1593）年　安土桃山時代の武士。徳川氏家臣。
¶徳松（[生]1542年）

ま

松平上総介　まつだいらかずさのすけ
⇒松平忠敏（まつだいらただとし）

松平一生*　まつだいらかずなり
元亀1（1570）年～慶長9（1604）年　安土桃山時代の武将、大名。上野三蔵領主、下野板橋城主。
¶徳松

松平容住*　まつだいらかたおき
安永8（1779）年～文化3（1806）年　江戸時代中期～後期の大名。陸奥会津藩主。
¶徳松（[生]1778年　[没]1805年）

松平容貞*　まつだいらかたさだ
享保9（1724）年～寛延3（1750）年　江戸時代中期の大名。陸奥会津藩主。
¶徳松

松平容敬*　まつだいらかたたか
*～嘉永5（1852）年　江戸時代末期の大名。陸奥会津藩主。
¶徳松（[生]1803年）

松平容頌*　まつだいらかたのぶ
寛保4（1744）年～文化2（1805）年7月29日　江戸時代中期～後期の大名。陸奥会津藩主。
¶コン（[生]延享1（1744）年），徳松，山小（[生]1744年1月9日　[没]1805年7月29日）

松平容衆*　まつだいらかたひろ
享和3（1803）年9月15日～文政5（1822）年2月29日　江戸時代後期の大名。陸奥会津藩主。
¶徳松

松平賢房*（松平堅房）　まつだいらかたふさ
享保19（1734）年～安永2（1773）年　江戸時代中期の大名。越後糸魚川藩主。
¶徳松（松平堅房）

松平容保*　まつだいらかたもり
天保6（1835）年12月29日～明治26（1893）年12月5日　江戸時代末期～明治時代の会津藩主、日光東照宮宮司。尊攘派一掃の策で新撰組を配下に幕末の京都を警護。禁門の変で長州征討。
¶江人，コン，全幕，徳将，徳松，幕末（[生]天保6（1836）年12月29日），山小（[生]1835年12月29日　[没]1893年12月5日）

松平勝成　まつだいらかつしげ
⇒久松勝成（ひさまつかつしげ）

松平勝茂　まつだいらかつしげ
戦国時代の武将。松平郷松平家第5代当主。
¶徳松（[生]？　[没]1533年）

松平勝隆*　まつだいらかつたか
天正17（1589）年～寛文6（1666）年　江戸時代前期の大名。上総佐貫藩主。
¶コン，徳松

松平勝全*　まつだいらかつたけ
寛延3（1750）年～寛政8（1796）年　江戸時代中期の大名。下総多古藩主。
¶徳松

松平勝尹*　まつだいらかつただ
正徳3（1713）年～明和5（1768）年　江戸時代中期の大名。下総多古藩主。
¶徳松

松平勝道　まつだいらかつつね
⇒松平勝道（まつだいらかつみち）

松平勝慈*　まつだいらかつなり
安政2（1855）年～明治37（1904）年　江戸時代末期～明治時代の多古藩主、多古藩知事、子爵、多古町長。
¶徳松

松平勝成　まつだいらかつなり
⇒久松勝成（ひさまつかつしげ）

松平勝権*　まつだいらかつのり
文化4（1807）年～明治1（1868）年　江戸時代末期の大名。下総多古藩主。
¶徳松

松平勝久　まつだいらかつひさ
江戸時代後期～末期の幕臣。
¶徳人（生没年不詳）

松平勝房*　まつだいらかつふさ
元禄15（1702）年～延享4（1747）年　江戸時代中期の大名。下総多古藩主。
¶徳松（[没]1746年）

松平勝政　まつだいらかつまさ
安土桃山時代～江戸時代前期の武将、旗本。水野忠分の五男。
¶徳松（[生]1573年　[没]1635年）

松平勝当*　まつだいらかつまさ
？～享和1（1801）年　江戸時代中期～後期の大名。美濃高須藩主。
¶徳松（[生]1737年）

松平勝道*　まつだいらかつみち
文化10（1813）年～慶応2（1866）年　[別]松平勝道（まつだいらかつつね）　江戸時代末期の大名。伊予今治藩主。
¶徳松，幕末（[没]慶応2（1866）年9月12日）

松平勝易　まつだいらかつやす
江戸時代前期の旗本、駿府城代。勝義の次男。
¶徳松（[生]1623年　[没]1680年）

松平勝以*　まつだいらかつゆき
寛文1（1661）年～享保13（1728）年　江戸時代中期の大名。下総多古藩主。
¶徳松

松平勝行* まつだいらかつゆき
天保3(1832)年～明治2(1869)年 江戸時代末期の大名。下総多古藩主。
¶徳松

松平勝升* まつだいらかつゆき
安永7(1778)年～文政1(1818)年 江戸時代後期の大名。下総多古藩主。
¶徳松

松平勝義* まつだいらかつよし
江戸時代前期の武士。
¶徳松(㊤1602年 ㊦1670年)

松平勝善* まつだいらかつよし
文化14(1817)年～安政3(1856)年 江戸時代末期の大名。伊予松山藩主。
¶徳松

松平冠山 まつだいらかんざん
⇒池田定常(いけださだつね)

松平幾百女* まつだいらきおじょ
宝暦6(1756)年～文化6(1809)年 江戸時代中期～後期の女性。出雲松江藩主松平治郷の妹。
¶江表(幾百(島根県) きお)

松平清定 まつだいらきよさだ
戦国時代の武将。桜井松平家第2代当主。
¶徳松(㊤？ ㊦1543年)

松平清武* まつだいらきよたけ
寛文3(1663)年～享保9(1724)年 ㊙越智清武(おちきよたけ) 江戸時代中期の大名。上野館林藩主。
¶コン,徳将(越智清武 おちきよたけ),徳松(㊤1664年)

松平清昌 まつだいらきよまさ
安土桃山時代～江戸時代前期の幕臣。
¶徳人(㊤1593年 ㊦1655年)

松平清道* まつだいらきよみち
寛永11(1634)年～正保2(1645)年 江戸時代前期の大名。播磨姫路新田藩主。
¶徳松(㊦1644年)

松平清宗* まつだいらきよむね
天文7(1538)年～慶長10(1605)年 安土桃山時代の武士。徳川氏家臣。
¶徳松

松平清康* まつだいらきよやす
永正8(1511)年～天文4(1535)年 ㊙徳川清康(とくがわきよやす) 戦国時代の武将。徳川家康の祖父。三河を制圧。
¶コン,全戦,徳松,中世

松平清善* まつだいらきよよし
永正2(1505)年～天正15(1587)年 戦国時代～安土桃山時代の武士。徳川家康の臣。
¶徳松

松平近韶 まつだいらきんしょう
⇒松平近韶(まつだいらちかつぐ)

松平近直 まつだいらきんちょく
⇒松平近直(まつだいらちかなお)

松平君山* まつだいらくんざん
元禄10(1697)年～天明3(1783)年 江戸時代中期の漢学者。尾張の人。君山学派。
¶コン,思想,植物(㊤元禄10(1697)年3月27日 ㊦天明3(1783)年4月18日)

松平外記 まつだいらげき
？～文政6(1823)年 江戸時代中期～後期の武士。
¶徳人(㊤1791年)

松平康直 まつだいらこうちょく
⇒松井康直(まついやすなお)

松平伊忠* まつだいらこれただ
天文6(1537)年～天正3(1575)年 安土桃山時代の武士。徳川氏家臣。
¶徳松

松平伊昌* まつだいらこれまさ
安土桃山時代の武将。五井松平家第6代当主。
¶徳松(㊤1560年 ㊦1601年)

松平権十郎 まつだいらごんじゅうろう
⇒松平親懐(まつだいらちかひろ)

松平左近* まつだいらさこん
文化6(1809)年～明治1(1868)年 ㊙松平頼該(まつだいらよりかね) 江戸時代末期の讃岐高松藩士。
¶コン,幕末(㊤文化6(1809)年3月14日 ㊦慶応4(1868)年8月10日)

松平定敬* まつだいらさだあき
弘化3(1846)年～明治41(1908)年7月21日 江戸時代末期～明治時代の大名、華族。
¶コン,全幕(まつだいらさだあき(さだたか)),徳将,徳松,幕末(㊤弘化3(1846)年12月2日)

松平定昭 まつだいらさだあき
⇒久松定昭(ひさまつさだあき)

松平定章* まつだいらさだあきら
元禄13(1700)年～延享4(1747)年 ㊙松平定章(まつだいらさだあきら) 江戸時代中期の大名。伊予松山新田藩主。
¶徳松

松平定章 まつだいらさだあきら
⇒松平定章(まつだいらさだあき)

松平定和* まつだいらさだかず
文化9(1812)年～天保12(1841)年 江戸時代後期の大名。伊勢桑名藩主。
¶徳

松平定勝 まつだいらさだかつ
永禄3(1560)年～寛永1(1624)年 ㊙久松定勝(ひさまつさだかつ) 安土桃山時代～江戸時代前期の大名。遠江掛川藩主、伊勢桑名藩主、山城伏見藩主。
¶コン,徳松

松平定静* まつだいらさだきよ
享保14(1729)年閏9月23日～安永8(1779)年7月14日 ㊙久松定静(ひさまつさだきよ) 江戸時代中期の大名。伊予松山新田藩主、伊予松山藩主。
¶徳松,徳

松平定国* まつだいらさだくに
宝暦7(1757)年～文化1(1804)年 江戸時代中期～後期の大名。伊予松山藩主。
¶徳松

松平定邦* まつだいらさだくに
享保13(1728)年～寛政2(1790)年 江戸時代中期の大名。陸奥白河藩主。
¶徳松

松平定郷* まつだいらさだあさと
元禄15（1702）年～宝暦13（1763）年　江戸時代中期の大名。伊予今治藩主。
¶徳松

松平定芝* まつだいらさだしげ
寛政3（1791）年～天保8（1837）年　江戸時代後期の大名。伊予今治藩主。
¶徳松

松平定重* まつだいらさだしげ
寛永21（1644）年～享保2（1717）年　江戸時代前期～中期の大名。伊勢桑名藩主、越後高田藩主。
¶徳松

松平定喬* まつだいらさだたか
享保1（1716）年～宝暦13（1763）年　[別]久松定喬（ひさまつさだたか）　江戸時代中期の大名。伊予松山藩主。
¶徳松

松平定綱* まつだいらさだつな
文禄1（1592）年～慶安4（1651）年　江戸時代前期の大名。常陸下妻藩主、下総山川藩主、遠江掛川藩主、美濃大垣藩主、伊勢桑名藩主、山城淀藩主。
¶コン，徳松

松平定輝* まつだいらさだてる
宝永1（1704）年～享保10（1725）年　江戸時代中期の大名。越後高田藩主。
¶徳松

松平定時* まつだいらさだとき
寛永12（1635）年～延宝4（1676）年　江戸時代前期の大名。伊予今治藩主。
¶徳松

松平定基　まつだいらさだとも
⇒松平定基（まつだいらさだもと）

松平定朝* まつだいらさだとも
安永2（1773）年～安政3（1856）年　江戸時代中期～末期の武士、園芸家。
¶植物（[没]安政3（1856）年7月8日），徳人

松平定直* まつだいらさだなお
万治3（1660）年～享保5（1720）年　江戸時代中期の大名。伊予松山藩主。
¶徳松

松平定永* まつだいらさだなが
寛政3（1791）年～天保9（1838）年　江戸時代後期の大名。陸奥白河藩主、伊勢桑名藩主。
¶徳松

松平定長* まつだいらさだなが
寛永17（1640）年～延宝2（1674）年　江戸時代前期の大名。伊予松山藩主。
¶徳松

松平定功* まつだいらさだなり
享保18（1733）年～明和2（1765）年　[別]久松定功（ひさまつさだなり）　江戸時代中期の大名。伊予松山藩主。
¶徳松

松平定信* まつだいらさだのぶ
宝暦8（1758）年～文政12（1829）年　[別]白河楽翁（しらかわらくおう），松平楽翁（まつだいららくおう）　江戸時代中期～後期の大名、老中。陸奥白河藩主。11代将軍家斉のもとで寛政の改革を指導。
¶江人，コン，思想，植物（[生]宝暦8（1759）年12月27日　[没]文政12（1829）年5月13日），対外，徳将，徳松，山小（[生]1758年12月27日　[没]1829年5月13日）

松平定陳* まつだいらさだのぶ
寛文7（1667）年～元禄15（1702）年　江戸時代前期～中期の大名。伊予今治藩主。
¶徳松

松平定儀* まつだいらさだのり
延宝8（1680）年～享保12（1727）年　江戸時代中期の大名。越後高田藩主。
¶徳松

松平定教* まつだいらさだのり
安政4（1857）年4月23日～明治32（1899）年5月21日　江戸時代末期～明治時代の外交官、桑名藩主、桑名藩知事、子爵。アメリカに留学。
¶全幕，徳松，幕末

松平定則* まつだいらさだのり
寛政5（1793）年～文化6（1809）年　江戸時代後期の大名。伊予松山藩主。
¶徳松

松平定法* まつだいらさだのり
天保5（1834）年～明治34（1901）年　[別]久松定法（ひさまつさだのり）　江戸時代末期～明治時代の大名。伊予今治藩主。
¶徳松，幕末（[没]明治34（1901）年9月）

松平定英* まつだいらさだひで
元禄9（1696）年～享保18（1733）年　江戸時代中期の大名。伊予松山藩主。
¶徳松

松平定房* まつだいらさだふさ
慶長9（1604）年～延宝4（1676）年　[別]久松定房（ひさまつさだふさ）　江戸時代前期の大名。伊勢長島藩主、伊予今治藩主。
¶徳松

松平定政* まつだいらさだまさ
慶長15（1610）年～寛文12（1672）年　江戸時代前期の大名。三河刈谷藩主、伊勢長島藩主。
¶コン，徳松

松平定達*（松平定逵）　まつだいらさだみち
延宝5（1677）年～享保3（1718）年　江戸時代中期の大名。越後高田藩主。
¶徳松（松平定逵）

松平定通* まつだいらさだみち
文化1（1804）年12月9日～天保6（1835）年　[別]久松定通（ひさまつさだみち）　江戸時代後期の大名。伊予松山藩主。
¶徳松

松平定猷* まつだいらさだみち
天保5（1834）年～安政6（1859）年　[別]松平猷（まつだいらみち）　江戸時代末期の大名。伊勢桑名藩主。
¶徳松

松平定基* まつだいらさだもと
*～宝暦9（1759）年　[別]松平定基（まつだいらさだとも）　江戸時代中期の大名。伊予今治藩主。
¶徳松（[生]1686年）

松平定安* まつだいらさだやす
天保6（1835）年～明治15（1882）年　江戸時代末期

～明治時代の松江藩主。王政復古後、幕府寄りから勤王に転じた。

¶コン、全幕、徳松、幕末（㋐天保6（1835）年4月8日　㋜明治15（1882）年12月1日）

松平定休 ＊　まつだいらさだやす
宝暦2（1752）年〜文政3（1820）年　江戸時代中期〜後期の大名。伊予今治藩主。

¶徳松

松平定行 ＊　まつだいらさだゆき
天正15（1587）年〜寛文8（1668）年　江戸時代前期の大名。遠江掛川藩主、伊勢桑名藩主、伊予松山藩主。

¶徳松（㋜1667年）

松平定賢 ＊　まつだいらさだよし
宝永6（1709）年〜明和7（1770）年7月12日　江戸時代中期の大名。越後高田藩主、陸奥白河藩主。

¶徳松

松平定剛 ＊　まつだいらさだよし
明和8（1771）年〜天保14（1843）年　江戸時代後期の大名。伊予今治藩主。

¶徳松

松平定良 ＊　まつだいらさだよし
寛永9（1632）年〜明暦3（1657）年　江戸時代前期の大名。伊勢桑名藩主。

¶徳松

松平定賢室 ＊　まつだいらさだよしのしつ
生没年不詳　江戸時代中期の歌人。

¶江表（幸子（福島県）　㋜宝暦13（1763）年）

松平定頼 ＊　まつだいらさだより
慶長12（1607）年〜寛文2（1662）年　江戸時代前期の大名。伊予松山藩主。

¶徳松

松平真次 ＊　まつだいらさねつぐ
天正5（1577）年〜正保3（1646）年　安土桃山時代〜江戸時代前期の幕臣。

¶徳人、徳松

松平真乗 ＊　まつだいらさねのり
天文15（1546）年〜天正10（1582）年　㋕松平直乗（まつだいらなおのり）　安土桃山時代の武士。徳川氏家臣。

松平重勝 ＊　まつだいらしげかつ
天文18（1549）年〜元和6（1620）年　安土桃山時代〜江戸時代前期の大名。下総関宿藩主、越後三条藩主、遠江横須賀藩主。

¶コン、徳松

松平重忠 ⑴　まつだいらしげただ
戦国時代〜安土桃山時代の武将。三木松平家第2代当主。

¶徳松（㋐1540年　㋜1601年）

松平重忠 ＊ ⑵　まつだいらしげただ
元亀1（1570）年〜寛永3（1626）年　安土桃山時代〜江戸時代前期の武将、大名。遠江横須賀藩主、出羽上山藩主。

¶徳松

松平重忠 ⑶　まつだいらしげただ
江戸時代前期の代官。

¶徳代（生没年不詳）

松平重次 　まつだいらしげつぐ
江戸時代前期の幕臣。

¶徳人（㋐1608年　㋜1663年）

松平重利 ⑴　まつだいらしげとし
戦国時代〜安土桃山時代の武士。

¶徳松（㋐1537年　㋜1560年）

松平重利 ＊ ⑵　まつだいらしげとし
万治2（1659）年〜寛文5（1665）年　江戸時代前期の大名。下野皆川藩主。

¶徳松

松平重富 　まつだいらしげとみ
寛延2（1749）年〜文化6（1809）年　江戸時代中期〜後期の大名。越前福井藩主。

¶徳松（㋐1748年）

松平重直 ＊　まつだいらしげなお
慶長6（1601）年〜寛永19（1642）年　江戸時代前期の大名。摂津三田藩主、豊前竜王藩主、豊後高田藩主。

¶徳松

松平重長 　まつだいらしげなが
江戸時代前期〜中期の幕臣。

¶徳人（㋐1628年　㋜1690年）

松平重信 　まつだいらしげのぶ
慶長5（1600）年〜延宝1（1673）年　安土桃山時代〜江戸時代前期の武士。

松平昌信 ＊　まつだいらしげのぶ
享保13（1728）年〜明和8（1771）年　㋕松平昌信（まつだいらまさのぶ）　江戸時代中期の大名。駿河小島藩主。

¶徳松（まつだいらまさのぶ）

松平重則 ＊　まつだいらしげのり
天正8（1580）年〜＊　江戸時代前期の大名。上総百首藩主、下野皆川藩主。

¶徳人（㋜1641年），徳松（㋜1641年）

松平重治 ＊　まつだいらしげはる
寛永19（1642）年〜貞享2（1685）年　㋕松平忠勝（まつだいらただかつ）　江戸時代前期の大名。上総佐貫藩主。

¶徳松

松平重和 　まつだいらしげふさ
江戸時代前期の旗本。松平郷松平家第10代当主。

¶徳松（㋐1607年　㋜1664年）

松平重昌 ＊　まつだいらしげまさ
寛保3（1743）年〜宝暦8（1758）年　江戸時代中期の大名。越前福井藩主。

¶徳松

松平重正 ＊　まつだいらしげまさ
元和9（1623）年〜寛文2（1662）年　江戸時代前期の大名。下野皆川藩主。

¶徳松

松平重休 ＊　まつだいらしげやす
元禄4（1691）年〜正徳5（1715）年　江戸時代中期の大名。豊後杵築藩主。

¶徳松

松平重栄 　まつだいらしげよし
正保3（1646）年〜享保5（1720）年　江戸時代前期

まつたい　　　　　　　　　　2060

〜中期の大名。豊後杵築藩主。
¶徳松

松平重吉* 　まつだいらしげよし
明応2（1493）年〜天正8（1580）年　戦国時代〜安土桃山時代の武士。徳川氏家臣。
¶徳松　㋳1498年

松平重良 　まつだいらしげよし
江戸時代前期〜中期の幕臣。
¶徳人　㋑1649年　㋺1698年

松平重吉女 　まつだいらしげよしのむすめ
江戸時代前期の女性。徳川家康の側室。
¶徳将（生没年不詳）

松平康安 　まつだいらしずやす
⇒松平康安（まつだいらやすやす）

松平春嶽 　まつだいらしゅんがく
⇒松平慶永（まつだいらよしなが）

松平乗樸 　まつだいらじょうぼく
江戸時代後期の幕臣。
¶徳人　㋑1829年　㋺？）

松平甚三郎 　まつだいらじんざぶろう
江戸時代後期〜大正時代の庄内藩士。
¶幕末（㋑弘化2（1845）年4月4日　㋺大正10（1921）年4月2日）

松平信敏 　まつだいらしんびん
江戸時代後期の佐渡奉行、京都町奉行。
¶徳代（㋑？　㋺嘉永2（1849）年9月10日）

松平資尹 　まつだいらすけただ
⇒本庄資尹（ほんじょうすけただ）

松平資承 　まつだいらすけつぐ
⇒本庄資承（ほんじょうすけつぐ）

松平資俊* 　まつだいらすけとし
万治3（1660）年〜享保8（1723）年　㋕本庄資俊（ほんじょうすけとし）　江戸時代中期の大名。常陸笠間藩主、遠江浜松藩主。
¶徳松

松平典信 　まつだいらすけのぶ
⇒松平典信（まつだいらのりのぶ）

松平資訓* 　まつだいらすけのり
元禄13（1700）年〜宝暦2（1752）年　江戸時代中期の大名。遠江浜松藩主、三河吉田藩主。
¶徳松

松平資昌* 　まつだいらすけまさ
延享1（1744）年〜宝暦12（1762）年　江戸時代中期の大名。遠江浜松藩主。
¶徳松

松平勘敬 　まつだいらすけゆき
江戸時代前期〜中期の幕臣。
¶徳人（㋑1686年　㋺1749年）

松平正之 　まつだいらせいし
⇒松平正之（まつだいらまさゆき）

松平雪川* 　まつだいらせっせん
宝暦3（1753）年〜享和3（1803）年　㋕雪川（せっせん、せっせん）、松平衍親（まつだいらのぶちか）　江戸時代後期の俳人。
¶俳文（雪川　せっせん　㋑宝暦3（1753）年11月23日

㋺享和3（1803）年6月24日）

松平大膳* 　まつだいらだいぜん
文化4（1807）年〜慶応3（1867）年　江戸時代末期の尊皇家。讃岐高松藩の執政。
¶コン

松平大弐* 　まつだいらだいに
文政6（1823）年〜元治1（1864）年　江戸時代末期の加賀藩家老。
¶全幕（㋑文政6（1823）年？），幕末（㋺元治1（1864）年8月11日）

松平忠興 　まつだいらただおき
⇒桜井忠興（さくらいただおき）

松平隆政* 　まつだいらたかまさ
慶安1（1648）年〜延宝1（1673）年　江戸時代前期の大名。出雲母里藩主。
¶徳松

松平貴強* 　まつだいらたかます
寛保2（1742）年〜寛政11（1799）年11月26日　江戸時代中期〜後期の幕臣。
¶徳人

松平隆見 　まつだいらたかみ
江戸時代前期の幕臣。
¶徳人（㋑？　㋺1682年）

松平武揚 　まつだいらたけあき
⇒松平武揚（まつだいらたけおき）

松平武聡* 　まつだいらたけあきら
天保13（1842）年1月26日〜明治15（1882）年11月7日　江戸時代末期〜明治時代の浜田藩主、鶴田県知事。
¶徳松, 幕末（㋺明治15（1882）年2月7日）

松平武厚* 　まつだいらたけあつ
天明3（1783）年〜天保10（1839）年　㋕松平斉厚（まつだいらなりあつ）　江戸時代後期の大名。上野館林藩主、石見浜田藩主。
¶徳松（松平斉厚　まつだいらなりあつ）

松平武揚* 　まつだいらたけおき
文政10（1827）年〜天保13（1842）年　㋕松平武揚（まつだいらたけあき）　江戸時代後期の大名。石見浜田藩主。
¶徳松（まつだいらたけあき）

松平健子*（松平建子）　まつだいらたけこ
天保7（1836）年〜大正7（1918）年　江戸時代末期〜明治時代の女性。歌人。
¶江表（健子（埼玉県）　㋺天保10（1839）年）

松平武成* 　まつだいらたけしげ
文政8（1825）年〜弘化4（1847）年　㋕松平武成（まつだいらたけなり）　江戸時代後期の大名。石見浜田藩主。
¶徳松（まつだいらたけなり）

松平武元* 　まつだいらたけちか
正徳3（1713）年12月28日〜安永8（1779）年　㋕松平武元（まつだいらたけもと）　江戸時代中期の大名、老中。陸奥棚倉藩主、上野館林藩主。
¶コン, 徳将, 徳松（㋑1716年）

松平武成 　まつだいらたけなり
⇒松平武成（まつだいらたけしげ）

松平武寛* まつだいらたけひろ
宝暦4(1754)年～天明4(1784)年　江戸時代中期の大名。上野館林藩主。
¶徳松

松平武雅* まつだいらたけまさ
元禄16(1703)年～享保13(1728)年　江戸時代中期の大名。上野館林藩主。
¶徳松

松平武元 まつだいらたけもと
⇒松平武元(まつだいらたけちか)

松平忠昭*(1) まつだいらただあき
正保1(1644)年～天和3(1683)年　江戸時代前期の大名。丹波亀山藩主。
¶徳松

松平忠昭*(2) まつだいらただあき
元和3(1617)年～元禄6(1693)年　[別]松平忠昭(まつだいらただてる)　江戸時代前期の大名。丹波亀山藩主、豊後亀川藩主、豊後中津留藩主、豊後讃岐高松藩主、豊後府内藩主。
¶徳松

松平忠明 まつだいらただあき
⇒松平忠明(まつだいらただあきら)

松平忠堯 まつだいらただあき
⇒松平忠堯(まつだいらただたか)

松平忠暁* まつだいらただあきら
元禄4(1691)年～元文1(1736)年　江戸時代中期の大名。陸奥桑折藩主。
¶徳松

松平忠名* まつだいらただあきら
正徳5(1715)年～明和4(1767)年　江戸時代中期の大名。摂津尼ケ崎藩主。
¶徳松([没]1766年)

松平忠明* まつだいらただあきら
天正11(1583)年～正保1(1644)年　[別]奥平忠明(おくだいらただあき)，松平忠明(まつだいらただあき)　江戸時代前期の大名。三河作手藩主、伊勢亀山藩主、播磨姫路藩主、摂津大坂藩主、大和郡山藩主。
¶コン，徳松

松平忠淳* まつだいらただあつ
天保12(1841)年～万延1(1860)年　江戸時代末期の大名。肥前島原藩主。
¶徳松

松平忠雄* まつだいらただお
延宝1(1673)年～元文1(1736)年　江戸時代中期の大名。肥前島原藩主。
¶徳松

松平忠興 まつだいらただおき
⇒桜井忠興(さくらいただおき)

松平忠和* まつだいらただかず
嘉永4(1851)年～大正6(1917)年　江戸時代末期～明治時代の島原藩主、島原藩知事。
¶全幕，徳松，幕末([生]嘉永4(1851)年2月12日　[没]大正6(1917)年6月8日)

松平忠固 まつだいらただかた
⇒松平忠優(まつだいらただます)

松平忠功* まつだいらただかつ
宝暦6(1756)年～天保1(1830)年　江戸時代中期～後期の大名。伊勢桑名藩主。
¶徳松

松平忠勝 まつだいらただかつ
⇒松平重治(まつだいらしげはる)

松平忠清(1) まつだいらただきよ
安土桃山時代の武将。三木松平家第3代当主。
¶徳松([生]1570年　[没]1601年)

松平忠清*(2) まつだいらただきよ
天正13(1585)年～慶長17(1612)年　安土桃山時代～江戸時代前期の武将、大名。三河吉田藩主。
¶徳松

松平忠精* まつだいらただきよ
天保3(1832)年～安政6(1859)年　江戸時代末期の大名。肥前島原藩主。
¶徳松

松平忠国*(1) まつだいらただくに
慶長2(1597)年～万治2(1659)年　江戸時代前期の大名。丹波篠山藩主、播磨明石藩主。
¶徳松

松平忠国*(2) まつだいらただくに
文化12(1815)年～明治1(1868)年　江戸時代末期の大名。武蔵忍藩主。
¶コン([没]慶応4(1868)年)，全幕([没]慶応4(1868)年)，徳松

松平忠侯* まつだいらただこれ
寛政11(1799)年11月22日～天保11(1840)年4月9日　江戸時代後期の大名。肥前島原藩主。
¶徳松

松平忠学* まつだいらただčíさと
天明8(1788)年～嘉永4(1851)年　江戸時代後期の大名。信濃上田藩主。
¶徳松

松平忠郷 まつだいらたださと
江戸時代中期～後期の幕臣。
¶徳人([生]1715年　[没]1789年)

松平忠彦* まつだいらたださと
文化2(1805)年9月9日～天保12(1841)年4月27日　江戸時代後期の大名。武蔵忍藩主。
¶徳松

松平忠実 まつだいらたださね
安土桃山時代～江戸時代前期の武将、旗本。五井松平家第7代当主。
¶徳松([生]1585年　[没]1652年)

松平忠愛* まつだいらただざね
元禄14(1701)年～宝暦8(1758)年　江戸時代中期の大名。信濃上田藩主。
¶徳松

松平忠誠* まつだいらただざね
天保11(1840)年～明治2(1869)年　江戸時代末期の大名。武蔵忍藩主。
¶全幕，徳松

松平忠恵* まつだいらただしげ
天明4(1784)年～文久2(1862)年　江戸時代後期の大名。上野小幡藩主。
¶徳松

ま

松平忠重* まつだいらただしげ
慶長6(1601)年～寛永16(1639)年 江戸時代前期の大名。上総佐貫藩主、駿河田中藩主、遠江掛川藩主。
¶徳松

松平忠翼* まつだいらただすけ
安永9(1780)年～文政4(1821)年 江戸時代後期の大名。伊勢桑名藩主。
¶徳松

松平忠喬* まつだいらただたか
*～宝暦6(1756)年 江戸時代中期の大名。信濃飯山藩主、遠江掛川藩主、摂津尼ケ崎藩主。
¶徳松([生]1683年)

松平忠隆* まつだいらただたか
慶長13(1608)年～寛永9(1632)年 江戸時代前期の大名。美濃加納藩主。
¶徳松

ま

松平忠堯* まつだいらただたか
享和1(1801)年～元治1(1864)年 [別]松平忠堯(まつだいらただあき) 江戸時代末期の大名。伊勢桑名藩主、武蔵忍藩主。
¶徳松(まつだいらただあき)

松平忠愛* まつだいらただちか
弘化2(1845)年～文久2(1862)年 江戸時代末期の大名。肥前島原藩主。
¶全幕,徳松,幕末([没]文久2(1862)年7月7日)

松平忠周* (1) まつだいらただちか
正保2(1645)年～正徳1(1711)年 江戸時代中期の幕臣。大坂東町奉行。
¶徳人

松平忠周* (2) まつだいらただちか
寛文1(1661)年～享保13(1728)年 江戸時代中期の大名、老中。武蔵岩槻藩主、丹波亀山藩主、但馬出石藩主、信濃上田藩主。
¶徳松

松平尹親 まつだいらただちか
寛文3(1663)年～享保20(1735)年 江戸時代前期～中期の幕臣。
¶徳人,徳代([没]享保20(1735)年閏3月5日)

松平尹親の母 まつだいらただちかのはは★
江戸時代中期の女性。和歌。近江彦根藩藩士友松佐右衛門直利の娘。宝永7年刊、坂静山編『和歌継塵集』に載る。
¶江表(松平尹親の母(東京都))

松平忠告* まつだいらただつぐ
寛保2(1742)年～文化2(1805)年12月10日 [別]亀文(きぶん),桜井亀文(さくらいきぶん) 江戸時代中期～後期の大名。摂津尼ケ崎藩主。
¶徳松([生]1743年),俳文(亀文 きぶん)

松平忠次* (1) まつだいらただつぐ
大永1(1521)年～天文16(1547)年 戦国時代の武将。
¶徳松

松平忠次* (2) まつだいらただつぐ
慶長10(1605)年～寛文5(1665)年 [別]榊原忠次(さかきばらただつぐ) 江戸時代前期の大名。陸奥白河藩主、上野館林藩主、遠江横須賀藩主、播磨姫路藩主。
¶コン([生]慶長12(1607)年),徳松(松平(榊原)忠次)

松平忠恒* まつだいらただつね
享保5(1720)年～明和5(1768)年 江戸時代中期の大名。陸奥桑折藩主、上野小幡藩主、上野上里見藩主、上野笹塚藩主。
¶徳松

松平忠輝* まつだいらただてる
文禄1(1592)年～天和3(1683)年 [別]徳川忠輝(とくがわただてる) 江戸時代前期の大名。武蔵深谷藩主、下総佐倉藩主、信濃松代藩主、越後福島販推、越後高田藩主。
¶江人,コン,全戦,戦武([生]天正20(1592)年),徳将,徳松,山小([生]1592年1月4日 [没]1683年7月3日)

松平忠昭 まつだいらただてる
⇒松平忠昭(まつだいらただあき)

松平忠刻* (1) まつだいらただとき
享保1(1716)年～寛延2(1749)年 江戸時代中期の大名。肥前島原藩主。
¶徳松

松平忠刻* (2) まつだいらただとき
享保3(1718)年～天明3(1783)年 江戸時代中期の大名。伊勢桑名藩主。
¶徳松([没]1782年)

松平忠敏* まつだいらただとし
文化15(1818)年1月6日～明治15(1882)年4月5日 [別]松平上総介(まつだいらかずさのすけ) 江戸時代後期～明治時代の幕臣。
¶徳人(生没年不詳)

松平忠利* まつだいらただとし
天正10(1582)年～寛永9(1632)年 江戸時代前期の大名。下総小見川藩主、三河深溝藩主、三河吉田藩主。
¶徳松

松平忠宝* まつだいらただとみ
明和7(1770)年～文政12(1829)年4月14日 江戸時代後期の大名。摂津尼ケ崎藩主。
¶徳松

松平忠倶* まつだいらただとも
寛永11(1634)年～元禄9(1696)年 江戸時代前期の大名。遠江掛川藩主、信濃飯山藩主。
¶徳松

松平忠和* まつだいらただとも
宝暦9(1759)年8月27日～享和2(1802)年 江戸時代中期～後期の大名。伊勢桑名藩主。
¶徳松

松平忠尚* まつだいらただなお
?～享保11(1726)年 江戸時代前期～中期の大名。陸奥白河新田藩主、陸奥桑折藩主。
¶徳松([生]1651年)

松平忠直* まつだいらただなお
文禄4(1595)年～慶安3(1650)年 [別]松平一伯(まつだいらいっぱく) 江戸時代前期の大名。越前北庄藩主。
¶江人,公卿([生]天正4(1576)年 [没]慶安3(1650)年9月),公家(忠直〔徳川家〕 ただなお [没]慶安3(1650)年9月10日),コン,徳将,徳松,山小([没]1650年9月10日)

松平忠栄* まつだいらただなが,まつだいらただなか
*～明治2(1869)年9月7日 江戸時代末期の大名。

摂津尼ケ崎藩主。
¶徳松（[生]1804年）

松平忠誠* まつだいらただなり
文政7（1824）年～弘化4（1847）年　江戸時代後期の大名。肥前島原藩主。
¶徳松

松平忠礼 まつだいらただなり
嘉永3（1850）年～明治28（1895）年　江戸時代後期～明治時代の信濃上田藩主。
¶全幕，徳松

松平忠敬 まつだいらただのり
安政2（1855）年～大正8（1919）年　江戸時代末期～大正時代の忍藩知事。米沢藩主上杉斉憲の六男。松平忠誠の養子。
¶全幕，徳松

松平忠憲 まつだいらただのり
⇒松平憲良（まつだいらのりよし）

松平忠順 まつだいらただのり
⇒松平忠順（まつだいらただより）

松平忠誨* まつだいらただのり
享和3（1803）年～文政12（1829）年　江戸時代後期の大名。摂津尼ケ崎藩主。
¶徳松

松平忠晴* まつだいらただはる
慶長3（1598）年～寛文9（1669）年　江戸時代前期の大名。駿河田中藩主、遠江掛川藩主、丹波亀山藩主。
¶徳松

松平忠啓* まつだいらただひら
延享4（1747）年～天明7（1787）年　江戸時代中期の大名。伊勢桑名藩主。
¶徳松（[生]1746年　[没]1786年）

松平忠弘* まつだいらただひろ
寛永8（1631）年～元禄13（1700）年　[別]奥平忠弘（おくだいらただひろ）　江戸時代前期～中期の大名。陸奥白河藩主、出羽山形藩主、下総宇都宮藩主、播磨姫路藩主。
¶徳松

松平忠恕* まつだいらただひろ
元文5（1740）年～寛政4（1792）年　江戸時代中期の大名。下野宇都宮藩主、肥前島原藩主。
¶徳松

松平忠房* まつだいらただふさ
元和5（1619）年～元禄13（1700）年　江戸時代前期～中期の大名。三河吉田藩主、三河刈谷藩主、丹波福知山藩主、肥前島原藩主。
¶徳松

松平忠冬* まつだいらただふゆ
寛永1（1624）年～元禄15（1702）年　江戸時代前期～中期の幕臣。「家忠日記増補追加」を編纂。
¶コン，徳将，徳人

松平忠雅* まつだいらただまさ
天和3（1683）年～延享3（1746）年　江戸時代中期の大名。出羽山形藩主、備後福山藩主、伊勢桑名藩主。
¶徳松

松平忠済* まつだいらただまさ
宝暦1（1751）年～文政11（1828）年　江戸時代中期～後期の大名。信濃上田藩主。
¶徳松

松平忠昌* まつだいらただまさ
慶長2（1597）年～正保2（1645）年　江戸時代前期の大名。常陸下妻藩主、下総姉崎藩主、信濃松代藩主、越後高田藩主、越前福井藩主。
¶コン，徳松

松平忠政*（1）　まつだいらただまさ
天正9（1581）年～慶長12（1607）年　安土桃山時代～江戸時代前期の武将、大名。上総久留里領主、遠江横須賀藩主。
¶徳松

松平忠政（2）　まつだいらただまさ
⇒菅沼忠政（すがぬまただまさ）

松平忠正* まつだいらただまさ
天文13（1544）年～天正5（1577）年　安土桃山時代の武士。徳川氏家臣。
¶徳松（[生]1541年）

松平忠祇* まつだいらただまさ
*～享和1（1801）年　江戸時代中期～後期の大名。肥前島原藩主、下野宇都宮藩主。
¶徳松（[生]1737年）

松平忠優* まつだいらただます
*～安政6（1859）年　[別]松平忠固（まつだいらただかた）　江戸時代末期の大名。信濃上田藩主。
¶コン（[生]享和3（1803）年），全幕（松平忠固　まつだいらただかた　[生]文化9（1812）年），徳松（松平忠固（忠優）まつだいらただかた（ただます）　[生]1812年），幕末（松平忠固　まつだいらただかた　[生]文化8（1811）年　[没]安政6（1859）年9月14日）

松平忠俔* まつだいらただみ
正徳2（1712）年～元文3（1738）年　江戸時代中期の大名。肥前島原藩主。
¶徳松（[生]1711年）

松平忠陸 まつだいらただみち
元禄15（1702）年～安永6（1777）年　江戸時代中期の幕臣。
¶徳人，徳代（[没]安永6（1777）年7月17日）

松平忠充* まつだいらただみつ
慶安4（1651）年～享保15（1730）年　江戸時代前期～中期の大名。伊勢長島藩主。
¶徳松（[没]1729年）

松平忠恕* まつだいらただゆき
文政8（1825）年～明治35（1902）年　江戸時代末期～明治時代の小幡藩主、小幡藩知事、貴族院議員、子爵。
¶徳松

松平忠之* まつだいらただゆき
延宝2（1674）年～元禄8（1695）年　江戸時代前期～中期の大名。下総古河藩主。
¶徳松

松平忠吉（1）　まつだいらただよし
戦国時代～安土桃山時代の武将。桜井松平家第5代当主。
¶徳松（[生]1559年　[没]1582年）

松平忠吉*（2）　まつだいらただよし
天正8（1580）年～慶長12（1607）年　安土桃山時代～江戸時代前期の大名。武蔵忍藩主、尾張清洲藩主。
¶コン，全戦，戦武，徳将，徳松

松平忠福*　まつだいらただよし
＊～寛政11（1799）年5月22日　江戸時代中期の大名。上野小幡藩主。
¶徳松（[生]1742年）

松平忠良*　まつだいらただよし
？～寛永1（1624）年　江戸時代前期の大名。下総関宿藩主、美濃大垣藩主。
¶徳松（[生]1582年）

松平忠順*　まつだいらただより
享保11（1726）年～天明3（1783）年　[別]松平忠順（まつだいらただのり）　江戸時代中期の大名。信濃上田藩主。
¶徳松

松平忠頼*　まつだいらただより
天正10（1582）年～慶長14（1609）年9月29日　安土桃山時代～江戸時代前期の武将、大名。武蔵松山城主、遠江浜松藩主。
¶徳松

松平忠馮*　まつだいらただより
明和8（1771）年～文政2（1819）年　江戸時代後期の大名。肥前島原藩主。
¶徳松

松平辰蔵　まつだいらたつぞう
⇒下河内村辰蔵（しもごうちむらたつぞう）

松平太郎*　まつだいらたろう
天保10（1839）年～明治42（1909）年　江戸時代末期～明治時代の幕臣、官僚。戊辰戦争で主戦論を唱え蝦夷に脱走、政府軍と戦い降伏。
¶コン，全幕（[生]天保4（1833）年），徳人，幕末（[生]天保4（1833）年　[没]明治42（1909）年5月24日）

松平近明　まつだいらちかあき
⇒松平近明（まつだいらちかあきら）

松平近明*　まつだいらちかあきら
元禄15（1702）年～宝暦5（1755）年　[別]松平近明（まつだいらちかあき）　江戸時代中期の大名。出雲広瀬藩主。
¶徳松

松平親明*　まつだいらちかあきら
安永8（1779）年～文政8（1825）年　江戸時代後期の大名。豊後杵築藩主。
¶徳松（[生]1785年）

松平親宅*　まつだいらちかいえ
天文3（1534）年～慶長9（1604）年　[別]松平念誓（まつだいらねんせい）　安土桃山時代の武士。徳川氏家臣、松平氏家臣。
¶徳代（[没]慶長9（1604）年8月3日）

松平親氏*　まつだいらちかうじ
生没年不詳　室町時代の武士。源姓松平氏の祖。
¶徳松（[生]？　[没]1394年？）

松平親賢*　まつだいらちかかた
宝暦3（1753）年～享和2（1802）年　江戸時代中期～後期の大名。豊後杵築藩主。
¶徳松

松平知清*　まつだいらちかきよ
天和2（1682）年～享保6（1721）年　江戸時代中期の大名。陸奥白河新田藩主。
¶徳松

松平近訓*　まつだいらちかくに
寛政11（1799）年～嘉永5（1852）年　江戸時代末期の大名。豊後府内藩主。
¶徳松

松平近貞*（1）　まつだいらちかさだ
元禄2（1689）年～宝暦7（1757）年　江戸時代中期の大名。豊後府内藩主。
¶徳松

松平近貞*（2）　まつだいらちかさだ
享保18（1733）年～天明5（1785）年　江戸時代中期の大名。出雲広瀬藩主。
¶徳松

松平親貞（1）　まつだいらちかさだ
江戸時代前期～中期の旗本。松平郷松平家第12代当主。
¶徳松（[生]1671年　[没]1725年）

松平親貞*（2）　まつだいらちかさだ
宝暦1（1751）年～寛政11（1799）年　江戸時代中期～後期の大名。豊後杵築藩主。
¶徳松（[没]1800年）

松平近陳　まつだいらちかさと
⇒松平近陣（まつだいらちかのぶ）

松平親重　まつだいらちかしげ
生没年不詳　安土桃山時代～江戸時代前期の幕臣、代官。
¶徳人，徳代

松平親茂　まつだいらちかしげ
江戸時代前期の代官。
¶徳代（[生]元和1（1615）年　[没]延宝3（1675）年11月28日）

松平親相　まつだいらちかすけ
江戸時代中期の旗本。松平郷松平家第14代当主。
¶徳松（[生]1729年　[没]1748年）

松平親純*　まつだいらちかずみ
元禄16（1703）年～元文4（1739）年　江戸時代中期の大名。豊後杵築藩主。
¶徳松

松平親貴　まつだいらちかたか
⇒松平親貴（まつだいらちかとう）

松平近禎　まつだいらちかただ
⇒松平近禎（まつだいらちかよし）

松平親忠*　まつだいらちかただ
？～文亀1（1501）年　[別]西忠（せいちゅう）　室町時代～戦国時代の武士。三河の国人。
¶徳松（[生]1438年）

松平近韶*　まつだいらちかつぐ
[別]松平近韶（まつだいらきんしょう）　江戸時代末期の幕臣。
¶徳人（まつだいらきんしょう　生没年不詳），幕末（生没年不詳）

松平親次*　まつだいらちかつぐ
文亀3（1503）年～享禄3（1530）年　戦国時代の武将。
¶徳松（生没年不詳）

松平近輝*　まつだいらちかてる
享保15（1730）年～宝暦7（1757）年　江戸時代中期の大名。出雲広瀬藩主。

¶徳松

松平親貴＊　まつだいらちかとう
天保9(1838)年～明治15(1882)年　[別]松平親貴(まつだいらちかたか)　江戸時代末期～明治時代の杵築藩主、杵築藩知事。
¶徳松(まつだいらちかたか)

松平近時＊　まつだいらちかとき
万治2(1659)年～元禄15(1702)年　江戸時代前期～中期の大名。出雲広瀬藩主。
¶徳松

松平親俊＊　まつだいらちかとし
？～天正9(1581)年　安土桃山時代の武士。徳川氏家臣。
¶徳松

松平近朝＊　まつだいらちかとも
天和1(1681)年～享保13(1728)年　江戸時代中期の大名。出雲広瀬藩主。
¶徳松

松平近儔＊　まつだいらちかとも
＊～天保11(1840)年2月16日　[別]不騫(ふけん)　江戸時代中期～後期の大名。豊後府内藩主。
¶徳松([生]1755年),俳文(不騫　ふけん　[生]宝暦5(1755)年　[没]天保11(1840)年7月16日)

松平近直＊　まつだいらちかなお
生没年不詳　[別]松平近直(まつだいらきんちょく)　江戸時代末期の幕臣。
¶徳人(まつだいらきんちょく),幕末

松平親長　まつだいらちかなが
戦国時代の武将。松平郷松平家第7代当主。
¶徳松([生]1521年　[没]1564年)

松平近言　まつだいらちかのぶ
江戸時代中期～後期の幕臣。
¶徳人([生]1749年　[没]1816年)

松平近信＊　まつだいらちかのぶ
文化1(1804)年～天保12(1841)年　江戸時代後期の大名。豊後府内藩主。
¶徳松

松平近陣＊　まつだいらちかのぶ
寛永15(1638)年～＊　[別]松平近陳(まつだいらちかさと)　江戸時代前期～中期の大名。豊後府内藩主。
¶徳松([没]1719年)

松平近形＊　まつだいらちかのり
享保8(1723)年～安永2(1773)年　[別]松平信形(まつだいらのぶかた)　江戸時代中期の大名。豊後府内藩主。
¶徳松

松平近憲　まつだいらちかのり
⇒松平吉透(まつだいらよしとお)

松平親乗＊　まつだいらちかのり
永正12(1515)年～天正5(1577)年　戦国時代～安土桃山時代の武将。徳川家康の臣。
¶徳松

松平親懐＊　まつだいらちかひろ
天保9(1838)年～大正3(1914)年9月30日　[別]松平権十郎(まつだいらごんじゅうろう),松平親懐(まつだいらちかよし)　江戸時代末期～大正時代の官吏。
¶コン,全幕(松平権十郎　まつだいらごんじゅうろう),幕末(まつだいらちかよし　[生]天保9(1838)年4月27日)

松平近正＊　まつだいらちかまさ
天文16(1547)年～慶長5(1600)年　安土桃山時代の武将、大名。上野三蔵領主。
¶徳松

松平親正　まつだいらちかまさ
安土桃山時代～江戸時代前期の代官、銀山奉行。
¶徳代([生]文禄4(1595)年　[没]寛文9(1669)年7月13日)

松平親盈＊　まつだいらちかみつ
享保11(1726)年～享和1(1801)年　江戸時代中期～後期の大名。豊後杵築藩主。
¶徳松([没]1800年)

松平親盛＊　まつだいらちかもり
？～享禄3(1530)年　戦国時代の武将。
¶徳松(生没年不詳)

松平親安　まつだいらちかやす
江戸時代前期～中期の代官。
¶徳代([生]寛永20(1643)年　[没]元禄15(1702)年7月11日)

松平親世　まつだいらちかよ
⇒松平乗正(まつだいらのりまさ)

松平近栄＊　まつだいらちかよし
寛永9(1632)年～享保2(1717)年　江戸時代前期～中期の大名。出雲広瀬藩主。
¶徳松

松平近義＊　まつだいらちかよし
明和7(1770)年～文化4(1807)年　江戸時代中期～後期の大名。豊後府内藩主。
¶徳松

松平近説＊　まつだいらちかよし
文政11(1828)年～明治19(1886)年　[別]大給近説(おぎゅうちかよし)　江戸時代末期～明治時代の府内藩(大分藩)主、府内藩(大分藩)知事。
¶徳松,幕末(大給近説　おぎゅうちかよし　[生]文政11(1828)年7月18日　[没]明治19(1886)年11月)

松平近禎＊　まつだいらちかよし
寛文5(1665)年～享保10(1725)年　[別]松平近禎(まつだいらちかただ)　江戸時代中期の大名。豊後府内藩主。
¶徳松

松平近良　まつだいらちかよし
江戸時代前期～中期の幕臣。
¶徳人([生]1646年　[没]1718年)

松平親懐　まつだいらちかよし
⇒松平親懐(まつだいらちかひろ)

松平親良＊　まつだいらちかよし
文化7(1810)年～明治24(1891)年　江戸時代後期～明治時代の大名、華族。
¶徳松,幕末([生]文化7(1810)年2月23日　[没]明治24(1891)年2月3日)

松平長七郎＊　まつだいらちょうしちろう
慶長19(1614)年～寛文1(1661)年　江戸時代前期の浪人。
¶コン

松平綱隆*　まつだいらつなたか
寛永8(1631)年～延宝3(1675)年　江戸時代前期の大名。出雲松江藩主。
¶徳松

松平綱近*　まつだいらつなちか
万治2(1659)年～宝永6(1709)年　江戸時代前期～中期の大名。出雲松江藩主。
¶徳松

松平綱昌*　まつだいらつなまさ
寛文1(1661)年～元禄12(1699)年　江戸時代前期～中期の大名。越前福井藩主。
¶徳松

松平恒隆　まつだいらつねたか
江戸時代中期の幕臣。
¶徳人([生]1721年　[没]1787年)

松平典則*　まつだいらつねのり
天保7(1836)年～明治16(1883)年7月24日　江戸時代後期～明治時代の大名。
¶徳松, 幕末([生]天保7(1836)年1月23日)

松平諦之助　まつだいらていのすけ
江戸時代後期の幕臣。
¶徳人([生]1840年　[没]?)

松平輝徳　まつだいらてるあきら
⇒大河内輝徳(おおこうちてるあきら)

松平照子*　まつだいらてるこ
天保3(1832)年～明治17(1884)年　江戸時代末期～明治時代の女性。飯野藩主保科正丕の娘。会津戦争時会津若松城籠城の婦子女を督励、傷病兵の看護に務める。
¶江表(照姫(福島県))

松平輝貞*　まつだいらてるさだ
寛文5(1665)年～延享4(1747)年　[別]大河内輝貞(おおこうちてるさだ)　江戸時代中期の大名。下野壬生藩主、越後村上藩主、上野高崎藩主。
¶コン, 徳将, 徳人, 徳松

松平輝高　まつだいらてるたか
⇒大河内輝高(おおこうちてるたか)

松平輝綱*　まつだいらてるつな
元和6(1620)年～寛文11(1671)年12月12日　江戸時代前期の大名。武蔵川越藩主。
¶コン, 徳松

松平輝聴　まつだいらてるとし
⇒大河内輝聴(おおこうちてるとし)

松平輝延　まつだいらてるのぶ
江戸時代中期～後期の高崎藩主、老中。高崎松平家第6代当主。
¶徳松([生]1775年　[没]1825年)

松平輝規　まつだいらてるのり
江戸時代前期～中期の高崎藩主。高崎松平家第3代当主。
¶徳松([生]1682年　[没]1756年)

松平輝充　まつだいらてるみち
⇒大河内輝充(おおこうちてるみち)

松平輝和　まつだいらてるやす
江戸時代中期～後期の高崎藩主。高崎松平家第5代当主。
¶徳松([生]1750年　[没]1800年)

松平輝承　まつだいらてるよし
⇒大河内輝承(おおこうちてるよし)

松平利長*　まつだいらとしなが
?～永禄3(1560)年　戦国時代の国人。
¶徳松

松平朝矩*　まつだいらとものり
元文3(1738)年3月14日～明和5(1768)年　江戸時代中期の大名。播磨姫路藩主、上野前橋藩主、武蔵川越藩主。
¶徳松

松平直明*　まつだいらなおあき
明暦2(1656)年～享保6(1721)年　[別]松平直明(まつだいらなおあきら)　江戸時代前期～中期の大名。越前大野藩主、播磨明石藩主。
¶徳松

松平直諒*　まつだいらなおあき
文化14(1817)年～文久1(1861)年　[別]松平直諒(まつだいらなおあきら, まつだいらなおよし)　江戸時代末期の大名。出雲広瀬藩主。
¶徳松(まつだいらなおよし), 幕末([生]文化14(1817)年10月5日　[没]文久1(1861)年9月5日)

松平直明　まつだいらなおあきら
⇒松平直明(まつだいらなおあき)

松平直諒　まつだいらなおあきら
⇒松平直諒(まつだいらなおあき)

松平直丘　まつだいらなおおか
⇒松平直丘(まつだいらなおたか)

松平直興*　まつだいらなおおき
寛政12(1800)年～安政1(1854)年　[別]四山(しざん)　江戸時代末期の大名。出雲母里藩主。
¶徳松, 俳文(四山　しざん　[生]寛政12(1800)年9月25日　[没]安政1(1854)年閏7月24日)

松平直巳*　まつだいらなおおき
天保3(1832)年～大正6(1917)年　江戸時代末期～大正時代の武士、佐渡守、広瀬藩知事。山陰道鎮撫使を迎え、家老岩崎修理に交渉させ藩の安泰を図った。
¶徳松, 幕末([生]天保3(1832)年2月23日　[没]大正6(1917)年3月23日)

松平直員*　まつだいらなおかず
元禄8(1695)年～明和5(1768)年　江戸時代中期の大名。出雲母里藩主。
¶徳松

松平直堅*　まつだいらなおかた
明暦2(1656)年～元禄10(1697)年　江戸時代中期の大名。越後糸魚川藩主。
¶徳松

松平直方*(1)　まつだいらなおかた
安永8(1779)年～天保13(1842)年　江戸時代後期の大名。出雲母里藩主。
¶徳松

松平直方*(2)　まつだいらなおかた
安政5(1858)年～明治40(1907)年　江戸時代末期～明治時代の前橋藩(厩橋藩)主、前橋藩知事、伯爵。
¶徳松

松平直克* まつだいらなおかつ
天保10（1839）年〜明治30（1897）年1月25日　江戸時代末期〜明治時代の川越藩主。長州処分について老中と対立し政事総裁職を罷免される。
¶全幕（㊤天保11（1840）年）, 徳松（㊤1840年）, 幕末（㊤天保10（1839）年2月26日）

松平直昌* まつだいらなおきよ
安永6（1777）年〜寛政8（1796）年　江戸時代中期〜後期の大名。出雲母里藩主。
¶徳松（㊤1776年）

松平直廉 まつだいらなおきよ
⇒松平茂昭（まつだいらもちあき）

松平直純* まつだいらなおすみ, まつだいらなおずみ
享保12（1727）年〜明和1（1764）年　江戸時代中期の大名。播磨明石藩主。
¶徳松

松平尚澄 まつだいらなおずみ
江戸時代中期の旗本。松平郷松平家第13代当主。
¶徳松（㊤1699年）　㊦1747年）

松平直丘* まつだいらなおたか
寛文5（1665）年〜＊　㊨松平直丘（まつだいらなおおか）　江戸時代中期の大名。出雲母里藩主。
¶徳松（㊦1712年）

松平直周* まつだいらなおちか
安永2（1773）年〜文政11（1828）年　江戸時代後期の大名。播磨明石藩主。
¶徳松

松平直紹* まつだいらなおつぐ
宝暦9（1759）年〜文化11（1814）年　江戸時代中期〜後期の大名。越後糸魚川藩主。
¶徳松

松平直恒* まつだいらなおつね
宝暦12（1762）年5月1日〜文化7（1810）年1月18日　江戸時代中期〜後期の大名。武蔵川越藩主。
¶徳松

松平直常* まつだいらなおつね
延宝7（1679）年10月13日〜延享1（1744）年　江戸時代中期の大名。播磨明石藩主。
¶徳松

松平直哉* まつだいらなおとし
嘉永1（1848）年〜明治30（1897）年　江戸時代末期〜明治時代の藩士、出雲国母里藩知事。版籍奉還後、藩政改革に着手。士族の帰農政策は失敗。
¶徳松, 幕末（㊤嘉永1（1848）年2月29日　㊦明治30（1897）年12月31日）

松平直知 まつだいらなおとも
江戸時代前期〜中期の大名。糸魚川松平家第2代当主。
¶徳松（㊤1684年）　㊦1704年）

松平直温* まつだいらなおのぶ
寛政7（1795）年2月14日〜文化13（1816）年7月28日　江戸時代後期の大名。武蔵川越藩主。
¶徳松

松平直矩* まつだいらなおのり
寛永19（1642）年〜元禄8（1695）年　㊨松平大和守（まつだいらやまとのかみ）　江戸時代前期の大名。豊後日田藩主、豊後日田藩主、陸奥白河藩主、出羽山形藩主、越後村上藩主、播磨姫路藩主。

¶コン, 徳松

松平直乗 まつだいらなおのり
⇒松平真乗（まつだいらさねのり）

松平直温 まつだいらなおはる
⇒松平直温（まつだいらなおより）

松平直春* まつだいらなおはる
文化7（1810）年〜明治11（1878）年　江戸時代後期〜明治時代の大名、華族。
¶徳松

松平直寛* まつだいらなおひろ
天明3（1783）年〜嘉永3（1850）年　江戸時代後期の大名。出雲広瀬藩主。
¶徳松

松平直泰* まつだいらなおひろ
寛延2（1749）年〜文化1（1804）年　江戸時代中期〜後期の大名。播磨明石藩主。
¶徳松（㊤1748年　㊦1803年）

松平直政* まつだいらなおまさ
慶長6（1601）年〜寛文6（1666）年　江戸時代前期の大名。上総姉崎藩主、信濃松本藩主、越前大野藩主、出雲松江藩主。
¶コン, 徳松

松平直益* まつだいらなおます
寛政1（1789）年〜天保4（1833）年　江戸時代後期の大名。越後糸魚川藩主。
¶徳松

松平直道* まつだいらなおみち
享保9（1724）年〜安永5（1776）年　江戸時代中期の大名。出雲母里藩主。
¶徳松

松平直致* まつだいらなおむね
嘉永2（1849）年〜明治17（1884）年　江戸時代末期〜明治時代の明石藩主、明石藩知事、子爵。
¶徳松

松平直基* まつだいらなおもと
慶長9（1604）年3月25日〜慶安1（1648）年8月15日　江戸時代前期の大名。越前勝山藩主、越前大野藩主、出羽山形藩主、播磨姫路藩主。

松平直基室* まつだいらなおもとのしつ
？〜貞享4（1687）年5月20日　江戸時代前期の歌人。
¶江表（布連（兵庫県）　ふれ）

松平直静* まつだいらなおやす
嘉永1（1848）年〜大正2（1913）年　江戸時代末期〜明治時代の糸魚川藩主、清崎藩知事。

松平直行* まつだいらなおゆき
宝暦4（1754）年〜文政12（1829）年　江戸時代中期〜後期の大名。出雲母里藩主。
¶徳松

松平直之* ⑴　まつだいらなおゆき
天和2（1682）年〜享保3（1718）年　江戸時代中期の大名。越後糸魚川藩主。
¶徳松

松平直之* ⑵　まつだいらなおゆき
明和5（1768）年〜天明6（1786）年　江戸時代中期の大名。播磨明石藩主。

¶徳松(㊐1767年)

松平尚栄　まつだいらなおよし

*〜承応3(1654)年　安土桃山時代〜江戸時代前期の幕臣。

¶徳人(㊐1571年),徳松(㊐1570年)

松平直義*　まつだいらなおよし

宝暦4(1754)年〜享和3(1803)年　江戸時代中期〜後期の大名。出雲広瀬藩主。

¶徳松

松平直侯*　まつだいらなおよし

天保10(1839)年〜文久2(1862)年　江戸時代末期の大名。武蔵川越藩主。

¶コン(㊍文久1(1861)年),徳松(㊍1861年),幕末(㊐天保10(1839)年1月9日　㊍文久1(1862)年12月10日)

松平直好*　まつだいらなおよし

元禄14(1701)年〜元文4(1739)年　江戸時代中期の大名。越後糸魚川藩主。

¶徳松

松平直良*　まつだいらなおよし

慶長9(1604)年11月24日〜延宝6(1678)年6月26日　江戸時代前期の大名。越前木本藩主、越前勝山藩主、越前大野藩主。

¶徳松

松平直諒　まつだいらなおよし

⇒松平直諒(まつだいらなおあき)

松平直温*　まつだいらなおより

天保1(1830)年〜安政3(1856)年　㊕松平直温(まつだいらなおはる)　江戸時代末期の大名。出雲母里藩主。

¶徳松

松平長勝(1)　まつだいらながかつ

戦国時代の武士。

¶徳松(㊐?　㊍1493年)

松平長勝*(2)　まつだいらながかつ

文明13(1481)年〜永禄5(1562)年7月26日　㊕松平元心(まつだいらもとむね)　戦国時代〜安土桃山時代の人。五井松平氏。

¶徳松(松平元心　まつだいらもとむね)

松平長孝*　まつだいらながたか

享保10(1725)年7月30日〜宝暦12(1762)年　江戸時代中期の大名。美作津山藩主。

¶徳松

松平長忠　まつだいらながただ

⇒松平長親(まつだいらながちか)

松平長親*　まつだいらながちか

文明5(1473)年〜天文13(1544)年　㊕松平長忠(まつだいらながただ)　戦国時代の武将。

¶徳松

松平長恒*　まつだいらながつね

享保1(1716)年〜安永8(1779)年　江戸時代中期の大名。出羽上山藩主。

¶徳松

松平長照　まつだいらながてる

⇒松平長凞(まつだいらながひろ)

松平長凞*(松平長熙)　まつだいらながひろ

享保5(1720)年〜享保20(1735)年　㊕松平長照(まつだいらながてる)　江戸時代中期の大名。美作津山藩主。

¶徳松

松平斉厚　まつだいらなりあつ

⇒松平武厚(まつだいらたけあつ)

松平斉宣*　まつだいらなりこと

文政8(1825)年〜弘化1(1844)年　㊕松平斉宣(まつだいらなりのぶ)　江戸時代後期の大名。播磨明石藩主。

¶徳将(松平斉宣　まつだいらなりのぶ),徳松

松平斉省　まつだいらなりさだ

江戸時代後期の徳川家斉の二十四男。

¶徳将(㊐1823年　㊍1841年)

松平斉善*　まつだいらなりさわ

文政3(1820)年〜天保9(1838)年　江戸時代後期の大名。越前福井藩主。

¶徳将,徳松

松平成重*　まつだいらなりしげ

文禄3(1594)年〜寛永10(1633)年　江戸時代前期の大名。下野板橋藩主、三河西尾藩主、丹波亀山藩主。

¶徳松

松平斉貴　まつだいらなりたか

⇒松平斉貴(まつだいらなりたけ)

松平斉孝*　まつだいらなりたか

天明8(1788)年1月3日〜天保9(1838)年2月3日　江戸時代後期の大名。美作津山藩主。

¶徳松

松平斉貴*　まつだいらなりたけ

文化12(1815)年〜文久3(1863)年　㊕松平斉貴(まつだいらなりたか)　江戸時代後期の大名。出雲松江藩主。

¶コン,徳松(まつだいらなりたか),幕末(㊐文化12(1815)年3月18日　㊍文久3(1863)年3月14日)

松平斉民*　まつだいらなりたみ

文化11(1814)年〜明治24(1891)年　㊕松平確堂(まつだいらかくどう)　江戸時代末期〜明治時代の津山藩主。教育を奨励、人材育成に尽力。静寛院の警固、徳川家達の後見人となる。

¶江人(松平確堂　まつだいらかくどう),コン,全幕,徳将,徳松,幕末(㊐文化11(1814)年7月29日　㊍明治24(1891)年3月24日)

松平斉承*　まつだいらなりつぐ

文化8(1811)年〜天保6(1835)年　江戸時代後期の大名。越前福井藩主。

¶徳松

松平斉韶*　まつだいらなりつぐ

享和3(1803)年〜明治1(1868)年　江戸時代末期の大名。播磨明石藩主。

¶徳松

松平斉恒*　まつだいらなりつね

寛政3(1791)年9月6日〜文政5(1822)年3月21日　㊕月潭(げったん),松平露滴斎(まつだいらろてきさい)　江戸時代後期の大名。出雲松江藩主。

¶徳松,俳文(月潭　げったん)

松平斉典*　まつだいらなりつね

寛政9(1797)年〜嘉永3(1850)年1月20日　江戸時代末期の大名。武蔵川越藩主。

¶徳松

松平斉宣 まつだいらなりのぶ
⇒松平斉宣（まつだいらなりこと）

松平斉良 まつだいらなりよし
江戸時代後期の徳川家斉の十九男。上野館林藩3代当主松平武厚の養子となる。
¶徳将（[生]1819年 [没]1839年）

松平念誓 まつだいらねんせい
⇒松平親宅（まつだいらちかいえ）

松平信明 まつだいらのぶあき
⇒松平信明（まつだいらのぶあきら）

松平信璋* まつだいらのぶあき
文政10（1827）年～嘉永2（1849）年 江戸時代後期の大名。三河吉田藩主。
¶徳松

松平信明*（1） まつだいらのぶあきら
延享2（1745）年～安永4（1775）年 江戸時代中期の大名。上野吉井藩主。
¶徳松

松平信明*（2） まつだいらのぶあきら
宝暦13（1763）年～文化14（1817）年 [別]松平信明（まつだいらのぶあき） 江戸時代中期～後期の大名。三河吉田藩主。
¶江人, コン, 徳将（[生]1760年）, 徳松, 山小（[生]1760年 [没]1817年8月29日）

松平信有* まつだいらのぶあり
享保16（1731）年～寛政5（1793）年 江戸時代中期の大名。上野吉井藩主。
¶徳松

松平信礼* まつだいらのぶいや
元文2（1737）年～明和7（1770）年 [別]松平信礼（まつだいらのぶうや） 江戸時代中期の大名。三河吉田藩主。
¶徳松

松平信礼 まつだいらのぶうや
⇒松平信礼（まつだいらのぶいや）

松平信興* まつだいらのぶおき
寛永7（1630）年～元禄4（1691）年 [別]大河内信興（おおこうちのぶおき） 江戸時代前期の大名。常陸土浦藩主。
¶徳松

松平信発 まつだいらのぶおき
⇒吉井信発（よしいのぶおき）

松平信一* まつだいらのぶかず
天文8（1539）年～寛永1（1624）年 安土桃山時代～江戸時代前期の武将、大名。常陸土浦藩主。
¶全戦, 徳松

松平信和 まつだいらのぶかず
⇒吉井信発（よしいのぶおき）

松平信形 まつだいらのぶかた
⇒松平近形（まつだいらちかのり）

松平信彰 まつだいらのぶかた
⇒松平信彰（まつだいらのぶたか）

松平信圭* まつだいらのぶかど
安永5（1776）年～文政3（1820）年 江戸時代後期の大名。駿河小島藩主。
¶徳松

松平信清* まつだいらのぶきよ
元禄2（1689）年～享保9（1724）年 江戸時代中期の大名。上野吉井藩主。
¶徳松

松平信貞* まつだいらのぶさだ
生没年不詳 戦国時代の人。岡崎松平氏（大草松平氏）。
¶徳松（[生]？ [没]1525年）

松平信定* まつだいらのぶさだ
？～天文7（1538）年 戦国時代の武士。徳川氏家臣。
¶徳松

松平信愛* まつだいらのぶざね
安永8（1779）年～文化2（1805）年 江戸時代中期～後期の大名。出羽上山藩主。
¶徳松

松平信成* まつだいらのぶしげ
明和4（1767）年～寛政12（1800）年 江戸時代中期～後期の大名。上野吉井藩主。
¶徳松

松平宣維* まつだいらのぶずみ，まつだいらのぶすみ
元禄11（1698）年～享保16（1731）年 江戸時代中期の大名。出雲松江藩主。
¶徳松（まつだいらのぶすみ）

松平信孝* まつだいらのぶたか
？～天文17（1548）年 戦国時代の国人。
¶徳松

松平信彰* まつだいらのぶたか
天明2（1782）年～享和2（1802）年 [別]松平信彰（まつだいらのぶかた） 江戸時代後期の大名。丹波亀山藩主。
¶徳松

松平信嵩* まつだいらのぶたか
宝永7（1710）年～享保16（1731）年 江戸時代中期の大名。駿河小島藩主。
¶徳松

松平信宝*（1） まつだいらのぶたか
文政9（1826）年～弘化1（1844）年 江戸時代後期の大名。三河吉田藩主。
¶徳松

松平信宝*（2） まつだいらのぶたか
文化14（1817）年～明治5（1872）年 [別]松平信宝（まつだいらのぶみち） 江戸時代後期～明治時代の大名、華族。
¶徳松（まつだいらのぶみち）

松平信忠* まつだいらのぶただ
生没年不詳 戦国時代の武士。松平氏宗家第6代。
¶徳松（[生]1490年 [没]1531年）

松平信任* まつだいらのぶただ
文政9（1826）年～弘化4（1847）年 江戸時代後期の大名。上野吉井藩主。
¶徳松

松平衍親 まつだいらのぶちか
⇒松平雪川（まつだいらせっせん）

松平信綱* まつだいらのぶつな
慶長1（1596）年～寛文2（1662）年 江戸時代前期の大名、幕府老中。武蔵忍藩主、武蔵川越藩主。

¶江人, コン, 対外, 徳将, 徳人, 徳松, 山小（[生]1596年10月30日　[没]1662年3月16日）

松平信庸*（1）　まつだいらのぶつね
寛文6（1666）年～享保2（1717）年　江戸時代中期の老中。丹波篠山藩主。
¶徳松

松平信庸*（2）　まつだいらのぶつね
弘化1（1844）年～大正7（1918）年　江戸時代末期～明治時代の出羽国上山藩主。奥羽越列藩同盟に参加するが降伏し謹慎隠居。
¶全幕（[生]天保15（1844）年）, 徳松

松平信亨*　まつだいらのぶつら
延享3（1746）年1月28日～寛政8（1796）年9月12日　江戸時代中期の大名。出羽上山藩主。
¶徳松

松平信輝*　まつだいらのぶてる
万治3（1660）年～享保10（1725）年6月18日　江戸時代中期の大名。武蔵川越藩主、下総古河藩主。
¶徳松

松平信祝*　まつだいらのぶとき
天和3（1683）年～延享1（1744）年　[別]松平信祝（まつだいらのぶよし）　江戸時代中期の大名。下総古河藩主、三河吉田藩主、遠江浜松藩主。
¶徳松

松平信敏*（1）　まつだいらのぶとし
生没年不詳　江戸時代末期の幕臣。
¶徳人（[生]1836年　[没]?）, 幕末（[生]?　[没]明治36（1903）年4月7日）

松平信敏*（2）　まつだいらのぶとし
嘉永4（1851）年～明治20（1887）年　江戸時代末期～明治時代の大名、華族。
¶徳松

松平信利*　まつだいらのぶとし
万治2（1659）年～延宝5（1677）年　江戸時代前期の大名。丹波篠山藩主。
¶徳松（[没]1676年）

松平宣富*　まつだいらのぶとみ
*～享保6（1721）年　江戸時代中期の大名。美作津山藩主。
¶コン（[生]延宝6（1678）年）, 徳松（[生]1680年）

松平信友*（1）　まつだいらのぶとも
正徳2（1712）年～宝暦10（1760）年　江戸時代中期の大名。上野吉井藩主。
¶徳松

松平信友*（2）　まつだいらのぶとも
寛政9（1797）年～嘉永1（1848）年　江戸時代後期の大名。駿河小島藩主。
¶徳松

松平信直*　まつだいらのぶなお
享保17（1732）年～天明6（1786）年　江戸時代中期の大名。丹波亀山藩主。
¶徳松

松平信復*　まつだいらのぶなお
享保4（1719）年～明和5（1768）年　江戸時代中期の大名。遠江浜松藩主、三河吉田藩主。
¶徳松

松平信長　まつだいらのぶなが
戦国時代の五井松平家3代。元心の子。
¶徳松（[生]1503年　[没]1551年）

松平信孝*　まつだいらのぶなり
明暦1（1655）年～元禄3（1690）年　江戸時代前期～中期の大名。駿河小島藩主。
¶徳松

松平信義*　まつだいらのぶのり
寛保2（1742）年～享和1（1801）年　江戸時代中期～後期の大名。駿河小島藩主。
¶徳松

松平信謹*　まつだいらのぶのり
嘉永6（1853）年～明治41（1908）年　江戸時代末期～明治時代の大名、華族。
¶徳松

松平信順*　まつだいらのぶのり
寛政5（1793）年6月7日～天保15（1844）年3月2日　江戸時代後期の大名。三河吉田藩主。
¶徳松

松平信乗　まつだいらのぶのり
江戸時代中期～後期の旗本。松平郷松平家第15代当主。
¶徳松（[生]1742年　[没]1817年）

松平信治*　まつだいらのぶはる
延宝1（1673）年～享保9（1724）年　江戸時代中期の大名。駿河小島藩主。
¶徳松

松平信古*　まつだいらのぶひさ
文政12（1829）年～明治21（1888）年　江戸時代末期～明治時代の大名、華族。
¶徳松, 幕末（[生]文政12（1829）年4月23日　[没]明治21（1888）年11月25日）

松平信豪*　まつだいらのぶひで
文化10（1813）年～慶応1（1865）年　江戸時代末期の大名。丹波亀山藩主。
¶徳松

松平信平　まつだいらのぶひら
⇒鷹司信平（たかつかさのぶひら）

松平信広　まつだいらのぶひろ
戦国時代の武将。松平郷松平家第3代当主。
¶徳松（[生]?　[没]1481年）

松平信汎　まつだいらのぶひろ
江戸時代後期～明治時代の旗本。松平郷松平家第17代当主。
¶徳松（[生]1796年　[没]1873年）

松平信和　まつだいらのぶふさ
江戸時代前期～中期の旗本。松平郷松平家第11代当主。
¶徳松（[生]1640年　[没]1702年）

松平信書*　まつだいらのぶふみ
弘化3（1846）年～元治1（1864）年　江戸時代末期の大名。駿河小島藩主。
¶徳松

松平信古*　まつだいらのぶふる
明和7（1770）年～寛政8（1796）年　江戸時代中期の大名。出羽上山藩主。
¶徳松

松平信将＊　まつだいらのぶまさ
享保2(1717)年〜宝暦11(1761)年　江戸時代中期の大名。出羽上山藩主。
¶徳松

松平信正(1)　まつだいらのぶまさ
江戸時代前期〜中期の旗本。鷹司(吉井)松平家第2代当主。
¶徳松(㊤1671年　㊦1691年)

松平信正＊(2)　まつだいらのぶまさ
嘉永5(1852)年〜明治42(1909)年　江戸時代末期〜明治時代の亀山藩(亀岡藩)主、亀岡藩知事。

松平信賢＊　まつだいらのぶます
文化5(1808)年〜明治6(1873)年　江戸時代後期〜明治時代の大名、華族。
¶徳松

松平信通＊　まつだいらのぶみち
延宝4(1676)年〜享保7(1722)年　江戸時代中期の大名。大和興留藩主、備中庭瀬藩主、出羽上山藩主。
¶徳松

松平信道＊　まつだいらのぶみち
宝暦12(1762)年〜寛政3(1791)年8月18日　江戸時代中期の大名。丹波亀山藩主。

松平信宝　まつだいらのぶみち
⇒松平信宝(まつだいらのぶたか)

松平信光＊　まつだいらのぶみつ
？〜長享2(1488)年　室町時代〜戦国時代の武将。
¶徳松(㊤1404年)、室町(生没年不詳)

松平信充＊　まつだいらのぶみつ
安永4(1775)年〜享和3(1803)年　江戸時代中期〜後期の大名。上野吉井藩主。

松平信岑＊　まつだいらのぶみね
元禄9(1696)年〜宝暦13(1763)年11月20日　江戸時代中期の大名。丹波篠山藩主、丹波亀山藩主。
¶徳松

松平信康＊　まつだいらのぶやす
永禄2(1559)年〜天正7(1579)年　㊨岡崎三郎(おかざきさぶろう)、岡崎信康(おかざきのぶやす)、徳川信康(とくがわのぶやす)　安土桃山時代の武将。徳川家康の長男。
¶コン(徳川信康　とくがわのぶやす)、全戦、戦武、徳将、山小(㊤1559年3月6日　㊦1579年9月15日)

松平信康室　まつだいらのぶやすしつ
⇒徳姫(とくひめ)

松平信言　まつだいらのぶゆき
江戸時代中期〜後期の旗本。松平郷松平家第16代当主。
¶徳松(㊤1762年　㊦1830年)

松平信行(1)　まつだいらのぶゆき
江戸時代中期の幕臣。
¶徳人(㊤1746年　㊦？)

松平信行＊(2)　まつだいらのぶゆき
寛政2(1790)年〜明治6(1873)年　江戸時代後期〜明治時代の大名、華族。
¶徳松

松平信志＊　まつだいらのぶゆき
天明5(1785)年〜文化13(1816)年　江戸時代後期の大名。丹波亀山藩主。
¶徳松

松平信進＊　まつだいらのぶゆき
文化10(1813)年〜文久3(1863)年　江戸時代末期の大名。駿河小島藩主。
¶徳松

松平信之＊　まつだいらのぶゆき
寛永8(1631)年〜貞享3(1686)年　江戸時代前期の大名。播磨明石藩主、大和郡山藩主、下総古河藩主。
¶徳松

松平信義＊　まつだいらのぶよし
＊〜慶応2(1866)年　江戸時代末期の大名。丹波亀山藩主。
¶コン(㊤文政5(1822)年)、徳松(㊤1822年)、幕末(㊤文政7(1824)年2月8日　㊦慶応2(1866)年1月29日)

松平信吉(1)　まつだいらのぶよし
戦国時代の武士。
¶徳松(㊤？　㊦1542年)

松平信吉＊(2)　まつだいらのぶよし
天正3(1575)年〜元和6(1620)年　安土桃山時代〜江戸時代前期の武将、大名。常陸土浦藩主、上野高崎藩主、丹波篠山藩主。
¶徳松

松平信吉(3)　まつだいらのぶよし
⇒武田信吉(たけだのぶよし)

松平信敬＊　まつだいらのぶよし
寛政10(1798)年〜天保12(1841)年　江戸時代後期の大名。上野吉井藩主。
¶徳松

松平信祝　まつだいらのぶよし
⇒松平信祝(まつだいらのぶとき)

松平喜徳　まつだいらのぶより
江戸時代末期〜明治時代の陸奥会津藩主。水戸藩主徳川斉昭の十九男。
¶全幕(㊤安政2(1855)年　㊦明治24(1891)年)

松平乗賢＊　まつだいらのりかた
元禄6(1693)年〜延享3(1746)年　江戸時代中期の大名。美濃岩村藩主。
¶徳松

松平乗勝　まつだいらのりかつ
戦国時代の武将。大給松平家第3代当主。
¶徳松(㊤1496年　㊦1524年)

松平乗完＊　まつだいらのりさだ
宝暦2(1752)年〜寛政5(1793)年　江戸時代中期の大名。三河西尾藩主。
¶徳将、徳松

松平乗邑＊　まつだいらのりさと
貞享3(1686)年〜延享3(1746)年4月16日　㊨松平乗邑(まつだいらのりむら)　江戸時代中期の大名。下総佐倉藩主、伊勢亀山藩主、島鳥羽藩主、山城淀藩主、肥前唐津藩主。
¶江人、コン、徳将、徳松、山小(㊤1686年1月8日　㊦1746年4月16日)

松平乗真＊　まつだいらのりざね，まつだいらのりさね
貞享3(1686)年〜享保1(1716)年　江戸時代中期

の大名。三河大給藩主、三河奥殿藩主。
¶徳松

松平乗成* まつだいらのりしげ
万治1（1658）年〜元禄16（1703）年　江戸時代前期
〜中期の大名。三河大給藩主。
¶徳松

松平乗佑*（松平乗祐）　まつだいらのりすけ
正徳5（1715）年〜明和6（1769）年　江戸時代中期の
大名。下総佐倉藩主、出羽山形藩主、三河西尾藩主。
¶徳松

松平乗喬* まつだいらのりたか
文政9（1826）年〜安政2（1855）年　江戸時代末期
の大名。美濃岩村藩主。
¶徳松（㋴1821年）

松平乗高* まつだいらのりたか
？〜文禄1（1592）年　安土桃山時代の武士。徳川家
康の臣。
¶徳松

松平乗紀* まつだいらのりただ
延宝2（1674）年〜享保1（1716）年12月25日　㋒石
川乗紀（いしかわのりただ）　江戸時代中期の大名。
信濃小諸藩主、美濃岩村藩主。

松平乗尹* まつだいらのりただ
安永6（1777）年〜文政1（1818）年　江戸時代後期
の大名。三河奥殿藩主。
¶徳松

松平乗次（1）　まつだいらのりつぐ
安土桃山時代〜江戸時代前期の武士。
¶徳松（生没年不詳）

松平乗次*（2）　まつだいらのりつぐ
寛永9（1632）年〜貞享4（1687）年　江戸時代前期
の大名。三河大給藩主。
¶徳松

松平乗秩* まつだいらのりつね
天保10（1839）年〜明治6（1873）年　江戸時代末期
〜明治時代の西尾藩主、西尾藩知事。

松平乗命* まつだいらのりとし
嘉永1（1848）年〜明治38（1905）年　江戸時代末期
〜明治時代の岩村藩主、岩村藩知事、子爵。
¶全幕、徳松、幕末（㋴嘉永1（1848）年6月13日　㋵明治38
（1905）年11月15日）

松平乗利* まつだいらのりとし
文化8（1811）年〜安政1（1854）年　江戸時代末期
の大名。三河奥殿藩主。
¶徳松

松平乗友* まつだいらのりとも
宝暦10（1760）年〜文政7（1824）年　江戸時代中期
〜後期の大名。三河奥殿藩主。
¶徳松

松平乗寿* まつだいらのりなが
慶長5（1600）年〜承応3（1654）年　㋒松平乗寿（ま
つだいらのりひさ）　江戸時代前期の大名。美濃岩
村藩主、遠江浜松藩主、上野館林藩主。
¶コン（㋴慶長9（1604）年），徳将、徳松（まつだいらのり
ひさ）

松平典信* まつだいらのりのぶ
寛永6（1629）年〜延宝1（1673）年　㋒松平典信（ま
つだいらすけのぶ）　江戸時代前期の大名。丹波篠
山藩主。
¶徳松（まつだいらすけのぶ　㋷1672年）

松平乗春* まつだいらのりはる
承応3（1654）年〜元禄3（1690）年　江戸時代前期
〜中期の大名。肥前唐津藩主。
¶徳松

松平乗久* まつだいらのりひさ
寛永10（1633）年〜貞享3（1686）年　江戸時代前期
の大名。上野館林藩主、下総佐倉藩主、肥前唐津
藩主。
¶徳松

松平乗寿 まつだいらのりひさ
⇒松平乗寿（まつだいらのりなが）

松平乗寛* まつだいらのりひろ
*〜天保10（1839）年11月11日　江戸時代後期の大
名。三河西尾藩主。
¶徳松（㋴1777年）

松平乗政* まつだいらのりまさ
寛永14（1637）年〜貞享1（1684）年　㋒石川乗政
（いしかわのりまさ）　江戸時代前期の大名。常陸
小張藩主、信濃小諸藩主。
¶徳将（石川乗政　いしかわのりまさ），徳人（石川乗政
いしかわのりまさ），徳松（石川乗政）

松平乗正* まつだいらのりまさ
文明14（1482）年〜天文10（1541）年　㋒松平親世
（まつだいらちかよ）　戦国時代の武士。
¶徳松

松平乗邑 まつだいらのりむら
⇒松平乗邑（まつだいらのりさと）

松平乗元* まつだいらのりもと
嘉吉3（1443）年〜天文6（1537）年　室町時代〜戦
国時代の三河大給領主。
¶徳松（㋵1534年）

松平乗薀*（松平乗蘊）　まつだいらのりもり
享保1（1716）年〜天明3（1783）年　江戸時代中期
の大名。美濃岩村藩主。
¶徳松

松平乗穏* まつだいらのりやす
元文4（1739）年〜天明3（1783）年　江戸時代中期
の大名。三河奥殿藩主。
¶徳松

松平乗全* まつだいらのりやす
寛政6（1794）年12月9日〜明治3（1870）年7月6日
江戸時代末期〜明治時代の大名。三河西尾藩主。
¶コン、徳松、幕末（㋴寛政6（1795）年12月9日）

松平乗薀* まつだいらのりやす
寛延3（1750）年〜文政9（1826）年　江戸時代中期
〜後期の大名。美濃岩村藩主。
¶徳松（㋴1749年）

松平憲良* まつだいらのりよし
元和6（1620）年〜正保4（1647）年　㋒松平忠憲（ま
つだいらただのり）　江戸時代前期の大名。美濃大
垣藩主、信濃小諸藩主。
¶徳松（松平忠憲　まつだいらただのり）

松平乗羨* まつだいらのりよし
寛政2(1790)年～文政10(1827)年　江戸時代後期の大名。三河奥殿藩主。
¶徳松

松平乗美* まつだいらのりよし
寛政4(1792)年～弘化2(1845)年　江戸時代後期の大名。美濃岩村藩主。
¶徳松

松平乗良の妻 まつだいらのりよしのつま★
江戸時代中期の女性。和歌。端山氏。元禄16年刊、柳陰堂了寿編『新歌さゝれ石』に載る。
¶江表(松平乗良の妻(東京都))

松平乗良の娘 まつだいらのりよしのむすめ★
江戸時代中期の女性。和歌。旗本松平弥兵衛乗良の娘。元禄16年刊、柳陰堂了寿編『新歌さゝれ石』に載る。
¶江表(松平乗良の娘(東京都))

松平隼* まつだいらはや
生没年不詳　江戸時代後期の女性。伊予大洲藩主加藤泰武の長女。
¶江表(はや子(福島県)　[没]弘化4(1847)年),江表(至誠院(三重県)　[没]弘化4(1847)年)

松平治郷* まつだいらはるさと
宝暦1(1751)年～文政1(1818)年　[別]松平不昧(まつだいらふまい)　江戸時代中期～後期の大名。出雲松江藩主。
¶江人,コン,徳松

松平治好* まつだいらはるよし
明和5(1768)年～文政9(1826)年　江戸時代中期～後期の大名。越前福井藩主。
¶徳松([没]1825年)

松平治好室* まつだいらはるよしのしつ
明和4(1767)年3月5日～文化10(1813)年1月8日　江戸時代中期～後期の歌人。通称定姫。
¶江表(定姫(福井県))

松平比佐子*(松平寿子)　まつだいらひさこ
弘化4(1847)年12月～明治26(1893)年　江戸時代末期～明治時代の女性。石見国浜田城主松平武総の妻。
¶江表(比佐子(島根県))

松平英親* まつだいらひでちか
寛永2(1625)年～宝永3(1706)年3月10日　江戸時代前期～中期の大名。豊後高田藩主、豊後杵築藩主。
¶徳松

松平秀康 まつだいらひでやす
⇒結城秀康(ゆうきひでやす)

松平広忠* まつだいらひろただ
大永6(1526)年～天文18(1549)年　[別]徳川広忠(とくがわひろただ)　戦国時代の武将。尾張の織田信秀による三河への侵略と戦う。
¶コン,全戦,徳将,徳松,中世,山小([没]1549年3月6日)

松平不昧 まつだいらふまい
⇒松平治郷(まつだいらはるさと)

松平孫三郎* まつだいらまごさぶろう
文政8(1825)年～明治21(1888)年3月31日　江戸時代末期～明治時代の武士。
¶幕末

松平正敬* まつだいらまさかた
寛政6(1794)年～天保3(1832)年　[別]大河内正敬(おおこうちまさかた),松平正敬(まつだいらまさたか)　江戸時代後期の大名。上総大多喜藩主。
¶徳松(まつだいらまさたか)

松平正容* まつだいらまさかた
寛文9(1669)年1月29日～享保16(1731)年　江戸時代中期の大名。陸奥会津藩主。
¶徳松

松平昌勝* まつだいらまさかつ
寛永13(1636)年～元禄6(1693)年　江戸時代前期の大名。越前松岡藩主。
¶徳松

松平正貞* まつだいらまささだ
天和2(1682)年～寛延2(1749)年　[別]大河内正貞(おおこうちまささだ)　江戸時代中期の大名。上総大多喜藩主。
¶徳松

松平正重 まつだいらまさしげ
江戸時代前期の武士。石川松平家初代。
¶徳松([生]?　[没]1626年)

松平正敬 まつだいらまさたか
⇒松平正敬(まつだいらまさかた)

松平政忠 まつだいらまさただ
安土桃山時代の武将。長沢松平家第7代当主。
¶徳松([生]?　[没]1560年)

松平正質 まつだいらまさただ
⇒大河内正質(おおこうちまさただ)

松平昌親 まつだいらまさちか
⇒松平吉品(まつだいらよしのり)

松平正周 まつだいらまさちか
江戸時代前期の代官。
¶徳代([生]?　[没]天和3(1683)年5月16日)

松平正親 まつだいらまさちか
戦国時代～安土桃山時代の武将。大草松平家第6代当主。
¶徳松([生]1512年　[没]1560年)

松平正次 まつだいらまさつぐ
安土桃山時代～江戸時代前期の武将。宮石松平家第6代当主。
¶徳松([生]1584年　[没]1637年)

松平正綱* まつだいらまさつな
天正4(1576)年～慶安1(1648)年6月22日　[別]大河内正綱(おおこうちまさつな)　安土桃山時代～江戸時代前期の大名。相模玉縄藩主。
¶コン,徳将,徳人,徳松

松平正経 まつだいらまさつね
⇒保科正経(ほしなまさつね)

松平政周 まつだいらまさとき
江戸時代後期の幕臣。
¶徳人([生]?　[没]1847年)

松平昌利 まつだいらまさとし
安土桃山時代・江戸時代前期の武将、伏見城番。
¶徳松([生]1560年　[没]1613年)

松平正朝 まつだいらまさとも
安土桃山時代～江戸時代前期の武将。大草松平家

第8代当主。
¶徳松（生没年不詳）

松平正和* まつだいらまさとも
文政6（1823）年～文久2（1862）年 [別]大河内正和（おおこうちまさとも） 江戸時代末期の大名。上総大多喜藩主。
¶徳松

松平正名 まつだいらまさな
江戸時代中期～後期の幕臣。
¶徳人（[生]1774年 [没]1847年）

松平正直* まつだいらまさなお
弘化1（1844）年～大正4（1915）年 江戸時代末期～明治時代の福井藩士、官僚、政治家、貴族院議員、内務次官。維新後、内務権大丞、内務権大書記官、熊本県知事などを歴任。
¶コン，幕末（[生]天保15（1844）年2月26日 [没]大正4（1915）年4月20日）

松平正長 まつだいらまさなが
江戸時代前期の武士。石川松平家第2代当主。
¶徳松（[生]？ [没]1646年）

松平昌信 まつだいらまさのぶ
⇒松平昌信（まつだいらしげのぶ）

松平正信* まつだいらまさのぶ
元和7（1621）年～＊ [別]大河内正信（おおこうちまさのぶ） 江戸時代前期の大名。相模玉縄藩主。
¶徳松（[没]1692年）

松平正升* まつだいらまさのり
江戸時代中期～後期の大名。上総大多喜藩主。
¶徳松（[生]1742年 [没]1803年）

松平正温* まつだいらまさはる
享保10（1725）年～天明2（1782）年11月2日 江戸時代中期の大名。上総大多喜藩主。
¶徳松

松平昌久 まつだいらまさひさ
戦国時代～安土桃山時代の武将。大草松平家第4代当主。
¶徳松（生没年不詳）

松平正久* まつだいらまさひさ
万治2（1659）年～享保5（1720）年 江戸時代前期～中期の大名。相模玉縄藩主、上総大多喜藩主。
¶徳松

松平昌平 まつだいらまさひら
⇒松平宗昌（まつだいらむねまさ）

松平正路* まつだいらまさみち
明和2（1765）年～文化5（1808）年 [別]大河内正路（おおこうちまさみち） 江戸時代中期～後期の大名。上総大多喜藩主。
¶徳松

松平正之*(1) まつだいらまさゆき
[別]松平正之（まつだいらせいし） 江戸時代末期の幕臣。
¶徳人（まつだいらせいし 生没年不詳），徳代（まつだいらせいし 生没年不詳），幕末（生没年不詳）

松平正之(2) まつだいらまさゆき
⇒保科正之（ほしなまさゆき）

松平政穀 まつだいらまさよし
寛文7（1667）年～寛保3（1743）年 江戸時代前期～中期の幕臣。
¶徳人，徳代（[没]寛保3（1743）年10月19日）

松平正義* まつだいらまさよし
文化3（1806）年～天保8（1837）年 [別]大河内正義（おおこうちまさよし） 江戸時代後期の大名。上総大多喜藩主。
¶徳松

松平松千代* まつだいらまつちよ
文禄3（1594）年～慶長4（1599）年 [別]栄昌院（えいしょういん） 安土桃山時代の武将、大名。武蔵深谷城主。
¶徳将（栄昌院 えいしょういん），徳松（[生]1592年）

松平猷 まつだいらみち
⇒松平定猷（まつだいらさだみち）

松平光雄* まつだいらみつお
享保1（1716）年～宝暦6（1756）年 [別]戸田光雄（とだみつお） 江戸時代中期の大名。信濃松本藩主。
¶徳松

松平光重* まつだいらみつしげ
元和8（1622）年～寛文8（1668）年 [別]戸田光重（とだみつしげ） 江戸時代前期の大名。播磨明石藩主、美濃加納藩主。
¶徳松

松平光慈* まつだいらみつちか
正徳2（1712）年～享保17（1732）年 [別]戸田光慈（とだみつちか） 江戸時代中期の大名。山城淀藩主、志摩鳥羽藩主、信濃松本藩主。
¶徳松

松平光庸* まつだいらみつつね
寛政10（1798）年～明治11（1878）年 [別]戸田光庸（とだみつつね） 江戸時代末期～明治時代の大名。信濃松本藩主。
¶徳松

松平光年* まつだいらみつつら
天明1（1781）年4月25日～天保8（1837）年2月4日 江戸時代後期の大名。信濃松本藩主。
¶徳松

松平光永* まつだいらみつなが
寛永20（1643）年～宝永2（1705）年 [別]戸田光永（とだみつなが） 江戸時代前期～中期の大名。美濃加納藩主。
¶徳松

松平光長* まつだいらみつなが
元和1（1615）年～宝永4（1707）年 江戸時代前期～中期の大名。越後高田藩主。
¶コン，徳将，徳松

松平盈乗* まつだいらみつのり
享保1（1716）年～寛保2（1742）年 江戸時代中期の大名。三河奥殿藩主。
¶徳松

松平光則 まつだいらみつひさ
⇒戸田光則（とだみつひさ）

松平光凞*（松平光熙） まつだいらみつひろ
延宝2（1674）年～享保2（1717）年 江戸時代中期の大名。美濃加納藩主、山城淀藩主。
¶徳松

松平光和* まつだいらみつまさ
延享1(1744)年～安永4(1775)年 [別]戸田光和(とだみつまさ) 江戸時代中期の大名。信濃松本藩主。
¶徳松

松平光通* まつだいらみつみち
寛永13(1636)年～延宝2(1674)年 江戸時代前期の大名。越前福井藩主。
¶徳松

松平光徳* まつだいらみつやす
元文2(1737)年～宝暦9(1759)年 [別]戸田光徳(とだみつやす) 江戸時代中期の大名。信濃松本藩主。
¶徳松

松平光行* まつだいらみつゆき
明和6(1769)年～* [別]戸田光行(とだみつゆき) 江戸時代中期～後期の大名。信濃松本藩主。
¶徳松([没]1839年)

松平光悌* まつだいらみつよし
宝暦4(1754)年～天明6(1786)年 [別]戸田光悌(とだみつよし) 江戸時代中期の大名。信濃松本藩主。
¶徳松

松平峯* まつだいらみね
宝暦3(1753)年～天明1(1781)年 [別]松平峯子(まつだいらみねこ) 江戸時代中期の女性。白河藩主松平定信の妻。
¶江表(峰姫(福島県))

松平峯子 まつだいらみねこ
⇒松平峯(まつだいらみね)

松平宗発 まつだいらむねあきら
⇒本庄宗発(ほんじょうむねあきら)

松平宗資 まつだいらむねすけ
⇒本庄宗資(ほんじょうむねすけ)

松平宗武 まつだいらむねたけ
⇒本庄宗武(ほんじょうむねたけ)

松平宗允 まつだいらむねただ
⇒本庄宗允(ほんじょうむねただ)

松平宗衍* まつだいらむねのぶ
享保14(1729)年～天明2(1782)年 江戸時代中期の大名。出雲松江藩主。
¶コン,徳松

松平宗矩* まつだいらむねのり
正徳5(1715)年3月26日～寛延2(1749)年10月21日 江戸時代中期の大名。越前福井藩主。
¶徳松

松平宗秀 まつだいらむねひで
⇒本庄宗秀(ほんじょうむねひで)

松平宗昌* まつだいらむねまさ
延宝3(1675)年～享保9(1724)年 [別]松平昌平(まつだいらまさひら) 江戸時代中期の大名。越前松岡藩主、越前福井藩主。
¶徳松,徳松(松平昌平 まつだいらまさひら)

松平茂昭* まつだいらもちあき
天保7(1836)年～明治23(1890)年7月25日 [別]松平直廉(まつだいらなおきよ) 江戸時代末期～明治時代の福井藩主、侯爵。幕末の政局多難ななかで藩論の公武合体路線を主導。
¶コン,全幕,徳松,徳松(松平直廉 まつだいらなおきよ),幕末([生]天保7(1836)年8月7日)

松平基知* まつだいらもとちか
延宝7(1679)年～享保14(1729)年 [別]松平基知(まつだいらもととも) 江戸時代中期の大名。陸奥白河藩主。
¶徳松

松平基知 まつだいらもととも
⇒松平基知(まつだいらもとちか)

松平元心 まつだいらもとむね
⇒松平長勝(まつだいらながかつ)

松平元康 まつだいらもとやす
⇒徳川家康(とくがわいえやす)

松平康員* まつだいらやすかず
延宝7(1679)年～正徳3(1713)年 江戸時代中期の大名。石見浜田藩主。
¶徳松

松平康圭* まつだいらやすかど
文政4(1821)年～文久2(1862)年8月22日 江戸時代末期の大名。陸奥棚倉藩主。
¶徳松

松平康国 まつだいらやすくに
⇒依田康国(よだやすくに)

松平康定* まつだいらやすさだ
延享4(1747)年～文化4(1807)年 江戸時代後期の大名。石見浜田藩主。
¶徳松

松平康郷 まつだいらやすさと
江戸時代中期～後期の御側御用取次。10代将軍徳川家治を支えた。
¶徳将([生]1693年 [没]1789年)

松平康重* まつだいらやすしげ
永禄11(1568)年～寛永17(1640)年6月27日 [別]松井康重(まついやすしげ),松平康次(まつだいらやすつぐ) 安土桃山時代～江戸時代前期の大名。武蔵私市藩主、常陸笠間藩主、丹波篠山藩主、丹波八上藩主、和泉岸和田藩主。
¶コン,徳松

松平康孝* まつだいらやすたか
戦国時代の武士、松平清康の臣。
¶徳松([生]? [没]1542年)

松平康爵* まつだいらやすたか
文化7(1810)年～慶応4(1868)年 江戸時代末期の大名。石見浜田藩主、陸奥棚倉藩主。
¶徳松

松平康忠* まつだいらやすただ
*～元和4(1618)年 安土桃山時代～江戸時代前期の武士。徳川氏家臣。
¶全戦([生]天文15(1546)年),徳松([生]1546年)

松平康哉* まつだいらやすちか
宝暦2(1752)年～寛政6(1794)年 [別]松平康成(まつだいらやすなり) 江戸時代中期の大名。美作津山藩主。
¶徳松

松平康親*(1) まつだいらやすちか
大永1(1521)年～天正11(1583)年 [別]松井忠次(まついただつぐ) 戦国時代～安土桃山時代の武将。駿河三枚橋城主。

¶全戦, 徳松

松平康親* (2)　まつだいらやすちか
永禄10(1567)年〜元和3(1617)年　安土桃山時代〜江戸時代前期の武将。伏見城番。
¶徳松

松平泰親*　まつだいらやすちか
生没年不詳　南北朝時代〜室町時代の武将。
¶徳松([生]?　[没]1437年?)

松平康次* (1)　まつだいらやすつぐ
天文13(1544)年〜元和1(1615)年　安土桃山時代〜江戸時代前期の武士。徳川家康の臣。
¶徳松

松平康次 (2)　まつだいらやすつぐ
⇒松平康重(まつだいらやすしげ)

松平康映*　まつだいらやすてる
元和1(1615)年〜延宝2(1674)年　江戸時代前期の大名。和泉岸和田藩主、播磨山崎藩主、石見浜田藩主。
¶徳松

松平康任*　まつだいらやすとう
安永9(1780)年〜天保12(1841)年7月22日　江戸時代後期の大名。石見浜田藩主。
¶徳松

松平康載*　まつだいらやすとし
安政1(1854)年10月〜?　江戸時代末期の大名。武蔵川越藩主。
¶徳松([没]1880年)

松平康俊*　まつだいらやすとし
弘治1(1555)年〜天正14(1586)年　安土桃山時代の武将、駿河久能城主。
¶徳松

松平康福*　まつだいらやすとみ
*〜寛政1(1789)年2月8日　[別]松平康福(まつだいらやすよし)　江戸時代中期の大名。下総古河藩主、三河岡崎藩主、石見浜田藩主。
¶コン(まつだいらやすよし　[生]享保4(1719)年), 徳松(まつだいらやすよし　[生]1719年)

松平康豊*　まつだいらやすとよ
貞享2(1685)年〜元文1(1736)年　江戸時代中期の大名。石見浜田藩主。
¶徳松([没]1735年)

松平康直* (1)　まつだいらやすなお
永禄12(1569)年〜文禄2(1593)年　安土桃山時代の武将、大名。武蔵深谷城主。
¶徳松

松平康直* (2)　まつだいらやすなお
元和3(1617)年〜寛永11(1634)年　[別]戸田康直(とだやすなお)　江戸時代前期の大名。信濃松本藩主、播磨明石藩主。
¶徳松

松平康長　まつだいらやすなが
⇒戸田康長(とだやすなが)

松平康成　まつだいらやすなり
⇒松平康哉(まつだいらやすちか)

松平康信*　まつだいらやすのぶ
慶長5(1600)年〜天和2(1682)年　江戸時代前期の大名。下総佐倉藩主、摂津高槻藩主、丹波篠山藩主。
¶徳松

松平康官*　まつだいらやすのり
明暦3(1657)年〜享保12(1727)年　江戸時代前期〜中期の大名。石見浜田藩主。
¶徳松

松平康乂*　まつだいらやすはる
天明6(1786)年〜文化2(1805)年　江戸時代後期の大名。美作津山藩主。
¶徳松

松平康尚*　まつだいらやすひさ
元和9(1623)年〜元禄9(1696)年　江戸時代前期の大名。下野那須藩主、伊勢長島藩主。
¶徳松

松平康英* (1)　まつだいらやすひで
*〜文化5(1808)年8月17日　[別]松平康平(まつだいらやすひら)　江戸時代中期〜後期の長崎奉行。対外防備を固めた。
¶江人([生]?), コン([生]?), 対外([生]1768年), 徳人([生]1768年), 山小([生]1768年　[没]1808年8月17日)

松平康英 (2)　まつだいらやすひで
⇒松井康直(まついやすなお)

松平康平　まつだいらやすひら
⇒松平康英(まつだいらやすひで)

松平康泰*　まつだいらやすひろ
嘉永3(1850)年〜元治1(1864)年　江戸時代末期の大名。陸奥棚倉藩主。
¶徳松([生]1849年)

松平康正　まつだいらやすまさ
江戸時代末期の初代京都見廻役。安政6年勘定奉行。
¶全幕([生]文政4(1821)年　[没]?), 徳人(生没年不詳), 幕末([生]文政3(1820)年　[没]?)

松平康元*　まつだいらやすもと
天文21(1552)年〜慶長8(1603)年　[別]久松康元(ひさまつやすもと)　安土桃山時代の武将。下総国関宿城主。
¶徳松

松平康盛* (1)　まつだいらやすもり
慶長6(1601)年〜寛文11(1671)年7月5日　安土桃山時代〜江戸時代前期の幕臣。
¶徳松([没]?)

松平康盛 (2)　まつだいらやすもり
江戸時代中期〜後期の幕臣。
¶徳人([生]1749年　[没]1839年)

松平康安*　まつだいらやすやす
弘治1(1555)年〜元和9(1623)年　[別]松平康安(まつだいらしずやす)　安土桃山時代〜江戸時代前期の武士。徳川氏家臣。
¶徳松

松平康福　まつだいらやすよし
⇒松平康福(まつだいらやすとみ)

松平大和守　まつだいらやまとのかみ
⇒松平直矩(まつだいらなおのり)

松平行隆　まつだいらゆきたか
安土桃山時代〜江戸時代前期の幕臣。
¶徳人([生]1590年　[没]1653年)

松平好景* まつだいらよしかげ
永正13（1516）年〜永禄4（1561）年　戦国時代の武士。徳川氏家臣。
¶徳松（㋐1518年）

松平義方* まつだいらよしかた
貞享3（1686）年〜享保6（1721）年　江戸時代中期の大名。陸奥梁川藩主。
¶徳松

松平義国* まつだいらよしくに
文政3（1820）年〜明治2（1869）年　㋕行山康左衛門（ゆきやまこうざえもん）　江戸時代末期の加賀藩主。
¶幕末

松平吉邦* まつだいらよしくに
天和1（1681）年〜＊　江戸時代中期の大名。越前福井藩主。
¶徳松（㋐1721年）

松平義貞* まつだいらよしさだ
正徳4（1714）年〜享保14（1729）年　㋕松平義真（まつだいらよしざね）　江戸時代中期の大名。陸奥梁川藩主。
¶徳松（松平義真（貞）　まつだいらよしざね（さだ））

松平義真 まつだいらよしさだ
⇒松平義貞（まつだいらよしさだ）

松平由重* まつだいらよししげ
？〜慶長8（1603）年　安土桃山時代の武士。徳川氏家臣。
¶徳松（㋐1543年）

松平吉品 まつだいらよししな
⇒松平吉品（まつだいらよしのり）

松平義居* まつだいらよしすえ
？〜文化1（1804）年　江戸時代後期の大名。美濃高須藩主。
¶徳松（㋐1785年）

松平義孝* まつだいらよしたか
？〜享保17（1732）年　江戸時代中期の大名。美濃高須藩主。
¶徳松（㋐1694年）

松平義勇* まつだいらよしたけ
安政6（1859）年〜明治24（1891）年　江戸時代末期〜明治時代の高須藩主、高須藩知事。
¶徳松

松平義建* まつだいらよしたつ
寛政12（1800）年〜文久2（1862）年　江戸時代末期の大名。美濃高須藩主。
¶徳松（㋐1799年）

松平義知* まつだいらよしちか
正徳3（1713）年〜寛延1（1748）年　㋕松平明矩（まつだいらあきのり）　江戸時代中期の大名。陸奥白河新田藩主、陸奥白河藩主、播磨姫路藩主。
¶徳松（松平義知（明矩））

松平吉透* まつだいらよしとお
寛文8（1668）年7月16日〜宝永2（1705）年9月6日　㋕松平近憲（まつだいらちかのり）　江戸時代前期〜中期の大名。出雲松江新田藩主、出雲松江藩主。
¶徳松

松平義敏* まつだいらよしとし
？〜明和8（1771）年　江戸時代中期の大名。美濃高須藩主。
¶徳松（㋐1734年）

松平慶倫* まつだいらよしとも
文政10（1827）年〜明治4（1871）年　江戸時代末期〜明治時代の津山藩主。尊攘激派全盛期に諸藩と幕府の間の調停役となる。
¶コン、徳松、幕末（㋐文政10（1827）年閏6月　㋜明治4（1871）年7月26日）

松平慶永* まつだいらよしなが
文政11（1828）年〜明治23（1890）年6月2日　㋕松平春嶽（まつだいらしゅんがく）　江戸時代末期〜明治時代の福井藩主。幕末に倒幕派と幕閣・佐幕派の間に介入し政局の収拾に尽力。
¶江人（松平春嶽　まつだいらしゅんがく）、コン、詩作（松平春嶽　まつだいらしゅんがく　㋐文政11（1828）年9月2日）、全幕、徳将、徳松、幕末（㋐文政11（1828）年9月2日）、山小（㋐1828年9月2日　㋜1890年6月2日）

松平義生* まつだいらよしなり
安政2（1855）年〜大正9（1920）年1月27日　江戸時代末期〜明治時代の高須藩主、高須藩知事、名古屋県知事。
¶徳松

松平義和 まつだいらよしなり
⇒松平義和（まつだいらよしより）

松平吉品* まつだいらよしのり
寛永17（1640）年〜正徳1（1711）年　㋕松平昌親（まつだいらまさちか）、松平吉品（まつだいらよししな）　江戸時代前期〜中期の大名。越前福井藩主。
¶徳松（松平昌親　まつだいらまさちか）

松平慶憲* まつだいらよしのり
文政9（1826）年〜明治30（1897）年　江戸時代末期〜明治時代の明石藩主。鳥羽・伏見の戦で幕府荷担を目論むが大阪落城で断念。
¶徳松、幕末（㋐文政9（1826）年9月7日　㋜明治30（1897）年11月8日）

松平義春* まつだいらよしはる
？〜弘治2（1556）年　戦国時代の美濃青野城主。

松平義裕* まつだいらよしひろ
宝暦12（1762）年〜寛政7（1795）年　江戸時代中期の大名。美濃高須藩主。
¶徳松

松平義昌* まつだいらよしまさ
慶安4（1651）年〜正徳3（1713）年　江戸時代前期〜中期の大名。陸奥梁川藩主。
¶徳松

松平義端* まつだいらよしまさ
？〜万延1（1860）年　江戸時代末期の大名。美濃高須藩主。
¶徳松（㋐1858年）

松平義行* まつだいらよしゆき
？〜正徳5（1715）年　江戸時代前期〜中期の大名。美濃高須藩主。
¶徳松（㋐1656年）

松平義和* まつだいらよしより
安永5（1776）年8月14日〜天保3（1832）年1月15日　㋕松平義和（まつだいらよしなり）　江戸時代後期

まつたい

の大名。美濃高須藩主。
¶徳松(まつだいらよしより(なり))

松平頼明* まつだいらよりあき
元禄4(1691)年～享保18(1733)年 ㊙松平頼明(まつだいらよりあきら) 江戸時代中期の大名。常陸府中藩主。
¶徳松(まつだいらよりあきら)

松平頼明 まつだいらよりあきら
⇒松平頼明(まつだいらよりあき)

松平頼亮* まつだいらよりあきら
延享1(1744)年～享和1(1801)年9月8日 江戸時代中期～後期の大名。陸奥守山藩主。

松平頼雄* まつだいらよりお
寛永7(1630)年～元禄10(1697)年 ㊙松平頼雄(まつだいらよりかつ) 江戸時代前期の大名。常陸宍戸藩主。
¶徳松

松平頼起* まつだいらよりおき
延享4(1747)年～寛政4(1792)年 江戸時代中期の大名。讃岐高松藩主。
¶徳松

松平頼筠* まつだいらよりかた
享和1(1801)年～天保10(1839)年 江戸時代後期の大名。常陸宍戸藩主。
¶徳松

松平頼謙* まつだいらよりかた
宝暦5(1755)年～文化3(1806)年 江戸時代中期～後期の大名。伊予西条藩主。
¶徳松

松平頼方 まつだいらよりかた
⇒徳川吉宗(とくがわよしむね)

松平頼雄 まつだいらよりかつ
⇒松平頼雄(まつだいらよりお)

松平頼該 まつだいらよりかね
⇒松平左近(まつだいらさこん)

松平方子* まつだいらよりこ
宝暦2(1752)年1月16日～文政12(1829)年10月13日 江戸時代中期～後期の女性。出雲松江藩主松平治郷の妻。陸奥仙台藩伊達宗村の娘。
¶江表(方子(島根県))

松平頼前* まつだいらよりさき
寛保3(1743)年～文政7(1824)年 江戸時代中期～後期の大名。常陸府中藩主。
¶徳松

松平頼貞* まつだいらよりさだ
寛文4(1664)年～延享1(1744)年 江戸時代中期の大名。陸奥守山藩主。
¶徳松

松平頼学* まつだいらよりさと
*～慶応1(1865)年 江戸時代末期の大名。伊予西条藩主。
¶徳松(㊙1808年)

松平頼邑* まつだいらよりさと
享保17(1732)年～天明1(1781)年 ㊙松平頼邑(まつだいらよりむら) 江戸時代中期の大名。伊予西条藩主。

¶徳松

松平頼真* まつだいらよりさね，まつだいらよりざね
寛保3(1743)年～安永9(1780)年 江戸時代中期の大名。讃岐高松藩主。
¶徳松(まつだいらよりざね)

松平頼重* まつだいらよりしげ
元和8(1622)年～元禄8(1695)年 江戸時代前期の大名。常陸下館藩主、讃岐高松藩主。
¶コン、徳松

松平頼救* まつだいらよりすけ
宝暦6(1756)年2月15日～文政13(1830)年5月4日 江戸時代中期～後期の大名。常陸宍戸藩主。
¶徳松

松平頼済* まつだいらよりすみ，まつだいらよりずみ
享保5(1720)年～天明4(1784)年 江戸時代中期の大名。常陸府中藩主。
¶徳松

松平頼純* まつだいらよりずみ
元和8(1622)年～正徳1(1711)年 江戸時代前期～中期の大名。伊予西条藩主。
¶徳松(㊙1641年)

松平頼多* まつだいらよりた
*～明和3(1766)年 ㊙松平頼多(まつだいらよりな) 江戸時代中期の大名。常陸宍戸藩主。
¶徳松(まつだいらよりた(かず)) ㊤1722年

松平頼位* まつだいらよりたか
文化4(1807)年～明治19(1886)年 江戸時代末期～明治時代の武士、宍戸藩主。水戸藩の継嗣問題に際し、徳川斉昭を擁立。
¶徳松(㊙1810年)、㊤文化7(1810)年2月13日 ㊥明治19(1886)年12月17日

松平頼恭* まつだいらよりたか
正徳1(1711)年～明和8(1771)年 江戸時代中期の大名。讃岐高松藩主。
¶植物(㊤正徳1(1711)年5月20日 ㊥明和8(1771)年7月18日)、徳松

松平頼隆* まつだいらよりたか
寛永6(1629)年～宝永4(1707)年 江戸時代前期～中期の大名。常陸府中藩主。
¶徳松

松平頼桓* まつだいらよりたけ
享保5(1720)年～元文4(1739)年 江戸時代中期の大名。讃岐高松藩主。
¶徳松

松平頼渡* まつだいらよりただ
宝永3(1706)年～元文3(1738)年 江戸時代中期の大名。伊予西条藩主。
¶徳松

松平頼胤* まつだいらよりたね
文化7(1810)年～明治10(1877)年 江戸時代末期～明治時代の大名。讃岐高松藩主。
¶全幕、徳松、幕末(㊤文化7(1811)年12月22日 ㊥明治10(1877)年12月30日)

松平頼縄* まつだいらよりつぐ
文化2(1805)年～明治17(1884)年 江戸時代後期～明治時代の大名、華族。
¶徳松、幕末(㊥明治17(1884)年1月24日)

松平頼常* まつだいらよりつね
承応1（1652）年〜宝永1（1704）年　江戸時代前期
〜中期の大名。讃岐高松藩主。
¶コン, 徳松

松平頼聡* まつだいらよりとし
天保5（1834）年〜明治36（1903）年　江戸時代末期
〜明治時代の讃岐高松藩主, 伯爵。幕末の戦乱に幕
府軍として戦い官位を剥奪される。
¶全幕, 徳松, 幕末（㊐天保5（1834）年8月4日　㊱明治36
（1903）年10月17日）

松平頼幸* まつだいらよりとみ
享保4（1719）年〜寛保2（1742）年　㊞松平頼幸（ま
つだいらよりゆき）　江戸時代中期の大名。常陸府
中藩主。
¶徳松（まつだいらよりゆき）

松平頼豊* まつだいらよりとよ
延宝8（1680）年〜享保20（1735）年　江戸時代中期
の大名。讃岐高松藩主。
¶徳松

松平頼多 まつだいらよりな
⇒松平頼多（まつだいらよりた）

松平頼永* まつだいらよりなが
正徳4（1714）年〜享保20（1735）年　江戸時代中期
の大名。常陸府中藩主。
¶徳松（㊐1713年）

松平頼誠* まつだいらよりのぶ
享和3（1803）年〜文久2（1862）年　江戸時代末期
の大名。陸奥守山藩主。
¶徳松

松平頼儀* まつだいらよりのり
安永4（1775）年〜文政12（1829）年　江戸時代後期
の大名。讃岐高松藩主。
¶徳松

松平頼慶* まつだいらよりのり
延宝7（1679）年〜寛保2（1742）年　江戸時代中期
の大名。常陸宍戸藩主。
¶徳松

松平頼載 まつだいらよりのり
江戸時代後期〜末期の旗本。松平郷松平家第18代
当主。
¶徳松（㊐1818年　㊱1866年）

松平頼升 まつだいらよりのり
天保1（1830）年〜明治5（1872）年　江戸時代末期
〜明治時代の大名。陸奥守山藩主。
¶全幕（㊐天保3（1832）年）, 徳松（㊐1832年）, 幕末（㊐天
保3（1830）年7月3日　㊱明治5（1872）年9月16日）

松平頼徳* まつだいらよりのり
＊〜元治1（1864）年　江戸時代末期の大名。常陸宍
戸藩主。
¶徳松（㊐1831年）, 幕末（㊐文政12（1829）年4月3日　㊱
元治1（1864）年10月5日）

松平頼説* まつだいらよりひさ
安永7（1778）年〜天保4（1833）年　江戸時代後期
の大名。常陸府中藩主。
¶徳松

松平頼説の娘 まつだいらよりひさのむすめ*
江戸時代後期の女性。和歌。寛政7年に常陸府中藩
主となった頼説の娘。

¶江表（松平頼説の娘（茨城県））

松平頼英* まつだいらよりひで
天保14（1843）年〜明治38（1905）年　江戸時代末
期〜明治時代の西条藩主, 西条藩知事, 子爵。
¶徳松（㊐天保14（1843）年9月22日　㊱明治38
（1905）年12月3日）

松平頼寛* まつだいらよりひろ
元禄16（1703）年〜宝暦13（1763）年10月28日　江
戸時代中期の大名。陸奥守山藩主。
¶徳松

松平頼恕* まつだいらよりひろ
寛政10（1798）年〜天保13（1842）年　江戸時代後
期の大名。讃岐高松藩主。
¶コン, 徳松

松平頼策* まつだいらよりふみ
嘉永1（1848）年〜＊　江戸時代末期〜明治時代の大
名。常陸府中藩主。
¶徳松（㊱1886年）, 幕末（㊐嘉永1（1848）年9月3日　㊱
明治19（1886）年9月10日）

松平頼看* まつだいらよりみ
安永3（1774）年〜寛政9（1797）年　江戸時代中期
〜後期の大名。伊予西条藩主。
¶徳松（㊐1773年）

松平頼道* まつだいらよりみち
明暦3（1657）年〜享保6（1721）年　江戸時代前期
〜中期の大名。常陸宍戸藩主。
¶徳松

松平頼邑 まつだいらよりむら
⇒松平頼邑（まつだいらよりさと）

松平頼元* まつだいらよりもと
寛永6（1629）年〜元禄6（1693）年　江戸時代前期
の大名。常陸額田藩主。
¶徳松

松平頼職* まつだいらよりもと
延宝8（1680）年〜宝永2（1705）年　㊞徳川頼職（と
くがわよりもと）　江戸時代中期の大名。越前丹生
藩主、紀伊和歌山藩主。
¶徳将（徳川頼職　とくがわよりもと）, 徳松（徳川頼職
とくがわよりもと）

松平頼啓* まつだいらよりゆき
天明5（1785）年〜嘉永1（1848）年　江戸時代後期
の大名。伊予西条藩主。
¶徳松（㊐1784年）

松平頼敬* まつだいらよりゆき
安永7（1778）年〜文化4（1807）年　江戸時代後期
の大名。常陸宍戸藩主。
¶徳松

松平頼幸 まつだいらよりゆき
⇒松平頼幸（まつだいらよりとみ）

松平頼如* まつだいらよりゆき
延宝1（1673）年〜宝永4（1707）年　江戸時代中期
の大名。常陸府中藩主。
¶徳松

松平頼之* まつだいらよりゆき
安政5（1858）年〜明治6（1873）年　江戸時代末期
〜明治時代の大名、華族。
¶徳松

松平頼慎*　まつだいらよりよし
明和7(1770)年～文政13(1830)年7月13日　江戸時代後期の大名。陸奥守山藩主。
¶徳松

松平頼致　まつだいらよりよし
⇒徳川宗直(とくがわむねなお)

松平楽翁　まつだいららくおう
⇒松平定信(まつだいらさだのぶ)

松平露滴斎　まつだいらろてきさい
⇒松平斉恒(まつだいらなりつね)

松田上総介　まつだかずさのすけ
戦国時代～安土桃山時代の北条氏・武田氏の家臣。笠原政晴にあたる可能性が高い。
¶武田(生没年不詳)

松田和孝　まつだかずたか
⇒松田東吉郎(まつだとうきちろう)

松田勝子*　まつだかつこ
文政9(1826)年7月～明治30(1897)年4月1日　江戸時代末期～明治時代の教育者。僻地教育、女子教育に貢献。
¶江表(勝子(滋賀県))

松田勝政　まつだかつまさ
安土桃山時代～江戸時代前期の幕臣。
¶徳人([生]1590年　[没]1653年)

松田亀太郎*　まつだかめたろう
？～明治21(1888)年　江戸時代末期～明治時代の能楽師、喜多流シテ方。
¶新能

松田勘右衛門*　まつだかんえもん
？～元文5(1740)年　江戸時代中期の農民。因幡鳥取藩領元文一揆の指導者。
¶江人([生]1698年), コン

松田金平　まつだきんぺい
江戸時代前期の人。藤堂高虎の家臣落合左近の従弟。
¶大坂([没]慶長20年5月6日)

松田九郎左衛門重吉　まつだくろ(う)ざえもんしげよし
江戸時代前期の長宗我部元親・盛親の家臣。
¶大坂

松田謙三*　まつだけんぞう
天保2(1831)年～明治24(1891)年　[別]小倉健作(おぐらけんさく)　江戸時代末期～明治時代の長州(萩)藩士。
¶幕末([没]明治24(1891)年1月14日)

松田監物*　まつだけんもつ
生没年不詳　安土桃山時代の織田信長の家臣。
¶織田

松田五六郎*　まつだごろくろう
文政10(1827)年～元治1(1864)年　江戸時代末期の筑前福岡藩士。
¶幕末([没]元治1(1864)年7月21日)

松田定勝　まつださだかつ
戦国時代～江戸時代前期の幕臣。
¶徳人([生]1559年　[没]1645年)

松田貞清*　まつださだきよ
生没年不詳　室町時代の幕府奉行人。
¶コン

松田貞直　まつださだなお
江戸時代前期～中期の代官。
¶徳代([生]寛永19(1642)年　[没]享保19(1734)年2月15日)

松田定久*(1)　まつださだひさ
生没年不詳　安土桃山時代の織田信長の家臣。
¶織田

松田定久(2)　まつださだひさ
⇒太田源三大夫(おおたげんぞうだゆう)

松田三郎兵衛秀道　まつださぶろ(う)びょうえひでみち
江戸時代前期の武士。大坂の陣で籠城。
¶大坂

松田重助*　まつだじゅうすけ
天保1(1830)年～元治1(1864)年　[別]松田範義(まつだのりよし)　江戸時代末期の肥後熊本藩士。
¶幕末([没]元治1(1864)年6月5日)

松田正助　まつだしょうすけ
江戸時代後期～明治時代の尚友堂主人。
¶出版([生]文化14(1817)年7月25日　[没]明治27(1894)年9月18日)

松田次郎右衛門　まつだじろ(う)えもん
安土桃山時代～江戸時代前期の伊達政宗の家臣。
¶大坂

松田甚兵衛*　まつだじんべえ
？～文久3(1863)年　江戸時代末期の硝石調達。
¶幕末([没]文久3(1863)年3月20日)

松田図書　まつだずしょ
江戸時代前期の伊達政宗の同朋珍斎。
¶大坂

松田摂津守*　まつだせっつのかみ
生没年不詳　安土桃山時代の織田信長の家臣。
¶織田

松田大膳の妻　まつだだいぜんのつま★
江戸時代の女性。教訓。更級郡八幡神社社司松田大膳の妻。
¶江表(松田大膳の妻(長野県))

松田聴松*　まつだちょうしょう
*～明治21(1888)年　[別]聴松(ちょうしょう)　江戸時代末期～明治時代の俳人。
¶俳文(聴松　ちょうしょう　[生]？　[没]明治21(1888)年8月29日)

松田伝次　まつだでんじ
江戸時代前期の杉森市兵衛信成の家来。
¶大坂

松田伝十郎*　まつだでんじゅうろう
明和6(1769)年～？　江戸時代中期～後期の蝦夷地探検家。樺太経営の責任者。
¶コン, 対外, 徳人, 山小

松田東吉郎*　まつだとうきちろう
天保8(1837)年～安政6(1859)年　[別]松田和孝(まつだかずたか), 松田蓼水(まつだりょうすい)　江戸時代末期の越前福井藩士。

¶幕末（[没]安政6（1859）年6月20日）

松田敏樹* まつだとしき
天保9（1838）年～*　江戸時代末期～明治時代の実業家、山口協同社長。三田尻宰判用掛、山口町長などを歴任。
¶幕末（[没]明治36（1903）年6月22日）

松田利次 まつだとしつぐ
江戸時代末期の和算家。
¶数学（[没]文久2（1862）年）

松田直子* まつだなおこ
文政2（1819）年～嘉永6（1853）年9月15日　江戸時代後期～末期の女性。京都上賀茂神社祠官松田直兄の娘。
¶江表（直子（京都府））

松田直長* まつだなおなが
永禄5（1562）年～明暦3（1657）年　安土桃山時代～江戸時代前期の北条氏の家臣。
¶後北（直長〔松田〕　なおなが　[没]明暦3年8月30日）

松田直秀* まつだなおひで
生没年不詳　戦国時代の北条氏の家臣。
¶後北（直秀〔松田〕　なおひで　[没]慶長19年7月）

松田長治 まつだながはる
江戸時代前期～中期の幕臣。
¶徳人（[生]1658年　[没]1721年）

松田信好* まつだのぶよし
生没年不詳　江戸時代前期の和算家。
¶数学

松田憲秀* まつだのりひで
？～天正18（1590）年　安土桃山時代の武士。北条氏の重臣。
¶後北（憲秀〔松田〕　のりひで），コン，全戦，戦武（[生]享禄3（1530）年？）

松田範義 まつだのりよし
⇒松田重助（まつだじゅうすけ）

松田肥後守 まつだひごのかみ
⇒松田康郷（まつだやすさと）

松田秀次郎* まつだひでじろう
*～明治29（1896）年　江戸時代末期～明治時代の志士、弥彦神社宮司。勤王主義で、同志と北越鎮静のため各地で転戦。
¶幕末（[生]天保2（1831）年　[没]明治29（1896）年8月30日）

松田兵部丞* まつだひょうぶのじょう
生没年不詳　戦国時代の北条氏の家臣。
¶後北（兵部丞〔松田〕　ひょうぶのじょう）

松田文耕堂 まつだぶんこうどう
⇒文耕堂（ぶんこうどう）

松田正雄* まつだまさお
嘉永3（1850）年～*　江戸時代末期の志士。
¶幕末（[生]嘉永3（1850）年2月5日　[没]慶応3（1867）年12月26日）

松田正則* まつだまさのり
生没年不詳　江戸時代前期の和算家。
¶数学

松田ミゲル* まつだみげる
*～寛永10（1633）年　安土桃山時代～江戸時代前期のイエズス会宣教師。
¶コン（[生]天正12（1584）年）

松田道之* まつだみちゆき
天保10（1839）年～明治15（1882）年7月6日　江戸時代末期～明治時代の官僚、内務大書記官、東京府知事。琉球で廃藩置県を断行、東京府の市区改正・道路拡張などに貢献。
¶コン，新隊，幕末（[生]天保10（1839）年5月12日）

松田満秀* まつだみつひで
生没年不詳　室町時代の幕府奉行人。
¶コン

松田元賢 まつだもとかた
安土桃山時代の武将。松田元輝の長男。
¶全戦（[生]？　[没]永禄11（1568）年）

松田元輝* まつだもとてる
？～永禄11（1568）年　戦国時代の武将。
¶全戦

松田元脩 まつだもとなが
安土桃山時代の武将。松田元輝の子。
¶全戦（生没年不詳）

松田元成 まつだもとなり
戦国時代の武将。
¶室町（[生]？　[没]文明16（1484）年）

松田盛秀* まつだもりひで
生没年不詳　戦国時代の北条氏の家臣。
¶後北（盛秀〔松田〕　もりひで）

松田盛秀室 まつだもりひでしつ
戦国時代～安土桃山時代の女性。北条綱成の妹。玉縄城城主北条為昌の養女。松田憲秀の母親。
¶後北（松田盛秀室〔北条〕）

松田主水重勝 まつだもんどしげかつ
安土桃山時代～江戸時代前期の富田信高・福島正則・酒井忠勝の家臣。
¶大坂（[生]天正9年　[没]寛文8年4月17日）

松田弥次郎 まつだやじろう
戦国時代の北条氏綱家臣狩野介の同心。盛秀の一族か。
¶後北（弥次郎〔松田〕　やじろう）

松田康定* まつだやすさだ
戦国時代の武士。後北条氏家臣。
¶後北（康定〔松田〕　やすさだ）

松田康郷* まつだやすさと
天文9（1540）年～*　[別]松田肥後守（まつだひごのかみ）　安土桃山時代～江戸時代前期の武士。後北条氏家臣。
¶後北（康郷〔松田〕　やすさと　[没]慶長14年5月2日）

松田康隆* まつだやすたか
生没年不詳　戦国時代の北条氏の家臣。
¶後北（康隆〔松田〕　やすたか）

松田康長* まつだやすなが
天文6（1537）年～天正18（1590）年　安土桃山時代の武士。後北条氏家臣。
¶後北（康長〔松田〕　やすなが　[没]天正18年3月29日）

松田雪江 まつだゆきえ
⇒西園寺公成（さいおんじきんしげ）

松田与左衛門 まつだよざえもん
江戸時代前期の人。香宗我部親泰の家臣松田神左

衛門の三男。

¶大坂（[没]寛永11年12月2日）

松田利助秀友　まつだりすけひでとも

江戸時代前期の伊達政宗の小姓。石田三成の家臣松田十太夫秀宣の長男。

¶大坂（[没]慶安1年頃）

松田蓼水　まつだりょうすい

⇒松田東吉郎（まつだとうきちろう）

松田緑山（2代玄々堂）　まつだりょくざん

⇒松田敦朝（まつだあつとも）

松田緑山　まつだろくざん

⇒松田敦朝（まつだあつとも）

松田六郎＊　まつだろくろう

？～明治2（1869）年　江戸時代後期～明治時代の新撰組隊士。

¶新隊

松田六郎左衛門尉＊　まつだろくろうざえもんのじょう

生没年不詳　戦国時代の北条氏の家臣。

¶後北（六郎左衛門尉〔松田〕　ろくろうざえもんのじょう）

松田和吉　まつだわきち

⇒文耕堂（ぶんこうどう）

松千とせ・千とせ・ちとせ　まつちとせ・ちとせ★

江戸時代中期の女性。狂歌。天明4年、失楽漢江序『狂言鶯蛙集』に載る。

¶江表（松千とせ・千とせ・ちとせ（東京都））

松長信妙　まっちょうのぶよし

江戸時代中期の幕臣。

¶徳人（[生]1733年　[没]？）

松千代女　まつちよじょ★

江戸時代後期の女性。狂歌・商売。四谷新宿の妓楼新若松の女主人。文化5年、尋幽亭載名編の唐衣橘洲7回忌追善集『とこよもの』に載る。

¶江表（松千代女（東京都））

松司女　まつつかさじょ★

江戸時代後期の女性。狂歌。寛政6年～文化1年刊、千秋庵三陀羅編『狂歌三十六歌仙』に載る。

¶江表（松司女（東京都））

松任侍従　まつとうじじゅう

⇒丹羽長重（にわながしげ）

松殿兼嗣＊　まつどのかねつぐ

延応1（1239）年～？　鎌倉時代後期の公卿（参議）。大納言松殿忠房の次男。

¶公卿, 公家（兼嗣〔松殿家（絶家）〕　かねつぐ）

松殿忠顕＊　まつどのただあき

長禄1（1457）年～永正16（1519）年6月3日　戦国時代の公卿（参議）。藤原基高の子。

¶公卿, 公家（忠顕〔松殿家（絶家）〕　ただあき）

松殿忠孝＊　まつどのただたか

寛延1（1748）年1月2日～明和5（1768）年9月14日　江戸時代中期の公家（権中納言）。左大臣九条尚実の次男。

¶公卿

松殿忠嗣＊　まつどのただつぐ

永仁5（1297）年～＊　鎌倉時代後期～南北朝時代の公卿（権大納言）。参議松殿通輔の子。

¶公卿（[没]？）, 公家（忠嗣〔松殿家（絶家）〕　ただつぐ　[没]？）

松殿忠房＊　まつどのただふさ

建久4（1193）年～？　鎌倉時代前期の公卿（大納言）。関白・太政大臣藤原基房の四男、母は皇太后宮亮・美作守藤原行雅の娘。

¶公卿, 公家（忠房〔松殿家（絶家）〕　ただふさ）

松殿忠冬＊　まつどのただふゆ

永仁4（1296）年～正平3/貞和4（1348）年3月15日　鎌倉時代後期～南北朝時代の公卿（権中納言）。権中納言松殿冬房の子。

¶公卿（[没]貞和4/正平3（1348）年3月15日）, 公家（忠冬〔松殿家（絶家）〕　ただふゆ　[没]貞和4（1348）年3月15日）

松殿冬輔＊　まつどのふゆすけ

？～元中9/明徳3（1392）年1月21日　南北朝時代の公卿（非参議）。権大納言松殿忠嗣の子。

¶公卿（[没]明徳3/元中9（1392）年1月21日）, 公家（冬輔〔松殿家（絶家）〕　ふゆすけ　[没]明徳3（1392）年1月21日）

松殿冬房＊　まつどのふゆふさ

文永7（1270）年～興国3/康永1（1342）年6月26日　鎌倉時代後期～南北朝時代の公卿（権中納言）。摂政・左大臣一条家経の猶子。

¶公卿（[没]康永1（1342）年6月26日）, 公家（冬房〔松殿家（絶家）〕　ふゆふさ　[没]康永1（1342）年6月26日）

松殿道昭＊　まつどのみちあき

元和1（1615）年2月17日～正保3（1646）年6月12日　江戸時代前期の公家（権大納言）。関白・左大臣九条幸家の次男。

¶公卿, 公家（道昭〔松殿家（絶家）〕　みちあき）

松殿通輔＊　まつどのみちすけ

生没年不詳　鎌倉時代後期の公卿（参議）。参議松殿兼嗣の子。

¶公卿, 公家（通輔〔松殿家（絶家）〕　みちすけ）

松殿基高　まつどのもとたか

室町時代の公家。

¶公家（基高〔松殿家（絶家）〕　もとたか　[生]？　[没]寛正4（1463）年1月17日）

松殿基嗣＊　まつどのもとつぐ

建久4（1193）年～？　鎌倉時代前期の公卿（権大納言）。摂政・内大臣松殿師家の子。

¶公卿, 公家（基嗣〔松殿家（絶家）〕　もとつぐ）

松殿基房　まつどのもとふさ

⇒藤原基房（ふじわらのもとふさ）

松殿師家＊　まつどのもろいえ

承安2（1172）年～暦仁1（1238）年10月4日　[別]藤原師家（ふじわらのもろいえ，ふじわらもろいえ）

鎌倉時代前期の公卿（摂政・内大臣）。松殿家の祖。関白・太政大臣藤原基房の三男、母は太政大臣藤原忠雅の娘従三位忠子。

¶公卿（[没]嘉禎4（1238）年10月4日）, 公家（師家〔松殿家（絶家）〕　もろいえ　[没]嘉禎4（1238）年10月4日）, 古人（藤原師家　ふじわらのもろいえ）, コン（藤原師家　ふじわらのもろいえ）, 中世（藤原師家　ふじわらのもろいえ）, 内乱（藤原師家　ふじわらのもろいえ）, 平家（藤原師家　ふじわらもろいえ　[没]嘉禎4（1238）年）

松殿良嗣＊　まつどのよしつぐ

貞応1（1222）年～？　鎌倉時代前期の公卿（非参議）。大納言松殿忠房の長男。

¶公卿, 公家（良嗣〔松殿家（絶家）〕　よしつぐ　[生]1224

年）

松永右衛門佐久通　まつながうえもんのすけひさみち
⇒松永久通（まつながひさみち）

松永主計*　まつながかずえ
江戸時代末期の新撰組隊士。
¶新隊（生没年不詳）

松永蝸堂　まつながかどう
江戸時代後期～大正時代の俳人・連句作者。
¶俳文（㊤天保9（1838）年1月29日　㊦大正8（1919）年1月24日）

松永玄旦の母　まつながげんたんのはは★
江戸時代前期の女性。俳諧。松永玄旦は因幡鳥取出身の俳人で歌人。元禄頃没。
¶江表（松永玄旦の母（鳥取県））

松永権平　まつながごんぺい
⇒松永良弼（まつながよしすけ）

松永作眼　まつながさくげん
江戸時代中期の眼科医。
¶眼医（生没年不詳）

松永貞辰　まつながさだたつ
⇒松永貞辰（まつながていしん）

松永貞辰　まつながさだとき
⇒松永貞辰（まつながていしん）

松永貞義　まつながさだよし
江戸時代後期の和算家、新庄藩士。
¶数学（㊤文政2（1819）年）

松永周甫*　まつながしゅうすけ
文化13（1816）年～明治19（1886）年　江戸時代後期～明治時代の医師、本草家。
¶幕末（㊤文化13（1816）年6月13日　㊦明治19（1886）年6月28日）

松永清之丞*　まつながせいのすけ
天保12（1841）年～明治10（1877）年　江戸時代末期～明治時代の士族、二番大隊二番小隊長。草牟田の火薬庫を襲撃して西南戦争の口火を切った。田原坂で戦死。
¶幕末

松永尺五*　まつながせきご
文禄1（1592）年～明暦3（1657）年　江戸時代前期の儒学者。惺窩門四天王の一人。
¶コン，思想，山小（㊦1657年6月2日）

松永弾正　まつながだんじょう
⇒松永久秀（まつながひさひで）

松永弾正忠久秀　まつながだんじょうちゅうひさひで
⇒松永久秀（まつながひさひで）

松永忠五郎〔1代〕　まつながちゅうごろう
⇒松永和風〔1代〕（まつながわふう）

松長長三郎*　まつながちょうざぶろう
？～明治1（1868）年　江戸時代末期の幕臣。
¶幕末（㊦慶応4（1868）年7月28日）

松永貞辰*　まつながていしん
宝暦1（1751）年～寛政7（1795）年11月　㊐松永貞辰（まつながさだたつ，まつながさだとき）　江戸時代中期の出羽新庄藩士、数学者。
¶数学（まつながさだとき　㊦寛政7（1795）年11月/8月13日）

松永貞徳*　まつながていとく
元亀2（1571）年～承応2（1653）年11月15日　㊐貞徳（ていとく）　安土桃山時代～江戸時代前期の俳人、歌学者。貞門俳諧の祖で、地下歌学の第一人者。
¶江人（貞徳　ていとく），コン，詩作，思想（貞徳　ていとく），日文（貞徳　ていとく），俳文（貞徳　ていとく），山小（貞徳　ていとく　㊦1653年11月15日）

松永直恒*　まつながなおつね
？～明治2（1869）年　江戸時代後期～明治時代の和算家・藩士。
¶数学

松永直英*　まつながなおひで
安永6（1777）年～嘉永3（1850）年　江戸時代中期～後期の和算家・藩士。
¶数学

松永永種*　まつながながたね
＊～慶長3（1598）年　㊐永種（えいしゅ）　安土桃山時代の連歌師。
¶俳文（永種　えいしゅ　㊤天文7（1538）年）

松永長頼*　まつながながより
？～永禄8（1565）年　㊐内藤宗勝（ないとうむねかつ）　戦国時代の武将。幕府領の山科七郷を押領。松永久秀の弟。
¶全戦（内藤宗勝　ないとうむねかつ）

松永久秀*　まつながひさひで
永正7（1510）年～天正5（1577）年　㊐松永弾正（まつながだんじょう），松永弾正忠久秀（まつながだんじょうちゅうひさひで）　戦国時代～安土桃山時代の武将、三好長慶の被官だったが、主家を乗っ取る形で独立。織田信長にいったんは降伏したが再度背いて攻められ自殺。
¶織田（㊤？　㊦天正5（1577）年10月10日），コン，全戦（㊤？），戦武，中世，室町，山小（㊦1577年10月10日）

松永久通*　まつながひさみち
？～天正5（1577）年　㊐松永右衛門佐久通（まつながうえもんのすけひさみち）　戦国時代～安土桃山時代の武将。将軍足利義輝の弑殺に加担。
¶織田（㊦天正5（1577）年10月10日），全戦，戦武（㊤天文12（1543）年）

松永祐貫　まつながゆうかん
江戸時代末期の代官。
¶徳代（㊤？　㊦文久2（1862）年2月）

松永良弼*　まつながよしすけ
＊～延享1（1744）年　㊐寺内良弼（てらうちりょうひつ），松永権平（まつながごんぺい）　江戸時代中期の和算家。関流を確立。
¶科学（㊤元禄3（1690）年　㊦延享1（1744）年6月23日），数学（㊤元禄7（1694）年　㊦延享1（1744）年6月23日）

松永和風〔1代〕*　まつながわふう
？～文化5（1808）年　㊐松永忠五郎〔1代〕（まつながちゅうごろう）　江戸時代後期の長唄唄方。松永派の祖。
¶コン

松永和楓〔3代〕*（松永和風〔3代〕）　まつながわふう
天保10（1839）年～大正5（1916）年10月15日　江戸時代末期～昭和時代の長唄唄方。節回しを応用した独特の長唄で名声を博す。
¶歌大（松永和風〔3代〕　㊤天保13（1842）年）

松波　まつなみ★
江戸時代中期の女性。俳諧。能代の人。明和8年刊、願勝寺住職如是閣来翁編『辛卯歳旦帖』に載る。
¶江表(松波(秋田県))

松波勝安　まつなみかつやす
安土桃山時代～江戸時代前期の代官。
¶徳代([生]天正9(1581)年　[没]正保2(1645)年6月6日)

松波勝令　まつなみかつよし
江戸時代前期～中期の但馬国生野代官。
¶徳代([生]寛永2(1625)年　[没]宝永3(1706)年7月3日)

松波勘十郎*　まつなみかんじゅうろう
？～宝永7(1710)年11月19日　江戸時代前期～中期の水戸藩士、備後三次藩士、財政家。水戸藩宝永一揆の張本。
¶江人([生]1638年？　[没]1709年), コン

松波源右衛門　まつなみげんえもん
江戸時代後期の幕臣。
¶徳人(生没年不詳)

松濤権之丞　まつなみごんのうじょう
⇒松濤権之丞(まつなみごんのじょう)

松濤権之丞*　まつなみごんのじょう
生没年不詳　[別]松濤権之丞(まつなみごんのうじょう)　江戸時代末期の幕臣・定役格同心。1864年遣仏使節に随行しフランスに渡る。
¶全幕([生]天保7(1836)年　[没]慶応4(1868)年), 徳人(まつなみごんのうじょう　[生]1836年　[没]1868年), 幕末([生]天保6(1835)年？　[没]1868(慶応4)年？)

松波七郎左衛門*　まつなみしちろうざえもん
生没年不詳　安土桃山時代の織田信長の家臣。
¶織田

松波庄五郎　まつなみしょうごろう
⇒斎藤道三(さいとうどうさん)

松波資邑　まつなみすけさと
江戸時代中期～後期の公家。松波光篤の子。
¶公家(資邑〔二条家諸大夫 松波家(藤原氏)〕　すけさと　[生]1713年　[没]寛政4(1792)年7月1日)

松波徹翁　まつなみてつおう
⇒松南六郎兵衛(まつなみろくろべえ)

松波宏年　まつなみひろとし
⇒松南六郎兵衛(まつなみろくろべえ)

松波正春*　まつなみまさはる
寛文5(1665)年～延享1(1744)年6月2日　江戸時代中期の幕臣。
¶徳人([生]1675年)

松波正房　まつなみまさふさ
天和3(1683)年～延享3(1746)年　江戸時代前期～中期の幕臣。
¶徳人, 徳代([没]延享3(1746)年3月27日)

松波三河入道*　まつなみみかわにゅうどう
生没年不詳　安土桃山時代の織田信長の家臣。
¶織田

松南六郎兵衛*　まつなみろくろべえ
文化12(1815)年～明治17(1884)年　[別]松波徹翁(まつなみてつおう), 松波宏年(まつなみひろとし)　江戸時代後期～明治時代の武士。
¶幕末(松波宏年　まつなみひろとし　[没]明治17(1884)年11月26日), 幕末(松波徹翁　まつなみてつおう　[没]明治17(1884)年11月26日)

松根図書*　まつねずしょ
文政3(1820)年～明治27(1894)年　江戸時代末期～明治時代の宇和島藩士、家老。財政、民政を担当、用水路の修築や河川の改修を行う。藩内商人を長崎貿易に従事させた。
¶コン([生]文政3(1821)年), 幕末([生]文政3(1821)年12月7日　[没]明治27(1894)年3月4日)

松野　まつの★
江戸時代後期の女性。和歌。下総佐倉藩堀田家の奥女中。寛政8年、15日間の日記「いせ路の記」に載る。
¶江表(松野(千葉県))

松木庄左衛門　まつのきしょうざえもん
⇒松木荘左衛門(まつきしょうざえもん)

松野儀助　まつのぎすけ
江戸時代後期～末期の人。周防国大島郡久賀村の百姓猶助の二男。
¶幕末([生]嘉永6(1853)年　[没]慶応4(1868)年閏4月22日)

松木長操　まつのきちょうそう
⇒松木荘左衛門(まつきしょうざえもん)

松木宗顕　まつのきむねあき
⇒松木宗顕(まつきむねあき)

松木宗条*　まつのきむねえだ
寛永2(1625)年3月28日～元禄13(1700)年6月24日　[別]松木宗条(まつのきむねなが)　江戸時代前期～中期の公家(内大臣)。正四位下・左中将松木宗保の子。
¶公卿, 公家(宗条〔松木家〕　むねえだ)

松木宗継*　まつのきむねつぐ
応永7(1400)年～享徳1(1452)年12月27日　室町時代の公卿(権大納言)。権中納言松木宗宣の子。
¶公卿, 公家(宗継〔松木家〕　むねつぐ)

松木宗綱*　まつのきむねつな
文安1(1445)年～大永5(1525)年　室町時代～戦国時代の公卿(権大納言)。権大納言松木宗継の子。
¶公卿([没]大永5(1525)年6月3日), 公家(宗綱〔松木家〕　むねつな　[没]大永5(1525)年6月3日)

松木宗条　まつのきむねなが
⇒松木宗条(まつのきむねえだ)

松木宗宣*　まつのきむねのぶ
文中1/応安5(1372)年～？　南北朝時代～室町時代の公卿(権中納言)。松木家の祖。権中納言中御門宗重の子。
¶公卿([生]応安5/文中1(1372)年), 公家(宗宣〔松木家〕　むねのぶ　[没]応永35(1428)年2月29日)

松木宗藤　まつのきむねふじ
⇒松木宗藤(まつきむねふじ)

松木宗満　まつのきむねみつ
⇒松木宗房(まつきむねふさ)

松野重元*　まつのしげもと
？～明暦1(1655)年　江戸時代前期の武士。豊臣氏家臣。
¶全戦, 戦武

松野助義　まつのすけよし
江戸時代前期～中期の幕臣。

¶徳人（㊞1649年　㊟1720年）

松野親信* まつのちかのぶ
江戸時代中期の浮世絵師。
¶浮絵（生没年不詳）

松の門三艸子* まつのとみさこ
天保3（1832）年〜大正3（1914）年　江戸時代末期〜大正時代の歌人。歌塾を開き、短歌雑誌の選者にもなるなど人気歌人となった。
¶江表（三艸子（東京都））、女史

松野信安 まつののぶやす
安土桃山時代〜江戸時代前期の津軽氏の家臣。
¶全戦（生没年不詳）

松野半平 まつのはんべい
江戸時代前期の武士。大坂の陣で籠城。
¶大坂

松延次郎 まつのぶじろう
⇒村井政礼（むらいまさのり）

松野平介* まつのへいすけ
？〜天正10（1582）年6月　戦国時代〜安土桃山時代の織田信長の家臣。
¶織田（㊟天正10（1582）年6月？）

松之坊 まつのぼう
江戸時代前期の豊臣秀頼の家臣。
¶大坂

松丸殿*（松の丸殿、松ノ丸殿） まつのまるどの
？〜寛永11（1634）年　㊞京極竜子（きょうごくたつこ）、京極殿（きょうごくどの）、西ノ丸殿（にしのまるどの）、西丸殿（にしまるどの）、松丸殿（まつまるどの）、竜子（りゅうこ）　安土桃山時代〜江戸時代前期の女性。豊臣秀吉の側室。
¶コン（まつまるどの）、女史（松の丸殿）、全戦（京極竜子きょうごくたつこ）

松廼家露八* まつのやろはち
*〜明治36（1903）年　江戸時代末期〜明治時代の幕臣、幇間。維新後、吉原の幇間となり松廼家節家元として鑑札を受けた。
¶コン（㊞天保4（1833）年）、幕末（㊞天保4（1833）年　㊟明治36（1903）年11月23日）

松葉いぬ* まつばいぬ
延宝4（1676）年〜元禄3（1690）年9月10日　江戸時代前期〜中期の歌人。
¶江表（犬女（三重県））

松林長兵衛* まつばやしちょうべえ
？〜明治10（1877）年　江戸時代末期〜明治時代の陶工、山城朝日焼の再興者。
¶美工（㊟明治16（1883）年）

松林飯山 まつばやしはんざん
⇒松林廉之助（まつばやしれんのすけ）

松林廉之助* まつばやしれんのすけ
天保10（1839）年〜慶応3（1867）年　㊞松林飯山（まつばやしはんざん）　江戸時代末期の肥前大村藩士、藩校五教館教授。
¶全幕、幕末（㊞天保10（1839）年2月　㊟慶応3（1867）年1月3日）

松原幾太郎* まつばらいくたろう
弘化4（1847）年〜大正12（1923）年4月3日　江戸時代末期〜明治時代の新撰組士。
¶新隊（㊞弘化4（1847）年10月10日）、幕末（㊞弘化4

（1847）年10月10日）

松原和泉守 まつばらいずみのかみ
安土桃山時代の相模国玉縄城主北条綱成の家臣。新左衛門尉。
¶後北（和泉守〔松原（1）〕　いずみのかみ）

松原一閑斎 まつばらいっかんさい
⇒松原慶輔（まつばらけいほ）

松原音三* まつばらおとぞう
天保2（1831）年〜明治43（1910）年　㊞山形九右衛門（やまがたくうえもん）　江戸時代末期〜明治時代の長州（萩）藩士。
¶幕末（㊞天保2（1831）年9月2日　㊟明治43（1910）年8月15日）

松原慶輔 まつばらけいほ
元禄2（1689）年〜明和2（1765）年　㊞松原一閑斎（まつばらいっかんさい）　江戸時代中期の医師。
¶科学、コン

松原貞吉 まつばらさだよし
戦国時代の世田谷城主吉良頼康の家臣。藤六。
¶後北（貞吉〔松原（2）〕　さだよし）

松原佐渡守* まつばらさどのかみ
生没年不詳　戦国時代の武蔵吉良頼康の家臣。
¶後北（佐渡守〔松原（2）〕　さどのかみ）

松原匠作* まつばらしょうさく
？〜明治42（1909）年　江戸時代末期〜明治時代の数学者。
¶幕末（㊟明治42（1909）年11月11日）

松原四郎兵衛 まつばらしろ（う）びょうえ
江戸時代前期の武士。大坂の陣で籠城。
¶大坂

松原新助* まつばらしんすけ
弘化3（1846）年〜明治32（1899）年　江戸時代末期〜明治時代の陶画工、九谷焼改良所主任。各地の窯で陶業を研鑽。八幡村に丸窯式登窯を築造。九谷焼改良所を設立。
¶幕末（㊞弘化3（1847）年12月　㊟明治32（1899）年4月）、美工

松原佐久* まつばらすけひさ
天保6（1835）年12月28日〜明治43（1910）年　江戸時代末期〜明治時代の故実家、司法官吏。各地の判事を転任。古器・古画に通暁、甲冑製作に造詣が深い。
¶幕末（㊞天保6（1836）年12月18日　㊟明治43（1910）年5月31日）、美画（㊟明治43（1910）年5月30日）

松原清介* まつばらせいすけ
元禄4（1691）年〜*　江戸時代中期の長州（萩）藩宝永7年一揆の指導者。
¶コン（㊟正徳1（1711）年）

松原素庵 まつばらそあん
江戸時代前期の大坂郷士。保科正之に出仕。
¶大坂（㊟寛文8年12月27日）

松原内匠助* まつばらたくみのすけ
生没年不詳　安土桃山時代の織田信長の家臣。
¶織田

松原忠司 まつはらただたし
⇒松原忠司（まつばらちゅうじ）

まつはら

松原忠司* まつばらちゅうじ
*〜慶応1(1865)年 ㊙松原忠司(まつばらただし)
江戸時代末期の新撰組隊士。
¶新隊(まつばらただじ ㊌天保8(1837)年？ ㊤慶応1
(1865)年9月1日，全幕(㊤？)，幕末(㊤？ ㊁慶応1
(1865)年9月1日)

松原常陸介* まつばらひたちのすけ
生没年不詳 戦国時代の武蔵吉良頼康の家臣。
¶後北(常陸介〔松原(2)〕 ひたちのすけ)

松原三穂子* まつばらみほこ
寛政5(1793)年〜慶応1(1865)年6月7日 江戸時
代後期〜末期の女性。歌人。
¶江表(三穂子(岡山県)), 女文

松原与兵衛* まつばらよへえ
天保11(1840)年〜慶応2(1866)年 江戸時代末期
の奇兵隊士。
¶幕末(㊁慶応2(1866)年8月8日)

松姫(1) まつひめ
安土桃山時代の徳川家康の四女。
¶徳将(㊌1595年 ㊁1598年)

松姫*(2) まつひめ
元禄12(1699)年12月14日〜享保5(1720)年9月20
日 ㊙光現院(こうげんいん) 江戸時代中期の女
性。加賀藩主前田吉徳の妻。徳川綱吉の養女。
¶徳将(光現院 こうげんいん)

松姫(3) まつひめ
⇒信松院(しんしょういん)

松藤勢助* まつふじせいすけ
生没年不詳 江戸時代後期の暦算家。
¶数学

松部十蔵* まつべじゅうぞう
弘化2(1845)年〜大正8(1919)年 江戸時代末期
〜大正時代の硯師。中島玉寿堂で修業、長府に硯店
を開く。紫金石しか手がけず明治天皇西幸の際、二
面献上。
¶幕末(㊌大正8(1919)年5月26日)

松前右京* まつまえうきょう
天保5(1834)年〜？ 江戸時代末期の松前家別家
家老。
¶幕末

松前勘解由* まつまえかげゆ
？〜明治1(1868)年 江戸時代末期の蝦夷松前
藩士。
¶幕末(㊌明治1(1868)年9月18日)

松前公広* まつまえきみひろ
慶長3(1598)年〜寛永18(1641)年 ㊙松前公広
(まつまえきんひろ) 江戸時代前期の大名。蝦夷
松前藩主。
¶コン, 対外(まつまえきんひろ)

松前公広 まつまえきんひろ
⇒松前公広(まつまえきみひろ)

松前邦広* まつまえくにひろ
宝永2(1705)年〜寛保3(1743)年 江戸時代中期
の大名。蝦夷松前藩主。
¶コン

松前内蔵* まつまえくら
天明5(1785)年〜嘉永5(1852)年 江戸時代後期

の蝦夷松前藩士。
¶幕末

松前崇広* まつまえたかひろ
文政12(1829)年11月15日〜慶応2(1866)年4月25
日 江戸時代末期の大名。蝦夷松前藩主。
¶江人, コン, 全幕, 幕末

松前隆広* まつまえたかひろ
安政5(1858)年〜大正7(1918)年 江戸時代末期
〜明治時代の武士、男爵。徳川軍の松前進攻に錦旗
を拝受し、藩主名代として参戦。松前城を回復。
¶幕末(㊌安政5(1858)年9月25日 ㊁大正7(1918)年10
月4日)

松前徳広 まつまえとくひろ
⇒松前徳広(まつまえのりひろ)

松前順広 まつまえとしひろ
江戸時代中期〜後期の幕臣。
¶徳人(㊌1714年 ㊁1792年)

松前徳広* まつまえのりひろ
天保15(1844)年3月14日〜明治1(1868)年11月29
日 ㊙松前徳広(まつまえとくひろ) 江戸時代末
期の大名。蝦夷松前藩主。
¶全幕, 幕末

松前広隆 まつまえひろたか
江戸時代中期の幕臣。
¶徳人(㊌1692年 ㊁1740年)

松前広長* まつまえひろなが
元文2(1737)年〜享和1(1801)年 江戸時代中期
〜後期の蝦夷松前藩家老、学者。地理書「松前志」
を編纂。
¶コン

松前嘉広 まつまえよしひろ
江戸時代前期〜中期の幕臣。
¶徳人(㊌1652年 ㊁1731年)

松前慶広* まつまえよしひろ
天文17(1548)年9月3日〜元和2(1616)年10月12日
㊙蠣崎義広、蠣崎慶広(かきざきよしひろ)，慶広
(よしひろ) 安土桃山時代〜江戸時代前期の大名。
蝦夷松前藩主。
¶江人, コン, 全戦, 戦武, 俳文(慶広 よしひろ), 山小
(㊌1548年9月3日 ㊁1616年10月12日)

松丸殿 まつまるどの
⇒松丸殿(まつのまるどの)

松美喜女* まつみきじょ
江戸時代後期の女性。狂歌。浅草蔵前住。文化8年
刊、六樹園撰『狂歌画像作者部類』に載る。
¶江表(松美喜女(東京都))

松宮観山* まつみやかんざん
貞享3(1686)年〜安永9(1780)年 江戸時代中期
の兵学者。「蝦夷談筆記」を著す。
¶江人, コン(㊌貞享3(1687)年), 思想

松宮玄蕃允* まつみやげんばのじょう
生没年不詳 戦国時代〜安土桃山時代の武将。
¶織田

松宮相良 まつみやさがら
⇒井手孫太郎(いでまごたろう)

松宮氏の娘 まつみやしのむすめ*
江戸時代前期の女性。俳諧。高取の人。寛文11年

刊、藤井周可撰『吉野山独案内』に載る。
¶江表(松宮氏の娘(奈良県))

松宮勇次郎* まつみやゆうじろう
生没年不詳 江戸時代末期の侠客。
¶幕末

松村うめ女* まつむらうめじょ
？〜文化7(1810)年11月 ⑧植田うめ(うえだうめ)、梅女(うめじょ)、東瓦(とうが) 江戸時代中期〜後期の女性。俳人。
¶江表(うめ(大阪府))

松村覚左衛門 まつむらかくざえもん
江戸時代前期の豊臣秀頼・藤堂高虎の家臣。
¶大坂

松村九兵衛 まつむらきゅうべえ
世襲名 江戸時代前期〜大正時代の敦賀屋文海堂主人。
¶出版

松村九助 まつむらくすけ
江戸時代後期〜明治時代の陶業家。
¶美工(㊤天保15(1844)年 ㊦明治45(1912)年3月2日)

まつ宮内左衛門 まつみやくないざえもん
安土桃山時代の信濃国筑摩郡麻績北条の土豪。
¶武田(生没年不詳)

松村景文* まつむらけいぶん
安永8(1779)年〜天保14(1843)年 ⑧景文(けいぶん) 江戸時代後期の四条派の画家。
¶コン,美画(㊦天保14(1843)年4月26日)

松村月渓 まつむらげっけい
⇒呉春(ごしゅん)

松村元綱 まつむらげんこう
生没年不詳 ⑧松村元綱(まつむらもとつな) 江戸時代後期のオランダ通詞、蘭学者。「成形実録」編纂事業に従事。
¶科学,地理(まつむらもとつな ㊤？ ㊦1796年？)

松村源六郎* まつむらげんろくろう
寛保1(1741)年〜文化14(1817)年 ⑧士鳳(しほう) 江戸時代中期〜後期の剣術家。神道無念流。
¶俳文(士鳳 しほう ㊤寛保1(1741)年5月14日 ㊦文化14(1817)年1月28日)

松村呉春 まつむらごしゅん
⇒呉春(ごしゅん)

松村五六郎* まつむらごろくろう
弘化2(1845)年〜明治42(1909)年 江戸時代末期〜明治時代の実業家。槍の名手で奇兵隊槍隊に入る。第二奇兵隊結成に尽くす。解隊後、実業家。
¶幕末(㊤弘化2(1845)年1月7日 ㊦明治42(1909)年10月28日)

松村宰輔* まつむらさいすけ
天保1(1830)年〜万延1(1860)年 江戸時代末期の剣士。
¶幕末(㊤文政13(1830)年 ㊦万延1(1860)年8月8日)

松村淳蔵* まつむらじゅんぞう
天保13(1842)年〜大正8(1919)年 江戸時代末期〜明治時代の海軍軍人、中将、男爵、海軍兵学校長。イギリス・アメリカに渡り、に留学、海軍測量術を学ぶ。
¶幕末(㊤天保13(1842)年11月10日 ㊦大正8(1919)年1月)

松村如蘭* まつむらじょらん
天保9(1838)年〜明治39(1906)年 江戸時代末期〜明治時代の教育家。藩の致道館で漢学を講義。維新後は高知県の教育界の重鎮として活躍。
¶幕末(㊤天保9(1838)年1月 ㊦明治39(1906)年11月16日)

松村深蔵* まつむらしんぞう
天保8(1837)年〜明治23(1890)年 江戸時代末期〜明治時代の官吏。清河八郎を熊本勤王党にあっせん。維新後は諸職を経て、判事となった。
¶幕末(㊦明治23(1890)年5月1日)

松村大成* まつむらたいせい
文化5(1808)年〜慶応3(1867)年 江戸時代末期の肥後熊本藩士、医師。
¶幕末(㊦慶応3(1867)年1月12日)

松村忠英 まつむらただひで
生没年不詳 江戸時代末期の暦学者。
¶数学

松村辰右衛門 まつむらたつえもん
江戸時代中期の版元。
¶浮絵

松村忠右衛門 まつむらちゅうえもん
江戸時代後期〜末期の武士、雷神隊頭取。桑名藩士松村三郎右衛門の子。
¶全幕(生没年不詳)

松村長為 まつむらちょうい
生没年不詳 ⑧松村忠四郎(まつむらちゅうしろう) 江戸時代末期〜明治時代の幕臣、武蔵知県事。
¶徳人(松村忠四郎 まつむらちゅうしろう)、徳代

松村時直 まつむらときなお
江戸時代前期の代官。
¶徳代(㊤？ ㊦正保3(1646)年6月11日)

松村時長 まつむらときなが
江戸時代前期の代官。
¶徳代(㊤？ ㊦天和3(1683)年3月13日)

松村時安 まつむらときやす
江戸時代前期の代官。
¶徳代(㊤？ ㊦慶長19(1614)年1月19日)

松村友松 まつむらともまつ
⇒村松友松(むらまつともまつ)

松村文祥* まつむらぶんしょう
文政6(1823)年〜明治25(1892)年 江戸時代末期〜明治時代の医師。医業の傍ら克巳堂で史書を講じ、多くの志士を育成。
¶幕末(㊤文化13(1816)年 ㊦明治25(1892)年9月17日)

松村元隣 まつむらもとちか
江戸時代前期〜中期の幕臣。
¶徳人(㊤1685年 ㊦1757年)

松村元綱 まつむらもとつな
⇒松村元綱(まつむらげんこう)

松村茂平* まつむらもへい
文政5(1822)年〜明治1(1868)年 江戸時代末期の播磨赤穂藩士。
¶幕末

松村弥平太* まつむらやへいた
？～宝永5(1708)年 江戸時代前期～中期の対馬藩士、陶工。
¶美工([生]承応3(1654)年 [没]宝永5(1708)年6月8日)

松村弥兵衛 まつむらやへえ
江戸時代中期の版元。
¶浮絵

松村与右衛門* まつむらよえもん
生没年不詳 安土桃山時代の織田信長の家臣。
¶織田

松村理兵衛* まつむらりへえ
享保6(1721)年～天明5(1785)年 江戸時代中期の治水家。
¶コン

松室敦子* まつむろあつこ
？～延享3(1746)年 [別]伊勢(いせ)，右衛門佐局(えもんのすけのつぼね)，秦敦子(はたあつこ) 江戸時代中期の女性。霊元天皇の後宮。
¶天皇(秦敦子(松室敦子) はたあつこ [没]延享3(1746)年11月9日)

松室重頼* まつむろしげより
生没年不詳 安土桃山時代の織田信長の家臣。
¶織田

松室信濃* まつむろしなの
天保8(1837)年～明治8(1875)年5月18日 [別]松室礼重(まつむろのりしげ) 江戸時代末期～明治時代の非蔵人。
¶幕末([生]天保8(1837)年11月14日)

松室礼重 まつむろのりしげ
⇒松室信濃(まつむろしなの)

まつめ
江戸時代末期の女性。俳諧。望月蓬莱亭の母。嘉永7年刊、麓庵呉江編『画像篤風集』後に載る。
¶江表(まつめ(長野県))

馬詰勘助*(馬詰勘介) まづめかんすけ
江戸時代末期の新撰組隊士。
¶新隊(馬詰勘介 生没年不詳)

馬詰信十郎* まづめしんじゅうろう
江戸時代末期の新撰組隊士。
¶新隊(生没年不詳)

松本為足* まつもといそく
生没年不詳 安土桃山時代の織田信長の家臣。
¶織田

松本市右衛門* まつもといちえもん
生没年不詳 江戸時代末期の商人。
¶幕末

松本一右衛門尉 まつもといちえもんのじょう
戦国時代～安土桃山時代の上野国衆和田氏の家臣。
¶武田(生没年不詳)

松本一雄 まつもといちゆう
⇒松本一雄(まつもとかずお)

松本巌* まつもといわお
文政2(1819)年～明治11(1878)年 [別]松本古堂(まつもとこどう) 江戸時代末期～明治時代の儒学者。
¶幕末([生]文政2(1819)年2月10日 [没]明治11(1878)年1月)

松本氏輔 まつもとうじすけ
？～天正2(1574)年 安土桃山時代の蘆名四天宿老の1人。
¶全戦，戦武

松本英外* まつもとえいがい
生没年不詳 江戸時代後期の女性。儒学者。
¶江表(順(東京都) [生]寛永6(1777)年 [没]弘化4(1847)年)

松本燕日 まつもとえんにち
江戸時代後期の和算家。下総銚子の人。天保5年算額を奉納。
¶数学

松本加賀守 まつもとかがのかみ
戦国時代の上野国衆安中景繁の家臣。
¶武田(生没年不詳)

松本賀慶* まつもとがけい
寛政2(1790)年～万延1(1860)年 [別]松本喬(まつもとたかし) 江戸時代後期～末期の和算家。
¶数学(松本喬 まつもとたかし)

松本景繁* まつもとかげしげ
？～元亀1(1570)年 戦国時代の国人。
¶全戦(生没年不詳)

松本一雄* まつもとかずお
生没年不詳 [別]松本一雄(まつもといちゆう) 江戸時代中期の画家、水画の創始者。
¶美画(まつもといちゆう)

松本籌久* まつもとかずひさ
？～安政4(1857)年7月17日 江戸時代後期～末期の和算家。
¶数学

松本鼎* まつもとかなえ
天保10(1839)年～明治40(1907)年 江戸時代末期～明治時代の政治家、貴族院議員、男爵。維新後、和歌山県令、元老院議官を歴任。
¶幕末([生]天保10(1839)年4月 [没]明治40(1907)年10月20日)

松本要人* まつもとかなめ
文化14(1817)年～明治26(1893)年 江戸時代末期～明治時代の武士。
¶幕末

松本嘉平次 まつもとかへいじ
⇒中山新九郎〔1代〕(なかやましんくろう)

松本寒緑 まつもとかんりょく
⇒松本寒緑(まつもとかんろく)

松本寒緑* まつもとかんろく
寛政1(1789)年～天保9(1838)年 [別]松本寒緑(まつもとかんりょく)，松本来蔵(まつもとらいぞう) 江戸時代後期の儒学者。
¶幕末(松本来蔵 まつもとらいぞう [没]天保9(1838)年閏4月4日)

松本喜三郎* まつもときさぶろう
文政8(1825)年～明治24(1891)年4月30日 江戸時代末期～明治時代の生人形師。作品「西国三十三所観音霊験記」は、お里沢市で有名な人形浄瑠璃の母体となった。
¶幕末，美工([生]文政8(1825)年2月)

松本喜次郎*　まつもときじろう
*～慶応4(1868)年　江戸時代末期の新撰組隊士。
¶新隊([生]弘化3(1846)年　[没]明治1(1868)年8月17日)，幕末([生]弘化4(1847)年　[没]慶応4(1868)年8月17日)

松本棋太郎*　まつもときたろう
天保7(1836)年～明治10(1877)年　江戸時代末期～明治時代の官吏。山陵修復事業に従事。宇治茶園経営。鹿児島裁判所判事を歴任。
¶幕末([没]明治10(1877)年7月21日)

松本儀平　まつもとぎへい
⇒松本玄々堂(まつもとげんげんどう)

松本儀平　まつもとぎへえ
⇒松本玄々堂(まつもとげんげんどう)

松本錦子　まつもときんし
⇒松本幸四郎〔6代〕(まつもとこうしろう)

松本錦升　まつもときんしょう
⇒松本幸四郎〔6代〕(まつもとこうしろう)

松本金太郎*　まつもときんたろう
天保14(1843)年9月19日～大正3(1914)年12月16日　江戸時代末期～明治時代の能楽シテ宝生流。
¶新能

松本国三郎　まつもとくにさぶろう
⇒松本五郎市(まつもとごろいち)

松本銈　まつもとけい
⇒松本銈太郎(まつもとけいたろう)

松本慶治　まつもとけいじ
江戸時代後期～明治時代の和算家、龍野藩士。
¶数学([生]文政8(1825)年　[没]明治32(1899)年7月26日)

松本銈太郎*　まつもとけいたろう
嘉永3(1850)年～明治12(1879)年4月16日　[別]松本銈(まつもとけい)　江戸時代末期～明治時代の医師。維新後ドイツに留学。ドイツ化学会機関誌に日本人で初めて論文を発表。
¶科学([生]嘉永3(1850)年3月19日)

松本奎堂*　まつもとけいどう
天保2(1831)年～文久3(1863)年　[別]松本謙三郎(まつもとけんざぶろう)　江戸時代末期の三河刈谷藩士、尊攘派志士。天誅組総裁。
¶江人，コン，思想，全幕，幕末([生]天保2(1832)年12月7日　[没]文久3(1863)年9月25日)

松本玄々堂*　まつもとげんげんどう
天明6(1786)年～慶応3(1867)年　[別]玄々堂，玄々堂〔1代〕(げんげんどう)，玄々堂保居(げんげんどうやすおき)，松本儀平(まつもとぎへい，まつもとぎへえ)　江戸時代後期の銅版画家。
¶浮絵(玄々堂〔1代〕　げんげんどう)，コン(玄々堂　げんげんどう)，美画

松本謙三郎　まつもとけんざぶろう
⇒松本奎堂(まつもとけいどう)

松本源三郎　まつもとげんさぶろう
⇒鶴屋南北〔5代〕(つるやなんぼく)

松本交山*　まつもとこうざん
天明4(1784)年～慶応2(1866)年　[別]交山(こうざん)　江戸時代後期の画家。
¶幕末，美画([没]慶応2(1866)年10月9日)

松本幸四郎　まつもとこうしろう
世襲名　江戸時代の歌舞伎役者。江戸時代に活躍したのは、初世から6世まで。
¶江人

松本幸四郎〔1代〕*　まつもとこうしろう
延宝2(1674)年～享保15(1730)年　[別]男女川(おめかわ)，幸四郎〔1代〕(こうしろう)，小見川(こみかわ)，久松小四郎(ひさまつこしろう)，松本小四郎(まつもとこしろう)　江戸時代中期の歌舞伎役者。元禄1年～享保14年頃に活躍。
¶浮絵，歌大([没]享保15(1730)年3月25日)，コン，新歌(――〔1世〕)

松本幸四郎〔2代〕　まつもとこうしろう
⇒市川団十郎〔4代〕(いちかわだんじゅうろう)

松本幸四郎〔3代〕　まつもとこうしろう
⇒市川団十郎〔5代〕(いちかわだんじゅうろう)

松本幸四郎〔4代〕*　まつもとこうしろう
元文2(1737)年～享和2(1802)年　[別]市川高麗蔵〔2代〕(いちかわこまぞう)，市川染五郎〔1代〕(いちかわそめごろう)，市川武十郎(いちかわたけじゅうろう)，男女川京十郎(おめがわきょうじゅうろう)，錦江(きんこう)，幸四郎〔4代〕(こうしろう)，瀬川金吾(せがわきんご)，瀬川錦次(せがわきんじ)　江戸時代中期～後期の歌舞伎役者。延享1年～享和2年頃に活躍。
¶浮絵(市川高麗蔵〔2代〕　いちかわこまぞう)，浮絵，歌大([没]享和2(1802)年6月27日)，コン，新歌(――〔4世〕)

松本幸四郎〔5代〕*　まつもとこうしろう
明和1(1764)年～天保9(1838)年　[別]市川高麗蔵〔3代〕(いちかわこまぞう)，市川純蔵〔1代〕(いちかわじゅんぞう)，錦江(きんこう)，錦升，金升(きんしょう)，幸四郎〔5代〕(こうしろう)，秋夜亭(しゅうやてい)　江戸時代中期～後期の歌舞伎役者。明和7年～天保9年頃に活躍。
¶浮絵(市川高麗蔵〔3代〕　いちかわこまぞう)，浮絵，歌大([生]宝暦14(1764)年1月　[没]天保9(1838)年5月10日)，コン，新歌(――〔5世〕)

松本幸四郎〔6代〕*　まつもとこうしろう
文化9(1812)年～嘉永2(1849)年　[別]市川高麗蔵〔5代〕(いちかわこまぞう)，錦子(きんし)，錦升(きんしょう)，幸四郎〔6代〕(こうしろう)，松本錦子(まつもときんし)，松本錦升(まつもときんしょう)　江戸時代後期の歌舞伎役者。文化11年～嘉永2年頃に活躍。
¶浮絵(市川高麗蔵〔5代〕　いちかわこまぞう)，歌大([生]文化8(1811)年　[没]嘉永2(1849)年11月3日)，新歌(――〔6世〕)

松本幸方*　まつもとこうほう
文政6(1823)年～明治11(1878)年　江戸時代末期～明治時代の士族、官吏、紙幣局工場監督。静岡県一等警部を経て、大蔵省四等属となる。
¶幕末([没]明治11(1878)年10月19日)

松本顧言*　まつもとこげん
*～明治14(1881)年　[別]顧言(こげん)　江戸時代末期～明治時代の俳人。
¶俳文(顧言　こげん　[生]文化14(1817)年　[没]明治14(1881)年12月4日)

松本小四郎　まつもとこしろう
⇒松本幸四郎〔1代〕(まつもとこうしろう)

松本古堂　まつもとこどう
⇒松本巌(まつもといわお)

松本五郎市*　まつもとごろいち
生没年不詳　[別]文弥(ぶんや), 松本国三郎(まつもとくにさぶろう), 松本五郎市(まつもとごろういち), 松本八十八(まつもとやそはち)　江戸時代後期の歌舞伎役者、振付師。寛政5年～天保12年頃に活躍。
¶歌大, 新歌

松本五郎市　まつもとごろういち
⇒松本五郎市(まつもとごろいち)

松本権兵衛正昭　まつもとごんひょうえまさあき
江戸時代前期の武士。大坂の陣で籠城。後、徳川義直に仕えた。
¶大坂([没]明暦2年10月6日)

松本樨柯*　まつもとさいか
天明5(1785)年～天保11(1840)年　[別]樨柯(さいか)　江戸時代後期の俳人。
¶俳文(樨柯　さいか　[没]天保11(1840)年2月21日)

松本定*　まつもとさだむ
天保13(1842)年～元治1(1864)年　江戸時代末期の医師。
¶幕末([没]元治1(1864)年11月26日)

松本定吉　まつもとさだよし
戦国時代の上野国衆国峰小幡氏の家臣。
¶武田(生没年不詳)

松本佐平　まつもとさへい
江戸時代後期～大正時代の陶芸家。
¶美工([生]嘉永4(1851)年　[没]大正7(1918)年)

松本山十郎　まつもとさんじゅうろう
⇒佐野川市松〔2代〕(さのがわいちまつ)

松本山雪*　まつもとさんせつ
？～延宝4(1676)年　江戸時代前期の絵師。画馬を得意とした。
¶美画([没]延宝4(1676)年11月23日)

松本重友　まつもとしげとも
戦国時代の上野国衆。武田氏直臣。
¶武田(生没年不詳)

松本茂*　まつもとしげる
嘉永1(1848)年～明治35(1902)年　江戸時代末期～明治時代の自由民権家。
¶幕末

松本七蔵〔1代〕　まつもとしちぞう
⇒市川団十郎〔4代〕(いちかわだんじゅうろう)

松本七蔵〔2代〕　まつもとしちぞう
⇒岩井半四郎〔4代〕(いわいはんしろう)

松本十左衛門　まつもとじゅうざえもん
安土桃山時代の武蔵国鉢形城主北条氏邦家臣秩父重国の同心。
¶後北(十左衛門〔松本(1)〕　じゅうざえもん)

松本十郎*　まつもとじゅうろう
天保10(1839)年～大正5(1916)年　江戸時代末期～大正時代の北海道開拓使大判官。初期の開拓行政に手腕を発揮。
¶全幕, 幕末([生]天保10(1839)年8月18日　[没]大正5(1916)年11月27日)

松本寿大夫　まつもとじゅだゆう
江戸時代後期～末期の幕臣。
¶徳人(生没年不詳)

松本順　まつもとじゅん
⇒松本良順(まつもとりょうじゅん)

松本俊造*　まつもとしゅんぞう
江戸時代末期の新撰組隊士。
¶新隊(生没年不詳)

松本治郎吉*　まつもとじろうきち
文化10(1813)年～明治20(1887)年　江戸時代後期～明治時代のカキ栽培業者。
¶植物([生]文化10(1813)年6月10日)

松本祐九郎*　まつもとすけくろう
天明4(1784)年～文久3(1863)年　江戸時代後期の人。平山開拓に尽力。
¶幕末([没]文久3(1863)年4月21日)

松本助三郎　まつもとすけさぶろう
安土桃山時代の武蔵国鉢形城主北条氏邦家臣長谷部兵庫助の同心。
¶後北(助三郎〔松本(2)〕　すけさぶろう)

松本捨助*　まつもとすてすけ
弘化2(1845)年4月24日～大正7(1918)年4月6日　江戸時代末期～明治時代の新撰組隊士。
¶新隊, 幕末

松本善次*　まつもとぜんじ
？～元治1(1864)年　江戸時代末期の播磨赤穂藩士。
¶幕末([没]元治1(1864)年8月)

松本喬　まつもとたかし
⇒松本賀慶(まつもとがけい)

松本武三の母　まつもとたけぞうのはは★
江戸時代後期の女性。製茶。武三は芦北郡水俣村の郡代直触。薩摩杉森茶の製法を伝え、水俣で製茶し、享和年中から毎年一度に2斤余を瑤台院に献上。
¶江表(松本武三の母(熊本県))

松本忠英*　まつもとただひで
生没年不詳　江戸時代後期の藩士・和算家。
¶数学([没]嘉永7(1854)年10月4日)

松本忠通*　まつもとただみち
生没年不詳　江戸時代後期の和算家。
¶数学

松本胤親　まつもとたねちか
⇒松本斗機蔵(まつもとときぞう)

松本主税*　まつもとちから
江戸時代末期の新撰組隊士。
¶新隊(生没年不詳)

松本藤左衛門*　まつもととうざえもん
天保12(1841)年～昭和4(1929)年　江戸時代末期～大正時代の農政家、戸長。農作物の品種改良、農作物の安定増収のために尽力。農事試験場を設立。
¶幕末

松本斗機蔵*　まつもとときぞう
寛政5(1793)年～天保12(1841)年　[別]松本胤親(まつもとたねちか)　江戸時代後期の地理学者。
¶コン(生没年不詳)

松本友三郎* まつもとともさぶろう
文政7(1824)年～文久2(1862)年 江戸時代末期の陸奥会津藩士。
¶幕末([生]文政4(1821)年)

松本直一郎 まつもとなおいちろう
生没年不詳 江戸時代末期の代官。
¶徳人,徳代,幕末([生]天保3(1832)年 [没]?)

松本長松 まつもとながまつ
⇒岩井半四郎〔4代〕(いわいはんしろう)

松本晩翠* まつもとばんすい
天保3(1832)年～明治21(1888)年 江戸時代末期～明治時代の越前福井藩士。
¶幕末([没]明治21(1888)年3月24日)

松本英映 まつもとひであき
江戸時代中期～後期の和算家、笠間藩士。
¶数学([生]明和4(1767)年 [没]天保1(1830)年12月23日)

松本秀持* まつもとひでもち
享保15(1730)年～寛政9(1797)年6月5日 江戸時代中期の勘定奉行。天明期田沼政権の経済政策の中心。
¶コン,徳将,徳人

松本楓湖 まつもとふうこ
天保11(1840)年～大正12(1923)年 江戸時代末期～大正時代の画家。
¶浮絵,美画([生]天保11(1840)年9月4日 [没]大正12(1923)年6月22日)

松本文治* まつもとぶんじ
天保14(1843)年～明治14(1881)年 江戸時代末期～明治時代の豪商。地方金融機関の創立、報徳運動への援助などに尽力。
¶幕末

松本萬年* まつもとまんねん
文化12(1815)年～明治13(1880)年 江戸時代末期～明治時代の医師、漢学者、東京師範学校教授。医業の傍ら子弟の教育にあたる。止敬学舎を設立し、女子教育にあたる。
¶幕末([生]文化12(1815)年8月25日 [没]明治13(1880)年9月18日)

松本安親* まつもとやすちか
寛延2(1749)年～文化7(1810)年 江戸時代中期～後期の伊勢国津の郷士、土木開発者。
¶コン

松本八十八 まつもとやそはち
⇒松本五郎市(まつもとごろいち)

松本行定 まつもとゆきさだ
戦国時代の上野国衆。武田氏の直臣。
¶武田(生没年不詳)

松本吉久 まつもとゆきひさ
戦国時代の上野国衆国峰小幡氏の家臣。
¶武田(生没年不詳)

松本芳延* まつもとよしのぶ
天保9(1838)年～明治23(1890)年 [別]歌川芳延(うたがわよしのぶ) 江戸時代末期～明治時代の画家。陶画で得た金で浅草に料理店「狸汁」を開店、好んで狸を書き、“狸の芳延”と呼ばれる。
¶浮絵(歌川芳延 うたがわよしのぶ),美画([生]天保9(1838)年11月 [没]明治23(1890)年8月14日)

松本与惣兵衛尉 まつもとよそうひょうえのじょう
戦国時代の上野国衆国峰小幡氏の家臣。
¶武田(生没年不詳)

松本来蔵 まつもとらいぞう
⇒松本寒緑(まつもとかんろく)

松本了一郎* まつもとりょういちろう
文政5(1822)年～慶応1(1865)年 江戸時代末期の肥後人吉藩士。
¶幕末([生]? [没]慶応1(1865)年8月7日)

松本良遠* まつもとりょうえん
文化11(1814)年～明治12(1879)年 江戸時代末期～明治時代の福山藩士。藩校誠之館の皇学寮講師となり、廃藩後は福山西八幡宮の祠官となった。
¶幕末([没]明治12(1879)年2月)

松本良山* まつもとりょうざん
享和1(1801)年～明治5(1872)年 江戸時代末期～明治時代の仏師。江戸時代後期仏師四名人の一人。代表作は成田山旧本堂の堂羽目の五百羅漢。
¶幕末([没]明治5(1872)年8月1日),美建([没]明治5(1872)年9月3日)

松本良順* まつもとりょうじゅん
天保3(1832)年～明治40(1907)年3月12日 [別]松本順(まつもとじゅん) 江戸時代末期～明治時代の蘭方医。坪井信道に入門。
¶江人,科学(松本順 まつもとじゅん [生]天保3(1832)年6月16日),コン,全幕,徳人,幕末([生]天保3(1832)年6月16日)

松森胤保* まつもりたねやす
文政8(1825)年6月21日～明治25(1892)年4月3日 江戸時代末期～明治時代の理学者、松山藩家老。窮理学、開物学、動物学などを著述。
¶科学,コン,植物,全幕,幕末

松屋宗介(松屋宗助) まつやそうすけ
⇒並木宗輔(なみきそうすけ)

松屋種* まつやたね
上代の沙麼県主の祖。
¶古代

松屋てつ女 まつやてつじょ★
江戸時代中期の女性。狂歌。浅草寺町の本屋卯兵衛の妹。天明3年刊、四方赤良ほか編『万載狂歌集』に載る。
¶江表(松屋てつ女(東京都))

松山 まつやま
江戸時代前期の大奥女中。
¶女史(生没年不詳)

松山幾之助*(松山幾之介) まつやまいくのすけ
?～元治1(1864)年7月6日 江戸時代後期～末期の新撰組隊士。
¶新隊(松山幾之介)

松山玖也* まつやまきゅうや
*～延宝4(1676)年4月 [別]玖也(きゅうや) 江戸時代前期の俳人。
¶俳文(玖也 きゅうや [生]元和9(1623)年 [没]延宝4(1676)年4月24日)

松山重治 まつやましげはる
⇒松山新介(まつやましんすけ)

まつやま

松山重晴* まつやましげはる
天保8（1837）年〜明治38（1905）年　江戸時代末期〜明治時代の迅衝隊員。戊辰戦役に迅衝隊員として参加、会津若松城攻めに加わる。
¶幕末（没）明治38（1905）年5月12日）

松山守善* まつやましゅぜん
嘉永2（1849）年〜昭和20（1945）年7月21日　（別）松山守善（まつやまもりよし）　江戸時代末期〜昭和時代の官吏。幕末から昭和の敗戦まで96歳の生涯を下級士族、下級官吏、弁護士として熊本に生きた。
¶幕末

松山新介* まつやましんすけ
生没年不詳　（別）松山重治（まつやましげはる）　安土桃山時代の織田信長の家臣。
¶織田（松山重治　まつやましげはる）

松山深蔵* まつやましんぞう
天保8（1837）年〜元治1（1864）年　（別）松山正夫（まつやままさお）　江戸時代末期の医師。
¶コン（松山正夫　まつやままさお），全幕，幕末（生）天保8（1837）年2月11日　（没）元治1（1864）年7月21日）

松山棟庵* まつやまとうあん
天保10（1839）年〜大正8（1919）年　江戸時代末期〜明治時代の医師、教育者、慶応義塾医学所校長。有志共立東京病院設立に尽力、医学教育に当る。英文医書翻訳の嚆矢「窒扶斯新論」を著す。
¶科学（生）天保10（1839）年9月17日　（没）大正8（1919）年12月12日），幕末（生）天保10（1839）年9月17日　（没）大正8（1919）年12月18日）

松山直義 まつやまなおよし
江戸時代中期〜後期の幕臣。
¶徳人（生）1737年　（没）1821年）

松山正夫 まつやままさお
⇒松山深蔵（まつやましんぞう）

松山守善 まつやまもりよし
⇒松山守善（まつやましゅぜん）

松山義根* まつやまよしね
天保12（1841）年〜明治27（1894）年　江戸時代末期〜明治時代の政治家、衆議院議員。楽田村に義校を設立、教鞭を執る。丹羽・葉栗郡書記、郡長を歴任。
¶幕末

松山好徳* まつやまよしのり
享和3（1803）年〜明治2（1869）年　江戸時代末期の剣士。
¶幕末

松山韶美 まつやまよしみ
江戸時代後期の和算家。摂津松山の人。内田五観、和田寧に関流の算学を学ぶ。
¶数学

松山隆阿弥* まつやまりゅうあみ
江戸時代末期の薩摩藩士。
¶幕末（生没年不詳）

松山良造* まつやまりょうぞう
生没年不詳　江戸時代末期の医師。
¶幕末（生）天保10（1839）年5月5日　（没）明治25（1892）年2月28日）

松代 まつよ*
江戸時代後期の女性。俳諧。筑後築島町の上野喜兵衛の妻。

¶江表（松代（福岡県）　（生）文化1（1804）年　（没）嘉永3（1850）年）

末詠 まつよみ*
江戸時代末期の女性。俳諧。松山藩藩士白井九兵衛の妻。幕末期の人。
¶江表（末詠（山形県））

松浦詮* まつうらあきら
天保11（1840）年10月18日〜明治41（1908）年4月13日　（別）心月（しんげつ），松浦詮（まつうらあきら）　江戸時代末期〜明治時代の平戸藩主、貴族院議員、伯爵。洋式の医学・砲術を奨励し藩の警備強化に尽力。
¶コン（まつうらあきら），幕末（没）明治41（1908）年4月11日）

松浦右膳* まつうらうぜん
文政12（1829）年〜明治22（1889）年　（別）松浦右膳（まつうらうぜん）　江戸時代末期〜明治時代の平戸藩士、家老。藩主上洛に先導をつとめた。執政を最後に病気療養に入る。
¶幕末（没）明治22（1889）年12月26日）

松浦大内蔵* まつうらおおくら
文政10（1827）年〜明治37（1904）年　江戸時代末期〜明治時代の肥前平戸藩家老。
¶幕末（没）明治37（1904）年5月23日）

松浦清 まつらきよし
⇒松浦静山（まつらせいざん）

松浦左吉 まつらさきち
江戸時代前期の武士。大坂の陣で籠城。木村重成の配下。
¶大坂（没）慶長19年5月6日）

松浦作右衛門俊重 まつらさくえもんとししげ
江戸時代前期の有馬豊氏・池田忠雄の家臣。
¶大坂

松浦佐用姫* （松浦佐用媛，松浦佐用比売）　まつらさよひめ
（別）松浦佐用媛（まつうらさよひめ，まつらのさよひめ），松浦佐用比売（まつらのさよひめ）　肥前国松浦郡の石化伝説の女性。
¶古代（松浦佐用比売），コン（松浦佐用媛），思想

松浦重俊 まつらしげとし
平安時代後期の松浦党の武士。
¶平家（生没年不詳）

松浦鎮信* (1)　まつらしげのぶ
天文18（1549）年〜慶長19（1614）年　（別）刑部卿法印（ぎょうぶきょうほういん），式部卿法印（しきぶきょうほういん），松浦鎮信（まつうらしげのぶ）　安土桃山時代〜江戸時代前期の大名。肥前平戸藩主。
¶江人（まつうらしげのぶ），コン，全戦，戦武，対外，山小（まつうらしげのぶ）（没）1614年5月26日）

松浦鎮信* (2)　まつらしげのぶ
元和8（1622）年〜元禄16（1703）年　（別）松浦鎮信（まつうらしげのぶ）　江戸時代前期〜中期の大名。肥前平戸藩主。
¶コン，対外

松浦信寔 まつらしんぜ
江戸時代後期の幕臣。
¶徳人（生）1832年　（没）？）

松浦静山* まつらせいざん
宝暦10(1760)年～天保12(1841)年 [別]松浦清(まつうらきよし，まつらきよし)，松浦静山(まつうらせいざん) 江戸時代中期～後期の大名。肥前平戸藩主。
¶江人(まつうらせいざん)，コン，思想，山小(まつうらせいざん [生]1760年1月20日 [没]1841年6月29日)

松浦宗案 まつらそうあん
⇒松浦宗案(まつうらそうあん)

松浦総五郎* まつらそうごろう
生没年不詳 [別]松浦虎(まつらとら) 安土桃山時代の織田信長の家臣。
¶織田(松浦虎 まつらとら)

松浦総八郎 まつらそうはちろう
⇒松浦孫八郎(まつらまごはちろう)

松浦隆信*(1) まつらたかのぶ
享禄2(1529)年～慶長4(1599)年 [別]松浦隆信(まつうらたかのぶ)，松浦隆信入道道嘉(まつらたかのぶにゅうどうみちよし) 戦国時代～安土桃山時代の武将。肥後国人一揆の際、手柄を立てた。
¶コン，全戦，戦武，対外

松浦隆信*(2) まつらたかのぶ
天正19(1591)年～寛永14(1637)年 [別]松浦隆信(まつうらたかのぶ) 江戸時代前期の大名。肥前平戸藩主。
¶コン，対外

松浦隆信入道道嘉 まつらたかのぶにゅうどうみちよし
⇒松浦隆信(まつらたかのぶ)

松浦忠 まつらただし
江戸時代中期の幕臣。
¶徳人([生]1767年 [没]？)

松浦曜* まつらてらす
文化9(1812)年～安政5(1858)年 江戸時代末期の大名。肥前平戸藩主。
¶幕末([没]安政5(1858)年6月20日)

松浦虎 まつらとら
⇒松浦総五郎(まつらそうごろう)

松浦内膳* まつらないぜん
文政11(1828)年～* [別]松浦内膳(まつうらないぜん) 江戸時代末期～明治時代の肥前平戸藩家老。
¶幕末([没]明治29(1896)年4月10日)

松浦佐用比売(松浦佐用媛) まつらのさよひめ
⇒松浦佐用姫(まつらさよひめ)

松浦信程 まつらのぶきよ
江戸時代中期の幕臣。
¶徳人([生]1736年 [没]1785年)

松浦信貞 まつらのぶさだ
江戸時代前期～中期の幕臣。
¶徳人([生]1607年 [没]1694年)

松浦信辰* まつらのぶたつ
慶長2(1597)年～寛永15(1638)年 [別]松浦信辰(まつうらのぶたつ，まつらのぶとき) 江戸時代前期のキリシタン。
¶コン

松浦信辰 まつらのぶとき
⇒松浦信辰(まつらのぶたつ)

松浦信正 まつらのぶまさ
江戸時代中期の幕臣。
¶徳人([生]1696年 [没]1769年)

松浦光 まつらひかる
⇒松浦肥前守(まつらひぜんのかみ)

松浦肥前守* まつらひぜんのかみ
生没年不詳 [別]松浦光(まつらひかる) 安土桃山時代の織田信長の家臣。
¶織田(松浦光 まつらひかる)

松浦熈*(松浦熈，松浦熙) まつらひろむ
寛政3(1791)年～慶応3(1867)年 江戸時代末期の大名。肥前平戸藩主。
¶幕末(松浦熈 [没]慶応3(1867)年6月27日)

松浦孫大夫 まつらまごだゆう
江戸時代前期の有馬豊氏の家臣。大坂冬の陣・夏の陣に籠城。
¶大坂

松浦孫八郎* まつらまごはちろう
生没年不詳 [別]松浦総八郎(まつらそうはちろう) 安土桃山時代の織田信長の家臣。
¶織田

松浦正紹 まつらまさつぐ
江戸時代中期～後期の幕臣。
¶徳人([生]1773年 [没]1844年)

松浦マンシャ* まつらまんしゃ
*～明暦2(1656)年 [別]大村メンシア(おおむらめんしあ)，大村メンシヤ(おおむらめんしや)，松浦マンシャ(まつうらまんしゃ)，松浦メンシャ(まつらめんしゃ) 安土桃山時代～江戸時代前期の女性。キリシタン。
¶コン([生]元亀2(1571)年)，対外(松浦メンシャ まつらめんしゃ [生]？)

松浦メンシャ まつらめんしゃ
⇒松浦マンシャ(まつらまんしゃ)

松浦弥左衛門 まつらやざえもん
江戸時代前期の豊臣秀頼の家臣。
¶大坂

松浦安大夫* まつらやすだゆう
生没年不詳 安土桃山時代の織田信長の家臣。
¶織田

松脇五左衛門* まつわきござえもん
天保11(1840)年～元治1(1864)年 [別]新宮半次郎(しんぐうはんじろう)，松脇五郎左衛門(まつわきごろうざえもん) 江戸時代末期の薩摩藩士。
¶幕末(松脇五郎左衛門 まつわきごろうざえもん [没]元治1(1864)年11月5日)

松脇五郎左衛門 まつわきごろうざえもん
⇒松脇五左衛門(まつわきござえもん)

万里小路 までのこうじ
江戸時代後期～明治時代の女性。老女。公卿池尻興房の娘。
¶江表(万里小路(千葉県) [生]文化10(1813)年 [没]明治11(1878)年)

万里小路充房* までのこうじあつふさ
永禄5(1562)年～寛永3(1626)年 [別]万里小路允房(までのこうじみつふさ) 安土桃山時代～江戸時代前期の公家(権大納言)。権大納言勧修寺晴右

ま

の三男、母は准大臣勧修寺晴豊の娘。

¶公卿（[生]永禄5（1562）年6月24日　[没]寛永3（1626）年9月12日），公家（充房〔万里小路家〕　あつふさ　[生]永禄5（1562）年6月24日　[没]寛永3（1626）年9月12日），全戦

万里小路淳房＊　までのこうじあつふさ

承応1（1652）年12月27日～宝永6（1709）年　江戸時代前期～中期の公家（権大納言）。権大納言万里公辞雅房の子。

¶公卿（[没]宝永6（1709）年11月10日），公家（淳房〔万里小路家〕　あつふさ　[没]宝永6（1709）年11月10日）

万里小路賢房＊　までのこうじかたふさ

文正1（1466）年～永正4（1507）年　戦国時代の公卿（参議）。准大臣勧修寺教秀の三男。

¶公卿（[没]永正4（1507）年10月19日），公家（賢房〔万里小路家〕　かたふさ　[没]永正4（1507）年10月19日）

万里小路賢房女　までのこうじかたふさのむすめ

⇒吉徳門院（きっとくもんいん）

万里小路惟房＊　までのこうじこれふさ

永正10（1513）年～天正1（1573）年　戦国時代の公卿（内大臣）。内大臣万里小路秀房の子。

¶公卿（[没]天正1（1573）年6月9日），公家（惟房〔万里小路家〕　これふさ　[没]元亀4（1573）年6月9日）

万里小路季房＊　までのこうじすえふさ

？～元弘3/正慶2（1333）年5月20日　[別]藤原季房（ふじわらのすえふさ）　鎌倉時代後期の公卿（参議）。大納言万小路宣房の次男。

¶公卿（[没]正慶2/元弘3（1333）年5月20日），公家（季房〔万里小路家〕　すえふさ　[没]元弘3（1333）年5月20日），室町（[没]元弘3（1333）年）

万里小路輔房＊　までのこうじすけふさ

天文11（1542）年～天正1（1573）年　戦国時代の公卿（権中納言）。内大臣万里小路惟房の子。

¶公卿（[没]天正1（1573）年8月5日），公家（輔房〔万里小路家〕　すけふさ　[没]元亀4（1573）年8月5日）

万里小路資通＊　までのこうじすけみち

嘉禄1（1225）年～嘉元4（1306）年7月6日　鎌倉時代後期の公卿（非参議）。万里小路家の祖。参議藤原資経の四男。

¶公卿，公家（資通〔万里小路家〕　すけみち）

万里小路孝房＊　までのこうじたかふさ

文禄1（1592）年10月10日～元和3（1617）年4月1日　江戸時代前期の公家（参議）。権大納言万里充房の子。

¶公卿，公家（孝房〔万里小路家〕　たかふさ）

万里小路建房　までのこうじたけふさ

⇒万里小路建房（までのこうじたちふさ）

万里小路建房＊　までのこうじたちふさ

安永9（1780）年11月28日～弘化3（1846）年9月14日　[別]万里小路建房（までのこうじたけふさ）　江戸時代後期の公家（権大納言）。蔵人・右中弁万里小路文房の子。

¶公卿，公家（建房〔万里小路家〕　たけふさ）

万里小路稙房＊　までのこうじたねふさ

宝永2（1705）年1月27日～明和1（1764）年10月10日　江戸時代中期の公家（権大納言）。権大納言万里小路尚房の子。

¶公卿，公家（稙房〔万里小路家〕　たねふさ）

万里小路嗣房＊　までのこうじつぎふさ

興国2/暦応4（1341）年～応永8（1401）年　[別]万里小路嗣房（までのこうじつぐふさ）　南北朝時代～室町時代の公卿（内大臣）。准大臣万里小路仲房の長男。

¶公卿（[生]暦応4/興国2（1341）年　[没]応永8（1401）年9月9日），公家（嗣房〔万里小路家〕　つぐふさ　[没]応永8（1401）年9月9日）

万里小路嗣房　までのこうじつぐふさ

⇒万里小路嗣房（までのこうじつぎふさ）

万里小路時房＊　までのこうじときふさ

応永1（1394）年～長禄1（1457）年　[別]藤原時房（ふじわらのときふさ）　室町時代の公卿（内大臣）。内大臣万里小路嗣房の子。

¶公卿（[没]長禄1（1457）年11月20日），公家（時房〔万里小路家〕　ときふさ　[没]長禄1（1457）年11月20日），中世，室町

万里小路豊房＊　までのこうじとよふさ

生没年不詳　室町時代の公卿（権中納言）。内大臣万里小路嗣房の子。

¶公卿，公家（豊房〔万里小路家〕　とよふさ）

万里小路尚房＊　までのこうじなおふさ

天和2（1682）年6月26日～享保9（1724）年9月4日　江戸時代中期の公家（権大納言）。権大納言清閑寺熈房の末子、母は権大納言高倉永敦の娘。

¶公卿，公家（尚房〔万里小路家〕　ひさふさ）

万里小路正房＊　までのこうじなおふさ

享和2（1802）年～安政6（1859）年　[別]万里小路正房（までのこうじまさふさ）　江戸時代末期の公家（権大納言）。権大納言万里小路建房の子。

¶公卿（[生]享和2（1802）年12月1日　[没]安政6（1859）年10月22日），公家（正房〔万里小路家〕　まさふさ　[生]享和2（1802）年12月1日　[没]安政6（1859）年10月22日），コン（までのこうじまさふさ），幕末（[生]享和2（1802）年12月1日　[没]安政6（1859）年10月22日）

万里小路仲房＊　までのこうじなかふさ

元亨3（1323）年～元中5/嘉慶2（1388）年　南北朝時代の公卿（准大臣）。参議万里小路季房の子。

¶公卿（[没]嘉慶2/元中5（1388）年6月2日），公家（仲房〔万里小路家〕　なかふさ　[没]嘉慶2（1388）年6月2日）

万里小路宣房＊　までのこうじのぶふさ

正嘉2（1258）年～？　[別]藤原宣房（ふじわらののぶふさ）　鎌倉時代後期～南北朝時代の公卿（大納言）。非参議万里小路資通の子。

¶公卿，公家（宣房〔万里小路家〕　のぶふさ　[没]貞和4（1348）年10月18日？），コン（藤原宣房　ふじわらののぶふさ），中世，内乱（[没]貞和4（1348）年），室町（[没]貞和4/正平3（1348）年），山小（[没]1348年10月18日）

万里小路春房＊　までのこうじはるふさ

宝徳1（1449）年～？　[別]江南院龍霄（こうなんいんりゅうしょう）　室町時代～戦国時代の公卿（参議）。非参議藤原親長の子。

¶公卿（生没年不詳），公家（春房〔万里小路家〕　はるふさ），思想（江南院龍霄　こうなんいんりゅうしょう　[没]永正6（1509）年）

万里小路秀房＊　までのこうじひでふさ

明応1（1492）年～永禄6（1563）年11月12日　戦国時代の公卿（内大臣）。参議万里小路賢房の子。

¶公卿，公家（秀房〔万里小路家〕　ひでふさ）

万里小路博房＊　までのこうじひろふさ

文政7（1824）年6月25日～明治17（1884）年2月22日　江戸時代末期～明治時代の公卿。国事御用掛、維新政府の参与などを歴任。

¶公卿, 公家(博房〔万里小路家〕 ひろふさ), 幕末

万里小路房子 までのこうじふさこ
⇒清光院(せいこういん)

万里小路藤房* までのこうじふじふさ
永仁3(1295)年～? [別]藤原藤房(ふじわらのふじふさ) 鎌倉時代後期～南北朝時代の公卿(中納言)。大納言万小路宣房の長男。
¶公卿([生]永仁4(1296)年 [没]康暦2/天授6(1380)年3月28日), 公家(藤房〔万里小路家〕 ふじふさ [生]1295年?), コン(藤原藤房 ふじわらのふじふさ [没]天授6/康暦2(1380)年?), 中世, 内乱, 室町([生]永仁4(1296)年)

万里小路冬房* までのこうじふゆふさ
応永30(1423)年～文明17(1485)年 室町時代～戦国時代の公卿(准大臣)。内大臣万里小路時房の子。
¶公卿([没]文明17(1485)年12月21日), 公家(冬房〔万里小路家〕 ふゆふさ [没]文明17(1485)年12月21日)

万里小路雅房* までのこうじまさふさ
寛永11(1634)年3月29日～延宝7(1679)年 江戸時代前期の公家(権大納言)。参議万里小路孝房の孫。
¶公卿([没]延宝7(1679)年6月23日), 公家(雅房〔万里小路家〕 まさふさ [没]延宝7(1679)年6月23日)

万里小路政房 までのこうじまさふさ
⇒万里小路政房(までのこうじゆきふさ)

万里小路正房 までのこうじまさふさ
⇒万里小路正房(までのこうじなおふさ)

万里小路充房 までのこうじみつふさ
⇒万里小路充房(までのこうじあつふさ)

万里小路政房* までのこうじゆきふさ
享保14(1729)年3月5日～享和1(1801)年11月26日 [別]万里小路政房(までのこうじまさふさ) 江戸時代中期～後期の公家(権大納言)。権大納言勧修寺高顕の次男。
¶公卿(までのこうじまさふさ), 公家(政房〔万里小路家〕 まさふさ), コン

万里小路頼房* までのこうじよりふさ
?～元中6/康応1(1389)年4月26日 南北朝時代の公卿(参議)。准大臣万里小路仲房の次男。
¶公卿([没]康応1/元中6(1389)年4月26日), 公家(頼房〔万里小路家〕 よりふさ [没]康応1(1389)年4月26日)

満天姫 まてひめ
安土桃山時代～江戸時代前期の女性。政治・書物。徳川家康の異父弟で下総関宿城主松平康元の娘。
¶江表(満天姫(青森県) [生]天正17(1589)年 [没]寛永15(1638)年)

的 まと⋆
江戸時代後期の女性。和歌。備中向市場の庄屋岡鶴汀と筝の娘。
¶江表(的(岡山県) [没]文政5(1822)年)

円方女王 まどかたじょおう
⇒円方女王(まどかたのじょおう)

円方女王 まとかたのおおきみ
⇒円方女王(まどかたのじょおう)

円方女王* まどかたのじょおう, まとかたのじょおう
?～宝亀5(774)年12月23日 [別]円方女王(まとかたのおおきみ, まどかたじょおう) 奈良時代の女性。長屋王の娘。
¶古人(まどかたじょおう [没]771年), 古代(まとかたのおおきみ)

真砥野媛* まとのひめ
[別]真砥野媛命(まとのひめのみこと) 上代の女性。垂仁天皇の妃。
¶古代, 天皇(真砥野媛命 まとのひめのみこと 生没年不詳)

真砥野媛命 まとのひめのみこと
⇒真砥野媛(まとのひめ)

的場喜一郎* まとばきいちろう
弘化3(1846)年～文久3(1863)年 江戸時代末期の紀伊和歌山藩士。
¶幕末([没]文久3(1863)年9月25日)

的場三郎兵衛 まとばさぶろ(う)びょうえ
江戸時代前期の武士。大坂の陣で籠城。後、徳川頼宣に仕えた。
¶大坂

真名井純一* まないじゅんいち
*～明治35(1902)年 江戸時代末期～明治時代の蚕糸改良家。伝習所を開設し、女工を養成。蚕種、桑園の改良に尽力。養蚕製糸技術の向上に貢献。
¶幕末([生]文政9(1826)年 [没]明治35(1902)年7月16日)

間中雲帆* まなかうんはん
文政1(1818)年～明治26(1893)年 江戸時代末期～明治時代の詩人。詩文を学ぶ。維新後は東京府の吏員となり、長野、青森の官員を歴任。
¶幕末([没]明治26(1893)年1月12日)

曲直瀬玄朔* まなせげんさく
天文18(1549)年～寛永8(1631)年 [別]玄朔(げんさく), 曲直瀬正紹(まなせまさつぐ) 安土桃山時代～江戸時代前期の医師。日本医学中興の祖。
¶コン, 全戦, 対外

曲直瀬篁庵* まなせこうあん
文化6(1809)年～安政5(1858)年 [別]曲直瀬正貞(まなせしょうてい) 江戸時代末期の医師。
¶コン, 幕末([生]文化6(1809)年10月22日 [没]安政5(1858)年6月14日)

曲直瀬正貞 まなせしょうてい
⇒曲直瀬篁庵(まなせこうあん)

曲直瀬正琳* まなせしょうりん
永禄8(1565)年～慶長16(1611)年 [別]曲直瀬正琳(まなせまさよし), 養安院(ようあんいん) 安土桃山時代～江戸時代前期の医師。養安院家の祖。
¶徳人

曲直瀬親昌 まなせちかまさ
⇒今大路親昌(いまおおじちかまさ)

曲直瀬道策* まなせどうさく
天保9(1838)年～慶応3(1867)年 江戸時代末期の医師、尊攘運動家。六人部是香に平田派皇学を学ぶ。
¶幕末([没]慶応3(1867)年5月25日)

曲直瀬道三*(――〔1代〕) まなせどうさん, まなせどうざん
永正4(1507)年～文禄3(1594)年 安土桃山時代の医学者。
¶コン, 植物(――〔1代〕 [生]永正4(1507)年9月18日 [没]文禄3(1594)年1月4日), 全戦, 山小([生]1507年9月18日 [没]1594年1月4日)

曲直瀬正紹　まなせまさつぐ
⇒曲直瀬玄朔（まなせげんさく）

曲直瀬正琳　まなせまさよし
⇒曲直瀬正琳（まなせしょうりん）

間部詮勝*　まなべあきかつ
文化1（1804）年～明治17（1884）年11月28日　江戸時代末期～明治時代の鯖江藩主。老中となり安政の大獄を指揮、条約の勅許要求の工作に専念。
¶コン, 全幕, 徳将, 幕末（[生]文化1（1804）年2月19日）, 山小（[生]1804年2月19日　[没]1884年11月28日）

間部詮実*　まなべあきざね
文政10（1827）年～元治1（1864）年　江戸時代末期の大名。越前鯖江藩主。
¶幕末（[生]文政10（1827）年4月28日　[没]文久3（1864）年12月20日）

間部詮房*　まなべあきふさ
寛文6（1666）年～享保5（1720）年7月16日　江戸時代中期の大名。上野高崎藩主、越後村上藩主。甲府綱豊の用人から出世し、綱豊が6代将軍家宣になると側用人として幕政を担う。新井白石と協力して「正徳の治」を主導した。
¶江人（[生]1666・67年）, コン, 徳将, 徳人, 山小（[生]1666年5月16日　[没]1720年7月16日）

真辺栄三郎*　まなべえいざぶろう
文政4（1821）年～明治12（1879）年　江戸時代末期～明治時代の土佐藩士。
¶幕末（[生]文政4（1821）年2月27日　[没]明治12（1879）年6月30日）

真辺戒作　まなべかいさく
江戸時代後期～明治時代の土佐藩士。
¶幕末（[生]嘉永1（1848）年3月26日　[没]明治12（1879）年5月20日）

真名辺五郎*　まなべごろう
生没年不詳　平安時代後期の武士。
¶古人, 平家

真鍋五郎右衛門*　まなべごろうえもん
永禄11（1568）年～明暦2（1656）年　[別]真鍋貞成（まなべさだなり）　安土桃山時代～江戸時代前期の紀伊和歌山藩士。
¶織田（真鍋貞成　まなべさだなり　[没]明暦2（1656）年10月30日）

真鍋貞友　まなべさだとも
⇒真鍋七五三兵衛（まなべしめのひょうえ）

真鍋貞成　まなべさだなり
⇒真鍋五郎右衛門（まなべごろうえもん）

真鍋七五三兵衛*　まなべしめのひょうえ
？～天正4（1576）年7月13日　[別]真鍋貞友（まなべさだとも）　戦国時代～安土桃山時代の織田信長の家臣。
¶織田（真鍋貞友　まなべさだとも）

麻奈文奴*　まなもんぬ
飛鳥時代の百済の瓦博士。
¶古代

馬庭家重　まにわいえしげ
戦国時代の上野国緑埜郡高山庄の領主高山氏の被官。
¶武田（生没年不詳）

真野有春*　まのありはる
天正19（1591）年～寛永6（1629）年　[別]真野七左衛門有春（まのしちざえもんありはる）　江戸時代前期の武将。秀吉馬廻、豊臣氏家臣、徳川氏家臣。
¶大坂（真野七左衛門有春　まのしちざえもんありはる　[没]寛永6年4月24日/5月27日）

真野勝興　まのかつおき
江戸時代前期～中期の代官。
¶徳代（[生]寛文7（1667）年　[没]享保6（1721）年5月28日）

真野勝照　まのかつてる
江戸時代中期の代官。
¶徳代（[生]正徳5（1715）年　[没]天明1（1781）年11月5日）

真野勝元　まのかつもと
江戸時代中期～後期の代官。
¶徳代（[生]寛保2（1742）年　[没]寛政1（1789）年3月10日）

真野蔵人頭一綱　まのくろうどのとうかつつな
⇒真野助宗（まのすけむね）

真野玄庵　まのげんあん
江戸時代の眼科医。
¶眼医（生没年不詳）

真野権左衛門包道　まのごんざえもんかねみち
江戸時代前期の豊臣秀頼の小姓。
¶大坂

真野佐太郎*　まのさたろう
安土桃山時代の武士。
¶大坂

真野重吉*　まのしげよし
？～元亀2（1571）年　戦国時代～安土桃山時代の織田信長の家臣。
¶織田

真野七左衛門有春　まのしちざえもんありはる
⇒真野有春（まのありはる）

真野助宗*　まのすけむね
？～元和1（1615）年　[別]真野蔵人頭一綱（まのくろうどのとうかつつな）　安土桃山時代～江戸時代前期の武士。
¶大坂（真野蔵人頭一綱　まのくろうどのとうかつつな　[没]慶長20年5月7日）

真野善二郎*　まのぜんじろう
生没年不詳　安土桃山時代の織田信長の家臣。
¶織田

真野時綱　まのときつな
⇒藤波時綱（ふじなみときつな）

真野首弟子*　まののおびとでし
[別]真野弟子（まののでし）　飛鳥時代の芸能者。
¶古代

真野弟子　まののでし
⇒真野首弟子（まののおびとでし）

真野肇　まのはじめ
江戸時代末期～明治時代の和算家。慶応4年小筒組差図役頭取、明治16年海軍兵学校教官。
¶数学（[没]大正7（1918）年）

真野兵部*　まのひょうぶ
生没年不詳　安土桃山時代の織田信長の家臣。
¶織田

真野豊後守頼包　まのぶんごのかみよりかね
⇒真野頼包（まのよりかね）

真野与次兵衛　まのよじびょうえ
江戸時代前期の豊臣秀頼の家臣。
¶大坂

真野頼包*　まのよりかね
[別]真野豊後守頼包（まのぶんごのかみよりかね）
江戸時代前期の武士。豊臣氏家臣。
¶大坂（真野豊後守頼包　まのぶんごのかみよりかね）

真萩　まはぎ★
江戸時代後期の女性。俳諧。伊賀上野の笠庵養瓜の妻。弘化3年刊、柳葉屋春魚編『自認通称千家集』に載る。
¶江表（真萩（三重県））

馬淵嘉平*　まぶちかへい
寛政5（1793）年～嘉永4（1851）年　江戸時代末期の土佐藩士。藩主山内豊熙の藩政改革に参加。
¶コン，幕末（[没]嘉永4（1851）年11月11日）

馬淵宗畔*　まぶちそうはん
？～明暦1（1655）年　[別]宗畔（そうはん）　江戸時代前期の俳人。
¶俳文（宗畔　そうはん　[没]承応4（1655）年1月）

馬淵虎安　まぶちとらやす
戦国時代～安土桃山時代の駿河府中浅間社の社人。
¶武田（生没年不詳）

真淵の母　まぶちのはは★
江戸時代中期の女性。和歌。遠江天王村の名望家竹山茂家の娘。賀茂社の分家岡部政信の後妻。
¶江表（真淵の母（静岡県）　[没]延享2（1745）年）

馬淵文邸*　まぶちふみいえ
？～文政13（1830）年7月11日　江戸時代後期の和算家。
¶数学

馬淵平八　まぶちへいはち
江戸時代前期の伊東長次の家来。
¶大坂（[没]慶長20年5月7日）

馬淵六郎大夫　まぶちろくろ（う）だゆう
江戸時代前期の真田信繁配下の足軽大将。
¶大坂（[没]慶長20年5月7日）

摩文仁賢由*　まぶにけんゆう
江戸時代末期の総理官、琉球国首里。
¶幕末（生没年不詳）

摩々　まま
⇒摩々尼（ままに）

真々琴遊　ままきんゆう★
江戸時代後期の女性。狂歌。両国住。文化8年刊、六樹園撰『狂歌画像作者部類』に載る。
¶江表（真々琴遊（東京都））

間々田式部　ままだしきぶ
安土桃山時代の鉢形城主北条氏邦家臣斎藤八右衛門の同心。
¶後北（式部〔間々田〕　しきぶ）

間々田十郎太郎　ままだじゅうろうたろう
安土桃山時代の武蔵国鉢形城主北条氏邦家臣斎藤八右衛門の同心。
¶後北（十郎太郎〔間々田〕　じゅうろうたろう）

摩々尼*　ままに
生没年不詳　[別]摩々（まま）　平安時代後期～鎌倉時代前期の女性。源頼朝の乳母の一人。
¶古人（摩々　まま　[生]1101年　[没]？），女史

真間手児奈*（真間手児名）　ままのてこな
伝説上の女性。「万葉集」に登場。
¶古代，コン（真間手児名），女史（真間手児名）

真々部尾張守　ままべおわりのかみ
戦国時代～安土桃山時代の信濃国安曇郡真々部の国衆。
¶武田（生没年不詳）

馬見塚対馬守　まみづかつしまのかみ
安土桃山時代の上野国那波城主那波顕宗の家臣。
¶後北（対馬守〔馬見塚〕　つしまのかみ）

間宮魁　まみやかい
江戸時代末期の幕臣。
¶幕末（[生]安政1（1854）年　[没]？）

間宮金八郎　まみやきんぱちろう
江戸時代末期の旗本。
¶幕末（[生]？　[没]慶応4（1868）年5月15日）

間宮士信*　まみやことのぶ
安永6（1777）年～天保12（1841）年　江戸時代後期の旗本、地誌学者。
¶徳人

間宮真澄　まみやさねずみ
江戸時代前期の幕臣。
¶徳人（[生]？　[没]1615年）

間宮忠次　まみやただつぐ
？～寛永19（1642）年　江戸時代前期の幕臣。
¶徳人，徳代（[没]寛永19（1642）年10月7日）

間宮次信　まみやつぐのぶ
江戸時代前期～中期の代官。
¶徳代（[生]延宝1（1673）年　[没]寛延1（1748）年5月24日）

間宮綱信*　まみやつなのぶ
天文2（1533）年～？　戦国時代の地方豪族・土豪。
¶後北（綱信〔間宮〕　つなのぶ　[没]慶長14年10月10日）

間宮鉄次郎*　まみやてつじろう
天保2（1831）年～明治24（1891）年6月10日　江戸時代末期～明治時代の幕臣。
¶全幕，幕末

間宮直元*　まみやなおもと
生没年不詳　戦国時代の北条氏の家臣。
¶後北（直元〔間宮〕　なおもと　[没]慶長19年12月25日），徳人（[生]1570年　[没]1614年），徳代（[生]元亀2（1571）年　[没]慶長19（1614）年12月25日）

間宮長澄　まみやながずみ
江戸時代中期の幕臣。
¶徳人（[生]？　[没]1694年）

間宮永好*　まみやながよし
文化2（1805）年～明治5（1872）年　江戸時代末期～明治時代の国学者。国学を小山田与清に学び、神祇権大史に任じられた。著書に「万葉長歌部類」など。
¶幕末（[没]明治5（1872）年1月11日）

間宮信明*　まみやのぶあきら
寛文1（1661）年～正徳4（1714）年　江戸時代中期の幕臣。小普請奉行。

¶徳人

間宮信興　まみやのぶおき
江戸時代中期〜後期の幕臣。
¶徳人([生]1769年　[没]1823年)

間宮信親*　まみやのぶちか
生没年不詳　戦国時代の北条氏の家臣。
¶後北(信親〔間宮〕　のぶちか)

間宮信行　まみやのぶゆき
江戸時代後期〜大正時代の幕臣、陸軍軍人。
¶徳人(生没年不詳),幕末([生]天保5(1834)年10月25日　[没]大正12(1923)年2月14日)

間宮信之　まみやのぶゆき
安土桃山時代〜江戸時代前期の幕臣。
¶徳人([生]1586年　[没]1643年)

間宮信好*　まみやのぶよし
延享3(1746)年〜寛政9(1797)年9月10日　江戸時代中期〜後期の幕臣。
¶徳人

間宮正次　まみやまさつぐ
江戸時代前期〜中期の代官。
¶徳代([生]寛永20(1643)年　[没]享保5(1720)年11月28日)

間宮正信　まみやまさのぶ
江戸時代前期の代官。
¶徳代([生]?　[没]慶安4(1651)年5月17日)

間宮政光*　まみやまさみつ
生没年不詳　戦国時代の北条氏の家臣。
¶後北(政光〔間宮〕　まさみつ)

間宮光信　まみやみつのぶ
安土桃山時代〜江戸時代前期の代官。
¶徳代(生没年不詳)

間宮元重　まみやもとしげ
安土桃山時代〜江戸時代前期の幕臣。
¶徳人([生]1561年　[没]1645年)

間宮康俊*　まみややすとし
*〜天正18(1590)年3月29日　戦国時代〜安土桃山時代の武士。後北条氏家臣。
¶後北(康俊〔間宮〕　やすとし)

間宮康信*　まみややすのぶ
*〜天正10(1582)年　安土桃山時代の玉縄衆の間宮康俊の子。後北条氏家臣。
¶後北(康信〔間宮〕　やすのぶ　[没]天正10年8月12日)

間宮八十子*　まみややそこ
文政6(1823)年〜明治24(1891)年　江戸時代末期〜明治時代の歌人、国学者。著書に「松のしづえ」「和歌玉名集」。
¶江表(八十子(茨城県)　やそこ)

間宮林蔵*　まみやりんぞう
安永4(1775)年〜天保15(1844)年2月26日　江戸時代後期の北地探検家。蝦夷地沿岸を測量。樺太西岸の間宮海峡にその名を残す。
¶江人([生]1780年),コン([生]安永4(1775年/1780)年　[没]弘化1(1844)年),全幕([没]弘化1(1844)年),対外,地理([生]1780年),徳人,山小([没]1844年2月26日)

間宮六郎*　まみやろくろう
天保2(1831)年〜明治35(1902)年　江戸時代後期〜明治時代の武士。
¶幕末([生]天保2(1831)年8月8日　[没]明治35(1902)年12月26日)

まむ
江戸時代後期の女性。俳諧。大坂の人。天保3年刊、守村鶯卿編『女百人一句』に載る。
¶江表(まむ(大阪府))

馬武*　まむ
[別]馬武(めむ)　飛鳥時代の都加留蝦夷の族長。
¶古代

満多親王　まむたのしんのう
⇒万多親王(まんだしんのう)

真村蘆江*　まむらろこう
宝暦5(1755)年〜寛政7(1795)年　江戸時代中期の南蘋派の画家。熊斐、方西園に師事。
¶美画([没]寛政7(1795)年4月24日)

守大石*　まもりのおおいし
[別]守大石(もりのおおいし,もりのおおいわ),守君大石(もりのきみおおいし)　飛鳥時代の遣唐大使。
¶古人(もりのおおいわ　生没年不詳),古代(守君大石　もりのきみおおいし),古物(もりのおおいわ)

馬屋原備前守春時　まやはらびぜんのかみはるとき
安土桃山時代〜江戸時代前期の武士。毛利輝元の家臣馬屋原備中元正の子。
¶大坂

万由女　まゆじょ★
江戸時代末期の女性。俳諧。白石の人。慶応1年、其堂編「三七松集」に載る。
¶江表(万由女(宮城県))

真弓長左衛門*　まゆみちょうざえもん
生没年不詳　江戸時代前期の開墾功労者。
¶コン

眉輪王　まゆわおう
⇒眉輪王(まゆわのおう)

眉輪王*　まゆわのおう
[別]眉輪王(まゆわおう,まよわおう,まよわのおおきみ)　上代の皇族。仁徳天皇の孫。大草香皇子の子。
¶古人(まゆわおう　生没年不詳),古代(まよわのおおきみ),古物(まよわのおおきみ),コン(まよわのおおきみ)

萬世　まよ
江戸時代後期の女性。俳諧。相模小田原における雪門。文化3年の歳旦帖『春帖』に載る。
¶江表(萬世(神奈川県))

万世子　まよこ★
江戸時代中期の女性。和歌。岡山藩主池田宗政の室藤子の侍女。宝暦12年刊、村上影面編『続采藻編』に載る。
¶江表(万世子(岡山県))

眉輪王　まよわおう
⇒眉輪王(まゆわのおう)

眉輪王　まよわのおおきみ
⇒眉輪王(まゆわのおう)

丸子信貞　まりこのぶさだ
戦国時代〜安土桃山時代の小県郡の国衆。
¶武田(生没年不詳)

椀子皇子 まりこのみこ
⇒椀子皇子（まろこのみこ）

丸子春賢 まりこはるかた
戦国時代の小県郡の国衆。
¶武田（生没年不詳）

丸子安孝 まりこやすたか
江戸時代後期～明治時代の和算家。山形の七浦の人。
¶数学（[生]文政12（1829）年 [没]明治27（1894）年）

丸子良存 まりこりょうぞん
戦国時代～安土桃山時代の小県郡の国衆。
¶武田（生没年不詳）

万里女* まりじょ
生没年不詳 江戸時代前期の女性。俳人。
¶江表（万里（滋賀県））,俳文

真理姫 まりひめ
⇒真竜院（しんりゅういん）

真里谷信勝 まりやつのぶかつ
戦国時代の武将。武田信長の嫡孫。
¶室町（[生]？ [没]大永3（1523）年）

丸岡莞爾* まるおかかんじ
天保7（1836）年～明治31（1898）年 江戸時代末期～明治時代の官吏、歌人、高知県知事。勤王心を身につけ、脱藩して長崎に赴く。維新後、官界に入り沖縄県知事などを歴任。
¶幕末（[生]天保7（1836）年5月28日 [没]明治31（1898）年3月6日）

丸岡民部少輔* まるおかみんぶのしょう
生没年不詳 安土桃山時代の織田信長の家臣。
¶織田

円尾啓二郎*（円尾啓次郎） まるおけいじろう
江戸時代末期の新撰組隊士。
¶新隊（円尾啓次郎 生没年不詳）

丸尾月嶂* まるおげっしょう
？～文政10（1827）年 江戸時代後期の画家。
¶美画（[没]文政10（1827）年3月23日）

丸尾興堂 まるおこうどう
天保11（1840）年～大正3（1914）年 江戸時代後期～大正時代の眼科医、復明館眼科医院院長。
¶科学（[生]天保11（1840）年5月 [没]大正3（1914）年1月18日）,眼医

丸尾良益 まるおりょうえき
江戸時代後期の眼科医。
¶眼医（生没年不詳）

丸川義三* まるかわぎぞう
[別]丸川義三（まるかわよしぞう） 江戸時代末期～明治時代の新見藩士。
¶幕末（まるかわよしぞう [生]天保1（1830）年 [没]慶応4（1868）年1月19日）

丸川義三 まるかわよしぞう
⇒丸川義三（まるかわぎぞう）

マルケス*
慶長13（1608）年-寛永20（1643）年 江戸時代前期の葡日混血のイエズス会司祭。
¶対外

丸毛親吉 まるげちかよし
⇒丸毛兼利（まるもかねとし）

丸幸 まるこう
⇒中村友三〔1代〕（なかむらともぞう）

丸子三右衛門 まるこさんえもん
江戸時代前期の小県郡丸子城主、真田氏家臣。
¶全戦（[生]？ [没]元和4（1618）年）

丸小三右衛門 まるこさんえもん
⇒嵐三右衛門〔1代〕（あらしさんえもん）

丸子平内 まるこへいない
安土桃山時代の真田氏の家臣。
¶全戦（生没年不詳）

丸女 まるじょ★
江戸時代末期の女性。俳諧。白河本町の湊屋竹枝楼の遊女か。安政4年刊、面川鏘桜編『鯉鱗筆鑑』に載る。
¶江表（丸女（福島県））

丸田玄全 まるたげんぜん
江戸時代後期～末期の和算家。
¶数学（[生]文化7（1810）年8月1日 [没]文久3（1863）年4月21日）

丸田監物*（丸田堅物） まるたけんもつ
文化2（1805）年～明治2（1869）年 江戸時代末期の十津川藩士。
¶幕末（[生]文化2（1805）年10月10日 [没]明治2（1869）年4月29日）

丸田正通* まるたまさみち
生没年不詳 江戸時代後期の藩士・和算家。
¶数学（[生]安永8（1779）年 [没]天保4（1833）年4月27日）

マルチノ
⇒原マルチノ（はらまるちの）

円中孫平* まるなかまごへい
天保1（1830）年～明治43（1910）年7月 江戸時代末期～明治時代の貿易商。輸出用雑貨を扱う円中組を開業。さらに扶桑商会、円中組パリ支店を設立、のち閉店。
¶幕末（[生]天保1（1830）年9月）

丸橋忠弥* まるばしちゅうや，まるはしちゅうや
？～慶安4（1651）年 江戸時代前期の浪士。慶安事件の指導者の一人。
¶江人,コン,山小（[没]1651年8月10日）

丸橋東倭* まるはしとうわ
天明2（1782）年～明治2（1869）年 江戸時代後期～明治時代の和算家。
¶数学

丸林善左衛門* まるばやしぜんざえもん
生没年不詳 江戸時代中期の筑後久留米藩庄屋。
¶コン

丸目蔵人* まるめくらんど
天文9（1540）年～寛永6（1629）年 [別]丸目蔵人佐（まるめくらんどのすけ），丸目長恵（まるめちょうえ，まるめながよし），丸目徹斎（まるめてっさい） 安土桃山時代～江戸時代前期の武士。
¶江人（丸目蔵人佐 まるめくらんどのすけ）,全戦（丸目長恵 まるめながよし）,戦武（丸目長恵 まるめながよし）

丸目蔵人佐 まるめくらんどのすけ
⇒丸目蔵人（まるめくらんど）

丸目長恵 まるめちょうえ
⇒丸目蔵人（まるめくらんど）

丸目徹斎 まるめてっさい
⇒丸目蔵人（まるめくらんど）

丸目長恵 まるめながよし
⇒丸目蔵人（まるめくらんど）

丸毛兼利* まるもかねとし
？～正保4（1647）年　㊙丸毛親吉（まるげちかよし）　江戸時代前期の大名。美濃福束藩主。
¶織田（㊼正保2（1645）年1月28日）

丸毛利恒 まるもとしつね
嘉永4（1851）年～明治38（1905）年　㊙丸毛靫負（まるもゆきえ）　江戸時代後期～明治時代の彰義隊士。
¶全幕（丸毛靫負　まるもゆきえ），幕末（㊐嘉永4（1851）年12月28日　㊼明治38（1905）年8月6日）

丸毛不心斎* まるもふしんさい
？～文禄4（1595）年7月　戦国時代～安土桃山時代の織田信長の家臣。
¶織田

丸毛政良 まるもまさかた
江戸時代中期の幕臣。
¶徳人（㊐1738年　㊼？）

丸毛光兼*（丸茂光兼）　まるもみつかね
生没年不詳　戦国時代～安土桃山時代の地方豪族・土豪。斎藤氏家臣、織田氏家臣、豊臣氏家臣。
¶織田, 戦武（丸茂光兼）

丸屋九左衛門 まるやくざえもん
江戸時代前期～中期の江戸の版元。
¶浮絵

丸屋九兵衛* まるやくへえ
？～天明8（1788）年　江戸時代中期の山城伏見町民一揆の指導者の一人。
¶江人, コン

丸屋小兵衛 まるやこへえ
江戸時代中期の江戸の版元。
¶浮絵

丸屋甚八 まるやじんぱち
江戸時代後期～明治時代の版元。
¶浮絵

丸屋清次郎 まるやせいじろう
江戸時代中期～末期の地本草紙問屋、団扇問屋。享和から安政まで。
¶浮絵

丸山和泉 まるやまいずみ
安土桃山時代の信濃国筑摩郡会田の土豪。
¶武田（生没年不詳）

丸山梅夫 まるやまうめお
⇒丸山久成（まるやまひさなり）

円山応挙* まるやまおうきょ
享保18（1733）年～寛政7（1795）年　㊙応挙（おうきょ）　江戸時代中期の画家。石田幽汀に入門し、狩野派の画法を学び、円山派の祖となった。
¶浮絵, 江人, コン, 植物（㊐享保18（1733）年5月1日　㊼

寛政7（1795）年7月17日），美画（㊐享保18（1733）年5月1日　㊼寛政7（1795）年7月17日），山小（㊐1733年5月1日　㊼1795年7月17日）

円山応震* まるやまおうしん
寛政2（1790）年～天保9（1838）年　江戸時代後期の円山派の画家。
¶美画（㊐寛政2（1790）年3月1日　㊼天保9（1838）年8月3日）

円山応瑞 まるやまおうずい
明和3（1766）年～文政12（1829）年　江戸時代後期の画家。
¶浮絵, コン, 美画

丸山駒之助* まるやまこまのすけ
江戸時代末期の新撰組隊士。
¶新隊（生没年不詳）

丸山作楽 まるやまさくら
江戸時代末期～明治時代の政治家・国学者・歌人。
¶思想（㊐天保11（1840）年　㊼明治32（1899）年）

丸山素屋 まるやまそおく
江戸時代後期～明治時代の日本画家。
¶美画（㊐弘化1（1844）年　㊼明治44（1911）年）

丸山玄棟 まるやまはるむね
江戸時代前期～中期の幕臣。
¶徳人（㊐1662年　㊼1744年）

丸山久成* まるやまひさなり
天保10（1839）年～明治35（1902）年　㊙丸山梅夫（まるやまうめお）　江戸時代末期～明治時代の志士。尊王攘夷の志をもち、同志と薩摩藩邸に集まって討幕の策を練る。
¶幕末（丸山梅夫　まるやまうめお　㊐天保10（1839）年11月　㊼明治35（1902）年8月3日）

丸山抱石* まるやまほうせき
文化14（1817）年～明治31（1898）年　江戸時代末期～明治時代の会津藩士。京都常詰番頭。書画、詩を好み、武芸を能くした。学校奉行を歴任。
¶幕末（㊼明治31（1898）年1月27日）

丸山孫左衛門 まるやままごさえもん
安土桃山時代の信濃国安曇郡中之郷の土豪。
¶武田（生没年不詳）

丸山良玄* まるやまよしはる
宝暦7（1757）年～文化13（1816）年　江戸時代中期～後期の和算家。
¶数学

まれ
江戸時代中期の女性。俳諧・和歌。備中倉敷新川町の問屋で大地主岡長芳の娘。
¶江表（まれ（岡山県）　㊼天明5（1785）年）

客是済 まろうどのこれすみ
平安時代中期の官人。
¶古人（生没年不詳）

麻呂子皇子 まろこのみこ
⇒当麻皇子（たいまのみこ）

椀子皇子*(1)　まろこのみこ
㊙椀子皇子（まりこのみこ）　上代の継体天皇の皇子。
¶古代, 天皇（まりこのみこ　生没年不詳）

椀子皇子*(2)　まろこのみこ
飛鳥時代の上殖葉皇子の別名。
¶古代

椀子皇子*(3)　まろこのみこ
飛鳥時代の欽明天皇の皇子。
¶古代

椀子皇子*(4)　まろこのみこ
飛鳥時代の橘麻呂皇子の別名。
¶古代

椀子皇子*(5)　まろこのみこ
飛鳥時代の押坂彦人大兄皇子。
¶古代

椀子皇子*(6)　まろこのみこ
飛鳥時代の用明天皇の皇子。
¶古代

椀子皇子*(7)　まろこのみこ
飛鳥時代の聖徳太子の王子。
¶古代

椀子皇子*(8)　まろこのみこ
飛鳥時代の山背大兄王の王子。
¶古代

馬渡貞礼*　まわたりていれい
弘化1(1844)年～明治25(1892)年　江戸時代末期～明治時代の士族、愛知憲兵分隊長。西南戦争に従軍。戦後、東京憲兵隊第二大隊中隊長などを歴任。
¶幕末([没]明治25(1892)年9月21日)

馬渡俊邁*　まわたりとしゆき
?～明治8(1875)年　江戸時代末期～明治時代の肥前佐賀藩通詞。
¶幕末([生]天保10(1839)年?　[没]明治8(1875)年12月9日)

まん(1)
安土桃山時代の女性。書簡。細川藤孝の家臣で、戦国武将有吉立行の妻。
¶江表(まん(熊本県))

まん(2)
江戸時代前期の女性。俳諧。足助氏。寛文1年、高瀬道甘編『糸瓜草』に載る。
¶江表(まん(広島県))

まん(3)
江戸時代中期の女性。俳諧。魚津の人。享保14年刊、伊勢、関西への紀行文『伽陀箱』に載る。
¶江表(まん(富山県))

まん(4)
江戸時代中期の女性。俳諧。豊後玖珠の可庭の妻。宝永3年刊、長野馬貞編『七異跡集』に載る。
¶江表(まん(大分県))

まん(5)
江戸時代中期～末期の女性。書簡。松代藩の足軽新井六兵衛の娘。
¶江表(まん(長野県)　[生]安永3(1774)年　[没]文久1(1861)年)

まん(6)
江戸時代後期の女性。商売・書。上通町の青木久左衛門の娘。
¶江表(まん(秋田県))

まん(7)
江戸時代後期の女性。俳諧。伊勢松坂の人。天保3年刊、守村鶯卿女編『女百人一句』に載る。
¶江表(まん(三重県))

まん(8)
江戸時代後期の女性。俳諧。摂津尼崎の人。天保3年刊、守村鶯卿編『女百人一句』に載る。
¶江表(まん(兵庫県))

万　まん
⇒お万の方(おまんのかた)

満(1)　まん★
江戸時代前期の女性。仮名草子。芳菊軒某の母。寛文9年刊『賢女物語』を著す。
¶江表(満(京都府))

満(2)　まん★
江戸時代前期の女性。俳諧。貞享1年刊、井原西鶴編『古今俳諧女歌仙』に載る。
¶江表(満(京都府))

満(3)　まん★
[別]自昌院(じしょういん),満姫(まんひめ)　江戸時代前期～中期の女性。宗教・書写。加賀藩主前田利常の娘。
¶江表(満(広島県)　[生]元和5(1619)年　[没]元禄13(1700)年)

満(4)　まん★
江戸時代末期の女性。和歌。播磨明石の大西氏。安政6年刊、秋元安民編『類題青藍集』に載る。
¶江表(満(兵庫県))

万阿弥*　まんあみ
生没年不詳　戦国時代の北条氏の家臣。
¶後北

万安英種　まんあんえいしゅ
⇒万安英種(ばんなんえいしゅ)

蔓衣　まんい
江戸時代末期の女性。俳諧。天神前の高松藩士下義左衛門奉演の妻。
¶江表(蔓衣(香川県)　[没]元治1(1864)年)

万右衛門*　まんえもん
生没年不詳　江戸時代前期の京瀬戸陶工。
¶美工

満願*　まんがん
生没年不詳　奈良時代の僧。地方に仏教を伝播。
¶古人([生]720年　[没]816年),思想

万喜少弼　まんきしょうひつ
⇒土岐為頼(ときためより)

縵空*　まんくう
生没年不詳　平安時代中期の仏師。
¶古人,美建

卍元師蛮*　まんげんしばん
寛永3(1626)年～宝永7(1710)年　[別]師蛮(しばん)　江戸時代前期～中期の臨済宗の僧。僧伝を編纂。
¶コン(師蛮　しばん　[生]?),思想

万乎*　まんこ
?～享保9(1724)年　[別]万乎(ばんこ)　江戸時代中期の俳人(蕉門)。

¶俳文（ばんこ　[没]享保9（1724）年8月15日）

万子(1)　**まんこ★**
江戸時代前期〜中期の女性。和歌・宗教。左大臣花山院定好の娘。
¶江表（万子（佐賀県）　[生]寛永2（1625）年　[没]宝永2（1705）年）

万子(2)　**まんこ★**
江戸時代末期の女性。和歌。松島氏。常陸水戸藩主徳川斉昭の室吉子に仕えた奥女中（女中名・福岡）。天保12年成立、徳川斉昭撰「弘道館梅花詩歌」に載る。
¶江表（万子（茨城県））

満香　**まんこう★**
江戸時代後期の女性。画・茶・和歌。京都吉田殿内吉村旭嶺の娘で、越前に生まれる。嘉永1年長野義言に入門。画に秀でた。
¶江表（満香（滋賀県））

満済*　**まんさい**
天授4/永和4（1378）年〜永享7（1435）年6月13日　[別]三宝院満済（さんぼういんまんさい），満済准后（まんさいじゅごう），満済（まんせい）　室町時代の僧。足利義満の猶子。宗教界に君臨。
¶コン（満済准后　まんさいじゅごう），思想（[生]永和4/天授4（1378）年），中世（三宝院満済　さんぼういんまんさい），内乱（[生]永和4（1378）年），室町（[生]永和4（1378）年）

満済准后　**まんさいじゅごう**
⇒満済（まんさい）

万歳太郎兵衛友満　**まんざいたろ（う）びょうえともみつ**
江戸時代前期の筒井定次の近習。
¶大坂

万歳備前守友興　**まんざいびぜんのかみともおき**
江戸時代前期の筒井定次・豊臣秀長の家臣。
¶大坂

まんさく
江戸時代中期の女性。俳諧。安芸宮島の遊女。宝永3年刊、堀部魯九編『春の鹿』に載る。
¶江表（まんさく（広島県））

万沢君元*　**まんざわきみもと**
生没年不詳　[別]万沢君元（まんざわただもと）　戦国時代の甲斐武田一族穴山信君・勝千代の重臣。
¶武田（まんざわただもと）

万沢君元　**まんざわただもと**
⇒万沢君元（まんざわきみもと）

万沢君泰　**まんざわただやす**
安土桃山時代の甲斐武田一族穴山信君・勝千代の重臣。
¶武田（[生]？　[没]天正10（1582）年3月8日）

万沢遠江守*　**まんざわとおとうみのかみ**
？〜元亀1（1570）年1月13日　戦国時代〜安土桃山時代の甲斐武田一族穴山信君の重臣。
¶武田（[没]永禄13（1570）年1月13日）

卍山　**まんざん**
⇒卍山道白（まんざんどうはく）

卍山道白*　**まんざんどうはく**
寛永13（1636）年〜正徳5（1715）年　[別]道白（どうはく），卍山（まんざん），卍山道白（まんぜんどうはく）　江戸時代前期〜中期の曹洞宗の僧。宗統復古運動を推進し成就。
¶コン，思想（まんぜんどうはく）

万子　**まんし**
⇒生駒万子（いこままんし）

満紫　**まんし**
江戸時代中期の女性。俳諧。熊本の志太野坡門。享保13年序、朝月舎程十編『門司硯』に載る。
¶江表（満紫（熊本県））

萬子　**まんし★**
江戸時代末期の女性。和歌。川越藩の奥女中。安政3年序、井上文雄編『摘英集』に載る。
¶江表（萬子（埼玉県））

満子女王*　**まんしじょおう**
？〜延喜20（920）年　[別]満子女王（みつこじょおう，みつこにょおう）　平安時代中期の女性。醍醐天皇の更衣。
¶天皇（まんしじょおう・みつこにょおう　[没]延喜20（920）年6月27日）

満次の母　**まんじのはは★**
江戸時代前期の女性。俳諧。万治3年刊、医者で俳人荒木加友編『俳諧絵そらごと』に載る。
¶江表（満次の母（東京都））

萬珠　**まんじゅ★**
江戸時代中期の女性。俳諧。安芸宮島の遊女。元禄6年刊、北条団水編『くやみ草』に載る。
¶江表（萬珠（広島県））

饅頭屋宗二〔1代〕*　**まんじゅうやそうじ**
明応7（1498）年〜天正9（1581）年　[別]林宗二（はやしそうじ，はやしそうに，りんそうじ）　戦国時代〜安土桃山時代の商人、学者。中国人林浄因の後裔。
¶コン（林宗二　はやしそうじ），全戦（林宗二　はやしそうじ），山小（代数なし　[没]1581年7月11日）

万寿亭　**まんじゅてい**
⇒並木五瓶〔2代〕（なみきごへい）

万寿宮　**まんじゅのみや**
江戸時代後期の伏見宮貞敬親王の王子。
¶天皇（[生]文政3（1820）年12月7日　[没]天保2（1831）年5月4日）

万寿姫*　**まんじゅひめ**
宝暦11（1761）年8月1日〜安永2（1773）年2月20日　[別]乗台院（じょうだいいん）　江戸時代中期の女性。10代将軍徳川家治の娘。
¶徳将（乗台院　じょうだいいん）

まん女*(1)　**まんじょ**
生没年不詳　[別]まん尼（まんに）　江戸時代中期の女性。俳人。
¶江表（まん（福岡県））

まん女(2)　**まんじょ★**
江戸時代中期の女性。俳諧。久保田城下の人。元禄5年に清書した「詩歌聞書」に載る。
¶江表（まん女（秋田県））

まん女(3)　**まんじょ★**
江戸時代中期の女性。和歌。休意の娘。元禄7年刊、戸田茂睡編『不求橋梨本隠家勧進百首』に載る。
¶江表（まん女（東京都））

万女(1) まんじょ★
江戸時代中期の女性。画。享保8年刊、菊岡沾涼撰『百華実』に万女筆の署名で2点の挿画が載る。
¶江表(万女(東京都))

万女(2) まんじょ★
江戸時代後期の女性。和歌。高崎藩藩士浅井権右衛門直方の娘。
¶江表(万女(群馬県) [没]天明8(1788)年)

卍楼北鵞 まんじろうほくが
⇒葛飾北鵞(かつしかほくが)

万水の妻 まんすいのつま★
江戸時代中期の女性。俳諧。三河牛久保の人。元禄15年刊、太田白雪編『三河小町』下に載る。
¶江表(万水の妻(愛知県))

満済 まんせい
⇒満済(まんさい)

満誓 まんせい，まんぜい
⇒笠麻呂(かさのまろ)

卍山道白 まんぜんどうはく
⇒卍山道白(まんざんどうはく)

万象亭 まんぞうてい
⇒桂川甫粲(かつらがわほさん)

茨田王*(1) まんたおう，まんだおう
飛鳥時代の用明天皇の皇子。
¶古代

茨田王(2) まんたおう
⇒茨田王(まんだのおおきみ)

万田河蔵 まんだかわぞう
⇒万田河三(まんたこうぞう)

万田河三* まんたこうぞう
[別]万田河蔵(まんだかわぞう) 江戸時代末期の新撰組隊士。
¶新隊(万田河蔵 まんだかわぞう 生没年不詳)

万多親王* まんだしんのう，まんたしんのう
延暦7(788)年～天長7(830)年 [別]満多親王(まむたのしんのう)，万多親王(まんたのしんのう) 平安時代前期の桓武天皇の皇子。「新撰姓氏録」の編纂に携わる。
¶古人，古代(まんたのしんのう)，コン，天皇(満多親王 まむたのしんのう [没]天長7(830)年4月21日)

茨田王 まんだのおう
⇒茨田王(まんだのおおきみ)

茨田王* まんだのおおきみ，まんたのおおきみ
生没年不詳 [別]茨田王(うまらだのおおきみ，まんたおう，まんだのおう) 奈良時代の万葉歌人。
¶古人(まんだのおう)，古代(まんたおう)，コン

茨田郡王* まんたのこおりのおう
奈良時代の智努王の妃。
¶古代

茨田衫子 まんたのころものこ
⇒茨田連衫子(まんたのむらじころものこ)

茨田重方* まんだのしげかた
生没年不詳 平安時代中期の近衛府の下級官人。
¶古人

万多親王 まんたのしんのう
⇒万多親王(まんだしんのう)

茨田関媛 まんたのせきひめ，まんだのせきひめ
⇒関媛(せきひめ)

茨田枚野 まんだのひらの
奈良時代の官人。
¶古人(生没年不詳)

茨田枚麻呂 まんだのひらまろ
奈良時代の官人。
¶古人(生没年不詳)

茨田広親 まんだのひろちか
平安時代中期の官人。左近衛府番長。
¶古人(生没年不詳)

茨田光重 まんだのみつしげ
平安時代中期の官人。右近衛府生。
¶古人(生没年不詳)

茨田連衫子* まんたのむらじころものこ
[別]茨田衫子(まんたのころものこ) 上代の河内国の人。
¶古代

万町素狄 まんちょうそてき
⇒伏屋素狄(ふせやそてき)

万鶴 まんつる
江戸時代前期の女性。書簡。鹿児島藩主島津家久の娘。
¶江表(万鶴(鹿児島県) [生]寛永2(1625)年 [没]寛文11(1671)年)

万亭応賀* まんていおうが
*～明治23(1890)年 [別]服部幸三郎(はっとりこうざぶろう) 江戸時代末期～明治時代の草双紙合巻作者。代表作「釈迦八相倭文庫」。
¶コン([生]文政2(1819)年)，幕末([生]文政5(1822)年 [没]明治23(1890)年8月30日)

政所有繇 まんどころありやす
⇒政所有繇(まんどころゆうめん)

政所有繇 まんどころゆうべん
⇒政所有繇(まんどころゆうめん)

政所有繇* まんどころゆうめん
文政4(1821)年～慶応2(1866)年 [別]政所有繇(まんどころありやす，まんどころゆうべん)，有綿，有繇(ゆうめん) 江戸時代末期の修験者。豊前英彦山修験座主代。
¶幕末([没]慶応2(1866)年8月1日)

まん尼 まんに
⇒まん女(まんじょ)

万年高頼(1) まんねんたかより
安土桃山時代～江戸時代前期の代官。
¶徳代(生没年不詳)

万年高頼(2) まんねんたかより
江戸時代前期の代官。
¶徳代([生]? [没]正保3(1646)年7月3日)

万年忠頼 まんねんただより
?～元禄7(1694)年 江戸時代中期の幕臣。
¶徳人，徳代([没]元禄7(1694)年5月8日)

ま

万年千秋　まんねんちあき
天保4(1833)年～明治40(1907)年　江戸時代後期～明治時代の幕臣。
¶徳人, 幕末([生]天保4(1833)年1月1日　[没]明治40(1907)年9月14日)

万年久頼　まんねんひさより
元亀1(1570)年～寛永14(1637)年　安土桃山時代～江戸時代前期の幕臣。
¶徳人, 徳代([生]元亀1(1570)年　[没]寛永14(1637)年7月19日)

万年正勝　まんねんまさかつ
戦国時代～江戸時代前期の代官。
¶徳代([生]天文10(1541)年　[没]慶長11(1606)年)

万年正頼　まんねんまさより
安土桃山時代～江戸時代前期の幕臣。
¶徳人([生]1588年　[没]1664年)

み

万年頼忠　まんねんよりただ
江戸時代前期～中期の代官。
¶徳代([生]寛文8(1668)年　[没]元文4(1739)年5月23日)

万年頼治　まんねんよりはる
江戸時代前期～中期の代官。
¶徳代([生]正保4(1647)年　[没]正徳5(1715)年3月1日)

万年頼英　まんねんよりふさ
江戸時代中期の代官。
¶徳代([生]享保4(1719)年　[没]天明7(1787)年11月19日)

万年頼旨　まんねんよりむね
江戸時代前期～中期の大坂代官。
¶徳代([生]元和8(1622)年　[没]元禄11(1698)年2月22日)

万年頼安　まんねんよりやす
江戸時代前期～中期の代官。
¶徳代([生]寛永13(1636)年　[没]宝永1(1704)年9月3日)

万年頼行　まんねんよりゆき
江戸時代中期の代官。
¶徳代([生]享保16(1731)年　[没]天明7(1787)年12月23日)

万年頼穀　まんねんよりよし
江戸時代前期～中期の代官。
¶徳代([生]貞享3(1686)年　[没]享保18(1733)年9月17日)

万福寺教雅　まんぷくじきょうが
⇒教雅(きょうが)

満米　まんべい
⇒満米(まんまい)

満米*　まんまい
生没年不詳　[別]満米(まんべい)　平安時代前期の僧。
¶古代(まんべい)

漫々　まんまん
⇒安田漫々(やすだまんまん)

万見重元*　まんみしげもと
?～天正6(1578)年　戦国時代～安土桃山時代の信長の小姓。
¶織田([没]天正6(1578)年12月8日), 全戦

満耀*　まんよう
奈良時代の元興寺の僧。
¶古人(生没年不詳), 古代

【み】

弥　み
⇒倭王珍(わおうちん)

三井熊吉*　みいくまきち
弘化4(1847)年～明治1(1868)年　江戸時代末期の奇兵隊士。
¶幕末([没]慶応4(1868)年5月28日)

三池安久　みいけやすひさ
平安時代後期の随身。承暦4年近衛番長で源雅実の随身。
¶古人(生没年不詳)

三井紘二郎*　みいげんじろう
弘化1(1844)年～明治1(1868)年　江戸時代末期の長州(萩)藩士。
¶幕末([生]天保15(1844)年　[没]慶応4(1868)年6月29日)

三己子　みいこ*
江戸時代後期の女性。和歌。文政3年序、堤喜之編『波々曽乃落葉』に載る。
¶江表(三己子(東京都))

三井棗洲　みいそうしゅう
⇒三井棗洲(みついそうしゅう)

三井眉山　みいびざん
⇒三井眉山(みついびざん)

三浦贇雄　みうらあやお
⇒三浦贇男(みうらよしお)

三浦有恒　みうらありつね
江戸時代後期～末期の眼科医。
¶眼医(生没年不詳)

三浦按針*　みうらあんじん
永禄7(1564)年～元和6(1620)年　[別]アダムス, アダムズ, アダムズ, ウィリアム, ウィリアム・アダムス, ウィリアム・アダムズ　安土桃山時代～江戸時代前期の日本に来た最初のイギリス人。徳川家康の政治顧問。本名ウィリアム・アダムズ。
¶江人, コン, 全戦, 対外(アダムス), 徳将(アダムス), 山小(アダムズ　[生]1564年9月24日　[没]1620年4月24日)

三浦功　みうらいさお
江戸時代後期～大正時代の海軍軍人。
¶幕末([生]嘉永3(1850)年5月10日　[没]大正8(1919)年4月26日)

三浦一竿*　みうらいっかん
天保5(1834)年～明治33(1900)年　江戸時代末期～明治時代の漢学者、官吏、吾川郡長。禁門の変に土佐藩兵として参加。維新後、高知裁判所判事を歴任。著書に「江漁晩唱」。
¶幕末([没]明治33(1900)年5月19日)

三浦右近助　みうらうこんのすけ
安土桃山時代の武士。今川家臣、のち武田氏へ属した。駿河先方衆。
¶武田([生]?　[没]天正9(1581)年3月22日)

三浦雅楽助　みうらうたのすけ
安土桃山時代の高天神籠城衆。
¶武田([生]?　[没]天正9(1581)年3月22日)

三浦員久* みうらかずひさ
生没年不詳 戦国時代の今川氏・武田氏の家臣。
¶武田

三浦兼助〔1代〕 みうらかねすけ
江戸時代末期～大正時代の其中堂創業者。
¶出版（[生]安政3（1856）年10月2日 [没]大正6（1917）年10月26日）

三浦儀左衛門（三浦義左衛門） みうらぎざえもん
⇒三保木儀左衛門〔1代〕（みほきぎざえもん）

三浦啓之助* みうらけいのすけ
嘉永1（1848）年～明治10（1877）年2月26日 江戸時代末期～明治時代の松城藩士。
¶新隊（[生]嘉永1（1848）年11月11日），全幕，幕末（[生]嘉永1（1848）年11月11日）

三浦謙吉* みうらけんきち
天保1（1830）年～元治1（1864）年 江戸時代末期の水戸藩士。
¶幕末（[没]元治1（1864）年7月28日）

三浦玄忠の妻 みうらげんちゅうのつま
江戸時代前期の三浦絞の伝授者。
¶女史（[生]？ [没]1658年）

三浦乾也* みうらけんや
文政4（1821）年～明治22（1889）年 江戸時代末期～明治時代の陶工。破笠細工、造船技術のほか、根付・簪などの乾也玉で著名。
¶コン，美工（[生]文政4（1821）年3月3日 [没]明治22（1889）年10月7日）

三浦呉山* みうらござん
？～文化6（1809）年 [別]呉山（ござん） 江戸時代中期～後期の俳人。
¶俳文（呉山 ござん [没]文化6（1809）年4月24日）

三浦梧門* みうらごもん
文化5（1808）年～万延1（1860）年 江戸時代末期の画家。山水画を得意とした。
¶コン（[生]文化6（1809）年），幕末（[没]万延1（1860）年11月9日），美画（[生]文化5（1808）年1月4日 [没]万延1（1860）年10月8日）

三浦梧楼 みうらごろう
江戸時代後期～大正時代の長州藩士、奇兵隊士。
¶全幕（[生]弘化3（1846）年 [没]昭和1（1926）年）

三浦権太夫* みうらごんだゆう
天保8（1837）年～明治1（1868）年 [別]三浦義彰（みうらよしあき） 江戸時代末期の陸奥二本松藩士。
¶幕末（三浦義彰 みうらよしあき [没]慶応4（1868）年7月29日）

三浦貞連* みうらさだつら
？～建武3/延元1（1336）年 鎌倉時代後期～南北朝時代の武将。侍所頭人。
¶コン（生没年不詳）

三浦真俊 みうらさねとし
⇒三浦真俊（みうらまさとし）

三浦真光 みうらさねみつ
平安時代後期の武士。三浦一族の郎等。実在性は不明。
¶平家（[生]保安4（1123）年？ [没]？）

三浦三左衛門 みうらさんざえもん
江戸時代前期の武士。大坂の陣で籠城。
¶大坂

三浦紫畹* みうらしえん
安永1（1772）年～安政3（1856）年 江戸時代後期の石見津和野藩士、絵師。
¶美画

三浦繁女* みうらしげじょ
生没年不詳 江戸時代中期～後期の女性。歌人。
¶江表（繁女（島根県））

三浦繁太郎* みうらしげたろう
江戸時代末期の新撰組隊士。
¶新隊（生没年不詳）

三浦重次 みうらしげつぐ
？～元和2（1616）年 江戸時代前期の幕臣。
¶徳人，徳代（[没]元和2（1616）年10月3日）

三浦茂正 みうらしげまさ
⇒三浦浄心（みうらじょうしん）

三浦自祐* みうらじゆう
文政11（1828）年～明治44（1911）年 江戸時代末期～明治時代の医師。藩医学校「日新堂」設立に名を連ねる。「廻生堂」を開き子弟の教育にあたる。
¶幕末（[没]明治44（1911）年8月30日）

三浦主馬* みうらしゅめ
江戸時代後期の医師。
¶幕末（[生]文化13（1816）年 [没]？）

三浦将監 みうらしょうげん
江戸時代前期の武士。大坂の陣で籠城。
¶大坂（[没]慶長20年）

三浦常山 みうらじょうざん
江戸時代後期～明治時代の陶業家。
¶美工（[生]天保7（1836）年 [没]明治36（1903）年10月）

三浦浄心* みうらじょうしん
永禄8（1565）年～正保1（1644）年 [別]三浦茂正（みうらしげまさ） 安土桃山時代～江戸時代前期の仮名草子作者。北条氏政に仕える武士。
¶コン

三浦庄八郎 みうらしょうはちろう
江戸時代前期の代官。
¶徳代（生没年不詳）

三浦晴山 みうらせいざん
⇒三村晴山（みむらせいざん）

三浦清風* みうらせいふう
？～明治22（1889）年 江戸時代末期～明治時代の新発田藩郡奉行。
¶幕末（[没]明治22（1889）年9月22日）

三浦帯刀* みうらたてわき
文化14（1817）年～元治1（1864）年 江戸時代末期の浪人。
¶幕末（[没]元治1（1864）年3月9日）

三浦胤義* みうらたねよし
？～承久3（1221）年 鎌倉時代前期の武士。左衛門尉・検非違使。
¶コン，内乱

三浦為春* みうらためはる
天正1（1573）年～承応1（1652）年 [別]定環（ていかん） 安土桃山時代～江戸時代前期の仮名草子作者。「あだ物語」などの著者。

¶コン, 俳文(定環　ていかん　[没]慶安5(1652)年7月2日)

三浦為質*　みうらためもと
天保4(1833)年～明治36(1903)年　江戸時代末期～明治時代の紀州藩士。享誠舎を設立し、士族授産の方途をさぐる。南龍神社を設立、祠官となる。
¶幕末([没]明治36(1903)年11月17日)

三浦多門　みうらたもん
⇒三浦義質(みうらよしかた)

三浦親馨　みうらちかか
⇒三浦友八(みうらともはち)

三浦竹泉　みうらちくせん
江戸時代後期～大正時代の陶芸家。
¶美工([生]嘉永6(1853)年　[没]大正4(1915)年3月19日)

三浦千尋　みうらちひろ
江戸時代後期～明治時代の沼津藩士。
¶幕末([生]文政7(1824)年4月14日　[没]明治27(1894)年12月2日)

三浦樗良　みうらちょら
⇒樗良(ちょら)

三浦恒次郎*　みうらつねじろう
？～慶応4(1868)年1月　江戸時代後期～末期の新撰組隊士。
¶新隊([没]明治1(1868)年1月)

三浦てき庵　みうらてきあん
江戸時代前期の武士。大坂の陣で籠城。大野治長組の組頭。
¶大坂

三浦道角　みうらどうかく
江戸時代前期の豊臣家の医臣。三浦道円の子。
¶大坂([没]慶長20年5月7日)

三浦道斎*　みうらどうさい
安永7(1778)年～万延1(1860)年　江戸時代後期の医師。
¶眼医([生]安永6(1777)年)

三浦道寸　みうらどうすん
⇒三浦義同(みうらよしあつ)

三浦時高*　みうらときたか
応永23(1416)年～明応3(1494)年　室町時代の相模国の豪族。
¶コン, 内乱([没]明応3(1494)年？), 室町

三浦友八*　みうらともはち
享和3(1803)年～明治14(1881)年2月9日　[別]三浦親馨(みうらちかか)　江戸時代末期～明治時代の米沢街道間道口留番所役。
¶幕末

三浦知行*　みうらともゆき
生没年不詳　江戸時代後期の和算家。
¶数学

三浦直正　みうらなおまさ
安土桃山時代～江戸時代前期の代官。
¶徳代([生]永禄5(1562)年　[没]慶長19(1614)年10月5日)

三浦信光　みうらのぶみつ
江戸時代末期の和算家。栃木塩谷郡土屋村の人。安政5年算額を奉納。
¶数学

三浦梅園*　みうらばいえん
享保8(1723)年～寛政1(1789)年　江戸時代中期の哲学者、経済学者。梅園塾での門人の教育に当たる。
¶江人, コン, 思想, 山小([生]1723年8月2日　[没]1789年3月14日)

三浦彦太郎　みうらひこたろう
江戸時代前期の武士。大坂の陣で籠城後、徳川頼宣に仕えた。
¶大坂

三浦飛騨守　みうらひだのかみ
江戸時代前期の武士。大坂の陣で籠城。
¶大坂

三浦兵部助　みうらひょうぶすけ
安土桃山時代の武士。武田氏へ属した駿河先方衆。
¶武田([生]？　[没]天正7(1579)年9月19日)

三浦正子*　みうらまさつぐ
元文5(1740)年～寛政11(1799)年11月18日　江戸時代中期～後期の幕臣。
¶徳人

三浦正次*　みうらまさつぐ
慶長4(1599)年～寛永18(1641)年　江戸時代前期の大名。下野壬生藩主、下総矢作藩主。
¶徳将([没]1642年), 徳人

三浦真俊*　みうらまさとし
[別]三浦真俊(みうらさねとし)　戦国時代の武将。今川氏家臣。
¶武田(みうらさねとし　生没年不詳)

三浦正俊*　みうらまさとし
戦国時代の武将。今川氏家臣。
¶全戦([生]？　[没]永禄8(1565)年)

三浦松五郎*　みうらまつごろう
嘉永3(1850)年～？　江戸時代後期～末期の新撰組隊士。
¶新隊(生没年不詳)

三浦道生　みうらみちお
江戸時代末期～明治時代の眼科医。
¶眼医([生]？　[没]明治12(1879)年)

三浦光村*　みうらみつむら
元久2(1205)年～宝治1(1247)年　鎌倉時代前期の武将。検非違使。
¶コン, 中世, 内乱

三浦命助*　みうらめいすけ
文政3(1820)年～元治1(1864)年　江戸時代末期の陸奥盛岡藩百姓一揆の指導者。
¶江人, コン, 思想, 幕末([没]元治1(1864)年3月10日), 山小([没]1864年2月10日)

三浦元忠*　みうらもとただ
*～慶長1(1596)年　安土桃山時代の武士。
¶戦武([生]弘治1(1555)年)

三浦元政*　みうらもとまさ
戦国時代の武将。今川氏家臣。
¶武田(生没年不詳)

三浦守治　みうらもりはる
江戸時代末期～大正時代の病理学者、歌人。
¶科学([生]安政4(1857)年5月11日　[没]大正5(1916)年2月2日)

み

三浦弥七郎 みうらやしちろう
戦国時代の大嵐(山梨県)の土豪。
¶武田(生没年不詳)

三浦安* みうらやすし
文政12(1829)年～明治43(1910)年 江戸時代末期～明治時代の和歌山藩士、政治家、貴族院議員。紀伊旧幕党のリーダー。維新後は東京府知事、宮中顧問官などを歴任。
¶幕末(㊤文政12(1829)年8月18日 ㊥明治43(1910)年12月11日)

三浦泰村 みうらやすむら
？～宝治1(1247)年 鎌倉時代前期の武将。承久の乱で功績をあげるが、北条氏により宝治合戦で滅ぼされた。
¶コン、中世(㊤1184年)、内乱、山小(㊥1247年6月5日)

三浦泰村の妹* (三浦泰村妹) みうらやすむらのいもうと
生没年不詳 鎌倉時代前期の女性。三浦義村の娘。
¶女史

三浦与一 みうらよいち
戦国時代の武士。今川家臣、のち武田氏へ属した駿河先方衆。
¶武田(生没年不詳)

三浦義彰 みうらよしあき
⇒三浦権太夫(みうらごんだゆう)

三浦義明 みうらよしあき
寛治6(1092)年～治承4(1180)年 平安時代後期の武士。相模国の在庁官人。
¶古人(平義明 たいらのよしあき)、コン、中世、内乱、平家(㊤寛治5(1091)年)

三浦義同 みうらよしあつ
？～永正13(1516)年 ㊨三浦道寸(みうらどうすん) 戦国時代の武士。相模守護上杉朝興に協力。
¶コン、全戦、戦武、室町

三浦贄男* (三浦贄雄) みうらよしお
文化3(1806)年～慶応1(1865)年 ㊨三浦贄雄(みうらあやお) 江戸時代末期の水戸藩士。
¶幕末(三浦贄雄 みうらあやお ㊥慶応1(1865)年10月25日)

三浦義堅 みうらよしかた
⇒岩上朝堅(いわがみともかた)

三浦義質 みうらよしかた
文化10(1813)年～明治11(1878)年 ㊨三浦多門(みうらたもん) 江戸時代後期～明治時代の武士。
¶幕末(三浦多門 みうらたもん ㊥明治11(1878)年6月)

三浦義制 みうらよしすけ
天保3(1832)年～明治6(1873)年 江戸時代末期～明治時代の砲術家。武衛流砲術、西洋砲術を学び、大砲方をつとめ、戊辰戦争に従軍。
¶幕末(㊥明治6(1873)年7月28日)

三浦義澄* みうらよしずみ
大治2(1127)年～正治2(1200)年 ㊨平義澄(たいらのよしずみ) 平安時代後期～鎌倉時代前期の武士。源義朝の家人、平治の乱に参加。
¶古人(平義澄 たいらのよしずみ)、コン、中世、内乱(㊤大治2(1127)年1月23日)、平家、山小(㊥1200年4月23日)

三浦義次 みうらよしつぐ
安土桃山時代の今川義元・氏真・北条宗哲の家臣。小次郎・八郎左衛門尉。
¶後北(義次〔三浦〕 よしつぐ ㊥天正2年2月7日)

三浦義連 みうらよしつら
生没年不詳 ㊨佐原義連(さはらよしつら、さわらよしつら) 平安時代後期～鎌倉時代前期の武士。源頼朝から重用された。
¶内乱(佐原義連 さわらよしつら)、平家(佐原義連 さわらよしつら)

三浦吉信* みうらよしのぶ
文政3(1820)年～明治30(1897)年 江戸時代末期～明治時代の小浜藩士。
¶幕末(㊥明治30(1897)年12月15日)

三浦義宗 みうらよしむね
⇒平義宗(たいらのよしむね)

三浦義村* みうらよしむら
？～延応1(1239)年 ㊨平義村(たいらのよしむら) 鎌倉時代前期の武士。
¶古人(平義村 たいらのよしむら)、コン、中世、内乱(㊤大治2(1127)年)、平家

三浦竜輔* みうらりゅうすけ
天保8(1837)年～明治1(1868)年 江戸時代末期の長州(萩)藩寄組。
¶幕末(㊥慶応4(1868)年1月3日)

みえ
江戸時代後期の女性。和歌。越後中川の人。天保11年から同12年に成立、富取正誠編『雲居の杖』に載る。
¶江表(みえ(新潟県))

ミエ
江戸時代末期の女性。教育。熊本藩士江口氏の家族。坪井村で万延1年、寺子屋を開業する。
¶江表(ミエ(熊本県))

見衛* みえ*
江戸時代後期の女性。俳諧。越前福井城外時雨庵社中の人。寛政4年刊、涼池園二専著『芦間鶴』に載る。
¶江表(見衛(福井県))

三枝 みえ
江戸時代後期の女性。和歌。備中の池田氏の妻。弘化2年刊、加納諸平編『類題鯪玉集』五に載る。
¶江表(三枝(岡山県))

三重 みえ
江戸時代後期の女性。俳諧。福井美濃派5代鵞庵甫紅の娘。天保9年刊、玉潤居松軒編『鳥のかたみ』に載る。
¶江表(三重(福井県))

美恵 みえ*
江戸時代後期の女性。俳諧。美濃郡上八幡の人。文政7年序、斎庵里鳳編『恩の花』に載る。
¶江表(美恵(岐阜県))

美枝 みえ
江戸時代末期の女性。和歌。播磨山崎の小野嘉織の母。安政6年刊、秋元安民編『類題青藍集』に載る。
¶江表(美枝(兵庫県))

三重子(1) みえこ*
江戸時代中期～末期の女性。和歌。備中都宇郡早

島の歌人で医師的場健の妻。
¶江表(三重子(岡山県) [生]安永7(1778)年 [没]安政4(1857)年)

三重子(2) みえこ*
江戸時代後期の女性。和歌。上野高崎藩藩士下石氏の娘。天保10年、「三重子集」に載る。
¶江表(三重子(埼玉県))

三重子(3) みえこ*
江戸時代後期の女性。和歌。遠江天宮村の旗本土屋氏の地代官を務める豪商中村新左衛門の妻。天保2年歌人石川依平に入門。
¶江表(三重子(静岡県))

三重子(4) みえこ*
江戸時代末期の女性。和歌。磯村理左衛門の娘。安政4年刊、仲田顕忠編『類題武蔵野集』二に載る。
¶江表(三重子(東京都))

水枝子 みえこ
江戸時代末期の女性。和歌。本所南割下水住。安政7年跋、蜂屋光世編『大江戸倭歌集』に載る。
¶江表(水枝子(東京都))

美越子 みえこ*
江戸時代末期の女性。和歌。慶応4年8月、会津戊辰戦争で会津若松城に籠城した井深登世子の知人。弔歌が井深家に伝わる。
¶江表(美越子(福島県))

美遠子 みえこ*
江戸時代末期～明治時代の女性。和歌。松浦郡平戸村の牧山省三の娘。明治15年新刻、橘東世子編、『明治歌集』五編上に載る。
¶江表(美遠子(長崎県))

美恵子(1) みえこ*
江戸時代後期の女性。和歌。幕臣、西の丸の納戸番河野通喜の養女。寛政10年跋、信濃松代藩主真田幸弘の六〇賀集「千とせの寿詞」に載る。
¶江表(美恵子(東京都))

美恵子(2) みえこ*
江戸時代後期の女性。和歌。遠江切山村の素封家西谷氏の娘。
¶江表(美恵子(静岡県) [没]天保7(1836)年)

美江女 みえじょ*
江戸時代末期の女性。和歌。三河宝飯郡前芝の本居宣長門の国学者加藤六蔵の母。慶応2年刊、竹尾正久編『類題三河歌集』に載る。
¶江表(美江女(愛知県))

三重采女* みえのうねめ
上代の伊勢国三重郡からでた采女。
¶コン

みを(1)
江戸時代後期の女性。和歌。七日市藩主前田利和の奥女中。天保8年成立、天野政徳編ほか『真蹟歌集』に載る。
¶江表(みを(群馬県))

みを(2)
江戸時代後期の女性。俳諧。江平町の富豪太田芳竹の後妻。芳竹は文化7年、俳諧書『さるみのつか』を刊行した。
¶江表(みを(宮崎県))

美尾(1) みお*
江戸時代中期～後期の女性。和歌。飯田藩藩医須田琨庵の娘。
¶江表(美尾(長野県) [生]元文5(1740)年頃 [没]寛政8(1796)年)

美尾(2) みお*
江戸時代後期の女性。旅日記・和歌。関根氏。文政2年江戸を発ち、京都に上り、中山道を経て江戸へ帰る旅日記「旅枕道枝折」を残す。
¶江表(美尾(東京都))

三尾木儀左衛門(水尾木義左衛門) みおきぎざえもん,みおぎぎざえもん
⇒三保木儀左衛門〔1代〕(みほきぎざえもん)

三保木儀左衛門〔2代〕 みおきぎざえもん
⇒片岡仁左衛門〔6代〕(かたおかにざえもん)

みを子 みおこ*
江戸時代後期の女性。和歌。出雲松江藩主松平斉恒の奥女中。文化5年頃、真田幸弘編「御ことほきの記」に載る。
¶江表(みを子(島根県))

水尾子 みおこ
江戸時代末期の女性。和歌。松山藩の奥女中。安政3年序、井上文雄編『摘英集』に載る。
¶江表(水尾子(愛媛県))

美乎子 みをこ*
江戸時代末期の女性。和歌。宇和島藩藩士梶田長門の母。安政1年序、半井梧庵編『鄙のてぶり』初に載る。
¶江表(美乎子(愛媛県))

三尾女 みおじょ*
江戸時代末期の女性。和歌。三河吉田藩藩士石川景行の妻。
¶江表(三尾女(愛知県) [没]慶応2(1866)年)

美を女 みおじょ*
江戸時代後期の女性。俳諧。府中の人。
¶江表(美を女(山梨県))

みをの
江戸時代中期の女性。俳諧。大坂の遊女か。元禄6年刊、北条団水編『くやみ草』に載る。
¶江表(みをの(大阪府))

三穂屋十郎 みおのやじゅうろう
⇒三穂屋十郎(みおのやのじゅうろう)

三穂屋十郎* みおのやのじゅうろう
生没年不詳 [別]三穂屋十郎(みおのやじゅうろう)
平安時代後期～鎌倉時代前期の武士。
¶古人,平家(みおのやじゅうろう)

みか
江戸時代中期の女性。俳諧。魚津の人。寛保3年刊、仙石廬元坊編の芭蕉五〇回忌『花供養』に載る。
¶江表(みか(富山県))

美歌 みか*
江戸時代中期の女性。俳諧。八日市の人。安永9年の芭蕉追悼句会集『しぐれ会』に載る。
¶江表(美歌(滋賀県))

末覚 みかく
⇒辰岡久菊(たつおかひさぎく)

みか子 みかこ⋆
江戸時代後期の女性。和歌・画。播磨林田藩主建部政賢家の画師。文化5年頃、真田幸弘編「御ことほきの記」に載る。
¶江表(みか子(兵庫県))

美珂子 みかこ⋆
江戸時代後期の女性。和歌。高取藩主植村家長家の奥女中。文政7年頃、池田冠山の仕立てた巻物「玉露童女追悼集」に入集。
¶江表(美珂子(奈良県))

美笠 みかさ⋆
江戸時代後期の女性。和歌。但馬出石藩主仙石久行の室明子の老女。文化5年頃、真田幸弘編「御ことほきの記」に載る。
¶江表(美笠(兵庫県))

三笠政之助 みかさせいのすけ
⇒名越時成(なごやときなり)

三炊屋媛* みかしきやひめ
上代の女性。長髄彦の妹、饒速日命の妻。
¶古代

見嘉女 みかじょ⋆
江戸時代後期の女性。和歌。尾張徳川家の奥女中。弘化4年刊、清堂観尊編『たち花の香』に載る。
¶江表(見嘉女(愛知県))

美か女 みかじょ⋆
江戸時代後期の女性。俳諧。城ケ崎の人。文政5年序、小村路牛・明之編、二松亭五明の三回忌追善集『もとの月夜』に載る。
¶江表(美か女(宮崎県))

美香女 みかじょ⋆
江戸時代後期の女性。俳諧。文政11年成立、常陸帆津倉の河野涼谷編『俳諧もゝ鼓』五に載る。
¶江表(美香女(茨城県))

甕襲* みかそ
上代の丹波国の里人。
¶古代

三方 みかた
⇒三方沙弥(みかたのしゃみ)

三形王* みかたおう
[別]三形王(みかたのおおきみ) 奈良時代の官人。
¶古人(生没年不詳),古代

三方王* みかたおう
奈良時代の官人。
¶古人(生没年不詳),古代

三形王 みかたのおおきみ
⇒三形王(みかたおう)

御方大野* みかたのおおの
奈良時代の官人。
¶古人(生没年不詳),古代

三方沙弥 みかたのさみ
⇒三方沙弥(みかたのしゃみ)

三方沙弥* みかたのしゃみ
[別]三方(みかた),三方沙弥(みかたのさみ) 奈良時代の万葉歌人。
¶古代,日文(みかたのさみ 生没年不詳)

御方広名 みかたのひろな
奈良時代の官人。従四位下に叙され筑後守。のち右京亮・上野守。
¶古人(生没年不詳)

三日月お仙* みかづきおせん
歌舞伎の登場人物。
¶コン

御巫清直* みかなぎきよなお
文化9(1812)年～明治27(1894)年 [別]御巫清直(みかんなぎきよなお) 江戸時代末期～明治時代の神官、国学者。「葬儀類証」を著し神道葬祭の本義を解明。
¶幕末([生]文化9(1812)年2月15日 [没]明治27(1894)年7月4日)

三上淵蔵* みかみえんぞう
文政10(1827)年～明治13(1880)年 江戸時代末期～明治時代の肥前島原藩士。
¶幕末([没]明治13(1880)年3月19日)

三上季富 みかみきふ
江戸時代後期の幕臣。
¶徳人(生没年不詳)

三上季寛* みかみすえひろ
寛保1(1741)年～文化3(1806)年1月24日 江戸時代中期～後期の幕臣。
¶徳人

三上是庵* みかみぜあん
文政1(1818)年～明治9(1876)年 江戸時代末期～明治時代の儒者。
¶幕末([生]文政1(1818)年6月4日 [没]明治9(1876)年12月5日)

三上千那* みかみせんな
慶安4(1651)年～享保8(1723)年 [別]千那(せんな) 江戸時代前期～中期の俳人。松尾芭蕉に入門。「白馬蹄」「白馬紀行」の著者。
¶コン,俳文(千那 せんな [没]享保8(1723)年4月17日)

三上仙年 みかみせんねん
江戸時代後期～明治時代の日本画家。
¶美画([生]天保6(1835)年 [没]明治33(1900)年7月13日)

三上帯刀左衛門尉 みかみたてわきざえもんのじょう
安土桃山時代の武蔵国滝山城主北条氏照の家臣。
¶後北(帯刀左衛門尉〔三上〕 たてわきざえもんのじょう)

三上超順* みかみちょうじゅん
天保6(1835)年～明治1(1868)年 江戸時代末期の僧。
¶幕末([没]明治1(1868)年11月15日)

三上真直 みかみのまなお
平安時代中期の官人。
¶古人(生没年不詳)

三上半兵衛季吉 みかみはんひょうえすえよし
安土桃山時代～江戸時代前期の徳川秀忠の家臣。千姫の大坂入輿に随行。
¶大坂([生]文禄1年 [没]寛文2年6月7日)

三上復一* みかみまたいち
天保4(1833)年～大正8(1919)年 江戸時代末期～大正時代の織物司。孝明天皇大葬、明治天皇即位などの儀式に諸種装束を納入。
¶幕末([没]大正8(1919)年10月8日)

み

みかみかわ　　　　2110

三上和及* みかみわきゅう
慶安2 (1649) 年〜元禄5 (1692) 年　㊚和及 (わきゅう)　江戸時代前期〜中期の俳人。
¶俳文 (和及　わきゅう　㊣元禄5 (1692) 年1月18日)

美甘政知* みかもまさとも
天保6 (1835) 年〜大正7 (1918) 年12月9日　江戸時代末期〜大正時代の勤王家、神職。尊王論を唱え、国学を修めた。中山神社宮司を歴任。著書に「天地組織之原理」。
¶幕末

甕依姫* みかよりひめ
上代の巫女。
¶古代

三狩王 みかりのおう
⇒海上三狩 (うなかみのみかり)

三かわ みかわ
戦国時代〜安土桃山時代の女性。信濃小県郡の国衆、室賀信俊の弟経秀の妻。
¶武田 (生没年不詳)

三河*(1) みかわ
生没年不詳　平安時代中期の女房・歌人。女蔵人三河とも。
¶古人

三河*(2) みかわ
生没年不詳　平安時代後期の歌人。源仲政の女。
¶古人

三河王 みかわおう
奈良時代の官人。従五位下。和泉守・信濃守・縫殿頭を歴任。
¶古人 (生没年不詳)

三河口輝清 みかわぐちてるきよ
江戸時代中期の代官。
¶徳代 (㊚安永1 (1772) 年　㊣？)

三河口輝昌* みかわぐちてるまさ
寛保2 (1742) 年〜？　江戸時代中期の幕臣。
¶徳人 (㊚1815年),徳代 (㊣文化12 (1815) 年7月12日)

三河少将 みかわしょうしょう
⇒結城秀康 (ゆうきひでやす)

三河大納言 みかわだいなごん
⇒徳川家康 (とくがわいえやす)

三河内侍*(1) みかわのないし
生没年不詳　㊚二条院三河内侍 (にじょういんのみかわのないし)　平安時代後期〜鎌倉時代前期の女性。藤原為業の娘。
¶古人

三河内侍(2) みかわのないし
⇒源盛子 (みなもとのせいし)

三河屋幸三郎* みかわやこうさぶろう，みかわやこうさぶろう
文政6 (1823) 年〜明治22 (1889) 年　江戸時代末期〜明治時代の商人。
¶全幕 (みかわやこうさぶろう),幕末 (㊣明治22 (1889) 年5月5日)

参河吉常 みかわよしつね
平安時代後期の官人。
¶古人 (生没年不詳)

御巫清直 みかんなぎきよなお
⇒御巫清直 (みかなぎきよなお)

みき(1)
江戸時代の女性。和歌。長野村氏。明治4年刊、『不知火歌集』に載る。
¶江表 (みき (熊本県))

みき(2)
江戸時代中期の女性。俳諧。伊勢山田の人。元禄14年刊、太田白雪編『きれぎれ』に載る。
¶江表 (みき (三重県))

みき(3)
江戸時代中期の女性。和歌。横井次郎左衛門の妻。宝永6年奉納、平間長雅編「住吉社奉納千首和歌」に載る。
¶江表 (みき (京都府))

みき(4)
江戸時代後期の女性。和歌。相模小田原藩の奥女中。中山忠雄・河田正致編『柿本社奉納和歌集』に載る。
¶江表 (みき (神奈川県))

みき(5)
江戸時代後期の女性。俳諧。三河前芝の人。寛政4年序、かの編、巨扇一周忌追善集『夢の秋』に載る。
¶江表 (みき (愛知県))

み起 みき*
江戸時代後期の女性。教育。商人高橋平吉の妻。
¶江表 (み起 (東京都)　㊗嘉永3 (1850) 年頃)

三木(1) みき*
江戸時代中期の女性。俳諧。加賀の人。明和8年刊、三浦樗良編『石をあるし』に載る。
¶江表 (三木 (石川県))

三木(2) みき*
江戸時代中期の女性。俳諧。宝暦10年刊、麦浪亭杜菱編『歳旦帖』に丸亀連として載る。
¶江表 (三木 (香川県))

美喜(1) みき*
江戸時代後期〜明治時代の女性。和歌。伊勢射和の豪商竹川政寿の娘。
¶江表 (美喜 (三重県)　㊚天保6 (1835) 年　㊣明治28 (1895) 年)

美喜(2) みき*
江戸時代後期の女性。俳諧。石見亀嵩の夢中庵汀柳門。天保14年序、夢中庵汀柳撰、芭蕉一五〇回忌追善集『八雲三十五員』に載る。
¶江表 (美喜 (島根県))

美幾 みき*
江戸時代末期の女性。和歌。美濃大垣の増田庄太郎の姉。安政4年刊、富樫広蔭編『千百人一首』に載る。
¶江表 (美幾 (岐阜県))

美来 みき*
江戸時代後期の女性。俳諧。井尻連に属す。文政10年の春興帖『阿波』に載る。
¶江表 (美来 (徳島県))

三樹一平 みきいっぺい
江戸時代末期〜大正時代の出版人、明治書院創業者。
¶出版 (㊚安政6 (1859) 年5月1日　㊣大正13 (1924) 年11月2日)

右江渭北*　みぎえいほく
元禄16(1703)年～宝暦5(1755)年4月11日　[別]渭北(いほく)　江戸時代中期の俳人。
¶俳文(渭北　いほく)

幹雄　みきお
⇒三森幹雄(みもりみきお)

三木勘兵衛*　みきかんべえ
?～安政1(1854)年　江戸時代末期の開拓者。武蔵、安芸、伊予の一村を創設。
¶コン

三木源八*　みきげんぱち
文政7(1824)年～慶応1(1865)年　江戸時代末期の水戸藩士。
¶幕末([没]元治2(1865)年3月5日)

みき子(1)　みきこ★
江戸時代後期の女性。国学。尾張名古屋の浪人神波多須久曽一郎の妻。享和2年本居春庭に入門。
¶江表(みき子(愛知県))

みき子(2)　みきこ★
江戸時代末期の女性。和歌。安政3年成立、色川三中一周忌追善集「手向草」に載る。
¶江表(みき子(茨城県))

みき子(3)　みきこ★
江戸時代末期の女性。和歌。直良為右衛門の妻。安政5年序、出雲大社神官で国学者富永芳久編『戊午出雲国五十歌撰』に載る。
¶江表(みき子(島根県))

みき子(4)　みきこ★
江戸時代末期の女性。和歌。美作津山藩の奥女中。安政4年刊、井上文雄編『摘英集』に載る。
¶江表(みき子(岡山県))

みき子(5)　みきこ★
江戸時代末期の女性。和歌。徳島藩の奥女中。安政3年序、江戸の国学者で歌人井上文雄編『摘英集』に載る。
¶江表(みき子(徳島県))

みき子(6)　みきこ★
江戸時代末期の女性。和歌。徳島藩士坪内主水冬蛙の妻。万延1年序、西田惟恒編『万延元年六百首』に載る。
¶江表(みき子(徳島県))

三喜子　みきこ★
江戸時代後期の女性。和歌。三河西尾藩主松平乗佑の娘。
¶江表(三喜子(岡山県)　[没]文政2(1819)年)

実幾子　みきこ★
江戸時代後期の女性。和歌。幕臣、寄合席渡辺采女中務隆の妻。文政4年の「詩仙堂募集和歌」に載る。
¶江表(実幾子(東京都))

美喜子　みきこ★
江戸時代後期の女性。和歌。彦根藩家老松平家の出である小野古厚の妻。
¶江表(美喜子(滋賀県)　[生]天明8(1788)年)

美熙子　みきこ★
江戸時代中期の女性。和歌。幕臣、小普請役榊原平七郎忠郷の母。明和5年刊、石野広通編『霞関集』に載る。
¶江表(美熙子(東京都))

三木左三*　みきさぞう
文政6(1823)年～明治2(1869)年　江戸時代末期の医師、勤王家。
¶幕末([没]明治2(1869)年7月27日)

三木三郎*　みきさぶろう
天保8(1837)年7月12日～大正8(1919)年7月11日　江戸時代後期～明治時代の新撰組隊士。
¶新隊, 全幕

造酒女　みきじょ★
江戸時代後期の女性。長歌。賀茂真淵門。文化12年刊、清水浜臣編『近葉菅根集』に載る。
¶江表(造酒女(東京都))

美喜女　みきじょ★
江戸時代後期の女性。狂歌。一ノ宮の人。浅草庵守舎撰『狂歌画像集』に載る。
¶江表(美喜女(群馬県))

三木鉦之助*　みきしょうのすけ
嘉永2(1849)年～*　[別]三木鉦之助(みきまさのすけ)　江戸時代末期の出流山挙兵参加者。
¶幕末(みきまさのすけ　[生]嘉永3(1850)年　[没]慶応3(1867)年12月12日)

三木佐々右衛門　みきすけざえもん
江戸時代前期の武士。大坂の陣で籠城。後に本多政朝に仕えた。
¶大坂

三木大介　みきだいすけ
江戸時代前期の播磨の住人。大坂の陣で籠城。
¶大坂

三木嗣頼　みきつぐより
⇒三木嗣頼(みつきつぐより)

三木藤五郎　みきとうごろう
⇒沢村宗十郎〔1代〕(さわむらそうじゅうろう)

三木豊久　みきとよひさ
江戸時代後期～明治時代の和算家。
¶数学

三木パウロ*　みきぱうろ
永禄7(1564)年～慶長2(1597)年　[別]パウロ三木(ぱうろみき), 三木ポウロ(みきぽうろ), 三木ポオロ(みきぽおろ)　安土桃山時代のイエズス会修士。日本二十六聖人の一人。
¶対外([生]?)

三木ポウロ　みきぽうろ
⇒三木パウロ(みきぱうろ)

三木ポオロ　みきぽおろ
⇒三木パウロ(みきぱうろ)

三木孫太夫*　みきまごだゆう
文政5(1822)年～慶応1(1865)年　江戸時代末期の水戸藩士。
¶幕末([生]文政4(1821)年　[没]元治2(1865)年4月5日)

三木正時　みきまさとき
江戸時代後期の和算家。龍野の人。天保13年算額を奉納。
¶数学

三木鉦之助　みきまさのすけ
⇒三木鉦之助(みきしょうのすけ)

み

三木義典　みきよしおのり
江戸時代後期の和算家。三木流和算の開祖。著書に『招差定乗』など。
¶数学

三木頼綱　みきよりつな
⇒姉小路頼綱(あねがこうじよりつな)

櫛笥隆子　みくしげたかこ
⇒逢春門院(ほうしゅんもんいん)

御匣殿*(1)　みくしげどの
生没年不詳　平安時代後期の女官。堀河天皇中宮篤子内親王に仕えた。
¶古人

御匣殿*(2)　みくしげどの
生没年不詳　平安時代後期の女官。建春門院の女房。
¶古人

三国大学*　みくにだいがく
文化7(1810)年～明治29(1896)年　[別]三国幽眠(みくにゆうみん)　江戸時代末期～明治時代の儒学者。鷹司家侍講となるが安政の大獄で追放。著書に「孝経傍訓」など。
¶コン,全幕,幕末(三国幽眠　みくにゆうみん　[生]文化7(1810)年10月1日　[没]明治29(1896)年5月31日)

三国王　みくにのおおきみ
飛鳥時代の山城大兄王の使者。
¶古物(生没年不詳)

三国公麻呂*　みくにのきみまろ
飛鳥時代の廷臣。
¶古代

三国輔理　みくにのすけまさ
平安時代中期の官人。
¶古人(生没年不詳)

三国広見　みくにのひろみ
⇒三国真人広見(みくにのまひとひろみ)

三国町*　みくにのまち
生没年不詳　[別]貞登の母三国氏(さだののぼるのははみくにし)　平安時代前期の女性。仁明天皇の更衣。
¶天皇(貞登の母三国氏　さだののぼるのははみくにし)

三国真人広見*　みくにのまひとひろみ
[別]三国広見(みくにのひろみ)　奈良時代の官人。
¶古人(三国広見　みくにのひろみ　生没年不詳),古代

三国命*　みくにのみこと
上代の継体天皇の母、振媛の祖。
¶古代

三国致貴　みくにのむねたか
平安時代中期の官人。
¶古人(生没年不詳)

三国彦作〔2代〕*　みくにひこさく
生没年不詳　[別]猿若三作(さるわかさんさく)　江戸時代中期の歌舞伎役者。寛文年間～元禄16年頃に活躍。
¶コン(代数なし)

三国幽眠　みくにゆうみん
⇒三国大学(みくにだいがく)

三熊花顛*　みくまかてん,みぐまかてん
享保15(1730)年～寛政6(1794)年　江戸時代中期の画家。日本特有の桜を描くことに専念。
¶美画([没]寛政6(1794)年8月26日)

三熊露香女　みくまろかじょ
⇒三熊露香(みくまろこう)

三熊露香*　みくまろこう
生没年不詳　[別]三熊露香女(みくまろかじょ)　江戸時代の女性。画家。
¶江表(露香(京都府)　ろこう),美画

三雲成持*　みくもしげもち
*～慶長8(1603)年　[別]三雲新左衛門尉成持(みぐもしんざえもんのじょうしげもち)　安土桃山時代の武士。
¶戦武([生]天文9(1540)年)

三雲新左衛門尉成持　みぐもしんざえもんのじょうしげもち
⇒三雲成持(みくもしげもち)

三雲種方　みくもたねかた
⇒三雲為一郎(みくもためいちろう)

三雲為一郎*　みくもためいちろう
天保10(1839)年～明治1(1868)年　[別]三雲種方(みくもたねかた)　江戸時代末期の日向佐土原藩士。
¶幕末([生]天保10(1839)年7月15日　[没]明治1(1868)年9月17日)

御倉伊勢武*　みくらいせたけ
天保7(1836)年頃?～文久3(1863)年10月　江戸時代後期～末期の新撰組隊士。
¶新隊([生]天保7(1836)年頃　[没]文久3(1863)年9月26日),全幕([生]?)

三毛入野命*　みけいりののみこと
上代の神武天皇の兄。
¶古代

食三田次　みけのみたすき
奈良時代の官人。
¶古人(生没年不詳)

ミゲル(1)
⇒千々石ミゲル(ちぢわみげる)

ミゲル(2)
⇒黒田直之(くろだなおゆき)

神子上忠明　みこがみただあき
⇒小野忠明(おのただあき)

御子神典膳　みこがみてんぜん
⇒小野忠明(おのただあき)

御粥安本　みごかゆやすもと
⇒御粥安本(ごかゆやすもと)

御子左為世　みこさためよ
⇒二条為世(にじょうためよ)

御子左為明　みこひだりためあき
⇒二条為明(にじょうためあき)

御子左為定*　みこひだりためさだ
正応2(1289)年～正平15/延文5(1360)年5月　鎌倉時代後期～南北朝時代の公卿(権大納言)。権大納言藤原為世の孫。

¶公卿（[没]延文5/正平15（1360）年5月）

御子左為重　みこひだりためしげ

⇒二条為重（にじょうためしげ）

御子左為忠*　みこひだりためただ

延慶3（1310）年～文中2/応安6（1373）年12月18日　[別]二条為忠（にじょうためただ）　南北朝時代の公卿（権中納言）。権中納言御子左為藤の子。

¶公卿（[没]応安6/文中2（1373）年12月18日），公家（為忠〔御子左2・二条・五条家（絶家）〕　ためただ　[没]応安6（1373）年12月18日）

御子左為親*　みこひだりためちか

？～興国2/暦応4（1341）年6月4日　[別]二条為親（にじょうためちか）　鎌倉時代後期～南北朝時代の公卿（非参議）。権大納言藤原為世の孫。

¶公卿（[没]暦応4（1341）年6月4日），公家（為親〔御子左2・二条・五条家（絶家）〕　ためちか　[没]暦応4（1341）年6月4日）

御子左為遠*　みこひだりためとお

興国3/康永1（1342）年～弘和1/永徳1（1381）年8月27日　南北朝時代の公卿（権大納言）。権大納言御子左為定の子。

¶公卿（[生]康永1/興国3（1342）年　[没]永徳1/弘和1（1381）年8月27日）

御子左為藤　みこひだりためふじ

⇒二条為藤（にじょうためふじ）

御子左為道女　みこひだりためみちのむすめ

⇒権大納言三位局（ごんだいなごんのさんみのつぼね）

御子姫君*　みこひめぎみ

生没年不詳　[別]厳島内侍腹姫君（いつくしまのないしばらのひめぎみ），平清盛女（たいらのきよもりのむすめ）　平安時代後期の女性。厳島内侍の娘。

¶古人，天皇（平清盛女　たいらのきよもりのむすめ），平家（厳島内侍腹姫君　いつくしまのないしばらのひめぎみ）

美佐　みさ★

江戸時代後期の女性。俳諧。越前福井城外時雨庵社中の人。寛政4年刊、涼池園二専著『芦間鶴』に載る。

¶江表（美佐（福井県））

味沙*　みさ

上代の百済の貴須王の孫辰孫王の後裔。

¶古代

みさを(1)

江戸時代後期の女性。俳諧。相模の人。文政13年刊、ささ雄編『柿法師』を刊行。

¶江表（みさを（神奈川県））

みさを(2)

江戸時代後期の女性。俳諧。大坂の人。文政7年成立、風化坊其成著『枇杷の実』に載る。

¶江表（みさを（大阪府））

みさを(3)

江戸時代後期の女性。俳諧。長門田耕村の人。文政7年、田上菊舎の俳諧紀行「山めぐり集」に載る。

¶江表（みさを（山口県））

操　みさお★

江戸時代末期の女性。和歌。大津の水原平蔵の妻。文久1年序、西田惟恒編『文久元年七百首』に載る。

¶江表（操（滋賀県））

操子　みさおこ★

江戸時代後期の女性。和歌。徳川家の目付役畠山常操の妹。嘉永4年刊、長沢伴雄編『類題鴨川三郎集』に載る。

¶江表（操子（東京都））

みさを女　みさおじょ★

江戸時代末期の女性。狂歌。小山の人。安政3年刊、通用亭徳成編『都賀のやままつ』に載る。

¶江表（みさを女（栃木県））

操女　みさおじょ★

江戸時代中期の女性。和歌。小川当能の妻。元禄7年刊、戸田茂睡編『不求橋梨本隠家勧進百首』に載る。

¶江表（操女（東京都））

見崎　みさき★

江戸時代中期の女性。和歌。仙台藩主伊達吉村の室貞子の侍女。元文4年成立、畔充英写「宗村朝臣亭後宴和歌」に載る。

¶江表（見崎（宮城県））

三崎　みさき★

江戸時代後期の女性。和歌。丹後田辺藩主牧野節成に仕えた老女。文化5年頃、真田幸弘編「御ことほきの記」に載る。

¶江表（三崎（京都府））

三崎嘯輔*　みさきしょうすけ

弘化4（1847）年～明治6（1873）年5月15日　江戸時代末期～明治時代の洋学者、化学者。蘭学・化学を学び、大坂舎密局大助教、大学東校大助教などを歴任。

¶科学（[生]弘化4（1847）年5月11日）

みさこ

江戸時代後期の女性。和歌・俳諧。勝沼の人。天保6年刊、若室草丸編『藤瘤集』に載る。

¶江表（みさこ（山梨県））

みさ子(1)　みさこ★

江戸時代後期の女性。狂歌。越後釈迦塚の人。鹿都部真顔撰『俳諧歌次郎万首かへりあるじ』に載る。

¶江表（みさ子（新潟県））

みさ子(2)　みさこ★

江戸時代後期の女性。和歌。弘化4年刊、清堂観尊編『たち花の香』に載る。

¶江表（みさ子（奈良県））

みさ子(3)　みさこ★

江戸時代末期の女性。和歌。相模御浦郡浦賀の鈴木氏の娘。慶応3年刊、猿渡容盛編『類題新竹集』に載る。

¶江表（みさ子（神奈川県））

見さ子　みさこ★

江戸時代末期の女性。和歌。豊後杵築藩主松平家の奥女中。文久3年刊、関橋守編『耳順賀集』に載る。

¶江表（見さ子（大分県））

操子　みさこ★

江戸時代末期の女性。和歌。周防徳山藩藩士粟屋記礼の母。

¶江表（操子（山口県））

美佐子　みさこ★

江戸時代中期の女性。俳諧。城端の善徳寺住職含山の娘。安永9年妹と共編で父の句集『秋の暮』を

発刊した。
¶江表(美佐子(富山県))

美砂子　みさこ★
江戸時代後期～末期の女性。書。助任村の鉄復堂の娘。
¶江表(美砂子(徳島県)　[生]文政7(1824)年　[没]安政4(1857)年)

未瑳子　みさこ★
江戸時代後期～大正時代の女性。和歌。柳馬場押小路北に住した豪家山田嘉猷の娘。
¶江表(未瑳子(京都府)　[生]天保8(1837)年　[没]大正3(1914)年)

みさご
江戸時代末期の女性。教育。小池氏。
¶江表(みさご(山梨県)　[没]明治1(1868)年)

美佐女　みさじょ★
江戸時代中期の女性。狂歌。天明2年刊、丹青洞恭円編『興歌めさし艸』に載る。
¶江表(美佐女(東京都))

みさ女・美さ　みさじょ・みさ★
江戸時代後期の女性。俳諧。上ノ町の人。文化5年刊、五升庵二世柏原瓦全編『さくら会』二に載る。
¶江表(みさ女・美さ(宮崎県))

節仁親王*　みさひとしんのう
天保4(1833)年～天保7(1836)年　[別]節仁親王(みきひとしんのう)　江戸時代後期の仁孝天皇の第2皇子。
¶天皇(みきひとしんのう　[生]天保4(1833)年11月1日　[没]天保7(1836)年3月5日)

みさほ(1)
江戸時代中期の女性。俳諧。安永3年序、愉閑斎杜仙撰、中川麦浪七回忌追善句集『居待月』に金毘羅連の一人として載る。
¶江表(みさほ(香川県))

みさほ(2)
江戸時代後期の女性。俳諧。淡路の人。嘉永1年刊、真野暁梅編『続淡路島』に載る。
¶江表(みさほ(兵庫県))

美佐保　みさほ★
江戸時代後期の女性。和歌。榊大輔の娘。嘉永4年刊、長沢伴雄編『類題鴨川三郎集』に載る。
¶江表(美佐保(京都府))

三沢　みさわ★
江戸時代後期の女性。和歌。徳川家の奥女中。文化11年刊、中山忠雄・河田正致編『柿本社奉納和歌集』に載る。
¶江表(三沢(東京都))

三沢明*　みさわあきら
文化6(1809)年～？　江戸時代後期の平田一門。
¶幕末

三沢和泉　みさわいずみ
戦国時代の甲斐国八代郡の土豪。
¶武田(生没年不詳)

三沢吉兵衛基次　みさわきちびょうえもとつぐ
江戸時代前期の武士。大坂の陣で籠城。後に前田利常に仕えた。
¶大坂

三沢次郎右衛門信教　みさわじろ(う)えもんのぶのり
江戸時代前期の豊臣秀吉・秀頼の家臣。
¶大坂([没]寛永10年4月)

三沢毅　みさわたけし
⇒三沢与八(みさわよはち)

三沢為清*　みさわためきよ
安土桃山時代の武士。
¶戦武([生]天文5(1536)年　[没]天正16(1588)年)

三沢為忠*　みさわためただ
生没年不詳　戦国時代の地方豪族・土豪。
¶室町

三沢千賀良*　みさわちから
？～大正6(1917)年　江戸時代末期～明治時代の陸奥会津藩士。
¶幕末([没]大正6(1917)年4月24日),幕末([没]大正6(1917)年4月24日)

三沢対馬守　みさわつしまのかみ
戦国時代の信濃国諏訪郡大島の土豪。
¶武田(生没年不詳)

三沢友雅の妻　みさわともまさのつま★
江戸時代末期の女性。和歌。仙台の人。慶応2年序、日野資始編『宮城百人一首遺稿』に載る。
¶江表(三沢友雅の妻(宮城県))

三沢初子*　みさわはつこ
寛永16(1639)年～貞享3(1686)年　江戸時代前期～中期の女性。陸奥仙台藩主伊達綱宗の妻。
¶江表(初子(宮城県)),女史

三沢秀次*　みさわひでつぐ
？～天正10(1582)年6月？　戦国時代～安土桃山時代の織田信長の家臣。
¶織田

三沢与八*　みさわよはち
弘化1(1844)年～明治24(1891)年　[別]三沢毅(みさわたけし)　江戸時代末期～明治時代の会津藩士、伝習隊差図役頭取。戊辰戦争後、青森県職員、屯田兵をつとめ、西南戦争にも出征。
¶幕末([没]明治24(1891)年12月20日)

美志女(1)　みしじょ★
江戸時代後期の女性。俳諧。中箕輪木下の遊女屋柏屋高間石鳴の妻。文政7年清水庵奉額に載る。
¶江表(美志女(長野県))

美志女(2)　みしじょ★
江戸時代末期の女性。和歌。三河新堀の刈谷藩御用達の木綿問屋深見藤十の娘。
¶江表(美志女(愛知県)　[没]慶応1(1865)年)

三品一郎*　みしないちろう
天保12(1841)年頃？～慶応4(1868)年1月5日　江戸時代後期～末期の新撰組隊士。
¶新隊([生]天保12(1841)年頃　[没]？)

三品二郎*　みしなじろう
嘉永1(1848)年～？　江戸時代後期～末期の新撰組隊士。
¶新隊([生]嘉永1(1848)年？)

三品常祐　みしなつねすけ
江戸時代後期の和算家。奥州伊達の塚原の人。寛政6年算額を奉納。
¶数学

三科肥前守　みしなひぜんのかみ
戦国時代の武田氏の家臣、山県昌景の同心。
¶武田（㊌大永5（1525）年　㊚？）

三嶋王　みしまおう
⇒三嶋王（みしまのおう）

三島億二郎*　みしまおくじろう
文政8（1825）年～明治25（1892）年　江戸時代末期～明治時代の実業家。
¶全幕，幕末（㊌文政8（1825）年10月18日　㊚明治25（1892）年3月25日）

三島勘左衛門*　みしまかんざえもん
寛延2（1749）年～天保3（1832）年　江戸時代後期の紀行文家。
¶コン

三島三郎　みしまさぶろう
⇒河野顕三（こうのけんぞう）

三島蕉窓　みしましょうそう
江戸時代末期～昭和時代の日本画家。
¶浮絵（㊌安政3（1856）年　㊚昭和3（1928）年），美画（㊌嘉永5（1852）年6月15日　㊚大正3（1914）年）

三島中洲*（三嶋中洲）　みしまちゅうしゅう
文政13（1830）年12月9日～大正8（1919）年5月12日　㊓三島中洲（みしまちゅうしょう）　江戸時代末期～明治時代の漢学者、法律家、教育者。二松学舎の創設者。著書に「中洲詩稿」「中洲文稿」など。
¶コン（三嶋中洲　㊌天保1（1830）年），詩作（㊌天保1（1830）年12月9日），思想（㊌天保1（1830）年），幕末（㊌文政13（1831）年12月9日）

三島中洲　みしまちゅうしょう
⇒三島中洲（みしまちゅうしゅう）

三嶋県主飯粒*　みしまのあがたぬしいいぼ
㊓三嶋飯粒（みしまのいいぼ）　上代の豪族。
¶古代

三嶋県主豊羽*　みしまのあがたぬしとよはね
㊓三嶋豊羽（みしまのとよはね）　奈良時代の左大舎人。
¶古代

三嶋飯粒　みしまのいいぼ
⇒三嶋県主飯粒（みしまのあがたぬしいいぼ）

三嶋王*　みしまのおう
㊓三嶋王（みしまおう），三島王（みしまのおおきみ）　奈良時代の舎人親王の子。
¶古人（みしまおう　生没年不詳），古代

三島王　みしまのおおきみ
⇒三嶋王（みしまのおう）

三嶋嶋麻呂　みしまのしままろ
奈良時代の官人。
¶古人（生没年不詳）

三島忠信　みしまのただのぶ
平安時代中期の官人。
¶古人（生没年不詳）

三島忠頼　みしまのただより
平安時代中期の官人。
¶古人（生没年不詳）

三嶋豊羽　みしまのとよはね
⇒三嶋県主豊羽（みしまのあがたぬしとよはね）

三嶋名継　みしまのなつぐ
⇒三嶋真人名継（みしまのまひとなつぐ）

三嶋久任　みしまのひさとう
平安時代後期の官人。
¶古人（生没年不詳）

三嶋久頼　みしまのひさより
平安時代中期の官人。
¶古人（生没年不詳）

三嶋真人名継*　みしまのまひとなつぐ
天平20（748）年～弘仁1（810）年　㊓三嶋名継（みしまのなつぐ）　奈良時代～平安時代前期の官人。
¶古人（三嶋名継　みしまのなつぐ），古代

三嶋政養　みしままさきよ
江戸時代後期～明治時代の幕臣。
¶徳人（㊌1821年　㊚1886年）

三島通庸*　みしまみちつね
天保6（1835）年～明治21（1888）年10月23日　江戸時代末期～明治時代の鹿児島藩士、官僚、警視総監、子爵。各地県令を歴任。山県有朋内相の下、民権家弾圧を強行。
¶コン，幕末（㊌天保6（1835）年6月1日），山小（㊌1835年6月1日　㊚1888年10月23日）

御宿越前　みしゅくえちぜん
⇒御宿越前守（みしゅくえちぜんのかみ）

御宿越前守*　みしゅくえちぜんのかみ
生没年不詳　㊓御宿越前（みしゅくえちぜん）　戦国時代の北条氏重臣の松田憲秀の家臣。
¶大坂（御宿越前　みしゅくえちぜん　㊚慶長20年5月7日），後北（綱秀〔御宿〕　つなひで　㊚元和1年）

御宿源左衛門貞友　みしゅくげんざえもんさだとも
江戸時代前期の人。葛山十郎信貞の子。
¶大坂（㊚延宝1年）

御宿左衛門*　みしゅくさえもん
生没年不詳　㊓御宿左衛門尉（みしゅくさえもんのじょう）　戦国時代の北条氏の家臣。
¶後北（左衛門〔御宿〕　さえもん），武田（御宿左衛門尉　みしゅくさえもんのじょう）

御宿左衛門尉　みしゅくさえもんのじょう
⇒御宿左衛門（みしゅくさえもん）

御宿友綱*　みしゅくともつな
戦国時代～安土桃山時代の国人。
¶後北（友綱〔御宿〕　ともつな　㊚慶長11年3月21日），武田（㊌天文15（1546）年　㊚慶長11（1606）年3月21日）

御宿隼人佑*　みしゅくはやとのすけ
生没年不詳　戦国時代の武士。後北条氏家臣。
¶後北（隼人佑〔御宿〕　はやとのすけ）

御宿政綱*　みしゅくまさつな
生没年不詳　戦国時代～江戸時代前期の北条氏の家臣。
¶後北（政綱〔御宿〕　まさつな　㊚元和9年）

御宿政友*　みしゅくまさとも
？～元和1（1615）年　安土桃山時代～江戸時代前期の小田原北条氏の浪人。
¶戦武（㊌永禄9（1566）年？　㊚慶長20（1615）年）

美春子　みしゅんこ★
江戸時代後期の女性。和歌。陸奥八戸藩主南部信

みしょう

真の娘。嘉永4年刊、木曽義昌二五〇回忌追善『波布里集』に載る。
¶江表（美春子（滋賀県））

美正貫一郎＊　みしょうかんいちろう
弘化1（1844）年～明治1（1868）年　江戸時代末期の土佐藩士。
¶幕末（㊐天保15（1844）年1月　㊙慶応4（1868）年7月27日）

未生斎一甫＊　みしょうさいいっぽ
宝暦11（1761）年～文政7（1824）年　江戸時代後期のいけ花作者、未生流の創始者。
¶コン

微笑尼　みしょうに＊
江戸時代中期の女性。和歌・随筆。美濃多良の旗本西高木家6代貞則の養女。
¶江表（微笑尼（岐阜県）　㊐元禄4（1691）年　㊙宝暦6（1756）年）

みす
江戸時代後期の女性。和歌。備後尾道の人。天保11年に周防大道の歌人上田堂山が集めた歌集『延齢松詩歌前集』に載る。
¶江表（みす（広島県））

美寿(1)　みす＊
江戸時代中期～末期の女性。日記・俳諧・随筆・教育。猪尻の徳島藩家老稲田家家臣三宅民助の娘。
¶江表（美寿（徳島県）　㊐天明3（1783）年　㊙安政4（1857）年）

美寿(2)　みす＊
江戸時代末期の女性。和歌。遠江連尺の味噌溜商を営む豪商伊勢屋樋口弥右衛門光治の妻。
¶江表（美寿（静岡県）　㊙慶応4（1868）年）

美須　みす＊
江戸時代末期～明治時代の女性。旅日記・俳諧・和歌。伯耆日吉津村の大庄屋石原家の娘。
¶江表（美須（島根県）　㊙明治7（1874）年）

水井精一＊　みずいせいいち
天保11（1840）年～元治1（1864）年　江戸時代末期の長州（萩）藩士。
¶幕末（㊐天保11（1840）年7月17日　㊙元治1（1864）年2月25日）

水上菅右衛門　みずかみかんえもん
戦国時代の武士。武河衆の一員か。
¶武田（生没年不詳）

水上菅七　みずかみかんしち
戦国時代の武士。武河衆の一員か。
¶武田（生没年不詳）

水上菅兵衛尉　みずかみかんひょうえのじょう
戦国時代の武士。武河衆。武田信豊の同心とみられる。
¶武田（生没年不詳）

水上左近佐　みずかみさこんすけ
戦国時代～安土桃山時代の在郷未詳の大工職人。
¶武田（生没年不詳）

水上宗富＊　みずかみそうふ
生没年不詳　戦国時代の甲斐武田晴信・勝頼の家臣。
¶武田

水上美濃守　みずかみみののかみ
戦国時代の武士。武河衆。
¶武田（生没年不詳）

水上六郎兵衛尉　みずかみろくろうひょうえのじょう
戦国時代の武士。武河衆。美濃守の子。
¶武田（生没年不詳）

水木音蔵　みずきおとぞう
⇒中村東蔵〔2代〕（なかむらとうぞう）

水木竹之助　みずきたけのすけ
⇒水木辰之助〔2代〕（みずきたつのすけ）

水木辰之助〔1代〕＊（橘辰之助）　みずきたつのすけ
延宝1（1673）年～延享2（1745）年　㊚歌蝶（かちょう），甚九郎（じんくろう），清十郎（せいじゅうろう），露川竜之助（つゆかわたつのすけ），鶴川辰之助〔2代〕（つるかわたつのすけ），大和屋宇左衛門（やまとやうざえもん），大和屋牛松（やまとやうしまつ）　江戸時代中期の歌舞伎役者。天和1年～宝永1年頃に活躍。
¶歌大（㊙延享2（1745）年9月23日），新歌（――〔1世〕

水木辰之助〔2代〕＊　みずきたつのすけ
生没年不詳　㊚此誰（しすい），水木竹之助（みずきたけのすけ），大和屋甚兵衛〔3代〕，大和屋甚兵衛〔4代〕（やまとやじんべえ）　江戸時代中期の歌舞伎役者、歌舞伎座本。享保9年～寛延2年以降に活躍。
¶歌大，新歌（大和屋甚兵衛〔名義4世・俳優3世〕　やまとやじんべえ）

水木辰之助〔3代〕＊　みずきたつのすけ
生没年不詳　㊚菊川喜代太郎（きくかわきよたろう），菊川常次郎（きくかわつねじろう），水木常次郎（みずきつねじろう）　江戸時代中期の歌舞伎役者。宝暦2年～明和1年頃に活躍。
¶歌大

水筑種節　みずきたねよ
⇒秋月種節（あきづきたねよ）

水木常次郎　みずきつねじろう
⇒水木辰之助〔3代〕（みずきたつのすけ）

水筑弦太郎　みずきつるたろう
江戸時代後期～末期の高鍋藩士。
¶全幕（㊐弘化1（1844）年　㊙慶応4（1868）年）

水木東蔵〔1代〕　みずきとうぞう
⇒中村歌右衛門〔2代〕（なかむらうたえもん）

水木東蔵〔2代〕　みずきとうぞう
⇒中村東蔵〔2代〕（なかむらとうぞう）

水口市松＊　みずぐちいちまつ
文政7（1824）年頃～慶応4（1868）年1月5日　江戸時代後期～末期の新撰組隊士。
¶新隊（㊐文政7（1824）年？　㊙明治1（1868）年1月5日）

御輔長道＊　みすけのながみち
延暦18（799）年～貞観2（860）年　㊥御輔永道，御輔長道（みふのながみち）　平安時代前期の法律学者。
¶古人（御輔永道　みふのながみち）

みす子　みすこ＊
江戸時代の女性。和歌。足立氏。明治11年刊、平塚梅花撰『玉盛集』に載る。
¶江表（みす子（神奈川県））

見寿子　みすこ*
江戸時代後期の女性。和歌。本願寺派宗恩寺住持公甫の妻。天保9年序、橘守部編『下蔭集』に載る。
¶江表(見寿子(東京都))

翠簾子　みすこ
江戸時代の女性。和歌。花舎氏。明治8年刊、橘東世子編『明治歌集』に載る。
¶江表(翠簾子(東京都))

眉寿子　みすこ*
江戸時代後期〜末期の女性。和歌。会津藩家老西郷頼母近思と律子の娘。
¶江表(眉寿子(福島県)　[生]天保14(1843)年　[没]慶応4(1868)年)

瑞子　みずこ*
江戸時代中期の女性。和歌。出雲広瀬の富田八幡宮神官田辺信節の妻。正徳1年跋、勝部芳房編『佐陀大社奉納神始言吹草』に載る。
¶江表(瑞子(島根県))

水越勝重　みずこしかつしげ
戦国時代〜安土桃山時代の武将。
¶戦武(生没年不詳)

水越左馬助*　みずこしさまのすけ
生没年不詳　安土桃山時代の織田信長の家臣。
¶織田

水越兵助*　みずこしひょうすけ
寛政9(1797)年〜慶応3(1867)年　[別]犬目宿兵助(いぬめじゅくひょうすけ, いぬめじゅくへいすけ), 犬目村兵助(いぬめむらひょうすけ)　江戸時代末期の甲州の郡内騒動の指導者の一人。
¶江人(犬目宿兵助　いぬめじゅくひょうすけ), コン(犬目宿兵助　いぬめじゅくへいすけ　生没年不詳), 山小(犬目村兵助　いぬめむらひょうすけ　[没]1867年2月23日)

水越与三兵衛〔1代〕*　みずこしよそべえ
生没年不詳　江戸時代後期の京都の陶工。
¶コン, 美工([生]?　[没]弘化2(1845)年)

水越与三兵衛〔2代〕*　みずこしよそべえ
生没年不詳　江戸時代末期の京焼の陶工。
¶コン, 美工

三筋根治女　みすじこんちじょ*
江戸時代後期の女性。狂歌。文化7年刊、千首楼堅丸編『千もとの華』に載る。
¶江表(三筋根治女(東京都))

水品楽太郎*　みずしならくたろう
生没年不詳　江戸時代末期の幕臣・外国奉行支配調役並(書翰係)。1862年遣欧使節に随行しフランスに渡る。
¶幕末([生]天保2(1831)年　[没]?)

水島貫之*　みずしまかんし
天保10(1839)年〜明治31(1898)年12月11日　江戸時代末期〜明治時代の印刷・出版業、熊本藩士。「活版社」を創立、「白川新聞」を発行。
¶幕末

水島純*　みずしまじゅん
弘化1(1844)年〜昭和6(1931)年　江戸時代末期〜明治時代の会津藩士、陸軍少尉兼陸軍裁判官。戊辰戦争時、日光口守備隊参謀。戦後、権大属庶務掛を務める。
¶幕末([没]昭和6(1931)年9月7日)

水島備中　みずしまびっちゅう
安土桃山時代の高天神籠城衆。
¶武田([生]?　[没]天正9(1581)年3月22日)

三須成懋　みすせいぼう
⇒三須成懋(みすせいも)

三須成懋*　みすせいも
天保9(1838)年〜明治36(1903)年　[別]三須成懋(みすせいぼう, みすなりしげ)　江戸時代末期〜明治時代の周防岩国藩士、実業家。
¶幕末(みすなりしげ　[生]天保9(1838)年8月28日　[没]明治36(1903)年4月17日)

水田謙次*　みずたけんじ
天保2(1831)年〜元治1(1864)年　江戸時代末期の庄屋。
¶幕末([生]天保1(1830)年　[没]元治1(1864)年8月13日)

水田西吟　みずたさいぎん
⇒西吟(さいぎん)

水田次郎右衛門道次　みずたじろ(う)えもんみちつぐ
江戸時代前期の人。土佐国香美郡西川村の住人水田嘉兵衛道政の次男。大坂の陣で軍功があった。
¶大坂([没]慶長20年5月6日)

水谷久左衛門　みずたにきゅうざえもん
江戸時代前期の武士。大坂の陣で籠城。
¶大坂([没]慶長20年5月7日)

水谷左門*　みずたにさもん
弘化1(1844)年〜元治1(1864)年　江戸時代末期の彦山修験。
¶幕末([没]元治1(1864)年7月19日)

水谷民彦*　みずたにたみひこ
*〜明治24(1891)年　江戸時代末期〜明治時代の養蚕家、名古屋藩士。名古屋藩の軍用世話役。維新後、東山村に住み養蚕業を推進。
¶コン([生]文化5(1808)年), 幕末([生]文化15(1818)年3月16日　[没]明治24(1891)年9月22日)

水谷藤七*　みずたにとうしち
天保2(1831)年〜?　江戸時代後期〜末期の新撰組隊士。
¶新隊

水谷豊文　みずたにとよぶみ
⇒水谷豊文(みずたにほうぶん)

水谷豊文*　みずたにほうぶん
安永8(1779)年〜天保4(1833)年　[別]水谷豊文(みずたにとよぶみ)　江戸時代後期の本草学者。尾張本草学の指導者。
¶江人, 科学([生]安永8(1779)年4月19日　[没]天保4(1833)年3月20日), コン(みずたにとよぶみ), 植物([生]安永8(1779)年4月19日　[没]天保4(1833)年3月20日)

水谷充央　みずたにみつなか
江戸時代中期〜後期の代官。
¶徳代([生]正徳2(1712)年　[没]寛政7(1795)年2月15日)

水田正秀　みずたまさひで
⇒正秀(まさひで)

水田良温*　みずたよしはる
生没年不詳　江戸時代末期〜明治時代の和算家。
¶数学([没]明治13(1880)年2月24日)

み

水足博泉*　みずたりはくせん
宝永4(1707)年～享保17(1732)年10月14日　江戸時代中期の肥後熊本藩士、儒学者。
¶思想

水愛実の母　みずちかざねのはは★
江戸時代後期の女性。和歌。出雲亀嵩の人。文化3年刊、吉田芳章ほか編『雲州三成八幡宮奉納波の玉藻』に載る。
¶江表(水愛実の母(島根県))

三須成懋　みすなりしげ
⇒三須成懋(みすせいも)

翠簾網女・簾網女　みすのあみじょ
江戸時代中期の女性。狂歌。天明3年刊、元杢網編『落栗庵狂歌月並摺』にみすのあみ女として載る。
¶江表(翠簾網女・簾網女(東京都))

水野猪右衛門　みずのいえもん
江戸時代前期の武士。大坂の陣で籠城。落城後、尾張徳川家の与力。
¶大坂

水野采女*　みずのうねめ
生没年不詳　江戸時代末期の幕臣。
¶幕末

水江浦島子　みずのえうらしまのこ
⇒水江浦島子(みずのえのうらしまのこ)

水江浦島子*　みずのえのうらしまのこ
[別]浦島(うらしま)，浦島子(うらしまのこ)，水江浦島子(みずのえうらしまのこ)　伝説上の人物。「浦島太郎」の主人公の原型とされる。
¶古代,古物(みずのえうらしまのこ),コン

水尾天皇　みずのおてんのう
⇒清和天皇(せいわてんのう)

三尾帝　みずのおのみかど
⇒清和天皇(せいわてんのう)

水野加右衛門　みずのかえもん
江戸時代前期の武士。大坂の陣で籠城。
¶大坂

水野勝成　みずのかつしげ
⇒水野勝成(みずのかつなり)

水野勝知*　みずのかつとも
天保9(1838)年～大正8(1919)年4月22日　江戸時代末期～大正時代の武士、結城藩主。新政府軍への抗戦を決意、新政府軍に攻められ江戸に敗走。捕らえられ隠居・謹慎処分。
¶全幕,幕末([生]天保9(1838)年2月26日)

水野勝直　みずのかつなお
江戸時代前期～中期の幕臣。
¶徳人([生]1649年　[没]1706年)

水野勝成*　みずのかつなり
永禄7(1564)年～慶安4(1651)年　[別]水野勝成(みずのかつしげ)　安土桃山時代～江戸時代前期の大名。三河刈谷藩主、備後福山藩主、大和郡山藩主。
¶コン

水野勝寛*　みずのかつひろ
安政3(1856)年～明治6(1873)年　江戸時代末期～明治時代の結城藩主、結城藩知事。
¶幕末([生]安政3(1856)年6月2日　[没]明治6(1873)年12月1日)

水野勝進*　みずのかつゆき
文政1(1818)年～明治6(1873)年　江戸時代後期～明治時代の大名、華族。
¶全幕([生]文化14(1817)年)

水野勝善*　みずのかつよし
天保11(1840)年～元治1(1864)年　江戸時代末期の下総結城藩家老。
¶幕末([没]元治1(1864)年11月9日)

水野勝彦　みずのかつよし
江戸時代前期～中期の幕臣。
¶徳人([生]1686年　[没]1740年)

水野鼎*　みずのかなえ
文化3(1806)年～明治2(1869)年　江戸時代末期の下総結城藩家老。
¶幕末([没]明治2(1869)年2月8日)

水野儀三郎*　みずのぎさぶろう
文政7(1824)年～明治34(1901)年　江戸時代末期～明治時代の尾林焼始祖。尾林焼を創業し、現在の天龍峡焼に至る。
¶幕末([没]明治34(1901)年8月11日)

水野喜八郎*　みずのきはちろう
生没年不詳　安土桃山時代の織田信長の家臣。
¶織田

水野九蔵*　みずのきゅうぞう
?～天正10(1582)年6月2日　戦国時代～安土桃山時代の織田信長の家臣。
¶織田

水野銀治*　みずのぎんじ
享和3(1803)年～明治1(1868)年　江戸時代末期の陶工。
¶幕末([没]慶応4(1868)年4月24日),美工([没]明治1(1868)年5月16日)

水野軍記*　みずのぐんき
?～文政8(1825)年　江戸時代後期のキリシタン。
¶コン

水野源左衛門*　みずのげんざえもん
?～正保4(1647)年　江戸時代前期の陸奥会津藩士、陶磁師。
¶コン,美工([生]慶長9(1604)年)

水野元朗　みずのげんろう
⇒水野元朗(みずのもとあきら)

水野源六　みずのげんろく
江戸時代後期～明治時代の蒔絵師。
¶美工([生]天保9(1838)年　[没]明治28(1895)年)

水野光勝　みずのこうしょう
安土桃山時代の織田信長の家臣。元亀元年、愛知郡笠覆寺に永仙坊・吉祥坊を寄進。
¶織田(生没年不詳)

水野左衛門勝右の母　みずのさえもんかつすけのはは★
江戸時代中期の女性。和歌。元禄16年刊、植山検校江民軒梅之・梅柳軒水之編『歌林尾花末』に載る。
¶江表(水野左衛門勝右の母(東京都))

水野貞利　みずのさだとし
江戸時代中期の幕臣。
¶徳人([生]1765年　[没]?)

水野三郎右衛門　みずのさぶろうえもん
　⇒水野元宣（みずのもとのぶ）

水野重明＊　みずのしげあき
　？～嘉永5（1852）年2月20日　江戸時代後期の幕臣。
　¶徳人

水野重教　みずのしげのり
　江戸時代後期～明治時代の沼津藩士。
　¶幕末（㋐天保9（1838）年1月13日　㋺明治27（1894）年12月5日）

水野治部少輔　みずのじぶのしょう
　安土桃山時代の武田氏の家臣、櫛津月直の被官。
　¶武田（㋐？　㋺天正3（1575）年5月23日）

水野十郎左衛門＊　みずのじゅうろうざえもん
　？～寛文4（1664）年　㋱水野成之（みずのなりゆき）　江戸時代前期の旗本奴。徳川譜代の名門旗本。
　¶江人、コン（水野成之　みずのなりゆき）、コン（水野成之　みずのなりゆき）、徳人（水野成之　みずのなりゆき　㋐1630年）

水野十郎左衛門尉　みずのじゅうろうざえもんのじょう
　戦国時代～安土桃山時代の武士。永禄3年、今川義元より尾張進攻作戦を報じられている。
　¶織田

水野四郎右衛門＊　みずのしろうえもん
　生没年不詳　安土桃山時代の織田信長の家臣。
　¶織田

水野甚四郎＊　みずのじんしろう
　？～明治2（1869）年　江戸時代末期の下総結城藩家老。
　¶幕末（㋺明治2（1869）年4月7日）

水野瀬戸右衛門＊　みずのせとえもん
　？～万治3（1660）年　江戸時代前期の陸奥会津藩士、陶磁師。
　¶美工

水野宗介＊　みずのそうすけ
　？～天正10（1582）年6月2日　戦国時代～安土桃山時代の織田信長の家臣。
　¶織田

水野大膳大夫＊　みずのだいぜんのだいぶ
　生没年不詳　安土桃山時代の織田信長の家臣。
　¶織田

水野忠暁　みずのただあき
　⇒水野忠暁（みずのただとし）

水野忠啓の母　みずのただあきのはは＊
　江戸時代後期の女性。和歌。上総大多喜藩主松平正温の娘。
　¶江表（水野忠啓の母（和歌山県）　㋺文政6（1823）年）

水野忠成＊　みずのただあきら
　宝暦12（1762）年～天保5（1834）年　江戸時代中期～後期の大名。駿河沼津藩主。
　¶江人、コン、徳将、徳人、山小（㋐1762年12月1日　㋺1834年2月28日）

水野忠一　みずのただかず
　江戸時代後期の幕臣。
　¶徳人（生没年不詳）

水野忠清＊　みずのただきよ
　天正10（1582）年～正保4（1647）年　江戸時代前期の大名。上野小幡藩主、三河刈谷藩主、三河吉田藩主、信濃松本藩主。
　¶コン

水野忠精＊　みずのただきよ
　天保3（1832）年～明治17（1884）年　江戸時代後期～明治時代の大名、華族。
　¶コン、幕末（㋐天保3（1832）年11月25日　㋺明治17（1884）年5月8日）

水野忠順　みずのただくに
　江戸時代前期～中期の幕臣。
　¶徳人（㋐1650年　㋺1737年）

水野忠邦　みずのただくに
　寛政6（1794）年～嘉永4（1851）年　江戸時代末期の大名、老中。遠江浜松藩主、肥前唐津藩主。11代将軍家斉の死後、天保の改革を断行したが、緊縮政策・風紀取締・上知令が不評で失脚。改革は頓挫した。
　¶江人、コン、徳将、山小（㋐1794年6月23日　㋺1851年2月10日）

水野忠貞　みずのただささだ
　安土桃山時代～江戸時代前期の幕臣。
　¶徳人（㋐1598年　㋺1670年）

水野正＊　みずのただし
　天保3（1832）年～？　江戸時代末期の紀伊和歌山藩士。
　¶幕末

水野忠重＊　みずのただしげ
　天文10（1541）年～慶長5（1600）年　安土桃山時代の武将。織田信長に仕えた。
　¶織田（㋺慶長5（1600）年7月19日）、コン

水野忠全　みずのただたけ
　江戸時代後期～末期の幕臣。
　¶徳人（生没年不詳）

水野忠周＊　みずのただちか
　延宝1（1673）年～享保3（1718）年　江戸時代中期の大名。信濃松本藩主。
　¶コン

水野忠分＊　みずのただちか
　天文6（1537）年～天正6（1578）年12月8日　戦国時代～安土桃山時代の織田信長の家臣。
　¶織田

水野忠恒＊　みずのただつね
　天禄14（1701）年～元文4（1739）年　江戸時代中期の大名。信濃松本藩主。
　¶コン（㋐元禄14（1701）年）

水野忠任＊　みずのただとう
　元文1（1736）年～文化8（1811）年　江戸時代中期～後期の大名。肥前唐津藩主、三河岡崎藩主。
　¶コン

水野忠辰＊　みずのただとき
　享保7（1722）年～宝暦2（1752）年　江戸時代中期の大名。三河岡崎藩主。
　¶コン

水野忠暁　みずのただとし
　明和4（1767）年～天保5（1834）年　㋱水野忠暁（みずのただあき）、水野忠敬（みずのただのり）　江戸時代中期～後期の旗本園芸家。「草木錦葉集」を刊行。
　¶植物（㋺天保5（1834）年9月24日）、徳人

水野忠友*　みずのただとも
享保16(1731)年～享和2(1802)年9月19日　江戸時代中期～後期の大名。駿河沼津藩主、三河大浜藩主。
¶コン, 徳将, 徳人

水野忠央*　みずのただなか
文化11(1814)年～慶応1(1865)年　江戸時代末期の紀伊和歌山藩士、新宮城主、江戸家老。
¶コン, 全幕([没]元治2(1865)年), 徳将, 幕末([生]文化11(1814)年10月1日　[没]慶応1(1865)年2月25日)

水野忠伸*　みずのただのぶ
元禄3(1690)年～宝暦8(1758)年　江戸時代中期の幕臣。勘定奉行、「公事方御定書」を編纂。
¶徳人

水野忠誠*　みずのただのぶ
天保5(1834)年～慶応2(1866)年　江戸時代末期の大名、老中。駿河沼津藩主。
¶コン, 全幕, 幕末([生]?　[没]慶応2(1866)年9月14日)

水野忠敬*(1)　みずのただのり
嘉永4(1851)年～明治40(1907)年　江戸時代末期～明治時代の沼津藩主、上総菊間藩主。徳川宗家の移封に伴い上総菊間藩に転封。藩知事となる。
¶全幕, 幕末([生]嘉永4(1851)年7月10日　[没]明治40(1907)年8月17日)

水野忠敬(2)　みずのただのり
⇒水野忠暁(みずのただとし)

水野忠徳*　みずのただのり
文化7(1810)年～明治1(1868)年　江戸時代末期の幕府官僚。尊攘運動の抑制を計画。
¶コン, 全幕([生]文化7(1815)年　[没]慶応4(1868)年), 徳人, 幕末([没]慶応4(1868)年7月9日)

水野忠央　みずのただひさ
江戸時代中期の代官。
¶徳代([生]元禄8(1695)年　[没]明和4(1767)年2月16日)

水野忠寛*　みずのただひろ
文化4(1807)年～明治7(1874)年　江戸時代後期～明治時代の大名。
¶全幕

水野忠弘*　みずのただひろ
安政3(1856)年～明治38(1905)年　江戸時代末期～明治時代の山形藩主、貴族院議員、子爵。戊辰戦争で征討軍に降伏。
¶全幕, 幕末([生]安政3(1856)年6月18日　[没]明治38(1905)年12月7日)

水野忠幹*　みずのただもと
天保6(1835)年～明治35(1902)年　江戸時代末期～明治時代の新宮藩主、新宮藩知事。
¶全幕([生]天保9(1838)年), 幕末([生]天保9(1838)年11月7日　[没]明治35(1902)年4月30日)

水野忠守*　みずのただもり
大永5(1525)年～慶長5(1600)年3月28日　戦国時代～安土桃山時代の織田信長の家臣。
¶織田

水野忠通　みずのただゆき
江戸時代中期～後期の幕臣。
¶徳人([生]1747年　[没]1823年)

水野忠之*　みずのただゆき
寛文9(1669)年～享保16(1731)年3月18日　江戸時代中期の大名。三河岡崎藩主。
¶コン, 徳将

水野忠毅　みずのただよし
江戸時代中期の幕臣。
¶徳人([生]1707年　[没]1742年)

水野帯刀左衛門*　みずのたてわきざえもん
生没年不詳　[別]水野帯刀左衛門尉(みずのたてわきさえもんのじょう, みずのたてわきざえもんのじょう)　戦国時代の武士。織田氏家臣。
¶織田

水野帯刀左衛門尉　みずのたてわきさえもんのじょう, みずのたてわきざえもんのじょう
⇒水野帯刀左衛門(みずのたてわきざえもん)

水野民与　みずのたみとも
江戸時代後期の和算家、美濃大垣藩士。
¶数学

水野多門*　みずのたもん
生没年不詳　江戸時代末期の紀伊和歌山藩家老。
¶幕末

水野丹波*　みずのたんば
文政11(1828)年～明治14(1881)年　江戸時代末期～明治時代の神官。西洋砲術を学ぶ。馬関戦争、鳥羽・伏見の戦い、偽官軍に参加。
¶幕末([生]文政11(1828)年12月7日　[没]明治14(1881)年9月)

水野近信*　みずのちかのぶ
?～慶長7(1602)年8月9日　安土桃山時代の織田信長の家臣。
¶織田

水野親信　みずのちかのぶ
江戸時代前期～中期の幕臣。
¶徳人([生]1652年　[没]1726年)

水野哲太郎*　みずのてつたろう
*～元治1(1864)年　[別]島田小源太(しまだこげんた)　江戸時代末期の水戸藩属吏。
¶幕末([生]文化1(1804)年　[没]慶応1(1865)年10月25日)

水野藤九郎*　みずのとうくろう
生没年不詳　[別]水野信近(みずののぶちか)　安土桃山時代の織田信長の家臣。
¶織田(水野信近　みずののぶちか　[生]?　[没]永禄3(1560)年5月)

水野藤次郎*　みずのとうじろう
安土桃山時代の織田信長の家臣。
¶織田

水野徳三郎　みずのとくさぶろう
⇒水野寛友(みずのひろとも)

水野直貞　みずのなおさだ
戦国時代の武田氏の家臣、禰津常安の被官。
¶武田(生没年不詳)

水野長勝*　みずのながかつ
天文1(1532)年～慶長14(1609)年　戦国時代～江戸時代前期の織田信長の家臣。
¶織田([没]慶長14(1609)年11月3日)

水野生清*　みずのなりきよ
天保11(1840)年～明治12(1879)年　江戸時代末期～明治時代の石川県士族、警部。大久保利通暗殺計画に加担する。

¶幕末

水野成之 みずのなりゆき
⇒水野十郎左衛門(みずのじゅうろうざえもん)

水野信近 みずののぶちか
⇒水野藤九郎(みずのとうくろう)

水野信政* みずののぶまさ
？～天正3(1575)年12月27日 [別]水野元茂(みずのもとしげ) 戦国時代～安土桃山時代の織田信長の家臣。
¶織田(水野元茂 みずのもとしげ)

水野信元* みずののぶもと
戦国時代～安土桃山時代の武将。
¶織田([生]？ [没]天正3(1575)年12月27日)

水野信之 みずののぶゆき
江戸時代中期～後期の佐渡奉行、堺奉行。
¶徳代([生]宝暦12(1762)年 [没]天保6(1835)年3月20日)

水野梅径 みずのばいけい
⇒水野平内(みずのへいない)

水野梅寿* みずのばいじゅ
＊～明治35(1902)年 江戸時代末期～明治時代の尾張常滑の陶工。
¶美工([生]文政5(1822)年 [没]明治35(1902)年8月26日)

水野広* みずのひろ
？～安政2(1855)年 江戸時代末期の女性。紀伊和歌山藩家老水野忠啓の娘。
¶幕末

水野寛友* みずのひろとも
天保2(1831)年～明治1(1868)年 [別]水野徳三郎(みずのとくさぶろう) 江戸時代末期の加賀藩士。
¶幕末([没]慶応4(1868)年6月24日)

水野福富 みずのふくとみ
⇒水野平内(みずのへいない)

水野平内* みずのへいない
承応1(1652)年～正徳4(1714)年 [別]福富(ふくとみ), 水野梅径(みずのばいけい), 水野福富(みずのふくとみ) 江戸時代前期～中期の備後福山藩士。
¶俳文(福富 ふくとみ)

水野政和* みずのまさかず
明和6(1769)年～文政3(1820)年3月28日 江戸時代中期～後期の鋳物師・和算家。
¶数学

水野正知* みずのまさとも
文化13(1816)年～明治25(1892)年 江戸時代末期～明治時代の勤王家、岡山藩士。戊辰戦争で東海道先鋒軍事総裁を務める。新政府に出仕し、徴士権弁事となる。
¶幕末([生]文化13(1816)年10月11日 [没]明治25(1892)年1月8日)

水野正名* みずのまさな
文政6(1823)年～明治5(1872)年 江戸時代末期～明治時代の久留米藩士。藩政改革意見を建白。嘉永大獄により幽閉。大楽源太郎を匿ったかどで逮捕され終身刑。
¶幕末([生]文政6(1823)年5月 [没]明治5(1872)年11月9日)

水野又兵衛* みずのまたべえ
？～明治2(1869)年 江戸時代末期の下総結城藩士。
¶幕末([没]明治2(1869)年5月15日)

水野光綱 みずのみつつな
安土桃山時代～江戸時代前期の幕臣。
¶徳人([生]1601年 [没]1630年)

水野宗信 みずのむねのぶ
安土桃山時代の織田信長の家臣。
¶織田(生没年不詳)

水野元朗* みずのもとあきら
元禄5(1692)年～寛延1(1748)年 [別]水野元朗(みずのげんろう) 江戸時代中期の出羽庄内藩士。藩校致道館に徂徠学をもたらした先駆者。
¶コン

水野元勝* みずのもとかつ
生没年不詳 江戸時代前期の園芸家。
¶植物

水野元茂 みずのもとしげ
⇒水野信政(みずののぶまさ)

水野元綱* みずのもとつな
文禄3(1594)年～寛文5(1665)年 江戸時代前期の大名。三河新城藩主、上野安中藩主。
¶徳人

水野元宣* みずのもとのぶ
天保14(1843)年～明治2(1869)年 [別]水野三郎右衛門(みずのさぶろうえもん) 江戸時代末期の山形藩家老。
¶コン([生]？), 全幕(水野三郎右衛門 みずのさぶろうえもん), 幕末(水野三郎右衛門 みずのさぶろうえもん [生]天保14(1843)年9月22日 [没]明治2(1869)年5月20日)

水野元吉 みずのもとよし
江戸時代前期の幕臣。
¶徳人([生]？ [没]1669年)

水野守隆* みずのもりたか
？～慶長3(1598)年4月21日 戦国時代～安土桃山時代の織田信長の家臣。
¶織田([没]慶長3(1598)年4月21日？), 全戦

水野守信 みずのもりのぶ
安土桃山時代～江戸時代前期の幕臣。
¶徳人([生]1577年 [没]1636年)

水野守正 みずのもりまさ
江戸時代中期の幕臣。
¶徳人([生]？ [没]1693年)

水野守美 みずのもりよし
江戸時代前期～中期の幕臣。
¶徳人([生]1664年 [没]1728年)

水野主水* みずのもんど
？～文久3(1863)年 江戸時代末期の下総結城藩家老。
¶幕末([没]文久3(1863)年6月15日)

水谷勝皇 みずのやかつおか
江戸時代前期～中期の幕臣。
¶徳人([生]1660年 [没]1733年)

水谷勝俊* みずのやかつとし
天文11(1542)年～慶長11(1606)年 安土桃山時代～江戸時代前期の武将、大名。常陸下館藩主。

¶全戦, 戦武

水谷勝富 みずのやかつみち
江戸時代中期～後期の幕臣。
¶徳人（[生]1715年 [没]1791年）

水野弥太郎 みずのやたろう
江戸時代後期～末期の侠客。
¶幕末（[生]文化2（1805）年 [没]慶応4（1868）年2月6日）

水谷蟠竜 みずのやばんりゅう
⇒水谷正村（みずのやまさむら）

水谷蟠竜斎 みずのやばんりゅうさい
⇒水谷正村（みずのやまさむら）

水谷正村*（水谷政村） みずのやまさむら
大永1（1521）年～慶長1（1596）年 [別]水谷蟠竜（みずのやばんりゅう），水谷蟠竜斎（みずのやばんりゅうさい） 戦国時代～安土桃山時代の武士。
¶全戦（水谷政村 [生]大永4（1524）年 [没]慶長3（1598）年），戦武（[生]大永4（1524）年 [没]慶長3（1598）年）

み

水谷光勝 みずのやみつかつ
生没年不詳 [別]水谷光勝（みずのやこうしょう） 安土桃山時代～江戸時代前期の幕臣。
¶徳人，徳代（みずのやこうしょう）

水野蘆朝 みずのよしとも
⇒水野廬朝（みずのろちょう）

水野廬朝* みずのろちょう
宝暦2（1752）年～天保7（1836）年 [別]水野蘆朝（みずのよしとも） 江戸時代後期の浮世絵師。
¶浮絵（[生]寛永1（1748）年），徳人（水野蘆朝 みずのよしとも [生]1748年）

水野倭一郎* みずのわいちろう
文政3（1820）年～明治36（1903）年 江戸時代末期～明治時代の甲源一刀流剣術家。新徴組小頭となり、江戸市中取締まりに当たる。
¶幕末（[没]明治36（1903）年4月29日）

水歯郎媛* みずはのいらつめ
上代の女性。景行天皇の妃。
¶天皇

水走康忠 みずはややすただ
鎌倉時代前期の武士。
¶中世（生没年不詳）

水原三折 みずはらさんせき
⇒水原三折（みずはらさんせつ）

水原三折* みずはらさんせつ
天明2（1782）年～元治1（1864）年 [別]水原三折（みずはらさんせき），水原義博（みずはらよしひろ） 江戸時代後期の産科医。和製産科鉗子ともいうべき探頷器を発明。
¶科学（[没]元治1（1864）年3月25日），幕末（水原義博 みずはらよしひろ [没]元治1（1864）年3月）

水原茂親* みずはらしげちか
天文20（1551）年～慶長5（1600）年5月9日 戦国時代～安土桃山時代の織田信長の家臣。
¶織田

水原準三郎 みずはらじゅんざぶろう
安政5（1858）年5月～明治41（1908）年6月26日 江戸時代末期～明治時代の暦学者。寺尾寿に算学を学ぶ。
¶科学，数学

水原久雄* みずはらひさお
天保8（1837）年～？ 江戸時代末期の勤王家。
¶幕末

水原孫太郎 みずはらまごたろう
安土桃山時代の織田信長の家臣。近江水原氏の一族。相撲取り。
¶織田（生没年不詳）

水原保延* みずはらやすのぶ
生没年不詳 江戸時代末期の加賀藩士。
¶幕末

水原義博 みずはらよしひろ
⇒水原三折（みずはらさんせつ）

三猪謙三 みずまけんぞう
江戸時代後期～明治時代の眼科医。
¶眼医（[生]嘉永5（1852）年 [没]明治27（1894）年）

三須孫左衛門 みすまござえもん
安土桃山時代の伊豆修禅寺の紙漉き職人。北条氏政に属した。
¶後北（孫左衛門〔三須〕 まござえもん）

三須孫二郎* みすまごじろう
生没年不詳 戦国時代の伊豆の牧之郷の百姓。
¶後北（孫二郎〔三須〕 まごじろう）

水間沾徳 みずませんとく
⇒沾徳（せんとく）

三隅兼連* みすみかねつら
？～正平10/文和4（1355）年 南北朝時代の南朝方の武将。石州三隅高城主。
¶室町

三隅国定 みすみくにさだ
安土桃山時代の武将。
¶全戦（[生]？ [没]元亀1（1570）年）

三隅隆繁 みすみたかしげ
安土桃山時代の武将。
¶全戦（[生]？ [没]元亀1（1570）年）

三隅信兼 みすみのぶかね
室町時代の武士。
¶内乱（[生]？ [没]康正1（1455）年？）

三須吉徳 みすよしのり
江戸時代後期～末期の和算家。山形小国扶持方。
¶数学（[生]文化4（1807）年 [没]安政1（1854）年）

みせ子 みせこ*
江戸時代後期の女性。俳諧。俳人桂山林来の母。文政13年刊、林来編『蜆籠集』に載る。
¶江表（みせ子（秋田県））

美瀬子 みせこ*
江戸時代中期の女性。和歌。三河刈谷藩主土井利信の室久米子の侍女。宝暦9年序、村上影面編『采藻編』に載る。
¶江表（美瀬子（愛知県））

三瀬周三* みせしゅうぞう
天保10（1839）年～明治10（1877）年10月19日 [別]三瀬諸淵（みせもろふち） 江戸時代末期～明治時代の蘭方医。宇和島藩に出仕。大坂医学校文部大助教、大阪府一等雇医などを歴任。
¶科学（[生]天保10（1839）年7月1日），コン（三瀬諸淵 みせもろふち），幕末（[生]天保10（1839）年10月1日 [没]明

治9(1876)年10月19日)

みせ女　みせじょ★
江戸時代末期の女性。俳諧。清水氏の妻。安政5年刊、松岡茶山編『北越俳諧人銘録』に載る。
¶江表(みせ女(新潟県))

三瀬諸淵　みせもろふち
⇒三瀬周三(みせしゅうぞう)

見素　みそ★
江戸時代後期の女性。俳諧。四日市の人。寛政3年刊、平橋庵敲氷編『亭主ぶり』に載る。
¶江表(見素(山梨県))

溝江長逸　みぞえちょういつ
⇒溝江長逸(みぞえながやす)

溝江長澄*　みぞえながずみ
？～慶長5(1600)年4月頃　安土桃山時代の織田信長の家臣。
¶織田

溝江長逸*　みぞえながやす
？～天正2(1574)年　[別]溝江長逸(みぞえちょういつ，みぞえながゆき)　戦国時代～安土桃山時代の武士。
¶織田(みぞえながゆき　[没]天正2(1574)年2月19日)，全戦

溝江長逸　みぞえながゆき
⇒溝江長逸(みぞえながやす)

溝口勝雄　みぞぐちかつたけ
江戸時代中期～後期の幕臣。
¶徳人([生]1772年　[没]1828年)

溝口勝信*　みぞぐちかつのぶ
生没年不詳　江戸時代後期の和算家。
¶数学

溝口勝如*　みぞぐちかつゆき
江戸時代末期の幕臣。
¶徳人(生没年不詳)，幕末(生没年不詳)

溝口景三　みぞぐちけいざん
⇒溝口直諒(みぞぐちなおあき)

溝口孤雲*　みぞぐちこうん
文化6(1809)年～明治5(1872)年　江戸時代後期～明治時代の武士。
¶全幕([生]文化5(1808)年)，幕末([没]明治5(1872)年3月13日)

溝口定勝　みぞぐちさだかつ
⇒溝口秀勝(みぞぐちひでかつ)

溝口素丸*　みぞぐちそがん
正徳3(1713)年～寛政7(1795)年　[別]素丸(そがん，そまる)，素丸〔2代〕(そまる)，溝口素丸(みぞぐちそまる)　江戸時代中期の俳人。
¶俳文(素丸　そがん　[生]正徳2(1712)年)

溝口素丸　みぞぐちそまる
⇒溝口素丸(みぞぐちそがん)

溝口富介*　みぞぐちとみすけ
？～永禄12(1569)年9月8日　戦国時代～安土桃山時代の織田信長の家臣。
¶織田

溝口直諒*　みぞぐちなおあき，みぞくちなおあき
寛政11(1799)年～安政5(1858)年　[別]溝口景三(みぞぐちけいざん)　江戸時代末期の大名。越後新発田藩主。
¶コン，幕末([生]寛政11(1799)年1月8日　[没]安政5(1858)年6月18日)

溝口直清*　みぞぐちなおきよ
江戸時代末期の幕臣。
¶幕末(生没年不詳)

溝口直溥*　みぞぐちなおひろ
文政2(1819)年～明治7(1874)年　江戸時代後期～明治時代の大名、華族。
¶全幕，幕末([生]文政2(1819)年1月2日　[没]明治7(1874)年4月26日)

溝口直正*　みぞぐちなおまさ
安政2(1855)年～大正8(1919)年　江戸時代末期～明治時代の越後新発田藩主、伯爵。戊辰戦争で東京の警衛、会津征討などに従事。
¶全幕

溝口宣秋　みぞくちのぶあき
江戸時代前期の幕臣。
¶徳人([生]1609年　[没]1673年)

溝口半之丞　みぞぐちはんのじょう
⇒亀田高綱(かめだたかつな)

溝口半平*　みぞぐちはんぺい，みぞぐちはんべい
生没年不詳　江戸時代末期の下総結城藩士。
¶幕末(みぞぐちはんべい)

溝口半兵衛*　みぞぐちはんべえ
天保3(1832)年～明治15(1882)年　江戸時代末期～明治時代の新発田藩家老。山形で民政取締、権知県事となる。
¶幕末([没]明治15(1882)年7月15日)

溝口秀勝*　みぞぐちひでかつ，みぞくちひでかつ
天文17(1548)年～慶長15(1610)年　[別]溝口定勝(みぞぐちさだかつ)　安土桃山時代～江戸時代前期の大名。越後新発田藩主。
¶織田([没]慶長15(1610)年9月28日)，コン([生]天文7(1538)年　[没]慶長5(1600)年)，戦武

溝口林卿*　みぞぐちりんけい
生没年不詳　江戸時代後期の工匠。
¶数学

味噌こしきぶ・味噌こしきふ　みそこしきぶ・みそこしきふ★
江戸時代中期の女性。狂歌。天明5年刊、四方山人編『徳和歌後万載集』に載る。
¶江表(味噌こしきぶ・味噌こしきふ(東京都))

御園紹元　みそのあきもと
⇒御園紹元(みそのつぐもと)

御園紹元*　みそのつぐもと
天保7(1836)年～慶応3(1867)年　[別]瀬尾余一(せおよいち)，御園紹元(みそのあきもと)　江戸時代末期の加賀藩士。
¶幕末([没]慶応3(1867)年3月26日)

御園文治　みそのぶんじ
⇒瀬川如皐〔2代〕(せがわじょこう)

御薗満定　みそのみつさだ
安土桃山時代の信濃国伊那郡の武士。
¶武田(生没年不詳)

みぞふち　　　　　　　　　2124

溝淵広之丞* みぞぶちひろのじょう
　文政11（1828）年〜明治42（1909）年　江戸時代末期〜明治時代の土佐藩士。
　¶幕末（㊡文政11（1828）年2月9日　㊥明治42（1909）年7月4日）

溝部虎之助* みぞべとらのすけ
　天保13（1842）年〜慶応2（1866）年　江戸時代末期の長州（萩）藩寄組。
　¶幕末（㊥慶応2（1866）年6月20日）

三滝郡智* みたきぐんち
　生没年不詳　㊔三滝那智（みたきなち）　江戸時代前期の和算家。
　¶数学（三滝那智　みたきなち）

三滝那智 みたきなち
　⇒三滝郡智（みたきぐんち）

三田刑部* みたぎょうぶ，みだぎょうぶ
　？〜天正9（1581）年　㊔三田義広（みたよしひろ）安土桃山時代の武将。葛西氏家臣。
　¶全戦（三田義広　みたよしひろ　㊥天正16（1588）年）

未琢 みたく
　⇒石田未琢（いしだみたく）

御長広岳 みたけのひろおか
　⇒御長真人広岳（みながのまひとひろおか）

御長好堪 みたけのよしたう
　平安時代中期の官人。
　¶古人（生没年不詳）

みた子* みたこ
　江戸時代中期の女性。和歌。幕臣佐々木一徳の娘。明和5年刊，石野広通編『霞関集』に載る。
　¶江表（みた子（東京都））

三田昴馬* みたこうま
　天保7（1836）年3月15日〜明治34（1901）年　江戸時代末期〜明治時代の阿波藩稲田家家臣，裁判官，貴族院議員。司法省に出仕し，裁判官，貴族院議員をつとめる。
　¶幕末（㊥明治34（1901）年5月21日）

三段崎紀存* みたざきただあり
　㊔三反崎紀存（みたざきのりまさ）　戦国時代の武士。
　¶全戦（三反崎紀存　みたざきのりまさ　生没年不詳）

三反崎紀存 みたざきのりまさ
　⇒三段崎紀存（みたざきただあり）

三田治部少輔* みたじぶのしょう
　生没年不詳　戦国時代の北条氏照の臣。
　¶後北（治部少輔〔三田〕　じぶのしょう）

三田浄久 みたじょうきゅう
　⇒三田浄久（さんだじょうきゅう）

御立永輔 みたちのながすけ
　平安時代中期の官人。
　¶古人（生没年不詳）

未達 みたつ
　⇒西村市郎右衛門〔1代〕（にしむらいちろうえもん）

三田綱定* みたつなさだ
　？〜永禄4（1561）年9月？　戦国時代〜安土桃山時代の武蔵国多摩郡の豪族。
　¶後北（綱定〔三田〕　つなさだ　㊥永禄6年10月13日）

三田翼の母 みたつばさのはは*
　江戸時代後期の女性。和歌。武蔵橘樹郡作延村の名主三田正章の妻。
　¶江表（三田翼の母（神奈川県））

御立呉明* みたてのごめい
　生没年不詳　奈良時代の医師。
　¶コン

三谷永玄 みたにえいげん
　⇒狩野永玄（かのうえいげん）

三谷恒斎* みたにこうさい
　文化11（1814）年〜明治25（1892）年　江戸時代末期〜明治時代の二本松藩儒者。幕末期は勤皇論を唱え，維新後は学務官となり，山梨県の学校教育を大成させた。
　¶幕末

三谷三九郎* みたにさんくろう
　世襲名　江戸時代の豪商。
　¶コン

三谷慎斎* みたにしんさい
　安永7（1778）年〜安政2（1855）年　江戸時代後期の儒学者。
　¶幕末（㊥安政2（1855）年3月22日）

三谷等悦* みたにとうえつ
　？〜延宝3（1675）年　江戸時代前期の画家。国郡絵図を描いて幕府に献上。
　¶美画（㊥延宝3（1675）年6月9日）

三谷等哲* みたにとうてつ
　？〜寛永7（1630）年　江戸時代前期の画家。雪舟流，雲谷流。
　¶美画（㊥寛永7（1630）年5月23日）

三田五瀬 みたのいつせ
　⇒三田首五瀬（みたのおびといつせ）

三田兄人* みたのえひと
　奈良時代の藤原広嗣の従者。
　¶古代

三田首五瀬* みたのおびといつせ
　㊔三田五瀬（みたのいつせ）　飛鳥時代の大倭国の人。
　¶古代

三田塩籠* みたのしおこ
　？〜天平12（740）年　奈良時代の官人。
　¶古代

三田安麻呂 みたのやすまろ
　奈良時代の官人。
　¶古人（生没年不詳）

三田政定* みたまささだ
　生没年不詳　戦国時代の武蔵国衆。
　¶後北（政定〔三田〕　まささだ）

美玉三平* みたまさんぺい，みだまさんぺい
　文政5（1822）年〜文久3（1863）年　㊔高橋祐次郎（たかはしゆうじろう）　江戸時代末期の尊王攘夷家。但馬生野の変の指導者の一人。
　¶コン，幕末（㊥文久3（1863）年10月14日）

三田村三助* みたむらさんすけ
　生没年不詳　安土桃山時代の織田信長の家臣。
　¶織田

三田守良　みたもりよし
江戸時代前期〜中期の代官。
¶徳代（[生]寛永9（1632）年　[没]元禄14（1701）年5月5日）

三田義広　みたよしひろ
⇒三田刑部（みたぎょうぶ）

御手洗五郎兵衛尉　みたらいごろうひょうえのじょう
戦国時代〜安土桃山時代の武田氏・徳川家康の家臣。
¶武田（[生]永禄1（1558）年　[没]慶長4（1599）年10月20日）

御手洗定重　みたらいさだしげ
江戸時代前期の佐渡奉行。
¶徳代（[生]慶長9（1604）年　[没]寛文2（1662）年8月1日）

御手洗新七郎　みたらいしんしちろう
戦国時代の武士。砥石合戦で討死したという。
¶武田（生没年不詳）

みち（1）
江戸時代の女性。教育。下総匝瑳郡八日市場の源右衛門の娘。
¶江表（みち（千葉県））

みち（2）
江戸時代中期の女性。俳諧。尾張藩藩士林九兵衛の娘。
¶江表（みち（愛知県）　[没]明和9（1772）年）

みち（3）
江戸時代中期の女性。俳諧。高瀬の丸岡助左衛門の娘。
¶江表（みち（香川県）　[没]明和8（1771）年）

みち（4）
江戸時代後期の女性。俳諧。山ノ目の人。文化期頃の人。
¶江表（みち（岩手県））

みち（5）
江戸時代後期の女性。俳諧。寒河江の人。天保13年、寒河江八幡宮に奉納された俳額に載る。
¶江表（みち（山形県））

みち（6）
江戸時代後期の女性。俳諧。下総匝瑳郡須賀村蕪里の俳人松風庵玉斧の娘。安永6年刊、無著庵眠郎編『雪の薄』に載る。
¶江表（みち（千葉県））

みち（7）
江戸時代後期の女性。国学者。美濃久々利領主で尾張藩重臣千村平右衛門仲雄の娘。
¶江表（みち（岐阜県）　[没]嘉永2（1849）年）

みち（8）
江戸時代後期の女性。狂歌。享和3年刊、栗派で栗柯亭木端門の如棗亭栗洞撰『狂歌続うなゐ草紙』に載る。
¶江表（みち（大阪府））

みち（9）
江戸時代後期の女性。俳諧。周防平生の人。文政3年序、山本友左坊撰『おゐのたひ』に載る。
¶江表（みち（山口県））

みち（10）
江戸時代後期の女性。和歌。筑前福岡藩の奥女中。文化11年刊、中山忠雄・河田正致編『柿本社奉納和歌集』に載る。
¶江表（みち（福岡県））

みち・路
江戸時代後期〜末期の女性。日記。紀州藩家老三浦家の医師土岐村元立の娘。
¶江表（みち・路（東京都）　[生]文化3（1806）年　[没]安政5（1858）年）

ミチ
江戸時代後期の女性。教育。下波田の大月氏。弘化4年〜慶応2年家塾を開いた。
¶江表（ミチ（長野県））

三千（1）　**みち**★
江戸時代中期の女性。俳諧。安永8年序、獅子眠鶏口編の養母谷口田女追善集『はつかのゆめ』に載る。
¶江表（三千（東京都））

三千（2）　**みち**★
江戸時代後期〜明治時代の女性。和歌。伊勢津の豪商川喜田敏則の娘。
¶江表（三千（三重県）　[生]寛政12（1800）年　[没]明治15（1882）年）

亭　みち
江戸時代中期〜後期の女性。和歌。陸奥二本松藩主丹羽長貴の娘。
¶江表（亭（鹿児島県）　[生]天明1（1781）年　[没]文化12（1815）年）

道（1）　**みち**★
江戸時代前期の女性。和歌。彦根藩藩士小川文吾の娘。
¶江表（道（滋賀県）　[生]正保1（1644）年　[没]延宝3（1675）年）

道（2）　**みち**★
江戸時代中期の女性。俳諧。上海瀬の新海自的の妻。天明7年に父米翁の八八賀を祝って『真左古』を出版。
¶江表（道（長野県））

道（3）　**みち**★
江戸時代末期の女性。和歌。伊勢桑名の高橋軍蔵の妻。安政4年刊、富樫広蔭編『千百人一首』上に載る。
¶江表（道（三重県））

美ち　みち★
江戸時代中期の女性。俳諧。大坂の人。天明7年刊、竹裡舎李雨編『骨書』に入集。
¶江表（美ち（大阪府））

美智　みち★
江戸時代中期の女性。和歌。徳島藩士前野貞倶の娘。享保9年成立、道工正央著「有賀以敬斎長伯阿波日記」に載る。
¶江表（美智（徳島県））

みちえ
江戸時代後期の女性。俳諧。豊前小倉の人。文化6年序、五十嵐梅夫編『草神楽』に載る。
¶江表（みちえ（福岡県））

三千風*　みちかぜ
寛永16（1639）年〜宝永4（1707）年　[別]大淀三千風（おおよどみちかぜ）　江戸時代前期〜中期の俳人。行脚俳人として著名。
¶俳文（[没]宝永4（1707）年1月8日）

通勝　みちかつ
⇒中院通勝（なかのいんみちかつ）

み

通国の母　みちくにのはは*
江戸時代後期の女性。和歌。通国は大村藩藩士。文化11年刊、中山忠雄・河田正致編『柿本社奉納和歌集』に載る。
¶江表(通国の母(長崎県))

箕作省吾　みちくりしょうご
⇒箕作省吾(みつくりしょうご)

みち子(1)　みちこ*
江戸時代の女性。和歌。久津美氏。明治10年刊、高橋富兄編『類題石川歌集』に載る。
¶江表(みち子(福井県))

みち子(2)　みちこ*
江戸時代後期の女性。狂歌。福島の藤嶋氏。嘉永4年刊、江境庵北雄ほか撰『連盟披露狂歌合』に載る。
¶江表(みち子(福島県))

三千子(1)　みちこ*
江戸時代中期の女性。画。京都の忠岡氏の娘。浮世絵に秀でた。
¶江表(三千子(宮城県))

三千子(2)　みちこ*
江戸時代後期〜末期の女性。和歌・書簡。備後沼隈郡の桑田嘉兵衛孝徳の娘。
¶江表(三千子(広島県)　[生]文政1(1818)年　[没]慶応2(1866)年)

三千子(3)　みちこ*
江戸時代末期の女性。和歌。倉賀野宿の歌人飯島久敏の妻。文久2年刊、飯島久敏編『玉籠集』に載る。
¶江表(三千子(群馬県))

三千子(4)　みちこ*
江戸時代末期の女性。和歌。美濃久々利領主で旗本千村平右衛門頼久の娘。
¶江表(三千子(長野県)　[没]安政4(1857)年)

通子(1)　みちこ*
江戸時代中期の女性。和歌。仙台藩主伊達吉村の養女。
¶江表(通子(宮城県)　[没]明和6(1769)年)

通子(2)　みちこ*
江戸時代中期の女性。和歌。京都の人。元禄15年刊、竹内時安斎編『出雲大社奉納清地草』に載る。
¶江表(通子(京都府))

通子(3)　みちこ*
江戸時代中期〜後期の女性。和歌。越前福井藩主松平重富の室光安院の侍女。
¶江表(通子(福井県))

通子(4)　みちこ*
江戸時代後期の女性。和歌。尾張藩藩士吉村平八の娘。弘化4年刊、清堂観尊編『たち花の香』に載る。
¶江表(通子(愛知県))

通子(5)　みちこ*
江戸時代末期の女性。和歌。乾愛久の妻。安政6年刊、秋元安民編『類題青藍集』に載る。
¶江表(通子(京都府))

通子(6)　みちこ*
江戸時代末期〜明治時代の女性。和歌。長門東門町の酒造業吉岡六郎の姉。
¶江表(通子(山口県)　[没]明治17(1884)年)

道子(1)　みちこ*
江戸時代の女性。和歌。南鍋町の新井氏。明治8年刊、橘東世子編『明治歌集』に載る。
¶江表(道子(東京都))

道子(2)　みちこ*
江戸時代中期〜後期の女性。和歌。松本の商人宮坂彦四郎の妻。
¶江表(道子(長野県)　[生]安永9(1780)年　[没]天保7(1836)年)

道子(3)　みちこ*
江戸時代中期〜後期の女性。和歌。公卿岩倉具選の娘。
¶江表(道子(京都府)　[生]安永8(1779)年　[没]天保11(1840)年)

道子(4)　みちこ*
江戸時代後期の女性。狂歌。越中富山藩藩士多賀長住の妻。天保4年序、黒川春村編『草庵五百人一首』に載る。
¶江表(道子(東京都))

道子(5)　みちこ*
江戸時代後期の女性。和歌。本願寺の末寺円照寺住持の兼敬の妻。天保9年序、橘守部編『下蔭集』に載る。
¶江表(道子(東京都)),江表(道子(奈良県))

道子(6)　みちこ*
江戸時代後期〜大正時代の女性。和歌。常陸水戸藩士小池友徳の姉。
¶江表(道子(茨城県)　[生]天保2(1831)年　[没]大正4(1915)年)

道子(7)　みちこ*
江戸時代後期の女性。和歌・国学。柏原宿の南部六蔵の母。天保15年に長野義言の門に入った。
¶江表(道子(滋賀県))

道子(8)　みちこ*
江戸時代後期の女性。和歌・書。下立売衣棚西に住んだ。文政13年版、天保9年版『平安人物志』に載る。
¶江表(道子(京都府))

道子(9)　みちこ*
江戸時代後期の女性。和歌。香南町横井の儒学者中山城山の娘。
¶江表(道子(香川県)　[没]文化9(1812)年)

道子(10)　みちこ*
江戸時代後期の女性。和歌。豊前企救郡の神官高瀬信敬の娘。夫は文化12年に枝光村の庄屋となる。
¶江表(道子(福岡県))

道子(11)　みちこ*
江戸時代末期〜明治時代の女性。和歌。坂内氏の娘。
¶江表(道子(東京都)　[没]明治8(1875)年)

美千子　みちこ*
江戸時代後期の女性。和歌。三河吉田藩主松平信明と室輝子の娘。寛政10年跋、真田幸弘の六〇賀集「千とせの寿詞」に載る。
¶江表(美千子(愛知県))

美知子(1)　みちこ*
江戸時代中期の女性。書。筑後久留米藩主有馬則維の娘。

¶江表（美知子（青森県）　[没]宝暦4（1754）年）

美知子（2）　みちこ★
江戸時代後期の女性。俳諧・書。遠江吉岡の大場氏。享和3年刊、大須賀鬼卵著『東海道人物志』に載る。
¶江表（美知子（静岡県））

陸子　みちこ★
江戸時代末期の女性。和歌。尾張名古屋の竹中氏。
¶江表（陸子（愛知県）　[没]安政2（1855）年）

通郷　みちさと
⇒波多野通郷（はたのみちさと）

道島五郎兵衛*　みちしまごろべえ，みちじまごろべえ
？～文久2（1862）年　江戸時代末期の薩摩藩士。
¶幕末（[没]文久2（1862）年4月23日）

道島島足　みちしましまたり
⇒道嶋嶋足（みちしまのしまたり）

道嶋大楯*　みちしまのおおだて
？～宝亀11（780）年　奈良時代の大領。
¶古代

道嶋嶋足*（道島島足）　みちしまのしまたり
？～延暦2（783）年　[別]牡鹿嶋足（おがのしまたり，おしかのしまたり），道島島足（みちしましまたり），道嶋宿禰嶋足（みちしまのすくねしまたり），道嶋嶋足（みちのしまのしまたり）　奈良時代の武将。内厩頭、播磨守。
¶古人（牡鹿嶋足　おがのしまたり），古人（牡鹿嶋足　おしかのしまたり　生没年不詳），古人，古代（道嶋宿禰嶋足　みちしまのすくねしまたり），コン（牡鹿嶋足　おがのしまたり），コン（みちのしまのしまたり）

道嶋宿禰嶋足　みちしまのすくねしまたり
⇒道嶋嶋足（みちしまのしまたり）

道嶋宿禰御楯*　みちしまのすくねみたて
生没年不詳　[別]道島御楯，道嶋御楯（みちしまのみたて）　奈良時代～平安時代前期の武士。
¶古人（道島御楯　みちしまのみたて），古代

道嶋宿禰三山*　みちしまのすくねみやま
[別]道嶋三山（みちしまのみやま）　奈良時代の官人。
¶古人（道嶋三山　みちしまのみやま　生没年不詳），古代

道島御楯（道嶋御楯）　みちしまのみたて
⇒道嶋宿禰御楯（みちしまのすくねみたて）

道嶋三山　みちしまのみやま
⇒道嶋宿禰三山（みちしまのすくねみやま）

みち女（1）　みちじょ★
江戸時代後期の女性。俳諧。二本松の人。文政期刊、名高三岳・東海編の玉蕉庵月次句合集『白梅帖』に載る。
¶江表（みち女（福島県））

みち女（2）　みちじょ★
江戸時代後期の女性。俳諧。尾張名古屋の人。寛政2年跋、根津桃路編『華鳥風月集』に載る。
¶江表（みち女（愛知県））

三千女　みちじょ★
江戸時代末期の女性。俳諧。白河の上杉氏。安政4年刊、面川鏘桜編『鯉鱗筆鑑』に載る。
¶江表（三千女（福島県））

三知女　みちじょ★
江戸時代後期の女性。和歌。川口順左衛門の妹。寛政11年成立「奉納詠百首和歌」に載る。
¶江表（三知女（岩手県））

道女　みちじょ★
江戸時代後期の女性。和歌。岡野雅之助義智の母。天保8年成立、天野政徳編『真蹟歌集』に載る。
¶江表（道女（東京都））

美知女　みちじょ★
江戸時代後期の女性。俳諧。三島の人。享和2年序、桑村郡の俳人一得斎埋蛇編『俳諧友千鳥』に載る。
¶江表（美知女（愛媛県））

道資　みちすけ
平安時代後期の長門国目代。系譜未詳。橘氏か。
¶平家（生没年不詳）

道綱母　みちつなのはは
⇒藤原道綱母（ふじわらのみちつなのはは）

陸良親王　みちながしんのう
⇒興良親王（おきながしんのう）

道主日女命*　みちぬしひめのみこと
荒田村の神。
¶古代

路直益人*　みちのあたいますひと
[別]路益人（みちのますひと）　飛鳥時代の壬申の乱の功臣。
¶古代

道今古*　みちのいまふる
生没年不詳　平安時代前期の女性。
¶古人

道伊羅都売　みちのいらつめ
⇒道君伊羅都売（みちのきみのいらつめ）

路石成　みちのいわなり
奈良時代の官人。
¶古人（生没年不詳）

路大人*　みちのうし
？～養老3（719）年　飛鳥時代～奈良時代の官人。持統太上天皇の作殯宮司。
¶古人（[没]717年），コン

道野王　みちのおう
⇒道野王（みちののおう）

道首名*　みちのおびとな
天智天皇2（663）年～養老2（718）年　[別]道首名（みちのおふとな），道君首名（みちのきみおびとな）　飛鳥時代～奈良時代の官人、学者。大宝律令の制定に参加。
¶古人（[生]？），古代（道君首名　みちのきみおびとな），コン（[生]？），対外（[生]？）

道首名　みちのおふとな
⇒道首名（みちのおびとな）

道臣命*　みちのおみのみこと
上代の大伴氏の祖。
¶古代

道君（欠名）*　みちのきみ
飛鳥時代の国造。
¶古代

道君伊羅都売 みちのきみいらつめ
⇒道君伊羅都売（みちのきみのいらつめ）

道君首名 みちのきみおびとな
⇒道首名（みちのおびとな）

道君伊羅都売* みちのきみのいらつめ
生没年不詳 **別**越道伊羅都売（こしのみちのきみいらつめ），道伊羅都売（みちのいらつめ），道君伊羅都売（みちのきみいらつめ） 飛鳥時代の女性。天智天皇の宮人。
¶古代（みちのきみいらつめ），天皇（越道伊羅都売 こしのみちのきみいらつめ）

陸奥*⁽¹⁾ みちのく
生没年不詳 平安時代前期の女房・歌人。陸奥守橘葛直の女。
¶古人

陸奥*⁽²⁾ みちのく
生没年不詳 平安時代中期の女流歌人。
¶古人

陸奥国前采女 みちのくのくにのさきのうねめ
⇒前采女（さきのうねめ）

道嶋嶋足 みちのしまのしまたり
⇒道嶋嶋足（みちしまのしまたり）

路鷹養 みちのたかかい
奈良時代の官人。
¶古人（生没年不詳）

路玉守 みちのたまもり
奈良時代の官人。
¶古人（生没年不詳）

路年継* みちのとしつぐ
天平宝字2（758）年〜天長4（827）年 奈良時代〜平安時代前期の官人。姓は真人。
¶古人

路迹見 みちのとみ
飛鳥時代の官人。
¶古人（**生**？ **没**702年）

路豊永 みちのとよなが
⇒路豊永（おおじとよなが）

道野王* みちののおう
？〜斉衡2（855）年 **別**道野王（みちのおう） 平安時代前期の桓武天皇の皇孫賀陽親王の第1王子。
¶古人（みちのおう）

路野上 みちののがみ
奈良時代の官人。
¶古人（生没年不詳）

路野中 みちののなか
奈良時代の官人。
¶古人（生没年不詳）

路益人 みちのますひと
⇒路直益人（みちのあたいますひと）

路真人豊永 みちのまひととよなが
⇒路豊永（おおじとよなが）

路虫麻呂 みちのむしまろ
奈良時代の官人。
¶古人（生没年不詳）

道彦 みちひこ
⇒鈴木道彦（すずきみちひこ）

通秀 みちひで
⇒中院通秀（なかのいんみちひで）

通仁親王* みちひとしんのう
天治1（1124）年〜大治4（1129）年 平安時代後期の鳥羽天皇の第2皇子。
¶古人

道仁法親王 みちひとほうしんのう
⇒道仁（どうにん）

礼姫 みちひめ*
江戸時代末期〜明治時代の女性。和歌。加賀藩主前田慶寧の娘。
¶江表（礼姫（新潟県）） **生**安政1（1854）年 **没**明治32（1899）年

道平 みちひら
⇒二条道平（にじょうみちひら）

道康親王⁽¹⁾ みちやすしんのう
⇒文徳天皇（もんとくてんのう）

道康親王⁽²⁾ みちやすしんのう
⇒文武天皇（もんむてんのう）

通山倉蔵 みちやまくらぞう
江戸時代後期〜末期の木彫家。
¶美建（**生**寛政4（1792）年 **没**安政6（1859）年8月23日）

道山壮山 みちやまそうざん
江戸時代後期〜明治時代の俳人。
¶俳文（**生**天保4（1833）年5月27日 **没**明治33（1900）年12月21日）

三千代⁽¹⁾ みちよ*
江戸時代後期の女性。俳諧。向屋横山権左衛門の娘。天保14年に奉納の笹野観音堂拝額に載る。
¶江表（三千代（山形県））

三千代⁽²⁾ みちよ*
江戸時代後期の女性。俳諧。越後の人。寛政1年序、五升庵蝶夢編『新類題発句集』三に載る。
¶江表（三千代（新潟県））

三千代⁽³⁾ みちよ*
江戸時代後期〜明治時代の女性。和歌。三河西尾町の高津良左衛門の娘。
¶江表（三千代（愛知県）） **生**文化12（1815）年 **没**明治22（1889）年

三千代⁽⁴⁾ みちよ*
江戸時代末期の女性。俳諧。越前福井の人。安政4年刊、皎月舎其睡編『花野塚』に載る。
¶江表（三千代（福井県））

三千代子 みちよこ*
江戸時代後期の女性。和歌。南部の地主山内保助繁憲の娘。天保11年序、西田惟恒・高階光久編『信恒翁霊祭歌集』に載る。
¶江表（三千代子（和歌山県））

みち代女 みちよじょ*
江戸時代末期の女性。俳諧。越後黒川の小谷太右衛門の妻。万延1年刊、松岡茶山編『鄙さへつり』に載る。
¶江表（みち代女（新潟県））

美ちよ女 みちよじょ*
江戸時代末期の女性。俳諧。城原の人。慶応1年頃成立、小林見外編『三七松集』に載る。
¶江表(美ちよ女(山梨県))

みつ(1)
江戸時代前期の女性。俳諧。貞享4年刊、大津の江左尚白編『孤松』に載る。
¶江表(みつ(京都府))

みつ(2)
江戸時代中期～後期の女性。俳諧。藪塚本町の椎名右衛門の娘。
¶江表(みつ(埼玉県)) ㊀延享1(1744)年 ㊁文政5(1822)年

みつ(3)
江戸時代後期の女性。俳諧。宮城の人。文化8年刊、松窓乙二編『斧の柄』に載る。
¶江表(みつ(宮城県))

みつ(4)
江戸時代後期の女性。和歌。武蔵大師河原の名主池上太郎左衛門幸政の養子幸包の妻。
¶江表(みつ(神奈川県))

みつ(5)
江戸時代後期の女性。教育。美濃加和屋町の日比野氏。寺子屋を開業。
¶江表(みつ(岐阜県))

みつ(6)
江戸時代後期の女性。和歌。伊豆江間村の石井家11代目通駿といちの一人娘。天保12年刊、竹村茂雄編『門田の抜穂』に載る。
¶江表(みつ(静岡県))

みつ(7)
江戸時代後期～明治時代の女性。工芸。周防熊毛郡阿月の中本吉左衛門の娘。
¶江表(みつ(山口県)) ㊀文化5(1808)年 ㊁明治32(1899)年

みつ(8)
江戸時代後期の女性。和歌。薩摩出水郡阿久根の商人河南源七の妹。
¶江表(みつ(鹿児島県))

みつ(9)
江戸時代末期の女性。俳諧。丹後宮津の人。安政6年成立、宜嵐編「くしのと集」に載る。
¶江表(みつ(京都府))

光 みつ*
江戸時代後期の女性。狂歌。備前和気郡片上の銭屋岡島氏。天保12年、江戸の狂歌師円下亭砧音高が片上に来遊した時、当地の二十余人が同師の指導を受けて詠んだ三百余首をまとめた「藻歌句聯の玉」に肖像画や数首が載る。
¶江表(光(岡山県))

貢 みつ
江戸時代後期～明治時代の女性。和歌。讃岐高松藩九代藩主松平頼恕の娘。
¶江表(貢(島根県)) ㊀文政12(1829)年 ㊁明治6(1873)年

三つ(1)
江戸時代後期の女性。俳諧。箱館の人。文化8年刊、松窓乙二編『斧の柄』に載る。
¶江表(三つ(北海道))

三つ(2) みつ*
江戸時代後期の女性。俳諧。舞鶴城城内の俳人再斯の娘。寛政10年跋、洗潮編『松の花』に載る。
¶江表(三つ(山形県))

美津 みつ*
江戸時代後期の女性。俳諧。越前今立郡岩本の人。文化12年に没した誼斎の追善集『誼斎追善集』に載る。
¶江表(美津(福井県))

満 みつ
江戸時代中期の女性。和歌。陸奥須賀川の廻米問屋で俳人藤井晋流の娘。
¶江表(満(茨城県)) ㊁宝暦2(1752)年

三井篤親 みついあつちか
江戸時代後期～明治時代の眼科医。
眼医(㊀文政1(1818)年 ㊁明治12(1879)年)

三井右近尉 みついうこんのじょう
戦国時代～安土桃山時代の甲斐国巨摩郡八幡郷の土豪。
¶武田(生没年不詳)

三井丑之助* みついうしのすけ
天保12(1841)年～？ 江戸時代後期～末期の新撰組隊士。
¶新隊

三井嘉菊* みついかきく
明和4(1767)年～弘化4(1847)年 ㊂嘉菊(かきく) 江戸時代後期の俳人。
¶俳文(嘉菊 かきく)

三井金鱗* みついきんりん
文化6(1809)年～明治23(1890)年 江戸時代末期～明治時代の医師。
¶眼医

三井敬之 みついけいすけ
江戸時代末期～大正時代の眼科医。
眼医(㊀安政2(1855)年 ㊁大正12(1923)年)

三井元儒 みついげんじゅ
⇒三井眉山(みついびざん)

三井孤鳳 みついこほう
江戸時代後期～明治時代の眼科医。
¶眼医(㊀文政2(1819)年 ㊁明治8(1875)年)

三井惟親 みついこれちか
江戸時代中期～後期の眼科医。
¶眼医(㊀元文3(1738)年 ㊁文化13(1816)年)

三井重清 みついしげきよ
江戸時代後期の眼科医。
¶眼医(㊀寛政8(1796)年 ㊁嘉永4(1851)年)

三井重足 みついしげたり
江戸時代中期～後期の眼科医。
¶眼医(㊀元文4(1739)年 ㊁寛政3(1791)年)

三井重信 みついしげのぶ
江戸時代中期の眼科医。
¶眼医(㊀元禄16(1703)年 ㊁明和3(1766)年)

三井重韶 みついじゅうしょう
江戸時代後期～明治時代の眼科医。
¶眼医(㊀文政4(1821)年 ㊁明治29(1896)年)

三井秋風* みついしゅうふう
正保3(1646)年〜享保2(1717)年 ㊋秋風(しゅうふう) 江戸時代中期の俳人(談林派)。
¶俳文(秋風 しゅうふう) ㊚享保2(1717)年9月3日)

三井殊法 みついしゅほう
天正18(1590)年〜延宝4(1676)年 江戸時代前期の女性。商人。三井高俊の妻。
¶江表(殊法(三重県) しゅほう),コン,女史

三井次郎三郎 みついじろうさぶろう
安土桃山時代の武士。三井右近尉の甥。武田氏に仕えた。
¶武田(生没年不詳)

三井心斎 みついしんさい
江戸時代後期の眼科医。
¶眼医(㊥天明8(1788)年 ㊚嘉永3(1850)年)

三井真斎 みついしんさい
眼科医。
¶眼医(生没年不詳)

三井親和* みついしんな
元禄13(1700)年〜天明2(1782)年 江戸時代中期の書家、武術家。
¶コン

三井親兵衛重行(寿伯) みついしんべいしげゆき(じゅはく)
江戸時代前期〜中期の眼科医。
¶眼医(㊥元和6(1620)年 ㊚元禄11(1698)年)

三井善庵* みついぜんあん
宝永5(1708)年〜寛延1(1748)年 江戸時代中期の医者。
¶眼

三井棗洲* みついそうしゅう
明和2(1765)年〜天保4(1833)年 ㊋三井棗洲(みいそうしゅう),三井善之(みついよしゆき) 江戸時代後期の眼科医、詩人。
¶眼医(㊥明和2(1765)年)

三井宗三 みついそうぞう
戦国時代〜安土桃山時代の飯富虎昌の家臣。
¶武田(生没年不詳)

三井高利* みついたかとし
元和8(1622)年〜元禄7(1694)年 江戸時代前期の豪商。三井家事業の創業者。
¶江人,コン,徳将,山小(㊚1694年5月6日)

三井高富* みついたかとみ
承応3(1654)年〜宝永6(1709)年 江戸時代前期〜中期の豪商。家祖三井高利の次男。越後屋呉服店の基礎を築く。
¶コン

三井高平* みついたかひら
承応2(1653)年〜元文2(1737)年 江戸時代前期〜中期の豪商。家祖三井高利の長男。三井家の事業を統轄。
¶江人,コン

三井高房* みついたかふさ
貞享1(1684)年〜寛延1(1748)年 江戸時代中期の豪商。三井惣領家の3代。
¶江人,コン

三井高喜* みついたかよし
文政6(1823)年〜明治27(1894)年 江戸時代末期〜明治時代の実業家、三井銀行総長。
¶幕末(㊥文政6(1823)年9月 ㊚明治27(1894)年3月11日)

三井高福* みついたかよし
文化5(1808)年〜明治18(1885)年12月20日 ㊋高福(こうふく) 江戸時代末期〜明治時代の実業家、第一国立銀行頭取。三井財閥形成の基礎を構築。
¶コン,幕末(㊥文化5(1808)年9月26日)

三井為親 みついためちか
江戸時代中期〜後期の眼科医。
¶眼医(㊥明和6(1769)年 ㊚天保2(1831)年)

三井道安 みついどうあん
江戸時代前期〜中期の眼科医。
¶眼医(㊥寛文5(1665)年 ㊚延享2(1745)年)

三井展親 みついのぶちか
江戸時代後期の眼科医。
¶眼医(㊥寛政2(1790)年 ㊚嘉永5(1852)年)

三井憲吉 みついのりよし
戦国時代の武田氏の家臣。
¶武田(生没年不詳)

三井八郎右衛門* みついはちろうえもん
世襲名 江戸時代以来の呉服、両替商、三井財閥の名義。
¶コン

三井萬安 みついばんあん
江戸時代中期の眼科医。
¶眼医(㊥元禄9(1696)年 ㊚延享2(1745)年)

三井眉山* みついびざん
享保18(1733)年〜天明4(1784)年 ㊋三井眉山(みいびざん),三井元孺(みついげんじゅ),三井良之(みついよしゆき) 江戸時代中期の眼科医。
¶眼医(三井元孺 みついげんじゅ)

三井良龍 みついよしたつ
江戸時代中期の幕臣。
¶徳人(㊥1698年 ㊚1751年)

三井善之 みついよしゆき
⇒三井棗洲(みついそうしゅう)

三井良之 みついよしゆき
⇒三井眉山(みついびざん)

三井立悦 みついりゅうえつ
江戸時代中期の眼科医。
¶眼医(㊥? ㊚元文2(1737)年)

三井蓮純* みついれんじゅん
寛政8(1796)年〜明治14(1881)年2月24日 江戸時代末期〜明治時代の真宗高田派僧侶、学僧、万福寺住職。
¶幕末

みつ枝 みつえだ*
江戸時代後期の女性。和歌。但馬出石藩主仙石久行家の奥女中。文化5年頃、真田幸弘編「御ことほきの記」に載る。
¶江表(みつ枝(兵庫県))

満岡市兵衛* みつおかいちべえ
文化9(1812)年〜明治11(1878)年 ㊋満岡白里

（みつおかはくり）　江戸時代末期〜明治時代の藩校弘道館教授。

¶幕末

三岡左次馬*　みつおかさじま

文政1（1818）年〜明治30（1897）年　江戸時代末期〜明治時代の谷田部藩士。

¶幕末（[没]明治30（1897）年10月29日）

光岡多治見*　みつおかたじみ

文政12（1829）年〜？　江戸時代末期の下総結城藩士。

¶幕末

満岡白里　みつおかはくり

⇒満岡市兵衛（みつおかいちべえ）

三使王　みつかいおう

奈良時代の官人。

¶古人（[生]？　[没]760年）

御使清足（三使浄足）　みつかいのきよたり

⇒三使連浄足（みつかいのむらじきよたり）

三使連浄足*　みつかいのむらじきよたり

[別]御使清足，三使浄足（みつかいのきよたり）　奈良時代の官人。

¶古人（御使清足　みつかいのきよたり　生没年不詳），古代

光方*　みつかた

生没年不詳　江戸時代前期の俳人。

¶俳文

三木顕綱*　みつきあきつな

[別]鍋山顕綱（なべやまあきつな）　安土桃山時代の武将。

¶織田（鍋山顕綱　なべやまあきつな　[生]？　[没]天正11（1583）年1月），戦武（[生]天文14（1545）年？　[没]天正11（1583）年）

水筑小一郎の母　みづきこいちろうのはは★

江戸時代末期の女性。書簡。水筑小一郎は高鍋藩の江戸詰藩士。

¶江表（水筑小一郎の母（宮崎県））

三木嗣頼*　みつきつぐより

？〜元亀3（1572）年11月12日　[別]三木嗣頼（みきつぐより）　戦国時代の公卿（参議）。永禄6年謀反のかどで配流される。

¶公卿（みきつぐより）

三木直頼*　みつきなおより

明応7（1498）年〜天文23（1554）年6月14日　戦国時代の武士。三仏寺城主、桜洞城主。

¶全戦，戦武（[生]明応6（1497）年？），室町（[生]？）

三木良頼　みつきよしより，みつぎよしより

⇒姉小路嗣頼（あねのこうじつぐより）

三木自綱（三木頼綱）　みつきよりつな，みつぎよりつな

⇒姉小路頼綱（あねがこうじよりつな）

箕作麟祥　みつくりあきよし

⇒箕作麟祥（みつくりりんしょう）

箕作阮甫*　みつくりげんぽ

寛政11（1799）年〜文久3（1863）年6月17日　江戸時代末期の蘭学者。わが国初の医学雑誌「泰西名医彙講」を編訳刊行。

¶江人，科学（[生]寛政11（1799）年9月7日），コン，思想，全幕，地理，徳人，幕末（[生]寛政11（1799）年9月7日），山小（[生]1799年9月7日　[没]1863年6月17日）

箕作秋坪*　みつくりしゅうへい

文政8（1825）年12月8日〜明治19（1886）年12月3日　江戸時代末期〜明治時代の洋学者、教育指導者。中等高等師範科設置に尽力し、高等師範学校の基礎を構築。

¶江人（[生]1826年），科学，コン，思想，全幕，幕末（[生]文政8（1826）年12月8日）

箕作省吾*　みつくりしょうご

文政4（1821）年〜弘化3（1846）年12月13日　[別]箕作省吾（みちくりしょうご）　江戸時代後期の世界地理学者。「新製輿地全図」「坤輿図識」を編訳。

¶江人，コン，地理，幕末（[没]弘化3（1847）年12月13日）

三栗中女　みつぐりちゅうじょ★

江戸時代後期の女性。狂歌。上野の人。天保9年刊、緑樹園元有撰『桜間狂歌集』に載る。

¶江表（三栗中女（群馬県））

箕作麟祥*　みつくりりんしょう

弘化3（1846）年7月29日〜明治30（1897）年　[別]箕作麟祥（みつくりあきよし）　江戸時代末期〜明治時代の洋学者、法律学者。日本にフランス法を紹介し、明治民法・商法編纂に貢献。

¶コン，思想，幕末（[没]明治30（1897）年12月1日），山小（[生]1846年7月29日　[没]1897年11月29日）

密巌　みつげん

⇒嵐三五郎〔2代〕（あらしさんごろう）

みつ子(1)　みつこ★

江戸時代中期の女性。和歌。前田昌齢の妻。夫とともに賀茂真淵門。

¶江表（みつ子（東京都））

みつ子(2)　みつこ★

江戸時代後期の女性。和歌。川口利左衛門の娘。天保10年真弓の旅の途上に歌を取り交わす。

¶江表（みつ子（長野県））

みつ子(3)　みつこ★

江戸時代後期の女性。和歌。播磨林田藩主建部政賢家の奥女中。文化5年頃、真田幸弘編「御ことほきの記」に載る。

¶江表（みつ子（兵庫県））

みつ子(4)　みつこ★

江戸時代後期の女性。和歌。播磨野口町の人。天保7年刊、加納諸平編『類題鰒玉集』三に載る。

¶江表（みつ子（兵庫県））

みつ子(5)　みつこ★

江戸時代後期の女性。和歌。竹矢氏。天保13年刊、千家尊孫編『類題八雲集』に載る。

¶江表（みつ子（島根県））

みつ子(6)　みつこ★

江戸時代後期の女性。和歌。猪尻の橋村吉太夫家の隠居。上田美寿著「桜戸日記」の嘉永6年8月に載る。

¶江表（みつ子（徳島県））

みつ子(7)　みつこ★

江戸時代後期〜末期の女性。和歌。美濃中津川宿にて酒造業、荷問屋を営み、名字帯刀を許された間半兵衛秀矩の娘。母は同宿の豪商菅井家。

¶江表（みつ子（岐阜県）　[生]嘉永1（1848）年　[没]慶応3（1867）年）

ミツ子　みつこ★
江戸時代後期の女性。川柳。文化12年刊『誹風柳多留』六七篇に百河評で載る。
¶江表(ミツ子(東京都))

光子(1)　**みつこ**★
江戸時代の女性。和歌。下鴨神社社司鴨脚光陳の娘。明治39年刊『好古類纂』二に載る。
¶江表(光子(京都府))

光子(2)　**みつこ**★
江戸時代中期の女性。和歌。伯耆米子の浅田利直の娘。元禄15年刊、竹内時安斎編『出雲大社奉納清地草』に載る。
¶江表(光子(鳥取県))

光子(3)　**みつこ**★
江戸時代中期～後期の女性。和歌。下総香取郡吉原の香取文右衛門の娘。
¶江表(光子(千葉県)　[生]明和8(1771)年　[没]嘉永6(1853)年)

光子(4)　**みつこ**★
江戸時代後期～明治時代の女性。和歌。摂津兵庫の豪商北風家の大番頭の喜多為助の養女。
¶江表(光子(兵庫県))

光子(5)　**みつこ**★
江戸時代後期～明治時代の女性。和歌。信濃岩村田藩主内藤正縄の娘。
¶江表(光子(北海道)　[生]弘化3(1846)年　[没]明治2(1869)年)

光子(6)　**みつこ**★
江戸時代末期の女性。和歌。美作吉野郡馬片村の豊福三平の妻。安政6年刊、秋元安民編『類題青藍集』に載る。
¶江表(光子(岡山県))

光子(7)　**みつこ**★
江戸時代末期の女性。和歌。田坂右門の妻。安政5年、豊前小倉藩藩士で国学者西田直養に入門。
¶江表(光子(山口県))

光子(8)　**みつこ**★
江戸時代末期の女性。和歌。小松藩藩士武司左門の母。安政1年序、半井梧庵編『鄙のてぶり』初に載る。
¶江表(光子(愛媛県))

光子(9)　**みつこ**★
江戸時代末期～明治時代の女性。体験記。会津藩軍事奉行鈴木重光の娘。慶応4年、8歳の時に会津戊辰戦争に遭遇。のち体験記を綴る。
¶江表(光子(福島県))

光子(10)　**みつこ**★
江戸時代末期～明治時代の女性。和歌。伊勢神戸藩藩士岡元喜早太英明の娘。
¶江表(光子(三重県)　[没]明治27(1894)年)

三子　みつこ★
江戸時代中期の女性。和歌。但馬豊岡藩京極家の奥女中。
¶江表(三子(兵庫県))

美津子　みつこ★
江戸時代後期の女性。和歌。遠江向笠村代官匂坂久左衛門勝豊の娘、母は森町の村松助右衛門の娘みね。
¶江表(美津子(静岡県)　[没]嘉永5(1852)年)

満子女王　みつこじょおう
⇒満子女王(まんしじょおう)

光子内親王*(1)　**みつこないしんのう**
天延1(973)年～天延3(975)年　[別]光子内親王(こうしないしんのう)　平安時代中期の冷泉天皇皇女。
¶古人,天皇(こうしないしんのう・みつこないしんのう　[没]天延3(975)年6月26日)

光子内親王*(2)　**みつこないしんのう**
寛永11(1634)年7月1日～享保12(1727)年　[別]元瑤内親王(げんようないしんのう),光子内親王(こうしないしんのう),照山元瑤(しょうざんげんよう),照山元瑤尼(しょうざんげんように),普明院宮照山元瑤法内親王(ふみょういんのみやしょうざんげんようほうないしんのう)　江戸時代前期～中期の女性。後水尾天皇の皇女。
¶江表(光子内親王(京都府)),天皇(こうしないしんのう　[没]享保12(1727)年10月5日)

満子女王　みつこにょおう
⇒満子女王(まんしじょおう)

光子連　みつこのむらじ
江戸時代中期の女性。物忌(常陸鹿島神宮の女性祭主)。
¶江表(光子連(茨城県))

光崎検校*　**みつざきけんぎょう,みつさきけんぎょう**
生没年不詳　江戸時代末期の京都の地歌箏曲家。三弦譜「絃曲大榛抄」を校閲。
¶江人([生]?　[没]1853年),コン(みつさきけんぎょう)

光定　みつさだ
戦国時代の連歌作者。伊勢神宮御師高向二頭大夫家。
¶俳文(生没年不詳)

光貞妻　みつさだのつま
⇒杉木美津(すぎきみつ)

盈之女　みつしじょ★
江戸時代後期の女性。俳諧。三河舞木の人。寛政3年刊、牡丹庵阿人・鳥過庵千布編『雪幸集』に載る。
¶江表(盈之女(愛知県))

御津七郎　みつしちろう
⇒三戸七郎(みとしちろう)

水主木工助　みつしもくのすけ
戦国時代～安土桃山時代の北条氏康・吉良氏朝の家臣。
¶後北(木工助〔水主〕　もくのすけ)

みつ女(1)　**みつじょ**★
江戸時代の女性。俳諧。上総長生郡長南町三ケ谷に住む。昭和53年刊、雉子島雨城著『千葉県故俳人名鑑』に載る。
¶江表(みつ女(千葉県))

みつ女(2)　**みつじょ**★
江戸時代後期の女性。俳諧。江戸の山口素堂を祖とする葛飾派。寛政11年刊、関根白芹編『己未元除遍覧』に載る。
¶江表(みつ女(長野県))

光女　みつじょ★
江戸時代後期の女性。俳諧。松山堀端の市川屋桑実の母。弘化2年刊、蛸壺烏岬編『知名美久佐』に載る。
¶江表(光女(愛媛県))

三津女 みつじょ*
江戸時代後期の女性。狂歌。岸上久左衛門の妻。文化8年刊、六樹園撰『狂歌画像作者部類』に載る。
¶江表(三津女(東京都))

美津女(1) みつじょ*
江戸時代末期の女性。俳諧。安達郡の人。文久4年成立、登那木二郎左衛門編『千と世集』に載る。
¶江表(美津女(福島県))

美津女(2) みつじょ
⇒杉木美津(すぎきみつ)

光伝 みつすけ
⇒堀江光傳(ほりえみつすけ)

光忠* みつただ
生没年不詳 [別]長船光忠(おさふねみつただ) 鎌倉時代の刀工。長船派の祖。
¶コン,美工

満田弥三右衛門 みつたやざえもん
⇒満田弥三右衛門(みつたやそうえもん)

満田弥三右衛門* みつたやそうえもん
*～弘安5(1282)年 [別]満田弥三右衛門(みつたやざえもん) 鎌倉時代前期の織工。
¶美工([生]? [没]弘安5(1282)年8月25日)

光永惟詳 みつながこれみつ
⇒光永平蔵(みつながへいぞう)

満良親王* みつながしんのう
生没年不詳 [別]満良親王(みつよししんのう) 南北朝時代の後醍醐天皇の皇子。
¶天皇(みつよししんのう)

光永直次* みつながなおつぐ
安永2(1773)年～安政2(1855)年 江戸時代後期の篤農家。
¶コン

光永平蔵* みつながへいぞう
文化1(1804)年～文久2(1862)年 [別]光永惟詳(みつながこれみつ) 江戸時代末期の治水功労者。肥後熊本藩木倉手永惣庄屋光永円右衛門惟影の養子。
¶コン

三津首浄足* みつのおびときよたり
[別]三津浄足(みつのきよたり) 奈良時代の戸主。
¶古代

三津首百枝* みつのおびとももえ
[別]三津百枝(みつのももえ) 奈良時代の最澄の父。
¶古代

三津浄足 みつのきよたり
⇒三津首浄足(みつのおびときよたり)

三津百枝 みつのももえ
⇒三津首百枝(みつのおびとももえ)

三橋永助 みつはしえいすけ
江戸時代後期の仏師。
¶美建(生没年不詳)

三橋金助* みつはしきんすけ
弘化1(1844)年～慶応1(1865)年 [別]三橋弘光(みつはしひろみつ),山形半六(やまがたはんろく) 江戸時代末期の水戸藩士。
¶幕末([没]元治2(1865)年2月4日)

三橋検校* みつはしけんぎょう
?～宝暦10(1760)年 江戸時代中期の箏曲家。
¶コン

三橋鎌山* みつはしけんざん
弘化2(1845)年～大正3(1914)年 江戸時代末期～明治時代の工芸家。鎌倉彫り制作者。深彫りの有栖川菊を創案。
¶幕末([没]大正3(1914)年2月14日),美工([没]大正3(1914)年2月14日)

三橋健次郎* みつはしけんじろう
天保14(1843)年～明治37(1904)年 江戸時代末期～明治時代の幕臣。陸軍奉行並支配入り。
¶幕末([生]天保14(1843)年8月7日 [没]明治37(1904)年4月17日)

三橋左京 みつはしさきょう
江戸時代前期の仏師。
¶美建(生没年不詳)

三橋薩摩 みつはしさつま
江戸時代前期の仏師。
¶美建(生没年不詳)

三橋宗慶 みつはしそうけい
安土桃山時代の仏師。
¶美建([生]元亀2(1571)年 [没]?)

三橋惣四郎 みつはしそうしろう
戦国時代～安土桃山時代の太田康資・吉良氏朝の家臣。
¶後北(惣四郎〔三橋(2)〕 そうしろう)

三橋但馬 みつはしたじま
江戸時代前期の仏師。
¶美建([生]慶長12(1607)年 [没]?)

三橋虎蔵* みつはしとらぞう
生没年不詳 江戸時代末期の幕臣。
¶幕末([生]文政8(1825)年 [没]明治9(1876)年8月26日)

三橋某 みつはしなにがし
安土桃山時代の仏師。北条氏に属した御用仏師。
¶後北(某〔三橋(1)〕 なにがし)

三橋成方 みつはしなりみち
江戸時代中期の幕臣。
¶徳人([生]1750年 [没]?),徳代([生]宝暦1(1751)年 [没]?)

三橋弘光 みつはしひろみつ
⇒三橋金助(みつはしきんすけ)

三橋六衛門* みつはしろくえもん
文政1(1818)年～元治1(1864)年 江戸時代末期の水戸藩士。
¶幕末([没]元治1(1864)年9月9日)

水原長門守 みつはらながとのかみ
戦国時代～安土桃山時代の近江六角氏・武田氏の家臣。
¶武田([生]天文2(1533)年 [没]天正3(1575)年5月21日)

光秀 みつひで
⇒明智光秀(あけちみつひで)

秀仁親王 みつひとしんのう
⇒四条天皇(しじょうてんのう)

満広 みつひろ
⇒真下満広(ましもみつひろ)

み

三淵秋豪* みつぶちあきひで
　？〜天正2（1574）年7月6日　戦国時代〜安土桃山時代の織田信長の家臣。
　¶織田

三淵藤英 みつぶちふじひで
　？〜天正2（1574）年　戦国時代〜安土桃山時代の武士。足利氏家臣。
　¶全戦

三間市之進* みつまいちのしん
　江戸時代末期〜明治時代の越後長岡藩士。
　¶全幕（㊤天保5（1834）年　㊦明治32（1899）年），幕末（㊤天保7（1836）年　㊦明治25（1892）年4月）

三俣久長* みつまたひさなが
　生没年不詳　江戸時代前期の和算家。
　¶数学

光村弥兵衛* みつむらやへえ
　文政10（1827）年〜明治24（1891）年　江戸時代末期〜明治時代の百姓、貿易商、海運業。造幣局汽船運賃丸を購入し、海運業に成功。
　¶幕末（㊦明治24（1891）年2月20日）

みつめ
　江戸時代末期の女性。狂歌。秩父の人。安政2年刊、清流亭西江編『狂歌茶器財画像集』に載る。
　¶江表（みつめ（埼玉県））

光盛の妻 みつもりのつま*
　江戸時代後期の女性。俳諧。八木の人。天保3年刊、守村鴬卿編『女百人一句』に載る。
　¶江表（光盛の妻（奈良県））

三谷右馬助 みつやうまのすけ
　安土桃山時代の坂田城主井田胤徳家臣三谷胤重の同心。右馬允。
　¶後北（右馬助〔三谷〕　うまのすけ）

三谷刑部左衛門尉 みつやぎょうぶざえもんのじょう
　安土桃山時代の坂田城主井田胤徳家臣三谷胤重の同心。
　¶後北（刑部左衛門尉〔三谷〕　ぎょうぶざえもんのじょう）

三谷源次左衛門尉 みつやげんじざえもんのじょう
　安土桃山時代の坂田城主井田胤徳家臣三谷胤重の同心。源左衛門丞。
　¶後北（源次左衛門尉〔三谷〕　げんじざえもんのじょう）

三谷胤重 みつやたねしげ
　安土桃山時代の千葉利胤・井田胤徳の家臣。蔵人佐。
　¶後北（胤重〔三谷〕　たねしげ）

三谷主税助 みつやちからのすけ
　安土桃山時代の坂田城主井田胤徳家臣三谷胤重の同心。
　¶後北（主税助〔三谷〕　ちからのすけ）

三谷民部少輔 みつやみんぶのしょう
　安土桃山時代の坂田城主井田胤徳家臣三谷胤重の同心。
　¶後北（民部少輔〔三谷〕　みんぶのしょう）

光世* みつよ
　生没年不詳　平安時代後期の筑後の刀工。
　¶古人、美工

満良親王 みつよししんのう
　⇒満良親王（みつながしんのう）

弥都侶伎命* みつろきのみこと
　上代の天穂日の命八世の孫。
　¶古代

三津人* みつんど
　？〜文政5（1822）年　㊞松井三津人（まついみつんど）　江戸時代後期の俳人。
　¶俳文（㊧文政5（1822）年8月15日）

みと(1)
　江戸時代中期〜後期の女性。金融。西高橋の名主菅谷吉右衛門道高と上予能村出身のぬいの娘。菅谷家には多数の借金証文が残されており、宛名に名がある。
　¶江表（みと（栃木県）　㊤天明6（1786）年　㊦天保10（1839）年）

みと(2)
　江戸時代後期の女性。紀行文・和歌。土佐藩藩士内田理俊とさきの娘。天保4年3月9日、師の楠瀬大枝や友人、家族を誘い、両親、弟妹と共に稲荷神社に詣でた後、浦戸湾に船を浮かべて孕の磯辺で1日を過ごした「内田氏女稲荷詣之記」がある。
　¶江表（みと（高知県））

美登 みと*
　江戸時代後期の女性。和歌。備中新川町の庄屋岡春徳の娘。
　¶江表（美登（岡山県）　㊧文政4（1821）年）

美都(1)　みと*
　江戸時代中期の女性。和歌。兜山下の人。元禄14年刊、大淀三千風編『倭漢田鳥集』に載る。
　¶江表（美都（山梨県））

美都(2)　みと
　江戸時代後期の女性。和歌。因幡鳥取西館新田藩鉄砲洲藩邸詰中田陣八の母。天保11年成立『鷲見家短冊帖』に載る。
　¶江表（美都（鳥取県））

御堂関白 みどうかんぱく
　⇒藤原道長（ふじわらのみちなが）

水戸義公 みとぎこう
　⇒徳川光圀（とくがわみつくに）

末得* みとく
　天正15（1587）年〜寛文9（1669）年7月18日　㊞石田未得（いしだみとく）　江戸時代前期の俳人。江戸俳壇の名士。
　¶江人（㊥1587・88年），コン（石田未得　いしだみとく），俳文

みと子 みとこ*
　江戸時代末期の女性。和歌。淡路由良浦の徳島藩士森長左衛門の祖母。安政4年刊、西田惟恒編『安政四年三百首』に載る。
　¶江表（みと子（兵庫県））

水戸黄門 みとこうもん
　⇒徳川光圀（とくがわみつくに）

三戸七郎* みとしちろう
　？〜正平6/観応2（1351）年　㊞高氏鎮（こううじしげ，こうのうじしげ）、御津七郎（みつしちろう）　南北朝時代の武将。
　¶室町（㊧正平5/観応1（1350）年）

三津肥前* みとひぜん
　生没年不詳　戦国時代の武士。北条氏忠の家臣。

¶後北（肥前守〔三津〕 ひぜんのかみ）

水戸光圀 みとみつくに
⇒徳川光圀（とくがわみつくに）

御友別 みともわけ
⇒御友別命（みともわけのみこと）

御友別命* みともわけのみこと
[別]御友別（みともわけ） 上代の吉備臣の祖。
¶古代（御友別 みともわけ）

三刀屋宗忠* みとやむねただ
？～元亀1（1570）年 戦国時代の武士。
¶全戦，室町

三戸義宣* みとよしのぶ
生没年不詳 戦国時代の扇谷上杉氏の家臣。
¶全戦

三寅 みとら
⇒藤原頼経（ふじわらのよりつね）

みどり
江戸時代末期の女性。俳諧。松風社一世松前町の豪商鶴庵旭の弟子として、幕末期の松前俳壇系統図に名が載る。
¶江表（みどり（北海道））

翠 みどり*
江戸時代中期の女性。俳諧。加賀の人。元禄5年刊、柳陰庵句空編『柞原集』に載る。
¶江表（翠（石川県））

緑川重明* みどりかわしげあき
生没年不詳 江戸時代前期の和算家。
¶数学

翠子 みどりこ*
江戸時代末期の女性。和歌。常陸水戸の中山荘司左衛門の姉。
¶江表（翠子（茨城県））

緑子 みどりこ*
江戸時代末期の女性。和歌。安政3年成立、色川三中一周忌追善集「手向草」に載る。
¶江表（緑子（茨城県））

緑西江* みどりさいこう
？～慶応2（1866）年 [別]清流亭西江（せいりゅうていさいこう） 江戸時代末期の女性。狂歌師。
¶江表（緑西江（東京都））

緑女 みどりじょ*
江戸時代末期の女性。俳諧。越後水原の人。安政3年刊、里正斎庵鷺眼編『新葉集』に載る。
¶江表（緑女（新潟県））

緑廼小笹 みどりのおざさ*
江戸時代後期の女性。狂歌。天王寺屋の人。天保5年刊、江戸の神歌堂八島定賢・檜園高殿梅明撰『阿淡狂歌人名録』に肖像画入りで載る。
¶江表（緑廼小笹（徳島県））

水戸烈公 みとれっこう
⇒徳川斉昭（とくがわなりあき）

みな（1）
江戸時代の女性。和歌。秋田藩御用達津村淙庵編「片玉集」前集巻三七に「十五首」が載る。
¶江表（みな（東京都））

みな（2）
江戸時代中期の女性。教育。高梨弥左衛門信真の娘。享保10年に「見那礼さを」を著す。
¶江表（みな（埼玉県））

みな（3）
江戸時代中期の女性。俳諧。戸倉の俳人素月の娘か。天明4年刊、加舎白雄編『春秋稿』四に載る。
¶江表（みな（長野県））

みな（4）
江戸時代後期の女性。教育。伊藤氏。
¶江表（みな（東京都） [生]天保1（1830）年頃）

みな（5）
江戸時代末期の女性。俳諧。鹿島の呉服商兼質屋の唯野新八の妻。
¶江表（みな（福島県） [没]文久3（1863）年）

美那 みな*
江戸時代中期の女性。和歌。遠江掛川の金右衛門の母。宝暦4年成立「杉浦真崎女法謚蓮池院追悼歌集」に載る。
¶江表（美那（静岡県））

薬袋主計 みないかずえ
⇒薬袋主計（みないしゅけい）

薬袋小助 みないこすけ
安土桃山時代の武田家の御徒歩衆。
¶武田（[生]？ [没]天正10（1582）年3月11日）

薬袋重暉 みないしげあき
⇒薬袋主計（みないしゅけい）

薬袋主計* みないしゅけい
？～万延1（1860）年 [別]薬袋主計（みないかずえ），薬袋重暉（みないしげあき） 江戸時代末期の近江彦根藩士。
¶コン（みないかずえ）

御長広岳 みながのひろおか
⇒御長真人広岳（みながのまひとひろおか）

御長真人広岳* みながのまひとひろおか
天平勝宝1（749）年～弘仁8（817）年 [別]御長広岳（みたけのひろおか，みながのひろおか） 平安時代前期の中級官人。
¶古人（御長広岳 みたけのひろおか），古代

水上香雪* みなかみこうせつ
？～明治10（1877）年 江戸時代後期～明治時代の女性。画家。
¶美画

水上ひさ子・水上ひさこ みなかみひさこ*
江戸時代後期の女性。狂歌。寛政5年刊、桑楊庵光ほか編『狂歌上段集』に載る。
¶江表（水上ひさ子・水上ひさこ（東京都））

皆川淇園* みながわきえん，みなかわきえん
享保19（1734）年～文化4（1807）年 江戸時代中期～後期の儒学者。開物学に到達。
¶江人，コン，詩作（[生]享保19（1735）年12月8日 [没]文化4（1807）年5月16日），思想

皆川謙蔵* みなかわけんぞう
天保11（1840）年～慶応2（1866）年 江戸時代末期の長門清末藩士。
¶幕末（[没]慶応2（1866）年6月17日）

皆川俊宗*　みながわとしむね
大永5(1525)年～天正1(1573)年9月1日　戦国時代～安土桃山時代の皆川城(栃木市)の城主。
¶後北(俊宗〔皆川〕　としむね)

皆川広照*　みながわひろてる，みなかわひろてる
天文17(1548)年～寛永4(1627)年12月22日　安土桃山時代～江戸時代前期の大名。下野皆川藩主、信濃飯山藩主、常陸府中藩主。
¶後北(広照〔皆川〕　ひろてる),全戦

皆川正衡　みなかわまさひら
江戸時代後期の和算家。新発田の人。寛政12年算額を奉納。
¶数学

皆吉修理亮*　みなきちしゅりのすけ
生没年不詳　[別]皆吉修理亮(みなよししゅりのすけ)　戦国時代の武士。足利氏家臣。
¶後北(修理亮〔皆吉〕　しゅりのすけ)

み

水口市之進*　みなくちいちのしん
？～明治5(1872)年　江戸時代末期～明治時代の郷士。
¶全幕,幕末([没]明治5(1872)年1月13日)

みな子　みなこ★
江戸時代中期の女性。和歌。幕臣、徒士頭(のち書院番)妻木弁之助の娘。明和5年刊、石野広通編『霞関集』に載る。
¶江表(みな子(東京都))

水無瀬有成*　みなせありなり
寛政1(1789)年10月26日～元治1(1864)年8月28日　江戸時代後期の公家(権大納言)。参議水無瀬忠成の孫。
¶公卿,公家(有成〔水無瀬家〕　ありしげ)

水無瀬氏子　みなせうじこ
江戸時代前期の女性。後水尾天皇の皇妃。
¶天皇(生没年不詳)

水無瀬氏成　みなせうじしげ
⇒水無瀬氏成(みなせうじなり)

水無瀬氏孝*　みなせうじたか
延宝3(1675)年10月23日～寛保1(1741)年12月7日　江戸時代中期の公家(権中納言)。権中納言水無瀬氏信の子。
¶公卿,公家(氏孝〔水無瀬家〕　うじたか)

水無瀬氏成*　みなせうじなり
元亀2(1571)年10月27日～正保1(1644)年　[別]水無瀬氏成(みなせうじしげ)　安土桃山時代～江戸時代前期の公家(権中納言)。権中納言水無瀬兼成の子。
¶公卿([没]正保1(1644)年10月7日),公家(氏成〔水無瀬家〕　うじなり　[没]寛永21(1644)年9月17日)

水無瀬氏信*　みなせうじのぶ
元和5(1619)年8月6日～元禄3(1690)年7月15日　江戸時代前期の公家(権中納言)。権中納言水無瀬兼俊の子。
¶公卿,公家(氏信〔水無瀬家〕　うじのぶ)

水無瀬兼俊*　みなせかねとし
文禄2(1593)年9月1日～明暦2(1656)年1月1日　江戸時代前期の公家(権中納言)。権中納言水無瀬氏成の子。
¶公卿,公家(兼俊〔水無瀬家〕　かねとし)

水無瀬兼豊*　みなせかねとよ
承応2(1653)年12月14日～宝永2(1705)年　江戸時代前期～中期の公家(参議)。水無瀬則俊の子。
¶公卿([没]宝永2(1705)年3月8日),公家(兼豊〔水無瀬家〕　かねとよ　[没]宝永2(1705)年3月7日)

水無瀬兼成　みなせかねなり
⇒水無瀬親氏(みなせちかうじ)

水無瀬季兼*　みなせすえかね
生没年不詳　室町時代の公卿(参議)。非参議水無瀬具隆の曽孫。
¶公卿,公家(季兼〔水無瀬家〕　すえかね)

水無瀬忠成　みなせただなり
⇒園池成徳(そのいけなりのり)

水無瀬親氏*　みなせちかうじ
永正11(1514)年～慶長7(1602)年9月18日　[別]水無瀬兼成(みなせかねなり)　戦国時代～安土桃山時代の公卿(権中納言)。右大臣三条西公条の次男。
¶公卿(水無瀬兼成　みなせかねなり),公家(兼成〔水無瀬家〕　かねなり)

水無瀬親兼*　みなせちかかね
承安2(1172)年～寛元4(1246)年5月27日　平安時代後期～鎌倉時代前期の公家。
¶公家(親兼〔水無瀬家〕　ちかかね　[没]寛元4(1246)年5月20日)

水無瀬親信　みなせちかのぶ
⇒藤原親信(ふじわらのちかのぶ)

水無瀬経業*　みなせつねかず
宝永1(1704)年7月10日～宝暦12(1762)年8月10日　江戸時代中期の公家(非参議)。権中納言水無瀬氏孝の次男。
¶公卿,公家(経業〔水無瀬家〕　つねなり　[生]元禄17(1704)年7月10日)

水無瀬具兼*　みなせともかね
永仁3(1295)年～？　鎌倉時代後期～南北朝時代の公卿(参議)。水無瀬家の祖。摂政・関白・太政大臣藤原忠平の裔。
¶公卿,公家(具兼〔水無瀬家〕　ともかね　[生]1294年)

水無瀬具隆*　みなせともたか
生没年不詳　室町時代の公卿(非参議)。参議水無瀬具兼の子。
¶公卿,公家(具隆〔水無瀬家〕　ともたか　[生]？　[没]応永6(1399)年7月)

水無瀬信成*　みなせのぶなり
建久8(1197)年～弘長2(1262)年　鎌倉時代前期～後期の公家・歌人。
¶公家(信成〔水無瀬家〕　のぶなり)

水無瀬英兼*　みなせひでかね
文明17(1485)年～弘治1(1555)年1月12日　戦国時代の公卿(参議)。参議水無瀬季兼の子。
¶公卿,公家(英兼〔水無瀬家〕　ひでかね　[没]天文24(1555)年1月12日)

水無瀬師成*　みなせもろなり
享保19(1734)年5月26日～宝暦12(1762)年2月5日　江戸時代中期の公家(非参議)。非参議水無瀬経業の子。
¶公卿,公家(師成〔水無瀬家〕　もろなり)

湊玄貞の妻　みなとげんていのつま★
江戸時代中期の女性。和歌。夫は常陸水戸藩医か。

伴香竹の享保6年序「青木翁八十賀和訶幷序」に載る。
¶江表（湊玄貞の妻（茨城県））

湊信八郎 みなとしんぱちろう
江戸時代末期～明治時代の幕臣。
¶幕末（[生]？ [没]明治23（1890）年9月13日）

湊惣左衛門 みなとそうざえもん
江戸時代前期の浅野幸長の家臣。
¶大坂

湊高秀* みなとたかひで
生没年不詳 [別]宮本高秀（みやもとたかひで） 安土桃山時代の武士。
¶織田（宮本高秀 みやもとたかひで）

湊長安* みなとちょうあん
*～天保9（1838）年 江戸時代後期の蘭方医。シーボルトに入門。
¶科学（[生]天明6（1786）年 [没]天保9（1838）年6月9日）

湊村五郎左衛門* みなとむらごろうざえもん
生没年不詳 江戸時代中期の陸奥磐城平藩領湊村の義民。
¶コン

湊屋小兵衛 みなとやこへえ
江戸時代後期の版元。
¶浮絵

南淵請安 みなぶちしょうあん
⇒南淵請安（みなぶちのしょうあん）

南淵年名 みなぶちとしな
⇒南淵年名（みなぶちのとしな）

南淵永河 みなぶちながかわ
⇒南淵永河（みなぶちのながかわ）

南淵秋郷 みなふちのあきさと，みなぶちのあきさと
⇒南淵朝臣秋郷（みなぶちのあそんあきさと）

南淵朝臣秋郷* みなぶちのあそんあきさと
[別]南淵秋郷（みなふちのあきさと，みなぶちのあきさと） 平安時代前期の地方官人。
¶古人（南淵秋郷 みなふちのあきさと 生没年不詳），古代

南淵朝臣年名 みなぶちのあそんとしな
⇒南淵年名（みなぶちのとしな）

南淵朝臣永河 みなぶちのあそんながかわ
⇒南淵永河（みなぶちのながかわ）

南淵朝臣弘貞 みなぶちのあそんひろさだ
⇒南淵弘貞（みなぶちのひろさだ）

南淵漢人請安 みなぶちのあやひとしょうあん
⇒南淵請安（みなぶちのしょうあん）

南淵請安* みなぶちのしょうあん，みなぶちのじょうあん
生没年不詳 [別]南淵請安（みなぶちしょうあん，みなみぶちしょうあん，みなみぶちのしょうあん），南淵漢人請安（みなぶちのあやひとしょうあん） 飛鳥時代の僧。遣隋使小野妹子らに従って隋へ留学。大化改新に協力した。
¶古人（みなふちのじょうあん），古代（南淵漢人請安 みなぶちのあやひとしょうあん），古物，コン（みなみぶちしょうあん），思想，対外（みなぶちのじょうあん），山小

南淵年名* みなぶちのとしな，みなふちのとしな
大同2（807）年～元慶1（877）年4月8日 [別]南淵年名（みなぶちとしな），南淵朝臣年名（みなぶちのあそんとしな） 平安時代前期の公卿（大納言）。従四位下坂田奈弖麿の孫。
¶公卿，古人（みなふちのとしな [生]808年），古代（南淵朝臣年名 みなぶちのあそんとしな [生]808年）

南淵永河* みなぶちのながかわ，みなふちのながかわ
宝亀8（777）年～天安1（857）年 [別]南淵永河（みなぶちながかわ，みなみぶちながかわ），南淵朝臣永河（みなぶちのあそんながかわ） 平安時代前期の官人。
¶古人（みなふちのながかわ），古代（南淵朝臣永河 みなぶちのあそんながかわ），コン（みなみぶちながかわ）

南淵弘貞* みなぶちのひろさだ，みなふちのひろさだ
宝亀8（777）年～天長10（833）年 [別]南淵朝臣弘貞（みなぶちのあそんひろさだ），南淵弘貞（みなぶちひろさだ，みなみぶちひろさだ） 平安時代前期の公卿（参議）。従四位下坂田奈弖麿の次男。
¶公卿（[生]宝亀7（776）年 [没]天長10（833）年9月18日），古人（みなふちのひろさだ [没]832年），古代（南淵朝臣弘貞 みなぶちのあそんひろさだ），コン（みなみぶちひろさだ [生]宝亀7（776）年）

南淵弘貞 みなぶちひろさだ
⇒南淵弘貞（みなぶちのひろさだ）

御名部皇女 みなべのおうじょ
⇒御名部皇女（みなべのひめみこ）

御名部皇女 みなべのこうじょ
⇒御名部皇女（みなべのひめみこ）

御名部内親王 みなべのないしんのう
⇒御名部皇女（みなべのひめみこ）

御名部皇女* みなべのひめみこ
[別]御名部皇女（みなべのおうじょ，みなべのこうじょ），御名部内親王（みなべのないしんのう） 飛鳥時代の女性。天智天皇の皇女。
¶古人（みなべのこうじょ 生没年不詳），古代，女史（生没年不詳），天皇（[生]？ [没]斉明天皇4（658）年？）

南一郎* みなみいちろう
天保7（1836）年5月22日～大正8（1919）年 [別]南一郎平（みなみいちろべい），南尚（みなみひさし） 江戸時代末期～明治時代の治水家。宇佐郡の水路開削を私財を投じて完成させた。
¶コン（生没年不詳），幕末（南尚 みなみひさし [没]大正8（1919）年5月）

南一郎平 みなみいちろべい
⇒南一郎（みなみいちろう）

南方一枝* みなみがたいっし
天保7（1836）年～大正1（1912）年 江戸時代末期～明治時代の藩士、日新隊書記。水西塾を開き、吉川家譜篇纂に携わる。
¶幕末（[没]明治45（1912）年1月）

南清 みなみきよし
江戸時代末期～明治時代の鉄道技術者。
¶科学（[生]安政3（1856）年5月1日 [没]明治37（1904）年1月19日）

南薫風* みなみくんぷう
天保7（1836）年～明治12（1879）年 江戸時代末期～明治時代の家臣。鎮台府取締、使部取締主記などを歴任。

¶幕末（㋪天保7（1836）年1月10日　㋾明治12（1879）年3月4日）

南月渓*　みなみげっけい
文政5（1822）年〜明治15（1882）年　江戸時代末期〜明治時代の僧侶、士族。田野浄土寺や安芸町妙山寺の住職。
¶幕末（㋪文政5（1822）年5月5日　㋾明治15（1882）年6月26日）

南新三郎*　みなみしんざぶろう
天保7（1836）年〜慶応1（1865）年　江戸時代末期の長州（萩）藩士。
¶幕末（㋪慶応1（1865）年6月18日）

南神六郎　みなみしんろくろう
安土桃山時代の三田綱定・北条氏照の家臣。
¶後北（神六郎〔南〕　しんろくろう）

南亮方　みなみすけかた
生没年不詳　江戸時代後期の和算家。
¶数学

南図書助*　みなみずしょのすけ
生没年不詳　戦国時代の北条氏の家臣。
¶後北（図書助〔南〕　ずしょのすけ）

南園休太　みなみそのきゅうた
江戸時代末期の木彫師。
¶美建（生没年不詳）

南貞助*（南貞介）**　みなみていすけ**
弘化4（1847）年〜大正4（1915）年　江戸時代末期〜明治時代の英語学者、実業家。高杉晋作の従兄。英字塾「南英学舎」を創立。後年は実業界で活躍。
¶全幕

南御方　みなみのおかた
⇒豪姫（ごうひめ）

南御方　みなみのおんかた
室町時代の女性。公家一条兼良の妻。
¶女史（㋪1443年　㋾1490年ころ）

南尚　みなみひさし
⇒南一郎（みなみいちろう）

南寛定*　みなみひろさだ
生没年不詳　江戸時代後期の和算家。
¶数学

南淵請安　みなみぶちしょうあん
⇒南淵請安（みなぶちのしょうあん）

南淵永河　みなみぶちながかわ
⇒南淵永河（みなぶちのながかわ）

南淵請安　みなみぶちのしょうあん
⇒南淵請安（みなぶちのしょうあん）

南淵弘貞　みなみぶちひろさだ
⇒南淵弘貞（みなぶちのひろさだ）

南村梅軒*　みなみむらばいけん
生没年不詳　㋰南村梅軒（なんそんばいけん）　戦国時代の儒学者。大内義隆に仕える。
¶コン, 思想, 中世, 山小

南桃作*　みなみももさく
文政2（1819）年〜明治9（1876）年8月29日　江戸時代末期〜明治時代の機械発明・改良家。農業機械化の先駆者。水車機織機、樟脳製造器、糸引器などの発明・改良に努めた。

¶科学（㋪文政2（1819）年1月10日）, コン, 幕末（㋪文政2（1819）年1月10日）

源明賢　みなもとあきかた
生没年不詳　㋰源明賢（みなもとのあきかた）　平安時代後期の公家・歌人。
¶古人（みなもとのあきかた）

源顕兼　みなもとあきかね
⇒源顕兼（みなもとのあきかね）

源顕国　みなもとあきくに
永保3（1083）年〜保安2（1121）年5月29日　㋰源顕国（みなもとのあきくに）　平安時代後期の公家・歌人。
¶古人（みなもとのあきくに）

源顕資　みなもとあきすけ
⇒源顕資（みなもとのあきすけ）

源顕時　みなもとあきとき
⇒春日顕国（かすがあきくに）

源顕仲　みなもとあきなか
⇒源顕仲（みなもとのあきなか）

源顕仲女　みなもとあきなかのむすめ
⇒源顕仲の娘（みなもとのあきなかのむすめ）

源顕房　みなもとあきふさ
⇒源顕房（みなもとのあきふさ）

源顕房室*　みなもとあきふさのしつ
寛徳1（1044）年〜寛治3（1089）年9月28日　㋰源隆子（みなもとのたかこ）　平安時代中期〜後期の歌人。
¶古人（源隆子　みなもとのたかこ）

源顕雅母*　みなもとあきまさのはは
生没年不詳　㋰源顕雅母（みなもとのあきまさのはは）　平安時代後期の歌人。
¶古人（みなもとのあきまさのはは）

源顕基　みなもとあきもと
⇒源顕基（みなもとのあきもと）

源明　みなもとあきら
⇒源明（みなもとのあきら）

源朝任　みなもとあさとう
⇒源朝任（みなもとのともとう）

源有綱　みなもとありつな
⇒源有綱（みなもとのありつな）

源有教*　みなもとありのり
建久3（1192）年〜建長6（1254）年8月6日　㋰源有教（みなもとのありのり）　鎌倉時代前期の公卿（非参議）。非参議源有通の次男。
¶公卿（みなもとのありのり）, 公家（有教〔堀川家（絶家）1〕　ありのり）

源有仁　みなもとありひと
⇒源有仁（みなもとのありひと）

源有仁室*　みなもとありひとのしつ
？〜仁平1（1151）年9月22日　㋰源有仁室（みなもとのありひとのしつ）　平安時代後期の歌人。
¶古人（みなもとのありひとのしつ）

源有房 (1)　**みなもとありふさ**
⇒源有房（みなもとのありふさ）

源有房(2)　みなもとありふさ
　⇒源有房（みなもとのありふさ）

源有雅　みなもとありまさ
　⇒源有雅（みなもとのありまさ）

源有政*　みなもとありまさ
　生没年不詳　㋾源有政（みなもとのありまさ）　平
　安時代後期の公家・歌人。
　¶古人（みなもとのありまさ）

源有宗*　みなもとありむね
　生没年不詳　㋾源有宗（みなもとのありむね）　平
　安時代後期の公家・歌人。
　¶古人（みなもとのありむね）

源家時*　みなもといえとき
　生没年不詳　㋾源家時（みなもとのいえとき）　平
　安時代後期の公家・歌人。
　¶古人（みなもとのいえとき）

源家俊　みなもといえとし
　⇒源家俊（みなもとのいえとし）

源家長　みなもといえなが
　⇒源家長（みなもとのいえなが）

源浮　みなもとうかぶ
　⇒源浮（みなもとのうかぶ）

源景明*　みなもとかげあきら
　生没年不詳　㋾源景明（みなもとのかげあきら）
　平安時代中期の公家・歌人。
　¶古人（みなもとのかげあきら）

源兼資*　みなもとかねすけ
　天徳4（960）年〜長保4（1002）年8月6日　㋾源兼資
　（みなもとのかねすけ）　平安時代中期の公家・
　歌人。
　¶古人（みなもとのかねすけ）

源兼澄　みなもとかねずみ
　⇒源兼澄（みなもとのかねずみ）

源兼忠　みなもとかねただ
　⇒源兼忠（みなもとのかねただ）

源兼綱*　みなもとかねつな
　？〜治承4（1180）年　㋾源兼綱（みなもとのかねつ
　な）　平安時代後期の武将。
　¶古人（みなもとのかねつな），平家

源兼俊母*　みなもとかねとしのはは
　生没年不詳　㋾源兼俊母（みなもとのかねとしのは
　は）　平安時代後期の歌人。
　¶古人（みなもとのかねとしのはは）

源兼長　みなもとかねなが
　⇒源兼長（みなもとのかねなが）

源兼昌　みなもとかねまさ
　⇒源兼昌（みなもとのかねまさ）

源兼光*　みなもとかねみつ
　生没年不詳　㋾源兼光（みなもとのかねみつ）　平
　安時代中期の公家・歌人。
　¶古人（みなもとのかねみつ　㋐？　㋑966年？）

源兼能*　みなもとかねよし
　生没年不詳　㋾源兼能（みなもとのかねよし）　平
　安時代後期の公卿。
　¶古人（みなもとのかねよし）

源義円　みなもとぎえん
　⇒義円（ぎえん）

源基子　みなもときし
　⇒西華門院（せいかもんいん）

源清蔭　みなもときよかげ
　⇒源清蔭（みなもとのきよかげ）

源清麿　みなもときよまろ
　⇒清麿（きよまろ）

源公忠　みなもときんただ
　⇒源公忠（みなもとのきんただ）

源国信　みなもとくにざね
　⇒源国信（みなもとのくにざね）

源国忠　みなもとくにただ
　⇒源国忠（みなもとのくにただ）

源邦業　みなもとくになり
　⇒源邦業（みなもとのくになり）

源邦正　みなもとくにまさ
　⇒源邦正（みなもとのくにまさ）

源慶安　みなもとけいあん
　⇒源慶安（みなもとよしやす）

源計子　みなもとけいし
　⇒源計子（みなもとのけいし）

源弘量　みなもとこうりょう
　江戸時代後期の眼科医。
　¶眼医（生没年不詳）

源是茂　みなもとこれもち
　⇒源是茂（みなもとのこれしげ）

源在子　みなもとざいし
　⇒承明門院（しょうめいもんいん）

源定季*　みなもとさだすえ
　？〜長久3（1042）年10月2日　㋾源定季（みなもと
　のさだすえ）　平安時代中期の公家・歌人。
　¶古人（みなもとのさだすえ）

源貞亮*　みなもとさだすけ
　生没年不詳　㋾源貞亮（みなもとのさだすけ）　平
　安時代中期の公家・歌人。
　¶古人（みなもとのさだすけ）

源定信*　みなもとさだのぶ
　生没年不詳　㋾源定信（みなもとのさだのぶ）　平
　安時代後期の公家・歌人。
　¶古人（みなもとのさだのぶ）

源定平*(1)　みなもとさだひら
　？〜建長4（1252）年　㋾源定平（みなもとのさだひ
　ら）　鎌倉時代前期の公卿（非参議）。非参議源兼
　定の子。
　¶公卿（みなもとのさだひら　㋑建長4（1252）年1月5
　日），公家（定平〔壬生家（絶家）〕　さだひら　㋑建長
　4（1252）年1月5日）

源定平(2)　みなもとさだひら
　⇒源定平（みなもとのさだひら）

源定房　みなもとさだふさ
　⇒源定房（みなもとのさだふさ）

源定宗*　みなもとさだむね
　生没年不詳　㋾源定宗（みなもとのさだむね）　平

みなもと

安時代後期～鎌倉時代前期の公家・歌人。
¶古人(みなもとのさだむね)

源実* みなもとさね
?～昌泰3(900)年 **別**源実(みなもとのさね，み
なもとのみのる) 平安時代前期の公家・歌人。
¶古人(みなもとのさね)，古人(みなもとのみのる)

源実朝 みなもとさねとも
⇒源実朝(みなもとのさねとも)

源実基* みなもとさねもと
生没年不詳 **別**源実基(みなもとのさねもと) 平
安時代中期の公家・歌人。経房(高明男)の息。
¶古人(みなもとのさねもと)

源氏* みなもとし
生没年不詳 **別**源有雅女(みなもとのありさまのむ
すめ) 鎌倉時代前期の女性。土御門天皇の宮人。
¶天皇(源有雅女 みなもとのありさまのむすめ)

源重貞 みなもとしげさだ
⇒源重貞(みなもとのしげさだ)

源重光 みなもとしげみつ
⇒源重光(みなもとのしげみつ)

源重之 みなもとしげゆき
⇒源重之(みなもとのしげゆき)

源重之母* みなもとしげゆきのはは
生没年不詳 **別**源重之母(みなもとのしげゆきのは
は) 平安時代中期の歌人。
¶古人(みなもとのしげゆきのはは)

源重之女 みなもとしげゆきのむすめ
⇒源重之の娘(みなもとのしげゆきのむすめ)

源順 みなもとしたごう
⇒源順(みなもとのしたごう)

源周子 みなもとしゅうし
⇒源周子(みなもとのしゅうし)

源季景* みなもとすえかげ
生没年不詳 **別**源季景(みなもとのすえかげ) 平
安時代後期～鎌倉時代前期の武将・歌人。
¶古人(みなもとのすえかげ)

源季国 みなもとすえくに
平安時代後期の侍大将。
¶平家(生没年不詳)

源季貞 みなもとすえさだ
⇒源季貞(みなもとのすえさだ)

源季遠* みなもとすえとお
生没年不詳 **別**源季遠(みなもとのすえとお) 平
安時代後期の武将・歌人。
¶古人(みなもとのすえとお)

源季時 みなもとすえとき
⇒中原季時(なかはらすえとき)

源季広* みなもとすえひろ
生没年不詳 **別**源季広(みなもとのすえひろ) 平
安時代後期の公家・歌人。
¶古人(みなもとのすえひろ)

源資賢 みなもとすけかた
⇒源資賢(みなもとのすけかた)

源相方* みなもとすけかた
生没年不詳 **別**源相方(みなもとのすけかた) 平
安時代中期の公家・歌人。
¶古人(みなもとのすけかた)

源資綱 みなもとすけつな
⇒源資綱(みなもとのすけつな)

源資時 みなもとすけとき
⇒源資時(みなもとのすけとき)

源相規* みなもとすけのり
生没年不詳 **別**源相規(みなもとのすけのり) 平
安時代中期の公家・漢詩人。
¶古人(みなもとのすけのり)

源資栄 みなもとすけひで
⇒源資栄(みなもとのすけしげ)

源資平 みなもとすけひら
⇒源資平(みなもとのすけひら)

源資雅 みなもとすけまさ
⇒源資雅(みなもとのすけまさ)

源資通 みなもとすけみち
⇒源資通(みなもとのすけみち)

源善成 みなもとぜんせい
⇒四辻善成(よつつじよしなり)

源高明 みなもとたかあきら
⇒源高明(みなもとのたかあきら)

源隆国 みなもとたかくに
⇒源隆国(みなもとのたかくに)

源隆綱 みなもとたかつな
⇒源隆綱(みなもとのたかつな)

源隆俊 みなもとたかとし
⇒源隆俊(みなもとのたかとし)

源忠清* みなもとただきよ
生没年不詳 **別**源忠清(みなもとのただきよ) 平
安時代後期の武士。
¶古人(みなもとのただきよ)

源忠季* みなもとただすえ
生没年不詳 **別**源忠季(みなもとのただすえ) 平
安時代中期の歌人。
¶古人(みなもとのただすえ)

源頼* みなもとたのむ
生没年不詳 **別**源頼(みなもとのたのむ) 平安時
代中期の公家・歌人。
¶古人(みなもとのたのむ)

源頼女* みなもとたのむのむすめ
生没年不詳 **別**源頼女(みなもとのたのむのむす
め) 平安時代中期の歌人。
¶古人(みなもとのたのむのむすめ)

源為成* みなもとためしげ
生没年不詳 **別**源為成(みなもとのためしげ，みな
もとのためなり) 平安時代後期の公家・歌人。
¶古人(みなもとのためなり)

源為朝 みなもとためとも
⇒源為朝(みなもとのためとも)

源為憲 みなもとためのり
⇒源為憲(みなもとのためのり)

みなもと

源為義　みなもとためよし
　⇒源為義（みなもとのためよし）

源為善*　みなもとためよし
　？〜長久3（1042）年10月1日　囲源為善（みなもとのためよし）　平安時代中期の公家・歌人。
　¶古人（みなもとのためよし）

源親教　みなもとちかのり
　⇒源親教（みなもとのちかのり）

源親範*　みなもとちかのり
　？〜寛徳2（1045）年7月30日　囲源親範（みなもとのちかのり）　平安時代中期の公家・歌人。
　¶古人（みなもとのちかのり）

源親治　みなもとちかはる
　⇒源親治（みなもとのちかはる）

源親広　みなもとちかひろ
　⇒大江親広（おおえのちかひろ）

源親房　みなもとちかふさ
　生没年不詳　囲源親房（みなもとのちかふさ）　平安時代後期の公家・歌人。
　¶古人（みなもとのちかふさ）

源親元　みなもとちかもと
　⇒源親元（みなもとのちかもと）

源親行　みなもとちかゆき
　⇒源親行（みなもとのちかゆき）

源朝子　みなもとちょうし
　⇒源朝子（みなもとのあさこ）

源通子　みなもとつうし
　⇒源通子（みなもとのつうし）

源経兼*　みなもとつねかね
　生没年不詳　囲源経兼（みなもとのつねかね）　平安時代後期の官人、歌人。
　¶古人（みなもとのつねかね）

源経隆*　みなもとつねたか
　長保1（999）年〜永保1（1081）年2月14日　囲源経隆（みなもとのつねたか）　平安時代中期〜後期の公家・歌人。
　¶古人（みなもとのつねたか）

源経任*　みなもとつねとう
　長保2（1000）年〜長元2（1029）年　囲源経任（みなもとのつねとう）　平安時代中期の公家・歌人。
　¶古人（みなもとのつねとう（つねのり）　生没年不詳）

源経仲*　みなもとつねなか
　生没年不詳　囲藤原経仲（ふじわらのつねなか），源経仲（みなもとのつねなか）　平安時代中期〜後期の公家・歌人。
　¶古人（藤原経仲　ふじわらのつねなか），古人（みなもとのつねなか）

源経長　みなもとつねなが
　⇒源経長（みなもとのつねなが）

源経信　みなもとつねのぶ
　⇒源経信（みなもとのつねのぶ）

源経房　みなもとつねふさ
　⇒源経房（みなもとのつねふさ）

源経基　みなもとつねもと
　⇒源経基（みなもとのつねもと）

源経頼　みなもとつねより
　⇒源経頼（みなもとのつねより）

源天叙　みなもとてんじょ
　江戸時代後期の眼科医。
　¶眼医（生没年不詳）

源融　みなもととおる
　⇒源融（みなもとのとおる）

源時明　みなもとときあきら
　⇒源時明（みなもとのときあきら）

源時綱　みなもとときつな
　⇒源時綱（みなもとのときつな）

源常　みなもとときわ
　⇒源常（みなもとのときわ）

源俊明　みなもととしあきら
　⇒源俊明（みなもとのとしあきら）

源俊賢母*　みなもととしかたのはは
　生没年不詳　囲源俊賢母（みなもとのとしかたのはは）　平安時代中期の歌人。
　¶古人（みなもとのとしかたのはは）

源俊実　みなもととしざね
　⇒源俊実（みなもとのとしざね）

源俊重*　みなもととししげ
　生没年不詳　囲源俊重（みなもとのとししげ）　平安時代後期の官人、歌人。
　¶古人（みなもとのとししげ）

源俊房　みなもととしふさ
　⇒源俊房（みなもとのとしふさ）

源俊雅母*　みなもととしまさのはは
　生没年不詳　囲源俊雅母（みなもとのとしまさのはは）　平安時代後期の歌人。
　¶古人（みなもとのとしまさのはは）

源俊頼　みなもととしより
　⇒源俊頼（みなもとのとしより）

源整　みなもとととのう
　⇒源整（みなもとのととのう）

源具親　みなもととともちか
　⇒源具親（みなもとのとももちか）

源朝長　みなもととともなが
　⇒源朝長（みなもとのとももなが）

源知行　みなもととともゆき
　⇒行阿（ぎょうあ）

源忠家　みなもととなかいえ
　平安時代後期の武士。源義賢の嫡男。
　¶平家（四？　⑫治承4（1180）年）

源仲兼　みなもとなかかね
　⇒源仲兼（みなもとのなかかね）

源仲国　みなもとなかくに
　⇒源仲国（みなもとのなかくに）

源中正*　みなもとなかただ
　生没年不詳　囲源中正（みなもとのなかまさ）　平安時代中期の公家・歌人。
　¶古人（みなもとのなかまさ）

みなもと

源仲綱 みなもとのなかつな
⇒源仲綱(みなもとのなかつな)

源長経 みなもとながつね
生没年不詳 働源長経(みなもとのながつね) 平安時代中期の公家。
¶古人(みなもとのなかつね)

源仲宣 みなもとのなかのぶ
生没年不詳 働源仲宣(みなもとのなかのぶ) 平安時代中期の公家・歌人。
¶古人(みなもとのなかのぶ)

源仲正 みなもとのなかまさ
⇒源仲正(みなもとのなかまさ)

源仲光 みなもとのなかみつ
⇒源仲光(みなもとのなかみつ)

源仲宗 みなもとのなかむね
？～治承4(1180)年 働源仲宗(みなもとのなかむね) 平安時代後期の武士。
¶古人(みなもとのなかむね 生没年不詳)

源仲頼 みなもとのなかより
生没年不詳 働源仲頼(みなもとのなかより) 平安時代後期の武士。父は左衛門尉源資遠。
¶古人(みなもとのなかより),平家

源明賢 みなもとのあきかた
⇒源明賢(みなもとあきかた)

源顕兼 みなもとのあきかね
永暦1(1160)年～建保3(1215)年2月 働源顕兼(みなもとあきかね) 平安時代後期～鎌倉時代前期の公卿(非参議)。非参議源宗雅の子。
¶公卿(生没年不詳),公家(顕兼〔壬生家(絶家) あきかね〕,古人

源顕清 みなもとのあききよ
平安時代後期の武将。
¶古人(生没年不詳)

源顕国 みなもとのあきくに
⇒源顕国(みなもとあきくに)

源明国 みなもとのあきくに
生没年不詳 平安時代後期の武士。左衛門尉源頼綱の子。
¶古人

源昭子 みなもとのあきこ
生没年不詳 平安時代中期の女性。貞信公藤原忠平の妻。
¶古人

源明子(1) みなもとのあきこ
⇒源明子(みなもとのめいし)

源明子(2) みなもとのあきこ
⇒源明子(みなもとのめいし)

源顕定 みなもとのあきさだ
？～治安3(1023)年 平安時代中期の村上天皇皇孫、為平親王の王子。
¶古人

源顕資 みなもとのあきすけ
？～文保1(1317)年5月2日 働源顕資(みなもとあきすけ) 鎌倉時代後期の公卿(参議)。権中納言源資平の長男。
¶公卿,公家(顕資〔坊城家(絶家)〕 あきすけ)

源顕親 みなもとのあきちか
寛治2(1088)年～永暦1(1160)年 平安時代後期の官人。
¶古人

源顕綱 みなもとのあきつな
生没年不詳 鎌倉時代後期の公卿(非参議)。非参議源成経の長男。
¶公卿,公家(顕綱〔久我家(絶家)〕 あきつな)

源章経 みなもとのあきつね
平安時代中期の官人。
¶古人(生没年不詳)

源章任 みなもとのあきとう
生没年不詳 平安時代中期の官人。
¶古人

源顕時 みなもとのあきとき
⇒春日顕国(かすがあきくに)

源顕仲 みなもとのあきなか
＊～保延4(1138)年 働源顕仲(みなもとあきなか) 平安時代後期の公卿(非参議)。右大臣源顕房の子。
¶公卿(働康平1(1058)年 働保延4(1138)年3月29日),古人(働1064年),コン(働康平2(1059)年 働保延5(1139)年)

源顕仲の娘 みなもとのあきなかのむすめ
生没年不詳 働源顕仲女(みなもとあきなかのむすめ) 平安時代の女性。歌人。
¶古人(源顕仲女)

源顕信 みなもとのあきのぶ
長承2(1133)年～？ 平安時代後期～鎌倉時代前期の公卿(非参議)。越後守源信時の男。
¶公卿(生没年不詳),公家(顕信〔坊城家(絶家)〕 あきのぶ)

源顕平 みなもとのあきひら
建久2(1191)年～宝治2(1248)年5月24日 鎌倉時代前期の公卿(参議)。非参議源清信の長男。
¶公卿,公家(顕平〔坊城家(絶家)〕 あきひら)

源顕房 みなもとのあきふさ
長暦1(1037)年～寛治8(1094)年9月5日 働藤原顕房(ふじわらのあきふさ)、源顕房(みなもとあきふさ) 平安時代中期～後期の公卿(右大臣)。太政大臣源師房の次男。
¶公卿(働嘉保1(1094)年9月5日),古人,コン(働万寿3(1026)年 働嘉保1(1094)年),日文

源顕雅 みなもとのあきまさ
承保1(1074)年～保延2(1136)年 平安時代後期の公卿(権大納言)。右大臣源顕房の子。
¶公卿(働保延2(1136)年10月13日),古人

源乗方 みなもとのあきまさ
平安時代中期の官人。父は重信、母は源高明女。
¶古人(働？ 働1046年)

源明理 みなもとのあきまさ
生没年不詳 平安時代中期の官人。
¶古人

源顕雅母 みなもとのあきまさのはは
⇒源顕雅母(みなもとあきまさのはは)

源顕通 みなもとのあきみち
永保1(1081)年～保安3(1122)年 平安時代後期の公卿(中納言)。太政大臣源雅実の長男。

¶公卿(㊎? ㊍保安3(1122)年4月8日), 古人(㊎?)

源顕基* みなもとのあきもと

長保2(1000)年～永承2(1047)年9月3日 ㊙源顕基(みなもとあきもと) 平安時代中期の公卿(権中納言)。権大納言源俊賢の長男。

¶公卿, 古人, コン

源顕行* みなもとのあきゆき

生没年不詳 鎌倉時代後期の公卿(非参議)。非参議源成経の次男。

¶公卿, 公家(顕行〔久我家(絶家)〕 あきゆき)

源明* みなもとのあきら

弘仁5(814)年～仁寿2(852)年 ㊙素然(そねん), 源明(みなもとあきら), 源朝臣明(みなもとのあそんあきら) 平安時代前期の公卿(参議)。嵯峨天皇の皇子、母は更衣飯高氏。

¶公卿(㊍仁寿2(852)年12月), 古人(㊎813年), 古代(源朝臣明 みなもとのあそんあきら), コン, 天皇(㊍仁寿2(852)年12月20日)

源朝子* みなもとのあさこ

永享9(1437)年～明応1(1492)年 ㊙源朝子(みなもとちょうし, みなもとのちょうし) 室町時代～戦国時代の女性。後柏原天皇の生母、贈皇太后。

¶天皇(みなもとのちょうし・あさこ ㊍明応1(1492)年7月20日)

源朝任 みなもとのあさとう

⇒源朝任(みなもとのともとう)

源朝臣明 みなもとのあそんあきら

⇒源明(みなもとのあきら)

源朝臣生 みなもとのあそんいける

⇒源生(みなもとのいける)

源朝臣興基 みなもとのあそんおきもと

⇒源興基(みなもとのおきもと)

源朝臣興* みなもとのあそんおこす

天長5(828)年～貞観14(872)年 ㊙源興(みなもとのおこる) 平安時代前期の嵯峨天皇の皇孫。

¶古人(源興 みなもとのおこる), 古代

源朝臣潔姫 みなもとのあそんきよひめ

⇒源潔姫(みなもとのきよひめ)

源朝臣加* みなもとのあそんくわう

㊙源加(みなもとのくわう) 平安時代前期の嵯峨天皇の皇孫。

¶古人(源加 みなもとのくわう 生没年不詳), 古代

源朝臣是貞* みなもとのあそんこれさだ

?～延喜3(903)年 平安時代前期～中期の光孝天皇の皇子。

¶古代

源朝臣是忠 みなもとのあそんこれただ

⇒是忠親王(これただしんのう)

源朝臣貞恒 みなもとのあそんさだつね

⇒源貞恒(みなもとのさだつね)

源朝臣定 みなもとのあそんさだむ

⇒源定(みなもとのさだむ)

源朝臣覚 みなもとのあそんさとる

⇒源覚(みなもとのさとる)

源朝臣冷 みなもとのあそんすずし

⇒源冷(みなもとのすずし)

源朝臣平* みなもとのあそんたいら

㊙源平(みなもとのたいら) 平安時代前期の源信の子。

¶古人(源平 みなもとのたいら 生没年不詳), 古代

源朝臣尋 みなもとのあそんたずぬ

⇒源朝臣尋(みなもとのあそんたずね)

源朝臣尋* みなもとのあそんたずね

㊙源朝臣尋(みなもとのあそんたずぬ), 源尋(みなもとのたずぬ) 平安時代前期の源信の子。

¶古代(みなもとのあそんたずぬ)

源朝臣湛 みなもとのあそんたたう

⇒源湛(みなもとのたたう)

源朝臣有* みなもとのあそんたもつ

㊙源有(みなもとのたもつ) 平安時代前期の源信の子。

¶古人(源有 みなもとのたもつ 生没年不詳), 古代

源朝臣周子 みなもとのあそんちかこ

⇒源周子(みなもとのしゅうし)

源朝臣近善 みなもとのあそんちかよし

⇒源近善(みなもとのちかよし)

源朝臣恭* みなもとのあそんつつしむ

㊙源恭(みなもとのつつしむ) 平安時代前期の源信の子。

¶古人(源恭 みなもとのつつしむ 生没年不詳), 古代

源朝臣勤 みなもとのあそんつとむ

⇒源勤(みなもとのつとむ)

源朝臣融 みなもとのあそんとおる

⇒源融(みなもとのとおる)

源朝臣常 みなもとのあそんときわ

⇒源常(みなもとのときわ)

源朝臣舒 みなもとのあそんのぶる

⇒源舒(みなもとののぶる)

源朝臣昇 みなもとのあそんのぼる

⇒源昇(みなもとののぼる)

源朝臣光 みなもとのあそんひかる

⇒源光(みなもとのひかる)

源朝臣啓 みなもとのあそんひらく

⇒源啓(みなもとのひらく)

源朝臣弘 みなもとのあそんひろむ

⇒源弘(みなもとのひろむ)

源朝臣信 みなもとのあそんまこと

⇒源信(みなもとのまこと)

源朝臣当時* みなもとのあそんまさとき

*～延喜21(921)年 ㊙源当時(みなもとのまさとき, みなもとまさとき) 平安時代前期～中期の文徳天皇の皇孫。

¶古人(源当時 みなもとのまさとき ㊎868年), 古代(㊎857年)

源朝臣益* みなもとのあそんまさる

?～元慶7(883)年 ㊙源益(みなもとのまさる) 平安時代前期の嵯峨天皇の曽孫。

¶古人(源益 みなもとのまさる), 古代

源朝臣多 みなもとのあそんまさる

⇒源多(みなもとのまさる)

源朝臣希　みなもとのあそんまれ
⇒源希（みなもとのまれ）

源朝臣本有　みなもとのあそんもとあり
⇒源本有（みなもとのもとあり）

源朝臣旧鑒　みなもとのあそんもとみ
⇒源旧鑒（みなもとのもとみ）

源朝臣行有　みなもとのあそんゆきあり
⇒源行有（みなもとのゆきあり）

源朝臣能有　みなもとのあそんよしあり
⇒源能有（みなもとのよしあり）

源与*　みなもとのあたう
生没年不詳　[別]渡辺与（わたなべのあとう）　平安時代後期の武士。源頼政の配下。
¶古人,古人（渡辺与　わたなべのあとう）

源宛*　みなもとのあつる
生没年不詳　平安時代中期の兵（地方軍事貴族）。
¶古人

源有章　みなもとのありあき
平安時代後期の官人。父は時中、母は同貞科女。従五位下。
¶古人（[生]？　[没]1064年）

源有家　みなもとのありいえ
平安時代後期の官人。父は有宗。
¶古人（生没年不詳）

源有賢*　みなもとのありかた
延久2（1070）年～保延5（1139）年　平安時代後期の公卿（非参議）。参議源資通の孫。
¶公卿（[没]保延5（1139）年5月5日）,古人

源在子　みなもとのありこ
⇒承明門院（しょうめいもんいん）

源有雅女　みなもとのありさまのむすめ
⇒源氏（みなもとし）

源有資*　みなもとのありすけ
元久1（1204）年～文永9（1272）年　鎌倉時代前期の公卿（権中納言）。非参議源時賢の長男。
¶公卿（[没]文永9（1272）年7月20日）,公家（有資〔庭田家〕　ありすけ　[没]文永9（1272）年7月20日）

源有忠　みなもとのありただ
平安時代後期の官人。父は有宗。
¶古人（生没年不詳）

源有綱*　みなもとのありつな
？～文治2（1186）年　[別]源有綱（みなもとありつな）　平安時代後期の武士。源頼朝に属して平氏討滅の戦いに参加。
¶古人,内乱,平家（みなもとありつな）

源有教　みなもとのありのり
⇒源有教（みなもとありのり）

源有仁*　みなもとのありひと
康和5（1103）年～久安3（1147）年2月13日　[別]源有仁（みなもとありひと）　平安時代後期の公卿（左大臣）。後三条天皇の孫。
¶公卿,古人,コン

源有仁室　みなもとのありひとのしつ
⇒源有仁室（みなもとありひとのしつ）

源有房*⑴　みなもとのありふさ
生没年不詳　[別]源有房（みなもとありふさ）　平安時代中期～後期の歌人。
¶古人

源有房*⑵　みなもとのありふさ
生没年不詳　[別]源有房（みなもとありふさ）　平安時代後期の歌人。「中宮亮重家歌合」などに参加。
¶古人

源有房⑶　みなもとのありふさ
平安時代後期の官人。父は資定。
¶古人（生没年不詳）

源有雅*　みなもとのありまさ
安元2（1176）年～承久3（1221）年　[別]源有雅（みなもとありまさ）　鎌倉時代前期の公卿（権中納言）。参議源雅賢の子。
¶公卿（[没]承久3（1221）年7月29日）,公家（有雅〔岡崎家（絶家）〕　ありまさ　[没]承久3（1221）年7月29日）,古人,コン,内乱

源有政　みなもとのありまさ
⇒源有政（みなもとありまさ）

源有通*　みなもとのありみち
生没年不詳　平安時代後期～鎌倉時代前期の公卿（非参議）。中将源有房の子。
¶公卿,公家（有通〔堀川家（絶家）1〕　ありみち）

源有光*　みなもとのありみつ
生没年不詳　[別]石川有光（いしかわのありみつ）　平安時代後期の豪族。
¶古人（石川有光　いしかわのありみつ）,古人

源有宗　みなもとのありむね
⇒源有宗（みなもとありむね）

源有元*　みなもとのありもと
生没年不詳　[別]大江有元（おおえのありもと）　平安時代後期の学者。
¶古人（大江有元　おおえのありもと）,古人

源有義　みなもとのありよし
⇒武田有義（たけだありよし）

源家賢*　みなもとのいえかた
永承3（1048）年～嘉保2（1095）年8月　平安時代中期～後期の公卿（権中納言）。中納言源資綱の長男。
¶公卿,古人

源家定*　みなもとのいえさだ
建仁3（1203）年～？　鎌倉時代前期の公卿（非参議）。大納言源貞房の孫。
¶公卿,公家（家定〔壬生家（絶家）〕　いえさだ）

源家実　みなもとのいえざね
平安時代後期の官人。父は高房。
¶古人（生没年不詳）

源家重　みなもとのいえしげ
平安時代後期の官人。検非違使・近衛将監を歴任。正六位上。
¶古人（生没年不詳）

源家時　みなもとのいえとき
⇒源家時（みなもといえとき）

源家俊*　みなもとのいえとし
生没年不詳　[別]源家俊（みなもといえとし）　平安時代後期～鎌倉時代前期の公卿（非参議）。近江介

源俊光の子。

¶公卿, 公家(家俊〔京極家(絶家)〕 いえとし)

源家長* みなもとのいえなが

?～文暦1(1234)年 [別]家長(いえなが), 源家長(みなもといえなが) 鎌倉時代前期の歌人。後白河院皇子承仁法親王、後鳥羽天皇に出仕。

¶古人, コン([生]嘉応2(1170)年?), 日文, 俳文(家長 いえなが)

源家宗* みなもとのいえむね

生没年不詳 平安時代中期の官人。陸奥守源頼清の子。

¶古人

源家行 みなもとのいえゆき

平安時代後期の官人。

¶古人(生没年不詳)

源生* みなもとのいける

弘仁12(821)年～貞観14(872)年 [別]源朝臣生(みなもとのあそんいける), 源生(みなもとのうまる) 平安時代前期の公卿(参議)。嵯峨天皇の皇子、母は従三位笠継子。

¶公卿([没]貞観14(872)年8月2日), 古人, 古代(源朝臣生 みなもとのあそんいける)

源懿子* みなもとのいし

?～承暦2(1078)年 [別]源懿子(みなもとのよしこ) 平安時代中期の女房。一条天皇中宮、上東門院藤原彰子に仕える。

¶古人(みなもとのよしこ)

源厳子* みなもとのいずこ

?～元慶2(878)年 [別]源厳子(みなもとのげんし, みなもとのたけこ) 平安時代前期の女性。清和天皇の女御。

¶古人(みなもとのたけこ [没]879年), コン(みなもとのげんし), 天皇(みなもとのげんし [没]元慶3(879)年6月26日)

源一幡 みなもとのいちまん

⇒一幡(いちまん)

源伊陟* みなもとのいちょく

天慶1(938)年～長徳1(995)年 [別]源伊陟(みなもとのこれただ) 平安時代中期の公卿(中納言)。醍醐天皇の孫。

¶公卿([没]長徳1(995)年5月25日), 古人(みなもとのこれただ)

源浮* みなもとのうかぶ

?～承平3(933)年 [別]源浮(みなもとうかぶ) 平安時代前期～中期の公家・歌人。

¶古人

源生 みなもとのうまる

⇒源生(みなもとのいける)

源悦* みなもとのえつ

*～延長8(930)年1月8日 [別]源悦(みなもとのよろこぶ) 平安時代前期～中期の公卿(参議)。嵯峨天皇の孫。

¶公卿([生]斉衡3(856)年), 古人(みなもとのよろこぶ [生]850年)

源興基* みなもとのおきもと

承和12(845)年～寛平3(891)年 [別]源朝臣興基(みなもとのあそんおきもと) 平安時代前期の公卿(参議)。仁明天皇の孫。

¶公卿([没]寛平3(891)年9月11日), 古人([生]?), 古代(源朝臣興基 みなもとのあそんおきもと)

源興 みなもとのおこる

⇒源朝臣興(みなもとのあそんおこす)

源脩* みなもとのおさむ

?～天徳4(960)年 平安時代中期の宮内卿覚の子。

¶古人

源音恒 みなもとのおとつね

平安時代前期の皇族。父は、光孝天皇。母は、未詳。

¶天皇(生没年不詳)

源景明 みなもとのかげあきら

⇒源景明(みなもとかげあきら)

源景重 みなもとのかげしげ

平安時代後期の信濃国伊那郡片切郷の武士。

¶古人(生没年不詳)

源懐信 みなもとのかげのぶ

平安時代中期の官人。藤原実資家の家司。

¶古人([生]? [没]1030年)

源景光 みなもとのかげみつ

平安時代中期の官人。

¶古人(生没年不詳)

源計子 みなもとのかずこ

⇒源計子(みなもとのけいし)

源和子(1) みなもとのかずこ

⇒東福門院(とうふくもんいん)

源和子(2) みなもとのかずこ

⇒源和子(みなもとのわし)

源和広* みなもとのかずひろ

宝永3(1706)年～安永4(1774)年閏12月14日 江戸時代中期の公家(非参議)。安永4年従三位に叙される。

¶公卿, 公家(和広〔九条家諸大夫 芝家(源氏)〕 かずひろ [生]1707年 [没]安永4(1775)年閏12月14日)

源兼明 みなもとのかねあき

⇒兼明親王(かねあきらしんのう)

源兼明 みなもとのかねあきら

⇒兼明親王(かねあきらしんのう)

源兼国 みなもとのかねくに

平安時代中期の官人。

¶古人(生没年不詳)

源兼子 みなもとのかねこ

⇒源兼子(みなもとのけんし)

源封子 みなもとのかねこ

⇒源封子(みなもとのふうし)

源兼定* みなもとのかねさだ

久安5(1149)年～建保4(1216)年6月16日 平安時代後期～鎌倉時代前期の公卿(非参議)。権中納言源雅頼の長男。

¶公卿, 公家(兼定〔壬生家(絶家)〕 かねさだ)

源兼資 みなもとのかねすけ

⇒源兼資(みなもとかねすけ)

源兼澄* みなもとのかねずみ

生没年不詳 [別]源兼澄(みなもとかねずみ) 平安時代中期の歌人。勅撰集に11首入集。

¶古人, 日文([生]天暦9(955)年? [没]?)

み

源兼忠*(1)　みなもとのかねただ
延喜1(901)年～天徳2(958)年　平安時代中期の公卿(参議)。清和天皇の孫。
¶公卿([没]天徳2(958)年7月1日), 古人

源兼忠*(2)　みなもとのかねただ
永暦1(1160)年～承元3(1209)年　[別]源兼忠(みなもとかねただ)　平安時代後期～鎌倉時代前期の公卿(権中納言)。権中納言源雅頼の次男。
¶公卿(生没年不詳), 公家(兼忠〔壬生家(絶家)〕　かねただ　[生]?　[没]承元3(1209)年3月), 古人, 平家(みなもとかねただ　[生]応保1(1161)年)

源兼綱　みなもとのかねつな
⇒源兼綱(みなもとかねつな)

源兼俊　みなもとのかねとし
平安時代後期の官人。
¶古人(生没年不詳)

源兼俊母　みなもとのかねとしのはは
⇒源兼俊母(みなもとかねとしのはは)

源兼長*　みなもとのかねなが
生没年不詳　[別]源兼長(みなもとかねなが)　平安時代中期の歌人。和歌六人党の一員。
¶古人, コン

源兼信*　みなもとのかねのぶ
生没年不詳　平安時代後期の武士。
¶古人

源兼宣　みなもとのかねのぶ
平安時代中期の官人。
¶古人(生没年不詳)

源兼昌*　みなもとのかねまさ
生没年不詳　[別]源兼昌(みなもとかねまさ)　平安時代後期の歌人。「宰相中将国信歌合」「永久百首」などに出詠。
¶古人, コン([生]?　[没]天永3(1112)年)

源兼光　みなもとのかねみつ
⇒源兼光(みなもとかねみつ)

源兼宗　みなもとのかねむね
平安時代後期の官人。
¶古人(生没年不詳)

源兼行*　みなもとのかねゆき
生没年不詳　平安時代中期の能書。
¶古人, コン

源兼能　みなもとのかねよし
⇒源兼能(みなもとかねよし)

源緩子*　みなもとのかんし
?～延喜8(908)年　[別]源緩子(みなもとののぶこ)　平安時代前期～中期の光孝天皇皇女。
¶古人(みなもとののぶこ)

源緩子多治氏　みなもとのかんしのたじひうじ
平安時代前期の女性。光孝天皇の後宮。
¶天皇(生没年不詳)

源競　みなもとのきおう
⇒渡辺競(わたなべのきおう)

源基子(1)　みなもとのきし
⇒西華門院(せいかもんいん)

源基子(2)　みなもとのきし
⇒源基子(みなもとのもとこ)

源宜子*　みなもとのぎし
生没年不詳　[別]源宜子(みなもとのよしこ)　平安時代前期の女性。清和天皇の女御。
¶天皇

源競　みなもとのきそう
⇒渡辺競(わたなべのきおう)

源清蔭*　みなもとのきよかげ
元慶8(884)年～天暦4(950)年7月3日　[別]源清蔭(みなもときよかげ)　平安時代中期の公卿(大納言)。清和天皇の孫。
¶公卿, 古人, コン, 天皇

源清実*　みなもとのきよざね
生没年不詳　平安時代後期の下級官人。
¶古人

源清*　みなもとのきよし
生没年不詳　平安時代前期の嵯峨天皇の皇子。
¶古人

源清高　みなもとのきよたか
平安時代後期の官人。
¶古人(生没年不詳)

源清隆　みなもとのきよたか
平安時代後期の官人。
¶古人(生没年不詳)

源清綱　みなもとのきよつな
平安時代後期の官人。
¶古人(生没年不詳)

源清経*　みなもとのきよつね
生没年不詳　平安時代後期の官人。
¶古人

源清遠*　みなもとのきよとお
延喜12(912)年～?　平安時代中期の陽成天皇の皇子。
¶天皇(生没年不詳)

源清長　みなもとのきよなが
平安時代中期～後期の官人。
¶古人([生]1036年　[没]1096年)

源清延*　みなもとのきよのぶ
*～長徳2(996)年1月17日　平安時代中期の公卿(非参議)。清和天皇の孫。
¶公卿([生]?), 古人([生]926年)

源清信*　みなもとのきよのぶ
?～建保5(1217)年9月　鎌倉時代前期の公卿(非参議)。非参議源顕信の子。
¶公卿, 公家(清信〔坊城家(絶家)〕　きよのぶ)

源潔姫*　みなもとのきよひめ
弘仁1(810)年～斉衡3(856)年　[別]源朝臣潔姫(みなもとのあそんきよひめ)　平安時代前期の女性。嵯峨天皇の皇女。
¶古人([生]809年), 古代(源朝臣潔姫　みなもとのあそんきよひめ　[生]?), コン, 女史([生]809年)

源清平*　みなもとのきよひら
元慶1(877)年～天慶8(945)年　平安時代前期～中期の公卿(参議)。光孝天皇の孫。
¶公卿([没]天慶8(945)年1月13日), 古人, コン

源清麿　みなもとのきよまろ
⇒清麿(きよまろ)

源清鑒*　みなもとのきよみ
？～承平6(936)年　平安時代中期の陽成天皇の皇子。
¶古人,天皇([没]承平6(936)年4月)

源清宗　みなもとのきよむね
平安時代後期の官人。
¶古人(生没年不詳)

源公忠*　みなもとのきんただ
寛平1(889)年～天暦2(948)年　[別]源公忠(みなもときんただ)　平安時代中期の歌人。三十六歌仙の一人。
¶古人,コン([没]天暦2(948年/946)年),詩作([没]天暦2(948)年10月29日)

源公綱　みなもとのきんつな
平安時代後期の官人。
¶古人(生没年不詳)

源公盛　みなもとのきんもり
平安時代中期～後期の官人。
¶古人([生]1027年　[没]1081年)

源久曽*　みなもとのくそ
生没年不詳　平安時代の女性。歌人。
¶古人

源国明*　みなもとのくにあき
康平7(1064)年～長治2(1105)年　[別]藤原国明(ふじわらのくにあき,ふじわらのくにあきら)　平安時代後期の貴族。白河院庁執行別当。
¶古人(藤原国明　ふじわらのくにあきら),古人

源邦家　みなもとのくにいえ
平安時代後期の官人。
¶古人(生没年不詳)

源国信*　みなもとのくにざね
延久1(1069)年～天永2(1111)年　[別]源国信(みなもとくにざね,みなもとのくにのぶ)　平安時代後期の公卿(権中納言)。右大臣源顕房の次男。
¶公卿(みなもとのくにのぶ　[没]天永2(1111)年1月10日),古人(みなもとのくにのぶ)

源国資*　みなもとのくにすけ
生没年不詳　鎌倉時代後期～南北朝時代の公卿(参議)。参議源親平の子。
¶公卿,公家(国資〔坊城家(絶家)〕　くにすけ)

源国挙*　みなもとのくにたか
？～治安3(1023)年　平安時代中期の人。光孝源氏。
¶古人

源国忠*　みなもとのくにただ
生没年不詳　[別]源国忠(みなもとくにただ)　平安時代中期の歌人。駿河守国房の子か。
¶古人

源国次　みなもとのくにつぐ
平安時代後期の官人。
¶古人(生没年不詳)

源国俊　みなもとのくにとし
平安時代後期の官人。
¶古人([生]？　[没]1099年)

源邦業*　みなもとのくになり
生没年不詳　[別]源邦業(みなもとくになり)　鎌倉時代前期の武士。
¶古人

源国信　みなもとのくにのぶ
⇒源国信(みなもとのくにざね)

源国紀*　みなもとのくにのり
？～延喜9(909)年　平安時代前期～中期の光孝天皇の皇子。
¶古人

源国房*　みなもとのくにふさ
生没年不詳　平安時代後期の軍事貴族。
¶古人

源邦正*　みなもとのくにまさ
生没年不詳　[別]源邦正(みなもとくにまさ)　平安時代中期の醍醐天皇皇孫、重明親王の王子。
¶古人

源国盛*　みなもとのくにもり
？～長徳2(996)年？　平安時代中期の官人。
¶古人

源加(1)　みなもとのくわう
平安時代中期の官人。泉の子。従五位下。長門守。
¶古人([生]？　[没]1001年)

源加(2)　みなもとのくわう
⇒源朝臣加(みなもとのあそんくわう)

源計子*　みなもとのけいし
生没年不詳　[別]源計子(みなもとけいし,みなもとのかずこ)　平安時代中期の女性。村上天皇の更衣。
¶古人(みなもとのかずこ),コン,天皇(みなもとのけいし・かずこ)

源兼子*　みなもとのけんし
延喜15(915)年～天暦3(949)年　[別]源兼子(みなもとのかねこ)　平安時代中期の女性。醍醐天皇の皇女。
¶古人(みなもとのかねこ　[没]972年)

源暄子*　みなもとのけんし
平安時代前期の清和天皇の女御。
¶天皇(生没年不詳)

源厳子　みなもとのげんし
⇒源厳子(みなもとのいずこ)

源彦良*　みなもとのげんりょう
元亨1(1321)年～？　[別]源彦良(みなもとのひこよし,みなもとひこよし)　南北朝時代の公卿(参議)。順徳天皇の裔。
¶公卿,公家(彦良〔順徳源氏(絶家)〕　ひこよし)

源惟章　みなもとのこれあき
平安時代中期の官人。父は惟正。
¶古人(生没年不詳)

源惟賢　みなもとのこれかた
平安時代中期の官人。
¶古人(生没年不詳)

源惟兼　みなもとのこれかね
平安時代後期の官人。
¶古人([生]？　[没]1117年？)

み

みなもと

源惟清* みなもとのこれきよ
生没年不詳　平安時代後期の官人。
¶古人

源是貞 みなもとのこれさだ
⇒是貞親王（これさだしんのう）

源伊実 みなもとのこれざね
平安時代後期の官人。
¶古人（生没年不詳）

源是茂* みなもとのこれしげ
仁和2（886）年～天慶4（941）年6月10日　圀源是茂
（みなもとこれもち）　平安時代中期の公卿（権中納
言）。光孝天皇の皇子、母は近江守藤原門宗の娘。
¶公卿, 古人, 天皇

源是輔* みなもとのこれすけ
生没年不詳　平安時代中期の官人。
¶古人

源伊陟 みなもとのこれただ
⇒源伊陟（みなもとのいちょく）

源是忠 みなもとのこれただ
⇒是忠親王（これただしんのう）

源是恒* みなもとのこれつね
？～延喜7（907）年　平安時代前期～中期の光孝天
皇皇子。
¶古人

源惟信 みなもとのこれのぶ
平安時代後期の官人。父は為親。
¶古人（生没年不詳）

源惟治 みなもとのこれはる
平安時代中期の官人。
¶古人（生没年不詳）

源惟正* みなもとのこれまさ
*～天元3（980）年4月29日　平安時代中期の公卿
（参議）。文徳天皇の裔。
¶公卿（圀延喜6（906）年）, 古人（圀928年）

源惟道 みなもとのこれみち
平安時代後期の官人。
¶古人（生没年不詳）

源惟康* みなもとのこれやす
文永1（1264）年～？　鎌倉時代後期の公卿（中納
言・征夷大将軍）。土御門天皇の孫。
¶公卿

源伊行 みなもとのこれゆき
平安時代中期の官人。父は伊陟。
¶古人（生没年不詳）

源惟義* みなもとのこれよし
生没年不詳　平安時代後期～鎌倉時代前期の武士。
¶古人

源済子* みなもとのさいし
生没年不詳　平安時代前期の女性。清和天皇の
女御。
¶コン, 天皇

源在子 みなもとのさいし
⇒承明門院（しょうめいもんいん）

源栄 みなもとのさかえ
平安時代後期の官人。

¶古人（生没年不詳）

源定明 みなもとのさだあきら
平安時代後期の人。美作国久米郡押領使漆間時国
（法然の父）を襲撃殺害。
¶古人（生没年不詳）

源定有の母菅原氏 みなもとのさだありのははすがは
らし
平安時代前期の女性。文徳天皇女房。
¶天皇

源定兼 みなもとのさだかね
生没年不詳　室町時代の公卿（非参議）。少将源定
清の子。
¶公卿, 公家（定兼〔白川家（絶家）〕　さだかね）

源定国* みなもとのさだくに
生没年不詳　平安時代後期の官人。
¶古人

源貞子*（1） みなもとのさだこ
生没年不詳　圀源貞子（みなもとのていし）　平安
時代前期の女性。宇多天皇の更衣。
¶古人, コン

源貞子（2） みなもとのさだこ
⇒源貞子（みなもとのていし）

源定季 みなもとのさだすえ
⇒源定季（みなもとさだすえ）

源貞亮 みなもとのさだすけ
⇒源貞亮（みなもとさだすけ）

源定高* みなもとのさだたか
生没年不詳　平安時代後期の武士。佐々木定綱
の子。
¶古人

源定隆 みなもとのさだたか
平安時代中期の官人。父は政隆。
¶古人（生没年不詳）

源定綱 みなもとのさだつな
⇒佐々木定綱（ささきさだつな）

源貞恒* みなもとのさだつね
天安1（857）年～延喜8（908）年　圀源朝臣貞恒（み
なもとのあそんさだつね）　平安時代前期～中期の
公卿（大納言）。光孝天皇の皇子。
¶公卿（圀斉衡3（856）年　圀延喜8（908）年8月1日）, 古
人（圀856年）, 古代（源朝臣貞恒　みなもとのあそん
さだつね）, コン, 天皇（圀承和14（845）年/天安1（857）年
/斉衡3（856）年　圀延喜8（908）年8月1日）

源定俊 みなもとのさだとし
平安時代中期～後期の官人。
¶古人（圀1029年　圀1081年）

源定長 みなもとのさだなが
平安時代中期の官人。
¶古人（生没年不詳）

源定信 みなもとのさだのぶ
⇒源定信（みなもとさだのぶ）

源貞姫* みなもとのさだひめ
弘仁1（810）年～元慶4（880）年　平安時代前期の女
性。嵯峨天皇の皇女。
¶古人（圀？）

源定平*(1)　みなもとのさだひら
生没年不詳　[別]中院定平（なかのいんさだひら），源定平（みなもとさだひら）　南北朝時代の公家、武将。村上源氏。左少将、のち右中将。
¶コン

源定平(2)　みなもとのさだひら
⇒源定平（みなもとさだひら）

源定房*　みなもとのさだふさ
大治5（1130）年～文治4（1188）年　[別]源定房（みなもとさだふさ）　平安時代後期の公卿（大納言）。右大臣源雅定の子。
¶公卿（[没]文治4（1188）年7月17日），公家（定房〔壬生家（絶家）〕　さだふさ　[没]文治4（1188）年7月17日），古人

源定*　みなもとのさだむ
弘仁6（815）年～貞観5（863）年　[別]源朝臣定（みなもとのあそんさだむ）　平安時代前期の公卿（大納言）。嵯峨天皇の皇子、母は尚侍従従三位百済慶命。
¶公卿（[生]弘仁7（816）年　[没]貞観5（863）年1月3日），古人，古代（源朝臣定　みなもとのあそんさだむ），コン，天皇（[没]貞観5（863）年1月3日）

源定宗(1)　みなもとのさだむね
平安時代中期の官人。父は忠重。
¶古人（生没年不詳）

源定宗(2)　みなもとのさだむね
⇒源定宗（みなもとさだむね）

源定良　みなもとのさだよし
平安時代中期の官人。父は経房。
¶古人（生没年不詳）

源覚*　みなもとのさとる
嘉祥2（849）年～元慶3（879）年　[別]源朝臣覚（みなもとのあそんさとる）　平安時代前期の仁明天皇の皇子。
¶古人，古代（源朝臣覚　みなもとのあそんさとる）

源覚の母山口氏　みなもとのさとるのははやまぐちし
平安時代前期の女性。仁明天皇の宮人。
¶天皇（生没年不詳）

源実　みなもとのさね
⇒源実（みなもとさね）

源信明　みなもとのさねあきら
⇒源信明（みなもとののぶあきら）

源実国　みなもとのさねくに
平安時代中期の官人、歌人。
¶古人（[生]1020年　[没]？）

源実次　みなもとのさねつぐ
戦国時代の武田氏家臣。小山田氏の重臣と思われる。
¶武田（生没年不詳）

源実俊*　みなもとのさねとし
生没年不詳　平安時代後期の蔵人所雑色。
¶古人

源実朝*　みなもとのさねとも
建久3（1192）年～建保7（1219）年1月27日　[別]実朝（さねとも），千幡（せんまん），源実朝（みなもとさねとも），源千幡（みなもとのせんまん）　鎌倉時代前期の鎌倉幕府第3代の将軍（在職1203～1219）。頼朝と政子の2男。頼家の後将軍になるが、実権は北条一族の手にあり、自らは歌道に精進。「金塊和歌集」として今に残る。1219年鶴岡八幡宮で甥の公暁により殺害され、源氏の正統が絶えることになった。
¶公卿（[没]承久1（1219）年1月27日），公家（実朝〔源家（絶家）2〕　さねとも），古人，コン（[没]承久1（1219）年），詩作（[生]建久3（1192）年8月9日），中世，内乱，日文（[没]承久1（1219）年），山小（[生]1192年8月9日　[没]1219年1月27日）

源実光　みなもとのさねみつ
平安時代中期の官人。
¶古人（生没年不詳）

源実基(1)　みなもとのさねもと
平安時代後期の官人。父は朝実。
¶古人（生没年不詳）

源実基(2)　みなもとのさねもと
⇒源実基（みなもとさねもと）

源信義　みなもとのさねよし
⇒源信義（みなもとののぶよし）

源重家*　みなもとのしげいえ
生没年不詳　平安時代後期の尾張の武士。
¶古人

源重清*　みなもとのしげきよ
？～養和1（1181）年　平安時代後期の武士。
¶古人

源重国*　みなもとのしげくに
？～承久3（1221）年　[別]木田重国（きだのしげくに）　平安時代後期～鎌倉時代前期の人。清和源氏。
¶古人（木田重国　きだのしげくに　生没年不詳），古人

源重子　みなもとのしげこ
⇒源重子（みなもとのじゅうし）

源重貞*　みなもとのしげさだ
生没年不詳　[別]源重貞（みなもとしげさだ）　平安時代後期の武将。
¶古人（[生]？　[没]1180年），平家（みなもとしげさだ）

源重実*　みなもとのしげざね
生没年不詳　平安時代後期の武士。
¶古人

源重季　みなもとのしげすえ
平安時代中期の官人。
¶古人（[生]？　[没]1032年）

源重資*　みなもとのしげすけ
寛徳2（1045）年～保安3（1122）年10月10日　平安時代中期～後期の公卿（権中納言）。権中納言源経成の子。
¶公卿，古人

源重胤　みなもとのしげたね
戦国時代の武田氏家臣。小山田氏の重臣と思われる。
¶武田（生没年不詳）

源重綱　みなもとのしげつな
平安時代後期の官人。父は経成。
¶古人（生没年不詳）

源成綱　みなもとのしげつな
平安時代後期の官人。父は成任。
¶古人（生没年不詳）

み

源成経(宗) みなもとのしげつね(むね)
平安時代後期の官人。父は経成。
¶古人(生没年不詳)

源成任 みなもとのしげとう
生没年不詳 [別]源成任(みなもとのなりとう) 平安時代中期〜後期の官人。父は信成。
¶古人,古人(みなもとのなりとう)

源重遠* みなもとのしげとお
生没年不詳 平安時代後期の武士。
¶古人([生]1106年? [没]?)

源重時* みなもとのしげとき
?〜康治1(1142)年 平安時代後期の官人。
¶古人

源重成(1) みなもとのしげなり
平安時代中期の官人。
¶古人(生没年不詳)

源重成*(2) みなもとのしげなり
天承1(1131)年〜平治1(1159)年 平安時代後期の武士。
¶古人,内乱([生]?)

源重信* みなもとのしげのぶ
延喜22(922)年〜長徳1(995)年 平安時代中期の公卿(左大臣)。宇多天皇の孫。
¶公卿([没]長徳1(995)年5月8日),古人,コン

源重光* みなもとのしげみつ
延長1(923)年〜長徳4(998)年7月10日 [別]源重光(みなもとしげみつ) 平安時代中期の公卿(権大納言)。醍醐天皇の孫。
¶公卿,古人,コン

源重宗* みなもとのしげむね
生没年不詳 平安時代中期の武士。駿河守源定宗の子。
¶古人

源成宗 みなもとのしげむね
平安時代中期の官人。
¶古人([生]1045年 [没]?)

源重之* みなもとのしげゆき
?〜長保2(1000)年 [別]源重之(みなもとしげゆき) 平安時代中期の官人。歌人。三十六歌仙の一人。
¶古人(生没年不詳),コン,詩作(生没年不詳),日文(生没年不詳)

源重之母 みなもとのしげゆきのはは
⇒源重之母(みなもとしげゆきのはは)

源重之の娘*(源重之女) みなもとのしげゆきのむすめ
生没年不詳 [別]源重之女(みなもとしげゆきのむすめ) 平安時代中期の女性。歌人。
¶古人(源重之女),女史

源秀 みなもとのしげる
平安時代後期の東大寺領伊賀国黒田荘の荘官。
¶古人(生没年不詳)

源師子* みなもとのしし
延久2(1070)年〜久安4(1149)年 [別]源師子(みなもとのもろこ) 平安時代後期の女性。白河天皇の宮人。
¶古人(みなもとのもろこ [没]1148年),コン(生没年不詳),女史([没]1148年),天皇([没]久安4(1148)年12月14日)

源資子 みなもとのしし
⇒庭田資子(にわたすけこ)

源黙子* みなもとのしずこ
?〜延喜2(902)年 平安時代前期〜中期の女性。光孝天皇の皇女。
¶古人

源鎮* みなもとのしずむ
生没年不詳 平安時代前期の嵯峨天皇の皇子。
¶古人

源順 みなもとのしたがう
⇒源順(みなもとのしたごう)

源順* みなもとのしたごう,みなもとのしだごう
延喜11(911)年〜永観1(983)年 [別]源順(みなもとしたごう,みなもとのしたがう) 平安時代中期の学者、歌人。三十六歌仙の一人。
¶古人(みなもとのしだごう),コン,詩作,思想,日文,山小

源周子* みなもとのしゅうし
?〜承平5(935)年 [別]源周子(みなもとしゅうし,みなもとのちかこ),源朝臣周子(みなもとのあそんちかこ) 平安時代中期の女性。醍醐天皇の更衣。
¶古人(みなもとのちかこ),古代(源朝臣周子 みなもとのあそんちかこ),コン(みなもとのちかこ),天皇(みなもとのしゅうし・ちかこ [没]承平5(935)年?)

源重子* みなもとのじゅうし
生没年不詳 [別]源重子(みなもとのしげこ) 平安時代後期の典侍。二条天皇の乳母。
¶古人(みなもとのしげこ)

源順子* みなもとのじゅんし
貞観17(875)年〜延長3(925)年 [別]源順子(みなもとののぶこ) 平安時代前期〜中期の女性。宇多天皇の皇女。
¶古人(みなもとののぶこ)

源季景 みなもとのすえかげ
⇒源季景(みなもとすえかげ)

源季貞* みなもとのすえさだ
生没年不詳 [別]源季貞(みなもとすえさだ) 平安時代後期の武将。歌人。
¶古人,平家(みなもとすえさだ [生]? [没]元久1(1204)年)

源季実* みなもとのすえざね
?〜平治1(1159)年 平安時代後期の武将。
¶古人

源季遠 みなもとのすえとお
⇒源季遠(みなもとすえとお)

源季信 みなもとのすえのぶ
平安時代後期の官人。父は家信。
¶古人(生没年不詳)

源季範* みなもとのすえのり
?〜保元1(1156)年 平安時代後期の人。文徳源氏。
¶古人

源季広 みなもとのすえひろ
⇒源季広(みなもとすえひろ)

源季宗* みなもとのすえむね
永承4(1049)年〜応徳3(1086)年 平安時代後期の公卿(非参議)。侍従に任ぜられ、承暦2年従三位に叙される。

¶公卿(生没年不詳),古人

源俊 みなもとのすぐる
平安時代中期の官人。
¶古人(生没年不詳)

源資賢* みなもとのすけかた
永久1(1113)年～文治4(1188)年2月26日 [別]源資賢(みなもとすけかた) 平安時代後期の歌人・公卿(権大納言)。非参議源有賢の長男。
¶公卿,公家(資賢〔庭田家〕 すけかた),古人,内乱,平家(みなもとすけかた)

源相方 みなもとのすけかた
⇒源相方(みなもとすけかた)

源資定 みなもとのすけさだ
平安時代後期の官人。
¶古人([生]? [没]1070年)

源資栄* みなもとのすけしげ
?～文保1(1317)年6月9日 [別]源資栄(みなもとすけひで) 鎌倉時代後期の公卿(参議)。参議源顕資の子。
¶公卿,公家(資栄〔坊城家(絶家)〕 すけひで)

源資綱* みなもとのすけつな
寛仁4(1020)年～永保2(1082)年1月2日 [別]源資綱(みなもとすけつな) 平安時代中期～後期の公卿(中納言)。権中納言源顕基の長男。
¶公卿,古人

源資遠* みなもとのすけとお
生没年不詳 平安時代後期の官人。
¶古人

源資時* みなもとのすけとき
生没年不詳 [別]源資時(みなもとすけとき) 平安時代後期の堂上の楽人、公家。
¶古人([生]1161年? [没]?),平家(みなもとすけとき)

源資俊* みなもとのすけとし
生没年不詳 鎌倉時代前期の公卿(非参議)。非参議源家俊の子。
¶公卿,公家(資俊〔京極家(絶家)〕 すけとし)

源相奉 みなもとのすけとも
平安時代中期の官人。父は兼房。
¶古人(生没年不詳)

源資長 みなもとのすけなが
平安時代後期の官人。
¶古人(生没年不詳)

源資信* みなもとのすけのぶ
生没年不詳 鎌倉時代前期の公卿(非参議)。非参議源時賢の次男。
¶公卿,公家(資信〔庭田家〕 すけのぶ)

源相規 みなもとのすけのり
⇒源相規(みなもとすけのり)

源資平* みなもとのすけひら
貞応2(1223)年～弘安7(1284)年 [別]源資平(みなもとすけひら) 鎌倉時代後期の歌人・公卿(権中納言)。参議源顕平の長男。
¶公卿([没]弘安7(1284)年9月23日),公家(資平〔坊城家(絶家)〕 すけひら [没]弘安7(1284)年9月23日)

源資雅* みなもとのすけまさ
生没年不詳 [別]源資雅(みなもとすけまさ) 鎌倉時代前期の公卿(非参議)。権中納言源有雅の長男。
¶公卿,公家(資雅〔岡崎家(絶家)〕 すけまさ)

源資通* みなもとのすけみち
寛弘2(1005)年～康平3(1060)年8月23日 [別]源資通(みなもとすけみち) 平安時代中期の公卿(参議)。大納言源時中の孫。
¶公卿,古人,コン([生]長徳1(995)年)

源輔通* みなもとのすけみち
建仁1(1201)年～建長1(1249)年6月7日 鎌倉時代前期の公卿(非参議)。大納言源師頼の孫。
¶公卿,公家(輔通〔堀川家(絶家)1〕 すけみち [生]1204年)

源相職* みなもとのすけもと
延喜1(901)年～天慶6(943)年 平安時代中期の官人。
¶古人

源扶義* みなもとのすけよし
天暦5(951)年～長徳4(998)年7月25日 [別]源扶義(みなもとのたすよし) 平安時代中期の公卿(参議)。左大臣源雅信の四男、母は大納言藤原元方の娘。
¶公卿(みなもとのたすよし),古人

源冷 みなもとのすさまし
⇒源冷(みなもとのすずし)

源冷* みなもとのすずし
承和2(835)年～寛平2(890)年 [別]源朝臣冷(みなもとのあそんすずし),源冷(みなもとのすさまし) 平安時代前期の公卿(参議)。仁明天皇の皇子。
¶公卿(みなもとのすさまし [没]寛平2(890)年2月25日),古人,古代(源朝臣冷 みなもとのあそんすずし),コン([生]承和2(835年/825年/839)年),天皇([没]寛平2(890)年2月25日)

源涼* みなもとのすずしき
生没年不詳 平安時代中期の歌人。
¶古人

源澄子* みなもとのすみこ
長元2(1029)年?～寛治1(1087)年 平安時代中期～後期の女性。右大臣源師房の二女。
¶古人(生没年不詳)

源清子 みなもとのせいし
平安時代中期の女性。醍醐天皇更衣。
¶天皇(生没年不詳)

源盛子* みなもとのせいし
?～久安3(1147)年 [別]三河内侍(みかわのないし),源盛子(みなもとのもりこ) 平安時代後期の女性。源頼綱の女。
¶古人(みなもとのもりこ),女史(三河内侍 みかわのないし),天皇(生没年不詳)

源善成 みなもとのぜんせい
⇒四辻善成(よつつじよしなり)

源千幡 みなもとのせんまん
⇒源実朝(みなもとのさねとも)

源平 みなもとのたいら
⇒源朝臣平(みなもとのあそんたいら)

源高明* みなもとのたかあきら
延喜14(914)年～天元5(982)年12月16日 [別]西宮左大臣(にしのみやさだいじん,にしのみやのさだいじん),源高明(みなもとたかあきら) 平安時

代中期の公卿(左大臣)。醍醐天皇の皇子。藤原氏に疎まれ、多田満仲らの陰謀により左遷された(安和の変)。
¶公卿,古人,コン,思想,天皇,山小([没]982年12月16日)

源隆国*　みなもとのたかくに
寛弘1(1004)年～承暦1(1077)年　[別]宇治大納言(うじだいなごん),源隆国(みなもとたかくに)　平安時代中期の公卿(権大納言)。権大納言源俊賢の次男。
¶公卿([没]承暦1(1077)年7月9日),古人,コン,思想,中世,日文([没]承保4(1077)年),山小([没]1077年7月9日)

源隆子*(1)　みなもとのたかこ
生没年不詳　平安時代中期の官女。後朱雀天皇の乳母。
¶古人

源隆子(2)　みなもとのたかこ
⇒源顕房室(みなもとあきふさのしつ)

源孝貞　みなもとのたかさだ
平安時代後期の官人。
¶古人(生没年不詳)

源高実*　みなもとのたかざね
永承1(1046)年～嘉承1(1106)年　平安時代中期～後期の官人。
¶古人

源高綱*　みなもとのたかつな
生没年不詳　平安時代後期～鎌倉時代前期の武士。
¶古人

源隆綱*　みなもとのたかつな
*～承保1(1074)年　[別]源隆綱(みなもとたかつな)　平安時代中期の公卿(参議)。権大納言源隆国の次男。
¶公卿([生]長元6(1033)年　[没]承保1(1074)年9月26日),古人([生]1033年)

源隆俊*　みなもとのたかとし
万寿2(1025)年～承保2(1075)年　[別]源隆俊(みなもとたかとし)　平安時代中期の公卿(権中納言)。権大納言源隆国の長男。
¶公卿([没]承保2(1075)年3月15日),古人

源隆長　みなもとのたかなが
平安時代後期の官人。父は兼長。
¶古人(生没年不詳)

源隆姫　みなもとのたかひめ
⇒隆姫子女王(たかひめこじょおう)

源高房*　みなもとのたかふさ
?～承暦1(1077)年　平安時代中期～後期の人。醍醐源氏。
¶古人

源高雅*　みなもとのたかまさ
生没年不詳　平安時代中期の官人。有明親王の孫。
¶古人

源孝道*　みなもとのたかみち
?～寛弘7(1010)年　平安時代中期の官吏、漢詩人。
¶古人

源隆宗　みなもとのたかむね
平安時代後期の官人。父は朝棟。
¶古人(生没年不詳)

源隆康　みなもとのたかやす
平安時代後期の官人。父は師隆。
¶古人(生没年不詳)

源隆保*　みなもとのたかやす
生没年不詳　鎌倉時代前期の官人。
¶古人

源高行*　みなもとのたかゆき
生没年不詳　平安時代後期の官人。
¶古人

源隆義　みなもとのたかよし
⇒佐竹隆義(さたけたかよし)

源高頼*　みなもとのたかより
生没年不詳　平安時代後期の武士。
¶古人

源厳子　みなもとのたけこ
⇒源厳子(みなもとのいずこ)

源尋　みなもとのたずぬ
⇒源朝臣尋(みなもとのあそんたずね)

源扶義　みなもとのたすよし
⇒源扶義(みなもとのすけよし)

源湛*　みなもとのたたう
承和12(845)年～延喜15(915)年　[別]源朝臣湛(みなもとのあそんたたう)　平安時代前期～中期の公卿(大納言)。嵯峨天皇の孫。
¶公卿([生]承和11(844)年　[没]延喜15(915)年5月21日),古人,古代(源朝臣湛　みなもとのあそんたたう)

源忠清*(1)　みなもとのただきよ
天慶6(943)年～永延2(988)年　平安時代中期の公卿(参議)。醍醐天皇の孫。
¶公卿([没]永延2(988)年2月21日),古人

源忠清(2)　みなもとのただきよ
⇒源忠清(みなもとただきよ)

源陟子*　みなもとのただこ
生没年不詳　平安時代中期の女性。藤原彰子の女房。
¶古人

源忠重　みなもとのただしげ
平安時代中期の官人。
¶古人([生]?　[没]1033年)

源忠季　みなもとのただすえ
⇒源忠季(みなもとただすえ)

源忠隆　みなもとのただたか
平安時代中期の官人。父は満政。
¶古人(生没年不詳)

源忠時(1)　みなもとのただとき
平安時代後期の官人。父は俊房。
¶古人(生没年不詳)

源忠時(2)　みなもとのただとき
平安時代後期の官人。
¶古人(生没年不詳)

源忠規　みなもとのただのり
平安時代中期の官人。
¶古人(生没年不詳)

源忠房* みなもとのただふさ
生没年不詳　鎌倉時代後期の公卿(権中納言)。順徳天皇の曽孫。
¶公卿,公家(忠房〔順徳源氏(絶家)〕　ただふさ)

源忠理* みなもとのただまさ
生没年不詳　平安時代中期の官人。
¶古人

源忠良* みなもとのただよし
生没年不詳　平安時代中期の武官。
¶古人

源斉頼* みなもとのただより
生没年不詳　[別]源斉頼(みなもとのなりより)　平安時代後期の中級貴族。
¶古人,古人(みなもとのなりより)

源忠頼　みなもとのただより
⇒一条忠頼(いちじょうただより)

源頼　みなもとのたのむ
⇒源頼(みなもとたのむ)

源頼女　みなもとのたのむのむすめ
⇒源頼女(みなもとたのむのむすめ)

源為明* みなもとのためあきら
?～応和1(961)年　平安時代中期の醍醐天皇の皇子。
¶古人

源為清(1)　みなもとのためきよ
平安時代中期の官人。父は重之。
¶古人(生没年不詳)

源為清(2)　みなもとのためきよ
平安時代後期の官人。父は則順。
¶古人(生没年不詳)

源為貞　みなもとのためさだ
平安時代中期の官人。
¶古人(生没年不詳)

源為成　みなもとのためしげ
⇒源為成(みなもとためしげ)

源為相　みなもとのためすけ
平安時代中期の官人。父は信明。
¶古人(生没年不詳)

源為堯* みなもとのためたか
生没年不詳　平安時代中期の筝の名手。
¶古人

源為親　みなもとのためちか
平安時代中期の官人。父は忠幹。
¶古人(生没年不詳)

源為朝* みなもとのためとも
保延5(1139)年～*　[別]鎮西八郎為朝(ちんぜいはちろうためとも),源為朝(みなもとためとも)　平安時代後期の武将。保元の乱に参加。敗れて伊豆大島に流されたが、多くの伝説を残す。
¶古人([生]1138年　[没]1170年?),コン([没]嘉応2(1170年/1177)年),内乱([没]安元3(1177)年?),平家(みなもとためとも　生没年不詳),山小([没]1170年/1177年)

源為長* みなもとのためなが
生没年不詳　平安時代後期の紀伊国司。
¶古人

源為成　みなもとのためなり
⇒源為成(みなもとためしげ)

源為規　みなもとのためのり
平安時代中期の官人。
¶古人(生没年不詳)

源為憲* みなもとのためのり
?～寛弘8(1011)年8月　[別]源為憲(みなもとためのり)　平安時代中期の官人、文人。
¶古人,コン,思想,日文

源為治* みなもとのためはる
生没年不詳　室町時代の公卿(非参議)。従四位上源重治の子。
¶公卿,公家(為治〔竹内家〕　ためはる)

源為文　みなもとのためふみ
平安時代中期の官人。寛弘6年藤原道長らを呪詛することが露顕。
¶古人([生]951年　[没]1010年)

源為理* みなもとのためまさ
?～寛仁1(1017)年　平安時代中期の官人。
¶古人

源為守* みなもとのためもり
生没年不詳　鎌倉時代後期の公卿(非参議)。非参議源資雅の孫。
¶公卿,公家(為守〔岡崎家(絶家)〕　ためもり)

源為安* みなもとのためやす
生没年不詳　平安時代後期～鎌倉時代前期の武士。
¶古人

源為義* みなもとのためよし
永長1(1096)年～保元1(1156)年　[別]源為義(みなもとためよし)　平安時代後期の武将。平氏の台頭に危機感を持ち、保元の乱では嫡男義朝と別れて崇徳上皇方に加わり、敗れて刑死した。
¶古人,コン,内乱,平家(みなもとためよし　[生]嘉保2(1095)年/永長1(1096)年),山小([没]1156年7月30日)

源為善　みなもとのためよし
⇒源為善(みなもとためよし)

源有　みなもとのたもつ
⇒源朝臣有(みなもとのあそんたもつ)

源暖子　みなもとのだんし
平安時代中期の女性。醍醐天皇更衣。
¶天皇(生没年不詳)

源親方　みなもとのちかかた
平安時代中期の官人。父は宣方。
¶古人(生没年不詳)

源周子　みなもとのちかこ
⇒源周子(みなもとのしゅうし)

源親教* みなもとのちかのり
生没年不詳　[別]源親教(みなもとちかのり)　鎌倉時代後期の公卿(非参議)。権中納言源資平の三男。
¶公卿,公家(親教〔坊城家(絶家)〕　ちかのり)

源親範　みなもとのちかのり
⇒源親範(みなもとちかのり)

源親治* みなもとのちかはる
生没年不詳　[別]源親治(みなもとちかはる)　平安時代後期の武士。宇野荘を醍醐寺三宝院の勝賢に

みなもと　　2154

寄進。

¶古人（㊀1116年　㊁1186年），コン，内乱，平家（宇野親治　うのちかはる）

源親平* みなもとのちかひら

建長7（1255）年〜？　鎌倉時代後期の公卿（参議）。権中納言源資平の次男。

¶公卿，公家（親平〔坊城家（絶家）〕　ちかひら）

源親広 みなもとのちかひろ

⇒大江親広（おおえのちかひろ）

源親房 みなもとのちかふさ

⇒源親房（みなもとちかふさ）

源親元* みなもとのちかもと

長暦2（1038）年〜長治2（1105）年　㊛源親元（みなもとちかもと）　平安時代中期〜後期の官吏。

¶古人

源近康* みなもとのちかやす

？〜久安6（1150）年　平安時代後期の武士。

¶古人

源親行* みなもとのちかゆき

生没年不詳　㊛源親行（みなもとちかゆき）　鎌倉時代前期の古典学者，歌人。「源氏物語」河内本を大成した源氏学者。

¶古人（㊀1188年？　㊁1267年？），コン，山小

源近善* みなもとのちかよし

？〜延喜18（918）年　㊛源朝臣近善（みなもとのあそんちかよし）　平安時代前期〜中期の光孝天皇の皇子。

¶古人，古代（源朝臣近善　みなもとのあそんちかよし），天皇

源朝子 みなもとのちょうし

⇒源朝子（みなもとのあさこ）

源趁* みなもとのちん

㊛安法（あんぼう），安法法師（あんぼうほうし）　平安時代の歌人，中古三十六歌仙の一人。

¶古人（安法　あんぼう　生没年不詳），詩作（安法法師　あんぼうほうし　生没年不詳）

源通子* みなもとのつうし

？〜承久3（1221）年　㊛源通子（みなもとつうし，みなもとのみちこ）　鎌倉時代前期の女性。後嵯峨天皇の生母，贈皇太后。

¶古人（みなもとのみちこ　㊁1221年？），天皇（みなもとのつうし・みちこ）

源仕 みなもとのつかう

平安時代中期の官人。

¶古人（生没年不詳）

源番* みなもとのつがう

生没年不詳　平安時代後期の武士。

¶古人

源伝 みなもとのつたう

⇒渡辺伝（わたなべのつとう）

源恭 みなもとのつつしむ

⇒源朝臣恭（みなもとのあそんつつしむ）

源勤* みなもとのつとむ

天長1（824）年〜元慶5（881）年　㊛源朝臣勤（みなもとのあそんつとむ）　平安時代前期の公卿（参議）。嵯峨天皇の皇子，母は大原金子。

¶公卿（㊁元慶5（881）年5月8日），古人，古代（源朝臣勤

みなもとのあそんつとむ）

源綱* みなもとのつな

生没年不詳　平安時代中期の武将。

¶古人

源綱子* みなもとのつなこ

生没年不詳　平安時代後期の官女。

¶古人

源毎有 みなもとのつねあり・ことあり

平安時代前期の文徳天皇の皇子。

¶天皇

源毎有の母多治氏 みなもとのつねありのははたじひし

⇒多治氏（たじひうじ）

源経兼 みなもとのつねかね

⇒源経兼（みなもとつねかね）

源経季 みなもとのつねすえ

平安時代中期の官人。父は経相。

¶古人（生没年不詳）

源経相* みなもとのつねすけ

？〜長暦3（1039）年　平安時代中期の宇多源氏時中の子。

¶古人（㊀979年）

源経相の妻 みなもとのつねすけのつま

平安時代中期の女性。

¶女史（生没年不詳）

源経高 みなもとのつねたか

⇒佐々木経高（ささきつねたか）

源経隆 みなもとのつねたか

⇒源経隆（みなもとつねたか）

源経親 みなもとのつねちか

平安時代中期の官人。父は道方。

¶古人（生没年不詳）

源経任 みなもとのつねとう

⇒源経任（みなもとつねとう）

源経俊 みなもとのつねとし

平安時代中期の官人。父は奉職。

¶古人（生没年不詳）

源経仲 みなもとのつねなか

⇒源経仲（みなもとつねなか）

源経長* みなもとのつねなが

寛弘2（1005）年〜延久3（1071）年6月6日　㊛源経長（みなもとつねなが）　平安時代中期の公卿（権大納言）。権中納言源道方の四男，母は従四位上・播磨守源国盛の娘。

¶公卿，古人（㊀1005年/1012年）

源経成* みなもとのつねなり

寛弘6（1009）年〜治暦2（1066）年　平安時代中期の公卿（権中納言）。大納言源重光の孫。

¶公卿（㊁治暦2（1066）年7月11日），古人

源経信* みなもとのつねのぶ

長和5（1016）年〜承徳1（1097）年　㊛源経信（みなもとつねのぶ）　平安時代中期〜後期の歌人・公卿（大納言）。琵琶桂流の祖。権中納言源道方の六男，母は従四位上・播磨守源国盛の娘。

¶公卿（㊁承徳1（1097）年1月6日），古人，コン，詩作（㊁永長2（1097）年閏1月6日），日文（㊁永長2（1097）年）

源恒規　みなもとのつねのり
平安時代中期の官人。父は輔視。
¶古人（生没年不詳）

源経治*　みなもとのつねはる
生没年不詳　南北朝時代の公卿（非参議）。左中将に任ぜられ正三位に叙される。
¶公卿, 公家（経治〔竹内家〕　つねはる）

源経房*　みなもとのつねふさ
安和2（969）年〜治安3（1023）年　[別]源経房（みなもとつねふさ）　平安時代中期の公卿（権中納言）。左大臣源高明の四男、母は右大臣藤原師輔の五女。
¶公卿（[没]治安3（1023）年12月12日）, 古人

源経方　みなもとのつねまさ
平安時代後期の佐々木宮神主。
¶古人（[生]1054年　[没]1115年）

源常政*　みなもとのつねまさ
享保12（1727）年〜文化6（1809）年10月12日　江戸時代中期〜後期の公家（非参議）。文化4年従三位に叙される。
¶公卿, 公家（常政〔三条家諸大夫 森家（源氏）〕　つねまさ）

源経光*　みなもとのつねみつ
？〜久安2（1146）年　平安時代後期の人。清和源氏。
¶古人

源経宗　みなもとのつねむね
平安時代中期の官人。父は経相。
¶古人（生没年不詳）

源経基*　みなもとのつねもと
？〜応和1（961）年　[別]源経基（みなもとつねもと），六孫王（ろくそんおう），六孫王経基（ろくそんのうつねもと）　平安時代中期の武将。藤原純友の乱の鎮定にあたる。清和源氏の興隆の基礎を築いた。
¶古人, コン, 平家（みなもとつねもと）, 山小（[没]961年11月4日）

源経良　みなもとのつねよし
平安時代後期の官人。父は隆長。
¶古人（生没年不詳）

源経頼*　みなもとのつねより
*〜長暦3（1039）年　[別]源経頼（みなもとつねより）　平安時代中期の公卿（参議）。参議源扶義の次男。
¶公卿（[生]貞元1（976）年　[没]長暦3（1039）年8月28日）, 古人（[生]985年）, コン（[生]貞元1（976）年）

源貞子*(1)　みなもとのていし
？〜貞観15（873）年　[別]源貞子（みなもとのさだこ）　平安時代前期の女性。清和天皇の女御。
¶天皇（[没]貞観15（873）年1月20日）

源貞子(2)　みなもとのていし
⇒源貞子（みなもとのさだこ）

源遠仲　みなもとのとおなか
平安時代後期の官人。父は公衡。
¶古人（生没年不詳）

源遠古　みなもとのとおふる
平安時代中期の官人。父は惟正。
¶古人（生没年不詳）

源遠理　みなもとのとおまさ
平安時代中期の官人、のち出家。惟円と称した。
¶古人（生没年不詳）

源遠光　みなもとのとおみつ
⇒加賀美遠光（かがみとおみつ）

源融*　みなもとのとおる
弘仁13（822）年〜寛平7（895）年　[別]河原左大臣（かわらさだいじん，かわらのさだいじん），源融（みなもととおる），源朝臣融（みなもとのあそんとおる）　平安時代前期の公卿（左大臣）。嵯峨天皇の皇子、母は大原金子。
¶公卿（[没]寛平7（895）年8月25日）, 古人, 古代（源朝臣融　みなもとのあそんとおる）, コン, 詩作（[没]寛平7（895）年8月25日）, 天皇（[没]寛平7（895）年8月25日）, 山小（[没]895年8月25日）

源時明*　みなもとのときあきら
生没年不詳　[別]源時明（みなもとときあきら）　平安時代中期の官吏、歌人。
¶古人

源時有の母清原氏　みなもとのときありのははきよはらし
平安時代前期の女性。文徳天皇女房。
¶天皇

源時賢*　みなもとのときかた
安元2（1176）年〜建長7（1255）年9月5日　鎌倉時代前期の公卿（非参議）。権大納言源資賢の三男、母は右大臣徳大寺公能の娘。
¶公卿, 公家（時賢〔庭田家〕　ときかた）

源時方*　みなもとのときかた
生没年不詳　平安時代中期の官人。
¶古人

源時綱*　みなもとのときつな
生没年不詳　[別]源時綱（みなもとときつな）　平安時代中期〜後期の官吏、漢詩人。
¶古人

源時俊*　みなもとのときとし
生没年不詳　平安時代後期の官人。
¶古人

源時中*　みなもとのときなか
天慶6（943）年〜長保3（1001）年12月20日　平安時代中期の公卿（大納言）。左大臣源雅信の長男。
¶公卿, 古人

源常　みなもとのときは
⇒源常（みなもとのときわ）

源時通　みなもとのときみち
平安時代中期の官人。父は雅信。
¶古人（生没年不詳）

源常*　みなもとのときわ
弘仁3（812）年〜仁寿4（854）年6月13日　[別]源常（みなもとときわ，みなもとのときは），源朝臣常（みなもとのあそんときわ）　平安時代前期の公卿（左大臣）。嵯峨天皇の皇子、母は更衣飯高氏。
¶公卿（[没]斉衡1（854）年6月13日）, 古人, 古代（源朝臣常　みなもとのあそんときわ）, コン（[没]斉衡1（854）年）, 天皇（[没]斉衡1（854）年6月13日）

源俊明　みなもとのとしあき
⇒源俊明（みなもとのとしあきら）

源俊明*　みなもとのとしあきら
寛徳1（1044）年〜永久2（1114）年12月2日　[別]源俊明（みなもととしあきら，みなもとのとしあき）

平安時代中期～後期の公卿（大納言）。権大納言源隆国の三男、母は参議源経頼の娘。
¶公卿（みなもとのとしあき），古人，コン

源俊賢* みなもとのとしかた
天徳4（960）年～万寿4（1027）年6月13日　平安時代中期の公卿（権大納言）。左大臣源高明の三男、母は右大臣藤原師輔の娘。
¶公卿，古人（[生]959年），コン

源俊方* みなもとのとしかた
生没年不詳　平安時代後期の伊賀国名張郡司近国の子。
¶古人，コン

源俊賢室* みなもとのとしかたのしつ
生没年不詳　平安時代中期の女性。「後拾遺集」に一首入集。
¶古人

源俊賢母 みなもとのとしかたのはは
⇒源俊賢母（みなもととしかたのはは）

源俊兼(1) みなもとのとしかね
平安時代後期の官人。
¶古人（[生]1060年　[没]1112年）

源俊兼(2) みなもとのとしかね
平安時代後期の官人。
¶古人（生没年不詳）

源俊実* みなもとのとしざね
永承1（1046）年～元永2（1119）年　[別]源俊実（みなもととしざね）　平安時代中期～後期の公卿（権大納言）。権中納言源隆俊の長男。
¶公卿（[没]元永2（1119）年6月10日），古人

源俊重 みなもとのとししげ
⇒源俊重（みなもととししげ）

源俊輔 みなもとのとしすけ
平安時代中期の官人。
¶古人（[生]1034年　[没]？）

源敏相女 みなもとのとしすけのむすめ
平安時代中期の女性。醍醐天皇更衣か。
¶天皇（生没年不詳）

源俊長 みなもとのとしなべ
平安時代中期の官人。父は顕基。
¶古人（生没年不詳）

源俊房* みなもとのとしふさ
長元8（1035）年～保安2（1121）年11月12日　[別]源俊房（みなもととしふさ）　平安時代中期～後期の公卿（左大臣）。太政大臣源師房の長男。
¶公卿，古人，コン

源俊雅* みなもとのとしまさ
長治2（1105）年～久安5（1149）年9月20日　平安時代後期の公卿（参議）。大納言源能俊の次男。
¶公卿，古人

源俊雅母 みなもとのとしまさのはは
⇒源俊雅母（みなもととしまさのはは）

源俊頼* みなもとのとしより
天喜3（1055）年～大治4（1129）年　[別]俊頼（としより），源俊頼（みなもととしより）　平安時代後期の歌人。
¶古人，コン（[生]天喜3（1055）年？），詩作（[生]天喜3（1055）年頃　[没]大治4（1129）年1月1日），日文，俳文（俊頼　としより　生没年不詳）

源整* みなもとのととのう
？～承平5（935）年　[別]源整（みなもとととのう）　平安時代前期～中期の公家・歌人。
¶古人

源唱* みなもとのとなう
？～治承4（1180）年　[別]渡辺唱（わたなべとなう）　平安時代後期の人。嵯峨源氏。
¶古人，平家（渡辺唱　わたなべとなう）

源具兼* みなもとのともかね
生没年不詳　鎌倉時代後期の公卿（非参議）。左中将源師具の次男。
¶公卿，公家（具兼〔堀川家（絶家）1〕　ともかね）

源倫子 みなもとのともこ
⇒源倫子（みなもとのりんし）

源具実* みなもとのともざね
建仁3（1203）年～建治3（1277）年　鎌倉時代前期～後期の公卿。
¶公家（具実〔堀川家（絶家）2〕　ともざね　[没]？）

源朝実 みなもとのともざね
平安時代後期の官人。父は朝任。
¶古人（生没年不詳）

源具親* みなもとのともちか
生没年不詳　[別]源具親（みなもとともちか）　鎌倉時代前期の歌人。後鳥羽院に出仕。
¶古人，詩作

源朝任* みなもとのともとう
永祚1（989）年～長元7（1034）年9月16日　[別]源朝任（みなもとあさとう，みなもとのあさとう）　平安時代中期の公卿（参議）。大納言源時中の三男、母は参議藤原安親の娘。
¶公卿，古人（みなもとのあさとう），古人（生没年不詳）

源朝俊 みなもとのともとし
平安時代後期の官人。父は朝実。
¶古人（生没年不詳）

源朝長* みなもとのともなが
天養1（1144）年～＊　[別]源朝長（みなもとともなが）　平安時代後期の武士。源義朝の次男。
¶古人（[没]1159年），内乱（[没]平治1（1159）年）

源朝雅 みなもとのともまさ
⇒平賀朝雅（ひらがともまさ）

源知通 みなもとのともみち
平安時代中期の官人。藤原実資の家人。
¶古人（生没年不詳）

源具守 みなもとのとももり
⇒堀川具守（ほりかわとももり）

源具行 みなもとのともゆき
⇒北畠具行（きたばたけともゆき）

源知行 みなもとのともゆき
⇒行阿（ぎょうあ）

源直* みなもとのなおし
天長7（830）年～昌泰2（899）年12月26日　平安時代前期の公卿（参議）。嵯峨天皇の孫。
¶公卿，古人

源仲章* みなもとのなかあき
宝永4(1707)年～天明5(1785)年6月25日　江戸時代中期の公家(非参議)。安永9年従三位に叙される。
¶公卿,公家(仲章〔久我家諸大夫 春日家(源氏)〕　なかあきら)

源仲章* みなもとのなかあきら
?～承久1(1219)年　鎌倉時代前期の儒者、武士。源実朝の近臣。
¶古人

源仲家* みなもとのなかいえ
?～治承4(1180)年　平安時代後期の武将。
¶古人,内乱

源仲興* みなもとのなかおき
?～応永13(1406)年1月26日　南北朝時代～室町時代の公卿(非参議)。応永13年従三位に叙される。
¶公卿,公家(仲興〔春日家(絶家)〕　なかおき)

源長猷*(1) みなもとのながかず
?～延喜18(918)年　平安時代前期～中期の清和天皇の皇子。
¶天皇([没]延喜18(918)年9月29日)

源長猷(2) みなもとのながかず
⇒源長淵(みなもとのながふち)

源仲兼* みなもとのなかかね
生没年不詳　[別]源仲兼(みなもとなかかね)　平安時代後期～鎌倉時代前期の武士。後白河院の近習。
¶古人,平家(みなもとなかかね)

源仲清 みなもとのなかきよ
平安時代後期の官人。
¶古人(生没年不詳)

源長清 みなもとのながきよ
⇒小笠原長清(おがさわらながきよ)

源仲国* みなもとのなかくに
生没年不詳　[別]源仲国(みなもとなかくに)　平安時代後期の後白河院の近習。院細工所別当。
¶古人

源仲重* みなもとのなかしげ
生没年不詳　室町時代の公卿(非参議)。寛正4年従三位に叙される。
¶公卿,公家(仲重〔春日家(絶家)〕　なかしげ)

源仲季 みなもとのなかすえ
平安時代後期の官人。父は経仲。
¶古人(生没年不詳)

源長季 みなもとのながすえ
平安時代中期の官人。父は守隆。
¶古人(生没年不詳)

源仲綱* みなもとのなかつな
大治1(1126)年～治承4(1180)年5月26日　[別]源仲綱(みなもとなかつな)　平安時代後期の武将、歌人。以仁王を擁して平家討滅の兵を挙げた。
¶古人,内乱,平家(みなもとなかつな)

源仲経 みなもとのなかつね
平安時代中期の官人。
¶古人(生没年不詳)

源長経 みなもとのながつね
⇒源長経(みなもとながつね)

源長俊 みなもとのながとし
平安時代後期の官人。
¶古人(生没年不詳)

源長具* みなもとのながとも
?～文中2/応安6(1373)年11月26日　南北朝時代の公卿(非参議)。応安2年従三位に叙される。
¶公卿([没]応安6/文中2(1373)年11月26日),公家(長具〔愛宕家(絶家)〕　ながとも　[没]応安6(1373)年11月26日)

源仲宣 みなもとのなかのぶ
⇒源仲宣(みなもとなかのぶ)

源仲舒 みなもとのなかのぶ
平安時代中期の官人。仲言ともいう。時方の子。
¶古人(生没年不詳)

源長淵* みなもとのながふち
生没年不詳　[別]源長猷(みなもとのながかず)　平安時代前期の官人。清和天皇皇子。
¶古人(源長猷　みなもとのながかず　[生]854年　[没]918年),古人

源中正 みなもとのなかまさ
⇒源中正(みなもとなかただ)

源仲正* みなもとのなかまさ
生没年不詳　[別]源仲正(みなもとなかまさ)　平安時代後期の武士、歌人。「金葉集」などに15首。
¶古人([生]?　[没]1137年?)

源長鑒 みなもとのながみ
平安時代前期の清和天皇の皇子。
¶天皇(生没年不詳)

源仲光* みなもとのなかみつ
?～治承4(1180)年　[別]源仲光(みなもとなかみつ)　平安時代後期の人。清和源氏。
¶古人,平家(みなもとなかみつ)

源永光 みなもとのながみつ
平安時代中期の官人。
¶古人([生]?　[没]1009年)

源仲宗 みなもとのなかむね
⇒源仲宗(みなもとなかむね)

源長盛* みなもとのながもり
生没年不詳　室町時代の公卿(非参議)。従三位に叙される。
¶公卿,公家(長盛〔醍醐源氏(絶家)〕　ながもり)

源仲頼*(1) みなもとのなかより
保元2(1157)年～*　[別]源仲頼(みなもとなかより)　平安時代後期の武士。後白河法皇の近臣源仲兼に仕える。
¶古人([没]1183年),平家(みなもとなかより　生没年不詳)

源仲頼(2) みなもとのなかより
⇒源仲頼(みなもとなかより)

源済 みなもとのならう
⇒源済(みなもとわたる)

源斉 みなもとのならう
平安時代中期の官人。父は類。
¶古人(生没年不詳)

源成方 みなもとのなりかた
平安時代中期の官人。父は頼方。

¶古人(生没年不詳)

源成子* みなもとのなりこ
生没年不詳　平安時代後期の女官。後三条天皇の乳母。
¶古人

源成経* みなもとのなりつね
貞応1(1222)年～？　鎌倉時代前期の公卿(非参議)。右大臣源顕房の六代孫。
¶公卿,公家(成経〔久我家(絶家)〕　なりつね)

源成信* みなもとのなりのぶ
天元2(979)年～？　平安時代中期の官人。道長の猶子。
¶古人,コン

源登平　みなもとのなりひら
⇒源登平(みなもとみちひら)

源業房　みなもとのなりふさ
平安時代後期の官人。藤原忠実家の家司。
¶古人(生没年不詳)

源済政* みなもとのなりまさ
？～長久2(1041)年　平安時代中期の人。宇多源氏。
¶古人

源成雅* みなもとのなりまさ
生没年不詳　平安時代後期の近衛府官人。
¶古人

源成頼　みなもとのなりより
平安時代中期の官人。父は扶義、母は源是輔女。
¶古人(生?　没1003年)

源斉頼　みなもとのなりより
⇒源斉頼(みなもとのただより)

源仁子　みなもとのにんし
⇒源仁子(みなもとのひとこ)

源信章　みなもとののぶあきら
戦国時代の武田氏の家臣。
¶武田(生没年不詳)

源信明*(1)　みなもとののぶあきら
延喜10(910)年～天禄1(970)年　別源信明(みなもとのさねあきら)　平安時代中期の管絃の名人。
¶古人(みなもとのさねあきら),コン(みなもとのさねあきら　生延喜9(909)年　没天禄1(970年/965)年),詩作(みなもとのさねあきら)

源信明(2)　みなもとののぶあきら
平安時代中期の管絃の名人。源博雅の子。
¶古人(生没年不詳)

源信明(3)　みなもとののぶあきら
平安時代後期の官人。父は基行。
¶古人(生没年不詳)

源緩子　みなもとののぶこ
⇒源緩子(みなもとのかんし)

源順子　みなもとののぶこ
⇒源順子(みなもとのじゅんし)

源信成　みなもとののぶしげ
平安時代中期の官人。陳蕃ともいう。父は能正。
¶古人(生没年不詳)

源信忠　みなもとののぶただ
平安時代後期の官人。父は信宗。
¶古人(生没年不詳)

源信綱*(1)　みなもとののぶつな
生没年不詳　平安時代後期の雅楽家。
¶古人

源信綱*(2)　みなもとののぶつな
生没年不詳　平安時代後期の武士。
¶古人

源宣綱　みなもとののぶつな
平安時代後期の官人。
¶古人(生没年不詳)

源信俊* みなもとののぶとし
生没年不詳　別源信俊(みなもとのぶとし)　平安時代後期の人。藤原成親の侍。
¶古人,平家(みなもとのぶとし)

源信房　みなもとののぶふさ
平安時代中期の官人。
¶古人(生1026年　没?)

源宣方* みなもとののぶまさ
？～長徳4(998)年　平安時代中期の官人。
¶古人

源延光* みなもとののぶみつ
延長5(927)年～貞元1(976)年6月17日　別源延光(みなもとのぶみつ)　平安時代中期の公卿(権大納言)。醍醐天皇の孫。
¶公卿,古人,コン

源信光* みなもとののぶみつ
？～宝治2(1248)年　鎌倉時代前期の武士。
¶古人

源信宗* みなもとののぶむね
？～承保1(1074)年　別源信宗(みなもとのぶむね)　平安時代中期の三条天皇皇孫、敦明親王の王子。
¶古人

源信康女　みなもとののぶやすのむすめ
⇒丹波局(たんばのつぼね)

源信義*(1)　みなもとののぶよし
生没年不詳　別源信義(みなもとのさねよし)　平安時代中期の楽人。
¶古人

源信義(2)　みなもとののぶよし
⇒武田信義(たけだのぶよし)

源舒* みなもとののぶる
天長9(832)年～元慶5(881)年　別源朝臣舒(みなもとのあそんのぶる)　平安時代前期の公卿(参議)。嵯峨天皇の孫。
¶公卿(生天長6(829)年　没元慶5(881)年11月29日),古人,古代(源朝臣舒　みなもとのあそんのぶる　生832年?　没885年),コン(生天長9(832年/833)年)

源昇* みなもとののぼる
承和15(848)年～延喜18(918)年6月29日　別源朝臣昇(みなもとのあそんのぼる),源昇(みなもとのぼる)　平安時代前期～中期の公卿(大納言)。嵯峨天皇の孫。
¶公卿(生貞観1(859)年),古人,古代(源朝臣昇　みなもとのあそんのぼる)

源昇女　みなもとののぼるのむすめ
平安時代中期の女性。醍醐天皇更衣。
¶天皇(生没年不詳)

源儀兼　みなもとののりかね
平安時代後期の官人。
¶古人(生没年不詳)

源則清　みなもとののりきよ
⇒源則清(みなもとのりきよ)

源憲子*　みなもとののりこ
生没年不詳　平安時代中期の女官。
¶古人

源憲定*　みなもとののりさだ
？～寛仁1(1017)年　平安時代中期の公卿(非参議)。村上天皇の孫。
¶公卿([没]寛仁1(1017)年6月2日),古人

源則忠*　みなもとののりただ
天暦3(949)年～？　平安時代中期の醍醐天皇皇孫、盛明親王の王子。
¶古人

源則忠女　みなもとののりただのむすめ
⇒源則忠女(みなもとのりただのむすめ)

源則遠*　みなもとののりとお
？～久安5(1149)年　平安時代後期の下級官人。
¶古人

源則成　みなもとののりなり
⇒源則成(みなもとのりしげ)

源則理*　みなもとののりまさ
生没年不詳　平安時代中期の官人。
¶古人

源範頼*　みなもとののりより
？～建久4(1193)年　[別]蒲冠者(かばのかじゃ),源範頼(みなもとのりより)　平安時代後期の武将。源義朝の6男。平氏追討の総大将として遠征。義経の活躍の陰で目立たなかった。のち頼朝に疑われて暗殺された。
¶古人(生没年不詳),コン,中世(生没年不詳),内乱(生没年不詳),平家(みなもとのりより　生没年不詳),山小(生没年不詳)

源博雅　みなもとのはくが
⇒源博雅(みなもとのひろまさ)

源省*　みなもとのはぶく
？～治承4(1180)年　[別]渡辺省(わたなべのはぶく,わたなべはぶく)　平安時代後期の武士。
¶古人,古人(渡辺省　わたなべのはぶく),平家(渡辺省　わたなべはぶく　[没]治承4(1180)年？)

源光*　みなもとのひかる
承和12(845)年～延喜13(913)年　[別]源光(げんこう),源朝臣光(みなもとのあそんひかる)　平安時代前期～中期の公卿(右大臣)。仁明天皇の皇子。
¶公卿([没]延喜13(913)年3月12日),古人,古代(源朝臣光　みなもとのあそんひかる　[生]846年),コン,天皇([生]承和13(846)年　[没]延喜13(913)年3月12日)

源彦仁*　みなもとのひこひと
？～永仁6(1298)年3月23日　鎌倉時代後期の公卿(非参議)。順徳天皇の孫。
¶公卿

源彦良　みなもとのひこよし
⇒源彦良(みなもとのげんりょう)

源久任　みなもとのひさとう
平安時代後期の官人。
¶古人(生没年不詳)

源久良*　みなもとのひさよし
延慶3(1310)年～？　[別]久良親王(ひさながしんのう,ひさよししんのう)　鎌倉時代後期の公卿(非参議)。後深草天皇の孫。
¶公卿,公家(久良〔後深草源氏(絶家)〕　ひさよし)

源英明*　みなもとのひであき
？～天慶2(939)年　[別]源英明(みなもとのひであきら,みなもとのふさあきら,みなもとふさあきら)　平安時代中期の官人、歌人、漢詩人。「本朝文粋」に漢詩を収める。
¶古人(みなもとのふさあきら),コン([生]延喜11(911)年　[没]天暦3(949)年)

源英明　みなもとのひであきら
⇒源英明(みなもとのひであき)

源秀義(1)　みなもとのひでよし
⇒佐々木秀義(ささきひでよし)

源秀義(2)　みなもとのひでよし
⇒佐竹秀義(さたけひでよし)

源仁子*　みなもとのひとこ
生没年不詳　[別]源仁子(みなもとのにんし)　平安時代後期の女性。神祇伯康資王の娘。
¶古人,天皇(みなもとのにんし　[生]？　[没]大治1(1126)年7月25日)

源等*　みなもとのひとし
元慶4(880)年～天暦5(951)年　[別]参議等(さんぎひとし),源等(みなもとひとし)　平安時代中期の歌人・公卿(参議)。嵯峨天皇の曽孫。
¶公卿([没]天暦5(951)年3月10日),古人,コン,詩作([没]天暦5(951)年3月10日)

源啓*　みなもとのひらく
天長6(829)年～貞観11(869)年　[別]源朝臣啓(みなもとのあそんひらく)　平安時代前期の嵯峨天皇の皇子。
¶古人,古代(源朝臣啓　みなもとのあそんひらく)

源寛*　みなもとのひろし
弘仁4(813)年～貞観18(876)年　平安時代前期の嵯峨天皇の皇子。
¶古人

源弘　みなもとのひろし
⇒源弘(みなもとのひろむ)

源寛親*　みなもとのひろちか
正徳4(1714)年～安永9(1780)年9月23日　江戸時代中期の公家(非参議)。安永9年従三位に叙される。
¶公卿,公家(寛親〔九条家諸大夫 朝山家(源氏)1〕　ひろちか)

源広綱(1)　みなもとのひろつな
平安時代中期～後期の官人。養父は師房。
¶古人([生]1048年　[没]1108年)

源広綱(2)　みなもとのひろつな
⇒源広綱(みなもとひろつな)

み

源広綱(3)(源弘綱) みなもとのひろつな
⇒源弘綱(みなもとひろつな)

源寛信 みなもとのひろのぶ
⇒源寛信(みなもとひろのぶ)

源博雅* みなもとのひろまさ
延喜18(918)年～天元3(980)年 [別]博雅三位(はくがのさんみ),源博雅(みなもとのはくが,みなもとひろまさ) 平安時代中期の公卿(非参議)。醍醐天皇の孫。
¶公卿([没]天元3(980)年9月18日),古人,コン([生]延喜18(918年/922)年)

源弘* みなもとのひろむ
弘仁3(812)年～貞観5(863)年 [別]源朝臣弘(みなもとのあそんひろむ),源弘(みなもとのひろし,みなもとひろむ) 平安時代前期の公卿(大納言)。嵯峨天皇の皇子、母は上毛野氏。
¶公卿(みなもとのひろし [没]貞観5(863)年1月25日),古人([生]813年),古代(源朝臣弘 みなもとのあそんひろむ),コン,天皇([没]貞観5(863)年1月25日)

源封子* みなもとのふうし
生没年不詳 [別]源封子(みなもとのかねこ) 平安時代中期の女性。醍醐天皇の更衣。
¶天皇(みなもとのふうし・かねこ)

源英明 みなもとのふさあきら
⇒源英明(みなもとのひであき)

源信俊 みなもとのぶとし
⇒源信俊(みなもとののぶとし)

源延光 みなもとのぶみつ
⇒源延光(みなもとののぶみつ)

源信宗 みなもとのぶむね
⇒源信宗(みなもとののぶむね)

源旧鑒 みなもとのふるみ
⇒源旧鑒(みなもとのもとみ)

源忠 みなもとのほどこす
⇒源忠(みなもとほどこす)

源昇 みなもとのぼる
⇒源昇(みなもとののぼる)

源信* みなもとのまこと
弘仁1(810)年～貞観10(868)年閏12月28日 [別]源朝臣信(みなもとのあそんまこと),源信(みなもとまこと) 平安時代前期の公卿(左大臣)。嵯峨天皇の皇子。伴善男との対立が応天門の変を引き起こした。
¶公卿([生]大同4(809)年),古人,古代(源朝臣信 みなもとのあそんまこと),コン,天皇,山小([没]868年閏12月28日)

源正明 みなもとのまさあき
⇒源正明(みなもとのまさあきら)

源正明* みなもとのまさあきら
寛平5(893)年～天徳2(958)年 [別]源正明(みなもとのまさあき) 平安時代中期の公卿(参議)。光孝天皇の孫。
¶公卿(みなもとのまさあき [没]天徳2(958)年3月9日),古人,コン

源雅賢* みなもとのまさかた
久安4(1148)年～建久3(1192)年9月 [別]源雅賢(みなもとまさかた) 平安時代後期の公卿(参議)。権大納言源資賢の孫。
¶公卿([生]?),公家(雅賢〔岡崎家(絶家)〕 まさかた [生]?),古人,平家(みなもとまさかた)

源雅方* みなもとのまさかた
生没年不詳 南北朝時代の公卿(非参議)。応安2年従三位に叙される。
¶公卿,公家(雅方〔壬生家(絶家)〕 まさかた)

源雅兼* みなもとのまさかね
承暦3(1079)年～康治2(1143)年 [別]源雅兼(みなもとまさかね) 平安時代後期の歌人・公卿(権中納言)。右大臣源顕房の子。
¶公卿,古人,コン([生]承暦4(1080年/1079)年)

源雅清* みなもとのまさきよ
寿永1(1182)年～寛喜2(1230)年4月2日 [別]源雅清(みなもとまさきよ) 鎌倉時代前期の公卿(参議)。権大納言源通資の次男。
¶公卿,公家(雅清〔唐橋家(絶家)〕 まさきよ)

源正清* みなもとのまさきよ
承平1(931)年～? [別]源正清(みなもとまさきよ) 平安時代中期の醍醐天皇皇孫、有明親王の第2王子。
¶古人([没]995年?)

源方子* みなもとのまさこ
治暦2(1066)年～仁平2(1152)年 平安時代後期の女性。中納言藤原長実の妻。
¶古人

源雅言* みなもとのまさこと
安貞1(1227)年～正安2(1300)年 [別]源雅言(みなもとのまさとき,みなもとまさこと) 鎌倉時代後期の公卿(権大納言)。権中納言源雅具の子。
¶公卿(みなもとのまさとき [没]正安2(1300)年10月26日),公家(雅言〔壬生家(絶家)〕 まさこと [没]正安2(1300)年10月26日)

源雅定* みなもとのまささだ
嘉保1(1094)年～応保2(1162)年5月27日 [別]源雅定(みなもとまささだ) 平安時代後期の公卿(右大臣)。太政大臣源雅実の次男。
¶公卿,公家(雅定〔久我家〕 まささだ),古人,コン

源雅実* みなもとのまさざね
康平2(1059)年～大治2(1127)年2月15日 [別]源雅実(みなもとまさざね) 平安時代後期の公卿(太政大臣)。右大臣源顕房の長男。
¶公卿([生]康平1(1058)年 [没]大治2(1126)年2月15日),古人,コン

源雅重 みなもとのまさしげ
⇒源雅重(みなもとまさしげ)

源雅茂* みなもとのまさしげ
生没年不詳 室町時代の公卿(参議)。応安34年正三位に叙される。
¶公卿,公家(雅茂〔壬生家(絶家)〕 まさしげ)

源雅亮* みなもとのまさすけ
生没年不詳 [別]源雅亮(みなもとまさすけ) 平安時代後期の装束家。頼長や妻幸子の家司、鳥羽院の判官代。
¶古人

源当純 みなもとのまさずみ
⇒源当純(みなもとまさずみ)

源雅親 みなもとのまさちか
⇒源雅親(みなもとまさちか)

みなもと

源政綱* みなもとのまさつな
生没年不詳　平安時代後期の官人。頼行の子。源三位源政の養子。
¶古人

源雅言 みなもとのまさとき
⇒源雅言（みなもとのまさこと）

源当時 みなもとのまさとき
⇒源朝臣当時（みなもとのあそんまさとき）

源雅俊 みなもとのまさとし
*〜保安3（1122）年4月13日　㊙源雅俊（みなもとまさとし）　平安時代後期の公卿（権大納言）。右大臣源顕房の次男。
¶公卿（㊋治暦1（1065）年），古人（㊋1064年），平家（みなもとまさとし）　㊥康平7（1064）年

源雅具* みなもとのまさとも
元暦1（1184）年〜？　㊙源雅具（みなもとまさとも）　鎌倉時代前期の公卿（権中納言）。権中納言源兼忠の子。
¶公卿, 公家（雅具〔壬生家（絶家）〕　まさとも）

源政長* みなもとのまさなが
長暦2（1038）年〜承徳1（1097）年　平安時代中期〜後期の楽人。
¶古人

源雅成* みなもとのまさなり
生没年不詳　鎌倉時代後期の公卿（非参議）。権大納言土御門顕方の孫。
¶公卿, 公家（雅成〔土御門家（絶家）3〕　まさなり）

源政成* みなもとのまさなり
？〜永保2（1082）年　平安時代中期〜後期の人。光孝源氏。
¶古人

源雅信 みなもとのまさのぶ
延喜20（920）年〜正暦4（993）年7月29日　㊙源雅信（みなもとまさのぶ）　平安時代中期の公卿（左大臣）。宇多天皇の孫。
¶公卿, 古人, コン, 山小　㊥993年7月29日）

源雅憲 みなもとのまさのり
？〜正中3（1326）年2月5日　鎌倉時代後期の公卿（権中納言）。権大納言源雅言の次男。
¶公卿, 公家（雅憲〔壬生家（絶家）〕　まさのり）

源方弘* みなもとのまさひろ
天延3（975）年〜長和4（1015）年　平安時代中期の官人。
¶古人（㊋？）

源雅房 みなもとのまさふさ
平安時代後期の官人。
¶古人（㊋？　㊥1077年）

源雅通*(1) みなもとのまさみち
元永1（1118）年〜安元1（1175）年2月27日　㊙源雅通（みなもとまさみち）　平安時代後期の公卿（内大臣）。中納言源雅通の長男。
¶公卿, 公家（雅通〔久我家〕　まさみち　㊥安元5（1175）年2月27日），古人

源雅通(2) みなもとのまさみち
⇒源雅通（みなもとまさみち）

源雅光* みなもとのまさみつ
寛治3（1089）年〜大治2（1127）年　㊙源雅光（みな

もとまさてる）　平安時代後期の官吏、歌人。
¶古人

源政職* みなもとのまさもと
？〜寛仁4（1020）年　平安時代中期の光孝源氏播磨守正四位下国盛の子。
¶古人（源政（正）職）

源雅行(1) みなもとのまさゆき
平安時代中期の官人。父は蕃基。
¶古人（生没年不詳）

源雅行*(2) みなもとのまさゆき
仁安3（1168）年〜？　平安時代後期〜鎌倉時代前期の公卿（非参議）。大納言源定房の長男。
¶公卿, 公家（雅行〔壬生家（絶家）〕　まさゆき）

源昌義* みなもとのまさよし
生没年不詳　平安時代後期の武士。
¶古人

源雅頼* みなもとのまさより
大治2（1127）年〜建久1（1190）年　㊙源雅頼（みなもとまさより）　平安時代後期の公卿（権中納言）。権中納言源雅兼の三男、母は大納言源能俊の娘一品宮乳母。
¶公卿（㊋？）, 公家（雅頼〔壬生家（絶家）〕　まさより　㊥建久1（1190）年8月31日），古人, 内乱, 平家（みなもとまさより　㊥建久2（1190）年）

源益 みなもとのまさる
⇒源朝臣益（みなもとのあそんまさる）

源勝*(1) みなもとのまさる
？〜仁和2（886）年　平安時代前期の官人、学僧。竹田禅師と称される。
¶古人, コン, 天皇（㊥仁和2（886）年7月4日）

源勝(2) みなもとのまさる
平安時代後期の肥前国宇野御厨検校源久の三男。
¶古人（生没年不詳）

源多* みなもとのまさる
天長8（831）年〜仁和4（888）年　㊙源朝臣多（みなもとのあそんまさる）　平安時代前期の公卿（右大臣）。仁明天皇の皇子。
¶公卿（㊋仁和4（888）年10月17日），古人, 古代（源朝臣多　みなもとのあそんまさる）, コン

源全姫* みなもとのまたひめ
弘仁3（812）年〜元慶6（882）年　平安時代前期の女性。嵯峨天皇の皇女、尚侍。
¶古人（㊋？）

源護 みなもとのまもる
生没年不詳　平安時代中期の武士。
¶古人

源希 みなもとのまれ
嘉祥2（849）年〜延喜2（902）年　㊙源朝臣希（みなもとのあそんまれ）　平安時代前期の公卿（中納言）。嵯峨天皇の孫。
¶公卿（㊋嘉祥1（848）年　㊥延喜2（902）年1月19日），古人, 古代（源朝臣希　みなもとのあそんまれ）

源希義* みなもとのまれよし
㊙源希義（みなもとまれよし）　平安時代後期の武士。平治の乱で土佐国に配流。
¶古人（㊋？　㊥1182年），平家（みなもとまれよし　㊋仁平2（1152）年　㊥寿永1（1182）年）

みなもと

源通家* みなもとのみちいえ
　長承2(1133)年～仁安2(1167)年7月26日　平安時代後期の堂上の楽人。
　¶古人

源通方 みなもとのみちかた
　⇒中院通方(なかのいんみちかた)

源道方* みなもとのみちかた
　安和2(969)年～寛徳1(1044)年9月25日　㊞源道方(みなもとみちかた)　平安時代中期の公卿(権中納言)。左大臣源重信の五男、母は左大臣源高明の娘。
　¶公卿,古人(㊗968年)

源通清 みなもとのみちきよ
　⇒源通清(みなもとみちきよ)

源通子 みなもとのみちこ
　⇒源通子(みなもとのつうし)

源通季*(1) みなもとのみちすえ
　生没年不詳　平安時代後期の三条天皇玄孫、敦輔王の王子。
　¶古人

源通季(2) みなもとのみちすえ
　平安時代後期の官人。父は俊輔。
　¶古人(生没年不詳)

源通資* みなもとのみちすけ
　？～元久2(1205)年7月8日　平安時代後期～鎌倉時代前期の公卿(権大納言)。内大臣源雅通の次男。
　¶公卿,公家(通資〔唐橋家(絶家)〕　みちすけ),古人

源通親 みなもとのみちちか
　⇒土御門通親(つちみかどみちちか)

源通光 みなもとのみちてる
　⇒久我通光(こがみちみつ)

源道時 みなもとのみちとき
　⇒源道時(みなもとみちとき)

源通敏* みなもとのみちとし
　生没年不詳　南北朝時代～室町時代の公卿(参議)。永徳元年参議に任ぜられる。
　¶公卿

源通具 みなもとのみちとも
　⇒土御門通具(つちみかどみちとも)

源通済* みなもとのみちなり
　？～寛仁3(1019)年　㊞源道済(みなもとみちなり)　平安時代中期の漢詩人、歌人。
　¶古人,コン,詩作

源道成 みなもとのみちなり
　⇒源道成(みなもとみちしげ)

源通光 みなもとのみちみつ
　⇒久我通光(こがみちみつ)

源通宗* みなもとのみちむね
　仁安3(1168)年～建久9(1198)年5月6日　平安時代後期～鎌倉時代前期の公卿(参議)。内大臣源通親の長男。
　¶公卿,公家(通宗〔久我家〕　みちむね),古人

源通能 みなもとのみちよし
　⇒源通能(みなもとみちよし)

源道良* みなもとのみちよし
　永承5(1050)年～天永2(1111)年4月24日　平安時代後期の公卿(非参議)。中納言源資綱の次男。
　¶公卿,古人

源光清* みなもとのみつきよ
　生没年不詳　平安時代中期の官人。
　¶古人

源光国* みなもとのみつくに
　康平6(1063)年～久安3(1147)年　平安時代後期の美濃国の武士。清和源氏。
　¶古人

源満季* みなもとのみつすえ
　生没年不詳　平安時代中期の官人。
　¶古人

源光綱母 みなもとのみつつなのはは
　⇒源光綱母(みなもとみつつなのはは)

源満仲* みなもとのみつなか
　延喜12(912)年～長徳3(997)年　㊞多田満仲(ただのまんじゅう, ただのみつなか), 源満仲(みなもとみつなか)　平安時代中期の武将。多田源氏の祖。安和の変により摂関家と源氏が接近する契機を作った。
　¶古人,コン,山小(㊗912年/913年？)

源光長* みなもとのみつなが
　？～寿永2(1183)年　㊞源光長(みなもとみつなが)　平安時代後期の衛門府官人。
　¶古人,平家(みなもとみつなが)

源光成 みなもとのみつなり
　⇒源光成(みなもとみつなり)

源光成女 みなもとのみつなりのむすめ
　平安時代後期の女性。狛宮大僧都尊恵の生母。
　¶天皇(生没年不詳)

源光信* みなもとのみつのぶ
　寛治7(1093)年～天養1(1145)年10月4日　平安時代後期の武将。美濃源氏。
　¶古人,コン

源満政* みなもとのみつまさ
　生没年不詳　平安時代中期の武将。
　¶古人

源光基* みなもとのみつもと
　生没年不詳　平安時代後期の武将。
　¶古人

源光盛 みなもとのみつもり
　⇒手塚光盛(てづかみつもり)

源光保* みなもとのみつやす
　？～永暦1(1160)年　平安時代後期の武将。鳥羽天皇の父。
　¶古人,内乱(㊗永暦1(1160)年？)

源光保女 みなもとのみつやすのむすめ
　平安時代後期の女性。近衛天皇に勾当内侍として仕えた。土佐内侍、土佐局とも。
　¶天皇(生没年不詳)

源光行*(1) みなもとのみつゆき
　長寛1(1163)年～寛元2(1244)年　㊞源光行(みなもとみつゆき)　平安時代後期～鎌倉時代前期の政治家、学者。

¶古人, コン

源光行＊(2)　みなもとのみつゆき
　？～嘉禎2(1236)年　鎌倉時代前期の武士。
　¶古人

源実　みなもとのみのる
　⇒源実(みなもとさね)

源昵＊　みなもとのむつる
　生没年不詳　平安時代後期の武士。建礼門院を
　救助。
　¶古人

源宗明＊　みなもとのむねあき
　嘉元1(1303)年～？　⑩源宗明(みなもとむねあ
　きら)　鎌倉時代後期～南北朝時代の公卿(権大納
　言)。後深草天皇の曽孫。
　¶公卿, 公家(宗明〔後深草源氏(絶家)〕　むねあき
　⑪1335年　㉒応永11(1404)年)

源致方　みなもとのむねかた
　⇒源致方(みなもとむねかた)

源宗城＊　みなもとのむねざね
　？～承平3(933)年　平安時代前期～中期の宇多天
　皇の孫。
　¶古人

源致親＊　みなもとのむねちか
　生没年不詳　平安時代中期の下級貴族。
　¶古人

源致任　みなもとのむねとう
　平安時代中期の官人。父は致公。
　¶古人(生没年不詳)

源致遠　みなもとのむねとお
　平安時代中期の官人。父は国光。
　¶古人(生没年不詳)

源宗治＊　みなもとのむねはる
　元応1(1319)年～興国6/貞和1(1345)年　鎌倉時
　代後期～南北朝時代の公卿(非参議)。後嵯峨天皇
　の曽孫。
　¶公卿(㉒貞和1/興国6(1345)年2月), 公家(宗治〔後嵯
　峨源氏(絶家)〕　むねはる　㉒康永4(1345)年2月)

源宗雅＊　みなもとのむねまさ
　生没年不詳　平安時代後期～鎌倉時代前期の公卿
　(非参議)。右中弁源雅綱の子。
　¶公卿, 公家(宗雅〔壬生家(絶家)〕　むねまさ)

源致通　みなもとのむねみち
　平安時代後期の官人。
　¶古人(生没年不詳)

源至光　みなもとのむねみつ
　⇒源至光(みなもとのゆきみつ)

源棟満　みなもとのむねみつ
　戦国時代の伊那郡の国衆とみられる。
　¶武田(生没年不詳)

源宗于＊　みなもとのむねゆき
　？～天慶2(939)年　⑩源宗于(みなもとむねゆき)
　平安時代中期の歌人。三十六歌仙の一人。
　¶古人, コン, 詩作(㉘天慶2(940)年11月22日)

源明子＊(1)　みなもとのめいし
　生没年不詳　⑩源明子(みなもとのあきこ)　平安
　時代中期の女官。

¶古人(みなもとのあきこ)

源明子＊(2)　みなもとのめいし
　？～永承4(1049)年　⑩源明子(みなもとのあき
　こ)　平安時代中期の女性。藤原道長の側室。
　¶古人(みなもとのあきこ　⑪965年？), 女史(⑪965年)

源持房＊　みなもとのもちふさ
　永仁2(1294)年～？　鎌倉時代後期の公卿(参
　議)。権大納言北畠師重の子。
　¶公卿

源基明＊　みなもとのもとあき
　？～元応1(1319)年　鎌倉時代後期の公卿(非参
　議)。権大納言堀川基俊の子。
　¶公卿, 公家(基明〔堀川家(絶家)2〕　もとあき)

源本有＊　みなもとのもとあり
　⑩源朝臣本有(みなもとのあそんもとあり)　平安
　時代前期の文徳天皇の皇子。
　¶古人(生没年不詳), 古代(源朝臣本有　みなもとのあそ
　んもとあり)

源基清　みなもとのもときよ
　平安時代後期の官人。
　¶古人(⑪？　㉒1086年)

源基国＊　みなもとのもとくに
　生没年不詳　平安時代後期の武士。
　¶古人

源�子＊　みなもとのもとこ
　万寿4(1027)年～天仁1(1108)年　平安時代中期
　～後期の女性。右大将藤原通房の室。
　¶古人

源基子＊(1)　みなもとのもとこ
　永承4(1049)年～長承3(1134)年　⑩源基子(みな
　もとのきし)　平安時代中期～後期の女性。後三条
　天皇の女御。
　¶古人, コン, 天皇(みなもとのきし　㉒長承3(1134)年7
　月2日)

源基子(2)　みなもとのもとこ
　⇒西華門院(せいかもんいん)

源元貞＊　みなもとのもとさだ
　明和8(1771)年～嘉永1(1848)年5月23日　江戸時
　代後期の公家(非参議)。嘉永元年従三位に叙さ
　れる。
　¶公卿, 公家(元貞〔広幡家諸大夫 上田家(源氏)〕　も
　とさだ)

源基相　みなもとのもとすけ
　平安時代中期の官人。
　¶古人(生没年不詳)

源元忠　みなもとのもとただ
　平安時代中期の官人。従四位下少納言。のち伊
　勢守。
　¶古人(生没年不詳)

源基親　みなもとのもとちか
　平安時代後期の官人。
　¶古人(生没年不詳)

源基綱＊　みなもとのもとつな
　永承4(1049)年～永久5(1117)年　平安時代後期
　の公卿(権中納言)。大納言源経信の次男。
　¶公卿(⑪永承5(1050)年　㉒永久5(1117)年12月30
　日), 古人(㉒1116年)

源職任　みなもとのもととう
平安時代後期の官人。父は経任。
¶古人(生没年不詳)

源基俊*　みなもとのもととし
生没年不詳　平安時代後期の官人。
¶古人

源基平*　みなもとのもとひら
万寿3(1026)年～康平7(1064)年　[別]源基平(みなもともとひら)　平安時代中期の公卿(参議)。三条天皇の孫。
¶公卿([没]康平7(1064)年5月15日),古人

源旧鑒*　みなもとのもとみ
？～延喜8(908)年　[別]源朝臣旧鑒(みなもとのあそんもとみ),源旧鑒(みなもとのふるみ)　平安時代前期～中期の光孝天皇の皇子。
¶古人(みなもとのふるみ),古代(源朝臣旧鑒　みなもとのあそんもとみ),天皇(みなもとのふるみ・みなもとのもとみ)

み

源基行　みなもとのもとゆき
平安時代後期の官人。
¶古人([生]？　[没]1080年)

源盛家*　みなもとのもりいえ
延久2(1070)年～天治2(1125)年　平安時代後期の下級官人。
¶古人

源守賢*　みなもとのもりかた
嘉元2(1304)年～？　鎌倉時代後期～南北朝時代の公卿(非参議)。非参議源為守の子。
¶公卿,公家(守賢〔岡崎家(絶家)〕　もりかた)

源盛清　みなもとのもりきよ
平安時代後期の官人。父は仲宗。
¶古人(生没年不詳)

源盛子(1)　みなもとのもりこ
⇒源盛子(みなもとのせいし)

源盛子(2)　みなもとのもりこ
⇒皇嘉門院治部卿(こうかもんいんのじぶきょう)

源守隆　みなもとのもりたか
平安時代中期の官人。父は忠賢。
¶古人(生没年不詳)

源盛綱　みなもとのもりつな
⇒佐々木盛綱(ささきもりつな)

源盛長*　みなもとのもりなが
生没年不詳　平安時代中期の下級官人。右馬頭長季の子。
¶古人

源盛治*　みなもとのもりはる
生没年不詳　室町時代の公卿(非参議)。長禄2年従三位に叙され、翌年出家。
¶公卿,公家(盛治〔竹内家〕　もりはる)

源盛雅　みなもとのもりまさ
平安時代後期の官人。父は長季。
¶古人(生没年不詳)

源盛行*　みなもとのもりゆき
？～仁平2(1152)年　平安時代後期の下級官人。
¶古人

源盛義*　みなもとのもりよし
生没年不詳　平安時代後期の武士。新羅三郎義光の四男。
¶古人

源庶明*　みなもとのもろあき
延喜3(903)年～天暦9(955)年　[別]源庶明(みなもとのもろあきら,みなもともろあきら)　平安時代中期の公卿(中納言)。宇多天皇の孫。
¶公卿([没]天暦9(955)年5月20日),古人(みなもとのもろあきら)

源庶明　みなもとのもろあきら
⇒源庶明(みなもとのもろあき)

源師賢*　みなもとのもろかた
長元8(1035)年～永保1(1081)年　[別]源師賢(みなもともろかた)　平安時代中期～後期の歌人。
¶古人

源師子　みなもとのもろこ
⇒源師子(みなもとのしし)

源師季*　みなもとのもろすえ
寿永4(1188)年～？　鎌倉時代前期の公卿(非参議)。大納言源貞房の孫。
¶公卿([生]文治4(1188)年),公家(師季〔壬生家(絶家)〕　もろすえ)

源師隆*(1)　みなもとのもろたか
生没年不詳　平安時代後期の官人。師忠の子。
¶古人

源師隆(2)　みなもとのもろたか
平安時代後期の官人。越中守公盛の子。
¶古人(生没年不詳)

源師忠*　みなもとのもろただ
天喜2(1054)年～永久2(1114)年　[別]源師忠(みなもともろただ)　平安時代後期の公卿(大納言)。太政大臣源師房の四男、母は右大臣藤原頼宗の娘。
¶公卿([没]永久2(1114)年9月29日),古人

源師経女　みなもとのもろつねのむすめ
⇒元性母(がんしょうのはは)

源師時*　みなもとのもろとき
承暦1(1077)年～保延2(1136)年　[別]源師時(みなもともろとき)　平安時代後期の公卿(権中納言)。左大臣源俊房の次男。
¶公卿([没]保延2(1136)年4月6日),古人,コン

源師俊(1)　みなもとのもろとし
平安時代中期～後期の官人。
¶古人(生没年不詳)

源師俊*(2)　みなもとのもろとし
承暦4(1080)年～永治1(1141)年12月7日　[別]源師俊(みなもともろとし)　平安時代後期の公卿(権中納言)。左大臣源俊房の子。
¶公卿,古人

源師仲*　みなもとのもろなか
*～承安2(1172)年　[別]源師仲(みなもともろなか)　平安時代後期の公卿(権中納言)。権中納言源師時の三男、母は大納言源師忠の娘待賢門院女房(俊綱の娘か)。
¶公卿([生]永久4(1116)年　[没]承安2(1172)年5月16日),公家(師仲〔堀川家(絶家)1〕　もろなか　[生]1118年　[没]承安2(1172)年5月16日),古人([生]1115年),コン([生]永久4(1116)年),内乱([生]永久4(1116)年)

源師良　みなもとのもろなが
平安時代後期の官人。
¶古人（[生]？　[没]1081年）

源師教　みなもとのもろのり
⇒源師教（みなもともろのり）

源師房*　みなもとのもろふさ
寛弘5（1008）年～承保4（1077）年2月17日　[別]源師房（みなもともろふさ）　平安時代中期の公卿（太政大臣）。村上天皇の孫。
¶公卿（[没]承暦1（1077）年2月17日），古人，コン（[生]寛弘7（1010）年　[没]承暦1（1077）年）

源師房女　みなもとのもろふさのむすめ
⇒源師房女（みなもともろふさのむすめ）

源師光*（1）　みなもとのもろみつ
[別]源師光（みなもともろみつ）　平安時代後期～鎌倉時代前期の歌人。後鳥羽院歌壇、「正治初度百首」などに出詠。師頼の子。
¶古人（生没年不詳），日文（生没年不詳）

源師光（2）　みなもとのもろみつ
⇒源師光（みなもともろみつ）

源師行（1）　みなもとのもろゆき
平安時代中期の官人。常陸国河内郡の人。父は師任。承保1年左衛門尉、のち検非違使。
¶古人（生没年不詳）

源師行*（2）　みなもとのもろゆき
？～承安2（1172）年　平安時代後期の官人。
¶古人

源師頼*　みなもとのもろより
治暦4（1068）年～保延5（1139）年　[別]源師頼（みなもともろより）　平安時代後期の歌人・公卿（大納言）。左大臣源俊房の長男。
¶公卿（[没]保延5（1139）年12月4日），古人

源泰清*　みなもとのやすきよ
承平6（936）年～長保1（999）年　平安時代中期の公卿（非参議）。醍醐天皇の孫。
¶公卿，古人

源廉子　みなもとのやすこ
⇒源廉子（みなもとれんし）

源安*　みなもとのやすし
弘仁13（822）年～仁寿3（853）年　平安時代前期の嵯峨天皇の皇子。
¶古人

源康季*　みなもとのやすすえ
治暦3（1067）年～大治5（1130）年　平安時代後期の武士。
¶古人

源康綱*　みなもとのやすつな
長承1（1132）年～正治1（1199）年　平安時代後期～鎌倉時代前期の在京武者。
¶古人

源保任　みなもとのやすとう
平安時代中期の官人。
¶古人（生没年不詳）

源康俊*　みなもとのやすとし
生没年不詳　室町時代の公卿（非参議）。文明元年従三位に叙され、翌年出家。
¶公卿，公家（康俊〔醍醐源氏（絶家）〕　やすとし）

源康仲*　みなもとのやすなか
正嘉2（1258）年～徳治1（1306）年6月16日　鎌倉時代後期の公卿（非参議）。従二位・侍従白川資基王の三男。
¶公卿，公家（康仲〔王家（絶家）〕　やすなか　[没]嘉元4（1306）年6月16日）

源泰光*　みなもとのやすみつ
仁安2（1167）年～？　[別]源泰光（みなもとやすみつ）　平安時代後期～鎌倉時代前期の公卿（非参議）。大納言源師頼の孫。
¶公卿，公家（泰光〔堀川家（絶家）1〕　やすみつ）

源保光*　みなもとのやすみつ
延長2（924）年～長徳1（995）年　[別]源保光（みなもとやすみつ）　平安時代中期の公卿（中納言）。醍醐天皇の孫。
¶公卿（[没]長徳1（995）年5月9日），古人，コン

源康持女　みなもとのやすもちのむすめ
南北朝時代の女性。後醍醐天皇の宮人。
¶天皇

源康持女・康子　みなもとのやすもちのむすめ・やすこ
鎌倉時代後期の後醍醐天皇の寵妃。
¶天皇

源行明　みなもとのゆきあき
平安時代中期の官人。
¶古人（生没年不詳）

源行有*　みなもとのゆきあり
斉衡1（854）年～仁和3（887）年　[別]源朝臣行有（みなもとのあそんゆきあり）　平安時代前期の文徳天皇の皇子。
¶古人，古代（源朝臣行有　みなもとのあそんゆきあり）

源行有の母布勢氏　みなもとのゆきありのははふせし
⇒布施氏（ふせうじ）

源行家*　みなもとのゆきいえ
？～文治2（1186）年　[別]源行家（みなもとゆきいえ）　平安時代後期の武将。
¶古人，コン，中世，内乱，平家（みなもとゆきいえ）

源行実　みなもとのゆきざね
平安時代後期の官人。父は実国。
¶古人（生没年不詳）

源行綱　みなもとのゆきつな
⇒多田行綱（ただゆきつな）

源行任*　みなもとのゆきとう
生没年不詳　平安時代後期の下級貴族。
¶古人

源行遠*　みなもとのゆきとお
生没年不詳　平安時代後期の官人。
¶古人

源行直*　みなもとのゆきなお
？～興国3/康永1（1342）年8月21日　鎌倉時代後期～南北朝時代の公卿（非参議）。従四位上・修理権大夫源親直の子。
¶公卿（[没]康永1/興国3（1342）年8月21日），公家（行直〔春日家（絶家）〕　ゆきなお　[没]康永1（1342）年8月21日）

源行信　みなもとのゆきのぶ
平安時代後期の官人。

¶古人（生没年不詳）

源至光* みなもとのゆきみつ
生没年不詳 [別]源至光（みなもとのむねみつ） 平安時代中期の官人、雅楽家。
¶古人（みなもとのむねみつ），古人

源行宗* みなもとのゆきむね
康平7（1064）年～康治2（1143）年 [別]源行宗（みなもとゆきむね） 平安時代後期の歌人・公卿（非参議）。三条天皇の曽孫。
¶公卿（[没]康治2（1143）年12月24日），古人

源行頼 みなもとのゆきより
⇒源行頼（みなもとゆきより）

源善 みなもとのよし
⇒源善（みなもとよし）

源義明* みなもとのよしあき
？～天仁2（1109）年 平安時代後期の武将。
¶古人

源能明* みなもとのよしあきら
永保1（1081）年～元永1（1118）年 平安時代後期の官人。
¶古人

源能有* みなもとのよしあり
承和12（845）年～寛平9（897）年6月8日 [別]源朝臣能有（みなもとのあそんよしあり），源能有（みなもとよしあり） 平安時代前期の公卿（右大臣）。文徳天皇の皇子、母は伴氏。
¶公卿，古人，古代（源朝臣能有 みなもとのあそんよしあり），コン，天皇

源能有の母伴氏 みなもとのよしありのははばんし・ともうじ
平安時代前期の女性。文徳天皇女房。
¶天皇

源義家* みなもとのよしいえ
長暦3（1039）年～嘉承1（1106）年 [別]八幡太郎（はちまんたろう），八幡太郎義家（はちまんたろうよしいえ），源義家（みなもとよしいえ） 平安時代中期～後期の武将。前九年の役・後三年の役に参戦。恩賞に私財を分け与え、東国武士の信頼を得る。また武士として初めて院の昇殿を許された。
¶古人，コン（[生]長暦3（1039年/1038年/1041）年 [没]嘉承1（1106年/1105年/1108）年），詩作（生没年不詳），平家（みなもとよしいえ [生]長暦3（1039）年？ [没]嘉承1（1106）年），山小（[没]1106年7月）

源義賢* みなもとのよしかた
？～久寿2（1155）年 [別]源義賢（みなもとよしかた） 平安時代後期の武将。摂関家の藤原忠実・頼長に臣従。
¶古人（[生]1126年），コン，内乱，平家（みなもとよしかた [生]大治1（1126）年）

源義兼*（1） みなもとのよしかね
生没年不詳 [別]山本義兼（やまもとのよしかね） 平安時代後期の武士。
¶古人，古人（山本義兼 やまもとのよしかね）

源義兼（2） みなもとのよしかね
⇒足利義兼（あしかがよしかね）

源義清 みなもとのよしきよ
⇒足利義清（あしかがよしきよ）

源義国* みなもとのよしくに
？～久寿2（1155）年 平安時代後期の武将。足利・新田両氏の祖。
¶古人（[生]1089年），コン（[生]寛治5（1091年/1089）年）

源宜子 みなもとのよしこ
⇒源宜子（みなもとのぎし）

源麗子 みなもとのよしこ
⇒源麗子（みなもとのれいし）

源懿子 みなもとのよしこ
⇒源懿子（みなもとのいし）

源義定 みなもとのよしさだ
⇒安田義定（やすだよしさだ）

源義重 みなもとのよししげ
⇒新田義重（にったよししげ）

源義成（1） みなもとのよししげ
⇒里見義成（さとみよしなり）

源義成（2） みなもとのよししげ
⇒浅利与一（あさりよいち）

源義資*（1） みなもとのよしすけ
生没年不詳 平安時代後期の武将。義時の子。
¶古人

源義資（2） みなもとのよしすけ
⇒安田義資（やすだよしすけ）

源義高*（1） みなもとのよしたか
生没年不詳 平安時代後期の武士。山本義経の子。
¶古人

源義高（2） みなもとのよしたか
⇒清水義高（しみずよしたか）

源義隆* みなもとのよしたか
？～永暦1（1160）年 平安時代後期の武将。
¶古人（[没]1159年）

源義忠* みなもとのよしただ
応徳1（1084）年～天仁2（1109）年 平安時代後期の武将。
¶古人

源嘉種室* みなもとのよしたねのしつ
生没年不詳 平安時代中期の女性。「拾遺集」に一首入集。
¶古人

源義親* みなもとのよしちか
？～天仁1（1108）年 [別]源義親（みなもとよしちか） 平安時代後期の武将。義家の子。反乱を起こし、平正盛に追討された。
¶古人，コン，平家（みなもとよしちか [没]嘉承3（1108）年），山小（[没]1108年1月6日）

源義嗣* みなもとのよしつぎ
？～元暦1（1184）年 [別]源義嗣（みなもとのよしつぐ，みなもとよしつぐ） 平安時代後期の人。清和源氏。
¶古人（みなもとのよしつぐ），平家（みなもとよしつぐ 生没年不詳）

源義嗣 みなもとのよしつぐ
⇒源義嗣（みなもとのよしつぎ）

源義綱* みなもとのよしつな
平安時代後期の武将。前九年の役に参戦。

み

¶古人([生]? [没]1132年?),コン([生]? [没]長承1(1132)年)

源義経*(1)　みなもとのよしつね

平治1(1159)年～文治5(1189)年　[別]牛若丸(うしわかまる),九郎判官(くろうほうがん),源義顕(みなもとよしあき),源義経(みなもとよしつね),源義行(みなもとよしゆき)　平安時代後期の武将。幼名は牛若丸。平治の乱の後鞍馬寺に入れられたが、藤原秀衡を頼って奥州に下向。兄頼朝が挙兵すると駆けつけ、代官として木曽義仲・平家の追討にあたる。一ノ谷、屋島、壇ノ浦で勝利をおさめ平家を滅ぼしたが、却って頼朝に恐れられ追討の対象となった。再び秀衡を頼って奥州に下ったが、秀衡の死後にその子泰衡に襲われ自殺した。

¶古人,コン,中世,内乱,平家(みなもとよしつね),山小([没]1189年閏4月30日)

源義経(2)　みなもとのよしつね

⇒山本義経(やまもとよしつね)

源義連*　みなもとのよしつら

元文4(1739)年～文化3(1806)年1月19日　江戸時代中期～後期の公家(非参議)。文化3年従三位に叙される。

¶公卿,公家(義連〔九条家諸大夫 朝山家(源氏)2〕　よしつら)

源義照　みなもとのよしてる

戦国時代の武田氏の家臣。

¶武田(生没年不詳)

源能俊*　みなもとのよしとし

延久3(1071)年～*　平安時代後期の公卿(大納言)。大納言源能俊の長男。

¶公卿([没]長承3(1134)年),古人([没]1134年)

源義朝*　みなもとのよしとも

保安4(1123)年～永暦1(1160)年　[別]源義朝(みなもとよしとも)　平安時代後期の武将。為義の長男。保元の乱で父・兄弟と争い勝利。のち藤原信頼と結び平治の乱を起こしたが平清盛に敗れ東国落ちの途中殺された。

¶古人,コン,内乱([没]平治2(1160)年),平家(みなもとよしとも　[没]平治2(1160)年),山小([没]1160年1月3日)

源義直*　みなもとのよしなお

生没年不詳　平安時代後期～鎌倉時代前期の武士。

¶古人

源義仲*　みなもとのよしなか

久寿1(1154)年～元暦1(1184)年　[別]朝日将軍(あさひしょうぐん),木曽義仲(きそよしなか),源義仲(みなもとよしなか)　平安時代後期の武将。頼朝・義経とは従兄弟。北陸で反平氏の挙兵をし、そのまま上洛して平家を都落ちに追い込むが、後白河法皇と対立。西上した源範頼・義経に敗れ戦死した。

¶古人,コン,中世,内乱([没]寿永3(1184)年),平家(みなもとよしなか　[没]寿永3(1184)年),山小([没]1184年1月20日)

源恵長　みなもとのよしなが

戦国時代の武田氏家臣。小山田氏の重臣と思われる。

¶武田(生没年不詳)

源義信　みなもとのよしのぶ

⇒平賀義信(ひらがよしのぶ)

源義範*(1)　みなもとのよしのり

?～元暦1(1184)年　平安時代後期の武士。

¶古人

源義範(2)　みなもとのよしのり

⇒山名義範(やまなよしのり)

源義久　みなもとのよしひさ

[別]源義久(みなもとよしひさ)　平安時代後期の武士。

¶古人([生]? [没]1184年),平家(みなもとよしひさ　生没年不詳)

源義平*　みなもとのよしひら

永治1(1141)年～永暦1(1160)年　[別]悪源太(あくげんた),悪源太義平(あくげんたよしひら),源義平(みなもとよしひら)　平安時代後期の武士。鎌倉を本拠に活動。

¶古人,コン,内乱,平家(みなもとよしひら),山小([没]1160年1月19日)

源義平室*　みなもとのよしひらのしつ

生没年不詳　鎌倉時代前期の女性。

¶古人

源義広*　みなもとのよしひろ

?～元暦1(1184)年　[別]志太義広,志田義広,信太義広(しだよしひろ),源義広(みなもとよしひろ)　平安時代後期の武将。甥は源頼朝。

¶コン(志太義広　しだよしひろ),コン,中世(志田義広　しだよしひろ　生没年不詳),内乱(志田義広　しだよしひろ　[生]天養1(1144)年?)

源好　みなもとのよしみ

平安時代中期の官人。参河国押領使。

¶古人(生没年不詳)

源義光*　みなもとのよしみつ

寛徳2(1045)年～大治2(1127)年　[別]新羅三郎(しんらさぶろう),新羅三郎義光(しんらさぶろうよしみつ)　平安時代中期～後期の武将。

¶古人,コン

源義宗*　みなもとのよしむね

生没年不詳　平安時代後期の武将。

¶古人

源良宗　みなもとのよしむね

平安時代中期の侍従。父は経房。

¶古人(生没年不詳)

源義基*　みなもとのよしもと

?～養和1(1181)年　平安時代後期の武士。

¶古人

源義康　みなもとのよしやす

⇒足利義康(あしかがよしやす)

源良行　みなもとのよしゆき

平安時代後期の官人。父は斎頼。

¶古人(生没年不詳)

源自明　みなもとのよりあき

⇒源自明(みなもとのよりあきら)

源自明*　みなもとのよりあきら

延喜11(911)年～天徳2(958)年　[別]源自明(みなもとのよりあき)　平安時代中期の公卿(参議)。醍醐天皇の皇子、母は参議藤原菅根の娘更衣従四位上淑姫。

¶公卿([没]天徳2(958)年4月17日),古人(みなもとのよりあき),天皇([生]延喜18(918)年? [没]天徳2(958)年4月17日?)

源頼家* (1)　みなもとのよりいえ

生没年不詳　[別]源頼家（みなもとよりいえ）　平安時代中期の歌人。

¶古人

源頼家* (2)　みなもとのよりいえ

寿永1（1182）年～元久1（1204）年　[別]源頼家（みなもとよりいえ）　鎌倉時代前期の鎌倉幕府第2代の将軍（在職1202～1203）。頼朝と政子の長男。頼朝の死後将軍となったが、妻の実家の比企氏と母の実家の北条氏の対立の中で幽閉され、北条時政により暗殺された。

¶公卿, 公家（頼家〔源家（絶家）2〕　よりいえ　[没]元久1（1204）年7月18日）, 古人, コン, 中世, 内乱, 山小（[生]1182年8月12日　[没]1204年7月18日）

源頼家母　みなもとのよりいえのはは

⇒源頼家母（みなもとよりいえのはは）

源頼風　みなもとのよりかぜ

平安時代後期の官人。父は頼俊。

¶古人（生没年不詳）

源頼賢*　みなもとのよりかた

？～保元1（1156）年　平安時代後期の武将。天王寺念仏堂を造進。

¶古人

源頼兼　みなもとのよりかね

⇒源頼兼（みなもとよりかね）

源頼清*　みなもとのよりきよ

生没年不詳　平安時代中期の官吏。

¶古人

源頼国*　みなもとのよりくに

？～康平1（1058）年　平安時代中期～後期の人。清和源氏。

¶古人（[生]974年）

源頼子*　みなもとのよりこ

生没年不詳　平安時代後期の女官。

¶古人

源頼定*　みなもとのよりさだ

貞元2（977）年～寛仁4（1020）年　平安時代中期の公卿（参議）。村上天皇の孫。

¶公卿（[没]寛仁4（1020）年6月11日）, 古人

源頼実*　みなもとのよりざね

長和4（1015）年～寛徳1（1044）年　[別]源頼実（みなもとよりざね）　平安時代中期の歌人。和歌六人党の一人。

¶古人, コン（生没年不詳）, 詩作

源頼重　みなもとのよりしげ

平安時代後期の官人。

¶古人（生没年不詳）

源頼成　みなもとのよりしげ

平安時代後期の官人。父は頼親。

¶古人（生没年不詳）

源頼茂　みなもとのよりしげ

⇒源頼茂（みなもとのよりもち）

源頼資*　みなもとのよりすけ

？～治暦2（1066）年　平安時代中期～後期の官人。

¶古人

源頼隆*　みなもとのよりたか

平治1（1159）年～？　平安時代後期～鎌倉時代前期の武将。

¶古人

源頼親*　みなもとのよりちか

生没年不詳　平安時代中期の武将。清和源氏の一流大和源氏の祖。

¶古人（[生]954年　[没]1050年）, コン

源頼綱*　みなもとのよりつな

*～永長2（1097）年　[別]源頼綱（みなもとよりつな）　平安時代中期～後期の官吏、歌人。

¶古人（[生]1025年？）

源頼時　みなもとのよりとき

⇒源頼時（みなもとよりとき）

源頼俊*　みなもとのよりとし

生没年不詳　[別]源頼俊（みなもとよりとし）　平安時代中期～後期の武人。

¶古人

源頼朝*　みなもとのよりとも

久安3（1147）年～正治1（1199）年　[別]源頼朝（みなもとよりとも）　平安時代後期～鎌倉時代前期の鎌倉幕府初代の将軍（在職1192～1199）。

¶公卿（[没]正治1（1199）年1月13日）, 公家（頼朝〔源家（絶家）2〕　よりとも　[没]正治1（1199）年1月13日）, 古人, コン, 中世, 内乱（[没]建久10（1199）年）, 平家（みなもとよりとも）, 山小（[没]1199年1月13日）

源頼仲　みなもとのよりなか

平安時代後期の官人。父は頼国。

¶古人（生没年不詳）

源頼信*　みなもとのよりのぶ

安和1（968）年～永承3（1048）年　平安時代中期の武将。平忠常の乱を平定し、源氏の東国進出に道を開いた。

¶古人, コン, 山小（[没]1048年9月1日）

源頼治*　みなもとのよりはる

生没年不詳　平安時代後期の武人。

¶古人

源頼弘　みなもとのよりひろ

平安時代中期の官人、武人。父は頼国。小一条院判官代・讃岐守。

¶古人（生没年不詳）

源頼房*　みなもとのよりふさ

生没年不詳　平安時代中期～後期の武人。

¶古人（[生]1024年　[没]1123年）

源頼政*　みなもとのよりまさ

長治1（1104）年～治承4（1180）年　[別]源三位（げんさんみ），源三位入道（げんざんみにゅうどう），源三位入道頼政（げんざんみにゅうどうよりまさ），源三位頼政（げんざんみよりまさ），源頼政（みなもとよりまさ）　平安時代後期の武将、歌人。平治の乱では中立を守り、平氏政権下で唯一の源氏として三位にまで昇進。しかし以仁王の令旨を奉じて挙兵。王とともに宇治で敗死した。

¶公卿（[没]治承4（1180）年5月26日）, 公家（頼政〔源家（絶家）1〕　よりまさ　[没]治承4（1180）年5月26日）, 古人, コン（[生]長治1（1104年/1102年/1103）年）, 詩作（[没]治承4（1180）年5月26日）, 中世, 内乱, 日文（[生]長治2（1105）年）, 平家（みなもとよりまさ）, 山小（[没]1180年5月26日）

みなもと

源頼光* みなもとのよりみつ
天暦2(948)年〜治安1(1021)年 ㊙源頼光(みなもとのらいこう、みなもとよりみつ) 平安時代中期の武将。東宮時代の三条天皇に仕えた。
¶古人, コン, 平家(みなもとよりみつ ㊙天暦2(948)年?), 山小(㊲1021年7月19日)

源頼茂* みなもとのよりもち
?〜承久1(1219)年 ㊙源頼茂(みなもとのよりしげ、みなもとよりしげ) 鎌倉時代前期の武将。大内守護を相伝。
¶古人(みなもとのよりしげ), コン

源頼基(1) みなもとのよりもと
平安時代中期の武人。頼親の子。左京少進。
¶古人(生没年不詳)

源頼基*(2) みなもとのよりもと
生没年不詳 ㊙太田頼基(おおたよりもと) 平安時代後期の武士。頼資の子。
¶古人, 平家(太田頼基 おおたよりもと)

源頼盛* みなもとのよりもり
生没年不詳 平安時代後期の武将。
¶古人

源頼行* みなもとのよりゆき
?〜保元2(1157)年 平安時代後期の武士。
¶古人

源頼義* みなもとのよりよし
永延2(988)年〜承保2(1075)年 ㊙源頼義(みなもとよりよし) 平安時代中期の武将。前九年の役を鎮圧。
¶古人, コン(㊙永延2(988年/994)年 ㊲承保2(1075/1082)年), 平家(みなもとよりよし ㊙永延2(988)年?), 山小(㊲1075年10月12日)

源悦 みなもとのよろこぶ
⇒源悦(みなもとのえつ)

源頼光 みなもとのらいこう
⇒源頼光(みなもとのよりみつ)

源頼全 みなもとのらいぜん
⇒源頼全(みなもとらいぜん)

源則清* みなもとののりきよ
生没年不詳 ㊙源則清(みなもとののりきよ) 平安時代後期の武士。
¶古人(みなもとののりきよ), 平家

源則成* みなもとののりしげ
生没年不詳 ㊙源則成(みなもとののりなり) 平安時代中期の公家・歌人。
¶古人(みなもとののりなり)

源則忠女* みなもとのりただのむすめ
生没年不詳 ㊙源則忠女(みなもとののりただのむすめ) 平安時代中期の歌人。
¶古人(みなもとののりただのむすめ)

源範頼 みなもとののりより
⇒源範頼(みなもとののりより)

源倫子* みなもとのりんし
康保1(964)年〜天喜1(1053)年 ㊙源倫子(みなもとのともこ、みなもとりんし) 平安時代中期の女性。藤原道長の妻。
¶古人(みなもとのともこ), コン, 女史, 山小(㊲1053年6月11日)

源麗子* みなもとのれいし
長久1(1040)年〜永久2(1114)年 ㊙藤原麗子(ふじわらのれいし)、源麗子(みなもとのよしこ、みなもとれいし) 平安時代中期〜後期の女性。右大臣源師房の娘。関白藤原師実の妻となり師通を産む。
¶古人(みなもとのよしこ ㊥?)

源和子* みなもとのわし
?〜天暦1(947)年 ㊙源和子(みなもとのかずこ) 平安時代前期〜中期の女性。醍醐天皇の女御。
¶古人(みなもとのかずこ), コン(みなもとのかずこ), 天皇(みなもとのわし・かずこ ㊲天暦1(947)年7月21日)

源済 みなもとのわたる
⇒源済(みなもとのわたる)

源彦良 みなもとひこよし
⇒源彦良(みなもとのげんりょう)

源等 みなもとひとし
⇒源等(みなもとのひとし)

源広綱* みなもとのひろつな
生没年不詳 ㊙源広綱(みなもとのひろつな) 鎌倉時代前期の武士。頼政の子。
¶古人(みなもとのひろつな)

源弘綱*(源広綱) みなもとひろつな
生没年不詳 ㊙源広綱、源弘綱(みなもとのひろつな) 鎌倉時代前期の武士。
¶古人(みなもとのひろつな), 平家(源広綱)

源寛信* みなもとのひろのぶ
生没年不詳 ㊙源寛信(みなもとのひろのぶ) 平安時代中期の公家・歌人。
¶古人(みなもとのひろのぶ)

源博雅 みなもとひろまさ
⇒源博雅(みなもとのひろまさ)

源弘 みなもとひろむ
⇒源弘(みなもとのひろむ)

源英明 みなもとふさあきら
⇒源英明(みなもとのひであき)

源忠* みなもとほどこす
?〜延長9(931)年2月12日 ㊙源忠(みなもとのほどこす) 平安時代前期〜中期の公家・歌人。
¶古人(みなもとのほどこす)

源信 みなもとまこと
⇒源信(みなもとのまこと)

源雅家 みなもとまさいえ
⇒北畠雅家(きたばたけまさいえ)

源雅賢 みなもとまさかた
⇒源雅賢(みなもとのまさかた)

源雅兼 みなもとまさかね
⇒源雅兼(みなもとのまさかね)

源雅清 みなもとまさきよ
⇒源雅清(みなもとのまさきよ)

源正清 みなもとまさきよ
⇒源正清(みなもとのまさきよ)

源雅言 みなもとまさこと
⇒源雅言(みなもとのまさこと)

みなもと

源雅定 みなもとまささだ
⇒源雅定(みなもとのまささだ)

源雅実 みなもとまささね
⇒源雅実(みなもとのまささね)

源雅重* みなもとまさしげ
?～長寛1(1163)年12月8日　㊙源雅重(みなもとのまさしげ)　平安時代後期の公家・歌人。
¶古人(みなもとのまさしげ)

源雅亮 みなもとまさすけ
⇒源雅亮(みなもとのまさすけ)

源当純* みなもとまさずみ
生没年不詳　㊙源当純(みなもとのまさずみ)　平安時代前期の公家・歌人。
¶古人(みなもとのまさずみ),詩作(みなもとのまさずみ)

源雅忠 みなもとまさただ
⇒中院雅忠(なかのいんまさただ)

源雅親* みなもとまさちか
治承4(1180)年～建長1(1249)年12月5日　㊙源雅親(みなもとのまさちか)　鎌倉時代前期の公卿(大納言)。権大納言源通資の長男。
¶公卿(みなもとのまさちか),公家(雅親〔唐橋家(絶家)〕 まさちか),古人(みなもとのまさちか㊙1179年)

源雅光 みなもとまさてる
⇒源雅光(みなもとのまさみつ)

源当時 みなもとまさとき
⇒源朝臣当時(みなもとのあそんまさとき)

源雅俊 みなもとまさとし
⇒源雅俊(みなもとのまさとし)

源雅具 みなもとまさとも
⇒源雅具(みなもとのまさとも)

源雅信 みなもとまさのぶ
⇒源雅信(みなもとのまさのぶ)

源雅通*(1) みなもとまさみち
?～寛仁1(1017)年7月10日　㊙源雅通(みなもとのまさみち)　平安時代中期の公家・歌人。
¶古人(みなもとのまさみち)

源雅通(2) みなもとまさみち
⇒源雅通(みなもとのまさみち)

源雅行 みなもとまさゆき
⇒北畠雅行(きたばたけまさゆき)

源雅頼 みなもとまさより
⇒源雅頼(みなもとのまさより)

源希義 みなもとまれよし
⇒源希義(みなもとのまれよし)

源道方 みなもとみちかた
⇒源道方(みなもとのみちかた)

源通清* みなもとみちきよ
保安4(1123)年～?　㊙源通清(みなもとのみちきよ)　平安時代後期の公家・歌人。
¶古人(みなもとのみちきよ)

源道成* みなもとみちしげ
?～長元9(1036)年　㊙源道成(みなもとのみちなり)　平安時代中期の公家・歌人。

¶古人(みなもとのみちなり)

源通親 みなもとみちちか
⇒土御門通親(つちみかどみちちか)

源道時* みなもとみちとき
寛徳2(1045)年～保安1(1120)年8月22日　㊙源道時(みなもとのみちとき)　平安時代中期～後期の公家・歌人。
¶古人(みなもとのみちとき)

源通具 みなもとみちとも
⇒土御門通具(つちみかどみちとも)

源道済 みなもとみちなり
⇒源道済(みなもとのみちなり)

源登平 みなもとみちひら
生没年不詳　㊙源登平(みなもとのなりひら)　平安時代中期の公家・歌人。
¶古人(みなもとのなりひら)

源通能* みなもとみちよし
?～承安4(1174)年12月24日　㊙源通能(みなもとのみちよし)　平安時代後期の公家・歌人。
¶古人(みなもとのみちよし)

源光輔 みなもとみつすけ
平安時代後期の武士。
¶平家(生没年不詳)

源光綱母* みなもとみつつなのはは
生没年不詳　㊙源光綱母(みなもとのみつつなのはは)　平安時代中期の歌人。
¶古人(みなもとのみつつなのはは)

源満仲 みなもとみつなか
⇒源満仲(みなもとのみつなか)

源光長 みなもとみつなが
⇒源光長(みなもとのみつなが)

源光成* みなもとみつなり
生没年不詳　㊙源光成(みなもとのみつなり)　平安時代後期の官人、歌人。
¶古人(みなもとのみつなり)

源光行 みなもとみつゆき
⇒源光行(みなもとのみつゆき)

源宗明 みなもとむねあきら
⇒源宗明(みなもとのむねあき)

源致方* みなもとむねかた
天暦5(951)年～永延3(989)年3月19日　㊙源致方(みなもとのむねかた)　平安時代中期の公家・歌人・連歌作者。
¶古人(みなもとのむねかた)

源宗于 みなもとむねゆき
⇒源宗于(みなもとのむねゆき)

源基平 みなもとももとひら
⇒源基平(みなもとのもとひら)

源庶明 みなもともろあきら
⇒源庶明(みなもとのもろあき)

源師賢 みなもともろかた
⇒源師賢(みなもとのもろかた)

源師忠 みなもともろただ
⇒源師忠(みなもとのもろただ)

源師時 みなもともろとき
⇒源師時（みなもとのもろとき）

源師俊 みなもともろとし
⇒源師俊（みなもとのもろとし）

源師仲 みなもともろなか
⇒源師仲（みなもとのもろなか）

源師教* みなもともろのり
生没年不詳 [別]源師教（みなもとのもろのり） 平安時代後期の公家・歌人。
¶古人（みなもとのもろのり）

源師房 みなもともろふさ
⇒源師房（みなもとのもろふさ）

源師房女* みなもともろふさのむすめ
生没年不詳 [別]源師房女（みなもとのもろふさのむすめ） 平安時代中期～後期の歌人。
¶古人（みなもとのもろふさのむすめ）

源師光*(1) みなもともろみつ
生没年不詳 [別]源師光（みなもとのもろみつ） 平安時代中期～後期の武将・歌人・漢詩人。
¶古人（みなもとのもろみつ）

源師光(2) みなもともろみつ
⇒源師光（みなもとのもろみつ）

源師頼 みなもともろより
⇒源師頼（みなもとのもろより）

源泰光 みなもとやすみつ
⇒源泰光（みなもとのやすみつ）

源保光 みなもとやすみつ
⇒源保光（みなもとのやすみつ）

源行家 みなもとゆきいえ
⇒源行家（みなもとのゆきいえ）

源行綱 みなもとゆきつな
⇒多田行綱（ただゆきつな）

源行宗 みなもとゆきむね
⇒源行宗（みなもとのゆきむね）

源行頼* みなもとゆきより
[別]源行頼（みなもとのゆきより） 平安時代後期の公家・歌人。
¶古人（みなもとのゆきより [生]？ [没]1179年）

源善* みなもとよし
生没年不詳 [別]源善（みなもとのよし） 平安時代前期の官人、歌人。
¶古人（みなもとのよし）

源義顕 みなもとよしあき
⇒源義経（みなもとのよしつね）

源能有 みなもとよしあり
⇒源能有（みなもとのよしあり）

源義家 みなもとよしいえ
⇒源義家（みなもとのよしいえ）

源義賢 みなもとよしかた
⇒源義賢（みなもとのよしかた）

源義兼(1) みなもとよしかね
⇒足利義兼（あしかがよしかね）

源義兼(2) みなもとよしかね
⇒石川義兼（いしかわよしかね）

源義清 みなもとよしきよ
⇒足利義清（あしかがよしきよ）

源良定* みなもとよしさだ
生没年不詳 南北朝時代の公卿（非参議）。能登権守に任ぜられ従三位に叙されたが、建武4年能登権守を辞す。
¶公卿，公家（良定〔壬生家（絶家）〕 よしさだ）

源義重(1) みなもとよししげ
⇒清水義高（しみずよしたか）

源義重(2) みなもとよししげ
⇒新田義重（にったよししげ）

源義高 みなもとよしたか
⇒清水義高（しみずよしたか）

源義親 みなもとよしちか
⇒源義親（みなもとのよしちか）

源義嗣 みなもとよしつぐ
⇒源義嗣（みなもとのよしつぎ）

源義経 みなもとよしつね
⇒源義経（みなもとのよしつね）

源義経の北の方 みなもとよしつねのきたのかた
平安時代後期の女性。平時忠の娘。
¶平家（生没年不詳）

源義朝 みなもとよしとも
⇒源義朝（みなもとのよしとも）

源義仲 みなもとよしなか
⇒源義仲（みなもとのよしなか）

源義仲の北の方 みなもとよしなかのきたのかた
平安時代後期の女性。藤原基房の娘とされる。
¶平家（生没年不詳）

源義信 みなもとよしのぶ
⇒平賀義信（ひらがよしのぶ）

源義憲 みなもとよしのり
平安時代後期の武士。
¶平家（[生]？ [没]元暦1（1184）年）

源義範 みなもとよしのり
⇒山名義範（やまなよしのり）

源義平 みなもとよしひら
⇒源義平（みなもとのよしひら）

源義広 みなもとよしひろ
⇒源義広（みなもとのよしひろ）

源義康 みなもとよしやす
⇒足利義康（あしかがよしやす）

源慶安* みなもとよしやす
慶安1（1648）年～享保14（1729）年 [別]慶安（けいあん），源慶安（みなもとけいあん） 江戸時代前期～中期の両部神道家、暦学者。「両部神道口決鈔」「本朝天文」の著者。
¶科学（[没]享保14（1729）年5月9日），俳文（慶安 けいあん）

源義行 みなもとよしゆき
⇒源義経（みなもとのよしつね）

源頼家(1)　**みなもとよりいえ**
⇒源頼家(みなもとのよりいえ)

源頼家(2)　**みなもとよりいえ**
⇒源頼家(みなもとのよりいえ)

源頼家母*　**みなもとよりいえのはは**
生没年不詳　[別]源頼家母(みなもとのよりいえのはは)　平安時代中期の歌人。
¶古人(みなもとのよりいえのはは)

源頼兼　**みなもとよりかぬ**
⇒源頼兼(みなもとよりかね)

源頼兼*　**みなもとよりかね**
生没年不詳　[別]源頼兼(みなもとのよりかね，みなもとよりかぬ)　平安時代後期〜鎌倉時代前期の武将。
¶古人(みなもとのよりかね)，平家(みなもとよりかぬ)

源頼実　**みなもとよりざね**
⇒源頼実(みなもとのよりざね)

源頼茂　**みなもとよりしげ**
⇒源頼茂(みなもとのよりもち)

源頼綱　**みなもとよりつな**
⇒源頼綱(みなもとのよりつな)

源頼時*　**みなもとよりとき**
生没年不詳　[別]源頼時(みなもとのよりとき)　鎌倉時代前期の公卿。
¶古人(みなもとのよりとき)

源頼俊　**みなもとよりとし**
⇒源頼俊(みなもとのよりとし)

源頼朝　**みなもとよりとも**
⇒源頼朝(みなもとのよりとも)

源頼政　**みなもとよりまさ**
⇒源頼政(みなもとのよりまさ)

源頼光　**みなもとよりみつ**
⇒源頼光(みなもとのよりみつ)

源頼義　**みなもとよりよし**
⇒源頼義(みなもとのよりよし)

源頼全*　**みなもとらいぜん**
？〜建仁3(1203)年　[別]源頼全(みなもとのらいぜん)　平安時代後期〜鎌倉時代前期の僧。
¶古人(みなもとのらいぜん)

源倫子　**みなもとりんし**
⇒源倫子(みなもとのりんし)

源麗子　**みなもとれいし**
⇒源麗子(みなもとのれいし)

源廉子*　**みなもとれんし**
生没年不詳　[別]源廉子(みなもとのやすこ)　平安時代中期の女房・歌人。
¶古人(みなもとのやすこ)

源済*　**みなもとわたる**
生没年不詳　[別]源済(みなもとのならう，みなもとのわたる)　平安時代前期の公家・歌人。
¶古人(みなもとのならう)，古人(みなもとのわたる)

皆吉修理亮　**みなよししゅりのすけ**
⇒皆吉修理亮(みなきちしゅりのすけ)

三成*　**みなり**
？〜643年　飛鳥時代の山背大兄王の奴。
¶古代

三野王(美努王)　**みぬおう**
⇒三野王(みののおう)

水主内親王*　**みぬしないしんのう**
？〜天平9(737)年　[別]水主内親王(みぬしのないしんのう，もいとりないしんのう，もいとりのないしんのう，もひとりのひめみこ)，水主皇女(みぬしのひめみこ，もひとりのひめみこ)　奈良時代の女性。天智天皇の第10皇女。
¶古人(もいとりないしんのう)，古代，天皇(水主皇女　もひとりのひめみこ・みぬしのひめみこ　[没]天平9(737)年8月)

水主内親王　**みぬしのないしんのう**
⇒水主内親王(みぬしないしんのう)

水主皇女　**みぬしのひめみこ**
⇒水主内親王(みぬしないしんのう)

美努王　**みぬのおおきみ**
⇒三野王(みののおう)

三野岡麻呂(美努岡麻呂)　**みぬのおかまろ**
⇒美努岡麻呂(みののおかまろ)

美努兼倫　**みぬのかねとも**
平安時代中期の官人。
¶古人(生没年不詳)

美努浄麻呂　**みぬのきよまろ**
⇒美努連浄麻呂(みののむらじきよまろ)

美奴智麻呂　**みぬのちまろ**
奈良時代の文章博士。
¶古人(生没年不詳)

美努秀茂　**みぬのひでしげ**
平安時代中期の官人。
¶古人(生没年不詳)

三野光常　**みぬのみつつね**
平安時代後期の官人。
¶古人(生没年不詳)

美弩吉邦　**みぬのよしくに**
平安時代後期の官人。
¶古人(生没年不詳)

弥努摩女王*　**みぬまじょおう**
？〜弘仁1(810)年　[別]弥奴磨内親王(みぬまないしんのう)，美努摩内親王(みぬまないしんのう，みぬまのないしんのう)　平安時代前期の女性。光仁天皇の皇女。
¶古人(美努摩内親王　みぬまのないしんのう)，古代，天皇(弥奴磨内親王　みぬまないしんのう　生没年不詳)

美努摩内親王(弥奴磨内親王)　**みぬまないしんのう**
⇒弥努摩女王(みぬまじょおう)

水沼県主猿大海*　**みぬまのあがたぬしさるおおみ**
[別]水沼猿大海(みぬまのさるおおみ)　上代の豪族。
¶古代

水沼猿大海　**みぬまのさるおおみ**
⇒水沼県主猿大海(みぬまのあがたぬしさるおおみ)

美努摩内親王　**みぬまのないしんのう**
⇒弥努摩女王(みぬまじょおう)

みね(1)

江戸時代中期の女性。俳諧。森山屋の姉。天明3年の深浦町関八幡宮にある俳諧奉納額に載る。

¶江表（みね〈青森県〉）

みね(2)

江戸時代中期の女性。俳諧。甲斐の人。安永3年刊、行脚坊木荷編『おとこへし』に載る。

¶江表（みね〈山梨県〉）

みね(3)

江戸時代中期の女性。俳諧。越後今町の人。元文2年刊、仙石廬元坊編、各務支考七回忌追善集『渭江話』に載る。

¶江表（みね〈新潟県〉）

みね(4)

江戸時代中期の女性。俳諧。膳所で茶製造を営む蕉門の水田正秀としげの娘。宝永6年刊『既望』に載る。

¶江表（みね〈滋賀県〉）

みね(5)

江戸時代後期の女性。和歌。藤白の的場太四郎の妻。嘉永4年刊、堀尾光久編『近世名所歌集』初に載る。

¶江表（みね〈和歌山県〉）

見禰 みね*

江戸時代中期〜後期の女性。俳諧。筑前の人。『閨秀俳句選』に、天明期〜天保期に名がみえる。

¶江表（見禰〈福岡県〉）

美ね みね*

江戸時代中期の女性。俳諧。長門赤間関の人。義伸寺で行われる芭蕉忌の年刊記念句集の天明5年刊『しぐれ会』に載る。

¶江表（美ね〈山口県〉）

美祢 みね*

江戸時代後期の女性。和歌。備前邑久郡車村の河野伯淳の娘。

¶江表（美祢〈岡山県〉）　㋑寛政12（1800）年　㋺天保12（1841）年

峯 みね*

江戸時代後期〜末期の女性。和歌。伊勢射和の井上喜兵衛の娘。

¶江表（峯〈三重県〉）　㋑文政3（1820）年　㋺文久2（1862）年

峯源助*　みねげんすけ

文政8（1825）年〜明治24（1891）年　江戸時代末期〜明治時代の肥前大村藩士。

¶幕末

みね子(1)　みねこ*

江戸時代後期の女性。和歌・書・裁縫。上総大多喜藩主松平正和の二女。

¶江表（みね子〈千葉県〉）　㋑嘉永5（1852）年

みね子(2)

江戸時代末期〜明治時代の女性。和歌。旗本で歌人鈴木重胤の養嗣子重明の妻。明治6年、鈴木重嶺序・磯部最信編『佐渡名所歌集』に載る。

¶江表（みね子〈東京都〉）

美祢子 みねこ*

江戸時代後期の女性。和歌。幕臣、高家で冷泉門歌人横瀬駿河守貞臣の娘。寛政10年跋、信濃松代藩主真田幸弘の六〇賀集「千とせの寿詞」に載る。

¶江表（美祢子〈東京都〉）

峰子 みねこ*

江戸時代中期の女性。和歌。公卿入江相永の娘。明治37年刊『賀茂真淵全集』四に載る。

¶江表（峰子〈京都府〉）

峯子(1)　みねこ*

江戸時代中期〜後期の女性。和歌。信濃松代藩6代藩主真田幸弘の娘。

¶江表（峯子〈静岡県〉）　㋑安永6（1777）年　㋺寛政12（1800）年

峯子(2)　みねこ*

江戸時代後期の女性。和歌。安芸広島藩士山中権之進淳知の母。嘉永4年刊、鈴木高鞆編『類題玉石集』上に載る。

¶江表（峯子〈広島県〉）

峯子(3)

江戸時代末期の女性。和歌。三河西尾藩藩士で江戸詰の近習兼勘定所目付松平三郎次の母。文久1年序、村上忠順『類題和歌玉藻集』二に載る。

¶江表（峯子〈愛知県〉）

嶺子 みねこ*

江戸時代末期の女性。和歌。内藤氏。幕末期の長門長府の歌人平田秋足社中の一枚摺歌書に載る。

¶江表（嶺子〈山口県〉）

岑子 みねこ

江戸時代中期〜後期の女性。和歌。花輪氏。盛岡藩士で歌人の三輪常福の門。成立年不詳、城隣哉撰「和歌野外霞」に載る。

¶江表（岑子〈岩手県〉）

嶺琴八十助 みねごとやそすけ

⇒近松八十翁（ちかまつやそおう）

嶺崎半左衛門*　みねざきはんざえもん

天保11（1840）年〜明治10（1877）年　江戸時代末期〜明治時代の鹿児島県士族。西南戦争で四番大隊八番小隊長として出征、乃木十四隊を撃破。

¶幕末（㋺明治10（1877）年9月24日）

峯島茂兵衛*　みねじまもへえ

*〜明治9（1876）年　江戸時代末期〜明治時代の商人。江戸芝居の大道具製造業。久比里坂を開削し、平坦な道を完成。

¶幕末（㋺？）

嶺春泰*（峰春泰）　みねしゅんたい

延享3（1746）年〜寛政5（1793）年　江戸時代中期の医師。山脇東門に入門。

¶科学（㋺寛政5（1793）年10月6日），コン（峰春泰）

みね女(1)　みねじょ*

江戸時代後期の女性。和歌。石見津和野藩士中村儀左衛門の妻。文政6年成立、中村安由編「柿葉集」に載る。

¶江表（みね女〈島根県〉）

みね女(2)　みねじょ*

江戸時代後期の女性。俳諧。城ケ崎の人。文化14年頃刊、太田足馬編、太田可苗三回忌追善集『花の下蔭』に載る。

¶江表（みね女〈宮崎県〉）

みね女(3)　みねじょ*

江戸時代末期の女性。和歌。長門長州藩藩士櫛部善兵衛の妹。文久2年序、西田惟恒編『文久二年八

百首』に載る。
¶江表(みね女(山口県))

峰女(1)　みねじょ★
江戸時代後期の女性。俳諧。仙台藩士高成田氏の妻。嘉永6年序、花屋庵鼎左・五梅庵舎用編『俳諧海内人名録』に載る。
¶江表(峰女(宮城県))

峰女(2)　みねじょ★
江戸時代末期の女性。俳諧。七日町の商家橘小重郎の母。安政3年刊、俳人遠藤香村撰『会津俳諧六々仙』に載る。
¶江表(峰女(福島県))

峰女(3)　みねじょ★
江戸時代末期の女性。俳諧。越後長岡の人。文久3年刊『延命子育和讃』に載る。
¶江表(峰女(新潟県))

み

峯女(1)　みねじょ★
江戸時代後期の女性。俳諧。下総佐原の人。天保頃没。
¶江表(峯女(千葉県))

峯女(2)　みねじょ★
江戸時代末期の女性。和歌。入善の人。安政4年刊、黒髪庵盟社編『麻頭巾集』地に載る。
¶江表(峯女(富山県))

嶺田楓江*　みねたふうこう，みねだふうこう
文化14(1817)年～明治16(1883)年12月28日　江戸時代末期～明治時代の丹後藩士。著書「海外新話」により投獄。維新後、木更津市で開塾。
¶対外，幕末(みねだふうこう)

峯姫*(峰姫)　みねひめ
寛政12(1800)年～嘉永6(1853)年　[別]峯寿院(ほうじゅいん)　江戸時代後期の女性。11代将軍徳川家斉の13子。
¶江表(美子(茨城県)　よしこ)，徳将(峯寿院　ほうじゅいん)

峰広政*　みねひろまさ
？～天正1(1573)年10月？　戦国時代～安土桃山時代の織田信長の家臣。
¶織田

峯松之助*　みねまつのすけ
江戸時代末期の新撰組隊士。
¶新隊(生没年不詳)

峰村香圃　みねむらこうほ
江戸時代末期～明治時代の日本画家。
¶美画([生]安政6(1859)年9月21日　[没]明治42(1909)年8月14日)

巒寥松*　みねりょうしょう
宝暦10(1760)年～天保3(1832)年　[別]寥松(りょうしょう)　江戸時代後期の俳人。
¶俳文(寥松　りょうしょう　[没]天保3(1832)年閏11月17日)

みの(1)
江戸時代中期の女性。俳諧。加賀の人。享保14年刊、鳥巣下洗耳撰『伽陀箱』に載る。
¶江表(みの(石川県))

みの(2)
江戸時代後期の女性。和歌。前橋の俳人出島天山の娘。天保3年、追善供養集『もとの雫』を編んだ。
¶江表(みの(群馬県))

美濃*(1)　みの
長久2(1041)年～大治4(1129)年　平安時代中期～後期の女性。源頼国の女。
¶古人

美濃*(2)　みの
生没年不詳　平安時代後期の女性。源為義の娘。
¶古人

美濃*(3)　みの
生没年不詳　平安時代後期の女官。藤原隆経の娘。
¶古人

美濃*(4)　みの
生没年不詳　平安時代後期の歌人。源仲政の娘。
¶古人

美濃(5)　みの★
江戸時代の女性。和歌。長門長州藩の奥女中。明治11年刊、近藤芳樹編『薫風集』に載る。
¶江表(美濃(山口県))

美濃(6)　みの★
江戸時代後期の女性。和歌。美作津山藩主松平康乂の弟維賢の娘。
¶江表(美濃(岡山県)　[生]文化12(1815)年　[没]弘化2(1845)年)

箕浦猪之吉　みのうらいのきち
⇒箕浦元章(みのうらもとあき)

箕浦次郎右衛門*　みのうらじろうえもん
生没年不詳　安土桃山時代の織田信長の家臣。
¶織田

箕浦靖山*　みのうらせいざん
享保4(1719)年～享和3(1803)年　[別]箕浦世亮(みのうらせいりょう)　江戸時代中期～後期の儒学者、医師。
¶コン

箕浦世亮　みのうらせいりょう
⇒箕浦靖山(みのうらせいざん)

箕浦直彝*　みのうらなおつね
？～文化13(1816)年　[別]箕浦立斎(みのうらりっさい)　江戸時代後期の儒学者。
¶コン

箕浦信也*　みのうらのぶや
安永5(1776)年～慶応3(1867)年　江戸時代後期の商人、綿問屋。
¶幕末

箕浦元章*　みのうらもとあき
弘化1(1844)年～明治1(1868)年　[別]箕浦猪之吉(みのうらいのきち)　江戸時代末期の土佐藩士。堺事件当事者。
¶コン(箕浦猪之吉　みのうらいのきち)，全幕(箕浦猪之吉　みのうらいのきち　[生]天保15(1844)年　[没]慶応4(1868)年)，幕末(箕浦猪之吉　みのうらいのきち　[生]天保15(1844)年11月　[没]慶応4(1868)年2月23日)

箕浦立斎　みのうらりっさい
⇒箕浦直彝(みのうらなおつね)

三野王(美努王)　みのおう
⇒三野王(みののおう)

美濃王*　みのおう
生没年不詳　[別]美濃王(みののおう，みののおおきみ)，三野王(みののおおきみ)　飛鳥時代の皇族。
¶古人,古代(みののおう),古物(三野王　みののおおきみ),コン(みののおおきみ)

美濃子(1)　みのこ★
江戸時代後期の女性。和歌。美栖子、みの、美の子とも書く。天保4年成立「二拾八番歌合」に載る。
¶江表(美濃子(茨城県))

美濃子(2)　みのこ★
江戸時代後期の女性。和歌。播磨飾西郡英賀の妙蓮寺氏。文政11年刊、加納諸平編『類題鰒玉集』初に載る。
¶江表(美濃子(兵庫県))

美能子・みの子　みのこ★
江戸時代後期の女性。和歌。松代藩藩士金井左仲の妻。文化6年木島菅麿編「松栖百枝」に載る。
¶江表(美能子・みの子(長野県))

簑子　みのこ★
江戸時代後期の女性。狂歌。黒川春村の妹。天保4年序、黒川春村編『草庵五百人一首』に載る。
¶江表(簑子(東京都))

三の女　みのじょ★
江戸時代後期の女性。俳諧。米沢近辺の人。嘉永6年刊、浜田汝松序『かさかけ』に載る。
¶江表(三の女(山形県))

美濃女　みのじょ★
江戸時代末期の女性。和歌。落合氏。慶応2年序、村上忠順編『元治元年千首』に載る。
¶江表(美濃女(東京都))

蓑正路　みのせいろ
?～天保9(1838)年　江戸時代後期の幕臣。
¶徳人,徳代([没]天保9(1838)年3月25日)

蓑田卯七*　みのだうしち
*～享保12(1727)年5月7日　[別]卯七(うしち)　江戸時代中期の俳人(蕉門)。
¶俳文(卯七　うしち　[生]寛文3(1663)年)

簑田新平*　みのだしんぺい
?～明治33(1900)年　江戸時代末期～明治時代の薩摩藩士。
¶幕末

身栖立子　みのたつし★
江戸時代後期の女性。狂歌。福島の人。文政2年刊、千柳亭唐丸編『狂歌陸奥百歌撰』に載る。
¶江表(身栖立子(福島県))

蓑田伝兵衛*　みのだでんべえ
文化9(1812)年～明治3(1870)年　江戸時代末期～明治時代の薩摩藩士、薬園奉行、船奉行。薩摩藩の外国汽船、武器購入に奔走。明治維新に貢献。
¶幕末([没]明治3(1870)年7月12日)

蓑豊昌　みのとよまさ
*～文化5(1808)年　江戸時代中期～後期の幕臣、代官。
¶徳人([生]?),徳代([生]宝暦6(1756)年　[没]文化5(1808)年8月)

三野県主小根*　みののあがたぬしおね
上代の豪族。
¶古代

三野王*　みののおう
?～和銅1(708)年　[別]美努王(みぬおう，みぬのおおきみ，みのおう)，三野王(みぬおう，みのおう，みののおおきみ)　飛鳥時代の官人。「帝紀及び上古の諸事」を定める。
¶古人(みぬおう),古代,古物(美努王　みぬのおおきみ),コン(みののおおきみ)

美濃王　みののおう
⇒美濃王(みのおう)

三野王(1)(美濃王)　みののおおきみ
⇒美濃王(みのおう)

三野王(2)　みののおおきみ
⇒三野王(みののおう)

美努岡麻呂*　みののおかまろ
天智1(662)年～神亀5(728)年　[別]三野岡麻呂，美努岡麻呂(みぬのおかまろ)，美努連岡麻呂(みののむらじおかまろ)　飛鳥時代～奈良時代の官人。遣唐使小商監。
¶古人(みぬのおかまろ),古代(美努連岡麻呂　みののむらじおかまろ),コン

三野狐*　みののきつね
「日本霊異記」に出てくる美女。
¶古代

美努清名　みののきよな
⇒美努連清名(みののむらじきよな)

美努浄麻呂　みののきよまろ
⇒美努連浄麻呂(みののむらじきよまろ)

御野実信　みののさねのぶ
平安時代中期の官人。
¶古人(生没年不詳)

美濃局*(1)　みののつぼね
生没年不詳　[別]紀家子(きのいえこ，きのけいし)　平安時代後期の女性。鳥羽天皇の更衣。
¶古人(紀家子　きのいえこ),天皇(紀家子　きのけいし)

美濃局*(2)　みののつぼね
生没年不詳　鎌倉時代の女性。
¶女史

美努連岡麻呂　みののむらじおかまろ
⇒美努岡麻呂(みののおかまろ)

美努連清名*　みののむらじきよな
[別]美努清名(みののきよな)　平安時代前期の明経家。
¶古代

美努連浄麻呂*　みののむらじきよまろ
[別]美努浄麻呂(みぬのきよまろ，みののきよまろ)　飛鳥時代の中級官人、学者。
¶古人(美努浄麻呂　みぬのきよまろ　生没年不詳),古代

美濃部権兵衛　みのべごんべえ
江戸時代前期の幕臣。
¶徳人([生]?　[没]1636年)

美濃部茂敦　みのべしげあつ
江戸時代前期～中期の代官。
¶徳代([生]寛文5(1665)年　[没]享保16(1731)年)

美濃部茂濃* みのべしげあつ
生没年不詳　安土桃山時代の織田信長の家臣。
¶織田

美濃部茂孝　みのべしげたか
江戸時代前期〜中期の佐渡奉行。
¶徳代（㊇貞享4（1687）年　㊣宝暦8（1758）年11月29日）

美濃部茂矩　みのべしげのり
江戸時代後期の幕臣。
¶徳人（生没年不詳）

美濃部末茂　みのべすえもち
江戸時代中期の代官。
¶徳代（㊇？　㊣元禄9（1696）年1月12日）

美濃部又五郎　みのべまたごろう
文政2（1819）年〜慶応1（1865）年　江戸時代末期の水戸藩士。
¶幕末（㊣慶応1（1865）年10月25日）

蓑正喬　みのまさたか
江戸時代中期の代官。
¶徳代（㊇延享1（1744）年　㊣天明5（1785）年2月18日）

蓑正高*　みのまさたか
貞享4（1687）年〜明和8（1771）年　㊙蓑笠之助（みのりゅうのすけ）　江戸時代中期の幕府官人。農政、治水に通じる。
¶徳人、徳代（㊣明和8（1771）年8月7日）

蓑正寅　みのまさとら
江戸時代中期の関東代官。
¶徳代（㊇享保6（1721）年　㊣安永4（1775）年3月10日）

蓑正長　みのまさなが
江戸時代前期の代官。
¶徳代（㊇？　㊣明暦3（1657）年11月10日）

蓑虫山人　みのむしさんじん
⇒土岐源吾（ときげんご）

三野村利左衛門*　みのむらりざえもん
文政4（1821）年〜明治10（1877）年2月21日　江戸時代中期〜明治時代の実業家。三井銀行を発足、総長代理副長。
¶コン、幕末（㊇文政4（1821）年11月10日）

蓑笠之助　みのりゅうのすけ
⇒蓑正高（みのまさたか）

蓑輪知定　みのわともさだ
江戸時代末期の和算家。越後川田村の人。安政5年算額を奉納。
¶数学

御刀媛*　みはかしひめ
上代の女性。景行天皇の妃。
¶古代、天皇

三橋正富*　みはしまさとみ
生没年不詳　江戸時代中期の和算家。
¶数学

三畠上竜*（三畠上龍）　みはたじょうりゅう
江戸時代末期の町絵師。
¶浮絵（三畠上龍　生没年不詳）

神浜一正　みはまいっしょう
江戸時代後期〜大正時代の彫刻家。
¶美建（㊇天保9（1838）年3月16日　㊣大正6（1917）年2月10日）

三原王*（御原王）　みはらおう
？〜天平勝宝4（752）年　㊙御原王（みはらのおう）、三原王（みはらのおう、みはらのおおきみ）　奈良時代の公卿（非参議）。天武天皇の孫。
¶公卿（㊣天平勝宝4（752）年7月1日）、古人（御原王）、古代（御原王　みはらのおう）、コン

三原金平*　みはらきんぺい
生没年不詳　江戸時代末期の薩摩藩士。
¶幕末

三原甚五左衛門*　みはらじんござえもん
生没年不詳　江戸時代末期の薩摩藩士。
¶幕末

三原藤五郎*　みはらとうごろう
生没年不詳　江戸時代末期の薩摩藩士、学者。
¶幕末

三原兎弥太*　みはらとやた
弘化1（1844）年〜明治1（1868）年　江戸時代末期の撃剣師範、志士。土佐勤王党に参加。
¶幕末（㊇弘化1（1844）年12月　㊣慶応4（1868）年8月25日）

三原朝臣弟平　みはらのあそんおとひら
㊙三原弟平（みはらのおとひら）　奈良時代〜平安時代前期の官人。
¶古人（三原弟平　みはらのおとひら　生没年不詳）、古代

三原朝臣春上　みはらのあそんはるがみ
⇒三原春上（みはらのはるがみ）

御原王（三原王）　みはらのおう
⇒三原王（みはらおう）

三原王　みはらのおおきみ
⇒三原王（みはらおう）

三原弟平　みはらのおとひら
⇒三原朝臣弟平（みはらのあそんおとひら）

三原春上*　みはらのはるがみ、みはらのはるかみ
宝亀5（774）年〜承和12（845）年　㊙三原朝臣春上（みはらのあそんはるがみ）、三原春上（みはらはるかみ）　平安時代前期の公卿（参議）。天武天皇の皇子一品新田部親王の裔。
¶公卿（㊣承和10（843）年12月18日）、古人（みはらのはるかみ）、古代（三原朝臣春上　みはらのあそんはるがみ）

三原春上　みはらはるかみ
⇒三原春上（みはらのはるがみ）

水原保氏　みはらやすうじ
江戸時代前期〜中期の幕臣。
¶徳人（㊇1673年　㊣1743年）

御春有輔*　みはるありすけ
生没年不詳　㊙御春有輔（みはるのありすけ）　平安時代前期の官人、歌人。河内の人。藤原利基に仕えた。
¶古人（みはるのありすけ）

御春朝臣有世　みはるのあそんありよ
㊙御春有世（みはるのありよ）　平安時代前期の官人。
¶古人（御春有世　みはるのありよ　生没年不詳）、古代

御春有輔　みはるのありすけ
⇒御春有輔（みはるありすけ）

御春有世　みはるのありよ
⇒御春朝臣有世（みはるのあそんありよ）

御春浜主*（御春浜王）　みはるのはまぬし
生没年不詳　平安時代前期の官人。
¶古人（御春浜王）

水光姫*　みひかひめ
上代の女性。吉野連の祖。白雲別神の娘。
¶古代

壬生家尹*　みぶいえただ
安永5（1776）年6月15日～天保5（1834）年1月10日　江戸時代後期の公家（参議）。権中納言壬生基貫の末子。
¶公卿，公家（家尹〔壬生家〕　いえただ）

壬生院*　みぶいん
慶長7（1602）年～明暦2（1656）年　[別]園光子（そのみつこ）　江戸時代前期の女性。後水尾天皇の後宮。
¶コン，天皇（園光子　そのみつこ　[生]？　[没]明暦2（1656）年2月11日）

壬生水石*　みぶすいせき
寛政2（1790）年～＊　江戸時代末期～明治時代の篆刻家。著書に「三字印論」「古篆印語」など。
¶コン（[没]明治4（1871）年），幕末（[没]明治4（1872）年12月24日）

壬生忠見　みぶただみ
⇒壬生忠見（みぶのただみ）

壬生忠岑　みぶただみね
⇒壬生忠岑（みぶのただみね）

三淵藤利　みぶちふじとし
江戸時代前期の幕臣。
¶徳人（[生]1604年　[没]1657年）

壬生綱雄*　みぶつなお
[別]壬生綱雄（みぶつなかつ，みぶつなたけ）　戦国時代～安土桃山時代の武将。
¶全戦（みぶつなかつ　[生]？　[没]永禄5（1562）年？），戦武（みぶつなたけ（つなお）　[生]永正14（1517）年？　[没]天正4（1576）年）

壬生綱雄　みぶつなかつ
⇒壬生綱雄（みぶつなお）

壬生綱雄　みぶつなたけ
⇒壬生綱雄（みぶつなお）

壬生綱房*　みぶつなふさ
？～弘治1（1555）年3月17日　戦国時代の鹿沼城（栃木県鹿沼市）の城主。
¶戦武（[生]文明11（1479）年）

壬生出羽　みぶでわ
江戸時代前期の武士。大坂の陣で籠城。
¶大坂

壬生俊平*　みぶとしひら
元禄7（1694）年11月4日～享保14（1729）年5月26日　江戸時代中期の公家（非参議）。壬生家の祖。従四位下・左少将葉川基章の子。
¶公卿，公家（俊平〔壬生家〕　としひら）

御船氏主*　みふねのうじぬし
生没年不詳　平安時代前期の明経道の学者。
¶古人

御船昌光　みふねのまさみつ
平安時代中期の官人。
¶古人（生没年不詳）

壬生直夫子*　みぶのあたいおのこ
[別]壬生夫子（みぶのおのこ）　飛鳥時代の国造。
¶古代

壬生直小家主女　みぶのあたいおやかぬしめ
⇒壬生小家主女（みぶのこやかぬしめ）

壬生直国依*　みぶのあたいくにより
[別]壬生国依（みぶのくにより）　奈良時代の地方豪族。
¶古代

壬生宇太麻呂*　みぶのうだまろ
[別]壬生使主宇太麻呂（みぶのおみうだまろ），壬生宇太麻呂（みぶのふたまろ）　奈良時代の万葉歌人。
¶古人（みぶのふたまろ　生没年不詳），古代（壬生使主宇太麻呂　みぶのおみうだまろ）

壬生乙*　みぶのおと
生没年不詳　平安時代前期の歌人。「古今集」に一首入集。
¶古人

壬生夫子　みぶのおのこ
⇒壬生直夫子（みぶのあたいおのこ）

壬生使主宇太麻呂　みぶのおみうだまろ
⇒壬生宇太麻呂（みぶのうだまろ）

壬生小家主女　みぶのおやかぬしめ
⇒壬生小家主女（みぶのこやかぬしめ）

壬生国依　みぶのくにより
⇒壬生直国依（みぶのあたいくにより）

壬生小家主　みぶのこいえぬし
⇒壬生小家主女（みぶのこやかぬしめ）

壬生小家主　みぶのこやかぬし
⇒壬生小家主女（みぶのこやかぬしめ）

壬生小家主女*　みぶのこやかぬしめ
生没年不詳　[別]壬生直小家主女（みぶのあたいおやかぬしめ），壬生小家主女（みぶのおやかぬしめ），壬生小家主（みぶのこいえぬし，みぶのこやかぬし）　奈良時代の女性。後宮の膳司に出司した女官。
¶古人，古代（壬生直小家主女　みぶのあたいおやかぬしめ），女史（壬生小家主　みぶのこやかぬし）

壬生忠見*　みぶのただみ
生没年不詳　[別]壬生忠見（みぶただみ）　平安時代の歌人、三十六歌仙の一人。忠岑の子。
¶古人，コン，詩作

壬生忠岑*　みぶのただみね
生没年不詳　[別]壬生忠岑（みぶただみね）　平安時代前期～中期の歌人。三十六歌仙の一人。安綱の子。
¶古人，コン，詩作，日文，山小

御輔永道（御輔長道）　みふのながみち
⇒御輔長道（みすけのながみち）

壬生弘重　みぶのひろしげ
平安時代中期の官人。
¶古人（生没年不詳）

み

壬生宇太麻呂　みぶのふたまろ
⇒壬生宇太麻呂（みぶのうだまろ）

壬生麻呂　みぶのまろ
⇒壬生連麿（みぶのむらじまろ）

壬生連麻呂*　みぶのむらじまろ
飛鳥時代の国造。
¶古代

壬生連麿*　みぶのむらじまろ
生没年不詳　[別]壬生麻呂（みぶのまろ）　飛鳥時代の常陸地方の豪族、茨城国造。
¶古人（壬生麻呂　みぶのまろ）

壬生諸石*　みぶのもろし
飛鳥時代の肥後国の人。
¶古代

壬生雅顕*　みぶまさあき
嘉元3（1305）年～貞和5/正平4（1348）年5月12日　鎌倉時代後期～南北朝時代の公卿（参議）。権中納言壬生雅康の子。
¶公卿（[生]徳治1（1306）年　[没]貞和5/正平4（1349）年5月12日），公家（雅顕〔壬生家（絶家）〕　まさあき　[生]1306年　[没]貞和5（1349）年5月12日）

壬生正宗*　みぶまさむね
生没年不詳　戦国時代の伊豆の大工。
¶後北（正宗〔壬生〕　まさむね）

壬生雅康*　みぶまさやす
弘安9（1286）年～正平2/貞和3（1347）年2月22日　鎌倉時代後期～南北朝時代の公卿（権中納言）。源氏壬生家の祖。村上天皇の裔。
¶公卿（[没]貞和3/正平2（1347）年2月22日），公家（雅康〔壬生家（絶家）〕　まさやす　[没]貞和3（1347）年2月22日）

壬生基修　みぶもとおさ
⇒壬生基修（みぶもとなが）

壬生基修*　みぶもとなが
天保6（1835）年～明治39（1906）年　[別]壬生基修（みぶもとおさ）　江戸時代末期～明治時代の公卿、伯爵。尊王攘夷派として活躍。東京府知事、元老院議官などを歴任。
¶コン，全幕，幕末（[生]天保6（1835）年3月7日　[没]明治39（1906）年3月5日）

壬生基貫*　みぶもとぬき
享保10（1725）年7月27日～寛政3（1791）年7月26日　江戸時代中期の公家（権中納言）。権大納言園基香の次男。
¶公卿，公家（基貫〔壬生家〕　もとつら）

壬生敬義　みぶゆきよし
⇒小槻敬義（おづきゆきよし）

壬生吉宗*　みぶよしむね
生没年不詳　戦国時代の大工。
¶後北（吉宗〔壬生〕　よしむね）

壬生頼言*　みぶよりこと
生没年不詳　鎌倉時代後期～南北朝時代の公卿（非参議）。村上天皇の裔。
¶公卿，公家（頼言〔壬生家（絶家）〕　よりこと）

みへ
江戸時代後期の女性。俳諧。出雲亀嵩の人。文政8年跋、出羽鶴岡の松童窟文二追善句集『めくるあき』に載る。
¶江表（みへ（島根県））

みほ
江戸時代後期の女性。和歌。遠江連尺の薬種商堺屋木村左衛門の妻。
¶江表（みほ（静岡県）　[没]天保12（1841）年）

三保(1)　みほ★
江戸時代中期の女性。紀行文。江戸の本両替三谷三九郎家の出身。
¶江表（三保（東京都）　[没]明和9（1772）年）

三保(2)　みほ★
江戸時代中期の女性。作曲。「女手前」の作曲者として知られる。
¶江表（三保（東京都））

三保(3)　みほ★
江戸時代中期～後期の女性。漢詩。徳島藩士野部忠太夫の娘。
¶江表（三保（徳島県）　[生]延享4（1747）年　[没]文政11（1828）年）

三保(4)　みほ★
江戸時代後期の女性。和歌。漆戸氏。寛政10年の歌日記「湯の山ふみ」上に載る。
¶江表（三保（岩手県））

三保(5)　みほ★
江戸時代後期の女性。俳諧。淡路洲本の人。文政10年刊、臥林庵編『千蛙集』に載る。
¶江表（三保（兵庫県））

三保(6)　みほ★
江戸時代後期の女性。和歌。備中向市場の庄屋岡鶴汀の娘。
¶江表（三保（岡山県）　[没]天保6（1835）年）

三保(7)　みほ★
江戸時代後期の女性。画。脇町出身で、京都で活躍した画家藤桃斎の娘。天保3年刊、白井華陽著『画乗要略』に載る。
¶江表（三保（徳島県））

三保(8)　みほ★
江戸時代末期の女性。和歌。大津の水原平右衛門の妻。文久1年序、西田惟恒編『文久元年七百首』に載る。
¶江表（三保（滋賀県））

三保(9)　みほ★
江戸時代末期～明治時代の女性。和歌。周防熊毛郡阿月の医者松村文竜の娘。
¶江表（三保（山口県）　[没]明治25（1892）年）

美保(1)　みほ★
江戸時代後期の女性。俳諧。近久氏。美寿著「桜戸日記」の嘉永5年9月に載る。
¶江表（美保（徳島県））

美保(2)　みほ★
江戸時代末期の女性。和歌。美濃芦敷の各務定保の妻。安政4年刊、富樫広蔭編『千百人一首』に載る。
¶江表（美保（岐阜県））

美穂　みほ★
江戸時代後期～明治時代の女性。和歌。高松の児玉政慈の妻。
¶江表（美穂（香川県）　[生]寛政11（1799）年　[没]明治14（1881）年）

弥穂　みほ★
江戸時代後期の女性。和歌。美濃根古地の中島氏。文政13年刊、富樫広蔭編『樫の若葉』に載る。
¶江表（弥穂（岐阜県））

三保木儀左衛門〔1代〕*　みほきぎざえもん，みほぎぎざえもん
生没年不詳　[別]片岡彦四郎（かたおかひこしろう），玉川藤之助（たまがわふじのすけ），風光（ふうこう），松浦義左衛門（まつうらぎざえもん），三浦儀左衛門，三浦義左衛門（みうらぎざえもん），三尾木儀左衛門，水尾木義左衛門（みおきぎざえもん，みおぎぎざえもん），若村沢之助（わかむらさわのすけ），若村庄五郎（わかむらしょうごろう），若村十郎左衛門（わかむらじゅうろうざえもん）　江戸時代中期の歌舞伎役者。元禄9年～延享2年頃に活躍。
¶コン

三保木儀左衛門〔2代〕　みほきぎざえもん，みほぎぎざえもん
⇒片岡仁左衛門〔6代〕（かたおかにざえもん）

三保木藤松（三保木富士松）　みほぎふじまつ
⇒片岡仁左衛門〔6代〕（かたおかにざえもん）

三保子（1）　みほこ★
江戸時代後期の女性。和歌。中村氏の娘。嘉永3年刊、長沢伴雄編『類題鴨川次郎集』に載る。
¶江表（三保子（京都府））

三保子（2）　みほこ★
江戸時代後期～末期の女性。和歌。藤氏。
¶江表（三保子（千葉県）　[生]寛政1（1789）年　[没]元治1（1864）年）

三保子（3）　みほこ★
江戸時代末期の女性。和歌。徳島藩士堀尾建中の娘。安政6年跋、『国学人物志』初に名が載る。
¶江表（三保子（徳島県））

三保子（4）　みほこ★
江戸時代末期の女性。和歌。筑後袋小路の柳川藩士白仁作左衛門成栄の妻。文久2年刊、安武厳丸編『柳河百家集』に載る。
¶江表（三保子（福岡県））

三穂子（1）　みほこ★
江戸時代中期の女性。和歌。上総久留里藩主黒田直純の娘。
¶江表（三穂子（香川県）　[生]享保11（1726）年　[没]天明7（1787）年）

三穂子（2）　みほこ★
江戸時代後期の女性。和歌。小石川住。弘化4年刊、清堂観尊編『たち花の香』に載る。
¶江表（三穂子（東京都））

三穂子（3）　みほこ★
江戸時代末期の女性。和歌。筑後坂本小路の柳川藩士龍新兵衛の妻。文久2年刊、安武厳丸編『柳河百家集』に載る。
¶江表（三穂子（福岡県））

三保崎　みほさき★
江戸時代中期の女性。和歌。但馬豊岡藩京極家の奥女中。安永3年の「田村村隆母公六十賀祝賀歌集」に載る。
¶江表（三保崎（兵庫県））

みほ女　みほじょ★
江戸時代後期の女性。俳諧。富山の人。寛政2年刊、根津桃路編の芭蕉翁一〇〇回忌追善集『華鳥風月集』に載る。
¶江表（みほ女（富山県））

三保女（1）　みほじょ★
江戸時代中期の女性。狂歌。天明3年刊、四方赤良ほか編『万載狂歌集』に載る。
¶江表（三保女（東京都））

三保女（2）　みほじょ★
江戸時代後期の女性。和歌。甲府の人。天保15年定門舎面高序『終和亭澄良追善歌集』に載る。
¶江表（三保女（山梨県））

三保女（3）　みほじょ★
江戸時代後期～末期の女性。幕臣で民政家荒井道貞の後妻。
¶江表（三保女（東京都）　[生]寛政4（1792）年　[没]安政4（1857）年）

美暮女　みぼじょ★
江戸時代後期の女性。狂歌。三河の人。文化9年刊、便々館湖鯉鮒撰『狂歌浜荻集』に載る。
¶江表（美暮女（愛知県））

みほの
江戸時代中期の女性。俳諧。佐渡の遊女。安永3年刊、与謝蕪村編『俳諧玉藻集』に載る。
¶江表（みほの（新潟県））

三保山　みほやま★
江戸時代後期の女性。書簡。大奥御年寄。常陸水戸藩主徳川斉脩の室峯寿院の従姉妹。
¶江表（三保山（東京都））

御堀耕助*　みほりこうすけ
天保12（1841）年～明治4（1871）年　江戸時代後期～明治時代の武士。
¶コン，幕末（[生]天保12（1841）年7月7日　[没]明治4（1871）年5月13日）

御間城入彦五十瓊尊　みまきいりひこいにえのみこと
⇒崇神天皇（すじんてんのう）

御牧景則*　みまきかげのり
？～慶長5（1600）年　[別]四手井景則（しでいかげのり）　安土桃山時代の武将。秀吉馬廻。
¶織田（[没]慶長5（1600）年4月頃）

三牧謙蔵　みまきけんぞう
⇒三牧秀胤（みまきひでたね）

御牧摂津守*　みまきせっつのかみ
生没年不詳　安土桃山時代の織田信長の家臣。
¶織田

三牧秀胤*　みまきひでたね
天保10（1839）年～慶応1（1865）年　[別]三牧謙蔵（みまきけんぞう）　江戸時代末期の農民。
¶幕末

御間城姫*　みまきひめ
[別]御間城姫命（みまきひめのみこと）　上代の女性。崇神天皇の皇后。
¶古代，天皇（生没年不詳）

御間城姫命　みまきひめのみこと
⇒御間城姫（みまきひめ）

美馬君田*　みまくんでん
文化9（1812）年～明治7（1874）年7月27日　江戸時代後期～明治時代の尊王家。

¶幕末

美作* みまさか
生没年不詳　平安時代中期の歌人。出羽弁の娘。
¶古人

美作女王 みまさかじょおう
⇒美作女王(みまさかのじょおう)

美作掌侍* みまさかのしょうじ
生没年不詳　[別]高階仲資女(たかしなのなかすけのむすめ)　鎌倉時代前期の女性。土御門天皇の宮人。
¶天皇(高階仲資女　たかしなのなかすけのむすめ)

美作女王* みまさかのじょおう
?～延暦8(789)年7月7日　[別]美作女王(みまさかじょおう)　奈良時代の女官。
¶古人(みまさかじょおう)

み

味摩之*(味麻之)　みまし
生没年不詳　飛鳥時代の渡来伎楽師。
¶古代,古物,コン,対外

美馬順三* みまじゅんぞう
寛政7(1795)年～文政8(1825)年6月11日　江戸時代後期の蘭方医。鳴滝塾の塾頭。
¶江人,科学,コン([生]文化4(1807)年　[没]天保8(1837)年),対外

三升 みます
⇒市川団十郎〔3代〕(いちかわだんじゅうろう)

三升岩五郎 みますいわごろう
⇒片岡仁左衛門〔8代〕(かたおかにざえもん)

三桝源之助〔3代〕 みますげんのすけ
⇒中村宗十郎〔1代〕(なかむらそうじゅうろう)

三桝大五郎〔1代〕* みますだいごろう
享保3(1718)年～安永9(1780)年　[別]一光(いっこう),佐川蔵之助(さがわくらのすけ),桝屋清兵衛(ますやせいべえ),芳沢蔵之助(よしざわくらのすけ),芳沢十四郎(よしざわじゅうしろう)　江戸時代中期の歌舞伎役者、歌舞伎座本。享保17年～安永9年頃に活躍。
¶歌大([生]?　[没]安永9(1780)年9月25日)

三升つる女 みますつるじょ★
江戸時代後期の女性。狂歌。文化5年成立、六樹園飯盛判『職人尽狂歌合』に載る。
¶江表(三升つる女(東京都))

三升屋助太郎 みますやすけたろう
⇒市川団十郎〔3代〕(いちかわだんじゅうろう)

三升屋二三治*(三升家二三治)　みますやにそうじ
天明4(1784)年～安政3(1856)年8月5日　[別]青地宗三(あおちそうぞう),伊勢屋宗三郎〔3代〕(いせやそうざぶろう),栄思(えいし),栄昌(えいしょう),思声(しせい),珉斎閑人(みんさいかんじん),和易(わえき),和鳥(わちょう),和島(わとう)　江戸時代後期の歌舞伎作者。文化4年～嘉永1年頃に活躍。
¶歌大,コン([生]天明5(1785)年),新歌

三升屋兵庫 みますやひょうご
⇒市川団十郎〔1代〕(いちかわだんじゅうろう)

三松常子 みまつつねこ★
江戸時代後期の女性。狂歌。文化11年序、四方滝水楼米人編『狂歌水鷹集』に載る。
¶江表(三松常子(東京都))

観松彦香殖稲尊 みまつひこかえしねのみこと
⇒孝昭天皇(こうしょうてんのう)

御真津比売命* みまつひめのみこと
上代の女性。開化天皇の皇女。
¶古代

美麻那直節 みまなのなおとき
平安時代中期の明法博士。
¶古人(生没年不詳)

美麻那延政 みまなののぶまさ
平安時代中期の官人。
¶古人(生没年不詳)

御馬皇子 みまのおうじ
⇒御馬皇子(みまのみこ)

御馬皇子* みまのみこ
[別]御馬皇子(みまのおうじ)　上代の履中天皇の皇子。
¶古代,コン

三間半二* みまはんじ
文化12(1815)年～明治9(1876)年　江戸時代後期～明治時代の武士。
¶幕末([没]明治9(1876)年8月23日)

耳切団一* みみきりだんいち
昔話の主人公。
¶コン

耳面刀自 みみのもとじ
⇒藤原耳面刀自(ふじわらのみみおものとじ)

みむ
江戸時代後期の女性。和歌。出雲平田の人。文化3年刊、吉田芳章ほか編『雲州三成八幡宮奉納波の玉藻』に載る。
¶江表(みむ(島根県))

三統公忠* みむねきんただ
?～天暦3(949)年　[別]三統公忠(みむねのきんただ)　平安時代中期の官人、歌人、漢学者。
¶古人(みむねのきんただ)

三統公忠 みむねのきんただ
⇒三統公忠(みむねきんただ)

三統宿禰真浄* みむねのすくねまきよ
[別]三統真浄(みむねのまきよ)　平安時代前期の官人。
¶古代

三統宿禰理平 みむねのすくねまさひら
⇒三統理平(みむねのまさひら)

三統真浄 みむねのまきよ
⇒三統宿禰真浄(みむねのすくねまきよ)

三統理平* みむねのまさひら
仁寿3(853)年～延長4(926)年　[別]三統宿禰理平(みむねのすくねまさひら),三統理平(みむねまさひら)　平安時代前期～中期の学者、官人。
¶古人,古代(三統宿禰理平　みむねのすくねまさひら)

三統元夏* みむねのもとなつ
?～康保1(964)年　[別]三統元夏(みむねもとなつ)　平安時代中期の文章博士。
¶古人(生没年不詳)

三統理平　みむねまさひら
⇒三統理平（みむねのまさひら）

三統元夏　みむねもとなつ
⇒三統元夏（みむねのもとなつ）

三村家親*　みむらいえちか
？～永禄9（1566）年　戦国時代の武将。毛利氏家臣。
¶全戦（㊀永正14（1517）年），戦武（㊀永正14（1517）年），室町（㊀永正14（1517）年）

三村章太郎*　みむらしょうたろう
*～安政6（1859）年　江戸時代後期の庄屋。
¶幕末（㊀安永9（1780）年　㊁安政6（1859）年7月24日）

三村晴山　みむらせいざん
寛政12（1800）年～安政5（1858）年　㊅三浦晴山（みうらせいざん）　江戸時代末期の絵師。
¶幕末（㊀寛政12（1800）年6月　㊁安政5（1858）年9月16日），美画（㊀寛政12（1800）年6月）

三村日修　みむらにっしゅう
⇒日修（にちしゅう）

三村右兵衛尉　みむらひょうえのじょう
戦国時代～安土桃山時代の武田氏の家臣。
¶武田（生没年不詳）

三村元親*　みむらもとちか
？～天正3（1575）年　戦国時代～安土桃山時代の武将。
¶全戦，戦武

三室戸陳光*　みむろどかたみつ
文化2（1805）年～明治19（1886）年　江戸時代末期～明治時代の公家、参議。明治天皇元服の三陵宣命使をつとめた。
¶公卿（㊀文化2（1805）年9月29日　㊁明治19（1886）年5月），公家（陳光〔三室戸家〕　かたみつ　㊀文化2（1805）年9月29日　㊁明治19（1886）年5月12日），幕末（㊀文化2（1805）年9月29日　㊁明治19（1886）年5月）

三室戸資順*　みむろどすけまさ
寛文11（1671）年8月11日～享保3（1718）年8月6日　江戸時代中期の公家（非参議）。非参議三室戸誠光の子。
¶公卿，公家（資順〔三室戸家〕　すけまさ）

三室戸誠光*　みむろどせいみつ
承応1（1652）年2月～元禄2（1689）年11月5日　江戸時代前期の公家（非参議）。三室戸家の祖。権大納言柳原資行の次男。
¶公卿，公家（誠光〔三室戸家〕　のぶみつ）

三室戸雄光*　みむろどたけみつ
文政5（1822）年～明治34（1901）年　江戸時代末期～明治時代の公家、参議。参議三室戸陳光の子。
¶公卿（㊀文政5（1822）年12月10日　㊁明治34（1901）年8月），公家（雄光〔三室戸家〕　たけみつ　㊀文政5（1822）年12月10日　㊁明治34（1901）年8月3日），幕末（㊀文政5（1823）年12月10日　㊁明治34（1901）年8月3日）

三室戸光村*　みむろどみつむら
元文4（1739）年10月5日～天明2（1782）年9月8日　江戸時代中期の公家（参議）。権大納言冷泉為村の次男。
¶公卿，公家（光村〔三室戸家〕　みつむら）

三室戸能光*　みむろどやすみつ
明和6（1769）年～嘉永3（1850）年1月2日　江戸時代中期～後期の公家（権大納言）。参議三室戸光村の子。
¶公卿（㊀明和6（1769）年2月20日），公家（能光〔三室戸家〕　やすみつ　㊀明和6（1769）年2月24日）

三守守　みもりまもる
江戸時代末期～昭和時代の数学者。
¶数学（㊀安政6（1859）年4月20日　㊁昭和7（1932）年1月27日）

三森幹雄*　みもりみきお
*～明治43（1910）年　㊅幹雄（みきお）　江戸時代末期～明治時代の俳人。俳諧を神道の教義に付会させて、明倫講社を創設、その教化運動を行った。
¶俳文（㊀文政12（1829）年12月16日　㊁明治43（1910）年10月17日），幕末（㊀文政12（1829）年）

三諸大原　みもろのおおはら
⇒文室真人大原（ふんやのまひとおおはら）

御諸別王*　みもろわけおう
㊅御諸別王（みもろわけのおう，みもろわけのきみ）　上代の彦狭島王の王子。上毛野君の祖。
¶古代（みもろわけのおう），コン（みもろわけのおう　生没年不詳）

御諸別王　みもろわけのおう
⇒御諸別王（みもろわけおう）

御諸別王　みもろわけのきみ
⇒御諸別王（みもろわけおう）

御諸別命*　みもろわけのみこと
上代の景行天皇の孫。
¶古代

みや（1）
江戸時代前期の女性。宗教・書簡・和歌。熊本藩士加賀山興長の娘。
¶江表（みや（熊本県）　㊁寛永13（1636）年）

みや（2）
江戸時代前期～中期の女性。教育。人吉藩藩士有瀬四兵衛の娘。
¶江表（みや（熊本県）　㊀寛文1（1661）年　㊁寛延3（1750）年）

みや（3）
江戸時代中期の女性。俳諧。俳人浦之の娘。享保14年序、藪家散人兎城撰『門鳴子』に載る。
¶江表（みや（福岡県））

みや（4）
江戸時代中期の女性。俳諧。豊後の人。享保14年序、藪家散人兎城撰『門鳴子』に載る。
¶江表（みや（大分県））

みや（5）
江戸時代後期の女性。和歌。松本藩藩士板橋真束の妻。文化11年刊、中山忠雄・河田正致編『柿本社奉納和歌集』に載る。
¶江表（みや（長野県））

みや（6）
江戸時代後期の女性。和歌。西野氏。文化11年刊、中山忠雄・河田正致編『柿本社奉納和歌集』に載る。
¶江表（みや（高知県））

三弥　みや★
江戸時代後期の女性。教育。安藤氏。
¶江表（三弥（東京都）　[生]弘化1（1844）年頃）

美耶　みや★
江戸時代後期の女性。漢詩。備前西大寺の人。文化12年、仁科白谷編『三備詩選』に載る。
¶江表（美耶（岡山県））

宮井安泰　みやいあんたい
⇒宮井安泰（みやいやすひろ）

宮井佐兵衛　みやいさひょうえ
江戸時代前期の伊予の住人。大坂の陣で籠城。
¶大坂

宮井庄左衛門重家　みやいしょうざえもんしげいえ
江戸時代前期の浅野幸長・長晟の家臣。
¶大坂（[没]慶長20年5月7日）

宮井善助祐綱　みやいぜんすけすけつな
安土桃山時代～江戸時代前期の武士。大坂の陣で籠城。
¶大坂（[生]天正15年　[没]正保3年11月4日）

宮井安泰＊　みやいやすひろ
宝暦10（1760）年～文化12（1815）年　[別]宮井安泰（みやいあんたい）　江戸時代後期の数学者。
¶数学（[没]文化12（1815）年8月22日）

宮内左右平　みやうちそうへい
江戸時代後期～明治時代の幕臣。
¶徳人（生没年不詳）

宮内隼人＊　みやうちはやと
生没年不詳　戦国時代の伊豆の筆頭村役人。
¶後北（隼人佐〔宮内〕　はやとのすけ）

宮内嘉長＊　みやうちよしなが
寛政1（1789）年～天保14（1843）年　江戸時代後期の国学者。
¶コン，思想

宮浦松五郎＊　みやうらまつごろう
天保6（1835）年～明治4（1871）年　江戸時代末期～明治時代の鉄砲技師。
¶幕末（[没]明治4（1871）年5月16日）

宮負定雄　みやおいさだお
⇒宮負定雄（みやおいやすお）

宮負定雄＊　みやおいやすお
寛政9（1797）年～安政5（1858）年　[別]宮負定雄（みやおいさだお，みやひろさだお）　江戸時代末期の国学者。平田篤胤に入門。
¶コン，思想，幕末（みやおいさだお　[没]安政5（1858）年9月28日）

宮尾亀蔵＊　みやおかめぞう
天明2（1782）年～嘉永6（1853）年　[別]播磨屋亀蔵（はりまやかめぞう）　江戸時代後期の土佐の人。鰹節製造法の改良者。
¶コン（生没年不詳），幕末（播磨屋亀蔵　はりまやかめぞう　[没]嘉永6（1853）年2月2日）

宮岡守久　みやおかもりひさ
戦国時代～安土桃山時代の人。盛久。民部大夫。武蔵国滝山城城主大石綱周の家臣平山綱景、のち北条氏照に属した。
¶後北（守久〔宮岡〕　もりひさ　[生]享禄1年）

宮岡守之　みやおかもりゆき
安土桃山時代の班峰富士浅間社神主。民部大輔。滝山城城主北条氏照に属した。武蔵国北谷中の村の人。
¶後北（守之〔宮岡〕　もりゆき）

宮川一笑＊　みやがわいっしょう
元禄2（1689）年～＊　江戸時代中期の浮世絵師。
¶浮絵（[没]安永8（1779）年），コン（[没]安永8（1779）年），美画（[没]安永8（1779）年12月14日）

宮川転＊　みやがわうたた
江戸時代末期の新撰組隊士。
¶新隊（[没]明治8年）

宮川音五郎　みやがわおとごろう
江戸時代後期～明治時代の人。天然理心流門人、近藤勇の実父宮川久次郎の長男。
¶全幕（[生]天保1（1830）年　[没]明治4（1871）年）

宮川数馬＊　みやがわかずま，みやかわかずま
？～慶応4（1868）年1月3日　江戸時代後期～末期の新撰組隊士。
¶新隊（みやかわかずま　[没]明治1（1868）年1月3日）

宮川香山＊（――〔1代〕）　みやがわこうざん
天保13（1842）年～大正5（1916）年　江戸時代末期～明治時代の陶工。真葛焼の開祖。明治の三大名工、海外でも著名。
¶美工（――〔1代〕　[生]天保13（1842）年1月6日　[没]大正5（1916）年5月20日）

宮川香山〔2代〕　みやがわこうざん
江戸時代末期～昭和時代の陶芸家。
¶美工（[生]安政6（1859）年　[没]昭和15（1940）年4月20日）

宮川左近将監＊　みやがわさこんしょうげん
生没年不詳　戦国時代の武士。後北条氏家臣。
¶後北（左近将監〔宮川〕　さこんのしょうげん）

宮川春水＊　みやがわしゅんすい
生没年不詳　[別]勝川春水（かつかわしゅんすい），勝宮川春水（かつみやがわしゅんすい）　江戸時代末期の浮世絵師。
¶浮絵，美画

宮川松堅＊　みやかわしょうけん，みやがわしょうけん
寛永9（1632）年～享保11（1726）年　[別]松堅（しょうけん）　江戸時代中期の俳人（貞門）。
¶俳文（松堅　しょうけん　[没]享保11（1726）年2月23日）

宮川将監　みやがわしょうげん
戦国時代の武田氏の家臣。
¶武田（生没年不詳）

宮川正由の妹　みやがわしょうゆうのいもうと★
江戸時代中期の女性。俳諧。京都の俳人で歌学者宮川正由の妹。安永3年刊、与謝蕪村編『たまも集』夏の部に載る。
¶江表（宮川正由の妹（京都府））

宮川助五郎＊　みやがわすけごろう
弘化1（1844）年～明治3（1870）年　江戸時代後期～明治時代の武士。
¶幕末（[没]明治3（1870）年3月6日）

宮川度右衛門＊　みやがわたくえもん
文化3（1806）年～明治13（1880）年　江戸時代末期～明治時代の砲術家。
¶幕末（[没]明治13（1880）年11月8日）

宮川孟弼* みやがわたけすけ，みやかわたけすけ
生没年不詳　江戸時代後期の和算家。
¶数学（みやかわたけすけ）

宮川但馬守* みやかわたじまのかみ
生没年不詳　安土桃山時代の織田信長の家臣。
¶織田

宮川忠故* みやがわただもと
文化13（1816）年～明治25（1892）年　江戸時代末期～明治時代の無外流武芸者。勤王運動に奔走。自由民権運動に参加、修道社社長となる。
¶幕末（[没]明治25（1892）年7月20日）

宮川長亀* みやがわちょうき
生没年不詳　江戸時代中期の江戸の浮世絵師。
¶浮絵，美画

宮川長春* みやがわちょうしゅん
天和2（1682）年～宝暦2（1752）年11月13日　江戸時代中期の肉筆浮世絵師。土佐派。
¶浮絵，江人，コン（[生]天和3（1683）年），美画

宮川経輝 みやがわつねてる
江戸時代末期～昭和時代の牧師。
¶幕末（[生]安政4（1857）年1月18日　[没]昭和11（1936）年3月2日）

宮川南谿 みやがわなんけい
⇒橘南谿（たちばななんけい）

宮川信吉 みやがわのぶきち
⇒宮川信吉（みやがわのぶよし）

宮川信吉* みやがわのぶよし
天保14（1843）年～*　[別]宮川信吉（みやがわのぶきち）　江戸時代末期の新撰組隊士。
¶新隊（みやがわのぶきち　[没]慶応3（1867）年12月7日），全幕（みやがわのぶきち　[没]慶応3（1867）年），幕末（[没]慶応3（1868）年12月7日）

宮川八郎左衛門〔2代〕 みやかわはちろうえもん
⇒富沢半三郎〔2代〕（とみざわはんざぶろう）

宮川春暉 みやがわはるあきら
⇒橘南谿（たちばななんけい）

宮川保全 みやがわほぜん
嘉永5（1852）年2月17日～大正11（1922）年11月26日　[別]宮川保全（みやかわやすとも）　江戸時代後期～大正時代の教育家、中央堂主人、大日本図書専務、共立女子職業学校創立者。
¶出版，数学（みやかわやすとも）

宮川安信* みやがわやすのぶ
江戸時代中期の浮世絵師。
¶浮絵（生没年不詳）

宮川安熙* みやかわやすひろ
生没年不詳　安土桃山時代の織田信長の家臣。
¶織田

宮川勇五郎 みやがわゆうごろう
江戸時代後期～昭和時代の剣術家、天然理心流5代目。近藤勇の甥。
¶全幕（[生]嘉永4（1851）年　[没]昭和8（1933）年）

宮川柳川 みやがわりゅうせん
江戸時代後期の画家。
¶浮絵（生没年不詳）

宮木* みやぎ，みやき
生没年不詳　平安時代の女性。摂津国蟹島の遊女。
¶古人（みやき）

宮城和充 みやぎかずみつ
江戸時代前期～中期の幕臣。
¶徳人（[生]1634年　[没]1691年）

宮城堅甫* みやぎかたよし
生没年不詳　安土桃山時代の武士。
¶織田

宮城清行 みやぎきよつら
⇒宮城清行（みやぎせいこう）

宮城清行 みやぎきよゆき
⇒宮城清行（みやぎせいこう）

宮城三平* みやぎさんぺい
文政3（1820）年～明治29（1896）年　江戸時代末期～明治時代の郷頭。著作に「山陵記」「会津温故拾要抄」など多数。
¶幕末（[没]明治29（1896）年7月22日）

宮城清行* みやぎせいこう
文化1（1804）年～文政12（1829）年　[別]柴田理右衛門（しばたりえもん），宮城清行（みやぎきよつら，みやぎきよゆき）　江戸時代後期の数学者。
¶数学（みやぎきよゆき）

宮城為業* みやぎためなり
*～天正16（1588）年5月7日　戦国時代～安土桃山時代の武士。後北条氏家臣。
¶後北（為業〔宮城〕　ためなり　[没]天正6年5月7日）

宮木伝右衛門 みやぎでんえもん
江戸時代前期の武士。大坂の陣で籠城。
¶大坂（[没]慶長20年5月6日）

宮城野・信夫* みやぎの・しのぶ
浄瑠璃「碁太平記白石噺」、歌舞伎「姉妹達大礎」などの登場人物。
¶コン

宮城彦助* みやぎひこすけ
文化10（1813）年～文久3（1863）年　江戸時代末期の長州（萩）藩士、奇兵隊士。
¶幕末（[没]文久3（1863）年8月27日）

宮城正重 みやぎまさしげ
江戸時代前期の岩付城主北条氏房の家臣。四郎左衛門尉・四郎兵衛尉・美作守。
¶後北（正重〔宮城〕　まさしげ　[没]寛永11年1月5日）

宮城和澄 みやぎまさずみ
江戸時代前期～中期の幕臣。
¶徳人（[生]1637年　[没]1696年）

宮城和甫 みやぎまさよし
江戸時代前期の幕臣。
¶徳人（[生]？　[没]1655年）

宮城泰業* みやぎやすなり
弘治2（1556）年～天正19（1591）年　安土桃山時代の武士。
¶後北（泰業〔宮城〕　やすなり　[没]天正19年7月13日）

宮口一貫斎*（宮口一寛斎）　みやぐちいっかんさい
天保9（1838）年～明治39（1906）年　江戸時代末期～明治時代の刀工。第五回内国勧業博で刀剣四口を出品。

み

¶美工(宮口一寛斎)

三宅家義　みやけいえよし
戦国時代～江戸時代前期の黒田氏の家臣。
¶全戦([生]天文17(1548)年　[没]元和5(1619)年)

三宅市兵衛　みやけいちびょうえ
江戸時代前期の武士。大坂の陣で籠城。
¶大坂([没]慶長20年5月7日)

三宅斧作　みやけおのさく
江戸時代後期～末期の幕臣。
¶徳人(生没年不詳)

三宅角左衛門　みやけかくざえもん
安土桃山時代の加藤氏の家臣。並河志摩守の麾下。
¶全戦(生没年不詳)

三宅賢隆*　みやけかたたか
寛文3(1663)年～延享3(1746)年10月23日　江戸時代中期の陸奥二本松藩士。
¶数学([生]寛文2(1662)年)

三宅観瀾*　みやけかんらん
延宝2(1674)年～享保3(1718)年　江戸時代中期の儒学者。「大日本史」編纂に従事。
¶コン,思想,徳将,徳人

三宅寄斎*　みやけきさい
天正8(1580)年～慶安2(1649)年　[別]三宅亡羊(みやけぼうよう)　江戸時代前期の儒者。後陽成、後水尾両天皇に進講。
¶コン

三宅吉兵衛　みやけきちびょうえ
江戸時代前期の中島式部少輔の組子。
¶大坂

三宅謙四郎*　みやけけんしろう
弘化1(1844)年～昭和8(1933)年　江戸時代末期～明治時代の漢詩人。松山海南新聞主筆。
¶幕末([生]天保15(1844)年4月　[没]昭和8(1933)年1月7日)

三宅伊信　みやけこれのぶ
江戸時代中期の幕臣。
¶徳人([生]1694年　[没]1731年)

三宅権右衛門*　みやけごんえもん
生没年不詳　安土桃山時代の織田信長の家臣。
¶織田

三宅艮斎*　みやけごんさい
文化14(1817)年～明治1(1868)年　江戸時代末期の外科医。楢林栄建に師事。
¶江人,科学([没]慶応4(1868)年7月3日),徳人

三宅重吉　みやけしげよし
江戸時代前期の幕臣。
¶徳人([生]1607年　[没]1687年)

三宅秀　みやけしゅう
⇒三宅秀(みやけひいず)

三宅春齢　みやけしゅんれい
⇒三宅董庵(みやけとうあん)

三宅庄市*　みやけしょういち
文政7(1824)年～明治18(1885)年8月8日　江戸時代末期～明治時代の能楽狂言師、和泉流。
¶新能

三宅尚斎*　みやけしょうさい
寛文2(1662)年～元文6(1741)年1月29日　江戸時代中期の武蔵忍藩士、播磨明石藩士、儒学者。
¶江人,コン([没]寛保1(1741)年),思想([没]寛保1(1741)年)

三宅嘯山*　みやけしょうざん
享保3(1718)年～享和1(1801)年　[別]嘯山(しょうざん)　江戸時代中期～後期の俳人。
¶江人(嘯山　しょうざん),コン,俳文(嘯山　しょうざん　[生]享保3(1718)年3月25日　[没]享和1(1801)年4月14日)

三宅樵水*　みやけしょうすい
文化8(1811)年～文久3(1863)年　江戸時代末期の安芸広島藩士。
¶幕末

三宅定太郎*　みやけじょうたろう
文政1(1818)年～明治15(1882)年　[別]三宅高幸(みやけたかゆき)　江戸時代末期～明治時代の勤王家。
¶幕末([生]文化15(1818)年2月1日　[没]明治15(1882)年8月22日)

三宅西浦*　みやけせいほ
天明6(1786)年～安政4(1857)年　江戸時代中期の画家。
¶美画([生]天明6(1786)年6月1日　[没]安政4(1857)年10月29日)

三宅石庵*　みやけせきあん
寛文5(1665)年～享保15(1730)年　[別]三宅万年(みやけまんねん)　江戸時代中期の儒学者。浅見絅斎に師事。
¶コン,思想,山小([生]1665年1月19日　[没]1730年7月16日)

三宅善兵衛　みやけぜんひょうえ
⇒三宅善兵衛(みやけぜんべえ)

三宅善兵衛の妻　みやけぜんひょうえのつま
安土桃山時代の女性。秀頼息女の乳母。
¶大坂

三宅善兵衛*　みやけぜんべえ
[別]三宅善兵衛(みやけぜんひょうえ),三宅善兵衛尉(みやけぜんべえのじょう)　安土桃山時代の武将。秀吉馬廻。
¶大坂(みやけぜんひょうえ)

三宅善兵衛尉　みやけぜんべえのじょう
⇒三宅善兵衛(みやけぜんべえ)

三宅鑿作　みやけそうさく
江戸時代末期の代官。
¶徳代(生没年不詳)

三宅隆強　みやけたかたけ
江戸時代後期の和算家、二本松藩士。
¶数学([没]文政2(1819)年4月14日)

三宅高幸　みやけたかゆき
⇒三宅定太郎(みやけじょうたろう)

三宅辰之助　みやけたつのすけ
江戸時代前期の代官。
¶徳代([生]?　[没]慶長13(1608)年12月)

三宅董庵*　みやけとうあん
文化11(1814)年～安政6(1859)年　[別]三宅春齢(みやけしゅんれい)　江戸時代末期の蘭方医。

¶コン

三宅友信* みやけとものぶ
文化3(1806)年〜明治19(1886)年 江戸時代後期〜明治時代の蘭学者。
¶コン,幕末(㊇文化3(1807)年11月27日 ㊣明治19(1886)年8月8日)

三宅長利 みやけながとし
江戸時代前期の駿府町奉行、駿府代官。
¶徳代(㊇? ㊣明暦3(1657)年6月17日)

三宅長盛 みやけながもり
?〜天正10(1582)年 安土桃山時代の武士。
¶織田(㊇天正10(1582)年6月26日?)

三家家刀自* みやけのいえとじ
生没年不詳 奈良時代の女性。上野国群馬郡下賛郷の地方豪族。
¶古代

三宅入石 みやけのいりいわ
飛鳥時代の遣新羅使。
¶古人(生没年不詳)

三宅石床 みやけのいわとこ
⇒三宅連石床(みやけのむらじいわとこ)

三宅臣藤麻呂* みやけのおみふじまろ
㊅三宅藤麻呂(みやけのふじまろ) 奈良時代の官人。
¶古人(三宅藤麻呂 みやけのふじまろ 生没年不詳),古代

神宅臣全太理* みやけのおみまたたり
㊅神宅全太理(みやけのまたたり) 奈良時代の出雲国の人。
¶古代

三宅笠雄麻呂 みやけのかさおまろ
⇒三宅連麻佐(みやけのむらじまさ)

三宅実久 みやけのさねひさ
平安時代後期の人。賀茂上社預。失火の罪で遠流。
¶古人(生没年不詳)

三宅藤麻呂 みやけのふじまろ
⇒三宅臣藤麻呂(みやけのおみふじまろ)

神宅全太理 みやけのまたたり
⇒神宅臣全太理(みやけのおみまたたり)

三宅光平 みやけのみつひら
平安時代中期の官人。
¶古人(生没年不詳)

三宅連石床* みやけのむらじいわとこ
?〜680年 ㊅三宅石床(みやけのいわとこ) 飛鳥時代の官人。
¶古人(三宅石床 みやけのいわとこ),古代,古物(三宅石床 みやけのいわとこ)

三宅連麻佐* みやけのむらじまさ
㊅三宅笠雄麻呂(みやけのかさおまろ) 奈良時代の地方豪族。
¶古人(三宅笠雄麻呂 みやけのかさおまろ 生没年不詳),古代

三宅守正 みやけのもりまさ
⇒三宅守正(みやけもりまさ)

三宅安依 みやけのやすより
平安時代中期の官人。

¶古人(生没年不詳)

三宅治忠 みやけはるただ
安土桃山時代の別所氏の家臣。出自不明。おそらく別所氏の一族。
¶全戦(㊇天正8(1580)年)

三宅秀* みやけひいず
嘉永1(1848)年〜昭和13(1938)年3月16日 ㊅三宅秀(みやけしゅう) 江戸時代末期〜明治時代の医学者、貴族院議員。日本初の医学博士、医学教育と医療行政の確立に尽力。
¶科学(㊇嘉永1(1848)年11月17日),幕末(㊇嘉永1(1848)年10月)

三宅秀満 みやけひでみつ
⇒明智秀満(あけちひでみつ)

三宅総広 みやけふさひろ
戦国時代の武士。
¶全戦(生没年不詳)

三宅武兵衛 みやけぶへい
⇒三宅武兵衛(みやけぶへえ)

三宅武兵衛* みやけぶへえ
生没年不詳 ㊅三宅武兵衛(みやけぶへい) 江戸時代末期の下総結城藩士。
¶幕末

三宅瓶斎* みやけへいさい
享和1(1801)年〜万延1(1860)年 江戸時代後期の理財家、越後村上藩士。
¶コン

三宅亡羊 みやけぼうよう
⇒三宅寄斎(みやけきさい)

三宅万年 みやけまんねん
⇒三宅石庵(みやけせきあん)

三宅守正* みやけもりまさ
?〜建保1(1213)年 ㊅三宅守正(みやけのもりまさ) 鎌倉時代前期の楽人、篳篥の名手。
¶古人(みやけのもりまさ)

三宅康敬 みやけやすたか
江戸時代前期〜中期の幕臣。
¶徳人(㊇1678年 ㊣1751年)

三宅康保* みやけやすよし
天保2(1831)年〜明治28(1895)年 江戸時代末期〜明治時代の田原藩主、田原藩知事。
¶全幕,幕末(㊇天保2(1831)年2月1日 ㊣明治28(1895)年1月23日)

三宅弥平次 みやけやへいじ
⇒明智秀満(あけちひでみつ)

三宅良碩 みやけりょうせき
江戸時代後期〜明治時代の眼科医。
¶眼医(㊇嘉永3(1850)年 ㊣明治39(1906)年)

みやこ
江戸時代中期の女性。俳諧。新吉原辺りの遊女か。元禄15年刊、太田白雪編『三河小町』下に載る。
¶江表(みやこ(東京都))

みや子(1) みやこ*
江戸時代後期の女性。和歌。松代藩藩士長井四郎右衛門の妻。文化6年木島菅磨編「松廼百枝」に載る。
¶江表(みや子(長野県))

みや子(2)　**みやこ**★
江戸時代末期の女性。和歌。柳田元瓊の妻。文久3年刊、関橋守編『耳順賀集』に載る。
¶江表(みや子(京都府))

宮子(1)　**みやこ**★
江戸時代後期の女性。狂歌。文化13年刊、式亭三馬編『俳諧歌觴』一に載る。
¶江表(宮子(東京都))

宮子(2)　**みやこ**★
江戸時代末期の女性。和歌。備前金川の小神平六の娘。
¶江表(宮子(岡山県)　[没]安政2(1855)年)

三也子　**みやこ**★
江戸時代後期の女性。和歌。寄合席の旗本石川兵庫総明の母。
¶江表(三也子(東京都))

み

都　**みやこ**★
江戸時代末期の女性。俳諧。白河本町の江戸屋の遊女。安政4年刊、面川鏘桜編『鯉鱗筆鑑』に載る。
¶江表(都(福島県))

都在中　**みやこありなか**
⇒都在中(みやこのありなか)

都一中〔1代〕　**みやこいっちゅう**
⇒都太夫一中〔1代〕(みやこだゆういっちゅう)

都一中〔5代〕　**みやこいっちゅう**
⇒都太夫一中〔5代〕(みやこだゆういっちゅう)

宮子清次　**みやこきよつぐ**
安土桃山時代の上野国那波城主那波顕宗の家臣。北条氏に属した。
¶後北(清次〔宮子〕　きよつぐ)

都国太夫半中　**みやこくにだゆうはんちゅう**
⇒宮古路豊後掾〔1代〕(みやこじぶんごのじょう)

宮古路加賀太夫〔1代〕　**みやこじかがだゆう**
⇒富士松薩摩掾〔1代〕(ふじまつさつまのじょう)

宮古路国太夫〔1代〕　**みやこじくにだゆう**
⇒宮古路豊後掾〔1代〕(みやこじぶんごのじょう)

宮古路繁太夫　**みやこじしげたゆう, みやこじしげだゆう**
⇒豊美繁太夫(とよみしげたゆう)

宮古路薗八〔2代〕　**みやこじそのはち**
⇒宮薗鸞鳳軒〔1代〕(みやぞのらんぽうけん)

宮古路春太夫　**みやこじはるだゆう**
⇒春富士春太夫(はるふじはるたゆう)

宮古路豊後掾〔1代〕*　**みやこじぶんごのじょう**
?～元文5(1740)年9月1日　[別]都国太夫半中(みやこくにだゆうはんちゅう), 宮古路国太夫〔1代〕(みやこじくにだゆう), 宮古路豊後掾(みやこぶんのじょう)　江戸時代中期の宮古路節、豊後節の始祖。
¶江人(代数なし), 歌大, コン(代数なし　[生]万治3(1660)年)

宮古路豊後掾〔2代〕*　**みやこじぶんごのじょう**
生没年不詳　江戸時代中期の浄瑠璃の太夫。
¶歌大

宮古路豊後掾〔3代〕*　**みやこじぶんごのじょう**
生没年不詳　江戸時代中期の浄瑠璃の太夫。
¶歌大

宮腰昌弘　**みやこしまさひろ**
室町時代～戦国時代の木曽氏の家臣か。
¶武田(生没年不詳)

都太夫一中　**みやこだゆういっちゅう**
世襲名　江戸時代の一中節都派の家元名。江戸時代に活躍したのは、初世から8世まで。
¶江人

都太夫一中〔1代〕*　**みやこだゆういっちゅう**
慶安3(1650)年～享保9(1724)年　[別]一中(いっちゅう), 須賀千朴(すがせんぼく), 都一中〔1代〕(みやこいっちゅう)　江戸時代前期～中期の一中節の創始者。
¶歌大, コン([生]?)

都太夫一中〔5代〕*　**みやこだゆういっちゅう**
宝暦10(1760)年～文政5(1822)年　[別]一中〔5代〕(いっちゅう), 千葉嘉六(ちばかろく), 都一中〔5代〕(みやこいっちゅう)　江戸時代中期～後期の一中節都派の家元。
¶コン([生]?)

都太夫一中〔8代〕*　**みやこだゆういっちゅう**
嘉永1(1848)年～明治10(1877)年　江戸時代末期～明治時代の一中節太夫。
¶コン

都太夫和中〔2代〕　**みやこだゆうわちゅう**
⇒富士田吉次〔1代〕(ふじたきちじ)

都伝内〔古伝内〕*(――〔1代〕)　**みやこでんない**
生没年不詳　江戸時代前期の歌舞伎座主、歌舞伎作者。寛永1年～寛文4年以降に活躍。
¶コン(代数なし)

都朝臣良香　**みやこのあそんよしか**
⇒都良香(みやこのよしか)

都在中*　**みやこのありなか**
生没年不詳　[別]都在中(みやこありなか)　平安時代中期の漢詩人。
¶古人

宮処王　**みやこのおおきみ**
飛鳥時代の皇族。
¶古物(生没年不詳)

都貞継*　**みやこのさだつぐ**
延暦10(791)年～仁寿2(852)年　奈良時代～平安時代前期の官吏。
¶古人

都宿禰腹赤　**みやこのすくねはらか**
⇒桑原腹赤(くわばらのはらか)

都の錦*　**みやこのにしき**
延宝3(1675)年～?　江戸時代中期の浮世草子作者。「元禄曽我物語」「当世智恵鑑」の著者。
¶コン

都腹赤　**みやこのはらあか**
⇒桑原腹赤(くわばらのはらか)

都腹赤　**みやこのはらか**
⇒桑原腹赤(くわばらのはらか)

都広田麻呂*　**みやこのひろたまろ**
生没年不詳　平安時代前期の詩人。
¶古人

都御酉* みやこのみとり
　?～元慶7(883)年　平安時代前期の官人。宿禰姓、のち朝臣姓。
　¶古人

都良香 みやこのよしか
　承和1(834)年～元慶3(879)年　㊥都朝臣良香(みやこのあそんよしか)、都良香(みやこよしか)　平安時代前期の学者、漢詩人。「文徳実録」の編纂に参加。
　¶古人,古代(都朝臣良香　みやこのあそんよしか),コン,思想,対外,日文,山小(㊣879年2月25日)

宮古路豊後掾 みやこぢぶんのじょう
　⇒宮古路豊後掾〔1代〕(みやこぢぶんごのじょう)

都又平* みやこまたへい
　生没年不詳　江戸時代中期の落語家。
　¶コン

都良香 みやこよしか
　⇒都良香(みやこのよしか)

都和中〔2代〕 みやこわちゅう
　⇒富士田吉次〔1代〕(ふじたきちじ)

宮坂 みやさか
　安土桃山時代の信濃国筑摩郡会田の土豪。会田岩下氏の被官とみられる。
　¶武田(生没年不詳)

宮坂はつ子 みやさかはつこ
　文政10(1827)年11月27日～大正2(1913)年11月27日　江戸時代末期～大正時代の女性。宮坂伊兵衛の娘。
　¶江表(はつ子(長野県)　㊣明治21(1888)年)

宮坂昌章 みやさかまさあき
　江戸時代中期の和算家。
　¶数学

宮坂喜昌* みやさかよしまさ
　文化2(1805)年～明治23(1890)年7月26日　江戸時代後期～明治時代の和算家。
　¶数学(㊥文化2(1805)年1月27日)

宮崎筠圃* みやざきいんぽ
　享保2(1717)年～安永3(1774)年12月10日　江戸時代中期の漢学者。伊藤東涯に入門。
　¶コン,美画

宮崎栄五郎 みやざきえいごろう
　⇒宮崎義比(みやざきよしちか)

宮崎景次 みやざきかげつぐ
　安土桃山時代～江戸時代前期の代官。出家し浄安と号す。
　¶徳代(㊥永禄3(1560)年　㊣寛永14(1637)年6月3日)

宮崎鹿目介* みやざきかなめのすけ
　?～天正4(1576)年7月13日　戦国時代～安土桃山時代の織田信長の家臣。
　¶織田

宮崎鎌大夫* みやざきかまだゆう
　?～天正4(1576)年7月13日　戦国時代～安土桃山時代の織田信長の家臣。
　¶織田

宮崎寒雉〔1代〕* みやざきかんち
　?～正徳2(1712)年　江戸時代前期～中期の鋳物師。
　¶コン(代数なし),美工(代数なし)　㊥寛永10(1633)年㊣正徳2(1712)年2月)

宮崎車之助* みやざきくるまのすけ
　天保6(1835)年～明治9(1876)年　㊥宮崎車之助(みやざきしゃのすけ)　江戸時代末期～明治時代の反乱指導者。同志と秋月の乱を起こすが、鎮圧され自刃。
　¶コン(みやざきしゃのすけ　㊥天保10(1839)年),幕末(㊣明治9(1876)年10月28日)

宮崎荊口* みやざきけいこう
　?～享保10(1725)年　㊥荊口(けいこう)　江戸時代中期の美濃大垣藩士、俳人。
　¶俳文(荊口　㊣正徳2(1712)年)

宮崎小三郎* みやざきこざぶろう
　文化13(1816)年～明治1(1868)年　江戸時代末期の医師。
　¶幕末(㊣慶応4(1868)年8月24日)

宮崎三郎右衛門定直 みやざきさぶろ(う)えもんさだなお
　安土桃山時代～江戸時代前期の和泉国日根郡谷川の領主。
　¶大坂(㊥天正12年　㊣元和5年6月18日)

宮崎重郷 みやざきしげさと
　江戸時代前期の代官。
　¶徳代(㊥寛永19(1642)年　㊣延宝2(1674)年10月22

宮崎重尭 みやざきしげたか
　江戸時代前期～中期の代官。
　¶徳代(生没年不詳)

宮崎重次 みやざきしげつぐ
　安土桃山時代～江戸時代前期の代官。
　¶徳代(㊥天正9(1581)年　㊣正保1(1644)年2月14日)

宮崎重綱 みやざきしげつな
　江戸時代前期の代官。
　¶徳代(㊥?　㊣天和2(1682)年)

宮崎重照 みやざきしげてる
　江戸時代前期の代官。
　¶徳代(㊥元和2(1616)年　㊣慶安1(1648)年7月14日)

宮崎重成(宮崎政泰) みやざきしげなり
　元和6(1620)年～延宝8(1680)年　江戸時代前期の幕臣。
　¶徳人,徳代(宮崎政泰　㊣延宝8(1680)年4月1日)

宮崎車之助 みやざきしゃのすけ
　⇒宮崎車之助(みやざきくるまのすけ)

宮崎春長 みやざきしゅんちょう
　戦国時代～安土桃山時代の大宮浅間神社の供僧。四宮仕家の1つ、代々春長坊を称した。
　¶武田(生没年不詳)

宮崎成身 みやざきじょうしん
　生没年不詳　㊥宮崎成身(みやざきせいしん、みやざきなりちか)　江戸時代後期の武士。
　¶徳人(みやざきなりちか(しげちか)　㊥?　㊣1859年)

宮崎二郎七郎 みやざきじろうしちろう
　⇒宮崎二郎七郎(みやざきじろしちろう)

宮崎二郎七郎* みやざきじろしちろう
　生没年不詳　㊥宮崎二郎七郎(みやざきじろうしち

ろう） 安土桃山時代の織田信長の家臣。
¶織田（みやざきじろうしちろう）

宮崎青谷* みやざきせいこく
文化8（1811）年～慶応2（1866）年 江戸時代末期の伊勢津藩士、画人。
¶美画（[没]慶応2（1866）年10月9日）

宮崎成身 みやざきせいしん
⇒宮崎成身（みやざきじょうしん）

宮崎清長 みやざきせいちょう
戦国時代～安土桃山時代の大宮浅間神社の供僧。四宮仕家の1つ、代々清長坊を称した。
¶武田（生没年不詳）

宮崎総五* みやざきそうご
文政11（1828）年～明治42（1909）年 江戸時代末期～明治時代の篤行家、貴族院議員。朝陽義塾を設立、安倍川架橋、宇津谷トンネル掘削、静岡病院の設立などに尽力。
¶幕末

宮崎辰千代 みやざきたつちよ
戦国時代～安土桃山時代の大宮浅間神社の社人。
¶武田（生没年不詳）

宮崎丹千代 みやざきたんちよ
戦国時代～安土桃山時代の大宮浅間神社の社人。
¶武田（生没年不詳）

宮崎忠英 みやざきちゅうえい
江戸時代後期～明治時代の幕臣、官吏。
¶徳人（生没年不詳），徳代（[生]文政1（1818）年 [没]？）

宮崎忠次郎* みやざきちゅうじろう
天保3（1832）年～明治3（1870）年 江戸時代末期～明治時代の一揆指導者。富山藩新川郡一帯でおこった、ばんどり騒動の指導者。
¶幕末（[生]？ [没]明治3（1870）年10月27日）

宮崎槌太郎* みやざきつちたろう
天保12（1841）年～大正2（1913）年 江戸時代末期～明治時代の久留米藩士。久留米藩を脱藩。その後、三条実美の護衛兵となる。
¶幕末（[生]天保12（1842）年12月 [没]大正2（1913）年12月27日）

宮崎伝五郎 みやざきでんごろう
⇒早川伝五郎（はやかわでんごろう）

宮崎虎千代 みやざきとらちよ
戦国時代～安土桃山時代の大宮浅間神社の社人。
¶武田（生没年不詳）

宮崎成身 みやざきなりちか
⇒宮崎成身（みやざきじょうしん）

宮崎信敦* みやざきのぶあつ
安永5（1776）年～文久1（1861）年 江戸時代後期の神官、国学者。
¶幕末（[没]文久1（1861）年8月5日）

宮崎八郎 みやざきはちろう
江戸時代後期～明治時代の肥後藩郷士の子、自由民権運動家。
¶全幕（[生]嘉永4（1851）年 [没]明治10（1877）年）

宮崎繁之丞 みやざきはんのじょう
⇒宮崎繁之丞（みやざきはんのすけ）

宮崎繁之丞* みやざきはんのすけ
[別]宮崎繁之丞（みやざきはんのじょう） 江戸時代末期の新撰組隊士。
¶新隊（みやざきはんのじょう 生没年不詳）

宮崎福足の妻 みやざきふくたりのつま★
江戸時代末期の女性。和歌。東松浦郡の佐志八幡宮の神主宮崎但馬正福足の妻。文久2年刊、西田惟恒編『文久二年八百首』に載る。
¶江表（宮崎福足の妻（佐賀県））

宮崎復太郎 みやざきふくたろう
⇒日下部伊三次（くさかべいそうじ）

宮崎道次 みやざきみちつぐ
慶長10（1605）年～寛文8（1668）年 江戸時代前期の幕臣。
¶徳人，徳代（[没]寛文8（1668）年5月2日）

宮崎安貞* みやざきやすさだ
元和9（1623）年～元禄10（1697）年7月23日 江戸時代前期の農学者。著書に「農業全書」がある。
¶江人，コン，思想，植物，地理，徳将，山小（[没]1697年7月23日）

宮崎安重 みやざきやすしげ
戦国時代～江戸時代前期の代官。
¶徳代（[生]永禄2（1559）年 [没]元和7（1621）年2月17日）

宮崎友禅* みやざきゆうぜん
生没年不詳 [別]宮崎友禅斎（みやざきゆうぜんさい），友禅（ゆうぜん） 江戸時代前期～中期の扇・染物絵師。友禅染の創始者。
¶浮絵（[生]慶応3（1654）年 [没]元文1（1736）年），コン，美画，山小

宮崎友禅斎 みやざきゆうぜんさい
⇒宮崎友禅（みやざきゆうぜん）

宮崎義比* みやざきよしちか
天保6（1835）年～明治20（1887）年 [別]宮崎栄五郎（みやざきえいごろう） 江戸時代末期～明治時代の加賀藩校教師。
¶幕末（[没]明治20（1887）年7月5日）

宮崎嘉道* みやざきよしみち
天保10（1839）年～明治26（1893）年 江戸時代末期～明治時代の医師。勤王運動に参加。戊辰戦役に従軍。
¶幕末（[没]明治26（1893）年9月2日）

宮崎与十郎 みやざきよじゅうろう
戦国時代～安土桃山時代の武田氏の家臣。
¶武田（生没年不詳）

宮崎立元* みやざきりゅうげん
文政10（1827）年～？ 江戸時代末期の医師。1860年遣米使節随員としてアメリカに渡る。
¶幕末（[生]文政11（1828）年 [没]明治8（1875）年2月12日）

宮沢弥助 みやざわやすけ
安土桃山時代～江戸時代前期の甲斐国八代郡河内岩間庄ツムキ村の土豪。宮沢与兵衛の子。
¶武田（生没年不詳）

宮沢泰忠 みやざわやすただ
戦国時代の信濃国筑摩郡の会田岩下下野守の被官・岩下衆の一員。
¶武田（生没年不詳）

宮沢吉次　みやさわよしつぐ
戦国時代の武田氏家臣。和泉守。
¶武田(生没年不詳)

宮沢与兵衛　みやざわよひょうえ
安土桃山時代の甲斐国八代郡河内岩間庄ツムキ村の土豪。
¶武田(生没年不詳)

宮地厳夫*　みやじいずお
弘化4(1847)年～大正7(1918)年　江戸時代末期～明治時代の国学者。勤王運動に加わり国事に奔走。維新後は神道界に入り中央で活躍。
¶幕末(㊀弘化3(1846)年9月3日　㊁大正7(1918)年6月15日)

宮地宜蔵　みやじぎぞう
⇒宮地宜蔵(みやぢぎぞう)

宮紫暁*　みやしぎょう
延享2(1745)年～*　㊞紫暁(しぎょう)　江戸時代中期の俳人。
¶俳文(紫暁　しぎょう　生没年不詳)

宮道潔興*　みやじきよき
生没年不詳　㊞宮道潔興(みやじのきよき)　平安時代中期の官人、歌人。
¶古人(みやじのきよ(お)き)

宮道高風*　みやじたかかぜ
生没年不詳　㊞宮道高風(みやじのたかかぜ)　平安時代中期の官人、歌人。
¶古人(みやじのたかかぜ)

宮下慎堂　みやしたしんどう
江戸時代末期～明治時代の眼科医。
¶眼医(生没年不詳)

宮地太仲　みやじたちゅう
⇒宮地太仲(みやぢたちゅう)

宮地常磐*　みやじときわ
文政2(1819)年～明治23(1890)年　江戸時代末期～明治時代の神主。潮江天満宮の神主。剣、弓、砲術いずれも師範。
¶幕末(㊀文政2(1819)年11月15日　㊁明治23(1890)年1月15日)

宮道朝臣弥益　みやじのあそんいやます
⇒宮道弥益(みやじのいやます)

宮道朝臣列子　みやじのあそんれっし
⇒宮道列子(みやじのれっし)

宮道弥益*　みやじのいやます，みやぢのいやます
生没年不詳　㊞宮道朝臣弥益(みやじのあそんいやます)　平安時代前期の豪族。山城国宇治郡の郡司。
¶古人，古代(宮道朝臣弥益　みやじのあそんいやます)

宮道兼政　みやじのかねまさ
平安時代後期の武士。
¶古人(生没年不詳)

宮道潔興　みやじのきよき
⇒宮道潔興(みやじきよき)

宮道高風　みやじのたかかぜ
⇒宮道高風(みやじたかかぜ)

宮道堯時　みやじのたかとき
平安時代中期の検非違使。
¶古人(生没年不詳)

宮道列子　みやじのつらこ
⇒宮道列子(みやじのれっし)

宮道仲行　みやじのなかゆき
平安時代後期の官人。父は行職。
¶古人(生没年不詳)

宮道式賢　みやじののりかた
平安時代後期の検非違使。
¶古人(生没年不詳)

宮道則経　みやじののりつね
平安時代後期の官人。
¶古人(生没年不詳)

宮道式光　みやじののりみつ
平安時代中期の官人。
¶古人(㊀？　㊁1033年)

宮道行職　みやじのゆきもと
平安時代後期の官人。
¶古人(生没年不詳)

宮道義式　みやじのよしのり
平安時代後期の官人。
¶古人(生没年不詳)

宮道義行*　みやじのよしゆき
天徳1(957)年～長和2(1013)年　平安時代中期の官人。
¶古人

宮道列子*　みやじのれっし
？～延喜7(907)年　㊞宮道朝臣列子(みやじのあそんれっし)，宮道列子(みやじのつらこ)　平安時代前期～中期の女性。宮道朝臣弥益の娘。
¶古人(みやじのつらこ)，古代(宮道朝臣列子　みやじのあそんれっし)，女史

宮地彦三郎　みやじひこさぶろう
⇒宮地彦三郎(みやぢひこさぶろう)

宮島嘉兵衛　みやじまかへえ
⇒奈河晴助〔1代〕(ながわはるすけ)

宮地孫市　みやじまごいち
⇒宮地孫市(みやぢまごいち)

宮地允則　みやじまさのり
江戸時代末期～明治時代の七宝工。
¶美工(生没年不詳)

宮島誠一郎*　みやじませいいちろう
天保9(1838)年～明治44(1911)年3月15日　江戸時代末期～明治時代の出羽米沢藩士、政治家、漢詩人、貴族院議員。大陸問題に着目、興亜学校を創立。詩集に「養浩堂詩集」。
¶詩作(㊀天保9(1838)年7月9日)，全幕，幕末(㊀天保9(1838)年7月6日)

宮島肥前　みやじまひぜん
安土桃山時代の信濃国筑摩郡青柳の土豪。
¶武田(生没年不詳)

宮島酒造丞　みやじまみきのじょう
安土桃山時代の信濃国筑摩郡青柳の土豪。
¶武田(生没年不詳)

みや女　みやじょ★
江戸時代末期の女性。俳諧。駄科の木下二桂の妻。文久3年刊、反哺庵烏孝編、俳人画像集『百家このみ俗』に載る。

¶江表（みや女（長野県））

宮庄主水* みやしょうもんど
天保5（1834）年～明治28（1895）年　江戸時代末期～明治時代の岩国藩家老。鳥羽・伏見の戦いのあと蛤門の警備につく。
¶幕末

宮後朝喬 みやじりともたか
⇒度会朝喬（わたらいともたか）

宮地六右衛門 みやじろくえもん
江戸時代中期の幕臣。
¶徳人（生没年不詳）

瞻保 みやす
飛鳥時代の大和国添上郡の人。「日本霊異記」に見える。
¶古人（生没年不詳）

宮杉伝八郎* みやすぎでんぱちろう
文政1（1818）年～明治25（1892）年　江戸時代末期～明治時代の画家。
¶美画（[没]明治25（1892）年9月25日）

宮簀媛* みやずひめ，みやすひめ
上代の女性。日本武尊の妃。尾張の国造の祖。
¶古代，コン（みやすひめ），女史

宮薗千寿〔1代〕* みやぞのせんじゅ
文化3（1806）年～明治1（1868）年　江戸時代後期～末期の女性。宮薗節浄瑠璃の家元。
¶江表（千寿（東京都）　[生]享和3（1803）年）

宮薗鸞鳳軒〔1代〕* みやぞのらんぽうけん，みやそのらんぽうけん
？～天明5（1785）年　[別]宮古路薗八〔2代〕（みやこじそのはち）　江戸時代中期の宮薗節の創始者。
¶コン

宮薗鸞鳳軒〔2代〕* みやぞのらんぽうけん
？～文化9（1812）年　江戸時代後期の宮薗節の太夫。
¶コン（[生]寛延1（1748）年）

宮田篤親* みやたあつちか
文政4（1821）年～明治29（1896）年　江戸時代末期～明治時代の神官。水戸藩大久保郷校の館守。著書に「潜行紀聞」など。
¶幕末（[生]文政4（1821）年12月25日　[没]明治29（1896）年3月11日）

宮田円陵* みやたえんりょう
文化7（1810）年～*　江戸時代後期～明治時代の儒者。
¶幕末（[没]明治3（1870）年）

宮田角右衛門 みやたかくえもん
江戸時代後期～明治時代の庄屋。飽海郡遊佐郷江地組宮田の大家で、村肝煎。
¶全幕（[生]天保10（1839）年　[没]明治25（1892）年）

宮武織蔵* みやたけおりぞう
天保8（1837）年～？　江戸時代後期～末期の新撰組隊士。
¶新隊

宮田権三郎* みやたごんざぶろう
文化11（1814）年～明治4（1871）年　[別]宮田真津根（みやたまつね）　江戸時代末期～明治時代の安芸広島藩士。
¶幕末（[没]明治4（1871）年1月30日）

宮田甚之丞安則 みやたじんのじょうやすのり
江戸時代前期の毛利吉政の家老。
¶大坂

宮田節斎* みやたせっさい
天保7（1836）年～元治1（1864）年　江戸時代末期の医師。
¶幕末（[生]天保7（1837）年12月　[没]元治1（1864）年9月5日）

宮田瀬兵衛* みやたせべえ
文化11（1814）年～万延1（1860）年　江戸時代末期の農民。
¶幕末（[生]文化11（1814）年7月7日　[没]万延1（1860）年4月23日）

宮田長善 みやたながよし
江戸時代の和算家。
¶数学

宮田伯庵 みやたはくあん
江戸時代後期の眼科医。
¶眼医（生没年不詳）

宮田半四郎* みやたはんしろう，みやだはんしろう
天保2（1831）年～明治1（1868）年　[別]小川佐吉（おがわさきち）　江戸時代末期の筑後久留米藩士。
¶幕末（[生]天保2（1831）年4月3日　[没]慶応4（1868）年3月11日）

宮田彦次郎* みやたひこじろう
？～天正10（1582）年6月2日　戦国時代～安土桃山時代の織田信長の家臣。
¶織田

宮田平七 みやたへいしち
江戸時代前期の大野治長の家臣。
¶大坂

宮田真津根 みやたまつね
⇒宮田権三郎（みやたごんざぶろう）

宮田頼吉* みやたらいきち
天保6（1835）年～元治1（1864）年　江戸時代末期の志士。土佐勤王党に参加。
¶幕末（[生]天保6（1835）年8月10日　[没]元治1（1864）年9月5日）

宮地宜蔵* みやぢぎぞう，みやじぎぞう
天保9（1838）年～文久3（1863）年　[別]宮地宜蔵（みやじぎぞう）　江戸時代末期の志士。土佐勤王党に参加。
¶幕末（みやじぎぞう　[生]天保9（1838）年10月　[没]文久3（1863）年7月28日）

宮地太仲* みやぢたちゅう，みやじたちゅう
明和6（1769）年～天保13（1842）年　[別]宮地太仲（みやじたちゅう）　江戸時代後期の医師、農学者。
¶コン

宮地彦三郎* みやぢひこさぶろう，みやじひこさぶろう
天保11（1840）年～大正5（1916）年　[別]宮地彦三郎（みやじひこさぶろう），八木彦三郎（やぎひこさぶろう）　江戸時代末期～明治時代の志士、海軍軍人。塩飽本島事件を解決。讃州琴平鎮撫所頭取、倉敷県大属を歴任。
¶全幕（みやじひこさぶろう　[生]天保10（1839）年），幕末（みやじひこさぶろう　[没]大正5（1916）年11月25日）

宮地孫市*　みやぢまごいち
弘化3(1846)年～元治1(1864)年　[別]宮地孫市(みやじまごいち)　江戸時代末期の志士。
¶幕末(みやじまごいち　[生]弘化3(1846)年8月13日　[没]元治1(1864)年9月5日)

宮地可篤　みやちよしあつ
江戸時代前期～中期の和算家。江戸に住み、関孝和に関流の算学を学び免許。
¶数学

宮寺一貞*　みやでらかずさだ
寛政3(1791)年～？　江戸時代後期の幕臣・和算家。
¶数学

宮寺掃部助　みやでらかもんのすけ
戦国時代～安土桃山時代の滝山城主北条氏照家臣三田治部少輔の同心。元武蔵国勝沼城城主三田綱定の同心。
¶後北(掃部助〔宮寺〕　かもんのすけ)

宮寺四郎左衛門　みやでらしろうざえもん
戦国時代～安土桃山時代の武蔵国滝山城主北条氏照家臣三田治部少輔の同心。もと武蔵国勝沼城城主三田綱定同心。
¶後北(四郎左衛門〔宮寺〕　しろうざえもん)

宮寺与七郎*　みやでらよしちろう
生没年不詳　戦国時代の北条氏照の臣。
¶後北(与七郎〔宮寺〕　よしちろう)

宮永虞臣*　みやながぐしん
寛政10(1798)年～安政2(1855)年　[別]宮永大倉(みやながたいそう)，宮永虞臣(みやながやすおみ)　江戸時代末期の儒学者、勤王家。
¶幕末([没]安政2(1855)年4月4日)

宮永大倉　みやながたいそう
⇒宮永虞臣(みやながぐしん)

宮永正純　みやながまさずみ
⇒宮永良蔵(みやながりょうぞう)

宮永荘正　みやながむねまさ
江戸時代後期～明治時代の幕臣。
¶幕末([生]天保3(1832)年　[没]明治32(1899)年9月18日)

宮永虞臣　みやながやすおみ
⇒宮永虞臣(みやながぐしん)

宮永保親*　みやながやすちか
文政2(1819)年～明治19(1886)年5月　江戸時代末期～明治時代の神官、国学者。私塾敬神塾を開く。著書に「国考証」など。
¶幕末

宮永嘉告*　みやながよしつぐ
安永8(1779)年～安政6(1859)年　江戸時代後期の加賀大聖寺藩士。
¶幕末([没]安政6(1859)年3月)

宮永良蔵*　みやながりょうぞう
天保4(1833)年～慶応3(1867)年　[別]宮永正純(みやながまさずみ)　江戸時代末期の医師、勤王家。
¶幕末([生]天保4(1833)年1月25日　[没]慶応3(1868)年12月22日)

宮西恵政の妻　みやにしけいせいのつま★
江戸時代中期の女性。和歌。日枝神社の社家宮西頼母恵政の妻。元禄16年刊、植山検校江民軒梅之・梅柳軒水之編『歌林尾花末』に載る。
¶江表(宮西恵政の妻(東京都))

宮西遊左衛門*　みやにしゆうざえもん
生没年不詳　安土桃山時代の織田信長の家臣。
¶織田

宮主宅媛　みやぬしのやかひめ
⇒宮主宅媛(みやぬしやかひめ)

宮主宅媛*　みやぬしやかひめ
[別]宮主宅媛(みやぬしのやかひめ)　上代の女性。応神天皇の妃、和珥臣の祖触使主の娘。
¶古代,天皇(生没年不詳)

宮野　みやの★
江戸時代後期の女性。和歌。会津藩の老女。嘉永4年序、鈴木直麿編『八十番歌合』に載る。
¶江表(宮野(福島県))

宮のこし源三　みやのこしげんぞう
安土桃山時代の信濃国筑摩郡会田の土豪。
¶武田(生没年不詳)

宮小弁　みやのこべん
⇒小弁(こべん)

宮の下織部　みやのしたおりべ
安土桃山時代の信濃国筑摩郡安坂の土豪。
¶武田(生没年不詳)

宮の下新右衛門　みやのしたしんえもん
安土桃山時代の信濃国筑摩郡安坂の土豪。
¶武田(生没年不詳)

宮の下新六　みやのしたしんろく
安土桃山時代の信濃国筑摩郡安坂の土豪。
¶武田(生没年不詳)

宮の下彦七郎　みやのしたひこしちろう
安土桃山時代の信濃国筑摩郡安坂の土豪。
¶武田(生没年不詳)

宮の下孫左衛門　みやのしたまござえもん
安土桃山時代の信濃国筑摩郡安坂の土豪。
¶武田(生没年不詳)

宮の大夫　みやのだいぶ
安土桃山時代の信濃国筑摩郡安坂の土豪。
¶武田(生没年不詳)

宮の平左衛門　みやのへいざえもん
戦国時代～安土桃山時代の信濃国筑摩郡安坂の土豪。
¶武田(生没年不詳)

宮原氏義　みやはらうじよし
江戸時代前期～中期の幕臣。
¶徳人([生]1679年　[没]1715年)

宮原内匠助　みやはらたくみのすけ
戦国時代の武田氏の家臣。
¶武田(生没年不詳)

宮原村継　みやはらのむらつぐ
⇒宮原村継(みやはらむらつぐ)

宮原村継*　みやはらむらつぐ
生没年不詳　[別]宮原村継(みやはらのむらつぐ)　平安時代前期の官人、漢詩人。
¶古人(みやはらのむらつぐ)

みやひら

宮平親方夫人　みやひらべーちんふじん★
江戸時代中期の女性。琉歌。宮平親方は氏、馬。
宝暦6年の宮平親方良廷の起請文がある。
¶江表(宮平親方夫人(沖縄県))

宮負定雄　みやひろさだお
⇒宮負定雄(みやおいやすお)

宮藤主水　みやふじもんど
⇒佐伯稜威雄(さえきいずお)

宮部継潤★**　みやべけいじゅん**
?～慶長4(1599)年　㊟善祥坊(ぜんしょうぼう),
中務卿法印(なかつかさきょうほういん)　戦国時
代～安土桃山時代の武将、大名。
¶織田(㉓慶長4(1599)年3月25日),全戦,戦武(㊸享禄1
(1528)年?)

宮部春蔵　みやべしゅんぞう
⇒宮部春蔵(みやべはるぞう)

宮部鼎蔵★**　みやべていぞう**
文政3(1820)年4月～元治1(1864)年6月5日　江戸
時代末期の肥後熊本藩士、兵法師範職。
¶コン,思想,全幕,幕末

宮部春蔵★**　みやべはるぞう**
天保10(1839)年～元治1(1864)年　㊟宮部春蔵
(みやべしゅんぞう)　江戸時代末期の肥後熊本
藩士。
¶コン

宮部万★**　みやべまん**
?～天明8(1788)年6月5日　㊟宮部万女(みやべま
んじょ)　江戸時代中期～後期の女性。歌人。
¶女史,女文(宮部万女　みやべまんじょ)

宮部万女　みやべまんじょ
⇒宮部万(みやべまん)

宮増★**　みやます**
生没年不詳　室町時代の能役者・能作者。
¶新能

宮村才蔵★**　みやむらさいぞう**
?～天明2(1782)年　江戸時代中期の人。淡路国三
原郡百姓一揆の指導者。
¶江人,コン

宮村高豊　みやむらたかとよ
江戸時代中期の幕臣、代官。
¶徳人(生没年不詳),徳人(㊶正徳3(1713)年　㉓?)

宮本池臣★**　みやもといけおみ**
文化5(1808)年～明治21(1888)年　江戸時代末期
～明治時代の神官、称采女。
¶幕末(㊶寛政10(1798)年　㊟明治11(1878)年7月2日)

宮本栄助　みやもとえいすけ
江戸時代中期の眼科医。
¶眼医(生没年不詳)

宮本小一　みやもとおかず
⇒宮本小一(みやもとこいち)

宮本包則★**　みやもとかねのり**
天保1(1830)年～昭和1(1926)年　江戸時代末期
～大正時代の刀工。伊勢神宮の遷宮の神宝太刀を
作り、帝室技芸員に任命された。
¶美工(㉓大正15(1926)年10月24日)

宮本神主　みやもとかんぬし
安土桃山時代の信濃国筑摩郡青柳の神官。
¶武田(生没年不詳)

宮本久平　みやもときゅうへい
江戸時代後期～明治時代の幕臣。
¶徳人(㊶1814年　㉓1890年)

宮本愚翁★**　みやもとぐおう**
天保10(1839)年～明治36(1903)年3月22日　江戸
時代末期～明治時代の安芸広島藩士、心学者。
¶幕末

宮本蔵助　みやもとくらのすけ
安土桃山時代の信濃国筑摩郡青柳の神官か。
¶武田(生没年不詳)

宮本検校　みやもとけんぎょう
安土桃山時代の信濃国筑摩郡青柳の神官。
¶武田(生没年不詳)

宮本小一★**　みやもとこいち**
天保7(1836)年2月30日～大正5(1916)年　㊟宮本
小一(みやもとおかず)　江戸時代末期～明治時代
の外交官、元老院議員、貴族院議員。草創期の外交
交渉に奔走。外務大丞、外務大書記官などを歴任。
¶徳人(みやもとおかず),幕末(㉓大正5(1916)年10月
21日)

宮本虎杖★**　みやもとこじょう**
寛政1(1741)年～文政6(1823)年　㊟虎杖(こじょ
う)　江戸時代中期～後期の俳人。
¶俳文(虎杖　こじょう　㉓文政6(1823)年8月13日)

宮本重一　みやもとしげいち
江戸時代後期～明治時代の和算家、柳川藩士。
¶数学(㊶寛政10(1798)年　㊟明治5(1872)年3月6日)

宮本治部　みやもとじぶ
安土桃山時代の信濃国筑摩郡青柳の神官か。
¶武田(生没年不詳)

宮本周司　みやもとしゅうじ
江戸時代後期の眼科医。
¶眼医(生没年不詳)

宮本主馬之介★**　みやもとしゅめのすけ**
文政12(1829)年～明治7(1874)年　江戸時代末期
～明治時代の神官。尊攘派の立場で活躍。各地で
諸生派追討に働く。
¶幕末(㉓明治7(1874)年1月15日)

宮本尚一郎★**　みやもとしょういちろう**
寛政5(1793)年～文久2(1862)年　㊟宮本水雲(み
やもとすいうん),宮本茶村(みやもとちゃそん)
江戸時代末期の水戸藩郷士、学者。
¶幕末(宮本茶村　みやもとちゃそん　㊶寛政5(1793)
年5月15日　㉓文久2(1862)年6月25日)

宮本水雲　みやもとすいうん
⇒宮本尚一郎(みやもとしょういちろう)

宮本高秀　みやもとたかひで
⇒湊高秀(みなとたかひで)

宮本辰之介★**(宮本辰之助)　みやもとたつのすけ**
天保3(1832)年～慶応1(1865)年　江戸時代末期
の水戸藩士。
¶幕末(㊸元治2(1865)年4月5日)

宮本環* 　みやもとたまき
文政8(1825)年～明治29(1896)年　江戸時代末期～明治時代の神官。那珂湊で幕府軍、水戸城兵と戦うが、榊原新左衛門の降伏で幽囚される。
¶幕末([没]明治29(1896)年12月11日)

宮本茶村　みやもとちゃそん
⇒宮本尚一郎(みやもとしょういちろう)

宮本騰太* 　みやもととうた
江戸時代末期の新撰組隊士。
¶新隊(生没年不詳)

宮本別当　みやもとべっとう
安土桃山時代の信濃国安曇郡宮本の人。仁科神明宮の別当寺金峯山神宮寺の人物。
¶武田(生没年不詳)

宮本政右衛門* 　みやもとまさえもん
天保1(1830)年～明治32(1899)年　江戸時代末期～明治時代の縫裁業。紋羽織を改良。紀州ネルを創始。
¶幕末([没]明治33(1900)年11月12日)

宮本正武* 　みやもとまさたけ
寛政4(1792)年～天保5(1834)年3月　江戸時代後期の藩士・和算家。
¶数学([没]天保5(1834)年3月28日)

宮本正休　みやもとまさやす
江戸時代後期の和算家、松代藩士。
¶数学([没]寛政6(1794)年12月9日)

宮本正之* 　みやもとまさゆき
？～享保12(1727)年　江戸時代中期の文教功労者。
¶数学([没]享保12(1727)年6月22日)

宮本武蔵* 　みやもとむさし
天正12(1584)年～正保2(1645)年5月19日　[別]新免武蔵(しんめんむさし)　江戸時代前期の播磨姫路藩士、肥後熊本藩士、剣術家。二刀流の開祖。
¶江人([生]1584年？),コン,全戦([生]天正12(1584)年？),徳将,美画([生]天正12(1584)年3月),山小([没]1645年5月19日)

宮本六郎太郎　みやもとろくろうたろう
戦国時代～安土桃山時代の戸倉郷小宮三島明神社神主。武蔵国滝山城城主大石綱周、のち北条氏照の家臣。
¶後北(六郎太郎〔宮本〕　ろくろうたろう)

宮脇種友　みやわきたねとも
戦国時代の武士。武河衆。武田信豊の同心であったと思われる。
¶武田(生没年不詳)

宮脇又兵衛* 　みやわきまたべえ
生没年不詳　安土桃山時代の織田信長の家臣。
¶織田

宮和田勇太郎* 　みやわだゆうたろう
天保11(1840)年～？　江戸時代末期の志士。
¶幕末([没]明治10(1877)年11月18日)

みゆ
江戸時代中期の女性。和歌。歌人寺嶋重好の娘。宝永6年奉納、平間長雅編「住吉社奉納千首和歌」に載る。
¶江表(みゆ(大阪府))

微遊女　みゆうじょ★
江戸時代後期の女性。狂俳。尾張の人。天保11年刊、鶏頭庵不転編『うめごよみ』に入集。
¶江表(微遊女(愛知県))

観雪　みゆき
江戸時代中期の女性。和歌。杉山氏の娘。元禄16年刊、植山検校江民軒梅之・梅柳軒水之編『歌林尾花末』に載る。
¶江表(観雪(東京都))

幸　みゆき
江戸時代末期の女性。和歌。越後岩船郡の人。安政2年序、僧大英撰「北越三雅集」に載る。
¶江表(幸(新潟県))

深雪子　みゆきこ★
江戸時代後期～明治時代の女性。和歌。伊勢長島藩主増山正寧の娘。
¶江表(深雪子(三重県)　[生]文政4(1821)年　[没]明治44(1911)年)

みよ(1)
江戸時代中期の女性。俳諧。越後巻町の人。元文2年刊、仙石廬元坊編、各務支考七回忌追善集『渭江話』に載る。
¶江表(みよ(新潟県))

みよ(2)
江戸時代中期の女性。俳諧。俳人洞花の妻。明和1年刊、湖白庵諸九尼編『その行脚集』に載る。
¶江表(みよ(大阪府))

みよ(3)
江戸時代中期の女性。俳諧。備後東城の人。安永9年刊『しぐれ会』に載る。
¶江表(みよ(広島県))

みよ(4)
江戸時代中期の女性。俳諧。熊本の人。享保6年刊、熊本の志太野坡門の程々・毛雨・兎泥共撰『餞別集七ツ題』に載る。
¶江表(みよ(熊本県))

みよ(5)
江戸時代後期の女性。俳諧。関波の人。文化8年刊、霰庵太呂編『醒斎稿』に載る。
¶江表(みよ(福島県))

みよ(6)
江戸時代後期の女性。俳諧。俳人白暁斎の母。文化4年刊、周和編『落葉集』に載る。
¶江表(みよ(岐阜県))

みよ(7)
江戸時代後期の女性。和歌。土御門町の山中左衛門の妻。文化11年刊、中山忠雄・河田正致編『柿本社奉納和歌集』に載る。
¶江表(みよ(京都府))

ミヨ
江戸時代後期の女性。教育。下江氏。館林城下で嘉永4年～明治5年まで教育。
¶江表(ミヨ(群馬県))

見代　みよ★
江戸時代後期の女性。狂歌。松本氏。文政6年刊、如棗亭栗洞著『狂歌板橋集』に載る。
¶江表(見代(大阪府))

み

三代　みよ★
江戸時代後期の女性。狂歌。松本氏。享和3年刊、如棗亭栗洞撰『狂歌続うなゐ草紙』に載る。
¶江表（三代（大阪府））

美代(1)　みよ★
江戸時代中期の女性。和歌。弘前藩藩士喜多村監物久通の妻。
¶江表（美代（青森県））

美代(2)　みよ★
江戸時代中期の女性。俳諧。備後東城の人。天明3年刊『しぐれ会』に載る。
¶江表（美代（広島県））

美代(3)　みよ★
江戸時代後期の女性。和歌。松山藩の中老。嘉永4年序、鈴木直麿編『八十番歌合』に載る。
¶江表（美代（山形県））

み

美代(4)　みよ★
江戸時代後期の女性。俳諧。小金井宿の慈眼寺に奉納された俳諧額に「奉納千手観世音 文化10年奉納」とあり句が載る。
¶江表（美代（栃木県））

美代(5)　みよ★
江戸時代末期の女性。狂歌。柳橋の芸妓か。文久2年刊、雪乃門春見ほか編『狂歌三都集』に載る。
¶江表（美代（東京都））

美与　みよ★
江戸時代中期の女性。俳諧。宝暦5年刊、雪炊庵二狂編『葛の別』に載る。
¶江表（美与（東京都））

妙安　みょうあん
⇒惟高妙安（いこうみょうあん）

妙庵　みょうあん★
江戸時代前期の女性。俳諧。貞享1年刊、井原西鶴編『古今俳諧歌仙』に載る。
¶江表（妙庵（奈良県））

明庵栄西（明菴栄西）　みょうあんえいさい
⇒栄西（えいさい）

明庵宗鑑　みょうあんそうかん
安土桃山時代の甲斐・長生寺五世住職。
¶武田（㊀？　㊁天正13（1585）年）

明庵栄西　みょうあんようさい
⇒栄西（えいさい）

妙意(1)　みょうい★
江戸時代前期の女性。俳諧。宇和島の辻氏の娘。寛文12年序、宇和島藩家老桑折宗臣編『大海集』に載る。
¶江表（妙意（愛媛県））

妙意(2)　みょうい★
江戸時代中期の女性。和歌。遠江掛川の渡辺三立の母。宝暦4年成立、「杉浦真崎女法諡蓮池院追悼歌集」に載る。
¶江表（妙意（静岡県））

妙意(3)　みょうい★
江戸時代後期の女性。俳諧。越前松岡の尼。寛政8年刊、荒木為卜仙編『卯花筐』下に載る。
¶江表（妙意（福井県））

妙意(4)　みょうい
⇒慈雲妙意（じうんみょうい）

名井于石*　みょういうせき
天保4（1833）年～明治44（1911）年　江戸時代末期～明治時代の教育者、周防国吉敷村郷校憲章館学頭。私塾修焉斎を興し、良城小学校を創設。
¶幕末（㊁明治44（1911）年1月4日）

明一*　みょういち
神亀5（728）年～延暦17（798）年3月27日　㊞明一（みょういつ，めいいつ）　奈良時代～平安時代前期の東大寺法相宗の学僧。
¶古人（みょういつ），古代（めいいつ），コン

明一　みょういつ
⇒明一（みょういち）

明院祖芳　みょういんそほう
戦国時代～安土桃山時代の南松院の2世住職。
¶武田（生没年不詳）

妙印尼　みょういんに
⇒妙心尼（みょうしんに）

明院良政*　みょういんりょうせい
生没年不詳　安土桃山時代の織田信長の家臣。
¶織田，全戦

明雲*　みょううん
永久3（1115）年～寿永2（1183）年11月19日　㊞明雲（めいうん）　平安時代後期の天台宗の僧。後白河天皇、平清盛の戒師。
¶古人，コン（㊀？），中世，内乱（めいうん（みょううん）），平家（めいうん）

妙雲尼　みょううんに★
江戸時代後期の女性。和歌。摂津伊丹の人。天保12年刊、加納諸平編『類題鰒玉集』四に載る。
¶江表（妙雲尼（兵庫県））

明懐　みょうえ
⇒明懐（みょうかい）

明恵*（明慧）　みょうえ
承安3（1173）年～貞永1（1232）年　㊞高弁（こうべん），栂尾上人（とがのおのしょうにん），明恵上人（みょうえしょうにん）　鎌倉時代前期の華厳宗の学僧。法然に反発、旧仏教界の改革者。
¶古人，コン，思想，植物（㊀承安3（1173）年1月8日　㊁貞永1（1232）年1月19日），中世，内乱，日文（㊁寛喜4（1232）年），平家，山小（㊀1173年1月8日　㊁1232年1月19日）

妙栄(1)　みょうえい★
江戸時代中期の女性。和歌。森山氏の母。元禄16年刊、柳陰堂了寿編『新歌さゝれ石』に載る。
¶江表（妙栄（東京都））

妙栄(2)　みょうえい★
江戸時代中期の女性。俳諧。大坂の人。明和3年刊、湖白庵諸九尼著『諸九尼歳旦帖』に載る。
¶江表（妙栄（大阪府））

妙栄尼　みょうえいに★
江戸時代の女性。和歌。市田氏。明治40年刊、歌人香川景樹著、弥富浜雄編『桂園遺稿』に記される。
¶江表（妙栄尼（滋賀県））

明恵上人　みょうえしょうにん
⇒明恵（みょうえ）

妙円　みょうえん★
江戸時代中期の女性。和歌。一関藩主田村家の奥女中。安永3年成立「田村村隆母公六十賀祝賀歌集」に載る。
¶江表（妙円（岩手県））

明円*　みょうえん
？～正治1（1199）年　[別]明円（めいえん）　平安時代後期～鎌倉時代前期の円派系の仏師。
¶古人，美建（生没年不詳）

妙円尼（1）　みょうえんに★
江戸時代の女性。和歌。秋田藩御用達津村淙庵編「片玉集」前集巻一四に「妙円尼歌」として載る。
¶江表（妙円尼（東京都））

妙円尼（2）　みょうえんに★
江戸時代後期の女性。宗教。境村新田の百姓六右衛門の娘。
¶江表（妙円尼（東京都）　[没]文化14（1817）年）

妙円尼（3）　みょうえんに★
江戸時代後期の女性。俳諧。伊勢の人。天保3年刊、守村鶯卿女編『女百人一句』に載る。
¶江表（妙円尼（三重県））

明円房*　みょうえんぼう
生没年不詳　平安時代後期の仏師。
¶古人，美建

明応　みょうおう
⇒空谷明応（くうこくみょうおう）

妙音院　みょうおんいん
⇒お琴の方（おことのかた）

妙音院入道　みょうおんいんにゅうどう
⇒藤原師長（ふじわらのもろなが）

妙海*　みょうかい
正応3（1290）年～？　鎌倉時代後期の仏師。
¶美建

明快*　みょうかい
寛和1（985）年～延久2（1070）年　平安時代中期の僧。天台座主。
¶古人，コン（[生]永延1（987）年）

明懐*　みょうかい
＊～延久4（1072）年　[別]明懐（みょうえ）　平安時代中期の法相宗の僧。興福寺26世。
¶古人（みょうえ　[生]990年）

妙海尼*　みょうかいに
江戸時代中期の女性。尼僧。堀部安兵衛の許嫁と称した。
¶女史（[生]1686年？　[没]1778年）

明覚　みょうかく，みょうがく
⇒明覚（めいかく）

妙華尼　みょうかに
⇒小鸞（しょうらん）

妙観*　みょうかん
生没年不詳　奈良時代の僧、仏師。
¶美建

明観*（1）　みょうかん
天暦7（953）年～治安1（1021）年　平安時代中期の真言宗の僧。
¶古人（[没]？）

明観（2）　みょうかん
⇒智鏡（ちきょう）

明閑　みょうかん★
江戸時代中期の女性。俳諧。左楊の母。正徳3年刊、舎羅編『鏽鏡』に載る。
¶江表（明閑（東京都））

妙観尼　みょうかんに
⇒薩妙観（さつみょうかん）

妙鑑尼　みょうかんに★
江戸時代中期の女性。俳諧。正徳5年没の俳諧宗匠岸本調和の妻。
¶江表（妙鑑尼（東京都））

妙喜　みょうき★
江戸時代の女性。和文。坂倉氏。尼。「片玉集」前集巻六八に載る。
¶江表（妙喜（東京都））

妙佶*（妙吉）　みょうきつ
生没年不詳　鎌倉時代後期～南北朝時代の仏光派の僧。大休寺の開山。
¶内乱（妙吉）

妙喜尼　みょうきに★
江戸時代後期の女性。和歌。飯山藩藩士石原茂休の妻。文化11年刊、中山忠雄・河田正致編『柿本社奉納和歌集』に載る。
¶江表（妙喜尼（長野県））

妙玖*　みょうきゅう
＊～天文14（1545）年　[別]妙玖（みょうく），毛利元就室（もうりもとなりしつ）　戦国時代の女性。毛利元就の正室。
¶女史（[生]1499年）

明鏡尼　みょうきょうに★
江戸時代後期の女性。俳諧。大津の人。寛政2年京都双林寺で芭蕉一〇〇回忌の取越法会を終えた。
¶江表（明鏡尼（滋賀県））

妙玖　みょうく
⇒妙玖（みょうきゅう）

明救*　みょうぐ，みょうく
天慶9（946）年～寛仁4（1020）年　平安時代中期の天台宗の僧。延暦寺阿闍梨。
¶古人，コン

妙慧　みょうけい★
江戸時代末期の女性。和歌。美濃中島の高橋政臣の母。安政4年刊、富樫広蔭編『千百人一首』に載る。
¶江表（妙慧（岐阜県））

妙恵尼　みょうけいに★
江戸時代後期の女性。俳諧。京都の人。文化2年序、其朝編、『ふくるま』に載る。
¶江表（妙恵尼（京都府））

妙華院　みょうげいん
⇒大加久の方（おかくのかた）

明憲*　みょうけん
天慶4（941）年～治安1（1021）年10月14日　平安時代中期の法相宗の僧。
¶古人

み

妙玄寺義門　みょうげんじぎもん
⇒義門（ぎもん）

妙玄尼　みょうげんに★
江戸時代後期の女性。和歌。森川兵部少輔俊知の家臣桑名孫三郎の母。文化5年頃、真田幸弘編「御ことほきの記」に載る。
¶江表（妙玄尼（東京都））

妙現尼　みょうげんに★
江戸時代中期～後期の女性。和歌。越後出雲崎の橘屋山本重内とのぶの娘。
¶江表（妙現尼（新潟県）　[生]安永6（1777）年　[没]嘉永5（1852）年）

妙子　みょうこ★
江戸時代後期の女性。俳諧。文政11年刊、常陸帆津倉の河野涼谷編『俳諧発句吾都麻布里集』に載る。
¶江表（妙子（東京都））

み

妙光*　みょうこう
生没年不詳　飛鳥時代の女性。尼僧。百済の人。
¶古代

妙広　みょうこう★
江戸時代中期の女性。和歌。蕨宿の百姓で「世鏡伝記題臨書」「一千箇寺道之記」等の著者榎本政雄の母。
¶江表（妙広（埼玉県）　[生]元禄14（1701）年）

明豪*　みょうごう
？～長保4（1002）年　平安時代中期の天台僧。
¶古人

妙光寺家賢*　みょうこうじいえかた
元徳2（1330）年～正平21/貞治5（1366）年　[別]花山院家賢（かざんいんいえかた）　南北朝時代の歌人・公卿（内大臣）。大納言花山院師賢の子、母は右大臣花山院家定の娘。
¶公卿（花山院家賢　かざんいんいえかた　[没]貞治5/正平21（1366）年5月），公家（家賢〔堀河家（絶家）1〕いえかた　[生]1300年　[没]貞治5（1366）年），室町（花山院家賢　かざんいんいえかた　[生]？）

妙香禅尼　みょうこうぜんに★
江戸時代後期の女性。和歌・書。右大臣鷹司輔煕の娘。
¶江表（妙香禅尼（京都府）　[生]天保8（1837）年）

明江徳舜*　みょうこうとくしゅん
？～永正2（1505）年12月22日　[別]明江徳舜（みんこうとくしゅん）　戦国時代の曹洞宗の僧。
¶武田（みんこうとくしゅん）

妙光尼（1）　みょうこうに
安土桃山時代の女性。秀門の姉。
¶後北（妙光尼〔師岡〕）

妙光尼（2）　みょうこうに★
江戸時代後期の女性。和歌。京都の人。文政8年刊、青木行敬ほか編『聖廟奉納歌百二十首』に載る。
¶江表（妙光尼（京都府））

妙香尼　みょうこうに★
江戸時代後期の女性。和歌・俳諧。尾張藩の扇子司玉屋六右衛門の妻。和歌を石橋蘿窓、俳諧を大鶴庵仙翁、松浦羽州に学ぶ。
¶江表（妙香尼（愛知県））

明済*　みょうさい
生没年不詳　[別]明済（めいさい）　室町時代の東寺の僧。供僧方の所務代官。
¶コン

明算　みょうさん
⇒明算（めいざん）

妙三尼　みょうさんに★
江戸時代後期の女性。和歌。文政3年序、堤喜之編『波々曽乃落葉』に載る。
¶江表（妙三尼（東京都））

妙山尼　みょうさんに★
江戸時代前期～中期の女性。和歌・俳諧。摂津山本の坂上氏。
¶江表（妙山尼（兵庫県）　[生]寛永16（1639）年　[没]享保6（1721）年）

妙実（1）　みょうじつ★
江戸時代中期～後期の女性。和歌・旅日記。熊本藩士で儒学者藪慎庵の娘。
¶江表（妙実（熊本県）　[生]享保2（1717）年　[没]享和3（1803）年）

妙実（2）　みょうじつ
⇒大覚（だいがく）

妙寿（1）　みょうじゅ★
江戸時代後期の女性。和歌。白河藩主松平定信の縁者。寛政10年跋、信濃松代藩主真田幸弘の六〇賀集「千とせの寿詞」に載る。
¶江表（妙寿（福島県））

妙寿（2）　みょうじゅ★
江戸時代後期の女性。俳諧。寺井氏の祖母。文化5年自序『齢くらべ』に撰し、妙寿の句も載せた。
¶江表（妙寿（東京都））

妙寿（3）　みょうじゅ★
江戸時代末期の女性。和歌。安芸加計の人。安政1年刊、近藤芳樹選評の「二十五番歌合」に載る。
¶江表（妙寿（広島県））

明寿　みょうじゅ
⇒埋忠明寿（うめただみょうじゅ）

妙珠院　みょうじゅいん
[別]千恵姫（ちえひめ）　江戸時代後期の徳川家慶の八女。
¶徳将（[生]1835年　[没]1836年）

明寿院　みょうじゅいん★
江戸時代中期の女性。和歌。臼井氏の娘。宝暦5年の「歳旦引付之和歌」に載る。
¶江表（明寿院（秋田県））

妙秀　みょうしゅう
⇒妙秀尼（みょうしゅうに）

妙性　みょうしゅう
鎌倉時代後期～南北朝時代の若狭国太良荘の預所。
¶女史（[生]？　[没]1351年？）

明秀*　みょうしゅう
生没年不詳　平安時代中期の天台宗の僧。
¶古人

妙秀尼*（1）　みょうしゅうに
享禄2（1529）年～元和4（1618）年　[別]本阿弥妙秀（ほんあみみょうしゅう），妙秀（みょうしゅう）　戦国時代～江戸時代前期の女性。本阿弥光悦の母。
¶コン（本阿弥妙秀　ほんあみみょうしゅう）

妙秀尼(2)　みょうしゅうに★
江戸時代後期の女性。和歌。文政3年序、堤喜之編『波々曽乃落葉』に載る。
¶江表(妙秀尼(東京都))

明叔慶浚　みょうしゅくけいしゅん
⇒慶浚(けいしゅん)

妙寿尼(1)　みょうじゅに★
江戸時代中期の女性。俳諧。膳所の人。元禄10年刊、石岡玄梅編『鳥の道』に載る。
¶江表(妙寿尼(滋賀県))

妙寿尼(2)　みょうじゅに★
江戸時代末期の女性。国学。赤坂住の幕臣筒井内蔵允庸備の妹。安政2年の「内遠翁門人録」に載る。
¶江表(妙寿尼(東京都))

妙樹尼(1)　みょうじゅに★
江戸時代後期の女性。和歌。土手四番町住の幕臣、小納戸東条源右衛門の母。文化11年刊、中山忠雄・河田正致編『柿本社奉納和歌集』に載る。
¶江表(妙樹尼(東京都))

妙樹尼(2)　みょうじゅに★
江戸時代後期の女性。和歌。検校小関千歳一の曽祖母。天保9年刊、海野遊翁編『類題現存歌選』二に載る。
¶江表(妙樹尼(東京都))

明寿尼　みょうじゅに★
江戸時代中期の女性。和歌。近江彦根大舘氏の娘。
¶江表(明寿尼(京都府)　[生]宝暦9(1759)年)

明春*　みょうしゅん
生没年不詳　平安時代後期の仏師。
¶古人,美建

明順*(明舜)　みょうじゅん，みょうしゅん
？～元永1(1118)年　平安時代後期の絵仏師。
¶古人(明舜　みょうしゅん)

妙松　みょうしょう★
江戸時代中期の女性。俳諧。元文5年刊、塚越の春漸亭梅富編『稲筏』に載る。
¶江表(妙松(埼玉県))

妙証　みょうしょう★
江戸時代中期の女性。俳諧。俳人松山夏窓の妻。安永4年刊、琴松館可隆の追悼集『明の道』に載る。
¶江表(妙証(福井県))

明請*　みょうしょう
生没年不詳　平安時代中期の天台宗の僧。
¶古人

明定*　みょうじょう
生没年不詳　平安時代中期の仏師。
¶古人,美建

妙性禅尼　みょうしょうぜんに★
江戸時代中期の女性。和歌・俳諧。京都の俳人で歌学者宮川正由の娘。享保8年刊、父松堅著『倭歌五十人一首』に載る。
¶江表(妙性禅尼(京都府))

明照大師　みょうしょうだいし
⇒法然(ほうねん)

明正天皇　みょうじょうてんのう
⇒明正天皇(めいしょうてんのう)

妙照尼　みょうしょうに★
江戸時代中期の女性。和歌。但馬竹野町林の大部氏の娘。
¶江表(妙照尼(兵庫県)　[没]宝暦3(1753)年)

妙性尼　みょうしょうに★
江戸時代中期の女性。画・和歌。常陸水戸藩藩士岡部忠平の娘。明和年間没。
¶江表(妙性尼(東京都))

明承法親王*　みょうしょうほうしんのう
正平22/貞治6(1367)年～応永3(1396)年　南北朝時代の後光厳天皇の第11皇子。
¶天皇([生]貞治5(1366)年　[没]応永3(1396)年4月2日)

妙心(1)　みょうしん★
江戸時代中期の女性。和歌。蕨宿の百姓榎本政雄の妻。安永4年、34歳の時、身延山参詣を行う。
¶江表(妙心(埼玉県))

妙心(2)　みょうしん★
江戸時代中期の女性。和歌。歌人辻重信の母。宝永6年奉納、平間長雅編「住吉社奉納千首和歌」に載る。
¶江表(妙心(大阪府))

明信*　みょうしん
長承1(1132)年～建久5(1194)年7月24日　平安時代後期の真言宗の僧。高野山検校30世。
¶古人

妙真院　みょうしんいん
⇒秋山津摩(あきやまつま)

明神忠右衛門信勝　みょうじんちゅうえもんのぶかつ
安土桃山時代～江戸時代前期の武士。大坂の陣で籠城。
¶大坂([生]文禄2年　[没]寛文11年11月3日)

妙心尼*(1)　みょうしんに
永正11(1514)年～文禄3(1594)年　[別]赤井尼(あかいのあま)，妙印尼(みょういんに)　戦国時代～安土桃山時代の女性。上野国館林青柳城主赤井家堅の娘。
¶女史(赤井尼　あかいのあま)

妙心尼(2)　みょうしんに★
江戸時代後期の女性。和歌。秋田藩の奥女中。文化8年、「貞明院一周忌歌会綴」に載る。
¶江表(妙心尼(秋田県))

妙心尼(3)　みょうしんに★
江戸時代後期の女性。教育。黒木氏。弘化2年～明治3年まで二本松で寺子屋を開き、筆道、読書を教えた。
¶江表(妙心尼(福島県))

妙心尼(4)　みょうしんに★
江戸時代後期の女性。和歌。嘉永6年成立、常陸水戸藩の国学者石河幹文著、妙心尼家集「木がくれ集」がある。天保初年頃没。
¶江表(妙心尼(茨城県))

明神蟠竜*　みょうじんばんりゅう
天明7(1787)年～明治1(1868)年　江戸時代後期の医師。
¶幕末([没]明治1(1868)年9月8日)

命清*　みょうせい
康治1(1142)年～？　平安時代後期の石清水僧。
¶古人

み

明清寺　みょうせいじ
戦国時代〜安土桃山時代の蘆田依田氏の家臣。
¶武田（生没年不詳）

妙性尼　みょうせいに★
江戸時代前期の女性。俳諧。摂津兵庫の今福尚昌の母。寛文7年刊、安原貞室編『玉海集追加』に載る。
¶江表（妙性尼（兵庫県））

妙成尼　みょうせいに★
江戸時代中期の女性。和歌。蜂須賀家中の人か。元禄15年刊、戸田茂睡編『鳥之迹』に載る。
¶江表（妙成尼（徳島県））

妙清尼　みょうせいに★
江戸時代後期の女性。俳諧。相模小田原の人。天保12年序『楚南追善集（仮題）』に載る。
¶江表（妙清尼（神奈川県））

妙生尼　みょうせいに★
江戸時代中期の女性。俳諧。長沼の人。元禄12年序、相楽等躬編『伊達衣』に載る。
¶江表（妙生尼（福島県））

妙誓尼　みょうせいに★
江戸時代末期の女性。和歌。三河新堀の深見又兵衛の妻。文久2年序、西田惟恒編『文久二年八百首』に載る。
¶江表（妙誓尼（愛知県））

明詮＊　みょうせん
延暦8（789）年〜貞観10（868）年5月16日　平安時代前期の法相宗の僧。
¶古人（[生]809年），古代，コン

明暹＊(1)　みょうせん
承保3（1076）年〜嘉応1（1169）年6月15日　平安時代後期の真言宗の僧。
¶古人

明暹(2)　みょうせん
⇒明暹（めいせん）

明全＊　みょうぜん
元暦1（1184）年〜南宋・宝慶1（1225）年　[別]仏樹房（ぶつじゅぼう），仏樹房明全（ぶつじゅぼうみょうぜん），明全仏樹（みょうぜんぶつじゅ）　鎌倉時代前期の臨済宗黄竜派の僧。無際了派。
¶古人，対外，中世

明禅＊　みょうぜん
仁安2（1167）年〜仁治3（1242）年5月2日　鎌倉時代前期の僧。
¶古人

妙仙尼　みょうせんに★
江戸時代前期の女性。俳諧。松永貞徳門の鶏冠井令徳の後妻。万治3年刊、小島宗賢ほか編『源氏鬢鏡』に載る。
¶江表（妙仙尼（京都府））

妙善尼　みょうぜんに★
江戸時代中期〜明治時代の女性。狂歌・和歌。寄合町田町の商人西岡重右衛門の娘。
¶江表（妙善尼（群馬県）　[生]天明6（1786）年頃　[没]明治4（1871）年）

明全仏樹　みょうぜんぶつじゅ
⇒明全（みょうぜん）

妙操院　みょうそういん
⇒お登勢の方（おとせのかた）

妙相院　みょうそういん★
江戸時代後期の女性。和歌。彦根藩藩士正木儀兵衛と越智正応の娘。
¶江表（妙相院（滋賀県）　[没]文化14（1817）年）

明尊＊　みょうそん
天禄2（971）年〜康平6（1063）年　[別]志賀僧正（しがそうじょう）　平安時代中期の天台宗寺門派の僧。歌人。八宗総博士。
¶古人，コン

妙体　みょうたい★
江戸時代中期の女性。女筆手本。京都の人。元禄7年〜宝暦3年女筆手本を刊行。
¶江表（妙体（京都府））

妙泰尼　みょうたいに★
江戸時代後期の女性。和歌。美濃本町の出口新左衛門保行の妻。
¶江表（妙泰尼（岐阜県）　[没]天保9（1838）年）

妙沢　みょうたく
⇒竜湫周沢（りゅうしゅうしゅうたく）

妙達＊　みょうたつ
生没年不詳　平安時代中期の天台宗の僧。
¶古人

明達＊　みょうたつ
＊〜天暦9（955）年　平安時代前期〜中期の天台宗の僧。平将門、藤原純友の乱で調伏の祈禱を行った。
¶古人（[生]？），コン（[生]元慶1（877）年）

妙達尼(1)　みょうたつに★
江戸時代中期の女性。俳諧。蕉門か。宝永1年跋、堀部魯九編『幻の庵』に載る。
¶江表（妙達尼（滋賀県））

妙達尼(2)　みょうたつに★
江戸時代後期の女性。俳諧。八戸藩主南部信房の側室か。
¶江表（妙達尼（青森県））

明王太郎＊　みょうたろう
生没年不詳　戦国時代の大工。
¶後北（太郎〔明王〕　たろう）

妙沖＊（妙冲）　みょうちゅう
生没年不詳　[別]妙沖尼，妙冲尼（みょうちゅうに）平安時代前期の女性。橘逸勢の娘。
¶古人

妙沖尼（妙冲尼）　みょうちゅうに
⇒妙沖（みょうちゅう）

妙澄　みょうちょう★
江戸時代後期の女性。和歌。新町の安倍晩成の母。天保8年に行われた実報寺の住職で冷泉為村門の歌人宥宝の五〇回忌歌会の歌がある。
¶江表（妙澄（愛媛県））

妙超　みょうちょう
⇒宗峰妙超（しゅうほうみょうちょう）

明肇＊　みょうちょう
天慶9（946）年〜長和3（1014）年　平安時代中期の中納言藤原文範の子。
¶古人

妙椿　みょうちん
⇒斎藤妙椿（さいとうみょうちん）

明珍*(1)　みょうちん
世襲名　平安時代後期以来の甲冑師。
¶中世, 山小

明珍*(2)　みょうちん
*〜天暦8（954）年1月21日　平安時代中期の三論宗の僧。東大寺43世。
¶古人（[生]871年）

明珍信家*　みょうちんのぶいえ
戦国時代の甲冑師。明珍家の17代。
¶美工（生没年不詳）

明珍義次　みょうちんよしつぐ
戦国時代の甲冑職人の棟梁。
¶後北（義次〔明珍〕　よしつぐ）

妙貞　みょうてい★
江戸時代中期の女性。俳諧。大坂の人。元禄15年刊、太田白雪編『三河小町』下に載る。
¶江表（妙貞（大阪府））

妙哲尼　みょうてつに★
江戸時代後期〜明治時代の女性。宗教。紀州藩藩士大原善左衛門の長女とされる。
¶江表（妙哲尼（栃木県）　[生]天保7（1836）年　[没]明治40（1907）年）

妙伝尼　みょうでんに★
江戸時代中期の女性。和歌。小畑氏。明和8年刊、佐々木泉明編『一人一首短冊篇』乾に載る。
¶江表（妙伝尼（京都府））

妙仁*　みょうにん
生没年不詳　安土桃山時代の織田信長の家臣。
¶織田

妙忍　みょうにん★
江戸時代中期の女性。和歌。釈尼。元禄7年刊、戸田茂睡編『不求橋梨本隠家勧進百首』に載る。
¶江表（妙忍（東京都））

妙葩　みょうは
⇒春屋妙葩（しゅんおくみょうは）

明福*　みょうふく
宝亀9（778）年〜嘉祥1（848）年　平安時代前期の興福寺の僧。
¶古人, 古代

明遍*　みょうへん
康治1（1142）年〜貞応3（1224）年6月16日　平安時代後期〜鎌倉時代前期の高野山の僧。
¶古人, コン（[没]元仁1（1224）年）

妙法*　みょうほう
生没年不詳　[別]妙法尼（みょうほうに）　平安時代中期〜後期の女性。尼僧。
¶古人（妙法尼　みょうほうに）

明峰素哲　みょうほうそてつ
⇒明峰素哲（めいほうそてつ）

妙法尼　みょうほうに
⇒妙法（みょうほう）

妙務尼　みょうむに★
江戸時代前期の女性。俳諧。榎本其角の母。
¶江表（妙務尼（滋賀県）　[没]貞享4（1687）年）

妙有　みょうゆう★
江戸時代中期の女性。和歌。薩摩藩藩士高崎伊豆守の妻。
¶江表（妙有（鹿児島県）　[没]元禄3（1690）年）

明祐*　みょうゆう
元慶2（878）年〜応和1（961）年　平安時代前期〜中期の華厳宗の僧。
¶古人

妙理　みょうり★
江戸時代後期の女性。和歌。江坂道意源七の妻。寛政年間後半〜享和にかけての歌が多い歌集「霜濃朽葉」に載る。
¶江表（妙理（東京都））

妙立　みょうりゅう
⇒慈山（じざん）

妙竜　みょうりゅう
⇒諦忍（たいにん）

妙立慈山　みょうりゅうじざん
⇒慈山（じざん）

妙量尼　みょうりょうに★
江戸時代中期の女性。和歌。三河吉田藩藩士冨田新六郎親行の母。宝暦9年序、村上影面編『采藻編』に載る。
¶江表（妙量尼（愛知県））

妙臨　みょうりん★
江戸時代中期の女性。日記・和歌。浅草天王町代地住の伊藤権兵衛の姉。
¶江表（妙臨（東京都）　[生]享保15（1730）年）

妙林尼*（妙鱗尼）　みょうりんに
生没年不詳　[別]吉岡妙林尼（よしおかみょうりんに）　戦国時代〜安土桃山時代の女性。豊後国鶴崎城主吉岡鎮興の継室。
¶女史（妙鱗尼）

命蓮*　みょうれん
生没年不詳　平安時代中期の僧。
¶古人

みよこ
江戸時代末期〜明治時代の女性。和歌。稲葉通義の娘。常陸水戸藩大番頭大場弥右衛門景命の妻。
¶江表（みよこ（茨城県））

みよ子(1)　みよこ★
江戸時代後期の女性。和歌。徳川家の奥女中。文化11年刊、中山忠雄・河田正致編『柿本社奉納和歌集』に載る。
¶江表（みよ子（東京都））

みよ子(2)　みよこ★
江戸時代末期〜明治時代の女性。和歌。新横町に住む会津藩の蘭医加賀山潜龍の妻。
¶江表（みよ子（福島県）　[没]明治22（1889）年）

ミよ子　みよこ★
江戸時代後期の女性。和歌。幕臣、大番向坂庄兵衛興教の娘。文化11年刊、中山忠雄・河田正致編『柿本社奉納和歌集』に載る。
¶江表（ミよ子（東京都））

三代子　みよこ★
江戸時代後期の女性。和歌。山形藩士乗松宗策の

妹。弘化2年刊、加納諸平編『類題和歌鰒玉集』五に載る。
¶江表(三代子(山形県))

美代子(1) みよこ★
江戸時代後期の女性。紀行文・和歌。文政2年に江の島、鎌倉に物見遊山に出かけた折の5日間の紀行文「江の島紀行」がある。
¶江表(美代子(東京都))

美代子(2) みよこ★
江戸時代後期の女性。和歌。幕臣、小普請組天野清兵衛正次の妻。文政7年頃成立の「玉露童女追悼集」に載る。
¶江表(美代子(東京都))

美余子 みよこ★
江戸時代後期の女性。狂歌。真岡の画家小宅文藻の娘。天保4年序、黒川春村編『草庵五百人一首』に載る。
¶江表(美余子(栃木県))

美嶼子 みよこ★
江戸時代後期の女性。散文。町人島田順三の娘。
¶江表(美嶼子(東京都) [没]享和1(1801)年)

三芳 みよし★
江戸時代後期の女性。俳諧。相模池端の人。嘉永6年春の柳亭布丈還暦祝いの俳諧摺物に載る。
¶江表(三芳(神奈川県))

三好伊三入道* みよしいさにゅうどう
立川文庫「真田幸村」の登場人物。
¶全戦(三好伊三(為三)入道)

見義市蔵* みよしいちぞう
天保14(1843)年～慶応2(1866)年 江戸時代末期の好義隊士。
¶幕末([没]慶応2(1866)年11月15日)

三善興光 みよしおきみつ
平安時代中期の官人。
¶古人(生没年不詳)

三好貫一郎 みよしかんいちろう
⇒関鉄之介(せきてつのすけ)

三善清行* みよしきよゆき
承和14(847)年～延喜18(918)年 [別]善相公(ぜんしょうこう),三善清行(みよしきよつら,みよしのきよゆき),三善宿禰清行(みよしのすくねきよゆき) 平安時代前期～中期の学者、公卿(参議)。渡来系氏族の三善宿禰の子孫。
¶公卿(みよしのきよゆき [没]延喜18(918)年12月6日),古人(みよしのきよゆき),古代(三善宿禰清行 みよしのすくねきよゆき),コン,思想(みよしのきよゆき),数学([没]延喜18(918)年12月7日),日文(みよしきよゆき・きよつら),山小(みよしのきよゆき [没]918年12月7日)

三善清行 みよしきよつら
⇒三善清行(みよしきよゆき)

三好軍太郎 みよしぐんたろう
⇒三好重臣(みよししげおみ)

三好監物* みよしけんもつ
文化12(1815)年～明治1(1868)年 江戸時代末期の陸奥仙台藩士。
¶全幕([没]慶応4(1868)年),幕末([没]慶応4(1868)年8月15日)

三善衡子 みよしこうし
⇒播磨内侍(はりまのないし)

三好維堅 みよしこれかた
江戸時代後期～大正時代の神官、官吏。
¶幕末([生]弘化4(1847)年 [没]大正8(1919)年1月15日)

三好式部少輔* みよししきぶのしょう
生没年不詳 安土桃山時代の織田信長の家臣。
¶織田

三善茂明 みよししげあき
平安時代中期の官人。三善連行の子。算博士。
¶古人(生没年不詳),数学([生]延喜20(920)年 [没]長保4(1002)年12月25日)

三好重臣* みよししげおみ
天保11(1840)年～明治33(1900)年 [別]三好軍太郎(みよしぐんたろう) 江戸時代末期～明治時代の陸軍軍人、中将、子爵。東北鎮台司令官、枢密顧問官などを歴任。
¶全幕(三好軍太郎 みよしぐんたろう),幕末(三好軍太郎 みよしぐんたろう [生]天保11(1840)年10月21日 [没]明治33(1900)年11月29日)

三好成行 みよししげゆき
⇒三好成行(みよしなりゆき)

三好七郎右衛門 みよししちろ(う)えもん
江戸時代前期の武士。大坂の陣で籠城。三好助兵衛生勝の次男。
¶大坂([没]慶長20年)

三好順風* みよしじゅんぷう
文化13(1816)年～明治22(1889)年 江戸時代末期～明治時代の医師。
¶幕末([没]明治22(1889)年12月24日)

みよし女 みよしじょ★
江戸時代後期の女性。俳諧。常陸久慈郡太田村の豪商で俳人旦暮庵野巣の姉。
¶江表(みよし女(茨城県))

三好笑岩 みよししょうがん
⇒三好康長(みよしやすなが)

三好正慶* みよししょうけい
享保14(1729)年～文化3(1806)年 [別]三好正慶尼(みよししょうけいに) 江戸時代中期～後期の女性。俠客。
¶江表(正慶尼(大阪府) [生]享保12(1727)年 [没]享和4(1804)年)

三好正慶尼 みよししょうけいに
⇒三好正慶(みよししょうけい)

三好想山* みよししょうざん
？～嘉永3(1850)年 [別]三好想山(みよしそうざん) 江戸時代末期の書家、随筆作者、尾張藩士、「想山著聞奇集」の著者。
¶コン

三好松洛* みよししょうらく
生没年不詳 江戸時代中期の上方の浄瑠璃作者。
¶歌大,コン([生]寛文9(1669)年？ [没]？),新歌([生]1696年 [没]？)

三吉慎蔵* みよししんぞう
天保2(1831)年～明治34(1901)年2月16日 江戸時代末期～明治時代の長門長府藩士。
¶全幕,幕末([生]天保2(1831)年10月11日)

三善佐忠　みよしすけただ
平安時代中期の官人。
¶古人（生没年不詳）

三好清海入道*　みよしせいかいにゅうどう
？～元和1（1615）年　安土桃山時代～江戸時代前期の豪傑。真田幸村に仕えた。
¶コン，全戦

三好宗渭　みよしそうい
⇒三好政康（みよしまさやす）

三好想山　みよしそうざん
⇒三好想山（みよししょうざん）

三善孝行　みよしたかゆき
平安時代中期の官人。
¶古人（生没年不詳）

三好琢磨*　みよしたくま
天保13（1842）年～大正8（1919）年　江戸時代末期～大正時代の官吏、実業家。創設期の行方郡役所で郡政に貢献。麻生町農会長、行方郡農会副会長を歴任。
¶幕末（[没]大正8（1919）年10月23日）

三善忠子*　みよしただこ
文永7（1270）年～正安1（1299）年9月　[別]三善康衡女（みよしのやすひらのむすめ）　鎌倉時代後期の女性。後深草天皇の宮人。
¶天皇（三善康衡女　みよしのやすひらのむすめ　生没年不詳）

三善為時　みよしためとき
平安時代中期の官人。父は雅頼。
¶古人（生没年不詳）

三善為長　みよしためなが
⇒三善為長（みよしのためなが）

三善為康*　みよしためやす
永承4（1049）年～保延5（1139）年　[別]三善為康（みよしのためやす）　平安時代中期～後期の文人官僚、算博士、諸陵頭。
¶古人（みよしのためやす），コン（みよしのためやす　[生]永承4（1049年/1050）年），思想（みよしのためやす），数学（[没]保延5（1139）年8月4日），日文，山小（みよしのためやす　[没]1139年8月4日）

三好長慶　みよしちょうけい
⇒三好長慶（みよしながよし）

三善時連　みよしときつら
⇒太田時連（おおたときつら）

三善倫重*　みよしともしげ
建久1（1190）年～寛元2（1244）年　[別]三善倫重（みよしのともしげ），矢野倫重（やのともしげ）　鎌倉時代前期の評定衆。
¶古人（みよしのともしげ），中世（矢野倫重　やのともしげ）

三好長治*　みよしながはる
天文22（1553）年～天正5（1577）年　安土桃山時代の武士。
¶全戦，戦武，中世（[生]1555年）

三善長衡*　みよしながひら
仁安3（1168）年～寛元2（1244）年　[別]三善長衡（みよしのながひら）　平安時代後期～鎌倉時代前期の文士。西園寺公経の家司。
¶コン，数学（[没]寛元2（1244）年3月25日）

三好長房*　みよしながふさ
生没年不詳　戦国時代の武士。
¶織田

三善長道*　みよしながみち
寛永10（1633）年～貞享2（1685）年　[別]長道，長道〔1代〕（ながみち）　江戸時代の陸奥会津藩の刀工。
¶美工

三好存保　みよしながやす
⇒十河存保（そごうながやす）

三好長逸*（三好長縁）　みよしながやす
生没年不詳　[別]三好長逸（みよしながゆき）　戦国時代の武士。
¶全戦（みよしながゆき），戦武（みよしながゆき　[生]永正12（1515）年？　[没]天正1（1573）年？）

三好長逸　みよしながゆき
⇒三好長逸（みよしながやす）

三好長慶*　みよしながよし
大永2（1522）年～永禄7（1564）年　[別]長慶（ちょうけい，ながよし），三好長慶（みよしちょうけい）　戦国時代の武将。管領細川氏の家臣だったが主を追放。のちには部将の松永久秀に実権を奪われた。
¶コン，全戦，戦武，中世，俳文（長慶　ながよし　[没]永禄7（1564）年7月4日），室町（[生]大永3（1523）年），山小（[没]1564年7月4日）

三好成行*　みよしなりゆき
弘化2（1845）年～大正8（1919）年　[別]三好成行（みよししげゆき）　江戸時代末期～明治時代の長州藩士、陸軍中将。西南の役に大隊長として出戦。
¶幕末（みよししげゆき　[生]弘化2（1845）年10月7日　[没]大正8（1919）年10月17日）

三善兼任　みよしのかねとう
平安時代後期の陰陽師。
¶古人（生没年不詳）

三善兼信　みよしのかねのぶ
平安時代後期の官人。安芸国大帳所惣大判官代。
¶古人（生没年不詳）

三善清行　みよしのきよゆき
⇒三善清行（みよしきよゆき）

三善国経*　みよしのくにつね
生没年不詳　平安時代後期の官人。
¶古人

三善季孝　みよしのすえたか
平安時代後期の官人。
¶古人（生没年不詳）

三善宿禰清行　みよしのすくねきよゆき
⇒三善清行（みよしきよゆき）

三善高子*　みよしのたかいこ
生没年不詳　平安時代前期の女性。坂上田村麻呂の妻。
¶古人

三善為倫　みよしのためとも
平安時代後期の官人。
¶古人（生没年不詳）

三善為長*　みよしのためなが
寛弘4（1007）年～永保1（1081）年　[別]三善為長（みよしためなが）　平安時代中期～後期の官人。
¶古人，数学（みよしためなが　[没]永保1（1081）年8月4

日）

三善為康　みよしのためやす
⇒三善為康（みよしためやす）

三善遠貞　みよしのとおさだ
平安時代後期の官人。
¶古人（生没年不詳）

三善時連　みよしのときつら
⇒太田時連（おおたときつら）

三善倫重　みよしのともしげ
⇒三善倫重（みよしともしげ）

三善長衡　みよしのながひら
⇒三善長衡（みよしながひら）

三善信貞*　みよしののぶさだ
生没年不詳　平安時代後期の官人。
¶古人

三善信久*　みよしののぶひさ
生没年不詳　平安時代後期の官人。
¶古人

三善信職　みよしののぶもと
平安時代後期の官人。安芸国田所惣大判官代。
¶古人（生没年不詳）

三芳野花子　みよしのはなこ★
江戸時代後期の女性。狂歌。寛政6年、元杢網序『新古今狂歌集』に11歳女として載る。
¶江表（三芳野花子（東京都））

三善文江*　みよしのふみえ
生没年不詳　平安時代中期の官人。
¶古人

三好信吉　みよしのぶよし
⇒豊臣秀次（とよとみひでつぐ）

三善雅仲*　みよしのまさなか
生没年不詳　[別]三善雅仲（みよしまさなか）　平安時代後期の官人。
¶古人，数学（みよしまさなか）

三善道統　みよしのみちむね
⇒三善道統（みよしみちむね）

三善康有　みよしのやすあり
⇒太田康有（おおたやすあり）

三善康連　みよしのやすつら
⇒三善康連（みよしやすつら）

三善康俊　みよしのやすとし
⇒三善康俊（みよしやすとし）

三善康信　みよしのやすのぶ
⇒三善康信（みよしやすのぶ）

三善康衡女　みよしのやすひらのむすめ
⇒三善忠子（みよしただこ）

三善行衡*　みよしのゆきひら
生没年不詳　[別]三善行衡（みよしゆきひら）　平安時代後期～鎌倉時代前期の官人。
¶古人，数学（みよしゆきひら）

三善春衡*　みよしはるひら
生没年不詳　鎌倉時代後期の官人、歌人。
¶数学

三好房一*　みよしふさかず
天文23（1554）年～慶長19（1614）年　安土桃山時代～江戸時代前期の武士。織田氏家臣、豊臣氏家臣、徳川氏家臣。
¶織田（[没]慶長19（1614）年7月12日）

三好孫九郎*　みよしまごくろう
生没年不詳　安土桃山時代の織田信長の家臣。
¶織田

三好政生　みよしまさいく
⇒三好政康（みよしまさやす）

三好政勝*　みよしまさかつ
天文5（1536）年～寛永8（1631）年　安土桃山時代～江戸時代前期の武士。
¶織田（[没]寛永8（1631）年12月10日），全戦，戦武

三善雅仲　みよしまさなか
⇒三善雅仲（みよしのまさなか）

三好政長*　みよしまさなが
？～天文18（1549）年　戦国時代の武士。
¶全戦，戦武（[生]永正5（1508）年），室町

三善雅衡　みよしまさひら
鎌倉時代前期の官人。西園寺家の臣。三善長衡の子で修理大夫、算博士。
¶数学

三好政盛　みよしまさもり
江戸時代前期～中期の幕臣。
¶徳人（[生]1624年　[没]1699年）

三好政康*（1）　みよしまさやす
享禄1（1528）年～元和1（1615）年　[別]清海入道（じょうかいにゅうどう），釣閑斎宗渭（ちょうかんさいそうい），三好宗渭（みよしそうい），三好政生（みよしまさいく）　戦国時代～安土桃山時代の武士。
¶全戦（三好宗渭　みよしそうい），戦武（[没]慶長20（1615）年）

三好政康（2）　みよしまさやす
⇒十河存保（そごうながやす）

三善雅頼　みよしまさより
平安時代中期の官人。三善茂明の子で土佐介、算博士。
¶古人（生没年不詳），数学

三善道統*　みよしみちむね
生没年不詳　[別]三善道統（みよしのみちむね）　平安時代中期の官吏、漢詩人。
¶古人（みよしのみちむね）

三好木屑〔1代〕*　みよしもくしょう
生没年不詳　江戸時代後期の指物師。
¶美工

三好もと子*　みよしもとこ
？～明治11（1878）年9月7日　江戸時代末期～明治時代の女性。勤王家三好監物の母。
¶江表（もと子（宮城県））

三好元長*　みよしもとなが
文亀1（1501）年～天文1（1532）年　戦国時代の武将、筑前守。
¶全戦，戦武，中世，室町

三善師衡　みよしもろひら
鎌倉時代後期の官人。三善為衡の子で算博士。
¶数学

三善康有　みよしやすあり
⇒太田康有（おおたやすあり）

三善康連*　みよしやすつら
建久4（1193）年～康元1（1256）年　[別]太田康連（おおたやすつら），三善康連（みよしのやすつら）　鎌倉時代前期の幕府官僚。御成敗式目を起草。
¶古人（みよしのやすつら　[生]1192年），コン，中世（太田康連　おおたやすつら）

三善康俊*　みよしやすとし
仁安2（1167）年～暦仁1（1238）年　[別]町野康俊（まちのやすとし），三善康俊（みよしのやすとし）　平安時代後期～鎌倉時代前期の幕府問注所執事、評定衆。
¶古人（みよしのやすとし），コン，中世（町野康俊　まちのやすとし　[生]1180年）

三好康長*　みよしやすなが
生没年不詳　[別]三好笑岩（みよししょうがん）　安土桃山時代の武将、河内教興寺の戦で活躍。
¶織田，全戦

三善康信*　みよしやすのぶ
保延6（1140）年～承久3（1221）年8月9日　[別]三善康信（みよしのやすのぶ）　平安時代後期～鎌倉時代前期の官僚。鎌倉幕府初代の問注所執事。
¶古人（みよしのやすのぶ），コン，中世，内乱，山小（みよしのやすのぶ　[没]1221年8月9日）

三善康衡*　みよしやすひら
仁治2（1241）年～正和4（1315）年6月3日　鎌倉時代前期～後期の官人、歌人。
¶数学

三善康持*　みよしやすもち
建永1（1206）年～正嘉1（1257）年　[別]町野康持（まちのやすもち）　鎌倉時代前期の幕府問注所執事、評定衆。
¶コン

三好之虎　みよしゆきとら
⇒三好義賢（みよしよしかた）

三好之長*　みよしゆきなが
長禄2（1458）年～永正17（1520）年　戦国時代の武将。応仁の乱に参加。
¶全戦（[生]寛正1（1460）年），室町

三善行衡　みよしゆきひら
⇒三善行衡（みよしのゆきひら）

三善行康　みよしゆきやす
平安時代後期の官人。三善為康の子で諸陵頭、長門介、算博士。
¶数学

三好胖*　みよしゆたか
嘉永5（1852）年～明治1（1868）年　江戸時代末期の新撰組隊士。
¶新隊（[没]明治1（1868）年10月24日），幕末（[没]明治1（1868）年10月24日）

みよ女　みよじょ★
江戸時代後期の女性。和歌。明川の人。享和3年序、佐伯貞中八〇賀集「周桑歌人集」に載る。
¶江表（みよ女（愛媛県））

見代女（1）　みよじょ★
江戸時代の女性。和歌。大津の永順寺の妻。
¶江表（見代女（滋賀県））

見代女（2）　みよじょ★
江戸時代中期の女性。和歌。萩生村の飯尾治右衛門忠賢の妻。明和7年の柿本明神奉納詠と考えられる「詠百首和歌」に載る。
¶江表（見代女（愛媛県））

美代女　みよじょ★
江戸時代後期の女性。俳諧。中楯の人。天保1年成立、若室草丸編『みやまぶり』に載る。
¶江表（美代女（山梨県））

三好義興*　みよしよしおき
天文11（1542）年～永禄6（1563）年　[別]三好義長（みよしよしなが）　戦国時代の武士。
¶全戦，戦武

三好義賢*　みよしよしかた
大永6（1526）年～永禄5（1562）年　[別]物外軒実休（ぶつがいけんじっきゅう），三好之虎（みよしゆきとら）　戦国時代の武将、阿波守護細川持隆の被官。
¶全戦（三好之虎　みよしゆきとら），戦武（[生]大永7（1527）年），室町（[生]？）

三好義継*　みよしよしつぐ
？～天正1（1573）年　戦国時代の武士。新将軍足利義昭の妹と結婚。
¶織田（[生]天文18（1549）年　[没]天正1（1573）年11月16日），コン，全戦，戦武（[生]天文20（1551）年）

三好義長　みよしよしなが
⇒三好義興（みよしよしおき）

三好吉房*　みよしよしふさ
？～慶長5（1600）年？　[別]長尾常閑（ながおじょうかん）　安土桃山時代の武将。
¶全戦

美代女・美代子　みよじょ・みよこ★
江戸時代後期の女性。和歌。土崎湊町の医師松井真庵の妻。文化15年序、秋田藩士山方泰通編「月花集」に載る。
¶江表（美代女・美代子（秋田県））

三代勢　みよせ★
江戸時代後期の女性。教育。加藤氏。
¶江表（三代勢（東京都）　[生]文政7（1824）年頃）

三代の　みよの★
江戸時代後期の女性。教育。加藤伝左衛門の二女。天保6年、小日向西古川町に加藤舎を開業。
¶江表（三代の（東京都））

未雷*　みらい
？～元文4（1739）年4月5日　江戸時代中期の俳人。
¶俳文

海松橿媛*　みるかしひめ
上代の九州土着民の首長。土蜘蛛といわれる。
¶古代

身禄　みろく
⇒食行身禄（じきぎょうみろく）

弥勒*　みろく
生没年不詳　室町時代の能面工。
¶美工

み

みろくし

弥勒寺音次郎 みろくじおとじろう
江戸時代後期～明治時代の宮大工、彫工。
¶美建（㋳寛政8（1799）年　㋲明治2（1869）年）

みわ
江戸時代後期の女性。俳諧。寛政12年刊、京都の
俳人三宅嘯山編『俳諧独喰』に載る。
¶江表（みわ（香川県））

三輪 みわ★
江戸時代中期の女性。俳諧。能登の人。天明3年
刊、森岡珠卜序「名月塚」に載る。
¶江表（三輪（石川県））

三和(1) みわ★
江戸時代中期の女性。俳諧。宝暦5年刊、雪炊庵二
狂編『葛の別』に載る。
¶江表（三和（東京都））

三和(2) みわ★
江戸時代中期の女性。俳諧。越前鯖江の人。明和9
年刊、美濃派三代以乙斎可推坊撰『雪の筐』下に
載る。
¶江表（三和（福井県））

三和(3) みわ★
江戸時代後期の女性。和歌。伊勢崎藩家老関重巍
の妻。文政3年刊、睡峒著『月の往来』に載る。
¶江表（三和（群馬県））

美和(1) みわ★
江戸時代中期の女性。俳諧。越前福井の人。安永5
年以乙斎可推坊編「各年賀探題」に載る。
¶江表（美和（福井県））

美和(2) みわ★
江戸時代後期の女性。和歌。白河藩主松平定信家
の奥女中。寛政10年跋、信濃松代藩主真田幸弘の
六〇賀集「千とせの寿詞」に載る。
¶江表（美和（福島県））

美和(3) みわ★
江戸時代後期の女性。俳諧。遠江見附の人。寛政3
年刊、牡丹庵阿人・鳥過庵千布編『雪幸集』に載る。
¶江表（美和（静岡県））

美和(4) みわ★
江戸時代後期の女性。和歌。小豆島肥土山村の人。
文政6年、柿本人麻呂一一〇〇年忌に高津柿本神社
の別当寺の真福寺に奉納された「柿葉集」に載る。
¶江表（美和（香川県））

三輪采女 みわうねめ
江戸時代前期の武士。大坂の陣で籠城。後に松平
康重に仕官。
¶大坂

神王＊ みわおう
天平9（737）年～大同1（806）年4月24日　㋺神王
（かみおう、みわのおう）　奈良時代～平安時代前
期の官人（右大臣）。天智天皇の曽孫。
¶公卿（㋳天平15（743）年）、古人、古代、コン
（㋹天平10（738）年）

三輪希賢 みわきけん
⇒三輪執斎（みわしっさい）

三輪休雪＊（――〔1代〕） みわきゅうせつ
元和1（1615）年～宝永2（1705）年　㋺休雪（きゅう
せつ）　江戸時代前期の萩焼の陶工。
¶コン、美工（――〔1代〕）

三輪月底＊ みわげってい
安永7（1778）年～万延1（1860）年　㋺月底（げってい）
い）　江戸時代中期～末期の俳人。
¶俳文（月底　げってい　㋲万延1（1860）年5月13日）

三輪見龍 みわけんりゅう
江戸時代後期～明治時代の眼科医。
¶眼医（生没年不詳）

みわ子 みわこ★
江戸時代後期の女性。和歌。因幡鳥取藩士小林鵜
三郎の娘。天保12年刊、加納諸平編『類題鰒玉集』
四に載る。
¶江表（みわ子（鳥取県））

三輪子(1) みわこ★
江戸時代後期の女性。和歌。播磨佐用平福の国学
者神吉弘範の母。天保7年刊、加納諸平編『類題鰒
玉集』三に載る。
¶江表（三輪子（兵庫県））

三輪子(2) みわこ★
江戸時代後期～末期の女性。和歌。宇和島藩領伊
方の清家安左衛門の娘。
¶江表（三輪子（愛媛県）㋳文化1（1804）年　㋲元治2
（1865）年）

三輪子(3) みわこ★
江戸時代末期～大正時代の女性。和歌。高知城下
通町の万葉調歌人大倉鷲夫と左知子の娘。
¶江表（三輪子（高知県）㋲大正8（1919）年）

祺子内親王 みわこないしんのう
⇒祺子内親王（ばいしないしんのう）

三輪三隠＊ みわさんいん
＊～明治42（1909）年　江戸時代末期～明治時代の
商人。大聖寺で質屋、醤油醸造業を営む。
¶幕末（㋳文政5（1822）年　㋲明治42（1909）年3月）

三輪執斎＊ みわしっさい
寛文9（1669）年～延享1（1744）年　㋺三輪希賢（み
わきけん）、三輪善蔵（みわぜんぞう）　江戸時代
中期の儒学者。日本に陽明学を普及。
¶コン、思想

三輪女(1) みわじょ★
江戸時代後期の女性。俳諧。上伊那郡箕輪町の日
岐源左衛門の妻。文政7年清水庵奉額に載る。
¶江表（三輪女（長野県））

三輪女(2) みわじょ★
江戸時代後期の女性。和歌。遠江入野村の酒造業
も営む豪農竹村又右衛門尚政の妻。享和3年刊、大
須賀鬼卵著『東海道人物志』に載る。
¶江表（三輪女（静岡県））

三輪女(3) みわじょ★
江戸時代後期の女性。俳諧。安芸新庄の人。文政9
年刊『さくらあさ』に載る。
¶江表（三輪女（広島県））

三輪女(4) みわじょ★
江戸時代末期の女性。和歌。三河渥美郡飽海の松
坂長四郎の母。慶応2年刊、竹尾正久編『類題三河
歌集』に載る。
¶江表（三輪女（愛知県））

三輪翠羽 みわすいう
⇒三輪ひさ（みわひさ）

三輪西阿　みわせいあ
⇒玉井西阿（たまいせいあ）

三輪雪山*　みわせつざん
天保11（1840）年～大正10（1921）年　江戸時代末期～大正時代の陶工。
¶美工（㊦大正10（1921）年8月13日）

三輪善蔵　みわぜんぞう
⇒三輪執斎（みわしっさい）

三輪素覧*　みわそらん
生没年不詳　㊄素覧（そらん）　江戸時代中期の俳人（蕉門）。
¶俳文（素覧　そらん）

三輪大成　みわたいせい
江戸時代後期～明治時代の眼科医。
¶眼医（㊦文政10（1827）年　㊥明治26（1893）年）

三輪田高房*　みわだたかふさ，みわたたかふさ
文政6（1823）年～明治43（1910）年　江戸時代末期～明治時代の神官。藩主松平定昭の侍講、藩校明教館の教授、久邇宮朝彦親王の侍講となる。
¶幕末（㊥明治43（1910）年11月5日）

三輪頼母　みわたのも
江戸時代前期の人。日向国臼杵郡三輪村の農夫の子。初め仏日山願成寺の小僧。砲術の達人。
¶大坂

三輪田米山*　みわだべいざん
文政4（1821）年～明治41（1908）年11月3日　江戸時代末期～明治時代の神官、書家。とくに王義之の書に傾到し、米山の書を完成させた。
¶幕末

三輪田元綱*　みわだもとつな，みわたもとつな
文政11（1828）年～明治12（1879）年1月14日　江戸時代末期～明治時代の国学研究家。足利三代木造梟首事件に連座、幽閉となる。
¶コン，幕末（㊦文政11（1828）年6月21日）

三輪恒徳　みわつねのり
江戸時代後期～明治時代の和算家。
¶数学（㊦文政3（1820）年4月14日　㊥明治8（1875）年5月）

三輪貞心尼*　みわていしんに
文化5（1808）年～明治35（1902）年　江戸時代末期～明治時代の女性。陶工青木木米の娘。祇園の歌妓となり書や和歌にすぐれ、光風社を起す。
¶江表（貞信（京都府）　㊦文化6（1809）年）

三輪照寛*　みわてるひろ
文化6（1809）年～明治4（1871）年　江戸時代末期～明治時代の国学者。
¶幕末（㊥明治4（1871）年10月）

三輪友衛門*　みわともえもん
？～慶応3（1867）年　㊄三輪信善（みわのぶよし）江戸時代末期の水戸藩士。
¶幕末（㊥慶応3（1868）年12月30日）

三輪野　みわの*
江戸時代中期の女性。俳諧。島原の遊女か。正徳5年序、筌滉撰『小太郎』に載る。
¶江表（三輪野（京都府））

三輪朝臣高市麻呂　みわのあそみたけちまろ
⇒大神高市麻呂（おおみわのたけちまろ）

神王　みわのおう
⇒神王（みわおう）

三輪大口　みわのおおくち
⇒三輪君大口（みわのきみおおくち）

三輪君大口*　みわのきみおおくち
生没年不詳　㊄三輪大口（みわのおおくち）　飛鳥時代の東国国司。
¶古代

三輪君子首*　みわのきみこびと
？～676年　㊄三輪子首（みわのこびと）　飛鳥時代の壬申の乱の功臣。
¶古代

三輪君逆　みわのきみさかう
⇒三輪逆（みわのさかう）

三輪君逆　みわのきみさかし
⇒三輪逆（みわのさかう）

三輪君白堤*　みわのきみしろつつみ
生没年不詳　㊄三輪白堤（みわのしろつつみ）　飛鳥時代の三輪氏の氏人。
¶古代

三輪君根麻呂*　みわのきみねまろ
生没年不詳　㊄三輪根麻呂（みわのねまろ）　飛鳥時代の将軍。
¶古代

三輪子首　みわのこびと
⇒三輪君子首（みわのきみこびと）

三輪逆*　みわのさかう
？～用明天皇1（586）年　㊄三輪君逆（みわのきみさかう，みわのきみさかし）　飛鳥時代の敏達天皇の寵臣。
¶古代（三輪君逆　みわのきみさかう），古物，コン（㊥用明1（586）年）

三輪白堤　みわのしろつつみ
⇒三輪君白堤（みわのきみしろつつみ）

三輪高市麻呂　みわのたけちまろ
⇒大神高市麻呂（おおみわのたけちまろ）

三輪根麻呂　みわのねまろ
⇒三輪君根麻呂（みわのきみねまろ）

美和土生　みわのはにゅう
奈良時代の官人。
¶古人（生没年不詳）

三輪信善　みわのぶよし
⇒三輪友衛門（みわともえもん）

三輪文屋君*　みわのふんやのきみ
生没年不詳　飛鳥時代の山背大兄王の側近。
¶古代

三輪ひさ*　みわひさ
明和4（1767）年～弘化3（1846）年　㊄翠羽（すいう），翠羽女（すいうじょ），三輪翠羽（みわすいう）　江戸時代後期の女性。俳人、教育者。
¶江表（翠羽（秋田県）　すいう）

三輪久勝　みわひさかつ
戦国時代～江戸時代前期の幕臣。
¶徳人（㊦1541年　㊥1605年）

神人部子忍男　みわひとべのこおしお
⇒神人部子忍男(かむとべのこおしお)

三輪文輔　みわぶんすけ
江戸時代後期～明治時代の和算家。
¶数学

神部直忍*　みわべのあたいおし
[別]神部忍(みわべのおし)　上代の但馬国造。
¶古代

神部直根閇*　みわべのあたいねまろ
飛鳥時代の豪族。
¶古代

神部忍　みわべのおし
⇒神部直忍(みわべのあたいおし)

三輪松之助　みわまつのすけ
⇒大神壱岐(おおがいき)

三輪元致　みわもとむね
戦国時代～安土桃山時代の武士。今川家臣、のち武田氏へ従った。遠江衆。
¶武田(生没年不詳)

三輪与兵衛尉　みわよひょうえのじょう
戦国時代の駿河葛山氏の家臣。
¶武田(生没年不詳)

水原石見守吉勝　みわらいわみのかみよしかつ
江戸時代前期の豊臣秀吉の家臣。
¶大坂([没]慶長20年5月14日)

みん
江戸時代末期の女性。和歌。越後柏崎の西巻氏の妻。安政2年序、僧大英撰「北越三雅集」に載る。
¶江表(みん(新潟県))

美武　みん
江戸時代末期の女性。和歌・俳諧。弘前藩藩家老大道寺順正の妻。
¶江表(美武(青森県))

旻*　みん
？～白雉4(653)年6月　[別]新漢人日文(いまきのあやひとにちもん)，新漢人旻(いまきのあやひとみん)，僧旻(そうびん，そうみん)，日文(にちもん)，旻法師(みんほうし)　飛鳥時代の僧。
¶古人，古代(新漢人日文　いまきのあやひとにちもん)，古物，コン，思想，対外，山小([没]653年6月)

泯　みん
江戸時代後期の女性。和歌。盛岡藩の奥女中。寛政10年藩主南部利敬の湯治の際、藩主の妹年姫に付き添った女中の一人。
¶江表(泯(岩手県))

珉　みん⋆
江戸時代中期の女性。俳諧。富山の人。元禄16年刊、立花牧童・各務支考共編『草刈笛』に載る。
¶江表(珉(富山県))

明極楚俊*　みんきそしゅん
南宋・景定3(1262)年～建武3/延元1(1336)年　[別]燄慧禅師(えんねぜんじ)，楚俊(そしゅん)　鎌倉時代後期～南北朝時代の臨済宗松源派の五山禅僧。
¶コン([生]弘長2(1262)年　[没]延元1/建武3(1336)年)，思想，対外

珉子　みんこ⋆
江戸時代中期の女性。漢詩。京極宮女房。元禄年間成立「京極宮女房珉子詩稿」を著す。
¶江表(珉子(京都府))

眠子　みんこ⋆
江戸時代後期の女性。俳諧。越前三国の人。寛政9年刊、加藤甫文編『葉月のつゆ』に載る。
¶江表(眠子(福井県))

明江徳舜　みんこうとくしゅん
⇒明江徳舜(みょうこうとくしゅん)

珉斎閑人　みんさいかんじん
⇒三升屋二三治(みますやにそうじ)

珉子(1)　みんし
⇒嵐小六〔4代〕(あらしころく)

珉子(2)　みんし
⇒嵐三右衛門〔10代〕(あらしさんえもん)

珉子(3)(眠獅)　みんし
⇒嵐雛助〔1代〕(あらしひなすけ)

珉子(4)(眠獅)　みんし
⇒嵐雛助〔2代〕(あらしひなすけ)

珉師　みんし
⇒嵐小六〔1代〕(あらしころく)

眠獅　みんし
⇒嵐雛助〔4代〕(あらしひなすけ)

珉子内親王*　みんしないしんのう
生没年不詳　[別]珉子内親王(びんしないしんのう)　鎌倉時代後期の女性。後二条天皇の第2皇女。
¶天皇(びんしないしんのう)

明叔慶浚　みんしゅくきょうしゅん
⇒慶浚(けいしゅん)

明叔慶浚　みんしゅくけいしゅん
⇒慶浚(けいしゅん)

眠雪　みんせつ⋆
江戸時代中期の女性。俳諧。前橋連の人。明和9年刊、木兎庵素輪編、素輪社中の春興帖『俳諧みどりの友』に載る。
¶江表(眠雪(群馬県))

明太　みんたい
江戸時代中期の俳諧師。本名、藤円斎。
¶俳文(生没年不詳)

明兆*　みんちょう
正平7/文和1(1352)年～永享3(1431)年　[別]吉山明兆(きちさんみんちょう，きちざんみんちょう，きっさんみんちょう)，吉山(きちざん)，兆殿司(ちょうでんす)，明兆吉山(みんちょうきっさん)　南北朝時代～室町時代の画僧。
¶コン(吉山明兆　きっさんみんちょう)，中世，美画([没]永享3(1431)年8月20日)，山小([没]1431年8月20日)

明兆吉山　みんちょうきっさん
⇒明兆(みんちょう)

眠亭賤丸　みんていせんがん
⇒川柳〔4代〕(せんりゅう)

明庵栄西　みんなんえいさい
⇒栄西(えいさい)

民部(1)　みんぶ★
江戸時代中期の女性。書。山中清兵衛の娘。
¶江表(民部(愛知県)　[没]宝暦7(1757)年)

民部(2)　みんぶ
⇒仏師民部(ぶっしみんぶ)

民部卿　みんぶきょう★
江戸時代前期の女性。書簡。2代将軍徳川秀忠の室崇源院の局。
¶江表(民部卿(東京都))

民部卿局*(1)　みんぶきょうのつぼね
生没年不詳　[別]藤原雅藤女(ふじわらのまさふさのむすめ)　鎌倉時代前期の女性。亀山天皇の宮人。
¶天皇(藤原雅藤女　ふじわらのまさふさのむすめ)

民部卿局*(2)　みんぶきょうのつぼね
生没年不詳　鎌倉時代後期の女性。後醍醐天皇の宮人。
¶天皇

民部卿局女　みんぶきょうのつぼねのむすめ
南北朝時代の女性。後醍醐天皇の皇女。
¶天皇

民部卿法印　みんぶきょうほういん
⇒前田玄以(まえだげんい)

民部内侍*　みんぶのないし
生没年不詳　平安時代中期の女房・歌人。
¶古人

旻法師　みんほうし
⇒旻(みん)

珉里　みんり
江戸時代中期の俳諧師。江戸浅草蔵前の札差で大通として知られる。
¶俳文(生没年不詳)

【む】

無為信　むいしん
⇒無為信房(むいしんぼう)

無為信房*　むいしんぼう
文治2(1186)年～文永1(1264)年　[別]無為信(むいしん)　鎌倉時代前期の親鸞二十四輩の一。
¶古人

無隠元晦*　むいんげんかい
?～正平13/延文3(1358)年　[別]元晦(げんかい)　南北朝時代の臨済宗幻住派の僧。
¶コン,対外

無我　むが
⇒隆寛(りゅうかん)

向角兵衛　むかいかくびょうえ
江戸時代前期の黒田孝高・田丸直茂・町野幸和・加藤嘉明・明成・保科正之の家臣。
¶大坂

向景乙　むかいかげおと
⇒朝倉駿河守(あさくらするがのかみ)

向井去来*　むかいきょらい
慶安4(1651)年～宝永1(1704)年　[別]去来(きょらい)　江戸時代前期～中期の俳人。「猿蓑」の編集に従事。
¶江人(去来　きょらい),コン,詩作([没]宝永1(1704)年9月10日),日文(去来　きょらい),俳文(去来　きょらい　[没]宝永1(1704)年9月10日)

向井勤成　むかいきんせい
江戸時代後期～明治時代の眼科医。
¶眼医([生]天保1(1830)年　[没]明治38(1905)年)

向井元升*　むかいげんしょう
慶長14(1609)年～延宝5(1677)年　江戸時代前期の医師、儒者。
¶江人,科学([生]慶長14(1609)年2月2日　[没]延宝5(1677)年11月1日),コン,思想,植物([生]慶長14(1609)年2月2日　[没]延宝5(1677)年11月1日),対外

向井元成　むかいげんせい
⇒向井魯町(むかいろちょう)

向井将監*　むかいしょうげん
天正10(1582)年～寛永18(1641)年　[別]向井忠勝(むかいただかつ)　江戸時代前期の旗本。幕府の船手頭。
¶徳人(向井忠勝　むかいただかつ)

向井忠勝　むかいただかつ
⇒向井将監(むかいしょうげん)

向館登*　むかいだてのぼる
?～慶応4(1868)年1月6日　江戸時代後期～末期の新撰組隊士。
¶新隊([没]明治1(1868)年1月6日)

向井千子　むかいちね
⇒千子(ちね)

無匡尼　むがいに
江戸時代後期の女性。俳諧。但馬湯村の俳人森田因山の妻。天明8年刊、因山の不惑記念句集『老の柳』に載る。
¶江表(無匡尼(兵庫県))

無外如大*　むがいにょだい
生没年不詳　鎌倉時代前期の女性。尼僧。
¶思想(無外如大尼　むがいにょだいに　[生]貞応2(1223)年　[没]永仁6(1298)年),女史([生]1223年　[没]1298年)

無外坊燕説*　むがいぼうえんせつ
寛文11(1671)年～寛保3(1743)年　[別]燕説(えんせつ)　江戸時代中期の俳人。
¶俳文(燕説　えんせつ　[生]寛文10(1670)年　[没]寛保3(1743)年9月19日)

向井正重　むかいまさしげ
戦国時代～安土桃山時代の海賊衆。
¶武田([生]永正16(1519)年　[没]天正7(1579)年9月19日)

向井正綱*(向井政綱)　むかいまさつな
弘治3(1557)年～寛永2(1625)年　戦国時代～江戸時代前期の武将。
¶武田(向井政綱　[生]弘治2(1556)年　[没]寛永1(1624)年3月26日)

向井政暉　むかいまさてる
江戸時代前期～中期の幕臣。
¶徳人([生]1684年　[没]1739年)

向山出雲守　むかいやまいずものかみ
戦国時代の武田氏家臣。
¶武田(生没年不詳)

向山源五左衛門尉　むかいやまげんござえもんのじょう
戦国時代の北条氏政正室黄梅院殿の付家臣。
¶武田（生没年不詳）

向山監物　むかいやまけんもつ
戦国時代～安土桃山時代の武田氏の家臣。
¶武田（[生]天文20（1551）年？　[没]天正3（1575）年5月21日）

向山新三　むかいやましんぞう
安土桃山時代の武田氏の家臣、菊姫の付家臣。
¶武田（生没年不詳）

向山主税助　むかいやまちからのすけ
戦国時代の武田氏の家臣。
¶武田（生没年不詳）

向山縄満　むかいやまつなみつ
戦国時代の武田氏の家臣。
¶武田（生没年不詳）

向山虎継　むかいやまとらつぐ
戦国時代の武田氏の家臣。
¶武田（生没年不詳）

向山中務丞　むかいやまなかつかさのじょう
安土桃山時代の武田氏の家臣。
¶武田（[生]？　[没]天正8（1580）年6月27日）

向山又七郎　むかいやままたしちろう
⇒向山又七郎（むこやままたしちろう）

向井魯町*　むかいろちょう
明暦2（1656）年～享保12（1727）年　[別]向井元成（むかいげんせい），魯町（ろちょう）　江戸時代前期～中期の儒者、俳人。長崎聖堂の祭主。
¶コン，俳文（魯町　ろちょう　[生]明暦2（1658）年　[没]享保12（1727）年2月9日）

向井和平〔2代〕　むかいわへい
江戸時代後期～明治時代の陶業家。
¶美工（[生]天保13（1842）年11月12日　[没]明治37（1904）年10月9日）

無学祖元*　むがくそげん，むかくそげん
南宋・宝慶2（1226）年～弘安9（1286）年9月3日　[別]円満常照国師（えんまんじょうしょうこくし），子元（しげん），祖元（そげん），仏光国師（ぶっこうこくし），仏光禅師（ぶっこうぜんじ）　鎌倉時代後期の南宋の渡来僧。円覚寺の開山。
¶コン（[生]嘉禄2（1226）年），詩作（祖元　そげん　[生]宝慶2（1226）年），思想（[生]嘉禄2（1226）年），対外，中世（むかくそげん），内乱（[生]嘉禄2（1226）年），山小（[没]1289年9月3日）

六笠彦三郎　むかさひこさぶろう
安土桃山時代の高天神籠城衆。
¶武田（[生]？　[没]天正9（1581）年3月22日）

百足屋善兵衛*　むかでやぜんべえ
生没年不詳　安土桃山時代の曲舞の演者。
¶コン

武川久兵衛　むかわきゅうべえ
⇒飛騨屋久兵衛（ひだやきゅうべえ）

武河実吉　むかわさねよし
戦国時代の上野国衆国峰小幡氏の家臣。
¶武田（生没年不詳）

武河高行　むかわたかゆき
戦国時代の上野国衆国峰小幡氏の家臣。
¶武田（生没年不詳）

武川信臣*　むかわのぶおみ
弘化2（1845）年～明治1（1868）年　江戸時代末期の陸奥会津藩士。
¶幕末（[没]明治1（1868）年10月9日）

無関　むかん
⇒無関普門（むかんふもん）

無関玄悟　むかんげんご
⇒無関普門（むかんふもん）

無関普門*　むかんふもん
建暦2（1212）年～正応4（1291）年　[別]玄悟（げんご），大明国師（だいみんこくし），普門（ふもん），無関（むかん），無関玄悟（むかんげんご）　鎌倉時代後期の臨済宗聖一派の僧。越後華報寺を開創。
¶コン，対外（無関玄悟　むかんげんご），中世（普門　ふもん）

無極志玄*　むきょくしげん
弘安5（1282）年～正平14/延文4（1359）年2月16日　[別]志玄（しげん），仏慈禅師（ぶつじぜんじ），無極志玄（むごくしげん）　鎌倉時代後期～南北朝時代の臨済宗夢窓派の僧。天竜寺2世。
¶コン

むく
江戸時代中期の女性。俳諧。伊賀の人。元禄11年刊、槐本諷竹編『淡路島』下に載る。
¶江表（むく（三重県））

無空*　むくう
？～延喜18（918）年　平安時代前期～中期の真言宗の僧。真然に師事。金剛峰寺座主。
¶古人（[没]916年），コン

むく子　むくこ★
江戸時代後期の女性。和歌。松代藩藩士大草玄常の妻。文化6年木島菅麿編「松廼百枝」に載る。
¶江表（むく子（長野県））

椋梨一雪*　むくなしいっせつ
寛永8（1631）年～＊　[別]一雪（いっせつ）　江戸時代前期～中期の俳人、説話作者。
¶俳文（一雪　いっせつ　[没]宝永6（1709）年頃）

椋梨藤太*　むくなしとうた
文化2（1805）年～慶応1（1865）年　江戸時代末期の長州（萩）藩士、右筆明倫館用掛。
¶コン，全幕，幕末（[没]慶応1（1865）年閏5月28日）

椋木潜*　むくのきひそむ
文政11（1828）年～大正1（1912）年　江戸時代末期～明治時代の儒学者、津和野藩士。和宮降嫁の阻止、坂下門外の変などに関与。
¶コン（[没]明治45（1912）年），幕末（[生]文政11（1828）年11月10日　[没]明治45（1912）年1月25日）

椋政　むくまさ
江戸時代前期の画家、もしくは工房。17世紀前半を中心に積極的に風俗画の制作を手がけていた。
¶浮絵

むくら
江戸時代後期の女性。俳諧。八尾の人。文政2年刊、茯田一蓬編『葛の実』に載る。
¶江表（むくら（富山県））

夢月院　むげついん
江戸時代中期の徳川家宣の長男。

¶德将（㋐1699年　㋑1699年）

身毛広　むげつのひろ
⇒身毛君広（むげのきみひろ）

身毛君広*　むげのきみひろ
㋕身毛広（むげつのひろ，むげのひろ）　飛鳥時代の壬申の乱の功臣。
¶古人（身毛広　むげつのひろ　生没年不詳），古代

身毛君大夫*　むげのきみますらお
上代の武士。雄略天皇の臣。
¶古代

身毛広　むげのひろ
⇒身毛君広（むげのきみひろ）

向坂弥平治*　むこうさかやへいじ
天保10（1839）年～明治17（1884）年　江戸時代末期～明治時代の篤志家、旧家の八代目。資産の大半を投じて大井川橋を完成させた。
¶幕末

向田暁昌　むこうだぎょうしょう
江戸時代後期～明治時代の和算家。桐生梅田の人。
¶数学（㋐文政3（1820）年　㋑明治17（1884）年）

向原次郎左衛門　むこうはらじろうざえもん
安土桃山時代の相模国新城主北条氏忠の家臣。
¶後北（次郎左衛門〔向原〕　じろうざえもん）

向原政秀*　むこうはらまさひで
生没年不詳　戦国時代の北条氏の家臣。
¶後北（政秀〔向原〕　まさひで）

向原山城守*　むこうはらやましろのかみ
生没年不詳　戦国時代の北条氏の家臣。
¶後北（山城守〔向原〕　やましろのかみ）

向山一履　むこうやまかずふみ
⇒向山黄村（むこうやまこうそん）

向山源太夫　むこうやまげんだゆう
⇒向山誠斎（むこうやませいさい）

向山黄村*　むこうやまこうそん
文政9（1826）年～明治30（1897）年8月12日　㋕向山一履（むこうやまかずふみ）　江戸時代末期～明治時代の幕臣、漢詩人。駐仏全権公使としてパリ万国博に参加。
¶コン, 詩作（㋐文政9（1826）年1月13日），德将, 德人, 幕末（㋐文政9（1826）年1月13日）

向山誠斎*　むこうやませいさい
享和1（1801）年～安政3（1856）年10月　㋕向山源太夫（むこうやまげんだゆう）　江戸時代末期の考証学者、幕臣。史料集「誠斎雑記及雑綴」を編纂。
¶コン, 德人（㋐1810年）

向山正盛　むこうやままさもり
安土桃山時代～江戸時代前期の代官。
¶德代（㋐永禄9（1566）年　㋑寛文2（1662）年11月14日）

無極志玄　むごくしげん
⇒無極志玄（むきょくしげん）

無骨*　むこつ
生没年不詳　平安時代中期の芸能者。
¶古人

向山甚五郎　むこやまじんごろう
戦国時代～安土桃山時代の三田綱定・北条氏照の

家臣。
¶後北（甚五郎〔向山（1）〕　じんごろう）

向山又七郎*　むこやままたしちろう
生没年不詳　㋕向山又七郎（むかいやままたしちろう）　戦国時代の甲斐武田晴信の家臣。
¶後北（又七郎〔向山（2）〕　またしちろう），武田（むかいやままたしちろう）

武蔵*(1)　むさし
生没年不詳　平安時代前期の歌人。班子女王の女房。
¶古人

武蔵(2)　むさし
安土桃山時代の信濃国筑摩郡青柳の土豪。麻績氏の被官とみられる。
¶武田（生没年不詳）

武蔵有国*　むさしありくに
生没年不詳　㋕武蔵有国（むさしのありくに）　平安時代後期の武士。平家方の侍大将。
¶古人（むさしのありくに）

武蔵潟伊之助*　むさしがたいのすけ
天保12（1841）年～明治23（1890）年　江戸時代後期～明治時代の力士。
¶幕末（㋑明治23（1890）年10月27日）

武蔵三郎左衛門有国　むさしさぶろうざえもんありくに
平安時代後期の侍大将。
¶平家（生没年不詳）

武蔵石寿*　むさしせきじゅ
*～万延1（1860）年　江戸時代中期～後期の貝類研究家。「目八譜」の著者。
¶科学（㋐明和3（1766）年），コン（㋐明和3（1766）年），德人（㋐1766年）

武蔵大掾忠広　むさしだいじょうただひろ
⇒肥前忠吉〔1代〕（ひぜんただよし）

武蔵大掾忠吉　むさしだいじょうただよし
⇒肥前忠吉〔1代〕（ひぜんただよし）

武蔵武芝　むさしたけしば
⇒武蔵武芝（むさしのたけしば）

武蔵有国　むさしのありくに
⇒武蔵有国（むさしありくに）

武蔵家刀自*　むさしのいえとじ
？～延暦6（787）年　㋕武蔵宿禰家刀自（むさしのすくねいえとじ）　奈良時代の女官。
¶古人, 古代（武蔵宿禰家刀自　むさしのすくねいえとじ）

武蔵野検校*　むさしのけんぎょう
文政1（1818）年～明治20（1887）年　江戸時代末期～明治時代の鍼医師。和田春好について鍼医を学び、総晴検校に昇る。
¶幕末（㋐文化15（1818）年1月　㋑明治20（1887）年9月）

武蔵宿禰家刀自　むさしのすくねいえとじ
⇒武蔵家刀自（むさしのいえとじ）

武蔵大掾忠広　むさしのだいじょうただひろ
⇒肥前忠吉〔1代〕（ひぜんただよし）

武蔵武芝*　むさしのたけしば
生没年不詳　㋕武蔵武芝（むさしたけしば）　平安時代中期の豪族。
¶古人

武蔵多利丸* むさしのたりまる
生没年不詳　奈良時代～平安時代前期の仏師。
¶古人(むさしのたりまる(ろ)),美建

武蔵坊弁慶 むさしぼうべんけい
⇒弁慶(べんけい)

身狭青* むさのあお
[別]身狭村主青(むさのすぐりあお)　上代の外交使節。雄略天皇の寵臣。
¶古代(身狭村主青　むさのすぐりあお),対外

身狭村主青 むさのすぐりあお
⇒身狭青(むさのあお)

無三* むさん
？～寛政12(1800)年9月29日　江戸時代中期～後期の俳人。
¶俳文

無参* むさん
天明2(1782)年～嘉永4(1851)年　江戸時代後期の僧。
¶幕末

毋必 むしつ
江戸時代中期の俳諧師。美濃国岐阜の鷗歩の次男。石川家に入婿。
¶俳文([生]享保4(1719)年　[没]天明5(1785)年1月18日)

無著道忠* むじゃくどうちゅう
承応2(1653)年～延享1(1744)年　[別]道忠(どうちゅう),無著道忠(むちゃくどうちゅう)　江戸時代前期～中期の臨済宗の僧。
¶江人,コン(むちゃくどうちゅう)

武者小路公香* むしゃのこうじきんか
文政11(1828)年～明治9(1876)年　江戸時代末期～明治時代の公家、兼上総権介。条約幕府委任反対の八十八卿列参に参加。
¶幕末([生]文政11(1828)年9月26日　[没]明治9(1876)年9月12日)

武者小路公隆* むしゃのこうじきんたか
天明5(1785)年6月17日～安政2(1855)年4月20日　江戸時代後期の公家(権大納言)。従四位上・左兵衛佐武者小路実純の子。
¶公卿,公家(公隆〔武者小路家〕　きんなが)

武者小路公野* むしゃのこうじきんや
元禄1(1688)年10月3日～寛保3(1743)年12月6日　江戸時代中期の公家(権中納言)。准大臣武者小路実陰の子。
¶公卿,公家(公野〔武者小路家〕　きんや　[没]寛保3(1743)年6月29日)

武者小路実岳 むしゃのこうじさねおか
⇒武者小路実岳(むしゃのこうじさねたけ)

武者小路実陰* むしゃのこうじさねかげ
寛文1(1661)年～元文3(1738)年9月30日　江戸時代中期の歌人・公家(准大臣)。刑部大輔藤原実信の子。
¶公卿([生]寛文1(1661)年11月1日),公家(実陰〔武者小路家〕　さねかげ　[生]寛文1(1661)年11月1日),コン

武者小路実岳* むしゃのこうじさねたけ
享保6(1721)年～宝暦10(1760)年　[別]武者小路実岳(むしゃのこうじさねおか)　江戸時代中期の歌人・公家(非参議)。権中納言武者小路公野の子。
¶公卿([生]享保6(1721)年10月20日　[没]宝暦10(1760)年8月12日),公家(実岳〔武者小路家〕　さねをか　[生]享保6(1721)年10月20日　[没]宝暦10(1760)年8月12日)

武者小路実建* むしゃのこうじさねたけ
文化7(1810)年～文久3(1863)年　江戸時代末期の公家(非参議)。権大納言武者小路公隆の子。
¶公卿([生]文化7(1810)年2月30日　[没]文久3(1863)年6月24日),公家(実建〔武者小路家〕　さねたけ　[生]文化7(1810)年2月30日　[没]文久3(1863)年6月24日),幕末([生]文化7(1810)年2月30日　[没]文久3(1863)年6月24日)

武者小路資俊* むしゃのこうじすけとし
？～応永5(1398)年2月　南北朝時代～室町時代の公卿(権大納言)。右少弁房光の子。
¶公卿,公家(資俊〔武者小路家(絶家)〕　すけとし)

武者小路資世* むしゃのこうじすけよ
応永25(1418)年～延徳2(1490)年6月12日　室町時代～戦国時代の公卿(権大納言)。権大納言武者小路俊宗の子。
¶公卿,公家(資世〔武者小路家(絶家)〕　すけよ)

武者小路俊宗* むしゃのこうじとしむね
元中4/嘉慶1(1387)年～文安5(1448)年　室町時代の公卿(権大納言)。権大納言武者小路資俊の子。
¶公卿([生]嘉慶1/元中4(1387)年),公家(俊宗〔武者小路家(絶家)〕　としむね)

武者小路教光*(武者小路敬光) むしゃのこうじのりみつ
正中2(1325)年～天授4/永和4(1378)年　南北朝時代の公卿(権中納言)。権大納言柳原資明の子。
¶公卿([没]永和4/天授4(1378)年7月24日),公家(教光〔武者小路家(絶家)〕　のりみつ　[没]永和4(1378)年7月24日)

武者小路縁光* むしゃのこうじよりみつ
嘉吉1(1441)年～大永4(1524)年8月24日　室町時代～戦国時代の公卿(権大納言)。権大納言武者小路資世の子。
¶公卿,公家(縁光〔武者小路家(絶家)〕　よりみつ)

無住* むじゅう
嘉禄2(1226)年～正和1(1312)年　[別]一円(いちえん),一円房(いちえんぼう),大円国師(だいえんこくし),道暁(どうぎょう),無住一円(むじゅういちえん),無住道暁(むじゅうどうぎょう)　鎌倉時代後期の臨済宗聖一派の僧。仏教説話集「沙石集」の著者。
¶コン(無住一円　むじゅういちえん),思想(無住道暁　むじゅうどうぎょう),中世,山小([生]1226年12月28日　[没]1312年10月10日)

無住一円 むじゅういちえん
⇒無住(むじゅう)

無住道暁 むじゅうどうぎょう
⇒無住(むじゅう)

無生* むしょう
生没年不詳　鎌倉時代の僧、連歌師。
¶俳文

無染尼 むせんに★
江戸時代中期の女性。俳諧。京都の人。宝永4年刊『宝永四年歳旦』に載る。
¶江表(無染尼(京都府))

夢窓 むそう
⇒夢窓疎石(むそうそせき)

無相　むそう
⇒文雄（もんのう）

無相子　むそうし
⇒文雄（もんのう）

夢窓疎石*　むそうそせき
建治1（1275）年〜正平6/観応2（1351）年　[別]玄猷国師（げんゆうこくし），正覚心宗国師（しょうかくしんそうこくし），正覚国師（しょうがくこくし），疎石（そせき），大円国師（だいえんこくし），普済国師（ふさいこくし），仏統国師（ぶっとうこくし），夢窓（むそう）　鎌倉時代後期〜南北朝時代の臨済宗の僧。足利尊氏の帰依をうけ天竜寺を開山。
¶コン，思想（[没]観応2/正平6（1351）年），内乱（[没]観応2（1351）年），俳文（[没]観応2（1351）年9月30日），室町，山小（[没]1351年9月30日）

無相大師　むそうだいし
⇒関山慧玄（かんざんえげん）

牟田久次　むたきゅうじ
江戸時代後期〜明治時代の型紙彫刻師。
¶美工（[生]弘化4（1847）年　[没]明治35（1902）年5月）

牟田隆伯*　むたたかのり
文政1（1818）年〜元治1（1864）年　江戸時代末期の医師。
¶幕末（[没]元治1（1864）年10月27日）

無著道忠　むちゃくどうちゅう
⇒無著道忠（むじゃくどうちゅう）

無腸　むちょう
⇒上田秋成（うえだあきなり）

武都　むつ
江戸時代の女性。和歌。彦根の大鳥居氏。明治13年刊、服部春樹編『筱並集』下に載る。
¶江表（武都（滋賀県））

正月王　むつきおう
⇒正月王（むつきのおう）

正月王*　むつきのおう
[別]正月王（むつきおう）　奈良時代の皇族。
¶古人（むつきおう　生没年不詳），古代

むつ子　むつこ*
江戸時代後期の女性。和歌。徳川家の奥女中。文化11年刊、中山忠雄・河田正致編『柿本社奉納和歌集』に載る。
¶江表（むつ子（東京都））

睦子(1)　むつこ*
江戸時代の女性。和歌。長岡氏。明治4年刊、『不知火歌集』に載る。
¶江表（睦子（熊本県））

睦子(2)　むつこ*
江戸時代中期の女性。和歌。備中倉敷の成羽屋黒瀬普仙と智秀の娘。
¶江表（睦子（岡山県）　[没]安永3（1774）年）

睦子(3)　むつこ*
江戸時代後期の女性。和歌。飛驒古川の野村信輔の妹。嘉永5年刊、長沢伴雄編『類題鴨川四郎集』に載る。
¶江表（睦子（岐阜県））

睦子(4)　むつこ*
江戸時代後期の女性。狂歌。備中板倉の人。文政9年、編者不明の「ざれ歌」に肖像画と載る。
¶江表（睦子（岡山県））

陸奥子　むつこ*
江戸時代後期の女性。和歌。豊後杵築の人。
¶江表（陸奥子（大分県）　[没]天保6（1835）年）

穆子内親王　むつこないしんのう
⇒穆子内親王（ぼくしないしんのう）

陸奥侍従　むつじじゅう
⇒佐々成政（さっさなりまさ）

むつ女　むつじょ*
江戸時代後期の女性。俳諧。藤田の人。天明8年成立、雪亭五味葛里編、芭蕉翁150年忌追悼集『農おとこ』に載る。
¶江表（むつ女（山梨県））

睦の御方　むつのおかた
江戸時代前期の女性。大坂城の女房衆。
¶大坂（[没]慶長20年5月8日）

陸奥国前采女　むつのくにのさきのうねめ
⇒前采女（さきのうねめ）

六浦女　むつらじょ*
江戸時代末期の女性。和歌。紀州藩藩士塩谷藤八暉貴の娘。文久2年刊、西田惟恒編『文久二年八百首』に載る。
¶江表（六浦女（和歌山県））

陸奥亮子　むつりょうこ
江戸時代末期〜明治時代の女性。陸奥宗光の妻。
¶全幕（[生]安政3（1856）年　[没]明治33（1900）年）

武藤某*　むとう
？〜元亀1（1570）年9月20日　戦国時代〜安土桃山時代の織田信長の家臣。
¶織田

武藤恪弥*　むとうかくや
天保10（1839）年〜大正9（1920）年　江戸時代末期〜大正時代の会津藩士。禁門の変や鳥羽・伏見の戦、会津戦争に参加。記録に「被仰聞之扣」がある。
¶幕末（[没]大正9（1920）年10月9日）

武藤鬼一　むとうきいち
江戸時代後期〜明治時代の衝撃隊一番小隊長、士族。奥州安達郡鈴平村出身。のち利直。
¶幕末（[生]天保9（1838）年9月19日　[没]明治35（1902）年5月27日）

武藤喜兵衛　むとうきへえ
⇒真田昌幸（さなだまさゆき）

武藤刑部　むとうぎょうぶ
安土桃山時代の高天神籠城衆。
¶武田（[生]？　[没]天正9（1581）年3月22日）

武藤舜秀　むとうきよひで
⇒武藤舜秀（むとうしゅんしゅう）

武藤九郎兵衛　むとうくろ（う）びょうえ
安土桃山時代〜江戸時代前期の武士。細川幽斎に仕え、後に大坂籠城。落城後、堀田正盛に仕官。
¶大坂

武藤五郎右衛門*　むとうごろうえもん
生没年不詳　安土桃山時代の織田信長の家臣。
¶織田

む

武藤三郎左衛門尉* むとうさぶろうさえもんのじょう
生没年不詳 戦国時代の武田氏の家臣。
¶武田

無等周位* むとうしゅうい
生没年不詳 南北朝時代の画僧。夢窓国師の侍者。
¶美画

武藤舜秀* むとうしゅんしゅう
？～天正7(1579)年 [別]武藤舜秀(むとうきよひで) 戦国時代～安土桃山時代の武将。織田氏家臣。
¶織田(むとうきよひで [没]天正7(1579)年7月3日),全戦(むとうきよひで)

武藤資能 むとうすけよし
⇒少弐資能(しょうにすけよし)

武藤資頼* むとうすけより
永暦1(1160)年～安貞2(1228)年 [別]少弐資頼(しょうにすけより) 平安時代後期～鎌倉時代前期の大宰少弐。筑前、豊前、肥前、対馬各国守護。
¶コン(生没年不詳)

武藤善吉* むとうぜんきち
文化13(1816)年～慶応1(1865)年 江戸時代末期の水戸藩士。
¶幕末([没]慶応1(1865)年10月25日)

武藤忠信* むとうただのぶ
文化11(1814)年～明治22(1889)年 江戸時代末期～明治時代の笠間藩士。
¶幕末([没]明治22(1889)年4月24日)

武藤常昭* むとうつねあき
？～？ [別]武藤常昭(むとうつねのぶ) 戦国時代～安土桃山時代の武士。武田氏家臣。
¶全戦(むとうつねのぶ 生没年不詳),武田(生没年不詳)

武藤経資 むとうつねすけ
⇒少弐経資(しょうにつねすけ)

武藤常昭 むとうつねのぶ
⇒武藤常昭(むとうつねあき)

武塔天神 むとうてんじん
⇒牛頭天王(ごずてんのう)

武藤東四郎* むとうとうしろう
天保1(1830)年～明治38(1905)年 [別]武藤東四郎(ぶとうとうしろう) 江戸時代末期～明治時代の武士、官吏。
¶幕末(ぶとうとうしろう [生]天保1(1830)年8月3日 [没]明治38(1905)年8月24日)

武藤藤太* むとうとうた
文政10(1827)年11月6日～明治23(1890)年6月10日 江戸時代後期～明治時代の神官。
¶幕末

武藤友益* むとうともます
生没年不詳 戦国時代の武将。
¶織田

武藤直達* むとうなおたつ
生没年不詳 江戸時代中期の和算家。
¶数学

武藤信堯* むとうのぶたか
？～天文19(1550)年 戦国時代の武田氏の家臣。
¶武田([没]天文19(1550)年10月1日？)

武藤白尼* むとうはくに
*～寛政4(1792)年 [別]白尼(はくに) 江戸時代中期の俳人。
¶俳文(白尼 はくに [生]宝永6(1709)年 [没]寛政4(1792)年8月9日)

武藤巴雀* むとうはじゃく
貞享3(1686)年～宝暦2(1752)年 [別]巴雀(しょうじゃく,はじゃく) 江戸時代中期の俳人。
¶俳文(巴雀 はじゃく [没]宝暦2(1752)年6月20日)

武藤又三郎* むとうまたさぶろう
江戸時代末期の新撰組隊士。
¶新隊(生没年不詳)

武藤三河守* むとうみかわのかみ
生没年不詳 戦国時代の武田氏の家臣。
¶武田

武藤光清 むとうみつきよ
安土桃山時代の武蔵国滝山城主北条氏照の家臣。半六郎。
¶後北(光清〔武藤〕 みつきよ)

武藤致和* むとうむねかず
寛保1(1741)年～文化10(1813)年 [別]武藤致和(むとうよしかず) 江戸時代中期～後期の土佐藩士、学者。
¶コン

武藤元良* むとうもとよし
天明8(1788)年～安政5(1858)年 江戸時代後期の加賀藩士。
¶幕末([没]安政4(1858)年12月)

武藤安成 むとうやすなり
戦国時代～江戸時代前期の幕臣。
¶徳人([生]1556年 [没]1624年)

武藤安信 むとうやすのぶ
江戸時代前期の幕臣。
¶徳人([生]？ [没]1666年)

武藤康秀* むとうやすひで
生没年不詳 安土桃山時代の織田信長の家臣。
¶織田

武藤義氏 むとうよしうじ
⇒大宝寺義氏(だいほうじよしうじ)

武藤義興 むとうよしおき
⇒大宝寺義興(だいほうじよしおき)

武藤致和 むとうよしかず
⇒武藤致和(むとうむねかず)

武藤義勝 むとうよしかつ
⇒大宝寺義勝(だいほうじよしかつ)

六人部王 むとべおう
⇒六人部王(むとべのおおきみ)

六人部王 むとべのおう
⇒六人部王(むとべのおおきみ)

六人部王*(身人部王) むとべのおおきみ
？～天平1(729)年 [別]六人部王(むとべおう,むとべのおう) 飛鳥時代～奈良時代の皇族、官人。
¶古人(むとべおう),古代

六人部鯖麻呂* むとべのさばまろ
[別]六人部連鯖麻呂(むとべのむらじさばまろ) 奈

良時代の万葉歌人。
¶古代（六人部連鯖麻呂　むとべのむらじさばまろ）

身人部恒任　むとべのつねとう
平安時代後期の官人。
¶古人（生没年不詳）

六人部得近　むとべのとくちか
平安時代後期の官人。
¶古人（生没年不詳）

身人部仲重　むとべのなかしげ
平安時代中期の官人。
¶古人（[生]？　[没]1012年）

身人部信武　むとべののぶたけ
平安時代中期の随身。寛仁3年藤原実資の随身。
¶古人（生没年不詳）

六人部連鯖麻呂　むとべのむらじさばまろ
⇒六人部鯖麻呂（むとべのさばまろ）

身人部保友　むとべのやすとも
平安時代中期の随身。寛弘2年右近番長で藤原道長の随身。
¶古人（[生]？　[没]1005年）

身人部如光　むとべのゆきみつ
平安時代中期の官人。
¶古人（生没年不詳）

六人部是香*　むとべよしか
文化3（1806）年～文久3（1863）年　江戸時代末期の国学者、神道家、歌学者。平田派関西の重鎮。
¶コン，思想

宗像氏国*　むなかたうじくに
生没年不詳　鎌倉時代前期の神官。
¶古人

宗像氏貞*　むなかたうじさだ
＊～天正14（1586）年　安土桃山時代の神主・神官。大内氏家臣。
¶全戦（[生]天文14（1545）年）

宗像氏俊*　むなかたうじとし
？～文中1/応安5（1372）年　南北朝時代の神官。
¶室町（生没年不詳）

宗像氏能　むなかたうじよし
平安時代中期の第4代筑前京像宮司。父は清氏。
¶古人（生没年不詳）

宗形王（1）　むなかたおう
奈良時代の官人。
¶古人（生没年不詳）

宗形王（2）　むなかたおう
奈良時代の官人。
¶古人（生没年不詳）

宗像金蔵*　むなかたきんぞう
文化2（1805）年～明治2（1869）年　江戸時代末期の謡曲師匠。
¶幕末（[没]明治2（1869）年11月1日）

棟方玄栄　むなかたげんえい
⇒棟方玄栄（むねかたげんえい）

宗形善蔵*　むなかたぜんぞう
文化9（1812）年～明治26（1893）年　江戸時代末期～明治時代の商人。糸問屋を開始。針道産の生糸を全国に広める。
¶幕末（[生]文化9（1812）年1月　[没]明治28（1895）年3月27日）

宗形朝臣鳥麻呂*　むなかたのあそんとりまろ
[別]宗形鳥麻呂（むなかたのとりまろ）　奈良時代の豪族。
¶古代

宗形朝臣深津*　むなかたのあそんふかつ
[別]宗形深津（むなかたのふかつ）　奈良時代の大領。
¶古代

胸形尼子娘*　むなかたのあまこのいらつめ
生没年不詳　[別]胸形尼子娘（むながたのあまこのむすめ）　飛鳥時代の女性。天武天皇の宮人。
¶コン，天皇（むながたのあまこのむすめ）

胸形尼子娘　むながたのあまこのむすめ
⇒胸形尼子娘（むなかたのあまこのいらつめ）

宗像神（1）　むなかたのかみ
⇒湍津姫命（たぎつひめのみこと）

宗像神（2）　むなかたのかみ
⇒田霧姫命（たきりびめのみこと）

胸形君徳善*　むなかたのきみとくぜん
飛鳥時代の天武天皇の宮人尼子娘の父。
¶古代

宗形鳥麻呂　むなかたのとりまろ
⇒宗形朝臣鳥麻呂（むなかたのあそんとりまろ）

宗形深津　むなかたのふかつ
⇒宗形朝臣深津（むなかたのあそんふかつ）

宗形部津麻呂*　むなかたべのつまろ
奈良時代の筑前宗像郡の百姓。
¶古代

無難　むなん
⇒至道無難（しどうぶなん）

むね（1）
江戸時代中期の女性。俳諧。石見吹野の人。天明7年刊、時雨庵祐阿編『飛梅集』に載る。
¶江表（むね（島根県））

むね（2）
江戸時代末期の女性。俳諧。越後下新の人。安政5年刊、松岡茶山編『常磐集』一七に載る。
¶江表（むね（新潟県））

宗　むね
江戸時代後期～明治時代の女性。書・書簡。筑前福岡藩儒学者亀井昭陽の娘。
¶江表（宗（福岡県）　[生]文化11（1814）年　[没]明治27（1894）年）

宗岳大頼*　むねおかおおより
生没年不詳　[別]宗岳大頼（むねおかのおおより）　平安時代前期の官人、歌人。
¶古人（むねおかのおおより）

宗岡佐渡　むねおかさど
江戸時代前期の代官。
¶徳代（[生]？　[没]慶長18（1613）年3月16日）

宗岡成武　むねおかしげたけ
平安時代後期の官人。
¶古人（生没年不詳）

宗岡利武　むねおかとしたけ
平安時代後期の官人。
¶古人（生没年不詳）

宗岳大頼　むねおかのおおより
⇒宗岳大頼（むねおかおおより）

宗岡数高　むねおかのかずただ
平安時代中期の官人。
¶古人（生没年不詳）

宗岳公能　むねおかのきんよし
平安時代中期の官人。
¶古人（生没年不詳）

宗岳国任　むねおかのくにとお
平安時代中期の官人。
¶古人（生没年不詳）

宗岡滋忠　むねおかのしげただ
平安時代中期の官人。
¶古人（生没年不詳）

宗岡為成　むねおかのためなり
平安時代中期の官人。
¶古人（生没年不詳）

宗岡弥右衛門　むねおかやえもん
江戸時代前期の代官。
¶徳代（[生]？　[没]寛永15（1638）年2月20日）

棟方玄栄*　むねかたげんえい
寛政10（1798）年～文久2（1862）年　[別]棟方玄栄（むなかたげんえい）　江戸時代末期の医師。
¶眼医（むなかたげんえい）

宗川茂弘*　むねかわしげひろ
寛政9（1797）年～明治15（1882）年　江戸時代末期～明治時代の教育者。維新後、余市開拓に参加。旧藩士や幼年者に学問を教える。
¶幕末（[没]明治15（1882）年6月6日）

宗川茂*　むねかわしげる
文化3（1806）年～文久2（1862）年　江戸時代末期の儒学者。
¶幕末（[没]文久2（1862）年8月14日）

宗子内親王（1）　むねこないしんのう
⇒宗子内親王（そうしないしんのう）

宗子内親王（2）　むねこないしんのう
⇒宗子内親王（そうしないしんのう）

統子内親王　むねこないしんのう
⇒上西門院（じょうさいもんいん）

棟貞王女　むねさだおうのむすめ
平安時代前期の女性。清和天皇更衣。
¶天皇（生没年不詳）

宗臣　むねしげ
⇒桑折宗臣（こおりむねしげ）

宗尊親王*　むねたかしんのう
仁治3（1242）年～文永11（1274）年　鎌倉時代前期の鎌倉幕府第6代の将軍（在職1252～1266）。後嵯峨天皇の子。初の皇族将軍として東下。
¶コン，詩作（[生]仁治3（1242）年11月22日　[没]文永11（1274）年8月1日），天皇（[生]寛元1（1243）年），中世，内乱，山小（[生]1242年11月22日　[没]1274年8月1日）

宗近*　むねちか
生没年不詳　[別]三条小鍛冶宗近（さんじょうこかじむねちか），三条宗近（さんじょうむねちか）　平安時代中期の山城国京三条の刀工。
¶古人（三条宗近　さんじょうむねちか），コン，美工

宗良親王*　むねながしんのう
応長1（1311）年～？　[別]尊澄（そんちょう），尊澄法親王（そんちょうほうしんのう，そんちょうほっしんのう），宗良親王（むねよししんのう）　南北朝時代の後醍醐天皇の皇子。
¶コン（むねよししんのう　[没]元中2/至徳2（1385）年），詩作（むねながしんのう，むねよししんのう），天皇（宗良親王（尊澄法親王）　むねよししんのう（そんちょうほうしんのう）　[没]元中2/至徳2（1385）年頃），中世（むねよししんのう），中世（むねよししんのう　[没]1381～1389年？），内乱（むねよししんのう　[没]元中2/至徳2（1385）年？），室町（むねよししんのう　[没]元中2/至徳2（1385）年），山小（むねよししんのう　[没]1385年8月10日）

統忠子*　むねのただこ
？～貞観5（863）年　[別]統朝臣忠子（すべのあそみただこ）　平安時代前期の女性。淳和天皇の皇女。
¶古人，天皇（統朝臣忠子　すべのあそみただこ　[没]貞観5（863）年1月25日）

宗春　むねはる
鎌倉時代前期の官人。
¶平家（生没年不詳）

致平親王*　むねひらしんのう
天暦5（951）年～長久2（1041）年　平安時代中期の村上天皇の皇子。
¶古人，コン，天皇（[没]長久2（1041）年2月20日/23日）

宗通の妻　むねみちのつま*
江戸時代後期の女性。俳諧。八木の人。天保3年刊、守村鶯卿編『女百人一句』に載る。
¶江表（宗通の妻（奈良県））

宗康親王*　むねやすしんのう
天長5（828）年～貞観10（868）年　平安時代前期の仁明天皇の皇子。
¶古人，古代

宗良親王　むねよししんのう
⇒宗良親王（むねながしんのう）

無能*　むのう
天和3（1683）年～享保4（1719）年　[別]学運（がくうん）　江戸時代中期の浄土宗の僧。
¶思想

夢仏*　むぶつ
生没年不詳　江戸時代中期の俳人。
¶俳文

無本覚心　むほんかくしん
⇒覚心（かくしん）

沼間孫兵衛　むまま ごべえ
安土桃山時代の織田信長の家臣。信長か信忠の馬廻。
¶織田（[生]？　[没]天正10（1582）年6月2日）

無々道人　むむどうじん
⇒沢田東江（さわだとうこう）

むめ（1）
江戸時代中期の女性。画。大和絵師西川照信の娘。延享初め頃の版本『絵本風雅七小町』に父の作画を

見習って絵師となったことが記されている。
¶江表(むめ(東京都))

むめ(2)
江戸時代中期の女性。俳諧。青沼の人。起早庵稲後が天明3年から6年間に編んだ歳旦集のうちの同5年の『乙巳歳旦』に載る。
¶江表(むめ(山梨県))

むめ(3)
江戸時代中期の女性。和歌。長嶺正克の妻。享保8年の「柿本大明神奉納和歌」に載る。
¶江表(むめ(島根県))

むめ(4)
江戸時代後期の女性。俳諧。寛政12年刊、不舎観其水ほか編、神谷玄武坊の三周忌追悼集『梅香炉』に載る。
¶江表(むめ(山形県))

むめ(5)
江戸時代後期の女性。教育。小島氏。
¶江表(むめ(東京都)　[生]文化14(1817)年頃)

むめ(6)
江戸時代後期の女性。教育。医師中山玄貞の妻。
¶江表(むめ(東京都)　[生]文政2(1819)年頃)

むめ(7)
江戸時代後期の女性。書。俳人水元其梁の娘。
¶江表(むめ(大阪府))

むめ(8)
江戸時代後期の女性。俳諧。但馬湯村の人。文化3年刊、森田因山編『三日の月影』に載る。
¶江表(むめ(兵庫県))

むめ(9)
江戸時代後期の女性。俳諧。長門長府の人。文政6年、田上菊舎71歳の長府での俳諧記録「星の硯 中」に載る。
¶江表(むめ(山口県))

武免子　むめこ★
江戸時代後期の女性。和歌。幕臣、小普請組天野清兵衛正次の娘。文政7年頃成立の「玉露童女追悼集」に載る。
¶江表(武免子(東京都))

むめ女(1)　むめじょ★
江戸時代後期の女性。俳諧。半田の人。天保14年成立『雲雀集』に載る。
¶江表(むめ女(徳島県))

むめ女(2)　むめじょ★
江戸時代末期～明治時代の女性。俳諧。浅川村の涼々庵其樟の妻。
¶江表(むめ女(徳島県)　[没]明治18(1885)年)

無文元選＊　むもんげんせん
元亨3(1323)年～元中7/明徳1(1390)年　[別]円明大師(えんみょうだいし)，元選(げんせん)，元選王(げんせんおう)，聖鑑国師(しょうかんこくし)　南北朝時代の臨済宗の僧。後醍醐天皇の皇子。
¶コン,対外,天皇(元選王　げんせんおう　[没]康応2/明徳1(1390)年)

武鑓重信＊　むやりしげのぶ
＊～天正19(1591)年　[別]武鑓典膳重信(むやりてんぜんしげのぶ)　戦国時代～安土桃山時代の武将。葛西氏家臣。
¶戦武([生]大永6(1526)年)

武鑓典膳重信　むやりてんぜんしげのぶ
⇒武鑓重信(むやりしげのぶ)

むら(1)
江戸時代中期の女性。俳諧。播磨福崎の俳人風声の妻。延享1年刊、井上寒瓜編『雪の棟』に載る。
¶江表(むら(兵庫県))

むら(2)
江戸時代後期の女性。和歌。天保9年刊、海野遊翁編『類題現存歌選』二に載る。
¶江表(むら(東京都))

むら(3)
江戸時代後期の女性。俳諧。本郷の人。文化2年刊、圃辛亭甘谷編『苗しろ』に載る。
¶江表(むら(富山県))

むら(4)
江戸時代後期の女性。俳諧。俳人並井至席の娘。寛政2年父没後は呉綾斉を継承した。
¶江表(むら(大阪府))

むら(5)
江戸時代末期～明治時代の女性。祐筆。下総布川の杉野善兵衛の娘。
¶江表(むら(茨城県)　[没]明治24(1891)年)

村井右近　むらいうこん
江戸時代前期の豊臣秀頼の家臣。
¶大坂

村井喜右衛門＊　むらいきうえもん
宝暦2(1752)年～文化1(1804)年　[別]村井喜右衛門(むらいきえもん)　江戸時代後期の漁師、オランダ沈没船引揚げの功労者。
¶対外(むらいきえもん)

村井喜右衛門　むらいきえもん
⇒村井喜右衛門(むらいきうえもん)

村井京助＊　むらいきょうすけ
文政4(1821)年～明治6(1873)年　[別]鍵屋(かぎや)，村井茂兵衛(むらいもへい，むらいもへえ)　江戸時代末期～明治時代の豪商。
¶幕末(村井茂兵衛　むらいもへえ　[生]文政4(1821)年5月11日　[没]明治6(1873)年5月23日)

村井琴山＊　むらいきんざん
享保18(1733)年～文化12(1815)年　江戸時代中期～後期の医師。医学館教授。
¶コン

村井源次郎＊　むらいげんじろう
天保8(1837)年～慶応1(1865)年　江戸時代末期の長門長府藩士。
¶幕末([没]元治2(1865)年1月5日)

村井古道＊　むらいこどう
天和1(1681)年～寛延2(1749)年　[別]古道(こどう)　江戸時代前期～中期の俳人、地誌家。
¶俳文(古道　こどう　[没]寛延2(1749)年10月14日)

村井貞勝＊　むらいさだかつ
？～天正10(1582)年6月2日　[別]春長軒(しゅんちょうけん)　安土桃山時代の武将。織田信長の臣。
¶織田,コン,全戦,戦武

村井貞成＊　むらいさだなり
？～天正10(1582)年6月2日　戦国時代～安土桃山

時代の織田信長の家臣。
¶織田, 全戦

村井十郎兵衛　むらいじゅうろ(う)びょうえ
江戸時代前期の尾張国愛知郡熱田の人。大坂の陣で籠城。
¶大坂([没]寛永14年12月20日)

村井将監*　むらいしょうげん
生没年不詳　[別]村井光清(むらいみつきよ)　安土桃山時代の織田信長の家臣。
¶織田(村井光清　むらいみつきよ)

村井新右衛門*　むらいしんえもん
？～天正10(1582)年6月2日　[別]村井宗信(むらいむねのぶ)　戦国時代～安土桃山時代の織田信長の家臣。
¶織田(村井宗信　むらいむねのぶ)

村井新四郎*　むらいしんしろう
生没年不詳　安土桃山時代の織田信長の家臣。
¶織田

村井助左衛門*　むらいすけざえもん
生没年不詳　[別]村井吉次(むらいよしつぐ)　安土桃山時代の織田信長の家臣。
¶織田(村井吉次　むらいよしつぐ)

村井漸　むらいすすむ
⇒村井中漸(むらいちゅうぜん)

村井清次*　むらいせいじ
？～天正10(1582)年6月2日　戦国時代～安土桃山時代の織田信長の家臣。
¶織田

村井清三*　むらいせいぞう
生没年不詳　安土桃山時代の織田信長の家臣。
¶織田

村井専次*　むらいせんじ
？～天正10(1582)年6月2日？　戦国時代～安土桃山時代の織田信長の家臣。
¶織田

村井中漸*　むらいちゅうぜん
宝永5(1708)年～寛政9(1797)年　[別]村井漸(むらいすすむ)　江戸時代中期の和算家、儒医。「開商点兵算法」「算法童子問」の著者。
¶数学(村井漸　むらいすすむ　[生]宝永5(1708)年6月16日　[没]寛政9(1797)年2月24日)

村井長在*　むらいながあきら
天保7(1836)年～明治26(1893)年7月21日　江戸時代末期～明治時代の加賀藩士。
¶幕末

村井長央*　むらいながなか
？～慶応4(1868)年8月20日　[別]村井長央(むらいながひろ)　江戸時代後期～末期の藩士。
¶数学(むらいながひろ)

村井長央　むらいながひろ
⇒村井長央(むらいながなか)

村井規正　むらいのりまさ
江戸時代中期～後期の和算家。大阪の昆布問屋。
¶数学([生]宝暦5(1755)年　[没]文化14(1817)年3月17日)

村井鳳洲*　むらいほうしゅう
*～明治7(1874)年　[別]鳳州, 鳳洲(ほうしゅう)　江戸時代末期～明治時代の俳人。
¶俳文(鳳州　ほうしゅう　[生]文化11(1814)年　[没]明治7(1874)年9月12日)

村井政礼*(村井正礼)　むらいまさのり
天保6(1835)年～慶応3(1867)年　[別]松延次郎(まつのぶじろう)　江戸時代末期の地下。
¶コン, 幕末([生]天保6(1835)年6月29日　[没]慶応3(1868)年12月12日)

村井昌弘*　むらいまさひろ
元禄6(1693)年～宝暦9(1759)年7月20日　江戸時代中期の兵法家、測量家。
¶数学

村井又左衛門*　むらいまたざえもん
生没年不詳　安土桃山時代の織田信長の家臣。
¶織田

村井又兵衛*　むらいまたべえ
生没年不詳　[別]村井吉忠(むらいよしただ)　安土桃山時代の織田信長の家臣。
¶織田(村井吉忠　むらいよしただ)

村井光清　むらいみつきよ
⇒村井将監(むらいしょうげん)

村井宗信　むらいむねのぶ
⇒村井新右衛門(むらいしんえもん)

村井茂兵衛　むらいもへい
⇒村井京助(むらいきょうすけ)

村井茂兵衛　むらいもへえ
⇒村井京助(むらいきょうすけ)

村井吉忠　むらいよしただ
⇒村井又兵衛(むらいまたべえ)

村井吉次　むらいよしつぐ
⇒村井助左衛門(むらいすけざえもん)

村岡　むらおか⋆
江戸時代後期の女性。和歌。因幡鳥取藩江戸芝藩邸老女。天保11年成立「鷲見家短冊帖」に載る。
¶江表(村岡(鳥取県))

村尾覚助*　むらおかくすけ
文化11(1814)年～明治18(1885)年　江戸時代末期～明治時代の肥前平戸藩士。
¶幕末

村岡幸治〔1代〕*(村岡幸次)　むらおかこうじ
生没年不詳　[別]亀玉(きぎょく)　江戸時代中期の歌舞伎作者。安永9年～文化5年頃に活躍。
¶歌大(村岡幸次)

村岡箏　むらおかこと
⇒村岡箏子(むらおかことこ)

村岡箏子*　むらおかことこ
文化12(1815)年～明治3(1870)年　[別]村岡箏(むらおかこと)　江戸時代末期～明治時代の勤王家、醤油醸造業。
¶江表(箏子(香川県)), 女史(村岡箏　むらおかこと　[生]1815年？)

村岡左衛門尉*　むらおかさえもんのじょう
生没年不詳　戦国時代の神職。駿府浅間社社家、流鏑馬奉行。
¶武田

む

村岡宗四郎* むらおかそうしろう
弘化3(1846)年～慶応3(1867)年　江戸時代末期の志士。
¶幕末([生]弘化3(1846)年11月1日　[没]慶応3(1867)年1月28日)

村岡滝三郎* むらおかたきさぶろう
？～明治1(1868)年　江戸時代末期の陸奥会津藩士。
¶幕末

村岡大夫* むらおかだゆう
生没年不詳　戦国時代の駿府浅間社の社家。
¶武田

村岡登馬雄* むらおかとまお
天保13(1842)年8月1日～大正6(1917)年8月　江戸時代末期～明治時代の岡山藩馬術師範、馬術教授。岡山藩兵の一員として御所警衛の任に就く。
¶幕末

村岡局 むらおかのつぼね
⇒津崎矩子(つざきのりこ)

村岡良賢* むらおかよしかた
生没年不詳　江戸時代末期の紀伊和歌山藩士。
¶幕末

村尾元融* むらおげんゆう
文化2(1805)年～嘉永5(1852)年　江戸時代末期の考証家。
¶コン

村垣定行* むらがきさだゆき
*～天保3(1832)年　[別]村垣定行(むらがきじょうこう)　江戸時代中期～後期の松前奉行、勘定奉行。
¶コン([生]宝暦12(1762)年？),徳人(むらがきじょうこう　[生]1762年)

村垣定行 むらがきじょうこう
⇒村垣定行(むらがきさだゆき)

村垣忠充 むらがきただみつ
江戸時代中期の幕臣。
¶徳人(生没年不詳)

村垣徳室* むらがきとくしつ
生没年不詳　安土桃山時代の織田信長の家臣。
¶織田

村垣範正* むらがきのりまさ
文化10(1813)年9月24日～明治13(1880)年3月15日　江戸時代後期～明治時代の武士。
¶江人,コン,全幕,徳人,幕末

村上出雲守 むらかみいずものかみ
⇒来島通総(くるしまみちふさ)

村上英俊 むらかみえいしゅん
⇒村上英俊(むらかみひでとし)

村上景広* むらかみかげひろ
生没年不詳　戦国時代～安土桃山時代の武将。
¶全戦

村上勘兵衛* むらかみかんべえ
世襲名　江戸時代前期以来の京都の書肆。
¶出版

村上吉子 むらかみきちこ
⇒村上吉子(むらかみきつこ)

村上吉五郎* むらかみきちごろう
天明7(1787)年～明治9(1876)年12月10日　江戸時代後期の大工、算番制作者。
¶幕末([生]天明7(1787)年4月20日)

村上吉子* むらかみきつこ
寛永18(1641)年～正徳2(1712)年　[別]村上吉子(むらかみきちこ)　江戸時代前期～中期の女性。歌人。
¶江表(吉子(茨城県)　きつこ)

村上清* むらかみきよし
？～慶応4(1868)年1月7日　江戸時代後期～末期の新撰組隊士。
¶新隊([没]明治1(1868)年1月7日)

村上金之助* むらかみきんのすけ
天保13(1842)年～？　江戸時代後期～末期の新撰組隊士。
¶新隊

村上国清* むらかみくにきよ
天文15(1546)年～？　[別]山浦国清(やまうらくにきよ)　戦国時代の武士。
¶全戦([生]天文15(1546)年？),戦武

村上光清* むらかみこうせい
*～宝暦9(1759)年　江戸時代中期の富士行者。
¶コン([生]天和1(1681)年)

村上姑南* むらかみこなん
文政1(1818)年～明治23(1890)年　江戸時代末期～明治時代の儒学者。都講となり、のちに藩儒に招聘される。
¶幕末([生]文政1(1818)年6月1日　[没]明治23(1890)年6月21日)

村上三郎* むらかみさぶろう
江戸時代末期の新撰組隊士。
¶新隊(生没年不詳)

村上次大夫 むらかみじだゆう
江戸時代前期の武士。大坂の陣で籠城。後、永井直清に召し抱えられた。
¶大坂

村上島之允*(村上島之丞) むらかみしまのじょう
宝暦10(1760)年～文化5(1808)年　江戸時代中期～後期の北方探検家。
¶コン([生]宝暦10(1760)年？)

村上俊平* むらかみしゅんぺい
天保9(1838)年～元治1(1864)年　[別]村上清節(むらかみせいせつ)　江戸時代末期の志士。
¶幕末([生]天保9(1838)年9月4日　[没]元治1(1864)年7月20日)

村上如竹* むらかみじょちく
生没年不詳　江戸時代後期の装剣金工家。
¶コン,美工

村上四郎 むらかみしろう
⇒相楽総三(さがらそうぞう)

村上真輔*(村上慎輔) むらかみしんすけ
寛政10(1798)年～文久2(1862)年　江戸時代末期の播磨赤穂藩士。
¶全幕(村上慎輔),幕末([没]文久2(1862)年12月9日)

村上清節 むらかみせいせつ
⇒村上俊平(むらかみしゅんぺい)

む

村上専精　むらかみせんしょう
江戸時代後期〜昭和時代の明治・大正期の仏教学者・仏教史学者。
¶思想（[生]嘉永4（1851）年　[没]昭和4（1929）年）

村上武吉*　むらかみたけよし
＊〜慶長9（1604）年　安土桃山時代の武士。厳島合戦で活躍。
¶コン（[生]天文1（1532）年），全戦（[生]天文2（1533）年），戦武（[生]天文2（1533）年？）

村上忠順*　むらかみただまさ
文化9（1812）年〜明治17（1884）年　江戸時代末期〜明治時代の国学者、歌人。藩主土井利善の侍医となる一方、和漢籍の講義と和歌の指導をした。
¶幕末（[生]文化9（1812）年4月1日　[没]明治17（1884）年11月23日）

村上綱清*　むらかみつなきよ
生没年不詳　戦国時代の足利氏の根本家臣。
¶後北（綱清〔村上〕　つなきよ）

村上天皇*　むらかみてんのう
延長4（926）年〜康保4（967）年　平安時代中期の第62代の天皇（在位946〜967）。醍醐天皇の第14皇子。自ら政治を主導し「天暦の治」とよばれる律令政治を行った。
¶古人，コン，思想，天皇（[生]延長4（926）年6月2日　[没]康保4（967）年5月25日），山小（[生]926年6月2日　[没]967年5月25日）

村上辰長　むらかみときなが
江戸時代後期の和算家。明石の人。文化2年算額を奉納。
¶数学

村上知永　むらかみともなが
江戸時代の和算家。旭山と号し、江戸に住む。著書に『算法天元術』『当世塵劫記起源』『累要算法』など。
¶数学

村上範致*　むらかみのりむね
文化5（1808）年〜明治5（1872）年　江戸時代後期〜明治時代の砲術家。
¶科学（[生]文化5（1808）年7月11日　[没]明治5（1872）年4月16日），全幕，幕末（[生]文化5（1808）年7月11日　[没]明治5（1872）年4月16日）

村上英俊*　むらかみひでとし
文化8（1811）年〜明治23（1890）年　[別]村上英俊（むらかみえいしゅん）　江戸時代末期〜明治時代のフランス語学者。フランス学の始祖。「三語便覧」「五方通語」などを編纂。
¶科学（[生]文化8（1811）年4月8日　[没]明治23（1890）年1月10日），コン，全幕，幕末（[生]文化8（1811）年4月8日　[没]明治23（1890）年1月7日）

村上仏山*　むらかみぶつざん
文化7（1810）年〜明治12（1879）年　江戸時代末期〜明治時代の漢詩人・儒者。私塾水哉園を開く。著書に「仏山堂詩鈔」など。
¶詩作（[生]文化7（1810）年10月25日　[没]明治12（1879）年9月27日），幕末（[生]文化7（1810）年10月25日　[没]明治12（1879）年9月27日）

村上孫左衛門　むらかみまござえもん
江戸時代前期の代官。
¶徳代（生没年不詳）

村上通昌　むらかみみちまさ
⇒来島通康（くるしまみちやす）

村上通康　むらかみみちやす
⇒来島通康（くるしまみちやす）

村上満信　むらかみみつのぶ
室町時代の武士。
¶内乱（生没年不詳）

村上求馬　むらかみもとめ
江戸時代後期〜末期の旗本。
¶幕末（[生]文政6（1823）年　[没]慶応4（1868）年6月26日）

村上元吉*　むらかみもとよし
？〜慶長5（1600）年　安土桃山時代の武将。
¶全戦

村上康国　むらかみやすくに
鎌倉時代前期の武士。
¶平家（生没年不詳）

村上八千代*　むらかみやちよ
天保12（1841）年〜文久2（1862）年8月11日　江戸時代後期〜末期の歌人。
¶江表（八千代（愛知県））

村上義礼*　むらかみよしあや
延享4（1747）年〜寛政10（1798）年　江戸時代中期の外交官。ロシアと公的に接触した。
¶コン，徳人

村上義方　むらかみよしかた
江戸時代中期の幕臣。
¶徳人（[生]1711年　[没]1782年）

村上義雄　むらかみよしかつ
江戸時代中期〜後期の幕臣。
¶徳人（[生]1773年　[没]1838年）

村上義清*　むらかみよしきよ
＊〜天正1（1573）年　戦国時代の信濃の武将。武田信玄と争う。
¶コン（[生]？），全戦（[生]文亀1（1501）年？　[没]天正1（1573）年？），戦武（[生]文亀1（1501）年　[没]元亀4（1573）年），室町（[生]文亀1（1501）年　[没]元亀4（1573）年）

村上喜隆*　むらかみよしたか
生没年不詳　江戸時代中期の和算家。
¶数学

村上義光*　むらかみよしてる
？〜元弘3/正慶2（1333）年　鎌倉時代後期の武将。護良親王に属して鎌倉幕府軍と戦う。
¶コン，内乱（[没]正慶2/元弘3（1333）年），室町

村上義弘*　むらかみよしひろ
生没年不詳　南北朝時代の武士。
¶室町

村上吉正　むらかみよしまさ
永禄7（1564）年〜寛永12（1635）年　安土桃山時代〜江戸時代前期の幕臣。
¶徳人，徳代（[没]寛永12（1635）年12月23日）

村上義寄　むらかみよしより
江戸時代前期〜中期の和算家、備中松山藩士。
¶数学

村上頼清 むらかみよりきよ
室町時代の武士。
¶内乱(生没年不詳)

村上倫* むらかみりん
天保11(1840)年～明治22(1889)年 江戸時代後期～明治時代の武士。
¶幕末([生]天保12(1841)年 [没]明治22(1889)年1月20日)

村上亘 むらかみわたり
⇒村上亘(むらかみわたる)

村上亘* むらかみわたる
文化3(1806)年～明治13(1880)年 [別]村上亘(むらかみわたり) 江戸時代末期～明治時代の笠間藩士。
¶幕末([没]明治13(1880)年7月31日)

村河直方* むらかわなおかた
文政7(1824)年～慶応3(1867)年 江戸時代末期の因幡鳥取藩士。
¶幕末([没]慶応3(1867)年10月11日)

村川祐西 むらかわゆうせい
戦国時代～江戸時代前期の人。河内国若江郡高井田村の人村川佐直の子。諱は好元。
¶大坂([生]天文10年 [没]慶長20年5月6日)

村木息長* むらきやすなが
寛政1(1789)年～明治9(1876)年 江戸時代後期の国学塾主宰。
¶幕末([没]明治9(1876)年6月2日)

村串和泉守 むらぐしいずみのかみ
安土桃山時代の伊豆国加納矢崎城主清水康英家臣清水吉広の同心。
¶後北(和泉守〔村串〕 いずみのかみ)

村国男依* むらくにのおより
?～天武5(676)年7月 [別]村国連男依(むらくにのむらじおより) 飛鳥時代の武将。
¶古人,古代(村国連男依 むらくにのむらじおより),古物,コン

村国子老 むらくにのこおゆ
⇒村国連子老(むらくにのむらじこおゆ)

村国志我麻呂 むらくにのしがまろ
⇒村国連志我麻呂(むらくにのむらじしがまろ)

村国島主*(村国嶋主) むらくにのしまぬし
?～天平宝字8(764)年 [別]村国連嶋主(むらくにのむらじしまぬし) 奈良時代の下級官人。
¶古代(村国連嶋主 むらくにのむらじしまぬし)

村国虫麻呂 むらくにのむしまろ
⇒村国連虫麻呂(むらくにのむらじむしまろ)

村国連男依 むらくにのむらじおより
⇒村国男依(むらくにのおより)

村国連子老* むらくにのむらじこおゆ
[別]村国子老(むらくにのこおゆ) 奈良時代の下級官人。
¶古人(村国子老 むらくにのこおゆ 生没年不詳),古代

村国連志我麻呂* むらくにのむらじしがまろ
[別]村国志我麻呂(むらくにのしがまろ) 奈良時代の下級官人。
¶古人(村国志我麻呂 むらくにのしがまろ 生没年不詳),古代

村国連嶋主 むらくにのむらじしまぬし
⇒村国島主(むらくにのしまぬし)

村国連虫麻呂* むらくにのむらじむしまろ
[別]村国虫麻呂(むらくにのむしまろ) 奈良時代の下級官人。
¶古人(村国虫麻呂 むらくにのむしまろ 生没年不詳),古代

村子 むらこ★
江戸時代後期の女性。和歌。冷泉家中興の祖といわれた公卿で歌人冷泉為村の娘。参議高倉永範の継室か。
¶江表(村子(京都府))

無良子 むらこ★
江戸時代後期の女性。和歌。播磨安志藩主小笠原長禎の室。文政7年頃、池田冠山の巻物「玉露童女追悼集」に載る。
¶江表(無良子(兵庫県))

村越道伴* むらこしどうはん
慶長6(1601)年～延宝9(1681)年 [別]村越吉勝(むらこしよしかつ) 安土桃山時代～江戸時代前期の武士。
¶徳人(村越吉勝 むらこしよしかつ)

村越直吉* むらこしなおよし
永禄5(1562)年～慶長19(1614)年 安土桃山時代～江戸時代前期の武将。徳川家康の近侍。
¶コン,徳人

村越正重 むらこしまさしげ
安土桃山時代～江戸時代前期の幕臣。
¶徳人([生]1589年 [没]1654年)

村越吉勝 むらこしよしかつ
⇒村越道伴(むらこしどうはん)

村越芳太郎 むらこしよしたろう
⇒桜任蔵(さくらじんぞう)

紫 むらさき★
江戸時代後期の女性。俳諧。京都の人。文化1年序、得終尼編の闌更七回忌追善句集『もゝのやとり』に載る。
¶江表(紫(京都府))

紫鹿子・紫鹿の子 むらさきかのこ★
江戸時代後期の女性。狂歌。吾壮軒折安の母。寛政7年刊、鹿都部真顔編『四方の巴流』に載る。
¶江表(紫鹿子・紫鹿の子(東京都))

紫式部* むらさきしきぶ
平安時代中期の女性。物語作者、歌人。一条天皇の中宮彰子に仕えた。「源氏物語」の著者として有名で、「紫式部日記」も残している。
¶古人([生]973年? [没]?),コン([生]天元1(978年/970年/973)年 [没]?),詩作(生没年不詳),思想(生没年不詳),女史(生没年不詳),女文(生没年不詳),日文(生没年不詳)

紫ちちぶ* むらさきちちぶ
天保6(1835)年～明治30(1897)年 江戸時代末期～昭和時代の狂歌師。夫額翁に学び、轡連の女流判者。
¶江表(紫ちちぶ(東京都))

紫の上*(紫上) むらさきのうえ
「源氏物語」の登場人物。
¶コン(紫上)

む

紫房子　むらさきのふさこ
江戸時代後期の女性。狂歌。西横町の木下藤右衛門の母。天保3年刊、六樹園飯盛撰、六根園春根編『阿淡狂歌百人一首』に載る。
¶江表(紫房子(徳島県))

紫房女　むらさきふさじょ★
江戸時代後期の女性。狂歌。上草久村の名主で、江戸商人と結んで米、塩、味噌、炭を販売して財をなした商人で歌人、狂歌人葦園正名の妻。弘化3年刊、正名編『興諷鼓舞雅播楽』に載る。
¶江表(紫房女(栃木県))

紫藤女　むらさきふじじょ★
江戸時代末期の女性。狂歌。万延1年刊、二世絵馬屋撰『狂歌手習鑑』に載る。
¶江表(紫藤女(東京都))

む

村里藤左衛門　むらさととうざえもん
⇒村里南軒(むらさとなんけん)

村里南軒*　むらさとなんけん
文政2(1819)年～明治20(1887)年　[別]村里藤左衛門(むらさととうざえもん)　江戸時代末期～明治時代の庄屋。
¶幕末(村里藤左衛門　むらさととうざえもん)

村沢高包　むらさわたかしげ
江戸時代中期～後期の和算家。信濃今里村の村長。
¶数学([生]寛延2(1749)年　[没]天保8(1837)年)

村沢布高*　むらざわのぶたか, むらさわのぶたか
享保18(1733)年～享和1(1801)年　江戸時代中期～後期の和算家。
¶数学(むらさわのぶたか　[没]享和1(1801)年7月13日)

むらし
江戸時代後期の女性。俳諧。加賀の人。寛政9年刊、暮柳舎車大編、希因五〇回忌追善『ゆめのあと』に載る。
¶江表(むらし(石川県))

村島万次郎*　むらしままんじろう
天保11(1840)年～慶応1(1865)年　江戸時代末期の水戸藩士。
¶幕末([没]元治2(1865)年2月4日)

むら女(1)　むらじょ★
江戸時代後期の女性。和歌。永井家の奥女中。文化11年刊、中山忠雄・河田正致編『柿本社奉納和歌集』に載る。
¶江表(むら女(東京都))

むら女(2)　むらじょ★
江戸時代後期の女性。俳諧。文化2年刊、武州入間郡馬場村の春秋庵川村碩布が姨捨、善光寺、諏訪を訪れた『穂屋祭紀行』に載る。
¶江表(むら女(長野県))

むら女(3)　むらじょ★
江戸時代後期の女性。書簡・俳諧。鎚女の娘。
¶江表(むら女(島根県)　[生]天保5(1834)年)

むら女(4)　むらじょ★
江戸時代後期の女性。俳諧。大里の人。弘化2年序、凉々庵其樟編『梅風集』に載る。
¶江表(むら女(徳島県))

むら女(5)　むらじょ★
江戸時代後期の女性。和歌。周布の人。享和3年序、佐伯貞中八〇賀集「周桑歌人集」に載る。
¶江表(むら女(愛媛県))

むら女(6)　むらじょ★
江戸時代末期の女性。俳諧。石見矢上の人。嘉永7年刊、金子頼甫編『石海集』初に載る。
¶江表(むら女(島根県))

村女(1)　むらじょ★
江戸時代中期の女性。俳諧。宝暦8年刊、遊林舎文鳥編の梅翁追善集『雪折集』に載る。
¶江表(村女(東京都))

村女(2)　むらじょ★
江戸時代中期の女性。俳諧。伊勢の人。元禄14年刊、伊勢菊川の俳人寸虎編『砂つばめ』に載る。
¶江表(村女(三重県))

村女(3)　むらじょ★
江戸時代後期の女性。俳諧。上伊那郡箕輪町の笠原幸右衛門の妻。文政7年清水庵俳額に載る。
¶江表(村女(長野県))

邨女　むらじょ★
江戸時代末期の女性。和歌。伊勢桑名の小川忍の妻。安政4年刊、富樫広蔭編『千百人一首』上に載る。
¶江表(邨女(三重県))

村瀬角左衛門　むらせかくざえもん
江戸時代前期の武士。大坂の陣で籠城。後、松平定勝に仕えた。
¶大坂

村瀬義益　むらせぎえき
⇒村瀬義益(むらせよします)

村瀬玉田　むらせぎょくでん
江戸時代後期～大正時代の日本画家。
¶美画([生]嘉永5(1852)年4月8日　[没]大正6(1917)年10月12日)

村瀬栲亭*　むらせこうてい
＊～文政1(1818)年12月6日　江戸時代中期～後期の漢学者。
¶コン([生]延享4(1747)年), 思想([生]延享1(1744)年)

村瀬孝養*　むらせこうよう
生没年不詳　[別]村瀬孝養(むらせたかやす)　江戸時代後期の和算家。
¶数学(むらせたかやす)

村瀬湖十*　むらせこじゅう
？～延享3(1746)年1月24日　[別]湖十〔2代〕(こじゅう), 深川湖十〔2代〕(ふかがわこじゅう)　江戸時代中期の俳人。江戸座の中心人物。
¶俳文(湖十〔2世〕　こじゅう)

村瀬秋水*　むらせしゅうすい
寛政6(1794)年～明治9(1876)年　江戸時代末期～明治時代の画家。
¶美画([没]明治9(1876)年7月29日)

村瀬庄兵衛*　むらせしょうべえ
天明4(1784)年～文久2(1862)年　[別]村瀬通吉(むらせみちよし)　江戸時代後期の臼杵藩士。
¶幕末([生]天明3(1783)年　[没]文久2(1862)年3月16日)

村瀬宗仁　むらせそうじん
江戸時代前期の人。長束正家の子。
¶大坂

村瀬太乙* むらせたいおつ
享和3（1803）年～明治14（1881）年 江戸時代末期～明治時代の豪農、儒学者。
¶幕末（[生]文化1（1804）年 [没]明治14（1881）年7月3日）

村瀬孝養 むらせたかやす
⇒村瀬孝養（むらせこうよう）

村瀬藤城* むらせとうじょう
寛政4（1792）年～嘉永6（1853）年 江戸時代末期の庄屋、儒者。
¶コン（[生]寛政3（1791）年），幕末（[没]嘉永6（1853）年9月3日）

村瀬轟* むらせとどろき
文政9（1826）年～明治27（1894）年 江戸時代末期～明治時代の唐津藩士。
¶幕末

村瀬虎* むらせとら
？～天正10（1582）年6月2日 戦国時代～安土桃山時代の織田信長の家臣。
¶織田

村瀬美香* むらせびこう
文政12（1829）年～明治29（1896）年 江戸時代末期～明治時代の陶工。楽焼風の茶器を作り不二見焼と称す。のち広く日用食器類をつくる。
¶美工（[没]明治29（1896）年11月21日）

村瀬房矩 むらせふさのり
江戸時代前期～中期の幕臣。
¶徳人（[生]1672年 [没]1727年）

村瀬通吉 むらせみちよし
⇒村瀬庄兵衛（むらせしょうべえ）

村瀬義益* むらせよします
生没年不詳 [別]村瀬義益（むらせぎえき） 江戸時代前期の数学者。
¶数学

村瀬与三左衛門 むらせよそうざえもん
江戸時代前期の人。豊臣秀吉の家臣村瀬忠左衛門の子。
¶大坂

むら田 むらた★
江戸時代後期の女性。和歌。天保9年刊、海野遊翁編『類題現存歌選』二に載る。
¶江表（むら田（東京都））

村田壱岐* むらたいき
安永10（1781）年1月4日～天保11（1840）年1月23日 江戸時代後期の女性。歌人。父は本居宣長の弟村田親次。
¶江表（壱岐（三重県））

村田氏寿* むらたうじひさ
文政4（1821）年～明治32（1899）年5月8日 江戸時代末期～明治時代の福井藩士、官吏。藩政改革に尽力。廃藩置県後、県参事、内務大丞兼警保頭などを歴任。
¶コン，幕末（[生]文政4（1821）年2月14日）

村田馬太郎* むらたうまたろう
天保9（1838）年～明治6（1873）年 江戸時代末期～明治時代の志士。土佐勤王党に参加。
¶幕末（[生]天保9（1838）年11月 [没]明治6（1873）年10月31日）

村田海石* むらたかいせき
*～大正1（1912）年 江戸時代末期～明治時代の書家。端正な書風で知られる。教育書道界に功績をのこす。
¶幕末（[生]天保7（1836）年 [没]明治45（1912）年4月11日）

村田蠖堂 むらたかくどう
⇒村田精一（むらたせいいち）

村田嘉言* むらたかげん
？～嘉永2（1849）年 [別]一柳嘉言（ひとつやなぎよしこと），村田嘉言（むらたよしこと） 江戸時代後期の国学者。
¶幕末（[没]嘉永2（1849）年6月5日）

村田勝光 むらたかつみつ
⇒村田勝光（むらたしょうこう）

村田吉五* むらたきつご
？～天正10（1582）年6月2日 戦国時代～安土桃山時代の織田信長の家臣。
¶織田

村田きみ* むらたきみ
文化1（1804）年～明治2（1869）年11月 江戸時代後期～明治時代の節婦。出羽国松山藩藩士、五十嵐嘉平次の娘。
¶江表（キミ（山形県））

村田清風 むらたきよかぜ
⇒村田清風（むらたせいふう）

村田金次郎* むらたきんじろう
生没年不詳 江戸時代末期～明治時代の陶工。初めは土物を焼いていたが、のち染付専業となる。
¶美工

村田経艢 むらたけいとう
江戸時代後期の本草学者。
¶植物（生没年不詳）

村田源蔵 むらたげんぞう
江戸時代前期の木村重成の家来。
¶大坂

村田香谷* むらたこうこく
天保2（1831）年～大正1（1912）年 江戸時代末期～明治時代の日本画家。作品に「焦石美人図」「山水」「花卉」。関西南画会の重鎮。
¶美画（[没]大正1（1912）年10月8日）

村田高勝 むらたこうしょう
江戸時代前期の代官。
¶徳代（生没年不詳）

村田光窿* むらたこうりゅう
延享4（1747）年～天保2（1831）年 [別]村田光窿（むらたみつたか） 江戸時代後期の和算家。
¶数学（むらたみつたか [没]天保2（1831）年6月18日）

村田三介* むらたさんすけ
弘化2（1845）年～明治10（1877）年 江戸時代末期～明治時代の鹿児島県士族、菱刈区長。西郷隆盛の率兵上京論に反対。
¶幕末（[没]明治10（1877）年3月11日）

村田茂穂* むらたしげほ
文政3（1820）年～明治24（1891）年 江戸時代末期～明治時代の土佐勤王志士。山内容堂の衛士となり、江戸で武具方下役、砲術方製薬方を兼任。
¶幕末（[没]明治24（1891）年9月25日）

村田治部丞*　むらたじぶのじょう
生没年不詳　安土桃山時代の織田信長の家臣。
¶織田

村田寂順*　むらたじゃくじゅん
天保9(1838)年〜明治38(1905)年　江戸時代末期〜明治時代の天台宗僧侶、天台座主238世、大僧正、三千院門跡、妙法院門跡。
¶幕末([生]天保9(1838)年7月27日　[没]明治38(1905)年10月29日)

村田珠光*　むらたじゅこう，むらたしゅこう
応永30(1423)年〜文亀2(1502)年　[別]珠光(しゅこう，じゅこう)　室町時代〜戦国時代の茶湯者。侘び茶の創始者。
¶コン，中世(珠光　じゅこう)，室町，山小([没]1502年5月15日)

村田将監*　むらたしょうげん
生没年不詳　安土桃山時代の武将。秀吉馬廻。
¶大坂，織田

村田勝光*　むらたしょうこう
[別]村田勝光(むらたかつみつ)　江戸時代後期の和算家。
¶数学(むらたかつみつ)

村田新左衛門尉*　むらたしんざえもんのじょう
生没年不詳　戦国時代の北条氏の家臣。
¶後北(新左衛門尉〔村田〕　しんざえもんのじょう)

村田新八　むらたしんぱち
天保7(1836)年〜明治10(1877)年　江戸時代末期〜明治時代の軍人。
¶コン，全幕

村田精一*　むらたせいいち
天保14(1843)年〜慶応3(1867)年　[別]村田蠖堂(むらたかくどう)　江戸時代末期の近江膳所藩士。
¶幕末([生]天保14(1843)年7月10日　[没]慶応3(1867)年6月)

村田誠斎*　むらたせいさい
寛政7(1795)年〜安政5(1858)年　江戸時代末期の医師。
¶幕末([没]安政5(1858)年11月24日)

村田清風*　むらたせいふう
天明3(1783)年〜安政2(1855)年　[別]村田清風(むらたきよかぜ)　江戸時代後期の長州(萩)藩士、藩政改革の指導者。
¶江人，コン，詩作([生]天明3(1783)年4月26日　[没]安政2(1855)年5月26日)，全幕，幕末([生]天明3(1783)年4月26日　[没]安政2(1855)年5月26日)，山小(むらたきよかぜ　[生]1783年4月26日　[没]1855年5月26日)

村田整珉*　むらたせいみん
宝暦11(1761)年〜天保8(1837)年　[別]整珉(せいみん)　江戸時代中期〜後期の鋳金家。近代彫刻の先駆け。
¶コン，美工([没]天保8(1837)年11月24日)

村田滝子*　むらたたきこ
文化4(1807)年1月24日〜明治22(1889)年8月29日　江戸時代末期〜明治時代の女性。吉田松陰の母。田畑の仕事、看病、育児と休まず働く。
¶女史

村田多勢子*(村田多瀬子)　むらたたせこ
安永6(1777)年〜弘化4(1847)年　江戸時代後期の女性。歌人。
¶江表(多勢子(東京都))，女文(村田多瀬子　[没]弘化4(1847)年12月12日)

村田忠三郎*　むらたちゅうざぶろう，むらたちゅうさぶろう
天保11(1840)年〜慶応1(1865)年　江戸時代末期の志士。土佐勤王党に参加。
¶幕末([生]天保11(1840)年9月21日　[没]慶応1(1865)年閏5月1日)

村田恒光*　むらたつねみつ
？〜明治3(1870)年　江戸時代後期〜明治時代の和算家、測量家。
¶科学([没]明治3(1870)年9月14日)，数学([没]明治3(1870)年9月14日)

村田経芳*　むらたつねよし
天保9(1838)年6月10日〜大正10(1921)年　江戸時代末期〜大正時代の陸軍少将。
¶科学([没]大正10(1921)年2月9日)，コン，幕末([没]大正10(1921)年2月10日)

村田東圃*　むらたとうほ
享和2(1802)年〜慶応1(1865)年　江戸時代末期の画家。
¶幕末([没]元治2(1865)年2月6日)

村田直良　むらたなおよし
江戸時代後期の和算家。相州金川の鉄村の人。文政7年算額を奉納。
¶数学

村田並樹の妻　むらたなみきのつま★
江戸時代後期の女性。和歌。伊勢白子の人。天明8年刊、西村節甫編『老伴集』に載る。
¶江表(村田並樹の妻(三重県))

村田春生*　むらたはるお
弘化2(1845)年〜明治40(1907)年　江戸時代末期〜明治時代の津和野藩士。
¶幕末([没]明治40(1907)年5月11日)

村田春門*　むらたはるかど
明和2(1765)年〜天保7(1836)年　江戸時代後期の国学者、歌人。
¶思想

村田春野*　むらたはるの
享和1(1801)年〜明治4(1871)年　江戸時代末期〜明治時代の国学者。家学を継承し、塾を開く。
¶幕末([没]明治4(1871)年1月)

村田春海*　むらたはるみ
延享3(1746)年〜文化8(1811)年　江戸時代中期〜後期の歌人、国学者。「琴後集」の著者。
¶江人，コン，詩作([没]文化8(1811)年2月13日)，思想，日文，山小([没]1811年2月13日)

村田栄清*　むらたひできよ
生没年不詳　江戸時代前期の和算家。
¶数学

村田文夫　むらたふみお
⇒野村文夫(のむらふみお)

村田政矩　むらたまさのり
⇒村田若狭(むらたわかさ)

村田雅久　むらたまさひさ
安土桃山時代の信濃佐久郡国衆・望月氏の家臣。
¶武田(生没年不詳)

村田雅房　むらたまさふさ
戦国時代〜安土桃山時代の信濃佐久郡国衆・望月氏の家臣。
¶武田 (生没年不詳)

村田光隆　むらたみつたか
⇒村田光隆 (むらたこうりゅう)

村田敬勝　むらたよしかつ
江戸時代末期の和算家、庄内藩士。
¶数学 (㉓安政3 (1856) 年)

村田嘉言　むらたよしこと
⇒村田嘉言 (むらたかげん)

村田良穂*　むらたよしほ
文政11 (1828) 年〜明治17 (1884) 年　江戸時代末期〜明治時代の国学者、厳島神社の禰宜。同社の宝物の保存、神社経営にあたり、国学教育に力をそそぐ。
¶幕末 (㉓明治17 (1884) 年11月8日)

村田理右衛門　むらたりえもん
江戸時代末期の越前福井藩士。
¶幕末 (生没年不詳)

村田理介*　むらたりすけ
文化5 (1808) 年〜慶応1 (1865) 年　江戸時代末期の水戸藩士。
¶幕末 (㉓元治2 (1865) 年4月3日)

邨田柳厓*(邨田柳崖)　むらたりゅうがい
文化9 (1812) 年〜明治22 (1889) 年　江戸時代末期〜明治時代の文人、塩商。詩文に長じ、志士と国事を論ず。
¶幕末 (㋒文化9 (1812) 年10月　㉓明治22 (1889) 年11月9日)

村田了阿*　むらたりょうあ
安永1 (1772) 年〜天保14 (1843) 年12月14日　㋰了阿 (りょうあ)　江戸時代後期の考証学者。国学・仏学を中心とする。
¶コン,思想 (㋒明和9 (1772) 年)

村田若狭*　むらたわかさ
㋰村田政矩 (むらたまさのり)　江戸時代末期〜明治時代の肥前佐賀藩家老。プロテスタント最初の受洗者の一人。
¶コン (㋒文化9 (1812)　㉓明治5 (1872) 年),幕末 (㋒文化11 (1814) 年　㉓明治6 (1873) 年5月10日)

村野安芸守*　むらのあきのかみ
生没年不詳　戦国時代の北条氏の家臣。
¶後北 (安芸守〔村野〕　あきのかみ)

村野一貞尼　むらのいっていに
⇒一貞尼 (いっていに)

村野惣右衛門*　むらのそうえもん
生没年不詳　戦国時代の相模の国府津の船主。
¶後北 (惣右衛門〔村野 (2)〕　そうえもん)

村野伝之丞*　むらのでんのじょう
文化13 (1816) 年〜安政2 (1855) 年　江戸時代末期の薩摩藩士。
¶幕末 (㋒文化13 (1816) 年7月12日　㉓安政2 (1855) 年4月27日)

村利国　むらのとしくに
平安時代後期の官人。
¶古人 (生没年不詳)

村橋直衛　むらはしなおえ
⇒村橋久成 (むらはしひさなり)

村橋久成*　むらはしひさなり
天保11 (1840) 年〜明治25 (1892) 年9月28日　㋰村橋直衛 (むらはしなおえ)　江戸時代末期〜明治時代の官吏。北海道開拓に農業技術を導入。
¶幕末 (村橋直衛　むらはしなおえ　㋒天保13 (1842) 年10月)

村正*　むらまさ
生没年不詳　㋰勢州村正 (せいしゅうむらまさ),千子村正 (せんごむらまさ)　南北朝時代の伊勢桑名の刀工。表裏の刃文が揃うところが特徴。
¶コン,美工

村松茂清*　むらまつしげきよ
慶長13 (1608) 年〜元禄8 (1695) 年　㋰村松茂清 (むらまつもせい)　江戸時代前期の和算家。平賀保秀の門人。
¶科学,数学

村松春甫*　むらまつしゅんぽ
安永1 (1772) 年〜安政5 (1858) 年　㋰春甫 (しゅんぽ)　江戸時代後期の俳人。
¶俳文 (春甫　しゅんぽ)

村松新左衛門　むらまつしんざえもん
安土桃山時代の甲斐国八代郡市川郷の紙漉衆頭。
¶武田 (生没年不詳)

村松武義　むらまつたけよし
江戸時代後期〜末期の幕臣。
¶徳人 (生没年不詳)

村松弾正　むらまつだんじょう
安土桃山時代の山梨郡上小河原村の熊野神社神主。
¶武田 (生没年不詳)

村松忠治右衛門*　むらまつちゅうじうえもん
文政1 (1818) 年〜?　㋰村松忠治右衛門 (むらまつちゅうじえもん)　江戸時代後期の越後長岡藩士。
¶幕末 (むらまつちゅうじえもん)

村松忠治右衛門　むらまつちゅうじえもん
⇒村松忠治右衛門 (むらまつちゅうじうえもん)

村松藤兵衛　むらまつとうひょうえ
戦国時代〜安土桃山時代の医師。
¶武田 (生没年不詳)

村松歳直　むらまつとしなお
江戸時代前期〜中期の幕臣。
¶徳人 (㋐1670年　㉓1732年)

村松友松*　むらまつともまつ
文政7 (1824) 年〜明治13 (1880) 年　㋰松村友松 (まつむらともまつ)　江戸時代末期〜明治時代の殖産家。
¶コン

村松標左衛門*　むらまつひょうざえもん
宝暦12 (1762) 年〜天保12 (1841) 年　江戸時代後期の本草家。
¶植物

村松文三*　むらまつぶんぞう
文政11 (1828) 年〜明治7 (1874) 年　江戸時代末期〜明治時代の勤王家。明治維新後、三河、信州、伊奈裁判所判事、福井県令を歴任。
¶幕末 (㋒文政11 (1828) 年5月25日　㉓明治7 (1874) 年1

月）

村松万三郎　むらまつまんざぶろう
江戸時代後期～明治時代の金工家。
¶美工（[生]嘉永5（1852）年　[没]明治41（1908）年1月25日）

村松茂清　むらまつもせい
⇒村松茂清（むらまつしげきよ）

村松良粛*　むらまつりょうしゅく
文政10（1827）年～明治12（1879）年　江戸時代末期～明治時代の蘭方医。県立静岡病院を開設、幹事長就任。著書に「登高自卑」など。
¶科学（[生]文政10（1827）年4月17日　[没]明治12（1879）年10月5日）

村径*　むらみち
正徳1（1711）年～天明2（1782）年7月17日　江戸時代中期の俳人。
¶俳文

む

村本三五郎*　むらもとさんごろう
元文1（1736）年～文政3（1820）年　江戸時代中期～後期の周防岩国藩豪農。領内の村々に棉作を普及。
¶コン（[生]元文1（1736）年？）

村山右近〔1代〕　むらやまうこん
⇒右近源左衛門（うこんげんざえもん）

村山可寿江（村山可津江）　むらやまかずえ
⇒村山たか（むらやまたか）

村山勝久　むらやまかつひさ
戦国時代の武田氏の家臣。
¶武田（生没年不詳）

村山空谷*　むらやまくうや
天保7（1836）年～慶応3（1867）年　江戸時代末期の武士。越後勤王志士に影響を与えた。
¶幕末（[没]慶応3（1867）年1月）

村山九郎右衛門　むらやまくろうえもん
⇒村山平右衛門〔3代〕（むらやまへいえもん）

村山謙吉*　むらやまけんきち
？～慶応4（1868）年　江戸時代後期～末期の新撰組隊士。
¶新隊（生没年不詳）

村山源次郎　むらやまげんじろう
⇒鶴屋南北〔1代〕（つるやなんぼく）

村山左近*　むらやまさこん
生没年不詳　[別]村山左近太夫（むらやまさこんだゆう）　江戸時代前期の歌舞伎役者。寛永18～19年以降に活躍。
¶コン

村山左近太夫　むらやまさこんだゆう
⇒村山左近（むらやまさこん）

村山七郎右衛門*　むらやましちろうえもん
生没年不詳　[別]村山平右衛門〔2代〕（むらやまへいえもん），村山又吉（むらやままたきち）　江戸時代中期の歌舞伎座主、歌舞伎役者。天和年間～元禄4年頃に活躍。
¶歌大（村山平右衛門〔2代〕　むらやまへいえもん）

村山秋安*　むらやましゅうあん
？～元和5（1619）年　江戸時代前期のキリシタン。
¶コン

村山十平次〔1代〕*　むらやまじゅうへいじ
？～享保14（1729）年5月5日　江戸時代中期の歌舞伎役者、歌舞伎作者。元禄6年～享保14年頃に活躍。
¶コン（代数なし）

村山金十郎　むらやましんじうろう
⇒村山平十郎〔2代〕（むらやまへいじゅうろう）

村山たか*　むらやまたか
＊～明治9（1876）年　[別]村山可寿江，村山可津江（むらやまかずえ）　江戸時代後期～明治時代の芸妓。
¶江表（たか（滋賀県）　[生]文化7（1810）年），コン（[生]文化7（1810）年），女史（村山可寿江　むらやまかずえ　[生]1810年），全幕（[生]文化6（1809）年），幕末（村山可津江　むらやまかずえ　[生]文化7（1810）年　[没]明治9（1876）年9月30日）

村山禎治*　むらやまていじ
文政13（1830）年～大正11（1922）年　[別]村山保信（むらやまやすのぶ）　江戸時代末期～大正時代の和算家。時計方位便覧を著す。道路の測量、地租改正調にも従事。
¶数学（村山保信　むらやまやすのぶ　[生]文政13（1830）年3月12日　[没]大正11（1922）年3月）

村山伝兵衛*　むらやまでんべい
生没年不詳　[別]村山伝兵衛（むらやまでんべえ）　江戸時代末期の豪商、場所請負人。
¶幕末（むらやまでんべえ）

村山伝兵衛*(1)　むらやまでんべえ
世襲名　江戸時代後期の松前の豪商。
¶江人

村山伝兵衛(2)　むらやまでんべえ
⇒村山伝兵衛（むらやまでんべい）

村山伝兵衛〔3代〕*　むらやまでんべえ
元文3（1738）年～文化10（1813）年　江戸時代中期～後期の北海道松前の豪商、場所請負人。
¶コン（代数なし　[生]享保6（1721）年　[没]寛政10（1798）年）

村山等安*　むらやまとうあん
＊～元和5（1619）年　安土桃山時代～江戸時代前期の商人、長崎代官。キリシタンの保護者。
¶コン（[生]永禄12（1569）年？），対外（[生]？），徳代（[生]？）

村山土佐守　むらやまとさのかみ
安土桃山時代の北条氏直の家臣。
¶後北（土佐守〔村山〕　とさのかみ）

村山具瞻*　むらやまともみ
嘉永1（1848）年～明治25（1892）年　江戸時代末期～明治時代の武士、官吏。
¶幕末（[生]弘化5（1848）年2月20日　[没]明治25（1892）年7月9日）

村山半牧*　むらやまはんぼく
文政11（1828）年～明治1（1868）年　[別]村山秀一郎（むらやまひでいちろう）　江戸時代末期の画家。
¶コン，幕末（[没]慶応4（1868）年6月14日），美画

村山秀一郎　むらやまひでいちろう
⇒村山半牧（むらやまはんぼく）

村山平右衛門〔1代〕　むらやまへいえもん
⇒村山又兵衛（むらやままたべえ）

村山平右衛門〔2代〕　むらやまへいえもん
⇒村山七郎右衛門（むらやましちろうえもん）

村山平右衛門〔3代〕* むらやまへいえもん
寛文2(1662)年～享保3(1718)年　㉙市村羽左衛門〔座元2代〕(いちむらうざえもん),小桜小太夫(こざくらこだゆう),小桜千之助〔2代〕(こざくらせんのすけ),村山九郎右衛門(むらやまくろうえもん)　江戸時代中期の歌舞伎座本,歌舞伎役者。貞享3年～享保2年頃に活躍。
¶歌大（㊞）㉓享保3(1718)年6月5日

村山平十郎〔1代〕* むらやまへいじゅうろう
?～宝永4(1707)年8月　江戸時代前期～中期の歌舞伎役者。寛文末～宝永4年頃に活躍。
¶コン（生没年不詳）

村山平十郎〔2代〕* むらやまへいじゅうろう
元禄7(1694)年～?　㉙市右衛門(いちえもん),村山金十郎(むらやまきんじゅうろう)　江戸時代中期の歌舞伎役者。元禄15年～享保6年頃に活躍。
¶コン（生没年不詳）

村山又吉　むらやままたきち
⇒村山七郎右衛門(むらやましちろうえもん)

村山又三郎〔1代〕* むらやままたさぶろう
慶長10(1605)年～承応1(1652)年　㉙市村羽左衛門〔1代〕,市村羽左衛門〔座元1代〕(いちむらうざえもん)　江戸時代前期の歌舞伎役者,歌舞伎座本。寛永11年～慶安4年頃に活躍。
¶歌大（市村羽左衛門〔1代〕　いちむらうざえもん）㉓慶安5(1652)年3月6日,歌大,コン（代数なし）,新歌(――〔1世〕)

村山又兵衛* むらやままたべえ
生没年不詳　㉙村山平右衛門〔1代〕(むらやまへいえもん)　江戸時代中期の歌舞伎座主,歌舞伎役者。承応2年～貞享4年頃に活躍。
¶歌大（村山平右衛門〔1代〕　むらやまへいえもん）,コン

村山松根* むらやままつね
文政5(1822)年～明治15(1882)年　江戸時代末期～明治時代の国学者,歌人,鹿児島藩士。西郷隆盛らと国事に奔走。維新後は祠官となる。
¶幕末（㊞文政5(1822)年9月）㉓明治15(1882)年1月4日

村山鎮　むらやままもる
江戸時代末期～明治時代の幕臣,商務省技師。
¶徳人（生没年不詳）

村山保信　むらやまやすのぶ
⇒村山禎治(むらやまていじ)

村山吉重　むらやまよししげ
江戸時代前期の和算家。
¶数学

村山慶綱* むらやまよしつな
生没年不詳　戦国時代の越後国衆。
¶全戦

無倫* むりん
明暦1(1655)年～享保8(1723)年　江戸時代前期～中期の僧侶,俳人。
¶俳文（㉓享保8(1723)年2月29日）

牟礼孫兵衛光茂 むれいまごびょうえみつしげ
安土桃山時代～江戸時代前期の豊臣秀頼の家臣。
¶大坂（㊞永禄6年　慶長20年5月6日）

牟礼勝久　むれかつひさ
江戸時代前期～中期の幕臣。
¶徳人（㊞1636年　㉓1708年）

群子　むれこ*
江戸時代後期の女性。和歌。美濃大垣の田結氏。文政13年刊,富樫広蔭編『樫の若葉』に載る。
¶江表（群子(岐阜県)）

むろ
江戸時代中期の女性。俳諧。戸倉の人。天明4年刊,白雄編『春秋稿』四に載る。
¶江表（むろ(長野県)）

む路　むろ*
江戸時代末期～明治時代の女性。書簡。松代藩校文学館助教金井新六郎の娘。
¶江表（む路(長野県)）㉓明治5(1872)年

室井研露* むろいけんろ
文政8(1825)年～明治31(1898)年　江戸時代末期～明治時代の俳諧師。田島俳壇の師匠格。「会津三十六俳仙」の一人。
¶幕末（㉓明治31(1898)年5月29日）

室井知義　むろいともよし
江戸時代末期の和算家。栃木塩谷郡下太田村の人。安政5年算額を奉納。
¶数学

室桜関* むろおうかん
文政1(1818)年～明治18(1885)年　江戸時代末期～明治時代の磐城平藩儒者。平藩の兵制改革に尽力。著書に「桜関詩鈔」など。
¶幕末（㊞文政1(1819)年12月19日　㉓明治18(1885)年7月30日）

室賀正容　むろがせいよう
江戸時代後期～末期の幕臣。
¶徳人（生没年不詳）

室賀竹堂　むろがちくどう
江戸時代末期～明治時代の幕臣。
¶幕末（㊞?　㉓明治19(1886)年10月7日）

室賀経秀　むろがつねひで
安土桃山時代の信濃小県郡の国衆室賀盛清の次男。信俊の弟。
¶武田（㊞?　㉓天正11(1583)年9月7日）

室賀信俊* むろがのぶとし
?～天正3(1575)年6月12日　戦国時代～安土桃山時代の信濃国衆。
¶全戦（生没年不詳）,武田（㉓天正3(1575)年6月12日?）

室賀正武　むろがまさたけ
安土桃山時代の信濃小県郡の国衆。
¶武田（㊞?　㉓天正12(1584)年7月7日?）

室賀正朋　むろがまさとも
江戸時代中期～後期の佐渡奉行。
¶徳代（㊞享保11(1726)年　㉓和3(1803)年3月6日）

室賀正之　むろがまさゆき
江戸時代中期の幕臣。
¶徳人（㊞1720年　㉓1786年）

室賀正吉　むろがまさよし
安土桃山時代の信濃小県郡の国衆室賀盛清の三男。信俊の弟。

¶武田（[生]？　[没]永禄11（1568）年3月23日）

室賀正頼　むろがまさより
江戸時代中期～後期の幕臣。
¶徳人（[生]1754年　[没]1828年）

室賀満俊*　むろがみつとし
永禄3（1560）年～寛永3（1626）年3月24日　安土桃山時代～江戸時代前期の信濃国衆。
¶武田

室賀満正*　むろがみつまさ
？～天正10（1582）年4月28日　戦国時代～安土桃山時代の信濃国衆。
¶武田

室賀吉久　むろがよしひさ
安土桃山時代の信濃小県郡の国衆室賀盛清の四男。信俊の弟。
¶武田（[生]？　[没]天正10（1582）年3月11日）

室鳩巣*　むろきゅうそう
万治1（1658）年～享保19（1734）年　江戸時代前期～中期の儒者。木下順庵に入門。8代吉宗に信任され世嗣家重の奥儒者となる。
¶江人, コン, 詩作（[生]万治1（1658）年2月26日　[没]享保19（1734）年8月12日）, 思想, 徳将, 徳人, 山小（[生]1658年2月26日　[没]1734年8月14日）

室孝次郎*　むろこうじろう
天保10（1839）年～明治36（1903）年　江戸時代末期～明治時代の勤王主義者、政治家、衆議院議員、愛媛県知事。戊辰戦争で官軍御用掛として参戦。
¶幕末（[生]天保10（1839）年9月14日　[没]明治36（1903）年6月21日）

室左近　むろさこん
安土桃山時代～江戸時代前期の豊臣秀吉・秀頼の家臣。
¶大坂

室重福　むろしげふく
江戸時代前期～中期の幕臣、代官。
¶徳代（[生]明暦2（1656）年　[没]享保6（1721）年2月30日）

牟漏女王　むろじょおう
⇒牟漏女王（むろのじょおう）

室宅之助*　むろたくのすけ
江戸時代末期の新撰組隊士。
¶新隊（生没年不詳）

室田雅矩　むろたまさのり
江戸時代前期～中期の武士、勘定組頭。
¶徳代（[生]貞享4（1687）年　[没]明和5（1768）年8月29日）

室富章　むろとみあき
江戸時代前期～中期の代官。
¶徳代（[生]貞享2（1685）年　[没]元文5（1740）年7月27日）

室女王　むろのじょおう
奈良時代の女性。父は舎人親王。
¶古人（[生]？　[没]759年）

牟漏女王*（無漏女王）　むろのじょおう
？～天平18（746）年　[別]牟漏女王（むろじょおう, むろのひめみこ）, 無漏女王（むろのひめみこ）
奈良時代の女性。美努王の娘、藤原房前の妻。
¶古人（無漏女王）, 古代（無漏女王　むろのひめみこ）, 女史

無漏女王（牟漏女王）　むろのひめみこ
⇒牟漏女王（むろのじょおう）

室町院*　むろまちいん
安貞2（1228）年～正安2（1300）年5月3日　[別]暉子内親王（きしないしんのう）　鎌倉時代前期の女性。後堀河天皇の第1皇女。
¶コン, 天皇

室町公重*　むろまちきんしげ
康元1（1256）年～弘安8（1285）年6月6日　鎌倉時代後期の公卿（参議）。権大納言室町実藤の長男。
¶公卿, 公家（公重〔四辻家〕　きんしげ）

室町公春*　むろまちきんはる
正応5（1292）年～興国1/暦応3（1340）年6月15日　鎌倉時代後期～南北朝時代の公卿（参議）。参議室町実為の子。
¶公卿（[没]暦応3（1340）年6月15日）, 公家（公春〔四辻家〕　きんはる　[生]1296年　[没]暦応3（1340）年6月15日）

室町公行*　むろまちきんゆき
寛元1（1243）年～？　鎌倉時代後期の公卿（非参議）。権大納言室町実藤の次男。
¶公卿, 公家（公行〔室町家（絶家）1〕　きんゆき）

室町実為*　むろまちさねため
建治1（1275）年～永仁6（1298）年10月29日　鎌倉時代後期の公卿（参議）。権大納言室町実藤の三男。
¶公卿, 公家（実為〔四辻家〕　さねため）

室町実藤*　むろまちさねふじ
安貞1（1227）年～永仁6（1298）年10月13日　鎌倉時代後期の公卿（権大納言）。室町家の祖。太政大臣西園寺公経の四男。
¶公卿, 公家（実藤〔四辻家〕　さねふじ）

室町季行*　むろまちすえゆき
文永10（1273）年～？　鎌倉時代後期の公卿（非参議）。非参議室町公行の子。
¶公卿, 公家（季行〔室町家（絶家）1〕　すえゆき）

室町雅継*　むろまちまさつぐ
建保1（1213）年～建治3（1277）年6月16日　鎌倉時代前期の公卿（非参議）。非参議藤原家信の子。
¶公卿, 公家（雅継〔室町家（絶家）〕　まさつぐ）

室町雅朝*　むろまちまさとも
？～天授6/康暦2（1380）年　南北朝時代の公卿（非参議）。非参議室町雅春の子。
¶公卿（[没]康暦2（1380）年）, 公家（雅朝〔室町家（絶家）〕　まさとも　[没]康暦2（1380）年）

室町雅春*　むろまちまさはる
正応1（1288）年～興国6/貞和1（1345）年9月25日　鎌倉時代後期～南北朝時代の公卿（非参議）。左中将藤原雅持の子。
¶公卿（[没]貞和1/興国6（1345）年9月25日）, 公家（雅春〔室町家（絶家）〕　まさはる　[没]康永4（1345）年9月25日）

【め】

めい*（目井）
生没年不詳　平安時代後期の今様の名手。
¶古人（目井　めい）

鳴 めい★
江戸時代後期の女性。狂歌。山田氏。文化10年刊、三日坊雛丸編『狂歌一人十首』に載る。
¶江表(鳴(大阪府))

明一 めいいつ
⇒明一(みょういち)

明雲 めいうん
⇒明雲(みょううん)

明栄 めいえい★
江戸時代後期の女性。教育。尼僧。
¶江表(明栄(東京都) [生]享和1(1801)年頃)

明円 めいえん
⇒明円(みょうえん)

明覚* めいかく
天喜4(1056)年～? [別]明覚(みょうかく, みょうがく) 平安時代後期の天台宗の僧、音韻学者。
¶古人(みょうがく [没]1106年)

明義門院* めいぎもんいん
建保5(1217)年～寛元1(1243)年 [別]諦子内親王(ていしないしんのう) 鎌倉時代前期の女性。順徳天皇の第2皇女。
¶天皇([生]建保5(1217)年3月22日 [没]寛元1(1243)年3月29日)

明衡 めいこう
⇒藤原明衡(ふじわらのあきひら)

明済 めいさい
⇒明済(みょうさい)

明算* めいざん
治安1(1021)年～嘉承1(1106)年11月11日 [別]明算(みょうさん) 平安時代中期～後期の僧。真言宗中院流の祖。
¶古人(みょうさん), コン(みょうさん)

明子女王 めいしじょおう
⇒明子女王(あきこじょおう)

明治天皇* めいじてんのう
嘉永5(1852)年～明治45(1912)年 江戸時代末期～明治時代の第122代天皇。大日本帝国憲法、教育勅語の発布など近代の天皇制国家を完成させた。歌人としても秀れる。
¶科学([生]嘉永5(1852)年9月22日 [没]明治45(1912)年7月30日), コン, 詩作([生]嘉永5(1852)年9月22日 [没]明治45(1912)年7月30日), 全幕, 天皇([生]嘉永5(1852)年9月22日 [没]明治45(1912)年7月30日), 幕末([生]嘉永5(1852)年9月22日 [没]大正1(1912)年7月30日), 山小([生]1852年9月22日 [没]1912年7月29日)

明子内親王* めいしないしんのう
?～斉衡1(854)年 [別]明子内親王(あきこないしんのう) 平安時代前期の女性。淳和天皇皇女。
¶古人(あきこないしんのう), 天皇(あきこないしんのう [没]斉衡1(854)年9月5日)

明秀 めいしゅう
平安時代後期の僧。
¶平家(生没年不詳)

明叔 めいしゅく
⇒慶浚(けいしゅん)

明叔慶浚 めいしゅくけいしゅん
⇒慶浚(けいしゅん)

明正天皇* めいしょうてんのう
元和9(1623)年～元禄9(1696)年 [別]明正天皇(みょうじょうてんのう) 江戸時代前期～中期の第109代の天皇(女帝、在位1629～1643)。
¶江人, 江表(明正天皇(京都府)), コン, 女史, 天皇([生]元和9(1623)年11月19日 [没]元禄9(1696)年11月10日), 徳将, 山小([生]1623年11月19日 [没]1696年11月10日)

明信院 めいしんいん
⇒鶴姫(つるひめ)

明暹* めいせん
康平2(1059)年～保安4(1123)年9月23日 [別]明暹(みょうせん) 平安時代後期の僧、雅楽家。横笛の名手。
¶古人(明暹 みょうせん)

明窓院 めいそういん★
安土桃山時代～江戸時代前期の女性。政治・和歌・書簡。人吉藩二代藩主相良頼寛の室。
¶江表(明窓院(熊本県) [生]慶長3(1598)年 [没]貞享5(1688)年)

女市 めいち
⇒姉川新四郎〔1代〕(あねかわしんしろう)

姪娘 めいのいらつめ
⇒蘇我姪娘(そがのめいのいらつめ)

明峰素哲*(明峯素哲) めいほうそてつ
建治3(1277)年～正平5/観応1(1350)年 [別]素哲(そてつ), 明峰素哲(みょうほうそてつ) 鎌倉時代後期～南北朝時代の曹洞宗の僧。曹洞宗第4祖瑩山紹瑾の一番弟子。
¶コン

冥々 めいめい
⇒塩田冥々(しおだめいめい)

明蓮社顕誉 めいれんしゃけんよ
⇒祐天(ゆうてん)

目賀田摂津守 めかたせっつのかみ
安土桃山時代の織田信長の家臣。旧六角氏臣。
¶織田(生没年不詳)

盲の額十郎 めくらのがくじゅうろう
⇒実川額十郎〔2代〕(じつかわがくじゅうろう)

目黒織部丞 めぐろおりべのじょう
安土桃山時代の上野国神梅城主阿久沢彦次郎の同心。北条氏直の家臣。
¶後北(織部丞〔目黒〕 おりべのじょう)

目黒重真* めぐろじゅうしん
文政11(1828)年～明治34(1901)年 江戸時代末期～明治時代の自由民権家、県議会議員。「福島自由新聞」の発起人となる。
¶幕末([没]明治34(1901)年7月8日)

愛姫* めごひめ
*～承応2(1653)年 [別]伊達政宗室(だてまさむねしつ), 伊達政宗の妻(だてまさむねのつま), 陽徳院(ようとくいん) 安土桃山時代～江戸時代前期の女性。伊達政宗の正室。
¶江表(陽徳院(宮城県)), コン([生]永禄12(1569)年), 女史([生]1568年?), 全戦([生]永禄12(1569)年)

召田下総 めしだしもふさ
安土桃山時代の信濃国筑摩郡会田の土豪。
¶武田(生没年不詳)

め

召田新右衛門　めしだしんうえもん
安土桃山時代の信濃国筑摩郡会田の土豪。
¶武田（生没年不詳）

目頬子*　めずらこ
上代の人。
¶古代

目時隆之進　めときたかのしん
⇒目時隆之進（めときりゅうのしん）

目時貞次郎*　めときていじろう
天保11（1840）年～大正3（1914）年　江戸時代末期～明治時代の盛岡藩士。盛岡藩権少参事となり、藩治に尽力。
¶幕末（[生]天保11（1840）年9月15日　[没]大正3（1914）年4月3日）

目時隆之進*　めときりゅうのしん
文政6（1823）年～明治2（1869）年　[別]目時隆之進（めときたかのしん）　江戸時代末期の志士。
¶全幕（[生]文政10（1827）年），幕末（[没]明治2（1869）年2月8日）

目徳　めとく
⇒嵐璃寛〔2代〕（あらしりかん）

雌鳥皇女　めとりのおうじょ
⇒雌鳥皇女（めとりのひめみこ）

雌鳥皇女*　めとりのひめみこ，めどりのひめみこ
[別]隼総別皇子・雌鳥皇女（はやぶさわけのおうじ・めとりのおうじょ，はやぶさわけのみこ・めとりのひめみこ），雌鳥皇女（めとりのおうじょ，めどりのみこ）　上代の女性。応神天皇の皇女。
¶古代，コン（生没年不詳），女史（めどりのひめみこ）

雌鳥皇女　めどりのみこ
⇒雌鳥皇女（めとりのひめみこ）

目貫屋長三郎*　めぬきやちょうざぶろう
生没年不詳　安土桃山時代～江戸時代前期の人形浄瑠璃創始期の太夫。
¶コン

目子媛　めのこのいらつめ
⇒目子媛（めのこひめ）

目子媛*　めのこひめ
[別]色部（いろべ），尾張目子姫（おわりのめのこひめ），目子媛（めのこのいらつめ）　上代の女性。継体天皇の妃。
¶古代，天皇（尾張目子姫　おわりのめのこひめ　生没年不詳）

馬武　めむ
⇒馬武（まむ）

米良重隆　めらしげたか
安土桃山時代～江戸時代前期の幕臣。
¶徳人（[生]1572年　[没]1653年）

米良東嶠*　めらとうきょう
文化8（1811）年～明治4（1871）年　江戸時代後期～明治時代の儒者。
¶コン

目良碧斎*　めらへきさい
文政9（1826）年～明治28（1895）年　江戸時代末期～明治時代の西洋医。紀伊国田辺最初の洋医で、率先して種痘を導入。
¶幕末（[没]明治28（1895）年2月）

メルキヨル
⇒熊谷元直（くまがいもとなお）

メルチョル
⇒熊谷元直（くまがいもとなお）

免子　めんこ★
江戸時代後期の女性。和歌。村崎氏。天保14年跋、木内御年編の歌集『友のつとひ』に載る。
¶江表（免子（佐賀県））

面山瑞方*（面山瑞芳）　めんざんずいほう
天和3（1683）年～明和6（1769）年　[別]瑞方（ずいほう）　江戸時代中期の曹洞宗の僧。道元の祖風の宣揚に努めた。
¶江人，思想

毛受勝照*　めんじゅかつてる
？～天正11（1583）年　[別]毛受勝照（めんじょうかつてる）　安土桃山時代の武士。
¶織田（[没]天正11（1583）年4月21日），戦武（めんじょうかつてる）

毛受荘助*　めんじゅそうすけ
寛政3（1791）年～安政4（1857）年　江戸時代末期の儒学者。
¶幕末（[没]安政4（1857）年閏5月14日）

毛受洪*　めんじゅひろし
文政8（1825）年～明治33（1900）年　江戸時代末期～明治時代の武士、官吏。
¶全幕，幕末（[生]文政8（1825）年7月17日　[没]明治33（1900）年4月19日）

毛受茂左衛門尉　めんじゅもざえもんのじょう
⇒毛受茂左衛門（めんじょうもざえもん）

毛受勝照　めんじょうかつてる
⇒毛受勝照（めんじゅかつてる）

毛受茂左衛門*　めんじょうもざえもん
？～天正11（1583）年　[別]毛受茂左衛門尉（めんじゅもざえもんのじょう）　戦国時代～安土桃山時代の武将。
¶織田（毛受茂左衛門尉　めんじゅもざえもんのじょう　[没]天正11（1583）年4月21日）

毛受領介　めんじょうりょうすけ
江戸時代中期～末期の彫刻家。
¶美建（[生]天明1（1781）年　[没]安政6（1859）年）

【も】

望一*　もいち
天正14（1586）年～寛永20（1643）年11月4日　[別]杉木望一（すぎきもいち），杉田望一（すぎたもういち），望一（もういち）　江戸時代前期の俳人。
¶俳文

水主内親王　もいとりないしんのう
⇒水主内親王（みぬしないしんのう）

水取季武　もいとりのすえたけ
平安時代中期の官人。
¶古人（生没年不詳）

水主内親王　もいとりのないしんのう
⇒水主内親王（みぬしないしんのう）

蒙 もう⋆
江戸時代中期の女性。俳諧。大坂の人。元禄11年刊、槐本諷竹編『俳諧淡路島』下に載る。
¶江表（蒙（大阪府））

望一 もういち
⇒望一（もいち）

孟遠 もうえん
⇒山本孟遠（やまもともうえん）

毛越* もうおつ
生没年不詳　江戸時代中期の俳人。
¶俳文

毛紈 もうがん
江戸時代中期の俳諧作者。元禄～正徳ごろ。
¶俳文（生没年不詳）

孟祇 もうぎ⋆
江戸時代後期の女性。俳諧。尾張名古屋の人。寛政2年跋、根津桃路編『華鳥風月集』に載る。
¶江表（孟祇（愛知県））

舞草 もうくさ
平安時代末期の刀工。陸奥国の人。
¶古人（生没年不詳）

毛国鼎 もうこくてい
⇒護佐丸（ごさまる）

孟子内親王* もうしないしんのう
？～昌泰4（901）年　[別]孟子内親王（もとこないしんのう）　平安時代前期～中期の女性。清和天皇の皇女。
¶古人（もとこないしんのう）

毛内有之介（毛内有之助） もうないありのすけ
⇒毛内監物（もうないけんもつ）

毛内監物* もうないけんもつ
天保7（1836）年～慶応3（1867）年　[別]毛内有之介，毛内有之助（もうないありのすけ）　江戸時代末期の陸奥弘前藩士。
¶コン，新隊（毛内有之助　もうないありのすけ　[生]天保6（1835）年2月28日　[没]慶応3（1867）年11月18日），全幕（毛内有之助　もうないありのすけ　[生]天保6（1835）年），幕末（[生]天保6（1835）年2月28日　[没]慶応3（1867）年11月18日）

毛内滝子* もうないたきこ
文化9（1812）年～明治18（1885）年　江戸時代末期～明治時代の歌人。明治初期刊行の撰歌集に掲載される。
¶江表（滝子（青森県）），幕末

毛利伊織* もうりいおり
天保3（1832）年～明治12（1879）年　江戸時代末期～明治時代の長府藩家老。藩主元周を補佐し、国事に尽力。
¶幕末（[没]明治12（1879）年7月6日）

毛利伊賀* もうりいが
天保4（1833）年～明治26（1893）年　江戸時代末期～明治時代の武士。毛利一門大野毛利。四境の役に平生に防衛を敷く。
¶幕末（[生]天保3（1832）年12月5日　[没]明治26（1893）年4月18日）

毛利幾之進* もうりいくのしん
嘉永5（1852）年～明治10（1877）年　江戸時代末期～明治時代の人。四堺の役の際に遊撃隊総督。
¶幕末（[生]嘉永5（1852）年5月28日　[没]明治10（1877）年5月18日）

毛利出雲* もうりいずも
文化13（1816）年～明治22（1889）年　江戸時代末期～明治時代の山口藩士。
¶幕末（[生]文化13（1816）年閏8月26日　[没]明治22（1889）年2月26日）

毛利伊勢* もうりいせ
天保1（1830）年～明治6（1873）年　江戸時代末期～明治時代の長州（萩）藩士。
¶幕末（[生]文政13（1830）年　[没]明治6（1873）年1月6日）

毛利岩* もうりいわ
？～天正10（1582）年6月2日　戦国時代～安土桃山時代の織田信長の家臣。
¶織田

毛利隠岐* もうりおき
享和3（1803）年～明治4（1871）年　[別]毛利熙頼（もうりひろより）　江戸時代末期～明治時代の長州（萩）藩士。
¶幕末（[生]享和3（1803）年2月3日　[没]明治4（1871）年5月12日）

毛利興元* もうりおきもと
明応2（1493）年～永正13（1516）年　戦国時代の武将。家臣団の充実を図った。
¶室町

毛利勝永 もうりかつなが
⇒毛利吉政（もうりよしまさ）

毛利空桑* もうりくうそう
寛政9（1797）年～明治17（1884）年　江戸時代末期～明治時代の儒学者。私塾知来館創立。
¶全幕，幕末（[生]寛政9（1797）年1月15日　[没]明治17（1884）年12月22日）

毛利重能* もうりしげよし
生没年不詳　[別]毛利勘兵衛重能（もりかんひょうえしげよし）　江戸時代前期の和算家。数学者として名前を残した最初の人物。
¶江人，大坂（毛利勘兵衛重能　もりかんひょうえしげよし），科学，コン，数学

毛利十郎* もうりじゅうろう
生没年不詳　安土桃山時代の織田信長の家臣。
¶織田

毛利新介* もうりしんすけ
？～天正10（1582）年　[別]毛利良勝（もうりよしかつ）　安土桃山時代の武将。黒母衣衆の一員。
¶織田（毛利良勝　もうりよしかつ　[没]天正10（1582）年6月2日），全戦（毛利良勝　もうりよしかつ）

毛利宣次郎* もうりせんじろう
天保8（1837）年～明治16（1883）年　江戸時代末期～明治時代の毛利藩士。正俗内訌のとき諸隊鎮撫総奉行をつとめる。
¶幕末（[生]天保8（1837）年7月25日　[没]明治16（1883）年1月24日）

毛利宗瑞 もうりそうずい
⇒毛利輝元（もうりてるもと）

毛利隆景 もうりたかかげ
⇒小早川隆景（こばやかわたかかげ）

毛利敬親* もうりたかちか
文政2（1819）年2月10日～明治4（1871）年3月28日

江戸時代末期〜明治時代の長州藩主。下関で外国船を砲撃し攘夷を実行、禁門の変で官位剝奪。
¶江人, コン, 全幕, 幕末, 山小 (㊓1819年2月10日 ㊚1871年3月28日)

毛利隆元* もうりたかもと
大永3(1523)年〜永禄6(1563)年 戦国時代の武将。陶・尼子・大友氏との戦いを指揮。
¶コン, 全戦, 戦武

毛利高泰* もうりたかやす
文化12(1815)年〜明治2(1869)年 江戸時代末期の大名。豊後佐伯藩主。
¶幕末 (㊓文化12(1815)年1月 ㊚明治2(1869)年9月)

毛利内匠 もうりたくみ
⇒毛利藤内(もうりとうない)

毛利筑前* もうりちくぜん
文政1(1818)年〜明治20(1887)年 江戸時代末期〜明治時代の山口藩士。
¶幕末 (㊓文政1(1818)年4月26日 ㊚明治20(1887)年3月21日)

毛利輝元* もうりてるもと
天文22(1553)年〜寛永2(1625)年 ㊀安芸宰相(あきさいしょう), 安芸中納言(あきちゅうなごん), 幻庵宗瑞(げんあんそうずい), 輝元(てるもと), 毛利宗瑞(もうりそうずい) 安土桃山時代〜江戸時代前期の大名、五大老。安芸広島の大大名だったが関ヶ原の戦いで西軍の主将に推され、戦後周防・長門のみに減封された。
¶江人, 公卿 (㊚寛永2(1625)年4月), 公家 (輝元〔毛利家〕 てるもと ㊚寛永2(1625)年4月27日), コン, 全戦, 戦武, 対外, 中世, 内乱, 俳文 (輝元 てるもと ㊓天文22(1553)年1月22日 ㊚寛永2(1625)年4月27日), 山小 (㊓1553年1月22日 ㊚1625年4月27日)

毛利藤内* もうりとうない
嘉永2(1849)年〜明治18(1885)年 ㊀毛利内匠(もうりたくみ) 江戸時代末期〜明治時代の家老、銀行家、長州藩東上軍総督。第百十銀行創業。男爵。
¶コン, 幕末 (毛利内匠 もうりたくみ ㊓嘉永2(1849)年1月10日 ㊚明治18(1885)年5月23日)

毛利勅子* もうりときこ
文政2(1819)年〜明治12(1879)年 江戸時代末期〜明治時代の女性。徳山藩主毛利広鎮の七女。
¶江表 (勅子(山口県) ときこ), 幕末 (㊓文政2(1819)年2月 ㊚明治12(1879)年2月2日)

毛利都美子* もうりとみこ
天保4(1833)年9月〜大正2(1913)年2月 江戸時代末期〜大正時代の女性。山口藩知事毛利敬親の妻。
¶江表 (妙好(山口県))

毛利豊元* もうりとよもと
文安1(1444)年〜文明8(1476)年 室町時代の武士。
¶内乱, 室町

毛利長秀 もうりながひで
⇒毛利秀頼(もうりひでより)

毛利長良* もうりながよし
生没年不詳 安土桃山時代の織田信長の家臣。
¶織田

毛利能登* もうりのと
文化8(1811)年〜明治18(1885)年 江戸時代末期〜明治時代の四堺の役で活躍。
¶幕末 (㊓文化8(1811)年8月18日 ㊚明治18(1885)年3月23日)

毛利登人* もうりのぼる
文政4(1821)年〜* ㊀毛利登人(もうりのりと) 江戸時代末期の長州(萩)藩士。
¶幕末 (㊓文政4(1821)年7月6日 ㊚元治1(1865)年12月19日)

毛利登人 もうりのりと
⇒毛利登人(もうりのぼる)

毛利梅園* もうりばいえん
寛政10(1798)年〜嘉永4(1851)年 江戸時代末期の博物家。「梅園草木花譜」「梅園虫譜」などの著者。
¶植物

毛利秀包* もうりひでかね
永禄10(1567)年〜慶長6(1601)年 ㊀久留米侍従(くるめじじゅう), 小早川秀包(こばやかわひでかね, こばやがわひでかね) 安土桃山時代の大名。筑後国久留米城主。
¶コン (㊓永禄9(1566)年), 全戦 (小早川秀包 こばやかわひでかね), 戦武

毛利秀就* もうりひでなり
文禄4(1595)年〜慶安4(1651)年 江戸時代前期の大名。安芸広島藩主、長州(萩)藩主。
¶コン, 全戦

毛利秀就室 もうりひでなりしつ
⇒喜佐姫(きさひめ)

毛利秀元* もうりひでもと
天正7(1579)年〜慶安3(1650)年 ㊀安芸侍従(あきじじゅう) 安土桃山時代〜江戸時代前期の大名。長門長府藩主。
¶公卿 (㊚慶安3(1650)年閏10月), 公家 (秀元〔毛利家〕 ひでもと ㊚慶安3(1650)年10月3日), コン, 全戦, 戦武, 対外

毛利秀吉 もうりひでよし
江戸時代後期〜末期の彰義隊士。
¶全幕 (㊓弘化3(1846)年 ㊚明治1(1868)年)

毛利秀頼* もうりひでより
?〜文禄2(1593)年 ㊀伊奈侍従(いなじじゅう), 河内侍従(かわちじじゅう), 毛利長秀(もうりながひで) 安土桃山時代の武将。河内守。斬波源氏の支流。
¶織田 (毛利長秀 もうりながひで ㊓天文10(1541)年 ㊚文禄2(1593)年閏9月17日), 全戦 (毛利長秀 もうりながひで ㊓天文10(1541)年)

毛利広盛* もうりひろもり
?〜元和2(1616)年 安土桃山時代〜江戸時代前期の武士。織田氏家臣、豊臣氏家臣。
¶織田 (㊓天文2(1533)年 ㊚元和2(1616)年12月14日)

毛利熙頼 もうりひろより
⇒毛利隠岐(もうりおき)

毛利兵橘の母 もうりへいきつのはは★
江戸時代中期の女性。和歌。旗本赤井弥兵衛時直の娘。元禄4年刊『若むらさき』に載る。
¶江表 (毛利兵橘の母(東京都))

毛利元秋 もうりもとあき
戦国時代〜安土桃山時代の毛利元就の五男。
¶全戦 (㊓天文21(1552)年 ㊚天正13(1585)年)

も

毛利元清*　もうりもときよ
天文20(1551)年～慶長2(1597)年　[別]穂井田元清，穂田元清(ほいだもときよ)　安土桃山時代の武将。山陽方面の戦線を指揮。
¶コン,全戦(穂田元清　ほいだもときよ),戦武(穂井田元清　ほいだもときよ)

毛利元純*　もうりもとずみ
天保3(1832)年～明治8(1875)年　江戸時代末期～明治時代の長門清末藩主。禁門の変で官位剝奪。第二次征長戦には石州口に出陣。
¶幕末([生]天保3(1832)年11月6日　[没]明治8(1875)年3月12日)

毛利元周*　もうりもとちか
文政10(1827)年～明治1(1868)年　江戸時代末期の大名。長門長府藩主。
¶全幕,幕末([生]文政10(1827)年11月9日　[没]慶応4(1868)年5月7日)

毛利元綱*　もうりもとつな
？～大永3(1523)年　[別]相合元綱(あいおうもとつな)　戦国時代の武将。
¶全戦(相合元綱　あいおうもとつな　[没]大永4(1524)年)

毛利元敏*　もうりもととし
嘉永2(1849)年～明治41(1908)年　江戸時代末期～明治時代の長府藩主、豊浦藩知事、子爵。イギリスに留学。
¶幕末([生]嘉永2(1849)年5月3日　[没]明治41(1908)年4月25日)

毛利元就*　もうりもとなり
明応6(1497)年～元亀2(1571)年　[別]元就(もとなり)　戦国時代の大名。安芸の国人だったが、陶氏・大内氏を滅ぼし安芸・周防・長門の戦国大名に成長。のち尼子氏も滅ぼし、中国全域を領有する大大名となった。三本の矢の逸話は有名。
¶コン,全戦,戦武,中世,俳文(元就　もとなり　[生]明応6(1497)年3月14日　[没]元亀2(1571)年6月14日),室町,山小([生]1497年3月14日　[没]1571年6月14日)

毛利元就室　もうりもとなりしつ
⇒妙玖(みょうきゅう)

毛利元徳*　もうりもとのり
天保10(1839)年～明治29(1896)年12月23日　江戸時代末期～明治時代の山口藩主、貴族院議員、公爵。幕末混乱期に長州藩で活躍、討幕の密勅を遂行。
¶コン,全幕,幕末([生]天保10(1839)年9月22日)

毛利元春*(1)　もうりもとはる
生没年不詳　南北朝時代の武将。
¶室町

毛利元春(2)　もうりもとはる
⇒吉川元春(きっかわもとはる)

毛利元政　もうりもとまさ
⇒天野元政(あまのもとまさ)

毛利元蕃*　もうりもとみつ
文化13(1816)年～明治17(1884)年7月22日　江戸時代末期～明治時代の徳山藩主、徳山藩知事。
¶全幕,幕末([生]文化13(1816)年7月25日)

毛利元康*　もうりもとやす
永禄3(1560)年～慶長6(1601)年　[別]末次元康(すえつぐもとやす)，元康(もとやす)　安土桃山時代の武士。
¶全戦,戦武(末次元康　すえつぐもとやす),俳文(元康　もとやす　[没]慶長6(1601)年1月13日)

毛利(森)吉成　もうり(もり)よししげ
安土桃山時代の武士。
¶内乱([生]？　[没]慶長16(1611)年)

毛利安子*　もうりやすこ
天保14(1843)年～大正14(1925)年7月25日　江戸時代末期～大正時代の女性。長府藩主毛利元運の二女。婦人界の向上と慈善事業に尽力。日本婦人協会会長。
¶江表(安子(山口県))

毛利良勝　もうりよしかつ
⇒毛利新介(もうりしんすけ)

毛利吉政*　もうりよしまさ
？～元和1(1615)年　[別]毛利勝永(もうりかつなが)，毛利豊前守吉政(もりぶぜんのかみよしまさ)　安土桃山時代～江戸時代前期の武士。豊臣氏家臣。
¶大坂(毛利豊前守吉政　もりぶぜんのかみよしまさ　[生]1578年),全戦(毛利勝永　もうりかつなが),戦武(毛利勝永　もうりかつなが　[没]慶長20(1615)年)

茂右衛門*　もえもん
生没年不詳　安土桃山時代の陶工。
¶美工

最上家親*　もがみいえちか
天正10(1582)年～元和3(1617)年　安土桃山時代～江戸時代前期の武将、大名。出羽山形藩主。
¶全戦,戦武

最上兼頼*　もがみかねより
元応2(1320)年～天授5/康暦1(1379)年　南北朝時代の武将。
¶室町([生]正和4(1315)年)

最上御前　もがみごぜん
⇒保春院(ほしゅんいん)

最上徳内*　もがみとくない
宝暦5(1755)年～天保7(1836)年　江戸時代中期～後期の北方探検家。アイヌ交易の改善に尽力。
¶江人,コン([生]宝暦4(1754)年),対外,地理,徳将,徳人([生]1754年),山小([没]1836年9月5日)

最上義光*　もがみよしあき
天文15(1546)年～慶長19(1614)年1月18日　[別]出羽侍従(でわじじゅう)，最上義光(もがみよしみつ)，義光(よしあき)　安土桃山時代～江戸時代前期の大名。出羽山形藩主。
¶コン,全戦,戦武,中世,内乱,俳文(義光　よしあき),山小([没]1614年1月18日)

最上義定*　もがみよしさだ
？～永正17(1520)年　戦国時代の武将。
¶室町

最上義連*　もがみよしつら
？～明治22(1889)年　江戸時代末期～明治時代の幕臣。
¶コン

最上義智*　もがみよしとも
寛永8(1631)年～元禄10(1697)年　江戸時代前期の大名。近江大森藩主。
¶徳人

最上義光　もがみよしみつ
⇒最上義光(もがみよしあき)

も

最上義守* もがみよしもり
大永1（1521）年～天正18（1590）年　戦国時代～安土桃山時代の武将。
¶全戦，戦武

最上義康* もがみよしやす
？～慶長16（1611）年　安土桃山時代～江戸時代前期の武士。
¶全戦（㊤天正3（1575）年　㊦慶長8（1603）年）

茂貫の妻 もかんのつま★
江戸時代中期の女性。俳諧。加賀の人。元禄16年成立、吉井雲鈴編『摩詰庵入日記』上に載る。
¶江表（茂貫の妻（石川県））

茂木兼英 もぎかねひで
江戸時代後期の和算家。
¶数学

も

茂きく もきく★
江戸時代中期の女性。俳諧。甲斐南部の人。明和8年刊、二世六花庵乙児編『伊豆十二歌仙附録』に載る。
¶江表（茂きく（山梨県））

茂木女 もぎじょ★
江戸時代後期の女性。俳諧。常陸平潟の人。文政1年刊、月巷蘭叟撰『松葉掻』に載る。
¶江表（茂木女（茨城県））

茂木惣兵衛〔1代〕* もぎそうべえ
文政10（1827）年～明治27（1894）年　江戸時代末期～明治時代の実業家。横浜為替会社、第二国立銀行、第七十四国立銀行などの頭取、副頭取を務めた。
¶コン（代数なし），幕末（代数なし　㊤文政10（1827）年10月20日　㊦明治27（1894）年8月26日）

茂木孝匡 もぎたかまさ
江戸時代後期～明治時代の和算家。武州平子林村の人。
¶数学（㊤文政1（1818）年　㊦明治35（1902）年6月24日）

も吉 もきち
⇒小川吉太郎〔3代〕（おがわきちたろう）

茂木安英 もぎやすひで
江戸時代後期～明治時代の和算家。
¶数学（㊤文政12（1829）年12月12日　㊦明治11（1878）年5月24日）

黙阿弥 もくあみ
⇒河竹黙阿弥（かわたけもくあみ）

牧庵 もくあん
⇒牧庵（ぼくあん）

黙庵 もくあん
⇒黙庵霊淵（もくあんれいえん）

木庵性瑫*（木菴性瑫）　もくあんしょうとう
明・万暦39（1611）年～貞享1（1684）年　㊙性瑫（しょうとう）　江戸時代前期の黄檗宗の渡来僧。
¶コン（木菴性瑫　㊤慶長16（1611）年），対外

黙庵霊淵* もくあんれいえん
？～元・至正5（1345）年　㊙黙庵（もくあん）　鎌倉時代後期～南北朝時代の僧、画家。
¶コン（生没年不詳），思想（生没年不詳），美画（㊦興国6/貞和1（1345）年），山小（生没年不詳）

牧和泉守 もくいずみのかみ
⇒牧和泉守（まきいずみのかみ）

裳咋臣足嶋*（裳咋臣足嶋）　もくいのおみたるしま
㊙裳咋足嶋（もくいのたるしま）　奈良時代の女官。
¶古人（裳咋足嶋　もくいのたるしま　生没年不詳），古代（裳咋臣足嶋）

裳咋足嶋 もくいのたるしま
⇒裳咋臣足嶋（もくいのおみたるしま）

木因 もくいん
⇒谷木因（たにぼくいん）

木子 もくこ★
江戸時代末期の女性。和歌。伊勢の志毛井徳兵衛の母。文久1年刊、宮川正光編『松杉和歌集』に載る。
¶江表（木子（三重県））

木吾 もくご
⇒堀田知之（ほったともゆき）

穆算* もくさん
平安時代中期の天台宗の僧。園城寺16世。
¶古人（㊤944年　㊦1008年）

木児 もくじ
⇒伊藤木児（いとうもくじ）

木食 もくじき
⇒木喰五行（もくじきごぎょう）

木喰応其（木食応其）　もくじきおうご
⇒応其（おうご）

木喰行道 もくじきぎょうどう
⇒木喰五行（もくじきごぎょう）

木喰五行*（木食五行）　もくじきごぎょう
享保3（1718）年～文化7（1810）年　㊙木食（もくじき），木喰行道（もくじきぎょうどう），木喰五行上人（もくじきごぎょうしょうにん），木喰五行明満上人（もくじきごぎょうみょうまんしょうにん），木喰上人（もくじきしょうにん），木喰明満仙人（もくじきみょうまんせんにん）　江戸時代中期～後期の修行僧。
¶コン（木食五行），美建（木食五行　㊦文化7（1810）年6月5日）

木喰五行上人 もくじきごぎょうしょうにん
⇒木喰五行（もくじきごぎょう）

木喰五行明満上人 もくじきごぎょうみょうまんしょうにん
⇒木喰五行（もくじきごぎょう）

木喰上人(1)（木食上人）　もくじきしょうにん
⇒応其（おうご）

木喰上人(2)　もくじきしょうにん
⇒木喰五行（もくじきごぎょう）

木食上人 もくじきしょうにん
⇒木食養阿（もくじきようあ）

木喰明満仙人 もくじきみょうまんせんにん
⇒木喰五行（もくじきごぎょう）

木食養阿* もくじきようあ
？～宝暦13（1763）年　㊙木食上人（もくじきしょうにん），養阿（ようあ）　江戸時代中期の木食僧。念仏聖の活動に専念。
¶コン

木女　もくじょ*
江戸時代中期の女性。俳諧。蕉門か。元禄4年刊、神戸友琴編『色杉原』に載る。
¶江表（木女（滋賀県））

木節　もくせつ
⇒望月木節（もちづきぼくせつ）

木素貴子＊　もくそきし
生没年不詳　飛鳥時代の渡来人。
¶古物

木朶＊　もくだ
享保12（1727）年〜文化7（1810）年4月2日　江戸時代中期〜後期の俳人。
¶俳文

黙池　もくち
⇒中島黙池（なかじまもくち）

木鎮＊　もくちん
生没年不詳　南北朝時代の僧侶・連歌作者。
¶俳文

木導　もくどう
⇒直江木導（なおえもくどう）

杢野甚七＊　もくのじんしち
文化11（1814）年〜明治37（1904）年　江戸時代末期〜明治時代の愛知海苔の創始者。海苔養殖の研究を深め、近在民に伝授。
¶幕末（㊍文化11（1814）年3月15日　㊀明治37（1904）年8月3日）

木工助　もくのすけ
安土桃山時代の信濃国筑摩郡刈谷原の土豪。
¶武田（生没年不詳）

黙平　もくへい
天保3（1832）年〜明治23（1890）年10月20日　江戸時代後期〜明治時代の俳人。
¶俳文

木米　もくべい
⇒青木木米（あおきもくべい）

木甫　もくほ
江戸時代後期の俳諧師。本名、谷三七郎。
¶俳文（生没年不詳）

茂山＊　もさん
？〜元禄7（1694）年　㊞阿比留茂山（あひるもさん），中庭茂山（なかにわもざん）　江戸時代前期の朝鮮釜山窯の陶工。主として高麗茶碗を焼造。
¶美工（㊀元禄7（1694）年8月17日）

門司能秀＊　もじよしひで
生没年不詳　㊞能秀（よしひで）　室町時代の武将・連歌作者。
¶俳文（能秀　よしひで）

万代十兵衛　もずじゅうべえ
⇒万代十兵衛（ばんだいじゅうべえ）

百舌鳥長兄＊　もずのながえ
奈良時代の下級官人。
¶古代

百舌鳥土師土徳　もずのはじのつちとこ
⇒百舌鳥土師連土徳（もずのはじのむらじつちとこ）

百舌鳥土師連土徳＊　もずのはじのむらじつちとこ
㊞百舌鳥土師連土徳（もずのはじのつちとこ）　奈良時代の下級官人。
¶古代

物集高世＊　もずめたかよ
文化14（1817）年〜明治16（1883）年1月2日　江戸時代末期〜明治時代の国学者、宣教権少博士。杵築藩教授方、藩校学習館国学教授を歴任。著書に「辞格考」「神道余論」など。
¶コン（㊍天保4（1833）年），幕末（㊍文化14（1817）年2月1日）

物集女縫殿助＊　もずめぬいのすけ
？〜天正3（1575）年　戦国時代〜安土桃山時代の織田信長の家臣。
¶織田

茂瀬　もせ
江戸時代中期の女性。和歌。浪人新井秀元の娘。
¶江表（茂瀬（東京都）　㊁安永9（1780）年）

茂勢　もせい*
江戸時代中期の女性。和歌。仙台藩一門伊達式部家の家臣岸波義兵衛の母。安永3年成立「田村村隆母公六十賀祝賀歌集」に載る。
¶江表（茂勢（宮城県））

もせ子⑴　もせこ＊
江戸時代後期の女性。和歌。松代藩藩士で歌人金井左源太清酒の妻。寛政10年跋、藩主真田幸弘の六〇賀集「千とせの寿詞」に載る。
¶江表（もせ子（長野県））

もせ子⑵　もせこ＊
江戸時代後期の女性。和歌・散文。尾張藩主徳川斉朝の室淑姫付の奥女中。「尾州下屋舗筑地の記」に文化12年、下屋敷に遊んだことが載る。
¶江表（もせ子（愛知県））

藻瀬子　もせこ＊
江戸時代中期の女性。和歌。大洲藩の奥女中。宝暦12年刊、村上影面編『続采藻編』に載る。
¶江表（藻瀬子（愛媛県））

文勢子　もせこ＊
江戸時代中期の女性。和歌。三河刈谷藩主土井利信の室久米子の侍女。宝暦9年序、村上影面編『采藻編』に載る。
¶江表（文勢子（愛知県））

茂線　もせん
江戸時代後期の女性。俳諧。越前天王の人。寛政11年刊、松山令羽編『三つの手向』に載る。
¶江表（茂線（福井県））

持子　もちこ＊
江戸時代後期の女性。和歌。下鴨比良木社禰宜で歌人梨木祐持の娘。天保6年統仁親王に出仕。
¶江表（持子（京都府））

望月玉泉　もちづきぎょくせん
⇒望月玉泉（もちづきぎょくせん）

望月三英　もちづきさんえい
⇒望月三英（もちづきさんえい）

望月宋屋　もちづきそうおく
⇒望月宋屋（もちづきそうおく）

望月長好 もちづきちょうこう
⇒望月長好（もちづきちょうこう）

望月半山 もちづきはんざん
⇒望月半山（もちづきはんざん）

望月武然 もちづきぶぜん
⇒望月武然（もちづきぶぜん）

望月木節 もちづきぼくせつ
⇒望月木節（もちづきぼくせつ）

望月誠 もちづきまこと
江戸時代末期〜明治時代の実業家、兎屋思誠堂創業者。
¶出版（生没年不詳）

持田主計助 もちだかずえのすけ
安土桃山時代の荒川郷内只沢領主。鉢形城城主北条氏邦の家臣。
¶後北（主計助〔持田〕　かずえのすけ）

持田久六* もちだきゅうろく
享和2（1802）年〜明治14（1881）年　江戸時代末期〜明治時代の国学者。算術・測量に長じ、灌漑用水の整備や田畑実測、用水路設計等に尽力。
¶幕末

持田小三郎 もちだこさぶろう
安土桃山時代の鉢形城主北条氏邦家臣持田主計助の同心。
¶後北（小三郎〔持田〕　こさぶろう）

持田四郎左衛門尉* もちだしろうざえもんのじょう
生没年不詳　戦国時代の武蔵鉢形城主北条氏邦の家臣。
¶後北（四郎左衛門尉〔持田〕　しろうざえもんのじょう）

望月右近允 もちづきうこんのじょう
安土桃山時代〜江戸時代前期の甲斐国八代郡河内楠甫村の土豪。望月清介の父。
¶武田（生没年不詳）

望月亀弥太* もちづきかめやた，もちづきかめやだ，もちづきかめやた
天保9（1838）年〜元治1（1864）年　江戸時代末期の土佐藩士。
¶コン, 全幕, 幕末（㊦元治1（1864）年6月5日）

望月毅軒* もちづききけん
文政1（1818）年〜明治11（1878）年　江戸時代末期〜明治時代の儒者。
¶幕末（㊤文政1（1818）年11月15日）（㊦明治11（1878）年11月25日）

望月玉泉* もちづきぎょくせん
天保5（1834）年6月14日〜大正2（1913）年9月16日 ㊇望月玉泉（もちづきぎょくせん）　江戸時代末期〜大正時代の日本画家。代表作は「雪中芦雁」「山端月」。
¶美画

望月玉蟾* もちづきぎょくせん
延宝1（1673）年〜宝暦5（1755）年　㊇望月藤兵衛（もちづきとうべえ）　江戸時代中期の画家。土佐光成にやまと絵を、山口雪渓に漢画を学ぶ。
¶コン（㊤延宝1（1673年/1692）年）, 美画（㊦宝暦5（1755）年8月3日）

望月金鳳 もちづききんぽう
江戸時代後期〜大正時代の日本画家。

¶美画（㊦弘化3（1846）年3月　㊦大正4（1915）年6月18日）

望月源左衛門尉 もちづきげんざえもんのじょう
安土桃山時代〜江戸時代前期の甲斐国八代郡河内楠甫村の土豪。
¶武田（生没年不詳）

望月幸平* もちづきこうへい
天保5（1834）年〜明治33（1900）年　江戸時代末期〜明治時代の北辰一刀流免許皆伝。入山内房街道の改修工事、由比川架橋の発起人など土木工事に貢献。
¶幕末

望月左衛門尉* もちづきさえもんのじょう
天文21（1552）年?〜天正3（1575）年5月21日　㊇望月信永（もちづきのぶなが）　戦国時代〜安土桃山時代の甲斐武田晴信の家臣。
¶武田（望月信永　もちづきのぶなが）

望月三英* もちづきさんえい
元禄10（1697）年〜明和6（1769）年　㊇望月三英（もちづきさんえい）　江戸時代中期の医師。将軍徳川吉宗に重用。
¶江人, 科学（もちづきさんえい　㊦明和6（1769）年11月4日）, コン, 他人

望月重則 もちづきしげのり
*〜元和1（1615）年　㊇望月主水重則（もちづきもんどしげのり）　江戸時代前期の真田昌幸・信繁の家臣。
¶大坂（望月主水重則　もちづきもんどしげのり）, 全戦（㊤?　㊦元和1（1615）年）

望月重元* もちづきしげもと
生没年不詳　安土桃山時代の織田信長の家臣。
¶織田

望月新八郎 もちづきしんぱちろう
江戸時代末期の代官。
¶徳代（㊤?　㊦安政2（1855）年2月7日）

望月甚八郎 もちづきじんぱちろう
安土桃山時代の佐久郡の国衆望月氏の庶流家。
¶武田（㊤?　㊦天正3（1575）年5月21日）

望月新六 もちづきしんろく
戦国時代の佐久郡の国衆望月氏の一族。
¶武田（生没年不詳）

望月清介 もちづきせいすけ
安土桃山時代〜江戸時代前期の甲斐国八代郡河内楠甫村の土豪。
¶武田（生没年不詳）

望月清兵衛 もちづきせいひょうえ
安土桃山時代〜江戸時代前期の甲斐国巨摩郡河内西島の土豪。
¶武田（生没年不詳）

望月清兵衛* もちづきせいべえ
天文10（1541）年〜寛永6（1629）年　安土桃山時代〜江戸時代前期の製紙業者。
¶コン

望月宋屋 もちづきそうおく
元禄1（1688）年〜明和3（1766）年　㊇宋屋（そうおく）, 望月宋屋（もちづきそうおく）　江戸時代中期の俳人。
¶俳文（宋屋　そうおく　㊦明和3（1766）年3月12日）

望月大象　もちづきだいぞう
江戸時代後期～明治時代の幕府海軍士官。
¶幕末（㊐文政11（1828）年　㊀明治10（1877）年3月8日）

望月太左衛門〔1代〕*　もちづきたざえもん
生没年不詳　㊟柏崎吾四郎（かしわざきごしろう）　江戸時代中期の歌舞伎囃子方望月流の宗家。
¶歌大，新歌（――〔1世〕）

望月太左衛門〔2代〕*　もちづきたざえもん
生没年不詳　㊟柏崎吾四郎（かしわざきごしろう）　江戸時代後期の歌舞伎囃子方望月流の宗家。
¶歌大，新歌（――〔2世〕）

望月太左衛門〔3代〕*　もちづきたざえもん
生没年不詳　江戸時代後期の歌舞伎囃子方望月流の宗家。
¶歌大，新歌（――〔3世〕）

望月太左衛門〔4代〕*（――〔3代〕）　もちづきたざえもん
天明4（1784）年～文久1（1861）年　㊟柏崎林之助（かしわざきりんのすけ）　江戸時代後期の歌舞伎囃子方。望月派の基礎を確立。
¶歌大（㊀文久1（1861）年4月18日），コン，新歌（――〔4世〕）

望月太左衛門〔5代〕*（――〔4代〕）　もちづきたざえもん
？～安政6（1859）年　㊟福原百之助〔1代〕（ふくはらひゃくのすけ）　江戸時代末期の歌舞伎囃子方望月流の宗家。
¶歌大（㊀安政6（1859）年2月12日），新歌（――〔5世〕）

望月太左衛門〔6代〕*　もちづきたざえもん
天保1（1830）年～明治7（1874）年　江戸時代末期～明治時代の歌舞伎囃子方。
¶歌大（㊀明治7（1874）年5月7日），新歌（――〔6世〕　㊐1830年？）

望月為直　もちづきためなお
江戸時代前期～中期の幕臣。
¶徳人（㊐1632年　㊀1701年）

望月長好*（望月長孝）　もちづきちょうこう
元和5（1619）年～天和1（1681）年　㊟望月長好（もちずきちょうこう）　江戸時代前期の歌人。「長好師家集」がある。
¶コン

望月藤左衛門尉　もちづきとうざえもんのじょう
戦国時代の甲斐国河内新倉の土豪。
¶武田（生没年不詳）

望月藤兵衛　もちづきとうべえ
⇒望月玉蟾（もちづきぎょくせん）

望月信永　もちづきのぶなが
⇒望月左衛門尉（もちづきさえもんのじょう）

望月信雅*　もちづきのぶまさ
～天正3年　安土桃山時代の武将。武田氏家臣。
¶武田（㊐？　㊀文禄3（1594）年10月14日？）

望月信頼*　もちづきのぶより
天文16（1547）年～永禄7（1564）年9月21日　戦国時代～安土桃山時代の甲斐武田晴信の家臣。
¶武田

望月半山*　もちづきはんざん
生没年不詳　㊟望月半山（もちずきはんざん）　江戸時代後期の蒔絵師。
¶美工（もちずきはんざん）

望月半二郎　もちづきはんじろう
安土桃山時代～江戸時代前期の甲斐国巨摩郡河内西島村の土豪。
¶武田（生没年不詳）

望月武四郎*　もちづきぶしろう
弘化4（1847）年～明治1（1868）年　江戸時代末期の陸奥会津藩士。
¶幕末（㊀慶応4（1868）年5月3日）

望月武然*　もちづきぶぜん
享保5（1720）年～享和3（1803）年　㊟武然（ぶぜん），望月武然（もちずきぶぜん）　江戸時代中期～後期の俳人。
¶俳文（武然　ぶぜん　㊀享和3（1803）年1月23日）

望月木節*　もちづきぼくせつ
㊟木節（ぼくせつ，もくせつ），望月木節（もちずきぼくせつ）　江戸時代中期の俳人（蕉門）。
¶俳文（木節　ぼくせつ　生没年不詳）

望月福子　もちづきよしこ
江戸時代末期～明治時代の教育家。上野（群馬県）桐生町の人。田村梶子の塾松声堂で書を学ぶ。
¶江表（福子（群馬県）　よしこ　㊐天保10（1839）年　㊀明治42（1909）年）

望月与三兵衛尉*　もちづきよぞうひょうえのじょう
生没年不詳　戦国時代の甲斐武田一族穴山信君の家臣。
¶武田

望月与太郎　もちづきよたろう
戦国時代の駿河国安倍郡の土豪。駿河衆。
¶武田（生没年不詳）

望月六郎*　もちづきろくろう
安土桃山時代～江戸時代前期の武将。立川文庫「真田幸村」の登場人物。真田十勇士の一人。
¶全戦，戦武（㊐元亀3（1572）年？　㊀慶長20（1615）年？）

持永豊次　もちながとよじ
⇒持永豊次（もちながとよつぐ）

持永豊次*　もちながとよつぐ
生没年不詳　㊟持永豊次（もちながとよじ）　江戸時代前期の和算家。
¶数学（もちながとよじ）

以主末延　もちぬしのすえのぶ
平安時代後期の官人。
¶古人（生没年不詳）

以仁王*　もちひとおう
仁平1（1151）年～治承4（1180）年　㊟三条宮（さんじょうのみや），高倉宮（たかくらのみや），以仁王（もとひとおう）　平安時代後期の後白河天皇の皇子。平氏追討の令旨を発し，全国の源氏が蜂起する契機を作った。源頼政とともに宇治で戦死。
¶古人，コン，天皇，中世，内乱，平家，山小（㊀1180年5月26日）

持政*　もちまさ
生没年不詳　室町時代の連歌師。
¶俳文

茂椎*　もつい
安永7(1778)年～弘化4(1847)年8月20日　江戸時代中期～後期の俳人。
¶俳文

物外　もつがい
⇒物外不遷(もつがいふせん)

物外可什*　もつがいかじゅう
*～正平18/貞治2(1363)年12月8日　[別]可什(かじゅう)　鎌倉時代後期～南北朝時代の臨済宗大応派の僧。建長寺首座。
¶対外([生]1286年)

物外不遷*　もつがいふせん
*～慶応3(1867)年　[別]拳骨和尚(げんこつおしょう), 武田物外(たけだもつがい), 不遷(ふせん), 物外(ぶつがい, もつがい)　江戸時代末期の曹洞宗の僧、武術家。幕府と長州(萩)藩との調停に尽力。
¶江人([生]1794年), コン([生]寛政7(1795)年)

牧谿*　もっけい
生没年不詳　[別]牧谿法常(もっけいほうじょう)　鎌倉時代後期の画僧。中国・南宋末から元初の禅僧。鎌倉時代末期以来珍重され、日本の水墨画に多大な影響を与えた。
¶思想(牧谿法常　もっけいほうじょう), 山小

牧谿法常　もっけいほうじょう
⇒牧谿(もっけい)

茂木賢安　もてぎけんあん
⇒茂木知世(もてぎともよ)

茂木重次郎　もてきじゅうじろう
江戸時代末期～昭和時代の化学技術者。
¶科学([生]安政6(1859)年2月23日　[没]昭和7(1932)年3月)

茂木知貞*　もてぎともさだ
南北朝時代の武将。
¶内乱([生]?　[没]文和4(1355)年)

茂木知端*　もてぎともただ
嘉永2(1849)年～明治34(1901)年　江戸時代末期～明治時代の秋田藩十二所城代。晩年、十二所町長を務める。
¶幕末([没]明治34(1901)年8月31日)

茂木知世*　もてぎともよ
?～正平16/康安1(1361)年　[別]茂木賢安(もてぎけんあん)　南北朝時代の武将。
¶内乱([没]康安1(1361)年)

もと(1)
江戸時代の女性。教育。白塚氏。手習所を営んだ。
¶江表(もと(山形県))

もと(2)
江戸時代中期の女性。俳諧。加賀小松の人。明和2年刊、河合見風編『霞かた』に載る。
¶江表(もと(石川県))

もと(3)
江戸時代中期の女性。俳諧。俳人額田文下と琴之の娘。明和6年刊、湖白庵諸九尼編の歳旦帖「聖節」に載る。
¶江表(もと(京都府))

もと(4)
江戸時代中期の女性。俳諧。備後上下の人。天明3年刊『しぐれ会』に載る。
¶江表(もと(広島県))

もと(5)
江戸時代後期の女性。教育。相沢勘七の妻。
¶江表(もと(東京都)　[生]文政2(1819)年頃)

もと(6)
江戸時代後期の女性。和歌。小野氏。天保12年成立、徳川斉昭撰「弘道館梅花詩歌」に載る。
¶江表(もと(茨城県))

もと(7)
江戸時代後期の女性。看病記・和歌。父は神戸新兵衛、尾張一宮の真清田神社の神職らしい。
¶江表(もと(愛知県)　[没]天保3(1832)年)

もと(8)
江戸時代後期の女性。俳諧。尾張大野の呉服商大黒屋利兵衛と小扇の娘。寛政4年序、かの編、父の一周忌追善集『夢の秋』に載る。
¶江表(もと(愛知県))

もと(9)
江戸時代後期の女性。狂歌。稲山氏。享和3年刊、如棗亭栗洞撰『狂歌続うなゐ草紙』に載る。
¶江表(もと(大阪府))

もと(10)
江戸時代後期の女性。和歌。熊本藩侍医田代元律の妻。
¶江表(もと(熊本県))

も登　もと★
江戸時代後期の女性。俳諧。松前の人。文化10年、松窓乙二撰「神明宮奉納俳諧発句」の献額に載る。
¶江表(も登(北海道))

元(1)　もと★
江戸時代中期の女性。俳諧。安芸宮島の人。宝暦2年刊、志太野坡派の俳人後藤梅従編『十三題』に載る。
¶江表(元(広島県))

元(2)　もと★
江戸時代中期～後期の女性。教育。安房館山新井浦の羽山氏の娘。
¶江表(元(千葉県)　[生]安永4(1775)年　[没]文政5(1822)年)

元(3)　もと★
江戸時代末期の女性。和歌。尾張東阿野の外山武平の妻。文久2年序、西田惟恒編『文久二年八百首』に載る。
¶江表(元(愛知県))

本　もと★
江戸時代後期の女性。和歌・書。飛騨高山の桐山氏。
¶江表(本(岐阜県)　[没]文政12(1829)年)

茂登(1)　もと★
江戸時代中期～後期の女性。書簡。淡路島脇田村の庄屋柏木太郎左衛門の娘。
¶江表(茂登(徳島県)　[生]安永2(1773)年　[没]天保2(1831)年)

茂登(2)　もと★
江戸時代後期の女性。俳諧。備前片上の人。天保7年刊、唐樹園亀嶺編『春興亀の尾山』前に載る。
¶江表(茂登(岡山県))

茂登(3)　もと★
　江戸時代末期の女性。和歌。美濃古市場の国島雅敬の母。安政4年刊、富樫広蔭編『千百人一首』に載る。
　¶江表（きと（岐阜県）），江表（茂登（岐阜県））

茂橙　もと★
　江戸時代後期の女性。俳諧・書。坂出の医者津山叔玄の妻。息子良祐は医業の傍ら漢詩文や俳句に長じ、天保7年に漢詩集「落葉集」を編集。
　¶江表（茂橙（香川県））

毛登　もと★
　江戸時代中期の女性。俳諧。丸毛氏。安永5年刊、岸本江橋編『除元集』に大森上市連として載る。
　¶江表（毛登（島根県））

元章　もとあき
　⇒観世元章（かんぜもとあきら）

基王＊　もといおう
　神亀4（727）年〜神亀5（728）年　奈良時代の聖武天皇の皇子。
　¶天皇（㋐神亀4（727）年9月29日　㋒神亀5（728）年9月13日）

本石利重　もといしとししげ
　江戸時代後期の和算家。
　¶数学

元井和一郎＊　もといわいちろう
　天保14（1843）年〜？　江戸時代後期〜末期の新撰組隊士。
　¶新隊

基兄王＊　もとえおう
　天長1（824）年〜元慶5（881）年　平安時代前期の葛井親王の第1王子。
　¶古人

本枝子＊　もとえこ★
　江戸時代後期の女性。和歌。紀州藩藩士で歌人伊藤海蔵の娘。嘉永4年刊、堀尾光久編『近世名所歌集』初に載る。
　¶江表（本枝子（和歌山県））

もと雄　もとお★
　江戸時代後期の女性。俳諧。月窓乙古の妻。
　¶江表（もと雄（長野県））　㋒文政1（1818）年？）

本居内遠＊　もとおりうちとお
　寛政4（1792）年〜安政2（1855）年　江戸時代末期の国学者。江戸藩邸内の古学館教授。
　¶コン

本居大平＊　もとおりおおひら
　宝暦6（1756）年〜天保4（1833）年　㋘稲垣大平（いながきおおひら），稲懸大平（いながけおおひら）　江戸時代中期〜後期の国学者。本居宣長の養子。
　¶コン，思想

本居かつ　もとおりかつ
　⇒草深かつ（くさふかかつ）

本居勝　もとおりかつ
　⇒本居宣長の母（もとおりのりながのはは）

本居豊頴＊　もとおりとよかい
　天保5（1834）年〜大正2（1913）年2月15日　江戸時代後期〜明治時代の国文学者、歌人、女子高等師範教授。本居宣長の曽孫。著書に『本居雑考』『古今

集講義」など。
　¶コン

本居宣長＊　もとおりのりなが
　享保15（1730）年〜享和1（1801）年　㋘鈴廼屋（すずのや）　江戸時代中期〜後期の国学者。「古事記伝」の著者。
　¶江人，コン，詩作（㋐享保15（1730）年5月7日　㋒享和1（1801）年9月29日），思想，女史，地理，徳将，日文，山小（㋐1730年5月7日　㋒1801年9月29日）

本居宣長の母＊　もとおりのりなのはは
　宝永2（1705）年〜明和5（1768）年　㋘本居勝（もとおりかつ）　江戸時代中期の女性。伊勢国の豪商の娘。
　¶江表（勝子（三重県））

本居春庭＊　もとおりはるにわ
　宝暦13（1763）年〜文政11（1828）年　㋘後鈴屋（のちのすずのや）　江戸時代中期〜後期の国学者。本居宣長の長男。「詞八衢」の著者。
　¶江人，コン，思想

本居藤子＊　もとおりふじこ
　文化1（1804）年4月1日〜安政5（1858）年9月23日　江戸時代後期〜末期の歌人。
　¶江表（藤子（三重県））

本居美濃＊　もとおりみの
　安永2（1773）年〜天保9（1838）年5月11日　㋘小津美濃（おづみの）　江戸時代後期の女性。本居宣長の2女。
　¶江表（美濃（三重県）），女史

もとか
　江戸時代後期の女性。俳諧。黒沢の人。天保14年に奉納の笹野観音堂拝額に載る。
　¶江表（もとか（山形県））

本木正栄　もときしょうえい
　⇒本木庄左衛門（もときしょうざえもん）

本木庄左衛門＊　もときしょうざえもん
　明和4（1767）年〜文政5（1822）年　㋘本木正栄（もときしょうえい，もときまさひで）　江戸時代中期〜後期のオランダ通詞。蘭学者本木良永の子。
　¶科学（㋐明和4（1767）年3月28日　㋒文政5（1822）年3月13日），コン，対外

本木昌造＊　もときしょうぞう
　文政7（1824）年6月9日〜明治8（1875）年9月3日　江戸時代末期〜明治時代の蘭学者、技術者。活版印刷の先駆者。著書に「蘭和通弁」。
　¶江人，科学，コン，出版，対外，幕末，山小（㋐1824年6月9日　㋒1875年9月3日）

本木庄太夫＊　もときしょうだゆう
　寛永5（1628）年〜元禄10（1697）年　㋘本木良意（もときりょうい）　江戸時代前期のオランダ通詞。日本最初の西洋解剖書の翻訳者。
　¶江人，コン（本木良意　もときりょうい）

本木道平＊　もときどうへい
　江戸時代後期の蘭学者。
　¶科学（生没年不詳）

本木仁太夫　もときにだゆう
　⇒本木良永（もときよしなが）

本木正栄　もときまさひで
　⇒本木庄左衛門（もときしょうざえもん）

本木良永＊　もときよしなが
享保20(1735)年～寛政6(1794)年7月17日　別本木仁太夫（もときにだゆう）　本木良永（もときりょうえい）　江戸時代中期のオランダ通詞、蘭学者。西洋天文学・地理書等を翻訳。
¶江人、科学（もときりょうえい）　生享保20(1735)年6月11日）、コン、思想（もときりょうえい）、対外（もときりょうえい）、地理（もときりょうえい）

本木良意　もときりょうい
⇒本木庄太夫（もときしょうだゆう）

本木良永　もときりょうえい
⇒本木良永（もときよしなが）

もとこ
江戸時代の女性。和歌。明治4年刊、『不知火歌集』に載る。
¶江表（もとこ（熊本県））

もと子(1)　もとこ＊
江戸時代の女性。和歌。本郷丸山住。明治14年刊、岡田良策編『近世名婦百人撰』に載る。
¶江表（もと子（東京都））

もと子(2)　もとこ＊
江戸時代後期の女性。和歌。能役者脇師某の妻。文化5年頃、真田幸弘編「御ことほきの記」に載る。
¶江表（もと子（東京都））

もと子(3)　もとこ＊
江戸時代後期の女性。和歌。美作英田郡の磯山周防の妻。天保12年刊、加納諸平編『類題鰒玉集』四に載る。
¶江表（もと子（岡山県））

もと子(4)　もとこ＊
江戸時代末期の女性。和歌。相模足柄下郡小田原の村越内蔵之丞の妹。慶応3年刊、猿渡容盛編『類題新竹集』に載る。
¶江表（もと子（神奈川県））

もと子(5)　もとこ＊
江戸時代末期の女性。和歌。相模湯本の福住九蔵正兄の娘。慶応3年刊、猿渡容盛編『類題新竹集』に載る。
¶江表（もと子（神奈川県））

もと子(6)　もとこ＊
江戸時代末期～明治時代の女性。和歌。相模小田原藩藩士吉岡信之の娘。
¶江表（もと子（神奈川県））

基子　もとこ＊
江戸時代後期の女性。和歌。松田縫殿元兆の母。文久1年刊、宮川正光編『松杉和歌集』に載る。
¶江表（基子（三重県））

元子(1)　もとこ＊
江戸時代の女性。和歌。摂津伊丹の倉橋氏。明治16年刊、中村良顕編『猪名野の摘草』に載る。
¶江表（元子（兵庫県））

元子(2)　もとこ＊
江戸時代の女性。和歌。斎藤氏。明治13年刊、藤岡恵美編『猴冠集』二に載る。
¶江表（元子（高知県））

元子(3)　もとこ＊
江戸時代後期の女性。和歌。駿河江川町の箕田宇兵衛の妻。弘化3年跋、花野井有年編「蔵山集」に載る。
¶江表（元子（静岡県））

元子(4)　もとこ＊
江戸時代後期の女性。和歌。東本願寺院家晃胤の妻。嘉永4年刊、木曽義昌二五〇回忌追善『波布里集』に載る。
¶江表（元子（京都府））

元子(5)　もとこ＊
江戸時代後期の女性。和歌。播磨赤穂藩藩士本多氏の妻。弘化2年刊、加納諸平編『類題鰒玉集』五に載る。
¶江表（元子（兵庫県））

元子(6)　もとこ＊
江戸時代末期の女性。音曲。永野貞信の妻。安政5年序、中山琴主著『八雲琴譜』二に載る。
¶江表（元子（京都府））

元子(7)　もとこ＊
江戸時代末期の女性。和歌。安芸の岡田氏。安政5年序、中山琴主著『八雲琴譜』に載る。
¶江表（元子（広島県））

元子(8)　もとこ＊
江戸時代末期の女性。和歌。丸亀藩藩士戸祭彦三郎の妻。安政4年刊、物集高世編『類題春草集』初に載る。
¶江表（元子（香川県））

元子(9)　もとこ＊
江戸時代末期の女性。和歌。大洲藩藩士大藤定馬の祖母。安政1年序、半井梧庵編『鄙のてぶり』初に載る。
¶江表（元子（愛媛県））

元子(10)　もとこ＊
江戸時代末期の女性。和歌。筑後外小路の大津山七之丞の妻。文久2年刊、安武厳丸編『柳河百家集』に載る。
¶江表（元子（福岡県））

文登子　もとこ
江戸時代末期の女性。和歌。出雲松江藩士小田切尚行の姉。慶応2年序、村上忠順編『類題嵯峨野歌集』に載る。
¶江表（文登子（島根県）　もとこ）

本子(1)　もとこ＊
江戸時代中期～後期の女性。和歌。川越藩藩士都筑藤太夫の娘。
¶江表（本子（東京都））　生享保17(1732)年　没文政2(1819)年

本子(2)　もとこ＊
江戸時代後期～明治時代の女性。和歌・画。熊本藩家老米田是暁の娘。
¶江表（本子（熊本県））　生文化4(1807)年　没明治7(1874)年

茂登子(1)　もとこ＊
江戸時代中期の女性。和歌。石見高角の医者永富魯庵の母。
¶江表（茂登子（島根県））　生宝暦9(1759)年

茂登子(2)　もとこ＊
江戸時代後期～明治時代の女性。和歌。八日市の中沢成則の妻。
¶江表（茂登子（滋賀県））　生文政8(1825)年　没明治19(1886)年

元子女王　もとこじょおう
⇒元子女王（げんしじょおう）

基子内親王*　もとこないしんのう
？～天長8（831）年　平安時代前期の女性。嵯峨天皇皇女。
¶古人

孟子内親王　もとこないしんのう
⇒孟子内親王（もうしないしんのう）

基貞親王*　もとさだしんのう
天長4（827）年～貞観11（869）年　平安時代前期の皇族。淳和天皇の皇子。
¶古人（[生]？），天皇（[生]？　[没]貞観11（869）年9月21日）

本沢竹雲*　もとざわちくうん，もとさわちくうん
天保7（1836）年～明治40（1907）年　江戸時代末期～明治時代の教員。上ノ山藩校教員。格知学舎を開塾し、西洋文化を認めない復古教育を行う。
¶幕末（もとさわちくうん　[生]天保7（1836）年2月10日　[没]明治40（1907）年9月7日）

本沢平太夫*　もとざわへいだゆう
天保10（1839）年～慶応1（1865）年　江戸時代末期の水戸藩士。
¶幕末（[没]慶応1（1865）年5月11日）

本島自柳*　もとじまじりゅう
天保11（1840）年～大正13（1924）年　江戸時代末期～明治時代の医者。
¶幕末（[生]天保11（1840）年7月11日　[没]大正13（1924）年12月12日）

本島藤太夫　もとじまとうだいう
⇒本島藤太夫（もとじまとうだゆう）

本島藤太夫*（本島藤大夫）　もとじまとうだゆう
文化9（1812）年～明治21（1888）年9月5日　[別]本島藤太夫（もとじまとうだいう）　江戸時代末期～明治時代の造兵家、肥前佐賀藩士。大砲製造の先駆。
¶科学，幕末

もと女(1)　もとじょ★
江戸時代中期の女性。俳諧。尾張鳴海の俳人下郷蝶羅の後妻。安永6年刊、下郷学海編、夫蝶羅の追善集『かやのうち』に載る。
¶江表（もと女（愛知県））

もと女(2)　もとじょ★
江戸時代後期の女性。和歌。壬生川の人。享和3年序、佐伯貞中八〇賀集「周桑歌人集」に載る。
¶江表（もと女（愛媛県））

もと女(3)　もとじょ★
江戸時代末期の女性。俳諧。鎌田氏。安政2年序、笠庵鳥吟編『俳家古今墨蹟後集』に載る。
¶江表（もと女（東京都））

元女(1)　もとじょ★
江戸時代中期の女性。俳諧。宝暦13年刊、建部綾足編『古今俳諧明題集』一に載る。
¶江表（元女（京都府））

元女(2)　もとじょ★
江戸時代中期の女性。和歌。壬生川の飯尾兵蔵の妻。明和7年の柿本明神奉納詠と考えられる「詠百首和歌」に載る。
¶江表（元女（愛媛県））

元女(3)　もとじょ★
江戸時代後期の女性。俳諧。相模三崎の人。文化2年刊、花城編、咫尺斎爹和追善集『復古集』に載る。
¶江表（元女（神奈川県））

元女(4)　もとじょ★
江戸時代後期の女性。狂歌。身延の人。文政12年刊、催主は玉光舎占正、臥竜園ほか撰『狂歌甲斐家裹』に載る。
¶江表（元女（山梨県））

元女(5)　もとじょ★
江戸時代末期の女性。俳諧。大門通弥兵衛町の長谷川氏。安政2年序、笠庵鳥吟編『俳家古今墨蹟後集』に載る。
¶江表（元女（東京都））

元女(6)　もとじょ★
江戸時代末期の女性。和歌。尾張藩藩士杉山新五郎の妻。文久1年序、村上忠順編『類題和歌玉藻集』二に載る。
¶江表（元女（愛知県））

茂と女　もとじょ★
江戸時代末期の女性。俳諧。須賀川の人。文久3年の「多代女米寿祝摺」に載る。
¶江表（茂と女（福島県））

毛都女　もとじょ★
江戸時代後期の女性。和歌。幕臣、寄合席中坊長兵衛広風の姉。文政4年の「詩仙堂募集和歌」に載る。
¶江表（毛都女（東京都））

許女・許子　もとじょ・もとこ
江戸時代後期の女性。和歌。岩城氏の娘。文化15年序、秋田藩士山方泰通編「月花集」に載る。
¶江表（許女・許子（秋田県））

基佐　もとすけ
⇒桜井基佐（さくらいもとすけ）

元輔　もとすけ
江戸時代中期の女性。俳諧。伊勢の人。元禄15年刊、太田白雪編『三河小町』下に載る。
¶江表（元輔（三重県））

本武権平*　もとたけごんべい，もとたけごんぺい
文政9（1826）年～？　江戸時代後期～末期の新撰組隊士。
¶新隊（もとたけごんぺい）

元田竹渓*　もとだちくけい
*～明治13（1880）年　江戸時代末期～明治時代の儒学者。杵築藩藩校学習館教授となり攘夷論を主張。著書に「大学標注」など。
¶コン（[生]寛政12（1800）年），幕末（[生]寛政12（1800）年11月4日　[没]明治13（1880）年12月30日）

元田東野*　もとだとうや
文政1（1818）年～明治24（1891）年　江戸時代末期～明治時代の儒者。
¶詩作（[生]文政1（1818）年10月1日　[没]明治24（1891）年1月22日）

元田永孚*　もとだながざね
文政1（1818）年10月1日～明治24（1891）年　江戸時代末期～明治時代の熊本藩士、儒学者。「教学大旨」「幼学綱要」を編纂、教育勅語の起草。
¶コン，思想，全幕，幕末（[没]明治24（1891）年1月21日），山小（[生]1818年10月1日　[没]1891年1月22日）

元近　もとちか
戦国時代の甲斐国都留郡駒橋郷在郷の鍛冶職人、刀匠。姓未詳。
¶武田（生没年不詳）

基綱　もとつな
⇒姉小路基綱（あねがこうじもとつな）

元利親王＊　もととししんのう
？～康保1（964）年　平安時代中期の皇族。陽成天皇皇子。
¶古人, 天皇（[没]康保1（964）年6月）

元長親王＊　もとながしんのう
延喜1（901）年～貞元1（976）年　平安時代中期の皇族。陽成天皇皇子。
¶古人（[没]979年）, 天皇（[生]延喜2（902）年）

元就　もとなり
⇒毛利元就（もうりもとなり）

望東尼　もとに
⇒野村望東（のむらぼうとう）

元木網＊（元の木網）　もとのもくあみ
享保9（1724）年～文化8（1811）年6月28日　江戸時代中期～後期の狂歌師。
¶江人（元の木網）

本野盛亨＊　もとのもりみち
天保7（1836）年～明治42（1909）年12月10日　[別]本野盛亨（もとのもりゆき）　江戸時代末期～明治時代の官僚、実業家、大阪控訴裁判所検事、読売新聞社長。在英公使館1等書記官、横浜税関長などを歴任。
¶幕末（もとのもりゆき）

本野盛亨　もとのもりゆき
⇒本野盛亨（もとのもりみち）

本橋惟義　もとはしこれよし
江戸時代の和算家。
¶数学

本林常将　もとばやしつねまさ
江戸時代後期～明治時代の大工。
¶美建（[生]文化14（1817）年　[没]明治6（1873）年）

以仁王　もとひとおう
⇒以仁王（もちひとおう）

本仁親王　もとひとしんのう
⇒覚性法親王（かくしょうほうしんのう）

元姫（1）　もとひめ⋆
江戸時代中期の女性。和歌。名は初め虎、喜知、のちに元姫。
¶江表（元姫（長崎県）　[生]寛延2（1749）年　[没]安永6（1777）年）

元姫＊（2）　もとひめ
文化5（1808）年7月11日～文政4（1821）年8月22日　[別]貞鑑院（ていかんいん）　江戸時代後期の女性。徳川家斉の娘。
¶徳将（貞鑑院　ていかんいん）

茂登姫　もとひめ⋆
江戸時代中期の女性。和歌。陸奥守山藩主松平頼寛の妻。尾張藩の支藩美濃高須藩主松平義孝の娘。
¶江表（茂登姫（福島県）　[生]正徳3（1713）年　[没]寛延2（1749）年）

元平親王＊　もとひらしんのう
？～天徳2（958）年　平安時代中期の皇族。陽成天皇皇子。
¶古人, 天皇（[没]天徳2（958）年5月20日）

元平親王女＊　もとひらしんのうのむすめ
生没年不詳　平安時代前期の歌人。
¶古人

基熙　もとひろ
⇒近衛基熙（このえもとひろ）

原水女　もとみじょ⋆
江戸時代後期～明治時代の女性。和歌・俳諧・画・茶道・挿花。佐伯町の酒造家竹村長之進の妹。上甲振洋と結婚。
¶江表（原水女（愛媛県））

元水十左衛門　もとみずじゅうざえもん
江戸時代末期の新撰組隊士。
¶新隊（生没年不詳）

元水直三＊　もとみずなおぞう
江戸時代末期の新撰組隊士。
¶新隊（生没年不詳）

基宗　もとむね
平安時代後期の武士。伝未詳。
¶平家（生没年不詳）

基棟王＊　もとむねおう
？～寛平7（895）年　平安時代前期の公卿（非参議）。
¶公卿（生没年不詳）, 古人

茂都女　もとめ⋆
江戸時代後期の女性。俳諧。越後新潟の人。文化11年序、以興庵鳳味編、以一庵石川豊井七回忌追善集『華ばたけ』に載る。
¶江表（茂都女（新潟県））

元森熊次郎＊　もともりくまじろう
弘化2（1845）年～明治1（1868）年　江戸時代末期の長州（萩）藩士。
¶幕末（[没]慶応4（1868）年5月7日）

元康　もとやす
⇒毛利元康（もうりもとやす）

本康親王＊　もとやすしんのう
？～延喜1（901）年12月14日　平安時代前期～中期の仁明天皇の第5皇子、官人。
¶古人, コン, 天皇

本山以慶＊　もとやまいけい
文政11（1828）年～明治6（1873）年　江戸時代末期～明治時代の医師。長崎で蘭方医術を、華岡青洲塾でも医術を修得。
¶幕末（[没]明治6（1873）年6月25日）

本山小太郎　もとやまこたろう
？～明治2（1869）年　江戸時代末期の遊撃隊士。幕府評定所留役本山徳郎の長男。
¶全幕, 幕末（[没]明治2（1869）年4月17日）

本山左兵衛　もとやまさひょうえ
江戸時代前期の武士。大坂の陣で長宗我部盛親に従う。
¶大坂

本山茂任　もとやましげとう
⇒本山只一郎（もとやまただいちろう）

本山茂辰 もとやましげとき
戦国時代～安土桃山時代の武将。土佐郡朝倉城主。
¶全戦(生没年不詳)

本山茂宗 もとやましげむね
永正5(1508)年～＊ 戦国時代の武将。
¶全戦([没]弘治1(1555)年), 戦武([生]永正5(1508)年? [没]永禄3(1560)年?)

本山漸 もとやますすむ
⇒本山漸(もとやまぜん)

本山漸＊ もとやまぜん
天保13(1842)年～大正9(1920)年 [別]本山漸(もとやますすむ) 江戸時代末期～明治時代の軍人、海軍兵学校校長。菊間藩洋学教授、海軍大学校勤務などを経て海軍少将となる。
¶幕末(もとやますすむ [生]天保13(1842)年8月23日 [没]大正9(1920)年5月4日)

本山只一郎＊ もとやまただいちろう
＊～明治20(1887)年8月28日 [別]本山茂任(もとやましげとう) 江戸時代末期～明治時代の官吏、宮司。海防のための訓兵や砲台構築に尽力。春日社、加茂社などの宮司をつとめた。
¶全幕([生]文政9(1826)年), 幕末(本山茂任 もとやましげとう [生]文政9(1826)年)

本山太郎右衛門 もとやまたろ(う)えもん
江戸時代前期の武士。大坂の陣で長宗我部盛親に従う。
¶大坂([没]慶長20年5月6日)

本山宣智 もとやまのぶとも
江戸時代後期の和算家。信州中村の人。野口保敞、藤田滝川に算学を学び関流五伝を称す。
¶数学

本吉重継 もとよししげつぐ
安土桃山時代の本吉郡の領主。
¶全戦(生没年不詳)

基良親王＊ もとよししんのう
?～天長8(831)年 平安時代前期の皇族。嵯峨天皇皇子。
¶古人

元良親王＊ もとよししんのう
寛平2(890)年～天慶6(943)年 平安時代中期の公卿、歌人。陽成天皇の皇子。
¶古人, 天皇([没]天慶6(943)年7月26日)

茂庭周防 もにわすおう
⇒鬼庭良直(おににわよしなお)

茂庭綱元 もにわつなもと
⇒鬼庭綱元(おににわつなもと)

茂庭延元＊ もにわのぶもと
天文19(1550)年～寛永17(1640)年 安土桃山時代～江戸時代前期の陸奥仙台藩士。
¶全戦([生]天文18(1549)年)

茂庭良直 もにわよしなお
⇒鬼庭良直(おににわよしなお)

茂庭良元 もにわよしもと
安土桃山時代～江戸時代前期の伊達氏家臣。
¶全戦([生]天正7(1579)年 [没]寛文3(1663)年)

物かはの蔵人＊ ものかはのくろうど
生没年不詳 [別]物かはの蔵人(ものかわのくらんど) 平安時代後期の歌人。
¶平家(ものかわのくらんど)

物かはの蔵人 ものかわのくらんど
⇒物かはの蔵人(ものかはのくろうど)

物くさ太郎＊ ものくさたろう
「御伽草子」の説話「物くさ太郎」の主人公。
¶コン

物部広泉 もののべこうせん
⇒物部広泉(もののべのひろいずみ)

物部為里＊ もののべためさと
生没年不詳 [別]物部為里(もののべのためさと) 鎌倉時代前期の番匠大工。東大寺の伽藍再建に活躍。
¶古人(もののべのためさと), 美建

物部会津＊ もののべのあいづ
飛鳥時代の豪族。
¶古代

物部朝臣広泉 もののべのあそんひろいずみ
⇒物部広泉(もののべのひろいずみ)

物部麤鹿火 もののべのあらかい
⇒物部麁鹿火(もののべのあらかび)

物部麁鹿火＊(物部麤鹿火) もののべのあらかび, もののべのあらかひ
?～宣化1(536)年7月 [別]物部麤鹿火(もののべのあらかい) 上代の武将、豪族(大連)。饒速日命の裔。磐井の反乱の大将軍。
¶公卿(もののべのあらかひ [没]宣化天皇1(536)年? 7月), 古人(もののべのあらかひ [没]536年?), 古代(もののべのあらかひ), 古物(もののべのあらかひ), コン, 対外(もののべのあらかひ), 山小(もののべのあらかひ 生没年不詳)

物部胆咋 もののべのいくい
⇒物部胆咋連(もののべのいくいのむらじ)

物部胆咋連＊ もののべのいくいのむらじ
[別]物部胆咋(もののべのいくい) 上代の大夫。
¶古代

物部伊久仏 もののべのいくふつ
⇒物部伊莒弗連(もののべのいこふつのむらじ)

物部伊莒弗 もののべのいこふつ
⇒物部伊莒弗連(もののべのいこふつのむらじ)

物部伊莒弗連＊ もののべのいこふつのむらじ
[別]物部伊久仏(もののべのいくふつ), 物部伊莒弗(もののべのいこふつ) 上代の豪族(大連)。饒速日命の裔。
¶公卿(物部伊久仏 もののべのいくふつ 生没年不詳), 古代

物部伊勢父根 もののべのいせのちちね
⇒物部伊勢連父根(もののべのいせのむらじちちね)

物部伊勢連父根＊ もののべのいせのむらじちちね
[別]物部伊勢父根(もののべのいせのちちね) 上代の武将。
¶古代

物部磯浪 もののべのいそなみ
奈良時代の官人。
¶古人(生没年不詳)

物部木蓮子　もののべのいたび
⇒物部木蓮子大連（もののべのいたびのおおむらじ）

物部木蓮子大連＊　もののべのいたびのおおむらじ
[別]物部木蓮子（もののべのいたび）　上代の安閑天皇の妃宅媛の父。
¶古代

物部石垣　もののべのいわがき
平安時代後期の官人。
¶古人（生没年不詳）

物部巳波美＊　もののべのいわみ
生没年不詳　平安時代前期の人。
¶古人

物部氏永＊　もののべのうじなが
生没年不詳　平安時代前期の盗賊の頭目。
¶古人

物部菟代　もののべのうしろ
⇒物部菟代宿禰（もののべのうしろのすくね）

物部菟代宿禰＊　もののべのうしろのすくね
[別]物部菟代（もののべのうしろ）　上代の豪族。
¶古代

物部宇麻乃＊　もののべのうまの
生没年不詳　[別]石上宇麻呂（いそのかみのうまろ）　飛鳥時代の官人。
¶古人（石上宇麻呂　いそのかみのうまろ），古代

物部朴井鮪　もののべのえのいのしび
⇒物部朴井連鮪（もののべのえのいのむらじしび）

物部朴井連鮪＊　もののべのえのいのむらじしび
[別]物部朴井鮪（もののべのえのいのしび）　飛鳥時代の武将。
¶古代

物部大斧手＊　もののべのおおおのて
上代の武将。
¶古代

物部大前宿禰＊　もののべのおおまえのすくね
上代の官人（大連）。
¶古代

物部大連尾輿　もののべのおおむらじおこし
⇒物部尾輿（もののべのおこし）

物部雄君＊　もののべのおきみ
？～天武5（676）年6月　[別]朴井雄君（えのいのおきみ），朴井連雄君（えのいのむらじおきみ）　飛鳥時代の舎人。壬申の乱で活躍。
¶古人（朴井雄君　えのいのおきみ），古代（朴井連雄君　えのいのむらじおきみ），古物（朴井雄君　えのいのおきみ），コン，コン（朴井雄君　えのいのおきみ）

物部尾輿＊（物部尾与）　もののべのおこし
生没年不詳　[別]物部大連尾輿（もののべのおおむらじおこし）　飛鳥時代の廷臣（大連）。大連物部目の孫。大伴金村を失脚させ権力を手にいれる。崇仏論争では排仏を主張して蘇我稲目と対立した。
¶公卿（物部尾与），古人（物部尾輿），古代（物部大連尾輿　もののべのおおむらじおこし），古物，コン，対外，山小

物部小事　もののべのおごと
⇒物部小事大連（もののべのおごとのおおむらじ）

物部小事大連＊　もののべのおごとのおおむらじ
[別]物部小事（もののべのおごと）　上代の豪族。
¶古代

物部首日向＊　もののべのおびとひむか
[別]物部日向（もののべのひむか，もののべのひゅうが）　飛鳥時代の武将。
¶古人（物部日向　もののべのひゅうが　生没年不詳），古代

物部小前　もののべのおまえ
⇒物部小前宿禰（もののべのおまえのすくね）

物部小前宿禰＊　もののべのおまえのすくね
[別]物部小前（もののべのおまえ）　上代の大連。
¶古代

物部影媛＊　もののべのかげひめ
[別]影媛（かげひめ）　上代の女性。物部麤鹿火の娘。
¶古代

物部鎌足姫大刀自　もののべのかまたりひめのおおとじ
⇒物部鎌足姫大刀自連（もののべのかまたりひめのおおとじのむらじ）

物部鎌足姫大刀自連＊　もののべのかまたりひめのおおとじのむらじ
[別]物部鎌足姫大刀自（もののべのかまたりひめのおおとじ）　飛鳥時代の物部氏から蘇我氏へ嫁いだ女性。
¶古代

物部河内＊　もののべのかわち
飛鳥時代の豪族。
¶古代

物部公好　もののべのきみよし
平安時代中期の陰陽師。
¶古人（生没年不詳）

物部清国＊　もののべのきよくに
生没年不詳　平安時代後期の大工。平泉中尊寺金色堂の造営に関与。
¶古人，美建

物部薬＊（1）　もののべのくすり
飛鳥時代の兵士。
¶古代

物部薬＊（2）　もののべのくすり
？～天平11（739）年　奈良時代の戸主。
¶古代

物部熊猪＊　もののべのくまい
生没年不詳　平安時代前期の武人。
¶古人

物部広泉　もののべのこうせん
⇒物部広泉（もののべのひろいずみ）

物部重武　もののべのしげたけ
平安時代後期の官人。
¶古人（生没年不詳）

物部武諸隅　もののべのたけもろすみ
⇒物部武諸隅連（もののべのたけもろすみのむらじ）

物部武諸隅連＊　もののべのたけもろすみのむらじ
[別]物部武諸隅（もののべのたけもろすみ）　上代の豪族。
¶古代

物部建麻呂＊　もののべのたてまろ
生没年不詳　奈良時代～平安時代前期の造宮司の

技術系官人。
¶古人

物部為里 もののべのためさと
⇒物部為里（もののべためさと）

物部為治 もののべのためはる
平安時代中期の官人。
¶古人（生没年不詳）

物部足継* もののべのたりつぐ
生没年不詳　平安時代前期の武人。
¶古人

物部時友* もののべのときとも
生没年不詳　平安時代後期の大工。
¶古人

物部知貞 もののべのともさだ
平安時代中期の官人。
¶古人（生没年不詳）

物部豊日 もののべのとよひ
⇒物部豊日連（もののべのとよひのむらじ）

物部豊日連* もののべのとよひのむらじ
㋹物部豊日（もののべのとよひ）　上代の大伴造の祖。
¶古代

物部長真胆 もののべのながまい
⇒物部長真胆連（もののべのながまいのむらじ）

物部長真胆連* もののべのながまいのむらじ
㋹物部長真胆（もののべのながまい）　上代の稚桜部造の祖。
¶古代

物部贄子 もののべのにえこ
⇒物部贄子連（もののべのにえこのむらじ）

物部贄子連* もののべのにえこのむらじ
生没年不詳　㋹物部贄子（もののべのにえこ）　飛鳥時代の豪族。
¶古代

物部則行 もののべののりゆき
平安時代中期の官人。
¶古人（生没年不詳）

物部人会 もののべのひとあい
奈良時代の官人。
¶古人（生没年不詳）

物部日向 もののべのひむか
⇒物部首日向（もののべのおびとひむか）

物部日向 もののべのひゅうが
⇒物部首日向（もののべのおびとひむか）

物部広泉 もののべのひろいずみ
延暦4（785）年～貞観2（860）年10月3日　㋹物部広泉（もののべこうせん，もののべのこうせん，もののべのひろもと，もののべのひろいずみ），物部朝臣広泉（もののべのあそんひろいずみ）　平安時代前期の医師。医博士兼典薬允。
¶古人（もののべのひろもと），古代（物部朝臣広泉　もののべのあそんひろいずみ）

物部広成 もののべのひろなり
奈良時代の官人。神護景雲2年姓入間宿禰を賜わる。延暦1年鎮守府将軍の介。

¶古人（生没年不詳）

物部広成(2) もののべのひろなり
⇒斎部広成（いんべのひろなり）

物部広泉 もののべのひろもと
⇒物部広泉（もののべのひろいずみ）

物部二田塩 もののべのふつたのしお
⇒物部二田造塩（もののべのふつたのみやつこしお）

物部二田造塩* もののべのふつたのみやつこしお
㋹物部二田塩（もののべのふつたのしお）　飛鳥時代の武士。
¶古代,古物（物部二田塩　もののべのふつたのしお　生没年不詳）

物部麻呂 もののべのまろ
⇒石上麻呂（いそのかみのまろ）

物部乱* もののべのみだる
飛鳥時代の讃岐国の人。
¶古代

物部光延 もののべのみつのぶ
平安時代後期の官人。
¶古人（生没年不詳）

物部敏久 もののべのみにく
⇒興原敏久（おきはらのみにく）

物部連目*(1) もののべのむらじめ
上代の官人。大連。
¶古代

物部連目*(2) もののべのむらじめ
飛鳥時代の官人。大連。
¶古代

物部連目(3) もののべのむらじめ
⇒物部目（もののべのめ）

物部目* もののべのめ
㋹物部連目（もののべのむらじめ）　飛鳥時代の廷臣（大連）。饒速日命の裔。
¶公卿（生没年不詳），古代（物部連目　もののべのむらじめ），コン

物部守屋* もののべのもりや
? ～用明天皇2（587）年　㋹物部弓削守屋（もののべのゆげのもりや），物部弓削守屋大連（もののべのゆげのもりやのおおむらじ），物部守屋（もののべのもりや）　飛鳥時代の廷臣（大連）。大連物部目の曽孫。蘇我馬子と対立し，兵を挙げたが敗死した。
¶公卿（物部弓削守屋　もののべのゆげのもりや　㋒用明天皇2（587）年7月），古人，古代（物部弓削守屋大連　もののべのゆげのもりやのおおむらじ），古物，コン（㋒用明2（587）年），山小（㋓587年7月）

物部宅媛* もののべのやかひめ
㋹宅媛（やかひめ）　飛鳥時代の女性。安閑天皇の妃。
¶古代,天皇（宅媛　やかひめ）

物部八坂* もののべのやさか
飛鳥時代の豪族。
¶古代

物部山無媛 もののべのやまなしひめ
⇒物部山無媛連（もののべのやまなしひめのむらじ）

物部山無媛連* もののべのやまなしひめのむらじ
㋹物部山無媛（もののべのやまなしひめ）　上代の

も

応神天皇の妃。
¶古代

物部弓削守屋　もののべのゆげのもりや
⇒物部守屋(もののべのもりや)

物部弓削守屋大連　もののべのゆげのもりやのおおむらじ
⇒物部守屋(もののべのもりや)

物部依網抱　もののべのよさみのいだく
⇒物部依網連抱(もののべのよさみのむらじいだく)

物部依網連抱*　もののべのよさみのむらじいだく
[別]物部依網抱(もののべのよさみのいだく)　飛鳥時代の官人。
¶古代

物部良名*　もののべのよしな
生没年不詳　[別]物部吉名(もののべよしな)　平安時代前期の歌人。
¶古人

物部広泉　もののべひろいずみ
⇒物部広泉(もののべのひろいずみ)

物部元秀　もののべもとひで
⇒上原元秀(うえはらもとひで)

物部守屋　もののべもりや
⇒物部守屋(もののべのもりや)

物部吉名　もののべよしな
⇒物部良名(もののべのよしな)

物部頼季　もののべよりすえ
平安時代後期の検非違使。
¶古人(生没年不詳)

物部醒満*　ものべすがまろ
天保11(1840)年～明治33(1900)年　江戸時代末期～明治時代の神官。宇和津彦神社などにつとめ、東南北宇和郡長、神宮教職など歴任。
¶幕末([没]明治33(1900)年6月11日)

水主皇女(水主内親王)　もひとりのひめみこ
⇒水主内親王(みぬしないしんのう)

毛麻利叱智*　もまりしち
上代の新羅人。
¶古代

籾井教業*　もみいのりなり
?～天正4(1576)年　戦国時代～安土桃山時代の武将。
¶全戦(生没年不詳), 戦武([生]大永7(1527)年)

紅子　もみこ
⇒片野紅子(かたのもみこ)

紅葉野　もみじの⋆
江戸時代後期の女性。俳諧。越前滝谷の人。寛政9年刊、加藤甫文編『葉月のつゆ』に載る。
¶江表(紅葉野(福井県))

茂む子　もむこ⋆
江戸時代後期の女性。和歌。浜町袋町住。文政4年の「詩仙堂募集和歌」に載る。
¶江表(茂む子(東京都))

もむ女　もむじょ⋆
江戸時代後期の女性。和歌。秋田藩の奥女中か。同藩主佐竹義和への亀の夢の祝いの献詠歌がある。
¶江表(もむ女(秋田県))

木綿　もめん
⇒呉陵軒可有(ごりょうけんかゆう)

桃　もも⋆
江戸時代後期の女性。俳諧。相模坂戸の人。安永8年序、谷口鶏口編、田女追善集『廿日の夢』に載る。
¶江表(桃(神奈川県))

百井塘雨*　ももいとうう
?～寛政6(1794)年　[別]塘雨(とうう)　江戸時代中期～後期の俳人。
¶俳文(塘雨　とうう　[没]寛政7(1795)年)

桃井宗信　ももいむねのぶ
江戸時代後期の和算家。奥州伊達郡細谷の人。文政3年算額を奉納。
¶数学

百枝　ももえ⋆
江戸時代後期の女性。狂歌。脇田氏。寛政2年刊、玉雲斎貞右撰『狂歌玉雲集』に載る。
¶江表(百枝(大阪府))

百川学庵*　ももかわがくあん
寛政12(1800)年～嘉永2(1849)年　江戸時代後期の画家、陸奥弘前藩士。
¶美画([生]寛政11(1799)年)

百川子興　ももかわしこう
⇒栄松斎長喜(えいしょうさいちょうき)

百川治兵衛*　ももかわじへえ, ももかわじべえ
天正8(1580)年～寛永15(1638)年　[別]百川正次(ももかわまさつぐ)　江戸時代前期の和算家。
¶科学, 数学(百川正次　ももかわまさつぐ　[没]寛延15(1638)年9月24日)

桃川如燕〔1代〕*(百川如燕)　ももかわじょえん
天保3(1832)年～明治31(1898)年　江戸時代末期～明治時代の講談師。「百猫伝」を得意とし、講談速記本の先駆者。
¶コン

百川正次　ももかわまさつぐ
⇒百川治兵衛(ももかわじへえ)

百師木伊呂弁*　ももしきのいろべ
上代の女性。日本武尊の曽孫。
¶古代

桃女(1)　ももじょ⋆
江戸時代中期の女性。俳諧。吉次の母。元禄6年刊、桜井兀峰編『桃の実』に載る。
¶江表(桃女(岡山県))

桃女(2)　ももじょ⋆
江戸時代後期の女性。俳諧。寛政5年刊、下総結城の俳人早見晋我50回忌に長男桃彦が編んだ『いそのはな』に載る。
¶江表(桃女(茨城県))

百女　ももじょ⋆
江戸時代中期の女性。俳諧。享保2年、飯田藩藩士窪田儀兵衛其得の長男俳人桐羽の伯母。
¶江表(百女(長野県))

桃節山*　ももせつざん
天保3(1832)年～明治8(1875)年　江戸時代末期～明治時代の教育者。島根県歴史編修御用掛、教員伝習校教師兼監事などを歴任。著書に「出雲私史」

「孝経詳解」など。
¶コン,幕末(�天保3(1832)年11月1日 ㊰明治8(1875)年11月13日)

桃園右大臣 ももぞのうだいじん
⇒藤原継縄(ふじわらのつぐただ)

桃園天皇 ももぞのてんのう
寛保1(1741)年2月29日~宝暦12(1762)年7月12日 江戸時代中期の第116代の天皇(在位1747~1762)。歌集「桃園天皇御製」がある。
¶江人,コン,天皇,山小(㊲1741年2月29日 ㊰1762年7月12日)

桃園右大臣 ももぞののうだいじん
⇒藤原継縄(ふじわらのつぐただ)

桃田伊信* ももたこれのぶ
?~明和2(1765)年 江戸時代中期の画家。
¶コン,美画

桃田柳栄* ももたりゅうえい,ももだりゅうえい
正保4(1647)年~元禄11(1698)年 江戸時代前期の画家。狩野探幽門下の四天王の一人。
¶コン,美画(㊰元禄11(1698)年1月13日)

桃太郎 ももたろう
説話の主人公。
¶コン

百地三太夫* ももちさんだゆう
戦国時代の忍者。伊賀流忍術の創始者、伊賀三上忍の一人。
¶コン(生没年不詳),戦武(㊲永正9(1512)年 ㊰天正9(1581)年?)

百千万兵衛 ももちまんべえ
⇒笠縫専助〔1代〕(かさぬいせんすけ)

桃東園* ももとうえん
貞享4(1687)年~宝暦10(1760)年12月28日 江戸時代中期の星学者。
¶コン(㊲天和1(1681)年)

桃の井 もものい
⇒土御門藤子(つちみかどふじこ)

桃井以右衛門教信 もものいいえもんのりのぶ
江戸時代前期の豊臣秀頼・松平忠直の家臣。
¶大坂

桃井可堂 もものいかどう
⇒桃井儀八(もものいぎはち)

桃井儀八* もものいぎはち
享和3(1803)年~元治1(1864)年 ㊱桃井可堂(もものいかどう) 江戸時代末期の農民。
¶コン,全幕(桃井可堂 もものいかどう),幕末(桃井可堂 もものいかどう)(㊲享和3(1803)年8月8日 ㊰元治1(1864)年7月23日)

桃井幸若丸 もものいこうわかまる
⇒桃井直詮(もものいなおあき)

桃井春蔵* もものいしゅんぞう
文政8(1825)年~明治18(1885)年 江戸時代後期~明治時代の剣術家。
¶江人,全幕,徳人,幕末(㊰明治18(1885)年12月8日)

桃井将監 もものいしょうげん
安土桃山時代の武田氏の家臣。武田信豊の姪婿。
¶武田(㊲? ㊰天正10(1582)年3月)

桃井直詮 もものいただあき
⇒桃井直詮(もものいなおあき)

桃井直常 もものいただつね
⇒桃井直常(もものいなおつね)

桃井直信* もものいただのぶ
生没年不詳 ㊱桃井直信(もものいなおのぶ) 南北朝時代の武将。観応の擾乱で直義党に所属。
¶室町

桃井綱千代 もものいつなちよ
戦国時代~安土桃山時代の武士。もと越後国衆。
¶武田(生没年不詳)

桃井直詮* もものいなおあき
応永10(1403)年~文明12(1480)年 ㊱幸若丸(こうわかまる) 桃井幸若丸(もものいこうわかまる) 桃井直詮(もものいなおあきら) 室町時代~戦国時代の舞踊家。幸若舞の創始者。
¶コン,室町(もものいなおあきら)

桃井直詮 もものいなおあきら
⇒桃井直詮(もものいなおあき)

桃井直常* もものいなおつね
生没年不詳 ㊱桃井直常(もものいただつね) 南北朝時代の武将。
¶コン,中世,内乱(もものいなおつね(ただつね),室町(もものいただつね)

桃井直信 もものいなおのぶ
⇒桃井直信(もものいただのぶ)

桃井宣義 もものいのぶよし
室町時代の武士。
¶内乱(㊲? ㊰応永30(1423)年)

桃井頼光 もものいよりみつ
戦国時代の武田氏の家臣。
¶武田(生没年不詳)

桃井六郎次郎 もものいろくろうじろう
安土桃山時代の武田氏の家臣。
¶武田(㊲永禄7(1564)年3月19日)

桃代 ももよ*
江戸時代中期~後期の女性。俳諧。備後吉舎村の福永総右衛門の娘。
¶江表(桃代(広島県))(㊲天明2(1782)年 ㊰天保4(1833)年)

百代 ももよ*
江戸時代中期の女性。俳諧。松代藩で代々家老を務める大熊叙負の娘。宝暦4年柳洲が編んだ「俳諧初老集」に載る。
¶江表(長野県)

百代女 ももよじょ*
江戸時代後期の女性。俳諧。大洲中山の奥村渓山の妻。弘化2年刊、蛸壺烏岬編『知名美久佐』に載る。
¶江表(百代女(愛媛県))

もよ(1)
江戸時代後期の女性。談話。浅野喜助の母。
¶江表(もよ(山形県))(㊰嘉永3(1850)年)

もよ(2)
江戸時代後期の女性。俳諧。村山の人。文化1年刊、苫室草丸編、鬼伯追善句集『南無秋の夜』。

もよ

¶江表（もよ（山梨県））

もよ(3)

江戸時代後期の女性。俳諧。長門長府の人。文政6年、田上菊舎71歳の長府での俳諧記録「星の硯 中」に載る。

¶江表（もよ（山口県））

茂世(1)　もよ

江戸時代中期の女性。和歌。一関藩主田村村隆の奥女中。安永3年成立「田村村隆母公六十賀祝賀歌集」に載る。

¶江表（茂世（岩手県））

茂世(2)　もよ★

江戸時代中期の女性。和歌。仙台藩士伊達式部家の家臣河村理三の妻。安永3年成立「田村村隆母公六十賀祝賀歌集」に載る。

¶江表（茂世（宮城県））

茂世(3)　もよ★

江戸時代中期の女性。俳諧。大坂の人。天明6年刊、高井几董編『続一夜松後集』に載る。

¶江表（茂世（大阪府））

茂与　もよ

江戸時代後期の女性。教育。播磨高砂の小山正房の娘。

¶江表（茂与（兵庫県））　㉓文化6（1809）年

もよ子　もよこ★

江戸時代後期の女性。和歌。陸奥白河藩主松平定信の娘。

¶江表（もよ子（愛媛県））　㉓弘化1（1844）年

百代子　もよこ★

江戸時代後期の女性。和歌。近藤縫殿の妻。天保12年刊、加納諸平編『類題餁玉集』四に載る。

¶江表（百代子（和歌山県））

茂世子　もよこ

江戸時代中期の女性。和歌。播磨龍野藩藩士脇坂景治の娘。

¶江表（茂世子（兵庫県））　㉓安永6（1777）年

もよ女(1)　もよじょ★

江戸時代中期の女性。俳諧。上毛玉村の人。明和4年刊、綾足編『片歌旧宜集』に載る。

¶江表（もよ女（群馬県））

もよ女(2)　もよじょ★

江戸時代中期の女性。和歌。今治の人。「新玉津嶋奉納和歌二十首」に載る。

¶江表（もよ女（愛媛県））

茂与女　もよじょ★

江戸時代後期の女性。和歌。石田の人。享和3年序、佐伯貞中八〇賀album「周桑歌人集」に載る。

¶江表（茂与女（愛媛県））

茂蘭*　もらん

正徳3（1713）年～安永8（1779）年　江戸時代中期の僧、俳人。

¶俳文（㉓安永8（1779）年9月8日）

盛明親王*　もりあきらしんのう

延長6（928）年～寛和2（986）年　平安時代中期の醍醐天皇の第15皇子。

¶古人、天皇（㉔延長6（928）年？　㉓寛和2（986）年5月8日）

森有礼*　もりありのり

弘化4（1847）年7月13日～明治22（1889）年2月12日　江戸時代末期～明治時代の薩摩藩士、教育者、啓蒙思想家。初代文相着任中、学制を全般的改正・学校令を公布。

¶コン、思想、出版、女史、全幕、幕末、山小（㉔1847年7月13日　㉓1889年2月12日）

森庵六左介*（森庵六之助）　もりあんろくのすけ

江戸時代末期の新撰組隊士。

¶新隊（森庵六之助　生没年不詳）

守家*　もりいえ

生没年不詳　鎌倉時代後期の備前畠田の刀工。畠田派を形成。

¶美工

森一鳳　もりいっぷう

⇒森一鳳（もりいっぽう）

森一鳳*　もりいっぽう

寛政10（1798）年～明治4（1871）年　㉕森一鳳（もりいっぷう）　江戸時代後期～明治時代の画家。

¶コン、幕末（もりいっぷう　㉓明治3（1870）年11月14日）、美画（㉓明治4（1871）年11月21日）

森右京亮家祥　もりうきょうのすけいえみち

江戸時代前期の武士。大坂の陣で籠城。

¶大坂

森氏継*　もりうじつぐ

生没年不詳　江戸時代後期の和算家。

¶数学

森江佐七　もりえさしち

江戸時代末期～大正時代の山口屋擁萬閣主人。

¶出版（㉔安政1（1854）年　㉓大正6（1917）年5月）

森横谷　もりおうこく

文化2（1805）年～明治6（1873）年　江戸時代後期～明治時代の儒者。

¶コン（㉔明治5（1872）年）、幕末（㉓明治6（1873）年2月9日）

森鷗村*　もりおうそん

天保2（1831）年～明治40（1907）年　江戸時代末期～明治時代の漢学者。道義振興のため「文明新誌」を発行。著作に「変人伝」など。

¶コン、幕末（㉓明治40（1907）年1月20日）

森岡栄　もりおかさかえ

江戸時代末期～明治時代の博聞社名代人、博文社書店主人。

¶出版（生没年不詳）

森岡長左衛門*　もりおかちょうざえもん

弘化1（1844）年～明治10（1877）年　江戸時代末期～明治時代の鹿児島県士族、中尉。西南戦争に一番大隊七番小隊長として出征。熊本城総攻撃に参加。

¶幕末（㉓明治10（1877）年3月14日）

森岡友之助　もりおかとものすけ

⇒南海朝尊（なんかいともたか）

森岡信元*　もりおかのぶもと

？～慶長5（1600）年　安土桃山時代の武士。

¶全戦（㉔天文15（1546）年）

森岡昌純*　もりおかまさずみ

天保4（1833）年～明治31（1898）年　江戸時代末期～明治時代の官僚、実業家、日本郵船初代社長、貴

族院議員。遠洋定期航路の基礎を確立。
¶コン，幕末（⑩天保5（1834）年　⑫明治31（1898）年3月27日）

森岡幸夫*　もりおかゆきお
？〜明治11（1878）年　江戸時代末期〜明治時代の国学者、津和野藩士。備前国天主教徒教諭。宣教師大主典。
¶コン

守脩親王*　もりおさしんのう
文政2（1819）年〜明治14（1881）年　⑲覚諄法親王（かくじゅんほうしんのう）　江戸時代末期〜明治時代の皇族。伏見宮貞敬親王の第10王子。
¶天皇（覚諄法親王　かくじゅんほうしんのう　⑭文政1（1818）年10月29日　⑫明治14（1881）年9月1日）

森覚蔵　もりかくぞう
江戸時代後期の幕臣。
¶徳人（⑭？　⑫1841年）

守景　もりかげ
⇒久隅守景（くすみもりかげ）

森景鎮　もりかげちか
⇒森要蔵（もりようぞう）

毛利勘解由　もりかげゆ
江戸時代前期の毛利輝元の旧臣と思われる。
¶大坂

守賀新兵衛*　もりがしんべえ
生没年不詳　戦国時代の北条氏の家臣。
¶後北〔新兵衛〔守賀〕　しんべえ）

森夏水　もりかすい
⇒森夏水（もりなつみ）

森川氏昌　もりかわうじまさ
江戸時代後期の幕臣。
¶徳人（⑭？　⑫1831年）

森川杏園　もりかわきょうえん
江戸時代末期〜明治時代の彫刻家。
¶美建（⑭安政3（1856）年　⑫明治25（1892）年）

森川許六　もりかわきょりく
⇒許六（きょりく）

森川許六　もりかわきょろく
⇒許六（きょりく）

森川重俊*　もりかわしげとし
天正12（1584）年〜寛永9（1632）年　江戸時代前期の大名。下総生実藩主。
¶徳将

森川重名　もりかわしげな
江戸時代前期の幕臣。
¶徳人（⑭1614年　⑫1666年）

森川善兵衛*　もりかわぜんべえ
*〜明治19（1886）年　江戸時代末期〜明治時代の薬種商、会津藩茶頭。石州流会津怡渓派の奥義皆伝を受け、茶道を後生に伝えた。
¶幕末（⑭文化1（1804）年　⑫明治19（1886）年8月21日）

森川荘次郎　もりかわそうじろう
江戸時代後期〜明治時代の幕臣。
¶徳人（生没年不詳）

森川曽文　もりかわそぶん
江戸時代後期〜明治時代の日本画家。
¶美画（⑭弘化4（1847）年8月23日　⑫明治35（1902）年12月27日）

森川竹窓*　もりかわちくそう
宝暦13（1763）年〜天保1（1830）年　江戸時代中期〜後期の書家、篆刻家。
¶コン

森川杜園*　もりかわとえん
文政3（1820）年〜明治27（1894）年7月15日　江戸時代末期〜明治時代の奈良人形師、彫工。
¶徳人、美建（⑭文政3（1820）年6月26日）、美工（⑭文政3（1820）年6月26日）

森川俊勝　もりかわとしかつ
江戸時代前期〜中期の幕臣。
¶徳人（⑭1663年　⑫1732年）

森川俊尹　もりかわとしただ
江戸時代中期〜後期の幕臣。
¶徳人（⑭1745年　⑫1810年）

森川長次　もりかわながつぐ
安土桃山時代〜江戸時代前期の代官。
¶徳代（⑭天正5（1577）年　⑫寛永10（1633）年9月16日）

森川長俊　もりかわながとし
安土桃山時代〜江戸時代前期の幕臣。
¶徳人（⑭1584年　⑫1642年）

森川馬谷　もりかわばこく
世襲名　江戸時代の講釈師。江戸時代に活躍したのは、初代から4代まで。
¶江人

森川備中　もりかわびっちゅう
安土桃山時代の高天神籠城衆。
¶武田（⑭？　⑫天正9（1581）年3月22日）

森寛斎*　もりかんさい
文化11（1814）年〜明治27（1894）年　江戸時代末期〜明治時代の日本画家。森徹山に師事、如雲社を主宰。
¶コン、幕末（⑭文化11（1814）年1月1日　⑫明治27（1894）年6月2日）、美画（⑭文化11（1814）年1月1日　⑫明治27（1894）年6月2日）

森閑山*（1）　もりかんざん
弘化1（1844）年〜明治31（1898）年　江戸時代末期〜明治時代の画家。園山派森一鳳に師事。浪華画学校で教える。
¶幕末（⑫明治31（1898）年7月3日）、美画（⑫明治31（1898）年7月3日）

森閑山（2）　もりかんざん
⇒森夏水（もりなつみ）

森貫之　もりかんし
江戸時代後期の代官。
¶徳代（⑭？　⑫天保12（1841）年）

毛利勘兵衛重能　もりかんひょうえしげよし
⇒毛利重能（もうりしげよし）

森喜右衛門*　もりきえもん
文政12（1829）年-慶応1（1865）年　⑲森祐信（もりすけのぶ）　江戸時代末期の近江膳所藩士。
¶幕末（⑭文政12（1829）年9月15日　⑫慶応1（1865）年10月21日）

森枳園　もりきえん
⇒森立之（もりりっし）

森儀助*　もりぎすけ
天保10（1839）年～明治28（1895）年　江戸時代末期～明治時代の製薬業。家伝薬薄徳丹の製造販売に尽力。「松本ちのくすり」も有名。
¶幕末（[生]天保10（1839）年10月6日　[没]明治28（1895）年11月17日）

森鬼太郎　もりきたろう
⇒来島又兵衛（きじままたべえ）

森九兵衛　もりきゅうべえ
⇒森九兵衛（もりくへえ）

森玉僊　もりぎょくせん
⇒森高雅（もりこうが）

森清子*　もりきよこ
天保4（1833）年～明治5（1872）年　江戸時代末期～明治時代の女流歌人、明倫堂教師。尊譲派志士らと交流。
¶コン

森勤作*　もりきんさく
天保2（1831）年～慶応1（1865）年　[別]森通寧（もりみちやす）　江戸時代末期の筑前福岡藩士。
¶幕末（[没]慶応1（1865）年10月23日）

森琴石　もりきんせき
天保14（1843）年～大正10（1921）年　江戸時代末期～明治時代の日本画家。
¶浮絵, 美画（[生]天保14（1843）年3月19日　[没]大正10（1921）年2月24日）

守邦親王*　もりくにしんのう
正安3（1301）年～元弘3/正慶2（1333）年　鎌倉時代後期の皇族。鎌倉幕府第9代将軍。8代将軍久明親王の子。
¶コン, 中世（[生]1302年）

森九兵衛　もりくへい
⇒森九兵衛（もりくへえ）

森九兵衛*　もりくへえ
生没年不詳　[別]森九兵衛（もりきゅうべえ, もりくへい）　安土桃山時代の武士。豊臣氏家臣。
¶織田（もりきゅうべえ）

森慶伝*　もりけいでん
嘉永5（1852）年～大正12（1923）年　江戸時代末期～明治時代の医師。
¶幕末

盛玄悦　もりげんえつ
江戸時代後期～明治時代の眼科医。
¶眼医（[生]文政9（1826）年　[没]明治28（1895）年）

森玄黄斎*　もりげんこうさい
文化4（1807）年～明治19（1886）年1月4日　江戸時代後期～明治時代の根付師。
¶美建（[生]文化4（1807）年1月23日）

森源三*　もりげんぞう
天保6（1835）年～明治43（1910）年　江戸時代末期～明治時代の藩士、札幌農学校の第三代校長。藩士の家族を救済するための産物会所の監督となる。
¶幕末（[生]天保8（1837）年　[没]明治43（1910）年6月）

盛玄甫（元輔）　もりげんぽ
江戸時代後期の眼科医。
¶眼医（[生]寛政2（1790）年　[没]天保7（1836）年）

護子　もりこ★
江戸時代後期～明治時代の女性。和歌。出雲杵築の出雲国造千家尊澄の娘。
¶江表（護子（島根県）　[生]天保14（1843）年　[没]明治27（1894）年）

守子　もりこ★
江戸時代後期～明治時代の女性。和歌。安中の脇本陣須田喜平次重依の娘。
¶江表（守子（群馬県）　[生]文化3（1806）年　[没]明治18（1885）年）

森子　もりこ★
江戸時代後期の女性。和歌。上賀茂神社祠官で国学者賀茂季鷹の娘。嘉永3年刊、長沢伴雄編『類題鴨川次郎集』に載る。
¶江表（森子（京都府））

盛子　もりこ★
江戸時代末期の女性。和歌。紀州藩藩士華岡準平の娘。安永1年刊、堀尾光久編『近世名所歌集』二に載る。
¶江表（盛子（和歌山県））

森高雅*　もりこうが
寛政3（1791）年～元治1（1864）年　[別]森玉僊（もりぎょくせん），森高雅（もりたかまさ）　江戸時代末期の画家。
¶浮絵（森玉僊　もりぎょくせん），美画（[没]元治1（1864）年5月4日）

森香洲　もりこうしゅう
江戸時代末期～大正時代の陶芸家。
¶美工（[生]安政1（1854）年　[没]大正10（1921）年12月13日）

森高重　もりこうじゅう
安土桃山時代～江戸時代前期の代官。
¶徳代（生没年不詳）

森光新*　もりこうしん
文政7（1824）年～明治9（1876）年　江戸時代末期～明治時代の久留里藩家老。藩大参事、権大参事、久留里組貫属取締を歴任。
¶幕末（[生]文政7（1824）年8月11日　[没]明治9（1876）年2月11日）

森五左衛門　もりござえもん
江戸時代前期の武士。大坂の陣で籠城。後、真田信之に出仕。
¶大坂（[没]寛永18年1月24日）

森小介*　もりこすけ
生没年不詳　安土桃山時代の織田信長の家臣。
¶織田

守子内親王　もりこないしんのう
⇒守子内親王（しゅしないしんのう）

盛子内親王*（1）　もりこないしんのう
元文2（1737）年～延享3（1746）年　江戸時代中期の女性。桜町天皇の第1皇女。
¶天皇（[生]元文2（1737）年11月11日　[没]延享3（1746）年6月25日）

盛子内親王（2）　もりこないしんのう
⇒盛子内親王（せいしないしんのう）

蓁子内親王　もりこないしんのう
江戸時代後期の女性。富小路貞直卿の女。

¶天皇 ㊕文政7(1824)年5月11日　㊥天保13(1842)年1月17日)

森維久　もりこれひさ
⇒賀茂維久(かものこれひさ)

森五六郎　もりごろくろう
⇒森直長(もりなおなが)

森権二郎*(森権次郎)　もりごんじろう
江戸時代末期の新撰組隊士。
¶新隊(森権次郎　生没年不詳)

森貞次郎*　もりさだじろう
天保8(1837)年～慶応1(1865)年　㊥森貞次郎(もりていじろう)　江戸時代末期の農民。
¶幕末(もりていじろう)　㊥元治2(1865)年2月4日)

守貞親王　もりさだしんのう
⇒後高倉院(ごたかくらいん)

守沢喜兵衛　もりさわきひょうえ
江戸時代前期の伊東長次の家来。
¶大坂

森三　もりさん
戦国時代～安土桃山時代の武田氏の奉行人。確実な姓は不明。
¶武田(生没年不詳)

毛利式部勝家　もうりしきぶかついえ
安土桃山時代～江戸時代前期の毛利豊前守吉政の嫡男。
¶大坂㊕慶長5年　㊥慶長20年5月7日)

森重菊次郎*(森重菊治郎)　もりしげきくじろう
天保14(1843)年～元治1(1864)年　江戸時代末期の膺懲隊小頭以
¶幕末(森重菊治郎　㊥元治1(1864)年8月6日)

森繁子　もりしげきこ
⇒繁子(しげきこ)

森重都由*　もりしげすべよし
宝暦9(1759)年～文化13(1816)年　㊥森重靱負(もりしげゆきえ)　江戸時代中期～後期の兵学者、砲術家。合武三島流船軍術、森重流砲術の創始者。
¶科学　㊥文化13(1816)年6月4日)

森重継　もりしげつぐ
安土桃山時代～江戸時代前期の幕臣。
¶徳人㊕1600年　㊥1657年)

森重靱負　もりしげゆきえ
⇒森重都由(もりしげすべよし)

森下幾馬*　もりしたいくま
天保5(1834)年～文久3(1863)年　江戸時代末期の志士。土佐勤王党に参加。
¶幕末(㊥文久3(1863)年9月28日)

森下儀之助*　もりしたぎのすけ
天保2(1831)年～元治1(1864)年　江戸時代末期の志士。
¶幕末(㊥文久4(1864)年2月16日)

森下景端*　もりしたけいたん
文政7(1824)年～明治24(1891)年　江戸時代末期～明治時代の黒住教閥管長。各地に布教し、黒住教の発展に貢献。
¶全幕、幕末(㊕文政7(1824)年4月　㊥明治24(1891)年1月1日)

森下伝兵衛　もりしたでんべえ
⇒森本伝兵衛(もりもとでんべえ)

森下平作*　もりしたへいさく
天保10(1839)年～?　江戸時代後期～末期の新撰組隊士。
¶新隊

森下又左衛門尉　もりしたまたざえもんのじょう
安土桃山時代の武田氏の家臣。上野沼田領猿ヶ京城近辺の須河の土豪か。真田昌幸の同心。
¶武田(生没年不詳)

森二鳳*　もりじほう
文化1(1818)年～明治24(1891)年　江戸時代末期～明治時代の画家。
¶美画(㊥明治24(1891)年1月12日)

森嶋玄長　もりしまげんちょう
江戸時代前期の豊臣秀頼の医臣。藤堂高虎に出仕。
¶大坂(㊕承応3年)

森嶋権右衛門　もりしまごんえもん
江戸時代前期の伊東長次の家老。
¶大坂

森嶋清左衛門　もりしませいざえもん
江戸時代前期の武士。大坂の陣で籠城。
¶大坂

森島中良　もりしまちゅうりょう
⇒桂川甫粲(かつらがわほさん)

森島長意*(森嶋長以)　もりしまちょうい
?～元和1(1615)年　安土桃山時代～江戸時代前期の武将。秀吉馬廻。
¶大坂(㊥慶長20年5月8日)

森嶋長兵衛　もりしまちょうびょうえ
江戸時代前期の伊東長次の甥で猶子。
¶大坂(㊥慶長20年5月7日)

森島藤右衛門　もりしまとうえもん
江戸時代前期の武士。大坂の陣で籠城。
¶大坂

森島敏昌　もりしまとしまさ
⇒森島敏昌(もりしまびんしょう)

森島中良　もりしまなかよし
⇒桂川甫粲(かつらがわほさん)

森島中良　もりしまなから
⇒桂川甫粲(かつらがわほさん)

森島敏昌*　もりしまびんしょう
文化5(1808)年～明治13(1880)年　㊥永田敏昌(ながたとしまさ)、森島敏昌(もりしまとしまさ)　江戸時代末期～明治時代の和算家。
¶数学(もりしまとしまさ　㊕文化5(1808)年1月15日　㊥明治13(1880)年2月23日)

森島万蔵　もりしままんぞう
⇒桂川甫粲(かつらがわほさん)

森周峰*　もりしゅうほう
元文3(1738)年～文政6(1823)年　江戸時代中期～後期の画家。
¶美画(㊥文政6(1823)年6月22日)

森春渓*　もりしゅんけい
生没年不詳　江戸時代中期の画家。

¶美画

森俊斎　もりしゅんさい
⇒中山忠光（なかやまただみつ）

森春濤*　もりしゅんとう
文政2（1819）年～明治22（1889）年　江戸時代末期～明治時代の漢詩人。茉莉吟社を創始。
¶コン（[生]文政1（1818）年　[没]明治21（1888）年），詩作（[生]文政2（1819）年4月2日　[没]明治22（1889）年11月21日），幕末（[生]文政2（1819）年4月2日　[没]明治22（1889）年11月21日）

森鐘太郎*（森鍾太郎）　もりしょうたろう
天保12（1841）年～明治42（1909）年　江戸時代末期～明治時代の浜田藩士。
¶幕末（森鍾太郎　[生]天保12（1841）年10月15日　[没]明治42（1909）年10月9日）

森樅堂*　もりしょうどう
寛政10（1798）年～明治3（1870）年　江戸時代末期～明治時代の桑名藩士。
¶幕末（[没]明治3（1870）年9月21日）

森新太郎*　もりしんたろう
文政12（1829）年～明治42（1909）年　江戸時代末期～明治時代の武士、教育者。
¶コン，幕末（[没]明治42（1909）年11月30日）

森信任　もりしんにん
江戸時代後期の代官。
¶徳代（[生]？　[没]嘉永6（1853）年2月29日）

森祐信　もりすけのぶ
⇒森喜右衛門（もりきえもん）

守住勇魚　もりずみいさな
江戸時代末期～昭和時代の洋画家。
¶美画（[生]嘉永7（1854）年11月8日　[没]昭和2（1927）年3月4日）

守住貫魚*　もりずみかんぎょ
文化6（1809）年～明治25（1892）年　[別]守住貫魚（もりずみつらな）　江戸時代末期～明治時代の画家。師とともに紫宸殿に揮毫。作品に「高綱宇治川先登図」など。
¶コン，美画（[生]文化6（1809）年7月　[没]明治25（1892）年2月）

守住周魚　もりずみちかな
江戸時代末期～大正時代の日本画家。
¶美画（[生]安政6（1859）年2月11日　[没]大正14（1925）年9月3日）

守住貫魚　もりずみつらな
⇒守住貫魚（もりずみかんぎょ）

森清蔵*　もりせいぞう
天保9（1838）年～明治41（1908）年　江戸時代末期～明治時代の萩藩士、衆議院議員。山口藩権少参事を歴任。
¶幕末（[生]天保9（1838）年4月　[没]明治41（1908）年12月10日）

森政澄　もりせいちょう
生没年不詳　[別]森政澄（もりまさずみ）　江戸時代末期の幕臣、代官。
¶徳人（もりまさずみ），徳代

森宗意軒*　もりそういけん
？～寛永15（1638）年　江戸時代前期の島原の乱の指導者、小西行長の臣。
¶コン

森狙仙*（森祖仙）　もりそせん
延享4（1747）年～文政4（1821）年　[別]狙仙（そせん）　江戸時代中期～後期の画家。森派を形成。
¶江人，コン，美画（[没]文政4（1821）年7月21日）

もりた
江戸時代中期の女性。和歌。武城の人。宝永6年奉納、平間長雅編「住吉社奉納千首和歌」に載る。
¶江表（もりた（埼玉県））

森大学　もりだいがく
⇒森大学助（もりだいがくのすけ）

森大学助*　もりだいがくのすけ
天正3（1575）年～寛永18（1641）年　[別]森大学（もりだいがく）　安土桃山時代～江戸時代前期の弓術家。
¶全戦（森大学　もりだいがく　生没年不詳）

森田桜園*　もりたおうえん
寛政9（1797）年～文久3（1863）年　江戸時代末期の笠間藩士。
¶幕末（[没]文久3（1863）年2月12日）

森田岡太郎　もりたおかたろう
⇒森田桂園（もりたけいえん）

森鷹之助*　もりたかのすけ
江戸時代末期の新撰組隊士。
¶新隊（生没年不詳）

森敬典　もりたかのり
江戸時代中期～末期の幕臣。
¶徳人（[生]1778年　[没]1855年）

森高雅　もりたかまさ
⇒森高雅（もりこうが）

森田勘次郎〔1代〕　もりたかんじろう
⇒森田勘弥〔7代〕（もりたかんや）

森田勘次郎〔2代〕　もりたかんじろう
⇒坂東三津五郎〔3代〕（ばんどうみつごろう）

守田勘弥　もりたかんや
⇒森田団八郎（もりただんぱちろう）

森田勘弥（守田勘弥）　もりたかんや
世襲名　江戸時代の森（守）田座の座元および歌舞伎役者。江戸時代に活躍したのは、初世から11世まで。
¶江人，山小（守田勘弥）

森田勘弥〔1代〕*（――〔2代・名義1代〕）　もりたかんや
？～延宝7（1679）年？　[別]坂東又七（ばんどうまたしち），森田太七（もりたたしち）　江戸時代前期の歌舞伎役者、歌舞伎座本。万治3年～延宝7年頃に活躍。
¶歌大（森（守）田勘弥〔1代〕），コン（守田勘弥〔1代〕），新歌（森（守）田勘弥〔1世〕）

森田勘弥〔2代〕*（――〔3代・名義2代〕）　もりたかんや
？～享保19（1734）年　[別]坂東福太郎（ばんどうふくたろう），坂東又吉（ばんどうまたきち），坂東又九郎〔2代〕（ばんどうまたくろう），坂東又左衛門〔2代〕（ばんどうまたざえもん）　江戸時代中期の歌舞伎座主、歌舞伎役者。延宝7年～享保18年頃に活躍。
¶歌大（森（守）田勘弥〔2代〕），新歌（森（守）田勘弥〔2世〕）

森田勘弥〔3代〕*（——〔4代・名義3代〕） もりたかんや
？〜享保7(1722)年 ⑲坂東福松（ばんどうふくまつ），坂東又九郎〔3代〕（ばんどうまたくろう），坂東又次郎〔2代〕（ばんどうまたじろう） 江戸時代中期の歌舞伎座主、歌舞伎役者。元禄5年〜正徳2年以降に活躍。
¶歌大（森（守）田勘弥〔3代〕 ㉒享保7(1722)年2月24日），新歌（森（守）田勘弥〔3世〕）

森田勘弥〔4代〕*（——〔5代・名義4代〕） もりたかんや
？〜寛保3(1743)年 ⑲真鳥（しんちょう），坂東鍋太郎（ばんどうなべたろう），坂東又次郎〔4代〕（ばんどうまたじろう） 江戸時代中期の座主、歌舞伎役者。宝永3年〜享保19年以降に活躍。
¶歌大（森（守）田勘弥〔4代〕 ㉒寛保3(1743)年9月17日），新歌（森（守）田勘弥〔4世〕）

森田勘弥〔5代〕*（——〔6代・名義5代〕） もりたかんや
？〜享和2(1802)年 ⑲喜の字屋又左衛門（きのじやまたざえもん），杜光（とこう），坂東金蔵（ばんどうきんぞう），森田又左衛門（もりたまたざえもん） 江戸時代中期の歌舞伎座主。延享1年〜宝暦1頃に活躍。
¶歌大（森（守）田勘弥〔5代〕 ㉒享和2(1802)年？），新歌（森（守）田勘弥〔5代〕 ㉒1802年？）

森田勘弥〔6代〕*（——〔7代・名義6代〕） もりたかんや
享保9(1724)年〜安永9(1780)年 ⑲賀尉（がじょう），沢村小伝次〔2代〕（さわむらこでんじ），沢村重の井（さわむらしげのい），残杏（ざんきょう），滝川重の井（たきかわしげのい），竹中しげのぬ（たけなかしげのい），森田八十助（もりたやそすけ） 江戸時代中期の歌舞伎座主、歌舞伎役者。享保17年〜安永3年頃に活躍。
¶歌大（森（守）田勘弥〔6代〕 ㉒安永9(1780)年5月19日），新歌（森（守）田勘弥〔6世〕）

森田勘弥〔7代〕*（——〔8代・名義7代〕） もりたかんや
？〜天明3(1783)年 ⑲賀尉（がじょう），残杏（ざんきょう），千蝶（せんちょう），森田勘次郎〔1代〕（もりたかんじろう），森田太郎兵衛〔2代〕（もりたろべえ） 江戸時代中期の歌舞伎座主、歌舞伎役者。宝暦3年〜天明2年頃に活躍。
¶歌大（森（守）田勘弥〔7代〕 ㉒天明3(1783)年12月19日），新歌（森（守）田勘弥〔7世〕）

森田勘弥〔8代〕*（——〔9代・名義8代〕） もりたかんや
宝暦9(1759)年〜文化11(1814)年 ⑲眼舎（がんしゃ），喜幸（きこう），繋花（しょうか），坂東喜幸（ばんどうきこう），坂東又九郎〔4代〕（ばんどうまたくろう），坂東八十助〔旧1代〕（ばんどうやそすけ），坂東又次郎（もりたまたじろう） 江戸時代中期〜後期の森田座の座主、歌舞伎役者。
¶歌大（森（守）田勘弥〔8代〕 ㉒文化11(1814)年2月24日），新歌（森（守）田勘弥〔8世〕）

森田勘弥〔9代〕*（——〔10代・名義9代〕，——〔10代〕） もりたかんや
？〜嘉永4(1851)年 ⑲眼舎（がんしゃ），喜幸（きこう），坂東八十助〔旧1代〕（ばんどうやそすけ），森田又吉（もりたまたきち） 江戸時代後期の守田座の座元、歌舞伎役者。
¶歌大（森（守）田勘弥〔10代〕 ㉒嘉永4(1851)年5月22日），新歌（森（守）田勘弥〔10世〕）

森田勘弥〔10代〕*（——〔11代・名義10代〕，——〔9代〕） もりたかんや
？〜天明9(1838)年 ⑲賀尉（がじょう），坂東三八〔3代〕（ばんどうさんぱち），坂東三田八〔2代〕（ばんどうみたはち） 江戸時代後期の歌舞伎座主、

歌舞伎役者。文政3年〜天保8年頃に活躍。
¶歌大（森（守）田勘弥〔9代〕 ㉒天保9(1838)年7月11日），新歌（森（守）田勘弥〔9世〕）

守田勘弥〔11代〕（森田勘弥〔12代・名義11代〕） もりたかんや
⇒坂東三津五郎〔4代〕（ばんどうみつごろう）

守田勘弥〔12代〕* もりたかんや
弘化3(1846)年〜明治30(1897)年 江戸時代末期〜明治時代の歌舞伎座主、歌舞伎作者。文久2年〜明治30年頃に活躍。明治時代に於ける新富座の座主。
¶歌大（森（守）田勘弥〔12代〕 ⑭弘化3(1846)年11月9日 ㉒明治30(1897)年8月21日），コン，新歌（森（守）田勘弥〔12世〕 ⑭幕末（森田勘弥〔12代〕 ㉒明治30(1897)年8月21日）

森田久右衛門* もりたきゅうえもん
寛永18(1641)年〜正徳5(1715)年 江戸時代前期〜中期の土佐尾戸焼の陶工。尾戸焼の基礎を築いた。
¶コン，美工

森田清行* もりたきよゆき
文化9(1812)年〜？ ⑲森田清行（もりたせいこう） 江戸時代後期の幕臣。1860年遣米使節随員としてアメリカに渡る。
¶徳人（㉒1861年），徳代（もりたせいこう ㉒文久1(1861)年5月22日）

森田金三郎* もりたきんさぶろう，もりたきんざぶろう
天保6(1835)年〜明治8(1875)年 江戸時代末期〜明治時代の志士。土佐勤王党に参加。
¶幕末（もりたきんざぶろう ⑭天保6(1835)年閏7月 ㉒明治8(1875)年3月7日）

守武 もりたけ
⇒荒木田守武（あらきだもりたけ）

森田桂園* もりたいえん
文化9(1812)年〜文久1(1861)年 ⑲森田岡太郎（もりたおかたろう） 江戸時代末期の幕臣。
¶幕末（森田岡太郎 もりたおかたろう ㉒文久1(1861)年5月26日），幕末 ⑭文化9(1812)年2月13日 ㉒文久1(1861)年5月22日）

森田三郎* もりたさぶろう
天保12(1841)年〜明治1(1868)年 江戸時代末期の越中富山藩士。
¶幕末（㉒慶応4(1868)年6月22日）

森田佐平* もりたさへい
天保6(1835)年〜明治26(1893)年1月10日 江戸時代末期〜明治時代の地方政治家。小田権新聞を発刊。県会議長・窪屋部長を歴任。
¶幕末

森田治郎兵衛*（森田治良兵衛） もりたじろべえ
？〜延享1(1744)年 江戸時代中期の機業家。丹後縮緬の創始者の一人。
¶コン（生没年不詳）

森田晋三* もりたしんぞう
*〜明治20(1887)年 江戸時代末期〜明治時代の藩士。岩崎弥太郎の九十九商会に入り、三菱本社に勤務。
¶幕末（⑭天保2(1831)年11月1日 ㉒明治20(1887)年6月8日）

森田清行 もりたせいこう
⇒森田清行（もりたきよゆき）

森田節斎* もりたせっさい，もりたせつさい
文化8（1811）年〜明治1（1868）年　江戸時代末期
の儒学者，志士。尊攘論を提訴。
¶コン，思想，全幕（㋐慶応4（1868）年），幕末（もりたせつ
さい　㋑慶応4（1868）年7月26日）

森田千庵 もりたせんあん
⇒森田千庵（もりたせんり）

森田千庵* もりたせんり
寛政10（1798）年10月23日〜安政4（1857）年12月20
日　森田千庵（もりたせんあん）　江戸時代末期
の蘭方医。
¶眼医（もりたせんあん）

森田太七 もりたたしち
⇒森田勘弥〔1代〕（もりたかんや）

森忠典* もりただつね
嘉永1（1848）年〜明治15（1882）年　江戸時代後期
〜明治時代の大名。
¶全幕（㋐弘化4（1847）年）

森忠弘 もりただひろ
江戸時代後期〜末期の赤穂藩士。
¶全幕（㋐天保11（1840）年　㋑安政4（1857）年）

森忠政* もりただまさ
元亀1（1570）年〜寛永11（1634）年　金山侍従
（かねやまじじゅう），川中島侍従（かわなかじまじ
じゅう）　安土桃山時代〜江戸時代前期の大名。美
濃金山藩主，信濃松代藩主，美作津山藩主。
¶コン

森忠儀* もりただよし
嘉永3（1850）年〜明治18（1885）年　江戸時代末期
〜明治時代の赤穂藩主，赤穂藩知事。
¶全幕

森田太郎兵衛〔2代〕 もりたたろべえ
⇒森田勘弥〔7代〕（もりたかんや）

森田団八郎* もりただんばちろう
天保5（1834）年〜明治36（1903）年　守田勘弥
（もりたかんや）　江戸時代末期〜明治時代の迅衝
隊士。戊辰戦争に参加。著書に「辰年出兵中日記」
「日光今市戦争絵図」など。
¶浮絵（守田勘弥　もりたかんや），幕末（㋑明治36
（1903）年9月11日）

森田忠助* もりたちゅうすけ
文化3（1806）年〜慶応2（1866）年　江戸時代末期
の庄屋。
¶幕末（㋑慶応2（1866）年9月21日）

森立之 もりたつゆき
⇒森立之（もりりっし）

森田道意* もりたどうい
文政6（1823）年？〜文久3（1863）年　江戸時代末期
の元華頂宮家役人。
¶幕末（㋑文久3（1863）年7月10日）

森田留蔵 もりたとめぞう
⇒斎藤留蔵（さいとうとめぞう）

森田梅礀* もりたばいかん
文政2（1819）年〜慶応1（1865）年　江戸時代末期
の詩人。
¶幕末（㋑元治2（1865）年4月4日）

森田半右衛門 もりたはんえもん
江戸時代前期の大野道犬の家来。
¶大坂

森田筆之丞* もりたふでのじょう
？〜慶応1（1865）年　江戸時代末期の漁民。中浜万
次郎らと漂流。
¶幕末（㋐享和3（1803）年　㋑元治2（1865）年1月21日）

森田平次* もりたへいじ
文政6（1823）年〜明治41（1908）年　森田良見
（もりたよしみ）　江戸時代末期〜明治時代の加賀
藩士。
¶幕末（㋐文政6（1823）年2月15日　㋑明治41（1908）年
12月1日）

母里太兵衛 もりたへえ
⇒母里友信（もりとものぶ）

森田又吉 もりたまたきち
⇒森田勘弥〔9代〕（もりたかんや）

森田又左衛門 もりたまたざえもん
⇒森田勘弥〔5代〕（もりたかんや）

森田又次郎 もりたまたじろう
⇒森田勘弥〔8代〕（もりたかんや）

森田操* もりたみさお
弘化3（1846）年〜大正11（1922）年5月2日　江戸時
代末期〜明治時代の能楽囃子方。
¶幕末

森田無絃* もりたむげん
文政9（1826）年〜明治29（1896）年　江戸時代末期
〜明治時代の女性。学問に励み，海内第一の女学者
と称された。節斎と放浪しながら塾を開き教育に
携わった。
¶女史

森田元載* もりたもとのり
天保4（1833）年〜明治1（1868）年　江戸時代末期
の領主，大番士。
¶幕末（㋑慶応4（1868）年6月24日）

森田八十助 もりたやそすけ
⇒森田勘弥〔6代〕（もりたかんや）

森田良郷* もりたよしさと
寛政3（1791）年〜安政4（1857）年6月6日　江戸時
代末期の加賀藩士。
¶幕末（㋐寛政2（1790）年11月12日　㋑安政4（1857）年5
月15日）

森田良見 もりたよしみ
⇒森田平次（もりたへいじ）

森田緑雲 もりたりょくうん
江戸時代後期〜大正時代の日本画家。
¶美術（㋐嘉永6（1853）年10月25日　㋑大正2（1913）年8
月25日）

森主税* もりちから
天保7（1836）年〜文久2（1862）年　江戸時代末期
の播磨赤穂藩老。藩主森家の一門。
¶全幕，幕末（㋐？　㋑文久2（1863）年12月9日）

森知乗 もりちじょう
⇒森知乗尼（もりちじょうに）

森知乗尼* もりちじょうに
天明7（1787）年〜弘化4（1847）年　知乗尼，智乗

尼（ちじょうに），森知乗（もりちじょう）　江戸時代後期の女性。歌人。
¶江表（知乗尼（岡山県））

森続之丞*（森継之丞）　もりつぐのじょう
文政12（1829）年～明治19（1886）年　江戸時代末期～明治時代の播磨赤穂藩士。
¶全幕（森継之丞），幕末

森常吉　もりつねきち
⇒森陳明（もりつらあき）

森陳明*　もりつらあき
文政9（1826）年～明治2（1869）年　㊋森常吉（もりつねきち）　江戸時代末期の桑名藩士。
¶新隊（森常吉　もりつねきち　文政9（1826）年6月12日　㊋明治2（1869）年11月13日），全幕（森常吉　もりつねきち　㊌文政9（1826）年6月12日　㊋明治2（1869）年11月13日）

森貞次郎　もりていじろう
⇒森貞次郎（もりさだじろう）

森徹山*　もりてっさん，もりてつざん
安永4（1775）年～天保12（1841）年　江戸時代後期の四条派の画家。
¶コン，美画（㊋天保12（1841）年5月6日）

森鉄之助　もりてつのすけ
文化10（1813）年～明治6（1873）年　江戸時代末期～明治時代の狭山藩藩儒。代官所主善館教授，河内狭山藩となる。
¶幕末（㊋明治6（1873）年7月30日）

森寺常邦*　もりでらつねくに
天保3（1832）年～慶応3（1867）年　江戸時代末期の三条家諸大夫。
¶幕末

森寺常安*　もりでらつねやす
寛政3（1791）年～明治1（1868）年　江戸時代末期の三条家諸大夫。
¶幕末（㊌寛政3（1792）年12月13日，㊋明治1（1868）年9月22日）

母里友信*　もりとものぶ
弘治2（1556）年～元和1（1615）年　㊋母里太兵衛（ぼりたへえ，もりたへえ），母里友信（ぼりとものぶ）　安土桃山時代～江戸時代前期の武士。
¶全戦（ぼりとものぶ），戦武（㊌弘治2（1556）年？　㊋元和1（1615）年？）

森直長*　もりなおなが
天保9（1838）年～文久1（1861）年　㊋森五六郎（もりごろくろう）　江戸時代末期の水戸藩士。
¶コン（㊌天保10（1839）年），全幕（森五六郎　もりごろくろう），幕末（森五六郎　もりごろくろう　㊋文久1（1861）年7月26日）

森長氏*　もりながうじ
永禄10（1567）年～天正10（1582）年　㊋森力丸（もりりきまる）　安土桃山時代の信長の小姓。
¶織田（森力丸　もりりきまる　㊋天正10（1582）年6月2日）

森中和*　もりなかかず
文政11（1828）年～明治32（1899）年　㊋森包荒（もりほうこう）　江戸時代末期～明治時代の教育者。
¶幕末（森包荒　もりほうこう　㊋明治32（1899）年8月29日）

森長定　もりながさだ
⇒森蘭丸（もりらんまる）

護良親王　もりながしんのう
⇒護良親王（もりよししんのう）

守良親王　もりながしんのう
⇒守良親王（もりよししんのう）

森長隆*　もりながたか
永禄9（1566）年～天正10（1582）年　㊋森坊丸（もりぼうまる）　安土桃山時代の信長の小姓。
¶織田（森坊丸　もりぼうまる　㊋天正10（1582）年6月2日）

毛利長門守　もりながとのかみ
江戸時代前期の豊臣秀頼の家臣。
¶大坂（㊋慶長20年5月8日）

守永弥右衛門*　もりながやうえもん
？～明治13（1880）年　㊋守永弥右衛門（もりながやえもん）　江戸時代末期～明治時代の長州（萩）藩士。
¶幕末（もりながやえもん　㊋明治13（1880）年6月2日）

守永弥右衛門　もりながやえもん
⇒守永弥右衛門（もりながやうえもん）

森長可*　もりながよし
永禄1（1558）年～天正12（1584）年　安土桃山時代の武将。織田信長の臣。
¶織田（㊋天正12（1584）年4月9日），コン，全戦，戦武

森夏水*　もりなつみ
弘化1（1844）年～明治31（1898）年　㊋森夏水（もりかすい），森閑山（もりかんざん）　江戸時代末期～明治時代の画家。園山派森一鳳に師事。浪華画学校で教える。
¶美画（もりかすい　㊋明治31（1898）年6月13日）

森成利　もりなりとし
⇒森蘭丸（もりらんまる）

守大石　もりのおおいし
⇒守大石（まもりのおおいし）

守大石　もりのおおいわ
⇒守大石（まもりのおおいし）

守君大石　もりのきみおおいし
⇒守大石（まもりのおおいし）

森野藤助*　もりのとうすけ
元禄3（1690）年～明和4（1767）年　江戸時代中期の本草家。
¶植物（㊋明和4（1767）年6月6日）

森信好*　もりのぶよし
文政8（1825）年1月8日～大正4（1915）年9月28日　江戸時代末期～明治時代の藍商。関東に藍販売を拡張し，藩の御銀主役となる。
¶幕末

森坊増隆*　もりのぼうぞうりゅう
生没年不詳　戦国時代の聖護院の坊官。修験道本山派を統括。
¶後北

森鼻宗次　もりはなそうじ
江戸時代後期～大正時代の眼科医。
¶眼医（㊌嘉永1（1848）年）㊋大正7（1918）年）

森磐子　もりはんこ
⇒繁子（しげきこ）

森半蔵*　もりはんぞう
文政9（1826）年～文久1（1861）年　江戸時代末期の水戸藩浪人。
¶幕末（[没]文久1（1861）年8月26日）

森彦左衛門尉*　もりひこざえもんのじょう
生没年不詳　戦国時代の今川氏給人。駿河国橋上の土豪。
¶武田

守彦親王　もりひこしんのう
⇒尊円入道親王（そんえんにゅうどうしんのう）

森藤九兵衛　もりふじくひょうえ
江戸時代前期の武士。大坂の陣で籠城。
¶大坂

毛利豊前守吉政　もりぶぜんのかみよしまさ
⇒毛利吉政（もうりよしまさ）

森豊後*　もりぶんご
生没年不詳　戦国時代の鋳物師。
¶後北（豊後守〔森（1）〕　ぶんごのかみ）

森平右衛門(1)　もりへいえもん
江戸時代前期の人。大坂八町目の者。大坂城中で長宗我部所へ奉公に出た。
¶大坂

森平右衛門(2)　もりへいえもん
⇒荒井庄十郎（あらいしょうじゅうろう）

守部王*　もりべおう
[別]守部王（もりべのおおきみ）　奈良時代の万葉歌人。舎人親王の子。
¶古人（生没年不詳），古代

森部湖十*　もりべこじゅう
延宝5（1677）年～元文3（1738）年7月27日　[別]湖十〔1代〕（こじゅう），深川湖十〔1代〕（ふかがわこじゅう）　江戸時代中期の俳人。榎本其角系俳人。
¶俳文（湖十〔1世〕　こじゅう）

守部牛養　もりべのうしかい
奈良時代の官人。
¶古人（生没年不詳）

守部王　もりべのおおきみ
⇒守部王（もりべおう）

守部大隅*　もりべのおおすみ
生没年不詳　[別]鍛師大隅，鍛大角，鍛冶大隅（かぬちのおおすみ），鍛冶造大角（かぬちのみやつこおおすみ），守部連大隅（もりべのむらじおおすみ）　飛鳥時代～奈良時代の官人、学者。大宝律令の編纂者の一人。
¶古人（鍛師大隅　かぬちのおおすみ），古人，古代（守部連大隅　もりべのむらじおおすみ），コン（鍛冶大隅　かぬちのおおすみ）

守部連大隅　もりべのむらじおおすみ
⇒守部大隅（もりべのおおすみ）

森豊　もりほう
戦国時代～安土桃山時代の武田氏の奉行人。確実な姓は不明。
¶武田（生没年不詳）

森包荒　もりほうこう
⇒森中和（もりなかかず）

森坊丸　もりぼうまる
⇒森長隆（もりながたか）

森正門*　もりまさかど
生没年不詳　江戸時代後期の和算家。
¶数学

森政弥　もりまさみち
江戸時代前期～中期の幕臣。
¶徳人（[生]1687年　[没]1769年）

森尹祥*　もりまさよし
元文5（1740）年～寛政10（1798）年3月14日　江戸時代中期～後期の和学者。
¶徳人

森三河守　もりみかわのかみ
安土桃山時代の北条氏直の家臣。
¶後北（三河守〔森（2）〕　みかわのかみ）

森通寧　もりみちやす
⇒森勤作（もりきんさく）

盛光*　もりみつ
生没年不詳　室町時代の備前長船派の刀工。
¶美工

森盈政　もりみつまさ
江戸時代後期の和算家。
¶数学

森民部大夫　もりみんぶだゆう
安土桃山時代の駿河国有渡郡草薙にある草薙神社の神主。
¶武田（生没年不詳）

森村市左衛門*　もりむらいちざえもん
天保10（1839）年～大正8（1919）年　江戸時代末期～明治時代の貿易商、実業家。
¶コン

森村内蔵丞　もりむらくらのすけ
江戸時代前期の豊臣秀頼の家臣。
¶大坂（[没]慶長20年5月6日）

森村采園*　もりむらさいえん
享和1（1801）年～明治6（1873）年　江戸時代末期～明治時代の画家。
¶美画（[没]明治6（1873）年3月28日）

守邨抱儀*（守村抱儀）　もりむらほうぎ
*～文久2（1862）年　[別]抱儀（ほうぎ）　江戸時代末期の俳人。
¶俳文（抱儀　ほうぎ　[生]文化3（1806）年　[没]文久1（1861）年5月16日），幕末（[生]文化1（1804）年　[没]文久2（1862）年1月16日）

森村弥三郎*　もりむらやさぶろう
生没年不詳　戦国時代の画家。
¶後北（弥三郎〔森村〕　やさぶろう）

森木工助　もりもくのすけ
戦国時代～安土桃山時代の御用大鋸引の頭。北条氏に属した。
¶後北（木工助〔森（3）〕　もくのすけ）

森本蟻道　もりもとありみち
⇒森本蟻道（もりもとぎどう）

森本永派　もりもとえいは
戦国時代～安土桃山時代の武田氏使僧。蒲庵永派。
¶武田(生没年不詳)

森本笑　もりもとえみ
⇒森本笑(もりもとしょう)

森本海寿*　もりもとかいじゅ
？～文政12(1829)年10月5日　江戸時代後期の女性。歌人。
¶江表(海寿(長野県))

森本一久　もりもとかずひさ
⇒森本儀太夫(もりもとぎだゆう)

森本儀太夫*　もりもとぎだゆう
永禄3(1560)年～慶長17(1612)年　[別]森本一久(もりもとかずひさ)　安土桃山時代～江戸時代前期の武士。
¶全戦(森本一久　もりもとかずひさ)

森本蟻道*　もりもとぎどう
寛文4(1664)年～正徳1(1711)年　[別]蟻道(ありみち)，森本蟻道(もりもとありみち)　江戸時代中期の俳人(伊丹派)。
¶俳文(蟻道　ありみち　[没]正徳1(1711)年5月13日)

森本弘策　もりもとこうさく
江戸時代末期の幕臣。旧幕艦隊とともに江戸を脱し、箱館で友軍に合流。
¶全幕(生没年不詳)

森本順三郎　もりもとじゅんざぶろう
江戸時代末期～明治時代の錦絵版元。
¶浮絵

森本笑*　もりもとしょう
寛政6(1794)年～明治11(1878)年11月10日　[別]森本笑(もりもとえみ)　江戸時代末期～明治時代の歌人。福住清風に和歌を学ぶ。
¶江表(笑(長野県)　えみ)

森本助左衛門*(――〔1代〕)　もりもとすけざえもん
生没年不詳　江戸時代後期の陶工、鹿脊山焼の創始者。
¶美工(――〔1代〕)

森本敬武　もりもとたかたけ
江戸時代前期～中期の代官。
¶徳代([生]寛永15(1638)年　[没]元禄11(1698)年8月15日)

森本都々子　もりもとつずこ
⇒森本都々子(もりもとつづこ)

森本都々子*　もりもとつづこ
寛政1(1789)年～安政4(1857)年　[別]森本都々子(もりもとつずこ)　江戸時代後期の歌人。
¶江表(都々子(長野県))，女史

森本伝兵衛*　もりもとでんべえ
天保6(1835)年～元治1(1864)年　[別]森下伝兵衛(もりしたでんべえ)　江戸時代末期の人。天誅組河内勢鉄砲組。
¶幕末([没]元治1(1864)年7月19日)

森本平馬*　もりもとへいま
文政3(1820)年～明治1(1868)年　江戸時代末期の志士。
¶幕末([没]慶応4(1868)年8月29日)

守屋義紀　もりやぎき
江戸時代前期～中期の代官。
¶徳代(生没年不詳)

守屋義和　もりやぎわ
江戸時代前期の代官。
¶徳代([生]？　[没]貞享4(1687)年)

森弥五八郎*　もりやごはちろう
？～天正10(1582)年5月　戦国時代～安土桃山時代の織田信長の家臣。
¶織田([没]天正10(1582)年5月？)

守屋権太夫　もりやごんだゆう
江戸時代前期の代官。
¶徳代([生]？　[没]延宝4(1676)年？)

森屋治兵衛　もりやじへえ
江戸時代後期～明治時代の版元。
¶浮絵

毛利安左衛門　もりやすざえもん
江戸時代前期の大坂城士。3者が見られるが同一人物と思われる。
¶大坂

守屋正朋　もりやせいほう
江戸時代前期の代官。
¶徳代([生]寛文3(1663)年　[没]？)

守屋忠親　もりやただちか
江戸時代中期～後期の幕臣。
¶徳人([生]1767年　[没]1830年)

守矢信実*　もりやのぶざね
天文2(1533)年10月28日～元和8(1622)年10月10日　戦国時代～江戸時代前期の信濃国諏訪大社上社神長官。
¶武田(生没年不詳)

守矢彦七郎　もりやひこしちろう
戦国時代の信濃国諏訪郡の武士。
¶武田(生没年不詳)

守矢房実　もりやふさざね
戦国時代の信濃国諏訪郡の神官。
¶武田(生没年不詳)

森山栄之助　もりやまえいのすけ
⇒森山多吉郎(もりやまたきちろう)

森山源五郎　もりやまげんごろう
⇒森山孝盛(もりやまたかもり)

森山実輝　もりやまさねてる
江戸時代前期～中期の代官。
¶徳代([生]寛文2(1662)年　[没]享保19(1734)年8月17日)

森山実道　もりやまさねみち
*～享保6(1721)年　江戸時代前期～中期の幕臣、高山代官。
¶徳人([生]1671年)，徳代([生]寛文12(1672)年　[没]享保6(1721)年1月29日)

森山繁之助*(森山繁之介)　もりやましげのすけ
天保6(1835)年～文久1(1861)年　江戸時代末期の水戸藩属吏。
¶全幕(森山繁之介)，幕末([没]文久1(1861)年7月26日)

森山茂　もりやましげる
江戸時代末期～明治時代の外交官、金春流の後援者。

も

¶新能（[生]天保12（1841）年1月25日　[没]大正8（1919）年2月26日），幕末（[生]天保13（1842）年9月　[没]大正2（1913）年2月26日）

森山新五左衛門* もりやましんござえもん
天保14（1843）年～文久2（1862）年　江戸時代末期の薩摩藩士。
¶幕末（[没]文久2（1862）年4月24日）

森山新蔵* もりやましんぞう
文政4（1821）年～文久2（1862）年　江戸時代末期の薩摩藩士。
¶全幕，幕末

森山孝盛* もりやまたかもり
元文3（1738）年～文化12（1815）年5月14日　[別]森山源五郎（もりやまげんごろう）　江戸時代中期～後期の幕臣、文人。「蜑の焼藻」「賤のをだ巻」などの著者。
¶コン，徳将，徳人

も

森山多吉郎* もりやまたきちろう
文政3（1820）年6月1日～明治4（1871）年3月15日　[別]森山栄之助（もりやまえいのすけ）　江戸時代後期～明治時代のオランダ通詞。
¶コン，徳人，幕末

森山成繁 もりやまなりしげ
戦国時代～江戸時代前期の佐久郡森山の国衆。
¶武田（[生]弘治1（1555）年　[没]慶長18（1613）年12月17日）

守山房仍 もりやまふさより
江戸時代中期の幕臣。
¶徳人（[生]1764年　[没]？）

森山鳳羽 もりやまほうう
江戸時代後期～大正時代の連句作者。
¶俳文（[生]天保13（1842）年9月25日　[没]大正8（1919）年2月16日）

森山満繁 もりやまみつしげ
安土桃山時代の佐久郡森山の国衆。
¶武田（[生]？　[没]文禄2（1593）年6月）

守屋杢右衛門* もりやもくえもん
文化12（1815）年～明治10（1877）年　江戸時代後期～明治時代の武士。
¶幕末（[没]明治10（1877）年7月7日）

守屋原福 もりやもとみつ
江戸時代中期の代官。
¶徳代（[生]享保10（1725）年　[没]？）

守屋物四郎 もりやものしろう
江戸時代末期～明治時代の林学者。
¶科学（[生]安政4（1857）年5月9日　[没]明治40（1907）年5月31日）

守屋縫殿助 もりやゆいのすけ
戦国時代の津久井城主内藤康行の家臣。
¶後北（縫殿助〔守屋〕　ゆいのすけ）

守矢幸実 もりやゆきざね
戦国時代の信濃国諏訪郡の武士。
¶武田（生没年不詳）

守屋行重* もりやゆきしげ
生没年不詳　戦国時代の北条氏の家臣。
¶後北（行重〔守屋〕　ゆきしげ　[没]慶長9年）

守屋行広 もりやゆきひろ
安土桃山時代～江戸時代前期の代官。
¶徳代（[生]元亀2（1571）年　[没]寛永4（1627）年4月13日）

守屋行吉 もりやゆきよし
江戸時代前期の代官。
¶徳代（[生]？　[没]正保1（1644）年7月7日）

守屋庸庵* もりやようあん
天保2（1831）年7月8日～明治42（1909）年10月21日　江戸時代末期～明治時代の医師。足守徐痘館種痘医として種痘事業に従事。
¶科学，幕末

守屋与三兵衛 もりやよそべい
江戸時代前期の代官。
¶徳代（[生]？　[没]寛文11（1671）年）

守矢頼実* もりやよりざね
永正2（1505）年～慶長2（1597）年　[別]守矢頼真（もりやよりまさ）　戦国時代～安土桃山時代の信濃国諏訪大社上社神長官。
¶武田（[生]永正2（1505）年5月25日　[没]慶長2（1597）年9月10日）

守矢頼真 もりやよりまさ
⇒守矢頼実（もりやよりざね）

森有節* もりゆうせつ
文化5（1808）年～明治15（1882）年　江戸時代末期～明治時代の陶工。三重県朝日村に万古焼開窯。「有節万古」「朝日万古」として著名。
¶コン，美工（[没]明治15（1882）年4月）

森幸安 もりゆきやす
江戸時代中期の地図作成者。京都地誌と全国および国内地図を作成した町人。
¶地理（[生]1701年）

森要蔵* もりようぞう
文化7（1810）年～明治1（1868）年　[別]森景鎮（もりかげちか）　江戸時代末期の剣術師範。
¶幕末（[没]慶応4（1868）年）

森与左衛門明次 もりよざえもんあきつぐ
安土桃山時代～江戸時代前期の羽柴秀長の家臣。
¶大坂

森余山* もりよざん
文政1（1818）年～明治10（1877）年　江戸時代末期～明治時代の三河吉田藩士。
¶幕末（[没]明治10（1877）年9月25日）

護良親王* もりよししんのう
延慶1（1308）年～建武2（1335）年　[別]大塔宮（おおとうのみや，だいとうのみや），尊雲（そんうん），尊雲親王（そんうんしんのう），尊雲法親王（そんうんほうしんのう，そんうんほっしんのう），護良親王（もりながしんのう）　鎌倉時代後期～南北朝時代の後醍醐天皇の皇子。天台座主だったが還俗して後醍醐天皇の討幕を助ける。建武新政で征夷大将軍。のち足利尊氏により幽閉され殺された。
¶コン，天皇，中世，内乱，室町，山小（[没]1335年7月23日）

守良親王* もりよししんのう
生没年不詳　[別]守良親王（もりながしんのう）　鎌倉時代後期の亀山天皇の皇子。
¶天皇

森可澄 もりよしずみ
安土桃山時代～江戸時代前期の幕臣。

¶徳人（[生]1585年　[没]1638年）

森可隆　もりよしたか
⇒森可隆（もりよりたか）

森可成*　もりよしなり
大永3（1523）年～元亀1（1570）年　戦国時代の武将。織田信長の家臣。
¶織田（[没]元亀1（1570）年9月20日），コン，全戦，戦武

森義徳*　もりよしのり
天保6（1835）年～明治7（1874）年　江戸時代末期～明治時代の剣術家、砲術家。戊辰戦役で新留守居組に昇進。
¶幕末（[没]明治7（1874）年8月8日）

森好之　もりよしゆき
永正16（1519）年～天正9（1581）年　戦国時代～安土桃山時代の武将。
¶全戦，戦武

森可隆*　もりよりたか
天文21（1552）年～元亀1（1570）年4月25日　[別]森可隆（もりよしたか）　戦国時代～安土桃山時代の織田信長の家臣。
¶織田（もりよしたか）

森蘭丸*　もりらんまる
永禄8（1565）年～天正10（1582）年　[別]森長定（もりながさだ），森成利（もりなりとし）　安土桃山時代の織田信長の近習。
¶織田（森成利　もりなりとし　[没]天正10（1582）年6月2日），コン，全戦（森成利　もりなりとし），戦武

森力丸　もりりきまる
⇒森長氏（もりながうじ）

森立之*　もりりっし
文化4（1807）年～明治18（1885）年　[別]森枳園（もりきえん），森立之（もりたつゆき）　江戸時代末期～明治時代の医師。「医心方」を校正。編著に「遊相医和」「素問攷註」など。
¶江人（もりたつゆき），コン，思想（森枳園　もりきえん），徳人（森枳園　もりきえん），幕末（森枳園　もりきえん　[没]明治18（1885）年12月6日）

森六郎*　もりろくろう
江戸時代末期の新撰組隊士。
¶新隊（生没年不詳）

森脇孫太郎*　もりわきまごたろう
嘉永1（1848）年～明治1（1868）年　江戸時代末期の周防岩国藩士。
¶幕末（[没]慶応4（1868）年7月28日）

茂林禅師　もりんぜんじ
戦国時代の臨済宗妙心寺派の僧。甲斐・円蔵院の住職。
¶武田（生没年不詳）

毛呂顕繁*　もろあきしげ
戦国時代～安土桃山時代の武蔵国衆。
¶後北（顕繁〔毛呂〕　あきしげ）

毛呂顕季*　もろあきすえ
生没年不詳　戦国時代の武蔵国衆。
¶後北（顕季〔毛呂〕　あきすえ）

師明親王　もろあきらしんのう
⇒性信（しょうしん）

茂呂因幡守*　もろいなばのかみ
生没年不詳　戦国時代の上野国衆。
¶後北（因幡守〔毛呂〕　いなばのかみ）

師岡秀門　もろおかひでかど
安土桃山時代の滝山城主北条氏照の家臣。山城守。秀光の一族の将景の嫡男。
¶後北（秀門〔師岡〕　ひでかど）

師岡秀光*　もろおかひでみつ
生没年不詳　戦国時代の北条氏照の臣。
¶後北（秀光〔師岡〕　ひでみつ）

諸岡孫左衛門守時　もろおかまござえもんもりとき
江戸時代前期の人。鍋島直茂の家臣鍋島新左衛門種巻の三男。
¶大坂（[没]寛永2年10月1日/寛永9年7月27日/？　年6月27日）

師岡正胤*　もろおかまさたね
文政12（1829）年～明治32（1899）年1月23日　江戸時代末期～明治時代の国学者。足利三代木像梟首事件を起こす。維新後、京都松尾神社大宮司となる。
¶幕末（[生]文政12（1829）年11月）

諸県牛諸井　もろがたのうしもろい
⇒諸県君牛諸井（もろがたのきみうしもろい）

諸県君牛諸井*　もろがたのきみうしもろい
[別]諸県牛諸井（もろがたのうしもろい）　上代の豪族。
¶古代

諸葛琴台*　もろくずきんだい
寛延1（1748）年～文化10（1813）年　江戸時代後期の儒学者。
¶コン（[生]延享4（1747）年）

諸葛信澄*　もろくずのぶずみ
嘉永2（1849）年～明治13（1880）年　江戸時代末期～明治時代の教育者、東京・大阪師範学校長。武芸をよくする。維新後は文部省に勤める。
¶幕末（[没]明治13（1880）年12月21日）

諸葛力斎*　もろくずりきさい
文政1（1818）年～慶応3（1867）年　江戸時代末期の絵師。
¶幕末（[没]慶応2（1867）年11月28日）

諸九尼　もろくに
⇒諸九尼（しょきゅうに）

唐土　もろこし
江戸時代中期の女性。俳諧。島原の遊女か。元禄15年刊、太田白雪編『三河小町』下に載る。
¶江表（唐土（京都府））

諸沢信隆　もろさわのぶたか
戦国時代の武田氏の家臣、望月氏の被官であろう。
¶武田（生没年不詳）

毛呂季綱*　もろすえつな
生没年不詳　鎌倉時代前期の武将。
¶古人

毛呂季光*　もろすえみつ
生没年不詳　鎌倉時代前期の武将。
¶古人

両角源丞　もろずみげんのじょう
戦国時代の信濃国諏訪郡の土豪。諏方氏の重臣千

野氏の同心衆。
¶武田（生没年不詳）

両角作内　もろずみさない
戦国時代の信濃国諏訪郡の土豪。諏方氏の重臣千野氏の同心衆。
¶武田（生没年不詳）

室住但馬守　もろずみたじまのかみ
安土桃山時代の信濃国諏訪郡の土豪。
¶武田（[生]？　[没]永禄6（1563）年？）

両角筑後守　もろずみちくごのかみ
戦国時代の信濃国諏訪郡の土豪。
¶武田（生没年不詳）

両角藤六　もろずみとうろく
戦国時代の信濃国諏訪郡の土豪。諏方氏の重臣千野氏の同心衆。
¶武田（生没年不詳）

両角虎城　もろずみとらき
戦国時代の武田氏の家臣。
¶武田（生没年不詳）

両角虎定*　もろずみとらさだ
？～永禄4（1561）年　[別]両角虎光（もろずみとらみつ）　戦国時代の武将。武田氏家臣。
¶戦武（両角虎光　もろずみとらみつ），武田（両角（室住）虎光　もろずみとらみつ　[没]永禄4（1561）年9月10日）

両角虎登*　もろずみとらなり
生没年不詳　戦国時代の甲斐武田晴信の家臣。
¶武田

両角虎光　もろずみとらみつ
⇒両角虎定（もろずみとらさだ）

両角晴助　もろずみはるすけ
戦国時代の信濃国諏訪郡の土豪。諏方氏の重臣千野氏の同心衆。
¶武田（生没年不詳）

両角孫左衛門尉　もろずみまござえもんのじょう
安土桃山時代の信濃国諏訪郡の土豪。
¶武田（生没年不詳）

両角昌守*　もろずみまさもり
生没年不詳　戦国時代の甲斐武田晴信の家臣。
¶武田

両角又左衛門尉　もろずみまたざえもんのじょう
戦国時代の信濃国諏訪郡の土豪。諏方氏の重臣千野氏の同心衆。
¶武田（生没年不詳）

室住与七郎　もろずみよしちろう
戦国時代の信濃国諏訪郡の土豪。室住但馬守の養子。
¶武田（生没年不詳）

両瀬重衛門　もろせじゅうえもん
安土桃山時代の信濃国筑摩郡会田の土豪。
¶武田（生没年不詳）

両瀬清左衛門　もろせせいざえもん
安土桃山時代の信濃国筑摩郡会田の土豪。
¶武田（生没年不詳）

諸田雅楽助　もろたうたのすけ
安土桃山時代の北条氏邦家臣新木河内守の同心。
¶後北（雅楽助〔諸田〕　うたのすけ）

諸田采女　もろたうねめ
安土桃山時代の鉢形城主北条氏邦家臣新木河内守の同心。雅楽助の一族。
¶後北（采女〔諸田〕　うねめ）

諸嶽奕堂*　もろたけえきどう
文化2（1805）年～明治12（1879）年　[別]栴崖奕堂，旃崖奕堂（せんがいえきどう）　江戸時代末期～明治時代の曹洞宗僧侶、大宅寺住持、総持寺独住1世。永平寺、総持寺の抗争に際し、盟約締結に尽力。
¶コン

師成親王*　もろなりしんのう
正平16/康安1（1361）年～？　南北朝時代の皇族。後村上天皇皇子。
¶内乱（[没]享徳1（1452）年？）

師信　もろのぶ
⇒菱川師信（ひしかわもろのぶ）

師宣　もろのぶ
⇒菱川師宣（ひしかわもろのぶ）

諸星忠次　もろぼしただつぐ
江戸時代前期の代官。
¶徳代（[生]？　[没]寛永6（1629）年）

諸星忠直　もろぼしただなお
寛永3（1626）年～宝永6（1709）年　江戸時代前期～中期の幕臣。
¶徳人，徳代（[没]宝永6（1709）年12月23日）

諸星同政　もろぼしともまさ
江戸時代前期～中期の代官。
¶徳代（[生]慶安4（1651）年　[没]享保6（1721）年）

諸星政次　もろぼしまさつぐ
安土桃山時代の代官。
¶徳代（生没年不詳）

諸星政照　もろぼしまさてる
江戸時代中期の代官。
¶徳代（[生]？　[没]元禄6（1693）年6月4日）

諸星政長　もろぼしまさなが
江戸時代前期の代官。
¶徳代（[生]？　[没]寛文10（1670）年8月27日）

諸星盛明　もろぼしもりあきら
江戸時代前期～中期の幕臣。
¶徳人（[生]1663年　[没]1725年）

諸星盛次　もろぼしもりつぐ
安土桃山時代～江戸時代前期の代官。
¶徳代（生没年不詳）

諸星盛長　もろぼしもりなが
江戸時代前期の代官。
¶徳代（[生]？　[没]承応2（1653）年）

諸星盛政　もろぼしもりまさ
？～寛永16（1639）年　江戸時代前期の幕臣。
¶徳人，徳代（[没]寛永16（1639）年11月9日）

諸山石見守　もろやまいわみのかみ
戦国時代の武田氏の家臣。
¶武田（生没年不詳）

諸山秀盛　もろやまひでもり
戦国時代の佐久郡国衆・大井貞清の家臣。三河守。

¶武田（生没年不詳）

もん(1)
江戸時代後期の女性。書簡。町医者森岱庵の娘。
¶江表（もん（東京都）） ㉓文化6（1809）年

もん(2)
江戸時代末期の女性。俳諧。柴田郡大河原の出身。
慶応1年刊、皐月庵満止編『奥羽記行録』に載る。
¶江表（もん（宮城県））

門 もん＊
江戸時代後期の女性。教育。柳沢柳吉の妻。
¶江表（門（東京都）） ㉕嘉永2（1849）年頃

門雅 もんが＊
江戸時代中期の女性。生花。田辺氏。安永3年刊、
是心庵一露ほか序『甲陽生花百瓶図』にのる。
¶江表（門雅（山梨県））

文覚＊ **もんがく**
保延5（1139）年～建仁3（1203）年 ㉟遠藤盛遠（え
んどうもりとお），藤原忠常（ふじわらのただつね）
平安時代末期～鎌倉時代前期の真言宗の僧。
¶古人（生没年不詳），コン（生没年不詳），中世，内乱，平
家，山小（㉓1203年7月21日）

文観＊ **もんかん**
弘安1（1278）年～正平12/延文2（1357）年10月9日
㉟弘真（こうしん），文觀（ぶんかん） 鎌倉時代後
期～南北朝時代の真言宗の僧，律僧。立川流の大
成者。
¶コン，中世，内乱，室町

文閑＊ **もんかん**
生没年不詳 戦国時代の時宗の僧・連歌作者。
¶俳文

文慶 もんきょう
康保3（966）年～永承1（1046）年 ㉟文慶（もんけ
い） 平安時代中期の天台宗の僧。園城寺20・22・
24世。
¶古人（もんけい ㉕967年）

文慶 もんけい
⇒文慶（もんきょう）

文賈古子＊ **もんけこし**
飛鳥時代の百済の寺工。
¶古代

文亨 もんこう
⇒文亨女王（ぶんこうじょおう）

文豪＊ **もんごう**
？～治暦2（1066）年5月5日 平安時代中期の僧。
¶古人

文亨尼 もんこうに
⇒文亨女王（ぶんこうじょおう）

文次 もんじ
⇒中村喜代三郎〔1代〕（なかむらきよさぶろう）

門瑟＊ **もんしつ**
？～寛政2（1790）年2月11日 江戸時代中期～後期
の俳人。
¶俳文

聞寂＊ **もんじゃく**
平安時代前期の大安寺の僧。
¶古人（生没年不詳），古代

文守 もんじゅ
⇒一糸文守（いっしぶんしゅ）

文珠九助＊（文殊九助） **もんじゅくすけ**
享保10（1725）年～天明8（1788）年 江戸時代中期
の刃物鍛冶屋の7代。山城伏見町民一揆の指導者の
一人。
¶江人，コン

紋女 もんじょ＊
江戸時代の女性。狂歌。豊後日田の人。
¶江表（紋女（大分県））

聞証＊ **もんしょう**
寛永11（1634）年～元禄1（1688）年 ㊙誠観（せい
かん），聞証（ぶんしょう），良光（りょうこう）
江戸時代前期の浄土宗の学僧。
¶コン（㉕寛永12（1635）年）

門田杉東＊ **もんでんさんとう**
天保2（1831）年～大正4（1915）年 江戸時代末期
～明治時代の儒学者。藩校誠之館の文学教授。福山
藩少属，沼名前神社，吉備津神社禰宜を歴任。
¶幕末（㉓大正4（1915）年9月20日）

門田樸斎＊（門田朴斎） **もんでんぼくさい**
寛政9（1797）年～明治6（1873）年 江戸時代後期
～明治時代の儒者。
¶コン，幕末（門田朴斎） ㉕寛政9（1797）年2月18日 ㉓
明治6（1873）年1月11日）

文徳天皇＊ **もんとくてんのう**
天長4（827）年～天安2（858）年 ㊙田邑天皇（たむ
らてんのう），田邑帝（たむらのみかど），道康親王
（みちやすしんのう） 平安時代前期の第55代の天
皇（在位850～858）。仁明天皇の子。
¶古人，古代，コン，天皇（㊕天長4（827）年8月 ㉓天安2
（858）年8月27日），山小（㊕827年8月 ㉓858年8月27
日）

主水正正清＊ **もんどのしょうまさきよ**
寛文10（1670）年～享保15（1730）年 ㊙正清（まさ
きよ） 江戸時代中期の薩摩の刀工。
¶美工（㉓享保15（1730）年6月6日）

門奈三衛門(1) **もんなさんえもん**
江戸時代後期～末期の水戸藩士。直方の子。名は
直忠。
¶幕末（㊕天保12（1841）年 ㉓慶応1（1865）年4月5日）

門奈三衛門＊(2) **もんなさんえもん**
？～慶応1（1865）年 江戸時代末期の水戸藩士。
¶幕末（㉓慶応1（1865）年5月12日）

門奈直重 もんななおしげ
江戸時代前期～中期の幕臣。
¶徳人（㊕1647年 ㉓1724年）

門奈宗勝 もんなむねかつ
戦国時代～江戸時代前期の駿府町奉行，駿府代官。
¶徳代（㊕弘治1（1555）年 ㉓寛永11（1634）年9月10日）

文雄＊ **もんのう**
元禄13（1700）年～宝暦13（1763）年 ㊙文雄（ぶん
ゆう），無相（むそう），無相子（むそうし） 江戸
時代中期の音韻学者。
¶科学（㉓宝暦13（1763）年9月22日），コン（ぶんゆう），
思想

門馬経貞＊ **もんまつねさだ**
天保11（1840）年～明治38（1905）年 江戸時代末

期～明治時代の磐城相馬藩士。戊辰戦争では旗本幕軍として参加。
¶幕末（㊤天保11（1840）年8月16日　㊥明治38（1905）年6月7日）

文武天皇*　もんむてんのう
天武天皇12（683）年～慶雲4（707）年6月15日　㊀軽皇子（かるのおうじ，かるのみこ），道康親王（みちやすしんのう）　飛鳥時代の第42代の天皇（在位697～707）。草壁皇子の子。聖武天皇の父。
¶古人，古代，古物，コン（㊤天武12（683）年），詩作，天皇（㊤天武12（683）年），山小（㊥707年6月15日）

【や】

や

野井女　やいじょ★
江戸時代中期の女性。俳諧。尾張の人。元禄14年刊、巨霊堂東鷲編『乙矢集』に載る。
¶江表（野井女（愛知県））

やう
江戸時代後期の女性。教育。福井氏。
¶江表（やう（東京都）　㊤天保6（1835）年頃）

夜雨庵（1）　やうあん
⇒市川団十郎〔4代〕（いちかわだんじゅうろう）

夜雨庵（2）　やうあん
⇒市川団十郎〔7代〕（いちかわだんじゅうろう）

夜雨庵（3）　やうあん
⇒市川団十郎〔8代〕（いちかわだんじゅうろう）

やえ
江戸時代末期～明治時代の女性。教育。石井氏。
¶江表（やえ（神奈川県）　㊥明治23（1890）年）

やゑ
江戸時代後期の女性。教育。岩田氏。
¶江表（やゑ（東京都）　㊤文政7（1824）年頃）

八重（1）　やえ★
江戸時代の女性。教育。松野氏。私塾を経営。
¶江表（八重（栃木県））

八重（2）　やえ★
江戸時代中期の女性。俳諧。相模厚木の人。安永8年、杲道玄明序「桜覧記（仮題）」に載る。
¶江表（八重（神奈川県））

八重（3）　やえ★
江戸時代中期の女性。俳諧。加賀小松の人。宝暦10年刊、ノ乀庵麻父編『歳旦』に載る。
¶江表（八重（石川県））

八重（4）　やえ★
江戸時代後期の女性。俳諧。森田元夢の娘。文化9年刊、今日庵一峨編『何袋』に載る。
¶江表（八重（東京都））

八重（5）　やえ★
江戸時代後期の女性。俳諧。村山の人。文化2年刊、平橋庵敲氷編、堀内引蝶追善集『蝶の夢集』に載る。
¶江表（八重（山梨県））

八重（6）　やえ★
江戸時代後期の女性。和歌。国学者海野忠貞の妹。弘化2年刊、加納諸平編『類題鰒玉集』五に載る。
¶江表（八重（大阪府））

八重（7）　やえ★
江戸時代末期の女性。和歌。淡路の武田氏。文久2年刊、武田信起編『類題真清水和歌集』に載る。
¶江表（八重（兵庫県））

弥重　やえ★
江戸時代後期の女性。和歌。早川有尚の娘。文化11年刊、中山忠雄・河田正致編『柿本社奉納和歌集』に載る。
¶江表（弥重（東京都））

八重垣歌国　やえがきうたくに
⇒浜松歌国（はままつうたくに）

八重垣姫*　やえがきひめ
浄瑠璃の登場人物。
¶コン

八重霧　やえぎり★
江戸時代中期の女性。俳諧。長崎の遊女。元禄7年刊、蕉門の和田泥足編『其便』に載る。
¶江表（八重霧（長崎県））

八枝子　やえこ★
江戸時代の女性。和歌。越前大野の岡部氏。明治13年刊、佐々木弘綱編『明治開化和歌集』に載る。
¶江表（八枝子（福井県））

八重子（1）　やえこ★
江戸時代中期～明治時代の女性。和歌。播磨岩見構の大庄屋土井経富の娘。
¶江表（八重子（兵庫県）　㊤天明7（1787）年　㊥明治17（1884）年）

八重子（2）　やえこ★
江戸時代後期の女性。和歌。幕臣、小普請蒿科彦太郎の妹。文化5年頃、真田幸弘編「御ことほきの記」に載る。
¶江表（八重子（東京都））

八重子（3）　やえこ★
江戸時代後期の女性。和歌。近江大溝藩主分部光実の娘。文化5年頃、真田幸弘編「御ことほきの記」に載る。
¶江表（八重子（東京都））

八重子（4）　やえこ★
江戸時代後期の女性。和歌。徳川家の奥女中。文化11年刊、中山忠雄・河田正致編『柿本社奉納和歌集』に載る。
¶江表（八重子（東京都））

八重子（5）　やえこ★
江戸時代後期の女性。和歌。幕臣、寄合席米倉大内蔵昌俔の妻。文政6年、一条忠良著「雅楽頭豊原統秋三百年遠忌和歌扣」に載る。
¶江表（八重子（東京都））

八重子（6）　やえこ★
江戸時代後期の女性。和歌。早川友昌の娘。文政7年頃の「玉露童女追悼集」に載る。
¶江表（八重子（東京都））

八重子（7）　やえこ★
江戸時代後期の女性。和歌。播磨赤穂藩藩士森采女可紀の妻。天保9年刊、海野遊翁編『現存歌選』二に載る。
¶江表（八重子（兵庫県））

八重子(8)　やえこ*
江戸時代後期の女性。和歌。紀州藩主徳川治宝の側医本多玄達と以久子の息子玄広の妻。文化5年頃、真田幸弘編「御ことほきの記」に載る。
¶江表(八重子(和歌山県))

八重子(9)　やえこ*
江戸時代後期の女性。和歌。紀州藩藩士向笠藤左衛門の妻。嘉永4年刊、堀尾光久編『近世名所歌集』初に載る。
¶江表(八重子(和歌山県))

八重子(10)　やえこ*
江戸時代後期の女性。和歌。筑前芦屋の歌人桑原久子の孫。嘉永6年の「重浪集」に載る。
¶江表(八重子(福岡県))

八重子(11)　やえこ*
江戸時代後期の女性。和歌。豊前企救郡足立村の宝寿坊宝鈴院の娘。「岡県集」に載る。
¶江表(八重子(福岡県))

八重子(12)　やえこ*
江戸時代末期の女性。和歌。忍藩藩士中村鎌蔵の妻。安政6年刊、黒沢翁満編『類題採風集』二に載る。
¶江表(八重子(埼玉県))

八重子(13)　やえこ*
江戸時代末期の女性。和歌。小沢氏。「平田先生授業門人姓名録」に「竹村多勢紹介 慶応4年二月入門」とある。
¶江表(八重子(長野県))

八重子(14)　やえこ*
江戸時代末期の女性。和歌。川村氏。元治2年序、佐々木弘綱編『類題千船集』三・上に載る。
¶江表(八重子(三重県))

八重子(15)　やえこ*
江戸時代末期の女性。和歌。出雲杵築の出雲国造千家家上官の島重老の姉。重老は安政6年跋、淡路の高階惟昌編『国学人物志』初に名が載る。
¶江表(八重子(島根県))

八重子(16)　やえこ*
江戸時代末期の女性。和歌。出雲松江藩藩士小田切佐富の妻。慶応2年序、村上忠順編『元治元年千首』に載る。
¶江表(八重子(島根県))

八重子(17)　やえこ*
江戸時代末期の女性。和歌。安芸の末田氏。安政5年序、中山琴主著『八雲琴譜』に載る。
¶江表(八重子(広島県))

八重子(18)　やえこ*
江戸時代末期の女性。和歌。加藤氏。安政5年序、中山琴主著『八雲琴譜』に載る。
¶江表(八重子(愛媛県))

八重崎　やえざき*
江戸時代後期の女性。和歌。小諸藩主牧野康隆の老女か。寛政7年、加藤景範に入門。
¶江表(八重崎(長野県))

八重崎検校*　やえざきけんぎょう
*～嘉永1(1848)年　江戸時代後期の箏曲家。三味線と箏の合奏法に功績。
¶江人([生]1776年？　[没]1848年),コン([生]？)

八重崎屋源六*　やえざきやげんろく
？～寛延2(1749)年　江戸時代中期の商人。富山売薬行商の始祖。
¶江人(生没年不詳),コン

八重女(1)　やえじょ*
江戸時代中期の女性。和歌。旗本跡部良顕の嫡子良敬の妻、あるいは娘か。享保4年序、井上通「秋のともし火」に載る。
¶江表(八重女(東京都))

八重女(2)　やえじょ*
江戸時代中期の女性。和歌。今治の人。「新玉津嶋奉納和歌二十首」に載る。
¶江表(八重女(愛媛県))

八重女(3)　やえじょ*
江戸時代後期の女性。俳諧。金成の坂本屋の人。嘉永6年序、花屋庵鼎左・五梅庵舎用編『俳諧海内人名録』に載る。
¶江表(八重女(宮城県))

八重女(4)　やえじょ*
江戸時代後期の女性。俳諧。寒河江の人。天保15年、寒河江八幡宮に奉納された俳額に載る。
¶江表(八重女(山形県))

八重女(5)　やえじょ*
江戸時代後期の女性。俳諧。松本氏。文政8年生まれの鈴木月彦門。
¶江表(八重女(東京都))

八重女(6)　やえじょ*
江戸時代後期の女性。画。柳烏氏。「太夫立姿図」は歌川派系で江戸後期の作品とされる。
¶江表(八重女(東京都))

八重女(7)　やえじょ*
江戸時代後期の女性。俳諧。富山の人。文政2年刊、荻田一蓬編『葛の実』に載る。
¶江表(八重女(富山県))

八重女(8)　やえじょ*
江戸時代後期の女性。和歌。寛政8年、土佐藩藩士谷真潮70歳の祝いの「浩海歌」に載る。
¶江表(八重女(高知県))

八重女(9)　やえじょ*
江戸時代末期の女性。和歌。三河岡崎藩藩士楠田郷右衛門好文の母。慶応2年刊、竹尾正久編『類題三河歌集』に載る。
¶江表(八重女(愛知県))

野衛女　やえじょ*
江戸時代中期の女性。俳諧。尾張の人。元禄11年刊、小林松星撰『記念題』に載る。
¶江表(野衛女(愛知県))

八重野　やえの*
江戸時代後期の女性。和歌。高取藩主植村家長家の奥女中。文政7年頃、池田冠山の仕立てた巻物「玉露童女追悼集」に入集。
¶江表(八重野(奈良県))

八重宮　やえのみや
⇒理昌女王(りしょうじょおう)

八重の家菊枝*　やえのやきくえ
文政7(1824)年～明治19(1886)年　[別]筑波庵〔2代〕(つくばあん),筑波庵繁樹(つくばあんしげき)　江戸時代末期～明治時代の狂歌師。

¶コン

八重姫*　やえひめ
元禄2(1689)年〜延享3(1746)年6月17日　[別]随性院(ずいしょういん)　江戸時代中期の女性。徳川綱吉の養女。
¶女史, 徳将(随性院　ずいしょういん　[生]1690年)

八重め　やえめ★
江戸時代後期の女性。俳諧。文政11年成立、常陸帆津倉の河野涼谷編『俳諧もゝ鼓』五に載る。
¶江表(八重め(茨城県))

八重森家昌　やえもりいえまさ
戦国時代〜安土桃山時代の武田氏の家臣。
¶武田(生没年不詳)

八重森源七郎　やえもりげんしちろう
安土桃山時代の武田氏の家臣。
¶武田(生没年不詳)

弥右衛門(1)　やえもん
戦国時代の甲斐国志摩庄千塚郷の大工職人。
¶武田(生没年不詳)

や

弥右衛門(2)　やえもん
安土桃山時代の信濃国筑摩郡明科の土豪。塔原海野氏の被官とみられる。
¶武田(生没年不詳)

夜燕　やえん
江戸時代中期の女性。和歌・俳諧・画。摂津中之城の吉田氏の娘。
¶江表(夜燕(大阪府)　[没]天明2(1782)年)

屋越　やお
江戸時代中期の女性。和歌。大村藩の奥女中。安永3年の「田村村隆母公六十賀祝賀歌集」に載る。
¶江表(屋越(長崎県))

屋尾　やお★
江戸時代中期の女性。和歌。岡部藩家老倉光義方の妻。延享3年成立、「六十賀和歌一軸写」に載る。
¶江表(屋尾(東京都))

八百(1)　やお
江戸時代中期の女性。俳諧。相模伊勢原の加藤氏。安永8年、杲道玄明序「桜覧記(仮題)」に載る。
¶江表(八百(神奈川県))

八百(2)　やお★
江戸時代後期の女性。画。尾張名古屋の沼波周達の娘。
¶江表(八百(愛知県))

八百(3)　やお★
江戸時代後期の女性。和歌。長門長州藩の奥女中。文化11年刊、中山忠雄・河田正致編『柿本社奉納和歌集』に載る。
¶江表(八百(山口県))

八百・やを
江戸時代中期の女性。和歌。松代藩主真田幸弘の側室か。安永8年頃、幸弘自身が編んだ四〇賀集「にひつゑ」下に載る。
¶江表(八百・やを(長野県))

矢尾喜兵衛〔1代〕*　やおきへえ
*〜天明4(1784)年　江戸時代中期の近江商人。質屋も兼業。
¶コン(代数なし　[生]宝永6(1709)年　[没]天明2(1782)年)

八百子(1)　やおこ★
江戸時代後期の女性。和歌。江戸城本丸の上臈。寛政10年跋、信濃松代藩主真田幸弘の六〇賀集「千とせの寿詞」に載る。
¶江表(八百子(東京都))

八百子(2)　やおこ★
江戸時代後期の女性。和歌。高崎の長坂氏。天保9年序、橘守部編『下蔭集』に載る。
¶江表(八百子(群馬県))

八百子(3)　やおこ★
江戸時代後期の女性。和歌。河内丹南藩9代藩主高木正直の娘。
¶江表(八百子(大阪府)　[没]天保6(1835)年)

八百子(4)　やおこ★
江戸時代後期〜末期の女性。俳諧・和歌・書。嵐山に生まれる。
¶江表(八百子(京都府)　[生]文化13(1816)年　[没]文久1(1861)年)

八を女　やおじょ★
江戸時代の女性。散文・和歌。秋田藩御用達津村淙庵編「片玉集」前集巻六六下に「松月」が載る。
¶江表(八を女(東京都))

八百女(1)　やおじょ★
江戸時代後期の女性。俳諧。平清水の平泉寺大日堂に天保15年に掲げられた奉納俳諧絵馬に載る。
¶江表(八百女(山形県))

八百女(2)　やおじょ★
江戸時代後期の女性。俳諧。松山藩藩士阿倍専右衛門正通の娘。
¶江表(八百女(山形県))

八百女(3)　やおじょ★
江戸時代後期の女性。俳諧。常陸水戸の人。寛政5年刊、子日庵一草編『潮来集』に載る。
¶江表(八百女(茨城県))

八百屋お七*　やおやおしち
*〜天和3(1683)年3月29日　江戸時代前期〜中期の女性。江戸本郷の八百屋の娘。放火の罪で火刑。
¶浮絵([生]寛文6(1666)年), 江人(生没年不詳), コン([生]寛文8(1668)年), 女史([生]1666年？　[没]1683年？), 山小([生]1666年　[没]1683年3月29日)

八百代　やおよ★
江戸時代末期〜明治時代の女性。和歌。杉浦大輔の母。
¶江表(八百代(山梨県)　[没]明治11(1878)年)

野鶴　やかく
⇒幸塚野鶴(こうづかやかく)

宅子　やかこ
⇒宅子娘(やかこのいらつめ)

宅子娘*　やかこのいらつめ
生没年不詳　[別]伊賀采女宅子(いがのうねめのやかつこ), 伊賀采女宅子娘(いがのうねめやかこのいらつめ), 伊賀宅子娘(いがのやかこのいらつめ, いがのやかごのいらつめ), 宅子(やかこ)　飛鳥時代の女性。大友皇子の母。
¶古代, 古物(伊賀采女宅子　いがのうねめのやかつこ), コン(伊賀宅子娘　いがのやかこのいらつめ), 天皇(伊賀采女宅子娘　いがのうねめやかこのいらつめ)

矢金繁三　やがねしげぞう
⇒矢金繁三（やがねはんぞう）

矢金繁三*　やがねはんぞう
[別]矢金繁三（やがねしげぞう）　江戸時代末期の新撰組隊士。
¶新隊（やがねしげぞう　生没年不詳）

宅媛　やかひめ
⇒物部宅媛（もののべのやかひめ）

宅部皇子　やかべのおうじ
⇒宅部皇子（やかべのみこ）

宅部皇子*　やかべのみこ
？～587年　[別]宅部皇子（やかべのおうじ）　飛鳥時代の皇族。
¶古人（やかべのおうじ），古代，古物

八上王　やがみおう
奈良時代の官人。
¶古人（生没年不詳）

八上女王　やがみのじょおう
⇒八上女王（やがみのひめみこ）

八上女王*　やがみのひめみこ
[別]八上女王（やがみのじょおう）　奈良時代の王女。
¶古代

家持　やかもち
⇒大伴家持（おおとものやかもち）

八木雕*　やぎあきら
文政11（1828）年～明治43（1910）年　[別]八木銀次郎（やぎぎんじろう）　江戸時代末期～明治時代の犬山藩士。
¶幕末（[没]明治43（1910）年4月30日）

八木和泉守*　やぎいずみのかみ
生没年不詳　安土桃山時代の北条氏の家臣。
¶後北（和泉守〔八木（1）〕　いずみのかみ）

八木奇峯*（八木奇峰）　やぎきほう
江戸時代末期～明治時代の画家。
¶美画（八木奇峰　[生]文化3（1806）年　[没]明治9（1876）年9月28日）

八木芹舎　やぎきんしゃ
⇒花の本芹舎（はなのもときんしゃ）

八木銀次郎　やぎぎんじろう
⇒八木雕（やぎあきら）

八木源左衛門*　やぎげんざえもん
文政1（1818）年～明治4（1871）年　江戸時代末期～明治時代の尊攘派志士。家老森主税、側用人村上真輔を殺害、のちに真輔の遺族の仇討ちにあい、斬殺された。
¶幕末（[没]明治4（1871）年2月29日）

八木源四郎　やぎげんしろう
安土桃山時代の武蔵国鉢形城主北条氏邦家臣長谷部兵庫助の同心。
¶後北（源四郎〔八木（3）〕　げんしろう）

八木源之丞　やぎげんのじょう
江戸時代後期～明治時代の人。新撰組の後援者。
¶全幕（[生]文化11（1814）年　[没]明治36（1903）年）

八木重糸　やぎしげいと
江戸時代前期の代官。
¶徳代（[生]？　[没]寛文9（1669）年）

八木茂時　やぎしげとき
江戸時代前期～中期の武士、勘定吟味役。
¶徳代（[生]天和1（1681）年　[没]明和6（1769）年10月20日）

八木重朋　やぎしげとも
江戸時代前期の代官。
¶徳代（[生]？　[没]寛永20（1643）年）

柳下安太郎*　やぎしたやすたろう
嘉永5（1852）年～明治36（1903）年　江戸時代末期～明治時代の志士。北陸道鎮撫使の嚮導を命じられる。
¶幕末（[没]明治36（1903）年4月）

柳下若狭守　やぎしたわかさのかみ
江戸時代前期の武蔵国小机城主北条氏光の家臣。
¶後北（若狭守〔柳下〕　わかさのかみ　[没]慶長16年5月20日）

八木称平*　やぎしょうへい
天保4（1833）年～慶応1（1865）年　江戸時代末期の薩摩藩士、蘭学者。
¶科学（[没]慶応1（1865）年8月19日），幕末（[没]慶応1（1865）年8月19日）

八木甚七郎　やぎじんしちろう
安土桃山時代の武蔵国鉢形城主北条氏邦の家臣。
¶後北（甚七郎〔八木（2）〕　じんしちろう）

八木甚兵衛　やぎじんべえ
江戸時代末期の大工。
¶美建（生没年不詳）

八木成太郎　やぎせいたろう
⇒渋谷伊予作（しぶやいよさく）

八木巽処*（八木巽所）　やぎそんしょ
明和8（1771）年～天保7（1836）年　江戸時代後期の儒者、書画家。
¶美画（[没]天保7（1836）年7月8日）

八木質*　やぎただす
生没年不詳　江戸時代後期の和算家。
¶数学

野橘*　やきつ
生没年不詳　江戸時代中期の医者・俳人。備後国府中の木村氏、のち福山の馬屋原氏の養子となる。
¶俳文（[生]？　[没]？　年12月18日）

八木朋直*　やぎともなお
天保12（1841）年～昭和4（1929）年　江戸時代末期～明治時代の米沢藩士、越後府仕官、新潟市長。第四国立銀行を創立、頭取となる。
¶幕末（[没]昭和4（1929）年6月7日）

八木豊信*　やぎとよのぶ
生没年不詳　安土桃山時代の地方豪族・土豪。
¶織田，全戦

八木長信　やぎながのぶ
江戸時代中期の代官。
¶徳代（[生]？　[没]元禄12（1699）年）

柳沼恒五郎*　やぎぬまつねごろう
天保6（1835）年～大正2（1913）年　江戸時代末期～明治時代の実業家。正製組を興し、製糸の改良に尽くした。
¶幕末（[生]天保6（1835）年1月28日　[没]大正2（1913）年1月15日）

八木大庭麿　やぎのおおばまろ
⇒八木造大庭麿(やぎのみやつこおおばまろ)

八木造大庭麿*　やぎのみやつこおおばまろ
[別]八木大庭麿(やぎのおおばまろ)　平安時代前期の戸主。
¶古代

八木八兵衛　やぎはちべえ
⇒武林八郎(たけばやしはちろう)

八木春和　やぎはるわ
江戸時代前期～中期の幕臣、勘定。
¶徳代([生]寛文7(1667)年　[没]享保6(1721)年11月16日)

八木彦三郎　やぎひこさぶろう
⇒宮地彦三郎(みやぢひこさぶろう)

八木房信　やぎふさのぶ
江戸時代中期～後期の和算家。
¶数学

八木正重　やぎまさしげ
安土桃山時代～江戸時代前期の代官。
¶徳代(生没年不詳)

八木雅光　やぎまさみつ
平安時代中期の官人。
¶古人(生没年不詳)

八木宗通の妻　やぎむねみちのつま★
江戸時代後期の女性。俳諧。和泉今井の人。天保3年刊、守村鶯卿編『女百人一句』に載る。
¶江表(八木宗通の妻(大阪府))

八木紋次郎*　やぎもんじろう
？～万延1(1860)年　江戸時代末期の人。成田山本堂を建立。
¶幕末([没]万延1(1860)年9月19日)

柳生久包　やぎゅうきゅうほう
江戸時代末期の幕臣。
¶徳人([生]？　[没]1856年)

柳生十兵衛　やぎゅうじゅうべえ
⇒柳生三厳(やぎゅうみつよし)

柳生石舟斎　やぎゅうせきしゅうさい
⇒柳生宗厳(やぎゅうむねよし)

柳生但馬守　やぎゅうたじまのかみ
⇒柳生宗矩(やぎゅうむねのり)

柳生厳包　やぎゅうとしかね
⇒柳生連也(やぎゅうれんや)

柳生利厳　やぎゅうとしとし
⇒柳生兵庫助(やぎゅうひょうごのすけ)

柳生久通*　やぎゅうひさみち
延享2(1745)年～文政11(1828)年8月24日　江戸時代中期～後期の幕臣。
¶徳将([生]？)，徳人

柳生兵庫助*　やぎゅうひょうごのすけ
天正7(1579)年～慶安3(1650)年　[別]柳生利厳(やぎゅうとしとし，やぎゅとしよし)　江戸時代前期の剣術家。尾張柳生氏の祖。
¶江人，コン(柳生利厳　やぎゅうとしとし)，戦武(柳生利厳　やぎゅとしよし)

柳生三厳　やぎゅうみつとし
⇒柳生三厳(やぎゅうみつよし)

柳生三厳*　やぎゅうみつよし
慶長12(1607)年～慶安3(1650)年　[別]柳生十兵衛(やぎゅうじゅうべえ)，柳生三厳(やぎゅうみつとし)　江戸時代前期の大名。大和柳生藩主。
¶江人，コン，徳将，徳人

柳生宗厳　やぎゅうむねとし
⇒柳生宗厳(やぎゅうむねよし)

柳生宗矩*　やぎゅうむねのり
元亀2(1571)年～正保3(1646)年　[別]柳生但馬守(やぎゅうたじまのかみ)　安土桃山時代～江戸時代前期の大名。大和柳生藩主。
¶江人，コン，全戦，戦武，徳将，徳人，山小([没]1646年3月26日)

柳生宗冬*　やぎゅうむねふゆ
慶長18(1613)年～延宝3(1675)年　江戸時代前期の大名、剣術家。大和柳生藩主。
¶江人，コン，徳人

柳生宗厳*(柳生宗嚴)　やぎゅうむねよし
享禄2(1529)年～慶長11(1606)年　[別]柳生石舟斎(やぎゅうせきしゅうさい)，柳生宗厳(やぎゅうむねとし)　戦国時代～安土桃山時代の剣術家。柳生家の太祖。
¶織田([生]大永7(1527)年　[没]慶長11(1606)年4月19日)，コン([生]大永7(1527)年)，全戦(柳生宗厳　[生]大永7(1527)年)，戦武([生]大永7(1527)年？)

柳生連也*(柳生蓮也)　やぎゅうれんや
寛永2(1625)年～元禄7(1694)年　[別]浦連也(うられんや)，柳生厳包(やぎゅうとしかね)，柳生連也斎(やぎゅうれんやさい)　江戸時代前期の尾張藩の剣術家。
¶江人，コン(柳生厳包　やぎゅうとしかね)

柳生連也斎　やぎゅうれんやさい
⇒柳生連也(やぎゅうれんや)

柳生利厳　やぎゅとしよし
⇒柳生兵庫助(やぎゅうひょうごのすけ)

八杏　やきょう
江戸時代後期の女性。俳諧。相模江の島の人。文政4年刊、遠藤雉啄編『葛三居士大禅忌追善集』に載る。
¶江表(八杏(神奈川県))

耶杏　やきょう★
江戸時代後期の女性。俳諧。石和の人。享和1年序、金丸潮平編、平橋庵敲氷追善集『暦の寸衛』に載る。
¶江表(耶杏(山梨県))

谷暁　やぎょう★
江戸時代中期の女性。俳諧。石和の人。安永10年刊、壺中軒調唯編、壺嘗軒調唯50回忌追善集『続やどり木』に載る。
¶江表(谷暁(山梨県))

八木要次郎*　やぎようじろう
嘉永3(1850)年～*　江戸時代末期の出流山義挙参加者。
¶幕末([生]嘉永2(1849)年　[没]慶応3(1867)年12月18日)

八木美穂*　やぎよしほ
寛政12(1800)年～安政1(1854)年　江戸時代末期の国学者。「万葉集略解補闕」の著者。

¶コン

夜琴　やきん★

江戸時代中期の女性。俳諧。元禄11年成立『元禄戊寅歳旦牒』に載る。

¶江表（夜琴（東京都））

施薬院全宗＊　**やくいんぜんそう**

大永6（1526）年～慶長4（1599）年12月10日　[別]施薬院全宗（せやくいんぜんそう），全宗（ぜんしゅう，ぜんそう），丹波全宗（たんばぜんそう），徳雲軒全宗（とくうんけんぜんそう）　戦国時代～安土桃山時代の医師。豊臣秀吉の侍医で、政治にも参画。

¶眼医（せやくいんぜんそう　[生]大永2（1522）年），コン（丹波全宗　たんばぜんそう），全戦

約翁徳倹＊（約翁徳検）　**やくおうとくけん**

寛元2（1245）年～元応2（1320）年　[別]徳倹（とくけん），仏灯大光国師（ぶっとうだいこうこくし），約翁徳倹（やくおうとっけん）　鎌倉時代後期の臨済宗の僧。中国五山の諸師に歴参。

¶コン（[生]寛元3（1245）年）

約翁徳倹　やくおうとっけん

⇒約翁徳倹（やくおうとくけん）

薬源＊　**やくげん**

生没年不詳　平安時代後期の天台僧。

¶古人

薬師寺種永＊　**やくしじたねなが**

生没年不詳　江戸時代前期の砲術家。自覚流砲術の創始者。

¶科学

薬師寺長忠＊　**やくしじながただ**

？～永正4（1507）年　戦国時代の武士。

¶室町

薬師寺元一＊　**やくしじもとかず**

？～永正1（1504）年　戦国時代の武将、細川政元の被官。

¶全戦

薬師寺元真＊　**やくしじもとざね**

江戸時代末期の幕臣。

¶徳将（生没年不詳），徳人（生没年不詳）

益性法親王　やくしょうほうしんのう

鎌倉時代後期～南北朝時代の亀山天皇の皇子。

¶天皇（生没年不詳）

益信＊　**やくしん**

天長4（827）年～延喜6（906）年3月7日　[別]本覚大師（ほんがくだいし）　平安時代前期～中期の真言宗の僧。広沢流の始祖。

¶古人，古代，コン

薬智＊　**やくち**

生没年不詳　平安時代後期の天台宗の僧。

¶コン

矢口王　やぐちおう

奈良時代の官人。藤原仲麻呂追討。正五位下。

¶古人（生没年不詳）

矢口健一郎＊（矢口鎌一郎）　**やぐちけんいちろう**

？～慶応3（1867）年4月29日　江戸時代後期～末期の新撰組隊士。

¶新隊（矢口鎌一郎）

矢口謙斎＊　**やぐちけんさい**

文化14（1817）年～明治12（1879）年　江戸時代末期の儒者。

¶幕末（[生]？　[没]明治12（1879）年6月12日）

八口朝臣音橿＊　**やくちのあそんおとかし**

[別]八口音橿（やくちのおとかし）　飛鳥時代の官人。

¶古代

八口采女鮪女＊　**やくちのうねめしびめ**

飛鳥時代の女孺。

¶古代，女史（生没年不詳）

八口音橿　やくちのおとかし

⇒八口朝臣音橿（やくちのあそんおとかし）

矢口剰積　やぐちのりかず

江戸時代後期～末期の和算家。常州桜川南矢作村の人。

¶数学（[生]寛政6（1794）年　[没]嘉永7（1854）年5月11日）

矢口来応＊　**やぐちらいおう**

天明2（1782）年～安政5（1858）年　江戸時代後期の心学者。

¶コン

薬仁＊　**やくにん**

？～貞観16（874）年　平安時代前期の薬師寺の僧。

¶古人，古代

薬丸半左衛門　やくまはんざえもん

⇒薬丸半左衛門（やくまるはんざえもん）

薬丸兼成　やくまるかねしげ

安土桃山時代の武将。

¶全戦（[生]？　[没]慶長8（1603）年）

薬丸兼武　やくまるかねたけ

江戸時代中期～後期の剣客。

¶全幕（[生]安永4（1775）年　[没]天保6（1835）年）

薬丸兼将　やくまるかねまさ

安土桃山時代の武将。

¶戦武（[生]？　[没]天正5（1577）年？）

薬丸半左衛門＊　**やくまるはんざえもん**

文化2（1805）年～明治11（1878）年　[別]薬丸半左衛門（やくまはんざえもん）　江戸時代末期～明治時代の薩摩藩士。

¶幕末（[生]文化2（1806）年12月25日　[没]明治11（1878）年12月1日）

野径＊　**やけい**

生没年不詳　江戸時代中期の俳人。

¶俳文

野慶女　やけいじょ★

江戸時代中期の女性。俳諧。尾張の人。元禄11年刊、小林松星撰『記念題』に載る。

¶江表（野慶女（愛知県））

夜気王　やけおう

飛鳥時代～奈良時代の官人。県犬養大侶の喪の宣詔使。

¶古人（生没年不詳）

野紅　やこう

⇒永野野紅（ながのやこう）

野紅の娘　やこうのむすめ★

江戸時代中期の女性。俳諧。豊後日田郡渡里村の

や

庄屋で俳人の長野野紅とりんの娘。享保13年序、朝日舎程十編『門司硯』に載る。
¶江表(野紅の娘(大分県))

陽侯王　やこおう
奈良時代の官人。
¶古人(生没年不詳)

陽侯忌寸人麻呂*　やこのいみきひとまろ
[別]陽侯人麻呂(やこのひとまろ)　奈良時代の官人。
¶古人(陽侯人麻呂　やこのひとまろ　生没年不詳),古代

陽侯忌寸令璆*　やこのいみきれいきゅう
[別]陽侯玲璆(やこのりょうぐ,やこのれいきゅう)　奈良時代の官人。
¶古人(陽侯玲璆　やこのりょうぐ　生没年不詳),古代

陽侯久爾曽　やこのくにそ
⇒陽侯史久爾曽(やこのふひとくにそ)

陽胡玉陳　やこのたまふる
⇒陽胡史玉陳(やこのふひとたまふる)

陽侯人麻呂　やこのひとまろ
⇒陽侯忌寸人麻呂(やこのいみきひとまろ)

陽侯史久爾曽*　やこのふひとくにそ
[別]陽侯久爾曽(やこのくにそ)　飛鳥時代の学者。
¶古代

陽胡史玉陳*　やこのふひとたまふる
[別]陽胡玉陳(やこのたまふる)　飛鳥時代の学者。
¶古代

陽胡史真身　やこのふひとまみ
⇒陽胡真身(やこのまみ)

陽侯史令珪*　やこのふひとれいけい
[別]陽侯令珪(やこのれいけい)　奈良時代の官人。
¶古代

陽侯史令珍*　やこのふひとれいちん
[別]陽侯令珎(やこのりょうちん),陽侯令珍(やこのれいちん)　奈良時代の官人。
¶古人(陽侯令珎　やこのりょうちん　生没年不詳),古代

陽胡真身*(陽古真身)　やこのまみ,やごのまみ
生没年不詳　[別]陽胡史真身(やこのふひとまみ),陽胡真身(やこのむざね)　奈良時代の官人、学者。大宝律令の修正に従事。
¶古人,古代(陽胡史真身　やこのふひとまみ),コン

陽胡真身　やこのむざね
⇒陽胡真身(やこのまみ)

陽侯玲璆　やこのりょうぐ
⇒陽侯忌寸令璆(やこのいみきれいきゅう)

陽侯令珎　やこのりょうちん
⇒陽侯史令珍(やこのふひとれいちん)

陽侯玲璆　やこのれいきゅう
⇒陽侯忌寸令璆(やこのいみきれいきゅう)

陽侯令珪　やこのれいけい
⇒陽侯史令珪(やこのふひとれいけい)

陽侯令珍　やこのれいちん
⇒陽侯史令珍(やこのふひとれいちん)

ヤコブ丹羽　やこぶにわ
⇒丹羽ジャコベ(にわじゃこべ)

やさ
江戸時代後期の女性。狂歌。大坂の人。文化5年序、片岡雪亭編『狂歌智音百人一首』に載る。
¶江表(やさ(大阪府))

弥左衛門*(1)　やざえもん
生没年不詳　戦国時代の畳刺の棟梁。
¶後北

弥左衛門(2)　やざえもん
安土桃山時代の信濃国筑摩郡会田の土豪。会田岩下氏の被官とみられる。
¶武田(生没年不詳)

弥左衛門(3)　やざえもん
安土桃山時代の信濃国筑摩郡野口の土豪。麻績氏の被官とみられる。
¶武田(生没年不詳)

八坂入彦命　やさかいりひこのみこと
⇒八坂入彦命(やさかのいりひこのみこと)

八坂入媛　やさかいりひめ
⇒八坂入媛(やさかのいりひめ)

八坂検校*　やさかけんぎょう
?～文保2(1318)年　[別]城玄(じょうげん)　鎌倉時代後期の平家琵琶演奏者。八坂流、城方流の祖。
¶コン(生没年不詳)

八坂入彦命*　やさかのいりひこのみこと
[別]八坂入彦命(やさかいりひこのみこと)　上代の崇神天皇の皇子。
¶古代,天皇(やさかいりひこのみこと　生没年不詳)

八坂入媛*　やさかのいりひめ,やさかのいりびめ
[別]八坂入媛(やさかいりひめ)　上代の女性。景行天皇の妃。
¶古代,コン,天皇(やさかのいりびめ)

矢崎房清　やざきふさきよ
戦国時代～安土桃山時代の信濃国諏訪郡の社家衆。諏方氏旧臣。
¶武田(生没年不詳)

やさ子　やさこ★
江戸時代後期の女性。和歌。紀州藩主徳川治宝の奥女中。文化5年頃、真田幸弘編「御ことほきの記」に載る。
¶江表(やさ子(和歌山県))

やさし
江戸時代中期の女性。俳諧。下総新掘の人。松風庵玉斧が、明和7年に編した『初霞』に載る。
¶江表(やさし(千葉県))

やさ女　やさじょ★
江戸時代後期の女性。和歌。永井家の奥女中。文化11年刊、中山忠雄・河田正致編『柿本社奉納和歌集』に載る。
¶江表(やさ女(東京都))

屋左女　やさじょ★
江戸時代後期の女性。画。中橋狩野家の出か。嘉永3年起筆、朝岡興禎編『古画備考』に載る。
¶江表(屋左女(東京都))

矢沢頼尭*　やざわよりたか
*～天保12(1841)年　江戸時代後期の信濃松代藩士。
¶コン([生]寛政9(1797)年)

矢沢頼綱* やざわよりつな
生没年不詳　安土桃山時代の武士。真田氏家臣。
¶全戦（㋐？　㋒慶長2（1597）年），武田（㋐永正15（1518）年？　㋒慶長2（1597）年5月7日）

矢沢頼幸 やざわよりゆき
*〜寛永3（1626）年　㋕矢沢頼貞（やざわよりさだ）　戦国時代〜江戸時代前期の真田氏の家臣。
¶全戦（矢沢頼貞　やざわよりさだ　㋐？），武田（㋐天文20（1551）年　㋒寛永3（1626）年3月21日）

野路 やじ*
江戸時代後期の女性。俳諧。越前福井の人。寛政13年刊，雨後庵帰一坊編，時雨庵祐阿三周忌追悼集『道の春集』に載る。
¶江表（野路（福井県））

弥次右衛門 やじえもん
安土桃山時代の信濃国筑摩郡光郷の土豪。塔原海野氏もしくは光海野氏の被官か。
¶武田（生没年不詳）

弥七 やしち
戦国時代の奈良の宮大工の棟梁。与次郎の一族か。北条氏康に属した。
¶後北（弥七〔与次郎〕）

弥七郎(1) やしちろう
戦国時代の武田晴信の寵童。
¶武田（生没年不詳）

弥七郎(2) やしちろう
戦国時代の白壁師の棟梁。北条氏綱に属した。
¶後北（弥七郎〔弥六〕）

弥七郎(3) やしちろう
安土桃山時代の武田氏の家臣。信濃国筑摩郡塔原の塔原海野氏の一族か。
¶武田（生没年不詳）

矢島 やじま
戦国時代の佐久郡の国衆望月氏の一門。
¶武田（生没年不詳）

矢島雅楽助 やじまうたのすけ
安土桃山時代の信濃国諏訪郡の社家衆。諏方氏旧臣。
¶武田（生没年不詳）

矢島織部丞 やじまおりべのじょう
戦国時代の信濃国諏訪郡の社家衆。諏方氏旧臣。
¶武田（生没年不詳）

矢島楫子 やじまかじこ
天保4（1833）年〜大正14（1925）年　江戸時代後期〜大正時代の教育者・女性運動家。
¶江表（楫子（熊本県）），コン,思想,女史

矢島蟻洞* やじまぎどう
享和2（1802）年〜明治15（1882）年　㋕蟻洞（ぎとう，ぎどう）　江戸時代末期〜明治時代の俳人。
¶俳文（蟻洞　ぎどう　㋒明治15（1882）年1月8日）

矢島久内 やじまきゅうない
戦国時代〜安土桃山時代の信濃国諏訪郡の社家衆。諏方氏旧臣。
¶武田（生没年不詳）

矢嶋作郎* （矢島作郎） やじまさくろう
天保10（1839）年〜明治44（1911）年11月7日　㋕伊藤湊（いとうみなと）　江戸時代末期〜明治時代の

徳山藩士、東京貯蓄銀行社長、東京電灯会社社長、衆議院議員。東京に訓育啞院、正則英語学校を建てた。
¶幕末（㋐天保10（1839）年1月18日）

矢島定綱 やじまさだつな
戦国時代〜安土桃山時代の信濃国諏訪郡の社家衆。諏方氏旧臣。
¶武田（生没年不詳）

矢島重勝 やじましげかつ
戦国時代〜安土桃山時代の信濃国諏訪郡の社家衆。諏方氏旧臣。
¶武田（生没年不詳）

矢島重綱 やじましげつな
戦国時代の信濃国諏訪郡の社家衆。諏方氏旧臣。
¶武田（生没年不詳）

矢島四郎右衛門* やしましろうえもん
生没年不詳　安土桃山時代の織田信長の家臣。
¶織田

矢島忠綱 やじまただつな
戦国時代の信濃国諏訪郡の社家衆。諏方氏旧臣。
¶武田（生没年不詳）

矢島竹厓* やしまちくがい
文政9（1826）年〜明治25（1892）年　江戸時代末期〜明治時代の福山藩士、儒学家、藩校誠之館教授、大目付軍法取吟味掛。徒士頭・儒者を歴任。
¶幕末（㋐文政9（1826）年4月　㋒明治25（1892）年4月）

矢島耻堂 やじまちどう
弘化2（1845）年〜大正1（1912）年　江戸時代末期〜明治時代の地方政治家。西尾町長などを歴任し、西尾町政の発展に大きく貢献。
¶幕末

矢島鶴子* やじまつるこ
寛政10（1798）年〜嘉永6（1853）年　江戸時代末期の女性。肥後上益城郡鯰の郷士矢島忠左衛門直明の妻。
¶江表（鶴子（熊本県））

矢島藤蔵 やじまとうぞう
江戸時代後期の代官。
¶徳代（生没年不詳）

矢島時広 やじまときひろ
戦国時代〜安土桃山時代の信濃国諏訪郡の社家衆。諏方氏旧臣。
¶武田（生没年不詳）

矢島敏彦* やじまとしひこ
*〜文政11（1828）年　江戸時代後期の数学者。
¶数学（㋐宝暦13（1763）年1月21日　㋒文政11（1828）年5月6日）

矢島備前守 やじまびぜんのかみ
安土桃山時代の北条氏直の家臣。
¶後北（備前守〔矢島〕　びぜんのかみ）

矢島弁瓢 やじまべんひょう
安土桃山時代の信濃国諏訪郡の社家衆。諏方氏旧臣。
¶武田（生没年不詳）

矢島伯耆守 やじまほうきのかみ
戦国時代〜安土桃山時代の信濃国諏訪郡の社家衆。諏方氏旧臣。

¶武田（生没年不詳）

矢島政綱　やじままさつな
戦国時代の信濃国諏訪郡の社家衆。諏方氏旧臣。
¶武田（生没年不詳）

矢島妙真斎　やじまみょうしんさい
戦国時代の信濃国諏訪郡の社家衆。諏方氏旧臣。
¶武田（生没年不詳）

矢島基綱　やじまもとつな
戦国時代の信濃国諏訪郡の社家衆。諏方氏旧臣。
¶武田（生没年不詳）

矢島弥三左衛門尉　やじまやさざえもんのじょう
安土桃山時代の信濃国諏訪郡の社家衆。諏方氏旧臣。
¶武田（生没年不詳）

矢島義房　やじまよしふさ
戦国時代の信濃国諏訪郡の社家衆。諏方氏旧臣。
¶武田（生没年不詳）

矢島立軒*　やじまりっけん
文政9（1826）年〜明治4（1871）年　江戸時代末期〜明治時代の儒者。
¶幕末（㊗文政9（1826）年3月23日　㊡明治4（1871）年10月23日）

野松　やしょう
⇒工藤野松（くどうやしょう）

野相公　やしょうこう
⇒小野篁（おののたかむら）

屋代　やしろ*
江戸時代後期の女性。和歌。遠江浜松藩主井上正甫家の奥女中。寛政10年跋、真田幸弘の六〇賀集「千とせの寿詞」に載る。
¶江表（屋代（静岡県））

ヤジロー
⇒アンジロー

ヤジロウ（弥次郎）
⇒アンジロー

屋代景頼*　やしろかげより
安土桃山時代〜江戸時代前期の武士。伊達氏家臣。
¶全戦（㊗永禄5（1562）年？　㊡慶長13（1608）年），戦武（㊗永禄6（1563）年　㊡慶長13（1608）年）

屋代十郎左衛門*　やしろじゅうろうざえもん
生没年不詳　安土桃山時代の織田信長の家臣。
¶織田

矢代勝介*　やしろしょうすけ
？〜天正10（1582）年6月2日　戦国時代〜安土桃山時代の織田信長の家臣。
¶織田

屋代忠良　やしろちゅうりょう
江戸時代後期〜明治時代の幕臣。
¶徳人（生没年不詳），徳仏（㊗文化4（1807）年　㊡？）

八代利征*　やしろとしゆき
天保3（1832）年〜明治6（1873）年　江戸時代後期〜明治時代の武士。
¶幕末（㊡明治6（1873）年6月21日）

屋代野川*　やしろのがわ
宝暦10（1760）年〜天保10（1839）年6月22日　江戸

時代中期〜後期の女性。白河藩奥女中。
¶江表（野川（山形県））

屋代秀正*　やしろひでまさ
永禄1（1558）年〜元和9（1623）年　江戸時代前期の武将。
¶武田（㊡元和9（1623）年閏8月3日）

屋代弘賢*　やしろひろかた
宝暦8（1758）年〜天保12（1841）年　江戸時代中期〜後期の考証学者。幕府右筆。「群書類従」編纂校訂に従事。
¶江人、コン、思想、徳人

屋代政国*（屋代正国）　やしろまさくに
永正17（1520）年〜？　戦国時代〜安土桃山時代の地方豪族・土豪。武田氏家臣。
¶全戦（㊗？　㊡永禄4（1561）年？），戦武（屋代正国　㊡天正10（1582）年？），武田（生没年不詳）

社正常　やしろまさつね
江戸時代中期の和算家。栃木那須郡須賀川村の人。天明2年算額を奉納。
¶数学

屋代正長　やしろまさなが
安土桃山時代の信濃埴科郡の国衆。
¶武田（㊗？　㊡天正3（1575）年5月21日）

矢代村弥助*　やしろむらやすけ
享保19（1734）年〜安永3（1774）年　江戸時代中期の丹波国多気郡矢代村の義民。
¶コン

やす（1）
江戸時代前期の女性。教育・書。大津の窪田宗保の娘。万治3年に『女初学文章』を著した。
¶江表（やす（滋賀県））

やす（2）
江戸時代中期の女性。和歌・書簡。成島和鼎の娘。司直の母。
¶江表（やす（東京都））

やす（3）
江戸時代後期の女性。画。仙台4大画伯の一人菊田伊洲の娘といわれている。
¶江表（やす（宮城県）　㊗天保1（1830）年）

やす（4）
江戸時代後期の女性。教育。経師職武藤藤兵衛の妹。
¶江表（やす（東京都）　㊗天保12（1841）年頃）

やす（5）
江戸時代後期の女性。俳諧。筑前山鹿村の人で、秋枝広成と家子の娘。
¶江表（やす（福岡県）　㊡文化6（1809）年）

やす（6）
江戸時代後期の女性。俳諧。文政7年刊、十万庵画山編の旅の記念集『笠の露』に長崎の人として載る。
¶江表（やす（長崎県））

やす（7）
江戸時代後期の女性。俳諧。対馬の人。文政12年刊、曙堂の遺稿・追善集『散さくら』に載る。
¶江表（やす（長崎県））

やす（8）
江戸時代後期の女性。俳諧。豊前中津の人。天保

10年刊、澄月庵湖舟編『豊前中津』に載る。
¶江表(やす(大分県))

やす(9)
江戸時代後期〜末期の女性。日記。上総望陀郡下郡村の名主で、のちに郷士となった鈴木家に生まれる。
¶江表(やす(千葉県)　[生]文化12(1815)年　[没]安政6(1859)年)

や寿　やす★
江戸時代末期の女性。教育。荒井芳兵衛の妻。元治1年夫が深川大島町に寺子屋荒井塾を開業、夫の死後継承する。
¶江表(や寿(東京都))

ヤス
江戸時代後期の女性。教育。松前藩藩士青山氏の妻。
¶江表(ヤス(北海道)　[生]天保5(1834)年)

安(1)　**やす**★
江戸時代中期の女性。俳諧。元禄11年刊、『元禄戊寅歳旦帖』に載る。
¶江表(安(佐賀県))

安(2)　**やす**★
江戸時代後期の女性。和歌。播磨姫路の利根川彦兵衛の母。嘉永2年に本居内遠に入門。
¶江表(安(兵庫県))

屋寿　やす★
江戸時代後期の女性。教育。奥平芳蔵の妻。
¶江表(屋寿(東京都)　[生]文政8(1825)年頃)

休　やす★
江戸時代後期の女性。旅日記。枚方宿岡新町村の庄屋中島九右衛門政孝の娘。
¶江表(休(大阪府)　[生]天保8(1837)年)

保　やす★
江戸時代後期の女性。和歌。村田宗友門閥の大番頭村田志摩盛殖の妻。
¶江表(保(宮城県))

弥寿　やす★
江戸時代の女性。散文・和歌。渡辺氏の母。「片玉集」前集巻六七に載る。
¶江表(弥寿(東京都))

保明親王＊　**やすあきらしんのう**
延喜3(903)年〜延長1(923)年　平安時代中期の醍醐天皇の皇子。
¶古人,天皇([没]延長1(923)年3月21日)

野水＊　**やすい**
万治1(1658)年〜寛保3(1743)年　江戸時代前期の俳人。
¶俳文([没]寛保3(1743)年3月22日)

安井顕比＊　**やすいあきちか**
天保1(1830)年〜明治26(1893)年9月7日　江戸時代末期〜明治時代の加賀藩士。
¶幕末([生]文政13(1830)年6月12日)

安家＊　**やすいえ**
生没年不詳　平安時代後期の伯耆国の刀工。
¶古人

安井大江丸　やすいおおえまる
⇒大江丸(おおえまる)

安井九兵衛＊　**やすいくへえ**
天正10(1582)年〜寛文4(1664)年　江戸時代前期の大坂町人、治水家。道頓堀川の開掘者の一人。
¶コン([生]天正7(1579)年　[没]寛文1(1661)年)

安井衡　やすいこう
⇒安井息軒(やすいそっけん)

安井定次＊　**やすいさだつぐ**
[別]安井秀依(やすいひでより)　安土桃山時代の武士。織田氏家臣。
¶織田(安井秀依　やすいひでより　生没年不詳)

安井算哲＊(1)　**やすいさんてつ**
天正18(1590)年〜慶安5(1652)年　[別]渋川算哲(しぶかわさんてつ)　江戸時代前期の囲碁棋士、暦学者。幕府碁所の棋士だったが、天文学を学び貞享暦を作成。
¶徳将

安井算哲(2)(――〔2代〕,保井算哲)　**やすいさんてつ**
⇒渋川春海(しぶかわはるみ)

安井祐之＊　**やすいすけゆき**
生没年不詳　[別]安井祐之(やすいひろゆき)　江戸時代中期の数学者。
¶数学(やすいひろゆき)

安井息軒　やすいそくけん
⇒安井息軒(やすいそっけん)

安井息軒＊　**やすいそっけん**
寛政11(1799)年〜明治9(1876)年9月23日　[別]安井衡(やすいこう),安井息軒(やすいそくけん)　江戸時代末期〜明治時代の儒学者。ペリー来航に際し「海防私議」を著述。著書に「書説摘要」「弁妄」など。
¶江人(やすいそくけん),コン,思想,全幕,徳人,徳代(安井衡　やすいこう),幕末(やすいそくけん　[生]寛政11(1799)年1月1日),山小([生]1799年1月1日　[没]1876年9月23日)

安井道頓＊　**やすいどうとん**
天文2(1533)年〜元和1(1615)年　[別]成安道頓(なりやすどうとん)　安土桃山時代〜江戸時代前期の大坂町人。大坂道頓堀の開鑿者。
¶江人([生]?),大坂(成安道頓　なりやすどうとん　[没]慶長20年5月7日),コン

安井秀依　やすいひでより
⇒安井定次(やすいさだつぐ)

安井祐之　やすいひろゆき
⇒安井祐之(やすいすけゆき)

保井抱中　やすいほうちゅう
江戸時代末期〜大正の蒔絵師。
¶美工([没]大正11(1922)年2月12日)

安井朴堂　やすいぼくどう
江戸時代末期〜昭和時代の教育者。
¶詩作([生]安政4(1858)年　[没]昭和13(1938)年)

安右衛門　やすえもん
安土桃山時代の信濃国筑摩郡刈谷原の土豪。会田岩下氏の被官とみられる。
¶武田(生没年不詳)

安衛門(1)　**やすえもん**
安土桃山時代の信濃国筑摩郡安坂の土豪。
¶武田(生没年不詳)

や

安衛門(2) やすえもん

安土桃山時代の信濃国筑摩郡野口の土豪。麻績氏の被官とみられる。

¶武田(生没年不詳)

安岡斧太郎* やすおかおのたろう

天保10(1839)年〜元治1(1864)年　江戸時代末期の志士。土佐勤王党に参加。

¶幕末㋐天保10(1839)年9月　㋑文久4(1864)年2月16日

安岡覚之助* やすおかかくのすけ

天保6(1835)年〜明治1(1868)年　江戸時代末期の志士。土佐勤王党に参加。

¶幕末㋐天保6(1836)年6月　㋑慶応4(1868)年8月25日

安岡嘉助* やすおかかすけ

天保7(1836)年〜元治1(1864)年　江戸時代末期の志士。土佐勤王党に参加。

¶幕末㋐天保7(1836)年11月22日　㋑文久4(1864)年2月16日)

安岡金馬 やすおかかねま

⇒安岡金馬(やすおかきんま)

安岡勘馬* やすおかかんま

天保14(1843)年〜元治1(1864)年　江戸時代末期の志士。

¶幕末㋐天保14(1843)年8月　㋑元治1(1864)年3月10日)

安岡金馬* やすおかきんま

*〜明治27(1894)年　㋵安岡金馬(やすおかかねま)　江戸時代末期〜明治時代の藩士、順海丸船長、横須賀海軍機関学校教授。坂本龍馬の海援隊に入り、国事に奔走。

¶全幕(やすおかかねま)㋐弘化1(1844)年)、幕末㋐天保15(1844)年4月4日㋑明治27(1894)年2月21日)

安岡玄真 やすおかげんしん

⇒宇田川玄真(うだがわげんしん)

安岡権馬* やすおかごんま

天保10(1839)年〜明治11(1878)年　江戸時代末期〜明治時代の勤王の志士。維新後は古勤王派に属して活躍。

¶幕末㋑明治11(1878)年9月16日)

安岡鉄馬* やすおかてつま

弘化3(1846)年〜元治1(1864)年　江戸時代末期の人。野根山屯集事件に参加。

¶幕末㋐弘化3(1847)年12月　㋑元治1(1864)年9月5日)

安岡八千女* やすおかやちじょ*

江戸時代後期の女性。狂歌。伊勢度会郡の安岡親毅の妻。

¶江表(安岡八千女(三重県))

安岡良哲* やすおかよしやす

天保6(1835)年〜明治30(1897)年　江戸時代末期〜明治時代の勤王の志士。勤王運動に従事。維新後は殖産興業に務める。

¶幕末㋐天保6(1835)年2月18日　㋑明治30(1897)年2月4日)

安岡良亮* やすおかりょうすけ

文政8(1825)年〜明治9(1876)年　江戸時代末期〜明治時代の武士、官吏。

¶幕末㋐文政8(1825)年4月　㋑明治9(1876)年10月27日)

安川落梧* やすかわらくご

？〜元禄4(1691)年　㋵落梧(らくご)　江戸時代前期の俳人(蕉門)。

¶俳文(落梧　らくご)㋐承応1(1652)年　㋑元禄4(1691)年5月12日)

安木田頼方* やすきだよりかた

*〜明治44(1911)年　江戸時代末期〜明治時代の加賀藩国学者、神職。明倫堂講師。笠間神社、松任若宮神社などの神職に就く。

¶幕末㋐天保4(1833)年　㋑明治44(1911)年10月16日)

安静 やすきよ

⇒荻田安静(おぎたあんせい)

康国 やすくに

生没年不詳　戦国時代の相模国の刀鍛冶。

¶後北(康国〔綱家〕)、後北

弥介 やすけ

安土桃山時代の信濃国筑摩郡会田の土豪。会田岩下氏の被官とみられる。

¶武田(生没年不詳)

弥助 やすけ

安土桃山時代の信濃国筑摩郡光郷の土豪。

¶武田(生没年不詳)

やす子(1)　やすこ*

江戸時代の女性。和歌。九歳の時、江戸深川佐賀町の商人伊勢屋太兵衛の養女となった。明治14年刊、岡田良策編『近世名婦百人撰』に載る。

¶江表(やす子(埼玉県))

やす子(2)　やすこ*

江戸時代後期の女性。和歌。渡辺氏の娘。

¶江表(やす子(新潟県))　㋑文化7(1810)年

やす子(3)　やすこ*

江戸時代後期の女性。和歌。藤掛内蔵の娘。嘉永1年刊、長沢伴雄編『類題和歌鴨川集』に載る。

¶江表(やす子(京都府))

やす子(4)　やすこ*

江戸時代後期の女性。和歌。国学者石津並輔の妻。天保12年刊、加納諸平編『類題鰒玉集』四に載る。

¶江表(やす子(大阪府))

安子(1)　やすこ*

江戸時代後期の女性。和歌。伊勢石薬師の医師佐々木利綱の妻。

¶江表(安子(三重県))　㋐文政4(1821)年

安子(2)　やすこ*

江戸時代後期〜大正時代の女性。和歌・教育。加賀藩藩士山内信一の娘。

¶江表(安子(京都府))　㋐天保6(1835)年　㋑大正2(1913)年

安子(3)　やすこ*

江戸時代後期の女性。和歌。出雲広瀬藩藩士で藩校皇学館訓導細野安恭の娘。天保13年刊、千家尊孫編『類題八雲集』に載る。

¶江表(安子(島根県))

安子(4)　やすこ*

江戸時代後期の女性。和歌。備中都宇郡早島の大森嘉右衛門の娘。

¶江表（安子（岡山県）　[没]文化14（1817）年）

安子(5)　**やすこ**★

江戸時代末期の女性。和歌。伊藤氏の娘。文久1年成立「烈公一回御忌和歌」に載る。

¶江表（安子（茨城県））

安子(6)　**やすこ**★

江戸時代末期の女性。和歌。明石氏。慶応2年序、村上忠順編『元治元年千首』に載る。

¶江表（安子（香川県））

安子(7)　**やすこ**★

江戸時代末期の女性。和歌。金子村の矢野信濃守の母。安政5年序、半井梧庵編『鄙のてぶり』二に載る。

¶江表（安子（愛媛県））

安子(8)　**やすこ**★

江戸時代末期の女性。和歌。筑後黒門際の柳川藩士矢島直記の妻。文久2年刊『柳河百家集』に載る。

¶江表（安子（福岡県））

屋す子　**やすこ**★

江戸時代の女性。和歌。幕臣大久保氏の妻。明治14年刊、岡田良策編『近世名婦百人撰』に載る。

¶江表（屋す子（東京都））

居子(1)　**やすこ**

江戸時代の女性。和歌。加賀藩藩士天野景福の祖母。明治10年刊、高橋富兄編『類題石川歌集』に載る。

¶江表（居子（石川県））

居子(2)　**やすこ**

江戸時代後期の女性。和歌。舟倉野用水工事に携わった10村肝煎で国学者五十嵐篤好の母。文化12年頃に之義が作成した『舟倉野用水等の絵図』に書かれている。

¶江表（居子（富山県））

柔子　**やすこ**

江戸時代末期～明治時代の女性。和歌。摂津伊丹の清酒「白雪」醸造元小西家10代新右衛門業広の娘。

¶江表（柔子（兵庫県））

泰子(1)　**やすこ**★

江戸時代の女性。和歌。播磨姫路藩家老河合屏山の一族。

¶江表（泰子（兵庫県））

泰子(2)　**やすこ**★

江戸時代中期の女性。和歌。常陸笠間藩主牧野貞通の娘。安永6年成立、荷田御風の五〇賀「蚊田大人御風五十賀算詩歌」に載る。

¶江表（泰子（東京都））

保子(1)　**やすこ**★

江戸時代後期の女性。和歌。石井仁兵衛の娘。嘉永4年刊、長沢伴雄編『類題鴨川三郎集』に載る。

¶江表（保子（京都府））

保子(2)　**やすこ**★

江戸時代後期の女性。和歌。京の公家伏原宣諭の娘。

¶江表（保子（島根県）　[生]嘉永4（1851）年）

綏子　**やすこ**★

江戸時代後期の女性。和歌。佐賀藩家老姉川鍋島周防茂郷の妻。

¶江表（綏子（佐賀県）　[生]寛政7（1795）年）

廉子女王＊　**やすこじょおう**

？～承平5（935）年　平安時代前期～中期の仁明天皇の孫。

¶古人

媞子内親王　**やすこないしんのう**

⇒郁芳門院（いくほうもんいん）

悰子内親王　**やすこないしんのう**

⇒悰子内親王（そうしないしんのう）

禔子内親王　**やすこないしんのう**

⇒禔子内親王（ししないしんのう）

休子内親王　**やすこないしんのう**

⇒休子内親王（きゅうしないしんのう）

康子内親王＊　**やすこないしんのう**

延喜20（920）年～天徳1（957）年　[別]康子内親王（こうしないしんのう）　平安時代中期の女性。醍醐天皇の皇女。

¶古人（[生]919年），コン，天皇（こうしないしんのう・やすこないしんのう　[生]延喜20（920）年？　[没]天徳1（957）年6月6日）

保子内親王＊　**やすこないしんのう**

天暦3（949）年～永延1（987）年　[別]保子内親王（ほしないしんのう）　平安時代中期の女性。村上天皇の皇女。

¶古人，天皇（ほしないしんのう・やすこないしんのう　[没]永延1（987）年8月21日）

靖子内親王　**やすこないしんのう**

⇒靖子内親王（せいしないしんのう）

恬子内親王　**やすこないしんのう**

⇒恬子内親王（てんしないしんのう）

晏子内親王＊　**やすこないしんのう**

？～昌泰3（900）年　[別]晏子内親王（あんしないしんのう）　平安時代前期の女性。文徳天皇の第1皇女。

¶古人

綏子内親王　**やすこないしんのう**

⇒綏子内親王（すいしないしんのう）

やす女(1)　**やすじょ**★

江戸時代後期の女性。俳諧。本宮の浦井氏。文政2年刊、安藤子容編の俳人佐々木露秀13回忌追善句集『浅香風』に載る。

¶江表（やす女（福島県））

やす女(2)　**やすじょ**★

江戸時代後期の女性。俳諧。下総流山の人。天保9年刊、八巣焦雨門の八巣二世謝堂編『日和鳶集』に載る。

¶江表（やす女（千葉県））

安女(1)　**やすじょ**★

江戸時代後期の女性。狂歌。仙台田尻の人。文政12年刊、芍薬亭長根ほか編『三才雪百首』に載る。

¶江表（安女（宮城県））

安女(2)　**やすじょ**★

江戸時代末期の女性。俳諧。白河本町の緑屋の遊女か。安政4年刊、面川鏘桜編『鯉鱗筆鑑』に載る。

¶江表（安女（福島県））

安女(3)　**やすじょ**★

江戸時代末期の女性。俳諧。桑原の人。元治1年刊、宮本真篤編『あふぎ集』に載る。

¶江表（安女（長野県））

安女・やす女　やすじょ★
江戸時代後期の女性。俳諧。城ケ崎の俳人二松亭五明の三男権の妻か。文政1年の五明の古希祝に五明の長男路牛と二男明之が編んだ『松賀左根』に載る。
¶江表（安女・やす女（宮崎県））

保女　やすじょ★
江戸時代後期の女性。俳諧。松永乙人編『葛芽集』に載る。
¶江表（保女（群馬県））

弥寿女　やすじょ★
江戸時代後期の女性。和歌。成島桓之助（東岳の養子）の妻。
¶江表（弥寿女（東京都））

康資王＊　やすすけおう
？～寛治4（1090）年　平安時代中期～後期の神祇伯。父は源延信。
¶古人

康資王の母＊（康資王母）　やすすけおうのはは
生没年不詳　[別]四条宮筑前（しじょうのみやちくぜん，しじょうのみやのちくぜん），伯母（はくのはは）　平安時代中期～後期の女性。歌人。
¶古人（康資王母），女文（康資王母），日文（伯母　はくのはは）

安清四郎＊　やすせいしろう
文政12（1829）年～慶応1（1865）年　江戸時代末期の農民。
¶幕末（[生]文政12（1829）年12月30日　[没]元治2（1865）年2月19日）

保田　やすだ★
江戸時代中期の女性。和歌。仙台藩一門伊達村倫家の奥女中。安永3年成立「田村村隆母公六十賀祝賀歌集」に載る。
¶江表（保田（宮城県））

安田蛙文＊　やすだあぶん
生没年不詳　[別]安田佐助（やすださすけ）　江戸時代中期の浄瑠璃作者、歌舞伎作者。享保11年～宝暦6年頃に活躍。
¶歌大，コン，新歌

安田以哉坊　やすだいさいぼう
⇒以哉坊（いさいぼう）

安田景元＊　やすだかげもと
生没年不詳　戦国時代の地方豪族・土豪。
¶全戦，戦武

安田喜八郎＊　やすだきはちろう
天保6（1835）年～慶応1（1865）年　江戸時代末期の筑前福岡藩士。
¶幕末（[没]慶応1（1865）年10月23日）

安田玉海＊　やすだぎょくかい
文政1（1818）年～天保14（1843）年8月25日　[別]安田玉海（やすだぎょっかい）　江戸時代後期の医者。
¶眼医（やすだぎょっかい　[生]文化14（1817）年）

安田玉海　やすだぎょっかい
⇒安田玉海（やすだぎょくかい）

安武厳丸＊　やすたけいずまる
文化14（1817）年～明治10（1877）年　江戸時代末期～明治時代の柳河藩士・国学者。尊攘運動に奔走。伝習館助教授などを経て私塾回天社を継承。著書に「和漢百家咏史」など。
¶幕末（[没]明治10（1877）年4月）

安田景福＊　やすだけいふく
文化9（1812）年～明治18（1885）年　江戸時代末期～明治時代の岩国藩士、鉄砲頭。ペリー来航に銃隊を率いる。
¶幕末（[没]明治18（1885）年3月1日）

安田権大夫泰綱　やすだごんだゆうやすつな
江戸時代前期の長宗我部盛親の家臣。
¶大坂（[没]寛永12年11月15日）

安田佐助　やすださすけ
⇒安田蛙文（やすだあぶん）

安田定則＊　やすださだのり
＊～明治25（1892）年　江戸時代末期～明治時代の鹿児島県士族。
¶幕末（[生]弘化2（1845）年6月2日　[没]明治25（1892）年3月8日）

安田成信　やすだしげのぶ
⇒安田成信（やすだなりのぶ）

保田信六郎＊　やすだしんろくろう
天保9（1838）年～慶応1（1865）年　[別]保田正経（やすだまさつね）　江戸時代末期の近江膳所藩士。
¶幕末（[没]慶応1（1865）年10月21日）

安田石牙＊　やすだせきが
享保18（1733）年～寛政9（1797）年　[別]石牙（せきが）　江戸時代中期の俳人。
¶俳文（石牙　せきが）

安田善次郎＊（——〔1代〕）　やすだぜんじろう
天保9（1838）年～大正10（1921）年9月28日　江戸時代末期～大正時代の実業家、安田財閥創立者。金融業中心の安田財閥を築く。東大安田講堂・日比谷公会堂などを寄付、公共事業にも貢献。
¶コン，幕末（——〔1代〕　[生]天保9（1838）年10月9日），山小（[生]1838年10月9日　[没]1921年9月28日）

安田竹之輔＊　やすだたけのすけ
文政10（1827）年～明治2（1869）年　江戸時代末期の陸奥仙台藩士。
¶幕末（[生]文政11（1828）年　[没]明治2（1869）年4月14日）

保田棟太　やすだとうた
江戸時代末期～大正時代の数学者。
¶数学（[生]安政3（1856）年　[没]大正8（1919）年）

保田知宗＊　やすだともむね
？～天正4（1576）年5月3日？　戦国時代～安土桃山時代の織田信長の家臣。
¶織田（[没]天正11（1583）年4月24日）

安田長秀＊　やすだながひで
生没年不詳　戦国時代の国人。上杉氏家臣。
¶全戦（[生]？　[没]文禄1（1592）年），戦武（[生]永正13（1516）年　[没]天正10（1582）年）

安田成信＊　やすだなりのぶ
正徳5（1715）年～明和6（1769）年　[別]安田成信（やすだしげのぶ）　江戸時代中期の因幡鳥取藩士。宝暦の改革の中心人物。
¶コン

安田信清　やすだのぶきよ
⇒武田信清（たけだのぶきよ）

安田米斎＊　やすだべいさい
＊～明治21（1888）年　江戸時代末期～明治時代の

画家。
¶幕末([生]弘化4(嘉永1?)(1847(1848?))年 [没]明治21(1888)年10月),美画([生]嘉永1(1848)年 [没]明治21(1888)年9月8日)

保田正経 やすだまさつね
⇒保田信六郎(やすだしんろくろう)

保田正令の母 やすだまさよしのはは★
江戸時代後期の女性。和歌。保田正令は膳所藩家老で、雅号、九皐。弘化4年刊、清堂観尊編『たち花の香』に載る。
¶江表(保田正令の母(滋賀県))

安田又左衛門 やすだまたざえもん
江戸時代前期の土佐国安芸郡安田の城主。
¶大坂

安田漫々* やすだまんまん
安永4(1775)年〜文政13(1830)年 [別]早川広海(はやかわひろみ),早川漫々(はやかわまんまん),漫々(まんまん) 江戸時代後期の医師、俳人。
¶俳文(漫々 まんまん [没]文政13(1830)年5月4日)

安田躬弦* やすだみつる
*〜文化13(1816)年 江戸時代中期〜後期の国学者、歌人。江戸派。
¶コン([生]宝暦8(1768)年)

安田躬弦の母 やすだみつるのはは★
江戸時代中期の女性。和歌。躬弦は越前福井藩藩医で賀茂季鷹門。
¶江表(安田躬弦の母(東京都))

保田宗郷 やすだむねさと
江戸時代前期〜中期の幕臣。
¶徳人([生]1646年 [没]1712年)

保田安政 やすだやすまさ
⇒佐久間安政(さくまやすまさ)

安田義定* やすだよしさだ
長承3(1134)年〜建久5(1194)年 [別]源義定(みなもとのよしさだ) 平安時代後期の武将。源頼朝の挙兵に従う。
¶古人(源義定 みなもとのよしさだ),コン,中世,内乱,平家

安田義資* やすだよしすけ
?〜建久4(1193)年 [別]田中義資(たなかよしすけ),源義資(みなもとのよしすけ) 平安時代後期の武将。源頼朝の推挙により、越後守となる。
¶古人(源義資 みなもとのよしすけ)

安田能元* やすだよしもと
弘治3(1557)年〜元和8(1622)年 安土桃山時代〜江戸時代前期の出羽米沢藩士。
¶全戦

安田雷洲*(安田雷州) やすだらいしゅう
生没年不詳 江戸時代末期の洋風画家。挿絵、銅版画、肉筆洋風画を制作。
¶浮絵,コン,徳人,美画

安田利作* やすだりさく
弘化4(1847)年〜明治29(1896)年 江戸時代末期〜明治時代の蚕糸業功労者。生糸輸出の進展、秋蚕の普及に務める。
¶幕末([生]弘化4(1847)年8月 [没]明治29(1896)年10月9日)

安田良伯 やすだりょうはく
江戸時代後期の眼科医。
¶眼医(生没年不詳)

安田老山* やすだろうざん
天保1(1830)年〜明治15(1882)年 江戸時代末期〜明治時代の文人画家。中国に密航、胡公寿に師事。
¶コン,美画([生]文政13(1830)年1月1日 [没]明治16(1883)年8月24日)

安親 やすちか
⇒土屋安親〔1代〕(つちややすちか)

康継* やすつぐ
?〜元和7(1621)年 [別]葵康継(あおいやすつぐ),越前康継(えちぜんやすつぐ),下坂市之丞(しもさかいちのじょう),下坂康継(しもさかやすつぐ) 江戸時代前期の刀工。松平家の抱え鍛冶。
¶美工([没]元和7(1621)年9月9日)

安綱* やすつな
生没年不詳 [別]大原安綱(おおはらのやすつな) 平安時代中期の伯耆国大原の刀工。
¶古人,美工

安富才介*(安富才助) やすとみさいすけ
天保10(1839)年〜? 江戸時代末期の新撰組隊士。
¶新隊(安富才助 [没]明治6(1873)年5月28日),全幕(安富才助 [没]明治6(1873)年),幕末([没]明治3(1870)年?)

安富下野守純泰 やすとみしもつけのかみすみやす
⇒安富純泰(やすとみすみやす)

安富純泰*(安冨純泰) やすとみすみやす
[別]安富下野守純泰(やすとみしもつけのかみすみやす) 安土桃山時代の武士。
¶全戦(安冨純泰 生没年不詳)

安富智安*(安富知安) やすとみちあん
生没年不詳 [別]安富智安(やすとみともやす) 室町時代の武将。細川氏被官。
¶コン(安富知安),室町(やすとみともやす)

安富徳円 やすとみとくえん
戦国時代〜安土桃山時代の有馬晴純・晴信の家臣、宿老。
¶全戦(生没年不詳)

安富智安 やすとみともやす
⇒安富智安(やすとみちあん)

安富盛長* やすとみもりなが
生没年不詳 室町時代の武将・連歌作者。
¶室町

安富泰治* やすとみやすはる
?〜正平14/延文4(1359)年 南北朝時代の武士。
¶室町([没]延文4/正平14(1359)年)

保友 やすとも
⇒保友(ほゆう)

安永惟正* やすながこれまさ
生没年不詳 江戸時代後期の和算家。
¶数学

安永正次* やすながまさつぐ
文化10(1813)年〜明治25(1892)年 [別]安永懐玉斎(あんえいかいぎょくさい),懐玉斎正次(かい

ぎょくさいまさつぐ）　江戸時代末期〜明治時代の根付職人。象牙・黄楊製の具象的な根付を得意とした。懐玉堂、懐玉堂正次、正次・懐玉と刻す。
¶幕末（安永懐玉斎　あんえいかいぎょくさい　[生]文化9（1812）年　[没]明治25（1892）年1月29日），美工（懐玉斎正次　かいぎょくさいまさつぐ　[生]文化10（1813）年10月6日　[没]明治25（1892）年1月21日）

安名春滋　やすなのはるしげ
平安時代中期の官人。
¶古人（生没年不詳）

安信（家信）　やすのぶ
⇒寺島安信（てらしまやすのぶ）

夜須行宗　やすのゆきむね
⇒夜須行宗（やすゆきむね）

安場保和　やすばやすかず
江戸時代後期〜明治時代の肥後藩士、官僚。肥後藩士安場源右衛門の長男。
¶全幕（[生]天保6（1835）年　[没]明治32（1899）年）

安原角兵衛*　やすはらかくべえ
生没年不詳　江戸時代末期の下総結城藩士。
¶幕末

安原機芳　やすはらきほう
江戸時代後期〜明治時代の蒔絵師。
¶美工（[生]天保14（1843）年　[没]明治32（1899）年3月）

安原千方*　やすはらせんぼう
文化2（1805）年〜明治16（1883）年　[別]安原千方（やすはらちかた）　江戸時代末期〜明治時代の和算家。
¶数学（やすはらちかた　[没]明治16（1883）年10月17日）

安原玉樹*　やすはらたまき
文化3（1806）年〜明治9（1876）年3月14日　江戸時代後期〜明治時代の歌人。
¶江表（玉樹（岡山県））

安原千方　やすはらちかた
⇒安原千方（やすはらせんぼう）

安原貞室*　やすはらていしつ
慶長15（1610）年〜延宝1（1673）年　[別]貞室（ていしつ）　江戸時代前期の俳人。紙商を営む町人。
¶詩作（[没]延宝1（1673）年2月7日），俳文（貞室　ていしつ　[没]寛文13（1673）年2月7日）

泰姫*　やすひめ
文政10（1827）年10月2日〜天保15（1844）年1月4日　[別]泰明院（たいめいいん）　江戸時代後期の女性。徳川家斉の娘。
¶徳将（泰明院　たいめいいん　[没]1843年）

安松金右衛門　やすまつきんうえもん
⇒安松金右衛門（やすまつきんえもん）

安松金右衛門*　やすまつきんえもん
？〜貞享3（1686）年　[別]安松金右衛門（やすまつきんうえもん）　江戸時代前期の武蔵川越藩士。野火止用水の開削者。
¶江人，コン

安見児*　やすみこ
飛鳥時代の采女。
¶古代，女史

安見新七郎*　やすみしんしちろう
生没年不詳　安土桃山時代の織田信長の家臣。
¶織田

八角宗律　やすみそうりつ
⇒八角高遠（やすみたかとう）

八角高遠*　やすみたかとう
文化13（1816）年〜明治19（1886）年12月19日　[別]八角宗律（やすみそうりつ），八角高遠（やすみたかとお）　江戸時代末期〜明治時代の洋学者。
¶幕末（八角宗律　やすみそうりつ）

八角高遠　やすみたかとお
⇒八角高遠（やすみたかとう）

安光徳太郎*　やすみつとくたろう
天保10（1839）年〜大正2（1913）年　江戸時代末期〜明治時代の郷士。迅衝隊士として戊辰戦役に参加。新留守居組に昇進。
¶幕末（[生]天保10（1839）年9月3日　[没]大正2（1913）年7月22日）

安光南里*　やすみつなんり
文化7（1810）年〜文久1（1861）年　江戸時代末期の庄屋。
¶幕末（[没]万延1（1860）年）

安見直政　やすみなおまさ
⇒安見直政（あみなおまさ）

安見宗房(1)　やすみむねふさ
安土桃山時代の畠山高政の家臣。
¶全戦（生没年不詳），戦武（[生]？　[没]元亀3（1572）年）

安見宗房(2)　やすみむねふさ
⇒安見直政（あみなおまさ）

安村勘左衛門仲則　やすむらかんざえもんなかのり
安土桃山時代の摂津の塩川頼運の家来。
¶大坂（[生]天正12年/元亀1年）

安村江痴*　やすむらこうち
天保14（1843）年〜明治34（1901）年　江戸時代末期〜明治時代の医師。
¶幕末（[没]明治34（1901）年10月30日）

矢集大唐　やずめのおおから
奈良時代の官人。
¶古人（生没年不詳）

矢集虫麻呂*（箭集虫麻呂）　やずめのむしまろ
生没年不詳　[別]箭集宿禰虫麻呂（やつめのすくねむしまろ），矢集虫麻呂（やつめのむしまろ）　奈良時代の官人、法律学者。養老律令の編者の一人。
¶古人（箭集虫万呂），古代（箭集宿禰虫麻呂　やつめのすくねむしまろ）

安本亀八〔1代〕*　やすもとかめはち
文政9（1826）年〜明治33（1900）年12月8日　江戸時代末期〜明治時代の生人形師。人形を美術品にまで高める。
¶美工

安本亀八〔2代〕　やすもとかめはち
江戸時代末期〜明治時代の生人形師。
¶美工（[生]安政4（1857）年　[没]明治32（1899）年7月3日）

安山松巌*　やすやましょうげん
明和8（1771）年〜嘉永1（1848）年　江戸時代後期の藩政家。
¶コン

安山親枚の妻 やすやまちかひらのつま★
江戸時代後期の女性。和歌。親枚は島津家御一門の垂水島津家の家臣。文化9年跋、薩摩藩藩士で歌人末川周山編「浪の下草」に載る。
¶江表(安山親枚の妻(鹿児島県))

安山親博の妻 やすやまちかひろのつま★
江戸時代後期の女性。和歌。親博は島津家御一門の垂水島津家の家臣。文化9年跋、薩摩藩藩士で歌人末川周山編「浪の下草」に載る。
¶江表(安山親博の妻(鹿児島県))

安山親布の娘 やすやまちかふのむすめ★
江戸時代後期の女性。和歌。親布は島津家御一門の垂水島津家の家臣。文化9年跋、薩摩藩藩士で歌人末川周山編「浪の下草」に載る。
¶江表(安山親布の娘(鹿児島県))

安山親安の養母 やすやまちかやすのようぼ★
江戸時代後期の女性。和歌。親安は島津家御一門の垂水島津家の家臣で文政12年には同家の家老となる。文化9年跋、薩摩藩藩士で歌人末川周山編「浪の下草」に載る。
¶江表(安山親安の養母(鹿児島県))

夜須行宗* やすゆきむね
生没年不詳 [別]夜須行宗(やすのゆきむね) 平安時代後期～鎌倉時代前期の武士。
¶古人(やすのゆきむね)

安代* やすよ
延宝8(1680)年～享保13(1728)年 [別]一平安代(いっぺいやすよ), 主馬首一平安代(しゅめのかみいっぺいやすよ) 江戸時代中期の薩摩の刀工。
¶コン(主馬首一平安代 しゅめのかみいっぺいやすよ), 美工

康工 やすよし
⇒尾崎康工(おざきやすよし)

保吉 やすよし
⇒藤原保吉(ふじわらやすよし)

安良岡舎人* やすらおかとねり
生没年不詳 戦国時代の北条氏照の臣。
¶後北(舎人〔安良岡〕 とねり)

燕子 やすらけいこ
江戸時代末期～明治時代の女性。和歌・教育。中屋正兵衛の妻。
¶江表(燕子(東京都) [没]明治14(1881)年頃)

安良姫* やすらひめ
薩摩国横川で安良大明神と祀られた姫。
¶コン

やそ(1)
江戸時代中期の女性。俳諧。宝暦8年刊、遊林舎文鳥編の梅翁追善集『雪折集』に載る。
¶江表(やそ(東京都))

やそ(2)
江戸時代中期の女性。和歌。武蔵大師河原の名主池上藤左衛門幸政の養子幸成の妻。幸政の晩年の和歌集『博望舎和歌』に安永2年の句が載る。
¶江表(やそ(神奈川県))

やそ(3)
江戸時代後期の女性。俳諧。古川屋の娘。天保2年刊『三陸俳人像』に載る。
¶江表(やそ(岩手県))

屋そ
江戸時代中期の女性。和歌。一関藩主田村村隆の奥女中。安永3年成立「田村村隆母公六十賀祝賀歌集」に載る。
¶江表(屋そ(岩手県))

谷組 やそ★
江戸時代中期の女性。俳諧。越前田中の人。明和9年刊、美濃派三代以乙斎可推坊撰『雪の筐』下に載る。
¶江表(谷組(福井県))

八十(1) やそ★
江戸時代中期の女性。俳諧。松代の人。安永1年八田其明が発行した一枚摺に載る。
¶江表(八十(長野県))

八十(2) やそ★
江戸時代中期～後期の女性。俳諧。『閨秀俳句選』の天明期～天保期に名がみえる。
¶江表(八十(福岡県))

八十(3) やそ★
江戸時代後期の女性。和歌。仙台の沼沢為之助の母。文化11年刊、中山忠雄・河田正致編『柿本社奉納和歌集』に載る。
¶江表(八十(宮城県))

八十(4) やそ★
江戸時代後期の女性。教育。最上信成の妻。
¶江表(八十(東京都) [生]天保5(1834)年頃)

八十(5) やそ★
江戸時代後期の女性。俳諧。出雲松江の人。寛政12年刊、夏音舎柊里編『三度笠』附に載る。
¶江表(八十(島根県))

やそ子 やそこ★
江戸時代後期の女性。和歌。幕臣、小普請鈴木帯刀定恒の妻。寛政10年跋、信濃松代藩主真田幸弘の六〇賀集「千とせの寿詞」に載る。
¶江表(やそ子(東京都))

八十子(1) やそこ★
江戸時代後期～末期の女性。和歌。水沼氏。
¶江表(八十子(愛媛県) [生]文化7(1810)年 [没]慶応1(1865)年)

八十子(2) やそこ★
江戸時代末期の女性。和歌。松代藩藩士高田文蔵法寛の娘。
¶江表(八十子(長野県) [没]慶応1(1865)年)

八十島中* やそじまあたる
文化2(1805)年～明治7(1874)年 江戸時代末期～明治時代の伊予宇和島藩士。
¶幕末([没]明治7(1874)年12月17日)

八十島叉橋* やそしましゃきょう
天保3(1832)年～大正5(1916)年 江戸時代末期～明治時代の日本画家。
¶美画([没]大正5(1916)年5月)

やそ女 やそじょ★
江戸時代末期の女性。俳諧。上山の最上三十三観音第十番札所の湯上観音堂内に文久1年に奉納された俳額の写しに載る。
¶江表(やそ女(山形県))

八十女(1) やそじょ★
江戸時代中期の女性。俳諧。松山の人。延享4年

や

刊、波止浜の俳人村山一志編『素羅宴』に載る。
¶江表(八十女(愛媛県))

八十女(2)　やそじょ★
江戸時代後期の女性。和歌。葛新吾郎の母。盛岡藩の奥女中。
¶江表(八十女(岩手県))

八十女(3)　やそじょ★
江戸時代末期の女性。俳諧。越後新発田の人。安政5年刊、松岡茶山編『北越俳諧人銘録』に載る。
¶江表(八十女(新潟県))

八十村路通　やそむらろつう
⇒路通(ろつう)

矢田一嘯　やだいっしょう
江戸時代末期～大正時代の洋画家。
¶美画([生]安政5(1859)年12月19日　[没]大正2(1913)年4月22日)

八谷梅顚*　やたがいばいてん
文化3(1806)年～明治5(1872)年　江戸時代末期～明治時代の長州藩士。代官、郡奉行を歴任して奥番頭格に進む。
¶幕末([没]明治5(1872)年8月16日)

矢田賢之助*(矢田賢之介)　やたけんのすけ，やだけんのすけ
？～慶応4(1868)年　江戸時代末期の新撰組隊士。
¶新隊(矢田健之助　やだけんのすけ　[没]明治1(1868)年5月6日)，全幕(やだけんのすけ)，幕末([没]慶応4(1868)年5月6日)

矢田野伊豆守*　やだのいずのかみ
生没年不詳　[別]矢田野義正(やたのよしまさ)　安土桃山時代の武将。
¶全戦(矢田野義正　やたのよしまさ　[生]永禄8(1565)年　[没]元和9(1623)年)

八田皇女(矢田皇女)　やたのおうじょ
⇒八田皇女(やたのひめみこ)

八田皇女　やたのこうじょ
⇒八田皇女(やたのひめみこ)

箭田殊勝大兄皇子(箭田珠勝大兄皇子)　やたのたまかつのおおえのおうじ
⇒箭田珠勝大兄皇子(やたのたまかつのおおえのみこ)

箭田珠勝大兄皇子*　やたのたまかつのおおえのみこ
？～552年　[別]箭田殊勝大兄皇子，箭田珠勝大兄皇子(やたのたまかつのおおえのおうじ)　飛鳥時代の欽明天皇の皇子。
¶古代，古物，天皇(箭田殊勝大兄皇子　やたのたまかつのおおえのおうじ)

八田皇女*(矢田皇女)　やたのひめみこ
[別]矢田皇女(やたのおうじょ)，八田皇女(やたのおうじょ，やたのこうじょ)　上代の女性。応神天皇の皇女。
¶古代(矢田皇女)，古物，コン，天皇(生没年不詳)

矢田野義正　やたのよしまさ
⇒矢田野伊豆守(やだのいずのかみ)

谷田部梅吉　やたべうめきち
江戸時代末期～明治時代の数学者。
¶数学([生]安政4(1857)年　[没]明治36(1903)年)

矢田部永次郎*　やたべえいじろう
弘化4(1847)年～慶応2(1866)年　江戸時代末期の御楯隊伍長。
¶幕末([没]慶応2(1866)年7月28日)

矢田部掃部助*　やたべかもんのすけ
生没年不詳　安土桃山時代の織田信長の家臣。
¶織田

矢田部卿雲(矢田部郷雲)　やたべきょううん
⇒矢田部卿雲(やたべけいうん)

矢田部公望　やたべきんもち
⇒矢田部公望(やたべのきんもち)

矢田部卿雲*　やたべけいうん
文政2(1819)年～安政4(1857)年7月10日　[別]矢田部卿雲，矢田部郷雲(やたべきょううん)　江戸時代末期の蘭学者。蘭書翻訳に従事。
¶科学(やたべきょううん　[没]安政4(1857)年11月30日)，幕末([没]安政4(1857)年11月30日)

矢田部才助*　やたべさいすけ
文化13(1816)年～明治10(1877)年　江戸時代末期～明治時代の西郷村戸長。白河藩物産方となり、茶業・養蚕に務める。
¶幕末([没]明治10(1877)年10月13日)

矢田部通寿*(谷田部通寿)　やたべつうじゅ
元禄10(1697)年～明和5(1768)年　江戸時代中期の金工家。水戸彫りの興隆に尽力。
¶コン，美工

谷田部藤七郎*　やたべとうしちろう
文化11(1814)年～安政4(1857)年　江戸時代末期の水戸藩士。
¶幕末

矢田部名実*　やたべなざね
？～昌泰3(900)年　[別]矢田部名実(やたべのなざね)　平安時代前期の官人、歌人。
¶古人(やたべのなざね)

矢田部氏永*　やたべのうじなが
？～元慶4(880)年　平安時代前期の下級官人。
¶古人，古代

矢田部老*　やたべのおゆ
？～天平宝字8(764)年　奈良時代の下級官人。
¶古代

矢田部公望*　やたべのきんもち
生没年不詳　[別]矢田部公望(やたべきんもち)　平安時代中期の学者。
¶古人

矢田部重近　やたべのしげちか
平安時代後期の摂津国水無瀬荘の専当。
¶古人(生没年不詳)

矢田部名実　やたべのなざね
⇒矢田部名実(やたべなざね)

矢田部秀光　やたべのひでみつ
平安時代後期の官人。
¶古人(生没年不詳)

矢田部盛治*　やたべもりはる
文政7(1824)年～明治4(1871)年　江戸時代末期～明治時代の志士。産業開発に尽力。伊吹隊を結成。
¶コン，幕末([生]文政7(1824)年3月3日　[没]明治4(1871)

年9月）

矢田堀鴻*　やたぼりこう
文政12（1829）年～明治20（1887）年　江戸時代末期～明治時代の海軍軍人、海軍総裁。多数の海軍人材を養成。沼津兵学校の幹部として尽力。海軍省、工部省に出仕。
¶全幕，徳人，幕末（[没]明治20（1887）年12月18日）

矢田義清　やだよしきよ
⇒足利義清（あしかがよしきよ）

弥太郎　やたろう
安土桃山時代の信濃国筑摩郡生野の土豪。塔原海野氏の被官とみられる。
¶武田（生没年不詳）

八千　やち★
江戸時代後期の女性。和歌。延岡の人。天保10年序、小田郁子編「藤垣内翁略年譜」の「附録教子名簿」に名が載る。
¶江表（八千（宮崎県））

弥智　やち★
江戸時代後期の女性。和歌。布施弥一郎の母。天保11年序、忍藩藩士加藤古風編の歌集「京極黄門定家卿六百回忌追福」に載る。
¶江表（弥智（東京都））

八千子(1)　やちこ★
江戸時代後期の女性。和歌。安芸広島藩の奥女中。天保10年序、斎藤彦麿編『春の明ほの』に載る。
¶江表（八千子（広島県））

八千子(2)　やちこ★
江戸時代末期の女性。和歌。豊後杵築の荒巻継蔵の娘。文久1年序、西田惟恒編『文久元年七百首』に載る。
¶江表（八千子（大分県））

八千女　やちじょ★
江戸時代後期の女性。和歌。徳川家の奥女中。文化11年刊、中山忠雄・河田正致編『柿本社奉納和歌集』に載る。
¶江表（八千女（東京都））

八千矛神（八千桙之神）　**やちほこのかみ**
⇒大国主命（おおくにぬしのみこと）

八千代　やちよ★
江戸時代後期の女性。和歌。美濃加納藩藩士小野寺大輔の娘。
¶江表（八千代（岐阜県）　[没]天保6（1835）年）

八千代太夫*　やちよだゆう
寛永12（1635）年5月1日～万治1（1658）年12月29日　江戸時代前期の女性。京都島原の遊女。
¶江表（八千代（京都府））

屋津　やつ★
江戸時代後期の女性。俳諧。鎌原の安藤志保の娘か孫。文化12年成立、更竜庵治泉編『田毎の日』に載る。
¶江表（屋津（長野県））

八束水臣津野命　やつかみずおみつぬのみこと
⇒八束水臣津野命（やつかみずおみつののみこと）

八束水臣津野命*　やつかみずおみつののみこと，やつかみずおみづののみこと
[別]八束水臣津野命（やつかみずおみつぬのみこと）「出雲国風土記」にみえる神。
¶コン（やつかみずおみつぬのみこと）

やつしろ
江戸時代中期の女性。俳諧。島原の遊女。明和7年刊、炭太祇編『不夜庵春帖』に載る。
¶江表（やつしろ（京都府））

八綱田*　やつなた
上代の上毛野君の遠祖。
¶古代

夜刀神*　やつのかみ
[別]夜刀神（やとのかみ）「常陸国風土記」に登場する蛇神。
¶コン（やとのかみ）

八橋　やつはし★
江戸時代中期の女性。俳諧。長崎の遊女。元禄7年刊、蕉門の和田泥足編『其便』に載る。
¶江表（八橋（長崎県））

八橋検校*　やつはしけんぎょう
慶長19（1614）年～貞享2（1685）年　江戸時代前期の箏曲家。近世箏曲の始祖。
¶江人，コン

箭集宿禰虫麻呂　やつめのすくねむしまろ
⇒矢集虫麻呂（やずめのむしまろ）

矢集虫麻呂　やつめのむしまろ
⇒矢集虫麻呂（やずめのむしまろ）

八瓜入日子王　やつりいりひこのおう
⇒八瓜入日子王（やつりいりひこのおおきみ）

八瓜入日子王*　やつりいりひこのおおきみ
[別]八瓜入日子王（やつりいりひこのおう）　上代の日子坐王の子。
¶古代

八釣白彦皇子　やつりのしらひこのみこ
⇒八釣白彦皇子（やつりのしろひこのみこ）

八釣白彦皇子　やつりのしろひこのおうじ
⇒八釣白彦皇子（やつりのしろひこのみこ）

八釣白彦皇子*　やつりのしろひこのみこ
[別]八釣白彦皇子（やつりのしらひこのみこ，やつりのしろひこのおうじ）　上代の允恭天皇の皇子。
¶古代，天皇（やつりのしらひこのみこ　生没年不詳）

冶天*　やてん
元禄4（1691）年～延享4（1747）年　江戸時代中期の俳人。
¶俳文（[没]延享4（1747）年11月25日）

野童*　やどう
？～元禄14（1701）年　江戸時代前期～中期の俳人（蕉門）。
¶俳文（[没]元禄14（1701）年6月21日）

矢頭右衛門七*　やとうえもしち
貞享3（1686）年～元禄16（1703）年　江戸時代中期の播磨赤穂藩士。四十七士。
¶コン

矢頭藤七*　やとうとうしち
生没年不詳　江戸時代前期の旗本奴。
¶コン

宿縫之助　やどぬいのすけ
安土桃山時代の信濃国筑摩郡会田の土豪。会田岩

下氏の被官とみられる。
¶武田（生没年不詳）

夜刀神 やとのかみ
⇒夜刀神（やつのかみ）

宿元女 やどもとじょ★
江戸時代後期の女性。狂歌。白川の人。文政2年刊、千柳亭唐丸編『狂歌陸奥百歌撰』に載る。
¶江表（宿元女（福島県））

宿屋飯盛 やどやのめしもり
⇒石川雅望（いしかわまさもち）

宿屋飯盛 やどやめしもり
⇒石川雅望（いしかわまさもち）

簗 やな
江戸時代中期の女性。俳諧。稲垣氏。元禄16年序、長井郁翁編『柏崎』に載る。
¶江表（簗（奈良県））

箭内清融 やないきよあき
江戸時代後期の和算家。三春門鹿村の人。天保10年算額を奉納。
¶数学

柳井啓山 やないけいざん
江戸時代中期～後期の眼科医。
¶眼医（生没年不詳）

柳井健次* やないけんじ
天保13（1842）年～元治1（1864）年 江戸時代末期の志士。土佐勤王党に参加。
¶幕末（[生]天保13（1843）年12月 [没]元治1（1864）年7月19日）

簗賀吉久 やながよしひさ
安土桃山時代の武士。上野の武士か。永禄10年下之郷起請文を連名で跡部勝資に提出。
¶武田（生没年不詳）

柳川一蝶斎〔3代〕* やながわいっちょうさい
弘化4（1847）年～明治42（1909）年2月17日 江戸時代末期～明治時代の日本手品師。獅子の曲、独楽の曲などの手品を披露。
¶コン，幕末（[生]弘化4（1847）年11月）

柳川右兵衛 やながわうへえ
江戸時代後期の宮大工。
¶美建（[生]？ [没]天保5（1834）年）

柳川琴風 やながわきんぷう
⇒生玉琴風（いくたまきんぷう）

柳川国直* やながわくになお
江戸時代末期の浮世絵師。
¶浮絵（生没年不詳）

梁川紅蘭* やながわこうらん
文化1（1804）年3月15日～明治12（1879）年3月29日 江戸時代末期～明治時代の漢詩人。各地を遊歴、詩作。詩集に「紅蘭小集」。
¶江表（紅蘭（岐阜県）），コン，詩作（[没]明治12（1879）年3月），女史，女文，全幕，幕末，美画

柳川調興* やながわしげおき
慶長8（1603）年～貞享1（1684）年10月1日 江戸時代前期の対馬藩家老。
¶コン，対外

柳川調信* やながわしげのぶ
？～慶長10（1605）年 安土桃山時代の武士。対馬宗氏の重臣。
¶コン，全戦，対外

柳川重信〔1代〕* やながわしげのぶ
天明7（1787）年～天保3（1832）年 [別]柳川重信〔1代〕（やながわじゅうしん） 江戸時代後期の浮世絵師。挿絵で活躍。
¶浮絵，美画（[没]天保3（1832）年閏11月28日）

柳川重信〔2代〕 やながわしげのぶ
⇒柳川重信〔2代〕（やながわじゅうしん）

柳川侍従 やながわじじゅう
⇒立花宗茂（たちばなむねしげ）

柳川重信〔1代〕 やながわじゅうしん
⇒柳川重信〔1代〕（やながわしげのぶ）

柳川重信〔2代〕* やながわじゅうしん
生没年不詳 [別]柳川重信〔2代〕（やながわしげのぶ） 江戸時代末期の浮世絵師。
¶浮絵（やながわしげのぶ）

柳河春三 やながわしゅんさい
⇒柳河春三（やながわしゅんさん）

柳河春三* やながわしゅんさん
天保3（1832）年～明治3（1870）年 [別]柳河春三（やながわしゅんさい，やながわしゅんぞう） 江戸時代末期～明治時代の洋学者。開成所で海外新聞翻訳に従事。日本人による日本最初の新聞である「中外新聞」を創刊する。
¶江人，科学（[生]天保3（1832）年2月25日 [没]明治3（1870）年2月20日），コン，出版（[生]天保3（1832）年2月25日 [没]明治3（1870）年2月20日），数学（[生]天保3（1832）年2月25日 [没]明治3（1870）年2月20日），徳人，幕末（[生]天保3（1832）年2月25日 [没]明治3（1870）年2月20日）

柳河春三 やながわしゅんぞう
⇒柳河春三（やながわしゅんさん）

梁川星巌* やながわせいがん
寛政1（1789）年～安政5（1858）年 江戸時代後期の詩人。市河寛斎の江湖詩社に参加。
¶コン，詩作（[生]寛政1（1789）年6月18日 [没]安政5（1858）年9月2日），思想，女史，全幕，日文，幕末（[生]寛政1（1789）年6月10日 [没]安政5（1858）年9月2日）

柳川智永* やながわとしなが
？～慶長18（1613）年 [別]柳川智永（やながわともなが） 安土桃山時代～江戸時代前期の武士。対馬府中藩宗氏家臣。
¶コン，対外（やながわともなが）

柳川智永 やながわともなが
⇒柳川智永（やながわとしなが）

柳川知弘 やながわともひろ
江戸時代後期の和算家。
¶数学

柳川直政* やながわなおまさ
元禄5（1692）年～宝暦7（1757）年 江戸時代中期の装剣金工家。小道具類の制作が主。
¶コン，美工

柳川某 やながわなにがし
安土桃山時代の北条氏直の家臣。もしくは江戸城城主遠山氏の家臣か。

¶後北(某〔柳川〕　なにがし)

柳川信政　やながわのぶまさ
江戸時代後期の画家。
¶浮絵(生没年不詳)

柳川秀一*　やながわひでかず
享和2(1802)年～文久2(1862)年　江戸時代末期の柳川新田開発者。
¶幕末

梁川頼親*　やながわよりちか
天保3(1832)年～明治1(1868)年　江戸時代末期の陸奥仙台藩領主。
¶幕末([没]慶応4(1868)年7月11日)

柳　やなぎ*
江戸時代中期～後期の女性。俳諧。備後の人。天明～天保頃の人。
¶江表(柳(広島県))

柳一良瓶(柳市郎兵衛)　やなぎいちろべえ
⇒奈河七五三助〔3代〕(ながわしめすけ)

柳沢聴信　やなぎさわあきのぶ
江戸時代中期～後期の佐渡奉行、田安家家老。
¶徳代([生]宝暦4(1754)年　[没]天保3(1832)年7月27日)

柳沢淇園*　やなぎさわきえん
宝永1(1704)年～宝暦8(1758)年9月5日　[別]淇園(きえん)，柳沢貞貴(やなぎさわさだたか)，柳里恭(りゅうりきょう)　江戸時代中期の武士。南画の先駆者。
¶コン，思想，美画

柳沢堯山　やなぎさわぎょうざん
⇒柳沢保光(やなぎさわやすみつ)

柳沢伊寿*　やなぎさわこれとし
文化8(1811)年～安政4(1857)年　江戸時代後期～末期の和算家。
¶数学

柳沢貞貴　やなぎさわさだたか
⇒柳沢淇園(やなぎさわきえん)

柳沢次右衛門　やなぎさわじえもん
戦国時代～安土桃山時代の武田氏の家臣。佐久郡発地村を拠点とした土豪とみられる。武田氏直臣から、依田氏の被官。
¶武田(生没年不詳)

柳沢芝陵　やなぎさわしりょう，やなぎざわしりょう
⇒柳沢伯民(やなぎさわはくみん)

柳沢騰馬*(柳沢藤馬)　やなぎさわとうま
江戸時代末期の新撰組隊士。
¶新隊(柳沢藤馬　生没年不詳)

柳沢信勝　やなぎさわのぶかつ
戦国時代の武士。壱岐守。武河衆。
¶武田(生没年不詳)

柳沢信鴻*　やなぎさわのぶとき
享保9(1724)年～寛政4(1792)年　[別]信鴻(のぶとき)，米翁(べいおう)，柳沢米翁(やなぎさわべいおう)　江戸時代中期の大名。大和郡山藩主。
¶徳松，俳文(米翁　べいおう　[生]享保9(1724)年10月29日　[没]寛政4(1792)年3月3日)

柳沢信俊　やなぎさわのぶとし
戦国時代～江戸時代前期の武士。青木信立の子。武河衆。
¶武田([生]天文17(1548)年　[没]慶長19(1614)年11月30日)

柳沢伯民*　やなぎさわはくみん
文化14(1817)年～弘化2(1845)年8月5日　[別]柳沢芝陵(やなぎさわしりょう，やなぎざわしりょう)　江戸時代後期の儒学者。
¶コン

柳沢兵庫　やなぎさわひょうご
安土桃山時代の武田氏の家臣。
¶武田(生没年不詳)

柳沢文真　やなぎさわぶんしん
江戸時代後期～大正時代の日本画家。
¶美画([生]天保3(1832)年8月15日　[没]大正4(1915)年)

柳沢米翁　やなぎさわべいおう
⇒柳沢信鴻(やなぎさわのぶとき)

柳沢光昭*　やなぎさわみつてる
文政6(1823)年～明治33(1900)年　江戸時代後期～明治時代の大名、華族。
¶全幕

柳沢元目助　やなぎさわもとめのすけ
安土桃山時代の武田氏の家臣。
¶武田(生没年不詳)

柳沢保興*　やなぎさわやすおき
文化12(1815)年～嘉永1(1848)年　江戸時代後期の大名。大和郡山藩主。
¶徳松

柳沢保申*　やなぎさわやすのぶ，やなぎざわやすのぶ
弘化3(1846)年～明治26(1893)年10月2日　江戸時代末期～明治時代の郡山藩主、伯爵。第六十八銀行を創立、郷土の発展に尽力。
¶コン，全幕，徳松，幕末(やなぎざわやすのぶ　[生]弘化3(1846)年3月26日)

柳沢保泰*　やなぎさわやすひろ
*～天保9(1838)年5月25日　江戸時代後期の大名。大和郡山藩主。
¶徳松([生]1782年)

柳沢保光*　やなぎさわやすみつ
宝暦3(1753)年～文化14(1817)年　[別]柳沢堯山(やなぎさわぎょうざん)　江戸時代中期～後期の大名。大和郡山藩主。
¶徳松

柳沢吉里*　やなぎさわよしさと
貞享4(1687)年～延享2(1745)年　江戸時代中期の大名。甲斐甲府藩主、大和郡山藩主。
¶徳松

柳沢吉保*　やなぎさわよしやす
万治1(1658)年～正徳4(1714)年11月2日　江戸時代前期～中期の大名、老中上座(大老格)。甲斐甲府藩主、武蔵川越藩主。5代将軍綱吉の側用人として権勢を振るう。6代家宣就任とともに失脚。
¶江人，コン，植物([生]万治1(1658)年12月8日)，徳将，徳人，徳松，山小([没]1714年11月2日)

柳田光行*　やなぎだみつゆき
天保1(1830)年～？　江戸時代末期の三条家家士。
¶幕末

や

柳田光善* やなぎだみつよし
寛政9(1797)年～？　江戸時代後期の三条家家士。
¶幕末([生]寛政9(1797)年1月15日)

柳田竜雪* やなぎだりゅうせつ
天保4(1833)年～明治15(1882)年　江戸時代末期～明治時代の印刷局技師。薩摩藩奥絵師を経て、維新後は紙幣寮に勤務し上等彫刻師として活躍。
¶幕末([没]明治15(1882)年10月17日)

柳つは女 やなぎつはじょ★
江戸時代後期の女性。狂歌。熊谷の人。文化1年刊、四方歌垣編『狂歌茅花集』に載る。
¶江表(柳つは女(埼玉県))

柳殿 やなぎどの
鎌倉時代後期の女性。後嵯峨天皇皇女。
¶天皇

柳楢悦* やなぎならよし
天保3(1832)年～明治24(1891)年　江戸時代末期～明治時代の津藩士、数学者、東京数学会社社長。和算を利用した測量術で業績を残す。
¶科学([生]天保3(1832)年9月15日　[没]明治24(1891)年1月15日),コン,数学([生]天保3(1832)年9月15日　[没]明治24(1891)年1月14日),幕末([生]天保3(1832)年9月[没]明治24(1891)年1月15日)

柳原淳光* やなぎはらあつみつ
天文10(1541)年7月30日～慶長2(1597)年8月11日　[別]柳原淳光(やなぎわらあつみつ)　安土桃山時代の公卿(権大納言)。権中納言町資将の子。
¶公卿(やなぎわらあつみつ),公家(淳光〔柳原家〕　あつみつ)

柳原一助 やなぎはらいちすけ
安土桃山時代の信濃国筑摩郡麻績北条の土豪。
¶武田(生没年不詳)

柳原量光* やなぎはらかずみつ
文安5(1448)年～永正7(1510)年8月18日　[別]柳原量光(やなぎわらかずみつ)　室町時代～戦国時代の公卿(権中納言)。権大納言柳原資綱の子。
¶公卿(やなぎわらかずみつ),公家(量光〔柳原家〕　かずみつ)

柳原資明* やなぎはらすけあき
永仁5(1297)年～正平8/文和2(1353)年7月27日　[別]藤原資明(ふじわらのすけあき),柳原資明(やなぎはらすけあきら,やなぎわらすけあき,やなぎわらすけあきら)　鎌倉時代後期～南北朝時代の公卿(権大納言)。柳原家の祖。権大納言日野俊光の四男。
¶公卿(やなぎわらすけあき　[没]文和2/正平8(1353)年7月27日),公家(資明〔柳原家〕　すけあきら　[没]文和2(1353)年7月27日),コン(藤原資明　ふじわらのすけあき),コン(やなぎはらすけあきら　[没]文和2(1353)年)

柳原資明 やなぎはらすけあきら
⇒柳原資明(やなぎはらすけあき)

柳原資廉 やなぎはらすけかど
⇒柳原資廉(やなぎわらすけかど)

柳原資定* やなぎはらすけさだ
明応4(1495)年11月6日～天正6(1578)年3月30日　[別]柳原資定(やなぎわらすけさだ)　戦国時代～安土桃山時代の公卿(権大納言)。権中納言柳原量光の子。
¶公卿(やなぎわらすけさだ),公家(資定〔柳原家〕　すけさだ)

柳原資衡* やなぎはらすけひら
正平18/貞治2(1363)年～応永12(1405)年　[別]柳原資衡(やなぎわらすけひら)　南北朝時代～室町時代の公卿(権大納言)。権大納言柳原忠光の子。
¶公卿(やなぎわらすけひら　[生]貞治3/正平19(1364)年),公家(資衡〔柳原家〕　すけひら　[没]応永11(1404)年12月)

柳原隆光* やなぎはらたかみつ
寛政5(1793)年～嘉永4(1851)年　[別]柳原隆光(やなぎわらたかみつ)　江戸時代末期の公家(権大納言)。権大納言柳原均光の子。
¶公卿(やなぎわらたかみつ　[生]寛政5(1793)年4月23日　[没]嘉永4(1851)年7月9日),公家(隆光〔柳原家〕　たかみつ　[生]寛政5(1793)年4月23日　[没]嘉永4(1851)年7月9日),幕末([生]寛政5(1793)年4月23日　[没]嘉永4(1851)年7月9日)

柳原忠光* やなぎはらただみつ
建武1(1334)年～天授5/康暦1(1379)年1月19日　[別]柳原忠光(やなぎわらただみつ)　南北朝時代の公卿(権大納言)。権大納言柳原資明の四男。
¶公卿(やなぎわらただみつ　[没]康暦1/天授5(1379)年1月19日),公家(忠光〔柳原家〕　ただみつ　[没]永和5(1379)年)

柳原紀光 やなぎはらのりみつ
⇒柳原紀光(やなぎはらもとみつ)

柳原光愛* やなぎはらみつなる
文政1(1818)年～明治18(1885)年　[別]柳原光愛(やなぎわらみつなる)　江戸時代末期～明治時代の公家。権大納言。久我建通らを弾劾。公武合体路線をとる。
¶公卿(やなぎわらみつなる　[生]文政1(1818)年5月18日　[没]明治18(1885)年5月),公家(光愛〔柳原家〕　みつなる　[生]文政1(1818)年5月18日　[没]明治18(1885)年6月28日),コン,幕末([生]文化15(1818)年2月4日　[没]明治18(1885)年6月28日)

柳原紀光* やなぎはらもとみつ
延享3(1746)年～寛政12(1800)年　[別]柳原紀光(やなぎはらのりみつ,やなぎわらのりみつ,やなぎわらもとみつ)　江戸時代中期～後期の公家(権大納言)。権大納言柳原光綱の子。
¶公卿(やなぎわらもとみつ　[生]延享3(1746)年11月14日　[没]寛政12(1800)年1月4日),公家(紀光〔柳原家〕　もとみつ　[生]延享3(1746)年11月14日　[没]寛政12(1800)年1月3日),コン([生]延享4(1747年/1746)年)

柳原弥次衛門 やなぎはらやじえもん
安土桃山時代の信濃国筑摩郡麻績北条の土豪。
¶武田(生没年不詳)

柳原安子* やなぎはらやすこ
天明3(1783)年～慶応2(1866)年　[別]柳原安子(やなぎわらやすこ)　江戸時代末期の女流歌人。
¶江表(安子(京都府)),女文(やなぎわらやすこ　[没]慶応2(1866)年12月28日)

柳文朝〔1代〕* やなぎぶんちょう
江戸時代末期の浮世絵師。
¶浮絵(生没年不詳)

柳文朝〔2代〕* やなぎぶんちょう
？～文政3(1820)年　江戸時代末期の浮世絵師。
¶浮絵

柳眉女 やなぎまゆじょ★
江戸時代後期の女性。狂歌。文化11年序、四方滝

水楼米人編『狂歌水鷹集』に載る。
¶江表（柳眉女（東京都））

柳本賢治* やなぎもとかたはる
？～享禄3（1530）年　戦国時代の武将。細川晴元に従う。
¶コン, 全戦, 室町

柳本直太郎* やなぎもとなおたろう
嘉永1（1848）年3月7日～大正2（1913）年　江戸時代末期～明治時代の福井藩士、東京外国語学校長、名古屋市長。英学を修行。兵器購入のため渡米。
¶幕末（[没]大正2（1913）年3月13日）

揚本藤虎*（楊本藤虎）　やなぎもとふじとら
生没年不詳　安土桃山時代の織田信長の家臣。
¶織田（楊本藤虎）

柳家小さん〔1代〕* やなぎやこさん
生没年不詳　[別]朝寝坊むらく〔4代〕（あさねぼうむらく），春風亭小さん，春風亭小さん〔1代〕（しゅんぷうていこさん）　江戸時代末期～明治時代の落語家。
¶コン

柳原淳光 やなぎわらあつみつ
⇒柳原淳光（やなぎはらあつみつ）

柳原量光 やなぎわらかずみつ
⇒柳原量光（やなぎはらかずみつ）

柳原茂光* やなぎわらしげみつ
文禄4（1595）年～承応3（1654）年10月6日　江戸時代前期の公家（権大納言）。権大納言柳原淳光の孫。
¶公卿, 公家（茂光〔柳原家〕　しげみつ）

柳原資明 やなぎわらすけあき
⇒柳原資明（やなぎはらすけあき）

柳原資明 やなぎわらすけあきら
⇒柳原資明（やなぎはらすけあき）

柳原資廉* やなぎわらすけかど
正保1（1644）年～正徳2（1712）年　[別]柳原資廉（やなぎはらすけかど）　江戸時代前期～中期の公家（権大納言）。権大納言柳原資行の次男。
¶公卿（[生]正保1（1644）年6月30日　[没]正徳2（1712）年9月25日），公家（資廉〔柳原家〕　すけかど　[生]寛永21（1644）年6月30日　[没]正徳2（1712）年9月25日）

柳原資定 やなぎわらすけさだ
⇒柳原資定（やなぎはらすけさだ）

柳原資綱* やなぎわらすけつな
応永24（1417）年～明応9（1500）年閏6月27日　室町時代～戦国時代の公卿（権大納言）。権大納言柳原忠秀の子。
¶公卿, 公家（資綱〔柳原家〕　すけつな）

柳原資衡 やなぎわらすけひら
⇒柳原資衡（やなぎはらすけひら）

柳原資行* やなぎわらすけゆき
元和6（1620）年12月16日～延宝7（1679）年8月12日　江戸時代前期の公家（権大納言）。権大納言柳原茂光の子。
¶公卿, 公家（資行〔柳原家〕　すけゆき）

柳原隆光 やなぎわらたかみつ
⇒柳原隆光（やなぎはらたかみつ）

柳原忠秀* やなぎわらただひで
明徳4（1393）年～嘉吉3（1443）年3月12日　室町時代の公卿（権大納言）。権大納言町資藤の次男。
¶公卿, 公家（忠秀〔柳原家〕　ただひで）

柳原忠光 やなぎわらただみつ
⇒柳原忠光（やなぎはらただみつ）

柳原均光* やなぎわらなおみつ
安永1（1772）年6月8日～文化9（1812）年3月13日　江戸時代後期の公家（権大納言）。権大納言柳原紀光の子。
¶公卿, 公家（均光〔柳原家〕　なおみつ　[生]明和9（1772）年6月8日）

柳原紀光 やなぎわらのりみつ
⇒柳原紀光（やなぎはらもとみつ）

柳原光綱* やなぎわらみつつな
正徳1（1711）年11月29日～宝暦10（1760）年9月28日　江戸時代中期の公家（権大納言）。権中納言上冷泉為綱の末子。
¶公卿, 公家（光綱〔柳原家〕　みつつな）

柳原光愛 やなぎわらみつなる
⇒柳原光愛（やなぎはらみつなる）

柳原紀光 やなぎわらもとみつ
⇒柳原紀光（やなぎはらもとみつ）

柳原安子 やなぎわらやすこ
⇒柳原安子（やなぎはらやすこ）

簗瀬克吉* やなせかつきち
？～明治3（1870）年　江戸時代末期～明治時代の人。雲井竜雄事件に連座。
¶幕末（[生]弘化2（1845）年　[没]明治3（1870）年12月）

簗瀬勝三郎* やなせかつざぶろう，やなせかつさぶろう
嘉永5（1852）年～明治1（1868）年　江戸時代末期の白虎士中二番隊士。
¶全幕（やなせかつさぶろう　[没]慶応4（1868）年），幕末（やなせかつさぶろう　[没]慶応4（1868）年8月23日）

簗瀬広記*（梁瀬広記）　やなせこうき
天保10（1839）年～明治24（1891）年1月9日　江戸時代末期～明治時代の肥前福江藩士。
¶幕末（梁瀬広記）

簗瀬武治* やなせたけじ
嘉永6（1853）年～明治1（1868）年　江戸時代末期の白虎士中二番隊士。
¶全幕（[没]慶応4（1868）年），幕末（[没]慶応4（1868）年8月23日）

柳瀬又左衛門 やなせまたざえもん
江戸時代前期の武士。大坂の陣で籠城。
¶大坂

柳瀬方塾* やなせみちいえ
貞享2（1685）年～元文5（1740）年　江戸時代中期の歌人。歌論「秋夜随筆」を著す。
¶コン

柳田三次郎 やなださんじろう
⇒稲田佐太郎（いなださたろう）

梁田蛻巌* やなだぜいがん
寛文12（1672）年～宝暦7（1757）年　[別]亀毛（きもう）　江戸時代中期の漢学者、漢詩人。
¶コン, 詩作（[生]寛文12（1672）年1月24日　[没]宝暦7（1757）年7月17日），俳文（亀毛　きもう　[生]寛文12

や

(1672)年1月24日 [没]宝暦7(1757)年7月17日)

簗田出羽守* やなだでわのかみ
生没年不詳 安土桃山時代の織田信長の家臣。
¶織田

簗田藤左衛門* やなだとうざえもん
生没年不詳 安土桃山時代の会津商人。
¶コン

簗田晴助* やなだはるすけ
大永4(1524)年～文禄3(1594)年 戦国時代～安土桃山時代の地方豪族・土豪。足利氏家臣。
¶全戦

簗田彦四郎* やなだひこしろう
生没年不詳 安土桃山時代の織田信長の家臣。
¶織田

簗田広正* やなだひろまさ
？～天正7(1579)年6月6日 [別]別喜右近大夫(べっきうこんだいぶ，べつきうこんたゆう)，戸次右近大夫(べつきうこんたゆう) 戦国時代～安土桃山時代の武士。信長の臣。
¶織田,全戦

や

簗田弥次右衛門* やなだやじえもん
生没年不詳 安土桃山時代の織田信長の家臣。
¶織田

屋主忍男武雄心命* やぬしおしおたけおごころのみこと
上代の武内宿禰の父。
¶古代

屋能 やの⋆
江戸時代後期の女性。教育。大坂城番横山金三郎の娘。
¶江表(屋能(東京都) [生]文政8(1825)年頃)

矢野和泉守 やのいずみのかみ
⇒矢野正倫(やのまさとも)

矢野市之進 やのいちのしん
⇒矢野敬勝(やのよしかつ)

矢野右馬助* やのうまのすけ
生没年不詳 戦国時代の武士。北条氏家臣。
¶後北(右馬助〔矢野(2)〕 うまのすけ)

矢野一貞* やのかずさだ
寛政6(1794)年～明治12(1879)年8月20日 江戸時代後期～明治時代の考古学者。
¶幕末

矢野川正保* やのがわまさやす
天保2(1831)年～明治38(1905)年10月4日 江戸時代末期～明治時代の医師。
¶幕末([生]天保2(1831)年1月)

矢野川良晴* やのがわよしはる
文政4(1821)年～明治25(1892)年 江戸時代末期～明治時代の藩士。武術に励み、足軽となる。志士と交流し、国事に奔走。
¶幕末([没]明治25(1892)年4月15日)

矢野川竜右衛門* やのがわりゅうえもん
文政1(1818)年～明治1(1868)年 江戸時代末期の志士。土佐勤王党に参加。
¶幕末([生]文化15(1818)年1月 [没]慶応4(1868)年8月26日)

矢野勘三郎* やのかんざぶろう
文政4(1821)年～明治27(1894)年 江戸時代末期～明治時代の商人。幕末動乱期の浪人問屋。維新後、長崎で商売を始める。
¶コン

矢野喜内 やのきない
江戸時代前期の武士。大坂の陣で籠城。
¶大坂

矢野五左衛門 やのござえもん
江戸時代前期の豊臣秀頼の家臣。いちやの子。
¶大坂([没]元和2年)

矢野策平* やのさくへい
文政10(1827)年～明治5(1872)年 江戸時代末期～明治時代の加賀藩士。
¶幕末([没]明治5(1872)年11月4日)

矢野二郎 やのじろう
江戸時代後期～明治時代の教育者、実業家。
¶幕末([生]弘化2(1845)年1月15日 [没]明治39(1906)年6月17日)

矢野次郎左衛門* やのじろうざえもん
生没年不詳 戦国時代の北条氏の家臣。
¶後北(家次〔矢野(3)〕 いえつぐ)

矢野拙斎* やのせっさい
寛文2(1662)年～享保17(1732)年 [別]天野拙斎(あまのせっさい) 江戸時代中期の儒学者。
¶コン

矢野啓通 やのたかみち
江戸時代後期～明治時代の彫刻家。
¶美建([生]文政3(1820)年 [没]明治19(1886)年)

矢野長九郎* やのちょうくろう
文政7(1824)年～文久2(1862)年 江戸時代末期の水戸藩士。
¶幕末([没]文久2(1862)年8月6日)

矢野藤一郎* やのといちろう
生没年不詳 安土桃山時代の織田信長の家臣。
¶織田

矢野倫重 やのともしげ
⇒三善倫重(みよしともしげ)

矢野玄道* やのはるみち
文政6(1823)年11月17日～明治20(1887)年5月19日 江戸時代末期～明治時代の国学者。修史事業に尽力、史料編纂所設立の基礎を構築。著書に「神典翼」など。
¶コン,思想,全幕,幕末,山小([生]1823年11月17日 [没]1887年5月19日)

矢野彦六 やのひころく
戦国時代～安土桃山時代の北条氏康・北条氏規家臣南条昌治の同心。右馬助。父右馬助の次男。
¶後北(彦六〔矢野(2)〕 ひころく)

矢野兵部右衛門 やのひょうぶえもん
安土桃山時代の白井城主長尾憲景の家臣。北条氏邦に属した。
¶後北(兵部右衛門〔矢野(4)〕 ひょうぶえもん)

矢野備後守 やのびんごのかみ
安土桃山時代の織田信長の家臣。丹後加佐郡祖母谷を本拠とする豪族。
¶織田(生没年不詳)

矢野孫右衛門　やのまごえもん
安土桃山時代の武蔵国鉢形城主北条氏邦・直定の家臣。
¶後北(孫右衛門〔矢野(4)〕　まごえもん)

矢野正倫*　やのまさとも
？～慶長19(1614)年　[別]矢野和泉守(やのいずみのかみ)　安土桃山時代～江戸時代前期の武将。
¶大坂(矢野和泉守　やのいずみのかみ　[没]慶長19年11月26日)

矢野光儀*　やのみつよし
文政5(1822)年～明治13(1880)年9月13日　江戸時代末期～明治時代の豊後佐伯藩士、下総葛飾県知事、深津県知事。藩の要職を歴任、民衆の信頼を得る。
¶幕末

矢野守光　やのもりみつ
江戸時代後期の神道講釈者。
¶思想(生没年不詳)

矢野弥右衛門*　やのやえもん
生没年不詳　安土桃山時代の織田信長の家臣。
¶織田

矢野弥三郎*　やのやさぶろう
生没年不詳　安土桃山時代の織田信長の家臣。
¶織田

矢野山城守*　やのやましろのかみ
生没年不詳　安土桃山時代の上野国衆白井長尾氏重臣。
¶後北(山城守〔矢野(1)〕　やましろのかみ)

矢野幸賢*　やのゆきやす
文化11(1814)年～明治29(1896)年　江戸時代後期～明治時代の武士。
¶幕末([没]明治29(1896)年6月15日)

矢野敬和　やのよしかず
江戸時代後期の和算家。龍野の人。文政1年算額を奉納。
¶数学

矢野敬勝*　やのよしかつ
文政10(1827)年～明治19(1886)年　[別]矢野市之進(やのいちのしん)　江戸時代末期～明治時代の剣士、郡中学校演武場教師。直清流の剣を藩士に教える。
¶全幕(矢野市之進　やのいちのしん),幕末([没]明治19(1886)年6月26日)

矢野吉重*　やのよししげ
慶長3(1598)年～承応2(1653)年　江戸時代前期の肥後熊本藩の絵師。
¶美画([没]承応2(1653)年閏6月6日)

矢野隆山*　やのりゅうざん
文化11(1814)年～慶応1(1865)年　江戸時代末期の鍼医、最初のプロテスタント信者。
¶幕末([没]慶応1(1865)年11月)

野坡*　やば
寛文2(1662)年～元文5(1740)年1月3日　[別]志多野坡,志太野坡,志田野坡(しだやは,しだやば)　江戸時代中期の俳人。「すみだわら」の編集者。
¶江人,コン(志田野坡　しだやば　[生]寛文3(1663)年),詩作(志太野坡　しだやば　[生]寛文2(1662)年1月3日),日文(志田野坡　しだやは),俳文

矢馬　やば
⇒中山文五郎〔1代〕(なかやまぶんごろう)

矢作沖麿　やはぎおきまろ
江戸時代後期～明治時代の幕臣。旧幕海軍とともに江戸を脱し、仙台を経て蝦夷地に渡る。
¶全幕([生]天保4(1833)年　[没]明治2(1869)年)

矢作延清　やはぎののぶきよ
平安時代後期の官人。
¶古人(生没年不詳)

夜白　やはく*
江戸時代中期の女性。俳諧。延享2年刊、大場寥和編『俳諧職人尽』前集に載る。
¶江表(夜白(東京都))

箭括氏麻多智*　やはずのうじのまたち
[別]箭括麻多智(やはずのまたち,やはづのまたち)　奈良時代の常陸国行方郡の村落首長。
¶古人(箭括麻多智　やはづのまたち　生没年不詳),古代

箭括麻多智　やはずのまたち
⇒箭括氏麻多智(やはずのうじのまたち)

矢橋松次郎　やはせまつじろう
江戸時代後期の代官。
¶徳代([生]？　[没]文化14(1817)年？)

箭括麻多智　やはづのまたち
⇒箭括氏麻多智(やはずのうじのまたち)

野必大　やひつだい
⇒人見必大(ひとみひつだい)

八尋殿女　やひろとのめ
江戸時代後期の女性。狂歌。尾張名古屋の書肆万巻巻菱屋久次郎の妻。文化14年刊、芦辺田鶴丸撰『狂歌弄花集』に載る。
¶江表(八尋殿女(愛知県))

藪内紹智〔藪内流1代〕　やぶうちじょうち
⇒藪内紹智〔藪内流1代〕(やぶのうちじょうち)

矢葺景与　やぶきかげよ
江戸時代前期～中期の幕臣。
¶徳人([生]1687年　[没]1764年)

矢吹正則*　やぶきまさのり
天保4(1833)年～明治39(1906)年　江戸時代末期～明治時代の勤王家、美作津山藩士。
¶幕末([没]明治39(1906)年10月9日)

藪孤山*　やぶこざん,やぶこさん
享保20(1735)年～享和2(1802)年　江戸時代中期～後期の儒学者。朱子学への学風統一に苦心。
¶コン,詩作([没]享和2(1802)年4月20日),思想

藪実方*　やぶさねふさ
天保8(1837)年～明治17(1884)年　江戸時代末期～明治時代の公家。横浜鎖港の督促を上書。
¶幕末([生]天保8(1837)年11月7日　[没]明治17(1884)年10月9日)

藪慎庵*　やぶしんあん
元禄2(1689)年～延享1(1744)年　江戸時代中期の儒学者、肥後熊本藩士。肥後実学者の指導者。
¶コン,思想

藪忠通　やぶただみち
江戸時代前期～中期の幕臣。

¶徳人（[生]1679年　[没]1754年）

藪忠良　やぶただよし

文政2（1819）年～？　[別]藪忠良（やぶちゅうりょう）　江戸時代後期の幕臣。

¶徳人，徳代（やぶちゅうりょう）

養田安忠*　やぶたやすただ

天保6（1835）年～明治27（1894）年　江戸時代末期～明治時代の下館藩士。

¶幕末

矢淵和泉　やぶちいずみ

安土桃山時代の信濃国筑摩郡明科の土豪。

¶武田（生没年不詳）

藪長水*　やぶちょうすい

*～慶応3（1867）年　江戸時代末期の画家。

¶美画（[生]文化11（1814）年　[没]慶応3（1867）年4月25日）

藪嗣章*　やぶつぐあき

慶安3（1650）年閏10月20日～元禄11（1698）年7月3日　江戸時代前期～中期の公家（参議）。権大納言藪嗣孝の子。

¶公卿，公家（嗣章〔藪家〕　つぐあき）

藪嗣孝*　やぶつぐたか

元和5（1619）年9月6日～天和2（1682）年5月27日　江戸時代前期の公家（権大納言）。権大納言藪嗣良の子。

¶公卿，公家（嗣孝〔藪家〕　つぐたか）

藪嗣良*　やぶつぐよし

文禄2（1593）年1月16日～承応2（1653）年4月17日　江戸時代前期の公家（権大納言）。権大納言四辻公遠の末子。

¶公卿

藪内剣仲（藪内劍仲）　やぶのうちけんちゅう

⇒藪内紹智〔藪内流1代〕（やぶのうちじょうち）

藪内紹智〔藪内流1代〕*　やぶのうちじょうち

天文5（1536）年～寛永4（1627）年　[別]紹智〔1代〕（しょうち），藪内紹智〔藪内流1代〕（やぶうちじょうち），籔内剣仲，藪内劍仲（やぶのうちけんちゅう），藪内宗胤（やぶのうちそういん）　安土桃山時代～江戸時代前期の茶人。茶道藪内流の祖。利休に皆伝を得る。

¶コン（代数なし）

藪内宗胤　やぶのうちそういん

⇒藪内紹智〔藪内流1代〕（やぶのうちじょうち）

藪明山　やぶめいざん

江戸時代後期～昭和時代の陶画工。

¶美工（[生]嘉永6（1853）年　[没]昭和9（1934）年5月）

藪保季*　やぶやすすえ

享保16（1731）年11月20日～寛政11（1799）年4月2日　江戸時代中期の公家（権中納言）。権大納言清水谷雅季の三男。

¶公卿，公家（保季〔藪家〕　やすすえ）

藪六右衛門*　やぶろくえもん

寛政2（1790）年～明治5（1872）年　江戸時代末期～明治時代の九谷焼の陶工。

¶コン，美工

矢部皐茂*　やべあつしげ

文化11（1814）年～明治7（1874）年　江戸時代末期～明治時代の加賀藩士、大属。小将頭、銃隊馬廻頭などを。

¶幕末（[没]明治7（1874）年10月11日）

矢部家定*　やべいえさだ

生没年不詳　安土桃山時代の武士。織田氏家臣、豊臣氏家臣。

¶織田，全戦

矢部久右衛門の妻　やべきゅうえもんのつま★

江戸時代末期の女性。和歌。常陸水戸藩士の妻か。文久1年成立「烈公一回御忌和歌」に載る。

¶江表（矢部久右衛門の妻（茨城県））

矢部定謙*　やべさだのり

寛政1（1789）年～天保13（1842）年　[別]矢部定謙（やべていけん）　江戸時代後期の幕臣。左近将監、駿河守。老中水野忠邦と対立。

¶コン（[生]寛政6（1794）年　[没]？），徳人

矢部定令　やべさだのり

江戸時代中期～後期の幕臣。

¶徳人（[生]1746年　[没]1813年）

矢部指直*　やべしちょく

文政12（1829）年～明治31（1898）年　[別]指直（しちょく）　江戸時代末期～明治時代の俳人。

¶俳文（指直　しちょく　[没]明治31（1898）年11月6日）

矢部将監*　やべしょうげん

生没年不詳　戦国時代の地侍、流通業者。

¶後北（将監〔矢部〕　しょうげん）

矢部但馬守　やべたじまのかみ

戦国時代～安土桃山時代の富士郡吉原の問屋商人。

¶武田（生没年不詳）

矢部定謙　やべていけん

⇒矢部定謙（やべさだのり）

矢部富右衛門　やべとみうえもん

⇒矢部富右衛門（やべとみえもん）

矢部富右衛門*　やべとみえもん

天保1（1830）年～明治43（1910）年　[別]矢部富右衛門（やべとみうえもん）　江戸時代末期～明治時代の陶工。長沼焼の製陶に精進。長沼焼中興の祖といわれる。

¶幕末（[生]文政13（1830）年7月29日　[没]明治43（1910）年10月13日），美工（やべとみうえもん　[生]文政13（1830）年9月15日　[没]明治43（1910）年10月13日）

矢部春之　やべはるゆき

江戸時代前期～中期の幕臣。

¶徳人（[生]1624年　[没]1716年）

矢部兵吾*　やべひょうご

嘉永6（1853）年頃～？　江戸時代後期～末期の新撰組隊士。

¶新隊（生没年不詳）

矢部正子*　やべまさこ

延享2（1745）年～安永2（1773）年　江戸時代中期の女性。歌人。京都で小沢蘆庵に学ぶ。

¶江表（正子（京都府）），女史，女文（[没]安永2（1773）年9月18日）

矢部理左衛門*　やべりざえもん

元和1（1615）年～寛文7（1667）年　江戸時代前期の陸奥国の村役人。新田開拓に尽力。

¶コン

八穂子 やほこ★
江戸時代後期の女性。和歌。江戸後期の儒学者林大学頭述斎の側室。文政4年の「詩仙堂募集和歌」に載る。
¶江表(八穂子(東京都))

也保子 やほこ★
江戸時代後期の女性。和歌。高取藩主植村家長家の奥女中。文政7年頃、池田冠山の仕立てた巻物「玉露童女追悼集」に入集。
¶江表(也保子(奈良県))

やほ女 やほじょ★
江戸時代後期の女性。俳諧。高岡の人。天保5年刊、高岡の真葛坊編『己之中集』に載る。
¶江表(やほ女(富山県))

山井局 やまいのつぼね★
江戸時代前期の女性。書簡。公卿で歌人西洞院時慶の息子時貞の娘。延宝7年陽和院の和歌二〇首の巻物に載る。
¶江表(山井局(京都府))

山入与義* やまいりともよし
？～応永29(1422)年閏10月13日 [別]佐竹与義(さたけともよし) 室町時代の武将。常陸国久米城城主。
¶コン,内乱(佐竹(山入)与義 さたけ(やまいり)ともよし)

山内意慶 やまうちいけい
江戸時代前期の坊主。医者。山内松軒の弟。
¶大坂

山内一豊 やまうちかずとよ
⇒山内一豊(やまのうちかずとよ)

山内一豊の妻(山内一豊妻) やまうちかずとよのつま
⇒見性院(けんしょういん)

山内源七郎 やまうちげんしちろう
江戸時代末期の幕臣。
¶幕末([生]? [没]慶応4(1868)年5月17日)

山内玄齢* やまうちげんれい
天明8(1788)年～安政1(1854)年 江戸時代後期の儒学者、天文学者。
¶幕末([没]嘉永7(1854)年6月29日)

山内香渓* やまうちこうけい
天保12(1841)年～大正12(1923)年 江戸時代末期～明治時代の陸奥会津藩士。
¶幕末([没]大正12(1923)年10月28日)

山内香雪* やまうちこうせつ
寛政11(1799)年～万延1(1860)年 [別]山内香雪(やまのうちこうせつ) 江戸時代末期の書家。
¶幕末([没]安政7(1860)年2月3日)

山内権三郎 やまうちごんざぶろう
江戸時代前期の大野治房配下の物頭。
¶大坂([没]慶長20年4月29日)

山打三九郎* やまうちさんくろう
生没年不詳 江戸時代前期の飛騨高山の漆工。
¶美工

山内穐叢園 やまうちしゅうそうえん
江戸時代後期のアサガオ育種家。
¶植物(生没年不詳)

山内庄五郎 やまうちしょうごろう
江戸時代後期～大正時代の和算家。愛媛宇和町の人。
¶数学([生]天保6(1835)年12月23日 [没]大正3(1914)年)

山内新左衛門 やまうちしんざえもん
安土桃山時代～江戸時代前期の代官。
¶徳代(生没年不詳)

山内甚三郎 やまうちじんざぶろう
安土桃山時代～江戸時代前期の武将。加藤清正十六将の1人。
¶全戦(生没年不詳)

山内大学 やまうちだいがく
⇒山内豊栄(やまのうちとよよし)

山内忠豊* やまうちただとよ
慶長14(1609)年～寛文9(1669)年 [別]山内忠豊(やまのうちただとよ) 江戸時代前期の大名。土佐藩主。
¶コン(やまのうちただとよ)

山内忠義* やまうちただよし
文禄1(1592)年～寛文4(1664)年11月24日 [別]山内忠義(やまのうちただよし) 江戸時代前期の大名。土佐藩主。
¶コン(やまのうちただよし)

山内豊信* やまうちとよしげ
文政10(1827)年～明治5(1872)年 [別]山内容堂(やまうちようどう),山内豊信(やまのうちとよしげ) 江戸時代後期～明治時代の大名。
¶江人(山内容堂 やまうちようどう),コン(やまのうちとよしげ),全幕(山内容堂 やまうちようどう),徳将,幕末(山内容堂 やまうちようどう [生]文政10(1827)年10月9日 [没]明治5(1872)年6月21日),山小([生]1827年10月9日 [没]1872年6月21日)

山内豊誉 やまうちとよたか
⇒山内兵庫(やまのうちひょうご)

山内豊凞*(山内豊熙) やまうちとよてる
文化12(1815)年～嘉永1(1848)年 [別]山内豊熙(やまのうちとよてる),山内豊熙(やまのうちとよひろ) 江戸時代後期の大名。土佐高知藩主。
¶幕末([生]文化12(1815)年2月29日 [没]嘉永1(1848)年7月10日)

山内豊誉 やまうちとよなり
⇒山内兵庫(やまのうちひょうご)

山内豊範* やまうちとよのり
弘化3(1846)年～明治19(1886)年 [別]山内豊範(やまのうちとよのり) 江戸時代末期～明治時代の武士、16代土佐藩主。朝廷より国事周旋・京都警衛を命じられ、勅使大原重徳の江戸下向を護衛。
¶コン(やまのうちとよのり),全幕,幕末([生]弘化3(1846)年4月15日 [没]明治19(1886)年7月13日)

山内豊福* やまうちとよよし
天保7(1836)年～明治1(1868)年 [別]山内豊福(やまのうちとよとみ,やまのうちとよよし) 江戸時代末期の大名。土佐高知新田藩主。
¶全幕([没]慶応4(1868)年),幕末([没]慶応4(1868)年1月13日)

山内尼 やまうちのあま
⇒山内尼(やまのうちのあま)

山内典子 やまうちのりこ
⇒山内典子(やまのうちのりこ)

山内兵庫　やまうちひょうご
⇒山内兵庫（やまのうちひょうご）

山内道恒　やまうちみちつね
⇒山内道恒（やまのうちみちつね）

山内道慶　やまうちみちよし
⇒山内道慶（やまのうちみちよし）

山内康豊*　やまうちやすとよ
天文18（1549）年～寛永2（1625）年8月29日　[別]山内康豊（やまのうちやすとよ）　安土桃山時代～江戸時代前期の武将、大名。土佐陸奥中村藩主。
¶織田（やまのうちやすとよ）

山内容堂　やまうちようどう
⇒山内豊信（やまうちとよしげ）

山内六三郎*　やまうちろくさぶろう
[別]山内堤雲，山内提雲（やまのうちていうん），山内六三郎（やまのうちろくさぶろう）　江戸時代末期～明治時代の幕臣、官吏。1863年遣仏使節通訳としてフランスに渡る。
¶全幕（[生]天保9（1838）年　[没]大正12（1923）年），幕末（山内堤雲　やまのうちていうん　[生]天保9（1838）年9月17日　[没]大正12（1923）年2月5日）

山姥*　やまうば
山中に住む女性の妖怪。
¶コン

山浦清麿　やまうらきよまろ
⇒清麿（きよまろ）

山浦国清　やまうらくにきよ
⇒村上国清（むらかみくにきよ）

山浦玄蕃*　やまうらげんば
？～承応2（1653）年　[別]山浦光則（やまうらみつのり）　江戸時代前期のキリシタン。
¶コン（[没]承応3（1654）年）

山浦真雄　やまうらさねお
⇒山浦真雄（やまうらまさお）

山浦鉄四郎　やまうらてつしろう
⇒蒲生誠一郎（がもうせいいちろう）

山浦真雄*　やまうらまさお
文化1（1804）年～明治7（1874）年　[別]真雄（まさお），山浦真雄（やまうらさねお）　江戸時代末期～明治時代の刀工。
¶幕末（[没]明治4（1871）年5月），美工（[没]明治7（1874）年5月18日）

山浦光則　やまうらみつのり
⇒山浦玄蕃（やまうらげんば）

山岡家次　やまおかいえつぐ
安土桃山時代の織田信長の家臣。近江山岡氏の一族か。
¶織田（生没年不詳）

山岡伊織*　やまおかいおり
？～安政4（1857）年　江戸時代後期～末期の幕臣。
¶徳人（[生]1779年　[没]？）

山岡栄治　やまおかえいじ
江戸時代後期～末期の二本松藩士。奥間書役見習、大砲方。
¶全幕（[生]天保14（1843）年　[没]慶応4（1868）年）

山岡景顕　やまおかかげあきら
江戸時代前期～中期の佐渡奉行。
¶徳代（[生]寛文9（1669）年　[没]元文5（1740）年2月28日）

山岡景佐*　やまおかかげすけ
享禄4（1531）年～天正17（1589）年　戦国時代～安土桃山時代の武将。
¶織田（[没]天正17（1589）年1月），全戦

山岡景隆*　やまおかかげたか
大永5（1525）年～天正13（1585）年　戦国時代～安土桃山時代の織田信長麾下の武将。
¶織田（[没]天正13（1585）年1月14日），全戦

山岡景友*　やまおかかげとも
*～慶長8（1603）年　[別]宮内卿法印（くないきょうほういん），道阿弥（どうあみ），山岡道阿弥（やまおかどうあみ）　安土桃山時代の武将。豊臣秀吉の麾下。
¶織田（[生]天文9（1540）年　[没]慶長8（1603）年12月20日），全戦（[生]天文9（1540）年）

山岡景猶*　やまおかかげなお
？～慶長4（1599）年　安土桃山時代の武将。織田氏家臣、加藤氏家臣。
¶織田，全戦

山岡景長　やまおかかげなが
安土桃山時代～江戸時代前期の幕臣。
¶徳人（[生]1569年　[没]1620年）

山岡景宗*　やまおかかげむね
生没年不詳　安土桃山時代の武士。織田氏家臣、秀吉馬廻、徳川氏家臣。
¶織田

山岡景以*　やまおかかげもち
天正2（1574）年～寛永19（1642）年　安土桃山時代～江戸時代前期の武将。豊臣氏家臣、徳川氏家臣。
¶徳人，徳代（[没]寛永19（1642）年6月4日）

山岡景元　やまおかかげもと
江戸時代前期～中期の幕臣。
¶徳人（[生]1640年　[没]1713年）

山岡景恭*　やまおかかげやす
生没年不詳　[別]山岡景恭（やまおかけいきょう）　江戸時代末期の幕臣。
¶徳代（やまおかけいきょう）

山岡景恭　やまおかけいきょう
⇒山岡景恭（やまおかかげやす）

山岡景助　やまおかけいすけ
江戸時代前期～中期の幕臣。
¶徳人（[生]1624年　[没]1705年）

山岡元隣*　やまおかげんりん
寛永8（1631）年～寛文12（1672）年　[別]元隣（げんりん），而慍斎（じうんさい）　江戸時代前期の俳人、仮名草子作者。「宝蔵」などの著者。
¶コン，日文，俳文（元隣　げんりん　[没]寛文12（1672）年閏6月27日）

山岡治左衛門*　やまおかじざえもん
生没年不詳　江戸時代末期の備後福山藩文武総裁。
¶幕末

山岡俊明（山岡浚明）　やまおかしゅんめい
⇒山岡浚明（やまおかまつあけ）

山岡鉄舟* やまおかてっしゅう
天保7(1836)年～明治21(1888)年7月19日 [別]山岡鉄太郎(やまおかてつたろう) 江戸時代末期～明治時代の剣術家、政治家、書家。江戸城無血開城の貢献者。幕末三舟の一人。
¶江人,コン,詩作([生]天保7(1836)年6月10日),全幕,徳将,徳人,幕末([生]天保7(1836)年6月10日),山小([生]1836年6月10日 [没]1888年7月19日)

山岡鉄太郎 やまおかてつたろう
⇒山岡鉄舟(やまおかてっしゅう)

山岡伝四郎景国 やまおかでんしろうかげくに
江戸時代前期の豊臣秀頼の家臣。
¶大坂

山岡道阿弥 やまおかどうあみ
⇒山岡景友(やまおかかげとも)

山岡俊明 やまおかとしあき
⇒山岡浚明(やまおかまつあけ)

山岡八十郎* やまおかはちじゅうろう
文化13(1816)年～安政1(1854)年 [別]山岡八十郎(やまおかやじゅうろう,やまおかやそお) 江戸時代末期の備後福山藩士。
¶全幕,幕末([没]嘉永7(1854)年8月24日)

山岡半左衛門* やまおかはんざえもん
生没年不詳 安土桃山時代の織田信長の家臣。
¶織田

山岡浚明 やまおかまつあき
⇒山岡浚明(やまおかまつあけ)

山岡浚明*(山岡俊明) やまおかまつあけ
享保11(1726)年～安永9(1780)年 [別]山岡俊明(やまおかしゅんめい,やまおかとしあき),山岡浚明(やまおかしゅんめい,やまおかまつあき),山岡明阿(やまおかめいあ) 江戸時代中期の国学者。日本古典校勘研究家。
¶江人,思想,徳人

山岡明阿 やまおかめいあ
⇒山岡浚明(やまおかまつあけ)

山岡八十郎 やまおかやじゅうろう
⇒山岡八十郎(やまおかはちじゅうろう)

山岡八十郎 やまおかやそお
⇒山岡八十郎(やまおかはちじゅうろう)

山岡綏忠* やまおかよしただ
生没年不詳 江戸時代後期の和算家。
¶数学

山尾侶延 やまおとものぶ
江戸時代末期～明治時代の金工家。
¶美工(生没年不詳)

山尾庸三* やまおようぞう
天保8(1837)年10月8日～大正6(1917)年 江戸時代末期～明治時代の長州藩士、政治家、子爵。法制局長官、臨時建築局総裁などを歴任。
¶全幕,幕末([没]大正6(1917)年12月22日)

山角定勝* やまかくさだかつ
享禄2(1529)年～慶長8(1603)年 [別]山角定勝(やまかどさだかつ) 戦国時代～安土桃山時代の武士。後北条氏家臣。
¶後北(定勝〔山角〕 さだかつ [没]慶長8年5月8日)

山角定吉* やまかくさだよし
戦国時代の武士。後北条氏家臣。
¶後北(定吉〔山角〕 さだよし [没]永禄7年1月)

山角四郎衛門*(山角四郎右衛門) やまかくしろうえもん
生没年不詳 [別]山角四郎右衛門尉(やまかくしろうえもんのじょう) 戦国時代の武士。後北条氏家臣。
¶後北(四郎右衛門〔山角〕 しろうえもん [没]天正10年8月12日)

山角四郎右衛門尉 やまかくしろうえもんのじょう
⇒山角四郎衛門(やまかくしろうえもん)

山角仙千代 やまかくせんちよ
安土桃山時代の北条氏の臣。定勝の一族か。
¶後北(仙千代〔山角〕 せんちよ)

山角対馬入道* やまかくつしまにゅうどう
生没年不詳 戦国時代の北条氏の家臣。
¶後北(定澄〔山角〕 さだずみ)

山角直繁* やまかくなおしげ
生没年不詳 戦国時代の北条氏の家臣。
¶後北(直繁〔山角〕 なおしげ)

山角弥重郎*(山角弥十郎) やまかくやじゅうろう
生没年不詳 戦国時代の武士。後北条氏家臣。
¶後北(弥十郎〔山角〕 やじゅうろう)

山角康定* やまかくやすさだ
生没年不詳 [別]山角康定(やまかどやすさだ) 戦国時代～安土桃山時代の武士。後北条氏家臣。
¶後北(康定〔山角〕 やすさだ),全戦(やまかどやすさだ [生]? [没]天正18(1590)年)

山角弥三* やまかくやぞう
安土桃山時代の武将。後北条氏家臣。
¶後北(弥三郎〔山角〕 やさぶろう)

山角弥太郎 やまかくやたろう
戦国時代の北条氏綱の家臣。
¶後北(弥太郎〔山角〕 やたろう)

山鹿素行* やまがそこう
元和8(1622)年～貞享2(1685)年 江戸時代前期の儒学者、兵学者。古学派の代表的儒者で主な著作に「聖教要録」「武家事紀」などがある。
¶江人,コン,詩作([生]元和8(1622)年8月16日 [没]貞享2(1685)年9月26日),思想,地理,徳将,山小([生]1622年8月16日 [没]1685年9月26日)

山鹿素水* やまがそすい
?～安政4(1857)年7月2日 江戸時代後期～末期の兵学者。
¶全幕([生]寛政8(1796)年)

山県有朋* やまがたありとも
天保9(1838)年～大正11(1922)年2月1日 江戸時代末期～大正時代の陸軍軍人、政治家、元帥、首相、公爵。軍制、地方制度を確立し、西南戦争を鎮圧。首相となり教育勅語を発布。日清・日露戦争に軍政両面で関与した。
¶コン,思想,全幕,幕末([生]天保9(1838)年閏4月22日),山小([生]1838年閏4月22日 [没]1922年2月1日)

山県鶴江* やまがたかくこう
宝暦4(1754)年～享和2(1802)年 江戸時代後期の書画家。
¶美画([没]享和2(1803)年12月22日)

山県久太郎* やまがたきゅうたろう
天保10（1839）年～明治23（1890）年　江戸時代末期～明治時代の萩藩士、海軍大尉。丙辰丸艦長、丁卯丸艦長として奮戦。
¶幕末（[没]明治23（1890）年12月11日）

山形九右衛門 やまがたくうえもん
⇒松原音三（まつばらおとぞう）

山県源八郎 やまがたげんぱちろう
安土桃山時代の武士。山県昌景の子。
¶武田（生没年不詳）

山県三郎右衛門正重 やまがたさぶろ（う）えもんまさしげ
江戸時代前期の塙団右衛門の家老あるいは組子。
¶大坂（[没]慶長20年4月29日）

山県茶雷* やまがたさらい
？～明和9（1772）年　[別]茶雷（さらい，ちゃらい）　江戸時代中期の俳人。
¶俳文（茶雷　さらい　[没]明和9（1772）年6月18日）

山県二承* やまがたじしょう
文化8（1811）年～明治12（1879）年　江戸時代末期～明治時代の絵師。明治期に帝室技芸員となる。
¶幕末（[没]明治12（1879）年1月10日），美画（[没]明治12（1879）年1月10日）

山県紫溟* やまがたしめい
文化12（1815）年～慶応2（1866）年　江戸時代末期の教授。
¶幕末（[生]文化11（1814）年　[没]慶応2（1866）年9月25日）

山県周南* やまがたしゅうなん
貞享4（1687）年～宝暦2（1752）年8月12日　江戸時代中期の古文辞学派の儒者。徂徠学を長州に広めた。
¶コン，詩作，思想

山県順* やまがたじゅん
文政1（1818）年～明治26（1893）年　江戸時代末期～明治時代の水口藩士、漢学者。勘定方、京都留守居役などを務める。滋賀県に出仕。
¶幕末

山県少太郎* やまがたしょうたろう
*～大正13（1924）年　江戸時代末期～明治時代の萩藩士、海軍。造船学を究め、造船大佐となる。
¶幕末（[生]嘉永2（1849）年　[没]大正13（1924）年6月3日）

山県惣左衛門昌員 やまがたそうざえもんまさかず
江戸時代前期の人。武田信玄の家臣山県三郎兵衛頼実の長男。
¶大坂

山県太華*（山県大華）　やまがたたいか
天明1（1781）年～慶応2（1866）年　江戸時代後期の儒学者、長州（萩）藩士、明倫館学頭。
¶コン（山県大華），思想，幕末（[没]慶応2（1866）年8月16日）

山県大弐 やまがただいじ
⇒山県大弐（やまがただいに）

山県大弐* やまがただいに
享保10（1725）年～明和4（1767）年　[別]山県大弐（やまがただいじ）　江戸時代中期の儒学者、尊王家。大岡忠光に仕えたが、のち「柳子新論」で幕政を批判。明和事件により死罪となった。
¶江人，コン，思想，徳将，徳人（[没]1768年），山小（[没]1767年8月22日）

山県悌三郎 やまがたていざぶろう
江戸時代末期～昭和時代の社会教育家、少年園創業者。
¶出版（[生]安政5（1858）年12月17日　[没]昭和15（1940）年1月18日）

山形時太郎* やまがたときたろう
弘化3（1846）年～？　江戸時代後期～末期の新撰組隊士。
¶新隊

山県篤蔵* やまがたとくぞう
天保8（1837）年～明治39（1906）年　江戸時代末期～明治時代の漢詩人。木戸孝允に委嘱され新聞日報の主筆となった。著書に「江家年譜」「芸苑叢話」など。
¶幕末（[没]明治39（1906）年6月23日）

山片蟠桃* やまがたばんとう，やまかたばんとう
寛延1（1748）年～文政4（1821）年　[別]升屋小右衛門（ますやこえもん）　江戸時代中期～後期の町人学者。「夢之代」の著者。
¶江人，コン，思想，地理，山小（[没]1821年2月28日）

山形半六 やまがたはんろく
⇒三橋金助（みつはしきんすけ）

山県秀政* やまがたひでまさ
生没年不詳　安土桃山時代の織田信長の家臣。
¶織田

山県墨僊*（山県墨僊）　やまがたぼくせん
天明6（1786）年～明治6（1873）年　江戸時代後期の書道家。
¶幕末（[没]明治6（1873）年3月3日）

山県昌景* やまがたまさかげ
？～天正3（1575）年　[別]飯富源四郎（おぶげんしろう）　戦国時代～安土桃山時代の武将。武田氏家臣。
¶全戦，戦武（[生]享禄2（1529）年），武田（[没]天正3（1575）年5月21日）

山県昌満* やまがたまさみつ
？～天正10（1582）年3月　戦国時代～安土桃山時代の甲斐武田勝頼の家臣。
¶武田

山県益之 やまがたますゆき
江戸時代後期の和算家。
¶数学

山形屋市郎右衛門 やまがたやいちろうえもん
江戸時代前期～中期の江戸の版元。
¶浮絵

山県保介* やまがたやすすけ
天保9（1838）年～明治2（1869）年　江戸時代末期の奇兵隊士。
¶幕末（[没]明治2（1869）年2月10日）

山県与市* やまがたよいち
文政11（1828）年～明治11（1878）年　江戸時代末期～明治時代の庄屋。高野山義挙に軍資を提供。山階宮家来となる。
¶幕末（[没]明治11（1878）年10月16日）

山県与一兵衛* やまがたよいちべえ
文化1（1804）年～慶応1（1865）年　江戸時代末期の長州（萩）藩士。

¶幕末（[没]慶応1（1865）年閏5月29日）

山角定勝　やまかどさだかつ
⇒山角定勝（やまかくさだかつ）

山角康定　やまかどやすさだ
⇒山角康定（やまかくやすさだ）

山鹿秀遠　やまがのひでとお
⇒山鹿秀遠（やまがひでとお）

山鹿秀遠*　やまがひでとお
生没年不詳　[別]山鹿秀遠（やまがのひでとお）　平安時代後期の武将。壇の浦の戦で源義経軍を破る。
¶古人（やまがのひでとお），中世，平家

山鹿万助*（山鹿万介）　やまがまんすけ
文政2（1819）年～安政3（1856）年　江戸時代末期の肥前平戸藩家老。
¶全幕（山鹿万介），幕末（[没]安政3（1856）年10月4日）

山上定保　やまがみさだやす
安永1（1772）年～嘉永2（1849）年　江戸時代中期～後期の幕臣。
¶徳人，徳代（[没]嘉永2（1849）年3月23日）

山上善右衛門　やまがみぜんえもん
江戸時代前期の大工。
¶美建（[生]？　[没]延宝8（1680）年）

山上宗二　やまがみそうじ
⇒山上宗二（やまのうえそうじ）

山上久忠*　やまがみひさただ
安土桃山時代の武士。後北条氏家臣。
¶後北（久忠〔山上〕　ひさただ　[没]元和2年11月）

山上博杲　やまがみひろあきら
江戸時代中期～後期の関東代官。
¶徳代（[生]元文5（1740）年　[没]寛政9（1797）年閏7月14日）

山川家喜　やまかわいえよし
戦国時代の武田氏の家臣。
¶武田（生没年不詳）

山川市郎*　やまかわいちろう
天保14（1843）年～明治22（1889）年　江戸時代末期～明治時代の自由民権運動家。自由民権運動に参加、自由党に入党。
¶幕末

山川淵貞　やまかわえんてい
江戸時代後期～明治時代の眼科医。
¶眼医（[生]天保4（1833）年　[没]明治11（1878）年）

山川下物*　やまかわかぶつ
？～寛政12（1800）年　[別]下物（かぶつ）　江戸時代中期～後期の俳人。
¶俳文（下物　かぶつ　[没]寛政12（1800）年10月25日）

山川唐衣*　やまかわからごろも
文化14（1817）年～明治22（1889）年　江戸時代末期～明治時代の会津藩家老山川尚江の妻。7人の子女を育て上げ、賢婦人として誉れが高い。
¶幕末（[没]明治22（1889）年4月22日）

山川健次郎　やまかわけんじろう
安政1（1854）年～昭和6（1931）年　江戸時代末期～昭和時代の物理学者、教育家、男爵、東京帝国大学総長。
¶科学（[生]嘉永7（1854）年7月17日　[没]昭和6（1931）年6月26日），コン（山川健次郎　やまかわけんじろう），全幕（[生]嘉永7（1854）年）

山川孝次　やまかわこうじ
江戸時代後期～明治時代の金工家。
¶美工（[生]文政11（1828）年　[没]明治15（1882）年）

山川貞清　やまかわさだきよ
江戸時代前期～中期の関東代官。
¶徳代（[生]寛文8（1668）年　[没]正徳2（1712）年1月4日）

山川貞則　やまかわさだのり
江戸時代前期～中期の代官。
¶徳代（[生]寛永11（1634）年　[没]元禄4（1691）年6月13日）

山川貞幹　やまかわさだもと
江戸時代中期～後期の幕臣。
¶徳人（[生]1732年　[没]1790年）

山川重英　やまかわしげふさ
⇒山川兵衛（やまかわひょうえ）

山川正朔*　やまかわしょうさく
文化11（1814）年～明治15（1882）年1月15日　江戸時代末期～明治時代の蘭学者。
¶幕末

山川慎　やまかわしん
江戸時代後期～明治時代の和算家。讃岐の人。私立学校明善館を開く。
¶数学（[生]天保5（1834）年5月17日　[没]明治33（1900）年12月20日）

山川星府*　やまかわせいふ
宝暦11（1761）年～文政7（1824）年　[別]星府（せいふ）　江戸時代後期の俳人。
¶俳文（星府　せいふ　[没]文政7（1824）年5月25日）

山川孫水*　やまかわそんすい
寛政1（1789）年～慶応2（1866）年　[別]山川元輔（やまかわもとすけ）　江戸時代後期の儒者、算数家。
¶数学（[没]慶応2（1866）年3月9日）

山川帯刀景綱　やまかわたてわきかげつな
安土桃山時代～江戸時代前期の伊達政宗・豊臣家の家臣。
¶大坂（[生]天正13年　[没]万治3年2月28日）

山川重賀　やまかわちょうが
江戸時代前期の但馬国生野代官。
¶徳代（[生]？　[没]元和7（1621）年）

山川兵衛*　やまかわひょうえ
天明3（1783）年～明治2（1869）年　[別]山川重英（やまかわしげふさ）　江戸時代後期の陸奥会津藩家老。
¶幕末（山川重英　やまかわしげふさ）

山川浩*　やまかわひろし
弘化2（1845）年～明治31（1898）年　江戸時代末期～明治時代の会津藩士、陸軍軍人、少将、貴族院議員。幕府樺太境界議定の派遣員として露独仏三国を巡航。
¶江人，コン，全幕，幕末（[生]弘化2（1845）年11月6日　[没]明治31（1898）年3月6日）

山川元輔　やまかわもとすけ
⇒山川孫水（やまかわそんすい）

山川良水*　やまかわりょうすい
天保7（1836）年～明治38（1905）年　江戸時代末期～明治時代の土佐藩士、中老。勤王運動に協力。戊辰戦争では大目付役をつとめる。

¶幕末（[生]天保7（1836）年9月26日　[没]明治38（1905）年7月3日）

山木明景　やまきあきかげ
江戸時代前期～中期の代官。
¶徳代（[生]明暦2（1656）年　[没]享保15（1730）年12月22日）

山木大方　やまきおおかた
⇒山木大方（やまきたいほう）

山木兼隆＊（山木兼高）　やまきかねたか，やまぎかねたか
？～治承4（1180）年　[別]平兼隆（たいらかねたか，たいらのかねたか），山木判官兼隆（やまきはんがんかねたか）　平安時代後期の武士。検非違使、右衛門尉。
¶古人（平兼隆　たいらのかねたか），古人，コン（平兼隆　たいらのかねたか），中世（山木兼高），内乱，平家

山木検校〔3代〕＊　やまきけんぎょう
＊～明治6（1873）年　江戸時代末期～明治時代の箏曲家。
¶コン（代数なし　[生]？）

や

山岸重秀＊　やまぎししげひで
文政6（1823）年～明治35（1902）年　江戸時代末期～明治時代の大工、会津藩御用棟梁。有名な土蔵を多く造る。耐震建築の技術で名声をあげ、江戸藩邸を再建。
¶幕末（[没]明治35（1902）年11月2日）

山岸半残＊　やまぎしはんざん
承応3（1654）年～享保11（1726）年　[別]半残（はんざん）　江戸時代中期の俳人（蕉門）。
¶俳文（半残　はんざん　[没]享保11（1726）年6月2日）

山岸安代　やまぎしやすのり
江戸時代中期の和算家、米沢藩士。
¶数学（[没]享保15（1730）年）

山岸陽和＊　やまぎしようわ
？～享保4（1719）年　[別]陽和（ようわ）　江戸時代中期の俳人（蕉門）。
¶俳文（陽和　ようわ　[没]享保4（1719）年3月10日）

山木大方＊　やまきたいほう
？～天正14（1586）年　[別]山木大方（やまきおおかた）　戦国時代～安土桃山時代の女性。堀越六郎の正室。
¶女史（やまきおおかた）

山木直＊　やまきのあたい
上代の阿智使主の孫。
¶古代

山木判官兼隆　やまきはんがんかねたか
⇒山木兼隆（やまきかねたか）

山木正富　やまきまさとみ
江戸時代中期～後期の幕臣。
¶徳人（[生]1764年　[没]1808年）

山際平三郎＊　やまぎわへいざぶろう
弘化3（1846）年2月15日～明治27（1894）年6月18日　江戸時代後期～明治時代の新撰組隊士。
¶新隊

山口市左衛門＊　やまぐちいちざえもん
？～宝暦7（1757）年　江戸時代中期の安房国名西郡高原村の義民。
¶コン

山口王　やまぐちおう
奈良時代の鍛冶正。父は三原王。
¶古人（生没年不詳）

山口和　やまぐちかず
⇒山口和（やまぐちやわら）

山口上総守　やまぐちかずさのかみ
安土桃山時代の武蔵国鉢形城主北条氏邦家臣諏訪部定勝の同心。総五郎。
¶後北（上総守〔山口（2）〕　かずさのかみ）

山口勘右衛門　やまぐちかんえもん
江戸時代前期の武士。大坂の陣で籠城。後、稲葉正勝に仕えた。
¶大坂

山口菅山＊　やまぐちかんざん
安永1（1772）年～安政1（1854）年　江戸時代後期の儒学者。
¶幕末（[没]嘉永7（1854）年8月5日）

山口勘兵衛（山口官兵衛）　やまぐちかんべえ
⇒素堂（そどう）

山口吉右衛門＊　やまぐちきちえもん
？～宝暦7（1757）年　江戸時代中期の義民。
¶江人，コン

山口喜内重安　やまぐちきないしげやす
戦国時代～江戸時代前期の紀伊国名草郡山口荘の代官。
¶大坂（[生]天文23年　[没]慶長20年5月5日）

山口休庵＊　やまぐちきゅうあん
生没年不詳　江戸時代前期の武将。
¶大坂

山口挙直　やまぐちきょちょく
江戸時代末期～明治時代の幕臣。
¶幕末（[生]？　[没]明治43（1910）年8月4日）

山口軍八郎＊　やまぐちぐんぱちろう
生没年不詳　戦国時代の北条氏の家臣。
¶後北（軍八郎〔山口（4）〕　ぐんぱちろう）

山口言信＊　やまぐちげんしん
生没年不詳　[別]山口言信（やまぐちときのぶ）　江戸時代後期の和算家。
¶数学（やまぐちときのぶ）

山口孝右衛門＊　やまぐちこうえもん
弘化1（1844）年～明治10（1877）年　江戸時代末期～明治時代の鹿児島県士族、近衛大尉、島根県参事。西南戦争に四番大隊二番小隊長として出征長。
¶幕末

山口郷左衛門尉＊　やまぐちごうざえもんのじょう
生没年不詳　戦国時代の武士。北条氏家臣松田憲秀の被官。
¶後北（重久〔山口（3）〕　しげひさ）

山口高品　やまぐちこうひん
⇒山口高品（やまぐちたかただ）

山口黒露＊　やまぐちこくろ
貞享3（1686）年～明和4（1767）年　[別]黒露（こくろ）　江戸時代中期の俳人。
¶俳文（黒露　こくろ　[没]明和4（1767）年12月10日）

山口小弁　やまぐちこべん
安土桃山時代の織田信忠の小姓。
¶織田([生]?　[没]天正10(1582)年6月2日?)

山口貞次郎　やまぐちさだじろう
江戸時代後期の陶画工。
¶美工([生]弘化3(1846)年　[没]?)

山口左馬助弘定　やまぐちさまのすけひろさだ
⇒山口弘定(やまぐちひろさだ)

山口三斎*　やまぐちさんさい
天保7(1836)年～明治10(1877)年　江戸時代末期～明治時代の薩摩藩士。
¶幕末([没]明治10(1877)年3月)

山口重恒　やまぐちしげつね
江戸時代前期の幕臣。
¶徳人([生]1608年　[没]1659年)

山口重如*　やまぐちしげゆき
生没年不詳　[別]山口重如(やまぐちのしげゆき)　平安時代中期の官人、歌人。
¶古人(やまぐちのしげゆき)

山口修斎*　やまぐちしゅうさい
?～明治4(1871)年　江戸時代末期～明治時代の儒者。
¶幕末([没]明治4(1871)年11月10日)

山口十蔵*　やまぐちじゅうぞう
弘化1(1844)年～?　江戸時代末期の鹿児島県士族。
¶幕末

山口二郎五郎*　やまぐちじろうごろう
戦国時代の武将。後北条氏家臣。
¶後北(雅楽助〔山口(1)〕　うたのすけ)

山口新左衛門　やまぐちしんざえもん
⇒山中新左衛門(やまなかしんざえもん)

山口甚兵衛　やまぐちじんひょうえ
安土桃山時代～江戸時代前期の人。秀頼に仕え、落城後、豊後臼杵の稲葉典通に仕えた。
¶大坂

山口雪渓*　やまぐちせっけい
正保1(1644)年～享保17(1732)年　江戸時代前期～中期の画家。醍醐寺「桜楓図屛風」。
¶コン,美画([没]享保17(1732)年9月4日)

山口宗季*　やまぐちそうき
尚貞4(1672)年～尚敬31(1743)年　江戸時代中期の絵師。中国伝来の朱肉調製技術を習得。
¶美画([生]寛文12(1672)年11月3日　[没]寛保3(1743)年2月2日)

山口素絢*　やまぐちそけん
宝暦9(1759)年～文政1(1818)年　江戸時代中期～後期の円山派の画家。日本風俗の美人画を得意とした。
¶浮絵,コン,美画([没]文政1(1818)年10月24日)

山口素堂　やまぐちそどう
⇒素堂(そどう)

山口高清　やまぐちたかきよ
戦国時代の上野国衆国峰小幡氏の家臣。
¶武田(生没年不詳)

山口高品*　やまぐちたかただ
?～天保9(1838)年　[別]山口高品(やまぐちこうひん),山口鉄五郎(やまぐちてつごろう)　江戸時代後期の幕臣。
¶徳将(山口鉄五郎　やまぐちてつごろう　[没]1821年),徳人(やまぐちこうひん　[没]1821年),徳代(やまぐちこうひん　[没]文政4(1821)年6月3日)

山口忠光　やまぐちただみつ
江戸時代後期～明治時代の和算家。
¶数学

山口辰之介*(山口辰之助)　やまぐちたつのすけ
天保3(1832)年～万延1(1860)年　江戸時代末期の水戸藩士。
¶全幕,幕末([没]安政7(1860)年3月3日)

山口辰弥　やまぐちたつや
江戸時代末期～昭和時代の海軍造船総監。
¶科学([生]安政3(1856)年11月20日　[没]昭和2(1927)年4月9日)

山口太郎兵衛*　やまぐちたろべえ
生没年不詳　安土桃山時代の織田信長の家臣。
¶織田

山口智徳院　やまぐちちとくいん
江戸時代前期の紀伊根来衆。
¶大坂

山口直信　やまぐちちょくしん
江戸時代後期～末期の幕臣。
¶徳人(生没年不詳)

山口鉄五郎(1)　やまぐちてつごろう
江戸時代後期の代官。
¶徳代(生没年不詳)

山口鉄五郎(2)　やまぐちてつごろう
⇒山口高品(やまぐちたかただ)

山口鉄之助*　やまぐちてつのすけ
天保2(1831)年～明治1(1868)年　江戸時代末期の薩摩藩士。
¶幕末([没]慶応4(1868)年6月14日)

山口藤左衛門*　やまぐちとうざえもん
[別]山口藤左衛門尉(やまぐちとうざえもんのじょう)　安土桃山時代の武将。秀吉馬廻。
¶大坂([没]慶長20年5月6日)

山口藤左衛門尉　やまぐちとうざえもんのじょう
⇒山口藤左衛門(やまぐちとうざえもん)

山口言信　やまぐちときのぶ
⇒山口言信(やまぐちげんしん)

山口徳之進*　やまぐちとくのしん
天保14(1843)年～明治35(1902)年　[別]山口正定(やまぐちまささだ)　江戸時代末期～明治時代の水戸藩士。明治天皇側近。
¶幕末([生]天保14(1843)年9月25日　[没]明治35(1902)年3月21日)

山口知貞*　やまぐちともさだ
寛政2(1790)年～明治3(1870)年4月11日　江戸時代後期～明治時代の数学者。
¶数学,幕末

山口知重　やまぐちともしげ
嘉永3(1850)年～大正10(1921)年　江戸時代後期～大正時代の幕臣。

¶徳人, 幕末（[生]嘉永3（1850）年11月16日　[没]大正10（1921）年10月20日）

山口取手介* やまぐちとりでのすけ
？～弘治2（1556）年4月20日　戦国時代の織田信長の家臣。
¶織田

山口直毅* やまぐちなおき
天保1（1830）年～明治28（1895）年　江戸時代末期～明治時代の幕臣、儒者。幕末の外交、兵制改革に尽力。維新後は神祇局に出仕、権少教となる。
¶幕末（[生]文政11（1828）年　[没]明治28（1895）年12月10日）

山口直清　やまぐちなおきよ
江戸時代中期～後期の幕臣。
¶徳人（[生]1759年　[没]1798年）

山口直郷　やまぐちなおさと
江戸時代中期の幕臣。
¶徳人（[生]1709年　[没]1778年）

山口直* やまぐちなおし
文化13（1816）年～明治6（1873）年　[別]山口義方（やまぐちよしかた）　江戸時代後期～明治時代の尊攘運動家。
¶幕末（山口義方　やまぐちよしかた　[没]明治6（1873）年10月17日），幕末（[没]明治6（1873）年10月7日）

山口直重　やまぐちなおしげ
江戸時代前期～中期の幕臣。
¶徳人（[生]1650年　[没]1727年）

山口直友* やまぐちなおとも
天文15（1546）年～元和8（1622）年　安土桃山時代～江戸時代前期の武士。徳川氏家臣。
¶徳人（[生]1544年），徳代（[没]元和8（1622）年9月27日）

山口尚芳* やまぐちなおよし
*～明治27（1894）年　[別]山口尚芳（やまぐちますか）　江戸時代末期～明治時代の官吏、旧佐賀藩士、貴族院議員。薩長同盟に尽力。佐賀の乱では政府軍として鎮圧。
¶全幕（やまぐちますか　[生]天保10（1839）年），幕末（やまぐちなおよし（ますか）　[生]天保10（1839）年5月11日　[没]明治27（1894）年6月12日）

山口縫造* やまぐちぬいぞう
文政3（1820）年～*　江戸時代末期～明治時代の陶工。大和赤膚焼の陶工。
¶美工（[没]明治36（1903）年）

山口直大口　やまぐちのあたいおおくち，やまぐちのあたいおおぐち
⇒漢山口直大口（あやのやまぐちのあたいおおぐち）

山口忌寸兄人* やまぐちのいみきえひと
奈良時代の官人。
¶古代

山口伊美伎大麻呂* やまぐちのいみきおおまろ
飛鳥時代の「大宝律令」撰定者の一人。
¶古代

山口忌寸佐美麻呂　やまぐちのいみきさみまろ
⇒山口佐美麻呂（やまぐちのさみまろ）

山口忌寸田主　やまぐちのいみきたぬし
⇒山口田主（やまぐちのたぬし）

山口忌寸西成　やまぐちのいみきにしなり
⇒山口西成（やまぐちのにしなり）

山口女王　やまぐちのおおきみ
⇒山口女王（やまぐちのじょおう）

山口大口　やまぐちのおおくち
⇒漢山口直大口（あやのやまぐちのあたいおおぐち）

山口大口費　やまぐちのおおくちのあたい，やまぐちのおおぐちのあたい
⇒漢山口直大口（あやのやまぐちのあたいおおぐち）

山口佐美麻呂* やまぐちのさみまろ
生没年不詳　[別]山口忌寸佐美麻呂（やまぐちのいみきさみまろ）　奈良時代の官吏。
¶古人, 古代（山口忌寸佐美麻呂　やまぐちのいみきさみまろ）

山口重如　やまぐちのしげゆき
⇒山口重如（やまぐちしげゆき）

山口女王* やまぐちのじょおう
生没年不詳　[別]山口女王（やまぐちのおおきみ，やまぐちのひめみこ）　奈良時代の女性。万葉歌人。
¶古代（やまぐちのおおきみ）

山口田主　やまぐちのたあるじ
⇒山口田主（やまぐちのたぬし）

山口田主* やまぐちのたぬし
生没年不詳　[別]山口忌寸田主（やまぐちのいみきたぬし），山口田主（やまぐちのたあるじ）　奈良時代の算術家。暦算の第一人者。
¶古人（やまぐちのたあるじ），古代（山口忌寸田主　やまぐちのいみきたぬし）

山口西成* やまぐちのにしなり
延暦21（802）年～貞観6（864）年　[別]山口忌寸西成（やまぐちのいみきにしなり）　平安時代前期の官吏。
¶古人, 古代（山口忌寸西成　やまぐちのいみきにしなり　[生]796年　[没]858年）

山口女王　やまぐちのひめみこ
⇒山口女王（やまぐちのじょおう）

山口信敷* やまぐちのぶしき
天明7（1787）年～明治6（1873）年　江戸時代後期の米穀商。
¶幕末

山口半四郎* やまぐちはんしろう
？～天正10（1582）年6月2日　戦国時代～安土桃山時代の織田信長の家臣。
¶織田

山口久真　やまぐちひさざね
江戸時代後期の和算家、麻田藩士。
¶数学

山口飛騨守* やまぐちひだのかみ
？～元亀3（1572）年　戦国時代の武士。織田氏家臣。
¶織田（[没]元亀3（1572）年12月22日）

山口秀景* やまぐちひでかげ
生没年不詳　安土桃山時代の織田信長の家臣。
¶織田（[生]？　[没]天正11（1583）年1月12日）

山口兵内朝安　やまぐちひょうないともやす
安土桃山時代の人。山口喜内重安の嫡男。大坂の

陣で籠城。
¶大坂([生]天正9年)

山口弘敞* やまぐちひろあきら
文化9(1812)年～文久2(1862)年 江戸時代末期の大名。常陸牛久藩主。
¶幕末([没]文久2(1862)年6月14日)

山口弘定* やまぐちひろさだ
?～元和1(1615)年 [別]山口左馬助弘定(やまぐちさまのすけひろさだ) 安土桃山時代～江戸時代前期の武士。豊臣氏家臣。
¶大坂(山口左馬助弘定 やまぐちさまのすけひろさだ [没]慶長20年5月6日)

山口弘隆* やまぐちひろたか
慶長8(1603)年～延宝5(1677)年 江戸時代前期の大名。常陸牛久藩主。
¶徳代([没]延宝5(1677)年9月5日)

山口藤* やまぐちふじ
文政2(1819)年～天保11(1840)年 江戸時代後期の女性。飯田藩士の娘。
¶江表(藤(長野県) [生]文政1(1818)年 [没]天保10(1839)年)

山久知文次郎* やまくちぶんじろう
?～明治18(1885)年1月18日 江戸時代後期～明治時代の新撰組隊士。
¶新隊

山口正定 やまぐちまささだ
⇒山口徳之進(やまぐちとくのしん)

山口正弘* やまぐちまさひろ
?～慶長5(1600)年 安土桃山時代の武将。豊臣秀吉の臣。
¶コン,全戦

山口尚芳 やまぐちますか
⇒山口尚芳(やまぐちなおよし)

山口茂左衛門* やまぐちもざえもん
安土桃山時代～江戸時代前期の大坂の役の勇士。
¶大坂

山口守孝* やまぐちもりたか
生没年不詳 安土桃山時代の織田信長の家臣。
¶織田([生]天文4(1535)年? [没]永禄8(1565)年9月28日)

山口弥七郎* やまぐちやしちろう
生没年不詳 安土桃山時代の織田信長の家臣。
¶織田

山口屋忠右衛門・忠助 やまぐちやちゅうえもん・ちゅうすけ
江戸時代中期～後期の版元。
¶浮絵

山口屋藤兵衛 やまぐちやとうべえ
世襲名 江戸時代後期～昭和時代の版元。
¶浮絵

山口和* やまぐちやわら
?～嘉永3(1850)年 [別]山口和(やまぐちかず) 江戸時代後期の数学者。
¶数学(やまぐちかず)

山口義方 やまぐちよしかた
⇒山口直(やまぐちなおし)

山口羅人* やまぐちらじん
元禄12(1699)年～宝暦2(1752)年 [別]羅人(らじん) 江戸時代中期の俳人。
¶俳文(羅人 らじん [没]宝暦2(1752)年7月29日)

山口利助* やまぐちりすけ
文政11(1828)年～明治7(1874)年 江戸時代末期～明治時代の公共事業家。筑後川の移民の開拓事業に貢献。
¶幕末([没]明治7(1874)年12月10日)

山口若狭守* やまぐちわかさのかみ
生没年不詳 戦国時代の北条氏家臣松田憲秀の被官。
¶後北(重明〔山口(3)〕 しげあき)

山国喜八郎 やまぐにきはちろう
⇒山国兵部(やまぐにひょうぶ)

山国淳一郎* やまぐにじゅんいちろう,やまくにじゅんいちろう
?～慶応1(1865)年 江戸時代末期の水戸藩士。
¶幕末(やまくにじゅんいちろう [生]文化11(1814)年 [没]元治2(1865)年2月4日)

山国共昌 やまぐにともまさ
⇒山国兵部(やまぐにひょうぶ)

山国兵部* やまぐにひょうぶ,やまくにひょうぶ
寛政5(1793)年～慶応1(1865)年 [別]山国喜八郎(やまぐにきはちろう),山国共昌(やまぐにともまさ) 江戸時代末期の志士。
¶コン,全幕(山国喜八郎 やまぐにきはちろう),幕末([没]元治2(1865)年2月4日)

山前王 やまくまおう
⇒山前王(やまくまのおおきみ)

山前王* やまくまのおおきみ
?～養老7(723)年 [別]山前王(やまくまおう,やまさきのおおきみ) 飛鳥時代～奈良時代の歌人。
¶古人(やまくまおう)

山郡宇右衛門 やまごおりうえもん
⇒山郡宇右衛門(やまごおりうえもん)

山郡宇右衛門* やまごおりうえもん
文化9(1812)年～明治1(1868)年 [別]山郡宇右衛門(やまごおりうえもん) 江戸時代末期の出雲松江藩士。
¶幕末(やまごおりうえもん [没]慶応4(1868)年5月17日)

山崎闇斎* やまざきあんさい
元和4(1618)年～天和2(1682)年 江戸時代前期の儒学者、神道家。垂加神道を創始して崎門学派をつくる。「文会筆録」の著者でもある。
¶江人,コン,詩作([生]元和4(1619)年12月9日 [没]天和2(1682)年9月16日),思想,徳将,山小([生]1618年12月9日 [没]1682年9月16日)

山崎雲山* やまざきうんざん
明和8(1771)年～天保8(1837)年 江戸時代後期の画家。
¶美画([没]天保8(1837)年9月9日)

山崎片家*(山崎堅家) やまざきかたいえ
天文16(1547)年～天正19(1591)年 [別]山崎秀家(やまざきひでいえ) 安土桃山時代の武将、大名。摂津三田城主。
¶織田(山崎秀家 やまざきひでいえ [没]天正19(1591)年3月28日)

や

山崎寛林　やまざきかりん
⇒山崎寛林（やまざきかんりん）

山崎寛林*　やまざきかんりん
生没年不詳　[別]山崎寛林（やまざきかりん）　江戸時代後期の和算家。
¶数学（やまざきかりん）

山崎儀右衛門〔3代〕*　やまさきぎえもん
寛政2（1790）年～弘化3（1846）年　江戸時代後期のかつお節製造者、回船業者。
¶幕末（代数なし　[没]弘化3（1846）年10月24日）

山崎喜蔵*　やまさききぞう
文政3（1820）年～明治19（1886）年　江戸時代末期～明治時代の庄屋。土佐勤王党に参加。維新後、上分郷長、第三十七区長を歴任。
¶幕末（[没]明治19（1886）年2月11日）

山崎久三郎*　やまさききゅうざぶろう
文政3（1820）年～明治9（1876）年　江戸時代末期～明治時代の呉服商。
¶幕末（[没]明治9（1876）年2月21日）

山崎清良　やまざききよなが
⇒山崎所左衛門（やまざきしょざえもん）

山崎鯢山*　やまざきげいざん
文政5（1822）年～明治27（1894）年　江戸時代末期～明治時代の儒学者。盛岡に集義塾を開き経史を講じ詩文を教えた。
¶幕末（[没]明治29（1896）年5月4日）

山路玄蕃允*　やまざきげんばのじょう
生没年不詳　安土桃山時代の織田信長の家臣。
¶織田

山崎小三郎*　やまさきこさぶろう，やまざきこさぶろう
天保15（1844）年～慶応2（1866）年　江戸時代末期の長州（萩）藩留学生。1865年イギリスに渡る。
¶幕末

山崎貞吉　やまざきさだよし
戦国時代の信濃国筑摩郡塔原城主塔原海野三河守幸貞の家臣。
¶武田（生没年不詳）

山崎郷美*　やまざきさとよし
生没年不詳　江戸時代末期～明治時代の藩士・和算家。
¶数学

山崎司馬之允*　やまざきしばのじょう
弘化1（1844）年～明治30（1897）年　江戸時代末期～明治時代の膳所藩士。尊攘派。戊申戦争のとき膳所藩を政府軍方につけることに尽力。衆議院議員。
¶幕末（[生]天保15（1844）年1月5日　[没]明治30（1897）年11月3日）

山崎所左衛門*　やまざきしょざえもん
文化10（1813）年～明治24（1891）年　[別]山崎清良（やまざききよなが，やまざきせいりょう），山崎所左衛門（やまざきところざえもん）　江戸時代末期～明治時代の陸奥弘前藩士。
¶幕末（山崎清良　やまざきせいりょう　[生]文化10（1813）年1月2日　[没]明治24（1891）年7月4日）

山崎信之介*　やまざきしんのすけ
天保13（1842）年～文久1（1861）年　江戸時代末期の農民。
¶幕末（[没]文久1（1861）年5月28日）

山崎甚兵衛*　やまさきじんべえ
生没年不詳　江戸時代末期の豪農、庄屋。
¶幕末

山崎慎六郎*　やまさきしんろくろう
天保2（1831）年～明治11（1878）年　江戸時代末期～明治時代の郷士。中村文武館や自宅道場で子弟に砲術や洋学を教育。
¶幕末（[生]天保2（1831）年1月28日　[没]明治11（1878）年2月22日）

山崎助右衛門　やまざきすけえもん
⇒烏亭焉馬〔2代〕（うていえんば）

山崎烝*（山崎丞）　やまざきすすむ
*～慶応4（1868）年　江戸時代末期の鍼医師、新撰組隊士。
¶新隊（山崎丞　[生]天保5（1834）年頃　[没]明治1（1868）年1月13日），全幕（[生]？），徳人（[生]1833年），幕末（[生]？　[没]慶応4（1868）年1月11日）

山崎清良　やまざきせいりょう
⇒山崎所左衛門（やまざきしょざえもん）

山崎雪柳軒　やまざきせつりゅうけん
⇒山崎利右衛門（やまざきりえもん）

山崎善七郎　やまざきぜんしちろう
戦国時代の信濃国筑摩郡塔原城主塔原海野三河守幸貞の家臣。
¶武田（生没年不詳）

山崎燮堂*　やまさきせんどう
寛政3（1791）年～慶応2（1866）年　江戸時代末期の医師。
¶幕末（[生]寛政3（1791）年6月　[没]慶応2（1866）年3月1日）

山崎宗鑑*　やまざきそうかん
*～天文22（1553）年　[別]宗鑑（そうかん）　戦国時代の俳諧連歌師。連歌から俳諧への移行期の俳人・歌人。俳諧連歌集に「犬筑波集」がある。宗鑑流と称される能書家としても著名。
¶コン（[生]寛正6（1465）年），詩作（生没年不詳），思想（宗鑑　そうかん　生没年不詳），中世（宗鑑　そうかん　[生]？　[没]1539年？），日文（生没年不詳），俳文（宗鑑　そうかん　生没年不詳），室町（生没年不詳），山小（宗鑑　そうかん　[生]？　[没]1539年？）

山崎惣左衛門　やまざきそうざえもん
戦国時代の大工棟梁。相模国津久井城城主内藤康行に属した。
¶後北（惣左衛門〔山崎（1）〕　そうざえもん）

山崎惣六*　やまざきそうろく
*～明治26（1893）年　江戸時代末期～明治時代の初代宇和島町長。宇和島における自由民権派の中心人物。
¶幕末（[生]天保13（1842）年　[没]明治26（1893）年6月28日）

山崎樵夫*　やまさきそまお
天保10（1839）年～明治39（1906）年10月　江戸時代末期～明治時代の蚕業家。尊攘派の主人日置帯刀に従って上洛し、国事に奔走。
¶幕末

山崎孝之*　やまざきたかゆき
天保11（1840）年～明治6（1873）年　江戸時代末期～明治時代の加賀藩士。北越戦争後、村上藩権判事、金沢藩少属。

¶幕末（[没]明治6（1873）年12月）

山崎藤四郎* やまさきとうしろう
天保5（1834）年～大正3（1914）年 江戸時代末期～明治時代の郷土史家。備荒米制度の完備や博多築港提唱など公共事業に尽力。著書に「追懐松山遺事」など。
¶幕末（[没]大正3（1914）年5月3日）

山崎所左衛門 やまざきところざえもん
⇒山崎所左衛門（やまざきしょざえもん）

山崎富* やまさきとみ
*～明治37（1904）年 江戸時代末期～明治時代の実業家。夫の勤王運動を助け、多くの志士を援助。夫の死後料亭・梅花楼を経営。
¶幕末（[生]文政3（1820）年 [没]明治37（1904）年9月25日）

山崎豊治 やまざきとよはる
江戸時代前期～中期の幕臣。
¶徳人（[生]1619年 [没]1700年）

山崎長徳* やまざきながのり
天文21（1552）年～元和6（1620）年 安土桃山時代～江戸時代前期の武将。加賀藩重臣。
¶全戦，戦武

山前王 やまさきのおおきみ
⇒山前王（やまくまのおおきみ）

山崎信興 やまざきのぶおき
江戸時代末期～昭和時代の丸善社長。
¶出版（[生]安政4（1856）年9月 [没]昭和12（1937）年6月14日）

山崎信為* やまざきのぶため
？～天保11（1840）年 江戸時代後期の土佐尾戸焼の陶工。
¶美工

山崎範古* やまざきのりひさ
天明6（1786）年～慶応3（1867）年 江戸時代後期の加賀藩家老。
¶幕末（[没]慶応3（1867）年9月23日）

山崎秀家 やまざきひでいえ
⇒山崎片家（やまざきかたいえ）

山崎広馬* やまさきひろま
天保6（1835）年～明治40（1907）年 江戸時代末期～明治時代の勤王家。土佐勤王党に加盟。戊申戦役の軍功により徒士に昇格。地方自治に尽くす。
¶幕末（[没]明治40（1907）年12月10日）

山崎普山* やまざきふざん
享保14（1729）年7月～文化6（1809）年7月26日 [別]杏扉（きょうひ） 江戸時代中期～後期の医者・俳人。
¶俳文（杏扉 きょうひ）

山崎夫八郎* やまざきぶはちろう，やまさきぶはちろう
天明6（1786）年～弘化2（1845）年 江戸時代後期の緑肥苜蓿栽培案出の功労者。
¶コン

山崎平左衛門郷家 やまざきへいざえもんさといえ
江戸時代前期の豊臣秀頼・伊達政宗の家臣。
¶大坂（[没]寛永11年4月7日）

山崎平内* やまざきへいない
？～宝永7（1710）年 江戸時代中期の尾戸焼の陶工。
¶美工

山崎北華 やまさきほくか
⇒山崎北華（やまざきほっか）

山崎北華* やまざきほっか
元禄13（1700）年～延享3（1746）年 [別]北華（ほっか），山崎北華（やまさきほくか） 江戸時代中期の俳人、狂文家。
¶俳文（北華 ほっか [没]延享3（1746）年4月25日）

山崎正信 やまざきまさのぶ
安土桃山時代～江戸時代前期の幕臣。
¶徳人（[生]1593年 [没]1650年）

山崎正導 やまざきまさみち
江戸時代中期～後期の幕臣。
¶徳人（[生]1721年 [没]1793年）

山崎正道 やまざきまさみち
安土桃山時代～江戸時代前期の織田信長の家臣。
¶織田（[生]？ [没]慶長11（1606）年4月26日）

山崎又一* やまざきまたいち
天保14（1843）年～明治20（1887）年 江戸時代末期～明治時代の筏師。船明回漕店を開いて筏流しを引き継ぎ、筏師の生業を守った。
¶幕末

山崎屋金兵衛 やまざきやきんべえ
江戸時代中期の版元。
¶浮絵

山崎弥三郎* やまざきやさぶろう
安土桃山時代の武将。後北条氏家臣。
¶後北（弥三郎〔山崎（2）〕 やさぶろう）

山崎弥平* やまざきやへい
文化13（1816）年～慶応3（1867）年 江戸時代末期の越後村松藩士。
¶幕末（[没]慶応3（1867）年5月19日）

山崎好昭* やまさきよしあき
天保10（1839）年～大正7（1918）年 江戸時代末期～大正時代の勤王家。藩兵分隊長。近衛士官に任じられたが征韓論で下野。
¶幕末（[生]天保10（1839）年9月2日 [没]大正7（1918）年7月3日）

山崎吉家* やまざきよしいえ
？～天正1（1573）年 戦国時代の武士。
¶全戦

山崎美成* やまざきよししげ
寛政8（1796）年～安政3（1856）年 [別]山崎美成（やまざきよしなり） 江戸時代末期の随筆作者、雑学者。江戸風俗考証家。
¶コン（[生]寛政9（1797）年），幕末（やまざきよしなり [生]寛政9（1797）年 [没]文久3（1863）年7月7日）

山崎美成 やまざきよしなり
⇒山崎美成（やまざきよししげ）

山崎吉延* やまざきよしのぶ
？～天正1（1573）年 戦国時代の武士。
¶全戦

山崎与介 やまざきよすけ
江戸時代前期の長宗我部元親・長宗我部盛親の家臣。
¶大坂

山崎利右衛門* やまざきりえもん
文政11(1828)年～明治26(1893)年 [別]山崎雪柳軒(やまざきせつりゅうけん) 江戸時代末期～明治時代の亀山藩士。
¶幕末([没]明治26(1893)年9月5日)

山崎立生* やまさきりっせい, やまざきりっせい
*～明治14(1881)年 江戸時代末期～明治時代の医師。藩兵の軍医となって東行。楠正興らと医学校を創設。
¶幕末([生]文政12(1829)年2月7日 [没]明治14(1881)年12月13日)

山崎龍* やまざきりゅう
生没年不詳 [別]山崎龍女(やまざきりゅうじょ) 江戸時代中期の女性。浮世絵師。
¶浮絵(山崎龍女 やまざきりゅうじょ),江表(龍女(東京都)),コン,女史(山崎竜女 やまざきりゅうじょ),美画

山崎龍女 やまざきりゅうじょ
⇒山崎龍(やまざきりゅう)

山崎猟蔵* やまざきりょうぞう
文政11(1828)年～万延1(1860)年 [別]丹波屋英介(たんばやえいすけ) 江戸時代末期の水戸藩属吏。
¶幕末([没]万延1(1860)年4月9日)

山崎林五郎* やまざきりんごろう
嘉永3(1850)年5月20日～大正3(1914)年8月3日 江戸時代後期～明治時代の新撰組隊士。
¶新隊

山幸 やまさち
⇒彦火火出見尊(ひこほほでみのみこと)

山幸彦 やまさちひこ
⇒彦火火出見尊(ひこほほでみのみこと)

山沢国五郎 やまざわくにごろう
⇒片岡仁左衛門〔7代〕(かたおかにざえもん)

山路彰常* やまじあきつね
?～明治14(1881)年 江戸時代後期～明治時代の天文暦学者。
¶科学(生没年不詳)

山路諧孝 やまじかいこう
⇒山路諧孝(やまじゆきたか)

山路機谷* やまじきこく
文化14(1817)年～明治2(1869)年 江戸時代末期の豪商。
¶幕末([没]明治2(1869)年10月22日)

山路久右衛門 やまじきゅうえもん
江戸時代前期の武士。大坂の陣で籠城。
¶大坂

山路主住 やまじしゅじゅう
⇒山路主住(やまじぬしずみ)

山下伊右衛門 やましたいえもん
江戸時代前期～中期の代官。
¶徳代([生]寛文4(1664)年 [没]享保18(1733)年)

山下家吉 やましたいえよし
安土桃山時代の武田勝頼の家臣。
¶武田(生没年不詳)

山下市五郎 やましたいちごろう
⇒芳沢あやめ〔4代〕(よしざわあやめ)

山下いつき(山下斎) やましたいつき
⇒杉山平八(すぎやまへいはち)

山下岩吉* やましたいわきち
天保12(1841)年1月25日～大正5(1916)年6月26日 江戸時代末期～大正時代の海軍技師、横須賀造船所製帆工場長。オランダで操航・操砲・製帆学を学ぶ。
¶科学,幕末

山下鋭三郎* やましたえいざぶろう
?～明治4(1871)年 江戸時代末期～明治時代の播磨赤穂藩士。
¶幕末([没]明治4(1871)年1月11日)

山下賀篤の母 やましたがとくのはは★
江戸時代中期の女性。和歌。明和3年成立、難波玄生・清水貞固ほか撰「稲葉和歌集」に載る。
¶江表(山下賀篤の母(鳥取県))

山下亀之丞〔5代〕 やましたかめのじょう
⇒中村大吉〔2代〕(なかむらだいきち)

山下亀松〔3代〕 やましたかめまつ
⇒山下金作〔3代〕(やましたきんさく)

山下喜右衛門* やましたきえもん
嘉永1(1848)年～明治10(1877)年 江戸時代末期～明治時代の鹿児島県士族。西南戦争では第三大隊第四小隊長として出征し、戦死。
¶幕末([没]明治10(1877)年3月14日)

山下菊之助 やましたきくのすけ
⇒山下金作〔6代〕(やましたきんさく)

山下京右衛門〔1代〕* やましたきょうえもん
承応1(1652)年～享保2(1717)年 [別]物応(ぶつおう), 山下半左衛門(やましたはんざえもん), 夜深半左衛門(よふかはんざえもん) 江戸時代前期～中期の歌舞伎役者、歌舞伎座本。延宝4年～享保1年頃に活躍。
¶歌大(代数なし [没]享保2(1717)年1月18日),新歌(山下半左衛門 やましたはんざえもん [生]1652年/1650年)

山下金作〔1代〕* やましたきんさく
?～寛延3(1750)年7月2日 [別]山下又四郎〔2代〕(やましたまたしろう), 李江, 李紅, 里虹(りこう) 江戸時代中期の歌舞伎役者。宝永6年～延享3年頃に活躍。
¶歌大

山下金作〔2代〕* やましたきんさく
享保18(1733)年～寛政11(1799)年 [別]中村半太夫(なかむらはんだゆう), 里好, 里虹(りこう) 江戸時代中期の歌舞伎役者。延享4年～寛政11年頃に活躍。
¶歌大([没]寛政11(1799)年9月12日)

山下金作〔3代〕* やましたきんさく
生没年不詳 [別]山下亀松〔3代〕(やましたかめまつ), 芳沢崎太郎(よしざわさきたろう) 江戸時代後期の歌舞伎役者。文化4～6年以降に活躍。
¶歌大

山下金作〔4代〕* やましたきんさく
寛政3(1791)年～安政5(1858)年12月23日 [別]嵐三勝〔3代〕(あらしさんかつ), 嵐三蔵(あらしさんぞう), 梅芝(ばいし), 来芝(らいし) 江戸時代末期の歌舞伎役者。天保1年～安政5年頃に活躍。
¶歌大

山下金作〔5代〕*　やましたきんさく
？〜文久1（1861）年　㊚瀬川路之助〔3代〕（せがわみちのすけ），梅枝（ばいし），路暁（ろきょう）江戸時代末期の歌舞伎役者。安政6年〜文久1年頃に活躍。
¶歌大

山下金作〔6代〕*　やましたきんさく
生没年不詳　㊚嵐三勝〔4代〕（あらしさんかつ），田村金作（たむらきんさく），山下菊之助（やましたきくのすけ），山下里虹〔4代〕（やましたりこう），里虹（りこう）　江戸時代末期〜明治時代の歌舞伎役者。安政5年〜明治13年前後に活躍。
¶歌大

山下幸内*　やましたこうない
生没年不詳　江戸時代中期の武士。上杉謙信流の軍学を講じた。
¶コン，徳将

山下小式部　やましたこしきぶ
⇒芳沢あやめ〔4代〕（よしざわあやめ）

山下小四郎　やましたこしろう
⇒榊山小四郎〔5代〕（さかきやまこしろう）

山下三右衛門*　やましたさんえもん
生没年不詳　安土桃山時代の織田信長の家臣。
¶織田

山下重民　やましたしげたみ
江戸時代末期〜昭和時代の編集者、「風俗画報」編集長。
¶出版（㊤安政4（1857）年12月7日　㊥昭和17（1942）年7月18日）

山下新一*　やましたしんいち
文化14（1817）年〜明治3（1870）年　江戸時代末期〜明治時代の播磨赤穂藩士。
¶幕末（㊥明治3（1870）年9月3日）

山下周勝　やましたちかかつ
江戸時代前期の幕臣。
¶徳人（㊤？　㊥1653年）

山科言継　やましたときつぐ
⇒山科言継（やましなときつぐ）

山下豊蔵　やましたとよぞう
江戸時代末期〜大正時代の陶業家。
¶美工（㊤安政2（1855）年11月21日　㊥大正5（1916）年4月18日）

山下半左衛門　やましたはんざえもん
⇒山下京右衛門〔1代〕（やましたきょうえもん）

山下文左衛門　やましたぶんざえもん
⇒杉山平八（すぎやまへいはち）

山下又左衛門尉　やましたまたざえもんのじょう
戦国時代〜安土桃山時代の武田（海野）龍芳の家臣とみられる。
¶武田（生没年不詳）

山下又四郎〔2代〕　やましたまたしろう
⇒山下金作〔1代〕（やましたきんさく）

山下木工助　やましたもくのすけ
安土桃山時代の御徒歩衆。
¶武田（㊤？　㊥天正10（1582）年3月11日）

山下守胤*　やましたもりたね
天明6（1786）年〜明治2（1869）年　江戸時代後期〜明治時代の画家。
¶美画（㊥明治2（1869）年1月28日）

山下雄城*　やましたゆうき
*〜明治1（1868）年　江戸時代末期の蝦夷松前藩士。
¶幕末（㊤文政8（1825）年）

山下里虹〔4代〕　やましたりこう
⇒山下金作〔6代〕（やましたきんさく）

山路徳風*　やまじとくふう
宝暦11（1761）年〜文化7（1810）年　㊚山路徳風（やまじよしつぐ）　江戸時代後期の暦学家。幕府天文方。
¶科学（やまじよしつぐ　㊥文化7（1810）年1月27日），数学（やまじよしつぐ　㊥文化7（1810）年1月27日），徳人（やまじよしつぐ　㊤？）

山科顕言*　やましなあきとき
正長1（1428）年〜寛正3（1462）年5月8日　室町時代の公卿（権中納言）。参議山科家豊の子。
¶公卿，公家（顕言〔山科家〕　あきとき）

山科家右*　やましないえすけ
？〜寛正2（1461）年　室町時代の公卿（非参議）。参議山科家繁の次男。
¶公卿，公家（家右〔山科家（絶家）3〕　いえみぎ）

山科家豊*　やましないえとよ
？〜永享3（1431）年1月4日　室町時代の公卿（参議）。権中納言山科教興の子。
¶公卿，公家（家豊〔山科家〕　いえとよ）

山階実雄　やましなさねお
⇒洞院実雄（とういんさねお）

山科実教*　やましなさねのり
久安6（1150）年〜安貞1（1227）年　㊚藤原実教（ふじわらさねのり，ふじわらのさねのり）　平安時代後期〜鎌倉時代前期の公卿（中納言）。中納言藤原家成の六男。
¶公卿（藤原実教　ふじわらのさねのり　㊥嘉禄3（1227）年4月3日），公家（実教〔山科家〕　さねのり　㊥嘉禄3（1227）年4月3日），古人（藤原実教　ふじわらのさねのり　㊤1151年），コン

山科宗甫*　やましなそうほ
？〜寛文6（1666）年　江戸時代前期の茶人。宗旦の弟。青貝細工を業とした。
¶美工（㊥寛文6（1666）年8月9日）

山科敬言　やましなたかとき
⇒山科敬言（やましなのりとき）

山科堯言*〔山科堯言〕　やましなたかとき
貞享3（1686）年2月3日〜宝暦1（1751）年12月5日　江戸時代中期の公家（権大納言）。参議山科持言の子。
¶公卿（山科堯言），公家（堯言〔山科家〕　たかとき）

山科忠言*　やましなただとき
宝暦12（1762）年閏4月19日〜天保4（1833）年2月26日　江戸時代中期〜後期の公家（権大納言）。権中納言山科敬言の子。
¶公卿，公家（忠言〔山科家〕　ただとき）

山科言緒*　やましなときお
天正5（1577）年2月21日〜元和6（1620）年2月25日　安土桃山時代〜江戸時代前期の公家（参議）。権中

やましな

納言山科言経の子。
¶公卿, 公家 (言緒〔山科家〕 ときお)

山科時国*　やましなときくに
享徳1 (1452) 年～文亀3 (1503) 年2月28日　戦国時代の公卿 (権中納言)。参議山科保宗の子。
¶公卿, 公家 (言国〔山科家〕 ときくに　㊐享徳1 (1452) 年？ 月23日), コン

山科時知*　やましなときさと
寛政2 (1790) 年2月26日～慶応3 (1867) 年10月27日 ㊐山科言知 (やましなときとも)　江戸時代末期の公家 (権大納言)。権大納言山科忠言の子。
¶公卿, 公家 (言知〔山科家〕 ときとも)

山科言継*　やましなときつぐ
永正4 (1507) 年～天正7 (1579) 年　㊐言継 (ときつぐ)、山科言継 (やましたときつぐ)　戦国時代～安土桃山時代の公卿 (権大納言)。権中納言山科言綱の子。
¶公卿 (㊐永正4 (1507) 年4月26日　㊁天正7 (1579) 年3月2日), 公家 (言継〔山科家〕 ときつぐ　㊐永正4 (1507) 年4月26日 ㊁天正7 (1579) 年3月2日), コン, 全戦, 中世, 俳文 (言継 ときつぐ　㊐永正4 (1507) 年2月6日 ㊁天正7 (1579) 年3月2日), 山分 (㊐1507年4月26日 ㊁1579年3月2日)

山科時綱*　やましなときつな
文明18 (1486) 年4月1日～享禄3 (1530) 年9月12日　戦国時代の公卿 (権中納言)。権中納言山科言国の子。
¶公卿, 公家 (言綱〔山科家〕 ときつな)

山科言経*　やましなときつね
天文12 (1543) 年7月2日～慶長16 (1611) 年2月27日 ㊐言経 (ときつね)　安土桃山時代～江戸時代前期の公家 (権中納言)。権中納言山科言継の子。
¶公卿, 公家 (言経〔山科家〕 ときつね), コン, 俳文 (言経 ときつね)

山科言知　やましなときとも
⇒山科言知 (やましなときさと)

山科時縄*　やましなときなお
天保6 (1835) 年～大正5 (1916) 年　江戸時代末期～大正時代の公家、有職故実家、伯爵。装束調達、衣紋の奉仕。皇室の旧儀再興に関与。
¶公卿 (㊐天保6 (1835) 年6月20日　㊁大正5 (1916) 年11月), 公家 (言縄〔山科家〕 ときなお　㊐天保6 (1835) 年6月20日 ㊁大正5 (1916) 年11月6日), 幕末 (㊐天保6 (1835) 年6月20日 ㊁大正5 (1916) 年11月6日)

山科時成*　やましなときなり
文化8 (1811) 年6月28日～明治3 (1870) 年　江戸時代末期～明治時代の公家 (権大納言)。権大納言山科言知の子。
¶公卿 (㊁明治3 (1870) 年閏10月), 公家 (言成〔山科家〕 ときなり　㊁明治3 (1870) 年閏10月3日)

山科言総*　やましなときふさ
慶長8 (1603) 年～寛文1 (1661) 年11月27日　江戸時代前期の公家 (権大納言)。参議山科言緒の子。
¶公卿, 公家 (言総〔山科家〕 ときふさ)

山科時行*　やましなときゆき
寛永9 (1632) 年10月22日～寛文5 (1665) 年　江戸時代前期の公家 (参議)。権中納言藤谷為賢の三男。
¶公卿 (㊁寛文5 (1665) 年4月24日), 公家 (言行〔山科家〕 ときゆき　㊁寛文5 (1665) 年4月25日)

山科能登介　やましなのとのすけ
江戸時代後期～明治時代の医師。
¶幕末 (㊐文政8 (1825) 年9月15日　㊁明治43 (1910) 年6月4日)

山階宮晃親王　やましなのみやあきらしんのう
⇒晃親王 (あきらしんのう)

山科教興　やましなのりおき
？～応永25 (1418) 年7月19日　㊐山科教清 (やましなのりきよ)　室町時代の公卿 (権中納言)。権中納言山科教言の三男。
¶公卿, 公家 (教興〔山科家〕 のりおき)

山科教清　やましなのりきよ
⇒山科教興 (やましなのりおき)

山科教成　やましなのりしげ
治承1 (1177) 年～延応1 (1239) 年　㊐藤原教成 (ふじわらののりしげ, ふじわらののりなり)　鎌倉時代前期の公卿 (権中納言)。非参議藤原実教の子。
¶公卿 (藤原教成　ふじわらののりしげ　㊐延応1 (1239) 年4月13日), 公家 (教成〔山科家〕 のりなり　㊁延応1 (1239) 年4月13日), 古人 (藤原教成 ふじわらののりなり), 古人, コン

山科教繁　やましなのりしげ
？～元中8/明徳2 (1391) 年　南北朝時代の公卿 (参議)。左中将山科教行の次男。
¶公卿 (㊁明徳2 (1391) 年), 公家 (教繁〔山科家 (絶家)〕 のりしげ　㊁明徳2 (1391) 年6月6日)

山科教遠　やましなのりお
正平16/康安1 (1361) 年～応永28 (1421) 年　南北朝時代～室町時代の公卿 (非参議)。参議山科教繁の子。
¶公卿 (㊐康安1/正平16 (1361) 年　㊁応永28 (1421) 年6月29日), 公家 (教遠〔山科家 (絶家)〕3〕 のりとお　㊁応永28 (1421) 年6月29日)

山科教言　やましなのりとき*
嘉暦3 (1328) 年6月8日～*　南北朝時代～室町時代の公卿 (権中納言)。権中納言藤原家成の裔。
¶公卿 (㊐応永16 (1409) 年12月15日), 公家 (教言〔山科家〕 のりとき　㊁応永17 (1410) 年12月5日), コン (㊁応永17 (1410) 年)

山科敬言*　やましなのりとき
寛保2 (1742) 年3月19日～安永7 (1778) 年2月3日 ㊐山科敬言 (やましなたかとき)　江戸時代中期の公家 (権中納言)。権中納言山科頼言の子。
¶公卿, 公家 (敬言〔山科家〕 たかとき)

山科教藤*　やましなのりふじ
？～応永2 (1395) 年　南北朝時代の公卿 (参議)。権中納言山科教言の長男。
¶公卿 (㊁応永2 (1395) 年2月6日), 公家 (教藤〔山科家〕 のりふじ　㊁応永2 (1395) 年2月6日)

山科教冬*　やましなのりふゆ
？～応永16 (1409) 年　南北朝時代～室町時代の公卿 (非参議)。権中納言山科教言の次男。
¶公卿 (㊁応永16 (1409) 年7月12日), 公家 (教冬〔山科家 (絶家)〕4〕 のりふゆ　㊁応永16 (1409) 年7月12日)

山科正恒*　やましなまさつね
文化4 (1807) 年～？　江戸時代後期の地下、御蔵小舎人。
¶幕末

山科持言*　やましなもちとき
明暦3(1657)年〜元文2(1737)年　江戸時代前期〜中期の公家(参議)。参議山科言行の子。
¶公卿(㋸明暦3(1657)年11月22日　㋥元文2(1737)年8月7日),公家(持言〔山科家〕　もちとき　㋸明暦3(1657)年11月22日　㋥元文2(1737)年8月7日)

山科持俊*　やましなもちとし
生没年不詳　室町時代の公卿(権中納言)。非参議山科教冬の次男。
¶公卿,公家(持俊〔山科家(絶家)4〕　もちとし)

山科保宗*　やましなやすむね
応永18(1411)年〜寛正4(1463)年8月26日　室町時代の公卿(参議)。参議山科教繁の三男。
¶公卿,公家(保宗〔山科家(絶家)3〕　やすむね)

山科行有*　やましなゆきあり
?〜永享2(1430)年4月2日　室町時代の公卿(非参議)。非参議山科教冬の長男。
¶公卿,公家(行有〔山科家(絶家)4〕　ゆきあり)

山科頼言*　やましなよりとき
享保7(1722)年1月6日〜明和7(1770)年12月22日　江戸時代中期の公家(権中納言)。権大納言山科堯言の子。
¶公卿,公家(頼言〔山科家〕　よりとき)

山路主住*(山路主任)　やまじぬしずみ
宝永1(1704)年〜安永1(1772)年12月11日　㋸山路主住(やまじしゅじゅう)　江戸時代中期の暦学者、数学者。
¶科学,コン(㋸?),数学,徳人

山道春行　やまじはるゆき
平安時代後期の官人。
¶古人(生没年不詳)

山島守良*　やましまもりよし
生没年不詳　㋸山島守良(やましまもりより)　江戸時代末期の和算家。
¶数学(やましまもりより)

山島守良　やましまもりより
⇒山島守良(やましまもりよし)

山路諧孝*　やまじゆきたか
安永6(1777)年〜文久1(1861)年　㋸山路諧孝(やまじかいこう)　江戸時代後期の江戸幕府天文方。「西暦新編」「新法暦書」。
¶江人(㋸1794年),科学(㋥文久1(1861)年5月30日),数学(㋥文久1(1861)年5月30日)

山路之徽*　やまじゆきよし
享保14(1729)年〜安永7(1778)年1月30日　江戸時代中期の暦学・天文学者。
¶科学,数学

山路徳風　やまじよしつぐ
⇒山路徳風(やまじとくふう)

山背王*　やましろおう
?〜天平宝字7(763)年　㋸藤原朝臣弟貞(ふじわらのあそんおとさだ),藤原弟貞(ふじわらのおとさだ),山背王(やましろのおう),山背王(やましろのおおきみ)　飛鳥時代〜奈良時代の官人(参議)。左大臣長屋王の子。
¶公卿(藤原弟貞　ふじわらのおとさだ　㋥天平宝字7(763)年11月),公家(やましろおう　㋸持統天皇1(687)年　㋥?),古人,古代(藤原朝臣弟貞　のあそんおとさだ)

山背大兄王　やましろおおえのおう
⇒山背大兄王(やましろのおおえのおう)

山城左内*　やましろさない
生没年不詳　㋸若狭守吉次(わかさのかみきちじ,わかさのかみよしつぐ)　江戸時代前期の古浄瑠璃の太夫。古浄瑠璃の黄金時代を築いた。
¶コン

山背根子*　やましろねこ
㋸山背根子(やましろのねこ)　上代の山直氏の祖。
¶古代

山代之猪甘*　やましろのいかい
上代の山代の猪飼部の民。
¶古代

山代伊美吉大村*　やましろのいみきおおむら
霊亀1(715)年〜?　㋸山代大村(やましろのおおむら)　奈良時代の河内国の人。
¶古代

山代伊美吉真作　やましろのいみきまつくり
⇒山代真作(やましろのまつくり)

山代氏益*　やましろのうじます
生没年不詳　㋸山代宿禰氏益(やましろのすくねうじます)　平安時代前期の官吏。
¶古人,古代(山代宿禰氏益　やましろのすくねうじます)

山背王　やましろおう
⇒山背王(やましろおう)

山背皇子　やましろのおうじ
⇒山背大兄王(やましろのおおえのおう)

山背大兄王　やましろのおおえおう
⇒山背大兄王(やましろのおおえのおう)

山背大兄王*　やましろのおおえのおう
?〜皇極2(643)年　㋸山背大兄王(やましろおおえのおう,やましろのおおえのおおきみ,やましろのおひねのおう),山背皇子(やましろのおうじ)　飛鳥時代の聖徳太子の子。推古天皇の皇位継承者と目されていたが、蘇我入鹿の攻撃をうけ自殺させられた。
¶古人,古代,古物(やましろのおおえのおおきみ),コン,山小(㋥643年11月)

山背大兄王　やましろのおおえのおおきみ
⇒山背大兄王(やましろのおおえのおう)

山背王　やましろのおおきみ
⇒山背王(やましろおう)

山代大村　やましろのおおむら
⇒山代伊美吉大村(やましろのいみきおおむら)

山背大兄王　やましろのおひねのおう
⇒山背大兄王(やましろのおおえのおう)

山背臣日立*　やましろのおみひたて
飛鳥時代の書生。
¶古代

山代宿禰氏益　やましろのすくねうじます
⇒山代氏益(やましろのうじます)

山背根子　やましろのねこ
⇒山背根子(やましろねこ)

山代真作*(山背真作)　やましろのまつくり
?〜神亀5(728)年　㋸蚊屋秋庭(かやのあきに

わ），山代伊美吉真作（やましろのいみきまつくり）　飛鳥時代〜奈良時代の官人。文武、元明、元正、聖武4代の天皇に仕えた。
¶古代（山代伊美吉真作　やましろのいみきまつくり），コン（山背真作）

山背師光　やましろのもろみつ
平安時代中期の官人。
¶古人（生没年不詳）

山城安頼　やましろのやすより
平安時代後期の官人。
¶古人（生没年不詳）

山背部小田＊　やましろべのおだ
飛鳥時代の大海人皇子の舎人。
¶古代（[生]？　[没]698年）

山城みよ　やましろみよ
＊〜慶応4（1868）年　江戸時代後期〜末期の女性。慶応4年戊辰戦争に従軍。秋田領秋田郡真中村に生まれ、扇田村の農民八右衛門に嫁ぐ。
¶江表（みよ・美与（秋田県）　[生]天保5（1834）年　[没]明治1（1868）年），幕末（[生]天保6（1835）年　[没]慶応4（1868）年8月20日）

山菅女　やますげじょ⋆
江戸時代後期の女性。狂歌。
¶江表（山菅女（栃木県））

山瀬春政＊　やませはるまさ
生没年不詳　江戸時代中期の薬種商。「鯨志」の著者。
¶江人

山添喜三郎　やまぞえきさぶろう
江戸時代後期〜大正時代の建築技術者。
¶美建（[生]天保14（1843）年9月15日　[没]大正12（1923）年5月16日）

山添直辰　やまぞえなおとき
江戸時代中期の幕臣。
¶徳人（[生]1731年　[没]？）

山田　やまだ⋆
江戸時代後期の女性。和歌。盛岡藩の老女。寛政10年、年姫邸で開催された前栽合に載る。
¶江表（山田（岩手県））

山田愛之助＊　やまだあいのすけ
文化13（1816）年〜明治29（1896）年　江戸時代末期〜明治時代の越後長岡藩校崇徳館都講。
¶幕末（[没]明治29（1896）年2月）

山田顕義＊　やまだあきよし
弘化1（1844）年〜明治25（1892）年　江戸時代末期〜明治時代の長州藩士、陸軍軍人、政治家、中将、伯爵。刑法草案審査委員、法相、枢密顧問官などを歴任。
¶コン，全幕，幕末（[生]天保15（1844）年9月　[没]明治25（1892）年11月14日），山小（[生]1844年10月9日　[没]1892年11月11日）

山田浅右衛門＊（山田朝右衛門）　やまだあさえもん
文化10（1813）年〜明治17（1884）年　江戸時代末期〜明治時代の幕臣。
¶全幕，幕末（山田朝右衛門（吉利）　[没]明治17（1884）年12月29日）

山田有栄＊　やまだありなが
天正6（1578）年〜寛文8（1668）年　[別]山田昌巌（やまだしょうがん）　安土桃山時代〜江戸時代前期の武士。
¶全戦，戦武

山田有信＊　やまだありのぶ
＊〜慶長14（1609）年　安土桃山時代〜江戸時代前期の武士。
¶全戦（[生]天文13（1544）年），戦武（[生]天文13（1544）年）

山田一郎＊　やまだいちろう
天保8（1837）年〜元治1（1864）年　江戸時代末期の新徴組士。
¶幕末（[没]元治1（1864）年10月14日）

山田宇右衛門　やまだううえもん
⇒山田宇右衛門（やまだうえもん）

山田右衛門作　やまだうえもさく
⇒山田右衛門作（やまだうえもんさく）

山田宇右衛門＊　やまだうえもん
文化10（1813）年〜慶応3（1867）年　[別]山田宇右衛門（やまだううえもん）　江戸時代末期の長州（萩）藩士。尊王攘夷運動に参画。
¶コン，全幕，幕末（やまだううえもん　[生]文化10（1813）年9月9日　[没]慶応3（1867）年11月11日）

山田右衛門作＊　やまだうえもんさく
生没年不詳　[別]山田右衛門作（やまだうえもさく，やまだえもさく）　江戸時代前期の南蛮絵師。島原の乱に参加。
¶コン，美画（[生]天正18（1590）年　[没]明暦1（1655）年）

山田歌子＊　やまだうたこ
文化7（1810）年〜万延1（1860）年　江戸時代末期の女流歌人。
¶江表（歌子（鹿児島県）），女史

山田梅吉＊　やまだうめきち
弘化2（1845）年〜明治1（1868）年　江戸時代末期の奇兵隊士。
¶幕末（[没]慶応4（1868）年5月11日）

山田穎太郎＊　やまだえいたろう
＊〜明治9（1876）年　江戸時代末期〜明治時代の陸軍軍人。萩の乱の指揮をとり、敗れて斬首される。
¶幕末（[生]嘉永2（1849）年9月　[没]明治9（1876）年12月3日）

山田右衛門作　やまだえもさく
⇒山田右衛門作（やまだうえもんさく）

山田音羽子＊　やまだおとわこ
寛政7（1795）年〜明治10（1877）年7月28日　江戸時代末期〜明治時代の女性。藩主が転封となった際の旅立ち準備、道中の様子を絵入り道中記として著す。
¶江表（音羽子（群馬県）　とわこ），女史，美画（[生]寛政7（1795）年1月29日）

山高鉄三郎　やまたかえいざぶろう
江戸時代後期〜大正時代の遊撃隊士。旗本山高十右衛門の三男。松平信任と改名。
¶幕末（[生]弘化1（1844）年11月6日　[没]大正8（1919）年12月29日）

山田蠖堂＊　やまだかくどう
享和3（1803）年〜文久1（1861）年　江戸時代末期の出羽米沢藩士、儒学者。
¶詩作

山田勘解由* やまだかげゆ
天保5(1834)年～明治31(1898)年10月1日 江戸時代末期～明治時代の青蓮院宮家家士。
¶幕末

山高左近* やまたかさこん
生没年不詳 江戸時代末期の紀伊和歌山藩士。
¶幕末

山田勝盛* やまだかつもり
天文7(1538)年～天正2(1574)年 戦国時代～安土桃山時代の織田信長の家臣。
¶織田

山高信離 やまたかのぶあきら
⇒山高信離(やまたかのぶつら)

山高信離* やまたかのぶつら
天保13(1842)年～明治40(1907)年3月19日 [別]山高信離(やまたかのぶあきら) 江戸時代末期～明治時代の横須賀製鉄所技術伝習生、官吏。1867年フランスに渡りパリ万国博覧会に参列。
¶幕末(やまたかのぶあきら [生]天保13(1842)年2月1日)

山高信保 やまたかのぶやす
江戸時代前期の石見銀山奉行。
¶徳代([生]慶長11(1606)年 [没]寛文10(1670)年5月27日)

山田寒山 やまだかんざん
江戸時代末期～大正時代の篆刻家、陶芸家。
¶美工([生]安政3(1856)年 [没]大正7(1918)年12月26日)

山田公章 やまだきみあき
⇒山田亦介(やまだまたすけ)

山田業広* やまだぎょうこう
文化5(1808)年～明治14(1881)年3月1日 江戸時代末期～明治時代の医師、温知社首。臨床家としての手腕は高く評価され、考証医学者としての著書も多い。著書に「経方弁」。
¶科学([生]文化5(1808)年10月)

山田匡得 やまだきょうとく
戦国時代～江戸時代前期の伊東氏の家臣。
¶全戦([生]天文6(1537)年 [没]元和6(1620)年)

山田清房* やまだきよふさ
文化8(1811)年～明治13(1880)年 江戸時代後期～明治時代の和算家。
¶数学

山田邦政 やまだくにまさ
天和1(1681)年～宝暦1(1751)年 江戸時代前期～中期の幕臣。
¶徳人,徳代([没]宝暦1(1751)年1月8日)

山田熊蔵 やまだくまぞう
江戸時代末期～明治時代の砲術家。
¶幕末([生]? [没]明治29(1896)年4月5日)

山田庫次郎* やまだくらじろう
弘化4(1847)年～* 江戸時代末期の長州(萩)藩寄組。
¶幕末([没]慶応2(1867)年11月28日)

山田荊石* やまだけいせき
正徳5(1715)年～天明6(1786)年 江戸時代中期の和算家。
¶数学([没]天明6(1786)年2月27日)

山田外記重朝 やまだげきしげとも
江戸時代前期の後藤又兵衛の家来。
¶大坂([没]寛永20年12月9日)

山田検校* やまだけんぎょう
宝暦7(1757)年4月28日～文化14(1817)年4月10日 [別]山田検校斗養一(やまだけんぎょうとよいち),山田斗養一(やまだとよいち) 江戸時代中期～後期の箏曲家。山田流箏曲の流祖。
¶江人,コン

山田検校斗養一 やまだけんぎょうとよいち
⇒山田検校(やまだけんぎょう)

山田源次郎* やまだげんじろう
明和5(1768)年～天保11(1840)年 江戸時代後期の駿河国金岡の強訴の主導者。
¶コン

山田耕三 やまだこうぞう
⇒山田知足斎(やまだちそくさい)

山田小右衛門 やまだこえもん
江戸時代前期の代官。
¶徳代(生没年不詳)

山田五郎左衛門 やまだごろ(う)ざえもん
江戸時代前期の牢人。大坂の陣で籠城。
¶大坂([没]寛永12年)

山田左衛門尉* やまださえもんのじょう
生没年不詳 安土桃山時代の織田信長の家臣。
¶織田

山田佐金次 やまださきんじ
江戸時代末期～明治時代の代官。
¶徳代(生没年不詳)

山田貞吉* やまださだよし
天保4(1833)年～万延1(1860)年 [別]山田貞吉(やまだていきち) 江戸時代末期の志士。
¶幕末

山田三川* やまださんせん
文化1(1804)年～文久2(1862)年 江戸時代末期の学者、文人。
¶幕末([没]文久3(1863)年)

山田次右衛門 やまだじえもん
⇒山田次左衛門(やまだじざえもん)

山田重厚 やまだしげあつ
江戸時代前期～中期の幕臣、代官。
¶徳代([生]寛文9(1669)年 [没]寛延1(1748)年6月17日)

山田至意 やまだしげおき
宝暦4(1754)年～天保10(1839)年 江戸時代中期～後期の幕臣。
¶徳人,徳代

山田重維 やまだしげすみ
江戸時代前期～中期の幕臣、代官。
¶徳代([生]寛永1(1624)年 [没]元禄15(1702)年6月3日)

山田重隆* やまだしげたか
生没年不詳 [別]山田重隆(やまだのしげたか) 鎌倉時代前期の武士。
¶古人(やまだのしげたか)

山田重忠* やまだしげただ
?～承久3(1221)年 [別]山田重忠(やまだのしげた

だ）　鎌倉時代前期の武将。後鳥羽上皇に仕えた。
¶古人（やまだのしげただ），中世，内乱

山田重継＊　やまだしげつぐ
建久2（1191）年～承久3（1221）年　[別]山田重継（やまだのしげつぐ）　鎌倉時代前期の武将。
¶古人（やまだのしげつぐ）

山田重俊　やまだしげとし
戦国時代～江戸時代前期の代官。
¶徳代（[生]天文16（1547）年　[没]慶長19（1614）年10月13日）

山田重利＊　やまだしげとし
永禄9（1566）年～寛永13（1636）年　安土桃山時代～江戸時代前期の武士。徳川家康の臣。
¶徳人

山田重直＊　やまだしげなお
？～文禄1（1592）年　安土桃山時代の武将。毛利氏家臣。
¶全戦（[生]大永5（1525）年）

山田重弘　やまだしげひろ
鎌倉時代前期の尾張国の武士。
¶平家（[生]？　[没]承久3（1221）年）

山田至倍　やまだしげます
明和6（1769）年～？　江戸時代中期の幕臣。
¶徳人，徳代

山田重棟　やまだしげむね
江戸時代前期の幕臣。
¶徳人（[生]？　[没]1654年）

山田次左衛門＊（山田治左衛門）　やまだじざえもん
元和2（1616）年～延宝1（1673）年　[別]山田次右衛門（やまだじえもん）　江戸時代前期の陸奥国の水利功労者。
¶コン

山田七郎五郎＊　やまだしちろごろう
生没年不詳　安土桃山時代の織田信長の家臣。
¶織田

山田十竹＊　やまだじっちく
天保8（1837）年～明治34（1901）年　江戸時代末期～明治時代の教育者、漢学者。著書に「日本志略」「明治小学」などがある。
¶幕末（[没]明治38（1905）年8月26日）

山田治部左衛門＊　やまだじぶざえもん
？～弘治2（1556）年8月24日　戦国時代の織田信長の家臣。
¶織田

山田重次　やまだじゅうじ
江戸時代前期の代官。
¶徳代（[生]？　[没]寛永11（1634）年9月）

山田修理亮＊　やまだしゅりのすけ
生没年不詳　安土桃山時代の織田信長の家臣。
¶織田

山田常嘉＊　やまだじょうか
生没年不詳　江戸時代中期の蒔絵師。
¶美工

山田昌巌　やまだしょうがん
⇒山田有栄（やまだありなが）

山田松斎＊(1)　やまだしょうさい
明和7（1770）年～天保12（1841）年　江戸時代後期の儒学者。
¶コン

山田松斎＊(2)　やまだしょうさい
文化6（1809）年～明治29（1896）年　江戸時代末期～明治時代の桑名藩士、津藩士。維新後私塾を開き、子弟3500人余りにのぼる。
¶幕末（[没]明治29（1896）年10月6日）

山田城太郎＊　やまだじょうたろう
文化12（1815）年～慶応3（1867）年　[別]山田青門（やまだせいもん）　江戸時代末期の岩田藩士。
¶幕末（[没]慶応3（1867）年7月5日）

山田四郎左衛門　やまだしろうざえもん
安土桃山時代の信濃国筑摩郡刈谷原の土豪。
¶武田（生没年不詳）

山田二郎左衛門尉(1)　やまだじろうざえもんのじょう
戦国時代～安土桃山時代の鋳物師の棟梁。北条氏康・氏政に属した。
¶後北（二郎左衛門尉〔山田（3）〕　じろうざえもんのじょう）

山田二郎左衛門尉(2)　やまだじろうざえもんのじょう
安土桃山時代の御用鋳物師の棟梁。父二郎左衛門尉の嫡男か。北条氏直に属した。
¶後北（二郎左衛門尉〔山田（3）〕　じろうざえもんのじょう）

山田神三衛門　やまだじんぞうえもん
安土桃山時代の信濃国筑摩郡刈谷原の土豪。
¶武田（生没年不詳）

山田甚八＊　やまだじんぱち，やまだじんはち
慶安2（1649）年～享保13（1728）年　江戸時代中期の歌舞伎役者。
¶歌大（生没年不詳）

山田図書　やまだずしょ
戦国時代の相模国玉縄城主北条為昌の家臣。
¶後北（図書〔山田（4）〕　ずしょ）

山田捨之允　やまだすてのじょう
⇒山田捨之進（やまだすてのしん）

山田捨之進＊　やまだすてのしん
弘化4（1847）年～慶応2（1866）年　[別]山田捨之允（やまだすてのじょう）　江戸時代末期の長州（萩）藩寄組。
¶幕末（[没]慶応2（1866）年9月13日）

山田整庵＊　やまだせいあん
天保2（1831）年～＊　江戸時代末期の蘭方医。
¶幕末（[没]元治1（1865）年12月27日）

山田勢三郎　やまだせいざぶろう
江戸時代後期～大正時代の豪農。
¶植物（[生]天保14（1843）年　[没]大正8（1919）年）

山田青門　やまだせいもん
⇒山田城太郎（やまだじょうたろう）

山田千吉＊　やまだせんきち
天保11（1840）年～元治1（1864）年　江戸時代末期の長州（萩）藩士。
¶幕末（[没]元治1（1864）年7月19日）

山田惣左衛門　やまだそうざえもん
江戸時代前期の尾張の人。大坂の陣で籠城。
¶大坂

山田宗徧*　やまだそうへん
寛永4(1627)年～宝永5(1708)年　[別]宗徧(そうへん)　江戸時代前期～中期の茶匠。茶道宗徧流の祖。
¶江人, コン

山田蘇作　やまだそさく
⇒山田蘇作(やまだもとさく)

山田大円*　やまだだいえん, やまだたいえん
明和2(1765)年～天保2(1831)年　江戸時代後期の医師(眼科)。
¶科学([没]天保2(1831)年7月5日), 眼医(山田大円(松原見朴)　やまだだいえん(まつばらげんぼく))

山田大夢　やまだだいむ
江戸時代後期～明治時代の教育者。
¶幕末([生]文政12(1829)年8月7日　[没]明治22(1889)年3月25日)

山田貴旦　やまだたかあき
江戸時代後期の和算家。伊丹の人。文政9年算額を奉納。
¶数学

山田武甫*　やまだたけとし
天保2(1831)年～明治26(1893)年　江戸時代末期～明治時代の熊本藩士、政治家、衆議院議員。英学校・医学校を創立し北里柴三郎らを育成。
¶コン, 幕末([没]明治26(1893)年2月23日)

山田太次右衛門*　やまだたじえもん
安永9(1780)年～安政5(1858)年　江戸時代後期の開拓分限者。
¶幕末([没]安政5(1858)年4月3日)

山田忠興　やまだただおき
江戸時代中期の和算家、米沢藩士。
¶数学([没]享保20(1735)年7月26日)

山田辰次*　やまだたつじ
弘化1(1844)年～慶応2(1866)年　江戸時代末期の長州(萩)藩寄組。
¶幕末([生]天保15(1844)年　[没]慶応2(1866)年7月27日)

山田大兵衛*　やまだたへえ
？～永禄12(1569)年9月8日　戦国時代～安土桃山時代の織田信長の家臣。
¶織田

山田千疇*　やまだちうね
文化9(1812)年～明治9(1876)年7月12日　江戸時代末期～明治時代の国学者。
¶幕末

山田知足斎*　やまだちそくさい
天保10(1839)年～明治14(1881)年　[別]山田耕三(やまだこうぞう)　江戸時代末期～明治時代の松山藩士。
¶幕末(山田耕三　やまだこうぞう　[没]明治14(1881)年11月6日)

山田中斎*　やまだちゅうさい
？～明治5(1872)年　江戸時代末期～明治時代の書家。
¶幕末([没]明治5(1872)年3月7日)

山田長兵衛*　やまだちょうべえ
生没年不詳　江戸時代後期の篤農家、植林功労者。
¶コン

山田通故*　やまだつうこ
*～天明6(1786)年　[別]通故(つうこ)　江戸時代中期の連歌師。
¶俳文(通故　つうこ　[生]享保17(1732)年　[没]天明6(1786)年11月11日)

山田通孝*　やまだつうこう
生没年不詳　[別]通孝(つうこう)　江戸時代後期の連歌師。
¶俳文(通孝　つうこう)

山田司*　やまだつかさ
弘化1(1844)年～明治1(1868)年　江戸時代末期の薩摩藩士。
¶幕末([没]明治1(1868)年11月11日)

山田対馬守*　やまだつしまのかみ
生没年不詳　戦国時代の北条氏の家臣。
¶後北(対馬守〔山田(1)〕　つしまのかみ)

山田常典*　やまだつねすけ
文化5(1808)年～文久3(1863)年7月7日　[別]山田常典(やまだつねのり)　江戸時代末期の三河吉田藩士。
¶幕末([没]文久3(1863)年5月22日)

山田常典　やまだつねのり
⇒山田常典(やまだつねすけ)

山田貞吉　やまだていきち
⇒山田貞吉(やまださだよし)

山田鼎斎*　やまだていさい
？～明治6(1873)年　江戸時代末期～明治時代の書家。
¶幕末

山田伝助　やまだでんすけ
江戸時代前期の細川忠興の家臣。
¶大坂

山田道安*　やまだどうあん
？～天正1(1573)年　戦国時代の武将。
¶美画([没]天正1(1573)年10月21日)

山田藤吉*　やまだとうきち
嘉永1(1848)年～慶応3(1867)年　江戸時代末期の坂本龍馬の世話役。
¶全幕, 幕末([没]慶応3(1867)年11月15日)

山田藤左衛門　やまだとうざえもん
江戸時代前期の稲葉典通の家臣。
¶大坂([没]元和5年10月9日)

山田藤四郎　やまだとうしろう
⇒小野川宇源次(おのがわうげんじ)

山田利延　やまだとしのぶ
江戸時代中期の幕臣。
¶徳人([生]1701年　[没]1753年)

山田利信　やまだとしのぶ
江戸時代前期の代官。
¶徳代(生没年不詳)

山田図南*　やまだとなん
寛延2(1749)年～天明7(1787)年　江戸時代中期の

医師、考証家。「傷寒論」の復古考証的研究に尽力。
¶対外

山田斗養一 やまだとよいち
⇒山田検校(やまだけんぎょう)

山田寅吉 やまだとらきち
江戸時代後期～昭和時代の土木技術者。
¶科学([生]嘉永6(1853)年12月21日 [没]昭和2(1927)年3月31日)

山田虎之助* やまだとらのすけ
天保13(1842)年～元治1(1864)年 江戸時代末期の長州(萩)藩足軽。
¶幕末([没]元治1(1864)年8月20日)

山田直勝 やまだなおかつ
江戸時代前期の幕臣。
¶徳人([生]? [没]1643年)

山田直時 やまだなおとき
安土桃山時代～江戸時代前期の代官。
¶徳代([生]永禄12(1569)年 [没]正保1(1644)年3月20日)

山田直弘 やまだなおひろ
江戸時代前期の代官。
¶徳代([生]? [没]寛永18(1641)年12月)

山田直安* やまだなおやす
?～慶長5(1600)年 安土桃山時代の武将。
¶後北(直安〔山田(2)〕 なおやす [没]慶長6年2月)

山田長政* やまだながまさ
?～寛永7(1630)年 江戸時代前期のアユタヤ郊外の日本町頭領。
¶江人,コン,対外,徳将,山小

山田県麻呂 やまだのあがたまろ
奈良時代の明法博士。
¶古人(生没年不詳)

山田古麻呂 やまだのこまろ
奈良時代の官人。
¶古人(生没年不詳)

山田是行 やまだのこれゆき
平安時代後期の伊賀国の武士。
¶古人([生]1129年? [没]1156年)

山田重貞 やまだのしげさだ
平安時代後期の官人。源為朝を捕らえた。
¶古人(生没年不詳)

山田重隆 やまだのしげたか
⇒山田重隆(やまだしげたか)

山田重忠 やまだのしげただ
⇒山田重忠(やまだしげただ)

山田重継 やまだのしげつぐ
⇒山田重継(やまだしげつぐ)

山田銀* やまだのしろがね
[別]山田史銀(やまだのふひとしろがね) 奈良時代の明法博士。
¶古人(生没年不詳),古代(山田史銀 やまだのふひとしろがね)

山田宿禰古嗣 やまだのすくねふるつぐ
⇒山田古嗣(やまだのふるつぐ)

山田春城 やまだのはるき
⇒山田春城(やまだはるき)

山田女島*(山田比売嶋,山田女嶋) やまだのひめしま
[別]山田史女嶋(やまだのふひとひめしま) 奈良時代の女性。孝謙天皇の乳母。
¶古代(山田史女嶋 やまだのふひとひめしま),女史(生没年不詳)

山田広人 やまだのひろひと
奈良時代の官人。藤原仲麻呂の乱の功により従五位下。
¶古人(生没年不詳)

山田弘宗* やまだのひろむね
生没年不詳 [別]山田宿禰弘宗(やまだのすくねひろむね) 平安時代前期の官吏。
¶古人,古代(山田宿禰弘宗 やまだのすくねひろむね)

山田信治 やまだのぶはる
江戸時代前期の幕臣。
¶徳人([生]1614年 [没]1671年)

山田史銀 やまだのふひとしろがね
⇒山田銀(やまだのしろがね)

山田史女嶋 やまだのふひとひめしま
⇒山田女島(やまだのひめしま)

山田史御方 やまだのふひとみかた
⇒山田御方(やまだのみかた)

山田信道* やまだのぶみち
天保4(1833)年～明治33(1900)年 江戸時代末期～明治時代の官僚、男爵、農商務大臣。福島、大阪、京都知事、会計検査院長などを歴任。
¶幕末([生]天保4(1833)年11月3日 [没]明治33(1900)年3月12日)

山田古嗣* やまだのふるつぐ
延暦17(798)年～仁寿3(853)年 [別]山田宿禰古嗣(やまだのすくねふるつぐ),山田古嗣(やまだふるつぐ) 平安時代前期の官人。
¶古人,古代(山田宿禰古嗣 やまだのすくねふるつぐ)

山田御方*(山田三方) やまだのみかた
生没年不詳 [別]山田史御方(やまだのふひとみかた) 飛鳥時代～奈良時代の官人、文人。
¶古人,古代(山田史御方 やまだのふひとみかた),対外

山田白居* やまだはくきょ
享保9(1724)年～寛政12(1800)年 [別]丈芝坊白居(じょうしぼうはくきょ),白居(はくきょ,はっきょ) 江戸時代中期～後期の俳人。
¶俳文(白居 はくきょ)

山田八左衛門 やまだはちざえもん
江戸時代前期の後藤又兵衛の家来山田外記の子。徳川頼宣に仕えた。
¶大坂

山田春城* やまだはるき
弘仁1(810)年～天安2(858)年 [別]山田春城(やまだのはるき) 平安時代前期の学者、官人。
¶古人(やまだのはるき),コン([生]天長3(826)年)

山田春隆* やまだはるたか
江戸時代末期の新撰組隊士。
¶新隊(生没年不詳)

山田彦太郎* やまだひこたろう
生没年不詳 戦国時代の北条氏の家臣。
¶後北(彦太郎〔山田(4)〕 ひこたろう)

山田彦八* やまだひこはち
天保6(1835)年～明治13(1880)年 江戸時代末期～明治時代の平藩主安藤対馬守信正の家臣。平城攻防戦では軍事掛として交戦。仙台奥羽列藩同盟の陣に藩を代表し出向。
¶幕末([没]明治13(1880)年4月17日)

山田古嗣 やまだふるつぐ
⇒山田古嗣(やまだのふるつぐ)

山田文右衛門 やまだぶんうえもん
⇒山田文右衛門(やまだぶんえもん)

山田文右衛門* やまだぶんえもん
文政3(1820)年～明治16(1883)年 [別]山田文右衛門(やまだぶんうえもん) 江戸時代末期～明治時代の蝦夷地の場所請負・漁業経営者。
¶コン,幕末([生]? [没]明治16(1883)年9月12日)

山田文厚 やまだぶんこう
江戸時代後期～明治時代の日本画家。
¶美画([生]弘化3(1846)年 [没]明治35(1902)年8月30日)

山田平左衛門* やまだへいざえもん
弘化2(1845)年～明治39(1906)年 [別]土居平左衛門(どいへいざえもん) 江戸時代末期～明治時代の武士。討幕運動に参加、鳥羽・伏見の戦いに参戦。のち自由民権運動で活躍。
¶幕末([生]弘化2(1845)年5月18日 [没]明治39(1906)年1月26日)

八俣部重種*(八俣部重胤) やまたべのしげたね
生没年不詳 平安時代中期の近衛府の官人、神楽の名人。
¶古人(八俣部重胤)

山田方谷* やまだほうこく
文化2(1805)年2月21日～明治10(1877)年6月26日 江戸時代後期～明治時代の儒者。
¶コン,詩作,思想,全幕,幕末

山田鵬輔* やまだほうすけ
?～慶応2(1866)年 江戸時代末期の奇兵隊小隊司令。
¶全幕,幕末([没]慶応2(1866)年7月27日)

山田昌邦 やまだまさくに
嘉永1(1848)年～大正15(1926)年 江戸時代後期～大正時代の数学者、海軍兵学校教師、実業家。
¶数学([没]昭和1(1926)年),幕末([生]嘉永1(1848)年5月1日 [没]大正15(1926)年11月12日)

山田正重* やまだまさしげ
生没年不詳 江戸時代前期の和算家。
¶科学,数学

山田正次 やまだまさつぐ
安土桃山時代～江戸時代前期の代官。
¶徳代([生]天正3(1575)年 [没]寛永15(1638)年5月10日)

山田昌信* やまだまさのぶ
生没年不詳 江戸時代中期の和算家。
¶数学

山田正徳 やまだまさのり
江戸時代後期の和算家。東都青山百人町の人。文政9年算額を奉納。
¶数学

山田政房 やまだまさふさ
江戸時代後期の和算家。
¶数学

山田亦介* やまだまたすけ
*～元治1(1864)年 [別]山田公章(やまだきみあき) 江戸時代末期の長州(萩)藩士。長沼流兵学を吉田松陰に教授。
¶コン([生]文化6(1809)年),全幕([生]文化7(1810)年),幕末([生]文化7(1810)年 [没]元治1(1865)年12月19日)

山田万三郎* やまだまんざぶろう
弘化4(1847)年～明治28(1895)年 江戸時代末期～明治時代の大庄屋。農業振興、青少年教育に貢献。維新後県会議員。
¶幕末

山田光基 やまだみつもと
江戸時代後期～明治時代の和算家、安中藩士。
¶数学([生]文化1(1804)年 [没]明治2(1869)年)

山田宗勝 やまだむねかつ
江戸時代後期～明治時代の和算家。山田家の養子となって農業に従事。
¶数学([生]文政4(1821)年6月2日 [没]明治20(1887)年12月9日)

山田宗光 やまだむねみつ
江戸時代後期～明治時代の鍛金家。
¶美工([生]天保2(1831)年 [没]明治41(1908)年4月2日)

山田女 やまだめ
平安時代中期の佃請負経営者。
¶女史(生没年不詳)

山田蘇作* やまだもとさく
寛政6(1794)年～元治1(1864)年 [別]山田蘇作(やまだそさく) 江戸時代末期の肥前福江藩士。
¶幕末([没]元治1(1864)年11月22日)

山田元親 やまだもとちか
江戸時代前期の代官。
¶徳代([生]? [没]天和2(1682)年9月22日)

山田茂兵衛* やまだもへい
天保1(1830)年～明治42(1909)年 [別]山田茂兵衛(やまだもへえ) 江戸時代末期～明治時代の実業家。海部郡会議員などの公職をつとめる。山田銀行創立。
¶幕末(やまだもへえ)

山田茂兵衛 やまだもへえ
⇒山田茂兵衛(やまだもへい)

山田弥吉 やまだやきち
江戸時代後期～明治時代の宮大工。
¶美建([生]弘化1(1844)年 [没]明治26(1893)年)

山田屋三四郎 やまだやさんしろう
江戸時代前期～中期の版元。
¶浮絵

山田屋大助* やまだやだいすけ
寛政2(1790)年～天保8(1837)年 江戸時代後期の摂津国能勢郡の騒動の指導者の一人。
¶江人(生没年不詳)

山田弥太郎* やまだやたろう
生没年不詳 安土桃山時代の織田信長の家臣。
¶織田

山田陽次郎* やまだようじろう
天保12(1841)年～明治6(1873)年 江戸時代末期～明治時代の陸奥会津藩士。

¶幕末（[没]明治6（1873）年5月5日）

山田好之* やまだよしゆき
生没年不詳 江戸時代中期の農学者。
¶コン

山田与兵衛 やまだよへい
⇒山田与兵衛（やまだよへえ）

山田与兵衛* やまだよへえ
生没年不詳 [別]山田与兵衛（やまだよへい） 安土桃山時代の織田信長の家臣。
¶織田（やまだよへい）

山田六右衛門* やまだろくうえもん
文政8（1825）年～明治28（1895）年 [別]山田六右衛門（やまだろくえもん） 江戸時代末期～明治時代の漁業家。ニシン収穫二万石に達する大漁業家。
¶幕末（やまだろくえもん [没]明治28（1895）年9月）

山田六右衛門 やまだろくえもん
⇒山田六右衛門（やまだろくうえもん）

山地東山* やまちとんざん
文政7（1824）年～明治34（1901）年3月30日 江戸時代末期～明治時代の儒学者。攘夷論「劉敬論」を書いた。仙台藩主伊達氏に墾地富国策を上書。
¶幕末（[生]文政5（1822）年 [没]明治36（1903）年3月30日）

山寺佐五左衛門 やまでらさござえもん
戦国時代～安土桃山時代の武田信繁の与力。
¶武田（[生]天文5（1536）年 [没]天正3（1575）年5月21日）

山寺常山* やまでらじょうざん
文化4（1807）年～明治11（1878）年 江戸時代後期～明治時代の武士、兵学者。
¶全幕，幕末（[没]明治11（1878）年7月3日）

山寺甚左衛門 やまでらじんざえもん
安土桃山時代の武士。武河衆。
¶武田（[生]？ [没]永禄4（1561）年9月11日）

山寺昌吉 やまでらまさよし
戦国時代の武士。武河衆。
¶武田（生没年不詳）

大和 やまと★
江戸時代後期～大正時代の女性。和歌・画・書。尾張藩重臣富永彦兵衛の娘。
¶江表（大和（愛知県） [生]天保7（1836）年 [没]大正9（1920）年）

大和淡路守* やまとあわじのかみ
生没年不詳 戦国時代の足利義昭の家臣。
¶後北（淡路守〔大和（1）〕 あわじのかみ），武田（[生]？ [没]天正10（1582）年4月3日）

大和川常世 やまとがわつねよ
⇒小佐川常世〔1代〕（おさがわつねよ）

山徳権之允* やまとくごんのじょう
天保4（1833）年～元治1（1864）年 江戸時代末期の長州（萩）藩士。
¶幕末（[没]元治1（1864）年7月19日）

大和国之助* やまとくにのすけ
天保6（1835）年～元治1（1864）年 江戸時代末期の長州（萩）藩士。横浜居留地の焼き打ちを計画。
¶幕末（[生]天保6（1835）年11月3日 [没]元治1（1865）年12月19日）

大和松緑 やまとしょうろく
江戸時代末期～大正時代の陶芸家。
¶美工（[生]安政2（1855）年8月22日 [没]大正10（1921）年7月18日）

大和真道*（和真道） やまとしんどう
天保4（1833）年～明治27（1894）年 江戸時代末期～明治時代の僧侶。自坊に不老渓塾を開いて郷党を教化。
¶幕末（和真道 [生]天保4（1833）年1月28日 [没]明治27（1894）年4月11日）

大和宣旨 やまとせんじ
⇒大和宣旨（やまとのせんじ）

大和大納言 やまとだいなごん
⇒羽柴秀長（はしばひでなが）

倭建 やまとたける
⇒日本武尊（やまとたけるのみこと）

日本武尊*（倭建命） やまとたけるのみこと
[別]小碓皇子（おうすのみこ），小碓尊，小碓命（おうすのみこと），倭建（やまとたける） 上代の伝説上の英雄。景行天皇の皇子。
¶古人，古代，古物（生没年不詳），コン，詩作（倭建命 生没年不詳），天皇，天皇（[生]？ [没]景行天皇43（113）年），山小

日本足彦国押人尊 やまとたらしひこくにおしひとのみこと
⇒孝安天皇（こうあんてんのう）

大和中納言 やまとちゅうなごん
⇒豊臣秀保（とよとみひでやす）

倭迹迹日百襲姫 やまとととひももそひめ
⇒倭迹迹日百襲姫命（やまとととひももそひめのみこと）

倭迹迹日百襲姫命* やまとととひももそひめのみこと，やまとととびももそひめのみこと
[別]倭迹迹日百襲姫（やまとととひももそひめ），倭迹迹日百襲姫命（やまととひももそひめのみこと） 上代の女性。孝霊天皇の皇女。
¶古代，古物（倭迹迹日百襲姫 やまとととひももそひめ），コン（倭迹迹日百襲姫 やまとととひももそひめ），女史

倭迹速神浅茅原目妙姫 やまととはやかんあさじはらまくわしひめ
⇒倭迹速神浅茅原目妙姫（やまととはやのかむあさじはらまくわしひめ）

倭迹速神浅茅原目妙姫* やまととはやのかむあさじはらまくわしひめ
[別]倭迹速神浅茅原目妙姫（やまととはやかんあさじはらまくわしひめ） 上代の女性。巫女。
¶古代（やまととはやかんあさじはらまくわしひめ）

倭迹迹日百襲姫命 やまととひももそひめのみこと
⇒倭迹迹日百襲姫命（やまとととひももそひめのみこと）

倭吾子籠* やまとのあごこ
[別]倭直吾子籠（やまとのあたいあごこ） 上代の大和の国造の祖。
¶古代（倭直吾子籠 やまとのあたいあごこ）

和朝臣家麻呂 やまとのあそんいえまろ
⇒和家麻呂（やまとのいえまろ）

倭直吾子籠　やまとのあたいあごこ
　⇒倭吾子籠（やまとのあごこ）

東漢直駒*　やまとのあやのあたいこま
　？〜592年　働東漢駒（やまとのあやのこま），東駒
　（やまとのこま）　飛鳥時代の廷臣。崇峻天皇を
　暗殺。
　¶古人（東駒　やまとのこま），古代，古物（東漢駒　やま
　とのあやのこま），コン，対外（東駒　やまとのあやの
　こま）

倭漢直比羅夫　やまとのあやのあたいひらぶ
　⇒倭漢荒田井比羅夫（やまとのあやのあらたいのひ
　らふ）

倭漢直福因*　やまとのあやのあたいふくいん
　生没年不詳　働東漢福因，倭漢福因（やまとのあや
　のふくいん）　飛鳥時代の廷臣。遺隋留学生。
　¶古代，コン，対外（東漢福因　やまとのあやのふくいん）

倭漢荒田井比羅夫*　やまとのあやのあらたいのひら
　ふ，やまとのあやのあらたいのひらぶ
　生没年不詳　働倭漢直比羅夫（やまとのあやのあた
　いひらぶ），倭漢比羅夫（やまとのあやのひらぶ）
　飛鳥時代の官僚。都城建設に従事。
　¶古代（倭漢直比羅夫　やまとのあやのあたいひらぶ），
　古物（やまとのあやのあらたいのひらぶ）

山東漢大費直麻高垢鬼　やまとのあやのおおあたいま
　こくき
　⇒山東漢麻高垢鬼（やまとのあやのまこくき）

東漢草直足嶋*　やまとのあやのかやのあたいたりしま
　？〜661年　働東漢草足嶋（やまとのあやのかやの
　たりしま）　飛鳥時代の韓智興の従者。
　¶古代

東漢草足嶋　やまとのあやのかやのたりしま
　⇒東漢草直足嶋（やまとのあやのかやのあたいたり
　しま）

東漢駒　やまとのあやのこま
　⇒東漢直駒（やまとのあやのあたいこま）

東漢掬　やまとのあやのつか
　⇒都加使主（つかのおみ）

東漢長直阿利麻*　やまとのあやのながのあたいありま
　働東漢長阿利麻（やまとのあやのながのありま）
　飛鳥時代の遺唐使節。
　¶古代

東漢長阿利麻　やまとのあやのながのありま
　⇒東漢長直阿利麻（やまとのあやのながのあたいあ
　りま）

倭漢比羅夫　やまとのあやのひらぶ
　⇒倭漢荒田井比羅夫（やまとのあやのあらたいのひ
　らふ）

東漢福因（倭漢福因）　やまとのあやのふくいん
　⇒倭漢直福因（やまとのあやのあたいふくいん）

山東漢麻高垢鬼*　やまとのあやのまこくき
　働山東漢大費直麻高垢鬼（やまとのあやのおおあた
　いまこくき）　飛鳥時代の技術者。
　¶古代（山東漢大費直麻高垢鬼　やまとのあやのおおあ
　たいまこくき）

東漢末賢*　やまとのあやのまっけん
　飛鳥時代の画師。
　¶古代

和家麻呂*　やまとのいえまろ
　天平6（734）年〜延暦23（804）年　働和朝臣家麻呂
　（やまとのあそんいえまろ），和家麻呂（やまとのや
　かまろ）　奈良時代〜平安時代前期の公卿（中納
　言）。贈正二位・大納言高野弟嗣（和乙継）の孫。
　¶公卿（働延暦23（804）年4月27日），古人（やまとのやか
　まろ），古代（和朝臣家麻呂　やまとのあそんいえまろ）

大倭五寸足　やまとのいおたり
　⇒大倭忌寸五百足（やまとのいみきいおたり）

大和磯永　やまとのいそなが
　平安時代後期の官人。
　¶古人（生没年不詳）

大倭忌寸五百足*　やまとのいみきいおたり
　働大倭五百足（やまとのいおたり）　飛鳥時代〜奈
　良時代の大倭国造。
　¶古人（大倭五百足　やまとのいおたり　生没年不詳），
　古代

倭馬飼育（欠名）*　やまとのうまかいのおびと
　飛鳥時代の豪族。
　¶古代

倭太后（倭大后）　やまとのおおきさき
　⇒倭姫王（やまとひめのおおきみ）

和乙継*　やまとのおとつぐ
　生没年不詳　飛鳥時代の桓武天皇の皇太后高野朝
　臣新笠の父。
　¶古人，古代

大和西麻呂　やまとのかわちまろ
　奈良時代の官人。
　¶古人（生没年不詳）

倭国香媛*　やまとのくにかひめ
　上代の女性。孝霊天皇の妃。
　¶天皇

倭国造手彦*　やまとのくにのみやつこてひこ
　上代の対新羅戦の将。
　¶古代

大倭小東人　やまとのこあずみひと
　⇒大和長岡（やまとのながおか）

大倭小東人　やまとのこあずまんど
　⇒大和長岡（やまとのながおか）

大倭小東人　やまとのこあづまんど
　⇒大和長岡（やまとのながおか）

大和真子　やまとのしんし
　平安時代中期の女性。采女。10世紀前半に宮廷に
　奉仕。
　¶女史

大和宿禰長岡　やまとのすくねながおか
　⇒大和長岡（やまとのながおか）

大和宣旨*　やまとのせんじ
　生没年不詳　働大和宣旨（やまとせんじ）　平安時
　代中期の女房・歌人。
　¶古人

大和館子*　やまとのたてこ
　？〜承和13（846）年　平安時代前期の女官。
　¶古人

やまとの

大和常生* やまとのつねお
　平安時代中期の小舎人。合香の名手。
　¶古人（生没年不詳）

大和長岡*（大倭長岡）　やまとのながおか
　持統天皇3（689）年〜神護景雲3（769）年　㊙大倭小
　東人（やまとのこあずまひと，やまとのこあずまん
　ど，やまとのこあづまんど），大和宿禰長岡（やま
　とのすくねながおか）　飛鳥時代〜奈良時代の官
　人，学者。養老律令の編纂者の一人。
　¶古人（大倭小東人　やまとのこあづまんど），古代（大和
　宿禰長岡　やまとのすくねながおか），コン（㊛持統3
　（689）年），対外

大和永吉 やまとのながよし
　平安時代後期の官人。
　¶古人（生没年不詳）

大和斐太麻呂 やまとのひだまろ
　奈良時代の官人。
　¶古人（生没年不詳）

倭姫王 やまとのひめおおきみ
　⇒倭姫王（やまとのひめのおおきみ）

倭文刀自 やまとのふみとじ
　江戸時代末期〜明治時代の女性。和歌・狂歌。小
　山宿の妓楼柏屋の遊妓。
　¶江表（倭文刀自〔栃木県〕）　㊙明治8（1875）年）

大和真人吉直* やまとのまひとよしなお
　㊙大和吉直（やまとのよしなお）　平安時代前期の
　官人。
　¶古人（大和吉直　やまとのよしなお　生没年不詳），古代

大和虫麻呂 やまとのむしまろ
　奈良時代の官人。
　¶古人（生没年不詳）

和家麻呂 やまとのやかまろ
　⇒和家麻呂（やまとのいえまろ）

大和吉直 やまとのよしなお
　⇒大和真人吉直（やまとのまひとよしなお）

大和晴統* やまとはるむね
　生没年不詳　戦国時代の武士。後北条氏家臣。
　¶後北（晴統〔大和（2）〕　はるむね）

倭彦王 やまとひこのおう
　⇒倭彦王（やまとひこのおおきみ）

倭彦王* やまとひこのおおきみ
　㊙倭彦王（やまとひこのおう）　上代の王族。
　¶古代

倭彦命* やまとひこのみこと
　上代の崇神天皇の皇子。
　¶古代

倭姫 やまとひめ
　⇒倭姫命（やまとひめのみこと）

倭媛* やまとひめ
　上代の女性。継体天皇の妃。
　¶天皇（生没年不詳）

倭姫王 やまとひめのおう
　⇒倭姫王（やまとひめのおおきみ）

倭姫王* やまとひめのおおきみ
　生没年不詳　㊙倭太后，倭大后（やまとのおおきさ

き），倭姫王（やまとのひめおおきみ，やまとひめ
のおう），倭姫皇后（やまとのひめのこうごう）　飛
鳥時代の女性。天智天皇の皇后。
　¶古代，古物，コン（やまとひめのおう），女史，女文（倭太
　后　やまとのおおきさき），天皇（やまとのひめのおおき
　み）

倭姫皇后 やまとのひめのこうごう
　⇒倭姫王（やまとのひめのおおきみ）

倭姫命* やまとのひめのみこと
　㊙倭姫（やまとひめ）　上代の女性。垂仁天皇の
　皇女。
　¶古代，コン（倭姫　やまとひめ），女史，天皇（生没年不
　詳）

大和兵部少輔 やまとのひょうぶのしょう
　戦国時代の武士。兵部少輔入道。北条氏綱の家
　臣か。
　¶後北（兵部少輔〔大和（2）〕　ひょうぶのしょう）

大和屋宇左衛門 やまとやうざえもん
　⇒水木辰之助〔1代〕（みずきたつのすけ）

大和屋牛松 やまとやうしまつ
　⇒水木辰之助〔1代〕（みずきたつのすけ）

大和屋甚兵衛〔1代〕* やまとやじんべえ
　江戸時代前期の櫓主。寛永6年〜承応2年以降に
　活躍。
　¶新歌（――〔名義初世〕　生没年不詳）

大和屋甚兵衛〔2代〕*（――〔1代〕）　やまとやじんべえ
　？〜元禄17（1704）年　㊙清左衛門（せいざえも
　ん），釣川たつの助（つりかわたつのすけ），鶴川辰
　之助〔1代〕（つるかわたつのすけ）　江戸時代前期
　〜中期の歌舞伎役者，櫓主，座本。延宝5年〜元禄
　16年頃に活躍。
　¶歌大（代数なし　㊟元禄17（1704）年1月10日），新歌
　（――〔名義2世・俳優1世〕　㊨1652年）

大和屋甚兵衛〔3代〕*(1)（――〔2代〕）　やまとやじん
べえ
　生没年不詳　㊙大和屋藤吉（やまとやとうきち）
　江戸時代中期の歌舞伎役者，歌舞伎座本。元禄14
　年〜享保19年頃に活躍。
　¶新歌（――〔名義3世・俳優2世〕）

大和屋甚兵衛〔3代〕*(2)（――〔4代〕）　やまとやじん
べえ
　⇒水木辰之助〔2代〕（みずきたつのすけ）

大和屋伝助 やまとやでんすけ
　⇒日本伝助（にほんでんすけ）

大和屋藤兵衛の娘 やまとやとうべえのむすめ*
　江戸時代後期の女性。和歌。備後藤江汐浜の人。
　文政12年の桂園入門名簿に名が載る。
　¶江表（大和屋藤兵衛の娘〔広島県〕）

大和屋政助* やまとやまさすけ
　文政3（1820）年〜明治19（1886）年　㊙清水与兵衛
　（しみずよへえ）　江戸時代末期〜明治時代の回船
　業。多数の勤王の志士に援助。
　¶幕末（㊛文政3（1820）年9月28日　㊟明治19（1886）年8
　月9日）

大和山甚左衛門〔1代〕* やまとやまじんざえもん
　延宝5（1677）年〜享保6（1721）年　㊙小桜林左衛
　門（こざくらりんざえもん），小桜林之助（こざくら
　りんのすけ）　江戸時代中期の歌舞伎役者，歌舞伎
　座本。元禄2年〜享保6年頃に活躍。

¶歌大（代数なし　[没]享保6（1721）年閏7月19日）

大和屋与一兵衛*　やまとやよいちべえ
文化3（1806）年〜明治25（1892）年　江戸時代末期〜明治時代の網元。津田港の修築に着工、防波堤を完成した。
¶幕末（[没]明治25（1892）年3月25日）

大和屋由平　やまとやよしへい
江戸時代後期〜末期の長崎版画の版元。享和1年以前〜文久か元治年間頃。
¶浮絵

山寅之助*　やまとらのすけ
弘化3（1846）年〜？　江戸時代後期〜末期の新撰組隊士。
¶新隊

山名韶煕　やまなあきひろ
⇒山名祐豊（やまなすけとよ）

山名伊予守義煕　やまないよのかみよしひろ
江戸時代前期の豊臣秀頼の家臣。山名堯煕の長男。
¶大坂

山名氏家*　やまなうじいえ
生没年不詳　南北朝時代〜室町時代の武将。因幡守護。
¶内乱

山名氏清*　やまなうじきよ
興国5/康永3（1344）年〜元中8/明徳2（1391）年　南北朝時代の武将。全国の6分の1にあたる領国を有し、六分一殿と称されたが明徳の乱で敗死した。
¶コン，中世（[生]康永3/興国5（1344）年　[没]明徳2/元中8（1391）年），内乱（[生]康永3（1344）年　[没]明徳2（1391）年），室町，山小（[没]1391年12月30日）

山名氏豊　やまなうじとよ
安土桃山時代の武将。南条氏家臣。
¶全戦（[生]？　[没]天正8（1580）年）

山名氏房　やまなうじふさ
江戸時代中期の幕臣。
¶徳人（[生]1764年　[没]？）

山名氏幸*　やまなうじゆき
生没年不詳　南北朝時代〜室町時代の武将。時義の子。伯耆守護。
¶コン，内乱

山名氏之*　やまなうじゆき
生没年不詳　南北朝時代の武将。
¶室町

山名右衛門佐堯煕　やまなえもんのすけたかひろ
戦国時代〜江戸時代前期の但馬守護山名右衛門督祐豊入道宗詮の惣領。
¶大坂（[生]永禄1年　[没]寛永4年7月4日/寛永6年7月3日・4日/寛永7年6月）

山中市兵衛　やまなかいちべえ
世襲名　江戸時代後期の和泉屋甘泉堂（泉市）主人。
¶出版

山中逸郎　やまなかいつろう
⇒山中兵部（やまなかひょうぶ）

山中氏頼　やまなかうじより
戦国時代の北条氏綱・氏康家臣遠山綱景の同心。近江守。
¶後北（氏頼〔山中〕　うじより）

山中数一　やまなかかずいち
江戸時代後期の和算家。
¶数学

山中紀伊守幸俊　やまなかきのかみゆきとし
江戸時代前期の豊臣秀頼・浅野長晟の家臣。
¶大坂

山中共古　やまなかきょうこ
嘉永3（1850）年〜昭和3（1928）年　[別]山中笑（やまなかえむ）　江戸時代後期〜昭和時代の幕臣、牧師、民俗学者。
¶徳人（山中笑　やまなかえむ），幕末（[生]嘉永3（1850）年11月3日　[没]昭和3（1928）年12月10日）

山中献*　やまなかけん
文政5（1822）年〜明治18（1885）年　[別]山中信天翁（やまなかしんてんおう）　江戸時代末期〜明治時代の志士、文人。京で尊皇攘夷運動に参加。新政府に出仕、宮家の家令など。
¶幕末（[生]文政5（1822）年9月2日　[没]明治18（1885）年5月25日）

山中崔十　やまなかさいじゅう
江戸時代末期〜昭和時代の眼科医。
¶眼医（[生]安政3（1856）年　[没]昭和10（1935）年）

山中左近将監*　やまなかさこんしょうげん
江戸時代末期の日野家雑掌。
¶幕末（生没年不詳）

山中三右衛門　やまなかさんえもん
江戸時代前期の武士。大坂の陣で籠城。
¶大坂

山中鹿介（山中鹿之介，山中鹿之助）　**やまなかしかのすけ**
⇒山中幸盛（やまなかゆきもり）

山中修理亮*　やまなかしゅりのすけ
戦国時代の武将。後北条氏家臣。
¶後北（修理亮〔山中〕　しゅりのすけ）

山中新左衛門*　やまなかしんざえもん
文政1（1818）年〜元治1（1864）年　[別]山口新左衛門（やまぐちしんざえもん）　江戸時代末期の水戸藩士。
¶幕末（[没]元治1（1864）年10月16日）

山中新十郎*　やまなかしんじゅうろう
文政1（1818）年〜明治10（1877）年9月9日　江戸時代末期〜明治時代の商人。久保田藩城下で呉服仲買業を開業。
¶コン，幕末（[生]文政1（1819）年12月6日）

山中新次郎　やまなかしんじろう
江戸時代中期の代官。
¶徳代（[生]正徳2（1712）年　[没]？）

山中信天翁　やまなかしんてんおう
⇒山中献（やまなかけん）

山中陣馬*　やまなかじんま
天保5（1834）年〜明治5（1872）年　江戸時代末期〜明治時代の一揆指導者。徴兵反対一揆の吉野川上流の首領。追撃され自刃。
¶幕末（[没]明治5（1872）年1月6日）

山中新六*　やまなかしんろく
元亀1（1570）年12月〜慶安3（1650）年　[別]鴻池新右衛門，鴻池新右衛門〔1代〕（こうのいけしんえもん），鴻池新六（こうのいけしんろく），鴻池幸元

（こうのいけゆきもと）　安土桃山時代～江戸時代前期の大坂の豪商鴻池善右衛門家の始祖。
¶江人（鴻池新六　こうのいけしんろく），徳将（鴻池幸元　こうのいけゆきもと）

山中幸正　やまなかたかまさ
享保20（1735）年～寛政10（1798）年　江戸時代中期～後期の幕臣。
¶徳人，徳代（[没]寛政10（1798）年3月27日）

山中内匠助*　やまなかたくみのすけ
生没年不詳　戦国時代の北条氏の家臣。河越衆。
¶後北（頼次〔山中〕　よりつぐ）

山中多之助*　やまなかたのすけ
享和3（1803）年～明治12（1879）年　江戸時代末期～明治時代の庄屋。村用係などを歴任。著書に「山中家文書」。
¶幕末（[没]明治12（1879）年9月8日）

山中為綱*　やまなかためつな
慶長18（1613）年～天和2（1682）年　江戸時代前期の伊勢津藩士。
¶コン

山中忠左衛門*　やまなかちゅうざえもん
生没年不詳　江戸時代末期～明治時代の陶工。
¶美工

山中藤次郎忠一　やまなかとうじろうただかつ
江戸時代前期の武士。大坂の陣で籠城。
¶大坂

山中藤大夫　やまなかとうだゆう
江戸時代前期の武士。大坂の陣で籠城。後藤又兵衛の従兄弟。
¶大坂

山中長俊*　やまなかながとし
天文16（1547）年～慶長12（1607）年12月24日　安土桃山時代～江戸時代前期の武将，豊臣秀吉の演奏者、右筆。
¶織田，コン

山中成太郎*　やまなかなりたろう
文政7（1824）年～明治28（1895）年　江戸時代末期～明治時代の志士、豪商。
¶コン，幕末（[没]明治28（1895）年8月26日）

山中信古*　やまなかのぶひさ
文化12（1815）年～明治8（1875）年　[別]山中信古（やまなかのぶふる）　江戸時代末期～明治時代の紀伊和歌山藩士。
¶幕末（[没]明治8（1875）年10月17日）

山中信古　やまなかのぶふる
⇒山中信古（やまなかのぶひさ）

山中彦次郎*　やまなかひこじろう
生没年不詳　戦国時代の武士。後北条氏家臣。
¶後北（彦次郎〔山中〕　ひこじろう）

山中久忠　やまなかひさただ
江戸時代中期の代官。
¶徳代（生没年不詳）

山中兵部*　やまなかひょうぶ，やまなかひようぶ
文化10（1813）年～明治11（1878）年　[別]山中逸郎（やまなかいつろう）　江戸時代末期～明治時代の陸奥弘前藩家老。
¶幕末（山中逸郎　やまなかいつろう）

山中広亮　やまなかひろすけ
江戸時代中期の幕臣。
¶徳人（[生]1700年　[没]1770年）

山中弘庸*　やまなかひろのぶ
江戸時代末期の法橋。
¶幕末（生没年不詳）

山中平九郎〔1代〕*　やまなかへいくろう
寛永19（1642）年～享保9（1724）年5月15日　[別]鈴木平九郎（すずきへいくろう），仙家（せんか）　江戸時代中期の歌舞伎役者。元禄2年～享保9年頃に活躍。
¶歌大（[生]寛永19（1642）年），新歌（――〔1世〕）

山中平九郎〔2代〕　やまなかへいくろう
⇒山中平十郎〔2代〕（やまなかへいじゅうろう）

山中平九郎〔3代〕　やまなかへいくろう
⇒山中平十郎〔3代〕（やまなかへいじゅうろう）

山中平十郎〔2代〕*　やまなかへいじゅうろう
？～寛延2（1749）年　[別]中村九平治（なかむらくへいじ），山中平九郎〔2代〕（やまなかへいくろう）　江戸時代中期の歌舞伎役者。享保19年～寛延1年頃に活躍。
¶新歌（山中平九郎〔2世〕　やまなかへいくろう　生没年不詳）

山中平十郎〔3代〕*　やまなかへいじゅうろう
享保17（1732）年～明和6（1769）年11月10日　[別]一鬼（いっき），笠屋又五郎（かさやまたごろう），山中平九郎〔3代〕（やまなかへいくろう）　江戸時代中期の歌舞伎役者。宝暦9年～明和5年頃に活躍。
¶新歌（山中平九郎〔3世〕　やまなかへいくろう　生没年不詳）

山中孫七郎*　やまなかまごしちろう
戦国時代の武士。後北条氏家臣。
¶後北（孫七郎〔山中〕　まごしちろう）

山中政信*　やまなかまさのぶ
生没年不詳　戦国時代の北条氏の家臣。
¶後北（政信〔山中〕　まなかまさのぶ）

山中又左衛門*　やまなかまたざえもん
[別]山中又左衛門尉（やまなかまたざえもんのじょう）　安土桃山時代の武将。秀吉馬廻。
¶大坂

山中又左衛門尉　やまなかまたざえもんのじょう
⇒山中又左衛門（やまなかまたざえもん）

山中元吉　やまなかもとよし
江戸時代前期の幕臣。
¶徳人（[生]？　[没]1645年）

山中安敬　やまなかやすたか
⇒池大六（いけだいろく）

山中康豊*　やまなかやすとよ
生没年不詳　戦国時代の北条氏の家臣。
¶後北（康豊〔山中〕　やすとよ）

山中勇次郎　やまなかゆうじろう
江戸時代後期～明治時代の和算家。開成所調方出役、静岡県警察部雇。
¶数学（[生]天保15（1844）年6月25日　[没]明治37（1904）年3月10日）

山中幸盛*　やまなかゆきもり
？～天正6（1578）年　[別]山中鹿介，山中鹿之介，山

中鹿之助（やまなかしかのすけ）　安土桃山時代の武将、通称は鹿介、尼子十勇士の一人。
¶コン（[生]天文14（1545）年？），全戦（[生]天文14（1545）年），戦武（[生]天文14（1545）年？），山小（山中鹿介　やまなかしかのすけ　[生]1541年？　[没]1578年7月17日）

山中頼元* やまなかよりもと
生没年不詳　戦国時代の北条氏の家臣。河越衆。
¶後北（頼元〔山中〕　よりもと）

山名是豊* やまなこれとよ
生没年不詳　室町時代の武将。
¶内乱

山名重国* やまなしげくに
生没年不詳　鎌倉時代前期の武士。
¶古人

山梨志賀子* やまなししがこ
？～文化11（1814）年　江戸時代後期の女性。歌人。
¶江表（志賀子（静岡県）　[生]元文3（1738）年），女史（[生]1738年）

山梨稲川* やまなしとうせん
明和8（1771）年～文政9（1826）年　江戸時代後期の漢学者。古文辞学派の陰山豊洲に師事。
¶コン，詩作（[生]明和8（1771）年8月4日　[没]文政9（1826）年7月6日），思想

山名祐豊* やまなすけとよ
永正8（1511）年～天正8（1580）年　[別]山名韶熙（やまなあきひろ）　戦国時代～安土桃山時代の武将。
¶織田（山名韶熙　やまなあきひろ　[没]天正8（1580）年5月21日），全戦，戦武

山名禅高 やまなぜんこう
⇒山名豊国（やまなとよくに）

山名宗全 やまなそうぜん
⇒山名持豊（やまなもちとよ）

山名大有 やまなだいゆう
江戸時代末期～昭和時代の眼科医。
¶眼医（[生]安政1（1854）年　[没]昭和7（1932）年）

山名堯政* やまなたかまさ
？～元和1（1615）年　[別]山名与五郎堯政（やまなよごろうたかまさ）　安土桃山時代～江戸時代前期の武将。秀吉馬廻。
¶大坂（山名与五郎堯政　やまなよごろうたかまさ　[没]慶長20年5月7日）

山名貫義* やまなつらよし
天保7（1836）年～明治35（1902）年　江戸時代末期～明治時代の日本画家、東京美術学校教授。住吉派の正系に学び大和絵の復興と古美術保存に尽力。代表作に「養老」など。
¶美画（[没]明治35（1902）年6月11日）

山名時氏* やまなときうじ
嘉元1（1303）年～建徳2/応安4（1371）年　鎌倉時代後期～南北朝時代の武将。伊豆守。
¶コン，内乱（[生]？　[没]応安4（1371）年），室町

山名時清 やまなときよ
室町時代の武士。
¶内乱（生没年不詳）

山名時熙*（山名時凞，山名時煕） やまなときひろ
正平22/貞治6（1367）年～永享7（1435）年　南北朝時代～室町時代の武将。足利義教政権下の再有力宿老。
¶コン，内乱（[生]貞治6（1367）年），室町（山名時熙），山小（[没]1435年7月4日）

山名時義* やまなときよし
正平1/貞和2（1346）年～元中6/康応1（1389）年　南北朝時代の武将。伊豆守。時氏の子。
¶コン（[生]貞和2/正平1（1346）年　[没]康応1/元中6（1389）年），内乱（[生]貞和2（1346）年　[没]康応1（1389）年）

山名豊数 やまなとよかず
戦国時代の武将。山名豊定の子。
¶全戦（生没年不詳）

山名豊国* やまなとよくに
天文17（1548）年～寛永3（1626）年10月7日　[別]山名禅高（やまなぜんこう）　安土桃山時代～江戸時代前期の武将。因幡守護。
¶織田，全戦，戦武

山名豊定* やまなとよさだ
永正9（1512）年～永禄3（1560）年　戦国時代の武士。
¶全戦，戦武

山名豊時* やまなとよとき
生没年不詳　戦国時代の武将。
¶室町

山名教清* やまなのりきよ
生没年不詳　室町時代の武将。美作守護。
¶内乱

山名範堯の妻 やまなのりたかのつま★
江戸時代後期の女性。和歌。出雲広瀬の人。文化3年刊、吉田芳章ほか編『雲州三成八幡宮奉納波の玉藻』に載る。
¶江表（山名範堯の妻（島根県））

山名教豊* やまなのりとよ
応永31（1424）年～応仁1（1467）年　室町時代の武将。
¶内乱（[生]応永28（1421）年？），室町（[生]？）

山名矩豊 やまなのりとよ
江戸時代前期～中期の幕臣。
¶徳人（[生]1620年　[没]1698年）

山名範恭の妻 やまなのりやすのつま★
江戸時代後期の女性。和歌。出雲広瀬の人。文化3年刊、吉田芳章ほか編『雲州三成八幡宮奉納波の玉藻』に載る。
¶江表（山名範恭の妻（島根県））

山名教之* やまなのりゆき
？～文明5（1473）年　室町時代の武士。
¶内乱，室町

山名政清* やまなまさきよ
生没年不詳　室町時代の武将。応仁の乱で西軍に参加。
¶内乱

山名政豊* やまなまさとよ
嘉吉1（1441）年～明応8（1499）年1月23日　室町時代～戦国時代の武将。但馬、山城守護。持豊の子。
¶コン，全戦（[没]明応8（1499）年？），内乱，室町（生没年不詳）

山南敬助*（山南敬介） やまなみけいすけ
天保4（1833）年～慶応1（1865）年　[別]山南敬助（さ

や

んなんけいすけ)　江戸時代末期の新撰組隊士。

¶新隊(さんなんけいすけ　[没]慶応1(1865)年2月23日), 全幕(さんなん(やまなみ)けいすけ), 幕末([没]元治2(1865)年2月23日)

山名満幸*　やまなみつゆき

?～応永2(1395)年　南北朝時代の武将。侍所頭人。明徳の乱の張本人。

¶コン, 内乱, 室町

山名持豊*　やまなもちとよ

応永11(1404)年～文明5(1473)年　[別]山名宗全(やまなそうぜん)　室町時代の武将。時煕の子。領国を9カ国に拡大。応仁の乱では西軍の主将となる。

¶コン, 中世, 内乱, 室町(山名宗全　やまなそうぜん), 山小([没]1473年3月18日)

山名持煕　やまなもちひろ

室町時代の武士。

¶内乱([生]?　[没]永享9(1437)年)

山名師氏　やまなもろうじ

⇒山名師義(やまなもろよし)

山名師義*　やまなもろよし

嘉暦3(1328)年～天授2/永和2(1376)年3月11日　[別]山名師氏(やまなもろうじ)　南北朝時代の武将。丹後守護。

¶コン([没]天授4/永和4(1378)年), 内乱([没]永和2(1376)年), 室町

山名与五郎堯政　やまなよごろうたかまさ

⇒山名堯政(やまなたかまさ)

山名義済*　やまなよしずみ

天保7(1836)年～明治4(1871)年　[別]山名義済(やまなよしなり)　江戸時代末期～明治時代の村岡藩主、村岡藩知事。

¶幕末(やまなよしなり　[生]天保7(1836)年2月21日　[没]明治4(1871)年5月)

山名義理*　やまなよしただ

生没年不詳　[別]山名義理(やまなよしまさ)　南北朝時代の武将。時氏の次男。

¶コン(やまなよしまさ), 内乱(やまなよしただ(よしまさ)　[生]建武4(1337)年?　[没]?)

山名義済　やまなよしなり

⇒山名義済(やまなよしずみ)

山名義範*　やまなよしのり

?～承久1(1219)年?　[別]新田義範(にったよしのり), 源義範(みなもとのよしのり, みなもとよしのり)　鎌倉時代前期の武将。

¶古人(源義範　みなもとのよしのり　生没年不詳)

山名義理　やまなよしまさ

⇒山名義理(やまなよしただ)

山名義幸*　やまなよしゆき

生没年不詳　南北朝時代の武将。讃岐守。室町幕府侍所頭人。

¶コン

山名与兵衛*　やまなよひょうえ

寛政1(1789)年～元治1(1864)年　江戸時代後期の常陸土浦藩士。

¶幕末([没]元治1(1864)年2月29日)

山根孝中　やまねこうちゅう

江戸時代末期～明治時代の眼科医。

¶眼医([生]?　[没]明治17(1884)年)

山根調心舎の妻　やまねちょうしんしゃのつま★

江戸時代後期の女性。俳諧。石見渡津村塩田浦の山根宗右衛門福敬の妻。天保2年刊、石田権左衛門春胤編『石見人名録』に載る。

¶江表(山根調心舎の妻(島根県))

山根温知*　やまねはるとも

文政5(1822)年～明治29(1896)年　江戸時代末期～明治時代の神社宮司。橿原神宮初代宮司など歴任。

¶幕末([没]明治29(1896)年3月26日)

山根与右衛門*　やまねよえもん

享保3(1718)年～寛政12(1800)年　江戸時代中期～後期の社会問題研究家。

¶コン

山井氏興*　やまのいうじおき

天明8(1788)年1月3日～安政4(1857)年2月16日　江戸時代後期の公家(非参議)。非参議山井仍敦の孫。

¶公卿, 公家(氏興〔山井家〕　うじおき)

山井氏栄*　やまのいうじしげ

正徳5(1715)年12月24日～天明4(1784)年　江戸時代中期の公家(非参議)。非参議山井兼仍の三男。

¶公卿, 公家(氏栄〔山井家〕　うじひで　[没]?)

山井氏暉*　やまのいうじてる

文政4(1821)年7月29日～明治27(1894)年10月　江戸時代末期～明治時代の公家(非参議)。非参議山井氏興の子。

¶公卿, 公家(氏暉〔山井家〕　うじてる　[没]明治27(1894)年10月12日)

山井鼎　やまのいかなえ

⇒山井崑崙(やまのいこんろん)

山井兼仍*　やまのいかねなお

寛文11(1671)年9月13日～享保4(1719)年8月14日　江戸時代中期の公家(非参議)。山井家の祖。権中納言水無瀬兼俊の孫。

¶公卿, 公家(兼仍〔山井家〕　かねなお)

山野井検校*　やまのいけんぎょう

生没年不詳　江戸時代前期の三味線演奏者。

¶コン

山野井源蔵　やまのいげんぞう

安土桃山時代の武田勝頼の家臣。

¶武田([生]?　[没]天正10(1582)年3月11日)

山井言範*　やまのいことのり

嘉元2(1303)年～正平7/文和1(1352)年6月23日　鎌倉時代後期～南北朝時代の公卿(非参議)。非参議藤原具範の子。

¶公卿([生]嘉元1(1303)年　[没]文和1/正平7(1352)年6月23日), 公家(言範〔成季裔(絶家)〕　ときのり　[没]観応3(1352)年6月23日)

山井崑崙*(山井昆侖)　やまのいこんろん

*～享保13(1728)年　[別]山井鼎(やまのいかなえ, やまのいてい)　江戸時代中期の漢学者。「七経孟子考文補遺」の著者。

¶コン([生]天和1(1681)年), 思想([生]延宝8(1680)年?)

山井清渓*　やまのいせいけい

弘化3(1846)年～大正1(1912)年　江戸時代末期～明治時代の伊予西条藩儒。維新後東京青山に開

塾。のち第一高等学校教授。
¶幕末（[没]明治45（1912）年5月29日）

山井鼎　やまのいてい
⇒山井崑崙（やまのいこんろん）

山井仍敦* 　やまのいなおあつ
元文4（1739）年5月25日～寛政1（1789）年10月5日　江戸時代中期の公家（非参議）。非参議山井氏栄の子。
¶公卿，公家（仍敦〔山井家〕　なおあつ）

山上憶良　やまのうえおくら
⇒山上憶良（やまのうえのおくら）

山上宗二* 　やまのうえそうじ
天文13（1544）年～天正18（1590）年　[別]薩摩屋宗二（さつまやそうじ），山上宗二（やまがみそうじ，やまのうえのそうじ）　安土桃山時代の堺の茶人。千利休の高弟。信長、秀吉に仕えて茶事に従事。
¶後北（宗二〔山上〕　そうじ　[没]天正18年4月11日），コン，思想（やまのうえのそうじ），全戦

山上王　やまのうえのおう
奈良時代の官人。
¶古人（生没年不詳）

山上憶良* 　やまのうえのおくら
斉明天皇6（660）年～＊　[別]山上憶良（やまのうえおくら，やまのえおくら，やまのえのおくら），山上臣憶良（やまのうえのおみおくら）　飛鳥時代～奈良時代の万葉歌人。「万葉集」に70首余を残す。「貧窮問答歌」で著名。
¶古人（[生]660年？　[没]733年？），古代（山上臣憶良　やまのうえのおみおくら　[没]733年？），コン（やまのえのおくら　[生]斉明6（660）年　[没]天平5（733）年），詩作（[生]斉明天皇6（660）年頃　[没]天平5（733）年頃），思想（[生]斉明6（660）年　[没]天平5（733）年？），対外（[没]733年），日文（[生]斉明6（660）年　[没]？），山小（[没]733年？）

山上臣憶良　やまのうえのおみおくら
⇒山上憶良（やまのうえのおくら）

山上臣船主* 　やまのうえのおみふなぬし
[別]山上船主（やまのうえのふなぬし）　奈良時代～平安時代前期の陰陽家。
¶古人（山上船主　やまのうえのふなぬし　生没年不詳），古代

山上宗二　やまのうえのそうじ
⇒山上宗二（やまのうえそうじ）

山上船主　やまのうえのふなぬし
⇒山上臣船主（やまのうえのおみふなぬし）

山之内一郎* 　やまのうちいちろう
江戸時代末期の薩摩藩士。
¶幕末（生没年不詳）

山内上杉憲政　やまのうちうえすぎのりまさ
⇒上杉憲政（うえすぎのりまさ）

山内梅三郎* 　やまのうちうめさぶろう
嘉永2（1849）年～明治12（1879）年　江戸時代末期～明治時代の長州藩士、官吏、萩藩寄組士（老中）。横浜で洋学を修得。アメリカに留学し、陸軍教導団に勤務。
¶全幕，幕末（[生]嘉永2（1849）年2月7日　[没]明治12（1879）年11月11日）

山内一豊* 　やまのうちかずとよ
＊～慶長10（1605）年　[別]山内一豊（やまうちかずとよ）　安土桃山時代の武将、大名。
¶江人（やまうちかずとよ　[生]1546年），織田（やまうちかずとよ　[生]天文15（1546）年？　[没]慶長10（1605）年9月20日），コン（[生]天文15（1546）年），全戦（やまうちかずとよ（かつとよ）　[生]天文14（1545）年），戦武（やまうちかずとよ　[生]天文15（1546）年？），山小（やまうちかずとよ　[生]1545年/1546年　[没]1605年9月20日）

山内一豊室　やまのうちかずとよしつ
⇒見性院（けんしょういん）

山内一豊の妻（山内一豊妻）　やまのうちかずとよのつま
⇒見性院（けんしょういん）

山内勝明　やまのうちかつあき
弘化4（1847）年～＊　江戸時代後期～明治時代の幕臣。
¶徳人（[没]1911年），幕末（[生]弘化4（1847）年3月25日　[没]大正1（1912）年12月27日）

山内曲川* 　やまのうちきょくせん
文化14（1817）年～明治36（1903）年5月19日　[別]曲川（きょくせん）　江戸時代末期～明治時代の俳人。
¶俳文（曲川　きょくせん　[生]文化14（1817）年2月）

山内薫正　やまのうちくんせい
⇒山内甚五左衛門（やまのうちじんござえもん）

山内健* 　やまのうちけん
文政11（1828）年～明治40（1907）年　[別]山内耕烟（やまのうちこうえん）　江戸時代末期～明治時代の画家。
¶美画（山内耕烟　やまのうちこうえん　[没]明治40（1907）年2月28日）

山内賢之允* 　やまのうちけんのじょう
天保13（1842）年～文久3（1863）年　江戸時代末期の長州（萩）藩士。
¶幕末（[没]文久3（1863）年6月5日）

山内耕烟　やまのうちこうえん
⇒山内健（やまのうちけん）

山之内仰西* 　やまのうちこうさい，やまのうちごうさい
？～元禄11（1698）年　江戸時代前期の伊予国浮穴郡の商人。水路工事に尽力。
¶コン（やまのうちごうさい）

山内香雪　やまのうちこうせつ
⇒山内香雪（やまうちこうせつ）

山内小三郎就綱　やまのうちこさぶろうつぐつな
⇒山内就綱（やまのうちなりつな）

山内作左衛門* 　やまのうちさくざえもん
天保7（1836）年7月21日～明治19（1886）年3月12日　江戸時代末期～明治時代の幕臣、薬種商。ロシア留学生の目付役。帰国後横浜で資生堂を経営、消毒薬を販売。
¶幕末

山之内作次郎　やまのうちさくじろう
⇒山之内貞奇（やまのうちさだよし）

山之内貞奇* 　やまのうちさだよし
寛政10（1798）年～明治7（1874）年　[別]山之内作次郎（やまのうちさくじろう）　江戸時代後期～明治時代の武士。
¶幕末（山之内作次郎　やまのうちさくじろう　[没]明治7（1874）年1月17日）

山内四郎左衛門* 　やまのうちしろうざえもん
生没年不詳　[別]山内四郎左衛門（やまのうちしろざ

や

えもん）　江戸時代前期の薩摩藩士、国分衆中。煙草の選種・栽培法を研究。
¶コン

山内四郎左衛門　やまのうちしろざえもん
⇒山内四郎左衛門（やまのうちしろうざえもん）

山内甚五左衛門*　やまのうちじんござえもん
寛政1（1789）年～万延1（1860）年　[別]山内薫正（やまのうちくんせい），山内董正（やまのうちただまさ，やまのうちとうせい）　江戸時代後期の幕府代官。
¶徳人（山内薫正　やまのうちくんせい　[生]?　[没]1861年），徳代（山内董正　やまのうちとうせい　[生]?　[没]文久1（1861）年），幕末（[没]万延1（1860）年7月15日）

山内甚之丞　やまのうちじんのじょう
⇒山内道慶（やまのうちみちよし）

山内崇正　やまのうちすうせい
江戸時代末期の代官。
¶徳代（[生]?　[没]明治1（1868）年5月17日）

山内首藤経俊*　やまのうちすどうつねとし
保延3（1137）年～嘉禄1（1225）年　[別]首藤経俊（すどうつねとし），藤原経俊（ふじわらのつねとし），山内経俊（やまのうちつねとし）　平安時代後期～鎌倉時代前期の武将。源氏の家人俊通の子。
¶古人（藤原経俊　ふじわらのつねとし），コン（首藤経俊　すどうつねとし），内乱，平家（山内経俊　やまのうちつねとし）

山内首藤俊清　やまのうちすどうとしきよ
南北朝時代の武士。
¶内乱（生没年不詳）

山内首藤俊秀*　やまのうちすどうとしひで
?～治承4（1180）年　[別]俊秀（しゅんしゅう），首藤俊秀（すどうとしひで）　平安時代後期～鎌倉時代前期の武将。
¶平家（俊秀　しゅんしゅう）

山内首藤俊通*　やまのうちすどうとしみち
?～平治1（1159）年　[別]首藤俊通（すどうとしみち），藤原俊通（ふじわらのとしみち），山内俊通（やまのうちとしみち）　平安時代後期の武士。保元の乱で源義朝に従った。
¶古人（藤原俊通　ふじわらのとしみち），平家（山内俊通　やまのうちとしみち）

山内首藤通継　やまのうちすどうみちつぐ
南北朝時代の武士。
¶内乱（[生]康永2（1343）年　[没]貞治6（1367）年）

山内隆通*　やまのうちたかみち
享禄3（1530）年～天正14（1586）年　戦国時代～安土桃山時代の武士。
¶全戦

山内忠豊　やまのうちただとよ
⇒山内忠豊（やまうちただとよ）

山内董正　やまのうちただまさ
⇒山内甚五左衛門（やまのうちじんござえもん）

山内忠義　やまのうちただよし
⇒山内忠義（やまうちただよし）

山内典子　やまのうちつねこ
⇒山内典子（やまのうちのりこ）

山内経俊　やまのうちつねとし
⇒山内首藤経俊（やまのうちすどうつねとし）

山内経之の妻　やまのうちつねゆきのつま
南北朝時代の東国武士の妻。
¶女史（生没年不詳）

山内堤雲（山内提雲）　やまのうちていうん
⇒山内六三郎（やまうちろくさぶろう）

山内董正　やまのうちとうせい
⇒山内甚五左衛門（やまのうちじんござえもん）

山内篤処*　やまのうちとくしょ
天保6（1835）年～明治18（1885）年　江戸時代末期～明治時代の教育者。儒学を学び、私塾を開設し子弟の教育に貢献。
¶コン

山内俊通　やまのうちとしみち
⇒山内首藤俊通（やまのうちすどうとしみち）

山内豊信　やまのうちとよしげ
⇒山内豊信（やまうちとよしげ）

山内豊熙　やまのうちとよてる
⇒山内豊凞（やまうちとよてる）

山内豊福　やまのうちとよとみ
⇒山内豊福（やまうちとよよし）

山内豊範　やまのうちとよのり
⇒山内豊範（やまうちとよのり）

山内豊熙　やまのうちとよひろ
⇒山内豊凞（やまうちとよてる）

山内豊通　やまのうちとよみち
戦国時代の武将。山内直通の子。
¶全戦（生没年不詳）

山内豊栄*　やまのうちとよよし
文化12（1815）年～文久3（1863）年　[別]山内大学（やまうちだいがく）　江戸時代末期の土佐藩主山内氏一門。
¶全幕（山内大学　やまうちだいがく）

山内豊福　やまのうちとよよし
⇒山内豊福（やまうちとよよし）

山内直通*　やまのうちなおみち
生没年不詳　戦国時代の武将。
¶全戦

山内就綱*　やまのうちなりつな
[別]山内小三郎就綱（やまのうちこさぶろうつぐつな）　戦国時代の武士。
¶全戦（生没年不詳）

山内尼*　やまのうちのあま
生没年不詳　[別]山内尼（やまうちのあま）　平安時代後期の女性。源頼朝の乳母。
¶女史（やまうちのあま）

山内典子*　やまのうちのりこ
*～明治1（1868）年　[別]山内典子（やまうちのりこ，やまのうちつねこ）　江戸時代末期の女性。高知新田藩主の妻。夫に殉じた。
¶江表（典子（高知県）　[生]天保12（1841）年　[没]慶応4（1868）年），幕末（[生]天保12（1839）年　[没]慶応4（1868）年1月13日）

山之内半左衛門* やまのうちはんざえもん
天保12（1841）年～明治10（1877）年　江戸時代末期～明治時代の鹿児島県士族。近衛大尉に任官したが西郷隆盛に従い辞任。
¶幕末（[没]明治10（1877）年2月28日）

山内兵庫* やまのうちひょうご
天保12（1841）年～慶応3（1867）年　[別]山内豊誉（やまうちとよたか，やまうちとよなり），山内兵庫（やまうちひょうご）　江戸時代末期の土佐藩士。
¶全幕（やまうちひょうご），幕末（山内豊誉　やまうちとよたか　[没]慶応3（1867）年2月20日）

山内政綱 やまのうちまさつな
戦国時代の六角氏の家臣。山内勝綱の子。
¶全戦（[生]？　[没]延徳3（1491）年）

山内道恒* やまのうちみちつね
享保4（1719）年～寛政9（1797）年3月9日　[別]山内道恒（やまうちみちつね）　江戸時代中期の仙台の蚕業家。
¶コン（生没年不詳）

山内道慶* やまのうちみちよし
元禄8（1695）年～安永7（1778）年　[別]山内道慶（やまうちみちよし），山内甚之丞（やまのうちじんのじょう）　江戸時代中期の養蚕家。陸奥仙台藩本吉郡入谷村肝煎。
¶コン

山内康豊 やまのうちやすとよ
⇒山内康豊（やまうちやすとよ）

山内六三郎 やまのうちろくさぶろう
⇒山内六三郎（やまうちろくさぶろう）

山上憶良 やまのえおくら
⇒山上憶良（やまのうえのおくら）

山上憶良 やまのえのおくら
⇒山上憶良（やまのうえのおくら）

山成武 やまのしげたけ
平安時代中期の官人。
¶古人（生没年不詳）

山重成 やまのしげなり
平安時代後期の官人。
¶古人（生没年不詳）

山成行 やまのしげゆき
平安時代後期の官人。
¶古人（生没年不詳）

山野田一輔* やまのだいっぽ
弘化1（1844）年～明治10（1877）年　江戸時代末期～明治時代の鹿児島県士族。近衛大隊副官に任命されたが西郷隆盛に従い辞任。西南戦争で戦死。
¶幕末（[没]明治10（1877）年9月24日）

山永経 やまのながつね
平安時代後期の官人。
¶古人（生没年不詳）

山春永* やまのはるなが
生没年不詳　平安時代前期の擬大領。
¶古人，古代

山辺光茂 やまのべあきしげ
⇒山野辺義忠（やまのべよしただ）

山辺王 やまのべおう
奈良時代の官人。
¶古人（生没年不詳）

山辺丈夫* やまのべたけお
嘉永4（1851）年～大正9（1920）年5月14日　[別]山辺丈夫（やまべたけお）　江戸時代末期～明治時代の実業家、東洋紡績社長。リング紡績機、ノースロップ自動織機を導入。
¶コン（やまべたけお），幕末（やまべたけお　[生]嘉永4（1851）年12月8日　[没]大正10（1921）年5月14日）

山辺皇女 やまのべのおうじょ
⇒山辺皇女（やまのべのひめみこ）

山辺大鶙* やまのべのおおたか
上代の豪族。
¶古代

山辺皇女 やまのべのこうじょ
⇒山辺皇女（やまのべのひめみこ）

山辺小嶋子*（山辺小島子） やまのべのこしまこ
上代の女性。雄略天皇の采女。
¶古代

山辺春日* やまのべのはるひ
？～延暦12（793）年　[別]山辺春日（やまべのかすが）　奈良時代の内舎人。
¶古人（やまべのかすが　[没]792年）

山辺皇女* やまのべのひめみこ，やまのへのひめみこ
？～朱鳥1（686）年　[別]山辺皇女（やまのべのおうじょ，やまのべのこうじょ，やまべのおうじょ，やまべのひめみこ）　飛鳥時代の女性。天智天皇の皇女。
¶古人（やまのべのこうじょ），古代，コン（やまべのひめみこ），天皇（やまのへのひめみこ　[没]朱鳥1（686）年10月3日）

山辺善直* やまのべのよしなお
生没年不詳　[別]山辺公善直（やまのべのきみよしなお），山辺善直（やまべのよしなお）　平安時代前期の官吏。
¶古人（やまべのよしなお），古代（山辺公善直　やまのべのきみよしなお）

山野辺兵庫* やまのべひょうご
享和1（1801）年～安政6（1859）年　江戸時代末期の水戸藩家老。
¶幕末（[生]享和1（1801）年10月19日　[没]安政6（1859）年1月6日）

山野辺主水* やまのべもんど
天保3（1832）年～明治19（1886）年　江戸時代末期～明治時代の水戸藩家老。
¶幕末（[没]明治19（1886）年12月6日）

山野辺義忠* やまのべよしただ
天正16（1588）年～寛文4（1664）年　[別]山辺光茂（やまのべあきしげ）　江戸時代前期の山形藩山野辺城主、水戸藩家老。
¶全戦（山辺光茂　やまのべあきしげ），戦武

山野八十八* やまのやそはち
天保14（1843）年頃～？　江戸時代末期の新撰組隊士。
¶新隊（生没年不詳），幕末（生没年不詳）

山廼屋杢女 やまのやもくめ★
江戸時代後期の女性。狂歌。徳島の人。天保7年

刊、梅多楼撰『狂歌十符の菅薦』に載る。
¶江表（山廼屋杢女（徳島県））

山吉武　やまのよしたけ
平安時代後期の官人。
¶古人（生没年不詳）

山吉直*　やまのよしなお
平安時代前期の白丁。
¶古代

山葉左助　やまはさすけ
江戸時代前期の武士。大坂の陣で籠城。後、本多忠義に仕えた。
¶大坂

山葉豊右衛門　やまはぶんえもん
江戸時代前期の武士。大坂の陣で籠城。
¶大坂

山彦河良　やまびこかりょう
世襲名　江戸時代の河東節の三味線方。
¶歌大

山彦河良〔1代〕*　やまびこかりょう
生没年不詳　[別]河良〔1代〕（かりょう）　江戸時代中期の河東節の三味線方。4代十寸見河東の三味線方。
¶新歌（――〔1世〕）

山彦河良〔2代〕*　やまびこかりょう
？～天明8（1788）年　[別]河良〔2代〕（かりょう）　江戸時代中期の河東節の三味線方。
¶新歌（――〔2世〕　生没年不詳）

山彦河良〔3代〕*　やまびこかりょう
？～文化11（1814）年　[別]河良〔3代〕（かりょう）　江戸時代後期の河東節の三味線方。
¶新歌（――〔3世〕）

山彦河良〔4代〕*　やまびこかりょう
？～天保4（1833）年　[別]河良〔4代〕（かりょう），山彦紫存〔1代〕（やまびこしぞん）　江戸時代後期の河東節演奏者。
¶新歌（――〔4世〕）

山彦河良〔5代〕*　やまびこかりょう
生没年不詳　[別]河良〔5代〕（かりょう）　江戸時代後期の河東節の三味線方。
¶新歌（――〔5世〕）

山彦源四郎〔1代〕*　やまびこげんしろう
？～宝暦6（1756）年　江戸時代中期の河東節の三味線方。
¶コン

山彦源四郎〔2代〕*　やまびこげんしろう
？～寛政4（1792）年　[別]山彦秀次郎（やまびこひでじろう）　江戸時代中期の河東節の三味線方。初代源四郎の養子。
¶コン

山彦源四郎〔3代〕*　やまびこげんしろう
？～文政1（1818）年　[別]山彦秀次郎（やまびこひでじろう）　江戸時代後期の河東節の三味線方。代表曲「源氏十二段」。
¶コン

山彦紫存〔1代〕　やまびこしぞん
⇒山彦河良〔4代〕（やまびこかりょう）

山彦秀次郎（1）　やまびこひでじろう
⇒山彦源四郎〔2代〕（やまびこげんしろう）

山彦秀次郎（2）　やまびこひでじろう
⇒山彦源四郎〔3代〕（やまびこげんしろう）

山部赤人　やまべあかひと
⇒山部赤人（やまべのあかひと）

山部王　やまべおう
⇒山部王（やまべのおう）

山辺沖太郎*　やまべおきたろう
弘化1（1844）年～明治4（1871）年　江戸時代末期～明治時代の加賀藩士の子。井口義平とともに執政本多政均を刺殺。
¶幕末（[没]明治4（1871）年2月14日）

山家薩摩守　やまべさつまのかみ
戦国時代の信濃国筑摩郡山家城主。小笠原氏の旧臣。
¶武田

山家左馬允　やまべさまのじょう
戦国時代～安土桃山時代の信濃国筑摩郡山家城主。
¶武田（生没年不詳）

山家甚太郎　やまべじんたろう
戦国時代の武田氏の家臣。
¶武田（生没年不詳）

山辺丈夫　やまべたけお
⇒山辺丈夫（やまのべたけお）

山家藤九郎　やまべとうくろう
安土桃山時代の信濃国筑摩郡山家城主。
¶武田（[生]？　[没]天正3（1575）年5月21日）

山部赤人*　やまべのあかひと
生没年不詳　[別]赤人（あかひと），山部赤人（やまべあかひと），山部宿禰赤人（やまべのすくねあかひと）　奈良時代の歌人。「万葉集」に50首が残る。自然情景の歌が多い。
¶古人，古代（山部宿禰赤人　やまべのすくねあかひと），コン，詩作，思想，日文，山小

山部王*　やまべのおう
？～672年　[別]山部王（やまべおう，やまべのおおきみ）　飛鳥時代の皇族。
¶古人（やまべおう　[没]675年），古代，古物（やまべのおおきみ）

山辺皇女　やまべのおうじょ
⇒山辺皇女（やまのべのひめみこ）

山部王　やまべのおおきみ
⇒山部王（やまべのおう）

山部大楯　やまべのおおたて
⇒山部大楯連（やまべのおおたてのむらじ）

山部大楯連*　やまべのおおたてのむらじ
[別]山部大楯（やまべのおおたて）　上代の武士。
¶古代

山辺男笠　やまべのおがさ
奈良時代の官人。
¶古人（生没年不詳）

山部小楯　やまべのおたて
⇒伊与来目部小楯（いよのくめべのおたて）

山辺春日　やまべのかすが
⇒山辺春日（やまのべのはるひ）

山部宿禰赤人　やまべのすくねあかひと
⇒山部赤人（やまべのあかひと）

山辺皇女　やまべのひめみこ
⇒山辺皇女（やまのべのひめみこ）

山辺善直　やまべのよしなお
⇒山辺善直（やまのべのよしなお）

山部隼太*　やまべはやた
？～明治21（1888）年　江戸時代末期～明治時代の因幡鳥取藩士。
¶幕末（[生]文政5（1822）年　[没]明治21（1888）年11月13日）

山家夜叉　やまべやしゃ
安土桃山時代の武田氏の家臣。
¶武田（生没年不詳）

山家頼広　やまべよりひろ
戦国時代の武田氏の家臣。
¶武田（生没年不詳）

山家頼道　やまべよりみち
⇒山家豊三郎（やんべとよさぶろう）

山桝直好*（山枡直好）　やまますなおよし
文政8（1825）年～明治23（1890）年　江戸時代末期～明治時代の植物教諭。
¶幕末

山宮右馬助*　やまみやうまのすけ
生没年不詳　戦国時代の甲斐武田晴信・勝頼の家臣。
¶武田

山宮大夫　やまみやだゆう
戦国時代～安土桃山時代の大宮浅間神社の社人。
¶武田（生没年不詳）

山宮長久　やまみやながひさ
戦国時代の武田氏の家臣。
¶武田（生没年不詳）

山村王*　やまむらおう
養老6（722）年～神護景雲1（767）年　[別]山村王（やまむらのおう）　奈良時代の官人（参議）。用明天皇の子の来目皇子の裔。
¶公卿（やまむらのおう　[没]天平神護3（767）年11月22日），古人，古代（やまむらのおう）

山村月巣*　やまむらげっそう
享保15（1730）年～天明5（1785）年　[別]月巣（げっそう）　江戸時代中期の俳人。
¶俳文（月巣　げっそう　[没]天明5（1785）年1月5日）

山村吾斗　やまむらごと
⇒山村舞扇斎（やまむらぶせんさい）

山村才助*　やまむらさいすけ
明和7（1770）年～文化4（1807）年　[別]山村昌永（やまむらしょうえい，やまむらまさなが）　江戸時代中期～後期の蘭学者、世界地理学者。伯父は市河寛斎。
¶江人，コン，思想，対外，地理（山村昌永　やまむらまさなが）

山村三郎次郎　やまむらさぶろうじろう
戦国時代の木曽氏の家臣。
¶武田（生没年不詳）

山村松庵*　やまむらしょうあん
？～万治1（1658）年　江戸時代前期の萩焼の陶工。朝鮮王朝の陶工。
¶コン，美工

山村昌永　やまむらしょうえい
⇒山村才助（やまむらさいすけ）

山村助高　やまむらすけたか
平安時代後期の楽所楽人。
¶古人（[生]1053年　[没]？）

山村良旺　やまむらたかあきら
江戸時代中期～後期の幕臣。
¶徳人（[生]1729年　[没]1797年）

山村良勝　やまむらたかかつ
⇒山村良勝（やまむらよしかつ）

山村良喬*　やまむらたかてる
宝暦9（1759）年8月23日～嘉永3（1850）年12月10日　[別]風兆（ふうちょう）　江戸時代中期～後期の藩士、俳人。
¶俳文（風兆　ふうちょう）

山村良候　やまむらたかとき
⇒山村良候（やまむらよしとき）

山村良安*　やまむらたかやす
文禄1（1592）年～元和4（1618）年　江戸時代前期の尾張藩士。
¶徳人，徳代（[没]元和4（1618）年7月24日）

山村通庵*　やまむらつうあん
＊～宝暦1（1751）年　江戸時代中期の医師。
¶コン（[生]寛文11（1671）年）

山村綱広*　やまむらつなひろ
生没年不詳　戦国時代の相模国鎌倉の刀鍛冶。
¶後北（綱広〔山村〕　つなひろ）

山村友五郎（――〔1代〕）　やまむらともごろう
⇒山村舞扇斎（やまむらぶせんさい）

山村友五郎〔2代〕*　やまむらともごろう
文化13（1816）年～明治28（1895）年　江戸時代末期～明治時代の日本舞踊家。山村流の大成者。
¶歌大（[没]明治28（1895）年12月21日），新歌（――〔2世〕）

山村良勝　やまむらながかつ
⇒山村良勝（やまむらよしかつ）

山村姉子　やまむらのあねのこ
平安時代後期の女性。山城国相楽郡賀茂郷に私領を所有していた。
¶女史（生没年不詳）

山村王　やまむらのおう
⇒山村王（やまむらおう）

山村得道*　やまむらのとくみち
生没年不詳　平安時代前期の陰陽博士。
¶古人

山村正貫　やまむらのまさつら
平安時代後期の舞人。
¶古人（生没年不詳）

山村吉貞　やまむらのよしさだ
平安時代中期～後期の楽人。「採桑老」を多資忠に

やまむら　　　　　　　　2318

伝える。
¶古人（生没年不詳）

山村吉則　やまむらのよしのり
⇒山村吉則（やまむらよしのり）

山村頼正　やまむらのよりまさ
平安時代後期の人。天喜3年伊賀守小野守経に追捕
される。
¶古人（生没年不詳）

山村梅枝　やまむらばいし
⇒中村歌六〔1代〕（なかむらかろく）

山村舞扇斎*（――〔1代〕）　やまむらぶせんさい
天明1（1781）年～弘化1（1844）年11月29日　㊞藤
川岩松〔2代〕（ふじかわいわまつ），舞扇斎（ぶせん
さい），舞扇斎吾斗（ぶせんさいごと），山村吾斗
（やまむらごと），山村友五郎，山村友五郎〔1代〕
（やまむらともごろう），山村舞扇斎吾斗〔1代〕（や
まむらぶせんさいごと）　江戸時代後期の歌舞伎役
者、振付師。天明8年～文化1年頃に活躍。
¶歌大（山村友五郎〔1代〕　やまむらともごろう）　㊡天
保15（1844）年11月29日），新歌（山村友五郎〔1世〕
やまむらともごろう）

山村舞扇斎吾斗〔1代〕　やまむらぶせんさいごと
⇒山村舞扇斎（やまむらぶせんさい）

山村勉斎*　やまむらべんさい
天保7（1836）年～明治40（1907）年　江戸時代末期
～明治時代の漢学者。維新後、広瀬に私立皇漢学修
文館を開き多くの子弟を教える。著書に「四書五経
磨鏡録」など。
¶幕末

山村昌永　やまむらまさなが
⇒山村才助（やまむらさいすけ）

山村良勝*　やまむらよしかつ
永禄6（1563）年～寛永11（1634）年　㊞山村良勝
（やまむらたかかつ，やまむらながかつ）　安土桃
山時代～江戸時代前期の木曽代官。徳川家康の木
曽攻略に参加。
¶全戦，徳代（㊡寛永11（1634）年8月3日）

山村良候*（山村良候）　やまむらよしとき
天文13（1544）年～慶長7（1602）年　㊞山村良候
（やまむらたかとき）　安土桃山時代の武士。
¶全戦，武田（山村良候　㊡慶長7（1602）年11月20日），
徳代（㊡慶長7（1602）年11月20日）

山村良利*　やまむらよしとし
生没年不詳　戦国時代の信濃木曽氏・甲斐武田氏
両属の重臣。
¶武田（㊞永正11（1514）年　㊡慶長4（1599）年9月6日）

山村吉則*　やまむらよしのり
生没年不詳　㊞山村吉則（やまむらのよしのり）
平安時代後期の大和国広瀬郡下倉郷の在地土豪。
¶古人（やまむらのよしのり）

山村与助〔1代〕*　やまむらよすけ
？～寛永17（1640）年　江戸時代前期の大工。大坂
三町人の一人。大坂城の再建工事に参画。
¶コン（代数なし），美建

山村良哲*　やまむらりょうてつ
文化8（1811）年～明治17（1884）年　㊞金武良哲
（かねたけりょうてつ）　江戸時代末期～明治時代
の肥前佐賀藩士。

¶幕末（金武良哲　かねたけりょうてつ）

山室氏勝　やまむろうじかつ
安土桃山時代の北条氏政の家臣。孫四郎・越中守。
¶後北（氏勝〔山室〕　うじかつ）

山室汲古*　やまむろきゅうこ
寛政10（1798）年～明治5（1872）年　江戸時代末期
～明治時代の備後福山藩士。
¶幕末（㊡明治5（1872）年1月）

山室利久の妻　やまむろとしひさのつま*
江戸時代中期の女性。和歌。元禄7年刊、戸田茂睡
編『不求橋梨本隠家勧進百首』に載る。
¶江表（山室利久の妻（東京都））

山本章夫　やまもとあきお
⇒山本渓愚（やまもとけいぐ）

山本鶉寮　やまもとあんりょう
生没年不詳　江戸時代末期の出雲松江藩儒。
¶コン

山本家次*　やまもといえつぐ
生没年不詳　戦国時代の北条氏の家臣。
¶後北（家次〔山本（1）〕　いえつぐ）

山本迂斎　やまもとうさい
⇒山本竹園（やまもとちくえん）

山本永吉　やまもとえいきち
⇒山本亡羊（やまもとぼうよう）

山本覚馬*　やまもとかくま
文政11（1828）年～明治25（1892）年12月28日　江
戸時代末期～明治時代の会津藩士、政治家。初代京
都府議会議長に着任し、府政に尽力。
¶コン，思想，幕末（㊞文政11（1828）年1月）

山本荷兮　やまもとかけい

山本数馬　やまもとかずま
⇒沢辺琢磨（さわべたくま）

山本賀前*　やまもとがせん，やまもとかぜん
江戸時代後期の数学者。
¶数学（やまもとがぜん　㊞文化6（1809）年）

山本勝忠*　やまもとかつただ
慶長13（1608）年11月1日～承応3（1654）年9月16日
江戸時代前期の公家（参議）。山本家の祖。権大納
言冷泉実顕の末子。
¶公卿，公家（勝忠〔山本家〕　かつただ）

山本加兵衛尚則　やまもとかひょうえなおのり
安土桃山時代～江戸時代前期の織田信長・豊臣秀
吉・秀頼の家臣。
¶大坂（㊞天正23年　㊡寛永19年9月27日）

山本勘右衛門常雄　やまもとかんえもんつねお
江戸時代前期の森忠政に郷士として仕えた。
¶大坂

山本寛次郎*　やまもとかんじろう
文政5（1822）年～明治14（1881）年　江戸時代末期
～明治時代の南部家家令。戊辰戦争後処理に奔走。
西南に際し巡査隊・新撰旅団の募集にあたる。
¶幕末（㊡明治14（1881）年1月16日）

山本勘助*（山本勘介，山本菅助）　やまもとかんすけ
？～永禄4（1561）年　㊞山本晴幸（やまもとはるゆ

き）　戦国時代の武将。武田信玄に仕えた。

¶コン（[没]永禄4（1561）年？），全戦（[没]永禄4（1561）年？），戦武（[生]明応2（1493）年？　[没]永禄4（1561）年？），武田（山本菅助〔1代〕　[生]明応9（1500）年9月25日？　[没]永禄4（1561）年9月10日），山小（山本勘介　[没]1561年9月10日？）

山本菅助〔2代〕　やまもとかんすけ

戦国時代～安土桃山時代の初代菅助の嫡男。

¶武田（[生]天文22（1553）年5月11日　[没]天正3（1575）年5月21日）

山本喜三之進*　やまもときさのしん

天保8（1837）年～明治16（1883）年　[別]山本喜三之進（やまもときみのしん）　江戸時代末期～明治時代の志士。土佐勤王党に参加。

¶幕末（やまもときみのしん　[生]天保8（1837）年10月　[没]明治16（1883）年12月27日）

山本吉蔵*　やまもときちぞう

弘化3（1846）年～明治10（1877）年　江戸時代末期～明治時代の鹿児島県士族。西南戦争に際し大尉に復し鹿児島武大明神岳で戦死。

¶幕末（[没]明治10（1877）年6月24日）

山本喜三之進　やまもときみのしん

⇒山本喜三之進（やまもときさのしん）

山本京四郎〔1代〕*　やまもときょうしろう

元禄13（1700）年～明和1（1764）年　[別]可中（かちゅう），山本幸四郎（やまもとこうしろう）　江戸時代中期の歌舞伎役者。享保9年～宝暦13年頃に活躍。

¶歌大（[没]宝暦14（1764）年10月20日）

山本京四郎〔2代〕*　やまもときょうしろう

生没年不詳　江戸時代後期の歌舞伎役者。寛政7～9年以後に活躍。

¶歌大

山本居周*　やまもときょしゅう

？～明治10（1877）年　江戸時代末期～明治時代の鹿児島県士族。

¶幕末（[没]明治10（1877）年3月9日）

山本琴谷*　やまもときんこく

文化8（1811）年～明治6（1873）年　江戸時代後期～明治時代の画家。

¶幕末（[生]文化7（1810）年　[没]明治6（1873）年10月13日），美画（[没]明治6（1873）年10月13日）

山本金蔵　やまもときんぞう

江戸時代後期～昭和時代の材木商、花屋敷創業者。

¶植物（[生]嘉永1（1848）年　[没]昭和2（1927）年）

山本公尹*　やまもときんただ

延宝3（1675）年7月4日～延享4（1747）年9月13日　江戸時代中期の公家（権大納言）。権中納言山本実富の子。

¶公卿，公家（公尹〔山本家〕　きんまさ）

山本公達*　やまもときんたつ

延享2（1745）年10月21日～寛政9（1797）年12月8日　江戸時代中期の公家（非参議）。権中納言山本実観の子。

¶公卿，公家（公達〔山本家〕　きんみち）

山本九郎義賢　やまもとくろうよしかた

安土桃山時代～江戸時代前期の紀伊国那賀郡杉原の郷士。

¶大坂

山本渓愚*　やまもとけいぐ

文政10（1827）年1月9日～明治36（1903）年10月27日　[別]山本章夫（やまもとあきお）　江戸時代後期～明治時代の本草学者、写生画家、京都府立美術学校講師、日本弘道会京都支部講師。二十五年にわたって久邇、賀陽両宮に参殿侍講の任にあたった。

¶科学，植物，美画（山本章夫　やまもとあきお）

山本啓助　やまもとけいすけ

江戸時代末期～明治時代の幕臣。

¶徳人（[生]？　[没]1891年）

山本幸四郎　やまもとこうしろう

⇒山本京四郎〔1代〕（やまもときょうしろう）

山本洪堂　やまもとこうどう

江戸時代末期の海援隊士。

¶全幕（生没年不詳）

山本鴻堂*　やまもとこうどう

天保11（1840）年～大正1（1912）年　江戸時代末期～明治時代の本草家、志士。岩倉具視の命で豪商らを説いて政府資金を調達。

¶幕末（[生]天保11（1840）年11月8日　[没]明治45（1912）年7月4日）

山本五雲　やまもとごうん

江戸時代末期の眼科医。

¶眼医（[生]？　[没]安政6（1859）年）

山本西武　やまもとさいむ

⇒西武（さいむ）

山本定次　やまもとさだつぐ

戦国時代の伊勢宗瑞（北条早雲）の家臣。太郎右衛門尉。

¶後北（定次〔山本（1）〕　さだつぐ）

山本実富*　やまもとさねとみ

正保2（1645）年9月7日～元禄16（1703）年12月3日　江戸時代前期～中期の公家（権中納言）。権大納言姉小路公景の三男。

¶公卿，公家（実富〔山本家〕　さねとみ）

山本実政*　やまもとさねのり

文政9（1826）年～明治33（1900）年　江戸時代末期～明治時代の公家。条約幕府委任反対の八十八卿列参に参加。維新後宮内権大丞など。

¶幕末（[生]文政9（1826）年1月29日　[没]明治33（1900）年2月26日）

山本実尚*　やまもとさねひさ

？～天正1（1573）年10月　戦国時代～安土桃山時代の織田信長の家臣。

¶織田（[生]明応4（1495）年　[没]？）

山本実福*　やまもとさねふく

明和7（1770）年10月8日～天保8（1837）年6月9日　江戸時代後期の公家（参議）。非参議山本公達の子。

¶公卿，公家（実福〔山本家〕　さねたる）

山本実覩*　やまもとさねみる

享保4（1719）年1月18日～天明8（1788）年9月19日　江戸時代中期の公家（権中納言）。権大納言山本公尹の子。

¶公卿，公家（実覩〔山本家〕　さねみ）

山本左兵衛　やまもとさひょうえ

安土桃山時代～江戸時代前期の豊臣家譜代の家臣。

¶大坂

山本佐兵衛　やまもとさへえ
江戸時代後期～明治時代の宮大工。
¶美建（[生]文政7（1824）年3月7日　[没]明治39（1906）年1月11日）

山本三治*　やまもとさんじ
天保8（1837）年～明治39（1906）年　[別]桑津一兵衛（くわずいちひょうえ）　江戸時代末期～明治時代の勤王家。土佐勤王党に参加。国事に奔走。維新後潮江村副戸長などをつとめた。
¶幕末（[没]明治39（1906）年4月8日）

山本茂明　やまもとしげあきら
江戸時代前期～中期の幕臣。
¶徳人（[生]1681年　[没]1741年）

山本重成*　やまもとしげなり
天文23（1554）年～元和2（1616）年　安土桃山時代～江戸時代前期の武士。徳川氏家臣。
¶徳人

山本正詔　やまもとしげみち
江戸時代中期の幕臣。
¶徳人（[生]1717年　[没]1778年）

山本時憲　やまもとじけん
⇒山本文之進（やまもとぶんのしん）

山本治十六*（山本二十六）　やまもとじそろく
江戸時代末期の新撰組隊士。
¶新隊（山本二十六　生没年不詳）

山本七三郎　やまもとしちさぶろう
⇒片岡仁左衛門〔5代〕（かたおかにざえもん）

山本七蔵　やまもとしちぞう
⇒片岡仁左衛門〔5代〕（かたおかにざえもん）

山本七兵衛*　やまもとしちべえ
文政5（1822）年～明治16（1883）年　江戸時代末期～明治時代の商人。
¶幕末（[没]明治16（1883）年3月2日）

山本実之助　やまもとじつのすけ
⇒沢田実之助（さわだじつのすけ）

山本十左衛門尉　やまもとじゅうざえもんのじょう
戦国時代～安土桃山時代の武士。長篠合戦で二代菅助が討死したため、山本家の家督を継ぐ。
¶武田（[生]天文5（1536）年3月25日？　[没]慶長2（1597）年10月9日）

山本淑儀　やまもとしゅくぎ
江戸時代末期～明治時代の幕臣。
¶幕末（[生]？　[没]明治39（1906）年4月22日）

山本春正〔1代〕*　やまもとしゅんしょう
慶長15（1610）年～天和2（1682）年　[別]春正（しゅんしょう）　江戸時代前期の蒔絵師。
¶コン，美工

山本春正〔2代〕*　やまもとしゅんしょう
？～宝永4（1707）年　[別]春正次郎兵衛（しゅんしょうじろうびょうえ）　江戸時代前期～中期の蒔絵師。
¶コン，美工

山本春正〔3代〕*　やまもとしゅんしょう
承応3（1654）年～元文5（1740）年　江戸時代中期の蒔絵師。
¶美工

山本春正〔4代〕*　やまもとしゅんしょう
元禄16（1703）年～明和7（1770）年　江戸時代中期の蒔絵師。
¶美工

山本春正〔5代〕*　やまもとしゅんしょう
享保19（1734）年～享和3（1803）年　江戸時代中期～後期の蒔絵師。
¶コン，美工

山本春正〔6代〕*　やまもとしゅんしょう
安永3（1774）年～天保2（1831）年　江戸時代後期の蒔絵師。
¶コン，美工

山本春正〔7代〕*　やまもとしゅんしょう
文化3（1806）年～明治4（1871）年　江戸時代末期～明治時代の蒔絵師。
¶美工

山本春正〔8代〕*　やまもとしゅんしょう
文化13（1816）年～明治10（1877）年　江戸時代末期～明治時代の蒔絵師。
¶美工

山本荘左衛門尉　やまもとしょうざえもんのじょう
安土桃山時代の北条氏政の家臣？
¶後北（荘左衛門尉〔山本（2）〕　しょうざえもんのじょう）

山本常朝　やまもとじょうちょう
⇒山本常朝（やまもとつねとも）

山本緗桃*　やまもとしょうとう
宝暦7（1757）年～天保3（1832）年　江戸時代中期の女性。画家。
¶江表（緗桃（東京都））

山元荘兵衛　やまもとしょうべえ
⇒山元荘兵衛（やまもとそうべえ）

山本如水*　やまもとじょすい
弘化3（1846）年～？　江戸時代末期の鳥羽藩士。
¶幕末

山本四郎*　やまもとしろう
天保10（1839）年～文久2（1862）年　[別]神田直助（かんだなおすけ）　江戸時代末期の薩摩藩士。
¶幕末（[生]文政6（1823）年　[没]文久2（1862）年4月27日）

山元次郎兵衛*　やまもとじろべえ
？～明治1（1868）年　江戸時代末期の薩摩藩士。
¶幕末（[没]慶応4（1868）年8月23日）

山本新右衛門義次　やまもとしんえもんよしつぐ
安土桃山時代～江戸時代前期の長宗我部元親・盛親の家臣。
¶大坂（[生]天正13年　[没]寛文7年11月13日）

山本新太夫*　やまもとしんだゆう
明和3（1766）年～天保12（1841）年　江戸時代中期～後期の篤農家。阿波国三好郡風呂谷用水を完成。
¶コン（[生]安永5（1776）年）

山本翠雲*　やまもとすいうん
？～嘉永2（1849）年　江戸時代後期の画家。
¶江表（翠雲（東京都））

山本誠一郎*　やまもとせいいちろう
天保4（1833）年～元治1（1864）年　江戸時代末期の長州（萩）藩士。

¶幕末（[没]元治1（1864）年2月25日）

山本誠之助* やまもとせいのすけ
天保13（1842）年～明治26（1893）年　江戸時代末期～明治時代の人。戊辰戦争で軍務官を務める。
¶幕末（[生]天保13（1843）年12月18日　[没]明治26（1893）年8月12日）

山本仙之助 やまもとせんのすけ
⇒祐天仙之助（ゆうてんせんのすけ）

山本左右吉* やまもとそうきち
天保7（1836）年～明治24（1891）年　江戸時代末期～明治時代の戸長。勤王の志士と交流し、野根山屯集事件で連絡係をつとめた。維新後各地の戸長。
¶幕末（[没]明治24（1891）年7月5日）

山本宗左衛門尉 やまもとそうざえもんのじょう
戦国時代～安土桃山時代の吉田の富士山御師。近世に小佐野壱岐を称した。
¶武田（生没年不詳）

山本宗之進* やまもとそうのしん
天保7（1836）年～慶応2（1866）年　江戸時代末期の長州（萩）藩寄組。
¶幕末（[没]慶応2（1866）年7月27日）

山元荘兵衛 やまもとそうべい
⇒山元荘兵衛（やまもとそうべえ）

山元荘兵衛* やまもとそうべえ
寛政7（1795）年～安政3（1856）年　[別]山元荘兵衛（やまもとしょうべえ，やまもとそうべい）　江戸時代後期の薩摩藩の林政家。
¶コン，幕末（[生]寛政7（1795）年6月4日　[没]安政3（1856）年4月27日）

山本泰次郎 やまもとたいじろう
江戸時代後期～末期の伝習隊士。
¶全幕（[生]天保11（1840）年　[没]明治1（1868）年）

山本大膳* やまもとたいぜん
[別]山本雅直（やまもとまさなお）　江戸時代の由学館（石和教諭所）の説立者、石和の代官。
¶徳人（山本雅直　やまもとまさなお　[生]1768年　[没]？），徳代（山本雅直　やまもとまさなお　[生]明和5（1768）年　[没]？）

山本大林 やまもとだいりん
戦国時代～安土桃山時代の医師。武田家に仕えた医師のひとり。
¶武田（生没年不詳）

山本隆貞 やまもとたかさだ
江戸時代後期の和算家。江戸日本橋の人。阿波山城谷村の庄屋深川源兵衛に迎えられ開塾。
¶数学（[没]天保8（1837）年12月4日）

山本隆也 やまもとたかや
⇒山本隆也（やまもとりゅうや）

山本貴隆 やまもとたかよし
江戸時代末期の和算家、西条藩士。
¶数学

山本忠亮* やまもとただすけ
天保13（1842）年～慶応2（1866）年　江戸時代末期の志士。土佐勤王党に参加。
¶幕末（[生]天保13（1842）年6月　[没]慶応2（1866）年5月9日）

山本帯刀* やまもとたてわき
弘化2（1845）年～明治1（1868）年　江戸時代末期の越後長岡藩士。
¶全幕（[没]慶応4（1868）年），幕末（[没]明治1（1868）年9月9日）

山本澹斎* やまもとたんさい
寛政10（1798）年～明治2（1869）年　[別]山本澹泊斎（やまもとたんぱくさい）　江戸時代末期の国学者、医師。
¶幕末（[没]明治2（1869）年4月11日）

山本澹泊斎 やまもとたんぱくさい
⇒山本澹斎（やまもとたんさい）

山本親行 やまもとちかつら
元禄9（1696）年～明和4（1767）年　江戸時代中期の幕臣。
¶徳人，徳代（[没]明和4（1767）年閏9月14日）

山本竹園* やまもとちくえん
文政2（1819）年～明治22（1889）年　[別]山本迂斎（やまもとうさい）　江戸時代末期～明治時代の名教館教授。
¶幕末（[没]明治22（1889）年4月5日）

山本竹渓* やまもとちっけい
？～明治27（1894）年　江戸時代末期～明治時代の教育者。山本澹斎の次男。名教館助教。
¶幕末（[生]文政7（1824）年　[没]明治27（1894）年6月29日）

山本長兵衛 やまもとちょうべえ
世襲名　江戸時代の江戸時代の謡本書肆。
¶新能

山本次盛 やまもとつぐもり
戦国時代の北条氏康の家臣？ 三八郎・善左衛門尉。広盛の嫡男か。
¶後北（次盛〔山本（2）〕　つぐもり）

山本対馬守 やまもとつしまのかみ
安土桃山時代の織田信長の家臣。愛宕郡岩蔵の豪族。
¶織田（[生]？　[没]天正1（1573）年10月）

山本常朝* やまもとつねとも
万治2（1659）年6月11日～享保4（1719）年10月10日　[別]山本常朝（やまもとじょうちょう）　江戸時代前期～中期の思想家。「葉隠」主要部の口述者。
¶江人，コン，日文

山本貞一郎* やまもとていいちろう
享和3（1803）年～安政5（1858）年　江戸時代末期の尊攘派志士。
¶幕末（[没]安政5（1858）年8月29日）

山本伝兵衛* やまもとでんべえ
文政9（1826）年～明治22（1889）年　江戸時代末期～明治時代の萩藩士。大津郡小学校教師より学区取締となる。
¶幕末（[没]明治22（1889）年12月22日）

山本典薬大允* やまもとてんやくたいじょう，やまもとてんやくだいじょう
寛政7（1795）年～？　江戸時代後期の典薬寮医師。
¶幕末（[生]寛政7（1795）年11月11日）

山本道斎* やまもとどうさい
文化11（1814）年～安政2（1855）年　江戸時代末期の医師、勤王家。
¶幕末（[没]安政2（1856）年12月22日）

や

山本東次郎〔1代〕*　やまもととうじろう
天保7(1836)年～明治35(1902)年　江戸時代後期～明治時代の大蔵流の狂言役者。赤羽嘉助の三男として出生、のち山本家の養子となる。
¶新能(――〔1世〕)

山元藤助*　やまもととうすけ
天保1(1830)年～明治4(1871)年　江戸時代末期～明治時代の植林家。九州の山林・物産を調査し「九州産物聞書」を著述。
¶コン

山本藤兵衛　やまもととうびょうえ
江戸時代前期の豊臣秀頼・水野勝成の家臣。
¶大坂

山本時憲　やまもとときのり
⇒山本文之進(やまもとぶんのしん)

山本主殿*　やまもととのも
生没年不詳　安土桃山時代の織田信長の家臣。
¶織田

山本富八*　やまもととみはち
文政9(1826)年～明治1(1868)年　江戸時代末期の上野館林藩士。
¶幕末([没]慶応4(1868)年4月16日)

山本尚徳　やまもとなおのり
⇒山本尚徳(やまもとひさのり)

山本長徳　やまもとながのり
安土桃山時代の駿府の商人。
¶武田(生没年不詳)

山本西武　やまもとにしたけ
⇒西武(さいむ)

山本縫殿*　やまもとぬい
寛政9(1797)年～安政6(1859)年　江戸時代末期の富小路家雑掌。
¶幕末([没]安政6(1859)年11月22日)

山本梅逸*　やまもとばいいつ
天明3(1783)年～安政3(1856)年　江戸時代後期の南画家。花鳥画に特色。
¶コン,幕末([没]安政3(1856)年1月2日)

山本梅荘　やまもとばいそう
江戸時代後期～大正時代の日本画家。
¶美画([生]弘化3(1846)年8月13日　[没]大正10(1921)年2月24日)

山本速夫*　やまもとはやお
文政8(1825)年～明治7(1874)年　江戸時代末期～明治時代の三河吉田藩士。
¶幕末([生]文政8(1826)年12月20日　[没]明治7(1874)年11月1日)

山本晴海*　やまもとはるみ
文化1(1804)年12月17日～慶応3(1867)年　江戸時代末期の砲術家。
¶コン

山本晴幸　やまもとはるゆき
⇒山本勘助(やまもとかんすけ)

山本久富　やまもとひさとみ
江戸時代中期の和算家。
¶数学

山本久豊　やまもとひさとよ
江戸時代前期～中期の幕臣。
¶徳人([生]1668年　[没]1733年)

山本尚徳*　やまもとひさのり
文政9(1826)年～明治4(1871)年　[別]山本尚徳(やまもとなおのり)　江戸時代末期～明治時代の大洲藩家老。
¶幕末([没]明治4(1871)年6月29日)

山本秀子*　やまもとひでこ
享保20(1735)年～天明3(1783)年　江戸時代中期の賢婦、良寛の母。
¶江表(のぶ(新潟県))

山本兵右衛門　やまもとひょうえもん
江戸時代前期の長宗我部盛親の家臣。
¶大坂

山本広盛　やまもとひろもり
戦国時代の北条氏綱の家臣？　善左衛門。
¶後北(広盛〔山本(2)〕　ひろもり)

山本備後　やまもとびんご
安土桃山時代の高天神籠城衆。
¶武田([生]？　[没]天正9(1581)年3月22日)

山本藤信*　やまもとふじのぶ
生没年不詳　江戸時代中期の絵師。
¶浮絵

山元文宅*　やまもとぶんたく
天保14(1843)年～大正1(1912)年　江戸時代末期～明治時代の医師。八木生党塾を継いで開業。西南戦争で傷兵の治療に当たった。
¶幕末([没]明治45(1912)年7月17日)

山本文之進*　やまもとぶんのしん
？～弘化4(1847)年　[別]山本時憲(やまもとじけん，やまもとときのり)　江戸時代後期の暦学・天文学者。
¶数学(山本時憲　やまもとときのり　[生]寛政11(1799)年　[没]弘化4(1847)年2月6日)

山本文之助*　やまもとぶんのすけ
*～元治1(1864)年　江戸時代末期の長州(萩)藩足軽。
¶幕末([生]天保7(1836)年　[没]元治1(1864)年7月20日)

山本平吉　やまもとへいきち
江戸時代後期～末期の錦絵、草紙問屋。文政7年～安政頃。
¶浮絵

山本弁蔵*　やまもとべんぞう
弘化4(1847)年～明治1(1868)年　江戸時代末期の奇兵隊士。
¶幕末([生]弘化4(1847)年1月5日　[没]明治1(1868)年9月18日)

山本亡羊*　やまもとぼうよう
安永7(1778)年～安政6(1859)年　[別]山本永吉(やまもとえいきち)　江戸時代後期の本草家。小野蘭山に入門。京都本草学派の主導者。
¶科学([没]安政6(1859)年11月27日),コン,思想,植物([没]安政6(1859)年11月27日),幕末([没]安政6(1860)年12月27日)

山本北山*　やまもとほくざん
宝暦2(1752)年～文化9(1812)年　江戸時代中期～後期の儒学者。折衷学派。

¶コン, 思想, 徳人

山本正堅　やまもとまさかた
江戸時代前期～中期の幕臣。
¶徳人（[生]1663年　[没]1737年）

山本正至　やまもとまさし
*～明治38（1905）年8月3日　江戸時代後期～明治時代の和算家。天城山測量など測量事業を行う。
¶数学（[生]天保3（1832）年）, 幕末（[生]天保6（1835）年9月）

山本正次*　やまもとまさつぐ
生没年不詳　戦国時代の北条氏規の家臣。
¶後北（正次〔山本（1）〕　まさつぐ）

山本雅直　やまもとまさなお
⇒山本大膳（やまもとたいぜん）

山本正直*　やまもとまさなお
？～天正5（1577）年4月　戦国時代～安土桃山時代の北条氏規の家臣。
¶後北（正直〔山本（1）〕　まさなお）

山本正識　やまもとまさのぶ
江戸時代中期の幕臣。
¶徳人（[生]1692年　[没]1754年）

山本方剛　やまもとまさよし
江戸時代後期の和算家、新発田藩士。
¶数学

山本孟遠*　やまもともうえん
寛文9（1669）年～享保14（1729）年　[別]孟遠（もうえん）　江戸時代中期の俳人。
¶俳文（孟遠　もうえん）

山本茂祐　やまもともすけ
江戸時代末期～明治時代の仏師。
¶美建（生没年不詳）

山本茂孫　やまもともちざね
宝暦1（1751）年～文政2（1819）年　[別]山本茂孫（やまもとしげざね）　江戸時代中期～後期の幕臣。
¶徳人, 徳代（やまもとしげざね　[没]文政2（1819）年12月8日）

山本弥八*　やまもとやはち
？～文久3（1863）年　江戸時代末期の商人。
¶幕末（[没]文久3（1863）年6月1日）

山本与興*　やまもとよこう
宝暦3（1753）年～文化14（1817）年　江戸時代中期～後期の医師、加賀楽焼の陶工。御庭焼の一家。
¶美工

山本与左衛門佐義　やまもとよざえもんすけよし
江戸時代前期の美作国勝田郡山本の人。代官。
¶大坂

山本義高　やまもとよしたか
平安時代後期の近江国の武士。
¶平家（生没年不詳）

山本義経*　やまもとよしつね
生没年不詳　[別]源義経（みなもとのよしつね）　平安時代後期～鎌倉時代前期の武士。左兵衛尉。
¶古人（源義経　みなもとのよしつね）, 中世, 内乱

山本義信*　やまもとよしのぶ
生没年不詳　江戸時代中期の浮世絵師。
¶浮絵

山本頼蔵*　やまもとよりぞう
文政11（1828）年～明治20（1887）年　江戸時代末期～明治時代の徳大寺卿衛士。野根山屯集事件で連絡係をつとめた。
¶幕末（[没]明治20（1887）年3月1日）

山本利兵衛　やまもとりへえ
世襲名　江戸時代の漆工、蒔絵師の家系。
¶江人

山本利兵衛〔1代〕*　やまもとりへえ
元禄1（1688）年～明和3（1766）年　江戸時代中期の蒔絵師。
¶コン, 美工

山本利兵衛〔2代〕*　やまもとりへえ
寛保3（1743）年～寛政3（1791）年　江戸時代中期の蒔絵師。
¶コン, 美工

山本利兵衛〔3代〕*　やまもとりへえ
明和7（1770）年～天保9（1838）年　江戸時代後期の蒔絵師。仁孝天皇の即位調度の蒔絵を命ぜられた。
¶コン, 美工

山本利兵衛〔4代〕*　やまもとりへえ
？～明治3（1870）年　江戸時代末期の蒔絵師。
¶コン, 美工

山本利兵衛〔5代〕*　やまもとりへえ
天保10（1839）年～明治41（1908）年　江戸時代末期～明治時代の蒔絵師。
¶美工（[生]天保10（1839）年3月　[没]明治41（1908）年4月9日）

山本柳吉*　やまもとりゅうきち
天保1（1830）年～明治30（1897）年　江戸時代末期～明治時代の陶工。肥前有田で大灯籠その他の大器を作り、鍋島家より諸神社へ奉納された。
¶美工（[没]明治30（1897）年7月）

山本龍洞　やまもとりゅうどう
江戸時代後期～大正時代の日本画家。
¶美画（[生]弘化2（1845）年10月20日　[没]大正2（1913）年）

山本竜之進*　やまもとりゅうのしん
？～慶応2（1866）年　江戸時代末期の奇兵隊士。
¶幕末（[没]慶応2（1866）年4月28日）

山本隆也*　やまもとりゅうや
文政6（1823）年～明治4（1871）年　[別]山本隆也（やまもとたかや）　江戸時代末期～明治時代の播磨赤穂藩士。
¶幕末（やまもとたかや　[没]明治4（1871）年2月29日）

山本若狭守　やまもとわかさのかみ
安土桃山時代の北条氏直の家臣。
¶後北（若狭守〔山本（2）〕　わかさのかみ）

楊梅兼邦*　やまももかねくに
？～応永27（1420）年　[別]藤原兼邦（ふじわらのかねくに）　室町時代の公卿（非参議）。非参議藤原兼親の子。
¶公卿（藤原兼邦　ふじわらのかねくに　[没]応永27（1420）年2月25日）, 公家（兼邦〔楊梅家（絶家）〕　かねくに　[没]応永27（1420）年2月25日）

楊梅兼行　やまももかねゆき
⇒藤原兼行（ふじわらのかねゆき）

楊梅季行 やまももすえゆき
⇒藤原季行（ふじわらのすえゆき）

楊梅親行* やまももちかゆき
生没年不詳 南北朝時代の公家・歌人。
¶公家（親行〔楊梅家（絶家）〕 ちかゆき）

楊梅俊兼 やまももとしかね
⇒藤原俊兼（ふじわらのとしかね）

楊梅盛親* やまももももりちか
生没年不詳 鎌倉時代後期～南北朝時代の公家・歌人。
¶公家（盛親〔楊梅家（絶家）〕 もりちか）

山家善房 やまやよしふさ
江戸時代中期～後期の和算家。
¶数学（[生]延享4（1747）年 [没]文政6（1823）年）

山吉豊守 やまよしとよもり
⇒山吉豊守（やまよしとより）

山吉豊守* やまよしとより
*～天正5（1577）年 [別]山吉豊守（やまよしとよもり） 安土桃山時代の国人。
¶全戦（やまよしとよもり [生]天文11（1542）年？）

山脇和泉* やまわきいずみ
？～万治2（1659）年2月4日 [別]山脇和泉元宜（やまわきいずみもとよし），山脇元宜（やまわきもとよし） 江戸時代前期の狂言師。和泉流の創始者。
¶新能（山脇元宜 やまわきもとよし）

山脇和泉元宜 やまわきいずみもとよし
⇒山脇和泉（やまわきいずみ）

山脇勘左衛門* やまわきかんざえもん
生没年不詳 安土桃山時代の織田信長の家臣。
¶織田

山脇玄 やまわきげん
嘉永2（1849）年～大正14（1925）年 江戸時代後期～大正時代の法学者。
¶コン，女史

山脇治右衛門 やまわきじえもん
⇒山脇正準（やまわきせいじゅん）

山脇十左衛門* やまわきじゅうざえもん
文政3（1820）年～明治11（1878）年 江戸時代末期～明治時代の桑名藩士。
¶全幕，幕末（[没]明治11（1878）年8月26日）

山脇隼太郎* やまわきしゅんたろう
嘉永2（1849）年～明治38（1905）年5月6日 [別]山脇隼太郎（やまわきはやたろう） 江戸時代後期～明治時代の新撰組隊士。
¶新隊，全幕，幕末（やまわきはやたろう [没]明治38（1905）年5月5日）

山脇正準* やまわきせいじゅん
文化6（1809）年～明治4（1871）年2月14日 [別]山脇治右衛門（やまわきじえもん），山脇正準（やまわきまさのり） 江戸時代末期～明治時代の美濃郡上藩士。
¶幕末（山脇治右衛門 やまわきじえもん）

山脇東暉 やまわきとうき
⇒紀広成（きのひろなり）

山脇東門* やまわきとうもん
元文1（1736）年～天明2（1782）年 江戸時代中期の医師。東洋の子。「玉砕臓図」を作製。
¶科学（[生]元文1（1736）年8月18日），コン

山脇東洋* やまわきとうよう
宝永2（1705）年～宝暦12（1762）年 江戸時代中期の医師。官許による人体解剖を行なう。
¶江人，科学（[生]宝永2（1705）年12月18日 [没]宝暦12（1762）年8月8日），コン，思想，徳将，山小（[生]1705年12月18日 [没]1762年8月8日）

山脇隼太郎 やまわきはやたろう
⇒山脇隼太郎（やまわきしゅんたろう）

山脇正準 やまわきまさのり
⇒山脇正準（やまわきせいじゅん）

山脇元宜 やまわきもとよし
⇒山脇和泉（やまわきいずみ）

野明* やめい
*～正徳3（1713）年3月12日 江戸時代の俳人（蕉門）。
¶俳文（[生]？）

矢守平好* やもりひらよし
文政5（1822）年～明治3（1870）年 江戸時代末期～明治時代の仁和寺宮諸大夫。征討大将軍となった主嘉彰親王に下参謀として従い東征。
¶幕末（[没]明治3（1870）年8月10日）

やゝ (1)
江戸時代中期の女性。和歌。公卿で歌人冷泉為村の娘。明和9年為村の綴った「たもとのしぐれ」に載る。
¶江表（やゝ（京都府））

やゝ (2)（弥弥）
⇒淀殿（よどどの）

良子 ややこ
江戸時代前期～中期の女性。和歌・書簡。常陸水戸藩主徳川頼房の六女。
¶江表（良子（茨城県） [生]寛永5（1628）年 [没]享保2（1717）年）

也有 やゆう
⇒横井也有（よこいやゆう）

屋代子 やよこ★
江戸時代後期の女性。画。中橋狩野家祐清栄信の娘。嘉永3年起筆、朝岡興禎編『古画備考』に載る。
¶江表（屋代子（東京都））

八代子 やよこ★
江戸時代中期の女性。和歌。吉田又四郎の妻。宝暦12年序、村上影面編『続采藻編』上に載る。
¶江表（八代子（東京都））

野余女 やよじょ★
江戸時代中期の女性。俳諧。尾張の人。元禄12年刊、巨霊堂東鷲編『小弓俳諧集』に載る。
¶江表（野余女（愛知県））

八代瀬 やよせ★
江戸時代後期の女性。和歌。旗本小笠原若狭守の奥女中。天保11年序、忍藩藩士加藤古風編の歌集「京極黄門定家卿六百回忌追福」に載る。
¶江表（八代瀬（東京都））

やよひ
江戸時代末期の女性。俳諧。越後尻上の人。安政5年刊、松岡茶山編『北越俳諧人銘録』に載る。

¶江表(やよひ(新潟県))

鑓の権三*(鑓権三)　やりのごんざ
江戸時代の歌謡、歌舞伎、近松物に登場する人。
¶コン(鑓権三)

弥六(1)　やろく
戦国時代の白壁師職人の棟梁。実名未詳。北条氏綱に属した。
¶後北

弥六*(2)　やろく
？～天正10(1582)年6月2日　戦国時代～安土桃山時代の織田信長の家臣。
¶織田

弥六郎　やろくろう
戦国時代の信濃小県郡の国衆小泉氏の被官。
¶武田(生没年不詳)

八幡屋卯兵衛*　やわたやうへえ
？～文久3(1863)年　江戸時代末期の油商。
¶幕末([没]文久3(1863)年7月26日)

山家豊三郎*　やんべとよさぶろう
天保3(1832)年～明治29(1896)年　[別]山家頼道(やまべよりみち, やんべよりみち)　江戸時代末期～明治時代の陸奥仙台藩士。
¶幕末([没]明治29(1896)年11月5日)

山家頼道　やんべよりみち
⇒山家豊三郎(やんべとよさぶろう)

ヤン・ヨーステン*(ヤン＝ヨーステン)
*～元和9(1623)年　江戸時代前期のオランダの船員、朱印船貿易家。
¶江人([生]？), 全戦([生]？), 対外(ヤン＝ヨーステン　[生]？), 徳将(ヤン＝ヨーステン　[生]？), 山小([生]1556年？)

【ゆ】

湯浅明善　ゆあさあきよし
⇒湯浅明善(ゆあさめいぜん)

湯浅右近将監直勝　ゆあさうこんのしょうげんなおかつ
江戸時代前期の豊臣秀吉・秀頼の家臣。
¶大坂([没]寛永10年)

湯浅角右衛門　ゆあさかくえもん
江戸時代前期の池田光政の家臣。
¶大坂([没]寛永17年6月23日)

湯浅元禎　ゆあさげんてい
⇒湯浅常山(ゆあさじょうざん)

湯浅五郎兵衛　ゆあさごろうべえ
⇒湯浅征一郎(ゆあさせいいちろう)

湯浅左吉　ゆあささきち
江戸時代前期の人。後藤又兵衛組の湯浅三郎兵衛の子。
¶大坂([没]慶長20年5月6日)

湯浅作兵衛　ゆあささくべえ
⇒大黒常是〔1代〕(だいこくじょうぜ)

湯浅三郎兵衛　ゆあささぶろ(う)びょうえ
江戸時代前期の武士。大坂の陣で籠城。
¶大坂

湯浅常山*　ゆあさじょうざん
宝永5(1708)年～天明1(1781)年　[別]常山(じょうざん), 湯浅元禎(ゆあさげんてい)　江戸時代中期の儒者、備前岡山藩士。古文辞学派。
¶コン, 詩作(湯浅元禎　ゆあさげんてい　[生]宝永5(1708)年3月12日　[没]天明1(1781)年1月9日), 思想, 日文([没]安永10(1781)年)

湯浅常是(1)　ゆあさじょうぜ
⇒大黒常是(だいこくじょうぜ)

湯浅常是(2)　ゆあさじょうぜ
⇒大黒常是〔1代〕(だいこくじょうぜ)

湯浅征一郎*　ゆあさせいいちろう
天保6(1835)年～明治26(1893)年　[別]湯浅五郎兵衛(ゆあさごろうべえ)　江戸時代後期～明治時代の尊攘運動家。
¶幕末(湯浅五郎兵衛　ゆあさごろうべえ)

湯浅得之*　ゆあさとくし
生没年不詳　江戸時代前期の和算家。
¶数学

湯浅直宗*　ゆあさなおむね
天文14(1545)年～天正10(1582)年　安土桃山時代の武士。織田氏家臣。
¶織田([没]天正10(1582)年6月2日)

湯浅尼　ゆあさのあま
鎌倉時代後期の女性。湯浅党の中核的存在。
¶女史([生]？　[没]1259年？)

湯浅伴右衛門　ゆあさばんえもん
江戸時代後期～末期の幕臣。
¶徳人(生没年不詳)

湯浅芳斎　ゆあさほうさい
⇒青木芳斎(あおきほうさい)

湯浅宗重*　ゆあさむねしげ
生没年不詳　平安時代後期～鎌倉時代前期の武士。紀伊湯浅党の祖。
¶内乱, 平家

湯浅宗弘*　ゆあさむねひろ
生没年不詳　[別]藤原宗弘(ふじわらのむねひろ)　鎌倉時代前期の武士。湯浅一族の嫡流の家の当主。
¶古人(藤原宗弘　ふじわらのむねひろ)

湯浅宗藤*　ゆあさむねふじ
生没年不詳　[別]阿瀬川宗藤(あせがわむねふじ), 阿氐河宗藤, 阿氐川宗藤(あてがわむねふじ)　鎌倉時代後期～南北朝時代の紀伊国の武士。
¶室町

湯浅宗光*　ゆあさむねみつ
生没年不詳　鎌倉時代前期の武士。保田氏を名乗る。
¶内乱, 平家

湯浅明善*　ゆあさめいぜん
*～寛政11(1799)年8月20日　[別]湯浅明善(ゆあさあきよし)　江戸時代中期の儒者。
¶コン(生没年不詳)

湯浅祗庸*　ゆあさやすつね
天明5(1785)年～万延1(1860)年　江戸時代後期の加賀藩士。
¶幕末([没]万延1(1860)年6月3日)

ゆ

湯浅行家　**ゆあさゆきいえ**
戦国時代の上野国衆国峰小幡氏の家臣。
¶武田（生没年不詳）

湯浅瑠璃*　**ゆあさるり**
寛文10（1670）年～寛保1（1741）年　江戸時代前期～中期の女性。
¶江表（瑠璃（岡山県））

ゆゐ
江戸時代後期の女性。和歌。京都寺町に住んだ。弘化4年刊、清堂観尊編『たち花の香』に載る。
¶江表（ゆゐ（京都府））

由井家常*　**ゆいいえつね**
生没年不詳　鎌倉時代前期の武士。
¶古人

唯円*　**ゆいえん**
貞応1（1222）年～正応2（1289）年2月6日　鎌倉時代後期の真宗の僧。親鸞の門弟、「歎異抄」の執筆者。
¶コン（生没年不詳），中世（[生]1222年？　[没]1289年？），山小（[没]1289年2月6日）

維懐*　**ゆいかい**
？～寛治4（1090）年　平安時代中期～後期の興福寺僧。
¶古人（[生]1002年？）

維覚*　**ゆいかく**
生没年不詳　平安時代後期の延暦寺の僧。
¶古人

惟暁*　**ゆいぎょう**
弘仁3（812）年～承和10（843）年　平安時代前期の円仁の従僧。
¶古代

ゆひ子　**ゆいこ**★
江戸時代後期の女性。和歌。因幡鳥取藩士木村次郎左衛門の妻。弘化2年刊、加納諸平編『類題鰒玉集』五に載る。
¶江表（ゆひ子（鳥取県））

惟高妙安　**ゆいこうみょうあん**
⇒惟高妙安（いこうみょうあん）

惟首*　**ゆいしゅ**
天長3（826）年～寛平5（893）年　平安時代前期の天台宗の僧。
¶古人，古代（[生]825年）

由井女　**ゆいじょ**★
江戸時代後期の女性。和歌。結子とも。寛政11年成立「奉納詠百首和歌」に載る。
¶江表（由井女（岩手県））

惟正*　**ゆいしょう**
弘仁4（813）年～？　平安時代前期の円仁の従僧。
¶古代

唯乗院　**ゆいじょういん**
江戸時代後期の女性。徳川家斉の九女。
¶徳将（[生]1801年　[没]1802年）

由井正雪*（由比正雪）　**ゆいしょうせつ**
慶長10（1605）年～慶安4（1651）年　江戸時代前期の楠流軍学者。浪人を糾合して幕府への反乱を企てた慶安事件の指導者。事前に露見して自殺。
¶江人（由比正雪　[生]1605年？），コン，山小（由比正雪　[生]1605年？　[没]1651年7月26日）

唯心*（1）　**ゆいしん**
生没年不詳　鎌倉時代の真言宗の僧。
¶コン

唯心（2）　**ゆいしん**
江戸時代後期の女性。和歌・散文。河内日下の名家足立氏の娘。文化3年、同4年刊、上田秋成著『藤簍冊子』に詞がある。
¶江表（唯心（大阪府））

惟済　**ゆいせい**
⇒惟済（いさい）

唯善*　**ゆいぜん**
文永3（1266）年～*　[別]弘雅（こうが）　鎌倉時代後期の真宗の僧。親鸞の子孫。親鸞の娘覚信尼の子。
¶コン（[生]建長5（1253）年　[没]文保1（1317）年）

由比千菊*　**ゆいちぎく**
生没年不詳　戦国時代の北条氏の家臣。
¶後北（千菊〔由比（1）〕　せんぎく）

維範*　**ゆいはん**
？～嘉保3（1096）年2月3日　平安時代中期～後期の真言宗の僧。高野山第11代執行検校。
¶古人

由比光貞　**ゆいみつさだ**
江戸時代中期～後期の幕臣。
¶徳人（[生]1755年　[没]1843年）

由比光憲　**ゆいみつのり**
？～宝永7（1710）年　江戸時代中期の幕臣。
¶徳人（[没]1710年2月10日），徳代（[没]宝永7（1710）年2月10日）

由比光倍　**ゆいみつます**
江戸時代後期の幕臣。
¶徳人（[生]1835年　[没]？）

ゆう（1）
江戸時代後期の女性。俳諧。越前三国の人。天保15年刊、皎月舎其睡撰『杖のゆかり』に載る。
¶江表（ゆう（福井県））

ゆう（2）
江戸時代後期の女性。書簡。播磨上月の大庄屋大谷義章の娘。
¶江表（ゆう（兵庫県）　[没]弘化3（1846）年）

佑　**ゆう**
江戸時代中期の女性。俳諧。相模厚木の告原伊兵衛の後妻。
¶江表（佑（神奈川県）　[没]天明7（1787）年）

遊　**ゆう**★
江戸時代後期の女性。和歌・画。仙台藩医桑原隆朝の娘。
¶江表（遊（宮城県）　[没]寛政5（1793）年）

邑　**ゆう**
江戸時代末期～明治時代の女性。漢詩。三上氏。鱸松塘が明治3年に開いた詩社七曲吟社の同人。
¶江表（邑（東京都））

由阿*　**ゆうあ**
正応4（1291）年～？　鎌倉時代後期～南北朝時代の和学者。「詞林采葉抄」を著す。
¶コン（生没年不詳）

祐阿*　ゆうあ
享保4(1719)年～寛政11(1799)年1月27日　江戸時代中期～後期の俳人。
¶俳文

友意*　ゆうい
生没年不詳　江戸時代前期の俳人。
¶俳文

莠雨　ゆうう
江戸時代中期の女性。俳諧。天明4年、長門長府の俳人田上菊舎が江戸滞在を終え帰国の際に餞別句を詠んだ。
¶江表(莠雨(東京都))

友燕　ゆうえん
江戸時代後期の女性。俳諧。相模猿が島村の人。弘化3年の「つるおと集」に載る。
¶江表(友燕(神奈川県))

猷円*　ゆうえん
応保1(1161)年～貞永1(1232)年10月25日　平安時代後期～鎌倉時代前期の天台宗の僧。
¶古人

雄淵　ゆうえん
⇒大場雄淵(おおばおぶち)

融円　ゆうえん
平安時代後期の僧。
¶平家(生没年不詳)

友鷗の妻　ゆうおうのつま⋆
江戸時代前期の女性。俳諧。尾張名古屋の人。延宝8年序、高野幽山編『俳枕』に載る。
¶江表(友鷗の妻(愛知県))

遊花　ゆうか⋆
江戸時代後期の女性。俳諧。石見吹野の桃源庵化白の妻。寛政4年刊、桃源庵化白編、化白耳順還暦祝吟集『わか姿集』に載る。
¶江表(遊花(島根県))

友我*　ゆうが
寛文3(1663)年～享保14(1729)年　江戸時代前期～中期の俳人。
¶俳文([没]享保14(1729)年9月25日)

祐賀　ゆうが⋆
安土桃山時代～江戸時代前期の女性。口上書。結城秀義の娘。
¶江表(祐賀(徳島県)　[生]天正6(1578)年　[没]明暦2(1656)年)

遊賀　ゆうが⋆
江戸時代後期の女性。俳諧。越前野田の人。天保9年刊、移水園五圭編『不易集』に載る。
¶江表(遊賀(福井県))

宥快*　ゆうかい
興国6/貞和1(1345)年～応永23(1416)年7月17日　南北朝時代～室町時代の真言宗の僧。「宝鏡鈔」の著者。
¶コン

夕顔(1)　ゆうがお⋆
江戸時代後期の女性。俳諧。大坂の遊女。天保3年刊、守村鶯卿編『女百人一句』に載る。
¶江表(夕顔(大阪府))

夕顔*(2)　ゆうがお
「源氏物語」の登場人物。
¶コン

祐覚*　ゆうかく
？～建武3/延元1(1336)年12月29日　鎌倉時代後期～南北朝時代の僧。
¶室町([没]延元1/建武3(1336)年)

友学*　ゆうがく
寛文5(1665)年～？　江戸時代中期の仏師。
¶美建

遊歌女　ゆうかじょ⋆
江戸時代後期の女性。俳諧。徳島の人か。文化6年序、空山房白酔編『阿波勢見山法楽句集』に載る。
¶江表(遊歌女(徳島県))

幽賀女　ゆうがじょ⋆
江戸時代末期の女性。俳諧。湯沢の人。文久3年刊、内藤風柯編『花がたみ集』に載る。
¶江表(幽賀女(秋田県))

友閑　ゆうかん
安土桃山時代～江戸時代前期の俳諧作者。京都要法寺21世、日体上人。
¶俳文([生]天正13(1585)年　[没]慶安4(1651)年11月14日)

有観*　ゆうかん
承暦4(1080)年～平治1(1159)年　平安時代後期の天台宗園城寺僧。
¶古人

融観*　ゆうかん，ゆうがん
慶安2(1649)年～享保1(1716)年　[別]忍光(にんこう)　江戸時代中期の僧。融通念仏宗第46世。
¶コン([生]承応3(1654)年　[没]享保6(1721)年)

結城顕朝*　ゆうきあきとも
生没年不詳　南北朝時代の武将。
¶室町

由宇喜一*　ゆうきいち
生没年不詳　安土桃山時代の織田信長の家臣。
¶織田

結城氏朝*　ゆうきうじとも
応永9(1402)年～嘉吉1(1441)年　室町時代の武将。下野守護。
¶コン，中世，内乱，室町，山小([没]1441年4月16日)

猶麹*　ゆうきく
明和5(1768)年～天保5(1834)年2月27日　江戸時代中期～後期の俳人。
¶俳文

結城国足*　ゆうきくにたり
寛政12(1800)年～明治21(1888)年　江戸時代末期～明治時代の歌人。和歌教授所を開いた。
¶幕末([没]明治21(1888)年11月14日)

結城香崖*　ゆうきこうがい
*～明治13(1880)年10月26日　江戸時代末期～明治時代の儒学者。
¶幕末([生]文化13(1816)年2月)

結城権佐　ゆうきごんのすけ
江戸時代前期の加藤清正の家臣。大坂の陣で籠城。
¶大坂

結城左衛門尉* ゆうきさえもんのじょう
天文3(1534)年～永禄8(1565)年 戦国時代の武士。
¶コン

結城成朝*(結城重朝) ゆうきしげとも
永享11(1439)年～寛正4(1463)年 室町時代の武将。
¶室町([没]寛正3(1462)年)

結城秀伴 ゆうきしゅうはん
⇒結城秀伴(ゆうきひでとも)

結城ジョアン* ゆうきじょあん
弘治2(1556)年頃～天正12(1584)年4月9日 戦国時代～安土桃山時代の織田信長の家臣。
¶織田

結城忠正* ゆうきただまさ
生没年不詳 [別]アンリケ 戦国時代の大名、キリシタン。畿内キリシタン宗門の発展に寄与。
¶織田, コン

ゆ

結城親朝* ゆうきちかとも
？～正平2/貞和3(1347)年 鎌倉時代後期～南北朝時代の武将。小峰氏の祖。
¶コン, 中世([没]1347年？), 室町

結城親光* ゆうきちかみつ
？～建武3/延元1(1336)年 南北朝時代の南朝方の武将。三木一草の一人。
¶コン([没]延元1/建武3(1336)年), 中世, 室町

結城ディエゴ* ゆうきでぃえご
*～寛永13(1636)年 [別]結城ディオゴ(ゆうきでぃおご) 安土桃山時代～江戸時代前期のイエズス会日本人神父。殉教者。
¶コン([生]天正5(1577)年？)

結城ディオゴ ゆうきでぃおご
⇒結城ディエゴ(ゆうきでぃえご)

結城朝勝* ゆうきともかつ
永禄12(1569)年～寛永5(1628)年 安土桃山時代～江戸時代前期の武士。
¶全戦, 戦武([没]嘉永5(1628)年)

結城朝常* ゆうきともつね
生没年不詳 南北朝時代の武将。
¶室町

結城朝広* ゆうきともひろ
建久1(1190)年～？ [別]藤原朝広(ふじわらのともひろ) 鎌倉時代前期の武将。鎌倉幕府将軍に近侍。
¶古人(藤原朝広 ふじわらのともひろ)

結城朝光* ゆうきともみつ
仁安2(1167)年～建長6(1254)年2月24日 [別]小山朝光(おやまともみつ), 藤原朝光(ふじわらのともみつ), 結城宗朝(ゆうきむねとも) 平安時代後期～鎌倉時代前期の武将。源頼朝の側近。
¶古人(藤原朝光 ふじわらのともみつ), コン([生]仁安3(1168)年), 中世, 内乱([生]仁安3(1168)年), 平家([生]仁安3(1168)年)

結城寅寿 ゆうきとらかず
⇒結城寅寿(ゆうきとらじゅ)

結城寅寿* ゆうきとらじゅ
文政1(1818)年～安政3(1856)年 [別]結城寅寿(ゆうきとらかず) 江戸時代末期の水戸藩士。藩主徳川斉昭の執政。
¶コン(ゆうきとらかず), 全幕(ゆうきとらかず), 幕末([没]安政3(1856)年4月25日)

結城直朝* ゆうきなおとも
生没年不詳 室町時代の武将。
¶室町

友宜の妹 ゆうぎのいもうと⋆
江戸時代後期の女性。和歌。友宜は大村藩藩士。文化11年刊、中山忠雄・河田正致編『柿本社奉納和歌集』に載る。
¶江表(友宜の妹(長崎県))

結城晴朝* ゆうきはるとも
天文3(1534)年～慶長19(1614)年 安土桃山時代～江戸時代前期の武将。下総国結城城城主。羽柴秀康を養子に迎えて家督を譲る。
¶コン, 全戦, 戦武

結城秀伴* ゆうきひでとも
*～明治30(1897)年 [別]結城秀伴(ゆうきしゅうはん) 江戸時代末期～明治時代の筑後守。尊攘派公家による久我建通らの排斥運動に側面協力。維新後岡山県郡長など。
¶幕末([生]文政3(1820)年 [没]明治30(1897)年9月)

結城秀康* ゆうきひでやす
天正2(1574)年～慶長12(1607)年 [別]徳川秀康(とくがわひでやす), 豊臣秀康(とよとみひでやす), 松平秀康(まつだいらひでやす), 三河少将(みかわしょうしょう) 安土桃山時代～江戸時代前期の大名、徳川家康の次男。越前北庄藩主。
¶江人, 公卿([没]慶長12(1607)年閏4月8日), 公家(秀康〔徳川家〕 ひでやす [没]慶長12(1607)年閏4月8日), コン, 全戦, 戦武, 徳将, 徳松(結城(松平)秀康), 山小([生]1574年2月8日 [没]1607年閏4月8日)

結城正明 ゆうきまさあき
*～明治37(1904)年 江戸時代末期～明治時代の日本画家、版画家。
¶浮絵([生]天保11(1840)年), 美画([生]天保5(1834)年1月15日 [没]明治37(1904)年3月6日)

結城政勝* ゆうきまさかつ
永正1(1504)年～永禄2(1559)年 戦国時代の武将。下総国結城城城主。「結城氏新法度」を制定。
¶コン, 全戦([生]文亀3(1503)年), 戦武([生]文亀3(1503)年), 中世, 室町([生]文亀3(1503)年)

結城正敏 ゆうきまさとし
⇒仙田市郎(せんだいちろう)

結城政朝*(1) ゆうきまさとも
生没年不詳 室町時代の武士、奥州白河城主。
¶室町

結城政朝*(2) ゆうきまさとも
文明11(1479)年～* 戦国時代の武将。下総結城城主。
¶コン([生]文明9(1477)年 [没]天文14(1545)年), 室町([没]天文16(1547)年)

結城満朝* ゆうきみつとも
生没年不詳 室町時代の武将。
¶室町

結城満藤* ゆうきみつふじ
生没年不詳 室町時代の武将。越後守。
¶コン

結城無二三*　ゆうきむにぞう
弘化2（1845）年～大正1（1912）年5月17日　江戸時代末期～大正時代の新撰組隊士。七条油小路における伊東甲子太郎襲撃の一員。
¶新隊（[生]弘化2（1845）年4月17日　[没]明治45（1912）年5月17日），幕末（[生]弘化2（1845）年4月17日　[没]明治45（1912）年5月17日）

結城宗朝　ゆうきむねとも
⇒結城朝光（ゆうきともみつ）

結城宗広*　ゆうきむねひろ
？～延元3/暦応1（1338）年　鎌倉時代後期～南北朝時代の武将。奥州南部に権力を振るう。
¶コン，内乱（[没]暦応1（1338）年），室町

遊義門院*　ゆうぎもんいん
文永7（1270）年～徳治2（1307）年　[別]姈子内親王（れいしないしんのう）　鎌倉時代後期の女性。後深草天皇の皇女。
¶コン，女史，天皇（[生]文永7（1270）年9月18日　[没]徳治2（1307）年7月24日），天皇（姈子内親王　れいしないしんのう　[生]文永7（1270）年9月19日　[没]徳治2（1307）年7月24日）

遊義門院一条　ゆうぎもんいんいちじょう
南北朝時代の女性。後醍醐天皇の宮人。
¶天皇

結城弥平治*（結城弥平次）　ゆうきやへいじ
天文13（1544）年～？　安土桃山時代～江戸時代前期のキリシタン、武将。
¶織田（結城弥平次　[生]天文13（1544）年？）

有慶*　ゆうきょう
寛和2（986）年～延久3（1071）年2月21日　[別]有慶（うきょう，ゆうけい）　平安時代中期の三論宗の僧。東大寺66・69世、元興寺36世。
¶古人（ゆうけい）

結城義親*　ゆうきよしちか
天文10（1541）年～寛永3（1626）年　[別]白河結城義親（しらかわゆうきよしちか），白河義親，白川義親（しらかわよしちか）　安土桃山時代～江戸時代前期の武将。白河城主。
¶コン（生没年不詳），全戦（白河義親　しらかわよしちか），戦武（白河結城義親　しらかわゆうきよしちか），内乱（白川義親　しらかわよしちか）

夕霧*（1）　ゆうぎり
？～治承3（1179）年5月　平安時代後期の雅楽の箏の名手。
¶古人（生没年不詳）

夕霧*（2）　ゆうぎり
*～延宝6（1678）年　[別]夕霧太夫（ゆうぎりたゆう）　江戸時代前期の女性。大坂新町の遊女。
¶江表（夕霧（大阪府）　[生]承応3（1654）年），女史（[生]？）

夕霧太夫　ゆうぎりたゆう
⇒夕霧（ゆうぎり）

友琴　ゆうきん
⇒神戸友琴（かんべゆうきん）

有錦　ゆうきん★
江戸時代中期の女性。俳諧。天明7年刊、菊亮編『笠の晴』に載る。
¶江表（有錦（佐賀県））

有琴*　ゆうきん
江戸時代中期の俳人。
¶俳文（生没年不詳）

有慶　ゆうけい
⇒有慶（ゆうきょう）

祐慶　ゆうけい
平安時代後期の比叡山延暦寺西塔の悪僧。系譜未詳。
¶平家（生没年不詳）

猷憲*　ゆうけん
天長4（827）年～寛平6（894）年　平安時代前期の僧。天台座主。
¶古人

由健*　ゆうけん
江戸時代前期の俳人。
¶俳文（生没年不詳）

祐源*　ゆうげん
生没年不詳　平安時代後期の真言宗の僧。
¶密教（[生]1134年以前　[没]1156年以後）

融源*　ゆうげん
保安1（1120）年～建保5（1217）年　平安時代後期～鎌倉時代前期の真言宗の僧。
¶コン（生没年不詳）

ゆう子（1）　ゆうこ★
江戸時代の女性。書・画・和歌。上田の人。明治14年刊、岡田良策編、伊藤静斎画『近世名婦百人撰』に載る。
¶江表（ゆう子（長野県））

ゆう子（2）　ゆうこ★
江戸時代後期～明治時代の女性。和歌。摂津兵庫の豪商北風家の大番頭喜多二平の妻。
¶江表（ゆう子（兵庫県））

木綿子　ゆうこ
江戸時代後期の女性。和歌。宇和津彦神社7代神職松浦上総介正職の娘。文化2年に行われた「百首組題」に歌が載る。
¶江表（木綿子（愛媛県））

優子　ゆうこ★
江戸時代後期～明治時代の女性。和歌。大隅種子島西之表の人。
¶江表（優子（鹿児島県）　[生]文化6（1809）年　[没]明治27（1894）年）

勇子（1）　ゆうこ★
江戸時代中期の女性。和歌。冷泉門。明和5年刊、石野広通編『霞関集』に載る。
¶江表（勇子（東京都））

勇子（2）　ゆうこ★
江戸時代後期の女性。和歌。武田氏。弘化4年刊、清堂観尊編『たち花の香』に載る。
¶江表（勇子（京都府））

友子　ゆうこ★
江戸時代中期の女性。俳諧。加賀大聖寺の人。安永6年刊、堀麦水編『新虚栗』に載る。
¶江表（友子（石川県））

有子　ゆうこ★
江戸時代末期の女性。和歌。彦根の佐々木宗六の妹。安政6年刊、村上忠順編『類題和歌玉藻集』に

載る。
¶江表（有子（滋賀県））

由己　ゆうこ
⇒大村由己（おおむらゆうこ）

由子　ゆうこ★
江戸時代後期の女性。狂歌。亀亭の娘。天保9年成立、十叟舎笹丸編『春詠狂歌 大和名所題』に載る。
¶江表（由子（東京都））

由布子　ゆうこ★
江戸時代後期～末期の女性。和歌。会津藩家老西郷頼母近思と律子の娘。
¶江表（由布子（福島県）　[生]弘化3（1846）年　[没]慶応4（1868）年）

遊子（1）　ゆうこ★
江戸時代の女性。和歌。橋爪正孝の妻。明治10年刊、高橋富兄編『類題石川歌集』に載る。
¶江表（遊子（石川県））

遊子（2）　ゆうこ★
江戸時代中期の女性。俳諧。加賀の人。元禄5年刊、柳陰庵句空編『柞原集』に載る。
¶江表（遊子（石川県））

遊子（3）　ゆうこ★
江戸時代中期の女性。俳諧。越前福井の人。天明7年刊、時雨庵祐阿編『飛梅集』上に載る。
¶江表（遊子（福井県））

遊子（4）　ゆうこ★
江戸時代中期の女性。和歌。安田常記の母。明和3年成立、難波玄生・清水貞固ほか撰「稲葉和歌集」に載る。
¶江表（遊子（鳥取県））

遊子（5）　ゆうこ★
江戸時代後期の女性。和歌。仙台藩の奥女中。文化5年頃、真田幸弘編「御ことほきの記」に載る。
¶江表（遊子（宮城県））

遊子（6）　ゆうこ★
江戸時代後期の女性。和歌。越後七日町の与板藩の代々割元役山田権左衛門修富とひだの娘。
¶江表（遊子（新潟県）　[没]文政8（1825）年）

雄子　ゆうこ★
江戸時代中期～後期の女性。和歌。播磨加西郡殿原村の青山久俊の娘。
¶江表（雄子（兵庫県）　[生]宝暦4（1754）年　[没]天保10（1839）年）

遊五*　ゆうご
元禄1（1688）年～宝暦6（1756）年9月30日　江戸時代前期～中期の俳人。
¶俳文

囿光　ゆうこう★
江戸時代末期の女性。画。小林氏。安政6年刊、畑銀鶏編『書画薈粋』二に載る。
¶江表（囿光（東京都））

友交の妻　ゆうこうのつま★
江戸時代後期の女性。俳諧。尾張名古屋の人。天保3年序、守村鶯卿女編『女百人一句』に載る。
¶江表（友交の妻（愛知県））

有厳　ゆうごん
⇒有厳（うごん）

有佐　ゆうさ
⇒富岡有佐（とみおかゆうさ）

幽斎（幽斉）　**ゆうさい**
⇒細川幽斎（ほそかわゆうさい）

遊佐信教　ゆうさのぶのり
⇒遊佐信教（ゆさのぶのり）

友山*　ゆうざん
生没年不詳　江戸時代前期～中期の仏師。
¶美建

幽山　ゆうざん
⇒高野幽山（たかのゆうざん）

融山宗祝　ゆうざんそうしゅく
戦国時代の曹洞宗雲岫派の禅僧。谷村の長生寺の三世住職。
¶武田（[生]？　[没]天文14（1545）年）

婧子　ゆうし
江戸時代後期の女性。和歌。左大臣二条治孝の娘。寛政10年徳川斉敦と結婚。
¶江表（婧子（京都府））

幽枝　ゆうし★
江戸時代後期の女性。俳諧。宮の人。嘉永5年～安政2年に編まれた『俳家古今墨蹟集』に載る。
¶江表（幽枝（山形県））

幽紫　ゆうし★
江戸時代中期の女性。和歌。木村氏の娘。寛延1年刊、松風也軒編『渚の松』に載る。
¶江表（幽紫（東京都））

遊枝　ゆうし★
江戸時代中期の女性。俳諧。遠江舞坂の人。寛延2年刊、太田巴静追善集『笠の恩』に載る。
¶江表（遊枝（静岡県））

遊之（1）　ゆうし
江戸時代中期の女性。俳諧。大坂の人。明和4年刊、湖白庵諸九尼編『湖白庵集』に載る。
¶江表（遊之（大阪府））

遊之（2）　ゆうし★
江戸時代後期の女性。俳諧。藤本氏の妻。文化8年春、田上菊舎が京都に上るに際しての餞別句が「鶯の舎」に載る。
¶江表（遊之（山口県））

友次　ゆうじ
⇒吉田友次（よしだともつぐ）

有自*（友自）　**ゆうじ**
江戸時代中期の書店主・俳人。
¶俳文（友自　生没年不詳）

友之女　ゆうしじょ★
江戸時代末期の女性。俳諧。越後千手の人。安政4年刊、松岡茶山編『常磐集』一六に載る。
¶江表（友之女（新潟県））

遊雌女　ゆうしじょ★
江戸時代末期の女性。俳諧。父は義助、母は幸。
¶江表（遊雌女（香川県）　[没]慶応2（1866）年）

祐子女王*　ゆうしじょおう
天暦2（948）年頃～？　[別]祐子女王（すけこじょおう）　平安時代中期の女性。藤原定子の乳母。
¶古人（すけこじょおう　生没年不詳）

友之亭小雪 ゆうしていこゆき★
江戸時代後期の女性。狂歌。佐古の人。天保3年刊、六樹園飯盛撰、六根園春根編『阿淡狂歌百人一首』に載る。
¶江表(友之亭小雪(徳島県))

有子内親王* ゆうしないしんのう
？～貞観4(862)年 [別]有子内親王(ありこないしんのう) 平安時代前期の女性。淳和天皇の皇女。
¶古人(ありこないしんのう)

祐子内親王* ゆうしないしんのう
長暦2(1038)年～長治2(1105)年 [別]祐子内親王(すけこないしんのう) 平安時代中期～後期の女性。後朱雀天皇の第3皇女。
¶古人(すけこないしんのう),天皇(ゆうし・すけこないしんのう [生]長暦2(1038)年4月21日 [没]長治2(1105)年11月8日)

祐子内親王家紀伊 ゆうしないしんのうけきい
⇒祐子内親王家紀伊(ゆうしないしんのうけのきい)

祐子内親王家紀伊* ゆうしないしんのうけのきい
生没年不詳 [別]紀伊(きい),祐子内親王家紀伊(ゆうしないしんのうけきい) 平安時代後期の女性。歌人。
¶古人(紀伊 きい)

祐子内親王家駿河* ゆうしないしんのうけのするが
生没年不詳 [別]駿河(するが) 平安時代後期の女房・歌人。
¶古人(駿河 するが)

有終 ゆうしゅう
⇒伊藤有終(いとうゆうしゅう)

猷秀 ゆうしゅう
室町時代の比叡山延暦寺の僧。
¶内乱(生没年不詳)

勇女 ゆうじょ★
江戸時代後期の女性。俳諧。文政期に佐久地方の宗匠として活躍した今岡の斎藤故園の娘。
¶江表(勇女(長野県))

由宇女 ゆうじょ★
江戸時代後期の女性。俳諧。安積の人。弘化期頃刊『あきの空戻』に載る。
¶江表(由宇女(福島県))

祐助 ゆうじょ
⇒祐助法親王(ゆうじょほっしんのう)

祐女 ゆうじょ★
江戸時代後期の女性。和歌。周布の人。享和3年序、佐伯貞中八〇賀集「周桑歌人集」に載る。
¶江表(祐女(愛媛県))

友昇 ゆうしょう
江戸時代末期～明治時代の俳諧師。本名、森田太四郎(勇次郎とも)。
¶俳文([生]？ [没]明治18(1885)年6月5日)

友松(1) ゆうしょう★
江戸時代後期の女性。和歌・一絃琴。常陸水戸藩儒学者藤田幽谷と梅子の長女。天保4年成立「二拾八番歌合」に載る。
¶江表(友松(茨城県))

友松(2) ゆうしょう
⇒海北友松(かいほうゆうしょう)

祐昌* ゆうしょう
？～文化4(1807)年 江戸時代中期～後期の俳人。
¶俳文([没]文化4(1807)年12月9日)

祐盛* ゆうしょう,ゆうじょう
元永1(1118)年～？ 平安時代後期の天台宗の僧・歌人。
¶古人(ゆうじょう 生没年不詳)

陽勝 ゆうしょう
⇒陽勝(ようしょう)

有章院殿 ゆうしょういんどの
⇒徳川家継(とくがわいえつぐ)

融女寛好 ゆうじょかんこう
江戸時代後期の女性。画・俳諧。小杉吉弥の娘。
¶江表(融女寛好(東京都) [生]寛政5(1793)年)

祐助親王 ゆうじょしんのう
⇒祐助法親王(ゆうじょほっしんのう)

祐助法親王 ゆうじょほうしんのう
⇒祐助法親王(ゆうじょほっしんのう)

祐助法親王* ゆうじょほっしんのう
乾元1(1302)年～正平14/延文4(1359)年 [別]祐助(ゆうじょ),祐助親王(ゆうじょしんのう),祐助法親王(ゆうじょほうしんのう) 鎌倉時代後期～南北朝時代の後二条天皇の第3皇子。
¶天皇(ゆうじょほうしんのう 生没年不詳)

勇二郎 ゆうじろう
江戸時代末期～明治時代の新撰組隊士。
¶新隊([没]明治2年5月11日)

幽真* ゆうしん
文化9(1812)年～明治9(1876)年 [別]古岳(こがく) 江戸時代末期～明治時代の七絃琴の名手。
¶幕末([没]明治9(1876)年12月)

有真* ゆうしん
天仁2(1109)年～文治5(1189)年 平安時代後期の仁和寺僧。
¶古人

友静 ゆうせい
江戸時代前期の俳諧作者。寛文～貞享ごろ。井狩氏。
¶俳文(生没年不詳)

由誓 ゆうせい
⇒豊島由誓(としまゆせい)

祐清* ゆうせい
？～寛正4(1463)年 室町時代の律僧、京都東寺領備中国新見荘の直務代官。
¶内乱

祐清尼 ゆうせいに★
江戸時代後期の女性。旅日記。近江八幡の豪商森家の女主人。
¶江表(祐清尼(滋賀県))

幽席 ゆうせき★
江戸時代後期の女性。俳諧。関原の人。文化12年成立、夏目成美編『続調布集』に載る。
¶江表(幽席(山梨県))

融碩* ゆうせき
？～長元6(1033)年 平安時代中期の興福寺僧。
¶古人

ゆ

友雪*　ゆうせつ
江戸時代前期の俳人。
¶俳文（生没年不詳）

有節*　ゆうせつ
文化2（1805）年〜明治5（1872）年1月29日　江戸時代後期〜明治時代の俳諧師。
¶俳文

友仙　ゆうせん
江戸時代前期の俳諧作者。有馬氏。承応頃の人。
¶俳文（生没年不詳）

幽仙*　ゆうせん
承和3（836）年〜昌泰3（900）年2月27日　平安時代前期の天台宗の僧。
¶古人

由泉　ゆうせん★
江戸時代中期の女性。俳諧。武蔵川崎の人。元禄13年頃の東潮庵一甫編『えの木』に載る。
¶江表（由泉（神奈川県））

友禅　ゆうぜん
⇒宮崎友禅（みやざきゆうぜん）

有禅*　ゆうぜん
応徳1（1084）年〜大治1（1126）年8月16日　平安時代後期の法相宗の僧・歌人。
¶古人

祐仙院　ゆうせんいん★
江戸時代後期の女性。和歌。備前岡山藩主池田斉政の娘。
¶江表（祐仙院（高知県）　[生]寛政11（1799）年　[没]天保12（1841）年）

友千女　ゆうせんじょ★
江戸時代末期の女性。俳諧。越後千手の人。安政6年刊、松岡茶山編『常磐集』一八に載る。
¶江表（友千女（新潟県））

猷尊*　ゆうそん
治承2（1178）年〜建長4（1252）年　鎌倉時代前期の僧。
¶古人

祐尊*(1)　ゆうそん
久安3（1147）年〜貞応1（1222）年　平安時代後期〜鎌倉時代前期の僧。
¶古人

祐尊*(2)　ゆうそん
元徳1（1329）年〜応永19（1412）年　南北朝時代〜室町時代の東寺の僧。高井法眼。
¶コン（[生]？）

遊多　ゆうた★
江戸時代後期の女性。和歌。遠江佐倉の水野真邦の妻。
¶江表（遊多（静岡県））

有鳥　ゆうちょう★
江戸時代中期の女性。俳諧。撫養の人。天明5年刊、井蛙編『俳諧桜間集』に載る。
¶江表（有鳥（徳島県））

遊蝶　ゆうちょう★
江戸時代後期の女性。俳諧。川田谷村の名主で俳人高柳菜英と弁の娘。文化6年刊、黒岩鷺白編『古今綾嚢』に載る。
¶江表（遊蝶（埼玉県））

遊鳥　ゆうちょう★
江戸時代後期の女性。俳諧。石見吹野の桃源庵化白と遊花の娘。寛政4年刊、桃源庵化白編、化白耳順還暦祝吟集『わか姿集』に載る。
¶江表（遊鳥（島根県））

雄長老　ゆうちょうろう
⇒英甫永雄（えいほえいゆう）

融通王　ゆうづうおう
⇒弓月君（ゆづきのきみ）

遊泥居　ゆうでいきょ
⇒奈河亀輔〔1代〕（ながわかめすけ）

祐天*　ゆうてん
寛永14（1637）年〜享保3（1718）年　[別]愚心（ぐしん），顕誉（けんよ），明蓮社顕誉（めいれんしゃけんよ）　江戸時代前期〜中期の浄土宗の僧。奈良の大仏、鎌倉の大仏修補を行なう。
¶江人，コン

祐天仙之助*　ゆうてんせんのすけ
？〜文久3（1863）年　[別]山本仙之助（やまもとせんのすけ）　江戸時代末期の人。竹居の吃安の逮捕に成功。
¶全幕，幕末（[没]文久3（1863）年10月15日）

游刀*（遊刀）　ゆうとう
生没年不詳　江戸時代中期の俳人。
¶俳文

有徳院殿　ゆうとくいんどの
⇒徳川吉宗（とくがわよしむね）

雄仁*　ゆうにん
文政4（1821）年1月26日〜慶応4（1868）年2月11日　[別]雄仁法親王（ゆうにんほうしんのう）　江戸時代末期の行者。伏見宮貞敬親王の子。園城寺156世。
¶天皇（雄仁法親王　ゆうにんほうしんのう　[没]慶応4（1868）年8月11日）

雄仁親王　ゆうにんしんのう
⇒嘉言親王（よしことしんのう）

雄仁法親王　ゆうにんほうしんのう
⇒雄仁（ゆうにん）

遊之　ゆうの★
江戸時代後期の女性。俳諧。沼館の人。文化5年成立、大森連中編「鶯山亡師七回忌追福」に載る。
¶江表（遊之（秋田県））

勇之助*　ゆうのすけ
生没年不詳　江戸時代末期の漂流民。1852年八幡丸が漂流しアメリカに渡る。
¶幕末（[生]天保3（1833）年　[没]明治33（1900）年）

友梅　ゆうばい
⇒雪村友梅（せっそんゆうばい）

右麦*（友麦）　ゆうばく
文化4（1807）年〜安政3（1856）年6月16日　江戸時代後期〜末期の俳人。
¶俳文（友麦）

右範*　ゆうはん
*〜宝暦2（1752）年　江戸時代中期の俳人。
¶俳文（[生]？　[没]宝暦2（1752）年1月20日）

宥範* ゆうはん, ゆうばん
文永7(1270)年～正平7/文和1(1352)年 鎌倉時代後期～南北朝時代の真言宗の僧。善通寺の中興の祖。
¶コン

祐範*(1) ゆうはん
生没年不詳 平安時代後期の僧。
¶古人

祐範(2) ゆうはん
安土桃山時代～江戸時代前期の連歌作者。永禄～慶長ごろ。東地井氏。
¶俳文(生没年不詳)

熊斐 ゆうひ
⇒熊代熊斐(くましろゆうひ)

有斐* ゆうひ
?～文政2(1819)年1月20日 江戸時代中期～後期の商家・俳人。
¶俳文

由平 ゆうへい
⇒前川由平(まえかわよしひら)

祐甫 ゆうほ
⇒神戸祐甫(かんべゆうほ)

有綿(有緜) ゆうめん
⇒政所有緜(まんどころゆうめん)

幽蘭 ゆうらん★
江戸時代後期の女性。漢詩。安房勝山の名主平井家8代目又右衛門の娘。
¶江表(幽蘭(千葉県))

幽蘭亭俊女 ゆうらんていしゅんじょ★
江戸時代後期の女性。狂歌。日光の人。天保4年刊、昌平庵秋人編『墨田川余波』に載る。
¶江表(幽蘭亭俊女(栃木県))

雄利 ゆうり★
江戸時代後期の女性。俳諧。松本の人。寛政11年成立、千鳥庵東寿序『霜の花』に載る。
¶江表(雄利(長野県))

遊里女 ゆうりじょ★
江戸時代後期の女性。俳諧。二本松の人。天保15年刊、太白堂孤月編『桃家春帖』に載る。
¶江表(遊里女(福島県))

雄略天皇* ゆうりゃくてんのう
㊝大泊瀬幼武尊(おおはつせのわかたけのみこと) 上代の第21代の天皇。允恭天皇の第5皇子。
¶古人(生没年不詳), 古代, 古物(㊐允恭天皇7(418)年12月 ㊱雄略天皇23(479)年8月7日), コン, 詩作(㊐允恭天皇7(418)年12月 ㊱雄略天皇23(479)年8月7日), 思想, 対外, 天皇(㊐允恭天皇7(418)年12月 ㊱雄略天皇23(479)年8月7日), 日文(生没年不詳), 山小

有隣*(1) ゆうりん
?～元文6(1741)年2月17日 江戸時代中期の俳人・医者。
¶俳文

有隣(2) ゆうりん★
江戸時代後期の女性。俳諧。山梨岡の人。寛政5年序、平橋庵敲氷編『とをかはず』に載る。
¶江表(有隣(山梨県))

祐倫* ゆうりん
生没年不詳 室町時代の連歌師、尼僧。
¶俳文

遊麟 ゆうりん
戦国時代の武田氏の家臣。武田晴信初期の使僧とみられる。
¶武田(生没年不詳)

酉蓮社了誉 ゆうれんじゃりょうりょ
⇒聖冏(しょうげい)

油煙斎貞柳* ゆえんさいていりゅう
承応3(1654)年～享保19(1734)年8月15日 ㊝鯛屋貞柳(たいやていりゅう), 貞柳, 貞柳〔2代〕(ていりゅう), 永田貞柳(ながたていりゅう) 江戸時代前期～中期の狂歌師。狂歌中興の祖。
¶江人(永田貞柳 ながたていりゅう), コン, 俳文(貞柳 ていりゅう)

ゆ尾子 ゆおこ★
江戸時代後期の女性。和歌。土佐藩の奥女中。文政4年、高岡郡新居村の庄屋細木庵常の四○賀に短冊を寄せる。
¶江表(ゆ尾子(高知県))

ゆか
江戸時代後期の女性。書簡。播磨揖保川町新在家の大庄屋永富常休の娘。
¶江表(ゆか(兵庫県) ㊱文政3(1820)年)

ゆか・遊可
江戸時代後期の女性。和歌。尾張の寺島恒固ほか編「梅処漫筆」に「月五十首詠哥」が収集され、他に2首が載る。
¶江表(ゆか・遊可(東京都))

遊歌(1) ゆか★
江戸時代中期の女性。和歌。丸吉兵衛信成の妻。宝暦13年成立「御点取並御当座和歌之写」に載る。
¶江表(遊歌(東京都))

遊歌(2) ゆか★
江戸時代末期の女性。和歌・俳諧。三宅氏。安政4年刊、上田光義編『延齢松詩歌後集』に載る。
¶江表(遊歌(香川県))

遊歌(3) ゆか
江戸時代末期～明治時代の女性。和歌・書簡。三河刈谷藩主土井利謙、利以に仕える側用人大野定聴の娘。
¶江表(遊歌(愛知県) ㊱明治14(1881)年)

湯川軍兵衛 ゆかわぐんひょうえ
江戸時代前期の武士。大坂の陣で籠城。水野勝成に仕官。
¶大坂

湯川権八 ゆかわごんぱち
江戸時代前期の紀伊の地侍。
¶大坂

湯川治兵衛 ゆかわじひょうえ
江戸時代前期の大野治長・京極忠高・森長継の家臣。
¶大坂

湯川庄蔵* ゆがわしょうぞう, ゆかわしょうぞう
?～元治1(1864)年 江戸時代末期の長州(萩)藩士、遊撃隊参謀。
¶幕末(㊐天保4(1833)年 ㊱元治1(1864)年7月19日)

ゆ

油川信近　ゆかわのぶちか
⇒油川錬三郎(ゆかわれんざぶろう)

湯川孫左衛門　ゆかわまござえもん
江戸時代前期の紀伊の侍。大野治長の家臣。
¶大坂

湯川政春*　ゆかわまさはる
生没年不詳　[別]政春(まさはる)　室町時代の武将・連歌作者。
¶俳文(政春　まさはる)

油川錬三郎*　ゆかわれんざぶろう
天保13(1842)年～明治41(1908)年　[別]油川錬三郎(あぶらかわれんざぶろう)，油川信近(あぶらがわのぶちか，ゆかわのぶちか)　江戸時代末期～明治時代の水口藩士。
¶全幕(あぶらかわれんざぶろう)，幕末([生]天保13(1842)年12月21日　[没]明治41(1908)年1月30日)

ゆ

ゆき(1)
江戸時代前期の女性。俳諧。蕉門の李下の妻。元禄1年刊、服部嵐雪編『戊辰歳旦帖』に載る。
¶江表(ゆき(東京都))

ゆき(2)
江戸時代中期の女性。和歌。幕臣成島信遍の娘。
¶江表(ゆき(東京都)　[生]享保16(1731)年　[没]宝暦6(1756)年)

ゆき(3)
江戸時代中期の女性。俳諧。三河新城の人。元禄14年刊、太田白雪編『きれぎれ』に載る。
¶江表(ゆき(愛知県))

ゆき(4)
江戸時代後期の女性。教育。千葉氏。
¶江表(ゆき(東京都)　[生]嘉永3(1850)年頃)

ゆき(5)
江戸時代後期の女性。俳諧。沼田の人。文化2年刊『俳諧花野塚』に載る。
¶江表(ゆき(群馬県))

ゆき(6)
江戸時代後期の女性。俳諧。但馬浜坂の人。天明8年刊、剡渓ほか編『老の柳』に載る。
¶江表(ゆき(兵庫県))

ゆき(7)
江戸時代後期の女性。俳諧。石見益田の人。文化8年刊、自然房以松編『月のまこと』に載る。
¶江表(ゆき(島根県))

ゆき(8)
江戸時代末期～昭和時代の女性。手記。会津藩藩士日向左衛門の娘。
¶江表(ゆき(福島県)　[没]昭和19(1944)年)

ゆき(9)
江戸時代末期の女性。狂歌。仲の町の芸妓か。文久2年刊、雪乃門春見ほか編『狂歌三都集』に載る。
¶江表(ゆき(東京都))

ゆき(10)
江戸時代末期の女性。俳諧。越前松岡の人。安政4年刊、皎月舎其睡編『花野塚』に載る。
¶江表(ゆき(福井県))

雪(1)　ゆき★
江戸時代前期の女性。俳諧。県道策の娘。延宝5年刊、松風軒卜琴撰『玉江草』三に載る。
¶江表(雪(福井県))

雪(2)　ゆき★
江戸時代前期の女性。俳諧。貞享1年刊、井原西鶴編『古今俳諧女歌仙』に載る。
¶江表(雪(京都府))

雪(3)　ゆき★
江戸時代中期の女性。俳諧。大坂の人。元禄5年序、朧麿遠舟編『姿哉』に載る。
¶江表(雪(大阪府))

雪(4)　ゆき★
江戸時代中期の女性。俳諧。享保10年刊、各務支考編『三千化』に載る。
¶江表(雪(熊本県))

雪(5)　ゆき★
江戸時代中期～後期の女性。書簡。平野屋と称する秋月の町人曽根氏の娘。
¶江表(雪(福岡県)　[生]安永4(1775)年　[没]嘉永5(1852)年)

雪(6)　ゆき★
江戸時代後期の女性。和歌。市場村に住む彦根藩侍医(漢方医)三浦太沖の妻。
¶江表(雪(滋賀県))

雪(7)　ゆき★
江戸時代後期の女性。俳諧。文政9年刊、多賀庵四世筵史編『やまかつら』に載る。
¶江表(雪(広島県))

雪(8)　ゆき★
江戸時代後期の女性。画・和歌。オランダ通詞本木庄左衛門正栄の娘。天保11年刊『瓊浦集』に載る。
¶江表(雪(長崎県))

雪(9)　ゆき★
江戸時代末期の女性。和歌。吉良氏。明治1年序、城兼文編『殉難続草』に吉村重郷の母として載る。
¶江表(雪(高知県))

遊き　ゆき★
江戸時代後期の女性。和歌。河内狭山藩主北条氏喬の奥女中。文化11年刊、中山忠雄・河田正致編『柿本社奉納和歌集』に載る。
¶江表(遊き(大阪府))

遊幾　ゆき
江戸時代中期の女性。俳諧。筑前福岡の人で、俳人千雀の妻。その句は元禄末から享保期にかけての諸俳句集に多く散見する。
¶江表(遊幾(福岡県))

行明親王*　ゆきあきらしんのう
延長4(926)年～天暦2(948)年　平安時代中期の宇多天皇の皇子。
¶古人([生]925年)，コン，天皇([生]延長3(925)年12月9日　[没]天暦2(948)年5月27日)

幸家　ゆきいえ
戦国時代の武田氏の家臣。
¶武田(生没年不詳)

行家　ゆきいえ
⇒九条行家(くじょうゆきいえ)

雪女*　ゆきおんな
雪の降る夜に現れる女の妖怪。

¶コン

行懸近松　ゆきがけのちかまつ
平安時代後期の官人。
¶古人(生没年不詳)

由木景盛*　ゆぎかげもり
天文11(1542)年？～慶長17(1612)年10月21日
戦国時代～江戸時代前期の北条氏照の奉行人。
¶後北(景盛〔由木(1)〕　かげもり)

遊木喜蔵　ゆききぞう
江戸時代前期の武士。大坂の陣で籠城。遊木五右衛門の子。
¶大坂

ゆき子(1)　ゆきこ*
江戸時代後期の女性。和歌。田辺氏。文政3年刊、天野政徳撰『草縁集』に載る。
¶江表(ゆき子(山梨県))

ゆき子(2)　ゆきこ*
江戸時代末期の女性。和歌。之子とも。安政1年刊、堀尾光久編『近世名所歌集』二に載る。
¶江表(ゆき子(東京都))

ゆき子(3)　ゆきこ*
江戸時代末期の女性。和歌。筑後柳川藩の奥女中。安政4年刊、井上文雄編『摘英集』に載る。
¶江表(ゆき子(福岡県))

幸子　ゆきこ
江戸時代末期の女性。談話。越後長岡藩藩士小林又兵衛の娘。慶応4年長岡藩が新政府軍に攻め入られた折、子を連れ避難した。
¶江表(幸子(新潟県))

雪子(1)　ゆきこ*
江戸時代の女性。和歌。明治14年刊、岡田良策編『近世名婦百人撰』によると、武蔵青木町の竹島与吉の娘。
¶江表(雪子(神奈川県))

雪子(2)　ゆきこ*
江戸時代の女性。和歌。新玉津島神社祠掌で歌人菱田孝祺の妻。明治20年刊、弾舜平編『類題秋草集』初に載る。
¶江表(雪子(京都府))

雪子(3)　ゆきこ*
江戸時代中期～後期の女性。和歌。山吹村の旗本座光寺家の家臣堀尾五郎左衛門直賢の娘。
¶江表(雪子(長野県)　㊌天明4(1784)年　㊍嘉永5(1852)年)

雪子(4)　ゆきこ*
江戸時代後期の女性。和歌。常陸水戸藩儒学者藤田幽谷と梅子の二女。天保12年成立の斉昭撰「弘道館梅花詩歌」に載る。
¶江表(雪子(茨城県))

雪子(5)　ゆきこ*
江戸時代後期の女性。和歌。延岡藩の奥女中。肥前平戸藩主松浦清の随筆集「甲子夜話」所載の文政4年の『詩仙堂募集和歌』に載る。
¶江表(雪子(宮崎県))

雪子(6)　ゆきこ*
江戸時代末期の女性。和歌。出雲杵築熊代有永の妻。慶応2年序、村上忠順編『類題嵯峨野歌集』に載る。
¶江表(雪子(島根県))

雪子(7)　ゆきこ*
江戸時代末期の女性。和歌。明神木村の加藤亀右衛門忠久の妻。安政1年序、半井梧庵編『鄙のてぶり』初に載る。
¶江表(雪子(愛媛県))

由支子　ゆきこ*
江戸時代末期の女性。和歌。中条氏。安政5年序、中山琴主著『八雲琴譜』に載る。
¶江表(由支子(東京都))

雪子女　ゆきこじょ*
江戸時代末期の女性。画。近藤氏。文久3年刊『文久文雅人名録』に載る。
¶江表(雪子女(東京都))

幸子女王　ゆきこじょおう
⇒承秋門院(しょうしゅうもんいん)

致子女王*　ゆきこじょおう
寛文11(1671)年～享保13(1728)年　江戸時代中期の伏見宮貞致親王の第1王女。
¶江表(常子女王(京都府)　㊌延宝1(1673)年)

勧子内親王　ゆきこないしんのう
⇒勧子内親王(かんしないしんのう)

幸子女王　ゆきこにょおう
⇒承秋門院(しょうしゅうもんいん)

幸島桂花*　ゆきしまけいか
天保1(1830)年～明治32(1899)年　㊓桂花(けいか)，幸島桂花(こうしまけいか，さしまけいか)
江戸時代末期～明治時代の俳諧師。
¶俳文(桂花　けいか　㊍明治32(1899)年6月16日)

ゆき女　ゆきじょ*
江戸時代後期の女性。和歌。石見浜田藩主松平康任と康爵に仕えた国学者で歌人斎藤彦麿としか子の娘。
¶江表(ゆき女(福島県)　㊌文化11(1814)年)

雪女(1)　ゆきじょ*
江戸時代後期の女性。川柳。天保6年版、四世川柳撰『誹風狂句百人集』(歌川国直画)に載る。
¶江表(雪女(東京都))

雪女(2)　ゆきじょ*
江戸時代末期の女性。俳諧。山城谷の人。酒井農圃著「俳諧雑記」の安政4年に載る。
¶江表(雪女(徳島県))

雪女(3)　ゆきじょ*
江戸時代末期の女性。俳諧。清水の人。酒井農圃著「俳諧雑記」の文久2年に載る。
¶江表(雪女(徳島県))

遊亀女　ゆきじょ*
江戸時代後期の女性。和歌。幕臣小普請保科円次郎の家臣長谷川万蔵の妻。嘉永4年、『波布里集』に載る。
¶江表(遊亀女(東京都))

遊勢　ゆきせ
江戸時代後期の女性。和歌。塚田太次兵衛の妻。天保11年成立「鷲見家短冊帖」に載る。
¶江表(遊勢(鳥取県))

由木内匠助　ゆぎたくみのすけ
戦国時代の番匠。吉良頼康、上田朝直に属した。鎌

倉鶴岡八幡宮に属した宮大工の棟梁。
¶後北（内匠助〔由木（2）〕　たくみのすけ）

雪友　**ゆきとも**★
江戸時代末期の女性。寄進。筑前柳町の加登屋の遊女。
¶江表（雪友（福岡県）　[没]文久1（1861）年）

行友耻堂＊　**ゆきともちどう**
文化11（1814）年～明治32（1899）年　江戸時代末期～明治時代の神官。私塾時習館で子弟教育にあたる。
¶幕末（[没]明治32（1899）年6月16日）

行中親王＊　**ゆきなかしんのう**
寛平9（897）年～延喜9（909）年　平安時代中期の宇多天皇の皇子。
¶古人

雪成＊　**ゆきなり**
生没年不詳　江戸時代中期の俳人。
¶俳文

幸信　**ゆきのぶ**
江戸時代中期～後期の女性。画。亀台尼の句集『独発句』の春夏の部に、女幸信画の署名で2点の挿絵がある。
¶江表（幸信（東京都））

雪連宅麻呂＊　**ゆきのむらじやかまろ**
[別]伊吉連宅麻呂（いきのむらじやかまろ）　奈良時代の遣新羅使。
¶古代（伊吉連宅麻呂　いきのむらじやかまろ）

雪宅麻呂　**ゆきのやかまろ**
⇒伊吉宅麻呂（いきのやかまろ）

敬典親王　**ゆきのりしんのう**
⇒覚仁入道親王（かくにんにゅうどうしんのう）

幸仁親王＊（1）　**ゆきひとしんのう**
明暦2（1656）年～元禄12（1699）年　[別]有栖川宮幸仁親王（ありすがわのみやゆきひとしんのう）　江戸時代前期～中期の後西天皇の第2皇子、有栖川宮第3代。
¶天皇（[生]明暦2（1656）年3月15日　[没]元禄12（1699）年7月25日）

幸仁親王（2）　**ゆきひとしんのう**
⇒幸仁親王（こうじんしんのう）

恭姫　**ゆきひめ**
江戸時代中期～後期の女性。和歌。尾張藩主徳川宗勝の娘。公卿九条道前の室。
¶江表（恭姫（京都府）　[生]延享4（1747）年　[没]寛政3（1791）年）

行平＊　**ゆきひら**
生没年不詳　平安時代後期～鎌倉時代前期の豊後国の刀工。
¶古人

行光＊　**ゆきみつ**
生没年不詳　鎌倉時代後期の鎌倉の刀工。新藤五国光の弟子と伝える。
¶美工

雪蓑　**ゆきみの**
江戸時代後期の女性。俳諧。安芸瀬野川の野村氏の妻。
¶江表（雪蓑（広島県））

行山康左衛門　**ゆきやまこうざえもん**
⇒松平義国（まつだいらよしくに）

遊行上人　**ゆぎょうしょうにん**
⇒一遍（いっぺん）

ゆく
江戸時代末期の女性。書簡。播磨加東郡青野ヶ原の豪農大久保喜一郎の娘。
¶江表（ゆく（兵庫県）　[没]元治1（1864）年）

湯口藤九郎＊　**ゆくちとうくろう**
天保13（1842）年～明治5（1872）年　江戸時代後期～明治時代の加賀藩足軽。主君本多政均の仇菅野輔吉を斬首。
¶幕末（[没]明治5（1872）年11月4日）

弓削牛之助＊　**ゆげうしのすけ**
生没年不詳　安土桃山時代の織田信長の家臣。
¶織田

弓削新右衛門　**ゆげしんえもん**
江戸時代後期の幕臣。
¶徳人（[生]？　[没]1829年）

弓気多七之助　**ゆげたしちのすけ**
江戸時代前期の幕臣。
¶徳人（[生]？　[没]1632年）

弓気多昌吉　**ゆけたまさよし**
安土桃山時代～江戸時代前期の幕臣。
¶徳人（[生]1571年　[没]1626年）

弓削道鏡　**ゆげどうきょう**
⇒道鏡（どうきょう）

弓削秋麻呂　**ゆげのあきまろ**
奈良時代の官人。
¶古人（生没年不詳）

弓削有方　**ゆげのありかた**
平安時代中期の官人。
¶古人（生没年不詳）

弓削牛養＊　**ゆげのうしかい**
生没年不詳　[別]弓削宿禰牛養（ゆげのすくねうしかい）　奈良時代の官吏。
¶古人，古代（弓削宿禰牛養　ゆげのすくねうしかい）

弓削王　**ゆげのおう**
飛鳥時代の皇族。父は山背大兄王（聖徳太子の子）、母は春米女王。
¶古人（生没年不詳）

弓削皇子　**ゆげのおうじ**
⇒弓削皇子（ゆげのみこ）

弓削大成　**ゆげのおおなり**
奈良時代の官人。
¶古人（生没年不詳）

弓削男広＊　**ゆげのおひろ**
生没年不詳　[別]弓削宿禰男広（ゆげのすくねおひろ）　奈良時代の官吏。
¶古人，古代（弓削宿禰男広　ゆげのすくねおひろ）

弓削浄人＊　**ゆげのきよと**
生没年不詳　[別]弓削浄人，弓削清人（ゆげのきよひと），弓削連浄人（ゆげのむらじきよひと）　奈良時代の官人（大納言）。道鏡の弟。
¶公卿（弓削清人　ゆげのきよひと），古人（ゆげのきよひ

と），古代（弓削連浄人　ゆげのむらじきよひと）

弓削浄人（弓削清人）　ゆげのきよひと
⇒弓削浄人（ゆげのきよと）

弓削是雄＊　ゆげのこれお
⑩弓削連是雄（ゆげのむらじこれお）　平安時代前期の陰陽家。
¶古人（生没年不詳），古代（弓削連是雄　ゆげのむらじこれお）

弓削薩摩＊　ゆげのさつま
生没年不詳　⑩弓削宿禰薩摩（ゆげのすくねさつま）　奈良時代の官吏。
¶古人，古代（弓削宿禰薩摩　ゆげのすくねさつま）

弓削塩麻呂　ゆげのしおまろ
奈良時代の官人。
¶古人（生没年不詳）

弓削女王＊(1)　ゆげのじょおう
奈良時代の女性。舎人親王の子三原王の王女。
¶古人（生没年不詳），古代

弓削女王(2)　ゆげのじょおう
奈良時代の女性。天平宝字3年従四位下に叙された。
¶古人（生没年不詳）

弓削宿禰牛養　ゆげのすくねうしかい
⇒弓削牛養（ゆげのうしかい）

弓削宿禰男広　ゆげのすくねおひろ
⇒弓削男広（ゆげのおひろ）

弓削宿禰薩摩　ゆげのすくねさつま
⇒弓削薩摩（ゆげのさつま）

弓削道鏡　ゆげのどうきょう
⇒道鏡（どうきょう）

弓削広方　ゆげのひろかた
⇒弓削御浄朝臣広方（ゆげのみきよのあそんひろかた）

弓削広津　ゆげのひろつ
奈良時代の官人。父は浄人。宝亀1年道鏡の失脚とともに土佐に配流。
¶古人（生没年不詳）

弓削御浄朝臣広方＊　ゆげのみきよのあそんひろかた
⑩弓削広方（ゆげのひろかた）　奈良時代の官人。
¶古人（弓削広方　ゆげのひろかた　生没年不詳），古代

弓削皇子＊　ゆげのみこ
？〜文武天皇3（699）年　⑩弓削皇子（ゆげのおうじ）　飛鳥時代の天武天皇の皇子。
¶古人（ゆげのおうじ　⑭673年），古代，古物（㉒696年），コン（㉒文武3（699）年），天皇（㉒文武3（699）年）

弓削連浄人　ゆげのむらじきよひと
⇒弓削浄人（ゆげのきよと）

弓削連是雄　ゆげのむらじこれお
⇒弓削是雄（ゆげのこれお）

弓削連豊穂＊　ゆげのむらじとよほ
上代の豪族。
¶古代

弓削部虎麻呂＊　ゆげべのとらまろ
生没年不詳　平安時代前期の百姓。
¶古人

弓削正継＊　ゆげまさつぐ
文化14（1817）年〜明治31（1898）年　江戸時代末期〜明治時代の地下。島津久光への浪士鎮撫の勅降下について主の重胤や大原重徳らの幹旋に尽力。
¶幕末（⑭文化14（1817）年2月2日　㉒明治31（1898）年3月19日）

由佐　ゆさ
江戸時代後期の女性。和歌。播磨赤穂上郡の医者の娘。嘉永4年刊、長沢伴雄編『類題鴨川三郎集』に載る。
¶江表（由佐（兵庫県））

遊佐勘解由左衛門＊　ゆさかげゆざえもん
生没年不詳　安土桃山時代の織田信長の家臣。
¶織田

ゆさ子　ゆさこ＊
江戸時代後期の女性。和歌。土佐藩の奥女中。文政4年、高岡郡新居村の庄屋細木庵常の四〇賀に短冊を寄せる。
¶江表（ゆさ子（高知県））

遊佐新左衛門高教　ゆさしんざえもんたかのり
安土桃山時代〜江戸時代前期の豊臣秀吉・秀頼・徳川忠長の家臣。
¶大坂（⑪元亀2年　㉒寛永15年11月6日）

遊佐宗円＊　ゆさそうえん
戦国時代の武士。
¶全戦（生没年不詳）

遊佐辰弥　ゆさたつや
江戸時代末期の二本松少年隊士。
¶全幕（⑪安政3（1856）年　㉒慶応4（1868）年）

遊佐続光＊　ゆさつぐみつ
？〜天正9（1581）年　安土桃山時代の武士。
¶織田（⑭天正9（1581）年6月27日），全戦，武

遊佐東庵の妻　ゆさとうあんのつま＊
江戸時代後期の女性。和歌。東庵は幕臣の遊佐信義。文政7年頃の「玉露童女追悼集」に夫の歌と共に載る。
¶江表（遊佐東庵の妻（東京都））

遊佐長教＊　ゆさながのり
？〜天文20（1551）年　戦国時代の武将。河内守。
¶全戦，室町（⑭延徳3（1491）年）

遊佐長護　ゆさながもり
南北朝時代〜室町時代の畠山家家臣。
¶室町

遊佐信教＊　ゆさのぶのり
⑩遊佐信教（ゆうさのぶのり）　戦国時代の武将。畠山氏家臣。
¶織田（⑭天文17（1548）年　㉒天正2（1574）年4月12日），全戦（生没年不詳），戦武（⑭？　㉒天正1（1573）年？）

遊佐木斎＊　ゆさぼくさい
万治1（1658）年〜享保19（1734）年　江戸時代前期〜中期の陸奥仙台藩儒。
¶コン，思想

遊佐盛光　ゆさもりみつ
？〜天正9（1581）年　安土桃山時代の武士。
¶戦武

湯島の天幸　**ゆしまのてんこう**
⇒中島三甫右衛門〔2代〕(なかじまみほえもん)

由性*　**ゆしょう**
承和8(841)年～延喜14(914)年2月　[別]由性(ゆせい)　平安時代前期～中期の天台宗の僧。
¶古人(ゆせい)

檮山源八郎　**ゆずやまげんはちろう**
⇒那須俊平(なすしゅんぺい)

由性　**ゆせい**
⇒由性(ゆしょう)

ゆた
江戸時代中期の女性。俳諧。越後の人。享保14年刊、廻船業北村七里三回忌追善集『其鑑』に載る。
¶江表(ゆた(新潟県))

遊多　**ゆた**★
江戸時代後期～明治時代の女性。教育。吉田盛玉の伯母。明治2年寺子屋を開業。
¶江表(遊多(東京都)　[生]文政3(1820)年頃)

ゆ

湯田邦教　**ゆだくにのり**
江戸時代後期の和算家。奥州伊与戸村の人。嘉永3年算額を奉納。
¶数学

ゆた子　**ゆたこ**★
江戸時代末期の女性。和歌。廻船業児島権之助の妹。嘉永7年刊、長沢伴雄編『類題鴨川五郎集』に載る。
¶江表(ゆた子(新潟県))

寛成親王　**ゆたなりしんのう**
⇒長慶天皇(ちょうけいてんのう)

弓月君*　**ゆづきのきみ, ゆつきのきみ**
[別]融通王(ゆうづうおう)　伝説上の人物。朝鮮渡来人集団の首長。
¶古代, 古物(ゆつきのきみ), コン, 対外, 山小

柚木玉邨*　**ゆのきぎょくすい**
天保5(1834)年～明治24(1891)年7月16日　江戸時代末期～明治時代の女流画家。写生派の絵画を鎌田呉陽や中原国華に学ぶ。山水と花弁を得意とする。
¶江表(玉粋(岡山県)), 美画

柚木正次郎*　**ゆのきしょうじろう**
天保12(1841)年～明治10(1877)年　江戸時代末期～明治時代の鹿児島県士族。郷校育英館の訓導師をつとめた。熊本城総攻撃・田原坂の戦いで活躍。
¶幕末([没]明治10(1877)年8月10日)

柚木太玄*　**ゆのきたいげん**
?～天明8(1788)年　[別]柚木綿山(ゆのきめんざん)　江戸時代中期の儒医。
¶眼医([生]享保10(1725)年　[没]天明8(1788)年7月8日)

柚木太淳*　**ゆのきたいじゅん**
宝暦12(1762)年～享和3(1803)年　江戸時代中期～後期の眼科医。眼科領域に西洋医学を導入。
¶科学([没]享和3(1803)年2月18日), 眼医([没]享和3(1803)年2月18日)

柚木常盤*　**ゆのきときわ**
宝暦13(1763)年～文化6(1809)年6月24日　江戸時代後期の本草学者。
¶眼医

柚木彦四郎*　**ゆのきひこしろう**
天保10(1839)年～明治10(1877)年　江戸時代末期～明治時代の鹿児島県士族。加治木学校指導者。田原坂付近で戦死。
¶幕末([没]明治10(1877)年3月4日)

柚木綿山　**ゆのきめんざん**
⇒柚木太玄(ゆのきたいげん)

湯原王　**ゆはらおう**
⇒湯原王(ゆはらのおおきみ)

湯原惣治　**ゆはらそうじ**
江戸時代後期～明治時代の和算家。信州打沢村の人。
¶数学([生]天保13(1842)年　[没]明治38(1905)年)

湯原王　**ゆはらのおう**
⇒湯原王(ゆはらのおおきみ)

湯原王*　**ゆはらのおおきみ**
生没年不詳　[別]湯原王(ゆはらおう, ゆはらのおう)　奈良時代の歌人。天智天皇の孫。「万葉集」に短歌19首。
¶古人(ゆはらのおう), 古代(ゆはらのおう), 詩作, 日文(ゆはらのおおきみ・ゆはらのおう)

ゆひ
江戸時代中期の女性。和歌。武蔵大師河原の名主池上太郎左衛門幸政の養子幸包の娘。幸政の晩年の和歌集『博望舎和歌』に安永5年の時の句が載る。
¶江表(ゆひ(神奈川県))

由比忠次　**ゆひただつぐ**
安土桃山時代の武士。駿河衆。
¶武田([生]?　[没]天正9(1581)年3月22日)

ゆふ(1)
江戸時代後期の女性。俳諧。上総粟生の名主で一時、上総代官を務めたこともある飯高惣兵衛の二女。
¶江表(ゆふ(千葉県)　[没]文化3(1806)年)

ゆふ(2)
江戸時代後期の女性。俳諧。備中笠岡の俳人黒田奇峯の妻。
¶江表(ゆふ(岡山県))

ゆふ(3)
江戸時代後期の女性。俳諧。天保12年刊、万頃園麦太編、十方庵画山の追善句集『仰魂集』に載る。
¶江表(ゆふ(佐賀県))

ゆふ・由婦
江戸時代後期～大正時代の女性。書簡。松代藩藩士横田甚五左衛門俊忠の娘。
¶江表(ゆふ・由婦(長野県)　[生]文政10(1827)年　[没]大正2(1913)年)

由婦　**ゆふ**★
江戸時代中期～後期の女性。書簡・俳諧。京都の公家久我右大臣通兄の娘。熊本藩主細川重賢の室。
¶江表(由婦(熊本県)　[生]享保15(1730)年　[没]寛政6(1794)年)

ゆふ子　**ゆふこ**★
江戸時代後期の女性。和歌。松代藩藩士金井織衛貞敬の母。寛政10年跋、藩主真田幸弘の六〇賀集「千とせの寿詞」に載る。
¶江表(ゆふ子(長野県))

遊布子　ゆふこ*
江戸時代末期〜明治時代の女性。和歌。香田氏。
¶江表(遊布子(佐賀県))

ゆへ(1)
江戸時代中期の女性。俳諧。古国府の人。元禄13年刊、柳陰庵句空編『俳諧草庵集』に載る。
¶江表(ゆへ(富山県))

ゆへ(2)
江戸時代中期の女性。俳諧。加賀の人。元禄13年刊、柳陰庵句空編『俳諧草庵集』に載る。
¶江表(ゆへ(石川県))

ゆみ子　ゆみこ*
江戸時代中期の女性。和歌。遠江浜松の五社神社神主森暉昌と歌人繁子の娘。明和7年成立「横山神社詠歌垣歌」に載る。
¶江表(ゆみ子(静岡県))

弓子(1)　ゆみこ*
江戸時代後期の女性。和歌。越前勝山藩藩医の娘。
¶江表(弓子(福井県)　[没]天保2(1831)年)

弓子(2)　ゆみこ*
江戸時代末期の女性。俳諧。美濃多良の人。嘉永7年刊、耕月庵編『蘭之薫』に載る。
¶江表(弓子(岐阜県))

弓子(3)　ゆみこ*
江戸時代末期の女性。和歌。豊後岡藩藩士甲斐宇右衛門の妻。万延1年序、物集高世編『類題春草集』二に載る。
¶江表(弓子(大分県))

弓田円蔵*　ゆみたえんぞう
文化11(1814)年〜明治17(1884)年　江戸時代末期〜明治時代の勧農家、商家。民生福利に尽力。二十年をかけ豊成堰を完成させた。
¶幕末([没]明治17(1884)年4月)

夢皇女　ゆめのこうじょ
⇒磐隈皇女(いわくまのこうじょ)

夢見小僧*　ゆめみこぞう
昔話の主人公。
¶コン

湯本幸枝　ゆもとこうし
江戸時代中期の摺師。明和年間を中心に活躍。
¶浮絵

湯本三郎右衛門尉　ゆもとさぶろうえもんのじょう
戦国時代〜安土桃山時代の上野国吾妻郡草津の土豪。湯本善大夫の甥。
¶武田(生没年不詳)

湯本善大夫*(湯本善太夫)　ゆもとぜんだゆう
？〜天正3(1575)年　戦国時代〜安土桃山時代の武将。
¶武田(湯本善太夫)

ゆや(1)
江戸時代後期の女性。俳諧。筑前福岡の俳人久野花朗尼に仕えた女中。文化2年刊、磯部其朝編『ふくるま』に花朗尼への追悼句が載る。
¶江表(ゆや(福岡県))

ゆや(2)
江戸時代末期の女性。和歌。会津若松の沼沢出雲の妹。
¶江表(ゆや(福島県)　[没]慶応4(1868)年)

熊野　ゆや
生没年不詳　平安時代後期〜鎌倉時代前期の遠江国池田宿の長者。
¶女史,平家

油谷倭文子*　ゆやしずこ
享保18(1733)年〜宝暦2(1752)年　[別]油谷倭文子(ゆやしづこ)　江戸時代中期の女性。歌人。
¶江表(倭文子(東京都)),詩作(ゆやしづこ),女史,女文([没]宝暦2(1752)年7月18日)

油谷倭文子　ゆやしづこ
⇒油谷倭文子(ゆやしずこ)

湯山弥五右衛門*(湯山弥五衛門)　ゆやまやごえもん
慶安3(1650)年〜享保2(1717)年　江戸時代前期〜中期の相模国足柄上郡川村山北名主。
¶コン

由良　ゆら*
江戸時代中期の女性。俳諧。元禄15年刊、洒堂・水田正秀編『白馬』に載る。
¶江表(由良(滋賀県))

由良国繁*　ゆらくにしげ
天文19(1550)年〜慶長16(1611)年　安土桃山時代〜江戸時代前期の武将。上野国新田金山城主。
¶コン,全戦,戦武

由良御前*　ゆらごぜん
？〜平治1(1159)年　平安時代後期の源頼朝の生母。
¶古人

由良貞房　ゆらさだふさ
⇒由良親繁(ゆらちかしげ)

由良親繁*　ゆらちかしげ
寛永3(1626)年〜延宝2(1674)年　[別]由良貞房(ゆらさだふさ)　江戸時代前期の徳川幕府高家。
¶徳人(由良貞房　ゆらさだふさ)

由良具滋*　ゆらともしげ
？〜延元2/建武4(1337)年　鎌倉時代後期〜南北朝時代の武将。
¶室町([没]建武4/延元2(1337)年)

由良成繁*　ゆらなりしげ
永正3(1506)年〜天正6(1578)年　[別]横瀬成繁(よこせなりしげ)　戦国時代〜安土桃山時代の武将。長尾景虎の関東侵攻に参陣。
¶コン,全戦,戦武

由良日正*　ゆらにっしょう
文化14(1817)年2月11日〜明治19(1886)年2月25日　江戸時代末期〜明治時代の僧侶、歌人、伊予松山藩士。百姓一揆を説得して沈静させ、「強訴日記」としてまとめた。
¶幕末

由良野　ゆらの*
江戸時代後期の女性。老女・家祖。佐賀藩の御親類同格多久家に仕えた平士公文久次左衛門の娘。
¶江表(由良野(佐賀県))

ゆり
江戸時代後期の女性。俳諧。氷湖の母。寛政3年刊、素丸編、起早庵稲後1周忌追善集『こぞのなつ』に載る。

¶江表（ゆり（山梨県））

百合*(1)　ゆり
元禄7（1694）年～明和1（1764）年　別祇園百合子（ぎおんのゆりこ），百合女（ゆりじょ）　江戸時代中期の女性。歌人。
¶江表（百合（京都府））

百合(2)　ゆり★
江戸時代中期の女性。俳諧。能登の人。安永8年刊、森岡玞卜序、寄皐追善集「風も秋」に載る。
¶江表（百合（石川県））

百合(3)　ゆり★
江戸時代中期の女性。俳諧。福井城下の商人時雨庵祐阿の妻。天明7年夫祐阿の句集『飛梅集』上に載る。
¶江表（百合（福井県））

百合(4)　ゆり★
江戸時代中期の女性。俳諧。里夕の母。延享1年刊、蘭蘭舎一色坊撰『いつか月』に載る。
¶江表（百合（福井県））

よ

由利　ゆり★
江戸時代中期の女性。和歌。岩間九右衛門政次の娘。元禄16年刊、植山検校江民軒梅之・梅柳軒水之編『歌林尾花末』に載る。
¶江表（由利（岩手県）　没元文1（1736）年）

ユリア
⇒おたあジュリア

由利鎌之助*　ゆりかまのすけ
立川文庫「真田幸村」の登場人物。
¶全戦，戦武（生天正1（1573）年？　没慶長20（1615）年？）

由利公正*　ゆりきみまさ
文政12（1829）年11月11日～明治42（1909）年4月28日　江戸時代末期～明治時代の福井藩士、政治家、子爵、貴族院議員。維新政権下、財政を一手に担い活躍。
¶江人，コン，思想，全幕，幕末（ゆりきみまさ（こうせい）），山小（生1829年11月11日　没1909年4月28日）

ゆり子　ゆりこ★
江戸時代後期の女性。和歌。但馬出石藩主仙石久行家の奥女中。文化5年頃、真田幸弘編「御ことほきの記」に載る。
¶江表（ゆり子（兵庫県））

由利維平*　ゆりこれひら
？～建久1（1190）年1月6日　平安時代後期の武将。出羽国由利郡の領主。
¶古人（没1190年？）

百合女　ゆりじょ
⇒百合（ゆり）

由利局　ゆりのつぼね
江戸時代前期の女性。大坂城の女房衆。
¶大坂（没慶長20年5月8日）

由利八郎*　ゆりはちろう
生没年不詳　平安時代後期～鎌倉時代前期の武士。
¶古人

百合元昇三*　ゆりもとしょうぞう
文政2（1819）年～明治37（1904）年　江戸時代末期～明治時代の剣客。新撰組幹部永倉新八の剣術の師。
¶幕末（没明治37（1904）年9月18日）

百合若大臣*　ゆりわかだいじん
幸若舞曲、説経、浄瑠璃、歌舞伎などの「百合若物」の主人公。
¶コン

由和え　ゆわえ★
江戸時代後期の女性。和歌。高岡の人。天保5年刊、高岡の真葛坊編『己之中集』に載る。
¶江表（由和え（富山県））

ゆん
江戸時代中期の女性。俳諧。元禄6年刊、山本荷兮編『曠野後集』四に載る。
¶江表（ゆん（愛知県））

【よ】

夜嵐おきぬ　よあらしおきぬ
⇒原田キヌ（はらだきぬ）

夜嵐お絹*　よあらしおきぬ
講談の登場人物。
¶コン

与位子　よいこ★
江戸時代後期の女性。和歌。京都の公家園基衡の娘。
¶江表（与位子（島根県）　没文化10（1813）年）

よう
江戸時代後期の女性。俳諧。甲斐の人。享和1年序、金丸潮平編、平橋庵敲氷追善集『暦の寸衛』に載る。
¶江表（よう（山梨県））

用　よう★
江戸時代中期の女性。和歌。加藤枝直の養子中村知陳の妻。延享3年成立、倉光義方の六〇賀を祝した「六十賀和歌一軸写」に載る。
¶江表（用（東京都））

羊　よう★
江戸時代後期の女性。狂歌。大坂の人。享和3年刊、石中堂班象編『はなかたみ』に載る。
¶江表（羊（大阪府））

蓉　よう★
江戸時代後期～末期の女性。画・和歌。オランダ通詞本木庄左衛門正栄の娘。
¶江表（蓉（長崎県）　生文化6（1809）年　没安政2（1855）年）

要　よう★
江戸時代後期の女性。俳諧。天保15年刊、長野鷺州編『類題年毎集』に載る。
¶江表（要（京都府））

養阿　ようあ
⇒木食養阿（もくじきようあ）

養安院　ようあんいん
⇒曲直瀬正琳（まなせしょうりん）

永意*　ようい
生没年不詳　平安時代後期の延暦寺の僧。
¶古人

永胤　よういん
⇒永胤（えいいん）

永雲*　よううん
生没年不詳　平安時代後期の延暦寺の僧。
¶古人

栄叡　ようえい
⇒栄叡（えいえい）

永円　ようえん
⇒永円（えいえん）

永縁*　ようえん
永承3（1048）年～天治2（1125）年　[別]永縁（えいえん）　平安時代中期～後期の女性。尼僧。
¶古人, 詩作（ようえん, えいえん）, 平家

永賀*　ようが
生没年不詳　鎌倉時代前期の仏師。
¶古人, 美建

永覚　ようかく
⇒永覚（えいかく）

永覚　ようがく
平安時代後期の僧。奈良七大寺・十五大寺きっての悪僧。系譜未詳。
¶平家（生没年不詳）

永観*　ようかん
長元6（1033）年～天永2（1111）年11月2日　[別]永観（えいかん）　平安時代中期～後期の浄土教の僧。法然に先立ち専修称名を唱えた。
¶古人（[生]1032年）, コン（えいかん　[没]長承1（1132）年）, 思想（えいかん）

永閑　ようかん
⇒能登永閑（のとえいかん）

要関中津　ようかんちゅうしん
⇒絶海中津（ぜっかいちゅうしん）

葉菊　ようぎく★
江戸時代中期の女性。俳諧。諏訪の人。安永6年刊、佐藤眠郎編『雪の薄』に載る。
¶江表（葉菊（長野県））

陽貴文　ようきぶん
⇒陽貴文（ようきもん）

陽貴文*　ようきもん
[別]陽貴文（ようきぶん）　飛鳥時代の瓦博士。
¶古代

永慶　ようけい
⇒永慶（えいきょう）

永厳*　ようげん
承保2（1075）年～仁平1（1151）年8月14日　[別]永厳（えいごん，ようごん）　平安時代後期の真言宗の僧。保寿院流の祖。
¶古人

永源　ようげん
⇒永源（えいげん）

養儼院　ようげんいん
⇒お六の方（おろくのかた）

暢子　ようこ★
江戸時代末期～大正時代の女性。和歌。美濃米屋町の名家賀島勘右衛門の娘。
¶江表（暢子（岐阜県）　[没]大正2（1913）年）

庸子　ようこ★
江戸時代の女性。和歌。鍋島氏。明治29年刊、今泉蟹守編「西肥女房百歌撰」に載る。
¶江表（庸子（佐賀県））

要子(1)　ようこ★
江戸時代後期の女性。和歌。山崎氏。文化9年の竹石七回忌法要に弔和歌を出品した。
¶江表（要子（香川県））

要子(2)　ようこ★
江戸時代末期の女性。和歌。因幡鳥取藩江戸藩邸の奥女中。安政3年序、井上文雄編『摘英集』に載る。
¶江表（要子（鳥取県））

陽子　ようこ★
江戸時代後期の女性。和歌。野口氏。天保14年跋、木内御年編の歌集『友のつとひ』に載る。
¶江表（陽子（佐賀県））

雍子　ようこ★
江戸時代の女性。和歌。鍋島氏。明治29年刊、今泉蟹守編「西肥女房百歌撰」に載る。
¶江表（雍子（佐賀県））

永興　ようこう
⇒永興（えいこう）

蓉巷　ようこう★
江戸時代中期の女性。和歌。常陸水戸藩士矢野九郎右衛門重則の妻。伴香竹の享保6年序「青木翁八十賀和訶幷序」に載る。
¶江表（蓉巷（茨城県））

蓉香院　ようこういん
江戸時代後期の女性。徳川家斉の十一女。
¶徳将（[生]1803年　[没]1804年）

陽光院　ようこういん
⇒誠仁親王（さねひとしんのう）

瑤光院　ようこういん★
江戸時代後期の女性。和歌。備後福山藩主阿部正倫の娘。山城淀藩主稲葉正備の室。
¶江表（瑤光院（京都府））

陽光太上天皇　ようこうだいじょうてんのう
⇒誠仁親王（さねひとしんのう）

陽光太上天皇　ようこうだじょうてんのう
⇒誠仁親王（さねひとしんのう）

永厳*(1)　ようごん
[別]永厳（えいごん）　奈良時代の興福寺の僧。
¶古人（生没年不詳）, 古代（えいごん）

永厳(2)　ようごん
⇒永厳（ようげん）

栄西　ようさい
⇒栄西（えいさい）

永実(1)　ようじつ
⇒永実（えいじつ）

永実(2)　ようじつ
⇒永実（えいじつ）

踊志名　ようしめい★
江戸時代後期の女性。狂歌。常陸江戸崎の人。天保頃の撰になる「よどのわたり」に載る。

よ

¶江表〔踊志名(茨城県)〕

養珠院 ようしゅいん，ようじゅいん
⇒お万の方(おまんのかた)

養寿院 ようじゅいん＊
江戸時代中期～後期の女性。和歌。柳川藩主立花
貞俶の娘。
¶江表(養寿院(徳島県)) 生元文2(1737)年 没享和2
(1802)年

養珠院殿＊ ようしゅいんでん
？～大永7(1527)年7月17日 戦国時代の女性。小
田原城主北条氏綱の正室。
¶後北(養珠院殿〔北条〕 ようじゅいんでん)

永秀＊ ようしゅう
仁平3(1153)年～？ 平安時代後期～鎌倉時代前
期の仏師。
¶古人，美建

楊洲周延 ようしゅうちかのぶ
⇒橋本周延(はしもとちかのぶ)

永俊 ようしゅん
奈良時代の僧、興福寺寺主。
¶古人(生没年不詳)

養春院 ようしゅんいん
江戸時代前期の女性。徳川家光の側室。
¶徳将(生没年不詳)

陽舜房 ようしゅんぼう
⇒筒井順慶(つついじゅんけい)

永助 ようじょ
⇒永助(えいじょ)

楊如 ようじょ
江戸時代中期の女性。俳諧。俳人里蝶の母。元禄
14年刊、桃々坊舎羅編『荒小田』に載る。
¶江表(楊如(岡山県))

永昭 ようしょう
⇒永昭(えいしょう)

陽勝＊ ようしょう
貞観11(869)年～？ 別陽勝(ゆうしょう) 平安
時代前期～中期の天台宗の僧、仙人。
¶古人(没901年？)

陽生＊〔陽性〕 ようしょう
＊～正暦1(990)年 平安時代中期の天台宗の僧。
¶古人(生907年 没993年)，コン(陽性 生延喜5(904)

養松 ようしょう
戦国時代の連歌作者。
¶俳文(生明応5(1496)年 没？)

永成 ようじょう
⇒永成(えいじょう)

養勝院殿＊ ようしょういんでん
生没年不詳 戦国時代の女性。北条為昌の正室。
¶後北(養勝院殿〔朝倉〕，後北(為昌室〔北条〕 ため
まさしつ 没天文11(1542)年5月)

葉上房 ようじょうぼう
⇒栄西(えいさい)

永真＊ ようしん
生没年不詳 平安時代前期の真言僧。

¶古人

永尋 ようじん
⇒永尋(えいじん)

永清＊ ようせい
長元6(1033)年～保安1(1120)年 平安時代中期
～後期の天台宗延暦寺僧。
¶古人

養性院＊ ようせいいん
江戸時代前期～中期の女性。宗教・書簡。伊勢津
藩主藤堂高次の娘。
¶江表(養性院(香川県) 生元和8(1622)年 没元禄2
(1689)年

陽成院 ようぜいいん
⇒陽成天皇(ようぜいてんのう)

瑤泉院(瑶泉院) ようぜいいん
⇒瑤泉院(ようせんいん)

陽成天皇＊ ようぜいてんのう
貞観10(868)年～天暦3(949)年 別陽成院(よう
ぜいいん) 平安時代前期の第57代の天皇(在位
876～884)。清和天皇の子。
¶古人，古代，コン，詩作(陽成院 ようぜいいん) 生貞観
10(868)年12月16日 没天暦3(949)年9月29日)，天
皇(生貞観10(868)年12月16日 没天暦3(949)年9月
29日)，山小(生868年12月16日 没949年9月29日)

永仙 ようせん
奈良時代の僧、山階寺佐官僧。
¶古人(生没年不詳)

永暹 ようせん
⇒永暹(えいせん)

栄全＊ ようぜん
保安4(1123)年～？ 平安時代後期の比叡山の僧。
¶古人

瑤泉院＊ ようせんいん
延宝2(1674)年～正徳4(1714)年 別瑤泉院，瑶泉
院(ようぜいいん) 江戸時代中期の女性。浅野長
矩の妻。
¶女史(瑶泉院 ようぜいいん)

羊素 ようそ
⇒鈴木羊素(すずきようそ)

陽其二 ようそのじ
天保9(1838)年6月～明治39(1906)年9月24日 江
戸時代後期～明治時代の唐通事、横浜毎日新聞創
刊者。
¶出版，幕末

陽泰院＊ ようたいいん
天文10(1541)年～寛永6(1629)年 戦国時代～江
戸時代前期の女性。肥前佐賀藩鍋島直茂の正室。
¶江表(陽泰院(佐賀県))

瑤台院 ようだいいん＊
江戸時代後期の女性。和歌。越中富山藩主前田利
幹の娘。
¶江表(瑤台院(秋田県) 生文化9(1812)年 没天保11
(1840)年

瑤台院 ようだいいん
江戸時代後期の女性。徳川家慶の四女。
¶徳将(生1824年 没1829年)

羊太夫*　ようだゆう
飛鳥時代の架空の人物。
¶コン

永智*　ようち
生没年不詳　平安時代後期の僧。日宋僧成尋を見送る。
¶古人

永忠　ようちゅう
⇒永忠（えいちゅう）

永朝*　ようちょう
生没年不詳　平安時代中期の仏師。
¶古人, 美建

永超　ようちょう
⇒永超（えいちょう）

用堂*　ようどう
？～応永3（1396）年　[別]用堂皇女（ようどうこうじょ），用堂尼（ようどうに）　南北朝時代の女性。後醍醐天皇の皇女。
¶天皇（用堂皇女　ようどうこうじょ）

用堂皇女　ようどうこうじょ
⇒用堂（ようどう）

用堂尼　ようどうに
⇒用堂（ようどう）

陽徳院　ようとくいん
⇒愛姫（めごひめ）

陽徳門院*　ようとくもんいん
正応1（1288）年～正平7/文和1（1352）年　[別]媖子内親王（えいしないしんのう）　鎌倉時代後期～南北朝時代の女性。後深草天皇の第5皇女。
¶天皇（[生]弘安10（1287）年/正応1（1288）年　[没]観応3（1352）年8月11日）

用土新六郎　ようどしんろくろう
安土桃山時代の武蔵国鉢形城主北条氏邦の家臣。
¶後北（新六郎〔用土〕　しんろくろう）

用土業国*　ようどなりくに
生没年不詳　戦国時代の北条氏の家臣。北武蔵の国人藤田氏一門。
¶後北（業国〔用土〕　なりくに）

用土康邦　ようどやすくに
⇒藤田康邦（ふじたやすくに）

栄仁　ようにん
⇒栄仁（えいにん）

永念*　ようねん
生没年不詳　奈良時代～平安時代前期の東大寺僧。
¶古人

永範*　ようはん
生没年不詳　平安時代後期の仏師。
¶古人, 美建

溶姫*　ようひめ
文化10（1813）年～明治1（1868）年　[別]景徳院（けいとくいん）　江戸時代後期の女性。徳川家斉の娘。
¶江表（溶姫（石川県））, 女史, 徳将（景徳院　けいとくいん）, 幕末（[生]文化10（1813）年3月27日　[没]慶応4（1868）年5月1日）

永福門院　ようふくもんいん
⇒永福門院（えいふくもんいん）

永弁*　ようべん
康和5（1103）年～？　平安時代後期の延暦寺僧。
¶古人

瑤甫　ようほ
⇒安国寺恵瓊（あんこくじえけい）

養法院　ようほういん★
江戸時代前期～中期の女性。書・和歌。出雲松江藩祐筆平賀半助の娘。
¶江表（養法院（島根県）　[生]寛永8（1631）年　[没]宝永4（1707）年）

養方軒パウロ*　ようほうけんぱうろ
？～慶長1（1596）年　[別]浄法軒（じょうほうけん），バルトロメオ，パウロ，養甫軒（ようほけん），養甫軒パウロ（ようほけんぱうろ）　戦国時代～安土桃山時代のキリシタン。若狭生まれの医師。
¶対外（[没]1595年）

瑤甫恵瓊　ようほえけい
⇒安国寺恵瓊（あんこくじえけい）

養甫軒　ようほけん
⇒養方軒パウロ（ようほうけんぱうろ）

養甫軒パウロ　ようほけんぱうろ
⇒養方軒パウロ（ようほうけんぱうろ）

用明天皇*　ようめいてんのう
？～用明天皇2（587）年　[別]橘豊日尊（たちばなのとよひのみこと）　飛鳥時代の第31代の天皇。欽明天皇の子。仏教受容を宣言。
¶古人, 古代, 古物（[生]欽明天皇1（540）年　[没]用明天皇2（587）年4月9日）, コン（[没]用明2（587）年）, 天皇, 山小

陽明門院*　ようめいもんいん
長和2（1013）年7月6日～寛治8（1094）年1月16日　[別]禎子内親王（ていしないしんのう，よしこないしんのう）　平安時代中期～後期の女性。後朱雀天皇の皇后。
¶古人（禎子内親王　よしこないしんのう）, 女史, 天皇（禎子内親王　ていしないしんのう・よしこないしんのう　[没]嘉保1（1094）年1月16日）, 天皇（禎子内親王　ていし・よしこないしんのう　[没]嘉保1（1094）年1月16日）

溶々　ようよう
⇒松井溶々（まついようよう）

楊々子*　ようようし
生没年不詳　江戸時代前期の俳人。
¶俳文

容々女　ようようじょ★
江戸時代後期の女性。俳諧。弘化3年序、相模川入村の五井槐堂撰「つるおと集」に載る。
¶江表（容々女（東京都））

容楊黛*　ようようたい
生没年不詳　[別]容楊黛（びょうまゆずみ）　江戸時代中期の歌舞伎作者。安永9年～天明3年頃に活躍。
¶コン

瑶林院　ようりんいん★
安土桃山時代～江戸時代前期の女性。宗教。肥後熊本藩初代藩主加藤清正と正室清浄院の娘。
¶江表（瑶林院（和歌山県）　[生]慶長6（1601）年　[没]寛文6（1666）年）

瑶林女　ようりんじょ★
江戸時代後期の女性。俳諧。新田の人。文政9年刊、小蓑庵碓嶺編『雨夜集』に載る。
¶江表（瑶林女（群馬県））

養蓮院　ようれんいん
⇒お品の方（おしなのかた）

陽禄門院*　ようろくもんいん
応長1（1311）年～正平7/文和1（1352）年　[別]三条秀子（さんじょうひでこ），藤原秀子（ふじわらしゅうし，ふじわらのひでこ）　鎌倉時代後期～南北朝時代の女性。光厳天皇の妃。
¶天皇（三条秀子　さんじょうひでこ　[没]文和1/南朝正平7（1352）年11月28日）

陽和　ようわ
⇒山岸陽和（やまぎしようわ）

陽和院　ようわいん★
江戸時代前期～中期の女性。和歌・書簡。公家西洞院時慶の息子時貞の娘。
¶江表（陽和院（鹿児島県）　[生]寛永15（1638）年　[没]正徳1（1711）年）

よ

与右衛門尉　よえもんのじょう
安土桃山時代の駿府の細工職人か。
¶武田（生没年不詳）

余延年　よえんねん
⇒延年（えんねん）

よ風　よかぜ★
江戸時代中期の女性。俳諧。備中の遊女。元禄15年刊、柳本正興編『柴橋』に載る。
¶江表（よ風（岡山県））

横川僧都　よかわのそうず
⇒源信（げんしん）

よき(1)
江戸時代後期の女性。俳諧。遠野の人。文化期頃の人。
¶江表（よき（岩手県））

よき(2)
江戸時代後期の女性。俳諧。筑前福岡の俳人久野花朗尼に仕えた女中。文化2年刊、磯部其朝編『ふくるま』に花朗尼への追悼句が載る。
¶江表（よき（福岡県））

よき子　よきこ★
江戸時代の女性。和歌。浅草本願寺門跡前住の池田氏。明治8年刊、橘東世子編『明治歌集』に載る。
¶江表（よき子（東京都））

与喜女　よきじょ★
江戸時代後期の女性。和歌。幕臣、小普請今井帯刀好用の娘。文政4年の「詩仙堂募集和歌」に載る。
¶江表（与喜女（東京都））

余慶　よぎょう
⇒余慶（よけい）

与倉知実*　よくらともざね
？～明治10（1877）年　江戸時代末期～明治時代の鹿児島県士族。
¶幕末（[没]明治10（1877）年2月22日）

余慶*　よけい
延喜19（919）年～正暦2（991）年　[別]智弁（ちべん），余慶（よぎょう）　平安時代中期の天台宗の僧。円珍流の興隆に努めた。
¶古人（[生]919年？），コン

余慶庵誉　よけいあんほまれ
江戸時代後期の女性。狂歌。石原氏。天保5年刊、江戸の神歌堂八島定賢・檜園高殿梅明撰『阿淡狂歌人名録』に肖像画入りで載る。
¶江表（余慶庵誉（徳島県））

預玄院　よげんいん★
江戸時代前期～中期の女性。和歌・書簡。加賀藩藩士三田村定長の娘。
¶江表（預玄院（石川県）　[生]寛文8（1668）年　[没]明和2（1765）年）

横井雅楽助*　よこいうたのすけ
生没年不詳　安土桃山時代の織田信長の家臣。
¶織田

横井包教*　よこいかねのり
生没年不詳　江戸時代後期の茶人・和算家。
¶数学

横井作右衛門　よこいさくえもん
江戸時代前期の酒井忠勝の家臣。
¶大坂

横井左平太*　よこいさへいた
弘化2（1845）年～明治8（1875）年10月　江戸時代末期～明治時代の官吏、元老院書記官。アメリカラトガース大学最初の留学生。航海学、政治経済学を学ぶ。
¶幕末

横井三右衛門*　よこいさんえもん
？～元和1（1615）年　安土桃山時代～江戸時代前期の武士。豊臣氏家臣。
¶大坂（[没]慶長20年4月29日）

横井小楠*　よこいしょうなん
文化6（1809）年～明治2（1869）年1月5日　江戸時代末期～明治時代の熊本藩士、論策家。藩政改革で重商主義論策を提示。「国是三論」を著す。
¶江人，コン，詩作（[生]文化6（1809）年8月13日），思想，全幕，徳将，幕末（[生]文化6（1809）年8月13日），山小（[生]1809年8月13日　[没]1869年1月5日）

横井神助*　よこいしんすけ
戦国時代の武将。後北条氏家臣。
¶後北（神助〔横井〕　しんすけ）

横井大平*　よこいたいへい
嘉永3（1850）年～明治4（1871）年　江戸時代末期～明治時代の海軍軍人。
¶幕末（[没]明治4（1871）年2月3日）

横井玉子　よこいたまこ
江戸時代末期～明治時代の教育者。
¶女史（[生]1854年　[没]1903年）

横井千秋*　よこいちあき
元文3（1738）年～享和1（1801）年　江戸時代中期～後期の国学者。本居学の後援者。
¶思想

横井次太夫*　よこいつぐだゆう
文政10（1827）年～明治40（1907）年9月　[別]横井鉄叟（よこいてっそう）　江戸時代末期～明治時代の紀伊和歌山藩士。
¶幕末

横井鉄叟　よこいてつそう
⇒横井次太夫（よこいつぐだゆう）

横井時信　よこいときのぶ
江戸時代中期〜後期の和算家、幕臣。丸山良玄に関流算学を学ぶ。
¶数学

横井時泰*　よこいときやす
生没年不詳　安土桃山時代の織田信長の家臣。
¶織田（㋑？　㋘慶長12（1607）年7月2日）

横井信之*　よこいのぶゆき
弘化4（1847）年〜明治24（1891）年　江戸時代末期〜明治時代の医師、名古屋鎮台病院院長、陸軍軍医総監。西南の役の際に大阪陸軍本病院副長として活躍。
¶幕末（㋘明治24（1891）年5月21日）

横井孫九郎*　よこいまごくろう
安永9（1780）年〜文化9（1812）年　江戸時代後期の彫刻家。
¶美建

横井也有*　よこいやゆう
元禄15（1702）年〜天明3（1783）年　㋠也有（やゆう）　江戸時代中期の俳人。俳文集「鶉衣」の作者。
¶江人（也有　やゆう）、コン、詩作（㋑元禄15（1702）年9月4日　㋘天明3（1783）年6月16日）、日文、俳文（也有やゆう）㋑元禄15（1702）年9月4日　㋘天明3（1783）年6月16日）、山小（也有　やゆう）㋑1702年9月4日㋘1783年6月16日）

誉好*　よこう
延喜22（922）年〜永祚1（989）年　平安時代中期の僧。
¶古人

横江臣成刀自女*　よこえのおみなりとじめ
㋠横江成刀自女（よこえのなりとじめ）　奈良時代の横江臣成人の母。
¶古代、女史

横江成刀自女　よこえのなりとじめ
⇒横江臣成刀自女（よこえのおみなりとじめ）

与五衛門⑴　よごえもん
安土桃山時代の信濃国筑摩郡生野の土豪。塔原海野氏の被官とみられる。
¶武田（生没年不詳）

与五衛門⑵　よごえもん
安土桃山時代の信濃国筑摩郡矢倉の土豪。麻績氏の被官とみられる。
¶武田（生没年不詳）

横尾越前守　よこおえちぜんのかみ
戦国時代の信濃小県郡横尾の国衆。
¶武田（生没年不詳）

横尾昭平　よこおてるひら
*〜天明3（1783）年　㋠横尾昭平（よこおあきひら）江戸時代中期の幕臣。
¶徳人（㋑1698年）、徳代（よこおあきひら　㋑元禄12（1699）年　㋘天明3（1783）年3月7日）

余語勝直*　よごかつなお
生没年不詳　㋠余語勝盛（よごかつもり）　安土桃山時代の織田信長の家臣。
¶織田（余語勝盛　よごかつもり）

余語勝盛　よごかつもり
⇒余語勝直（よごかつなお）

横川勘平*　よこがわかんべい
寛文7（1667）年〜元禄16（1703）年　江戸時代前期の播磨赤穂藩士。赤穂義士の1人。
¶コン

横川玄悦*　よこかわげんえつ
生没年不詳　江戸時代前期の数学者。
¶数学

横川竹二郎　よこかわたけじろう
江戸時代末期の彫師。
¶浮絵

横川直胤　よこかわただたね
⇒横川良助（よこかわりょうすけ）

横川胤征*　よこかわたねゆき
文政4（1821）年〜明治4（1871）年　江戸時代後期〜明治時代の和算家。
¶数学

横川直胤　よこかわなおたね
⇒横川良助（よこかわりょうすけ）

横川良助*（横川良介）　よこかわりょうすけ
安永3（1774）年〜安政4（1857）年12月23日　㋠横川直胤（よこかわただたね，よこかわなおたね）江戸時代後期の陸奥南部藩史家。
¶コン（横川良介　㋑？）、数学（横川直胤　よこかわなおたね）

横倉喜三次*　よこくらきそうじ
文政7（1824）年〜明治27（1894）年　江戸時代後期〜明治時代の剣術家。神道無念流。
¶幕末（㋘明治27（1894）年4月13日）

横倉甚五郎*　よこくらじんごろう
*〜明治3（1870）年　江戸時代末期〜明治時代の新撰組隊士。
¶新隊（㋑天保5（1834）年　㋘明治3（1870）年8月15日），幕末（㋑天保5（1834）年　㋘明治3（1870）年8月15日）

横沢兵庫*　よこさわひょうご，よこざわひょうご
享和3（1803）年〜文久2（1862）年　江戸時代末期の陸奥盛岡藩家老。
¶幕末（㋑寛政11（1799）年　㋘文久2（1862）年4月17日）

横須賀安芸守*　よこすかあきのかみ
生没年不詳　戦国時代の武士。後北条氏家臣。
¶後北（安芸守〔横須賀〕　あきのかみ）

横瀬景繁*　よこせかげしげ，よこせかげしげ
？〜大永3（1523）年　戦国時代の地方豪族・土豪。
¶全戦（よこせかげしげ　㋘永正17（1520）年）

横瀬貞固*　よこせさだかた
文化12（1815）年？〜？　江戸時代後期の幕臣。
¶幕末

横瀬貞征　よこせていせい
江戸時代中期〜後期の幕臣。
¶徳人（㋑1781年　㋘1842年）

横瀬成繁　よこせなりしげ
⇒由良成繁（ゆらなりしげ）

横瀬泰繁*　よこせやすしげ，よこせやすしげ
*〜天文14（1545）年　戦国時代の地方豪族・土豪。
¶全戦（㋑？）

横田艶士*　よこたえんし
？～正徳2（1712）年　[別]艶士（えんし）　江戸時代前期～中期の俳人。
¶俳文（艶士　えんし　生没年不詳）

横田小陸奥　よこたおむつ
安土桃山時代の武田氏の家臣。
¶武田（[生]？　[没]天正3（1575）年5月21日）

横岳右馬頭資誠　よこだけうまのかみすけまさ
⇒横岳資誠（よこだけすけまさ）

横岳資誠*　よこだけすけまさ
[別]横岳右馬頭資誠（よこだけうまのかみすけまさ）　戦国時代の武士。
¶全戦（[生]？　[没]元亀1（1570）年）

横田源介　よこたげんすけ
安土桃山時代の武田氏の家臣。
¶武田（[生]？　[没]天正3（1575）年5月21日）

横田小才次　よこたこさいじ
安土桃山時代の武田氏の家臣。
¶武田（[生]？　[没]天正3（1575）年5月21日）

横田五郎三郎　よこたごろうさぶろう
江戸時代後期～末期の幕臣。
¶徳人（生没年不詳）

横田毅*　よこたしのぶ
天保3（1832）年～明治41（1908）年　江戸時代末期～明治時代の医師。
¶幕末

横田盛恭　よこたせいきょう
生没年不詳　江戸時代末期の幕臣、代官。
¶徳人, 徳代

横田清兵衛*　よこたせいべえ
天保5（1834）年～元治1（1864）年　江戸時代末期の書籍商、志士。
¶幕末（[没]元治1（1864）年7月20日）

横田大介*　よこただいすけ
天保9（1838）年～大正7（1918）年　江戸時代末期～大正時代の商人。坂下門事件に関係あったが、上洛して諸藩の間を周旋する。
¶幕末（[没]大正7（1918）年10月26日）

横田高松　よこたたかとし
⇒横田高松（よこたたかまつ）

横田高松*　よこたたかまつ
？～天文19（1550）年　[別]横田高松（よこたたかとし）　戦国時代の武士。武田氏家臣。
¶全戦（よこたたかとし　[生]長享1（1487）年），戦武（よこたたかとし），武田（よこたたかとし　[没]天文19（1550）年10月1日）

横田尹松　よこたただとし
⇒横田尹松（よこたただまつ）

横田尹松*　よこたただまつ
天文23（1554）年～寛永12（1635）年　[別]横田尹松（よこたただとし）　安土桃山時代～江戸時代前期の武士。
¶武田（よこたただとし　[没]寛永12（1635）年7月5日），徳人

横田蝶次郎*　よこたちょうじろう
天保9（1838）年～大正7（1918）年10月26日　江戸時代末期～明治時代の藩士の子、盛岡藩洋算の鼻祖。江戸で洋学を修める。維新後洋算の教授となる。
¶幕末

横田長兵衛*　よこたちょうべえ
？～文久3（1863）年6月26日　[別]植村長兵衛（うえむらちょうべえ）　江戸時代後期～末期の新撰組隊士？
¶新隊（植村長兵衛　うえむらちょうべえ）

横田藤右衛門清春　よこたとうえもんきよはる
江戸時代前期の武士。大坂の陣で籠城。返魂丹、疵薬を代々製作。
¶大坂

横田藤三郎*　よこたとうざぶろう
弘化4（1847）年～元治1（1864）年　江戸時代末期の志士。
¶幕末（[没]元治1（1864）年11月20日）

横田藤四郎*　よこたとうしろう
文政4（1821）年～慶応1（1865）年　[別]横田祈綱（よこたのりつな）　江戸時代末期の志士。
¶幕末（[没]元治2（1865）年2月15日）

横田藤太郎*　よこたとうたろう
天保11（1840）年～文久2（1862）年　江戸時代末期の志士。
¶幕末（[没]文久2（1862）年6月11日）

横田延松　よこたながとし
江戸時代中期～後期の佐渡奉行。
¶徳代（[生]延享3（1746）年　[没]享和1（1801）年10月17日）

横田祈綱　よこたのりつな
⇒横田藤四郎（よこたとうしろう）

横田準松*　よこたのりとし
享保19（1734）年～寛政2（1790）年　江戸時代中期の側衆御用取次。田沼意次の政治を支えた。
¶徳将, 徳人

横田彦九郎　よこたひこくろう
安土桃山時代の武田氏の家臣。
¶武田（[生]？　[没]元亀3（1572）年12月22日）

横田ふき女*　よこたふきじょ
文政2（1819）年～明治27（1894）年4月26日　江戸時代末期～明治時代の歌人。尾高高雅に師事。
¶江表（ふき子（埼玉県））

横田木工助　よこたもくのすけ
戦国時代の相模国玉縄城主北条為昌の家臣。
¶後北（木工助〔横田〕　もくのすけ）

横田康景*　よこたやすかげ
*～天正3（1575）年　戦国時代～安土桃山時代の武士。武田氏家臣。
¶全戦（[生]？），武田（[生]大永5（1525）年　[没]天正3（1575）年5月21日）

横地勝吉　よこちかつよし
安土桃山時代の滝山城主北条氏照の家臣？　左近大夫。
¶後北（勝吉〔横地〕　かつよし）

横地春斎*（横池春斎）　よこちしゅんさい
寛政8（1796）年～明治8（1875）年6月30日　江戸時代末期～明治時代の儒学者。
¶幕末

横地助四郎* よこちすけしろう
生没年不詳　戦国時代の北条氏の家臣。
¶後北(助四郎〔横地〕　すけしろう)

横地政武 よこちまさたけ
江戸時代中期の幕臣。
¶徳人(㋐1749年　㋘?)

横地与三郎* よこちよさぶろう
?〜天正18(1590)年6月23日　戦国時代〜安土桃山時代の北条氏照の奉行人。
¶後北(与三郎〔横地〕　よさぶろう)

横地吉信* よこちよしのぶ
?〜天正18(1590)年6月　安土桃山時代の武士。後北条氏家臣。
¶後北(吉信〔横地〕　よしのぶ)

横地理右衛門為家 よこちりえもんためいえ
江戸時代前期の大野治房の与力。神子田理右衛門と同一人物を指すものと思われる。
¶大坂

横手近義* よこてちかよし
文化8(1825)年〜明治27(1894)年　江戸時代末期〜明治時代の志筑藩士。集議院公議人、兵部軍監となった。
¶幕末(㋘明治27(1894)年8月2日)

横手信義 よこてのぶよし
天保6(1835)年〜明治12(1879)年　江戸時代末期〜明治時代の志筑藩家老。
¶幕末

横手満俊* よこてみつとし
?〜永禄11(1568)年　戦国時代の地方豪族・土豪。武田氏家臣。
¶武田(㋐元亀1(1570)年1月)

横手義崇* よこてよしたか
文化3(1806)年〜明治19(1886)年　江戸時代末期〜明治時代の本堂家家老。
¶幕末(㋘明治19(1886)年3月)

横萩一光〔1代〕 よこはぎいっこう
⇒土谷一光〔1代〕(つちやいっこう)

横笛* よこぶえ
生没年不詳　平安時代後期の女性。建礼門院に仕えた。
¶古人, 女史, 平家

横幕長衛* よこまくながえ
?〜文久3(1863)年　江戸時代末期の紀伊和歌山藩士。
¶幕末(㋘文久3(1863)年8月30日)

余語孫左衛門 よごまござえもん
安土桃山時代の織田信長の家臣。馬廻。
¶織田(生没年不詳)

余語正勝* よごまさかつ
安土桃山時代の武士。織田氏家臣、秀吉馬廻。
¶織田(生没年不詳)

横谷宗珉*〔――〔1代〕〕 よこやそうみん
寛文10(1670)年〜享保18(1733)年　㋕宗珉(そうみん)　江戸時代中期の装剣金工家。横谷家2代。
¶コン, 美工(㋘享保18(1733)年8月6日)

横山幾太* よこやまいくた
天保12(1841)年〜明治39(1906)年　江戸時代末期〜明治時代の萩藩士。吉田松陰門下。維新後は大津県長など務めた。
¶幕末(㋐天保12(1841)年1月9日　㋘明治39(1906)年5月29日)

横山英吉* よこやまえいきち
天保12(1841)年〜元治1(1864)年　江戸時代末期の土佐藩士。
¶幕末(㋘元治1(1864)年9月5日)

横山華渓* よこやまかけい
文化12(1815)年〜元治1(1864)年　㋕横山信平(よこやましんぺい)　江戸時代末期の画家。
¶美画(㋘文久4(1864)年2月6日)

横山華山* よこやまかざん
天明4(1784)年〜天保8(1837)年　㋕華山(かざん)　江戸時代後期の画家。
¶美画(㋘天保8(1837)年3月17日)

横山桂子* よこやまかつらこ
寛政12(1800)年〜安政2(1855)年　江戸時代後期の女性。歌人。
¶江表(桂子(東京都)　かつらこ　㋐寛政11(1799)年)

横山嘉兵衛 よこやまかへえ
江戸時代後期〜大正時代の機業家。
¶美工(㋐嘉永5(1852)年7月　㋘大正2(1913)年2月23日)

横山吉内 よこやまきつない
安土桃山時代の織田氏の家臣。信長か信忠の馬廻か。
¶織田(㋐?　㋘天正10(1582)年6月2日)

横山九郎兵衛* よこやまくろうべえ
戦国時代の武将。長宗我部氏家臣。
¶大坂(よこやまくろ(う)びょうえ　㋘慶長20年)

横山敬一* よこやまけいいち
文政10(1827)年〜元治1(1864)年3月21日　㋕横山敬一(よこやまのぶみち)　江戸時代末期の幕臣。1864年遣仏使節随員としてフランスに渡る。
¶幕末(よこやまのぶみち)

横山経営* よこやまけいえい
天保10(1839)年〜明治10(1877)年　江戸時代末期〜明治時代の鹿児島県士族。西南戦争で西郷軍本営書記となり日向に軍政をしいた。
¶幕末(㋘明治10(1877)年9月30日)

横山恵作* よこやまけいさく
文政9(1826)年〜明治5(1872)年　江戸時代末期〜明治時代の医師。医業のかたわら、家塾で子弟教育をおこなった。
¶幕末(㋘明治5(1872)年1月26日)

横山玄庵 よこやまげんあん
江戸時代後期の眼科医。
¶眼医(生没年不詳)

横山茶来* よこやまさらい
江戸時代後期〜明治時代の幕臣。
¶徳人(㋐1833年　㋘1908年)

横山潤* よこやまじゅん
*〜寛政11(1799)年　江戸時代中期〜後期の本草家。
¶植物(㋐?)

横山春方　よこやましゅんぽう
⇒横山春方（よこやまはるかた）

横山将監　よこやましょうげん
江戸時代前期の長宗我部盛親の物頭。
¶大坂（[没]慶長20年5月6日）

横山正太郎　よこやましょうたろう
⇒横山安武（よこやまやすたけ）

横山甚左衛門*　よこやまじんざえもん
文化11（1814）年〜＊　江戸時代末期の水戸藩士。
¶幕末（[没]文久1（1862）年12月20日）

横山信平　よこやましんぺい
⇒横山華渓（よこやまかけい）

横山祐光*　よこやますけみつ
文政3（1820）年〜明治6（1873）年　江戸時代末期〜明治時代の水戸藩刀工。江戸駒込水戸家別邸、水戸白旗山武器製作所で作刀。
¶幕末（[没]明治6（1873）年7月13日）

横山正逸　よこやませいいつ
江戸時代の眼科医。
¶眼医（生没年不詳）

横山隆章*　よこやまたかあきら
文化2（1805）年〜万延1（1860）年　江戸時代末期の加賀藩士。
¶幕末（[生]文化2（1805）年6月10日　[没]万延1（1860）年11月12日）

横山隆貴*　よこやまたかおき
文政10（1827）年〜安政5（1858）年　江戸時代末期の加賀藩士。
¶幕末（[生]文政10（1827）年11月13日　[没]安政5（1858）年4月20日）

横山主税(1)　よこやまちから
⇒横山常徳（よこやまつねのり）

横山主税(2)　よこやまちから
⇒横山常守（よこやまつねもり）

横山常徳*　よこやまつねのり
＊〜元治1（1864）年　[別]横山主税（よこやまちから）　江戸時代末期の陸奥会津藩家老。
¶全幕（[生]？），幕末（横山主税　よこやまちから　[生]寛政10（1798）年6月5日　[没]元治1（1864）年8月7日）

横山常守*　よこやまつねもり
弘化4（1847）年〜明治1（1868）年　[別]横山主税（よこやまちから）　江戸時代末期の陸奥会津藩若年寄。
¶全幕（[没]慶応4（1868）年），幕末（横山主税　よこやまちから　[没]慶応4（1868）年5月1日）

横山時兼*　よこやまときかね
＊〜建保1（1213）年　[別]横山時兼（よこやまのときかね）　平安時代後期〜鎌倉時代前期の武士。源頼朝に従う。
¶古人（よこやまのときかね　[生]？）

横山徳馨　よこやまとくけい
⇒横山亮之助（よこやまりょうのすけ）

横山俊彦*　よこやまとしひこ
嘉永3（1850）年〜明治9（1876）年　江戸時代末期〜明治時代の長州藩士。維新後の政治に反発し、萩の乱を起こす。
¶コン

横山友隆*　よこやまともたか
生没年不詳　戦国時代の武士。長宗我部氏家臣。
¶全戦（[生]？　[没]元和1（1615）年？）

横山友次　よこやまともつぐ
安土桃山時代の穴山氏の家臣。
¶武田（生没年不詳）

横山直方*　よこやまなおかた
文化14（1817）年〜明治5（1872）年　江戸時代末期〜明治時代の土佐藩士。
¶幕末（[生]文化14（1817）年10月29日　[没]明治6（1873）年2月13日）

横山猶蔵　よこやまなおぞう
⇒横山猶蔵（よこやまゆうぞう）

横山長知*　よこやまながちか
永禄11（1568）年〜正保3（1646）年　安土桃山時代〜江戸時代前期の武士。加賀藩重臣。
¶コン

横山鍋二郎*　よこやまなべじろう
？〜慶応4（1868）年閏4月25日　江戸時代後期〜末期の新撰組隊士。
¶新隊（[没]明治1（1868）年閏4月25日）

横山時兼　よこやまのときかね
⇒横山時兼（よこやまときかね）

横山敬一　よこやまのぶみち
⇒横山敬一（よこやまけいいち）

横山隼人　よこやまはやと
江戸時代前期の長宗我部盛親の配下。
¶大坂

横山春方*　よこやまはるかた
＊〜享保18（1733）年　[別]横山春方（よこやましゅんぽう）　江戸時代中期の算数家。
¶数学（[生]承応3（1654）年　[没]享保18（1733）年7月26日）

横山孫大夫*　よこやままごだゆう
戦国時代の武将。長宗我部氏家臣。
¶大坂（[没]慶長20年5月6日）

横山政影　よこやままさかげ
安土桃山時代の相模国三崎城主北条氏規の家臣。文左衛門尉。
¶後北（政影〔横山〕　まさかげ）

横山政和*　よこやままさかず
天保5（1834）年〜明治26（1893）年8月25日　江戸時代末期〜明治時代の加賀藩士。
¶幕末

横山正央　よこやままさなか
＊〜宝暦13（1763）年　江戸時代中期の幕臣。
¶徳人（[生]1727年），徳代（[生]享保13（1728）年　[没]宝暦13（1763）年6月12日）

横山松三郎*　よこやままつさぶろう
天保9（1838）年〜明治17（1884）年10月15日　江戸時代末期〜明治時代の写真家、洋画家。明治初頭の写真界の開拓者。江戸城荒廃の写真群を撮影。
¶コン，美画（[生]天保9（1838）年10月10日）

横山守寿*　よこやまもりとし
？〜天明1（1781）年　江戸時代中期の画家。
¶美画

横山弥左衛門孝茂 よこやまやざえもんたかしげ
江戸時代後期〜明治時代の銅器職人。
¶美工（[没]明治12（1879）年）

横山弥左衛門孝純 よこやまやざえもんたかすみ
江戸時代後期〜明治時代の銅器職人。
¶美工（[生]弘化2（1845）年4月14日 [没]明治36（1903）年7月20日）

横山保三 よこやまやすぞう
⇒横山由清（よこやまよしきよ）

横山安武* よこやまやすたけ
天保14（1843）年〜明治3（1870）年 [別]横山正太郎（よこやましょうたろう） 江戸時代末期〜明治時代の儒学者。陽明学を講究、実践的精神に深い感銘を受け、時の政府弾劾を決意する。
¶幕末（[生]天保14（1843）年1月1日 [没]明治3（1870）年7月23日）

横山康玄* よこやまやすはる
天正18（1590）年〜正保2（1645）年 江戸時代前期の武士。加賀藩士。
¶コン

横山猶蔵* よこやまゆうぞう
天保6（1835）年〜安政5（1858）年 [別]横山猶蔵（よこやまなおぞう） 江戸時代末期の越前福井藩士。
¶幕末（[生]天保6（1835）年8月10日 [没]安政5（1858）年8月13日）

横山由清* よこやまよしきよ
文政9（1826）年〜明治12（1879）年12月2日 [別]横山保三（よこやまやすぞう） 江戸時代末期〜明治時代の国学者。元老院小書記官となり「旧典類纂」の編纂に従事。
¶コン（横山保三 よこやまやすぞう），幕末

横山蘭畹* よこやまらんえん
文化2（1805）年〜文久3（1863）年11月24日 江戸時代後期の女性。漢詩人。
¶江表（蘭畹（石川県））

横山蘭蝶* よこやまらんちょう
寛政7（1795）年7月14日〜文化12（1815）年 江戸時代後期の女性。漢詩人。
¶江表（蘭蝶（石川県））

横山亮之助* よこやまりょうのすけ
天保7（1836）年〜元治1（1864）年 [別]東山亮介（ひがしやまりょうすけ），横山徳馨（よこやまとくけい） 江戸時代末期の神官。
¶幕末（[没]元治1（1864）年9月6日）

横山廉造 よこやまれんぞう
江戸時代後期〜明治時代の在村蘭方医。
¶幕末（[生]文政11（1828）年1月4日 [没]明治17（1884）年3月17日）

与三衛門 よさえもん
安土桃山時代の信濃国筑摩郡会田の土豪。会田岩下氏の被官とみられる。
¶武田（生没年不詳）

与謝野礼厳* よさのれいごん
文政6（1823）年〜明治31（1898）年 江戸時代末期〜明治時代の僧侶、歌人。勤王僧として活躍。のち教育施設設立、鉱業・養蚕業の奨励に尽力。
¶幕末（[没]明治31（1898）年8月17日）

与三兵衛重景* よさひょうえしげかげ
保元3（1158）年〜元暦1（1184）年 [別]藤原重景（ふじわらしげかげ） 平安時代後期の平維盛の家臣。
¶古人，平家（藤原重景 ふじわらしげかげ [生]保元3（1158）年？ [没]寿永3（1184）年）

与謝蕪村* よさぶそん
享保1（1716）年〜天明3（1783）年 [別]谷口蕪村（たにぐちぶそん），蕪村（ぶそん） 江戸時代中期の俳人、画家。落日庵・紫狐庵・夜半亭（二世）・夜半翁などの別号がある。文人画で著名、また俳諧は写実的な句風だった。
¶江人（蕪村 ぶそん），コン，詩作（[没]天明3（1784）年12月25日），思想（蕪村 ぶそん），徳将，日文（[没]天明3（1784）年），俳文（蕪村 ぶそん [没]天明3（1783）年12月25日），美画（[没]天明3（1783）年12月25日），山小（蕪村 ぶそん [没]1783年12月2日）

与三郎 よさぶろう
戦国時代の興福寺四恩院の宮大工。与次郎の嫡男。北条氏綱に属した。
¶後北（与三郎〔与次郎〕）

依網吾彦男垂見* よさみのあびこおたるみ
上代の神主。
¶古代

依羅娘子 よさみのいらつめ
⇒依羅娘子（よさみのおとめ）

依羅王 よさみのおう
奈良時代の官人。
¶古人（生没年不詳）

依羅娘子* よさみのおとめ
[別]依羅娘子（よさみのいらつめ） 奈良時代の女性。柿本人麻呂の石見国在任中の妻。
¶古人（生没年不詳），古代

よし(1)
安土桃山時代〜江戸時代前期の女性。和歌。筑後久留米藩藩士毛利秀包の娘。
¶江表（よし（福岡県） [生]天正19（1591）年 [没]貞享2（1685）年）

よし(2)
江戸時代中期の女性。和歌。宝永6年奉納、平間長雅編「住吉社奉納千首和歌」に載る。
¶江表（よし（島根県））

よし(3)
江戸時代中期の女性。俳諧。筑前怡土の人。享保14年序、藪家散人兎城撰『門鳴子』に載る。
¶江表（よし（福岡県））

よし(4)
江戸時代後期の女性。和歌。和田氏。寛政期の記録、鈴木常雄編「蝦夷錦」に載る。
¶江表（よし（北海道））

よし(5)
江戸時代後期の女性。教育。松山久左衛門の娘。
¶江表（よし（東京都） [生]天保13（1842）年頃）

よし(6)
江戸時代後期の女性。和歌。相模小田原代官所の遠藤伊三郎の伯母。弘化2年に国学者石川依平門に入門する。
¶江表（よし（神奈川県））

よし(7)
江戸時代後期の女性。狂歌。相模厚木の人。弘化2年頃編、檜園梅明撰『狂歌三玉集』に載る。
¶江表(よし(神奈川県))

よし(8)
江戸時代後期の女性。俳諧。河内の人。寛政3年刊、素丸編、起早庵稲後1周忌追善集『こぞのなつ』に載る。
¶江表(よし(山梨県))

よし(9)
江戸時代後期～明治時代の女性。和歌。鎌掛村の酒造屋岡喜右衛門の妻。
¶江表(よし(滋賀県)　[生]文政7(1824)年　[没]明治9(1876)年)

よし(10)
江戸時代後期の女性。俳諧。天保3年刊、守村鶯卿編『女百人一句』に載る。
¶江表(よし(京都府))

よし(11)
江戸時代後期の女性。俳諧。薩摩鹿児島の人。文化5年序、鹿児島の琴州編、相良窓巴追悼集『みのむし』に載る。
¶江表(よし(鹿児島県))

よし(12)
江戸時代末期の女性。俳諧。鈴木氏。慶応3年刊、蔵拙庵空羅編『甲斐俳家人名録』に載る。
¶江表(よし(山梨県))

伊子　よし
江戸時代後期の女性。和歌。大村通照の妻。寛政7年序、荷田蒼生子著、菱田縫子編『杉のしつ枝』に載る。
¶江表(伊子(東京都))

義　よし
江戸時代末期～明治時代の女性。和歌・今様・諸芸。庄内藩藩士長坂源太夫の娘。
¶江表(義(山形県)　[没]明治6(1873)年)

好　よし
江戸時代中期の女性。和歌。北島氏。元禄14年序、大淀三千風編『倭漢田鳥集』に載る。
¶江表(好(長崎県))

芳(1)　よし★
江戸時代中期の女性。俳諧。安芸五日市の人。安永3年刊、多賀庵風律編『歳旦広島』に載る。
¶江表(芳(広島県))

芳(2)　よし★
江戸時代中期～末期の女性。俳諧。酒井農圃の母。
¶江表(芳(徳島県)　[生]安永6(1777)年　[没]文久1(1861)年)

由　よし★
江戸時代中期の女性。俳諧。飛騨高山の人。元文2年刊、仙石廬元坊編、各務支考七回忌追善集『渭江話』に載る。
¶江表(由(岐阜県))

義光　よしあき
⇒最上義光(もがみよしあき)

嘉彰親王　よしあきしんのう
⇒小松宮彰仁親王(こまつのみやあきひとしんのう)

義詮　よしあきら
⇒足利義詮(あしかがよしあきら)

克明親王　よしあきらしんのう
⇒克明親王(かつあきらしんのう)

代明親王*　よしあきらしんのう
延喜4(904)年～承平7(937)年　[別]代明親王(よりあきらしんのう)　平安時代中期の醍醐天皇の皇子。
¶古人(よりあきらしんのう),コン,天皇(よりあきらしんのう　[没]承平7(937)年3月29日)

賀井　よしい
江戸時代中期の女性。和歌。仙台藩主伊達吉村の室貞子の侍女。元文4年成立、畔充英写「宗村朝臣亭後宴和歌」に載る。
¶江表(賀井(宮城県))

吉井雲鈴*(1)　よしいうんれい
延宝2(1674)年～寛延4(1751)年　[別]雲鈴(うんれい)　江戸時代前期～中期の俳人。
¶俳文(雲鈴　うんれい　[没]寛延4(1751)年2月5日)

吉井雲鈴*(2)　よしいうんれい
?～享保2(1717)年　[別]雲鈴(うんれい)　江戸時代中期の俳人。
¶俳文(雲鈴　うんれい　[没]享保2(1717)年2月2日)

吉井源太*　よしいげんた
文政9(1826)年～明治41(1908)年　江戸時代末期～明治時代の製紙家。土佐手漉き和紙改良指導者。用具や製法を改良し全国に普及した。
¶幕末([生]文政9(1826)年3月15日　[没]明治41(1908)年1月10日)

吉居佐助*　よしいさすけ
嘉永1(1848)年～大正5(1916)年　江戸時代末期～大正時代の商人。丁稚奉公から独立し京都に呉服問屋を開いて成功。
¶幕末([生]嘉永1(1848)年10月13日　[没]大正5(1916)年10月30日)

吉井千熊*　よしいちくま
文化14(1817)年～慶応1(1865)年　江戸時代末期の長州(萩)藩士。
¶幕末([没]元治2(1865)年1月6日)

吉井千代熊*　よしいちよくま
天保10(1839)年～元治1(1864)年　江戸時代末期の長州(萩)藩士。
¶幕末([没]元治1(1864)年11月3日)

吉井友実　よしいともざね
文政11(1828)年～明治24(1891)年　江戸時代末期の志士・政治家。薩摩藩士吉井友昌の長男。
¶コン,全幕

吉井信発*　よしいのぶおき
文政7(1824)年～明治23(1890)年　[別]松平信発(まつだいらのぶおき),松平信和(まつだいらのぶかず)　江戸時代末期～明治時代の大名。上野吉井藩主。
¶徳松(松平信発　まつだいらのぶおき),幕末([生]文政7(1824)年5月20日　[没]明治23(1890)年9月2日)

吉井当聡*　よしいまさとし
正徳4(1714)年～寛政2(1790)年　江戸時代中期の学者。
¶コン

吉井之光* よしいゆきみつ
天保6(1835)年〜慶応2(1866)年 江戸時代末期の志士。土佐勤王党に参加。
¶幕末([生]天保6(1835)年10月 [没]慶応4(1868)年5月22日)

吉井義之* よしいよしゆき
文政9(1826)年〜明治25(1892)年 江戸時代末期〜明治時代の尊攘派志士。学習院に北海道開拓の件を建白。禁門の変で負傷し、帰郷。
¶全幕, 幕末([生]文政9(1826)年1月 [没]明治25(1892)年9月)

吉江秋時 よしえあきとき
平安時代後期の官人。
¶古人(生没年不詳)

吉江景淳 よしえかげあつ
戦国時代〜江戸時代前期の上杉氏・武田氏の家臣。越後根知城将。
¶武田([生]天文15(1546)年 [没]寛永3(1626)年9月28日)

吉江景資 よしえかげすえ
⇒吉江景資(よしえかげすけ)

吉江景資* よしえかげすけ
大永7(1527)年〜天正10(1582)年 [別]吉江景資(よしえかげすえ) 戦国時代〜安土桃山時代の国人。上杉氏家臣。
¶全戦([生]永正2(1505)年?)

吉江資堅* よしえすけかた
*〜天正10(1582)年 [別]吉江信景(よしえのぶかげ) 安土桃山時代の武士。
¶全戦([生]?)

吉江信景 よしえのぶかげ
⇒吉江資堅(よしえすけかた)

吉江信清 よしえのぶきよ
安土桃山時代の上杉輝虎の旗本。
¶全戦(生没年不詳)

吉江宗信* よしえむねのぶ
永正2(1505)年〜天正10(1582)年 [別]常陸入道宗誾(ひたちにゅうどうそうあん) 戦国時代〜安土桃山時代の国人。上杉氏家臣。
¶全戦

よし雄 よしお★
江戸時代後期の女性。俳諧・書簡。下総木戸村から酒田に移住し、奥羽四天王の一人に数えられた常世田長翠の養女。文化8年跋『ふりつむはゐ』などに載る。
¶江表(よし雄(山形県))

美男(由男) よしお
⇒中山文五郎〔1代〕(なかやまぶんごろう)

由男(1) よしお
⇒中山南枝〔2代〕(なかやまなんし)

由男(2) よしお
⇒中山文七〔1代〕(なかやまぶんしち)

由男(3) よしお
⇒中山文七〔2代〕(なかやまぶんしち)

由男(4) よしお
⇒中山よしを〔1代〕(なかやまよしお)

よし岡 よしおか★
江戸時代中期の女性。俳諧。新吉原の遊女。元禄15年刊、太田白雪編『三河小町』下に載る。
¶江表(よし岡(東京都))

吉岡出雲 よしおかいずも
江戸時代前期の代官。
¶徳代([生]? [没]慶長17(1612)年)

吉岡一文字助光 よしおかいちもんじすけみつ
⇒助光(すけみつ)

吉岡右近 よしおかうこん
江戸時代前期の代官。
¶徳代([生]? [没]慶安1(1648)年)

吉岡憲法* よしおかけんぼう, よしおかけんぽう
生没年不詳 安土桃山時代の剣術家。
¶コン

吉岡定勝* よしおかさだかつ
生没年不詳 安土桃山時代の武将。
¶戦武

吉岡庄助* よしおかしょうすけ
天保2(1831)年〜元治1(1864)年 [別]吉田庄助(よしだしょうすけ) 江戸時代末期の長州(萩)藩士。
¶幕末([没]元治1(1864)年6月5日)

吉岡長増* よしおかながます
?〜天正1(1573)年 戦国時代の武士。
¶全戦([没]天正1(1573)年?), 戦武([没]天正1(1573)年?)

吉岡信之* よしおかのぶゆき
文化10(1813)年〜明治7(1874)年 江戸時代後期〜明治時代の国学者、歌人。
¶幕末([生]文化10(1814)年 [没]明治7(1874)年6月2日)

吉岡妙林尼 よしおかみょうりんに
⇒妙林尼(みょうりんに)

吉岡衛人* よしおかもりと
弘化2(1845)年〜慶応2(1866)年 江戸時代末期の百姓、集義隊士。
¶幕末([没]慶応2(1866)年8月28日)

吉岡義休 よしおかよしやす
*〜文政4(1821)年 江戸時代中期〜後期の幕臣、代官。
¶徳人([生]1768年), 徳代([生]明和4(1767)年 [没]文政4(1821)年5月)

吉雄圭斎* よしおけいさい
文政5(1822)年〜明治27(1894)年 江戸時代末期〜明治時代の医師、外科、熊本病院院長。モーニケに牛痘接種法を学び、牛痘苗の発痘に成功、普及に尽力。
¶科学([生]文政5(1822)年5月8日 [没]明治27(1894)年3月15日), 幕末([生]文政5(1822)年5月8日 [没]明治27(1894)年3月15日)

吉雄耕牛* よしおこうぎゅう
享保9(1724)年〜寛政12(1800)年8月16日 [別]吉雄幸左衛門(よしおこうざえもん) 江戸時代中期〜後期のオランダ通詞、蘭方医。
¶江人, 科学, 眼医(吉雄幸左衛門 よしおこうざえもん), コン, 対外, 山小([没]1800年8月16日)

吉雄幸左衛門 よしおこうざえもん
⇒吉雄耕牛(よしおこうぎゅう)

吉雄権之助*　よしおごんのすけ
天明5(1785)年～天保2(1831)年5月21日　[別]吉雄如淵(よしおじょえん)　江戸時代後期のオランダ通詞。
¶対外

吉雄俊蔵*　よしおしゅんぞう
天明7(1787)年～天保14(1843)年　[別]吉雄常三(よしおじょうさん，よしおじょうぞう)，吉雄南皐(よしおなんこう)　江戸時代後期の蘭学者。尾張藩の侍医。
¶科学([没]天保14(1843)年9月2日)，コン(吉雄常三　よしおじょうさん)

吉雄常三　よしおじょうさん
⇒吉雄俊蔵(よしおしゅんぞう)

吉雄常三　よしおじょうぞう
⇒吉雄俊蔵(よしおしゅんぞう)

吉雄如淵　よしおじょえん
⇒吉雄権之助(よしおごんのすけ)

吉雄南皐　よしおなんこう
⇒吉雄俊蔵(よしおしゅんぞう)

よし香　よしか
⇒本間道偉(ほんまどうい)

幸和　よしかず
⇒江崎幸和(えざきこうわ)

吉金利兵衛　よしかねりへい
江戸時代末期～明治時代の宮大工。
¶美建([生]？　[没]昭和11(1936)年)

芳川顕正　よしかわあきまさ
天保12(1841)年～大正9(1920)年　[別]芳川越山(よしかわえつざん)　江戸時代後期～大正時代の徳島藩士。
¶詩作(芳川越山　よしかわえつざん　[生]天保12(1841)年12月10日　[没]大正9(1920)年1月10日)，全幕

吉川源蔵　よしかわげんぞう
江戸時代前期の代官。
¶徳代(生没年不詳)

吉川好春　よしかわこうしゅん
江戸時代前期～中期の代官。
¶徳代(生没年不詳)

吉川好正　よしかわこうせい
江戸時代中期の代官。
¶徳代(生没年不詳)

吉川惟足*　よしかわこれたり
元和2(1616)年～元禄7(1694)年11月16日　[別]吉川惟足(きっかわこれたり，きっかわこれたる，よしかわこれたる)　江戸時代前期の神道学者。吉川神道を創唱。
¶江人，コン，思想，山小([生]1616年2月28日　[没]1694年11月16日)

吉川惟足　よしかわこれたる
⇒吉川惟足(よしかわこれたり)

吉川権右衛門　よしかわごんえもん
江戸時代前期の人。吉川主馬之介の猶子。忍の者。大野治房組に付属。籠城時は平山治大夫と称した。
¶大坂

吉川左衛門*　よしかわさえもん
文化4(1807)年～*　江戸時代末期の対馬藩家老。
¶幕末([没]慶応1(1865)年12月25日)

吉川三伯(1)　よしかわさんぱく
戦国時代の医師。武田家家臣。板坂法印に医術を学び、医師として武田家に仕える。
¶武田(生没年不詳)

吉川三伯(2)　よしかわさんぱく
江戸時代中期の眼科医。
¶眼医([生]享保3(1718)年　[没]？)

吉川治太夫*　よしかわじだゆう
文化6(1809)年～文久3(1863)年　江戸時代末期の神戸藩士。
¶幕末([生]文化6(1810)年10月25日　[没]文久3(1863)年9月3日)

吉川守随　よしかわしゅずい
安土桃山時代の甲府の秤座職人頭。武田勝頼に仕えた。
¶武田(生没年不詳)

吉川正次　よしかわせいじ
安土桃山時代～江戸時代前期の代官。
¶徳代(生没年不詳)

吉川瀬兵衛　よしかわせひょうえ
江戸時代前期の武士。大坂の陣で籠城。大和の人吉川主馬之介の猶子。
¶大坂

吉川宗春　よしかわそうしゅん
江戸時代前期の代官。
¶徳代(生没年不詳)

吉川近徳　よしかわちかのり
江戸時代後期の和算家、米沢藩士。
¶数学

吉川貞寛　よしかわていかん
寛延3(1750)年～文化7(1810)年　江戸時代中期～後期の幕臣。
¶徳人，徳代([没]文化7(1810)年11月13日)

吉川貞幹　よしかわていかん
？～天保5(1834)年　江戸時代後期の幕臣。
¶徳人，徳代([没]天保5(1834)年12月18日)

芳川笛村　よしかわてきそん
江戸時代後期～大正時代の日本画家。
¶美画([生]天保14(1843)年9月11日　[没]大正9(1920)年1月11日)

吉川仲次*　よしかわなかじ
寛政8(1796)年～慶応2(1866)年　江戸時代末期の医師。
¶幕末([没]慶応2(1866)年8月2日)

吉川長昌*　よしかわながまさ
生没年不詳　江戸時代前期の和算家。
¶数学

吉川半七　よしかわはんしち
江戸時代後期～明治時代の出版人、吉川弘文館創業者。
¶出版([生]天保10(1839)年1月1日　[没]明治35(1902)年12月4日)

吉川彦太郎* よしかわひこたろう
？～慶長13(1608)年 安土桃山時代～江戸時代前期の武田氏の秤座役人。
¶武田(没慶長13(1608)年11月1日)

吉川松五郎* よしかわまつごろう
*～明治10(1877)年 江戸時代末期～明治時代の籐籠細工師。籐籠細工の名人として有名。
¶幕末(生文化4(1807)年 没明治10(1877)年4月11日)

吉川安之右衛門 よしかわやすのえもん
江戸時代中期の幕臣。
¶徳人(生没年不詳)

吉川従弼 よしかわよりすけ
江戸時代中期～後期の幕臣。
¶徳人(生1728年 没1797年)

吉川従長* よしかわよりなが
承応3(1654)年～享保15(1730)年10月6日 江戸時代前期～中期の神道家。
¶思想

芳菊 よしきく*
江戸時代中期の女性。俳諧。甲斐の人。宝暦12年刊、渡辺梅堂撰『はいかゐ甲斐冢集』に載る。
¶江表(芳菊(山梨県))

吉木蘭斎* よしきらんさい，よしぎらんさい
文政1(1818)年～安政6(1859)年 江戸時代末期の医師。
¶幕末(没安政6(1859)年8月22日)

よし子(1) よしこ*
江戸時代後期の女性。和歌。棚倉藩の奥女中。天保11年序、因幡若桜藩主松平定保の室栄子著「松平家源女竟宴和歌」に載る。
¶江表(よし子(福島県))

よし子(2) よしこ*
江戸時代後期の女性。和歌。井上氏。文政8年刊、青木行敬ほか編『聖廟奉納歌百二十首』に載る。
¶江表(よし子(京都府))

よし子(3) よしこ*
江戸時代後期の女性。和歌。山地茂樹の母。弘化2年刊、加納諸平編『類題鰒玉集』五に載る。
¶江表(よし子(香川県))

よし子・よしこ よしこ*
江戸時代後期の女性。川柳。天保9年～同11年刊『誹風柳多留』一四九篇に赤子評で載る。
¶江表(よし子・よしこ(東京都))

嘉子 よしこ*
江戸時代後期～明治時代の女性。和歌。日向佐土原藩主島津忠徹と隋真院の娘。
¶江表(嘉子(岐阜県))

快子 よしこ*
江戸時代後期の女性。和歌。板倉氏。文政4年の「詩仙堂募集和歌」に載る。
¶江表(快子(東京都))

宜子 よしこ*
江戸時代後期の女性。和歌。奥野氏の母。嘉永3年刊、長沢伴雄編『類題鴨川次郎集』に載る。
¶江表(宜子(東京都))

義子(1) よしこ*
江戸時代中期の女性。和歌。明和5年刊、石野広通編『霞関集』に載る。
¶江表(義子(東京都))

義子(2) よしこ*
江戸時代後期の女性。和歌。播磨姫路新田藩主酒井忠交の娘。寛政10年跋、真田幸弘の六〇賀集「千とせの寿詞」に載る。
¶江表(義子(兵庫県))

義子・よし子 よしこ*
江戸時代後期の女性。和歌。幕臣小林氏の娘。江戸後期の国学者で歌人前田夏蔭の妻。
¶江表(義子・よし子(東京都))

欣子 よしこ*
江戸時代末期の女性。和歌。豊後杵築の荒巻謙助の娘。万延1年序、物集高世編『類題春草集』二に載る。
¶江表(欣子(大分県))

好子(1) よしこ*
江戸時代中期～後期の女性。和歌。越前福井藩主松平重富の室光安院の侍女。
¶江表(好子(福井県))

好子(2) よしこ*
江戸時代末期の女性。和歌。今治法界寺村の浮穴丑之丞の妻。安政5年序、半井梧庵編『鄙のてぶり』二に載る。
¶江表(好子(愛媛県))

淑子(1) よしこ*
江戸時代後期～明治時代の女性。漢学・教育。毛利一門の長門吉敷毛利家家臣服部東一の娘。
¶江表(淑子(山口県) 生文政11(1828)年 没明治43(1910)年)

淑子(2) よしこ
江戸時代末期の女性。書簡。薩摩藩藩士有村仁左衛門兼善と蓮寿院の娘。
¶江表(淑子(鹿児島県) 没安政1(1854)年)

善子 よしこ*
江戸時代末期の女性。和歌。江戸城本丸の大奥の中臈。文久3年刊、関橋守編『耳順賀集』に載る。
¶江表(善子(東京都))

美子(1) よしこ*
江戸時代後期の女性。和歌。伊勢津藩士雨森昭武の妻。享和1年～文化1年に編まれた「追悼歌文集」に載る。
¶江表(美子(三重県))

美子(2) よしこ*
江戸時代後期の女性。和歌。膳所藩藩士柴田勝之の母。弘化4年刊、清堂観尊編『たち花の香』に載る。
¶江表(美子(滋賀県))

美子(3) よしこ*
江戸時代末期の女性。和歌。因幡鳥取藩江戸藩邸の奥女中。安政3年序、井上文雄編『摘英集』に載る。
¶江表(美子(鳥取県))

芳子(1) よしこ*
江戸時代の女性。和歌。越後石瀬村の人。明治10年成立「伊夜日子神社献灯和歌集」に載る。
¶江表(芳子(新潟県))

芳子(2) よしこ*
江戸時代の女性。和歌。村田氏。明治29年刊、佐賀藩の藩校弘道館教授で歌人今泉蟹守編「西肥女房

百歌撰」に載る。
¶江表（芳子（佐賀県））

芳子(3)　**よしこ★**
江戸時代後期の女性。和歌。多久敬の姉。嘉永1年刊、長沢伴雄編『類題和歌鴨川集』に載る。
¶江表（芳子（京都府））

芳子(4)　**よしこ★**
江戸時代末期の女性。狂歌。檜園梅明編『狂歌三玉集』に3首が載る。
¶江表（芳子（東京都））

芳子(5)　**よしこ★**
江戸時代末期の女性。和歌。安政3年成立、色川三中一周忌追善集「手向草」に載る。
¶江表（芳子（茨城県））

芳子・喜子　**よしこ★**
江戸時代の女性。和歌。仙波氏。明治8年刊、橘東世子編『明治歌集』に載る。
¶江表（芳子・喜子（東京都））

よ

与し子　**よしこ★**
江戸時代末期〜大正時代の女性。和歌。鹿島藩藩士吉田正右衛門の娘。
¶江表（与し子（佐賀県）　[没]大正8（1919）年）

与志子　**よしこ★**
江戸時代後期〜明治時代の女性。国学。近江八幡の西川吉輔の後妻。
¶江表（与志子（滋賀県）　[生]文政11（1828）年　[没]明治41（1908）年）

良子(1)　**よしこ★**
江戸時代末期の女性。和歌。横山氏。安政7年跋、蜂屋光世編『大江戸倭歌集』に載る。
¶江表（良子（東京都））

良子(2)　**よしこ★**
江戸時代末期〜大正時代の女性。和歌・漢文・書画。公卿姉小路公前の娘。
¶江表（良子（京都府）　[生]安政3（1856）年　[没]大正15（1926）年）

姣子女王*　**よしこじょおう**
生没年不詳　平安時代中期の女性。陽成天皇の後宮。
¶古人

嫥子女王　**よしこじょおう**
⇒嫥子女王（せんしじょおう）

悦子女王　**よしこじょおう**
⇒悦子女王（えっしじょおう）

嘉子女王　**よしこじょおう**
⇒嘉子女王（かしじょおう）

徽子女王　**よしこじょおう**
⇒斎宮女御（さいぐうのにょうご）

宜子女王　**よしこじょおう**
⇒宜子女王（ぎしじょおう）

嘉言親王*　**よしことしんのう**
文政4（1821）年〜明治1（1868）年　[別]純仁法親王（じゅんにんほうしんのう），伏見宮嘉言親王（ふしみのみやよしことしんのう），雄仁親王（ゆうにんしんのう）　江戸時代末期の皇族。
¶幕末（[生]文政4（1821）年1月26日　[没]慶応4（1868）年8月1日）

偆子内親王*　**よしこないしんのう**
平治1（1159）年〜嘉応3（1171）年　[別]偆子内親王，繕子内親王（ぜんしないしんのう）　平安時代後期の女性。二条天皇の第1皇女。
¶古人，天皇（繕子内親王　ぜんしないしんのう　[没]？）

姝子内親王　**よしこないしんのう**
⇒高松院（たかまついん）

媄子内親王　**よしこないしんのう**
⇒媄子内親王（びしないしんのう）

栄子内親王　**よしこないしんのう**
平安時代中期の女性。敦明親王の女。
¶古人（生没年不詳）

佳子内親王　**よしこないしんのう**
⇒佳子内親王（かしないしんのう）

嘉子内親王　**よしこないしんのう**
⇒嘉子内親王（かしないしんのう）

賀子内親王　**よしこないしんのう**
⇒賀子内親王（がしないしんのう）

楽子内親王　**よしこないしんのう**
⇒楽子内親王（らくしないしんのう）

喜子内親王　**よしこないしんのう**
⇒喜子内親王（きしないしんのう）

吉子内親王*　**よしこないしんのう**
正徳4（1714）年〜宝暦8（1758）年　[別]吉子内親王（きちしないしんのう），浄琳院（じょうりんいん）　江戸時代中期の女性。霊元天皇の第12皇女。
¶天皇（きちし・よしこないしんのう　[生]正徳4（1714）年8月22日　[没]宝暦8（1758）年9月22日），徳将（浄琳院　じょうりんいん）

休子内親王　**よしこないしんのう**
⇒休子内親王（きゅうしないしんのう）

欣子内親王　**よしこないしんのう**
⇒新清和院（しんせいわいん）

慶子内親王　**よしこないしんのう**
⇒慶子内親王（けいしないしんのう）

好子内親王*　**よしこないしんのう**
？〜建久3（1192）年　[別]好子内親王（こうしないしんのう）　平安時代後期の女性。後白河天皇の第2皇女。
¶古人，天皇（生没年不詳）

柔子内親王(1)　**よしこないしんのう**
⇒柔子内親王（じゅうしないしんのう）

柔子内親王(2)　**よしこないしんのう**
⇒柔子内親王（じゅうしないしんのう）

善子内親王*　**よしこないしんのう**
承暦1（1077）年〜長承1（1132）年　[別]善子内親王（ぜんしないしんのう）　平安時代後期の女性。白河天皇の第2皇女。
¶古人，コン，天皇（ぜんしないしんのう　[生]承暦1（1077）年9月23日　[没]長承1（1132）年12月1日）

珍子内親王　**よしこないしんのう**
⇒珍子内親王（ちんしないしんのう）

禎子内親王(1)　**よしこないしんのう**
⇒禎子内親王（ていしないしんのう）

禎子内親王(2)　よしこないしんのう
⇒陽明門院(ようめいもんいん)

芳子内親王　よしこないしんのう
⇒芳子内親王(ほうしないしんのう)

誉子内親王　よしこないしんのう
⇒章義門院(しょうぎもんいん)

良子内親王　よしこないしんのう
⇒良子内親王(ながこないしんのう)

令子内親王　よしこないしんのう
⇒令子内親王(れいしないしんのう)

娟子内親王　よしこないしんのう
⇒娟子内親王(けんしないしんのう)

怡子内親王　よしこないしんのう
⇒怡子内親王(いしないしんのう)

懌子内親王　よしこないしんのう
⇒五条院(ごじょういん)

憧子内親王　よしこないしんのう
⇒宣政門院(せんせいもんいん)

禧子内親王　よしこないしんのう
⇒禧子内親王(きしないしんのう)

嘉子女王　よしこにょおう
⇒嘉子女王(かしじょおう)

吉崎善兵衛*　よしざきぜんべえ
文化12(1815)年～明治11(1878)年　江戸時代末期～明治時代の商人。大坂で紀州産漆器を取り扱った十三軒の店のひとつ。維新後は小区区長もつとめた。
¶幕末([没]明治11(1878)年12月27日)

良貞親王*　よしさだしんのう
?～嘉祥1(848)年　平安時代前期の淳和天皇の皇子。
¶古人,天皇([没]承和15(848)年5月6日)

芳沢あやめ　よしざわあやめ
世襲名　江戸時代の歌舞伎役者。江戸時代に活躍したのは、初世から5世。
¶江人

芳沢あやめ〔1代〕*(よし沢あやめ,吉沢あやめ)　よしざわあやめ
延宝1(1673)年～享保14(1729)年　[別]春水(しゅんすい),橘屋権七(たちばなやごんしち),吉沢菊之丞,芳沢菊之丞(よしざわきくのじょう),芳沢権七(よしざわごんしち)　江戸時代中期の歌舞伎役者。元禄3年～享保13年頃に活躍。
¶歌大([没]享保14(1729)年7月15日),コン(代数なし),新歌(――〔1世〕),山小(代数なし　[没]1729年7月15日)

芳沢あやめ〔2代〕*　よしざわあやめ
元禄15(1702)年～宝暦4(1754)年　[別]四沢堂(しざわどう,したくどう),春水(しゅんすい),よし沢崎之助,芳沢咲之助,芳沢崎之助〔1代〕(よしざわさきのすけ)　江戸時代中期の歌舞伎役者。享保1年～宝暦4年頃に活躍。
¶歌大([没]宝暦4(1754)年7月18日)

芳沢あやめ〔3代〕*　よしざわあやめ
享保5(1720)年～安永3(1774)年　[別]一鳳(いっぽう),芳沢崎之助〔2代〕(よしざわさきのすけ),芳沢万代〔1代〕(よしざわばんよ)　江戸時代中期の歌舞伎役者。享保17年～安永3年頃に活躍。
¶歌大([没]安永3(1774)年11月18日)

芳沢あやめ〔4代〕*　よしざわあやめ
元文2(1737)年～寛政4(1792)年　[別]湖海(こかい),春水(しゅんすい),山下市五郎(やましたいちごろう),山下小式部(やましたこしきぶ),芳沢五郎市〔1代〕(よしざわごろいち),芳沢崎之助〔3代〕(よしざわさきのすけ),芳沢万代〔2代〕(よしざわまんよ)　江戸時代中期の歌舞伎役者。延享2年～天明7年頃に活躍。
¶歌大

芳沢あやめ〔5代〕*　よしざわあやめ
宝暦5(1755)年～文化7(1810)年　[別]一鳳(いっぽう),香浦(こうふ),巴江,巴紅(はこう),芳沢いろは〔1代〕(よしざわいろは)　江戸時代中期～後期の歌舞伎役者、歌舞伎座本。明和3年～文化7年頃に活躍。
¶歌大([生]宝暦4(1754)年　[没]文化7(1810)年8月26日)

芳沢いろは〔1代〕　よしざわいろは
⇒芳沢あやめ〔5代〕(よしざわあやめ)

吉沢菊之丞(芳沢菊之丞)　よしざわきくのじょう
⇒芳沢あやめ〔1代〕(よしざわあやめ)

芳沢吉十郎〔2代〕　よしざわきちじゅうろう
⇒中山小十郎〔7代〕(なかやまこじゅうろう)

芳沢蔵之助　よしざわくらのすけ
⇒三桝大五郎〔1代〕(みますだいごろう)

吉沢検校　よしざわけんぎょう
世襲名　江戸時代の生田流箏曲・地歌の演奏家、作曲家。江戸時代に活躍したのは、初世から2世。
¶江人

吉沢検校〔2代〕*　よしざわけんぎょう
文化5(1808)年～明治5(1872)年　[別]吉沢審一(よしざわしんのいち)　江戸時代末期～明治時代の箏曲家。新形式の箏組曲、古今組五曲などを作曲。
¶コン(代数なし　[生]文化4(1807)年),幕末(吉沢審一　よしざわしんのいち　[没]明治5(1872)年8月17日)

芳沢五郎市〔1代〕　よしざわごろいち
⇒芳沢あやめ〔4代〕(よしざわあやめ)

芳沢権七　よしざわごんしち
⇒芳沢あやめ〔1代〕(よしざわあやめ)

芳沢崎太郎　よしざわさきたろう
⇒山下金作〔3代〕(やましたきんさく)

よし沢崎之助(芳沢咲之助,芳沢崎之助〔1代〕)　よしざわさきのすけ
⇒芳沢あやめ〔2代〕(よしざわあやめ)

芳沢崎之助〔2代〕　よしざわさきのすけ
⇒芳沢あやめ〔3代〕(よしざわあやめ)

芳沢崎之助〔3代〕　よしざわさきのすけ
⇒芳沢あやめ〔4代〕(よしざわあやめ)

芳沢崎之助〔4代〕*　よしざわさきのすけ
天明5(1785)年～*　[別]花紅,花考(かこう),藤川巳之助(ふじかわみのすけ),芳沢巳之助(よしざわみのすけ)　江戸時代後期の歌舞伎役者。文化2～6年頃に活躍。
¶歌大([没]文化6(1809)年12月25日)

芳沢崎弥　よしざわさきや
⇒中村富十郎〔1代〕(なかむらとみじゅうろう)

芳沢十四郎　**よしざわじゅうしろう**
⇒三桝大五郎〔1代〕(みますだいごろう)

吉沢審一　**よしざわしんのいち**
⇒吉沢検校〔2代〕(よしざわけんぎょう)

芳沢鶴松　**よしざわつるまつ**
⇒中山小十郎〔7代〕(なかやまこじゅうろう)

芳沢万代〔1代〕　**よしざわばんよ**
⇒芳沢あやめ〔3代〕(よしざわあやめ)

吉沢平造*(吉沢平三)　**よしざわへいぞう**
天保6(1835)年～？　江戸時代後期～末期の新撰組隊士。
¶新隊(吉沢平三)

芳沢万代〔2代〕　**よしざわまんよ**
⇒芳沢あやめ〔4代〕(よしざわあやめ)

芳沢巳之助　**よしざわみのすけ**
⇒芳沢崎之助〔4代〕(よしざわさきのすけ)

吉沢恭周　**よしざわやすちか**
江戸時代中期～後期の和算家。勅使河原の人。
¶数学([生]享保11(1726)年　[没]文化13(1816)年)

吉沢勇四郎　**よしざわゆうしろう**
江戸時代末期～明治時代の幕臣。
¶幕末([生]？　[没]明治2(1869)年5月11日)

吉沢義利　**よしざわよしとし**
江戸時代後期の和算家。
¶数学

慶滋為政　**よししげためまさ**
⇒慶滋為政(よししげのためまさ)

慶滋為政*　**よししげのためまさ**
生没年不詳　[別]慶滋為政(よししげためまさ)　平安時代中期の官人。
¶古人, コン

慶滋保胤*　**よししげのやすたね**
？～長保4(1002)年　[別]寂心(じゃくしん), 慶滋保胤(よししげやすたね)　平安時代中期の下級官人、文人。「日本往生極楽記」の著者。
¶古人, コン, 思想, 日文, 山小([没]1002年10月21日)

慶滋保胤　**よししげやすたね**
⇒慶滋保胤(よししげのやすたね)

よし女(1)　**よしじょ***★*
江戸時代の女性。散文。江戸住の秋田藩藩士の妻か。「片玉集」前集巻六三に載る。
¶江表(よし女(東京都))

よし女(2)　**よしじょ***★*
江戸時代後期の女性。俳諧。会津の人。文政期頃刊、月院社何丸編『俳諧男草紙』に載る。
¶江表(よし女(福島県))

よし女(3)　**よしじょ***★*
江戸時代後期の女性。和歌。中村氏。秋田藩御用達津村淙庵門。
¶江表(よし女(東京都))

よし女(4)　**よしじょ***★*
江戸時代後期の女性。川柳。天保4年刊『誹風柳多留』128篇の松歌居士追福会に器水評で載る。
¶江表(よし女(東京都))

よし女(5)　**よしじょ***★*
江戸時代後期の女性。俳諧。松永乙人編『葛芽集』に載る。
¶江表(よし女(群馬県))

よし女(6)　**よしじょ***★*
江戸時代末期の女性。俳諧。高田の人。幕末期の人。
¶江表(よし女(岩手県))

よし女(7)　**よしじょ***★*
江戸時代末期の女性。和歌。山本氏。安政7年跋、蜂屋光世編『大江戸倭歌集』に載る。
¶江表(よし女(東京都))

好女　**よしじょ***★*
江戸時代後期の女性。川柳。文化5年刊『誹風柳多留』46篇に川柳風文日堂評で載る。
¶江表(好女(東京都))

代子女　**よしじょ***★*
江戸時代後期の女性。川柳。天保9年～同11年刊、『誹風柳多留』161篇に4世川柳評で載る。
¶江表(代子女(東京都))

芳女　**よしじょ***★*
江戸時代末期の女性。俳諧。調布玉川辺りの人。安政5年刊、度会蔀編『今世俳諧百人集』に載る。
¶江表(芳女(東京都))

与志女　**よしじょ***★*
江戸時代末期の女性。俳諧。白河愛宕町の大島氏。安政4年刊、面川鏘桜編『鯉鱗筆鑑』に載る。
¶江表(与志女(福島県))

葭女(1)　**よしじょ***★*
江戸時代中期の女性。俳諧。豊田の素封家で俳人風鴿の妻。享保16年刊『藤の首途』に載る。
¶江表(葭女(愛媛県))

葭女(2)　**よしじょ***★*
江戸時代末期の女性。画。画家一蒲の娘、世志女。安政7年刊『安政文雅人名録』に載る。
¶江表(葭女(東京都))

余自信*(余自進)　**よじしん**
生没年不詳　飛鳥時代の百済亡命者。朝廷に仕え大錦下を授けられる。
¶古代(余自進), 古物, 対外

吉住小三郎　**よしずみこさぶろう**
世襲名　江戸時代の長唄唄方。江戸時代に活躍したのは、初世から3世。
¶江人

吉住小三郎〔1代〕*　**よしずみこさぶろう**
元禄12(1699)年～宝暦3(1753)年　江戸時代中期の長唄唄方。
¶コン

吉住小三郎〔2代〕*　**よしずみこさぶろう**
寛政11(1799)年～安政1(1854)年　[別]芳村伊十郎〔3代〕(よしむらいじゅうろう), 芳村五郎治〔1代〕(よしむらごろうじ)　江戸時代末期の長唄唄方。天保の三名人の一人。
¶コン([生]寛政12(1800)年), 幕末([没]嘉永7(1854)年2月11日)

吉瀬源兵衛*　**よしせげんべえ**
生没年不詳　[別]吉瀬源兵衛(きちせげんべえ)　江戸時代末期の和算家。

¶数学(きちせげんべえ　[没]明治12(1879)年)

吉田　よしだ⋆
江戸時代前期の女性。俳諧。新吉原新町の彦左衛門抱えの遊女。貞享1年序、井原西鶴編『古今俳諧女歌仙』に載る。
¶江表(吉田(東京都))

吉田意安(1)(吉田意庵)　よしだいあん
⇒吉田宗桂(よしだそうけい)

吉田意安(2)(吉田意庵)　よしだいあん
⇒吉田宗恂(よしだそうじゅん)

吉田家隆＊　よしだいえたか
生没年不詳　[別]吉田家政(よしだいえまさ)　安土桃山時代の武士。織田氏家臣、秀吉馬廻、徳川氏家臣。
¶織田(吉田家政　よしだいえまさ　[生]天文7(1538)年　[没]寛永2(1625)年7月7日)

吉田家永　よしだいえなが
⇒吉田追風〔1代〕(よしだおいかぜ)

吉田家政　よしだいえまさ
⇒吉田家隆(よしだいえたか)

吉田壱岐＊　よしだいき
天文16(1547)年～元和9(1623)年　[別]吉田長利(よしだながとし)　安土桃山時代～江戸時代前期の筑前福岡藩士。
¶全戦(吉田長利　よしだながとし)

吉田伊惣治＊　よしだいそうじ
文政1(1818)年～明治17(1884)年　江戸時代末期～明治時代の牛ガ墓村肝煎。自刃した白虎隊士の遺体を妙国寺に埋葬したが、新政府のとがめでやむなく飯盛山にかえした。
¶幕末([生]文政1(1818)年9月15日　[没]明治17(1884)年5月1日)

吉田市左衛門政重　よしだいちざえもんまさしげ
⇒吉田政重(よしだまさしげ)

吉田一調＊　よしだいっちょう
文化9(1812)年～明治14(1881)年　江戸時代末期～明治時代の尺八奏者。普化宗廃止に当たり、「楽器」としての尺八の存続に尽力。書や文筆にも優れていた。
¶コン

吉田いと＊　よしだいと
文政7(1824)年～？　江戸時代後期の女性。国学者橘道守の母。
¶女史([没]1883年)

吉田猪兵衛　よしだいひょうえ
安土桃山時代～江戸時代前期の長宗我部盛親・福島正則の家臣。
¶大坂([生]文禄1年　[没]万治3年3月26日)

吉田右近重年　よしだうこんしげとし
安土桃山時代～江戸時代前期の武士。長宗我部元親の家臣吉田左衛門佐孝俊の長男。
¶大坂([生]永禄7年　[没]寛永11年3月29日)

吉田追風〔1代〕＊　よしだおいかぜ
？～文暦1(1234)年　[別]吉田家永(よしだいえなが)　鎌倉時代前期の相撲行司。
¶コン(代数なし　生没年不詳)

吉田興種＊　よしだおきたね
？～永禄12(1569)年　戦国時代の武士。
¶戦武

義隆　よしたか
⇒大内義隆(おおうちよしたか)

吉高勘解由＊　よしたかかげゆ
文化4(1807)年～明治1(1868)年　江戸時代末期の新庄藩家老。
¶幕末([没]慶応4(1868)年9月3日)

吉田数馬＊　よしだかずま
＊～明治43(1910)年　江戸時代末期～明治時代の教育家。征韓論で敗れ下野。海南学校を開校、校長となる。
¶幕末([生]弘化4(1847)年12月17日　[没]明治43(1910)年8月12日)

吉田勝品＊　よしだかつしな
文化6(1809)年～明治23(1890)年　江戸時代後期～明治時代の和算家。
¶数学([生]文化6(1809)年10月30日　[没]明治23(1890)年8月2日)

吉田活堂＊　よしだかつどう
寛政3(1791)年～弘化1(1844)年　[別]吉田令世(よしだのりよ)　江戸時代後期の国学者、水戸藩士、藩校弘道館助教。
¶思想(吉田令世　よしだのりよ)

吉田兼雄＊　よしだかねお
宝永2(1705)年～天明7(1787)年8月20日　[別]吉田良延(よしだよしのぶ)　江戸時代中期の公家(非参議)。非参議吉田兼敬の孫。
¶公卿(吉田良延　よしだよしのぶ　[生]宝永2(1705)年1月14日),公家(良延〔吉田家〕　よしのぶ　[生]宝永2(1705)年1月14日)

吉田兼和　よしだかねかず
⇒吉田兼見(よしだかねみ)

吉田兼方　よしだかねかた
⇒卜部兼方(うらべかねかた)

吉田兼右＊(吉田兼佑)　よしだかねすけ
永正13(1516)年～天正1(1573)年　[別]卜部兼右(うらべかねみぎ),吉田兼右(よしだかねみぎ)　戦国時代の神道家、公卿(非参議)。非参議船橋宣賢の次男。
¶公卿([生]永正13(1516)年4月20日　[没]天正1(1573)年1月10日),公家(兼右〔吉田家〕　かねみぎ　[生]永正13(1516)年4月20日　[没]元亀4(1573)年1月10日),後北(兼右〔吉田(2)〕　かねみぎ　[没]天正1年1月10日),思想(よしだかねみぎ)

吉田兼敏　よしだかねとし
⇒吉田兼倶(よしだかねとも)

吉田兼倶＊　よしだかねとも
永享7(1435)年～永正8(1511)年　[別]卜部兼倶(うらべかねとも,うらべのかねとも),吉田兼敏(よしだかねとし)　室町時代～戦国時代の神道家、公卿(非参議)。非参議吉田兼名の子。
¶公卿([没]永正8(1511)年2月19日),公家(兼倶〔吉田家〕　かねとも　[没]永正8(1511)年2月19日),コン,思想,中世,室町,山小([没]1511年2月19日)

吉田兼名＊　よしだかねな
？～寛正1(1460)年10月28日　[別]卜部兼名(うらべかねな)　室町時代の公卿(非参議)。大副吉田兼富の子。

よ

よしたか

¶公卿, 公家 (兼名〔吉田家〕　かねな　㉓長禄4 (1460) 年10月28日)

吉田兼永　よしだかねなが
⇒卜部兼永 (うらべかねなが)

吉田兼隆　よしだかねなが
⇒吉田良倶 (よしだよしとも)

吉田兼業　よしだかねなり
⇒吉田良連 (よしだよしつれ)

吉田兼延＊　よしだかねのぶ
生没年不詳　㊚卜部兼延 (うらべかねのぶ, うらべのかねのぶ)　平安時代中期の祠官。宗家吉田家の基礎を築く。
¶古人 (卜部兼延　うらべのかねのぶ), コン

吉田兼敬　よしだかねのり
⇒吉田兼敬 (よしだかねゆき)

吉田兼熙＊ (吉田兼煕, 吉田兼凞)　よしだかねひろ
正平3/貞和4 (1348) 年～応永9 (1402) 年5月3日　㊚卜部兼熙 (うらべかねひろ)　南北朝時代～室町時代の公卿 (非参議)。正四位上・大副・刑部卿吉田兼豊の子。
¶公卿 (吉田兼煕　貞和4/正平3 (1348) 年), 公家 (兼熙〔吉田家〕　かねひろ), 内乱 (貞和4 (1348) 年)

吉田兼見＊　よしだかねみ
天文4 (1535) 年～慶長15 (1610) 年9月2日　㊚吉田兼和 (よしだかねかず)　安土桃山時代～江戸時代前期の公家 (非参議)。非参議吉田兼右の子。
¶公卿 (㋩天文6 (1537) 年7月5日), 公家 (兼見〔吉田家〕かねかず), 後北 (兼和〔吉田 (2)〕　かねかず), 思想, 全戦

吉田兼右　よしだかねみぎ
⇒吉田兼右 (よしだかねすけ)

吉田兼満＊　よしだかねみつ
文明17 (1485) 年～享禄1 (1528) 年11月3日　㊚卜部兼満 (うらべかねみつ)　戦国時代の公卿 (非参議)。非参議吉田兼供の孫。
¶公卿, 公家 (兼満〔吉田家〕　かねみつ)

吉田兼敬＊　よしだかねゆき
承応2 (1653) 年10月22日～享保16 (1731) 年12月17日　㊚吉田兼敬 (よしだかねのり)　江戸時代前期～中期の公家 (非参議)。従五位下・刑部少輔・神祇少副吉田兼起の子。
¶公卿 (よしだかねのり), 公家 (兼敬〔吉田家〕　かねゆき)

吉田兼従　よしだかねより
⇒萩原兼従 (はぎわらかねより)

吉田亀五郎　よしだかめごろう
江戸時代後期～大正時代の鍍絵師。
¶美建 (㋩弘化1 (1844) 年　㉓大正11 (1922) 年)

吉田漢宦　よしだかんがん
⇒吉田篁墩 (よしだこうとん)

吉田冠子〔1代〕　よしだかんし
⇒吉田文三郎〔1代〕 (よしだぶんざぶろう)

吉田勘兵衛　よしだかんべい
⇒吉田勘兵衛 (よしだかんべえ)

吉田勘兵衛＊　よしだかんべえ
慶長16 (1611) 年～貞享3 (1686) 年　㊚吉田勘兵衛 (よしだかんべい)　江戸時代前期の新田開発者。

木材石材商を営む。
¶コン

吉田久音の母　よしだきゅうおんのはは＊
江戸時代中期の女性。和歌。明和3年成立、難波玄生・清水貞固ほか撰「稲葉和歌集」に載る。
¶江表 (吉田久音の母 (鳥取県))

吉田魚川＊　よしだぎょせん
生没年不詳　㊚魚川〔2代〕 (ぎょせん)　江戸時代中期の彫り師、俳人。
¶浮絵, ㊚　㉓宝暦11 (1761) 年), 俳文 (魚川〔2世〕ぎょせん)

吉田清貫　よしだきよつら
天保13 (1842) 年～明治20 (1887) 年　江戸時代末期～明治時代の鹿児島県士族。海軍大尉から陸軍大尉に転じ、西郷軍と戦う。
¶幕末 (㉓明治20 (1887) 年7月21日)

吉田清成＊　よしだきよなり
弘化2 (1845) 年～明治24 (1891) 年8月3日　江戸時代末期～明治時代の外交官、子爵、農商務次官。駐米公使に就任、日米新条約を締結。
¶コン, 幕末 (㋩弘化2 (1845) 年2月14日)

吉田清基＊　よしだきよもと
天保2 (1831) 年～慶応3 (1867) 年　㊚吉田清右衛門 (よしだせいえもん)　江戸時代末期の薩摩藩士。
¶幕末 (㉓慶応3 (1867) 年8月19日)

吉田国俊＊　よしだくにとし
延慶1 (1308) 年～？　鎌倉時代後期～南北朝時代の公卿 (権中納言)。参議吉田国房の子。
¶公卿, 公家 (国俊〔吉田家 (絶家)〕3　くにとし)

吉田国房＊　よしだくにふさ
建治3 (1277) 年～元徳2 (1330) 年5月18日　鎌倉時代後期の公卿 (参議)。中納言吉田経俊の孫。
¶公卿, 公家 (国房〔吉田家 (絶家)〕3　くにふさ)

吉田九郎右衛門　よしだくろうえもん
江戸時代中期の俳諧書肆。
¶俳文 (㊚？　㉓安永7 (1778) 年)

吉武以梯　よしたけいてい
江戸時代後期～明治時代の医師。
¶科学 (㋩天保13 (1842) 年1月25日　㉓明治37 (1904) 年8月7日)

吉武助左衛門＊　よしたけすけざえもん
文政7 (1824) 年～明治39 (1906) 年　江戸時代末期～明治時代の久留米藩郷士。脱藩し大坂の薩摩屋敷に入ったが寺田屋の変に遭い藩地に送還。のち京都府租税課に勤めた。
¶幕末 (㉓明治39 (1906) 年12月26日)

吉田玄魁堂　よしだげんかいどう
江戸時代後期の和算家。宅間流算学を教授。門人に田原忠継、田原忠重など。
¶数学

吉田厳覚　よしだげんかく
南北朝時代の武将。
¶室町 (㊚？　㉓正平18/貞治2 (1363) 年)

吉田健康＊　よしだけんこう
弘化1 (1844) 年～明治28 (1895) 年　江戸時代末期～明治時代の医師、長崎病院長。長崎医学校校長、第五高等学校医学部長等を歴任。
¶幕末 (㉓明治28 (1895) 年9月2日)

吉田兼好* よしだけんこう
弘安6(1283)年？～* [別]卜部兼好(うらべかねよし, うらべけんこう, うらべのかねよし), 兼好(けんこう), 兼好法師(けんこうほうし) 鎌倉時代後期～南北朝時代の歌人、随筆家。「徒然草」の著者。
¶コン([没]正平5/観応1(1350)年？), 詩作([生]弘安6(1283)年 [没]？), 思想([没]文和1/正平7(1352)年？), 中世(卜部兼好 うらべけんこう [没]1352年？), 内乱([没]文和2(1353)年？), 日文(卜部兼好 うらべかねよし), 室町(生没年不詳), 山小([没]1352年？)

吉田賢輔* よしだけんすけ
天保9(1838)年～明治26(1893)年 江戸時代末期～明治時代の英学者、慶応義塾教授。外国文書の翻訳に従事。著書に「物理訓蒙」。
¶幕末([没]明治26(1893)年10月19日)

吉田顕三 よしだけんぞう
江戸時代後期～大正時代の眼科医。
¶眼医([生]嘉永1(1848)年 [没]大正13(1924)年)

吉田玄蕃* よしだげんば
*～明治31(1898)年 [別]吉田黙(よしだしずか) 江戸時代末期～明治時代の曇華院侍。
¶幕末([生]文政5(1822)年11月28日 [没]明治31(1898)年10月28日)

吉田玄蕃允重基 よしだげんばのすけしげもと
江戸時代前期の豊臣秀頼の家臣。
¶大坂([没]慶長20年5月7日)

吉田監物 よしだけんもつ
江戸時代前期の豊臣秀頼の家臣。
¶大坂

吉田公寛 よしだこうかん
⇒吉田宗左衛門(よしだそうざえもん)

吉田上野介重賢 よしだこうずけのすけしげかた
⇒吉田重賢(よしだしげかた)

吉田江沢* よしだこうたく
寛政11(1799)年～明治6(1873)年 江戸時代末期～明治時代の天文家。
¶数学([没]明治6(1873)年9月9日)

吉田篁墩* よしだこうとん
延享2(1745)年～寛政10(1798)年9月1日 [別]吉田漢宧(よしだかんがん) 江戸時代中期の儒者。清朝考証学のわが国における開拓者。
¶江人, コン, 思想

吉田小六 よしだころく
⇒嵐小六〔1代〕(あらしころく)

吉田権蔵* よしだごんぞう
文政4(1821)年～明治20(1887)年 江戸時代末期～明治時代の出羽亀田藩士。
¶幕末([没]明治20(1887)年12月1日)

吉田定資* よしださだすけ
建治1(1275)年～元徳2(1330)年7月11日 [別]坊城定資(ぼうじょうさだすけ) 鎌倉時代後期の公卿(権中納言)。中納言吉田経俊の孫。
¶公卿, 公家(定資〔勧修寺家〕 さだすけ)

吉田定房* よしださだふさ
文永11(1274)年～延元3/暦応1(1338)年 [別]藤原定房(ふじわらのさだふさ) 鎌倉時代後期～南北朝時代の公卿(内大臣)。権大納言吉田経長の長男。
¶公卿([没]暦応1/延元3(1338)年1月23日), 公家(定房〔甘露寺家〕 さだふさ [没]建武5(1338)年1月23日), コン, 中世, 内乱([没]暦応1(1338)年), 室町, 山小([没]1338年1月23日)

吉田定房女 よしださだふさのむすめ
南北朝時代の女性。後醍醐天皇の宮人。
¶天皇

吉田佐太郎 よしださたろう
安土桃山時代の代官。
¶徳代([生]？ [没]慶長8(1603)年7月)

吉田真重* よしださねしげ
生没年不詳 戦国時代の武蔵鉢形城主北条氏邦の家臣。
¶後北(真重〔吉田(1)〕 さねしげ)

吉田三郎右衛門 よしださぶろ(う)えもん
江戸時代前期の武士。長宗我部元親の家臣吉田右近重年の嫡男。
¶大坂([没]慶長20年5月7日)

吉田三郎左衛門重隆 よしださぶろ(う)ざえもんしげたか
江戸時代前期の武士。長宗我部元親の家臣、土佐郡井口城主の吉田弥右衛門重親の長男。
¶大坂([没]慶長20年5月6日)

吉田三郎兵衛 よしださぶろべえ
江戸時代後期～末期の幕臣。
¶徳人(生没年不詳)

吉田左平次 よしださへいじ
江戸時代前期の長宗我部盛親の配下。
¶大坂

吉田左門* よしださもん
宝暦5(1755)年～文政5(1822)年 江戸時代後期の仏師。
¶美建([没]文政5(1822)年6月24日)

吉田至永 よしだしえい
江戸時代後期～明治時代の彫金家。
¶美工([生]天保5(1834)年2月25日 [没]明治37(1904)年11月22日)

吉田自休* よしだじきゅう
？～元禄7(1694)年 江戸時代前期の外科医。吉田流外科の開祖。
¶科学, コン

吉田芝渓* よしだしけい
宝暦2(1752)年～文化8(1811)年 [別]吉田友直(よしだともなお) 江戸時代後期の漢学者。
¶コン(吉田友直 よしだともなお)

吉田重賢* よしだしげかた
寛正4(1463)年～天文12(1543)年 [別]吉田上野介重賢(よしだこうずけのすけしげかた) 戦国時代の武士。吉田流開祖。
¶全戦([生]寛正4(1463)年？)

吉田重吉の妻 よしだしげきちのつま★
江戸時代前期の女性。俳諧。摂津打出の人。延宝8年刊、村尾一風ほか編『福原びん鏡』に載る。
¶江表(吉田重吉の妻(兵庫県))

吉田重俊* よしだしげとし
生没年不詳 戦国時代の武将。長宗我部氏家臣。
¶全戦, 戦武([生]明応7(1498)年？ [没]元亀1(1570)年？)

よ

吉田重矩*　よしだしげのり
生没年不詳　江戸時代後期の和算家。
¶数学

吉田成徳　よしだしげのり
⇒吉田長淑（よしだちょうしゅく）

吉田重康*　よしだしげやす
生没年不詳　戦国時代の武士。長宗我部氏家臣。
¶全戦

吉田次左衛門(1)　よしだじざえもん
江戸時代前期の武士。長宗我部盛親の家臣吉田内匠の長男。
¶大坂（[没]慶長20年5月6日）

吉田次左衛門(2)　よしだじざえもん
江戸時代前期の豊臣秀吉・秀頼の家臣。
¶大坂（[没]延宝2年1月6日）

吉田侍従　よしだじじゅう
⇒池田輝政（いけだてるまさ）

吉田黙　よしだしずか
⇒吉田玄蕃（よしだげんば）

吉田七左衛門　よしだしちざえもん
江戸時代前期の武士。大坂の陣で籠城。
¶大坂

吉田次兵衛　よしだじひょうえ
⇒吉田次兵衛（よしだじへえ）

吉田治部　よしだじぶ
江戸時代前期の武士。大坂の陣で籠城。旧主長宗我部盛親に属した。
¶大坂

吉田次兵衛*　よしだじへえ
[別]吉田次兵衛（よしだじひょうえ），吉田次兵衛尉（よしだじへえのじょう）　安土桃山時代の武将。秀吉馬廻。
¶大坂（よしだじひょうえ）

吉田次兵衛尉　よしだじへえのじょう
⇒吉田次兵衛（よしだじへえ）

吉田重蔵*　よしだじゅうぞう
天保2（1831）年～元治1（1864）年　[別]田中重吉（たなかじゅうきち）　江戸時代末期の郷士。
¶幕末（[没]元治1（1864）年7月20日）

吉田袖蘭　よしだしゅうらん
⇒吉田袖蘭（よしだゆうらん）

吉田俊太郎*　よしだしゅんたろう
嘉永2（1849）年～？　江戸時代後期～末期の新撰組隊士。
¶新隊

吉田松陰*　よしだしょういん
天保1（1830）年～安政6（1859）年　江戸時代末期の長州（萩）藩士。佐久間象山に師事し、ペリー来航時に密航を企てたが失敗。のち許されて松下村塾を開き、高杉晋作・久坂玄瑞・伊藤博文・山県有朋ら尊王攘夷派の人材を輩出する。安政の大獄で再び獄に入り刑死。
¶江人，コン，詩作（[生]天保1（1830）年8月4日　[没]安政6（1859）年10月27日），思想，全幕，徳将，幕末（[生]文政13（1830）年8月4日　[没]安政6（1859）年10月27日），山小（[生]1830年8月4日　[没]1859年10月27日）

吉田庄助　よしだしょうすけ
⇒吉岡庄助（よしおかしょうすけ）

吉田庄大夫*　よしだしょうだゆう
享和3（1803）年～安政5（1858）年　江戸時代末期の紀伊和歌山藩士。
¶幕末（[没]安政5（1858）年8月29日）

吉田条太郎　よしだじょうたろう
江戸時代後期の代官。
¶徳代（[生]？　[没]嘉永4（1851）年2月14日）

吉田次郎　よしだじろう
江戸時代末期の幕臣。
¶幕末（生没年不詳）

吉田次郎左衛門*　よしだじろうざえもん
戦国時代の武将。長宗我部氏家臣。
¶大坂（よしだじろ（う）ざえもん）

吉田資顕*　よしだすけあき
？～元中8/明徳2（1391）年　南北朝時代の公卿（非参議）。永和2年従三位に叙される。
¶公卿（[没]明徳2（1391）年），公家（資顕〔吉田家（絶家）2〕　すけあき　[没]明徳2（1391）年）

吉田助右衛門*　よしだすけうえもん
文政6（1823）年～明治27（1894）年　[別]吉田助右衛門（よしだすけえもん）　江戸時代末期～明治時代の備後福山藩家老。
¶幕末（よしだすけえもん　[没]明治27（1894）年7月23日）

吉田助右衛門　よしだすけえもん
⇒吉田助右衛門（よしだすけうえもん）

吉田資経　よしだすけつね
⇒藤原資経（ふじわらのすけつね）

吉田清右衛門　よしだせいえもん
⇒吉田清基（よしだきよもと）

吉田盛方院　よしだせいほういん
江戸時代後期の奥医師。
¶徳人（生没年不詳）

吉田石痴*　よしだせきち
文化12（1815）年～明治13（1880）年　江戸時代後期～明治時代の医師。
¶幕末（[生]文政3（1820）年　[没]明治18（1885）年7月28日）

吉田拙蔵*　よしだせつぞう
文政9（1826）年～明治20（1887）年　江戸時代末期～明治時代の蘭学者。幕府の蝦夷地開拓計画に従事。廃藩後は学区取締、軍吏として地方教育の発展に貢献。
¶幕末（[生]文政9（1826）年7月10日　[没]明治20（1887）年11月20日）

吉田善右衛門*　よしだぜんえもん
生没年不詳　江戸時代末期の摂津国の新田開発の功労者。
¶コン

吉田宗桂*　よしだそうけい
永正9（1512）年～元亀3（1572）年　[別]吉田意安，吉田意庵（よしだいあん）　戦国時代の医師。足利義晴の侍医。
¶コン（吉田意庵　よしだいあん　[生]？），全戦（吉田意庵　よしだいあん），対外

吉田宗左衛門*　よしだそうざえもん
享和1（1801）年～安政5（1858）年9月8日　[別]吉田公

寛（よしだこうかん）　江戸時代後期〜末期の医者。
¶眼医（吉田公寛　よしだこうかん　[生]寛政13（1801）年）

吉田宗恂＊　よしだそうじゅん
永禄1（1558）年〜慶長15（1610）年　[別]角倉宗恂（すみのくらそうじゅん），吉田意安，吉田意庵（よしだいあん）　安土桃山時代〜江戸時代前期の医師。秀吉、家康に召された。
¶全戦（吉田意安　よしだいあん），徳人

吉田宗仙（光政）　よしだそうせん（みつまさ）
江戸時代後期〜明治時代の眼科医。
¶眼医（[生]文化14（1817）年　[没]明治8（1875）年）

吉田宗平＊　よしだそうへい
天保7（1836）年〜＊　江戸時代末期〜明治時代の播磨赤穂藩士。
¶幕末（[没]明治4（1868）年2月29日）

吉田大八＊　よしだだいはち
天保2（1831）年〜明治1（1868）年　江戸時代末期の天童藩家老。
¶幕末（[生]天保3（1832）年1月15日　[没]慶応4（1868）年6月18日）

吉田高経＊　よしだたかつね
建保6（1218）年〜弘安8（1285）年6月5日　鎌倉時代後期の公卿（非参議）。参議藤原資経の三男。
¶公卿，公家（高経〔甘露寺家〕　たかつね）

吉田隆長＊　よしだたかなが
建治3（1277）年〜正平5/観応1（1350）年　鎌倉時代後期〜南北朝時代の公卿（権中納言）。権大納言吉田経長の次男。
¶公卿（[没]観応1/正平5（1350）年2月25日），公家（隆長〔甘露寺家〕　たかなが　[没]貞和6（1350）年2月25日）

吉田高憲＊　よしだたかのり
文化2（1805）年〜安政6（1859）年　江戸時代末期の本草学者。
¶科学（[没]安政6（1859）年8月27日）

吉田孝頼＊　よしだたかより
生没年不詳　戦国時代の武将。長宗我部氏家臣。
¶戦武（[生]明応3（1494）年？　[没]永禄6（1563）年？）

吉田内匠重貞　よしだたくみしげさだ
江戸時代前期の長宗我部元親・盛親の家臣。
¶大坂（[没]慶長20年5月6日）

吉田多保子＊　よしだたほこ
明和5（1768）年〜天保8（1837）年5月16日　[別]大槻多保子（おおつきたほこ）　江戸時代後期の女性。作家。
¶江表（多保（宮城県））

吉田玉造〔1代〕＊　よしだたまぞう
文政12（1829）年〜明治38（1905）年　江戸時代末期〜明治時代の文楽の人形遣い。明治5〜38年頃に活躍。「五天竺」の孫悟空が大当たりとなる。
¶コン

吉田為蔵＊　よしだためぞう
天保13（1842）年〜明治18（1885）年　江戸時代末期〜明治時代の下総結城藩家老。
¶幕末

吉田為経＊　よしだためつね
承元4（1210）年〜康元1（1256）年　[別]藤原為経（ふじわらのためつね）　鎌倉時代前期の公卿（中納言）。参議藤原資経の長男。
¶公卿（藤原為経　ふじわらのためつね　[没]康元1（1256）年6月9日），公家（為経〔甘露寺家〕　ためつね　[没]建長8（1256）年6月9日）

吉田為之助＊　よしだためのすけ
弘化1（1844）年〜明治11（1878）年　江戸時代末期〜明治時代の萩藩寄組堅田大和臣。戊辰の役、上野戦争などで奮戦。
¶幕末（[生]天保15（1844）年　[没]明治11（1878）年9月19日）

吉田為幸＊　よしだためゆき
文政2（1819）年〜明治25（1892）年　江戸時代末期〜明治時代の和算家、尾張藩士。
¶数学（[没]明治25（1892）年11月4日）

吉田太郎＊　よしだたろう
天保2（1831）年〜慶応3（1867）年　江戸時代末期の筑前福岡藩士。
¶幕末（[没]慶応3（1867）年6月12日）

吉田太郎右衛門　よしだたろ（う）えもん
江戸時代前期の武士。大坂の陣で籠城。旧主長宗我部盛親に属した。
¶大坂

吉田忠七　よしだちゅうしち
江戸時代後期〜明治時代の工匠。
¶美工（[生]天保10（1839）年　[没]明治7（1874）年3月21日）

吉田長淑＊　よしだちょうしゅく
安永8（1779）年〜文政7（1824）年　[別]吉田成徳（よしだしげのり），吉田長叔（よしだながよし）　江戸時代後期の蘭方医。桂川甫周の弟子。
¶科学（[没]文政7（1824）年8月10日）

吉田経俊＊　よしだつねとし
建保2（1214）年〜建治2（1276）年10月18日　鎌倉時代前期の公卿（中納言）。藤原系の吉田家の祖。参議藤原資経の次男。
¶公卿，公家（経俊〔勧修寺家〕　つねとし）

吉田経長＊　よしだつねなが
延応1（1239）年〜延慶2（1309）年6月8日　[別]藤原経長（ふじわらのつねなが）　鎌倉時代後期の公卿（権大納言）。権中納言藤原為経の三男。
¶公卿，公家（経長〔甘露寺家〕　つねなが）

吉田庸徳＊　よしだつねのり
弘化1（1844）年〜明治13（1880）年　江戸時代末期〜明治時代の数学者、忍藩藩学校培根堂教授。数学、洋学などを学び、十八歳で算術書を編纂。著書に「西洋度量早見」など。
¶数学

吉田経房＊　よしだつねふさ
康治2（1143）年〜正治2（1200）年　[別]藤原経房（ふじわらつねふさ，ふじわらのつねふさ）　平安時代後期〜鎌倉時代前期の公卿（権大納言）。参議藤原為隆の孫。
¶公卿（藤原経房　ふじわらのつねふさ　[生]康治1（1142）年　[没]正治2（1200）年閏2月11日），公家（経房〔甘露寺家〕　つねふさ　[生]1142年　[没]正治2（1200）年閏2月11日），古人（藤原経房　ふじわらのつねふさ），コン（[生]康治2（1143年/1142）年），内乱，平家（藤原経房　ふじわらつねふさ　[生]康治1（1142）年）

吉田東篁＊　よしだとうこう
文化5（1808）年〜明治8（1875）年　江戸時代後期〜明治時代の儒者。

よ

¶幕末([生]文化5(1808)年8月1日 [没]明治8(1875)年5月2日)

吉田洞谷* よしだとうこく
生没年不詳 江戸時代末期の絵師。
¶幕末

吉田東洋* よしだとうよう
文化13(1816)年～文久2(1862)年 [別]吉田正秋(よしだまさあき) 江戸時代末期の土佐藩士、学塾少林塾長。
¶江人,コン,思想,全幕,幕末([生]文化13(1816)年6月 [没]文久2(1862)年4月8日),山小([没]1862年4月8日)

吉田東里* よしだとうり
文化10(1813)年～明治24(1891)年 江戸時代末期～明治時代の備後福山藩士。
¶幕末([没]明治24(1891)年1月3日)

吉田遠江* よしだとおとうみ
天保3(1832)年～? 江戸時代末期～明治時代の非蔵人。
¶幕末

吉田徳庵 よしだとくあん
江戸時代中期の眼科医。
¶眼医(生没年不詳)

吉田稔麿* よしだとしまろ
天保12(1841)年～元治1(1864)年 江戸時代末期の長州(萩)藩士。吉田松陰に師事、松門四天王の一人。
¶コン,全幕,幕末([生]天保12(1841)年閏1月24日 [没]元治1(1864)年6月5日)

吉田朋吉 よしだともきち
江戸時代末期～大正時代の機械技術者。
¶科学([生]嘉永7(1854)年4月29日 [没]大正15(1926)年5月9日)

吉田知国 よしだともくに
江戸時代後期の和算家、尼崎藩士。
¶数学

吉田友次* よしだともつぐ
?～寛文9(1669)年 [別]友次(ゆうじ),吉田友次(よしだゆうじ) 江戸時代前期の俳人(貞門)。
¶俳文(友次 ゆうじ 生没年不詳)

吉田知行 よしだともつら
江戸時代後期～大正時代の名古屋藩士。
¶幕末([生]天保14(1843)年12月21日 [没]大正2(1913)年5月22日)

吉田友直 よしだともなお
⇒吉田芝渓(よしだしけい)

吉田豊太夫* よしだとよだいゆう
文化5(1808)年～* [別]吉田豊太夫(よしだとよだゆう) 江戸時代末期の下総結城藩家老。
¶幕末(よしだとよだゆう [没]万延1(1861)年11月26日)

吉田豊太夫 よしだとよだゆう
⇒吉田豊太夫(よしだとよだいゆう)

吉田直樹* よしだなおき
文政3(1820)年～明治42(1909)年 江戸時代末期～明治時代の志士。勤王志士村田馬太郎、島村衛吉らを土佐藩家老五藤氏に紹介。
¶幕末([没]明治42(1909)年3月29日)

吉田長利 よしだながとし
⇒吉田壱岐(よしだいき)

吉田良義* よしだなかよし,よしだながよし
天保8(1837)年～明治23(1890)年 [別]吉田良義(よしだよしぎ,よしだよしのり) 江戸時代末期～明治時代の公家。条約幕府委任反対の八十八卿列参に参加。
¶公卿(よしだよしぎ [生]天保8(1837)年3月9日 [没]明治23(1890)年3月),公家(良義〔吉田家〕 なかよし [生]天保8(1837)年3月9日 [没]明治23(1890)年3月4日),幕末(よしだよしのり [生]天保8(1837)年3月9日 [没]明治23(1890)年3月4日)

吉田長叔 よしだながよし
⇒吉田長淑(よしだちょうしゅく)

嘉種親王 よしたねしんのう
⇒盈仁法親王(えいにんほうしんのう)

吉田信生* よしだのぶなり
生没年不詳 戦国時代の甲斐武田晴信の家臣。
¶武田

吉田連老 よしだのむらじおゆ
⇒吉田連老(きちたのむらじおゆ)

吉田連宜 よしだのむらじよろし
⇒吉田宜(きったのよろし)

吉田令世 よしだのりよ
⇒吉田活堂(よしだかつどう)

吉田春達 よしだはるたつ
江戸時代中期の代官。
¶徳代([生]宝永6(1709)年 [没]明和1(1764)年5月18日)

吉田半兵衛* よしだはんべえ
生没年不詳 江戸時代前期の浮世絵草創期の京都の絵師。
¶浮絵,江人,コン,美画([生]? [没]元禄6(1693)年)

吉田彦六郎 よしだひころくろう
江戸時代末期～昭和時代の化学者、京都帝国大学理工学大学教授。
¶科学([生]安政6(1859)年1月23日 [没]昭和4(1929)年3月3日)

吉田秀長* よしだひでなが
元禄16(1703)年～天明7(1787)年 江戸時代中期の幕府天文方吉田家の初代。
¶科学([没]天明7(1787)年9月16日),徳人

吉田秀升* よしだひでのり
延享2(1745)年～享和2(1802)年 [別]吉田秀升(よしだひでます) 江戸時代後期の暦学者。天文方。
¶科学,徳人

吉田秀升 よしだひでます
⇒吉田秀升(よしだひでのり)

吉田房五郎* よしだふさごろう
天保6(1835)年～元治1(1864)年 江戸時代末期の麻生藩士。
¶幕末([没]元治1(1864)年9月7日)

吉田冬方* よしだふゆかた
弘安8(1285)年～? 鎌倉時代後期の公卿(権中納言)。権大納言吉田経長の三男。
¶公卿,公家(冬方〔甘露寺家〕 ふゆかた)

吉田文三郎　よしだぶんざぶろう
世襲名　江戸時代の人形浄瑠璃の人形遣い、作者。江戸時代に活躍したのは、初世から3世。
¶江人

吉田文三郎〔1代〕*　よしだぶんざぶろう
？～宝暦10(1760)年　[別]吉田冠子〔1代〕(よしだかんし)　江戸時代中期の人形浄瑠璃の人形遣いの名手。三人遣い操法の完成者。
¶浮絵([没]宝暦11(1761)年),コン(代数なし)

吉田平左衛門　よしだへいざえもん
安土桃山時代の長宗我部元親の家臣吉田市左衛門政重の嫡男。
¶大坂([生]天正19年)

吉田平内*　よしだへいない
生没年不詳　安土桃山時代の織田信長の家臣。
¶織田

吉田平陽*　よしだへいよう
寛政2(1790)年～文久3(1863)年　江戸時代末期の秋月藩士。
¶幕末([没]文久3(1863)年2月29日)

吉田正秋　よしだまさあき
⇒吉田東洋(よしだとうよう)

吉田政重(1)　よしだまさしげ
安土桃山時代の武蔵国黛城城主。和泉守。武蔵国鉢形城城主北条氏邦の家臣。
¶後北(政重〔吉田(1)〕　まさしげ)

吉田政重*(2)　よしだまさしげ
生没年不詳　[別]吉田市左衛門政重(よしだいちざえもんまさしげ)　安土桃山時代～江戸時代前期の武士。
¶大坂(吉田市左衛門政重　よしだいちざえもんまさしげ　[生]永禄11年　[没]寛永5年9月4日),全戦,戦武([生]永禄11(1568)年　[没]寛永5(1628)年)

吉田正義*　よしだまさよし
天保8(1837)年～明治41(1908)年　江戸時代末期～明治時代の志士。西郷隆盛らの指導のもと、十津川郷士に洋式調練を課した。
¶幕末([没]明治41(1908)年3月20日)

吉田正由の母　よしだまさよしのはは★
江戸時代末期の女性。書簡。吉田家は代々、豊後臼杵藩主稲葉家に仕えた儒者。文久2年、正由宛の書簡が1通残る。
¶江表(吉田正由の母(大分県))

吉田又内*　よしだまたない
文化9(1812)年～明治1(1868)年　[別]吉田又内(よしだゆうない)　江戸時代末期の越後村松藩士。
¶幕末([没]慶応4(1868)年6月2日)

吉田万吉*　よしだまんきち
江戸時代末期の新撰組隊士。
¶新隊(生没年不詳)

吉田光好　よしだみつよし
江戸時代後期の和算家。
¶数学

吉田光由*　よしだみつよし
慶長3(1598)年～寛文12(1672)年11月21日　江戸時代前期の和算家。「塵劫記」の著者。
¶江人,科学,コン,数学,山小([没]1672年11月21日)

吉田源子*　よしだもとこ
安永9(1780)年～嘉永1(1848)年12月21日　江戸時代後期の女性。酒井忠学の娘の侍講を務めた。
¶江表(源子(兵庫県))

吉田元利*　よしだもととし
嘉永6(1853)年～明治43(1910)年　江戸時代末期～明治時代の会津藩士、教育家。戊辰の役には白虎寄合一番隊に編入。のち函館女学校校長など歴任。
¶幕末

吉田盛教　よしだもりのり
江戸時代前期～中期の幕臣。
¶徳人([生]1668年　[没]1695年)

吉田弥右衛門*　よしだやえもん
江戸時代中期の名主。川越イモを導入。
¶植物(生没年不詳)

吉田弥右衛門重親　よしだやえもんしげちか
江戸時代前期の長宗我部元親の家老上座吉田次郎左衛門貞重の子。
¶大坂([没]慶長20年5月6日)

吉田康俊*　よしだやすとし
＊～寛永11(1634)年　安土桃山時代～江戸時代前期の武士。
¶全戦([生]？　[没]寛永11(1634)年？)

吉田泰盛*　よしだやすもり
生没年不詳　安土桃山時代の北条氏の家臣。
¶後北(泰盛〔吉田(3)〕　やすもり)

吉田祐斎　よしだゆうさい
江戸時代後期の眼科医。
¶眼医(生没年不詳)

吉田友次　よしだゆうじ
⇒吉田友次(よしだともつぐ)

吉田又内　よしだゆうない
⇒吉田又内(よしだまたない)

吉田袖蘭*　よしだゆうらん
寛政9(1797)年～慶応2(1866)年　[別]吉田袖蘭(よしだしゅうらん)　江戸時代後期の女性。画家。
¶江表(袖蘭(京都府)),美画(よしだしゅうらん　[没]慶応2(1866)年4月9日)

吉田養軒　よしだようけん
江戸時代末期～明治時代の眼科医。
¶眼医(生没年不詳)

吉田要作*　よしだようさく
＊～昭和2(1927)年12月16日　江戸時代末期～大正時代の外交官、鹿鳴館館長。ウィーン万国博覧会事務官。イタリア、オランダ、ドイツに赴任。
¶幕末([生]嘉永4(1852)年12月11日)

吉田要輔*　よしだようすけ
弘化2(1845)年～明治1(1868)年　江戸時代末期の長州(萩)藩士。
¶幕末([没]明治1(1868)年9月14日)

吉田良義　よしだよしぎ
⇒吉田良義(よしだなかよし)

吉田佳国　よしだよしくに
江戸時代中期の代官。
¶徳代([生]元禄10(1697)年　[没]明和4(1767)年12月20日)

吉田良連*　よしだよしつれ
宝暦12(1762)年12月16日～文化10(1813)年6月12日　[別]卜部良連(うらべながつら)，吉田兼業(よしだかねなり)　江戸時代中期～後期の公家(非参議)。非参議吉田良倶の子。
¶公卿,公家(良連〔吉田家〕　よしつら)

吉田良倶*　よしだよしとも
元文4(1739)年12月19日～寛政8(1796)年　[別]吉田兼隆(よしだかねなが)　江戸時代中期の公家(非参議)。非参議吉田兼雄の子。
¶公卿([没]寛政8(1796)年2月24日),公家(良倶〔吉田家〕　よしとも　[没]寛政8(1796)年2月24日)

吉田嘉豊　よしだよしとよ
江戸時代の和算家。
¶数学

吉田吉長*　よしだよしなが
生没年不詳　戦国時代の北条氏の家臣。
¶後北(吉長〔吉田(3)〕　よしなが)

よ

吉田良長*　よしだよしなが
寛政4(1792)年9月10日～天保11(1840)年11月26日　[別]卜部良長(うらべよしおさ)　江戸時代後期の公家(非参議)。非参議吉田良連の子。
¶公卿,公家(良長〔吉田家〕　よしなが)

吉田良延　よしだよしのぶ
⇒吉田兼雄(よしだかねお)

吉田良義　よしだよしのり
⇒吉田良義(よしだなかよし)

吉田良凞*(吉田良煕)　よしだよしひろ
文化7(1810)年～明治1(1868)年　江戸時代末期の公家(非参議)。非参議吉田良長の子。
¶公卿(吉田良煕　[生]文化7(1810)年5月11日　[没]明治1(1868)年4月2日),公家(良煕〔吉田家〕　よしひろ　[生]文化7(1810)年5月11日　[没]慶応4(1868)年4月2日),幕末([生]文化7(1810)年5月11日　[没]慶応4(1868)年4月2日)

吉田蘭秀　よしだらんしゅう
⇒吉田蘭秀軒(よしだらんしゅうけん)

吉田蘭秀軒*　よしだらんしゅうけん
承応2(1653)年～元禄9(1696)年　[別]吉田蘭秀(よしだらんしゅう)，蘭秀(らんしゅう)　江戸時代中期の俳人。
¶俳文(蘭秀　らんしゅう　[没]元禄9(1696)年9月15日)

吉田了以　よしだりょうい
⇒角倉了以(すみのくらりょうい)

吉田禄在*　よしだろくざい
天保9(1838)年～大正5(1916)年　江戸時代末期～大正時代の政治家、衆議院議員。名古屋区長として区の発展に尽力、経済界でも第四十六国立銀行頭取歴任など様々な功績を残す。
¶幕末([没]大正5(1916)年3月3日)

吉嗣拝山　よしつぐはいざん
江戸時代後期～大正時代の日本画家。
¶美画([生]弘化3(1846)年　[没]大正4(1915)年1月11日)

吉利群吉*　よしとしぐんきち
生没年不詳　江戸時代末期の薩摩藩士。
¶幕末

吉年米蔵*　よしとしよねぞう
文化12(1815)年～慶応1(1865)年　江戸時代末期の人。天誅組河内勢。
¶幕末([没]慶応1(1865)年5月4日)

吉富簡一*　よしとみかんいち，よしどみかんいち
天保9(1838)年～大正3(1914)年1月18日　江戸時代末期～明治時代の豪農、政治家、衆議院議員。鴻城立憲党を結成、防長新聞社を創立。
¶コン,幕末(よしどみかんいち　[生]天保9(1838)年1月19日　[没]大正3(1914)年1月16日)

良富の母　よしとみのはは★
江戸時代後期の女性。俳諧。天保3年刊、守村鶯卿編『女百人一句』に載る。
¶江表(良富の母(京都府))

誉子内親王　よしないしんのう
⇒章義門院(しょうぎもんいん)

吉永升庵*　よしながしょうあん
明暦2(1656)年～享保20(1735)年　江戸時代中期の洋方医。
¶科学,コン

熙永親王*　よしながしんのう
正平17/貞治1(1362)年～永享9(1437)年　[別]永助(えいじょ)，永助親王(えいじょしんのう)，永助入道親王(えいじょにゅうどうしんのう)，永助法親王(えいじょほうしんのう，えいじょほっしんのう)　南北朝時代～室町時代の後光厳天皇の第5皇子。「新続古今和歌集」に入集。
¶天皇(永助法親王　えいじょほうしんのう　[生]貞治1(1362)年1月29日　[没]天授4(1437)年)

良成親王*　よしなりしんのう
生没年不詳　[別]良成親王(ながなりしんのう，りょうせいしんのう)　南北朝時代の後村上天皇の皇子。
¶コン(ながなりしんのう),内乱(ながなりしんのう),室町

吉成恒次郎*　よしなりつねじろう
文政7(1824)年～明治10(1877)年　江戸時代後期～明治時代の武士。
¶幕末([没]明治10(1877)年5月14日)

吉成信貞　よしなりのぶさだ
⇒吉成又右衛門(よしなりまたえもん)

吉成又右衛門*　よしなりまたえもん
寛政9(1797)年～嘉永3(1850)年　[別]吉成信貞(よしなりのぶさだ)　江戸時代末期の水戸藩士。
¶幕末([没]嘉永3(1850)年9月4日)

よしの
江戸時代末期の女性。俳諧。白河本町の辻楼の芸妓で、多芸であった。安政4年刊、面川鏘桜編『鯉鱗筆鑑』に載る。
¶江表(よしの(福島県))

吉野(――〔2代〕)　よしの
⇒吉野太夫(よしのだゆう)

吉野織部之助*　よしのおりべのすけ
？～寛永16(1639)年　江戸時代前期の新田開発者。武蔵野を開発。
¶コン

芳野金陵*　よしのきんりょう
享和2(1802)年～明治11(1878)年　江戸時代後期～明治時代の儒者。
¶コン,思想,徳人,幕末([生]享和2(1802)年12月20日　[没]明治11(1878)年8月5日)

吉(芳)野葛子・よしの＞葛子 よしのくずこ・よしののくずこ⋆
江戸時代中期の女性。狂歌。徳川家家臣山口彦三郎の妻。天明7年刊、宿屋飯盛編『古今狂歌袋』に載る。
¶江表(吉(芳)野葛子・よしの丶葛子(東京都))

芳野宮内少輔＊ よしのくないしょう
[別]芳野宮内少輔(ほうのくないのしょう) 安土桃山時代の武将。織田信雄の臣。
¶織田(ほうのくないのしょう 生没年不詳)

吉野三平 よしのさんぺい
⇒林忠左衛門(はやしちゅうざえもん)

吉野春山 よしのしゅんざん
⇒竹中重固(たけなかしげかた)

吉野昌覚 よしのしょうかく
江戸時代後期～明治時代の和算家。越後城山村の人。
¶数学([生]文化2(1805)年 [没]明治16(1883)年1月)

芳野菅子＊ よしのすげこ
天保8(1837)年2月4日～大正4(1915)年2月4日 江戸時代末期～明治時代の歌人。間宮八十子や橘曙覧に師事。没後「吉野菅子歌集」出版。
¶江表(菅子(福井県) すげこ)

吉野政介 よしのせいすけ
⇒黒沢五郎(くろさわごろう)

吉野太夫＊ よしのだゆう, よしのたゆう
慶長11(1606)年～寛永20(1643)年 [別]吉野, 吉野〔2代〕(よしの) 江戸時代前期の女性。京都の遊女。
¶江表(吉野(京都府)), コン, 女史(吉野 よしの)

吉野忠右衛門尉 よしのちゅうえもんのじょう
戦国時代の駿河国山本の土豪。葛山氏家臣。
¶武田(生没年不詳)

吉野彦助＊ よしのひこすけ
元和2(1616)年～元禄14(1701)年 江戸時代前期～中期の篤農家。
¶コン([生]?)

吉野みち＊ よしのみち
文化5(1808)年～明治16(1883)年 江戸時代末期～明治時代の田安家の奥女中。
¶江表(みち(東京都)), 女史

吉野屋慶寿＊ よしのやけいじゅ
?～元禄15(1702)年 江戸時代前期～中期の越中富山藩御用商人。
¶コン

吉野遊平 よしのゆうへい
江戸時代後期～明治時代の庄内藩士。
¶幕末([生]文化8(1811)年 [没]明治18(1885)年9月13日)

義教 よしのり
⇒足利義教(あしかがよしのり)

吉橋和泉守＊ よしはしいずみのかみ
?～元和4(1619)年11月28日 安土桃山時代～江戸時代前期の武蔵鉢形城主北条氏邦の家臣。
¶後北(和泉守〔吉橋〕 いずみのかみ [没]元和4年11月28日)

吉橋大膳亮＊ よしはしだいぜんのすけ
生没年不詳 戦国時代の武蔵鉢形城主北条氏邦の家臣。
¶後北(大膳亮〔吉橋〕 だいぜんのすけ)

吉原玄蕃助 よしはらげんばのすけ
戦国時代の北条氏康の家臣。正木氏に属した。
¶後北(玄蕃助〔吉原(2)〕 げんばのすけ)

吉原重俊＊ よしはらしげとし
弘化2(1845)年～明治20(1887)年12月19日 江戸時代末期～明治時代の銀行家、大蔵官僚、日本銀行総裁、旧鹿児島藩士。大蔵大書記官、大蔵少輔を歴任、初代日銀総裁。
¶幕末([生]弘化2(1845)年4月)

吉原主馬允＊ よしはらしゅめのじょう
生没年不詳 戦国時代の遠山直景の家臣。
¶後北(安能〔吉原(1)〕 やすよし)

吉原新兵衛 よしはらしんべえ
⇒吉原新兵衛(よしわらしんべえ)

吉原真龍＊ よしはらしんりゅう
文化1(1804)年～安政3(1856)年 [別]吉原真竜(よしわらしんりゅう) 江戸時代末期の画家。
¶浮絵(よしわらしんりゅう), 美画(よしわらしんりゅう [生]文化1(1804)年8月13日 [没]安政3(1856)年7月7日)

吉原酔雨＊ よしはらすいう
文政2(1819)年～明治26(1893)年 [別]酔雨(すいう) 江戸時代後期～明治時代の俳人。
¶俳文(酔雨 すいう [没]明治26(1893)年3月27日)

吉原西雲＊ よしはらせいうん
?～天正8(1580)年8月 戦国時代～安土桃山時代の織田信長の家臣。
¶織田

善原内親王 よしはらないしんのう
⇒善原内親王(よしはらのないしんのう)

善原内親王＊ よしはらのないしんのう
?～貞観5(863)年 [別]善原内親王(よしはらないしんのう) 平安時代前期の女性。桓武天皇の皇女。
¶古人(よしはらないしんのう)

義久 よしひさ
⇒島津義久(しまづよしひさ)

能久親王 よしひさしんのう
⇒北白川宮能久親王(きたしらかわのみやよしひさしんのう)

能秀 よしひで
⇒門司能秀(もじよしひで)

栄仁親王＊ よしひとしんのう
正平6/観応2(1351)年～応永23(1416)年 [別]栄仁親王(なかひとしんのう) 南北朝時代～室町時代の皇族。北朝崇光天皇の第1皇子。
¶天皇([生]観応2/正平6(1351)年 [没]応永23(1416)年11月20日)

義仁親王 よしひとしんのう
⇒義仁法親王(ぎにんほっしんのう)

佳姫 よしひめ⋆
江戸時代後期～末期の女性。和歌。出羽秋田藩主佐竹義厚の娘。
¶江表(佳姫(愛媛県) [生]天保8(1837)年 [没]明治1(1868)年)

義姫 よしひめ
⇒保春院（ほしゅんいん）

吉平* よしひら
生没年不詳 鎌倉時代の備前国福岡一文字派の刀工。
¶美工

由平 よしひら
⇒前川由平（まえかわよしひら）

義弘 よしひろ
⇒郷義弘（ごうのよしひろ）

慶広 よしひろ
⇒松前慶広（まつまえよしひろ）

吉弘鑑理* よしひろあきただ
？～元亀2（1571）年？ [別]吉弘鑑理（よしひろあきまさ） 戦国時代の武士。
¶全戦（よしひろあきまさ [没]元亀2（1571）年），戦武（[生]永正16（1519）年？）

吉弘鑑理 よしひろあきまさ
⇒吉弘鑑理（よしひろあきただ）

吉弘菊潭 よしひろきくたん
⇒吉弘元常（よしひろもとつね）

吉弘鎮種 よしひろしげたね
⇒高橋紹運（たかはしじょううん）

吉弘鎮信* よしひろしげのぶ
？～天正6（1578）年 戦国時代～安土桃山時代の武士。
¶全戦，戦武（[生]天文10（1541）年？）

吉弘統幸* よしひろむねゆき
？～慶長5（1600）年 安土桃山時代の武士。
¶戦武（[生]永禄7（1564）年）

吉弘元常* よしひろもとつね
寛永20（1643）年～元禄7（1694）年 [別]吉弘菊潭（よしひろきくたん） 江戸時代前期～中期の修史家。
¶コン

吉深 よしふか
⇒石出常軒（いしでじょうけん）

吉房* よしふさ
生没年不詳 鎌倉時代の備前国福岡一文字派の刀工。
¶美工

善淵愛成 よしぶちちかなり
⇒善淵愛成（よしぶちのちかなり）

善淵愛成 よしぶちのあいせい
⇒善淵愛成（よしぶちのちかなり）

善淵朝臣永貞 よしぶちのあそんながさだ
⇒善淵永貞（よしぶちのながさだ）

善淵朝臣広岑* よしぶちのあそんひろみね
[別]善淵広岑（よしぶちのひろみね） 平安時代前期の明経家。
¶古代

善淵愛成* よしぶちのちかなり
生没年不詳 [別]善淵愛成（よしぶちちかなり，よしぶちのあいせい） 平安時代前期の学者。
¶古人

善淵永貞* よしぶちのながさだ
弘仁4（813）年～仁和1（885）年 [別]善淵朝臣永貞（よしぶちのあそんながさだ） 平安時代前期の明経家。
¶古人，古代（善淵朝臣永貞 よしぶちのあそんながさだ）

善淵広岑 よしぶちのひろみね
⇒善淵朝臣広岑（よしぶちのあそんひろみね）

義政 よしまさ
⇒足利義政（あしかがよしまさ）

吉益東洞* よしますとうどう
元禄15（1702）年5月～安永2（1773）年9月25日 江戸時代中期の医師。万病一毒説を提唱。
¶江人，科学，眼医，コン，思想，山小（[生]1702年5月 [没]1773年9月25日）

吉益南涯* よしますなんがい
寛延3（1750）年～文化10（1813）年 江戸時代中期～後期の医師。東洞の長男。
¶科学（[没]文化10（1813）年6月13日），コン

吉益亮子 よしますりょうこ
江戸時代末期～明治時代の日本初の米国女子留学生の1人。
¶全幕（[生]安政4（1857）年 [没]明治19（1886）年）

芳松 よしまつ★
江戸時代末期の女性。和歌。大坂北新地の遊女。安政4年刊、黒沢翁満編『類題採風集』二に載る。
¶江表（芳松（大阪府））

吉松万齢* よしまつかずなが
文化7（1810）年～明治4（1871）年 江戸時代末期～明治時代の土佐国高知城下藩士。小目付役兼武芸役。
¶幕末（[生]文化7（1810）年6月 [没]明治4（1871）年11月17日）

吉松五介 よしまつごすけ
江戸時代前期の長宗我部盛親の配下。
¶大坂

吉松主膳正澄 よしまつしゅぜんまさずみ
江戸時代前期の長宗我部元親の女婿で、長宗我部盛親の妹婿とされるが、実否不明。
¶大坂

吉松純* よしまつじゅん
天保9（1838）年～明治41（1908）年 江戸時代末期～明治時代の医学者。郡で西洋式医学の第一人者。勤王の志厚く国事に奔走。
¶幕末（[没]明治41（1908）年12月22日）

吉松甚左衛門光純 よしまつじんざえもんみつずみ
江戸時代前期の長宗我部元親の家臣吉松左衛門尉光明の子。
¶大坂（[没]慶長20年）

吉松速之助* よしまつはやのすけ
弘化2（1845）年～明治10（1877）年 江戸時代末期～明治時代の陸軍軍人、少佐。鳥羽・伏見の戦いで、藩兵隊長として伏見を守り、そのときの速断が土佐藩の立場を決定。
¶幕末（[生]弘化2（1845）年1月23日 [没]明治10（1877）年3月23日）

ヨシミ
江戸時代の女性。教育。滝行の修験者佐元の妻。村の女性達に裁縫を教えた。

¶江表(ヨシミ(岩手県))

芳見 よしみ★
江戸時代中期の女性。教育。小沢氏。安永5年、麹町平河町の寺子屋三水堂を再興。
¶江表(芳見(東京都))

吉見亥三郎* よしみいさぶろう
嘉永4(1851)年～明治5(1872)年 江戸時代末期～明治時代の加賀藩老本多氏旧臣。主君本多政均の仇岡野悌五郎を刺殺。
¶幕末([没]明治5(1872)年11月4日)

吉見氏頼* よしみうじより
生没年不詳 南北朝時代の武将。
¶内乱,室町

吉見左膳 よしみさぜん
⇒伊能友鷗(いのうゆうおう)

好女 よしみじょ★
江戸時代末期の女性。和歌。尾張名古屋の人。文久1年序、村上忠順編『類題和歌玉藻集』二に載る。
¶江表(好女(愛知県))

滋水清実* よしみずのきよみ
[別]滋水朝臣清実(しげみずのあそんきよみ),滋水清実(しげみずのきよみ) 平安時代前期の皇族。光孝天皇の皇子。
¶古人(しげみずのきよみ 生没年不詳),古人(生没年不詳),古代(滋水朝臣清実 しげみずのあそんきよみ),天皇(生没年不詳)

滋水清実母布勢氏 よしみずのきよみのははふせうじ
⇒布施氏(ふせうじ)

吉水僧正 よしみずのそうじょう
⇒慈円(じえん)

吉見惣太郎* よしみそうたろう
文化9(1812)年～慶応2(1866)年 江戸時代末期の水戸藩士。
¶幕末([没]慶応2(1866)年10月27日)

善道真貞* よしみちのさねさだ
神護景雲2(768)年～承和12(845)年 [別]善道真貞(よしみちのまさだ) 平安時代前期の学者、令義解撰修者。
¶古人(よしみちのまさだ)

善道真貞 よしみちのまさだ
⇒善道真貞(よしみちのさねさだ)

義満 よしみつ
⇒足利義満(あしかがよしみつ)

吉光*(1) よしみつ
生没年不詳 [別]粟田口藤四郎(あわたぐちとうしろう),粟田口吉光(あわたぐちよしみつ) 鎌倉時代の刀工。担刀の名手。
¶コン(粟田口吉光 あわたぐちよしみつ),中世(粟田口吉光 あわたぐちよしみつ),美工(粟田口吉光 あわたぐちよしみつ)

吉光(2) よしみつ
刀工。古刀期から現代まで同名が多数いる。
¶山小

良岑朝臣長松 よしみねのあそんながまつ
⇒良岑長松(よしみねのながまつ)

良岑朝臣安世 よしみねのあそんやすよ
⇒良岑安世(よしみねのやすよ)

良岑木連* よしみねのいたび
延暦23(804)年～嘉祥2(849)年 平安時代前期の大納言安世の一男。
¶古人

良岑清風* よしみねのきよかぜ
弘仁11(820)年～貞観5(863)年 平安時代前期の大納言正三位安世の第三子。
¶古人

良岑周子 よしみねのしゅうし
平安時代前期の女性。光孝天皇更衣か。
¶天皇(生没年不詳)

良岑高春* よしみねのたかはる
生没年不詳 平安時代後期の武士。
¶古人

良岑長松* よしみねのながまつ
弘仁5(814)年～元慶3(879)年 [別]良岑朝臣長松(よしみねのあそんながまつ) 平安時代前期の官人。遣唐使准判官。
¶古人,古代(良岑朝臣長松 よしみねのあそんながまつ)

良峰美子* よしみねのびし
生没年不詳 [別]良岑美子(よしみねのよしこ) 平安時代中期の内裏女房。円融天皇の乳母。
¶古人(良岑美子 よしみねのよしこ)

良岑秀崇 よしみねのひでおか
⇒良岑秀崇(よしみねひでおか)

良岑秀崇 よしみねのひでたか
⇒良岑秀崇(よしみねひでおか)

良峯宗貞(良岑宗貞) よしみねのむねさだ
⇒遍昭(へんじょう)

良峯衆樹*(良岑衆樹) よしみねのもろき
貞観4(862)年～延喜20(920)年9月25日 平安時代前期～中期の公卿(参議)。大納言良峯安世の孫。
¶公卿,古人(良岑衆樹)

良岑安世*(良峯安世,良峰安世) よしみねのやすよ
延暦4(785)年～天長7(830)年 [別]良岑朝臣安世(よしみねのあそんやすよ),良岑安世(よしみねやすよ) 平安時代前期の公卿(大納言)。桓武天皇の子。
¶公卿(良峯安世 [没]天長7(830)年7月6日),古人,古代(良岑朝臣安世 よしみねのあそんやすよ),コン,思想,天皇(良峰安世 [没]天長7(830)年7月6日),山小([没]830年7月6日)

良峯義方*(良岑義方) よしみねのよしかた
?～天暦11(957)年 [別]良岑義方(よしみねよしかた) 平安時代の画家。
¶古人(良岑義方)

良岑義方女* よしみねのよしかたのむすめ
生没年不詳 [別]良岑義方女(よしみねよしかたのむすめ) 平安時代中期の歌人。
¶古人

良岑美子 よしみねのよしこ
⇒良峰美子(よしみねのびし)

良岑秀崇* よしみねひでおか
生没年不詳 [別]良岑秀崇(よしみねのひでおか,よしみねのひでたか) 平安時代前期の官人、歌人。
¶古人(よしみねのひでたか)

よしみね *2368*

良岑安世　よしみねやすよ
⇒良岑安世（よしみねのやすよ）

良岑義方　よしみねよしかた
⇒良峯義方（よしみねのよしかた）

良岑義方女　よしみねよしかたのむすめ
⇒良岑義方女（よしみねのよしかたのむすめ）

吉見尼　よしみのあま
鎌倉時代前期の女性。文暦2年7月6日付の鎌倉幕府の裁許状にみえる。
¶女史（生没年不詳）

吉身臣三田次*　よしみのおみみたすき
㊞吉身三田次（よしみのみたすき）　奈良時代の近江国滋賀軍団少毅。
¶古代

吉身三田次　よしみのみたすき
⇒吉身臣三田次（よしみのおみみたすき）

吉見広頼*　よしみひろより
天文4（1535）年～慶長18（1613）年　安土桃山時代～江戸時代前期の武将。
¶戦武

吉見正頼*　よしみまさより
永正10（1513）年～天正16（1588）年　戦国時代～安土桃山時代の武士。
¶全戦、戦武

吉見三河*（吉見参河）**　よしみみかわ**
天保6（1835）年～？　江戸時代末期～明治時代の非蔵人。
¶幕末

吉見幸和*　よしみゆきかず
延宝1（1673）年～宝暦11（1761）年　㊞吉見幸和（よしみよしかず）　江戸時代中期の神道家。「五部書説弁」の著者。
¶コン、思想（よしみよしかず）

吉見幸和　よしみよしかず
⇒吉見幸和（よしみゆきかず）

吉見義方　よしみよしかた
江戸時代中期～後期の幕臣。
¶徳人（㊞1780年　㊡1841年）

吉見頼隆*　よしみよりたか
生没年不詳　南北朝時代の武将。
¶内乱

吉見頼弘*　よしみよりひろ
？～文安3（1446）年　室町時代の武将。
¶室町（生没年不詳）

吉見蓮子*　よしみれんこ
正保1（1644）年～正徳1（1711）年9月27日　江戸時代前期～中期の「つくしおび」の著者。
¶江表（蓮子（愛知県）　㊞寛永21（1644）年　㊡宝永8（1711）年）

善統親王　よしむねしんのう
⇒善統親王（ぜんとうしんのう）

令宗惟季　よしむねのこれすえ
平安時代後期の官人。
¶古人（生没年不詳）

令宗允亮　よしむねのただすけ
⇒惟宗允亮（これむねのただすけ）

令宗道成*　よしむねのみちなり
生没年不詳　平安時代中期の官吏。
¶古人

芳村伊三郎〔2代〕*　よしむらいさぶろう
享保20（1735）年～文政3（1820）年11月29日　㊞芳村伊十郎〔1代〕（よしむらいじゅうろう）　江戸時代後期の長唄唄方。
¶コン

芳村伊三郎〔3代〕*　よしむらいさぶろう
宝暦4（1754）年～天保4（1833）年　㊞坂田仙四郎〔2代〕（さかたせんしろう）、芳村伊四郎〔1代〕（よしむらいしろう）、芳村伊十郎〔2代〕（よしむらいじゅうろう）　江戸時代後期の長唄唄方。
¶コン

芳村伊三郎〔6代〕*　よしむらいさぶろう
文政6（1823）年～明治35（1902）年5月10日　江戸時代末期～明治時代の江戸長唄の家元。相続した折「勧進帳」をつとめた。
¶コン

芳村伊十郎〔1代〕　よしむらいじゅうろう
⇒芳村伊三郎〔2代〕（よしむらいさぶろう）

芳村伊十郎〔2代〕　よしむらいじゅうろう
⇒芳村伊三郎〔3代〕（よしむらいさぶろう）

芳村伊十郎〔3代〕　よしむらいじゅうろう
⇒吉住小三郎〔2代〕（よしずみこさぶろう）

芳村伊十郎〔6代〕　よしむらいじゅうろう
江戸時代末期～昭和時代の長唄唄方。
¶歌大（㊞安政5（1858）年12月17日　㊡昭和10（1935）年10月3日）

芳村伊四郎〔1代〕　よしむらいしろう
⇒芳村伊三郎〔3代〕（よしむらいさぶろう）

吉村和泉守重吉　よしむらいずみのかみしげよし
室町時代の大工。
¶美建（生没年不詳）

吉村氏吉*　よしむらうじよし
生没年不詳　安土桃山時代の織田信長の家臣。
¶織田、全戦

吉村貫一郎*　よしむらかんいちろう
㊞嘉村権太郎（かむらごんたろう）　江戸時代末期の新撰組隊士。
¶新隊（㊞天保11（1840）年　㊡明治1（1868）年1月15日）、全幕（㊞天保11（1840）年　㊡明治3（1871）年）、徳人（㊞1840年　㊡？）、幕末（嘉村権太郎　かむらごんたろう）　㊞天保9（1838）年　㊡慶応4（1868）年1月15日）、幕末（㊞天保11（1840）年　㊡慶応4（1868）年1月）

吉村喜助　よしむらきすけ
江戸時代前期の香宗我部親泰・長宗我部盛親の家臣。
¶大坂（㊡慶長20年5月7日）

吉村源介*　よしむらげんすけ
生没年不詳　安土桃山時代の織田信長の家臣。
¶織田

吉村孝敬*　よしむらこうけい
明和6（1769）年～天保7（1836）年　㊞吉村蘭陵（よしむららんりょう）　江戸時代後期の円山派の画家。

¶コン, 美画

吉村小助之敬 よしむらこすけゆきよし
江戸時代前期の筒井定次の家臣。
¶大坂

吉村小太郎要之 よしむらこたろうとしゆき
安土桃山時代～江戸時代前期の筒井定次の家臣。
¶大坂(㊐永禄7年 ㊣慶長20年5月7日)

芳村五郎治〔1代〕 よしむらごろうじ
⇒吉住小三郎〔2代〕(よしずみこさぶろう)

吉村権左衛門* よしむらごんざえもん
文政3(1820)年～明治1(1868)年 ㊊吉村宣範(よしむらのぶのり) 江戸時代末期の桑名藩家老。
¶全幕(㊣慶応4(1868)年), 幕末(吉村宣範 よしむらのぶのり ㊣慶応4(1868)年閏4月3日)

吉村左門 よしむらさもん
安土桃山時代～江戸時代前期の播磨牢人。
¶大坂

吉村周山* よしむらしゅうざん
?～安永5(1776)年 江戸時代中期の根付師。
¶浮絵(㊐元禄13(1700)年 ㊣安永2(1773)年?), 美工

吉村秋陽* よしむらしゅうよう
寛政9(1797)年～慶応2(1866)年 江戸時代末期の儒学者。
¶思想, 幕末(㊣慶応2(1866)年10月9日)

吉村春峰* よしむらしゅんぽう
天保7(1836)年～明治14(1881)年12月2日 ㊊吉村春峰(よしむらはるみね) 江戸時代末期～明治時代の国学者。各地の庄屋を歴任。高知県庁に出仕。「土佐国群書類従」など編集。
¶幕末(よしむらはるみね ㊐天保7(1836)年7月)

吉村二郎* よしむらじろう
江戸時代末期の新撰組隊士。
¶新隊(生没年不詳)

吉村新太郎* よしむらしんたろう
江戸時代末期の新撰組隊士。
¶新隊(生没年不詳)

吉村長兵衛* よしむらちょうべえ
文政5(1822)年～明治21(1888)年 江戸時代末期～明治時代の津藩士。戊辰の役では新政府軍の鎮撫総督府参謀を務めた。
¶幕末(㊐文政5(1822)年9月15日 ㊣明治21(1888)年10月30日)

吉村寅太郎*(吉村虎太郎) よしむらとらたろう
天保8(1837)年～文久3(1863)年 江戸時代末期の土佐藩士、天誅組幹部。土佐勤王党結成に参画。
¶江人(吉村虎太郎), コン, 詩作(吉村虎太郎 ㊐天保8(1837)年4月18日 ㊣文久3(1863)年9月27日), 全幕, 幕末(吉村虎太郎 ㊐天保8(1837)年4月18日 ㊣文久3(1863)年9月27日), 山小(㊐1837年4月18日 ㊣1863年9月27日)

吉村宣範 よしむらのぶのり
⇒吉村権左衛門(よしむらごんざえもん)

吉村八郎兵衛 よしむらはちろ(う)びょうえ
江戸時代前期の人。千姫に奉仕。
¶大坂

吉村春峰 よしむらはるみね
⇒吉村春峰(よしむらしゅんぽう)

吉村斐山* よしむらひざん
文政5(1822)年～明治15(1882)年 江戸時代末期～明治時代の儒学者、教育者。廃藩後、家塾の咬菜塾を開き門人を育てた。
¶幕末(㊣明治15(1882)年9月11日)

吉村武右衛門 よしむらぶえもん
安土桃山時代～江戸時代前期の黒田長政の家臣。後に牢人。
¶大坂(㊐文禄1年 ㊣延宝3年2月17日)

芳村正秉* よしむらまさもち
天保10(1839)年～大正4(1915)年 江戸時代末期～明治時代の宗教家、神習教教祖。山岳修行を行い、神習講を結成。著書に「宇宙の精神」。
¶幕末(㊣明治42(1909)年12月28日)

吉村光高* よしむらみつたか
?～享和1(1801)年 江戸時代中期～後期の藩士。
¶数学

吉村芳太郎* よしむらよしたろう
天保10(1839)年4月1日～大正6(1917)年2月23日 江戸時代後期～明治時代の新撰組隊士。
¶新隊

吉村蘭陵 よしむららんりょう
⇒吉村孝敬(よしむらこうけい)

吉女 よしめ
江戸時代中期～末期の女性。狂歌・川柳。相模厚木の商人近江屋の竹村源助の妻。
¶江表(吉女(神奈川県) ㊐天明7(1787)年 ㊣安政5(1858)年)

吉持茂右衛門* よしもちもえもん
文化3(1806)年～明治11(1878)年 江戸時代末期～明治時代の篤志家。鳥取藩に用水路開発を請願。十四年後完成。
¶幕末

良基 よしもと
⇒二条良基(にじょうよしもと)

好本数次 よしもとかずつぐ
江戸時代後期～明治時代の和算家。和気郡南部18ヶ村の大庄屋。
¶数学(㊐寛政9(1797)年 ㊣明治4(1871)年4月17日)

好本純蔵* よしもとじゅんぞう
弘化3(1846)年～大正7(1918)年12月11日 江戸時代末期～明治時代の医師。西南戦争、日露戦争などに従軍して傷兵の治療に当たった。
¶幕末

吉本任* よしもとたもつ
文化13(1816)年～明治14(1881)年 江戸時代末期～明治時代の医師。本国と江戸で勤務のかたわら医業にも従事。
¶幕末(㊣明治14(1881)年4月24日)

吉本培助* よしもとばいすけ
弘化1(1844)年～元治1(1864)年 江戸時代末期の志士。
¶幕末(㊐天保15(1844)年5月7日 ㊣元治1(1864)年9月5日)

よしや
⇒よしや思鶴(よしやうみちる)

よしやう

よしや思鶴*（吉屋思鶴）　よしやうみちる
生没年不詳　劔よしや，よしや思鶴（よしやうみつる），吉屋思鶴（よしやめつる），吉屋つる（よしやつる）　江戸時代中期の女性。琉球の人。
¶江表（よしや（沖縄県）　㊦慶安3（1650）年　㊧寛文8（1668）年），コン（吉屋思鶴　よしやめつる）

よしや思鶴　よしやうみつる
⇒よしや思鶴（よしやうみちる）

吉屋思鶴　よしやめつる
⇒よしや思鶴（よしやうみちる）

吉屋つる　よしやつる
⇒よしや思鶴（よしやうみちる）

余承祐　よしょうゆう
⇒大内熊耳（おおうちゅうじ）

慶頼王　よしよりおう
⇒慶頼王（けいらいおう）

与次郎　よじろう
⇒辻与次郎（つじよじろう）

吉分大魯　よしわけたいろ，よしわけだいろ
⇒大魯（たいろ）

吉原新兵衛*　よしわらしんべえ
生没年不詳　劔吉原新兵衛（よしはらしんべえ）戦国時代の武士。後北条氏家臣。
¶後北（新兵衛〔吉原(1)〕　しんべえ）

吉原真竜　よしわらしんりゅう
⇒吉原真龍（よしはらしんりゅう）

余秦勝*　よしんしょう
奈良時代の陰陽家。
¶古代

よせ
江戸時代後期の女性。和歌。越後渡里町の猪俣伝兵衛の娘。天保11年から同12年に成立，富取正誠編「雲居の杖」に載る。
¶江表（よせ（新潟県））

よせ女　よせじょ*
江戸時代末期の女性。俳諧。越後下新の人。安政3年刊，里正斎庵鷺眼編『新葉集』に載る。
¶江表（よせ女（新潟県））

よそ(1)
江戸時代中期の女性。俳諧。駿河天満の人。明和8年刊，六花庵乙児編『伊豆十二歌仙附録』に載る。
¶江表（よそ（静岡県））

よそ(2)
江戸時代中期の女性。俳諧。彦根の人。享保5年刊，備中足守連の『目団扇』に載る。
¶江表（よそ（滋賀県））

よそ(3)
江戸時代後期の女性。俳諧。美濃の人か。文化4年刊，周和編『落葉集』に載る。
¶江表（よそ（岐阜県））

与三右衛門　よそうえもん
安土桃山時代の信濃国筑摩郡小芹・大久保・花見の土豪。塔原海野氏の被官とみられる。
¶武田（生没年不詳）

与三左衛門(1)　よそうざえもん
安土桃山時代の信濃国筑摩郡小立野の土豪。日岐氏の被官とみられる。
¶武田（生没年不詳）

与三左衛門(2)　よそうざえもん
安土桃山時代の信濃国筑摩郡生野の土豪。塔原海野氏の被官とみられる。
¶武田（生没年不詳）

世襲足姫*（世襲足媛）　よそたらしひめ
劔大井媛（おおいひめ），世襲足媛皇后（よそたらしひめのこうごう），世襲足媛命（よそたらしひめのみこと）　上代の女性。孝昭天皇の皇后。
¶古代（世襲足媛），天皇（世襲足媛命　よそたらしひめのみこと）

世襲足媛皇后　よそたらしひめのこうごう
⇒世襲足姫（よそたらしひめ）

世襲足媛命　よそたらしひめのみこと
⇒世襲足姫（よそたらしひめ）

与多王　よたおう
飛鳥時代の弘文天皇の皇子。
¶天皇（生没年不詳）

依田興繁　よだおきしげ
戦国時代の信濃佐久郡の国衆。
¶武田（生没年不詳）

依田織衛*　よだおりえ
天保7（1836）年～？　江戸時代後期～末期の新撰組隊士。
¶新隊

依田学海　よだがくかい
⇒依田学海（よだがっかい）

依田学海*　よだがっかい
天保4（1833）年～明治42（1909）年　劔依田学海（よだがくかい），依田百川（よだひゃくせん）　江戸時代末期～明治時代の演劇評論家，劇作家。演劇改良運動を推進。劇作に「吉野拾遺名歌誉」（共作）など。
¶歌大（㊦天保4（1833）年11月24日　㊧明治42（1909）年12月27日），コン（よだがくかい），思想，新歌，全幕（よだがくかい），幕末（依田百川　よだひゃくせん　㊦天保4（1834）年11月24日　㊧明治42（1909）年12月27日）

依田貞鎮*　よださだしず
天和1（1681）年～宝暦14（1764）年3月17日　劔依田貞鎮（いださだかね），依田偏無為（いだへんむい）　江戸時代中期の神道家。「旧事大成経」の研究者。
¶コン（㊧明和1（1764）年），思想（㊧明和1（1764）年）

依田新九郎　よだしんくろう
戦国時代の信濃佐久郡の国衆とみられる。
¶武田（生没年不詳）

依田新左衛門　よだしんざえもん
戦国時代の望月氏の家臣。
¶武田（生没年不詳）

依田季広　よだすえひろ
安土桃山時代の信濃佐久郡の国衆。
¶武田（生没年不詳）

依田駿河守　よだするがのかみ
安土桃山時代の佐久郡の国衆か。

¶武田（生没年不詳）

依田大膳亮* よだだいぜんのすけ
生没年不詳　戦国時代の北条氏の家臣。
¶後北（師治〔依田〕　もろはる）

依田隆総 よだたかふさ
戦国時代の武田氏の家臣。
¶武田（生没年不詳）

依田直恒 よだなおつね
⇒依田伴蔵（よだばんぞう）

依田長繁 よだながしげ
戦国時代の信濃佐久郡の国衆。
¶武田（生没年不詳）

依田某 よだなにがし
戦国時代の相模国玉縄城主北条為昌の家臣。
¶後北（某〔依田〕　なにがし）

依田縫右衛門 よだぬいえもん
戦国時代の甲斐国河内下山の人。
¶武田（生没年不詳）

依田信蕃* よだのぶしげ
天文17（1548）年～天正11（1583）年　[別]芦田信蕃，蘆田信蕃（あしだのぶしげ）　安土桃山時代の信濃国の武将。
¶戦武，武田（[没]天正11（1583）年2月23日），徳松

依田信季 よだのぶすえ
安土桃山時代の信濃佐久郡の国衆。天正壬午の乱において、北条氏直に従う。
¶武田（生没年不詳）

依田信政 よだのぶまさ
安土桃山時代～江戸時代前期の代官。
¶徳代（[生]元亀1（1570）年　[没]寛文2（1662）年1月11日）

依田信盛 よだのぶもり
戦国時代の信濃国衆とみられる。
¶武田（生没年不詳）

依田伴蔵* よだばんぞう
文政6（1823）年～慶応2（1866）年　[別]依田直恒（よだなおつね）　江戸時代末期の宮津藩士。
¶幕末（[生]文政6（1823）年3月23日　[没]慶応2（1866）年7月）

依田秀□ よだひで□
戦国時代の武田氏の家臣、望月氏の被官であろう。
¶武田（生没年不詳）

依田百川 よだひゃくせん
⇒依田学海（よだがっかい）

依田武兵衛 よだぶひょうえ
安土桃山時代の高天神籠城衆。
¶武田（[生]？　[没]天正9（1581）年3月22日）

依田政次* よだまさつぐ
生没年不詳　江戸時代中期の武士。
¶徳人（[生]1703年　[没]1783年）

依田政恒(1) よだまさつね
江戸時代中期の佐渡奉行。
¶徳代（[生]享保2（1717）年　[没]安永9（1780）年10月9日）

依田政恒*(2) よだまさつね
天保12（1841）年～明治39（1906）年　江戸時代末期～明治時代の幕臣。維新後は徳川慶喜に従って駿府に移住。
¶幕末（[没]明治39（1906）年2月26日）

依田昌雅 よだまさまさ
戦国時代の信濃佐久郡の国衆か。
¶武田（生没年不詳）

依田又右衛門尉 よだまたえもんのじょう
安土桃山時代～江戸時代前期の甲斐国巨摩郡河内下部村の土豪。
¶武田（生没年不詳）

依田杢左衛門 よだもくざえもん
安土桃山時代の高天神籠城衆。
¶武田（[生]？　[没]天正9（1581）年3月22日）

依田盛克 よだもりかつ
？～明治31（1898）年　江戸時代末期～明治時代の幕臣。
¶徳人，幕末（[没]明治31（1898）年3月17日）

依田盛照 よだもりてる
*～正徳2（1712）年　江戸時代前期～中期の幕臣、代官。
¶徳人（[生]1631年），徳代（[生]寛永9（1632）年　[没]正徳2（1712）年4月8日）

依田康国* よだやすくに
元亀1（1570）年～天正18（1590）年　[別]蘆田康国（あしだやすくに），松平康国（まつだいらやすくに）　安土桃山時代の信濃国の武将。依田信蕃の長子。
¶徳松

依田康真* よだやすざね
天正2（1574）年～？　安土桃山時代の武将。
¶徳松

依田康信* よだやすのぶ
生没年不詳　戦国時代の北条氏の家臣。
¶後北（康信〔依田〕　やすのぶ）

依田頼房 よだよりふさ
戦国時代の武田氏の家臣、望月氏の被官であろう。
¶武田（生没年不詳）

依田立慶 よだりゅうけい
安土桃山時代の信濃佐久郡の国衆。
¶武田（[生]？　[没]天正9（1581）年3月22日）

よつ
江戸時代後期の女性。俳諧。越前滝谷の人。寛政9年刊、加藤甫文編『葉月のつゆ』に載る。
¶江表（よつ（福井県））

代津 よつ★
江戸時代後期の女性。俳諧。越前福井の人。寛政1年刊、平話房旭周撰『星の宵塚』に載る。
¶江表（代津（福井県））

世継寂窓* よつぎじゃくそう
生没年不詳　江戸時代後期の画家。
¶コン（[生]？　[没]天保14（1843）年），美画

世継翁*（世継の翁） よつぎのおきな
「大鏡」に語り手として登場する人物。
¶コン

四倉亮三郎* よつくらりょうさぶろう
文政6（1823）年～明治19（1886）年　江戸時代末期～明治時代の陸奥国一関藩金穀元締役。維新後一

関藩少参事となり北海道開拓に従事した。
¶幕末([没]明治19(1886)年11月2日)

四辻善成　よつじよしなり
⇒四辻善成(よつつじよしなり)

四辻公音*　よつつじきみと
文明13(1481)年～天文9(1540)年7月17日　[別]四辻公音(よつつじきんおと, よつつじきんなり)　戦国時代の公卿(権大納言)。権大納言四辻季経の長男。
¶公卿(よつつじきんなり), 公家(公音〔四辻家〕　きんね)

四辻公遠*　よつつじきみとお
天文9(1540)年～文禄4(1595)年8月13日　[別]四辻公遠(よつつじきんとお)　安土桃山時代の公卿(権大納言)。権大納言四辻季遠の子。
¶公卿(よつつじきんとお), 公家(公遠〔四辻家〕　きんとお)

四辻清子*　よつつじきよこ
天保11(1840)年～明治35(1902)年1月10日　江戸時代末期～明治時代の女官。
¶江表(清子(京都府)), 幕末([生]天保11(1840)年12月)

四辻公亨*　よつつじきんあきら
享保13(1728)年4月11日～天明8(1788)年4月25日　[別]四辻公亨(よつつじきんみち)　江戸時代中期の公家(権大納言)。非参議四辻実長の子。
¶公卿, 公家(公亨〔四辻家〕　きんあき)

四辻公績*　よつつじきんいさ
文化8(1811)年～慶応3(1867)年　江戸時代末期の公家(権大納言)。権大納言四辻公説の子。
¶公卿([生]文化8(1811)年8月1日　[没]慶応3(1867)年3月9日), 公家(公績〔四辻家〕　きんいさ　[生]文化8(1811)年8月1日　[没]慶応3(1867)年3月9日), 幕末([生]文化8(1811)年8月1日　[没]慶応3(1867)年3月9日)

四辻公理*　よつつじきんおさ
慶長15(1610)年～延宝5(1677)年6月27日　江戸時代前期の公家(権大納言)。権大納言四辻季継の子。
¶公卿, 公家(公理〔四辻家〕　きんまさ)

四辻公音　よつつじきんおと
⇒四辻公音(よつつじきみと)

四辻公万　よつつじきんかず
⇒四辻公万(よつつじきんまん)

四辻公説　よつつじきんこと
⇒四辻公説(よつつじきんとき)

四辻公韶*　よつつじきんつぐ
寛文10(1670)年8月4日～元禄13(1700)年7月13日　江戸時代中期の公家(参議)。権大納言四辻公理の孫。
¶公卿, 公家(公韶〔四辻家〕　きんあき　[没]元禄13(1700)年7月12日)

四辻公遠女　よつつじきんとうのむすめ
⇒御与津御寮人(およつごりょうにん)

四辻公遠　よつつじきんとお
⇒四辻公遠(よつつじきみとお)

四辻公説*　よつつじきんとき
安永9(1780)年1月1日～嘉永2(1849)年4月19日　[別]四辻公説(よつつじきんこと)　江戸時代後期の公家(権大納言)。権大納言四辻公万の子。
¶公卿, 公家(公説〔四辻家〕　きんとき)

四辻公音　よつつじきんなり
⇒四辻公音(よつつじきみと)

四辻公彦*　よつつじきんひこ
?～応永7(1400)年4月13日　南北朝時代～室町時代の公卿(権中納言)。権大納言室町実藤の曽孫。
¶公卿, 公家(公彦〔室町家(絶家)2〕　きんひこ)

四辻公万*　よつつじきんまん
宝暦7(1757)年12月4日～文政7(1824)年7月6日　[別]四辻公万(よつつじきんかず)　江戸時代中期～後期の公家(権大納言)。権大納言四辻公亨の子。
¶公卿, 公家(公万〔四辻家〕　きんまん)

四辻公亨　よつつじきんみち
⇒四辻公亨(よつつじきんあきら)

四辻公賀*　よつつじきんよし
天保11(1840)年～明治13(1880)年　江戸時代末期～明治時代の公家。宮内権大丞、大伶人などを歴任。
¶公卿([生]天保11(1840)年7月19日　[没]明治13(1880)年12月), 公家(公賀〔四辻家〕　きんよし　[生]天保11(1840)年7月19日　[没]明治13(1880)年12月9日), 幕末([生]天保11(1840)年7月19日　[没]明治13(1880)年12月19日)

四辻実茂*　よつつじさねしげ
?～応永12(1405)年　南北朝時代～室町時代の公卿(権中納言)。権大納言四辻季顕の子。
¶公卿([没]応永12(1405)年3月5日), 公家(実茂〔四辻家〕　さねしげ　[没]応永12(1405)年3月5日)

四辻実仲*　よつつじさねなか
応永34(1427)年～永正8(1511)年12月17日　室町時代～戦国時代の公卿(権大納言)。権中納言四辻季俊の子。
¶公卿, 公家(実仲〔四辻家〕　さねなか)

四辻実長*　よつつじさねなが
宝永5(1708)年5月9日～安永8(1779)年6月2日　江戸時代中期の公家(非参議)。権大納言高野保春の次男。
¶公卿, 公家(実長〔四辻家〕　さねなが)

四辻季顕*　よつつじすえあき
正平8/文和2(1353)年～?　南北朝時代～室町時代の公卿(権大納言)。四辻家の祖。参議室町公春の孫。
¶公卿([生]文和2/正平8(1353)年), 公家(季顕〔四辻家〕　すえあき)

四辻季賢*　よつつじすえかた
寛永7(1630)年5月12日～寛文8(1668)年1月25日　江戸時代前期の公家(権中納言)。権大納言四辻公理の子。
¶公卿, 公家(季賢〔四辻家〕　すえかた)

四辻季継*　よつつじすえつぐ
天正9(1581)年～寛永16(1639)年5月20日　江戸時代前期の公家(権大納言)。権大納言四辻公遠の次男。
¶公卿, 公家(季継〔四辻家〕　すえつぐ)

四辻季経*　よつつじすえつね
文安4(1447)年～大永4(1524)年3月29日　室町時代～戦国時代の公卿(権大納言)。権大納言四辻季春の子。
¶公卿, 公家(季経〔四辻家(絶家)〕　すえつね)

四辻季遠　よつつじすえとう
⇒四辻季遠（よつつじすえとお）

四辻季遠*　よつつじすえとお
永正10（1513）年7月7日～天正3（1575）年8月2日　[別]四辻季遠（よつつじすえとう）　戦国時代～安土桃山時代の公卿（権大納言）。権大納言四辻公音の次男。
¶公卿，公家（季遠〔四辻家〕　すえとお）

四辻季俊*　よつつじすえとし
生没年不詳　室町時代の公卿（権中納言）。権中納言四辻実茂の子。
¶公卿，公家（季俊〔四辻家〕　すえとし　[生]1393年　[没]文明17（1485）年1月22日）

四辻季春*　よつつじすえはる
応永31（1424）年～文明15（1483）年　室町時代～戦国時代の公卿（権大納言）。権大納言四辻季保の養子。
¶公卿，公家（季春〔四辻家（絶家）〕　すえはる　[没]文明15（1483）年2月6日）

四辻季満*　よつつじすえみつ
永禄9（1566）年3月15日～慶長13（1608）年3月13日　[別]鷲尾隆尚（わしおたかひさ，わしのおたかなお）　安土桃山時代～江戸時代前期の公家（参議）。権大納言四辻公遠の子。
¶公卿（鷲尾隆尚　わしのおたかなお），公家（隆尚〔鷲尾家〕　たかなお）

四辻季保*　よつつじすえやす
元中6/康応1（1389）年～享徳1（1452）年　室町時代の公卿（権大納言）。権大納言四辻季顕の子。
¶公卿（[生]康応1/元中6（1389）年　[没]享徳1（1452）年閏8月1日），公家（季保〔四辻家（絶家）〕　すえやす　[没]享徳1（1452）年閏8月1日）

四辻善成　よつつじぜんせい
⇒四辻善成（よつつじよしなり）

四辻継子　よつつじつじこ
江戸時代前期の女性。後水尾天皇の皇妃。
¶天皇（生没年不詳）

四辻善成*　よつつじよしなり
嘉暦1（1326）年～応永9（1402）年　[別]源善成（みなもとぜんせい，みなもとのぜんせい），四辻善成（よつじよしなり，よつつじぜんせい）　南北朝時代～室町時代の歌人・公卿（左大臣）。源家系の四辻家の祖。順徳天皇の孫。
¶公卿（よつつじぜんせい　生没年不詳），公家（善成〔順徳源氏（絶家）〕　よしなり　[没]応永9（1402）年9月3日），コン，山小（[没]1402年9月3日）

四本亀次郎　よつもとかめじろう
江戸時代後期のガラス職人。薩摩切子を発明。
¶幕末（生没年不詳）

与津屋清次　よつやせいじ
⇒真田幸利（さなだゆきとし）

淀君　よどぎみ
⇒淀殿（よどどの）

淀殿*　よどどの
永禄10（1567）年～元和1（1615）年　[別]お茶々（おちゃちゃ），茶々，茶茶（ちゃちゃ），二丸殿（にのまるどの），や丶，弥弥（やや），淀君（よどぎみ）　安土桃山時代～江戸時代前期の女性。浅井長政の長女、豊臣秀吉の側室。秀頼を生み、秀吉の死後大坂城内で専権をふるう。大坂の陣に敗れ秀頼とともに自刃。
¶江表（淀君（大阪府）　[没]慶長20（1615）年），コン，女史（[生]1569年），全戦（茶々　ちゃちゃ　[生]？），徳将（[生]？），山小（[生]1569年？　[没]1615年5月8日）

淀屋个庵*　よどやこあん
天正5（1577）年～寛永20（1643）年　安土桃山時代～江戸時代前期の豪商。津村の葭島の発展の基を築いた。
¶コン

淀屋辰五郎*　よどやたつごろう
？～享保2（1717）年　江戸時代中期の豪商。淀屋の淀屋橋家当主。
¶江人（生没年不詳），コン（生没年不詳），山小（[没]1717年12月21日）

世良親王　よながしんのう
⇒世良親王（よよししんのう）

よね(1)
江戸時代後期の女性。俳諧。相模鎌倉坂ノ下村の安斎三左衛門安利の妻。享和2年の仙鳥の追悼句集『卯の花くもり』に載る。
¶江表（よね（神奈川県））

よね(2)
江戸時代末期の女性。俳諧。若松の商家中沢屋中沢五郎の妻。安政3年成立、僊禽舎編『俳諧萩日集』に載る。
¶江表（よね（福島県））

米(1)　よね*
江戸時代の女性。和歌。愛宕郡岩倉に住んだ。
¶江表（米（京都府））

米(2)　よね*
江戸時代中期の女性。俳諧。長崎の人。天明6年、長崎へ来遊していた田上菊舎が美濃の俳人高木百茶坊を迎えに熊本に旅立ち、翌7年4月菊舎が再遊した折には再来を喜んだ。
¶江表（米（長崎県））

米(3)　よね*
江戸時代後期の女性。和歌。桂氏。天保11年刊、上田堂山編『延齢松詩歌前集』に載る。
¶江表（米（山口県））

米(4)　よね
江戸時代後期～明治時代の女性。画。浮世絵師柳斎重春の娘。
¶江表（米（長崎県）　[生]文政5（1822）年　[没]明治22（1889）年）

与祢　よね*
江戸時代後期～明治時代の女性。商売・通訳。小松氏。
¶江表（与祢（長野県）　[生]弘化1（1844）年　[没]明治36（1903）年）

米川操軒*　よねかわそうけん
寛永3（1626）年～延宝6（1678）年8月19日　江戸時代前期の儒学者。
¶コン

米川米吉*　よねかわよねきち
弘化2（1845）年～慶応1（1865）年　江戸時代末期の水戸藩士。
¶幕末（[没]元治2（1865）年2月4日）

米津田政* よねきつたまさ，よねきづたまさ
永禄6（1563）年～寛永1（1624）年　安土桃山時代
～江戸時代前期の武士。徳川氏家臣。
¶徳人

米津親勝* よねきづちかかつ，よねきつちかかつ
？～慶長19（1614）年　㊙米津正勝（よねきつまさ
かつ），米津親勝（よねつしんしょう）　安土桃山
時代～江戸時代前期の武将。徳川家康の臣。
¶徳人（よねきつちかかつ），徳代（よねつしんしょう）　㊦
慶長19（1614）年2月22日

米津常春* よねきつつねはる，よねきづつねはる
？～慶長17（1612）年　㊙米津常春（よねきつつねは
る）　安土桃山時代～江戸時代前期の武士。松平氏
家臣、徳川氏家臣。
¶全戦（よねきづつねはる）　㊦大永4（1524）年）

米津常春 よねきつつねはる
⇒米津常春（よねきつつねはる）

米津正勝 よねきつまさかつ
⇒米津親勝（よねきづちかかつ）

米津政敏* よねきつまさとし
嘉永4（1851）年～明治28（1895）年　江戸時代末期
～明治時代の長瀞藩主、長瀞藩知事。
¶幕末（㊦嘉永4（1851）年3月29日　㊦明治28（1895）年
10月）

米津田賢 よねきつみちかた
⇒米津田賢（よねづみちかた）

米倉重種 よねくらしげたね
江戸時代前期の代官。
¶徳代（㊦？　㊦慶安2（1649）年11月19日）

米倉重継* よねくらしげつぐ
？～天正3（1575）年　㊙米倉丹後守（よねくらたん
ごのかみ），米倉宗継（よねくらむねつぐ）　戦国
時代～安土桃山時代の武士。武田氏家臣。
¶全戦，武田（米倉丹後守　よねくらたんごのかみ）　㊦天
正3（1575）年5月21日）

米倉忠継* よねくらただつぐ
天文13（1544）年～慶長4（1599）年　戦国時代～安
土桃山時代の武士、徳川家康の臣。
¶武田（㊦慶長4（1599）年4月20日）

米倉丹後守 よねくらたんごのかみ
⇒米倉重継（よねくらしげつぐ）

米倉永時 よねくらながとき
安土桃山時代～江戸時代前期の代官。
¶徳代（㊦元亀1（1570）年　㊦寛永1（1624）年2月2日）

米倉昌言* よねくらまさこと
天保8（1837）年～明治42（1909）年　江戸時代末期
～明治時代の金沢（六浦）藩主、六浦藩知事。
¶幕末（㊦明治42（1909）年2月27日）

米倉昌尹* よねくらまさただ
寛永14（1637）年～元禄12（1699）年　江戸時代中
期の大名、若年寄。下野皆川藩主。
¶徳人

米倉光忠 よねくらみつただ
戦国時代～安土桃山時代の武田氏の家臣。
¶武田（生没年不詳）

米倉宗継 よねくらむねつぐ
⇒米倉重継（よねくらしげつぐ）

米子⑴　よねこ*
江戸時代の女性。和歌。秋本氏。明治8年刊、橘東
世子編『明治歌集』に載る。
¶江表（米子（東京都））

米子⑵　よねこ*
江戸時代の女性。和歌。伊勢坂部の館氏。明治13
年刊、佐々木弘綱編『明治開化和歌集』上に載る。
¶江表（米子（三重県））

米子⑶　よねこ*
江戸時代後期～大正時代の女性。和歌。大溝藩藩
士稲田量平の娘。
¶江表（米子（滋賀県））　㊤天保14（1843）年　㊦昭和1
（1926）年）

米子⑷　よねこ*
江戸時代後期の女性。狂歌。石見津和野藩藩士牧氏
の娘。文政6年成立、中村安由編「柿葉集」に載る。
¶江表（米子（島根県））

米子⑸　よねこ*
江戸時代後期の女性。和歌。出雲国造千家尊孫の
娘。天保13年刊、千家尊孫編『類題八雲集』に載る。
¶江表（米子（島根県））

米子⑹　よねこ*
江戸時代末期の女性。和歌。徳島藩の奥女中。文
久3年刊、関橋守編『耳順賀集』に載る。
¶江表（米子（徳島県））

米子⑺　よねこ*
江戸時代末期の女性。和歌。今治藩藩士岡部太右
衛門直令の母。安政1年序、半井梧庵編『鄙のてぶ
り』初に載る。
¶江表（米子（愛媛県））

米沢昌平 よねざわしょうへい
天保11（1840）年～明治1（1868）年　江戸時代末期
の陸奥会津藩士。
¶幕末（㊦慶応4（1868）年4月23日）

米沢中納言 よねざわちゅうなごん
⇒上杉景勝（うえすぎかげかつ）

米沢彦八〔1代〕* （——〔2代〕）　よねざわひこはち
？～正徳4（1714）年　㊙彦八（ひこはち）　江戸時
代中期の落語家。大坂落語の祖。
¶コン

米沢彦八〔2代〕* よねざわひこはち
生没年不詳　江戸時代中期の京都の落語家。
¶コン

米沢弘正 よねざわひろまさ
江戸時代後期～大正時代の象嵌師。
¶美工（㊤嘉永4（1851）年　㊦大正12（1923）年）

よね女 よねじょ*
江戸時代末期の女性。俳諧。坂出の人。安政5年
刊、引田の先得亭野草編『玉藻日記』に載る。
¶江表（よね女（香川県））

世根女 よねじょ*
江戸時代後期の女性。和歌。三河刈谷藩藩士村上
正賢の妻。
¶江表（世根女（愛知県））　㊤嘉永6（1853）年）

米女⑴　よねじょ*
江戸時代中期の女性。和歌。今治の人。「大浜八幡
大神社奉納百首歌」に載る。

¶江表（米女（愛媛県））

米女(2)　よねじょ★
江戸時代後期の女性。俳諧。石見銀山の人。天保3年刊、芦青編『わかこも』に載る。
¶江表（米女（島根県））

米女*(3)　よねじょ
文化3（1806）年～文久2（1862）年4月6日　江戸時代後期～末期の俳人。山口太乙の妻。
¶江表（米（兵庫県））

米女(4)　よねじょ★
江戸時代末期の女性。和歌。伊勢田丸藩藩士落合貞亮の妻。文久2年序、西田惟恒編『文久二年八百首』に載る。
¶江表（米女（三重県））

米女(5)　よねじょ★
江戸時代末期の女性。和歌。和歌山の鳥谷宗吉の妹。文久1年序、西田惟恒編『文久元年七百首』に載る。
¶江表（米女（和歌山県））, 江表（米女（山口県））

米女(6)　よねじょ★
江戸時代末期の女性。俳諧。石見の人。嘉永7年成立、松尾松園編、松尾有仙追悼集「三評抜句写」に載る。
¶江表（米女（島根県））

与祢女　よねじょ★
江戸時代後期の女性。和歌。幕臣、小納戸頭取土屋伊賀守正方の娘。文政4年の「詩仙堂募集和歌」に載る。
¶江表（与祢女（東京都））

米津親勝　よねつしんしょう
⇒米津親勝（よねきづちかかつ）

米津田賢　よねづでんけん
⇒米津田賢（よねづみちかた）

米津田賢*　よねづみちかた
正保3（1646）年～享保14（1729）年　[別]米津田賢（よねきつみちかた, よねづでんけん）　江戸時代中期の茶道家、幕臣。
¶徳人（よねきつみちかた）

米村市之允重昌　よねむらいちのじょうしげまさ
安土桃山時代～江戸時代前期の大野治長の家老米村六兵衛の子。
¶大坂（[生]文禄3年　[没]万治3年11月26日）

米村広治*　よねむらこうじ
寛永20（1643）年～享保12（1727）年　[別]米村広治（よねむらひろはる）　江戸時代中期の民政家。
¶コン

米村権右衛門*　よねむらごんえもん
生没年不詳　安土桃山時代～江戸時代前期の武士。
¶大坂

米村広治　よねむらひろはる
⇒米村広治（よねむらこうじ）

米村六兵衛　よねむらろくびょうえ
江戸時代前期の大野治長の家老。
¶大坂

米山佐渡守　よねやまさどのかみ
安土桃山時代の信濃国伊那郡葛島の武士。
¶武田（[生]?　[没]天正3（1575）年8月18日）

米山惣左衛門尉　よねやまそうざえもんのじょう
安土桃山時代の伊那郡葛島の武士。
¶武田（[生]?　[没]天正3（1575）年10月23日）

米山徳五郎　よねやまとくごろう
⇒大谷広次〔3代〕（おおたにひろじ）

余東人　よのあづまひと
奈良時代の造法華寺判官。
¶古人（生没年不詳）

好子　よのこ★
江戸時代後期の女性。和歌。紀州藩の奥女中。天保15年跋、『慕香和歌集』に載る。
¶江表（好子（和歌山県））

与能女　よのじょ★
江戸時代後期の女性。俳諧。佐原氏。天満宮にある雪窓句碑前に、文政10年建立の手水鉢があり、名が載る。
¶江表（与能女（茨城県））

世之介*　よのすけ
浮世草子「好色一代男」（天和二）の主人公。
¶コン

余足人　よのたりひと
奈良時代の官人。鎮守判官、陸奥大掾、陸奥介兼鎮守副将軍、東海道節度副使、授刀佐、右衛士督を歴任。没したとき従四位下右京大夫。
¶古人（[生]?　[没]770年）

余益人*　よのますひと
[別]余益人（よますひと）　奈良時代の陰陽家。
¶古人（生没年不詳）, 古代

余明軍　よのみょうぐん
⇒余明軍（よみょうぐん）

余義仁　よのよしひと
奈良時代の橘諸兄家の家令。
¶古人（生没年不詳）

夜深半左衛門　よふかはんざえもん
⇒山下京右衛門〔1代〕（やましたきょうえもん）

与布子　よふこ★
江戸時代末期の女性。和歌。近藤辰吾の妻。慶応3年、吉田孝継編「採玉集」後に載る。
¶江表（与布子（高知県））

容羽子　よふこ★
江戸時代末期の女性。和歌。出雲広瀬藩藩士で藩校皇学館訓導細野安恭の妻。文久2年序、西田惟恒編『文久二年八百首』に載る。
¶江表（容羽子（島根県））

余文子　よぶこ★
江戸時代末期の女性。和歌。忍藩藩士山田政寛の母。安政6年刊、黒沢翁満編『類題採風集』二に載る。
¶江表（余文子（埼玉県））

与鳳亭　よほうてい
⇒金井三笑（かないさんしょう）

丁雄万　よぼろのおまろ
⇒丁勝雄万（よぼろのすぐりおまろ）

丁勝雄万*　よぼろのすぐりおまろ
大同1（806）年～？　[別]丁雄万（よぼろのおまろ）　平安時代前期の寺院所属の俗人。

よ

¶古人（丁雄万　よぼろのおまろ），古代

余益人　よますひと
⇒余益人（よのますひと）

夜交昌国　よませまさくに
戦国時代〜安土桃山時代の信濃国高井郡の国衆。
¶武田（生没年不詳）

余明軍*　よみょうぐん
[別]余明軍（よのみょうぐん）　奈良時代の歌人。
¶古人（よのみょうぐん　生没年不詳）

与村弘宣の妻　よむらひろのぶのつま★
江戸時代前期の女性。教育。与村定幸、弘正、阿部弘忠の母。
¶江表（与村弘宣の妻（三重県）　[没]明暦2（1656）年）

嫁子　よめこ★
江戸時代後期の女性。狂俳。尾張名古屋の人。天保12年頃の大写本、真酔・麦袋・白鳳ほか撰『狂俳角力十評』に載る。
¶江表（嫁子（愛知県））

よ

よも
江戸時代中期の女性。俳諧。尾張小牧原新田の俳人蘭菊の妻。宝永3年序、巨霊堂東鷲編『中国集』に載る。
¶江表（よも（愛知県））

四方梅彦　よもうめひこ
⇒文亭梅彦（ぶんていうめひこ）

世茂女　よもじょ★
江戸時代後期の女性。俳諧。小諸の人。天保4年成立、小蓑庵碓嶺編『男華笠集』に載る。
¶江表（世茂女（長野県））

四方新次　よもしんじ
⇒文亭梅彦（ぶんていうめひこ）

四方赤良　よものあから
⇒大田南畝（おおたなんぽ）

四方梅彦　よものうめひこ
⇒文亭梅彦（ぶんていうめひこ）

四方真顔　よものまがお
⇒鹿都部真顔（しかつべのまがお）

四方好町　よものよしまち
⇒鹿都部真顔（しかつべのまがお）

四方正木　よもまさき
⇒文亭梅彦（ぶんていうめひこ）

四方山詠女*　よもやまながめ
寛政1（1789）年〜慶応1（1865）年　江戸時代後期の閨秀狂歌師。
¶江表（四方山詠女（東京都））

世保持頼　よやすもちより
⇒土岐持頼（ときもちより）

余熊耳　よゆうじ
⇒大内熊耳（おおうちゆうじ）

世良親王*　よよししんのう
？〜元徳2（1330）年　[別]世良親王（せいりょうしんのう，つぎながしんのう，つぎよししんのう，ときながしんのう，ときよししんのう，よながしんのう，よよしんのう）　鎌倉時代後期の皇族。後醍醐天皇の皇子。
¶コン（せいりょうしんのう），天皇（よよしんのう）

世良親王　よよしんのう
⇒世良親王（よよししんのう）

予楽院　よらくいん
⇒近衛家熙（このえいえひろ）

予楽院殿　よらくいんどの
⇒近衛家熙（このえいえひろ）

代明親王　よりあきらしんのう
⇒代明親王（よしあきらしんのう）

依岡左京*　よりおかさきょう
？〜天正14（1586）年　安土桃山時代の武士。
¶全戦

因子　よりこ★
江戸時代後期の女性。和歌。仙台藩の奥女中。文化5年頃、真田幸弘編「御ことほきの記」に載る。
¶江表（因子（宮城県））

幹子　よりこ
江戸時代後期の女性。和歌。伯耆汗入郡今津村の田中六左衛門の妾。弘化2年刊、加納諸平編『類題鰒玉集』五に載る。
¶江表（幹子（鳥取県））

従子　よりこ
江戸時代の女性。和歌。長瀬氏。明治4年刊、『不知火歌集』に載る。
¶江表（従子（熊本県））

随子　よりこ★
江戸時代後期の女性。和歌。出雲広瀬藩藩士で藩校皇学館訓導細野安恭の娘。天保13年刊、千家尊孫編『類題八雲集』に載る。
¶江表（随子（島根県））

与理子　よりこ★
江戸時代後期の女性。和歌。伊勢長島の人。文政13年刊、富樫広蔭編『樫の若葉』上に載る。
¶江表（与理子（三重県））

容子　よりこ
江戸時代後期〜明治時代の女性。和歌・書。上賀茂神社祠官で国学者賀茂季鷹の孫。
¶江表（容子（京都府）　[生]寛政9（1797）年　[没]明治16（1883）年）

頼子　よりこ★
江戸時代中期の女性。和歌。上野前橋藩主酒井忠挙の娘。
¶江表（頼子（山梨県）　[没]寛保4（1744）年）

依子内親王　よりこないしんのう
⇒依子内親王（いしないしんのう）

頼重の妻　よりしげのつま★
江戸時代後期の女性。俳諧。摂津の人。天保3年序、守村鶩卿編『女百人一句』に載る。
¶江表（頼重の妻（大阪府））

より女　よりじょ★
江戸時代後期の女性。和歌。周布の人。享和3年序、佐伯貞中八〇賀集「周桑歌人集」に載る。
¶江表（より女（愛媛県））

頼女　よりじょ★
江戸時代後期の女性。俳諧。岩城島の人。享和2年序、桑村郡の俳人一得斎埋蛇編『俳諧友千鳥』に

載る。
¶江表（頼女（愛媛県））

頼俊* よりとし
生没年不詳　平安時代後期の絵師。保延1年鳥羽新御堂の壁画を描く。
¶古人

頼則 よりのり
⇒能勢頼則（のせよりのり）

職仁親王* よりひとしんのう
正徳3（1713）年～明和6（1769）年　㋻有栖川宮職仁親王（ありすがわのみやよりひとしんのう）　江戸時代中期の皇族。有栖川宮家第5代。霊元天皇の第16皇子。
¶天皇（㋓正徳3（1713）9月10日　㋘明和6（1769）年10月23日）

頼仁親王* よりひとしんのう
建仁1（1201）年～文永1（1264）年　㋻児島宮（こじまのみや），冷泉宮（れいぜいのみや）　鎌倉時代前期の皇族。後鳥羽天皇の第5皇子。
¶天皇（㋘文永1（1264）年5月23日）

職仁親王妃淳子* よりひとしんのうひあつこ
正徳3（1713）年～安永3（1774）年　江戸時代中期の女性。左大臣二条吉忠の第1女。
¶江表（淳子妃（京都府））

従姫* よりひめ
宝暦7（1757）年10月13日～文化1（1804）年7月27日　江戸時代中期～後期の女性。紀伊和歌山藩主徳川宗将の娘。
¶江表（聖聡院（愛知県））

順姫 よりひめ
江戸時代後期の女性。書簡。常陸水戸藩主徳川治紀の娘。
¶江表（順姫（京都府））　㋓寛政8（1796）年　㋘天保15（1844）年）

与鹿 よろく
江戸時代後期～末期の俳諧作者。飛騨国高山の建築装飾の彫刻家。
¶俳文（㋓文政5（1822）年　㋘元治1（1864）年9月23日）

万屋吉兵衛 よろずやきちべえ
江戸時代後期の版元。
¶浮絵

万屋兵四郎* よろずやへいしろう
文化14（1817）年～明治27（1894）年8月23日　㋻福田敬業（ふくだけいぎょう，ふくだたかのり）　江戸時代末期～明治時代の書肆。主に洋書の漢訳本の翻刻を取り扱う。
¶コン，出版，幕末（よろずやひょうしろう（へいしろう）㋓文政1（1818）年3月28日）

万屋孫兵衛 よろずやまごべえ
江戸時代後期～大正時代の出版人。
¶浮絵（㋓天保14（1843）年　㋘大正10（1921）年）

よん
江戸時代中期の女性。俳諧。加賀金沢の人。天明3年刊，河合見逸編，河合見風追善集『白達摩』に載る。
¶江表（よん（石川県））

【 ら 】

礼阿* らいあ
？～永仁5（1297）年8月11日　㋻然空（ぜんくう，ねんくう），然空礼阿（ねんくうらいあ）　鎌倉時代後期の浄土宗の僧。鎮西流一条派の祖。
¶コン（㋘永仁2（1294）年）

頼恵* らいえ
仁安3（1168）年～文暦2（1235）年　㋻頼恵（らいけい）　平安時代後期～鎌倉時代前期の僧。
¶古人

頼円* らいえん
生没年不詳　平安時代後期の天台宗の僧・歌人。俊恵の子，源俊頼の孫。
¶古人

頼縁* らいえん
生没年不詳　平安時代後期の入宋僧。
¶古人

頼鴨厓（頼鴨涯） らいおうがい
⇒頼三樹三郎（らいみきさぶろう）

来蛾 らいが*
江戸時代後期の女性。俳諧。甲斐の人。文化10年刊，山下百二編，百童3回忌追善集『反故さがし』に載る。
¶江表（来蛾（山梨県））

頼覚* らいかく
長元5（1032）年～寛治2（1088）年　平安時代中期～後期の延暦寺僧。
¶古人

頼観* らいかん
長元5（1032）年～康和4（1102）年　平安時代中期～後期の真言宗の僧。東寺長者34世。
¶古人

頼基* らいき
永承6（1051）年～長承3（1134）年10月21日　平安時代後期の天台宗の僧・歌人。
¶古人

頼暁* らいぎょう
治承3（1179）年～弘長3（1263）年　鎌倉時代前期の僧。
¶古人

頼杏坪* らいきょうへい
宝暦6（1756）年～天保5（1834）年　㋻頼杏坪（らんきょうへい）　江戸時代中期～後期の儒学者。服部栗斎の弟子。
¶コン，詩作（㋘天保5（1834）年7月23日），思想

来禽 らいきん
江戸時代中期の女性。書画。奥田氏。天明2年版『平安人物志』に載る。
¶江表（来禽（京都府））

来国俊* らいくにとし
生没年不詳　㋻国俊，国俊〔2代〕（くにとし）　鎌倉時代後期の山城国の来派の刀工。
¶美工（国俊　くにとし）

来国行 らいくにゆき
⇒国行（くにゆき）

頼恵 らいけい
⇒頼恵（らいえ）

頼慶* らいけい
生没年不詳　平安時代中期の天台宗の僧・歌人。
¶古人

頼賢*(1) らいけん
長保4（1002）年～永承7（1052）年　平安時代中期
～後期の延暦寺僧。
¶古人

頼賢*(2) らいけん
建久7（1196）年～文永10（1273）年12月7日　鎌倉
時代前期の僧。真言宗意教流の祖。
¶密教（⓸1273年12月7日）

頼源*(1) らいげん
？～寿永2（1183）年　平安時代後期の代表的な絵仏
師。二人目の法印となる。
¶古人

頼源*(2) らいげん
生没年不詳　南北朝時代の天台宗の僧。
¶コン

頼子 らいこ
江戸時代後期～明治時代の女性。和歌。美作久米
南条郡大戸村の直原氏の娘。
¶江表（頼子（岡山県）　⓹文政10（1827）年　⓺明治28
（1895）年）

頼豪* らいごう
*～応徳1（1084）年　平安時代中期～後期の天台宗
園城寺の僧。阿闍梨。
¶古人（⓹1004年），コン（⓹長保4（1002）年），平家（⓺寛
弘1（1004）年）

頼厳 らいごん
平安時代後期の仏師。丹波国講師。
¶古人（生没年不詳）

来山 らいさん，らいざん
⇒小西来山（こにしらいざん）

頼算* らいさん
生没年不詳　平安時代後期の僧侶・歌人。
¶古人

頼山陽* らいさんよう
安永9（1780）年12月27日～天保3（1832）年　江戸
時代後期の儒学者。「日本外史」「日本政記」の著者。
¶江人，コン，詩作（⓺天保3（1832）年9月23日），思想，山
小（⓹1780年12月27日　⓺1832年9月23日）

来芝(1)（雷子）らいし
⇒嵐三五郎〔2代〕（あらしさんごろう）

来芝(2) らいし
⇒山下金作〔4代〕（やましたきんさく）

耒耜* らいし
宝暦8（1758）年～弘化3（1846）年11月9日　江戸時
代中期～後期の俳人。
¶俳文（⓺弘化3（1848）年）

頼静子* らいしずこ
宝暦10（1760）年～*　⓺頼梅厓（らいばいし）　江
戸時代中期～後期の女性。頼春水の妻、山陽の母。

江表（梅厓（広島県）　ばいし　⓺天保14（1843）年），
女史（⓹1843年），女文（頼梅厓　らいばいし　⓺天保
14（1843）年12月9日）

頼実* らいじつ
永承4（1049）年～康治1（1142）年　平安時代中期
～後期の興福寺僧。
¶古人

頼支峰* らいしほう
文政6（1823）年～明治22（1889）年　江戸時代末期
～明治時代の儒者。
¶詩作（⓹文政6（1823）年11月6日　⓺明治22（1889）年7
月8日）

頼寿* らいじゅ
永延2（988）年～長久2（1041）年　平安時代中期の
天台僧。
¶古人

頼重* らいじゅう
？～琉球・察度35（1384）年　南北朝時代の真言宗
の僧。琉球の護国寺の開山住持。
¶コン（⓺元中1/至徳1（1384）年）

頼春水* らいしゅんすい
延享3（1746）年～文化13（1816）年　江戸時代中期
～後期の安芸広島藩儒。頼山陽の父。
¶コン，詩作（⓹延享3（1746）年6月30日　⓺文化13
（1816）年2月19日），思想，山小（⓹1746年6月30日
⓺1816年2月19日）

頼春風* らいしゅんぶう
宝暦3（1753）年～文政8（1825）年　江戸時代中期
～後期の儒医。頼春水の弟。
¶コン，詩作（⓺文政8（1825）年9月12日）

莱女 らいじょ*
江戸時代後期の女性。和歌。三河幡豆郡西尾の外
山勘左衛門の母。弘化4年刊、清堂観尊編『たち花
の香』に載る。
¶江表（莱女（愛知県））

頼助*(1) らいじょ
天喜2（1054）年～元永2（1119）年　平安時代後期
の奈良仏師。興福寺を中心に奈良で活躍。
¶古人，コン（⓹寛徳1（1044）年），美建（⓺元永2（1119）
年6月9日）

頼助(2) らいじょ
平安時代後期の絵仏師。
¶古人（生没年不詳）

頼女 らいじょ*
江戸時代中期の女性。俳諧。深浦の人。寛延3年
刊、大高千○編「津軽反古」に載る。
¶江表（頼女（青森県））

籟女 らいじょ*
江戸時代末期の女性。俳諧。大日向村の人。文久2
年序、刈穂庵雪麿編『松心集』に載る。
¶江表（籟女（長野県））

頼照*（頼昭）らいしょう
生没年不詳　平安時代中期の真言宗の僧。
¶密教（頼昭）（⓹1061年以前　⓺1104年以後）

頼聖* らいしょう
生没年不詳　平安時代中期の絵仏師。
¶古人

頼信* らいしん
寛弘7（1010）年〜承保3（1076）年　平安時代中期の法相宗の僧。
¶古人, コン（㋑?）

頼尋*(1)　らいじん
生没年不詳　平安時代中期の真言宗の僧。
¶古人

頼尋*(2)　らいじん
長和4（1015）年〜寛治6（1092）年　平安時代中期〜後期の天台宗の僧。
¶古人

頼勢* らいせい
生没年不詳　平安時代後期の仏師。
¶古人, 美建

頼清* らいせい
長暦3（1039）年〜康和3（1101）年　平安時代中期〜後期の石清水の僧。
¶古人

頼誠軒* らいせいけん
文政12（1829）年〜明治27（1894）年　江戸時代末期〜明治時代の儒学者。
¶幕末（㋒明治27（1894）年5月30日）

雷石* らいせき
文化1（1804）年〜明治16（1883）年11月11日　江戸時代後期〜明治時代の俳諧師。
¶俳文

来川* らいせん
？〜元文1（1736）年　江戸時代中期の俳人。
¶俳文（㋒元文1（1736）年12月15日）

頼暹* らいせん
生没年不詳　平安時代後期の絵仏師。
¶古人

頼全* らいぜん
生没年不詳　平安時代後期の絵仏師。
¶古人

頼尊　らいそん
平安時代中期〜後期の興福寺の僧。
¶古人（㋑1026年　㋓1100年）

雷電為右衛門* らいでんためえもん
明和4（1767）年〜文政8（1825）年　江戸時代中期〜後期の力士。寛政大相撲黄金期を築いた。
¶江人, コン

頼梅麗* らいばいし
⇒頼静子（らいしずこ）

頼範* らいはん
寛弘3（1006）年〜永保1（1081）年　平安時代中期〜後期の天台僧。
¶古人（㋓1081年？）

来甫　らいほ
⇒花笠文京〔1代〕（はながさぶんきょう）

頼三樹三郎* らいみきさぶろう
文政8（1825）年〜安政6（1859）年　㋕頼鴨厓, 頼鴨涯（らいおうがい）　江戸時代末期の儒学者, 志士。頼山陽の3男。尊王攘夷を唱える。
¶江人, コン, 詩作（頼鴨厓　らいおうがい　㋔文政8（1825）年5月26日　㋓安政6（1859）年10月7日）, 思想,

全幕, 幕末（㋑文政8（1825）年5月26日　㋓安政6（1859）年10月7日）, 山小（㋑1825年5月26日　㋓1859年10月7日）

頼瑜* らいゆ
嘉禄2（1226）年〜嘉元2（1304）年　鎌倉時代後期の真言宗の僧。新義真言宗中興の祖。
¶コン

頼与* らいよ
生没年不詳　平安時代後期の仏師。
¶古人, 美建

頼梨影* らいりえ
寛政9（1797）年〜安政2（1855）年　江戸時代末期の女性。儒学者頼山陽の妻。
¶江表（梨影（広島県）　りえ）, 幕末（㋓安政2（1855）年9月17日）

らく(1)
江戸時代中期の女性。俳諧。仁科の人。宝永3年序、尾張の巨霊堂東鶯編『中国集』に載る。
¶江表（らく（長野県））

らく(2)
江戸時代中期の女性。俳諧。松沢の俳人軽舟の娘。元禄8年刊、神戸友琴編『八重葎』に載る。
¶江表（らく（富山県））

楽　らく*
江戸時代末期の女性。和歌。本居内遠門の歌人堀尾氏恒の妻。文久1年序、西田惟恒編『文久元年七百首』に載る。
¶江表（楽（京都府））

良久　らく*
江戸時代後期の女性。俳諧。石見大森の吉田瀬平の母。文化11年序、江永堂可方の子思明堂里方編、可方七回忌追善句集『月の寝さめ』乾に載る。
¶江表（良久（島根県））

楽一入〔楽家4代〕* らくいちにゅう
寛永17（1640）年〜元禄9（1696）年　㋕楽吉左衛門〔4代〕（らくきちざえもん）　江戸時代前期の陶工。楽家4代。
¶美工（代数なし　㋓元禄9（1696）年1月22日）

楽猿　らくえん
⇒大谷友右衛門〔4代〕（おおたにともえもん）

楽吉左衛門〔4代〕　らくきちざえもん
⇒楽一入〔楽家4代〕（らくいちにゅう）

楽吉左衛門〔5代〕* らくきちざえもん
寛文4（1664）年〜享保1（1716）年　㋕楽宗入, 楽宗入〔楽家5代〕（らくそうにゅう）　江戸時代中期の陶工（楽焼）。
¶美工（楽宗入　らくそうにゅう　㋓享保1（1716）年9月3日）

楽吉左衛門〔9代〕　らくきちざえもん
⇒楽了入〔楽家9代〕（らくりょうにゅう）

楽吉左衛門〔10代〕* らくきちざえもん
寛政7（1795）年〜安政1（1854）年　㋕楽旦入, 楽旦入〔楽家10代〕（らくたんにゅう）　江戸時代末期の楽焼の陶工。
¶美工（楽旦入　らくたんにゅう　㋓嘉永7（1854）年）

楽吉左衛門〔11代〕* らくきちざえもん
文化14（1817）年〜明治35（1902）年　㋕慶入（けいにゅう）, 楽慶入, 楽慶入〔楽家11代〕（らくけい

らくけい

にゅう） 江戸時代末期～明治時代の京都の楽焼の
陶工。
¶美工（楽慶入　らくけいにゅう）

楽慶入（——〔楽家11代〕）　らくけいにゅう
⇒楽吉左衛門〔11代〕（らくきちざえもん）

らく子(1)　らくこ*
江戸時代後期の女性。和歌。奥山氏。文化7年成
立、弘中重義著「大淵寺の道の記」に載る。
¶江表（らく子（富山県））

らく子(2)　らくこ*
江戸時代後期～明治時代の女性。和歌。摂津兵庫
の豪商北風家の大番頭喜多家の一族。
¶江表（らく子（兵庫県））

楽子(1)　らくこ*
江戸時代後期～明治時代の女性。和歌。徳島藩士
武谷栄国の妻。
¶江表（楽子（徳島県））　㊞天保3（1832）年　㊟明治5
（1872）年

楽子(2)　らくこ*
江戸時代後期～末期の女性。和歌・長歌。豊後杵
築の商人で金屋二代目物集善蔵高行の娘。
¶江表（楽子（大分県））　㊞寛政4（1792）年　㊟安政4
（1857）年

落梧　らくご
⇒安川落梧（やすかわらくご）

楽弘入　らくこうにゅう
江戸時代末期～昭和時代の陶芸家。
¶美工（㊞安政4（1857）年　㊟昭和7（1932）年9月24日）

楽左入（——〔楽家6代〕）　らくさにゅう
⇒左入（さにゅう）

楽子内親王　＊　らくしないしんのう
天暦6（952）年～長徳4（998）年　㊞楽子内親王（が
くしないしんのう，よしこないしんのう）　平安時
代中期の女性。村上天皇の第6皇女。
¶古人（よしこないしんのう），天皇（がくしないしんのう・よしこないしんのう）　㊟長徳4（998）年9月17日）

らく女　らくじょ＊
江戸時代末期の女性。俳諧。白石の人。慶応1年
刊、其堂編「三七松集」に載る。
¶江表（らく女（宮城県））

楽女　らくじょ＊
江戸時代後期の女性。和歌。二本松藩の奥女中。
文化11年刊、中山忠雄・河田正致編『柿本社奉納和
歌集』に載る。
¶江表（楽女（福島県））

羅久女　らくじょ＊
江戸時代末期の女性。和歌。三河幡豆郡平坂の石
川小右衛門の妻。慶応2年刊、竹尾正久編『類題三
河歌集』に載る。
¶江表（羅久女（愛知県））

楽常慶（——〔楽家2代〕）　らくじょうけい
⇒常慶（じょうけい）

楽善　らくぜん
⇒坂東彦三郎〔3代〕（ばんどうひこさぶろう）

楽宗入（——〔楽家5代〕）　らくそうにゅう
⇒楽吉左衛門〔5代〕（らくきちざえもん）

楽旦入（——〔楽家10代〕）　らくたんにゅう
⇒楽吉左衛門〔10代〕（らくきちざえもん）

楽長次郎　らくちょうじろう
⇒長次郎（ちょうじろう）

楽長入（——〔楽家7代〕）　らくちょうにゅう
⇒長入（ちょうにゅう）

楽道入（——〔楽家3代〕）　らくどうにゅう
⇒道入（どうにゅう）

楽得入（——〔楽家8代〕）　らくとくにゅう
⇒得入（とくにゅう）

楽のんかう（楽のんこう）　らくのんこう

楽了入〔楽家9代〕＊　らくりょうにゅう
宝暦6（1756）年～天保5（1834）年　㊞楽吉左衛門
〔9代〕（らくきちざえもん），了入（りょうにゅう）
江戸時代中期～後期の京都楽焼の陶工。楽家9代。
¶コン（代数なし），美工（代数なし）

羅江＊　らこう
享保5（1720）年～天明5（1785）年　江戸時代中期
の俳人。
¶俳文

羅城　らじょう
⇒円珠庵羅城（えんしゅあんらじょう）

羅人　らじん
⇒山口羅人（やまぐちらじん）

羅扇　らせん＊
江戸時代後期の女性。俳諧。仙台の人。文化15年
序、大屋士由編『美佐古鮓』に載る。
¶江表（羅扇（宮城県））

良知河内守＊　らちかわちのかみ
生没年不詳　戦国時代の北条氏の家臣。
¶後北（河内守〔良知〕　かわちのかみ）

良知清左衛門尉　らちせいざえもんのじょう
戦国時代の相模国玉縄城主北条為昌の家臣。
¶後北（清左衛門尉〔良知〕　せいざえもんのじょう）

ラチャシタエキ＊　らちやしたえき
生没年不詳　江戸時代末期のアイヌの農民。
¶コン

羅蝶　らちょう＊
江戸時代後期の女性。俳諧。三津浜の豪商松田次
郎左衛門信英の娘。
¶江表（羅蝶（愛媛県））　㊟寛政1（1789）年

落霞　らっか
江戸時代中期の女性。俳諧。長沼の人。安永8年
刊、栗原似鳩編『せりのね』に載る。
¶江表（落霞（群馬県））

羅無　らむ
江戸時代後期の女性。俳諧。大坂の人。享和1年
刊、安井大江丸編『はいかい袋』に載る。
¶江表（羅無（大阪府））

らん(1)
江戸時代中期の女性。和歌。北鷲見迪知の妻。宝
永6年奉納、平間長雅編「住吉社奉納千首和歌」に
載る。
¶江表（らん（京都府））

らん(2)
江戸時代中期の女性。和歌。和泉岸和田藩家老久野友明の娘。元禄9年刊、長雅編『奉納千首和歌』に載る。
¶江表(らん(徳島県))

らん(3)
江戸時代中期〜後期の女性。和歌・文章・教育。仙台大町の町人村上氏の娘。
¶江表(らん(宮城県) [生]延享4(1747)年 [没]文化3(1806)年)

蘭(1) **らん**★
江戸時代中期の女性。和歌。越後与板藩主井伊直朗の家臣高田道喜の娘。安永3年撰、藩主田村村隆の母恵心院の六〇賀集「田村村隆母公六十賀祝賀歌集」に載る。
¶江表(蘭(新潟県))

蘭(2) **らん**★
江戸時代中期〜後期の女性。俳諧。江戸小田原町の富商大和屋重兵衛の娘。
¶江表(蘭(静岡県) [生]寛保3(1743)年 [没]寛政6(1794)年)

瀾阿 らんあ
江戸時代後期の女性。俳諧。長門松屋の常元寺の尼僧。田上菊舎の文政6年の長府での俳諧記録「実る秋」に載る。
¶江表(瀾阿(山口県))

藍英 らんえい★
江戸時代末期の女性。教育。相賀氏。
¶江表(藍英(東京都) [没]慶応2(1866)年)

蘭英 らんえい★
江戸時代後期の女性。俳諧。蔵原の人。文化2年刊、平橋庵敲氷編、堀内引蝶追善集『蝶の夢集』に載る。
¶江表(蘭英(山梨県))

蘭婉 らんえん★
江戸時代末期〜明治時代の女性。漢詩。田中氏。鱸松塘が明治3年に開いた詩社七曲吟社の同人。
¶江表(蘭婉(長野県))

蘭花 らんか★
江戸時代中期の女性。俳諧。宝暦4年刊、東武獅子門編『梅勧進』に載る。
¶江表(蘭花(東京都))

嵐外* **らんがい**
明和8(1771)年〜弘化2(1845)年 [別]辻嵐外(つじらんがい) 江戸時代後期の俳人。
¶俳文([生]明和7(1770)年 [没]弘化2(1845)年3月26日)

蘭花亭香保留* **らんかていかおる**
文政6(1823)年〜明治25(1892)年 江戸時代末期〜明治時代の狂歌師。
¶江表(香保留・かほる(長野県))

嵐牛 らんぎゅう
⇒伊藤嵐牛(いとうらんぎゅう)

頼杏坪 らんきょうへい
⇒頼杏坪(らいきょうへい)

蘭桂* **らんけい**
生没年不詳 江戸時代中期の俳人。
¶俳文

蘭渓 らんけい
⇒蘭渓道隆(らんけいどうりゅう)

蘭渓道隆* **らんけいどうりゅう**
南宋・嘉定6(1213)年〜弘安1(1278)年7月24日 [別]大覚禅師(だいかくぜんじ,だいがくぜんじ),道隆(どうりゅう),蘭渓(らんけい) 鎌倉時代前期の渡来僧。臨済宗楊岐派のうち松源派。
¶コン([生]建保1(1213)年),思想([生]建保1(1213)年),対外,中世,内乱([生]建保1(1213)年),山小([没]1278年7月24日)

蘭子 らんこ★
江戸時代の女性。和歌。摂津伊丹の小西氏。明治16年刊、中村良顕編『猪名野の摘草』に載る。
¶江表(蘭子(兵庫県))

蘭香 らんこう★
江戸時代後期の女性。俳諧。千駄木の御鷹部屋原田氏。嘉永4年跋、黒川惟草編『俳諧人名録』三に載る。
¶江表(蘭香(東京都))

闌更* **らんこう**
享保11(1726)年〜寛政10(1798)年 [別]高桑闌更(たかくわらんこう) 江戸時代中期の俳人。京都俳壇の中心人物。
¶江人,コン(高桑闌更 たかくわらんこう),詩作(高桑闌更 たかくわらんこう [没]寛政10(1798)年5月3日),俳文([没]寛政10(1798)年5月3日)

嵐子 らんし
⇒嵐三右衛門〔6代〕(あらしさんえもん)

嵐枝* **らんし**
延宝4(1676)年〜寛延4(1751)年4月22日 江戸時代前期〜中期の俳人・藩士。
¶俳文

蘭枝 らんし★
江戸時代中期の女性。俳諧。天明2年刊、柳下園其翠編『其翠春帖』に載る。
¶江表(蘭枝(佐賀県))

蘭児 らんじ★
江戸時代後期の女性。俳諧。文化8年序、谷素外編『玉池雑藻』に載る。
¶江表(蘭児(東京都))

嵐七 らんしち
江戸時代中期の俳諧師。
¶俳文([生]元禄16(1703)年 [没]享保18(1733)年7月28日)

蘭舎 らんしゃ★
江戸時代後期の女性。俳諧。八戸藩主南部信房の側室か。文化6年の歳旦歳暮の一枚摺に載る。
¶江表(蘭舎(青森県))

嵐繡 らんしゅう★
江戸時代中期の女性。俳諧。石城の人。明和2年刊、安田以哉坊編『奥羽行』に載る。
¶江表(嵐繡(福島県))

藍洲 らんしゅう★
江戸時代末期の女性。漢詩。出雲の鵜飼華峰の姉。江戸後期の詩人鱸松塘が明治3年に浅草向柳原に開いた詩社七曲吟社の同人。
¶江表(藍洲(島根県))

蘭秀(1) らんしゅう★
江戸時代後期〜明治時代の女性。俳諧・書簡・家祖。丸亀藩主京極高朗の側室。
¶江表(蘭秀(香川県)) ㋑文政1(1818)年 ㋜明治10(1877)年

蘭秀(2) らんしゅう
⇒吉田蘭秀軒(よしだらんしゅうけん)

鑭女 らんじょ★
江戸時代後期の女性。和歌。旗本小笠原若狭守の妻。天保11年序、忍藩藩士加藤古風編の歌集「京極黄門定家卿六百回忌追福」に載る。
¶江表(鑭女(東京都))

蘭女(1) らんじょ★
江戸時代中期の女性。画。菱川末流。作画は正徳期とされる。
¶江表(蘭女(東京都))

蘭女(2) らんじょ★
江戸時代中期の女性。俳諧。加賀の人。享保11年序、兎路編、女性句集『姫の式』に載る。
¶江表(蘭女(石川県))

蘭女(3) らんじょ★
江戸時代中期の女性。俳諧。美濃上有知の人。宝永1年刊、『国の花』、二竹編「花鳥六景」に載る。
¶江表(蘭女(岐阜県))

覧水 らんすい
江戸時代中期〜後期の俳諧作者。三牧氏。
¶俳文 ㋑享保12(1727)年 ㋜寛政12(1800)年8月13日)

巒水 らんすい
江戸時代中期〜後期の女性。俳諧。小城の人。
¶江表(巒水(佐賀県)) ㋑宝暦6(1756)年 ㋜天保12(1841)年

嵐青★ らんせい
江戸時代中期の俳人。
¶俳文(生没年不詳)

蘭夕 らんせき★
江戸時代中期の女性。俳諧。上諏訪の人。安永6年刊、佐藤眠郎編『雪の薄』に載る。
¶江表(蘭夕(長野県))

嵐雪 らんせつ
承応3(1654)年〜宝永4(1707)年 ㋾服部嵐雪(はっとりらんせつ) 江戸時代前期〜中期の俳人。江戸蕉門の重鎮。
¶江人、コン(服部嵐雪 はっとりらんせつ),詩作(服部嵐雪 はっとりらんせつ)㋜宝永4(1707)年10月13日),日文(服部嵐雪 はっとりらんせつ),俳文(㋜宝永4(1707)年10月13日)

藍荃 らんせん★
江戸時代後期の女性。教育。浅草下平右衛門町の篠塚稲荷別当清山菅弘の妻。寛政5年から続く寺子屋の発展に尽力。
¶江表(藍荃(東京都))

蘭窓 らんそう★
江戸時代後期の女性。旅日記・和歌・漢詩。尼崎屋七右衛門と称した豪商金崎元永の妻。蘭窓の「吉野日記」は寛政7年中井蕉園と元永が企画。
¶江表(蘭窓(大阪府))

鸞太 らんた
⇒鸞太(らんたい)

鸞太★ らんたい
㋾鸞太(らんた) 江戸時代後期の俳人。
¶俳文(生没年不詳)

蘭台★ らんだい
延享3(1746)年〜寛政5(1793)年 江戸時代中期の僧、俳人。越中井波瑞泉寺14代。
¶俳文(㋜寛政5(1793)年8月7日)

藍田恵青 らんでんえじょう
戦国時代〜安土桃山時代の僧。甲府・東光寺の中興開山。
¶武田(生没年不詳)

鸞動 らんどう
⇒古沢鸞動(ふるさわらんどう)

蘭坡 らんば
⇒蘭坡景茝(らんばけいし)

蘭坡景茝★ らんばけいし,らんばけいし
応永26(1419)年〜明応10(1501)年2月28日 ㋾景茝(けいし),雪樵(せっしょう),蘭坡景茝(らんはけいし,らんばけいし),蘭坡(らんば) 室町時代〜戦国時代の臨済宗の僧。五山文学僧。臨済宗夢窓派。
¶コン(らんばけいしん)㋜文亀1(1501)年),思想(らんばけいし)㋜文亀1(1501)年)

蘭坡景茝 らんはけいしん,らんばけいしん
⇒蘭坡景茝(らんばけいし)

蘭友 らんゆう★
江戸時代の女性。漢詩。淡路の三田氏。明治10年刊、鱸松塘編『七曲吟社閨媛絶句』に載る。
¶江表(蘭友(兵庫県))

嵐蘭 らんらん
正保4(1647)年〜元禄6(1693)年 ㋾松倉嵐蘭(まつくららんらん) 江戸時代前期の俳人。
¶コン(松倉嵐蘭 まつくららんらん),俳文(㋜元禄6(1693)年8月27日)

蘭里(1) らんり
江戸時代中期の俳諧作者。
¶俳文(㋑寛保2(1742)年 ㋜安永5(1776)年11月28日)

蘭里(2) らんり★
江戸時代中期の女性。俳諧。伊達郡の岡村風志の妻。元文5年刊、榎本馬州編『奥羽笠』に載る。
¶江表(蘭里(福島県))

【り】

利阿★ りあ
南北朝時代の連歌師。
¶俳文(生没年不詳)

梨一 りいち
⇒高橋梨一(たかはしりいち)

李院の妻 りいんのつま
江戸時代末期の女性。旅日記。南町奉行所与力仁杉八右衛門幸雄(号・李院)の妻。
¶江表(李院の妻(東京都)) ㋜安政6(1859)年)

りう(1)
江戸時代中期の女性。俳諧。能登今田の人。天明6年跋、森岡玞卜編「力すまふ」に載る。
¶江表(りう(石川県))

りう(2)
江戸時代後期の女性。俳諧。文化13年の「後恋し文」に載る。
¶江表(りう(滋賀県))

りう(3)
江戸時代後期の女性。俳諧。豊前小倉の人。文化6年序、五十嵐梅夫編『草神楽』に載る。
¶江表(りう(福岡県))

りう(4)
江戸時代末期の女性。俳諧。山本里蕢の妻。万延1年刊、里蕢編『歳のすさび』に載る。
¶江表(りう(福井県))

りう(5)
江戸時代末期～明治時代の女性。教育。石井氏。読み書き、算術を教える。明治5年廃業。
¶江表(りう(神奈川県))

リウ
江戸時代末期の女性。教育。斎藤氏。文久1年～慶応3年まで、広田猪尾と共に教授。
¶江表(リウ(滋賀県))

利宇　りう*
江戸時代中期の女性。俳諧。寛保3年刊、晩牛編の桂林追善集『蓮社灯』に載る。
¶江表(利宇(東京都))

梨雨　りう*
江戸時代後期の女性。俳諧。森郷白髪の人。天保6年の青渓舎巡水序、土佐森郷・本山郷連中編、芦江一周忌追善集『幽玄窟追善』に載る。
¶江表(梨雨(高知県))

里う(1)　りう*
江戸時代中期の女性。和歌・漢詩。弘前藩主津軽家一門の津軽百助朝喬の娘。
¶江表(里う(青森県))

里う(2)　りう*
江戸時代後期の女性。俳諧。八王子の俳人榎本喚之の娘。寛政5年刊、子日庵一草編『潮来集』に載る。
¶江表(里う(東京都))

里う(3)　りう*
江戸時代末期の女性。教育。長沢常弥の三女。
¶江表(里う(東京都)　[生]安政2(1855)年頃)

里宇　りう*
江戸時代後期の女性。俳諧。越前戸口の人。寛政8年刊、荒木為卜仙編『卯花筐』下に載る。
¶江表(里宇(福井県))

りうこ
江戸時代中期の女性。和歌。徳川家家臣で元与力吉村重次郎の母。明和5年刊、石野広通編『霞関集』に載る。
¶江表(りうこ(東京都))

りう子　りうこ*
江戸時代中期～後期の女性。和歌・散文。実家は田中氏。
¶江表(りう子(東京都)　[生]宝暦8(1758)年　[没]文政2(1819)年)

りう女　りうじょ*
江戸時代後期の女性。俳諧。本楯の人。弘化4年、本楯毘沙門堂に奉納の俳額に載る。
¶江表(りう女(山形県))

りえ*(1)
宝暦3(1753)年～天保8(1837)年9月3日　[別]里恵(りえ)　江戸時代中期～後期の俳人。
¶江表(里恵(埼玉県)),俳文(里恵　りえ)

りえ(2)
江戸時代後期の女性。書簡。播磨龍野日飼の大庄屋堀延祐の娘。
¶江表(りえ(兵庫県)　[没]天保15(1844)年)

りえ(3)
江戸時代後期の女性。俳諧。徳原氏の娘か。五十嵐波間藻編『八重山吹』によると、文化3年徳原邸で波間藻の来訪に際し、ふきと共に女だけで三吟歌仙を巻いている。
¶江表(りえ(福岡県))

りゑ(1)
江戸時代中期の女性。和歌。山中幸左衛門正直の妻。寛延1年刊、松風也軒編『渚の松』に載る。
¶江表(りゑ(東京都))

りゑ(2)
江戸時代中期の女性。和歌。熊本新田藩藩士乾利定の娘。
¶江表(りゑ(東京都)　[没]天明3(1783)年)

りゑ(3)
江戸時代後期の女性。俳諧。津軽の俳人晩成の妻。寛政3年序、吉川五明編「臂蒲団」に載る。
¶江表(りゑ(青森県))

りゑ(4)
江戸時代後期の女性。狂歌。伊勢崎の人。文化12年奉納笠松天満宮奉納額面にのる。
¶江表(りゑ(群馬県))

利衛　りえ
江戸時代後期の女性。和歌。遠江浜松藩主井上正甫家の奥女中。寛政10年跋、真田幸弘の六〇賀集「千とせの寿詞」に載る。
¶江表(利衛(静岡県))

理栄　りえ*
江戸時代前期の女性。俳諧。堅田の本福寺住職三上明式の妻。俳号千那。
¶江表(理栄(滋賀県))

里ゑ　りえ*
江戸時代中期の女性。俳諧。甲府の人。安永5年刊、堀内引蝶撰『其唐松』に載る。
¶江表(里ゑ(山梨県))

里恵(1)　りえ*
江戸時代後期の女性。俳諧。天保5年刊、董斎撰『わらたはね』に載る。
¶江表(里恵(岩手県))

里恵(2)　りえ
⇒りえ

里江　りえ*
江戸時代後期の女性。俳諧。越前気比庄の人。寛政11年刊、松山令羽編『三つの手向』に載る。

り

¶江表（里江（福井県））

里枝 りえ★
江戸時代中期～後期の女性。和歌。飯田藩藩士赤
川武兵衛常宣の娘。
¶江表（里枝（長野県）） ㊦明和1（1764）年頃 ㊦文政4
（1821）年）

李英 りえい★
江戸時代中期の女性。俳諧。加賀の人。明和8年
刊、高桑闌更編『落葉考』に載る。
¶江表（李英（石川県））

理英 りえい
戦国時代の武田氏の家臣。
¶武田（生没年不詳）

りえ子 りえこ★
江戸時代後期の女性。俳諧。伊勢一志郡小川の俳
人前野楳夫の妻。文化年中の人。
¶江表（りえ子（三重県））

理衛子 りえこ★
江戸時代後期の女性。連歌。宇和津彦神社神職松
浦志摩正豊の妻。文化2年に行われた「百首組題」
に歌が載る。
¶江表（理衛子（愛媛県））

理恵子 りえこ★
江戸時代後期の女性。和歌。上総夷隅郡部原村の
名主江沢講修と連子の娘。嘉永1年伊香保への旅日
記、述用著「あら波日記」に載る。
¶江表（理恵子（千葉県））

里ゑ子 りえこ★
江戸時代の女性。和歌・俳諧。工藤順蔵の妻。明
治14年刊、岡田良策編『近世名婦百人撰』に載る。
¶江表（里ゑ子（東京都））

里恵子⑴ りえこ★
江戸時代後期の女性。和歌。播磨加古川の菅野重
五郎の妻。嘉永6年刊、黒沢翁満編『類題採風集』
初に載る。
¶江表（里恵子（兵庫県））

里恵子⑵ りえこ★
江戸時代末期の女性。俳諧。隼軒信寿の妻。安政5
年刊、井出宣長編『薫猶同器集』に載る。
¶江表（里恵子（長野県））

里伝子 りえこ★
江戸時代中期の女性。和歌。美濃加納藩藩士味岡
芳忠の妻。宝暦7年、紀行文『草枕』を著し、同11
年に刊行した。
¶江表（里伝子（福島県））

りゑ女 りえじょ★
江戸時代後期の女性。俳諧。本楯の人。弘化4年、
本楯毘沙門堂に奉納された俳額に載る。
¶江表（りゑ女（山形県））

里ゑ女 りえじょ★
江戸時代後期の女性。俳諧。宮の人。寛政10年跋、
洗潮編『松の花』に載る。
¶江表（里ゑ女（山形県））

里枝女 りえじょ★
江戸時代末期の女性。和歌。三河宝飯郡大木の島
田惣十郎の母。慶応2年刊、竹尾正久編『類題三河
歌集』に載る。
¶江表（里枝女（愛知県））

李園 りえん
⇒花笠文京〔1代〕（はながさぶんきょう）

理延 りえん
⇒理延女王（りえんじょうおう）

理延女王 りえんじょうおう
応永30（1423）年～？ ㊦理延（りえん），理延女
王（りえんじょうおう，りえんにょおう）　室町時代
の女性。伏見宮貞成親王（後崇光太上天皇）の第4
皇女。
¶女史（理延　りえん）

理延女王 りえんじょおう
⇒理延女王（りえんじょうおう）

理延女王 りえんにょおう
⇒理延女王（りえんじょうおう）

理円房 りえんぼう
鎌倉時代前期の女性。平宗親の妹。
¶平家（生没年不詳）

里を りお★
江戸時代中期の女性。和歌。但馬豊岡藩京極家の
奥女中。安永3年の「田村村隆母公六十賀祝賀歌
集」に載る。
¶江表（里を（兵庫県））

里尾女 りおじょ★
江戸時代末期の女性。国学。江戸赤坂住の幕臣筒井
内蔵允庸備の妻。安政2年『内遠翁門人録』に載る。
¶江表（里尾女（東京都））

りか
江戸時代後期の女性。教育。平野三右衛門の妻。
¶江表（りか（東京都）） ㊦文化4（1807）年頃）

李下 りか★
江戸時代前期～中期の俳人。
¶俳文（生没年不詳）

梨香 りか★
江戸時代後期の女性。俳諧。寛政5年序、森々庵松
後編『心つくし』に載る。
¶江表（梨香（熊本県））

里歌 りか★
江戸時代後期の女性。俳諧。美作久世の人。寛政
12年序、夏音舎柊里編『三度笠』附に載る。
¶江表（里歌（岡山県））

里鹿 りか
江戸時代後期～末期の女性。和歌。奥女中。嘉永
年間、江戸城大奥で老女万里小路に仕え、和歌を好
み、読み書きも巧みであった。
¶江表（里鹿（千葉県））

李鶴 りかく★
江戸時代後期の女性。和歌・俳諧。越後新発田藩
主溝口直養の娘。
¶江表（李鶴（青森県） ㊦天保9（1838）年）

理覚 りかく
⇒藤原師長（ふじわらのもろなが）

璃珏（里鶴） りかく
⇒嵐璃寛〔2代〕（あらしりかん）

理覚院 りかくいん★
江戸時代中期の女性。和歌。下総生実藩5代藩主森
川俊常の娘。

¶江表（理覚院（千葉県）　[生]享保13（1728）年　[没]宝暦4（1754）年）

里歌女　りかじょ★
江戸時代後期の女性。和歌。芥川新九郎の妻。文化2年成立「宥天上人中陰手向和歌三拾首」に載る。
¶江表（里歌女（愛媛県））

里哥女　りかじょ★
江戸時代末期の女性。俳諧。尾張熱田駅の人。安政5年刊、鶯谿舎吾声編『鶯谿百人集』に載る。
¶江表（里哥女（愛知県））

李冠（璃寛）　**りかん**
⇒嵐吉三郎〔2代〕（あらしきちさぶろう）

里環　りかん
⇒嵐吉三郎〔1代〕（あらしきちさぶろう）

理願＊　**りがん**
？～天平7（735）年　[別]理願尼（りがんに）　奈良時代の女性。新羅から渡来した尼僧。
¶コン，女史

理岸院　りがんいん
江戸時代中期の徳川家宣の四男。
¶徳将（[生]1708年　[没]1710年）

理願尼　りがんに
⇒理願（りがん）

りき（1）
江戸時代中期の女性。画。尾張海東郡福田村の代々の富豪で書、画、詩をよくする西川翼の娘。安永7年序、梵韶編『張城人物誌』に載る。
¶江表（りき（愛知県））

りき（2）
江戸時代後期の女性。俳諧。文化1年序、高桑闌更の妻得終尼編の闌更七回忌追善句集『もゝのやとり』に載る。
¶江表（りき（滋賀県））

りき（3）
江戸時代末期の女性。和歌。富山藩士宮永良蔵の妻。夫は慶応3年に25歳で没した。
¶江表（りき（富山県））

利喜　りき★
江戸時代末期の女性。教育。大橋氏。
¶江表（利喜（東京都）　[没]慶応3（1867）年）

里き　りき★
江戸時代中期の女性。和歌。一関藩主田村村隆の奥女中。安永3年成立「田村村隆母公六十賀祝賀歌集」に載る。
¶江表（里き（岩手県））

里喜　りき★
江戸時代後期の女性。教育。山里清兵衛の妻。
¶江表（里喜（東京都）　[生]享和3（1803）年頃）

里菊　りきく★
江戸時代後期の女性。俳諧。赤野の人。文政3年頃成立、徐風庵跋、竺貫三編『はせを塚集』に載る。
¶江表（里菊（高知県））

りき子　りきこ★
江戸時代後期の女性。和歌。渡辺氏。文政11年刊、加納諸平編『類題鰒玉集』四に載る。
¶江表（りき子（埼玉県））

里記子　りきこ★
江戸時代後期の女性。和歌。石見浜田藩の奥女中。文政6年成立、中村安由編「柿葉集」に載る。
¶江表（里記子（島根県））

力女　りきじょ★
江戸時代後期～明治時代の女性。俳諧・教育。篠ノ井長谷の風間りき。
¶江表（力女（長野県）　[生]文化14（1817）年　[没]明治34（1901）年）

利休　りきゅう
⇒千利休（せんのりきゅう）

利牛　りぎゅう
⇒池田利牛（いけだりぎゅう）

李杏　りきょう★
江戸時代後期の女性。俳諧。宮本虎杖系。文化4年刊、虎杖編、加舎白雄一七回忌追善集『いぬ榧集』に載る。
¶江表（李杏（長野県））

李喬　りきょう★
江戸時代中期の女性。俳諧。明和2年刊、建部綾足編『かすみをとこ』に載る。
¶江表（李喬（東京都））

里杏　りきょう★
江戸時代中期の女性。俳諧。伊吹東恕の妻。享保11年刊、上阪嵐枝編『文月往来』に載る。
¶江表（里杏（福井県））

李暁　りぎょう★
江戸時代後期の女性。俳諧。文政3年刊、六花苑嵐窓編『相模風流』に載る。
¶江表（李暁（神奈川県））

里暁（1）　**りぎょう**★
江戸時代中期の女性。俳諧。安永8年序、獅子眠鶏口編、養母谷口田女追善集『はつかのゆめ』に載る。
¶江表（里暁（東京都））

里暁（2）　**りぎょう**★
江戸時代中期の女性。狂歌。天明3年刊、唐衣橘洲編『狂歌若葉集』に載る。
¶江表（里暁（東京都））

里暁（3）　**りぎょう**★
江戸時代中期の女性。俳諧。宝暦2年序、坂本雲郎編の亡妻への追善句集『太山樒』に載る。
¶江表（里暁（群馬県））

里暁（4）　**りぎょう**★
江戸時代後期の女性。俳諧。加舎白雄門。寛政9年刊、好文軒耕淵編『宵の春』に載る。
¶江表（里暁（長野県））

里暁（5）　**りぎょう**★
江戸時代後期の女性。俳諧。長門萩の人。文政3年序、山本友左坊撰『おゐのたひ』に載る。
¶江表（里暁（山口県））

里暁斎一甫＊　**りぎょうさいいっぽ**
文政3（1820）年～明治22（1889）年7月　江戸時代末期～明治時代の華道遠山流家元。花会では天覧に供した。
¶幕末

里杏女　りきょうじょ★
江戸時代後期の女性。俳諧。酒田の人。寛政12年

刊、不舎観其水ほか編、神谷玄武坊の三周忌追悼集『梅香炉』に載る。
¶江表(里杏女(山形県))

李暁女　りぎょうじょ★
江戸時代後期の女性。俳諧。寛政9年成立、吉川五明編『早苗うた』に載る。
¶江表(李暁女(東京都))

理慶尼　りきょうに
⇒理慶尼(りけいに)

璃玉　りぎょく
⇒嵐璃珏〔2代〕(あらしりかく)

りく
江戸時代中期の女性。俳諧。筑前芦屋の豪商吉永芦洲の妻。
¶江表(りく(福岡県)　[生]享保13(1728)年　[没]明和2(1765)年)

陸　りく★
江戸時代後期の女性。和歌。備中向市場の庄屋岡道矩の娘。
¶江表(陸(岡山県)　[没]文政4(1821)年)

り

りく子　りくこ★
江戸時代末期の女性。和歌。越後三島郡山田のかくの母。文久3年刊、関橋守編『耳順賀集』に載る。
¶江表(りく子(新潟県))

利久子　りくこ★
江戸時代後期の女性。和歌。石見浜田藩藩士池上夘三郎の妻。文政6年成立、中村安由編「柿葉集」に載る。
¶江表(利久子(島根県))

陸子(1)　りくこ★
江戸時代後期の女性。和歌。松前藩藩士北川時房の孫。寛政6年序、菅江真澄の「奥のてぶり」に載る。
¶江表(陸子(北海道))

陸子(2)　りくこ★
江戸時代末期の女性。和歌。備中足守藩藩士苅田彦左衛門閑夢斎の娘。
¶江表(陸子(岡山県)　[没]安政4(1857)年)

六合*　りくごう
享保8(1723)年～享和2(1802)年2月29日　江戸時代中期～後期の俳人。
¶俳文([没]享和2(1802)年2月19日)

里久女　りくじょ★
江戸時代後期の女性。和歌。周布の人。享和3年序、佐伯貞中八〇賀集「周桑歌人集」に載る。
¶江表(里久女(愛媛県))

六如　りくじょ
⇒六如(りくにょ)

六如*　りくにょ
享保19(1734)年～享和1(1801)年　[別]慈周(じしゅう)，六如(りくじょ，ろくにょ)　江戸時代中期～後期の漢詩人、天台宗の僧。
¶コン([生]?)，詩作([没]享和1(1801)年3月10日)，思想

利久姫　りくひめ
⇒振姫(ふりひめ)

狸兄*　りけい
?～宝暦12(1762)年　江戸時代中期の俳人。
¶俳文

李敬　りけい
⇒高麗左衛門(こうらいざえもん)

梨景　りけい★
江戸時代中期の女性。俳諧。白鳥の人。安永3年序、愉閑斎杜仙撰、中川麦浪七回忌追善句集『居待月』に載る。
¶江表(梨景(香川県))

理慶　りけい
⇒理慶尼(りけいに)

里景　りけい★
江戸時代後期の女性。俳諧。越前滝谷の人。寛政8年刊、荒木為卜仙編『卯花筐』下に載る。
¶江表(里景(福井県))

理慶尼*　りけいに
?～慶長16(1611)年　[別]慶樹尼(けいじゅに)，理慶尼(りきょうに)，理慶(りけい)　安土桃山時代～江戸時代前期の女性。戦記文学作者。
¶江表(理慶尼(山梨県))，武田(生没年不詳)

理賢*　りけん
永久5(1117)年～建久1(1190)年10月11日　平安時代後期の真言宗の僧。高野山検校29世。
¶古人

利原*　りげん
生没年不詳　平安時代中期の宿曜師。
¶古人

李元環*　りげんかん
奈良時代の唐人。
¶古人(生没年不詳)，古代

理源大師　りげんだいし
⇒聖宝(しょうぼう)

理子　りこ★
江戸時代後期の女性。和歌。越前丸岡藩主有馬誉純の母。文化5年頃、真田幸弘編「御ことほきの記」に載る。
¶江表(理子(福井県))

李江(1)　りこう★
江戸時代中期の女性。俳諧。市村氏。
¶江表(李江(東京都)　[生]宝暦12(1762)年)

李江(2)　りこう★
江戸時代後期の女性。俳諧。常陸の人。弘化3年序、五井槐堂撰「つるおと集」に載る。
¶江表(李江(茨城県))

李江(3)(李紅，里虹)　りこう
⇒山下金作〔1代〕(やましたきんさく)

梨黄　りこう★
江戸時代中期の女性。俳諧。加賀の人。安永6年刊、堀麦水編『新虚栗』に載る。
¶江表(梨黄(石川県))

梨香　りこう★
江戸時代中期の女性。俳諧。天明4年、俳人田上菊舎が3年の滞在後に江戸を発つ時、餞別句会に参加。
¶江表(梨香(東京都))

里好(1)　りこう
⇒中山よしを〔1代〕(なかやまよしお)

里好(2)(里虹)　りこう
⇒山下金作〔2代〕(やましたきんさく)

里虹 りこう
⇒山下金作〔6代〕(やましたきんさく)

籬江 りこう
江戸時代後期の女性。俳諧。越前西田中の人。寛政11年刊、松山令羽編『三つの手向』に載る。
¶江表(籬江(福井県))

りさ
江戸時代後期の女性。和歌。仲野氏。文化11年刊、中山忠雄・河田正致編『柿本社奉納和歌集』に載る。
¶江表(りさ(高知県))

りさ(2)
江戸時代末期の女性。俳諧。鮫浦の人。安政3年、浮木寺に奉納の「華蔵乙因居士円満忌追善献額」に載る。
¶江表(りさ(青森県))

里佐 りさ*
江戸時代後期の女性。俳諧。相模藤沢の人。寛政6年成立、甲斐田野倉村の枕蛙窟運水編『猿橋小集』に載る。
¶江表(里佐(神奈川県))

李柴 りさい*
江戸時代中期の女性。俳諧。泉沢八幡宮に、判者太田白雪の「泉沢八幡宮奉納俳句」があり、「曇る日や蜩聞いて夕支度」が残る。
¶江表(李柴(群馬県))

利佐子 りさこ*
江戸時代後期の女性。和歌・随筆。幕臣、槍奉行で冷泉門の歌人森山豊後守孝盛の娘。
¶江表(利佐子(東京都))　㉓弘化3(1846)年

李参平 りさんべい
？〜明暦1(1655)年　㉕金ケ江三兵衛(かねがえさんべえ)　安土桃山時代〜江戸時代前期の朝鮮王朝の陶工。肥前有田磁器の開祖。
¶江人(生没年不詳)、コン、対外、美工(㉓明暦1(1655)年8月11日)、山小

璃子 りし
⇒嵐吉三郎〔3代〕(あらしきちさぶろう)

利子内親王 りしないしんのう
⇒式乾門院(しきけんもんいん)

理子内親王 りしないしんのう
⇒理子内親王(まさこないしんのう)

李自然 りじねん
奈良時代の女性。入唐した大春日浄足が唐で娶った唐人。延暦11年従五位下。
¶古人(生没年不詳)

李勺光 りしゃくこう
生没年不詳　安土桃山時代の陶工。
¶美工

利寿 りじゅ*
江戸時代中期の女性。俳諧。石見左鐙の下森梅律の妻。安永2年刊、大石蛙鼓編『松の花集』に載る。
¶江表(利寿(島根県))

李州 りしゅう*
江戸時代後期の女性。俳諧・書簡。通称、森川登衛。文政7年の一枚摺に載る。
¶江表(李州(青森県))

理秀 りしゅう
⇒理秀女王(りしゅうにょおう)

里萩 りしゅう*
江戸時代後期の女性。俳諧。石見の大森連に属す。寛政12年刊、夏音舎柊里編『三度笠』人に載る。
¶江表(里萩(島根県))

狸十 りじゅう
⇒中島三甫右衛門〔3代〕(なかじまみほえもん)

理秀女王*(1)(理璇女王)　りしゅうじょおう
延徳1(1489)年〜天文1(1532)年　㉕渓山(けいざん)、理秀女王(りしゅうにょおう)　戦国時代の女性。後土御門天皇の皇女。
¶女史(渓山　けいざん　㉓1543年)

理秀女王(2)　りしゅうじょおう
⇒理秀女王(りしゅうにょおう)

理秀尼 りしゅうに
⇒理秀女王(りしゅうにょおう)

理秀女王*(1)　りしゅうにょおう
享保10(1725)年〜明和1(1764)年　㉕逸厳理秀(いつげんりしゅう)、理秀(りしゅう)、理秀女王(りしゅうにょおう)、理秀尼(りしゅうに)　江戸時代中期の臨済宗の尼僧。中御門天皇の第4皇女。
¶江表(理秀尼(京都府))、コン、天皇(理秀　りしゅう　㉔享保10(1725)年11月5日　㉓明和1(1764)年11月30日

理秀女王(2)　りしゅうにょおう
⇒理秀女王(りしゅうじょおう)

李秀文 りしゅうぶん
⇒秀文(しゅうぶん)

里春(1)　りしゅん*
江戸時代後期の女性。俳諧。天保7年跋、黒川惟草編『俳諧人名録』初に、浅草蔵前の山田屋金右衛門の妻住多、別号、梅廼舎、花笠とある。
¶江表(里春(東京都))

里春(2)　りしゅん*
江戸時代後期の女性。俳諧。延岡の人。天保9年序、島津五木編『はしり穂集』に載る。
¶江表(里春(宮崎県))

利生 りしょう*
江戸時代中期の女性。俳諧。新吉原の遊女か。元禄5年刊、水間沾徳編『誹林一字幽蘭集』に載る。
¶江表(利生(東京都))

李照 りしょう*
江戸時代後期の女性。俳諧。遠江東横地の俳号其白の母。寛延2年刊、太田巴静追善集『笠の恩』に載る。
¶江表(李照(静岡県))

鯉丈 りじょう
⇒滝亭鯉丈(りゅうていりじょう)

鯉昇女 りしょうじょ*
江戸時代後期の女性。俳諧。薩摩鹿児島の人。天保11年の太白堂孤月撰『月次混題句合』に載る。
¶江表(鯉昇女(鹿児島県))

理昌女王* りしょうじょおう
寛永8(1631)年〜明暦2(1656)年　㉕久巌理昌(きゅうがんりしょう)、八重宮(やえのみや)、理昌女王(りしょうにょおう)　江戸時代前期の女性。

尼僧。後水尾天皇の第5皇女。

¶コン（りしょうにょおう），天皇（八重宮　やえのみや　[没]明暦2（1656）年1月8日）

理照尼　りしょうに★

江戸時代後期の女性。和歌。津田氏。嘉永4年刊、『類題鴨川三郎集』に載る。

¶江表（理照尼（東京都））

理昌女王　りしょうにょおう

⇒理昌女王（りしょうじょおう）

履仁　りじん

江戸時代中期～後期の俳諧作者・儒者。伊藤氏・天沼氏。

¶俳文（[生]寛保3（1743）年12月12日　[没]文化7（1810）年）

利仁将軍　りじんしょうぐん

⇒藤原利仁（ふじわらのとしひと）

梨水　りすい★

江戸時代後期の女性。俳諧。加賀の人。文化4年序、中山眉山編、千代女三三回忌追善集『長月集』に載る。

¶江表（梨水（石川県））

里翠　りすい★

江戸時代末期の女性。俳諧。遠野の人。幕末期の人。

¶江表（里翠（岩手県））

りす子　りすこ★

江戸時代後期の女性。和歌。幕臣、普請役上条昌太郎の母。文政8年刊、南都薬師寺沙門行遍編『仏足結縁歌文集』に載る。

¶江表（りす子（東京都））

りせ(1)

江戸時代中期の女性。俳諧。下総境河岸の俳人箱島浙江と後妻花好の娘か。

¶江表（りせ（茨城県））

りせ(2)

江戸時代中期の女性。俳諧。加賀の人。元禄13年刊、柳陰庵句空編『俳諧草庵集』に載る。

¶江表（りせ（石川県））

りせ(3)

江戸時代中期の女性。俳諧。越前福井の人。加賀の俳僧柳陰庵句空が元禄13年編んだ『俳諧草庵集』上に載る。

¶江表（りせ（福井県））

りせ(4)

江戸時代中期の女性。俳諧。観音寺の人。安永4年刊、同郷の小西帯河ほか編『俳諧ふたつ笠』に観音寺連の一人として載る。

¶江表（りせ（香川県））

りせ(5)

江戸時代中期～後期の女性。和歌。飯田本町の商家大板屋桜井光延の娘。

¶江表（りせ（長野県）　[生]寛延3（1750）年　[没]寛政6（1794）年）

里瀬　りせ★

江戸時代中期の女性。俳諧。宮原の人。天明5年、起早庵稲後編『乙巳歳旦』に載る。

¶江表（里瀬（山梨県））

里勢(1)　りせ★

江戸時代後期の女性。和歌。松島宿の樋口求馬敬喜の妻。文化4年振思亭主人の七〇歳の賀歌がある。

¶江表（里勢（長野県））

里勢(2)　りせ★

江戸時代後期の女性。俳諧。寛政5年序、森々庵松後編『心つくし』に載る。

¶江表（里勢（熊本県））

里勢　りせい★

江戸時代末期の女性。和歌。遠江浜松の富田玄仙の母。慶応2年序、村上忠順編『元治元年千首』に載る。

¶江表（里勢（静岡県））

里晴　りせい

⇒中山よしを〔1代〕（なかやまよしお）

里生　りせい★

江戸時代後期の女性。俳諧。越前滝谷の遊女。寛政8年刊、荒木為卜仙編『卯花筐』下に載る。

¶江表（里生（福井県））

里夕(1)　りせき

江戸時代中期の女性。俳諧。越前宿浦の人。享保20年刊、青了閣六枳ほか編『卯花笠集』に載る。

¶江表（里夕（福井県））

里夕(2)　りせき★

江戸時代後期の女性。俳諧。周防徳佐の人。文政3年序、山本友左坊撰『おゐのたひ』に載る。

¶江表（里夕（山口県））

りせ子　りせこ★

江戸時代後期の女性。和歌。越前丸岡藩有馬家の奥女中。文化5年頃、真田幸弘編「御ことほきの記」に載る。

¶江表（りせ子（福井県））

里勢子　りせこ★

江戸時代中期の女性。和歌。棚倉藩の奥女中。宝暦12年刊、村上影面編『続采藻編』に載る。

¶江表（里勢子（福島県））

里雪女　りせつじょ★

江戸時代後期の女性。狂歌。三河の人。文化11年刊、浅草庵市人ほか編『狂歌美製集』に載る。

¶江表（里雪女（愛知県））

李仙　りせん★

江戸時代後期の女性。俳諧。備前西大寺の人。天保8年刊、唐樹園亀嶺編『春興亀の尾山』中に載る。

¶江表（李仙（岡山県））

里仙(1)　りせん

江戸時代中期の俳諧作者。

¶俳文（[生]？　[没]宝永1（1704）年8月11日）

里仙(2)　りせん★

江戸時代中期の女性。俳諧。下仁田の人。天明3年刊、曲川館宜長編、田中反哺3回忌追善集『追善すて碇』に載る。

¶江表（里仙（群馬県））

里仙(3)　りせん★

江戸時代後期の女性。俳諧。越前三国の人。寛政10年成立、巳千斎紫山編「元旦」に載る。

¶江表（里仙（福井県））

里専　りせん★
江戸時代後期の女性。俳諧。越前大虫の人。寛政11年刊、松山令羽編『三つの手向』に載る。
¶江表(里専(福井県))

里川(1)　りせん
江戸時代中期〜後期の俳諧師。加辺氏。
¶俳文(㊥享保19(1734)年　㊦文化12(1815)年1月22日)

里川(2)　りせん
江戸時代後期の女性。俳諧。越前三国の人。寛政9年刊、加藤甫文編『葉月のつゆ』に載る。
¶江表(里川(福井県))

里泉　りせん★
江戸時代中期の女性。俳諧。桐生の人。明和2年刊、建部綾足編『片歌磯の玉藻』に載る。
¶江表(里泉(群馬県))

吏全　りぜん
江戸時代中期の俳諧作者。享保ごろの人。
¶俳文(生没年不詳)

理然＊　りぜん
元禄14(1701)年〜宝暦13(1763)年11月1日　江戸時代中期の俳人。
¶俳文

離然　りぜん★
江戸時代の女性。俳諧・茶道・華道。新吉原の花魁から、大伝馬町の薬種商桑名屋弥助に身請けされ妻となる。
¶江表(離然(東京都))

里泉女　りせんじょ
江戸時代後期の女性。俳諧。二本松の人。弘化2年跋、三河岡崎の鈴木流芝編の松島紀行『植継集』に載る。
¶江表(里泉女(福島県))

李仙女　りせんにょ★
江戸時代後期の女性。俳諧。北原の人。享和1年跋、宮本虎杖編『つきよほとけ』に載る。
¶江表(李仙女(長野県))

里曽　りそ★
江戸時代中期の女性。和歌。中嶋円水の妻。享保8年の「柿本大明神社奉納和歌」に載る。
¶江表(里曽(島根県))

李叟　りそう
⇒西沢一鳳(にしざわいっぽう)

利曽子　りそし★
江戸時代の女性。和歌。岡本氏。明治8年刊、橘東世子編『明治歌集』に載る。
¶江表(利曽子(東京都))

李旦　りたん
江戸時代前期の中国明の商人。平戸在住の中国人頭人。
¶対外(㊥?　㊦1625年)

理忠女王＊　りちゅうじょおう
寛永18(1641)年〜元禄2(1689)年　㊗義山理忠(ぎざんりちゅう)、理忠女王(りちゅうにょおう)　江戸時代前期〜中期の女性。尼僧。後水尾天皇の第15皇女。
¶コン(りちゅうにょおう)

履中天皇＊　りちゅうてんのう
㊗去来穂別尊(いざわけのみこと)，大兄去来穂別尊(おおえのいざわけのみこと)　上代の第17代の天皇。仁徳天皇の子。
¶古人(生没年不詳)，古代，古物(㊥?　㊦履中天皇6(405)年3月15日)，コン，天皇(㊥?　㊦履中6(405)年3月15日)，山小

理忠女王　りちゅうにょおう
⇒理忠女王(りちゅうじょおう)

鯉長(1)　りちょう
⇒中村粂太郎〔1代〕(なかむらくめたろう)

鯉長(2)　りちょう
⇒中村粂太郎〔2代〕(なかむらくめたろう)

鯉長(3)　りちょう
⇒中村粂太郎〔3代〕(なかむらくめたろう)

里朝　りちょう★
江戸時代中期の女性。俳諧。越前西田中の人か。天明3年刊、丹尾芦周編『千鳥塚』に載る。
¶江表(里朝(福井県))

里蝶(1)　りちょう★
江戸時代中期の女性。俳諧。越後五泉の人。宝暦2年序、五竹房編『入梅の後』に載る。
¶江表(里蝶(新潟県))

里蝶(2)　りちょう★
江戸時代中期の女性。俳諧。越前福井の人。天明7年刊、時雨庵祐阿編『飛梅集』上に載る。
¶江表(里蝶(福井県))

里蝶(3)　りちょう★
江戸時代中期の女性。俳諧。京都の人。明和3年刊、湖白庵諸九尼著『諸九尼歳旦帖』に載る。
¶江表(里蝶(京都府))

籬蝶　りちょう
江戸時代後期の女性。狂歌・俳諧。安芸高宮郡中筋村の浄宗寺の娘。
¶江表(籬蝶(広島県)　㊦文化14(1817)年)

李蝶女　りちょうじょ★
江戸時代末期の女性。俳諧。嘉永7年刊、江戸の医者東杵庵顧言著『俳諧茶話』に載る。
¶江表(李蝶女(東京都))

りつ(1)
江戸時代中期の女性。俳諧。越後今町の人。元文2年刊、仙石廬元坊編、各務支考七回忌追善集『渭江話』に載る。
¶江表(りつ(新潟県))

りつ(2)
江戸時代後期の女性。俳諧。下茅笠の人。文政3年頃成立、徐風庵跋、竺貫三編『はせを塚集』に載る。
¶江表(りつ(高知県))

栗　りつ★
江戸時代中期の女性。俳諧。享保20年跋、茅呂人吾鼠編『築紫野』に載る。
¶江表(栗(滋賀県))

理津　りつ★
江戸時代中期の女性。和歌。遠江浜松の植田喜右衛門正通の娘。
¶江表(理津(静岡県)　㊥元禄3(1690)年　㊦安永2(1773)年)

りつ

里つ　りつ★
江戸時代中期の女性。和歌。但馬豊岡藩京極家の奥女中。安永3年の「田村村隆母公六十賀祝賀歌集」に載る。
¶江表（里つ（兵庫県））

里津　りつ★
江戸時代後期の女性。俳諧。常陸上岡八竜神社にある寛政2年奉納の俳額に「池田女」として載る。
¶江表（里津（茨城県））

律　りつ★
江戸時代中期の女性。和歌。鳥取藩伯耆米子組士で歌人村瀬鎮栄の娘。安永7年に米子組筆頭役で歌人の鷲見慶明家で開かれた歌会「女中会」で入集。
¶江表（律（鳥取県））

立阿弥　りつあみ
⇒立阿弥（りゅうあみ）

里津子　りつこ
江戸時代後期の女性。和歌。土佐藩の奥女中。文政4年、高岡郡新居村の庄屋細木庵常の四〇賀に短冊を寄せる。
¶江表（里津子（高知県））

里都子　りつこ
江戸時代後期の女性。和歌。豊後石井村の樋口安右衛門兼言の娘。
¶江表（里都子（大分県））　②弘化3（1846）年）

律子⑴　りつこ★
江戸時代後期の女性。和歌。弘前藩藩士間山甚五郎祐真の妻。菅江真澄の日記「津軽の奥」の寛政9年に記されている。
¶江表（律子（青森県））

律子⑵　りつこ★
江戸時代末期の女性。勇婦・和歌。釜石の商人の養女。
¶江表（律子（岩手県））

律子⑶　りつこ★
江戸時代末期の女性。漢詩。会津藩藩士小森悌蔵一清とひで子の娘。
¶江表（律子（福島県）　②慶応4（1868）年）

立子　りつこ★
江戸時代後期の女性。和歌。出雲塩冶村の伊藤宜堂の妻。天保13年刊、千家尊孫編『類題八雲集』に載る。
¶江表（立子（島根県））

立志〔1代〕　りっし
⇒高井立志〔1代〕（たかいりっし）

立志〔2代〕　りっし
⇒高井立志〔2代〕（たかいりっし）

立志〔3代〕　りっし
⇒高井立志〔3代〕（たかいりっし）

葎宿＊（律宿）　りっしゅく、りっしゅく
江戸時代前期の俳人。
¶俳文（りっしゅく　生没年不詳）

りつ女　りつじょ★
江戸時代後期の女性。俳諧。常陸潮来の遊女か。寛政5年刊、子日庵一草編『潮来集』に載る。
¶江表（りつ女（茨城県））

律女⑴　りつじょ★
江戸時代中期の女性。和歌。今治の人。「大浜八幡大神社奉納百首歌」に載る。
¶江表（律女（愛媛県））

律女⑵　りつじょ★
江戸時代後期の女性。俳諧。久保田茶町の商人吉川惣右衛門の娘。
¶江表（律女（秋田県）　②寛政8（1796）年）

立正大師　りっしょうだいし
⇒日蓮（にちれん）

笠亭仙果〔1代〕　りっていせんか
⇒笠亭仙果（りゅうていせんか）

笠亭仙果〔2代〕　りっていせんか
⇒笠々亭仙果（りゅうりゅうていせんか）

銉姫＊　りつひめ
安永9（1780）年6月28日〜文政12（1829）年1月22日
江戸時代後期の女性。肥後人吉藩主相良頼徳の正室。
¶江表（通子（熊本県））

律姫　りつひめ★
江戸時代中期の女性。和歌。出羽庄内藩主酒井忠寄の娘。
¶江表（律姫（鳥取県）　④延享1（1744）年　②明和3（1766）年）

立法院　りっぽういん★
江戸時代中期の女性。宗教。熊本藩士加来佐右衛門の娘。
¶江表（立法院（熊本県）　②元禄4（1691）年）

律友＊　りつゆう
生没年不詳　江戸時代前期の俳人。
¶俳文

李丁女　りていじょ★
江戸時代後期の女性。俳諧。宮本虎杖門。文化4年刊、宮本虎杖編、加舎白雄一七回忌追善集『いぬ櫤集』に載る。
¶江表（李丁女（長野県））

李天＊　りてん
生没年不詳　江戸時代前期の俳人。
¶俳文

りと⑴
江戸時代中期〜後期の女性。和歌。飯島村本郷の名主で歌人桃沢夢宅、しんの孫娘。
¶江表（りと（長野県）　④天明1（1781）年　②天保8（1837）年）

りと⑵
江戸時代中期〜後期の女性。書簡・商売。山田氏。
¶江表（りと（三重県）　④享保12（1727）年　②文化11（1814）年）

史登　りと
⇒桜井吏登（さくらいりとう）

吏登　りとう
⇒桜井吏登（さくらいりとう）

李東＊　りとう
江戸時代の俳人（蕉門）。
¶俳文（生没年不詳）

里東　りとう
江戸時代中期の俳諧作者。元禄～享保ごろ。
¶俳文（生没年不詳）

李童　りどう
⇒片岡仁左衛門〔8代〕（かたおかにざえもん）

李道　りどう★
江戸時代中期の女性。俳諧。宝暦9年刊、岡田米仲編『靭随筆』に3句が載る。
¶江表（李道（東京都））

里濃　りの
江戸時代の女性。和歌・紀行文。但馬豊岡の国学者荻玄長の母。
¶江表（里濃（兵庫県））

李乃子　りのこ★
江戸時代中期の女性。和歌。幕臣、槍奉行で冷泉門の歌人森山豊後守孝盛の娘。
¶江表（李乃子（東京都）　[生]天明1（1783）年）

りの女　りのじょ★
江戸時代後期の女性。和歌。遠江潮海寺村の高岡重太夫織衛の妻。文化14年成立、石塚竜麿編「すずむし」に載る。
¶江表（りの女（静岡県））

里の女　りのじょ★
江戸時代後期の女性。俳諧。土沢の人。天保2年刊『三陸俳人像』に載る。
¶江表（里の女（岩手県））

里能女　りのじょ★
江戸時代後期の女性。俳諧。紀三井寺の人。天明8年刊、古田此葉著『市女笠』に載る。
¶江表（里能女（和歌山県））

里梅女　りばいじょ★
江戸時代後期の女性。狂俳。天保11年『うめごよみ』に1句入集。
¶江表（里梅女（愛知県））

利舞　りぶ★
江戸時代後期の女性。書簡。日本橋通4丁目の呉服商塩野屋清三郎の娘。松前藩姫付の奥女中をつとめ、嘉永5年に養子を迎える。
¶江表（利舞（東京都））

里楓　りふう★
江戸時代後期の女性。俳諧。千田の人。寛政5年刊、橋本燕志著『笠の塵』に載る。
¶江表（里楓（和歌山県））

里保　りほ★
江戸時代後期の女性。和歌。美濃養老郡大巻の鬼頭氏。文政13年刊、富樫広蔭編『樫の若葉』に載る。
¶江表（里保（岐阜県））

里圃*　りほ
生没年不詳　江戸時代前期の俳人。
¶俳文

理豊　りほう
⇒理豊女王（りほうにょおう）

李望　りぼう★
江戸時代後期の女性。俳諧。宮本虎杖門。享和1年跋、宮本虎杖編『つきよほとけ』に載る。
¶江表（李望（長野県））

理豊女王　りほうじょおう
⇒理豊女王（りほうにょおう）

理豊女王*　りほうにょおう
寛文12（1672）年～延享2（1745）年　[別]理豊（りほう），理豊女王（りほうじょおう）　江戸時代中期の後西天皇の第11皇女。
¶江表（理豊尼（京都府）），天皇（理豊　りほう　[生]寛文12（1672）年5月26日　[没]延享2（1745）年5月12日）

里木の妻　りぼくのつま★
江戸時代中期の女性。俳諧。豊後真玉の人。宝永2年刊、伊藤佐越編『すき丸太』に載る。
¶江表（里木の妻（大分県））

里明　りみょう★
江戸時代後期の女性。俳諧。坂木の人。文化1年刊、宮本虎杖編『きのえ子はる』に載る。
¶江表（里明（長野県））

りや
江戸時代後期の女性。俳諧。松尾の人。文政3年頃成立、徐風庵跋、竺貫三編『はせを塚集』に載る。
¶江表（りや（高知県））

里也　りや
江戸時代中期の女性。仇討ち。丸亀藩の弓組足軽尼崎幸右衛門の娘。
¶江表（里也（香川県）　[没]宝暦5（1755）年）

りやう
江戸時代後期の女性。和歌。遠江森の豪農山中勘左衛門の娘。
¶江表（りやう（静岡県）　[生]文政2（1819）年）

暦雅*　りゃくが
？～長徳1（995）年　平安時代中期の石清水別当。
¶古人（[没]996年）

里也子　りやこ★
江戸時代中期の女性。和歌。大洲藩の奥女中。宝暦12年刊、村上影面編『続采藻編』に載る。
¶江表（里也子（愛媛県））

柳(1)　りゅう★
江戸時代中期の女性。俳諧。越前敦賀の人。明和7年刊、錦渓舎琴路編、手打庵蕉雨の追悼集『風露郎』に載る。
¶江表（柳（福井県））

柳(2)　りゅう★
江戸時代中期の女性。俳諧。俳人笹部鶴英の妻。天明4年跋、高井几董編の蕪村追善集『から檜葉』に載る。
¶江表（柳（京都府））

柳(3)　りゅう★
江戸時代後期の女性。教育。藤堂良連の妻。
¶江表（柳（東京都）　[生]文政9（1826）年頃）

柳(4)　りゅう★
江戸時代後期の女性。書簡。伊勢津の薬種問屋小西政盈の娘。春村（本居春庭の弟）の妻。
¶江表（柳（三重県））

柳(5)　りゅう★
江戸時代後期の女性。俳諧。中村の人。文化7年刊、太田芳竹編『さるみのつか』に載る。
¶江表（柳（宮崎県））

柳(6)　**りゅう**★
江戸時代末期の女性。和歌。三河大浜の酒造業12代目片山三郎右衛門の娘。
¶江表(柳(愛知県)　[没]元治1(1864)年)

柳(7)　**りゅう**★
江戸時代末期の女性。和歌。播磨明石の桜井氏。安政6年刊、秋元安民編『類題青藍集』に載る。
¶江表(柳(兵庫県))

隆　**りゅう**
江戸時代後期～明治時代の女性。写真・教育。上野山田郡桐生の岡田忠右衛門の娘。
¶江表(隆(群馬県)　[生]文政6(1823)年　[没]明治32(1899)年)

李有　**りゅう**★
江戸時代後期の女性。俳諧。八戸藩主南部信房の側室。嘉永4年刊、寿川亭常丸著『俳諧風雅帖』に載る。
¶江表(李有(青森県))

李由(1)　**りゅう**★
江戸時代中期の女性。和歌・長歌。土佐藩藩士別府氏の娘。天明6年、土佐藩士谷真潮60歳の「賀歌集」に載る。
¶江表(李由(高知県))

り

李由(2)　**りゅう**
⇒河野李由(こうのりゅう)

裏遊　**りゅう**★
江戸時代後期の女性。俳諧。長門長府の人。文政3年、号を貰った時、師の田上菊舎に報告し詠んでいる。
¶江表(裏遊(山口県))

里遊(1)　**りゅう**★
江戸時代中期の女性。俳諧。越前福井の人。安永5年の以乙斎可推坊編「各年賀探題」に載る。
¶江表(里遊(福井県))

里遊(2)　**りゅう**
⇒坂東三津五郎〔2代〕(ばんどうみつごろう)

立阿弥*(1)　**りゅうあみ**
生没年不詳　[別]立阿弥(りつあみ)　室町時代の足利将軍家の同朋衆。立花作家。
¶中世

立阿弥(2)　**りゅうあみ**
室町時代～戦国時代の立花作家。足利将軍に仕えた立花作家の一系統の人々の称号。15世紀前半～16世紀初頭。
¶山小

柳衣　**りゅうい**★
江戸時代後期の女性。俳諧。寛政10年序、今日庵元夢編『はせを会』に載る。
¶江表(柳衣(東京都))

立以*　**りゅうい**
生没年不詳　江戸時代前期の俳人。
¶俳文

隆恵(1)　**りゅうえ**
平安時代前期の僧。興福寺別当。承和年間の人。
¶古人(生没年不詳)

隆恵*(2)　**りゅうえ**
生没年不詳　平安時代後期の天台宗の僧・歌人。
¶古人

隆英　**りゅうえい**
⇒道正隆英(どうしょうりゅうえい)

柳筵　**りゅうえん**★
江戸時代中期の女性。俳諧。長沢の人。天明3年刊、平橋庵敲氷編『折鶴』に載る。
¶江表(柳筵(山梨県))

隆円*(1)　**りゅうえん**
天元3(980)年～長和4(1015)年　平安時代中期の僧。
¶古人

隆円(2)　**りゅうえん**
平安時代後期の仏師。承安4年土製光背を造る。
¶古人(生没年不詳)

隆円*(3)　**りゅうえん**
生没年不詳　鎌倉時代の仏師。
¶美建

隆円*(4)　**りゅうえん**
嘉応2(1170)年～*　鎌倉時代前期の天台宗の僧。
¶古人([生]1171年　[没]1226年)

隆円*(5)　**りゅうえん**
?～天保5(1834)年12月25日　江戸時代後期の浄土宗の僧。
¶思想

隆縁*　**りゅうえん**
生没年不詳　平安時代後期の天台宗の僧・歌人。
¶古人

柳園種春*　**りゅうえんたねはる**
寛政12(1800)年～明治4(1871)年　[別]小沢種春(おざわたねはる)　江戸時代後期～明治時代の戯作者。
¶幕末(小沢種春　おざわたねはる　[没]明治4(1871)年1月25日)

竜温　**りゅうおん**
⇒樋口竜温(ひぐちりゅうおん)

柳下　**りゅうか**★
江戸時代後期の女性。俳諧。氷見の人。寛政3年刊、馬丈編『淀舟』に載る。
¶江表(柳下(富山県))

柳花(1)　**りゅうか**★
江戸時代中期の女性。俳諧。尼。尋盟閣連の一人として、安永3年序、愉閑斎杜仙撰、中川麦浪七回忌追善句集『居待月』に載る。
¶江表(柳花(香川県))

柳花(2)　**りゅうか**★
江戸時代後期の女性。俳諧。美濃の和国屋の妻。天明8年田上菊舎が同家を訪問。
¶江表(柳花(岐阜県))

柳花(3)　**りゅうか**★
江戸時代後期の女性。俳諧。長門長府の人。文化8年春、田上菊舎が京都に上る際の餞別句が「鶯の舎」に載る。
¶江表(柳花(山口県))

柳哥　**りゅうか**★
江戸時代中期の女性。俳諧。勝沼の人。享保19年成立、甲陽随者撰『鏡のうら』に載る。
¶江表(柳哥(山梨県))

隆海* りゅうかい，りゅうがい
弘仁6（815）年〜仁和2（886）年　平安時代前期の元興寺の僧。
¶古人，古代，コン

隆覚*[1]　りゅうかく
承保1（1074）年〜保元3（1158）年　平安時代後期の法相宗の僧。薬師寺38世，興福寺35・38世。
¶古人（㋐1075年），コン（生没年不詳）

隆覚*[2]　りゅうかく
生没年不詳　平安時代後期の僧侶・歌人。源隆国の子，藤原隆忠の子とも。
¶古人

柳下亭種員*　りゅうかていたねかず
文化4（1807）年〜安政5（1858）年　江戸時代末期の戯作者。合巻作者。
¶コン

隆寛*　りゅうかん
久安4（1148）年〜安貞1（1227）年12月13日　㋑無我（むが）　平安時代後期〜鎌倉時代前期の浄土宗の僧。法然門下。
¶古人，コン，中世

隆観*[1]　りゅうかん
生没年不詳　飛鳥時代〜奈良時代の方技官人。
¶古代

隆観[2]　りゅうかん
平安時代後期の興福寺の僧。藤原為房の子。
¶古人（生没年不詳）

柳几*　りゅうき
享保1（1716）年〜天明8（1788）年2月9日　江戸時代中期〜後期の俳人・商家。
¶俳文

隆琦（隆倚）　りゅうき
⇒隠元（いんげん）

柳居　りゅうきょ
⇒佐久間柳居（さくまりゅうきょ）

隆暁*　りゅうぎょう
保延1（1135）年〜建永1（1206）年2月1日　平安時代後期〜鎌倉時代前期の僧。
¶古人（㋐1134年），コン

立吟*　りゅうぎん
生没年不詳　江戸時代前期の俳人。
¶俳文

隆慶　りゅうけい
⇒清水隆慶（しみずりゅうけい）

竜渓性潜*　りゅうけいしょうせん
慶長7（1602）年〜寛文10（1670）年8月23日　㋑性潜（しょうせん），竜渓性潜（りょうけいしょうせん）　江戸時代前期の僧。黄檗派開立の中心人物。
¶コン，思想

隆憲*　りゅうけん
仁平2（1152）年〜承元2（1208）年　平安時代後期〜鎌倉時代前期の僧。
¶古人

隆賢　りゅうげん
平安時代後期の僧。三宝院阿闍梨。
¶密教（㋐1151以前　㋑1181年10月6日）

隆源*　りゅうげん
生没年不詳　㋑藤原隆源（ふじわらのりゅうげん）　平安時代後期の歌人，寺門派の僧。勅撰集に10首入集。
¶古人

柳子[1]　りゅうこ*
江戸時代の女性。和歌。浜町住の南郷氏。明治8年刊、橘東世子編『明治歌集』に載る。
¶江表（柳子（東京都））

柳子[2]　りゅうこ*
江戸時代中期の女性。俳諧。加賀の人。文政7年序、雪貢ほか編、千代女五〇回忌追善集『後長月集』に載る。
¶江表（柳子（石川県））

柳子[3]　りゅうこ*
江戸時代中期〜後期の女性。和歌。飯島村の平沢与市経重の娘。
¶江表（柳子（長野県））　㋐享保13（1728）年　㋑寛政9（1797）年

柳子[4]　りゅうこ*
江戸時代後期の女性。和歌。美濃竈村の松井氏。文政3年刊、天野政徳編『草緑集』に載る。
¶江表（柳子（岐阜県））

柳子[5]　りゅうこ*
江戸時代後期〜明治時代の女性。和歌。北大路村の川島章造の母。
¶江表（柳子（滋賀県））　㋐寛政3（1791）年　㋑明治9（1876）年

柳子[6]　りゅうこ*
江戸時代後期の女性。和歌。摂津兵庫の柴屋伊左衛門の妻。嘉永6年刊、黒沢翁満編『類題採風集』初に載る。
¶江表（柳子（兵庫県））

柳子[7]　りゅうこ*
江戸時代後期の女性。和歌。石見浜田藩藩士別所東左衛門の妻。文政6年成立、中村safe由編「柿葉集」に載る。
¶江表（柳子（島根県））

柳子[8]　りゅうこ*
江戸時代末期の女性。和歌。堀三左衛門の母。安政7年跋、蜂屋光世編『大江戸倭歌集』に載る。
¶江表（柳子（東京都））

柳子[9]　りゅうこ*
江戸時代末期の女性。和歌。渋谷氏。安政3年刊、中島宜門編『類題稲葉集』に載る。
¶江表（柳子（鳥取県））

柳子[10]　りゅうこ*
江戸時代末期の女性。和歌。豊前四日市の渡辺菊翁の娘。万延1年序、物集高世編『類題春草集』二に載る。
¶江表（柳子（大分県））

竜子　りゅうこ
⇒松丸殿（まつのまるどの）

柳江*[1]　りゅうこう
生没年不詳　戦国時代の連歌師。
¶俳文

柳江[2]　りゅうこう*
江戸時代後期の女性。俳諧。延岡の人。文化7年

刊、太田芳竹編『さるみのつか』に載る。
¶江表(柳江(宮崎県))

隆光*(1)　**りゅうこう**
弘仁3(812)年～寛平2(890)年　平安時代前期の薬師寺の僧。
¶古人,古代

隆光*(2)　**りゅうこう**
慶安2(1649)年～享保9(1724)年6月7日　[別]護持院大僧正(ごじいんだいそうじょう)　江戸時代前期～中期の新義真言宗の僧。豊山派興隆の功労者。
¶江人,コン,思想,徳将,山小([生]1649年2月8日　[没]1724年6月7日)

流光斎*　**りゅうこうさい**
？～文化7(1810)年？　[別]流光斎如圭(りゅうこうさいじょけい)　江戸時代中期の浮世絵師。
¶浮絵(流光斎如圭　りゅうこうさいじょけい　生没年不詳),歌大(流光斎如圭　りゅうこうさいじょけい　生没年不詳)

流光斎如圭　**りゅうこうさいじょけい**
⇒流光斎(りゅうこうさい)

柳交女　**りゅうこうじょ★**
江戸時代後期の女性。俳諧。天保1年跋、事仙庵丁知撰「利根太郎」に載る。
¶江表(柳交女(東京都))

立国*　**りゅうこく**
生没年不詳　江戸時代中期の俳人。
¶俳文

柳斎重春*　**りゅうさいしげはる**
享和2(1802)年～嘉永5(1852)年　江戸時代末期の浮世絵師。
¶浮絵,歌大([没]嘉永5(1852)年5月29日)

竜斎正澄*(龍斎正澄)　**りゅうさいまさずみ**
生没年不詳　江戸時代後期の絵師。
¶浮絵(龍斎正澄)

竜山　**りゅうざん**
⇒竜山徳見(りゅうざんとくけん)

竜山徳見*　**りゅうざんとくけん**
弘安7(1284)年～正平13/延文3(1358)年　[別]徳見(とくけん),竜山(りゅうざん),竜山徳見(りゅうざんとっけん)　鎌倉時代後期～南北朝時代の臨済宗黄竜派の僧。
¶コン

竜山徳見　**りゅうざんとっけん**
⇒竜山徳見(りゅうざんとくけん)

笠子　**りゅうし**
⇒中島三甫右衛門〔3代〕(なかじまみほえもん)

柳子(1)　**りゅうし**
江戸時代後期の女性。和歌・散文。伊丹の生まれ。享和3年刊、伴蒿蹊著の和文集『閑田文草』五に載る。
¶江表(柳子(京都府))

柳子(2)　**りゅうし**
江戸時代後期の女性。和歌。備後神辺の菅波市左衛門好礼の娘。
¶江表(柳子(広島県)　[没]天保6(1835)年)

柳志　**りゅうし★**
江戸時代後期の女性。俳諧。紫の豪農久保田光豊の子民蔵の妻。
¶江表(柳志(長野県)　[没]天保9(1838)年)

柳旨　**りゅうし★**
江戸時代中期の女性。俳諧・書簡。下仁田の石井治兵衛邦教の娘。
¶江表(柳旨(群馬県)　[生]正徳2(1712)年　[没]天明7(1787)年)

柳枝(1)　**りゅうし★**
江戸時代中期の女性。俳諧。駿河川成の人。安永7年成立、如雪庵尺五編『東西二庵』に載る。
¶江表(柳枝(静岡県))

柳枝(2)　**りゅうし★**
江戸時代後期の女性。俳諧。弘化3年跋、黒川惟草編『俳諧人名録』二に千軒店丸屋彦兵衛母、梅雪堂とあり句が載る。
¶江表(柳枝(東京都))

柳枝(3)　**りゅうし★**
江戸時代後期の女性。俳諧。駿河岩本の人。文化12年刊、岩崎梧泉編『三節』に載る。
¶江表(柳枝(静岡県))

柳枝(4)　**りゅうし★**
江戸時代後期の女性。俳諧。石見十王堂の嵐翠の妻。寛政4年刊、桃源庵化白編、化白耳順還暦祝吟集『わか姿集』に載る。
¶江表(柳枝(島根県))

柳枝(5)　**りゅうし★**
江戸時代末期の女性。俳諧。筑前福岡の人。慶応2年刊、芭蕉堂公成編『花供養』に載る。
¶江表(柳枝(福岡県))

柳枝(6)　**りゅうし**
⇒春風亭柳枝〔1代〕(しゅんぷうていりゅうし)

柳糸(1)　**りゅうし★**
江戸時代中期の女性。俳諧。松本の人。宝暦13年序、建部綾足著『片歌草のはり道』に載る。
¶江表(柳糸(長野県))

柳糸(2)　**りゅうし★**
江戸時代中期の女性。俳諧。美々津の人。安永3年刊、城ケ崎の二松亭五明編の父菊路一周忌追善集『星明り』に載る。
¶江表(柳糸(宮崎県))

柳糸(3)　**りゅうし**
江戸時代後期の女性。和歌・俳諧。相模小田原の人。天保12年序『楚南追善集(仮題)』に載る。
¶江表(柳糸(神奈川県))

柳糸(4)　**りゅうし★**
江戸時代後期の女性。俳諧。越前福井の人。文政11年刊、春暁閣只静編、記念集『松の花』に載る。
¶江表(柳糸(福井県))

柳糸(5)　**りゅうし★**
江戸時代後期の女性。俳諧。長門長府の人。寛政2年、田上菊舎が38歳の時の上洛の俳諧記録「首途」に餞別句が載る。
¶江表(柳糸(山口県))

柳糸(6)　**りゅうし**
江戸時代後期の女性。俳諧。天保12年刊、万頃園麦太編、十方庵画山の追善句集『仰魂集』に載る。
¶江表(柳糸(佐賀県))

柳之(1) **りゅうし**★
江戸時代中期の女性。俳諧。追分の人。安永4年刊、高桑闌更編『春の暁』に載る。
¶江表(柳之(長野県))

柳之(2) **りゅうし**★
江戸時代後期の女性。俳諧。沼館の人。文化6年、同7年の歳旦帖に載る。
¶江表(柳之(秋田県))

柳之(3) **りゅうし**★
江戸時代末期の女性。画。伊藤氏。安政5年刊『現故漢画名家集鑑』に載る。
¶江表(柳之(東京都))

流芝* **りゅうし**
？～嘉永1(1848)年11月　江戸時代後期の俳人。
¶俳文

流之 **りゅうし**★
江戸時代後期の女性。俳諧。長門吉田の人。文化12年刊、吉田連編『塚のおもかげ』に載る。
¶江表(流之(山口県))

隆志(――〔1代〕) **りゅうし**
⇒北村隆志(きたむらりゅうし)

立志〔1代〕 **りゅうし**
⇒高井立志〔1代〕(たかいりつし)

立志〔2代〕 **りゅうし**
⇒高井立志〔2代〕(たかいりつし)

立志〔3代〕 **りゅうし**
⇒高井立志〔3代〕(たかいりつし)

柳枝女 **りゅうしじょ**★
江戸時代後期の女性。俳諧。二本松の人。天保3年刊、太白堂孤月編『桃家春帖』に載る。
¶江表(柳枝女(福島県))

隆子女王 **りゅうしにょおう**
⇒隆子女王(たかこじょおう)

留車 **りゅうしゃ**★
江戸時代中期の女性。俳諧。越前福井の人。天明7年刊、時雨庵祐阿編『飛梅集』上に載る。
¶江表(留車(福井県))

竜湫周沢* **りゅうしゅうしゅうたく**
延慶1(1308)年～元中5/嘉慶2(1388)年　[別]周沢(しゅうたく)，妙沢(みょうたく)，竜湫周沢(りょうしゅうしゅうたく)　南北朝時代の臨済宗夢窓派の僧。南禅寺住持。
¶コン([没]嘉慶2/元中5(1388)年)，思想([没]嘉慶2/元中5(1388)年)

柳女(1) **りゅうじょ**★
江戸時代中期の女性。和歌。旗本山本弥七郎忠重の娘。享保17年跋、坂静山編『和歌山下水』に載る。
¶江表(柳女(東京都))

柳女(2) **りゅうじょ**★
江戸時代後期の女性。俳諧。本郷の人。天保3年成立「藍苔」に載る。
¶江表(柳女(群馬県))

柳女(3) **りゅうじょ**★
江戸時代後期の女性。俳諧。諏訪の人。弘化4年刊、岩波天晋編、諏訪俳人画集『州羽百家集』に載る。
¶江表(柳女(長野県))

柳女(4) **りゅうじょ**★
江戸時代後期の女性。俳諧。薩摩鹿児島の人。天保11年の太白堂孤月撰『月次混題句合』に載る。
¶江表(柳女(鹿児島県))

柳女(5) **りゅうじょ**★
江戸時代末期の女性。和歌。伊勢津の伊藤七平の母。安政4年刊、富樫広蔭編『千百人一首』下に載る。
¶江表(柳女(三重県))

柳女(6) **りゅうじょ**★
江戸時代末期の女性。和歌。伊勢四日市の美濃部新四郎の娘。安政4年刊、富樫広蔭編『千百人一首』下に載る。
¶江表(柳女(三重県))

柳女(7) **りゅうじょ**★
江戸時代末期～明治時代の女性。和歌。三河新堀の木綿問屋深見藤兵衛の妻。
¶江表(柳女(愛知県)　[没]明治19(1886)年)

柳絮(1) **りゅうじょ**
江戸時代後期の女性。俳諧。越前福井の人。寛政1年刊、平話房旭周撰『星の宵塚』に載る。
¶江表(柳絮(福井県))

柳絮(2) **りゅうじょ**
江戸時代後期の女性。俳諧。来見の越智二鳩の妻。弘化2年刊、蛸壺烏岬編『知名美久佐』に載る。
¶江表(柳絮(愛媛県))

隆女 **りゅうじょ**★
江戸時代末期の女性。俳諧。須賀川の山辺氏。
¶江表(隆女(福島県)　[没]慶応1(1865)年)

里遊女 **りゆうじょ**★
江戸時代後期の女性。俳諧。備中笠岡の俳人桔梗舎江山の妻。文化9年刊、五升庵瓦全編『さくら会俳諧集』に載る。
¶江表(里遊女(岡山県))

笠丈 **りゅうじょう**★
江戸時代中期の女性。俳諧。安永6年刊、万歳堂宝馬著『俳諧下毛のはな』の「付録日光山夏季発句」に載る。
¶江表(笠丈(栃木県))

柳条* **りゅうじょう**
享保14(1729)年～天明7(1787)年1月6日　江戸時代中期の俳人。
¶俳文

竜照院 **りゅうしょういん**
⇒喜佐姫(きさひめ)

竜勝院殿* **りゅうしょういんでん**
？～元亀2(1571)年9月16日　[別]武田勝頼室(たけだかつよりしつ)　戦国時代～安土桃山時代の女性。織田信長の養女。
¶武田(武田勝頼室　たけだかつよりしつ)

柳絮尼 **りゅうじょに**★
江戸時代中期の女性。俳諧。京都の人。安永5年刊、太中庵畝波編『菊の香集』に載る。
¶江表(柳絮尼(京都府))

隆信* **りゅうしん**
天喜3(1055)年～長承1(1132)年　平安時代後期の興福寺僧。
¶古人

り

流水亭喜代子・喜代子　りゅうすいていきよこ★
江戸時代後期の女性。狂歌。文政2年刊、陶々亭催馬序『狂歌棟上集』に載る。
¶江表(流水亭喜代子・喜代子(東京都))

柳水亭種清*　りゅうすいていたねきよ
*～明治40(1907)年　江戸時代末期～明治時代の草双紙合巻作者。正本写しの作が多い。
¶幕末([生]文政4(1821)年　[没]明治40(1907)年3月)

劉石秋*　りゅうせきしゅう
寛政8(1796)年～明治2(1869)年　江戸時代末期～明治時代の儒学者。学習院漢学史、維新後は詩文史となる。
¶コン([生]天明6(1786)年)

隆禅*　りゅうぜん
長暦2(1038)年～康和2(1100)年　平安時代中期～後期の法相宗の僧。円縁に師事。
¶古人, コン

竜泉院　りゅうせんいん
⇒西郷局(さいごうのつぼね)

媹姼喜之*　りゅうぜんきの
宝暦6(1756)年～文政9(1826)年　[別]一尊如来きの(いっそんにょらいきの), きの, 如来教教祖喜之(にょらいきょうきょうそきの)　江戸時代中期～後期の女性。宗教家。
¶江表(媹姼喜之(愛知県)　[没]安政9(1826)年), コン(一尊如来きの　いっそんにょらいきの), 女史(如来教教祖喜之　にょらいきょうきょうそきの)

り

柳川の姉　りゅうせんのあね★
江戸時代前期の女性。俳諧・和歌。加賀松任の人。貞享5年成立、柳陰庵句空序、金子楚常の追善集『楚常手向草』に載る。
¶江表(柳川の姉(石川県))

竜泉令淬　りゅうせんりょうさい
⇒竜泉令淬(りゅうせんれいさい)

竜泉令淬(竜泉冷淬)　りゅうせんりょうずい
⇒竜泉令淬(りゅうせんれいさい)

竜泉令淬*(竜泉冷淬)　りゅうせんれいさい
?～正平20/貞治4(1365)年12月11日　[別]竜泉令淬(りゅうせんりょうさい, りゅうせんりょうずい, りゅうせんれいさん, りょうせんりょうずい), 竜泉冷淬(りゅうせんりょうずい)　南北朝時代の臨済宗の僧。
¶コン

竜泉令淬　りゅうせんれいさん
⇒竜泉令淬(りゅうせんれいさい)

留楚　りゅうそ★
江戸時代後期の女性。俳諧。長門長州藩7代藩主毛利重就の側室。
¶江表(留楚(山口県)　[没]寛政1(1789)年)

柳荘　りゅうそう
⇒今井柳荘(いまいりゅうそう)

竜造寺安房守信周　りゅうぞうじあわのかみのぶちか
⇒竜造寺信周(りゅうぞうじのぶちか)

竜造寺家兼*(龍造寺家兼)　りゅうぞうじいえかね
享徳3(1454)年～天文15(1546)年　戦国時代の武将。
¶全戦(龍造寺家兼), 戦武(龍造寺家兼), 室町(龍造寺家兼)

竜造寺家純*(龍造寺家純)　りゅうぞうじいえすみ
?～天文14(1545)年　[別]竜造寺豊後守家純(りゅうぞうじぶんごのかみいえすみ)　戦国時代の武士。
¶全戦(龍造寺家純　[生]文明11(1479)年)

竜造寺家晴*(龍造寺家晴)　りゅうぞうじいえはる
[別]竜造寺兵庫頭家晴(りゅうぞうじひょうごのかみいえはる)　戦国時代～安土桃山時代の武士。
¶全戦(龍造寺家晴　[生]弘治1(1555)年　[没]慶長18(1613)年)

竜造寺隆信*(龍造寺隆信)　りゅうぞうじたかのぶ
享禄2(1529)年～天正12(1584)年　[別]竜造寺隆信(りゅぞうじたかのぶ)　戦国時代～安土桃山時代の肥前の武将。
¶コン, 全戦(龍造寺隆信), 戦武(龍造寺隆信)

竜造寺隆信母　りゅうぞうじたかのぶはは
⇒慶誾尼(けいぎんに)

竜造寺高房*(龍造寺高房)　りゅうぞうじたかふさ
天正14(1586)年～慶長12(1607)年　[別]羽柴藤八郎(はしばとうはちろう)　安土桃山時代～江戸時代前期の武将。豊臣秀吉の臣。
¶全戦(龍造寺高房), 戦武(龍造寺高房)

龍造寺周家　りゅうぞうじちかいえ
戦国時代の武将。
¶全戦([生]永正1(1504)年　[没]天文14(1545)年)

竜造寺長信*(龍造寺長信)　りゅうぞうじながのぶ
?～慶長18(1613)年　安土桃山時代～江戸時代前期の武士。
¶全戦(龍造寺長信　[生]天文7(1538)年), 戦武(龍造寺長信　[生]天文8(1539)年?)

竜造寺信周*(龍造寺信周)　りゅうぞうじのぶちか
[別]竜造寺安房守信周(りゅうぞうじあわのかみのぶちか)　戦国時代の武士。
¶全戦(龍造寺信周　[生]天文1(1532)年　[没]慶長13(1608)年), 戦武(龍造寺信周　[生]天文4(1535)年?　[没]?)

竜造寺兵庫頭家晴　りゅうぞうじひょうごのかみいえはる
⇒竜造寺家晴(りゅうぞうじいえはる)

竜造寺豊後守家純　りゅうぞうじぶんごのかみいえすみ
⇒竜造寺家純(りゅうぞうじいえすみ)

竜造寺政家*(龍造寺政家)　りゅうぞうじまさいえ
弘治2(1556)年～慶長12(1607)年　[別]佐賀侍従(さがじじゅう), 竜造寺民部大輔政家(りゅうぞうじみんぶのたいゆうまさいえ)　安土桃山時代～江戸時代前期の武士。
¶コン([生]永禄9(1566)年), 全戦(龍造寺政家　[生]弘治3(1557)年), 戦武(龍造寺政家　[生]永禄7(1564)年?)

龍造寺又八　りゅうぞうじまたはち
安土桃山時代～江戸時代前期の武将。加藤清正十六将の1人とされるが、詳細不明。
¶全戦(生没年不詳)

竜造寺民部大輔政家　りゅうぞうじみんぶのたいゆうまさいえ
⇒竜造寺政家(りゅうぞうじまさいえ)

龍草廬*　りゅうそうろ
正徳4(1714)年～寛政4(1792)年　[別]龍草廬(たっそうりょ, たつのそうろ)　江戸時代中期の漢詩人。
¶コン, 詩作(龍草廬　たつのそうろ　[生]正徳4(1714)年

1月19日 [没]寛政4(1792)年2月2日)

隆尊*(1) りゅうそん
慶雲3(706)年～天平宝字4(760)年 奈良時代の元興寺僧。義淵の七上足の一人。
¶古人([生]?),古代

隆尊*(2) りゅうそん
長元1(1028)年～天永1(1110)年 平安時代中期～後期の天台宗寺門派の僧。
¶古人

隆台 りゅうだい★
江戸時代の女性。画。『名流婦人寄書画巻』に「梅に小禽図」がある。
¶江表(隆台(東京都))

龍沢 りゅうたく
⇒天隠龍沢(てんいんりゅうたく)

隆達* りゅうたつ
大永7(1527)年～慶長16(1611)年 [別]高三自庵(たかさぶじあん),高三隆達(たかさぶりゅうたつ) 戦国時代～安土桃山時代の流行歌謡、隆達節の創始者。
¶コン,思想(高三隆達 たかさぶりゅうたつ),中世(高三隆達 たかさぶりゅうたつ),日文,山小([没]1611年11月25日)

龍池密雄 りゅうちみつおう
⇒龍池密雄(りゅうちみつゆう)

龍池密雄* りゅうちみつゆう
天保14(1843)年～昭和9(1934)年 [別]龍池密雄(りゅうちみつおう) 江戸時代末期～明治時代の僧侶。廃仏毀釈運動に抗した。のち真言宗高野派管長。
¶幕末(りゅうちみつおう [没]昭和8(1933)年3月4日)

隆澄* りゅうちょう
養和1(1181)年～文永3(1266)年11月17日 鎌倉時代前期の真言僧。
¶古人,密教([生]1181年/1189年? [没]1266年11月17日/1274年10月27日?)

柳潮亭宇野女 りゅうちょうていうのじょ★
江戸時代後期の女性。狂歌。仙台の人。嘉永4年刊、江境庵北雄ほか撰『連名披露狂歌合』に載る。
¶江表(柳潮亭宇野女(宮城県))

笠亭 りゅうてい
⇒沢村宗十郎〔1代〕(さわむらそうじゅうろう)

柳亭梅彦 りゅうていうめひこ
⇒文亭梅彦(ぶんていうめひこ)

笠亭仙果*(──〔1代〕) りゅうていせんか
文化1(1804)年～明治1(1868)年 [別]浅草庵仙果(せんそうあんせんか),笠亭仙果〔1代〕(りっていせんか) 江戸時代末期の戯作者。長編合巻の世界に活躍。
¶コン([没]慶応4(1868)年)

笠亭仙果〔2代〕 りゅうていせんか
⇒笠々亭仙果(りゅうりゅうていせんか)

柳亭種彦〔1代〕* りゅうていたねひこ
天明3(1783)年～天保13(1842)年 [別]高屋種彦(たかやたねひこ),種彦(たねひこ) 江戸時代後期の合巻作者。「正本製」で作者の地位を確立。
¶江人(代数なし),歌大(代数なし [生]天明3(1783)年5月12日 [没]天保13(1842)年7月18日),コン(代数なし),思想(代数なし),徳人(代数なし),日文(代数なし),山小(代数なし [生]1783年5月12日 [没]1842年7月19日)

柳亭種彦〔3代〕* りゅうていたねひこ
天保9(1838)年～明治18(1885)年 江戸時代末期～明治時代の戯作者。作品に「蝶鳥筑波裾模様」など。
¶幕末([没]明治18(1885)年11月18日)

滝亭鯉丈* りゅうていりじょう
?～天保12(1841)年 [別]滝亭鯉丈(たきていりじょう),鯉丈(りじょう) 江戸時代後期の戯作者。末期の滑稽本作者。
¶コン,日文

柳島庵 りゅうとうあん
⇒岩井半四郎〔5代〕(いわいはんしろう)

劉東閣* りゅうとうかく
寛永10(1633)年～元禄8(1695)年 [別]彭城仁左衛門(さかきにざえもん),彭城宣義(さかきのぶよし) 江戸時代前期の儒学者。
¶コン

柳波 りゅうは★
江戸時代中期の女性。俳諧。能登曽々木の人。明和2年刊、河合見風編『霞かた』に載る。
¶江表(柳波(石川県))

竜派 りゅうは
⇒江西竜派(こうぜいりゅうは)

柳波女* りゅうはじょ
享保17(1732)年～文化5(1808)年3月4日 江戸時代中期～後期の女性。俳人。
¶江表(柳波女(愛知県))

柳媚 りゅうび★
江戸時代後期の女性。俳諧。白井町の人。文化5年版、松露庵坐来撰『松露随筆』に載る。
¶江表(柳媚(群馬県))

柳眉女(1) りゅうびじょ★
江戸時代後期の女性。俳諧。二本松の人。弘化2年跋、鈴木流芝編の松島紀行『植継集』に載る。
¶江表(柳眉女(福島県))

柳眉女(2) りゅうびじょ★
江戸時代後期の女性。狂歌。松本の人。文化11年刊、四方滝水楼米人撰『狂歌水篶集』に載る。
¶江表(柳眉女(長野県))

竜熙近(竜熈近) りゅうひろちか
⇒竜野熙近(たつのひろちか)

柳風(1) りゅうふう★
江戸時代中期の女性。俳諧。大河原の人。明和8年刊、佐々木泉明撰『一人一首短冊篇』乾に載る。
¶江表(柳風(宮城県))

柳風(2) りゅうふう★
江戸時代末期の女性。俳諧。越前川島の人。文久2年刊、白梅園徐暁撰『月の面影』に載る。
¶江表(柳風(福井県))

柳風女 りゅうふうじょ★
江戸時代後期の女性。俳諧。二本松の人。天保3年刊、太白堂孤月編『桃家春帖』に載る。
¶江表(柳風女(福島県))

隆遍*　りゅうへん
久安1(1145)年～元久2(1205)年12月17日　平安時代後期～鎌倉時代前期の真言宗の僧。
¶古人

立圃　りゅうほ
⇒野々口立圃(ののぐちりゅうほ)

柳芳女　りゅうほうじょ⋆
江戸時代後期の女性。俳諧。飛騨の人。文政5年素牛一三回忌追善句集『嗚呼さくら』に載る。
¶江表(柳芳女(岐阜県))

隆明*　りゅうみょう
*～長治1(1104)年　[別]隆明(りゅうめい)　平安時代中期～後期の天台宗の僧。白河、堀河天皇の護持僧。
¶古人([生]1019年),コン([生]寛仁4(1020)年)

隆明　りゅうめい
⇒隆明(りゅうみょう)

竜文堂　りゅうもんどう
⇒四方竜文〔1代〕(しかたりゅうぶん)

柳里恭　りゅうりきょう
⇒柳沢淇園(やなぎさわきえん)

り

柳々居辰斎*　りゅうりゅうきょしんさい
[別]辰斎(しんさい)　江戸時代末期の浮世絵師。
¶浮絵(生没年不詳)

笠々亭仙果*　りゅうりゅうていせんか
天保8(1837)年～明治17(1884)年　[別]篠田久次郎(しのだきゅうじろう),笠亭仙果〔2代〕(りっていせんか,りゅうていせんか)　江戸時代末期～明治時代の戯作者。
¶幕末([没]明治17(1884)年3月3日)

柳簾舎　りゅうれんしゃ
江戸時代後期の女性。俳諧。文政10年刊、耳風坊編『夏木立』に載る。
¶江表(柳簾舎(佐賀県))

竜造寺隆信　りゅぞうじたかのぶ
⇒竜造寺隆信(りゅうぞうじたかのぶ)

りよ(1)
江戸時代中期の女性。俳諧。出井氏。享保7年刊、百華壮潭北編『今の月日』に載る。
¶江表(りよ(東京都))

りよ(2)
江戸時代中期の女性。俳諧。備後上下の人。安永7年刊『しぐれ会』に載る。
¶江表(りよ(広島県))

りよ(3)
江戸時代後期の女性。俳諧。鮫村上川端の、佐川屋の抱え遊女で、喜遊といった。嘉永4年刊、寿川亭常丸著『俳諧風雅帖』に載る。
¶江表(りよ(青森県))

りよ(4)
江戸時代後期の女性。俳諧。秋田の俳人安藤和風編『閨秀俳句選』に天明前後～天保前後の出羽の人として載る。
¶江表(りよ(山形県))

りよ(5)
江戸時代後期の女性。和歌。白勢氏。弘化2年刊、加納諸平編『類題鰒玉集』五に載る。
¶江表(りよ(新潟県))

里世　りよ⋆
江戸時代中期の女性。和歌。幕臣成島信遍の姪。
¶江表(里世(東京都))

里代　りよ⋆
江戸時代後期の女性。和歌。須村静雄の母。天保11年成立「鷲見家短冊帖」に載る。
¶江表(里代(鳥取県))

留よ　りよ⋆
江戸時代中期の女性。和歌。仙台藩主伊達宗村の侍女。元文4年成立、畔充英写「宗村朝臣亭後宴和歌」に載る。
¶江表(留よ(宮城県))

良　りょう⋆
江戸時代後期の女性。書・教育・俳諧。書家で俳人神田元岩井町住の黒川惟草の娘。天保7年～嘉永4年黒川惟草編『俳諧人名録』に載る。
¶江表(良(東京都))

梨陽　りよう⋆
江戸時代中期の女性。俳諧。一宮連が宝暦13年、師の渡辺雲裡坊の三回忌に句碑を建てた時の追善集、富永朔宇編『ゆき塚』に載る。
¶江表(梨陽(群馬県))

里葉　りよう⋆
江戸時代後期の女性。俳諧。広浦の岩崎武矩の妻。寛政2年序、門人十華庵素孝編『窓の明』に載る。
¶江表(里葉(和歌山県))

了阿　りょうあ
⇒村田了阿(むらたりょうあ)

良阿*　りょうあ
生没年不詳　鎌倉時代後期～南北朝時代の連歌作者。
¶俳文

了庵　りょうあん
⇒了庵桂悟(りょうあんけいご)

了庵桂悟*(了菴桂悟)　りょうあんけいご
応永32(1425)年～永正11(1514)年　[別]桂悟(けいご),桃渓(とうけい),仏日禅師(ぶつにちぜんじ),了庵(りょうあん)　室町時代～戦国時代の臨済宗の僧。
¶コン(了菴桂悟),思想,対外

綾衣　りょうい⋆
江戸時代中期の女性。俳諧。青梅の人。明和2年刊、建部綾足編『かすみをとこ』に載る。
¶江表(綾衣(東京都))

了意*(1)　りょうい
生没年不詳　安土桃山時代の連歌作者。
¶俳文

了意(2)　りょうい
⇒浅井了意(あさいりょうい)

良意*　りょうい
長元7(1034)年～康和5(1103)年　平安時代中期～後期の天台宗の僧。
¶古人

令扆 りょうい
⇒令扆（れいい）

良胤* りょういん
建暦2（1212）年～正応4（1291）年 [別]大円（だいえん），大円良胤（だいえんりょういん） 鎌倉時代の真言宗の僧。
¶コン（大円良胤 だいえんりょういん），密教（[生]1212年/1214年 [没]1291年5月26日）

了雨* りょうう
生没年不詳 江戸時代中期の俳人・雑俳点者。
¶俳文

涼宇（凉宇） りょうう
⇒根岸涼宇（ねぎしりょうう）

良雲院 りょううんいん
⇒お竹の方（おたけのかた）

涼雲院 りょううんいん★
江戸時代後期の女性。和歌・日記。田中勝治の伯母。
¶江表（凉雲院（岩手県） [没]文政3（1820）年）

亮慧*（亮恵） りょうえ
承徳2（1098）年～？ 平安時代後期の真言宗の僧。
¶密教（亮恵 [没]1186年5月28日）

良恵(1) りょうえ
奈良時代の東大寺の僧。
¶古人（生没年不詳）

良恵*(2) りょうえ
生没年不詳 [別]良恵（りょうけい） 平安時代後期の僧。
¶古人

良永* りょうえい
天正13（1585）年～正保4（1647）年 江戸時代前期の真言宗の僧。槇尾西明寺の慧雲に入門。
¶コン

了円 りょうえん
⇒石本新兵衛（いしもとしんべえ）

涼園 りょうえん★
江戸時代中期の女性。俳諧。弘前の人。明和6年序、竹越里圭ほか編、大高千〇追悼句集「ふつくえ」に載る。
¶江表（涼園（青森県））

良円*(1) りょうえん
永観1（983）年～永承5（1050）年 平安時代中期の僧。
¶古人

良円*(2) りょうえん
生没年不詳 平安時代後期の円派の仏師。
¶古人，美建

良円(3) りょうえん
平安時代後期の仏師。
¶古人（生没年不詳）

良円*(4) りょうえん
治承2（1178）年～承久2（1220）年 鎌倉時代前期の僧。
¶古人

涼園 りょうえん★
江戸時代末期の女性。和歌。祖父江永蔵の妻。慶応3年、吉田孝継編「採玉集」後に載る。
¶江表（凉園（高知県））

了翁道覚* りょうおうどうかく
寛永7（1630）年～宝永4（1707）年 [別]道覚（どうかく） 江戸時代前期～中期の黄檗僧。公開図書館を造営。
¶コン

良応入道親王 りょうおうにゅうどうしんのう
⇒良応法親王（りょうおうほうしんのう）

良応法親王* りょうおうほうしんのう
延宝6（1678）年～宝永5（1708）年 [別]良応入道親王（りょうおうにゅうどうしんのう） 江戸時代中期の皇族。後西天皇第11皇子。
¶天皇（[生]延宝6（1678）年6月8日 [没]宝永5（1708）年6月22日）

良温 りょうおん
戦国時代の連歌作者。伊勢で宗長・宗碩と一座。
¶俳文（生没年不詳）

菱花(1) りょうか★
江戸時代中期の女性。俳諧。石見浜田藩主松平康福家の老女。師竹庵吾山編の天明2年刊『東海藻』に入集。
¶江表（菱花（島根県））

菱花(2) りょうか
江戸時代後期の女性。俳諧。長門長府の女性俳人田上菊舎稿『聞集草』に寛政10年正月の句が載る。
¶江表（菱花（佐賀県））

蓼下 りょうか
江戸時代中期の女性。俳諧。加賀の人。明和8年刊、高桑闌更編『落葉考』に載る。
¶江表（蓼下（石川県））

蓼花* りょうか
明和7（1770）年3月28日～天保11（1840）年9月6日 江戸時代中期～後期の俳人・藩士。
¶俳文

菱我 りょうが★
江戸時代中期の女性。俳諧。加賀金沢の人。天明5年成立、起草庵稲後編『乙巳歳旦』に載る。
¶江表（菱我（石川県））

菱賀 りょうが
⇒生島新五郎（いくしましんごろう）

良雅* りょうが
生没年不詳 平安時代後期の真言宗の僧。勧修寺流良雅方の祖。
¶密教（[生]1089年以前 [没]1122年4月14日）

了海 りょうかい
⇒法界坊（ほうかいぼう）

良快* りょうかい
文治1（1185）年～仁治3（1242）年12月17日 鎌倉時代前期の僧。
¶古人

良海* りょうかい
建久8（1197）年～建保6（1218）年 鎌倉時代前期の僧。
¶古人（[生]1187年），密教（[生]1187年 [没]1218年8月29日）

良覚* りょうかく
生没年不詳 平安時代後期の仏師。

り

¶古人, 美建

菱歌女　りょうかじょ★
江戸時代後期の女性。俳諧。天保1年跋、事仙庵丁知撰『利根太郎』に載る。
¶江表（菱歌女（東京都））

両川亭船遊〔1代〕　りょうかわていせんゆう
江戸時代後期～明治時代の写し絵師。
¶美画（[生]天保11（1840）年　[没]明治35（1902）年5月21日）

良寛*　りょうかん
宝暦8（1758）年～天保2（1831）年　[別]大愚（たいぐ），大愚良寛（だいぐりょうかん）　江戸時代中期～後期の歌人、漢詩人。
¶江人（[生]1757・58年），コン，詩作（[没]天保2（1831）年1月6日），思想，日文，山小（[生]1758年12月　[没]1831年1月6日）

良観　りょうかん
⇒忍性（にんしょう）

良鑒*　りょうかん
生没年不詳　平安時代後期の仏師。
¶古人, 美建

了岸尼　りょうがんに★
江戸時代後期の女性。和歌。常陸水戸の平尾出羽次郎の母。文政6年、7年頃成立「玉露童女追悼集」に載る。
¶江表（了岸尼（茨城県））

良喜（良基）　りょうき
平安時代後期の天台宗山門派の僧。藤原通基の子。
¶古人（生没年不詳）

良基*（1）　りょうき
享和3（1803）年～明治10（1877）年11月16日　江戸時代末期～明治時代の僧。
¶幕末

良基（2）　りょうき
⇒二条良基（にじょうよしもと）

霊義　りょうぎ
奈良時代の東大寺第6代別当。
¶古人（生没年不詳）

良久　りょうきゅう
⇒中村勘三郎〔6代〕（なかむらかんざぶろう）

良恵*（1）　りょうけい
万治2（1659）年～正徳1（1711）年11月12日　江戸時代前期～中期の俳人・連歌作者。
¶俳文

良恵（2）　りょうけい
⇒良恵（りょうえ）

良慶*　りょうけい
生没年不詳　鎌倉時代後期の比叡山延暦寺の僧。
¶コン

竜渓性潜　りょうけいしょうせん
⇒竜渓性潜（りゅうけいしょうせん）

了桂尼　りょうけいに★
江戸時代中期の女性。和歌。幕臣竹本宇右衛門茂宣の母。元禄15年刊、戸田茂睡編『鳥之迹』に載る。
¶江表（了桂尼（東京都））

両月玄恵　りょうげつげんけい
戦国時代～安土桃山時代の僧。深向院の3世。跡部勝資の叔父。
¶武田（[生]永正2（1505）年　[没]天正6（1578）年9月28日）

良元*　りょうげん
生没年不詳　平安時代後期の仏師。
¶古人, 美建

良源*　りょうげん
延喜12（912）年～永観3（985）年1月3日　[別]元三大師（がんさんたいし，がんさんだいし，がんざんだいし），慈恵（じえ），慈恵大師，慈慧大師（じえたいし，じえだいし），角大師（つのだいし）　平安時代中期の天台宗の僧。比叡山中興の祖。
¶古人，コン（[没]寛和1（985）年），思想（[没]寛和1（985）年），平家（慈恵　じえ）

了玄院　りょうげんいん★
戦国時代～江戸時代前期の女性。政治。原田村の豊永氏。相良家当主義陽の妻。
¶江表（了玄院（熊本県）　[生]天文19（1550）年　[没]寛永6（1629）年）

良元院　りょうげんいん
江戸時代後期の徳川家斉の六男。
¶徳将（[生]1798年　[没]1798年）

良厳尼　りょうげんに★
江戸時代後期の女性。和歌。幕臣、細工頭から御庭番となった倉地久太郎の母。嘉永4年刊『波布里集』に載る。
¶江表（良厳尼（東京都））

凌子　りょうこ★
江戸時代後期の女性。和歌。櫛田氏。文化11年刊、中山忠雄・河田正致編『柿本社奉納和歌集』に載る。
¶江表（凌子（京都府））

良子　りょうこ★
江戸時代中期～後期の女性。漢詩。越前福井藩主松平重富の室光安院の侍女。
¶江表（良子（福井県））

良興　りょうこう
奈良時代の僧。天平宝字5年少僧都で東大寺第二別当。
¶古人（生没年不詳）

良光　りょうこう
⇒聞証（もんしょう）

良弘*（1）　りょうこう
康治1（1142）年～？　平安時代後期～鎌倉時代前期の僧。
¶古人

良弘*（2）　りょうこう
寛永12（1635）年～？　江戸時代前期～中期の俳人。
¶俳文

両国梶之助*　りょうごくかじのすけ
天保1（1830）年～明治37（1904）年　江戸時代末期～明治時代の力士、関脇。
¶全幕

良算*　りょうさん
生没年不詳　平安時代の法華経信者。
¶古人

量子　りょうし★
江戸時代後期の女性。和歌。沢氏。天保12年成立、徳川斉昭撰「弘道館梅花詩歌」に載る。
¶江表（量子（茨城県））

良実*　りょうじつ
寛治3（1089）年～長承1（1132）年　平安時代後期の真言僧。
¶古人

亮子内親王　りょうしないしんのう
⇒殷富門院（いんぷもんいん）

良子内親王　りょうしないしんのう
⇒良子内親王（ながこないしんのう）

亮寿院　りょうじゅいん★
江戸時代末期～明治時代の女性。日記・書簡・和歌。篠塚氏。
¶江表（亮寿院（山形県）　[没]明治17（1884）年）

霊樹院　りょうじゅいん★
江戸時代中期の女性。宗教。佐賀藩士執行宗全の娘。
¶江表（霊樹院（佐賀県）　[没]正徳3（1713）年）

良修*　りょうしゅう
承保3（1076）年～？　平安時代後期の天台宗園城寺僧。
¶古人

良秀*　りょうしゅう
寛弘1（1004）年～承保2（1075）年　平安時代中期～後期の天台僧。
¶古人

竜湫周沢　りょうしゅうしゅうたく
⇒竜湫周沢（りゅうしゅうしゅうたく）

了俊　りょうしゅん
⇒今川了俊（いまがわりょうしゅん）

良俊*（1）　りょうしゅん
康和2（1100）年～文治1（1185）年　平安時代後期の天台宗園城寺僧。
¶古人

良俊（2）　りょうしゅん
平安時代後期の仏師。大仏師。頼俊とともに観世音寺（筑前）の観音菩薩像を造る。
¶古人（生没年不詳）

了春の妻　りょうしゅんのつま★
江戸時代後期の女性。俳諧。備前の人。天保3年刊、守村鶯卿編『女百人一句』に載る。
¶江表（了春の妻（岡山県））

梁女　りょうじょ★
江戸時代後期の女性。高田一蝶の妻。寛政11年成立「奉納詠百首和歌」に載る。
¶江表（梁女（岩手県））

良助　りょうじょ
⇒良助法親王（りょうじょほっしんのう）

亮性　りょうしょう
⇒亮性法親王（りょうしょうほっしんのう）

良勝*（1）　りょうしょう
生没年不詳　平安時代初期の薬師寺の僧。
¶古人

良勝*（2）　りょうしょう
生没年不詳　平安時代後期の真言宗の僧。小野流良勝方の祖。
¶密教（[生]1079年　[没]1162年以後）

良尚　りょうしょう
⇒良尚入道親王（りょうしょうにゅうどうしんのう）

寥松　りょうしょう
⇒轡寥松（みねりょうしょう）

良成　りょうじょう
⇒良成（りょうせい）

良定　りょうじょう
⇒袋中（たいちゅう）

良正院　りょうしょういん
⇒督姫（とくひめ）

亮性親王　りょうしょうしんのう
⇒亮性法親王（りょうしょうほっしんのう）

良尚親王　りょうしょうしんのう
⇒良尚入道親王（りょうしょうにゅうどうしんのう）

了照尼　りょうしょうに★
江戸時代中期～後期の女性。和歌。彦根の小原春雄の娘。寛政初年頃没。
¶江表（了照尼（滋賀県））

了性尼　りょうしょうに★
江戸時代中期の女性。和歌。旗本河村善七郎重次の娘。元禄16年刊、植山検校江民軒梅之・梅柳軒水之編『歌林尾花末』に載る。
¶江表（了性尼（東京都））

涼松尼　りょうしょうに★
江戸時代末期の女性。和歌。三河吉田の人。慶応2年序、村上忠順編『元治元年千首』に載る。
¶江表（涼松尼（愛知県））

良尚入道親王*　りょうしょうにゅうどうしんのう
元和8（1622）年12月16日～元禄6（1693）年7月5日　[別]良尚（りょうしょう），良尚親王（りょうしょうしんのう），良尚法親王（りょうしょうほうしんのう，りょうしょうほっしんのう）　江戸時代前期の天台宗の僧。曼殊院第29世。
¶コン（良尚法親王　りょうしょうほうしんのう）

亮性法親王　りょうしょうほうしんのう
⇒亮性法親王（りょうしょうほっしんのう）

良尚法親王　りょうしょうほうしんのう
⇒良尚入道親王（りょうしょうにゅうどうしんのう）

亮性法親王*　りょうしょうほっしんのう
文保2（1318）年～正平18/貞治2（1363）年　[別]亮性（りょうしょう），亮性親王（りょうしょうしんのう），亮性法親王（りょうしょうほうしんのう）　南北朝時代の皇族。後伏見天皇の皇子。
¶天皇（りょうしょうほうしんのう　[生]？　[没]康安2/貞治1（1362）年1月30日）

良尚法親王　りょうしょうほっしんのう
⇒良尚入道親王（りょうしょうにゅうどうしんのう）

良助親王　りょうじょしんのう
⇒良助法親王（りょうじょほっしんのう）

良助法親王　りょうじょほうしんのう
⇒良助法親王（りょうじょほっしんのう）

良助法親王*　りょうじょほっしんのう
文永5(1268)年～文保2(1318)年8月18日　[別]良助(りょうじょ)，良助親王(りょうじょしんのう)，良助法親王(りょうじょほうしんのう)　鎌倉時代後期の皇族。亀山天皇の第7皇子。
¶天皇(りょうじょほうしんのう)

良信*　りょうしん
承安3(1173)年～建長5(1253)年　鎌倉時代前期の幕府護持僧。
¶古人

良深*　りょうしん
万寿2(1025)年～承暦1(1077)年　平安時代中期の真言宗の僧。花山天皇の皇子中務親王照登の子。東寺長者31世。
¶古人

良真*　りょうしん
*～永長1(1096)年　平安時代中期～後期の天台宗の僧。天台座主。
¶古人([生]1022年)，コン([生]万寿1(1024)年)

綾人女　りょうじんじょ★
江戸時代後期の女性。俳諧。新吉原の人か。弘化3年序、五井槐堂撰「つるおと集」に載る。
¶江表(綾人女(東京都))

良勢*　りょうせい
生没年不詳　平安時代中期の天台宗の僧・歌人。
¶古人

良成*　りょうせい
生没年不詳　[別]良成(りょうじょう)　平安時代後期の仏師。
¶古人(りょうじょう)，美建

良正院　りょうせいいん
⇒督姫(とくひめ)

良成親王　りょうせいしんのう
⇒良成親王(よしなりしんのう)

霊仙*　りょうせん
生没年不詳　[別]霊仙(れいせん)　奈良時代～平安時代前期の密教僧。入唐し「三蔵」号を与えられた。
¶古人，古代(れいせん　[生]？　[没]826年？)，コン，対外

了全　りょうぜん
⇒西村善五郎〔10代〕(にしむらぜんごろう)

良全*　りょうぜん
生没年不詳　[別]可翁良全(かおうりょうせん)　鎌倉時代後期の京都東福寺の僧。絵仏師。
¶対外，美画

良禅*　りょうぜん
永承3(1048)年～保延5(1139)年2月21日　平安時代中期～後期の真言宗の僧。第17代高野山執行検校。
¶古人

良暹*　りょうぜん，りょうせん
生没年不詳　[別]良暹法師(りょうぜんほうし)　平安時代の僧歌人。
¶古人(りょうせん)，詩作(りょうぜん，りょうせん)

霊仙院　りょうぜんいん
⇒千代姫(ちよひめ)

良暹法師　りょうぜんほうし
⇒良暹(りょうぜん)

竜泉令淬　りょうせんりょうずい
⇒竜泉令淬(りゅうせんれいさい)

良尊*　りょうそん
文治5(1189)年～寛元4(1246)年3月12日　鎌倉時代前期の僧。
¶古人

蓼太　りょうた
⇒大島蓼太(おおしまりょうた)

涼袋(凉袋)　りょうたい
⇒建部綾足(たけべあやたり)

良大　りょうたい
江戸時代後期～明治時代の俳諧師。
¶俳文([生]天保5(1834)年　[没]明治25(1892)年9月14日)

了湛院　りょうたんいん
江戸時代後期の徳川家斉の十男。
¶徳将([生]1809年　[没]1813年)

了知院*　りょうちいん
*～明治4(1871)年　江戸時代末期～明治時代の僧。
¶幕末([生]文政初(1818)年　[没]明治4(1871)年7月20日)

了智坊(了智房)　りょうちぼう
⇒佐々木高綱(ささきたかつな)

良忠*　りょうちゅう
正治1(1199)年～弘安10(1287)年7月6日　[別]記主禅師(きしゅぜんじ)，然阿(ぜんあ，ねんあ)，然阿良忠(ねんありょうちゅう)　鎌倉時代前期の浄土宗の僧。浄土宗鎮西派第3祖。
¶コン

良肇(1)　りょうちょう
奈良時代の弘福寺の僧。
¶古人(生没年不詳)

良肇(2)　りょうちょう
僧。唐招提寺の客僧。
¶古人(生没年不詳)

涼菟*(涼菟，凉菟)　りょうと
万治2(1659)年～享保2(1717)年　[別]岩田涼菟，岩田涼菟(いわたりょうと)　江戸時代前期～中期の俳人。伊勢神宮の下級神職。伊勢派の創始者。
¶コン(岩田涼菟　いわたりょうと　[生]寛文1(1661)年)，詩作(岩田涼菟　いわたりょうと　[没]享保2(1717)年4月28日)，俳文(涼菟　[没]享保2(1717)年4月28日)

令徳*　りょうとく
*～延宝7(1679)年　[別]鶏冠井令徳(かえでいりょうとく)，令徳(れいとく)　江戸時代前期の俳人。貞門七俳仙の一人。
¶コン(鶏冠井令徳　かえでいりょうとく　[生]天正18(1590)年)，俳文([生]天正17(1589)年)

了入　りょうにゅう
⇒楽了入〔楽家9代〕(らくりょうにゅう)

良仁　りょうにん
⇒覚深入道親王(かくじんにゅうどうしんのう)

良忍*　りょうにん
延久5(1073)年～長承1(1132)年　[別]光静房(こうじょうぼう)，聖応大師(しょうおうたいし，しょうおうだいし)　平安時代後期の浄土教の僧。融通

念仏宗の開祖。天台大原魚山声明中興の祖。
¶古人（㊦1073年？），コン（㊦延久4(1072)年），思想

了然 りょうねん
⇒元総尼（げんそうに）

了然元総 りょうねんげんそう
⇒元総尼（げんそうに）

了然元総尼（了然元聡尼） りょうねんげんそうに
⇒元総尼（げんそうに）

了然尼 りょうねんに
⇒元総尼（げんそうに）

良能* りょうのう
生没年不詳　江戸時代中期の俳人。
¶俳文

良遍*(1) りょうへん
久安6(1150)年〜貞永1(1232)年8月21日　平安時代後期〜鎌倉時代前期の僧。
¶古人

良遍*(2) りょうへん
＊〜建長4(1252)年8月28日　㊟生駒僧都（いこまそうず），信願（しんがん）　鎌倉時代前期の僧。
¶古人（㊦？）

良弁 りょうべん
⇒良弁（ろうべん）

良保* りょうほ
江戸時代前期の俳人。
¶俳文（生没年不詳）

良品* りょうほん，りょうほん
？〜享保15(1730)年　江戸時代中期の俳人（蕉門）。
¶俳文（㊦寛文6(1666)年　㊟享保15(1730)年6月26日）

良明* りょうみょう
？〜承安2(1172)年　平安時代後期の天台宗の僧。
¶古人

良勇* りょうゆう
斉衡2(855)年〜延喜23(923)年3月6日　平安時代前期〜中期の天台宗の僧。天台座主11世，園城寺6世。
¶古人

良祐* りょうゆう
永暦1(1160)年〜仁治3(1242)年　㊟安覚良祐（あんかくりょうゆう），色定法師（しきじょうほっし）　鎌倉時代前期の僧。筑前宗像社の第1宮座主。
¶古人（㊦1159年）

了誉 りょうよ
⇒聖冏（しょうげい）

涼葉* りょうよう
江戸時代中期の大垣藩士・俳人。
¶俳文（生没年不詳）

了誉聖冏 りょうよしょうきょう
⇒聖冏（しょうげい）

了誉聖冏 りょうよしょうげい
⇒聖冏（しょうげい）

綾連 りょうれん*
江戸時代後期の女性。俳諧。大槌町山田の人。上閉伊郡文政年間成立，馬遊編『柴の戸』に載る。

¶江表（綾連（岩手県））

寥和（――〔1代〕） りょうわ
⇒大場寥和（おおばりょうわ）

緑蔭 りょくいん
江戸時代後期〜明治時代の女性。画。松代藩藩士恩田織部家4代民正の娘。
¶江表（緑蔭（長野県））　㊦文政2(1819)年　㊟明治7(1874)年

緑花女 りょくかじょ*
江戸時代後期の女性。俳諧。三春の人。享和1年刊，塩田冥々編『粟蒔集』に載る。
¶江表（緑花女（福島県））

緑糸 りょくし*
江戸時代後期の女性。俳諧。長門吉田の人。文化12年刊，吉田連編『塚のおもかげ』に載る。
¶江表（緑糸（山口県））

緑樹院 りょくじゅいん*
江戸時代中期の女性。和歌・書簡。江戸の浪人高橋四郎兵衛の娘。
¶江表（緑樹院（滋賀県）　㊟明和8(1771)年）

緑樹園元有* りょくじゅえんもとあり
㊟小林平七郎（こばやしへいしちろう）　江戸時代末期の狂歌師。
¶幕末（㊦？　㊟文久2(1862)年12月8日）

緑女 りょくじょ*
江戸時代後期の女性。和歌。秋田藩士で歌人の黒沢道富の妻か。文化15年序，秋田藩士山方泰通編「月花集」に載る。
¶江表（緑女（秋田県））

りよ子 りよこ*
江戸時代後期の女性。和歌。遠江浜松藩藩士小島新助の母。文化5年頃，真田幸弘編「御ことほきの記」に載る。
¶江表（りよ子（静岡県））

里余子 りよこ*
江戸時代末期の女性。和歌。因幡鳥取の米問屋大谷丈次郎の妻。安政3年刊，中島宜門編『類題稲葉集』に載る。
¶江表（里余子（鳥取県））

りよ女 りよじょ*
江戸時代後期の女性。俳諧。秋田の人。文化初年頃刊，秋田藩士片岡吾長編『秋田俳人俳画百人集』に載る。
¶江表（りよ女（秋田県））

呂蝶 りょちょう*
江戸時代中期の女性。俳諧。筑前福岡の俳人久野花朗尼の追善句集『ふくるま』「夏」の項に載る。天明6年，望海楼で開かれた京都の俳人蝶夢門の俳僧沂風と祥然を歓迎する句会に参集した一人である。
¶江表（呂蝶（福岡県））

慮呂* りょろ
宝暦6(1756)年〜文政8(1825)年1月　江戸時代中期〜後期の俳人。
¶俳文

梨嵐 りらん*
江戸時代中期の女性。俳諧。尾張名古屋の人。寛延2年序，馬州編，蕉門の沢露川七回忌追善集『和須連寿』に載る。

¶江表(梨嵐(愛知県))

吏流　りりゅう★
江戸時代中期の女性。俳諧。宝暦13年刊、京都の僧で俳人蝶夢が奥州松島に遊んだ紀行集『松しま道の記』に載る。
¶江表(吏流(東京都))

里和　りわ
江戸時代後期の女性。俳諧。耳風坊の親族。文政7年刊『笠の露』に載る。
¶江表(里和(佐賀県))

りん(1)
江戸時代中期の女性。俳諧。船場町の人。宝暦4年、酒田の三丁目斗南序の「氷面鏡」に載る。
¶江表(りん(山形県))

りん(2)
江戸時代中期の女性。和歌。八幡の町医者苗村道益の後妻。宝暦期没か。
¶江表(りん(滋賀県))

りん(3)
江戸時代後期〜明治時代の女性。教育。会津藩藩士日向新介とまつの娘。
¶江表(りん(福島県)　[生]嘉永2(1849)年　[没]明治42(1909)年)

り

りん(4)
江戸時代後期の女性。俳諧。天保1年跋、事仙庵丁知撰「利根太郎」に少女として載る。
¶江表(りん(東京都))

里ん　りん★
江戸時代中期の女性。俳諧。筑前福岡の人。宝永3年序、美作の乏志堂貞義編『心ひとつ』に載る。
¶江表(里ん(福岡県))

林(1)　りん★
江戸時代中期の女性。俳諧。大坂の人。元禄5年序、朧麿遠舟編『姿哉』に載る。
¶江表(林(大阪府))

林(2)　りん★
江戸時代中期の女性。和歌。但馬豊岡の人。寛延〜天明期頃成立「長閑集」に載る。
¶江表(林(兵庫県))

綸　りん★
江戸時代末期〜明治時代の女性。教育。相沢新田の農業寺部氏の娘。夫と共に寺部塾を経営、明治6年頃に閉塾。
¶江表(綸(栃木県))

琳阿弥*　りんあみ
生没年不詳　[別]玉林(たまりん)　南北朝時代の連歌・曲舞作者。
¶新能,俳文

林懐　りんえ
⇒林懐(りんかい)

倫円*　りんえん
永久4(1116)年〜元久1(1204)年3月11日　平安時代後期〜鎌倉時代前期の天台宗の僧。
¶古人([生]1117年)

箖菸　りんお
江戸時代末期〜明治時代の女性。漢詩。幕末の書家関思亮の娘。
¶江表(箖菸(東京都)　[没]明治8(1875)年)

林懐*　りんかい
天暦5(951)年〜万寿2(1025)年　[別]林懐(りんえ)　平安時代中期の法相宗の僧。興福寺別当。
¶古人,コン(りんえ　[生]?)

琳海　りんかい
平安時代後期〜鎌倉時代前期の上醍醐准胝堂阿闍梨。
¶密教([生]1137年　[没]1202年5月4日)

林覚*　りんかく
生没年不詳　平安時代中期〜後期の真言宗の僧。
¶密教([生]1068年　[没]1135年6月21日)

倫勧房　りんかんぼう
⇒古市澄胤(ふるいちちょういん)

林賢*　りんけん
生没年不詳　平安時代後期の庭造りの名手。
¶古人

琳賢*(1)　りんけん
承保1(1074)年〜久安6(1150)年　平安時代後期の真言宗の僧。高野山検校19世。
¶古人([生]?)

琳賢*(2)　りんけん
生没年不詳　平安時代後期の天台宗の僧・歌人。橘義済の子。
¶古人

琳賢*(3)　りんけん
生没年不詳　[別]芝琳賢(しばりんけん,しばりんげん)　戦国時代の画家。
¶美画

琳厳*　りんげん
生没年不詳　鎌倉時代前期の仏師。
¶美建

りん子　りんこ★
江戸時代末期の女性。和歌。相模御浦郡浦賀の川津屋又四郎の孫娘。慶応3年刊、猿渡容盛編『類題新竹集』に載る。
¶江表(りん子(神奈川県))

鱗子　りんこ★
江戸時代後期の女性。俳諧。名久木の人。文政12年刊、六斎一輔編『玉藻のはな』に載る。
¶江表(鱗子(群馬県))

林紅　りんこう
⇒土屋林紅(つちやりんこう)

林鴻*　りんこう
生没年不詳　江戸時代前期の俳人・浮世草子作者。
¶俳文

林篁*　りんこう
享保9(1724)年〜天明7(1787)年6月4日　江戸時代中期の俳人。浄土真宗の僧。
¶俳文

林豪*　りんごう
長元6(1033)年〜康和1(1099)年　平安時代中期〜後期の天台宗の僧。
¶古人

りんし
江戸時代中期の女性。俳諧。筑後吉井の人。享保2

年刊、塩足市山ほか編『百曲』に載る。
¶江表(りんし(福岡県))

麟子*　りんし
生没年不詳　江戸時代前期の俳人。
¶俳文

倫子女王*(掄子女王)　りんしじょおう
文永2(1265)年～？　鎌倉時代後期の女性。後嵯峨天皇の皇子一品中務卿宗尊親王の皇女。
¶天皇(掄子女王　生没年不詳)

りん女　りんじょ
⇒長野りん(ながのりん)

里ん女　りんじょ★
江戸時代後期の女性。俳諧。寒河江の人。天保15年、寒河江八幡宮に奉納された俳額に載る。
¶江表(里ん女(山形県))

林女(1)　りんじょ★
江戸時代中期の女性。俳諧。周防柳井の人。享保17年～18年頃刊、蕉門十哲の一人各務支考の追善集『蓮師追善花供養集』に載る。
¶江表(林女(山口県))

林女(2)　りんじょ★
江戸時代後期の女性。狂歌。常陸小栗の中原氏の妻。天保4年序、黒川春村編『草庵五百人一首』に載る。
¶江表(林女(茨城県))

蘭女　りんじょ★
江戸時代中期の女性。俳諧。享保20年刊、柳居編『一筆鳥』に載る。
¶江表(蘭女(東京都))

琳聖　りんしょう
⇒琳聖(りんせい)

鱗昇　りんしょう
⇒嵐吉三郎〔3代〕(あらしきちさぶろう)

琳瑞*　りんずい
天保1(1830)年～慶応3(1867)年　[別]細谷琳瑞(ほそやりんずい)　江戸時代末期の浄土宗の勤王僧。
¶コン,幕末(細谷琳瑞　ほそやりんずい　[生]文政13(1830)年10月27日　[没]慶応3(1867)年10月19日)

林助*　りんすけ
？～文久3(1863)年　江戸時代末期の京都の町役人。
¶幕末([没]文久3(1863)年1月14日)

琳聖*　りんせい
[別]琳聖(りんしょう)　飛鳥時代の百済人。百済王聖明の第3子。周防大内氏の始祖。
¶古代,対外(りんしょう　生没年不詳)

林世功*　りんせいこう
尚育7(1841)年～明治13(1880)年　江戸時代末期～明治時代の琉球の政治家。沖縄県設置に抗議して北京で自殺。
¶幕末([生]天保12(1841)年11月12日　[没]明治13(1880)年11月20日)

林曹*　りんそう
生没年不詳　江戸時代後期の俳人。
¶俳文

林宗二　りんそうじ
⇒饅頭屋宗二〔1代〕(まんじゅうやそうじ)

林鳥　りんちょう★
江戸時代後期の女性。俳諧。越前鯖江の人。寛政11年刊、松山令羽編『三つの手向』に載る。
¶江表(林鳥(福井県))

林道栄　りんどうえい
⇒林道栄(はやしどうえい)

輪堂貞三　りんどうていぞう
⇒輪堂貞造(わどうていぞう)

輪之　りんの★
江戸時代後期の女性。俳諧。石見益田の人。文化8年刊、自然房以松編『月のまこと』に載る。
¶江表(輪之(島根県))

林梅卿*　りんばいけい
？～寛政6(1794)年　[別]林梅卿(はやしばいけい)　江戸時代中期の長崎の唐通事。中国商船による日本の金銀輸入の道を開いた。
¶対外

隣宝　りんほう★
江戸時代前期の女性。俳諧・書。和歌山の人。貞享1年刊、井原西鶴編『古今俳諧女歌仙』に載る。
¶江表(隣宝(和歌山県))

倫里*　りんり
？～元文2(1737)年12月12日　江戸時代中期の俳人。
¶俳文

林柳　りんりゅう★
江戸時代末期の女性。画。浅井氏。文久3年刊『文久文雅人名録』に載る。
¶江表(林柳(東京都))

霖竜*　りんりゅう
文化2(1805)年11月7日～明治16(1883)年12月29日　[別]霖竜如沢(りんりゅうじょたく,りんりゅうにょたく)　江戸時代末期～明治時代の僧。
¶幕末

霖竜如沢　りんりゅうじょたく
⇒霖竜(りんりゅう)

霖竜如沢　りんりゅうにょたく
⇒霖竜(りんりゅう)

【る】

るい(1)
江戸時代中期の女性。俳諧。美濃加納の人。元文2年刊、仙石廬元坊編、各務支考七回忌追善集『渭江話』に載る。
¶江表(るい(岐阜県))

るい(2)
江戸時代中期の女性。俳諧。膳所で茶製造を営む蕉門の水田正秀としげの娘。
¶江表(るい(滋賀県)　[生]元禄6(1693)年？)

るい(3)
江戸時代中期の女性。和歌。山口甚右衛門富群の妻。宝永6年奉納、平間長雅編「住吉社奉納千首和歌」に載る。
¶江表(るい(京都府))

るい(4)
江戸時代中期の女性。俳諧。筑後柳川の人。享保13年序、朝月舎程十編『門司硯』に載る。
¶江表(るい(福岡県))

るい(5)
江戸時代後期の女性。和歌。庄内藩主酒井左衛門尉忠徳家の奥女中。寛政10年跋、信濃松代藩主真田幸弘の六〇賀集「千とせの寿詞」に載る。
¶江表(るい(山形県))

るい(6)
江戸時代後期の女性。和歌。松ノ森神社神宮で国学者伊奈建彦の妹。天保11年刊『瓊浦集』に載る。
¶江表(るい(長崎県))

るい(7)
江戸時代末期の女性。教育。幕臣荒井金蔵の妻。
¶江表(るい(東京都)　[没]安政4(1857)年)

留以　るい*
江戸時代中期の女性。俳諧。石見の人。安永9年刊、岸本江橋編、江橋耳順賀俳諧撰集『年華集』に載る。
¶江表(留以(島根県))

るい子　るいこ*
江戸時代後期の女性。和歌。土佐藩の奥女中。文政4年、高岡郡新居村の庄屋細木庵常の四〇賀に短冊を寄せる。
¶江表(るい子(高知県))

留以子　るいこ*
江戸時代末期の女性。和歌。相模足柄下郡小田原の宮部氏の娘。慶応3年刊、猿渡容盛編『類題新竹集』に載る。
¶江表(留以子(神奈川県))

類子　るいこ*
江戸時代末期の女性。和歌。吉田正彰の娘。慶応4年序、佐々木弘綱編『類題千船集』三に載る。
¶江表(類子(東京都))

るい女　るいじょ*
江戸時代中期の女性。和歌。小松藩藩士飯塚順安尊道の妻。明和7年の柿本明神奉納詠と考えられる「詠百首和歌」に載る。
¶江表(るい女(愛媛県))

留為女　るいじょ*
江戸時代中期の女性。生花。甲斐の人。安永3年刊、是心庵一露ほか序『甲陽生花百瓶図』にのる。
¶江表(留為女(山梨県))

類女　るいじょ*
江戸時代後期の女性。画。奥野氏。文化7年刊、大原東野編『名数画譜』に描いている。
¶江表(類女(東京都))

留雲　るうん*
江戸時代の女性。漢詩。石野氏。明治13年刊、水上珍亮編『日本閨媛吟藻』下に載る。
¶江表(留雲(東京都))

留え(1)　るえ*
江戸時代中期の女性。和歌。一関藩主田村村隆の奥女中。安永3年成立「田村村隆母公六十賀祝賀歌集」に載る。
¶江表(留え(岩手県))

留え(2)
江戸時代中期の女性。和歌。大村藩の奥女中。安永3年の「田村村隆母公六十賀祝賀歌集」に載る。
¶江表(留え(長崎県))

留衛子(1)　るえこ*
江戸時代中期の女性。和歌。中山則次の娘。明和3年成立、難波玄生・清水貞固ほか撰「稲葉和歌集」に載る。
¶江表(留衛子(鳥取県))

留衛子(2)　るえこ*
江戸時代中期の女性。和歌。大洲藩の奥女中。宝暦12年刊、村上影面編『続采藻編』に載る。
¶江表(留衛子(愛媛県))

留守顕宗*　るすあきむね
永正16(1519)年～天正14(1586)年　戦国時代～安土桃山時代の武士。
¶全戦

留守家重　るすいえしげ
⇒伊沢家景(いさわいえかげ)

留守家任*　るすいえとう
?～正平6/観応2(1351)年　鎌倉時代後期～南北朝時代の武将。
¶室町([没]正平7/文和1(1351)年)

留守希斎*　るすきさい
宝永2(1705)年～明和2(1765)年　江戸時代中期の儒者。
¶思想

留守友信*　るすとものぶ
?～明和2(1765)年　江戸時代中期の儒学者、神道家。
¶コン

留守政景*　るすまさかげ
天文18(1549)年～慶長12(1607)年　[別]高森雪斎(たかもりせっさい),伊達政景(だてまさかげ)
安土桃山時代～江戸時代前期の武将。伊達氏領国の拡大に活躍した。
¶全戦,戦武

るせ(1)
江戸時代中期の女性。俳諧。城ケ崎の人。安永3年刊、城ケ崎の二松亭五明編の父菊路一周忌追善集『星明り』に載る。
¶江表(るせ(宮崎県))

るせ(2)
江戸時代後期の女性。散文・和歌。今井氏の娘。
¶江表(るせ(群馬県)　[没]寛政2(1790)年)

呂宗助左衛門(呂宋助左衛門)　るそんすけざえもん
⇒納屋助左衛門(なやすけざえもん)

留弥　るみ*
江戸時代後期の女性。和歌。常陸笠間藩主牧野貞喜の侍女。寛政10年跋、信濃松代藩主真田幸弘の六〇賀集「千とせの寿詞」に載る。
¶江表(留弥(茨城県))

るむ(1)
江戸時代の女性。散文・和歌。松岡正直の妻。「片玉集」前集巻六八に載る。
¶江表(るむ(東京都))

るむ(2)
江戸時代後期の女性。和歌。石見津和野藩の奥女中。寛政3年成立、嘉藤吉達序「女房和歌序」に

載る。
¶江表（るむ（島根県））

留武　るむ*
江戸時代後期の女性。和歌。秋田藩の奥女中。文化8年、「貞明院一周忌歌会綴」に載る。
¶江表（留武（秋田県））

留武子　るむこ*
江戸時代中期の女性。和歌。棚倉藩の奥女中。宝暦12年刊、村上影面編『続采藻編』に載る。
¶江表（留武子（福島県））

留代子　るよこ*
江戸時代後期の女性。和歌。江戸城本丸の小上臈梅渓大夫の姉。寛政10年跋、信濃松代藩主真田幸弘の六〇賀集「千とせの寿詞」に載る。
¶江表（留代子（東京都））

るり
江戸時代中期の女性。和歌。河野氏の娘。元禄9年成立、平間長雅編「奉納千首和歌」に載る。
¶江表（るり（京都府））

留理　るり*
江戸時代後期の女性。俳諧。酒造家臼井丸太夫と東紅の娘。文化3年宮本虎杖序、臼井綏貢ほか編『こけのつゆ』に載る。
¶江表（留理（長野県））

留里　るり*
江戸時代中期の女性。俳諧。西山宋因門の俳人高島轍士の妻。安永3年刊、与謝蕪村編『たまも集』夏の部に載る。
¶江表（留里（京都府））

瑠璃子　るりこ*
江戸時代前期～中期の女性。和歌。榊原越中守照清の娘。
¶江表（瑠璃子（佐賀県）　[生]明暦1（1655）年　[没]享保11（1726）年）

瑠璃女御*　るりにょうご
？～寛治3（1089）年　[別]瑠璃女御（るりのにょうご）　平安時代中期の女性。三条天皇の第1皇子小一条院（敦明親王）の女御。
¶古人（るりのにょうご）

瑠璃女御　るりのにょうご
⇒瑠璃女御（るりにょうご）

るん
江戸時代前期の女性。和歌。丸亀藩京極家の江戸藩邸に仕える奥女中。井上通著『江戸日記』の天和3年1月に通の歌への返しなどが載る。
¶江表（るん（香川県））

【れ】

れい(1)
江戸時代中期の女性。俳諧。享保21年刊、紫華坊竹郎編の俳論書『茶話稿』に載る。
¶江表（れい（東京都））

れい(2)
江戸時代後期の女性。和歌。徳川家の奥女中。文化11年刊、中山忠雄・河田正致編『柿本社奉納和歌集』に載る。
¶江表（れい（東京都））

れい(3)
江戸時代末期の女性。旅日記。生家は河内茨田郡門真三ッ嶋村の代々の庄屋樋口家。安政7年望みを遂げて40日余りの旅に出た。
¶江表（れい（大阪府））

令扆*　れいい
斉衡3（856）年～天慶4（941）年　[別]令扆（りょうい）　平安時代前期～中期の法相宗の僧。
¶古人

麗以　れいい*
江戸時代後期の女性。和歌。歌人山田好成の娘。弘化4年刊、清堂観尊編『たち花の香』に載る。
¶江表（麗以（埼玉県））

嶺雲　れいうん
江戸時代中期の俳諧師。
¶俳文（[生]元禄14（1701）年頃　[没]天明4（1784）年6月）

麗娟院　れいえいいん
江戸時代後期の女性。徳川家慶の七女。
¶徳将（[生]1833年　[没]1834年）

麗華　れいか*
江戸時代中期～後期の女性。書。書家渤海北門の娘。
¶江表（麗華（京都府）　[生]寛延3（1750）年　[没]文化3（1806）年）

嶺花女　れいかじょ*
江戸時代後期～明治時代の女性。俳諧。出雲広瀬藩主松平直諒の継室。
¶江表（嶺花女（島根県）　[生]文政12（1829）年　[没]明治23（1890）年）

霊巌*　れいがん
天文23（1554）年～寛永18（1641）年　[別]松風（しょうふう）　安土桃山時代～江戸時代前期の浄土宗の僧。
¶江人，コン

礼機　れいき*
江戸時代後期～明治時代の女性。和歌。栗矢村の旧家原官兵衛重明の娘。
¶江表（礼機（長野県）　[生]文化13（1816）年　[没]明治22（1889）年）

霊鏡院　れいきょういん
⇒文姫（ふみひめ）

麗玉院　れいぎょくいん
江戸時代後期の女性。徳川家斉の四女。
¶徳将（[生]1796年　[没]1798年）

霊空*　れいくう
承応1（1652）年～元文4（1739）年10月4日　[別]光謙（こうけん），霊空光謙（れいくうこうけん）　江戸時代前期～中期の天台宗の僧。安楽律の大成者。大小兼学運動に参加。
¶コン，思想

霊空光謙　れいくうこうけん
⇒霊空（れいくう）

霊彦　れいげん
⇒希世霊彦（きせいれいげん）

霊元天皇*　れいげんてんのう
承応3（1654）年5月25日～享保17（1732）年8月6日

江戸時代前期～中期の第112代の天皇(在位1663～1687)。後水尾天皇の第19皇子。「桃蘂集」「一歩抄」の著者。
¶江人, コン, 天皇, 徳将, 日文, 山小([生]1654年5月25日 [没]1732年8月6日)

礼子(1)　**れいこ★**
江戸時代の女性。和歌。岩本氏。明治8年刊、橘東世子編『明治歌集』に載る。
¶江表(礼子(東京都))

礼子(2)　**れいこ★**
江戸時代後期の女性。和歌。丹後の牧広玄の妻。弘化2年刊、加納諸平編『類題鰒玉集』五に載る。
¶江表(礼子(京都府))

霊彩*　**れいさい**
生没年不詳　室町時代の画僧。朝鮮の世祖に白衣観音図を贈る。
¶美画

孋山(礪山, 蠣山)　**れいざん**
⇒寺田蠣山(てらだれいざん)

姈子内親王　**れいしないしんのう**
⇒遊義門院(ゆうぎもんいん)

令子内親王*　**れいしないしんのう**
承暦2(1078)年～天養1(1144)年　[別]令子内親王(よしこないしんのう)　平安時代後期の女性。白河天皇の第3皇女。
¶古人(よしこないしんのう), 天皇([没]天養1(1144)年4月21日)

礼子内親王*(1)　**れいしないしんのう**
？～昌泰2(899)年　[別]礼子内親王(いやこないしんのう)　平安時代前期の女性。文徳天皇皇女。
¶古人(いやこないしんのう)

礼子内親王(2)　**れいしないしんのう**
⇒嘉陽門院(かようもんいん)

霊寿院　**れいじゅいん★**
江戸時代後期の女性。書簡。出羽上山藩主松平信行の妹。
¶江表(霊寿院(岩手県)　[没]嘉永6(1853)年)

嶺松院殿*　**れいしょういんでん**
？～慶長17(1612)年8月19日　[別]武田義信室(たけだよしのぶしつ)　安土桃山時代～江戸時代前期の女性。今川義元の長女、武田義信の正室。
¶武田(武田義信室　たけだよしのぶしつ)

霊心　**れいしん★**
江戸時代後期の女性。和歌。伊吹文緒の母。天保11年成立「鷲見家短冊帖」に載る。
¶江表(霊心(鳥取県))

齢真院　**れいしんいん**
江戸時代前期の徳川家光の五男。
¶徳将([生]1648年　[没]1648年)

冷泉業家*　**れいぜいかずいえ**
？～弘和3/永徳3(1383)年2月24日　南北朝時代の公卿(非参議)。刑部卿藤原顕盛の子。
¶公卿([没]永徳3/弘和3(1383)年2月24日), 公家(業家〔大福寺家(絶家)〕　なりいえ　[没]永徳3(1383)年2月24日)

冷泉五郎　**れいぜいごろう**
⇒冷泉五郎(れいぜんごろう)

冷泉定親*　**れいぜいさだちか**
応長1(1311)年～？　鎌倉時代後期～南北朝時代の公卿(参議)。権中納言冷泉頼定の子。
¶公卿, 公家(定親〔冷泉家(絶家)2〕　さだちか)

冷泉隆豊*　**れいぜいたかとよ**
？～天文20(1551)年　戦国時代の武士。
¶全戦([生]永正10(1513)年), 戦武([生]永正10(1513)年)

冷泉為章*　**れいぜいためあき**
宝暦2(1752)年4月27日～文政5(1822)年3月19日　[別]冷泉為章(れいぜいためふみ)　江戸時代中期～後期の公家(権大納言)。権大納言冷泉為泰の子。
¶公卿, 公家(為章〔冷泉家〕　ためふみ)

冷泉為純　**れいぜいためあつ**
⇒冷泉為純(れいぜいためずみ)

冷泉為起*　**れいぜいためおき**
寛政2(1790)年6月12日～天保2(1831)年6月1日　江戸時代後期の公家(非参議)。権大納言勧修寺経逸の末子。
¶公卿, 公家(為起〔冷泉家(下冷泉)〕　ためおき)

冷泉為和*　**れいぜいためかず**
文明18(1486)年～天文18(1549)年　戦国時代の歌人・公卿(権大納言)。権大納言冷泉為広の子。
¶公卿([没]天文18(1549)年7月10日), 公家(為和〔冷泉家〕　ためかず　[没]天文18(1549)年7月10日), 後北(為和〔冷泉〕　ためかず　[没]天文18年7月10日), 全戦

冷泉為兼　**れいぜいためかね**
⇒京極為兼(きょうごくためかね)

冷泉為訓　**れいぜいためさと**
⇒冷泉為訓(れいぜいためのり)

冷泉為栄*　**れいぜいためしげ**
元文3(1738)年7月5日～天明2(1782)年9月3日　[別]冷泉為栄(れいぜいためひで)　江戸時代中期の公家(権中納言)。権大納言冷泉宗家の子。
¶公卿, 公家(為栄〔冷泉家(下冷泉)〕　ためひで)

冷泉為成　**れいぜいためしげ**
⇒冷泉為成(れいぜいためなり)

冷泉為相*　**れいぜいためすけ**
弘長3(1263)年～嘉暦3(1328)年7月17日　[別]為相(ためすけ), 藤原為相(ふじわらためすけ, ふじわらのためすけ)　鎌倉時代後期の歌人・公卿(権中納言)。冷泉家の祖。藤原為家の子。
¶公卿, 公家(為相〔冷泉家〕　ためすけ), コン, 詩作, 中世, 日文, 俳文(為相　ためすけ)

冷泉為純*　**れいぜいためずみ**
享禄3(1530)年2月8日～天正6(1578)年4月1日　[別]冷泉為純(れいぜいためあつ)　戦国時代～安土桃山時代の公卿(参議)。非参議冷泉為豊の子。
¶公卿(れいぜいためあつ　[生]享禄4(1531)年), 公家(為純〔冷泉家(下冷泉)〕　ためすみ)

冷泉為恭　**れいぜいためたか**
⇒岡田為恭(おかだためちか)

冷泉為孝*　**れいぜいためたか**
文明7(1475)年～天文12(1543)年2月18日　戦国時代の公卿(権中納言)。権大納言冷泉政為の子。
¶公卿, 公家(為孝〔冷泉家(下冷泉)〕　ためたか)

冷泉為全*　**れいぜいためたけ**
享和2(1802)年5月2日～弘化2(1845)年9月28日

江戸時代後期の公家（参議）。権大納言冷泉為則の子。

¶公卿, 公家（為全〔冷泉家〕　ためたけ）

冷泉為理*　れいぜいためただ
文政7（1824）年〜明治18（1885）年　江戸時代末期〜明治時代の公家。権中納言。即位の詔を宣読する宣命使の役を奉仕。

¶公卿（㋳文政7（1824）年7月1日　㋸明治18（1885）年4月）, 公家（為理〔冷泉家〕　ためただ　㋳文政7（1824）年7月1日　㋸明治18（1885）年4月25日）, 幕末（㋳文政7（1824）年7月1日　㋸明治18（1885）年4月25日）

冷泉為尹　れいぜいためただ
正平16/康安1（1361）年〜応永24（1417）年　㋒冷泉為尹（れいぜいためまさ）　南北朝時代〜室町時代の歌人・公卿（権大納言）。権中納言冷泉為秀の孫。

¶公卿（㋳康安1/正平16（1361）年　㋸応永24（1417）年1月25日）, 公家（為尹〔冷泉家〕　ためまさ　㋸応永24（1417）年1月25日）

冷泉為恭　れいぜいためちか
⇒岡田為恭（おかだためちか）

冷泉為綱*　れいぜいためつな
寛文4（1664）年5月25日〜享保7（1722）年3月6日　江戸時代中期の公家（権中納言）。正四位下・左近衛中将冷泉為清の子。

¶公卿, 公家（為綱〔冷泉家〕　ためつな）

冷泉為経*　れいぜいためつね
承応3（1654）年9月21日〜享保7（1722）年10月4日　江戸時代前期〜中期の公家（権大納言）。権大納言葉室頼業の次男。

¶公卿, 公家（為経〔冷泉家〕〔下冷泉〕　ためつね）

冷泉為富*　れいぜいためとみ
応永32（1425）年〜明応6（1497）年11月20日　室町時代〜戦国時代の公卿（権大納言）。権大納言冷泉為尹の孫。

¶公卿, 公家（為富〔冷泉家〕　ためとみ）

冷泉為豊　れいぜいためとよ
永正1（1504）年〜?　戦国時代の公卿（非参議）。権中納言冷泉為孝の子。

¶公卿, 公家（為豊〔冷泉家〕〔下冷泉〕　ためとよ）

冷泉為成　れいぜいためなり
?〜元徳2（1330）年9月9日　㋒冷泉為成（れいぜいためしげ）　鎌倉時代後期の公卿（非参議）。権中納言冷泉為相の長男。

¶公卿, 公家（為成〔冷泉家〕　ためなり）

冷泉為訓*　れいぜいためのり
明和1（1764）年〜文政10（1827）年4月13日　㋒冷泉為訓（れいぜいためさと）　江戸時代中期〜後期の公家（権大納言）。権中納言風早公雄の次男。

¶公卿, 公家（為訓〔冷泉家〕〔下冷泉〕　ためさと　㋳明和1（1764）年10月19日）

冷泉為則　れいぜいためのり
安永6（1777）年〜嘉永1（1848）年　江戸時代後期の歌人・公家（権大納言）。権大納言冷泉為章の子。

¶公卿（㋳安永6（1777）年10月27日　㋸嘉永1（1848）年7月23日）, 公家（為則〔冷泉家〕　ためのり　㋳安永6（1777）年10月27日　㋸嘉永1（1848）年7月23日）

冷泉為久*　れいぜいためひさ
貞享3（1686）年〜寛保1（1741）年　江戸時代中期の歌人・公家（権中納言）。権中納言冷泉為綱の子。

¶公卿（㋳貞享3（1686）年1月11日　㋸寛保1（1741）年8月29日）, 公家（為久〔冷泉家〕　ためひさ　㋳貞享3（1686）年1月11日　㋸寛保1（1741）年8月29日）

冷泉為栄　れいぜいためひで
⇒冷泉為栄（れいぜいためしげ）

冷泉為秀*　れいぜいためひで
?〜文中1/応安5（1372）年6月11日　南北朝時代の歌人・公卿（権中納言）。権中納言冷泉為相の次男。

¶公卿（㋸応安5/文中1（1372）年6月11日）, 公家（為秀〔冷泉家〕　ためひで　㋸応安5（1372）年6月11日）, 詩作（㋸応安5/文中1（1372）年6月11日）

冷泉為広*　れいぜいためひろ
宝徳2（1450）年〜大永6（1526）年　㋒為広（ためひろ）　戦国時代の歌人・公卿（権大納言）。権大納言冷泉為富の子。

¶公卿（㋸大永6（1526）年7月23日）, 公家（為広〔冷泉家〕　ためひろ　㋸大永6（1526）年7月23日）, 後北（為広〔冷泉〕　ためひろ　㋸大永6（1526）年7月23日）, 俳文（為広　ためひろ　㋸大永6（1526）年7月23日）

冷泉為章　れいぜいためふみ
⇒冷泉為章（れいぜいためあき）

冷泉為尹　れいぜいためまさ
⇒冷泉為尹（れいぜいためただ）

冷泉為益*　れいぜいためます
永正13（1516）年〜元亀1（1570）年　戦国時代の歌人・公卿（権中納言）。権大納言冷泉為和の子。

¶公卿（㋸元亀1（1570）年8月23日）, 公家（為益〔冷泉〕　ためます　㋸元亀1（1570）年8月23日）

冷泉為満*　れいぜいためみつ
永禄2（1559）年〜元和5（1619）年　安土桃山時代〜江戸時代前期の歌人・公家（権大納言）。権中納言冷泉為益の子。

¶公卿（㋳永禄2（1559）年4月25日　㋸元和5（1619）年2月14日）, 公家（為満〔冷泉家〕　ためみつ　㋳永禄2（1559）年4月25日　㋸元和5（1619）年2月14日）

冷泉為村*　れいぜいためむら
正徳2（1712）年〜安永3（1774）年　江戸時代中期の歌人・公家（権大納言）。権大納言冷泉為久の子。

¶公卿（㋳正徳2（1712）年1月28日　㋸安永3（1774）年7月29日）, 公家（為村〔冷泉家〕　ためむら　㋳正徳2（1712）年1月28日　㋸安永3（1774）年7月27日）, コン, 詩作（㋳正徳2（1712）年1月28日　㋸安永3（1774）年7月29日）

冷泉為泰*　れいぜいためやす
享保20（1735）年〜文化13（1816）年　江戸時代中期〜後期の歌人・公家（権大納言）。権大納言冷泉為村の子。

¶公卿（㋳享保20（1735）年12月6日　㋸文化13（1816）年4月7日）, 公家（為泰〔冷泉家〕　ためやす　㋳享保20（1735）年12月6日　㋸文化13（1816）年4月7日）

冷泉為頼*　れいぜいためより
文禄1（1592）年4月18日〜寛永4（1627）年4月26日　江戸時代前期の公家（非参議）。権大納言冷泉為満の子。

¶公卿, 公家（為頼〔冷泉家〕　ためより　㋳天正20（1592）年4月18日）

冷泉経子*　れいぜいつねこ
延宝6（1678）年〜宝暦5（1755）年　江戸時代中期の女性。東山天皇の後宮。

¶天皇（生没年不詳）

冷泉経隆*　れいぜいつねたか
延慶2(1309)年～天授6/康暦2(1380)年　鎌倉時代後期～南北朝時代の公卿(参議)。参議冷泉頼隆の子。
¶公卿([没]康暦2/天授6(1380)年), 公家(経隆〔冷泉家(絶家)2〕　つねたか　[生]?　[没]康暦2(1380)年)

冷泉経頼*　れいぜいつねより
?～永仁1(1293)年8月16日　鎌倉時代後期の公卿(権中納言)。藤原為経の子。
¶公卿, 公家(経頼〔冷泉家(絶家)2〕　つねより)

冷泉天皇*　れいぜいてんのう
天暦4(950)年5月24日～寛弘8(1011)年10月24日　平安時代中期の第63代の天皇(在位967～969)。村上天皇の子。
¶古人, コン, 天皇([生]天暦5(950)年), 山小([生]950年5月24日　[没]1011年10月24日)

冷泉永親*　れいぜいながちか
室町時代の公卿(参議)。権中納言冷泉永基の子。
¶公卿([生]応永26(1419)年　[没]文明5(1473)年10月15日), 公家(永親〔冷泉家(絶家)〕　ながちか　[生]?　[没]文明5(1473)年10月15日)

冷泉永宣*　れいぜいながのぶ
寛正5(1464)年～?　戦国時代の公卿(権中納言)。参議冷泉永親の子。
¶公卿, 公家(永宣〔冷泉家(絶家)〕　ながのぶ)

冷泉永基*　れいぜいながもと
天授3/永和3(1377)年～長禄4(1460)年1月4日　室町時代の公卿(権中納言)。非参議冷泉範定の子。
¶公卿([生]永和3/天授3(1377)年), 公家(永基〔冷泉家(絶家)〕　ながもと)

冷泉宮　れいぜいのみや
⇒頼仁親王(よりひとしんのう)

冷泉範定*　れいぜいのりさだ
生没年不詳　室町時代の公卿(非参議)。藤原範康の子。
¶公卿, 公家(範定〔冷泉家(絶家)〕　のりさだ)

冷泉政為*　れいぜいまさため
文安3(1446)年～大永3(1523)年　[別]下冷泉政為(しもれいぜいまさため)　室町時代～戦国時代の歌人・公卿(権大納言)。権大納言冷泉持為の子。
¶公卿([没]大永3(1523)年9月21日), 公家(政為〔冷泉家(下冷泉)〕　まさため　[生]1445年　[没]大永3(1523)年9月21日)

冷泉宗家*　れいぜいむねいえ
元禄15(1702)年7月23日～明和6(1769)年8月18日　江戸時代中期の公家(権大納言)。権大納言冷泉為経の次男。
¶公卿, 公家(宗家〔冷泉家(下冷泉)〕　むねいえ)

冷泉持為*　れいぜいもちため
応永8(1401)年～享徳3(1454)年　室町時代の歌人・公卿(権大納言)。下冷泉家の祖。権大納言冷泉為尹の次男。
¶公卿([没]享徳3(1454)年9月1日), 公家(持為〔冷泉家(下冷泉)〕　もちため　[没]享徳3(1454)年9月1日)

礼成門院*(1)　れいせいもんいん
嘉元1(1303)年～元弘3/正慶2(1333)年　[別]後京極院(ごきょうごくいん), 西園寺禧子(さいおんじきし, さいおんじよしこ), 藤原禧子(ふじわらきし, ふじわらのきし)　鎌倉時代後期の女性。後醍醐天皇の中宮。
¶女史, 天皇(西園寺禧子　さいおんじきし・よしこ　[生]乾元2(1303)年　[没]元弘3(1333)年), 内乱(藤原禧子　ふじわらのきし　[没]元弘3(1333)年), 室町(西園寺禧子　さいおんじきし　[生]?　[没]元弘3(1333)年)

礼成門院*(2)　れいせいもんいん
慶安3(1650)年～享保10(1725)年　[別]孝子内親王(こうしないしんのう)　江戸時代中期の女性。後光明天皇の第1皇女。
¶天皇(孝子内親王　こうしないしんのう　[生]慶安3(1650)年10月15日　[没]享保10(1725)年6月26日)

冷泉頼定*　れいぜいよりさだ
?～正平1/貞和2(1346)年7月28日　鎌倉時代後期～南北朝時代の公卿(権中納言)。権中納言冷泉経頼の長男。
¶公卿(生没年不詳), 公家(頼定〔冷泉家(絶家)2〕　よりさだ　[没]貞和2(1346)年7月28日)

冷泉頼隆*　れいぜいよりたか
?～元徳1(1329)年　鎌倉時代後期の公卿(参議)。権中納言冷泉経頼の次男。
¶公卿([没]元徳1(1329)年4月13日), 公家(頼隆〔冷泉家(絶家)2〕　よりたか　[没]嘉暦4(1329)年4月13日)

霊仙　れいせん
⇒霊仙(りょうせん)

冷泉雅次郎　れいぜんがじろう
⇒天野御民(あまのみたみ)

冷泉五郎*　れいぜんごろう
天保12(1841)年～慶応1(1865)年　[別]冷泉五郎(れいぜいごろう)　江戸時代末期の長州(萩)藩士。
¶幕末([没]元治2(1865)年2月11日)

冷泉太郎兵衛*　れいぜんたろべえ
文政6(1823)年～慶応1(1865)年　江戸時代末期の長州(萩)藩士。
¶幕末([没]慶応1(1865)年6月18日)

麗仙亭田鶴女　れいせんていたずじょ★
江戸時代後期の女性。狂歌。宇都宮の人。文政3年または同4年序、万歳逢義編、浅草庵市人追悼集『あさくさぐさ』に載る。
¶江表(麗仙亭田鶴女(栃木県))

冷泉増太郎*　れいぜんますたろう
嘉永1(1848)年～?　江戸時代末期の長州(萩)藩士。
¶幕末

麗草　れいそう★
江戸時代後期の女性。漢詩。紀伊郡伏見の人。弘化4年序、友野霞舟編・著『熙朝詩薈』に載る。
¶江表(麗草(京都府))

麗台院　れいだいいん
江戸時代後期の女性。徳川家慶の九女。
¶徳将([生]1836年　[没]1837年)

霊伝　れいでん
⇒義門(ぎもん)

令徳　れいとく
⇒令徳(りょうとく)

霊陽院　れいよういん
⇒足利義昭(あしかがよしあき)

霊陽院殿　れいよういんどの
⇒足利義昭(あしかがよしあき)

れき
江戸時代中期の女性。俳諧。筑前の人。享保10年序、棘亭路圭編『雪薺集』に載る。
¶江表(れき(福岡県))

れき女 れきじょ*
江戸時代後期の女性。和歌。遠江池新田村の丸尾氏の娘。夫婦共に国学者粟田土満門。
¶江表(れき女(静岡県))

礫川* れきせん
寛延1(1748)年～? 江戸時代中期～後期の川柳作者。
¶俳文

礫川亭栄里*(礫川亭永理) れきせんていえいり
[別]鳲鳩斎栄里(しきゅうさいえいり) 江戸時代中期の浮世絵師。
¶浮絵(礫川亭永理 [生]宝暦9(1759)年 [没]?)

礫川亭素濴 れきせんていそりん
江戸時代後期の画家。
¶浮絵(生没年不詳)

れつ(1)
江戸時代中期の女性。俳諧。伊豆古田の人。明和8年刊、六花庵乙児編『伊豆十二歌仙附録』に載る。
¶江表(れつ(静岡県))

れつ(2)
江戸時代後期の女性。俳諧。越後小国町の人。文政3年無為窟素仙撰、宝光寺観音堂掲額に載る。
¶江表(れつ(新潟県))

列・烈 れつ*
江戸時代末期～明治時代の女性。和歌。木曽福島代官山村甚兵衛の養女。
¶江表(列・烈(長野県) [没]明治14(1881)年)

礼都子 れつこ*
江戸時代末期の女性。和歌。勤皇家倉沢甚五兵衛の妻。平田篤胤の門人録「気吹舎国分門人姓名録」に慶応2年入門とある。
¶江表(礼都子(長野県))

烈女 れつじょ
⇒服部烈(はっとりれつ)

れん(1)
江戸時代中期の女性。俳諧。能登谷屋の人。天明3年刊、河合風逸編、河合見風追善集『白達摩』に載る。
¶江表(れん(石川県))

れん(2)
江戸時代中期の女性。俳諧。豊後の人。享保10年序、棘亭路圭編『雪薺集』に載る。
¶江表(れん(大分県))

漣 れん*
江戸時代前期の女性。俳諧。歌人で俳人の和学者北村季吟の孫。貞享3年刊、江左尚白編『三年丙寅歳旦帖』に載る。
¶江表(漣(京都府))

蓮 れん*
江戸時代後期の女性。俳諧。京都の人。寛政2年俳人菊舎の餞別に吟じている。
¶江表(蓮(京都府))

連 れん*
江戸時代中期の女性。俳諧。公卿小倉実起の娘。元禄4年刊、児玉好春編『新花鳥』に載る。
¶江表(連(京都府))

蓮阿* れんあ
生没年不詳 鎌倉時代前期の歌人。伊勢内宮権禰宜。
¶古人

蓮胤 れんいん
⇒鴨長明(かものちょうめい)

連歌尼 れんがあま
平安時代後期～鎌倉時代前期の連歌作者。春花門院弁で、藤原信実の妹か。
¶俳文([生]文治3(1187)年 [没]寛喜2(1230)年4月15日)

蓮覚院 れんかくいん
安土桃山時代の女性。北条氏勝の正室。上田朝直の娘。
¶後北(蓮覚院〔北条〕 [生]永禄4年 [没]文禄3年10月27日)

廉義公 れんぎこう
⇒藤原頼忠(ふじわらのよりただ)

蓮華院 れんげいん
⇒お梅の方(おうめのかた)

蓮月 れんげつ
⇒大田垣蓮月(おおたがきれんげつ)

蓮月尼 れんげつに
⇒大田垣蓮月(おおたがきれんげつ)

蓮顕 れんけん
平安時代後期～鎌倉時代前期の醍醐寺釈迦堂阿闍梨。
¶密教([生]1175年以前 [没]1216年以後)

簾子(1) れんこ
江戸時代後期～明治時代の女性。和歌。石見浜田藩主松平康任の娘。
¶江表(簾子(福井県) [生]享和2(1802)年 [没]明治17(1884)年)

簾子(2) れんこ
江戸時代後期の女性。和歌・画。丹波園部藩主小出英常の娘。筑後柳川藩主立花鑑門の後妻となる。
¶江表(簾子(福岡県))

連子 れんこ*
江戸時代末期の女性。書簡。上総夷隅郡部原村の名主江沢講修の妻。
¶江表(連子(千葉県))

蓮光* れんこう
生没年不詳 平安時代後期の天台宗の僧。紺紙金銀交書一切経の書写の責任者。
¶古人([生]? [没]1155年)

蓮光院 れんこういん
⇒お知保の方(おちおのかた)

蓮光院お知保 れんこういんおちほ
⇒お知保の方(おちおのかた)

蓮谷* れんこく
生没年不詳 江戸時代中期の俳人。
¶俳文

れ

連山の母　**れんざんのはは★**
江戸時代中期の女性。俳諧。山鹿の俳人中村嘯風亭連山の母。明和3年の「蛍塚集」に載る。
¶江表（連山の母（熊本県））

蓮志　**れんし★**
江戸時代後期の女性。俳諧。越前福井の人。天明8年刊、白鶴楼紅楓編『そのかげ集』に載る。
¶江表（蓮志（福井県））

蓮糸(1)　**れんし★**
江戸時代中期の女性。俳諧。前橋の人。明和4年刊、建部綾足編『片歌旧宜集』に載る。
¶江表（蓮糸（群馬県））

蓮糸(2)　**れんし★**
江戸時代後期の女性。俳諧。武蔵保土ヶ谷の俳人。文化2年刊、花城編、咫尺斎寥和追善集『復古集』に載る。
¶江表（蓮糸（神奈川県））

蓮糸女　**れんしじょ★**
江戸時代末期～明治時代の女性。俳諧。明治11年、佐藤採花女編『無絃琴』に載る。
¶江表（蓮糸女（長野県））

蓮糸尼　**れんしに★**
江戸時代後期の女性。俳諧。遠江浜松の人。寛政3年刊、牡丹庵阿人・鳥過庵千布編『雪幸集』に載る。
¶江表（蓮糸尼（静岡県））

蓮宿　**れんしゅく★**
江戸時代中期の女性。俳諧。風窓湖十の妻。
¶江表（蓮宿（東京都）　[没]天明1（1781）年）

れん女(1)　**れんじょ★**
江戸時代中期の女性。俳諧・和歌。幕府御用鋳物師で、江戸座の俳人慶紀逸の妻。宝暦10年刊、紀逸著『黄昏日記』に載る。
¶江表（れん女（東京都））

れん女(2)　**れんじょ★**
江戸時代中期の女性。俳諧。戸倉の人。安永2年序、秋毫亭其明編『俤表紙』に載る。
¶江表（れん女（長野県））

廉女　**れんじょ★**
江戸時代末期の女性。和歌。尾張名古屋の浅野氏。安政4年刊、富樫広蔭編『千百人一首』上に載る。
¶江表（廉女（愛知県））

蓮女(1)　**れんじょ★**
江戸時代前期～中期の女性。散文。五代将軍徳川綱吉の側室瑞春院付の奥女中か。
¶江表（蓮女（東京都））

蓮女(2)　**れんじょ★**
江戸時代後期の女性。俳諧。魚津の人。天保5年刊、高岡の真葛坊編『己之中集』に載る。
¶江表（蓮女（富山県））

連ん女　**れんじょ★**
江戸時代後期の女性。狂歌。天保年間刊『秋葉山奉灯狂歌合』の六朶園二葉・玉楼の遊女小式部ほか撰、花の部に載る。
¶江表（連ん女（東京都））

連女(1)　**れんじょ★**
江戸時代の女性。和歌・散文。鈴木高朗の妻。「片玉集」前集巻三七などに載る。
¶江表（連女（東京都））

連女(2)　**れんじょ★**
江戸時代後期の女性。俳諧。東山町松川の人。文化期頃の人。
¶江表（連女（岩手県））

連女(3)　**れんじょ★**
江戸時代後期の女性。和歌。菅沼大蔵家の奥女中。文化11年刊、中山忠雄・河田正致編『柿本社奉納和歌集』に載る。
¶江表（連女（東京都））

連女(4)　**れんじょ★**
江戸時代後期の女性。狂歌。持田氏の母。天保4年刊、黒川春村編『草庵五百人一首』に載る。
¶江表（連女（埼玉県））

憐昭＊　**れんしょう**
生没年不詳　平安時代前期の天台宗の僧。
¶古人，古代

蓮照＊（蓮昭）　**れんしょう**
＊～永承3（1048）年　平安時代中期の天台宗の僧。
¶古人（蓮昭　[生]988年）

蓮生　**れんしょう**
⇒宇都宮頼綱（うつのみやよりつな）

蓮上＊　**れんじょう**
長寛2（1164）年～？　平安時代後期～鎌倉時代前期の神職。荒木田成長の子。
¶古人

蓮浄　**れんじょう**
平安時代後期の後白河院近臣。
¶平家（生没年不詳）

蓮生　**れんじょう**
⇒熊谷直実（くまがいなおざね）

連城(1)　**れんじょう★**
江戸時代中期の女性。俳諧。下総燕里の人。明和7年刊、松風庵玉斧編『初霞』に載る。
¶江表（連城（千葉県））

連城(2)　**れんじょう★**
江戸時代後期の女性。書。三河藤川の人。享和3年刊、大須賀鬼卵著『東海道人物志』に載る。
¶江表（連城（愛知県））

蓮乗院　**れんじょういん★**
江戸時代後期の女性。日記・和歌・書・書簡。京都の武士外山式部少輔光時の娘。
¶江表（蓮乗院（長崎県）　[没]文化10（1813）年）

蓮浄院　**れんじょういん**
⇒お須免の方（おすめのかた）

蓮生　**れんせい**
⇒熊谷直実（くまがいなおざね）

蓮性院　**れんせいいん★**
江戸時代中期～末期の女性。和歌・工芸。御三卿の1つ徳川治済の娘。
¶江表（蓮性院（熊本県）　[生]天保5（1785）年　[没]文久1（1861）年）

連世子　**れんせいし★**
江戸時代中期の女性。和歌。三河刈谷藩主土井利信の室久米子の侍女。宝暦12年刊、村上影面編『続采藻編』に載る。

¶江表（連世子（愛知県））

練石　れんせき
⇒福田練石（ふくだれんせき）

蓮禅*　れんぜん
生没年不詳　平安時代後期の漢詩人。「三外往生記」の作者。
¶古人（㊤1084年？　㊦？），日文

蓮崇　れんそう
⇒下間蓮崇（しもつまれんそう）

蓮待*　れんたい
長和2（1013）年～承徳2（1098）年　平安時代中期～後期の真言宗の僧。高野聖の先駆け。
¶コン

蓮台寺憎正　れんだいじのそうじょう
⇒寛空（かんくう）

蓮台僧正　れんたいそうじょう
⇒寛空（かんくう）

蓮智坊　れんちぼう
⇒佐渡島長五郎〔1代〕（さどしまちょうごろう）

蓮仲*　れんちゅう
生没年不詳　平安時代中期の天台宗の僧・歌人。
¶古人

廉貞院　れんていいん
江戸時代前期の女性。徳川家光の養女。
¶徳将（㊤1618年　㊦1671年）

蓮如*　れんにょ
応永22（1415）年～明応8（1499）年　㊑慧灯大師（えとうだいし），兼寿（けんじゅ），信証院（しんしょういん）　室町時代～戦国時代の浄土真宗の僧。本願寺第8世宗主。本願寺中興の祖。
¶コン，思想，中世，室町，山小（㊤1415年2月25日　㊦1499年3月25日）

連敏*　れんびん
生没年不詳　平安時代中期の僧侶・歌人。
¶古人

蓮妙*　れんみょう
生没年不詳　鎌倉時代後期の仏師。
¶美建

蓮茂*　れんも
生没年不詳　平安時代中期の僧。
¶古人

蓮譽　れんよ
平安時代中期の仏師。
¶古人（生没年不詳）

蓮容院　れんよういん★
江戸時代後期の女性。和歌。長門長州藩10代藩主毛利斉熙の娘。
¶江表（蓮容院（山口県）　㊤享和4（1804）年　㊦天保9（1838）年）

蓮葉院　れんよういん
⇒西郡の方（にしごおりのかた）

蓮養坊*　れんようぼう
生没年不詳　安土桃山時代の織田信長の家臣。
¶織田

漣々（──〔1代〕）　れんれん
⇒大久保漣々（おおくぼれんれん）

【ろ】

驢一　ろいち
江戸時代後期～明治時代の俳諧作者。
¶俳文（㊤文化7（1810）年　㊦明治7（1874）年9月17日）

弄花　ろうか
江戸時代中期～後期の女性。俳諧・旅日記。備前岡山の長谷庄七郎の娘。
¶江表（弄花（岡山県）　㊤宝暦6（1756）年　㊦文政12（1829）年）

朗花　ろうか★
江戸時代後期の女性。俳諧。天保12年刊、万頃園麦太編、十方庵画山の追善句集『仰魂集』に載る。
¶江表（朗花（佐賀県））

浪化*　ろうか
寛文11（1671）年12月17日～元禄16（1703）年10月9日　㊑常照（じょうしょう）　江戸時代中期の僧、俳人。松尾芭蕉の門下。
¶コン，俳文

浪兮*　ろうけい
天保6（1835）年～元治1（1864）年　㊑浪兮女（ろうけいじょ）　江戸時代末期の女性。俳人。
¶江表（浪兮女（岩手県）），俳文（浪兮女　ろうけいじょ　㊤天保4（1833）年　㊦元治1（1864）年10月16日）

浪兮女　ろうけいじょ
⇒浪兮（ろうけい）

籠口　ろうこう★
江戸時代中期の女性。俳諧。榎本其角門。宝永4年刊、貴志沾洲らが編んだ『類柑子』に載る。
¶江表（籠口（東京都））

老女　ろうじょ★
江戸時代後期の女性。俳諧。深浦の人。文政6年写、角田其友編『古今俳諧合浦明玉集』に載る。
¶江表（老女（青森県））

弄松閣只丸　ろうしょうかくしがん
⇒只丸（しがん）

六条季光　ろうじょうすえみつ
⇒六条季光（ろくじょうすえみつ）

老石　ろうせき★
江戸時代中期の女性。俳諧。奈良の人。元禄10年刊、石岡玄海編『鳥の道』に載る。
¶江表（老石（奈良県））

朗善*　ろうぜん
生没年不詳　平安時代前期の天台宗の僧。
¶古人

楼川，楼川〔1代〕　ろうせん
⇒谷口楼川（たにぐちろうせん）

楼川〔2代〕　ろうせん
江戸時代後期の俳諧師。米氏。
¶俳文（──〔2世〕　生没年不詳）

朗澄＊　ろうちょう
天承1（1131）年～承元2（1208）年5月14日　平安時代後期～鎌倉時代前期の真言宗の僧。
¶古人，密教（㊤1132年　㊦1208・9年5月14日）

老蝶　ろうちょう★
江戸時代後期の女性。俳諧。越前乙坂の人。文化15年不断斎令羽編「祝晨」に載る。
¶江表（老蝶（福井県））

廊御方＊（1）　ろうのおんかた
生没年不詳　平安時代後期の女性。平清盛の八女。
¶古人，平家

廊御方＊（2）　ろうのおんかた
生没年不詳　平安時代後期の女性。権中納言藤原通季の娘。
¶古人

良敏＊　ろうびん
？～天平10（738）年　奈良時代の興福寺の僧。
¶古人，古代

良弁＊　ろうべん
持統天皇3（689）年～宝亀4（773）年　㊞良弁（りょうべん）　飛鳥時代～奈良時代の僧。東大寺創建の中心人物。
¶古人，古代，コン（㊤持統3（689）年），山小（㊦773年閏11月16日）

ろ

老楽　ろうらく★
江戸時代の女性。俳諧。上都賀郡清洲の人。明治27年刊、土屋麓編『下野友かき』に載る。
¶江表（老楽（栃木県））

露英　ろえい★
江戸時代後期の女性。俳諧。文化15年刊、多賀庵四世筵史編『夢のあした』に載る。
¶江表（露英（広島県））

芦燕　ろえん
⇒片岡仁左衛門〔8代〕（かたおかにざえもん）

芦角＊　ろかく
生没年不詳　江戸時代前期～中期の俳人。
¶俳文

魯岳　ろがく
⇒古屋太郎兵衛（ふるやたろうべえ）

呂丸＊　ろがん
？～元禄6（1693）年　㊞図司呂丸（ずしろがん）　江戸時代前期の俳人。
¶俳文（㊦元禄6（1693）年2月2日）

呂丸の妻　ろがんのつま★
江戸時代中期の女性。俳諧。庄内蕉風の先駆者図司呂丸の妻。元禄2年、芭蕉が庄内を訪れた時、接待役を務め、以後芭門となる。
¶江表（呂丸の妻（山形県））

露菊　ろきく★
江戸時代中期の女性。俳諧。豊前四日市の渡辺氏。「つくしの旅二」に天明6年田上菊舎と高木百茶坊が九州に吟行した際、自宅に招き連吟をしたことが載る。
¶江表（露菊（大分県））

魯九　ろきゅう
⇒堀部魯九（ほりべろきゅう）

鷺喬＊　ろきょう
生没年不詳　江戸時代中期の俳人。
¶俳文

路暁　ろきょう
⇒山下金作〔5代〕（やましたきんさく）

路暁　ろぎょう
⇒瀬川菊之丞〔4代〕（せがわきくのじょう）

ろく（1）
江戸時代中期の女性。俳諧。下戸倉の名主で酒造家の俳人坂井鳥奴の二女。天明4年刊、白雄編『春秋稿』四に載る。
¶江表（ろく（長野県））

ろく（2）
江戸時代中期の女性。俳諧。戸倉に住む加舎白雄門の欄二の娘。天明4年刊、白雄編『春秋稿』四に載る。
¶江表（ろく（長野県））

ろく（3）
江戸時代後期の女性。俳諧。越前亀山の人。弘化2年大野吟社三代修竹園退鳳編「春興」に載る。
¶江表（ろく（福井県））

六　ろく★
江戸時代前期の女性。俳諧。大沢常夢の娘。明暦2年刊、貞室編『玉海集』に載る。
¶江表（六（京都府））

六右衛門（1）　ろくえもん
安土桃山時代の皮革職人頭。長吏を称す。
¶武田（生没年不詳）

六右衛門（2）　ろくえもん
安土桃山時代の信濃国筑摩郡永井の人。
¶武田（生没年不詳）

鹿苑院　ろくおんいん
⇒足利義満（あしかがよしみつ）

鹿苑院殿　ろくおんいんどの
⇒足利義満（あしかがよしみつ）

六川長三郎＊　ろくがわちょうさぶろう，ろくがわちょうざぶろう
天正7（1579）年～寛文11（1671）年　江戸時代前期の治水家。
¶コン

六枳　ろくき
⇒大谷六枳（おおたにりっき）

禄行三志　ろくぎょうさんし
⇒小谷三志（こだにさんし）

録子　ろくこ★
江戸時代末期の女性。和歌。徳島藩の奥女中。安政3年序、江戸の国学者で歌人井上文雄編『摘英集』に載る。
¶江表（録子（徳島県））

六郷新三郎〔1代〕＊（六合新三郎〔1代〕）　ろくごうしんざぶろう
生没年不詳　㊞宇野長斎（うのちょうさい），宇野長七（うのちょうしち）　江戸時代中期の長唄囃子方。
¶コン（宇野長斎　うのちょうさい）

六郷新三郎〔2代〕＊　ろくごうしんざぶろう
寛保2（1742）年～天保5（1834）年　㊞猿若山左衛

門〔4代〕(さるわかさんざえもん)　江戸時代後期の長唄囃子方。中村座の頭取。
¶コン

六郷新三郎〔4代〕*　ろくごうしんざぶろう
？～嘉永3(1850)年　江戸時代後期の長唄囃子方。
¶コン

六郷殿*　ろくごうどの
生没年不詳　戦国時代の北条氏の家臣。
¶後北(某〔六郷〕　なにがし)

六郷政鑑*　ろくごうまさあきら
嘉永1(1848)年～明治40(1907)年　[別]六郷政鑑(ろくごうまさかね)　江戸時代末期～明治時代の本荘藩主。戊辰戦争の際、奥羽列藩同盟に参加するが、のち離脱。
¶全幕(ろくごうまさかね),幕末(ろくごうまさかね　[生]嘉永1(1848)年10月3日　[没]明治40(1907)年7月23日)

六郷政鑑　ろくごうまさかね
⇒六郷政鑑(ろくごうまさあきら)

六郷政乗*　ろくごうまさのり
永禄10(1567)年～寛永11(1634)年　[別]二階堂長五郎(にかいどうちょうごろう)　安土桃山時代～江戸時代前期の大名。出羽本荘藩主、常陸府中藩主。
¶全戦

六枳　ろくし
⇒大谷六枳(おおたにりっき)

六島守勝　ろくしまもりかつ
戦国時代の鉄砲衆。
¶武田(生没年不詳)

六樹園　ろくじゅえん
⇒石川雅望(いしかわまさもち)

六女　ろくじょ★
江戸時代中期の女性。俳諧。尾張の俳人で蕉門の沢露川の親類。寛延2年序、馬州編、露川七回忌追善集『和須連寿』に載る。
¶江表(六女(愛知県))

六条*(1)　ろくじょう
生没年不詳　平安時代後期の女性。藤原成経の乳母。
¶古人,平家

六条(2)　ろくじょう
平安時代後期の女性。平通盛の乳母。
¶平家(生没年不詳)

六条顕季　ろくじょうあきすえ
⇒藤原顕季(ふじわらのあきすえ)

六条顕輔　ろくじょうあきすけ
⇒藤原顕輔(ふじわらのあきすけ)

六条有言　ろくじょうありあや
⇒六条有言(ろくじょうありこと)

六条有家*　ろくじょうありいえ
明和7(1770)年3月30日～文化12(1815)年8月6日　江戸時代後期の公家(参議)。権大納言六条有栄の四男。
¶公卿,公家(有家〔六条家〕　ありいえ)

六条有起*　ろくじょうありおき
元禄14(1701)年11月23日～安永7(1778)年9月9日　江戸時代中期の公家(権中納言)。権中納言六条有藤の子。
¶公卿,公家(有起〔六条家〕　ありおき)

六条有容*　ろくじょうありおさ
文化11(1814)年～明治23(1890)年　江戸時代末期～明治時代の公家。権中納言。条約幕府委任反対の八十八卿列参に参加。維新後宮内大丞。
¶公卿([生]文化11(1814)年4月10日　[没]明治23(1890)年3月),公家(有容〔六条家〕　ありおさ　[生]文化11(1814)年4月10日　[没]明治23(1890)年3月19日),幕末([生]文化11(1814)年4月10日　[没]明治23(1890)年3月19日)

六条有和*　ろくじょうありかず
元和9(1623)年11月14日～貞享3(1686)年閏3月23日　江戸時代前期の公家(権中納言)。参議六条有純の子。
¶公卿,公家(有和〔六条家〕　ありかず)

六条有言*　ろくじょうありこと
寛政3(1791)年7月4日～弘化3(1846)年2月19日　[別]六条有言(ろくじょうありあや)　江戸時代後期の公家(参議)。権大納言久世通根の次男。
¶公卿,公家(有言〔六条家〕　ありあや)

六条有定*　ろくじょうありさだ
元中2/至徳2(1385)年～文安5(1448)年　室町時代の公卿(権大納言)。権中納言六条有光の孫。
¶公卿([生]至徳2/元中2(1385)年　[没]文安5(1448)年10月18日),公家(有定〔六条家〕　ありさだ　[没]文安5(1448)年10月18日)

六条有栄*　ろくじょうありしげ
享保12(1727)年9月12日～天明7(1787)年6月9日　江戸時代中期の公家(権大納言)。権中納言六条有藤の末子。
¶公卿,公家(有栄〔六条家〕　ありひで)

六条有純*　ろくじょうありすみ
慶長9(1604)年～正保1(1644)年7月13日　江戸時代前期の公家(参議)。権中納言六条有広の子。
¶公卿,公家(有純〔六条家〕　ありすみ　[没]寛永21(1644)年7月13日)

六条有忠*　ろくじょうありただ
弘安4(1281)年～暦応1/延元3(1339)年　鎌倉時代後期～南北朝時代の公卿(権中納言)。内大臣六条有房の長男。
¶公卿([没]暦応1/延元3(1338)年12月27日),公家(有忠〔六条家〕　ありただ　[没]暦応1(1338)年12月17日)

六条有継*　ろくじょうありつぐ
永享5(1433)年～永正9(1512)年　室町時代～戦国時代の公卿(権中納言)。権大納言千種具定の子。
¶公卿,公家(有継〔六条家〕　ありつぐ　[生]1435年)

六条有庸*　ろくじょうありつね
宝暦2(1752)年10月5日～文政12(1829)年3月23日　[別]六条有庸(ろくじょうありもち)　江戸時代中期～後期の公家(権大納言)。権大納言六条有栄の子。
¶公卿,公家(有庸〔六条家〕　ありつね)

六条有弘*(六条有広)　ろくじょうありひろ
永禄7(1564)年～元和2(1616)年5月19日　安土桃山時代～江戸時代前期の公家(権中納言)。権中納言六条有継の子。
¶公卿(六条有広),公家(有広〔六条家〕　ありひろ)

六条有房*　ろくじょうありふさ
建長3(1251)年～元応1(1319)年7月2日　[別]千種有房(ちくさありふさ,ちぐさありふさ)　鎌倉時

ろ

代後期の歌人・公卿（内大臣）。六条家の祖。正四位下・左少将久我通有の子。
¶公卿, 公家（有房〔六条家〕　ありふさ）

六条有藤* 　ろくじょうありふじ
寛文12（1672）年〜享保14（1729）年　江戸時代中期の歌人・公家（権中納言）。権中納言六条有和の三男。
¶公卿（[生]寛文12（1672）年7月2日　[没]享保14（1729）年閏9月14日）, 公家（有藤〔六条家〕　ありふじ　[生]寛文12（1672）年7月2日　[没]享保14（1729）年閏9月14日）

六条有光* 　ろくじょうありみつ
延慶3（1310）年〜正平12/延文2（1357）年4月　鎌倉時代後期〜南北朝時代の公卿（権中納言）。権中納言六条有忠の子。
¶公卿（[没]？）, 公家（有光〔六条家〕　ありみつ　[没]？）

六条有庸　ろくじょうありもち
⇒六条有庸（ろくじょうありつね）

六条有義* 　ろくじょうありよし
天保1（1830）年〜明治36（1903）年　江戸時代末期〜明治時代の公家。条約幕府委任反対の八十八卿列参に参加。維新後宮内省出仕。
¶幕末（[生]文政13（1830）年10月24日　[没]明治36（1903）年4月）

六条院　ろくじょういん
⇒郁芳門院（いくほうもんいん）

六条院宣旨* 　ろくじょういんのせんじ
生没年不詳　[別]宣旨（せんじ）　平安時代後期の女房・歌人。
¶古人（宣旨　せんじ）

六条斎院　ろくじょうさいいん
⇒禖子内親王（ばいしないしんのう）

六条斎院宣旨　ろくじょうさいいんせんじ
⇒六条斎院宣旨（ろくじょうさいいんのせんじ）

六条斎院宣旨* 　ろくじょうさいいんのせんじ
？〜寛治6（1092）年　[別]宣旨（せんじ），六条斎院宣旨（ろくじょうさいいんせんじ）　平安時代中期〜後期の女流歌人。
¶古人（宣旨　せんじ）, 女文（ろくじょうさいいんせんじ　[没]寛治6（1092）年2月）

六条季光* 　ろくじょうすえみつ
生没年不詳　[別]六条季光（ろうじょうすえみつ）　鎌倉時代後期〜南北朝時代の公卿（非参議）。内大臣六条有房の三男。
¶公卿, 公家（季光〔六条家〕　すえみつ）

六条天皇* 　ろくじょうてんのう
長寛2（1164）年〜安元2（1176）年　平安時代後期の第79代の天皇（在位1165〜1168）。二条天皇の皇子。2歳で即位。
¶古人, コン, 天皇（[生]長寛2（1164）年11月14日　[没]安元2（1176）年7月17日）, 内乱, 平家, 山小（[生]1164年11月14日　[没]1176年7月17日）

六条知家　ろくじょうともいえ
⇒藤原知家（ふじわらのともいえ）

六条宮　ろくじょうのみや
⇒雅成親王（まさなりしんのう）

六条御息所* 　ろくじょうのみやすどころ
「源氏物語」の登場人物。
¶コン

六孫王　ろくそんおう
⇒源経基（みなもとのつねもと）

六孫王経基　ろくそんのうつねもと
⇒源経基（みなもとのつねもと）

六代　ろくだい
⇒平六代（たいらのろくだい）

六代御前　ろくだいごぜん
⇒平六代（たいらのろくだい）

六段主見　ろくだんしゅけん
江戸時代中期の眼科医。
¶眼医（生没年不詳）

六如　ろくにょ
⇒六如（りくにょ）

角兄麻呂* 　ろくのえまろ
生没年不詳　[別]角兄麻呂（つぬのえまろ）　奈良時代の歌人、官人、陰陽師。
¶古人（つぬのえまろ）, コン

六の宮姫君* 　ろくのみやのひめぎみ
「今昔物語集」に登場する姫。
¶コン

六物空満* 　ろくぶつくうまん
享和1（1801）年〜安政6（1859）年　江戸時代末期の武士。大覚寺門跡家臣。
¶コン

六林　ろくりん
⇒堀田六林（ほったろくりん）

六郎右衛門(1)　ろくろうえもん
安土桃山時代の信濃国安曇郡の土豪。仁科氏の被官とみられる。
¶武田（生没年不詳）

六郎右衛門(2)　ろくろうえもん
安土桃山時代の信濃国筑摩郡小芹・大久保・花見の土豪。塔原海野氏の被官とみられる。
¶武田（生没年不詳）

六郎左衛門(1)　ろくろうざえもん
安土桃山時代の信濃国筑摩郡会田の土豪。会田岩下氏の被官とみられる。
¶武田（生没年不詳）

六郎左衛門(2)　ろくろうざえもん
安土桃山時代の信濃国筑摩郡会田の土豪。会田岩下氏の被官とみられる。
¶武田（生没年不詳）

露敬　ろけい★
江戸時代後期の女性。俳諧。田中村の人。寛政3年刊、平橋庵敲氷編『亭主ぶり』に載る。
¶江表（露敬（山梨県））

露月(1)　ろげつ★
江戸時代後期の女性。和歌。橘幸右衛門の娘。文化11年刊、中山忠雄・河田正致編『柿本社奉納和歌集』に載る。
¶江表（露月（東京都））

露月(2)　ろげつ
⇒豊島露月（とよしまろげつ）

露月尼　ろげつに★
江戸時代末期の女性。和歌。福間氏。万延1年、

佐々木敏雄編「花勝間」に載る。
¶江表(露月尼(山口県))

路健* ろけん
江戸時代中期の俳人(蕉門)。
¶俳文(生没年不詳)

露言 ろげん
⇒福田露言〔1代〕(ふくだろげん)

盧元坊(廬元坊) ろげんぼう
⇒仙石盧元坊(せんごくろげんぼう)

芦江(1) ろこう★
江戸時代中期の女性。俳諧。石見浜田の梶川芦律の妻。安永2年刊、大石蜓鼓編『松の花集』に載る。
¶江表(芦江(島根県))

芦江(2) ろこう★
江戸時代後期の女性。俳諧。美濃上有知の人。文化6年序、五十嵐梅夫編『草神楽』に載る。
¶江表(芦江(岐阜県))

芦江(3) ろこう
江戸時代末期の女性。俳諧。加賀の人。文久3年刊、桂香園梅村序『積れかし』に載る。
¶江表(芦江(石川県))

呂蛤* ろこう
江戸時代の俳人。
¶俳文(生没年不詳)

路紅 ろこう★
江戸時代中期の女性。俳諧。松山の俳人小倉志山の娘。安永4年刊、小西帯河ほか編『俳諧ふたつ笠』に載る。
¶江表(路紅(愛媛県))

路考(1) ろこう
⇒瀬川菊之丞〔1代〕(せがわきくのじょう)

路考(2) ろこう
⇒瀬川菊之丞〔2代〕(せがわきくのじょう)

路考(3) ろこう
⇒瀬川菊之丞〔3代〕(せがわきくのじょう)

路考(4) ろこう
⇒瀬川菊之丞〔4代〕(せがわきくのじょう)

路考(5) ろこう
⇒瀬川菊之丞〔5代〕(せがわきくのじょう)

露孝 ろこう★
江戸時代後期の女性。俳諧。松山の人。享和2年序、桑村郡の俳人一得斎埋蛇編『俳諧友千鳥』に載る。
¶江表(露孝(愛媛県))

露紅(1) ろこう★
江戸時代後期の女性。俳諧。長門長府の人。寛政2年、田上菊舎が38歳の時の上洛の俳諧記録「首途」に載る。
¶江表(露紅(山口県))

露紅(2) ろこう★
江戸時代後期の女性。俳諧。田代の人。文政2年序、曙の梅調編『牛あらひ集』に載る。
¶江表(露紅(佐賀県))

露香 ろこう
⇒平瀬亀之輔(ひらせかめのすけ)

露色 ろしき★
江戸時代中期の女性。俳諧。尾張名古屋の人。元文2年刊、各務支考七回忌追善集『渭江話』に載る。
¶江表(露色(愛知県))

路若(1) ろじゃく★
江戸時代後期の女性。俳諧。大川氏。文化9年刊『何袋』にも載る。
¶江表(路若(東京都))

路若(2) ろじゃく★
江戸時代後期の女性。俳諧。武蔵の人。文化9年刊、今日庵一峨編『何袋』に載る。
¶江表(路若(埼玉県))

芦秀 ろしゅう★
江戸時代後期の女性。俳諧。越前府中の人。弘化5年桂花坊不妖編「歳旦帖」に載る。
¶江表(芦秀(福井県))

路舟 ろしゅう
⇒助高屋高助〔2代〕(すけたかやたかすけ)

露秋 ろしゅう★
江戸時代末期～明治時代の女性。和歌。長門長州藩藩士井上盛澄の妻。
¶江表(露秋(山口県) [没]明治7(1874)年)

鷺十* ろじゅう
正徳5(1715)年～寛政2(1790)年 [別]真照寺鷺十(しんしょうじろじゅう) 江戸時代中期の丹後橋立真照寺の僧、俳人。
¶俳文([没]寛政2(1790)年10月)

露十* ろじゅう
生没年不詳 江戸時代中期の俳人。
¶俳文

鷺洲の妻 ろしゅうのつま★
江戸時代中期の女性。俳諧。武蔵神奈川宿の俳人。安永8年刊、万葉庵潮花楼社中撰、歳旦歳暮帖『金川文藻』に載る。
¶江表(鷺洲の妻(神奈川県))

露宿尼 ろしゅくに★
江戸時代後期の女性。俳諧。安芸広島藩士篠田侘三郎の祖母。文化13年刊、多賀庵四世筵史編「歳旦」に載る。
¶江表(露宿尼(広島県))

鷺水 ろすい
⇒青木鷺水(あおきろすい)

路青* ろせい
江戸時代中期の俳人。
¶俳文(生没年不詳)

魯石* ろせき
生没年不詳 江戸時代中期の俳人。
¶俳文

蘆雪 ろせつ
⇒長沢蘆雪(ながさわろせつ)

蘆雪尼 ろせつに★
江戸時代末期の女性。和歌。清水氏。安政7年跋、蜂屋光世編『大江戸倭歌集』に載る。
¶江表(蘆雪尼(東京都))

魯仙 ろせん
⇒平尾魯仙(ひらおろせん)

ろ

路仙　ろせん
⇒瀬川菊之丞〔5代〕(せがわきくのじょう)

露川*　ろせん
寛文1(1661)年～寛保3(1743)年　[別]沢露川(さわろせん), 藤屋露川(ふじやろせん)　江戸時代中期の俳人。芭蕉門下、「流川集」を刊行。
¶コン(藤屋露川　ふじやろせん), 俳文([没]寛保3(1743)年8月23日)

露沾*　ろせん
明暦1(1655)年～享保18(1733)年　[別]内藤義英(ないとうよしひで), 内藤露沾(ないとうろせん)　江戸時代前期～中期の俳人。磐城平藩主内藤風虎の次男。
¶江人, コン(内藤露沾　ないとうろせん), 俳文([生]明暦1(1655)年5月1日　[没]享保18(1733)年9月14日)

廬草拙*(盧草拙, 盧艸拙)　ろそうせつ
延宝3(1675)年4月27日～享保14(1729)年　江戸時代中期の天文学者。鎖国時代の本草学の祖。
¶科学([没]享保14(1729)年9月9日), コン(盧艸拙)

露竹　ろちく★
江戸時代中期の女性。俳諧。長沼の人。安永3年の似鳩編の最初の歳旦帖『麓の塵』に載る。
¶江表(露竹(群馬県))

ろ

魯町　ろちょう
⇒向井魯町(むかいろちょう)

魯蝶　ろちょう★
江戸時代後期の女性。俳諧。久万山の人。享和2年序、桑村郡の俳人一得斎埋蛇編『俳諧友千鳥』に載る。
¶江表(魯蝶(愛媛県))

路蝶　ろちょう★
江戸時代後期の女性。俳諧。越前野田の人。天保9年刊、移水園五圭編『不易集』に載る。
¶江表(路蝶(福井県))

露蝶　ろちょう★
江戸時代中期の女性。俳諧。宝暦13年刊、建部綾足編『古今俳諧明題集』に載る。
¶江表(露蝶(東京都))

路通*　ろつう
慶安2(1649)年～元文3(1738)年　[別]斎部路通(いむべのろつう, いんべのろつう, いんべろつう), 八十村路通(やそむらろつう)　江戸時代前期～中期の俳人。
¶江人, コン(八十村路通　やそむらろつう　[生]慶安1(1648)年), 詩作(斎部路通　いむべのろつう, いんべのろつう　[没]元文3(1738)年7月14日), 俳文([没]元文3(1738)年8月)

六角氏綱*　ろっかくうじつな
明応1(1492)年～永正15(1518)年　戦国時代の武将。
¶全戦

六角氏頼　ろっかくうじより
⇒佐々木氏頼(ささきうじより)

六角和通*　ろっかくかずみち
安永7(1778)年7月7日～天保8(1837)年8月14日　江戸時代後期の公家(参議)。参議六角光通の子。
¶公卿, 公家(和通〔六角家〕　かずみち)

六角謙三*　ろっかくけんぞう
嘉永5(1852)年～大正4(1915)年　江戸時代末期～大正時代の医師。磐梯山噴火による負傷者を救療し貢献。
¶幕末([没]大正4(1915)年11月2日)

六角定頼*　ろっかくさだより
明応4(1495)年～天文21(1552)年　[別]佐々木定頼(ささきさだより)　戦国時代の大名。将軍足利義晴の臣。
¶コン, 全戦, 室町

六角寂済*　ろっかくじゃくさい
*～応永31(1424)年　[別]寂済(じゃくさい), 藤原光益(ふじわらのみつます)　南北朝時代～室町時代の宮廷絵所絵師。「八講屏風」を制作。
¶コン(寂済　じゃくさい　[生]?), 美画([生]正平3/貞和4(1348)年)

六角承禎　ろっかくじょうてい
⇒六角義賢(ろっかくよしかた)

六角能通*　ろっかくたかみち
文化1(1804)年3月14日～明治1(1868)年9月1日　[別]六角能通(ろっかくよしみち)　江戸時代末期の公家(非参議)。参議六角和通の子。
¶公卿, 公家(能通〔六角家〕　よしみち　[没]慶応4(1868)年9月1日)

六角高頼*　ろっかくたかより
?～永正17(1520)年　[別]佐々木高頼(ささきたかより)　戦国時代の大名。応仁の乱に参加。
¶コン([生]寛正3(1462)年), 全戦, 中世, 内乱([生]寛正3(1462)年), 室町

六角時信　ろっかくときのぶ
⇒佐々木時信(ささきときのぶ)

六角知通*　ろっかくともみち
元文3(1738)年11月5日～天明6(1786)年4月7日　江戸時代中期の公家(非参議)。権大納言園基香の三男。
¶公卿, 公家(知通〔六角家〕　ともみち)

六角広治　ろっかくひろはる
江戸時代前期～中期の幕臣。
¶徳人([生]1650年　[没]1719年)

六角益通*　ろっかくますみち
天和3(1683)年8月3日～寛延1(1748)年7月30日　江戸時代中期の公家(参議)。六角家の祖。権大納言東園基量の次男。
¶公卿, 公家(益通〔六角家〕　ますみち)

六角満高*　ろっかくみつたか
正平24/応安2(1369)年～応永23(1416)年　[別]佐々木満高(ささきみつたか)　南北朝時代～室町時代の守護大名。
¶コン([生]応安2/正平24(1369)年), 室町([生]?)

六角満綱*　ろっかくみつつな
?～文安2(1445)年　[別]佐々木満綱(ささきみつつな)　室町時代の武将。
¶室町([生]応永8(1401)年)

六角光通*　ろっかくみつみち
宝暦6(1756)年8月7日～文化6(1809)年5月22日　江戸時代中期～後期の公家(参議)。非参議六角知通の子。
¶公卿, 公家(光通〔六角家〕　みつみち　[没]文化6

(1809)年5月21日)

六角光通の娘 ろっかくみつみちのむすめ*
江戸時代後期の女性。和歌。公卿六角光通の娘。
¶江表(六角光通の娘(京都府))

六角義賢* ろっかくよしかた
大永1(1521)年～慶長3(1598)年 [別]佐々木左京太夫義賢(ささききさきょうだゆうよしかた)，佐々木義賢(ささきよしかた)，六角承禎(ろっかくじょうてい) 戦国時代～安土桃山時代の大名。将軍足利義晴・義輝を庇護。
¶コン，全戦，戦武，中世

六角義弼 ろっかくよしすけ
⇒六角義治(ろっかくよしはる)

六角義治* ろっかくよしはる
天文14(1545)年～慶長17(1612)年 [別]鷗菴玄雅(おうあんげんが)，佐々木義治(ささきよしはる)，六角義弼(ろっかくよしすけ) 戦国時代～安土桃山時代の近江半国の守護大名。
¶全戦(六角義弼 ろっかくよしすけ)，戦武，中世

六角能通 ろっかくよしみち
⇒六角能通(ろっかくたかみち)

六本木利忠 ろっぽんぎとしただ
江戸時代後期の和算家。宮城流算学の23代目。門人に石原憙正など。
¶数学

路藤 ろとう*
江戸時代後期の女性。俳諧。甲斐の人。文化10年刊、山下百二編、百童3回忌追善集『反故さがし』に載る。
¶江表(路藤(山梨県))

蘆東山 ろとうざん
⇒蘆東山(あしとうざん)

魯鈍翁半空 ろどんおうはんくう
⇒花笠文京〔1代〕(はながさぶんきょう)

露濃 ろのう*
江戸時代後期の女性。俳諧。甲斐の人。天明8年、起早庵稲後編『戊申歳旦』に載る。
¶江表(露濃(山梨県))

露萩女 ろはぎじょ*
江戸時代中期の女性。俳諧。二本松の人。明和7年刊、加藤暁台編『しをり萩』に載る。
¶江表(露萩女(福島県))

鷺白* ろはく
延享3(1746)年～文政7(1824)年 江戸時代中期～後期の俳人。
¶俳文([没]文政7(1824)年12月27日)

魯白* ろはく
延享1(1744)年～文政6(1823)年7月30日 江戸時代中期～後期の俳人。
¶俳文

露白 ろはく*
江戸時代中期の女性。俳諧。尼。安永5年刊、朧庵朴斎編『磯つたひ』に載る。
¶江表(露白(高知県))

芦風 ろふう*
江戸時代末期の女性。俳諧。白木湊の遊女か。万延2年丹生郡の青雲編「春興」に載る。
¶江表(芦風(福井県))

呂風 ろふう
江戸時代中期の俳諧作者。
¶俳文(生没年不詳)

魯風 ろふう
⇒鶴屋南北〔2代〕(つるやなんぼく)

芦文* ろぶん
*～享保13(1728)年頃 江戸時代前期～中期の俳人。
¶俳文(生没年不詳)

盧牧 ろぼく
⇒杉木普斎(すぎきふさい)

芦本*(蘆本) ろぼん，ろほん
*～元文1(1736)年 [別]浦田蘆本(うらだろほん) 江戸時代中期の俳人。
¶俳文(蘆本 ろほん [生]寛文4(1664)年 [没]元文1(1736)年10月21日)

露友 ろゆう*
江戸時代後期の女性。俳諧。長門長府の人。文政7年、田上菊舎72歳の長府での俳諧記録「鳳尾蕉」に載る。
¶江表(露友(山口県))

露遊 ろゆう*
江戸時代後期の女性。和歌。番町の平正雄の母。天保9年序、橘守部編『下蔭集』に載る。
¶江表(露遊(東京都))

露遊女 ろゆうじょ*
江戸時代後期の女性。俳諧。小浜の素封家今泉市左衛門の娘。
¶江表(露遊女(福島県) [没]文政7(1824)年)

露葉 ろよう*
江戸時代中期の女性。俳諧。甲斐の人。安永4年、如雪庵尺五編『月影冢の集』に載る。
¶江表(露葉(山梨県))

ロレンソ*
大永6(1526)年～天正19(1592)年 戦国時代～安土桃山時代のイエズス会日本人修道士。日本人最初のイルマン。
¶コン([没]文禄1(1592)年)，思想([没]文禄1(1592)年)，対外([没]1591年)

【わ】

和英 わえい
⇒岸本和英(きしもとわえい)

和詠の妻 わえいのつま*
江戸時代中期の女性。俳諧。遠江地頭方村の酒造業三輪和詠の妻。元禄17年成立、太田白雪編、歳旦歳暮帖「蛤与市」に載る。
¶江表(和詠の妻(静岡県))

和易 わえき
⇒三升屋二三治(みますやにそうじ)

わへ子 わえこ*
江戸時代後期の女性。和歌。神崎郡北町屋村の市田藤七の妻。
¶江表(わへ子(滋賀県) [生]文化11(1814)年)

倭王興* わおうこう

？～478年？ [別]興（こう），倭の五王，倭五王（わのごおう） 上代の倭王。世子として宋に朝貢。

¶古人（興 こう），古代（興 こう），コン，対外（倭の五王 わのごおう），山小（興 こう）

倭王讃* わおうさん

？～438年？ [別]讃（さん），倭の五王，倭五王（わのごおう） 上代の倭王。宋へ朝貢。

¶古人（讃 さん），古代（讃 さん），コン，対外（倭の五王 わのごおう），山小（讃 さん）

倭王済* わおうせい

？～462年？ [別]済（せい），倭の五王，倭五王（わのごおう） 上代の倭王。宋に朝貢。

¶古人（済 せい 生没年不詳），コン，対外（倭の五王 わのごおう），山小（済 せい）

倭王珍* わおうちん

[別]珍（ちん），弥（み），倭の五王，倭五王（わのごおう） 上代の倭王。

¶古代（珍 ちん），コン，対外（倭の五王 わのごおう），山小（珍 ちん），山小（弥 み）

倭王武* わおうぶ

[別]武（ぶ），倭の五王，倭五王（わのごおう） 上代の倭王。倭王済の子。

¶古人（武 ぶ 生没年不詳），古代（武 ぶ），コン，対外（倭の五王 わのごおう），山小（武 ぶ）

稚 わか

江戸時代末期の女性。和歌。長谷川氏。安政5年刊、能代繁里編『類題和歌清渚集』初に載る。

¶江表（稚（大阪府））

和哥 わか⋆

江戸時代後期の女性。教育。吉田宗広の妻。

¶江表（和哥（東京都） [生]弘化1（1844）年頃）

和海* わかい

寛文9（1669）年～享保13（1728）年7月14日 江戸時代前期～中期の俳人。

¶俳文

若井重斉 わかいしげなり

⇒若井重斎（わかいじゅうさい）

若井重斎* わかいじゅうさい

文政6（1823）年～明治23（1890）年 [別]若井重斉（わかいしげなり） 江戸時代末期～明治時代の尾張藩士。撫民安国ののち攘夷を決行すべきことを主張。

¶幕末（[生]文政6（1823）年4月15日 [没]明治23（1890）年10月31日）

若浦 わかうら⋆

江戸時代後期の女性。和歌。石見津和野藩の奥女中。寛政3年成立、嘉藤吉達序「女房和歌序」に載る。

¶江表（若浦（島根県））

若枝 わかえ⋆

江戸時代後期～末期の女性。和歌。備中浅尾藩蒔田家家臣池上五郎兵衛宗昌の娘。

¶江表（若枝（岡山県） [生]文政12（1829）年 [没]安政2（1855）年）

若江王 わかえおう

奈良時代の写一切経次官。

¶古人（生没年不詳）

若江秋蘭 わかえしゅうらん

⇒若江薫子（わかえにおこ）

若江薫子* わかえにおこ

天保6（1835）年～明治14（1881）年 [別]若江秋蘭（わかえしゅうらん） 江戸時代末期～明治時代の漢学者、歌人。一条家の寿栄姫の侍読となり皇后教育にあたる。著書に「和解女四書」など。

¶江表（薫子（京都府） におこ），幕末（[没]明治14（1881）年10月11日）

若江善邦* わかえのよしくに

生没年不詳 平安時代中期の右衛門府の官人。

¶古人

若江頼倫 わかえよりとも

平安時代後期の官人。

¶古人（生没年不詳）

若尾 わかお⋆

江戸時代後期の女性。和歌。常陸笠間藩主牧野貞喜の侍女。寛政10年跋、信濃松代藩主真田幸弘の六〇賀集「千とせの寿詞」に載る。

¶江表（若尾（茨城県））

若尾逸平* わかおいっぺい

文政3（1820）年～大正2（1913）年9月7日 江戸時代末期～明治時代の実業家、貴族院議員。甲州財閥のパイオニア。

¶コン，幕末（[生]文政3（1820）年12月6日）

若生景祐 わかおかげすけ

⇒若生文十郎（わこうぶんじゅうろう）

若生文十郎 わかおぶんじゅうろう

⇒若生文十郎（わこうぶんじゅうろう）

若草 わかくさ⋆

江戸時代末期の女性。俳諧。鮫浦の遊女か。安政3年、浮木寺に奉納の「華蔵乙因居士円満忌追善献額」に載る。

¶江表（若草（青森県））

和歌子 わかこ⋆

江戸時代末期の女性。和歌。南八丁堀住。安政2年刊、久米千寿著『俳諧歌一人一首』に載る。

¶江表（和歌子（東京都））

稚子媛*（稚子姫） わかこひめ

上代の女性。継体天皇の妃。

¶天皇（稚子姫 生没年不詳）

若狭* わかさ

生没年不詳 平安時代前期の歌人。藤原忠行の娘。

¶古人

若桜部五百瀬*（稚桜部五百瀬） わかさくらべのいおせ，わかざくらべのいおせ

？～持統10（696）年 飛鳥時代の壬申の乱で活躍した大海人皇子の舎人。

¶古人（稚桜部五百瀬 わかざくらべのいおせ [没]696年？），古物，コン

若狭宰相 わかささいしょう

⇒木下長嘯子（きのしたちょうしょうし）

若狭少将 わかさしょうしょう

⇒木下長嘯子（きのしたちょうしょうし）

若狭季兼* わかさすえかね

生没年不詳 鎌倉時代後期～南北朝時代の武士、悪党。

¶コン

若狭忠清* わかさただきよ
生没年不詳 鎌倉時代の武将。
¶コン

若狭忠季* わかさただすえ
？～承久3（1221）年6月14日 [別]津々見忠季（つつみただすえ） 鎌倉時代前期の武将。承久の乱に参加。
¶コン

和賀定義 わがさだよし
戦国時代の武将。
¶室町（生没年不詳）

稚狭王 わかさのおおきみ
飛鳥時代の皇族。
¶古物（[生]？ [没]678年）

若狭守吉次 わかさのかみきちじ
⇒山城左内（やましろさない）

若狭守吉次 わかさのかみよしつぐ
⇒山城左内（やましろさない）

若狭局* わかさのつぼね
？～建仁3（1203）年9月 平安時代後期～鎌倉時代前期の女性。鎌倉幕府2代将軍源頼家の妻。
¶女史（生没年不詳），内乱

若狭屋形 わかさやかた
⇒武田信賢（たけだのぶかた）

若狭屋与市 わかさやよいち
江戸時代後期～明治時代の版元。寛政年間から明治期。
¶浮絵

若島久三郎* わかしまきゅうざぶろう，わかしまきゅうさぶろう
？～明治24（1891）年1月6日 [別]楯山久三郎（たてやまきゅうざぶろう） 江戸時代末期～明治時代の力士、大関。
¶幕末（わかしまきゅうさぶろう）

若杉五十八* わかすぎいそはち
宝暦9（1759）年～文化2（1805）年 [別]若杉八十八（わかすぎやそはち） 江戸時代中期～後期の長崎の洋風画家。
¶コン，美画（[没]文化2（1805）年1月17日）

若杉多十郎* わかすぎたじゅうろう
生没年不詳 江戸時代中期の和算家。
¶数学

若杉直綱 わかすぎなおつな
⇒若杉弘之進（わかすぎひろのしん）

若杉弘之進* わかすぎひろのしん
天保14（1843）年～元治1（1864）年 [別]若杉直綱（わかすぎなおつな） 江戸時代末期の農民、医師。
¶幕末（[生]天保14（1843）年10月4日 [没]元治1（1864）年7月19日）

若杉八十八 わかすぎやそはち
⇒若杉五十八（わかすぎいそはち）

若妙 わかたえ⋆
江戸時代末期の女性。狂歌。新吉原の玉楼の遊女。安政2年刊『狂歌茶器財集』に載る。
¶江表（若妙（東京都））

若田栄吉* わかたえいきち
嘉永4（1851）年1月2日～大正8（1919）年6月18日 江戸時代後期～明治時代の新撰組隊士。
¶新隊

若竹東工郎 わかたけとうくろう
⇒若竹笛躬（わかたけふえみ）

稚武彦王* わかたけひこおう
[別]稚武彦王（わかたけひこのみこ） 日本武尊の王子。
¶天皇（わかたけひこのみこ）

稚武彦王 わかたけひこのみこ
⇒稚武彦王（わかたけひこおう）

稚武彦命* わかたけひこのみこと
上代の孝霊天皇の皇子。
¶古代

若竹笛躬* わかたけふえみ
生没年不詳 [別]若竹東工郎（わかたけとうくろう） 江戸時代中期の浄瑠璃作者、歌舞伎作者。明和4年前後に活躍。
¶コン（若竹東工郎 わかたけとうくろう）

若竹政太夫 わかたけまさだゆう
⇒竹本播磨少掾（たけもとはりまのしょうじょう）

獲加多支鹵大王* わかたけるのおおきみ
上代の大王。稲荷山古墳出土の鉄剣銘文中に記載。
¶山小

和賀忠親 わがただちか
安土桃山時代の国人。
¶戦武（[生]天正4（1576）年 [没]慶長6（1601）年）

稚足姫皇女 わかたらしのひめみこ
⇒稚足姫皇女（わかたらしひめのこうじょ）

稚足彦尊 わかたらしひこのみこと
⇒成務天皇（せいむてんのう）

稚足姫皇女 わかたらしひめのおうじょ
⇒稚足姫皇女（わかたらしひめのこうじょ）

稚足姫皇女* わかたらしひめのこうじょ
[別]稚足姫皇女（わかたらしのひめみこ，わかたらしひめのおうじょ，わかたらしひめのひめみこ） 上代の女性。雄略天皇の皇女。
¶古代（わかたらしひめのひめみこ），天皇（わかたらしひめのひめみこ [生]？ [没]雄略3（459）年4月）

稚足姫皇女 わかたらしひめのひめみこ
⇒稚足姫皇女（わかたらしひめのこうじょ）

若槻越後守 わかつきえちごのかみ
戦国時代～安土桃山時代の甲斐国山梨郡中牧郷の土豪。
¶武田（生没年不詳）

若槻定徳の妻 わかつきさだのりのつま⋆
江戸時代後期の女性。和歌。出雲亀嵩の人。文化3年刊、吉田芳章ほか編『雲州三成八幡宮奉納波の玉藻』に載る。
¶江表（若槻定徳の妻（島根県））

若月元輔* わかつきもとすけ
文政8（1825）年～慶応3（1867）年 江戸時代末期の新発田藩士。
¶幕末（[没]慶応3（1867）年9月7日）

わ

わかなみ　　　　2422

若菜三男三郎＊　わかなみなさぶろう
　文化12(1815)年〜？　江戸時代後期の幕臣。
　¶幕末（㊦文化14(1817)年）

稚野毛二派皇子　わかぬけふたまたのおうじ
　⇒稚野毛二派皇子（わかぬけふたまたのみこ）

稚野毛二派皇子＊　わかぬけふたまたのみこ
　㊦稚野毛二派皇子（わかぬけふたまたのおうじ，
　わかのけふたまたのみこ）　上代の応神天皇の皇子。
　¶古代，天皇（わかのけふたまたのみこ　生没年不詳）

若野　わかの＊
　江戸時代中期の女性。和歌。仙台藩一門伊達村倫
　家の奥女中。安永3年成立「田村村隆母公六十賀祝
　賀歌集」に載る。
　¶江表（若野（宮城県））

稚野毛二派皇子　わかのけふたまたのみこ
　⇒稚野毛二派皇子（わかぬけふたまたのみこ）

若葉(1)　わかば＊
　江戸時代後期の女性。俳諧。文化7年刊『華の春』
　に載る。
　¶江表（若葉（群馬県））

若葉(2)　わかば＊
　江戸時代後期の女性。俳諧。越前滝谷の遊女。寛
　政8年刊、荒木為卜仙編『卯花筐』下に載る。
　¶江表（若葉（福井県））

若林大炊助　わかばやしおおいのすけ
　戦国時代〜安土桃山時代の武蔵国滝山城主北条氏
　照の家臣。
　¶後北（大炊助〔若林(2)〕　おおいのすけ）

若林義籌　わかばやしぎじゅ
　江戸時代後期の佐渡奉行。
　¶徳代（生没年不詳）

若林強斎＊　わかばやしきょうさい
　延宝7(1679)年〜享保17(1732)年　江戸時代中期
　の儒学者。
　¶コン，思想

若林敬順　わかばやしけいじゅん
　江戸時代中期〜後期の医師。
　¶徳人（生没年不詳）

若林外記助＊　わかばやしげきのすけ
　生没年不詳　戦国時代の穴山梅雪の家臣。
　¶武田

若林源次郎＊　わかばやしげんじろう
　文化12(1815)年〜明治24(1891)年　江戸時代末
　期〜明治時代の常陸土浦藩士。
　¶幕末（㊦明治24(1891)年5月15日）

若林源兵衛　わかばやしげんひょうえ
　安土桃山時代〜江戸時代前期の甲斐国巨摩郡河内
　小丹原村の土豪。
　¶武田（生没年不詳）

若林定吉＊　わかばやしさだきち
　天保6(1835)年〜＊　江戸時代末期の出流山義挙参
　加者。
　¶幕末（㊦天保7(1836)年　㊥慶応3(1867)年12月18日）

若林寿山　わかばやしじゅざん
　江戸時代後期〜明治時代の陶工。
　¶美工（㊦天保4(1833)年　㊥明治39(1906)年10月）

若林助左衛門＊　わかばやしすけざえもん
　生没年不詳　安土桃山時代の織田信長の家臣。
　¶織田

若林宗右衛門＊　わかばやしそうえもん
　生没年不詳　安土桃山時代の織田信長の家臣。
　¶織田

若林平右衛門　わかばやしへいえもん
　江戸時代前期の大友義統の家臣。
　¶大坂（㊥慶長20年5月7日）

若林孫五郎　わかばやしまごごろう
　安土桃山時代の武蔵国鉢形城主北条氏邦家臣長谷
　部兵庫助の同心。
　¶後北（孫五郎〔若林(3)〕　まごごろう）

若林三由　わかばやしみつよし
　江戸時代前期の佐渡奉行。
　¶徳代（㊦慶長15(1610)年　㊥天和3(1683)年10月20
　日）

若林木工助　わかばやしもくのすけ
　安土桃山時代の武蔵国鉢形城主北条氏邦家臣斎藤
　八右衛門の同心。
　¶後北（木工助〔若林(1)〕　もくのすけ）

若原勘大夫　わかはらかんだゆう
　江戸時代前期の武士。大坂の陣で籠城。後に安藤
　重長に仕えた。
　¶大坂

稚媛　わかひめ
　⇒吉備稚姫（きびのわかひめ）

若藤源次郎＊（若藤源治郎）　わかふじげんじろう
　生没年不詳　江戸時代後期の陶工。
　¶美工（若藤源治郎）

若松　わかまつ＊
　江戸時代後期の女性。俳諧。越前三国の人。天保
　15年刊、皎月舎其睡撰『杖のゆかり』に載る。
　¶江表（若松（福井県））

若松市郎兵衛宗清　わかまついちろ（う）びょうえむね
きよ
　安土桃山時代〜江戸時代前期の田中忠政・生駒一正
　の家臣。
　¶大坂（㊦天正16年　㊥正保3年）

若松総兵衛＊（若松惣兵衛）　わかまつそうべえ
　＊〜明治7(1874)年12月6日　㊙若松常齢（わかまつ
　つねとし）　江戸時代末期〜明治時代の伊予宇和島
　藩士。
　¶幕末（若松惣兵衛）（㊦文化11(1814)年）

若松常齢　わかまつつねとし
　⇒若松総兵衛（わかまつそうべえ）

若松則文＊　わかまつのりふみ，わかまつのりぶみ
　？〜安政6(1859)年　江戸時代末期の絵師、歌人。
　¶幕末

若松若太夫＊　わかまつわかだゆう
　生没年不詳　江戸時代後期の説教節の名人。
　¶コン

若神子鍛冶　わかみこかじ
　戦国時代の甲斐巨摩郡若神子郷在住の村鍛冶。姓
　名未詳。
　¶武田（生没年不詳）

若水汲子・汲子　わかみずくみこ★
江戸時代後期の女性。狂歌。橋本氏。文化5年、尋幽亭載名編の唐衣橘洲7回忌追善集『とこよもの』に載る。
¶江表（若水汲子・汲子（東京都））

若村　わかむら★
江戸時代後期の女性。俳諧。越前滝谷の遊女。寛政8年刊、荒木為卜仙編『卯花筐』下に載る。
¶江表（若村（福井県））

若村沢之助　わかむらさわのすけ
⇒三保木儀左衛門〔1代〕（みほきぎざえもん）

若村十郎左衛門　わかむらじゅうろうざえもん
⇒三保木儀左衛門〔1代〕（みほきぎざえもん）

若村庄五郎　わかむらしょうごろう
⇒三保木儀左衛門〔1代〕（みほきぎざえもん）

若命信義*　わかめのぶよし
天保9（1838）年～明治40（1907）年　江戸時代末期～明治時代の政治家、実業家。県会議員選挙に当選し県政に尽力。蒸気船会社など創設。
¶幕末

若山　わかやま★
江戸時代後期の女性。和歌・書。尾張藩木曽代官山村家の娘。
¶江表（若山（長野県）　[没]天保10（1839）年）

若山五郎兵衛*　わかやまごろべえ
生没年不詳　江戸時代前期～中期の江戸歌舞伎小歌若山節の創始者。
¶コン

和歌山新九郎　わかやましんくろう
⇒中山新九郎〔1代〕（なかやましんくろう）

稚日本根子彦大日日尊　わかやまねこひこおおひひのみこと
⇒開化天皇（かいかてんのう）

若山儀一　わかやまのりかず
江戸時代後期～明治時代の経済学者。
¶幕末（[生]天保11（1840）年8月　[没]明治24（1891）年9月3日）

和歌山文七　わかやまぶんしち
⇒中山文七〔1代〕（なかやまぶんしち）

若湯坐小月　わかゆえのおづき
奈良時代の官人。
¶古人（生没年不詳）

若湯坐縄吉　わかゆえのつなよし
⇒若湯坐連縄吉（わかゆえのむらじつなよし）

若湯坐連縄吉*　わかゆえのむらじつなよし
[別]若湯坐縄吉（わかゆえのつなよし）　平安時代前期の近江国の人。
¶古代

和賀義忠*　わがよしただ
？～天正19（1591）年　安土桃山時代の武将。
¶全戦

和菊　わきく★
江戸時代中期の女性。俳諧。甲斐南部の人。明和8年刊、二世六花庵乙児編『伊豆十二歌仙附録』に載る。
¶江表（和菊（山梨県））

脇愚山*　わきぐざん
宝暦14（1764）年～文化11（1814）年　[別]脇蘭室（わきらんしつ）　江戸時代中期～後期の儒学者。肥後熊本藩校時習館訓導。
¶コン（[生]明和1（1764）年），思想（脇蘭室　わきらんしつ）

和気五郎兵衛　わきごろ（う）びょうえ
江戸時代前期の明石掃部頭の家臣。
¶大坂

脇坂義堂*　わきさかぎどう，わきざかぎどう
？～文政1（1818）年　江戸時代後期の心学者。
¶コン，思想

脇坂周伯*　わきざかしゅうはく
天保8（1837）年～明治25（1892）年　江戸時代末期～明治時代の医師、地方開発家。洋医方を学び開業医の傍ら、資を投じて荒地を開墾。
¶幕末（[没]明治25（1892）年6月11日）

脇坂甚内　わきざかじんない
⇒脇坂安治（わきざかやすはる）

脇坂安宅*　わきさかやすおり，わきざかやすおり
文化6（1809）年～明治7（1874）年1月10日　江戸時代後期～明治時代の大名、華族。
¶コン，幕末（[生]文化6（1809）年2月15日）

脇坂安繁　わきさかやすしげ
江戸時代中期の佐渡奉行。
¶徳代（[生]宝永2（1705）年　[没]天明4（1784）年8月）

脇坂安董*　わきざかやすただ，わきさかやすただ
明和5（1768）年6月5日～天保12（1841）年　江戸時代中期～後期の大名。播磨竜野藩主。
¶コン（わきさかやすただ　[生]宝暦6（1756）年），対外（わきさかやすただ）

脇坂安治*　わきざかやすはる，わきさかやすはる
天文23（1554）年～寛永3（1626）年　[別]脇坂甚内（わきざかじんない）　安土桃山時代～江戸時代前期の武将、大名。
¶江人，コン（わきさかやすはる），全戦，戦武，対外（わきさかやすはる），内乱（わきさかやすはる）

脇坂安元*　わきざかやすもと，わきさかやすもと
天正12（1584）年～承応2（1653）年　江戸時代前期の大名。信濃飯田藩主、伊予大洲藩主。
¶コン（わきさかやすもと）

わき女　わきじょ★
江戸時代中期の女性。俳諧。近江の丙伍の娘。享保6年跋、京都の何狂編『東海道』に載る。
¶江表（わき女（滋賀県））

脇善兵衛　わきぜんひょうえ
安土桃山時代の武士。駿河先方衆。
¶武田（[生]？　[没]天正3（1575）年5月21日）

脇田巧一*　わきたこういち
嘉永3（1850）年～明治11（1878）年　江戸時代末期～明治時代の石川県士族。大久保利通を刺殺。
¶幕末（[没]明治11（1878）年7月27日）

脇野糸目　わきのしめ
江戸時代前期の木村重成の旗奉行。
¶大坂

脇野光正*　わきのみつまさ
生没年不詳　江戸時代前期の和算家。

¶数学

脇又市郎　わきまたいちろう
戦国時代の武士。本郷八郎左衛門尉の甥。土屋衆。
¶武田（[生]弘治2（1556）年　[没]？）

脇屋志喜武*　わきやしきたけ
天保2（1831）年～明治5（1872）年　江戸時代末期～明治時代の医師。鎮撫使に従い、奥羽各地を転戦。
¶幕末（[没]明治5（1872）年1月2日）

脇屋義助*　わきやよしすけ
*～興国3/康永1（1342）年　[別]新田義助（にったよしすけ）　鎌倉時代後期～南北朝時代の武将。新田義貞の弟。
¶コン（[生]徳治1（1306）年），内乱（[生]正安3（1301）年　[没]康永1/興国3（1342）年），室町（[生]嘉元3（1305）年）

脇屋義治*　わきやよしはる
元亨3（1323）年～？　南北朝時代の南朝方の武将。
¶コン（[生]元亨3（1323）年？）

和及　わきゅう
⇒三上和及（みかみわきゅう）

和気宥雄　わきゆうゆう
⇒和気宥雄（わけゆうおう）

脇蘭室　わきらんしつ
⇒脇愚山（わきぐざん）

わ

和吟　わぎん⋆
江戸時代後期の女性。俳諧。越前光明寺の人。寛政1年刊、平話房旭周撰『星の宵塚』に載る。
¶江表（和吟（福井県））

涌井荘五郎*　わくいそうごろう
？～明和7（1770）年　[別]涌井藤四郎（わくいとうしろう）　江戸時代中期の人。越後長岡藩領越後国新潟町打ちこわしの頭取。
¶江人，コン

涌井藤四郎　わくいとうしろう
⇒涌井荘五郎（わくいそうごろう）

涌井弥兵衛　わくいやへい
⇒涌井弥兵衛（わくいやへえ）

涌井弥兵衛*　わくいやへえ
享和1（1801）年～明治5（1872）年　[別]涌井弥兵衛（わくいやへい）　江戸時代末期～明治時代の陶工。
¶幕末（わくいやへい　[生]享和1（1801）年7月7日　[没]明治5（1872）年8月），美工（[生]享和1（1801）年7月7日　[没]明治5（1872）年9月3日）

和久是安*　わくぜあん
天正6（1578）年～寛永15（1638）年　[別]和久宗友（わくそうゆう），和久半左衛門（わくはんざえもん），和久半左衛門宗友（わくはんざえもんむねとも）　安土桃山時代～江戸時代前期の書家。豊臣秀頼の右筆、伊達政宗の臣。
¶大坂（和久半左衛門宗友　わくはんざえもんむねとも　[没]寛永15年8月21日），コン

和久宗是*　わくそうぜ
天文4（1535）年～元和1（1615）年　[別]和久又兵衛宗是（わくまたびょうえそうぜ）　安土桃山時代～江戸時代前期の武将。
¶大坂（和久又兵衛宗是　わくまたびょうえそうぜ　[没]慶長20年5月7日），織田（[没]元和1（1615）年5月7日）

和久宗友　わくそうゆう
⇒和久是安（わくぜあん）

和久半左衛門　わくはんざえもん
⇒和久是安（わくぜあん）

和久半左衛門宗友　わくはんざえもんむねとも
⇒和久是安（わくぜあん）

和久又兵衛宗是　わくまたびょうえそうぜ
⇒和久宗是（わくそうぜ）

和慶　わけい⋆
江戸時代後期の女性。俳諧。西青沼の人。享和1年成立、梅英編、雨宮仙宝如水追善集『露のうてな』に載る。
¶江表（和慶（山梨県））

和気遠舟　わけえんしゅう
⇒遠舟（えんしゅう）

和気王*　わけおう
？～天平神護1（765）年　[別]和気王（わけのおう）　奈良時代の官人（参議）。天武天皇の曽孫、舎人親王の孫、三原王の子。
¶公卿（わけのおう　生没年不詳），古人，古代（わけのおう），コン

和気亀亭*　わけきてい
世襲名　江戸時代の京都五条坂の陶工。
¶コン（生没年不詳）

和気亀亭〔4代〕*　わけきてい
文政9（1826）年～明治35（1902）年　江戸時代末期～明治時代の陶工。
¶美工

和気清麻呂　わけきよまろ
⇒和気清麻呂（わけのきよまろ）

和気定成　わけさだしげ
⇒和気定成（わけのやすしげ）

和気定長　わけさだなが
⇒和気定長（わけのさだなが）

和気定成　わけさだなり
⇒和気定成（わけのやすしげ）

和気仲世　わけなかよ
⇒和気朝臣仲世（わけのあそんなかよ）

和気明重*　わけのあきしげ
？～永正16（1519）年　戦国時代の医師。
¶公家（明重〔和気1・半井家（絶家）〕　あきしげ）

和気明成*　わけのあきなり
生没年不詳　南北朝時代～室町時代の公卿（非参議）。非参議和気清麿の裔。
¶公卿，公家（明成〔和気1・半井家（絶家）〕　あきなり　[生]？　[没]永享5/正長6（1433）年10月9日？）

和気朝臣清麻呂　わけのあそんきよまろ
⇒和気清麻呂（わけのきよまろ）

和気朝臣巨範*　わけのあそんしげのり
[別]和気巨範（わけのしげのり）　平安時代前期の官人。
¶古人（和気巨範　わけのしげのり　生没年不詳），古代

和気朝臣彝範*　わけのあそんつねのり
？～仁和4（888）年　[別]和気彝範，和気彝範，和気彝範（わけのつねのり）　平安時代前期の中級官人。

¶古人(和気彜範　わけのつねのり　生没年不詳),古代

和気朝臣仲世＊　わけのあそんなかよ

延暦3(784)年〜仁寿2(852)年　[別]和気仲世(わけなかよ, わけのなかよ)　平安時代前期の中級官人。

¶古人(和気仲世　わけのなかよ),古代

和気朝臣広世　わけのあそんひろよ

⇒和気広世(わけのひろよ)

和気朝臣真綱　わけのあそんまつな

⇒和気真綱(わけのまつな)

和気王　わけのおう

⇒和気王(わけおう)

和気乎麻呂　わけのおまろ

奈良時代の美作・備前両国の国造。清麻呂の父。

¶古人(生没年不詳)

和気清麻呂＊　わけのきよまろ

天平5(733)年〜延暦18(799)年2月21日　[別]和気清麻呂(わけきよまろ), 和気朝臣清麻呂(わけのあそんきよまろ)　奈良時代〜平安時代前期の公卿(非参議)。垂仁天皇の裔。道鏡の皇位簒奪の企てを阻止し左遷される。道鏡失脚後に復権。

¶公卿,古人,古代(和気朝臣清麻呂　わけのあそんきよまろ　[没]789年),コン,思想,山小([没]799年2月21日)

和気貞臣＊　わけのさだおみ

弘仁8(817)年〜仁寿3(853)年　平安時代前期の儒者。

¶古人

和気定成　わけのさだしげ

⇒和気定成(わけのやすしげ)

和気定親＊　わけのさだちか

生没年不詳　平安時代後期の医家。

¶古人

和気貞説＊　わけのさだとき

?〜治承3(1179)年　平安時代後期の宮廷医。白河上皇の瘡の治療に臨む。

¶古人,コン

和気定長＊　わけのさだなが

久安6(1150)年〜元暦2(1185)年　[別]和気定長(わけさだなが)　平安時代後期の医師。

¶古人

和気定成　わけのさだなり

⇒和気定成(わけのやすしげ)

和気郷成＊　わけのさとなり

弘和1/永徳1(1381)年〜永享9(1437)年8月12日　室町時代の公卿(非参議)。非参議和気清麿の裔。

¶公卿([生]永徳1/弘和1(1381)年),公家(郷成〔和気家(絶家)2〕　さとなり)

和気時雨＊　わけのしぐれ

昌泰2(899)年〜康保2(965)年　[別]和気時雨(わけのときさめ)　平安時代中期の宮廷医。医家和気氏の祖。

¶古人(わけのときさめ　[生]887年)

和気成貞　わけのしげさだ

平安時代後期の宇佐使。父は章親。

¶古人(生没年不詳)

和気巨範　わけのしげのり

⇒和気朝臣巨範(わけのあそんしげのり)

和気相成＊　わけのすけしげ

永延1(987)年〜天喜4(1056)年　平安時代中期〜後期の医師。

¶古人

和気相任　わけのすけとう

平安時代中期〜後期の官人。父は相成。

¶古人(生没年不詳)

和気斉之＊　わけのただゆき

生没年不詳　平安時代前期の官人。

¶古人

和気親就＊　わけのちかなり

寛正5(1464)年〜?　戦国時代の公卿(非参議)。非参議和気清麿の裔。

¶公卿,公家(親就〔和気家(絶家)2〕　ちかなり　[生]1463年)

和気彝範(和気彜範, 和気彛範)　わけのつねのり

⇒和気朝臣彝範(わけのあそんつねのり)

和気時雨　わけのときさめ

⇒和気時雨(わけのしぐれ)

和気仲世　わけのなかよ

⇒和気朝臣仲世(わけのあそんなかよ)

和気久邦　わけのひさくに

平安時代中期の陰陽師・天文博士。

¶古人(生没年不詳)

和気広成＊　わけのひろなり

?〜元中8/明徳2(1391)年　[別]和気広成(わけひろなり)　南北朝時代の公卿(非参議)。非参議和気清麿の裔。

¶公卿([没]明徳2/元中8(1391)年),公家(広成〔和気家(絶家)2〕　ひろなり　[没]明徳2(1391)年)

和気広虫＊　わけのひろむし

天平2(730)年〜延暦18(799)年　[別]藤野別真人広虫(ふじのわけのまひとひろむし), 法均(ほうきん), 法均尼(ほうきんに)　奈良時代〜平安時代前期の女官。和気平麻呂の娘。

¶古人,古代(藤野別真人広虫　ふじのわけのまひとひろむし),コン,女史,山小([没]799年1月20日)

和気広世＊　わけのひろよ

生没年不詳　[別]和気朝臣広世(わけのあそんひろよ), 和気広世(わけひろよ)　奈良時代の官僚、学者。学府・弘文院を創設。

¶古人,古代(和気朝臣広世　わけのあそんひろよ),コン,思想

和気正業＊　わけのまさなり

?〜正暦5(994)年　平安時代中期の医家。

¶古人

和気正世＊　わけのまさよ

承平3(933)年〜長和2(1013)年　平安時代中期の医師。

¶古人

和気真綱＊　わけのまつな

延暦2(783)年〜承和13(846)年9月27日　[別]和気朝臣真綱(わけのあそんまつな), 和気真綱(わけまつな)　平安時代前期の公卿(参議)。非参議和気清麿の五男。

¶公卿,古人,古代(和気朝臣真綱　わけのあそんまつな),コン,思想

わ

和気元倫　わけのもととも
平安時代中期の官人。父は致頼。
¶古人（生没年不詳）

和気保家*　わけのやすいえ
応永13（1406）年～？　室町時代の公卿（非参議）。非参議和気清麿の裔。
¶公卿, 公家（保家〔和気家（絶家）2〕　やすいえ）

和気定成*　わけのやすしげ
保安4（1123）年～文治4（1188）年　[別]和気定成（わけさだしげ，わけさだなり，わけのさだしげ，わけのさだなり，わけやすしげ）　平安時代後期の医師。
¶古人（わけのさだしげ），コン，平家（わけさだなり）

和気広成　わけひろなり
⇒和気広成（わけのひろなり）

和気広世　わけひろよ
⇒和気広世（わけのひろよ）

分部政寿　わけべまさとし
⇒分部光嘉（わけべみつよし）

分部又四郎　わけべまたしろう
安土桃山時代の伊勢国安濃郡分部村の人。大坂の陣で籠城。
¶大坂（[生]慶長4年）

分部光嘉*　わけべみつよし
天文21（1552）年～慶長6（1601）年　[別]分部政寿（わけべまさとし）　安土桃山時代の武将、大名。伊勢上野城主。
¶織田（[没]慶長6（1601）年11月29日），コン

和気真綱　わけまつな
⇒和気真綱（わけのまつな）

和気定成　わけやすしげ
⇒和気定成（わけのやすしげ）

和気宥雄*　わけゆうおう
天保13（1842）年～大正9（1920）年　[別]和気宥雄（わきゆうゆう）　江戸時代末期～明治時代の僧侶。醍醐寺座主兼三宝院門跡。のち醍醐派管長、大僧正。
¶幕末（わきゆうゆう　[没]大正9（1920）年5月29日）

和考(1)　わこう
⇒嵐音八〔1代〕（あらしおとはち）

和考(2)　わこう
⇒嵐音八〔2代〕（あらしおとはち）

和考(3)　わこう
⇒嵐音八〔3代〕（あらしおとはち）

和考(4)　わこう
⇒嵐音八〔4代〕（あらしおとはち）

和光尼　わこうに*
江戸時代後期の女性。和歌。天保3年成立「秋歌合」に載る。
¶江表（和光尼（茨城県））

若生文十郎*　わこうぶんじゅうろう
天保13（1842）年～明治2（1869）年　[別]若生景祐（わかおかげすけ），若生文十郎（わかおぶんじゅうろう）　江戸時代末期の陸奥仙台藩士。
¶全幕（わかおぶんじゅうろう），幕末（[生]天保13（1843）年12月25日　[没]明治2（1869）年4月14日）

和国　わこく*
江戸時代中期の女性。俳諧。安芸宮島の遊女。宝永6年序、杉山輪雪編『星会集』に載る。
¶江表（和国（広島県））

わこの筑前　わこのちくぜん
安土桃山時代の信濃国筑摩郡会田の土豪。会田岩下氏の被官とみられる。
¶武田（生没年不詳）

和期局　わこのつぼね
江戸時代前期の女性。大坂城の女房衆。
¶大坂（[没]慶長20年5月8日）

わさ子　わさこ*
江戸時代後期の女性。和歌。和泉岸和田の人。天保7年刊、加納諸平編『類題鰒玉集』三に載る。
¶江表（わさ子（大阪府））

和佐子　わさこ*
江戸時代後期の女性。和歌。高取藩主植村家長家の奥女中。文政7年頃、池田冠山の仕立てた巻物「玉露童女追悼集」に入集。
¶江表（和佐子（奈良県））

わさ女　わさじょ*
江戸時代後期の女性。俳諧。鞆浦の人。文政2年刊、柳後亭其雪編『柳の糸』に載る。
¶江表（わさ女（徳島県））

和佐大八　わさだいはち
⇒和佐大八郎（わさだいはちろう）

和佐大八郎*　わさだいはちろう
寛文3（1663）年～正徳3（1713）年　[別]和佐大八（わさだいはち）　江戸時代中期の紀州竹林派弓術の名手。
¶江人

和佐半左衛門　わさはんざえもん
江戸時代前期の紀伊国名草郡和佐の人和佐九郎大夫氏実の惣領。
¶大坂

和沢含山　わざわがんざん
江戸時代末期～昭和時代の陶工。
¶美工（[生]安政5（1858）年　[没]昭和2（1927）年）

鷲尾隆敦*　わしおたかあつ
？～応永24（1417）年　[別]鷲尾隆敦（わしのおたかあつ）　室町時代の公卿（権中納言）。権大納言鷲尾隆右の子。
¶公卿（わしのおたかあつ　[没]応永24（1417）年6月），公家（隆敦〔鷲尾家〕　たかあつ　[没]応永24（1417）年6月）

鷲尾隆右*　わしおたかすけ
正中1（1324）年～応永11（1404）年　[別]鷲尾隆右（わしのおたかすけ）　南北朝時代～室町時代の公卿（権大納言）。権中納言四条隆基の子。
¶公卿（わしのおたかすけ　[没]応永11（1404）年11月17日），公家（隆右〔鷲尾家〕　たかすけ　[没]応永11（1404）年11月17日）

鷲尾隆尚　わしおたかひさ
⇒四辻季満（よつつじすえみつ）

鷲尾隆康　わしおたかやす
⇒鷲尾隆康（わしのおたかやす）

鷲尾義久 わしおよしひさ
⇒平義久(たいらのよしひさ)

鷲田三郎左衛門* わしださぶろうざえもん
生没年不詳　安土桃山時代の織田信長の家臣。
¶織田

鷲津毅堂* わしづきどう
文政8(1825)年～明治15(1882)年　[別]鷲津宣光(わしづのぶみつ)　江戸時代末期～明治時代の儒学者。「聖武記採要」を板行。太政官権弁事、大学校少丞などを歴任。
¶コン, 詩作([生]文政8(1825)年11月8日　[没]明治15(1882)年10月5日), 幕末([生]文政8(1825)年11月8日　[没]明治15(1882)年10月5日)

鷲津宣光 わしづのぶみつ
⇒鷲津毅堂(わしづきどう)

鷲尾隆敦 わしのおたかあつ
⇒鷲尾隆敦(わしおたかあつ)

鷲尾隆聚 わしのおたかあつ
⇒鷲尾隆聚(わしのおたかつむ)

鷲尾隆純 わしのおたかいと
⇒鷲尾隆純(わしのおたかすみ)

鷲尾隆量* わしのおたかかず
慶長11(1606)年～寛文2(1662)年8月20日　江戸時代前期の公家(権大納言)。内大臣広橋兼勝の次男。
¶公卿, 公家(隆量〔鷲尾家〕　たかかず)

鷲尾隆職* わしのおたかしき
嘉元3(1305)年～正平2/貞和3(1347)年2月4日　鎌倉時代後期～南北朝時代の公卿(権中納言)。非参議鷲尾隆嗣の子。
¶公卿([没]貞和3/正平2(1347)年2月4日), 公家(隆職〔鷲尾家〕　たかもと　[没]貞和3(1347)年2月4日)

鷲尾隆右 わしのおたかすけ
⇒鷲尾隆右(わしおたかすけ)

鷲尾隆純* わしのおたかすみ
安永4(1775)年8月28日～安政4(1857)年2月13日　[別]鷲尾隆純(わしのおたかいと)　江戸時代後期の公家(権大納言)。権大納言油小路隆前の次男。
¶公卿, 公家(隆純〔鷲尾家〕　たかすみ)

鷲尾隆建* わしのおたかたけ
寛保1(1741)年12月29日～文化1(1804)年2月13日　江戸時代中期～後期の公家(権大納言)。権大納言鷲尾隆熈の子。
¶公卿, 公家(隆建〔鷲尾家〕　たかたけ)

鷲尾隆尹* わしのおたかただ
正保2(1645)年6月16日～貞享1(1684)年9月1日　江戸時代前期の公家(権大納言)。権大納言鷲尾隆量の次男。
¶公卿, 公家(隆尹〔鷲尾家〕　たかただ)

鷲尾隆嗣* わしのおたかつぐ
？～正中2(1325)年9月4日　鎌倉時代後期の公卿(非参議)。鷲尾家の祖。権大納言四条隆親の孫。
¶公卿, 公家(隆嗣〔鷲尾家〕　たかつぐ)

鷲尾隆聚* わしのおたかつむ
天保13(1842)年～明治45(1912)年3月4日　[別]鷲尾隆聚(わしのおたかあつ)　江戸時代末期～明治時代の公家、華族。
¶全幕, 幕末(わしのおたかつむ(たかあつ)　[生]天保13(1843)年12月25日)

鷲尾隆遠* わしのおたかとお
応永15(1408)年～長禄1(1457)年10月9日　室町時代の公卿(権大納言)。権中納言鷲尾隆敦の孫。
¶公卿, 公家(隆遠〔鷲尾家〕　たかとお)

鷲尾隆尚 わしのおたかなお
⇒四辻季満(よつつじすえみつ)

鷲尾隆長* わしのおたかなが
延宝1(1673)年～元文1(1736)年　江戸時代中期の公家(権大納言)。権大納言鷲尾隆尹の子。
¶公卿([生]寛文12(1672)年12月19日　[没]元文1(1736)年9月19日), 公家(隆長〔鷲尾家〕　たかなが　[生]寛文12(1672)年12月19日　[没]元文1(1736)年9月19日)

鷲尾隆良 わしのおたかなが
⇒四条隆良(しじょうたかよし)

鷲尾隆熈* わしのおたかひろ
正徳3(1713)年6月5日～安永3(1774)年10月19日　江戸時代中期の公家(権大納言)。権大納言大炊御門の次男。
¶公卿, 公家(隆熈〔鷲尾家〕　たかひろ　[没]安永3(1774)年10月20日)

鷲尾隆賢* わしのおたかます
文化9(1812)年～文久1(1861)年　江戸時代末期の公家。
¶幕末([生]文化9(1812)年3月28日　[没]文久1(1861)年3月12日)

鷲尾隆康* わしのおたかやす
文明17(1485)年～天文2(1533)年3月6日　[別]鷲尾隆康(わしおたかやす)　戦国時代の公卿(権中納言)。権大納言四辻季経の次男。
¶公卿, 公家(隆康〔鷲尾家〕　たかやす)

鷲尾隆頼* わしのおたかより
？～文明3(1471)年　室町時代の公卿(参議)。権大納言鷲尾隆遠の子。
¶公卿, 公家(隆頼〔鷲尾家〕　たかより)

鷲屋石巒 わしやせきらん
江戸時代後期～明治時代の彫刻家。
¶美建([生]天明8(1788)年　[没]明治4(1871)年12月12日)

和推* わすい
寛文2(1662)年～寛保3(1743)年　江戸時代前期～中期の俳人。
¶俳文

和水 わすい★
江戸時代中期の女性。俳諧。下総蕪里の人。明和7年刊、松風庵玉斧編『初霞』に載る。
¶江表(和水(千葉県))

和井 わせい★
江戸時代後期の女性。俳諧。大石和の人。寛政3年刊、平橋庵敲氷編『亭主ぶり』に載る。
¶江表(和井(山梨県))

和青 わせい★
江戸時代中期の女性。俳諧。石田氏。明和3年刊、羽鳥一紅編『くさまくら』に載る。
¶江表(和青(群馬県))

和石 わせき★
江戸時代後期の女性。俳諧。安芸瀬野の人。文政7年刊、多賀庵四世筵史編『やまかつら』に載る。

¶江表（和石（広島県））

わせ子　わせこ⋆
江戸時代後期の女性。和歌。島尾五郎右衛門種芳の妻。文政13年刊、近藤芳樹編『類題阿武之杣板』上に載る。
¶江表（わせ子（山口県））

和切＊　わせつ
宝暦12（1762）年～天保12（1841）年9月23日　江戸時代中期～後期の俳人。
¶俳文

倭泉＊　わせん
生没年不詳　江戸時代後期の俳人。
¶江表（倭泉（京都府））

和川　わせん⋆
江戸時代中期の女性。俳諧。越前三国の人。宝暦11年刊、白崎琴路撰『白鳥集』に載る。
¶江表（和川（福井県））

和扇　わせん⋆
江戸時代後期の女性。俳諧。常陸潮来連。水戸の幽竹庵山芝が青郊の号を継承した享和1年の披露集『青郊襲号記念集』に載る。
¶江表（和扇（茨城県））

和田秋清＊　わだあききよ
天保5（1834）年～明治2（1869）年　[別]和田彦兵衛（わだひこべえ）　江戸時代末期の薩摩藩士。
¶幕末（[没]明治2（1869）年5月8日）

和田昭為＊　わだあきため
天文1（1532）年～元和4（1618）年8月6日　安土桃山時代～江戸時代前期の武士。佐竹氏家臣。
¶全戦，戦武

和田伊賀守　わだいがのかみ
安土桃山時代の武蔵国鉢形城主北条氏邦家臣猪俣邦憲の同心。もと上野国沼田城城主沼田顕泰の同心。
¶後北（伊賀守〔和田（1）〕　いがのかみ）

和大夫庄左衛門尉　わたいしょうさえもんのじょう
戦国時代～安土桃山時代の駿河国小泉の土豪。駿河衆。
¶武田（生没年不詳）

渡井惣兵衛尉　わたいそうひょうえのじょう
戦国時代～安土桃山時代の駿河国精進川の土豪。駿河衆。
¶武田（生没年不詳）

和田一真＊　わだいっしん
文化11（1814）年～明治15（1882）年12月4日　江戸時代末期～明治時代の装剣金工。一乗風の作風で鉄地に鋤出彫・砂子象嵌を施したものなどを制作。
¶コン，美工

和田織部　わだおりべ
⇒和田為泰（わだためやす）

和高小刀太＊　わだかことうた
江戸時代末期の新撰組隊士。
¶新隊（生没年不詳）

和田賢秀　わだかたひで
⇒和田賢秀（にぎたけんしゅう）

和田勝善　わだかつよし
江戸時代中期～後期の代官。
¶徳代（[生]安永8（1779）年　[没]天保13（1842）年）

和高虎之助＊　わだかとらのすけ
江戸時代末期の新撰組隊士。
¶新隊（生没年不詳）

和田河内守　わだかわちのかみ
戦国時代～安土桃山時代の遠江周智郡気田の土豪。
¶武田（生没年不詳）

和田勘大夫＊　わだかんだゆう
？～天正7（1579）年10月15日　戦国時代～安土桃山時代の織田信長の家臣。
¶織田

和田希因　わだきいん
⇒希因（きいん）

和田恭寛＊　わだきょうかん
生没年不詳　[別]和田恭寛（わだやすひろ）　江戸時代後期の和算家。
¶数学（わだやすひろ）

和田国次＊　わだくにつぐ
生没年不詳　江戸時代の鋳物師。
¶コン，美工

和田賢秀　わだけんしゅう
⇒和田賢秀（にぎたけんしゅう）

和田恒成　わだこうせい
江戸時代前期の代官。
¶徳代（生没年不詳）

和田耕蔵＊　わだこうぞう
生没年不詳　江戸時代中期の和算家・金沢藩士。
¶数学

和田呉山＊　わだござん
寛政12（1800）年～明治3（1870）年　江戸時代後期～明治時代の僧、画家。
¶幕末（[没]明治3（1870）年8月21日），美画（[没]明治3（1870）年9月16日）

和田小伝次＊　わだこでんじ
天保6（1835）年～文久3（1863）年　江戸時代末期の長州（萩）藩足軽。
¶幕末（[没]文久3（1863）年10月14日）

和田惟長＊　わだこれなが
戦国時代～安土桃山時代の織田信長の家臣。
¶織田（[生]？　[没]寛永5（1628）年4月1日？）

和田惟政＊（和田維政）　わだこれまさ
？～元亀2（1571）年8月28日　戦国時代の武将。足利義輝、義昭の臣。
¶織田（[生]享禄3（1530）年），コン，全戦，戦武（[生]天文1（1532）年）

和田惟増＊　わだこれます
？～天正1（1573）年　戦国時代～安土桃山時代の織田信長の家臣。
¶織田（[没]天正1（1573）年春）

和田五郎八郎＊　わだごろはちろう
文化5（1808）年～明治15（1882）年　江戸時代末期～明治時代の実業家。瀬戸内海で古着を買い集め、東北地方で売り、富豪となった。
¶幕末（[没]明治15（1882）年3月10日）

和田佐市＊　わださいち
天保3（1832）年～文久3（1863）年　江戸時代末期

の人。天誅組に参加。
¶幕末

和田定利　わださだとし
⇒和田新助（わだしんすけ）

和田定教　わださだのり
⇒和田八郎（わだはちろう）

和田十郎*（和田重郎）　わだじゅうろう
？～慶応4（1868）年1月3日　江戸時代後期～末期の新撰組隊士。
¶新隊（和田重郎　[没]明治1（1868）年1月3日）

和田修理　わだしゅり
安土桃山時代の武士。上野国衆和田氏の一族。和田上城主。
¶武田（[生]？　[没]天正3（1575）年5月21日）

和田新助*　わだしんすけ
？～天正2（1574）年　[別]和田定利（わださだとし）戦国時代～安土桃山時代の織田信長の家臣。
¶織田（和田定利　わださだとし　[没]天正2（1574）年9月？）

和田助三郎　わだすけさぶろう
江戸時代末期～明治時代の幕臣。
¶幕末（[生]？　[没]明治20（1887）年3月26日）

和田僊嶺*　わだせんりょう
寛政6（1794）年～文久3（1863）年　江戸時代末期の三河西尾藩士、画家。
¶幕末, 美画

和田仙六*　わだせんろく
天保9（1838）年～明治1（1868）年　江戸時代末期の陸奥会津藩士。
¶幕末（[没]慶応4（1868）年1月27日）

和多田金七郎　わただきんしちろう
江戸時代後期～末期の幕臣。
¶徳人（生没年不詳）

和多田利常　わただとしつね
江戸時代中期の幕臣。
¶徳人（生没年不詳）

和多田直温　わただなおあつ
江戸時代中期の幕臣。
¶徳人（[生]1754年　[没]？）

和多田直迪　わただなおよし
江戸時代中期～後期の幕臣。
¶徳人（生没年不詳）

和田胤長*　わだたねなが
寿永2（1183）年～建保1（1213）年　[別]和田胤長（わだのたねなが）　鎌倉時代前期の武士。泉親衡謀反事件で陸奥国岩瀬郷に配流。
¶古人（わだのたねなが　[生]？）

和多田貢　わただみつぐ
*～慶応4（1868）年　江戸時代後期～末期の岡崎藩士。
¶全幕（[生]？），幕末（[生]弘化3（1846）年　[没]慶応4（1868）年6月17日）

和田為泰*　わだためやす
天保3（1832）年～明治2（1869）年　[別]和田織部（わだおりべ）　江戸時代末期の陸奥仙台藩士。
¶幕末（和田織部　わだおりべ　[生]天保2（1831）年　[没]明治2（1869）年3月3日）

和田伝*　わだつとう
天保14（1843）年～大正5（1916）年4月15日　江戸時代末期～明治時代の剣道師範役。西南戦争の田原坂の戦いで捕らえられたが放免され、私道場を再建し子弟教育にあたった。
¶幕末

綿津屋政右衛門*　わたつやまさえもん, わたづやまさえもん
文化1（1804）年～慶応1（1865）年　江戸時代末期の興行師。
¶幕末（[没]元治2（1865）年4月6日）

和田伝兵衛　わだでんべえ
江戸時代末期の幕臣。
¶幕末（生没年不詳）

和田東潮*　わだとうちょう
万治1（1658）年～宝永3（1706）年　[別]一甫（いっぽ），東潮（とうちょう）　江戸時代前期～中期の俳人。
¶俳文（東潮　とうちょう　生没年不詳）

和田篤太郎　わだとくたろう
江戸時代末期～明治時代の春陽堂書店創業者。
¶出版（[生]安政4（1857）年8月23日　[没]明治32（1899）年2月24日）

和田富直*　わだとみなお
生没年不詳　江戸時代後期の和算家・新発田藩士。
¶数学

和田朝盛*　わだとももり
生没年不詳　[別]和田朝盛（わだのとももり）　鎌倉時代前期の武士。将軍源頼家・実朝の近習。
¶古人（わだのとももり）

和田某　わだなにがし
戦国時代～安土桃山時代の中島郷の小代官。北条氏康・氏政に属した。
¶後北（某〔和田（3）〕　なにがし）

渡辺篤　わたなべあつし
江戸時代後期～大正時代の京都見廻組御雇。
¶全幕（[生]弘化3（1846）年　[没]大正4（1915）年）

渡辺在綱　わたなべありつな
⇒渡辺新左衛門（わたなべしんざえもん）

渡辺重石丸　わたなべいかりまる
⇒渡辺重石丸（わたなべいかりまろ）

渡辺重石丸*　わたなべいかりまろ
天保8（1837）年～大正4（1915）年　[別]渡辺重石丸（わたなべいかりまる）　江戸時代末期～大正時代の国学者。私塾道生館を開いて子弟を教授、敬神尊皇の精神を鼓吹。著書に「固本策」。
¶コン, 思想（[生]天保7（1836）年），幕末（わたなべいかりまる　[生]天保8（1837）年11月15日　[没]大正4（1915）年10月19日）

渡辺以親　わたなべいしん
⇒渡辺以親（わたなべゆきちか）

渡辺和泉守　わたなべいずみのかみ
安土桃山時代の土屋昌恒の家臣。
¶武田（生没年不詳）

渡辺一　わたなべいち
⇒渡辺一（わたなべかず）

わ

わたなべ　　　　2430

渡辺市造*　わたなべいちぞう
嘉永7(1854)年頃～明治41(1908)年4月8日　江戸時代末期～明治時代の新撰組隊士。
¶新隊(㋐嘉永5(1852)年?)

渡部一郎　わたなべいちろう
⇒渡部温(わたなべおん)

渡辺逸蔵*　わたなべいつぞう
天保11(1840)年～慶応2(1866)年　江戸時代末期の長州(萩)藩寄組。
¶幕末(㋑慶応2(1866)年7月10日)

渡辺雲照　わたなべうんしょう
⇒釈雲照(しゃくうんしょう)

渡辺雲裡坊*　わたなべうんりぼう
元禄6(1693)年～宝暦11(1761)年　㋾雲裡坊(うんりぼう)　江戸時代中期の俳人。
¶俳文(雲裡坊　うんりぼう　㋑宝暦11(1761)年4月27日)

渡辺越前守　わたなべえちぜんのかみ
戦国時代～安土桃山時代の甲斐国都留郡大石郷の土豪。
¶武田(生没年不詳)

渡辺右衛門尉　わたなべえもんのじょう
戦国時代～安土桃山時代の武田信玄の家臣。もと北条氏政の家臣杉本弥二郎の同心か。
¶後北(右衛門尉〔渡辺(1)〕　えもんのじょう)

渡部斧松*　わたなべおのまつ
寛政5(1793)年～安政3(1856)年　江戸時代末期の和田藩の農政家。秋田郡鳥井長根の開墾に着手。
¶江人, コン, 幕末(㋐寛政5(1794)年12月4日　㋑安政3(1856)年6月4日)

渡部温*　わたなべおん
天保8(1837)年～明治31(1898)年8月7日　㋾渡部一郎(わたなべいちろう)　江戸時代後期～明治時代の英学者、実業家。
¶徳人, 幕末(㋐天保8(1837)年6月20日)

渡辺崋山*　わたなべかざん
寛政5(1793)年～天保12(1841)年　㋾崋山(かざん)　江戸時代後期の武士、画家、経世家。洋風画を研究していたのが洋学研究へと進み、高野長英らと交わる。幕政を批判した「慎機論」を執筆し蛮社の獄で牢に入り、蟄居中自刃。
¶浮絵, 江人, コン, 詩作(㋐寛政5(1793)年9月16日　㋑天保11(1840)年10月11日), 思想, 全幕, 対外, 地理, 徳将, 美画(㋐寛政5(1793)年9月16日　㋑天保12(1841)年10月11日), 山小(㋐1793年9月16日　㋑1841年10月11日)

渡辺一*　わたなべかず
明和4(1767)年～天保10(1839)年　㋾渡辺一(わたなべいち, わたなべはじめ)　江戸時代中期～後期の和算家。最上流和算を広めた。
¶数学(㋐明和4(1767)年7月27日　㋑天保10(1839)年10月7日)

渡辺数馬　わたなべかずま
江戸時代前期の豊臣秀頼の家臣。
¶大坂

渡辺華石　わたなべかせき
江戸時代後期～昭和時代の日本画家。
¶美画(㋐嘉永5(1852)年10月　㋑昭和5(1930)年11月6日)

渡辺勝*　わたなべかつ
*～寛永3(1626)年　㋾速水庄兵衛(はやみしょうべえ)　安土桃山時代～江戸時代前期の武将。秀吉馬廻。
¶徳人(㋐1561年)

渡辺閑哉*　わたなべかんさい
寛政10(1798)年～明治6(1873)年　江戸時代末期～明治時代の儒者。地方民の指導にあたり、ジャガイモの栽培など指導。
¶幕末(㋑明治6(1873)年8月19日)

渡辺勘大夫　わたなべかんだゆう
安土桃山時代の織田信長の家臣。荒木村重の麾下。
¶織田(㋐?　㋑天正7(1579)年10月15日)

渡辺官兵衛　わたなべかんべえ
⇒渡辺了(わたなべさとる)

渡辺驥*　わたなべき
天保7(1836)年～明治29(1896)年　㋾渡辺驥(わたなべすすむ)　江戸時代末期～明治時代の信濃松代藩士、官僚、貴族院議員。法制局専務、大審院検事長などを歴任。
¶コン(㋐天保1(1830)年), 幕末(わたなべすすむ　㋐天保7(1836)年9月9日　㋑明治29(1896)年6月21日)

渡部儀右衛門*　わたなべぎえもん
文政12(1829)年～明治27(1894)年　江戸時代末期～明治時代の漆器製作者。会津丸物塗りの名手。会津木盃製作の研究。
¶幕末(㋐文政12(1829)年1月), 美工(㋐文政12(1829)年2月)

渡辺競　わたなべきおう
⇒渡辺競(わたなべのきおう)

渡辺吉太郎　わたなべきちたろう
江戸時代後期～末期の京都見廻組。
¶全幕(㋐天保14(1843)年　㋑慶応4(1868)年)

渡辺清*　わたなべきよ
天文5(1536)年～天正10(1582)年6月13日　戦国時代～安土桃山時代の織田信長の家臣。
¶織田

渡辺去何*　わたなべきょか
寛延3(1750)年～文化13(1816)年　㋾去何(きょか)　江戸時代中期～後期の俳人。
¶俳文(去何　きょか　㋐宝暦1(1751)年　㋑文化13(1816)年5月3日)

渡辺清*　わたなべきよし
天保6(1835)年～明治37(1904)年　江戸時代末期～明治時代の肥前大村藩士、地方官、貴族院議員。厳原藩知事、大蔵大丞などを歴任。
¶幕末(㋐天保6(1835)年3月　㋑明治37(1904)年12月30日)

渡辺忻三　わたなべきんぞう
江戸時代後期～大正時代の海軍軍人。
¶幕末(㋐天保10(1839)年11月24日　㋑大正2(1913)年12月3日)

渡辺金大夫　わたなべきんだゆう
安土桃山時代の人。もと高天神小笠原氏家臣。
¶武田(㋐?　㋑天正10(1582)年3月2日)

渡辺熊四郎〔1代〕　わたなべくましろう
⇒渡辺孝平(わたなべこうへい)

渡辺内蔵太*　わたなべくらた
天保7(1836)年～元治1(1864)年　江戸時代末期の長州(萩)藩士。英国公使館焼打ちに参加。
¶コン,幕末([生]天保7(1836)年2月3日　[没]元治1(1865)年12月19日)

渡辺内蔵助*　わたなべくらのすけ
？～元和1(1615)年　安土桃山時代～江戸時代前期の槍術家、内蔵助流槍術の祖。
¶大坂([没]慶長20年5月7日)

渡辺九郎三郎*　わたなべくろうさぶろう
生没年不詳　戦国時代の北条氏の家臣。
¶後北(九郎三郎〔渡辺(2)〕　くろうさぶろう)

渡部敬斎*　わたなべけいさい
文政7(1824)年～明治38(1905)年4月26日　[別]敬斎(けいさい)　江戸時代末期～明治時代の俳人。
¶幕末

渡辺慶次郎　わたなべけいじろう
江戸時代後期～大正時代の農業改良家。
¶植物([生]天保12(1841)年　[没]大正3(1914)年4月18日)

渡辺源右衛門*　わたなべげんうえもん
？～明治9(1876)年　江戸時代末期～明治時代の長州(萩)藩士。
¶幕末([没]明治9(1876)年11月)

渡辺謙堂　わたなべけんどう
⇒渡辺兵次(わたなべへいじ)

渡辺玄包*　わたなべげんほう
天保4(1833)年～明治38(1905)年　江戸時代末期～明治時代の勤皇家。勤王の志あり国事に尽くした。維新後は教部省に出仕しのち検事となった。
¶幕末([生]天保4(1833)年1月5日　[没]明治38(1905)年1月29日)

渡辺洪基　わたなべこうき
江戸時代後期～明治時代の官僚、東京帝国大学初代総長。
¶全幕([生]弘化4(1847)年　[没]明治34(1901)年)

渡辺蒿蔵　わたなべこうぞう
天保14(1843)年～昭和14(1939)年9月7日　江戸時代後期～昭和時代の萩藩士、造船技術者。
¶科学([生]天保14(1843)年4月3日),幕末

渡辺剛八　わたなべごうはち
江戸時代末期の海援隊士。
¶全幕(生没年不詳)

渡辺孝平*(1)(渡辺幸平)　わたなべこうへい
？～明治5(1872)年　江戸時代末期～明治時代の尾張瀬戸の陶工。
¶美工(渡辺幸平)

渡辺孝平*(2)　わたなべこうへい
天保11(1840)年～明治40(1907)年　[別]渡辺熊四郎〔1代〕(わたなべくましろう)　江戸時代末期～明治時代の事業家。
¶幕末([没]明治40(1907)年11月20日)

渡辺吾仲*　わたなべごちゅう
延宝1(1673)年～享保18(1733)年　[別]吾仲(ごちゅう)　江戸時代中期の俳人。
¶俳文(吾仲　ごちゅう　[没]享保18(1733)年9月30日)

渡辺五兵衛　わたなべごひょうえ
安土桃山時代～江戸時代前期の織田信包・豊臣秀頼の家臣。
¶大坂

渡辺五兵衛の妻・娘　わたなべごひょうえのつま・むすめ
江戸時代前期の女性。大坂城の女房衆。
¶大坂

渡辺左近允　わたなべさこんのじょう
安土桃山時代の上野国沼田衆。もと越後上杉氏家臣。
¶武田(生没年不詳)

渡辺定正　わたなべさだまさ
江戸時代前期の代官。武田家旧臣。
¶徳代([生]？　[没]寛永9(1632)年8月2日)

渡辺了* 　わたなべさとる
*～寛永17(1640)年　[別]渡辺官兵衛(わたなべかんべえ)　安土桃山時代～江戸時代前期の武士。
¶全戦([生]永禄5(1562)年),戦武([生]永禄5(1562)年)

渡辺佐内* 　わたなべさない
生没年不詳　安土桃山時代の織田信長の家臣。
¶織田

渡辺三郎* 　わたなべさぶろう
嘉永1(1848)年～昭和9(1934)年　江戸時代末期～昭和時代の土佐藩兵。探索方として活躍。戊辰戦役で七人斬りの名をあげる。
¶幕末([生]嘉永1(1848)年11月19日　[没]昭和9(1934)年11月21日)

渡辺沢山* 　わたなべさわやま
文政8(1825)年～明治42(1909)年　江戸時代末期～明治時代の数学者。
¶数学

渡辺三休　わたなべさんきゅう
⇒渡辺栗(わたなべりつ)

渡辺治右衛門　わたなべじうえもん
⇒渡辺治右衛門(わたなべじえもん)

渡辺治右衛門* 　わたなべじえもん
？～文久2(1862)年　[別]渡辺治右衛門(わたなべじうえもん)　江戸時代中期～後期の海産物問屋。
¶幕末([没]文久2(1862)年2月)

渡辺式部丞(1)　わたなべしきぶのじょう
戦国時代の土屋昌続の家臣。
¶武田(生没年不詳)

渡辺式部丞(2)　わたなべしきぶのじょう
戦国時代の内野の土豪。駿河今川氏と甲斐都留郡が単独講和した際、調法者をつとめた。
¶武田(生没年不詳)

渡辺茂* 　わたなべしげ
天文20(1551)年～寛永15(1638)年　安土桃山時代～江戸時代前期の武士。徳川氏家臣。
¶徳人

渡辺重名* 　わたなべしげな
宝暦9(1759)年～天保1(1830)年12月23日　江戸時代中期～後期の国学者、豊前中津藩校進脩館教授。
¶コン

渡辺蕃久　わたなべしげひさ
[別]渡辺立軒(わたなべりゅうけん)　江戸時代中期～後期の幕臣。

¶眼医（渡辺立軒（蕃久）　わたなべりゅうけん（しげひさ）　[生]？　[没]文政6（1823）年），徳人（[生]1747年　[没]？）

渡辺重致　わたなべしげむね
江戸時代後期の和算家。
¶数学

渡辺始興*　わたなべしこう
天和3（1683）年～宝暦5（1755）年　[別]渡辺始興（わたなべもとおき）　江戸時代中期の京都の画家。
¶江人，コン，美画（[没]宝暦5（1755）年7月29日）

渡部思斎*　わたなべしさい
天保3（1832）年～明治22（1889）年　江戸時代末期～明治時代の教育者、政治家。学塾研幾堂で教育に当たる。県会議員に選ばれ民権思想の推進啓蒙をした。
¶幕末（[没]明治22（1889）年2月28日）

渡辺自適*　わたなべじてき
文政8（1825）年～慶応2（1866）年　江戸時代末期の家塾主宰。
¶幕末（[没]慶応2（1866）年8月）

渡辺秀石*　わたなべしゅうせき
寛永16（1639）年～宝永4（1707）年　江戸時代前期～中期の画家。初代の唐絵目利兼御用絵師。
¶コン，対外，美画（[没]宝永4（1707）年1月16日）

渡部鍬太郎　わたなべしゅうたろう
江戸時代末期～明治時代の画家。
¶植物（生没年不詳）

渡辺淳一郎　わたなべじゅんいちろう
江戸時代末期～明治時代の園芸家。
¶植物（[生]安政5（1858）年4月30日　[没]明治27（1894）年11月30日）

渡辺純蔵　わたなべじゅんぞう
⇒桜任蔵（さくらじんぞう）

渡辺春岱　わたなべしゅんたい
江戸時代後期～明治時代の眼科医。
¶眼医（[生]天保6（1835）年　[没]明治13（1880）年）

渡辺小華*　わたなべしょうか
天保6（1835）年～明治20（1887）年　江戸時代末期～明治時代の画家。崋山の子。「名歌十友」など花鳥画を描く。
¶幕末，美画（[生]天保6（1835）年1月　[没]明治20（1887）年12月29日）

渡辺松岡*　わたなべしょうこう
文化14（1817）年～明治29（1896）年　江戸時代末期～明治時代の神官。天狗派・書生派の戦いには天狗派に与して奔走。
¶幕末（[没]明治29（1896）年7月）

渡辺庄左衛門尉　わたなべしょうざえもんのじょう
安土桃山時代の武田勝頼・北条氏直の家臣。
¶後北（庄左衛門尉〔渡辺（3）〕　しょうざえもんのじょう）

渡辺如見　わたなべじょけん
江戸時代中期の眼科医。
¶眼医（生没年不詳）

渡辺次郎三郎　わたなべじろうさぶろう
⇒渡辺次郎三郎（わたなべじろさぶろう）

渡辺次郎三郎*　わたなべじろさぶろう
生没年不詳　[別]渡辺次郎三郎（わたなべじろうさぶろう）　戦国時代の武士。後北条氏家臣。
¶後北（次郎三郎〔渡辺（4）〕　じろうさぶろう）

渡辺慎*　わたなべしん
生没年不詳　[別]渡辺慎（わたなべまこと）　江戸時代後期の測量家・和算家。
¶数学（わたなべまこと）

渡辺新五左衛門尉　わたなべしんござえもんのじょう
安土桃山時代～江戸時代前期の甲斐国巨摩郡河内常葉郷の土豪。
¶武田（生没年不詳）

渡辺新左衛門*　わたなべしんざえもん
文政3（1820）年～明治1（1868）年　[別]渡辺在綱（わたなべありつな）　江戸時代末期の尾張藩士。佐幕派の指導者の一人。
¶幕末（[没]慶応4（1868）年1月20日）

渡辺輔　わたなべすけ
江戸時代後期の和算家。奥州安積郡舟津村の人。天保15年算額を奉納。
¶数学

渡辺資政*　わたなべすけまさ
文化11（1814）年～明治25（1892）年　江戸時代末期～明治時代の神社社務、国学者。大塩事件、天誅組の義挙に資金援助した。
¶幕末（[没]明治25（1892）年3月9日）

渡辺驥　わたなべすすむ
⇒渡辺驥（わたなべき）

渡辺静庵*　わたなべせいあん
文化5（1808）年～明治13（1880）年　江戸時代末期～明治時代の医学者。府中に種痘館を設立し、福井藩内に種痘を実施。
¶幕末（[生]文化5（1808）年7月17日　[没]明治13（1880）年6月10日）

渡辺青州*　わたなべせいしゅう
天保11（1840）年～明治44（1911）年　[別]渡辺信（わたなべまこと）　江戸時代末期～明治時代の人。漢・史・法書を収集し青州文庫公開。
¶幕末（[没]明治44（1911）年12月）

渡辺省亭　わたなべせいてい
嘉永4（1851）年～大正7（1918）年　江戸時代末期～大正時代の画家。
¶浮絵，美画（[生]嘉永4（1851）年12月27日　[没]大正7（1918）年4月2日）

渡辺善左衛門尉　わたなべぜんざえもんのじょう
安土桃山時代～江戸時代前期の甲斐国八代郡河内岩間庄瀬戸村の土豪。
¶武田（生没年不詳）

渡辺宗助*　わたなべそうすけ
天保8（1837）年～慶応1（1865）年　江戸時代末期の近江膳所藩士。
¶幕末（[生]天保8（1837）年2月27日　[没]慶応1（1865）年10月21日）

渡辺孝　わたなべたか
江戸時代中期の幕臣。
¶徳人（[生]1767年）

渡辺孝綱*　わたなべたかつな
文化14（1817）年～？　江戸時代後期の幕臣。

¶徳人（生没年不詳），幕末

渡辺直 わたなべただし
江戸時代中期の和算家。
¶数学

渡辺縄 わたなべただす
戦国時代～安土桃山時代の甲斐国八代郡精進村の
土豪。九一色衆の一人。
¶武田（生没年不詳）

渡辺多門* わたなべたもん
文政9（1826）年～明治40（1907）年　江戸時代末期
～明治時代の会津藩士。戊辰戦争に出陣。体験を
綴った「辰之日記草稿」の著者。
¶幕末（㲀明治40（1907）年3月17日）

渡辺太郎左衛門* わたなべたろうざえもん
生没年不詳　安土桃山時代の織田信長の家臣。
¶織田

渡部太郎左衛門尉 わたなべたろうざえもんのじょう
戦国時代の相模国玉縄城主北条為昌の家臣。
¶後北（太郎左衛門尉〔渡部〕　たろうざえもんのじょう）

渡辺胤 わたなべつづく
江戸時代中期～後期の幕臣。
¶徳人（㲀1758年　㲀1822年）

渡辺綱貞 わたなべつなさだ
江戸時代前期の幕臣。
¶徳人（㲀1612年　㲀1682年）

渡辺綱信 わたなべつなのぶ
江戸時代中期の和算家。
¶数学

渡辺輝綱 わたなべてるつな
江戸時代後期～末期の幕臣。
¶徳人（生没年不詳）

渡辺銅意* わたなべどうい
生没年不詳　江戸時代前期の鋳物師。
¶コン，美工

渡辺統虎* わたなべとうこ
生没年不詳　江戸時代中期の和算家。
¶数学

渡辺桃船 わたなべとうせん
江戸時代後期の蒔絵師。
¶美工（㲀文化12（1815）年　㲀？）

渡辺東萊* わたなべとうらい
生没年不詳　江戸時代後期の和算家。
¶数学

渡辺敏雄* わたなべとしお
弘化4（1847）年～昭和3（1928）年　江戸時代末期
～明治時代の国学者。阿倍野神社宮司など歴任。
¶幕末（㲀昭和3（1928）年2月2日）

渡辺唱 わたなべとなう
⇒源唱（みなもとのとなう）

渡部共一* わたなべともかつ
寛政6（1794）年～明治1（1868）年　江戸時代末期
の加賀藩士。
¶幕末（㲀明治1（1868）年10月8日）

渡辺友以* わたなべとももち
生没年不詳　江戸時代前期の阿武隈川改修の功

績者。
¶コン

渡辺知行* わたなべともゆき
生没年不詳　江戸時代末期の医師。
¶幕末

渡辺直次郎 わたなべなおじろう
⇒柿沢庄助（かきざわしょうすけ）

渡辺長 わたなべなが
㉙渡辺長（わたなべはじめ）　安土桃山時代の武将。
毛利輝元の臣。
¶全戦（わたなべはじめ）㲀天文3（1534）年　㲀慶長17
（1612）年）

渡辺永倫* わたなべながとも
寛文8（1668）年～享保14（1729）年5月13日　江戸
時代前期～中期の幕臣。
¶徳人

渡辺長広* わたなべながひろ
生没年不詳　戦国時代の北条氏の家臣。
¶後北（長広〔渡辺（5）〕　ながひろ）

渡辺南岳* わたなべなんがく
明和4（1767）年～文化10（1813）年　江戸時代中期
～後期の画家。江戸に円山派を伝えた。
¶コン，美画

渡辺拈華* わたなべねんげ
？～明治5（1872）年　江戸時代末期～明治時代の
画家。
¶美画（㲀享和2（1802）年　㲀明治9（1876）年）

渡辺与 わたなべのあとう
⇒源与（みなもとのあたう）

渡辺競* わたなべのきおう
？～治承4（1180）年　㉙源競（みなもとのきおう，
みなもとのきそう），渡辺競（わたなべきおう）
平安時代後期の武士。
¶古人（源競　みなもとのきそう），内乱（わたなべきお
う），平家（わたなべきおう）

渡辺伝* わたなべのつとう
承保2（1075）年～長承3（1134）年　㉙源伝（みなも
とのつたう）　平安時代後期の武人。
¶古人（源伝　みなもとのつたう）

渡辺綱* わたなべのつな
天暦7（953）年～万寿2（1025）年　平安時代中期の
武将。源頼光の四天王の一人。
¶浮絵，コン

渡辺省 わたなべのはぶく
⇒源省（みなもとのはぶく）

渡辺昇 わたなべのぼり
⇒渡辺昇（わたなべのぼる）

渡辺昇* わたなべのぼる
天保9（1838）年～大正2（1913）年　㉙渡辺昇（わた
なべのぼり）　江戸時代末期～明治時代の肥前大村
藩士、官僚、会計検査院長。坂本龍馬と薩長二藩
の提携に尽力。
¶コン，全幕（わたなべのぼり），幕末（㲀天保9（1838）年4
月8日　㲀大正2（1913）年11月10日）

渡辺則政（助鑑） わたなべのりまさ（すけかね）
江戸時代前期の眼科医。
¶眼医（生没年不詳）

わたなべ

渡辺一 わたなべはじめ
⇒渡辺一（わたなべかず）

渡辺長 わたなべはじめ
⇒渡辺長（わたなべなが）

渡辺省 わたなべはぶく
⇒源省（みなもとのはぶく）

渡辺敏 わたなべはやし
江戸時代後期～昭和時代の教育家。
¶科学（㊡弘化4（1847）年1月28日 ㊥昭和5（1930）年2月21日）

渡辺半助* わたなべはんすけ
？～慶応2（1866）年 江戸時代末期の水戸藩士。
¶幕末（㊥慶応2（1866）年6月27日）

渡辺半蔵 わたなべはんぞう
⇒渡辺守綱（わたなべもりつな）

渡辺寿* わたなべひさし
享和3（1803）年～明治8（1875）年 江戸時代末期～明治時代の実業家。紙問屋。古書を中心に収集し甲州一の蔵書家として知られた。
¶幕末

渡辺久次 わたなべひさつぐ
江戸時代前期の駿府町奉行、駿府代官。
¶徳4（㊡慶長16（1611）年 ㊥寛文6（1666）年9月25日）

渡辺英綱* わたなべひでつな
生没年不詳 江戸時代中期の和算家。
¶数学

渡辺豹吉 わたなべひょうきち
江戸時代末期の長岡藩士の従者。山本帯刀の従者として随行。
¶全幕（㊡？ ㊥慶応4（1868）年）

渡辺兵部丞 わたなべひょうぶじょう
戦国時代～安土桃山時代の甲斐国巨摩郡秋山村在郷の番匠。
¶武田（生没年不詳）

渡辺広 わたなべひろ
江戸時代中期の代官。
¶徳代（㊡享保3（1718）年 ㊥明和5（1768）年7月22日）

渡辺博 わたなべひろし
＊～天明3（1783）年 江戸時代中期の幕臣。
¶徳人（㊡1699年）, 徳代（㊡元禄13（1700）年 ㊥天明3（1783）年1月18日）

渡辺豊前守 わたなべぶぜんのかみ
戦国時代の甲斐国八代郡精進村の土豪。九一色衆の一人。
¶武田（生没年不詳）

渡辺文三郎 わたなべぶんざぶろう
江戸時代後期～昭和時代の洋画家。
¶美画（㊡嘉永6（1853）年 ㊥昭和11（1936）年2月1日）

渡辺兵次* わたなべへいじ
文化6（1809）年～安政2（1855）年 江戸時代末期の地誌家。
¶数学（渡辺謙堂 わたなべけんどう）

渡辺蓬島* わたなべほうとう
宝暦3（1753）年～天保6（1835）年 江戸時代後期の画家。
¶美画（㊥天保6（1835）年6月3日）

渡辺信 わたなべまこと
⇒渡辺青州（わたなべせいしゅう）

渡辺慎 わたなべまこと
⇒渡辺慎（わたなべしん）

渡辺真* わたなべまこと
天保3（1832）年末期～明治4（1871）年7月2日 江戸時代末期～明治時代の長崎数学者。「長崎の長算盤」を考案。
¶数学、幕末

渡辺孫八郎* わたなべまごはちろう
生没年不詳 戦国時代の北条氏の家臣。
¶後北（孫八郎〔渡辺（6）〕 まごはちろう）

渡辺昌* わたなべまさ
生没年不詳 戦国時代～安土桃山時代の武士。足利氏家臣、織田氏家臣、秀吉馬廻。
¶織田

渡辺政香* わたなべまさか
安永5（1776）年～天保11（1840）年 江戸時代後期の国学者、漢学者。
¶コン

渡辺正蔭* わたなべまさかげ
天保5（1834）年～明治8（1875）年 江戸時代末期～明治時代の尾張藩士。
¶幕末（㊥明治8（1875）年8月14日）

渡辺政敏* わたなべまさとし
天保13（1842）年～明治41（1908）年 江戸時代末期～明治時代の桑名藩士。
¶幕末（㊡天保13（1842）年4月11日 ㊥明治41（1908）年5月10日）

渡辺雅春 わたなべまさはる
江戸時代後期～大正時代の和算家。農業に従事。坂本高春に和算を学ぶ。
¶数学（㊡天保3（1832）年5月1日 ㊥大正4（1915）年10月16日）

渡辺松之丞* わたなべまつのじょう
天保6（1835）年～明治21（1888）年 江戸時代末期～明治時代の土佐国男性。手裏剣の名手。探索方として長州に赴いた。
¶幕末（㊡天保6（1835）年8月28日 ㊥明治21（1888）年6月27日）

渡辺守 わたなべまもる
⇒渡辺守（わたなべもり）

渡辺昵 わたなべむつる
平安時代後期の武士。渡辺党の1人。
¶平家（生没年不詳）

渡辺宗綱 わたなべむねつな
安土桃山時代～江戸時代前期の幕臣。
¶徳人（㊡1579年 ㊥1665年）

渡辺蒙庵* わたなべもうあん
貞享4（1687）年～安永4（1775）年 江戸時代中期の漢学者。
¶コン、思想

渡辺始興 わたなべもとおき
⇒渡辺始興（わたなべしこう）

渡辺守* わたなべもり
㊞渡辺守（わたなべまもる） 戦国時代～安土桃山時代の徳川家の家臣。

¶武田（わたなべまもる　㋡？　㋲天正19（1591）年）

渡辺盛忠　わたなべもりただ
戦国時代〜安土桃山時代の信濃国諏訪大社の奉行人。筑前守。武田氏が任じた。
¶武田（生没年不詳）

渡辺守綱*　わたなべもりつな
天文11（1542）年〜元和6（1620）年　㋾渡辺半蔵（わたなべはんぞう）　安土桃山時代〜江戸時代前期の武将。徳川家康の十六将の一人。
¶コン（㋔天文14（1545）年）、全戦、戦武

渡辺弥右衛門尉　わたなべやえもんのじょう
戦国時代の甲斐国八代郡西海郷の土豪。
¶武田（生没年不詳）

渡辺祐次郎*　わたなべゆうじろう
文政1（1818）年〜明治1（1868）年　江戸時代末期の西大路藩士。
¶幕末（㋔文政2（1819）年　㋲明治2（1869）年7月13日）

渡辺以親*　わたなべゆきちか
寛政7（1795）年〜？　㋾渡辺以親（わたなべいしん）　江戸時代後期の測量家・和算家。
¶科学（わたなべいしん）、数学

渡辺与一*　わたなべよいち
天保10（1839）年〜慶応3（1867）年　江戸時代末期の長門清末藩士。
¶幕末（㋲慶応3（1867）年1月24日）

渡辺善　わたなべよし
江戸時代前期の幕臣。
¶徳人（㋔1604年　㋲1650年）

渡辺吉綱*　わたなべよしつな
慶長16（1611）年〜寛文8（1668）年6月19日　江戸時代前期の大名。武蔵野本藩主。
¶徳人

渡辺義治*　わたなべよしはる
生没年不詳　江戸時代末期の佐倉藩士・和算家。
¶数学

渡辺与八　わたなべよはち
⇒渡辺与八郎（わたなべよはちろう）

渡辺与八郎*　わたなべよはちろう
天保12（1841）年〜明治2（1869）年　㋾渡辺与八（わたなべよはち）　江戸時代末期の長州（萩）藩士。
¶幕末（㋲明治2（1869）年4月17日）

渡辺栗*　わたなべりつ
安永7（1778）年〜嘉永4（1851）年　㋾渡辺三休（わたなべさんきゅう）　江戸時代後期の儒学者。
¶幕末（㋲嘉永4（1851）年9月4日）

渡辺立軒（雄伯）　わたなべりゅうけん（かずたか）
江戸時代後期の眼科医。
¶眼医（生没年不詳）

渡辺立軒（蕃主）　わたなべりゅうけん（しげかず）
江戸時代中期の眼科医。
¶眼医（㋡？　㋲安永9（1780）年）

渡辺立軒（則智）　わたなべりゅうけん（のりとも）
江戸時代後期の眼科医。
¶眼医（㋡？　㋲寛政1（1789）年）

渡辺立軒（則久）　わたなべりゅうけん（のりひさ）
江戸時代後期の眼科医。

¶眼医（㋡？　㋲天保15（1844）年）

渡辺立軒（則之）　わたなべりゅうけん（のりゆき）
江戸時代前期の眼科医。
¶眼医（生没年不詳）

渡辺立斎　わたなべりゅうさい
江戸時代中期〜後期の眼科医。
¶眼医（生没年不詳）

渡辺了慶*　わたなべりょうけい
？〜正保2（1645）年　江戸時代前期の画家。代表作「源氏物語図屏風」。
¶コン、美画（㋲正保2（1645）年2月15日）

渡辺六蔵　わたなべろくぞう
⇒飯泉喜内（いいずみきない）

和田業繁*　わだなりしげ
？〜天正3（1575）年　㋾和田業繁（わだのりしげ）戦国時代〜安土桃山時代の武士。上杉氏家臣、武田氏家臣。
¶武田（㋲天正3（1575）年5月21日）

和田業政　わだなりまさ
戦国時代の上野国衆和田氏の家臣か。
¶武田（生没年不詳）

和田仁兵衛　わだにひょうえ
江戸時代前期の畠山家の家臣。秀頼の家臣遊佐新左衛門に仕えた。
¶大坂

綿貫次郎助*　わたぬきじろすけ
天保7（1836）年〜元治1（1864）年　江戸時代末期の長州（萩）藩足軽。
¶幕末（㋲元治1（1864）年7月26日）

和田寧*　わだねい
天明7（1787）年〜天保11（1840）年　㋾和田寧（わだやすし）　江戸時代後期の数学者。定積分表の完成者。
¶科学（㋔天保11（1840）年9月18日）、コン、数学（わだやすし　㋲天保11（1840）年9月18日）

和田胤長　わだのたねなが
⇒和田胤長（わだたねなが）

和田朝盛　わだのとももり
⇒和田朝盛（わだとももり）

和田信旦*　わだのぶあき
天保10（1839）年〜明治33（1900）年　江戸時代後期〜明治時代の武士。
¶幕末（㋔天保9（1838）年　㋲明治33（1900）年6月28日）

和田信業*　わだのぶなり
*〜元和3（1617）年　㋾和田信業（わだのぶのり）安土桃山時代の武将。
¶後北（信業〔和田（2）〕　のぶなり　㋲元和3年9月27日）、武田（㋔永禄3（1560）年　㋲元和3（1617）年9月29日）

和田信業　わだのぶのり
⇒和田信業（わだのぶなり）

和田信美*　わだのぶよし
弘化1（1844）年〜明治32（1899）年　江戸時代末期〜明治時代の武士。
¶幕末（㋲明治32（1899）年10月28日）

和田義直　**わだのよしなお**
⇒和田義直（わだよしなお）

和田義秀　**わだのよしひで**
⇒朝比奈義秀（あさひなよしひで）

和田業繁　**わだのりしげ**
⇒和田業繁（わだなりしげ）

和田八郎*　**わだはちろう**
生没年不詳　[別]和田定教（わださだのり）　安土桃山時代の織田信長の家臣。
¶織田（和田定教　わださだのり　[生]天文4（1535）年　[没]文禄1（1592）年）

和田隼人*　**わだはやと**
江戸時代末期の新撰組隊士。
¶新隊（生没年不詳）

綿引富蔵*　**わたひきとみぞう**
天保10（1839）年～明治1（1868）年　江戸時代末期の水戸藩郷士。
¶幕末（[没]慶応4（1868）年1月27日）

和田彦兵衛　**わだひこべえ**
⇒和田秋清（わだあききよ）

和田兵部丞　**わだひょうぶのじょう**
安土桃山時代の武蔵国鉢形城主北条氏邦の家臣。
¶後北（兵部丞〔和田（2）〕　ひょうぶのじょう）

渡部又兵衛　**わたべまたびょうえ**
江戸時代前期の豊臣秀長・秀頼の家臣。忍の者を預かった。
¶大坂（[没]慶長20年5月7日）

和田昌繁*　**わだまさしげ**
生没年不詳　戦国時代の上野国衆。
¶後北（昌繁〔和田（2）〕　まさしげ），武田（[生]？　[没]慶長19（1614）年）

和田正武　**わだまさたけ**
⇒和田正武（にぎたまさたけ）

和田正忠　**わだまさただ**
⇒和田正忠（にぎたまさただ）

和田正遠　**わだまさとお**
⇒和田正遠（にぎたまさとお）

和田正英*　**わだまさひで**
？～明治10（1877）年　江戸時代末期～明治時代の紀伊和歌山藩士。
¶幕末（[没]明治10（1877）年3月25日）

和田宗実　**わだむねざね**
⇒平宗実（たいらのむねざね）

綿屋喜兵衛　**わたやきへえ**
江戸時代後期～明治時代の大坂の版元。
¶浮絵

綿屋治右衛門　**わたやじえもん**
⇒並木永輔〔1代〕（なみきえいすけ）

和田弥十郎*　**わだやじゅうろう**
生没年不詳　安土桃山時代の織田信長の家臣。
¶織田

和田寧　**わだやすし**
⇒和田寧（わだねい）

和田恭寛　**わだやすひろ**
⇒和田恭寛（わだきょうかん）

和田義直*　**わだよしなお**
治承1（1177）年～建保1（1213）年　[別]和田義直（わだのよしなお）　平安時代後期～鎌倉時代前期の武将。
¶古人（わだのよしなお）

和田義秀　**わだよしひで**
⇒朝比奈義秀（あさひなよしひで）

和田善平　**わだよしひら**
江戸時代後期～明治時代の建築家。
¶美建（[生]弘化1（1844）年　[没]明治41（1908）年5月2日）

和田義茂*　**わだよしもち**
生没年不詳　平安時代後期～鎌倉時代前期の武士。将軍源頼朝側近。
¶平家

和田義盛*　**わだよしもり**
久安3（1147）年～建保1（1213）年　[別]平義盛（たいらのよしもり）　平安時代後期～鎌倉時代前期の武将。鎌倉幕府侍所別当だったが、北条氏に挑発され挙兵。激戦となったが敗死した。
¶古人（平義盛　たいらのよしもり），コン，中世，内乱，平家（[没]建暦3（1213）年），山小（[没]1213年5月3日）

度会家行*（渡会家行）　**わたらいいえゆき**
康元1（1256）年～*　[別]度会行家（わたらいゆきいえ）　鎌倉時代後期～南北朝時代の祠官。中世伊勢神道の大成者。
¶コン（[没]正平17/貞治1（1362）年），思想（[没]？），中世（[没]？），室町（渡会家行　[没]観応2/正平6（1351）年），山小（生没年不詳）

度会条彦*　**わたらいえだひこ**
延宝3（1675）年～延享3（1746）年　江戸時代中期の神官（従三位・伊勢神宮外宮禰宜）。
¶公卿，公家（条彦〔伊勢外宮禰宜 度会氏〕　えだひこ　[没]？）

度会意彦*　**わたらいおきひこ**
享保8（1723）年～明和4（1767）年5月26日　江戸時代中期の神官（従三位・伊勢神宮外宮二禰宜）。
¶公卿，公家（意彦〔伊勢外宮禰宜 度会氏〕　おきひこ）

度会算彦*　**わたらいかずひこ**
明和4（1767）年～文化11（1814）年2月10日　江戸時代中期～後期の神官（従三位・伊勢神宮外宮三禰宜）。
¶公卿，公家（算彦〔伊勢外宮禰宜 度会氏〕　かずひこ）

度会言彦*　**わたらいことひこ**
寛保3（1743）年～文化14（1817）年9月2日　[別]松木言彦（まつきのぶひこ）　江戸時代中期～後期の神官（従二位・伊勢神宮外宮一禰宜）。
¶公卿，公家（言彦〔伊勢外宮禰宜 度会氏〕　ことひこ）

度会惟光　**わたらいこれみつ**
平安時代後期の伊勢豊受宮禰宜。正五位下。
¶古人（生没年不詳）

度会貞董*　**わたらいさだただ**
文化4（1807）年～？　江戸時代後期の神官（従三位・伊勢神宮外宮二禰宜）。
¶公卿，公家（貞董〔伊勢外宮禰宜 度会氏〕　さだただ）

度会貞任　**わたらいさだとう**
平安時代後期の伊勢外宮四位禰宜。

¶古人（[生]？　[没]1113年）

度会貞悳*　わたらいさだとく
延宝8（1680）年～寛延2（1749）年　江戸時代中期の神官（従三位・伊勢神宮外宮禰宜）。
¶公卿，公家（貞悳〔伊勢外宮禰宜 度会氏〕　さだのり）

度会貞根*　わたらいさだね
享保12（1727）年～天明5（1785）年5月20日　[別]檜垣貞根（ひがきさだもと）　江戸時代中期の神官（正三位・伊勢神宮外宮一禰宜）。
¶公卿，公家（貞根〔伊勢外宮禰宜 度会氏〕　さだね）

度会貞度*　わたらいさだのり
天明4（1784）年～天保2（1831）年　[別]檜垣貞度（ひがきさだのり）　江戸時代後期の神官（従三位・伊勢神宮外宮三禰宜）。
¶公卿（[没]天保2（1831）年1月23日），公家（貞度〔伊勢外宮禰宜 度会氏〕　さだのり　[没]天保2（1831）年1月23日）

度会貞盈*　わたらいさだみつ
寛文5（1665）年～享保12（1727）年1月20日　[別]檜垣貞盈（ひがきさだみつ）　江戸時代中期の神官（従三位・伊勢神宮外宮禰宜）。
¶公卿，公家（貞盈〔伊勢外宮禰宜 度会氏〕　さだみつ）

度会貞命*　わたらいさだめい
万治2（1659）年～延享3（1746）年11月24日　[別]檜垣貞命（ひがきさだのぶ）　江戸時代前期～中期の神官（従二位・伊勢神宮外宮禰宜）。
¶公卿，公家（貞命〔伊勢外宮禰宜 度会氏〕　さだなが）

度会五月麻呂　わたらいさつきまろ
⇒度会五月麻呂（わたらいのさつきまろ）

度会栄彦*　わたらいしげひこ
元文5（1740）年～寛政9（1797）年12月6日　[別]松木栄彦（まつきさかひこ）　江戸時代中期の神官（正三位・伊勢神宮外宮一禰宜）。
¶公卿，公家（栄彦〔伊勢外宮禰宜 度会氏〕　ひでひこ）

度会末彦*　わたらいすえひこ
正保1（1644）年～宝永5（1708）年1月16日　江戸時代前期～中期の神官（従三位・伊勢神宮外宮禰宜）。
¶公卿，公家（末彦〔伊勢外宮禰宜 度会氏〕　すえひこ）

渡会助右衛門忠次　わたらいすけえもんただつぐ
安土桃山時代～江戸時代前期の大野治長の家臣。
¶大坂

度会園女　わたらいそのめ
⇒園女（そのめ）

度会高彦*　わたらいたかひこ
貞享2（1685）年～？　江戸時代中期の神官（正三位・伊勢神宮外宮禰宜）。
¶公卿

度会忠房　わたらいただふさ
平安時代後期の伊勢外宮一禰宜。
¶古人（[生]1051年　[没]1126年）

度会為頼　わたらいためより
平安時代後期の豊受太神宮四禰宜。
¶古人（[生]？　[没]1072年）

度会親彦*　わたらいちかひこ
承応1（1652）年～享保1（1716）年7月29日　江戸時代前期～中期の神官（従三位・伊勢神宮外宮禰宜）。
¶公卿，公家（親彦〔伊勢外宮禰宜 度会氏〕　ちかひこ）

度会常彰*　わたらいつねあきら
延宝3（1675）年～宝暦2（1752）年　[別]久志本常彰（くしもとつねあきら）　江戸時代中期の祠官。近世伊勢神道の学者。
¶コン

度会常有*　わたらいつねあり
寛永19（1642）年～享保8（1723）年7月8日　[別]檜垣常有（ひがきつねあり）　江戸時代前期～中期の神官（従二位・伊勢神宮外宮禰宜）。
¶公卿，公家（常有〔伊勢外宮禰宜 度会氏〕　つねあり）

度会常和*　わたらいつねかず
元和3（1617）年～元禄13（1700）年　[別]檜垣常和（ひがきつねかず）　江戸時代前期～中期の神官（従二位・伊勢神宮外宮禰宜）。
¶公卿（[没]元禄13（1700）年8月13日），公家（常和〔伊勢外宮禰宜 度会氏〕　つねかず　[没]元禄13（1700）年8月13日）

度会常代*　わたらいつねしろ
寛政2（1790）年～嘉永4（1851）年12月28日　江戸時代末期の神官（従三位・伊勢神宮外宮二禰宜）。
¶公卿，公家（常代〔伊勢外宮禰宜 度会氏〕　つねしろ）

度会常季　わたらいつねすえ
平安時代中期～後期の外宮四禰宜。
¶古人（[生]1005年　[没]1088年）

度会常達*　わたらいつねたつ
天明8（1788）年～嘉永3（1850）年9月7日　江戸時代後期の神官（従三位・伊勢神宮外宮二禰宜）。
¶公卿，公家（常達〔伊勢外宮禰宜 度会氏〕　つねたつ）

わ

度会常親　わたらいつねちか
平安時代後期の外宮一禰宜。
¶古人（[生]？　[没]1067年）

度会常伴*　わたらいつねとも
文化14（1817）年～？　江戸時代後期の神官（従三位・伊勢神宮外宮三禰宜）。
¶公卿，公家（常伴〔伊勢外宮禰宜 度会氏〕　つねとも）

度会常名*　わたらいつねな
明和2（1765）年～弘化1（1844）年　[別]檜垣常名（ひがきつねな）　江戸時代中期～後期の神官（正三位・伊勢神宮外宮一禰宜）。
¶公卿（[没]弘化1（1844）年11月14日），公家（常名〔伊勢外宮禰宜 度会氏〕　つねな　[没]弘化1（1844）年11月14日）

度会常陳*　わたらいつねのり
享保17（1732）年～寛政3（1791）年8月16日　[別]久志本常陳（くしもとつねのぶ）　江戸時代中期の神官（正三位・伊勢神宮外宮一禰宜）。
¶公卿，公家（常陳〔伊勢外宮禰宜 度会氏〕　つねのぶ）

度会常典*　わたらいつねのり
寛延3（1750）年～文化1（1804）年2月23日　[別]檜垣常典（ひがきつねのり）　江戸時代中期～後期の神官（従三位・伊勢神宮外宮三禰宜）。
¶公卿，公家（常典〔伊勢外宮禰宜 度会氏〕　つねのり）

度会常範　わたらいつねのり
平安時代後期の一員禰宜。
¶古人（[生]？　[没]1069年）

度会常古*　わたらいつねふる
延享4（1747）年～享和1（1801）年6月20日　[別]檜垣常古（ひがきつねふる）　江戸時代中期～後期の神

官（正三位・伊勢神宮外宮一禰宜）。
¶公卿, 公家（常古〔伊勢外宮禰宜 度会氏〕 つねふる）

度会常全* わたらいつねまさ
明和8（1771）年～文政2（1819）年5月10日 江戸時代後期の神官（従三位・伊勢神宮外宮二禰宜）。
¶公卿, 公家（常全〔伊勢外宮禰宜 度会氏〕 つねたけ）

度会常庸* わたらいつねもち
文化14（1817）年～？ 江戸時代後期の神官（従三位・伊勢神宮外宮二禰宜）。
¶公卿, 公家（常庸〔伊勢外宮禰宜 度会氏〕 つねやす）

度会常之* わたらいつねゆき
宝永7（1710）年～天明1（1781）年8月26日 [別]檜垣常之（ひがきつねよし） 江戸時代中期の神官（正三位・伊勢神宮外宮一禰宜）。
¶公卿, 公家（常之〔伊勢外宮禰宜 度会氏〕 つねゆき [生]1710年？）

度会常昌*（度会常良，渡会常昌） わたらいつねよし
弘長3（1263）年～延元4/暦応2（1339）年 [別]檜垣常昌（ひがきつねまさ，ひがきつねよし），檜垣常良（ひがきつねよし） 鎌倉時代後期～南北朝時代の祠官。中世伊勢神道確立期の学者。
¶コン, 思想（[没]暦応2/延元4（1339）年）

度会常善* わたらいつねよし
享和2（1802）年～文久2（1862）年4月22日 [別]檜垣常善（ひがきつねよし） 江戸時代末期の神官（正三位・伊勢神宮外宮一禰宜）。
¶公卿, 公家（常善〔伊勢外宮禰宜 度会氏〕 つねよし）

度会常倚* わたらいつねよる
宝永4（1707）年～安永6（1777）年9月5日 [別]檜垣常倚（ひがきつねより） 江戸時代中期の神官（従二位・伊勢神宮外宮一禰宜）。
¶公卿, 公家（常倚〔伊勢外宮禰宜 度会氏〕 つねより）

度会連頼 わたらいつらより
平安時代中期の六位禰宜。
¶古人（[生]1026年 [没]？）

度会朝栄* わたらいともしげ
延享2（1745）年～文政8（1825）年11月4日 江戸時代中期～後期の神官（従二位・伊勢神宮外宮一禰宜）。
¶公卿, 公家（朝栄〔伊勢外宮禰宜 度会氏〕 ともひで）

度会朝喬* わたらいともたか
天明7（1787）年～文久1（1861）年2月7日 [別]宮後朝喬（みやじりともたか） 江戸時代後期の神官（従二位・伊勢神宮外宮一禰宜）。
¶公卿, 公家（朝喬〔伊勢外宮禰宜 度会氏〕 ともたか）

度会知仲* わたらいともなか
貞享4（1687）年～？ 江戸時代中期の神官（正三位・伊勢神宮外宮禰宜）。
¶公卿, 公家（知仲〔伊勢外宮禰宜 度会氏〕 ともなか [没]宝暦3（1753）年10月4日）

度会智彦* わたらいともひこ
延宝7（1679）年～宝暦2（1752）年12月10日 [別]松木智彦（まつきともひこ） 江戸時代中期の神官（正三位・伊勢神宮外宮禰宜）。
¶公卿, 公家（智彦〔伊勢外宮禰宜 度会氏〕 ともひこ）

度会朝彦* わたらいともひこ
文政10（1827）年～？ 江戸時代末期の神官（従三位・伊勢神宮外宮四禰宜）。
¶公卿, 公家（朝彦〔伊勢外宮禰宜 度会氏〕 ともひこ [没]明治22（1889）年7月）

度会五月麻呂* わたらいのさつきまろ
生没年不詳 [別]度会五月麻呂（わたらいさつきまろ） 奈良時代～平安時代前期の伊勢神宮禰宜。
¶古人（わたらいさつきまろ）

度会春彦 わたらいのはるひこ
⇒度会春彦（わたらいはるひこ）

度会延佳* わたらいのぶよし
元和1（1615）年～元禄3（1690）年 [別]出口延佳（でぐちのぶよし） 江戸時代前期の神道家。神宮の旧記や神書を収集。
¶江人, コン（出口延佳 でぐちのぶよし）, 思想

度会光倫* わたらいのみつとも
生没年不詳 [別]度会光倫（わたらいみつとも） 平安時代後期の豊受宮権禰宜。
¶古人（わたらいみつとも）

度会範彦* わたらいのりひこ
安永2（1773）年～天保6（1835）年閏7月9日 [別]松木範彦（まつきのりひこ） 江戸時代後期の神官（正三位・伊勢神宮外宮一禰宜）。
¶公卿, 公家（範彦〔伊勢外宮禰宜 度会氏〕 のりひこ）

度会春彦* わたらいはるひこ
貞観4（862）年11月～天慶7（944）年1月 [別]度会春彦（わたらいのはるひこ） 平安時代前期～中期の伊勢外宮度会神主。松木氏の祖。
¶古人（[生]？）

度会彦常 わたらいひこつね
平安時代中期の外宮権禰宜。
¶古人（[生]1040年 [没]？）

度会久守 わたらいひさもり
⇒荒木田久守（あらきだひさもり）

度会広雅 わたらいひろまさ
平安時代中期～後期の外宮禰宜。
¶古人（[生]1018年 [没]1091年）

度会雅行 わたらいまさゆき
平安時代中期～後期の外宮一禰宜。
¶古人（[生]1042年 [没]1114年）

度会益弘*（渡会益弘） わたらいますひろ
寛永18（1641）年～享保17（1732）年1月8日 [別]黒瀬益弘（くろせますひろ） 江戸時代中期の神官、神道学者。豊受太神宮の権禰宜。
¶コン

度会光倫 わたらいみつとも
⇒度会光倫（わたらいのみつとも）

度会康時 わたらいやすとき
平安時代中期の外宮権禰宜。
¶古人（[生]1028年 [没]？）

度会行家 わたらいゆきいえ
⇒度会家行（わたらいいえゆき）

度会行忠* わたらいゆきただ
嘉禎2（1236）年～嘉元3（1305）年 [別]西河原行忠（にしがわらゆきただ） 鎌倉時代後期の祠官。中世伊勢神道形成期の学者。
¶コン, 思想, 山小（[没]1305年閏12月27日）

度会頼房 わたらいよりふさ
平安時代中期～後期の外宮禰宜。
¶古人（[生]1017年 [没]1089年）

度会頼元 わたらいよりもと
平安時代中期～後期の外宮一禰宜。
¶古人（[生]1025年 [没]1107年）

亘理乙二 わたりおつに
⇒乙二（おつに）

和田理左衛門* わだりざえもん
？～明暦2（1656）年 江戸時代前期のトンキン在住の貿易商人。
¶対外

渡利三郎左衛門英章 わたりさぶろ（う）ざえもんひであき
江戸時代前期の本多忠政・政朝・政勝の家臣。
¶大坂

渡忠秋* わたりただあき
文化8（1811）年～明治14（1881）年 江戸時代末期～明治時代の歌人。宮内省に出仕、歌道御用掛となる。家集に「桂蔭集」など。
¶幕末（[生]文化8（1811）年2月10日 [没]明治14（1881）年6月5日）

亘理八郎兵衛 わたりはちろべい
江戸時代前期～中期の代官。
¶徳代（生没年不詳）

亘理元宗* わたりもとむね
享禄3（1530）年～文禄3（1594）年 戦国時代～安土桃山時代の武将。伊達氏家臣。
¶全戦

和田六郎* わだろくろう
江戸時代末期の新撰組隊士。
¶新隊（生没年不詳）

和竹 わちく⋆
江戸時代中期の女性。俳諧。下仁田の人。天明3年刊、曲川館宜長編、田中反哺3回忌追善集『追善すて碇』に載る。
¶江表（和竹（群馬県））

和智誠春 わちことはる
⇒和智誠春（わちまさはる）

和智誠春* わちまさはる
？～永禄11（1568）年 [別]和智誠春（わちことはる） 戦国時代の武士。
¶全戦（[没]永禄12（1569）年）

和鳥 わちょう
⇒三升屋二三治（みますやにそうじ）

和笛* わてき
生没年不詳 江戸時代中期～後期の川柳作者。
¶俳文

和島 わとう
⇒三升屋二三治（みますやにそうじ）

輪堂貞造* わどうていぞう
[別]輪堂貞三（りんどうていぞう） 江戸時代末期の新撰組隊士。
¶新隊（輪堂貞三 りんどうていぞう 生没年不詳）

和唐内 わとうない
⇒鄭成功（ていせいこう）

和徳門院 わとくもんいん
⇒和徳門院（かとくもんいん）

王仁* わに
伝説上の人物。百済からの渡来人。西文氏の祖。
¶古人（生没年不詳），古代，古物，コン，詩作（生没年不詳），思想（生没年不詳），対外，山小

熊鰐* わに
上代の豪族。
¶古代

鰐石市之進* わにいしいちのしん
嘉永1（1848）年～慶応2（1866）年 [別]鰐石市之進（わにしいちのしん） 江戸時代末期の長州（萩）藩細工人。
¶幕末（[没]慶応2（1866）年8月7日）

丸子廻毛* わにこのつむじ
生没年不詳 平安時代前期の上総国へ移住させられた俘囚。
¶古人

鰐石市之進 わにしいちのしん
⇒鰐石市之進（わにいしいちのしん）

丸馬主 わにのうまぬし
奈良時代の官人。
¶古人（生没年不詳）

丸部秋時 わにべのあきとき
平安時代後期の官人。
¶古人（生没年不詳）

和邇部太田麿*（和邇部大田麻呂，和邇部太田麻呂） わにべのおおたまろ
延暦17（798）年～貞観7（865）年10月26日 平安時代前期の雅楽家。雅楽寮の楽人。
¶古人（和邇部大田麻呂），古代（和邇部太田麻呂）

和珥部臣君手 わにべのおみきみて
⇒和珥部君手（わにべのきみて）

和邇部臣宅継* わにべのおみやかつぐ
生没年不詳 [別]和邇部宅継（わにべのやかつぎ，わにべのやかつぐ） 平安時代前期の播磨国の人。
¶古人（和邇部宅継 わにべのやかつぎ），古代

和珥部君手* わにべのきみて
？～文武1（697）年 [別]和珥部臣君手（わにべのおみきみて） 飛鳥時代の豪族。壬申の乱で大海人皇子方につく。
¶古人（生没年不詳），古代（和珥部臣君手 わにべのおみきみて），コン

丸部国足 わにべのくにたり
奈良時代の画師。
¶古人（生没年不詳）

丸部直高 わにべのなおたか
平安時代中期の官人。
¶古人（生没年不詳）

丸部信方 わにべののぶかた
平安時代後期の官人。
¶古人（生没年不詳）

和邇部光枝 わにべのみつえだ
平安時代後期の楽人、篳篥奏者。
¶古人（生没年不詳）

和邇部用光*　わにべのもちみつ
生没年不詳　平安時代中期の地下楽人、篳篥の名手。
¶古人（[生]970年？　[没]？）

和邇部宅継　わにべのやかつぎ
⇒和邇部臣宅継（わにべのおみやかつぐ）

和邇部宅継　わにべのやかつぐ
⇒和邇部臣宅継（わにべのおみやかつぐ）

和根雅楽助　わねうたのすけ
安土桃山時代の高天神籠城衆。
¶武田（[生]？　[没]天正9（1581）年3月22日）

倭の五王(1)（倭五王）　**わのごおう**
⇒倭王興（わおうこう）

倭の五王(2)（倭五王）　**わのごおう**
⇒倭王讃（わおうさん）

倭の五王(3)（倭五王）　**わのごおう**
⇒倭王済（わおうせい）

倭の五王(4)（倭五王）　**わのごおう**
⇒倭王珍（わおうちん）

倭の五王(5)（倭五王）　**わのごおう**
⇒倭王武（わおうぶ）

和芳　わほう★
江戸時代後期の女性。画・和歌。若松融通寺町の画家星久右衛門の母。嘉永5年刊、大須賀清光編『鶴城風雅集』に載る。
¶江表（和芳（福島県））

和鳴の妻　わめいのつま★
江戸時代後期の女性。俳諧。角田の人。文政4年刊、九鶴堂楳山・春曙亭柳郊編『不二煙集』に載る。
¶江表（和鳴の妻（宮城県））

倭夕（和勇）　**わゆう**
⇒姉川菊八（あねがわきくはち）

和由　わゆう★
江戸時代中期の女性。俳諧。風早の河北連の人。宝暦13年刊、松山の臥牛洞狂平編の各務支考三三回忌追悼集『きさらき』に載る。
¶江表（和由（愛媛県））

藁科安芸守　わらしなあきのかみ
戦国時代～安土桃山時代の駿河国安倍郡藁科郷の土豪。
¶武田（生没年不詳）

藁しべ長者*　わらしべちょうじゃ
昔話の主人公。
¶コン

童木*　わらわぎ
生没年不詳　平安時代後期の女房・歌人。治部丞茨田重頼の女。
¶古人

横川景三　わんせんけいさん
⇒横川景三（おうせんけいさん）

【ん】

んめ
江戸時代中期の女性。俳諧。播磨屋赤垣善七郎の娘。宝永1年刊、凉菟編『俳諧山中集』に載る。
¶，江表（んめ（福井県））

新訂増補 人物レファレンス事典
古代・中世・近世編 III (2007-2016) せ～わ

2018 年 1 月 25 日　第 1 刷発行

発 行 者／大高利夫
編集・発行／日外アソシエーツ株式会社
　　　　　〒140-0013 東京都品川区南大井 6-16-16 鈴中ビル大森アネックス
　　　　　電話 (03)3763-5241（代表）FAX(03)3764-0845
　　　　　URL http://www.nichigai.co.jp/
発 売 元／株式会社紀伊國屋書店
　　　　　〒163-8636 東京都新宿区新宿 3-17-7
　　　　　電話 (03)3354-0131（代表）
　　　　　ホールセール部（営業）電話 (03)6910-0519

電算漢字処理／日外アソシエーツ株式会社
印刷・製本／株式会社平河工業社

不許複製・禁無断転載　　　　　　　　　　《中性紙三菱クリームエレガ使用》
＜落丁・乱丁本はお取り替えいたします＞
ISBN978-4-8169-2697-6　　　*Printed in Japan, 2018*

本書はディジタルデータでご利用いただくことが
できます。詳細はお問い合わせください。

21世紀 世界人名典拠録　欧文名

B5・2,200頁（3分冊）　セット定価（本体70,000円+税）　2017.7刊

外国人名の正確な表記と読みを確認できる人名典拠録。現代の政治家、経済人、作家、学者、ジャーナリスト、芸術家、俳優、スポーツ選手等10.3万人を収録。国籍や職業、別表記なども併載、簡易人名事典としても利用できる。本文は原綴りのアルファベット順、索引では異表記を含むすべてのカタカナ表記から検索できる。

地名でたどる郷土の歴史
―地方史誌にとりあげられた地名文献目録

飯澤文夫 監修　B5・1,240頁　定価（本体18,500円+税）　2017.12刊

2000～2014年に日本各地の地方史研究雑誌・地域文化誌に発表された「土地」の歴史に関する文献6.4万点を収録した文献目録。市区町村、旧国・藩、山、川、施設名など、2.2万の地名から引くことができる。

日本全国 歴史博物館事典

A5・630頁　定価（本体13,500円+税）　2018.1刊

日本全国の歴史博物館・資料館・記念館など275館を収録した事典。全館にアンケート調査を行い、沿革・概要、展示・収蔵、事業、出版物・グッズ、館のイチ押しなどの最新情報のほか、外観・館内写真、展示品写真を掲載。

民俗風俗 図版レファレンス事典

民俗事典、風俗事典、民具事典、生活・文化に関する事典、祭礼・芸能・行事事典、図集・図説・写真集に掲載された日本各地・各時代の民俗・風俗に関する写真や図を探すことができる図版索引。郷土の祭礼、民俗芸能、年中行事、衣食住や生産・生業、信仰、人の一生にまつわることなどに関する写真や図の掲載情報がわかる。図版の掲載頁および写真/図、カラー/白黒の区別、文化財指定、地名、所蔵、行事等の実施時期、作画者、出典、撮影者、撮影年代などを記載。

古代・中世・近世篇

B5・1,110頁　定価（本体46,250円+税）　2016.12刊

衣食住・生活篇

B5・1,120頁　定価（本体45,000円+税）　2015.11刊

祭礼・年中行事篇

B5・770頁　定価（本体45,000円+税）　2015.6刊

データベースカンパニー
日外アソシエーツ

〒140-0013　東京都品川区南大井6-16-16
TEL.(03)3763-5241　FAX.(03)3764-0845　http://www.nichigai.co.jp/

収録事典一覧

略 号	書 名	出版者	刊行年月
浮 絵	浮世絵大事典	東京堂出版	2008.6
江 人	江戸時代人名控1000	小学館	2007.10
江 表	江戸期おんな表現者事典	現代書館	2015.2
大 坂	大坂の陣豊臣方人物事典	宮帯出版社	2016.12
織 田	織田信長家臣人名辞典 第2版	吉川弘文館	2010.11
科 学	事典 日本の科学者―科学技術を築いた5000人	日外アソシエーツ	2014.6
歌 大	最新 歌舞伎大事典	柏書房	2012.7
眼 医	眼科医家人名辞書	思文閣	2006.11
公 卿	公卿人名大事典 普及版	日外アソシエーツ	2015.10
公 家	公家事典	吉川弘文館	2010.3
古 人	日本古代人名辞典	東京堂出版	2009.12
古 代	日本古代氏族人名辞典 普及版	吉川弘文館	2010.11
古 物	日本古代史人物事典	KADOKAWA	2014.2
後 北	後北条氏家臣団人名辞典	東京堂出版	2006.9
コ ン	コンサイス日本人名事典 第5版	三省堂	2009.1
詩 作	詩歌作者事典	鼎書房	2011.11
思 想	日本思想史辞典	山川出版社	2009.4
出 版	出版文化人物事典―江戸から近現代・出版人1600人	日外アソシエーツ	2013.6
植 物	植物文化人物事典―江戸から近現代・植物に魅せられた人々	日外アソシエーツ	2007.4
女 史	日本女性史大辞典	吉川弘文館	2008.1
女 文	日本女性文学大事典	日本図書センター	2006.1
新 歌	新版 歌舞伎事典	平凡社	2011.3
新 隊	新選組隊士録	新紀元社	2011.12